Etymologisch woordenboek
De herkomst van onze woorden

Etymologisch woordenboek

De herkomst

van onze woorden

door dr. P.A.F. van Veen
in samenwerking met
drs. Nicoline van der Sijs

Van Dale Lexicografie
Utrecht/Antwerpen

Vormgeving: Marjan Gerritse, GLV, Amsterdam
Zetwerk: Gardata bv, Leersum
Druk: Tulp bv, Zwolle

© Copyright 1993* Van Dale Lexicografie bv Utrecht/Antwerpen

De naam *Van Dale* is voor alle publikaties van Van Dale Lexicografie bv als merknaam beschermd.

Alle rechten voorbehouden. Niets uit deze uitgave mag worden verveelvoudigd, opgeslagen in een geautomatiseerd gegevensbestand, of openbaar gemaakt, in enige vorm of op enige wijze, hetzij elektronisch, mechanisch, door fotokopieën, opnamen, of enig andere manier, zonder voorafgaande schriftelijke toestemming van de uitgever.

Voor zover het maken van kopieën uit deze uitgave is toegestaan op grond van artikel 16B Auteurswet 1912 j° het Besluit van 20 juni 1974, St.b. 351, zoals gewijzigd bij het Besluit van 23 augustus 1985, St.b. 471 en artikel 17 Auteurswet 1912, dient men de daarvoor wettelijk verschuldigde vergoedingen te voldoen aan de Stichting Reprorecht (Postbus 882, 1180 AW Amstelveen). Voor het overnemen van gedeelte(n) uit deze uitgaven in bloemlezingen, readers en andere compilatiewerken (artikel 16 Auteurswet 1912) dient men zich tot de uitgever te wenden.

All rights reserved. No part of this book may be reproduced, stored in a database or retrieval system, or published, in any form or in any way, electronically, mechanically, by print, photoprint, microfilm or any other means without prior written permission from the publisher.

Ondanks alle aan de samenstelling van de tekst bestede zorg, kan noch de redactie noch de uitgever aansprakelijkheid aanvaarden voor eventuele schade, die zou kunnen voortvloeien uit enige fout, die in deze uitgave zou kunnen voorkomen.

Dit woordenboek kan woorden bevatten welke tevens gebruikt worden als handelsnaam of als merknaam. Uit de opname van dergelijke woorden in dit woordenboek kan geenszins worden afgeleid dat afstand wordt gedaan van bepaalde (eigendoms-) rechten dan wel dat Van Dale Lexicografie bv zulke rechten miskent.

CIP-gegevens Koninklijke Bibliotheek, Den Haag
Veen, P. A. F. van Etymologisch woordenboek: de herkomst van onze woorden/door P. A. F. van Veen; in samenw. met Nicoline van der Sijs; overige medew. L. A. van Daalen ... [et al.]. - Utrecht [etc.]: Van Dale Lexicografie. - (van Dale handbibliotheek)
Met lit. opg., reg.
ISBN 90-6648-302-4 geb.
SISO * 835 UDC (038)=393.1:801.54 NUGI 943
Trefw.: Nederlandse taal; etymologische woordenboeken.
D/1989/0108/508

met medewerking van

drs. T. Atabaki (Avestisch, Perzisch)

dr. L. A. van Daalen (Oudindisch)

dr. Th. Damsteegt (Hindi, Marathi)

drs. Th. J. H. Krispijn (Akkadisch, Soemerisch)

dr. A. M. Lubotsky (Tochaars)

drs. R. Th. Otten (Arabisch)

prof. dr. F. van der Rhee (Germaans)

dr. R. van Walsem (Egyptisch)

prof. dr. K. V. Zvelebil (Tamil)

De afbeelding op de omslag is ontleend aan: Lambert ten Kate Hermansz: *'Aenleiding tot de Kennisse van het Verhevene Deel der Nederduitsche Sprake, waarin hare zekerste Grondslag, edelste Kraght, nuttelijkste Onderscheiding en geregeldste Afleiding overwogen en naegespoort, en tegen het Allervoornaemste der Verouderde en Nog-levende Taelverwanten, als 't Oude Moeso-Gotthisch, Frank-Duitsch en Angel-Saxisch beneffens het Hedendaegsche Hoog-Duitsch en Yslandsch vergeleken word'*; Amsterdam, 1723.

Inhoud

Ter inleiding   8

Opbouw van de artikelen   14

Lijst van geciteerde talen en dialecten   17

Lijst van tekens en afkortingen   23

Etymologisch woordenboek   25

Beknopte bibliografie   846

Registers   847

Bijlagen

   De ontwikkeling van het schrift   894

   Taalkaart van het Indogermaans (losse bijlage)

Ter inleiding

Van Dale's Groot Woordenboek der Nederlandse Taal definieert etymologie als *tak der taalwetenschap die de oorsprong en geschiedenis der woorden opspoort, woordafleidkunde.* Het woord *etymologie* is van Griekse herkomst: *etymon* is 'het werkelijke, het ware'. In de vroegste Griekse teksten zien we al dat mensen zich hebben afgevraagd wat achter de woorden schuilging, waar ze vandaan kwamen, wat ze eigenlijk betekenden.

Ongetwijfeld is een algemeen menselijke nieuwsgierigheid naar wat achter onze horizon ligt, het uitgangspunt van alle wetenschap, ook de ontstaansgrond van de etymologie. Door de eeuwen heen zijn pogingen gedaan tot woordverklaring die soms juist, maar vaker nog volkomen speculatief zijn gebleken.

In de Oudheid maakte de etymologie geen voortgang doordat men niet aan taalvergelijking deed. Het gevolg is dat men dan te maken krijgt met verklaringen die vrij willekeurig zijn, zoals bijvoorbeeld dat het Latijnse *caelebs,* 'vrijgezel', dat we over hebben in *celibatair,* van *caelum,* 'de hemel' afkomstig is. Een *caelebs* zou dan iemand zijn die als in de hemel leeft. En ook in de Middeleeuwen bleef men de etymologie op een dergelijke wijze benaderen. Zo geeft Jacob van Maerlant bijvoorbeeld in zijn **Rijmbijbel** de etymologie van *beesten: omdat si ons bistaen.* En in hetzelfde werk licht hij de naam van Eva toe, de *moeder alder luden: Alst kind coemt ter wereld uut, so es des cnapelkins eerste luut A ende des meiskins E.* Als in 1569 bij Plantijn te Antwerpen de **Origines Antwerpianae** van Goropius Becanus verschijnt, een omvangrijk en statig werk in het Latijn, opgedragen aan koning Philips II, blijkt de etymologie nog geen stap vooruit te zijn. Becanus bewijst in zijn boek onder meer, dat het Antwerps de oudste taal is, want Adam en Eva hadden het al in het paradijs gesproken, wat men kan afleiden uit hun namen. Van Goropius' naam is *goropisme* afgeleid voor 'een belachelijke etymologie'. Maar ook Willem Bilderdijk (1756-1831), een man die ettelijke talen kende, waaronder Latijn, Italiaans en Arabisch, gaf in zijn **Naamlijst** dergelijke etymologieën, b.v. *oog* komt, omdat het rond is, van de letter O.

Ondertussen was in 1723 een werk verschenen van de Amsterdammer Lambert ten Kate (1674-1731), getiteld **Aenleiding tot de kennisse van het verhevene deel der Nederduitsche sprake,** dat moderne inzichten geeft, maar geen invloed heeft gehad buiten de erkenning door Jacob Grimm (1785-1863). Ten Kate is de voorloper van de moderne taalwetenschap geweest.

Nadat een Franse priester, Cœurdoux, in 1767 had geschreven dat b.v. Sanskrit *padam* 'stap' naast Grieks *pous* (tweede naamval *podos*; 'voet'), en Latijn *pes* (tweede naamval *pedis*; eveneens 'voet'), moet worden gesteld, werd in de jaarrede van de Asiatic Society in Londen gesteld dat Sanskrit, Grieks en Latijn zoveel gemeen hebben, en ook het Perzisch en, zij het met meer afwijkingen, Gotisch en Keltisch, dat zij wel een gemeenschappelijke oorsprong moeten hebben. Hiermee was de vergeefse reeks pogingen om de herkomst van de woorden af te leiden uit het bijbelse Hebreeuws ten einde. Het Sanskrit, een taal waarvan de documenten immers veel ouder waren dan van het Grieks, gaat vanaf dat moment de plaats van het Hebreeuws innemen. Eerst in de 19de eeuw ontstond door de formulering van de klankwetten een goede basis voor de etymologie zoals wij die thans kennen. Klankwet is de taalkundige naam voor een formulering van een klankontwikkeling die regelmatig optreedt. Er zijn tal van klankwettige verschuivingen in de diverse talen aan te wijzen, waarop we in het kader van deze beperkte inleiding moeilijk verder kunnen ingaan.

Een uitzondering moet evenwel worden gemaakt voor de Germaanse klankverschuiving waaraan de naam van de eerder genoemde Jacob Grimm is verbonden. Hij formuleerde de wetten der klankverschuiving in zijn **Deutsche Grammatik** (1819-1837). In het Oergermaans gingen *b, d, g* over in *p, t, k,* vergelijk Latijn *labium* met *lip, pedis* (2e naamval enk.) met *voet* en *ager* met *akker*. *Bh, dh, gh* gingen, via een tussenstadium, over in *b, d, g,* vgl. Sanskrit bi*bh*armi met ge*b*oren. *P, t, k* gingen over in *f, th* (als in het Engels) en *ch,* vgl. Latijn *cor* met Nederlands *hart* (met *h* < *ch*).

Op het gebied van de klinkers is de situatie zeer ingewikkeld. De Indogermaanse *ei* werd tot *ī*, maar in het Nederlands werd de *ī* vanaf de 16e eeuw gediftongeerd tot *ij* (mnl. *swine* > *zwijn*). De Indogermaanse *ū* (spreek uit: oe) bleef in het Germaans behouden, maar ging in het Nederlands over in *uu* en later in *ui* (behalve vóór *r*, vergelijk *vuur*). In het Algemeen Beschaafd Nederlands zijn nog allerlei relicten over met de oude *oe*, in b.v. woorden die in een speciale, huiselijke sfeer werden gebruikt, b.v. *poes* en niet *puis*. De Germaanse *au*, die in het Hoogduits deels bewaard bleef, werd in het Nederlands tot *ō*, vergelijk *laufen* met *lopen*. De Indogermaanse *ŏ* viel samen met de *ă* (bv. Latijn *octo* wordt Nederlands *acht*), maar Indogermaans *ā* werd tot Germaans *ō* (Latijn *frater* wordt Gotisch *broþar*).

Op Germaans gebied voltrok zich sinds de 6e eeuw na Chr. een tweede, de Hoogduitse, klankverschuiving waarbij de Germaanse *p, t, k,* die in het Nederlands, Fries, Nederduits, Engels, Scandinavisch en Gotisch zijn gebleven, in het Hoogduits aan het begin van een woord en na medeklinkers zijn verschoven tot *pf, ts, ch,* na klinkers tot *ff, sz* (waaruit later *ss*) en *ch*. Vgl. *schlafen* met *slapen, eten* met *essen, breken* met *brechen, teken* met *Zeichen, zout* met *Salz*. Verder zijn *b, d, g* deels stemloos geworden en uitgesproken als *p, t, k.* De verschijnselen van de klankverschuivingen zijn niet voor alle posities even ver doorgedrongen. Wat de oorzaak van de verschuivingen is geweest, is niet duidelijk. Sommigen denken aan echt Germaanse factoren, b.v. de accentuatie, anderen schrijven hen toe aan de invloed van de vermenging van een oerbevolking met de Germanen.

Het Nederlands, dat met zijn naaste verwanten, het Nederduits, het Hoogduits, het Fries en het Engels, stamt van het Westgermaans, is in hoofdzaak de voortzetting van het Nederfrankisch en laat zich bij gebrek aan oudere bronnen, slechts volgen vanaf de 12e eeuw, sinds wanneer voor het eerst doorlopende teksten zijn overgeleverd. De taal is dan Middelnederlands. Een Oudnederlandse geschreven periode is voor onze taal – afgezien van Oudoostnederfrankische psalmen, een enkel zinnetje en wat losse woorden – niet bekend. In het Middelnederlands is nog geen algemene schrijftaal tot stand gekomen. De auteurs schrijven vrijwel altijd in het eigen dialect.

Het huidige Nederlands bestaat enerzijds uit wat wij noemen de Germaanse erfwoordenschat, d.w.z. die woorden die uit het Oudnederfrankisch stammen en van oudsher verwant zijn met woorden in andere Germaanse talen en in veel gevallen ook met woorden in andere Indogermaanse talen. Anderzijds dateert een groot deel van onze woordenschat van later tijden. Meestal zijn dat dan woorden, die in een latere ontwikkelingsfase aan andere talen werden ontleend. In de eerste plaats ontleenden wij aan andere Indogermaanse talen.

Het Latijn is daarbij een van de voornaamste bronnen. Woorden als *kaas* (Latijn *caseus*) en *poort* (Latijn *porta*) dateren al van de periode van de Romeinse bezetting. Het gebruik van dergelijke woorden kan ofwel een aanwijzing zijn dat de Romeinse cultuur door de Germanen als superieur aan de hunne werd gevoeld, ofwel dat zij met de typisch Romeinse produkten ook de daarbij horende namen importeerden. Met de komst van het christendom, met zijn Latijnse liturgie, werd de Latijnse invloed versterkt. En nog in de Middeleeuwen en ten tijde van het humanisme was Latijn de taal van geleerden, theologen, artsen en juristen, maar ook de schrijftaal van vele auteurs.

Ondertussen mogen wij erop wijzen dat via het Latijn, dat sterk door het Grieks was beïnvloed, ook veel Griekse woorden binnenkwamen. *Boter* (van *boutyrum*) is daarvan een voorbeeld, maar ook *kerk* (van *kuriakon*).

Een andere zeer belangrijke bron voor de uitbreiding van onze woordvoorraad was het Frans, eveneens op grond van cultureel overwicht. In het oudste ons bekende Nederlands is dit al het geval, maar ook veel later, tot vrijwel in onze tijd, vond men het chic om wat Frans te spreken. Omdat het Frans een Romaanse taal is, die vooral stoelt op het Latijn, zijn er in dit woordenboek nogal wat woorden aan te wijzen waarvan gezegd wordt dat zij aan het Frans zijn ontleend, maar die evengoed rechtstreeks uit het Latijn gekomen kunnen zijn. Het Latijn was immers een internationale taal waaruit Fransen, maar ook Nederlanders, gemakkelijk konden putten. Ook het Hoogduits, Engels, Italiaans en Spaans leverden, voornamelijk in de periode van cultureel overwicht, bijdragen aan onze taal.

Ook werd ontleend aan talen van buiten de Indogermaanse familie. In de eerste plaats aan het Hebreeuws, dat op diverse manieren tot ons kwam. Via de bijbel, maar ook via het Bargoens, dat voor een deel rechtstreeks teruggaat op het Hebreeuws; vergelijk *beissie* voor 'dubbeltje', maar dat ook via Jiddisch en Rotwelsch (de Duitse dieventaal) op het Hebreeuws stoelt.

Een andere Semitische bron is het Arabisch, dat een vrij aanzienlijk aantal woorden opleverde via Middeleeuws Latijn of via Romaanse talen, vooral in de Middeleeuwen, toen de Arabische culturele invloed sterk was. Er is wat de etymologie van woorden van Semitische afkomst aangaat sprake van verwaarlozing door de auteurs van Nederlandse etymologische woordenboeken. Dit kan een gevolg zijn van de ontdekking van en de gerichtheid op het Indogermaanse taalsysteem, dat de aandacht in sterke mate heeft opgeëist, maar ook van de lange periode van Europacentrische geschiedbeschouwing.

Het koloniale verleden heeft het Nederlands verrijkt met tal van woorden, die goeddeels uit het Maleis stammen. In de periode na 1945 heeft de exponentiële groei van de media, van het toerisme en van de toenemende handelscontacten grote aantallen vreemde woorden tot gemeengoed gemaakt. Uitheemse woorden krijgen een Nederlandse vorm, maar ook het oorspronkelijke Nederlands is in de loop der tijden veranderd en staat nog steeds aan verandering bloot, hoewel de invoering van de standaardschrijftaal dit veranderingsproces in sterke mate vertraagt.

Nieuwe woorden doen steeds hun intrede omdat er nieuwe, vooral technische, chemische, medische en plantkundige begrippen bijkomen die om een naam vragen. Uit deze behoefte stammen o.a. de vele woorden die doelbewust zijn gevormd uit Grieks en Latijns woordmateriaal.

Een aparte groep wordt gevormd door woorden die ontstaan uit namen (de vernoemingen: zie registers), zoals bijvoorbeeld de *bougie* en de *duffel* uit plaatsnamen en de *bobby* en de *raglan* uit persoonsnamen.

Onbegrip is eveneens een taalvormend element. Een voorbeeld hiervan is dat Spaanse woorden werden overgenomen mèt het niet-onderkende lidwoord. Zo komt men tegen een *eldorado,* hoewel *el* het bepalend lidwoord is en men dus zou moeten spreken van een *dorado*. Bij woorden van Arabische herkomst is dit schering en inslag: *luit* gaat terug op Arabisch *al'ud.* Maar ook in het Nederlands komen dergelijke gevallen voor. Zo viel in *adder* de *n* weg omdat de sprekers *een nadder* aanzagen voor *een adder*. Onbegrip staat ook voorop bij de volksetymologieën, vergelijk het plantje *ezelsmelk* met het Latijnse origineel *esula* 'engbloem'. De Nederlanders hebben dit woord eenvoudig aangepast aan de Nederlandse taalverhoudingen en er iets herkenbaars van gemaakt, waarbij dan ook aan het melkachtige sap werd gedacht. In sommige gevallen moet men ook denken aan de kans dat volkshumor met een zekere moedwilligheid een rol heeft gespeeld: *zemelachtig* in plaats van *zenuwachtig*. Een basterdvloek als *potverdomme* met een opzettelijke verlegging van *god* tot *pot* is eveneens een voorbeeld van moedwillige verandering.

De behoefte om niet verstaan te worden door niet-ingewijden heeft ook taalvormend gewerkt. Dit is ongetwijfeld een van de ontstaansgronden van vooral het medische vakjargon, maar evenzeer van de diverse geheimtalen.

Een verschijnsel waarmee eveneens rekening gehouden moet worden is dat namen van het ene op het andere voorwerp kunnen overgaan. Dingen, apparaten, werkwijzen enz. veranderen, immers, raken uit de mode of in de vergetelheid. Dit hoeft niet te impliceren, dat ook het woord verdwijnt. Zo is het bijvoorbeeld soms onmogelijk na te gaan of de uit het Grieks stammende benaming van een plant nog steeds op diezelfde plant slaat. Dit is zeker niet het geval met de *cactus,* die aanvankelijk niet in het Middellandse Zeegebied voorkwam. Het woord is overgenomen uit het Grieks, waar het een stekelige plant betekent.

Dit is een eenvoudig voorbeeld van de problemen waarvoor de beoefenaar van de etymologie zich gesteld ziet. Naast de woordvormen moet hij ook hun vroegere betekenissen trachten te achterhalen. Taal is de spiegel van de samenleving. Het woordenboek bevat dan ook veel cultuurhistorische informatie, ook als daarop niet uitdrukkelijk in de artikelen wordt gewezen.

Het bovenstaande is een allesbehalve uitputtende opsomming van problemen en verschijnselen waarmee de etymologie te maken heeft, maar zij laat ten minste raden, dat woordverklaring een terrein is met vele voetangels en klemmen. Daar komt bij dat wij gedwongen zijn ons te baseren op wat uit het verleden schriftelijk werd overgeleverd. Helaas vertoont die overlevering lacunes. Sommige woorden van kennelijk hoge ouderdom zijn nooit in bronnen gevonden.

Het ligt voor de hand dat taalkundigen het niet altijd met elkaar eens zijn, zodat voor één woordverklaring tegenstrijdige uitleggingen tegenover elkaar staan. Omdat dit woordenboek geen werk is dat zich richt op taalkundigen en het anderzijds niet onbeperkt mag uitdijen, is – enkele gevallen daargelaten – volstaan met de meest plausibel lijkende verklaring. Evenzo is binnen de artikelen niet verwezen naar publikaties over het betreffende woord. Men kan ze in de meer wetenschappelijke woordenboeken vinden (zie de beknopte bibliografie op pag. 846).

Ten aanzien van Indogermaanse woorden geldt dat slechts een beperkte keuze van de oudste verwanten wordt gegeven om althans een bescheiden indruk te geven van de verbreiding van het woord. Een systematische vermelding van verwanten zou te ver hebben gevoerd.

Omwille van de leesbaarheid is afgezien van het gebruik van vreemde alfabetten en is zo goed mogelijk van het ons vertrouwde schrift gebruik gemaakt. Met het oog op de beperkte doelstelling zijn korte en lange vocalen lang niet altijd gemarkeerd, tenzij verwarring voor de hand ligt, zoals bij het Latijn *pendēre* naast *pendĕre*. Voor Germaanse vormen geldt dat alleen indien de uitspraak afwijkt van de huidige Nederlandse uitspraak de lengte op de vocalen is aangegeven. Bij de aanpassing aan Semitische alfabetten is consequent de lange vocaal aangegeven, omdat anders problemen kunnen ontstaan voor degene, die in de in principe op wortels van medeklinkers gealfabetiseerde woordenboeken het artikel wil verifiëren. Voor het Grieks is een weergave met *ph* gehandhaafd.

Als uitgangspunt voor de keuze van de trefwoorden heeft **Van Dale's Groot Woordenboek der Nederlandse Taal** (11^e druk) gediend. De huidige betekenis van een woord is aangegeven in een verkorte vorm, juist voldoende voor identificatie. Het is aan te raden in **Van Dale's Groot Woordenboek der Nederlandse Taal** het hele betekenisbereik na te gaan, omdat daarin aanvullende informatie kan schuilen.

Tot slot moet gezegd worden dat een van de grootste problemen in de etymologie – en de semantiek, de betekenisleer, die wij hiervan moeilijk kunnen scheiden – is gelegen in de 'span of control' van de etymoloog. Hij kent geen tientallen talen grondig en zijn kennis is stellig niet onbeperkt, zodat hij een (kritisch) gebruik moet maken van wat zijn voorgangers hebben aangedragen en de hulp moet inroepen van individuele of institutionele deskundigheid. Aan een werk als dit zullen dus ongetwijfeld talrijke feilen blijven kleven. De auteurs houden zich dan ook aanbevolen voor kritiek. Zij hopen dat het de gebruiker brengt tot een beter inzicht in zijn eigen taal en dat deze af en toe ook plezier zal beleven aan de boeiende en soms verrassende erfenis die wij van onze voorouders hebben meegekregen.

Opbouw van de artikelen

Elk trefwoord (in de voorkeurspelling) wordt gevolgd door een korte betekenisaanduiding tussen bijbelhaken. Gelijkluidende woorden met een verschillende betekenis worden van elkaar onderscheiden door middel van een homoniemnummer direct na het trefwoord. Vóór de betekenisaanduiding worden eventuele vormvarianten van het trefwoord gegeven. Dan volgt eventueel tussen ronde haken een jaartal dat aangeeft wanneer het woord voor het eerst geattesteerd is en/of de oudste vorm waarin het woord in onze taal voorkomt (indien bekend wordt hier de Middelnederlandse vorm gegeven). Vervolgens komt de betekenis van deze oudste vorm voor zover deze afwijkt van de huidige betekenis.

Daarna is de opbouw van het artikel, afhankelijk van de oorsprong van het trefwoord, als volgt:

1. **Bij erfwoorden uit het Indogermaans of uit het Germaans:**

    opsomming van taalnamen en taalvormen *binnen* het Germaans, met de betekenis (indien afwijkend van de betekenis in het Nederlands), en wel in principe in de volgorde: Middelnederduits, Oudnederfrankisch, Oudsaksisch, Oudhoogduits, Oudfries, Oudengels, Oudnoors, Gotisch; soms gevolgd door de moderne vorm

    opsomming van taalnamen en taalvormen *buiten* het Germaans, waarbij als regel in elk geval de Latijnse en Griekse correspondenties worden vermeld

    eventueel nadere etymologische informatie.

2. **Bij leenwoorden:**

a. directe ontleningen:
    < **taalnaam**
    taalvorm
    [betekenis] (indien afwijkend van die van het trefwoord)
    eventueel gevolgd door informatie over de afleiding van de desbetreffende taalvorm binnen de genoemde taal.

b. indirecte ontleningen:
   < **taalnaam**
   taalvorm
   [betekenis] (indien afwijkend van die van het trefwoord)
   < **taalnaam**
   taalvorm
   [betekenis] (indien afwijkend van de vorige betekenis)
   eventueel informatie over de afleiding.

c. indien de oorsprong niet zeker is (met name bij woorden die hetzij uit het Frans, hetzij uit het Latijn komen), wordt het eerste ontleningsteken weggelaten:

   taalnaam
   taalvorm
   [betekenis]
   < **taalnaam**
   taalvorm
   [betekenis]
   eventueel informatie over de afleiding.

3. **Bij geleerde vormingen** (dit zijn medische, technische, biologische termen e.d., die in de moderne tijd gevormd zijn van woorden uit de klassieke talen):

   gevormd van
   taalnaam
   taalvorm
   [betekenis]
   afleiding van de genoemde taalvorm
   (binnen of buiten de genoemde taal).

   bij composita wordt het bovenstaande nog gevolgd door:
   + **taalnaam**
   taalvorm
   [betekenis]
   afleiding van genoemde taalvorm.

   of:
   + *taalvorm*
   [betekenis]
   afleiding van de genoemde taalvorm.

4. Bij vernoemingen:

genoemd naar
plaats-, stof-, persoonsnaam e.d.
(tijdsaanduiding, indien bekend)
nadere informatie.

Verwijzingen:

Verwijzingen staan ***vet-cursief.***

Met een → wordt verwezen naar een ander trefwoord. Verwijzingen worden gebruikt wanneer de verklaring voor het gehele trefwoord of een deel daarvan gegeven wordt onder een ander trefwoord. Wanneer het een deel van het trefwoord betreft, is de aanduiding '(vgl. ***trefwoord*** x)' gebruikt. Wanneer een trefwoord als geheel onder een ander trefwoord wordt behandeld, wordt de verwijzing voorafgegaan door een pijl. Dezelfde pijl wordt gebruikt, wanneer aan het eind van een trefwoord, na volledige behandeling, verwezen wordt naar een aan het trefwoord verwant woord.

Lijst van geciteerde talen en dialecten

Talen met • ervoor worden niet meer gesproken. Voor de tijdsstadia zoals Oudfrans, Middelwelsh e.d.: zie bijlage 2. Deze stadia zijn niet apart in onderstaande lijst opgenomen, evenmin als geografische bepalingen zoals Algerijns-Arabisch, Zuidchinees. Na een opsomming van de talen in alfabetische volgorde volgt een opsomming van de geciteerde dialecten.

Geciteerde talen

taalnaam:	taalgroep:	taalfamilie:
abnaki		algonkian
• aeolisch	*grieks*	indogermaans
afghaans	*iraans*	indogermaans
afrikaans	*germaans*	indogermaans
ainoe		geïsoleerde taal
akkadisch	*semitisch*	afro-aziatisch
albaans	*albaans*	indogermaans
algonkin		algonkian
amhaars	*semitisch*	afro-aziatisch
annamitisch		austro-aziatisch
antilliaans		creoolse taal
arabisch	*semitisch*	afro-aziatisch
• aramees	*semitisch*	afro-aziatisch
armeens	*armeens*	indogermaans
arowak		ando-equatoriaal
aruakaans		macro-chibcha
atjehs	*indonesisch*	austronesisch
australisch		australisch
avestisch	*iraans*	indogermaans
aymara		ando-equatoriaal
bahasa indonesia	*indonesisch*	austronesisch
bantoe	*bantoe*	niger-kordofisch
baskisch		geïsoleerde taal
bengali	*indisch*	indogermaans
berbers	*berbertalen*	afro-aziatisch
boeginees	*indonesisch*	austronesisch

braziliaans	*romaans*	indogermaans
bretons	*keltisch*	indogermaans
bulgaars	*slavisch*	indogermaans
caddo		macro-sioux
caribisch	*caribisch*	ge-pano-caribisch
castiliaans [spaans]	*romaans*	indogermaans
catalaans	*romaans*	indogermaans
chinees	*chinees*	sino-tibetaans
• **cornisch**	*keltisch*	indogermaans
corsicaans	*romaans*	indogermaans
cree		algonkian
• **cyprisch**	*grieks*	indogermaans
dakota		macro-sioux
deens	*germaans*	indogermaans
• **egyptisch**	*egyptisch*	afro-aziatisch
engels	*germaans*	indogermaans
eskimo		eskimo-aleut
• **etruskisch**		geïsoleerde taal
faeröers	*germaans*	indogermaans
fanti		niger-kordofisch
• **fenicisch**	*semitisch*	afro-aziatisch
fins	*fins-oegrisch*	oeralisch
• **frankisch**	*germaans*	indogermaans
frans	*romaans*	indogermaans
fries	*germaans*	indogermaans
gaelisch	*keltisch*	indogermaans
galibi		ge-pano-caribisch
• **gallisch**	*keltisch*	indogermaans
• **gallisch-latijn**	*italisch*	indogermaans
galloromaans	*italisch*	indogermaans
gambia		creoolse taal
georgisch	*kaukasisch*	kaukasisch
• **gotisch**	*germaans*	indogermaans
grieks	*grieks*	indogermaans
guarani		ando-equatoriaal
gujarati	*indisch*	indogermaans
haïtiaans		creoolse taal
hamitisch		nilo-saharisch
hawaïaans	*polynesisch*	austronesisch
hebreeuws	*semitisch*	afro-aziatisch
• **hettitisch**	*hettitisch*	indogermaans
• **hiëratisch**	*egyptisch*	afro-aziatisch

hindi	*indisch*	indogermaans
hindustani	*indisch*	indogermaans
hongaars	*fins-oegrisch*	oeralisch
hoogduits	*germaans*	indogermaans
hottentots		khoisan
• iberisch		geïsoleerde taal
iers	*keltisch*	indogermaans
ijslands	*germaans*	indogermaans
• illyrisch	*illyrisch*	indogermaans
indonesisch	*indonesisch*	austronesisch
ingveoons [noordzeegermaans]	*germaans*	indogermaans
• ionisch	*grieks*	indogermaans
iraans	*indo-iraans*	indogermaans
irokees		macro-sioux
italiaans	*romaans*	indogermaans
jakoetisch	*turks*	altaïsch
japans		geïsoleerde taal
javaans	*indonesisch*	austronesisch
jiddisch	*germaans*	indogermaans
kalmuks	*mongools*	altaïsch
kasjubisch	*slavisch*	indogermaans
kawi	*indonesisch*	austronesisch
kerkslavisch	*slavisch*	indogermaans
kikongo		niger-kordofisch
kongolees		niger-kordofisch
• koptisch	*egyptisch*	afro-aziatisch
koreaans		geïsoleerde taal
• krimgotisch	*germaans*	indogermaans
kroatisch	*slavisch*	indogermaans
laotiaans		tai
laps	*fins-oegrisch*	oeralisch
• latijn	*italisch*	indogermaans
lenapisch		algonkian
lets	*baltisch*	indogermaans
litouws	*baltisch*	indogermaans
• longobardisch	*germaans*	indogermaans
malagasi	*indonesisch*	austronesisch
malayalam		dravidisch
maledivisch	*indisch*	indogermaans
maleis	*indonesisch*	austronesisch
mandarijn	*chinees*	sino-tibetaans

mandingo		niger-kordofisch
maori	*polynesisch*	austronesisch
marathi	*indisch*	indogermaans
maya		penoetisch
melanesisch		austronesisch
micmac		algonkian
• middelindisch	*indisch*	indogermaans
• mishnaïsch hebreeuws	*semitisch*	afro-aziatisch
moluks	*indonesisch*	austronesisch
mongools	*mongools*	altaïsch
• myceens [lineair B]	*grieks*	indogermaans
nahuatl		aztec-tano
narranganset		algonkian
nederduits [platduits]	*germaans*	indogermaans
nederlands	*germaans*	indogermaans
• nederrijns	*germaans*	indogermaans
noors	*germaans*	indogermaans
nubisch		nilo-saharisch
oegaritisch	*semitisch*	afro-aziatisch
oekraïens	*slavisch*	indogermaans
ojibwa		algonkian
• oscisch	*italisch*	indogermaans
ossetisch	*iraans*	indogermaans
• ostrogotisch	*germaans*	indogermaans
• oudindisch	*indo-iraans*	indogermaans
• oudkerkslavisch [oudbulgaars]	*slavisch*	indogermaans
• oudnederfrankisch	*germaans*	indogermaans
• oudnoors	*germaans*	indogermaans
• oudpruisisch	*baltisch*	indogermaans
• oudsaksisch [oudnederduits]	*germaans*	indogermaans
papiamento		creoolse taal
perzisch	*iraans*	indogermaans
polynesisch	*polynesisch*	austronesisch
pools	*slavisch*	indogermaans
portugees	*romaans*	indogermaans
powhatan		algonkian
• prakrit	*indisch*	indogermaans
provençaals	*romaans*	indogermaans
punjabi	*indisch*	indogermaans
quechua		ando-equatoriaal

raetisch [raetoromaans]	*romaans*	indogermaans
roemeens	*romaans*	indogermaans
russisch	*slavisch*	indogermaans
• sabijns	*italisch*	indogermaans
• saksisch	*germaans*	indogermaans
• samnitisch	*italisch*	indogermaans
samojeeds	*samojeeds*	oeralisch
scandinavisch [noordgermaans]	*germaans*	indogermaans
• scytisch	*iraans*	indogermaans
senegalees		niger-kordofisch
servisch	*slavisch*	indogermaans
servokroatisch	*slavisch*	indogermaans
singalees	*indisch*	indogermaans
slovaaks	*slavisch*	indogermaans
sloveens	*slavisch*	indogermaans
• soemerisch		geïsoleerde taal
soendaas	*indonesisch*	austronesisch
• sogdisch	*iraans*	indogermaans
somali	*koesjitisch*	afro-aziatisch
sorbisch	*slavisch*	indogermaans
sotho		niger-kordofisch
spaans	*romaans*	indogermaans
sranantongo		(surinaams) creools
swahili	*bantoe*	afro-aziatisch
syrisch	*semitisch*	afro-aziatisch
tagalog	*indonesisch*	austronesisch
tahitiaans	*polynesisch*	austronesisch
taino		ando-equatoriaal
tamil		dravidisch
tataars	*turkotataars*	altaïsch
teloegoe		dravidisch
thai		tai
• thracisch	*thracisch*	indogermaans
tibetaans	*tibetaans*	sino-tibetaans
toba-batak	*indonesisch*	austronesisch
• tochaars A, B	*tochaars*	indogermaans
toengoes	*toengoes*	altaïsch
tsjechisch	*slavisch*	indogermaans
tupi		ando-equatoriaal
turks	*turkotataars*	altaïsch
• umbrisch	*italisch*	indogermaans

urdu	*indisch*	indogermaans
• venetisch	*italisch*	indogermaans
vietnamees		austro-aziatisch
vlaams	*germaans*	indogermaans
• vulgair latijn	*italisch*	indogermaans
waals	*romaans*	indogermaans
welsh	*keltisch*	indogermaans
wogoelisch	*fins-oegrisch*	oeralisch
zigeunertaal	*indisch*	indogermaans
zoeloe		niger-kordofisch
zwartvoet		algonkian
zweeds	*germaans*	indogermaans

Geciteerde dialecten

dialect van:

allemannisch	hoogduits
argot	[franse dieventaal]
bargoens	[nederlandse dieventaal]
beiers	hoogduits
brabants	nederlands
gascons	frans
gronings	nederlands
hollands	nederlands
ligurisch	italiaans
limburgs	nederlands
lombardisch	italiaans
macedonisch	grieks
nedersaksisch	nederlands
noordhollands	nederlands
normandisch	frans
picardisch	frans
piemontees	italiaans
rotwelsch	[duitse dieventaal]
savoois	frans
schots	engels
schwäbisch	hoogduits
zaans	nederlands
zeeuws	nederlands

Lijst van tekens en afkortingen

<	ontleend aan	m.b.t.	met betrekking tot
>	geworden tot	me.	middeleeuws
ar.	arabisch	**middeleng.**	middelengels
barg.	bargoens	**middelfr.**	middelfrans
bep.	bepaald	**middelhd.**	middelhoogduits
bez.	bezittelijk	**middelnd.**	middelnederduits
bijw.	bijwoord(elijk)	**middelnl.**	middelnederlands
bn.	bijvoeglijk naamwoord	m.n.	met name
b.v.	bijvoorbeeld	mv.	meervoud
ca.	circa	**nd.**	nederduits
chr.	christelijk	**nl.**	nederlands
deelw.	deelwoord	nv.	naamval
dial.	dialect(isch)	o.	onzijdig
e.d.	en dergelijke	oorspr.	oorspronkelijk
eig.	eigenlijk	**oudeng.**	oudengels
eng.	engels	**oudfr.**	oudfrans
enk.	enkelvoud	**oudhd.**	oudhoogduits
fig.	figuurlijk	**oudnl.**	oudnederlands
fr.	frans	**oudruss.**	oudrussisch
geogr.	geografisch	pers.	persoonlijk
germ.	germaans	resp.	respectievelijk
gr.	grieks	rom.	romaans
hd.	hoogduits	**russ.**	russisch
hebr.	hebreeuws	scheik.	scheikundig
idg.	indogermaans	teg.	tegenwoordig
iem.	iemand	verl.	verleden
it.	italiaans	vgl.	vergelijk
kelt.	keltisch	vnw.	voornaamwoord
klass.	klassiek	vr.	vrouwelijk
lat.	latijn	vulg.	vulgair
lett.	letterlijk	ww.	werkwoord
lidw.	lidwoord	zelfst.	zelfstandig
m.	mannelijk	zn.	zelfstandig naamwoord

a

a, aa [naam in waterlopen (in aardrijkskundige namen)] **middelnl.** *ă*, **oudsaksisch, oudhd.** *aha,* **oudfries** *ā, ē,* **oudeng.** *ea,* **gotisch** *ahwa;* buiten het germ. **lat.** *aqua* [water] *ee, IJ.*

a- [1] → *ab-*.

a- [2] [ontkenning] < **gr.** *a-, an-* (voor een klinker), verwant met **lat.** *in,* **oudfries, oudeng., oudhd., gotisch** *un-,* **oudnoors** *ū-, ō-,* **nl.** *on-.*

Aagje [vrouwennaam] verkleiningsvorm van *Aagt: Nieuwsgierig Aagje,* al dan niet met toevoeging *van Enkhuizen,* is ontleend aan het bijvoegsel achter *T Leven en Bedrijf van Clement Marot. Uit het Fransch in het Nederduyts vertaalt door Jan Soet* (1655). In het *Kluchtigh Avontuurtje van 't Nieuwsgierigh Aeghje van Enckhuysen* wordt verhaald van Aagje die met haar buurman, een schipper, meevoer naar Antwerpen en daar in moeilijkheden kwam.

aagjesappel, aagt, aagtappel [lichtzure appel] samenstelling met de persoonsnaam *Aagt;* samenstelling met een persoonsnaam is niet ongewoon, vgl. *dirkjesappel, jaapjespeer, mariakaakje.*

aaien [strelen] mogelijk ontstaan uit het tussenwerpsel *aai, aai-poes.*

aak [1] [schip] **middelnl.** *ake, achche, aeke, aeck, aick,* bij Kiliaan naast *aecke* ook *naecke,* **oudsaksisch** *nako,* **oudhd.** *nahho,* **oudeng.** *naca* < **me. lat.** *naca* < **lat.** *navis* [schip]; de begin *n* viel weg o.i.v. het lidw., vgl. *adder, nadder.*

aak [2] [Spaanse veldesdoorn] nevenvorm van *eik.*

aakster [ekster] dial., vgl. *ekster.*

aal [1] [gier] → *aalt.*

aal [2] [bier] **middelnl.** *ael, ale,* bij Kiliaan *eel,* **oudeng.** *alu, ealu,* **oudnoors** *ǫl,* **eng.** *ale;* buiten het germ. **lat.** *alumen* [aluin].

aal [3] [vis] **middelnl.** *ale, ael,* **oudsaksisch, oudhd.** *āl,* **oudeng.** *ǣl* (**eng.** *eel*), **oudnoors** *āll,* etymologie onzeker.

aalbes [vrucht] **middelnl.** *aelbesie,* **middelnd.** *albere,* waarschijnlijk gevormd van *aal* [2] + *bes, bezie;* de bes was en is een grondstof voor sterke drank.

aalgeer → *elger.*

aalkub, aalkubbe [aalskruik] gevormd van *aal* [3] + *kub.*

aalkwab [vis] gevormd van *aal* [3] + *kwab.*

aalmoes [gift] **middelnl.** *aelmoese(ne),* **hd.** *Almosen,* **eng.** *alms,* < **oudfr.** *almosne* (**fr.** *aumône*) < **lat.** *elemosina* < **gr.** *eleèmosunè* [medelijden, (in byzantijns gr.) liefdadigheid], van *eleèmōn* [medelijdend, barmhartig], van *eleos* [medelijden].

aalmoezenier [katholiek geestelijke] **middelnl.** *aelmoesenier, aelmissenier* < **oudfr.** *almosnier* < **me. lat.** *eleemosynarius* (vgl. *aalmoes*).

aalmootje [zeker gebakje] waarschijnlijk **middelnl.** *aelmote, aelmose* [schenking, voedsel verstrekt aan de armen] (vgl. *aalmoes*).

aalscholver → *schollevaar.*

aalt, aal [gier] met later toegevoegde *t,* verkort uit **oostmiddelnl.** *adel* [slijk], **middelnd.** *ad(d)el* [gier], **fries** *ael,* **oudeng.** *adel, adela* [vuilnis, riool, urine], **eng.** *addle* [rot, bedorven].

aalwaardig, aalwarig [onbezonnen, knorrig] **middelnl.** *a(e)lwarich, a(e)lwerich, a(e)waerdich* [dom, knorrig, dartel], **oudhd.** *alawari,* **hd.** *albern* [goed, welwillend], **fries** *aelwer,* **oudeng.** *ealverlic* [idem], **oudnoors** *alvara* [ernst], van *al* + *waar,* dus geheel waar.

aam [vochtmaat] **middelnl.** *aem, ame,* **hd.** *Ohm* < **me. lat.** *ama* [vat, wijnmaat] < **gr.** *amè* [emmer].

aambeeld nevenvorm van *aanbeeld.*

aambei [besachtige opzwelling van de aderen] **middelnl.** *aenbeye,* het eerste lid vermoedelijk van *ange* [eng, beklemd], vgl. *aamborstig,* het tweede lid is *bei,* vgl. *aardbei.*

aamborstig [kortademig] oudere vormen van het eerste lid zijn o.m. *ang-, eng-,* vgl. **hd.** *engbrüstig,* dus met nauwe borst.

aamt [zwelling van de uier] **oudeng.** *oman,* **oudnoors** *amusǫtt* [belroos], verwant met *emelt,* **middelnl.** *amelte, emelte* [larve], **oudeng.** *emel, ymel* [rups]; ziekten werden nogal eens toegeschreven aan wormen.

aan [voorzetsel] **middelnl.** *a(e)n, ane,* **oudnederfrankisch, oudsaksisch, oudhd., oudfries** *ana,* **oudeng.** *on,* **oudnoors** *ā,* **gotisch** *ana;* buiten het germ. **lat.** *an-,* **gr.** *ana* [op, naar boven], **oudindisch** *ana* [op].

aanbeeld [blok waarop metalen bewerkt worden] **middelnl.** *aenvilt, aenvelt, aenbilt, (h)aenbelt, a(e)mbelt,* **oudeng.** *anfilte* (**eng.** *anvil*), **oudhd.** *anevalz* (**hd.** *Amboss*); het eerste deel is wel *aan,* het tweede wordt verbonden met *vilt,* van een basis met de betekenis 'stampen', vgl. **hd.** *Amboss,* **nl.** *aanbeeld* → *boten.*

aanbevelen [aanraden] gevormd van *aan* + *bevelen* [eig. bevelen aan iem., iets als in zijn handen stellen].

aanbidden [met geestdrift vereren] **middelnl.** *aenbidden* [iem. in gebede aanroepen, aanbidden], **middelnd.** *anbeden,* **oudhd.** *anabeton,* vertaling van **lat.** *adorare.*

aanboeten [opstoken] gevormd van *aan* + *boeten* [beter maken]; de betekenisontwikkeling is te verklaren uit het herstellen van het vuur van de vorige dag, dat 's nachts met as werd afgedekt.

aandacht [belangstelling] **middelnl.** *aendacht(e)* [opmerkzame aandacht, (vooral ook) godsdienstige overpeinzing (5e eeuw)], **middelhd.** *andāht* (**hd.** *Andacht*).

aandoening — aanvangen

aandoening [gewaarwording] **middelnl.** *aendoeninghe* [het iem. in een zekere stemming brengen], van *aendoen* [aantrekken, een zekere toestand over iem. brengen], vermoedelijk een vertaling van lat. *affectus* [toestand, stemming, genegenheid], resp. *afficere* [iem. iets aandoen, beïnvloeden].

aaneen- [elkander in tijd opvolgende] verkort uit *aaneenander, eenander* is de nominatief van *een* en *ander*, waarvan beide delen zo nauw samenhangen dat een voorzetsel dat bij het tweede lid hoort, voor het eerste wordt geplaatst: *aaneen*, **middelnl.** *aeneen, achtereen*, **middelnl.** *aftereen, achtereen*.

aanfluiting [voorwerp van bespotting] bijbelse uitdrukking (Zefanja 2:15 en Ezechiël 27:36) gevormd van *aan* + *fluiten*, d.w.z. naar iem. fluiten om hem te bespotten → *fluit*.

aangaande [betreffende] **middelnl.** *aengaende*, deelw. van *aengaen*; vgl. voor de vorm *rakende, betreffende*.

aangelande [eigenaar van stuk land aan weg of rivier] **middelnl.** *aengelandet, aangelant* [eigenaar van land aan een weg, een dijk, een water, een ander land grenzend], van *aan(grenzend)* + *gelandet, gelant, gelent* [eigenaar van een land] (vgl. **belenden**).

aangenaam [behaaglijk] **middelnl.** *aengename, aangenaem* [liefelijk], *gename* [welgevallig], **middelnd.** *geneme*, **hd.** *angenehm*, **gotisch** *andanēms*, gevormd van *nemen*, **middelnl.** o.a. *loon nemen, erve nemen* [lett. aanneembaar].

aangeschoten [dronken] naar analogie van gevogelte of wild, dat niet neer- maar aangeschoten is en zich fladderend of zwalkend voortbeweegt.

aangezicht [gezicht] **middelnl.** *aengesichte*, contaminatie van *aensichte* [gelaat] en *gesicht(e)* [gezicht, aangezicht], **middelnd.** *angesicht*, **middelhd.** *angesiht*.

aangezien [voegwoord, omdat] oorspr. verl. deelw. van *aensien* [letten op], **middelnl.** *aengesien dat* als voegwoord en *aengesien* als voorzetsel, waartoe lat. resp. fr. absolute constructies zijn gevolgd als **oudfr.** *veue la deposicion*.

aankakken [komen aankakken, komen aanzetten] vgl. oude uitdrukkingen als *loopt schijten!*, *loopt kakken!*, nu: *loop heen!*.

aankalken [iem. aankalken, op zijn rekening schrijven] eig. met krijt op een leitje schrijven, van *kalk*.

aanklampen [met een klamp vastzetten, staande houden] van *aan* + *klamp*, dus eig. iets door een touw op een klamp beleggen, vastzetten.

aankleef ['met den aankleve van dien', met al wat ertoe behoort] **middelnl.** *aencleef* [wat bij iets anders behoort], van *aancleven* [verbonden zijn met].

aankwatsen [barg. over iets onderhouden] < **rotwelsch** *quatschen, quasseln* [praten], **hd.** *quatschen* [kletsen], *Quatsch* [onzin], **oudhd.** *quedan* [praten], **middelnl.** *quedden*, **oudsaksisch** *quethan*, **oudfries** *quetha*, **oudeng.** *cweðan* (**eng.** *he quoth*), **oudnoors** *kveða*, **gotisch** *qiþan*.

aanleiding [omstandigheid die iets ten gevolge heeft] **middelnl.** *aenleidinge, anleidinge* [het vatten en brengen voor de rechter], afgeleid van *aenleiden* [geleiden, brengen, voeren], van *aan* + *leiden*.

aanlengen [verdunnen] gevormd van *aan* + *lang*; in het middelnl. had *lanc, lang* ook de betekenis: slap, krachteloos, dun.

aanmatigen [zich aanmatigen, wederrechtelijk aanspraak maken op] 17e eeuws *zich aanmeten* [zich toeëigenen], **middelnl.** *enen iet aenmeten* [toemeten], werd in de 18e eeuw vervangen door *zich aanmatigen* < **hd.** *sich anmassen*, **middelnd.** *sik anematen* [zich toeëigenen].

aanminnig [bekoorlijk] **middelnl.** *aneminnich*, **middelhd.** *aneminne* [welgevallig], samenstelling van *aan* + *min*¹.

aanranden [te lijf gaan] **middelnl.** *aenranden* [aanvallen, aantasten], gevormd van *aan* + *ranten* [onzin praten, kletsen], nevenvorm van **oostmiddelnl.** *ransen* [worstelen], **hd.** *ranzen* [paren van wild].

aanrecht [keukenblok] ouder *aanrechtbank* → *aanrichten*.

aanrichten [veroorzaken] gevormd van *aan* + *rechten, richten* [in orde brengen, eig. recht maken], *aan* [in de zin van bereiking van de juiste afstand].

aanschijn [gelaat] **middelnl.** *aenschijn*, van *aenschinen* [beschijnen, aanlichten, blijkbaar zijn] (vgl. *schijnen*).

aanschrijven [aangeschreven staan, bekend staan] **middelnl.** *enen aenschriven* [iem. in een boek of register inschrijven, opnemen].

aanstalte [aanstalte(n) maken, toebereidselen maken] (19e eeuws) < **hd.** *Anstalten machen*, gevormd van *an* + *stellen*.

aanstonds [gauw] **middelnl.** *aenstonden, aen dien stonden*; *aanstonds* met het bijwoorden vormend achtervoegsel *s*, afgeleid van *stond*.

aantal [onbepaalde veelheid] **middelnl.** *aentellen* [tellen, een som opmaken], *aengetellet* [in aantal]; mogelijk is *aantal* overgenomen uit **middelnd.** *antal*.

aantijgen → *tijgen*.

aantoortelen [slingerend naderen] gevormd van *aan* + *toortel*.

aanvaarden [beginnen] **middelnl.** *aenvaerden, aenveerden* [de tocht ondernemen, ter hand nemen, gelaten dragen], gevormd van *aan* + *vaert* [reis, tocht], vgl. *varen*¹ [gaan].

aanvallig [bekoorlijk] van **middelnl.** *aenval*, waarvan de eerste betekenis is 'de wijze van zich aan iem. voordoen', b.v. *soeten aenval*, en de tweede is 'vijandige benadering'; pas daarna komen andere betekenissen.

aanvangen [beginnen] middelnl. *aenvaen* en jonger *aenvangen* [in bezit nemen, beginnen], oudhd. *anafahan;* van *aan* + *vangen;* de betekenis 'beginnen' heeft zich sterk verbreid door hd. invloed.

aanwezig [voorhanden] in nieuwnl. ontstaan als tegenstelling tot *afwezig.*

aanwijeren [gat in pijpesteel boren] van *aan* + eng. *wire* [ijzerdraad].

aap [een zoogdier] middelnl. *aep, ape,* hd. *Affe,* eng. *ape,* oudnoors *api;* etymologie onbekend. Buiten het germ. **tsjechisch** *opice,* **russ.** *opica,* waarschijnlijk ontleend aan het germ..

aapje [huurrijtuig in Amsterdam] (1880/1885), oorspr. die van een bepaalde maatschappij, benaming ontleend aan de grijs-met-rode kleding van de koetsiers.

aar [bovenste deel van de halm van graangewassen] middelnl. *aer(e), are,* oudhd. *ahar,* oudeng. *ear,* met *s* voor *r,* oudnoors *ax,* gotisch *ahs,* waarnaast gotisch *ahana* [kaf]; buiten het germ. lat. *acus* [naald], gr. *achnè* [kaf].

-aar [achtervoegsel ter vorming van zn.] middelnl. *-are, -aer, -(e)re, -er,* **oudnederfrankisch** *-ere,* oudnoors *-ari, -eri,* oudhd. *-ari,* middelhd. *-œre* (hd. *-er),* oudfries, oudeng. *-ere,* gotisch *-areis* < lat. *-arius.*

aard [akker, geaardheid] middelnl. *aert* [beploegde of bebouwde grond, terrein, woonplaats, afkomst, geslacht, geaardheid], **oudsaksisch** *ard,* middelhd. *art,* oudeng. *earð* [woonplaats], **oudnoors** *einarðr* [eenvoudig, oprecht], gotisch *arjan* [ploegen]; buiten het germ. lat. *aro,* gr. *aroō,* oudiers *airim* [ik ploeg].

-aard [achtervoegsel dat een mannelijke persoonsnaam vormt met meestal pejoratieve betekenis] waarnaast de verzwakte vorm *-erd,* middelnl. *-aert* < fr. *-ard* (zoals in *grognard* [mopperaar]) < germ. *-hard* (in persoonsnaam als *Bernhard),* later verzwakt tot *-erd.*

aardappel [eetbare knol] middelnl. *erdappel* [alruinwortel, varkensbrood], van *aert* [akkerbouw, veldvruchten, voedsel van dieren] + *appel*[1], nd. *erdappel,* hd. dial. *Erdapfel;* na de invoer van de aardappel in Europa, in 1565, ging de naam over op het nieuwe begrip.

aardbei [vrucht] (1597) < *aarde* + *bei* < fr. *baie* [vrucht] < lat. *baca, bacca* [besvormige vrucht].

aarde [grond, onze planeet] middelnl. *aerde, eerde,* **oudsaksisch** *ertha,* oudhd. *erda,* **oudfries** *erthe,* oudeng. *eorðe,* oudnoors *jǫrð,* gotisch *airþa;* buiten het germ. gr. *eraze* [ter aarde], welsh, cornisch *erw* [strook land].

aardgal [duizendguldenkruid] gevormd van *aarde* + *gal*[1], zo genoemd naar de bittere, galachtige smaak.

aardig [lief] middelnl. *aerdich* [keurig, schoon, mooi], afgeleid van *aert* [aard].

aardrijkskunde [geografie] van *aardrijk,* middelnl. *erderike, ertrike,* **oudfries** *irthrike, erthrike,* oudeng. *eordhrice,* een vroeg-christelijke vorming naar analogie van *hemelrijk,* vertaling van lat. *regnum coelorum,* wat weer een vertaling is van gr. *basileia tōn ouranōn,* + *kunde.*

aardrook [duivekervel] vertaling van de oude benaming in het lat. *fumus terrae;* de benaming was in het gr. *kapnos* [rook]; Plinius verklaart dat de naam is ontstaan doordat het sap als rook de ogen doet tranen.

aardveil [hondsdraf] gevormd van *aarde* + *veil*[1].

aäronskelk → *aronskelk.*

aars [anus] middelnl. *aers, (e)ers,* oudhd. *ars,* oudfries *ers,* oudeng. o.m. *ars;* buiten het germ. gr. *orros* [stuitbeen, aars], oudiers *err* [staart].

aarts- [eerste, hoogste] middelnl. *aerts-, erts-* < me. lat. *arci-* < gr. *archi-,* van *archein* [het hoofd zijn, de eerste zijn, beginnen, commanderen, heersen over, leiden].

aarzelen [wijken, weifelen] middelnl. *aerselen* [achteruitgaan, terugwijken], afgeleid van *aers* [aars], vgl. fr. *reculer* [achteruitgaan, terugwijken] van *cul* [achterste].

aas[1] [lokspijs, dood dier] middelnl. *aes,* oudhd. *ās* (hd. *Aas),* oudeng. *æs;* buiten het germ. lat. *esca* [eten, aas], van dezelfde idg. basis als *eten.*

aas[2] [bij kaartspel] middelnl. *aes* [kleinste eenheid van gewichten of spel] < fr. *as* < lat. *as* (2e nv. *assis)* [eenheid van munten en gewichten, oorspr. rechthoekig stuk koper als standaardgewicht].

aasblad [versiersel bij kranslijsten in de vorm van een blad] verbasterd < fr. *feuille d'âche, ache* [eppe] < lat. *apium* [idem], in het nl. *eppe* geworden.

aasbloem [verschillende soorten bloemen] genoemd naar de lucht van rottend vlees die de bloemen verspreiden om m.n. aasvliegen te lokken; afgeleid van *aas*[1].

aasje [greintje] afgeleid van *aas*[2].

aat, oot [een soort wilde haver] mogelijk < eng. *oat;* klankwettig zou het woord verwant kunnen zijn met *etter* en zou de grondbetekenis 'zwelling' kunnen zijn, hetgeen kan slaan op de korrels, maar semantisch lijkt deze verklaring dubieus.

aatje [kuilnet] fries *aed* [bepaald type bak waarin melk loomt].

ab- [voorvoegsel in woorden van lat. herkomst] met de betekenis 'weg van, van'; voor klinkers en h *ab,* voor c, g en t *abs,* voor medeklinkers (uitgezonderd h) *a;* verwant met gr. *apo* [weg van, weg], nl. *af,* hd. *ab,* eng. *of.*

aba [wollen stof] < eng. *abb* [het garen van de inslag], oudeng. *aweb, āb,* met het voorvoegsel *a* (als in b.v. *abroad)* + *webb* [web], van *weven.*

abaca [manillahennep] < spaans *abacá,* ontleend aan het tagalog.

abachi [Westafrikaanse houtsoort] in Nigeria *obeche.*

ab-actis [secretaris] < lat. *servus ab actis, servus*

abacus — abiogenesis

abacus [slaaf] *ab actis* [lett. van de handelingen], van *ab* [van, met betrekking tot] + *actis*, 6e nv. van *acta* [handelingen, verslag], o. mv. van het verl. deelw. van *agere* [doen, handelen].

abacus [telraam] **lat.** *abacus* [rekenbord, dekplaat van een kapiteel (in deze betekenis zo benoemd door Vitruvius op grond van vormgelijkenis)] < **gr.** *abax* (2e nv. *abakos*) [speeltafel, rekentafel], uit het semitisch: **hebr.** *ābāg* [stof]; de eerste vorm van schriftelijk rekenen was met een bakje met zand, ietwat vergelijkbaar met onze lei.

abaliënatie [vervreemding] < **lat.** *abalienatio* [idem], afgeleid van *abalienare* (verl. deelw. *abalienatum*) (vgl. **abaliëneren**).

abaliëneren [vervreemden] < **lat.** *abalienare* [afstaan, verkopen, vervreemden], gevormd van *ab* [van...weg] + *alienare* [aan een ander overdragen], van *alienus* [andermans, vreemd].

abalone [mosselsoort] < **mexicaans-spaans** *abolún*.

abandon [afstand, overgave] < **fr.** *abandon*, van de uitdrukking *être à bandon de* [afhangen van de genade van], *bandon* < **me. lat.** *bandum, bannum*, uit het germ., vgl. **nl.** *ban*.

abandonneren [afstand doen van] **middelnl.** *abandonneren* < **fr.** *abandonner* (vgl. **abandon**).

abasie [onvermogen tot normaal lopen] gevormd van **gr.** *a*, ontkennend voorvoegsel + *basis* [het lopen], van *bainein* [gaan], idg. verwant met *komen*.

abat-jour [bovenlicht, zonneblind] < **fr.** *abat-jour*, gevormd van *abattre* [verslaan, afbreken, temperen] (van **lat.** *a* [weg] + **me. lat.** *battuere* [slaan, vechten]) + *jour* [dag, daglicht] < **lat.** *diurnum*, het zelfstandig gebruikt o. van *diurnus* [dag-].

abattoir [slachthuis] < **fr.** *abattoir*, van *abattre* (vgl. **abat-jour**).

abbatiaal [m.b.t. abt of abdij] < **me. lat.** *abbatialis*, afgeleid van *abbas* [abt].

abbé [geestelijke] < **fr.** *abbé* (vgl. **abt**).

abberdaan → *labberdaan*.

abbreviatie [afkorting] (1548) < **lat.** *abbreviatio* [idem], afgeleid van *abbreviare* (verl. deelw. *abbreviatum*) [verkorten], van *ab* [weg] + *brevis* [kort] (vgl. **brief**).

abbreviatoren [college belast met het samenstellen van de minuten van pauselijke bullen] < **me. lat.** *abbreviatores* (vgl. **abbreviatie**).

abbreviatuur [verkorting (in schrift of muziek)] < **lat.** *abbreviatura* (vgl. **abbreviatie**).

abbreviëren [afkorten] **middelnl.** *abbreviëren* < **lat.** *abbreviare* (vgl. **abbreviatie**).

abces [ettergezwel] < **fr.** *abcès*, van **lat.** *abscedere* (verl. deelw. *abscessum*) [weggaan, van iets afgaan, verloren gaan], van *abs* [weg] + *cedere* [gaan, ergens vandaan gaan].

Abderiet [onnozele hals] < **lat.** *Abderita*, **gr.** *Abdèrítès* [inwoner van Abdera, een stad in Thracië]; de inwoners hadden de naam onnozel te zijn.

abdicatie [troonsafstand] < **fr.** *abdication* < **lat.** *abdicatio* [het afstand doen van een ambt], afgeleid van *abdicare* (verl. deelw. *abdicatum*) (vgl. **abdiceren**).

abdiceren [troonsafstand doen] < **lat.** *abdicare* [verloochenen, een ambt neerleggen], van *ab* [weg] + *dicare* [wijden aan een god, onder de goden opnemen, inwijden], verwant met *dicere* [spreken, zeggen], idg. verwant met *(aan)tijgen*.

abdij [klooster] **middelnl.** *ab(be)die* < **me. lat.** *abbatia* [idem] (vgl. **abt**).

abdiqueren [troonsafstand doen] < **fr.** *abdiquer* < **lat.** *abdicare* (vgl. **abdiceren**).

abdis [overste van vrouwenklooster] **middelnl.** *abbedesse, abbedisse* < **chr. lat.** *abbatissa* [idem] (vgl. **abt**).

abdomen [onderbuik] < **lat.** *abdomen*.

abduceren [wegvoeren] < **lat.** *abducere* [idem], van *ab* [weg] + *ducere* [voeren], idg. verwant met *tijgen*.

abductie [wegvoering] < **chr. lat.** *abductio* [idem], van *abducere* (verl. deelw. *abductum*) (vgl. **abduceren**).

abeel [populier] **middelnl.** *albeel, abeel* < **oudfr.** *albel, aubel* < **lat.** *albulus* [wit], verkleiningsvorm van *albus* [wit]; zo genoemd naar de witte onderkant van de bladeren.

abel [bekwaam] **middelnl.** *abel* < **oudfr.** *able* < **lat.** *habilis* [gemakkelijk te hanteren, passend, geschikt], van *habēre* [houden, hanteren], moeilijk te scheiden van **hebben**.

abelia [heester] genoemd naar de ontdekkingsreiziger *Abel Clarke*.

abelmos [struik] < **ar.** *ḥabb al misk, ḥabb* [korrels, zaad] *al* [(van) de] *misk* [muskus].

abeluinig → *aveluinig*.

aberratie [afwijking] < **fr.** *aberration* < **chr. lat.** *aberratio* [afdwaling, zonde], afgeleid van *aberrare* [afdwalen], gevormd van *ab* [weg] + *errare* [dwalen], waaruit **middelnl.** *erren* [(doen) dwalen], **hd.** *irren*.

Abessijn [bewoner van Abessinië] < **ar.** *ḥabashī* [Abessijns, Abessijn], *al habash, ḥabasha* [Abessinië].

abhorreren [verfoeien] < **fr.** *abhorrer* < **lat.** *abhorrēre* [idem], van *ab* [weg] + *horrēre* [omhoog staan, b.v. te berge rijzen van haren, sidderen, huiveren voor], van *horror* [huivering].

abimeren [te gronde richten] < **fr.** *abîmer*, van *abîme* [afgrond] < **chr. lat.** *abyssum* (4e nv. van *abyssus*) [idem] < **gr.** *abussos* [grondeloos, zeer diep, afgrond, hel], van de ontkenning *a* + *bussos* [diepte].

abiogenesis [spontane generatie] gevormd van **gr.** *a*, ontkennend voorvoegsel + *bios* [leven] + *Genesis*.

abiosis [schijndood] gevormd van **gr.** *a*, ontkennend voorvoegsel + *bios* [leven].

abiotisch [niet-levend] < **gr.** *abiotos, abiōtos* [zonder leven], van *a* + *bios, biotè* [leven].

abituriënt [eindexamenkandidaat] < **hd.** *Abiturient*, gevormd van **modern lat.** *abituriens* (2e nv. *abiturientis*), teg. deelw. van *abiturire* [wensen weg te gaan], van **lat.** *abitus* [het weggaan], van *abire* [weggaan], van *ab* [weg] + *ire* [gaan].

abject [verachtelijk] < **fr.** *abject* < **lat.** *abiectus*, verl. deelw. van *abicere* [wegwerpen, verwerpen, verlagen, vernederen], van *ab* [weg] + *iacere* [werpen].

abjectie [verwerping, zelfvernedering] < **fr.** *abjection* < **lat.** *abiectionem*, 4e nv. van *abiectio* [neerslachtigheid, minachting, chr. lat. ook uitvaagsel], van *abicere* (vgl. ***abject***).

ablatie [losmaking] < **fr.** *ablation* [idem] < **lat.** *ablatio* [het wegnemen], van *auferre* (verl. deelw. *ablatum*) [wegdragen, wegnemen], van *ab* [weg] + *ferre* [dragen], idg. verwant met **nl.** *baren*.

ablatief [zesde naamval] < **lat.** *ablativus*, een woord bedacht door Quintilianus (35-96) en gevormd van *ab* [van...weg] + *latum*, gebruikt als verl. deelw. van *ferre* [brengen, dragen].

ablegaat [pauselijk afgezant] < **lat.** *ablegatus*, eig. verl. deelw. van *ablegare* [wegzenden], van *ab* [weg] + *legare* [als gezant zenden], verwant met *lex* (2e nv. *legis*) [voorwaarde, formule, wet].

ablutie [afwassing] < **fr.** *ablution* < **lat.** *ablutio* [het wassen, in chr. lat. reiniging, doop], van *abluere* (verl. deelw. *ablutum*) [schoonwassen], van *ab* [weg] + *luere* [wassen], verwant met *lavare* [idem] (vgl. ***laven*** [1]).

abnormaal [tegen de norm] (1894), gevormd van **me. lat.** *anormalis*, onder heroriëntatie op **lat.** *ab*; de vorm is in **klass. lat.** *anormis*, van *a(b)* [weg van] + *norma* [norm].

aboleren [afschaffen] < **fr.** *abolir* < **lat.** *abolēre* [uitwissen, ontnemen], van *abolescere* [vergaan, verdwijnen], dat gevormd is naar analogie van *adolescere* [opgroeien] (vgl. ***adolescent***).

abolitie [afschaffing] **middelnl.** *abolitie* (15e eeuw) < **fr.** *abolition* < **lat.** *abolitionem*, 4e nv. van *abolitio* [vernietiging, afschaffing], van *abolēre* (verl. deelw. *abolitum*) (vgl. ***aboleren***).

A-bom [atoombom] met *A* als verkorting van ***atoom***, **eng.** *atomic*.

abominabel [afschuwelijk] < **fr.** *abominable* < **lat.** *abominabilis*, o. *abominabile* [verfoeilijk], van *abominari* [verwensen], van *ab* [weg van] + *omen* [voorteken].

abondant [overvloedig] < **fr.** *abondant* < **lat.** *abundantem*, 4e nv. van *abundans* [overvloeiend, overvloedig], van *abundare* [overvloeien, buiten de oevers treden, overvloedig zijn], van *ab* [weg] + *undare* [golven], van *unda* [golf].

abonnent [abonnee] naar analogie van woorden als *pretendent, inspiciënt* gevormd van ***abonneren***.

abonneren [intekenen] < **fr.** *abonner*, oudfr. *aboner* [de grens vaststellen (lett. bepalen), een voorschot vaststellen], van *bone* (**fr.** *borne*) [grenssteen, grens] < **me. lat.** *bodina, butina*, van vermoedelijk gallische herkomst.

aboraal [gelegen aan de zijde die van de mond is afgekeerd, b.v. maag-darmproblemen] gevormd van **lat.** *ab* [weg] + *os* (2e nv. *oris*) [mond].

aborderen [aanklampen] < **fr.** *aborder* [landen, (de oever) bereiken, langszij van een schip komen, een vijand benaderen, (een kwestie) aanroeren], van *à* [aan] + *border* [varen langs, lopen langs], van *bord* [boord, schip, rand, oever], uit het germ., vgl. **nl.** *boord* → ***accosteren***.

aborigines [oorspronkelijke bewoners] < **lat.** *aborigines* [de oude bewoners van Latium], van *ab* [van...af] + *origine*, 6e nv. van *origo* [oorsprong] (vgl. ***origineel***).

aborteren [een miskraam hebben, opwekken] < **lat.** *abortire* (vgl. ***abortus***).

aborteur, aborteuse [persoon die clandestien helpt bij abortus] gevormd van *aborteren* met de fr. uitgang *-eur*, resp. *-euse* (vgl. ***abortus***).

abortief [vruchtafdrijvend] < **fr.** *abortif* < **lat.** *abortivus* [ontijdig geboren] (vgl. ***abortus***).

abortus [ontijdige geboorte, miskraam] < **lat.** *abortus*, van *aboriri* (verl. deelw. *abortum*) [een miskraam hebben], van *ab* [weg van] + *oriri* [ontstaan, opkomen van hemellichamen, geboren worden] (vgl. ***oriënteren***).

aboulie [besluiteloosheid] < **gr.** *aboulia* [onberadenheid, besluiteloosheid], van *aboulos* [onberaden], van ontkenning *a* + *boulè* [besluit, wil, plan, raad], van *boulesthai* [willen], daarmee idg. verwant.

ab ovo [van den beginne af] < **lat.** *ab ovo* [lett. van het ei af], van *ab* [van...af] + *ovo*, 6e nv. van *ovum* [ei], daarmee idg. verwant.

abracadabra [toverspreuk] < **gr.** *abrasadabra*, voorkomend op gemmen in lettervormen die veroorzaakten dat middeleeuwers de *s* aanzagen voor een *c* en uitspraken als *k*; de gemmen heetten *abraxasstenen*; in de gnostiek betekent **lat.** *abraxas* het getal 365 naar de cijferwaarde van de griekse letters, waarbij a = 1, b = 2, r = 100, x = 60 en s = 200, het aantal dagen van het jaar, maar ook het getal der gnostische aeonen.

abraham [speculaaspop gegeven aan mannen bij hun 50e verjaardag, omdat zij 'Abraham gezien hebben'] naar Johannes 8:57-58: 'Gij zijt nog geen vijftig jaar en hebt gij Abraham gezien?', de naam is **hebr.** < *āb* [vader] + *rām* [hoog, verheven], waarschijnlijk: de Vader (God) is verheven, vgl. **ar.** *Ibrāhīm*.

abrasie [afbrekende werking] gevormd van **lat.** *abradere* (verl. deelw. *abrasum*) [afkrabben], van *ab* [weg] + *radere* [krabben, schaven].

abrenuntiatie [afzwering] gevormd van **lat.** *abrenuntiare* [verzaken, afzien van], van *ab* [weg] + *renuntiare* [o.m. gekozen verklaren], van

abri — abt

nuntiare [berichten, aankondigen], van *nuntius* [bode].
abri [wachthuisje] < **fr.** *abri* < oudfr. *abrier* [beschutten, een schip de wind afsnijden] < **lat.** *apricari* [van de zon houdend], verwant met *Aprilis* [april].
abrikoos [vrucht] < **spaans** *albicoque* < **ar.** *al barqūqa* [pruim, vroeger ook abrikoos], (*al* [de]); het ar. ontleende aan **gr.** *praikokia* [abrikoos] < **lat.** *(malum Persicum) praecoquum, malum Persicum* [Perzische boomvrucht] *praecoquum*, o. van *praecoquus = praecox* [vroegrijp], van *prae* [voor] + *coquere* [laten rijpen, stoven, koken]; de betekenis is dus 'vroegrijpe perzik'.
abrogatie [afschaffing] < **fr.** *abrogation* < **lat.** *abrogationem*, 4e nv. van *abrogatio* [afschaffing (van een wet)], van *abrogare* (verl. deelw. *abrogatum*) [een wet afschaffen, bevoegdheden ontnemen, opheffen], van *ab* [weg] + *rogare* [vragen, een voorstel bij het volk indienen].
abrupt [opeens] < **fr.** *abrupt* < laat-lat. *abrupte* [plotseling, onverwijld], een bijw. gevormd bij het verl. deelw. van *abrumpere* [afbreken, losscheuren], van *ab* [af] + *rumpere* [breken].
abrupta [korte, puntige gezegden] < **lat.** *abrupta*, het zelfstandig gebruikt o. mv. van *abruptum* (vgl. *abrupt*).
abs- → *ab-*.
abscis [wiskundige term] gevormd van **lat.** *abscidere*, verl. deelw. van *abscisum* [afhakken], van *abs* [af] + *caedere* [hakken], idg. verwant met **heien**[1].
abscissie [afscheuring] < **lat.** *abscissio* [het afbreken], van *abscindere* (verl. deelw. *abscissum*) [losrukken], van *ab* [weg] + *scindere* [scheuren], idg. verwant met *scheiden*.
absent [afwezig] < **fr.** *absent* < **lat.** *absentem* (4e nv. van *absens*) [afwezig], eig. het teg. deelw. van *abesse* [afwezig zijn], van *ab* [weg] + *esse* [zijn].
absentie [afwezigheid] < **lat.** *absentia*, van *absens* (vgl. *absent*).
abside, absis [uitbouw in kerk] < **fr.** *abside* < **me. lat.** *absida* < **lat.** *absis* (2e nv. *absidis*) [ronding, halfronde uitbouw van een basilica] < **gr.** *hapsis* [de omhoog samengebonden daksparren van een hut, gewelf], van *haptein* [vastmaken].
absint [likeur] < **fr.** *absinthe* < **lat.** *absinthium* [alsem] < **gr.** *apsinthion*; een vóór-gr. woord, vgl. b.v. **perzisch** *espand* < **georgisch** *abzinda*.
absolutie [vergiffenis van zonden] **middelnl.** *absolutie* < **fr.** *absolution* < **lat.** *absolutionem*, 4e nv. van *absolutio* [vrijspraak, in chr. lat. absolutie], van *absolutum*, verl. deelw. van *absolvere* [losmaken, bevrijden, laten gaan, voltooien, beslissen], van *ab* [weg] + *solvere* [losmaken], van *se* [apart, opzij] + *luere* [losmaken], idg. verwant met *verliezen*.
absolutisme [onbeperkte heerschappij] < **fr.** *absolutisme*, van *absolu* [absoluut].
absoluut [volstrekt] < **fr.** *absolu* < **lat.** *absolutus* [volmaakt, volledig, volstrekt, onvoorwaardelijk], van *absolvere* (vgl. *absolutie*).
absolveren [kwijtschelden] **middelnl.** *absolveren* < **lat.** *absolvere* (vgl. *absolutie*).
absorbens [absorberende stof] < **lat.** *absorbens*, teg. deelw. van *absorbēre* (vgl. *absorberen*).
absorberen [inzuigen] **fr.** *absorber* < **lat.** *absorbēre* [opslurpen], van *ab* [van...weg] + *sorbēre* [(op)slurpen].
absorptie [inzuiging] < **fr.** *absorption*, van **lat.** *absorbēre* (verl. deelw. *absorptum*) (vgl. *absorberen*).
absoute [plechtigheid na uitvaartmis voor overledene, waarin voor deze om kwijtschelding van straf wordt gebeden] < **fr.** *absoute*, van *absoudre* < **lat.** *absolvere* (vgl. *absolutie*).
abstinent [zich vrijwillig onthoudende] **middelnl.** *abstinent* < **fr.** *abstinent* < **lat.** *abstinentem*, 4e nv. van *abstinens*, teg. deelw. van *abstinēre* (vgl. *abstineren*).
abstinentie [vrijwillige onthouding] **middelnl.** *abstinencie* < **fr.** *abstinence* < **lat.** *abstinentia* [het zich onthouden van iets], van *abstinens* (vgl. *abstinent*).
abstineren [zich onthouden] < **fr.** *abstiner* < **lat.** *abstinēre* [afhouden], *se abstinēre* [op een afstand blijven, zich weerhouden, in chr. lat. vasten], van *abs* [van...weg] + *tenēre* [houden].
abstract [afgetrokken] gevormd van **lat.** *abstrahere* (verl. deelw. *abstractum*) [wegtrekken], van *abs* [weg] + *trahere* [trekken].
abstractie [afgetrokken begrip] < **fr.** *abstraction* < **lat.** *abstractionem*, 4e nv. van *abstractio* [scheiding, in me. lat. ook: het wegnemen] (vgl. *abstract*).
abstractum [abstract begrip] < **lat.** *abstractum* (vgl. *abstract*).
abstraheren [in gedachte afzonderen] < **lat.** *abstrahere* (vgl. *abstract*).
abstruus [gewrongen] < **fr.** *abstrus* [duister, ondoorgrondelijk] < **lat.** *abstrusus* [verborgen, onduidelijk], eig. verl. deelw. van *abstrudere* [diep verbergen], van *abs* [van...weg] + *trudere* [duwen, drijven, verdringen], idg. verwant met **verdrieten**.
absurd [ongerijmd] **fr.** *absurde* < **lat.** *absurdus* [onwelluidend, vals, ongerijmd], van *ab* [weg van] + een 2e lid dat verwant is met *susurrare* [gonzen, fluiten]; de betekenis is dus 'afwijkend van de toon'.
absurditeit [ongerijmdheid] < **fr.** *absurdité* < **lat.** *absurditatem*, 4e nv. van *absurditas* [idem], van *absurdus* (vgl. *absurd*).
abt [overste van monnikenklooster] **middelnl.** *abbet, abt* < **na-klass. lat.** *abbas* (2e nv. *abbatis*) [abt] < **gr.** *abba* [Vader] < **aramees** *abbā* [de of mijn vader] (emfatische vorm van **hebr.** *āb*

[vader]); het fr. *abbé* behield de klemtoon op de 2e lettergreep.

abuis [vergissing] **middelnl.** *abuus* [vreemde zaak, bedrog, zinsbegoocheling] < **fr.** *abus* [misbruik, dwaling] < **lat.** *abusus* [o.m. misbruik, gebruik van een woord in oneigenlijke zin], van *ab* [weg] + *usus* [gebruik].

abuseren [misbruik maken] < **fr.** *abuser* < **lat.** *abuti* (verl. deelw. *abusum*) [misbruik maken van, een woord in oneigenlijke betekenis gebruiken], van *ab* [weg] + *uti* [gebruiken].

abusief [verkeerd] (1513) *abusivelick* [op onrechtmatige wijze] < **fr.** *abusif* < **lat.** *abusive* (bijw.) [oneigenlijk] (vgl. *abuseren*).

abyssaal [betrekking hebbend op de diepte] → *abimeren*.

acacia [boom] < **lat.** *acacia* < **gr.** *akakia*, evenals het verwante *kaktos* > *cactus* van vóór-gr. herkomst.

academicus [iem. met academische opleiding] < **lat.** *academicus* [tot de Academie behorend] (vgl. *academie*).

academie [genootschap ter bevordering van wetenschap en kunst, hogeschool] < **lat.** *Academia* < **gr.** *Akadèmeia*, de naam van de filosofenschool door Plato gesticht op het door hem gekochte terrein, dat naar de heros *Akademos* was genoemd.

acajou [houtsoort] → *cashewnoot*.

acalefen [zeekwallen] < **gr.** *akalèphè* [brandnetel, zeeanemoon], ontleend aan het semitisch, van de wortel *h-l-p* [scherp zijn, doorboren], b.v. **hebr.** *halifôt* [doorntjes van de spinazie].

acanthus, akant [doornachtige plant] < **lat.** *acanthus* < **gr.** *akantha* [doorn], verwant met **lat.** *acus* [scherp] (vgl. *acuut*).

a capella [zonder instrumentale begeleiding] < **it.** *a capella*, van *alla cappella* [op de kapelmanier, als in de kapel, in kerkstijl] (vgl. *kapel*²).

acaricide [verdelgingsmiddel tegen spinachtigen] gevormd van **gr.** *akari* [mijt], verwant met *akarès* [ondeelbaar, klein], op enige afstand verwant met *keirein* [afsnijden, afbijten], **lat.** *caro* [vlees] + -*cide* (vgl. *insekticide*).

acarofobie [vrees voor bijtende insekten] gevormd van **gr.** *akari* [mijt], verwant met *keirein* [afsnijden, afbijten], **lat.** *caro* [vlees] + -*cide* (vgl. *insekticide*) + *fobie*.

acatalectisch [gezegd van een vers met volledige laatste versvoet] gevormd van **gr.** *a*, ontkennend voorvoegsel + *catalectisch* → *catalecten*.

acatène [kettingloos rijwiel] < **fr.** *acatène*, gevormd van ontkennend *a* + **lat.** *catena* [ketting].

accableren [overstelpen] < **fr.** *accabler* [idem], van *ac* < **lat.** *ad* [tot, naar] + **oudfr.** *chapler, chabler,* althans een normandische nevenvorm van *cabler* [losslaan], vgl. *chablis* [omgewaaid hout] < **me. lat.** *capulare, cappellare* [omhakken, hakken, vernietigen], niet onmogelijk < **germ.** *kappen*, eerder echter < **lat.** *capere* [grijpen].

accapareren [zich meester maken van] < **fr.** *accaparer* < **it.** *accaparrare* [iets kopen met handgeld] < **me. lat.** *caparra* [handgeld].

accelerando [in versneld tempo] < **it.** *accelerando*, gerundium van *accelerare* [versnellen] < **lat.** *accelerare* (vgl. *acceleratie*).

acceleratie [versnelling] < **fr.** *accélération* < **lat.** *accelerationem*, 4e nv. van *acceleratio*, van *accelerare* (verl deelw. *acceleratum*) (vgl. *accelereren*).

accelerator [versneller] gevormd van **lat.** *accelerare* (verl. deelw. *acceleratum*) (vgl. *accelereren*).

accelereren [versnellen] < **fr.** *accélérer* < **lat.** *accelerare* [verhaasten, zich haasten], van *ad* + *celerare* [snel doen, zich haasten], van *celer* [snel].

accent [klemtoon] < **fr.** *accent* < **lat.** *accentus, accantus*, van *ad* [bij, begeleidend] + *cantus* [gezang, klank, melodie].

accentuatie [het leggen van accent] **fr.** *accentuation*, gevormd van **me. lat.** *accentuare* [de klemtoon leggen] (vgl. *accent*).

accept [het accepteren van een wissel] < **hd.** *Akzept* < **lat.** *accipere* (verl. deelw. *acceptum*) [ontvangen, aannemen], van *ad* [naar...toe] + *capere* [nemen], idg. verwant met *heffen*.

acceptabel [aannemelijk] < **fr.** *acceptable* < **chr. lat.** *acceptabilis* [aangenaam, welgevallig], van *acceptare* (vgl. *accepteren*).

acceptatie [aanneming] < **fr.** *acceptation* [idem] < **lat.** *acceptationem*, 4e nv. van *acceptatio* [kwijtschelding], van *acceptare* (verl. deelw. *acceptatum*) (vgl. *accepteren*).

accepteren [aannemen] < **fr.** *accepter* < **lat.** *acceptare* [(geregeld) ontvangen], intensivum van *accipere* [ontvangen], van *ad* [tot, bij, naar...toe] + *capere* [nemen], idg. verwant met *heffen*.

acceptie [aanneming] **fr.** *acception* < **lat.** *acceptio* [het ontvangen], van *accipere* (verl. deelw. *acceptum*, vgl. *accepteren*).

acces [toegang] < **fr.** *accès* [idem] < **lat.** *accessio* [nadering, audiëntie], van *accedere* (verl. deelw. *accessum*) [naar...toe gaan], van *ad* [naar...toe] + *cedere* [gaan].

accessibel [toegankelijk] < **fr.** *accessible* < **lat.** *accessibilis* [idem], van *accedere* (vgl. *acces*).

accessibiliteit [toegankelijkheid] < **fr.** *accessibilité* < **lat.** *accessibilitatem*, 4e nv. van *accessibilitas* [toegankelijkheid], van *accedere* (vgl. *acces*).

accessie [toetreding] < **fr.** *accession* [idem] < **lat.** *accessionem*, 4e nv. van *accessio* [nadering, toegang] (vgl. *acces*).

accessoir, accessoires [bijkomend(e zaken)] < **fr.** *accessoire* [bijkomstig, bijzaak, (mv.) onderdelen] < **me. lat.** *accessorius* [bijkomstig], het zelfstandig gebruikt o. *accessorium* [bijzaak] (vgl. *acces*).

accessoria [toevoegsel, bijwerk] < **me. lat.** *accessoria*, mv. van *accessorium* (vgl. *accessoir*).

accident [ongeluk] < **fr.** *accident* < **lat.** *accidentem*,

accidenteel — aceton

4e nv. van *accidens* [toeval, kans], eig. teg. deelw. van *accidere* [neervallen bij of op, voorvallen, gebeuren], van *ad* [bij, op, tot] + *cadere* [vallen].

accidenteel [toevallig] < **fr.** *accidentel* < **me. lat.** *accidentalis* [accidenteel] (vgl. *accident*).

accijns [verbruiksbelasting] **middelnl.** *assise, assynse, assys, as(s)ijns* [schatting, belasting, accijns, rechtsgebied waarin de 'assisen' geldig waren] < **me. lat.** *assisia, assisa, accisia* [zitting van een tribunaal, jury, wetgevend besluit, vaststelling van belasting, belasting, accijns (vooral op levensmiddelen)], van *assidēre* [zitting houden], van *ad* [naar...toe] + *sidere* [gaan zitten]; bij de vorming heeft het woord *census* invloed uitgeoefend→ **cijns**.

acclamatie [toejuiching] < **fr.** *acclamation* < **lat.** *acclamationem,* 4e nv. van *acclamatio* [zowel afkeurend geschreeuw als toejuiching], van *acclamare* [toeschreeuwen, uitjouwen, toejuichen], van *ad* [naar...toe] + *clamare* [schreeuwen], verwant met *clarus* [helder, klaar].

acclimatatie [gewenning aan andere luchtstreek] < **fr.** *acclimatation,* van *acclimater,* van *à* < **lat.** *ad* [naar] + *climat* [klimaat].

acclimatiseren [aan een ander klimaat gewennen] evenals **hd.** *akklimatisieren* en **eng.** *acclimatize* gevormd op basis van **fr.** *acclimater* (vgl. **acclimatatie**).

accolade [haakje tot verbinding van twee of meer regels] < **fr.** *accolade* [omarming, verbindingshaak], van **lat.** *ad* [naar, tot] + *collum* [hals, nek], idg. verwant met *hals*.

accommodatie [aanpassing] < **fr.** *accommodation* [het naar iets schikken], van *accommodare* (verl. deelw. *accommodatum*) [iets voegen, in overeenstemming brengen], van *accommodus* [geschikt], van *ad* [naar] + *commodus* [passend], van *com* [samen] + *modus* [maat] (vgl. **mode**).

accommoderen [aanpassen] < **fr.** *accommoder* < **lat.** *accommodare* (vgl. **accommodatie**).

accompagneren [begeleiden] < **fr.** *accompagner,* van *à* < **lat.** *ad* [naar, tot] + *compagnon*.

accordeon [trekharmonika] < **fr.** *accordéon* < **hd.** *Akkordion* (1829), zo genoemd door Cyril Damian te Wenen, gevormd van *Akkord* [akkoord (in de zin van harmonie)] (vgl. *akkoord*), vgl. *harmonika, harmonium*.

accorderen [overeenkomen] **middelnl.** *accorderen* < **fr.** *accorder* < **me. lat.** *accordare* [idem], van *accordum* [overeenkomst] (vgl. **akkoord**).

accosteren [aanklampen] < **fr.** *accoster* < **it.** *accostare,* van *costa* [zijde, flank, kust] + **lat.** *ad* [tot, naar], vgl. *aborderen*.

accoucheren [bevallen] < **fr.** *accoucher* [idem], van *à* [naar] + *coucher* [te bed leggen] < **lat.** *collocare* [leggen], van *com* [met, tot] + *locare* [plaatsen], van *locus* [plaats].

accountant [rekeningkundige] < **eng.** *accountant* < *oudfr. acontant,* teg. deelw. van *aconter* [tellen, rekenen], van **lat.** *ad* [naar, tot] + *computare* (vgl. *computer*).

accrediteren [van geloofsbrieven voorzien] < **fr.** *accréditer,* van **me. lat.** *accreditus* [het vertrouwen hebbend], *accreditum* [lening], eig. resp. m. en o. vorm van het verl. deelw. van *accredere* [geloven], van *ad* [naar] + *credere* [geloven].

accres [aanwas] gevormd van **lat.** *accrescere* [aanwassen, toenemen], van *ad* [naar, toe] + *crescere* [groeien], van dezelfde basis als *creare* [scheppen].

accretie [wat aangegroeid is] < **lat.** *accretio* [toeneming], van *accrescere* (verl. deelw. *accretum*) (vgl. *accres*).

accrocheren [aanknopen] < **fr.** *accrocher,* van *à* < **lat.** *ad* [aan] + *crocher,* van *croc* [haak], uit het germ., vgl. *kruk*.

accu verkorting van *accumulator*.

acculturatie [aanpassing aan de cultuur] gevormd van **lat.** *ad* [naar...toe] + *cultura* [cultuur].

accumulatie [opeenhoping] < **fr.** *accumulation* < **lat.** *accumulationem,* 4e nv. van *accumulatio* [opeenhoping], van *accumulare* (vgl. **accumulator**).

accumulator [energiereservoir] < **lat.** *accumulator* [die of wat ophoopt], van *accumulare* (verl. deelw. *accumulatum*) [ophopen, stapelen], van *ad* [naar...toe] + *cumulus* [stapel].

accumuleren [opeenhopen] (1524) < **fr.** *accumuler* < **lat.** *accumulare* [idem] (vgl. *accumulator*).

accuraat [nauwkeurig] vermoedelijk < **hgd.** *akkurat* < **lat.** *accuratus* [welverzorgd, zorgvuldig], van *accurare* [voor iets zorgen], van *ad* [naar...toe] + *curare* [zorgen] (vgl. *cureren*).

accusatie [beschuldiging] < **fr.** *accusation* < **lat.** *accusationem,* 4e nv. van *accusatio* [aanklacht, beschuldiging], van *accusare* [aanklagen], van *ad* [naar] + *causa* [rechtszaak].

accusatief [vierde naamval] < **lat.** *casus* [naamval] *accusativus,* van *accusare* [aanklagen] (vgl. **accusatie**), vertalende ontlening aan **gr.** *aitiakè ptōsis, aitiatikè,* afgeleid van *aition* [wat veroorzaakt is]; de Romeinen, waarschijnlijk in de veronderstelling dat *aitiakè* zou zijn afgeleid van *aitia* [oorzaak, beschuldiging] hebben een verkeerde interpretatie gevolgd.

accuseren [beschuldigen] < **fr.** *accuser* < **lat.** *accusare* (vgl. **accusatie**).

ace [bij tennis service die niet kan worden geretourneerd] < **eng.** *ace,* in **middeleng.** *aas* (vgl. *aas*[2]).

acefaal [zonder hoofd] < **gr.** *akephalos* [idem], van ontkennend *a* + *kephalè* [hoofd], idg. verwant met *gevel*.

acetaat [azijnzuur zout] gevormd van **lat.** *acetum* [azijn] (vgl. *acetyl*).

acetometer [zuurmeter] gevormd van **lat.** *acetum* [azijn] (vgl. *acetyl*) + *meter*[1].

aceton [oplosmiddel] gevormd van **lat.** *acetum* [azijn] (vgl. *acetyl*) + het chemische achtervoegsel

-on < **gr.** *-ōnè*, gebruikt om zwakkere derivaten aan te duiden.

acetyl [scheik.] gevormd door de chemicus Von Liebig (1803-1873) van **lat.** *vinum* [wijn] *acetum,* verl. deelw. van *acescere* [zuur worden], van *acer* [scherp, dus zure wijn, azijn] + *-yl*.

acetyleen [koolwaterstof] gevormd door de Franse chemicus Pierre Eugène Marcelin Berthelot (1827-1907) naar *acetyl*.

ach [tussenwerpsel] **middelnl.** *ach*, **oudhd.** *ah* (**hd.** *ach*), **eng.** *ah*, **deens** *ak;* buiten het germ. **lat.** *ah*, **russ.** *ach;* klanknabootsende vorming.

achenebbisj [ocharm] → *nebbis*.

achilleshiel [kwetsbare plaats] genoemd naar de mythe van Achilles < **lat.** *Achilles* < **gr.** *Achilleus*, een vóór-gr. naam.

achondroplasie [ontwikkelingsstoornis in beenderen] gevormd van **gr.** *a*, ontkenning + *chondros* [korrel, kraakbeen, neusbeen, schouderblad] (idg. verwant met **eng.** *to grind*) + *plasis* [vorm], van *plassein* [vormen], idg. verwant met **eng.** *to blend*.

achromatisch [kleurloos] < **gr.** *achrōmatos* [idem], van *a* [ontkenning] + *chrōma* [huidkleur, kleur].

achromatopsie [het niet kunnen onderscheiden van bep. kleuren] gevormd van **gr.** *achrōmatos* [kleurloos] (vgl. **achromatisch**) + *-opsia* < *opsis* [het zien].

acht[1] [rijksban] **middelnl.** *acht(e)* [gerechtelijke vervolging, straf, rijksban], **middelnd.** *achte*, **oudhd.** *ahta*, **oudeng.** *oht;* buiten het germ. **iers** *echt* [bloedwraak], verdere verbindingen onzeker.

acht[2] [aandacht] **middelnl.** *achte* [opmerkzaamheid, aandacht, achting, sociaal aanzien], **oudhd.** *ahta* [opmerkzaamheid], **oudeng.** *eaht* [beraadslaging], een en ander met latere *t* -formatie, vgl. **gotisch** *aha* [geest, verstand], *ahjan* [menen].

acht[3] [telwoord] **oudhd.** *ahto*, **oudfries** *ahta*, **oudeng.** *eachta*, **gotisch** *ahtau;* buiten het germ. o.m. **lat.** *octo*, **gr.** *oktō*, **oudindisch** *aṣṭa*.

achteloos [onoplettend] gevormd van *acht*[2] + *-loos*[2].

achten [acht slaan op] van *acht*[2].

achter [voorzetsel] **middelnl.** *after, achter*, **oudnederfrankisch** *after, aftir* [achter, overeenkomstig], **oudfries** *efter*, **gotisch** *aftra* [wederom, terug]; buiten het germ. **gr.** *apōteros* [verder weg], **oudindisch** *apataram* [verder weg]; vergrotende trap van *af* [weg van] (vgl. *echter*).

achterbaks [achter de rug van] **middelnl.** *achterbacs*, van *achter* + *bac* [rug] (vgl. het achter de ellebogen hebben) **oudsaksisch, middelnd.** *bac*, **oudhd.** *bak*, **oudfries** *bek*, **oudeng.** *bæc* (**eng.** *back*), **oudnoors** *bak* (vgl. *bak*[2] [rug]).

achterban [onderafdelingen] van *achter* + *ban*[1].

achterdocht [argwaan] eerst bij Kiliaan, met dial. *o* i.p.v. *a* als in *overtollig*, bij **middelnl.** *achterdenken* [iets overdenken, i.h.b. het eigen handelen met berouw, vandaar als zn. berouw, inkeer, verdenking, achterdocht].

achtereen [zonder tussenpozen] → *aaneen-*.

achterhoede [achterste afdeling van een leger] van *achter* + *hoede* [bewaking].

achterkousig [achterdochtig] vgl. **middelhd.** *afterkoese*, **middelnl.** *koytsen* [snappen, babbelen], intensiefvorm van *kouten*, betekent dus: geneigd tot achterklap.

achterlijk [ten achteren zijnde] **middelnl.** *achterlijc* [aan de achterzijde gelegen], gevormd van *achter* + *-lijk*.

achtermad [nagras] van *achter* + *mad*.

achterstallig [niet op tijd betaald] van *achterstal*, **middelnl.** *achterstal*, van *achter* + *stal*[1] [stand].

achterwege [langs de weg] **middelnl.** *achter weghe* [idem], achterwege laten betekent dus: ergens langs de weg laten staan, niet meenemen.

-achtig [achtervoegsel dat bn. vormt] **middelnl.** *-haftich, -achtich*, **middelnd.** *-achtig*, **middelhd.** *-haftig*, van *-haft* (vgl. *echt*[1]), dat identiek is met **middelnl.** *hachte, haechte, hacht, achte* [gevangenschap, gevangenis]; buiten het germ. **lat.** *captus* [gevangene], **oudiers** *cacht* [dienares].

achylie [afwezigheid van maagsap] gevormd van **gr.** *achulos* [zonder sap], van ontkennend *a* + *chulos* [sap], bij *cheō* [ik giet], daarmee idg. verwant.

acid [LSD] < **eng.** *acid* [eig. zuur] < **lat.** *acidus* [idem], in de hier bedoelde betekenis verkort uit *lysergic acid diethylamide* [LSD].

acidimeter [zuurmeter] **fr.** *acidimètre;* gevormd van **lat.** *aciditas* [zuurheid] (vgl. **aciditeit**) + *meter*[1].

aciditeit [zuurheid] **fr.** *acidité* < **lat.** *aciditas* (2e nv. *aciditatis*), van *acidus* [zuur].

acidofiel [affiniteit hebbend tot zuur] gevormd van **lat.** *acidus* [zuur] + **gr.** *philos* [vriend van].

acidose [te hoge zuurgraad van het bloed] gevormd van **lat.** *acidus* [zuur] + het achtervoegsel **gr.** *-osis*.

acme [hoogtepunt] < **gr.** *akmè* [spits, hoogtepunt].

acne [vetpuistje] in omloop gebracht door een kopiïst van handschriften, die i.p.v. *akmè* [spits, puntje], *aknè* schreef.

acognosie [geneesmiddelenleer] gevormd van **gr.** *akos* [geneesmiddel], van *akesthai* [genezen] + *gnōsis* [inzicht] (vgl. *gnosis*).

acoliet [misdienaar] **middelnl.** *acolite, acolijt* [idem] < **me. lat.** *acoluthus, acolitus* < **gr.** *akolouthos* [volgend, begeleidend, dienaar].

a conto [op rekening] < **it.** *a conto, conto* < **me. lat.** *computum, compotus, computus* [berekening], van *computare* [berekenen], van *com* [samen] + *putare* [snoeien, in het reine brengen, opmaken van de rekening], van *putus* [zuiver].

a costi [in uw stad] < **it.** *a costì, costì* [daar ginds, bij u] < **lat.** *eccum* + *isti(c);* het woord *eccum* komt van *ecce* [kijk] + *eum*, 4e nv. van *is* [hij] dus: kijk hem!, *iti(c)* [daar (bij u)], bijw. van *iste* [die, dat].

acotyledonen [cryptogamen] gevormd van **gr.** *a*, ontkenning + *kotulèdōn* [holte], van *kotulè* [nap,

acquest — actueren

kroes], **lat.** *catinus* [ketel], woorden die waarschijnlijk stammen uit een vóór-idg. periode.

acquest [aanwinst] < **ouder fr.** *acquest,* thans *acquêt* < **me. lat.** *acquestum,* teruggaand op *acquirere* [verwerven], van *ad* [naar...toe] + *quaerere* [trachten te krijgen] (vgl. ***kwestie***).

acquiesceren [berusten] < **lat.** *acquiescere* [tot rust komen, vertrouwen op, het eens zijn met], van *ad* [naar, tot] + *quiescere* [rusten], van *quies* [rust], idg. verwant met ***wijl*** [1].

acquireren [verwerven] < **lat.** *acquirere* (vgl. ***acquest***).

acquisiteur [werver van o.m. advertenties] naar het voorbeeld van fr. woorden op *-eur* < **lat.** *acquisitor* [verwerver], van *acquirere* (verl. deelw. *acquisitum*) (vgl. ***acquest***).

acquisitie [aanwinst] (1518) < **fr.** *acquisition* [idem] < **lat.** *acquisitio* [verwerving, eigendom], van *acquirere* (verl. deelw. *acquisitum*) (vgl. ***acquest***).

acquit [kwitantie] **middelnl.** *acquit* [voldoening, kwijtschelding, kwitantie, vereffening], **fr.** *acquit,* van *acquitter* [vereffenen], van *quitter* [van een verplichting ontslaan] < **me. lat.** *quitare,* **klass. lat.** *quietare* [tot rust brengen], van *quietus* [kalm], idg. verwant met ***wijl*** [1].

acre [vlaktemaat] < **fr.** *acre* < **eng.** *acre,* verwant met **nl.** *akker,* **lat.** *ager;* het was de hoeveelheid land, die men geacht werd in één dag te ploegen.

acribie [uiterste nauwkeurigheid] < **gr.** *akribeia* [nauwkeurigheid], van *akribès* [nauwkeurig].

acribometer [kleine passer] gevormd van **gr.** *akribès* (vgl. ***acribie***) + ***meter*** [1].

acroamatisch [voor het aanhoren bestemd] < **gr.** *akroamatikos* [idem], van *akroaomai* [ik luister], van *akros* [scherp] + *ous* (2e nv. *ōtos*) [oor], daarmee idg. verwant.

acrobaat [kunstenmaker] < **hd.** *Akrobat* < **fr.** *acrobate* < **gr.** *akrobatès* [acrobaat], van *akrobatein* [op de tenen springen], van *akros* [spits] + *bainein* [gaan].

acrocefalie [punthoofd] gevormd van **gr.** *akros* [uitstekend] + *kephalè* [hoofd], idg. verwant met ***gevel***.

acrodynie [kinderziekte gepaard gaand met gezwollen handjes en voetjes] gevormd van **gr.** *akros* [uitstekend] + *odunè* [pijn].

acrofobie [hoogtevrees] gevormd van **gr.** *akros* [uitstekend] + ***fobie***.

acromegalie [ziekelijke vergroting der lichaamsuiteinden] gevormd van **gr.** *akros* [uitstekend] + *megalè,* vr. van *megas* [groot], verwant met **lat.** *magnus,* **eng.** *much*.

acroniem [letterwoord] gevormd van **gr.** *akros* [uitstekend] + *onuma,* nevenvorm van *onoma* [naam, woord], idg. verwant met ***naam***.

acrostichon [naamvers] < **gr.** *akrostichis* [acrostichon], van *akros* [uitstekend] + *stichos* [rij, gelid, vers], idg. verwant met ***stijgen***.

acroterie [bekronend ornament] < **gr.** *akrōtèrion* [kroonlijst, nokversiering], van *akros* [uitstekend].

acryl [kunststof] gevormd van **lat.** *acer* [scherp, bijtend] + *olēre* [rieken], verwant met ***odeur***.

act [nummer] < **eng.** *act* < **lat.** *actum,* verl. deelw. van *agere* [verrichten].

acta [handelingen] < **lat.** *acta* (vgl. ***akte***).

acteren [toneelspelen] gevormd van **fr.** *acte* [handeling, toneelstuk in één bedrijf], **me. lat.** *actio* [mysteriespel] (vgl. ***akte***).

acteur [toneelspeler] < **fr.** *acteur* < **lat.** *actor* [handelend persoon, toneelspeler], van *agere* (verl. deelw. *actum*) [handelen, doen].

actie [handeling] < **lat.** *actio* [verrichting, handeling], van *agere* (vgl. ***acteur***).

actief [werkzaam] < **fr.** *actif* < **lat.** *activus* [idem], van *agere* (vgl. ***acteur***).

actine [sterkte van de zonnestraling] gevormd van **gr.** *aktis* (2e nv. *aktinos*) [zonnestraal], idg. verwant met ***ochtend***.

actiniden [groep elementen] gevormd van ***actinium,*** dat zich in deze groep bevindt + *-ide* [-achtig].

actiniën [zeeanemonen] gevormd van **gr.** *aktis* (vgl. ***actine***), vanwege de krans van tentakels rond het mondveld.

actinium [radioactief element] gevormd door de ontdekker ervan, de Franse chemicus André-Louis Debierne (1874-1949), van **gr.** *aktis* [straal] (vgl. ***actine***).

actionair [aandeelhouder] < **fr.** *actionnaire* [idem], gevormd van *action,* dat in de 17e eeuw de betekenis kreeg van 'bedrijfsvoering' < **lat.** *actionem,* 4e nv. van *actio* [handeling, procesvoering], van *agere* (verl. deelw. *actum*) [handelen, doen]; het is ook mogelijk dat is teruggegrepen op **me. lat.** *actionarius* [fiscaal ambtenaar, rentmeester, functionaris].

actionaris [aandeelhouder] → ***actionair***.

actioneren [tegen iem. in rechte optreden] < **fr.** *actionner,* van *action* (vgl. ***actionair***).

activeren [aanwakkeren] < **fr.** *activer,* van *actif* (vgl. ***actief***).

activiteit [werkzaamheid] < **fr.** *activité* < **me. lat.** *activitas* (2e nv. *activitatis*), van *activus* (vgl. ***actief***).

activum [bedrijvende vorm] < **lat.** *activum,* o. van *activus* [werkzaam, praktisch], van *actum,* verl. deelw. van *agere* [verrichten].

actualiteit [onderwerp van de dag] < **fr.** *actualité* < **me. lat.** *actualitas* (2e nv. *actualitatis*), van *actualis* (vgl. ***actueel***).

actuaris [wiskundig adviseur] < **lat.** *actuarius* [snelschrijver, stenograaf, rentmeester, secretaris], van *acta,* mv. van *actum* [het verhandelde], verl. deelw. van *agere* [handelen].

actueel [op het ogenblik bestaand] < **fr.** *actuel* < **me. lat.** *actualis* [werkelijk, in klass. lat. actief, praktisch], van *agere* (verl. deelw. *actum*) [handelen, doen].

actueren [tot werking brengen] < **me. lat.** *actuare* (verl. deelw. *actuatum*), van **klass. lat.** *actus*

[handeling], van *agere* (verl. deelw. *actum*) [handelen, doen].
acuïteit [scherpte] < fr. *acuité* < lat. *acuitas* [accentuering van een lettergreep], van *acutus*, verl. deelw. van *acuere* [scherpen], verwant met *acus* [naald], idg. verwant met ***aar***.
acupressuur [druktherapie] gevormd van *acu-* (vgl. ***acupunctuur***) + *pressuur* < lat. *pressura* [het drukken], van *premere* (verl. deelw. *pressum*) [drukken].
acupunctuur [geneeswijze d.m.v. naalden] gevormd van **lat.** *acus* [naald], idg. verwant met ***aar*** + *punctum* [prik], van *pungere* (verl. deelw. *punctum*) [steken, prikken] (vgl. ***punt*** ¹).
acustica [geluidsleer] → ***akoestiek***.
acuut [scherp, dringend] < lat. *acutus* [scherp, snijdend, vinnig, stekend, van ziekten: gevaarlijk], van *acuere* [scherpen, slijpen], verwant met *acus* [naald], idg. verwant met ***aar***.
ad- [voorvoegsel in woorden van lat. herkomst] met de betekenis 'naar iets toe, tot, bij, gedurende, tegen, volkomen', voor een klinker en voor d, h, j, m, v: *ad-*, voor sc, sp, st: *a-*, voor c, f, g, l, n, p, q, r, s, t: *ac-, af-, ag-, al-, an-, ap-, ac-, ar-, as-* en *at-;* verwant met **gotisch** *at,* **oudhd.** *az,* **oudfries** *et, it,* **eng.** *at.*
adagio [bedaard] < it. *adagio*, van *ad* [naar...toe] + 14e eeuws *agio* [rust, de tijd benodigd voor een handeling] (**fr.** *aise*) < lat. *adiacens*, teg. deelw. van *adiacēre* [bij iets liggen], *adiacentia* [omstandigheden].
adagium [spreuk] < lat. *adagium*, van *ad* [tot] + *aio* (stam *-ag*) [ik bevestig, beweer].
Adam [naam van de eerste mens] < **hebr.** *ādām* [de man], verwant met *adāmā* [grond], vgl. ***homo*** ¹, ***bruidegom***.
adamant → ***diamant***.
adamsappel [strottehoofd] zo genoemd naar het verhaal dat in Adams keel een stuk van de verboden vrucht zou zijn blijven steken.
adaptatie [aanpassing] < **fr.** *adaptation* < me. lat. *adaptationem*, 4e nv. van *adaptatio*, van *adaptare* (verl. deelw. *adaptatum*) (vgl. ***adapteren***).
adapteren [aanpassen] < **fr.** *adapter* < lat. *adaptare* [passend maken], van *ad* [naar...toe] + *aptare* [vastmaken], van *aptus* [vastgemaakt, passend], eig. verl. deelw. van **oudlat.** *apere* [vastmaken].
adat [traditie] < maleis *adat* [traditie, gewoonterecht] < **ar.** *'ādah* [gewoonte, zede].
addax [soort antilope] < lat. *addax*, bij Plinius, die vermeldt dat het een Noordafrikaanse benaming is.
addenda [bijvoegsels] < lat. *addenda,* mv. van *addendum,* o. van *addendus* [dat wat moet worden toegevoegd], van *addere* [er nog bij geven, toevoegen], van *ad* [toe] + *dare* [geven].
adder [gifslang] **middelnl.** *nadere, nadre, adere, adre, a(d)der;* de *n* viel in de doorlopende rede

weg doordat men deze aanzag voor de laatste letter van het lidwoord, evenals in **eng.** *adder* < **oudeng.** *nædre,* in tegenstelling tot **hd.** *Natter,* vgl. ook **gotisch** *nadrs;* buiten het germ. **lat.** *natrix* [(water)slang], **oudiers** *nathir,* **welsh** *neidr* [adder].
adderen [optellen] (1520) < lat. *addere* [toevoegen, optellen] (vgl. ***addenda***).
addiceren [gerechtelijk toekennen] < lat. *addicere,* van *ad* [toe] + *dicere* [zeggen, (pregnant) recht spreken], idg. verwant met *(aan)tijgen.*
addict [verslaafde] < **eng.** *addict* < lat. *addictus,* verl. deelw. van *addicere* [overleveren], van *ad* [tot, naar] + *dicere* [zeggen, toezeggen].
addictie [toewijzing] < lat. *addictio,* van *addicere* (verl. deelw. *addictum*) (vgl. ***addiceren***).
additie [optelling] < **fr.** *addition* < lat. *additionem,* 4e nv. van *additio,* van *addere* (verl. deelw. *additum*) (vgl. ***adderen***).
additief [m.b.t. optelling] < **fr.** *additif* < lat. *additivus* [toegevoegd, verbonden], van *addere* (vgl. ***adderen***).
additioneel [toegevoegd] < **fr.** *additionnel,* van *additionner* [optellen, bijvoegen], van lat. *additio* (vgl. ***additie***).
adduceren [aanvoeren] < lat. *adducere* [naar zich toe halen, samentrekken, aanvoeren], van *ad* [naar, tot] + *ducere* [voeren, leiden], idg. verwant met ***tijgen***.
adductie [toevoering] < lat. *adductio* [het brengen naar], van *adducere* (verl. deelw. *adductum*) (vgl. ***adduceren***).
adé ¹ [vaarwel] → ***adie***.
adé ² [jongere broer of zuster] < **maleis** *adik* [jongere broer of zuster, jongere neef of nicht], **javaans** *adi*.
adebaar → ***ooievaar***.
adel [stand der edelen] **middelnl.** zelden als zn. Men neemt ontlening uit het hd. aan. Voor het bn. **middelnl.** *adel* [edel] vgl. **oudeng.** *œðel,* **oudhd.**, **oudsaksisch** *adal-;* pogingen niet-germ. verwanten te vinden blijven onbevredigend.
adelaar [roofvogel] van over de oostgrens ontleend: **middelnl.** *adelarn, adelar, adler,* van ***adel*** + *are* (vgl. ***arend***).
adelaarsvaren [varensoort] gevormd van *adelaar* + *varen,* zo genoemd omdat bij scheef doorsnijden van de bladsteel de vaatbundels een figuur vertonen, die iets op een adelaar lijkt.
adelborst [cadet bij de marine] van ***adel*** + ***borst*** ².
adellijk [lang bewaard (van vlees)] vermoedelijk hetzelfde woord als *adellijk* [van adel], maar er is ook een verklaring die wijst op **eng.** *addle* [rot van een ei], dat van *addle* [urine, viezigheid] komt en verwant is met **nl.** *aalt.*
adem, asem [ingeademde lucht] **middelnl.** *adem, aessem,* **oudfries** *ēthma,* **oudsaksisch** *āthum,* **oudeng.** *œðm;* buiten het germ. **oudindisch** *ātman-* [adem, ziel].
adenine [een purine-basis] gevormd van **gr.** *adèn* [klier], van vóór-gr. herkomst + *-ine*.

adenoïde — administrateur

adenoïde [m.b.t. klierweefsel] < **gr.** *adenoëidès* [klier-], van *adèn* (2e nv. *adènos*) [klier] + *eidos* [vorm, gedaante].

adenoma, adenoom [gezwel uit klierweefsel] gevormd van **gr.** *adèn* (2e nv. *adènos*) [klier] + het achtervoegsel *-ōma*, waarmee in medische termen tumoren worden aangeduid, vgl. *-oom*.

adept [ingewijde] < **lat.** *adeptus*, verl. deelw. van *adipisci* [bereiken, verkrijgen, dus lett. iem. die het bereikt heeft].

adequaat [overeenkomstig] < **lat.** *adaequatus*, verl. deelw. van *adaequare* [gelijk maken, evenaren], van *ad* [tot, naar] + *aequare* [gelijk maken], van *aequus* [gelijk] (vgl. *ijken*).

adequatie [het adequaat zijn] < **lat.** *adaequatio* [het gelijkmaken, aanpassing], van *adaequatus* (vgl. *adequaat*).

adequeren [vereffenen] < **lat.** *adaequare* (vgl. *adequaat*).

ader [bloedvat] **middelnl.** *ader(e), aer* [ook zenuw, pees, het inwendige], *inader(e)* [ingewanden], **oudhd.** *adara*, **oudeng.** *œdre*, **oudfries** *edd(e)re*; buiten het germ. **gr.** *ètor* [hart, long], **middeliers** *athar* [ingewand].

aderlaten [door het openen van een ader bloed aftappen] < **middelnl.** *dat bloet laten ter aderen* (waarbij *dat bloet* meestal werd verzwegen) [aderlaten, een aderlating ondergaan].

adherent [samenhangend] **middelnl.** *adherent* [medestander] < **fr.** *adhérent* [samenhangend] < **lat.** *adhaerentem*, 4e nv. van *adhaerens*, teg. deelw. van *adhaerēre* [aan iets vastzitten], van *ad* [tot, aan] + *haerēre* [aan iets vastzitten].

adhereren [aankleven] (1501) **fr.** *adhérer* [idem] < **lat.** *adhaerēre* (vgl. *adherent*).

adhesie [aanklevingskracht, instemming] < **fr.** *adhésion* < **lat.** *adhaesionem*, 4e nv. van *adhaesio* [aanhechting], van *adhaerēre* (verl. deelw. *adhaesum*) (vgl. *adherent*).

adhipati, adipati [Javaanse titel] < **javaans** *adhipati* < **oudindisch** *adhi* [over, opper] + *pati-* [heer] → *bezoar, despoot, kaboepaten, pasja, potent, satraap*.

ad hoc [voor deze zaak] < **lat.** *ad hoc* [tot nu toe, nog altijd].

adhortatie [aansporing] < **lat.** *adhortatio* [idem], van *adhortari* (verl. deelw. *adhortatum*) [aansporen], van *ad* [tot] + *hortari* [aansporen], idg. verwant met *gaarne, begeren*.

adiabaat [kromme] < **gr.** *adiabatos* [niet over te trekken], van **gr.** *a*, ontkenning + *diabatos* [oversteekbaar, doorwaadbaar], van *diabainein* [oversteken], van *dia* [door] + *bainein* [gaan], idg. verwant met *komen*.

adiafaan [ondoorschijnend] gevormd van **gr.** *a*, ontkenning + *diafaan*.

adiafora [zedelijk onverschillige gedragingen] < **gr.** *adiaphora*, o.m. van *adiaphoros* [onverschillig], van ontkennend *a* + *diaphoros* [verschillend, belangrijk], van *diapherein* [verschil maken], van *dia* [uiteen] + *pherein* [dragen], idg. verwant met *baren*[1].

adiantum [venushaar] gevormd van **gr.** *a* [ontkenning] + *diantos* [bevochtigbaar], van *diainein* [bevochtigen], zo genoemd omdat de bladsegmenten niet nat te maken zijn.

adie [tussenwerpsel] ouder *adieuw* < **fr.** *adieu*.

adiëren [aanvaarden] < **lat.** *adire* [gaan naar, op zich nemen, aanvaarden], van *ad* [naar] + *ire* [gaan].

adieu [tussenwerpsel] < **fr.** *adieu* [vaarwel] < *à Dieu*; men beval bij het afscheid iem. aan God aan, vgl. **middelnl.** *Godevolen* [aan God aanbevolen], it. *addio*, **spaans** *adiós*; het woord *dieu* is < **lat.** *deus*.

adipati → *adhipati*.

adipeus [zwaarlijvig] < **fr.** *adipeux* < **modern lat.** *adiposus* < **lat.** *adeps* (2e nv. *adipis*) [vet] < **gr.** *aleipha* [zalf, olie, vet], idg. verwant met *blijven* + **lat.** *-osus* [vol van].

adjacent [aangrenzend] < **lat.** *adiacens* (2e nv. *adiacentis*), teg. deelw. van *adiacēre* [bij iets liggen, grenzen aan], van *ad* [bij] + *iacēre* [liggen].

adjectief [bijvoeglijk naamwoord] < **fr.** *adjectif* [idem] < **lat.** *adiectivus* [grammaticale term: toegevoegd (aan een zn.)], van *adicere* [werpen naar, plaatsen bij], van *ad* [naar] + *iacere* [werpen], vertalende ontlening aan **gr.** *epitheton*.

adjudant [officier van de staf] < **fr.** *adjudant* [idem] < **lat.** *adiutans*, teg. deelw. van *adiutare* [helpen].

adjudicatie [gerechtelijke toewijzing] < **fr.** *adjudication* [idem] < **lat.** *adiudicatio* [toewijzing], van *adiudicare* (verl. deelw. *adiudicatum*) [toewijzen], van *ad* [tot] + *iudicare* [uitspraak doen], van *iudex* (2e nv. *iudicis*) [rechter], van *ius* [recht] + *dicere* [zeggen], idg. verwant met *(aan)tijgen*.

adjudiceren [gerechtelijk toewijzen] < **lat.** *adiudicare* (vgl. *adjudicatie*).

adjunct [toegevoegd functionaris] < **lat.** *adiunctus* [nauw verbonden], eig. verl. deelw. van *adiungere* [toevoegen], van *ad* [toe] + *iungere* [verbinden], idg. verwant met *juk*.

adjungeren [als helper toevoegen] **middelnl.** *adjungeren* < **lat.** *adiungere* (vgl. *adjunct*).

adjusteren [in overeenstemming brengen] < **me. lat.** *adjustare, adjuxtare* [iets aan iets anders aanpassen], van *ad* [naar...toe] + *iuxta* [daarnaast, gelijkelijk], verwant met *iungere* (vgl. *adjunct*).

adjuvans [indirect bevorderend geneesmiddel] < **lat.** *adjuvans*, teg. deelw. van *adiuvare* [helpen, ondersteunen], van *ad* [naar, toe] + *iuvare* [helpen].

adminiculum [hulpmiddel] < **lat.** *adminiculum* [staak, hulpmiddel], van *ad* [naar, tot] + *minēre* [uitsteken].

administrateur [bestuurder] < **fr.** *administrateur* < **lat.** *administrator* [idem], van *administrare* (verl. deelw. *administratum*) (vgl. *administreren*).

administratie [bestuur] middelnl. *administratie* [bediening m.b.t. de sacramenten] < fr. *administration* [bestuur] < lat. *administrationem*, 4e nv. van *administratio* [hulpbetoon, verzorging, beheer], van *administrare* (verl. deelw. *administratum*) (vgl. *administreren*).

administratief [m.b.t. de administratie] < fr. *administratif* < lat. *administrativus* [geschikt voor het beheer van iets, praktisch], van *administrare* (verl. deelw. *administratum*, vgl. *administreren*).

administrator → *administrateur*.

administreren [besturen] middelnl. *administreren* < fr. *administrer* < lat. *administrare* [dienstdoen, behulpzaam zijn, verrichten, regelen, besturen], *(ad)minister* [dienaar, helper] (vgl. *minister*).

admiraal [opperbevelhebber van oorlogsvloot] afgeleid van **ar.** *amīr* [bevelhebber] (vgl. *emir*), middelnl. *amirael* [emir, Saraceens vorst, legerhoofd], *amirael ter see* [vlootvoogd], zo ook in het spaans; er trad verwarring op met **lat.** *admirari* [bewonderen, laat lat. bewonderd worden] of *admirabilis*, ofwel het stamt af van **ar.** *'amīr al (baḥr)* [vorst (van) de (zee)].

admirant [admiraal] < **spaans** verouderde nevenvorm van *almirante* < *almiral* (vgl. *admiraal*).

admiratie [bewondering] < fr. *admiration* < lat. *admirationem*, 4e nv. van *admiratio* [idem], van *admirari* (verl. deelw. *admiratum*) [bewonderen], van *ad* [naar, tot] + *mirari* [zich verwonderen, bewonderen], van *mirus* [verwonderlijk] (vgl. *mirakel*).

admissibel [aanneembaar] < fr. *admissible* < lat. *admissibilis*, van *admittere* (vgl. *admissie*).

admissie [toelating] (1548) < fr. *admission* < lat. *admissionem*, 4e nv. van *admissio* [het toelaten, audiëntie], van *admittere* (verl. deelw. *admissum*) [ergens op af laten gaan, toelaten], van *ad* [naar] + *mittere* [doen gaan] (vgl. **mis** ¹).

admitteren [toelaten] (vóór 1512) < lat. *admittere* (vgl. *admissie*).

admodiatie [belastingheffing op grond van raming] < me. lat. *admodiatio* [het verpachten tegen een vastgestelde huur], van *admodiare* (verl. deelw. *admodiatum*), van **klass. lat.** *modus* [hoeveelheid, grootte, manier] (vgl. *mode*).

adnominaal [verbonden met een zelfstandig naamwoord] < fr. *adnominal*, afgeleid van **lat.** *adnomen* [lett. bijnaam], van *ad* [bij] + *nomen* [naam], daarmee idg. verwant.

adobe [in de zon gedroogde steen] < **eng.** *adobe* < **spaans** *adobe* < **ar.** *aṭ ṭūba* [gebakken steen] < **koptisch** *tōb*, **hiëratisch** *t'b*.

adolescent [jongeling] < fr. *adolescent* < lat. *adolescens* (2e nv. *adolescentis*) [jong, jonge man of vrouw], eig. teg. deelw. van *adolescere* [volwassen worden], van *ad* [tot] + *alescere* [groeien], inchoatief van *alere* [voeden, grootbrengen], idg. verwant met *oud*.

adolescentie [jeugdjaren] < lat. *adolescentia* [jeugd (d.w.z. tussen 17 en 30 jaar)] (vgl. *adolescent*).

Adonaj [naam van Israëlieten voor Jahweh] < **hebr.** *ādōn* [Heer], *ādōnāj* is de pluralis majestatis met het achtervoegsel voor de eerste persoon, ergo 'mijn Heer' (vgl. *Adonis*).

Adonis [schone jongeling in de Griekse mythologie] < **gr.** *Adōnis* < **fenicisch-hebr.** *ādōn* [heer] (vgl. *Adonaj, attenoj*).

Adonisch [Adonisch vers, bepaalde versvorm] naar *Adonis*, omdat deze versvorm speciaal werd gebruikt bij de te zijner ere gehouden feesten.

adoniseren [zich adoniseren, zich mooimaken] afgeleid van *Adonis*.

adopteren [aannemen als kind] < fr. *adopter* < lat. *adoptare* (vgl. *adoptie*).

adoptie [aanneming als kind] < fr. *adoption* < lat. *adoptionem*, 4e nv. van *adoptio* [het als zoon aannemen], van *adoptare* [voor iets kiezen, aannemen, in de familie opnemen], van *ad* [tot] + *optare* [kiezen], verwant met *opinie*.

adoptief [aangenomen (als kind)] < fr. *adoptif* < lat. *adoptivus* [adoptief], van *adoptio* (vgl. *adoptie*).

adoraal [aan de zijde van de mond gelegen] gevormd van **lat.** *ad* [bij] + *os* (2e nv. *oris*) [mond], verwant met **oudnoors** *ōss* [riviermond] (vgl. *Oslo*).

adorabel [aanbiddelijk] < fr. *adorable* < lat. *adorabilis* [idem], van *adorare* [toespreken, smekend aanroepen, bidden], van *ad* [tot] + *orare* [spreken, smeken, bidden], van *os* (2e nv. *oris*) [mond], vgl. *oreren*.

adorant [biddende figuur] van **lat.** *adorare* (teg. deelw. *adorans*, 2e nv. *adorantis*) (vgl. *adorabel*).

adorateur [aanbidder] < fr. *adorateur* < lat. *adorator*, van *adorare* (verl. deelw. *adoratum*) (vgl. *adorabel*).

adoratie [aanbidding] < fr. *adoration* < lat. *adorationem*, 4e nv. van *adoratio* [idem], van *adorare* (verl. deelw. *adoratum*) (vgl. *adorabel*).

adoreren [aanbidden] < fr. *adorer* < lat. *adorare* (vgl. *adorabel*).

adosseren [door aantekening aan de keerzijde overdragen] < fr. *adosser*, met voorvoegsel *à*, **lat.** *ad* [naar, op] + *dos* [rug]; synoniem met **me. lat.** *indorsare* [voorzien van een aantekening op de rug], van *in* [in, op] + *dorsum* (waaruit fr. *dos*) [rug].

adouceren [verzachten] < fr. *adoucir*, van voorvoegsel *à* + *doux* [zacht, zoet] < lat. *dulcis* [zoet].

ad rem [ter zake] < lat. *ad rem*, van *ad* [tot] + *rem*, 4e nv. van *res* [zaak].

adrenaline [bijnierhormoon] gevormd van **lat.** *ad* [naar, tot] + *renes* [nieren] + chemisch achtervoegsel *-in(e)*.

adres [woon- of verblijfplaats] (1545) *ad(d)resse* [hulp] < fr. *adresse* [vaardigheid, 1656 ook: adres van een brief] (in deze betekenis uit het eng.), van

adresseren — aequaal

adresser, van *à* + *dresser* < **me. lat.** *directare* [richten tot (ook van brieven)] < **klass. lat.** *directio, directus* [rechtstreeks], *directio* [een richten tot] (vgl. ***direct***).

adresseren [aan iem. richten] < **fr.** *adresser* (vgl. ***adres***).

adret [flink] dial. fr., nevenvorm van *adroit* < *à* + *droit* < **lat.** *directus* (vgl. ***direct***).

adsorberen [aan de oppervlakte vasthouden] < **fr.** *adsorber;* van **lat.** *ad* [naar...toe] + *sorbēre* (verl. deelw. *sorptum*) [opslurpen].

adsorptie [binding aan de oppervlakte van een andere stof] **fr.** *adsorption,* van **lat.** *ad* [naar, toe] + *sorptio* [het inzuigen] (vgl. ***adsorberen***).

adstringent [samentrekkend] < **lat.** *astringens, adstringens* (2e nv. *a(d)stringentis*), teg. deelw. van *a(d)stringere* (vgl. ***astreinte***).

adstringentia [samentrekkende geneesmiddelen] < **lat.** *adstringentia,* o. mv. van *astringens,* teg. deelw. van *astringere* [dichtsnoeren], van *ad* [tot, naar] + *stringere* [trekken, strak aantrekken], vgl. ***strikt, streng***².

adstringerend [samentrekkend] van **lat.** *a(d)stringere* (vgl. ***adstringentia***).

adstructie [toelichting] < **me. lat.** *adstructio* [demonstratie], **klass. lat.** *astruere* (verl. deelw. *astructum*) [toevoegen, door bewijzen steunen], van *ad* [naar, tot] + *struere* [opstapelen, bouwen] (vgl. ***constructie***).

adstrueren [toelichten] < **lat.** *a(d)struere* (vgl. ***adstructie***).

adukiboon → *azuki*.

adulaar [maansteen] < **hd.** *Adular,* naar de *Adula Alpen* in het westen van Graubünden, een vindplaats ervan.

adulatie [vleiende verering] < **fr.** *adulation* [idem] < **lat.** *adulationem,* 4e nv. van *adulatio* [het kwispelstaarten, vleierij], van *adulari, adulare* (verl. deelw. *adulatum*) [kwispelstaarten, liefkozend naderen, kruipen voor iem.], idg. verwant met **hd.** *wedeln* [kwispelen].

aduleren [slaafs vereren] < **fr.** *aduler* [idem] < **lat.** *adulari, adulare* (vgl. ***adulatie***).

adult [volwassen] < **fr.** *adulte* < **lat.** *adultus* [opgegroeid, volwassen], eig. verl. deelw. van *adolescere* [opgroeien] (vgl. ***adolescent***).

advenant [naar advenant, in evenredigheid] < **fr.** *advenant,* teg. deelw. van *advenir* [gebeuren] < **lat.** *advenire* [naderen, ten deel vallen], van *ad* [naar] + *venire* [komen], daarmee idg. verwant.

advent [naderende komst (des Heren)] < **lat.** *adventus* [aankomst, nadering], in **chr. lat.** *advent,* eig. verl. deelw. van *advenire* [aankomen, naderen], van *ad* [naar, tot] + *venire* [komen], daarmee idg. verwant.

adventief [toevallig aangekomen] < **fr.** *adventif* [idem] < **me. lat.** *adventivus* [nieuwkomer], van *advenire* (vgl. ***advent***).

adverbiaal [bijwoordelijk] **fr.** *adverbial* < **me. lat.** *adverbialis* [idem], van ***adverbium***.

adverbium [bijwoord] < **lat.** *adverbium,* van *ad* [bij] + *verbum* [woord], daarmee idg. verwant.

adversaria [mengelwerk] < **lat.** *adversaria* [beweringen van de tegenpartij, (boekhoud)journaal, kladboek], o. mv. van *adversarius* [tegenoverstaand], van *ad* [naar, tot] + *vertere* (verl. deelw. *versum*) [wenden], idg. verwant met ***worden***.

advertentie [aankondiging in krant e.d.] < **me. lat.** *advertentia* [aandacht], van *advertere* (vgl. ***adverteren***).

adverteren [openbaar bekendmaken] **middelnl.** *adverteren* [bekend maken] < **lat.** *advertere* (teg. deelw. *advertens,* 2e nv. *advertentis*) [wenden naar, de aandacht op iets vestigen], van *ad* [tot, naar] + *vertere* [wenden], idg. verwant met ***worden***.

advies [mening, raad] < **me. lat.** *advisus* [advies, beschouwing], van *advidēre* (verl. deelw. *advisum*) [opmerken, waarnemen], van *ad* [tot] + *vidēre* [zien], idg. verwant met ***weten***.

adviseren [advies geven] afgeleid van ***advies***.

adviseur [raadgever] met fr. uitgang *-eur,* gevormd van ***advies, adviseren***.

advocaat¹ [rechtsgeleerde] **middelnl.** *advocaat, avocaet* < **lat.** *advocatus* [iem. die een procederende partij bijstaat, meest een aanzienlijk burger, in de keizertijd de advocaat-procureur], eig. het verl. deelw. van *advocare* [tot zich roepen, i.h.b. van raadslieden bij een procedure], van *ad* [tot] + *vocare* [roepen], van *vox* (2e nv. *vocis*) [stem], idg. verwant met **hd.** *erwähnen*.

advocaat² [drank] wordt gewoonlijk in verband gebracht met ***advocaat***¹; de betekenis zou dan zijn 'een borrel om de keel te smeren'. Het lijkt echter eerder geloofwaardig verband te leggen met **fr.** *avocat,* **spaans** *aguacate* [avocado]; de vrucht levert een smeuïge, boterachtig gele substantie, waarvan men een dikke drank kan maken, zoals in Indonesië in glazen geserveerde *adpokat;* er is ook gedacht aan **nd.** *apkatt* (> **deens** *abekat*) [borrel], waarin het eerste lid 'aap' betekent, naar **eng.** *monkey* [jeneverfles van een bepaald model].

advocaat³ [tropische boom en vrucht] < ***avocado***.

aegis [schild met Medusahoofd, bescherming] < **gr.** *aigis,* waarvan de eerste betekenis 'geitevel' is, van *aix* (2e nv. *aigos*) [geit]; huiden dienden als overtrek van schilden.

aeneasrat [buidelrat] genoemd naar de held *Aeneas,* die met zijn oude vader Anchises op zijn rug het brandende Troje ontvluchtte; het wijfje draagt de jongen op haar rug.

aeon [onafzienbare tijdruimte] < **gr.** *aiōn* [levenstijd, leven, eeuwigheid, eeuw], idg. verwant met ***eeuw***.

aepyornis [uitgestorven reuzenvogel van Madagascar] gevormd van **gr.** *aipus* [hoog] + *ornis* [vogel], idg. verwant met ***arend***.

aequaal [evenredig] < **lat.** *aequalis* [even groot, gelijke], van *aequus* [gelijk] (vgl. ***ijken***).

aequinoctium [dag- en nachtevening] < lat. *aequinoctium,* van *aequus* [gelijk] (vgl. *ijken*) + *nox* (2e nv. *noctis*) [nacht], daarmee idg. verwant.

aequipollent → *equipollent.*

aequivoca [dubbelzinnigheden] < me. lat. *aequivoca* (vgl. *equivoque*).

aera → *era.*

aëratie [bodemademhaling] → *aëro-.*

aëro-, aër- [voorvoegsel] < gr. *aero-* < *aèr* (2e nv. *aeros*) [lucht] > lat. *aer* (2e nv. *aeris*) [idem].

aerobics [gymnastische dans, die de ademhaling bevordert] < eng. *aerobics,* gevormd naar het voorbeeld van fr. *aérobie* [aërobe, van zuurstof afhangende bacterie], door de Franse chemicus Louis Pasteur (1822-1895) gevormd van *aëro-* + *bios* [leven].

aërodroom [vliegveld] < fr. *aérodrome,* gevormd naar het voorbeeld van hippodroom, van *aëro-* + *dromos* (vgl. *hippodroom*).

aërodynamica [leer van de beweging der gassen] gevormd van *aëro-* + *dynamica* (vgl. *dynamiek*).

aërofagie [het inslikken van lucht] gevormd van *aëro-* + gr. *phagein* [eten].

aëronaut [luchtschipper] gevormd van *aëro-* + gr. *nautès* [schipper].

aëronomie [leer van de hogere luchtlagen] gevormd van *aëro-* + gr. *nomos* [wet].

aëroob [de zuurstof rechtstreeks onttrekkend aan de omgeving] < fr. *aérobe* (vgl. *aerobics*).

aëroplaan [vliegmachine] < fr. *aéroplane,* gevormd van *aëro-* + *planer* [zweven], van lat. *planus* [vlak] (vgl. *plan, plein*).

aërosol [de in de lucht zwevende deeltjes] gevormd van *aëro-* + lat. *solvere* [oplossen].

aërostaat [luchtschip] < fr. *aérostat,* gevormd van *aëro-* + gr. *statos* [geplaatst, staand], deelw. van *histèmi* [ik stel], daarmee idg. verwant.

aërotropisme [het zich richten naar zuurstofrijke lucht (van planten)] gevormd van *aëro-* + gr. *tropos* [wending] (vgl. *troop*).

aeschrologie, aischrologie [het uiten van ontuchtige taal] < gr. *airschrologia* [lasterlijke taal], van *aischros* [schandelijk] + *logos* [het gesproken woord].

Aesculaap [Griekse god der geneeskunst] < lat. *Aesculapius* < gr. *Asklèpios,* verdere herkomst onzeker.

aestivatie [zomerslaap] gevormd van lat. *aestivare* [de zomer doorbrengen], *aestivus* [zomers], van *aestus* [hitte, zomer].

aestuariën [trechtervormige riviermonden] < lat. *aestuarium* [lagune, wad, mond van tijrivier], van *aestus* [hitte, het koken, branding, vloed].

aethaan → *ethaan.*

aetiologie → *etiologie.*

af [bijw. van verwijdering] middelnl. *ave, af, of,* oudnederfrankisch, oudsaksisch, oudnoors, gotisch *af,* oudfries, oudeng. *of,* oudhd. *ab(a);* buiten het germ. lat. *ab,* gr. *apo,* **oudiers, oudindisch** *apa.*

afaeresis [wegval van beginletters] < gr. *aphairesis* [het wegnemen], van *aphairein* [wegnemen], van *apo* [weg] + *hairein* [grijpen, pakken].

afasie [onvermogen tot taalgebruik] < gr. *aphasia* [sprakeloosheid], van ontkennend *a* + *phasis* [spraak], van *phèmi* [ik spreek].

afbatteren [afranselen] van *af* + fr. *battre* < lat. *battuere* [slaan, vechten, schermen], van gallische herkomst.

affabel [vriendelijk] < fr. *affable* < lat. *affabilis* [minzaam, lett. hij die kan worden aangesproken], van *affari* [toespreken], van *ad* [toe] + *fari* [spreken].

affaire [zaak] < fr. *affaire* < oudfr. *afaire* < *a faire* [te doen], *faire* < lat. *facere* [doen], vgl. b.v. *affiche, alarm.*

affect [gemoedsaandoening] < hd. *Affekt* [idem] < lat. *affectus* (vgl. *affectueus*).

affectatie [gemaaktheid] < fr. *affectation* < lat. *affectationem,* 4e nv. van *affectatio* [het streven naar, aanspraak maken op, gekunsteldheid], van *affectare* (verl. deelw. *affectatum*) [streven naar, kunstmatig trachten te bereiken, veinzen], frequentatief van *afficere* (verl. deelw. *affectum*) [behandelen, indruk maken op], van *ad* [naar, tot] + *facere* [maken, doen], daarmee idg. verwant.

affecteren [voorgeven] < fr. *affecter* < lat. *affectare* (vgl. *affectatie*).

affectie [genegenheid] < fr. *affection* < lat. *affectionem,* 4e nv. van *affectio* [inwerking, aandoening, genegenheid], van *afficere* (vgl. *affectatie*).

affectueus [toegenegen] < fr. *affectueux* < lat. *affectuosus* [liefdevol], van *affectus* [toestand, stemming, gevoel, liefde], van *afficere* (vgl. *affectie*).

affectuoso [met veel gevoel] < it. *affectuoso* < lat. *affectuosus* (vgl. *affectueus*).

affeilen [afdwijken] gevormd van *af-* + *feilen,* van *feil²*.

afferent [toevoerend] < fr. *afférent* [idem] < lat. *afferens* (2e nv. *afferentis*), teg. deelw. van *afferre* [ergens heen dragen], van *ad* [naar, tot] + *ferre* [dragen], idg. verwant met *baren¹*.

affiche [aanplakbiljet] < fr. *affiche,* gevormd van *à ficher, à* [om te] *ficher* [insteken, op fiches noteren] < lat. *figere* [vasthechten, steken in].

afficheren [aanplakken] < fr. *afficher* (vgl. *affiche*).

affidavit [attest] < me. lat. *affidavit* [hij of zij heeft onder ede verklaard], onbepaalde wijs *affidare,* van *ad* [naar...toe] + *fides* [vertrouwen, geloof].

affien [verwant] < lat. *affinis* [aangrenzend, betrokken bij, door huwelijk verwant], van *ad* [tot] + *finis* [grens].

affigering [verbinding met voor- of achtervoegsels] van lat. *affigere* (vgl. *affix*).

affiliatie [aanneming (als kind)] < fr. *affiliation* < me. lat. *affiliationem,* 4e nv. van *affiliatio*

affiliëren — afonie

affiliëren [adoptie], van *affiliare* (verl. deelw. *affiliatum*) (vgl. **affiliëren**).

affiliëren [als kind aannemen] **fr.** *affilier* < **me. lat.** *affiliare* [affiliëren], van *ad* [naar...toe] + *filius* [zoon] → **hidalgo**.

affinage [het affineren] < **fr.** *affinage* < **me. lat.** *affinationem*, 4e nv. van *affinatio* [het raffineren van metaal], van *affinare* [raffineren] (verl. deelw. *affinatum*), van *ad* [naar...toe] + *finis* [einddoel] (vgl. *fijn*).

affineren [zuiveren] < **fr.** *affiner* < **lat.** *affinare* (vgl. **affinage**).

affiniteit [verwantschap] < **fr.** *affinité* < **lat.** *affinitas* (2e nv. *affinitatis*) [verwantschap], van *affinis* (vgl. **affien**).

affirmatie [bevestiging] < **fr.** *affirmation* [idem] < **lat.** *affirmationem*, 4e nv. van *affirmatio* [plechtige verklaring, bekrachtiging], van *affirmare* (verl. deelw. *affirmatum*) [bevestigen], van *ad* [naar...toe] + *firmare* [versterken, bevestigen], van *firmus* [sterk, stevig] (vgl. **ferm**).

affirmatief [bevestigend] < **fr.** *affirmatif* < **lat.** *affirmativus* [bevestigend], van *affirmatio* (vgl. **affirmatie**).

affirmeren [bevestigen] < **fr.** *affirmer* < **lat.** *affirmare* (vgl. **affirmatie**).

affix [toevoegsel] < **fr.** *affixe* [idem] < **lat.** *affixum*, verl. deelw. van *affigere* [aan iets vasthechten] (vgl. *fijn*).

afflictie [hartzeer] < **fr.** *affliction* < **lat.** *afflictionem*, 4e nv. van *afflictio* [stoot, beschadiging, leed], van *affligere* (verl. deelw. *afflictum*) [stoten tegen, terneerslaan, ontmoedigen].

affluentie [toeloop] < **lat.** *affluentia* [het overstromen], van *affluere* (teg. deelw. *affluens*) [stromen naar, toevloeien, van iets overvloeien], van *ad* [naar] + *fluere* [vloeien].

affodil, affodille [slaaplelie] (1567) < **lat.** *asphodelus* < **gr.** *asphodelos* [idem], waarvan ook **eng.** *daffodil*.

affolen [tot het uiterste plagen] gevormd van *af-* + *folen*.

affoleren [dol maken] **middelnl.** *affoleren* [verwonden, verwoeden] < **fr.** *affoler* [dol maken], van **lat.** *follis* [leren zak, bal (om te spelen), scrotum en vandaar 'zak', gek] → *bal*[1].

affreus [afschuwelijk] < **fr.** *affreux* < *les affres* [de angst] + het achtervoegsel *-eux* < **lat.** *-osus* [vol van], *affre* < **me. lat.** *afframentum, affraia, effraium* [schrik, opstootje], van *effraiare* [angst inboezemen] < *exfrediare, exfredire* [in de war brengen, verstoren], van *ex* [uit] + *fredus, -a, -um*, dat uit het germ. stamt, vgl. **vrede**.

affricaat [klank die als explosief begint en als spirant eindigt] van **lat.** *africare* (verl. deelw. *africatum*) [wrijven tegen], van *ad* [tegen] + *fricare* [wrijven].

affronteren [krenken] < **fr.** *affronter* [tegen elkaar plaatsen, trotseren] < **me. lat.** *affrontare* [afbakenen, de grenzen vaststellen], van *ad* [naar...toe]

+ *frons* (2e nv. *frontis*) [voorhoofd, voorzijde, front, rand, buitenkant].

affuit [onderstel voor loop van kanon] (1591) < **fr.** *affût* [idem], afgeleid van *fût* [geweerlade] < **lat.** *fustis* [knuppel, stok].

affutage [onderstel voor stukken geschut] < **fr.** *affutage* (vgl. **affuit**).

afgezaagd [zo dikwijls ter sprake gebracht dat het nieuwe er al lang af is] oorspr. gezegd van *zagen* [op de viool spelen].

Afghaan [bewoner van Afghanistan] < **perzisch** *afghān*.

afgod [valse godheid] **middelnl.**, oudsaksisch, oudfries *ofgod*, **oudhd.** *abgot* [eig. ongod, verkeerde god]; het gotische woord *afgups* [goddeloos, misdadig], vertalende ontlening aan **gr.** *asebès* [goddeloos], werd door ons overgenomen.

afgrijzen [afschuw] **middelnl.** *afgrisen* [een afschuw hebben van], *grisen* [idem], vgl. **griezelen**.

afgrond [grondeloze diepte] **middelnl.** *afgront*, **oudnederfrankisch** (3e nv.) *afgrundi*, **oudsaksisch** *afgrundi*, **oudhd.** *abgrunti*, **oudeng.** *œfgrynde*, als zn. gebruikte vorm van het bn. met de betekenis 'iets dat geen grond heeft'.

afgunst [jaloezie] **middelnl.** *afjonste*, **oudsaksisch** *ăbunst*, **oudhd.** *ăbunst*, **oudeng.** *œfest*, **oudnoors** *ǫfund*; van het voorvoegsel *af* [on-, wan-] + **gunst**.

afhandig [wat men slinks van iem. verkrijgt] **middelnl.** *afhandich, afhendich* [teloor gegaan], **oudhd.** *aba hantum* (**hd.** *abhanden*), **oudeng.** *œfhende* [weg], gevormd van *af* + **hand**.

afijn [tussenwerpsel] verbasterd uit **fr.** *enfin*, van *en* < **lat.** *in* [in, op] + *fin* < **lat.** *finis* [het eind] (vgl. *fijn*).

afkalven [afbrokkelen (van aarden wanden)] van *kalf* [verzakte grond]; etymologie onzeker, waarschijnlijk van een idg. basis met de betekenis 'samenballen', waarvan woorden stammen als *klomp, club, kluit, klei*.

afkatten → **katten**.

afkicken [ontwennen van drugs] < **eng.** *to kick off* [eig. uitschoppen], **middeleng.** *kiken* [schoppen], dat wel klanknabootsend gevormd is.

afkondigen [in het openbaar bekendmaken] **middelnl.** *afcondigen*; gevormd van *af* + *kondigen*, van **kond**.

aflaat [kwijtschelding van zonden] **middelnl.** *aflaet* [kwijtschelding, vergeving van zonden], van *af*, in de zin van 'weg, verdwenen' + *laten* [laten gaan, gedogen], **oudnederfrankisch** *aflāt*, **oudhd.** *ablāz*, **oudnoors** *aflāt*, **gotisch** *aflēt*.

aflatoxine [gif geproduceerd door schimmel] gevormd van de naam van de fungus *A(spergillus) fla(vus)* + *toxine*, **toxisch**.

afmatten [uitputten] → *mat*[5].

afnokken [weggaan] < **eng.** *to knock off* [afslaan, ophouden, schaften, de kraaiemars blazen].

afonie [onvermogen om te spreken of zingen] < **gr.** *aphōnia* [sprakeloosheid], van *aphōnos* [sprakeloos], van ontkennend *a* + *phōnè* [geluid, stem].

afoon [zonder stem] < **gr.** *aphōnos* (vgl. *afonie*).
aforisme [korte spreuk] < **gr.** *aphorismos* [bepaling, aforisme], van *aphorizein* [met markeringen afzetten, beperken, definiëren], van *apo* [af-] + *horos* [grensvore, grens, definitie] (vgl. *horizon*).
afpelen [van het haar ontdoen (van huiden)] van *af* + *pelen,* middelnl. *pelen,* nevenvorm van *pellen*².
afreuzelen [uitvallen (van graankorrels)] = *afrijzelen,* van *af* + *rijzelen.*
africano [marmersoort] < **it.** *affricano* [een uit Egypte afkomstige marmersoort, lett. Afrikaans].
afridderen [afglijden] van *af* + *ridderen* [glijden], frequentatief bij *rijden.*
Afrika [geogr.] < **lat.** *Africa.*
afril [helling naar beneden] gevormd in tegenstelling tot *opril.*
afrodisiacum [geslachtsdrift stimulerend middel] < **gr.** *aphrodisiakos* [seksueel], van *aphrodisiazein* [gemeenschap hebben], *aphrodisios* [m.b.t. de lichamelijke liefde], *aphroditè* [schoonheid], *Aphroditè* [de godin van de liefde] (vgl. *Afroditisch*).
afrodisie [seksuele opwinding] < **gr.** *aphrodisia,* het zelfstandig gebruikt o. mv. van *aphrodisios* [de zinnelijke liefde betreffend] (vgl. *afrodisiacum*).
Afroditisch [m.b.t. Aphroditè, de Griekse godin] < **gr.** *Aphroditè,* vermoedelijk < **fenicisch** *ʽashtōreth,* verwant met **akkadisch** *ishtar,* **oud-akkadisch** *eshtar,* teruggaand op een algemeen semitisch godenpaar *ʽathtar* en *ʽathtart-,* astrale vruchtbaarheidsgoden, de morgen- en de avondster Venus, b.v. bekend uit het oegaritisch en het zuidarabisch en veranderd o.i.v. **gr.** *aphros* [schuim van de zee].
afro-look [sterk krullende haarstijl] van **eng.** *afro* < **lat.** *Afer* [Afrikaans] + *look* (vgl. *loeken*).
afrormosia [Afrikaanse houtsoort] gevormd van *Afro-* + *ormosia* [een boomsoort], van **gr.** *hormos* [snoer, halsband], van *eirein* [aaneenrijgen], verwant met **lat.** *series* [serie].
afrossen [afboenen, een pak slaag geven] van *af* + *rossen*¹.
afscheid [het scheiden] middelnl. *afscheit* [het vaarwel zeggen, scheiding, vereffening], middelnd. *afschēt,* middelhd. *abeschit,* van *af* + *scheiden.*
afschuw [afkeer] middelnd. *afschuwe,* bij Coornhert *afschouwelijk,* gevormd van *af* + *schuwen.*
aftaaien [weggaan] wellicht < **eng.** *to tie up* [stopzetten, lett. opbinden].
aftakelen [een schip aftuigen] het tegenovergestelde van *takelen* [staand en lopend want aanbrengen, gereed maken voor de vaart] (vgl. *takel*); aftakelen is dus onttakelen, beide oorspronkelijk overgankelijk.
aftands [oud] (1712), eig. van paarden die hun tanden niet meer wisselen, zodat een vraagteken gezet moet worden bij de leeftijd.

aftarren [voor tarra afrekenen] van *af* + **tarra**.
afte, aft [spruw] < **gr.** *aphtha* [ontsteking], van *haptein* [vastmaken, aansteken, passief: in brand raken].
after-shave [scheerlotion] < **eng.** *aftershave* [idem], gevormd van *after* [na] (vgl. *achter*) + *shave* [het scheren] (vgl. *schaven*).
aftoeken [afmatten] van *af-* + *toeken,* nevenvorm van *tukken* → *tuk*¹.
aftroggelen [afhandig maken] van *af* + **troggelen**.
aftuigen [afranselen, lett. het tuig wegnemen, vooral van schepen] dus hetzelfde als aftakelen, onttakelen (vgl. *tuig*), middelnl. *enen iet aftugen* [iem. door getuigenis voor de rechter zijn goed ontnemen].
aftuinen [omheinen] middelnl. *aftunen;* van *af* + *tuin.*
afvaardigen [iem. zenden en machtigen] bij Kiliaan *afvaerdighen* [wegzenden, tot een eind brengen], middelnd. *afverdigen,* hd. *abfertigen* [wegzenden], van *af* + *vaart* of *vaardig.*
afwezig [absent] bij Kiliaan *afwesigh,* gevormd van middelnl. *afwesen* [afwezig zijn], naast middelnl. *afwesende* [afwezig], vermoedelijk een vertaling van **lat.** *abesse* [afwezig zijn], *absentia* [afwezigheid].
afzakkertje [glaasje sterke drank na maaltijd of andere drank] vgl. middelnl. *sacken* [in de maag doen], vgl. ook *poesje.*
afzelia [boomsoort] genoemd naar de Zweedse botanicus *Adam Afzelius* (1750-1837).
afzichtelijk [wanstaltig] bij Kiliaan *afsichtigh,* naast *afsicht* [afkeer], een vertaling van **lat.** *despectus.*
afzonderlijk [op zichzelf staande] nog niet bij Kiliaan, gevormd van *afzonderen,* het middelnl. heeft *sonderlijc, sunderlijc* [afzonderlijk].
aga [titel] < **turks** *aga* [oorspr. oudere broeder, later een militaire titel, thans mijnheer], verwant met **fins** *uko* [de oude].
agaam [zich ongeslachtelijk voortplantend] < **gr.** *agamos* [ongehuwd], van ontkennend *a* + *gamos* [bijslaap, huwelijk].
agaat [kwartsgesteente] < **fr.** *agate* < **lat.** *achates* < **gr.** *achatès,* nevenvorm van *gagatès* (vgl. *git*).
agaceren [prikkelen] < **fr.** *agacer,* van *agace,* 16e eeuws *agasse* [ekster], dat uit het germ. stamt, zie de oudere germ. vormen onder *ekster.*
agallochehout, agalhout [aloëhout] < **gr.** *agallochon* [aloë] < **oudindisch** *aguru-* [aloëhout].
agalmatoliet [soort van veldspaat] gevormd van **gr.** *agalma* (2e nv. *agalmatos*) [sieraad, godenbeeld], van *agallein* [eren, versieren] + *lithos* [steen].
agame [soort hagedis] < **spaans** *agama,* in het Caribisch gebied ontleend.
agameten [produkt van multiple celdeling] < **gr.** *agametos, agamètos* [ongehuwd], van ontkennend *a* + *gamos* [huwelijk].

agami — agiteren

agami [trompetvogel] overgenomen uit het galibi in Guyana.

agamie [ongehuwde staat] < **gr.** *agamia* [idem], van *agamos* [ongehuwd], van ontkennend *a* + *gamos* [huwelijk].

agamist [ongehuwde] van **gr.** *agamos* (vgl. *agaam*).

agape [liefdemaal bij de eerste christenen] < **gr.** *agapè* [liefdegave, liefde], van *agapaō* [ik liefkoos].

agar-agar [gedroogd zeewier, de gelatine daaruit gemaakt] < **maleis** *agar-agar*.

agathologie [leer van het hoogste goed] gevormd van **gr.** *agathos* [goed] + *logos* [verhandeling].

agave [vetplant] (1852), moderne naamgeving naar **lat.** *Agave* < **gr.** *Agauè* [de moeder van Pentheus (mythologie)], vr. van *agauos* [edel, van schoonheid stralend].

-age [fr. achtervoegsel] < **laat-lat.** *-aticus,* **klass. lat.** *-atus,* verl. deelw. achtervoegsel van ww. op *-are,* gebruikt om zn. te vormen.

agel [vezelstof] < **maleis** *agel* (zoals gesproken in Jakarta, verouderd) [draad, bindsel van vezel van de gebang(palm)].

agenda [aantekenboek] **middelnl.** *agendboec* [de agenda der verschillende kerkdiensten] < **lat.** *agenda,* mv. van *agendum* [dat wat moet worden gedaan], gerundivum van *agere* [handelen, doen].

agenderen [tot een agenda verenigen] van *agenda*.

agenesie [achterwege blijven van lichamelijke ontwikkelingen] gevormd van ontkennend **gr.** *a* + *Genesis*.

agens [werkende kracht] < **lat.** *agens,* teg. deelw. van *agere* [handelen, doen].

agent [vertegenwoordiger, beambte bij de politie] 16e eeuws, rechtsterm < **lat.** *agens* (2e nv. *agentis*) (vgl. ***agens***).

agentiën [werkende middelen] < **lat.** *agentia,* o. mv. van *agens* (vgl. ***agens***).

agentuur [handelsvertegenwoordiging] waarschijnlijk < **hd.** *Agentur* (vgl. ***agent***).

ageratum [plantengeslacht] < **gr.** *agèraton,* zelfstandig gebruikt o. van *agèratos* [eeuwig jong, onvergankelijk], van ontkennend *a* + *gèraskein* [oud worden].

ageren [optreden] rechtsterm, 1490 < **lat.** *agere* [handelen, doen].

aggenebbisj → *nebbis*.

agger[1] [kortstondige rijzing van het zeewater] < **eng.** *eagre* [vloedgolf], **oudeng.** *e(a)gor* [idem], van *ea* [water], vgl. **nl.** *a(a), ee, ij* + mogelijk *to gore* [doorboren], van *gār* [speer] (vgl. ***geer***[1]).

agger[2] [boor] samengetrokken uit *avegaar*.

aggiornamento [het verschuiven] < **it.** *aggiornamento,* van *aggiornare* [op een datum vaststellen, verdagen] < **me. lat.** *adjurnare* [een dag vaststellen], van **lat.** *ad* [naar...toe] + *diurnus* [dagelijks], van *dies* [dag].

agglomeraat → *agglomeratie*.

agglomeratie [opeenhoping] < **fr.** *agglomération* [idem], van **lat.** *agglomerare* (verl. deelw. *agglomeratum*) [zich verdringen bij iem., eig. tot een kluwen opwinden, opeenhopen], van *glomus* [kluwen], idg. verwant met ***klemmen***.

agglomereren [samenklonteren] < **fr.** *agglomérer* [idem] < **lat.** *agglomerare* (vgl. ***agglomeratie***).

agglutinatie [samenkleving] < **fr.** *agglutination* < **lat.** *agglutinationem,* 4e nv. van *agglutinatio,* van *agglutinare* (verl. deelw. *agglutinatum*) [vastlijmen], van *ad* [aan] + *glutinare* [lijmen], van *gluten* (2e nv. *glutinis*) [lijm], waaruit **eng.** *glue*.

agglutineren [samenkleven] < **fr.** *agglutiner* < **lat.** *agglutinare* (vgl. ***agglutinatie***).

aggradatie [trapsgewijze verandering] < **lat.** *ad* [naar] + *gradatio* [trapsgewijze versterking], van *gradus* [schrede, tred, traptrede, trap] (vgl. ***graad***).

aggravatie [verzwaring] < **fr.** *aggravation* < **me. lat.** *aggravationem,* 4e nv. van *aggravatio* [drukking, bezwaring], van *aggravare* (verl. deelw. *aggravatum*) [belasten], van *ad* [naar] + *gravare* [beladen], van *gravis* [zwaar, drukkend] (vgl. ***grief***).

aggregaat [vereniging, ophoping] van **lat.** *aggregare* (verl. deelw. *aggregatum*) [bij iets voegen, eig. bij de kudde voegen], van *ad* [naar...toe] + *grex* (2e nv. *gregis*) [kudde], van dezelfde basis als *agora*.

aggregatie [samenvoeging] < **me. lat.** *aggregatio* [het samenkomen, opneming in], van *aggregare* (vgl. ***aggregaat***).

aggregeren [in een vereniging opnemen] < **lat.** *aggregare* (vgl. ***aggregaat***).

agiel [beweeglijk] **fr.** *agile* < **lat.** *agilis* [gemakkelijk te bewegen, snel, actief], van *agere* [voortdrijven, vervolgen, verrichten].

agio [opgeld boven de parikoers] < **it.** *aggio* < **byzantijns-gr.** *allagion* [het wisselen] < **klass. gr.** *allagè* [verandering, verwisseling, i.h.b. het wisselen van geld met een toeslag als in koper werd betaald i.p.v. in zilver] < *allos* [ander]; in het it. kon *al-* gemakkelijk afvallen, omdat men er de verbinding *all'agio* in meende te zien.

agitant [onrust teweegbrengend] < **lat.** *agitans* (2e nv. *agitantis*), teg. deelw. van *agitare* (vgl. ***agiteren***).

agitatie [opgewondenheid] < **fr.** *agitation* [idem] < **lat.** *agitationem,* 4e nv. van *agitatio* [beweging], van *agitare* (verl. deelw. *agitatum,* vgl. ***agiteren***).

agitato [onrustig] < **it.** *agitato,* eig. verl. deelw. van *agitare* [heftig bewegen, opwinden] < **lat.** *agitare* (vgl. ***agiteren***).

agitator [onruststoker] < **lat.** *agitator* [drijver van ezels e.d., wagenmenner], van *agitare* (vgl. ***agiteren***).

agitatorisch [opruiend] → *agitator*.

agiteren [verontrusten] < **fr.** *agiter* < **lat.** *agitare* [het drijven van dieren, heen en weer bewegen,

opzwepen, in snelle beweging brengen, verontrusten], intensivum van *agere* [in beweging brengen].

agit-prop [communistische afdeling] afkorting van *agitatie* en *propaganda*.

aglajavlinder [bep. vlinder] van **gr.** *aglaia* [schoonheid], van *aglaos* [prachtig].

agnaten [naaste bloedverwanten van vaderszijde] < **lat.** *agnatus* [verwant van vaders kant], van *ad* [tot] + *gnatus* = *natus*, verl. deelw. van *(g)nasci* [geboren worden].

agnitie [erkenning] < **lat.** *agnitio* [idem], van *agnoscere* (verl. deelw. *agnitum*) [erkennen], van *ad* [tot] + *gnoscere* = *noscere* [leren kennen].

agnomen [bijnaam] < **lat.** *agnomen*, van *ad* [tot, bij] + *gnomen*, oude vorm van *nomen* [naam], daarmee idg. verwant.

agnosceren [erkennen] < **lat.** *agnoscere* (vgl. *agnitie*).

agnosie [onwetendheid] < **gr.** *agnōsia* [onwetendheid, onkunde], van ontkennend *a* + *gnōsis* [inzicht] (vgl. *gnostisch*).

agnostisch [volgens de leer dat wij het transcendente niet kunnen kennen] < **eng.** *agnostic*, een term gevormd door de Engelse bioloog en arts Thomas Henry Huxley (1825-1895) naar **gr.** *agnōstos* [onbekend, onkenbaar], van ontkennend *a* + *gnōstos* [bekend, kenbaar], van *gignōskein* [leren kennen, begrijpen] (vgl. *gnostisch*).

agoeti [Zuidamerikaans knaagdiertje] < **guarani** *acuti*.

agogiek [vormingswerk] < **gr.** *agōgika* [transport], eig. zelfstandig gebruikt mv. van *agōgikos* (vgl. *agogisch*).

agogisch [m.b.t. de agogiek] < **gr.** *agōgikos* [m.b.t. vervoeren of brengen], van *agein* [voeren, leiden].

agologie [wetenschap van de agogiek] gevormd van *agogiek* + *logos* [woord, verhandeling].

agon [wedstrijd] < **gr.** *agōn* [bijeenkomst, samengestroomd publiek bij wedstrijden, kampplaats, wedstrijd, hoogste inspanning, gevaar, angst], van *agein*, met grondbetekenis 'voeren, leiden'.

agone [lijn die plaatsen met declinatie o verbindt] gevormd van **gr.** *a*, ontkenning + *gōnia* [hoek, dus zonder hoek], idg. verwant met *knie*.

agonie [doodsstrijd] **middelnl.** *agoen* < **oudfr.** *agonie* < **chr. lat.** *agonia* < **gr.** *agōnia* [wedstrijd, strijd, zielestrijd, angst], van *agōn* (vgl. *agon*).

agoog [welzijnswerker] < **gr.** *agōgos* [begeleider, gids] (vgl. *agogisch*).

agora [centraal plein in oudgriekse steden] < **gr.** *agora* [bijeenkomst, vergaderplaats, markt, volksvergadering], van *ageirein* [verzamelen], van dezelfde basis als **lat.** *grex* (vgl. *gregarisch*).

agorafobie [pleinvrees] gevormd van **gr.** *agora* + *fobie*.

agraaf, agrafe [sluithaak] < **fr.** *agrafe*, van *agrafer* [dichthaken], van *à* [aan] + **oudfr.** *grafer*, van *grafe*, uit het germ., vgl. **middelnl.** *crappe* [haak, kram].

agrafa [niet in de evangeliën voorkomende uitspraken van Jezus] < **gr.** *agrapha*, o. mv. van *agraphos* [niet geschreven], van ontkennend *a* + *graphein* [schrijven], idg. verwant met *kerven*.

agrafie [onvermogen om schriftelijk te formuleren] gevormd van **gr.** *a*, ontkenning + *graphein* [schrijven], idg. verwant met *kerven*.

agrarisch [m.b.t. de landbouw] < **lat.** *agrarius* [m.b.t. de landerijen], van *ager* (2e nv. *agri*) [akker], daarmee idg. verwant.

agreatie [goedkeuring] van **fr.** *agréer* [behagen], van *à* + **lat.** *gratus* [bevallig, aangenaam] (vgl. *gratis, gratie*).

agrégé [tot het geven van middelbaar of hoger onderwijs bevoegde] < **fr.** *agrégé*, verl. deelw. van *agréger* < **lat.** *aggregare* (vgl. *aggregeren*).

agrement [versiersel] < **fr.** *agrément*, van *agréer* (vgl. *agreatie*).

agressie [vijandelijke aanval] < **fr.** *agression* < **lat.** *aggressionem*, 4e nv. van *aggressio* [aanval], van *aggredi* (verl. deelw. *aggressum*) [naar...toe gaan, aanvallen], van *ad* [naar] + *gradi* [stappen, gaan] (vgl. *graad*).

agressief [aanvallend] < **fr.** *agressif*, van *agresser* (vgl. *agreatie*).

agressiviteit [het agressief-zijn] < **fr.** *agressivité*, van *agressif* (vgl. *agressief*).

agressor [aanvaller] < **lat.** *aggressor*, van *aggredi* (vgl. *agressie*).

agrest [nog onrijpe druiven] (**middelnl.** *agreste* [wrangheid]) < **it.** *agresto* < **lat.** *agrestis* [in het wild groeiend], van *ager* [akker, stuk grond, platteland], idg. verwant met *akker*.

agricultuur [landbouw] < **fr.** *agriculture* < **lat.** *agricultura*, van *ager* (2e nv. *agri*) [akker] + *cultura* (vgl. *cultuur*).

agrimonie [rozengeslacht] < **lat.** *agrimonia* misspelling in een aantal handschriften van Plinius voor, *argemonia* < **gr.** *argemōnē* [papaver, windroos], uit het semitisch: **hebr.** *argāmān* [purper].

agriotype [wilde stamvorm van huisdier of plant] gevormd van **gr.** *agrios* [in het wild levend], van *agros* [veld, platteland], idg. verwant met *akker* + *type*.

agrippijns [Keuls] van *Agrippina* → *Keulen*.

agronoom [landhuishoudkundige] gevormd van **gr.** *agros* [veld, akker] + *nomos* [gewoonte, wet], *agronomos* werd de oprichter van de Atheense staatslanderijen genoemd.

Ahasverus [de Wandelende Jood] < **hebr.** *ahashjwērōsj* < **oudperzisch** *xsjajārsjan* (waaruit **gr.** *Xerxès*), van *xsjaja* [koning] + *arsjan* [man, mannelijk, dus ongeveer de 'macho' onder de koningen].

ahimsa [principe van de geweldloosheid] < **oudindisch** *ahiṃsā*, ['on-letsel', eerbied voor al wat leeft], van ontkennend *a* + *hiṃsā* [letsel], idg. verwant met *gesel*.

ahob [overwegboom] letterwoord uit de beginletters van *automatische halve overwegbomen*.

ahorn — akropolis

ahorn [esdoorn] (1515) < **hd.** *Ahorn,* verwant met gr. *akastos,* **lat.** *acer* [ahorn].

Ahriman [geest van het kwaad volgens Zarathustra] **perzisch** *ahrīman* < **avestisch** *angra* [boosaardig, vijandig] + *mainyu* [geest].

ai [luiaard] < **tupi** *ai,* nabootsing van de kreet van het dier.

aids [ziekte] < **eng.** *aids,* letterwoord uit *Acquired Immuno Deficiency Syndrome.*

aigrette [kleine zilverreiger] < **fr.** *aigrette,* met verkleiningsuitgang *-ette* < **me. lat.** *aigro* naast *airo, ardea, ardeola* [reiger].

aikido [Japanse gevechtssport] < **japans** *aikido,* van *ai* [samen, wederkerig] + *ki* [geest] + *dō* [district, afdeling, kunst].

ailanthus [hemelboom] < **moluks** *ai lanit* [de boom van de hemel]; de *h* is oneigenlijk, ingevoegd o.i.v. gr. *anthos* [bloem].

aileron [rolroer] < **fr.** *aileron,* verkleiningsvorm van *aile* [vleugel] < **lat.** *ala* [idem], verwant met *axilla* [oksel], daarmee idg. verwant.

ailurofilie [voorliefde voor katten] gevormd van gr. *ailouros* [kat] + *philos* [vriend van].

aimabel [beminnelijk] < **fr.** *aimable* < **lat.** *amabilis* [beminnelijk], van *amare* [beminnen].

Aino, Ainoe [oud Japans volk] < **ainoe** *Aino* [mensen].

air [houding] < **fr.** *air* [lucht, klimaat, uiterlijk, houding, lied] < **lat.** *aer* [lucht, klimaat] < **gr.** *aèr* [lucht].

airconditioning [luchtbehandeling] < **eng.** *airconditioning* [idem], van *air* [lucht] (vgl. *air*) + *conditioning* [beheersing] (vgl. *conditie*).

airedale terriër [soort hond] genoemd naar het *Airedale* district in Yorkshire.

aïs [met een halve toon verhoogde a (muziekterm)] < **hd.** *Ais,* van *A* + een verbastering van fr. *dièse* < **gr.** *diesis* [halve toon].

ajer-blanda [spuitwater] oude maleise spelling voor **bahasa indonesia** *air* [water] + *belanda* [Nederlanders, dus: het water dat de Nederlanders drinken], *belanda,* ouder *wolanda* < **portugees** *Holanda* [Holland].

ajour [opengewerkt] < **fr.** *ajour* [opening], van *à* [met] + *jour,* in de betekenis 'opening'.

ajourneren [verdagen] < **fr.** *ajourner* < **me. lat.** *adjurnare, adjornare* [oproepen tegen een bepaalde datum], van *ad* [tot, naar] + *diurnus* [dag-], van *dies* [dag].

ajuin [ui] **middelnl.** *eniuun, enioen, aniuun, oniuun, ayuyn* [ui] < **lat.** *unionem,* 4e nv. van *unio* [ui].

ajuus, aju [tussenwerpsel] < *adieu,* reeds **middelnl.** *adiu* naast *adieu.*

akant → *acanthus.*

akefietje → *akkefietje.*

akela [leidster van de welpen] genoemd naar de leider van de wolven in de *Jungle Books* van Rudyard Kipling (1865-1936).

akelei, akolei [plantengeslacht] **middelnl.** *a(c)keleye, acoleye* < **me. lat.** *aquilegia, aquileia* [akelei], van *aquila* [adelaar], vgl. **me. lat.** *aviglia* [akelei], van *avis* [vogel], **eng.** *columbine* [akelei] < **lat.** *columbinus* [duifachtig].

akelig [naar] **middelnl.** *ackelich, ackelijc,* van *akel* [leed, onrecht, schade, hekel, tegenzin], verwant met **oudeng.** *æce* [pijn] (**eng.** *ache*) en vermoedelijk met gr. *agos* [bloedschuld].

Aken [geogr.] < **lat.** *Aquisgranium* en *Aquae Grani,* van *aquae,* mv. van *aqua* [water, bron, badplaats] + *Apollo Granus,* die bij bronnen werd vereerd. Aken heeft warme, zwavelhoudende bronnen.

aker[1] [eikel] verwant met o.m. **middelhd.** *ackeran, ecker(n)* [eikel, beukenoot], **oudeng.** *æcren, æcer* [eikel], **oudnoors** *akarn* [vrucht van wilde bomen], **gotisch** *akran* [vrucht]; verwantschap met niet-germ. woorden is onzeker.

aker[2] [emmer] < **me. lat.** *aquarius* [lampetkan], van *aqua* [water].

akinesie [onvermogen tot bep. bewegingen] < **gr.** *akinèsia* [onbeweeglijkheid], van ontkennend *a* + *kinèsis,* van *kineō* [ik beweeg].

akkefietje → *akkevietje.*

akker [stuk bouwland] **middelnl.** *acker,* **oudfries** *ekker,* **oudhd.** *ackar,* **gotisch** *akrs;* buiten het germ. **lat.** *ager* [akker], **gr.** *agros,* **oudindisch** *ajra-.*

akkermaal [afscheidingsheg, akkermaalshout] van *akker* + *maal*[4], in de betekenis 'merk, markering'.

akkevietje [karweitje, zaakje] stellig een verbastering uit het lat., waarbij *vietje* < *vita* [leven, levensonderhoud]; de gebruikelijke verklaring < *aqua vita(e)* [brandewijn e.d.] berust op een losse veronderstelling, die de betekenisinhoud niet dekt; de eveneens op losse gronden gesuggereerde ontlening < *acuta vita,* (*acuta* [scherp, fel]) zou althans de betekenis beter verklaren.

akkoord [overeenkomst] < **fr.** *accord* < **me. lat.** *acordum,* van *ad* [tot] + *cor* (2e nv. *cordis*) [hart], daarmee idg. verwant.

akoepedie [hulp aan slechthorenden] gevormd van gr. *akouein* [horen] + *paideuein* [opvoeden, trainen, corrigeren] (vgl. *pedagoog*).

akoestiek [gehoorleer] < **fr.** *acoustique* < **gr.** *akoustikos* [het horen betreffend, gaarne horend], van *akoustos* [hoorbaar], van *akouein* [horen], daarmee idg. verwant.

akon [zijdekapok] **eng.** *aketo(u)n, acton, haqueton* [een opgevuld wambuis onder de maliënkolder], **oudfr.** *auqueton* (**fr.** *hoqueton* [overrok voor mannen]), **provençaals** *alcoton* < **ar.** *al quṭn* [de katoen].

akoniet [plant] < **lat.** *aconitum,* **gr.** *akoniton* [idem], van *akoniti* [zonder stof], van ontkennend *a* + *konis* [stof]; bedoeld is het stof van het worstelperk, dus ongeslagen, onoverwinnelijk, niet in het stof bijtend → *cineraria.*

akropolis [stadsburcht] < **gr.** *akropolis* [hooggelegen stadsburcht], van *akros* [o.m. hoogst] + *polis* [stad] (vgl. *politiek*).

aks, aaks, akst [bijl] **middelnl.** *aex(e), aecs(e),* **oudhd.** *ackus* (hd. *Axt),* **oudeng.** *œx,* **oudnoors** *ǫx,* **gotisch** *aqizi;* buiten het germ. **lat.** *ascia,* **gr.** *axine* → *quebracho.*

akte [hoofddeel van toneelstuk, schriftelijk stuk] **middelnl.** *ac(h)te* [ambtelijk stuk, akte] < **fr.** *acte* < **lat.** *acta* [handelingen, beschikkingen, verslag daarvan], het zelfstandig gebruikt o. van *actum,* verl. deelw. van *agere* [verrichten, handelen].

al [heel] **middelnl., oudsaksisch, oudhd., oudfries** *al,* **oudeng.** *eall, all,* **oudnoors** *allr,* **gotisch** *alls;* eig. deelw. bij germ. *ala-* [voeden]; buiten het germ. o. m. **litouws** *al-* (in samenstellingen) **oudiers** *oll* [groot].

alaaf [carnavalskreet] mogelijk verbastering van *elf.* Bij de dood van Jezus was de wijsheid verdwenen uit de kring van de discipelen en bleven er elf verdwaasden over; vermoedelijk overgenomen uit Keulen.

alaam [werktuig] **middelnl.** *alame, allame,* van *andlame, antlame* [huisraad, werktuig(en)]; voor het eerste lid vgl. *antwoord;* het tweede lid is verwant met **eng.** *loom* [weefapparaat], **oudeng.** *geloma* [werktuig], etymologie onbekend.

alambiek, alembiek [distilleerkolf] < **me. lat.** *alambicum* naast *ambicum,* resp. met en zonder lidwoord *al* < **ar.** *al anbīq* [idem] < **gr.** *ambix* [kruik, pot].

alang-alang [reuzengrassoort] < **maleis** *alangalang.*

alant [plant] **middelnl.** *alaen, alant* < **lat.** *inula* [alant] < **gr.** *elenion* [idem].

alarm [noodsein, onrust] < **fr.** *alarme* < **it.** *allarme,* van *all'arme* = *a l'arme* [tot de wapens, te wapen], van *arma* [wapen] < **lat.** *arma* [uitrusting, oorlogstuig, wapens]; het mv. *arma* (o. mv. van *armum*) werd later aangezien voor vr. enk..

alaskafluweel [fluweelachtig weefsel] geweven van het *alaska* gedoopte garen.

alastrim [kafferpokken] < **portugees** *alastrim,* van *alastrar* [beladen, geheel overdekken], van *a* + *lastrar* [laden], van *lastro,* van **nl.** *last;* de betekenisovergang ontstond door de gelijkmatige verspreiding van variolae, die deed denken aan het gelijkmatig, evenwichtig laden van schepen.

Albanië [geogr.] bij Ptolemaeus worden de *Albanoi,* een Illyrisch volk, het eerst genoemd; etymologie onbekend.

albast [gipssoort] **middelnl.** *alabaster, albaster* < **lat.** *alabaster, alabastrum* [albasten reukflesje] < **gr.** *alabastron, alabastos* [idem] < **egyptisch** *'ala baste* [vaas van (de godin) Bastet].

albastine [verfstof] gevormd van **albast** + *-ine,* een achtervoegsel < **lat.** *-inus* [van de aard van].

albatros [zeevogel] (1763) < **eng.** *albatross* of **fr.** *albatros* < **portugees** *alcatraz, alcatruz* < **ar.** (egyptisch) *qādūs* [pot van een waterrad]; het woord is mét het als zodanig niet herkende lidwoord *al* overgenomen. De betekenisovergang wordt verklaarbaar als men weet dat het woord aanvankelijk werd gebruikt voor de pelikaan, de vogel met de grote krop die hij met water lijkt te vullen.

albe [wit miskleed] verkort uit **lat.** *alba vestis* [wit gewaad] (vgl. **vest** [1]).

albedo [diffuse reflectiefactor] < **lat.** *albedo* [witte kleur, witheid], van *albus* [wit].

albiet [een kleurloos mineraal] gevormd van **lat.** *albus* [wit].

albikoor [soort van makreel] < **spaans** *albacora,* dat met het niet onderkende lidwoord *al* is overgenomen uit **ar.** *al bākūr* [het vroeg rijpe, dus vroege (visjes)].

albino [mens of dier zonder pigmentkleurstof] < **portugees** *albino,* van **lat.** *albus* [wit] (vgl. **aubade**).

Albion [naam van Schotland, later van Engeland] < **lat.** *Albion,* uit een niet-idg. taal, met de betekenis 'bergachtig', vgl. *Alpen* en *Alba,* de Ierse naam voor Schotland.

alboliet [cementsoort] gevormd van **lat.** *albus* [wit] (vgl. **aubade**) + **gr.** *lithos* [steen].

album [boek met witte bladen om versjes, foto's te verzamelen] < **lat.** *album* [witte kleur, wit bord voor bekendmakingen, naamlijst], zelfstandig gebruikt o. van *albus* [wit] (vgl. **aubade**).

albuminaat, albumine [eiwitverbinding] gevormd van **lat.** *albumen* [wit van het ei], van *albus* [wit] (vgl. **aubade**).

albuminurie [aanwezigheid van eiwit in de urine] gevormd van **lat.** *albumen* [wit van het ei] + **gr.** *ouron* [urine].

albumose [afbraakprodukt van eiwit] gevormd van *albumine* + *-ose,* een achtervoegsel < **lat.** *-osus* [vol van] → **albuminaat***.*

alcalde [burgemeester] < **spaans** *alcalde* < **ar.** *al* [de] + *qāḍī* [rechter], bij het ww. *qaḍā* [hij besliste, vonniste] (vgl. **kadi**).

alcarraza [aarden kruik voor koeling] < **spaans** *alcarraza* [koelkruik] < **ar.** *al karrāz* [kruik]; bij overname in het spaans was men zich niet bewust, dat *al* het ar. lidwoord was.

alcazar [burcht] < **spaans** *alcazar* < **ar.** *al* [het] + *qaṣr* [kasteel]; het spaans heeft het lidwoord mee overgenomen zonder dat men dit besefte. Het woord *qaṣr* is door de Arabieren ontleend aan **lat.** *castrum* [fort].

alchimie [goudmakerij, primitieve scheikunde] < **me. lat.** *alchemia* < **ar.** *al* [de] + *kīmiyā* [chemie], dus met het niet onderkende lidwoord overgenomen < **byzantijns-gr.** *chem(e)ia,* waarvan de oorspr. betekenis is 'de kunst van Egypte' < **koptisch** *kēmi,* **egyptisch** *chem, cham* [zwart, het zwarte land]; hiervan ook de persoonsnaam *Cham* [de stamvader der 'negers', der Hamieten]; vgl. voor de bet. *Soedan, Ethiopiër, Zanzibar.*

alcohol [kleurloze vloeistof] < **ar.** *al* [de] + *kuḥl* [antimoon, poeder van antimoon om de randen van oogleden aan te zetten, via 'poeder verkregen door destilleren' geworden tot 'destillaat van vloeistoffen'].

alcyone, alcyoon, halcyoon [ijsvogel] < gr. *alkuōn*, idg. verwant met *alk*.

aldehyd(e) [oxidatieprodukt van alcohol] door de Zwitserse chemicus Justus von Liebig (1803-1873) verkort uit *Alkohol dehydrogenatum*, alcohol waaruit de waterstof is verwijderd.

aldente [gaar (van deegwaren)] < **it.** *al dente* [lett. voor de tand, dus om op te kauwen].

alderman [soort wethouder in Engeland] < **eng.** *alderman* < **oudeng.** *aldorman*, van *aldor* [hoofd van het gezin, baas], van *ald* [oud] + *man*.

aldine [lettertype] < **modern lat.** *Aldinus*, van *Aldus*, nl. Aldus Manutius, Italiaans drukker-uitgever (ca. 1448-1515).

aldislamp [lamp met reflector en vizier] genoemd naar de uitvinder ervan *Arthur Cyril Webb Aldis*.

aldrin [pesticide] genoemd naar de Duitse chemicus *Kurt Alder* (1902-1958).

ale [Engels bier] < **eng.** *ale* (vgl. *aal*²).

aleatoir [onzeker (rechtsterm)] < **fr.** *aléatoire* < **lat.** *aleatorius* [van de speler], van *alea* [dobbelsteen, dobbelspel] < **gr.** *èleos* [verdwaasd], van *alaomai* [ik dwaal rond, ben van iets niet verzekerd].

alençonkant [tuleachtige kant] genoemd naar de stad *Alençon*, halfwege tussen Parijs en Rennes, één van de eerste plaatsen waar zich in Frankrijk kantateliers ontwikkelden.

aleppobuil [huidziekte] genoemd naar de stad *Aleppo*; ook genoemd naar *Oriënt, Punjab, Jericho, Delhi, Madagaskar*.

alert [bijdehand] < **fr.** *alerte* [pas op!, vlug, wakker] < *à l'erte* < **it.** *all'erta* [opgepast!], van *stare all'erta* [op zijn hoede zijn, oorspr. op de helling staan], van *erta* [steile helling], van *erigere* (verl. deelw. *eretto*) [oprichten], *erigersi* [zich verheffen] < **lat.** *erigere* [opwerpen], van *e(x)* [uit] + *regere* [richten, afbakenen], verwant met *rex* (2e nv. *regis*) [koning].

aleuron [eiwitachtige stof uit plantezaden] < **gr.** *aleuron* [tarwebloem], van *aleō* [ik maal], idg. verwant met *malen*².

alevel [toch] samengetrokken uit *al* en *evenwel*.

alexandrijn [versvorm] < **oudfr.** *alexandrin*, genoemd naar de middeleeuwse *Roman d'Alexandre*, waarin deze versvorm voor het eerst werd gebruikt.

alexie [woordblindheid] gevormd van **gr.** *a* [ontkenning] + *lexis* [spreekwijze, het spreken, woord], van *legein* [oplezen, spreken].

alf¹ [boze geest] **middelnl.** *alf*, hd. *Alp*, **oudeng.** *ælf, ylf* (eng. *alp*), **oudnoors** *alfr*.

alf² → *alver*.

alfa [eerste letter van het Griekse alfabet] < **gr.** *alpha* < **hebr.-fenicisch** *ālef*, van *elef* [os]; de vorm van de letter was oorspr. die van een ossekop.

alfabet [letters van een spellingsysteem] < **me. lat.** *alphabetum*, gevormd van de namen voor de eerste twee letters van het Griekse alfabet *alfa, beta*.

alfalfa [luzerne] < **spaans** *alfalfa*, met het lidwoord *al* overgenomen < **ar.** *al ḥalfa* [een soort gras].

alfenide [Berlijns zilver] genoemd naar de Duitse chemicus *Halphen*, 1850.

alferus [vendelzwaaier] < **spaans** *alférez* [vaandeldrager], met het lidwoord *al* < **ar.** *fāris* [ruiter, ridder].

Alfoeren [naam voor de binnenlandse bewoners van Indonesische eilanden] het woord stamt uit Noord-Halmaheira: *halefuro* [woest land, bosgrond], voluit *ohalefureka ma nyawa* [bosmensen], in het **moluks** *orang Alifuru* geworden. De benaming is verachtelijk bedoeld, vgl. *caboclo, Dajak, Toradja*.

alfrank [slingerplant, enigermate giftig] van *alf*¹ + *rank*¹.

algazel [sabelantilope] < **ar.** *al* [de] + *ghazāl* [gazelle].

algebra [letterrekening] **middelnl.** *algebra* [het verbuigen van delen tot een geheel, ontleedkunde] (1612) in de moderne betekenis < **me. lat.** *algebra*, ontleend aan de boektitel **ar.** *al jabr wa 'l muqābala* [de hergroepering en de tegenstelling], van de 9e eeuwse wiskundige Muhammad ibn Mūsa al Khwārizmī; het lidwoord is dus mee overgenomen; het woord *jabr* betekent oorspr. 'het zetten van gebroken botten' → *algoritme*.

algemeen [gemeenschappelijk, universeel] gevormd van *al* (versterkend) + *gemeen*, dat middelnl. 'algemeen' betekende.

algen [wieren] < **lat.** *alga* [wier, zeegras].

Algerije, Algiers [geogr.] < **ar.** *al* [de] + *jazā'ir*, verbastering van het meervoud van *jazīra* [eiland, d.w.z. de beide eilanden vlak voor de kust van de stad Algiers, die evenwel onder de Turken zijn opgenomen in een havendam].

Algerijn [bewoner van Algerije] → *Algerije*.

alginaatgaren [garen uit zeewier] het eerste lid afgeleid van *alg*, vanwege de winning uit bruinwieren → *algen*.

algofobie [vrees voor pijn] gevormd van **gr.** *algos* [pijn] + *phobos* [vrees].

algol [programmeertaal] < **eng.** *algol*, van *algo(rithmic) l(anguage)*.

algolagnie [masochisme plus sadisme] gevormd van **gr.** *algos* [pijn] + *lagneia* [wellust], van *lagnos* [wellustig].

Algonkium [Eozoïcum] zo genoemd vanwege de rotsformaties in het gebied der Grote Meren, stamland van de *Algonkin-indianen*.

algoritme [rekenschema] o.i.v. **gr.** *arithmos* [getal] < **me. lat.** *algorismus*, met aanpassing aan **lat.** -*ismus* < **gearabiseerd perzisch** *al khuwārizmī* [de man van Khuwārizm, thans Khiva in Oezbekistan] → *algebra*.

algrafie [aluminiumdruk] verkort uit *aluminiografie* [aluminiumdruk], gevormd van *aluminium* + **gr.** *graphein* [schrijven], idg. verwant met *kerven*.

alguacil [politieambtenaar in Spanje] < **spaans**

alguacil < **ar.** *al* [de] + *wazīr* [vizier] < **oudperzisch** *vicira* [minister, rechter].

alhidade [vizierliniaal] < **spaans** *alidada*, met overname van het lidwoord *al* < **ar.** *'aḍud*, mv. *a'ḍād* [bovenarm].

alias [ook wel genaamd] < **lat.** *alias* [naar een andere kant heen, op een andere tijd, bij andere gelegenheden], van *alius* [een ander(e)].

alibi [het aanwezig-zijn elders] < **lat.** *alibi* [ergens anders, bij een ander], van *alius* [een ander(e)] + *ibi* [daar].

aliënatie [vervreemding] < **fr.** *aliénation* < **lat.** *alienationem*, 4e nv. van *alienatio* [idem], van *alienare* (verl. deelw. *alienatum*) [vervreemden] (vgl. *aliëneren*).

aliëneren [vervreemden] < **fr.** *aliéner* < **lat.** *alienare* [aan een ander overdragen], van *alienus* [andermans], van *alius* [een ander].

alifatisch [van een bep. scheikundige groep] gevormd van **gr.** *aleiphar* (2e nv. *aleiphatos*) [zalfolie, vet], van *aleiphein* [insmeren, zalven].

alignement [richtingslijn] < **fr.** *alignement*, van *aligner*, van *à* + *ligne* < **lat.** *linea* [linnen draad, koord, lijn].

alikas [albasten of witmarmeren knikker] dial. ook *kallebaster, allekaster, ablast, allebas, albas;* vooral de laatste vorm maakt aannemelijk, dat het woord van *albast* stamt: de knikkers waren van roodgeaderd wit marmer of albast.

alikruik [zeeslak] (1634), etymologie onbekend.

alimentair [m.b.t. de voeding] < **fr.** *alimentaire* < **lat.** *alimentarius*, van *alimentum* (vgl. *alimentatie*).

alimentatie [levensonderhoud] **middelnl.** *alimentatie* < **fr.** *alimentation* [voeding, onderhoud, bevoorrading], van **lat.** *alimentum* [hetgeen dient tot levensonderhoud, de kosten van levensonderhoud], *alimentarius* [tot de voeding, het onderhoud behorend], van *alere* (verl. deelw. *alitum*) [voeden, grootbrengen], idg. verwant met *oud*.

alimenteren [levensonderhoud verstrekken] < **fr.** *alimenter* [voeden, onderhouden], van *aliment*, van **lat.** *alimentum* (vgl. *alimentatie*).

alinea [nieuwe regel] < **fr.** *alinéa* < **me. lat.** *a linea* [naar de lijn], bij het dictaat gegeven aanwijzing voor 'nieuwe regel'.

aliquottonen [bijtonen] naar **fr.** *son aliquote* [bijtoon], *aliquote* [evenmatig] < **lat.** *aliquot* [enige, vrij veel], van *alius* [ander] + *quot* [hoeveel].

alizarien, alizarine [rode kleurstof uit meekrap] < **fr.** *alizarine* [idem] < **spaans** *alizarina*, met het lidwoord *al* overgenomen uit **ar.** *'aṣīr, 'aṣīra* [uitgeperst sap], bij het ww. *'aṣara* [hij perste uit (vruchten)]; de kleurstof werd door uitpersen uit de wortel van de meekrap verkregen.

alizarol [oplossing van alizarien in alcohol] samentrekking uit *alizarien* en *alcohol*.

alk [zwemvogel] ontleend aan het scandinavisch: **oudnoors, zweeds** *alka,* **deens** *alk(e),* van een klanknabootsende basis waarvan ook stammen **lat.** *olor* [zwaan], **gr.** *elea* [een moerasvogel], **middeliers** *ela* [zwaan].

alkali [hydroxide van een alkalimetaal] < **ar.** *al qily* [alkali], bij het ww. *qalā* [hij bakte, roosterde]; het woord is in twee vormen in Europese talen overgenomen, met het niet onderkende lidwoord **ar.** *al* en zonder; de benaming is ontstaan doordat het de geblakerde as van het zoutkruid betrof (vgl. *kali*²).

alkanna [boompje] < **spaans** *alcana,* met het lidwoord *al* overgenomen < **ar.** *ḥinnā'* [henna], (*tamr al ḥinnā'* [hennaplant]).

alkanolen [scheik.] samentrekking uit *alkanen* en *alcoholen*.

alkoof [klein vertrekje] (1708) < **fr.** *alcôve* [idem] < **spaans** *alcoba* [slaapvertrek] < **ar.** *al* [de] + *qubba* [koepel, gewelfd bouwsel, (gewelfd) graf van i.h.b. heiligen]; het ar. lidwoord is bij de ontlening aangezien voor een deel van het woord.

alkoran [heilig boek van de moslims] **middelnl.** *alkoram,* met het als zodanig niet herkend lidwoord *al* < **ar.** *al qur'ān* (vgl. *koran*).

alkyl [scheik.] < *alkali* + achtervoegsel *-yl*.

Allah [naam van God bij de moslims] geen eigennaam maar **ar.** *allāh,* samentrekking van *al* + *ilāh* [de god], **hebr.** *ēl* (vgl. *Babel*).

allantois [dooierzak] < **modern lat.** *allantois* < **gr.** *allantoeidès* [worstvormig], gevormd van *allas* (2e nv. *allantos* [knoflookworst] < **lat.** *al(l)ium* [knoflook] + *-oeidès, -oïde,* zo genoemd vanwege de gelijkenis in vorm.

allee [laan] < **fr.** *allée,* eig. verl. deelw. van *aller* [gaan], dat teruggaat op **lat.** *ambulare* [wandelen].

alleen [zonder gezelschap] **middelnl.** *al ene, alleene,* van *al* [geheel en al] + *één*.

allegaar [allemaal] **middelnl.** *al(le)gader* [alles met elkaar], van *al* + *gader*.

allegaat [aanhaling] < **lat.** *allegare* (verl. deelw. *allegatum*) (vgl. *allegatie*).

allegatie [aanhaling] **middelnl.** *allegatie* [het aannemen van, het bewijzen] < **fr.** *allégation* [idem] < **lat.** *allegationem,* 4e nv. van *allegatio* [zending (van onderhandelaar), aangevoerd argument], van *allegare* (verl. deelw. *allegatum*) [afvaardigen, iets aanvoeren, zich beroepen op], van *ad* [naar, tot] + *legare* [als gezant sturen] (vgl. *legaat*¹).

allegeren [aanhalen] < **fr.** *alléguer* [idem] < **lat.** *allegare* (vgl. *allegatie*).

allegorese [allegorische verklaring] < **hd.** *Allegorese* (vgl. *allegorie*).

allegorie [zinnebeeldige voorstelling] < **fr.** *allégorie* < **lat.** *allegoria* < **gr.** *allēgoria* [beeldspraak], van *allos* [ander] + *agoreuein* [in de volksvergadering spreken, vermelden, spreken], van *agora* [volksvergadering].

allegorisch [bn.] → *allegorie.*

allegramente [vrolijk] < **it.** *allegramente,* bijw. afgeleid van *allegro.*

allegrettino — alluderen

allegrettino [iets langzamer dan allegretto] < **it.** *allegrettino,* verkleiningsvorm van *allegretto.*

allegretto [levendig] < **it.** *allegretto,* verkleiningsvorm van *allegro.*

allegro [vrolijk] < **it.** *allegro* < **lat.** *alacer* (o. *alacre*) [opgewekt, levendig].

allehens [scheepsterm] < **eng.** *all hands* [de hele bemanning, lett. alle handen].

alleluja → *halleluja.*

allemaal [alles te zamen] **middelnl.** *altemale* [idem] (vgl. *maal*⁵).

allemande [een dans] < **fr.** *allemande,* vr. van *allemand* [Duits] < **lat.** *Alamannus* [Aleman]; de Alemannen waren eig. slechts één van de Germaanse stammen. Het eerste lid is verwant met *el* in **nl.** *elders* en met *al* in **lat.** *alius* [ander], het tweede element met **nl.** *man* [dus: de anderen, vreemden] → *boche.*

allengs [langzamerhand] 16e eeuws *allengsken,* **middelnl.** *aleenskine,* van *al* [geheel en al] + *eenskine,* verkleiningsvorm van *één* [dus eig. met eentjes, stuk voor stuk], maar onder invloed gekomen van *lang.*

allergeen [allergie veroorzakende stof] → *allergie.*

allergie [gevoeligheid voor bep. stoffen] gevormd door de Oostenrijkse arts Clemens, Baron von Pirquet (1874-1929) van **gr.** *allos* [ander] + *ergon* [werk], daarmee idg. verwant.

allerhande [van alle soort] **middelnl.** *allerhande,* van *hant* in de afgeleide betekenis 'soort', vgl. *over alle hant* [op alle manieren].

allerlei [allerhande] gevormd van *al* + *-lei.*

alles [de gezamenlijke hoeveelheid] **middelnl.** *alles,* 2e nv. van *al,* in het middelnl. tot 1e nv. geworden ofwel < **hd.** *alles,* teruggaand op **oudhd.** *allaz,* een 1e nv..

alliage [verbinding] < **fr.** *alliage,* van *allier* [verbinden, vermengen, legeren] < **lat.** *alligare* [vastbinden aan, binden], van *ad* [aan] + *ligare* [binden] (vgl. *liga*).

alliance-ring [met stenen bezette ring] zo genoemd naar de toepassing als verlovingsring: < **fr.** *alliance* [verbintenis] (vgl. *alliantie*).

alliantie [bondgenootschap] < **fr.** *alliance,* van *allier* (vgl. *alliage*).

allicht [zeker wel] van *al* [geheel en al (dus versterkend)] + *licht,* **middelnl.** *lichte* [allicht, misschien, ongetwijfeld], van *licht* [niet zwaar, gemakkelijk], vgl. **hd.** *vielleicht* en **nl.** *wellicht.*

alliëren [zich verbinden] < **fr.** *allier* (vgl. *alliage*).

alligatie [legering] < **lat.** *alligatio* [het verbinden, binding], van *alligare* (verl. deelw. *alligatum*) (vgl. *alliage*).

alligator [kaaiman] < **spaans** *el lagarto de las Indias* [de hagedis uit (West-)Indië], *el* [de] *lagarto* [hagedis] < **lat.** *lacerta.*

alligatorpeer [avocado] < **eng.** *alligator(pear),* volksetymologische vervorming < **spaans** *avigato* < *aguacate* < **nahuatl** *ahuacatl,* waaruit ook *avocado* ontstond.

all-in [alles, iedereen] < **eng.** *all in* [al met al].

alliteratie, allitteratie [stafrijm] < **fr.** *allitération,* van **lat.** *ad* [naar, tot] + *lit(t)era* [letter].

allocatie [toewijzing] < **fr.** *allocation* < **me. lat.** *allocationem,* 4e nv. van *allocatio* [gebruik, het huren, eig. het plaatsen bij], van *allocare* (verl. deelw. *allocatum*) [verhuren, huren, gebruiken], van *ad* [bij] + *locare* [plaatsen], van *locus* [plaats].

allochtoon [niet-inheems] gevormd van **gr.** *allos* [een andere] + *chthōn* [aarde, grond, land].

allocutie [toespraak] < **fr.** *allocution* < **lat.** *allocutionem,* 4e nv. van *allocutio* [idem], van *alloqui* (verl. deelw. *allocutum*) [toespreken], van *ad* [toe] + *loqui* [spreken].

allodiaal [niet-leenroerig] < **fr.** *allodial* < **me. lat.** *allodialis* [idem] (vgl. *allodium*).

allodium [vrij erfgoed] < **me. lat.** *allodium* [roerend goed, erfenis], uit het germ., van *al* en het tweede element in *kleinood.*

allogamie [kruisbevruchting] gevormd van **gr.** *allos* [een ander] + *gamos* [huwelijk].

allogeen [niet autochtoon] gevormd van **gr.** *allos* [ander] + *genos* [afstamming] (vgl. *Genesis*).

allomorf [vervormd door invloed uit de omgeving] gevormd van **gr.** *allos* [ander] + *morphè* [vorm].

allonge [verlengstuk aan wissel] < **fr.** *allonge* [verlengstuk, verlenging], van *allonger* [verlengen], van *à* [om te] + *long* [lang] < **lat.** *longus* [idem].

allongeren [verlengen (van wissel)] < **fr.** *allonger* (vgl. *allonge*).

allooi [innerlijk gehalte] < **fr.** *aloi* [goudgehalte, zilvergehalte, slag, soort], van *aloyer* [het wettig gehalte geven aan goud of zilver], nevenvorm van *allier* < **lat.** *alligare* (vgl. *alliage*).

allopathie [geneeswijze met tegenwerkende geneesmiddelen] gevormd van **gr.** *allos* [ander] + *pathos* [pijn, ziekte].

allotria [bijzaken] < **gr.** *allotria,* o. mv. van *allotrios* [een ander toebehorend, niet passend, ongeschikt voor, vreemd], van *allos* [ander].

allotropie [het voorkomen van stoffen in andere toestanden] gevormd van **gr.** *allos* [ander] + *tropos* [wending, manier van doen, aard] (vgl. *troop, tropisch*).

allottava [met een octaaf verschil] < **it.** *all'ottava* [octaafsgewijs], van *a* [aan] + *la* [de] + *ottava* [octaaf].

alloueren [inwilligen] < **fr.** *allouer* [toekennen, goedkeuren] < **lat.** *allaudare* [prijzen], van *ad* [tot, toe] + *laudare* [prijzen], van *laus* (2e nv. *laudis*) [lof] (vgl. *leus*).

all-round [in alle opzichten bedreven] < **eng.** *all(-)round* [overal in het rond].

allspice [piment] < **eng.** *allspice,* van *all* [geheel] + *spice* [specerij], zo genoemd omdat men vond dat het de smaak van diverse kruiden in zich verenigt.

alluderen [zinspelen op] < **lat.** *alludere* [schertsen, een toespeling maken], van *ad* [toe] + *ludere* [spelen].

allumet [koekje in de vorm van zwavelstok] < fr. *allumette* [zwavelstok, broodstokje (soepstengel)], in vorm daarop gelijkend, van *allumer* [aansteken], van **lat.** *ad* [naar...toe] + *lumen* [licht].

allure [houding] < fr. *allure,* van *aller* [gaan] (vgl. *allee).*

allusie [zinspeling] < fr. *allusion* < **lat.** *allusio* [het spelen met, de draak steken met], van *alludere* (verl. deelw. *allusum,* vgl. **alluderen**).

Alluvium [na het Diluvium gevormde afzettingen] gevormd van **lat.** *alluere* [bespoelen], van *ad* [naar, tegen...aan] + -*luere* (alleen in samenstellingen) = *lavare, lavere* [wassen, baden, spoelen].

allyl [scheik.] gevormd van **lat.** *allium* [knoflook] + het achtervoegsel -*yl,* zo genoemd omdat het de eerste keer uit knoflook werd gewonnen.

alm [bergweide] < **zuidduits** *Alm, Alb, Alp* [bergweide], van vóór-idg. herkomst, vgl. ***Alpen****.*

almagra [bruinrode okeraarde] < **spaans** *almagra* < **ar.** *al* [de] + *maghra* [rode aarde].

alma mater [milde voedstermoeder, erenaam der hogescholen] van **lat.** *alma,* vr. van *almus* [voedend, zegenend, eerbiedwaardig], van *alere* [voeden], idg. verwant met *oud* + *mater* [moeder], daarmee idg. verwant.

almanak [kalenderboekje] **middelnl.** *almanack, almanach* < **me. lat.** *almanach* [kalender] < **byzantijns-gr.** *almenichiakon,* dat vermoedelijk uit het koptisch stamt. **ar.** *al manāḫ, al manākh* is ontleend aan me. lat..

almandien [edelgesteente] **middelnl.** *albaerdine, alabondine, alabardine* < **me. lat.** *albandina* (**nl.** *gemma* [edelsteen]), **klass. lat.** *Alabandina* [uit Alabanda, een stad in Klein-Azië bij Milete, thans Hissar].

almaviva [type lange mantel] genoemd naar een hoofdpersoon in Beaumarchais' blijspelen *Le Mariage de Figaro* en *Le Barbier de Séville,* die een dergelijk kledingstuk droeg.

almemor [verhoogde plaats in synagoge] < **ar.** *al* [de] + *minbar* [preekstoel, platform].

almende [gemene markegrond] < **hd.** *Allmende,* **middelhd.** *al(ge)meinde* [alles wat gemeenschappelijk is: bos, water, weide].

almicantara, almucantarat [hoogtecirkel] < **fr.** *almicantara,* **spaans** *almocantara, almicantarat* < **ar.** *al* [de] + *muqanṭara,* mv. *muqanṭarāt* [gewelfd iets, zonnecadran, parallelcirkel], van *qanṭara* (ww.) [boog of gewelf construeren].

almucium [koorpels] → ***muts****.*

aloë [plantengeslacht] **middelnl.** *aloë* < **lat.** *aloe* [aloë, bitterheid] < **gr.** *aloè* [aloë], uit het semitisch: **hebr.** *ahālim;* (mv.), vermoedelijk ontleend aan een Zuidaziatisch woord, vgl. **oudindisch** *agaru-* [aloëhout].

aloen-aloen [stadsplein] < **maleis** *alun-alun* [voorplein, stadsplein].

aloïne [aloëbitter] gevormd van ***aloë****.*

alpaca [kleine lama] < **spaans** *alpaca* < **quechua** *alpaca,* van *paco* [geelrood]; de betekenis 'lege-

ring' is afkomstig < **hd.** *Alpaka* [eig. een handelsmerk (met het beeld van het dier van die naam)].

Alpen [geogr.] < **lat.** *Alpes* (vgl. ***Albion****).*

alpino [baret] < **it.** *alpino* [eig. van de Alpen, alpenmutsje] < **lat.** *Alpinus* (vgl. ***Alpen****).*

alruin [mandragora] **middelnl.** *alrune,* vermoedelijk < **oudhd.** *alruna,* gezien *Albruna,* bij Tacitus voorkomend als profetes, wel van *Alb* [elf] en ***rune****,* dus die de geheimen van de elven kent; de wortel, waaraan magische kracht werd toegekend, lijkt op een mannetje.

als [voegwoord] verkort uit *also,* van *al* + *zo.*

alsem [plantengeslacht] **middelnl.** *alsen(e)* < **me. lat.** *aloxinum* < **gr.** *aloè oxinès* [zure, scherpe aloë].

alt [tweede zangstem] < **lat.** *altus* [hoog], eig. verl. deelw. van *alere* [voeden, grootbrengen, versterken], idg. verwant met ***oud****.*

altaar [offertafel] **middelnl.** *altaer, alter, altre* < **lat.** *altare* [altaar, eig. een bovenstel van het altaar waarop delen van het offer werden verbrand], van *altus* [hoog] + *ara* [altaar, offertafel] → ***outaar****.*

Altaïsch [taalfamilie] genoemd naar het *Altaj-gebergte* in Zuid-Siberië.

altazimut [meetinstrument] gevormd van **lat.** *altitudo* [hoogte], van *altus* [hoog] + ***azimut****.*

alterabel [veranderlijk] < **fr.** *altérable* < **lat.** *alterabilis* [voor wijziging vatbaar], van *alter* [ander, veranderd].

alteratie [verandering] **middelnl.** *alteratie* < **fr.** *altération* < **me. lat.** *alterationem,* 4e nv. van *alteratio* [verandering], van *alterare* (verl. deelw. *alteratum*) [veranderen], van *alter* [ander, veranderd].

altercatie [woordenwisseling] < **fr.** *altercation* < **lat.** *altercationem,* 4e nv. van *altercatio* [idem], van *altercare* (verl. deelw. *altercatum*) [twisten, debatteren], van *alter* [de ander].

altereren [veranderen] **middelnl.** *altereren* < **fr.** *altérer* < **me. lat.** *alterare* (vgl. ***alteratie****).*

alternatie [afwisseling] < **fr.** *alternation* < **lat.** *alternationem,* 4e nv. van *alternatio* [afwisseling], van *alternare* (verl. deelw. *alternatum*) (vgl. ***alterneren****).*

alternatief [elkaar afwisselend] < **fr.** *alternatif* < **me. lat.** *alternativa* [alternatief, afwisseling], van *alternatio* (vgl. ***alternatie****).*

alterneren [afwisselen] < **fr.** *alterner* < **lat.** *alternare* [idem], van *alternus* [afwisselend], van *alter* [de ander].

althans [voegwoord] **middelnl.** *altehant, altehants,* met het bijwoorden vormend achtervoegsel s < *al* (bijw.) + *tehant* [aanstonds, thans, zoëven] (vgl. ***thans****).*

althea [heemst] < **gr.** *althaia* [malve], verwant met *althainein* [genezen], *althiskein* [helen].

altimeter [hoogtemeter] gevormd van **lat.** *altus* [hoog] + ***meter***[1].

alto-cumulus [schapewolken] gevormd van **lat.** *altus* [hoog] + ***cumulus****.*

altoos — ambassade

altoos [altijd] middelnl. *al(le)toos*, **middelnd**. *altos, altoges*, **oudhd**. *alzoges* < *al* + een tweede lid dat verwant is met ***tijgen***.

altostratus [sluier van wolken] gevormd van **lat**. *altus* [hoog] + *stratus* [het uitspreiden, deken], van *sternere* (verl. deelw. *stratum*) [uitspreiden] (vgl. ***straat*** ¹).

altruïsme [onbaatzuchtigheid] < **fr**. *altruisme*, gevormd door de filosoof Auguste Comte (1798-1857) van **lat**. *alter* [een ander] en **fr**. *autrui* [een ander], o.i.v. *lui* [hij] gevormd van *alter*.

aludel [retort met twee openingen] < **fr**. *aludel* < **spaans** *aludel*, overgenomen met het lidwoord *al* < **ar**. *uthāl* < **gr**. *aithalè* [roet, gesublimeerd vocht], van *aithein* [in brand steken, branden], idg. verwant met ***eest, ether***.

aluin [dubbelzout] **middelnl**. *aluun, aluyn* < **fr**. *alun* < **lat**. *alumen* [aluin, eig. bitter zout], verwant met **gr**. *hals* [zout], *haludoimos* [bitter].

aluminium [chemisch element] moderne vorming van **lat**. *alumen* [aluin]; aluminium pleegt in de natuur gebonden voor te komen in o.a. de vorm van aluinaarde.

alumnus [leerling] < **lat**. *alumnus* [leerling, pleegkind], van *alere* [voeden, grootbrengen], idg. verwant met ***oud***.

aluniet [aluinsteen] verkort uit *aluminite* < **lat**. *alumen* (2e nv. *aluminis*) [aluin].

alvenaar → *alver*.

alveolaar [blaasvormig, bij de tandkassen gevormd (van spraakklanken)] → ***alveole***.

alveole [blaasje, holte] < **lat**. *alveolus* [schaal, schotel, badkuip, bedding], verkleiningsvorm van *alveus* [bak, holte].

alver [soort van karpertje] < **lat**. *albulus* [witachtig], verkleiningsvorm van *albus* [wit].

alvleesklier [pancreas] vertaling van **medisch lat**. *pancreas* < **gr**. *pagkreas* [alvleesklier], van *pan* [geheel] + *kreas* [vlees], idg. verwant met *rauw*.

am, amme [zoogmoeder] **middelnl**. *amme*, **oudhd**. *amma* (**hd**. *Amme*), **oudnoors** *amma*; komt in ver uiteenliggende talen voor, b.v. **portugees** *ama*, **baskisch** *ama*, **albaans** *emme*, **hebr**. *em*, vermoedelijk een overal spontaan in kindertaal ontstaan woord.

ama [pareldduikster] < **japans** *ama* [duikster in het algemeen].

amaas [kafferpokken] < **afrikaans** *amaas*, *amasi(e)* < **zoeloe** *amasi* [zure melk].

amabile [lieflijk] < **it**. *amabile* < **lat**. *amabilis* (vgl. *aimabel*).

amadine [Australische prachtvink] vermoedelijk gevormd van **gr**. *hama* [tegelijk] + *dinos* [rondwenteling].

amalgama, amalgaam [legering] (**middelnl**. *amaelgeren* [brandschilderen]) < **me. lat**. *almagama*, overgenomen met het lidwoord *al* < **ar**. *'ilghām* [amalgaam], bij het ww. *'alghama* [hij maakte een amalgaam], ontleend aan **gr**. *malassein* [week maken], *malakos* [zacht, week], *malagma* [stootkussen].

amanda [krentenbroodje met amandelspijs] vgl. **me. lat**. *amanda* [amandel].

amandel [steenvrucht met eetbare pit] < **vulg. lat**. *amandula* < **klass. lat**. *amygdalum* < **gr**. *amugdalon* [idem] < **hebr**. *meged ēl* [vrucht van God].

amandelpers [lekkernij] ook *amandelpas, amandelpars*, gevormd van ***amandel***, **middelnl**. *paste, past* [deeg, beslag, mengsel], vgl. ***pasta***.

amaniet [geslacht paddestoelen] < **gr**. *amanitai* [een soort paddestoelen].

amant [minnaar] < **fr**. *amant*, het in oudfr. zn. geworden teg. deelw. van *amer (= aimer)* < **lat**. *amare* [beminnen].

amanuensis [schrijver, helper] < **me. lat**. *amanuensis* [schrijver aan het hof], van *a manu*, in *servus a manu* [lett. slaaf bij de hand, dus iem. die dictaat opneemt].

amarant [een onkruid] < **gr**. *amarantos* [niet-verwelkend], van ontkennend *a* + *marainein* [kwijnen], idg. verwant met ***murw***.

amarel, amarelle [morel] < **lat**. *amarellus* [(een bep. soort) kerseboom], verkleiningsvorm van **klass. lat**. *amarus* [bitter, scherp].

amaril [polijststeen] < **oudfr**. *emeril* (**fr**. *émeri*) < **it**. *smeriglio* < **byzantijns-gr**. *smeri* < **gr**. *smuris* < **hebr**. *sjāmīr*.

amarillo [lichtkleurig (van sigaren)] < **spaans** *amarillo* < **ar**. *'anbar* [amber], *'anbarī* [amber-], vgl. **akkadisch** *amru* [een specerij].

amaryllis [sierplant] genoemd naar *Amarullis*, een herderin in de Eidullia, de Idyllen, van Theocritus (ca. 300 - ca. 250 v. Chr.) en bij zijn navolgers.

amateur [beoefenaar uit liefhebberij] < **fr**. *amateur* < **lat**. *amator* [liefhebber, minnaar, ook vrouwengek], van *amare* [houden van].

amaurose [blindheid] < **gr**. *amaurôsis* [verzwakking van het gezicht], van *amauros* [zwak van licht, met een zwak oog, donker] = *mauros*, waarvan ook ***Moor***.

amaxofobie [wagenvrees] gevormd van **gr**. *hamaxa* [wagen] (verwant met *axōn* [wagenas, stel van twee wielen], idg. verwant met *as* ¹) + *fobie*.

amazone [krijgshaftig vrouwenvolk] < **lat**. *Amazon* < **gr**. *Amazōn*, vermoedelijk uit het semitisch: **hebr**. *amatsah* [sterke]; de volksetymologische afleiding uit de Oudheid is *a* [zonder] + *mazos* [borst]; de Amazonen zouden één borst hebben geofferd om beter te kunnen boogschieten.

ambacht [handwerk] **middelnl**. *ambacht* [bediening, bedrijf, ambt, ambacht] < **lat**. *ambactus* [horige, dienaar], ontleend aan een gallisch woord dat door Caesar werd geïnterpreteerd als 'dienaar van de vorst' < **gallisch** *ombio-* [om] + een met **lat**. *agere* verwant woord dat 'voeren, leiden' betekent, dus degene die in vorstelijke kring actief is.

ambassade [diplomatieke zending] **middelnl**. *ambassade* < **fr**. *ambassade* < **me. lat**.

ambasiata, ambassata, ambascia [missie, gezantschap], van *ambasciare* [een missie verrichten, een boodschap overbrengen], *ambasiari* [als gezant uitsturen], uit het keltisch, vgl. *ambacht.*

ambassadeur [gevolmachtigd gezant] < fr. *ambassadeur* < me. lat. *ambasator, ambasciator* [gezant, internuntius] (vgl. **ambassade**).

ambe [twee in de lotto naast elkaar uitgekomen nummers] < fr. *ambe* < it. *ambo* [idem] < lat. *ambo* [beide(n), twee].

amber [stof uit de darm van de potvis, barnsteen, harssoort] middelnl. *amber* < oudfr. *ambre* < ar. '*anbar* [grijze amber], vgl. akkadisch *amru* [een specerij]; de barnsteen is zo genoemd naar de stof uit de darm van de potvis.

amberiet [ontplofbare stof] van *amber,* zo genoemd omdat hij amberkleurig is.

ambiance [stijl, omgeving] < fr. *ambiance,* van *ambiant* [omgevend] < lat. *ambiens* (2e nv. *ambientis*), teg. deelw. van *ambire* [rondom iets gaan], van *ambi-* [rondom] + *ire* [gaan].

ambidexter [evenzeer links- als rechtshandig] gevormd van lat. *ambo* [beide te zamen, twee] + *dexter* [rechts], *dextera* [rechterhand].

ambiëren [dingen naar] < fr. *ambier* < lat. *ambire* (vgl. **ambitie**).

ambigu [dubbelzinnig] < fr. *ambigu* < lat. *ambiguus* [wisselend, dubbelzinnig], van *ambigere* [betwijfelen, in tweestrijd zijn], van *ambi-* [rondom], verwant met *om* + *agere* [handelen, doen].

ambiguïteit [dubbelzinnigheid] fr. *ambiguïté* < lat. *ambiguitas* (2e nv. *ambiguitatis*) [dubbelzinnigheid], van *ambiguus* (vgl. **ambigu**).

ambilogie [dubbelzinnige uitdrukking] gevormd van lat. *ambo* [beide, twee] + gr. *logos* [woord, verhandeling].

ambitie [eerzucht] middelnl. *ambitie* < fr. *ambition* [idem] < lat. *ambitionem,* 4e nv. van *ambitio* [het rondgaan (om stemmen te werven), het streven, jagen naar], van *ambire* (verl. deelw. *ambitum*) [rondom iets gaan, met een verzoek rondgaan, streven naar], van *ambi-* [rond], verwant met *ambo* [beide] + *ire* [gaan].

ambivalent [twee waarden hebbend] gevormd van lat. *ambo* [beide, twee] + *-valent* (vgl. **polyvalent**).

amblyopie [gezichtszwakte] < gr. *amblu*ō*pia* [zwak gezicht], van *amblus* [stomp, afgestompt, langzaam] + *ōps* [oog].

ambo [verhoogd podium in kerk] < me. lat. *ambo* < gr. *ambōn* [berghelling, hoogte, in byzantijns gr. ook kansel] (vanwaar de nl. variant *ambon*).

Ambon [geogr.] < portugees *ambun, embun, embon* [dauw, nevel], mogelijk naar maleis *nusa japono* [eiland van de nevel].

amboseksueel [in beide geslachten voorkomend] gevormd van lat. *ambo* [beide, twee] + *seksueel* → **seksualiteit.**

ambraïne [ambervet] gevormd van fr. *ambre* [amber].

ambras [verlegenheid, drukte] < fr. *embarras,* van *embarrasser* [hinderen, in verlegenheid brengen] < it. *imbarazzare* [idem], van *imbarrare* [hinderen], van *in* + *barra* [slagboom] (vgl. **bar²**).

ambreren [de geur van amber geven] < fr. *ambrer,* van *ambre* [amber].

ambrine [een zalf] < fr. *ambrine,* vr. van *ambrin* [met de kleur of de aard van barnsteen] (vgl. **amber**).

ambrosia, ambroos, ambrozijn [godenspijs] < gr. *ambrosia* [idem], van semitische herkomst: ar. '*anbar* [amber], akkadisch *amru* [een specerij]; vgl. de godendrank *nectar.*

ambt [openbare betrekking] verkort uit **ambacht.**

ambulance [veldhospitaal, ziekenauto] < fr. *ambulance,* van *hôpital ambulant* [lett. lopend hospitaal] (vgl. **ambulant**).

ambulant [gaande] < fr. *ambulant* < lat. *ambulare* [wandelen, lopen], teg. deelw. *ambulans* (2e nv. *ambulantis*).

amechtig [sterk hijgend] middelnl. *amachtich, amechtich* [machteloos, uitgeput], van ontkennend *a* + *macht;* de betekenis veranderde later door associatie met *adem, aam.*

amelanchiër [bergmispel] een woord uit Savoye, dat mogelijk afgeleid is van een vermenging van lat. *malum* [appel] en ligurisch *abal* of gallisch *aballos* [appel]; het komt in de 4e eeuw na Chr. voor als *malinca.*

amelie [misgeboorte zonder extremiteiten] gevormd van gr. *a,* ontkenning + *melos* [lid, ledemaat], vgl. welsh *cymwal* [gewricht].

amelkoren [spelt, tarwe] middelnl. *amel, amer* [soort van tarwe, weit], *amelescoucke* [zetmeelkoek] < lat. *amylum* < gr. *amulon* [niet gemalen], van ontkennend *a-* + *mulè* [molen] (vgl. **malen²**) → *emerkoren.*

amen [slotwoord van gebeden] < hebr. *āmēn* [waarlijk, zeker] → **Mammon.**

amende [schuldbekentenis] middelnl. *amende* [boete, straf] < fr. *amende,* van *amender* [verbeteren] < lat. *emendare* [idem] (vermoedelijk met wijziging van het voorvoegsel o.i.v. *amandare* [verwijderen]), van *e(x)* [uit] + *mendum* [fout, gebrek].

amendement [wijzigingsvoorstel] < fr. *amendement,* van *amender* (vgl. **amenderen**).

amenderen [verbeteren] < fr. *amender* (vgl. **amende**).

amenorroe, amenorree [uitblijven van menstruatie] gevormd van gr. *a,* ontkenning + *mèn* [maand], daarmee idg. verwant + *roia* [het vloeien], van *reō* [ik vloei], idg. verwant met *stromen* → **stroom.**

amer [houtskool] middelnl. *amerdijn* [hete as], middelnd. *emere, amere,* oudhd. *eimuria* (hd. *Ammern*), oudfries *emer,* oudeng. *œmyrie* (eng. *embers*), oudnoors *eimyrja;* buiten het germ. lat. *urere* [branden], gr. *heuein* [zengen], oudindisch *oṣati* [hij brandt].

americium [scheik. element] 1946 door de ontdekkers, o.a. de Amerikaan Glenn Theodore Seaborg (geb. 1912), genoemd naar het werelddeel van de ontdekking (1944), naar analogie van *europium*.

amerij, amerijtje [ogenblik] (ca. 1635) < *Ave Maria*: van kort gebed tot kort moment.

Amerika [werelddeel] genoemd naar de Italiaanse ontdekkingsreiziger *Amerigo Vespucci* (1454-1512), die reizen naar Amerika maakte en inzag, dat dit niet Azië, maar een nieuw werelddeel was.

Amersfoort [geogr.] van *voorde* + *Amer* = *Eem*, de riviernaam, vgl. *Eems, Amstel*.

amethist [kwarts] middelnl. *ametiste* < lat. *amethystus* [idem] < **gr.** *amethustos* [dronkenschap voorkomend], van ontkennend *a* + *methuein* [dronken zijn], verwant met *methu* [honingdrank], idg. verwant met **mede**[2]; aan edelstenen werden vanouds magische krachten toegekend.

ametrie [wanverhouding] < **gr.** *ametria* [gebrek aan evenwichtigheid], van ontkennend *a* + *metrios* [van de juiste maat], van *metron* [maatstaf, maat], daarmee idg. verwant.

ametropie [afwijking van het normale zien] gevormd van **gr.** *a* [ontkenning] + *metron* [maatstaf] + *ōps* (2e nv. *ōpos*) [oog].

ameublement [bij elkaar horende meubels] < **fr.** *ameublement*, van *ameubler*, van *meuble* [meubel].

amfetamine [stimulerend middel] < **eng.** *amphetamine* < a(lpha) m(ethyl) ph(enyl) et(yl) *amine*.

amfibie [periodiek in het water levend dier] < lat. *amphilion* < **gr.** *amphibios* [amfibie], van *amphi* [aan beide kanten] + *bios* [leven, levenswijze].

amfibiologie [amfibieënkunde] gevormd van *amfibie* + *biologie*.

amfibolie [dubbelzinnigheid] < **gr.** *amphibolia* [idem], van *amphibolos* [van beide kanten aangevallen], van *amphiballein*, van *amphi* [aan beide kanten] + *ballein* [werpen, treffen], idg. verwant met **kwelder**.

amfibool [gesteente] < **gr.** *amphibolos* [heen en weer gaande, onzeker], zo genoemd omdat de groep een opvallend grote verscheidenheid heeft (vgl. *amfibolie*).

amfibrachys [een versvoet] < **gr.** *amphibrachus*, van *amphi* [aan beide kanten] + *brachus* [kort]; de versvoet heeft een lange lettergreep in het midden en aan weerszijden ervan een korte.

amfidromie [het ronddragen in processie] < **gr.** *amphidromia* [vijfde dag na de geboorte van een kind, waarop het rond de haard werd gedragen en zijn naam kreeg], van *amphidromos* [omgevend], van *amphi* [aan beide kanten, aan alle kanten, rondom] + *dromos* [het snel lopen], van dezelfde idg. basis als **hd.** *zittern* [beven].

amfioen [opium] (1596), via **portugees** *afião* < **ar.** *afyūn*, **perzisch** *afyūn* < **gr.** *opion* (vgl. *opium*).

amfitheater [rond, oplopend theater] < lat. *amphitheater, amphitheatrum* < **gr.** *amphitheatron*, van *amphi* [van alle kanten] + *theatron* [theater].

amfoliet [stof met amfotere eigenschappen] gevormd van **gr.** *amphō* [van twee, van twee groepen], een oud tweevoud bij *amphi* + *lithos* [steen].

amfoor [kruik] < lat. *amphora* [kruik met twee oren] < **gr.** *amphoreus* [idem], van *amphiphoreus*, van *amphi* [aan beide kanten] + *phorein* [met zich mee dragen], van *pherein* [dragen], idg. verwant met **baren**[1].

amfoteer [scheik.] van **gr.** *amphoteros* [beide], vergrotende trap van *amphō* [beide].

amiak → *umiak*.

amiant [soort van asbest] < **gr.** *amiantos* [onbevlekt, vlekkeloos], van ontkennend *a* + *miantos* [bevlekt], deelw. van *miainein* [verven, bevlekken].

amicaal [vriendschappelijk] < **fr.** *amical* < lat. *amicalis* [idem], van *amicus* [vriend], *amica* [vriendin].

amice [vriend] < lat. *amice*, 5e nv. (aanspreekvorm) van *amicus* [vriend].

amict [schouderdoek van priester] middelnl. *ami(c)t* < lat. *amictus* [omhulling, kleder dracht, gewaad].

amide [scheik. verbinding] gevormd van *ammoniak* + *-ide*.

amigo [gevangenis] is verklaard als overblijfsel uit de Spaanse tijd. Het gravensteen, de gevangenis van de landsheer heette **middelnl.** *vroonte, vreunte* (eerste betekenis 'domeingoed'). Dit werd al dan niet opzettelijk verward met *vrient, vrint, vrunt* [vriend, partijgenoot] en zou onder het Spaans bewind met **spaans** *amigo* zijn aangegeven.

amine [scheik. verbinding] gevormd van *ammoniak* + *-ine*.

aminozuur [scheik.] het eerste lid < *amine* < a(mmonium) + *-ine*.

amiraal [zeildoekse slagputs] schertsende verlenging van *ammer* [emmer].

amitié [vriendschap] < **fr.** *amitié*, teruggaand op lat. *amicitia*, van *amicus, amica* [vriend, vriendin].

amitose [directe kerndeling] gevormd van **gr.** *a*, ontkenning + *mitos* [scheringdraad].

amme → *am*.

ammelaken, amelaken [tafellaken] **middelnl.** *ambelaken, am(m)elaken;* voor het eerste lid vgl. *ambacht;* grondbetekenis is '(tafel) dienen'.

ammonia [oplossing van ammoniak in water] → *ammoniak*.

ammoniak [scheik.] (1710) < lat. *sal ammoniacum, sal* [zout] *ammoniacum* [afkomstig van de omgeving van (H)ammonium, de oase Siwah in Libië], zo genoemd naar het daar gevestigde orakel van *Ammon*.

ammoniet, ammonshoren [fossiele schelp] naar de Egyptisch/Libische god *Ammon*, bij de Romeinen gelijkgesteld aan Iuppiter en vereerd als Iuppiter Hammon, die werd afgebeeld met ramshorens.

ammophila [plant, wesp] gevormd van **gr.** *ammos* [zand] + *philos* [houdend van], vandaar zowel helmplant als graafwesp.

ammunitie [krijgsbehoeften] < **me. lat.** *admunitio* [fortificatie, versterking], van *ad* + *munitio* [het versterken, verdedigingswerk], van *munire* (verl. deelw. *munitum*) [muren optrekken, versterken, beveiligen], van *munus* [taak, dienst (ook in militaire zin)], vgl. ook ***munitie, commune, immuun***.

amnesie [geheugenverlies] < **gr.** *amnèsia* [het vergeten zijn], van ontkennend *a* + een vorm van *mnaomai* [ik herinner mij].

amnestie [generaal pardon] < **gr.** *amnèstia* [het vergeten, vergeten van bedreven kwaad, amnestie], van ontkennend *a* + *mnèstis* [het (weer) denken aan], van *mnaomai* [ik herinner mij].

amnion [binnenste vruchtvlies] < **gr.** *amnion* [offerschaal waarin het bloed van offerdieren werd opgevangen, vlies rond embryo].

amoebe [slijmdiertje] < **gr.** *amoibè* [ruil, afwisseling], van *ameibein* [wisselen]; zo genoemd omdat amoeben geen stabiele vorm hebben.

amok [razernij] < **maleis** *amuk* [verblind door razernij].

amoom [plantengeslacht] < **lat.** *amomum* < **gr.** *amōmon* [idem], dat uit het semitisch komt: **mishnaïsch hebr.** *hāmām* [idem].

amoralisme [leer die abstraheert van zedelijke normen] van ontkennend *a* + *moralisme* (vgl. ***moraliseren***).

amorce [slaghoedje] < **fr.** *amorce* < **oudfr.** *amorse* [beet] (**middelnl.** *amoorse* [lokaas]), van *à* + **lat.** *morsus* [beet, greep, klem, in me. lat. kram, haak, gesp, ring, ringvormig voorwerp], van *mordēre* (verl. deelw. *morsum*) [bijten, zich in iets vasthaken].

amorf [vormloos] < **gr.** *amorphos* [idem], van ontkennend *a* + *morphè* [uiterlijke vorm].

amoroso [teder] < **it.** *amoroso* < **me. lat.** *amorosus*, van *amor* [liefde] + het achtervoegsel *-osus* [vol van].

amortisatie [het overgaan van onroerend goed in de dode hand] **middelnl.** *amortisacie* [verlof om in de geestelijke stand te brengen] < **me. lat.** *a(d)mortizatio* [vervreemding in de dode hand], van *admortizare* (verl. deelw. *admortizatum*) (vgl. ***amortiseren***).

amortiseren [in de dode hand brengen] **middelnl.** *amortiseren* [in de geestelijke (dode) hand brengen] < **me. lat.** *admortizare* [vervreemden in de dode hand], van *mors* (2e nv. *mortis*) [dood] + *ad* [naar].

amotie [ontslag] < **me. lat.** *amotio* [verwijdering uit een ambt], van *amovēre* (verl. deelw. *amotum*) [verwijderen], van *a(b)* [weg] + *movēre* [in beweging brengen, verwijderen].

amourette [minnarij] < **fr.** *amourette*, verkleiningsvorm van *amour* < **lat.** *amor* [liefde].

amoureus [verliefd] < **fr.** *amoureux* < **lat.** *amorosus* (vgl. ***amoroso***).

amoveren [verwijderen] < **lat.** *amovēre* (vgl. ***amotie***).

ampas [uitgeperst suikerriet] < **maleis** *ampas* [afval, residu, drab, bezinksel], **javaans** *ampas*.

ampel[1] → ***ampul***.

ampel[2] [omstandig] **middelnl.** *ampel* < **fr.** *ample* < **lat.** *amplus* [ruim].

amper [ternauwernood] **middelnl.** *amper* [scherpzuur, wrang, bitter, onaangenaam]; de betekenis 'ternauwernood' is later opgekomen, verwant met **lat.** *amarus* [bitter].

ampère [eenheid van elektrische stroomsterkte] genoemd naar de Franse natuurkundige *André-Marie Ampère* (1775-1836).

ampex [merknaam] verkort uit *Alexander M. Pontianoff Exploitation*.

amplet [medicijnflesje] < **fr.** *ampoulette*, vgl. ***ampul***.

ampliatie [aanvulling] < **lat.** *ampliatio* [vergroting, toename], van *amplius*, vergrotende trap van *amplus* [ruim, veel, groot] (vgl. ***ampel***[1]).

amplificatie [vergroting] (1524) < **fr.** *amplification* < **lat.** *amplificationem*, 4e nv. van *amplificatio* [vermeerdering, vergroting], van *amplificare* (verl. deelw. *amplificatum*) [uitbreiden, vergroten], van *amplus* [veel, groot] (vgl. ***ampel***[1]) + *facere* (in samenstellingen *-ficere*) [maken, doen], daarmee idg. verwant.

amplitudo, amplitude [schommeling] < **lat.** *amplitudo* [grote omvang], van *amplus* [veel, groot] (vgl. ***ampel***[1]) + het achtervoegsel *-tudo*, dat een zn. vormt van bijvoeglijke naamwoorden; de vorm *amplitude* is ontleend via het fr..

ampul [kruik, buisje] **middelnl.** *ampul(le), pulle* [kruik, fles] < **lat.** *ampulla* [zalfflesje], verkleiningsvorm via *amporula* van *amphora* (vgl. ***amfoor, pul***[1]).

amputatie [afzetting van lichaamsdeel] < **fr.** *amputation* < **lat.** *amputationem*, 4e nv. van *amputatio* [het afsnijden], van *amputare* (verl. deelw. *amputatum*) (vgl. ***amputeren***).

amputeren [(lichaamsdeel) afzetten] < **fr.** *amputation* < **lat.** *amputare* [rondom afsnijden, afhakken], van *am(b)-* [rondom] + *putare* [schoonmaken, besnoeien], van *putus* [rein].

amulet [talisman] wordt gewoonlijk afgeleid van **lat.** *amulum* [stijfsel, zetmeel], hetgeen slecht past voor de betekenis, waartegenover afleiding via 16e eeuws **fr.** *amulette*, met verkleiningsuitgang < **me. lat.** *amula* [olieflesje] < **ar.** *ḥamal* [lam, onder koptische christenen: hostie), waarschijnlijker lijkt.

amusant [vermakelijk] < **fr.** *amusant*, eig. teg. deelw. van *amuser* (vgl. ***amuseren***).

amusement [vermaak] < **fr.** *amusement*, van *amuser* (vgl. ***amuseren***).

amuseren [vermaken] (1593) < **fr.** *amuser* [idem], van *à* + *muser* < **me. lat.** *musare* [gaan kijken, bezichtigen, een bezoek brengen], van *musum* [snuit], etymologie onbekend.

amusie [zonder muzikaal gehoor] < **gr.** *amousia* [gebrek aan kunstzin], van *amousos* [zonder kunstzin, onmuzikaal], van ontkennend *a* + *mousa* [Muze, zang, lied] (vgl. *muze*).

amygdaline [stof uit bittere amandelen] gevormd van **gr.** *amugdalis, amugdalon,* later ook *amugdalè* [amandel].

amyl [scheik.] < **gr.** *amulon* [een door weken uit tarwe gewonnen soort meel], van ontkennend *a* + *mulè* [handmolen], idg. verwant met **malen** [2].

an- [1] → *ana-*.

an- [2] → *a-* [2].

ana- [voorvoegsel] < **gr.** *ana* [omhoog, op, naar boven], voor klinkers *an-*, **lat.** *an-* [op] (in *anhelare* [hijgend uitbrengen] < *halare* [geuren]), **oudkerkslavisch** *na* [op], **gotisch** *ana* [op, over], **eng.** *on* [op].

anaal [m.b.t. de anus] < **fr.** *anal* [idem], van **lat.** *anus* (vgl. *anus*).

anabaptist [wederdoper] < **fr.** *anabaptiste,* gevormd van **gr.** *anabaptizein* [telkens onderdompelen], van *ana* [verspreid over de tijd] + *baptizein* [onderdompelen, nat maken, dopen], *baptein* [indompelen].

anabiose [latent leven (b.v. bij bevriezing)] < **gr.** *anabiōsis* [het herleven], van *ana* [omhoog] + *biōsis* = *bios* [het leven].

anabool [opbouw van eiwit bevorderend] < **gr.** *anabolè* [opgeworpen aarde], van *anaballein* [opwerpen], van *ana* [omhoog] + *ballein* [werpen], idg. verwant met *kwelder*.

anachoreet [kluizenaar] **middelnl.** *anacorite* < **fr.** *anachorète* < **chr. lat.** *anachoreta* < **gr.** *anachōrētès* [iem. die zich heeft teruggetrokken uit de wereld, anachoreet], van *anachōreō* [ik trek mij terug], van *ana* [wederom] + *chōrein* [wijken], van *chōros* [plaats, ruimte], van dezelfde idg. basis als **gr.** *chronos* [ruimte, tijdsruimte, tijd].

anachronisme, anakronisme [fout m.b.t. tijdrekening] < **gr.** *anachronismos* [idem], van *ana* [omhoog] + *chronos* [tijd].

anaconda [reuzenslang] vermoedelijk verbastering van **singalees** *henakandaya,* van *hena* [bliksem] + *kanda* [stengel, stam].

anaëroob [zonder zuurstof plaatsvindend of levend] gevormd door Pasteur, uit ontkennend **gr.** *a(n)-* + *aerobe* (vgl. *aerobics*).

anafase [voorlaatste fase van kerndeling] gevormd van **gr.** *ana* [omhoog, naar boven] + *fase*.

anafora [stijlfiguur] < **gr.** *anaphora* [opstijging], van *anapherein* [omhoog brengen], van *ana* [omhoog] + *pherein* [dragen], idg. verwant met *baren* [1].

anafylaxie [het uitblijven van natuurlijke afweer] gevormd van **gr.** *anaphulassein* [waken], van *ana* [langs] + *phulassein* [bewaken], naar analogie van en als tegenstelling tot *profylaxis*.

anaglyf [reliëf] < **gr.** *anagluphè* [basreliëf], van *ana* [omhoog] + *gluphein* [inkerven], idg. verwant met *klieven*.

anagoge [geestelijke bijbeluitlegging] < **gr.** *anagōgè* [opleiding, het tot iets terug voeren], van *anagein* [omhoog voeren, opleiden, naar huis terugbrengen], van *ana* [omhoog] + *agein* [voeren].

anagram [letterkeer] < **byzantijns-gr.** *anagrammatismos* [anagram], van *anagrammatizein* [het verplaatsen van de letters], van *ana* [omhoog] + *gramma* (2e nv. grammatos) [letter], van *graphein* [schrijven], idg. verwant met *kerven*.

anakoloet [niet-lopende zin] < **gr.** *anakolouthos* [zonder samenhang], van ontkennend *a(n)-* + *akolouthos* [volgend, samenhangend], van *keleuthos* [reis, weg].

analecten [bloemlezing] < **gr.** *analektos,* verl. deelw. van *analegein* [oplezen, verzamelen, weer uit het verleden oplezen], van *ana* [omhoog] + *legein* [verzamelen, lezen].

analeptica [versterkende middelen] < **gr.** *analèptika,* zelfstandig gebruikt o. mv. van *analèptikos* [herstellend], van *analèpsis* [het optillen, herwinnen, herstel], van *analambanein* [opnemen, herstellen], van *ana* [omhoog, wederom] + *lambanein* [nemen].

analfabetisch [m.b.t. een analfabeet] < **gr.** *a(n),* ontkenning + *alfabetisch* (vgl. *alfabet*).

analgesie [gevoelloosheid] < **gr.** *analgèsia* [afgestomptheid], van *analgès* [ongevoelig], van ontkennend *a(n)* + *algos* [pijn].

analoog [overeenkomstig] < **gr.** *analogos* [overeenkomstig, beantwoordend], van *ana* [omhoog, op] + *logos* [woord, gedachte, begripsbepaling].

analyse [ontbinding] < **fr.** *analyse* < **scholastisch lat.** *analysis* [idem] < **gr.** *analusis* [het losmaken, oplossing, analyse], van *analuein* [losmaken, losrafelen, ontbinden], van *ana* [over iets verspreid] + *luein* [losmaken], idg. verwant met *(ver)lossen, los* [2].

anamnese [het terugroepen in de herinnering] < **gr.** *anamnèsis* [het zich weer te binnen brengen], van *anamimnèskein* [iem. iets herinneren, reflexief: zich herinneren], van *ana,* dat een opwaartse beweging aangeeft + *mimnèskein* [iem. iets herinneren], verwant met **lat.** *mens* [geest] (vgl. *mentaal*).

anamnestisch [m.b.t. anamnese] < **gr.** *anamnèstikos* [zich gemakkelijk weer iets te binnen brengend] (vgl. *anamnese*).

anamorfose [vertekende figuur die in gebogen spiegel normaal beeld oplevert] < **gr.** *anamorphōsis* [het opnieuw vormen], van *anamorphoun* [wederom vormen], van *ana* [omhoog] + *morphoun* [vormen van], *morphè* [vorm, uiterlijk].

ananas [vrucht] < **spaans** *ananás, ananá* < **guarani** *nana* waar werd voorgevoegd het partikel *a*.

anapest [versvoet] < **lat.** *anapaestus* < **gr.** *anapaistos,* dat eigenlijk 'teruggeslagen' betekent, van *ana* [omhoog] + *paistos,* verl. deelw. van *paiein* [slaan]; de anapest is kort-kort-lang en is daarmee een omgekeerde *dactylus.*

anaplastisch [m.b.t. plastische chirurgie] gevormd van **gr**. *anaplassein* [opnieuw vormen, herstellen], van *ana* [opnieuw] + *plassein* [vormen].

anarchie [regeringloosheid, wanorde] < **oudfr**. *anarchie* < **gr**. *anarchia* [gebrek aan een bevelhebber, gebrek aan bewind, anarchie], van *anarchos* [zonder bevelhebber], van *aneu*, *a(n)* [zonder] + *archos* [aanvoerder], van *archein* [heersen].

anastatica [roos van Jericho] gevormd van **gr**. *anastasis* [opstanding] (vgl. *anastatische druk*), zo genoemd omdat de plant zich na de bloei als een bal oprolt en door de wind wordt voortgedreven, waarbij zaden worden verspreid, om bij vochtig weer te herrijzen.

anastatische druk [procédé om herdrukken te maken zonder opnieuw te zetten] gevormd van **gr**. *anastasis* [het opstaan, opstanding], van *anistanai* [doen opstaan], van *ana* [omhoog] + *histanai* [doen staan], idg. verwant met **staan**.

anastigmaat [vertekening corrigerende lens] gevormd van **gr**. *a(n)* [ontkenning] + *stigma* [punt], van *stizein* [steken], daarmee idg. verwant, dus 'verhindering van een gebrek aan puntscherpte'.

anastomose [het in elkaar overgaan van vaten] < **gr**. *anastomōsis* [monding], van *anastomoō* [ik open de mond], van *ana* [omhoog] + *stomoō* [ik maak open], van *stoma* [mond], idg. verwant met ***stem***.

anastrofe [verwisseling van woorden] < **gr**. *anastrophè* [het omkeren], van *anastrephein* [omwenden, omkeren], van *ana* [omhoog] + *strephein* [draaien, wenden].

anathema [vervloeking] < **gr**. *anathèma* [wijgeschenk], latere variant *anathema* [gewijd voorwerp, vervloeking], van *anatithenai* [opleggen, op iem. leggen], van *ana* [omhoog, op] + *tithenai* [zetten, leggen], idg. verwant met ***doen***.

anatocisme [renteberekening] < **gr**. *anatokismos* [samengestelde interest], van *ana* [omhoog] + *tokismos* [rente, woeker], van *tokizein* [op rente lenen], verwant met *tokos* [kind, rente]; voor de betekenisovergang vgl. **zuidnl**. *kroost* [rente], **maleis** *anak uang* [kind van het geld, rente].

Anatolië [geogr.] < **gr**. *anatolè* [opkomst van zon en maan, het oosten], van *anatellein* [doen opgaan, opkomen van zon en maan], van *ana* [omhoog] + *tellein* [opkomen van zon en maan], vgl. voor de betekenis ***Azië, Levant, Oriënt, Nippon*** en voor de tegenovergestelde betekenis ***Europa, Maghrib***.

anatomie [ontleedkunde] < **oudfr**. *anatomie* < **gr**. *anatomia*, *anatomè* [sectie], van *anatemnein* [opensnijden], van *ana* [omhoog, op] + *temnein* [snijden].

anatoxine [toxine dat men niet-toxisch heeft gemaakt met behoud van de genezende werking, waarvan de giftigheid dus is opgeheven] gevormd van **gr**. *ana* [omhoog] + *toxine* (vgl. ***toxisch***).

anatto [plantaardige kleurstof] gemaakt uit de zaden van de *anattoboom*, een caribisch woord.

ancestraal [voorvaderlijk] < **fr**. *ancestral*, in de 19e eeuw ontleend aan **eng**. *ancestral*, van **oudfr**. *ancestre* [voorganger] < **me.lat**. *ancessor* < **klass.lat**. *antecessor* [idem], van *antecedere* (verl. deelw. *antecessum*) [voorgaan, voorafgaan], van *ante* [voor] + *cedere* [gaan, weggaan].

anciënniteit [ouderdom in rang] < **fr**. *ancienneté*, van *ancien* [oud] < **me.lat**. *anteanus*, *antianus*, *ancianus* [die voorgaat, edelman], *aunciatus* [oud], van *ante* [vóór].

Andalusië [geogr.] < **spaans** *Andalucía* < **ar**. *al-andalus* < **laat-lat**. *Vandalus* [Vandaal], een germ. naam, verwant met **middelnl**. *wanderen* [rondlopen, een zwervend leven leiden] (vgl. ***wandelen***).

andante [rustig voortgaande] < **it**. *andante* [lopend], eig. teg. deelw. van *andare* [gaan, lopen], teruggaand op **lat**. *ambire* [rondlopen].

andantino [rustig voortgaande] < **it**. *andantino*, iets langzamer dan ***andante***, verkleiningsvorm daarvan.

ander [de tweede, niet dezelfde] **middelnl**. *ander* [ander, tweede], **oudsaksisch** *āthar*, *ōthar*, **oudhd**. *andar*, **oudfries** *ōther*, **oudeng**. *ōðer*, **oudnoors** *annarr*, **gotisch** *anþar*; buiten het germ. **lat**. *alter*, **oudindisch** *antara-*, een vergrotende trap, vgl. **lat**. *alius*, **oudindisch** *anya-*.

anderhalf [telwoord] van ***ander*** in de betekenis 'tweede', dus: de tweede voor de helft.

anders [op andere wijze] **middelnl**., **middelnd**. *anders*, **oudhd**. *anderes*, *andres*, **oudfries** *otheres*, met het bijwoorden vormende achtervoegsel *s* gevormd van *ander*.

anderzweer [acuterneef] **middelnl**. *andersweer*, van *ander* [tweede] + *zweer* [zwager].

andesiet [stollingsgesteente] gevormd door de Duitse geoloog en paleontoloog Christian Leopold Baron von Buch (1774-1853), afgeleid van de *Andes*, een van de voornaamste vindplaatsen.

andijvie [plant, ook als groente] **middelnl**. *endivie* < **me.lat**. *endivia*, *intuba*, *intubum*, **klass.lat**. *intiba*, *intibum* [cichorei, witlof, andijvie] < **byzantijns-gr**. *intubon*, *entubon*, teruggaand op **koptisch** *tobe*, *tobi* [januari], de maand waarin dit gewas werd geoogst; de begin *a* in andijvie ontstond door de uitspraak van **fr**. *endive* [Brussels lof].

andoorn, *andoren* [plantengeslacht] **oudsaksisch**, **oudhd**. *andorn*, etymologie onbekend.

Andorra [geogr.] < **lat**. *Andurensis* [Andorraans], komt mogelijk van een woord uit Navarra, *andurrial* [terrein met struikgewas].

andragogiek [vorming van volwassenen] naar analogie van *pedagogiek* gevormd van **gr**. *anèr* [man] (vgl. ***andro-***) + *agein* [leiden].

andro- [voorvoegsel] van **gr**. *anèr* (2e nv. *andros*) [man], verwant met **welsh** *ner* [held], **oudiers** *nert* [kracht], **sabijns** *nero* [sterk], waarvan de naam van keizer *Nero*, **albaans** *n'er*, **oudindisch** *nar-* [man], **gr**. *andreios* [mannelijk, dapper], verwant met de persoonsnaam *Andreas*.

androgeen [leidend tot mannelijke ontwikkelingsvormen] < **gr.** *androgeneia* [mannelijke nakomelingen], van *androgonos* [jongens voortbrengend], van *anèr* (vgl. **andro-**) + *gonos* [afkomst, verwekking] (vgl. **Genesis**).

androgyn [hermafrodiet] < **fr.** *androgyne* < **lat.** *androgynus* < **gr.** *androgunos* [tweeslachtig mens], gevormd van *anèr* [man] (vgl. **andro-**) + *gunè* [vrouw], idg. verwant met **eng.** *queen*, **nl.** *kween*.

androïde [robot] gevormd van **gr.** *anèr* [man, mens] (vgl. **andro-**) + *eidos* [gestalte, vorm], verwant met **oudindisch** *vedas* [kennis].

andromeda [lavendelheide] genoemd naar *Andromeda* (gr. mythologie), wier naam is gevormd van *anèr* [man, echtgenoot] (vgl. **andro-**) + *medesthai* [denken aan], dus 'zij die bedacht is op haar man'.

androsteron [mannelijk hormoon] gevormd van **gr.** *anèr* [man] (vgl. **andro-**) + *ster(ol)*, verkort uit *cholesterol* + *-on*.

anekdote [verhaal uit het leven van historisch persoon, amusant verhaaltje] < **fr.** *anecdote* < **gr.** *anekdota* [dat wat niet uit handen is gegeven, niet vrijgegeven voor publikatie]; in de beperkte betekenis van 'merkwaardige verhalen over beroemde personen' stamt het van de 6e eeuwse geschiedschrijver Procopius, die het laatste deel van zijn historiewerk als een toekomstig aanhangsel niet uit handen wilde geven uit angst voor keizer Justinianus; hij noemde het *anekdota* (o. mv. van *anekdotos*), van ontkennend *a(n)* + *ekdotos*, verl. deelw. van *ekdidōmi* [ik geef uit handen], van *ek* [uit] + *didōmi* [ik geef].

anemie [bloedarmoede] < **gr.** *anaimos* [bloedeloos], van *a(n)*, ontkenning + *haima* [bloed], idg. verwant met **nl.** *honing(zeem)*.

anemochoor [door de wind verspreid] gevormd van **gr.** *anemos* [wind] + *chōrein* [zich bewegen, zich verspreiden] (vgl. **koor**).

anemofiel [waarvan het stuifmeel door de wind wordt overgebracht] gevormd van **gr.** *anemos* [wind] + *philos* [een vriend van].

anemograaf [zelfregistrerende windmeter] gevormd van **gr.** *anemos* [wind] + *graphein* [schrijven], idg. verwant met **kerven**.

anemoon [plantengeslacht] (1593) < **gr.** *anemōnè* [anemoon], uit het semitisch, vgl. **hebr.** *na'amān* [genoegen], vgl. Jesaja 17:10 *nit'ē na'āmanīm* [lieflijke planten]; de Grieken associeerden het woord met *anemos* [wind].

anemoscoop [windvaan] gevormd van **gr.** *anemos* [wind] + *-scoop* (vgl. **bioscoop**).

anencefalie [deels ontbreken van hersenen] gevormd van **gr.** *a(n)* [zonder] + *egkephalos* [hersens], van *en* [in] + *kephalè* [hoofd], idg. verwant met **gevel**.

anergie [het niet-reageren op een antigeen] < **gr.** *anergeia* [het ophouden met werken], van *anergos* [ongedaan], van ontkennend *a(n)* + *ergon* [werk], daarmee idg. verwant.

anergool [scheik. niet spontaan reagerend mengsel] gevormd van **gr.** *anergos* (vgl. **anergie**).

aneroïdebarometer [barometer zonder kwik] gevormd van **gr.** *an* [ontkenning] + *aero-* + *-oïde*, dat niet zinvol is toegepast.

anesthesie [gevoelloosheid] < **gr.** *anaisthèsia* [gevoelloosheid], van *anaisthètos* [zonder gewaarwording], van ontkennend *a(n)* + *aisthètos* [waarneembaar], van *aisthanomai* [ik bemerk].

aneurine [vitamine B1] < **gr.** *aneuros* [zonder pezen, zonder zenuwen, slap], van ontkennend *a-* + *neuron* [spier, pees, spankracht], idg. verwant met *zenuw*.

aneurysma [adergezwel] gevormd van **gr.** *aneurunein* [verbreden], van *ana* [omhoog, op] + *euros* [breedte].

angarde [hengel] verkort uit *angelgarde* (vgl. **angel**[1]).

angarie [juridische term] van **lat.** *angariare* [dwingen, pressen] < **gr.** *aggareia* [onderhoud van de doortrekkende magistraten] (vgl. **hangar**).

angel[1] [haak, hengel] **middelnl.** *angel*, **oudsaksisch**, **oudhd.** *angul*, **oudeng.** *angel*, **oudnoors** *ǫngull*; buiten het germ. **lat.** *uneus* [gekromd, haak], **gr.** *agkulos* [gekromd].

angel[2] [glans] etymologie onbekend.

Angel [lid van een Germaanse volksstam] < **lat.** *Angli* [Angelen], uit het germ., vgl. **oudeng.** *Angle, Engle*, d.w.z. afkomstig uit *Angul*, van *angul* (vgl. **angel**[1]) [haak, dus het haakvormige gebied van Sleeswijk-Holstein] → **Engels**.

angelica [orgelregister] < **lat.** *angelica*, vr. van *angelicus* [van de engelen], van *angelus* [engel], naar de lieflijke klank van dit register (de stem) van de engelen genoemd.

angeliek [engelachtig] < **lat.** *angelicus* [van de engelen], van *angelus* [engel].

Angelsaksisch [m.b.t. de Angelsaksen] voor het eerste lid vgl. **Angel**.

angelus [drieledig gebed] < **lat.** *angelus* [bode, engel].

angina [keelziekte] < **lat.** *angina* < **gr.** *agchonè* [de strik om zich te wurgen, het wurgen], van *agchein* [wurgen, van de stem beroven], idg. verwant met *angst*[1] en **lat.** *angustus* [nauw].

angiocardiografie [het maken van röntgenfoto's van hart en omgeving] gevormd van **gr.** *aggeion* [vat, bloedvat], van *aggos* [idem], idg. verwant met *angel*[1], vgl. ook *anker*[2] [wijnvat] en **cardiografie**.

angioom [vaatgezwel] gevormd van **gr.** *aggeion* [bloedvat] (vgl. **angiocardiografie**) + achtervoegsel *-ōma*, voor gezwel.

angiospermen [bedektzadige planten] gevormd van **gr.** *aggeion* [vat, bloembodem, vruchtbodem] (vgl. **angiocardiografie**) + *sperma* [zaad].

angkloeng [muziekinstrument] < **maleis** *angklung*.

anglicaan [lid der Anglicaanse kerk] < **eng.** *Anglican* < **me. lat.** *Anglicanus* < *Anglicus* [Engels] < **klass. lat.** *Angli* [de Angelen] (vgl. **Angel**).

anglicisme [naar het Engels gevormd woord] gevormd van **me. lat.** *Anglicus* [Engels] (vgl. *Angel*).

anglofiel [voorliefde voor Engels tonend] gevormd van **lat.** *Anglus* (vgl. *Angel*) + **gr.** *philos* [een vriend van].

Angola [geogr.] door een 16e eeuws gebiedshoofd naar zichzelf genoemd, nadat hij zich met hulp van Portugezen van de heerschappij van de Congolezen had losgemaakt en zijn buren had onderworpen.

angora [wol] genoemd naar *Angora,* de oude naam van Ankara < **lat.** *Ancyra* < **gr.** *Agkura* [anker]; de stad zou door koning Midas zijn gesticht, die daar een anker zou hebben gevonden. De stad was vanouds een stapelplaats van wol.

angostura [elixer voor jenever] genoemd naar de plaats van herkomst, de stad *Angostura* (thans Ciudad Bolívar), van **spaans** *angostura* [engte], van *angosto* [nauw, smal] < **lat.** *angustus* [idem], ook verkort tot *angst*.

angst[1] [vrees] **middelnl.** *anxt(e),* **oudnederfrankisch, oudhd.** *angust,* **oudfries** o.m. *onxt;* buiten het germ. **lat.** *angor* [benauwdheid, angst], *angustus* [nauw], **oudindisch** *amhas-* [angst].

angst[2] [jenever met angostura] verkorting van *angostura*.

ångström-eenheid [eenheid voor kleine golflengten] genoemd naar de Zweedse natuurkundige *Anders Jonas Ångström* (1814-1874).

angulair [met hoeken] < **fr.** *angulaire* < **lat.** *angularis* [hoekig, hoek-], van *angulus* [hoek] (vgl. *Angel*).

angwantibo [soort halfaap] inheemse benaming in West-Afrika.

anhidrose [het ontbreken van zweetkliertjes] gevormd van **gr.** *anudros* [zonder water] (vgl. *anhydride*).

anhydride [door verlies van water ontstane verbinding] gevormd van **gr.** *anudros* [zonder water], van *a(n)* [zonder] + *hudōr* [water] (vgl. *hydrant*).

ani-ani [rijstmesje] < **maleis** *ani-ani*.

aniconisch [geen beeld] gevormd van **gr.** *a(n),* ontkenning + *eikōn* [afbeelding, voorstelling] (vgl. *icoon*).

anijs [plant] **middelnl.** *an(n)ijs* < **fr.** *anis* < **lat.** *anisum* < **gr.** *anison* [anijs], van vóór-gr. herkomst.

aniline [grondstof voor kleurstoffabricatie] < **hd.** *Anilin,* met chemisch achtervoegsel *-in(e),* gevormd van **fr.** *anil* < **portugees** *anil* < **spaans** *añil* < **ar.** *al* [lidwoord] + *nīl* [collectief] [indigo (plant)] < **perzisch** *nīl, nīla* < **oudindisch** *nīlī* [indigo], van *nīla-* [donkerblauw] (vgl. *lila*); aniline werd aanvankelijk vervaardigd door destillatie van indigo.

anima [ziel] < **lat.** *anima* [luchtstroom, adem, ziel, geest, leven], verwant met **gr.** *anemos* [wind].

animaal [dierlijk] < **fr.** *animal* [idem] < **lat.** *animalis* [uit lucht bestaand, bezield, levend], het zn. *animal* [levend wezen (ook de mens), dier], van *animus* [ziel], naast *anima* [luchtstroom, levensadem, leven, ziel].

animalculist [iem. die van mening is dat in de zaadcel de ongeboren mens reeds aanwezig is] gevormd van **lat.** *animalculum,* verkleiningsvorm van *animal* [dier] (vgl. *animaal*).

animaliseren [het karakter van wol geven] < **fr.** *animaliser* [in dierlijk weefsel omzetten, verdierlijken], gevormd van **lat.** *animal* (vgl. *animaal*).

animatie [activering] < **oudfr.** *animation* < **chr. lat.** *animationem,* 4e nv. van *animatio* [bezieling], van *animare* (verl. deelw. *animatum*) [bezielen], van *anima* [ziel].

animato [levendig] < **it.** *animato,* eig. verl. deelw. van *animare* [bezielen] < **lat.** *animare,* van *anima* [ziel].

animator [hij die stimuleert] < **lat.** *animator* [hij die versnelt of tot leven brengt], van *animare* [bezielen], van *anima* [ziel].

animeren [opwekken] **middelnl.** *animeren* < **oudfr.** *animer* < **lat.** *animare* [bezielen], van *anima* [ziel].

animisme [opvatting dat alle dingen een ziel hebben] gevormd van **lat.** *anima* [ziel].

animo [opgewektheid] < **it.** *animo* < **lat.** *animus* [ziel, stemming, gezindheid], verwant met *anima* [ziel].

animositeit [vijandigheid] < **fr.** *animosité* < **lat.** *animositas* (2e nv. *animositatis*) [eerzucht, vijandschap], van *animosus* [moedig, trots, hartstochtelijk], van *animus* (vgl. *animo*) + het achtervoegsel *-osus* [vol van].

animoso [bezield] < **it.** *animoso* < **lat.** *animosus* (vgl. *animositeit*).

animus [geest, bezieling] < **lat.** *animus* (vgl. *animo*).

anion [negatief geladen ion] zo genoemd door de Engelse natuurkundige Michael Faraday (1791-1867) naar **gr.** *anion,* het zelfstandig gebruikt o. van *aniōn,* teg. deelw. van *anienai* [loslaten, naar buiten laten komen], omdat het negatief ion in een oplossing tussen twee elektroden naar de anode beweegt.

anisette [likeur uit anijszaad] < **fr.** *anisette,* verkleiningsvorm van *anis* [anijs].

anisool [fenylmethylether] gevormd van **lat.** *anisum* [anijs] + *oleum* [olie].

anisotroop [niet-isotroop] gevormd van **gr.** *a(n),* ontkenning + *isotroop*.

anjelier, anjer [plantengeslacht] **middelnl.** *angelier,* afgeleid van de plaatsnaam *Angera;* vroeger *Anghiera* aan het Lago Maggiore.

ank[1] [goudsmidswerktuig] < **hd.** *Anke* [idem], verwant met *enkel*[1].

ank[2], hank [plas, poel] etymologie onbekend.

anker[1] [om schip vast te leggen] **middelnl.** *anker* < **lat.** *ancora* < **gr.** *agkura,* verwant met *agkulos* [gekromd], idg. verwant met *enkel*[1] → *angel*[1], *angora*.

anker[2] [inhoudsmaat] (1688) *anker* [wijnvat] < **me.**

anklet — ansjovis

anklet lat. *anceria, ancheria* [klein vat] < gr. *aggos, aggeion* [bak, urn, kist voor vloeistoffen, vat, emmer].

anklet [korte sok] < eng. *anklet,* van *ankle* [enkel] + verkleiningsachtervoegsel *-let.*

ankylose [gewrichtsstijfheid] gevormd van gr. *agkulos* [krom, gekromd, moeilijk], idg. verwant met nl. *angel*[1].

annaal [een jaar durend] < lat. *annalis* (vgl. **annalen**).

annalen [jaarboeken] < lat. *libri annales, libri* [boeken] *annales,* mv. van *annalis* [m.b.t. een jaar], van *annus* [jaar].

Annam [geogr.] < **chinees** *ngan nan* [vredig zuiden], vgl. *Nanking* [zuidelijke hoofdstad].

annaten [aan de paus af te dragen deel van een in het eerste jaar genoten opbrengst van een prebende] < lat. *annata* (enk.), van *annus* [jaar].

annex [aangrenzend] < lat. *annexus,* van *annectere* (vgl. **annexeren**).

annexatie [inlijving] < me. lat. *annexatio* [aanhechting, annexatie] (vgl. **annexeren**).

annexeren [inlijven] < fr. *annexer* < lat. *annectere* (verl. deelw. *annexum*) [vastknopen, vasthechten], van *ad* [naar...toe] + *nectere* [knopen, vlechten, binden, gevangen zetten], idg. verwant met *net*[1].

annihileren [vernietigen] middelnl. *annichileren* < oudfr. *anichiler, annihiler* < lat. *annihilare* [idem], van *ad* [tot, naar] + *nihil* [niets], vgl. *annuleren.*

anniversarium [jaarfeest] < lat. *anniversarium* [jaarlijkse herdenking], het zelfstandig gebruikt o. van *anniversarius* [jaarlijks], van *annus* (2e nv. *anni*) [jaar] + *vertere* [wenden, veranderen, verlopen], idg. verwant met *worden.*

anno [in het jaar] < lat. *anno,* 6e nv. van *annus* [jaar].

annonceren [aankondigen] < fr. *annoncer* < laatlat. *annuntiare* [melden, verkondigen], van *ad* [aan, tot] + *nuntiare* [berichten], van *nuntius* [bericht gevend, bericht, bode], een samenstelling met de betekenis 'nieuw aangekomene', van *novus* [nieuw] + *ventus,* verl. deelw. van *venire* [komen], daarmee idg. verwant.

annotatie [aantekening] < oudfr. *annotation* < lat. *annotationem,* 4e nv. van *annotatio* [idem], van *annotare* (verl. deelw. *annotatum*) [aantekenen], van *ad* [aan] + *notare* [van een teken voorzien, schrijven], van *nota* [kenteken, letterteken, brief], vermoedelijk verwant met *noscere* (verl. deelw. *notum*) [weten].

annoteren [aantekenen] < fr. *annoter* < lat. *annotare* (vgl. **annotatie**).

annuarium [jaarboek] < lat. *annuarium,* het zelfstandig gebruikt o. van *annuarius* [jaarlijks], van *annus* [jaar].

annuïteit [jaarlijkse uitkering] < fr. *annuité* < me. lat. *annuitatem,* 4e nv. van *annuitas* [het jaarlijks terugkeren, pensioen], van *annus* [jaar].

annulatie [annulering] (1540) *annullatie* < fr. *annulation* < me. lat. *annulationem,* 4e nv. van *annulatio* [vernietiging], van *annulare* (verl. deelw. *annulatum*) (vgl. **annuleren**).

annuleren [vernietigen] fr. *annuler* < chr. lat. *annulare* [idem], van *ad* [tot, naar] + *nullum* [niets], o. van *nullus* [geen, niemand], van *ne* [niet] + *ullus* [enig], vgl. *annihileren.*

annunciatie [aankondiging] < chr. lat. *annuntiatio,* van *annuntiare* (verl. deelw. *annuntiatum*) (vgl. **annonceren**).

anode [positieve elektrode] gevormd door de Engelse natuurkundige Michael Faraday (1791-1867) naar gr. *anodos* [de weg omhoog], van *ana* [omhoog] + *hodos* [weg, tocht].

anofeles [malariamuskiet] gevormd naar gr. *anõphelès* [nutteloos, schadelijk], van ontkennend *a(n)* + *ophelos* [nut, voordeel], van een idg. basis met de betekenis 'zwellen', waarvan ook stamt nl. *bal*[1].

anomaal [afwijkend van een regel] < fr. *anomal* < me. lat. *anomalus* [idem] < gr. *anõmalos* (vgl. **anomalie**).

anomalie [onregelmatigheid] < fr. *anomalie* < gr. *anõmalia* [ongelijkheid, onregelmatigheid], van *anõmalos, anõmalès* [ongelijk], van ontkennend *a(n)* + *homalos* [gelijkmatig], van *homos* [eender, dezelfde].

anomie [wetsloochening] < gr. *anomia* [wetteloosheid, onwettige daad], van *anomos* [wetteloos], van ontkennend *a(n)* + *nomos* [wet].

anoniem [naamloos] < fr. *anonyme* < me. lat. *anonymus* < gr. *anõnumos* [zonder naam], van ontkennend *a(n)* + *onuma,* dial. nevenvorm van *onoma* [naam], daarmee idg. verwant.

anopistografisch [met aan één kant bedrukte bladen] gevormd van gr. *a(n),* ontkenning + *opisthios* [zich aan de achterkant bevindend], van *opisthe(n)* [achter, van achteren] + *graphein* [schrijven], idg. verwant met *kerven.*

anorak [windjak] Groenlands Eskimo-woord.

anorexie [gebrek aan eetlust] < gr. *anorexia* [idem], van ontkennend *a(n)* + *orexis* [begeerte, eetlust], van *oregein* [uitstrekken, reiken naar, begeren], idg. verwant met *rekken* en *rechts.*

anorganisch [niet-levend] gevormd van gr. *a(n),* ontkenning + *organisch.*

anorgasmie [het ontbreken van orgasme] gevormd van gr. *a(n),* ontkenning + *orgasme.*

anorthiet [soort van veldspaat] gevormd van gr. *a(n),* ontkenning + *orthos* [recht] + *-iet,* zo genoemd vanwege de scheve kristalvorm.

anoxemie [te laag zuurstofgehalte in bloed] gevormd van gr. *a(n)* [ontkenning] + *oxygenium* + gr. *haima* [bloed], idg. verwant met (*honing*) *zeem.*

ansicht [prentbriefkaart] (1921) < hd. *Ansicht,* verkorting van *Ansichts(post)karte.*

ansjovis [visje] (1518) < **spaans, portugees** *anchoa,* fr. *anchois,* gevormd o.i.v. *vis* < me. lat. *aphya* [ansjovis] < gr. *aphuè* [maaltje van gevarieerde gebakken visjes].

antagonist [tegenstander] < gr. *antagōnistès* [mededinger, tegenpartij], van *antagōnizesthai* [strijden, wedijveren, disputeren], van *anti* [tegen] + *agōn* (vgl. **agon**).

antarctisch [zuidpool-] gevormd van gr. *anti* [tegenovergesteld] + **arctisch**.

ante [hoekpijler] < fr. *ante* < lat. *antae* (alleen mv.), vgl. **oudnoors** *ǫnd* [voorvertrek], **armeens** *drand* [deurstijl, drempel], **oudindisch** *atah* (mv.) [deurkozijn].

antecedent [voorafgaand feit] < lat. *antecedens* (2e nv. *antecedentis*) [voorafgaande], eig. teg. deelw. van *antecedere* [voor(af)gaan], van *ante* [voor] + *cedere* [gaan].

antecedentie [het antecedent-zijn] < lat. *antecedentia*, zelfstandig gebruikt o. mv. van *antecedens*, later aangezien voor vr. enk. (vgl. **antecedent**).

antecederen [voorafgaan] < lat. *antecedere* (vgl. *antecedent*).

antedateren [voorzien van een vroegere dagtekening] < lat. *antea* [tevoren, vroeger] + *datum* → **antidateren**.

antediluviaal [m.b.t. de tijd vóór de zondvloed] gevormd van lat. *ante* [voor] + *Diluvium*.

antenne [voelhoorn] < fr. *antenne* [ra, voelspriet van insekt, antenne] < it. *antenna* [voelspriet] < lat. *antemna, antenna* [ra].

antependium [voorhangsel van altaartafel] < chr. lat. *antependium* [voorhangsel], van *ante* [voor] + *pendēre* [hangen].

antepenultima [voorvoorlaatste lettergreep] < lat. *antepaenultimus* (vr. *antepaenultima*) [behorend bij de derde lettergreep van achteren], van *ante* [vóór] + *paene* [bijna] + *ultimus* [laatste].

anterieur [voorafgaand] < fr. *antérieur* < lat. *anterior* [meer naar voren, vroeger], vergrotende trap van *ante* [voor].

antheridium [mannelijk geslachtsorgaan van cryptogamen] gevormd van gr. *anthèros*, bn. bij *anthos* [bloem, bloei] + het achtervoegsel lat. *-idium* < gr. *-idion*.

ant(h)ocyaan [in celvocht opgeloste kleurstof] gevormd van gr. *anthos* [bloem] + *kuaneos* [donkerblauw], idg. verwant met lat. *caelum* [hemel].

anthologie [bloemlezing] < fr. *anthologie* < gr. *anthologia* [het verzamelen van bloemen, bloemlezing], van *anthos* [bloem] + *legein* [verzamelen, uitkiezen].

anthurium [flamingoplant] gevormd van gr. *anthos* [bloem] + *oura* [staart].

anti [tegen] < gr. *anti* [in het gezicht van, tegenover, tegen], eig. de locatief van *ant-* [voorkant], verwant met lat. *ante* [voor], **oudindisch** *anti* [in tegenwoordigheid van], vgl. nl. *ant-* in *antwoord*.

antibiose [het elkaar verderven van organismen] → *antibioticum*.

antibioticum [microbendodend middel] gevormd van gr. *anti* [tegen] + *bios* [leven].

antichambre [wachtkamer] < fr. *antichambre*, van lat. *ante* [vóór] + *camera* [kamer].

antichrese [pandgenot] < gr. *antichrèsis* [gebruik i.p.v. betaling], van *anti* [tegenover, in ruil voor] + *chrèsis* [gebruik], van *chraomai* [ik gebruik].

anticipatie [het vooruitgrijpen] (1502) < fr. *anticipation* < lat. *anticipationem*, 4e nv. van *anticipatio* [het anticiperen], van *anticipare* (verl. deelw. *anticipatum*) (vgl. **anticiperen**).

anticiperen [vooruitlopen op] middelnl. *anticiperen* < fr. *anticiper* < lat. *anticipare* [vooruit nemen], *antecapere* [zich vóór een ander meester maken van, vóór zijn, van tevoren een begrip opvatten], van *ante* [voor] + *capere* [nemen], idg. verwant met **heffen**.

anticlimax [teleurstellende afloop] gevormd van gr. *anti* [tegenovergesteld] + **climax**.

anticlinaal [omhoog hellend] gevormd van gr. *anti* [tegengesteld] + *klinein* [de verticale lijn doen verlaten], idg. verwant met **leunen** (vgl. **klinisch**).

anticoagulantia [antistollingsmiddelen] gevormd van gr. *anti* [tegen] + *coagulantia*, o. mv. van lat. *coagulans*, teg. deelw. van *coagulare* (vgl. **coaguleren**).

anticonceptie [het verhinderen van bevruchting] gevormd van gr. *anti* [tegen] + **conceptie**.

antidateren [voorzien van vroegere dagtekening] gevormd van lat. *antidea*, oude vorm van *antea* [vroeger, voordat] → **antedateren**.

antidotarium [boek met recepten voor tegengiffen] < me. lat. *antidotarium*, van *antedotum* (vgl. **antidotum**).

antidotum [tegengif] < me. lat. *antidotum* [tegengif] < gr. *antidoton* [idem], van *anti* [tegen] + *doton*, o. van *dotos*, verl. deelw. van *didōmi* [ik geef].

antiek [afkomstig uit de Griekse of Romeinse oudheid, afkomstig uit oude tijden] < fr. *antique* < lat. *antiquus* [oud], van *ante* [voor].

antifebrine [geneesmiddel tegen koorts] gevormd van gr. *anti* [tegen] + lat. *febris* [koorts].

antifonarium [boek met antifonen] < me. lat. *antiphonarium*, van *antiphona* (vgl. **antifoon**).

antifoon [beurtzang, liturgisch vers] < me. lat. *antiphona* [beurtzang] < gr. *antiphōna*, van *antiphōnos* [tegenin klinkend], *antiphōnein* [tegenin spreken, tegenin doen klinken, antwoorden], van *anti* [tegenover, in ruil voor] + *phōnein* [een geluid laten horen, spreken].

antifrase [een woord in tegenovergestelde betekenis gebruiken] gevormd van gr. *anti* [in plaats van, tegengesteld] + **frase**.

antigeen [stof die in organisme tegengif vormt] gevormd van gr. *anti* [tegen] + *gennan* [verwekken, maken, scheppen].

Antillen [geogr.] van *Antilia*, een mythisch eiland waarvan men in de late middeleeuwen aannam dat het in de westelijke zee lag.

antilogie [tegenstrijdigheid] < gr. *antilogia* [tegenspraak], van *antilogos* [tegenstrijdig], van *antilegein* [tegenspreken], van *anti* [tegen] + *legein* [spreken].

antilope [een herkauwer] < **fr.** *antilope* < **oudfr.** *antelope* werd in het eng. overgenomen als *antelope* en later terugontleend met i-uitspraak; **oudfr.** *antelope* < **me. lat.** *ant(h)alopus* < **byzantijns-gr.** *antholops* [een fabeldier], van **gr.** *anthos* [bloem] + *ops* [blik].

antimakassar [kleedje over rugleuning] gevormd van **gr.** *anti* [tegen] + *makassarolie*, een vroegere haarolie uit *Makassar* < **boeginees** *Mangkasara*.

antimetrie [afwijking van de versmaat] gevormd van **gr.** *anti* [in plaats van, tegen] + *metron* [maatstaf, maat], daarmee idg. verwant.

antimonium, antimoon [chemisch element] < **me. lat.** *antimonium*, vermoedelijk < **ar.** *al* [de, het] + '*uthmud*, '*ithmid*, vermoedelijk < **gr.** *stimmi, stibi* [stibium, antimoon] < **koptisch** *stim* < **egyptisch** *stm*.

antinomie [tegenstrijdigheid tussen twee geloofwaardige oordelen] < **gr.** *antinomia* [dubbelzinnigheid in de wet], van *anti* [tegenovergesteld, tegen] + *nomos* [wet], idg. verwant met **nemen**.

antipasto [voorgerecht] < **it.** *antipasto*, van *anti* [voor] < **lat.** *ante* [voor] + *pasto* [voedsel] < **lat.** *pastus* [voedering, voedsel], van *pascere* (verl. deelw. *pastum*) [laten grazen, voeden], verwant met *panis* [brood] > **fr.** *pain*.

antipathie [het ondergaan van een tegengestelde gewaarwording] < **gr.** *antipatheia* [het met een eerder afwisselend gevoel, afkeer], van *antipathès* [een tegengestelde uitwerking veroorzakend], van *anti* [tegenover, in ruil voor] → **sympathie**.

antiperistaltiek [darmbewegingen in tegengestelde richting van peristaltiek] gevormd van **gr.** *anti* [in plaats van, tegenovergesteld] + *peristaltiek* (vgl. **peristaltisch**).

antipode [tegenvoeter] < **lat.** *antipodes* [idem] (mv.) < **gr.** *antipodes* [met tegen elkaar geplaatste voeten], van *anti* [tegengesteld] + *pous* [voet], daarmee idg. verwant.

antipyretisch [koortswerend] gevormd van **gr.** *anti* [tegen] + *puretos* [koorts], van *pur* [vuur, koortshitte], idg. verwant met **vuur** ¹.

antipyrine [geneesmiddel tegen koorts] < **hd.** *Antipyrin*, gevormd van **antipyretisch**.

antiquair [handelaar in oude kunst] < **fr.** *antiquaire* < **lat.** *antiquarius* [liefhebber van oude taal- en letterkunde], van *antiquus* [oud, uit de oudheid], van *ante* [voor].

antiquiteit [voorwerp uit vroeger tijd] < **fr.** *antiquité* < **lat.** *antiquitas* (2e nv. *antiquitatis*) [oudheid, in het mv. oude gedenktekenen], van *antiquus* [oud, uit de oudheid], van *ante* [voor].

antisepsis [ontsmetting] gevormd van **gr.** *anti* [tegen] + *sepsis*.

antispastus [versvoet van de vorm kort-lang-langkort] verlatijnst uit **gr.** *antispastos* [krampachtig gespannen, vervolgens de versvoet], van *antispan* [naar de andere kant trekken, naar verschillende kanten trekken], van *anti* [tegen] + *span* [trekken], idg. verwant met **hd.** *spät* [laat].

antithese [tegenstelling] < **gr.** *antithesis* [idem], van *antitithenai* [tegenover elkaar stellen], van *anti* [tegenover] + *tithenai* [plaatsen], idg. verwant met **doen**.

antoniem [tegengesteld van betekenis] < **gr.** *antōnumia* [verwisseling van namen], van *anti* [in plaats van] + *onoma, onuma* [naam], daarmee idg. verwant.

antonomasia [naamsverwisseling] < **gr.** *antonomasia* [het geven van een andere benaming], van *antonomazein* [anders noemen], van *anti* [tegenover, in plaats van] + *onomazein* [noemen], van *onoma* [naam], daarmee idg. verwant.

antraceen [een koolwaterstof] < **gr.** *anthrax* (2e nv. *anthrakos*) [kool].

antraciet [steenkoolsoort] (1846) < **fr.** *anthracite* [idem], met weglating van het eerste lid < **me. lat.** *lithanthrax* [steenkool] < **gr.** *lithos* [steen] + *anthrakos* (vgl. **antraceen**).

antrax [miltvuur, negenoog] < **gr.** *anthrax* [houtskool, karbonkel, vgl. voor de betekenisontwikkeling **karbonkel** → **antraceen**.

antropo- [in woorden van gr. herkomst] voor een klinker *antrop-* < **gr.** *anthrōpos* [mens], een samenstelling waarvan in ieder geval het 1e lid *anèr* (2e nv. *andros*) [man], is.

antropofaag [menseneter] < **gr.** *anthrōpophagos* [idem], van *anthrōpos* [mens] + *phagein* [eten].

antropogeen [van menselijke oorsprong] gevormd van **gr.** *anthrōpos* [mens] + *genos* [familie, geslacht, afstamming] (vgl. **Genesis**).

antropoïde [mensachtig] gevormd van **gr.** *anthrōpos* [mens] + *eidos* [uiterlijk, vorm, soort].

antropologie [natuurkennis van de mens] gevormd van **gr.** *anthrōpos* [mens] + *logos* [woord, verhandeling].

antropomorf [mensvormig] < **gr.** *anthrōpomorphos* [van menselijke gedaante], van *anthrōpos* [mens] + *morphè* [uiterlijke vorm].

antroposofie [een door R. Steiner uitgewerkte levensleer] uit de 18e eeuw daterende vorming uit **gr.** *anthrōpos* [mens] + *sophia* [wijsheid].

antroscoop [instrument om lichaamsholten te bekijken] gevormd van **gr.** *antron* [hol, grot], van dezelfde basis als *anemos* [wind] (men beschouwde holten als luchtgaten) + *skopein* [bekijken], idg. verwant met **spieden**.

Antwerpen [geogr.] middelnl. *antwerp, aenwerp* [aangeworpen, d.w.z. aangeslibd land], welke verklaring ook tegenstanders heeft.

antwoord [bescheid] middelnl. *antwo(o)rde* [lett. tegenwoord], het eerste lid komt in het nl. nog slechts in antwoord voor, in **middelnl.** ook *antwerp* [tegen het water opgeworpen land, dam] (vgl. *Antwerpen*), maar was algemeen germ.; daarbuiten o.m. **lat.** *ante* [voor], **gr.** *anti* [in plaats van], **oudindisch** *anti* [tegenover, voor].

anuang [dwergbuffel] < *anoa*, een op Sulawesi inheemse benaming.

anurie [het niet-vormen van urine] gevormd van **gr.** *a(n)*, ontkenning + *ouron* [urine].

anus [aars] < lat. *anus* [eig. ring en vandaar voetboei en aars].

aoristus [tijd van het werkwoord] < gr. *aoristos (chronos)* [onbepaald(e tijd)], van ontkennend *a* + *horistos* [beperkt], verl. deelw. van *horizein* [beperken, bepalen], van *horos* [grens] (vgl. ***horizon***).

aorta [lichaamsslagader] < gr. *aortè* [idem], van *a(e)irein* [omhoog brengen].

ap- → ***apo-***.

apa [harde houtsoort] inheemse benaming in Nigeria.

apache [lid van Indiaanse volksstam] benaming die de Zuñi-indianen hun gaven: *apache* [vijand]; zij noemden zichzelf *N'de* [mensen].

apagogisch [uit het ongerijmde] < gr. *apagōgè* [het wegvoeren], van *apagein* [wegvoeren, naar een nieuwe vorm afleiden], van *apo* [weg van] + *agein* [voeren].

apaiseren [kalmeren] < fr. *apaiser*, van versterkend *a* + *paix* < lat. *pax* (2e nv. *pacis*) [vrede] (vgl. ***pact***).

apanage [toelage uit de staatskas] < fr. *apanage*, van me. lat. *apanare* [middelen van bestaan geven], van *ad* [naar...toe] + *panis* [brood].

apart [afgescheiden] middelnl. *apart, adpart* [afzonderlijk] < fr. *apart* < *à part* < lat. *ad partem*, van *ad* [naar] + *partem*, 4e nv. van *pars* [deel, gedeelte, kant], deels rechtstreeks uit het lat..

apathie [ongevoeligheid] < fr. *apathie* < gr. *apatheia* [het afgestompt, gevoelloos zijn], van ontkennend *a* + ***pathos***.

apatiet [mineraal] gevormd van gr. *apatè* [bedrog, zinsbegoocheling]; zo genoemd omdat men het aanvankelijk voor andere mineralen had aangezien. Vgl. voor de betekenis ***blende, doleriet, fenakiet, kobalt, nikkel, paragoniet***.

apatride [staatloze] < fr. *apatride*, gevormd van gr. *a*, ontkening + *patris* (2e nv. *patridos*) [vaderland(s)], van *patèr* [vader], daarmee idg. verwant [in het mv. voorouders].

apegapen ['op apegapen liggen', er slecht aan toe zijn] schertsende nevenvorm van *gapen*, 19e eeuws deels als rijm, deels o.i.v. *aap*.

apekool [onzinpraat, slechte schelvis] mogelijk vervormd uit *westvlaams apekalle* [minderwaardige vissoort], o.i.v. ***aap*** + ***kool*** 1 of ***kool*** 2; vgl. zaans *apekool* [schelvis van slechte hoedanigheid].

apepsie [onvoldoende spijsvertering] < gr. *apepsia* [onverteerbaarheid], van *apeptos* [niet verteerd, onverteerbaar], verl. deelw. van *apeptein* [niet verteren], van ontkennend *a* + *pessein* [doen rijpen, koken, in het lichaam zacht maken, verduwen], verwant met lat. *coquere* [koken].

aperçu [kort overzicht] < fr. *aperçu*, eig. verl. deelw. van *apercevoir* [bemerken, waarnemen], van *à* [om te] + *percevoir* [bemerken, waarnemen] < lat. *percipere* [zich meester maken van, in zich opnemen, waarnemen], van *per* [door] + *capere* [nemen], idg. verwant met ***heffen***.

aperitief [drank voor de maaltijd] < fr. *apéritif* [de eetlust opwekkend, alcoholisch drankje] < me. lat. *aperitivus* [verband houdend met openen], van klass. lat. *aperire* [openen].

apert [duidelijk] < lat. *apertus* [bloot, onbedekt, open, openlijk, duidelijk], eig. verl. deelw. van *aperire* [ontbloten, openen].

apertuur [opening] < lat. *apertura* [opening, bres], van *aperire* (verl. deelw. *apertum*) [openen].

apex [top] < lat. *apex* [top, kruin, helmpunt, hoge muts], vermoedelijk uit het etruskisch.

aph- → ***apo-***.

aphelium [verst van de zon verwijderd punt van planetebaan] gevormd door de Duitse astronoom Johannes Kepler (1571-1630) van gr. *apo* [weg] + *hèlios* [zon].

apicaal [de apex betreffend] < lat. *apex* (2e nv. *apicis*) [top, kruin, helmpunt, hoge muts], vermoedelijk uit het etruskisch.

apicultuur [bijenteelt] gevormd van lat. *apis* [bij] + *cultura* [het kweken] (vgl. ***cultuur***).

apiol [peterseliekamfer] gevormd van lat. *apium* [selderij] + *-ol*, van *oleum* [olie].

apis [heilige stier der Egyptenaren] < gr. *Apis* < **egyptisch** *hapi* [de vruchtbaarheidsgod van de Nijl].

apitoxine [bijegif] gevormd van lat. *apis* [bij] + *toxine* → ***toxisch***.

aplanaat [lens zonder vertekening] gevormd van gr. *aplanès* [niet dwalend, juist], van ontkennend *a* + *planès* [ronddwalend], van *planè* [het ronddwalen, dwaling] (vgl. ***planeet***).

aplasie [onvoldoende ontwikkeling van ledematen] gevormd van gr. *a*, ontkenning + *plasie* (vgl. ***achondroplasie***).

aplomb [loodrechte stand, doortastendheid] < fr. *aplomb* [loodrechte stand, vastberadenheid, zelfvertrouwen, brutaliteit] < *à plomb* [met het (schiet)lood], *plomb* [lood] < lat. *plumbum* [idem], ontleend aan een voor-lat. taal.

apo- [voorvoegsel in woorden die uit het gr. stammen] voor een klinker *ap-*, voor een geaspireerde klinker *aph-* [weg van, apart] (vgl. ***af***).

Apocalyps [openbaring] < lat. *apocalypsis* < gr. *apokalupsis* [idem], van *apokaluptein* [blootleggen, openbaren], van *apo* [weg, af] + *kaluptein* [omhullen, bedekken], idg. verwant met ***helen*** 2, ***hullen***.

apocarp [met onvergroeide vruchtbladen] gevormd van gr. *apo* [weg] + *karpos* [vrucht], idg. verwant met ***herfst***.

apocope [wegval van een letter(greep)] < lat. *apocopa* < gr. *apokopè* [het afhouwen], van *apokoptein* [afhouwen], van *apo* [af] + *koptein* [hakken], verwant met lat. *capo* [kapoen].

apocrief [niet als gezaghebbend erkend] < chr. lat. *apocryphus* < gr. *apokruphos* [verborgen], van *apokruptein* [verbergen], van *apo* [weg] + *kruptein* [bedekken, verbergen] (vgl. ***crypt***).

apocrien [naar buiten vloeiend] gevormd van gr.

apodictisch — apparent

apokrinein [afzonderen, scheiden], van *apo* [af] + *krinein* [scheiden, schiften], idg. verwant met *rein*¹.

apodictisch [onweerlegbaar] < **gr.** *apodeiktikos* [bewijskrachtig], van *apodeiktos* [bewijsbaar], van *apodeiknumi* [ik toon aan de hand van feiten aan], van *apo*, dat voltooiing suggereert + *deiknumi* [ik toon], idg. verwant met ***betichten***.

apodosis [nazin van een periode] < **gr.** *apodosis* [het weggeven], van *apodidōmi* [ik geef weg], van *apo* [weg] + *didōmi* [ik geef].

apofthegma [zedespreuk] < **gr.** *apophthegma* [spreuk, gezegde], van *apophtheggesthai* [ronduit zeggen], van *apo*, dat voltooiing suggereert + *phtheggesthai* [schreeuwen, spreken], van dezelfde idg. basis als ***zingen***.

apogeum, apogaeum [verst van de aarde verwijderd punt van planetebaan] < **gr.** *apogeion*, zelfstandig gebruikt o. van *apogeios* [ver van de aarde], van *apo* [weg van] + *gaia* = *gè* [aarde].

apograaf [afschrift] < **gr.** *apographè, apographon* [idem], van *apographein* [afschrijven, overschrijven], van *apo* [af] + *graphein* [schrijven], idg. verwant met ***kerven***.

apokoinou [constructie waarbij een woord deel is van twee syntactische verbanden] van **gr.** *apo*, dat het punt van uitgang aangeeft + *koinou*, 2e nv. van *koinon* [het gemeenschappelijke], verwant met **lat.** *cum, com* [samen].

apollinariswater [mineraalwater] uit de Apollinaris-bron bij Remagen, genoemd naar de H. *Apollinaris van Ravenna*.

apollinisch [m.b.t. Apollo] gevormd van *Apollo*, wiens naam mogelijk verwant is met **lat.** *pellere* [drijven] en dan 'verdrijven van het kwaad' betekent.

apologetisch [verdedigend] < **gr.** *apologètikos* [passend voor verdediging], van *apologeisthai* [van zich afspreken], van *apologia* (vgl. ***apologie***).

apologie [verdediging] < **oudfr.** *apologie* < **lat.** *apologia* < **gr.** *apologia* [verdediging], van *apologos* [uitvoerig verhaal] (vgl. ***apologetisch***).

apoloog [anekdote] < **oudfr.** *apologue* < **lat.** *apologus* < **gr.** *apologos* [verhaal, dierfabel], van *apo* [weg van, wat komt van] + *logos* [verhaal].

apomixie [voortplanting zonder bevruchting] gevormd van **gr.** *apo* [weg] + *m(e)ixis* [vermenging, paring], van *m(e)ignumi* [ik meng, breng samen], verwant met **lat.** *misceo* [ik meng].

apomorfine [braakmiddel uit morfine] gevormd van **gr.** *apo* [weg van, komend van] + *morfine*.

apoplexie [beroerte] < **gr.** *apoplèxia* [beroerte], van *apoplèssein* [afhouwen, in de lijdende vorm bezwijmen], van *apo* [weg] + *plèssein* [slaan, wonden, neerslaan, in de lijdende vorm: getroffen worden], idg. verwant met ***vloeken***.

aporie [besluiteloosheid] < **gr.** *aporia* [verlegenheid, twijfel], van *aporos* [zonder middel om zich erdoor te slaan], van ontkennend *a* + *poros* [doorwaadbare plaats, middel, hulp], idg. verwant met ***varen***² en ***voorde***.

aposiopesis [verzwijging] < **gr.** *aposiōpèsis* [het verstommen, een gewichtig woord veelbetekenend weglaten], van *aposiōpaō* [ik verstom], van *apo* [weg] + *siōpè* [stilzwijgen].

apostaat [afvallige] **middelnl.** *apostate* < **fr.** *apostat* < **lat.** *apostata* < **gr.** *apostatès* [idem], van *apostènai* [afvallen, rebelleren], van *apo* [weg van] + *stènai* [stellen, doen staan], idg. verwant met ***staan***.

apostasie [geloofsverzaking] (ca. 1500) *apostacie* < **fr.** *apostasie* < **chr. lat.** *apostasia* < **gr.** *apostasia* [afval] (vgl. ***apostaat***).

apostel [godsgezant] < **lat.** *apostolus* [afgezant, apostel] < **gr.** *apostolos* [weggezonden, afgezant], van *apostellein* [wegzenden, wegzenden met een opdracht], van *apo* [weg] + *stellein* [zenden].

aposteriori [achteraf gedacht] < **lat.** *a posteriori*, van *a* [van] + 6e nv. van *posterior* [later], vergrotende trap van *posterus* [volgende], van *post* [na].

apostil, apostille [kanttekening op akte] **middelnl.** *apostille* < **oudfr.** *apostille*, van *apostiller* [postillen maken] < *a-* + ***postille***.

apostolaat [apostelambt] < **chr. lat.** *apostolatus* [apostelschap], van *apostolus* (vgl. ***apostel***).

apostolisch [m.b.t. de apostelen] < **chr. lat.** *apostolicus* [van de apostelen] (vgl. ***apostel***).

apostrof [weglatingsteken] < **lat.** *apostropha* < **gr.** *apostrophè* [het afwenden], van *apostrophos* [afgewend], van *apostrephein* [afwenden], van *apo* [weg] + *strephein* [wenden].

apotheek [geneesmiddelenwinkel] **middelnl.** *apotheke, ap(pe)teke* [apotheek, kruidenwinkel] < **me. lat.** *apotheca* [opslagplaats, winkel] < **gr.** *apothèkè* [wat men weggelegd heeft, bewaarplaats], van *apotithenai* [wegleggen], van *apo* [weg] + *tithenai* [plaatsen, leggen], idg. verwant met ***doen***.

apotheker [geneesmiddelenbereider en -verkoper] **middelnl.** *apotecarijs* [kruidenier, apotheker] < **me. lat.** *apothecarius* [winkelier, i.h.b. drogist], van *apotheca* (vgl. ***apotheek***).

apothema [loodlijn, bezinksel] gevormd van **gr.** *apo* [van...weg] + *thema* [dat wat geplaatst is], van *tithenai* [leggen, plaatsen], idg. verwant met ***doen***.

apotheose [vergoddelijking] < **fr.** *apothéose* < **lat.** *apotheosis* < **gr.** *apotheōsis* [vergoding, d.w.z. verheffing tot god].

apotropaeisch [afwendend] < **gr.** *apotropaios* [idem], van *apotropè* [het afwenden], van *apotrepein* [afwenden], van *apo* [af] + *trepein* [wenden].

apparaat [werktuig] < **oudfr.** *apparat* < **lat.** *apparatus* [toebereiding, uitrusting, apparaat], van *apparare* [in orde brengen], van *ad* [naar, toe] + *parare* [voorbereiden, toebereiden].

apparatsjik [bureaucraat] < **russ.** *apparatsjik*.

apparent [duidelijk blijkend] < **fr.** *apparent* [idem]

< lat. *apparens* (2e nv. *apparentis*), teg. deelw. van *apparēre* [verschijnen, duidelijk zijn, blijken], van *ad* [tot, naar] + *parēre* [zichtbaar zijn, blijken].

apparentie [waarschijnlijkheid] < me. lat. *apparentia* [verschijning, verschijnsel, ogenschijnlijkheid, schijn], van *apparēre* (vgl. *apparent*).

apparitie [verschijning] < fr. *apparition* < lat. *apparitionem*, 4e nv. van *apparitio* [dienst (als beambte), in chr. lat. verschijning], van *apparēre* (verl. deelw. *apparitum*) [verschijnen, ten dienste staan], van *ad* [naar, tot] + *parēre* [zich vertonen, zichtbaar zijn].

appartement [wooneenheid] < fr. *appartement* < it. *appartamento* [flat], van *appartare* [afzonderen, afscheiden], van *ad* [tot] + *parte* [deel, gedeelte] < lat. *pars* (2e nv. *partis*) [deel].

appassionato [hartstochtelijk] < it. *appassionato*, verl. deelw. van *appassionare* [hartstocht inboezemen], van *ad* [naar...toe] + me. lat. *passionatus* [geëmotioneerd], van *passio* [passie].

appeelken [kleine klokjes in torenuurwerk dienende tot voorslag] verkleiningsvorm van *appel²*, in de zin van appel slaan; de klokjes geven een waarschuwing dat de uurslag op komst is.

appel¹ [vrucht] middelnl. *appel*, oudsaksisch *appul*, oudhd. *apful*, oudfries *appel*, oudeng. *œppel*, krimgotisch *apel*; buiten het germ. **oudiers** *ubull*, welsh *afall*, bretons *aval*, litouws *obalas*, lets *abuolis*, oudkerkslavisch *jablŭko*.

appel² [beroep, verzet] < fr. *appel*, van *appeler* < lat. *appellare* [aanspreken, toespreken, een overheidspersoon te hulp roepen], van *ad* [naar...toe] + *pellere* [drijven, verjagen].

appelflauwte [lichte flauwte] een zo geringe bezwijming dat men eruit bijkomt door het eten van een appel, vgl. Dodonaeus 1328b: *Alle appelen zijn goet dengenen die haest in onmacht vallen oft flaeuw van herten zijn.*

appellant [iem. in hoger beroep] < fr. *appellant* [idem] < lat. *appellans* (2e nv. *appellantis*), teg. deelw. van *appellare* (vgl. *appel²*).

appelleren [in hoger beroep gaan] fr. *appeler* [idem] < lat. *appellare* (vgl. *appel²*).

appelsien → *sinaasappel*.

appendages [bijbehorende onderdelen] < eng. *appendages*, met achtervoegsel *-age* van lat. *appendēre* [hangen aan], van *ad* [tot, aan] + *pendēre* [hangen (onovergankelijk)].

appendicitis [blindedarmontsteking] gevormd van *appendix*.

appendix [aanhangsel] < lat. *appendix* (2e nv. *appendicis*) [idem], van *ad* [aan] + *pendēre* [hangen (onovergankelijk)].

apperceptie [bewuste waarneming] < fr. *aperception*, door de Duitse filosoof Von Leibniz gevormd op basis van fr. *apercevoir* < lat. *percipere* [geheel in zich opnemen], van *per* [door] + *capere* [nemen], idg. verwant met *heffen*.

appercipiëren [met bewustheid waarnemen] van *apperceptie*.

appetijt [eetlust] < fr. *appétit* < lat. *appetitus* [begeerte], van *appetere* [naar iets grijpen, verlangen], van *ad* [naar] + *petere* [trachten te bereiken, grijpen], van een idg. basis met de betekenis 'vliegen', waarvan ook *veer¹, pen¹*.

applaudisseren [in de handen klappen] gevormd naar fr. *applaudissement, applaudisseur*, van *applaudir* [applaudiseren] < lat. *applaudere* (vgl. *applaus*).

applaus [handgeklap] < lat. *applausus*, eig. verl. deelw. van *applaudere* [applaudiseren], van *ad* [naar...toe] + *plaudere* [zijn goedkeuring te kennen geven door met iets te klappen of te klepperen, dus niet alleen 'in de handen klappen'] (vgl. *exploderen*).

applement [aanvulling van een hoek tot 360°] naar analogie van *implement* gevormd van lat. *ad* [tot] + oudlat. *plēre* [vullen].

applicatie [toepassing] < fr. *application* < lat. *applicationem*, 4e nv. van *applicatio* [aansluiting], van *applicare* (verl. deelw. *applicatum*) (vgl. *appliceren*).

applicatuur [vingerzetting] < hd. *Applikatur*, gevormd van lat. *applicare* (vgl. *appliceren*).

appliceren [toepassen] middelnl. *applicqueren* [aanwenden, bestemmen] < lat. *applicare* [voegen tegen, laten aansluiten, naar iem. toewenden], van *ad* [naar...toe] + *plicare* [samenvouwen, naderen], idg. verwant met *vlechten* → *vlecht*.

applique [oplegsel] < fr. *applique* [oplegsel, opnaaisel, wandlamp], van *appliquer* [opplakken] < lat. *applicare* (vgl. *appliceren*).

appliqué [applicatiewerk] < fr. *appliqué*, eig. verl. deelw. van *appliquer* (vgl. *applique*).

appoggiatura [voorslag, aanhouden der tonen] < it. *appoggiatura*, van *appoggiare* [steunen] < me. lat. *appodiare* (vgl. *appuyeren*).

appoint [wissel ter vereffening van het saldo] < fr. *appoint* (vgl. *appointement*).

appointement [bezoldiging] < fr. *appointement*, van *appointer* < me. lat. *appunctare* [de argumenten in een dispuut opsommen], van *punctum* (vgl. *punt¹*).

apporteren [terugbrengen] < fr. *apporter* < lat. *apportare* [ergens heen dragen, aanvoeren], van *ad* [naar] + *portare* [dragen, brengen].

appositie [bijstelling] < lat. *appositio* [het toevoegen], van *apponere* (verl. deelw. *appositum*) [zetten bij], van *ad* [naar...toe] + *ponere* [plaatsen].

appreciatie [schatting, waardering] < fr. *appréciation* < me. lat. *appretiationem*, 4e nv. van *appretiatio* [taxatie, vaststelling van de prijs, prijs, waarde], van *appretiare* (verl. deelw. *appretiatum*) (vgl. *appreciëren*).

appreciëren [op, naar waarde schatten] < fr. *apprécier* < me. lat. *appretiare* [schatten, lett. prijs stellen op], van *ad* [naar, op] + *pretium* [prijs].

apprehensie [begrip, schrik] < fr. *apprehension*

appret — ara

< **me. lat.** *apprehensionem*, 4e nv. van *apprehensio* [het greep krijgen op, begrip], van *apprehendere* (verl. deelw. *apprehensum*) [grijpen, omarmen, in zich opnemen, lezen], van *ad* [naar] + *prehendere* [grijpen], idg. verwant met (*ver*)*geten*.

appret [het nader bewerken (van stof)] < **fr.** *apprêt*, van *apprêter* [toebereiden, klaarmaken, opmaken], teruggaand op **lat.** *praestus* [gereed, bereid].

approach [benadering] < **eng.** *approach*, van *to approach* [benaderen] < **oudfr.** *aprochier* (**fr.** *approcher*) < **lat.** *appropriare*, van *ad* [naar...toe] + *propiare* [dichtbij komen], van *prope* [dichtbij].

approbatie [goedkeuring] < **fr.** *approbation* < **lat.** *approbationem*, 4e nv. van *approbatio* [idem], van *approbare* (verl. deelw. *approbatum*) [goedkeuren], van *ad* [tot] + *probare* [keuren, beoordelen, goedkeuren], van *probus* [deugdelijk] (vgl. *proberen*).

approberen [goedkeuren] < **lat.** *approbare* (vgl. *approbatie*).

approches [naderingsloopgraven] < **fr.** *approches*, van **chr. lat.** *appropiare* [naderen], van *ad* [naar, tot] + *prope* [dichtbij].

appropriatie [toekenning] < **fr.** *appropriation* < **me. lat.** *appropriationem*, 4e nv. van *appropriatio* [het zich eigen maken], van *appropriare* [in eigendom aannemen], van *proprius* [eigen].

approuveren [goedkeuren] < **fr.** *approuver* < **lat.** *approbare* (vgl. *approbatie*).

approvianderen [van levensmiddelen voorzien] < **lat.** *ad* [tot] + *provianderen* (vgl. *proviand*).

approximatie [benadering] < **lat.** *approximatio* [nabijheid, nadering], van **chr. lat.** *approximare* [naderen], van *ad* [naar...toe] + *proximare* [naderen], van *proximus* [dichtstbij], **chr. lat.** *proximius* [dichterbij], van *prope* [dichtbij].

appuyeren [ondersteunen] < **fr.** *appuyer* < **lat.** *appodiare* [leunen op of tegen], van *ad* [tegen...aan] + *podium* [lambrizering, balkon in theater of circus].

apraxie [storing van gerichte bewegingen] < **gr.** *apraxia* [het niet (meer) bezig zijn, gebrek aan energie], van ontkennend *a* + *praxis*.

april [vierde maand] **middelnl.** *april* < **lat.** *Aprilis*, bn. bij *mensis* [maand]; etymologie onzeker, maar mogelijk < **gr.** *Aphrō*, verkort uit *Aphroditè* (vgl. *Afroditisch*).

a priori [vooraf] < **lat.** *a priori*, van *a* [van...weg] + *priori*, 6e nv. van *prior* [dichterbij gelegen, eerder, hoger staand], vergrotende trap van een **oud-lat.** *pri-*, verwant met *prae*, dat b.v. ook de kern van *primus* vormt → *prior*.

à propos, apropos [tussenwerpsel] < **fr.** *à propos*, *propos* [lett. dingen die zijn voorgesteld als gespreksstof], van *proposer* < **lat.** *proponere* (verl. deelw. *propositum*), van *pro* [voor] + *ponere* [plaatsen, stellen].

apsis [halfronde uitbouw in kerken] < **lat.** *absis*, *apsis* (vgl. *abside*).

aqua [water] < **lat.** *aqua*, idg. verwant met *a, aa,* riviernaam.

aquaduct [waterleiding, brug voor een kanaal] < **lat.** *aquaeductus* [waterleiding], van *aqua* [water] + *ductus* [leiding], van *ducere* [leiden], idg. verwant met *tijgen*.

aqualong [luchtreservoir] < **eng.** *aqualung*, van **lat.** *aqua* [water] + **eng.** *lung* [long].

aquamanile [liturgische waterkan] < **me. lat.** *aquamanile*, van *aqua* [water] + *manus* [hand].

aquamarijn [zeegroene edelsteen] < **lat.** *aqua marina* [zeewater], van *aqua* [water] + *marina*, vr. van *marinus* [van de zee], van *mare* (2e nv. *maris*) [zee], idg. verwant met *meer* [1].

aquametrie [bepaling van watergehalte] gevormd van **lat.** *aqua* [water] + **gr.** *metron* [maatstaf, maat], daarmee idg. verwant.

aquanaut [diepzeeonderzoeker] < **lat.** *aqua* [water] + *nauta* [schipper, zeeman].

aquaplaning [glijden over nat oppervlak] < **eng.** *aquaplaning*, teg. deelw. van *to aquaplane*, van zn. *aquaplane* [voertuig dat over water planeert], van **lat.** *aqua* [water] (vgl. *planeren*).

aquarel [schilderij in waterverf] < **fr.** *aquarelle* < **it.** *acquarello* [idem], verkleiningsvorm van *acqua* [water] < **lat.** *aqua* [idem].

aquarium [bak voor waterdieren] < **lat.** *aquarium* [drinkplaats], eig. het zelfstandig gebruikt o. van het bn. *aquarius* [water-]; het woord is in de 19e eeuw weer in omloop gebracht, met de huidige betekenis, afgeleid van **lat.** *aqua* [water].

aquatint [prentdrukprocédé] < **it.** *acquatinta*, gevormd van *acqua* < **lat.** *aqua* [water] + *tinta* [verf, resp. gekleurd], als vr. verl. deelw. van *tingere* [verven, kleuren] < **lat.** *tingere*, idg. verwant met **hd.** *tünchen* [witten, pleisteren].

aquatisch [water-] < **hd.** *aquatisch* < **lat.** *aquaticus* [aan het water levend], van *aqua* [water].

aquaviet [brandewijn] van **lat.** *aqua* [water] + *vitae* [des levens], 2e nv. van *vita* [leven], idg. verwant met **nl.** **kwik** [1], *kwiek;* vgl. ook *eau-de-vie*, **whisky**.

aquavion [draagvleugelboot] < **fr.** *aquavion*, gevormd van **lat.** *aqua* [water] + **fr.** *avion* [vliegtuig], gevormd van **lat.** *avis* [vogel], idg. verwant met *ei*.

aquicultuur [kunstmatige visteelt] < **fr.** *aquiculture*, gevormd van **lat.** *aqua* [water] + *cultura* (vgl. *cultuur*).

ar [1] [slee] < *arreslee;* het eerste lid is *ar* < *nar*, evenals b.v. *adder* < *nadder*, zo genoemd naar het 'narren'-tuig met belletjes van het paard.

ar [2] ['in arren moede', spijtig] van **middelnl.** *erre*, *arre* [in de war, op een dwaalspoor, wanhopig, boos, spijtig] + *moede* [wil, verlangen]; identiek met *armoede*.

ara [soort papegaai] < **spaans** *ara, arará* < **caribisch** *awaras* of **tupi** *gwira* [vogel].

arabesk [versiering] (1508) < fr. *arabesque* [idem] < it. *arabesco* [Arabisch, arabesk], van lat. *Arabs* [Arabier, Arabisch] (vgl. *Arabië*).
Arabië [geogr.] < lat. *Arabia* < gr. *Arabia* < ar. ʿ*arab* [Arabieren], verwant met hebr. ʿ*arabā* [woestijn].
arabis [plantengeslacht] < me. lat. *arabis* [Arabisch] < gr. *arabis* (bij de plantkundige Dioskourides), van *Araps* [Arabisch, dus: de Arabische plant].
aracee [aronskelkfamilie] < lat. *arum* < gr. *aron* [adderkruid], vermoedelijk van egyptische herkomst + -*acea*.
arachide-olie [aardnotenolie] zo genoemd omdat de aardnoot *(arachis hypogaea)* een peul is die met een spinnewebachtig patroon is overtrokken, vgl. *arachniden*.
arachniden [spinachtigen] gevormd van gr. *arachnè* [spinneweb, spin].
arachnodactylie [lichaamstype met lange vingers en tenen] gevormd van gr. *arachnè* [spin] + *daktulos* [vinger, dus lett. met spinnevingers].
Aragon [geogr.] < spaans *Aragón,* naar de *Aragón,* het riviertje van welks dal uit de vorming van Aragon zich voltrok.
arak [rijstbrandewijn] (1617) < maleis *arak* < ar. ʿ*araq* [zweet], vgl. het ww. ʿ*ariqa* [hij transpireerde]; oorspronkelijk was de benaming ʿ*araq at tamr,* (*at* [van de] *tamr* [dadel]) dus [het vocht dat bij het destilleren van de dadel a.h.w. uitzweet, de basis voor de palmwijn]; later werd het woord een aanduiding voor uiteenlopende typen sterke drank, ook brandewijn (vgl. *bernage*).
Aramees [semitische taal in Syrië en Mesopotamië] < gr. *Aramaios* < hebr. *Arām* [een Syrisch-Mesopotamisch gebied], verwant met **aramees** *Arām* en hebr. *rūm* [hoog zijn], dus 'hoogland'.
araucaria [coniferengeslacht] genoemd naar de provincie *Auraco* in Chili.
arbeid [inspanning] middelnl. *a(e)rbeit,* **oudnederfrankisch** *arvith, arbeit,* **oudsaksisch** *arbed,* oudhd. *ar(a)beit,* **oudfries** *arbe(i)d,* oudeng. *earfoð,* **oudnoors** *erfiði,* **gotisch** *arbaiþs;* buiten het germ. vermoedelijk **armeens** *arbaneak* [dienaar], **oudkerkslavisch** *rabŭ* [slaaf], *rabota* [slavernij], russ. *rabota* [arbeid], **tsjechisch** *robota* [herendienst] (vgl. *robot*).
arbiter [scheidsrechter] < lat. *arbiter* [aanwezige, ooggetuige, scheidsrechter], van *ad* [naar] + *bitere* [gaan, dus eig. iem. die erheen gaat].
arbitraal [scheidsrechterlijk] < fr. *arbitral* < me. lat. *arbitralis,* van *arbiter*.
arbitrage [bemiddeling] < fr. *arbitrage,* van *arbitrer* [scheidsrechterlijk beslissen] < lat. *arbitrari* [beluisteren, overwegen, oordelen] (vgl. *arbiter*).
arbitrair [willekeurig] < fr. *arbitraire* [idem] < lat. *arbitrarius* [onzeker, uitnodigend tot een vergelijk, willekeurig], van *arbitrari* [getuige zijn, overwegen] (vgl. *arbiter*).

arboretum [bomentuin] < lat. *arboretum* [beboste plek], van *arbor* [boom].
arcade [boogstelling] < fr. *arcade* < it. *arcade* en me. lat. *arcata* [galerij met bogen], van lat. *arcus* [boog].
arcadisch [landelijk] van lat. *Arcadia* < gr. *Arkadia* [een landschap op de Peloponnesos, dat in de literatuur als paradijselijk werd voorgesteld].
arcanum [geheim middel] < lat. *arcanum* [geheim], zelfstandig gebruikt o. van *arcanus* [zwijgend, geheim], eig. opgesloten in een *arca* [kist, koffer], verwant met *arcēre* [insluiten, verre houden van].
arcato [met de strijkstok te doen] < it. *arcato,* gevormd van *arco* [boog, strijkstok] < lat. *arcus* [boog].
arcatuur [reeks van boogjes] < fr. *arcature* (vgl. *arcade*).
arceren [lijnen trekken] < fr. *hacher* [fijnhakken, inkerven, arceren], van *hache* [bijl], dat uit het germ. stamt, verwant met *heep;* voor de invoeging van *r* vgl. *korporaal*.
archaïsch [m.b.t. oud tijdperk] < gr. *archaikos* [ouderwets], van *archaios* [oud], van *archè* [begin] (vgl. *arts*).
archegonium [(in plantkunde) vrouwelijk orgaan] gevormd van gr. *archegonos* [stamvader], van *archè* [begin] + *gonos* [afkomst] (vgl. *Genesis*).
archeofyt [oude cultuurplant] gevormd van gr. *archaios* [oud] (vgl. *archaïsch*) + *phuton* [plant], idg. verwant met *bouwen* [1].
archeologie [oudheidkunde] < gr. *archaiologia* [het verhalen uit het verleden], van *archaiologein* [oude gebeurtenissen ophalen], van *archaios* [oud, vroeger] + *logos* [woord, verhaal].
Archeozoïcum [geologisch tijdperk] gevormd van gr. *archaios* [oud] + *zōiè* [leven].
archetype [oerbeeld] < gr. *archetupos* [een origineel, voorbeeld], van *archaios* [oud] + *tupos* (vgl. *type*).
archief [verzameling van geschreven stukken] < lat. *archi(v)um* [archief], naar gr. *archeion* [raad, ambtsgebouw, overheid], van *archè* [begin, het voorgaan, hoofd zijn, regeren, regering, overheid].
archimandriet [Grieks opperabt] < gr. *archimandritès* [hoofd van een of meer kloosters], van *archi-* (vgl. *arts*) + *mandritès,* van *mandro* [(klass. gr.) herder, (byzantijns gr. ook) abt, bisschop], *mandra* [(klass. gr.) omheinde ruimte voor vee, (byzantijns gr.) klooster] (ook *monè, monasterion*), misschien verwant met (hoewel onzeker) **oudindisch** *mandurā* [stal].
archipel [eilandengroep] < fr. *archipel* < it. *arcipelago,* van gr. *archi-* [voornaamste] + *pelagos* [zee].
architect [bouwmeester] < fr. *architecte* < lat. *architectus* [bouwmeester, ontwerper] < gr. *architektōn* [bouwmeester], van *archi-* [voor-

architraaf — argumenteren

naamste] + *tektōn* [timmerman, handwerksman, kunstenaar, schepper], verwant met *technè* [techniek].

architraaf [hoofdbalk] < **it.** *architrave,* van **gr.** *archi-* [voornaamste] + *trave* [balk] < **lat.** *trabem,* 4e nv. van *trabs* [balk], idg. verwant met ***dorp, terp***.

archivaal [m.b.t. archieven] van ***archief*** + achtervoegsel *-aal* < **lat.** *-alis*.

archivolt, archivolte [versiering langs boog] < **fr.** *archivolte* < **it.** *arcivolto,* van *arco* [boog] < **lat.** *arcus* [idem] + *volta* [kromming, gewelf].

archont [Atheens overheidspersoon] < **lat.** *archon* (2e nv. *archontis*) < **gr.** *archōn* (2e nv. *archontos*) [heerser], van *archein* [vooraan gaan, de eerste zijn, commanderen].

arcosolium [nis in crypt] gevormd van **lat.** *arcus* [boog] + *solium* [sarcofaag].

arctisch [noordpool-] van **lat.** *Arctos* [(Grote en Kleine) Beer, noordpool, noorden, nacht] < **gr.** *arktos* [beer, Grote Beer, noorden], verwant met **lat.** *ursus* [beer].

Ardennen [geogr.] < **lat.** *Arduenna Silva,* (*silva* [woud]), ontleend aan gallisch *arduo-* [hoog], verwant met **lat.** *arduus* [steil, hoog].

ardent [vurig] < **fr.** *ardent* < **lat.** *ardentem,* 4e nv. van *ardens,* teg. deelw. van *ardēre* [branden, gloeien], idg. verwant met ***as***[3].

ardente [vurig] < **it.** *ardente,* eig. teg. deelw. van *ardere* [branden, ontvlammen] < **lat.** *ardēre* (vgl. ***ardent***).

arduin [hardsteen] **middelnl.** *ordune, orduun* < **oudfr.** *ordon* [orde, regel, dan een op zekere maat gehouwen steen], **me. lat.** *ordinaria* [baksteen] < **lat.** *ordinem,* 4e nv. van *ordo* [orde]; voor wisseling van *a* en *o* in ontleende woorden vgl. b.v. ***kantoor***.

are [vierkante decameter] < **fr.** *are,* het woord werd bij de afkondiging van het metrieke stelsel (1795) door de Franse Convention Nationale gevormd op basis van **lat.** *area* [elke vlakke ruimte die voor een bepaald doel is opengelaten: bouwperceel, dorsvloer, renbaan, worstelplaats etc.], verwant met *arēre* [droog, dor zijn], van dezelfde basis als *ardēre* [branden] (vgl. ***ardent***); de grondbetekenis is wel 'afgebrande plek', vgl. ***as***[3].

area [begrensd gebied] → ***are***.

areaal [gebied] < **me. lat.** *areale, arealis, areala* [stedelijk of landelijk terrein], van *area* (vgl. ***are***).

areka [soort palm] < **portugees** *areca* < **malayalam** *adakka* < **tamil** *adaikay,* van *adai* [dichte tros] + *kay* [noot].

arena [middendeel in amfitheater] < **lat.** *arena* [zand, het met zand bestrooide strijdperk in het amfitheater en ten slotte in laat-lat. elk strijdperk], vermoedelijk een etruskisch woord.

arend [roofvogel] **middelnl.** *arn, aern, aren, arent,* **oudsaksisch, oudhd.** *arn,* **fries, oudeng.** *earn,* **gotisch** *ara;* de dentaal aan het eind van het woord is een jonge vorming. Buiten het germ. **gr.**

ornis [vogel], **oudkerkslavisch** *orĭlŭ,* **litouws** *erelis,* **oudiers** *irar,* **welsh** *eryr* [arend].

arenpalm [suikerpalm] < **javaans** *arèn* [suikerpalm].

areola [plekje (medisch)] < **lat.** *areola* [binnenplaatsje, groentebed, bloemperk], verkleiningsvorm van *area* (vgl. ***are***).

areometer [vochtweger] gevormd van **gr.** *araios* [dun] + ***meter***[1].

areopagus [hoogste gerechtshof in Athene] < **lat.** *areopagus* < **gr.** *Areiopagos,* van *Areios* [van, gewijd aan Ares, de god van de oorlog] + *pagos* [heuvel, vervolgens: het hoogste gerechtshof, dat daar zitting hield].

Aretijns [van Arezzo] < **it.** *aretino* [idem], afgeleid van *Arretium,* de lat. naam van de stad.

arg → ***erg***[1].

argeloos [onschuldig] (ca. 1800) < **hd.** *arglos,* van *arg* [erg, boosaardig] + *-los* [-loos].

argemaan [witkoper] van **gr.** *argema* [witte vlek (om de oogappel)], van *argos* [wit], verwant met **lat.** *argentum* [zilver] + achtervoegsel *-ōma*.

argentaan [witkoper] < **fr.** *argentan,* afgeleid van **lat.** *argentum* [zilver], verwant met **gr.** *argos* [wit].

Argentinië [geogr.] < **spaans** *La Argentina, argentina,* vr. van *argentino* [zilveren], van **lat.** *argentum* [zilver], verwant met **gr.** *argos* [wit].

argilliet [kleilei] < **eng.** *argillite,* gevormd van *argil* [klei] < **fr.** *argile* < **lat.** *argilla* < **gr.** *argillos* [idem], verwant met *argos* [flikkerend, wit blinkend] en met **lat.** *argentum* [zilver].

arglist [boze bedoeling] van *arg,* nevenvorm van ***erg***[1] + ***list***.

argon [chemisch element] zo genoemd door de ontdekkers, de Engelse chemici Sir William Ramsay (1852-1916) en Morris William Travers (1872-1961) naar **gr.** *argon* [niet werkzaam, traag], samengetrokken uit ontkennend *a* + *ergon* [werk], daarmee idg. verwant.

Argonauten [Griekse helden op zoek naar Gulden Vlies] < **gr.** *Argonautès,* van *nautès* [zeeman, schepeling] + de naam van het schip *Argō,* van *argos* [snel, tevens: helder] (vgl. ***Argus***).

argot [boeventaal] < **fr.** *argot* [in de 17e eeuw bedelaarsgilde], *argoter* [bedelen, het is dus bedelaarstaal], etymologie onbekend, wellicht van **oudfr.** *hargoter* [twisten].

argument [bewijsgrond] **middelnl.** *argument* [bewijsgrond, woordenwisseling] < **fr.** *argument* < **lat.** *argumentum* [idem], van *arguere* (verl. deelw. *argutum*) [aantonen, betogen, oorspronkelijk helder maken], verwant met *argentum* [zilver, 'het heldere metaal'].

argumentatie [bewijsvoering] < **fr.** *argumentation* < **lat.** *argumentationem,* 4e nv. van *argumentatio* [bewijsvoering, betoog], van *argumentari* (verl. deelw. *argumentatum*) (vgl. ***argumenteren***).

argumenteren [bewijsgronden aanvoeren] **middelnl.** *argumenteren* < **fr.** *argumenter* < **lat.**

argumentari [bewijzen aanvoeren, betogen], van *argumentum* (vgl. *argument*).
Argus [honderdogige wachter] < **lat.** *Argus* < **gr.** *Argos*, naar *argos* [glanzend, helder], vanwege de honderd ogen van Argos.
argwaan [verdenking] het eerste lid is een nevenvorm van *erg* [1].
aria [zangstuk] < **it.** *aria* [lucht, aria, lied, melodie] < **lat.** *aereus, aerius* [lucht-, hoog oprijzend], van *aer* (2e nv. *aeris*) [lucht, atmosfeer] < **gr.** *aèr* [lucht], idg. verwant met **lat.** *ventus* [wind], **nl.** *waaien*.
arianisme [leer die de goddelijkheid van Christus loochent] genoemd naar de priester *Arius* (ca. 250-336).
aride [dor] < **fr.** *aride* < **lat.** *aridus* [droog, dor], van *arere* [droog zijn, van dorst versmachten], verwant met *ardent*.
Ariër [rasnaam] < **hd.** *Arier*, afgeleid van **oudindisch** *ārya-* [edel] (vgl. *Iraans*).
ariëtte [kleine aria] < **it.** *arietta* [kort lied], verkleiningsvorm van *aria*.
arioso [muziekterm] < **it.** *arioso*, van *aria* (vgl. *aria*) + achtervoegsel *-oso* < **lat.** *-osus* [vol van].
Arisch bn. van *Ariër*.
aristarch [streng criticus] genoemd naar de Griekse filoloog en criticus *Aristarchos van Samothrace* (ca. 217-145 v. Chr.).
aristie [heldenkamp] < **gr.** *aristeia* [heldendaad], *aristeion* [prijs voor dapperheid], *aristeuein* [de dapperste zijn, zich onderscheiden, iets bevechten], van *aristos* [flinkste, beste], verwant met *aretè* [deugd].
aristocraat [lid van adellijke oligarchie] < **gr.** *aristokratès* (vgl. *aristocratie*).
aristocratie [regering van de besten] < **gr.** *aristokratia* [idem], van *aristos* [de beste], verwant met *aretè* [deugd] + *kratia* [heerschappij], van *kratos* [kracht, macht, bewind], idg. verwant met *hard*.
aristolochia [pijpbloem] < **gr.** *aristolochia*, van *aristos* [beste], verwant met *aretè* [deugd] + *locheia, lochos* [bevalling], van *lechein* [gaan liggen], idg. verwant met *leggen*; de plant werd gebruikt om de nageboorte uit te drijven.
aritmetica [rekenkunde] **middelnl.** *arismetike* < **oudfr.** *aritmétique* < **lat.** *arithmetica* [idem]; later kreeg door rechtstreekse ontlening aan het lat. de vorm met *t* de overhand. Het lat. ontleende aan **gr.** *arithmètikè (technè), technè* [kunde] *arithmètikè*, van *arithmos* [getal, telling, totaalsom, cijfer] (vgl. *ritme*).
aritmie [ritme-gestoord] gevormd van **gr.** *a*, ontkenning + *ruthmos* (vgl. *ritme*).
aritmogrief [getallenraadsel] gevormd van **gr.** *arithmos* [getal] + *gripheuein* [in raadsels spreken], van *griphos* [rieten net, ook overdrachtelijk gebruikt als: een net om de gesprekspartner mee te vangen, en vandaar: raadsel], verwant met o.m. **eng.** *to grab*, **nl.** *grabbelen*.

aritmomancie [waarzeggerij uit getallen] gevormd van **gr.** *arithmos* [getal] + *manteia* [het waarzeggen, voorspellen], van *manteuesthai* [voorspellen], *mantis* [profeet].
ark [kist voor wetsrollen bij de joden, schip van Noach] **middelnl.** *arke* [o.m. gewelf, kist, offerkist, ark (van Noach)] < **lat.** *arca* [kist, koffer, geldkist, kas, chr. lat. ark], verwant met **lat.** *arcēre* [insluiten, verre houden van].
arkebussier, arkebusier [met haakbus bewapend soldaat] < **fr.** *(h)arquebuse* < **middelnl.** *haecbusse*, van *busse* [o.m. vuurroer] + *hake* [haak]; in het fr. trad associatie met *arc* [boog] op (vgl. *erker*).
arkel → *erker*.
arkeneel → *erker*.
arm [1] [lichaamsdeel] **middelnl.** *a(e)rm, erm*, **oudhd.** *arm, aram*, **oudfries** *erm*, **oudeng.** *earm*, **oudnoors** *armr*, **gotisch** *arms*; buiten het germ. **lat.** *armus* [schouderblad, bovenarm], **gr.** *armos* [gewricht], **oudindisch** *īrma-* [arm].
arm [2] [behoeftig] **middelnl.** *a(e)rm, erm*, **oudhd.** *ar(a)m*, **oudfries** *erm*, **oudeng.** *earm*, **oudnoors** *armr* [ellendig], **gotisch** *arms*, vgl. **oudindisch** *ārma* [bouwvallige plaats, puinhoop].
armada [oorlogsvloot] < **spaans** *armada* [vloot, eskader], eig. vr. vorm van het verl. deelw. van *armar* [wapenen, uitreden van een schip, bemannen] < **lat.** *armare* [uitrusten, wapenen], van *arma* [uitrusting, wapens], verwant met *armus* [schouderblad, bovenarm] (vgl. *arm* [1]).
armadil [gordeldier] < **spaans** *armadillo*, verkleiningsvorm van *armado*, verl. deelw. van *armar* [wapenen] < **lat.** *armare* (vgl. *armada*).
armageddon [plaats waar demonen zich verzamelen] vermoedelijk < **hebr.** *har* [berg] + *Megiddō* [Megiddo].
armagnac [alcoholhoudende drank] genoemd naar het gebied van het vroegere graafschap *Armagnac* in Gascogne.
armamentarium [wapenkamer] < **lat.** *armamentarium*, van *armamenta* [uitrusting], van *arma* [idem, tuigage, wapenen], idg. verwant met *arm* [1].
armatuur [draagconstructie] < **fr.** *armature* [idem] < **lat.** *armatura* [bewapening, uitrusting], van *armare* (verl. deelw. *armatum*) [van gereedschappen voorzien, wapenen], van *arma* [uitrusting, wapens], idg. verwant met *arm* [1].
armborst [soort van boog] volksetymologische vorming: **middelnl.** *arborst, arburst, armborst* < **oudfr.** *arbaleste* < **me. lat.** *arbalista* < **klass. lat.** *arcubalista* [werpmachine] < **gr.** *ballein* [werpen], idg. verwant met **hd.** *Quelle* (vgl. *kwelder*).
armee [leger] < **fr.** *armée* < **laat-lat.** *armatus* [bewapening, uitrusting, gewapenden], van *armare* (vgl. *armada*).
Armenië [geogr.] < **lat.** *Armenia* < **gr.** *Armenia* < **oudperzisch** *armina*.

armoede — arteriosclerose

armoede [gebrek] middelnl. *arremoed, aermoet, armoede,* **oudnederfrankisch** *armuodi,* **oudsaksisch** *armodi,* **oudhd.** *ar(a)muoti,* van *arm* ² + een achtervoegsel dat abstracta vormt.

armoedzaaier [zeer arm persoon] < **fries** *earmoed-saeijer* [ruziestoker]; bij overname trad onze gewone betekenis van armoede in de plaats.

armoriaal [wapenboek] < **fr.** *armorial,* gevormd van **lat.** *arma* [uitrustingsstukken, wapenen, schild] (vgl. *armada*).

armure, armuur [wapenrusting] < **fr.** *armure* < **lat.** *armatura* (vgl. ***armatuur***).

armzalig [pover] nog niet bij Kiliaan, vermoedelijk < **hd.** *armselig* (het duitse *-selig* is een afleiding van *-sal;* in b.v. Müh-, Saum- en Trübsal is *-sal* een abstract achtervoegsel), of van *arm* ², **middelnl.** *salich,* in de betekenis 'armzalig, beklagenswaardig'.

aroma [geur] **middelnl.** *aroma* [welriekende plant, geurig kruid] < **laat-lat.** *aroma* (2e nv. *aromatis*) [welriekend kruid] < **gr.** *arōma* [idem].

aronskelk [plantengeslacht] (1836), het eerste lid < **lat.** *arum* < **gr.** *aron* [de gevlekte aronskelk], van egyptische herkomst; de vorm *aäronskelk* is een volksetymologische vorming, vgl. **hd.** *Aronsstab;* fr. en eng. hebben zonder toevoeging *arum.*

arpeggio [muziekterm] < **it.** *arpeggio* [eig. harpspel], van *arpeggiare* [harpspelen, arpeggio spelen], van *arpa* [harp].

arrangeren [schikken] < **fr.** *arranger,* van *à* + *ranger* [rangschikken], van *rang* [rij, gelid].

arres ¹ [barg. angst] vgl. het bn. *ar* in *in arren moede,* **middelnl.** *e(e)rre, arre, er* [in de war, op een dwaalspoor, wanhopig, spijtig, verontwaardigd, boos], (*met/van erren moede* [in een vlaag van drift, met een boze kop]), (*arschap* [toorn, neerslachtigheid]), **oudsaksisch, oudhd.** *irri* [verdwaald] (**hd.** *irre*), **oudfries** *ire* [boos], **oud-eng.** *ierre* [verdwaald, boos], **gotisch** *airzeis* [verdwaald]; buiten het germ. **lat.** *errare* [dwalen], **gr.** *areiè* [hoon], **russ.** *jor(a)* [vagebond].

arres ² [handgeld] mv. van het zelden gebruikte *arre, arra, arrha,* **middelnl.** *arre* [godspenning, handgeld] < **me. lat.** *arr(h)a* [idem] < **gr.** *arrabōn* [handgeld] < **hebr.** *'ērabōn* [onderpand, zekerheid]; in het eng. door volksetymologie tot *earnest money* geworden.

arrest [hechtenis] **middelnl.** *arrest* < **oudfr.** *arest* < **me. lat.** *arrestum* (vgl. ***arrestatie***).

arrestatie [inhechtenisneming] < **fr.** *arrestation* < **me. lat.** *arrestationem,* 4e nv. van *arrestatio* = *arrestum* (vgl. ***arresteren***).

arresteren [in hechtenis nemen] **middelnl.** *arresteren* < **oudfr.** *arester* < **me. lat.** *arrestare* [idem], van *ad* [tot] + *restare* [blijven], van *re* [terug] + *stare* [staan, blijven staan], idg. verwant met ***staan***.

arrêt [iets dat tegenhoudt] < **fr.** *arrêt,* van *arrêter* < **lat.** *arrestare* (vgl. ***arresteren***).

arrivé ¹ [iem. die een positie in de maatschappij overd heeft] < **fr.** *arrivé,* verl. deelw. van *arriver* [bereiken, slagen] (vgl. ***arriveren***).

arriveren [bereiken] **middelnl.** *arriveren, arrivieren* [aan land komen, landen] < **fr.** *arriver* < **me. lat.** *adripare, adrivare* [landen], van **lat.** *ad* [naar...toe] + *ripa* [oever, kust, strand] (vgl. ***rivier***).

arrogant [verwaand] < **fr.** *arrogant* < **lat.** *arrogantem,* 4e nv. van *arrogans,* teg. deelw. van *arrogare* [nog eens vragen, zich aanmatigen], van *ad* [naar...toe] + *rogare* [halen, vragen].

arronderen [afronden] < **fr.** *arrondir,* van *à* + *rond* < **lat.** *rotundus* [rond], van *rota* [wiel], idg. verwant met *rad* ¹.

arrondissement [onderdeel van ambtsgebied] < **fr.** *arrondissement,* van *arrondir* (vgl. ***arronderen***).

arroseren [besproeien] < **fr.** *arroser* < **me. lat.** *arrosare* [idem], van **klass. lat.** *ad* [naar...toe] + *ros* (2e nv. *roris*) [dauw, druppel, vocht, stromend water] (vgl. ***rosmarijn***).

arrosie [aanvreting] van **lat.** *adrodere* = *arrodere* (verl. deelw. *arrosum*) [corroderen], van *ad* [naar...toe, aan] + *rodere* [bijten, aantasten (o.m. metalen)], idg. verwant met ***rat***.

arrowroot [plant] < **eng.** *arrow-root* [lett. pijlwortel], echter < **aruakaans** *aru-aru* [de maaltijd der maaltijden]; de volksetymologische vorm ontstond doordat de knollen werden gebruikt om het gif uit o.m. pijlwonden te absorberen.

arseen → ***arsenicum.***

arsenaal [bewaarplaats van wapens] < **fr., spaans** *arsenal,* **it.** *arsenale* < **ar.** *dār* [huis] + *aṣ* (geassimileerde vorm van het lidwoord *al*) + *ṣināʿa* [constructie], bij het ww. *ṣanaʿa* [hij maakte, construeerde]; ar. woorden werden veelal overgenomen mét het niet-herkende lidwoord *al;* soms werd het onjuiste overnemen van het lidwoord onderkend en ontstonden dubbelvormen, vgl. *alchemie* naast *chemie.*

arsenicum [chemisch element] < **gr.** *arsenikon* [geel operment], uit het perzisch, vgl. ***nieuwperzisch*** *zar* [goud].

arsis [(ver)heffing] < **gr.** *arsis,* van *airein* [optillen].

art deco [artistieke stijl] < **fr.** *art déco* < *Exposition Internationale des Arts Décoratifs et Industriels modernes* (Parijs 1925).

artefact [door mensenhand bewerkt voorwerp] gevormd van **lat.** *arte,* 6e nv. van *ars* [kunstvaardigheid] + *factum,* verl. deelw. van *facere* [maken], idg. verwant met ***doen***.

Artemis [gr. godin van de jacht] wel van vóór-gr., Kleinaziatische herkomst.

artemisia [citroenkruid] < **lat.** *artemisia* < **gr.** *artemisia,* genoemd naar *Artemis.*

arterie [slagader] < **lat.** *arteria* [luchtpijp, slagader] < **gr.** *artèria* [idem], verwant met ***aorta.***

arteriosclerose [aderverkalking] gevormd van **gr.** *artèria* [slagader] (vgl. ***arterie***) + *sklèros* [dor, stijf], verwant met *skellein* [uitdrogen], idg. verwant met ***verschalen.***

Artesisch [van Artois] < fr. *artésien* [idem]; de benaming *artesische put* is gegeven door de Franse ingenieur Bernard Forest de Belidor (1693?-1761), die zich met deze putten in Artois bezighield.
arthrose [gewrichtsontsteking] gevormd van **gr.** *arthron* [lid], *ar-* idg. verwant met **arm** ^{1}.
articulatie [spraakklankvorming] < **fr.** *articulation* < **lat.** *articulationem*, 4e nv. van *articulatio*, van *articulare* (verl. deelw. *articulatum*) (vgl. ***articuleren***).
articuleren [duidelijk uitspreken] < **lat.** *articulare* [verdelen, duidelijk uitspreken], van *articulus* [gewricht, geleding, onderdeel], verkleiningsvorm van *artus* [gewricht, lid], idg. verwant met ***arm*** ^{1}.
artiest [kunstenaar] < **fr.** *artiste* < **it.** *artista*, teruggaand op **lat.** *ars* (2e nv. *artis*) [kunst].
artificieel [kunstmatig] < **fr.** *artificiel* < **lat.** *artificialis* [m.b.t. kunst, kunstmatig, volgens de regels van de kunst], van *artificium* [handwerk, kunstwerk], van *ars* (2e nv. *artis*) [kunst] + *facere* [maken], idg. verwant met ***doen***.
artikel [onderdeel van geschrift, verhandeling] middelnl. *articule, artikel* [artikel, onderdeel] < **fr.** *article* [idem] < **lat.** *articulus* [gewricht, lid, vingerlid, geleding, onderdeel], verkleiningsvorm van *artus* [gewricht, lid], idg. verwant met ***arm*** ^{1}.
artillerie [geschut] middelnl. *artillerie* [werpgeschut] < **fr.** *artillerie* < **me. lat.** *artillaria, artelleria* [uitrusting, apparatuur, ook meubilair], van *artillum* [uitrusting, apparatuur], verkleiningsvorm van *ars* (2e nv. *artis*) [kunst, kunstvaardigheid, (kunst)middel].
artisanaal [ambachtelijk] < **fr.** *artisanal*, van *artisan* [handwerksman] < **it.** *artigiano*, teruggaand op **lat.** *artitus* [doorkneed in de kunst of techniek], verl. deelw. van *artire* [de kunst, techniek onderwijzen], van *ars* (2e nv. *artis*) [kunst, techniek].
artisjok [plant] < **it.** *articiocco*, nevenvorm van *carciofo;* in de eerste vorm laat het mee overgenomen ar. lidwoord een spoor na, vgl. **spaans** *alcarchofa* < **ar.** *khurshūf* (als collectief) en *khurshūfa* (als nomen unitatis).
artisticiteit [het artistiek zijn] < **fr.** *artisticité*, van *artistique* (vgl. ***artistiek***).
artistiek [kunstvaardig] < **fr.** *artistique*, van *artiste* (vgl. ***artiest***).
artotheek [instelling die kunst uitleent] gevormd van **lat.** *ars* (2e nv. *artis*) [kunst] + *-theek*.
artritis [gewrichtsontsteking] gevormd van **gr.** *arthron* [lid], (*ar-* idg. verwant met ***arm*** ^{1}) + *-itis*.
arts [geneesheer] middelnl. *arsatere, arsate, arst, artsener* < laat-lat. *archiatrus* < **byzantijns-gr.** *archiatros* [hofarts, de belangrijkste arts aan het hof], van *archos* [aanvoerder], *archōn* [heerser, hoge magistraat] + *iatèr* [dokter].
artsenij [geneesmiddel] middelnl. *arcenie* < middelhd. *arzenie* (**hd.** *Arznei*), met achtervoegsel *-ie* gevormd van ***arts***.

Aruba [geogr.] etymologie onzeker, mogelijk < **indiaans** *oruba* [welgelegen] of *oraouba* [schelpeneiland].
arve [naaldboom] < **zwitsers-duits** *arve*, geen verwanten bekend.
aryballos [oliekruik] < **gr.** *aruballos* [schepkan, ook gebruikt voor douchen], van *aruein* [water scheppen] + *ballein* [werpen], idg. verwant met **hd.** *Quelle*, **nl.** *kwelder*.
as ^{1} [spil] middelnl. *asse* [(wagen)as], **oudsaksisch, oudhd.** *ahsa*, **oudeng.** *eax*, **oudnoors** *ǫxull*; buiten het germ. **lat.** *axis*, **gr.** *axōn*, **litouws** *ašis*, **lets** *ass*, **oudkerkslavisch** *osĭ*, **iers** *ais* [wagen], **oudindisch** *aksa-* [as].
as ^{2} [Romeinse munt] < **lat.** *as*, 2e nv. *assis*, oorspr. hetzelfde woord als *assis* [plank, balk]; oorspr. was de munt een rechthoekig blok brons (vgl. *atelier*).
as ^{3} [verbrandingsresidu] middelnl. *assche*, oudnederfrankisch, oudhd. *asca*, oudeng. *asce*, gotisch *azgo*; buiten het germ. **lat.** *arēre* [droog zijn], **gr.** *azein* [verdrogen] (vgl. ***are***).
asam [tamarinde] < **maleis** *asam* [zuur, rins, soorten van tamarinde].
asana [yogahouding] < **oudindisch** *āsana-* [het zitten], van *aste* [hij zit].
asbest [delfstof] < **gr.** *asbestos* [onblusbaar, onvergankelijk], van ontkennend *a* + *sbennumi* [ik blus uit], een merkwaardige vorm, omdat asbest niet onblusbaar is, maar onbrandbaar; veroorzaakt doordat men in een handschrift van Plinius (19, 19) een verknoeide vorm verbeterde als *asbestinon* (**middelnl.** *asbestoen*), maar het had moeten zijn *acausticon* [onbrandbaar].
ascariden [aarswormen] van **gr.** *askaris* (2e nv. *askaridos*) [kleine worm, made, larve], van *askarizein* [springen].
asceet [iem. die zich aan godsdienstige praktijken wijdt] < **me. lat.** *asceta, ascetes* [asceet] < **gr.** *askètès* [atleet en asceet], van *askèsis* [oefening, training], van *askeō* [ik bewerk een stof, snijd, (be)oefen], van een idg. basis met de betekenis 'snijden' waarvan ook ***sekte***.
ascendant [teken van dierenriem] < **fr.** *ascendant* < **lat.** *ascendentem*, 4e nv. van *ascendens*, teg. deelw. van *ascendere* [opstijgen], van *ad* [naar] + *scandere* [klimmen, zich verheffen].
ascese [onthouding] < **gr.** *askèsis* (vgl. ***asceet***).
ascetisch [m.b.t. ascese] < **gr.** *askètikos* [werkzaam], van *askètès* (vgl. ***asceet***).
asclepiaswol [stof van een bep. plant] van **lat.** *asclepias* < **gr.** *asklepias* [de naam van enkele planten], genoemd naar *Asklèpios* [de Griekse god van de geneeskunde].
ascomyceten [groep van sporenvormende schimmels] gevormd van **gr.** *askos* [zak], verwant met *askeō* (vgl. ***asceet***) + *mukès* [paddestoel], verwant met *muxa* [snot].
ascorbinezuur [vitamine C] gevormd van ontkennend **gr.** *a* + **fr.** *scorbut* [scheurbuik].

asdic — assaut

asdic [letterwoord] gevormd uit *anti-submarine detection and investigation committee*.
aseïteit [het zelfstandig bestaan (van God)] < **me. lat.** *aseitas* (2e nv. *aseitatis*), van *a se* [uit zichzelf, dus lett. uit-zichzelf-heid].
aseksueel [geslachtloos] gevormd van **gr.** *a*, ontkenning + *seksueel* → **seksualiteit**.
aselect [niet uitgekozen] gevormd van **gr.** *a*, ontkenning + *select*.
asem nevenvorm van *adem*.
Asen [Oudnoorse hoofdgoden] < **oudnoors** *āss*, **oudeng.** *ōs* [god].
asepsis [wering van infectie] gevormd van **gr.** *a*, ontkenning + *sepsis*.
aseptisch [bescherm(en)d tegen infectie] gevormd van **gr.** *a*, ontkenning + *sèptikos* [verrotting veroorzakend] (vgl. *sepsis, sepia*).
asfalt [mineraal hars] < **fr.** *asphalte* < **lat.** *asphaltus* < **gr.** *asphaltos*, van ontkennend *a* + *sphallein* [doen wankelen, doen vallen]; het werd in de oudheid gebruikt als verstevigingsmiddel voor muren. Het **gr.** *sphallein* is verwant met **lat.** *fallere*, **nl.** *vallen, vellen, fout*.
asferisch [(van lenzen) met een niet in alle richtingen gelijke kromming] gevormd van **gr.** *a*, ontkenning + *sphairos* [bol (bn.)], *sphaira* [bal] (vgl. *sfeer*).
asfyxie [het ophouden van polsslag] < **gr.** *asphuxia* [idem], van ontkennend *a* + *sphuxis* = *sphugmos* [het kloppen van de pols].
ashram [leefgemeenschap van aanhangers van Indische religies] < **oudindisch** *ashramah* [kluizenarij].
asiel [toevlucht(soord)] (1630) < **fr.** *asile* [idem] < **lat.** *asylum* [vrijplaats] < **gr.** *asulon* [idem], van ontkennend *a* + *sulaō* [ik roof, neem weg].
asjemenou [uitroep] = *als je me nou...*, elliptische uitdrukking, die moet worden aangevuld met b.v. *belazert*.
asjeweine [barg. weg, dood] < **hebr.** *hasjawīnū* [breng ons terug]; dit is het begin van de formule die wordt uitgesproken bij het uit het gezicht dragen van de wetsrol.
Asjkenazim, Asjkenaziem [Midden- en Oosteuropese joden] < **hebr.** *asjkenazzīm*, naar de persoonsnaam *Askenaz* in Genesis 10:3, die in talmoedische tijd in verband werd gebracht met Duitsland.
Asmodee [een naam van de duivel] < **lat.** *Asmodaeus* < **gr.** *Asmodaios* < **hebr.** *asjm'daj* < **avestisch** *aēšma-* [gramschap] + *daēva-* [demon].
asparagine [zuuramide] gevormd van **lat.** *asparagus* (vgl. *asperge*).
aspect [aanzicht, uitzicht in de toekomst] < **fr.** *aspect* < **lat.** *aspectus* [aanblik, uiterlijk, voorkomen], van *aspicere* [zien naar], van *ad* [naar] + *specere, -spicere* [kijken], verwant met **gr.** *skopein* [ergens naar kijken] (vgl. *spieden*).
asperge [plant] middelnl. *spergel, spargencruut*

< **oudfr.** *asparge* < **lat.** *asparagus* < **gr.** *asparagos*, van het ww. *spargan* [zwellen (van levenssappen)], idg. verwant met *sprokkelen* (vgl. *spurrie*).
aspic [vlees- of visgelei] (1863) < **fr.** *aspic* < **oudfr.** *aspic* [adder, vlees in gelei] (de betekenisovergang is wel verklaard door het enigszins vergelijkbare kleurpatroon) < **lat.** *aspidis* [adder] < **gr.** *aspis* [idem]; vgl. *basilicum* en *basilisk*.
aspidistra [plantengeslacht] moderne vorming van **gr.** *aspis* (2e nv. *aspidos*) [schild], vanwege de brede schildvormige stempel + *astron* [ster], daarmee idg. verwant.
aspiraat [plofgeluid waarna sterke uitademing] < **lat.** *aspiratum*, verl. deelw. van *aspirare* [(ergens heen) ademen, blazen, uitademen], van *ad* [naar...toe] + *spirare* [waaien, blazen].
aspirant [aanzoeker] < **fr.** *aspirant* < **lat.** *aspirantem*, 4e nv. van *aspirans*, teg. deelw. van *aspirare* [ergens heen blazen, trachten te bereiken], van *ad* [naar...toe] + *spirare* [blazen].
aspirateur [luchtzuiger] < **fr.** *aspirateur* [opzuigend, zuiger], van *aspirer* < **lat.** *aspirare* [ergens heen blazen, blazen], van *ad* [naar...toe] + *spirare* [waaien, blazen].
aspiratie [eerzucht] < **fr.** *aspiration* [eerzucht, inademen, aspiratie (met h spreken)] < **lat.** *aspirationem*, 4e nv. van *aspiratio* [het aanblazen, waaien, aspiratie, in chr. lat. inspiratie], van *ad* [naar...toe] + *spirare* [waaien, blazen].
aspireren [met h uitspreken, haken naar] < **fr.** *aspirer* [idem] < **lat.** *aspirare* (vgl. *aspiratie*).
aspirine [acetylsalicylzuur] komt natuurlijk voor in de bloem van de spiraea ulmaria. De produktnaam aspirine staat betrekkelijk los van het natuurlijk produkt, is namelijk gevormd uit ontkennend **gr.** *a* + de naam *spiraea* + het in de chemie gebruikelijke achtervoegsel *-in(e)*, uit de hd. merknaam *Aspirin*.
assagaai, assegaai [houten werpspies] < **eng.** *assagai, assegai*, **oudfr.** *azagaie* < **oudspaans** *azagaya*, met het lidwoord overgenomen < **ar.** *az zaghāya*, (*az* [de, het]) < **berbers** *zaghāya* [speer].
assai [vrij sterk] < **it.** *assai*, van **lat.** *ad* [tot, naar] + *satis* [genoeg], idg. verwant met *zat*.
assainering [sanering] van **fr.** *assainir* [gezond maken], van *à* + *sain* [gezond] < **lat.** *sanus* [idem].
Assam [geogr.] van dezelfde basis als *Siam* en *Shan*, met de betekenis 'vrije mensen'.
assassijn [moordenaar] < **fr.** *assassin* < **it.** *assassino* [idem] < **ar.** *ḥashshāshīn* [hasjgebruikers], van *ḥashīsh* [hasj]; de meervoudsuitgang *-īn* werd bij de ontlening niet onderkend en aangezien voor een deel van het woord. De *Assassijnen* bedreven hun terreurdaden bedwelmd door hasj.
assaut [schermwedstrijd] < **fr.** *assaut* [stormaanval] < **me. lat.** *assaltus* [aanval], van *assalire* [aanvallen], van *ad* [naar, op] + *salire* [springen], verwant met *halma*.

assegaai → *assagaai*.
assem → *asam*.
assemblage [het ineenzetten] < fr. *assemblage*, van *assembler* (vgl. *assemblée*).
assemblée [algemene vergadering] < fr. *assemblée*, eig. vr. verl. deelw. van *assembler* [verzamelen, bijeenbrengen] < lat. *assimilare* = *assimulare* [gelijk maken, in me. lat. bijeenbrengen, verzamelen], van *ad* [naar...toe] + *simul* [tegelijk, samen], *similis* [gelijkend op, gelijk].
assembleren [samenvoegen] < fr. *assembler* < lat. *assimulare* = *assimilare* (vgl. *assemblée*).
assepoester [sprookjesfiguur] vgl. **middelnl.** *asschevijster(e), poester, puyster* [blaasbalg], *poesten* [blazen]; de betekenis is dus: die in de as blaast (d.w.z. om het afgedekte vuur 's morgens weer tot leven te brengen).
assertie [bewering in rechte] < fr. *assertion* [idem] of direct < lat. *assertio* [verklaring, bevestiging], van *assertum*, verl. deelw. van *asserere* [verzekeren].
assertief [zelfbewust] < fr. *assertif* [bevestigend] < me. lat. *assertivus* [idem] < *assertare* [bevestigen] < lat. *asserere* [verzekeren].
assessor [bijzitter, helper] < lat. *assessor*, van *assidēre* [zitten bij], van *ad* [bij] + *sedēre* [zitten], daarmee idg. verwant.
assibilatie, assibilering [aanblazing] gevormd van lat. *assibilare* [aanblazen], van *ad* [naar, tot] + *sibilare* [sissen], klanknabootsend gevormd.
assiduïteit [volharding] < fr. *assiduité* [idem] < lat. *assiduitas* (2e nv. *assiduitatis*) [voortdurende tegenwoordigheid, volharding, voortduring], van *assidēre* [bij iem. zitten, zich wijden aan], van *ad* [naar...toe] + *sedēre* [zitten], daarmee idg. verwant.
assiette [schotel] < fr. *assiette* [in oudfr.: de plaatsing van de gasten rond de tafel, het plaatsen van de schotels op de tafel, het opdienen], teruggaand op lat. *assidēre* [bij iem. zitten], van *ad* [naar...toe] + *sedēre* [zitten], daarmee idg. verwant.
assignaat [stuk papieren geld] < fr. *assignat* [idem] < lat. *assignatio* [aanwijzing, toewijzing], van *assignare* [aanwijzen, toewijzen], van *ad* [naar...toe] + *signare* [met een teken voorzien, aanwijzen], van *signum* [teken, kenteken] (vgl. *sein*¹).
assignatie [aanwijzing] < lat. *assignatio* (vgl. *assignaat*).
assigneren [toewijzen] < lat. *assignare* (vgl. *assignaat*).
assimilatie [gelijkmaking] < fr. *assimilation* < lat. *assimilatio* [assimilatie], van *assimilare* (verl. deelw. *assimilatum*) (vgl. *assemblée*).
assimileren [gelijkmaken] < fr. *assimiler* < lat. *assimulare* (vgl. *assemblée*).
assisen [Hof der Assisen, gerechtshof met jury] van fr. *magistrature assise* [zittende magistraat],

assis is verl. deelw. van *s'asseoir* [gaan zitten, dus: gezeten].
assistent [helper] < lat. *assistens* (2e nv. *assistentis*), teg. deelw. van *assistere* [gaan of blijven staan bij, in laat lat. bijstaan], van *ad* [bij] + *sistere* [doen staan, zich plaatsen], intensivum van *stare* [staan], daarmee idg. verwant.
assistentie [bijstand] **middelnl.** *assistentie* < me. lat. *assistentia*, van *assistens* (vgl. *assistent*).
assisteren [bijstaan] **middelnl.** *assisteren* < fr. *assister* < lat. *assistere* (vgl. *assistent*).
associatie [het samengaan] (1537) < fr. *association* < me. lat. *associationem*, 4e nv. van *associatio* [vereniging, verbond], van *associare* (verl. deelw. *associatum*), van *ad* [naar...toe] + *sociare* [tot bondgenoot maken, verenigen], van *socius* [bondgenoot], verwant met *sequi* [volgen] (vgl. *executeren*).
associé [compagnon] < fr. *associé*, eig. verl. deelw. van *associer* < lat. *associare* (vgl. *associatie*).
associëren [verbintenis aangaan] < fr. *associer* < lat. *associare* (vgl. *associatie*).
assonant [gelijkluidende klank] < fr. *assonant* < lat. *assonantem*, 4e nv. van *assonans*, teg. deelw. van *assonare* [instemmen, laten klinken], van *ad* [naar...toe] + *sonare* [klinken], van *sonus* [klank], idg. verwant met *zwaan*.
assonantie [halfrijm] → *assonant*.
assorteren [naar soort bijeenzoeken] < fr. *assortir* [idem], van *a* + lat. *sortiri* [loten, uitzoeken, onderling verdelen], van *sors* (2e nv. *sortis*) [lot, deel, soort].
assortiment [gevarieerde voorraad] < fr. *assortiment*, van *assortir* (vgl. *assorteren*).
assumeren [zich toevoegen, aannemen] < fr. *assumer* < lat. *assumere* [tot zich nemen, erbij nemen], van *ad* [tot] + *sumere* [nemen], van *sub* [onder] + *emere* [nemen, kopen].
assumptie [het assumeren] (**middelnl.** *assumptie* [Hemelvaart]) < lat. *assumptio* [aanneming, aanvaarding, te hulp nemen], van *assumere* (verl. deelw. *assumptum*) (vgl. *assumeren*).
assurantie [verzekering] (1530) *assurancie* < fr. *assurance* [idem], van *assurer* (vgl. *assureren*).
assureren [verzekeren] < fr. *assurer* [idem] < me. lat. *assecurare* [onder ede beloven bepaalde dingen t.o.v. iem. te doen of na te laten, b.v. hem te beschermen of geen schade te berokkenen], van *ad* [tot] + *securus* [zonder zorg, veilig], van *se-* [zonder] + *cura* [zorg].
Assyrië [geogr.] < gr. *Assuria* < akkadisch *ashshur*.
Astarte, Astaroth → *Afroditisch*.
astasie [onvermogen om te staan] gevormd van **gr.** *a*, ontkenning + *stasis* [het gaan staan, overeind staan], van *histamai* [ik ga staan], idg. verwant met *staan*.
astatisch [zonder vaste stand] van **gr.** *astatos* [onbestendig], van ontkennend *a* + *statos* [stilstand], van *histamai* (vgl. *astasie*).

astatium, **astaat [radioactief element] gevormd van **gr. *astatos* [onstabiel] (vgl. ***astatisch***).

aster [plantengeslacht] (1734), genoemd naar **gr.** *astèr* [ster], vanwege de aan stralen herinnerende bloembladen, idg. verwant met ***ster***[1].

asterie [het geven van stervormig licht] gevormd van **gr.** *astèr* [ster], daarmee idg. verwant.

asterisk [sterretje] < **fr.** *astérisque* < **lat.** *asteriscus* [idem] < **gr.** *asteriskos* [sterretje, kritisch teken in uitgaven], verkleiningsvorm van *astèr* (2e nv. *asteros*) [ster], daarmee idg. verwant.

asteroïde [planetoïde] < **gr.** *asteroeidès* [stervormig], van *astèr* [ster, hemellichaam] + *-ide*.

ast(h)enie [krachteloosheid] < **gr.** *astheneia* [idem], van *asthenès* [zwak], van ontkennend *a* + *sthenos* [kracht].

asti [een Italiaanse wijn] genoemd naar het dorp *Asti* in Piemonte.

astigmatisch [met onscherpe beeldvorming] gevormd van **gr.** *a*, ontkenning + *stigma* [steek, prik], verwant met *stizein* [steken], daarmee idg. verwant; bedoeld is, dat een lichtstraal van een punt op het bekeken object niet in één punt in oog of lens samenvalt.

astma [aamborstigheid] moderne ontlening aan **gr.** *asthma* [het hijgen], waarin voor *s* en *t* een *n* verdween en dat verwant is met **gr.** *anemos*, vgl. ***anima, animo***.

astraal [m.b.t de sterren] < **lat.** *astralis* [idem], van *astrum* [ster] < **gr.** *astron, astèr* [ster], daarmee idg. verwant.

astragaal [band onder kapiteel] < **gr.** *astragalos* [nekwervel], verwant met *ostrakon* [schaal van schaaldieren, aarden schaal, potscherf] (vgl. ***ostracisme***).

astrakan [bontsoort] genoemd naar de stad *Astrakan* aan de Wolga. De naam is afgeleid van **gr.** *astèr, astron* [ster] + **ar.** *khān*, **perzisch** *khān* [karavanserai, herberg, marktplaats].

astrant [vrijpostig] ontstaan uit *assurant*, teg. deelw. van **fr.** *assurer* in de betekenis 'een stevige houding aannemen' (vgl. ***assureren***).

astreinte [dwangsom] < **fr.** *astreinte,* van *astreindre* < **lat.** *astringere* [dichtsnoeren], van *ad* [naar, tot] + *stringere* [trekken], idg. verwant met ***strijken***.

astrilde [prachtvink] < **afrikaans** *astrild, estrild.*

astringent → ***adstringent.***

astrodynamica [bewegingsleer van de sterren] gevormd van **gr.** *astron, astèr* [ster], daarmee idg. verwant, + *dynamica* (vgl. ***dynamiek***).

astrognosie [kennis van de plaatsing der sterren] gevormd van **gr.** *astron, astèr* [ster], daarmee idg. verwant, + *gnōsis* [inzicht] (vgl. ***gnosis***).

astroïde [sterkromme] < **gr.** *astron, astèr* [ster], daarmee idg. verwant, + *-ide* [-vormig, dus: stervormig].

astrolabium [hoekmeter] **middelnl.** *astralabe;* gevormd van **gr.** *lambanein* [nemen] + *astron, astèr* [ster], daarmee idg. verwant.

astrolatrie [aanbidding der sterren] gevormd van **gr.** *astron, astèr* [ster], daarmee idg. verwant, + *latreia* [loondienst, slavernij, dienst van god], van *latris* [dagloner].

astroloog [sterrenwichelaar] < **lat.** *astrologus* [sterrenkundige, sterrenwichelaar] < **gr.** *astrologos* [idem], van *astron, astèr* [ster], daarmee idg. verwant, + *logos* [woord, verhandeling].

astronaut [ruimtevaarder] gevormd van **gr.** *astron, astèr* [ster], daarmee idg. verwant, + *nautès* [schipper, zeeman].

astronomie [sterrenkunde] **middelnl.** *astronomie* [sterrenkunde, toverkunde] < **lat.** *astronomia* < **gr.** *astronomia* [idem], van *astronomos* [sterrenkundige, astronoom], van *astron, astèr* [ster], daarmee idg. verwant, + *nomos* [wet], verwant met *nemein* [geven, nemen], daarmee idg. verwant.

asymbolie [het niet kunnen herkennen van symboolwaarde van indrukken] gevormd van **gr.** *a,* ontkenning + *sumbolon* (vgl. ***symbool***).

asymmetrie [ontbreken van symmetrie] < **gr.** *a,* ontkenning + ***symmetrie***.

asymptoot [lijn die nooit door kromme geraakt wordt] < **gr.** *asumptōtos* [niet ingevallen, eig. niet samengevallen], van ontkennend *a* + *sun* [samen] + *ptōtos,* verl. deelw. van *piptein* [vallen].

asynchroon [niet synchroon] gevormd van **gr.** *a,* ontkenning + ***synchroon***.

asyndeton [zinsverband zonder voegwoorden] < **gr.** *asundeton,* zelfstandig gebruikt o. van *asundetos,* van ontkennend *a* + *sundetos* [samengebonden], van *sundein* [bijeenbinden], van *sun* [samen] + *dein* [binden].

asystolie [hartstilstand] gevormd van **gr.** *a,* ontkenning + *sustolè* [samentrekking], van *sustellein* [samentrekken], van *sun* [samen] + *stellein* [doen staan, zenden], idg. verwant met ***stellen***.

atactisch [onbeheerst] < **gr.** *ataktos* [ordeloos, onbeheerst], van ontkennend *a* + *taktos* [verordend, vastgesteld], van *tassein* [in een bepaalde orde opstellen], idg. verwant met ***staan***.

atagang → ***jatagan***.

atalanta [vlinder] verkort uit *vanessa atalanta,* thans *pyramis atalanta,* genoemd naar *Atalantè,* in de Griekse mythologie bekend om haar hardlopen, vr. van *atalantos* [met dezelfde waarde (als een man)], van *a-,* dat een vereniging aanduidt + *talanton* (vgl. ***talent***).

atap [dak van palmbladeren, dakbedekking] < **maleis** *atap.*

ataraxie [onbewogenheid] < **gr.** *ataraxia* [gelijkmoedigheid], van ontkennend *a* + *tarassein* [in beroering brengen].

atavisme [erfelijke terugslag] gevormd van **lat.** *atavus* [betovergrootvader, in het mv. voorouders], van *avus* [grootvader], idg. verwant met ***oom*** + versterkend *at.*

ataxie [spierstoring] < **gr.** *ataxia* [tuchteloosheid, wanorde], van ontkennend *a* + *taxis* [vaste orde], van *tassein* [opstellen], van dezelfde idg. basis als *staan*.

atelie [het achterblijven in groei] < **gr.** *ateleia* [onvolkomenheid], van *atelès* [zonder einde, zonder vervulling, zonder voltooiing], van ontkennend *a* + *telos* [einde, vervulling].

atelier [werkplaats] < **fr.** *atelier* < **oudfr.** *astelier*, van *astelle* [spaander] < **lat.** *astula, assula* [spaander, splinter], verkleiningsvorm van *assis, axis* [plank, balk] (vgl. **as²**); de eerste betekenis van atelier was 'timmermanswerkplaats'.

a tempo [in de aangegeven tijdmaat] < **it.** *a tempo*, gevormd van *a* < **lat.** *ad* [naar, in] + *tempo* [tijd] < **lat.** *tempus*.

aterling [onverlaat] (1567), bij Kiliaan in de betekenis 'bastaard'; het eerste lid is **middelnl.** *atter*, nevenvorm van ***etter*¹**, vgl. **eng.** *atter* [gif, i.h.b. van slangen] en 18e eeuws **nd.** *etterling* [hond van het eerste nest], waarvan men meende dat de beet giftig was.

atermoyeren [betaaldag uitstellen] < **fr.** *atermoyer*, **oudfr.** *termoyer*, van *terme* [betalingstermijn] < **lat.** *terminus* (vgl. ***termijn*¹**).

atheïsme [godloochening] < **gr.** *atheos* [zonder god, god loochenend], van ontkennend *a* + *theos* [god].

Athene [Griekse godin, naam van de Griekse hoofdstad] < **gr.** *Athènè*, een vóór-gr. woord met onbekende betekenis.

at(h)eneum [schooltype] < **lat.** *Athenaeum*, de naam die Keizer Hadrianus (117-138) gaf aan de door hem in Rome gestichte wetenschappelijke school, genoemd naar het *Athènaion* [de tempel van Athene, de Griekse godin van de wijsheid].

athermaan [geen warmtestralen doorlatend] gevormd van **gr.** *a*, ontkenning + *therma, thermè* [hitte], idg. verwant met *warm*.

athermisch [geen warmtestralen doorlatend] < **gr.** *athermos* [onverwarmd] (vgl. ***athermaan***).

atherosclerose [aderverkalking] gevormd van **gr.** *athèrè* [brij], van *athèr* [de baard van de aar] + ***sclerose***.

athymie [bewusteloosheid] < **gr.** *athumia* [moedeloosheid], van *athumos* [moedeloos], van ontkennend *a* + *thumos* [leven, lust, wil].

atimie [eerloosheid] < **gr.** *atimia* [smaad, schande], van *atimos* [niet geëerd, veracht], van ontkennend *a* + *timè* [prijs, waarde, eer].

atjar [ingelegd zuur] < **maleis** *acar*.

Atjeh [geogr.] ter verklaring bestaan slechts volksetymologische legenden.

atlant [dragende mannenfiguur als pilaar] afgeleid van **gr.** *Atlas* (2e nv. *Atlantos*), reus uit de mythologie, die het hemelgewelf droeg; zijn naam stamt van *tlènai* [dragen], idg. verwant met ***dulden***.

Atlantisch [m.b.t. de Atlantische Oceaan] < **gr.** *Pelagos Atlantikos, pelagos* [zee] *Atlantikos* is genoemd naar *Atlantis*, een groot eiland dat ten westen van de Straat van Gibraltar zou hebben gelegen en door de zee zou zijn verzwolgen. Bij de Straat van Gibraltar was de plaats waar de reus *Atlas* het hemelgewelf torste, (vgl. ***atlant***).

atlas¹ [boek met kaarten] gebruikelijk geworden door de titel *Atlas* etc., die Mercator meegaf aan zijn postuum in 1595 verschenen kaartwerk. Deze *Atlas* was niet de reus die het hemelgewelf torste in de gr. mythologie, maar een administrator van Etrurië, die Mercator blijkens zijn *Praefatio in Atlantem* zag als het symbool van de cartografie.

atlas² [bovenste halswervel] zo genoemd door Andreas Vesalius (1514-1564) door de gelijkenis van het op de wervelkolom rustende hoofd met het door Atlas gedragen hemelgewelf, voorgesteld als een bol.

atlas³ [soort zijde] **middelnl.** *atlas* < **ar.** *'aṭlas* [eig. versleten, kaal], bij het ww. *ṭalasa* [hij vaagde weg].

atlas⁴ [vlinder] vermoedelijk zo genoemd naar de reus Atlas vanwege zijn afmetingen.

atleet [worstelaar, iem. die een lichaamssport beoefent] < **lat.** *athleta* [kampvechter, atleet] < **gr.** *athlètès* [idem].

atmolyse [het scheiden van gassen] gevormd van **gr.** *atmos* [damp, stoom] + *lusis* [het losmaken], van *luein* [losmaken], idg. verwant met *verlossen* → ***los*²**.

atmometer [verdampingsmeter] gevormd van **gr.** *atmos* [stoom, damp] + ***meter*¹**.

atmosfeer [dampkring] gevormd van **gr.** *atmos* [stoom, damp] + *sphaira* [bal, globe] (vgl. ***sfeer***).

atmosferiliën [verschijnselen in dampkring] gevormd van ***atmosfeer*** + het achtervoegsel **lat.** *-ilis*, o. *-ile*, mv. *-ilia*.

atol [koraaleiland] < **maledivisch** *atolu* [atol], verwant met **singalees** *etul* [binnenste].

atomair [m.b.t. atomen] gevormd van ***atoom*** + het aan het fr. ontleende achtervoegsel *-air*.

atonaal [niet in een bep. toonaard gecomponeerd] gevormd van **gr.** *a*, ontkenning + ***tonaal***.

atonie [weefselverslapping] van **gr.** *atonos* [ontspannen, slap], van ontkennend *a* + *tonos* [spanning], van *teinein* [spannen], idg. verwant met **hd.** *dehnen* → ***tonicum***.

atoom [kleinste deeltje] < **lat.** *atomus* [iets ondeelbaars, atoom] < **gr.** *atomos* [niet meer snijdbaar], van ontkennend *a* + *temnein* [snijden].

atopie [abnormale plaatsing van orgaan] van **gr.** *atopos* [niet op zijn plaats, ongebruikelijk], van ontkennend *a* + *topos* [plaats].

atout [troef] < **fr.** *atout* < *à tout* < **lat.** *totus* [geheel].

atrabiliteit [zwartgalligheid] gevormd van **me. lat.** *atra*, vr. van *ater* [zwart] + *bilis* [gal].

atramenteren [met roestwerende laag bedekken] < **lat.** *atramentum* [inkt, schoensmeer], van *ater* [zwart].

atresie [afsluiting van lichaamskanaal] van **gr.** *atrètos* [zonder opening], van ontkennend *a*

atrium — auditeur

+ *trètos* [doorboord, met gaten], van *tetrainein* [doorboren], idg. verwant met ***draaien, draad***.
atrium [centraal deel van Romeinse woning] < **lat.** *atrium*, van etruskische herkomst, genoemd naar de stad *Atria*, waar deze bouwwijze vandaan kwam.
atrofie [onvoldoende voeding] < **gr.** *atrophia* [tekort aan voedsel], van ontkennend *a* + *trophè* [voedsel], van *trephein* [voeden], idg. verwant met ***draf¹, drab***.
atropine [vergiftig alkaloïde] gevormd van *atropa*, de modern lat. naam van de nachtschade, afgeleid van **gr.** *Atropos* [één van de Schikgodinnen].
attache [toevoegsel] < **fr.** *attache* (vgl. ***attaché***).
attaché [diplomatieke rang] < **fr.** *attaché*, eig. verl. deelw. van *attacher* [vastmaken, dus iem. die verbonden is aan ...], van *à* [aan] + een frankisch woord voor haak, vgl. **middelnl.** *tac, tacke* [voorwerp met scherpe punt, b.v. vork, vervolgens puntig takje, tak] (vgl. ***tak***); b.v. kleding werd met doornen of gespen gesloten vóór de toepassing van de knoop.
attacheren [toevoegen] < **fr.** *attacher* (vgl. ***attaché***).
attaqueren [aanvallen] < **fr.** *attaquer* [idem] < **it.** *attaccare* [vasthechten, in fig. zin overvallen (b.v. ziekte)], met dezelfde etymologie als **fr.** *attacher* (vgl. ***attaché***).
attenderen [attent maken (op)] < **lat.** *attendere* [uitstrekken naar, zijn aandacht richten op], van *ad* [naar] + *tendere* [spannen, uitstrekken], idg. verwant met **hd.** *dehnen*.
attenoj, attenoje [uitroep] < **hebr.** *adonaj* [mijn Heer].
attent [oplettend] < **lat.** *attentus* [met gespannen aandacht oplettend], eig. verl. deelw. van *attendere* (vgl. ***attenderen***).
attentaat [aanslag] < **fr.** *attentat*, van *attenter* [een aanslag doen] < **lat.** *attemptare* [beproeven, tot ontrouw trachten te verleiden, een aanslag doen op], van *ad* [tot, naar] + *temptare* (vgl. ***temptatie***).
attentie [aandacht] < **fr.** *attention* < **lat.** *attentio* [aandacht], van *attendere* (verl. deelw. *attentum*, vgl. ***attenderen***).
attenuator [verzwakker (van signalen)] < **eng.** *attenuator*, gevormd van *to attenuate* [verzwakken], van **lat.** *attenuare* [idem], van *ad* [naar, toe] + *tenuare* [verdunnen, verzwakken], van *tenuis* [mager, dun], daarmee idg. verwant.
attest [getuigschrift] (1786), verkort uit ***attestatie***.
attestatie [formele getuigenverklaring] < **fr.** *attestation* < **lat.** *attestationem*, 4e nv. van *attestatio* [getuigenis], van *attestari* (verl. deelw. *attestatum*) (vgl. ***attest***).
attesteren [getuigen] < **fr.** *attester* < **lat.** *attestari* (vgl. ***attest***).
attiek [staand vlak op kroonlijst] afgeleid van *Attica*, dus eig. Attische verdieping.
attila [huzarenbuis] < **hongaars** *atilla* [officiersjas]; vermoedelijk geïnspireerd op *Attila*; de Hongaren hebben zich altijd verwant gevoeld met de Hunnen.
attitude [houding] < **fr.** *attitude* < **it.** *attitudine* [idem] < **me. lat.** *aptitudinem*, 4e nv. van *aptitudo* [geschiktheid], van *aptus* [passend, geschikt].
attractie [aantrekking(skracht)] < **fr.** *attraction* [bekoring] < **me. lat.** *attractionem*, 4e nv. van *attractio* [aantrekking, bekoring] < **klass. lat.** *attrahere* (verl. deelw. *attractum*) [tot zich trekken, aantrekken], van *ad* [tot] + *trahere* [trekken].
attractief [aantrekkelijk] < **fr.** *attractif* < **me. lat.** *attractivus* [aantrekkelijk], van *attractio* < **klass. lat.** *attrahere* (vgl. ***attractie***).
attraperen [betrappen] < **fr.** *attraper* [idem] < **frankisch** *trappa*, **middelnl.** *trappe* [naast trap ook knip, val] (vgl. ***trap¹***).
attribueren [toekennen] < **fr.** *attribuer* < **lat.** *attribuere* (vgl. ***attribuut***).
attributie [toekenning] < **fr.** *attribution* < **lat.** *attributionem*, 4e nv. van *attributio* [assignatie, attribuut], van *attribuere* (verl. deelw. *attributum*) (vgl. ***attribuut***).
attribuut [tot het wezen behorende eigenschap] < **fr.** *attribut* < **lat.** *attributum*, verl. deelw. van *attribuere* [toedelen, verlenen, toeschrijven], van *ad* [tot] + *tribuere* [toekennen, schenken] (vgl. ***tribuut***).
attritie [berouw uit vrees voor straf] < **fr.** *attrition* < **lat.** *attritio* [het ergens tegenaan wrijven, wrijving, in me. lat. wroeging], van *atterere* (verl. deelw. *attritum*) [wrijven tegen], van *ad* [tegen] + *terere* [wrijven], idg. verwant met ***draaien***.
aubade [ochtendhulde met muziek] < **fr.** *aubade* < **provençaals** *aubada*, van *auba* [dageraad] < **me. lat.** *alba* [idem], eig. vr. van *albus* [wit].
au-bain-marie → ***bain-marie***.
aubergine [komkommerachtige vrucht] < **fr.** *aubergine*, via **catalaans** *alberginia* < **ar.** *bādinjān*, dat met het niet als zodanig herkende lidwoord *al* is overgenomen, vgl. de spaanse ontlening zonder lidwoord *berengena*; in het ar. ontleend aan **perzisch** *bādenjān*.
aubrietia [tuinsierplant] genoemd naar de Franse bloemschilder *Claude Aubriet* (1668-1743).
auctie [verkoop bij opbod] < **lat.** *auctio* [veiling, verkoping bij opbod], van *augēre* (verl. deelw. *auctum*) [vermeerderen].
aucuba [sierstruik] < **japans** *aucuba*, van *aoki* [groen] + *ba* [blad].
audiëntie [officieel gehoor] **middelnl.** *audiëncie* < **fr.** *audience* < **lat.** *audientia* [gehoor], van *audire* (verl. deelw. *auditum*) [horen, verhoren (van rechter), luisteren naar], idg. verwant met ***oor***.
audio- [geluids-] van **lat.** *audire* [horen].
auditeren [toehoorder zijn] < **lat.** *auditare* [dikwijls horen], iteratief van *audire* (vgl. ***audiëntie***).
auditeur [ambtenaar bij krijgsraden] < **fr.** *auditeur* < **lat.** *auditor* (vgl. ***auditor***).

auditie [niet-openbare muziekuitvoering] < fr. *audition* [idem] < lat. *auditionem,* 4e nv. van *auditio* [het horen, luisteren naar], van *audire* (vgl. **audiëntie**).
auditor [toehoorder] < lat. *auditor,* van *audire* (vgl. **audiëntie**).
auditorium [toehoorders, gehoorzaal] < lat. *auditorium,* van *audire* (vgl. **audiëntie**).
auerhaan [soort boshoen] < hd. *Auerhahn,* middelhd. *orrehan,* **oudnoors** *orri,* **zweeds** *orre,* het noors heeft de vorm verlengd tot *aarfugl, aarhane;* etymologie onzeker → **woerhaan**.
Augiasstal [een bijna niet te redderen boel] de stal van de koning van Elis, die in het lat. *Augeas,* in het gr. *Augeias* heette, die werd schoongemaakt door Hercules.
augiet [colofoniumsteen] < gr. *augitès,* van *augè* [zonlicht, zonnestraal, dageraad, dus: sprankelende steen].
augment [toevoegsel] < lat. *augmentum* [vermeerdering, aanwas], van *augēre* [doen groeien, vermeerderen].
augmentatie [vermeerdering] < fr. *augmentation* < lat. *augmentationem,* 4e nv. van *augmentatio* [uitbreiding], van *augmentare* (verl. deelw. *augmentatum*), van *augmentum* [vermeerdering].
auguren [vogelwichelaars] **middelnl.** *augure* [voorspelling] < lat. *augur,* meestal in verband gebracht met *avis* [vogel], dus priester die voorspellingen doet op grond van het gedrag van vogels. Het woord *avis* is idg. verwant met *ei* → **auspiciën**.
augurk [kleine komkommer] < nd. *agurke,* ontleend aan baltisch/slavisch: **litouws** *agurkas,* **pools** *ogorek,* **russ.** *ogurec* < **byzantijns-gr.** *aggourion*.
augustijn [typografische maat] genoemd naar het voorbeeld van werk van *Augustinus,* dat in deze corpsmaat was gezet.
augustus [achtste maand] < lat. *Mensis Augustus,* (*mensis* [maand]) *Augustus,* genoemd naar keizer Augustus. De maand heette aanvankelijk *Sextilis* [de zesde], maar werd omgedoopt ter ere van Augustus, die zijn eerste consulaat in de maand Sextilis aanvaardde. Augustus betekent 'gezegend, geheiligd, verheven' en is verwant met *augēre* [vermeerderen] (vgl. **oogst**).
aula [binnenplaats, gehoorzaal] < lat. *aula* [stal, voorhof vóór Griekse gebouwen, paleis, hof, in laat lat. tempel, kerk] < gr. *aulè* [ligplaats voor het vee, binnenplaats van boerderij, omheining, hofstede, woning (vooral van vorsten)], verwant met *iauō* [ik slaap, rust].
aura [uitstraling van een persoon] < lat. *aura* [luchtstroom, adem, zwak teken van iets, geur, glans] < gr. *aura* [luchtstroom, geur], verwant met *aèr* [lucht].
aurelia [goudkleurige vlinder] < it. *aurelia,* eig. vr. van *aurelio* [goudkleurig] < lat. *aurum* [goud] (vgl. *Aurora*).

aureomycine [antibioticum] gevormd van **lat.** *aureus* [gouden], van *aurum* [goud] (vgl. *Aurora*) + gr. *mukès* [paddestoel]; gouden slaat op de kleur.
aureool [stralenkrans] < lat. *aureola (corona)* [gouden (krans)], *aureolus* (vr. *aureola*) [van goud gemaakt, kostbaar, heerlijk], verkleiningsvorm van *aureus* [gouden, gulden, prachtig], van *aurum* [goud].
auriculair [oor-] < fr. *auriculaire* < me. lat. *auricularis* [oor-], van *auricula* [oor], verkleiningsvorm van *auris* [oor, gehoor], idg. verwant met *oor*.
aurikel [sleutelbloem] < lat. *auricula* [oortje], verkleiningsvorm van *auris* [oor], daarmee idg. verwant.
auripigment [zwavelarseen] gevormd van lat. *aurum* (2e nv. *auri*) [goud] (vgl. *Aurora*) + *pigment,* zo genoemd naar de kleur.
Aurora [dageraad] < lat. *Aurora* [dageraad, het oosten], ontstaan uit een niet-overgeleverd *ausosa,* verwant met gr. *heōs,* uit het niet-overgeleverd *ausōs* [dageraad], **oudindisch** *uṣas-* [idem], van een idg. basis met de betekenis 'glanzen, schijnen', waarvan ook *oost* stamt en lat. *aurum* [goud, het glanzende metaal].
auscultant [toehoorder] < lat. *auscultans* (2e nv. *auscultantis*), teg. deelw. van *auscultare* [luisteren], van *auris* [oor], daarmee idg. verwant → *scout*.
auscultatie [het beluisteren van de inwendige organen] < lat. *auscultatio* [het luisteren], van *auscultare* (vgl. **auscultant**).
auspiciën [voortekens] < lat. *auspicia,* mv. van *auspicium* [het waarnemen van de vlucht der vogels, voorspelling], van *auspex* (2e nv. *auspicis*) [vogelwichelaar], van *avis* [vogel], idg. verwant met *ei* + *specere* [zien, kijken], idg. verwant met *spieden* → *auguren*.
ausputzer [vrije verdediger (bij voetbal)] < hd. *Ausputzer* [die iem. anders uitbuit, consequente achterhoedespeler], van *ausputzen* [schoonmaken], vgl. nl. *poetsen*.
austeriteit [strengheid] < fr. *austérité* < lat. *austeritas* (2e nv. *austeritatis*) [wrangheid, ernst, strengheid], van *austerus* [wrang, bitter, ernstig, streng] < gr. *austèros* [dor, droog, hard, streng], van *auos* [droog, dor, dof, arm, oud, ellendig].
austraal [zuidelijk] < lat. *australis* (vgl. *Australië*).
Australië [geogr.] van **modern lat.** *Terra* [land] + *Australis* [zuid-], van **lat.** *auster* [zuidenwind, het zuiden], idg. verwant met *oost*.
Austronesisch [Austronesische talen, nieuwe naam voor Maleis-Polynesische talen] gevormd van **lat.** *auster* [het zuiden] (vgl. *Australië*) + gr. *nèsos* [eiland].
autaar → *altaar*.
autarchie [onafhankelijk zelfbestuur] < gr. *autarchia,* van *autarchein* [zelf heersen], van *autos* [zelf] + *archein* [heersen].

autarkie [het in eigen behoefte voorzien] < **gr.** *autarkeia* ['zelf-genoeg'-zaamheid], van *autarkès* [in staat zich te verdedigen, onafhankelijk van anderen], van *autos* [alleen, zelf] + *arkein* [afweren, verdedigen, sterk genoeg zijn].

auteur [schepper, schrijver] < **fr.** *auteur* < **oudfr.** *autcor, auctcor* < **lat.** *auctor* [ontwerper, schepper, woordvoerder, zegsman], van *augēre* (verl. deelw. *auctum*) [doen groeien, verrijken, vermeerderen].

authentiek [oorspronkelijk] < **gr.** *authentikos* [de eerste oorzaak betreffend, uit de eerste hand], van *authentès* [met eigen hand voltrekkend, veroorzaker] → *efendi*.

autisme [op zichzelf gericht zijn] < **hd.** *Autismus*, gevormd door de Zwitserse psychiater Eugen Bleuler (1857-1939) naar **gr.** *autos* [zelf].

auto [wagen, reproduktieprocédé] verkort uit ***automobiel*** resp. ***autotypie***.

auto- [zelf-] < **gr.** *autos* [zelf].

autobiografie [eigen levensbeschrijving] gevormd van **gr.** *autos* [zelf] + ***biografie***.

autocefaal [zelfstandig (van oosterse Kerken)] gevormd van **gr.** *autos* [zelf] + *kephalè* [hoofd], idg. verwant met ***gevel***.

autochroom [de natuurlijke kleuren weergevend] gevormd van **gr.** *autos* [dezelfde] + *chrōma* [huid, huidskleur].

autochtoon [de oorspronkelijke bevolking uitmakend] < **gr.** *autochthōn* [in het land geboren], van *autos* [zelf] + *chthōn* [aarde, grond, land].

autoclaaf [Papiaanse pot] gevormd van **gr.** *autos* [zelf] + **lat.** *clavis* [sleutel, slot, grendel, afgesloten ruimte, dus: zichzelf sluitend], idg. verwant met ***sluiten***.

autocratie [onbeperkte heerschappij] < **gr.** *autokrateia* [idem], van *autokratès* [onbeperkt heersend], van *autos* [alleen, zelf] + *kratos* [kracht, macht, gezag], idg. verwant met ***hard***.

auto-da-fe [ketterverbranding] van **portugees** *auto* [daad] + *da* [van] + *fe* [geloof], overgenomen < **lat.** *actus de fide* (vgl. ***actueel, fideel***).

autodidact [iem. die kennis heeft door eigen studie] < **gr.** *autodidaktos* [door zichzelf onderwezen], van *autos* [zelf] + *didaktos*, verl. deelw. van *didaskein* [leren], verwant met **lat.** *discere* [idem] (vgl. ***discipel***).

autogaam [zelfbestuivend] gevormd van **gr.** *autos* [zelf] + *gamos* [huwelijk].

autogeen [vanzelf plaatsvindend, zonder lasmiddel] < **gr.** *autogenès* [zelf gemaakt], van *autos* [zelf] + *genos* [afstamming, ontstaan] (vgl. ***Genesis***).

autogiro [vliegtuig] gevormd van **gr.** *autos* [zelf] + **chr. lat.** *gyrare* [rondgaan, draaien], van *gyrus* [kring, baan] < **gr.** *gyros* [kring, rond], idg. verwant met **hd.** *Keule*.

autograaf [eigenhandig geschreven stuk] < **gr.** *autographos* [eigenhandig], *autographon* [het origineel], van *autos* [uit eigen beweging, dezelfde] + *graphein* [schrijven], idg. verwant met ***kerven***.

autogram [handtekening] gevormd van **gr.** *autos* [zelf] + *grammos* [teken, letter, schrift], van *graphein* [schrijven], idg. verwant met ***kerven***.

autologisch [identiek met hetgeen door het woord wordt aangeduid] gevormd van **gr.** *autos* [zelf] + *logos* [verhandeling, woord].

autolyse [zelfontleding] < **gr.** *autos* [zelf] + *lusis* [het losmaken, ontbinden], van *luein* [losmaken], idg. verwant met (*ver*)*lossen*.

automaat [machine die zelfstandig handelingen verricht] < **gr.** *automatos* [vanzelf, automatisch, door eigen geesteskracht geleid], (*autos* [zelf, eigen], *menos* [geleid]).

automatiek [automatisch(e inrichting)] < **gr.** *automatos* [door eigen gedachte geleid, vanzelf], van *autos* [zelf] + een niet langer zelfstandig voorkomend woord dat verwant is met **nl.** *min*, **eng.** *mind* [geest].

automobiel [motorrijtuig] gevormd van **gr.** *autos* [zelf] + **lat.** *mobilis*, o. *mobile* [beweegbaar], van *movēre* [in beweging brengen], lett. dus: zichzelf voortbewegend.

autoniem [tegenstelling van anoniem] gevormd van **gr.** *autos* [zelf] + *onuma, onoma* [naam], daarmee idg. verwant.

autonomie [zelfregering] < **gr.** *autonomia* [vrijheid om de eigen wetten te volgen, onafhankelijkheid], van *autonomos* (vgl. ***autonoom***).

autonoom [zelfstandig] < **gr.** *autonomos* [onafhankelijk, zelfstandig, volgens eigen beschikking], van *autos* [zelf] + *nomos* [wijze, gewoonte, principe, wet], van *nemein* [nemen, beheren, geven], idg. verwant met ***nemen***.

autoped [step] < **eng.** *autoped*, gevormd van **gr.** *autos* [zelf] + **lat.** *pes* (2e nv. *pedis*) [voet], daarmee idg. verwant.

autopsie [lijkschouwing] < **gr.** *autopsia* [het met eigen ogen zien], van *autos* [zelf] + *opsis* [het zien], idg. verwant met ***oog***.

autoriseren [machtigen] **middelnl.** *auctoriseren, autoriseren* [bekrachtigen met zijn gezag, heilig verklaren] < **oudfr.** *actoriser* < **me. lat.** *auctorizare* [idem], van *auctor* (vgl. ***auteur***).

autoritair [eigenmachtig] (1866) < **fr.** *autoritaire*, van *autorité* (vgl. ***autoriteit***).

autoriteit [gezag] **middelnl.** *auctoriteit, autoriteit* < **oudfr.** *autorité* < **lat.** *auctoritatem*, 4e nv. van *auctoritas* [gezag, garantie, machtiging, autoriteit], van *auctor* (vgl. ***auteur***).

autosoom [homoloog chromosoom] gevormd van **gr.** *autos* [zelf] + ***chromosoom***.

autostrada [autosnelweg] < **it.** *autostrada*, van *auto(mobile)* [automobiel] + *strada* [straat].

autotomie [zelfverminking (van hagedissen)] gevormd van **gr.** *autos* [zelf] + *tomos* [snede], van *temnein* [snijden].

autotroof [m.b.t. organismen die zichzelf opbouwen uit anorganische stoffen] gevormd van **gr.**

autos [zelf] + *trophè* [voedsel, levensonderhoud], van *trephein* [voeden], idg. verwant met **draf¹**, **drab**.

autotypie [reproduktieprocédé] gevormd van **gr.** *autos* [zelf] + *tupos* [slag, geslagen vorm: reliëffiguur in metaal of andere materialen], van *tuptein* [slaan]; de vorming wil dus aangeven, dat het reliëf vanzelf tot stand komt en niet met de hand hoeft te worden gegraveerd.

auxiliair [hulp-] < **fr.** *auxiliaire* < **lat.** *auxiliaris* [helpend], van *auxilium* [hulp], verwant met *augēre* (verl. deelw. *auctum*) [doen groeien, toevoegen, vermeerderen].

auxine [groeistoffen bij planten] gevormd van **gr.** *auxein* [vermeerderen].

auxometer [instrument om vergroting van kijker te bepalen] gevormd van **gr.** *auxein* [doen groeien, vermeerderen] + **meter¹**.

aval [wisselborgtocht] < **fr.** *aval* < **it.** *avallo* < **ar.** *ḥawāla* [cessie, cheque, wissel], vgl. het ww. *ḥawwala* [hij wisselde, hij maakte (geld) over].

avance [koersstijging, voorschot] < **fr.** *avance* < **lat.** *abante* [vooraan, voor], versterkte vorm van *ante* [voor].

avanceren [voorwaarts gaan, voorschieten] < **fr.** *avancer* [idem], van *avance* (vgl. **avance**).

avantage [voordeel, voorrecht] < **fr.** *avantage* [oorspr. wat vooraan is geplaatst], van *avant* [voor] < **lat.** *abante* (vgl. **avance**).

avant-garde [voorhoede] < **fr.** *avant-garde*, van *avant* (vgl. **avantage**) + **garde**.

avant-la-lettre [oorspr. van een prent gezegd in de staat vóór het aanbrengen van het onderschrift] < **fr.** *avant-la-lettre*, van *avant* [voor] < **lat.** *ab ante* [van tevoren] + *la lettre* < **lat.** *littera* [letter].

avatar [vleeswording van Hindoegod] < **oudindisch** *avatāra-* [afdaling, afstamming], van *ava-* [naar beneden] (vgl. **vesper**) + *tarati* [hij steekt over].

ave [heil!] **lat.** *ave*, *have* [wees gegroet, heil], verklaard als de imperatief van een niet-geattesteerd ww. *avere*, maar ook als ontlening aan **fenicisch** *hawē*, **hebr.** *hajē*, van het ww. *hawā*, resp. *hājā* [leven].

aveelzaad [raapzaad] **middelnl.** *aveel*, maar bij Kiliaan ook *naveel* < **fr.** *navel* (modern *navet*) [raap, knol] < **lat.** *napus* [knol, koolzaad]; een verbastering is voorts *graveelzaad*.

avegaar [grote boor] **middelnl.** *navegaar*, *navegeer*, naast *avegaer*; de oorspr. begin *n* is op den duur weggevallen, vgl. **oudhd.** *nabagēr*, *nabugēr*, **oudeng.** *nafugār*, **oudnoors** *nafarr* [boor]; het is een samenstelling van **naaf** en een woord met de betekenis van 'speer' (vgl. **elger**), dus een scherp gepunte stok om een naaf uit te hollen.

aveling [grond langs dijk die voor de stevigheid van de dijk niet aangetast mag worden] vgl. **oudnoors** *afl* [kracht, sterkte].

aveluinig, haveluinig [gemelijk] van *ave-* [af] (vgl. *averechts*) + *luim*, dus uit de goede luim; de *n*, evenals in **hd.** *Laune*, vermoedelijk o.i.v. **lat.** *luna* [maan].

ave-maria [gebed] < **lat.** *ave-maria*, van *ave* [wees gegroet] + *Maria*.

avenant ['naar avenant', naar evenredigheid] < **fr.** *à l'avenant de* [naar verhouding tot], teg. deelw. van **oudfr.** *avenir*, dat zich in deze geïsoleerde uitdrukking heeft gehandhaafd in de oorspr. betekenis 'overeenkomen' < **lat.** *advenire* [aankomen, naderen, ten deel vallen, er nog bijkomen], van *ad* [tot, naar] + *venire* [komen], daarmee idg. verwant.

Aventijn [één der 7 heuvelen van Rome] < **lat.** *Mons Aventinus*, een naam waarvoor reeds in de Oudheid uiteenlopende verklaringen zijn gegeven, maar waarvan de etymologie nog steeds onduidelijk is.

aventurien [kwartssoort] < **it.** *avventurino* [eig. de naam van een glassoort die glinsterende schubjes vertoont, die er vóór het stollen willekeurig over werden gestrooid], van *avventura* [voorval], *per avventura* [toevallig] (vgl. **avontuur**); de kwarts lijkt op die glassoort.

avenue [toegangsweg] < **fr.** *avenue*, eig. verl. deelw. van **oudfr.** *avenir* (vgl. **avenant**).

aver [kind, nakomeling] **middelnl.** *aver*, verwant met **oudeng.** *eafora*, **gotisch** *afar* [na, behorend bij] (vgl. **af**); buiten het germ. **oudindisch** *apara-* [latere, volgende]; zie ook **haver**: *van haver tot gort*.

averecht [verkeerd] **middelnl.** *averecht* [verkeerd, binnenste buiten], van *ave* [af] + *recht*, dus: afwijkend van de rechte lijn.

averij [schade aan schip of lading] (1509) *averie*, *averij* [onkosten bij scheepsvervoer, niet vallende onder de vracht] < **it.** *avaria* [idem] < **ar.** *ʿaw(w)ār* [stofje, gebrek, schade], bij het ww. *ʿāra* [hij bediert].

averoon → *averuit*.

avers¹ [beeldzijde van munt] < **fr.** *avers* < **lat.** *adversus* [toegekeerd], verl. deelw. van *advertere*, van *ad* [toe] + *vertere* [wenden, keren], idg. verwant met **worden**.

avers² [afkerig] < **fr.** *avers* < **lat.** *aversus* [afgekeerd, afgewend van], van *a(b)* [weg van] + *vertere* [wenden, keren], idg. verwant met **worden**.

aversie [afkeer] < **fr.** *aversion* < **laat-lat.** *aversio* [het afwenden, afkeer], van *avertere* [afwenden] (vgl. **avers²**).

averuit, averoon, averuise [citroenkruid] **middelnl.** *averui*, *averute*, *averude*, *averone*, *aefruyt(e)*, *aefruy*, **oudsaksisch** *aberuthe*, **oudhd.** *avaruza* (hd. *Aberraute*) < **me. lat.** *avronum* < **klass. lat.** *abrotonum* < **gr.** *abrotonon*.

Avestisch [de oude Iraanse taal waarin de Avesta is geschreven] **perzisch**, **me. perzisch** *apastāk* [(grond)tekst].

aveu [bekentenis] < fr. *aveu*, uit de formule oudfr. *j'aveue*, modern fr. *j'avoue*, *avouer* < lat. *advocare* [oproepen, om hulp vragen], van *ad* [tot] + *vocare* [roepen], van *vox* (2e nv. *vocis*) [stem], idg. verwant met **hd.** (*er*)*wähnen*.

avi-, avio- [vogel-] van lat. *avis* [vogel], idg. verwant met *ei*.

aviair [vogel-] < fr. *aviaire* < lat. *aviarius*, van *avis* [vogel], idg. verwant met *ei*.

aviateur [vlieger] < fr. *aviateur*, gevormd naar *aviation*, dat door G. de la Landelle, in zijn boek *Aviation ou Navigation Aérienne* (1863) gemaakt is van lat. *avis* [vogel], idg. verwant met *ei*.

aviatiek [luchtvaart] → *aviateur*.

avicultuur [vogelteelt] gevormd van lat. *avis* [vogel], idg. verwant met *ei* + *cultuur*.

aviditeit [gretigheid] < fr. *avidité* < lat. *aviditatem*, 4e nv. van *aviditas* [begeerte], van *avidus* [begerig], van *avēre* [begerig zijn naar].

avifauna [vogelwereld] gevormd van lat. *avis* [vogel], idg. verwant met *ei* + *fauna*.

avirulent [niet meer giftig] gevormd van gr. *a*, ontkenning + *virulent*.

aviso [vaartuig om berichten over te brengen] < spaans *aviso* [bericht, raad, adviesboot], van me. lat. *advisus* [advies].

avivage [helderder maken (van weefsels)] < fr. *avivage*, van *aviver* < lat. *advivere* [voortleven], van *ad* [naar...toe] + *vivere* [leven], idg. verwant met *kwiek*.

avocado [boom, vrucht] < spaans *aguacate* < **nahuatl** *ahuacatl*, waaruit ook *alligator(peer)* ontstond.

avodiré [tropische houtsoort] < fr. *avodiré*, van onbekende Westafrikaanse herkomst.

avoirdupoids [Engels gewichtsstelsel] < oudfr. *aveir de pois*, *aveir* = *avoir*, zelfstandig gebruikte onbepaalde wijs < lat. *habēre* [hebben, m.b.t. goederen (vgl. 'zijn hele hebben en houden')], *pois* = *peis* [gewicht] < lat. *pensum* [idem], van *pendĕre* [wegen] (vgl. **pond, pensioen, pension**).

avond [dagdeel als het nacht wordt] middelnl. *avont, avent*, oudnederfrankisch *avont*, oudsaksisch *aband*, oudhd. *abunt*, oudfries *ewend*, oudeng. *æfen* (eng. *eve*), oudnoors *aptann;* vermoedelijk verwant met gr. *opisthen* [achter, later], oudindisch *apara* [terug, westelijk].

avontuur [lotgeval] middelnl. *aventure*, *avonture* < fr. *aventure* [idem] < lat. *adventura*, o. mv. van het toekomend deelw. van *advenire* [aankomen, naderen, te beurt vallen, dus: de dingen die te beurt zullen vallen], in laat lat. gebruikt als vr. enk.; het ww. *advenire* komt van *ad* [naar...toe] + *venire* [komen], daarmee idg. verwant.

avoué [procureur] < fr. *avoué*, eig. verl. deelw. van *avouer* (vgl. *aveu*).

avoueren [bekennen] < fr. *avouer* (vgl. *aveu*).

awierig [vlug, levendig] vermoedelijk een emfatische vorming bij *wierig*.

awning-dek [tentdek] < eng. *awning-deck, awning* [tent, luifel], etymologie onbekend.

axel [figuur bij kunstrijden] genoemd naar de Noorse schaatser *Axel Rudolf Paulsen* (1855-1938).

axenie [onherbergzaamheid] gevormd van gr. *axenos, axeinos* [ongastvrij, onherbergzaam], van ontkennend *a* + *xenos* [vreemd, vreemdeling, gast, gastheer].

axiaal [de as volgend] van lat. *axis* [(wagen)as], idg. verwant met *as* [1].

axiel [aan de as geplaatst] van lat. *axis* [(wagen-)as], idg. verwant met *as* [1].

axillair [(plantkundig) in de oksels geplaatst] < fr. *axillaire* < lat. *axilla* [oksel], daarmee idg. verwant.

axiologie [waardeleer] gevormd van gr. *axia* [waarde, prijs], van *axios* [tegen iets opwegend, waard] + *logos* [woord, verhandeling].

axioma [onbewezen maar als grondslag aanvaarde stelling] < gr. *axiōma* [waardigheid, aanzien, axioma], van *axios* [tegen iets opwegend, waard].

axishert [hertesoort] van lat. *axis*, een woord voor een niet-geïdentificeerd wild dier in Indië, bij Plinius.

axminstertapijt [soort tapijt] genoemd naar het stadje *Axminster* in Devonshire, waar de produktie haar oorsprong vond. De naam komt van oudeng. *mynster*, lat. *monasterium* [klooster] + *Axe* [naam van een riviertje].

axolotl [salamanderachtige] < **nahuatl** *axolotl*, van *atl* [water] + *xolotl* [dienaar, dus dienaar van het water].

axon [uitloper van neuron] van gr. *axōn* [wagenas, deurspil], idg. verwant met *as* [1].

ayatollah [sjiïetisch schriftgeleerde] < perzisch *ayatollah*, van ar. *āya*, mv. *ayāt* [teken, wonder, mirakel, model, voorbeeld] + *al* [de] + *ilāh* [god] (vgl. *Allah*).

azalea [sierstruik] (1769), moderne vorming naar gr. *azaleos* [droog, dor]; de naam werd zo bedacht, omdat men ten onrechte meende, dat de azalea het best op droge grond gedijt.

Azazel [boze geest] < hebr. *'azāzēl*, vermoedelijk van *'az* [krachtig, ruw] + *ēl* [sterk].

azen [aas geven, voeden] middelnl. *asen* [voeden, vreten, op voedsel uitgaan (van dieren)] → *aas* [1].

Azië [geogr.] < lat. *Asia* < gr. *Asia*, uit een semitische taal, vgl. **akkadisch** *(w)aṣû* [opkomen van de zon]; vgl. *Anatolië, Levant, Nippon* en voor de tegenovergestelde betekenis *Europa, Maghrib*.

azijn [vloeistof uit azijnzuur en water] middelnl. *aysijn, aisin, asijn* < oudfr. *aisin* < lat. *acetum* [idem], van *acescere* [zuur worden]; daarnaast *edik*, middelnl. *edic, etic*, door metathesis < *acetum* (de *c* werd als *k* gesproken, vgl. gotisch *akeit(s)* [azijn]).

azimut [hoekmeting] < fr. *azimut* < ar. *as* [de] + *sumūt*, mv. van *samt* [weg, manier, ook azimut], overgenomen in de meervoudsvorm en mét het niet-onderkende lidwoord + ar. *samt* < lat. *semita* [pad, staart].

azine [teerkleurstof] gevormd van *aldehyde* + *hydrazine*.
azobéhout [houtsoort] een aan een onbekende Afrikaanse taal ontleend woord.
Azoïcum [geologisch tijdperk] gevormd van **gr.** *azōios* [geen levenskiemen bergend], van ontkennend *a* + *zōion* [levend wezen].
azolla [kroosvaren] gevormd van **gr.** *azein* [verdrogen] + *ollumai* [ik ga te gronde], zo genoemd omdat zij niet tegen uitdroging bestand zijn.
Azor [hondenaam] naar de opera van Grétry (muziek) en Marmontel (tekst) *Zémire et Azor*, opgevoerd in 1771, waarin Azor de trouwe minnaar is van Zémire.
Azoren [geogr.] < **portugees** *Ilhas dos Açores* [eilanden van de haviken], van *açor* [havik] < **lat.** *acceptorem*, 4e nv. van *acceptor*, nevenvorm van *accipiter* [havik].
azoteren [stikstof binden] → *azotisch*.
azotisch [stikstofhoudend] gevormd van **fr.** *azote*, gevormd door de Franse chemicus Antoine-Laurent Lavoissier (1743-1794) uit ontkennend **gr.** *a* + *zōè* [leven, dus lett. zonder leven].
azotum [stikstof] → *azotisch*.
azoturie [afscheiding van stikstof in de urine] gevormd van *azotisch* + *urine*.
Azteken [cultuurvolk uit Mexico] < **spaans** *Azteca* (enk.) < **nahuatl** *aztecatl* [man uit het noorden], van *aztlan* [noord, de naam van een mythologisch stamland van de Azteken in het noordwesten van Mexico].
azuki [rode boon] < **japans** *azuki*.
azulejo [blauwe tegel] < **spaans** *azulejo*, gevormd van *azul* [blauw], nevenvorm van *azur* [azuur], zo genoemd naar de gewilde kobaltblauwe tegels van Valencia en Manisès.
azuur [blauw] < **fr.** *azur* < **it.** *azzurro*, waarnaast **nl.** *lazuur* < **me. lat.** *lazulum* [lapis lazuli] < **ar.** *lāzuward* [azuursteen] < **perzisch** *lazyward* [idem]; vormen zonder *l* zijn hypercorrect: men zag de *l* aan voor die van het ar. lidwoord *al*, waarvan men zich bewust was dat het in woorden als *alchemie* ten onrechte werd overgenomen.
azygie [het ongepaard-zijn] gevormd van **gr.** *a-*, ontkenning + *zugon* [juk], daarmee idg. verwant.

b

baadje [kledingstuk] < **maleis** *baju* [jasje, jas].
baai[1] [weefsel] **middelnl.** *baeisch laken* < **fr.** *baie* [roodbruin (van paarden)] < **lat.** *badius* [bruin], verwant met **oudiers** *buide* [geel].
baai[2] [tabak] genoemd naar *Chesapeake Bay* in Maryland, USA.
baai[3] [inham] < **fr.** *baie*, vermoedelijk < **spaans** *bahía*, **me. lat.** *baia*, waarschijnlijk uit het baskisch.
baaierd[1] [asiel, passantenhuis] **middelnl.** *beyaert, beyert, beyer* [ziekenzaal, eetzaal in een gasthuis, passantenhuis], vermoedelijk van *bayeren* [koesteren] < **oudfr.** *bailler* [o.m. beschermen, opvangen, verzorgen] < **lat.** *baiulare*, van *baiulus* [drager, bode, gemachtigde] (vgl. ***baljuw***).
baaierd[2] [chaos] mogelijk identiek met ***baaierd***[1] [asiel], vgl. **fries** *beyerboel* [wanordelijke boel], op grond van de in passantenhuizen heersende toestanden, maar wellicht heeft **(oud)fr.** *bâiller* [openstaan, gapen] eveneens een rol gespeeld.
baak[1], baken [vast merk dat vaarwater aangeeft] **middelnl.** *bake(n), beken, baec* [seinteken, fakkel], **oudsaksisch** *bokan*, **oudhd.** *bouhhan*, **oudfries** *baken, beken*, **oudeng.** *be(a)can*, vermoedelijk < **lat.** *bucina* [signaalhoren] (vgl. ***bazuin***); de *ā* wijst op friese invloed.
baak[2] [pit] waarschijnlijk < **lat.** *baca* [bes, ronde boomvrucht].
baal [zak] **middelnl.** *bale* < **fr.** *balle*, uit het germ., vgl. ***bal***[1].
Baäl [vruchtbaarheidsgod] < **hebr.** *ba'al* [eigenaar, heer, meester, echtgenoot], van het ww. *bā'al* [in bezit nemen], vgl. **akkadisch** *bēlu* [echtgenoot], verwant met *bêlu* [heersen, beschikken over], **ar.** *ba'l* [eigenaar, meester, echtgenoot].
baan [weg] **middelnl.** *bane, baen*, **middelnd., middelhd.** *bane*; verder zonder duidelijke verwanten.
baanbreker [wegbereider] van *baanbreken* < **hd.** *Bahn brechen* [een weg aanleggen in rotsachtig terrein].
baanderheer [die het recht had mannen onder zijn banier te voeren] **middelnl.** *banerhere* [die het recht heeft zijn eigen banier te voeren, vervolgens ook: een groot heer] (vgl. ***banier*** en ***pandoer***).
baar[1] [golf] **middelnl.** *bare* [hoog water, hoge golf], **middelnd.** *bare*, **oudnoors** *bara*, verwant met ***baren***[1] [dragen, opheffen].
baar[2] [staaf metaal] **middelnl.** *bare* [slagboom] < **fr.** *barre* [balk, staaf] (vgl. ***bar***[2]).

baar ³ [draagbaar] middelnl. *bare,* oudsaksisch, oudhd. *bara,* oudfries *bere,* oudeng. *baer,* verwant met *baren* ¹ [dragen].

baar ⁴ [nieuweling] < maleis *baru,* kort voor *orang baru* [nieuweling, groentje], van *orang* [man, mens] + *baru* [nieuw, recent, onlangs].

baar ⁵ [bare onzin] → *baarlijk.*

-baar [achtervoegsel dat bn. van ww. vormt] middelnl. *-baer, -ber,* middelnd. *-bār(e), -ber,* oudhd. *-bari,* middelhd. *-bære,* oudfries *-bēr, -bēre,* oudeng. *-bære,* afgeleid van *baren* ¹, dus iets dat gedragen wordt.

baard [haar op kin en wangen] middelnl. *baert,* oudhd. *bart,* oudfries *berd,* oudeng. *beard;* buiten het germ. lat. *barba,* litouws *barzda,* oudkerkslavisch *brada.*

baarlijk [zich onbedekt vertonend] middelnl. *ba(e)rlike* (bijw.) [bloot, louter, slechts, baarlijk, in eigen persoon], van *baer* [bloot], oudsaksisch *baraliko,* oudhd. *barlihho,* oudeng. *baerlice,* van oudsaksisch, oudhd. *bar,* oudeng. *bær,* oudnoors *berr;* buiten het germ. litouws *basas,* oudkerkslavisch *bosŭ* [blootsvoets] → *barrevoets.*

baarmoeder [uterus] middelnl. *baermoeder,* gevormd van *baren* ¹ + *moeder.*

baarpijp [orgelregister, vox humana] gevormd door de 16e eeuwse orgelbouwer Hendrik Niehoff van middelnl. *baren, beren* [tonen, vertonen, openbaren, te voorschijn brengen, uiten, tekeergaan] (vgl. *misbaar, gebaar*).

baars ¹ [vis] middelnl. *barse, baerse,* oudsaksisch, middelhd. *bars,* oudeng. *bears, baers;* het dier is naar zijn stekelvinnen benoemd: het woord is verwant met *borstel.*

baars ² [kuipersbijl] middelnl. *ba(e)rde* [brede bijl], vgl. *hellebaard,* oudsaksisch *barda,* oudhd. *barta,* oudnoors *barða* [strijdbijl], waarschijnlijk afgeleid van *baard.*

baas [meerdere, hoofd] middelnl. *baes,* fries *baes,* etymologie onbekend.

baat [nut] middelnl. *bate, baet* [voordeel, nut], middelnd. *bate,* oudfries *bata,* oudnoors *bati,* verwant met middelnl. *bet, bat* [beter] (vgl. *beter*).

baba ¹ [Chinees] < maleis *baba, babah* [idem].

baba ² [gebak] < fr. *baba* < pools *baba,* door het gevolg van Stanisław Leszczynski (1677-1766), schoonvader van Lodewijk XIV, in Frankrijk geïntroduceerd.

babbe [kwijldoekje] klanknabootsend gevormd.

babbelaar [snoepje] afgeleid van middelnl. *babbelen* [de kaken bewegen, mummelen, babbelen].

babbelen [praten] middelnl., middelnd. *babbelen,* hd. *pappeln* [kletsen], oudfries *babbelje,* eng. *to babble,* fr. *babiller,* van lat. *babulus* [kletser, dwaas]; het is onzeker of wij te doen hebben met parallelle klanknabootsende vorming of met ontlening aan lat..

babbittmetaal [tinlegering] genoemd naar de uitvinder, de Amerikaan *Isaac Babbitt* (1799-1862).

Babel [hoofdstad van Babylonië] < akkadisch *bāb ili* [de poort van God], van *bābu* [poort], ar. *bābu, ilu* [god], ar. *ilāhu,* hebr. *ēl;* de gr. vorm *Babylon* gaat terug op akkadisch *bāb ilānī* [poort van de goden].

babi [varken] < maleis, javaans *babi.*

babiroesa [hertzwijn] < maleis *babirusa,* van *babi* [varken] + *rusa* [hert].

baboe [oppasster] < maleis *babu* [vrouwelijke huisbediende], javaans *babu.*

baboesjes [kamermuilen] zie *pampoesje.*

babok [lomperd] < port. *baboca* [idem], klanknabootsend gevormd, vgl. *babbelen.*

baby [zuigeling] < eng. *baby,* verkleiningsvorm van *babe* [idem], van kindertaal *baba,* vgl. *mamma, pappa.*

Babylonisch [van Babel, Babylonië] → *Babel.*

baccalaureus [iem. met baccalaureaatsgraad] < me. lat. *baccalarius, baccalaureus* [jongeman, volgeling, adspirant van i.h.b. het ridderschap], van lat. *bac(c)a* [besvormige vrucht] + *laureus* [lauwer-], van *laurea* [laurierboom, lauwerkrans of -tak, overwinning, in chr. lat. ook doctorswaardigheid]; de grondgedachte lijkt te zijn het zaad waaruit de lauweren worden verwacht, in het eng. > *bachelor* [vrijgezel].

baccarat ¹ [kristal] oorspr. werd dit kristal gemaakt in *Baccarat,* een plaats in Meurthe-et-Moselle.

baccarat ² [kaartspel] < fr. *baccara,* etymologie onbekend.

bacchanaal [drinkgelag] < lat. *Bacchanal* [aan Bacchus gewijde plaats, Bacchusfeest], van gr. *Bakchos* [de god van de wijn], verwant met lat. *baca, bacca* [bes, besvormige vrucht].

bacchant [Bacchuspriester] < lat. *bacchans* (2e nv. *bacchantis*), teg. deelw. van *bacchari* [het Bacchusfeest vieren] (vgl. *bacchanaal*).

bachelor [baccalaureus] < eng. *bachelor* < me. lat. *baccalarius* (vgl. *baccalaureus*).

bacil [bacterie] < lat. *bacillus* [stokje], verkleiningsvorm van *baculum* [stok], verwant met gr. *baktron* [stok, scepter], *baktèrion, baktèria* [stok], waaruit *bacterie,* idg. verwant met *pegel* ¹, *peil;* bacil en bacterie zijn zo genoemd naar hun staafvorm → *imbeciel.*

back [achterspeler] < eng. *back* [eig. rug] (vgl. *bak* ²).

back-bencher [minder belangrijk politicus] < eng. *back-bencher* [lid van Lagerhuis, dat op de achterste banken zit], van *back* [rug] + *bench,* verwant met nl. *bank.*

backen [als back spelen] < eng. *to back,* afgeleid van *back* [achterspeler].

backgammon [spel] < eng. *backgammon,* gevormd van *back* [terug] (omdat de stukken worden teruggeschoven) + *gammon,* van *game* (vgl. *gemelijk*).

bacon [spek] < eng. *bacon* < oudfr. *baco(u)n,* me.

lat. *baco* [spek], een germ. woord, vgl. **oudhd.** *bahho* [ham], **middelnl.** *bake* [zij spek], *bakenspec* [varkensspek] (vgl. *bak*²).
bacove [banaan] inheems woord uit Guyana.
bactericide [bacteriëndodend] gevormd van *bacterie* + **lat.** *caedere* (in samenstellingen *-cidere*) [doden].
bacterie [eencellig organisme] door de Duitse onderzoeker Christian Gottfried Ehrenberg (1795-1876) afgeleid van **gr.** *baktèrion, baktèria* → *bacil*.
bad [kuip, water waarin men zich baadt] **middelnl.** *bat*, **oudsaksisch** *bað*, **oudhd.** *bad*, **oudfries** *beth*, **oudeng.** *bæð*, **oudnoors** *bað*, verwant met **oudhd.** *bajan* [koesteren]; de grondbetekenis is 'warm maken', verwant met *bakken*¹.
badak [neushoorn] < **maleis** *badak*.
badding, batting [meskant bezaagde balk] < **eng.** *batting*, van *to beat* [slaan], dus het slaan, maar ook als produkt van die handeling.
badge [speldje] < **eng.** *badge* < **middeleng.** *bag(g)e* < **normandisch** *bage*, verdere herkomst onbekend.
badiaanzaad [vrucht van de steranijs] < **fr.** *badiane* < **perzisch** *bādyān* [anijs].
badine [rotting] < **fr.** *badine*, van *badiner* [schertsen, beuzelen, wapperen], van *badin* [dwaas], een oorspr. provençaals woord verwant met *badar* [gapen, met open mond staan te kijken] < **vulg. lat.** *batare* [gapen], van klanknabootsende oorsprong.
badineren [schertsen] < **fr.** *badiner* (vgl. *badine*).
badjakker [liederlijke vent] < **maleis** *bajak* [rover].
badjing [klapperrat, eekhoorn] < **maleis** *bajing*, **javaans** *bajing*.
badminton [balspel] < **eng.** *badminton*, genoemd naar het kasteel van de Hertog van Beaufort in Gloucestershire.
baedeker [reishandboek] genoemd naar *Karl Baedeker* (1801-1859) en zijn opvolgers, uitgevers van de bekende reisgidsen.
bag, bagge [juweel] **middelnl.** *bag(g)e* [kostbare ring] < **fr.** *bague* [ring] < **lat.** *baca* [bes, parel, later ook ring].
bagage [reisgoed] < **fr.** *bagage* < **me. lat.** *bagagium* [idem], van *bag(g)a* [zak, tas, koffer], vgl. *bagge*¹ en **eng.** *bag*, dat mogelijk stamt van **oudnoors** *baggi* [zak], waarnaast **nl.** *pak*, waarvan de verdere herkomst duister is.
bagasse [uitgeperst suikerriet] < **fr.** *bagasse* < **spaans** *bagazo* [idem, druivenmoer, huls van lijnzaad], van *baga* < **lat.** *baca* [bes].
bagatel [kleinigheid] < **fr.** *bagatelle* < **it.** *bagatella* [it. muntje van geringe waarde, namelijk een kwart van een quattrino], ook *picciolo* [kleintje] genaamd < **lat.** *bac(c)a* [bes, ronde boomvrucht].
bagetlijst [smalle sierlijst] < **fr.** *baguette* < **it.** *bacchetta* [lange, dunne stok] < *bacchio* [knuppel, dikke stok] < **lat.** *baculum* [stok] (vgl. *bacil*).

bagge¹ [draagmand] < **oudfr.** *bague* [bundel, beurs] < **me. lat.** *bag(g)a* (vgl. *bagage*).
bagge² → *bag*.
bagge³ [wilde zeug] **middelnl.** *bagghe* [big]; er zijn dialectisch uiteenlopende vormen als *bik, biek, pogge, viggen*, **eng.** *pig* (vgl. *big*).
baggelen [baggeren] → *bagger*.
bagger [slijk] **middelnl.** *bagger(t), baggaert*, **fries** *baggelje* [baggeren]; verdere verwanten zijn niet overtuigend aangewezen.
baghera [leider van de welpen] genoemd naar de zwarte panter *Bagheera* in The Jungle Books van Rudyard Kipling (1865-1936).
bagno [deportatieoord] < **it.** *bagno* [bad] (vgl. *baignoire*); de betekenisovergang kwam doordat in de middeleeuwen de Turken in een badhuis van het Serail te Istanbul een gevangenis inrichtten.
baguette [diamantvorm] < **fr.** *baguette* [stokje] < **it.** *bacchetta*, verkleiningsvorm van *bacchio* [stok] < **lat.** *baculum* [idem] (vgl. *bacil*).
bahaïsme [Perzische godsdienst] genoemd naar *Baha ul lah*, **ar.** *Bahā'u lläh* [glans van God], de geestelijke naam van Husayn Ali (1817-1892), stichter van de sekte.
Bahamas [eilandengroep] vermoedelijk van **spaans** *baja mar* [ondiepe zee].
bahco [Engelse sleutel] genoemd naar het Zweedse handelsmerk *Bahco* van B.A. Hjorth Co..
bahut [hutkoffer] < **fr.** *bahut*, etymologie onbekend.
baie [veel] < **maleis** *banyak*.
baignoire [parterreloge] < **fr.** *baignoire* [badkuip, benedenloge], van *bain* [bad], van **lat.** *balneum* [bad] < **gr.** *balaneion* [badhuis], idg. verwant met **hd.** *Quelle, kwelder* (vgl. *bagno*).
baije [onderafdeling van de Tempeliers] < **me. lat.** *bajulia, baillivia* [commanderij van de hospitaalridders], van *bajulus, ballius* (vgl. *baljuw*).
baileybrug [noodbrug] genoemd naar *Donald Coleman Bailey*, die de brug in 1940 ontwikkelde.
baillet [boomvalk] ook *maillet, maliette* < **fr.** *maillet*, verkleiningsvorm van *maille* [malie, ook vlek b. v. op oogappel, hier op de vleugels] < **lat.** *maculus* (vgl. *malie*¹); de *b* is veroorzaakt door verwarring met **fr.** *baillet* [roodachtig (van paard), roodschimmel].
bain-marie [methode van verwarming van stoffen in warm water] < **fr.** *bain-marie* < **me. lat.** *balneum Mariae* [lett. bad van Maria], die de zuster van Mozes zou zijn geweest en voor de alchemisten een doorluchtige voorgangster was, die ook een verhandeling over alchemie zou hebben geschreven.
bairam → *beiram*.
baiser [kus, schuimgebakje] < **fr.** *baiser*, van **lat.** *basiare* [kussen], *basium* [kus].
baisse [het dalen] < **fr.** *baisse*, van *baisser* [verlagen, laten zakken] < **me. lat.** *bassare* [naar beneden duwen], *bassere, bassiare* [neerleggen], van *bassus* [laag].
baisseren [zetsel op de juiste hoogte brengen] < **fr.** *baisser* (vgl. *baisse*).

bajadère — balein

bajadère [exotische danseres] < fr. *bayadère* < **portugees** *bailadeira* [danseres], van **me. lat.** *bal(l)are* [dansen] < **gr.** *ballizein* [idem], van *ballein* [werpen, even raken, zich werpen, draaien, zwenken], idg. verwant met *wellen*[2] (vgl. *ballade, ballerina*).

bajes [gevangenis] barg. < **jidd.** *bajes* < **hebr.** *bait, bēt* [huis] (vgl. *beis*).

bajonet [geweerdolk] (1682) < **fr.** *baïonnette* [idem], naar de plaatsnaam *Bayonne* in Zuid-Frankrijk, waar ze voor het eerst werden gemaakt; het woord komt reeds in de 16e eeuw voor.

bak[1] [kom, trog] **middelnl.** *bac* < **fr.** *bac* < **me. lat.** *bac(c)hia, bacea, bacca* [nap, kom], naast *baccinus, baccinum* [bekken].

bak[2] [varken] **middelnl.** *bake* [zij varkensvlees of spek, geslacht varken, levend varken], **middelnl.** *bac* [rug], **oudsaksisch, oudnoors** *bak* [rug], **oudhd.** *bahho* [ham], **oudeng.** *bœc* [rug] (vgl. *bacon*).

bakbeest [groot, lomp voorwerp] (17e eeuws), het eerste lid is waarschijnlijk **middelnl.** *bake* [zij spek, varken] (vgl. *bak*[2]), dus vermoedelijk een vetgemest varken.

bakboord [linkerzijde] → *stuurboord*.

bakeliet [harde kunsthars] genoemd naar de uitvinder, de Vlaamse chemicus Leo Hendrik Arthur Baekeland (1863-1944).

baken → *baak*[1].

baker [kraamverzorgster] nog niet bij Kiliaan, verkort uit een samenstelling als *bakermoeder*, **middelnl.** *bakeren* [koesteren, verzorgen van jonge kinderen, bakeren, met de grondbetekenis 'verwarmen'], verwant met *bakken*[1], **middelnl.** *baken*.

bakkebaard [baard alleen op wangen] (1840) < **hd.** *Backenbart* (vgl. *bakkes* en *baard*).

bakkeleien [vechten] < **maleis** *berkelahi* [twisten, vechten], van *kelahi* [twist, strijd].

bakken[1] [braden] **middelnl.** *backen, baken*, **oudhd.** *bacchan, bahhan*, **oudeng.** *bacan*, **oudnoors** *baka*; buiten het germ. **gr.** *phōgein* [roosteren, braden].

bakken[2] [zakken voor examen] vermoedelijk parafraserend bij zakken gevormd met de gedachte aan *zakken als een baksteen*.

bakkes [gezicht] **middelnl.** *bachuus* [bakhuis (bakkerij) én bakkes], van *backe* [kinnebak, wang], (*bactant* [kies]), vgl. **hd.** *Backe* [wang] + *huus* [huis, kap, deksel], vgl. moderne samenstellingen als *kompashuis, camerahuis*.

baksen [geschut met handspaken omzetten] mogelijk bij *baks* [een slag], **nd.** *baxen*, **oudhd.** *bagan* [slaan].

baksjisj [fooi] < **turks** *bahşiş* [idem] < **perzisch** *bakhshesh* [geschenk], van *bakhshīdan* [geven].

bakstag [naar achteren lopend stag op zeilschepen] vgl. *bakboord, stag*[1].

bakvis [aankomend meisje] eig. een vis die niet mooi en groot genoeg is om afzonderlijk gekocht en opgediend te worden en dus met andere ondermaatse visjes wordt gebakken, vgl. *bakzo;* in deze betekenis < **hd.** *Backfisch*.

bakzeilhalen [terugkrabbelen] eig. een scheepsterm, het zeil bak zetten om de gang uit het schip te halen < **eng.** *to back a sail* (vgl. *bak*[2]).

bal[1] [bol] **middelnl., oudhd.** *bal*, **oudsaksisch** *bal(l)*, **oudnoors** *bǫllr*; buiten het germ. **lat.** *follis* [leren zak, blaasbalg, bal], **gr.** *phallos* [penis], van een idg. basis met de betekenis 'zwellen', vgl. ook *balg*.

bal[2] [danspartij] < **fr.** *bal*, van *baller* < **lat.** *ballare* < **gr.** *ballizein* [dansen], van *ballein* [werpen, snellen, zich werpen, draaien, zwenken], idg. verwant met *wellen*[2].

bal[3] [gulden, (België) frank] < **fr.** *balle* [rond voorwerp], vgl. *bal*[1] [gezicht, hoofd, frank].

bal[4], balt, bals [boos, driftig] → *baldadig*.

baladeur [verschuifbaar tandwiel in versnellingsbak] < **fr.** *baladeur* [die van zwerven houdt], *train baladeur* [versnellingsbak] < **ouder fr.** *baller* [dansen] < **lat.** *ballare* [idem] (vgl. *bajadère*).

balalaïka, balaleika [Russisch snaarinstrument] < **russ.** *balalajka* < **tataars** *balalaika* [luit].

balanceren [zich in evenwicht houden] < **fr.** *balancer*, van *balance* (vgl. *balans*).

balanitis [eikelontsteking] gevormd van **gr.** *balanos* [eikel, ook: glans van penis], idg. verwant met **lat.** *glans* [idem].

balans [weegschaal, evenwicht] < **fr.** *balance* [idem] (waarnaast als economische term *bilan*) < **lat.** *bilanx* (2e nv. *bilancis*) [weegschaal], van *bi-* [twee] + *lanx* [schaal].

balata [rubbersoort] → *bolletrie*.

balatum [op linoleum lijkend viltzeil] van *balata*.

balbes [barg. huisbaas] → *bollebof*.

baldadig [misdadig] **middelnl.** *ba(e)ldadich* [slecht, boos], afgeleid van een woord **oudsaksisch** *balodād*, **oudhd.** *balotāt*, **oudeng.** *bealodœd*, van **oudsaksisch, oudhd.** *balo* [verderf], **oudeng.** *bealu*, **oudnoors** *bǫl* [rampspoed], vgl. **gotisch** *balwawesei* [slechtheid], vgl. *balorig, balsturig*.

baldakijn [troonhemel] **middelnl.** *baldekijn* [kostbare stof uit zijde en gouddraad geweven, troonhemel, baldakijn, palankijn], van *Baldac* [Bagdad] (vgl. *bouwen*[2]).

balderen [geraas maken] nevenvorm van *bulderen* [in het middelnl. razen, ook: opsnijden].

baldoveren [barg. klikken] van 18e eeuws *baldower* [leider bij een diefstal] < **hebr.** *ba'al dobor* [heer van het woord, de verantwoordelijke, informant] (vgl. *Baäl*).

bale-bale [rustbank] < **maleis** *balai balai*.

balein [walvisbaard] **middelnl.** *baleine* [walvis] < **oudfr.** *baleine* [idem] < **me. lat.** *balena, baleina* [idem, balein] < **lat.** *ballaena* [walvis] < **gr.** *phallaina*, van *phallè* [idem], idg. verwant met *wal(vis)*, **eng.** *whale*.

balen [walgen] van *baal* in uitdrukkingen als *ik heb er balen tabak van.*

balg [afgestroopte huid, leren zak] **middelnl.** *balch, ballich* [buik, romp, huid, leren zak], **oudsaksisch, oudhd.** *balg,* **oudfries** *balga,* **oudeng.** *belg,* **oudnoors** *belgr,* **gotisch** *balgs;* buiten het germ. **iers** *bolg* [zak]; de grondbetekenis is 'zwellen'.

balie [leuning, toonbank, rechtbank] **middelnl.** *baelg(i)e, balgie, bail(l)e* [palissade, slagboom, verschansing, rechtbank, balie] < **oudfr.** *bail(l)e* [slagboom] < **lat.** *baculum, baculus* [stok, staf, stut]; rechtbanken hadden een balustrade waarachter alleen het gerecht toegang had.

baliekluiver [leegloper] eig. iem. die over de balies van de bruggen hangt; van *balie* + *kluiven*.

baliemand [mand voor linnengoed] **middelnl.** *balie* [tobbe, bak, kuip, mand] < **fr.** *baille* [tobbe] < **lat.** *baiulus* [(last)drager], *baiulare* [lasten dragen] (vgl. *baljuw*).

baljaren [tekeergaan, ravotten] < **portugees, spaans** *bailar* [dansen, snel ronddraaien] < **it.** *ballare* (vgl. *bajadère*).

baljuw [ambtenaar die rechtspraak doet] **middelnl.** *baliu, baelju, bailliu* < **me. lat.** *baillivus, bail(l)us* < **klass. lat.** *baiulus* [lastdrager (ook lett., b.v. waterdrager, in chr. lat. bode)]; de betekenis evolueerde van lastdrager tot gelastigde → *baaierd* ¹, *baliemand, balije*.

balk [stuk hout] **middelnl.** *balke, balc,* **oudsaksisch** *balco,* **oudhd.** *balcho,* **oudeng.** *bealca,* **oudnoors** *bjalki;* buiten het germ. **gr.** *phalagx* [balk], **litouws** *balžiena,* **russ.** *bolozno* [plank].

Balkan [geogr.] < **turks** *balkán* [keten van beboste bergen].

balken [schreeuwen] **middelnl.** *balken* [zowel loeien van ossen als balken van ezels]; het woord is klanknabootsend, vgl. **middelnl.** *belken* [bulken, loeien], *bolken* [idem], zonder het *k* achtervoegsel *buls(s)en* (naast *bulgen*) [rochelen], *bellen* [blaffen], *bullen* [razen, tieren], **fries** *balkje* [balken, tieren], **oudeng.** *bœlcan* [luid roepen].

balkenbrij [spijs] gelet op **middelnl.** *gebalchte* [darmen, pens], *balch, ballich* (verkleiningsvorm *balgekijn*) [buik, ingewanden uit de slacht] heeft volksetymologie een rol gespeeld. Vgl. *balg* en *brij*.

balkon [open uitbouw van huis] (1512) **middelnl.** *barcoen* [rondhout, parkoenpaal] < **fr.** *balcon* < **me. lat.** *balconem,* 4e nv. van *balco,* naast *balcus, barconus* [balkon], uit het germ., vgl. *balk*.

ballade [episch dichtstuk, muziekstuk] **middelnl.** *ballade* < **fr.** *ballade* < **me. lat.** *ballada* [ballade], van *bal(l)are* [dansen] (vgl. *bajadère*).

ballas [uit bolletjes bestaand boort] < **portugees** *balas,* mv. van *bala* [bal, bol, kogel] < **it.** *palla,* uit het germ., vgl. *bal* ¹.

ballast [last] **middelnl.** *ballast,* uit het nd. overgenomen, mogelijk < *baar* ⁵, zodat de betekenis kan zijn 'blote last', vgl. **zweeds** *barlast*.

ballerina [balletdanseres] < **it.** *ballerina,* van *ballare* [dansen] (vgl. *bajadère*).

ballet [figuurdans] < **fr.** *ballet* < **it.** *balletto,* verkleiningsvorm van *ballo* (vgl. *bal* ²).

balling [verbannene] **middelnl.** *banlinc,* en met assimilatie *ballinc* [verbannene], van het ww. *bannen*.

ballista [Romeinse oorlogsmachine om stenen te werpen] < **lat.** *bal(l)ista* < **gr.** *ballein* [werpen], idg. verwant met **hd.** *Quelle* [bron].

ballistiek [leer van de banen van niet-geleide projectielen] van **lat.** *ballista*.

ballon [met gas gevulde zak] < **fr.** *ballon* < **it.** *pallone,* vergrotingswoord van *palla* [bal, bol], dat aan het germ. is ontleend, vgl. *bal* ¹.

ballotage [het stemmen over toelating als lid] van **fr.** *ballotter* (vgl. *balloteren*).

ballote [stinknetel] < **fr.** *ballote* < **gr.** *ballōtè* [ballota nigra].

balloteren [stemmen over toelating als lid] < **oudfr.** *ballotter* [de kogel terugsturen, vervolgens in stemming brengen], van *ballotte* [(stem)balletje] < **it.** *ballota,* verkleiningsvorm van *balla* [bal]; vroeger werd gestemd met balletjes.

ballpoint [bolpuntpen] < **eng.** *ball-point* [idem], van *ball* (vgl. *bal* ¹) + *point* (vgl. *punt* ¹).

balneologie [leer van het gebruik der baden] gevormd van **lat.** *balneum* [badinrichting, bad] < **gr.** *balaneion* [idem] (idg. verwant met **hd.** *Quelle,* **nl.** *kwelder*) + *logos* [woord, verhandeling].

balorig [verdoofd, niet willende luisteren, weerspannig] **middelnl.** *balhorich* [hardhorend, doof, het horen moe], van *bal* (vgl. *baldadig*) + *horen;* op het ontstaan van het huidige balorig is *oor* mede van invloed geweest.

balpen [bolpuntpen] < **eng.** *ball-pen* [idem], van *ball* (vgl. *bal* ¹) + *pen* (vgl. *pen* ¹).

balsahout [lichte houtsoort] van **spaans** *balsa* [vlot], gemeenschappelijk spaans en portugees woord van vóór-rom. herkomst.

balsamine → *balsemien*.

balsem [zalf] < **lat.** *balsamum* [balsem, balsemstruik] < **gr.** *balsamon* [balsemstruik, de hars daarvan], uit het semitisch: **hebr.** *bājām.*

balsemappel [sierplant, de mala balsamina] → *balsem*.

balsemiek [welriekend] < **fr.** *balsamique* [idem], van **lat.** *balsamum* (vgl. *balsem*).

balsemien, balsamine [plantengeslacht] < **fr.** *balsamine* < **gr.** *balsaminè* [balsemplant], **lat.** *balsaminus* [balsemachtig] (vgl. *balsem*).

balsturig [grillig] **middelnl.** *balsturig, balstuyrich* [idem], van *bal* - (vgl. *baldadig*) + *sturen,* lett. moeilijk te sturen.

Baltisch [m.b.t. de Oostzee] afgeleid van de *Balten,* een Visigotisch geslacht van vorsten.

balts [paringsritueel] < **hd.** *Bal(zen),* dat van onzekere herkomst is; één van de voorgestelde etymologieën is ontlening aan **it.** *balzare* [springen].

baluster [kleine zuil van balustrade] < **fr.** *balustre*

balustrade — bank

< it. *balaustro* [idem] < gr. *balaustrion* [bloem van de wilde granaatappel]; zo genoemd vanwege de vorm van deze bloem.

balustrade [hekwerk van balusters] < fr. *balustrade* < it. *balaustrata* [balustrade, een rij balusters] (vgl. *baluster*).

bamafoon [ouderwets bandopnameapparaat] verkorting van *bandmagnetofoon*.

bambino [kleine jongen] < it. *bambino*, verkleiningsvorm van *bambo* [dik, mollig kind, pop], van klanknabootsende oorsprong.

bambochade [schilderij van volkstafereel] < fr. *bambochade* < it. *Bambocciata*, bentnaam van de schilder Pieter van Laer, die 1628-1638 in Rome werkte, gespecialiseerd in realistische volkstaferelen zoals herbergscènes, van *bamboccio* [pop, mollig kind, dikzak] (vgl. *bambino*).

bambocheur [pierewaaier] → *bamser*.

bamboe [grasachtige plantengeslachten] < maleis *bambu* [idem].

bami [Chinees gerecht] < **chinees** *bami*, van *ba* [varkensvlees] + *mi*², spaghetti-achtige deegwaar.

bamis [1 oktober] verkort uit *St.-Bavomis*, die op 1 okt. valt: *bamisweer* [onaangenaam najaarsweer], vgl. middelnl. o.m. *bamissemerct*.

bampoesjes, babouches [kamermuilen] vermoedelijk via **eng.** *papoosh*, *papouch* < **perzisch** *pāpūsh* [lett. voetbedekking], van *pā* [voet], daarmee idg. verwant, + *pūsh*, de stam van *pūshīdan* [bedekken] > **turks** *papuş*, **ar.** *bābūj*.

bamser [barg. pierewaaier] < **fr.** *bambocheur* [fuifnummer, losbol] (vgl. *bambochade*).

ban¹ [afkondiging] **middelnl.** *ban* [plechtige afkondiging, vooral door de overheid, rechtsgevolg (boete, verbanning)], **oudsaksisch, oudhd.** *ban*, **oudfries** *bon*, **oudeng.** *bonn*, **oudnoors** *bann*, van het ww. *bannen*; buiten het germ. **lat.** *fama* [faam], **gr.** *phèmi* [ik spreek], **armeens** *ban* [woord].

ban² [landvoogd] < **kroatisch** *ban* [heer, meester] < **perzisch** *bān* [prins, heer, gouverneur].

banaal [alledaags] < fr. *banal* [oorspr. toekomend aan de heer, dan: banaal], van *ban* [proclamatie van de heerser, meest voor de collectieve verplichtingen van het volk, zoals krijgsdienst], leidend tot de betekenis 'algemeen, ordinair' (vgl. *ban*¹).

banaan [plant, vrucht] < **portugees** *banana*, door de Portugezen overgenomen uit de taal van de Soussou in de huidige Republiek Guinea.

banaat [gewest door een ban bestuurd] van *ban*².

banco [bankgeld] < it. *banco*, uit het germ., vgl. *bank*.

band¹ [strook stof om te binden] van *binden*.

band² [muziekkorps] < **eng.** *band* [troep, bende, muziekkorps], hetzelfde woord als *bende*.

bandage [verband] < fr. *bandage*, van *bande* [windsel], uit het germ., vgl. *band*¹, *binden*.

bandanadruk [manier van katoendrukken] van **hindi** *bāndhnū* [ikatprocédé], van *bāndhnā*, [binden, band, verband], idg. verwant met *binden*.

bandelier [draagriem voor sabel] (1637) < fr. *bandoulière* [schouderriem] < **spaans** *bandolera*, van *banda* [sjerp], uit het germ., vgl. *binden*.

bandelotte [oorhanger] < fr. *bandelette* [bandje, lintje], verkleiningsvorm van **oudfr.** *bandel*, dat een verkleiningsvorm is van *bande*, uit het germ., vgl. *binden*.

banderilla [gepunte stok met vlaggetje] < **spaans** *banderilla*, verkleiningsvorm van *bandera* [vlag] (vgl. *banier*).

banderol [strook met opschrift] < fr. *banderole* [wimpel, vaantje, banderol] < it. *banderuola* [idem], van *bandiera* [vaandel] (vgl. *banier*).

bandiet [struikrover] < fr. *bandit*, van het verl. deelw. van **me. lat.** *bandire*, *bannire* [iem. sommeren en ook straffen, de ban over iem. uitspreken, verbannen], uit het germ., vgl. *ban*¹.

bandjir, banjir [watervloed] < **maleis** *banjir* [overstroming, vloed, banjir], **javaans** *banjir*.

bandy [balspel op ijs] < **eng.** *bandy*, van *to bandy* [heen en weer slaan (bij tennis)] < fr. *bander* [schrap zetten, spannen], van *bande*, uit het germ., vgl. *band*¹.

banen [een weg maken] van *baan*.

bang¹ [angstig] **middelnl.** *bange*, van *be-* + *ange* [eng, benauwd, beklemd], **middelnl.** *het is mi ange* [het benauwt me] (vgl. *eng*¹).

bang² [nabootsing van een hard geluid] klanknabootsende vorming.

baniaan, banianeboom [waringin] < **eng.** *banyan*, *banian-tree* [idem, waringin], oorspr. één bepaalde boom, die bij Bandar Abbas groeide en waarbij de Westerse kooplieden de *banyans* troffen, Hindoe-kooplieden, via **portugees** *banian* < **gujarati** *vaniyo* (mv. *vaniyan*) < **oudindisch** *vaṇ ij(a)-* [koopman].

banier [vaandel] **middelnl.** *ban(n)iere*, *banner(e)* < **oudfr.** *banniere* < **me. lat.** *bandum*, met assimilatie van *nd* tot *nn* o.i.v. *ban*, van *bandum*, het woord dat in de diverse rom. talen verspreid is; dit *bandum* is uit het germ., vgl. *band*¹.

banistiek [kennis van vlaggen] gevormd van *baan*, in de zin van: banen van de vlag.

banjer [groot heer] verkort uit *banjerheer* (sinds eind 18e eeuw); het eerste lid betekent 'veel', vgl. *baie*; associatie met *baanderheer* trad later op.

banjo [muziekinstrument] < **negereng.** *banjo*, uit eerdere vormen *banjore*, *banjor*, *banshaw*, *bandore*, via **portugees** *bandura* < **lat.** *pandura* < **gr.** *pandoura* → *mandoline*.

bank [meubelstuk, geldbedrijf] **middelnl.** *banc*, *banke* [zitbank, rechtbank, toonbank, geldbank], **me. lat.** *bancus*, *banca* [heuvel, dijkje, zitbank, toonbank, geldbank], uit het germ., vgl. **oudsaksisch** *bank*, **oudhd.** *banch*, **oudfries** *bank*, *benk*, **oudeng.** *benc* (**eng.** *bench*), **oudnoors** *bekkr* [bank], naast *bakki* [heuvel]; de betekenis 'heuvel, dijkje' is de oorspronkelijke, via 'zitplaats' ontwikkelde zich daarna de andere, vgl. **nl.** *bunker*, **eng.** *bank* [oever].

banket [1] [feestmaal, gevuld gebak] **middelnl.** *banket* [bank, toonbank van een koopman, feestmaal, in de 16e eeuw nagerecht van suikergebak] < **fr.** *banquet* [bankje] < **it.** *banchetto*, verkleiningsvorm van *banca*, uit het germ., vgl. *bank;* het feestmaal is dus genoemd naar de bankjes waarop het werd gebruikt.

banket [2] [grote knikker] nevenvorm van *bonket*, afgeleid van *bonk* [bot], verwant met *bonken* [stoten].

bankier [hoofd van bank] < **fr.** *banquier*, van *banc* (vgl. *bank*).

bankroet [bankbreuk, faillissement] **middelnl.** *bancerot*, *bancerooye* < **fr.** *banqeroute* < **it.** *banca rotta*, *banca* < **me. lat.** *banca* [bank, kraampje, tafel van een geldwisselaar] (vgl. *bank*), *rotto, rotta* [gebroken en sedert begin 14e eeuw ook failliet], afgeleid van **lat.** *ruptus*, verl. deelw. van *rumpere* [breken].

bantamgewicht [gewichtsklasse in sport] < **eng.** *bantam* [m.b.t. bantamhoenders] (vgl. *bantammer*), maar ook in overdrachtelijke zin gebruikt met het oog op zowel de kleine afmeting als op de vechtlustigheid.

bantammer [soort van kip] van *Bantam*, **maleis** *Banten* [een vroeger sultanaat in het westen van Java, waar de kleine hoenders, waarvan de hanen zeer vechtlustig zijn, worden gefokt].

banteng [wild rund] < **maleis** *banteng* < **javaans** *banteng*.

Bantoe [neger in Zuid- en Midden-Afrika] van *ba-*, voorvoegsel dat het mv. vormt + *ntu* [mens], gevormd door de in Zuid-Afrika levende Duitse taalkundige Wilhelm Heinrich Immanuel Bleek (1827-1875).

banus [landvoogd] verlatijnsing van *ban* [2].

banzaaien [loten wie het gelag zal betalen] van de japanse gelukwens aan de keizer *banzai* [moge U 10.000 jaar leven], vgl. **chinees** *wan* [10.000] en *sui* [jaar].

banzai [japans heilgroet] < **japans** *banzai*, eig. een groet aan de keizer: moge u 10.000 jaar leven, van **chinees** *wan* [10.000] + *sui* [jaar].

baobab [apebroodboom] stamt uit een of andere Middenafrikaanse taal.

baptist [doopsgezinde] < **fr.** *baptiste* < **chr. lat.** *baptista* < **gr.** *baptistès* [doper], van *baptizein* [onderdompelen, nat maken, dopen], gevormd bij *baptein* [indompelen].

bar [1] [naakt] hetzelfde woord als *baar* [5] [bloot].

bar [2] [tapkast] < **eng.** *bar* < **fr.** *barre* (vgl. *barette*).

bar [3] [eenheid van luchtdruk] < **hd.** *Bar*, van **gr.** *baros* [zwaarte].

barak [eenvoudig gebouw] < **fr.** *baraque* < **spaans** *barraca* [hut, barak], van *barro* [leem], van iberische herkomst.

barang [bagage, spullen] < **maleis**, **javaans** *barang* [ding(en), goederen].

barathandel [ruilhandel] **middelnl.** *baraet* [ruiling, wisseling] < **fr.** *baratte* < **it.** *baratto* [ruil], van *barattare* [ruilen, wisselen], van **me. lat.** *baratare* [verruilen, bedriegen] < **gr.** *prattein* [verrichten, handeldrijven].

barbaar [onbeschaafd iem.] **middelnl.** *barbaer*, *barber* [barbaar, heiden] < **fr.** *barbare* [idem] < **lat.** *barbarus* [ongrieks en onromeins, onbeschaafd] < **gr.** *barbaros* [vreemdeling, niet-Grieks, onbeschaafd] (vgl. *braaf*).

Barbados [geogr.] door de spaanse ontdekkers zo genoemd naar de er veelvuldig groeiende *ficus barbata*.

barbarakruid [plantenfamilie] < **chr. lat.** *herba Sanctae Barbarae* [het kruid van de Heilige Barbara], *Barbara* [de vreemdelinge], vr. van **lat.** *barbarus* → *barbaar, barbette*.

Barbarije [geogr.] < **lat.** *barbaria* [buitenland, barbarenland], van *barbarus* (vgl. *barbaar*).

barbecue [grill] < **eng.** *barbecue* < **spaans** *barbacoa*, een woord dat stamt van een taal uit het Caribische gebied en dat gebruikt wordt voor uiteenlopende voorwerpen voor eveneens uiteenlopende doeleinden, waaronder om er vlees op te braden.

barbeel [vis] **middelnl.** *baerbel*, *barbael* < **me. lat.** *barbellus*, *barbulus* [barbeel, lett. baardje], van *barba* [baard], zo genoemd vanwege de voeldraden op de lip.

Barbertje [meisjesnaam] *Barbertje moet hangen* [het moet en zal gebeuren], naar het 'onuitgegeven toneelstuk' dat de Max Havelaar van Multatuli (1860) voorafgaat.

barbette [geschuttoren] < **fr.** *barbette; Barbette* is een troetelnaam voor *Barbara*; de Heilige Barbara zou volgens de legende door haar vader, rond 300, in een toren zijn opgesloten om haar het christendom te doen verzaken. Een van haar attributen is de toren. Zij is patrones van gevaarlijke beroepen zoals mijnwerker en artillerist → *barbarakruid*.

barbier [kapper] **middelnl.** *ba(e)rbier* < **fr.** *barbier* < **me. lat.** *barbarius*, *barberius* [barbier, chirurgijn], van *barba* [baard], daarmee idg. verwant.

barbiesjes ['naar de barbiesjes wensen', naar de hel wensen] verbastering van *Berbice* in Brits Guyana, berucht vanwege zijn moordende klimaat, vandaar *naar de barbiesjes gaan* [om zeep gaan].

barbituurzuur [organisch zuur] < **hd.** *Barbitur*, waarvan wordt verondersteld dat het is afgeleid van de naam *Barbara + zuur*.

barbot [riviergrondel] < **fr.** *barbote*, *bourbotte* [puitaal], van *barboter* [ploeteren (met de snavel in de modder)], van *bourbe* [slijk] < **lat.** *burra* [idem].

barcarolle [gondellied] < **fr.** *barcarolle* < **venetiaans dial.** *barcarola*, van *barcarolo* [gondelier] (**it.** *barcaiuolo*) < **me. lat.** *barcherolus* [schipper], van *barca* (vgl. *bark* [2]).

barchent [bombazijn] nevenvormen *barachaan*,

barkan, berkaan, parchent, **hd.** *Barchent, Berkan,* **fr.** *bouracan, barracan* < **ar.** *barrakān*.
bard [Keltisch dichter] **iers, gaelisch** *bard* > **naklass. lat.** *bardus* [Gallische zanger].
barderen [vlees met spek omwikkelen] **middelnl.** *barderen* [een paard van een barde voorzien] < **fr.** *barder* [voorzien van pantsering, omhullen met een lapje spek], van *barde* [(paarde)harnas] < **ar.** *barda'a* [zadel, pakzadel (voor kamelen en ezels)].
bareel [tolhek] < ouder **fr.** *barrel,* thans *barreau* [stang, balie] < **me. lat.** *barra* (vgl. ***bar***[2]).
barège [doorschijnende stof] < **fr.** *barège,* genoemd naar *Barèges* in de Hautes-Pyrénées, waar de stof vandaan kwam.
barema [tariefschaal] < **fr.** *barème,* genoemd naar *Fr. Barrême,* schrijver van *Comptes faits du grand commerce* (1670).
baren[1] [ter wereld brengen] **middelnl.** *gebaren* [idem], **oudsaksisch** *beran* [dragen], *giberan* [voortbrengen], **oudhd.** *beran* [dragen, voortbrengen], **oudfries, oudnoors** *bera,* **oudeng.** *beran,* **gotisch** *bairan;* buiten het germ. **lat.** *ferre,* **gr.** *pherein* [dragen].
baren[2] [schreeuwen] **middelnl.** *baren,* **oudhd.** *baron,* **middelhd.** *baren,* **oudfries** *baria* (fries *bere),* van *baar, bar* [bloot] (vgl. *barrevoets)* [oorspr. ont-dekken, dan: tonen, blijk geven, zich vertonen, te voorschijn komen, schreeuwen] → ***baarpijp***.
baret [muts] < **fr.** *barrette* < **me. lat.** *bir(r)et(t)um, beretum, bereta* [baret], van *birrus* [mantel, monnikspij], ontleend aan het gallisch; de betekenisontwikkeling van mantel (met capuchon) tot hoofdbedekking loopt parallel met die van ***kap***.
barette [staafvormige broche] < **fr.** *barrette* [staafje, speld, gesp], verkleiningsvorm van *barre* [staaf, balk], uit het kelt.: **bretons** *barri* [tak].
barg[1] [overdekte hooibergplaats] **middelnl.** *barg(h)* [korenberg]; nevenvorm van *berg,* bij het ww. ***bergen***.
barg[2] [gesneden varken] **middelnl.** *bar(e)ch* [speenvarken, gesneden varken], **oudsaksisch, oudhd.** *barug* (**hd.** *Barch),* **oudeng.** *bearg* (**eng.** *barrow),* **oudnoors** *bǫrgr,* vermoedelijk te verbinden met **oudhd.** *berian,* **oudnoors** *berja,* **lat.** *ferire* [slaan]; vroeger werden voor castratie de testikels murw geklopt, vgl. ***klophengst***.
barge, bargie [trekschuit] (1630), vgl. **middelnl.** *bargh* [licht vaartuig] < **fr.** *barge = barque* (vgl. ***bark***[2]).
bargebloem [wilde klaver] van ***barg***[2] [gesneden mannetjesvarken] + *bloem;* varkens hebben voor deze bloemen een voorkeur.
bargoens [geheimtaal van dieven] van de vele pogingen tot verklaring lijkt het meest waarschijnlijk < **fr.** *baragouin* [onbegrijpelijke taal], uit het (voor andere Fransen niet verstaanbare) **bretons** *bara gwin* [brood, wijn].
baribal [zwarte beer] uit een niet-geïdentificeerde indianentaal.

bariet [bariumsulfaat] door de Zweedse chemicus Karl Wilhelm Scheele (1742-1786) gevormd van **gr.** *barus* [zwaar].
bariton [mannenstem tussen bas en tenor] < **it.** *baritono* [idem] < **gr.** *barutonos* [diep klinkend], van *barus* [zwaar] + *tonos* [toon].
barium [element] zo genoemd door de ontdekker, de Engelse chemicus Sir Humphry Davy (1778-1829), afgeleid van ***bariet,*** omdat het daarin werd aangetroffen.
bark[1], bork [boomschors] **middelnl.** *barc* [idem], **middelnd.** *borke,* **hd.** *Borke;* etymologie onduidelijk.
bark[2] [type zeilschip] **middelnl.** *barke, b(a)erke* [licht vaartuig] < **fr.** *barque* < **it.** *barca* < **me. lat.** *barca, barica* [idem], afgeleid van **gr.** *baris* [een Egyptisch vaartuig, dat bij Herodotus voorkomt] < **koptisch** *bari.*
barkas [zwaarste sloep] < **fr.** *barcasse* [grote schuit] < **spaans** *barcaza* [idem] < **it.** *barcaccia,* vergrotingsvorm van *barca* (vgl. ***bark***[2]).
barkeeper [barman] < **eng.** *bar-keeper* [idem], van *bar* (vgl. ***bar***[2]) + *keeper* [houder].
barkentijn [koopvaardijschip] gevormd van ***bark***[2] naar analogie van *brigantijn.*
barklak [Surinaamse houtsoort] → ***manbarklak***.
barm [barbeel] waar *barbeel* op een verkleiningsvorm berust van **lat.** *barbus,* heeft het hd. het grondwoord overgenomen: **oudhd.** *barbo,* **hd.** *Barbe;* vermoedelijk heeft het nl. dezelfde vorm gehad, die dan van *barb* gedissimileerd is tot *barm.*
barmhartig [mededogen hebbend] **middelnl.** *barmhertich* o.i.v. **middelhd.** *barmherzec, barmelijc* [beklagenswaardig], **oostmiddelnl.** *erbarmen* [ontfermen]; vgl. **oudeng.** *earmian* [zich erbarmen], **gotisch** *arman* [idem]; dit zijn vertalende ontleningen aan **lat.** *miserēre, miserēri* [zich erbarmen], van *miser* [arm], waarnaar *arman* van *arm* is gevormd. De *b* is ontstaan uit voorvoegsel *be-/bi-,* vgl. **gotisch** *armahairts* [barmhartig] zonder *b, misericordia, (cor* [hart]) → ***ontfermen***.
bar mitswa [meerderjarige joodse jongen, die de plichten dan dient na te komen] < **hebr.** *bar* [zoon], vgl. het eerste lid in namen als *Bartholomeus* + *mitzvā* [opdracht], van het ww. *tziwāh* [opdragen, dus lett. zoon van de opdracht].
barmsijsje [met de barm verwant sijsje] de etymologie van *barm* is onbekend.
barmte → ***berm***.
barn [eenheid van oppervlakte in atoomfysica] < **eng.** *barn* [oorspr. schuur, opslagplaats], **oudeng.** *bern* < *bere-ern;* het eerste lid betekent 'gerst', vgl. **gotisch** *barizeins* [gerste-], **oudnoors** *barr* [gerst], **lat.** *far* [spelt, gort, meel, brood]; het tweede lid is (met metathesis van *r*) verwant met **gotisch** *razn,* **oudnoors** *rann* [huis].
barnen oude vorm van ***branden***.
Barneveld [geogr.] verondersteld wordt dat het

barnsteen — basaniet

eerste lid is *barnen* = *branden;* de betekenis zou dan zijn: vlakte die is afgebrand om ingezaaid te kunnen worden.

barnsteen [harde hars, amber] **middelnl.** *bernsteen,* van *bernen, barnen* [branden, vlammen, flikkeren, fonkelen] + *steen* [steen, edele steen]; de betekenis is vergelijkbaar met het gr. woord voor barnsteen *èlektron,* dat 'het stralende' betekent.

barnum [reusachtig] in samenstellingen als *barnumcampagne* < **amerikaans-eng.** *barnum,* naar *Phineas Taylor Barnum,* showman (1810-1891), die vooral met zijn circusprodukties steeds voor een overtreffende trap zorgde.

baro- [zwaar-] < **gr.** *baro-* [gewicht], verwant met *baros* [zwaarte], verwant met **lat.** *gravis* [zwaar] en met **nl.** *graven*.

barograaf [zelfregistrerende barometer] gevormd van **gr.** *baros* [zwaarte] + *graphein* [schrijven], idg. verwant met *kerven.*

barok [grillig gevormd, stijlperiode] < **fr.** *baroque,* als stijlperiode eerst 19e eeuws < **portugees** *barróco* [onregelmatig gevormde parel], van kelt. herkomst; barok als naam voor de stijlperiode < **hd.** *Barok*.

barometer [toestel dat druk van dampkringslucht meet] gevormd van **gr.** *baros* [zwaarte] + *meter* [1].

baron [adellijke rang] **middelnl.** *baroen* [leenman, edelman] < **fr.** *baron* < **me. lat.** *baronem,* 4e nv. van *baro,* uit het germ., vgl. **oudhd.** *baro* [(krijgs)man], van *berian* [slaan], **oudnoors** *berja* [slaan, doden].

baronet [Engelse adellijke titel] < **me. lat.** *baronettus* (vgl. *baron*).

baronie [vrije heerlijkheid van baron] **middelnl.** *baronie* [de gezamenlijke rijksgroten] < **me. lat.** *baronia* [heerlijk recht, baronie], van *baro* [baron].

baroscoop [toestel dat gewichtsverlies in gassen aantoont] gevormd van **gr.** *baros* [zwaarte] + *skopein* [kijken naar], idg. verwant met *spieden*.

barouchet, barouchette [type rijtuig] < **fr.** *barouchette,* verkleiningsvorm van *barouche* < **hd.** *Barutsche* < **it.** *baroccio,* vroeger *biroccio* < **me. lat.** *birotum* [voertuig met twee wielen], **klass. lat.** *birota* [cabriolet], vr. van *birotus* [tweewielig], van *bis* [tweemaal] + *rota* [wiel], idg. verwant met *rad* [1].

baroxyton [blaasinstrument] < **gr.** *baros* [zwaarte] + *oxutonos* [hoog van tonen], van *oxus* [puntig, schel] + *tonos* [toonaard] (vgl. *toon* [1]).

barquette [bakje van bladerdeeg] < **fr.** *barquette* [eig. schuitje], verkleiningsvorm van *barc* [bark].

barracuda [vis] < **spaans** *barracuda,* etymologie onbekend.

barrage [versperring] < **fr.** *barrage* < **me. lat.** *barragium,* van *barra* (vgl. *bar* [2] [tapkast]).

barre [balk waaraan danseres oefent] < **fr.** *barre* (vgl. *baar* [2]).

barrebiesjes → *barbiesjes*.

barrel [duig] < **eng.** *barrel* < **oudfr.** *baril;* het fr. woord is van kelt. herkomst, evenals **spaans** *barril* [ton, vat] en **it.** *barile* [vaatje].

barrevoets [blootsvoets] **middelnl.** *barvoets,* bijw. van *baervoet, baerevoet, barvoet* [met blote voeten], *baar* [bloot] (vgl. *baarlijk*).

barribal, barribaal [bullebak] vergeleken wordt **middelnl.** *barlebaen, barlabaen, barlibaen* [een naam voor de duivel], **oudeng.** *barlibac* [een boze geest], waarvan de oorsprong niet bekend is.

barricade [straatversperring] < **fr.** *barricade* < **it.** *barricata,* van *barricare* [versperren], intensivum van *barrare* [idem], van *barra* [staak, slagboom] (vgl. *baar* [2]).

barrière [versperring] < **fr.** *barrière* < **me. lat.** *barra* [barrière, tolboom], van gallische oorsprong → *baar* [2].

barring [waarloos rondhout] vermoedelijk < **eng.** *barring* [buiten beschouwing gelaten].

bars [nors] (1617) < **nd.** *barsch* [scherp van smaak, ranzig, bars], van dezelfde basis, met de betekenis 'scherp', als *baars* [1] en *borstel*.

barsoi → *barzoi*.

barsten [splijten] **middelnl.** *barsten, bersten, borsten,* **middeleng.** *bersten, bresten,* **oudsaksisch, oudhd.** *brestan,* **oudnoors** *bresta;* in de nl. vormen, ook in het **eng.** *to burst* en **hd.** *bersten* is metathesis van *r* opgetreden; vgl. **oudiers** *brissim* [ik breek] (met assimilatie van ouder *st*).

bart [licht vervoerbaar bruggedek] < **fries** *barte* [idem].

barteren [ruilhandel drijven] **middelnl.** *barteren, baerteren* [ruilen] < **oudfr.** *baratter* [bedriegen, kopen met afdingen] (vgl. *barathandel*).

Bartjens ['volgens Bartjens'] d.i. volgens *Willem Bartjens* (1569-1638), uit wiens boekje *Cijferinge* Nederlandse kinderen twee eeuwen lang rekenen hebben geleerd.

barysfeer [aardkern] van **gr.** *barus* [zwaar] + *sphaira* [bal, globe] (vgl. *sfeer*).

barzoi [borzoi, Russische windhond] < **russ.** *borzoj* [snel].

bas [1] [laagste stem] < **it.** *basso* [laag, bas(stem)] < **laat-lat.** *bassus* [laag].

bas [2] [barg. stuiver, dubbeltje] < **jiddisch** *beis, beissie* [twee], en daardoor twee stuiver = een dubbeltje, twee vierduitstukken = vijf cent, in *een bas knaken* [twee rijksdaalders = vijf gulden].

basaal [aan de basis] < **eng.** *basal* [idem], van *base,* van *basis*.

basalt [hard gesteente] < **fr.** *basalte* < **lat.** *basaltes,* een onjuiste spelling in manuscripten van Plinius voor *basanites* < **gr.** *basanitès (lithos)* [steen uit Bashan, een gebied ten oosten van de Jordaan, waar veel lavasteen voorkomt], *(lithos* [steen]) → *basaniet.*

basaniet [steensoort] < **me. lat.** *basanites* [een donkergrijze marmersoort] < **gr.** *basanitos* = *basanitès (lithos)* [toetssteen], *(lithos* [steen]), mogelijk afgeleid van *Bashan* → *basalt.*

bascule — Batak

bascule [weegwerktuig] < fr. *bascule*, o.i.v. *bas* uit oudfr. *bacule* < me. lat. *baculus* [staaf van de unster], klass. lat. *baculum* [stok].

base [chemische term] heeft dezelfde etymologie als *basis*.

base-ball [honkbal] < eng. *baseball;* het eerste lid in de betekenis van 'de start- of finishlijn in een race' → *basis*.

Basedow ['ziekte van Basedow', schildklierziekte] genoemd naar de Duitse arts *Karl von Basedow* (1799-1854).

baseren [doen steunen] < fr. *baser*, van *base* < lat. *basis* (vgl. *basis*).

basic [computertaal] letterwoord, van *Beginners All-purpose Symbolic Instruction Code*, in de uitdrukking 'basic English' van *British American Scientific International Commercial English*.

basiciteit [mate waarin een oplossing alkalisch is] van *base*.

basilicum [bazielkruid] middelnl. *basilicum* < gr. *basilikon (phuton), (phuton* [plant]), o. van *basilikos* [van de koning], van *basileus* [koning], mogelijk van semitische herkomst.

basiliek [christelijke kerk] < lat. *basilica* [zuilenhal, basiliek, in chr. lat. kerkgebouw] < gr. *basilikè*, eig. de vr. vorm van het bn. *basilikos* [koninklijk], van *basileus* [koning], mogelijk van semitische herkomst.

basilisk, basiliscus [fabeldier] middelnl. *basilisce* [koningsslang] < lat. *basiliscus* < gr. *basiliskos*, verkleiningsvorm van *basileus* [koning]; de mythische basilisk werd zo genoemd omdat hij een kroontje op de kop zou hebben → *basiliek*.

basis [grondslag] < lat. *basis* [voetstuk, fundament] < gr. *basis* [het gaan, danspas, maat, fundament, vastheid], van *bainein* [gaan].

basisch [op de wijze van een base] afgeleid van *base*.

Bask [bewoner van Baskenland] < lat. *Vascones* (mv.).

baskerville [lettertype] genoemd naar de Engelse lettergieter *John Baskerville* (1706-1775).

basketbal [spel waarbij bal door ring met net wordt gegooid] eerste lid < laat-lat. *bascauda* [teiltje], een woord dat uit Brittannië was overgenomen.

bas-reliëf [halfverheven beeldwerk] < fr. *bas-relief* [idem], van *bas* < lat. *bassus* [laag] + *relief* (vgl. *reliëf*).

bassaangans [jan-van-gent] < neo-lat. *(sula) bassana*, genoemd naar de *Bass Strait* tussen Australië en Tasmanië, waar het merendeel van de Australische genten broedt, naar de ontdekker van de straat *George Bass* (1798).

bassen [blaffen] middelnl. *bassen*, klanknabootsende vorming.

basserool [muiter] < hebr. *bar* [zoon] + *jisraël* [van Israël].

basset [kortbenige hond] < fr. *basset*, met verkleiningsuitgang gevormd van *bas* [laag] < laat-lat. *bassus* [kort, dicht bij de grond].

bassethoorn [soort klarinet] naar it. *corno di bassetto, corno* [hoorn], *bassetto*, verkleiningsvorm van *basso* [laag] (vgl. *bas* [1]).

bassin [waterbekken] < fr. *bassin* [kom, bekken, vijver] < me. lat. *baccinus, baccinum* (vgl. *bekken*).

basson [fagot] < fr. *basson* < it. *bassone* [basfluit, fagot], van *basso* [laag] < lat. *bassus* [idem] + vergrotingsuitgang *-one*.

bast [schors] middelnl. *bast* [boombast], oudsaksisch, oudhd., oudnoors *bast*, oudeng. *bæst;* buiten het germ. lat. *fascis* [bundel], iers *basc* [halsband].

basta [1] [genoeg!] < spaans *basta* en < it. *basta*, gebiedende wijs van *bastar*, resp. *bastare* [genoeg zijn] < me. lat. *bastare* [idem] < gr. *bastazein* [vasthouden, verdragen, opleveren].

basta [2] [klaverenaas] < spaans *basto*, oudspaans *bastón* [staf] < me. lat. *bastum;* zo genoemd omdat op de kaarten stokken waren afgebeeld, voordat de klaveren gebruikt werden.

bastaard [onwettig kind, rasloos dier] middelnl. *bastaert*, middelnd. *bastert*, middelhd. *bast(h)art*, oudfries *basterd*, middeleng. *bastard*, oudnoors *bastarðr* < oudfr. *bastard* < me. lat. *bastardus* [verwekt op een pakzadel, bastaard, onzuiver], afgeleid van *bastum, basta* (modern fr. *bât*) [pakzadel], teruggaand op gr. *bastazein* [optillen, dragen]; een andere verklaring wijst op samenhang met gotisch *bansts* [schuur] en bastaard zou dan betekenen: in een schuur geboren → *batman*.

bastiaan [Westindische slavenopzichter] < portugees *bastão* [stok], evenals fr. *bâton* < me. lat. *bastum* [idem].

Bastille [staatsgevangenis te Parijs] < fr. *Bastille*, eig. soortnaam [vesting], van oudfr. *bastir* [bouwen], dat van frankische herkomst is, verwant met *(boom)bast*, met de oorspr. betekenis van 'samenbinden met repen bast'; vóór het gebruik van nagels werden stammetjes met bast aan elkaar bevestigd.

bastion [bolwerk] middelnl. *bastie* [idem] < fr. *bastion = bastillon*, vergrotingsvorm van *Bastille*.

bastjeshout [schil van rammenas, van het vuilboompje] het eerste lid is *bast* [schil].

bastonnade [pak slaag] < fr. *bastonnade* < it. *bastonata*, van *bastone* [stok] < me. lat. *bastum* [idem].

bat [slaghout] < eng. *bat* < oudeng. *batt* [knuppel] < fr. *batte* [idem], van *battre* [slaan] (vgl. *batterij*).

Bataaf [Germaanse bewoner van Nederland] < lat. *Batavi* [Batavieren, de germ. stam in de Betuwe].

bataat [zoete aardappel] < spaans *batata* < taino *batata* [zoete aardappel] → *patat*.

Batak [inboorling van de Bataklanden] vermoedelijke betekenis: ruiter, vgl. **toba-batak** *mamatak* [op een dier rijden, aanzetten tot draven], met voorvoegsel *ma-* (= maleis *me-*) + *batak;* er valt bovendien op te wijzen dat het motief van de ruiter in de Batak-kunst heel belangrijk is.

bataljon [troepeneenheid] (1681) < **fr.** *bataillon* < **it.** *battaglione* [groep krijgslieden], van *battaglia* [gevecht], van **lat.** *batt(u)ere* [stompen, slaan].

Batavieren [Germaanse stam] < **lat.** *Batavi.*

batch [computerterm] < **eng.** *batch* < **middeleng.** *bacche* [baksel], van **oudeng.** *bacan* [bakken]; de betekenis ontwikkelde zich van hoeveelheid die in één keer wordt gebakken, via hoeveelheid materiaal benodigd voor één produktie, tot deel van het computersysteem dat zonder ingrijpen een bepaalde reeks opdrachten kan uitvoeren.

bateleur [buitelarend] < **fr.** *bateleur* [circusartiest, potsenmaker, Afrikaanse roofvogel], van **oudfr.** *ba(a)stel* [meubeltje, het jongleren], etymologie onbekend.

baten [voordeel brengen] **middelnl.**, **middelnd.** *baten*, **oudhd.** *bazzēn* [beter worden], **oudeng.** *batian*, **oudfries** *batia* [baten]; van *baat*.

batengel [liggende gamander] mogelijk < **hd.** *Batengel* < **lat.** *betonicula,* verkleiningsvorm van *betonica, vettonica,* genoemd naar de *Vettones* [een volksstam in Lusitania].

bath [een inhoudsmaat (bijbels)] < **hebr.** *bath.*

bathmetaal [witte legering] genoemd naar de Engelse plaats *Bath,* waar de legering werd uitgevonden. Bath werd genoemd naar de warme baden.

bathometer [dieptemeter] gevormd van **gr.** *bathos* [diepte] + *meter*¹.

bathyaal [m.b.t. zeediepten van 200-1000 m.] eerste lid gevormd van **gr.** *bathus* [diep].

bathyscaaf [duikapparaat] gevormd van **gr.** *bathus* [diep] + *skaphè* [boot], van *skaptein* [graven, uithollen].

batik [gebatikte doek] < **maleis** *batik,* van **javaans** *mbatik* [batikken], *dibatik* [gebatikt].

batist [zacht doek] volgens de overlevering genoemd naar de wever *Baptiste,* die in de 13e eeuw in Kamerijk werkte; het **eng.** *cambric* [batist] klopt hiermee; het is afgeleid van *Kamerijk.*

batman [oppasser, geleider van pakpaard] < **eng.** *batman,* het eerste deel < **fr.** *bât* [pakzadel] → *bastaard.*

bâton [stok] < **fr.** *bâton* < **me. lat.** *bastum* [stok].

bats¹ [schop] etymologie onbekend.

bats² [hoogmoedig] **hd.** *batzig,* behoort bij *Batzen* [klomp, dik stuk, ook naam van de munt], zo genoemd in tegenstelling tot de blikkige *bracteaat.*

batsman [die de bat hanteert (bij cricket)] < **eng.** *batsman,* van *bat,* **oudeng.** *batt* [knuppel] < **fr.** *batte* [idem], van *battre* [slaan] (vgl. *batterij*).

batteren [weer en wind trotseren] → *afbatteren.*

batterij [toestel waarin elektrische energie is opgeslagen, stukken geschut] **middelnl.** *baterye, bat(t)erie* [keukengereedschap] < **fr.** *batterie* [kloppartij, batterij (van geschut, van flessen, slagwerk)], van *battre* [slaan] < **lat.** *battuere,* later *battere* [slaan, stompen, vechten].

battle dress [militair veldtenue] < **eng.** *battle dress,* van *battle* < **fr.** *batailler* [strijden] < **lat.** *batt(u)ere* [slaan, stompen] + *dress.*

battologie [woordherhaling] < **gr.** *battologein* [stamelend spreken, voortdurend herhalen], van *battarizein* [stamelen] + *legein* [oplezen, spreken], *logos* [woord].

baud [eenheid van transmissiesnelheid] genoemd naar de Franse telegrafiedeskundige *Jean Maurice-Emile Baudot* (1845-1903).

baumēschaal [schaal voor concentratie van oplossingen] genoemd naar de Franse apotheker en chemicus *Antoine Baumé* (1728-1804).

bautasteen [onbewerkte grafsteen] < **oudnoors** *bautasteinn* (**noors** *bautestein*) [een steen die in de grond is gedreven], van *bauta* [slaan], vgl. **oudhd.** *bōzzan* [slaan, stoten], **oudeng.** *beatan* [slaan], **middelnl.** *bo(o)ten* [kloppen, slaan].

bauwen [galmen] (ca. 1600), meestal *nabauwen,* klanknabootsend, vgl. **gr.** *baüzein* [blaffen, jammeren], **lat.** *baubari* [blaffen, bassen].

bauxiet [mineraal] genoemd naar de eerste vindplaats *Les Baux* in Frankrijk.

bavaroise [ijsgerecht] < **fr.** *bavaroise,* oorspr. *bavaroise de gelée,* gemaakt naar het voorbeeld van de drank *bavaroise* [lett. Beierse], zo genoemd omdat in de 18e eeuw Beierse prinsen tijdens een verblijf in Parijs in het café Procope i.p.v. thee een dergelijke drank lieten maken.

bavelaar [kleine houtgesneden uitbeelding van groep] genoemd naar *Cornelis Bavelaar* (1775-1831), zijn zoon en zijn kleinzoon, die de voorstellingen maakten.

bavet [slabbetje] < **fr.** *bavette,* van *bave* [kwijl] < **me. lat.** *bava* [idem], klanknabootsend gevormd.

baviaan [apengeslacht] **middelnl.** *baubijn, bobijn,* 16e eeuws *babiaan, baviaan* < **fr.** *babouin, babine* [hanglip (van dieren)], verwant met *babiller* [babbelen], *babil* [gebabbel], en daarnaast *baboue* [lelijke snuit], beide klanknabootsend gevormd → *bavet.*

bayadère → *bajadère.*

bazaan, bezaan [gelooid schapevel] **middelnl.** *bos(s)aen, besaen* [schapevel, schapeleder] < **oudfr.** *basane* < **ar.** *biṭāna* [binnenkant, voering], bij het ww. *baṭana* [hij was verborgen, aan de binnenkant, (in de 2e vorm) hij voerde].

bazaar [marktplaats] < **perzisch** *bāzār* [(overdekte) markt] (vgl. *pasar*).

bazalt → *basalt.*

bazelen [onsamenhangend spreken] (1793) < **hd.** *faseln,* frequentatief van **middelnd.** *fasen,* **middelnl.** *basen* [suffen, raaskallen, bazelen], vgl. **fries** *base* [raaskallen] → *beuzelen, verbazen.*

bazielkruid → *basilicum.*

bazijn [bombazijn] < **fr.** *basin* (naast *bombasin,* vgl. *bombazijn*).

bazooka [antitankwapen] verlenging van *bazoo,* de naam die de Amerikaanse komiek Bob Burns (†

bazuin — bedingen

1956) gaf aan een door hem uitgevonden grappig blaasinstrument, dat o.a. uit een retort en een tweetal gasbuizen bestond.

bazuin [soort trompet] middelnl. *basine, bosine, busine* < oudfr. *boisine, buisine* [idem] < lat. *bucina* [horen], van *bos* [rund, koe] + *canere* [zingen, spelen, blazen], idg. verwant met *haan*.

bdellium [welriekende gom] < lat. *bdellium* [balsemhars] < gr. *bdellion* < hebr. *bedslah*.

be- [voorvoegsel] middelnl. *be-*, oudnederfrankisch, oudfries, oudeng. *bi-, be-*, oudsaksisch, oudhd., gotisch *bi-*, zwakbetoond naast de volle vorm *bij*.

beaat [verheerlijkt] < fr. *béat* < lat. *beatus* [gelukkig, gezegend], verwant met *bene* (bijw.) *bonus* (bn.) [goed].

beambte [functionaris] het zelfstandig gebruikt bn. *beambt*, het bn. van *ambt*.

beamen [amen op iets zeggen] ouder *beamenen*, van *be-* + *amen*.

béarnaise, béarnaisesaus [botersaus] < fr. *béarnais*, vr. *béarnaise* [van of uit Béarn, een streek in het zuidoosten van Frankrijk], genoemd naar de Gallo-Romeinse stad *Beneharnum*.

beatificatie [zaligverklaring] < fr. *béatification* < chr. lat. *beatificatio* [idem], van *beatus* (vgl. *beaat*) + *-ficare* (in samenstellingen), van *facere* [maken, doen], daarmee idg. verwant.

beat-music [ritmische popmuziek] < eng. *beat-music*, van *beat* [slag, slag op een trom, ritmische herhaling van slagen] (vgl. *beatnik*).

beatnik [protesterende schrijver] < amerikaans-eng. *beatnik*, van een eerste lid *beat* [amerikaans slang uitgeput, vermoeid] < middeleng. *bete*, verl. deelw. van *beten* [slaan, dus eig. geslagen] + achtervoegsel *-nik*, via jiddisch aan het slavisch ontleend.

beau [minnaar] < fr. *beau* [mooi] < lat. *bellus* [idem].

beauceron [herdershond] < fr. *beauceron* [van of uit Beauce, een gebied ten zuidwesten van Parijs].

beaufortschaal [schaal voor windkracht] genoemd naar de Engelse vice-admiraal *Sir Francis Beaufort* (1774-1857), die de schaal ontwierp.

beaujolais [rode wijn] genoemd naar de streek van herkomst, de *Montagnes du Beaujolais*, ten zuidwesten van Macon.

beau-monde [de uitgaande wereld] < fr. *beau-monde*, van *beau* [mooi] + *monde* [wereld].

beauty [schoonheid] < eng. *beauty* < middeleng. *beau(l)te* < oudfr. *bealte, beaute*, < niet teruggevonden vulg. lat. *bellitas* [schoonheid], van *bellus* [knap, mooi].

bébé[1] [klein kind] < fr. *bébé* < eng. *baby* (vgl. *baby*).

bébé[2] [lange jurk (Indisch)] < maleis *bebe* [jurk].

bebop [bep. stijl van jazz en dans] < amerikaans-eng. *bebop*, klanknabootsing van het geluid van de trombone.

béchamelsaus [melksaus] genoemd naar *Louis, marquis de Béchamel,* hofmeester van Lodewijk XIV.

becquerel [eenheid van (kern)activiteit] genoemd naar de Franse familie *Becquerel*, waarvan vier generaties zich met de fysica bezighielden.

bed [slaapplaats] middelnl. *bedde*, oudsaksisch *bed(di)*, oudhd. *betti*, oudfries *bed*, oudeng. *bedd*, oudnoors *beðr* [peluw], gotisch *badi;* buiten het germ. zijn met zekerheid geen verwanten gevonden.

bedaagd [niet jong meer] sedert Kiliaan, gevormd van *dag*[1], als *bejaard* van *jaar*.

bedak [blanketsel van rijstpoeder] < maleis *bedak* < javaans *wedak* [idem].

bedaren [(zich) kalmeren] in het middelnl. als wederkerend ww., in de betekenis 'zijn hartstochten bedwingen, tot zichzelf komen', nd. *bedaren*, fries *bid(e)arje*, verdere verbindingen zijn twijfelachtig, mogelijk verwant met *bedeesd*.

bede [gebed] → *bidden*.

bedeesd [verlegen] een umlautvorm naast (bij Plantijn) *bedaest*, vgl. middelhd. *dœsic* [in zichzelf gekeerd, dom], oudnoors *dasi* [stumper] en, met korte *a, dasast* [moe worden], zweeds *dasa* [luieren], van een basis met *a* naast een met *u*, die ten grondslag ligt aan *duizelen, beduusd,* vgl. verder *dwaas* en *daas, dazig*.

bedeguar, bedegar [hondsrozespons] < fr. *bédégar* [idem] < perzisch *bādāwar*, van *bād* [wind] + ar. collectief *ward*, nomen unitatis *warda* [roos].

bedelen [aalmoezen vragen] middelnl. *bedelen* [bidden en tevens bedelen], frequentatief van *bidden* [o.m. een verzoek doen, God aanroepen, bidden, bedelen].

bederven [rotten, beschadigen] middelnl. *bederven* [in het verderf storten, schade lijden, te gronde gaan], oudnederfrankisch *fardervan* [omkomen], middelnl. *verderven*, middelhd. *verderben* [idem], oudeng. *deorfan* [arbeiden, omkomen]; de begrippen verderven en arbeiden liggen niet altijd ver uiteen, vgl. middelnl. *arbeit* [werk, inspanning, leed, foltering]; buiten het germ. litouws *dirbu* [ik werk].

bedevaart [reis naar heilige plaats] middelnl. *bedevaert, beevaert,* van *bede* + *vaart* in de betekenis 'tocht'.

bedibberen, dibberen [praten (over)] < jiddisch *dabbern* < hebr. *dabar* [spreken].

bedieden [beduiden] Vlaamse *ie* -vorm naast Hollandse *ui* → *beduiden*.

bediende [hulp] in de 18e eeuw ontstaan o.i.v. hd. *der Bediente*.

bedijen, bedijgen, variant van *gedijen*.

bedillen [bevitten, bereddelen] sedert Kiliaan, van *be-* + middelnl. *dillen* [snappen, praten], *waer dillen* [de waarheid zeggen], *dille, delle* [babbelaarster, meisje]; het woord komt slechts in het nl. voor.

bedingen [bij overeenkomst bepalen] van *be-* + *dingen*.

bedisselen [regelen] van *dissel*[1] [een instrument waarmee oneffenheden in houtwerk werden weggewerkt]; bedisselen is dus keurig in orde maken.

bedoeïen [arabische nomade] < fr. *bédouin* < ar. *badawī* [nomadisch, nomade, bedoeïen], afgeleid van *badw* [woestijn waar nomaden leven].

bedoelen [zich ten doel stellen, aanduiden] van *be- + doel* of *doelen*.

bedomen [bewasemen] → *doom*.

bedompt [benauwend] → *damp*.

bedonderd [beroerd] *ben je bedonderd?* [lett. ben je door de bliksem getroffen?], vgl. *belazerd*.

bedotten [misleiden] bij Kiliaan *bedodden*, wel van oostelijk **middelnl.** *dod* [dwaas], dus iem. verdwazen; bij Kiliaan ook *doten, dutten* [krankzinnig zijn].

bedrag [geldsom] middelnl. *bedrach,* van *bedragen*.

bedremmeld [beteuterd] (1642), verl. deelw. van *bedremmelen* [belemmeren, verlegen maken], frequentatief van *bedremmen*, van *be-*, **middelnl.** *dremmen* [kwellen, drukken], verwant met *drom*[1].

bedretsen [vuil maken] middelnl. *bedretsen;* van *be- + dretsen*.

bedreuteld [beduusd] → *dreutelen*.

bedreven [ervaren] eerst sedert de Renaissance bekend en vermoedelijk een vertalende ontlening aan lat. *exercitus* [geoefend], eig. het verl. deelw. van *exercēre* (vgl. *exerceren*).

bedriegen [misleiden] middelnl. *bedriegen,* naast *driegen*, **oudnederfrankisch** *bedriegan*, **oudsaksisch** *(bi)driogan*, oudhd. *(bi)triogan*, **oudfries** *bidriaga;* buiten het germ. **oudindisch** *druhyati* [hij tracht te benadelen, is vijandig], *druh-* [boze geest, vijand]; het zn. *bedrog* is een ablautende vorm, vgl. **middelnl.** *bedroch,* naast *droch,* maar ook *bedriech* → *droom, gedrocht*.

bedrijf [beroepswerkzaamheid] middelnl. *bedrijf,* **middelnd.** *bedrif* [het handelen, landbouw, gebied, macht], van *bedriven* [doen, bewerken, besturen, drijven], van *be- + drijven*.

bedrillen [beschikken] van *be- + drillen*.

bedroeven [verdriet aandoen] **middelnl.** *bedroeven* [benauwen], van *be- + dro(e)ven, drueven, drouven* [bedroefd zijn, spijt hebben], **middelnd.** *bedroven,* **oudhd.** *truoben* [droevig maken], **oudeng.** *drefan* [verontrusten], **gotisch** *drōbjan* [in onrust brengen] (vgl. *droef*).

bedrog [bedriegerij] → *bedriegen*.

bedruipen [zichzelf bedruipen, financieel voor zichzelf kunnen zorgen] **middelnl.** *bedrupen,* oorspr. gezegd van vlees dat in eigen vet gebraden kon worden en dus niet met boter behoefde te worden bedropen.

bedstede [ingebouwde slaapplaats] **middelnl.** *bedstede,* van *bed + stee*.

beducht [bevreesd] (1539) *beducht,* verl. deelw. van **middelnl.** *hem duchten, beduchten* [vrezen] (vgl. *duchten*).

beduiden [betekenen] **middelnl.** *beduden, bedieden,* van *be- + duiden*.

beduimelen [door herhaald aanvatten bevlekken] gezien **middelnl.** *duymeldicke* [zo dik als een duim], is het woord mogelijk afgeleid van *duim*.

beduusd [beteuterd] → *duizelen*.

bedwelmen [benevelen] **middelnl.** *bedwelmen* [van zijn zinnen beroven, bedwelmen, misleiden], van *be- + dwelmen* [van zijn zinnen beroven], *dwelme, dwelm* [flauwte, dwaas (d.w.z. verbijsterd van zinnen)]; verwant is **oudeng.** *fordwielman* [belemmeren, verwarren].

beek [smal stromend water] **middelnl.** *beke,* **oudsaksisch** *beki,* **oudhd.** *bah,* **oudeng.** *bece,* **oudnoors** *bekkr;* verwantschap met niet-germ. woorden is moeilijk aanwijsbaar, maar mogelijk is er verwantschap met **iers** *bual* [stromend water].

beekbunge, beekpunge [soort ereprijs] < hd. *Bachbunge;* het tweede lid **oudhd.** *bungo,* **middelhd.** *bunge* [knol].

beeld [afbeelding, voorstelling] **middelnl.** *beelde, bilde;* er zijn slechts verwanten in het westgerm.: **oudnederfrankisch** *bilithe,* **oudsaksisch** *bilithi,* **oudhd.** *bilidi, biladi;* het woord is kennelijk samengesteld met *be-*, maar het tweede lid is onbekend.

beeldwit [slaapwandelaar] **middelnl.** *belewitte, beelwitte, beluwitte* [benaming voor bovennatuurlijke wezens, een soort elven, ook toverheks, vrouwelijk monster, zeemeermin]; het eerste lid *beelde, beelt* heeft naast de moderne betekenis ook die van 'gedaante' en in oostmiddelnederlands 'vrouw'. Het tweede lid *wit* als zn. [het wit, witte stof van kleding, witte kledingstukken, slaaplaken, witte vrouwe], (*met witten gecleet* = in het wit gekleed); vgl. de volksvertelsels over de witte wiven, en **hd.** *Bilwis*.

beeltenis [afbeelding] met verscherping van *d > t* voor de uitgang *-nis* < **middelnl.** *beeldenisse,* van *beelde* (vgl. *beeld*).

Beëlzebub, Beëlzebul [de heerser over de duivels] < hebr. *baʿal zebūb* [heer van vliegen, de god van Ekron in II Koningen 1], van *baʿal* [eigenaar, heer], van het ww. *bāʿal* [in bezit nemen] + *zebūb* [vlieg], een klanknabootsend woord.

beemd [weiland] mogelijk ontstaan uit een eerste lid *ban*[2] in de zin van rechtsgebied + een tweede lid *made*[2] [weiland], dus gemeenschapsweide.

been [lichaamsdeel, bot] **middelnl.** *been, bein, bien* [been (in beide betekenissen)]; uitsluitend germ.: **oudfries, oudsaksisch** *bēn,* **oudhd.** *bein,* **oudeng.** *bān,* **oudnoors** *bein;* etymologie onbekend.

beer[1] [roofdier, bruine beer] **middelnl.** *bere, beer, bare,* **oudhd.** *bero,* **oudeng.** *bera,* **oudnoors** *bjǫrn;* het woord betekent 'bruin': **litouws** *bèras* [bruin]; de idg. benaming van de beer is een geheel andere (b.v. lat. *ursus*); verondersteld wordt, dat zich bij de Germaanse jagers een taboe heeft ontwikkeld op het rechtstreeks noemen van de naam. Vgl. voor de betekenis *bever*.

beer — begonia

beer[2] [mannetjesvarken] **middelnl.** *bere, beer,* **oudsaksisch, oudhd.** *bēr,* **oudeng.** *bār,* **longobardisch** (7e eeuw) *pair,* maar buiten dit beperkte gebied niet bekend.

beer[3] [mensendrek, gier] **middelnl.** *beer, bere* [aalt, drek, mest, modder], *barme* [heffe, droesem, bezinksel], **middelnd.** *barm, berm,* **oudeng.** *beorma* [idem]; op dezelfde idg. basis stoelt **lat.** *fermentum* [gist].

beer[4] [schuld(eiser)] 18e eeuw < **hd.** *Bär,* overdrachtelijk gebruik van de dierenaam, evenals **fr.** *loup* [wolf, schuld].

beerdiertjes [kleine diertjes in mos] van ***beer***[1], vanwege het feit dat zij enige gelijkenis hebben met beren.

beermaki [soort halfaap] van ***beer***[1] + ***maki***.

beermost [voorloop van wijndruiven] < **hd.** *Beermost* [most die vanzelf, zonder persen uit de bessen loopt], (*Beeren* = bessen).

beerwortel [een plant] van ***beer***[1] + ***wortel***, vgl. **hd.** *Bärenwurtz* en de benaming in het **lat.** *radix ursina,* zo genoemd vanwege de ruige wortel.

beerzen dial. nevenvorm van ***biezen***.

beest [dier] **middelnl.** *beest(e)* < **oudfr.** *beste* < **lat.** *bestia* [idem].

beet [hap] van ***bijten***.

beetraaf [beetwortel, suikerbiet] < **fr.** *betterave,* van *bette* < **lat.** *beta* [biet] + *rave* < **lat.** *rapa* = *rapum* [knol, raap].

beetwortel [suikerbiet] het eerste lid < **lat.** *beta,* dubbelvorm van *biet;* de laatste vorm is een oudere ontlening, die de normale klankontwikkeling heeft meegemaakt. De vorm *beta* is een jongere overname door heroriëntering op de lat. schrijftaal.

bef[1] [witte doek voor de borst] **middelnl.** *beffe* [halskraag, muts], **middelnd.** *beffe* [koormuts, mantel], **eng.** *baft* [een grof, meestal katoenen weefsel], **oudfr.** *biffe* [een gestreepte stof, later gedeprecieerd tot vod] < **me. lat.** *biffa* < **ar.** *bafta* [calico, Indische katoen] < **perzisch** *bāfteh* [textiel], eig. verl. deelw. van *bāftan* [weven], daarmee idg. verwant, vgl. **oudindisch** *urna-vābhi-* [wolweefster > spin]; het **eng.** *baft* is waarschijnlijk ontleend aan **hindi** *bāftā* < **perzisch** *bāfteh*.

bef[2] [barg. vrouwelijk geslachtsdeel] reeds in Liber Vagatorum (1510) *Beffe,* verwant met **hd.** *Befze* [lip (hier schaamlip)].

befaamd [vermaard] **middelnl.** *befaemt* [berucht], verl. deelw. van *befamen* [beschuldigen], afgeleid van *faam*.

beffen [cunnilingus bedrijven] van ***bef***[2].

befgajes [leden van de rechterlijke macht] van ***bef***[1] (omdat rechters beffen dragen) + ***gajes***.

begaafd [talentvol] **middelnl.** *begavet, begaeft,* eig. verl. deelw. van *begaven* [begiftigen].

begaaien [bevuilen] **middelnl.** *begaden, begayen* [het gelijke bij elkaar brengen, in orde brengen, opschikken, versieren, in een zekere toestand brengen, vooral slecht behandelen, toetakelen], b.v. *onscone begayen* [geducht toetakelen] → ***gade***.

begaden [bevuilen] → ***begaaien***.

begaffelen [begapen, bedisselen] van *be-* + *gaffelen* [rap eten], van *gaffel* [mond], verwant met ***gapen***, dus eig. de mond zover opensperren, dat het brok voedsel 'behapt' kan worden.

begaving [flauwte, toevallen] **middelnl.** *begavinge* [het bezield zijn met de geest Gods, aanval van geestverrukking], van *begaven* [begiftigen, enerzijds met stoffelijke gaven, anderzijds met geestelijke en vandaar met de geest Gods vervullen, in geestvervoering brengen, vervolgens eufemistisch voor met een ziekte bezoeken].

begeerte [verlangen] **middelnl.** *begeert(e),* naast *begeer(de),* **oudsaksisch** *giritha,* **oudhd.** *girida,* van ***begeren***.

begeesteren [in geestdrift brengen] < **hd.** *begeistern,* dat naar het mv. *Geister* is gevormd als *vergöttern* van *Götter,* komt sedert Bilderdijk in het nl. voor.

begeren [verlangen] **middelnl.** *geren, begeren,* **oudnederfrankisch, oudsaksisch, oudhd.** *gĕron,* **oudfries** *ieria,* **gotisch** *gairnjan;* buiten het germ. **lat.** *horiari,* later *hortari* [aansporen], **gr.** *chairein* [zich verheugen, iets graag hebben] → ***gretig***.

begieten [barg. angstig] < **jiddisch** *begitoh* [angst].

begiftigen [beschenken met] **middelnl.** *beguftighen, begiftighen* [beschenken, een huwelijksgoed vastzetten voor], van *begiften,* van *be-* + *giften* [begiftigen, de eigendom van een onroerend goed overdragen] (vgl. ***gift***).

begijn [lid van bep. vrije kloosterlijke vergadering] **middelnl.** *bagine, begine, begijn;* er zijn uiteenlopende pogingen tot verklaring gedaan, o.a. afleiding van de naam *Lambert le Bègue,* stichter van de beweging, doch dit is vermoedelijk later terwijle van een verklaring bedacht. Het meest waarschijnlijk lijkt ontlening aan **me. lat.** *begina* [idem] < **oudfr.** *bege* (**fr.** *beige*) [kleur van naturel wol, dus grijs of bruin], etymologie onbekend; een gewaad van naturel wol werd gedragen door aanhangers van armoedebewegingen. Vgl. voor de vorming ***soefi***.

begijnenra [onderste ra aan bezaansmast] die reeds zeer lang in gebruik is, niet om er een zeil aan te bevestigen, maar om er de schoten van het achterste langszeil mee te bedienen; de ra zonder zeil was een maagdelijke begijnenra.

beginnen [aanvangen] **middelnl.** *beginnen,* **oudnederfrankisch** *beginnan,* **oudsaksisch, oudhd.** *biginnan,* **oudeng.** *beginnan,* **oudfries** *biginna;* een grondwoord *ginnen* is niet overgeleverd; wel de samenstellingen *ontginnen* en **gotisch** *duginnan* [beginnen]; etymologie onzeker.

begonia [plantengeslacht] genoemd naar Michel *Bégon* (1638-1710), de Franse gouverneur van Santo Domingo, bevorderaar van de plantkunde, door de botanicus Plumter (1646-1706).

begord [van schip dat met de kiel tegen het ankertouw zwaait] verl. deelw. van middelnl. *begorden* [omringen, als met een gordel verbinden]; van *be- + gorden* → **gord, gordel**.

begrijpen [vatten, omvatten] middelnl. *begripen* [aantasten, voor het gerecht dagen, ter hand nemen, omvatten, begrijpen, verstaan], waarbij de overdrachtelijke betekenis is ontstaan o.i.v. lat. *comprehendere* [vatten]; vermoedelijk stond het woord o.i.v. middelhd. *begrifen* in de taal der mystici.

begrip [inzicht, idee] middelnl. *begrijp, begrip, begriep, begreep* [berisping, aanval, omheining, vesting, sterkte, begrip (in de moderne betekenis)], van *begripen* (vgl. **begrijpen**).

begum [titel voor koningin] < turks *beg, bey* [bey] + ar. *umm* [moeder, oorspr. de moeder van de bey].

beha [letterwoord] afkorting van *bustehouder*.

behagen [aangenaam zijn] middelnl. *(be)hagen* [helpen, behagen], naast o.m. oudfries *bihagia*, oudhd. *bihagan*, middelhd. *behagen*; de grondbetekenis is 'met een haag afschermen', vgl. middelnl. *hegen* [omhagen, iem. van het nodige voorzien], ook **nl.** *beschutten*.

behalve [uitgezonderd] middelnl. *behalven* [met uitzondering van], van *bi* [bij] + *halve, half* [zijde, kant], dus lett. aan de kant.

behartigen [zorgen voor] middelnl. *behertigen, behartigen*, naast (bij Kiliaan) *beherten*, gevormd met *-igen* naast *-en* van **hart**, zoals *eindigen* naast *einden*.

behaviorisme [richting in psychologie] < amerikaans-eng. *behaviorism*, gevormd van *behavior*, o.i.v. *havior* [bezitting] gevormd van *to behave* [zich gedragen], oudeng. *behabban* [in bedwang houden], van *be- + habban* [hebben].

beheime [vee, beest] < jiddisch *beheime* < hebr. *bēmā* [beest] (vgl. **Behemoth**).

behelzen [inhouden] middelnl., middelnd. *behelsen* [omhelzen], naast middelnl. *helsen*, oudhd. *bihelsen*, oudsaksisch *helsian* en middelnl. *halsen*, oudhd. *halsen, halson* in de betekenis 'omhelzen' en 'onthoofden', afgeleid van **hals**.

Behemoth [een reusachtig dier] < hebr. *bhēmōth*, mv. van *bēmā* [beest], Job 40:10; het mv. heeft hier een versterkende functie → **beheime**.

behendig [vlug] middelnl. *behende, behendig* [handig, slim], van *hand*, vgl. *bijdehand*, dat eveneens van lett. gebruik op overdrachtelijk overging.

behennoot, bennoot [vrucht van de behennoteboom] < fr. *béhen* < perzisch *baham*.

beheren [besturen] middelnl. *beheren* [beheersen, toezicht houden, een heer over iets aanwijzen], middelnd. *beheren*, middelhd. *beherren* [als heer besturen], afgeleid van **heer** [1].

behoeven [nodig hebben, zijn] middelnl. *behoeven, behoven* [behoeftig zijn, nodig hebben, moeten, nodig zijn, betamen]; de vorm zonder *be-* eerst door Kiliaan vermeld, vgl. **oudfries** *bihovia*, **fries** *hoeve*, middelnd. *behoven*, oudeng. *behofian*, verwant met **heffen**.

behoje [barg. vrouwelijk geslachtsdeel] < **aramees** *behata* [schaamte].

behoren [toebehoren, nodig zijn, passen] middelnl. *behoren*, oudsaksisch *gihorian*, oudhd. *gihoran* (hd. *gehören*), oudeng. *gehieran* [(m)nl., (o)hd. betamen, elders horen]; de betekenisontwikkeling was 'luisteren naar, zich voegen, passen'.

behoudens [behalve] met het bijwoorden vormende achtervoegsel *s* < middelnl. *behouden* [met behoud van, zonder te kort te doen aan, zonder], oorspr. gebruikt in absolute constructies als *behouden der kindre recht*.

bei[1] [bes] middelnl. *beye, bei* < fr. *baie* < lat. *baca* [bes, parel].

bei[2], bey, beg [Barbarijse vorst] < turks *beg, bej* [heer, oorspr. een adellijke titel] → **begum, bergamotpeer**.

beiaard [klokkenspel] middelnl. *beyaert* (vgl. **beieren**).

Beiaard [ros van de vier Heemskinderen] < middelnl. *ros beyaert, beyaert* [roodbruin, paard, vos] < fr. *bai* [roodbruin van paarden] < lat. *badius* [kastanjebruin] → **baai**[1], **baillet**.

beide [het tweetal] middelnl. *be(i)de*, oudsaksisch *bēthia*, oudhd. *be(i)de*, oudfries *bēthe*, middeleng. *bathe, bothe* (eng. *both*), oudnoors *baþir*, gotisch *bajoþs*, samengesteld uit een eerste lid gotisch *bajoþs*, m. *bai*, o. *ba*, oudeng. *ba, bu* [beide] + het lidw. *de*; het is een oude dualis: **gr.** *amphō*, lat. *ambo*, litouws *abu* [beide] (met een voorvoegsel *am-*) → **amfoor**.

beiden [wachten] middelnl. *be(i)den*, oudnederfrankisch *beidan*, oudhd. *beiton*, naast het sterke ww. middelnl. *biden*, oudeng. *bidan* (eng. *abide*), oudhd. *bitan*, oudnoors *biða*, gotisch *beidan* [wachten]; buiten het germ. lat. *fidus* [betrouwbaar, standvastig], **gr.** *peithein* [vertrouwen op], albaans *be* [eed].

beieren [luiden] middelnl. *beyeren, bayeren, beiaerden, beyaerden*, vgl. **beiaard**; vermoedelijk klanknabootsend gevormd.

beige [grijsachtig geel of bruin] < fr. *beige* < oudfr. *bege*, etymologie onbekend.

beignet [gebak] < fr. *beignet*, verkleiningsvorm van *beigne* [oorspr. een buil ten gevolge van een slag], etymologie onbekend.

beiram, bairam [islamitisch feest] < turks *bairam* [feest, feestdag].

beis [straat, buurt] < hebr. *bait, bet* [huis] (vgl. **bajes**).

beisa [antilopesoort] een inheemse benaming in Ethiopië.

beisje [barg. dubbeltje] < hebr. *bēth* [tweede letter van het alfabet, met getalwaarde 2]; een beisje is een muntstuk van 2 stuivers, dubbeltje. Vgl. **bas**[2], **heit, joet, lammetje**.

beisponum [iezegrim] het eerste lid < **jiddisch**

beitel — belagen

beisponum < **hd.** *böse* [boos], het tweede lid *ponem*.

beitel [stuk gereedschap] **middelnl.** *beitel, betel* [beitel, wig], **middelnd.** *beitel, betel* [beitel], *beizel* [wig], afgeleid van het causatief *bijten*.

beitsen [kleuren met beits] laat 19e eeuwse ontlening < **hd.** *beizen* [doen bijten], causatief van *beißen* [bijten]; vgl. voor de betekenis **eng.** *mordant* en **nl.** *etsen* (causatief van **hd.** *essen,* **nl.** *eten*) en *etten* → *bijten*.

bejegenen [behandelen] **middelnl.** *bejegenen* [ontmoeten, tegenkomen, bejegenen], **middelnd.** *begegenen, bejegenen,* **oudhd.** *bigaganen,* van **middelnl.** *jegen* [tegen], vgl. ook *jegens*.

bek [snavel, mond] < **fr.** *bec* [snavel] < **lat.** *beccus* [idem], dat volgens Suetonius uit het gallisch stamt.

bekaaid [er bekaaid, slecht afkomen] van *be-* + **middelnl.** *keyen* [met een steen naar een doel werpen], van *kei, kay* [keisteen], vgl. *bewerpen* [naar iem. met iets werpen] → *kaaiboeren*.

bekaan, pekaan [barg. aanwezig] < *jiddisch kaan,* **hebr.** *kān* [hier, ter plaatse] + **hebr.** *be-,* een voorvoegsel.

bekaf [uitgeput door te hard lopen] in 17e eeuw *beck af,* van de uitdrukking *een paard den bek afrijden* [zo afrijden dat het buiten asem is].

bekant [bijna] dial. nevenvorm van *bijkans*.

bekattering [barg. uitbrander, bekeuring] < **hebr.** *meqatreig* [Satan, eig. tegenstander (van de mens), beschuldiger], vgl. *qatekōr* [aanklager] < **gr.** *katègoros* [aanklager] (vgl. *categorie*); vgl. voor de betekenis *Satan*.

bekeeuwen [flauwvallen] van *be-* + *keeuwen*.

bekend [vermaard, kennende] **middelnl.** *becant* en ook reeds *bekent,* **middelnd.** *bekant* [kennende, verstandig, bekend], **middelhd.** *bekant, bekennet, bekent;* oorspr. verl. deelw. van **bekennen**.

bekennen [bespeuren, erkennen] **middelnl., middelnd., middelhd.** *bekennen* betekent meest 'bemerken, kennen, weten', minder vaak 'bekennen', samenstelling van *be-* + *kennen*.

bekentenis [het erkennen] **middelnl.** *bekennesse, bekennisse* en ook *bekentenis,* afgeleid van het verl. deelw. *bekend,* doch gevoeld als een afleiding van *bekennen*.

beker [drinkgereedschap] < **vulg. lat.** *bicarium* [beker], teruggaand op **gr.** *bikos* [kruik, een maat], dat uit het Nabije Oosten afkomstig is.

bekeuren [verbaliseren] **middelnl.** *bekeuren* [een wettelijke verordening maken op, bekeuren], van *keure, keuze* [o.m. verordening, in een keur vastgestelde straf, boete] → *keur*.

bekken [kom] **middelnl.** *beckijn, beckin, becken* [kom] < **me. lat.** *baccinus, baccinum* < **gr.** *bakchinon,* afgeleid van *Bakchos* [de god van de wijn, overdrachtelijk wijn], dus oorspr. wijnkom; het woord werd in het nl. later nogmaals ontleend aan het fr., vgl. *bassin, bak*[1] → *bekkeneel*.

bekkeneel [hersenpan, doodshoofd] **middelnl.** *beckeneel, beckineel, backeneel* [bekkeneel, metalen kapje ter bescherming van de schedel, helm] < **me. lat.** *bacinus, bacenettus* [lichte helm] = *bacinus, -a, -um* (vgl. *bekken*).

beklijven [gedijen, bijblijven] **middelnl.** *becliven* (verl. deelw. *becleven*), van *be-* + *-cliven* [kleven, blijven vastzitten, wortel schieten, gedijen], naast *cleven* (sterk en zwak ww.), vgl. *kleven*.

beknijzen [barg. bekijken] van *be-* + *knijsen* [kijken, begrijpen], etymologie onbekend.

beknopt [kort samengevat] (1603), vgl. **middelnl.** *becnochtelike, becnoftelike* [op beknopte wijze], van *becnopen* [vastknopen], waarna beknopt o.i.v. *knop* [knoop] is gevormd.

bekocht [afgezet] verl. deelw. van **middelnl.** *becopen* [bij verkoop winst op iem. behalen], *bekocht zijn* is dus een nadelige koop gesloten hebben.

bekokstoven [heimelijk regelen] variant van *bekoken* [iets in onvoldoende mate koken, overwegen, door te koken iets verwerven, voor iem. koken]; van *koken*[1] + *stoven*.

bekommeren [met zorg vervullen] van *be-* + *kommer*[1].

bekomst [zoveel als iem. behaagt] van *bekomen,* **middelnl.** *becomen* [o.m. m.b.t. spijzen en daden zowel goede gevolgen hebbend als ook slechte gevolgen: opbreken].

bekoren [aantrekken] **middelnl.** *becoren, bekeuren* [proeven, smaken, ondervinden, aanlokken], **oudnederfrankisch** *becoron* [op de proef stellen], **middelnd.** *bekoren* [onderzoeken, in verzoeking brengen], **oudhd.** *(bi)koron* [(be)proeven], ablautend en met grammatische wisseling naast *kiezen*.

bekrompen [niet ruim] eerst nieuwnl., verl. deelw. van *bekrimpen* [beperken].

bekwaam [kundig] **middelnl.** *bequame* [gepast, passend, geschikt, bekwaam], van *becomen* [betamen, passen] (vgl. *bekomst*), afgeleid van *komen*.

bel[1] [schel, klok] **middelnl., middelnd., oudeng.** *belle,* **oudnoors** *bjalla,* van een basis waarvan ook zijn gevormd **middelnl.** *bullen* [tieren], *belen* [blaffen], **hd.** *bellen* [blaffen], alle met *ll* < *ls*; buiten het germ. **litouws** *balsas* [stem].

bel[2] [bobbel] in 1523 is de betekenis 'vruchtkegel aan de kop' genoteerd, in 1544 'soort gezwel'; is een jonge met *bol* en *bal* ablautende vorm.

bel[3] [geluidseenheid] genoemd naar *Alexander Graham Bell* (1847-1922), uitvinder van de telefoon.

Bel → *Baäl*.

belabberd [akelig] **middelnl.** *belabbert,* verl. deelw. van **middelnl.** *belabberen* [bevuilen, belemmeren, met lasten bezwaren], van *labberen* [bezoedelen], intensiefvorm van een ww. dat in het **nd.** *labben* [slorpen, onsmakelijk eten] vgl. *lebberen* [slorpen].

belagen [bedreigen] **middelnl.** *belagen* [lagen leggen], van *be-* + *lagen* [belagen], van *lage* [ligging, laag, hinderlaag], van *liggen*.

belam [uitroep, 'belam als het niet waar is'] < *ik ben lam*, vgl. 'ik mag doodvallen'.

belang [voordeel, belangstelling] **middelnl.** *belange, belanc* [verlangen, voordeel, belang], van *belangen* [verlangen], van *lang*.

belazerd [bedonderd] afgeleid van de naam van de aan lepra lijdende *Lazarus* (Lucas 16:19 e.v.). Dus *ben je belazerd?* betekende oorspr. 'ben je door de lepra getroffen?'. De uitdrukking is vergelijkbaar met *ben je bedonderd* [door het onweer getroffen]; lepra en bliksem werden vaak gezien als straffen van God.

belcanto [zingen volgens de Italiaanse techniek] < **it.** *bel canto* [idem], *bel* < *bello* [schoon] < **lat.** *bellus + canto* [gezang] < **lat.** *cantus* [idem].

belder [brileend] klanknabootsend woord. Zo genoemd naar het tjingelend geluid bij het vliegen.

beledigen [krenken] o.i.v. **hd.** *beleidigen*, sedert Kiliaan, geënt op *leed*.

beleefd [hoffelijk] **middelnl.** *beleeft, belevet* [ervaren, wereldwijs], van *beleven* [beleven, ondervinden].

beleg [militaire insluiting] **middelnl.** *belegge* [belegering], van *beleggen* [leggen, beslaan van een ruimte, bezetten, belegeren], van *be-* + *leggen*.

beleid [wijze van handelen, overleg] **middelnl.** *beleit, beleet* [geleide, leiding, regel, richting], van *beleiden*.

belemmeren [verhinderen] **middelnl.** *belemmeren* [belemmeren, in de war brengen], frequentatief van *belemmen* [kwetsen, verwonden, verminken], van *lam* [gebrekkig, zwak van leden, lam].

belemniet [pijlvormige fossielen, donderpeelkens] gevormd van **gr.** *belemnon* [werptuig, speer of pijl], van *belos* [idem], verwant met *ballein* [werpen] + → *-iet*.

belenden [grenzen] **middelnl.** *belenden* [palen of grenzen aan], van *be-* + *landen* [aan wal komen, grenzen aan], van *land*.

beletten [verhinderen] **middelnl.** *beletten;* van *be-* + *letten*[1].

belfort, belfroot [toren met klokken] **middelnl.** *belfroot, bellefo(o)rt* [wachttoren, toren, groot gebouw met toren], daarnaast *berchvrede* [(verdedigings)toren], **middelhd.** *bergvride, bergfrit,* < **oudfr.** *beffroi;* de herkomst is wel germ., vgl. **nl.** *bergen* [in veiligheid brengen, middelnl. ook in de hoogte gaan, rijzen], en *vrede,* dat in het middelnl. allereerst wettelijke bescherming tegen wapengeweld, handhaving van de 'stadsvrede' betekende.

belgen [toornig maken] **middelnl.** *belgen* [opzwellen, boos worden, boos maken], **oudhd.** *belgan,* **oudsaksisch** *belgan;* de oorspr. betekenis is 'opzwellen', vgl. *balg*.

Belgisch [m.b.t. België] < **lat.** *Belgicus,* van *Belgae* [de Belgen].

belhamel [aanvoerder] oorspr. de hamel die met een bel om de nek de kudde voorgaat (vgl. *hamel*[2]).

Belial [duivel] < **hebr.** *belīja'al* [nutteloosheid], van *blī* [zonder] + *ja'al* [gebruik, nut].

believen [behagen] **middelnl.** *believen* [beleven, goedvinden, behagen], **middelnd.** *beleven,* **hd.** *belieben,* vgl. *gelieven* → *lief*.

belijden [een geloof aanhangen, bekennen] **middelnl.** *beliën* en ook al, met hypercorrecte *d, beliden* [erkennen, vermelden], **middelnd.** *belien,* **oudfries** *bihlia,* **oudeng.** *hligan* [toekennen]; buiten het germ. **litouws** *klykti* [schreeuwen], **oudkerkslavisch** *klĭcati* [schreeuwen].

belladonna [wolfskers] < **it.** *bella donna* < **me. lat.** *bladon(i)a* [nachtschade], dat van gallische herkomst is. Volksetymologie verklaart het woord uit *bella* [schone] *donna* [vrouw].

belle [na gelijke stand beslissende partij] < **fr.** *belle,* het zelfstandig gebruikt vr. van *beau* [mooi].

bellefleur [appel] < **fr.** *(pomme de) belle fleur* [appel met fraaie bloem].

bellettrie [(beoefening van de) schone letteren] nl. vorming naar **fr.** *belles-lettres* [idem].

belligerent [oorlogvoerend] met een *e* in de laatste lettergreep o.i.v. de talrijke woorden op *-ent,* vgl. **fr.** *belligérant,* teg. deelw. < **lat.** *belligerans* (2e nv. *belligerantis*), van *belligerare* [oorlogvoeren], van *bellum* [oorlog] < **oudlat.** *duellum* (vgl. *duel*) + *gerere* [voeren].

bellis [madeliefje] vermoedelijk gevormd van **lat.** *bellus* [aardig], met een graeciserende uitgang.

beloega [een tandwalvis] < **russ.** *beluga,* van *belyj* [wit].

beloken [beloken Pasen, de eerste zondag na Pasen] verl. deelw. van *beluiken;* op deze dag werd het paasoctaaf gesloten → *luiken*[1].

belomantie [pijlwichelarij] gevormd van **gr.** *belos* [pijl] (vgl. *belemniet*) + *-mantie* (vgl. *necromantie*).

beloven [toezeggen] **middelnl.** *beloven* [een plechtige belofte of gelofte doen, prijzen, geloven], van *be-* + *loven* [prijzen, instemmen met, zich verbinden tot, borg zijn].

belpaese [handelsnaam van een Italiaanse kaassoort] genoemd naar de opera *Il bel paese* [het mooie land] van de abt Stoppanì, wiens portret op de kaas wordt geplakt.

belroos [wondroos] (1778), van *bel*[2] [blaasje, dial. ook gezwel], naast *bol* en *bal* + *roos,* vanwege de rode kleur van de uitslag.

belt [hoop] een met *bult* ablautende vorm.

belul [bevatting] oudere vorm naast *benul;* etymologie onzeker.

belvédère [mooi uitzicht] < **fr.** *belvédère* < **it.** *belvedere,* van *bel(lo)* [mooi] < **lat.** *bellus* [idem] + *vedere* < **lat.** *vidēre* [zien], idg. verwant met *weten*.

bema [spreekgestoelte] < **gr.** *bēma* [voetstap, opstapje, spreekgestoelte], van de stam van *bainein* [gaan, stappen].

bemer [vogel] van *Bohemer* [dus een vogel uit Bohemen].

bemoeien [zich mengen in] **middelnl.** *bemo(e)yen* [bemoeilijken]; van *be-* + *moeien*.

bemozen [bevuilen] ook *bemeuzelen,* bij Kiliaan *bemosen* en *bemoselen,* van **middelnl.** *mose* [slijk], verwant met *mos*[1].

ben [tenen mand] **middelnl.** *benne* < **fr.** *banne, benne,* **oudeng.** *binn,* **me. lat.** *benna, banna, ven(n)a, vinna* [visfuik, een door een kering afgesloten stuk water], **ouder lat.** *benna* [Gallische wagen met een carrosserie van vlechtwerk], uit het kelt., vgl. **welsh** *benn* [wagen], verwant met *binden*.

benard [benauwd] van **middelnl.** *benaren* [benauwen, belemmeren], van *naer* [nabij, na, nauw], **oudfries** *binera* [lastig vallen], **oudsaksisch** *naro,* **oudeng.** *nearu* (**eng.** *narrow*); de betekenis is dus lett. 'benauwd'.

bende [troep] **middelnl.** *bende* < **fr.** *bande,* **it.** *banda* [idem] < **me. lat.** *bandum* [banier], uit het germ., vgl. *band*[2]; de oorspr. betekenis is 'afdeling onder een vaandel, geregelde troepen', vgl. **middelnl.** *bende van ordinanciën* (vgl. *bent*[1]).

bendelen [omtakelen] van een verkleiningsvorm van *band,* vgl. **middelhd.** *bendel.*

bendie [eenpersoons rijtuigje] < **maleis** *bendi,* ontleend aan **tamil** *vandi* [rijtuig].

bendschrode [langwerpige strook (b. v. land)] van **middelnl.** *bende* [band] + *scrode* [afgesneden stuk], vgl. *schroot*[2].

beneden [onder, lager] **middelnl.** *benede(n),* **oudfries** *binitha,* **middeleng.** *benethe, beneothen,* samengesteld van *be-* + **middelnl.** *neden* [naar beneden, beneden], **oudeng.** *neopan* [beneden].

benedictie [zegening] **middelnl.** *benedictie* < **chr. lat.** *benedictio* [zegen, lofprijzing, dankzegging], van *bene dicere* [goed spreken, woorden van goede voorbetekenis spreken, loven, zegenen], van *bene* [goed] + *dicere* [zeggen], idg. verwant met *(aan)tijgen*.

benedictijn [monnik] genoemd naar *Benedictus van Nursia* († 547).

benedictine [Franse likeur] < **fr.** *bénédictine,* van *bénédictin* [benedictijnermonnik]; zo genoemd naar de benedictijnerabdij te Fécamp in Normandië, waar de likeur oorspr. werd gemaakt.

benedictionale [kerkboek met zegeningsformulieren] < **me. lat.** *benedictionale,* het zelfstandig gebruikt o. van *benedictionalis* [benedictieformules bevattend] (vgl. *benedictie*).

benedijen [zegenen] **middelnl.** *benedien, benediden* [zegenen] < **lat.** *bene dicere* [verstandig spreken, iem. prijzen, in chr. lat. zegenen], werd in **fr.** tot *bénir*.

beneficiair [onder beneficie] < **fr.** *bénéficiaire* < **lat.** *beneficiarius* [als weldaad gegeven], van *beneficium* (vgl. *beneficie*).

beneficie [onder beneficie, onder voorrecht] **middelnl.** *beneficie* < **lat.** *beneficium* [weldaad, vriendelijkheid, dienst, privilege], van *bene* [(bijw.) goed, behoorlijk] + *facere* [doen], daarmee idg. verwant.

beneficium [voorrecht] < **lat.** *beneficium* (vgl. *beneficie*).

benefiet [voorstelling ten bate van een goed doel (persoon of zaak)] < **eng.** *benefit* < **middeleng.** *ben(e)fet* < **oudfr.** *benfet* (verwant met *bienfait*) < **lat.** *bene factum* [goed gedaan], van *bene* [goed] + *factum,* verl. deelw. van *facere* [maken, doen], daarmee idg. verwant.

benepen [benauwd] verl. deelw. van *benijpen,* van *be-* + *nijpen*.

benevens [alsmede] met het bijwoorden vormende achtervoegsel *s* gevormd van **middelnl.** *beneven* [naast, nabij, benevens], van *be-* + *neven*.

benevolentie [welwillendheid] < **lat.** *benevolentia* [idem], van *benevolens* [welwillend], van *bene* [wel] + *volens* (2e nv. *volentis*), teg. deelw. van *velle* [willen], daarmee idg. verwant.

bengaline [weefsel] genoemd naar *Bengalen* omdat de stof daar oorspr. vandaan kwam.

bengel [deugniet] **middelnl.** *bengel, bingel, bungel* [halsbeugel, blok aan de hals van dieren, bij Kiliaan balk, stok, knuppel, dwaas], **middelhd.** *bengel* [knuppel, nu ook lummel]; het woord is afgeleid van een niet in het nl. overgeleverd ww.: **eng.** *bang* [kloppen, slaan], **oudnoors** *banga* [slaan], **nd.** *bangen* [slaan]; de betekenisovergang van 'stok' naar 'ondeugd' is vergelijkbaar met die in *knuppel* en *vlegel*.

bengelen [heen en weer slingeren] van *bengel.*

benieuwd [nieuwsgierig] nog niet bij Kiliaan, gevormd van *nieuw.*

benigne [goedaardig] < **lat.** *benigne* [vriendelijk (bijw.)], van *bene* [goed] + de stam van *gignere* [voortbrengen] (vgl. *genus*), als tegenstelling van *maligne*.

benijden [jaloers zijn] **middelnl.** *beniden* [iets niet kunnen velen, vijandig behandelen, benijden], van *be-* + *nijd.*

benjamin [jongste zoon] genoemd naar *Benjamin,* jongste zoon van aartsvader Jacob < **hebr.** *binyāmīn* [zoon van de rechter hand], van *bēn* [zoon] + *jāmīn* [rechter hand], waarbij rechts de gevoelswaarde heeft van goed, gunstig, verwant met **ar.** *yamīn* [rechter hand].

benschen, bentsjen, benbsjen [zegenen] < **jiddisch** *idem,* vermoedelijk < **fr.** *bénir* [idem] < **lat.** *bene dicere* (vgl. *benedictie*).

bent[1] [genootschap] van *bende* [bende, vereniging].

bent[2] [grassoort] de dial. vorm *bunt* [bies], **oudsaksisch** *binitin* [van biezen], **oudhd.** *binuz,* **eng.** *bentgrass,* etymologie onbekend.

benteng [verdedigingswerk] < **maleis** *benteng.*

benul [begrip] jongere vorm naast *belul.*

benzine [brandstof] < **hd.** *Benzin,* afgeleid van *benzoëzuur,* omdat benzine het eerst werd gewonnen bij de destillatie daarvan.

benzoë [harssoort] internationaal woord: **hd.** *Benzoe,* **spaans** *benjuí,* **fr.** *benjoin* < **ar.** *lubān jāwī,* van *lubān* [(geurige hars voor)] wierook, gom].

+*jāwī* [Javaans]; het eerste lid *lu-* werd in de Europese talen weggelaten omdat men dacht met het ar. lidwoord *al* te doen te hebben.

benzol [een koolwaterstof] gevormd door de Duitse chemicus Justus baron Von Liebig (1803-1873) van *Benzin* + *-ol* < **lat.** *oleum* [olie].

beo [vogel] < **maleis** *beo* [spreeuw] < **javaans** *beyo*.

beogen [op het oog hebben] **middelnl.** *beo(o)gen* [verwachten], van *be-* + *ogen* [kenbaar maken, aantonen, sturen naar], van *oog*.

beraad [overleg] **middelnl.** *beraet*, **middelnd.**, **middelhd.** *berāt*, **oudfries** *birēd* [overleg], van *be-* + *raad*.

beraadslagen [overleggen] sedert Kiliaan, van *be-* + **middelnl.** *raetslagen*, van *raetslach*, van *raet slaen* (vgl. *raad*).

Berber [lid van Noordafrikaans volk] < **ar.** *barbar* < **gr.** *barbaros* (vgl. *barbaar*).

berberis [plantengeslacht] **middelnl.** *berberyenbloeme* < **fr.** *berberis* < **lat.** *berberis* < **ar.** *barbārīs*.

berceau [prieel] < **fr.** *berceau* < **oudfr.** *berçuel* < **lat.** *berciolus*, een verkleiningsvorm; het woord is van kelt. herkomst, vgl. **iers** *bertaim* [ik schud, schommel].

berceuse [wiegeliedje] < **fr.** *berceuse*, van *bercer* [schommelen, wiegen] (vgl. *berceau*).

berd [te berde, ter sprake brengen] *berde* is een oude 3e nv. **middelnl.** *bert* [plank, ook tafel], nevenvorm van *bord,* vgl. **hd.** *Brett* [plank]; de tafels bestonden veelal uit planken, die tegen de wand hingen en voor een maaltijd op schragen werden gelegd. Dus zijn *upt bert bringen* [te berde brengen] en modern ter tafel brengen synoniem: ter sprake brengen.

berebijt [volksvermakelijkheid] naar de vroegere sport om honden tegen grote dieren op te hitsen en te wedden op de afloop. Het ging om beren, vgl. **eng.** *bear-baiting,* maar ook om stieren, vgl. *bullebijter*.

bereid [genegen, gereed] **middelnl.** *berei(de)t, bereet* [klaar, gereed, geneigd, bereidwillig], **middelnd.** *bere(i)de*, **oudhd.** *bireiti,* waarnaast *gereed* met ander voorvoegsel, hangt samen met *rijden,* vgl. **hd.** *fertig,* **nl.** *vaardig* van *varen,* vgl. ook *reder*.

bereiken [aankomen] **middelnl.** *bereiken* [binnen zijn bereik krijgen], **middelhd.** *bereichen*, **oudfries** *bireka*, van *be-* + *reiken*.

bereklauw [plantesoort] zo genoemd omdat de zaden een afdruk van een bereklauw lijken te vertonen, vertaling van **lat.** *branca ursina*.

beren[1] [schreeuwen] nevenvorm van *baren*[2].
beren[2] [schulden maken] afgeleid van *beer*[4].
beren[3] [bemesten] afgeleid van *beer*[3].

beresiet [steensoort] genoemd naar de vindplaats in de Oeral, bij *Berezoskij,* in de buurt van Sverdlovsk.

berg[1] [grote heuvel, hoop] **middelnl.** *berch,* **oudnederfrankisch, oudsaksisch, oudhd.** *berg,* **oudfries** *berg, birg,* **oudeng.** *beorg,* **gotisch** *bairgahei* [gebergte]; buiten het germ. **oudiers** *bri* [heuvel], **oudindisch** *br̥hat-* [groot, hoog].

berg[2] [schuur] afgeleid van *bergen*.

berg[3] [uitslag op hoofd] etymologie onzeker, mogelijk te verbinden met *parg*.

bergamotcitroen [citroensoort] genoemd naar de Italiaanse stad *Bergamo*.

bergamotpeer [peresoort] pleonastische vorming. Het eerste deel *bergamot* < **turks** *beg armut* [herepeer], van *beg* [heer] (thans *bey*) + *armut* [peer]; verwisseling van *g* en *r* vermoedelijk o.i.v. *bergamotcitroen* → *begum*.

bergeend [zwemvogel] zo genoemd omdat de vogel zijn broedsel verbergt in gangen van konijnen.

bergen [opbergen, redden] **middelnl.** *bergen,* **oudnederfrankisch** *bergin,* **oudsaksisch, oudhd.** *bergan,* **oudeng.** *beorgan,* **oudnoors** *bjarga,* **gotisch** *bairgan;* buiten het germ. **iers** *commairge* [borgtocht].

bergerac [wijnsoort] genoemd naar en afkomstig uit de omgeving van de Franse stad *Bergerac* aan de Dordogne.

bergère [leunstoel, los vrouwenkapsel] < **fr.** *bergère* [herderin, leunstoel, (bepaald) kapsel], vr. van *berger* [herder] < **lat.** *berbex* = *vervex* [hamel, in chr. lat. schaap].

beriberi [ziekte] (1646), intensiveringsvorm van het **singalees** *beri* [zwakte]; het ziektebeeld valt vooral op door een intense loomheid.

berichten [mededelen] **middelnl.** *berechten, berichten* [richten, sturen, terecht helpen, met woorden terecht helpen, inlichtingen geven, verschaffen, bezorgen], van *be-* + *richten;* de middelnederlandse betekenis 'recht doen' is vermoedelijk een afleiding van *recht*[2].

beril [mineraal] < **fr.** *béryl* < **lat.** *beryllus* < **gr.** *bèrullos* < **prakrit** *veruliya;* genoemd naar de stad *Belur,* ten noordwesten van Mysore → *bril*.

berispen [laken] **middelnl.** *berispen, berespen, beruspen, berepsen,* **middelnd.** *berispen,* **middelhd.** *berespen,* ook *berefsen,* ouder o.m. **oudsaksisch** *ripson,* **oudfries** *respa,* **oudnoors** *refsa;* buiten het germ. **lat.** *rapere* [met geweld nemen], **gr.** *ereptesthai* [afrukken].

berk [boom] **middelnl.** *berke,* **oudsaksisch** *berka, birka,* **oudhd.** *birka,* **oudeng.** *beorc,* **oudnoors** *bjǫrk,* vgl. **gotisch** *baichts* [helder, licht, dus de lichte, met lichte stam]; buiten het germ. **russ.** *berjoza,* **litouws** *beržas,* **oudindisch** *bhūrja-;* de boom is genoemd naar zijn witte bast, vgl. **oudnoors** *bjartr,* **gotisch** *bairhts* [glanzend].

berkelium [chemisch element] genoemd naar *Berkeley* in Californië, waar het werd gevormd.

berkemeier [beker uit berketak] van *berkemei* [berketak], van *mei* [de naam van de maand en, doordat bij meivieringen veel groen loof werd gebruikt, jonge groene tak, vervolgens tak zonder meer].

berkhoen [korhoen] zo genoemd omdat het dier een voorkeur heeft voor berkenbossen.

berkoen [stut] middelnl. *barcoen, bercoen, borcoen, brackoen, brancoen* < **oudfr.** *bracon* [boomtak, stut].

berlijns-blauw [blauwe verfstof] zo genoemd omdat het in *Berlijn* in 1704 door Diesbach werd uitgevonden.

berline [reiskoets] uit *Berlijn* in Frankrijk ingevoerd door de uitvinder ervan, Ph. de Chiese.

berlitzmethode [methode om vreemde talen te leren] genoemd naar de opsteller ervan, de Amerikaan *Maximilian D. Berlitz* († 1921).

berm [strook langs weg] middelnl. *barm, barem, baerm,* verwant met **oudnoors** *barmr* [rand], etymologie onbekend.

Bermuda [geogr.] < **spaans** *las Islas Bermudas* [de Bermuda-eilanden], genoemd naar de Spanjaard *Juan de Bermudez,* die ze in 1502 verkende.

bernage, bernagie [plantengeslacht] middelnl. *bernage, barnage, barnaye* < **fr.** *bourrache* < **me. lat.** *borrago* < **ar.** *abū 'araq* [lett. de vader van het zweet] (vgl. *arak*); de plant werd gebruikt om het zweten te bevorderen.

beroemd [vermaard] eerst bij Kiliaan < **hd.** *berühmt,* maar middelnl. *beroemelike* [met praal], *beroemen* [roem dragen op e.d.], van *roem.*

beroep [het roepen tot een ambt, werkkring] middelnl. *beroep* [gerechtelijke uitdaging, (sedert Hooft) werkkring], middelnd. *berōp* [roeping, beroep], **vroeg-hd.** *Beruf* [oorspr. roeping, dan ook beroep]; alle betekenissen sluiten zich aan bij *beroepen,* van *be-* + *roepen.*

beroerd [ellendig] middelnl. *beroert, beruert* [bewogen, ontsteld, ontstemd], verl. deelw. van *beroeren* [aanraken, indruk maken op, ontstemmen], van *be-* + *roeren* [bewegen].

berokkenen [veroorzaken] middelnl. *berocken,* van *be-* + *rocken* [vlas of wol om het rokken winden] (vgl. *rokken*), vgl. 'op touw zetten'.

berooid [arm] middelnl. *beroyt,* verl. deelw. van **oudfries** *roia* [beroven], nevenvorm van *ravia* (vgl. *roven*).

berouwen [spijt doen hebben] middelnl. *berouwen,* van *be-* + *rouwen* → *rouw*[1].

berrie [draagbaar] → *baar*[3].

bersaglieri [korps scherpschutters] < **it.** *bersaglieri* [jagers, scherpschutters], van *bersaglio* [schietschijf], van *berciare* [met pijl en boog schieten, jagen] < **me. lat.** *bersare* (vgl. *bersen*).

bersen [wild besluipen] middelnl. *bersen* [jagen, het wild opsporen (van honden)], hd. *birschen* [jagen] < **oud fr.** *berser* < **me. lat.** *bersare, berciare* [drijven, jagen, schreeuwen], van *bersa* [afrastering, omheining voor wild] (vgl. *bersaglieri*).

berserkerwoede [extatische strijdwoede] < **oudnoors** *berserkr* [berevel], van *bera* [beer] + *serkr* [huid], verwant met **archaïsch eng.** *sark* [hemd]; het woord slaat op de kleding van de krijger.

bersten → *barsten.*

berthe [kanten pelerine] < **fr.** *berthe,* van de vrouwennaam *Berthe;* bedoeld zal zijn *Berthe au grand pied* [vrouw van Pepijn de Korte], vgl. de uitdrukking *du temps où la reine Berthe filait* [in de goede, oude tijd].

bertillonnage [stelsel voor antropologisch signalement van misdadigers] genoemd naar de ontwerper van het systeem, de Franse antropoloog *Alphonse Bertillon* (1853-1914).

bertram [kwijlwortel] sedert Kiliaan < **lat.** *pyrethrum* < **gr.** *purethron,* van *puretos* [koorts], van *pur* [vuur, koorts(hitte)]; beïnvloed door de persoonsnaam *Bertram.*

berucht [negatief bekend] verl. deelw. van middelnl. *beruchten, berochten, beruften* [verdacht maken, beschuldigen], afgeleid van *roepen* → *gerucht.*

beryllium [chemisch element] gevormd van lat. *beryllus* (vgl. *beril*); zo genoemd omdat het de eerste maal uit beril werd gewonnen.

bes[1] [kleine vrucht] middelnl. *besse, bes, besie, bere,* ontstaan uit het germ. reeds wisselende vormen, vgl. **oudhd.** *beri,* **oudeng.** *berie,* **oudnoors** *ber,* **gotisch** *-basi,* mogelijk verwant met **oudindisch** *bhās-* [glans, licht].

bes[2] [oudje] → *best*[2].

besant → *bezant.*

beschaafd [zorgvuldig opgevoed] (1784), vertaling van **fr.** *poli* [beschaafd, gepolijst] < **lat.** *politus* [beschaafd, smaakvol], verl. deelw. van *polire* [glad maken, goed verzorgen].

beschadigen [schade toebrengen] middelnl. *beschaden, beschadigen, schaden,* middelnd. *(be)schedigen, (be)schaden,* middelhd. *(be)schedigen,* van *be-* + *schaden* → *schade.*

bescheid [geschreven stuk] van *bescheiden* [toewijzen, toedelen, ontbieden], middelnl. *bescheiden* [scheiden, afscheiden, afdelen, toedelen, onderscheiden, beslissen, bepalen, uitdrukkelijk verklaren] (vgl. *scheiden*).

bescheiden [ingetogen] → *onbescheid.*

bescheren [bestemmen] middelnl. *bescheren, bescharen* [toedelen], van *be-* + *scheren, scherren, scheriën* [toedelen, beschikken, bepalen, spannen (van tent, weefdraden), op (het) touw zetten] (vgl. *scheren*[2]).

beschermen [behoeden] middelnl. *beschermen, bescha(e)rmen,* **oudnederfrankisch** *bescirman,* **oudsaksisch** *biskirmian,* oudhd. *biscirmen,* **oudfries** *biskirma,* van *be-* + *schermen* [vechten, beschermen], van *scherm.*

beschikken [ordenen] middelnl. *beschikken,* van *be-* + *schikken.*

beschouwen [overwegen, houden voor] middelnl., middelnd. *beschouwen,* oudhd. *biscouwon,* **oudfries** *biskāwia,* oudeng. *besceawian,* van *be-* + *schouwen*[1].

beschroomd [bedeesd] verl. deelw. van *zich beschromen.*

beschuit [baksel] < **fr.** *biscuit* (vgl. *biscuit*).

beschuldigen [ten laste leggen] middelnl.,

middelhd. *beschuldigen,* naast **middelnl.**, **middelhd.** *beschulden,* **oudfries** *biskeldigia,* naast **middelnl.** *sculdigen,* **oudhd.** *sculdigon,* **oudfries** *skeldigia,* **oudeng.** *gescyldegian, scyldan,* van **schuld.**

beschutten [beschermen] **middelnl.** *beschutten;* van *be-* + *schutten.*

beseffen [goed begrijpen] **middelnl.** *beseffen* [smaken, proeven, gevoelen, ondervinden, in zich waarnemen], **oudsaksisch** *biseffian* [bemerken], **oudhd.** *intseffen* [inzien], **oudeng.** *sefa* [zin, gemoed], **oudnoors** *sefa* [tot rust brengen]; buiten het germ. **lat.** *sapere* [smaken, proeven, inzicht hebben] (**fr.** *savoir* [weten]).

besjoechelen, besjoemelen [bedotten] < **rotwelsch** *beschummeln,* via **hd.** *Schund* < **zigeunertaal** *schin(d)av* [schijten].

besjollemen [barg. betalen] < **jiddisch** *mesjollemen,* van **hebr.** *mesjulam* [betaald].

beslaan [beslagen ten ijs, scherp gesteld van paarden] van *beslaan,* van *be-* + *slaan.*

beslag[1] [zijn beslag krijgen, uitgevoerd worden] van *beslaan,* waarbij gedacht moet worden aan de middelnl. betekenis 'door handslag bekrachtigen'.

beslag[2] [waarmee iets wordt beslagen, meel met water aangelengd] **middelnl.** *beslach* [idem, arrest op goederen], van **middelnl.** *beslaen* [in bezit nemen, beslag leggen op iets].

beslechten [vlak maken, een eind maken aan] **middelnl.** *beslichten, beslechten,* van *be-* + *slechten* [glad maken].

beslissen [besluiten] eerst bij Kiliaan, van *be-* + **middelnl.** *slissen* [blussen, lessen, doen bedaren, onovergankelijk bedaren, ophouden], van *sliten* [verscheuren, slijten, beslissen, onovergankelijk stuk gaan, slijten, op een eind lopen], ook *besliten* [beslissen] → *slijten.*

beslommering [zorg] bij Kiliaan *beslommeren, slommeren* [verwarren, belemmeren] en *slommeringhe,* vermoedelijk van (Kiliaan) *slom* [slim], **middelnl.** *slom* [scheef].

besmeuren [besmetten] heeft een dial., vooral hollands/utrechtse geronde vocaal naast *besmeren* (vgl. *smeer*).

besmuikt [in stilte, geniepig] **middelnl.** *ondert smuyck* [in het geniep], *onder smock* [in het geheim], van *smuken* [laag of kruiperig zijn] (vgl. *smokkelen*[1]).

besogne [zaak, beslommering] **middelnl.** *besoegne* [zaak, bezigheid, moeilijke zaak] < **fr.** *besogne* [armoede, noodzaak, werk, zorg], vr. naast *besoin* [behoefte], verwant met *soigner* [verzorgen], uit het germ., vgl. **gotisch** *sunjon* [rechtvaardigen], **oudsaksisch** *sód* [waar].

bespieden [beloeren] **middelnl.** *bespien,* van *be-* + *spieden.*

bessemerproces [methode van staalbereiding] genoemd naar de uitvinder, de Engelsman *Sir Henry Bessemer* (1813-1898).

best[1] [overtreffende trap van goed] → *beter.*

best[2] [oude vrouw] verkort uit *bestemoer, bestemoeder,* vgl. *bestevaar.*

bestand [bn.] van **middelnl.** *bi stande* [in staat].

besteden [gebruiken voor] **middelnl.** *besteden,* de eerste betekenis is 'ergens iets plaatsen', afgeleid van *stede* (vgl. *stee*).

bestek [plan] **middelnl.** *besteck, bestec, besteec* [bestek, ontwerp], van *besteken* [met palen bezetten, bepalen, een bestek maken], van *be-* + *steken.*

bestel [ordening, regeling] **middelnl.** *bestel* [beschikking, bestuur, karakter], van *bestellen* [o.m. orde stellen op, besturen, behandelen, besteden], van *be-* + *stellen.*

bestellen [regelen, laten komen] **middelnl.** *bestellen, bestallen* [bezetten, orde stellen op, beheren, moeite doen voor, zich zetten tot, bestellen van brieven], van *be-* + *stellen.*

bestemmen [aanwijzen] **middelnl.** *bestemmen* [een bestemming geven aan, bepalen, beheren], (*bestem* [datgene wat men noemt, een naam geeft, bepaalt]), van *be-* + *stem.*

bestendig [blijvend] < **hd.** *beständig,* vgl. **verouderd nl.** *bestandig* [stand houdend].

bestiaal [beestachtig] < **fr.** *bestial* < **me. lat.** *bestialis* [idem], van *bestia* [beest].

bestialiteit [beestachtigheid] < **fr.** *bestialité* < **me. lat.** *bestialitas* (2e nv. *bestialitatis*) [idem], van *bestialis* (vgl. *bestiaal*).

bestiarius [bevechter van dieren] < **lat.** *bestiarius,* van *bestia* [dier, beest].

bestieren [leiden] dialectische, niet-geronde nevenvorm van *besturen* (vgl. *stuur*).

best-seller [succesboek] < **eng.** *best-seller,* van *best* (vgl. **best**[1]) + *seller,* van *to sell* [verkopen], verwant met **middelnl.** *sellen, zellen* [in eigendom overleveren, verkopen], *seller* [verkoper], *versellen* [verkopen].

bèta [de letter b] < **gr.** *bèta* < **fenicisch-hebr.** *bēt* [huis], zo genoemd vanwege de vorm van de letter.

betalen [kosten voldoen] → *taal.*

betamelijk [gepast] → *tamelijk.*

bête [dom] < **fr.** *bête* (vgl. *beest*).

betelnoot [arekanoot] < **portugees** *betel* < **malayalam** *vettila,* van *veru ila* [enkelvoudig blad].

beten[1] [in de run zetten, eig. doen uitbijten] causatief bij *bijten.*

beten[2] [zich neerzetten (van vogels)] **middelnl.** *be(e)ten, beiten,* **oudhd.** *beizjan,* causatief bij *bijten,* dus eig. doen bijten.

beter [vergrotende trap van goed] **middelnl.** *beter,* **oudnederfrankisch, oudsaksisch, oudfries, oudeng.** *betera,* **oudhd.** *bezziro,* **oudnoors** *betri,* **gotisch** *batiza;* de overtreffende trap *best,* **middelnl., oudsaksisch, oudfries** *best,* **oudhd.** *bezzisto,* **oudeng.** *betst,* **oudnoors** *beztr,* **gotisch** *batists,* verwant met *baat.*

beteuterd [onthutst] ook *betoeterd,* verl. deelw. van

Bethesda — beurzensnijder

betoteren (Kiliaan) [iem. in de war brengen], vgl. **middelnl.** *tuten* [blazen op een hoorn etc.], *te enes oren tuten* [iem. aan de oren liggen malen].

Bethesda [geneeskrachtige bron (bijbel)] < **aramees** *bēth hesdā* [huis van genade] (vgl. **bèta**).

betichten [vals beschuldigen] **middelnl.** *betichten*, van *ticht(e), beticht* [beschuldiging], of van *be- + tichten* [beschuldigen], van dezelfde basis als *betiën* [beschuldigen] → *aantijgen*.

betiel [schotel] dial. nevenvorm van *plateel*.

betijen [begaan] → *tijgen*.

beting [inrichting tot het vastleggen van trossen] reeds middelnl. blijkens de samenstelling *betinghout*, verwant met **beitel, bijten**.

bêtise [domheid] < **fr.** *bêtise*, van *bête* [dom].

betja, betjak [fietstaxi] < **maleis** *becak* [idem], van chinese herkomst.

betjoegd, betjoecht, betjoekt [leep] < **hebr.** *betoe'ach* [betrouwbaar].

betoeft, betoegd [goed-af] → *betjoegd*.

betoel [werkelijk] < **maleis** *betul* [juist, correct, waar].

betoeterd → *beteuterd*.

betogen [trachten aan te tonen] van *be- + togen* → *tonen*.

beton [bouwmateriaal] < **fr.** *béton* < **lat.** *bitumen* [asfalt], dat in de Oudheid werd gebruikt ter versteviging van muren.

betonie [plantesoort] **middelnl.** *betonie* < **oudfr.** *betonie* < **lat.** *betonica, vettonica*, volgens Plinius afgeleid van *Vettones, Vectones* [een volksstam levend aan de Taag in Portugal] < *vectones* [dragers], van *vehere* [dragen].

betoog [bewijsvoering] → *betogen, tonen*.

betovergrootvader [vader van overgrootvader] waarin *bet-* (vgl. *beter*) dient om een verdere graad van verwantschap aan te duiden dan door overgrootvader wordt uitgedrukt.

betrappen [overvallen] **middelnl.** *betrappen* [betrappen, in zijn macht krijgen, iets machtig worden]; van *be- + trappen*, in de betekenis 'vangen'.

betten [bevochtigen] **middelnl.** *betten* [met warm water betten], **fries** *bette* [nat maken], **oudeng.** *baða*, **oudhd.** *badon;* causatief van *baden* → *bad*.

betuigen [verzekeren] **middelnl.** *betugen* [met getuigen bewijzen, betuigen] → *getuigen*.

betuilen [betijen] van *be- + tuil*[1], in *iem. zijn tuil laten* [hem zijn gang laten gaan].

betuline [berkekamfer] gevormd van **lat.** *betul(l)a* [berk], uit het gallisch, vgl. **welsh** *bedwen* [berk], **gallisch** *betu-* is een soort teer. Plinius deelt mee dat de Galliërs teer aan berken onttrokken.

betuneren [(tabak) besprenkelen met afval voor geurverbetering] van **fr.** *pétun* [tabak] (vgl. **petunia**).

betuttelen [kleine verbeteringen aanbrengen] nevenvorm van *betittelen*, van *tittel* [punt, streepje], dus de tittels in een geschrift, de puntjes op de i zetten.

Betuwe [geogr.] wel ontstaan uit de naam in het lat. *Insula Batavorum* [eiland der Bataven].

betweter [die alles beter weet] eerste lid **middelnl.** *bet*, vergrotende trap van *wel* en *goet* [dus beter]; betweter is dus lett. beterweter.

beu [zat] bij Kiliaan *bo* [verzadigd], **middelnl.** *hem boy maken* [zich ergeren], *het hevet mi boy* [het is me onverschillig, ik heb het land]; mogelijk is *beu* in oorsprong een tussenwerpsel als *ba*.

beug [vistuig] van *buigen*.

beugel [ijzeren ring] **middelnl.** *bogel, buegel*, **middelnd.** *bogel*, **hd.** *Bügel*, **oudnoors** *bygill*, staat tot *buigen* als *sleutel* tot *sluiten*.

beuk[1] [boom] **middelnl.** *boeke, boec, boke*, **oudsaksisch** *boka*, **oudhd.** *buohha*, **oudeng.** *bōc, boece* [boek], **gotisch** *boka* [letter] (vgl. **boek**[1]); buiten het germ. **lat.** *fagus* [beuk], **gr.** *phègos* [eik, eikel].

beuk[2] [schip van een kerk] nevenvorm van *buik*.

beuk[3] [romp van kledingstuk] nevenvorm van *buik*.

beuken [hard slaan] **middelnl.** *boken, bueken*, klanknabootsende vorming.

beul [scherprechter] **middelnl.** *bodel, boele* [gerechtsbode, beul], **oudsaksisch** *budil* [gerechtsbode], **oudhd.** *butil* [idem] → *bieden*.

Beulemans [Beulemans Frans, slecht Frans] slaat op een populair toneelstuk van Frantz Fonson (1870-1924), getiteld *Le mariage de Mlle Beulemans*, dat hij met Wicheler schreef en dat de kleine Brusselse burgerij met haar eigenaardige taaltje portretteert.

beuling [ingewanden, worst] **middelnl.** *bodelinc, bolinc, beulinc* [darmen, worst] < **lat.** *botellus, botulus* [worst] (vgl. **botulisme**).

beun[1] [viskaar] evenals *bun* een nevenvorm van *ben*.

beun[2] [losse plankenvloer] in oorsprong hetzelfde woord als *beun*[1].

beunhaas [onbevoegd werker] < **nd.** *böhnhase*, ook *balkhase* [kleermaker die zijn proefstuk niet heeft gemaakt], betekent eigenlijk kat, vgl. *dakhaas*. **Hd.** *Bühne* betekent ook zolder. De beunhazen deden hun werk bepaald niet op plaatsen waar iedereen hen kon zien. Vgl. *beun*[2].

beuren [tillen] **middelnl.** *boren, boeren, bueren, beuren* [optillen], verwant met *baren*[1] [oorspr. dragen].

beurs[1] [portemonnee] < **laat-lat.** *bursa* [beurs, etui] < **gr.** *bursa* [huid, leer, wijnzak]; de betekenis 'handelsbeurs' stamt van het huis de *Beurs* in Brugge, van de familie *Vander Burse*, het pied-à-terre van de Venetiaanse kooplieden *Della Borsa*.

beurs[2] [(bn.) zacht] een jong woord, dat wel verband houdt met *bor, boort, boorts, boors* [persing in het lijf], dat sedert Kiliaan genoteerd is, waarschijnlijk verwant met *borrelen*.

beurt [behandeling] **middelnl.** *boort, geboorte, gebeurte* [beurt, betamelijkheid], van *gebeuren*.

beurzensnijder [zakkenroller] het woord dateert

uit de tijd dat de beurs aan een koord of riempje aan de gordel hing.

beuzelen [onzin vertellen] eerst sedert Kiliaan bekend, vgl. **oostfries** *böseln,* **oudhd.** *bison* [onrustig ronddraven]; in sommige nl. dialecten is beuzelen zinloos rondlopen; **middelnl.** *bisen* [wild rondlopen, rondzwerven]; vgl. ook met ander vocalisme *bazelen* en *bezig.*

bevallen [baren, behagen] **middelnl.** *bevallen* [zo vallen dat men niet kan opstaan, bedlegerig worden, te beurt vallen], *van kinde bevallen* [bevallen]; uit de betekenis 'te beurt vallen' moet in positieve zin de betekenis 'aanstaan' zijn voortgekomen. Vgl. *bevallig,* **middelnl.** *bevallijc* [welgevallig, bevallig], van *be-* + ***vallen.***

bevallig [gracieus] → ***bevallen.***

bevelen [gelasten] **middelnl.** *bevelen* [op het gemoed binden, aanbevelen, opdragen, gelasten], **oudfries** *bifel(l)a* [begraven, toevertrouwen, bevelen], **oudnoors** *fela* [verbergen, overgeven], **gotisch** *filhan* [verbergen, begraven]; de kernbetekenis is 'toevertrouwen'.

beven [trillen] **middelnl.** *beven,* **oudsaksisch** *bibon,* **oudhd.** *biben,* **oudfries** *bevia,* **oudeng.** *beofian,* **oudnoors** *bifa.*

bever [knaagdier] **middelnl.** *bever,* **oudsaksisch** *bibar,* **oudhd.** *bibar,* **oudeng.** *beofor,* **oudnoors** *biōrr;* buiten het germ. **lat.** *fiber,* **litouws** *bebrus,* **lets** *bębrs,* **oudkerkslavisch** *bobrŭ, bebrŭ,* **welsh** *befer,* **oudindisch** *babhru-* [bruin, een ichneumonsoort]; het dier is mogelijk naar zijn kleur genoemd. Vgl. voor de betekenis ***beer***[1].

bevernel [plantengeslacht] **middelnl.** *bevenelle* [steenbreek], waarnaast *pimpernel* [idem] < **me. lat.** *pimpinella,* mogelijk teruggaand op **lat.** *bipennis* [dubbelgeveerd], dat verward is met **me. lat.** *pimpernella,* van *piper* [peper].

bevertien [weefsel] < **eng.** *beaverteen,* van *beaver* [bever, weefsel met beverhaar] + achtervoegsel *-teen* als in *velveteen.*

bevestigen [vastmaken] **middelnl.** *bevestigen;* van ***vast.***

bevoegd [gerechtigd] (1698) < **hd.** *befugt.*

bevorderen [de ontwikkeling begunstigen] **middelnl.** *bevo(o)rderen* [bevoordelen], van *be-* + ***vorderen.***

bevredigen [vrede doen hebben] **middelnl.** *bevreden, bevredigen* [bevredigen, tot rust brengen, afsluiten, aan het algemeen gebruik onttrekken, heiligen], **middelhd.** *bevriden, bevridigen* [omheinen, beschermen], **oudfries** *bifrethia* [in zijn eigendomsrecht handhaven], afgeleid van *vrede;* de oorspr. betekenis is 'in een bepaald gebied de vrede aanzeggen'.

bevrijden [vrijmaken] **middelnl.** *bevrien* [beschermen, vrijhouden, vrijstellen]; de *d* is later hypercorrect tussengevoegd → ***vrij.***

bevroeden [begrijpen] **middelnl.** *bevro(e)den* [inlichten, verstand hebben], **middelnd.** *bevroden,* van *vroed.*

bévue [flater] < **fr.** *bévue,* van *bé(s)* < **lat.** *bis* [tweemaal] (maar dat in het oudfrans een pejoratieve betekenis kreeg) + *vue,* eig. vr. verl. deelw. van *voir* [zien] < **lat.** *vidēre* [idem], idg. verwant met *weten.*

bewaren [houden, handhaven] **middelnl.** *bewaren* [toezicht houden op, voorzien van, in orde brengen, beleggen van geld, veilig plaatsen], van *be-* + *waren* [bewaken, zorgen voor, bewaren, letten op] (vgl. ***waarnemen***).

bewegen [in beweging brengen, zijn] **middelnl.** *bewegen* [van plaats of toestand doen veranderen, overwegen], naast *wegen* [bewegen, wegen (gewicht hebben), iets wegen, in beweging brengen, schudden], **middelnd.** *bewegen* [bewegen, overwegen], **oudhd.** *biwegan* [van plaats doen veranderen, onderzoeken door te wegen], **gotisch** *gawigan, gawagjan* [bewegen, schudden] → ***wegen***[1].

beweren [zeggen] hier zijn samengevallen **middelnl.** *bewaren* [een zaak overtuigend bewijzen], **middelnd.** *beweren* [bewijzen], **oudhd.** *biwaren* [waar maken, bewijzen], **oudfries** *biweria* [met een eed bevestigen], van ***waar***[2] en **middelnl.** *beweren* [verdedigen], van *be-* + ***weren.***

bewerkstelligen [uitvoeren] 18e eeuw < **hd.** *bewerkstelligen* [te werk stellen].

bewijzen [aantonen] **middelnl.** *bewisen* [wijzen, aanwijzen, aantonen], van *be-* + ***wijzen.***

bewimpelen [van wimpels voorzien, verhelen] **middelnl.** *bewimpelen* [met een doek of sluier bedekken, verbloemen], van *wimpel.*

bewind [bestuur] **middelnl.** *bewint* [administratie, bewind, macht, gezag, betrekking], van *bewinden* [inwikkelen, zich onderwinden, zich bemoeien met, ten uitvoer brengen, zich toeëigenen], van *winden.*

bewoud [macht, bestuur] nevenvorm van **middelnl.** *bewelt* (16e eeuw) [geweld, macht], met ander voorvoegsel *geweld.*

bewust [bekend] (17e eeuw) < **hd.** *bewußt.*

bexaan [chemisch] gevormd van *benzeen* + *cyclohexaan.*

bey → ***bei***[2].

bezaan [achterste gaffelzeil] in de 16e eeuw o.i.v. *be-* vervormd uit een rom. woord: **spaans** *mesana,* **it.** *mezzana* < **ar.** *mīzān* [balans, weegschaal], met het instrumentaal voorvoegsel *mi-* bij het ww. *wazana* [hij woog]; de bezaan kan in bepaalde omstandigheden een belangrijke factor zijn voor de trim en daarmee de besturing van het schip; **eng.** *mizzen.*

bezadigd [bedaard] (1586), verl. deelw. van **middelnl.** *besatigen = besaten* [bezetten, beschermen, regelen, tot bedaren brengen], van *be-* + *saten* [plaatsen, vaststellen, regelen, kalmeren], van *sate* [het zitten, plaats, bevredigende toestand], verwant met *zitten.*

bezant [gouden munt, schijf in wapenkunde]

bezeel — bibliologie

middelnl. *besant, bisant* [Byzantijnse gouden, ook zilveren munt, in de wapenkunde ronde gouden of zilveren schijf] < **lat.** *bysantium* [Byzantijnse munt].

bezeel [hoofdruiten van briljant] < **spaans** *bisel* < **fr. dial.** *bisel,* nevenvorm van *biseau,* vermoedelijk van **lat.** *bis* [tweemaal].

bezeeuwen [bezwijmen] van *zee,* vgl. **middelnl.** *beseeut, bezeeut* [door zeewater bedorven].

bezem [werktuig om te vegen] **middelnl.** *besem, bessem,* **oudsaksisch** *besmo,* **oudhd.** *besamo,* **oudfries, oudeng.** *besma;* buiten het germ. **lat.** *fiscus,* waarvan de eerste betekenis 'gevlochten mand' is.

bezestein [markthal] van **ar.** *bazz* [vlas, linnen kleding] + het perzisch achtervoegsel *-stān,* dat plaatsaanduidend is, idg. verwant met *staan*.

bezeten [krankzinnig] **middelnl., middelnd.** *beseten,* **middelhd.** *besezzen* [bezeten, door een kwaal aangetast, van de duivel bezeten], verl. deelw. van *bezitten*.

bezichtigen [bezien] **laat-middelnl.** *besichtigen,* **middelnd.** *besichtigen* [zien, aanschouwen, bezichtigen], van *zicht,* afgeleid van *zien*.

bezie → *bes*[1].

bezig [werkzaam] **middelnl.** *besich* [werk hebbend, druk], **middelnd.** *besich,* **oudeng.** *bisig, bysig* (**eng.** *busy*), **oudhd.** *bison, bisen* [onrustig ronddraven] → *beuzelen, bijster, kissebissen*.

bezinnen [nadenken] **middelnl.** *bezinnen;* van *be-* + *zinnen* (vgl. *zin*).

bezique [soort kaartspel] < **fr.** *bésique, besique,* eerst sedert begin 19e eeuw bekend in de Franse salons, maar in sommige provincies eeuwen ouder. Het woord is wellicht verbasterd uit **lat.** *biiugum* [tweespan], hetgeen zou slaan op het terechtkomen van de schoppenvrouw samen met de ruitenboer bij één speler.

bezoar [soort steen uit de maag van herkauwers, vroeger aangezien voor een tegengif] < **spaans** *bezoar* < **ar.** *bā(di)zahr* < **perzisch** *pādzahr* [tegengif, bezoarsteen], van *pād* [beschermer, heer] (vgl. *padisjah, potent*) + *zahr* [vergif], verwant met **gr.** *cholè* [gal].

bezoedelen [bevlekken] eerst 16e eeuws < **middelhd.** *(be)sudeln,* vgl. **oudeng.** *besutian* [bevuilen], verwant met *zieden*.

bezoldigen [salaris geven] eerder (Kiliaan) *besolden,* **middelnl.** *souden,* [bezoldigen] → *soldij*.

bezoles [barg. ziek, bedorven] < **jiddisch** *pesaules* [afval, drek, verwerpeling] → *bezolletje*.

bezolletje [barg. koopje] < **jiddisch** *bezaul* [koopje] < **hebr.** *bezol* [goedkoop].

bezonnen [bedachtzaam] verl. deelw. van *bezinnen*.

bezuren [voor iets boeten] **middelnl.** *besu(e)ren* [bederven, zuur maken, kwellen], **middelnd.** *besuren* [met moeite verwerven], afgeleid van *zuur*.

bezwelten [bezwijmen] **middelnl.** *beswelten* [van honger sterven, bezwijmen], van *be-* + *swelten, swilten, zwelten* [versmachten, smachten naar], **oudsaksisch, oudeng.** *sweltan,* **oudnoors** *svelta,* **gotisch** *sviltan* [sterven].

bezwijken [niet meer bestand zijn tegen, sterven] **middelnl.** *beswiken* [in de steek laten, afvallig worden, onovergankelijk: in onmacht vallen], van *be-* + *swiken* [te kort schieten, bezwijken], **oudnederfrankisch** *beswican,* **oudhd.** *biswīhhan* [bedriegen, verleiden], **oudsaksisch** *swikan* [wijken], **oudhd.** *swīhhan,* **oudfries** *swika* [in de steek laten]; buiten het germ. **russ.** *svigat'* [zich haasten], **litouws** *svaigti* [duizelig worden]; het woord komt niet voor buiten germ. en balto-slavisch.

bhang, bheng [marihuana] < **hindi** *bhang* [idem] < **oudindisch** *bhanga-* [hennep].

bi- [twee] < **lat.** *bi-* [tweemaal, dubbel], van *bis* (vgl. *bis*[2]).

biais [schuine garneringsstrook] < **fr.** *biais,* vermoedelijk < **me. lat.** *bifax* [scheel], van *bis* [tweemaal] + *facies* [gezicht].

biandrie [huwelijk van vrouw met twee mannen] van *bi-* + **gr.** *anèr* (2e nv. *andros*) [man] (vgl. *andro-*).

bias [vertekening] < **eng.** *bias* < **fr.** *biais* (vgl. *biais*).

biatlon [combinatie van langlauf en schieten] van *bi-* + **gr.** *athlon* [prijs van de wedstrijd, wedstrijd], idg. verwant met *wed(strijd)*.

bibberen [rillen] (1794), frequentatief van *beven*.

bibelot [snuisterijtje] < **fr.** *bibelot,* van gedupliceerd *bel* < **lat.** *bellus* [aardig, keurig, gezond] + achtervoegsel *-ot*.

biberette [beverbont] gevormd van **hd.** *Biber* [bever(bont)] (vgl. *bever*).

bibit [zaailing] < **maleis** *bibit* [zaailing, kiem, kandidaat, aspirant].

biblicisme [het vasthouden aan de letter van de bijbel] van **lat.** *biblia* [bijbel].

biblio- [boek-] < **gr.** *biblion,* verkleiningsvorm van *biblos* [boek].

bibliofiel [boekenliefhebber] gevormd van **gr.** *biblion* [boek] (vgl. *bijbel*) + *philos* [een vriend van].

bibliognosie [boekenkennis] gevormd van **gr.** *biblion* [boek] (vgl. *bijbel*) + *gnōsis* [inzicht] (vgl. *gnostisch*).

bibliografie [literatuurlijst, boekbeschrijving] gevormd van **gr.** *biblion* [boek] (vgl. *bijbel*) + *graphein* [schrijven], idg. verwant met *kerven*.

bibliolatrie [bijbelverering] gevormd van **gr.** *biblion* [boek, bijbel] + *latreia* [gehuurde arbeid, slavernij, dienst van God].

biblioliet [bladafdruk in gesteente] gevormd van **gr.** *biblion* [boek] (vgl. *bijbel*) + *lithos* [steen]; zo genoemd omdat de gelaagde en gemakkelijk splitsbare formatie doet denken aan de snede van een boek.

bibliologie [wetenschap van het boek] gevormd van **gr.** *biblion* [boek] (vgl. *bijbel*) + *logos* [woord, verhandeling].

bibliomaan [bezeten door boekenliefde] gevormd van **gr.** *biblion* [boek] (vgl. *bijbel*) + *manie*.

bibliomantie [waarzeggerij d.m.v. de bijbel] gevormd van **gr.** *biblion* [boek, bijbel] + *manteia* [het voorspellen, orakelspreuk].

biblioraft [brievenordener] gevormd van **gr.** *biblion* [boek, brief] (vgl. *bijbel*) + *raptein* (aoristus II passivum *erraphèn*) [samenvoegen].

bibliothecaris [beheerder van bibliotheek] < **lat.** *bibliothecarius*, van *bibliotheca* (vgl. *bibliotheek*).

bibliotheek [plaats met verzameling boeken] (1623) < **fr.** *bibliothèque* of < **lat.** *bibliotheca* [idem] < **gr.** *bibliothèkè*, van *biblion* [boek] (vgl. *bijbel*) + *thèkè* [bewaarplaats], van *tithenai* [leggen, plaatsen], idg. verwant met *doen*.

biblist [bijbelkenner] ca. 1590 *bibliste*, gevormd van **lat.** *biblia* [bijbel].

bicamerisme [regeringsstelsel met twee kamers] gevormd van *bi-* + **lat.** *camera* [kamer].

biceps [tweehoofdige opperarmspier] < **lat.** *biceps* [met twee hoofden], van *bis* [tweemaal] (vgl. *bi-*) + *caput* [hoofd] (vgl. *kaap*¹).

biconcaaf [dubbelhol (van lenzen)] gevormd van *bi-* + **lat.** *concavus* [hol, gekromd, gewelfd], van *cavus* [hol].

biconvex [dubbelbol (van lenzen)] gevormd van *bi-* + **lat.** *convexus* [gebogen, gewelfd, rond].

bidden [gebed richten tot God, smeken] **middelnl.**, **oudnederfrankisch** *bidden*, **oudsaksisch** *biddian* [verzoeken, nodigen], **oudfries** *bidda* [verzoeken, bidden], **oudeng.** *biddan* [vragen] (**eng.** *to bid*), **oudhd.** *bitten*, **gotisch** *bidjan* [bidden], wordt verbonden met **oudsaksisch** *bedian*, **oudhd.** *beitten* [dwingen, eisen], **gotisch** *baidjan* [dwingen].

bidet [zitbad] < **fr.** *bidet* [hit, klein paard, bidet], van **oudfr.** *bider* [draven], etymologie onbekend; de bidet was oorspr. een wasbak op vier poten, waarop men schrijlings zat.

biecht [belijdenis (van zonden)] **middelnl.** *biachte*, *biecht(e), bijcht*; de eerste vorm verraadt dat we met een tweelettergrepig woord te doen hebben, een samenstelling van *bi-* [bij] + een simplex dat voorkomt als *gicht(e), gechte, gifte* [bekentenis, in rechte afgelegde verklaring], **oudnederfrankisch** *begiht*, **oudhd.** *bigiht*, **oudfries** *biiecht, biecht*, **oudsaksisch** *bigihto*; van **middelnl.** *gien* [een verklaring afleggen, bekennen], vgl. o.m. **oudnederfrankisch** *gian* [bekennen], **oudhd.** *gehan, jehan* [idem]; buiten het germ. **lat.** *iocus* [scherts], **umbrisch** *iuku* [smeekbede], van een idg. basis met de betekenis 'spreken', vgl. *gêne*.

bieden [geven, aanbieden] **middelnl.** *bieden* [doen weten, gelasten, aanbieden, beloven], **oudsaksisch** *biodan*, **oudhd.** *biotan*, **oudfries** *biada*, **oudeng.** *beodan*, **oudnoors** *bjōða*, **gotisch** *biudan*; buiten het germ. **gr.** *peuthomai* [ik krijg, bericht], **middeliers** *buide* [erkentelijkheid], **litouws** *budèti* [waken], **oudindisch** *bodhati* [hij ontwaakt, wordt gewaar, hij komt weer bij], *Buddha* [de 'Verlichte'].

biedermeier [stijlperiode] < **hd.** *Biedermeier*, ontleend aan de midden 19e eeuw in de Münchener *Fliegende Blätter* gepubliceerde *Gedichte des schwäbischen Schullehrers Gottlieb Biedermaier und seines Freundes Horatius Treuherz* van Ludwig Eichrodt.

biefstuk [lap vlees van de bovenbil] < **eng.** *beefsteak*, van *beef* [rundvlees] < **oudfr.** *boef, buef* < **lat.** *bovem*, 4e nv. van *bos* [rund] (idg. verwant met nl. *koe* ¹) + *steak;* opvallend is dat de eng. namen van vleesgerechten - in een andere sociale sfeer - rom. zijn, naast de dierenamen van germ. herkomst: *beef - cow, ox; mouton - sheep; veal - calf; pork - pig, swine*.

biek [paard, varken] < **fr.** *bique* [geit], nevenvorm van *biche* [hinde], teruggaand op **lat.** *bestia* [beest].

biel [dwarsligger] < **fr.** *bille* [blok hout] (vgl. *biljart*).

biema → *bema*.

biënnale [tweejaarlijkse tentoonstelling of concours] afgeleid van **lat.** *biennium* [periode van twee jaren], van *bis* [tweemaal] (vgl. *bi-*) + *annus* [jaar].

bier [alcoholhoudende drank] **middelnl.** *bier*, **middelnl.** *bēr*, **oudsaksisch, oudhd.** *bior*, **oudfries** *biar*, **oudeng.** *beor*, etymologie onzeker, mogelijk < **me. lat.** *bera*, uit het germ.: **oudeng.** *bære, bere* (**eng.** *barley*, van *bere* + *-lic*), **oudnoors** *barr* [gerst], **gotisch** *barizeins* [van gerst]; buiten het germ. **lat.** *far* [spelt], (*farina* [meel]), **bretons** *bara* [brood], niet onmogelijk echter via **me. lat.** *bera* [bier] < *biber, biberium* [brouwsel, drank, teug], van **klass. lat.** *bibere* [drinken].

bies ¹ [plantengeslacht, boordsel] **middelnl.** *bies(e)* [plant en boordsel aan kleding], **middelnl.** *bese*, **fries** *bies;* verdere verwanten zijn niet gevonden en het woord is niet bevredigend verklaard.

bies ² [schraapijzer van graveurs] < **fr.** *biseau* [schuine kant, steekbeitel], vermoedelijk van *biais*.

biest [eerste melk na het kalven] **middelnl.** *biest*, **oudsaksisch, oudhd.** *biost*, **oudeng.** *beost*.

biestdorp [straatdorp] vermoedelijk is het eerste lid een vorm van **bies** ¹ [boordsel], met toegevoegde *t*.

biet, beet [plant] **middelnl.** *bete* < **lat.** *beta* [biet, kroot], een oude ontlening, oorspr. van kelt. herkomst.

bietsen [bedelen] van *bietser* < **eng.** *beachcomber* [ongeveer strandjutter, iem. die stranden en werven afschuimt]; in het barg. komt ook voor *bietskommer* [iem. die schooit], van *beach* [strand] + *to comb* [(uit)kammen].

biezen [onrustig rondlopen] dial. ook *bijzen*, **middelnl.** *bisen* [wild rondlopen (van vee), rondzwerven], **middelnd.** *bisen, besen, bissen* [onrustig ronddraven van koeien], **oudhd.** *bison, bisen* [idem] → *beuzelen, bijster*.

bifiliair [met twee draden] < **fr.** *bifilaire* [tweeaderig, tweedraads] < **lat.** *bis* [tweemaal] (vgl. *bi-*) + *fil* [draad] < **lat.** *filum* [idem].

bifocaal [met twee brandpunten] gevormd van *bi-* + *focus*.

bifora [tweelingvenster] gevormd van **lat.** *biforis* [met twee deuren, met twee vleugels], van *bis* [tweemaal] (vgl. *bi-*) + *foris* [deur], verwant met *foris* [naar buiten] (vgl. *forens*).

bifurcatie [splitsing (van rivier, ader)] gevormd van **me. lat.** *bifurcatus* [gevorkt], **klass. lat.** *bifurcus* [idem], van *bis* [tweemaal] (vgl. *bi-*) + *furca* [tweetandige (hooi)vork].

big [jong van het varken] er zijn tal van verwante vormen met wisselend vocalisme op een beperkt gebied: 16e eeuws *bigge*, **zuidnl. dial.** *viggen, vikken*, **eng.** *pig*, **middeleng.** *pigge*, **middelnl.** *bagge(n)*; vgl. *bake* [zij spek, varken], **oudhd.** *bahho* [ham], **me. lat.** *baco* [spek], **eng.** *bacon*; etymologie onbekend, zie ook **bak²** [varken].

bigamie [dubbel huwelijk] < **me. lat.** *bigamia*, van *bigamus* [tweemaal getrouwd], van **lat.** *bis* [tweemaal] (vgl. *bi-*) + **gr.** *gamos* [bijslaap, huwelijk].

bigarreau [kers op gebak] < **fr.** *bigarreau*, van *bigarrer* [bont kleuren], van **oudfr.** *garre* [veelkleurig]; etymologie onbekend.

bigbenklok [type klok] namelijk een klok die slaat met het geluid van de *Big Ben*, de klok van de Houses of Parliament in London, genoemd naar de minister van publieke werken *Sir Benjamin (Big Ben) Hall*, baron Llanover (1802-1867), onder wiens ambtsperiode de klok werd gegoten (de minister was nogal groot van stuk).

biggelen [met kiezelsteentjes bestrooien, (van tranen) naar beneden rollen] **middelnl.** *bickelen* [met bikkels spelen]; Kiliaan geeft de betekenis 'vloeien van tranen', nu betekent het ook 'met kiezelsteentjes bestrooien'. Voor ons gevoel is er geen overeenstemming tussen steen, steentjes, steengruis en druppels, maar vroeger blijkbaar wel. Een parallel ligt in *motregen* naast *steenmot* [steengruis], *turfmot* [turfmolm], vgl. ook *biggelzand* [kiezelzand, grof zand].

bignonia [plantengeslacht] door de Franse botanicus Joseph Pitton de Tournefort (1656-1708) zo genoemd naar de abbé *Jean-Paul Bignon*, bibliothecaris van Lodewijk XV.

bigotterie [kwezelarij] < **fr.** *bigoterie*; de geschiedenis van het woord laat vragen open. In 12e eeuws fr. werd *bigot* gebruikt als scheldwoord voor Normandiërs, die in Engeland de eedsformule/vloek *bi God* hadden leren gebruiken. Het spaans heeft hieraan ontleend *bigotes* (mv.) [snor]; daarvan werd gevormd *bigotera* [bandje om thuis en 's nachts de snor in model te houden, vervolgens ook een busteversiering die ietwat snorvormig was, voor bovenlijfjes van dames en ten slotte een zitplaatsje vóór aan het rijtuig, dat men kon wegnemen als er geen behoefte aan was]; al deze betekenissen draaien om het begrip 'voorkant, façade' en zijn mogelijk te verbinden met de overdrachtelijke zin van *bigot*.

bigram [veel voorkomende combinatie van twee letters] gevormd van *bi-* + **gr.** *gramma* [letter].

bij¹ [voorzetsel, bijw.] **middelnl.**, **oudnederfrankisch**, **oudsaksisch**, **oudhd.**, **oudfries**, **oudeng.**, **gotisch** *bi*; buiten het germ. **lat.** *ob-* (in samenstellingen), **gr.** *amfi*, **oudindisch** *abhi* [naar...toe, tegen].

bij² [insekt] **middelnl.** *bie*, **oudsaksisch** *bi*, **oudhd.** *bia*, **oudeng.** *beo*, **oudnoors** *by*; buiten het germ. **iers** *bech*, **litouws** *bitis*, **lets** *bite*.

bijbel [de Heilige Schrift] **middelnl.** *bibel(e)* < **lat.** *biblia* < **gr.** *biblia* [verzamelde geschriften], mv. van *biblion* [boek, brief], van *biblos*, ouder *byblos* [papyrusbast, papier, geschrift], naar de havenstad *Byblos* < **fenicisch** *gbhal* [grens(stad)], vgl. **hebr.** *gebül* [grens] + **ar.** *jabal* [berg].

bijeen- [voorvoegsel] van *bij¹* + *een*.

bijgeloof [superstitie] eerst nieuwnl., vgl. echter **middelnd.** *bi(ge)love*.

bijkans [bijna] **middelnl.** *bicans*, van *bicant* [bijna], van *bi* [bij, omtrent] + *cant* [kant, rand, grens], met het bijwoorden vormende achtervoegsel *s*.

bijl [werktuig] **middelnl.** *bile, bijl*, **oudsaksisch** *bil* [zwaard], **oudhd.** *bihal*, **oudeng.** *bill*, **oudnoors** *bilda*; buiten het germ. **oudiers** *biail* [bijl], **russ.** *bilo* [hamer].

bijlander [platboomd vaartuig] **middelnl.** *binnenlantsvarer, bijnnelantsvaerer* [een schip voor de binnenvaart].

bijlo [krachtterm] van **middelnl.** *bi lode*, bastaardvloek ter vervanging van *bi Gode* [bij God].

bijna [op weinig na] **middelnl.** *bina* [bijna, ongeveer], van *bi* [bij] + *na* [nabij].

bijou [kleinood] < **fr.** *bijou* < **bretons** *bizou* [ring], van *biz* [vinger].

bijspijkeren [door spijkeren herstellen, goedmaken, het achtergebleven gelijkbrengen] van *bij* + *spijkeren*, vermoedelijk niet in de zin van draadnagels inslaan, maar in die van in een pakhuis opbergen, dus bijspijkeren als de voorraad aanvullen, van *spijker* [voorraadschuur], vgl. **hd.** *Speicher* [pakhuis] < **lat.** *spicarium* [korenschuur], van *spica* [korenaar], van dezelfde basis als *spijker¹* [draadnagel], met de betekenis 'puntig'.

bijster [niet meer wetend] **middelnl.** *bīster, bijster* [rondlopend, verwilderd, verbijsterd], van *bisen* (vgl. *biezen*).

bijt [gat in het ijs] **middelnl.** *bite, bijt*, **middelnd.** *bīt* [gat in het ijs], van *bijten*.

bijten [de tanden in iets zetten] **middelnl.** *biten*, **oudsaksisch**, **oudeng.** *bitan*, **oudhd.** *bizan*, **oudfries**, **oudnoors** *bita*, **gotisch** *beitan*; buiten het germ. **lat.** *findere* [splijten], **oudindisch** *bhinadmi* [ik splijt].

bijval [toejuiching] van *bijvallen*; de huidige betekenis is overgenomen uit **hd.** *Beifall*.

bijvallen [de zijde kiezen van] begin 15e eeuw

middelnl. *bivallen,* **middelnd.** *bivallen,* **hd.** *beifallen.*

bijvoeglijk [grammaticale term] vertaling van **lat.** *adjectivum,* dat een vertaling is van **gr.** *epitheton.*

bijvoet [plant] middelnl. *bivoet,* **oudsaksisch** *bīvōt,* **oudhd.** *bībōz, pīpōz,* het tweede lid daarvan uit **oudhd.** *bōzzan* [stoten], vermoedelijk in de zin van 'afweren van boze geesten'; bijvoet is een volksetymologische vorming. Plinius had verklaard, dat als men het kruid op zijn been bindt, men op reis niet vermoeid raakt.

bijwoord [adverbium] **middelnl.** *biwort, biwoort* [spreekwoord, adverbium, woorden die niet ter zake doen], van *bij*¹ + *woord*¹.

bijzaathout [langsscheeps verbanddeel] van *bij* + *zaathout.*

bijzen gewestelijke nevenvorm van *biezen.*

bijzonder [speciaal, opmerkelijk] **middelnl.** *bisonder, besonder* [in het bijzonder, vooral, afzonderlijk], van *bi* + *sonder* [zonder, behalve (zowel uitsluitend als insluitend), bijzonder, vooral, zeldzaam].

bik [wat afgebikt is, eten] → *bikken*¹,².

bikini [tweedelig badpak] zo genoemd door de ontwerper ervan, de Fransman Ir. Louis Reard (1897-1984), firmant van een kledingbedrijf, naar het atol *Bikini,* dat bekend werd door de Amerikaanse atoomproeven.

bikkel [pikhouweel] van *bikken*¹ + achtervoegsel *el,* vgl. *beitel, drevel* etc..

bikken¹ [hakken] **middelnl., middelnd.** *bicken* [idem], **oudhd.** *bicchen* [steken naar], **nl.** *bik,* **middelnl., middelnd., middelhd.** *bicke,* **oud-eng.** *becca* [instrument om te hakken]; buiten het **germ. lat.** *beccus* (uit het gallisch) [snavel], **oudiers** *bongid* [breken], **oudindisch** *bhanakti* [hij breekt]; het is niet duidelijk of de germ. vormen oerverwant zijn met **lat.** *beccus* dan wel eraan zijn ontleend.

bikken² [eten] **middelnl.** *bicken, becken* [met de snavel pikken] → *bikken*¹.

bil [achterdeel] **middelnl.** *bille,* verkort uit *aersbille, ersbille,* nevenvorm van *bal*¹, waarmee de ronde vorm de overeenkomst is. Vgl. ook *bel*².

bilabiaal [met beide lippen] gevormd van *bi-* + **lat.** *labium, laat-lat. labium, labia* [lip], daarmee idg. verwant.

bilateraal [van twee kanten] gevormd van *bi-* + **lat.** *lateralis* [zij-], van *latus* (tweede naamval *lateris*) [zijde, kant].

bilboquet [vangbekertje met daaraan verbonden balletje] < **fr.** *bilboquet,* van *bille boquet;* voor *bille* vgl. *biljart, boquet* < **westelijk fr.** *bouquer* [stoten], van *bouc* [bok].

bilbord [ankervoering] van **fr.** *bille* [blok hout] (vgl. *biljart*) + *bord.*

bilge [kim (scheepsterm)] < **eng.** *bilge* [buik van een vat, kim], nevenvorm van *bulge* [ronding, buil] < **lat.** *bulga* [leren zak], ontleend aan het kelt., vgl. **oudiers** *bolgaim* [ik zwel op], *bolg* [tas], **welsh** *bolg* [buik].

bilinguïsme [tweetaligheid] gevormd van **lat.** *bilinguis* [twee talen sprekend], van *bis* [tweemaal] (vgl. *bi-*) + *lingua* [tong, taal] < **oudlat.** *dingua,* idg. verwant met *tong.*

bilirubine [galkleurstof] < **fr.** *bilirubine,* van *bile* < **lat.** *bilis* [gal] + *rubine* [rode verbinding], van **lat.** *ruber* [rood], daarmee idg. verwant.

biliverdine [groene galkleurstof] < **fr.** *biliverdine,* van *bile* (vgl. *bilirubine*) + *vert* [groen] < **lat.** *viridis* [idem].

biljard [miljard tot de 2^e macht] gevormd van **lat.** *bis* [tweemaal] + *miljard,* naar analogie van *biljoen.*

biljart [balspel op tafel] < **fr.** *billard* [idem], van *bille* [blok hout], **me. lat.** *billus, billetum* [idem], uit het gallisch, vgl. **oudiers** *bile* [boomstronk, heilige boom].

biljet [gedrukt stuk papier of kaartje] < **fr.** *billet,* **oudfr.** *billette,* nevenvorm van *bullette* < **me. lat.** *billeta, billetus,* verkleiningsvorm van *billa* [ceel, geschrift], resp. *bulla* (vgl. *bul*³).

biljoen [miljoen maal miljoen] gevormd van *miljoen* door vervanging van *mi-* door *bi-,* van **lat.** *bis* [tweemaal].

bill [wetsontwerp] < **eng.** *bill* < **middeleng.** *bille* < **me. lat.** *billa* = *bulla* [zegel, gezegeld stuk, document] (vgl. *bul*³).

billander → *bijlander.*

billen [groeven in molenstenen scherpen] **middelnl.** *billen* [slaan, houwen, billen], **oudhd.** *billon* [houwen] (**hd.** *billen*), verwant met *bijl.*

billet-doux [minnebriefje] < **fr.** *billet doux* [idem], van *billet,* m. van **oudfr.** *billette,* wat een mengvorm is van *bille* [bal] en *bullette,* verkleiningsvorm van **me. lat.** *bulla* [zegel, gezegeld document, document] < **klass. lat.** *bulla* [waterbel, knop] + *doux* < **lat.** *dulcis* [zoet, aangenaam, lieflijk].

billetté [met vierkante staande figuren (wapenkunde)] van **fr.** *billette* [talhout, schoorbalk, blok in wapen], van *bille* [oorspr. houtblok] (vgl. *biljart*).

billijk [rechtvaardig] **middelnl.** *billijc,* **middelnd., oudhd.** *billīch;* voor het eerste lid vgl. het eerste lid van *beeldwit,* **gr.** *philos* [dierbaar, bemind], **oudiers** *bil* [goed].

bilocatie [aanwezigheid op twee plaatsen] gevormd van *bi-* + *locatie.*

biltong [stuk gedroogd vlees] < **afrikaans** *biltong* < **nl.** *bil* + *tong,* eig. een tongvormig, uit de bil gesneden stuk vlees.

bilzenkruid [giftige plant] **middelnl.** *bilse, bilsencruut, belsemcruut,* **middelnd.** *bilse,* **oudhd.** *bil(i)sa,* **oudeng.** *beolone,* **russ.** *belena,* **gallisch** *belenuntia,* van een idg. basis met de betekenis 'wit'.

bimester [tijdperk van twee maanden] < **lat.** *bimestris, bimenstris* [van twee maanden, voor twee maanden], van *bis* [tweemaal] (vgl. *bi-, binair*) + *mensis* [maand], daarmee idg. verwant.

bims [puimsteengruis] < **hd.** *Bims(stein),* **oudhd.** *bumiz* < **lat.** *pumex* (2e naamval *pumicis*) [puim-

bin — bis

steen]; het woord kon gemakkelijk in omloop komen omdat puimsteen werd gebruikt voor het gladschaven van perkament.

bin [ruimte in graansilo] < **eng.** *bin* (vgl. **ben**).

binair [tweeledig] < **fr.** *binaire* < **lat.** *binarius* [wat twee bevat of uit twee bestaat], van *bini* [telkens twee], van *bis* [tweemaal] (vgl. *bi-*).

binde [akkerwinde] → **winde**.

binden [met touw vastmaken] **middelnl.**, **middelnd.** *binden*, **oudsaksisch**, **oudeng.**, **gotisch** *bindan*, **oudfries**, **oudnoors** *binda*; buiten het germ. **litouws** *bendras* [gemeenschappelijk, partner], **gallisch** *benna* [rieten (gevlochten) wagenbak], **oudiers** *buinne* [band], **oudindisch** *bandhu-* [bloedverwant], *badhnāti* [hij bezat].

bineren [twee missen op één dag opdragen] < **fr.** *biner* [tweemaal op één dag hetzelfde doen] < **provençaals** *binar* < **me. lat.** *binare* [verdubbelen], van **klass. lat.** *bini* [telkens twee, twee tegelijk] (vgl. **binair**).

bingelkruid [smeerwortel] < **hd.** *Bingelkraut*, waarvan het eerste lid wordt verklaard als een verkleiningsvorm van een woord dat voorkomt als **oudhd.** *bungo* [knol], verwant met **nl.** *bonk*.

bingo [hazardspel] < **eng.** *bingo*, mogelijk samengetrokken uit *brandy* en *stingo* [een sterk soort bier], van *to sting* [steken] (slang).

bink [barg. man] < **zigeunertaal** *beng* [duivel].

binken [school verzuimen] wellicht van *bink* [lomperd], dat vermoedelijk bij *bonk* hoort.

binnen [het zich bevinden in een ruimte] **middelnl.** *binne(n), bin* (voorzetsel en bijw.), van *be-* + (bijw.) *inne, in* (voorzetsel en bijw.); vgl. *boven, beneden, buiten* en **middelnl.** *bachten* [achter].

binocle [dubbele veld- of toneelkijker] < **fr.** *binocle*, gevormd van **lat.** *bini* [een paar, twee tegelijk] (vgl. **binair**) + *oculus* [oog], daarmee idg. verwant.

binominaal [dubbelnamig] gevormd van **lat.** *binominis* [tweenamig], van *bis* [tweemaal] (vgl. *bi-*) + *nomen* [naam], daarmee idg. verwant.

bint[1] [zaailing van hennep] vermoedelijk hetzelfde woord als *bent* in *bentgras*, vgl. ook *benthennep*.

bint[2] [samenstel van balken in dakkap] **middelnl.** *gebint* [verband, dwarsbalk die twee andere verbindt, als coll. balkwerk], afgeleid van **binden**.

bintje [aardappel] door de onderwijzer Klaas de Vries naar zijn leerlinge *Bintje Jansma* vernoemd (1907).

bintoerong [beermarter] < **maleis** *benturun(g)* [wezel], ook *menturung*.

bio- [leven-] < **gr.** *bios* [leven], verwant met **gotisch** *qius*, **eng.** *quick*, **nl.** *kwiek*, **lat.** *vivus* [levend].

biochemie [afdeling van de scheikunde] gevormd van **gr.** *bios* [leven], verwant met **lat.** *vivus* [levend] + *chemie*.

biocide [chemische bestrijding van levende organismen] gevormd van *bio-* + *-cide* < **lat.** *caedere* (in samenstellingen *-cidere*) [doden].

biodegradabel [afbreekbaar langs biologische weg] gevormd van *bio-* + *degradabel* (vgl. **degraderen**).

biofylaxe [bescherming van de levende natuur] gevormd van *bio-* + **gr.** *phulaxis* [bewaking, bescherming], van *phulax* [wachter].

biogenesis [leer dat het levende slechts uit het levende voortkomt] gevormd van *bio-* + *Genesis* [ontstaan, schepping].

biografie [levensbeschrijving] < **laat-gr.** *biographia*, van *bios* [leven] (vgl. *bio-*) + *graphein* [schrijven], idg. verwant met **kerven**.

biologeren [onder zijn invloed brengen, hypnotiseren] gevormd van *bio-* + **gr.** *logos*, in de zin van 'de geest, het denken als scheppende kracht'.

biologie [leer van de levende wezens] gevormd van *bio-* + **gr.** *logos* [woord, verhandeling].

biomantie [onderzoek naar aanwezigheid van leven] gevormd van *bio-* + **gr.** *manteia* [het voorspellen, orakel].

biometrie [meting van eigenschappen van levende wezens] gevormd van *bio-* + *metrie* (vgl. **meter**[1]).

bionica [leer van het gedrag in de ruimte] gevormd van *bio-* + *-onica*, als in *elektronica*.

bionomie [leer van de wetten van het leven] gevormd van *bio-* + **gr.** *nomos* [wet], idg. verwant met **nemen**.

biopsie [weefselverwijdering voor onderzoek] gevormd van *bio-* + **gr.** *opsis* [het zelf aanschouwen].

bioriseren [kiemvrij maken van melk] gevormd van **gr.** *bios* [leven], verwant met **lat.** *vivus* [levend], naar analogie van ww. op *-eren* als *ioniseren, elektriseren*.

bioscoop [theater waar filmvoorstellingen gegeven worden] gevormd van *bio-* + **gr.** *skopein* [kijken naar], idg. verwant met **spieden**.

biosfeer [het door levende wezens bevolkte deel van de aarde] gevormd van *bio-* + **gr.** *sphaira* [bal, globe] (vgl. **sfeer**).

biotherapie [behandeling met vaccins e.d.] gevormd van *bio-* + *therapie*.

biotiek [levensleer] gevormd van **gr.** *biōtikos* [het aardse leven betreffend], afgeleid van *biotè* [leven, levenswijze, levensonderhoud] (vgl. *bio-*).

bipatride [met een dubbele nationaliteit] gevormd van *bi-* + **gr.** *patris* (2e naamval *patridos*) [vaderland], van *patèr* [vader], daarmee idg. verwant.

biplaan [tweedekker] < **eng.** *biplane* [idem], gevormd van *bi-* + **eng.** *plane* [vlak] < **lat.** *planus* [vlak], of **lat.** *plane*, verkort uit *aeroplane*, van *to plane* [zweven], eveneens van **lat.** *planus* [vlak].

bipolair [tweepolig] gevormd van *bi-* + *polair*.

biretta [(kardinaals)muts] < **it.** *berretta* [muts, pet, baret] < **oudprovençaals** *berret* [idem] < **lat.** *birrus* [korte mantel met kap], uit kelt., vgl. **middeliers** *berr*, **welsh** *byr* [kort].

biribi [hazardspel] < **fr.** *biribi* < **it.** *biribissi*, dat verklaard wordt als gevormd van *bir-* < *bis*[2] [dubbel] < **lat.** *bis* [tweemaal] (vgl. *bi-*) + *abisso* [afgrond, hel] (vgl. **abyssaal**).

bis[1] [met een halve toon verhoogde b] < **hd.** *Bis*, van *B* + een verbastering van **fr.** *dièse* < **gr.** *diesis* [halve toon].

bis² [tweemaal] < **lat.** *bis* < **oudlat.** *dvis*, verwant met **gr.** *dis*, **oudindisch** *dvih*, **middelhd.** *zwis*, **gotisch** *tvis-*, verwant ook met *twee*.

bisamrat [knaagdier] van **hd.** *Bisam* [muskus, bisam] < **me. lat.** *bisamum* < **klass. lat.** *balsamum* < **gr.** *balsamon*, uit het semitisch, vgl. **hebr.** *besem;* het is dus een variant van *balsem;* de bisamrat werd zo genoemd vanwege zijn muskusgeur.

bisbilles [gekibbel] < **fr.** *bisbille* < **it.** *bisbiglio* [idem], van *bisbigliare* [lispelen], een klanknabootsende vorming, die het samentrekken van de lippen suggereert.

biscuit [droog gebak] < **fr.** *biscuit*, van *bis-* < **lat.** *bis* [tweemaal] (vgl. *bi-*) + *cuit*, verl. deelw. van *cuire* [koken, bakken] < **lat.** *coquere* [idem] (vgl. **koken**¹); van **oudfr.** *bescoit* komt **middelnl.** *bischoot, biscot, biscuyt, bischuut,* **nl.** *beschuit.*

bisdom [diocees] **middelnl.** *bis(s)chopdoem, bisdo(e)m;* de huidige vorm is verkort uit de eerste (vgl. ook *bisschop, -dom*).

biseau [schuin geslepen rand] < **fr.** *biseau*, gevormd van **lat.** *bis* [tweemaal] (vgl. *bi-*).

biseem [semantisch tweewaardig] gevormd van *bi-* + **gr.** *sèmeion* [teken].

biseksueel [met seksuele aanleg voor omgang met beide geslachten] gevormd van *bi-* + *seksueel* → *seksualiteit*.

bisette [goedkope kant] < **fr.** *bisette* [passement, kant], uit het germ., vgl. **middelhd.** *bisette, besetten* [garneren], vgl. **middelnl.** *bisetten* [toevoegen, lett. bij iets voegen], van *bij + zetten*.

bismarckharing [in wijn ingelegde haring] door een ondernemer op visserijgebied genoemd naar *Otto Fürst von Bismarck* (1815-1898).

bismillah [in de naam van God, ar. uitroep aan het begin van enigerlei onderneming] < *bi-* [met] + *smi* [naam (2e nv.)] + *llāhi* [(van) Allah, God (2e nv.)] dus: in de naam van God.

bismut [scheikundig element] < **neo-lat.** *bisemutum*, **hd.** *wis(se)mat*, **middelnd.** *wesemod*, dat mogelijk stamt van **ar.** *itmid* [antimoon].

bisschop [priester van de hoogste rang] **middelnl.** *bisschop* [bisschop, opziener over een school, hoofdpersoon van een feest] < **chr. lat.** *episcopus* [priester, bisschop] < **gr.** *episkopos* [verspieder, iemand die toezicht houdt en -in speciale betekenis- bisschop], van *epi* [bij, op, naar] + *skopein* [kijken naar], idg. verwant met *spieden;* daarbij *episcopatus* [(opzieners)ambt, bisschoppelijke waardigheid].

bissectrice [lijn die een hoek middendoor deelt] < **fr.** *bissectrice*, gevormd van *bi-* + **lat.** *sector* (vr. *sectrix*, 2e nv. *sectricis*) [snijder], van *secare* (verl. deelw. *sectum*) [snijden, afsnijden, doorsnijden], idg. verwant met het tweede lid van *mes*.

bissen [blazen als een slang] nevenvorm van *biezen*.

bisseren [bis roepen] < **fr.** *bisser*, van **lat.** *bis* [tweemaal] (vgl. *bi-*).

bissing, bissinge [kermis, drukte] van *bissen* [rondrennen], variant van *bijzen, biezen*.

bister [roetbruin] < **fr.** *bistre* [idem], etymologie onbekend.

bistouri [operatiemes] < **fr.** *bistouri*, volgens sommigen < **it.** *bistorino* (niet geattesteerd) = *pistorino* [van Pistoia waar scherpe messen werden gefabriceerd].

bistro [restaurant met Franse inslag] < **fr.** *bistro(t)* [kastelein, kroeg], wordt verbonden met dial. (Poitou) *bistraud* [knechtje], waarvan de etymologie onbekend is.

bit¹ [mondstuk] vorm zonder voorvoegsel *ge-*, vgl. **middelnl.** *gebit* [gebit, paardetoom], van *bijten*.

bit² [computerterm] < **eng.** *bit*, samengetrokken uit *binary digit, binary* < **fr.** *binaire* [tweetallig] (vgl. *binair*), *digit* [vinger, heel getal onder de tien, cijfer] < **lat.** *digitus* [vinger] (mv. *digiti* wel gebruikt voor kennis van het rekenen), idg. verwant met *teen*¹.

bitartraat [dubbelzout van wijnsteenzuur] gevormd van *bi-* + *tartraat* (vgl. *tartarus*).

bits [vinnig] vgl. **hd.** *bissig*, **nl.** *pissig*, o.i.v. *bijten* in de 17e eeuw gevormd naast *bats*, dat in diverse dialecten voorkomt [oorspr. trots, ijdel], **oudfries** *batsk* [trots, stuurs], **hd.** *patzig* [snoevend, patser], etymologie onbekend.

bitstuk [loefhouder] het eerste lid is afgeleid van *bijten*, vgl. *loefbijter* [voorziening die a.h.w. in de loef bijt, het schip hoog aan de wind doet lopen].

bitter [smaakgewaarwording, scherp] **middelnl.**, **oudnederfrankisch** *bitter*, **oudsaksisch**, **oudhd.** *bittar*, **oudeng.** *bi(t)ter*, van het ww. *bijten;* in het middelnederlands was de betekenis dan ook nog in de eerste plaats 'snijdend, scherp' en dan 'bitter', ook 'bijterig'.

bitumen [asfalt] < **lat.** *bitumen*, overgenomen uit het oskisch-umbrisch → *beton*.

bivak [legerplaats onder de blote hemel] < **fr.** *bivouac* [idem] < **nd.** *biwake* [bijwacht]; vroeger in enkele steden de benaming voor een patrouille burgers ter versterking van de gewone stadswacht.

bivalent [tweewaardig] gevormd van *bi-* + **lat.** *valens* (2e naamval *valentis*), teg. deelw. van *valēre* [waard zijn], idg. verwant met *geweld*.

bivalve [schelpdier met twee schalen] < **fr.** *bivalve* [tweeschalig], gevormd van **lat.** *bis* [tweemaal] (vgl. *bi-*) + *valva* [helft van dubbele deur], verwant met *volvere* [draaien], idg. verwant met *walen*.

bixine [rode kleurstof] genoemd naar *bixa*, de inheemse naam van een kleine boom, afkomstig uit Centraal-Amerika, waaruit kleurstof wordt gewonnen.

bizar [grillig, vreemd] < **fr.** *bizarre* [idem] < **spaans** *bizarro* [moedig, dapper, edelmoedig] < **baskisch** *bizarra* [baard].

bizarre [tulp met paarse vlammen op wit, bijbloem] < **fr.** *bizarre* [bizar].

bizon [rundergeslacht] < **fr.** *bison* < **laat-lat.** *bison* < **gr.** *bisōn* [oeros], uit het germ., vgl. *wisent*.

blaag [kwajongen] een jong woord dat slechts in Westfalen en Oostfriesland als *blage* wordt gevonden. In het begin van de 18e eeuw in het fr. overgenomen als *blague* [tabaksbuidel], sedert de 19e eeuw als belachelijk verhaal, vgl. **nd.** *blagen* [zich opblazen].

blaai [ophef, drukte] **middelnl.** *bla(e)yen* [waaien, wapperen, zwaaien].

blaak [dikke rook] **middelnl.** *blake, blaec* [gloed, vlam], van *blaken*.

blaam [smet] **middelnl.** *blame, blaem* < **fr.** *blâme*, van *blâmer* (vgl. **blameren**).

blaar [blaasachtige opzwelling] **middelnl.** *blader, blaer*, **oudsaksisch** *bladara*, **oudhd.** *blatara;* de stam van het woord is die van *blazen*.

blaas [bobbel, urineblaas] **middelnl.** *blase*, **oudsaksisch, oudhd.** *blasa*, van het ww. *blazen*.

blaasbalg [aanjager van vuur] **middelnl.** *blaesbalch, blaesbalc* [orgelpijp, blaasbalg], **middelnd.** *blas(e)balch*, **oudhd.** *blāsbalg*, **oudeng.** *blǣsbelg*, **oudnoors** *blāstbelgr*, van *blazen* + *balg*.

blaaskaak [snoever] sedert Kiliaan en Plantijn, in de betekenis 'die zijn kaken opblaast'.

blaasteren [bladderen] van *blaas* [zwelling, bobbel].

blabla [gezwam] < **fr.** *blabla*, klanknabootsend, of van *blaguer* [snoeven] (vgl. *blaag*).

blackjack [kaartspel, eenentwintigen] < **eng.** *blackjack*, van *black* [zwart], verwant met **nl.** *blaken* + *jack* [boer], van de naam *Jack*, vgl. de nl. voornaam Jan, dus eig. zwartjan.

black-out [tijdelijk verlies van bewustzijn] < **eng.** *black-out* [het uitdoen van de lichten bij luchtalarm, de resulterende duisternis, tijdelijk verlies van bewustzijn], van *black* [zwart], verwant met *blaken* + *out* [uit].

blad [orgaan aan takken, dienblad, vel papier] **middelnl.** *blat*, **oudsaksisch** *blad*, **oudhd.** *blat*, **oudfries** *bled*, ablautend **oudhd.** *bluot* [bloesem], verwant met *bloeien*.

bladder [blaas (van verf)] met dubbele *d* voor *r* (evenals in *ladder*), uit *blader* [blaar].

bladzijde [pagina] van *blad* + *zijde* [1].

blaffen [geluid van hond] **middelnl., middelnd.** *blaffen*, **fries** *blaffe;* klanknabootsende vorming.

blaffetuur [vensterluik] vermoedelijk te verbinden met **me. lat.** *blaffardus* [van een bleke kleur] < **middelhd.** *bleichvar* [idem], vgl. *bleek* en *verf*.

blague [grootspraak] < **fr.** *blague* [oorspr. tabaksbuidel] < **nl.** *blaag*.

blak [1] [effen, kaal, onder water staand] 16e eeuws *blac* [vlak, effen], vgl. **middelnl.** *blacken* [flikkeren, schitteren], verwant met *blik* [1], vgl. ook **middelnl.** *blec, blic* [net even droogvallend land] en **nl.** *blakstil*, een pleonasme waarvan beide delen 'stil' betekenen.

blak [2] [gotische lettersoort] < **eng.** *black letter* [zwarte letter].

blaken [branden, gloeien] **middelnl.** *blaken* [branden, in gloed staan, in brand steken], **middelnd.** *blaken* [branden], idg. verwant met **lat.** *flagrare* [branden, fonkelen], **gr.** *phlegein* [branden] → *vlam*.

blakeren [zengen] frequentatief van *blaken*.

blakvis [inktvis] het eerste lid is **middelnl.** *blac* [inkt], van *blaken* [branden]; vgl. **middelnl.** *blacvisch* [kabeljauw met donkere rug], in **modern lat.** *carbonarius* [kolenbrander] genoemd.

blameren [laken] **middelnl.** *blasfemeren, blasmeren, blameren, blamen*, **oudfr.** *blasmer* < **chr. lat.** *blasphemare* [lasteren, honen] < **gr.** *blasphèmein* [lasteren], waarin het tweede lid van *phèmi* [ik spreek] (vgl. *faam*).

blancet [handelsterm] samengetrokken uit *blanco accept*.

blancheren [spijzen enkele minuten opkoken, leer schoon schaven] < **fr.** *blanchir* [wit maken, bleken, opkoken], van *blanc*, van germ. herkomst, vgl. *blank* [1].

blanc-manger [soort van nagerecht] < **fr.** *blanc-manger*, van *blanc* (vgl. *blank* [1]) + *manger* < **vulgair lat.** *manducare* [kauwen], van **lat.** *mandere* [idem], idg. verwant met *mond*.

blanco [oningevuld] vermoedelijk < **me. lat.** *blanco*, 6e nv. van *blanc(h)us* [wit, dus in het wit, niet ingevuld] waarbij *blanc(h)us* uit het germ. stamt, vgl. *blank* [1].

blanda [Hollander] < **maleis** *belanda* [Europeaan, Nederlander], ook *wolanda* en **javaans** *londo* < **portugees** *Holanda* [Holland].

blank [1] [blinkend, wit] **middelnl.** *blanc* [wit], **oudsaksisch** *blank*, **oudhd.** *blanc(h)*, **oudnoors** *blakkr*, verwant met *blinken*.

blank [2] [munt] **middelnl.** *blanke, blanc, witpenninc, albe* (< **lat.** *albus* [wit]); zo genoemd naar de goede kwaliteit zilver, in tegenstelling tot de zwarte zilverstukjes, die veel koper bevatten.

blanket [soort van peer] < **fr.** *blanchet*, waarbij *ch* door *k* is vervangen o.i.v. *blank*, ofwel met *k* uit fr. dialect overgenomen, van *blanc* (vgl. *blank* [1]).

blanketten [de huid blank maken] **middelnl.** *blanketten*, van *blanket* [blanketsel] < **fr.** *blanquette* < **provençaals** *blanquete*, verkleiningsvorm van *blanc* [wit], uit het germ., vgl. *blank* [1].

blank-officier [slavenopzichter] van *blank* [1] + **eng.** *overseer* [opzichter].

blaren [loeien] **middelnl.** *bleren* [schreeuwen, balken, blaten, loeien], klanknabootsend, nevenvorm van *bleren*.

blas [zacht, flets] **hd.** *blasz*, verwant met **nl.** *bles*, **hd.** *Blesse*, **middelnl.** *blas* [paard met bles].

blasé [verveeld] < **fr.** *blasé*, eig. verl. deelw. van *blaser* [afstompen, ouder: afstompen door sterke indrukken, verzwakken, ook opzwellen door b.v. sterkedrank], (*se blaser* [genoeg krijgen van]) < **nl.** *blazen*, **middelnl.** *blasen* [blazen, iets opblazen (mooier maken dan het is), opzwellen].

blasfemeren [godslasteren] < **chr. lat.** *blasphemare* (vgl. *blameren*).

blast [opgeblazenheid van vee] vgl. **eng.** *blast* [windstoot, trommelzucht], **oudhd.** *blāst* [het blazen], **oudnoors** *blāstr* → *blazen*.

blastomeer [cel ontstaan door eerste klievingsdeling] gevormd van **gr.** *blastos* [spruit, loot] + *meros* [deel].

blastula [kiemblaas] gevormd van **gr.** *blastos* [spruit, loot] + de verkleiningsuitgang **lat.** *-ulus, -ula*.

blaten [geluid van schapen en geiten] **middelnl.** *blaten* [loeien, brullen], *bleten* [blaten, jammeren (van mensen)], **middelnd.** *bleten,* **oudhd.** *blazen,* **fries** *blete, bletsje,* **oudeng.** *blætan;* buiten het germ. **lat.** *flere* [wenen], **oudkerkslavisch** *blějati* [blaten].

blauw[1] [kleur] **middelnl.** *bla(u), blaeu,* **oudsaksisch, oudhd.** *blao,* **oudfries** *blāw, blau,* **oudeng.** *blāw,* **oudnoors** *blār,* het laatste naast blauw ook zwart. Buiten het germ. zijn de verbindingen dubieus.

blauw[2] [barg. dronken] mogelijk van **barg.** *blauw(sel)* [spiritus], wellicht via **rotwelsch** *blau* [slecht, dronken], dat wel afgeleid is van **hebr.** *belō* [absoluut niets].

blauwkous [spotnaam] (1667), in de *Klucht van Kees Louwen* komt *Juffrouw blaukous* voor, die alle praatjes over en weer weet, maar het is de vraag of dit hetzelfde woord is als het huidige: ten huize van Lady Elizabeth Montague in London bestond in het midden van de 18e eeuw een literaire kring, waarin Benjamin Stillingfleet een voorname plaats innam. Hij was wat excentriek en droeg blauwe kousen. Dat gaf admiraal Boscawen aanleiding van de *blue stocking society* te spreken.

blauwtje [een blauwtje lopen, afgewezen worden] d.w.z. een blauwe plek oplopen op zijn scheen die men stoot.

blazen [met kracht uitademen] **middelnl.** *blasen,* **oudhd.** *blasan,* **oudnoors** *blasa,* **gotisch** *blesan,* naast **middelnl.** *blaeyen* [waaien], **oudhd.** *blajan* [blazen, waaien], **oudeng.** *blawan;* buiten het germ. **lat.** *flare* [blazen], van dezelfde basis als *blaar.*

blazer [jasje] < **eng.** *blazer,* van *to blaze* [met een holle vlam branden, stralen, in het oog lopen], van *blaze* [toorts, vlam]; de blazers waren aanvankelijk fel van kleur, verwant met *bles.*

blazoen [heraldiek wapen] **middelnl.** *blasoen* < **fr.** *blason;* etymologie onbekend.

bledkraan [tapse kraan in gasbuis] van **middelnl.** *bled, blet,* nevenvorm van *blad,* b.v. blad van de roeiriem.

bleek[1] [bn., oorspr. glanzend] behoort (met ablaut) bij *blijken.*

bleek[2] [zn.] afgeleid van *bleken.*

blees [bast van graankorrels] wel een dial. nevenvorm van *blaas.*

blei[1] [vis] **middelnl., middelnd.** *blei,* **oudeng.** *blæge,* verwant met *bleek*[1]; de grondbetekenis is 'witglanzend'.

blei[2] etymologie onbekend → *blets.*

blein [bloedblaar] **middelnl.** *bleine* [blaar, puist], **middelnd.** *bleine,* **oudeng.** *blegen,* met de grondbetekenis 'zwellen'.

bleinenbijter [insekt] het eerste lid is *blein* [blaar].

blek [lapje leer] vermoedelijk = *blik*[1], in de betekenis 'dat wat afwijkt van de omgeving in kleur of glans'.

blekhol [duister hol] voor het eerste lid vgl. dat van *blakvis.*

blekken [omploegen, (eike)hout schillen] **middelnl.** *blecken* [ontvellen, de schors verwijderen], **oudfries** *blesza* [ontbloten], **oudhd.** *blecchen* [schitteren] (**hd.** *die Zähne blecken* [de tanden blinken, worden plotseling zichtbaar]), **oudhd.** *blah* [bloot], verwant met *blek, blaken.*

blende [mineraal] < **hd.** *Blende,* gevormd van **hd.** *blenden* [blind maken, verduisteren]; de naam werd gekozen omdat blende lijkt op lood, maar het niet oplevert; vgl. voor de betekenis *apatiet, doleriet, fenakiet, kobalt, nikkel, wolfraam.*

bleren [blaten, schreeuwen] **middelnl.** *bleren* [schreeuwen, blaken, loeien, blaten], **middelnd.** *blerren, blarren,* **middelhd.** *bler(r)en* (**hd.** *plärren* [blaten]), **fries** *blearje,* **middeleng.** *blaren, bloren* [huilen] (**eng.** *to blare*), klanknabootsend gevormd.

blerken [blaten, schreeuwen] wel een variant van *bleren,* vergelijkbaar met *snorken* naast *snoren.*

bles [witte plek op voorhoofd van paarden] **middelnl.** *blasse* [idem], *blesset, bles* [met een witte vlek op het voorhoofd], **middelnd.** *bles(se)* [witte vlek], **oudsaksisch, oudhd.** *blas,* **oudnoors** *blesöttr* [met een bles]; buiten het germ. o.a. **gr.** *phalos* [wit], **bretons** *bal* [bles], **oudkerkslavisch** *bĕlŭ* [wit]; samenhangend met *blaken.*

blessure [wond] < **fr.** *blessure,* van *blesser* [wonden], **oudfr.** *bletier, blecier* [stukslaan, wonden], uit het germ., vgl. **oudhd.** *bleizza* [bloeduitstorting], **eng.** *blata* [blauwe plek].

bleten nevenvorm van *blaten.*

blets [bovenste dunne laagje slib (Wadden)] ook blei, etymologie onbekend → *blei*[2].

bletten [afplatten] van *blet, bled* (vgl. *bledkraan*).

bleu[1] [verlegen] oostelijke vorm met umlaut naast *blo.*

bleu[2] [lichtblauw] < **fr.** *bleu,* uit het germ., vgl. *blauw*[1].

bleumerant, bloemerant [bleekblauw] verbastering van **fr.** *bleu mourant* [idem, eig. kwijnend blauw].

bliek [blei] **middelnl.** *bleckijn* [eig. de glanzende], van *blec, blic* [blik]; zie ook het synoniem *blei*[1].

blieven → *believen.*

blij, blijde [vrolijk] **middelnl.** *bli(de), blijt* [helder, vrolijk, gelukkig, blij], **oudsaksisch** *blīthi* [helder, vrolijk], **oudhd.** *blidi* [vrolijk, vriendelijk], **gotisch** *bleips* [vriendelijk, barmhartig]; het woord komt alleen in het germ. voor.

blijde — bloem

blijde [werpgeschut] middelnl. *blide* < me. lat. *blida* [catapult], van **gr.** *ballein* [werpen], idg. verwant met **hd.** *Quelle,* **nl.** *kwelder.*

blijken [zich vertonen] middelnl. *bliken* [schitteren, schijnen, te voorschijn komen], **oudsaksisch** *blikan* [schitteren], **oudfries** *blika* [zich vertonen], **oudeng.** *blican* [schitteren, zichtbaar worden] → *bleek*[1], **blinken**.

blijven [voortgaan te bestaan] middelnl. *bliven,* **oudnederfrankisch** *blivan,* **oudsaksisch** *biliban,* **oudhd.** *biliban,* **oudfries** *biliva,* **oudeng.** *belifan,* **gotisch** *bileiban;* buiten het germ. **lat.** *lippus* [met loopogen, druipend], **gr.** *lipaō* [ik ben vet], *lipareō* [ik volhard, blijf bij (eig. ben kleverig)], **litouws** *limpu* [ik blijf vastzitten], **oudindisch** *limpati* [hij smeert in]; de betekenis ontwikkelde zich van 'vet zijn' via 'plakken' naar 'blijven'.

blik[1] [wat in kleur of lichtglanzing afsteekt, open, bloot (b.v. palen die boven water komen, ontveld), oogopslag] middelnl. *blic* [lichtstraal, bliksemstraal, land dat slechts even boven water uitsteekt, ontveld], middelnd. *blick* [glans, schittering, bliksem], **oudhd.** *blic(ch),* verwant met *blikken, bliek, blek.*

blik[2] [vertind dun plaatstaal] middelnl. *blec, blic,* **oudsaksisch** *blek* [dun metaalblad], **oudhd.** *bleh* (**hd.** *Blech*) [eig. het glanzende], behoort bij *blik*[1].

blikken [glinsteren, noodseinen geven] middelnl. *blicken, blecken* [schitteren, schijnen, zichtbaar worden, duidelijk uitkomen], een ablautvariant van *blijken.*

blikkeren [flikkeren] iteratief van *blikken.*

bliksem [elektrische vonk bij onweer] middelnl. diverse vormen, van *blic* [lichtstraal, bliksemstraal], gevormd met achtervoegsel -*m* en -*n* : *blicsen, blixene, blixine, blexem, blicseme, blixem* e.d.; vgl. o.m. middelnd. *blixeme,* **oudwestfries** *bliksen,* **oudnederfrankisch** *blikisni* en het verwante **hd.** *Blitz* → *blik*[1].

blikskater, blikskaters [krachtterm] van middelnl. *cater* [kater, een benaming van de duivel, gemene vent] + *blicsen* [bliksemen, dus wel bliksemende duivel].

blimbing [een zure vrucht] < **maleis** *belimbing* [(enkele soorten van) vruchtboom].

blimp [luchtschip] < **eng.** *blimp,* van *limp* [slap], want het luchtschip had slechts een geraamtestructuur in de neus. Men kende het A-type en het B-type; blimp is de *B-limp, limp* verwant met *lomp*[1].

blind[1] [niet kunnende zien] middelnl., **oudhd.** *blint,* **oudsaksisch, oudfries, oudeng.** *blind,* **oudnoors** *blindr,* **gotisch** *blinds,* hierbij het factitivum middelnl. *blenden, blinden* [blind maken], **oudhd.** *blenten,* **oudfries** *blenda,* **oudeng.** *blendan;* buiten het germ. **litouws** *blandyti (akis)* [(de ogen) neerslaan], **lets** *blendu* [ik zie onduidelijk], **oudkerkslavisch** *blęsti* [dwalen], verwant met middelnl. *blanden* [mengen], **eng.** *to blend;* de idg. basis zal hebben betekend 'verward, troebel'.

blind[2] [vensterluik] van *blinden* [blind maken], van *blind*[1].

blindaas [steekvlieg] van *blinde daas* (vgl. *daas*[1]).

blindelings [zonder te zien] met het bijwoorden vormende achtervoegsel *s* gevormd van middelnl. *blindelinge* [geblinddoekt, blindelings].

blinderen [kogelvrij maken, aan het gezicht onttrekken] < **fr.** *blinder* [idem] < **hd.** *blenden* [blind maken] (vgl. *blind*[1]).

blindhout [onderlaag van fineer] van *blind*[1] in de zin van wat men niet kan zien, vgl. *blinde klip.*

blinken [stralen] middelnl. *blenken, blinken,* middelnd. *blenken,* vermoedelijk afgeleid van *blank*[1].

blister [verpakking] < **eng.** *blister* [blaar], **middeleng.** *blister, blester,* **oudnoors** *blastr* [zwelling], van *blasa* [blazen], vgl. *blazen, blaar.*

blits [kranig] < **hd.** *Blitz* [bliksem].

blizzard [sneeuwstorm] < **amerikaans-eng.** *blizzard,* ouder *blizz,* verwant met *to blaze* [blazen].

blo, blode [vreesachtig] middelnl. *blode, bloot* [laf, bedeesd, bleu] (dat zelf een dialectische nevenvorm is van *blo*), **oudsaksisch** *blothi* [bang, laf], **oudhd.** *blodi* [laf, bang], **oudnoors** *blauðr,* **oudeng.** *bleadt,* **gotisch** *blauþjan* [krachteloos maken]; mogelijk verwant met **gr.** *phlauros* [onbelangrijk, slecht].

bloc [en bloc, geheel en al] < **fr.** *bloc,* van *en* [in] + *bloc* [blok, stapel, aaneengesloten geheel] < **nl.** *blok.*

blocnote [aan de kop gelijmd stapeltje papier] < **fr.** *bloc-notes,* dat is ontleend aan het eng. (waar het niet aldus voorkomt), vgl. **eng.** *block* [blocnote] en *note* [briefje, aantekening].

bloed [vloeistof in aderen] middelnl. *bloet,* **oudnederfrankisch** *bluod,* **oudsaksisch, oudfries, oudeng.** *blōd,* **oudhd.** *bluot,* **oudnoors** *blōð,* **gotisch** *blōþ,* een uitsluitend germ. woord, mogelijk verwant met *bloeien.*

bloed- [versterkend voorvoegsel met de betekenis zeer, in hoge mate] in b.v. *bloedlink,* is ontstaan naar analogie van b.v. *bloednaakt* [spiernaakt], in samenstellingen als *bloedrood, bloedwarm,* waarin bloed de oorspr. betekenis had, maar gemakkelijk kon worden tot 'in hoge mate'.

bloeien [in bloei staan] middelnl. *blo(e)yen,* **oudnederfrankisch** *bloion,* **oudsaksisch** *blojan,* **oudhd.** *bluoer,* **oudfries** *bloja,* **oudeng.** *blowan;* buiten het germ. **lat.** *florēre* [bloeien], **oudiers** *blath* [bloem].

bloem[1] [uitgebot deel van plant, gezift meel] afgeleid van *bloeien;* de *m* is het overblijfsel van een idg. achtervoegsel dat ook voorkomt in *molm* bij *malen* en *helm* bij *helen* en dat zelfstandige naamwoorden vormde bij werkwoorden.

bloem[2] [fijn gezift meel] hier is sprake van een betekenisvernauwing: de bloem van het meel, vgl. **fr.** *fleur de farine,* **eng.** *flour,* dat tot begin 19e eeuw *flower* werd gespeld.

bloemkool [koolsoort, groente] sedert Kiliaan, vertalende ontlening uit **fr.** *chou-fleur* of rechtstreeks uit **it.** *cavolfiore*.

bloemlezing [verzameling uitgelezen stukken] vgl. **middelnl.** *bloemleser* [bloemenplukker, hij die kransen vlecht], een vertaling van **modern lat.** *florilegium*, naar analogie van **gr.** *anthologia* [het verzamelen van bloemen, bloemlezing].

bloesem [bloem waaruit zich later een vrucht ontwikkelt] afgeleid van *bloeien*, vgl. ***bloem*** ¹.

bloeze → *blouse*.

blok [regelmatig gevormd stuk van iets] **middelnl.** *bloc* [blok, balk, een omheinde akker], **middelnd.** *block*, **middelhd.** *bloch*, **oudfries** *blok*; buiten het germ. **oudiers** *blog* [stuk van iets]; mogelijk van *beluiken* [afsluiten], in de betekenis 'balk' is verwantschap daarmee mogelijk.

bloken [een blok bouwland inspecteren] van ***blok*** in de betekenis 'perceel', vgl. **middelnl.** *bloc* [door sloten of heining omgeven akker].

blokfluit [muziekinstrument] zo genoemd naar het houten blokje, dat onder het snavelvormige uiteinde in de buis is gestopt en deze op een smalle spleet na afsluit.

blokken [hard studeren] bij Kiliaan *blocken* [idem], afgeleid van ***blok***, vgl. **hd.** *arbeiten wie ein Block*.

blokkeren [afsluiten, tegenhouden] < **fr.** *bloquer* [oorspr. van een fort voorzien], van **oudnoordfr.** *blocus* [van balken getimmerd huis] < **middelnl.** *blochuus* [idem].

blond [met een lichte kleur] < **fr.** *blond* < **me. lat.** *blondus*, dat vermoedelijk uit het germ. stamt.

blondine [blond meisje] < **fr.** *blondine*, vr. van *blondin*, van → ***blond***.

bloody mary [cocktail met veel tomatensap] genoemd naar de Engelse koningin *Mary I Tudor* (1518-1558), die honderden mensen liet executeren.

bloot ¹ [naakt] **middelnl.** *bloot* [onbedekt, arm], **middelnd.** *blōt* [naakt, arm], **middelhd.** *blōz* [onbedekt], **oudfries** *blāt* [naakt, arm], **oudeng.** *bleat* [arm, ellendig]; verwanten buiten het germ. zijn onzeker.

bloot ² [van haren ontdane huid] nevenvorm van *ploot*.

bloque [directe stoot (biljart)] van **fr.** *bloquer* [blokkeren, stoppen (ook van een biljartbal)].

blos rood op de wangen] nauw verwant met *blozen*.

blouse, bloeze, bloes [bovenkledingstuk] (1788) < **fr.** *blouse* < **laat-lat.** *pelusius* [linnen doek], *pelusiacus* [linnen kleed], van *Pelusium* < **gr.** *Pèlousion* < **egyptisch** *Pa-ir-imen* [een stad aan de meest oostelijke arm van de Nijldelta, die textiel produceerde], waarschijnlijk identiek met *Palestijns*.

blouson [wijd jakje] < **fr.** *blouson* (1907), afgeleid van ***blouse***.

blouwen [hennep braken, de armen over de borst slaan om warm te worden] **middelnl.** *blouwen*, *blauwen*, *bluwen*, *bliewen* [ranselen, afrossen], **oudsaksisch** *bleuwan*, **oudhd.** *bliuwan*, **gotisch**

bliggwan; een germ. woord, waarvan de etymologie onbekend is.

blow [trek aan marihuanasigaret] < **eng. slang** *blow*, van *to blow* [(slang) drugs roken], verwant met *blazen*.

blozen [rood worden] **middelnl.** *blosen*, *bluesen* [blazen, bloeien, een rode plek krijgen door een slag], **middelnd.** *blöschen* [rood worden, gaan bloeien], **oudeng.** *blysian* [rood worden, gaan branden, blozen] (**eng.** *to blush*), van *blysa* [toorts, vlam, vuur], verwant met *bles*.

blubber [modder] < **eng.** *blubber*, klanknabootsende vorming.

blue chip [goudgerand aandeel] < **am. eng.** *blue-chip*, zo genoemd naar de hogewaarde van *bluechip* in poker.

blue jeans [spijkerbroek] < **eng.** *blue jeans*, van *blue* [blauw] + *jeans* (vgl. ***jeans***).

blues [muziek] genoemd naar de kenmerkende, incidentele verlagingen van de derde, vijfde en zevende toontrap, de *blue notes*.

bluffen [pochen] **middelnl.** *bluffen* [slaan, kloppen], mogelijk daarbij *blaffen* [zwetsen, schimpen], *blaffaert* [zwetser], **eng.** *to bluff* [bluffen], **middelnd.** *verbluffen* [onthutsen]; vermoedelijk klanknabootsende vorming.

blunder [domme fout] < **eng.** *blunder*, van *to blunder*, **middeleng.** *blund(e)ren*, waarschijnlijk < **oudnoors** *blunda* [de ogen sluiten], vgl. *verblinden*, ***blind*** ¹; de betekenis zal dus oorspr. zijn geweest 'in den blinde handelen'.

blurb [flapteest] expressieve vorming door de Amerikaanse humorist en illustrator Gelett Burgess (1866-1951).

blussen [uitdoven] **middelnl.** *blesschen*, *blisken*, *blusschen*, van *be-* + ***lessen***.

blut, bluts [geen geld meer hebbend] 16e eeuws *bluts* [bloot, kaal], vgl. **middelhd.** *blutt* [bloot]; wel verwant met ***bloot*** ¹, dat in het **middelnl.** *blutt* trouwens ook 'kaal, behoeftig' betekende.

bluts [deuk] nevenvorm met effect-versterkende *l* van *buts*, **middelnl.** *blutse* [blaar, buil], naast *butse*, *botse*, *bootse* [bult, buil] → ***buts***.

b-m-jacht, BM [zeiljacht] verkort uit *Bergumer Meer* (in Friesland), waar de produktie startte.

boa [slang] < **lat.** *boa* [grote slang, ook een waterslang].

Boanerges [heftig man] naar Marcus 3:17, mogelijk < **aramees** *buē rigzā'* of *rigšā'* [zonen van onrust (onweer)].

board [bestuurslichaam, bouwmateriaal] < **eng.** *board*, hetzelfde woord als nl. *bord*; uit de betekenis plank ontwikkelde zich zowel die van gelaagd materiaal om te plakken of af te timmeren als via tafel die van aan de tafel zittende raad.

bobbed [kortgeknipt] < **eng.** *bobbed* [voorzien van, geknipt in de vorm van een haarknot], (*bob* [haarknot]) (vgl. ***bobtail***).

bobbel [knobbel, luchtbel] **middelnl.** *bobbel*, *bubbel* [waterblaas, plaats waar het water uit de grond borrelt, bobbel, buil]; klanknabootsende vorming.

bobbinet — boei

bobbinet [tuleachtig weefsel] < eng. *bobbinet, bobbin-net,* van *bobbin* [weefspoel] < fr. *bobine* + *net* [tule], verwant met nl. ***net*** [1].

bobby [politieagent] < eng. *bobby,* genoemd naar *Bob (= Robert) Peel* (1788-1850), de Engelse minister die het politieapparaat ingrijpend reorganiseerde; hij deed dat ook in Ierland, waarop de Ierse politiemannen de bijnaam *peelers* kregen.

bobèche [opvangschaaltje aan kandelaar] < fr. *bobèche,* etymologie onbekend.

bobijn [spoel] < fr. *bobine,* etymologie onbekend, mogelijk klanknabootsende vorming.

bobslee [soort slee] < eng. *bob-sleigh;* het eerste lid *bob* geeft een snelle actie aan, van *to bob* [op en neer bewegen] + *sleigh* [slee].

bobtail [ruwharige herdershond] < eng. *bobtailed,* verl. deelw. van *to bobtail* [couperen], van *bob* [haarknot], klanknabootsende vorming + *tail* [staart].

bocconia [plant] genoemd naar de Siciliaanse botanicus *Paolo Boccone* (1663-1704).

boche [mof] < fr. *boche,* verkort uit *alboche,* van *allemoche,* oostelijk fr. argot voor *allemand,* beïnvloed door *caboche* [kop] = *tête de boche, tête de bois* [houten kop] → ***allemande.***

bochel [bult] behoort evenals *beugel* bij ***buigen;*** niet in het middelnl. geregistreerd, vgl. echter oudhd. *buhil* [bult, bochel, heuvel].

bocht [1] [kromming, omheining] middelnl. *bocht, bucht* [een ruimte op een veld (vgl. melkbocht), schuthok voor tijdelijke opvang van verdwaalde beesten, (bij Kiliaan) omheining, omheinde ruimte], afgeleid van ***buigen.***

bocht [2] [uitschot] komt eerst laat in het nl. voor en is verder beperkt tot het hd., waarschijnlijk verwant met gotisch *usbaugjan* [uitvegen].

bockbier [donker bier] verbastering van *Einbecker Bier* [een vroeger geliefd soort bier], van *Einbeck,* ten noorden van Göttingen.

bod [het bieden] middelnl. *bot* [bekendmaking, gebod, macht, geldbedrag, bod], van ***bieden.***

bodderen [hard kloppen] te wijzen valt op fries-gronings *bodder* [sloof, werkezel] en fries *bodje* [sloven].

bode [boodschapper] afgeleid van ***bieden.***

bodega [wijnhuis] < spaans *bodega* [wijnhuis, wijnzaak, pakhuis] < lat. *apotheca* [voorraadkamer, wijnhok] < gr. *apothèkè* [wat men weggelegd heeft, bewaarplaats], van *apotithenai* [wegbergen], van *apo* [weg] + *tithenai* [leggen, plaatsen], idg. verwant met ***doen*** (vgl. *apotheek*).

bodem [grond] middelnl. *bodem,* germ. verwanten met uiteenlopende achtervoegsels: oudsaksisch *bodom,* oudhd. *bodam,* oudfries *boden,* oudeng. *bodan, botm,* oudnoors *botn;* buiten het germ. gr. *puthmèn* [bodem, fundament], lat. *fundus* [bodem] (vanwaar fr. *fond*), oudiers *bond* [voetzool], oudindisch *budhna-* [bodem, basis].

bodemerij [kredietverstrekking op schip of lading] vermoedelijk van nd. *bodemen* [geld schieten op de kiel of bodem van een schip].

bodhisattva [verlichte die het verwerven van het boeddhaschap uitstelt om anderen te helpen] < **oudindisch** *bodhisattva,* van *bodhi* [verlichting], van *bodhati* [hij ontwaakt], idg. verwant met ***bieden*** (vgl. ***boeddha***) + *sattva* [essentie, wezen], van *sat-, sant-* [bestaand, zijnd], idg. verwant met ***zijn*** [1].

body [lichaam] < eng. *body* < oudeng. *bodig;* etymologie onzeker.

body-building [spieroefeningen] < eng. *body building,* van *body* [lichaam], oudeng. *bodig,* oudhd. *botah,* etymologie onbekend + *to build* [bouwen], daarmee verwant.

boeaja [krokodil, boef] < maleis *buaya* [idem].

boeboer [pap, brei] < maleis *bubur* [idem].

boeddha [stichter van het boeddhisme] < **oudindisch** *buddha-* [verlicht], verl. deelw. van *bodhati* [hij ontwaakt] (vgl. ***bodhisattva***).

boede, boed, boet, boei, boe, bot [schuurtje] → ***boedel.***

boedel [geheel van roerende goederen] middelnl. *bo(e)del* [huis en hof, roerende goederen, vermogen, uitzet], **oudnederfrankisch** *bodel,* **oudsaksisch** (mv.) *bōdlos, bodal* [grondbezit], middelhd. *buode,* oudfries *bodel,* oudeng. *botl,* eng. *booth,* oudnoors *buð;* de vormen op *-el* zijn afgeleid van het grondwoord nl. *boede;* buiten het germ. litouws *butas* [huis], oudiers *both,* van dezelfde basis als ***bouwen*** [1].

boef [schurk] middelnl. *boef, boeve, bouve* [knaap, dienaar, boef, vlegel]; verwant zijn o.m. de persoonsnamen **oudsaksisch** *Bovo,* oudhd. *Buobo,* oudeng. *Boba, Bofa* en oudfries *boy, boi* [jonge heer], middelhd. *buobe,* eng. *boy,* hd. *Bube;* een woord uit de kindertaal.

boeg [voorste deel van schip, gewricht bij paard] middelnl. *boech* [voorschenkel van dieren, boeg], oudhd. *buog,* oudsaksisch *bōg* [voorschenkel], oudeng. *bōg* [schouder, arm, tak], oudnoors *bōgr* [voorschenkel, boeg], zweeds *bog* [schouder, boeg]; buiten het germ. gr. *pèchus* [elleboog], oudindisch *bāhu-* [arm].

Boeginees [bewoner van Sulawesi] < maleis *Bugis* [idem] (vgl. ***bokkinees***).

boegseren [met sloepen voorttrekken] onder volksetymologische invloed van *boeg,* ouder *boesjaren* < portugees *puxar* [trekken] < lat. *pulsare* [stoten, (voort)drijven] (vgl. ***pols***).

boegspriet [uitstekend rondhout voor touwwerk] sedert Kiliaan, gevormd van ***boeg*** + ***spriet*** [1], reeds in 1465 middelnd. *bughspret,* wat vermoedelijk de oudste vorm is.

boeheer [herder] mogelijk volksetymologische verbastering van fr. *bouvier* [ossedrijver] (vgl. ***boever***).

boei [1] [band] middelnl. *boye, boey(e)* [boei, keten] < lat. *boiae* (enk. *boia*) [halsband].

boei [2] [drijvend baken] middelnl. *bo(e)ye* < oudfr. *boie,* uit het germ., vgl. ***baak*** [1], ***baken,*** volgens anderen evenals ***boei*** [1] < lat. *boia* [halsband].

boeier [vaartuig] **middelnl.** *bo(e)yer* [een klein koopvaardijschip], van *boeyen* [een scheepsboord met planken ophogen], van *boeye* (vgl. **boei** ¹) [keten]; de planken werden vastgesjord.

boek ¹ [leesboek, beuk] **middelnl.** *boec, booc* [boek, akte, beukeboom, ook beukenoot], nevenvorm van **beuk** ¹; vermoedelijk is de samenhang van boek met beuk deze, dat de moderne betekenis boek stamt van het beukehouten wasplankje, dat in de vroege middeleeuwen nog werd gebruikt als schrijfmateriaal, ook voor het vastleggen van overeenkomsten.

boek ² [onderdeel van oorijzer] etymologie onbekend, mogelijk in verband te brengen met **boek** ¹.

boekanier [zeerover] < **fr.** *boucanier* [buffeljager, piraat], van *boucaner* [op buffels jagen, roken van vlees of vis], van *boucan* [houten rooster om te roosteren en te roken] < **tupi** *macaém* (in tupi kunnen *b* en *m* aan het begin van een woord wisselen). De naam boekanier werd eerst gebruikt voor Franse jagers op Santo Domingo en veranderde van betekenis bij de uitbreiding van hun werkterrein.

boekel [haarkrul] < **fr.** *boucle* [o.m. schildknop, ring, ringvormig voorwerp als lus, haarkrul] < **lat.** *buccula*, verkleiningsvorm van *bucca* [opgeblazen, volgestopte wang, mond], waarvan **fr.** *bouche*.

boeket [bloemruiker] (1698) < **fr.** *bouquet* [kleine bos, ruiker, bouquet van wijn] < **oudfr.** *bosquet*, verkleiningsvorm van **me. lat.** *bosca, boscus, boschia, boschius, boschium, bossus, boscagium* [bos], uit het germ., vgl. **bos**.

boekit [heuvel, berg] < **maleis** *bukit* [idem].

boekmaag [deel van maag van herkauwer] zo genoemd omdat hij talrijke bladvormige plooien heeft.

boekstaven [spellen, te boek stellen] **middelnl.** *boecstaven* [spellen, verkondigen], *boecstave* [letter]; vermoedelijk is van *boec*, waarbij vooral te denken is aan de betekenis 'akte, officieel stuk' + *staven* [iem. iets voorzeggen], i.h.b. het formulier van een af te leggen eed, een *gestaefde eet, staven* [eig. het voorhouden van een staf door de rechter, die de aflegger van de eed moest aanraken; boekstaven zou dan zijn niet de mondelinge, maar de schriftelijke verklaring geven] → **boek** ¹.

boekvink [gewone vink] van *boek* [beuk], zo genoemd omdat hij graag in beuken nestelt.

boekweit [plant] **middelnl.** *boecweit;* lett. beuktarwe, van *boek* [beuk] + **weit;** zo genoemd omdat de korrels overeenkomst vertonen met beukenootjes.

boel ¹ [inboedel, grote hoeveelheid] verkort uit **boedel**.

boel ² [overspelige] **middelnl.** *boel(e), boile* [naaste verwant, geliefde (m. en vr.)] < **middelnd.** *bole*, **middelhd.** *buole;* eerst laat ontstaat onze betekenis van bijzit, oorspronkelijk was het woord een koosnaampje voor broer, vgl. **westvlaams** *boe* [broer].

boeleren, boelen [in overspel leven] van *boel* ².

boelig [wanordelijk] afgeleid van *boel* ¹.

boelijn [zeilvaartterm] **middelnl.** *boeyline, boyline*, van *boeien*, van *boei* ¹.

boeltjeskruid, boelkenskruid [leverkruid] van *boel* ²; Kiliaan spreekt van *amoris poculum, philtrum*, wat de indicatie geeft, dat het als afrodisiacum werd gebruikt, vgl. **hd.** *Buhltrank*.

boeman [afschrikwekkend persoon] niet onmogelijk gevormd van *boe!* + *man*, maar gezien de veelheid van vormen in germ. talen is volksetymologische associatie met *boe!* waarschijnlijker, vgl. o.a. **hd.** *Butzenmann, Butzelmann* [keukenmeester, later ook boeman, vogelverschrikker, ook penis], **rotwelsch** *Butze(l)mann* [snaak, ploert, penis], **nd.** *bumann*, **schots dial.** *buman*, **fries** *buzeman*, vgl. **hd.** *bützeln* [kwellen, krenken], nevenvorm van *bitzeln* [knauwen, stuksnijden], van *beißen* [bijten].

boemboe [specerijen] < **maleis** *bumbu* [idem].

boemelen [kroegen aflopen] eerst 19e eeuws, o.i.v. **hd.** *bummeln*, maar het zou ook als frequentatief van *boemen, bommen* ontwikkeld kunnen zijn; in ieder geval een klanknabootsende vorming.

boemerang [werpknots] inheems Australisch woord, waarvan de vormen *womurrang* en *bumarin* zijn geattesteerd.

boenen [in de was zetten, schoonmaken] **middelnl.** *boenen*, **middelnd.** *bonen* [idem], **oudeng.** *bonian* [polijsten]; buiten het germ. **gr.** *phainein* [schijnen], **oudindisch** *bhāti* [hij straalt].

boer ¹ [landbouwer] **middelnl.** *geboer, gebuur* [medebewoner, buurman, dorpeling, boer], in de 16e eeuw ook *boerman* [boer]; klankwettig had het woord *buur* moeten luiden; mogelijk is het één van de achtergebleven vormen uit de huiselijke taal, een relict met oudgerm. *oe*; daarbij kan een rol hebben gespeeld, dat er behoefte was aan differentiëring met *buur*.

boer ² [oprisping] waarschijnlijk klanknabootsing.

boeran [steppewind] < **tataars** *boeran* < **russ.** *burja* [storm], **oudkerkslavisch** *burja*, vgl. **oudiers** *burina* [het brullen], **middelnd.** *borelōs* [zonder wind], **noors** *bura* [brullen].

boerde [klucht] **middelnl.** *bourde, boerde, boert, buerte* < **fr.** *bourde* [oorspr. bedrieglijke grap, dan zotternij] < **oudfr.** *behorde* [plezier], van *behorder* [plezier maken].

boerderij [boerenbedrijf] van *boeren* [het boerenbedrijf uitoefenen], naar analogie van vormen als *bakkerij*, een late vorming, omdat in tegenstelling tot b.v. *hoererij* de *d* uit de volkstaal kon worden ingeschoven.

boeren [afbrokkelen van metselwerk] etymologie onbekend.

boerka [kozakkenmantel] < **russ.** *burka*, van *buryj* [donkerbruin (van paarden)] < **osmaans turks** *boer* [voskleurig] < **perzisch** *būr* [roodbruin, vos].

boernoes [mantel] < **ar.** *burnus* < **gr.** *birros* [lange mantel met capuchon] < **laat-lat.** *birrus, birrum*

boert — bokkenoot

[korte mantel], uit het gallisch, vgl. **middeliers** *berr*, **welsh** *byrr*.

boert → *boerde*.

boes [deel van koestal (1662)] **middelnd.**, **oudfries** *bōs* [koestal], **oudeng.** *bosig* [krib], **oudnoors** *bāss* [plaats van de koeien in de stal], verder **gotisch** *bansts* [schuur], **nd.** *banse* [korenzolder], **middelnl.** *banst* [van stro of biezen gevlochten korf]; buiten het germ. **gr.** *phatnè* [krib, ruif], **gallisch** *benna* [rieten wagenbak]; verwant met **binden**, grondbetekenis is dus 'vlechtwerk, bindwerk', vgl. **middelnl.** *bantgarde* [twijg, rijs om te binden] → *ben*.

boeshamer [goudsmidshamer] het eerste lid is van *boezen* [kloppen].

boest [schutblad van tamme kastanje] ook *woest*, bij Kiliaan *booste* [peul, bolster], **middelhd.** *buost* [band uit boomschors], stellig behorend bij *bast*.

boestering, boestring [bokking] verbasterd uit *boeksharing* [bokking].

boet [schuurtje] → *boedel*.

boetaarde [(in pijpenfabriek) specie] van *boeten* [herstellen] + *aarde*.

boete [herstelling, (geld)straf] **middelnl.** *boete, bote, buete* [verbetering, baat, vergeving, goedmaking van een misdrijf], **oudsaksisch** *bota* [herstelling, genezing, kosten], **oudhd.** *buoza* [herstelling, genezing, boete, straf], **oudfries** *bote* [vergoeding, boete] → *baat, beter*.

boeten [herstellen, goedmaken] **middelnl.** *boeten, boten, bueten* [beteren, repareren, schadeloosstelling geven, als boete verbeuren], van *boete;* in de betekenis 'opstoken van vuur' hetzelfde woord, namelijk 'verbeteren' van het door as afgedekte vuur.

boetie [broer] < **afrikaans** *boetie* [jongere broer], waarschijnlijk een kindertaalvorm van *broer* → *broeder*.

boetiek [winkel] < **fr.** *boutique* < **oudprovençaals** *botica* < **lat.** *apotheca* → *bodega*.

boetseren [kleien] → *bootsen*.

boever [koeherder] < **fr.** *bouvier* [ossehoeder].

boezelaar [schort] uit de 17e eeuw bekend, van *boezelen* [redderen], dat een nevenvorm is van *beuzelen*.

boezem [borsten] **middelnl.** *bo(e)sem*, **oudsaksisch** *bosom*, **oudhd.** *buosam*, **oudfries**, **oudeng.** *bosm;* de etymologie is onzeker; waarschijnlijk is de grondbetekenis 'zwellen'.

boezen [kloppen] nevenvorm van *buizen*³ [laten zakken].

boezeroen [kiel] < **fr.** *bourgeron*, **picardisch** ook *bougeron*, van de stofnaam *bourge* (naast *bourre*, waarvan *bourrette*) < **lat.** *burra* [armoedige kleding] → *bourree, bourrettezijde, bureau*.

bof [slag, kinderziekte, buitenkans] **middelnl.** *bof(fe)*, *buf(fe)* [dik gezicht, verbreking van koop] (vgl. *boffen*).

boffen [met een slag neerkomen, geluk hebben, koop breken] **middelnl.** *boffen* [zich opblazen, een koop verbreken]; van *bof* [slag, klap]; de betekenis ontwikkelde zich van 'klap als handeling of gewaarwording, een slag die ergens naar geslagen wordt' (*op de wilde bof* [zonder bepaald doel of overleg]) tot 'gelukje, treffer'; klanknabootsende vorming.

bogen [bogen op, bluffen] **middelnl.** *bogen*, **oudsaksisch** *bāg* [grootspraak], **oudhd.** *bagan* [twisten], **oudfries** *baga*, **oudeng.** *bogan* [zich beroemen], **oudnoors** *bāgr* [twist] (waarbij de germ. vocalen moeilijk met elkaar in overeenstemming te brengen zijn). Buiten het germ. **oudiers** *bag* [strijd].

bogger [smeerlap] → *broger*.

bogie [draaibaar treinonderstel] < **eng.** *bogie*, etymologie onbekend.

Bohemen [geogr.] < **lat.** *Boihemum* [het land van de Boii, een Keltische stam], *hemum* is verlatijnst germ., vgl. **heem**², *Beieren*.

bohémien [zwervend kunstenaar] < **fr.** *bohémien* [Boheems, uit Bohemen, zigeuner], omdat men dacht dat zigeuners uit Bohemen kwamen; vgl. **middelnl.** *Egyptien* [Egyptenaar, zigeuner], evenzo **eng.** *gypsy* [zigeuner], later **nl.** *unger* [Hongaar, zigeuner] → *Bohemen*.

boiler [warmwaterreservoir] < **eng.** *boiler* [koker], van *to boil* [koken] < **oudfr.** *boillir* (vgl. *bouillon*).

boiseren [met houtgewas beplanten] < **fr.** *boiser*, van *bois* [bos, hout], uit het germ., vgl. *bos*.

bojaar [adellijke grootgrondbezitter] < **russ.** *bojarin*, wellicht afgeleid van *boj* [strijd].

bok¹ [mannetje van de geit] **middelnl.** *boc, buc*, **oudnederfrankisch**, **middelnl.** *buck*, **oudhd.** *bock*, **oudnoors** *bukkr*, **oudeng.** *bucca;* buiten het germ. **armeens** *buc* [lam], **avestisch** *buza*, **perzisch** *boz*, ook in het kelt.: **oudiers** *bocc*, **welsh** *bwch*, die echter mogelijk zijn ontleend aan het germ.; **fr.** *boucher* en daaruit **eng.** *butcher* [oorspr. bokkenslachter], hetzij uit het kelt., hetzij uit het germ. stammend.

bok² [hijsstelling, werktuig, bok van een rijtuig] hetzelfde woord als *bok*¹; er zijn talrijke werktuigen naar dieren genoemd, vgl. *ram, paard, ezel, kat, slang, onager, chrevon*.

bok³ [platboomd vaartuig] oorspr. een grote en brede platboomde schuit gebruikt voor het lichten van gezonken schepen, van *bok*² [hijswerktuig].

bokaal [grote beker] sedert Kiliaan < **fr.** *bocal* < **it.** *boccale* [idem] < **lat.** *baucalis* [lemen koelvat] < **gr.** *baukalion* [aarden koelvat].

bokbier → *bockbier*.

bokje [sigaar] naar de vroegere firma *Bock y Ca.* te Havanna.

bokkebaai [wollen stof] van *bok*¹ + *baai*¹, inderdaad een weefsel waarin bokkehaar werd verwerkt.

bokkempje [beukenootje] van *beuken*, **middelnl.** *boekijn, boeken* → *beuk*¹.

bokkenoot [door Indianen in Suriname aangevoerde vrucht] van **bok**[1] [mannetje van de geit], gebruikt als scheldwoord voor inwoners van Suriname + **noot**[2].

bokkepruik [in 'de bokkepruik ophebben' = ontstemd zijn] de uitdrukking dateert uit de 18e eeuw, de pruikentijd; droeg men de pruik slordig, scheef, als een *bok* [een nors mens], dan zag men daarin een teken van onverschilligheid.

bokkinees [norse kerel] verbastering van *Boeginees*, stellig o.i.v. *bokkig*.

bokking [gerookte haring] **middelnl.** *buckinc, bockinc, buchem* (nog dial. *bokkem*), **middelnd.** *buckink,* **middelhd.** *bücking,* afgeleid van *bok*[1], waarbij het punt van overeenkomst de kwalijke lucht is + *-ing*, vgl. *haring, wijting*.

boks [wijde broek] nevenvorm van *bus*[1] < **lat.** *buxus,* in tegenstelling tot *bus* evenwel niet geassimileerd; de betekenis is dus 'koker, (broeks) pijp'; het woord kwam dan ook aanvankelijk in het mv. voor → *slordevos*.

boksen [met de vuist vechten] < **eng.** *to box* [stoten, slaan], etymologie onzeker, vermoedelijk een klanknabootsende vorming.

bokser, boxer [hond] < **eng.** *boxer* [vuistvechter], zo genoemd vanwege zijn manier van vechten.

Boksers [Chinees genootschap] de eigenlijke naam was *i hē t'uan* [rechtvaardig overeenstemmende schare]; dit werd onjuist geïnterpreteerd als *i hē ch'uan* [rechtvaardig verenigde vuisten], wat vertaald werd in het eng. met *boxers* → *tai-chi*.

boktor [grote kever] zo genoemd vanwege de op de horens van een bok lijkende voelsprieten.

bol[1] [zn., rond voorwerp] **middelnl.** *bolle,* **oudsaksisch** *bollo,* **middelhd.** *bolle,* **oudeng.** *bolla* [nap], **oudnoors** *bolli* [beker]; ablautsvariant van *bal*[1].

bol[2] [bolschip] genoemd naar de bolbuikige vorm.

bol[3] [barg. baas] → *bollebof*.

bol[4] [bn., rond] **middelnl.** *bol* [los, niet vast, ook bol], welke laatste betekenis wel o.i.v. het zn. *bol*[1] is ontstaan, vgl. **fries** *bol* [los, week], **middelnd.** *bol* [hol, slap].

bola [lasso met kogels] < **spaans** *bola* [bal, bol] < **lat.** *bulla* (vgl. *bul*[2]).

bolder[1] [klamp] bij Kiliaan *polder* < **oudfr.** *poltre* (**fr.** *poutre*), waarbij de betekenis overging van 'veulen' naar 'balk', van **me. lat.** *pullus, pullanus, poledrus* [hengstveulen, veulen], *pultra, pultrella* [merrieveulen]; voor de betekenisovergang van dier naar instrument vgl. *bok, paard, ezel, chevron, kat, slang, onager, bidet*.

bolder[2] [brileend] wel van *bolderen* [bulderen], vanwege het baltsgeluid, vgl. de naam in het **lat.** *anas clangula, anas* [eend] *clangula,* van *clangere* [schallen].

bolderen [geraas maken] klanknabootsende vorming, vgl. *bulderen, balderen*.

bolderik [plant] **middelnl.** *bolric,* met verkleiningsuitgang *-ik,* van *bol*[1], vanwege de bolle zaaddoos.

boleet [buiszwam] < **laat-lat.** *boletus* [champignon] < **gr.** *bōlitès* [boleet], van *bōlos* [kluit].

bolero[1] [Spaanse dans] < **spaans** *bolero,* etymologie onzeker, vermoedelijk van *bola* [bol] < **lat.** *bulla* [waterblaas, sierknop aan deur of gordel], dan mogelijk genoemd naar het hoedje van de dansers (in Midden-Amerika is *bolero* een type hoed).

bolero[2] [damesjasje] < **fr.** *boléro,* genoemd naar de spaanse dans *bolero*[1], vanwege de overeenkomst met de kleding van de dansers ervan.

bolide [meteoor, race-auto] < **fr.** *bolide* < **gr.** *bolis* (2e nv. *bolidos*) [projectiel], van *ballein* [werpen], idg. verwant met **hd.** *Quelle,* **nl.** *kwelder*.

bolivar [munteenheid in Venezuela en fijne flanel] genoemd naar *Bolívar* (vgl. *Bolivia*).

Bolivia [geogr.] genoemd naar *Simón Bolívar* (1783-1830), bevrijder van Spaans-Amerikaanse gebieden.

bolk [vis] **middelnl.** *bollic, bolc, bulc,* **middelnd.** *bul(i)k, bulleck,* **middelhd.** *bollich,* mogelijk zo genoemd naar zijn bolle vorm, vgl. voor de vorm **eng.** *bulk*.

bolknak [sigaar] het eerste lid slaat op de bolronde kop, het tweede op de scherpe knik waarmee het model onder de kop naar binnen buigt.

bolland [moerassig land] **middelnl.** *bol lant,* **middelnl.** *bol* [zwak, week, niet stevig of dicht, los] (vgl. *bol*[4]).

bollebof [grote meneer, gevangenisdirecteur] < **jiddisch** *baal habojes* < **hebr.** *ba 'al habēt* [de baas van het huis, heer des huizes] (vgl. *Baäl*).

bolleboos [baas, uitblinker] (1866), dezelfde etymologie als *bollebof*.

bollejagen [het staken in de veenderij] **fries** *bollejeye;* etymologie onbekend; gedacht is aan stierejagen met de daarbij veronderstelde commotie.

bollen[1] [tochtig zijn] van *bol* = *bul* [stier].

bollen[2] [rollen] van *bol*[1], *bal*.

bolletrie [boom] **arowak** *boerowé* < **sranantongo** *bolletrie, balata,* waarnaar ook het op rubber gelijkende melksap *balata* wordt genoemd.

Bologna [geogr.] < **lat.** *Bononia,* dezelfde naam waaruit *Boulogne* zich ontwikkelde → *Boons*.

bolsjewiek, bolsjeviek [aanhanger van het Russische communisme] < **russ.** *bol'ševik* [lid van de partij van de meerderheid], *(bol'šinstvo* [meerderheid], *bol'še* [meer]) (vgl. *mensjewiek*).

bolster [bast van noten e.d.] **middelnl.** *bolster, bulster* [kaf, strozak, bolster], ook *bonster* [bolster], **middelnd.** *bolster, bulster* [bolster], **oudh.** *bolstar* [idem], **oudeng.** *bolster* [kussen, peluw], **oudnoors** *bolstr, bulstr* [idem]; buiten het germ. **oudpruisisch** *balsinis,* **servisch** *blazina* [kussen]; de grondbetekenis is 'zwellen', vgl. *balg*.

bolus [vette klei, gebak] in de eerste helft van de 16e eeuw alleen voorkomend in de betekenis 'vettige klei' < **me. lat.** *bolus* [vette klei, grote pil (voor dieren, uit klei gemaakt), mondvol] < **gr.** *bōlos, bōlax* [aardkluit, grote pil, mondvol].

bolwerk — bonheur

bolwerk [bastion, verdediging] **middelnl.** *bollewerc, bolwerc* [bolwerk, borstwering, zeedijk], **middelnd.** *bolwerk,* **middelhd.** *bol(e)werc;* het eerste lid is **middelnl.** *bolle, bol* [bol, boomtronk] (vgl. ***bol¹, boulevard***).

bolwerken [klaarspelen] **middelnl.** *bolwerken* [van bolwerken voorzien].

bom¹ [projectiel] < **fr.** *bombe* [idem] < **it.** *bomba* [granaat, bom] < **lat.** *bombus* [doffe toon, het gonzen, brommen] < **gr.** *bombos* [gerommel], van *bombein* [bonzen, dreunen, ploffen], een in verscheidene talen optredende klanknabootsende vorming, vgl. **litouws** *bambèti* [brommen], **oudindisch** *bambhara-* [bij], **middelnl.** *bommen* [trommelen].

bom² [stop, spon] wordt wel afgeleid van **fr.** *bonde* [idem], waarvoor kelt. herkomst is verondersteld, gelet echter op **middelnl.** *bomme* [vat], *bommen* [trommelen], *bommelgat* [galmgat], lijkt het meer voor de hand te liggen uit te gaan van het klankelement, vgl. ***bom¹***; volgens sommigen stamt het van **lat.** *puncta* [punt], wat vanwege de vorm niet goed verklaarbaar is.

bombarde [steengeschut] → ***bombarie***.

bombarderen [met bommen beschieten] < **fr.** *bombarder* [eig. met de bombarde schieten] (vgl. ***bombarie, bom¹***).

bombardon [blaasinstrument] < **fr.** *bombardon,* van *bombarde* (vgl. ***bombarie***).

bombarie [lawaai, ophef] **middelnl.** *bombaerde, bombare* [werktuig om stenen te slingeren, later stuk geschut, ook een soort hobo] < **fr.** *bombarde,* van *bombe* (vgl. ***bom¹***); het verbindende element tussen geschut en bombarie is het kabaal.

bombast [gezwollen stijl] oorspr. stof voor schoudervullingen e.d., waaruit de moderne betekenis zich gemakkelijk kon ontwikkelen. Dezelfde etymologie als ***bombazijn***.

bombaynoot [cashewnoot] noot uit *Bombay,* een portugese naam, van *bom* [goed] + *baia* [baai], maar gezien de marashi naam *Mumbai* eigenlijk afgeleid van de plaatselijke godheid *Mumba Devi* en door de Portugezen aangepast.

bombazijn [weefsel] < **fr.** *bombasin* < **me. lat.** *bombacium* < **gr.** *bambakion, pambakion* [katoen] < **perzisch** *pambk* [idem].

bombe [ijsgerecht] < **fr.** *bombe* [bom], zo genoemd vanwege vormgelijkenis met ***bom¹***.

bomberen [bol maken] < **fr.** *bomber,* van *bombe* [bom].

bombrood [versnapering voor boodschapper] **middelnl.** *bodenbrood, boombrood* [aanvankelijk inderdaad brood, uitgereikt aan de brenger van een boodschap, later fooi], is een samentrekking van *bodenbrood* > *bodembrood* > *boombrood* > *bombrood*.

bomen¹ [punteren] afgeleid van (*vaar*)*boom*.

bomen² [discussiëren] eig. een boom opzetten, ontleend aan het kaartspel, een boom jassen waarin een boom als bij het turven een streep met een aantal dwarsstreepjes is. Er werd zo lang gespeeld tot de streepjes aan de ene of andere kant tot een bepaald aantal voor gewonnen of verloren spelletjes waren getekend of uitgeveegd.

bomijs [ijs dat hol ligt, niet op het water rust] van ***bommen*** [een hol geluid maken] + ***ijs***.

bommel [spon] van ***bom²***.

bommelen [gonzen] klanknabootsende vorming, vgl. ***bommen*** en **middelnl.** *bommelgat* [galmgat].

bommen [een hol geluid geven] klanknabootsende vorming, vgl. ***bom¹***.

bomvol [helemaal vol] van ***bom²*** + ***vol¹***.

bon¹ [bewijsje] < **fr.** *bon* [het goede, voordeel, bewijs voor, bon] < **lat.** *bonum* [het goede, voordeel].

bon² [wijk] **middelnl.** *bon* [dijkvak, stadswijk], naast *boene, boen* [zoldering, verhoogde vloer, kastje, bun] en *bonne, bunne* [opgeslagen kraam], waarin het gemeenschappelijke element dat van een afgeschoten ruimte is → ***beun²***.

bonafide [betrouwbaar] < **lat.** *bona fide* [lett. te goeder trouw] (6e nv. van *bona fides* [goede trouw]).

bonang [gamelaninstrument] < **javaans** *bonang*.

bonanza [rijke ertsader] < **spaans** *bonanza* [kalm weer op zee, voorspoed, rijke ertsader] < **oudprovençaals** *bonassa* [kalm weer op zee], opzettelijke verandering van **lat.** *malacia* [windstilte] < **gr.** *malakia* [weekheid, slapte], van *malakos* [zacht, week, lieflijk], idg. verwant met ***malen²***; men meende ten onrechte in *malacia* het woord *male* [slecht] te herkennen; vgl. de naamsverandering van de stad *Maleventum* in *Beneventum*.

bonbon [snoepgoed] < **fr.** *bonbon,* verdubbeling van *bon* [goed, lekker] (vgl. ***bon¹***).

bonbonnière [bonbondoosje] < **fr.** *bonbonnière,* afgeleid van *bonbon* middels het achtervoegsel *-ière* (vgl. ***bonbon***).

bond [verbond, vereniging] afgeleid van ***binden***.

bondage [sadomasochistische omgang met vastgebonden partner] < **eng.** *bondage* < **oudeng.** *bōnda* (> **middeleng.** *bond* [echtgenoot, gezinshoofd] > **eng.** *bond* [slaaf]) < **oudnoors** *bōndi* [gezinshoofd], van *būa* [wonen, bouwen], idg. verwant met ik *ben*.

bondel nevenvorm van ***bundel***.

bondig [deugdelijk] **middelnl.** *bondich, bundich* [bindend, geldig in rechte], **middelhd.** *bundec* [verbonden]; afgeleid van ***bond***.

bonetvis → ***bonito***.

bongel [knuppel] nevenvorm van ***bengel***.

bongerd [boomgaard] **middelnl.** *boomgaert, bomgaert, bongart, bogaert,* van ***boom¹*** + ***gaard***.

bongo¹ [bosantilope] < **kongolees** *bongo*.

bongo² [Middenamerikaans trommeltje] < **amerikaans-spaans** *bongó,* een vermoedelijk klanknabootsende vorming.

bonheur [salonkastje] < **fr.** *bonheur,* van *bon* [goed] (vgl. ***bon¹***) + **lat.** *augurium* [voorteken, voorgevoel, dus goed voorgevoel en vandaar geluk] (vgl. ***auguren***).

bonhomie [natuurlijke wellevendheid] < fr. *bonhomie,* van *bonhomme* [Joris Goedbloed], van *bon* [goed] (vgl. **bon**[1]) + *homme* < lat. *hominem,* 4e nv. van *homo* [mens, ook fatsoenlijk man].

boni [batig slot] fr. *boni* < it. *boni,* mv. van *bono,* nevenvorm van *buono* [goed, tegoed] < lat. *bonus* [goed].

boniet → *bonito.*

bonificeren [schadeloosstellen] < lat. *bonificare* [beter maken, herstellen, vermeerderen], van *bonus* (2e nv. *boni*) [goed] + *-ficare,* van *facere* [maken], idg. verwant met *doen.*

boniment [toespraak van marktkoopman] < fr. *boniment,* van *bonnir* [mooie dingen vertellen], van *bon* [goed, aardig] < lat. *bonus* [idem].

bonis [in bonis, welgesteld] < lat. *bonis* [in het bezit van goederen], van *in* [in] + *bonis,* 6e nv. van *bonum* [het goede, geluk, voordeel].

boniseur [die een boniment maakt] < fr. *bonisseur,* van *bonnir* (vgl. *boniment*).

boniteit [kwaliteit] < lat. *bonitas* (2e nv. *bonitatis*) [goede hoedanigheid], van *bonus* (2e nv. *boni*) [goed].

boniter → *bonito.*

boniteren [kwaliteit van hout beoordelen (bosbouw)] gevormd van *boniteit.*

bonito [vis] < spaans *bonito* [boniet, maar als bn. mooi, aardig], verkleiningsvorm van *bueno* [goed, nuttig, aangenaam, groot, gezond] < lat. *bonus* [goed].

bonje(r) [barg. ruzie] etymologie onbekend.

bonjour [goedendag!] < fr. *bonjour,* verkort uit *souhaiter le bon jour,* van *bon* [goed] (vgl. **bon**[1]) + *jour* [dag] < lat. *diurnum,* het zelfstandig gebruikt o. van *diurnus* [dagelijks].

bonk [klomp, bot] middelnl. *bonke, bonc* [bot], middelnd. *bunk* [bot (uitstekend bot van de heup)], oudfries *bunke* [botstuk]; wel klanknabootsend gevormd.

bonkes [kort tabakspijpje] wel van *bonk* [knook], op grond van enige gelijkenis met het (oorspr. korte, wit stenen) pijpje en met het achtervoegsel dat we tegenkomen in b.v. *brommes, dreumes,* dat een wat goedig verkleinende suggestie geeft.

bonket [grote knikker] van *bonk* [bot] + de uitgang van o.m. *klinket, banket,* waarbij aan te nemen valt, dat knikkers evenals bikkels aanvankelijk van botten werden gemaakt; ook *bonk* voor grote knikker komt voor.

bon-mot [kwinkslag] < fr. *bon mot* [idem], van *bon* (vgl. **bon**[1]) + *mot,* teruggaand op me. lat. *muttum* [voorgebrachte klank] < lat. *muttire* [een kik geven].

bonne [kinderjuffrouw] < fr. *bonne (d'enfants)* [kindermeisje], vr. van *bon* [goed, flink, nuttig, dienstig] < lat. *bonus* [goed].

bonnefooi [in 'op de bonnefooi', op goed geluk] < fr. *à la bonne foi* [in goed vertrouwen].

bonnement [barg. voordeel] gevormd van fr. *bon* [goed] < lat. *bonus* [idem], naar analogie van woorden als *abonnement* en dan ook *prevelement.*

bonnet [muts] middelnl. *bonet(te), bonnet* < oudfr. *bonnet(te)* < me. lat. *abonnis;* etymologie onbekend.

bonneterie [textielwinkel] < fr. *bonneterie,* van *bonnet* (vgl. *bonnet*).

bonobo [dwergchimpansee] inheems woord in Zaïre.

bons [tussenwerpsel, zn.] klanknabootsende vorming.

bonsai [dwergboompje] < **japans** *bonsai,* van *bon* [dienblad] + *sai* [het planten, kweken].

bont [veelkleurig] middelnl. *bont, bunt* [veelkleurig, van bont gemaakt], ook zn. *bont* [pelswerk] < lat. *punctus,* eig. het verl. deelw. van *pungere* [steken, prikken], gebruikt voor het veelkleurige stiksel op gewaden; het zn. *bont* werd oorspr. gebruikt voor gemêleerde huiden.

bon-ton [welgemanierdheid] < fr. *de bon ton* [zoals het hoort, smaakvol], van *bon* (vgl. **bon**[1]) + *ton* (vgl. **toon**[1]).

bonum [het goede] < lat. *bonum,* eig. het zelfstandig gebruikt o. van *bonus* [goed].

bonus [uitkering] < eng. *bonus* < lat. *bonus* [goed].

bon-vivant [losbol] < fr. *bon vivant* [idem], van *bon* (vgl. **bon**[1]) + *vivant,* teg. deelw. van *vivre* [leven] < lat. *vivere* [idem], verwant met gr. *bios* [het leven].

bonze [Japanse boeddhistische priester] < fr. *bonze* < **portugees** *bonzo* < **japans** *bonsō* < **chinees** *fan* (vroeger ook uitgesproken als *bon*) [boeddhistisch] < **oudindisch** *brahmāna-* (vgl. **brahmaan**) + *seng* [monnik].

bonzen [hevig kloppen] klanknabootsend gevormd.

booby-trap [valstrikbom] < eng. *booby-trap* [eig. een practical joke], van *booby* [onaangename kerel] < **spaans** *bobo* [sukkel] < lat. *balbus* [stamelend], een klanknabootsend woord + *trap* [val] (vgl. *trap*[1], *trappen*).

boodschap [gekocht artikel, bericht] van *bode* + achtervoegsel *-schap.*

boog [gebogen constructie, schiettuig] middelnl. *boge, booch,* van *buigen.*

boogie-woogie [op piano gespeelde blues met basbegeleiding] < **amerikaans-eng.** *boogie-woogie,* klanknabootsend gevormd.

booi → *bode.*

bookmaker [bij wie men weddenschappen afsluit] < eng. *bookmaker* [iemand die een boek samenstelt, vervolgens iem. die een weddenschappenboek bijhoudt].

boom[1] [houtachtig gewas] middelnl. *boom,* oudsaksisch *bōm,* oudhd. *boum,* oudfries *bām,* oudeng. *beam,* naast **oudnoors** *baðmr* en **gotisch** *bagms;* etymologie onzeker.

boom[2] [plotselinge stijging] < eng. *boom,* van *to boom* [gonzen, dreunen, bulderen], klanknabootsende vorming, vgl. **nl.** *bommen.*

boomgaard, bogaard [grond met vruchtbomen]

boon — boreh

middelnl. *boomgaert, bomgaert, bongart, bogaert* [bosschage, lusthof, warande, boomgaard], **oudsaksisch** *bomgardo,* **oudhd.** *baumgarto;* van **boom**[1] + *gaard.*

boon [zaad van peulvrucht] middelnl. *bone, boon,* **oudsaksisch, oudhd.** *bona,* **oudeng.** *bean,* **oudfries** *bāne,* **oudnoors** *baun;* buiten het germ. **lat.** *faba,* **russ.** *bob* [boon], vermoedelijk van vóór-idg. herkomst.

Boons [geogr.] m.b.t. *Bonen = Boulogne-sur-Mer,* de nl. en fr. vorm zijn beide afgeleid van de naam in het **lat.** *Bononia* (vgl. ***Bologna***).

boor[1] [werktuig om gaten te maken] van ***boren.***
boor[2] [boorzuur] → ***borium.***

boord [rand] middelnl. *bo(o)rt, bord* [rand, zoom (van schip, kleding)], **oudsaksisch, oudfries, oudeng.** *bord* (**eng.** *board*), **oudhd.** *bort,* **oudnoors** *borð,* **gotisch** *-baurd,* vermoedelijk verwant met ***boren.***

boort [diamantafval] < **fr.** *bort, bord,* **eng.** *bort,* mogelijk < **oudfr.** *bord* [bastaard] < **lat.** *burdonem,* 4e nv. van *burdo* [muilezel], **middelnl.** *burdesel, bordesel* [pakezel], verwant met **eng.** *burden, to bear* (vgl. ***baren***[1]).

boos [toornig] middelnl. *bose, boos* [slecht, gering, dom, verdorven], **oudsaksisch, oudhd.** *bosi,* **oudfries** *bōs* [onzedelijk], **middeleng.** *bosten* (**eng.** *to boast*), stammend van een basis met de betekenis 'opblazen, zwellen', waarvan b.v. ook ***buidel.***

boosaardig [kwaadaardig] van **boos** + *-aard* + *-ig.*
booster [versterker] < **eng.** *booster,* van *to boost* [duwen, opdrijven]; etymologie onbekend.
booswicht [schurk] van **boos** + **wicht**[2].

boot[1] [vaartuig] middelnl. *boot* < middeleng. *bōt* < *bāt,* wel verwant met **bijten,** wat wijst op een grondbetekenis 'uitgeholde boomstam'.
boot[2] [fust voor zuidwijnen] middelnl. *bote, boot* [ton] < **oudfr.** *bote* < **provençaals** *bota* [idem], stammend van **gr.** *butis* [vat].

booteenden [geslacht van eenden] van **boot**[1] + *eend;* niet-vliegende eend, zo genoemd omdat hij op de vlucht niet alleen de zwempoten gebruikt, maar ook met de vleugels een soort vlinderslag uitvoert, die aan raderboten doet denken.

boots[1] [beeld, kleimodel] middelnl. *bootse* → ***bootsen.***
boots[2] [laarzen] < **eng.** *boots* < **oudfr.** *bote* (vgl. ***bot***[4] [laars]).
bootsen [modelleren] middelnl. *bootsen* [rond maken], van *bootse, boetse* [bult, uitwas, type, patroon, model, schets], *boetse* [puist, buil] < **fr.** *bosse* [oorspr. slag, (daardoor ontstane) bult, reliëfwerk], uit het germ.: **oudeng.** *beatan,* **oudhd.** *bōzzan,* **oudnoors** *bauta* [slaan]; van dezelfde herkomst is *boetseren:,* **fr.** *bosser* en *bosseler,* van *bosse.*

bop [jazz-stijl] < **amerikaans-eng.** *bop,* verkort uit ***bebop.***
bora [valwind in Istrië] < **it.** *bora,* dial. variant van *borea* [noordenwind] < **lat.** *boreas* [idem] < **gr.** *boreas* [noordelijke bergwind uit de Balkan], verwant met **oudkerkslavisch** *gora* [gebergte], **albaans** *gur* [rots].

boraat [zout van boorzuur] van **borium** + *-aat,* in de chemie gebruikt als aanduiding van zouten van de bijbehorende zuren < **lat.** *-atus,* de uitgang van het verl. deelw. van ww. op *-are.*

borat, brat [soort sajetgaren] middelnl. *b(o)urat, burre* [grove wollen stof] < **oudfr.** *bourras, bourre* < **laat-lat.** *burra,* dat van kelt. herkomst is, vgl. ***bureau.***

borax [natriumzout] < **fr.,** portugees *borax* < **ar.** *bauraq* < **perzisch** *būreh.*

bord [schaal, plank] middelnl. *bo(o)rt, bert, bart,* met metathesis van *r* uit en naast *bret,* met enige differentiëring in betekenis **oudsaksisch** *bord* [schild] en *bred,* **oudhd.** *bret,* **oudfries** *bord,* **oudeng.** *bred,* **oudnoors** *borð* [plank], **gotisch** *fotubaurd* [voetenbank], op niet duidelijke wijze verwant met ***boord.***

Bordeaux [geogr.] < **lat.** *Burdigala.*
bordeel [hoerenkast] middelnl. *bordeel* [hut, krot, bordeel] < **fr.** *bordel* [oorspr. hut], verkleiningsvorm van **oudfr.** *borde* [planken hut], uit het germ., vgl. ***bord.***

bordeerhamer [hamer om metaal tot een rand uit te slaan] van **fr.** *border* [omboorden], van *bord* [boord], uit het germ., vgl. ***boord.***

bordelaise [maat voor bordeauxwijn] < **fr.** *bordelaise,* van *bordelais* [uit of van Bordeaux] (vgl. ***Bordeaux***).

border [rand met bloemen in tuin] < **eng.** *border* < **fr.** *bordure* [rand], van *bord* [idem] (vgl. ***bordeerhamer***).

borderel [lijst, staat] < **fr.** *borderel,* oudere vorm van *bordereau* [(lading)staat], van *bord* [scheepsboord, schip], vgl. *livre de bord* [scheepsjournaal], *hommes de bord* [equipage], uit het germ., vgl. ***boord.***

borderen [omzomen] < **fr.** *border,* van *bord* [rand], uit het germ., vgl. ***boord.***

bordes [verhoogde stoep] middelnl. *bertessche, bartessche, bardessche, bordessche* [luifel] < **oudfr.** *bretesche* [houten uitbouw boven een poort, belegeringswerktuig] < **me. lat.** *bretescha, brateschia, britasca, brata* etc. [palissade, scherm], uit het germ., vgl. ***bord.***

bordpapier [karton] van ***bord*** [plankje]; voor- en achterplatten van boeken waren vroeger plankjes.

borduren [figuren naaien] van middelnl. *borduur* [borduurwerk], **middelnl.** *bordure* [galon] < **fr.** *bordure* [rand], van *bord* [idem] (vgl. ***bord***).

bore [getijgolf in riviermonden] < **eng.** *bore* < **oudnoors** *bara* [golf, eig. dat wat gedragen wordt], van **oudnoors** *bera* [dragen] (vgl. ***baar***[1]).

boreaal [noordelijk] < **fr.** *boréal* [idem], van **lat.** *boreas* (vgl. ***bora***).

boreh [zalf van kurkuma] < **maleis** *boreh* [(gele) zalf, crème].

boren [een gat maken] middelnl. *boren,* oudsaksisch, oudhd. *boron,* oudeng. *borian,* oudnoors *bora;* buiten het germ. **lat.** *forare* [doorboren], **gr.** *pharos* [vore], **middeliers** *bern* [spleet], **russ.** *borona* [eg], **oudindisch** *bhrīṇāti* [hij wondt].

borg[1] [waarborg] → *borgen.*

borg[2] nevenvorm van *burg* → *burcht.*

borgen [losgaan beletten, waarborgen] **middelnl.** *borgen* [beschermen, borg zijn voor, voorschieten, op krediet kopen, uitstel van betaling geven], **oudhd.** *borgen* [acht geven op], **oudfries** *borgia* [borg blijven], **oudeng.** *borgian* [lenen] (**eng.** *to borrow*), staat ablautend bij *bergen,* betekent eigenlijk 'zekerheid geven'.

borgtocht [overeenkomst waarbij een derde zich garant stelt] **middelnl.** *borchtocht, borechtocht, borchtucht;* van *borg* (vgl. *borgen*) + *tocht,* een opvallende samenstelling, vgl. **middelnd.** *borgetuch(t),* **middelhd.** *burgezoc.*

borium [chemisch element] verkort uit *boracium,* de naam is bedacht door de Engelse chemicus Sir Humphry Davy (1778-1829) door een afleiding van *borax.*

born [bron] middelnl. *born,* door metathesis van *r* gevormd van *bron;* o.i.v. **hd.** *Brunnen* is deze ontwikkeling weer omgekeerd, zodat thans de normale vorm *bron* is; vgl. **oudnederfrankisch, oudsaksisch, oudhd.** *brunno,* **oudfries, oudeng.** *burna,* **gotisch** *brunna,* van een idg. basis met de betekenis 'zieden', waarvan ook *branden* →*freatisch.*

Borneo [geogr.] eig. de naam van *Brunei,* oudere vormen *Bruni, Bruney, Burney,* een sultanaat dat vroeger vrijwel het gehele eiland beheerste.

borneren [beperken] < **fr.** *borner* [idem], van *borne* [grenssteen, grens] < **oudfr.** *bodne, bosne, bonne* < **me. lat.** *butina* [grenssteen], dat vermoedelijk van kelt. herkomst is; de *r* van *borne* is te verklaren door ontwikkeling uit een zuidelijk dialect.

borrel [glas sterkedrank] eerst 17e eeuws, met verkleiningsachtervoegsel *-el* gevormd van **middelnl.** *borre, borne* [bron, fontein, bronwater, drinkwater], vermoedelijk mede o.i.v. het ww. *borrelen* (vgl. *born*).

borsjtsj [rodebietensoep] < **russ.** *boršč,* de eerste betekenis is 'bereklauw'; de soep werd oorspr. daarvan gemaakt en behield de naam bij de vervanging door bietjes; idg. verwant met *borstel;* de bereklauw werd in het slavisch blijkbaar genoemd naar de vorm van het blad.

borst[1] [lichaamsdeel] **middelnl.** *borst,* **oudsaksisch** *briost,* **oudhd., oudfries** *brust,* **oudeng.** *breost,* **oudnoors** *brjōst,* **gotisch** *brusts,* het nl. heeft metathesis van *r;* buiten het germ. **oudiers** *bruinne* [borst], **russ.** *brjucho* [buik], van een idg. basis met de betekenis 'zwellen'.

borst[2] [jonkman] eerst 17e eeuws, met een niet-oorspronkelijke *t,* zoals in *rijst* < **middelhd.** *burse* [huis waarin b.v. studenten uit een collectieve beurs leven] (>**hd.** *Bursche*) (vgl. *beurs*[1]).

borstel [stijve haren van varkens e.d., schoonmaakgereedschap met bos haren] **middelnl.** *borstel, burstel* [haar van een varken], in de 15e eeuw ook *borstel* [schuier], **middelnd.** *borstel,* **oudeng.** *brystl;* afleiding van (zonder verkleinings -*l*) **oudsaksisch** *bursta,* **oudhd.** *borst, burst, bursta,* **oudeng.** *byrst,* **oudnoors** *burst;* buiten het germ. **oudiers** *barr* [haarlok, punt], **oudindisch** *bhr̥ṣṭi-* [punt], op enige afstand verwant met *boren.*

borsting [opstaande rand aan scheepsdelen] van *borst*[1] + de uitgang *-ing* als in *broeking, voeting,* vgl. **eng.** *breasting* [borstwering].

borstplaat [lekkernij] van *borst*[1] + *plaat* [oorspr. borstkoekje als geneesmiddel, dan versnapering, ten slotte borstplaat als stofnaam].

borstrok [wollen onderkledingstuk] (1609), van *borst*[1] + *rok,* **middelnl.** *roc* [bovenkledingstuk, onderkledingstuk].

borstwering [verhoging van wal waarachter verdedigers vuren] **middelnl.** *borstwere, borstweringe,* **oudsaksisch** *brustwer,* **middelnd.** *borstwere,* **oudhd.** *brustweri.*

bort, boorts, boors [ziekte] de vorm en de begripsinhoud (ziekte met overgeven en diarree) sluiten aan bij **middelnl.** *bortene* [spongat], *bortenen* [opborrelen], *te bortenen uut* [het overlopen van het spongat], een klanknabootsende vorming o.i.v. *borrelen.*

borzoi → *barzoi.*

bos [bundel, woud] **middelnl.** *bosch, bossche, busch, bussche* [woud, bos], *busch* [bundel] (welke woorden in feite dezelfde zijn), **middelnd.** *busch, busk,* **oudsaksisch** *busc,* **middelhd.** *busch,* **middeleng.** *bus(c)h;* de vorm **me. lat.** *boscus* en de rom. vormen als **fr.** *bois* stammen uit het germ.. Van een idg. basis met de betekenis 'zwellen' waarvan ook *boos.*

boss [baas] < **eng.** *boss* [meester] < **nl.** *baas.*

bossage [reliëfwerk op muren] van **fr.** *bosseler* (het fr. woord is *bosselage*), uit het germ., vgl. *bootsen.*

bossanova [Zuidamerikaanse dans] van **portugees** *bossa* [tendentie] + *nova* [nieuw].

bosschage [bosje] **middelnl.** *bosschage* < **me. lat.** *boscagium* (vgl. *boeket*).

bosseren [collecteren] eig. rondgaan met de *bos* = *bus.*

bossing [schuine kant van een paneel] mogelijk < **hd.** *Böschung* [in 16e eeuw glooiing (in vestingbouw)], van *Bösch* [graszode], **zwitsers-duits** *Bosch* [met gras begroeid stuk grond], verwant met *bos.*

bost, bos [blut] vgl. **noordengels/schots dial.** *boss* [hol]; etymologie onbekend.

bostel [afgewerkte mout, draf] **middelnl.** *bostel* < *bo(o)ste* [peul, bolster], van een basis met de betekenis 'zwellen', die ook aanwezig is in *boos.*

boston [kaartspel, dans] < **eng.** *boston,* genoemd naar de Amerikaanse stad *Boston;* de termen van

bostra — bouclé

het spel slaan op het beleg tijdens de Amerikaanse onafhankelijkheidsoorlog; de dans is eveneens naar deze stad genoemd.

bostra [open strook in bos] van *bos + tra*.

bot[1] [vis] **middelnl**. *bot(te), but(te)*, **hd**. *Butt*; zo genoemd vanwege zijn stompe vorm.

bot[2] [knop] **middelnl**. *botte*, vgl. *bote* [knot van vlas] en vgl. *uitbotten*, van een basis met de betekenis 'zwellen' waarvan ook stamt *buidel*.

bot[3] [been] **middelnl**. *bot, but*, in wezen identiek met *bot* [stomp], waarbij gewezen moet worden op de vorm van botten met gewrichtsknobbels aan de einden (vgl. *boten* [stoten, stompen]); de uitdrukking 'bot vangen', met de betekenis 'niet slagen', is hiervan afgeleid. Vgl. ook *botvieren*.

bot[4] [laars] **middelnl**. *botteine* [laarsje], van **fr**. *botte*, ouder ook *bot* [oorspr. een grof soort schoeisel]; etymologie onbekend.

bot[5] [bn., stomp] van dezelfde herkomst als *bot*[3].

botanisch [plantkundig] < **gr**. *botanikos* [de kruiden betreffend], van *botanè* [weide, voeder, plant], van *boskein* [weiden, voeden], verwant met *bous* [koe], daarmee idg. verwant → *boter, bouvier*.

boten [slaan, kloppen] **middelnl**. *bo(o)ten* [idem], **oudhd**. *bozan*, **oudeng**. *beatan* (**eng**. *to beat*), **oudnoors** *bauta*; buiten het germ. **lat**. *fustis* [knuppel], *confutare* [in elkaar slaan].

boter [voedingsstof van melk] **middelnl**. *bot(t)er, botre, butter* < **laat-lat**. *butyrum* [boter, room] < **gr**. *bouturon* [boter, lett. koeiekaas], van *bous* [koe], daarmee idg. verwant + *turos* [kaas].

boterbrief [officieel stuk, vooral trouwakte] oorspr. een vergunning om in de vastentijd zuivelprodukten te mogen eten.

boterham [snede brood] ondanks diverse pogingen is geen bevredigende verklaring gevonden.

botering [schrobbering] van *boten* [stoten, slaan].

botgal [schapenziekte] van *bot* [leverbot] + *gal*[2] [gezwel].

bothol [watervenkel] van *bot*[3] + *hol*[1], zo genoemd omdat de door het vee afgevreten stengel eruitziet als een pijpbeen, een hol bot.

botje ['botje bij botje leggen', ieder zijn aandeel bijdragen] **middelnl**. *botkijn*, verkleiningsvorm van *bot, boot* [een munt], verkort uit *botdrager*, zo genoemd omdat hij een leeuw met toernooihelm vertoont, die men schertsend *botte* [korf], bedoeld is wel muilkorf, noemde.

botrel [barg. vier] etymologie onbekend.

botryoliet [druivensteen] gevormd van **gr**. *botrus* [druif], verwant met *bostruchos* [haarkrul], idg. verwant met *kwast*[2] + *lithos* [steen].

bots [pal] met een in oorspr. 2e nv. *-s* gevormd van *bot*[5].

botsen [met een schok tegen iets aankomen] dial. ook *butsen, boetsen*, **middelnl**. *butsen* [stoten, botsen], ook *botten*, van het door Kiliaan genoteerde *bot(te)* [slag], een klanknabootsend woord (vgl. *bot*[5]).

botskop → *butskop*.

Botswana [geogr.] moderne vorm van het vroegere *Bechuana*, van *ba, bo* [mannen, stam] + *Tswana* (mv. van *Tsjuna*), de westelijke groep van de Sotho-familie (vgl. Lesotho) van de Bantoe-volken.

botte, but [mand] **middelnl**. *botte, but(te), bud* [draagkorf, koffer], **middelnd**. *botte, butte, bodde, budde*, **hd**. *Bütt* [carnavalstobbe], *Butte, Bütte* [tobbe, kuip], **oudeng**. *bytte* [fles] < **me.lat**. *buta* [zak, kuip, fles] < **gr**. *putinè, butinè* [met wilgetakken of schors omvlochten wijnfles] → *botje, bottel*[2], *boot*[2].

bottel[1] [rozebottel] verkleiningsvorm van *bot*[2].

bottel[2] [fles] < **eng**. *bottle* < **me.lat**. *buticula, butella, botella* [idem], verkleiningsvorm van *buta* (vgl. *botte*).

bottelen [op flessen tappen] < **eng**. *to bottle*, van *bottle* (vgl. *bottel*[2]).

bottelier [bediende met toezicht op wijnkelder] **middelnl**. *bottelgier* [opperschenker aan het hof] < **me.lat**. *butticularius*, van *buticula* (vgl. *bottel*[2]) → *butler*.

botteloef [spier voor uitzetten voorzeil] < **fr**. *boutelof*, van *bouter à lof* [oploeven], van *bouter* [terugdringen], uit het germ., vgl. *boten* + *lof* < **nl**. *loef*.

botten[1] [uitspruiten] afgeleid van *bot*[2].

botten[2] [weerkaatsen] **middelnl**. *botten* [botsen], van *botsen* [slaan].

botter [vaartuig] hoewel men kan denken aan de *botte*, stompe boeg en aan *botten* [slaan], vanwege de hoge, brede steven, die bij hoge golven flink buist, lijkt het het meest waarschijnlijk dat de naam stamt van de (Zuiderzee) *bot*, vgl. **middelnl**. *botschip*, voor vissersschip dat bot aanvoert → *bot*[1].

bottine [halve laars] **middelnl**. *bottijne* < **fr**. *bottine*, verkleiningsvorm van *botte* (vgl. *bot*[4]).

bottle-neck [knelpunt] < **eng**. *bottle-neck* [lett. flessehals], van *bottle* [bottel] + *neck* [nek].

botulisme [vergiftiging door bacteriën] < **hd**. *Botulismus*, gevormd van **lat**. *botulus* [worst], zo genoemd vanwege de vleesvergiftiging → *pudding*.

botvieren [vrij spel laten] wordt verklaard als vieren van het touw tot het *bot* [uiteinde], hetzelfde woord als *bot*[3] [knook, eig. de knobbel aan het uiteinde ervan].

botvink [gewone vink] het eerste lid is waarschijnlijk *bot*[2].

boucharderen [steen vlakken] gevormd van **fr**. *boucharde* [steenhouwershamer], van *bocard* [stampmolen voor ertsen] < **hd**. *Pochhammer*.

bouchée [pasteitje] < **fr**. *bouchée*, verkleiningsvorm van *bouche* [mond] < **lat**. *bucca* [wang, mond].

bouclé [dier met ring door de neus, losse kaardgaren stof (in heraldiek)] < **fr**. *bouclé*, verl. deelw. van *boucler* [toegespen, van een ring voorzien, de ringvorm geven, krullen] < **lat**. *buccula* [wangetje, zijstuk van een helm], verkleiningsvorm van *bucca* [wang].

boud [stoutmoedig] **middelnl.** *boude, baulde, bout* [onbeschroomd, onversaagd, spoedig], **oudnederfrankisch** *baldo,* **oudsaksisch, oudhd.** *bald* (**hd.** *bald*), **oudeng.** *beald* (**eng.** *bold*), **oudnoors** *ballr,* **gotisch** *balþjan* [moedig zijn], verwant met *bal*[1] en *bol*[1]; de grondbetekenis is 'gezwollen zijn'.

bouderen [pruilen] < **fr.** *bouder* [idem] (vgl. *boudoir*).

boudoir [damesvertrek] < **fr.** *boudoir,* van *bouder* [pruilen], klanknabootsend gevormd.

bouffante [das] < **fr.** *bouffante* [hoepelrok, omslagdoek], van *bouffer* [zich opblazen, opbollen, bloezen, oorspr. fluiten met opgeblazen wangen], een klanknabootsende vorming.

bouffon [hansworst] < **fr.** *bouffon* < **it.** *buffone* [grappenmaker], van *buffo* [komisch, als zn. windstoot, zanger van komische rollen], van *buffare* [waaien, blazen] (vgl. *bouffante*).

bougainvillea [plantengeslacht] genoemd naar de Franse ontdekkingsreiziger *Louis-Antoine de Bougainville* (1729-1811).

bougie [vonkbrug] < **fr.** *bougie* [kaars, bougie, oorspr. de was voor kaarsen], genoemd naar de Algerijnse havenplaats *Bejaïa* (**fr.** *Bougie* ten oosten van Algiers waar was vandaan kwam).

bouillabaisse [vissoep] < **fr.** *bouillabaisse* < **provençaals** *bouiabaisso* < *boui-abaisso,* de gebiedende wijs van resp. *boie* [koken] (**fr.** *bouillir,* vgl. *bouilli*) en *abaissa* [zakken] (**fr.** *abaisser*), dus kook en zak in, wat schijnt te slaan op de bouillon, de eenvoudige basis waarin vis e.d. worden gekookt.

bouilli [stuk soepvlees] < **fr.** *bouilli* [idem, eig. gekookt], verl. deelw. van *bouillir* [koken] < **lat.** *bullire* [opborrelen, koken], van *bulla* [waterbel].

bouillie [pap] < **fr.** *bouillie,* vr. van *bouilli* (vgl. *bouilli*).

bouillon [vleesnat] < **fr.** *bouillon* [bobbel, luchtbel, opborreling, vleesnat], van *bouillir* (vgl. *bouilli*).

boulevard [brede straat] < **fr.** *boulevard,* evenals **eng.** *bulwark* < **middelnl.** *bollewerc, bolwerc* (vgl. *bolwerk*).

boulewerk [inlegwerk] genoemd naar de Franse meubelmaker *André-Charles Boule* (ook *Boulle*) (1642-1732).

boulingrin [veld voor balspelen] < **fr.** *boulingrin* < **eng.** *bowling-green*.

bouquet [aroma] → *boeket*.

bouquiniste [handelaar in oude boeken] < **fr.** *bouquiniste,* van *bouquin* [oud boek], 15e eeuws *boucquain* < **middelnl.** *boecskijn* [boekje].

bourbon [Amerikaanse whisky] genoemd naar *Bourbon County* in Kentucky, vanwaar deze whisky stamt.

bourdon [diepe bas] < **fr.** *bourdon* [hommel, bourdon], een klanknabootsende vorming.

bourdonné [met knoppen aan de uiteinden (heraldisch kruis)] < **fr.** *bourdonné,* van *bourdon* [pelgrimsstaf] < **lat.** *burdonem,* 4e nv. van *burdo* [muilezel], een betekenisovergang die te vergelijken is met b.v. bok van dier tot houten steun, chevron van bok tot dakspar, e.d..

bourgeois [burger] < **fr.** *bourgeois,* van *bourg* [dorp, vlek], **oudfr.** *borc* [kasteel] < **me. lat.** *burgus* [idem], uit het germ., vgl. *burcht*.

Bourgondisch [m.b.t. Bourgondië] van **me. lat.** *Burgundia* [Bourgondië], van **laat-lat.** *Burgundiones* [Bourgondiërs, lett. hooglanders]; de basis is te vinden in een ruim verspreid idg. begrip voor hoog, in o.m. *burcht* [hooggelegen plaats], **hd.** *Burg,* **eng.** *borough,* **oudkerkslavisch** *brěgŭ* [hoge rivieroever], **hettitisch** *parkuš* [hoog], **keltisch** *Brigantes* [een volksstam in het noorden van Britannia].

bourree [een rondedans] < **fr.** *bourrée* [oorspr. takkebos (er werd aanvankelijk om een vuur gedanst), eig. de benaming van de kleine takjes binnenin de bos], van *bourrer* [opvullen], van *bourre* [stophaar, opvulsel], **oudfr.** *borre* < **lat.** *burra* [een grof weefsel] → *boezeroen, bureau, bourrettezijde*.

bourrettezijde [uit afval gesponnen zijdegaren] van **fr.** *bourrette,* verkleiningsvorm van *bourre* < **lat.** *burra* [ruig gewaad, grof linnen] → *boezeroen, bourree, bureau*.

boussole [kompas] < **fr.** *boussole* < **it.** *bussola* [idem] < **me. lat.** *bussulus, bussola* [mandje, doosje], verkleiningsvorm van *buxis, buxa* < **klass. lat.** *buxus, buxum* [palmboompje, diverse uit het hout daarvan vervaardigde voorwerpen] < **gr.** *puxos* [buxusboom, het hout daarvan], (*puxis* [palmhouten doosje]), vermoedelijk < **myceens** *pu-ko-so* (vgl. *buks*[2], *pyxis*).

boustrofedon [per regel van links naar rechts en omgekeerd alternerend schrift (bijv. bij runeninscripties)] < **gr.** *boustrophèdon* [heen en teruglopend van schrift, eig. van ploegossen], gevormd van *bous* [rund], idg. verwant met *koe*[1] + *strephein* [wenden]; vgl. **hd.** *Pflugwende*.

bout [metalen staaf] **middelnl.** *bolt, bout(e), bult* [ijzeren of houten bout, schenkel van een dier], **middelnd.** *bolte(n),* **oudhd.** *bolz,* **oudeng., deens** *bolt,* **zweeds** *bult* [dikke, korte staaf]; buiten het germ. **litouws** *beldu* [ik klop], *baldas* [paal om te stoten]; het woord is beperkt tot germ. en baltisch.

boutade [geestige uitval] < **fr.** *boutade,* van *bouter* [terugdringen, verslaan], dat uit het germ. komt, vgl. *boten* [slaan, kloppen].

bouterolle [sluitstuk van sabelschede] < **fr.** *bouterolle,* van *bouter* (vgl. *boutade*).

boutje [recruut van het K.N.I.L.] verondersteld is dat het woord uit hun plaats van opleiding, Harderwijk, stamt, waar zij door de bevolking zouden zijn gezien als vette boutjes.

bouton [knop, knoopje] < **fr.** *bouton* [knop, ook van schermdegen, kanon e.d., knoop], van *bouter* (vgl. *boutade*).

boutvuur [infectieziekte bij runderen] het eerste lid

bouvier — bracelet

is **bout** [voor- of achterpoot], omdat het typerende symptoom kreupelheid in voor- of achterhand is.

bouvier [hond] < fr. *bouvier* < lat. *bovarius* [runder-], van *bos* (2e nv. *bovis*) [rund], idg. verwant met **koe**¹; de bouvier is gefokt voor het drijven van vee.

bouwen¹ [het land bewerken, een huis optrekken] **middelnl.** *bouwen, bauwen, buwen* [bouwen, bewonen, zich bevinden], **oudsaksisch, oudhd.** *buan,* **oudfries** *buwa,* **oudeng.** *buan,* **oudnoors** *bua,* **gotisch** *bauan;* buiten het germ. **lat.** *fui* [(ik) was], **litouws** *buti* [zijn], **oudindisch** *bhāvuyati* (causatief) [laten worden, scheppen].

bouwen² [zijden bovenrok] **middelnl.** *baude, boude,* van *baudekijn* [lijkkleed], dat ten onrechte werd geïnterpreteerd als een verkleiningsvorm, hetzelfde woord als *baldakijn*.

bouwvallig [vervallen] **middelnl.** (laat en oostelijk) *bouvellich,* **middelnd.** *buwevellich,* **hd.** *baufällig,* vermoedelijk < *baufallende,* o.i.v. de samenstellingen op *-fällig, (fußfällig* e.d.). Van *bouw* + *vallen* en vermoedelijk onder duitse invloed ontstaan. Het zn. *bouwval* is gevormd bij *bouwvallig* → *bouwen*¹.

bovarysme [het vermogen zich anders te zien dan de werkelijkheid] afgeleid van de titel en hoofdpersoon van Gustave Flauberts roman *Madame Bovary*.

boven [hoger] **middelnl.** *boven,* van *bi-, be-* + *oven* [boven] (oostelijk middelnl., vgl. **hd.** *oben);* de vorming is een parallel van *binnen, buiten, beneden* en **middelnl.** *bachten*.

bovengrietje [bovenbramzeil aan bezaansmast] volgens overlevering genoemd naar *Grietje van Dijk,* die op het schip Den Eik zou hebben gediend als bovenkruisraasgast.

bovien [m.b.t. rundvee] < lat. *bovinus* [m.b.t. ossen of koeien], van *bos* (2e nv. *bovis*) [rund, os, koe], idg. verwant met *koe*¹.

bovist [naam van buikzwammen, wolfsveest] **middelnl.** *bovijste, (vijste* [veest]), vgl. **hd.** *Bofist,* gedissimileerd uit 15e eeuws *vohenfist,* van *vohe* [wijfjesvos]; de stuifzwam, die sissend leegblaast als men erin knijpt, deed blijkbaar aan een veest denken; de naam in het **gr.** *lukoperdon* is dezelfde, van *lukos* [wolf] + *perdein* [een wind laten].

bowdenkabel [holle kabel] genoemd naar de Engelse industrieel *Sir H. Bowden* (1880-1960).

bowiemes [jachtmes] genoemd naar de uitvinder ervan, de Amerikaanse kolonel *James Bowie* (1799-1836).

bowl [kom voor drank, de drank zelf] < **eng.** *bowl* < **oudeng.** *bolla,* vgl. **oudhd.** *bolla,* **oudnoors** *bolli* en *bol*¹, *bal*¹.

bowlen [kegelspel spelen] < **eng.** *to bowl,* van **eng.** *bowl* [bal] < fr. *boule* < lat. *bulla* [waterbel, knop].

box [afgescheiden ruimte] < **eng.** *box* [afgescheiden ruimte, doos] < lat. *buxus* (vgl. *boussole*).

boxcalf [kalfsleer] in 1890 door de Amerikaanse onderneming White Bros & Co zo genoemd naar de Londense laarzenmaker *Joseph Box*.

boxer [hond] → *bokser*.

boy¹ [knaap] → *boef*.

boy² [Indische bediende] < **eng.** *boy* < **hindi** *bhuj* [arm, drager, i.h.b. van de draagstoel], door volksetymologie samengevallen met *boy*¹; de Fransen namen het woord in Voor-Indië over als *boué*.

boycot [uitsluiting van maatschappelijk verkeer] < **eng.** *boycot,* genoemd naar de gepensioneerde Engelse kapitein *Charles Cunningham Boycott* (1832-1897), rentmeester in de Ierse County Mayo, die in 1880 als eerste werd geboycot.

bra¹ verkorting van *brassière*.

bra² [deel van de visvangst voor de bemanning] **middelnl.** *brade, bra* [gebraad], van *braden*.

braaf [eerzaam, gehoorzaam] < fr. *brave* [dapper, braaf] < **it.** *bravo* [idem] < **lat.** *barbarus* [buitenlands, onbeschaafd, ruw, wreed] < **gr.** *barbaros* [buitenlands, onbeschaafd]; de betekenis ontwikkelde zich van wild via moedig naar braaf (vgl. *barbaar);* de uitdrukking 'een brave Hendrik' voor een sufferd die niets durft, stamt van de spreekwoordelijk geworden titel *De brave Hendrik* van een schoolleesboekje door Nicolaas Anslijn (1777-1838), dat vele decennia lang werd herdrukt en dat overliep van een suikerzoete braafheid.

braak¹ [het breken] afgeleid van *breken*.

braak² [onbebouwd] **middelnl.** *brake, braec* [braakland], van *breken,* namelijk het openbreken met de ploeg nadat het land onbebouwd is geweest.

braakwortel [wortel van de ipecacuanha] zo genoemd omdat de wortel vroeger werd gebruikt om *braken* op te wekken.

braam¹ [oneffen kant aan mes, baard] bij Kiliaan *breme,* zal behoren bij *brem*², **middelnl.** *brem(me), breme* en *braam*².

braam² [vrucht] **middelnl.** *brame, braem, brem* [braamstruik, de vrucht]; de grondbetekenis is 'doornige plant' → *braam*¹, *brem*².

braamvis [familie van makreelachtigen] het eerste lid is nauw verwant met *brasem* en betekent dus 'met glinsterende schubben'.

Brabançonne [het Belgisch volkslied] het zelfstandig gebruikt vr. van *brabançon* [Brabants] (vgl. *Brabant*).

Brabant [geogr.] uit de 8e eeuw is overgeleverd het bn. lat. *Bracbatensis* en een 6e nv. *Bracbante;* daaruit is gedistilleerd dat het eerste lid **nl.** *braak(liggend)* zou zijn; het tweede lid betekent, evenals in Teisterbant, 'afgesloten gebied', vgl. *band*¹.

brabbelen [krom spreken] naast *babbelen,* waarbij de *r* de intensiteit vergroot. Klanknabootsend gevormd.

bracelet [armband] < fr. *bracelet,* van *bras* [arm] + de tweevoudige verkleiningsuitgang *-elet* < **oudfr.** *brace, brasse* [de armen] < lat. *brac(c)hia,* enk. *brac(c)hium* [onderarm, vervolgens arm] < **gr.** *brachiōn* [bovenarm], van

brachus [kort]; de gedachtengang was dat de bovenarm korter is dan de onderarm → **bras, brassière**.
brachiaal [m.b.t. de (boven)arm] < lat. *brac(c)hialis* [van de arm] (vgl. *bracelet*).
brachycefaal [kortschedelig] gevormd van **gr.** *brachus* [kort] + *kephalè* [hoofd], idg. verwant met **gevel**.
bracket [console, knieplaat] < eng. *bracket* < fr. *braguette* [broekklep], verkleiningsvorm van *brague* [wijde broek, broek van kanon] < lat. *braca*, van gallische herkomst (vgl. **brageren, broek¹**).
bracteaat [dunne, eenzijdig gestempelde middeleeuwse munt] < lat. *bracteatus* [met goud versierd, met klatergoud], van *bractea* [dun metaalplaatje] (vgl. **bractee**).
bractee [blad, afwijkend van gewone bladeren] < fr. *bractée* [schutblad] < lat. *bractea* [dun metaalplaatje] (vgl. **bracteaat**).
braden [gaar maken op vuur] middelnl. *braden*, **oudsaksisch** *gibradan*, **oudhd.** *bratan*, **oudfries** *breda*, **oudeng.** *brædan*; buiten het germ. **lat.** *fretum* [branding, stroming], *fretale* [braadpan], **gr.** *prèthein* [aansteken], van dezelfde idg. basis als **branden, broeden, broeien**.
braderie, braderij [markt] **middelnl.** *braderie* [gaarkeuken], *brader* [houder van een gaarkeuken], van **braden;** het woord is overgenomen in het fr..
bradycardie [abnormaal langzame hartslag] gevormd van **gr.** *bradus* [langzaam] + *kardia* [hart], daarmee idg. verwant.
brageren [pronken] < **fr.** *braguer* [idem], van *brague* = *braie* < lat. *braca* [een uit het gallisch overgenomen benaming van de wijde gallisch broek]; brague kreeg ook de betekenis van 'een naar voren stekend onderdeel van het harnas, ter bescherming van de geslachtsdelen' → **bracket, broek¹, brogue**.
Brahma [Indische godheid] < **oudindisch** *brahman-* (o.) [oergrond van het zijn], de mannelijke vorm *Brahman-*, *Brahmā* [de naam van de god] → **bonze**.
brahmaan [lid van de Indische geestelijke adel] < **oudindisch** *brāhmaṇa-*, van *brahman-* (vgl. **Brahma**).
brahmapoetra [soort van hoender] genoemd naar de rivier de *Brahmaputra*, **oudindisch** *brahmaputra-*, van *brahman-* (vgl. **Brahma**) + *putra-* [zoon], dus Zoon van Brahmā.
braille [schrift voor blinden] genoemd naar de uitvinder ervan *Louis Braille* (1809-1852).
braindrain [emigratie van intellectuelen] < **eng.** *brain-drain* [idem], van *brain*, **oudeng.** *braegen* (vgl. **brein**) + *to drain* [droogleggen], **oudeng.** *dreahnian* (vgl. **droog**).
brainstorm [het opperen van een spontane suggestie ter oplossing van een probleem] < **eng.** *brainstorm*, van *brain* (vgl. **braindrain**) + *storm* [bui, storm, vlaag] (vgl. **storm**).
brainwave [prachtige inval] < **eng.** *brainwave*, van *brain* (vgl. **braindrain**) + *wave* [golf], van *to wave* [door een handbeweging te kennen geven, golven, wapperen], **middeleng.** *waven*, **oudeng.** *wafian*, **middelnl.** *weiven, weven, woeiven, wijven, wiven* [zwaaien met de hand, heen en weer bewegen].
braiseren [smoren] < **fr.** *braiser*, van *braise* [gloeiende houtskool], uit het germ., vgl. **zweeds** *brasa* [brandstapel] (vgl. **braziel**).
brak¹ [zilt] etymologie onbekend; mogelijk verwant met breken (*brak water* is half zout en half zoet).
brak² [jachthond] **middelnl.** *brac(ke), brachond, brackenwint* [speurhond], **oudhd.** *braccho*, wel zo genoemd vanwege zijn reukzin, vgl. het verwante **lat.** *fragrare* [geuren] (vgl. *flair, fraise*).
brak³ [bouwvallig huis] → **barak**.
brakel → **brak²**.
braken [breken (van vlas), overgeven] **middelnl.** *braken*, vgl. **hd.** *sich erbrechen;* nevenvorm van **breken**.
brakkeman [kermisreiziger] het eerste lid < **fr.** *brague* [jachthond, onbezonnen mens, wildeman] (vgl. **brak²**).
brakken [druk in de weer zijn] → **brak²** [jachthond, snuffelaar].
brallen [snoeven] ontstaan naast het oudere *brullen*, wellicht o.i.v. *pralen*.
bramahpers [drukpers] genoemd naar de uitvinder ervan, de Engelse werktuigkundige *Joseph Bramah* (1748-1814).
bramzeil, bram [vierkant zeil boven het marszeil] van *brammen* [pronken, pralen]; vgl. het eng. equivalent *topgallant* [het zeil boven het topsail], van *gallant* 'making a gallant show in comparison with the lower tops'.
bramzijgertje [verschijnsel van fosforische dampen opstijgend uit zee, waarin vissers gestalten van de duivel zagen] ook *brandezijgertje*, vermoedelijk van *brand* + *zijgen*.
brancard [draagbed] < **fr.** *brancard* [grote tak, ra, brancard], van *branque*, normandische variant van *branche* [tak].
branche [tak, afdeling] **middelnl.** *branke* [tak, twijg] < **fr.** *branche* < **me. lat.** *branchia, branchium, brancha* [tak], naast *branca* in *branca ursina* [bereklauw], waarschijnlijk een kelt. woord.
brand [vuur] **middelnl.** *brand* [vuur, brandend stuk hout, zwaard], **oudhd.** *brant* [brandend stuk hout, vuur], **oudfries** *brond*, **oudeng.** *brand*, **oudnoors** *brandr* [brandend stuk hout]; oudeng. en oudnoors hebben tevens de betekenis 'zwaard' (als het schitterende, vlammende) → **branden**.
brandal [muiter, rakker] < **maleis** *berandal* [schelm, vlegel] < **javaans** *brandal*.
brandaris [scheepslantaarn] genoemd naar *Brandaris*, de vuurtoren op Terschelling, waarvan de naam is afgeleid van *St.-Brandaan*, de Ierse abt uit de 5e eeuw, die een jarenlange zeereis zou hebben gemaakt.

brandbrief — braziel

brandbrief [brief met maning] (1550), oorspr. stuk waarin als straf voor het niet betalen van b.v. een boete met het verbranden van het huis wordt gedreigd.

brandebourgs [lussen van galon] < fr. *brandebourgs*, genoemd naar *Brandebourg* [Brandenburg]; in de 17e eeuw door Brandenburgse soldaten op hun uniform gedragen.

brandeend → *brandgans*.

brandemoris [brandewijn] een schertsende vervanging van brandewijn; het **fr.** *brande = branle*, (*branler* is gevormd van *brandeler* [(ronde)dansen]; brandemoris kan een verbastering zijn van de *brande Maurice*, een naar graaf Maurits genoemde dans of de naam zijn van de vroeger in Engeland geliefde *brande mor(r)is* of **eng.** *morris-dance*, waarvan gevormd *to morris* [dansen], dat zal zijn overgenomen van **vlaams** *mooriske dans* of **fr.** *danse moresque*; vgl. voor de betekenisovergang 'huppelwater' voor sterkedrank.

branden [in vuur en vlam staan] **middelnl.** *bernen, barnen, branden*; de laatste vorm is door metathesis van *r* ontstaan o.i.v. *brand, brandde*; de betekenis was zowel in brand staan als in brand steken; de 'gewone' en de causatieve vorm zijn samengevallen; vgl. **oudsaksisch, oudhd.** *brinnan*, **oudeng.** *biernan* [in brand staan], naast **oudsaksisch** *brennian*, **oudhd.** *brennen*, **oudeng.** *bærnan* [in brand steken]; buiten het germ. **lat.** *fervēre* [gloeien], **iers** *berbaim* [ik kook] → *brouwen*¹.

brandewijn [gestookte sterkedrank] **middelnl.** *brandewijn, brantwijn, bernewijn* [gebrande wijn], **middelnl.** *bernewin, brandewin*, **middelhd.** *brantwīn*; het **eng.** *brandy* is vermoedelijk ontleend aan het nl. via ouder *brandwine* en **fr.** *brandevin*; het is niet zeker dat de oorsprong in Nederland ligt, mogelijk in Duitsland.

brandgans [soort zeegans] **eng.** *brant goose, brend goose*, **hd.** *Brandgans*, **zweeds** *brandgås*; het eerste lid *brand* [vuur], maar vgl. ook **middelnl.** *swart als een brant* [zwart als een verkoold stuk hout]; het dier is zo genoemd naar de donkere rugkleur, vgl. *brandvos*.

branding [golfslag] van *branden*; vgl. voor de betekenis **lat.** *aestus* [gloed, branding].

brandschatten [schatting opleggen op straffe van plundering] **middelnl.** *brantschatten* [afkopen van plundering en brandstichting], *schatten* [invorderen, belasting innen, geld afpersen] (vgl. *brandbrief*).

brandvos [vos met zwarte pluim aan de staart] zo genoemd naar de kleur van de pluim, vgl. *brandgans*.

brandweer [dienst voor het blussen] **middelnl.** *brantwere* [brandblussing, gereedschap daartoe], gevormd naar het voorbeeld van **hd.** *Feuerwehr*.

brandy [brandewijn, cognac] < **eng.** *brandy*, vroeger *brandewine* < **nl.** *brandewijn;* **indisch** *brandy kring* van **mal.** *kering* [droog].

branie [moedig, bluffer] < **maleis** *berani* [moedig, dapper].

brankalie [barg. kale kruin] etymologie onbekend.

bras [schoot van een ra] < fr. *bras* [arm, bras] < lat. *brac(c)hium* (vgl. *brassière*).

brasem [vissoort] **middelnl.** *brasem, braessem* en ablautend *bressem, breesen*, **middelnl.** *brassem*, **oudsaksisch** *bressemo*, **oudhd.** *brahsema*, **oudnoors** met andere ablautsvocaal *brosma*, **gotisch** *bairhts* [schitterend]; van een woordbasis met de betekenis 'schitteren', waarvan ook stammen **middelnl.** *brehen* [plotseling opflikkeren], **gr.** *phorkos* [grijs], **oudindisch** *bhrāśate* [hij straalt].

braseren [metaal aaneensolderen] < fr. *braser* [solderen], nevenvorm van *braiser* [braiseren].

brasiline [rode kleurstof in brazielhout] van *braziel*.

braspenning [vroegere munt] **middelnl.** *braspenninc, brasdenier* [zilveren munt ter waarde van 10 duiten]; het eerste lid **middelnl.** *bras* [metaal], **oudfries** *bress* [koper], **oudeng.** *brœs* [erts, brons] (**eng.** *brass*), van dezelfde herkomst als **lat.** *ferrum* [ijzer], terug te voeren op een niet-overgeleverd *fersom* met *f* onder etruskische invloed, en **gr.** *birrè*, terug te voeren op een evenmin overgeleverd *birsè*, van vóór-idg. afkomst, vgl. **hebr.** *barzel*, **akkadisch** *parzillu* [ijzer].

brassard [armdoek] < fr. *brassard*, van *bras* [arm].

brassband [band van blaasinstrumenten en drums] < **eng.** *brassband*, van *brass* [koper (ook van orkest)] + *band*².

brassen¹ [slempen] **middelnl.** *brass(ch)en, brasseren*, **hd.** *prassen*, vermoedelijk bij **nl.** *bras* [rommel], **middelnl.** *bras* [lawaai, slemperij].

brassen² [de ra's verstellen] van *bras*.

brassière [bustehouder] < fr. *brassière* [in 13e eeuw dameshemd met mouwen], van *bras* [arm] < lat. *brac(c)hium* [onderarm, arm] < gr. *brachiōn* [bovenarm], van *brachus* [kort] (de bovenarm is de kortste van de twee 'armen') → *bracelet*, *bras*.

brat¹ [sajetgaren] → *borat*.

brat² [dartel] nevenvorm van *prat*.

bravade [grootspraak] < fr. *bravade* < it. *bravata* [bedreiging, uitdaging, hoon, bluf], van *bravare* [uitdagen, trotseren, bluffen], van *bravo* (vgl. *braaf*).

braveren [tarten] < fr. *braver* [idem], van *brave* [dapper, moedig] (vgl. *braaf*).

bravissimo [uitmuntend] < it. *bravissimo*, overtreffende trap van *bravo* (vgl. *bravo*¹).

bravo¹ [goed!] < it. *bravo* (vgl. *braaf*).

bravo² [huurmoordenaar] < it. *bravo*, van het bn. *bravo* (vgl. *braaf*).

bravoure [zelfverzekerdheid] < fr. *bravoure*, waarschijnlijk < it. *bravura* [dapperheid, bekwaamheid], van *bravo* (vgl. *braaf*).

braziel [houtsoort] **middelnl.** *bresiel, brisiel, breseliout* [brazielhout]; dit is niet van Brazilië afgeleid, maar omgekeerd; **spaans, portugees**

brasil [brazielhout] < **fr.** *brésil,* **oudfr.** *breze* (**fr.** *braise*) [gloeiende houtskool], **me. lat.** *brasile, bresile,* van germ. herkomst, vgl. *braiseren.*
Brazilië [geogr.] → *braziel.*
break [brik] < **eng.** *break* [wagentje zonder carrosserie], van *to break* [breken, africhten van paarden].
breakdown [storing] < **eng.** *break-down* [idem], van *to break,* **oudeng.** *brecan* (vgl. *breken*) + *down,* verkort uit *adown,* **oudeng.** *a-dune* [heuvelafwaarts], *dune,* 3e nv. van *dun* [heuvel] (vgl. *duin*).
breccië [gesteente ontstaan uit brokken ander gesteente] < **it.** *breccie,* mv. van *breccia* [bres, reet, grind, steenslag], uit het germ., vgl. **nl.** *breken.*
brechcokes [gebroken cokes] van **hd.** *brechen.*
breeches [rijbroek] < **eng.** *breeches* < **oudeng.** *brec,* mv. van *broc* (vgl. *broek* [1]).
breed [groot, wijd] **middelnl.** *breet,* **oudsaksisch** *brēd,* **oudhd.** *breit,* **oudfries** *brēd,* **oudeng.** *brād,* **oudnoors** *breiðr,* **gotisch** *braiþs,* dus een algemeen germ. woord; etymologie onzeker.
breefok [licht voorzeil aan ra] van *breed* + *fok* [1], zo genoemd omdat zij in tegenstelling tot de gewone, langsgetuigde fokken een rafok is.
breel [tonnetje aan reep] **middelnl.** *bareel* [vat] < **fr.** *baril* [vaatje].
breeuwen [naden dichten] noordwestelijke nevenvorm van **middelnl.** *bra(e)uwen* [het aaneenhechten van de oogleden van jonge jachtvogels, zomen, breeuwen], **middelnd.** *bragen,* **fries** *brouwe* [kalfaten] (vgl. *wenkbrauw*).
breeveertien [naam van zandbank voor de Nederlandse kust] omdat zij 14 vaam diep ligt.
brei [stoep] nevenvorm van *brauw* [eig. zoom] (vgl. *breeuwen*).
breidel [toom] **middelnl.** *breyell, breidel* [toom, teugel], **oudhd.** *brittil,* **oudfries, oudeng.** *bridel,* verwant met *breien, bretel.*
breien [draden strikken] **middelnl.** *brei(d)en,* **oudsaksisch** *bregdan* [vlechten, knopen], **oudhd.** *brettan* [trekken, weven], **oudfries** *br(e)ida* [trekken, rukken], **oudeng.** *bregdan* [trekken, rukken, vlechten], **oudnoors** *bregða* [rukken, winden] → *breidel.*
brein [hersens] **middelnl.** *bragen, bregen, brein* [hersenen], **middelnd.** *bragen, bregen,* **fries** *brein,* **oudeng.** *brœg(e)n;* buiten het germ. **gr.** *bregma, brechmos* [schedel].
breitschwanz [bontsoort] < **hd.** *Breitschwanz* [lett. met brede staart (van het ongeboren lam van het vetstaartschaap)].
breken [klein, stuk maken] **middelnl.** *breken,* **oudnederfrankisch, oudsaksisch, oudeng.** *brecan,* **oudhd.** *brehhan,* **gotisch** *brikan;* buiten het germ. **lat.** *frangere* (verl. tijd *fregi*) [breken] (misschien) **oudindisch** *-bhraj-* [te voorschijn brekend].
breloque [hangsieraad] < **fr.** *breloque,* klanknabootsend gevormd.

brem [1] [zout] van *brijn.*
brem [2] [plant] **middelnl.** *bremme, brimme, breme, brem* [brem, als collectief bremstruiken, doornstruiken], **middelnd.** *breme,* **oudhd.** *brimma* → *braam* [2].
bremmen [brommen, gonzen] → *brems.*
brems [(paarde)vlieg, sprinkhaan, kever] **middelnl.** *bre(e)mse,* **oudsaksisch** *brimissa,* **middelnd.** *bremse,* **fries** *brims,* **oudeng.** *brimse;* klanknabootsende vorming, vgl. **middelnd.** *bremmen, brimmen, bremen, breimen* [brommen, grommen].
brengen [vervoeren] komt alleen in (niet-noord-) germ. en kelt. voor: **middelnl.** *bringen, brengen,* **oudsaksisch** *brengian,* **oudhd.** *bringan,* **oudfries** *brenga, bringa,* **oudeng.** *brengan,* **gotisch** *briggan,* **me. cornisch** *hembronk* [wij leiden], **welsh** *hebrnwg* [zenden].
brengun [vuurwapen] < **eng.** samenstelling uit de beginletters van *Brno* in Tsjechoslowakije, waar het patent werd verworven, het Engelse *Enfield,* de plaats van fabricage + *gun,* **middeleng.** *gunne, gonne,* de 14e eeuwse benaming van een belegeringswerktuig, eig. de vrouwennaam *Gunne* < *Gunhild* < **oudnoors** *Gunnhildr,* waarvan het eerste lid is *gunnr* [oorlog], idg. verwant met **lat.** *fendere* (vgl. *defensie*) → *gonfalon.*
brenneren [een bepaalde anti-roestbehandeling geven] van **hd.** *brennen* [oxidatielaag van metalen wegbranden].
bres [opening in vestingmuur] < **fr.** *brèche* [idem], uit het germ., vgl. **oudhd.** *brecha,* **nl.** *breuk,* van *breken.*
bretel [draagband] < **fr.** *bretelle* [oorspr. een leren riem die over de schouder loopt], uit het germ., vgl. *breidel.*
Breton [inwoner van Bretagne] < **fr.** *Breton* < **lat.** *Brittonem,* 4e nv. van *Britto* [Brit]; het Bretons is een keltisch dialect waarvan de sprekers uit Engeland zijn overgestoken.
breuk [het breken, barst] **middelnl.** *broke, brueke,* ablautend bij *breken.*
breve [pauselijk schrijven] → *brief.*
brevet [diploma] < **fr.** *brevet,* verkleiningsvorm van **oudfr.** *brief* (vgl. *brief*).
breviatuur [afkorting] < **me. lat.** *breviatura* < **it.** *abbreviatura* [idem], van **lat.** *abbreviare* (verl. deelw. *abbreviatum*) [afkorten], van *ab* [af] + *breviare* [verkorten], van *brevis* [kort].
brevier [gebedenboek] **middelnl.** *brevier* < **lat.** *breviarium* [beknopt compendium van getijdenboeken dat ook onderweg kon worden gebruikt], van *breviare* [inkorten], van *brevis* [kort] (vgl. *brief*).
bric-à-brac [snuisterijen] < **fr.** *bric-à-brac,* klanknabootsend gevormd.
bricole [terugstuiting] < **fr.** *bricole* [belegeringswerktuig, slinger, terugstoot] < **it.** *briccola* [slingerwerptuig], uit het germ., vgl. **nl.** *brik* [(gebroken) stuk steen], van *breken.*
bricoleren [over de band spelen] < **fr.** *bricoler* [eig.

met een slingerwerktuig werpen], afgeleid van *bricole* (vgl. *bricole*).

bride [afhangend lint aan dameshoed] < **fr.** *bride* [teugel, keelband van hoed], uit het germ., vgl. **middelnl., nl.** *breidel*.

brideren [gevogelte opbinden] < **fr.** *brider* [idem], van *bride* (vgl. *bride*).

bridge [kaartspel] het spel schijnt ca. 1870 in Constantinopel en het Nabije Oosten te zijn opgekomen onder de Russisch aandoende, maar niet te determineren naam *biritch*.

brie [kaassoort] genoemd naar *Brie,* de streek rond de samenvloeiing van Seine en Marne, waar deze kaas oorspronkelijk vandaan kwam.

brief [geschreven boodschap] **middelnl.** *brief, breef,* **oudfr.** *brief* [kort, brief] < **lat.** *brevis* (zelfstandig gebruikt o. *breve)* [kort] (vgl. *breve, brevier).*

briefing [instructie] < **eng.** *briefing,* van *to brief* [instrueren], van *brief* [kort, instructie], van dezelfde herkomst als *brief.*

briek [dreigend, angstig] < **fr.** *brigue* [kuiperij, intrige] < **it.** *briga* [idem] (vgl. *brigade).*

bries[1] [koele wind] < **fr.** *brise* < **spaans** *brisa* [koele zeewind]; verdere etymologie onzeker.

bries[2] [cokesgruis] van *brijzen,* simplex van *verbrijzelen.*

briesen [brullen, hoorbaar ademen van paard] **middelnl.** *brieschen, breeschen, brisschen, brischen,* een klanknabootsend woord.

briezelen [gappen, snoepen] mogelijk van *brijzel* [(brood)kruimel], van *brijzelen.*

brigade [legerafdeling] < **fr.** *brigade* < **it.** *brigata* [idem], van **me. lat.** *brigare* [kijven], *briga* [ruzie], uit het kelt., vgl. **welsh** *bri* [kracht], **gaelisch** *brigh* [idem] → *briek, brigantijn.*

brigadier [bevelhebber van een brigade] < **eng.** *brigadier* < **fr.** *brigadier* [(vroeger) korporaal], gevormd van *brigade.*

brigantijn [scheepstype] < **fr.** *brigantin* < **it.** *brigantino* [idem], van *brigante* [rover], van *brigata* (vgl. *brigade).*

brigittenorde [kloosterorde] genoemd naar de stichteres, de *H. Birgitta*.

brij [pap] **middelnl., middelnd.** *bri,* **oudhd.** *bri, brio,* **oudeng.** *briw,* teruggaand op een idg. basis waarvan ook *branden* en *brouwen*[1] stammen.

brijen [met een huig-r spreken] → *brouwen*[2].

brijn [pekel] **middelnl.** *brine,* **oudeng.** *brine,* maar verder niet voorkomend. Etymologie onzeker, mogelijk samenhangend met *branden.*

brijzelen [kruimelen] **middelnl.** *briselen* [stukmaken, fijnmaken] < **fr.** *briser,* van gallische herkomst, vgl. **oudiers** *brissim* [ik breek] (vgl. *brisant).*

brik[1] [zeilvaartuig] < **eng.** *brig,* verkort uit *brigantine* (vgl. *brigantijn).*

brik[2] [rijtuig] < **eng.** *break* (vgl. *break).*

brik[3] [gebarsten baksteen] **middelnl.** *bri(c)ke, bricsteen* [tichelsteen] (vgl. *brique).*

briket [stuk brandstof] < **fr.** *briquette* < **middelnl.** *bricke* [brik] (vgl. *brik*[3]*, briquet).*

brikken [schaperas] etymologie onzeker; mogelijk verwant met **westvlaams** *gebrikkeld* [van gemengd ras], **fries** *brik* [oud paard, knol].

bril [glazen om beter te zien] **middelnl.** *bril* [idem, ook ring van hout of kunststof van het geheime gemak], van *beril;* de eerste brillen in de late middeleeuwen werden van dit mineraal gemaakt.

briljant [schitterend] < **fr.** *brillant,* teg. deelw. van *briller* [schitteren, glanzen] < **it.** *brillare* [schitteren, stralen] < **lat.** *beryllus* (vgl. *beril, bril).*

brilkruid [plantengeslacht] zo genoemd omdat de hauwtjes enigszins op een *bril* lijken.

brillantine [haarcrème, polijstmiddel] < **fr.** *brillantine,* van *brillant* (vgl. *briljant).*

brilschans → *lunet.*

brink [erf, plein] **middelnl.** *brinc* [rand, grasveld, plein, marktbeeld], **middelnd.** *brink* [rand, heuvel, hooggelegen grasveld], **oudnoors** *brekka* [steile heuvel]; etymologie onzeker.

brio [levendigheid] < **it.** *brio,* etymologie onzeker.

brioche [zoet broodje] < **fr.** *brioche,* gevormd van **normandisch** *brier* [deeg kneden], nevenvorm van **fr.** *broyer* [breken, fijnwrijven], van germ. herkomst, vgl. *breken.*

brionie [wilde wingerd] **middelnl.** *brionie* < **lat.** *bryonia* [idem] < **gr.** *bruōnia* [idem], van *bruein* [zwellen], idg. verwant met *kruid.*

brique [steenrood] eig. *couleur de brique* [kleur van baksteen] < **middelnl.** *bri(c)ke* [tichelsteen], van *breken* (vgl. *brik*[3]).

briquet [aansteker] < **fr.** *briquet* [vuurslag, aansteker, oorspr. stuk ijzer], van *brique* [stuk] < **nl.** *brik* (vgl. *brik*[3]*, briket).*

brisant [snel ontploffend] < **fr.** *brisant,* teg. deelw. van *briser* [breken, verbrijzelen], van kelt. herkomst, vgl. **oudiers** *brissim* [ik breek].

bristolkarton [glad karton] oorspr. een produkt van de Engelse stad *Bristol.*

brisure [breuk (in wapenkunde)] **middelnl.** *brijsure, brisure* [breuk, nadeel aan iemand toegebracht] < **fr.** *brisure,* van *briser* [breken] (vgl. *brisant, brijzelen).*

Brit [inwoner van Brittanje] < **eng.** *Brit* < **oudeng.** *Bret,* van kelt. herkomst, vgl. *Breton.*

brits [slaapplaats] **middelnl.** *britse, brits* [latwerk, scherm], bij Kiliaan *bridse* [plak om mee te slaan], in de laatste betekenis wel uit **hd.** *Pritsche* overgenomen (vgl. verder *bord).*

britsen [slaan (lijfstraf voor schepelingen)] afgeleid van *brits.*

broccatello [marmersoort] < **it.** *broccatello* [slechte soort brokaat, bont gekleurd marmer], verkleiningsvorm van *broccato* [brokaat].

broccoli [Italiaanse bloemkool] < **it.** *broccoli,* mv. van *broccolo* [spruit (van kool)], verkleiningsvorm van *brocco* [splinter, stronk], verwant met *broche.*

broche [sierspeld] < **fr.** *broche* [braadspit, pin, brei-

naald, doekspeld] < **me. lat.** *broc(c)a, brochia* [spit], van *broccus* [naar voren stekend], van kelt. herkomst, vgl. **oudiers** *brocc*, **welsh** *broch* [das]; zo genoemd naar zijn snuit (vgl. **broker, broots, bros**²).

brocheren [innaaien] < **fr.** *brocher*, van *broche* (vgl. *broche*).

brochette [pen om vlees aan te roosteren] < **fr.** *brochette*, verkleiningsvorm van *broche* (vgl. *broche*).

brochure [vlugschrift] < **fr.** *brochure*, van *brocher* [innaaien van een boek], van *broche* (vgl. *broche*).

broddelen [knoeien] een jong, eerst 16e eeuws woord, frequentatief van *brodden* [knoeien]; verwanten zijn niet bekend; de etymologie is onbekend.

broderie [handborduurwerk] < **fr.** *broderie*, van *broder* [borduren], **oudfr.** *brosder*, uit het germ., vgl. **oudhd.** *brort* [punt, rand, kroon], **oudeng.** *brord* [punt, grasspriet], **oudnoors** *broddr* [idem].

broeden [op eieren zitten, beramen] **middelnl.** *broeden, brueden, broeyen*, **middelnd.** *broden*, **oudhd.** *bruten*, **oudeng.** *bredan*, van *broet* [jongen, gebroed], afgeleid van *broeien*.

broeder [mannelijk kind m.b.t. kinderen van dezelfde ouders] **middelnl.** *broeder, broder, brueder, broer*, **oudnederfrankisch** *bruother*, **oudsaksisch** *brothar*, **oudhd.** *bruodar*, **oudfries** *brother*, **oudeng.** *brōðor*, **oudnoors** *brōðir*, **gotisch** *broþar*; buiten het germ. **lat.** *frater*, **gr.** *phratèr* [lid van een broederschap], **oudiers** *brathir*, **oudkerkslavisch** *bratrŭ, bratŭ*, **oudindisch** *bhrātar-*.

broedertje [poffertje] vermoedelijk genoemd naar (klooster) *broeder*, vgl. **middelnl.** *beghinenkoecke*.

broedvaren [een plant] zo genoemd omdat zich op de nerven aan de bovenkant van de bladeren kleine plantjes vormen, die men kan verwijderen en planten.

broeien [heet worden] **middelnl.** *bro(e)yen* [branden, schroeien, broeien], **middelnd.** *broien, brogen, brugen*, **middelhd.** *brüejen, brüen* (**hd.** *brühen*), verwant met *braden, branden*.

broek¹ [kledingstuk] **middelnl.** *broec*, **oudsaksisch**, **oudnoors** *brōk*, **oudhd.** *bruoh*, **oudfries** *brēk*, **oudeng.** *brōc, (mv.) brec* (**eng.** *breeches*); daarnaast **lat.** *braca*, uit het kelt., vgl. **oudiers** *broc*; het is de vraag of germ. aan kelt. heeft ontleend of omgekeerd → *bracket, brageren, brogue, debrayeren*.

broek² [moeras] **middelnl.** *broke, broec, brouc*, **middelnd.** *brōk*, **oudhd.** *bruoh* [moeras], **oudeng.** *brōc* [beek] (**eng.** *brook*); men heeft verwantschap geopperd met *breugel*, voorkomend in plaatsnamen en afkomstig van een kelt. woord voor land.

broer → *broeder*.

broes [kop van gieter] van *bruisen*, met een *oe* uit oostelijke dialecten.

broger [man, kerel] < **jiddisch** *boocher* [jongeman], van **hebr.** *bachur* [jongeman, vrijer].

brogue [type schoen] < **eng.** *brogue* [eig. een type grove schoen gedragen door de Ieren], **iers, gaelisch** *brog* < **oudnoors** *brōk* [broek].

brok [stuk] ablautende vorming bij *breken*.

brokaat [zware zijden stof] **middelnl.** *brocaat* < **it.** *broccato* < **me. lat.** *broccatus*, van *broca, brokka* [pen] (vgl. *broche*).

broker [beursagent] < **eng.** *broker*, de betekenisontwikkeling liep van degene die wijnvaten aansteekt, over wijnhandelaar, kleinhandelaar, tweedehands handelaar naar agent < **normandisch** *brocour*, **oudfr.** *brokeor*, van *brokier* [een vat aansteken] < **me. lat.** *broccare*, van **lat.** *broccus* [vooruitstekend (van tanden)], van kelt. herkomst (vgl. *broche*).

brokkelen [kruimelen] frequentatief van *brokken* of van *brokkel*, verkleiningsvorm van *brok*.

brokstuk [fragment] nieuwnl., in de 19e eeuw gevormd naar **hd.** *Bruchstück*, dat in de 17e eeuw werd gevormd ter vertaling van **lat.** *fragmentum*.

bromatologie [voedingsleer] gevormd van **gr.** *brōma* (2e nv. *brōmatos*) [spijs] + *-logia* [beschouwing].

bromelia [plantesoort] genoemd naar de Zweedse botanicus *Olaf Bromel* (1639-1705).

bromium → *broom*.

brommen [laag, dof geluid maken] een klanknabootsende vorming, naast *brummen*, **middelnl.**, **middelhd.** *brummen*; ook ablautend **middelnl.** *brimmen, bremmen*, **oudhd.** *breman* [brommen, brullen]; buiten het germ. **lat.** *fremere* [bruisen, brommen], **gr.** *bremein* [bruisen, dreunen], **oudindisch** *bhramara-* [bij]; deze woorden zijn ofwel verwant ofwel hebben dezelfde ontstaansgrond.

brommer [Amsterdams huurrijtuig] naar de stalhouder *Brom*.

bron → *born*.

bronchiën [vertakkingen van luchtpijp] < **fr.** *bronchies* of < **lat.** *bronchia* < **gr.** *brogchia* (mv.) [idem], *broghos* [keel, strot], idg. verwant met *kraag*.

bronk [sacramentsprocessie] **middelnl.** *in bronc* [in somberheid, met neergeslagen ogen, deftig, fier], *bronken* is een nevenvorm van *pronken*.

brons [legering van koper en tin] < **fr.** *bronze* < **it.** *bronzo* [idem], afkomstig uit **perzisch** *berenj, perang* [messing, orichalcum].

bronst [paartijd] **middelnl.** *bronst, brunst* [brand, gloed], **oudhd.** *brunst*, **gotisch** *(ala)brunsts* [brand(offer)], in de huidige betekenis aan het hd. ontleend, van dezelfde idg. basis als *branden*.

brontosaurus [voorwereldlijk reptiel] gevormd van **gr.** *brontè* [donder, schrik] + *sauros* [hagedis].

brooche → *mazzel*.

brood [voedsel uit deeg] **middelnl.** *bro(o)t*, **oudsaksisch** *brōd*, **oudhd.** *brōt*, **oudfries** *brād*, **oudeng.** *bread*, **oudnoors** *brauð*; buiten het germ.

brooddronken — brullen

lat. *defrutum* [ingekookte most, moststroop], **gr.** *bruton* [een gegiste drank uit gerst]; de grondbetekenis is 'gisten'; verwant met *brouwen* ¹ → ***born, branden***.

brooddronken [overmoedig] **middelnl.** *brootdroncken* [idem], van *bro(e)de* [jus, vleesnat], ablautend bij *brood*, vgl. **it.** *brodo* [vleesnat] + *dronken*. In **me. lat.** betekende *brodium* biersoep.

broodmager [zeer mager] is een woordspeling tussen *mager* [dun] en *mager* [schraal, hier als brood zonder boter].

broom [chemisch element] < **fr.** *brome*, gevormd door de ontdekker ervan, de Franse chemicus Antoine-Jérôme Balard (1802-1876) van **gr.** *brōmos, brōma* [walglijke lucht].

broos [breekbaar] **middelnl.** *broosch, broesch, brosch* [broos], **middelnd.** *brōsch*, **oudnoors** *breyskr* [zwak, gebrekkig], van een basis met de betekenis 'breken', vgl. **oudeng.** *breotan*, **oudnoors** *brjota* [breken], **lat.** *frustum* [brok].

broots [trekfrees] < **eng.** *broach* < **fr.** *broche* (vgl. ***broche***).

bros ¹ [breekbaar] **middelnl.** *brosch*, verkort uit *broosch* (vgl. ***broos***).

bros ² [schoenmakerspriem] < **fr.** *broche* [ijzeren pin].

brossen [spijbelen] < **waals** *brosser*, dial. nevenvorm van *brousser* [buiten de paden door het bos lopen], van *brousse* < **provençaals** *brousso*.

brouille [onmin] < **fr.** *brouille*, van *brouiller* (vgl. ***brouillon***).

brouillon [ontwerp] < **fr.** *brouillon*, van *brouiller* [vermengen, klutsen, (papier) verknoeien], van *brou* [bouillon, schuim, modder], **oudfr.** *breu*, uit het germ., vgl. **eng.** *broth* → ***brouwen*** ¹.

brouwen ¹ [bier bereiden] **middelnl.** *brouwen, brauwen, bruwen*, **oudsaksisch** *breuwan*, **oudhd.** *briuwan*, **oudfries** *briuwa*, **oudeng.** *breowan*, **oudnoors** *brugga*; buiten het germ. **lat.** *fermentum* [gegiste gerstdrank, gist], **gr.** *bruton* [gegiste gerstdrank], **russ.** *bruit'* [krachtig stromen], **middeliers** *berbaim* [ik zied]; de grondbetekenis is 'zieden'; verwant met ***brood, born, branden***.

brouwen ² [met een huig-r spreken] (1701), wordt verklaard door te wijzen op de uitdrukking 'praten alsof men brij in de mond heeft'; dial. nevenvormen zijn *brijen, breien*, dus van ***brij***.

browning [pistool] genoemd naar de uitvinder en fabrikant ervan, de Amerikaan *John Moses Browning* (1855-1926).

broyeren [verbrijzelen] < **fr.** *broyer*, van germ. afkomst, vgl. ***breken*** → ***brioche***.

brozem [schertsende naam] gevormd van *bromfiets* + *nozem*.

brucine [een alcaloïde] gewonnen uit de *brucea antidysenterica*; genoemd naar de Engelse ontdekkingsreiziger in Afrika *James Bruce* (1730-1794).

brug [verbinding over water] **middelnl.** *brugghe*, **oudsaksisch** *bruggia*, **oudhd.** *brucka*, **oudfries** *bregge, brigge*, **oudeng.** *brycg* [brug], **oudnoors** *bryggja* [landingssteiger]; buiten het germ. **gallisch** *briva* [brug], **oudkerkslavisch** *brĭvŭno* [balk], **servokroatisch** *brv* [voetbrug].

Brugman ['praten als Brugman', zeer welbespraakt zijn] naar de redenaar minderbroeder *Johannes Brugman* (ca. 1400-1473).

brui [stoot] nog slechts in *er de brui aan geven*, van *bruien* [stoten], vgl. **zuidnl.** *den neuk geven van*, van ***neuken***.

bruid [in ondertrouw opgenomen vrouw] **middelnl.** *bruut, bruyt* [verloofde, jonggehuwde vrouw, bijzit]; de huidige betekenis dateert van de 19e eeuw; **oudsaksisch** *brūd* [jonge vrouw], **oudhd.** *brūt* [jonggehuwde, verloofde], **oudfries** *breid* [bruid in de tijd van de huwelijksplechtigheden], **oudeng.** *brȳd* [jonge vrouw], **oudnoors** *brūðr* [vrouw in de tijd van de huwelijksplechtigheden], **gotisch** *brūþs* [bruid]; herkomst onzeker (vgl. ***bruien, verbruien***).

bruidegom [in ondertrouw opgenomen man] **middelnl.** *brudegome*; voor het eerste lid vgl. ***bruid***, voor het tweede **oudsaksisch** *gumo*, **oudhd.** *gomo*, **oudeng.** *guma*, **oudnoors** *gumi*, **gotisch** *guma* [man]; buiten het germ. **lat.** *homo* [man, mens], verwant met *humus* [aarde, oorspr. aardebewoner, i.t.t. hemelbewoner], vgl. ***Adam***.

bruien [slaan] **middelnl.** *bruden* [tot vrouw nemen, beslapen], van *bruut* (vgl. ***bruid***); de begrippen paren en stoten zijn nauw verwant, vgl. ***neuken***, dat overigens ook 'zeuren' en 'er niets toe doen' is gaan betekenen, vgl. met *er de brui aan geven*.

bruikleen [lening om niet] ouder *bruikleening*, gevormd van *bruiken*, dat sedert de 17e eeuw is vervangen door *gebruiken* + *leen*.

bruiloft [trouwfeest] **middelnl.** o.m. *bruloft, bruutloft*, van ***bruid*** + ***lopen*** ¹ [dus lett. bruidsloop, het afhalen van de bruid].

bruin [kleurnaam] **middelnl.** *bruun*, **oudsaksisch, oudhd., oudfries, oudeng.** *brūn*, **oudnoors** *brūnn*; buiten het germ. **gr.** *phrunè* [padde], **oudindisch** *babhru-* [roodbruin] → ***beer*** ¹, ***bever***.

bruineren [polijsten] < **fr.** *brunir* [glanzend maken, bruin maken], van *brun* [bruin, glanzend], uit het germ., vgl. ***bruin***.

bruinvis [walvisachtig zoogdier] *bruin* hier in de thans verouderde betekenis van 'donker', vanwege de donkere rugkant.

bruisen [borrelen] hierin vielen twee ww. samen, namelijk **middelnl.** *brus(s)chen, bruischen* [bruisen, schuimen, stormen], **middelhd.** *bruschen* [bruisen] en *bruysen* (in de Teuthonista) [gisten, schuimen], **middelhd.** *brusen* (**hd.** *brausen*) [bruisen], in ouder **nl.** (klankwettig) *bruizen*, welke ww. nog in oorsprong identiek zijn, wellicht verwant met *broos*, mogelijk echter van klanknabootsende herkomst.

brullen [hard geluid maken] (1526), klanknabootsende vorming.

brumaire [nevelmaand] < fr. *brumaire,* gevormd van *brume* [mist, nevel] < lat. *bruma* [winter], samentrekking van een overtreffende trap van *brevis* [kort, dus eigenlijk de kortste dag].

brummel [braambes] een van de diverse dialectbenamingen, in middelnl. *brummel* [bremstruik], *brem* en *braam* lopen dooreen en hebben dezelfde herkomst.

brunch [maaltijd] < eng. *brunch,* samengetrokken uit *breakfast* en *lunch;* schijnt te zijn gevormd eind 19e eeuw in Brits Borneo.

Brunei → *Borneo.*

brunel, bruinel [plantengeslacht] **middelnl.** *brunelle,* zo genoemd vanwege de bruine schutbladen en kelk.

brunelrails [brugrails] genoemd naar de Engelse ingenieur *Isambard Kingdom Brunel* (1806-1859), o.m. actief op het gebied van spoorwegen.

bruneren [polijsten] → *bruineren.*

brunette [meisje met donkerbruine haren en ogen] < fr. *brunette,* vr. van *brunet* [bruinachtig], verkleiningsvorm van *brun,* uit het germ., vgl. *bruin.*

Brunswijk [geogr.] < hd. *Braunschweig,* zou zijn gevormd van *Bruno* [naam van de stichter] + *Weick* [wijk].

brusje [soort pijperager] < eng. *brush* [wisser] < oudfr. *brosse* [kreupelhout, borstel] < me. lat. *bruscus* (vgl. *bruusk*).

Brussel [geogr.] begin 12e eeuw *Brucsella* genoemd, van *broek* [moeras] + een tweede lid *selle,* verwant met *zaal,* in de betekenis 'woning'.

brut [droog (van champagne)] < fr. *brut* [beestachtig, ruw, onbewerkt, ongezoet] < lat. *brutus* (vgl. *bruut*).

brutaal [onbeschoft] < fr. *brutal,* van *brut* (vgl. *brut*).

bruto [met emballage, zonder aftrek van kortingen] < it. *bruto* [bruut, ruw, grof] < lat. *brutus* (vgl. *bruut*).

bruusk [kortaf] < fr. *brusque* [scherp, kort aangebonden] < it. *brusco* [wrang, bars] < me. lat. *bruscus, brusca, bruscia* [kreupelhout, struikgewas, muisdoorn], *brussa* [borstel], uit het gallisch, vgl. **oudiers** *froech* [heide], idg. verwant met gr. *ereikè,* ouder *wereikè* [heidekruid, erica] → *bruyèrehout.*

bruut [ruw] < fr. *brut* [idem] < lat. *brutus* [log, stompzinnig, redeloos (van dieren)], verwant met gr. *barus* [zwaar].

bruyant [luidruchtig] < fr. *bruyant,* eigenlijk teg. deelw. van *bruire* [bruisen, gonzen e.d.] < **vulg. lat.** *brugere* [schreeuwen], waarin zijn samengevallen **lat.** *rugire* [brullen] en (gereconstrueerd) *bragere* [balken] (waaruit fr. *braire* [idem]), beide klanknabootsend.

bruyèrehout [wortelhout van boomheide] < me. lat. o.m. *bruscus, brusca, bruscia, brochia* [kreupelhout] (vgl. *bruusk*).

bryologie [leer der bladmossen] gevormd van gr. *bruon* [mos], van *bruein* [zwellen] + *logos* [woord, verhandeling].

bryonie → *brionie.*

bubbelgum [klapkauwgom] < eng. *bubblegum,* van *bubble* [bobbel, luchtbel], van *to bubble* [opborrelen], **nl.** *bobbelen,* klanknabootsend gevormd + *gum* [gom].

bubo [klierzwelling in de lies] < **laatlat.** *bubo* < gr. *boubōn* [lies].

bucentaur [galei] gevormd van gr. *bous* [rund], idg. verwant met *koe* ¹ + *kentauros* [paardmens]; het schip vertoonde een afbeelding van een centaur met een stierelichaam.

Bucephalus [paard van Alexander de Grote] < gr. *Boukephalos* [lett. koeiekop], van *bous* [rund], idg. verwant met *koe* ¹ + *kephalè* [hoofd, kop], idg. verwant met *gevel.*

bucht [rommel] gewestelijke nevenvorm van *bocht* ¹.

bucket [basket] < eng. *bucket* [emmer], uit de verkleiningsvorm van oudfr. *buc* [tronk, lichaam] < **frankisch** *buk* [buik, tronk], verwant met *buik.*

buckram [boekbinderslinnen] < eng. *buckram* < oudfr. *boquerant,* van de stad *Bochara* in Oezbekistan.

buckystralen [zachte röntgenstralen] genoemd naar de Amerikaan *Gust. Bucky* (1880-1963).

bucolisch [m.b.t. land- en herdersleven] < lat. *bucolicus* [herders-, landelijk] < gr. *boukolikos* [betrekking hebbend op een koeherder, bucolisch], van *bous* [rund], idg. verwant met *koe* ¹ + -*kolos,* verwant met lat. *colere* [verzorgen] (vgl. *cultuur*).

buddleja [vlinderstruik] genoemd naar de Engelse plantkundige *Adam Buddle* († 1715).

buddy-seat [tweepersoons motorzadel] < eng. *buddy-seat,* het eerste lid *buddy* [broer, vriend] is een verhaspeling van *brother* in kindertaal.

budget [begroting] < eng. *budget* [zak vol, voorraad, begroting] < fr. *bougette* [reistasje, grote beurs], verkleiningsvorm van 15e eeuws fr. *bouge* [leren tas] < me. lat. *bolga, boga, bougea,* ook in de verkleiningsvorm *bowgetta, bogetta* [leren tas, zadeltas] < lat. *bulga* [leren zak], uit het kelt., vgl. **welsh** *bol* [buik], **oudiers** *bolg* [zak], *bolgaim* [ik zwel].

budo [het geheel van Japanse vechtsporten] van *bu* [militair, militaire vaardigheden] + *do* [weg, manier].

buff [bruingeel] < eng. *buff* [geelachtig buffelleer, de kleur daarvan] < fr. *buffle,* waarvan de tweede lettergreep afviel, vermoedelijk omdat men daarin een verkleiningsvorm zag (vgl. *buffel*).

buffel [rundersoort] **middelnl.** *buf(f)el* < oudfr. *buffle* < it. *bufalo* < lat. *bubalus* [gazel, buffel], me. lat. ook *bufalus* < gr. *boubalos,* dat oorspronkelijk 'gazel' betekende, maar later o.i.v. *bous* [rund] geïdentificeerd werd met de buffel.

buffelen [zich hard inspannen, gulzig eten] hd. *büffeln;* afgeleid van *buffel.*

buffer [stootkussen] < eng. *buffer,* van *to buff* [stoten, slaan] < oudfr. *buffe* [klap], een klanknabootsend woord.

buffet — buks

buffet [schenktafel, tapkast] **middelnl.** *bofet, bof(f)it, befit, bavit* < **oudfr.** *bufet* [idem], vermoedelijk van de klanknabootsende wortel *buff-*, waarvan ook *bouffer* [zwellen, zich vol vreten].

buffo [basstem voor komische rollen] < **it.** *buffo* [eig. windstoot], klanknabootsende vorming.

buffonskruid [soort muurkruid] genoemd naar *George-Louis Leclerc graaf De Buffon* (1707-1788), intendant van de Jardin des Plantes in Parijs.

bug [afluisterapparaat] < **eng.** *bug* [eig. kever], etymologie onbekend.

bugel [signaalhoorn] < **eng.** *bugle* [jonge os, een van de hoorn gemaakt en vervolgens een erop gelijkend blaasinstrument] < **lat.** *buculus* [jong rund], verkleiningsvorm van *bos* [rund, os], idg. verwant met *koe*[1].

buggy [auto] < **eng.** *buggy*, van *bug* [kever], vgl. **nl.** *kever* [volkswagen]; etymologie onbekend.

bühne [toneel] < **hd.** *Bühne* < **middelhd.** *bün(e)*, **middelnd.** *böne*, **nl.** *beun;* wellicht verwant met *bodem*.

bui [neerslag, stemming] in het nl. ontwikkeld; verwantschap is te zoeken bij de onder *beuzelen* genoemde woorden.

buidel [zak] **middelnl.** *budel*, **oudsaksisch** *budil*, **oudhd.** *butil;* het woord gaat terug op een idg. basis met de betekenis 'opzwellen', evenals *buil*[1], *boos*, *boon*.

buigen [krommen] **middelnl.**, **middelnd.** *bugen*, **oudhd.** *biogan*, **oudeng.** *bugan*, **gotisch** *biugan;* buiten het germ. **lat.** *fugere*, **gr.** *pheugein* [vluchten], **litouws** *bugti* [bang worden], **oudindisch** *bhujati* [hij buigt].

buik [middendeel van lichaam] **middelnl.** *buke*, *buuc* [buik, maag, romp, ronding], **oudnederfrankisch**, **oudfries** *būk*, **oudhd.** *būh*, **oudeng.** *būc*, **oudnoors** *būkr;* directe verwanten buiten het germ. zijn niet gevonden; mogelijk is de grondbetekenis 'ronding' en dan is er verwantschap met *buigen*, maar zeker zo waarschijnlijk is een oorspr. betekenis 'zwellen', waarvoor vgl. *budget*, *buidel*, *boos*.

buil[1] [bult] **middelnl.** *bule*, *buul*, **oudnederfrankisch**, **oudsaksisch** *bula*, **oudhd.** *bulla*, **oudfries** *bele*, *beil*, **oudeng.** *byle*, **oudnoors** ablautend *bola*, **gotisch** *ufbauljan* [opblazen]; buiten het germ. **oudiers** *bolach* [buil], **servokroatisch** *(iz)buljiti* [de ogen laten uitpuilen]; de grondbetekenis is 'zwellen', vgl. *puilen*, *puist*, *buidel*, *boos*.

buil[2] [zak] verkorting van *buidel*.

building [groot gebouw] < **eng.** *building*, van *to build*, vgl. **oudfries** *bold* [huis, gebouw], **oudeng.** *byldan* [bouwen]; buiten het germ. **litouws** *butas* [huis], **iers** *both* [hut], **oudindisch** *bhūmi-* [aarde], *bhāvayati* (causatief) [laten worden, scheppen], **maleis** *bumi* [land], van dezelfde basis als *bouwen*[1].

builen [ziften] **middelnl.** *budelen*, *bulen* [door een zak van een of andere stof zeven], van *buidel*.

buis[1] [haringbuis] **middelnl.** *bu(us)e*, *buyse* [vaas, beker, haringschuit] < **oudfr.** *buce*, *bus(s)e*, **me. lat.** *bucia*, *bus(s)a*.

buis[2] [leiding] **middelnl.** *buse* < **oudfr.** *buse* < **lat.** *bucina* [hoorn] (vgl. *bazuin*).

buis[3] [slag] → *buizen*[3].

buis[4] [jasje] verkorting van *wambuis*.

buis[5] [dronken] (1513) → *buizen*[1] [onmatig drinken].

buisen [hard slaan, gieren van de wind] **middelnl.** *buusschen* [slaan, kloppen], **middelhd.** *buschen*, **hd.** *bauschen*, vermoedelijk een geassimileerde vorm naast *butsen* (vgl. *boten*, *buizen*[3]).

buiskool [witte kool] **middelnl.** *busecool*, verkort uit *kabuiskool*.

buit [wat men veroverd heeft] van **middelnl.** *buten* [ruilen, verkwanselen, verdelen, buitmaken], *butinge* [ruil, verdeling, buit], *butineren* [verdelen van buit], **middelnd.** *buten* [ruilen, buit maken]; de etymologie is onbekend.

buitelen [tuimelen] mogelijk < **fr.** *culbuter*, van *cul* (vgl. *cul*) + *buter* [stoten, struikelen], uit het germ., vgl. *boten* [stoten].

buiten [niet binnen] samenstelling uit *be-*, **middelnl.** *bi-* + *uit*, **middelnl.** *ute(n)*, voorzetsel en bijwoord [uit]; voor de vorming vgl. *binnen*, *boven*, *beneden* en **middelnl.** *bachten*.

buitenbeentje [onecht kind, iem. die zich van de leden van een groep onderscheidt] gevormd van het bijw. *buitenbeens*, vgl. voor de betekenis **oostfries** *butenbens gan* [met naar buiten overhellend lichaam gaan, verboden wegen bewandelen, echtbreuk plegen].

buitenissig [zonderling] gevormd door Multatuli van *buiten* + *is*, 3e pers. enk. van *zijn*.

buitenkans [onverwachte kans] misschien uit een bijwoordelijke uitdrukking *buiten kans* [buiten verwachting] (ca. 1600).

buitensporig [onmatig] sedert de 17e eeuw, gevormd van *buiten (het) spoor*.

buizen[1] [zuipen] **middelnl.** *busen*, *buysen* [onmatig drinken], **middelhd.** *busen* [zwellen, zwelgen], **middelnd.** *busen* [feestvieren], vgl. **me. lat.** *bussa*, *buza*, *busza* [leren wijnzak], teruggaand op een idg. basis met de betekenis 'zwellen', vgl. *boos*, *buil*[1], *puilen*.

buizen[2] [overkrijgen van stuifwater (in scheepvaart)] is wel hetzelfde woord als *buizen* [zuipen].

buizen[3] [laten zakken] nevenvorm van *buisen* [slaan, kloppen].

buizerd [roofvogel] sedert Kiliaan < **oudfr.** *busard*, dat met verandering van de uitgang een ouder *buison* verving; dit van **lat.** *buteonem*, 4e nv. van *buteo* [havik, valk], van *butire* [schreeuwen]; de vogel is dus naar zijn geluid genoemd → *butoor*.

bukken [vooroverbuigen] intensief van *buigen*.

buks[1] [geweer] < **hd.** *Büchse* (vgl. *bus*[1]).

buks[2], **buksboom** [heester] < **hd.** *Buchs(baum)* < **lat.** *buxus;* de eigenlijke nl. vorm was **middelnl.** *busboom*, *bosboom*, eveneens < *buxus*, maar met assimilatie van *ks > ss* → *boussole*, *pyxis*.

buksie [shag] verbastering van *bukshag*, tijdens W.O. II de tabak die men verkreeg uit van de straat opgeraapte peukjes, waarvoor men dus moest bukken.

bukskin [sterke stof] < **eng.** *bukskin cloth, buckskin* [de huid, het leer van een bok] *cloth* [textiel].

bul¹ [stier] **middelnl.**, **middelnd.** *bulle*, **oudeng.** *būla*, **oudnoors** *boli* naast ablautend **oudeng.** *bealluc* [testikel]; buiten het germ. **gr.** *phallos* [penis], **lat.** *follis* [leren zak, blaasbalg, scrotum], **oudiers** *ball* [penis]; de bul is genoemd naar de testikels en de verwantschap met *bal* ligt voor de hand.

bul² [kloofhamer] mogelijk hetzelfde woord als *bul*¹.

bul³ [oorkonde] **middelnl.** *bulle* [waterblaas, zegel van een oorkonde, oorkonde] < **lat.** *bulla* [waterbel, knop (als versiering), medaillon, en ten slotte zegel], verwant met *bel*², *bal*¹.

bul⁴ [koek] mogelijk ablautend naast *bol*¹.

bulbair [m.b.t. het verlengde merg] < **fr.** *bulbaire* [idem], van *bulbe* [bol, ronde zwelling] < **lat.** *bulbus* (vgl. *bulbil*).

bulbifer [knoldragend] gevormd van **lat.** *bulbus* (vgl. *bulbil*) + *ferre* [dragen], idg. verwant met *baren*¹.

bulbil [loofknop] < **lat.** *bulbillus*, verkleiningsvorm van *bulbus* [bol, ui] < **gr.** *bolbos* [ui].

bulderen [dreunend geluid geven] naast ouder *bolderen* en *balderen*; het betreft hier klanknabootsende vormingen.

buldog [hondesoort] < **eng.** *bull-dog*, van *bull* [stier] (vgl. *bul*¹) + *dog*; de hond werd gefokt voor gevechten, i.h.b. ook tegen stieren → *berebijt, bullebijter*.

Bulgaar [bewoner van Bulgarije] wordt geïdentificeerd met **russ.** *volgar* [die aan de Wolga woont]; de Bulgaren waren afkomstig van de Noordkaukasische steppen, ze hebben ook in het Wolgagebied gewoond.

bulk [onverpakte lading] < **eng.** *bulk* [(scheeps)lading, massa], uit of verwant met **oudnoors** *bulki* [scheepslading].

bulkcarrier [vrachtschip voor gestorte lading] < **eng.** *bulkcarrier*, van *bulk* [lading van een schip] < **oudnoors** *bulki* [lading] + *carrier* [drager], van *to carry* [dragen], teruggaand op **lat.** *carrus* [wagen] (vgl. *kar*).

bulken [loeien] nevenvorm van *balken*.

Bull [John Bull, spotnaam voor de Engelsman] genoemd naar de satire *The History of John Bull* van John Arbuthnot (1667-1735), hofarts van koningin Anna.

bulldozer [grondschuiver] < **eng.** *bulldozer*, van *to bulldoze* [donderen, intimideren], mogelijk van *bull* [stier] (vgl. *bul*¹) + *to dose* [een dosis toedienen] (vgl. *dosis*).

bullebak [boeman] (17e eeuws), het eerste lid is vermoedelijk een klanknabootsende vorming in de trant van *bulderen, bulken*, het tweede is wel het zn. *bak* [bak, ook boot], evenals in *luibak*, vgl. voor de betekenis b.v. *zuipschuit, een vat vol ongerechtigheden*; ook de variant *bulleman* heeft bestaan.

bullebijter [hondesoort] < **eng.** *bullbaiter*, van *bull* [stier] (vgl. *bul*¹) + *to bait*, causatief van *to bite* en betekent dus 'doen bijten' en vandaar het sarren, het doen aanvallen van o.a. stieren door daartoe gefokte honden als publiek vermaak en om te wedden (vgl. *buldog, bul-terriër, berebijt*).

bullepees [strafwerktuig] van *bul*¹ [stier] + *pees*, **middelnl.** *pees* [pees, streng, gesel], *peseric* [pees, streng, penis van sommige dieren, koord van ineengedraaide pezen om mee te slaan]; de gedroogde penis van o.m. stier, varken, kameel, rhinoceros heeft vaak het materiaal voor de zweep geleverd.

bulletin [kort bericht] (19e eeuw) < **fr.** *bulletin* < **it.** *bullettino, bollettino*, verkleiningsvorm van *bolla* [bul] < **lat.** *bulla* (vgl. *bul*³).

bulletouw [schoot voor de bezaansboom] een ondoorzichtig woord, mogelijk een (schertsende?) vervorming van *poelietouw*, vgl. **middelnl.** *poleyseel* [hijstouw].

bullig [tochtig (van rundvee)] van *bul*¹.

bullshit [onzin] < **eng.** *bullshit*, van *bull* [stier], **middeleng.** *bule, bole*, **oudeng.** *bula* (vgl. *bul*¹) + *shit* [poep] (vgl. *schijten*).

bully [hockeyterm] < **eng.** *bully*, etymologie onbekend.

bulsem [dwarshout van steiger] naast *bulsinghout, bulsterhout* (vgl. *bolster*); voor de betekenisontwikkeling is te vergelijken **eng.** *bolster* [peluw], *to bolster* [kunstmatig staande houden].

bulster [strozak] nevenvorm van *bolster*.

bult [bobbel, bochel] **middelnl.** *bulte* [bult, bochel, strozak], **middelnd.** *bulte* [heuvel, hoop, strozak], met de grondbetekenis 'zwellen' en verwant met *bal*¹.

bul-terriër [hondesoort] < **eng.** *bull-terrier*, van *bull(-dog)* + *terrier*, en wel een kruising van beide, gefokt omdat bij het bull-baiting de bull-dog bij het vasthouden door zijn stompe snuit zijn eigen neusgaten dichtdrukte (vgl. *bullebijter, berebijt*).

bumper [stootrand] < **eng.** *bumper*, van *to bump* [botsen, stoten], een klanknabootsende vorming.

bun [opening voor anker, viskaar] nevenvorm van respectievelijk *ben* of *beun*¹.

buna [synthetisch rubber] < **hd.** *Buna*, van *Butadieen* + *Natrium*.

bundel [pak] **middelnl.** *bondel, bundel*, dial. *bondel*, afgeleid van *binden*.

bunder [vlaktemaat] **middelnl.** *boenre, bonder, bunder* < **me. lat.** *bonnarium*, dat van kelt. herkomst is, vgl. **iers** *bonn* [grond].

bungalow [vrijstaand huis van één woonlaag] < **eng.** *bungalow* < **hindi** *banglā* [Bengaals], dus Bengaalse woning.

bungelen [slingeren] nevenvorm van *bengelen*.

bunker [bergplaats voor kolen, verdedigingsstel-

bunsenbrander — butskop

ling] < **schots dial.** *bunker* [(zit)bank, bergplaats voor steenkool aan boord], naast **eng.** *bunk* [kist om in te slapen op een schip], verwant met *bank*.

bunsenbrander [gasbrander] genoemd naar de uitvinder ervan, de Duitse chemicus Robert Wilhelm Bunsen (1811-1899).

buntal [vezelstof van de waaierpalm] < *tagalog buntal*.

bunzing [stinkmarter] **middelnl.** *bonsinc, bunsinc(k)*; etymologie onbekend.

burcht [versterkte plaats] **middelnl.** *borch, burch*, en ook reeds vormen met toegevoegde *t* (vgl. *inkt, rijst*), **oudnederfrankisch, oudsaksisch, oudeng.** *burg*, **oudnoors** *borg* [versterkte plaats, stad], **gotisch** *baurgs* [stad]; buiten het germ. **lat.** *burgus* [kasteel, in me. lat. (versterkte) stad], **gr.** *purgos* [bolwerk, muur met torens], *ta pergama* (mv.) [burcht (i.h.b. die van Troje)], vgl. de stad *Pergamum*, vermoedelijk vóór-gr. idg. woorden uit Klein-Azië; vermoedelijk zijn bij ons oorspronkelijk germ. en lat. vormen samengevallen.

bureau [schrijftafel, administratiekantoor] < **fr.** *bureau* < **oudfr.** *burel*, verkleiningsvorm van *bure* < **me. lat.** *burra, borra* [grove wol, vulsel]; het meubel was oorspr. gedekt met textiel; een eerdere ontlening aan *burel* is *bureel*; vgl. de betekenisontwikkeling van *toilet* → *boezeroen, borat, burlesk*.

bureaucratie [heerschappij van de ambtenaren] van *bureau* + *-cratie* (vgl. **democratie**).

bureel → *bureau*.

buret [maatglas] < **fr.** *burette*, verkleiningsvorm van *buire* [metalen schenkkan, vaas], nevenvorm van **oudfr.** *bu(i)e, buhe* [kruik], uit het germ., vgl. *buik*.

burg → *burcht*.

burgemeester [hoofd van een gemeente] **middelnl.** *borge(r)meester, burge(r)meester*, van *borch, burch* [stad] of *borger, burger* [poorter, burger] (vgl. *burcht, burger*) + **meester**.

burger [inwoner van stad, lid van een staat] **middelnl.** *borger, burger*, formeel van **middelnl.** *burch* [vlek, stad, burcht], dus stedeling; het woord kwam in het N.O. van Nederland op onder duitse invloed (vgl. *burcht*).

burggraaf [adellijke titel] het eerste lid is *burg* in de betekenis 'kasteel' (vgl. *burcht*).

burijn [graveerijzer] < **fr.** *burin* < **ouder it.** *burino*, thans *bulino*, dat uit het germ. stamt (vgl. *boren*).

burlen [bronstig loeien van herten] vermoedelijk met metathesis van *r* naast *brullen*.

burlesk [boertig] < **fr.** *burlesque*, **it.** *burlesco*, **me. lat.** *burleschus* [satyrisch], van *burlare* [lachen om, bespotten, schertsen], van *burra* [schamel kledingstuk], waarvan het mv. *burrae* in na-klassieke tijd de betekenis kreeg van 'onbenulligheden, nonsens' → *boezeroen, borat, bureau*.

burowwater [desinfecterende oplossing] genoemd naar de Duitse chirurg K.A. von Burow (1809-1874).

bursaal [beursstudent] < **laat-lat.** *bursa* [beurs].

bus[1] [doos, blik] **middelnl.** *bus(se), bosse, bussche*, **middelnd.** *busse*, **oudhd.** *buhsa* (**hd.** *Büchse*) < **lat.** *buxus* (vgl. *buks*[2], *bushel*).

bus[2] [vervoermiddel] < *omnibus, de bus missen* stamt van Chamberlain's uitspraak *Hitler has missed the bus*, toen het scheen dat de Duitse invasie in Noorwegen in 1940 haar doel miste.

busboom → *buks*[2].

bushel [maat voor droge waren] < **eng.** *bushel* < **me. lat.** *bussellus* [korenmaat], verkleiningsvorm van *buxa, buz* [(wijn)vat] < *buxus* (vgl. *bus*[1]).

business [zaken] < **eng.** *business*, gevormd van *busy*, **oudeng.** *bysig, bisig*, verwant met *bezig*.

busken [gras afmaaien] nevenvorm van *bossen* [de grasbossen met de zeis afmaaien], van *bos*.

buskruit [ontplofbaar mengsel] **middelnl.** *busse(n)cruut, buscruut, buscruyt*, ook *bus(se)poeder*, van *busse* [vuurroer] (vgl. *bus*[1]) + *cruut* [kruid, toverkruid, tovermiddel, buskruit].

bussel [schoof] **middelnl.** *bossele*, verkleiningsvorm van *bos*.

buste [borstbeeld, boezem] (1778) < **fr.** *buste* < **it.** *busto* [bovenlijf, buste, romp, borstbeeld] < **lat.** *bustum* [brandstapel, grafheuvel, graf]; het woord *bustum* werd gezien als het o. verl. deelw. van een ww. *burere* [verbranden], dat evenwel niet heeft bestaan; de oorzaak lag daarin, dat men samenstellingen als *comburere* [verbranden] splitste in *com* en *burere* i.p.v. *urere*; de betekenisontwikkeling is te verklaren uit de vroege traditie om grafportreturnen en borstbeelden op de begraafplaats te zetten.

butaan [gasvormige koolwaterstof] afgeleid van het begin van **gr.** *bouturon* [boter], omdat boterzuur geacht kan worden daaruit te worden gevormd.

butage [het springen van een biljartbal] van **fr.** *buter* [stoten], uit het germ., vgl. *boten*.

butea [plantengeslacht] genoemd naar de Engelse staatsman John Stuart, 3e Earl of Bute (1713-1792), die zich intensief met plantkunde bezighield.

buten [verstoppertjesspel] → *buut*.

butler [huisknecht] < **eng.** *butler* < **me. lat.** *butticularius* [opperschenker] (vgl. *bottelier*).

butoor [roerdomp] **middelnl.** *butoor* < **fr.** *butor* < **lat.** *butio* [roerdomp], kennelijk samengesmolten met *taurus*, een vogeltje, dat volgens Plinius zo genoemd is omdat het het geloei van de stier (= *taurus*) nadoet, waarbij het vermoedelijk om de roerdomp gaat; *butio* van *butire* [schreeuwen (van dieren)], dus naar zijn geluid benoemd → *buizerd*.

buts [deuk] **middelnl.** *butse, botse, boetse* [buil, knop, ronde verhevenheid], *bootse* [begroeide uitstekende rotspunt] < **fr.** *bosse* [buil].

butskop, potskop [soort dolfijn] genoemd naar de opvallend stompe kop; **middelnl.** *botshovet, butshovet, potshovet* [de benaming voor een vis met dikke kop, de zeepad] (vgl. *buts*).

butterfly [vlinderdasje] < **eng.** *butterfly* [vlinder], van *butter* [boter] + *fly* [vlieg], maar eerder in de oorspr. betekenis daarvan, namelijk 'vliegend insekt'. De betekenis valt te verklaren uit het feit dat vlinders vaak werden aangetroffen rond botervaten; vgl. **middelnl.** *botervliege*, **hd.** *Butterfliege*.

button [speld met afbeelding of tekst] < **eng.** *button* < **oudfr.** *boton* (**fr.** *bouton*), van het ww. *boter* [duwen, drukken, uitbotten], uit het germ., vgl. **boten** [slaan].

butyrine [boterstof] gevormd van **gr.** *bouturon* (vgl. *boter*).

buul [zak] dial. nevenvorm van *buidel*.

buur [die in de omgeving woont] **middelnl.** *buur* [inwoner, buurman], **oudsaksisch** *gibūr* [buurman], **oudfries** *būr* [buurman, landman], **oudeng.** *gebūr* [bewoner, landman]; de vorm met het voorvoegsel is de oorspronkelijke, gevormd van *ge-* [samen], **oudsaksisch, oudhd., oudeng.** *būr* [vertrek, huis], **oudnoors** *būr* [vertrek], dus iemand die samen met een ander in een huis of buurt woont; *būr* heeft als grondbetekenis 'bouwen' (vgl. *boer*[1]).

buurt [stadsdeel of deel van dorp] **middelnl.** *buurte, buyrte, gebuerte*, **oudhd.** *giburida* [gebied], afgeleid van *gebure* [nabuur, dorpeling, boer].

buut [mikpunt] < **fr.** *but* [oorspr. boomstomp, houtblok, stok, dan trefpunt van een projectiel (pijl)], uit het germ., vgl. **middelnl.** *but, bot* [knook van een dier] (vgl. *bot*[3]).

buvard [vloeiblad] < **fr.** *buvard*, van *boire* [drinken] < **lat.** *bibere* [idem].

buzzer [zoemer] < **eng.** *buzzer*, klanknabootsend woord.

bye [afscheidsgroet] < **eng.** *bye* < *good-by(e)*, verkort uit *God be with ye*.

bypass [omleiding] < **eng.** *by-pass* [idem], van **oudeng.** *bī* (**nl.** *bij*) + *to pass*, **middeleng.** *passen* < **oudfr.** *passer*, teruggaand op **lat.** *passus* [schrede], van *passus*, verl. deelw. van *pandere* [uitstrekken].

byssus [fijn linnen] < **lat.** *byssus* [fijn linnen, katoen] < **gr.** *bussos* [een plant met fijn geel vlas, later katoen], uit het semitisch, vgl. **akkadisch** *būṣu* [byssus].

byte [groep van acht bits] < **eng.** *byte*, een willekeurig, maar stellig onder invloed van *bit* gevormd woord, vgl. *bit*[2].

Byzantijns [van Byzantium] < **gr.** *Buzantion* [Byzantium], een naam van Thracische herkomst.

C

cab [taxi, oorspr. huurrijtuig] < **eng.** *cab*, verkort uit → *cabriolet*.

cabaal [intrige] < **fr.** *cabale* [kabbala, samenspanning] < **me. lat.** *cabbala* < **hebr.** *qabbālā* (vgl. *kabbala*).

caballero [mijnheer] < **spaans** *caballero* < **me. lat.** *caballarius* (vgl. *cavalerie*).

cabaret [herberg, amusementsgenre] < **fr.** *cabaret* < **middelnl.** *cambret, cabret, caberet, cabaret* [wijnhuis, kroeg, gaarkeuken] < **picardisch** *cambrete*, verkleiningsvorm van *cambre* [kamer] < **lat.** *camera* (vgl. *kamer*).

cabine [hokje] < **fr.** *cabine*, picardische nevenvorm van *cabane* < **me. lat.** *capanna* [idem], van illyrische herkomst.

cabochon [halfronde slijpvorm van edelstenen] < **fr.** *cabochon*, van *caboche* [kop, bol, knikker], van *bosse* [bult] (vgl. *bosseren*) en beïnvloed door rom. woorden voor hoofd, die afgeleid zijn van **lat.** *caput* [hoofd], daarmee idg. verwant → *boche*.

caboclo [halfbloed van blanke en Indiaan] < **portugees** *caboclo* < **tupi** *caá-boc* [uit het bos komend], een scheldwoord met de gevoelswaarde van heiden, wilde, vgl. o. m. *Alfoeren, Dajak, Toradjaas*.

cabotage [kusthandel] < **fr.** *cabotage*, van *caboter* [langs de kust varen], van **spaans** *cabo* [kaap] < **lat.** *caput* [kop, hoofd], daarmee idg. verwant.

cabotin [rondreizend toneelspeler] < **fr.** *cabotin*, vermoedelijk oorspr. de naam van een rondreizend toneelspeler uit de tijd van Lodewijk XIII.

cabretleder [soort geiteleer] het eerste lid is **fr.** *cabre* [geit] < **provençaals** *cabro* [geit, bok] < **lat.** *caper* [(geite)bok].

cabriolet [rijtuig, later auto] < **fr.** *cabriolet*, verkleiningsvorm van *cabriole*, vroeger ook *capriole* < **lat.** *capriola, capri(u)olo* [reebok], verkleiningsvorm van *capro* [bok] < **lat.** *caper* [idem]; de cabriolet was een licht rijtuigje dat daardoor bokkesprongen maakte.

cacao [zaad van de cacaoboom] < **spaans** *cacao* < **nahuatl** *kakáwa-*, de stam van *kakáwatl* [cacaoboon]; het element *-tl* vervalt in samenstellingen: *kakawakwáwitl*, (*kwáwitl* [boom]), en uiteraard veel gehoord en de Spanjaarden spoedig vertrouwd woord; zij kwamen tot de onjuiste conclusie dat het eerste lid van de samenstelling *kakáwa* het woord voor cacao zou zijn; de *o* in cacao is ontstaan doordat in het spaans vruchtboomnamen op *-o* uitgaan, naast de vruchten op *-a*, (*manzano - manzana* [appel], *cerezo - cereza* [kers], *granado - granada* [granaatappel]).

cachelot [potvis] < fr. *cachalot* < **portugees** *cachalote* [idem], van *cachola* [kop], waarvan de etymologie onzeker is; het meest in het oog springende verschil tussen potvis en walvis is de naar verhouding enorme kop van de eerste.

cacheren [bedekken] < fr. *cacher* [vroeger aandrukken, thans aan het oog onttrekken] < lat. *coactare* [dwingen], intensivum van *cogere* (verl. deelw. *coactum*) [samendringen, insluiten], van *con* [samen] + *agere* [(voort)drijven, doen].

cachet [stempel] < fr. *cachet*, van *cacher*, waarvan in het oudfr. de eerste betekenis was 'persen, drukken' < lat. *coactare* (vgl. *cacheren*).

cachexie [slechte gezondheidstoestand] < gr. *kachexia* [idem], van *kakos* [slecht] + *hexis* [toestand], van *echein* [houden, hebben] (toekomende tijd *hexō*), idg. verwant met *zege*.

cacholong [melkwitte opaal] < fr. *cacholong*, gevormd van *Cach* [de naam van een rivier in Bokhara] + **kalmuks** *cholon* [steen].

cachot [gevangenis] (1698) < fr. *cachot*, van *cacher* [verbergen] (vgl. *cacheren*); vgl. voor de betekenis *oubliëtte*.

cachou, catechu [looistofhoudend plantaardig extract] < fr. *cachou*, zelfde woord als nevenvorm van *cashew* → *cashewnoot*.

cacique [Middenamerikaans indianenstamhoofd] < spaans, fr. *cacique*, in het Caribisch gebied ontleend aan een indianentaal.

cacodemon [boze geest] < gr. *kakodaimōn* [idem], van *kakos* [slecht], idg. verwant met *honger* + *daimon* (vgl. *demon*).

cactus [plantenfamilie] (18e eeuws) < gr. *kaktos*, dat wel een stekelige plant, maar geen cactus was, evenals het verwante *akakia* > *acacia* van vóórgr. herkomst.

cadans [ritme] < fr. *cadence* < it. *cadenza* < lat. *cadentia*, een later als zn. enk. gebruikt o. mv. van het teg. deelw. van *cadere* [vallen].

caddie [drager van golfsticks] < eng. *caddie* < fr. *cadet* (vgl. *cadet*).

cadeau [geschenk] < fr. *cadeau* [oorspr. versierde hoofdletter in manuscripten, vervolgens versiering, dan divertissement, ten slotte geschenk], via **provençaals** *capdel* < lat. *capitellum* [kapiteel], van *caput* [hoofd], daarmee idg. verwant.

cadens [toonsluiting] < fr. *cadence* (vgl. *cadans*).

cadet [leerling van militaire school] **middelnl.** *cadet* [jongere zoon, een heertje] < fr. *cadet* [jongere broer, militair student, in argot achterste]; cadet, jongere broer verving in de 18e eeuw **gascons** *capdet* < **provençaals** *capdel* [chef] < lat. *capitellum*, verkleiningsvorm van *caput* [hoofd]; het was gebruik dat jongere broers in adellijke Gasconse families in de 15e en 16e eeuw als officier dienden in het leger van de Franse koningen; de betekenisontwikkeling tot 'achterste' is niet duidelijk; vgl. *kadetje*.

cadmium [chemisch element] gevormd door de ontdekker ervan, de Duitse chemicus Friedrich Strohmeyer (1776-1835) naar lat. *cadmia* [zinkerts] < gr. *kadmeia* [idem], verkorting van *Kadmeia gè* [grond van Kadmos (de stichter van Thebe; het mineraal werd bij Thebe gevonden)], de naam is van semitische herkomst, vgl. o.m. hebr. *qedem* [oosten], dus vermoedelijk hij die uit het oosten kwam → *galmei*, *kalamijn*.

caduceren [vervallen verklaren] gevormd van fr. *caduc* (vgl. *kaduuk*).

caduceus [staf van Mercurius] < lat. *caduceus* [herautsstaf, staf van Mercurius als bode der goden] < gr. *karukeion*, van *karux*, *kèrux* [heraut].

caesar [keizer] oorspr. de naam van *Gaius Iulius Caesar*, later als titel gebruikt → *keizer*, *sherry*, *tsaar*.

caesium [chemisch element] gevormd door de ontdekkers ervan, de Duitse chemicus Robert Wilhelm Bunsen (1811-1899) en de natuurkundige Gustav Robert Kirchhoff (1824-1877), van lat. *caesius* [grijsblauw], vanwege de twee blauwe lijnen in het spectrum, verwant met *caelum* [hemel], idg. verwant met hd. *heiter* [helder].

café [kroeg] < fr. *café* [koffie, koffiehuis] < it. *caffè* (vgl. *koffie*).

café-chantant [café waar voor de bezoekers wordt gezongen] < fr. *café chantant* [idem], van *café* + *chantant*, teg. deelw. van *chanter* [zingen], van lat. *cantare* [zingen], dat *canere* verdrong, idg. verwant met *haan*.

cafeïne [alkaloïde uit koffie] < fr. *caféine* < hd. *Kaffeïn*, in 1820 door de Duitse chemicus Friedrich Ferdinand Runge uit koffie geëxtraheerd, van fr. *café* [koffie].

cafetaria [snelbuffet] < **amerikaans-eng.** *cafeteria* [idem], ontleend op Cuba < **spaans** *cafetero* [koffiehuishouder], van *café* [koffie] (vgl. *koffie*).

cahier [schrift] < fr. *cahier* < oudfr. *cuahier* < me. lat. *quaterna*, *quaternio* [katerntje van vier velletjes, boekje] < klass. lat. *quaterni* [ieder vier, telkens vier], van *quattuor* [vier] → *kohier*.

caissière [kassajuffrouw] < fr. *caissière*, van *caisse* [kassa].

caisson [zinkbak] < fr. *caisson* < it. *cassone*, vergrotingsvorm van *cassa* [kassa].

cajoleren [flikflooien] < fr. *cajoler* [idem, oorspr. snappen als een vogel in een kooitje], ouder *gaioler*, van **picardisch** *gaiole* [kooi] < lat. *caveola* [holte, hol van dieren, stal, vogelkooi], van *cavus* [hol], vgl. fr. *cavus* en **middelnl.** *cage* [kooi].

cajunmuziek [volksmuziek uit Louisiana] van *Cajun* [inwoner van Louisiana], die zou afstammen van ballingen van *Acadia* (een vroegere Franse kolonie in Oost-Canada), waarvan Cajun een verbastering is.

cake [zachte koek] < eng. *cake*, verwant met *koek*.

cake-walk [negerdans] < **amerikaans-eng.** *cakewalk* [oorspr. een dans van negers in het Zuiden, waarbij gedongen werd naar een prijs in de vorm van een cake].

caladium [plantengeslacht] door de Duitse natuuronderzoeker Georg Everhard Rumphius (1627/1628-1702), in dienst van de V.O.C., gevormd van maleis *kaladi* [een aronskelkachtige plant].

calamiteit [grote ramp] < **fr.** *calamité* < **lat.** *calamitas* (2e nv. *calamitatis*) [schade, ramp, onheil].

calando [afnemend] < **it.** *calando*, gerundium van *calare* [laten zakken, afdalen] (vgl. *caleren*).

calandrone [blaasinstrument] < **it.** *calandrone*, van *calandra* [een zangvogel] < **gr.** *kalandra* [een soort leeuwerik].

calange [bekeuring] middelnl. *calange* [eis in rechte, berisping, twist], van *calangeren* [berispen, opeisen, straffen] < **picardisch** *calanger* < **lat.** *calumniari* [valselijk aanklagen, lasteren, chicaneren].

calathidium [korfje (plantkunde)] gevormd van **lat.** *calathus* [korf] < **gr.** *kalathos* [idem], vermoedelijk van een idg. basis met de betekenis 'omsluiten', waarvan ook *halm* is afgeleid.

calcium [chemisch element] gevormd van **lat.** *calx* (2e nv. *calcis*) [kalk], evenals **gr.** *chalix* [kiezelsteen] van vóór-gr.-lat. herkomst, vgl. **akkadisch** *kalakku*.

calculeren [berekenen] < **fr.** *calculer* < **lat.** *calculare* [rekenen], van *calculus* [kiezelsteen, steentje op het rekenbord, berekening], verkleinwoord van *calx* (2e nv. *calcis*) [kalksteen, kalk, steen op het speelbord] (vgl. *calcium*).

caldeira, caldera [krater] < **portugees** *caldeira* [stoomketel] < **chr. lat.** *caldaria* [pan], van *calida* [warm water], eig. het zelfstandig gebruikt vr. van *calidus* [warm].

calèche [licht rijtuig] < **fr.** *calèche* < **hd.** *Kalesche,* uit het slavisch, vgl. **tsjechisch** *kolesa,* van *kolo* [wiel].

caleidoscoop [weerspiegelende kijker] de naam werd bedacht door de uitvinder ervan, de Schotse natuurkundige Sir David Brewster (1781-1868), gevormd van **gr.** *kalos* [mooi] + *eidos* [beeld] + *skopein* [zien], idg. verwant met *spieden*.

calembour [woordspeling] < **fr.** *calembour,* etymologie onbekend, maar stellig samenhangend met *bourde* (vgl. *boerde*).

calendarium [kalender] < **lat.** *calendarium* [vorderingenboek, in chr. lat. kalender], van *Calendae* (2e nv. *Calendarum*) [de eerste van de maand, maand], van *calare* [samenroepen], verwant met **gr.** *kalein* [roepen], **nl.** *helder;* samenroepen slaat op de priesters, die op de Calendae verdere specificaties van de kalender gaven → *kalender* [1].

caleren [afslaan van motor] < **fr.** *caler* [idem] < **lat.** *chalare* [loslaten, laten zakken] < **gr.** *chalan* [ontspannen, losmaken, los zetten], idg. verwant met *gal* [3].

calgon [waterontharder] merknaam, gevormd van **lat.** *calx* [kalk] (vgl. *calcium*) + **eng.** *gone* [weg].

calico, calicot [katoen] genoemd naar de havenstad *Calicut* op de zuidwestkust van India, waar de stof vandaan kwam → *kalkoen* [1].

caliet [legering] gevormd van **gr.** *kalos* [mooi] + *lithos* [steen, ook als beeld van sterkte].

Californië [geogr.] < *California,* verlatijnsing van *Californe* [een denkbeeldig land], dat in de Chanson de Roland (vers 2924) voorkomt en in de vroeg 16e eeuwse Spaanse roman *Las Sergas de Esplandián;* naamgeving door de eerste Spanjaarden ter plaatse (Ximénez, 1533).

californium [chemisch element] genoemd naar de universiteit van *Californië*.

call-girl [prostituée die zich telefonisch laat bestellen] < **eng.** *call-girl,* van *to call* [opbellen, roepen], **middeleng.** *callen* (vgl. *kallen*) + *girl* [meisje], **middeleng.** *gurle* [jongen, meisje], **nd.** *göre* [kind], etymologie onbekend. De *l* is het verkleiningsachtervoegsel *-el*.

callositeit [eeltigheid] gevormd van **lat.** *callosus* [eeltig], van *callum* [eelt, ongevoeligheid] + *-osus* [vol van].

calmans [kalmerend middel] < **quasi-lat.** *calmans,* gevormd van *kalmeren* (vgl. *kalm* [1]) + de lat. uitgang *-ans* van het teg. deelw. van ww. op *-are*.

calomnie [laster] < **fr.** *calomnie* < **lat.** *calumnia* [valse aanklacht, laster, chicane], van *calvi* [chicaneren, bedriegen].

calorie [warmte-eenheid] < **fr.** *calorie,* van **lat.** *calor* [hitte].

calorifère [heteluchtverwarming] < **fr.** *calorifère,* gevormd van *calorie* + **lat.** *ferre* [dragen, brengen], idg. verwant met *baren* [1].

calqueren [natrekken van tekening] < **fr.** *calquer* [idem] < **it.** *calcare* [trappen, treden, een afdruk maken] < **lat.** *calcare* [trappen op, vasttrappen], van *calx* [hiel, hak, trap].

calumet [Indiaanse vredespijp] < **canadees-fr.** *calumet,* variant van **fr.** *chalumeau* [rietje] < **lat.** *calamus* [riet] < **gr.** *kalamos* [riet, halm], daarmee idg. verwant.

calvados [brandewijn] genoemd naar het Normandische departement *Calvados,* dat veel cider, het halffabrikaat van de calvados, produceert.

calvarie [de kruisberg] < **lat.** *Calvariae locus* [schedelplaats, Calvarieberg], van *calvaria* [schedel], vertaling van **aramees** *gülgülthā* [schedel]; de heuvel werd zo genoemd naar zijn vorm → *Golgotha*.

calville [appel] < **fr.** *calville,* genoemd naar de plaats van herkomst *Calville* in Normandië.

calvinisme [hervormde leer] naar de stellingen van de theoloog *Calvinus,* verlatijnsing van Jean Chauvin of Caulvin (1509-1564).

calypso [dans] genoemd naar de Grieksche nimf *Calypso,* die Odysseus zeven jaren op haar eiland vasthield en wier naam betekent 'zij die verbergt', afgeleid van **gr.** *kaluptein* [verbergen], idg. verwant met *hullen*.

camaïeu, camayeu [tintschilderen] < **fr.** *camaieu* [tweekleurige camee, dan schildering in tonen van één kleur] (vgl. *camee*).

camarilla [hofkliek] < **spaans** *camarilla* [hofkliek,

camber — candid-camera

eig. kamertje (om discreet met elkaar te spreken)], verkleiningsvorm van *camara* [kamer].

camber [éénzijdige slijtage van autoband] < **eng.** *camber* < **normandisch** *cambre*, nevenvorm van **oudfr.** *chambre* [gekromd] < **lat.** *camur* [naar binnen gekromd] (vgl. *kamer*).

cambio [wissel] < **it.** *cambio* < **me. lat.** *cambium* (vgl. *cambium*).

cambium [steeds aangroeiend weefsel tussen bast en hout] < **me. lat.** *cambium* [omruil], van **lat.** *cambiare* [ruilen], van gallische herkomst, oorspr. met de betekenis 'ombuigen', vgl. **oudiers** *camm* [gebogen].

cambreren [spannend buigen] < **fr.** *cambrer*, van **picardisch** *cambre* (vgl. *camber*).

cambric [batist] < **eng.** *cambric*, genoemd naar de plaats waar het oorspronkelijk werd geweven, namelijk **fr.** *Cambrai* [Kamerijk] → *chambray*, *kamerdoek*.

Cambrium [geologische periode] gevormd van **me. lat.** *Cambria* [Wales] < **keltisch** *Cymru*, gevormd van *com* [met] + een woord vergelijkbaar met **oudiers** *bruig, mruig* [grens, gebied].

camee [in reliëf gesneden steen] < **fr.** *camée* < **me. lat.** *camahutus, camau, camacu, camehu, cameu* e.a., via **ar.** < **perzisch** *khomāhān* [agaat].

camel [kameelkleurig] < **eng.** *camel* < **oudnoordfr.** *camel* < **lat.** *camelus* < **gr.** *kamèlos* (vgl. *kameel*).

camelia [kamerplant] genoemd naar de jezuïetmissionaris *George-Joseph Kamel (Camellus)* (1661-1706), die de plant als eerste beschreef.

camelot [straatventer, standwerker] < **fr.** *camelot* (uit argot) *coesmelot*, verkleiningsvorm van *coesme* [venter], van dezelfde basis als **provençaals** *caim* [bedelaar], etymologie verder onbekend; het woord is gelijkgetrokken met *camelot* [grove wollen stof] < **ar.** *khaml* [het ruige, harige oppervlak van een weefsel] → *kamelot*.

camembert [kaassoort] < **fr.** *camembert*, van *Camembert*, een dorp bij Argentan in Normandië.

camera [foto- of filmtoestel] van **lat.** *camera obscura*, *camera* [kamer] *obscura* [donker] (vgl. *obscuur*).

camerlengo [pauselijk kamerheer] < **it.** *camerlingo, camerlengo* [idem], gevormd van *camera* (vgl. *kamer*) + het germ. achtervoegsel *-ling*.

camion [vrachtwagen] < **fr.** *camion*, etymologie onbekend.

camisard [scheldnaam voor protestanten] < **fr.** *camisard*, gevormd van **provençaals** *camisa* [boerenkiel], dus kieldrager.

camorra [Napolitaanse misdaadorganisatie] < **it.** *camorra*, ondanks uiteenlopende pogingen nog geen overtuigende etymologie.

camoufleren [wegmoffelen] < **fr.** *camoufler* < **it.** *camuffare* [vermommen], van *capo* [hoofd] + *muffare* [verhullen], van **me. lat.** *miffa, muffla, muffula* [handschoen, een over de hand vallende manchet] (vgl. *mof²*).

camp [vulgair, banaal, kitscherig] < **eng.** *camp*, etymologie onbekend.

campagne [veldtocht, publieke actie] < **fr.** *campagne* [veld, veldtocht] < **me. lat.** *campania* [vlakte, open land], van *campus* (vgl. *kamp*).

campanile [klokketoren] < **it.** *campanile* < **me. lat.** *campanile*, van **laat-lat.** *campana* [klok], < vroeger *aes Campanum* [brons uit Campanië, d.w.z. een aldaar gegoten klok] → *campanula, kampaan*.

campanula [klokjesbloem] < **lat.** *campanula*, verkleiningsvorm van *campana* (vgl. *campanile*).

campari [alcoholische drank] genoemd naar de uitvinder en producent ervan *Gaspare Campari*, die in 1842 naar Turijn trok en in zijn Campari Café zich bezig hield met het zoeken naar nieuwe dranken.

campêchehout [violet verfhout] genoemd naar de staat en de havenstad *Campeche* in Mexico (West-Yucatán), waar dit hout vandaan komt.

camper [kampeerwagen] < **eng.** *camper*, van *camp* [kamp] (vgl. *kamp*) + *-er*.

camping [kampeerterrein] → *kamp*.

campus [universiteitsterrein] → *kamp*.

canaigre [soort van zuring waarvan de wortel looistof bevat] < **mexicaans-spaans** *canaigre*.

canaille → *kanalje*.

cananga [boom] < **javaans, soendaas** *kananga*.

canapé [bank] (1734) < **fr.** *canapé* < **me. lat.** *canopeum* < **klass. lat.** *conopeum* [muskietennet, rustbed] < **gr.** *kōnōpeion* [muskietennet], van *kōnōps* [mug], verwant met *kōnos* [pijnappel, kegel], van een basis met de betekenis 'puntig' (vgl. *heen¹* [stijve zegge] *conisch*).

canard [loos bericht] < **fr.** *canard* [eig. eend], van **oudfr.** *caner* [kakelen, snateren] < **lat.** *canere* [zingen, krassen, kraaien, kwaken], klanknabootsend gevormd, idg. verwant met *haan* (vgl. *cancan*).

canasta [kaartspel] < **spaans** *canasta* [oorspr. een bepaald type tenen mand met twee handvatten]; de betekenis is niet bevredigend verklaard. Een mandjevol kaarten? Misschien een associatie met het beeld van de twee handvatten omdat gespeeld wordt met twee spellen?.

cancan [revuedans] < **fr.** *cancan* [een kinderwoord voor eend]; in de tijd van Louis-Philippe benaming van een dans, naar de schommelende gang van de eend, van *cane* [eend] (vgl. *canard*).

cancellen [afzeggen] < **eng.** *to cancel* < **fr.** *canceller* [doorhalen] < **lat.** *cancellare* [kruisen], van *cancelli* (mv.) [hekwerk, latwerk] (vgl. *kansel*); de betekenis is dus 'ergens kruiselings een streep door zetten'.

candela [lichteenheid] < **lat.** *candela* [kaars], van *candēre* [blinkend wit zijn] (vgl. *kandidaat*).

canderen [suiker laten kristalliseren] → *kandij*.

candid-camera [onbewuste filmopnamen] < **eng.** *candid-camera*; het eerste lid *candid* [eerlijk, openhartig, niet geposeerd] < **lat.** *candidus* [blinkend wit, blank] (vgl. *candela*).

candide [argeloos] < fr. *candide* < lat. *candidus* [wit, blank, oprecht, vriendelijk, kuis], van *candēre* (vgl. *candela*).

candy [suikergoed] < eng. *candy* < fr. *candi* [idem] (vgl. *kandij*).

caneforen [korfdragende kariatiden] < gr. *kanèphoros* [manddragend, i.h.b. een mand offergerei op het hoofd dragend], van *kaneon* [dragen] (idg. verwant met *baren* [1]) + *pherein* [gevlochten mand], van *kanna* [rieten mat] (vgl. *canna*).

canion [diep erosiedal] < spaans *cañón* [pijp, buis, canion], vergrotingsvorm van *caño* [buis, goot, geul] < lat. *canna* [riet, buis, pijp].

canna [plantengeslacht] < lat. *canna* [riet] < gr. *kanna* [rieten mat], vgl. akkadisch *qanû*, hebr. *qāne*, ar. *qanāh* [riet], vermoedelijk door zowel het gr. als de semitische talen uit een substraattaal overgenomen → *canion, canon, kanaal*.

cannabis [hennep] < lat. *cannabis* < gr. *kannabis* [idem] (vgl. *canvas, hennep*).

cannelé [geribbelde wollen stof] < fr. *cannelé*, verl. deelw. van *canneler* [uithollen, van groeven voorzien], van *canne* [riet] < lat. *canna* [idem].

canneleren [van groeven voorzien] < fr. *canneler* (vgl. *cannelé*).

cannetille, cantille [buisje van goud- of zilverdraad] < fr. *cantille* < spaans *cañutillo,* verkleiningsvorm van *cañuto* [pijp, buis] < lat. *canna* [riet].

canon [regel, richtsnoer] < lat. *canon* [in chr. lat. lijst van erkende bijbelboeken] < gr. *kanōn* [lat, lineaal, regel, richtsnoer], van *kanna* [eig. rietstok] (vgl. *canna*).

canope [lijkurn met kop van mens of dier] genoemd naar *Canopus*, gr. *Kanōbos, Kanōpos* [stad in Beneden-Egypte], vanwege de gelijkenis met het cultusbeeld van deze stad.

cant [dieventaal] < eng. *cant* [dieventaal, oorspr. het gejammer van bedelaars], teruggaand op lat. *cantus* [gezang], van *canere* [zingen, op zingende toon spreken], idg. verwant met *haan*.

cantabile [zangerig] < it. *cantabile* < lat. *cantabilis* [waardig om bezongen te worden], van *cantare* [zingen], frequentatief van *canere* [zingen], idg. verwant met *haan*.

cantate [zangstuk] < fr. *cantate* < it. *cantata,* eig. verl. deelw. van *cantare* [zingen], dus dat wat gezongen wordt < lat. *cantare*, frequentatief van *canere* [zingen], idg. verwant met *haan*.

cantharel [dooierzwam] < modern lat. *cantharellus*, verkleiningsvorm van lat. *cantharus* [grote beker] < gr. *kantharos* [beker]; de cantharel heeft enigszins een bekervorm.

cantharide [Spaanse vlieg] < lat. *cantharis* [graantorretje] < gr. *kantharis* [Spaanse vlieg], van *kantharos* [beker], waarvan de eerste betekenis is 'een vliegende kever'; de overeenkomst tussen de kever en de beker is de gewelfde vorm.

canticum [gezang] < lat. *canticum*, van *cantum* [idem], van de stam *canere* [zingen], idg. verwant met *haan*.

cantilene [kerkgezang, zangerige melodie] < fr. *cantilène* < it. *cantilena* [melodie, volkswijsje, cantilene] < lat. *cantilena* [lied], van *cantilare* [zingen], iteratief van *canere* [idem], idg. verwant met *haan*.

cantilever [kraagligger] < eng. *cantilever,* van *cant* [schuine kant] (vgl. *kant*) + *lever* [hefboom, hendel], van fr. *lever* [optillen].

cantille → *cannetille*.

canto [gezang] < it. *canto* < lat. *cantus* [zang], van *canere* [zingen], idg. verwant met *haan*.

cantor [voorzanger] < lat. *cantor* [zanger], van *canere* (vgl. *café-chantant*).

canule [buisje om wonden open te houden] < fr. *canule* < lat. *cannula* [rietstengeltje], verkleiningsvorm van *canna* [riet].

canvas [sterk weefsel] < eng. *canvas* < oudfr. *canevas* [idem] < lat. *cannabis* < gr. *kannabis* [hennep]; vóór de ontlening uit het eng. bestond reeds middelnl. *ca(e)nnefas* [grof uit hennep vervaardigd linnen].

canyon [erosiedal] < eng. *canyon* (vgl. *canion*).

caoutchouc [rubber] < fr. *caoutehouc* < spaans *caucho* [rubber], caribisch *cahuchu*.

cap [ruiterpet] < eng. *cap* (vgl. *kap*).

capabel [bekwaam] fr. *capable* [idem] < lat. *capabilis* [begrijpbaar], van *capax* [veel kunnende bevatten, omvangrijk, ontvankelijk voor], van *capere* [nemen, tot zich nemen], idg. verwant met *heffen, hebben*.

capaciteit [bekwaamheid] fr. *capacité* < lat. *capacitas* (2e nv. *capacitatis*) [ruimte, omvang, vatbaarheid], van *capax* (2e nv. *capacis*, vgl. *capabel*).

cape [schoudermantel] < eng. *cape* < lat. *cappa* (vgl. *kap*).

capibara [knaagdier] < tupi *capibara* [heer van het gras].

capillair [haar-] < fr. *capillaire* < lat. *capillaris* [haar-], van *capillus* [(hoofd)haar], vermoedelijk van *caput* (2e nv. *capitis*) [hoofd], daarmee idg. verwant + *pilus* [haartje], gr. *pilos* [vilt], van vóór-gr.-lat. herkomst.

capitonneren [bekleden, opvullen] < fr. *capitonner,* van *capiton* [vlakje van een opgevulde stoel] < lat. *capitonem*, 4e nv. van *capito* [dikkop], van *caput* [hoofd], daarmee idg. verwant.

capitool [burcht van Rome] < lat. *Capitolium*, genoemd naar de heuvel, de *mons Capitolinus,* waar hij op stond. De naam komt van *caput* [hoofd, 'kopje'].

capituleren [zich overgeven] < fr. *capituler* < me. lat. *capitulare* [een overeenkomst sluiten, de overgave regelen], van *capitulum* [hoofdstuk, clausule], verkleiningsvorm van *caput* [hoofd], daarmee idg. verwant.

capnograaf [meetapparaat voor het koolzuurgehalte] gevormd van gr. *kapnos* [rook, damp], *kapnesthai* [verbrand worden], verwant met lat. *vapor*, gotisch *afhwapjan* [doen stikken] + *graphein* [schrijven], idg. verwant met *kerven*.

caponnière [aanbouw aan vesting] < fr. *caponnière* < it. *capponiera* [kippenhok, dan - aanvankelijk schertsend - gebruikt voor het vestingelement] → **kapoen**.

capoteren [op de neus gaan staan (vliegerij)] < fr. *capoter* [kapseizen, met het hoofd naar beneden gaan] (lat. *caput* [hoofd]) → **kapseizen**.

cappuccino [koffie met schuimende melk] < it. *cappuccino*, van *cappuccio* [kap, monnikskap], verkleiningsvorm van *cappa* [kap].

capriccio [muziekstuk zonder vast schema] < it. *capriccio* [nuk, gril, luim, eig. recht overeind staand haar, huivering], van *capo* [hoofd] + *riccio* [haarkrul, egel] < lat. *ericius* = *er* (2e nv. *eris*) [egel], verwant met lat. *horror* [verstijving, angst] (vgl. **gerst** [met de stijve baard]); het woord *capriccio* is beïnvloed door it. *capra* [geit].

caprice [gril] < fr. *caprice* < it. *capriccio* (vgl. **capriccio**).

caprine [een naar zweet riekend zuur] < fr. *caprine* < lat. *caprinus* [bokke-], van *caper* [(geite)bok, zweetlucht onder de oksels].

capriool [bokkesprong] < fr. *cabriole, capriole* [idem] < it. *capri(u)ola* [reegeit, bokkesprong], van *capra* [geit] < lat. *capra* [idem].

capstan [transportas in bandrecorders] < eng. *capstan*, eig. **kaapstander**.

capsule [(geneesmiddelen)omhulsel] < fr. *capsule* < lat. *capsula* [doosje, busje], verkleiningsvorm van *capsa* [doos, bus], van *capere* [pakken, bevatten], idg. verwant met **heffen, hebben**.

captain [aanvoerder] < eng. *captain* (vgl. **kapitein**).

captatie [het bejagen van een erfenis] < lat. *captatio* [het jacht maken op], van *captare* (verl. deelw. *captatum*) [gretig naar iets grijpen], frequentatief van *capere* [grijpen, nemen], idg. verwant met **heffen, hebben** → **kapsie**.

captie [chicane] < lat. *captio* [het grijpen, strik, bedrog, truc], van *capere* (verl. deelw. *captum*) [grijpen], idg. verwant met **heffen, hebben**.

captiveren [boeien] fr. *captiver* < lat. *captivare* [gevangennemen], van *captare* (vgl. **captatie**).

captuur [prijsverklaring van schip] < fr. *capture* [idem] < lat. *captura* [vangst], van *capere* [grijpen, vangen], idg. verwant met **heffen, hebben**.

capuce [monnikskap] < fr. *capuce* < it. *cappuccio* < lat. *cappa* [kap].

capuchon [hoofdkap] < fr. *capuchon*, van *capuche*, nevenvorm van **capuce**.

caput [hoofd, hoofdstuk] < lat. *caput*, vgl. **oudindisch** *kaput-* [hoofd], **oudnoors** *hǫfuð, haufuð*, **gotisch** *haubiþ*, **oudeng.** *heafod*, **nl.** *hoofd, capita selecta* [uitgelezen hoofdstukken] < lat. *capita*, mv. van *caput, selecta*, o. mv. van *selectum*, verl. deelw. van *seligere* [uitkiezen].

caquelon [aardewerk kookpotje] < fr. *caquelon*, van **zwitsers-fr.** *kake*, van **alemannisch** *Kakel* < hd. *Kachel* (vgl. **kachel** [1]).

cara [verzamelnaam voor longziekten] van de beginletters van *c(hronische) a(specifieke) r(espiratorische) a(andoeningen)*.

carabinieri [Italiaanse gendarmes] < it. *carabinieri*, mv. van *carabiniere* [karabinier, gendarme], van *carabina* [karabijn].

caracal [woestijnlynx] < **turks** *caracal*, van *kara* [zwart] + *kulak* [oor].

caracole [wijngaardslak] < **luiks dial.** *caracole*, fr. (16e eeuws) *caracol* < **spaans** *caracol* [huisjesslak, wenteltrap], van dezelfde herkomst als **escargot**.

carambole [biljartterm] < fr. *carambole* < **spaans** *carambola* [de oranje vrucht van de boom van die naam, rode biljartbal] < **marats** *karambal* < **oudindisch** *karmaranga-;* stellig beïnvloed door **spaans** *bola* [bal].

caravan [kampeerwagen] < eng. *caravan*, de betekenis heeft zich ontwikkeld uit die van **karavaan**.

carbicel [rookspons] gevormd van lat. *carbo* [kool], idg. verwant met **haard** [1] + *cel*.

carbid [chemische verbinding] verkort uit *calciumcarbide*, van lat. *carbo* [kool], idg. verwant met **haard** [1] + *-ide*, van *oxide*, ten onrechte aangezien voor een achtervoegsel.

carbol [ontsmettingsmiddel] gevormd van lat. *carbo* [kool], idg. verwant met **haard** [1] + *oleum* [olie].

carbon [zwarte diamant] gevormd van lat. *carbo* (2e nv. *carbonis*) [kool], idg. verwant met **haard** [1].

carbonari [vroeger geheim politiek genootschap in Italië] < it. *carbonari*, mv. van *carbonaro* [kolenbrander] < lat. *carbonarius* [idem], van *carbo* (2e nv. *carbonis*) [houtskool], idg. verwant met **haard** [1]; het verband tussen kolenbranders en deze revolutionairen is niet duidelijk, evenmin voor het politieke genootschap der *charbonniers*, dat in de 18e eeuw in Franche Comté bestond.

carboon [koolstof] → **carbon**.

carborundum [siliciumcarbid] gevormd van lat. *carbo* [kool], idg. verwant met **haard** [1] + *corundum* < **tamil** *kurundam* < **oudindisch** *kuruvindam* [robijn].

carburateur [vergasser] < fr. *carburateur*, van *carburer* [het toevoegen van gasvormige koolstof aan lucht], naar analogie van *sulfurer* gevormd van lat. *carbo* [kool], idg. verwant met **haard** [1].

carburator [vergasser] < fr. *carburateur*, doch in Nederland verlatijnst, van de basis van lat. *carbo* [houtskool].

carcan [ring] < fr. *carcan* < me. lat. *carcannum*, etymologie onbekend.

carcinoom [kankergezwel] < gr. *karkinōma* [kanker], van *karkinos* [kreeft, kanker], verwant met lat. *cancer*; de idg. basis is het begrip hard, vgl. **oudkerkslavisch** *rakŭ* [kreeft, kanker], **middeliers** *crach* [hard].

carco [een zeeslak] < **antilliaans** *carco*, samengetrokken uit **spaans** *caracola* [schelp van een zeeslak], van *caracol* (vgl. **caracole**).

cardanas [as in auto] → **cardanisch**.

cardanisch [volgens Cardano] afgeleid van de naam van de Italiaanse wiskundige, arts en astroloog *Geronimo Cardano* (1501-1576).
cardiaal [m.b.t. het hart] gevormd van **gr.** *kardia* [hart], daarmee idg. verwant.
cardialgie [pijn in hartstreek] gevormd van **gr.** *kardia* [hart], daarmee idg. verwant + *algos* [pijn].
cardiazol [opwekkend middel] merknaam, gevormd van **gr.** *kardia* [hart], daarmee idg. verwant.
cardigan [gebreid damesjasje in herensnit] < **eng.** *cardigan*, genoemd naar *James Thomas Brudenell, zevende Earl of Cardigan* (1797-1868), die een dergelijk kledingstuk tijdens de Krimoorlog droeg.
cardiografie [het maken van curven van de hartbeweging] gevormd van **gr.** *kardia* [hart], daarmee idg. verwant + *graphein* [schrijven], idg. verwant met *kerven*.
care [verzorging] < **eng.** *care*, verwant met *karig*.
carenzdagen [wachttijd (op uitkering)] < **hd.** *Karenz* [wachttijd] < **fr.** *carence* [afwezigheid, het in gebreke blijven, tekort] < **me.lat.** *carentia* [gebrek, tekort], van **lat.** *carēre* (teg. deelw. *carens*, 2e nv. *carentis*) [zonder iets zijn, missen, ontberen], idg. verwant met *karig*.
caresseren [strelen] < **fr.** *caresser* < **it.** *carezzare* [liefkozen], van *caro* [duur, dierbaar, geliefd] < **lat.** *carus* [duur, dierbaar], idg. verwant met *hoer*.
caret [tekentje dat iets is weggelaten] < **lat.** *caret*, 3e pers. enk. van *carēre* [zonder iets zijn, missen], vgl. *castigeren*, ook verwant met *castreren*, idg. verwant met *karig*.
carezza [coïtus met opzettelijk uitgestelde ejaculatie] < **it.** *carezza* [liefkozing] (vgl. *caresseren*).
cargadoor [scheepsbevrachter] (1472) < **spaans** *cargador* [dokwerker, bevrachter], van *cargar* [beladen, bevrachten], van *cargo* [lading], van **lat.** *carrus* [kar].
cargo [lading] < **spaans** *cargo* (vgl. *cargadoor*).
Cariben [geogr.] < **caribisch** *galibi* [sterke mannen].
cariës [tandbederf] < **lat.** *caries* [vermolmdheid, rotheid van hout], verwant met **gr.** *kèr* [doodsdemon, doodslot].
carillon [klokkenspel] < **fr.** *carillon* < **oudfr.** *quarregnon, careillon* < **chr.lat.** *quaternio* [groep van vier, o.m. soldaten, ook klokken], **klass.lat.** *quaterni* [telkens vier], van *quattuor* [vier], daarmee idg. verwant.
caritaat [offerschaal] < **lat.** *caritas* (2e nv. *caritatis*, vgl. *caritas*).
caritas [christelijke liefde] **middelnl.** *caritate, caritaet* < **lat.** *caritas* (2e nv. *caritatis*) [duurte, waardering, liefde], van *carus* [duur, geliefd], idg. verwant met *hoer*.
caritatief, charitatief [liefdadig] < **chr.lat.** *caritative* [liefdevol], van *caritas* (vgl. *caritas*).
carmagnole [jasje, kiel, lied] < **fr.** *carmagnole*, genoemd naar *Carmagnola* in Piemonte, een buis gedragen door in Frankrijk werkende Piemontezen, en in Parijs geïntroduceerd door Marseillaanse afgevaardigden; vervolgens revolutionaire dans en zang.
carnalliet [een kaliumzout] genoemd naar de Duitse mijningenieur *Rudolf von Carnall* (1804-1874).
carnatie [nabootsing van vleeskleur] < **fr.** *carnation* < **it.** *carnagione*, gevormd van *carne* [vlees] < **lat.** *carnem*, 4e nv. van *caro* [idem], van een idg. basis met de betekenis 'snijden', waarvan ook *scheren*[1] stamt; de betekenis is dus 'afgesneden stuk'.
carnaubawas [bladwas] < **braziliaans-portugees** *carnauba* [de was in de bladen van een palmsoort], genoemd *carnauba* of *carnaübeira*.
carnaval [drie dagen voor Vasten] < **fr.** *carnaval* < **me.lat.** *carnelevamen, carnelevarium, carnelevale* [de tijd van onthouding van vlees], van *caro* (2e nv. *carnis*) [vlees] (vgl. *carnatie*) + *levare* [optillen, opheffen, wegnemen], van *levis* [licht (van gewicht)], daarmee idg. verwant.
carneool [vleesrode edelsteen] met verkleiningsuitgang gevormd van **lat.** *carneus* = *carnalis* [vlees-], van *caro* (2e nv. *carnis*) [vlees] (vgl. *carnatie*).
carnet [aantekenboekje] < **fr.** *carnet* < **oudfr.** *quaer(n)* (vgl. *cahier*).
carnivoor [vleeseter] < **fr.** *carnivore* < **modern lat.** *carnivorus* [vleesetend], van *caro* (2e nv. *carnis*) [vlees] (vgl. *carnatie*) + *vorare* [verslinden, vreten].
carobbe, carobe [johannesbrood] < **fr.** *caroube* < **me.lat.** *carrubium, carrubia*, **laat-gr.** *charouba* < **ar.** *kharrūba* [sprinkhaanboom, johannesbrood] < **aramees** *hārūbā*, verwant met **hebr.** *hārūb*, **akkadisch** *charūbu*, **soemerisch** *charub;* de benaming ontstond omdat men geloofde, dat Johannes de Doper zich in de woestijn met deze vruchten in leven hield; het verband tussen de sprinkhaan en de peul is daarin gelegen, dat beide opvallende horentjes hebben → *karaat*.
carolina pine [houtsoort] < **eng.** *carolina pine*, het eerste lid is genoemd naar het gebied van herkomst, de vroegere Engelse kolonie *Carolina* in de U.S.A., genoemd naar *Carolus* = *Karel II* van Engeland, voor het tweede lid vgl. *pijnboom*.
carolusgulden [gouden munt] genoemd naar *Karel V*, die deze munt invoerde.
caroteen, carotine [gele kleurstof in planten] gevormd van **lat.** *carota* [kroot].
carotte [peen] < **fr.** *carotte* < **lat.** *carota* [kroot].
carpooling [het gezamenlijk gebruikmaken van één auto] < **eng.** *carpooling*, van *car* (vgl. *kar*) + *pooling*, teg. deelw. van *to pool*, van *pool* (zn.), vgl. *pool*[3].
carport [afdak voor auto's] < **eng.** *carport*, van *car* (vgl. *kar*) + *port* [poort, ingang] < **oudfr.** *porte* < **lat.** *porta*.

carrageen [stof uit wiersoort] < eng. *carrageen* [een roodwier], dat genoemd is naar de Ierse vindplaats *Carraghan*.

carré [vierkant] < fr. *carré*, verl. deelw. van *carrer* [vierkant maken], van *quarrer* < lat. *quadrare* [vierkant maken], van *quadrum* [vierkant], van *quattuor* [vier], daarmee idg. verwant.

carrier [draagwagen] < eng. *carrier*, van *to carry* [dragen] (vgl. **kar**).

carrière [loopbaan] < fr. *carrière* [loop, renbaan, loopbaan] < it. *carriera* [idem] < me. lat. *carraria via* [rijweg], van *carrus* [kar].

carrosserie [koetswerk van auto's] < fr. *carrosserie*, van *carrosse* (vgl. **karos**).

carrousel [draaimolen] < fr. *carrousel* < it. *carosello* [feestelijk ridderspel, het ringrijden, mallemolen].

cart [skelter] < eng. *cart* [eig. kar, wagen] < oudnoors *kartr*, eventueel te zien als metathesisvorm van oudeng. *cræt*, vgl. middelnl. *cratte* [gevlochten mat, korf, wagenkorf] (vgl. **krat**).

cartabel [jaarboekje met kerkelijke feestdagen] < me. lat. *cartabula* [klein geschrift of document], verkleiningsvorm van *charta* (vgl. **charter**, **kaart**).

carte [kaart] < fr. *carte* < lat. *charta* [papier].

carter [omhulsel van motor] < eng. *carter*, genoemd naar *J.H. Carter* († 1903).

cartesiaans [volgens Descartes] naar de Franse filosoof *Cartesius (René Descartes)* (1596-1650).

Carthago [geogr.] < lat. *Carthago* < fenicisch *quart hadasht* [nieuwe stad].

cartilagineus [kraakbeenachtig] < fr. *cartilagineux* < lat. *cartilaginosus*, van *cartilago* (2e nv. *cartilaginis*) [kraakbeen] + het achtervoegsel *-osus* [vol van].

cartografie [het maken van kaarten] < fr. *cartographie*, gevormd van *carte* [kaart] + gr. *graphein* [schrijven], idg. verwant met **kerven**.

cartoon [getekende mop] < eng. *cartoon* < fr. *carton* [karton] < it. *cartone*, vergrotingsvorm van *carta* [papier] (vgl. **kaart**).

cartotheek [kaartsysteem] voor het eerste lid vgl. **kaart**, voor het tweede **bibliotheek**.

cartouche [omlijsting met rolwerk] < fr. *cartouche* < it. *cartoccio* [peperhuisje, zakje, papieren omslag, lofwerk] → **kardoes** [1].

casaque [soort kiel] < fr. *casaque*, het franse equivalent van **kozak**.

cascade [waterval] < fr. *cascade* < it. *cascata* [val, waterval], van *cascare* [vallen, neerstorten] < lat. *cascare*, frequentatief van *cadere* [vallen].

cascara [laxeermiddel] < spaans *cáscara* [schil, schors], van *cascar* [doen breken, doen splijten] < lat. *quassare* [heftig schudden, slaan, verbrijzelen], frequentatief van *quatere* [schudden, beuken, verbrijzelen], idg. verwant met **schudden**.

cascarilla [bastsoort, medicijn] < spaans *cascarilla*, verkleiningsvorm van *cáscara* (vgl. **cascara**).

casco [romp van schip of auto] < spaans *casco* [potscherf, door vormvergelijking vervolgens schedel, helm, ton, romp van een schip], van *cascar* [doen barsten] (vgl. **cascara**).

caseïne [kaasstof] afgeleid van lat. *caseus* [kaas].

casement [verdiept veld in metselwerk] < me. fr. *encassement* < lat. *cassimentum* [openslaand venster], van *capsa* [bus, doos], van *capere* [nemen, vatten], idg. verwant met **heffen**, **hebben**.

case-story [beschrijving in maatschappelijk werk] < eng. *case-story*, gevormd van *case* < lat. *casus* [geval] + **story**.

cash [contant] < eng. *cash* < it. *cassa* [kas].

cashewnoot [notesoort] < eng. *cashewnut* < portugees *(a)cajou* < tupi *acaju*; uit dezelfde bron fr. *acajou* [mahoniehout] → **cachou**.

cash flow [netto winst plus afschrijvingen] < eng. *cash flow*, van *cash* [kas, contanten] + *to flow*, middeleng. *flowen* [vloeien], daarmee idg. verwant.

casino [gebouw voor gokken, feesten] < it. *casino* [huisje, lusthuis, speelhuis], verkleiningsvorm van *casa* [huis] < lat. *casa* [hut, huisje, optrekje].

casinobrood [broodsoort] het eerste lid is it. *casino* (lett. huisje], verkleiningsvorm van *casa*; vermoedelijk zo genoemd omdat het wordt gebakken in een (rechthoekig) blik met deksel.

cassant [scherp kritisch] < fr. *cassant*, eig. teg. deelw. van *casser* (vgl. **casseren**).

cassatie [vernietiging van vonnis] < fr. *cassation* < me. lat. *cassatio*, van *cassare* (verl. deelw. *cassatum*, vgl. **casseren**).

cassave [meel uit de wortels van maniok] < fr. *cassave* < spaans *casabe*, *cazabe* < haïtiaans *casavi*.

casseler rib [varkensrib als broodbeleg] genoemd naar de Duitse stad *Kassel*, maar gespeld met *c* omdat de ontlening verliep via fr. *Cassel* of op grond van een oudere Duitse spelling.

casseren [een vonnis vernietigen] < fr. *casser* [breken] < me. lat. *cassare* < lat. *quassare* [schudden, verbrijzelen], frequentatief van *quatere* [idem], idg. verwant met **schudden**.

casserole [braadpan] < fr. *casserole*, zuidelijk fr. vorming, van *casse* [vat waar het gesmolten ijzer in liep, vergaarpan voor gesmolten vet] < me. lat. *cattia*, *cassia* [pan] < gr. *kuathion* < *kuathos* [maatje om wijn te scheppen].

cassette [houder, doos] < fr. *cassette* < it. *cassetta*, verkleiningsvorm van *cassa* (vgl. **kassa**).

cassis [drank van zwarte bessen] < fr. *cassis* [zwarte bes], dial. nevenvorm van *casse* < lat. *cas(s)ia* [wilde kaneel, steenroosje] < gr. *kasia* [kaneel(plant)], uit het semitisch, vgl. akkadisch *kasû* > soemerisch *gazi* [zwarte mosterd].

cassolette [vaas voor het branden van reukwerk] < fr. *cassolette* < oudprovençaals *casoleta*, verkleiningsvorm van *casola*, verkleiningsvorm van *cassa* < lat. *capsa* [bus, doos, bak(je)], van *capere* [pakken, (kunnen) bevatten], idg. verwant met **heffen**, **hebben**.

cassonade [bruine keukensuiker] < fr. *cassonade*, van *casson* [gebroken suiker], van *casser* [breken] (vgl. *casseren*).

cast [bezetting van een film] < eng. *cast*, van *to cast*, **middeleng.** *casten,* **oudnoors** *kasta* [werpen].

castagnetten [duimkleppers] < fr. *castagnettes* < spaans *castañeta,* verkleiningsvorm van *castaña* [kastanje (de vrucht)].

castigatie [het kastijden] **middelnl.** *castigatie* [preek, waarschuwend voorbeeld] < lat. *castigatio* [onthouding, zelfbeheersing, kuisheid], van *castigare* (verl. deelw. *castigatum,* vgl. ***castigeren***).

castigeren [kastijden, kuisen] < lat. *castigare* (vgl. *kastijden*).

Castiliaan [bewoner van Castilië] van **spaans** *Castilla* [Kastilië], van *castilla* [kasteel] < lat. *castellum;* zo genoemd naar het grote aantal versterkingen, aangelegd in de strijd tegen de Moren.

castoreum [bevergeil] **middelnl.** *castorie* < lat. *castoreum* < gr. *kastorion* [idem], van respectievelijk lat. *castor,* gr. *kastōr* [bever]; genoemd naar *Castor,* een der Dioscuren en beschermer van vrouwen; bevergeil werd gebruikt als geneesmiddel voor vrouwenklachten.

castorolie [wonderolie] verondersteld wordt, dat de olie ooit gediend heeft als vervanging van *castoreum* in medisch gebruik en daardoor de benaming overnam.

castreren [ontmannen] < fr. *castrer* < lat. *castrare* [idem], verwant met *carēre* [iets missen, zich onthouden van].

casualiteit [toevalligheid] < fr. *casualité* < me. lat. *casualitas* (2e nv. *casualitatis*) < klass. lat. *casualis* [toevallig], van *casus* [val, voorval, toeval, kans], van *cadere* (toekomend deelw. *casurus*) [vallen, voorvallen].

casuaris → *kasuaris*.

casueel [toevallig] < fr. *casuel* < lat. *casualis* (vgl. *casualiteit*).

casus [geval, naamval] < lat. *casus* [voorval, geval, naamval], in de laatste betekenis een vertalende ontlening aan gr. *ptōsis* [val, naamval].

catachrese [onjuist gebruik van een woord] < gr. *katachrèsis* [idem], van *katachraomai* [iets opgebruiken, een slecht gebruik maken van], van *chraomai* [gebrek hebben aan, gebruiken].

cataclysme [geweldige ramp] < gr. *kataklusmos* [overstroming, vernietiging], van *katakluzein* [overstromen, vernietigen, uitwissen], van *kata* [neer] + *kluzein* [golven, bespoelen], verwant met lat. *cloaca* [riool] (vgl. *rein*¹).

catacombe [onderaardse gang] < fr. *catacombe* < lat. *catacumba,* o.i.v. *cumbere* [liggen] gevormd van gr. *kata* [beneden] + lat. *tumba* < gr. *tumbos* [graf, eig. grafheuvel], verwant met lat. *tumēre* [zwellen].

catacoustiek [leer van de geluidsterugkaatsing] gevormd van gr. *kata* [langs omlaag, zich verspreiden over] + *acoustiek* → *akoestiek*.

cataforese [beweging van elektrisch geladen deeltjes in vloeistof] gevormd van gr. *kataphorein* [mee naar beneden voeren, uitstorten, aanvoeren], van *kata* [naar beneden] + *phorein* [telkens dragen], iteratief van *pherein* [dragen], idg. verwant met ***baren***¹.

Catalaans [van Catalonië] < **spaans** *catalán* < me. lat. *Gotalonia* [het land van de Goten], vgl. *Andalusië*.

catalecten [verzamelde fragmenten van oude literatuur] < gr. *katalektos,* verl. deelw. van *katalegein* [samenstellen], van *kata* [zich verspreiden over] + *legein* [verzamelen], verwant met lat. *legere* [lezen].

catalepsie [verstijving van spieren] < gr. *katalèpsis* [het vastgrijpen], van *katalambanein* [vastgrijpen], van *kata* [neer] + *lambanein* [grijpen].

catalogus [register, lijst] **middelnl.** *cataloge* < lat. *catalogus* < gr. *katalogos* [opsomming, lijst], van *katalegein* [opsommen], van *kata* [van boven naar beneden] + *legein* [lezen, noemen].

catamaran [dubbelboot] < eng. *catamaran* < tamil *kattamaram* [samengebonden hout], van *katta* [gebonden] + *maram* [boom, hout].

catamnese [ziektegeschiedenis na behandeling] gevormd naar analogie van en als tegenstelling tot ***anamnese*** met gr. *kata* [van boven naar beneden].

cataplasma [kompres met een brij] < gr. *kataplasma* [zalf, pleister], van *kataplassein* [besmeren], van *kata* [van boven naar beneden] + *plassein* [uit leem kneden, kneden], verwant met eng. *to blend,* **middelnl.** *blanden* [mengen].

cataract [waterval, staar] **middelnl.** *c(h)ataracte* [grauwe staar] < lat. *cataracta* [valpoort, waterval] < gr. *katarraktès* [omlaagstortend, steil, valdeur], van *kata* [neer-] + *(a)rassein* [slaan]; de betekenis 'staar' ontstond in me. lat. door verkeerde weergave van ar. *mā'* [water, staar] (vgl. het verwante *majem*) door het woord voor waterval *catarracta*.

catarre [slijmvliesontsteking] **middelnl.** *catarre, caterre* [gevatte kou op één der leden van het lichaam] < fr. *catarrhe* < gr. *katarrōs* [het omlaagvloeien], van *kata* [omlaag] + *rōs* [stromend water, het uitstromen], van *reō* [ik vloei, stroom], daarmee idg. verwant → *kater*².

catastrofe [grote ramp] < fr. *catastrophe* < lat. *catastropha* [onverwachte wending] < gr. *katastrophè* [het ondersteboven keren, vernielen, afloop, einde], van *katastrophein* [omgooien, omlaaggooien, naar de ondergang toe wenden], van *kata* [omlaag] + *strephein* [wenden, keren].

catatonie [spierspanning] gevormd van gr. *katateinein* [spannen], van *kata* [omlaag] + *teinein* [spannen], idg. verwant met hd. *dehnen*.

catch, catch-as-catch-can [stijl van worstelen] < eng. *catch-as-catch-can,* van *to catch* [grijpen],

middeleng. *cacchen* < **picardisch** *cachier* [jagen], teruggaand op lat. *captare* [gretig grijpen naar, jacht maken op], van *capere* (verl. deelw. *captum*) [grijpen], idg. verwant met *heffen, hebben*.

catcher [vangman bij baseball] < **eng.** *catcher*, van *to catch* [vangen] (vgl. *catch as catch can*) + *-er*.

catechese [godsdienstonderwijs] (**middelnl.** *catechiseren*) < **chr. lat.** *catechesis* [onderricht] < **gr.** *katèchèsis* [mondeling onderricht], van *katèchein* (vgl. *catechismus*).

catechismus [leer van godsdienst in de vorm van vraag en antwoord] < **chr. lat.** *catechismus* < **gr.** *katèchismos*, van *katèchizein*, van *katèchein* [doen klinken, mondeling lezen], *katèchèsis* [mondeling onderricht], van *kata* [van boven naar beneden] + *èchein* [weerklinken], van *èchè* [klank], *èchō* [het weergalmen] (vgl. *echo*).

catechumeen [doopleerling] < **chr. lat.** *catechumenos* [ongedoopte leerling] < **gr.** *katèchoumenos* [mondeling geïnstrueerd], verl. deelw. van *katèchein* (vgl. *catechismus*).

categorie [onderdeel van classificatie] < **me. lat.** *categoria* < **gr.** *katègoria* [aanklacht, predikaat, algemene bepaling van een object], van *katègorein* [in iemands nadeel spreken, beschuldigen], van *kata* [neer] + *agoreuein* [in de volksvergadering spreken, luid verkondigen], van *agora* [vergadering, marktplaats] → *bekattering*.

categorisch [onvoorwaardelijk] < **me. lat.** *categorice* [beslist] < **gr.** *katègorikos* [aanklagend, bij het predikaat behorend, bevestigend] (vgl. *categorie*).

catenen [verzameling exegesen uit de kerkvaders] < **lat.** *catena patrum* [keten der vaders].

catering [verzorging van maaltijden of feesten] < **eng.** *catering*, van *to cater* [voedsel verschaffen], van *catour* [koper, spijsbezorger], **middelnl.** *cater* [spijsbezorger] < **oudfr.** *achater*, in de 10e eeuw *acheder* [pakken, verdienen, dienst verlenen, kopen] < **vulg. lat.** *accaptare*, van **klass. lat.** *ad* [naar...toe] + *captare* [gretig naar iets grijpen, jacht maken op] < *capere* [nemen], idg. verwant met *heffen, hebben*.

catgut [dierlijk hechtdraad] < **eng.** *catgut*, van *gut* [darm] (verwant met **nl.** *goot*) + *cat* [kat], hoewel het niet om katte-, maar om schapedarm gaat.

Catharinavenster [roosvenster] genoemd naar Sint Catharina van Alexandrië, die in of rond 307 werd onthoofd na vergeefse pogingen haar te martelen met een apparaat met puntige wielen; zij werd de patrones van de wielwerkers.

catharsis [reiniging] < **gr.** *katharsis* [idem], van *kathairein* [reinigen], van *katharos* [rein, zuiver] (vgl. *ketter*).

cathedra [katheder] < **lat.** *cathedra* (vgl. *kathedraal*).

catheter [buis om lichaamsvocht af te tappen] < **laat. lat.** *catheter* < **gr.** *kathetèr* [iets dat naar beneden wordt gelaten, vissnoer, dieplood, catheter], van *kathièmi* [ik laat naar beneden], van *kata* [omlaag] + *hièmi* [ik zend, laat gaan].

cattuig [tuig zonder fok] het eerste lid < **eng.** *cat(rig)* < **me. lat.** *catta, cattus, gat(t)us, gat(t)a* [een type schip], mogelijk hetzelfde woord als *kat*.

catwalk [nauwe loopbrug] < **eng.** *catwalk*, van *cat* [kat] + *to walk* [wandelen], **middelnl.** *walken* [kneden met de hand, met de voeten treden, drukken] (vgl. *walken*).

caucalis [plant] < **gr.** *kaukalis* [schermvormige plant].

caudaal [zich uitstrekkend naar de staart] gevormd van **lat.** *cauda* [staart], vermoedelijk met de grondbetekenis 'afgehakt stuk', idg. verwant met *houwen*.

caudillo [militair-politiek leider] < **spaans** *caudillo*, ouder *cabdillo* < **lat.** *capitellum*, verkleiningsvorm van *caput* [hoofd], daarmee idg. verwant.

cauliflorie [het direct uit stam of tak ontspruiten van bloemen] gevormd van **lat.** *caulis* [steel, kool] (vgl. *kool*[1]) + *flos* (2e nv. *floris*) [bloem], daarmee idg. verwant.

causaal [oorzakelijk] < **me. lat.** *causalis*, van *causa* [oorzaak, reden].

causatief [oorzakelijk] < **me. lat.** *causativus*, van *causare* (verl. deelw. *causatum*) [veroorzaken], van *causa* [oorzaak, reden].

cause célèbre [beroemd rechtsgeding] < **fr.** *cause célèbre*, van *cause* < **lat.** *causa* [zaak, rechtszaak] + *célèbre* < **lat.** *celeber* [gevierd, bekend] (vgl. *celebreren*).

causeren [keuvelen] **middelnl.** *causeren* [een actie instellen, veroorzaken] < **fr.** *causer* [oorspr. de oorzaak zijn van, dan via procederen tot zich onderhouden] < **lat.** *causari* [als reden, oorzaak opgeven, een klacht indienen], van *causa* [reden, oorzaak, rechtsgeding].

causerie [praatje] < **fr.** *causerie*, van *causer* (vgl. *causeren*).

caustisch [bijtend] **fr.** *caustique* [idem] < **lat.** *causticus* < **gr.** *kaustikos* [brandbaar, brandend, heet], van *kaiein* (verl. deelw. *kaustos*) [in brand steken].

cauteriseren [doodbranden (van wond)] < **fr.** *cautériser* < **me. lat.** *cauterisare, cauterizare* [branden, zengen] < **klass. lat.** *cauterire* [brandmerken] < **gr.** *kauteriazein* [branden, brandmerken], van *kautèr* [brandijzer], van *kaustos* (vgl. *caustisch*).

cautie [borgtocht] **middelnl.** *cautie* < **fr.** *caution* [idem] < **lat.** *cautio* [behoedzaamheid, onderpand, waarborg], van *cavēre* (verl. deelw. *cautum*, vgl. *caveren*).

cavalcade [optocht te paard] < **fr.** *cavalcade* < **it.** *cavalcata* < **me. lat.** *cavalcata*, van *cavalcare, caballicare* [paardrijden], van *caballus, cavallus* [paard] → *cavalerie, kavalje*.

cavalerie [ruiterij] (1672) < **fr.** *cavalerie* < **it.** *cavalleria* [idem], van **me. lat.** *caballarius, cavallarius* [ruiter, gewapend ruiter, ridder], van *cavallus, caballus* [paard] → *caballero, kavalje*.

cavalier [begeleider] < fr. *cavalier*, nevenvorm van *chevalier* < me. lat. *caballarius* [ridder] (vgl. *cavalerie*).

cavatina, cavatine [korte aria] < fr. *cavatine* < it. *cavatina* [idem], van *cavata*, verl. deelw. van *cavare* [uithollen] < lat. *cavare*, van *cavus* [hol]; een kort en simpel lied zonder tweede melodie en zonder herhaling.

cavent [borg] < lat. *cavent* [lett. zij vrijwaren], 3e pers. mv. van *cavēre* (vgl. *caveren*).

caveren [borg blijven] < lat. *cavēre* [zich in acht nemen, vrijwaren, borgtocht geven], idg. verwant met *schouwen*¹.

caverne, caverna [holte] < fr. *caverne* < lat. *caverna* [hol, grot], van *cavus* (bn.) [hol].

cavia [Guinees biggetje] < **portugees** *cávia, caviá* < **galibi** *cabiai*.

cavillatie [gezocht argument] < lat. *cavillatio* [plagerij, ironie, humor, het uitvluchten zoeken, spitsvondigheid], van *cavillari* [plagen, hatelijke toespelingen maken, uitvluchten zoeken], van *cavilla, cavillus, cavillum* [plagerij], verwant met *calvi* (vgl. *calomnie*).

cavitatie [het ontstaan van holten in stromende vloeistof] gevormd van lat. *cavitas* (2e nv. *cavitatis*) [holte], van *cavus* [hol] (bn.).

cayennepeper [gemalen Spaanse peper] het eerste lid *cayenne* < tupi *kyinha* [cayennepeper].

ceanothus [sierheester] < gr. *keanōthos* [een soort distel].

cecidologie [leer van de gallen] gevormd van gr. *kèkis* (2e nv. *kèkidos*) [galappel] + *logos* [verhandeling].

cedel, ceel [(bewijs)stuk, lijst] middelnl. *cedel(e), ceel* < fr. *cédule* < me. lat. *(s)cedula, schedula* [blaadje, bladzijde, handschrift], verkleiningsvorm van *scheda, schida* [oorkonde] < gr. *schida* [houtsplinter, blad], van *schizein* [splijten], idg. verwant met *scheiden*.

cedent [die een vordering overdraagt] < lat. *cedens* (2e nv. *cedentis*), eig. teg. deelw. van *cedere* (vgl. *cederen*).

ceder [naaldboom] middelnl. *ceder* < lat. *cedrus* < gr. *kedros*, uit het semitisch, vgl. hebr. *qātar* [het rookte, wasemde geur uit]; het hout werd gebruikt voor rookoffers; vgl. voor de betekenisontwikkeling *sandelhout, thuja, tijm*.

cederen [afstand doen van] (1506) < fr. *céder* < lat. *cedere* [schrijden, gaan, overgaan, ten deel vallen, toegeven, zwichten].

cedille [teken onder de c] < fr. *cédille* < spaans *zedilla, cedilla*, verkleiningsvorm van *zeta* [de letter z]; zo genoemd omdat oorspronkelijk geen cedille onder de c werd geschreven, maar een z erachter.

ceel → *cedel*.

cefalisatie [evolutie van de hersenen] gevormd van gr. *kephalè* [hoofd], idg. verwant met *gevel*.

ceintuur [siergordel] < fr. *ceinture* < me. lat. *cinctura*, klass. lat. *cingulum* [gordel], van *cingere* [omgorden] (vgl. *singel*).

cel [klein vertrek, klein bestanddeel] **middelnl**. *c(h)elle* [kloosterkamertje, loge in schouwburg, verblijf, kelder] < lat. *cella* [bewaarplaats, voorraadkamer, vertrek, vertrek in tempel waar het beeld van de god zich bevindt, cel van een bijenkorf], verwant met *celare* [geheim houden], idg. verwant met *helen*².

celadon [tint van groen] genoemd naar *Céladon*, de mannelijke hoofdpersoon in de herdersroman *Astrée* van Honoré d'Urfé (1567-1625), die een gewaad van die kleur droeg.

celebreren [vieren, plechtig bedienen] **middelnl**. *celebreren* [een mis opdragen] < fr. *célébrer* < lat. *celebrare* [in groten getale bezoeken, vlijtig beoefenen, dikwijls zeggen, algemeen bekend maken, verheerlijken, vieren], van *celeber* [druk bezocht, gevierd].

celebret [vergunning om de mis op te dragen] < lat. *celebret*, 3e pers. enk. van de conjunctief van *celebrare* (vgl. *celebreren*).

celebriteit [vermaardheid] < fr. *célébrité* [idem] < lat. *celebritas* (2e nv. *celebritatis*) [drukverkeer, toeloop, feest, verheerlijking, beroemdheid], van *celeber* [druk bezocht, feestelijk, gevierd, beroemd].

celeriteit [vlugheid] fr. *célérité* < lat. *celeritas* (2e nv. *celeritatis*) [snelheid], van *celer* (2e nv. *celeris*) [snel].

celesta [muziekinstrument] zo genoemd door de Italiaan Augusto Mustel, die het instrument in 1886 uitvond, afgeleid van it. *celeste* [hemels], lat. *caelestis* [idem], van *caelum* [hemel], idg. verwant met *helder*.

celestijn [celestijner monnik] genoemd naar Paus *Celestus V*, de stichter van de orde.

celibaat [ongehuwde staat] < fr. *célibat* < lat. *caelibatus* [ongehuwde staat], van *caelebs* (2e nv. *caelibis*) [ongehuwd].

celkatgaren [soort garen] gevormd van *celvezel* + *katoen*.

cellarius [keldermeester] < lat. *cellarius* [tot de voorraadkamer behorend, opzichter van de voorraadkamer, bottelier], van *cellarium* [voorraadkamer] (vgl. *kelder*), van *cella* [voorraadkamer], idg. verwant met *helen*².

cello [muziekinstrument] verkort uit *violoncello* (vgl. *violoncel*).

cellofaan [doorzichtig verpakkingsmateriaal] gevormd van *cellulose* + gr. *phainein* [schijnen, licht verspreiden].

celluloid, celluloïde [brandbaar mengsel] gevormd van *cellulose* + gr. *-eidès* [de gedaante hebbend van], van *eidos* [vorm, gedaante], verwant met **oudindisch** *vedas-* [kennis].

cellulose [celstof] gevormd door de Franse chemicus Anselme Payen (1795-1871) van lat. *cellula*, verkleiningsvorm van *cella* [cel] + oudfr. *-ose* < lat. *-osus* [vol van].

Celsius [eenheid van temperatuur] genoemd naar de Zweedse astronoom *Anders Celsius* (1701-1744).

cembalo — cerebellum

cembalo [oud model klavier] < **it.** *cembalo* [tamboerijn] (vgl. *cimbaal*); ook verkort uit *clavicembalo* (vgl. *clavecimbel*).

cement [mortel] **middelnl.** *ciment, cement* < **oudfr.** *ciment, cement* < **lat.** *caementum* [gehouwen natuursteen, in laat-lat. cement, pleister], van *caedere* [hakken, houwen, slaan, kloppen], idg. verwant met **heien** [1].

cenakel [zaal van het Laatste Avondmaal] **middelnl.** *cenakel* [eetzaal, eetkamer] < **lat.** *cenaculum* [eetkamer], van *cena* [middagmaaltijd, hoofdmaaltijd, vervolgens ook dinergezelschap].

cenobiet [in gemeenschap levende monnik] < **chr. lat.** *coenobita* [kloosterbroeder], van *coenobium* [klooster] < **gr.** *koinobion* [leven in gemeenschap, klooster], van *koinos* [gemeenschappelijk] + *bios* [leven], verwant met **lat.** *vivus* [levend].

cenotaaf [leeg grafmonument] < **gr.** *kenotaphion* [leeg graf], van *kenos* [leeg] + *taphion*, o. van *taphios* [van de begrafenis], van *taphè, taphos* [begrafenis, graf] → *kenosis*.

censureren [vrijheid van meningsuiting beperken, ongunstig beoordelen] < **fr.** *censurer,* van *censure* < **lat.** *censura* [censorambt, in laat-lat. ook beoordeling, kritiek], van *censēre* [oordelen, schatten], *censor* [Romeins magistraat], die was belast met de *census* [cijns] en toezicht op de openbare zedelijkheid.

cent [munt ter waarde van het honderdste deel van een gulden] (1816) < **lat.** *centum* [honderd], daarmee idg. verwant.

centaur, kentaur [paardmens] **middelnl.** *Centauroen* < **lat.** *Centaurus* < **gr.** *Kentauros,* etymologie onzeker.

centavo [pasmunt in Zuid-Amerika] < **spaans** *centavo* [honderdste], van **lat.** *centum* [honderd], daarmee idg. verwant.

centenaar [gewichtseenheid van 100 kg.] **middelnl.** *centenaer* < **me. lat.** *centenarium, centenarius* [centenaar, 100 pond], van **lat.** *centum* [honderd], daarmee idg. verwant → *kinnetje*.

centerboard [middenzwaard] < **eng.** *centerboard,* van *center* [midden, d.w.z. midden in de boot] + *board* [plank].

centesimaal [honderdtallig] van **lat.** *centesima (pars)* [honderdste (gedeelte)], vr. van *centesimus* (vgl. *centesimo*).

centesimo [een honderdste lire] < **it.** *centesimo* < **lat.** *centesimus* [honderdste], van *centum* [honderd], daarmee idg. verwant.

centifolie [honderdbladige roos] gevormd van **lat.** *centum* [honderd], daarmee idg. verwant + *folium* [blad, bloemblad], idg. verwant met **bloem** [1] en **blad**.

centime [een honderdste frank] < **fr.** *centime,* het woord is bij de instelling van het metriek stelsel eind 18e eeuw door de Franse revolutionaire regering vastgesteld. Om internationale invoering van het stelsel te bevorderen baseerde men zich op gr. en lat. woorden, in dit geval op **lat.** *centesimus* [honderdste], van *centum* [honderd], daarmee idg. verwant.

cento [gedicht gevormd uit losse verzen van anderen] < **it.** *cento* < **lat.** *cento* [lappendeken, het bedoelde gedicht], verwant met **oudhd.** *hadara,* **hd.** *Hader* [vod], **oudindisch** *kanthā* [opgelapt kledingstuk].

centraal [in het midden gelegen] < **fr.** *central* < **lat.** *centralis,* van *centrum* (vgl. *centrum*).

centrifugaal [middelpuntvliedend] < **eng.** *centrifugal,* van **modern lat.** *centrifugus* [idem], gevormd door Sir Isaac Newton (1642-1727) van **lat.** *centrum* (vgl. *centrum*) + *fugere,* idg. verwant met *buigen*.

centripetaal [middelpuntzoekend] van **lat.** *centripetus* [idem], door Newton gevormd van **lat.** *centrum* (vgl. *centrum*) + *petere* [zoeken] (vgl. *petitie*).

centromeer [plaats op een chromosoom waar de trekdraden zich hechten] gevormd van *centrum* + **gr.** *meros* [deel].

centrum [middelpunt] **middelnl.** *centrum* < **lat.** *centrum* < **gr.** *kentron* [prikkel, angel, punt, middelpunt van cirkel], van *kentein* [prikkelen, aandrijven].

centumtalen [één van de twee hoofdgroepen waarin men de idg. taalfamilie verdeelt] tegenover de *satemtalen,* genoemd naar de ervoor kenmerkende vorm van het woord *honderd;* de meeste westelijke talen behielden een oude *k,* waarvoor **lat.** *centum* (uitgesproken *kentum*) typerend is; in de oostelijke talen werd deze tot sisklank, b.v. **avestisch** *sat'em;* de *h* in het germ. (uit *k*) is een secundaire ontwikkeling.

centupleren [verhonderdvoudigen] < **fr.** *centupler,* van **lat.** *centuplus* [honderdvoudig], van *centuplex* [idem], van *centum* [honderd], daarmee idg. verwant + *-plex* (vgl. *duplex-*).

centurio [Romeins onderofficier] < **lat.** *centurio* [aanvoerder van een afdeling van honderd], *centuria* [afdeling van honderd], van *centum* [honderd], daarmee idg. verwant.

ceramiek, keramiek [pottenbakkerskunst, produkten daarvan] < **fr.** *céramique* < **gr.** *keramikos* [van aarde, pottenbakkers-], van *keramos* [leem, kruik, pot, dakpan].

ceratiet [hoornsteen] gevormd van **gr.** *keras* [hoorn], daarmee idg. verwant.

cerberus [nors portier] genoemd naar de mythische hellehond **gr.** *Kerberos* (**lat.** *Cerberus*), die de toegang tot en de uitgang van de onderwereld bewaakte.

cercle [kring] < **fr.** *cercle* < **lat.** *circulus* (vgl. *cirkel*).

cerealiën [graangewassen] < **lat.** *Cerealis* [aan de godin Ceres gewijd, van de landbouw, brood-], *Cerealia* [Ceresfeest], van dezelfde basis als **lat.** *crescere* [groeien].

cerebellum [de kleine hersenen] < **lat.** *cerebellum*

[hersenen], verkleiningsvorm van *cerebrum* (vgl. *cerebraal*).
cerebraal [wat de hersenen betreft] < **fr.** *cérébral*, van **lat.** *cerebrum* [hersenen, verstand], daarmee idg. verwant.
cerefolium [kervel] verlatijnsing van **gr.** *chairophullon*, van *chairein* [zich verheugen], idg. verwant met *gaarne + phullon* [blad], idg. verwant met *bloem*[1], *blad*.
ceremonie [plechtigheid] < **fr.** *cérémonie* < **lat.** *caerimonia* [heiligheid, eerbied, godsdienstig gebruik, plechtigheid], afgeleid van de plaatsnaam *Caere* in Italië, waar Etruskische priesters riten voltrokken.
ceresine [aardwas] gevormd van **lat.** *cera* [was] < **gr.** *kèros* [idem].
ceriet [een silicaat] gevormd van *cerium*.
cerise [kerskleur(ig)] < **fr.** *cerise* < **me. lat.** *cerasum, ceresum, cerisum* < **klass. lat.** *cerasium* [kers] < **gr.** *kerasos* [kerseboom], een vóór-gr. woord, vgl. **akkadisch** *karsu* [kerseboom].
cerium [chemisch element] zo genoemd door de ontdekker ervan, de Zweedse chemicus Jöns Jakob baron Berzelius (1779-1848) naar de kort daarvoor ontdekte planetoïde *Ceres*.
ceroplastiek [wasboetseerkunst] van **gr.** *kèroplastos* [uit was gevormd], van *kèros* [was] + *plassein* [uit leem kneden, vormen], idg. verwant met **eng.** *to blend*, **middelnl.** *blanden* [mengen].
certificaat [schriftelijke verklaring] (**middelnl.** *certificatie* < **fr.** *certification*) < **fr.** *certificat* < **me. lat.** *certificatum*, van *certificare* (verl. deelw. *certificatum*) (vgl. *certificeren*).
certificeren [voor echt verklaren] **middelnl.** *certificeren* < **me. lat.** *certificare* [waarmaken], van *certus* [zeker], idg. verwant met *rein*[1] + *facere* (in samenstellingen *-ficere*) [maken], idg. verwant met *doen*.
certosa [kartuizerklooster] < **it.** *certosa* < **me. lat.** *cartussia* (vgl. *kartuizer*).
certosina [inlegwerk in meubels, zoals vroeger in kartuizerkloosters vervaardigd] < **it.** *certosina*, vr. van *certosino* [kartuizer-], van *certosa* [kartuizerklooster].
cervelaatworst [gekruide vleesworst] van **fr.** *cervelat* < **it.** *cervellata*, van *cervello* [hersens], van **lat.** *cerebrum* [idem], idg. verwant met *hersenen* (vgl. *cerebraal*) + *worst;* oorspronkelijk werd deze worst van hersens gemaakt.
cervix [hals] < **lat.** *cervix* [nek, hals], vermoedelijk van *cerebrum* (vgl. *cerebraal*) + *vincire* [binden], dus dat wat het hoofd bindt.
cesarewitsj [Russische troonopvolger] < **oudruss.** *cěsarevič* (**russ.** *carevič*) [lett. zoon van de tsaar], met het patronimisch achtervoegsel *-evič* gevormd van **oudruss.** *cěsarĭ*, oude vorm van *car'* (vgl. *tsaar*).
cesaropapisme [vereniging van hoogste wereldlijk en geestelijk gezag in één hand] gevormd van **fr.** *césarisme*, van **lat.** *caesar* (vgl. *caesar*) + *papisme*.
cesseren [ophouden] **middelnl.** *cesseren* < **fr.** *cesser* [idem] < **lat.** *cessare* [dralen, pauzeren], frequentatief van *cedere* (vgl. *cederen*).
cessie [overdracht] < **lat.** *cessio* [afstaan van bezit en overdracht aan een ander door een verklaring voor de rechter], van *cedere* (verl. deelw. *cessum*, vgl. *cederen*).
cesuur [rustpunt] < **fr.** *césure* < **lat.** *caesura* [het hakken, afhakken, het afgehakte, cesuur in een vers], van *caedere* (verl. deelw. *caesum*) [hakken], idg. verwant met *heien*[1].
cetaan [paraffine van de cetylreeks] afgeleid van *cetyl*, van **lat.** *cetus* [grote zeevis] (vgl. *spermaceti*) + *-yl*, zo genoemd vanwege het voorkomen in de kop van walvisachtigen.
cetaceeën [walvisachtigen] gevormd van **lat.** *cetus* [grote zeevis] < **gr.** *kètos* [groot zeedier].
Ceylon [geogr.] < **oudindisch** *siṃ haladvīpa-* [leeuweneiland], *simhala-* [vol leeuwen zijnde(?)], van *siṃ ha* [leeuw].
chabber → *gabber*.
chablis [witte bourgogne] genoemd naar het dorp *Chablis* ten oosten van Auxerre.
chaconne [dans] < **fr.** *chaconne* < **spaans** *chacona* < **baskisch** *chocuna* [mooi, bevallig].
chaerofobie [afkeer van vreugde] gevormd van **gr.** *chairein* [zich verheugen], idg. verwant met *gaarne + fobie*.
chagrijn[1], segrijn [Turks leer] < **turks** *sağri* [staartstuk, achterste]; het leer is dat van het achterstuk.
chagrijn[2] [verdriet] < **fr.** *chagrin*, waarvan de herkomst niet geheel duidelijk is; stellig van *chat* [kat] en waarschijnlijk *grigner* [de lippen opeen klemmen], eventueel *grincher* [zuur kijken], dus een kattegrimas trekken? Vgl. **hd.** *Katzenjammer*.
chaise-longue [ligstoel] < **fr.** *chaise longue* [idem], van *chaise*, dial. nevenvorm van *chaire* [stoel] < **oudfr.** *chaière* < **lat.** *cathedra* (vgl. *kathedraal*) + *longue*, vr. van *long* [lang].
chalazion [gezwel van talgklier in ooglid] < **gr.** *chalazion*, verkleiningsvorm van *chalaza* [hagel, bedorven plek, puistjes in het varkensvlees].
chalcedon, chalcedoon [melksteen] genoemd naar een stad uit de Oudheid. *Chalcedon*, **gr.** *Chalkèdōn*, aan de Bosporus gelegen, het huidige *Kàdiköy*.
chalcografie [kopergraveerkunst] gevormd van **gr.** *chalkos* [koper] + *graphein* [inkrassen, schrijven, uitbeelden], idg. verwant met *kerven*.
Chaldeeën [Aramese stam] < **lat.** *Chaldeus* < **gr.** *Chaldaios* < **aramees** *kaldā'ē* < **akkadisch** *(māt) Kaldi* [(land) van de Chaldeeën).
chaldron, chalder [Engelse kolenmaat] < **eng.** *chaldron* < **oudfr.** *chauderon* [ketel] < **chr. lat.** *caldaria* [pan], van *caldus, calidus* [warm], van *calēre* [warm zijn].

chalet — chapiteau

chalet [Zwitsers houten huis] < **zwitsers-fr.**
chalet, met de verkleiningsuitgang *-et* uit een vóór-idg. woord, dat verder slechts in plaatsnamen wordt gevonden.

chaleureus [hartelijk] < **fr.** *chaleureux* [idem], van *chaleur* [warmte] < **lat.** *calor* [idem].

challenger [uitdager] < **eng.** *challenger,* van *to challenge* [bestrijden, tarten, uitdagen] < **normandisch** *chalengier,* **oudfr.** *chalongier* [beschuldigen] < **vulg. lat.** *calumniare,* **klass. lat.** *calumniari* [valselijk aanklagen, belasteren, heftig bestrijden], idg. verwant met **gotisch** *holon* [bedriegen].

chamade [teken van overgave] < **fr.** *chamade* < **piemontees** *ciamada* [oproep, signaal], verl. deelw. van *ciamà* [roepen] (**it.** *chiamare*) < **lat.** *clamare* [roepen].

chamarrure [omboordsel] < **fr.** *chamarrure* [opgedirktheid] < **me. fr.** *chamarre, samarre* < **spaans** *zamarra* [pelsmantel] < **baskisch** *zamar* (met het lidw. *zamarra*) [vacht van wolvee, pels].

chambertin [wijn] genoemd naar het wijngoed *Chambertin* in de gemeente Gevrey-Chambertin ten zuidwesten van Dijon.

chambranle [omlijsting van muuropening] < **fr.** *chambranle,* 13e eeuws *chambrande,* gevormd van **lat.** *cambera* [gewelf], nevenvorm van *camera* (vgl. **kamer**), o.i.v. *branler* [heen en weer bewegen].

chambray [verpleegsterslinnen] < **eng.** *chambray* < **fr.** *Cambrai* [Kamerijk] → **cambric, kamerdoek**.

chambree [slaapzaal in kazerne] < **fr.** *chambrée,* van *chambre* < **lat.** *cambera,* nevenvorm van *camera* (vgl. **kamer**).

chambreren [wijn in de kamer op temperatuur brengen] < **fr.** *chambrer* [in de kamer houden], van *chambre* [kamer].

chambrière [zweep] < **fr.** *chambrière* [kamermeisje, driepoot om een wagen overeind te houden, zweep voor dressuur van paarden], van *chambre* < **lat.** *cambera,* nevenvorm van *camera* [kamer]; de betekenis ontwikkelde zich dus van 'dienster' tot 'zaken die dienen', vgl. *servante, serveuse, teaboy.*

chamois [bleekgeel] < **fr.** *chamois* [gems, gemzeleer, gemskleur] < **lat.** *camox,* een vóór-lat. Alpenwoord.

champagne [schuimende wijnsoort] naar het gebied *Champagne* in Oost-Frankrijk < **lat.** *campania* [vlakte, veld], van *campus* [idem].

champêtre [landelijk] < **fr.** *champêtre* < **lat.** *campester* [zich op de vlakte bevindend], van *campus* [vlakte].

champetter [veldwachter] < **fr.** *(garde) champêtre* < **me. lat.** *champarius, champerius* [veldwachter], van *campus* [vlakte].

champignon [paddestoel] < **fr.** *champignon* < **oudfr.** *champaignuel,* met verkleiningsuitgang **lat.** *-ula* gevormd van **lat.** *campaneus* [veld-], van *campus* [veld, vlakte].

champlevé [met verhoogd veld (van email)] < **fr.** *champlevé,* van *champ* [veld] < **lat.** *campus* [idem] + *levé,* verl. deelw. van *lever* [opheffen] < **lat.** *levare* [optillen], van *levis* [licht], daarmee idg. verwant.

chamsin [verstikkende wind uit de Sahara] < **ar.** *khamsīn,* verkort uit *rīḥ al khamsīn* [de wind van de vijftig], van *rīḥ* [wind] + *khamsīn,* 2e nv. van *khamsūn* [vijftig], (*khamsa* [vijf]); deze wind waait in Egypte gedurende vijftig dagen.

chancroïd [weke sjanker] < **fr.** *cancre* [sjanker] + **gr.** *-oeidès* < *-eidès* [-achtig], van *eidos* [vorm, gedaante], verwant met **oudindisch** *vedas-* [kennis].

changeant [met wisselende weerschijn] < **fr.** *changeant,* teg. deelw. van *changer* (vgl. **changeren**).

changeren [veranderen] < **fr.** *changer* [idem] < **lat.** *cambiare* [ruilen], ontleend aan het gallisch en afgeleid van een idg. basis met de betekenis 'buigen', vgl. **oudiers** *camm* [gebogen], **gr.** *skambos* [idem].

Chanoeka [herdenking van de inwijding van de Tempel] < **hebr.** *hanukkā* [opdracht, consecratie], van het ww. *hānak* [opdragen, oorspr. hij smeerde gekauwde dadel op het gehemelte van een kind], van *hēk* [gehemelte].

chanson [liedje] < **fr.** *chanson* < **lat.** *cantionem,* 4e nv. van *cantio* [gezang, lied], van *canere* [zingen], idg. verwant met **haan**.

chanteren [geld afpersen door dreigementen] < **fr.** *faire chanter quelqu'un* [iemand laten zingen] < **lat.** *cantare,* frequentatief van *canere* [zingen], idg. verwant met **haan**.

chantilly-kant [zwarte kant] genoemd naar de Franse stad *Chantilly*.

chaos [wanorde] < **gr.** *chaos* [de eindeloze ruimte, luchtruimte, atmosfeer, de nog ongevormde oermaterie vóór de schepping], verwant met *chaskein* [de mond openen om te gapen, zich openen], *chaunos* [open staand] (vgl. **kazemat**).

chape [betonnen ondervloer] < **fr.** *chape,* waarvan de betekenis zich ontwikkelde uit koormantel, via kap, deksel en overtrek tot deklaag < **me. lat.** *cappa* [kap].

chapeau [kopje boven artikel] < **fr.** *chapeau* [eig. hoed] < **me. lat.** *capillus, capilla,* verkleiningsvorm van *kappa* [kap].

chapelle ardente [rouwkamer in sterfhuis] < **fr.** *chapelle ardente,* van *chapelle* [kapel] + *ardente,* vr. van *ardent* [brandend, gloeiend] < **lat.** *ardens* (2e nv. *ardentis*), teg. deelw. van *ardēre* [branden, gloeien].

chaperonneren [een dame begeleiden] < **fr.** *chaperonner* [een kap opzetten, b.v. een valk, maar ook een muur van een regenkap voorzien, in figuurlijke zin beschermen], van *chaperon* [kapje], van *chape* [koormantel, kap, capuchon] (vgl. **kap**) → **kaproen**.

chapiteau [circustent] < **fr.** *chapiteau* < **lat.** *capitellum,* verkleiningsvorm van *caput* [hoofd, top], idg. verwant met **hoofd**.

chapiter [hoofdstuk] < **fr.** *chapitre* < *chapitle* < **lat.** *capitulum* [hoofdje, kopje], verkleiningsvorm van *caput* (2e nv. *capitis*) [hoofd], daarmee idg. verwant.

chaptaliseren [alcoholgehalte van wijn verhogen] genoemd naar de Franse chemicus *Jean-Antoine-Claude Chaptal* (1756-1832).

charade [lettergreepraadsel] < **fr.** *charade* < **provençaals** *charrado* [gesprek, praatje, voordrachtje], van *charrà* [praten, een gesprek voeren], vgl. **spaans** *charlar* [babbelen], **it.** *ciarlare* [idem]; klanknabootsend gevormd.

charcuterie [fijne vleeswaren] < **fr.** *charcuterie,* van *charcutier* [worstmaker], *charcuitier,* van *chair cuite* [gekookt vlees], van *chair* < **lat.** *caro* [vlees] (vgl. *carnatie, carnaval*) + *cuit,* verl. deelw. van *cuire* [koken] < **lat.** *coquere* [idem] (vgl. *koken*¹).

charge [ambt, cavalerieaanval] < **fr.** *charge,* van *charger* (vgl. *chargeren*).

chargeren [in gesloten formatie aanvallen, overdrijven] < **fr.** *charger* [beladen, overladen, ten laste leggen, aanvallen] < **me. lat.** *carricare, charricare* [wagenrijden, meevoeren, laden], van *carrus* [kar] → *karikatuur*.

charisma [uitstraling] **chr. lat.** *charisma* [genadegave] < **gr.** *charisma* [genade(gave)], van *chairein* [zich verheugen, zich niet bekommeren om], idg. verwant met *gaarne*.

charitas → *caritas*.

charitatief → *caritatief*.

charivari [ketelmuziek] < **fr.** *charivari* < **me. lat.** *caribaria* < **gr.** *karèbareia* [hoofdpijn], van *kara* [hoofd], idg. verwant met *horen* + *barus* [zwaar]; het verband tussen oorverdovende muziek en hoofdpijn ligt voor de hand → *cheer*.

charlatan [kwakzalver] < **fr.** *charlatan* < **it.** *ciarlatano,* van *ciarlare* [praten] (vgl. *charade*).

charleston [dans] genoemd naar de stad *Charleston* in South Carolina.

charlotte-russe [soort van pudding] < **fr.** *charlotte-russe,* variant van de *charlotte* [appelmoesvla], van de vrouwennaam.

charme [bekoring] < **fr.** *charme* [betovering, bekoring, charme, tovermiddel, talisman] < **lat.** *carmen* [gezang, gedicht, toverspreuk, gebed], van *canere* [zingen, toverformules uitspreken, verheerlijken], idg. verwant met *haan*.

chartaal [wettig (van betaalmiddel)] < **me. lat.** *c(h)artalis* [bij akte vastgelegd], van *charta* (vgl. *kaart*).

charter [oorkonde] **middelnl.** *chartre* < **fr.** *chartre* < **lat.** *chartula* [briefje], verkleiningsvorm van *charta* (vgl. *kaart*).

charterpartij [scheepsvrachtbrief] < **fr.** *chartrepartie, charte-partie* < **me. lat.** *charta partita* (voor het eerste deel vgl. *charter*), *partita* is het vr. verl. deelw. van *partiri* [in delen verdelen], dus een in tweeën gescheurde overeenkomst die partijen achteraf aan elkaar kunnen passen om daarmee de echtheid te bewijzen.

chartreuse [fijne likeur] genoemd naar de *Grande Chartreuse* in de buurt van Grenoble, waar de daar gestichte orde van de Kartuizers *(chartreux)* was begonnen met het stoken de likeur (vgl. *kartuizer*).

chassepotgeweer [achterlaadgeweer] genoemd naar de Franse uitvinder *Antoine-Alphonse Chassepot* (1833-1905).

chasseur [beljongen in hotels] < **fr.** *chasseur* [jager, groom], van *chasser* [jagen] < **me. lat.** *captivare* [gevangennemen], *captivator* [die gevangen neemt], van *capere* [nemen], idg. verwant met *heffen, hebben*.

chassidisme [stroming in jodendom] < **hebr.** *hasīdīm* [vromen], mv. van *hāsīd* [vriendelijk, vroom].

chassinet [voorzetruit] < **fr.** *chassinet,* verkleiningsvorm van *châssis* (vgl. *chassis*).

chassis [raamwerk] < **fr.** *châssis* [lijst, raam, chassis van auto], van *châsse* [reliekschrijn, montuur] < **lat.** *capsa* [bus, doos (i.h.b. voor boekrollen)], van *capere* [nemen, bevatten], idg. verwant met *heffen, hebben*.

chateaubriand [biefstuk van ossehaas] genoemd naar de Franse schrijver *François-René vicomte de Chateaubriand* (1768-1848), wiens kok dergelijke biefstukken klaarmaakte.

chatelaine [kasteelvrouw, kettinkje aan ceintuur] < **fr.** *châtelaine* [idem], vr. van *châtelain* (vgl. *kastelein*); de betekenis kettinkje ontstond door samentrekking uit *chaîne châtelaine* [een kettinkje als gedragen zou zijn door kasteelbewoners].

chaton [zetwijze van edelsteen] < **fr.** *chaton* [kas], uit het frankisch, vgl. *kast*.

chauffeur [autobestuurder] < **fr.** *chauffeur* [stoker, (afgeleide betekenis) autobestuurder], van *chauffer* [verwarmen, stoken], teruggaand op **lat.** *cal(i)dus* [warm]; Couperus bezigde *stoken* voor autorijden.

chauleur [mengbak] < **fr.** *chauleur,* van *chauler* [met kalkwater besproeien], van *chaux* [kalk] < **lat.** *calx* [idem] (vgl. *kalk*).

chaussee [straatweg] < **fr.** *chaussée* < **lat.** *(via) calcata,* verl. deelw. van *calcare* [betreden, de voet zetten op], van *calx* [hiel]; een andere opvatting is de afleiding van *calx* [kalksteen], hetgeen zou slaan op het voor de aanleg gebezigde materiaal.

chauvinisme [overdreven vaderlandsliefde] genoemd naar *Nicolas Chauvin,* een heftig patriottische veteraan van Napoleon, die in het toneelstuk *La Cocarde Tricolore* (1831) van de gebroeders Cogniard, onsterfelijk (en) belachelijk is gemaakt.

chazan, gazan [voorzanger in synagoge] < **hebr.** *hazzān* [opzichter, officier, later voorzanger], vgl. **akkadisch** *hazzanu* [een soort burgemeester].

checken [controleren] van **eng.** *to check* [tot staan brengen, controleren], van *check* [schaak, belemmering, oponthoud, controle] < **oudfr.** *eschec, eschac* (vgl. *schaakmat*).

checkers — chimaera

checkers [vorm van damspel] < eng. *checkers*, van oudfr. *eschekier* [schaken] < me. lat. *scaccarium* (vgl. *schaakmat*).

cheddar [kaas] genoemd naar *Cheddar* in Somerset, waar deze kaas oorspronkelijk vandaan kwam.

cheer [gejuich] < eng. *cheer* < middeleng. *chere* [gezicht, gelaatsuitdrukking, kalmte, cheer] < oudfr. *ch(i)ere* [idem] < me. lat. *cara* [gezicht] < gr. *kara* [kop, gezicht], idg. verwant met *horen*.

cheetah [jachtluipaard] < eng. *cheetah* < hindi *cītā* [jachtluipaard] < **oudindisch** *citrah* [gevlekt, bont] (vgl. *sits*).

chef [die aan het hoofd staat] < fr. *chef* < lat. *capitem*, 4e nv. van *caput* [hoofd], daarmee idg. verwant.

chelatietherapie [een behandeling van aderverkalking] *chelatie*, van **modern lat.** *chela*, gevormd van lat. *chile* < gr. *chèlè* [gespleten hoef, klauw, kreefteschaar], verwant met *chaos;* zo genoemd vanwege de vorm van de moleculen.

chemie [scheikunde] → *alchimie*.

chemise [hemd] < fr. *chemise* [aanvankelijk omhulsel van een boek] < chr. lat. *camisia* [hemd].

chemurgie [winning van chemische produkten uit organische stoffen] gevormd van *chemie* + gr. *-ourgos* [werker], van *ergon* [werk], daarmee idg. verwant.

chenille [fluweelkoord voor boordsel] < fr. *chenille* < lat. *canicula*, vr. verkleiningsvorm van *canis* [hond], dus oorspr. teefje. De overdracht naar de betekenis 'passementerie, boordsel' dateert eerst uit de late 17e eeuw.

cheque [schriftelijke betalingsopdracht] < fr. *chèque* [idem] < eng. *cheque*, ouder *check* < ar. *ṣakk* [akte, document, cheque] < perzisch *čäk* [idem].

cherry brandy [kersenlikeur] < eng. *cherry brandy*, van *cherry* [kers] (vgl. *kers*²) + *brandy* [brandewijn] (vgl. *brandewijn*).

chertepartij → *charterpartij*.

cherub, cherubijn [engel van de tweede rang] **middelnl.** *cherubin* [cherubijnen] < fr. *chérubin* < oudfr. *chérubin* < lat. *seraphim* < hebr. *kerūbīm*, mv. van *kerūbh* [gevleugelde engel], vgl. **akkadisch** *kāribu* [zegenende (genius)] en *kurību* [genius], afgeleid van *karābu* [zegenen].

chesterfield [armstoel] genoemd naar een 19e eeuwse *Earl of Chesterfield*.

chesterkaas [soort kaas] genoemd naar de plaats van herkomst *Chester* in Cheshire, **oudeng.** *Ceaster*, afgeleid van lat. *castra* [legerplaats].

chevalier [ridder] < fr. *chevalier* < me. lat. *caballarius*, van *caballus* [paard]; nevenvorm van *cavalier*.

chevelure [haardos] < fr. *chevelure*, van *chevelu* [langharig, behaard], van *cheveu* [(hoofd)haar] < lat. *capillus* [idem] (vgl. *capillair*).

chevet [koorafsluiting] < fr. *chevet*, met vervanging van achtervoegsel < lat. *capitium* [halsopening van de cape], van *caput* (2e nv. *capitis*) [hoofd, vervolgens peluw, de koorafsluiting van een kerk].

cheviot [wollen stof] < eng. *cheviot*, genoemd naar de wol van de cheviotschapen uit de *Cheviot Hills*, die de grens vormen tussen Northumberland en Schotland.

chevrons [korporaalsstrepen] < fr. *chevrons* [dakspar, keper (in heraldiek), schuine mouwstreep van militairen], van *chèvre* [geit, hijskraan, zaagbok] < lat. *caper* [(geite)bok], *capra* [geit], vgl. *keper* en de betekenisontwikkeling van *bok*¹.

chewing gum [kauwgom] < eng. *chewing gum*, van *chewing*, teg. deelw. van *to chew* [kauwen] + *gum* [gom].

chianti [wijn] genoemd naar de plaats van herkomst *Chianti*, het berggebied ten zuiden van Florence.

chiaroscuro [clair-obscur] < it. *chiaroscuro*, van *chiaro* [helder, licht] < lat. *clarus* (vgl. *klaar*) + *oscuro* [duister] < lat. *obscurus* (vgl. *obscuur*).

chiasma [kruisstelling van woorden] < **byzantijnsgr.** *chiasmos* [chiasme, als stijlterm], gevormd van de letter *chi*, die x-vorm heeft < **fenicischhebr.** *chēt* [eig. hek]; de hebr. letter heeft de vorm van een hek.

chic [verfijnd] < fr. *chic*, ontleend aan het germ., vgl. **middelnl.** *geschict* [o.a. voegzaam, fraai van uiterlijk, geschikt voor], *schickelijc* [voegzaam, gepast], hd. *geschickt* [bekwaam, kundig, knap].

chicane [haarkloverij] < fr. *chicane*, etymologie onbekend.

chick [meisje] < **eng. slang** *chick* [eig. kuiken, jong van een dier], **oudeng.** *cycen;* verwant met *kuiken*.

chiffon [weefsel] < fr. *chiffon* [vod, lap], mv. [strikjes en lintjes], van *chiffe* [vod, lomp] < ar. *shiff*, *shaff* [doorzichtig weefsel], bij het ww. *shaffa* [het was dun, transparant].

chiffonnière [ladenkast] < fr. *chiffonier* [voddenraper, kast om chiffons in op te bergen] (vgl. *chiffon*), fr. *chiffonnière* [voddenraapster, voddensorteerster].

chignon [haarwrong] < fr. *chignon* < me. lat. *cheyna*, *cheynus*, *cheynia*, **klass. lat.** *catena* [band] (vgl. *keten*).

chijl [bloedvormend vocht] < gr. *chulos* [sap], verwant met *chumos* [spijsbrij, chijm], verwant met gr. *chein* [gieten], dat van dezelfde basis stamt.

chijm → *chymus*.

chili [cayennepeper] < **spaans** *chile*, *chili* < **nahuatl** *chilli* [idem].

Chili [geogr.] < **aymara** *chili* [eind van de wereld].

chiliade [duizendtal] < gr. *chilias* (2e nv. *chiliados*) [duizendtal], van *chilioi* [duizend].

chiliasme [geloof aan duizendjarig rijk] < gr. *chiliasmos*, van *chilias* (vgl. *chiliade*).

chimaera [monsterdier, hersenschim] < gr. *Chimaira* [mythisch monster met de vormen van een leeuw, een geit en een slang], naast *chimaros* [eenjarige bok], van *cheima* [winter].

chimpansee [mensaap] < fr. *chimpanzé*, ouder *quimpezé* < **kikongo** *kimpenzi*.

China [geogr.] eig. de naam van de *Ch'in-dynastie* (255-204 v. Chr.).

chinchilla [knaagdier met zacht haar] door de Spanjaarden ontleend aan een Peruaanse indianentaal.

chiné [gevlamd weefsel] < fr. *chiné*, verl. deelw. van *chiner* [vlammen (van stoffen)], van *La Chine* [China], dus bewerkt op de Chinese manier.

chinoline [antisepticum uit kinine] gevormd van *china*, variant van **kina** + lat. *oleum* [olie].

chintz → *sits*.

chip [dun plakje silicium (computerterm)] < **eng.** *chip* [oorspr. een dun, klein afgehakt stukje hout], van *to chip* [bekappen], verwant met **kappen**[1].

chipolatapudding [gevulde pudding] vanwege enige gelijkenis in het uiterlijk genoemd naar **fr.** *chipolata* [ragoût van uien en worst] < **it.** *cipollata* [idem], van *cipolla* [ui] < **lat.** *c(a)epula*, verkleiningsvorm van *c(a)epa* [ui].

chiragra [handjicht] < **gr.** *cheiragra*, van *cheir* [hand] + *agra* (vgl. *podagra*).

chirograaf [eigenhandig geschreven stuk] < **gr.** *cheirographon* [schuldbekentenis], van *cheirographein* [opschrijven en ondertekenen], van *cheir* (2e nv. *cheiros*) [hand] + *graphein* [schrijven], idg. verwant met *kerven*.

chiromantie [handlijnkunde] gevormd van **gr.** *cheir* (2e nv. *cheiros*) [hand] + *manteia* [het voorspellen, orakelspreuk].

chirurgie [heelkunde] middelnl. *chirurgie* < fr. *chirurgie* < lat. *chirurgia* < **gr.** *cheirurgia* [handenarbeid, handwerk], van *cheir* (2e nv. *cheiros*) [hand] + *ergon* [werk], daarmee idg. verwant.

chirurgijn [heelmeester] **middelnl.** *c(h)irurgijn* < fr. *chirurgien* (vgl. *chirurgie*).

chitine [schaalhuid] < fr. *chitine*, van **gr.** *chitōn* [onderkleed] (vgl. *chiton*).

chiton [Grieks onderkleed] < **gr.** *chitōn*, uit het semitisch, vgl. **hebr.** *kuttōneth*, **akkadisch** *kitinnû* [linnen (doek)], *kifītu* [linnenachtig, fijn (van wol)], van *kitû* [linnen] (vgl. → *tunica*).

chloasma [huidpigment] < **gr.** *chloasma* [jonge, groene scheut, uitloper], van *chloazein* [groenachtig geel zijn], van *chloè* [jonge scheut], idg. verwant met *gal*[1], *geel*.

chloor [chemisch element] < **modern lat.** *chlorium*, gevormd door de Engelse chemicus Sir Humphry Davy (1778-1829), naar **gr.** *chlōros* [fris groen], idg. verwant met *gloed*.

chloralose [kalmerend middel] gevormd van *chloraal* < *chlorine* + *alcohol* + *glucose*.

chloriet [mineraal] gevormd van **gr.** *chlōros* [groen] (vgl. *chloor*).

chlorofaan [groen, bij verwarming lichtend vloeispaat] gevormd van **gr.** *chlōros* [groen] + *phanos* [licht], van *phainein* [schijnen].

chloroform [narcosevloeistof] gevormd van *chloor* + *acidum formicicum* [mierezuur] (**lat.** *formica* [mier]).

chlorofyl [bladgroen] gevormd van **gr.** *chlōros* [groen] + *phullon* [blad], idg. verwant met *bloem*[1], *blad*.

chocolade [versnapering, drank uit cacao] 17e eeuws *chocolate* < **spaans** *chocolate* < **nahuatl** *chocolatl*, waarin *latl* [water].

choke [smoorklep] < **eng.** *choke*, van *to choke* [smoren], **middeleng.** *cheken, choken*, **oudeng.** *aceocian* [verstikken, uitbranden], mogelijk verwant met **nl.** *kaak*, **eng.** *cheek* [wang].

choker [sjaaltje gedragen in open boord] < **eng.** *choker* [stropdas, 'vadermoorder'], van *to choke* (vgl. *choke*).

cholecystitis [galblaasontsteking] van **modern lat.** *cholecystis* [galblaas], van **gr.** *cholè* [gal], daarmee idg. verwant + *cystis* (vgl. *cyste*) + *-itis*.

choleïnezuur [bij vetontleding door gal ontstaan zuur] gevormd van **gr.** *cholos* [gal], daarmee idg. verwant.

cholera [besmettelijke buikloop] **middelnl.** *colera* [een der vier het karakter bepalende hoofdvochten, hartstocht, buikloop] < **laat-lat.** *cholera* [ziekte van de gal] < **gr.** *cholera* [hevige darmcatarre, cholera], van *cholè* [gal], *cholos* [ingewanden] en *cholos* [toorn, wrok]; het **middelnl.** *colera* [buikloop, en één der vier vochten die 's mensens karakter bepalen], idg. verwant met *gal*[1] → *klere, kolder*[2].

cholerisch [heftig] van *cholera*.

cholesterol [galvet] met achtervoeging van *-ol* (voor *alcohol*) afgeleid van *cholestérine*, door de Franse onderzoeker Michel-Eugène Chevreul (1786-1889) gevormd van **gr.** *cholè* [gal], daarmee idg. verwant + *stereos* [stevig, vast, hard]; cholesterol werd aanvankelijk aangetroffen in galstenen.

choliambe [hinkjambe] < **gr.** *chōliambos*, van *chōlos* [mank] + *iambos* (vgl. *jambe*).

chondrine [kraakbeenlijm] gevormd van **gr.** *chondros* [korrel, kraakbeen], idg. verwant met *grind*[2], *griend*[1], *gort*.

choqueren [aanstoot geven] < fr. *choquer* < **nl.** *schokken* of **eng.** *to shock*.

chorda [weefselstreng naast ruggemerg] < **lat.** *chorda* [darm, snaar, touw] < **gr.** *hīra* [darm, pees], verwant met **oudindisch** *hirā* [ader], **oudnoors** *garnar* [ingewanden] → *haruspex, koord*.

chordometer [hoekmeter door bepaling der koorden] gevormd van **lat.** *chorda* (vgl. *chorda*).

chorea [dansziekte] < **gr.** *choreia* [het dansen, reidans], van *chōros* [plek, ruimte].

choreografie [het ontwerpen van dansfiguren] gevormd van **gr.** *choreia* [dans] (vgl. *chorea*) + *graphein* [schrijven], idg. verwant met *kerven*.

choriambus [versvoet] < **laat. lat.** *choriambus* < **byzantijns-gr.** *choriambos, chorios* [tot een koor behorend] + *iambos* [jambe].

chorion [buitenste vruchtvlies] < **gr.** *chorion* [nageboorte, buikvlies, huid].

choripetalen [planten met losstaande bloemkroonblaadjes] gevormd van **gr.** *chōris* [apart] +*petalon* [blad], van *petannunai* [uitspreiden], idg. verwant met **vadem.**

chorografie [beschrijving van landen of streken] < **gr.** *chōrographia* [idem], van *chōros* [plaats, plek, land, gebied] +*graphein* [schrijven], idg. verwant met **kerven.**

chorten [lamaïstisch heiligdom] < **tibetaans** *chörten,* van *mchod* [offer] + *rien* [houder, bevatter].

chorus [refrein] < **eng.** *chorus* (vgl. **koor**).

chose [kwestie] < **fr.** *chose* < **lat.** *causa* [o.m. zaak, aangelegenheid].

chouan [royalistische opstandeling in de Vendée] in het dialect daar [katuil] (vgl. **fr.** *chouette*) < *chat huant* [krassende kat], volksetymologische vervorming van **oudfr.** *chave,* **me. lat.** *cavannus,* dat uit het kelt. stamt; *huer* is klanknabootsend; *Chouan* was de bijnaam van Jean Cottereau, leider der chouans, die de kreet van de uil placht na te bootsen.

chow-chow [Chinees honderas] < **pidgin eng.** *chow-chow,* etymologie onbekend.

chrestomathie, krestomathie [bloemlezing] < **byzantijns-gr.** *chrèstomatheia* [leergierigheid, een boek met een beknopte opgave van nuttige kennis of uitgekozen tekstgedeelten], van *chrèstos* [nuttig], (*chrèsthai* [gebruik maken van]) + *manthanein* [leren], idg. verwant met **monter.**

chrie [behandeling van een thema naar een gegeven schema van gezichtspunten] < **lat.** *chria* [leerzame anekdote] < **gr.** *chreia* [gebrek, behoefte, gebruik, nut].

chrisma, krisma [zalfolie, zalving] < **gr.** *chrisma* [zalving], van *chriein* [inwrijven, zalven].

christen [belijder van de christelijke godsdienst] **middelnl.** *christen, cristen, kersten* < **chr. lat.** *christianus* [christelijk, christen] < **gr.** *christianos,* van *christos* [gezalfd], verl. deelw. van *chriein* [zalven].

christiania [skiterm] genoemd naar *Christiania,* de vroegere naam van Oslo, genoemd naar Christiaan IV van Denemarken en Noorwegen, die de stad na een verwoestende brand herbouwde.

christoffel[1] [mascotte met St. Christoffel] verbasterd uit *Christophorus,* van *Christus* + **gr.** *phoros* [drager], van *pherein* [dragen], idg. verwant met **baren**[1].

christoffel[2] [metaal] < **fr.** *christoffel,* genoemd naar *Christofle,* een edelsmederij in Parijs.

chroma [kleur] < **gr.** *chrōma* [huid, huidskleur, kleur, tonaliteit van stijl en taal].

chromaat [verfstof] verkort uit *chromaatgeel,* de kleur van loodchromaat, dat toepassing vindt als pigment → **chroom.**

chromatocyt [gekleurde cel] gevormd van **gr.** *chrōma* [kleur] + *kutos* [holte, bergruimte, lichaam, huid], daarmee idg. verwant.

chromium → **chroom.**

chromomeer [deel van chromosoom] gevormd van *chromosoom* + **gr.** *meros* [deel].

chromosoom [drager van erfelijke eigenschappen in celkern] gevormd van **gr.** *chrōma* [kleur] + *sōma* [lichaam].

chronaxie [tijdmaat voor prikkelbaarheid van spieren] gevormd van **gr.** *chronos* [tijd] + *axia* [waarde], idg. verwant met **wegen**[1].

chroniqueur [kroniekschrijver] < **fr.** *chroniqueur,* van *chronique* (vgl. **kroniek**).

chronisch [langdurig] < **me. lat.** *chronicus* [lang voortdurend, chronisch], van **gr.** *chronios* [gedurende lange tijd, sedert lange tijd, na lange tijd], van *chronos* [tijd].

chronometer [tijdmeter] gevormd van **gr.** *chronos* [tijd] + **meter**[1].

chroom [chemisch element] < **neo-lat.** *chromium,* gevormd van **gr.** *chrōma* [kleur], zo genoemd omdat vele verbindingen gekleurd zijn.

chrysalide [vlinderpop met goudkleurige vlekken] < **lat.** *chrysallis* [idem] < **gr.** *chrusallis* [idem], van *chrusos* [goud] < **fenicisch-hebr.** *hārūts,* vgl. **akkadisch** *churāşu* [goud], **aramees** *hara'* [geel] + *-ide.*

chrysant, krysant [plantesoort] < **lat.** *chrysanthemum* < **gr.** *chrusanthemon,* van *chrusos* [goud] (vgl. **chrysalide**) + *anthemon* [bloem].

chryselefantien [uit goud en ivoor vervaardigd] gevormd van **gr.** *chruseos* [gouden], van *chrusos* [goud] (vgl. **chrysalide**) + *elephantinos* [ivoren], van *elephas* [ivoor] (vgl. **olifant**).

chrysoberil, krysoberil [goudgroene edelsteen] gevormd van **gr.** *chrusos* [goud] (vgl. **chrysalide**) + **beril.**

chrysoliet, krysoliet [goudsteen] < **gr.** *chrusolithos,* van *chrusos* [goud] (vgl. **chrysalide**) + *lithos* [steen].

chrysopraas, krysopraas [groene agaat] < **gr.** *chrusoprasos,* van *chrusos* [goud] (vgl. **chrysalide**) + *prason* [look, prei], verwant met **lat.** *porrum,* waaruit **prei.**

chrysotiel [wit asbest] gevormd van **gr.** *chrusos* [goud] (vgl. **chrysalide**) + *tilos* [fijn haar], van *tillein* [haren of veren uitplukken].

chtonisch [m.b.t. de aarde] van **gr.** *chthōn* (2e nv. *chthonos*) [aarde], verwant met **lat.** *humus* [idem] en **homo**[1].

chutney [zoetzuur met vruchten] < **eng.** *chutney* < **hindi** *caṭnī.*

chylus → **chijl.**

chymus, chijm [spijsbrij in de maag] < **gr.** *chumos* [sap, smaak], verwant met *cheō* [ik giet], idg. verwant met **nl.** *gieten* → **chijl.**

ciao [daag!] < **it.** *ciao,* oorspr. venetiaans, samengetrokken uit *schiavo* [slaaf], vgl. **hd.** *servus!* = **lat.** voor slaaf.

cibeben [grote rozijnen] < **it.** *zibibbo* [zoete druif, groot soort rozijn] < **ar.** *zabība* [gedroogde druif].

ciborie [kelk ter bewaring van hostie] **middelnl.** *ciborie* < **lat.** *ciborium* [drinkbeker van metaal, in chr. lat. ciborie] < **gr.** *kibōrion* [klokhuis van de Indische waterroos, beker].

cicade [insekt] **middelnl.** *cycade* < **lat.** *cicada* [boomkrekel, cicade], vermoedelijk een vóór-lat. woord.

cicero [typografische maat] ontleend aan een in 1466 door Peter Schoeffer von Gernsheim gedrukte editie van de brieven van *Cicero,* waarvan het letterkorps ongeveer de grootte van de cicero had.

cicerone [gids] < **hd.** *Der Cicerone,* een gids voor Italië, van J. Burckhardt (1855) < **it.** *cicerone* [idem], van *Cicero,* de beroemde Romeinse redenaar, vanwege diens welbespraaktheid.

cichorei, cikorei [plant, waarvan de wortel voor smaakverbetering van koffie gebruikt wordt] **middelnl.** *cicoreije* < **fr.** *chicorée,* ouder *cicorée* < **lat.** *cichoreum* [andijvie, cichorei] < **gr.** *kichora, kichōrē, kichōrion* [cichorei], mogelijk ontleend aan **akkadisch** *kuk(u)ru,* dat samenhangt met **soemerisch** *gurgur* [een aromatische plant] of **egyptisch** *kesher.*

cicisbeo [begeleider van aanzienlijke dame] < **it.** *cicisbeo,* ondanks diverse pogingen etymologie onzeker.

cider [drank uit gegist vruchtesap] < **fr.** *cidre,* **oudfr.** *sidre* < **me. lat.** *sicera, scicera, cisar, cizer(a)* [cider] < **gr.** (Septuagint) *sikera* < **hebr.** *sjekar* [sterke drank], van het ww. *sjakar* [dronken worden] (vgl. *sjikker*).

ci-devants [spotnaam voor voormalige adel] < **fr.** *ci-devants* [hiervoor, vroeger], van *ci* [hier] < **lat.** *ecce hīc* [kijk hier] + *devant* [voor], van *de* [weg van] + *avant* [voor].

cigarillo [kleine sigaar] < **spaans** *cigarillo,* verkleiningsvorm van *cigarro* [sigaar]; hoewel dus letterlijk sigaartje, wordt het normaal naast *pitillo* gebruikt voor sigaret: *cigarro de papel* [sigaret], (*de papel* [van papier]), en zo ook *cigarillo* (*de papel*).

cijfer [getalmerk] **middelnl.** *cifer, cipher, cijfer* < **oudfr.** *cifre* [nul] < **me. lat.** *cifra* < **ar.** *ṣifr* [leeg, nul], bij het ww. *ṣafira* [hij was leeg]; het begrip nul ontbrak in de Oudheid; het getal werd van de Arabieren overgenomen samen met het door de invoering van de nul mogelijke nieuwe systeem van rekenen.

cijns [schatting, belasting] **middelnl.** *cens, cijns* < **lat.** *census* [schatting van het vermogen] (vgl. *censureren*).

ciliair [m.b.t. de oogharen] < **fr.** *ciliaire,* van *cil* [ooghaar, wimper] < **lat.** *cilium* (vgl. *cilie*).

cilicium [haren boetekleed] < **lat.** *cilicium* [van Cilicisch geitehaar gemaakt kledingstuk, in chr. lat. boetekleed], van *Cilicius* [van Cilicië], een gebied in het z.o. van Klein-Azië.

cilie [trilhaar, ooghaar] < **lat.** *cilia* [oogharen], mv. van *cilium* [(beneden)ooglid, wimper], verwant met *celare* [verbergen], dus eig. dat wat het oog verbergt; verwant met o.a. *cel, hel¹, clandestien.*

cilinder [wiskundig lichaam, rol] **fr.** *cylindre* < **lat.**

cylindrus [cilinder, wals, rol] < **gr.** *kulindros* [idem], van *kulindein* [wentelen, rollen] → *kalander¹.*

cimaas [vloeilijst] < **it.** *cimasa* [gevellijst, kroonlijst], van *cima* [top, spits] < **gr.** *kuma* [golf, rand aan kapiteel in de vorm van omkrullende bladeren].

cimbaal [klankbekken] **middelnl.** *cimbele, cymbel, simbale* < **fr.** *cymbale* < **lat.** *cymbalum* [in de Middeleeuwen bel om de monniken naar de refter te roepen] < **gr.** *kumbalon* [cimbaal], van *kumbè* [holte van een schip, beker].

cimier [helmversierselen (in wapenkunde)] < **fr.** *cimier,* van *cime* [top, kruin] < **gr.** *kuma* [golf, omkrullende bladerrand aan een kapiteel].

cinchonidine [alkaloïde uit kina] van *cinchona* [een plantengeslacht waartoe de kina behoort], door Linnaeus genoemd naar de gravin van *Chinchón,* die het geneesmiddel kinine in 1638 in Spanje in omloop bracht.

cinch-plug [verbindingsplug] < **eng.** *cinch-plug,* het eerste lid [zadelriem, vaste greep] < **spaans** *cincha, cincho* [gordel], van **lat.** *cingere* (verl. deelw. *cinctum*) [omgorden] (vgl. *singel*), **eng.** + *plug* [plug].

cineac [actualiteitenbioscoop] gevormd van *cinema* + *actualiteiten.*

cineast [filmkunstenaar] < **fr.** *cinéaste* < **it.** *cineasta,* van *cine* [bioscoop] (vgl. *cinema*).

cinellen [koperen bekkentjes] < **it.** *cinelle,* verkort uit *bacinelle,* verkleiningsvorm mv. van *bacino* < **me. lat.** *bacinum* (vgl. *bekken*).

cinema [bioscooptheater] < **fr.** *cinéma,* verkort uit *cinématographie,* een woord dat door de gebroeders Lumière in 1896 werd gevormd van **gr.** *kinēma* (2e nv. *kinēmatos*) [beweging], van *kinein* [bewegen], idg. verwant met *heten* + *graphein* [schrijven, tekenen], idg. verwant met *kerven.*

cineraria [sierplant] < **lat.** *cinerarius* [as-], van *cinis* (2e nv. *cineris*) [as] (verwant met **gr.** *konis* [stof], vgl. *akoniet*); zo genoemd naar de kleur van het dons op de bladeren.

cingulum [gordel] → *singel.*

cinnaber [vermiljoen] **middelnl.** *cinoper, cinopel, cinober* < **oudfr.** *cenobre* < **lat.** *cinnabaris* < **gr.** *kinnabari* [vermiljoen] < **perzisch** *shangarf* [menie, vermiljoen].

cipier [gevangenbewaarder] **middelnl.** *chepier, cipier* < **oudfr.** *chepier, cipier,* van *cep* [keten, gevangenis] < **me. lat.** *cippum, seppe* [o.m. blok (straftuig), gevangenisstraf], verwant met **klass. lat.** *scipio* [staf].

cipollijn [marmersoort] < **it.** *cipolla* [ui], zo genoemd vanwege de tekening die vaak groene en witte ringen vertoont.

cipres [naaldboom] < **fr.** *cyprès* < **laat-lat.** *cypressus* < **gr.** *kuparissos,* vgl. **hebr.** *gōfer* en de babylonische boomnaam *giparu;* al deze woorden stammen uit dezelfde, mogelijk Vooraziatische bron; het eiland *Cyprus* is naar de cipressen genoemd.

cirage — citroen

cirage [smeersel] < fr. *cirage*, van *cire* [was] < lat. *cera* < gr. *kèros* [was].
circa [omstreeks] < lat. *circa* [rondom, in de omtrek, omstreeks, ongeveer] → **circus, cirkel**.
circadiaans [met een 24-uurs ritme] gevormd van lat. *circa* [ongeveer] + *dies* [dag].
circassienne [wollen stof] < fr. *circassienne*, het zelfstandig gebruikt vr. van *circassien* [van of uit Circassië].
circonflexe [samentrekkingsteken] < fr. *circonflexe* < lat. *circumflexus* (vgl. **circumflex**).
circuit [gesloten baan, gesloten groep] < fr. *circuit* < lat. *circuitus* [het rondgaan, kringloop, omtrek], van *circuire* = *circumire* [om iets heen gaan, omsluiten, de ronde doen], van *circum* [rondom] + *ire* (verl. deelw. *itum*) [gaan].
circuleren [rondgaan] < fr. *circuler* < lat. *circulari* [rondgaan], van *circulus* [kring, cirkel].
circumboreaal [rond de noordpool gelegen] gevormd van lat. *circum* [rondom] + **boreaal**.
circumcisie [besnijdenis] < lat. *circumcisio* [idem], van *circumcidere* [rondom afsnijden, snoeien], van *circum* [rondom] + *caedere* (in samenstellingen *-cidere*) [afhakken], idg. verwant met **heien** [1].
circumferentie [omtrek] middelnl. *circumferencie* < lat. *circumferentia* [idem], van *circumferens* (2e nv. *circumferentis*), teg. deelw. van *circumferre* [ronddragen, laten rondgaan], van *circum* [rondom] + *ferre* [dragen], idg. verwant met **baren** [1].
circumflex [samentrekkingsteken] < lat. *circumflexus*, verl. deelw. van *circumflectere* [ombuigen], van *circum* [rond] + *flectere* [buigen], idg. verwant met *vlechten* **vlecht;** zo genoemd naar de vorm van de circumflex, vertalende ontlening aan gr. *(prosōidia) perispōmenè* [het rond getrokken (accent)].
circumjacentiën [belendende percelen] < lat. *circumiacentia*, o. mv. van *circumiacens* (2e nv. *circumiacentis*), teg. deelw. van *circumiacere* [rondom liggen], van *circum* [rondom] + *iacere* [liggen].
circumscriptie [omschrijving] < lat. *circumscriptio* [om iets heen getrokken cirkel, omschrijving], van *circumscribere* (verl. deelw. *circumscriptum*) [met een kring omgeven], van *circum* [rondom] + *scribere* (vgl. **schrijven**).
circumstantie [omstandigheid] middelnl. *circumstantie* < lat. *circumstantia* [idem], van *circumstans* (o. mv. *circumstantia*), teg. deelw. van *circumstare* [staan rondom, omringen], van *circum* [rondom] + *stare* [staan], daarmee idg. verwant.
circus [ronde schouwplaats] → **cirkel**.
ciré [gewast weefsel] < fr. *ciré*, verl. deelw. van *cirer* [met was besmeren], van *cire* [was] < lat. *cera* < gr. *kèros* [idem].
cirkel [kring] middelnl. *cerkel, cirkel* < fr. *cercle* < lat. *circulus* [kring, cirkel, gezelschap], verkleiningsvorm van *circus* [cirkel in de astronomie, renbaan, circus], gr. *kirkos* [kring, renbaan], van vóór-gr., mogelijk semitische herkomst.
cirlgors [vogel] van it. *cirlo* [idem], van *zirlare* [fluiten (van vogels)] + *gors*, etymologie onbekend.
cirometer [apparaat om sterkte van wolvezels te bepalen] gevormd van **cirrus** + **meter** [1].
cirro-cumulus [schapewolkjes] gevormd van **cirrus** + **cumulus** [stapel, massa].
cirrose [verschrompeling (medisch)] gevormd van gr. *kirros* [bleekgeel]; naar de kleur van de aangetaste lever.
cirro-stratus [wolkensluier] gevormd van **cirrus** + lat. *stratus*, verl. deelw. van *sternere* [uitspreiden], idg. verwant met **stro, strooien**.
cirrus [vederwolk] < lat. *cirrus* [haarlok, krul, franje].
cis [met een halve toon verhoogde c] < hd. *Cis*, van *C* + een verbastering van fr. *dièse* < gr. *diesis* [halve toon].
ciseleren [versiering in metaal beitelen] < fr. *ciseler*, van me. lat. *schesellus, scisellus, cisellus* [beitel], van *caedere* (in samenstellingen *-cidere*, verl. deelw. *-cisum*) [hakken], idg. verwant met **heien** [1].
cisiojaan [vers van 365 lettergrepen om de feesten heiligendagen te onthouden] < lat. (15e eeuws) *cisiojanus, cisijanus*, van *cisio* < *circumcisio Christi* [besnijdenis van Christus] (vgl. **circumcisie**) + *Janus* voor januari, dus samen 1 januari (vgl. **januari**).
cisterciënzer [lid van geestelijke orde] genoemd naar *Cistercium*, de lat. naam van *Cîteaux* (tussen Dijon en Beaume), waar de orde werd gesticht.
cisterne [regenput] middelnl. *cisterne, cistaerne* < lat. *cisterna* [regenbak], van *cista* [kist, koffer, cassette, bus] (vgl. **kist**).
citaat [aanhaling] < lat. *citatum*, verl. deelw. van *citare* (vgl. **citeren**).
citadel [deel van vestingwerk] < fr. *citadelle* < it. *cittadella* [eig. stadje], verkleiningsvorm van *città* [stad] < lat. *civitas* [burgerij, stad].
cité [stadscentrum] < fr. *cité* < oudfr. *cite* (vgl. **city**).
citer [muziekinstrument] → **gitaar**.
citeren [(woorden) aanhalen] < fr. *citer* [idem] < lat. *citare* [in snelle beweging brengen, dit doen door te roepen, oproepen, als getuige aanvoeren], intensivum van *ciëre* met ongeveer dezelfde betekenis, verwant met gr. *kinein* [doen bewegen] (vgl. **cinema, kinetica**).
citerne [regenput] nevenvorm van **cisterne**, ontleend aan fr. *citerne*.
cito [met spoed] < lat. *cito* (bijw.), van *citus* (bn.) [snel, eig. gehaast], verl. deelw. van *ciëre* [in beweging brengen, ontbieden] (vgl. **citeren**).
citoyen [burger] < fr. *citoyen* (**picardisch** *citeien*), van *cité* (vgl. **cité**).
citroen [zure vrucht] < fr. *citron* < lat. *citrum*, 4e nv. van *citrus* [een citroenachtige boom, de thuja articulata] < gr. *kedros* [ceder].

citroenvlinder [vlindersoort] genoemd naar het citroengele mannetje (het vrouwtje is wit).

citrusvrucht [naam voor vruchten van het geslacht Citrus] < **lat.** *citrus* [soort levensboom (met citroengeur en kostbaar hout)] < **gr.** *kedros* (vgl. **citroen**).

city [stadscentrum] < **eng.** *city* < **middeleng.** *cite* < **oudfr.** *cite* < **lat.** *civitas* [burgerschap, burgerij, staat, de stad (i.h.b. Rome)], van *civis* [burger].

city-bag [handkoffertje] gevormd van **eng.** *city* [stad] + *bag* [zak, tas] (vgl. **bagage**).

civet [door civetkat afgescheiden stof] < **fr.** *civette* [civetkat, civet], **it.** *zibetto,* **me. lat.** *zibethum* < **ar.** *zabād* [civet], van het ww. *zabada* [hij karnde, schuimde], verwant met *zubd* [boter], *zabad* [schuim]; in Noord-Afrika wordt *a* als *è* uitgesproken; de civet wordt gewonnen door de civetkat te prikkelen, waarop hij een dik schuim afscheidt.

civiek [burgerlijk] < **fr.** *civique* < **lat.** *civicus* [burger-], van *civis* [burger].

civiel [burgerlijk] < **fr.** *civil* < **lat.** *civilis* [burger-, de burger passend, gematigd, bescheiden, burgerlijk tegenover militair], van *civis* [burger].

civilisatie [beschaving] < **fr.** *civilisation,* van *civiliser* [beschaven], van *civil* [civiel].

civilité [lettertype] genoemd naar het in deze letter gezette *La civilité puérile* van Erasmus, dat in 1559 bij de Antwerpse drukker Tavernier van de pers kwam.

civiliteit [hoffelijkheid] **fr.** *civilité* [idem] < **lat.** *civilitas* (2e nv. *civilitatis*) [minzaamheid], van *civilis* (vgl. **civiel**).

cladomanie [heksenbezem] gevormd van **gr.** *klados* [tak, twijg], idg. verwant met **hout** + **manie**.

claim [vordering] < **eng.** *claim* (ww. en zn.) < **fr.** *clamer* [schreeuwen] < **lat.** *clamare* [schreeuwen, luid roepen, te kennen geven], verwant met *clarus* [beroemd] (vgl. **klaar, Parakleet**).

clair-obscur [met licht- en schaduweffecten] < **fr.** *clair-obscur* < **it.** *chiaroscuro* (vgl. **chiaroscuro**).

clairvoyant [helderziend] < **fr.** *clairvoyant,* van *clair* < **lat.** *clarus* [helder] (vgl. **klaar**) + *voyant,* teg. deelw. van *voir* [zien] < **lat.** *vidēre* [idem], idg. verwant met **weten**.

clan [stam] < **eng.** *clan* < **gaelisch** *clann* [nakomelingschap, kinderen] < **lat.** *planta* [ent, stekje]; vgl. **oudiers** *clann* met dezelfde betekenis en **me.** **welsh** *plant* [kinderen, afstammelingen], nog met de **lat.** *p.*

clandestien [heimelijk] < **lat.** *clandestinus* [idem], naar analogie van *intestinus* [inwendig] gevormd van *clam* [heimelijk], verwant met *celare* [verbergen] (vgl. **helen**²).

claque [applaus, hogehoed] < **fr.** *claque* [gezamenlijke claqueurs], van *clac,* een klanknabootsende vorming, die zowel in het applaus als in de betekenis opvouwbare hogehoed tot uitdrukking komt.

clarence [type rijtuigje] < **eng.** *clarence,* genoemd naar een hertog van *Clarence,* de latere koning William IV van Engeland (1765-1837).

clarificeren [klaren] **middelnl.** *clarificeren* < **chr. lat.** *clarificare* [verkondigen, verheerlijken], met bezinning op de oorspr. betekenis van *clarus,* namelijk helder (vgl. **klaar**); het tweede lid komt van *facere* [maken], idg. verwant met **doen**.

clarino [blaasinstrument] < **it.** *clarino* < **me. lat.** *clario, claro* [klaroen], van **klass. lat.** *clarus* [helder, luid, duidelijk] (vgl. **klaar**).

claris [non van de Orde van St.-Clara] genoemd naar de stichtster van de orde, de *H. Clara van Assisi* (1194-1253).

clash [botsing] < **eng.** *clash,* van *to clash,* klanknabootsend, evenals *to clap* en *to crash.*

classicaal [van een classis] van **classis**.

classicisme [navolging van de klassieken] 1823 door Stendhal (pseudoniem voor Marie Henri Beyle (1783-1842), Frans romanschrijver, gebruikt in de betekenis 'wat behoort tot de 17e eeuwse klassieke literatuur', later gebruikt in meer algemene zin (vgl. **klassiek**).

classificatie [klassenverdeling] < **fr.** *classification,* gevormd van **lat.** *classis* [klasse] + -*ficare* (verl. deelw. -*ficatum*), van *facere* [maken], idg. verwant met **doen**.

classificeerder [losse scheepsarbeider] van *classificeren* (vgl. **classificatie**); eig. iemand die t.b.v. de periodieke controle op de *classificatie* van schepen de benodigde (in de praktijk zware) werkzaamheden verricht als schoonmaken en afbikken.

classis [onderafdeling van provinciaal kerkbestuur] < **lat.** *classis* [afdeling] (vgl. **klas**).

clateersel [minder soort boortl] vgl. **middelnl.** *claterme(e)rse* [klaterend versiersel, klatergoud], van *clateren* + *me(e)rse* [koopwaar] (vgl. *mars* (*kramer*)).

clause, claus [passage in toneelstuk] **middelnl.** *clause* [afgesloten plek, redenering, couplet van een gedicht] < **fr.** *clause* [vers] < **me. lat.** *clausa, clausus, clausum* [afgesloten plek, afsluiting, sluitboom], van *claudere* (verl. deelw. *clausum*) [sluiten], daarmee idg. verwant.

claustraal [m.b.t. een klooster] **middelnl.** *claustrael* [tot een bepaalde orde behorende monnik] < **fr.** *claustral* [klooster-] < **lat.** *claustralis* [klooster-], van *claustra, claustrum* [klooster].

claustrofobie [engtevrees] gevormd van **lat.** *claustrum* (vgl. **klooster**) + **gr.** *phobos* [vlucht, vrees].

clausule [afzonderlijke bepaling] **middelnl.** *clausule* [een bepaald afgebakend deel uit een geschrift], hetzelfde als *clause* (de twee woorden zijn in het oudfr. vermengd) < **fr.** *clausule* < **lat.** *clausula* [slot, einde, clausule, toegevoegde bepaling], van *claudere* [sluiten, afsluiten, begrenzen, afbakenen], idg. verwant met **sluiten**.

clausuur [afsluiting] < **lat.** *clausura* [slot, omhei-

clavecimbel — cloisonné

ning], van *claudere* [sluiten], daarmee idg. verwant.

clavecimbel [soort klavier] (1545) *clavezimbel* < **me. lat.** *clavicymbalum,* van *clavis* [sleutel], van *claudere* [sluiten], daarmee idg. verwant + *cymbalum* (vgl. **cimbaal**).

clavichord, clavichordium [snaarinstrument met toetsen] **middelnl.** *clavicordie, clavicordium* < **me. lat.** *clavichordium,* van *clavis* (vgl. **clavecimbel**) + *chorda* [snaar] (vgl. **koord**).

clavicula [sleutelbeen] < **lat.** *clavicula* [staafje], verkleiningsvorm van *clavus* (2e nv. *clavi*) [pin], naast *clavis* [sleutel] (vgl. **clavecimbel**).

claviger [conciërge] < **lat.** *claviger* [sleuteldragend], van *clavis* [sleutel] (vgl. **clavecimbel**) + *gerere* [dragen].

claxon [signaalinstrument op auto's] oorspr. de merknaam *Klaxon,* die vermoedelijk gevormd is van **gr.** *klazein* [doen weerklinken] en mogelijk van **lat.** *sonus* > **fr.** *son* [geluid, toon].

clean [schoon] < **eng.** *clean* (vgl. **klein**).

clearing [vereffening] < **eng.** *clearing,* teg. deelw. van *to clear* [schoonmaken, vrij maken van, iets klaren], van *clear* (bn.) < **oudfr.** *cler* < **lat.** *clarus* [helder, duidelijk] (vgl. **klaar**).

cleistogaam [als knop gesloten blijvend (van bloem)] gevormd van **gr.** *kleistos,* verl. deelw. van *kleiein* [sluiten], daarmee idg. verwant + *gamos* [huwelijk].

clematis [klimplantgeslacht] < **lat.** *clematis* < **gr.** *klèmatis* [een bloem die als een rank tegen een boom opklimt], van *klèma* [wijnrank].

clement [goedertieren] < **fr.** *clément* [idem] < **lat.** *clemens* (2e nv. *clementis*) [geleidelijk oplopend, rustig, zachtmoedig, genadig], verwant met **gr.** *klinein* [neigen, gaan liggen] (vgl. **klinisch**).

clementine [variëteit van mandarijn] genoemd naar de Franse trappist *Père Clément,* de eerste die (in 1902) deze bij Oran aangetroffen variëteit heeft gekweekt.

clepsydra [wateruurwerk] < **gr.** *klepsudra* [eig. waterdief], gevormd van *kleptein* [stelen] + *hudōr* [water], daarmee idg. verwant.

cleresij, cleresie [kerkgenootschap] **middelnl.** *clergie, cleregie* < **fr.** *clergé* [geestelijkheid], van *clerc* [geestelijke] < **lat.** *clericus,* van *clerus* (vgl. **clerus, klerk**).

clergé [geestelijkheid] < **fr.** *clergé,* van *clerc* (vgl. **cleresij**).

clerus [geestelijkheid] < **chr. lat.** *clerus* [aandeel, geestelijkheid] < **gr.** *klèros* [stuk hout of scherf om als lot te gebruiken, lot, erfdeel, verdeelde landerijen, het geestelijk deel, de geestelijken].

clever [handig, slim] < **eng.** *clever* < **middeleng.** *cliver,* wordt verbonden met **oudeng.** *clivers* [klauwen]; de betekenis zou dan zijn 'die het weet te pakken', te verbinden met **klieven**.

cliché [drukplaat] < **fr.** *cliché,* klanknabootsende vorming (van het geluid van het drukken).

cliënt [klant] < **fr.** *client* < **lat.** *clientem,* 4e nv. van *cliens* [iemand die in ondergeschikte betrekking tot een aanzienlijke (patronus) staat, diens beschermeling is, in o.m. Gallië vazal]; Na de republikeinse periode kozen steden en zelfs volkeren een patronus wiens cliënt ze werden; in die situatie was deze echter een soort zaakwaarnemer voor hen in Rome.

clignoteur [knipperlicht] < **fr.** *clignoteur,* van *clignoter* [voortdurend met de ogen knipperen], van een iteratiefvorming van **lat.** *cludere* = *claudere* [dichtdoen, sluiten], daarmee idg. verwant.

climacterium [periode waarin de functies der geslachtsorganen ophouden] gevormd van **lat.** *climactericus* [tot de gevaarlijke levensperiode (elk 7e jaar) behorend, gevaarlijk] < **gr.** *klimaktērikos,* van *klimaktèr* [sport van een ladder, gevaarlijk stadium in het menselijk leven], van *klimax* (vgl. **climax**).

climax [hoogtepunt] < **gr.** *klimax* [ladder, trap]; de huidige betekenis berust dus op het trede voor trede omhoog gaan, opvoeren, verwant met *klinein* [doen hellen] (vgl. **klinisch**).

clinch [het elkaar vasthouden van boksers] < **eng.** *clinch,* nevenvorm van *clench* [vasthouden], verwant met **klink**.

clinometer [hellingmeter] gevormd van **gr.** *klinein* [hellen] (vgl. **klinisch**) + **meter** [1].

clip [(papier)klem] < **eng.** *clip* [eig. omarming, dan knijper], van *to clip* [omarmen], **oudeng.** *clyppan* [omhelzen, beminnen], **oudfries** *kleppa* [idem].

clique [kliek] < **fr.** *clique* [muziek van trompetten en trommels, bent, kliek], **oudfr.** *cliquer* [lawaai maken], klanknabootsend gevormd.

cliquet [tourniquet] < **fr.** *cliquette* [klapper], van *cliqueter* [kletteren, klikken], van *cliquer* (vgl. **clique**).

clitoris [kittelaar] verlatijnsing van **byzantijns-gr.** *kleitoris,* van **gr.** *klèiein* [sluiten, dicht doen, dus: dat wat omsloten ligt], idg. verwant met **lat.** *claudere* [sluiten] (vgl. **cloisonné, closet, clou, klooster**).

clivia [plantengeslacht] genoemd naar *Lady Charlotte Florentina Clive,* gouvernante van koningin Victoria, omdat op haar landgoed deze plant voor het eerst in bloei kwam.

cloaca [riool, lichaamsholte van sommige dieren] < **lat.** *cloaca* [onderaards riool, overdekt afvoerkanaal], van **oudlat.** *cluere* [reinigen], idg. verwant met **louter** (vgl. **klysma**).

clochard [dakloze, zwerver] < **fr.** *clochard,* van *clocher* [mank lopen], van **me. lat.** *cloppus* [mank] < **gr.** *chōlopous* [mankpoot], van *chōlos* [mank] + *pous* [voet], daarmee idg. verwant.

cloche [klokvormige dameshoed] < **fr.** *cloche* [klok].

cloisonné [met tussen koperen contouren besloten emailveldjes] < **fr.** *cloisonné,* verl. deelw. van *cloisonner* [in vakken afscheiden], teruggaand op **lat.** *claudere* [sluiten] daarmee idg. verwant (vgl. **clitoris**).

clone [groep identieke cellen uit één gemeenschappelijke voorouder] < **eng.** *clone* (vgl. *kloon* ²).

clonidine [bloeddrukverlagend middel] gevormd van **gr.** *klonos* [verwarde beweging, gedrang], verwant met **lat.** *celeber* (vgl. *celebriteit*).

clonus [spierverkramping] < **gr.** *klonos* (vgl. *clonidine*).

cloqué [met wafeldessin] < **fr.** *cloqué*, verl. deelw. van *cloquer* [bladderen, ribbelen (van textiel)], van *cloque*, nevenvorm van *cloche*, in de betekenis 'waterbel, blaasje' (vgl. *klok*).

close-reading [tekstanalyse met alle aandacht voor de tekst zelf] < **eng.** *close-reading*, van *close* (vgl. *close-up*) + *reading*, van *to read*, verwant met **middelnl.** *reden* [spreken], **nl.** *raden*.

closet [toilet] < **eng.** *(water)closet* < **oudfr.** *closet*, verkleiningsvorm van *clos* [omheinde ruimte] < **lat.** *clausum* [afgesloten ruimte], het zelfstandig gebruikt verl. deelw. van *claudere* [begrenzen, sluiten], daarmee idg. verwant (vgl. *clitoris*).

close-up [opname van dichtbij] < **eng.** *close-up*, van *close* < **oudfr.** *clos* < **lat.** *clausum*, verl. deelw. van *claudere*, idg. verwant met **sluiten**.

clou [het wezenlijke, pointe] < **fr.** *clou* [spijker, hoofdzaak, attractie] < **lat.** *clavus* [spijker], verwant met *clavis* [sleutel], van *claudere* [sluiten], daarmee idg. verwant (vgl. *clitoris*).

clown [grappenmaker] < **eng.** *clown*, etymologie onzeker, mogelijk verwant met **nl.** *kloen*, van mensen gezegd in diverse opvattingen.

club [vereniging] < **eng.** *club* < **middeleng.** *clubba* < **oudnoors** *klubba*, geassimileerd uit *klumba*, op welke laatste vorm **nl.** *klomp* aansluit. De grondbetekenis is 'volumineus stuk hout'. Voor het ww. *to club* kunnen chronologisch de volgende betekenissen worden vastgesteld: met een knots slaan, in massa bijeenkomen, samen doen voor een gemeenschappelijk doel.

cluniacenser [monnik van de congregatie van Cluny] < **hd.** *Kluniazenser*, genoemd naar de abdij van *Cluny* (**lat.** *Cluniacum*) in Bourgondië.

cluster [tros, groep] < **eng.** *cluster*, wel verwant met **oudeng.** *clot(t)* [klomp, kluit], **hd.** *Klotz*, **nl.** *klot*.

co-, com-, con- [lat. voorvoegsel] < **lat.** *com-* [samen], maar dikwijls is de betekenis zo vaag, dat zij niet herkenbaar is < **oudlat.** *com*, **klass. lat.** *cum*, vóór *l* en *r* wordt *com* geassimileerd tot *col-* en *cor-*, vóór *h*, *gn* en meestal vóór klinkers gereduceerd tot *co-*, vóór alle verdere medeklinkers, behalve vóór *b*, *p* en *m* wordt het *con-*; vgl. **gr.** *koinos*, oudiers *com-*, *con-*, albaans *ke-* (vgl. verder **gotisch** *ga-*, **oudeng.**, **middelnl.** *ge-*).

coach [model personenauto, trainer] < **eng.** *coach*, van dezelfde herkomst als *koets* ¹; de betekenis 'studie- en sportbegeleider' is afgeleid via *to coach* [iemand in een koets brengen].

coactie [dwang] < **lat.** *coactio* [idem], van *cogere* (verl. deelw. *coactum*) [dwingen], van *con* [samen] + *agere* [voortdrijven].

coadjutor [hulpbisschop] **middelnl.** *coadjutor* [helper van een pastoor, coadjutor] < **chr. lat.** *coadiutor*, van *con* [samen] + *adiutor* [helper], van *adiuvare* [helpen], van *ad* [naar, tot] + *iuvare* [helpen].

coaguleren [klonters vormen] < **fr.** *coaguler* [idem] < **lat.** *coagulare* [bijeenbrengen, laten stremmen], van *cogulum* [stremsel], van *con* [samen] + *agere* [(voort)drijven].

coalite [brandstof tussen steenkool en cokes in] < **eng.** *coalite*, gevormd van *coal* [kool].

coalitie [verbond] < **fr.** *coalition* < **me. lat.** *coalitio*, van **klass. lat.** *coalitus* [gemeenschap, genootschap, broederschap], van *coalescere* (verl. deelw. *coalitum*) [samengroeien, versmelten, verenigen], van *con* [samen] + *alescere* [groeien], idg. verwant met *oud* (vgl. *alimentatie*, *adolescent*).

coaster [kustvaarder] < **eng.** *coaster*, van *coast* [kust] < **oudfr.** *cost* (vgl. *kust* ¹) + *-er*.

coati [neusbeer] < **tupi** *coati*, van *cua* [gordel] + *tim* [neus].

coaxiaal [met gemeenschappelijke as] gevormd van **lat.** *con* [samen] + *axis* [as].

cobbler [verkoelende drank] < **amerikaans-eng.** *cobbler*, van *to cobble* [in elkaar flansen]; etymologie onzeker.

COBOL [computertaal] van *CO(mmon) B(usiness) O(riented) L(anguage)*.

cobra [brilslang] < **portugees** *cobra* [slang, adder], teruggaand op **lat.** *colubra*, vr., naast m. *coluber* [kleine slang].

coca [bladeren van Peruaanse struik] < **spaans** *coca* < **quechua** *kuka*.

cocaïne [alcaloïde uit de coca] afgeleid van *coca*.

cocas [koddig] < **fr.** *cocasse* [zot, bespottelijk], variant van *coquard* [oude haan, galante oude heer], van *coq* [haan], klanknabootsend gevormd.

coccine [rode teerverfstof] < **lat.** *coccinus* [scharlakenkleurig], *coccinum* [karmozijn] (vgl. *cochenille*).

coccus [bolvormige bacterie] < **modern lat.** *coccus* < **gr.** *kokkos* [pit van vruchten, scharlakenbes], van vóór-gr. herkomst.

cochenille [scharlaken verfstof] < **fr.** *cochenille* < **lat.** *coccineus* [scharlakenrood], afgeleid van *coccum* [de op de keranoseik levende schildluis en de daaruit geëxtraheerde rode verfstof]; naar **gr.** *kokkos* [de scharlakenbes, die diende als rode verfstof] (vgl. *coccus*) → *karmijn*, *kermes*.

cocker-spaniël [honderas] < **eng.** *cocker spaniel*, van *cocker*, van *(wood)cock* [houtsnip] (de hond werd oorspr. gebruikt voor de jacht daarop) + *spaniel*.

cockney [iemand uit het Londense volk] < **eng.** *cockney* < **middeleng.** *cockeney*, *cockenay*, van *cocene* (2e nv. mv. van *cok* [haan]) + *ay*, *ey* [ei], dus haneëi, ook (door associatie met *to cocker* [vertroetelen]) een kind dat te lang aan de borst blijft, slap kindje, vervolgens scheldwoord voor stedeling, i.h.b. Londenaar.

cock-pit [stuurhut in vliegtuig] < **eng.** *cock-pit* [afgesloten plek voor hanengevechten, het achterste deel van het onderste dek op oude oorlogsschepen waar de gewonden bijeen werden gebracht], van *cock* [haan] + *pit* (vgl. *put*).

cocktail [gemengde alcoholische drank] < **eng.** *cocktail*, mogelijk van *cock* [haan] + *tail* [staart] of van *to cock* [opsteken, zwierig opzetten, optomen], *cocktailed* [met de staart omhoog], gezegd van paarden.

coco [kerel, kwant, dropwater] < **fr.** *coco* [kokosnoot, ei, snuiter, dropwater], (*lait de coco* [klappermelk]).

cocon [omhulsel van rupsen] < **fr.** *cocon* < **provençaals** *coucoun* [eierschaal, cocon] < **lat.** *coccum* [schildluis van de quercus coccifera, scharlaken draad] < **gr.** *kokkos* [pit van vruchten, scharlakenbes], van vóór-gr. herkomst.

cocotte [vrouw van lichte zeden] < **fr.** *cocotte* [kippetje, vogeltje], oorspr. een klanknabootsend woord uit de kindertaal.

cocu [hoorndrager] < **fr.** *cocu*, variant van *coucou* [koekoek, het dier dat eieren legt in het nest van een andere vogel].

coda [resumerend slot van muziekstuk] < **it.** *coda* [staart, sleep (van kleding), aanhangsel] < **lat.** *cauda* [staart], idg. verwant met **houwen** en dus vermoedelijk met de oorspr. betekenis 'afgehakt stuk' → **keu**[1].

code [wetboek, stelsel van signalen] < **fr.** *code* < **lat.** *codex* (vgl. *codex*).

codeïne [bestanddeel van opium] van **gr.** *kōdeia* [papaver].

codex [handschrift] < **lat.** *codex, caudex* [boomstam, boek of lijst, i.h.b. kasboek, in laat-lat. verzameling wetten], verwant met *cudere* [hakken, houwen], daarmee idg. verwant. De betekenisontwikkeling is duidelijk als men bedenkt, dat de Romeinen veelal op wastafeltjes schreven → *code, codicil*.

codicil [bijvoegsel bij testament] < **lat.** *codicillus* [plankje, wastafeltje (om op te schrijven), brief, codicil], verkleiningsvorm van *codex* (vgl. *codex*).

codille [dubbel verlies bij het omberen] < **fr.** *codille* < **spaans** *codillo* [schouder, schoft van viervoeters], *tirar a uno al codillo* [proberen iemand onderuit te halen, te gronde te richten], (*tirar* [omverwerpen]), lett. dus iemand, eig. een dier, aan de schouder omverwerpen; verkleiningsvorm van *codo* [elleboog, schoft] < **lat.** *cubitus, cubitum* [elleboog] (vgl. *incubatie*).

codimeer [mengsel van polymeren] gevormd van **lat.** *con* [samen] + *dimeer*, van **gr.** *dis* [tweemaal] + *meros* [deel].

coeliakie [spijsverteringsziekte] gevormd van **gr.** *koilia* [(buik)holte, ingewanden, ontlasting], van *koilos* [hol].

coeloom [lichaamsholte] < **gr.** *koilōma* [uitgehold lichaam], van *koilos* [hol].

coenobium [klomp van eencellige organismen] < **chr. lat.** *coenobium* < **gr.** *koinobion* [leefgemeenschap, klooster], van *koinos* [gemeenschappelijk] + *bios* [leven], verwant met **lat.** *vivus* [levend].

coenocarp [m.b.t. vruchtbeginsels met vergroeide vruchtbladeren] gevormd van **gr.** *koinos* [gemeenschappelijk] + *karpos* [vrucht], idg. verwant met *herfst*.

coërcibel [bedwingbaar] < **fr.** *coercible*, van **lat.** *coercēre* [bijeenhouden, beteugelen], van *con* [samen] + *arcēre* [bijeenhouden, beteugelen], van *arca* [kist, koffer] (vgl. *ark*).

coëxisteren [(vreedzaam) naast elkaar bestaan] < **fr.** *coexister*, gevormd van **lat.** *com* [samen] + *ex(s)istere* (vgl. *existeren*).

cofferdam [afscheiding tussen vloeistoftanks] < **eng.** *coffer-dam*, van *coffer* [caisson] (vgl. *koffer*) en *dam* (vgl. *dam*).

cognaat [bloedverwant van moederszijde] < **lat.** *cognatus* [(door geboorte) verwant], van *com* [samen] + *(g)natus* [geboren], verl. deelw. van *nasci* [geboren worden], verwant met **genus, Genesis, Natal, natie**.

cognac [soort brandewijn] genoemd naar het Franse stadje *Cognac* in het departement Charente.

cognitie [kenvermogen] < **lat.** *cognitio* [het leren kennen, kennis, inzicht], van *cognoscere* (verl. deelw. *cognitum*) [leren kennen], van *noscere*, ouder *gnoscere* [weten], idg. verwant met **kunnen**.

cognossement, connossement [zeevrachtbrief] (1514), naar **fr.** *connaissement* [vrachtbrief], maar met heroriëntering op **lat.** *cognoscere* [kennis nemen van, herkennen, iemands identiteit voor de rechter attesteren] (vgl. *cognitie*).

cohabitatie [paring] < **lat.** *cohabitatio* [het samenwonen], van *cohabitare* (verl. deelw. *cohabitatum*), van *com* [samen] + *habitare* [(be)wonen], frequentatief van *habēre* [hebben], daarmee idg. verwant.

coherent [samenhangend] < **fr.** *cohérent* < **lat.** *cohaerens* (2e nv. *cohaerentis*), teg. deelw. van *cohaerēre* [samenhangen], van *com* [samen] + *haerere* [aan iets vastkleven].

cohesie [samenhang] < **fr.** *cohésion* < **lat.** *cohaesio* [idem], van *cohaerēre* (verl. deelw. *cohaesum*) (vgl. *coherent*).

cohibitie [matiging] < **chr. lat.** *cohibitio* [inperking], van *cohibēre* (verl. deelw. *cohibitum*) [bijeenhouden, in toom houden], van *com* [samen] + *habēre* [hebben], daarmee idg. verwant.

cohort [onderafdeling van legioen] < **lat.** *cohors* (2e nv. *cohortis*) [omheinde plaats, legerafdeling van zekere omvang], verwant met **gaard**, vgl. ook **eng.** *court*.

coifferen [kappen, vleien] < **fr.** *coiffer* [het hoofd bedekken, winnen voor], van **me. lat.** *cofea* < **oudhd.** *kupphia* [kap].

coïncidentie [samenloop van omstandigheden] < **fr.** *coincidence*, **eng.** *coincidence*, van **me. lat.** *coincidere* (teg. deelw. *coincidens*, 2e nv.

coincidentis) [samenvallen], van *com* [samen] + *incidere* [vallen in], van *in* [in] + *cadere* [vallen].
coïonaden [schimpwoorden] → ***koeioneren***.
coir [kokosvezel] < **eng.** *coir* < **malayalam** *kayar* [touw], van *kayaru* [ineengedraaid worden].
coïre [geslachtsgemeenschap hebben] → ***coïtus***.
coïtus [paring] < **lat.** *coitus* [samenkomst, bijslaap, paring], van *coire* [samenkomen, zich verenigen, huwen], van *com* [samen] + *ire* (verl. deelw. *itum*) [gaan].
cokes [residu van steenkool] < **eng.** *cokes*, mv. van *coke*, maar vroeger veel in het mv. gebruikt, van **middeleng.** *colke* [kern].
col [bergpas, kraag] < **fr.** *col*, nevenvorm van *cou* < **lat.** *collum* [nek, hals], daarmee idg. verwant.
cola [een Westafrikaanse noot] inheems woord van niet exact vastgestelde herkomst, vgl. echter **mandingo** *kolo* [noot]; de frisdrank wordt gemaakt van extract van deze noot.
colatie [filtratie] < **me. lat.** *colatio* [het filteren], van *colare* [zeven, zuiveren], van *colum* [zeef].
colbert [jas zonder panden] een niet-fr. woord, genoemd naar de Franse staatsman *Jean-Baptiste Colbert* (1614-1683).
colchicaceeën [tijloosachtigen] van **lat.** *colchicum* [tijloos], o. van *Colchicus* < **gr.** *Kolchikos, Kolchikon* [uit of van het gebied Colchis], waar volgens de Griekse mythologie Medea, een tovenares vol giftige streken, vandaan kwam; de tijloos bevat het zware vergif *colchine*.
coldcream [verkoelende zalf] < **eng.** *cold cream* [idem], van *cold* [koud] + *cream* < **oudfr.** *cresme* (vgl. *crème*).
coleren [filtreren] < **lat.** *colare* [zeven, zuiveren], van *colum* [zeef].
colibacil [darmbacil] gevormd van **gr.** *kolon* [grote darm], van vóór-gr. herkomst + *bacil*.
collaar [pastoorsboord] < **lat.** *collare* [halsijzer, halsband, kraag], van *collum* [nek, hals], daarmee idg. verwant.
collaberen [bezwijken] < **lat.** *collabi* [instorten, ineenzinken], van *com* [samen] + *labi* [glijden, neerglijden], idg. verwant met *lap* → ***collaps***.
collaboreren [medewerken] **fr.** *collaborer* < **lat.** *collaborare* [mede lijden, mede strijden], van *com* [samen] + *laborare* [moeite hebben met, lijden, aan iets laboreren, moeite doen voor, vervaardigen], van *labor* [moeite, inspanning, ellende], verwant met *labi* (vgl. ***collaberen***).
collage [het samenplaksel] < **fr.** *collage*, van *coller* [vastplakken, lijmen], via vulg. lat. van **gr.** *kolla* [lijm], idg. verwant met **middelnl.** *helen* [plakken].
collageen [lijmvormend eiwit] gevormd van **gr.** *kolla* [lijm], idg. verwant met **middelnl.** *helen* [plakken] + *genos* [geslacht, afstamming].
collaps [instorting] < **lat.** *collapsus*, verl. deelw. van *collabi* (vgl. ***collaberen***).
collateraal [zijdelings] < **me. lat.** *collateralis*, van *com* [samen] + *latus* (2e nv. *lateris*) [zijde], verwant met *latus* [breed].

collatie [vergelijking van teksten] < **lat.** *collatio* [het bij elkaar brengen, vergelijking], van *collatum*, gebruikt als verl. deelw. bij het incomplete ww. *conferre* [bijeenbrengen, vergelijken] (vgl. *conferentie*).
collation [maaltijd] **middelnl.** *collacie* [samenspreking, predikatie, lichte avondmaaltijd, gezellige bijeenkomst, het collationeren] < **fr.** *collation* < **lat.** *collationem*, 4e nv. van *collatio* [het bij elkaar brengen, in chr. lat. gedachtenwisseling]; in het fr. werd het de naam van een lichte gezamenlijke maaltijd van monniken na de avondbijeenkomst (vgl. *collatie*).
collationeren [teksten vergelijken] **middelnl.** *colationeren* < **fr.** *collationner* < **lat.** *collationare*, van *collatio* (vgl. *collatie*).
collé [bal onder de band (biljart)] < **fr.** *collé*, verl. deelw. van *coller* [plakken] (vgl. *collage*).
collecta [eerste gebed van de mis] < **lat.** *collecta*, verl. deelw. van *colligere* (vgl. ***collecte***); de benaming betekent 'verzamelde gebeden' van de gelovigen, die met een 'laat ons bidden' zijn uitgenodigd in stilte te bidden.
collecte [geldinzameling] < **fr.** *collecte* < **lat.** *collecta* [bijdrage tot een gemeenschappelijk maal, inzameling], van *colligere* [samenlezen, verzamelen, bijeenbrengen], van *com* [samen] + *legere* [verzamelen, uitkiezen].
collectie [verzameling] < **fr.** *collection* < **lat.** *collectionem*, 4e nv. van *collectio* [het verzamelen, ophoping], van *colligere* (verl. deelw. *collectum*) (vgl. ***collecte***).
collectief [gezamenlijk] < **fr.** *collectif* < **lat.** *collectivus*, van *colligere* (vgl. ***collecte***).
collega [ambtgenoot] < **lat.** *collega* [idem], van *com* [samen] + *legare* [als gezant zenden, tot legaat of onderbevelhebber benoemen].
college [bestuurslichaam, voordracht van hoogleraar] < **fr.** *collège* < **lat.** *collegium* [ambtgenootschap, gilde, genootschap, in chr. lat. ook opvoedingsinstituut], van *com* [samen] + *lex* (2e nv. *legis*) [wet, regel, voorschrift].
collegiant [lid van bepaalde godsdienstige vereniging] van **fr.** *collège* < **lat.** *collegium* (vgl. ***college***).
collenchym [steunweefsel in planten] gevormd van **gr.** *kolla* [lijm] (vgl. *collage*) + *egchumos* [sappig], van *egchein* [inschenken, ingieten], van *en* [in] + *chein* [gieten], daarmee idg. verwant.
collet [ruitervest] **middelnl.** *collet* < **fr.** *collet* [kraag, bef, cape], verkleiningsvorm van *col* (vgl. *col*).
colli mv. van *collo*.
collideren [botsen] < **lat.** *collidere* [idem], van *com* [samen] + *laedere* [slaan, kwetsen] (vgl. ***laesie, lèse-majesté***).
collie [Schotse hond] < **eng.**, etymologie onzeker.
collier [halssnoer] **middelnl.** *collier* < **fr.** *collier*, met vervanging van achtervoegsel < **lat.** *collarium* of van *collare*, o. van *collaris* [m.b.t. de hals] (vgl. *col*).

collimeren [richtingen doen samenvallen] < **lat.** *collimare* [zijwaarts richten], eerst sedert Apuleius (geb. ca. 125 na Chr.), berustend op een misduiding van *collineare* (van *com* [samen] + *linea* [lijn]) in Cicero-teksten.

collinsia [plant] genoemd naar de Amerikaanse botanicus *Zacheus Collins* († 1831).

collisie [botsing] < **fr.** *collision* < **lat.** *collisio* [idem], van *collidere* (verl. deelw. *collisum*) [tegen elkaar doen stoten, passief botsen], van *com* [samen] + *laedere* [slaan, kwetsen].

collo [te verzenden stukgoed] < **it.** *collo* [pakje, baal]; de eerste betekenis is evenwel 'hals', dus een op de nek genomen vrachtje → *col*.

collocatie [plaatsing] < **lat.** *collocatio* [idem], van *collocare* (verl. deelw. *collocatum*) [plaatsen], van *locare* [idem], van *locus* [plaats] < **oudlat.** *stlocus*, idg. verwant met **stellen**.

collodion, collodium [oplossing van cellulose] gevormd van **gr.** *kollōdès* [kleverig], van *kolla* [lijm] (vgl. *collage*).

colloïde [stof die fijn verdeeld in vloeistof zit] < **fr.** *colloïde* < **eng.** *colloid* [idem], gevormd door Thomas Graham, Schots scheikundige (1805-1879) van **gr.** *kolla* [lijm], idg. verwant met **helen** [1] + *-oïde*.

colloquium [samenspraak] < **lat.** *colloquium* [onderhoud, gesprek], van *colloqui* [een gesprek voeren], van *com* [samen] + *loqui* [spreken].

collusie [heimelijke verstandhouding] (1527) < **lat.** *collusio* [idem], van *colludere* (verl. deelw. *collusum*) [met iemand spelen, onder één hoedje spelen met], van *com* [samen] + *ludere* [spelen].

colluvium [leemafzetting] < **lat.** *colluvium* = *colluvio* [samenstroming van vuil, bezinksel, mengelmoes], van *luere* [bespoelen] (vgl. *Alluvium*).

collyrium [oogwater] < **gr.** *kollurion* [zegelwas, oogzalf], van *kollura* [een soort brood].

colofon [einde, gegevens aan het eind van drukwerk] < **gr.** *kolophōn* [hoogste punt, overdrachtelijk: afsluiting, slot], van *kolōnè* [heuvel], verwant met **lat.** *collis* [heuvel].

colofonium [distillaatresidu van hars] eerste helft 15e eeuw *colofonie*, gevormd van **lat.** *colophonia* < **gr.** *kolophōnia* [(hars) van Kolophoon], een stad in Lydië, waarvan de naam 'hoogste punt' betekent (vgl. *colofon*).

colombier [papierformaat] is de naam van een papierfabrikant.

Colombine [figuur uit de Commedia dell' Arte] < **fr.** *Colombine* < **it.** *colombina* [duifje, onschuldig meisje] < **me. lat.** *columbina* (vr.) [duifachtig], van *columba* [duif] (vr.).

colon [deel van dikke darm] < **lat.** *colon* < **gr.** *kolon* [grote darm], van een basis met de betekenis 'buigen', waarvan ook **klinisch** stamt.

colonnade [zuilenrij] < **fr.** *colonnade* < **it.** *colonnato*, van *colonna* (vgl. **kolom**).

colonne [opstelling van soldaten e.d.] < **fr.** *colonne* < **lat.** *columna* (vgl. **kolom**).

coloradokever [aardappelkever] zo genoemd omdat de uit het zuidwesten van de V.S. afkomstige kever bij zijn uitbreiding tot Colorado daar werd ontdekt.

coloratuur [versiering met cadansen en loopjes] < **it.** *coloratura* [koloriet, kleur, coloratuur], van *colorare* [kleuren] < **lat.** *colorare*, van *color* [kleur].

coloreren [kleuren, vergoelijken] < **fr.** *colorer* < **lat.** *colorare*, van *color* [kleur].

colostrum [biest] < **lat.** *colostrum*.

colporteren [te koop aanbieden] < **fr.** *colporter* [idem] < **lat.** *comportare* [bijeen brengen], van *com* [samen] + *portare* [dragen, brengen], van dezelfde basis als **varen** [2]; de *l* is te wijten aan volksetymologische verwarring met *col* [cou, hals]; men dacht aan 'op de nek dragen'.

colt [type revolver] genoemd naar de Amerikaan *Samuel Colt* (1814-1862), die het wapen in 1836 uitvond.

coltrui [trui met rolkraag] het eerste lid uit **fr.** *col* (vgl. *col*).

columbarium [grafruimte met nissen voor urnen] < **lat.** *columbarium* [eig. duiventil], zo genoemd naar het samenstelsel van boogvormige nisjes, van *columba* [duif].

Columbia [geogr.] < **spaans** *Colombia*, genoemd naar *Columbus*.

column [regelmatige bijdrage aan krant] < **eng.** *column* (vgl. **kolom**).

coluren [jaargetijsneden] < **gr.** *kolouros* [gekortwiekt], van *kolos* [afgeknot], van *klan* [afbreken], vermoedelijk klanknabootsend gevormd + *oura* [staart].

com- [voorvoegsel] in woorden van lat. herkomst, met, samen, varianten *co-, con-, cum-*, vermoedelijk verwant met het perfectief voorvoegsel nl. *ge-*.

coma [1] [bewusteloosheid] < **gr.** *kōma* [vaste, diepe slaap, slaapziekte], van *koiman* [te ruste leggen].

coma [2] [nevelmassa rond komeetkern] < **lat.** *coma* [hoofdhaar, loof, wol, lichtstralen] < **gr.** *komè* [haar, loof] (vgl. **komeet**).

combattant [strijder] < **fr.** *combattant*, teg. deelw. van *combattre* [strijden], van *com* [samen] + **lat.** *battuere* [vechten].

combinatie [verbinding] < **lat.** *combinatio* [combinatie, verbinding], van *combinare* (verl. deelw. *combinatum*) (vgl. **combineren**).

combine [1] [combinatie van renners in wielersport om kansen van concurrenten te breken] < **fr.** *combine*, eind 19e eeuw, van *combiner* (vgl. **combineren**).

combine [2] [machine die maait en dorst] < **eng.** *combine*, verkort uit *combine harvester, combined harvester*, (*harvester* [oogster], verwant met **herfst**) < **fr.** *combiner* (vgl. **combineren**).

combineren [samenvoegen] < **fr.** *combiner* < **laatlat.** *combinare* [twee aan twee samenvoegen, verkeren met], van *com* [samen] + *bini* [elk twee, twee tegelijk, dubbel, een paar], verwant met *bis* [twee]

maal], **oudlat.** *dvis* [idem], idg. verwant met *twee*.
comble [toppunt] < **fr.** *comble* < **lat.** *cumulus* [stapel, maar in na-klass. lat. ook toppunt, hoogtepunt], door verwarring met *culmen* [hoogste punt].
combo [klein ensemble van muzikanten] < **eng.** *combo*, van *combination* [combinatie].
combustibel [brandbaar] < **fr.** *combustible* < **me. lat.** *combustibilis*, van *comburere* (verl. deelw. *combustum*) [verbranden].
comedo [meeëter] < **lat.** *comedo* [opvreter], van *comedere* [opeten, meeëten], van *com* [samen] + *edere* [eten], daarmee idg. verwant.
comestibles [fijne eetwaren] < **fr.** *comestibles*, afgeleid van **lat.** *comedere* = *edere* [eten] met de fr. uitgang *-ble*, **lat.** *-bilis*, die de mogelijkheid aangeeft, samen dus: dat wat eetbaar is.
comète [kaartspel] dit spel werd bedacht om Lodewijk XV te amuseren, met twee spellen kaarten waaraan een rode en een zwarte negen werden toegevoegd, die *comètes* werden genoemd en die bij hun verschijnen in de hand van een speler deze in verschillende stadia plotseling grote winstkansen boden (vgl. **komeet**).
comfort [gemak] < **fr.** *confort* [idem], **middelnl.** *confoort* [versterking, hulp, troost], teruggaand op **chr. lat.** *confortare* [sterken, troosten], van *fortis* [sterk].
comic [komisch stripverhaal] < **eng.** *comic*, verkort uit *comic book* < **lat.** *comicus* (vgl. **komisch**).
comitaat [Hongaars arrondissement] < **lat.** *comitatus* [geleide, gevolg, gevolg van de keizer, keizerlijk hof], van *comitare* (verl. deelw. *comitatum*) [begeleiden], van *comes* (2e nv. *comitis*) [begeleider, hoog keizerlijk ambtenaar], van *com* [samen] + de stam van *ire* [gaan], dus hij die vergezelt.
comité [groep personen met uitvoerende taak] < **fr.** *comité* < **eng.** *committee* < **oudfr.** *committé*, nevenvorm van *commis*, verl. deelw. van *commettre* [opdragen], dus iemand of een groep waaraan iets is opgedragen (vgl. **committeren, commies**).
commanderen [bevelen] < **fr.** *commander* < **lat.** *commendare* (vgl. **commende**).
commandeur [rang van opperofficier bij de marine, een der hoogste rangen bij ridderorden] **middelnl.** *commandoor, commanduer* [commandeur, waardigheidsbekleder bij geestelijke ridderorden] < **oudfr.** *commandeur*, afgeleid van *commander* (vgl. **commanderen**).
commanditair [m.b.t. stille vennoot] < **fr.** *commanditaire*, van *commandite* [geld gestoken in een commanditaire vennootschap] < **it.** *accomandita* [commanditaire vennootschap], van **lat.** *accomodare* (vgl. **commende**).
commando [bevel] 1834 in Zuid-Afrika bij een semi-militaire expeditie van de Boeren tegen inheemsen < **portugees** *comando*, van *comandar* [bevelen] (vgl. **commanderen**).

commende [toewijzing] < **fr.** *commende* [idem] < **me. lat.** *commenda* [toewijzing van een geestelijk goed], van **lat.** *commendare* [toevertrouwen], van *com* [samen] + *mandare* [geven, toevertrouwen, eig. in iemands hand leggen], van *manus* [hand].
commensaal [kostganger] **middelnl.** *commensael* [tafelgenoot] < **me. lat.** *commensalis* [die aan dezelfde tafel eet], van *com* [samen] + *mensa* [tafel]; vgl. voor de betekenis *compagnon*.
commensurabel [meetbaar met dezelfde maatstaf] < **lat.** *commensurabilis*, van *com* [samen] + *mensurabilis* [meetbaar], van *mensurare* [meten], van *mensura* [maat], van *metiri* (verl. deelw. *mensum*) [meten].
commentaar [verklaring] < **fr.** *commentaire* < **lat.** *commentarius* en *commentarii* (mv.) [aantekeningen, verslag, kroniek, proces verbaal], *commentare* en *commentari* [nauwkeurig overdenken], van *comminisci* (verl. deelw. *commentum*) [zich bezinnen], van *com* [samen] + *mens* (2e nv. *mentis*) [geest], idg. verwant met **min²** [liefde], **eng.** *mind*.
commercie [handel] < **fr.** *commerce* < **lat.** *commercium* [handel], van *com* [samen] + *merx* (2e nv. *mercis*) [koopwaar, in laat-lat. ook handel].
commère [meter, babbelaarster] **middelnl.** *commere* [doopmoeder, vriendin, goede kennis] < **fr.** *commère* < **chr. lat.** *commater* [medemoeder, tweede moeder], van *com* [samen] + *mater* [moeder], daarmee idg. verwant.
commies [middelbare ambtenaar] (1534) *commys* → **comité**.
comminatoir [met straf bedreigend] < **fr.** *comminatoire* < **me. lat.** *comminatorius*, van **klass. lat.** *comminari* (verl. deelw. *comminatum*) [bedreigen], van *minari* [omhoogsteken, (be)dreigen], van *minae* [bedreigingen], van *minax* [uitstekend, dreigend].
commissaris [gevolmachtigde] **middelnl.** *commissari(j)s* [gelastigde] < **me. lat.** *commissarius* [commissaris], van **klass. lat.** *committere* (vgl. **commissie**).
commissie [comité, provisie] < **fr.** *commission* < **lat.** *commissionem*, 4e nv. van *commissio*, van *committere* (verl. deelw. *commissum*) (vgl. **committeren**).
commissuur [bindweefselachtige verbinding] < **lat.** *commissura* [verbinding, voeg, naad], van *committere* (verl. deelw. *commissum*) (vgl. **committeren**).
commitment [binding van de koper aan een bepaald merk] < **eng.** *commitment*, van *to commit* [toevertrouwen] < **lat.** *committere* [samenvoegen, toevertrouwen], van *com* + *mittere* [doen gaan, uitzenden].
committeren [zich committeren, binden aan] < **lat.** *committere* [toevertrouwen], van *com* [samen] + *mittere* [sturen].
commodaat [bruikleen] < **fr.** *commodat* < **lat.**

commode — competent

commodatum [het geleende, leenovereenkomst], eig. verl. deelw. van *commodare* [een dienst bewijzen, uitlenen], van *commodus* [passend, gemakkelijk, vriendelijk] (vgl. ***commode***).

commode [latafel] < **fr.** *commode* [gerieflijk, latafel] < **lat.** *commodus* [doelmatig, geschikt], van *com* [samen] + *modus* [maat, gematigdheid] (vgl. ***mode***).

commodo [op zijn gemak, rustig] < **it.** *commodo* < **lat.** *commodus* [passend, gemakkelijk] (vgl. ***commode***).

commodore [een rang] < **eng.** *commodore* < ouder **fr.** *commandore* (vgl. ***commanderen***).

commotie [opschudding] **middelnl.** *commotie* < **fr.** *commotion* [opschudding] < **lat.** *commotionem*, 4e nv. van *commotio*, van *commotus* [opgewonden], verl. deelw. van *commovēre* [in beweging brengen, schokken], van *com* [samen] + *movēre* [in beweging brengen].

commune [leefgemeenschap] < **fr.** *commune* < **lat.** *communionem*, 4e nv. van *communio* [gemeenschap, in chr. lat. omgang, avondmaal, eucharistie], **me. lat.** *communis, commune, communia* [gemeenschap, associatie], van **klass. lat.** *communis* [gemeenschappelijk], van *com* [samen] + *munus* [taak, dienst, liefdedienst, offer] → ***ammunitie, immuun***.

communicant [die ter communie gaat, lid van de kerk] < **lat.** *communicans* (2e nv. *communicantis*), teg. deelw. van *communicare* [iets met iemand delen, gemeen hebben, in chr. lat. deelnemen aan], van *communis* [gemeenschappelijk] (vgl. ***commune***).

communicatie [mededeling] **middelnl.** *communicatie* < **fr.** *communication* < **lat.** *communicationem*, 4e nv. van *communicatio* [het mededelen, in chr. lat. ook omgang], van *communicare* (verl. deelw. *communicatum*) (vgl. ***communicant***).

communie [het ontvangen van de hostie] → ***commune***.

communiqué [officiële mededeling] < **fr.** *communiqué*, verl. deelw. van *communiquer* < **lat.** *communicare* [iets met iemand delen, deelnemen aan, mededelen], van *communis* [gemeenschappelijk] (vgl. ***commune***).

communisme [maatschappelijk stelsel van gemeenschappelijk bezit] 19e eeuwse vorming van **lat.** *communis*, **fr.** *commun* (vgl. ***commune***).

compact [dicht opeengedrongen] **(middelnl.** *compact* [overeenkomst, afspraak]) < **fr.** *compact* [ineengedrongen] < **lat.** *compactum*, verl. deelw. van *compingere* [ineenslaan, induwen], van *com* [samen] + *pangere* [vastslaan], idg. verwant met ***vangen, voegen***.

compagnie [gezelschap, onderafdeling in leger] < **fr.** *compagnie* < **me. lat.** *companium, compania, compagnia* [groep krijgslieden, groep huurlingen], van *companio* (vgl. ***compagnon***).

compagnon [handelsgenoot] < **fr.** *compagnon* < **vulg. lat.** *companionem*, 4e nv. van *companio*, van *com* [samen] + *panis* [brood], idg. verwant met ***voeden*** (vgl. ***kompaan***); de betekenis is dus 'iemand met wie men het brood deelt'. Vgl. voor de betekenis ***kameraad, gezel, maat*** [2], ***genoot***.

compander [apparaat dat signalen comprimeert en later expandeert] < **eng.** *compander*, gevormd met *com* [samen] naar analogie van *to expand* [uitbreiden].

comparatief [vergelijkend (bn.), vergrotende trap (zn.)] < **lat.** *comparativus* [vergelijkend], van *comparare* [verenigen, tegenover iemand plaatsen, vergelijken], van *com* + *par* [gelijk, gelijke].

compareren [voor rechter of notaris verschijnen] **middelnl.** *compareren* [te voorschijn komen] < **fr.** *comparer* < **lat.** *comparēre* [verschijnen, zich vertonen].

compartiment [afdeling] < **fr.** *compartiment* < **it.** *compartimento* [afdeling, compartiment], van *compartire* [indelen], van **chr. lat.** *compartiri* [delen met], van *com* [samen] + *partiri* [verdelen], van *pars* (2e nv. *partis*) [deel].

compascuum [gemeenteweide] < **lat.** *compascuum*, van *compascere* [samen weiden], van *com* [samen] + *pascere* [weiden], *pascua* [weide] (vgl. ***pastoor***); vgl. *Emmer-Compascuum*.

compassie [medelijden] **middelnl.** *compassie* < **fr.** *compassion* < **chr. lat.** *compassio*, van *compati* (verl. deelw. *compassum*) [mede lijden], van *com* [samen] + *pati* [lijden].

compatibel [verenigbaar] < **fr.** *compatible* < **me. lat.** *compatibilis*, van *compati* (vgl. ***compassie***).

compeer [kameraad] **middelnl.** *compere* [doopvader, vriend, kameraad] < **fr.** *compère* [peter, kwant, ouwe jongen] < **lat.** *compater* [doopvader], van *com* [samen] + *pater* [vader], daarmee idg. verwant.

compel [aanmaning] van **lat.** *compellere* [samendrijven, in het nauw drijven, dwingen], van *com* [samen] + *pellere* [stoten, duwen, drijven].

compendium [samenvatting] < **lat.** *compendium* [winst, besparing, bekorting, kortste weg, eig. meeweging], van *com* [samen] + *pendere* [wegen] (vgl. ***compensatie, pond***).

compensatie [vereffening] (1531) *compensacie* < **fr.** *compensation* < **lat.** *compensationem*, 4e nv. van *compensatio* [vereffening, vergoeding], van *compensare* (verl. deelw. *compensatum*) [tegen iets afwegen, vereffenen], van *com* [samen] + *pensare*, frequentatief van *pendere* [wegen] (vgl. ***pond***); de betekenis is dus: het in evenwicht brengen van de beide schalen.

compenseren [vereffenen] (1530) → ***compensatie***.

compère → ***compeer***.

competent [bekwaam, gerechtigd] (1504) < **fr.** *compétent* < **lat.** *competens* (2e nv. *competentis*), teg. deelw. van *competere* [elkaar ontmoeten, samenvallen, passen, in staat zijn], van *com* [samen] + *petere* [trachten te bereiken], van een idg. basis met de betekenis 'vliegen', waarvan ook stamt ***veer*** [1].

competentie [deskundigheid, bevoegdheid] < lat. *competentia* [omstandigheid, gelegenheid, geschiktheid, competentie] (vgl. *competent*).

competitie [mededinging] < fr. *compétition* < lat. *competitio* [rivaliteit], van *competere* (verl. deelw. *competitum*) [elkaar ontmoeten, samenvallen, tegelijkertijd trachten te bereiken], van *com* [samen] + *petere* (vgl. *competent*).

compilatie [samenvoeging van gegevens] < fr. *compilation* < lat. *compilationem*, 4e nv. van *compilatio* [het bijeengeroofde], van *compilare* (verl. deelw. *compilatum*) [plunderen], van *com* [samen] + *pilare* [plunderen, opstapelen (van buit)], van *pila* [pilaar, pijler, betonnen of stenen blok als basis van een constructie, grote hoop, stapel].

compileren [samenvoegen] < fr. *compiler* [idem] < lat. *compilare* (vgl. *compilatie*).

complaisancepapier [schoorsteenwissel] < fr. *complaisance* [idem] < me. lat. *complacentia* [genoegdoening, goodwill], van *complacēre* (teg. deelw. *complacens*, 2e nv. *complacentis*) [bevallen, zich verheugen], van *com* [samen] + *placēre* [bevallen].

compleet [volledig] < fr. *complet* < lat. *completus*, verl. deelw. van *complēre* [vullen, voltallig maken], van *com* [samen] + *plēre* [vullen], daarmee idg. verwant.

complement [aanvulling] < lat. *complementum* [vulsel, aanvulling], van *complēre* (vgl. *compleet*).

complet [kostuum] < fr. *complet* < lat. *completum*, verl. deelw. van *complēre* [compleet maken] (vgl. *compleet*).

completen [avondgebed] middelnl. *complete* [gebed ter sluiting van de kerkelijke dag] < chr. lat. *completorium* [idem], van *complēre* (verl. deelw. *completum*) [voltooien] (vgl. *compleet*).

complex [samengesteld geheel] < fr. *complexe* < lat. *complexus* [omarming, het omvatten, omvang], van *complecti* [omvatten], van *com* [samen] + *plectere* [vlechten], daarmee idg. verwant.

complexie [geaardheid, gesteldheid] middelnl. *complexie* [de vochtvermenging in het menselijk lichaam, lichaamsgestel, karakter, humeur] < fr. *complexion* < lat. *complexionem*, 4e nv. van *complexio* [samenvatting, omstrengeling], van *complecti* (verl. deelw. *complexum*, vgl. *complex*).

compliantie [volgzaamheid] < eng. *compliancy*, van *to comply* [zich schikken], teruggaand op lat. *complēre* [vervullen] (vgl. *compleet*).

complicatie [verwikkeling] < fr. *complication* < me. lat. *complicationem*, 4e nv. van *complicatio* [synthese, betrokkenheid, verwarring, eig. het samenvouwen], van *com* [samen] + *plicare* [vouwen], van *plectere* [vlechten], daarmee idg. verwant.

complice [medeplichtige] middelnl. *complice* < fr. *complice* < me. lat. *complicem*, 4e nv. van

complex [medeplichtige, bondgenoot, volgeling], eig. verl. deelw. van *complecti* [omarmen, omvatten, insluiten] (vgl. *complex*).

compliment [lof, begroeting] < fr. *compliment* < **ouder spaans** *complimiento* [het vervullen, naleving, plichtpleging, compliment], van *complir* [vervullen] < lat. *complēre* [vullen, volledig maken, volbrengen], *complementum* [vulsel, aanvulling] (vgl. *complement*).

component [samenstellend deel] < lat. *componens* (2e nv. *componentis*), teg. deelw. van *componere* (vgl. *componeren*).

componeren [samenstellen] middelnl. *componeren* [een schikking maken] < lat. *componere* [bijeenplaatsen, samenstellen, bouwen, schrijven, verzinnen], van *com* [samen] + *ponere* [plaatsen], van het voorvoegsel *po-* + *sinere* [neerleggen, toelaten] (vgl. *situatie*).

componist [schepper van muziekstukken] < hd. *Komponist*, gevormd van lat. *componere* [bij elkaar plaatsen, samenstellen] (vgl. *componeren*).

composer [zetmachine] < eng. *composer*, van fr. *composer* (ww.) < lat. *componere* (verl. deelw. *compositum*) [bijeenbrengen, samenstellen, ordenen] (vgl. *componeren*).

composiet [samengesteld materiaal, samengestelde bloem] < fr. *composite* [samengesteld] < lat. *compositum*, verl. deelw. van *componere* (vgl. *componeren*).

compositie [samenstelling] middelnl. *compositie* [schikking, verdrag] < fr. *composition* < lat. *compositionem*, 4e nv. van *compositio* [samenstelling, rangschikking, stijl], van *componere* (verl. deelw. *compositum*) (vgl. *componeren*).

compositum [wat samengesteld is] < lat. *compositum*, het zelfstandig gebruikt verl. deelw. van *componere* (vgl. *componeren*).

compost [meststof] < eng. of oudfr. *compost* < lat. *compos(i)tum*, verl. deelw. van *componere* [bijeenbrengen, opstapelen, te ruste leggen] (vgl. *componeren, compote*).

compote [vruchtenmoes] middelnl. *compo(o)st* [ingemaakte vruchten, confituren, confiturentaart] < oudfr. *composte* (vgl. *compost*).

compound [mengsel van kunststof met weekmaker] < eng. *compound*, van oudfr. *componre* < lat. *componere* (vgl. *componeren*).

comprehensie [bevattingsvermogen] < fr. *compréhension* < lat. *comprehensionem*, 4e nv. van *comprehensio* [het grijpen, begrip], van *comprehendere* (verl. deelw. *comprehensum*) [beetpakken, zich eigen maken, begrijpen], van *com* [samen] + *prehendere* [grijpen, in bezit nemen], van *prae* [voor] + *hendere* [pakken], idg. verwant met **eng.** *to get*.

compressibel [samendrukbaar] < fr. *compressible*, van *compresser*, van lat. *comprimere* (verl. deelw. *compressum*) [samenpersen], van *com* [samen] + *premere* [drukken, persen].

compressie [samendrukking] < fr. *compressio*

comprimeren — conciërge

< lat. *compressionem,* 4e nv. van *compressio* [idem], van *comprimere* (vgl. **compressibel**).

comprimeren [samenpersen] < fr. *comprimer* < lat. *comprimere* [samendrukken] (vgl. **compressibel**).

compromis [schikking] middelnl. *compromis* (vgl. 16e eeuws nl. *compromisbrief* [schikkingsakte]) < fr. *compromis* < lat. *compromissum* [onderlinge overeenkomst, eig. afspraak zich aan een scheidsrechter te onderwerpen], eig. verl. deelw. van *compromittere* [zo'n afspraak maken], van *com* [samen] + *promittere* [beloven] (vgl. **promesse**).

compromitteren [verdacht maken] middelnl. *compromitteren* [een rechtszaak aan de beslissing van een scheidsrechter opdragen], naar de vorm < lat. *compromittere* (vgl. **compromis**), maar inhoudelijk volgens de betekenisontwikkeling < fr. *compromettre,* dat uit 'het voorleggen aan een scheidsrechter' werd tot 'in een slechte positie brengen'.

comptabel [rekenplichtig] < fr. *comptable* < me. lat. *computabilis,* van *computare* [berekenen] (vgl. **computer**).

compulsie [aandrijving, dwang] < fr. *compulsion* < lat. *compulsionem,* 4e nv. van *compulsio* [het dringen, dwingen], van *compellere* (verl. deelw. *compulsum*) [bijeendrijven, in het nauw drijven], van *com* [samen] + *pellere* [stoten, drijven].

compunctie [boetvaardigheid] middelnl. *compunctie* < chr. lat. *compunctio* [berouw], van *compungere* (verl. deelw. *compunctum*) [steken, pijnigen], het passief *compungi* [berouw hebben], van *pungere* [prikken] (vgl. **punt**[1]).

computatie [berekening] < fr. *computation* [berekening van de tijd der feestdagen] < lat. *computationem,* 4e nv. van *computatio* [berekening], van *computare* (verl. deelw. *computatum*) [berekenen] (vgl. **computer**).

computer [rekentuig] < eng. *computer,* van het ww. *to compute* [(be)rekenen] < lat. *computare* [berekenen], van *com* [samen] + *putare* [in het reine brengen], *rationem putare* [de rekening opmaken], van *putus* [rein].

comstockery [het uitoefenen van overdreven censuur] genoemd naar *Anthony Comstock* (1844-1915), Amerikaans sociaal hervormer en fatsoensrakker.

comtoise [klok] genoemd naar het gebied van herkomst *Franche-Comté.*

con- → *com-.*

conatie [streving] < lat. *conatio* [poging], van *conari* (verl. deelw. *conatum*) [beproeven, ondernemen].

concaaf [hol] < lat. *concavus* [holrond, gebogen, gewelfd], van *com* [samen] + *cavus* [hol].

concasseur [steenbreker] < fr. *concasseur,* van *concasser* [vergruizen] < lat. *conquassare* [hevig schokken], van *com* [samen] + *quassare* [heen en weer schudden, verbrijzelen], frequentatief van *quatere* (verl. deelw. *quassum*) [schudden, beuken, verbrijzelen], idg. verwant met **schudden**.

concatenatie [kettingvorming] < fr. *concaténation* < lat. *concatenationem,* 4e nv. van *concatenatio* [aaneenschakeling], van *concatenare* (verl. deelw. *concatenatum*) [aaneenschakelen], van *com* [samen] + *catena* [keten].

concederen [toestaan] < fr. *concéder* < lat. *concedere,* met vrijwel dezelfde begripsinhoud als *cedere* (vgl. **cederen**).

concelebreren [gezamenlijk de mis opdragen] < lat. *concelebrare* [vieren, vereren, verheerlijken], van *com* [gezamenlijk] + *celebrare* (vgl. **celebreren**).

concentreren [verenigen] < fr. *concentrer,* van lat. *com* [samen] + *centrare* (vgl. **centrum**).

concentrisch [met een gemeenschappelijk middelpunt] < me. lat. *concentricus* [concentrisch, concentrische cirkel], van *com* [samen] + *centrum.*

concept [ontwerp] (1511) < fr. *concept* < lat. *conceptio* [ontvangenis, het samenvatten in woorden, formulering], van *concipere* (verl. deelw. *conceptum*) [lett. samenvatten], van *com* [samen] + *capere* (in samenstellingen *-cipere*) [nemen, vatten], idg. verwant met **heffen**.

conceptie [bevruchting] < fr. *conception* < lat. *conceptionem,* 4e nv. van *conceptio* [ontvangenis, samenvatting, opvatting], van *concipere* (vgl. **concept**).

concern [geleed groot bedrijf] < eng. *concern,* van lat. *concernere* [vermengen], van *com* [samen] + *cernere* [scheiden, zeven].

concert [muziekuitvoering] < fr. *concert* < it. *concerto* [overeenkomst, afspraak, concert], van lat. *com* [samen] + *certare* [wedijveren, streven, moeite doen], afgeleid van *certus* [zeker, eig. beslissen], verwant met **crisis**.

concertino [klein concert] < it. *concertino,* verkleiningsvorm van *concerto* [concert].

concessie [tegemoetkoming, vergunning] < fr. *concession* < lat. *concessionem,* 4e nv. van *concessio* [toestemming, vergunning, het afstaan (b.v. van grond)], van *concedere* (vgl. **concederen**).

concetti [gezocht geestige wendingen] < it. *concetti,* mv. van *concetto,* van lat. *concipere* (verl. deelw. *conceptum*) [in zich opnemen, samenvatten, formuleren] (vgl. **concept**).

concha [schelp] < lat. *concha* [schelp, schelpvormig voorwerp] < gr. *kogchè* [schelp], verwant met **oudindisch** *sankha-* [schelpdier], Iets *senze* [idem] (vgl. **congé**).

conche [mengmachine voor chocolade] < fr. *conche* [eig. het in elkaar zetten, opsieren] < it. *concia,* van *conciare,* gevormd van lat. *comptus* [sierlijk, fijn bewerkt], eig. het verl. deelw. van *comere* [samenvoegen, opmaken (van haar), tooien], van *com* [samen] + *emere* [nemen].

conciërge [huisbewaarder] middelnl. *concierge* [stadhuisbediende] < fr. *concierge* < oudfr. *concerge* [bewaker, verdediger, bewaarder] < me. lat. *consergius, concergius* [paleiswachter], van

com [samen] + *servire* [als slaaf dienen, diensten bewijzen, zich wijden aan], van *servus* [slaaf, dienaar].

concies [bondig] < **fr.** *concis* < **lat.** *concisus* [bondig, beknopt], eig. verl. deelw. van *concidere* [in stukken hakken], van *caedere* [hakken], idg. verwant met **heien**[1].

conciliant [verzoeningsgezind] < **lat.** *concilians* (2e nv. *conciliantis*), teg. deelw. van *conciliare* [verenigen, bevriend maken, gunstig stemmen], van *concilium* [vereniging, vriendschapsband], van *com* [samen] + *calare* [samenroepen] (vgl. *kalender*[1]).

concilie [kerkvergadering] **middelnl.** *consilie* < **lat.** *concilium* (vgl. *conciliant*).

concipiëren [ontwerpen, zwanger worden] **middelnl.** *concipieren* [beramen], **middelnl.** *concipieren* < **lat.** *concipere* [in zich opnemen, zwanger worden van (ook overdrachtelijk), zich voorstellen, formuleren, ramen], van *com* [samen] + *capere* [nemen], idg. verwant met *heffen*.

concisie [beknoptheid] < **fr.** *concision*, van *concis* (vgl. *concies*).

conclaaf, *conclave* [vertrek waar paus gekozen wordt, vergadering] **middelnl.** *conclave* < **fr.** *conclave* < **lat.** *conclave* [een vertrek dat gesloten kan worden], van *com* [samen] + *clavis* [sleutel, slot], verwant met *claudere* [sluiten], daarmee idg. verwant (vgl. *closet*).

concluderen [besluiten] **middelnl.** *concluderen* < **lat.** *concludere* (vgl. *conclusie*).

conclusie [gevolgtrekking] **middelnl.** *conclusie* < **fr.** *conclusion* < **lat.** *conclusionem*, 4e nv. van *conclusio* [eind, besluit, conclusie], van *concludere* (verl. deelw. *conclusum*) [afsluiten], van *com* [samen] + *claudere* [sluiten], daarmee idg. verwant (vgl. *closet*).

concomitant [samengaand] < **fr.** *concomitant* < **lat.** *concomitans* (2e nv. *concomitantis*), teg. deelw. van *concomitari* [begeleiden], van *com* [samen] + *comitari* [begeleiden], van *comes* [gezel], van *com* [samen] + de stam van *ire* [gaan].

concordaat [verdrag tussen staten] (1545) *concordaet* [overeenkomst] < **fr.** *concordat* < **chr. lat.** *concordatio*, van *concordare* (verl. deelw. *concordatum*) [harmoniëren] (vgl. *concordia*).

concordantie [overeenstemming] **middelnl.** *concordantie* < **me. lat.** *concordantia*, van **lat.** *concordans* (2e nv. *concordantis*), teg. deelw. van *concordare* [harmoniëren] (vgl. *concordia*).

concordia [eendracht] < **lat.** *concordia*, van *concors* (2e nv. *concordis*) [eendrachtig], van *com* [samen] + *cor* (2e nv. *cordis*) [hart], daarmee idg. verwant.

concours [wedstrijd] < **fr.** *concours* < **lat.** *concursus* (vgl. *concursus*).

concreet [als vorm voorstelbaar, duidelijk] < **fr.** *concret* [gestold] < **lat.** *concretus* [verdicht, massief, versteend], eig. verl. deelw. van *concrescere* [dicht worden, stollen, bestaan, eig. samengroeien,

---

concies — condoom

vastgroeien], van *com* [samen] + *crescere* [groeien], vgl. **eng.** *concrete* [beton].

concrement [samengroeisel] < **lat.** *concrementum* [opeenhoping], van *concrescere* (vgl. *concreet*).

concrescentie [samengroeiing] < **lat.** *concrescentia*, van *concrescere* (teg. deelw. *concrescens*, 2e nv. *concrescentis*) (vgl. *concreet*).

concubine [bijzit] **middelnl.** *concubine* < **fr.** *concubine* < **lat.** *concubina* [vrouw die buiten echtverbintenis samenleeft, maîtresse], van *com* [samen] + *cubare* [liggen, slapen], verwant met *cubiculum* [(slaap)kamer].

concurreren [wedijveren] < **fr.** *concurrer* [idem] < **lat.** *concurrere* [te hoop lopen, samenkomen, tegen elkaar aan lopen, slaags raken], van *com* [samen] + *currere* [hard lopen], verwant met *kar*.

concursus [samenloop, i.h.b. van strafbare feiten] < **lat.** *concursus* [het te hoop lopen, ontmoeting, botsing, strijd], van *concurrere* (vgl. *concurreren*).

condemnatie [veroordeling] (1e kwartaal 16e eeuw) < **lat.** *condemnatio*, van *condemnare* [veroordelen], van *com* [samen] + *damnare* [veroordelen], van *damnum* [verlies, schade, boete, straf].

condenseren [indampen] < **fr.** *condenser* [dik maken] < **lat.** *condensare* [samendringen, persen], van *com* [samen] + *densare* [verdichten], van *densus* [dicht opeen].

condescendentie [neerbuigendheid] naar het fr., gevormd van *condescendant*, teg. deelw. van *condescendre* [zich verwaardigen om] < **me. lat.** *condescendere*, van *com* [met] + *descendere* [afdalen], van *de-* [van boven naar beneden, af] + *scandere* [klimmen] (vgl. *schandaal, scanner*).

condiment [kruiderij] **middelnl.** *condiment* < **fr.** *condiment* < **lat.** *condimentum* [specerij, kruiderij], van *condire* [inmaken, inleggen, kruiden], verwant met *condere* [bijeenleggen, bouwen], van *com* [samen] + een element dat verwant is met *doen*.

conditie [voorwaarde, toestand] **middelnl.** *conditie* < **fr.** *condition* < **lat.** *condicionem*, 4e nv. van *condicio* (werd in **me. lat.** *conditio*) [afspraak, overeenkomst, omstandigheden], van *condicere* [afspreken, eig. samenspreken], van *com* [samen] + *dicere* [zeggen], idg. verwant met **hd.** *zeigen*, **nl.** *(aan)tijgen*.

conditionalis [voorwaardelijke wijs] < **lat.** *conditionalis* [voorwaardelijk, onder een voorwaarde] (vgl. *conditie*).

condoleren [rouwbeklag betuigen] < **chr. lat.** *condolēre* [medelijden hebben met], van *com* [samen] + *dolēre* [pijn hebben, smart voelen].

condominium [gemeenschappelijke soevereiniteit, gemeenschappelijk eigendom] < **lat.** *condominium*, van *com* [samen] + *dominium* [heerschappij], van *dominus* [heer] (vgl. *dominee*).

condoom [voorbehoedmiddel] etymologie onzeker,

condor — confluentie

mogelijk < fr. *condom,* van **lat.** *condomare* [volledig temmen, intomen], van *com* [samen] + *domare* [temmen] (vgl. *dominee);* volgens anderen genoemd naar de 18e eeuwse Engelsman *Condom,* die schapedarm als protectie propageerde.

condor [grote gier] < **spaans** *cóndor* < **quechua** *kuntur.*

condottiere [bendeaanvoerder] < **it.** *condottiere* [aanvoerder, leider], van *condurre* (verl. deelw. *condotto*) [voeren, leiden, overhalen] < **lat.** *conducere* [samenbrengen, werven, in dienst nemen (i.h.b. ook van huursoldaten)], van *com* [samen] + *ducere* [voeren, leiden], verwant met *tijgen, hertog,* eng. *duke* [hertog].

conducteur [kaartjesknipper] < **fr.** *conducteur* < **me. lat.** *conductor* [begeleider], van *conducere* [begeleiden], van *com* [samen] + *ducere* [leiden, voeren] → *condottiere.*

conduite [gedrag] < **fr.** *conduite* [leiding, beleid, gedrag] < **lat.** *conductus* [(bege)leiding], eig. verl. deelw. van *conducere* [leiden] (vgl. *conducteur*).

condyloma [wratvormige uitwas] < **gr.** *kondulōma* [gezwel], van *kondulos* [knokkel, gezwel].

confabuleren [als samenweefsel van valse mededelingen opdissen] < **fr.** *confabuler* [kouten] < **lat.** *confabulare* [vertrouwelijk praten, bespreken], van *com* [samen] + *fabulari* [praten]; heroriëntatie op **lat.** *fabula,* in de betekenis 'praatjes', is verantwoordelijk voor de betekeniswijziging.

confectie [geen maatkleding] vgl. **middelnl.** *conficeren* [bereiden, mengen] < **oudfr.** *confection* [vervaardigen] < **lat.** *confectio* [idem], van *conficere* (verl. deelw. *confectum*) [tot stand brengen, vervaardigen], van *com* [samen, bijeen] + *facere* (in samenstellingen *-ficere*) [maken], idg. verwant met *doen.*

confectioneur [fabrikant van confectie] < **fr.** *confectionneur,* van *confectionner* (vgl. *confectie*).

confederatie [verbond] < **oudfr.** *confédération* < **me. lat.** *confoederatio,* van **chr. lat.** *confoederare* [verenigen], van *com* [samen] + *foedus* (2e nv. *foederis*) [verdrag, verbond], verwant met *fides* [trouw, geloof].

conférence [vergadering] < **fr.** *conférence* < **me. lat.** *conferentia* (vgl. *conferentie*).

conferentie [vergadering] < **me. lat.** *conferentia,* van *conferre* (teg. deelw. *conferens,* 2e nv. *conferentis*) [bijeenbrengen, bespreken], van *com* [samen] + *ferre* [dragen, brengen], idg. verwant met *baren* [1].

conferven [draadwieren] < **lat.** *conferva* [een soort van waterplanten], van *confervēre* [helen], vanwege de veronderstelde genezende werking, van *com* [samen] + *fervēre* [gloeien] (vgl. *fervent*).

confessie [belijdenis] **middelnl.** *confessie* [bekentenis, biecht] < **fr.** *confession* < **lat.** *confessionem,* 4e nv. van *confessio* [bekentenis, belijdenis, in chr. lat. biecht], van *confitēri* (verl. deelw. *confessum*) [bekennen], van *fatēri* [bekennen], verwant met *fari* [spreken, zeggen] (vgl. *faam*).

confetti [papiersnippers] < **it.** *confetti* [oorspr. gesuikerde vruchten (amandelen, pruimen)] (vgl. *confituren*); tijdens carnaval werd daarmee gestrooid, waarbij ze wel verpakt werden in papiertjes met teksten; ter vervanging werden nog ver in de 19e eeuw gipsen of papieren imitaties rongestrooid → *ulevel.*

confidentie [vertrouwelijke mededeling, vertrouwen] < **lat.** *confidentia* [vertrouwen, zelfvertrouwen], van *confidens* (2e nv. *confidentis*), teg. deelw. van *confidere* [vertrouwen op], van *com* [samen] + *fides* [vertrouwen].

configuratie [samenstel van figuren] < **fr.** *configuration* < **me. lat.** *configurationem,* 4e nv. van *configuratio,* van *configurare,* van *com* [samen] + *figurare* [vormen], van *figura* [vorm] (vgl. *figuur).*

confineren [opsluiten] < **fr.** *confiner* < **me. lat.** *confinare,* van *confinia* [grens, grensgebied], **klass. lat.** *confinium* [idem], van *com* [samen] + *finis* [grens], van *figere* [bevestigen, vaststellen], idg. verwant met *dijk.*

confirmeren [bevestigen] **middelnl.** *confirmeren* < **fr.** *confirmer* < **lat.** *confirmare* [vastmaken, stevig maken], van *com* [samen] + *firmare* [versterken], van *firmus* [sterk, stevig], verwant met *ferm.*

confiscatie [verbeurdverklaring] **middelnl.** *confiscatie* < **fr.** *confiscation* < **me. lat.** *confiscationem,* 4e nv. van *confiscatio,* van *confiscare* (vgl. *confisqueren*).

confiserie [banketbakkerswinkel] van **oudfr.** *confire* (vgl. *confituren*).

confisqueren [verbeurdverklaren] **middelnl.** *confisqueren* < **fr.** *confisquer* < **lat.** *confiscare* [in de kas bewaren, in de keizerlijke schatkist brengen, verbeurdverklaren] (vgl. *fiscus*).

confiteor [zondenbelijdenis] beginnend met dit woord, gelezen door de geestelijke vóór de Introïtus < **lat.** *confiteor* [ik beken].

confituren [jam] < **fr.** *confitures,* van **oudfr.** *confire* [toebereiden] < **lat.** *conficere* [tot stand brengen, afmaken, toebereiden], van *com* [samen, bijeen] + *facere* (in samenstellingen *-ficere*) [maken], idg. verwant met *doen* → *confetti.*

conflagratie [verwoestende brand] < **fr.** *conflagration* < **lat.** *conflagrationem,* 4e nv. van *conflagratio* [verbranding], van *conflagrare* (verl. deelw. *conflagratum*) [in vlammen opgaan, iets verbranden], van *flagrare* [verbranden], idg. verwant met *blaken.*

conflict [onenigheid] < **lat.** *conflictus* [botsing, strijd, proces], van *confligere* (verl. deelw. *conflictum*) [tegen elkaar slaan, strijden].

confligeren [strijden] < **lat.** *confligere* (vgl. *conflict*).

confluentie [samenvloeiing] < **lat.** *confluentia* [idem], van *com* [samen] + *fluere* (teg. deelw. *fluens,* 2e nv. *fluentis*) [vloeien, stromen], op enige afstand idg. verwant met *vlieten;* de plaatsnaam *Koblenz* stamt van **lat.** *Confluentes* [de samenvloeienden (Rijn en Moezel)].

conform [overeenkomstig] < fr. *conforme* [idem] < **laat-lat.** *conformis* [in gedaante gelijk], van *com* [samen] + *forma* [vorm, gedaante].

confrater [vakgenoot] < **me. lat.** *confrater*, van *com* [mede] + *frater* [broer] (vgl. *frater*).

confrère [vakgenoot] < **fr.** *confrère* < **me. lat.** *confrater* (vgl. *confrater*).

confronteren [vergelijken] < **fr.** *confronter* < **me. lat.** *confrontare, confrontari* [grenzen aan, grenzen toewijzen], van *frons* (2e nv. *frontis*) [voorhoofd, voorzijde, buitenkant].

confucianisme [leer van Confucius] gelatiniseerde vorm van *K'ung Fu-tse* [Meester Kung] (551-479 v. Chr.).

confusie [verwarring] **middelnl.** *confusie* < **fr.** *confusion* < **lat.** *confusionem*, 4e nv. van *confusio* [vermenging, verwarring], van *confundere* (verl. deelw. *confusum*) [samengieten, vermengen, verwarren], van *com* [samen] + *fundere* [uitgieten], idg. verwant met *gieten*.

confutatie [weerlegging] < **lat.** *confutatio*, van *confutare* (verl. deelw. *confutatum*) [onderdrukken, weerleggen], idg. verwant met *boten*.

confuus [verward] **middelnl.** *confuus* < **fr.** *confus* [idem] < **lat.** *confusus* [idem], eig. verl. deelw. van *confundere* (vgl. *confusie*).

conga [Middenamerikaanse dans] verkort < **spaans** *danza conga* [Kongolese dans].

congé [ontslag] < **fr.** *congé* < **me. lat.** *congerius* [groet vóór het afscheid], *congerium* [afscheid], **klass. lat.** *congerium (donum)* [gift in olie, wijn e.d., later in geld], van *congerius* [maat voor vloeistoffen van 3,19 liter], van **gr.** *kogchos, kogchè* [schelp (i.h.b. één om te scheppen en te meten, als maat)] (vgl. *concha, coquille*).

congelatie [bevriezing] < **fr.** *congélation* < **me. lat.** *congelationem*, 4e nv. van *congelatio* [een alchemistenterm voor stollen], van *congelare* [(doen) bevriezen], *gelare* [idem], van *gelu* [vorst, stijfheid], idg. verwant met *koud*.

congeniaal [geestverwant] gevormd van **lat.** *com* [samen] + *geniaal*.

congenitaal [aangeboren] van **lat.** *congenitus* [tegelijkertijd geboren met], van *com* [samen] + *genitus*, verl. deelw. van *gignere* [verwekken] (vgl. *genitaliën*).

congestie [ophoping] < **fr.** *congestion* < **lat.** *congestio* [het samenbrengen, ophopen], van *congerere* (verl. deelw. *congestum*) [bijeenbrengen, ophopen], van *com* [samen] + *gerere* [dragen, brengen].

conglomeraat [samenklontering] < **fr.** *conglomérat* < **lat.** *conglomeratum*, verl. deelw. van *conglomerare* [oprollen, opstapelen], van *com* [samen] + *glomerare* [tot een kluwen opwinden], van *glomus* (2e nv. *glomeris*) [kluwen], idg. verwant met *klomp*.

conglutineren [samenlijmen] < **fr.** *conglutiner* [idem] < **lat.** *conglutinare* [idem], van *com* [samen] + *glutinare* [lijmen], van *gluten* (vgl. *gluten*).

congregatie [kerkelijke vereniging] (1531) *congregacie* [vergadering] < **fr.** *congrégation* < **lat.** *congregationem*, 4e nv. van *congregatio* [aaneensluiting, samenleving, vergadering], van *congregare* [tot een kudde verenigen, bijeenbrengen], *congregari* [zich verenigen], van *com* [samen] + *grex* (2e nv. *gregis*) [kudde, gezelschap].

congres [samenkomst] < **fr.** *congrès* < **lat.** *congressus* [idem], van *congredi* [samenkomen, ontmoeten], van *com* [samen] + *gradi* [gaan], *gradus* [stap, schrede] (vgl. *graad*).

congruent [overeenstemmend] < **lat.** *congruens* (2e nv. *congruentis*) [overeenstemmend met], teg. deelw. van *congruere* [overeenkomen].

coniferen [naaldbomen] < **fr.** *conifère* [naaldboom, conifeer] < **lat.** *conifer* [kegeldragend], van *conus* < **gr.** *kōnos* [pijnappel, kegel] + *ferre* [dragen], idg. verwant met *baren* ¹.

coniïne [gif uit gevlekte scheerling] gevormd van **gr.** *kōneion* [dollekervel, de daaruit gemaakte gifdrank].

conisch [kegelvormig] < **fr.** *conique* < **gr.** *kōnikos*, bn. van *kōnos* [pijnappel, kegel], idg. verwant met *heen* ¹ [stijve zegge] (vgl. *canapé*).

conjectuur [gissing] < **fr.** *conjecture* < **lat.** *coniectura* [idem], van *conicere* [bijeenwerpen, gissen], van *com* [samen] + *iacere* (in samenstellingen -*icere*) [werpen].

conjugaal [echtelijk] < **fr.** *conjugal* < **lat.** *coniugalis* [huwelijks-], van *coniu(n)x* (2e nv. *coniugis*) [echtgenoot, echtgenote], van *coniungere* (vgl. *conjugatie*).

conjugatie [vervoeging] < **lat.** *coniugatio* [verbinding, vereniging, stamverwantschap van woorden], van *coniugare* (verl. deelw. *coniugatum*) [verbinden], van *com* [samen] + *iugum* [juk], daarmee idg. verwant.

conjunctie [verbinding] **middelnl.** *conjunctie* [samenstand] < **lat.** *coniunctio* [verbinding, voegwoord], van *coniungere* (verl. deelw. *coniunctum*) (vgl. *conjugatie*).

conjunctief [aanvoegende wijs] < **lat.** *coniunctivus* [dienend om te verbinden], van *coniungere* (vgl. *conjugatie*).

conjunctuur [tijdsomstandigheden] < **me. lat.** *coniunctura* [samenvoeging, het naast elkaar plaatsen], van **klass. lat.** *coniungere* (verl. deelw. *coniunctum*) (vgl. *conjugatie*).

conjuratie [samenzwering] **middelnl.** *conjuratie* [bezwering, toverkunst] < **fr.** *conjuration* < **lat.** *coniurationem*, 4e nv. van *coniuratio* [gemeenschappelijke eedaflegging, samenzwering], van *coniurare* [gezamenlijk zweren, samenzweren], van *com* [samen] + *iurare* [zweren], van *ius* (2e nv. *iuris*) [recht].

connaisseur [kenner] < **fr.** *connaisseur*, van *connaître* [kennen] < **lat.** *cognoscere* [leren kennen], van *com* [samen] + *gnoscere* (later *noscere*) [leren kennen], idg. verwant met *kunnen*.

connataal [aangeboren] < **lat.** *connatus*, verl.

connectie — console

deelw. van *connasci* [geboren worden met], van *com* [samen] + *nasci* [geboren worden] (vgl. *Natal*).

connectie [verbinding] < eng. *connection,* nevenvorm van *connexion* < fr. *connexion* < lat. *conexionem,* 4e nv. van *conexio* [verband, verbinding], van *conectere* (verl. deelw. *conexum*) [samenknopen, verbinden, aanknopen], van *com* [samen] + *nectere* [knopen, vlechten, verbinden] (vgl. *net*[1]).

connex [samenhangend] < fr. *connexe* [idem] < lat. *conexum,* verl. deelw. van *conectere* (vgl. *connectie*).

conniventie [oogluiking] < fr. *connivence* < lat. *coniventia* [idem], van *conivēre* [de ogen sluiten, een oogje dichtdoen], van *com* [samen] + een element dat idg. verwant is met *neigen*.

connossement → *cognossement*.

connotatie [gevoelswaarde] < me. lat. *connotatio,* van *connotatum,* verl. deelw. van *connotare* [samen merken], van *com* [samen] + lat. *notare* (vgl. *noteren*).

connubium [echtelijke samenleving] < lat. *con(n)ubium* [huwelijk], van *com* [samen] + *nubere* [trouwen (van de vrouw gezegd)], verwant met gr. *numphè* (vgl. *nimf*).

conopeum [kleed over tabernakel] → *canapé*.

conquest [aanwinst] < eng. *conquest* < oudfr. *conquest* < lat. *conquisitus* [verworven (niet geërfd) bezit], van *conquirere, conquaerere* = *quaerere* [zoeken naar, trachten te krijgen, zich verschaffen].

conquistador [veroveraar] < spaans *conquistador* [veroverend, veroveraar], van me. lat. *conquistare* [verwerven, zich met geweld verschaffen] < klass. lat. *conquirere* (vgl. *conquest*).

conrector [onderdirecteur] gevormd van lat. *com* [samen, mede] + *rector*.

consacreren, consecreren [wijden] middelnl. *consacreren, consecreren* < lat. *consecrare* [wijden, heiligen], van *com* [samen] + *sacrare* [heiligen], van *sacer* [heilig].

consanguïen [verwant in den bloede] < lat. *consanguineus* [bloedverwant], van *com* [samen] + *sanguineus* [bloed-], van *sanguis* [bloed].

consciëntie [geweten] middelnl. *consciëncie* < fr. *conscience* < lat. *conscientia* [het medeweten, het met zichzelf weten, dus (schuld)bewustzijn, geweten], van *com* [samen] + *scientia* [kennis], van *sciens* (2e nv. *scientis*) [wetend], teg. deelw. van *scire* [weten], idg. verwant met *scheiden;* het woord *geweten,* lett. samen weten, is een vertalende ontlening aan *conscientia*.

conscriptie [inschrijving voor militaire dienst] < fr. *conscription* < lat. *conscriptionem,* 4e nv. van *conscriptio* [optekening], van *conscribere* (verl. deelw. *conscriptum*) [op een lijst zetten, op de senatorenlijst zetten, als kolonist inschrijven], van *com* [samen] + *scribere* [schrijven].

consecreren → *consacreren*.

consecutief [opeenvolgend] < fr. *consécutif* [idem] < lat. *consecutus,* verl. deelw. van *consequi* (vgl. *consequent*).

consensus [overeenstemming van gevoelens] < lat. *consensus,* van *consentire* (verl. deelw. *consensum,* vgl. *consent*).

consent [toestemming] middelnl. *consent* < oudfr. *consente,* van *consentir* < lat. *consentire* [overeenstemmen], van *com* [samen] + *sentire* [voelen, merken, menen, stemmen], idg. verwant met *zinnen*.

consequent [logisch] (1524) *consequente* [als gevolg] < fr. *conséquent* < lat. *consequens* (2e nv. *consequentis*) [vanzelf iets volgend], teg. deelw. van *consequi* [onmiddellijk volgen, aansluiten], van *com* [samen] + *sequi* [volgen].

conservatief [behoudend] < eng. *conservative* < me. fr. *conservatif* [idem] < me. lat. *conservativus,* van *conservare* (verl. deelw. *conservatum,* vgl. *conserveren*).

conserveren [bewaren] (1526) < fr. *conserver* < lat. *conservare* [in ongeschonden toestand bewaren, beschermen, handhaven], van *servare* [in het oog houden, handhaven, bewaren].

considerabel [aanzienlijk] < fr. *considérable* < me. lat. *considerabilis,* van *considerare* (vgl. *considerans*).

considerans [beweegreden] < lat. *considerans,* teg. deelw. van *considerare* [in ogenschouw nemen, overwegen], van *com* [samen] + *sidus* (2e nv. *sideris*) [ster], dus eig. de *constellatie,* de stand van de sterren beschouwen.

consideratie [overweging] middelnl. *consideratie* < fr. *considération* < lat. *considerationem,* 4e nv. van *consideratio* [beschouwing, overweging], van *considerare* (verl. deelw. *consideratum,* vgl. *considerans*).

consignatie [het ten verkoop geven] middelnl. *consignatie* [handhaving, bewaring] < fr. *consignation* [bewaargeving] < me. lat. *consignatio* [zegeling, ondertekening], van *consignare* [bezegelen, waarborgen, bevestigen], van *com* [samen] + *signare* (vgl. *signeren*).

consigne [wachtwoord, opdracht] < fr. *consigne* [oorspr. teken, later opdracht], van *consigner* [oorspr. afpalen, in onderpand geven, later vermelden] < lat. *consignare* (vgl. *consignatie*).

consistent [duurzaam] < lat. *consistens* (2e nv. *consistentis*), teg. deelw. van *consistere* [gaan staan, blijven staan, stand houden, van kracht zijn], van *sistere* [doen staan], van *stare* [staan], daarmee idg. verwant.

consistorie [kerkeraad] middelnl. *consistorie* < chr. lat. *consistorium* [zaal], van *consistere* (vgl. *consistent*).

consolatie [troost] middelnl. *consolatie* < fr. *consolation* < lat. *consolationem,* 4e nv. van *consolatio* [idem], van *consolare, consolari* (verl. deelw. *consolatum*) [troosten], van *solari* [troosten], idg. verwant met *zalig*.

console [draagsteen] < fr. *console,* van lat. *com*

[samen] + *solum* [onderste deel, bodem, onderlaag, vloer, plateau, b.v. van het dekstuk op een kapiteel], verwant met *zool*.

consolideren [duurzaam maken] < **fr.** *consolider* < **lat.** *consolidare* [vastmaken, versterken], van *solidus* [stevig, vast, degelijk] (vgl. *soldaat*).

consols [schuldbewijzen] < **eng.** *consols*, verkort uit *consolidated annuities* [geconsolideerde lijfrente].

consommé [heldere bouillon] < **fr.** *consommé* [volmaakt, doorkneed, als zn. bouillon], van *consommer* [voltooien, verbruiken, gebruiken, verteren] < **lat.** *consummare* (vgl. *consummatie*); er trad verwarring op met *consumer* < **lat.** *consumere* [verbruiken].

consonant [medeklinker] < **lat.** *consonans* (2e nv. *consonantis*), teg. deelw. van *consonare* [samenklinken, medeklinken], van *com* [samen] + *sonare* [klinken] (vgl. *zwaan*).

consorten [medestanders] **middelnl.** *consorte* (enk.) < **lat.** *consortes*, mv. van *consors* [in gemeenschap van goederen levend, een gelijk aandeel hebbend, deelgenoot], van *com* [samen] + *sors* (2e nv. *sortis*) [lot, stand, positie, beroep, kapitaal] > *soort*.

consortium [tijdelijke vereniging van ondernemingen] < **lat.** *consortium* [gemeenschap van goederen, deelgenootschap] (vgl. *consorten*).

conspiratie [samenzwering] **middelnl.** *conspiracie* < **fr.** *conspiration* < **lat.** *conspirationem*, 4e nv. van *conspiratio* [overeenstemming, samenzwering], van *conspirare* (verl. deelw. *conspiratum*) [samenklinken, eenstemmig zijn, samenspannen], van *com* [samen] + *spirare* [blazen, ademen, uitstromen, vol zijn van], klanknabootsend gevormd.

constable [politiebeambte] < **eng.** *constable* < **oudfr.** *conestable* (vgl. *konstabel*).

constant [onveranderlijk] < **fr.** *constant* < **lat.** *constantem*, 4e nv. van *constans* [onbeweeglijk, onveranderlijk, gelijkmatig, standvastig], eig. teg. deelw. van *constare* [stevig staan, onveranderd blijven], van *com* [tezamen] + *stare* [staan], daarmee idg. verwant.

constateren [vaststellen] < **fr.** *constater* [idem] < **lat.** *constat* [het staat vast], van *constare* (vgl. *constant*).

constellatie [onderlinge stand, sterrenbeeld] **middelnl.** *constellacie* [stand van planeten, sterrenbeeld] < **fr.** *constellation* < **chr. lat.** *constellationem*, 4e nv. van *constellatio* [constellatie], van *com* [samen] + *stellare* (verl. deelw. *stellatum*) [als sterrenbeeld aan de hemel plaatsen], van *stella* [ster], daarmee idg. verwant; vgl. voor de vorming *consideratie*.

consternatie [ontsteltenis] < **fr.** *consternation* < **lat.** *consternationem*, 4e nv. van *consternatio* [het schichtig worden, verwarring, ontsteltenis], van *consternare* (verl. deelw. *consternatum*) [verschrikken], van *consternere* [terneder werpen],

consolideren — consument

van *com* [tezamen] + *sternere* [uitspreiden], idg. verwant met *strooien*.

constipatie [verstopping] (**middelnl.** *constipatijf* [verstoppend]) < **fr.** *constipation* < **me. lat.** *constipationem*, 4e nv. van *constipatio* [samenpersing], van *constipare* [opeendringen, volstoppen], van *com* [samen] + *stipare* [opeenhopen], idg. verwant met *steen*.

constitueren [vaststellen] **middelnl.** *constitueren* < **fr.** *constituer* < **lat.** *constituere* [tot stand brengen, stichten, regelen], van *com* [samen] + *statuere* [plaatsen], van *stare* [staan], daarmee idg. verwant.

constitutie [gestel, staatsregeling] 16e eeuws **nl.** *constitutie* [instelling, verordening] < **fr.** *constitution* < **lat.** *constitutionem*, 4e nv. van *constitutio* [inrichting, regeling, toestand], van *constituere* (vgl. *constitueren*).

constringent [samentrekkend] vgl. **middelnl.** *constrigeren* [dwingen] < **lat.** *constringens* (2e nv. *constringentis*), teg. deelw. van *constringere* [samenbinden, dichtsnoeren], van *com* [samen] + *stringere* [strak aantrekken, snoeren] (vgl. *streng*[1], *strikt*).

constructie [bouw] **middelnl.** *constructie* < **fr.** *construction* < **lat.** *constructionem*, 4e nv. van *constructio* [samenvoeging, bouw], van *construere* (verl. deelw. *constructum*) (vgl. *construeren*).

construeren [samenstellen] < **fr.** *construer* < **lat.** *construere* [opstapelen, bouwen, samenstellen, verzinnen], van *com* [samen] + *struere* [in rijen leggen, opstapelen, ordenen], idg. verwant met *strooien*.

consubstantiatie [aanwezig-zijn van Christus' lichaam in het brood en de wijn] van **lat.** *consubstantialis* [wezenlijk, essentieel], van *com* [tezamen] + *substantia* [het bestaan, wezen] (vgl. *substantie*).

consul [gevolmachtigd vertegenwoordiger] **middelnl.** *consul* < **lat.** *consul*, van *consulere* (vgl. *consult*).

consulent [raadgever] gevormd van **lat.** *consulens* (2e nv. *consulentis*), teg. deelw. van *consulere* (vgl. *consult*).

consult [verlenen van raad] < **lat.** *consultum* [besluit, plan], eig. verl. deelw. van *consulere* [raadplegen, ook wel: raad geven].

consulteren [raadplegen] 16e eeuws **nl.** *consulteren* < **fr.** *consulter* < **lat.** *consultare*, frequentatief van *consulere* (vgl. *consult*).

consumabel [geschikt voor consumptie] < **fr.** *consumable*, van *consumer* < **lat.** *consumere* (vgl. *consument*).

consument [verbruiker] < **lat.** *consumens* (2e nv. *consumentis*), teg. deelw. van *consumere* [verbruiken, opmaken], van *com* [samen] + *sumere* [tot zich nemen, besteden, verbruiken], samengetrokken uit *sub* [onder] + *emere* [nemen].

consumeren [gebruiken, verbruiken] → *consument*.

consummatie [voltrekking, i.h.b. van het huwelijk] < **lat.** *consummatio* [voleindiging, voltooiing, hoogste graad], van *consummare* (verl. deelw. *consummatum*) [(tot een geheel) bijeenvoegen, voltooien], van *com* [samen] + *summum* [het hoogste].

consumptie [verbruik] < **lat.** *consumptio* [vertering], van *consumere* (verl. deelw. *consumptum*) (vgl. *consument*).

contact [aanraking] < **fr.** *contact* < **lat.** *contactus* = *contagio* [aanraking, invloed], van *contingere* (verl. deelw. *contactum*) [aanraken, tot iemand in betrekking staan], van *com* [samen] + *tangere* [aanraken].

contagie [besmetting] **(middelnl.** *contagioos* [besmettelijk]) < **fr.** *contagion* < **lat.** *contagionem*, 4e nv. van *contagio* [aanraking, besmetting], van *contingere* (verl. deelw. *contactum*) (vgl. *contact*).

container [laadbak] < **eng.** *container*, van *to contain* [bevatten] < **fr.** *contenir* < **lat.** *continēre* [bijeenhouden, insluiten, inhouden], van *com* [samen] + *tenēre* [houden].

contamineren [door elkaar halen] < **fr.** *contaminer* < **lat.** *contaminare* [vermengen, bezoedelen, aanraken], verwant met *contingere* (vgl. *contact*).

contango [rente over geleend bedrag voor prolongatie] < **eng.** *contango*, etymologie onbekend, mogelijk echter < **spaans** *contengo* [ik bevat, beheers] < **lat.** *continere* [bijeenhouden].

contant [in gereed geld] < **it.** *contante* [tellend, geldend, geldig], mv. *contanti* [contant geld], eig. teg. deelw. van *contare* [tellen] < **lat.** *computare* (vgl. *computer*).

conté [tekenkrijt] genoemd naar de uitvinder ervan, de Franse chemicus *Nicolas-Jacques Conté* (1755-1805).

contemplatie [beschouwing] **middelnl.** *contemplacie* < **fr.** *contemplation* < **lat.** *contemplationem*, 4e nv. van *contemplatio* [aanblik, beschouwing], van *contemplare, contemplari* [beschouwen], van *com* [samen] + *templum* [door de augur met zijn staf afgebakende ruimte, om de vlucht van de vogels binnen die ruimte waar te nemen, veld van waarneming, gewijde ruimte] (vgl. *tempel*[1]).

contemporain [hedendaags] < **fr.** *contemporain* < **lat.** *contemporaneus* [gelijktijdig met], van *com* [samen] + *tempus* (2e nv. *temporis*) [tijd].

contemporair [gelijktijdig] gevormd van **lat.** *com* [met, samen] + *temporarius* [tijdelijk], van *tempus* (2e nv. *temporis*) [tijd].

contenance [houding] **middelnl.** *contenance* < **fr.** *contenance* < **lat.** *continentia* [zelfbeheersing, ingetogenheid], van *continens* (2e nv. *continentis*), teg. deelw. van *continēre* (vgl. *content*[2]).

content [tevreden] **middelnl.** *content* < **fr.** *content* < **lat.** *contentus* [zich beperkend tot, tevreden met], eig. verl. deelw. van *continēre* [bijeenhouden, insluiten, tegenhouden, in toom houden, bedwingen], van *com* [samen] + *tenēre* [houden].

contenteren [tevredenstellen] < **fr.** *contenter*, van *content* < **lat.** *contentus* [beperkend tot, tevreden met], eig. verl. deelw. van *continēre* (vgl. *continent*[2]).

contentieus [rechtsterm] (1529) < **fr.** *contentieux* [idem] < **lat.** *contentiosus* [verbitterd], met het achtervoegsel *-osus* [vol van], van *contentio* [spanning, strijd, strijdlust], van *contendere* (verl. deelw. *contentum*) [spannen, zich meten, strijden], van *com* [samen] + *tendere* [spannen, streven naar, strijden], verwant met *tent*, **hd.** *dehnen*.

contesteren [betwisten] < **fr.** *contester* [idem] < **lat.** *contestari* [als getuige aanroepen, dringend verzoeken, betuigen, bewijzen], van *com* [samen] + *testari* [getuigen, tot getuige aanroepen], van *testis* [getuige], samengesteld uit *tres* [drie], daarmee idg. verwant + *stare* [staan], daarmee idg. verwant, dus eig. de derde die erbij staat.

context [samenhang] < **fr.** *contexte* < **lat.** *contextus* [samenhang, verband], van *contexere* (verl. deelw. *contextum*) [samenvlechten, samenstellen], van *com* [samen] + *texere* [weven] (vgl. *tekst*).

contigu [naburig] < **fr.** *contigu* < **lat.** *contiguus* [aangrenzend], van *contingere* (vgl. *contingent*).

continent[1] [vasteland] < **fr.** *continent* < **lat.** *continens terra*, (*terra* [land]), vervolgens alleen *continens* (2e nv. *continentis*) [vasteland], eig. teg. deelw. van *continēre* [bijeenhouden, in een bep. toestand houden], van *com* [tezamen] + *tenēre* [houden], *terra continens* is dus: het ononderbroken land.

continent[2] [bn., de uitscheiding kunnende beheersen] < **fr.** *continent* < **lat.** *continens* (2e nv. *continentis*), teg. deelw. van *continēre* (vgl. *continent*[1]).

contingent [verplicht, toegewezen aandeel] < **fr.** *contingent* [aandeel, bijdrage, contingent] < **lat.** *contingere* (teg. deelw. *contingens*, 2e nv. *contingentis*) [aanraken, tot iem. in betrekking staan, betreffen, aangaan, toekomen], van *com* [samen] + *tangere* [raken].

continu [onafgebroken] < **fr.** *continu* < **lat.** *continuus* [aanhoudend, samenhangend, aaneensluitend], van *continēre* (vgl. *continueren*).

continueel [gestadig] (1518) < **fr.** *continuel* [idem] < **me. lat.** *continualis* [voortdurend], van *continuus* (vgl. *continueren*).

continueren [voortzetten] **middelnl.** *continueren* [verdagen, voortzetten] < **fr.** *continuer* < **lat.** *continuare* [onafgebroken voortzetten], van *continuus* [samenhangend, aaneensluitend, aanhoudend], van *continēre* (vgl. *continent*[2]).

continuum [doorlopend geheel] < **lat.** *continuum*, het zelfstandig gebruikt o. van *continuus* [aaneensluitend] (vgl. *continent*[1]).

conto [rekening] < **it.** *conto* < **me. lat.** *competus* [re-

kening, financieel overzicht], van *computare* (vgl. **computer**).
contorsie [verwringing] < **fr.** *contorsion* < **me. lat.** *contorsionem,* 4e nv. van *contorsio* < **lat.** *contortio* [gewrongenheid], van *contorquēre* (verl. deelw. *contortum)* [in elkaar draaien], van *com* [samen] + *torquēre* [draaien], idg. verwant met **hd.** *drechseln.*
contour [omtrek] < **fr.** *contour,* o.i.v. *tour* < **it.** *contorno* [omtrek], van *contornare* [omzomen, in omtrekken tekenen], van *torno* [omtrek] < **lat.** *tornus* [draaibeitel, draaischijf] < **gr.** *tornos* [passer, draaibeitel].
contra [tegen] ook als voorvoegsel < **lat.** *contra* [tegenover, omgekeerd, tegen], is de vergrotende trap van *com* [samen] en geeft eigenlijk een meer intens samenzijn aan.
contrabande [smokkelwaar] < **fr.** *contrabande* < **it.** *contrabbando* < **me. lat.** *contrabannum* [idem], van *contra* [tegen] + *bando* [afkondiging], uit het germ., vgl. **ban¹**.
contrabas [diepste strijkinstrument] < **it.** *contrabbasso,* van *contra* [tegen] + *basso* (vgl. **bas¹**), dus van een lagere toon dan de bas, vgl. het tegenovergestelde *contralto.*
contraceptie [onderdrukking van conceptie] < **fr.** *contraception,* gevormd van **lat.** *contra* [tegen] + *conception* (vgl. **conceptie**).
contract [schriftelijke overeenkomst] **middelnl.** *contract* < **fr.** *contrat* < **lat.** *contractus* [idem], van *contrahere* (verl. deelw. *contractum)* [samentrekken, tot stand brengen, (een zaak) afsluiten, (een verbintenis) aangaan], van *com* [samen] + *trahere* [trekken], idg. verwant met **dragen**.
contractie [samentrekking] < **fr.** *contraction* < **lat.** *contractionem,* 4e nv. van *contractio* [idem], van *contrahere* (verl. deelw. *contractum)* (vgl. **contract**).
contradans, contredans [dans van tegenover elkaar geplaatste dansers] < **eng.** *contra-dance,* *contre-dance* < **fr.** *contredanse* < **eng.** *country-dance* [oorspr. een boerendans], maar o.i.v. *contre* verkeerd geïnterpreteerd.
contradictie [tegenspraak] (1512) < **fr.** *contradiction* < **lat.** *contradictionem,* 4e nv. van *contradictio* [idem], van *contradicere* (verl. deelw. *contradictum)* [tegenspreken], van *contra* [tegen] + *dicere* [spreken], idg. verwant met **(aan) tijgen**.
contraheren [samentrekken] **middelnl.** *contraheren* < **lat.** *contrahere* (vgl. **contract**).
contrainte [dwangbevel] < **fr.** *contrainte* [dwang, dwangbevel], verl. deelw. van *contraindre,* **oudfr.** *constreindre* < **lat.** *constringere* [dichtsnoeren, noodzaken], van *com* [samen] + *stringere* (vgl. **stringent**).
contrair [tegengesteld] < **fr.** *contraire* < **lat.** *contrarius* [tegenovergesteld], van *contra* [aan de tegenovergestelde kant].
contramine ['in de contramine', dwars] < **fr.** *contremine* [tegenmijn], met *a* door heroriëntering op **lat.** *contra,* gevormd van **lat.** *contra* [tegen] + *mine* [mijn]; bij belegeringen groeven belegeraars tunnels om binnen de muren te raken of deze op te blazen; de belegerden groeven tegenmijnen om deze te verstoren.
contraptie [uitvindsel] < **eng.** *contraption,* een in de 19e eeuw opgekomen, bedacht woord, wel van *contrive* [bedenken], met associaties met mogelijk *apt* [geschikt, juist] of *trap* [val, strik]; vgl. *adaptatie* [aanpassing].
contrapunt [muziekterm] < **lat.** *punctum contra punctum* [punt (d.w.z. noot) tegen punt]; de noten voor de begeleidende stem werden tegen, d.w.z. boven of onder die voor de eerste stem geschreven.
contrariëren [tegenwerken] **middelnl.** *contrariëren* < **fr.** *contrarier* [idem] < **me. lat.** *contrariari, contrariare* [stellen tegenover], van *contrarius* [tegenovergesteld], van *contra* [tegenover].
contraseign [medeondertekening door minister] < **fr.** *contreseign,* met heroriëntering op **lat.** *contra* < **me. lat.** *contrasignum* [tegenzegel], van *contra* [tegen] + *signum* [zegel].
contrast [tegenstelling] < **fr.** *contraste* < **it.** *contrasto* [tegenstelling, tegenstand], van **me. lat.** *contrastare* [bestrijden], van **lat.** *contra* [van de tegenovergestelde kant, tegenover, tegen] + *stare* [staan, opgesteld zijn], idg. verwant met **staan**.
contraventie [overtreding] (1545) < **fr.** *contravention,* van **lat.** *contravenire* [zich verzetten], van *contra* [tegen] + *venire* [komen], daarmee idg. verwant.
contrecœur [à contrecœur, met tegenzin] < **fr.** *contrecœur,* van *contre* < **lat.** *contra* [tegen] + *cœur* < **lat.** *cor* [hart].
contrefort [schoormuur, hielstuk] < **fr.** *contrefort,* van *contre* [tegen] < **lat.** *contra* + *fort* [sterk] < **lat.** *fortis* [idem], idg. verwant met **berg¹**.
contrei, contreie [streek] **middelnl.** *contreye* < **fr.** *contrée* [idem] < **me. lat.** *contrata,* van *contracta (regio), (regio)* [gebied]), van *contrahere* (verl. deelw. *contractum)* [op één plaats samentrekken, tot een engere ruimte samentrekken], van *com* [samen] + *trahere* [trekken], idg. verwant met **dragen,** dus het gebied van de onmiddellijke omgeving (vgl. **contract**).
contrescarp [buitenboord van vestinggracht] < **fr.** *contrescarpe,* van *contre* [tegenover] < **lat.** *contra* + *escarpe.*
contribuabel [schatplichtig] **middelnl.** *contribuabel* [verplicht tot een geldelijke bijdrage] < **fr.** *contribuable* < **me. lat.** *contribuibilis, contribuabilis,* van *contribuere* (vgl. **contributie**).
contribueren [bijdragen] **middelnl.** *contribueren* < **fr.** *contribuer* < **lat.** *contribuere* [toevoegen, bijdragen] (vgl. **contributie**).
contributie [vaste bijdrage] (1521) < **fr.** *contribution* < **me. lat.** *contributionem,* 4e nv. van

contritie — converteren

contributio [contributie, betaling], van *com* [samen] + *tribuere* [toedelen, toeschrijven, aanrekenen], van *tribus* (vgl. *tribus*).

contritie [innig berouw] **middelnl.** *contritie* < **fr.** *contrition* < **lat.** *contritionem*, 4e nv. van *contritio* [het verbrijzelen, verwoesting, wond, smart], van *conterere* [stukwrijven, breken, met voeten treden], van *com* [samen] + *terere* [wrijven], idg. verwant met *draaien*.

controle [inspectie] < **fr.** *contrôle*, **oudfr.** *contrerole*, van **lat.** *contra* [tegen] + *rotulus* [(schrift)rol], verkleiningsvorm van *rota* [wiel, rad], daarmee idg. verwant.

controverse [twistpunt] **middelnl.** *controversie* [rechtsstrijd] < **oudfr.** *controversie* (**fr.** *controverse*) < **lat.** *controversia* [geschil], van *contro* = *contra* [tegen] + *vertere* (verl. deelw. *versum*) [wenden], idg. verwant met *worden*.

controversioneel [tegenspraak oproepend] gevormd naar **eng.** *controversion*, (*controversieel*, naar *controversial*), van **lat.** *controversia* [geschil], van *controversari* (verl. deelw. *controversum*, *contraversum*) [disputeren], van *contra* [tegenover] + *vertere* [keren, draaien, omverwerpen], idg. verwant met *worden*.

contubernaal [kamergenoot] < **lat.** *contubernalis* [tentgenoot, krijgsmakker, huisgenoot], van *com* [samen] + *taberna* [hut, herberg, tent] (vgl. *taverne*); vgl. voor de betekenis *kameraad* en de daar vermelde woorden.

contumacie [niet-verschijning op dagvaarding] (1524) < **lat.** *contumacia* [hooghartigheid, weerspannigheid], van *contumax* (2e nv. *contumacis*) (vgl. *contumax*).

contumax [hij die verstek laat gaan] < **lat.** *contumax* [hooghartig, onbuigzaam], van *com* [samen] + *tumēre* [opgezwollen, opgeblazen zijn, driftig zijn, zich verhovaardigen] (vgl. *tumor*).

contusie [kneuzing] < **fr.** *contusion* < **lat.** *contusionem*, 4e nv. van *contusio* [idem], van *com* [samen] + *tundere* (verl. deelw. *tusum*) [beuken, stoten], daarmee idg. verwant.

conurbatie [stedengroep] van **lat.** *com* [samen] + *urbs* [stad] (vgl. *urbaan*).

conus [kegel] < **lat.** *conus* [idem] < **gr.** *kōnos* [pijnappel, kegel], met de grondbetekenis 'puntig', vgl. *heen*[1]).

convalescent [herstellend] < **fr.** *convalescent* < **lat.** *convalescens* (2e nv. *convalescentis*), teg. deelw. van *convalescere* [krachtiger worden, herstellen], van *com* [samen] + *valescere*, inchoatief van *valēre* [sterk zijn], idg. verwant met **hd.** *walten* [heersen].

convector [aanjager voor warme lucht] < **lat.** *convector* [hij die tezamen brengt], van *convehere* (verl. deelw. *convectum*) [bijeenbrengen], van *com* [samen] + *vehere* [dragen, drijven], idg. verwant met *wegen*[1].

convenabel [passend] 16e eeuws **nl.** *convenable* [passend bij] < **fr.** *convenable* < **me. lat.**

convenabilis, van **klass. lat.** *convena* [het bijeenkomen], van *convenire* [bijeenkomen], van *com* [samen] + *venire* [komen], daarmee idg. verwant.

convenant [overeenkomst] **middelnl.** *convenant* [stemming, stand van zaken] < **fr.** *convenant*, eig. teg. deelw. van *convenir* [overeenkomen] < **lat.** *convenire* (vgl. *convenabel*).

conveniënt [passend] < **eng.** *convenient* < **lat.** *conveniens* (2e nv. *convenientis*) [passend], eig. teg. deelw. van *convenire* (vgl. *convenabel*).

conveniëren [gelegen komen] → *conveniënt*.

convent [klooster] **middelnl.** *convent*, *covent* [bijeenkomst, de vergaderden, kloostergemeenschap, klooster] < **fr.** *convent* (tegenwoordig *couvent*) < **lat.** *conventus* [samenkomst], van *convenire* (verl. deelw. *conventum*) (vgl. *convenabel*).

conventie [overeenkomst, vergadering] (1e kwart 16e eeuw) < **fr.** *convention* < **lat.** *conventionem*, 4e nv. van *conventio* [overeenkomst, afspraak, in me. lat. vergadering], van *convenire* (verl. deelw. *conventum*) (vgl. *convenabel*).

conventikel [buitenkerkelijke godsdienstige bijeenkomst] < **lat.** *conventiculum*, verkleinvorm van *conventus* [bijeenkomst, vergadering, plaats daarvan], van *convenire* (vgl. *convenabel*).

conventioneel [traditioneel] < **fr.** *conventionnel* < **lat.** *conventionalis* [m.b.t. een overeenkomst, conventioneel], van *conventio* (vgl. *conventie*).

conventueel [zwarte franciscaan] **middelnl.** *conventuael* [tot een klooster behorend, kloosterbroeder] < **me. lat.** *conventualis* [klooster-], van *conventus* (vgl. *convent*).

convenu [afspraak] < **fr.** *convenu* [overeengekomen], verl. deelw. van *convenir* < **lat.** *convenire* (vgl. *convenabel*).

convergeren [in één punt samenkomend] < **fr.** *converger* < **lat.** *convergere* [samenbuigen], van *com* [samen] + *vergere* [neigen, doen hellen], idg. verwant met *wurgen*, *wringen*.

convers [tegendeel] < **eng.** *converse*, van **lat.** *convertere* (verl. deelw. *conversum*) [omdraaien], van *com* [samen] + *vertere* [draaien], idg. verwant met *worden*.

conversatie [gesprek] **middelnl.** *conversatie* [verkeer, omgang] < **fr.** *conversation* < **lat.** *conversationem*, 4e nv. van *conversatio* [verkeer, omgang], van *conversari* [verkeren, omgaan met], van *com* [samen] + *versari* [zich bewegen, zich bevinden, zich bezig houden met], passief/reflexief van *versare* [heen en weer draaien], frequentatief van *vertere* [keren, wenden], idg. verwant met *worden*.

converseren [een gesprek voeren] **middelnl.** *converseren* [een verhouding hebben] < **lat.** *conversari* (vgl. *conversatie*).

conversie [omzetting] < **fr.** *conversion* [omzetting] < **lat.** *conversio* [omwenteling, het zich wenden, verandering], van *convertere* (vgl. *convers*).

converteren [verwisselen] (1530) < **fr.** *convertir*

[veranderen] < lat. *convertere* [omkeren, ergens heen wenden, veranderen], van *com* [samen] + *vertere* [keren, draaien], idg. verwant met *worden*.

convertibiliteit [inwisselbaarheid] < fr. *convertibilité* < me. lat. *convertibilitatem*, 4e nv. van *convertibilitas*, van *convertibilis* [veranderbaar], van *convertere* (verl. deelw. *conversum*) (vgl. *converteren*).

convertie [bekeerling] < fr. *converti*, verl. deelw. van *convertir* [bekeren] < lat. *convertere* [omdraaien], *se convertere* [zich bekeren], van *vertere* [draaien, wenden], idg. verwant met *worden*; de *t* is toegevoegd, evenals in b.v. *travestiet*.

convertor [toestel voor chemische omzetting] gevormd van lat. *convertere* (vgl. *converteren*).

convex [bolrond] < fr. *convexe* [gewelfd] < lat. *convexus* [gebogen, gewelfd], vermoedelijk van *convehere*, en dan met de oorspr. betekenis 'samenkomend' (vgl. *convector*).

conveyer [transporteur] < eng. *conveyer*, van *to convey* [vervoeren, overbrengen] < oudfr. *convoier* (vgl. *konvooi*).

convict [priesterhuis] < lat. *convictio* [gezelschap], *convictus* [het samenleven, sociale omgang], van *convivere* (verl. deelw. *convictum*) [samenleven], van *com* [samen] + *vivere* [leven].

convictie [overtuiging] middelnl. *convictij* [onomstotelijk bewijs] < fr. *conviction* [overtuiging] < me. lat. *convictionem*, 4e nv. van *convictio* [bewijs], van *convincere* (verl. deelw. *convictum*) [(de schuld van iem.) bewijzen, overwinnen, ook in een debat of proces], van *com* [samen] + *vincere* [overwinnen], idg. verwant met *weigeren*, middelnl. *wigen* [strijden].

convocatie [samenroeping] < fr. *convocation* < lat. *convocationem*, 4e nv. van *convocatio* [oproeping (van het volk)], van *convocare* (verl. deelw. *convocatum*), van *com* [samen] + *vocare* [roepen], idg. verwant met hd. *erwähnen*.

convoceren [bijeenroepen] < lat. *convocare* (vgl. *convocatie*).

convoluut [kluwen] < lat. *convolutus* [teruggebogen, omgebogen], verl. deelw. van *convolvere*, van *com* [samen] + *volvere* [ronddraaien, omwikkelen], idg. verwant met *wals*¹.

convolvulus [winde] van lat. *convolvere* (vgl. *convoluut*); het lat. woord *convolvulus* betekent 'zuurworm'.

convulsie [stuiptrekking] < fr. *convulsion* < lat. *convulsionem*, 4e nv. van *convulsio* [kramp, convulsie], van *convellere* (verl. deelw. *convulsum*) [wegrukken, ontwrichten, schokken], van *vellere* [rukken aan, losrukken], idg. verwant met *wol*.

coöperatie [samenwerking] < fr. *coopération* < lat. *cooperationem*, 4e nv. van *cooperatio* [idem], van *cooperari* (verl. deelw. *cooperatum*) [samenwerken], van *com* [samen] + *operari* [werken], van *opus* (2e nv. *operis*, vgl. *opus*).

coopertest [test voor lichamelijke conditie bij het vliegen] genoemd naar de Amerikaanse luchtmachtarts *Kenneth H. Cooper*.

coöptatie [kiezen van nieuwe leden] < fr. *cooptation* < lat. *cooptatio* [verkiezing (tot aanvulling van een college)], van *cooptare* (verl. deelw. *cooptatum*) [erbij kiezen], van *com* [samen] + *optare* [kiezen] (vgl. *optie*).

coördineren [afstemmen] < me. lat. *coordinare* [met gelijk gezag aanstellen], van **klass. lat.** *com* [samen] + *ordinare* [in het gelid zetten], van *ordo* (vgl. *orde*).

copaïva [geslacht van bomen] < **portugees, spaans** *copaiba* < tupi *copaiba*.

copepode [roeipootkreeftje] < modern lat. *copepoda*, gevormd van gr. *kōpē* [roeiriem] + *pous* (2e nv. *podos*) [voet], daarmee idg. verwant.

copieus [overvloedig] < fr. *copieux* [idem] < lat. *copiosus* [rijk aan voorraad], van *copia* [voorraad, overvloed], van *com* [samen, niet zonder] + *ops* [macht, vermogen].

copla [Spaanse dichtvorm] < spaans *copla* < me. lat. *cop(u)la* [paar, stel, koppel], van *copulare* [in een groep bijeenbrengen, arrangeren, in klass. lat. verenigen met] (vgl. *koppelen*).

coplanair [in één plat vlak liggend] gevormd van lat. *com* [samen] + *planus* [vlak, plat], op enige afstand idg. verwant met *veld* (vgl. *plein*).

copoclefiel [sleutelhangerverzamelaar] gevormd van gr. *kōpē* [handvat], idg. verwant met *heft*², *heffen* + *kleìs*, *kleis* [slot, sleutel] (lat. *clavis* [sleutel]), idg. verwant met *sluiten* + *philos* [een vriend van], idg. verwant met *billijk*.

coprofagie [het eten van uitwerpselen] gevormd van gr. *kopros* [mest] + *phagein* [eten].

coproliet [versteende drek] gevormd van gr. *kopros* [uitwerpselen] + *lithos* [steen].

copula [koppelwerkwoord] < lat. *copula* [band] (vgl. *koppelen*).

copuleren [paren] middelnl. *copuleren*, *coppeleren* < fr. *copuler* < lat. *copulare* [verbinden met, verenigen met, in chr. lat. ook trouwen], van *copula* [band, riem, boei] (vgl. *koppelen*, *copla*).

copyright [auteursrecht] < eng. *copyright*, van *copy* (vgl. *kopie*) + *right* (vgl. *recht*²).

coquette [behaagzieke vrouw] < fr. *coquette*, vr. van *coquet* (vgl. *koket*).

coquille [schelp] < fr. *coquille* < lat. *conchylium* [mossel, oester] < gr. *kogchulion* [schelpdier], van *kogchè* [schelp]; het fr. *coque* [schaal, dop] heeft invloed uitgeoefend (vgl. *congé*).

corbeau [kraagsteen] < fr. *corbeau*, de eerste betekenis is 'raaf', vgl. middelnl. *corbeel* [idem] < oudfr. *corb*, *corp* < lat. *corvus* [muurhaak, raaf], daarmee idg. verwant om de overeenkomst met de snavel van de raaf. Vgl. middelnl. *rave* [balk].

cordiaal [hartelijk] < fr. *cordial* < me. lat. *cordialis*, van lat. *cor* (2e nv. *cordis*) [hart], daarmee idg. verwant.

cordiet — corrida

cordiet [draadvormig buskruit] < **eng.** *cordite,* afgeleid van *cord* [touw, koord], vanwege de uiterlijke gelijkenis daarmee (vgl. ***koord***).

cordon-bleu [uitstekende kok, gevulde schnitzel] < **fr.** *cordon bleu* [oorspr. het onderscheidingsteken van leden van de Orde van de Heilige Geest en andere, dan een aanduiding van iemand met bijzondere prestaties, een geestelijke maar ook een kok, ten slotte het gerecht], *cordon,* verkleiningsvorm van *corde* (vgl. ***koord***); vgl. **eng.** *blue ribbon,* **nl.** *blauwe wimpel.*

Corduaans [m.b.t. Cordova] afgeleid van de naam van de stad *Córdoba,* **lat.** *Corduba,* **gr.** *Kordubè,* een oorspr. iberische naam.

corduroy [koordmanchester] < **eng.** *corduroy,* vermoedelijk < **fr.** *corde du roy, corde* [koord, ribbel van textiel] *du roy* [van de koning].

Corinthe [geogr.] < **gr.** *Korinthos,* een vóór-gr. naam.

corioliskracht [kracht op draaiend lichaam] genoemd naar de Franse wiskundige *Gaspard-Gustave de Coriolis* (1792-1843).

cornage [kortademigheid bij paarden] < **fr.** *cornage* < **me. lat.** *cornagium,* van *cornu* [hoorn van dier, muziekinstrument] (vgl. ***hoorn***[1]) + *agere* [doen], dus het maken van een fluitend geluid.

cornedbeef [vlees in blik] < **eng.** *cornedbeef,* van *corned* [gezouten], verl. deelw. van *to corn* [met korrels zout bestrooien], van *corn* [korrel] (vgl. ***koren***[1]) + *beef* (vgl. ***biefstuk***).

corner [hoekschop] < **eng.** *corner* < **oudfr.** *corniere,* teruggaand op **lat.** *cornu* [hoek, hoorn], daarmee idg. verwant.

cornet → ***kornet***[1].

cornflakes [maïsvlokken] < **amerikaans-eng.** *corn flakes,* van *corn* [maïs] (vgl. ***koren***[1]) + *flake* [vlok], verwant met **nl.** *vlak* en op enige afstand met *vlok.*

corniche [kroonlijst] < **fr.** *corniche* < **it.** *cornice* [lijst, lijstwerk] < **lat.** *cornu* [hoorn, hoornvormig iets, b.v. landtong, bergtop], idg. verwant met ***hoorn***[1].

cornichon [augurk] < **fr.** *cornichon* [eig. hoorntje], van *corne* [hoorn] < **lat.** *cornu,* idg. verwant met ***hoorn***[1].

corollarium [toevoegsel] < **lat.** *corollarium* [krans van bloemen voor toneelspelers, toegift boven het loon], van *corolla* [krans], verkleiningsvorm van *corona* [kroon, krans] (vgl. ***kroon***).

coromandel [gestreept ebbehout] van *Coromandel* < **oudindisch** *colomaṇḍala-* [gebied van de Cola's].

corona [kransvormige buitenste atmosfeer van de zon] < **lat.** *corona* [krans, rand] < **gr.** *korōnè* [ring aan huisdeur, krans, kroon], verwant met **lat.** *curvus* [gebogen] (vgl. ***kroon***).

coronaal [met de tongpunt gearticuleerd] < **lat.** *coronalis* [behorend tot een kroon], van *corona* (vgl. ***kroon***).

coronair [m.b.t. de kransslagader] < **fr.** *coronaire* [kransvormig] < **lat.** *coronarius* [behorend tot een krans], van *corona* [krans] (vgl. ***kroon***).

coroner [lijkschouwer] < **eng.** *coroner,* van **lat.** *corona* (vgl. ***kroon***); zijn oorspronkelijke taak was het toezicht houden op kroondomeinen.

corporale, corporaal [altaardoek] **middelnl.** *corporael* < **lat.** *corporale,* het zelfstandig gebruikt o. van *corporalis* [lichaams-], van *corpus* (2e nv. *corporis*) [lichaam]; zo genoemd omdat wijn en brood - het lichaam van Christus - op de doek staan.

corporatie [vakgenootschap] < **eng.** *corporation,* eventueel < **fr.** *corporation* < **lat.** *corporatio* [het tot een lichaam worden], van *corporare* (verl. deelw. *corporatum*) [tot een lichaam maken], van *corpus* (2e nv. *corporis*) [lichaam].

corporeel [lichamelijk] (1515) *corporel* < **fr.** *corporel* < **lat.** *corporalis* (vgl. ***corporale***).

corps [vereniging] **middelnl.** *cor(p)s* [het lichaam van een gemeente] < **fr.** *cor(p)s* < **lat.** *corpus* (vgl. ***corpus***).

corpulent [gezet] < **fr.** *corpulent* < **lat.** *corpulentem,* 4e nv. van *corpulens* [gezet, dik], afgeleid van *corpus* [lichaam] + de uitgang *-ulentus* [rijk aan].

corpus [lichaam] < **lat.** *corpus* [lichaam, gemeenschap, vereniging, college], idg. verwant met (*midden*)*rif.*

corpusculair [uit kleine lichaampjes bestaand] < **fr.** *corpusculaire,* van **me. lat.** *corpusculum* [lichaampje], verkleiningsvorm van *corpus* (vgl. ***corpus***).

corrasie [erosie door zandwind] < **me. lat.** *corrasio* [het schaven, scheren], van *corradere* (verl. deelw. *corrasum*) [bijeenschrapen], van *com* [samen] + *radere* [krabben, schaven], idg. verwant met *rat.*

correaal [mede verbonden] < **lat.** *correus, conreus* [gezamenlijk schuldig, gezamenlijk verplicht], van *com* [samen] + *reus* [partij in proces, beschuldigde, schuldig, verplicht na te komen], van *res* [zaak, i.h.b. in juridische zin]; de betekenis is dus eig. 'een rechtszaak hebbend'.

correct [juist] < **fr.** *correct* < **lat.** *correctum,* verl. deelw. van *corrigere* (vgl. ***corrigeren***).

correctie [verbetering] **middelnl.** *correctie* < **fr.** *correction* < **lat.** *correctionem,* 4e nv. van *correctio* [verbetering, terechtwijzing], van *corrigere* (verl. deelw. *correctum*) (vgl. ***corrigeren***).

correlatie [wederzijdse betrekking] < **fr.** *correlation* < **me. lat.** *correlationem,* 4e nv. van *correlatio,* van *com* [samen] + *relatio* [relatie].

correspondentie [briefwisseling] < **me. lat.** *correspondentia* [wederzijdse overeenstemming], van *com* [samen] + *respondēre* [van zijn kant beloven] (vgl. ***respons***).

corrida [stieregevecht] < **spaans** *corrida,* verkort uit *corrida de toros* [idem], *corrida* [het lopen], van *correr* [hard lopen] < **lat.** *currere* [idem], idg. verwant met **kar**.

corridor [gang] < **it.** *corridore* < **me. lat.** *curritorium, corridorium, corridorum* [gang, arcaden, galerij], van *currere* [(hard) lopen], idg. verwant met **kar**.

corrigenda [lijst van verbeteringen] < **lat.** *corrigenda,* mv. van *corrigendum* [dat wat verbeterd moet worden], gerundivum van *corrigere* (vgl. *corrigeren*).

corrigeren [verbeteren] **middelnl.** *corrigeren* < **fr.** *corriger* < **lat.** *corrigere* [wat krom is recht maken, weer in orde brengen], van *com* [samen] + *regere* [richten, leiden, terechtwijzen], idg. verwant met *rekken*.

corroboratie [versterking] (1540) < **fr.** *corroboration* < **me. lat.** *corroborationem,* 4e nv. van *corroboratio* [idem], van *corroborare* (verl. deelw. *corroboratum*) [sterk maken], van *com* [samen] + *roborare* [sterk maken], van *robor, robur* [hard hout, eikehout, kracht].

corroderen [aantasten] < **fr.** *corroder* [aantasten] < **lat.** *corrodere* [stuk knagen], van *com* [samen] + *rodere* [knagen], idg. verwant met *rat*.

corrumperen [bederven] **middelnl.** *corrumperen* < **lat.** *corrumpere* (vgl. *corrupt*).

corrupt [bedorven] < **lat.** *corruptus,* verl. deelw. van *corrumpere* [te gronde richten, bederven, zedelijk bederven, verleiden, omkopen], van *com* [samen] + *rumpere* [breken, doen scheuren, schenden], idg. verwant met *roven, ropen*.

corsa [wedren van paarden zonder berijders] < **it.** *corsa* < **me. lat.** *corsa* < **lat.** *cursus* [wedloop, wedren], van *currere* (verl. deelw. *cursum*) [rennen], idg. verwant met *kar*.

corsage [versiersel op bovenstuk van japon] < **fr.** *corsage,* met het achtervoegsel -*age,* dat een functie aangeeft, gevormd van **oudfr.** *cors* < **lat.** *corpus* [lichaam]; de betekenis ontwikkelde zich van 'lichaam', over 'buste', 'het deel van de jurk dat de buste bedekt', tot 'corsage'.

corselet [combinatie van corset en bustehouder] < **fr.** *corselet,* verkleiningsvorm van **oudfr.** *cors* (vgl. *corsage*).

corso [wandelplaats, hoofdstraat, optocht] < **it.** *corso,* van **lat.** *currere* (verl. deelw. *cursum*) [(snel) lopen], idg. verwant met *kar*.

cortège [stoet] < **fr.** *cortège* < **it.** *corteggio* [gevolg], van *corteo* [stoet], van *corte* [hof] < **lat.** *cors* (vgl. *cohort, Cortes*).

Cortes [senaat en volksvertegenwoordiging in Spanje en Portugal] < **spaans** *Cortes* < **portugees** *Cortes* [lett. hoven], mv. van *corte* [hof] < **lat.** *co(ho)rtem,* 4e nv. van *co(ho)rs* (vgl. *cohort*); vgl. voor de betekenisontwikkeling *hof*.

cortex [schors] < **lat.** *cortex* [schors, bast, schil], vermoedelijk van dezelfde basis als *scherm, scheren*[1].

corticaal [de cortex betreffend] < **lat.** *corticalis* [schorsachtig], van *cortex* (vgl. *cortex*).

cortison, cortisone [hormoon uit bijnierschors] verkort uit *corticosterone,* van **lat.** *cortex* (2e nv. *corticis*) [bast] + *sterol* [een groep alcoholen], afgeleid van *cholesterol*.

corvee [beurtelings te verrichten werkzaamheden] (1815) < **fr.** *corvée* < **lat.** *corrogata (opera), opera* [moeite, werk, dienst] *corrogata,* verl. deelw. van *corrogare* [(bijeen)vragen, uitnodigen], van *com* [samen, bijeen] + *rogare* [vragen], aanvankelijk dus arbeid op verzoek, in de latere middeleeuwen geworden tot gedwongen werk, herendienst → *karwei*.

corybant [priester van Cybele] < **lat.** *corybas* (2e nv. *corybantis*) < **gr.** *korubas,* dat vermoedelijk uit het phrygisch stamt.

coryfee [uitblinker] < **fr.** *coryphée* < **gr.** *koruphaios* [zich op de top bevindend, aanzienlijkste, voorganger van het koor], (*koruphè* [top]), van vóór- gr. herkomst.

cosinus [sinus van het complement van een hoek], verkort uit **me. lat.** *complementi sinus* [sinus van het complement].

cosmetica [kosmetische middelen] < **gr.** *kosmètika,* maar onder invloed van **fr.** *cosmétique* of van **lat.** *cosmetes* [toiletslaaf] met een *c* gespeld.

cosmorama [voorstelling in panorama van bekende plaatsen] gevormd van *kosmos* + *panorama*.

cosmos [plantengeslacht] < **gr.** *kosmos* [orde, juiste orde, sierlijkheid, en dan concreet sieraad].

Costa Rica [geogr.] < **spaans** *Costa Rica,* van *costa* [kust] + *rica,* vr. van *rico* [rijk], door Columbus (die het heeft ontdekt) *Costa Rica y Castilla de Oro* [Rijke Kust en Gouden Kastilië] gedoopt, omdat inboorlingen hem op verscheidene plaatsen stukjes goud gaven.

costi ['a costi', ten uwent] < **it.** *a costì, costì* [daar] < **lat.** *(ec)cu(m) istic, (ec)cu(m),* van *ecce* [daar heb je!, zie!] + *eum* [hem], *istic* [daar (bij u)].

costume [oud gebruik] **middelnl.** *costume* [gewoonte] < **oudfr.** *costume* < **lat.** *consuetudinem,* 4e nv. van *consuetudo* [gewoonte], van *consuescere* (verl. deelw. *consuetum*) [zich wennen, gewoon raken], van *com* [samen] + *suescere* [gewoon raken], idg. verwant met *zede*.

costumier [costumier recht, gewoonterecht] vgl. **middelnl.** *costumier* [ervarene in oude gewoonten en gebruiken], van **oudfr.** *costume* [gewoonte] < **lat.** *consuetudinem* (vgl. *costume*).

cosy [gezellig] < **eng.** *cosy,* van schotse herkomst en mogelijk ontleend aan **noors** *kose sig* [zijn gemak nemen].

cotangens [tangens van het complement van een hoek] van *cotangens,* verkort uit **me. lat.** *complementi tangens* [tangens van het complement].

coteline [weefsel] van **fr.** *cotelé* [mantelstof met hoog opliggende lengteribben], van *côte* [rib] < **lat.** *costa* [idem].

coteren — courtine

coteren [merken] < fr. *coter* [merken, nummeren, noteren], van *cote* [notering], **oudfr.** *quote* < **lat.** *quotum* (vgl. ***quotum***).

coterie [besloten gezelschap] < **fr.** *coterie* [in de middeleeuwen vereniging van boeren op een adellijke bezitting, later genootschap, ten slotte coterie], uit een germ. woord voor 'hut', vgl. ***kot***, **eng.** *cottage*.

cothurn, cothurne [toneellaars] < **lat.** *cothurnus* < **gr.** *kothornos* [hoge jachtlaars, toneellaars], een vóór-idg. woord.

cotillon [figuurdans] < **fr.** *cotillon* [onderrok, dans], **oudfr.** *cote* [gewaad], uit het germ., vgl. **middelnl.** *cote* [overkleed, mantel], **eng.** *coat* [jas]; de betekenisovergang wordt begrijpelijk door een uitdrukking als *aimer le cotillon, courir le cotillon* [achter de vrouwen aanlopen].

cotoneaster [dwergmispel] < **lat.** *(malum) cotoneum* [kwee], (*malum* [appel]), met de kleinerende uitgang *-aster*, die b.v. ook in *poetaster* voorkomt.

cottage [huisje] < **eng.** *cottage* < **me. lat.** *cota, kota, kotum, kotagium* [hut], uit het germ., vgl. ***kot***.

cotyledo [buitenste vruchtvlies] < **gr.** *kotulèdōn* [zuignap van een poliep, holte], van *kotulè* [nap, kroes, holte], verwant met **lat.** *catinus* [holte], verkleiningsvorm van *catillus*, en daardoor met ***ketel***.

couch [ligbank] < **eng.** *couch*, van **fr.** *coucher* [te bed leggen] < **lat.** *collocare* (vgl. ***collocatie***).

couche [laag] < **fr.** *couche* [bed, laag], van *coucher* [doen liggen, naar bed brengen] < **lat.** *collocare* (vgl. ***collocatie***).

couchette [bed in trein] < **fr.** *couchette*, verkleiningsvorm van *couche* [bed] (vgl. ***couche***).

coulage [verlies door lekken der vaten] < **fr.** *coulage*, van *couler* (vgl. ***couloir***).

coulant [vloeiend, toegevend] < **fr.** *coulant*, eig. teg. deelw. van *couler* (vgl. ***couloir***).

coulisse [beweegbaar stuk van toneeldecor] < **fr.** *coulisse* < **oudfr.** *porte coleice*, van **lat.** *colare* [zeven, filteren, in vulg. lat. glijden, dus: een schuivend gordijn] (vgl. ***couloir***).

couloir [gang] < **fr.** *couloir* [melkzeef, smalle gang], naast *couloire* [vergiet], van *couler* [vloeien, stromen, voortglijden, in het oudfr. zeven] < **lat.** *colare* [zeven], van *colum* [zeef] (vgl. ***coulisse***).

coulomb [elektrische eenheid] genoemd naar de Franse natuurkundige *Charles-Augustin de Coulomb* (1736-1806).

counsellor [adviseur] < **eng.** *counsellor* < **middeleng.** *counseiller* < **oudfr.** *counseilleor* < **lat.** *consiliaris*, van *consiliari* [beraadslagen, adviseren], stellig verwant met *consulere* [idem] (vgl. ***consulteren***).

country [platteland] < **eng.** *country* [land, streek, platteland], **middeleng.** *contree* < **oudfr.** *contree* < **me. lat.** *contrata* [het tegenover liggende land], van *contra* [tegenover].

coup [slag, staatsgreep] < **fr.** *coup* < **lat.** *colpus,*

colapus, colaphus [vuistslag] < **gr.** *kolaphos* [oorvijg].

coupe [snit] < **fr.** *coupe*, van *couper* [hakken, snijden, doorsnijden] < **lat.** *colpus* (vgl. ***coup***).

coupé [treincompartiment] < **fr.** *coupé*, verl. deelw. van *couper* [afhakken, verbreken, dus eig. onderbroken doorgang], *couper* van *coup* [slag] (vgl. ***coup***).

couperen [afsnijden (van delen van dieren), afnemen (van kaarten)] < **fr.** *couper* (vgl. ***coupé***).

couperose [aandoening met rode vlekken] < **fr.** *couperose* [koperrood, vurige uitslag] < **me. lat.** *cuprosa, cuperosum, coperosium*, e.d. [koperrood], van *cuprum* (vgl. ***koper***).

coupeur [kleermaker] < **fr.** *coupeur*, van *couper* [afsnijden, knippen] (vgl. ***couperen***); vgl. voor de betekenis *snijder*, ***tailleur***, *tailor*, *sabel*[1].

coupleren [koppelen] < **fr.** *coupler* [idem] < **lat.** *copulare* (vgl. ***copuleren, koppelen***).

couplet [strofe] < **fr.** *couplet*, verkleiningsvorm van *couple* [paar, koppel] < **lat.** *copula* [band, riem, boei] (vgl. ***koppelen***).

coupon [bewijsbon, restant stof] < **fr.** *coupon* [lett. een afgehakt stuk], van *couper* (vgl. ***couperen***).

coupure [weglating van deel film, grootte waarin bankpapier wordt uitgegeven] < **fr.** *coupure*, van *couper* (vgl. ***couperen***).

cour [hof] < **fr.** *cour* < **it.** *corte* < **lat.** *co(ho)rs* (vgl. ***cohort***).

courage [moed] < **fr.** *courage*, van *cœur* [hart, moed] < **lat.** *cor* [hart], daarmee idg. verwant.

courant[1] [gangbaar] (1554) < **fr.** *courant*, eig. teg. deelw. van *courir* < **lat.** *currere* [(snel) lopen], idg. verwant met ***kar***.

courant[2] → ***krant***.

courante [dans] < **fr.** *courante*, eig. vr. van *courant* [lopend, vloeiend] (vgl. ***courant***[1]).

courbette [korte boogsprong] < **fr.** *courbette*, verkleiningsvorm van *courbe* [krom, kromming, bocht] < **lat.** *curvus* [gebogen, krom] (vgl. ***corona***).

coureur [wielrenner, autorenner] < **fr.** *coureur*, van *courir* [rennen] (vgl. ***courant***[1]).

coureuse [licht rijtuig] < **fr.** *coureuse*, vr. gevormd naast *coureur* (vgl. ***coureur***).

courgette [pompoen] < **fr.** *courgette*, van *courge* [pompoen], evenals *gourde* [idem] < **oudfr.** *c(oh)ourde* < **lat.** *cucurbita* [fleskalebas] (vgl. ***kauwoerde***).

courses [races] < **eng.** *courses* < **fr.** *cours(e)* < **lat.** *cursus* (vgl. ***cursus***).

courtage [makelaarsloon] < **fr.** *courtage*, van *court* [kort] < **lat.** *curtus* [onvolledig], *curtare* [verminderen, besnoeien] (vgl. ***kort***[1]).

courtine [gordijn] < **fr.** *courtine* < **lat.** *cortina* [tentkleed], van *cohors, cors* [hof] (vgl. ***cohort***), gevormd naar voorbeeld van het **gr.** *aulaia* [gordijn], van *auleios* [van buiten, door het poortgebouw, naar de aulè leidend], van *aulè* [hof, hofstede, vorstenhof] (vgl. ***gordijn***).

courtisane [vrouw van lichte zeden] < fr. *courtisane* [vrouw van lichte zeden, demi-mondaine, oorspr. hofdame], (*courtisan* is nog steeds 'hoveling', hoewel ook 'ogendienaar') < **it.** *cortigiana* [hofdame, courtisane], van *corte* [hof] (vgl. ***Cortes***).

courtois [hoffelijk] < fr. *courtois*, van *cour* (vgl. ***cour***).

courtoisie [hoffelijkheid] < fr. *courtoisie*, van *courtois* [hoffelijk] (vgl. ***courtois***).

couscous [deegwaar van kleine korrels] < fr. *couscous* < ar. *kuskus, kuskusū*, bij het ww. *kaskasa* [hij stampte fijn, wreef fijn].

cousin [neef] < fr. *cousin* < lat. *consobrinus* [oorspr. de zoon van één van twee zusters], van *com* [samen] + *sorores* [zusters], mv. van *soror*, idg. verwant met ***zuster***.

couturier [modeontwerper] < fr. *couturier*, van 15e eeuws *couturer* = *coudre* [naaien] < lat. *consuere* [naaien, in elkaar stikken] (verl. deelw. *consutum*, zelfstandig gebruikt [kledingstuk]), van *com* [samen] + *suere* [naaien, aaneenhechten].

couvade [het houden van het kraambed door de man] < fr. *couvade* [het broeden], van *couver* [broeden, uitbroeden] < lat. *cubare* [liggen, aanliggen, slapen, ziek liggen, gaan liggen], van *cubitum, cubitus* [elleboog (de grondbetekenis is 'buigen')], idg. verwant met ***heup***.

couvert [briefomslag, bestek voor één persoon] < fr. *couvert*, verl. deelw. van *couvrir* [dekken, bedekken] < lat. *cooperire* (verl. deelw. *coopertum*) [geheel bedekken], van *com* [samen] + *operire* [bedekken, omhullen], idg. verwant met ***weren***.

couveuse [broedmachine] < fr. *couveuse*, van *couver* [uitbroeden] (vgl. ***couvade***).

couvreren [een couverture aanbrengen] < fr. *couvrir* (vgl. ***couvert***).

covenant [verdrag] < eng. *covenant* < oudfr. *covenant* [bijeenkomst], eig. teg. deelw. van *covenir* [bijeenkomen] < lat. *convenire* [idem], van *com* [samen] + *venire* [komen], daarmee idg. verwant.

cover [hoes] < eng. *cover*, van *to cover* [bedekken] < oudfr. *covrir* < lat. *cooperire* (vgl. ***couvert***).

covercal [weddenschap op het tweede paard] een quasi eng. vorming.

covercoat [kostuumstof] < eng. *covercoat*, van *cover* in de betekenis uiterlijk van volheid, dichtheid van een weefsel dat dus *well-covered* is + *coat* [overtrek, bekleding, mantelstof], vgl. middelnl. *cote* [overkleed, mantel].

cowboy [veedrijver] < eng. *cowboy*, van *cow* [koe] + *boy* [jongen] (vgl. ***boy*** [1]), dus lett. koeienjongen.

coxartrose [slijtage van heupgewricht] gevormd van lat. *coxa* [heup], idg. verwant met hd. *Hachse* [schenkel] en nl. ***hiel*** + ***arthrose***.

coxitis [ontsteking van heupgewricht] gevormd van lat. *coxa* [heup] (vgl. ***coxartrose***).

coyote [prairiewolf] < spaans *coyote* < nahuatl *koyotl*.

crack [uitblinker in sport] < eng. *crack* [prima], van *to crack* [een krakend geluid maken] (vgl. ***kraken***).

cracker [droge biscuit] < eng. *cracker*, van *to crack* (vgl. ***crack***).

crag [schelpgrind] < eng. *crag*, uit het kelt., vgl. iers *carraig*, welsh *craig*, gaelisch *creag* [rots].

crampon [sluitplaatje] < fr. *crampon*, uit het germ., vgl. middelnl. *crampe* [haak, kram, kramp].

cranberry [veenbes] < eng. *cranberry* < nd. *kranbere*, vgl. hd. *Kranichbeere* → ***bes*** [1], ***kraan*** [1], ***krambamboeli, kramsvogel***.

cranerie [overmoedig gedrag] < fr. *crânerie* [idem], van *crâne* [schedel, kranige vent, windbuil] < me. lat. *cranium* < gr. *kranion* [schedel], verwant met lat. *cerebrum* [hersenen].

craniologie [schedelleer] gevormd van gr. *kranion* [schedel] (vgl. ***cranerie***) + *logos* [verhandeling].

crank [verbindingsstuk van fiets] < eng. *crank* < middeleng. *cranke* [kromming]; de betekenis 'krom, gebogen' ligt ten grondslag aan een lange reeks verwanten, vgl. b.v. ***krank, kronkel*** en het ww. ***krengen***.

crapaud [leunstoel] < fr. *crapaud* [padde, fauteuil]; een van de fantasienamen, die in de 18e eeuw voor diverse typen fauteuils zijn bedacht. Het voorkomen heeft kennelijk de associatie met een pad opgeroepen; het woord *crapaud* komt van *crape* [vuilnis, vuiligheid], van *escraper* [schoonschrapen], uit het germ., vgl. middelnl. *crappe* [haak].

crapule, crapuul [gespuis] < fr. *crapule*, van me. lat. *crapulatus* [dronken], *crapula* [roes, brasserij] < gr. *kraipalè* [roes, kater]; het eng. *crapulent* behield de oorspr. betekenis: ziek van onmatig eten of drinken.

craquelé [met barstjes] < fr. *craquelé*, verl. deelw. van *craqueler*, iteratief van *craquer*, van *crac* [krak], klanknabootsende vorming, vgl. ***kraken***.

crash [krach, botsing] < eng. *crash*, van *to crash* [krakend te pletter vallen], klanknabootsend, vgl. eng. *clash*, nl. ***kraken***.

crasis [vermenging] < gr. *krasis* [idem], verwant met *kratèr* [mengvat].

cravate [das] < fr. *cravate*, van *Cravate* = *Croate* [Kroaat] < servokroatisch *Hrvat* < oudkerkslavisch *Chŭrvati*, een stamnaam < oudiraans *(fšu-)haurvatā* [veehoeder], avestisch *pasuhaurva-*, van *haurvaiti* [hij hoedt]; de betekenis is dus: een das als door de Kroaten gedragen.

crawlen [met bovenarmse zwemslagen zwemmen] van eng. *to crawl* [kruipen, sluipen], verwant met oudnoors *krafla* [kruipen] en nl. ***krabben, krabbelen***.

crayon [tekenstift] < fr. *crayon*, van *craie* [krijt, krijtje] < lat. *creta* [krijt, witte pijpaarde], verkort uit *terra creta, terra* [aarde] *creta*, vr. naast o. *cretum*, verl. deelw. van *cernere* [zeven], dus lett. gezeefde aarde, verwant met ***kritisch***.

crazy [gek] < eng. *crazy* [vol scheurtjes, gammel,

creatie — crinoline

met een zieke geest], van *craze* [haarscheurtje, breuk], van *to craze* [verbrijzelen], uit het scandinavisch, vgl. **zweeds** *krasa* [vermorzelen], een klanknabootsende vorming.

creatie [schepping] < **fr.** *création* < **lat.** *creationem*, 4e nv. van *creatio* [idem], van *creare* (verl. deelw. *creatum*) [scheppen] (vgl. **creëren**).

creatine [afbraakprodukt van eiwitten] gevormd van **gr.** *kreas* [vlees], idg. verwant met *rauw*.

creatuur [schepsel] **middelnl.** *creature* < **fr.** *créature* < **chr. lat.** *creatura* [schepping, schepsel], van *creare* [scheppen] (vgl. **creëren**).

crèche [kinderbewaarplaats] < **fr.** *crèche*, uit het germ., vgl. *krib*.

credens, credenstafel [tafel voor misbenodigdheden] < **it.** *credenza* [geloof, dientafel in priesterkoor, buffet], van *credere* (vgl. **credentiaal**); uit de betekenis 'dientafel voor de mis' ontwikkelde zich die van 'buffet voor ná het proeven': *far la credenza* [lett. het geloof bedrijven, de rite voltrekken, vandaar de spijzen proeven].

credentiaal [geloofsbrief] **(middelnl.** *credentie*, *credenciebrief*) < **me. lat.** *littere credentiales* [kredietbrieven], van **lat.** *credere* (teg. deelw. *credens*, 2e nv. *credentis*) [toevertrouwen, krediet geven, geloven].

credit [tegoed, schuldig] < **lat.** *credit* [hij, zij vertrouwt toe, leent, geeft krediet, gelooft], van *credere* [toevertrouwen etc.].

creditcard [betaalkaart] < **eng.** *credit card* [idem], van *credit* (vgl. *krediet*) + *card* (vgl. *kaart*).

credo [geloofsbelijdenis] **middelnl.** *credo* < **lat.** *credo* [ik geloof], eerste persoon van *credere* [geloven, toevertrouwen].

creduliteit [lichtgelovigheid] < **fr.** *crédulité* < **lat.** *credulitas* (2e nv. *credulitatis*) [idem], van *credulus* [lichtgelovig], van *credere* [geloven].

creëren [scheppen] < **fr.** *créer* < **lat.** *creare* [scheppen, voortbrengen].

cremaillère [heugel] < **fr.** *crémaillère* [idem] < **me. lat.** *cramaculus* < **byzantijns-gr.** *kremastèr* [wat ophangt], van *kremazein* [ophangen].

crémant [licht mousserende wijn] < **fr.** *crémant*, van *crème* (vgl. **crème**).

cremasterhaakje [ophanghaakje] → *cremaillère*.

crematie [lijkverbranding] in de 19e eeuw gevormd naar **lat.** *crematio* [verbranding], van *cremare* [verbranden, vaak ook gebruikt voor lijkverbranding], verwant met **lat.** *carbo* [kool].

crème [room] < **fr.** *crème* [room, crème] < **gallisch** *crama*.

cremor tartari [cremortart, gezuiverde wijnsteen] **(middelnl.** *tartre* [wijnsteen]) < **lat.** *cremor tartari*, van *cremor* [brij] *tartari*, 2e nv. van *tartarus* [onderwereld, hel], door Paracelsus (1493?-1541) zo genoemd vanwege de brandende werking.

creneleren [uittanden] < **fr.** *créneler* [tanden], van *créner* [besnijden (van letters)] < **lat.** *crena* [keep].

crenologie [letterkundig bronnenonderzoek] gevormd van **gr.** *krènè* [bron] + *logos* [verhandeling].

creoline [ontsmettingsmiddel] van *creosoot* + **lat.** *oleum* [olie].

creool [iem. van gemengd bloed] < **fr.** *créole* < **spaans** *criollo* [idem] < **portugees** *crioulo* [in het huis geboren, slaaf, creool], van *criar* [telen, grootbrengen] < **lat.** *creare* [verwekken, grootbrengen].

creosoot [bederfwerend middel] gevormd van **gr.** *kreas* (2e nv. *kreõs*) [vlees], idg. verwant met *rauw* + *sõizein* [redden, behoeden].

crêpe [weefsel] < **fr.** *crêpe* < **oudfr.** *crespe* < **lat.** *crispus* [gekruld, kroes], verwant met **lat.** *crinis* [hoofdhaar]; het tweede deel in *crêpe georgette* < **fr.** *crêpe georgette*, is afgeleid van de persoonsnaam *Géorgette de la Plante*, een Parijse modiste.

creperen [sterven] < **hd.** *krepieren* < **it.** *crepare* [barsten, scheuren, creperen] < **lat.** *crepare* [kraken, barsten, opengereten worden].

crescendo [toenemend] < **it.** *crescendo*, van *crescere* [groeien, toenemen] < **lat.** *crescere*.

cresol [metylfenol] van *creosoot* + **lat.** *oleum* [olie].

cretin [kropmens] < **fr.** *crétin* [idem], dial. nevenvorm van *chrétien* [christen], **oudfr.** *crestien* [christen, dan: mens, i.t.t. dier, ellendig mens].

cretonne [stof] < **fr.** *cretonne* [idem, oorspr. van Creton, een dorp in Normandië].

crew [bemanning] < **eng.** *crew*, verkort uit *accrue* [aanvulling, versterking] < **oudfr.** *accrue*, eig. het vr. verl. deelw. van *accroistre* (**fr.** *accroître*) [aangroeien] < **lat.** *accrescere* [idem], van *ad* [aan-] + *crescere* [groeien].

criant [uitermate] < **fr.** *criant*, teg. deelw. van *crier* [schreeuwen] < **me. lat.** *criare* < **klass. lat.** *quiritare* [(om hulp) roepen, schreeuwen], eig. *quirites*! = 'burgers' roepen, van *curia* (vgl. *curie*[1]).

cric [dommekracht] uit Frans-Zwitserland afkomstig, etymologie onbekend, mogelijk klanknabootsend.

cricket [balspel] < **eng.** *cricket* < **oudfr.** *criquet* [staak, gebruikt als goal], ontleend aan **middelnl.** *crucke, cricke, crocke* [een stok met een dwarsstuk] (vgl. *kruk, lacrosse*).

crime [misdaad] < **fr.** *crime* < **lat.** *crimen* [idem], van dezelfde klanknabootsende basis als *schreeuwen*, **eng.** *to scream*.

criminaliteit [misdadigheid] < **fr.** *criminalité* < **me. lat.** *criminalitatem*, 4e nv. van *criminalitas*, van *criminalis*, van *crimen* (vgl. *crimineel*).

crimineel [misdadig] < **fr.** *criminel* < **lat.** *criminalis* [met een misdaad in verband staand], van *crimen* [misdaad] (vgl. *crime*).

crin [paardehaar als vulstof] < **fr.** *crin* < **lat.** *crinis* [haar].

crinoline [hoepelrok] < **fr.** *crinoline* < **it.** *crinolina* [idem], van *crino* [paardehaar] < **lat.** *crinis* [haar]

(vgl. *crin*) + *lino* [vlas, linnen] < lat. *linea* [linnen draad] (vgl. *linnen*).
crisis [keerpunt] < lat. *crisis* [idem] < gr. *krisis* [onderscheid, beslissing, (gespecialiseerde betekenis) de crisis van een ziekte], van *krinein* [onderscheiden, beslissen, beslechten], idg. verwant met *rein* [1] (vgl. *hypocriet*).
crisp [knapperig] < eng. *crisp* < lat. *crispus* [gekruld, kroes] (vgl. *rijs* [1]).
cristallitis [ontsteking van ooglens] < lat. *crystallos* [ijs, kristal] < gr. *krustallos* [ijs, kristal], verwant met *kruos* [ijs, vorst] (vgl. *korst*) + *-itis*.
criterium [onderscheidend kenmerk] < **modern** lat. *criterium* < gr. *kritèrion* [hulpmiddel om te oordelen, richtsnoer], van *kritès* [beoordelaar], van *krinein* (vgl. *crisis*).
criticaster [muggezifter] < **spaans** *criticastro* [idem], van *criticar* [beoordelen, aanmerkingen maken] (vgl. *criticus*); vgl. voor het denigrerend achtervoegsel *poëtaster*.
criticus [beoordelaar] < lat. *criticus* [kritiek, beslissend, beoordelaar, kunstrechter] < gr. *kritikos* [tot oordelen bevoegd], van *kritès* [rechter], van *krinein* [scheiden, zeven, onderscheiden, oordelen], idg. verwant met *rein* [1].
croche [achtste noot] < fr. *croche* [achtste noot, eig. haakje (noot met één vlaggetje)], van *croc* [haak], uit het germ., vgl. *kruk*.
crochet [haakwerk] < fr. *crochet* [eig. haakje, haaknaald], verkleiningsvorm van *croc* [haak], uit het germ., vgl. *kruk*.
croiseren [kruisen (van lijnen)] < fr. *croiser*, van *croix* < lat. *crux* (2e nv. *crucis*) (vgl. *kruis*).
croissant [halvemaanvormig broodje] < fr. *croissant* [wassende maan], eig. teg. deelw. van *croître* [groeien] < lat. *crescere* [idem]; vertaling van hd. *Hörnchen;* tijdens het tweede beleg van Wenen door de Turken hoorden bakkers, die voor dag en dauw aan het bakken waren, geluiden onder hun kelder; deze bleken afkomstig van Turken, die een mijn onder de stadsmuur groeven. Uit dankbaarheid voor het verijdelen van de aanslag gaf het stadsbestuur de bakkers het recht Turkse halvemaantjes te bakken.
Cro-Magnon [prehistorisch mensenras] genoemd naar de rotsschuilplaats van die naam in het departement Dordogne.
cromlech [stenen grafteken] < **welsh** *cromlech*, van *crom*, vr. van *crwm* [gebogen], vermoedelijk te verbinden met **middelnl.** *rompen* [rimpelen] + *llech* [platte steen].
crooner [neuriënde liedjeszanger] < eng. *crooner*, van *to croon* [neuriën] < **middelnl.** *cronen* [kreunen, pruttelen, brommen], klanknabootsende vorming.
croquant [knappend] < fr. *croquant* [knapperig, eig. knappend], teg. deelw. van *croquer* [een knappend geluid maken], klanknabootsende vorming.
croquet [1], kroket [rol gehakt vlees] < fr. *croquet(te)* [croquetje, droog koekje], van *croquer* [knappen,

opknabbelen, oppeuzelen], klanknabootsende vorming.
croquet [2] [spel] < eng. *croquet* < **noordfr.** dial. variant van *crochet*, verkleiningsvorm van *croc* [haak], uit het germ., vgl. *kruk*.
croquis [schets] < fr. *croquis*, van *croquer* [kraken, knabbelen, vluchtig schetsen], klanknabootsende vorming.
crossen [ruig rijden] < eng. *to cross* [eig. kruisen, doorkruisen], van *cross* [kruis].
croton [plant] < gr. *krotōn* [de casterolieplant, eig. teek (de vrucht lijkt daarop)].
croupier [spelleider] < fr. *croupier* [lett. iem. die meerijdt op de achterhand, het kruis van het paard], (*croupe* [achterhand], met de algemene betekenis van 'dienaar'], vgl. *croupière* [staartriem] (vgl. *kroep* [2]).
croustade [ragoût met korst] < fr. *croustade* < **provençaals** *croustado*, van *crousto*, pendant van fr. *croûte* (vgl. *croûte*).
croûte [korst, splitleer] < fr. *croûte* [korst, onbewerkt leer] < lat. *crusta* [korst] (vgl. *korst*).
crown [munt van 5 shilling] < eng. *crown* [kroon], zo genoemd omdat de munt oorspr. de afbeelding van een kroon vertoonde.
cru [1] [ongezouten] < fr. *cru* [rauw, hard, choquerend] < lat. *crudus* [ongekookt, ruw, gevoelloos, onbeschaafd], idg. verwant met *rauw*.
cru [2] [wijnoogst] < fr. *cru* [gewas, wijnsoort], verl. deelw. van *croître* [groeien] < lat. *crescere* [idem].
cruciaal [moeilijk oplosbaar] < fr. *crucial* [idem], van lat. *crux* (2e nv. *crucis*) [kruis, kwelling] (vgl. *kruis*).
crucifix [kruisbeeld] < lat. *crucifixus* [gekruisigde], verl. deelw. van *crucifigere* [aan het kruis slaan], van *cruci*, 3e nv. van *crux* + *figere* [bevestigen], idg. verwant met *dijk*.
cruise [vakantietocht met schip] < eng. *cruise*, van *to cruise* < nl. *kruisen*, van *kruis*.
cruraal [m.b.t. het (onder)been] < fr. *crural* < lat. *cruralis* [van de benen], van *crus* (2e nv. *cruris*) [onderbeen, been, poot].
crusaat, crusado [oude Portugese munt] **middelnl.** *crusaet* [dukaat] < **portugees** *cruzado* [idem], verl. deelw. van *cruzar* [van een kruis voorzien], van lat. *crux* (2e nv. *crucis*) [kruis] → *cruzeiro*.
crustaceeën [schaaldieren] gevormd van lat. *crusta* [korst], daarmee idg. verwant (vgl. *korst*).
crux [kernprobleem] < lat. *crux* [kruis, kwelling].
cruzeiro [munteenheid in Brazilië] < **portugees** *cruzeiro*, van *cruz* [kruis] < lat. *crux* [idem] → *crusaat*.
cryogeen [koudmakend] gevormd van gr. *kruos* [ijs, vorst], idg. verwant met *korst* + *genos* [schepping, kind, het ontstaan] (vgl. *Genesis*).
crypt, crypte [onderaardse gang, grafkelder] (1569) < fr. *cripte* (thans *crypte*) < lat. *crypta* [overdekte gang, riool, in de late tijd onderaardse gewijde ruimte, grot] < gr. *kruptos*, vr. *kruptè* [verborgen, geheim], *kruptē* [verborgen plaats], van *kruptein* [bedekken, verbergen, schuil houden, begraven].

cryptogamen [bedektbloeiende planten] gevormd van **gr.** *kruptos* [verborgen] + *gamos* [huwelijk].
cryptogram [stuk in geheimschrift, kruiswoordraadsel] gevormd van **gr.** *kruptos* (vgl. *crypt*) + *gramma* [letter, geschrift], van *graphein* [schrijven], idg. verwant met *kerven*.
csardas [Hongaarse volkdans] < **hongaars** *csárdás* [lett. de dans die men in de herberg danst], van *csárda* [herberg].
Cuba [geogr.] van **antilliaans** *coa* [plaats] + *bana* [groot].
cubebe [staartpeper] middelnl. *cubebe, cobebe* < **fr.** *cubèbe* < **ar.** *kabāba* = *kubāba* [idem].
cubiculum [kamer] < **lat.** *cubiculum* [slaapkamer, kamer], waarbij -*culum* plaatsaanduidend is en *cubi*- gevormd is van de stam van *cubare* [liggen, slapen], *cubitare* [slapen], vgl. *concubinaat, incubatie, succumberen,* idg. verwant met *heup*.
cucurbitaceeën [komkommerachtigen] gevormd van **lat.** *cucurbita* [pompoen].
cuisinier [kok] < **fr.** *cuisinier,* van *cuisine* [keuken] < **lat.** *cocina* < *coquina,* van *coquere* [koken].
cul [achterste] middelnl. *cule* < **fr.** *cul* < **lat.** *culus* [idem], mogelijk verwant met **gr.** *keuthein* [verbergen], **eng.** *to hide* [verbergen].
culbuteren [buitelen] < **fr.** *culbuter* [idem], van *cul* [achterste] + *buter* [stoten op, struikelen over, steunen tegen], uit het germ., vgl. *boten*.
culdoscopie [optisch onderzoek in vrouwelijk bekken] gevormd van **fr.** *cul* [achterste] + *endoscopie* (vgl. *endoscoop*).
culinair [m.b.t. de keuken] < **fr.** *culinaire* < **lat.** *culinarius* [idem], van *culina* [keuken, voedsel, in laat-lat. kookkunst], verwant met *coquina* [keuken].
culmineren [zijn toppunt bereiken] < **fr.** *culminer* < **lat.** *culminare,* van *culmen* [het hoogste punt, kruin, top, spits], van *columen* [top, pilaar], verwant met *columna* [kolom].
culot [standaard voor smeltkroes] < **fr.** *culot* [onderste deel, voet van iets, bezinksel], van *cul* [achterste] (vgl. *cul*).
culotte [kniebroek] < **fr.** *culotte,* van *cul* [achterste] (vgl. *cul*).
culpa [schuld] < **lat.** *culpa* [schuld, vergrijp] < **gr.** *kolaphos* [oorvijg] → *coup*.
cultisch [m.b.t. cultus] van *cultus*.
cultivar [tuinbouwterm] verkort uit **eng.** *cultivated variety* [gekweekte variëteit].
cultiveren [bebouwen, aankweken] < **fr.** *cultiver* < **me. lat.** *cultivare,* van **klass. lat.** *colere* [bebouwen, bewerken] (vgl. *cultuur*).
cultureel [m.b.t. de cultuur] < **fr.** *culturel,* van *culture* < **lat.** *cultura* (vgl. *cultuur*).
cultus [godsverering, eredienst] < **lat.** *cultus* [bebouwing van land, verzorging, beschaving, verfijnde levenswijze, verering], van *colere* (vgl. *cultuur*).
cultuur [bebouwing, beschaving] < **fr.** *culture* [idem] < **lat.** *cultura* [landbouw, verzorging, beschaving], van *colere* (verl. deelw. *cultum*) [het land bebouwen, verzorgen, koesteren, vereren].
cum- → *com-*.
cumarine, cumarien [organische verbinding in o.a. tonkabonen] < **fr.** *coumarine* [idem], van *coumarou(na)* [tonkaboom] < **tupi** *cumaru* [idem].
cumaroon [verbinding in koolteer] zo genoemd omdat hij ook gewonnen kan worden uit *cumarine*.
cumuleren [opeenhopen] < **fr.** *cumuler* < **lat.** *cumulare* [ophopen], van *cumulus* [hoop, stapel].
cumulo-cirrus [schapewolkjes] gevormd van *cumulus* + *cirrus*.
cumulo-nimbus [zware wolkenmassa] gevormd van *cumulus* + *nimbus*.
cumulo-stratus [onweerswolk] gevormd van *cumulus* + *stratus*.
cumulus [stapelwolk] < **lat.** *cumulus* [stapel, hoop, massa, kroon, hoogste punt].
cunette, cunet [uitgegraven sleuf] < **fr.** *cunette* < **it.** *cunetta* [idem], van *lacunetta,* verkleiningsvorm van *lacuna* [gaping, onderbreking] (vgl. *lacune*); het verdwijnen van *la*- werd veroorzaakt doordat men het aanzag voor het lidwoord.
cunnilingus [beffen] < **modern lat.** *cunnilingus* [hij die de vulva likt], van *cunnus* (2e nv. *cunni*) [vulva] + *lingere* [likken], daarmee idg. verwant.
cunnus [vulva] < **lat.** *cunnus,* van omstreden etymologie, vermoedelijk te verbinden met **gr.** *kusos, kusthos* [idem], **welsh** *cwthr* [anus], **perzisch** *kūn* [achterste].
cup [wedstrijdbeker, kom van bustehouder] → *kop*.
cupel [schaaltje voor essayeren] < **lat.** *cupella,* verkleiningsvorm van *cupa* [kuip, vat].
cupiditeit [begerigheid] < **fr.** *cupidité* < **lat.** *cupiditatem,* 4e nv. van *cupiditas* [begeerte, verlangen], van *cupidus* [begerig], van *cupire* [verlangen].
cupido [voorstelling van de god der liefde] van *Cupido* [de Romeinse god van de liefde], personificatie van *cupido* [begeerte, liefde] (vgl. *cupiditeit*).
cupriet [roodkopererts] < **hd.** *Kuprit,* gevormd van **me. lat.** *cuprum* [koper] (vgl. *koper*).
cupulometrie [onderzoek van evenwichtsorgaan] gevormd van **lat.** *cupula* [vaatje, kuipje], verkleiningsvorm van *cupa* (vgl. *kuip*) + **gr.** *metrein* [meten] (vgl. *meter*[1]).
curabel [geneeslijk] middelnl. *curabel* [achtbaar] < **fr.** *curable* [geneesbaar] < **lat.** *curabilis* [gemakkelijk weer goed te maken], van *curare* [voor iets zorgen, verplegen, verkwikken], van *cura* [zorg] (vgl. *kuur*[1]).
curaçao [likeursoort] genoemd naar *Curaçao* < **portugees** *curação* [hart, d.w.z. het Heilig Hart van Jezus], vgl. **spaans** *corazón*.
curare [pijlgif] < **spaans** *curare,* overgenomen uit een caribisch dialect van het Amerikaanse continent.

curatele [voogdij] < me. lat. *curatela* [beheer, i.h.b. van de goederen van pupillen], een vermenging van *curatio* [verzorging, beheer] en *tutela* [bescherming], van *tutus* [veilig].

curator [beheerder] < lat. *curator* [verzorger, leider, voogd], van *curare* [voor iets zorgen], van *cura* [zorg, verzorging].

cureren [genezen] middelnl. *cureren* < fr. *curer* < lat. *curare* [voor iets zorgen, geneeskundig behandelen] (vgl. *curator*).

curettage [het schoonschrapen] < fr. *curettage*, van *curette* [krabber], van *curer* [uitbaggeren, doorsteken] < lat. *curare* (vgl. *cureren*).

curfew [avondklok] < eng. *curfew* < oudfr. *covrefeu* [dek het vuur af!], van *covrir* (vgl. *couvreren*) + *feu* [vuur] < lat. *focus* (vgl. *focus*); in de middeleeuwen was het, met het oog op brandgevaar, verplicht 's avonds het vuur met as af te dekken.

curie [1] [pauselijke regering] < lat. *curia* [één van de afdelingen waarin oorspr. de burgers van Rome waren georganiseerd, hun plaats van bijeenkomst voor godsdienstige plechtigheden, senaatsgebouw, raadhuis elders], gevormd van *com* [samen] + *vir* [man], idg. verwant met *weer(wolf)*.

curie [2] [eenheid van radioactiviteit] genoemd naar *Marie Curie* (1867-1934), die met haar man het radium ontdekte.

curieus [merkwaardig] middelnl. *curioos* [zorgvuldig, zonderling, nieuwsgierig] < fr. *curieux* < lat. *curiosus* [oplettend, belangstellend, nieuwsgierig, belangwekkend], van *cura* [zorg, aandacht, nieuwsgierigheid] + *-osus* [vol van].

curiositeit [merkwaardigheid, nieuwsgierigheid] < fr. *curiosité* [idem] < lat. *curiositatem*, 4e nv. van *curiositas* [nieuwsgierigheid, in chr. lat. ook curiositeit], van *curiosus* (vgl. *curieus*).

curium [chemisch element] genoemd naar *Pierre* en *Marie Curie* door de ontdekker ervan, de Amerikaanse scheikundige Glenn Theodore Seaborg.

curling [spel op het ijs] < eng. *curling*, van *to curl* [krullen, spiraalvormig buigen of bewegen], **middeleng.** *curlen*, met metathesis van *r* < *crullen*, van *crul* [krul], daarmee idg. verwant.

cursief [schuin (van letters)] < fr. *cursif* < me. lat. *cursivus* [lopend schrift], van lat. *currere* (verl. deelw. *cursum*) [(snel) lopen], idg. verwant met *kar*.

cursist [leerling] van *cursus*.

cursorisch [geregeld doorgaand] van lat. *cursor* [hardloper], van *currere* (verl. deelw. *cursum*) [(snel) lopen], idg. verwant met *kar*.

cursus [leergang] < lat. *cursus* [(snelle) loop, rit, loopbaan, reis, koers], van *currere* (verl. deelw. *cursum*) [(hard) lopen], idg. verwant met *kar*.

curulisch [m.b.t. magistraten) die recht hebben op de *sella curulis*, *sella* [zetel] *curulis* [wagen-], van *currus* [wagen, zegewagen], van *currere* [snel lopen, varen, vliegen], idg. verwant met *kar*.

curve [kromme lijn] < lat. *curvus* [gebogen, krom], verwant met gr. *kurtos* [krom], verwant met lat. *corona* [krans].

custard [poeder voor pudding] < eng. *custard*, met metathesis van *r* < middeleng. *crustad* < fr. *croustade*, van lat. *crustum* [met een korst overdekt gebak, koek], *crustulum* [gebakje], *crusta* (vgl. *korst*).

custodia [sacramentshuisje, doosje voor hosties] < lat. *custodia* [bewaking, wachtpost, bewaring, sacramentshuisje], van *custos* (2e nv. *custodis*) [waker].

custos [koster, huisbewaarder] < lat. *custos* [bewaker, wachter].

cuticula [buitenste huidlaagje] < lat. *cuticula* [(tere) huid], verkleiningsvorm van *cutis* [idem], idg. verwant met *huid*.

cutine [kurkstof] < fr. *cutine*, gevormd van lat. *cutis* [huid], daarmee idg. verwant.

cutter [snijwerktuig] < eng. *cutter*, van *to cut* [snijden], verwant met scandinavische talen, o.a. ijslands *kuti* [mes], *kuta* [met een mes snijden].

cuvelage [bekleding van schachten] < fr. *cuvelage*, van *cuve* [tobbe, kuip] < lat. *cupa* [kuip].

cuvette [spoelbakje] < fr. *cuvette*, verkleiningsvorm van *cuve* (vgl. *cuvelage*).

cyaan [giftig gas] gevormd van gr. *kuaneos* [blauw], zo genoemd omdat de huid blauw kleurt bij vergiftiging met cyaanverbindingen; een niet-gr. woord, vgl. **hettitisch** *kuwanna(n)* [koperblauw].

cyanose [blauwzucht] gevormd van gr. *kuaneos* (vgl. *cyaan*).

cybernetica [stuurkunde] < gr. *kubernètikos* [van het besturen, in staat te besturen], van *kubernètès* [stuurman], van *kubernan* [sturen], van vóór-gr. herkomst (vgl. *gouverneur*).

cyclamen, cyclaam [plantengeslacht] < fr. *cyclamen* < gr. *kuklaminos* [cyclamen], zo genoemd vanwege de ronde knollen: *kuklos* [cirkel, bal van het oog e.d.].

cyclisch [een cyclus vormend] van *cyclus*.

cyclofrenie [periodiek optredende psychose] gevormd van gr. *kuklos* (vgl. *cyclus*) + *phrèn* (2e nv. *phrenos*) [middenrif, hart, inborst, geest].

cycloon [wervelstorm] < eng. *cyclone* [idem], gevormd van gr. *kuklos* [cirkel, ring, kringloop, omwenteling], *kukloun* (teg. deelw. *kuklōn*) [in de rondte bewegen].

cycloop [eenogige reus] < gr. *kuklōps* [rondogig], van *kuklos* [cirkel] (vgl. *cyclus*) + *ōps* [oog].

cyclorama [schilderij met opeenvolgende gebeurtenissen] gevormd van gr. *kuklos* [cirkel] (vgl. *cyclus*); voor het tweede lid vgl. *panorama*.

cyclostyle [kopieermachine] < eng. *cyclostyle*, gevormd van gr. *kuklos* (vgl. *cirkel*) + lat. *stilus* [schrijfstift] (vgl. *stijl* [1]); zo genoemd omdat hij bestaat uit een pen met een (getand) wieltje aan het eind.

cyclothymie [wisselende psychische gesteldheid] gevormd van gr. *kuklos* (vgl. *cyclus*) + *thumos* [leven, gezindheid, geest], verwant met **lat.** *fumus* [rook], vgl. voor de betekenisontwikkeling *anima, animus*.

cyclotron [ronde deeltjesversneller] met het achtervoegsel van *electron* gevormd van **gr.** *kuklos* (vgl. *cyclus*), omdat in de cyclotron, in tegenstelling tot de lineaire versneller, de deeltjes ongeveer in een cirkelvormige baan worden geleid.

cyclus [kring, reeks] < **lat.** *cyclus* < **gr.** *kuklos* [wiel, cirkel, kring, ring, kringloop, afgeronde periode].

cymbel → *cimbaal*.

cymeus [bloeiwijze] < **lat.** *cyma* [koolspruit] < **gr.** *kuma* [zwelling, kiem].

cynisch [bitter] < **lat.** *cynicus* [uit de Cynische school, Cynisch wijsgeer] < **gr.** *kunikos* [idem, doch tevens honds]; de naam komt van het instituut waar werd gedoceerd *Kunosarges* en het samenvallen met het element honds is een taalkundige toevalligheid.

cynodroom [hondenrenbaan] gevormd van **gr.** *kuōn* (2e nv. *kunos*) [hond], daarmee idg. verwant + *dromos* [(wed)loop].

cypergras [plantenfamilie] van **gr.** *kupeiros* [idem].

cypres → *cipres*.

Cyprus [geogr.] < **gr.** *kupros*, van *kuparissos* [cipres]; het eiland is dus naar de boom genoemd.

cyrillisch [cyrillisch schrift, schrift van Russen, Serviërs, Bulgaren] afgeleid van de persoonsnaam *Cyrillus*, de apostel van de Slaven, die het alfabet zou hebben ingevoerd.

cyste [lichaamsholte met eigen wand] moderne vorming naar **gr.** *kustis* [blaas (als lichaamsdeel), galblaas].

cystide [omvangrijk achterste van mosdiertjes] gevormd van *cyste*.

cystine [aminozuur] gevormd van **gr.** *kustis* (vgl. *cyste*) + *-ine*.

cytologie [leer van de cellen] gevormd van **gr.** *kutos* [holte, lichaam, eig. alles wat omhult], idg. verwant met *huid* + *logos* [verhandeling].

d

daad [handeling] **middelnl.** *daet*, **oudnederfrankisch** *dāt*, **oudsaksisch** *dād*, **oudhd.** *tāt*, **oudeng.** *dǣd*, **oudnoors** *dāð*, **gotisch** *gadēps*; ablautend bij *doen*.

daags [dagelijks] samengetrokken uit *dages*, **middelnl.** *dages*, 2e nv. van *dag* ¹.

daai [dobbelsteen] < **eng.** *die* < **oudfr.** *de* < **lat.** *datum* [dat wat gegeven is], verl. deelw. van *dare* [geven], **chr. lat.** *datus* [het geven, gift].

daak → *deek*.

daal [buis van een pomp] **middelnl.** *dal, dael* [dal, vallei, diepte, kuil, gat], *dalegraven* [graven van een sloot], vgl. **oudnoors** *dœla* [goot], oorspr. hetzelfde woord als *dal*.

daalder [zilveren munt] (1524) *daelre*, naar de sedert 1520 in *St. Joachimstal* geslagen en bij afkorting *Taler* genoemde munt; toen zij niet langer geslagen werden in St. Joachimstal, werd *Taler* de soortnaam. Evenals daalder is *dollar* afgeleid van *Taler*.

daar [ginds] **middelnl.** *dare, daer*, **oudnederfrankisch**, **oudsaksisch** *thār*, **oudhd.** *dār*, **oudfries** *ther*, **oudeng.** *ðǣr*, **oudnoors, gotisch** *þar*, **oudindisch** *tarhi* [toen], een met *r* gevormde afleiding van dezelfde voornaamwoordelijke basis als *de, deze*.

daarenboven [bovendien] **middelnl.** *daerenboven*, van *daer, daar* + *enboven* [van boven], waarin *en* een toonloze vorm van *aan* is.

daarentegen [maar] **middelnl.** *daerentegen*, van *daer* [daar] + *entegen* [tegen, tegenin], waarin *en* een toonloze vorm van *aan* is.

daas ¹ [steekvlieg] mogelijk hetzelfde woord als *daas* ², dus ronddazend insekt.

daas ² [onwijs] **middelnl.** *daes* → *bedeesd, dazen*.

dabben [met de voorpoten stampen (van paarden)] vgl. **eng.** *to dab* [aantikken, een duwtje geven, betten], vermoedelijk uit het nl.; naast dabben staat *deppen, dappen* [betten]; vermoedelijk klanknabootsende vorming.

da capo [van het begin af] < **it.** *da capo*, van *da* [van...af] + *capo* [hoofd, begin] < **lat.** *caput* [kop, oorsprong].

Dacisch [van Dacië] < **gr.** *Dakia*, van *Dakoi* [Daciërs], ouder *Daoi*, waarvan de betekenis niet bekend is.

dactyliotheek [verzameling van gesneden stenen] gevormd van **gr.** *daktulios* [ring], van *daktulos* [vinger] (vgl. *dadel*) + *-theek*.

dactylograaf [typist] gevormd van **gr.** *daktulos* [vinger] (vgl. *dadel*) + *graphein* [schrijven], idg. verwant met *kerven*.

dactyloscopie [onderzoeken van vingerafdrukken] gevormd van **gr.** *daktulos* [vinger] (vgl. *dadel*) + *skopein* [ergens naar kijken], idg. verwant met *spieden*.

dactylus [versvoet met beklemtoonde en twee onbeklemtoonde lettergrepen] < **lat.** *dactylus* < **gr.** *daktulos* [vinger] (vgl. *dadel*); zo genoemd vanwege de overeenkomst met de drie vingerkootjes.

dad [pa] < **eng.** *dad*, een stamelwoordje van jonge kinderen. Enkele van de parallellen zijn **iers** *daid*, **russ.** *tata*, **lat.**, **gr.** *tata*, **oudindisch** *tata*-.

dadaïsme [kunstrichting] < **fr.** *dadaïsme*, van *dada* [stokpaardje]; de naam werd gegeven door de Roemeense dichter Tristan Tzara, die hiertoe willekeurig in een woordenboek prikte.

dadap [boom van peulgewassenfamilie] < **maleis** *dadap*.

dadel [vrucht van dadelpalm] **middelnl.** *date*, *dade*, *dadel(e)*, *dattele* < **oudfr.** *dade*, *date* < **provençaals** *datil* < **me.lat.** *dactylus*, *datilus*, *datilis* < **gr.** *daktylos* [vinger, dadel], in de laatste betekenis overgenomen < **ar.** *daqal* [(collectief) een bepaalde soort dadels], vgl. **hebr.** *deqel*; in het gr. vielen de beide woorden samen door volksetymologie. Voor de betekenisoverdracht vgl. *palm;* de herkomst van *daktulos* [vinger] is niet bekend.

dadelijk [aanstonds] (1564), afgeleid van *daad;* in de 16e eeuw is de betekenis nog 'metterdaad'.

dader [bedrijver] middelnl. slechts in samenstellingen: *misdader* bij *misdaet* , *weldader* bij *weldaet;* een zelfstandig *dader* is wel ontstaan doordat men in misdader, weldader het tweede lid aanvoelde als het agens van *doen*.

dading [transactie] **middelnl.** *dagedinc, dagedinch, dadinge, dadinc* [gerechtstermijn, gerechtszitting, minnelijke schikking], **oudsaksisch** *dagething*, **oudhd.** *tagading*, **oudfries** *deithing* [gerechtstermijn]; van *dag* + *(ge)ding;* het verouderde woord is opnieuw ingevoerd in het Burgerlijk Wetboek van 1838. Hiervan afgeleid *verdedigen*.

Daedalus [bouwer van het labyrinth op Kreta] < **lat.** *Daedalus* < **gr.** *Daidalos*, bn. *daidalos* [vernuftig gemaakt], van *daidallein* [vernuftig werken].

daërah [gebiedsdeel] < **maleis** *daerah* < **ar.** *dā'ira* [cirkel, gebied, administratief district], van het ww. *dāra* [hij draaide].

dafnia [watervlo] genoemd naar de gr. waternimf *Daphnè*, dochter van de stroomgod Peneus.

dag[1] [etmaal, tijd dat het licht is] **middelnl.** *dach*, **oudnederfrankisch, oudsaksisch** *dag*, **oudhd.** *tag*, **oudfries** *d(e)i*, **oudeng.** *dæg*, **oudnoors** *dagr*, **gotisch** *dags;* van een oig. basis met de betekenis 'branden', vgl. **lat.** *fovēre* [koesteren], **gr.** *tephra* [as], **oudindisch** *dahati* [hij verbrandt].

dag[2], **dagge** [ponjaard, voegijzer] **middelnl.** *dagge* [korte degen], evenals **eng.** *dagger* < **fr.** *dague* < **oudprovençaals** *dague* of it. *daga* (vgl. *degen*[2]).

dag[3] [eind touw] **eng.** *dag*, **oudeng.** *dagge;* etymologie onbekend.

dagelijks [iedere dag] **middelnl.** *daghelijx*, **middelnd.** *tageliches*, afgeleid van *dagelijk*, **middelnd.** *dagelike*, van *dag*[1].

dagen [oproepen] **middelnl.** *dagen*, van *dag* in de betekenis 'dag van de zitting'.

dageraad [aanbreken van de dag] **middelnl.** *dag(e)raet*, **middelnd.** *dagerāt*, **oudnoors** *dœgrēd;* van *dag*[1] + een achtervoegsel waarvan de etymologie onbekend is.

dagge [ponjaard] → *dag*[3].

daggen [voegen afwerken] van *dag*[3].

daggeren [moeizaam stappen] ook *deggeren*, nevenvorm van *deggelen*, etymologie onbekend.

dagobertstoel [bep. model stoel] genoemd naar de zogenaamde troon van Dagobert, een Karolingische bronzen zetel uit de 7e eeuw, thans in het Louvre.

dagtekenen [dateren] afgeleid van (bij Hooft) *dagtekening*, dat vermoedelijk een puristische vorming is ter vermijding van datum.

daguerreotype [primitieve fotografie] < **fr.** *daguerréotype*, genoemd naar de uitvinder van het procédé, de Franse schilder Louis-Jacques-Mandé Daguerre (1787-1851).

dagvaarden [oproepen voor het gerecht] **middelnl.** *dachvaerden* [idem], van *dachvaert* [dagreis, tocht, de voor een gerechtelijke of plechtige handeling bepaalde dag].

dahlia [sierplant] genoemd naar de Zweedse botanicus Anders Dahl, een leerling van Linnaeus.

Dail [Ierse kamer van afgevaardigden] < **iers** *Dail* [vergadering, bijeenkomst].

daim [herteleer] < **fr.** *daim* < **lat.** *dama, damma* [damhert].

daimio [edelman] < **japans** *daimio*, van **chinees** *dai* [groot] + *myō* [naam].

daiquiri [cocktail] genoemd naar de plaats van die naam, even ten oosten van Santiago de Cuba. De rum van Daiquiri was het eerste ingrediënt van deze cocktail.

daisy [biscuitje met de afbeelding van een madeliefje erin gedrukt] < **eng.** *daisy* [madeliefje], **middeleng.** *daies eie*, **oudeng.** *dœges eage* [oog van de dag], zo genoemd omdat de bloem met het gele hart bij zonsopgang ontluikt.

Dajak [inboorling van Midden-Borneo] < **maleis** *orang Dayak* [oorspr. binnenlander, bovenlander], vgl. *Alfoeren, caboclo, Toradjaas*.

dajem [barg. eed] < **jiddisch** *dajem* < **hebr.** *dayan* [rabbinaal rechter].

dak [bedekking van huis] van *dekken*.

Dakota [indianenstam] de naam, die de Sioux zichzelf gaven, betekent 'bondgenoten'.

dal [vallei] **middelnl.** *dal, dael*, **oudnederfrankisch, oudsaksisch** *dal*, **oudhd.** *tal*, **oudeng.** *dæl*, **oudnoors** *dalr*, **gotisch** *dal;* buiten het germ. **gr.** *tholos* [koepel], **oudkerkslavisch** *dolŭ* [kuil], **welsh** *dol* [laagte].

dalai lama [hoofd der boeddhisten in Tibet] < **tibetaans** *dalai lama*, van *lama* [priester] + **mon-**

dalang — darcy

gools *dalai* [oceaan], dus priester van de wereldzee.

dalang [recitator bij wajang] < **javaans** *dalang*.

dalem [vorstelijke woning op Java] < **javaans** *dalem*, van *kraton* [hof] + *dalem* [huis in hoogjavaans], te zamen 'paleis'.

dalen [omlaag gaan] afgeleid van *dal*.

dalles [armoede] < **jiddisch** *dalles*, van **hebr.** *dal* [arm, pover, armelijk], *dalat ha'am* [proletariaat, de armen].

dalmatiek, dalmatica [liturgisch overkleed] **middelnl.** *dalmatike* < **lat.** *dalmatica* [een lang onderkleed], zo genoemd omdat het oorspr. was vervaardigd van wol uit Dalmatië.

Dalmatisch [van Dalmatië] genoemd naar de volksstam der *Dalmatae, Delmatae* (lat.), etymologie onbekend.

daltonisme [kleurenblindheid] genoemd naar de Engelse natuurkundige *John Dalton* (1766-1844), die het verschijnsel beschreef.

daltononderwijs [individuele onderwijsmethode] genoemd naar de plaats *Dalton* in Massachusetts, waar Helen Parkhurst het ca. 1920 ontwikkelde.

dalven [schooien] < **jiddisch** *dalfon, dalfen* [arm, arm man], verklaard als afleiding van de naam *Dalfon*, één van de tien zonen van Haman, de enige die geen aleph in zijn naam heeft (getalswaarde 1000), Esther 9:7, waarbij **hebr.** *dal* [arm] zeker ook invloed heeft gehad.

dam [wal over water] **middelnl., middelnd.** *dam*, **middelhd.** *tam*, **oudfries** *dam, dom*, **oudnoors** *dammr*; buiten het germ. **gr.** *taphos* [grafheuvel], **lets** *dube* [kuil, graf]; het woord betekent oorspr. 'door uitgegraven grond opgeworpen dijk'.

damar [hars] < **maleis** *damar*.

damasceren [(staal) vlammen] afgeleid van *Damascus* (vgl. **kwets**).

damast [weefsel] **middelnl.** *damas(ch), dammes* < **fr.** *damas* [idem], van *Damas* [Damascus] (vgl. **kwets**).

dambezie [jeneverbes] **middelnl.** *dambesie*, geassimileerd < *danbesie* [idem], waarin het eerste lid zal zijn *dan* [wouddal] (vgl. **den**[2]).

dame [vrouw] **middelnl.** *dame* < **fr.** *dame* < **lat.** *domina*, vr. van *dominus* [heer des huizes], van *domus* [huis]; het **eng.** *dame* is eveneens aan het fr. ontleend.

dame-jeanne [mandfles] < **fr.** *dame-jeanne* [lett. mevrouw Jeanne], volksetymologische vervorming < **provençaals** *damajano*, waarvan het eerste lid < *dameg* [half] → *demijohn*.

damhert [soort hert] pleonastische vorming, vgl. **middelnl.** *dame, damme* [damhert] < **me. lat.** *damus, damma*, **klass. lat.** *damma* [damhert, gems, ree, gazel] (vgl. *daim*).

dammen [spel] < **fr.** *dame* [koningin in het schaakspel, dam(schijf)] < **lat.** *domina* [meesteres] (vgl. *dame*).

Damocles [persoon uit gr. mythologie] lat. vorm van **gr.** *Damoklès*, van *damos, dèmos* [volk] + *kleos* [roem].

damp [nevel] **middelnl., middelnd., fries** *damp*, **oudhd.** *tampf* [damp, rook], **oudeng.** *dimm* [somber]; buiten het germ. **middeliers** *dem* [donker], **gr.** *themeros* [somber] → **bedompt**.

dan[1] [bijw. en voegwoord] **middelnl.** *dan(ne)*, **oudnederfrankisch** *than*, **oudsaksisch** *than(na)*, **oudhd.** *danne* [daarna, dan], **oudfries** *thenne, thenna* [bijw. toen, voegwoord wanneer], **oudeng.** *ðanne* [idem], **oudnoors** *þā* [toen], **gotisch** *þan* [dan, als]; met achtervoegsel *n* gevormd van een idg. aanwijzend vnw., waarvan **nl.** *de* stamt.

dan[2] [een meestergraad bij judo] < **japans** *dan* [graad, rang].

Danaïde [Griekse mythologie] < **gr.** *Danaidia* (mv.) [dochters van (koning) Danaos], *danaos* < **hebr.** *dān* [hij die oordeelt].

dancing [dansgelegenheid] < **eng.** *dancing* [dansend], het gerundium van *to dance* (vgl. **dansen**); voor dansgelegenheid gebruikt het **eng.** *dancehall*.

dandy [fat] < **eng.** *dandy*, vermoedelijk van *Dandy*, een troetelnaampje voor Andrew.

dandykoorts [knokkelkoorts] het eerste lid < **eng.** *dandy*, verbasterd uit *dengue* (vgl. **dengue**).

danig [zeer, zeer groot] (1781), ontstaan uit *dusdanig, zodanig*, doordat deze woorden werden geïnterpreteerd als zo erg.

dank [erkentelijkheid] **middelnl.** *danc* [gedachte, wil, dank]; de eerste betekenis is de oudste, vgl. **oudsaksisch** *thanc*, **oudhd.** *danc*, **oudfries** *thonc*, **oudeng.** *ðonc*, **oudnoors** *þokk*, **gotisch** *þaghs*; het woord is afgeleid van **denken**.

danken [dank betuigen] afgeleid van **dank**.

dankzij [ter aanduiding van begunstigende omstandigheid] van **dank** + **zij**, de 3e pers. enk. van de conjunctief van **zijn**.

dansen [op muziek bewegen] < **fr.** *danser* < **vulg. lat.** *danciare*, dat van germ. herkomst is, verwant met **deinzen**[1].

dansluiting [sluiting van flessen] van **eng.** *Danmark* [Denemarken]; van Deense herkomst.

dant [lichtzinnige vrouw] **middelnl.** *dant* [losbol], *dante* [loszinnige vrouw]; etymologie onbekend.

dantesk [van Dante] < **it.** *dantesco* [van, op de manier van de Italiaanse Dante Alighieri (1265-1321)].

dapper [moedig] **middelnl.** *dapper* [flink, vlug, moedig], **middelnd.** *dapper* [zwaar, dapper], **oudhd.** *tapfar* [ineengedrongen, stevig]; buiten het germ. **oudkerkslavisch** *dobrŭ* [goed], *debelŭ* [dik], *dobl'ĭ* [dapper].

dar [mannetjesbij] **middelnl.** *dorne*, met metathesis van *r*, *drone*, zonder metathesis van *r*, **middelnd.** *dorne, drone, drane*, **oudsaksisch** *drān, dreno*, **oudhd.** *treno*, **oudeng.** *drān*; buiten het germ. **gr.** *anthrènè, thrônax* [idem]; klanknabootsend gevormd, vgl. **middelnl.** *dronen*, **nl.** *dreunen*.

darcy [eenheid van permeabiliteit] genoemd naar

de Franse ingenieur *H.P.G. Darcy,* die in 1856 de betreffende formule vond.

darg [slib] naast o.m. *derring, derg, darink* dial. nevenvorm van *derrie.*

darink [slib] → *darg, derrie.*

darm [spijsverteringskanaal] **middelnl.** *dar(e)m,* **oudsaksisch** *tharm,* **oudhd.** *dar(a)m,* **oudfries** *therm,* **oudeng.** *ðearm,* **oudnoors** *þarmr;* buiten het germ. o.m. **gr.** *tormos* [gat waarin een pen wordt gestoken], **lat.** *terebra* [boor], **oudiers** *tarathar* [boor], vgl. ook ***draaien;*** de grondbetekenis is 'gat, opening', dus 'het uiteinde van de darm'.

darren [bedrijvig rondlopen] afgeleid van *dar,* vgl. **eng.** *to drone* [gonzen].

dartel [speels] **middelnl.** *derten, darten, dertel* [wellustig, lichtzinnig, dartel], **middelnd.** *derten, dertel, darten, dartel* [week, dartel], **oudfries** *derten* [dwaas]; buiten het germ. **gr.** *ethoron* [ik sprong], **iers** *dairim* [ik bespring].

darts [werpspel met pijltjes] < **eng.** *darts,* mv. van *dart* [werpspies] < **oudfr.** *dart, dard* (**fr.** *dard*), uit het germ., vgl. **middelnl.** *daert, dart, daergie* [werpspies], **oudhd.** *tart* [speer, lans], **oudeng.** *daroð,* **oudnoors** *darraþr* [idem].

darwintulp [soort tulp] genoemd naar de bioloog *Charles Robert Darwin* (1809-1882).

das[1] [halsdoek] (1687), etymologie onbekend.

das[2] [marterachtig dier] **middelnl.** *das,* **oudhd.** *dahs;* buiten het germ. **oudindisch** *takṣati* [hij timmert], **lat.** *texere* [oorspr. timmeren, later weven], **gr.** *tektōn* [timmerman], **oudiers** *tal* [bijl], **oudkerkslavisch** *tesati* [hakken] (vgl. ***tekst***); de das is dus eigenlijk een bouwer, vgl. ***dasseburcht.***

dashboard [instrumentenbord in auto e.d.] < **eng.** *dashboard,* van *to dash* [beuken, bespatten] + ***board*** [plank]; de oorspr. betekenis was 'een plank vooraan een wagen om de inzittenden te beschermen tegen door de paardehoeven opgeworpen kluiten en spatten'.

dasymeter [toestel om luchtdichtheid te meten] gevormd van **gr.** *dasus* [dichtbegroeid, harig, dicht, dik], verwant met **lat.** *densus* [dicht] + **gr.** *metrein* [meten] (vgl. ***meter***[1]).

dat [vnw.] **middelnl.** *dat,* **oudnederfrankisch, oudsaksisch, oudnoors** *that,* **oudhd.** *daz,* **oudfries** *thet,* **oudeng.** *ðæt,* **oudnoors** *þat,* **gotisch** *þata;* buiten het germ. **gr.** *to* [dat, het], **oudindisch** *tad,* van dezelfde basis als *de.*

data [feiten] < **lat.** *data,* mv. van *datum,* verl. deelw. van *dare* [geven], dus lett. gegeven.

datarie [pauselijke dienst die beneficiën verleent] < **fr.** *daterie* < **it.** *dataria* < **lat.** *dataria,* vr. van *datarius* [weg te geven], van *dare* [geven].

dateren [dagtekenen] < **fr.** *dater,* sedert midden 14e eeuw afgeleid van *date* [datum], van **lat.** *datum* [gegeven].

datief [derde naamval] < **lat.** *casus dativus, casus* [naamval] *dativus* [geef-], van *dare* (verl. deelw. *datum*) [geven], vertalende ontlening aan **gr.**

dotikè ptōsis, dotikè, vr. van *dotikos* [gaarne gevend], van *didōmi* [ik geef], *ptōsis* [val, naamval].

datum [dagtekening] **middelnl.** *datum, date, daet* [idem] → ***data.***

datura [doornappel] < **hindi** *dhatūr(ā),* **oudindisch** *dhattūra-.*

Daumont [bespanning van rijtuig] genoemd naar de *Duc d'Aumont* (begin 19e eeuw).

dauphin [Franse kroonprins] < **fr.** *dauphin* [eig. dolfijn] < **lat.** *delphinus;* de naam *Delphinus* werd door de middeleeuwse heren van Vienne gedragen (zij toonden drie dolfijnen in hun wapen). Hun gebied kwam daardoor *Dauphiné* te heten. Het werd in 1349 afgestaan aan Philippe de Valois, mede onder voorwaarde, dat tot in eeuwigheid de oudste zoon van de Franse koning de titel *dauphin* zou voeren.

dauw[1] [waterdamp] **middelnl.** *dau(w), dou(we),* **oudsaksisch** *dou,* **oudhd.** *tou,* **oudfries** *daw,* **oudeng.** *ðeaw,* **oudnoors** *dǫgg;* buiten het germ. **gr.** *theō* [ik loop snel], **oudindisch** *dhavate* [hij loopt, stroomt]; de grondbetekenis is 'lopen' (van vloeistoffen).

dauw[2] [soort zebra] < **afrikaans** *dauw,* overgenomen van een inheems woord.

dauwelen [treuzelen] (1642), mogelijk een frequentatief van *douwen,* ***duwen.***

dauwworm [eczeem, dial. ook regenworm] zo genoemd omdat men wel dacht dat de larven uit de dauw ontstonden. Vermoedelijk is de benaming van de worm, die in de volksgeneeskunst tot medicijn werd verwerkt, overgedragen op de ziekte. Vgl. **hd.** *Tauwurm* [huiduitslag], **oudeng.** *ðeawwyrm.*

daveren [dreunen, schudden] **middelnl.** *daveren* [dreunen], **middelnd.** *daveren,* vermoedelijk van oudnl. (niet geattesteerd in middelnl.) *daven* [schommelen, beven, trillen], **middelnl.** *doven* [dol zijn, razen], **middelnl.** *doven* [daven], **oudhd.** *tobon* (**hd.** *toben*)*,* **oudeng.** *dofian,* verwant met ***doof.***

daviaan [veiligheidslamp] → ***davylamp.***

davisapparaat [toestel voor ontsnapping uit duikboot] genoemd naar de uitvinder ervan, een Britse luitenant-ter-zee.

davit [ophanging van sloep] < **eng.** *davit* < **oudfr.** *daviot, daviet,* verkleiningsvorm van *David,* op grond van associatie met de bijbelse kleine figuur die de reus Goliath neerlegde.

davylamp [veiligheidslamp] genoemd naar de uitvinder ervan, de Engelse chemicus *Sir Humphry Davy* (1778-1829).

dazen [onzin uitslaan] **middelnl.** *dasen* [dwaas doen] → ***daas***[2].

de [lidwoord] **middelnl.** *de,* is het onbetoonde *die,* **oudnederfrankisch** *thie,* **oudsaksisch** *the, thie,* **oudhd.** *de, der, diu, thie,* **oudfries** *thi;* dit zijn nieuwe vormingen in het westgerm., daar vanouds de nominativus m. en vr. een anlautende *s*- hadden, vgl. **oudnoors** *sā,* **gotisch** *sa* en **middelnl.** *soe* als vr. pers. vnw..

de- [voorvoegsel in woorden van fr. of lat. herkomst] met de betekenis 'van boven naar beneden, weg van, geheel en al, ontkenning'; in het **fr.** *dé-*, oudfr. *de-*, **lat.** *de,* vgl. oudiers *di,* welsh *y,* cornisch *the* [naar beneden]; in enkele gevallen stamt **fr.** *dé-* via **oudfr.** *des-* van **lat.** *dis-* [uiteen].

deadline [uiterste datum] < **eng.** *deadline* [grens van verboden gebied, lijn rond militaire gevangenis waarbuiten een gevangene mag worden neergeschoten, krijtstreep op vliegveld, tijdlimiet], van *dead* (vgl. **dood**[2]) + *line* (vgl. **lijn**[3]).

deadweight [draagvermogen] < **eng.** *deadweight* [lett. dood gewicht].

dealer [handelaar] < **eng.** *dealer,* van *to deal* [uitdelen, handelen], **oudeng.** *dœlan* [(ver)delen], verwant met **delen.**

debâcle [ondergang] < **fr.** *débâcle,* van *débâcler* [openbreken, een afsluitboom verwijderen, kruien van ijs], van *dé-* [ont-] + *bâcler* [grendelen met een boom (van poort, vaarwater)], van *bâcle* [sluitboom] < **lat.** *baculus, baculum* [stok, stut] (vgl. **bacil**).

deballoteren [afstemmen van kandidaat] van **fr.** *dé-* [weg] + *balloteren.*

debarasseren [de tafel afruimen] < **fr.** *débarrasser* [idem], van *dé-* [ont-] + *embarrasser* [hinderen] (vgl. **embarras**).

débarcadère [aanlegplaats] < **fr.** *débarcadère,* van *dé-* [weg] + *barque* [boot] (vgl. **bark**[2]).

debardeur [slip-over] < **fr.** *débardeur* [losser, bootwerker], van *dé-barder* [lossen], van *dé-* [weg] + *barder* (vgl. **barderen**).

debarkeren [ontschepen] < **fr.** *débarquer,* van *dé-* [weg] + *barque* [boot] (vgl. **bark**[2]).

debater [iem. die in een debat optreedt] < **eng.** *debater,* van *to debate* < **middeleng.** *debaten* < **oudfr.** *debatre* (vgl. **debatteren**).

debatteren [discussiëren] **middelnl.** *debatteren* [wraken, bewijsgronden betwisten, een eis afwijzen, 16e eeuws: betwisten] < **fr.** *débattre,* van *dé-* [neer, geheel en al] + *battre* < **lat.** *battuere* [slaan, vechten], van gallische herkomst.

debbelen [knoeien] waarschijnlijk freqentatief van *dabben.*

debet [tegoed] verzelfstandiging van **lat.** *debet* [hij, zij is schuldig], van *debēre* [schuldig zijn], van *de* [weg van] + *habēre* [hebben], daarmee idg. verwant.

debiel [zwakzinnig] < **fr.** *débile* [zwak, krachteloos] < **lat.** *debilis* [verlamd, gebrekkig, zwak], van *de* [weg van] + een idg. element dat te voorschijn komt in **gr.** *beltistos* [best] en **russ.** *bol'še* [meer] (vgl. **bolsjewiek**).

debiteren[1] [als debet boeken, verkopen] **middelnl.** *debiteur* [schuldenaar] < **fr.** *débiter,* van *débit* [wat verschuldigd is] < **lat.** *debitum* [idem], eig. verl. deelw. van *debēre* (vgl. **debet**).

debiteren[2] [in het klein verkopen] (1735) < **fr.** *débiter* [idem], doch oorspr. in kleine stukken hakken (houthandel), vermoedelijk uit het germ., vgl. *bijten.*

deboucheren [uit een dekking te voorschijn komen] < **fr.** *déboucher* [openmaken, ontkurken, ontstoppen], van *dé-* [weg] + *bouche* [mond] < **lat.** *bucca* [opgeblazen, volgestopte wang].

deboursement [uitbetaling] **middelnl.** *debourseren* [voorschieten] < **fr.** *déboursement,* van *dé-* [weg, uit] + *bourse* [beurs], naar analogie van *emboursement* < **me. lat.** *imbursare* [in zijn beurs steken, bestemmen], van *in* [in] + *bursa* (vgl. **beurs**[1]).

debrayeren [ontkoppelen] < **fr.** *débrayer,* een 19e eeuws woord, gevormd als tegenstelling van *embrayer* [de broeking aansnoeren], een term in gebruik voor windmolens, van *braie* [Gallische wijde broek, ook broeking] < **lat.** *bracae* [wijde broek], ontleend in Gallië (vgl. **broek**[1]).

debuscoop [soort caleidoscoop] genoemd naar de uitvinder ervan, *Debus* (1860).

debuteren [voor het eerst optreden] < **fr.** *débuter* [oorspr. een eerste stoot geven], van *buter* [vroeger stoten], uit het germ., vgl. *boten.*

deca- [aanduiding van tientallen] < **gr.** *deka* [tien], daarmee idg. verwant.

decaan [voorzitter van faculteit] < **lat.** *decanus* [hoofdman over tien] < **gr.** *dekanos* [bevelhebber], van *deka* [tien] (vgl. **deca-**), oorspr. leider van tien, b.v. schepen.

decade [tijdperk van 10 dagen] < **fr.** *décade* [idem] < **gr.** *dekas* (2e nv. *dekados*) [tiental] (vgl. **deca-**).

decadent [ontaard] < **fr.** *décadent* [idem], van *décadence* < **lat.** *de* [naar beneden] + *cadere* [vallen]; in de huidige betekenis dankzij een regel van Verlaine: *Je suis l'empire à la fin de la décadence,* die de naam gaf aan de *école décadente.*

decaëder [tienvlak] gevormd van **gr.** *deka* (vgl. **deca-**) + *hedra* [zetel, plaats, stand].

decalcomanie [plakplaatjesprocédé] < **fr.** *décalcomanie,* van *décalquer* [overtrekken] (vgl. **calqueren**) + *manier* [behandelen, leiden], van *main* [hand] < **lat.** *manus* [idem].

decaliter [10 liter] < **fr.** *décalitre,* van **gr.** *deka* (vgl. **deca-**) + *litre* [liter], door de Franse revolutionaire regering in 1791 gevormd. Het gebruik van gr. en lat. was mede bedoeld om de internationalisering van het metrieke stelsel te bevorderen.

decalogus [de Tien Geboden] < **lat.** *decalogus* < **gr.** *dekalogos (biblos)* [(het boek, geschrift) bestaande uit tien woorden], uit ouder *hoi deka logoi* [de tien woorden], van *deka* (vgl. **deca-**) + *logos* [woord].

decamperen [opbreken] < **fr.** *décamper* [het kamp opbreken, vertrekken], van *dé-* [weg van] + *camper* [kamperen] < **lat.** *campus* (vgl. **kamp**).

decanteren [afgieten] < **fr.** *décanter* [idem] < **lat.** *decanthare* (gebruikt door alchemisten), van *de* [weg van] + *cantus* (vgl. **kant**).

decaperen [reinigen (van schilderingen e.d.)] < **fr.** *décaper* [idem], van *dé-* [van...weg] + *cape* [cape, dekblad] (vgl. **cape, kap**).

decapitatie [scheiden van hoofd en romp bij dode vrucht] < **me. lat.** *decapitatio* [onthoofding], van *de* [van...weg] + *caput* (2e nv. *capitis*) [hoofd], daarmee idg. verwant.

decastère [10 kubieke meter] < **fr.** *décastère* [idem], gevormd van **gr.** *deka* (vgl. ***deca-***) + *stereos* [stevig, hard, kubiek], van dezelfde basis als ***staren*** en ***staan***.

decasyllabisch [tienlettergrepig] gevormd van **gr.** *deka* (vgl. ***deca-***) + *sullabos* (vgl. ***syllabe***).

decatiseren [stoombehandeling van wollen stoffen] < **fr.** *décatir* [ontglanzen], van *dé-* [weg] + *catir* [persen, glanzen], **oudfr.** *quatire* [drukken, persen] < **me. lat.** *quassare, cassare, quatere* [slaan, beuken, schudden], daarmee idg. verwant.

decatlon [tienkamp] gevormd van **gr.** *deka* (vgl. ***deca-***) + *athlos* [athlon, wedstrijd], idg. verwant met *wed*(*strijd*).

december [12e maand] **middelnl.** *december* < **lat.** *december*, van *decem* [tien] (daarmee idg. verwant), dus de 10e maand. Oorspronkelijk begon het jaar bij de Romeinen op 1 maart; sedert 153 v. Chr. werd dat 1 januari, maar de namen september, oktober, november en december bleven gehandhaafd.

decemvir [tienman] < **lat.** *decemvir* [lid van een bestuurscollege van 10 personen], van *decem* [tien], daarmee idg. verwant + *vir* [man], idg. verwant met *weer*(*wolf*).

decennium [tijdruimte van 10 jaren] < **lat.** *decennium*, van *decennis* [tienjarig], van *decem* [tien] + *annus* [jaar].

decent [eerbaar] < **fr.** *décent* < **lat.** *decens* (2e nv. *decentis*) [fatsoenlijk, betamelijk], eig. teg. deelw. van *decēre* [passen], verwant met *dexter* [rechts], *decus* [tooi, waardigheid], *dignus* [waardig], *docēre* [onderwijzen].

decentie [eerbaarheid] < **fr.** *décence* of < **lat.** *decentia* [gepastheid], van *decens* (vgl. ***decent***).

decentralisatie [spreiding] < **fr.** *décentralisation*, van **lat.** *de* [van...weg] + *centralis* [centraal].

deceptie [teleurstelling] **middelnl.** *deceptie* [bedrog] < **fr.** *déception* < **lat.** *deceptionem*, 4e nv. van *deceptio* [bedrog, vergissing], van *decipere* (verl. deelw. *deceptum*) [misleiden, bedriegen], van *de* [weg] + *capere* [nemen], idg. verwant met ***heffen***; de betekenisovergang is te verklaren uit de wending *decipi spe* [bedrogen worden in de verwachting].

decerebratie [neurologisch syndroom] gevormd van **lat.** *de* [van...weg] + *cerebrum* [hersenen], daarmee idg. verwant.

decerneren [besluiten tot] (1503?) < **fr.** *décerner* < **lat.** *decernere* [beslissen, besluiten, vaststellen], van *de* [van boven af, weg] + *cernere* [scheiden, onderscheiden, beslissen], idg. verwant met ***rein*** [1] (vgl. ***crisis, decreet***).

decharge [ontheffing] 16e eeuws **nl.** *dechargeren* [ontladen, lossen] < **fr.** *décharge*, van *dé-* [van...weg] + *charge* (vgl. ***chargeren***).

decapitatie — declamatie

déchéance [verval van een recht] < **fr.** *déchéance* < **me. lat.** *decasus* [instorting, verval, teloorgang, vermindering], van de stam van *decedere* [afdalen, weggaan, verdwijnen, afnemen], van *de* [van...weg] + *cadere* [vallen].

decher [tien stuks huiden] < **hd.** *Decher* [idem], van **lat.** *decuria* [tiental], *decem* [tien], daarmee idg. verwant.

dechiffreren [ontcijferen] < **fr.** *déchiffrer*, van *dé-* [ont-] + *chiffre* < **me. lat.** *cifra* [cijfer].

deci- [tiende deel] afgeleid van **lat.** *decimum* [tiende], van *decem* [tien], daarmee idg. verwant.

decibel [verhoudingsmaat voor m.n. geluid] van ***deci-*** + ***bel***, genoemd naar *Alexander Graham Bell* (1847-1922), uitvinder van de telefoon.

decideren [beslissen] (1520) < **fr.** *décider* [idem] < **lat.** *decidere* [afhakken, (een zaak) afdoen, beslissen], van *de* [van boven af] + *caedere* [hakken], idg. verwant met ***heien*** [1].

decigram [0,1 gram] < **fr.** *décigramme*, in 1791 gevormd door de Franse revolutionaire regering van ***deci-*** + **gr.** *gramma* (vgl. ***gram*** [2]).

decimaal [tiendelig] < **fr.** *décimal* [idem] < **me. lat.** *decimalis* [betrekking hebben op een tiende deel], van *decima* [tiende deel], eig. vr. van *decimus* [tiende], van *decem* [tien], daarmee idg. verwant.

decimatie [het decimeren] < **chr. lat.** *decimatio* [tiende (belasting), verwoesting], van *decimare* (verl. deelw. *decimatum*) (vgl. ***decimeren***).

decime [tiende toon, van de grondtoon af] (1529) *deceme* < **fr.** *décime* < **lat.** *decimus* [tiende] (vgl. ***deci-***).

decimeren [ter dood brengen, uitdunnen] < **fr.** *décimer* [idem] < **lat.** *decimare*, van *decimus* [tiende] (vgl. ***deci-***); deze krijgstuchtelijke maatregel bij collectieve misdraging van troepenonderdelen bestond hieruit, dat zij moesten aantreden, waarna op de rij af elke tiende soldaat werd gestraft, in ernstige gevallen geëxecuteerd.

decimeter [0,1 meter] < **fr.** *décimètre*, in 1791 door de Franse revolutionaire regering gevormd van **lat.** *decimus* (vgl. ***deci-***) + **gr.** *metron* (vgl. ***meter*** [1]).

decimole [groep van 10 noten, te spelen in de tijd van 8] < **it.** *decimole*, mv. van *decimola*, verkleiningsvorm van *decimo* [tiende] < **lat.** *decimus* (vgl. ***deci-***).

decisie [beslissing] < **fr.** *décision* < **lat.** *decisionem*, 4e nv. van *decisio* [idem], van *decidere* (verl. deelw. *decisum*) [beslechten, schikken, eig. afhakken], van *de* [van boven naar beneden] + *caedere* [hakken], idg. verwant met ***heien*** [1].

decisoir [beslissend] < **fr.** *décisoire* < **me. lat.** *decisorius* [beslissing], van *decidere* (vgl. ***decisie***).

deck [mechanisme van recorder] < **eng.** *deck* [dek, verdieping, begane grond, terras, deck] (vgl. ***dek***).

declamatie [het voordragen] < **fr.** *déclamation* < **lat.** *declamationem*, 4e nv. van *declamatio* [geschreeuw, oefening in welsprekendheid, opge-

declameren — deeg

schroefde voordracht, het declameren], van *declamare* (verl. deelw. *declamatum*) (vgl. **declameren**).

declameren [voordragen] < fr. *déclamer* < lat. *declamare* [schreeuwen, zich oefenen in welsprekendheid, luid voordragen], van *de* [weg] + *clamare* [schreeuwen, aanroepen] (vgl. **klaar**).

declarant [hij die declareert] < lat. *declarans* (2e nv. *declarantis*), teg. deelw. van *declarare* (vgl. **declareren**).

declaratie [verklaring] middelnl. *declaratie* < fr. *déclaration* [verklaring, aangifte] < lat. *declarationem*, 4e nv. van *declaratio* [verklaring, openbaring], van *declarare* (verl. deelw. *declaratum*) (vgl. **declareren**).

declareren [een declaratie indienen] middelnl. *declareren* < fr. *déclarer* [idem] < lat. *declarare* [kenbaar maken, bevestigen, verklaren], van *clarus* [helder, duidelijk] (vgl. **klaar**).

declasseren [uit een lijst schrappen] < fr. *déclasser* [het in een lagere sociale klasse plaatsen], van *de* [weg...van] + *classer* [classificeren], van lat. *classis* (vgl. **klas**).

declinatie [hoek, verbuiging] < lat. *declinatio* [afwijking van een rechte lijn], van *declinare* (verl. deelw. *declinatum*) (vgl. **declineren**).

declineren [afwijken, verbuigen] middelnl. *declineren* [afwijzen, verbuigen] < fr. *décliner* [idem] < lat. *declinare* [doen afwijken, afwijken, uitwijken], van *de* [van...weg] + *-clinare* [overhellen] < gr. *klinein* [doen leunen (schuin tegen iets aan), leunen tegen, neigen] (vgl. **klinisch**).

decoct, decoctum [het afkoken] < lat. *decoctum* [afgekookt], verl. deelw. van *decoquere* [afkoken], van *de* [af] + *coquere* (vgl. **koken** ¹).

decoderen [ontcijferen] < fr. *décoder*, van *dé-* [ont] + *code* (vgl. **code**).

decolleren [bal die collé ligt wegspelen] < fr. *décoller*, van *dé-* [weg] + *coller* (vgl. **collé**).

decolleté [lage hals] < fr. *décolleté*, verl. deelw. van *décolleter* (vgl. **decolleteren**).

decolleteren [zich met decolleté kleden] < fr. *décolleter* [hals en schouders bloot laten], van *dé-* [van...weg] + *collet*, verkleiningsvorm van *col* [kraag, hals], daarmee idg. verwant.

decompressie [snelle daling van luchtdruk] gevormd van lat. *de-* [ont-] + **compressie**.

deconfiture [bankroet] < fr. *déconfiture* [idem], van *déconfire* [verslaan, in verlegenheid brengen], van *dé-* [van...weg] + *confire* [in oudfr. bereiden, in elkaar zetten] < lat. *conficere* (vgl. **confectie**).

decor [toneeltoerusting] < fr. *décor* < lat. *decorem*, 4e nv. van *decus* (vgl. **decoreren**).

decoratie [versiering] (1533) < fr. *décoration* < lat. *decorationem*, 4e nv. van *decoratio*, van *decorare* (verl. deelw. *decoratum*) (vgl. **decoreren**).

decoreren [versieren] < fr. *décorer* < lat. *decorare*, van *decus* (2e nv. *decoris*) [sieraad, bekoorlijkheid], verwant met *decēre* [sieren] (vgl. **decent**).

decorticatie [storing aan hersenschors] gevormd van lat. *decorticare* [schillen], van *de* [van...weg] + *cortex* (2e nv. *corticis*) [schors, schil, kurk], verwant met *corium* [huid, leder] (vgl. **kuras**).

decorum [fatsoen] < lat. *decorum*, eig. o. van *decorus* [sierlijk, bevallig, passend, behoorlijk], van *decus* (vgl. **decoreren**).

decouperen [uitsnijden] < fr. *découper*, van *dé-* [weg] + *couper* (vgl. **couperen**).

decreet [verordening] middelnl. *decreet* < fr. *décret* < lat. *decretum*, verl. deelw. van *decernere* (vgl. **decerneren**).

decrement [geleidelijke afneming] < fr. *décrément* < lat. *decrementum* [het verminderen], van *decrescere* (verl. deelw. *decretum*) [kleiner worden], van *de* [van...weg] + *crescere* [groeien].

decrepiteren [afknappen] < fr. *décrépiter* [knetteren, uiteenspatten] < lat. *decrepitare*, van *de* [van...weg] + *crepitare* [kraken], frequentatief van *crepare* [knetteren].

decrescendo [afnemend in sterkte] < it. *decrescendo*, van *de* [weg van] + **crescendo**.

decretalen [verzameling pauselijke besluiten] middelnl. *decretale* < me. lat. *decretalis*, *decretale* [decretaal], van *decretum* (vgl. **decreet**).

decreteren [afkondigen] (1548) < fr. *décréter*, van lat. *decretum* (vgl. **decreet**).

decubitus [het doorliggen] gevormd van lat. *decumbere* (het verl. deelw. zou moeten luiden *decubitum*) [gaan liggen, ziek worden, ziek zijn, neerstorten], van *de* [neer-] + een genasaleerde vorm van *cubare* [liggen], van *cubitus* [elleboog].

decujus [erflater] verkort uit lat. *de cuius hereditate agitur* [over wiens erfenis gehandeld, gesproken wordt].

dédain [minachting] < fr. *dédain*, van *dédaigner*, van *dé-* [weg van] + *daigner* [zich verwaardigen] < lat. *dignare* [waardig keuren], van *dignus* [waardig] (vgl. **decent**).

deder [de gewone huttentut] etymologie onbekend.

dedicatie [opdracht, toewijding] < fr. *dédicace* [idem] < lat. *dedicationem*, 4e nv. van *dedicatio* [inwijding], van *dedicare* (verl. deelw. *dedicatum*) [aantonen, wijden, opdragen (van geschenk)], van *dicare* [wijden], van *dicere* [zeggen, toezeggen, bevestigen, spreken], idg. verwant met (*aan*) *tijgen*.

deduceren [afleiden] (1546) < lat. *deducere* [afleiden, eig. wegvoeren], van *de* [weg van] + *ducere* [voeren, leiden], idg. verwant met **tijgen**.

deductie [het deduceren] middelnl. *deductie* [aftrekking, korting] < fr. *déduction* < lat. *deductionem*, 4e nv. van *deductio* [het verdrijven, aftrek, korting], van *deducere* (verl. deelw. *deductum*) (vgl. **deduceren**).

deeg ¹ [iets goeds] middelnl. *dege, deech* [aanwas van kracht of welvaart], van *diën, dijen* (verl. tijd *deech*, verl. deelw. *gedegen*) [gedijen]; reeds middelnl. *ter dege*.

deeg[2] [mengsel] **middelnl.** *deech,* **middelnd.** *dēch,* **oudhd.** *teic,* **oudeng.** *dāg,* **oudnoors** *deig,* **gotisch** *daigs, digan* [kneden]; buiten het germ. **lat.** *figura* [gedaante, vorm], *figulus* [pottenbakker], *fingere* [vormen, boetseren], **gr.** *teichos* [aarden wal], **oudiers** *digen* [stevig, vast], **oudruss.** *deža* [bakkerstrog], **oudindisch** *déhmi* [ik bestrijk, pleister].

deek [aangespoelde ruigte] nevenvorm van *daak;* de etymologie is speculatief.

deel[1] [gedeelte] **middelnl.** *deel, dele,* **oudnederfrankisch** *deil,* **oudsaksisch** *dēl,* **oudhd.** *teil,* **oudeng.** *dœl, dal,* **gotisch** *dails;* buiten het germ. **oudkerkslavisch** *dělŭ.*

deel[2] [plank, vloer] **middelnl.** *dele, deel,* **oudsaksisch** *thili* [planken vloer], **oudhd.** *dili* [plank, vloer], **oudeng.** *þille, þel* [plank], **oudnoors** *þili, þil* [plank, doft], *þel* [grond]; buiten het germ. **lat.** *tellus* [aarde], **oudiers** *talam* [idem], **oudkerkslavisch** *tĭlo* [bodem], **oudindisch** *tala-* [vlakte, oppervlakte, voetzool].

deelwoord [participium] vertaling van **lat.** *participium* [een gedeelte, deelwoord], van *particeps* [deelachtig, deelgenoot], namelijk een werkwoordsvorm die tevens de functies van een naamwoord deelt, van *participare* [iets met iem. delen], van *pars* (2e nv. *partis*) [deel] + *capere* [pakken], idg. verwant met *heffen,* vertaling van **gr.** *metochè* [het gemeenschap hebben, deelwoord].

deemoed [onderworpenheid] 16e eeuws (1533) *demoitelicken,* uit het duits, vgl. **nd.** *demot,* **hd.** *Demut,* **oudhd.** *diomuoti* [eig. dienstvaardigheid]; voor het eerste lid vgl. *deern, dienen.*

deemster [duister] **middelnl.** *de(i)mster, deemsterlijc,* **middelnd.** *deemster,* **oudhd.** *dinstar,* afgeleid van een woord **oudsaksisch** *thimm,* **oudfries** *dim,* **oudeng.** *dimm(e),* **oudnoors** *dimmr* [donker]; buiten het germ. **lat.** *tenebrae* [duisternis], **gr.** *themeros,* **middeliers** *deim* [somber], **litouws** *temsta* [donker worden], **oudkerkslavisch** *tĭma,* **oudindisch** *tamas-* [duisternis] → *dimmen.*

Deen [bewoner van Denemarken] < **oudnoors** *Danir* [laaglandbewoners], vgl. **hd.** *Tenne* [dorsvloer] en **nl.** *den*[2] [bergvloer].

deer [leed] **middelnl.** *de(e)re, deer, daar* [pijn, zieleleed] → *deernis.*

deern, deerne [jong meisje] **middelnl.** *dierne, deern(e)* (met *ee < ie* voor *r +* dentaal) [dienstmaagd, jong meisje, hoer], **oudnederfrankisch** (2e nv. mv.) *thierno,* **oudsaksisch** *thiorna* [meisje], **oudhd.** *diorna* [meisje, dienares], **oudnoors** *þerna* [slavin, dienares]; van *dienen.* men kan buiten het germ. verbindingen leggen met o.m. **oudindisch** *takva-* [snel], **oudiers** *techid* [vlucht], **oudkerkslavisch** *tekǫ* [ik loop, stroom].

deernis [medelijden] **middelnl.** *deernesse, deernisse* [verdriet, medelijden]; van *deren.*

defaillant [niet verschenen zijnde] (1546) < **fr.** *défaillant,* teg. deelw. van *défaillir* [ontbreken], van *dé-* [weg] + *faillir* [falen, ontbreken] < **lat.** *fallere* [doen vallen, teleurstellen, overtreden, verborgen houden, verborgen blijven] (vgl. *vals*).

defaitisme [moedeloosheid] < **fr.** *défaitisme,* een 20e eeuws woord, van *défaite* [uitvlucht, nederlaag, oorspr. het niet handelen], van *défaire,* van *dé-* [weg van] + *faire* < **lat.** *facere* [maken, doen], daarmee idg. verwant.

defalcatie [korting] (**middelnl.** *defalki(e)ren* [aftrekken, korten]) < **fr.** *défalcation* < **me. lat.** *defalcationem,* 4e nv. van *defalcatio* [het maaien, vermindering, verlaging], van *defalcare* [maaien, verminderen], van *de* [af, weg] + *falx* (2e nv. *falcis*) [sikkel, zeis] (vgl. *valk*).

defecatie [ontlasting] < **fr.** *défécation* < **lat.** *defaecationem,* 4e nv. van *defaecatio* [reiniging], van *defaecare* [van droesem reinigen], van *faex* (vgl. *faecaliën*).

defect [beschadigd] < **lat.** *defectum,* verl. deelw. van *deficere* [afvallig worden, te kort schieten, bezwijken], van *de* [van...weg] + *facere* [maken, doen], daarmee idg. verwant.

defectueus [beschadigd] < **fr.** *défectueux* < **me. lat.** *defectuosus* [defect], van *defectum* + het achtervoegsel *-osus* [vol van] (vgl. *defect*).

defenderen [verdedigen] **middelnl.** *defenderen* < **fr.** *défendre* < **lat.** *defendere* (vgl. *defensie*).

defensie [verdediging] **middelnl.** *defensie* < **lat.** *defensio,* van *defendere* (verl. deelw. *defensum*) [afstoten, afweren], van *de* [weg van] + *-fendere* [stoten], idg. verwant met **eng.** *gun* (vgl. *brengun*).

deferent [procespartij die aan de tegenpartij het afleggen van een eed oplegt] **middelnl.** *defereren* [een eed opleggen] < **fr.** *déférent* (vgl. *deferentie*).

deferentie [eerbied] < **fr.** *déférence* [inschikkelijkheid, eerbied], van **lat.** *deferre* (teg. deelw. *deferens,* 2e nv. *deferentis*) [aanbieden, opdragen, toewijden, aanklagen], van *de* [van boven naar beneden] + *ferre* [dragen], idg. verwant met *baren*[1].

deficiëntie [tekort] < **lat.** *deficientia* [idem], eig. het zelfstandig gebruikt o. mv. van *deficiens,* teg. deelw. van *deficere* (vgl. *defect*).

deficit [tekort] < **fr.** *déficit* [idem] < **lat.** *deficit* [het schiet tekort, eindigt, hij gaat failliet], 3e pers. teg. tijd van *deficere* (vgl. *defect*).

defileren [in gelederen voorbijtrekken] < **fr.** *défiler* [uiteenrafelen in draden, een groep in gelederen laten wegtrekken], van *dé-* [van...weg] + *fil* [vezel, draad], *file* [lijn, gelid] < **lat.** *filum* [draad, lijn] → *previliën.*

definiëren [duidelijk omschrijven] < **fr.** *définir* < **lat.** *definire* [begrenzen, bepalen, definiëren], van *de* [van boven naar beneden] + *finis* [grens, gebied], van *figere* [vasthechten, slaan in (van grenspaal)], idg. verwant met *dijk*).

definitie [begripsbepaling] < **fr.** *définition* < **lat.** *definitionem,* 4e nv. van *definitio* [omtrek, bepaling, definitie], van *definire* (verl. deelw. *definitum*) (vgl. *definiëren*).

definitief — deïficatie

definitief [blijvend] **middelnl.** *definitive* [eindvonnis] < **fr.** *définitif* < **lat.** *definitivus* [bepalend], van *definire* (verl. deelw. *definitum*) (vgl. **definiëren**).

deflagratie [zich langzaam voortplantende ontploffing] < **fr.** *déflagration* [idem] < **lat.** *deflagratio* [het afbranden, het in vlammen opgaan], van *deflagrare* (verl. deelw. *deflagratum*) [afbranden], van *de* [af-] + *flagrare* [in brand staan, gloeien], idg. verwant met **blaken**.

deflatie [waardevermeerdering van geld] < **fr.** *déflation*, gevormd met **lat.** *de* [weg], naar analogie van *inflatie*.

deflector [spoiler] gevormd van **lat.** *deflectere* [afbuigen], van *de* [weg] + *flectere* [buigen], idg. verwant met *vlechten* → **vlecht**.

deflexie [verloren gaan van buigingsuitgangen] gevormd van **lat.** *deflectere* (verl. deelw. *deflexum*, vgl. **deflector**).

defloratie [ontmaagding] **middelnl.** *defloratie* < **fr.** *défloration* < **me. lat.** *deflorationem*, 4e nv. van *defloratio*, van *deflorare* (verl. deelw. *defloratum*) (vgl. **defloreren**).

defloreren [ontmaagden] < **fr.** *déflorer* [idem] < **me. lat.** *deflorare* [kiezen, excerperen, onteren], van *de* [van...weg] + *flos* (2e nv. *floris*) [bloem], daarmee idg. verwant, dus het plukken van een bloem.

defoliant [ontbladeringsmiddel] van **lat.** *defoliare* (teg. deelw. *defolians*, 2e nv. *defoliantis*) [ontdoen van de bladeren], van *de* [van...weg] + *foliatus* [met bladeren], van *folium* [blad], daarmee idg. verwant.

deformatie [misvorming] < **fr.** *déformation* < **lat.** *deformationem*, 4e nv. van *deformatio* [idem], van *deformare* (vgl. **deformeren**).

deformeren [misvormen] < **fr.** *déformer* < **lat.** *deformare* [misvormen], van *de* [van...weg] + *forma* (vgl. **vorm**).

defraudant [bedrieger] (**middelnl.** *defrauderen* [bedriegen]) < **lat.** *defraudans* (2e nv. *defraudantis*, teg. deelw. van *defraudare* [bedriegen], van *de* [van boven naar beneden] + *fraudare* [bedriegen, stelen] (vgl. **frauderen**).

deftig [voornaam, (16e eeuws nl.) gewichtig] **oudeng.** *dœfte* [zacht, vriendelijk], **gotisch** *gadaban* [betamen], **oudnoors** *dafna* [gedijen]; buiten het germ. **lat.** *faber* [smid], **oudkerkslavisch** *dobrŭ* [goed].

defungeren [aftreden] < **lat.** *defungi* [ten einde toe verrichten, met iets klaarkomen, eraf zijn], van *de* [van boven naar beneden] + *fungi* (vgl. **fungeren**).

degagement [dienstgang, dienstrap] < **fr.** *dégagement* [idem, oorspr. inlossen van een pand, vrijmaken], van *dégager*, van *dé-* [ont-] + *gage* [pand], uit het germ., vgl. **wedde**.

degaussen [demagnetiseren] genoemd naar de Duitse mathematicus en astronoom *Karl Friedrich Gauß* (1777-1855).

degel [drukplaat van pers] **middelnl.** *degel* [test, pot], *deghelhuus* [steenbakkerij] < **lat.** *tegula* [dakpan, iets om te dekken], *tegere* [bedekken] (vgl. **tegel, teil**[1], **tichel**), idg. verwant met **dak, dekken**.

degelijk [deugdelijk] van *deeg*[1].

degen[1] [dapper krijgsman] **middelnl.** *degen, dein* [knaap, koningszoon, ridder, held], **oudsaksisch** *thegan* [man, knaap], **oudhd.** *degan*, **oudeng.** *ðegn* [dienaar], **oudnoors** *þegn* [vrije man]; buiten het germ. **gr.** *teknon* [kind].

degen[2] [stootwapen] **middelnl.** *dagge, degge(n), degen* [dolk, degen], evenals **eng.** *dagger* < **oudfr.** *dague* < **me. lat.** *dagua*, uit het kelt., vgl. **gaelisch** *dag, dager* [dolk].

degene [voornaamwoord] staat naast *diegene*, **middelnl.** *diegene, degene*, van *die, de* + *gene*.

degeneratie [ontaarding] < **fr.** *dégénération* < **chr. lat.** *degenerationem*, 4e nv. van *degeneratio* [ontaarding, verzwakking], van *degenerare* (verl. deelw. *degeneratum*) (vgl. **degenereren**).

degenereren [ontaarden] < **fr.** *dégénérer* < **lat.** *degenerare*, van *de* [weg van] + *genus* (2e nv. *generis*) [aard, dus lett. ontaarden] (vgl. **Genesis**).

degoutant [onsmakelijk] < **fr.** *dégoûtant*, teg. deelw. van *dégoûter* [doen walgen, tegenstaan], van *dé-* [ont-] + *goûter* [proeven, smaken, genieten] < **lat.** *gustare* [idem], van *gustus, gustum* [smaak], idg. verwant met **kiezen**.

degradatie [verlaging in rang] < **fr.** *dégradation* < **me. lat.** *degradatio* [degradatie, ontslag, ook trap], van *degradare* (verl. deelw. *degradatum*) (vgl. **degraderen**).

degraderen [in rang verlagen] **middelnl.** *degraderen* < **fr.** *dégrader* < **lat.** *degradare* [idem], van *de* [van...weg] + *gradus* [schrede, trede van ladder, graad, rang], verwant met *gradi* [schrijden].

dégras [afvalvet] < **fr.** *dégras*, van *dé-* [van...weg] + *gras* [vet] < **lat.** *crassus* [dik].

degressie [trapsgewijze afneming] < **lat.** *degressio* [het afdalen], van *degredi* (verl. deelw. *degressum*), van *de* [van boven naar beneden] + *gradi* [stappen, gaan].

degusteren [proeven] < **fr.** *déguster* < **lat.** *degustare* [idem], van *gustus* [smaak], idg. verwant met **kiezen** (vgl. **degoutant**).

dehydratie [wateronttrekking] gevormd van **lat.** *de* [van...weg] + **gr.** *hudōr* [water], daarmee idg. verwant.

dei [beheerser van Algiers] < **fr.** *dey* < **ar.** *dā'ī*, teg. deelw. van het ww. *da'ā* [hij riep op]; het teg. deelw. was de titel voor degene die opriep tot de islam, ongeveer gelijk aan 'missionaris'; later werd de titel verward met **turks** *dai* [oom van moederskant].

deïficatie [vergoddelijking] < **fr.** *déification* < **me. lat.** *deificationem*, 4e nv. van *deificatio*, van *deificare* (verl. deelw. *deificatum*) [vergoddelijken], van *deus* (2e nv. *dei*) [god] + een afleiding van *facere* [maken, doen], daarmee idg. verwant.

deiktisch [aanwijzend] < gr. *deiktikos* [bewijzend], van *deiknumi* [ik toon, toon aan, onovergankelijk: ik wijs], idg. verwant met **hd.** *zeigen* [tonen] en met *betichten*.

deimt, deimat [dagmaat] middelnl. *deimt, deynt, deent, deymd, demat, dachmaet* [zoveel land als een man op een dag kan maaien, dagmaat].

dein [stijfkop] middelnl. *dein* [vrek], samengetrokken uit het ernaast voorkomende *degen* [1].

deinen [golven, wiegen] (1618), vgl. **fries** *dynje,* **oostfries** *dinen;* etymologie onbekend.

deinzen [1] [achteruitwijken] middelnl. *deisen, deinsen,* middelnd. *deisen;* etymologie onbekend.

deinzen [2] [barg. zich stil houden] mogelijk hetzelfde woord als *deizen;* ook is verondersteld dat het van Portugese joden stamt, nl. van *deixe por as pequeños* [stil voor de kinderen].

deïsme [geloof aan één god] gevormd van lat. *deus* [god].

deizen [wijken] oude vorm van *deinzen* [1].

dejectie [stoelgang] < fr. *déjection* [idem] < lat. *deiectio* [diarree], van *deicere* (verl. deelw. *deiectum*) [neerwerpen, verwijderen], van *de* [weg van] + *iacere* (in samenstellingen -*icere*) [werpen].

dejeuner [lunch] < fr. *déjeuner,* van *dé-* [ont-] +*jeuner* [vasten] < chr. lat. *iuiunare* [vasten] < klass. lat. *jejunus* [vastend, hongerig]; de betekenis is dus 'het verbreken van de vasten', vgl. eng. *breakfast* en *diner*.

dek [bedekking] middelnl. *dec* [bedekking, dak, dekmantel]; van *dekken*.

deken [1] [beddek] middelnl. *deken;* van *dekken*.

deken [2] [overste, hoofd] < lat. *decanus* (vgl. *decaan*).

dekken [bedekken, beschermen, vergoeden, paren] middelnl., middelnd., oudhd. *decken,* oudnederfrankisch *theccan,* oudfries *thekka,* oud-eng. *theccan,* oudnoors *þekja;* buiten het germ. lat. *tegere* [bedekken] (vgl. *toga*), gr. *tegos* [dak], **oudiers** *teg* [huis], **welsh** *to* [dak], **litouws** *stogas* [dak], mogelijk **oudindisch** *sthagati* [hij bedekt, verbergt].

deksel [klep] middelnl. *decsel* [dak, deksel, dekmantel], middelnd. *decksel,* van *dekken* + het achtervoegsel -*sel*.

deksels [basterdvloek] eufemistische vervorming van *duivels*.

del [1] [duinvallei] middelnl. *del(le),* oudhd. *tellia,* oudeng. *dell;* dialectische nevenvorm van *dal*.

del [2] [slet, vod] middelnl. *dille, delle* [babbelaarster, meisje], hoort bij *bedillen;* de betekenis vod, flard is secundair t.o.v. die van slordig wijf, waarmee de omgekeerde weg is bewandeld van *slet, slons, dweil*.

delaissement [afstand van goederen aan verzekeraar] < fr. *délaissement,* van *délaisser* [verlaten, afstand doen van], van *dé-* [van...weg] + *laisser* [laten] < lat. *laxare* [losmaken, laten schieten],

van *laxus* [wijd, ruim], verwant met *languēre* [slap, mat zijn].

delatie [aanbrenging] < fr. *délation* [idem] < lat. *delatio* [aangifte, aanklacht], van *delatum,* gebruikt als verl. deelw. van *deferre* [naar beneden brengen, ergens heen brengen (tegen iemands zin), aangeven], van *de* [naar beneden] +*ferre* [dragen, brengen], idg. verwant met *baren* [1].

delcredere [het borgstaan van commissionair] van **it.** *del* [van het] + *credere* [geloven, vertrouwen] < lat. *credere*.

deleatur [te schrappen] < lat. *deleatur* [dat het uitgewist moge worden], van *delēre* [uitwissen] < *delevi,* verl. tijd van *delinere* [afwissen], van *de* [weg] + *linere* [strijken op, uitvegen wat op een wastafeltje is gegrift], verwant met *levis* [glad]; men dacht dat *delevi* de verl. tijd moest zijn van een ww. *delēre*.

delegeren [overdragen, afvaardigen] < fr. *déléguer* < lat. *delegare* [zenden, toevertrouwen, opdragen], van *de* [weg van] + *legare* [als gezant sturen], verwant met *lex* (2e nv. *legis*) [wet].

deleman [rijtuigje] zo genoemd naar *Ir. Charles Theodore Deeleman* (geboren 1823), die dit en andere typen rijtuigen ontwierp > **bahasa indonesia** *dilman*.

delen [verdelen] middelnl. *delen, deilen,* oudnederfrankisch *deilon,* oudsaksisch *delian,* oudhd. *teilen,* oudfries *dela,* oudeng. *dœlan,* oudnoors *deila,* gotisch *dailjan;* afgeleid van *deel* [1].

deletie [uitwissing, vernietiging] < lat. *deletio,* van *delēre* (verl. deelw. *deletum*) (vgl. *deleatur*).

delfine, delfinine [alcaloïde uit ridderspoor] van modern lat. *delphinium* [ridderspoor] < gr. *delphinion* [een aan Apollo (die i.h.b. te Delphi werd vereerd) gewijde plant].

Delft [geogr.] genoemd naar de *Delv* (thans *Oude Delft*), een gegraven vaart, vgl. middelnl. *delft* [gracht], van *delven*.

delgen [tenietdoen] middelnl. *deligen, delegen* [verdelgen, tenietdoen], **oudnederfrankisch,** **oudsaksisch** *fardiligon,* oudhd. *fartiligon,* oudfries *diligia,* middelnd. *deligen, diligen,* oudeng. *adilgian* < lat. *delēre* [uitwissen, vernietigen] (vgl. *deleatur*).

deliberatie [beraadslaging] middelnl. *deliberatie* < fr. *délibération* < lat. *deliberationem,* 4e nv. van *deliberatio* [overweging, beraadslaging], van *deliberare* (verl. deelw. *deliberatum*) (vgl. *delibereren*).

delibereren [beraadslagen] middelnl. *delibereren* < fr. *délibérer* < lat. *deliberare* [overwegen, beraadslagen], van *de* [af] + *libra* [weegschaal], dus lett. afwegen.

delicaat [fijn, teer] middelnl. *delicaet* < fr. *délicat* [idem] < lat. *delicatus* [aanlokkelijk, weelderig, smaakvol, teder, kieskeurig], van *deliciae* (vgl. *delicieus*).

delicatesse [lekkernij] < fr. *délicatesse* [fijnheid], van *délicat* (vgl. *delicaat*).

delicieus — demolitie

delicieus [kostelijk] middelnl. *delicieus* < fr. *délicieux* < chr. lat. *deliciosus* [aangenaam, verslappend, verwijfd], van *deliciae* [genietingen, lekkernijen, kostbaarheden, verwendheid], van *de* [van boven naar beneden] + *-lacēre* (alleen in samenstellingen en dan in de vorm *-licēre*) [aanlokken] + het achtervoegsel *-osus* [vol van].

delict [strafbaar feit] (1512) < oudfr. *delict* (fr. *délit*) < lat. *delictum* [vergrijp], verl. deelw. van *delinquere* [te kort schieten, een misslag begaan], van *de* [af, weg] + *linquere* [achterlaten, nalaten], idg. verwant met **lenen** ¹.

delineatie [omlijning] < fr. *délineation* < lat. *delineationem,* 4e nv. van *delineatio* [schets], van *delineare* (verl. deelw. *delineatum*) [schetsen], me. lat. *delineatus* [gemarkeerd, geschilderd], van *de* [af] + *linea* (vgl. **lijn** ¹).

delinquent [schuldige] ca. 1500 *delinquant, delinquent* < fr. *délinquant* of rechtstreeks < lat. *delinquens* (2e nv. *delinquentis*), teg. deelw. van *delinquere* (vgl. **delict**).

delirium [waanzinnigheid] < lat. *delirium,* van *delirare* [uit de vore raken, krankzinnig zijn, ijlen, raaskallen], van *de* [van...weg] + *lira* [vore], idg. verwant met **middelnl.** *le(i)se* [spoor], **hd.** *G(e)leise.*

delling [bodeminzinking] van *del* ¹.

delta [land omsloten door rivierarmen] < lat. *Delta* [de delta van de Nijl] < gr. *delta* [de letter d, de delta van de Nijl]; de vorm van de hoofdletter d in het gr. is die van een driehoek; de benaming *delta* voor de d stamt uit het semitisch, vgl. **hebr.** *dālet,* **akkadisch** *daltu* [deur]; de vierde letter van het hebr. alfabet lijkt op een deur.

delte → *dilt.*

deltoïde [meetkundige figuur] < gr. *deltoeidès* [lijkend op een delta], van *delta* [de letter d] + -*oeidès* (vgl. *-oïde*).

deluw [loodkleurig] 16e eeuws *delu(w)* [bleek, vaal]; er zijn geen verwanten bekend.

delven [graven] middelnl. *delven,* **oudsaksisch** *bidelban,* oudhd. *bitelban,* **oudfries** *delva,* **oudeng.** *delfan* [begraven, resp. graven]; buiten het germ. en enkele verwanten in het baltoslavisch is het woord nergens in het idg. terug te vinden.

demagogie [volksmennerij] < gr. *dèmagōgia* [het leiden van het volk, de trucs daarbij gebruikt] (vgl. *demagoog*).

demagoog [volksmenner] < fr. *démagogue* < gr. *dèmagōgos* [volksleider, volksmenner], van *dèmos* [volk] + *agōgos* [gids, leider] (vgl. **agoog**).

demang [districtshoofd] < maleis (Sumatra) *demang.*

demarcatie [grensscheiding] < fr. *démarcation* < spaans *demarcación* [afbakening], van *demarcar* [afbakenen], van *de* [af] + *marcar* [merken], van *marca* [merk, teken, mark], uit het germ., vgl. **merk**.

demarche [stap] < fr. *démarche* [gang, tred, loop, stap, bemoeiing], **oudfr.** *démarcher* [met voeten treden, zich op weg begeven], van *dé-* [weg van] + *marcher* [marcheren].

demarreren [zich losmaken uit peloton] < fr. *démarrer* [de kabels losgooien, wegrijden, op stoot komen], van *dé-* [van...weg] + oudfr. *marer* < middelnl. *maren, meren* [aan een touw vastleggen] (vgl. **meren**).

dement [zwakzinnig] < fr. *dément* < lat. *demens* (2e nv. *dementis*) [onzinnig, waanzinnig, dwaas], van *de* [weg van] + *mens* [begrip, verstand], idg. verwant met *min(ne),* **eng.** *mind.*

dementeren [dement worden] < lat. *dementire* [waanzinnig zijn], van *demens* (vgl. **dement**).

dementi [loochening] < fr. *démenti,* eig. verl. deelw. van *démentir* [logenstraffen], van *dé-* [ont-] + *mentir* [liegen] < lat. *mentiri* [liegen], van *mens* (2e nv. *mentis*) [geest, gedachte, voorstelling], *mentio* [vermelding]; het ww. *mentiri* is dus een eufemistische aanduiding in de zin van iets fraai voorstellen; idg. verwant met *min(ne),* **eng.** *mind.*

dementia [waanzin] < lat. *dementia,* van *demens* (vgl. **dement**).

demi [overjas] verkort uit fr. *paletot de demi-saison, demi* [half] < lat. *dimidius* [idem], van *medius* [zich in het midden bevindend].

demijohn [mandfles] < **eng.** *demijohn,* van fr. *dame-jeanne,* mogelijk een volksetymologische vervorming (vgl. **dame-jeanne**).

demi-monde [schijnbaar fatsoenlijken] gevormd door Alexandre Dumas fils, die het gebruikte als titel voor zijn toneelstuk *Le Demi-monde* (1855).

demissie [ontslag] < fr. *démission* < lat. *dimissionem,* 4e nv. van *dimissio* [het uitzenden, afdanken, vrijlaten], van *dimittere* (verl. deelw. *dimissum,* vgl. **demitteren**).

demissionair [aftredend] < fr. *démissionnaire,* van *démission* [ontslag] < lat. *demissio* [het laten zakken], van *demittere* (verl. deelw. *demissum,* vgl. **demitteren**).

demitteren [ontslaan] < lat. *demittere* [naar beneden laten gaan, laten vallen], van *de* [naar beneden] + *mittere* [doen gaan, zenden].

demiurg [wereldbouwer] < gr. *dèmiourgos* [iem. die dingen maakt voor het hele volk (niet voor eigen bezit), handwerksman, maker, schepper, God], van *dèmios* [het volk behorend, staatseigendom, de staat], van *dèmos* [volk] (vgl. *demos*) + *ergon* [werk], daarmee idg. verwant.

democratie [volksregering] < fr. *démocratie* < gr. *dèmokratia* [idem], van *dèmos* [volk] (vgl. *demos*) + *kratein* [macht hebben, heersen], van *kratos* [kracht], idg. verwant met **hard**.

demograaf [beschrijver van volkeren] gevormd van gr. *dèmos* [volk] (vgl. *demos*) + *graphein* [schrijven], idg. verwant met **kerven**.

demolitie [sloping] (16e eeuws **nl.** *demolieren*) < fr. *démolition* < lat. *demolitionem,* 4e nv. van *demolitio* [het afbreken], van *demoliri* [afbreken, omverhalen], van *de* [neer] + *moliri* [grondvesten, bouwen], van *moles* [massa, dam, bouwwerk], idg. verwant met *moeien.*

demon [boze geest] < lat. *daemon* [godheid, geest, boze geest, duivel] < gr. *daimōn* [goddelijke macht, god, demon, geest van de dode], verwant met *dais* [deel, portie], *dainumi* [ik deel uit], dus eig. die de mensen hun lot toedeelt, verwant met *demos* en op enige afstand met lat. *dare* [geven].

demonetiseren [buiten omloop stellen] < fr. *démonétiser* [idem], van lat. *de* [van...weg] + *moneta* (vgl. *munt*¹).

demonstratie [het aantonen] < fr. *démonstration* < lat. *demonstrationem*, 4e nv. van *demonstratio* [het aanwijzen, bewijs, aanschouwelijke voorstelling], van *demonstrare* (verl. deelw. *demonstratum*) (vgl. *demonstreren*).

demonstratief [aanwijzend] < fr. *démonstratif* < lat. *demonstrativus* [aanwijzend, verheerlijkend] (vgl. *demonstratie*).

demonstreren [aantonen] < lat. *demonstrare* [nauwkeurig aanwijzen, uiteenzetten, bewijzen, betogen], van *monstrare* [tonen] (vgl. *monster*¹, ²).

demonteren [uit elkaar nemen] < fr. *démonter* [uit het zadel lichten, uit elkaar nemen], van *dé-* [weg van] + *monter* (vgl. *monteren*).

demoraliseren [zedeloos, moedeloos maken] < fr. *démoraliser*, van *dé-* [weg van] + lat. *moralis* [zedekundig], van *mos* (2e nv. *moris*) [zede, karakter].

demos [volk] < gr. *dèmos* [meent (gemeenschappelijk land dat in erfpacht wordt verdeeld en gemeenschappelijk ontgonnen), land, afdeling van het volk, volk, het lagere volk], verwant met *dais* [deel, portie] en *demon*.

demoscopie [opinieonderzoek] gevormd van gr. *dèmos* (vgl. *demos*) + *skopein* [kijken naar], idg. verwant met *spieden*.

demotisch [vereenvoudigd Egyptisch schrift] < gr. *dèmotikos* [m.b.t. het volk], van *dèmos* [volk] (vgl. *demos*).

dempen [dichtgooien, temperen] er zijn twee ww. samengevallen, enerzijds het dempen van textiel en ook van geluid en anderzijds het dempen van water, resp. in het hd. *dämpfen* en *zuwerfen*; het eerste is middelnl. *dempen, dompen* [verstikken, smoren, worgen, tenietdoen], van *damp*, vgl. eng. *to damp* [bevochtigen, doen bekoelen, de domper zetten op, smoren, dempen van geluid]; het tweede is middelnl. *dammem* [afdammen, plempen], van *dam*, waarbij de *p* zich waarschijnlijk o.i.v. het eerste *dempen* heeft ontwikkeld.

demulgeren [een emulsie doen uiteenvallen] van lat. *de* [van...weg] + *emulgeren* (vgl. *emulsie*).

den¹ [boom] middelnl. *danne, denne*, oudnederfrankisch, oudsaksisch *dennia*, middelnl. *danne*, oudhd. *tanna* [den], naast middelnl. *dan* [wouddal], middelnd. *dan*, oudhd. *tan(n)* [bos]; buiten het germ. bretons *tann* [eik], oudindisch *dhanvana-* [boog (oorspr. voorwerp van hout)] (vgl. *taan*); de *e* van den is waarschijnlijk te wijten aan invloed van het bn. *dennen* in *denneboom*.

den² [dorsvloer, bergvloer] middelnl. *denne* [vloer, scheepsdek], *dan* [wouddal, schuilhoek, leger voor wilde dieren], middelnd. *denne* [laagland, wouddal], oudhd. *tenni* [dorsvloer], middelhd. *tan* [woud, wouddal], oudfries *dene* [terrein], oudeng. *denu* [vallei], *denn* [leger van wilde dieren] (eng. *den*); buiten het germ. oudindisch *dhanu-* [zandbank] (vgl. *Deen*).

denarius [oude Romeinse munt] < lat. *denarius* [hetgeen tien bevat, vervolgens een munt die oorspr. tien asses waard was], van *deni* [tien, telkens tien], van *decem* [tien], daarmee idg. verwant (vgl. *dinar*).

denatureren [onbruikbaar maken voor consumptie] < fr. *dénaturer*, van *dé-* [ont-] + *nature* < lat. *natura* [natuur].

dendeng [reepjes gedroogd vlees] < maleis *dendeng*.

denderen [dreunend schokken] (1876), een bij *donderen* gevormde variant.

dendriet [figuur in de vorm van boom in gesteente] gevormd van gr. *dendron* [boom], van dezelfde basis als eng. *tree* en nl. *-teer* in b.v. *hesselte(e)r*.

dengue [knokkelkoorts] < spaans *dengue* < swahili *dinga* [verkramping], maar beïnvloed door het klanknabootsende spaans *dengue* [gemaakte liefheid, aanstellerigheid], wat kon gebeuren door de eigenaardige bewegingen van de patiënten.

denier [garennummer] middelnl. *denier* [penning] < fr. *denier* < lat. *denarius* (vgl. *denarius*); de betekenisontwikkeling was: penning, hoeveelheid koopwaar die men voor een penning kon kopen, hoeveelheid garen, gewicht aan garen per lengtemaat.

denigreren [minachtend spreken van] < fr. *dénigrer* < lat. *denigrare* [zwart maken], van *de* [van boven naar beneden] + *nigrare* [zwart zijn, zwart maken], van *niger* [zwart] (vgl. *neger*).

denim [katoenen stof] verkort uit fr. *serge de Nîmes* [stof uit Nîmes], een plaats in Zuid-Frankrijk, waar de stof oorspr. vandaan kwam.

denken [het verstand gebruiken] middelnl. *dencken, deincken, dincken*, oudnederfrankisch *thencon*, oudsaksisch *thenkian*, oudhd. *denken*, oudeng. *ðencan*, oudnoors *þekkja*, gotisch *þagkjan* [denken], oudlat. *tongēre* [kennen, weten] → *dunken*.

denning [moutzolder, vloer in scheepsruim] van *den*².

denominaal [van een zn. afgeleid] van lat. *denominare* [noemen naar], van *de* [van...af] + *nominare* [noemen], van *nomen* [naam], daarmee idg. verwant.

denominatie [naamgeving] < lat. *denominatio* (overigens slechts in de zin van metonymie), van *denominare* (verl. deelw. *denominatum*) (vgl. *denominaal*).

denonceren [aangeven] middelnl. o.m. *denoncheren* < fr. *dénoncer* < lat. *denuntiare* [aankondigen, melden, als getuige oproepen, iem.

densimeter — dépositaire

aankondigen dat hij voor het gerecht wordt gedaagd] + van *de* [af] + *nuntiare* [berichten] (vgl. *nuntius*).

densimeter [werktuig voor bepaling van dichtheid] gevormd van **lat.** *densus* [dicht], verwant met **gr.** *dasus* (vgl. **dasymeter**) + **meter**[1].

densiteit [dichtheid] < **fr.** *densité* < laat-lat. *densitatem*, 4e nv. van *densitas* [idem], van *densus* [dicht], verwant met **gr.** *dasus*.

densitometer [zwartingsmeter (bij fotografie)] gevormd van **lat.** *densitas* [dichtheid], van *densus* [dicht], verwant met **gr.** *dasus* + **meter**[1].

dentaal [met de tanden gevormd] < **fr.** *dental* [tand-] < **lat.** *dentalis*, waarvan de o. vorm, zelfstandig gebruikt *dentale* [ploegijzer], van *dens* (2e nv. *dentis*) [tand], daarmee idg. verwant.

dentist [tandheelkundige] < **fr.** *dentiste*, van **lat.** *dens* (2e nv. *dentis*) [tand], daarmee idg. verwant + een achtervoegsel **gr.** *-istès*, dat een handelende persoon aangeeft.

dentitie [het doorbreken van de tanden] < **lat.** *dentitio*, van *dentire* (verl. deelw. *dentitum*), van *dens* [tand], daarmee idg. verwant.

denudatie [ontbloting] < **fr.** *dénudation* < chr. **lat.** *denudationem*, 4e nv. van *denudatio*, van *de* [weg van] + *nudare* [ontbloten], van *nudus* [naakt], daarmee idg. verwant.

denunciateur [verklikker] < **fr.** *dénunciateur* < me. **lat.** *denuntiator* [aanbrenger, informant], van *denuntiare* (verl. deelw. *denunciatum*) (vgl. **denonceren**).

deodorant [ontgeuringsmiddel] gevormd van **lat.** *de* [van...weg] + *odor* [geur] + *-ant*, van **lat.** *-ans* (2e nv. *-antis*), de uitgang van het teg. deelw. van ww. op *-are*.

deontologie [plichtenleer] door de Engelse filosoof Jeremy Bentham (1748-1832) gevormd van **gr.** *deon* (2e nv. *deontos*) [het nodige, passende], eig. de o. vorm van het teg. deelw. van *dei* [het is nodig, onvermijdelijk] + *-logia* [beschouwing].

depalatalisering [verloren gaan van het palataal karakter] gevormd van **lat.** *de* [weg van] + **nl.** *palatalisering*, gevormd van **lat.** *palatum* [verhemelte], verwant met **etruskisch** *falandum* [hemel], **gr.** *phalos* [beugel op helm].

depanneren [repareren] < **fr.** *dépanner* [idem], van *dé-* [weg] + *panne*, dat geïsoleerd is uit verbindingen als *rester en panne*, *être en panne* [niet verder kunnen], een verkeerde interpretatie van *rester empanné* [bijliggen, ook bijgedraaid liggen, d.w.z. met tegengebraste raas], van *empanner* [bijliggen], van *empan* [span (thans nog als span van de hand)], uit het germ., vgl. **span**[1].

departement [afdeling] < **fr.** *département*, van *départir* [oorspr. verdelen, verspreiden], van *dé-* [van...weg] + *partir* [oorspr. verdelen] < **lat.** *partiri* (vgl. **departitie**).

departitie [omslag (van belastingen)] < me. **lat.** *departitio* [verspreiding], van *departire* [verdelen over, verspreiden], van *de* [van...weg] + **klass.** **lat.** *partire*, *partiri*, van *pars* (2e nv. *partis*) [deel] (vgl. **part**[1]).

depasseren [te boven gaan] < **fr.** *dépasser*, van *dé-* [van...weg] + *passer* (vgl. **passeren**).

depêche [telegram] < **fr.** *dépêche*, van *dépêcher* [schot brengen in, met spoed afdoen], gevormd met de ontkenning *de* naar *empêcher* [belemmeren] < me. **lat.** *impedicare* [belemmeren, eig. de voetboeien aandoen] < **klass.** **lat.** *pedica* [(voet)boei], van *pes* (2e nv. *pedis*) [voet], daarmee idg. verwant.

dependance [bijgebouw] < **fr.** *dépendance*, van *dépendant*, teg. deelw. van *dépendre* [afhangen van] < **lat.** *dependēre* [naar beneden hangen, afhangen, afgeleid worden van], van *de* [van boven naar beneden] + *pendēre* [hangen].

dependentie [afhankelijkheid] < me. **lat.** *dependentia*, van *dependēre* (teg. deelw. *dependens*, 2e nv. *dependentis*, vgl. **dependance**).

dependeren [afhangen] (1546) < **lat.** *dependēre* (vgl. **dependance**).

depilatoria [ontharingsmiddelen] < **modern lat.** *depilatoria*, gevormd van **lat.** *depilare* [ontharen, plukken], van *de* [van...weg] + *pilus* [lichaamshaar], **gr.** *pilos* [vilt] (vgl. **epileren**).

deplaceren [verplaatsen] < **fr.** *déplacer*, van *dé-* [van...weg] + *placer* [plaatsen], van *place* (vgl. **plaats**).

depletie [lediging] gevormd van **lat.** *deplēre* (verl. deelw. *depletum*) [leeg maken, wegtrekken, uitputten], van *de* [van...weg] + *plēre* [vullen], waarbij *plenus* [vol], daarmee idg. verwant.

deplorabel [betreurenswaardig] < **fr.** *déplorable*, van *déplorer* [betreuren, bejammeren] < **lat.** *deplorare* [(be)jammeren, als verloren beschouwen], van *plorare* [huilen, snikken, bewenen] > **fr.** *pleurer*.

deployeren [ontwikkelen] < **fr.** *déployer* < me. **lat.** *displicare* [ontvouwen], van *dis* [uiteen] + *plicare* [vouwen], idg. verwant met *vlechten* **vlecht** (vgl. **display**).

deponens [ww. met actieve betekenis in passieve vorm] < **lat.** *deponens*, teg. deelw. van *deponere* [neerzetten, afleggen] (vgl. **deponeren**).

deponent [die een verklaring aflegt] < **fr.** *déponent* < **lat.** *deponens* (2e nv. *deponentis*, vgl. **deponens**).

deponeren [neerleggen, in bewaring geven] < **lat.** *deponere* [idem], van *de* [neer] + *ponere* [zetten, leggen].

deport [koersdaling] < **fr.** *déport* < **lat.** *deportare* (vgl. **deporteren**).

deporteren [naar een strafkolonie brengen] < **fr.** *déporter* < **lat.** *deportare* [naar beneden dragen, wegdragen, wegvoeren, verbannen], van *de* [van...weg] + *portare* [dragen, brengen], van dezelfde basis als **varen**[2].

dépositaire [aan wie men in bewaring geeft] < **fr.** *dépositaire* < me. **lat.** *depositarius* [betrekking

hebbend op een deposito, iem. die het geeft, iem. die het ontvangt, trustee] (vgl. *depot*).
deposito [het in-bewaring-geven, in bewaring gegeven geld] < **it.** *deposito* < **lat.** *depositum* (vgl. *depot*).
depot [bewaargeving] < **fr.** *dépôt* < **chr. lat.** *depositum* [idem], eig. verl. deelw. van *deponere* (vgl. *deponeren*).
depouilleren [beroven, uitkleden, ontleden] < **fr.** *dépouiller* [idem] < **lat.** *despoliare* [beroven, uitkleden], van *de* [weg] + *spoliare* [beroven], van *spolium* (vgl. *spoliatie*).
deppen [betten] klanknabootsende vorming → *dabben*.
depravatie [ontaarding] < **fr.** *dépravation* < **lat.** *depravatio* [misvorming, bederf], van *depravare* [misvormen, bederven], van *de* [weg] + *pravus* [misvormd, verkeerd, slecht].
depreciëren [in waarde of waardering (doen) dalen] < **fr.** *déprécier* [idem] < **lat.** *depretiare* [goedkoop maken, waardeloos maken], van *de* [van boven naar beneden] + *pretium* [prijs, waarde], in me. lat. betekenisverruiming tot 'geringschatten' (vgl. *prijs*¹).
depressie [gedruktheid, lage luchtdruk] < **fr.** *dépression* [idem] < **me. lat.** *depressionem*, 4e nv. van *depressio* [het drukken op, onrecht, schade, depressie (astronomie)], van *deprimere* (verl. deelw. *depressum*, vgl. *deprimeren*).
deprimeren [neerdrukken] < **fr.** *déprimer* < **lat.** *deprimere* [indrukken], van *de* [van boven naar beneden] + *premere* [drukken], van *prae* [voor] + *emere* [nemen].
deprivatie [ontzetting uit een prebende] < **me. lat.** *deprivatio* [ontzetting uit een ambt], van *deprivare* [uit een ambt ontzetten], van *de* [van...weg] + *privare* [beroven] (vgl. *privatim*).
deputeren [afvaardigen] **middelnl.** *deputeren* [aanwijzen] < **fr.** *députer* [idem] < **lat.** *deputare* [afsnijden, snoeien, afleiden, rekenen, menen, op iemands rekening schrijven, ergens heen verwijzen], van *de* [van...weg] + *putare* [schoonmaken, snoeien, afrekenen, schatten, beschouwen als], van *putus* [rein] (vgl. *computer*).
derailleren [ontsporen] < **fr.** *dérailler,* van *dé-* [van...weg] + *rail* (vgl. + *rail*).
derangeren [storen] < **fr.** *déranger,* **oudfr.** *desrengier,* van *des* < **lat.** *dis* [uiteen] + *rengier, rangier* (vgl. *rangeren*).
derby [paardenwedren] < **eng.** *derby;* de wedren, voor het eerst gehouden in 1870, is genoemd naar de initiatiefnemer, de 12e *Earl of Derby;* de etymologie van *derby(hat)* [een soort hoed] is onbekend.
derde [rangtelwoord] met metathesis van *r* bij *drie,* vgl. o.m. **oudhd.** *dritto,* **oudfries** *thredda,* **gotisch** *þridja;* buiten het germ. o.m. **lat.** *tertius,* **gr.** *tritos,* **oudiers** *triss;* middelnl. heeft naast gebruikelijk *derde* ook nog wel *driede*.
derelict [prijsgegeven zaak] < **lat.** *derelictum,* verl.

deposito — derrière

deelw. van *derelinquere* [in de steek laten], van *de* [van...weg] + *relinquere* [achterlaten], van *re* [terug] + *linquere* [(achter)laten], idg. verwant met *lenen* ¹.
deren [schade doen] **middelnl.** *deren,* **oudsaksisch** *derian,* **oudhd.** *teren,* **oudfries** *dera,* **oudeng.** *derian;* buiten het westgerm. zijn geen verwanten aan te wijzen.
derf [ongaar, klef] **middelnl.**, **middelnd.** *derf,* **oudhd.** *derp,* **hd.** *derb,* **oudeng.** *þeorf,* **oudnoors** *þjarfr* [ongezuurd], van dezelfde idg. basis met de betekenis 'stijf worden', waarvan stamt *sterven*.
dergelijk [zodanig] **middelnl.** *dergelike,* het eerste lid is de 2e nv. mv. van *de,* naast *desgelijk*.
derhalve [op die grond] van **middelnl.** *der,* verbogen vorm van *de* + het zn. *halve* [zijde, kant, richting], vgl. *in allen halven, van minen halven;* met **middelnl.** *halve* zijn verwant **oudsaksisch** *halba,* **oudhd.** *halba,* **oudfries** *halve,* **oudeng.** *healf,* **oudnoors** *halfa,* **gotisch** *halba;* het woord behoort bij *half* en betekent 'het stuk dat het gevolg is van snijden', verwant met **lat.** *scalpere* [snijden].
derivaat [afgeleide] < **lat.** *derivatum,* verl. deelw. van *derivare* [afleiden (water van een rivier)], van *de* [weg van] + *rivus* [beek, bevloeiingskanaal].
derivatie [afleiding] < **fr.** *dérivation* < **lat.** *derivatio,* van *derivare* (verl. deelw. *derivatum*) (vgl. *derivaat*).
dermatitis [huidontsteking] gevormd van **gr.** *derma* (2e nv. *dermatos*) [huid], van *derein* [villen], idg. verwant met **eng.** *to tear* [(ver)scheuren] en met *teren;* vgl. voor de betekenis **eng.** *skin,* verwant met *schenden*.
dermatofyt [huidschimmel] gevormd van **gr.** *derma* (2e nv. *dermatos*) [huid] (vgl. *dermatitis*) + *phuton* [plant, gewas, gezwel], van *phuomai* [ik groei op], idg. verwant met *bouwen*.
dermatologie [leer der huidziekten] gevormd van **gr.** *derma* (2e nv. *dermatos*) [huid] (vgl. *dermatitis*) + *logos* [verhandeling].
derogeren [afwijken van de wet] < **fr.** *déroger* [idem] < **lat.** *derogare* [gedeeltelijk afschaffen, afnemen, tekort doen, ontzeggen], van *de* [weg] + *rogare* [vragen, een wetsvoorstel indienen].
dérouter [verwarde vlucht] < **fr.** *déroute,* van *dérouter* [van de rechte weg afbrengen, in de war brengen, op de vlucht drijven], van *dé-* [van...weg] + *route* (vgl. *ruiter*).
derrick [boortoren] < **eng.** *derrick* [oorspr. een installatie om zware dingen op te hijsen], genoemd naar de 17e eeuwse Londense beul (eng. hangman) *Derick*.
derrie [grondsoort, vuil] **middelnl.** *dary, darich, daring(e), darinc;* het woord komt, met talrijke dial. varianten, op een beperkt gebied voor; verwant met **gotisch** *þarihs* [ongevold], **gr.** *terus* [zacht, murw], en dan van dezelfde basis als *draaien*.
derrière [achterste] < **fr.** *derrière* < **lat.** *de retro,* versterking van *retro* [achteruit].

derris — desnoods

derris [plant] < gr. *derris* [bedekking met leer (als pantser)], verwant met *derein* [villen], *derma* [huid].

dertien [telwoord] **middelnl.** *dertien,* met metathesis van *r* gevormd uit de verbinding van *drie* en *tien,* vgl. **oudsaksisch** *thriutein,* **oudhd.** *drizehan.*

dertig [hoofdtelwoord] het eerste lid met metathesis van *r* gevormd van *drie,* het tweede betekent 'tiental' en is idg. verwant met **lat.** *decem,* **gr.** *deka* [tien], vgl. **gotisch** *þreis tigjus* [drie tientallen, dertig].

derven [missen] **middelnl.** *de(e)rven, da(e)rven,* **oudsaksisch** *tharbon,* **oudhd.** *darben,* **oudeng.** *ðearfian* [missen], **oudnoors** *þarfa* [nodig hebben], **gotisch** *gaþarban* [zich onthouden]; vgl. **oudpruisisch** *enterpo* [het is nuttig] en *nooddruft.*

derwaarts [naar de genoemde plaats] < *daarwaarts,* **middelnl.** *darewaert,* met *e* o.i.v. *herwaarts.*

derwisj [bedelmonnik] < **turks** *derviş,* **ar.** *darwīsh* < **perzisch** *darwīsh* [arm, bedelaar, bedelende monnik].

desa [gemeente] < **maleis** *desa* < **javaans** *desa* [dorp], **oudindisch** *desa-* [gebied, streek] → *doesoen.*

desagregatie [het uiteenvallen] < **fr.** *désagrégation,* gevormd van *dés-* < **lat.** *dis* [uiteen] + *agrégation* [samenvoeging] (vgl. *aggregatie*).

desastreus [rampspoedig] < **fr.** *désastreux,* van *désastre* [ramp] < **it.** *disastro* [idem], van *disastrato* [geboren onder een ongelukkig gesternte], van **lat.** *dis* [van...weg] + *astrum* < **gr.** *astron* [ster], daarmee idg. verwant.

desaveu [loochening] < **fr.** *désaveu,* van *désavouer* (vgl. *desavoueren*).

desavoueren [niet erkennen] **middelnl.** *desadvoëren* [niet billijken] < **fr.** *désavouer,* van *dé-* [weg van] + *avouer* [erkennen] < **lat.** *advocare* [tot zich roepen] (vgl. *advocaat*[1]).

descendent [nakomeling] **(middelnl.** *descenderen* [nederdalen]) < **fr.** *descendant* < **lat.** *descendens* (2e nv. *descendentis),* teg. deelw. van *descendere* [afdalen, afstammen van], van *de* [van boven naar beneden] + *scandere* [klimmen] (vgl. *scala, schaal*[1], *schampeljoen*).

descriptie [beschrijving] < **fr.** *description* < **lat.** *descriptionem,* 4e nv. van *descriptio* [afschrift, schets, beschrijving], van *describere* (verl. deelw. *descriptum*) [krassen, kopiëren, beschrijven], van *de* [af] + *scribere* (vgl. *schrijven*).

desem [zuurdeeg] **middelnl.** *de(e)sem, deysom,* **middelnd.** *desem,* **oudhd.** *deismo,* **oudeng.** *ðæsma;* buiten het germ. **oudkerkslavisch** *těsto,* **oudiers** *tais* [deeg].

deserteur [wegloper] (1688) < **fr.** *déserteur* < **lat.** *desertor* [verlater, deserteur, afvallige], van *deserere* (verl. deelw. *desertum*) [verlaten, deserteren, op de loop gaan], van *de* [weg van] + *serere* [aaneenrijgen, laten aansluiten, voortzetten] (vgl. *serie*).

deservant [waarnemend pastoor] het woord is vermoedelijk het gevolg van vermenging; formeel < **me. lat.** *deservare* (teg. deelw. *deservans,* 2e nv. *deservantis),* dat echter 'waard zijn, verdienen' betekent. Naar de betekenis < **me. lat.** *deservire* [leendienst bieden, de godsdienstoefening leiden]; verwarring ligt voor de hand door het simplex van *deservare,* **klass. lat.** *servare* [in acht nemen, bewaren], naast *servire* [dienen].

desgelijks [evenzo, bijw.] met het bijwoorden vormende achtervoegsel *s* gevormd van **middelnl.** *desgelijk,* ouder *des gelike,* waarin *des* de 2e nv. is van *de.*

desideratum [het gewenste] < **lat.** *desideratum,* verl. deelw. van *desiderare* [missen, verliezen, nodig hebben, verlangen naar], van *de* [van boven naar beneden] + *sidus* (2e nv. *sideris)* [ster, glorie, luister], verwant met **gr.** *sidèros* [ijzer], van een basis met de betekenis 'glanzen', vgl. **litouws** *svidèti* [glanzen].

design [ontwerp] < **eng.** *design* < **oudfr.** *desseign,* van *desseigner* < **it.** *disegnare* [tekenen, schetsen] < **lat.** *designare* [aanduiden, afbeelden], van *de* + *signare* [ingriffen, merken, tekenen], van *signum* [teken] (vgl. *sein*[1], *zegel, zegen*[1]).

designatie [aanwijzing] **(nl.** (16e eeuws) *designeren*) < **fr.** *désignation* < **lat.** *designationem,* 4e nv. van *designatio* [aanduiding, benoeming in een ambt], van *designare* (verl. deelw. *designatum*) [aanduiden, verkiezen], van *de* [van boven naar beneden] + *signare* (vgl. *design*).

desillusie [ontgoocheling] < **fr.** *désillusion* (1834), van ontkennend *dés-* < **lat.** *dis-* + *illusion* (vgl. *illusie*).

desinfecteren [ontsmetten] < **fr.** *désinfecter,* van *dé-* [van...weg] + *infecter* < **lat.** *inficere* (verl. deelw. *infectum*) [bezoedelen, doordrenken, besmetten], van *in* [in] + *facere* [maken, doen], daarmee idg. verwant.

desintegreren [uiteenvallen] < **fr.** *désintégrer,* van *dé-* [van...weg] + *intégrer* (vgl. *integreren*).

desisteren [afzien van] 16e eeuws **nl.** *desisteren* < **fr.** *se désister* [idem] < **lat.** *desistere* [zich verwijderen, afzien van], van *de* [weg] + *sistere* [doen staan, voor het gerecht laten verschijnen], van *stare* [staan], daarmee idg. verwant.

desk [bureau, balie] < **eng.** *desk* < **middeleng.** *deske* < **me. lat.** *desca* < *discus* [werpschijf, schotel, tafel] < **gr.** *diskos* [werpschijf], van *dikein* [werpen] (vgl. *dis*[1]).

deskundig [vakbekwaam] van *des* (2e nv. van *de*) + *kundig* (vgl. *kunnen*).

desman [soort watermol] < **zweeds** *desmansråtta* < **middelnd.** *desem* [muskus] < **me. lat.** *bisamum* (vgl. *bisamrat*).

desnoods [zo nodig, in het uiterste geval] met het bijwoorden vormende achtervoegsel *s* uit *des* *nood zijnde*, van **middelnl.** *des is noot*, (*des* is de 2e nv. van *de*) [daaraan is behoefte, het is nodig].

desodorisatie [het wegnemen van geuren] < **fr.** *désodorisation*, van *dé-* [ont-] + **lat.** *odor* (2e nv. *odoris*) [geur].

desolaat [troosteloos] **middelnl.** *desolaet* [onbebouwd, verwoest] (1509) in de huidige betekenis < **lat.** *desolatus* [vereenzaamd, verlaten], eig. verl. deelw. van *desolare* [eenzaam maken], van *de* [weg] + *solus* [alleen, eenzaam].

desorder [wanorde] < **fr.** *désordre*, van *dé-* [van...weg] + *ordre* < **lat.** *ordo* (vgl. *orde*).

desorptie [opheffing van adsorptie] met **lat.** *de* [weg], gevormd van **adsorptie**.

despatch [averijregeling] < **eng.** *despatch*, variant van *dispatch*.

despectief [geringschattend] o.i.v. **hd.** *despektieren* < **lat.** *despectus* [uitzicht naar beneden, verachting], van *despicere* (verl. deelw. *despectum*) [op iets neerzien (lett. en fig.)], van *de* [van boven naar beneden] + *specere* [zien, kijken], idg. verwant met **spieden**.

desperaat [wanhopig, hopeloos] **middelnl.** *desperaet* < **lat.** *desperatus* [idem], eig. verl. deelw. van *desperare* [wanhopen], van *de* [weg van] + *sperare* [hopen], van *spes* [hoop], van een basis met de betekenis 'gedijen, succes hebben', waarvan ook stamt **spoed**.

desperado [roekeloos persoon] < **spaans** *desperado*, van *desperar*, een oudere vorm van *desesperar* [wanhopen] < **lat.** *desperare* (vgl. *desperaat*).

desperatie [radeloosheid] **middelnl.** *desperacie* < **lat.** *desperatio* [wanhoop], van *desperare* (vgl. *desperaat*).

despoot [alleenheerser] (1862) < **fr.** *despote* [idem], via de lat. vertalingen van Aristoteles < **gr.** *despotès* [heer van het huis, heer en meester]; het eerste lid is verwant met *domos* [huis], het tweede met *posis* [heer, echtgenoot], idg. verwant met **oudindisch** *pati-* (vgl. **pasja, adhipati, kaboepaten, potent**) → **satraap**.

despotisch [als een despoot] < **fr.** *despotique* < **gr.** *despotikos* [van de heer, despotisch], van *despotès* (vgl. *despoot*).

desquamatie [afschilfering] < **fr.** *desquamation*, van **lat.** *desquamare* (verl. deelw. *desquamatum*), van *de* [van...weg] + *squama* [schub].

dessert [nagerecht] (1653) < **fr.** *dessert*, van **me. lat.** *deservire* [ophouden met dienen, de dienst weigeren], van *de* [weg] + *servire* [dienen], van *servus* [slaaf], uit het etruskisch.

dessin [patroon] < **fr.** *dessin*, van *dessiner* [tekenen, ontwerpen] < **lat.** *designare* [aanduiden, afbeelden], van *de* [van boven naar beneden, geheel en al] + *signum* [teken, merk, beeldwerk] (vgl. *sein*[1], *zegel*, *zegen*[1]).

dessous [(dames)ondergoed, wat achter iets zit] < **fr.** *dessous* < **lat.** *subtus* [van onderen, in chr. lat. geworden tot het voorzetsel onder], van *sub* [onder].

destalinisatie [de afbraak van het stalinisme] gevormd van **lat.** *de-* [ont-] + *Stalin*, de naam gekozen door J. V. Džoegašvili, afgeleid van *stal'* [staal].

destinatie [bestemming] **middelnl.** *destinacie* [vasthoudendheid] < **fr.** *destination* < **lat.** *destinationem*, 4e nv. van *destinatio* [bepaling, vaststelling], van *destinare* (verl. deelw. *destinatum*) [bevestigen, vaststellen, als doel bepalen].

destructie [vernietiging] **middelnl.** *destructie* < **fr.** *destruction* < **lat.** *destructionem*, 4e nv. van *destructio* [afbraak], van *destruere* (verl. deelw. *destructum*) [afbreken], van *de* [van...weg] + *struere* [bouwen], idg. verwant met **strooien**.

destrueren [vernielen] **middelnl.** *destrueren* < **lat.** *destruere* [afbreken, vernielen], van *de* [van...weg] + *struere* [bouwen, construeren], idg. verwant met **strooien**.

desultorisch [van de hak op de tak] < **lat.** *desultorius* [van een kunstrijder, van de hak op de tak springend], van *desultor* [die onder het rijden van het ene paard op het andere springt, onbestendig mens], van *de* [weg] + *saltare* [dansen], frequentatief van *salire* [springen], verwant met **gr.** *hallomai* [ik spring] (vgl. *halma*).

detachement [troepenafdeling] < **fr.** *détachement* [losmaking, afscheiding, afdeling (van troepen)], van *détacher* [losmaken], van *des* < **lat.** *dis* [uiteen] + *tache* [(oudfr.) haakje, gesp], uit het germ., vgl. *teken*.

detacheren [elders plaatsen] van **detachement**.

detacheur [die chemische vlekken verwijdert] < **fr.** *détacheur*, van *dé-* [ont-] + *tache* [vlek], **oudfr.** *teche*, uit het germ., vgl. *teken*.

detail [bijzonderheid] < **fr.** *détail* [idem] < **me. lat.** *detaillum*, b.v. *vendere per detaillum* [in het klein verkopen], teruggaand op **lat.** *de* [af] + *talea* [loot, stek], dus iets dat afgehakt is van iets groters.

detectie [onderzoek] < **fr.** *détection* < **eng.** *detection* < **me. lat.** *detectionem*, 4e nv. van *detectio* [ontdekking, onthulling], van *detegere* (verl. deelw. *detectum*) (vgl. **detective**).

detective [misdaadroman] < **eng.** *detective*, 19e eeuwse vorming van **lat.** *detegere* (verl. deelw. *detectum*) [aan het licht brengen, ontmaskeren], van *de* [weg] + *tegere* [bedekken], idg. verwant met **dak, dekken**.

detector [opsporingstoestel] < **me. lat.** *detector* [informant, eig. iem. die iets bloot legt], van *detegere* (verl. deelw. *detectum*) (vgl. **detective**).

détente [politieke ontspanning] < **fr.** *détente*, het zelfstandig gebruikt verl. deelw. van *détendre* [ontspannen], **oudfr.** *destendre* < **lat.** *distendere* [uitrekken, doen uitgroeien, gescheiden houden, onzeker maken (van de geesten)], van *dis* [uiteen] + *tendere* [spannen] (vgl. *tent*).

detentie [hechtenis] **middelnl.** *detencie* < **fr.** *détention* [bezit, hechtenis] < **chr. lat.** *detentionem*, 4e nv. van *detentio* [woonplaats, in juridische zin

detergens — deutzia

houderschap], van *detinere* (verl. deelw. *detentum*) [ontspannen, afbreken (i.h.b. van tenten)], van *de* [weg] + *tendere* [spannen, zijn tenten opgeslagen hebben, gelegerd zijn] (vgl. ***tent***).

detergens, detergent [reinigingsmiddel] < fr. *détergent* < lat. *detergens* (2e nv. *detergentis*), teg. deelw. van *detergēre* [afwissen, reinigen], van *de* [weg] + *tergēre* [afvegen].

determinatie [bepaling] < fr. *détermination* < lat. *determinationem*, 4e nv. van *determinatio* [grens], van *determinare* (verl. deelw. *determinatum*) (vgl. ***determineren***).

determineren [bepalen] middelnl. *determineren* < fr. *déterminer* < lat. *determinare* [afbakenen, begrenzen, definiëren], van *de* [van boven naar beneden] + *terminare*, (= *determinare*), van *terminus* [grenspaal, grens] (vgl. ***term, termijn*** [1]).

detestabel [verfoeilijk] < fr. *détestable* < lat. *detestabilis* [verfoeilijk, vervloekt], van *detestari* [onder aanroeping der goden een onheil over iemand afroepen, vervloeken], van *de* [van boven naar beneden, weg-] + *testari* [getuigen, plechtig verklaren, zweren bij], van *testis* [getuige] (vgl. ***contesteren***).

detineren [in hechtenis houden] < lat. *detinēre* [vasthouden, gevangen houden], van *de* [van boven naar beneden] + *tenēre* [houden, vasthouden].

detonatie [ontploffing] < fr. *détonation* < me. lat. *detonationem*, 4e nv. van *detonatio* [idem], van *detonare* (verl. deelw. *detonatum*) (vgl. ***detoneren***).

detoneren [ontploffen] < fr. *détoner* [idem] < lat. *detonare* [hevig donderen], van *de* [van boven naar beneden] + *tonare* [donderen], van *tonus* [donder].

detract [korting] < lat. *detrahere* (verl. deelw. *detractum*) [naar beneden halen], van *de* [van boven naar beneden] + *trahere* [trekken], idg. verwant met ***dragen***.

detremperen [hardheid ontnemen (b.v. aan staal)] < fr. *détremper* [aanlengen, verdunnen, ontlaten van staal], van *dé-* [van boven naar beneden, geheel] + *tremper* [weken, bevochtigen] < lat. *temperare*, met metathesis van *r* (vgl. ***temperen*** [1]).

detriment [nadeel] < fr. *détriment* < lat. *detrimentum* [het afslijten, afschaven, schade, nadeel], van *deterere* (verl. deelw. *detritum*) [afwrijven, stukwrijven, verzwakken], van *de* [weg] + *terere* [wrijven, stukwrijven], idg. verwant met ***draaien***.

detritie [afbreking] < lat. *deterere* (vgl. ***detriment***).

deuce [bij tennis: gelijke stand] < eng. *deuce* [eig. kaart of dobbelsteen met twee punten] < fr. *deux* [twee], oudfr. *deus* < lat. *duos*, 4e nv. van *duo* [twee], daarmee idg. verwant.

deugd [het goed-zijn] middelnl. *doget, deuget* [deugdelijkheid], middelnd. *doge(n)t*, oudhd. *tugund*, oudeng. *duguð*; afgeleid van ***deugen***.

deugen [goed zijn] middelnl. *dogen* [deugen] (een praeterito-praesens, 3e persoon enk. middelnl. *dooch*), **oudsaksisch, oudeng.** *dugan*, **oudhd.** *tugan*, **oudfries, oudnoors** *duga;* buiten het germ. gr. *tugchanein* [treffen (bij schieten)], russ. *dužij* [krachtig], **oudiers** *dual* [passend].

deuken [een bluts maken] (1786), bij Kiliaan *dokken* [stoten], **nd.** *duken*, **fries** *duk;* wel een klanknabootsend woord.

deun [1] [wijsje] middelnl. *done, doon* < middelhd. *dōn*, middelnd. *don(e)*, bij het ww. middelnl. *donen, deunen*, middelhd. *dünen* [dreunen, weergalmen], **oudeng.** *dynnan* [dreunen], **oudnoors** *dynja* [daveren]; buiten het germ. gr. *thunein* [voortstormen], **oudindisch** *dhvanati* [hij klinkt, ruist]; allen klanknabootsend.

deun [2] [last, moeite] van **deun** [3] [gierig].

deun [3] [gierig] middelnl. (bijw.) *done, doon, duen(e)* [stijf gespannen, hardnekkig, zeer, hard], middelnd., middelhd. *don* [stijf gespannen], **oudsaksisch** *thona* [rank], **oudhd.** *dona* [pees], *donen* [spannen]; buiten het germ. lat. *tendere* [spannen], russ. *tenjoto* [jachtnet], gr. *tanumai* [ik strek me uit], **oudindisch** *tanoti* [hij spant]; vgl. ***deinen*** en ***dun***.

deur [toegang tot woning e.d.] middelnl. *dore, doer(e), dure*, **oudnederfrankisch** *duri*, **oudsaksisch** *duru, dora*, **oudhd.** *turi*, **oudfries** *dure, dore*, **oudeng.** *dor*, **gotisch** *daur* [poort], **oudnoors** *dyrr* (mv.). Buiten het germ. lat. *foris* [deur, ingang], gr. *thura* [idem], **oudindisch** *dvāra-* [deur, poort], **oudiers** *dorus* [deur] (vgl. ***durbar***).

deurwaarder [gerechtelijk ambtenaar] middelnl. *dorwerde(r), dorwarder, doorwaerder(e)* [deurwachter, portier], **oudhd.** *torwarte*, **oudeng.** *dorweard*, **gotisch** *daurawards;* het tweede lid middelnl. *waerde* [wachter, opzichter], van *waren* (vgl. ***bewaren***).

deutel [in houten nagel geslagen pennetje] verkleiningsvorm van *deut*, verwant met **hd.** *Dutte* [speen, tepel].

deuterium [zware waterstof, met atoomgewicht 2] gevormd van gr. *deuteros* [achterstaand bij, tweede], met de uitgang van de vergrotende trap *-teros*, van *deuein = dein* [te kort schieten, ver blijven van].

deuterocanoniek [m.b.t. de apocriefe boeken] < gr. *deuteros* (vgl. ***deuterium***) + *canoniek* < lat. *canonicus* [volgens de regels] (vgl. ***canon***).

deuteron [kern van zwaar waterstofatoom] → ***deuterium***.

Deuteronomium [vijfde boek van Mozes] < lat. *Deuteronomium* < gr. *Deuteronomion* [tweede wet], van *deuteros* [tweede] + *nomos* [wet], een benaming die voortkwam uit de onjuiste vertaling van Deuteronomium 17, 18: 'zo zal hij een dubbel (kopie) van die wet ... nemen' uit het hebr. in gr. *deuteronomion touto* [deze tweede wet].

deutzia [geslacht sierheesters] genoemd naar *Jo-*

han Deutz (1743-1784), een gefortuneerd Amsterdammer, die een reis van de botanicus Thunberg financierde.

deuvekater, duivekater [uitroep, fijn wit brood] eig. duivel (middelnl. *cater* is een naam van de duivel), etymologie onbekend.

deuvel [pin] middelnl. *deuvel, duevel, devel* [pin, stop], middelnd. *dövel*, oudhd. *gitubili*, met het instrumentale achtervoegsel *l* (vgl. b.v. *drevel*) gevormd van een ww. met de betekenis 'slaan': **nd.** *dubben;* verwanten buiten het germ. **gr.** *tuptein* [slaan], **litouws** *dubelis* [houten pen], **oudkerkslavisch** *tupati* [kloppen].

deuvik [pin, stop in spongat] variant van *deuvel*, hetzelfde basiswoord met een ander achtervoegsel.

deux-chevaux [type personenauto] < **fr.** *deux-chevaux* [lett. twee paarden], het enk. *cheval-vapeur* is een fiscale eenheid van kracht.

deux-pièces [dameskostuum bestaande uit jasje en rok] < **fr.** *deux-pièces*, van *deux* < **lat.** *duos*, 4e nv. van *duo* [twee], daarmee idg. verwant + *pièce* [stuk] < **me. lat.** *pecia*, uit het kelt., vgl. **welsh** *pesh*, **bretons** *pez* [een beetje].

deuzig [duizelig] middelnl. *dosich*, oudhd. *tusig*, **hd.** *dösig*, oudeng. *dysig*, **eng.** *dizzy*, van *duizelen*.

devaluatie [vermindering van waarde] < **fr.** *dévaluation*, een uit 1929 daterende analogievorming naar het 14e eeuwse *évaluation*, van *value*, verl. deelw. van *valoir* < **lat.** *valēre* [krachtig zijn, gezond zijn] + *de* [naar beneden].

deveine [tegenspoed] < **fr.** *déveine*, van *dé-* [weg] + *veine*.

deverbatief [van een ww. afgeleid] gevormd van **lat.** *de* [van...af] + *verbum* [woord, werkwoord].

devesteren [ontzetten uit priesterlijke waardigheid] < **lat.** *devestire* [ontkleden], van *de* [van...weg] + *vestis* [kleding] (vgl. *vest*²).

deviatie [afwijking] < **fr.** *déviation* < **me. lat.** *deviatio, deviatium* [koersafwijking, afdwaling, transgressie], van *deviare* (verl. deelw. *deviatum*) [van de rechte weg afwijken, verdwalen], van *de* [van...weg] + *via* [weg].

devies [zinspreuk] middelnl. *devise, divise* [kenteken, uitspraak] < **fr.** *devise*, waarvan de betekenis zich ontwikkelde van oudfr. 'het verdelen' tot 'blazoen', in de 15e eeuw 'citaat', tot 'karakteristieke uitspraak' < **me. lat.** *devisa* [grens, wapenbeeld, distinctief, livrei], van *devisare* [afpalen, verzinnen] < **klass. lat.** *dividere* [verdelen, splitsen, scheiden, onderscheiden].

devolutie [overgang van goed of recht] < **fr.** *dévolution* < **me. lat.** *devolutionem*, 4e nv. van *devolutio* [overdracht, devolutie], van *devolvere* (verl. deelw. *devolutum*) (vgl. *devolveren*).

devolveren [afwentelen] < **lat.** *devolvere* [neerrollen, afwinden, terugvallen, tot iets komen], van *de* [van boven naar beneden] + *volvere* [wentelen], idg. verwant met *walen*.

Devoon [geologisch tijdvak] door Murchison en Sedgwick in 1839 genoemd naar de voorkomens in *Devonshire*.

devoot [vroom] middelnl. *devoot* < **fr.** *dévot* < **lat.** *devotus* [aan de onderaardse goden gewijd, vervloekt, toegewijd, vroom, eerbiedig], eig. verl. deelw. van *devovēre* [aan de godheid als offer beloven, opofferen], *se devovēre* [zich tot de dood aan iets wijden], van *de* [van boven naar beneden] + *vovēre* [plechtig aan de godheid beloven].

devotie [vroomheid] < **fr.** *dévotion* < **lat.** *devotionem*, 4e nv. van *devotio* [wijding, opoffering, vroomheid], van *devovēre* (verl. deelw. *devotum*) (vgl. *devoot*).

dewarvat [thermosvat] genoemd naar de Schotse chemicus en natuurkundige *Sir James Dewar* (1842-1923).

deweysysteem [decimale bibliografische classificatie] genoemd naar de Amerikaanse bibliothecaris *Melvil Dewey* (1851-1931).

dextrien [gomachtige stof] gevormd van **lat.** *dexter* [rechts], zo genoemd vanwege het naar rechts draaien van het polarisatievlak.

dextrose [druivesuiker] → *dextrien*.

deze [aanwijzend vnw.] middelnl. *dese*, gevormd van dezelfde basis als *de* + een element **oudhd.** *se*, **gotisch** *sai* [kijk!], dat gevormd is van het aanwijzend vnw. **gotisch** *sai*, m. *sa*, vr. *so* + een aanwijzend *i*.

dia [projectieplaatje] verkort uit *diapositief*.

dia- [voorvoegsel in woorden van gr. herkomst] voor een klinker *di-* [door, door ... heen, geheel en al], van *dis* [tweemaal], verwant met **lat.** *bis* (**oudlat.** *dvis*), middelhd. *zwis* [tweemaal], **gotisch** *twis-* [in tweeën], **oudindisch** *dvih* [tweemaal].

diabaas [stollingsgesteente] een door de Franse mineraloog Alexandre Brogniard (1770-1847) onjuist gevormd woord; zijn bedoeling was aan te geven een gesteente met twee *bases* (thans dioriet). Hij bedoelde *dibase*, van *di-* [twee] + *basis*.

diabetes [suikerziekte] < **me. lat.** *diabetes* < **byzantijns-gr.** *diabètès* [een ziekte], van **klass. gr.** *dia* [door...heen] + een afleiding van *bainein* [gaan], dus het door het lichaam heengaan.

diabolisch [duivels] < **fr.** *diabolique* < **kerk-lat.** *diabolicus* < **kerk-gr.** *diabolikos* [duivels], van *diabolos* (vgl. *duivel*).

diabolo [(meisjes)speelgoed] < **fr.** *diabolo* (1906), naar *diable*, de naam van het spel (1825). Voor de betekenis vgl. de eng. benaming *the devil-on-two sticks*.

diacaustisch [m.b.t. de brandlijn] gevormd van **gr.** *dia* [in tweeën, uiteen] + *caustisch*.

diachronisch [in tijdsorde] gevormd van **gr.** *dia* [door] + *chronos* [tijd].

diaconaal [vanwege de diaconie] < **fr.** *diaconal* < **me. lat.** *diaconalis*, van *diaconus* (vgl. *diaken*).

diacones [pleegzuster] < **fr.** *diaconesse* (vgl. *diaken*).

diacritisch — diarree

diacritisch [onderscheidend] < gr. *diakritikos* [van het onderscheiden], van *diakrinein* [scheiden, onderscheiden], van *dia* [in tweeën] + *krinein* [scheiden, onderscheiden].

diadeem [versierde hoofdband] middelnl. *diademe* < oudfr. *diademe* < lat. *diadema* [hoofdband (van Perzische koningen), diadeem] < gr. *diadèma* [idem], van *diadein* [vastbinden, in het medium zich iets opzetten].

Diadochen [opvolgers van Alexander de Grote] < gr. *diadochos* [overnemend, opvolger], van *diadechesthai* [overnemen van iem., opvolgen], van *dia* [door] + *dechesthai* [opnemen, ontvangen], verwant met lat. *decēre* (vgl. **decent**).

diaeresis [breking van tweeklank] < fr. *diérèse* < lat. *diaeresis* < gr. *diairesis* [verdeling, onderscheid(ing)], van *di(a)* [in tweeën] + *hairein* [grijpen, wegnemen].

diafaan [doorschijnend] < fr. *diaphane* [idem] < lat. (in vertalingen van Aristoteles) *diaphanes* < gr. *diaphanès* [doorzichtig], van *diaphainein* [laten doorschijnen, doorschijnen], van *dia* [doorheen] + *phainein* [schijnen].

diafonie [samengaan van verschillende stemmen] < fr. *diaphonie* < me. lat. *diaphonia* [harmonie gebaseerd op twee elementen], van gr. *dia* [in tweeën] + *phōnia* (vgl. **grammofoon**); let wel: in klass. gr. betekende *diaphōnia* wanklank.

diafora [stijlfiguur] < me. lat. *diaphora* [de stijlfiguur van de diafora] < gr. *diaphora,* van *dia* [door] + *pherein* [dragen, voortdragen, zich uitstrekken], idg. verwant met **baren** [1].

diaforese [uitwaseming] < fr. *diaphorèse* < gr. *diaphorèsis* [het verstrooien], van *diaphorein* [verbreiden], van *dia* [door...heen] + *phorein* [telkens dragen, met zich meedragen], iteratief van *pherein* [dragen], idg. verwant met **baren** [1].

diafragma [verstelbare lensopening] < fr. *diaphragme* < lat. *diaphragma* [sluiting] < gr. *diaphragma* [scheidingsmuur, middenrif], van *diaphragnunai* [versperren], van *dia* [in tweeën uiteen] + *phragnunai* = *phrassein* [tegen elkaar drukken, omheinen, versperren].

diagenese [versteining van sedimenten, lett. doorgaande wording] van gr. *dia* [door] + **Genesis** [oorsprong, ontstaan].

diagnose [beschrijving van aandoening] < fr. *diagnose* < gr. *diagnōsis* [onderscheiding, medische diagnose], van *diagignōskein* [uit elkaar kennen, onderscheiden, analyseren], van *dia* [uiteen] + *gignōskein* [leren kennen, te weten komen, begrijpen].

diagonaal [hoeklijn] < fr. *diagonal* < lat. *diagonalis* < gr. *diagōnios* [diagonaal], van *dia* [door iets heen] + *gōnia* [hoek], idg. verwant met **knie**.

diagram [grafische voorstelling] < fr. *diagramme* < gr. *diagramma* [schets, mathematische figuur], van *diagraphein* [schetsen, beschrijven], van *dia* [uiteen, door] + *graphein* [schrijven, tekenen], idg. verwant met **kerven**.

diaken [kerkelijke ambtsdrager] middelnl. *diaken* < laat-lat. *diaconus* < gr. *diakonos* [dienaar, bode, helper, diaken].

diaklaas [spleet zonder dislocatie] < gr. *diaklaō* [ik breek stuk], van *dia* [in tweeën uiteen] + *klaō* [ik breek].

dialect [streektaal] < fr. *dialecte* < laat-lat. *dialectus* < gr. *dialektos* [gesprek, omgangstaal, streektaal], van *dialegesthai* [discussiëren], medium van *dialegein* [kiezen], van *dia* [uiteen] + *legein* [kiezen, spreken].

dialectica, dialectiek [redeneerkunde] middelnl. *dialectike* [redeneerkunst, logica] < fr. *dialectique* [idem] < lat. *ars dialectica,* (*ars* [kunst]) < gr. *dialektikè technè,* (*technè* [vaardigheid]), vr. naast *dialektikos* (vgl. **dialect**).

dialoog [tweespraak] middelnl. *dialoge, dialogus* < fr. *dialogue,* resp. < lat. *dialogus* [wijsgerig gesprek, dialoog] < gr. *dialogos* [gesprek], van *dialegesthai* (vgl. **dialect**).

dialyse [scheiding van stoffen] < fr. *dialyse* < gr. *dialusis* [het afbreken, ontbinding, scheiding], van *dialuein* [oplossen in zijn oorspronkelijke delen], van *dia* [in tweeën uiteen] + *luein* [losmaken, afbreken], idg. verwant met *verlossen* → **los** [2].

diamant [edelgesteente] middelnl. *diamant, diamas, adamant* < me. lat. *diamas, diamans, diamantus, diamandus* < klass. lat. *adamas* (2e nv. *adamantis*), *adamans* [staal, diamant] < gr. *adamas* [gehard ijzer, diamant], van *adamastos* [niet te temmen, onbuigbaar], van ontkennend *a-* + *daman* [bedwingen, temmen], daarmee idg. verwant.

diameter [middellijn] < fr. *diamètre* < lat. *diametrus* < gr. *diametros* [middellijn, diagonaal], van *dia* [in twee delen uiteen] + *metron* [maat], daarmee idg. verwant (vgl. **meter** [1]).

diandrisch [met twee meeldraden] gevormd van gr. *dis* [tweemaal], idg. verwant met **twist** [1] + *anèr* [man] (vgl. **andro-**).

dianter [drommel] < fr. *diantre* [drommel, duivel], een met bastaardvloeken vergelijkbare opzettelijke vervorming van *diable,* teneinde dat woord niet te hoeven uitspreken.

diapason [achtste toon van grondtoon, algemene toonomvang van stem of instrument] < fr. *diapason* < lat. *diapason* < gr. *dia pasōn chordōn* [door alle snaren, noten], van *dia* [door] + *pasōn,* 2e nv. vr. mv. van *pas* [geheel, alle], *chordè* [darm, snaar], vgl. **koord**.

diaphyse [schacht van pijpbeen] < gr. *diaphusis* [verbinding, gewricht, naad, inkeping, spleet], van *diaphuesthai* [door een spleetje opgroeien, uiteengroeien], van *dia* [uit elkaar] + *phuein* [doen groeien], idg. verwant met **bouwen** [1].

diapositief [afdruk van een negatief] gevormd van gr. *dia* [door...heen] + *positief.*

diarium [dagboek] < lat. *diarium* [dagelijks rantsoen, later dagboek], van *dies* [dag].

diarree [buikloop] (1783) < fr. *diarrhée* < lat.

diarrhoea < **gr.** *diarroia* [buikloop], van *diarrein* [doorstromen, lek zijn, wegvloeien], van *dia* [door] + *rein* [vloeien], idg. verwant met **stroom**.

diaspora [verstrooiing] < **gr.** *diaspora*, van *diaspeirein* [uitstrooien], van *dia* [uiteen] + *speirein* [zaaien, strooien], idg. verwant met **sproeien, spreiden**.

diastase [eiwitachtig ferment] < **gr.** *diastasis* [scheiding, verrekking], van *diistanai* [scheiden, eig. uiteen doen staan], van *dia* [uiteen] + *stènai* [staan], daarmee idg. verwant.

diastimeter [afstandsmeter] gevormd van **gr.** *diastèma* [afstand], van *diistanai* (vgl. *diastase*) + **meter**[1].

diastole [verslapping] < **fr.** *diastole* < **gr.** *diastolè* [het uitrekken, uitzetten], van *diastellein* [uiteenhalen], van *dia* [uiteen] + *stellein* [doen staan, opstellen], van dezelfde basis als **staan** en daarmee indirect verwant met **stellen**.

diastrofisme [bewegingen in aardkorst] gevormd van **gr.** *diastrophos* [verdraaid, verwrongen], van *diastrephein* [verdraaien], van *dia* [uiteen] + *strephein* [draaien].

diathermie [inwendige verwarming] gevormd van **gr.** *diathermos* [verhit], van *dia* [uit elkaar, door iets heen] + *thermos* [warm], daarmee idg. verwant.

diathese [vatbaarheid door veranderingen in bloed en weefsels] < **fr.** *diathèse* [idem] < **gr.** *diathesis* [het ordelijk opstellen], van *diatithenai* [op zijn eigen plaats zetten], van *dia* [uit elkaar] + *tithenai* [leggen, plaatsen], idg. verwant met **doen**.

diatomeeën [kiezelwieren] gevormd van **gr.** *diatemnein* [doorsnijden], van *dia* [uiteen, doorheen] + *temnein* [snijden]; zo genoemd omdat de celwand eruit ziet als een doosje met een dekseltje, als doorgesneden.

diatonisch [voortschrijdend met hele of halve tonen] < **fr.** *diatonique* < **me. lat.** *diatonicus* < **byzantijns-gr.** *diatonikos* [diatonisch (als muziekterm)], van *diateinein* [(zich) uitstrekken (over)], van *dia* [door...heen] + *teinein* [spannen, zich uitstrekken], idg. verwant met **hd.** *dehnen*.

diatoom [in één richting deelbaar] < **gr.** *diatomè* [doorsnijding, afsnijding], van *diatemnein* (vgl. *diatomeeën*).

diatribe [retorisch betoog] < **fr.** *diatribe* < **gr.** *diatribè* [eig. tijd-slijten, oponthoud, tijdverdrijf, studie], van *diatribein* [stuk wrijven, zich met iets bezighouden], van *dia* [door heen] + *tribein* [wrijven].

diazo- [chemische verbinding] gevormd van **gr.** *dis* [tweemaal] + ontkennend *a* + *zōiè* [leven].

dibbelen [zaaien met dibbelmachine] < **eng.** *dibble*, *dibber* [pootstok], van *to dib* [een lichte tik geven], van *dib* [bikkel], zwakke vorm van *to dab* [een tikje geven] (vgl. *dabben*).

dibberen [barg. praten] vgl. **bedibberen**.

dibbes [gemoedelijke persoonsaanduiding] vermoedelijk < **rotwelsch** *dibbern* [praten, kletsen], **jiddisch** *dowor* [woord, zaak, taal].

dichogamie [het niet tegelijk rijp zijn van meeldraad en stamper] gevormd van **gr.** *dicha* [in tweeën, afzonderlijk] (verwant met *dis* [tweemaal]) + *gamos* [huwelijk].

dichotomie [indeling in tweeën] < **gr.** *dichotomia* [het halveren], van *dichotomein* [in twee stukken verdelen], van *dicha* [in tweeën] (verwant met *dis* [tweemaal]) + *temnein* [snijden].

dicht[1] [bn., bijw., nauw aaneensluitend] **middelnl.**, **middelnd.** *dicht(e)*, **middelhd.** *dihte*, **oudnoors** *p̄ēttr*, behoort bij **gedijen**.

dicht[2] [zn., gedicht] van **dichten**.

dichten [verzen maken] **middelnl.** *dichten* [dicteren, een werk samenstellen (zowel in proza als in poëzie), uitdenken, beramen] < **lat.** *dictare* (vgl. *dicteren*).

dickey seat [zitplaats achterop wagen of motorfiets] < **eng.** *dickey seat* [oorspr. bankje voor koetsier of zitplaats voor bedienden achterop het rijtuig], van *dick* [makker, kameraad, vent], van persoonsnaam *Dick*, van *Dickon, Dickens*, van *Richard*.

diclinisch [met alleen meeldraden of stampers] gevormd van **gr.** *dis* [tweemaal] + *klinè* [bed], dus met twee bedden (vgl. **klinisch**).

dicotyledonen [tweezaadlobbigen] gevormd van **gr.** *dis* [tweemaal] + *kotulèdōn* [zuignap van poliep, heuppan, holte van een beker], van *kotulè* [kroes, heuppan, holte van hand of voet], idg. verwant met **lat.** *catinus*, verkleiningsvorm *catillus* en daarmee met **ketel**.

dictaat [wat gedicteerd wordt] < **lat.** *dictatum*, verl. deelw. van *dictare* (vgl. **dicteren**).

dictafoon [dicteermachine] gevormd van **lat.** *dictare* (vgl. **dicteren**) + **gr.** *phōnè* [geluid, stem].

dictator [onbeperkt gezaghebber] < **lat.** *dictator*, van *dictare* (vgl. **dicteren**).

dictee [speloefening] < **fr.** *dictée*, eig. verl. deelw. van *dicter* < **lat.** *dictare* (vgl. **dicteren**).

dicteren [voorzeggen wat iem. moet opschrijven, voorschrijven] < **middelnl.** *dicteren* < **lat.** *dictare* [dicteren], frequentatief van *dicere* [te kennen geven, zeggen, voordragen], idg. verwant met *(aan)tijgen*.

dictie [zegging] < **fr.** *diction* < **lat.** *dictio* [het spreken, voordracht], van *dicere* (verl. deelw. *dictum*) [zeggen], idg. verwant met *(aan)tijgen*.

dictionaire [woordenboek] < **fr.** *dictionnaire* < **me. lat.** *dictionarius, dixionarius* [woordenboek], van **klass. lat.** *dictio* (2e nv. *dictionis*) [het spreken, woord], van *dicere* (verl. deelw. *dictum*) [zeggen], idg. verwant met *(aan)tijgen*.

dicumarol [antistollingsmiddel] gevormd van **gr.** *dis* [tweemaal] + **fr.** *coumarine*, van **tupi** *cumaru* [tonkaboonboom] + **lat.** *oleum* [olie].

didactisch [lerend] < **fr.** *didactique* [idem] < **gr.** *didaktos* [mededeelbaar, geleerd], van *didaskein* [iem. leren, duidelijk maken, in de lijdende vorm leren, ervaren worden], verwant met **lat.** *discere* (vgl. *discipel*) en *docēre* (vgl. **dokter**).

didascalisch — difficiel

didascalisch [m.b.t. de katholieke leer der apostelen] < **gr.** *didaskalikos* [voor lesgeven geschikt, leerzaam, leer-], van *didaskalos* [leermeester], van *didaskein* [onderwijzen, zelf leren] (vgl. *didactisch*).

didotpunt [typografische maat] genoemd naar de ontwerper van het systeem, de Franse drukker *François-Ambroise Didot* (1730-1804).

die [aanwijzend vnw.] **middelnl.** *die*, **oudnederfrankisch** *thia*, **oudsaksisch** *thia, thea;* nevenvorm met nadruk van *de*.

die-cast [gegoten, zeer hard] < **eng.** *die-cast*, van *die* [kubiek blok, gietvorm, stempel], **middeleng.** *de(e)* < **oudfr.** *dé* < **lat.** *datum*, verl. deelw. van *dare* [geven, maken], hetzelfde woord als *die* [dobbelsteen] + *cast*, verl. deelw. van *to cast* [werpen, stoten, gieten] < **oudnoors** *kasta* [werpen].

diëder [tweevlakshoek] < **fr.** *dièdre* [idem], gevormd van **gr.** *dis* [tweemaal] + *hedra* [zetel, stand, plaats].

dieet [leefregel m.b.t. de voeding] **middelnl.** *diëte* [reis- en teerkost] < **oudfr.** *diete* < **lat.** *diaeta* [door arts voorgeschreven leefregel, dieet] < **gr.** *diaita* [leefgewoonte, leeftocht, levensonderhoud], van *diaitan* [eet- en dagverdeling geven, leefregel geven], van *aisa* [het toekomende, juiste deel, lot].

dief [iem. die steelt] **middelnl.** *dief*, **oudsaksisch** *thiof*, **oudhd.** *thiob*, **oudfries** *thiaf*, **oudeng.** *þeof*, **oudnoors** *þjofr*, **gotisch** *þiufs;* mogelijk is het woord verwant met **gr.** *entupas* [gehurkt], **litouws** *tupèti* [hurken], en zou 'hurken', a.h.w. wegduiken, de grondbetekenis zijn.

diefstal [daad van stelen] **middelnl.** *dieftale* [idem] < **middelhd.** *diepstale*, waarvan het tweede lid **oudhd.** *stala*, **oudeng.** *stalu* [het stelen].

die-hard [uiterst rechtse conservatief] < **eng.** *die-hard*, uit het zinsverband *to die hard* [lett. taai sterven], verwant met **middelnl.** *doyen* [sterven] (vgl. *dood*[1]).

diek [goudpluvier] mogelijk klanknabootsende vorming.

diëldrin [een insekticide] < **hd.** *Dieldrin*, gevormd van de naam van de Duitse chemicus *O. Diels* (1876-1954) + *-drin*, naar *aldrin*.

diemit [katoenen stof] (1781) < **fr.** *dimite* < **it.** *dimito* < **me. lat.** *dimitum* < **gr.** *dimitos* [dubbeldraads], van *dis* [tweemaal] + *mitos* [scheringdraad].

diëncefalon [tussenhersenen] gevormd van **gr.** *dia* [door] + *egkephalos* [zich in het hoofd bevindend, hersens], van *en* [in] + *kephalè* [hoofd], idg. verwant met *gevel*.

dienen [geschikt, dienstig zijn, functie vervullen, moeten] **middelnl.** *dienen*, **oudnederfrankisch** *thienon*, **oudhd.** *dionon*, **oudfries** *thiania*, **oudeng.** *thionon*, **oudnoors** *þjona* (uit het westgerm.). Buiten het germ. **oudiers** *techim* [lopen], **litouws** *tekèti* [lopen, stromen] → *deemoed, deern*.

dienst [het dienen] **middelnl.** *dienst;* van *dienen*.

diep [ver naar beneden] **middelnl.** *diep(e)*, **oudsaksisch** *diop*, **oudhd.** *tiof, tiuf*, **oudfries** *diap*, **oudeng.** *deop*, **oudnoors** *djūpr*, **gotisch** *diups;* buiten het germ. **oudiers** *domain*, **welsh** *dwfn* [diep], **oudkerkslavisch** *dŭno* [bodem].

dier [beest] **middelnl.** *dier* [levend wezen, dier, hert], **oudsaksisch** *dior*, **oudhd.** *tior*, **oudfries** *diar* [dier], **oudeng.** *deor*, **oudnoors** *dȳr*, **gotisch** *dius* [wild dier]; buiten het germ. **oudkerkslavisch** *duchŭ* [adem, geest], **litouws** *dvasè* [geest], *dausos* [lucht]; de betekenisontwikkeling is parallel gegaan aan die van **lat.** *animal* [levend wezen, dier], van *anima* [adem, ziel, levend wezen].

diëresis → *diaeresis*.

dies [dag] < **lat.** *dies*.

diesel [soort motor en de brandstof daarvoor] genoemd naar de uitvinder ervan, de Duitse ingenieur *Rudolf Diesel* (1858-1913).

diësis [verschil tussen octaaf en drie zuivere grote tertsen] < **gr.** *diesis* [het doorlaten, kleine interval], van *diienai* [doorzenden, door laten gaan], van *dia* [doorheen] + *hienai* [zenden, laten gaan].

diets [iem. iets diets maken, wijsmaken] *diets* is het bn. bij een woord voor volk, dus in de volkstaal verklaren → *Duits*.

Diets [Nederlands] → *Duits*.

dievegge [vrouw die steelt] **middelnl.** *diefegge, dievegge*, gevormd van *dief* met een weinig gebruikt achtervoegsel, dat verder alleen uit het oudeng. bekend is; het werd samengetrokken tot *-ei* in b.v. *klappei*.

diffamatie [laster] **middelnl.** *diffamacie* [schande, oneer] < **fr.** *diffamation* < **me. lat.** *diffamationem*, 4e nv. van *diffamatio* [laster, smaad], van *diffamare* (verl. deelw. *diffamatum*) [in opspraak brengen], van *dis* [uiteen] + *fama* [gerucht, gepraat, reputatie, goede naam] (vgl. *faam*).

differentieel [verschil] **middelnl.** *differentie* < **fr.** *différence* < **lat.** *differentiam*, 4e nv. van *differentia* [onderscheid, verschil], van *differre* (teg. deelw. *differens*, 2e nv. *differentis*) [naar verschillende kanten brengen, scheiden, verschillen], van *dis* [uiteen] + *ferre* [dragen, brengen], idg. verwant met *baren*[1].

differentieel [verschillen aanwijzend] (**middelnl.** *differentie* [onderscheid]) < **fr.** *différentiel* < **me. lat.** *differentialis*, van *differre* (vgl. *differentie*).

differentiëren [uiteenlopen] < **me. lat.** *differentiare* [differentiëren], van *differentia* (vgl. *differentie*).

diffessie [beëdigde verklaring dat iets vals is] gevormd van **lat.** *diffiteor* [ik ontken], waarbij verondersteld mag worden verl. deelw. *diffessum;* de vorming is gemaakt naar analogie van *confessie*.

difficiel [moeilijk te voldoen] (16e eeuws **nl.** *difficultijt* [moeilijkheid]) < **fr.** *difficile* [moeilijk] < **lat.** *difficilis* [idem], van *dis* [niet] + *facilis* [gemakkelijk], van *facere* [maken, doen], daarmee idg. verwant; de betekenis van *facilis* is dus eigenlijk 'doenlijk'.

diffractie [buiging van stralen] < fr. *diffraction* [idem] < me. lat. *diffractio* [fractuur van ledematen], van *diffringere* (verl. deelw. *diffractum*) [verbrijzelen, breken], van *dis* [uiteen] + *frangere* [breken], daarmee idg. verwant.

diffunderen [zich vermengen] < lat. *diffundere* [laten wegstromen, doen uitvloeien, gieten], van *dis* [uiteen] + *fundere* [uitgieten], idg. verwant met **gieten** (vgl. *fusie*).

diffusie [vermenging (van vloeistoffen), verstrooiing (van stralen)] < fr. *diffusion* [idem] < lat. *diffusionem*, 4e nv. van *diffusio* [ontspanning, in me. lat. diffusie, toevoeging], van *diffundere* (verl. deelw. *diffusum*, vgl. ***diffunderen***).

diffuus [verspreid] < fr. *diffus* < lat. *diffusus* [uitgestrekt, breedvoerig, verspreid, zonder verband], eig. verl. deelw. van *diffundere* (vgl. ***diffunderen***).

difterie [slijmvliesontsteking] < fr. *diphtérie*, gevormd van gr. *diphtera* [toebereide huid, leer, perkament]; zo genoemd vanwege de vorming van vliezen.

diftong [tweeklank] < fr. *diphtongue* < lat. *diphtongus* [idem] < gr. *diphthoggos* [dubbele klank], van *di-* [twee] + *phthoggos* [stem, geluid], van *phtheggesthai* [roepen, spreken], idg. verwant met ***zingen***.

digamma [oudgriekse letter w] < gr. *digammà*, van *dis* [tweemaal] + ***gamma***; zo genoemd omdat het teken lijkt op twee boven elkaar geplaatste gamma's.

digereren [(spijzen) verteren] **middelnl.** *digereren* [doen verdwijnen] < fr. *digérer* [idem] < lat. *digerere* (verl. deelw. *digestum*) [uit elkaar brengen, scheiden, verteren], van *dis* [uiteen] + *gerere* [brengen, doen].

digestie [spijsvertering] **(middelnl.** *digestijf* [middel ter bevordering van de spijsvertering], *diegst* [verteerd, verdwenen]) < fr. *digestion*, van lat. *digerere* (vgl. ***digereren***).

diggel [grof aardewerk] nevenvorm van **middelnl.** *degel* [test, pot] < lat. *tegula* (vgl. ***degel***).

digitaal [cijferverwerkend] < fr. *digital* < me. lat. *digitalis* [vinger-], van *digitus* [vinger], idg. verwant met gr. *deiknunai* [wijzen], dus eig. aanwijzer, idg. verwant met het tweede lid van ***aantijgen*** en met ***teen***[1].

digitaline [middel tegen hartkwalen] bereid uit en genoemd naar ***digitalis***.

digitalis [vingerhoedskruid] afgeleid van me. lat. *digitale* [vingerhoed], o. van *digitalis* [vinger-] (vgl. ***digitaal***); zo genoemd door de Duitse plantkundige Leonhard Fuchs (1501-1566), als vertaling van hd. *Fingerhut* [vingerhoed, vingerhoedskruid], zo genoemd omdat de bloemkronen enigszins op vingers lijken.

dignitaris [waardigheidsbekleder] < me. lat. *dignitarius*, van *dignus* [waardig], verwant met *decēre* [betamen] (vgl. ***decent***).

digniteit [waardigheid] **middelnl.** *digniteit* < fr. *dignité* < lat. *dignitatem*, 4e nv. van *dignitas*

[waardigheid, ereambt], van *dignus* [waardig] (vgl. ***dignitaris***).

digressie [uitweiding] < fr. *digression* [idem] < lat. *digressionem*, 4e nv. van *digressio* [het uiteengaan, zich verwijderen, afdwalen], van *digredi* (verl. deelw. *digressum*), van *dis* [uiteen] + *gradi* [stappen, gaan] (vgl. ***graad***).

dihybride [produkt van kruising van organismen die in twee factorenparen verschillen] gevormd van gr. *di-* [twee] + *hybride* → ***hybridisch***.

dij [bovenbeen] **middelnl.** *die,* **oudnederfrankisch** *thio,* **oudsaksisch** *thioch,* **oudhd.** *dioh,* **oudfries** *thiach,* **oudeng.** *ðeoh* [dij], **oudnoors** *þjo* [achterste]; buiten het germ. **lat.** *tumēre* [opzwellen] (vgl. ***tumor***), **litouws** *tukti,* **oudkerkslavisch** *tyti* [dik worden]; de grondbetekenis is dus 'het dikke deel van het been'.

dijk [aarden wal] **middelnl.** *dijc* [dijk, dam, maar ook poel, vijver], **oudsaksisch, middelnd.** *dik* [dijk, vijver], **oudfries** *dik* [dam], **oudeng.** *dīc* [dam, sloot], **oudnoors** *diki* [poel]; buiten het germ. **lat.** *figere* [in iets steken en dan hechten], **litouws** *dyglys* [doorn]; de grondbetekenis steken, als wij daarin zien de spade in de grond steken, spitten, past bij de twee divergerende latere betekenissen, omdat aangelegde dammen en vijvers het gevolg zijn van dezelfde handeling.

dijn [jouw] **middelnl.** *dijn,* **oudnederfrankisch, oudsaksisch, oudfries** *thīn,* **oudhd.** *dīn,* **oudeng.** *ðīn,* **oudnoors** *þinn,* **gotisch** *þeins,* het bezittelijk vnw. bij **middelnl.** *du;* buiten het germ. **lat.** *tu,* **gr.** (dorisch) *tu,* **oudiers** *tu,* **oudkerkslavisch** *ty,* **oudindisch** *tvam.*

dijzig [mistig] verwant met ***deemster***.

dik [(op)gezet] **middelnl.** *dic(ke)* [dik, veelvuldig], **oudsaksisch** *thikki,* **oudhd.** *dicki,* **oudeng.** *ðicce,* **oudnoors** o.m. *þykkr,* **oudiers** *ting;* buiten het germ. en het kelt. zijn geen verwanten aan te wijzen.

dikwerf [dikwijls] van *dik* [menigvuldig] + *werf* [keer], van ***werven*** → ***dikwijls***.

dikwijls [vaak] met het bijwoorden vormende achtervoegsel *s* < **middelnl.** *dicke wile, dicwile,* van *dicke* [menigvuldig] + *wile* [tijd] (vgl. ***wijl***[1]).

dil [lagere delen van een land] nevenvorm van ***del***[1].

dilatatie [uitzetting] < fr. *dilatation* < lat. *dilatationem*, 4e nv. van *dilatatio* [uitgestrektheid, lengte, opgeblazenheid], van *dilatare* (verl. deelw. *dilatatum*) [verbreden, verwijden, vergroten], van *dis* [uiteen] + *latus* [breed].

dildo [kunstpenis] etymologie onbekend, mogelijk van **eng.** *this will do*.

dilemma [moeilijke keuze] < lat. *dilemma,* van **byzantijns-gr.** *dilèmmatikos* [bestaande uit twee lemmata (een retorische figuur)], van *di-* [twee] + *lèmmata,* mv. van *lèmma* (vgl. ***lemma***).

dilettant [amateur] < it. *dilettante* [liefhebber, dilettant, knoeier], van *dilettarsi di* [behagen scheppen in] < lat. *delectare* [zogen, verkwikken, genoegen doen], *delectari* [in iets behagen schep-

diligence — diofantisch

pen], van *de* [van...weg] + *lactare* [melk geven, zogen], van *lac* (2e nv. *lactis*) [melk].

diligence [wagen voor personen- en postvervoer] < **fr.** *diligence*, verkort uit *carrosse de diligence* [lett. karos van ijver, voortvarendheid, spoed] < **lat.** *diligentia* (vgl. *diligent*).

diligent [ijverig] 16e eeuws **nl.** *diligent* < **fr.** *diligent* [vlijtig, voortvarend] < **lat.** *diligens* (2e nv. *diligentis*) [houdend van, nauwgezet, zuinig financierend], eig. teg. deelw. van *diligere* [houden van, hoogachten], van *dis* [uiteen] + *legere* [verzamelen, kiezen].

dille [1] [steelhuis van schop] **middelnl.** *dul(le), dille,* **oudhd.** *tulli* [buisje waarin de pijlpunt zit, pijlpunthouder]; voor de etymologie vgl. *dal.*

dille [2] [plantengeslacht] **middelnl.** *dille,* **oudsaksisch** *dilli,* **oudnoors** *dylla,* **oudhd.** *tilli,* **oudeng.** *dile;* waarschijnlijk zijn buiten het germ. verwant **gr.** *thallein* [uitlopen, gaan bloeien], **oudiers** *deil* [tak], **armeens** *dalar* [uitlopend, groen].

dille [3] [meisje, babbelaarster] → *del* [2].

dilt [zoldering van losse balken] ook *delte,* vermoedelijk van *de hilte* (vgl. *hild*).

dilutie [verdunning] < **fr.** *dilution,* gevormd van **lat.** *diluere* (verl. deelw. *dilutum*) [oplossen, verdunnen, wegspoelen] (vgl. *Diluvium*).

diluviaal [m.b.t. het Diluvium] gevormd van **lat.** *diluvium* (vgl. *Diluvium*).

Diluvium [Pleistoceen] **(middelnl.** *diluvie* [zondvloed]) < **lat.** *diluvium* [overstroming, zondvloed], van *diluere* [wegspoelen], van *dis* [weg] + *luere* [bespoelen] (verwant met *lavare* [wassen]); diluviale zandophopingen werden vroeger aangezien voor getuigenissen van de zondvloed.

dimensie [afmeting] < **fr.** *dimension* < **lat.** *dimensionem,* 4e nv. van *dimensio* [idem], van *dimetiri* (verl. deelw. *dimensum*) [afmeten], van *dis* [uiteen] + *metiri* [meten].

diminuendo [afnemend in sterkte] < **it.** *diminuendo,* gerundium van *diminuire* [verminderen, kleiner maken] < **lat.** *deminuere* [idem], van *de* [van...af] + *minuere* [kleiner maken], van *minus* [kleiner], idg. verwant met *min* [1].

diminutief [verkleinwoord] < **fr.** *diminutif* [idem] < **chr. lat.** *(vox) deminutivus* [verklein(woord)], van *deminuere* (verl. deelw. *deminutum,* vgl. *diminuendo*).

dimmen [licht temperen] < **eng.** *to dim* [idem], **oudeng.** *dimm(e)* [donker], **oudfries** *dim,* **oudhd.** *timbar,* **oudsaksisch** *thimm,* **oudnoors** *dimmr;* buiten het germ. mogelijk **lat.** *tenebrae,* **oudindisch** *tamas-* [duisternis] → *deemster.*

dimorf [in twee kristalvormen voorkomend] < **gr.** *dimorphos* [met twee vormen], van *di-* [twee] + *morphè* [vorm].

dinanderie [voorwerpen uit messing] genoemd naar de Belgische stad *Dinant,* omdat in de Maasvallei veel messingwerk werd vervaardigd.

dinar [munteenheid] < **ar.** *dīnār* < **gr.** *dènarion* < **lat.** *denarius* (vgl. *denarius*).

diner [avondmaaltijd] (1782) < **fr.** *diner* < **me. lat.** *dignarium, dignerium, disnerium, dinarium, dinerium* [de warme maaltijd], van **lat.** *dignus* [waard, waardig, behoorlijk, voldoende] (vgl. *decent*).

ding [zaak, voorwerp] **middelnl.** *dinc, ding(e)* [gerecht, rechtszaak (geding), zaak in het algemeen], **oudnederfrankisch, oudsaksisch, oudfries** *thing,* **oudhd.** *dinc,* **oudeng.** *ðing,* **oudnoors** *þing;* de herkomst van dit germ. woord wordt vaak in verband gebracht met **gotisch** *þeihs* [tijd], **lat.** *tempus,* dus op bepaalde tijd gehouden volksvergadering. De betekenis voorwerp heeft zich ontwikkeld uit die van rechtszaak (vgl. *zaak*).

dingen [wedijveren, trachten te krijgen, afdingen] **middelnl.** *dingen* [rechtszitting houden, streven], van *ding;* de betekenissen (af)dingen en streven naar zijn ontwikkeld uit die van 'een geding houden'.

dinges [aanduiding van iemand wiens naam men niet kan noemen] < **hd.** *Dings* [dinges, je weet wel], eig. 2e nv. van *Ding* [ding].

dinghy [bootje] < **eng.** *dinghy* < **hindi** *ḍongī, ḍingī* [roeiboot], verkleiningsvorm van *ḍingā* [boot].

dingo [wilde hond] uit een benaming van de Australische aborigines: *jungho, jugung.*

dingsig [uit zijn doen] mogelijk van *dinges* + *-ig,* dus een situatie die men niet goed kan benoemen en waarover men dus onzeker is.

dingstig [onenig] afgeleid van *(ge)ding.*

dinofobie [angst voor duizeligheid] gevormd van **gr.** *dinos* [omwenteling, duizeligheid] + *fobie.*

dinosaurus [uitgestorven reptielesoort] moderne samenstelling, verlatijnste afleiding van **gr.** *deinos* [geducht, geweldig, vreselijk] + *sauros* [hagedis].

dinsdag [derde dag van de week] **middelnl.** *dinzdag,* het eerste lid is de naam van de Germaanse oorlogsgod *Tiwaz,* in de tijd van de Vikingen vervangen door Odin (vgl. *Zeus*); dinsdag is een vertalende ontlening aan **lat.** *Martis dies* [de dag van de oorlogsgod Mars]; het lat. vertaalde ontlenend aan **gr.** *Areios hèmera* [de dag van de oorlogsgod Ares].

diocees [bisdom] < **fr.** *diocèse* [idem] < **lat.** *dio(e)cesem,* 4e nv. van *dio(e)cesis* [district, in chr. lat. ook bisdom] < **gr.** *dioikèsis* [bestuur, provincie, diocees], van *dioikein* [afzonderlijk bewonen, huis en hof besturen, de staat besturen, regelen], van *dia* [uiteen] + *oikein* [wonen, administreren], van *oikos* [huis], idg. verwant met *wijk* [1].

dioctaëder [kristalvorm met twee achtzijdige piramiden] gevormd van **gr.** *dis* [tweemaal] + *oktō* [acht], daarmee idg. verwant + *hedra* [zetel, stand, plaats].

diode [buis met twee elektroden] gevormd van **gr.** *dis* [tweemaal] + *hodos* [weg], verwant met **lat.** *cedere* [gaan].

diofantisch [m.b.t. vergelijkingen berustend op hele getallen] genoemd naar de gr. schrijvende wiskundige *Diophantus,* vermoedelijk uit de 3e eeuw na Chr., die een belangrijk werk schreef over algebra en getallentheorie.

Dionysisch [m.b.t. Dionusos] < **gr.** *Dionusiakos* [idem], van *Dionusos,* waarvan de etymologie onbekend en de herkomst mogelijk vóór-gr. is..

dioptaas [smaragdgroen mineraal] gevormd van **gr.** *dia* [door...heen] + *optazein* [zien].

diopter [vizier] < **fr.** *dioptre* < **gr.** *dioptèr* [verspieder] (vgl. *dioptrie*).

dioptrica [leer van de lichtbreking] gevormd van **gr.** *dioptra, dioptron* [iets om door te zien, spiegel, optisch instrument], van *dioptèr* (vgl. *diopter*).

dioptrie [eenheid van sterkte van lenzen] gevormd van **gr.** *dioptra, dioptron* [iets waar men doorheen kijkt, o.m. een instrument voor hoogtemeting], van *dioptèr* (vgl. *diopter*).

diorama [schildering die bij op- en doorvallend licht bekeken kan worden] gevormd van **gr.** *dia* [doorheen] + *horama* [gezicht, dat wat gezien wordt], van *horan* [kijken], idg. verwant met *ontwaren, gewaar worden*.

dioriet [gesteente] < **fr.** *diorite,* naar **gr.** *diorizein* [begrenzen] (vgl. *horizon*); zo genoemd omdat het gesteente uit verschillende, zich duidelijk aftekenende lagen bestaat.

Dioscuren [zonen van Zeus] < **gr.** *Dioskouroi,* van *Dios* (2e nv. van *Zeus*) + *kouroi,* mv. van *kouros* = *koros* [jongen], dus zonen van Zeus.

dioxine [gevaarlijke chemische stof] samengetrokken uit *(polychloor-)di(benzo-paradi)oxine*.

diplegie [dubbelzijdige verlamming] gevormd van **gr.** *dis* [tweemaal] + *plègè* [slag, houw], van *plèssein* [slaan, treffen, terneerslaan], idg. verwant met *vloeken*.

diplococcus [paarsgewijs gerangschikte coccen] gevormd van **gr.** *diploös, diplous* [dubbel] + *coccus*.

diploïde [met dubbel aantal chromosomen] gevormd van **gr.** *diploös* [dubbel] + *-oïde*.

diploma [bewijs van slagen voor examen] < **lat.** *diploma* [begenadigingsoorkonde, aanbevelingsbrief, patent, reispas] < **gr.** *diploma* [dubbelgevouwen (van brief), namelijk twee houten wastafeltjes met elk een verzonken waslaag met ingekraste tekst, met de schrijfkant op elkaar geplaatst, zodat de houten achterkanten het schrift beschermen], van *diploun* [dubbelvouwen].

diplomaat [behartiger van buitenlandse belangen] van *diploma,* in de betekenis 'geloofsbrief'.

diplopie [het dubbelzien] gevormd van **gr.** *diploös* [dubbel] + *ōps* (2e nv. *opos*) [oog], daarmee idg. verwant.

dipodie [samenvoeging van twee versvoeten] < **lat.** *dipodia* < **gr.** *dipodia,* van *dipous* [tweevoetig], van *dis* [tweemaal] + *pous* (2e nv. *podos*) [voet], daarmee idg. verwant.

dipool [dubbele pool] gevormd van **gr.** *di-* [tweemaal] + *pool*[1].

dipsomanie [drankzucht] gevormd van **gr.** *dipsa, dipsos* [dorst], verwant met *dipsios* [droog, dor] + *mania* [razernij] (vgl. *manie*).

diptera [tweevleugeligen] < **gr.** *diptera,* o. mv. van *dipteros* [met twee vleugels], van *di-* [twee] + *pteron* [vleugel, ve(d)er], daarmee idg. verwant.

diptiek [tweeluik] < **fr.** *diptique* [idem] < **gr.** *diptuchos* [dubbel gevouwen, in byzantijns gr. dubbelgevouwen], van *di-* [tweemaal] + *ptuchè* = *ptux* (2e nv. *ptuchos*) [vouw], van *ptussein* [vouwen], idg. verwant met *buigen*.

direct [rechtstreeks, ogenblikkelijk] (16e eeuws **nl.** *direcktelick*) < **fr.** *directe* < **lat.** *directus* [recht, zonder omwegen], eig. verl. deelw. van *dirigere* (vgl. *dirigeren*).

directeur [hoogste bestuurder] (1631) < **fr.** *directeur* < **me. lat.** *director* [bestuurder, hoofd], van *dirigere* (verl. deelw. *directum,* vgl. *dirigeren, dirigent*).

directoire [damesonderbroek] het kledingstuk is genoemd naar de periode van het *Directoire,* die door een eigen stijl, i.h.b. ook in de mode, werd gekenmerkt < **me. lat.** *directorium,* van *director* (vgl. *directeur*).

dirham, dirhem [munteenheid] < **ar.** *dirham* < **gr.** *drachmè* (vgl. *drachme*).

dirigent [orkestleider] < **lat.** *dirigens* (2e nv. *dirigentis*), teg. deelw. van *dirigere* (vgl. *dirigeren*).

dirigeren [besturen] **middelnl.** *dirigeren* < **fr.** *diriger* < **lat.** *dirigere* [recht maken, richten, besturen], van *dis* [uit elkaar, apart] + *regere* [richten, leiden, besturen] (vgl. *regel*).

dirk [piekeval] vermoedelijk van de persoonsnaam *Dirk,* vgl. *davit*.

dirken [kakken] de etymologie is onzeker; het ligt voor de hand een afleiding van *drek,* met metathesis en *e-i* wisseling aan te nemen, waarbij associatie met de persoonsnaam *Dirk, Derk* kan optreden. Gewezen is op een 17e eeuwse anekdotische passage: *doen dat Dierick dan*.

dirkjespeer [soort zomerpeer] het eerste lid is de persoonsnaam *Dirk;* vgl. voor de vorming *aagtappel, jaapjespeen*.

dirkkraan [hijskraan] het eerste lid < **eng.** *derrick* (vgl. *derrick*).

dirndl [Duitse dameskleding in Alpenstijl] dial. verkleiningsvorm van **hd.** *Dirne* [meisje] (vgl. *deern*).

dis[1] [gedekte tafel] **middelnl.** *disch, dysch, desch* [tafel, maaltijd], **oudnederfrankisch** *disc,* **oudsaksisch** *disk* [tafel], **oudeng.** *disc,* **oudhd.** *tisc,* **oudnoors** *diskr* [schotel] < **lat.** *discus* (vgl. *desk*).

dis[2] [met halve toon verhoogde d] < **hd.** *Dis,* van *D* + een verbastering van **fr.** *dièse* < **gr.** *diesis* [halve toon].

disagio [de mindere waarde van een valuta t.o.v. de pariteit] < **it.** *disaggio* [idem], van het ontkennend **lat.** *dis-* + *aggio* (vgl. *agio*).

discals [ongeschoeide karmeliet] < **chr. lat.** *discalius,* **laat-lat.** *discalceatus* [barrevoets], van ontkennend *dis-* + *calceatus* [schoeisel], van *calceus* [schoen, laars], van *calx* (2e nv. *calcis*) [hiel, hak].

discant [bovenstem, sopraan] **middelnl.** *discant* < **me. lat.** *discantus*, van *dis* [naar verschillende kanten, het tegengestelde van] + *cantus* [gezang], dus tegenzang. Doordat de tegenstem de hoge stem was ontstond in de praktijk de betekenis sopraan.

discipel [leerling] **middelnl.** *discipel* < **fr.** *disciple* < **lat.** *discipulus* [idem], van *discere* [lesgeven, onderwezen worden], verwant met **doceren, didactisch**.

discipline [tucht] < **fr.** *discipline* < **lat.** *disciplina, discipulina*, van *discipulus* (vgl. **discipel**).

discjockey [aankondiger van grammofoonplaten] < **amerikaans-eng. slang** *disk-jockey, discjockey*, van *disc* [schijf, grammofoonplaat] + *jockey* (vgl. **jockey**).

disco [discotheek] < **amerikaans-eng.** *disco*, verkorting van *discotheque*, < **fr.** *discothèque* [idem], gevormd naar analogie van *bibliothèque* (vgl. **discotheek**).

disconteren [vóór de vervaldag verzilveren van wissel] < **it.** *(di)scontare* [afbetalen, in mindering brengen, disconteren] < **me. lat.** *discomputare* [in mindering brengen], van *dis* [uiteen] + *computare* (vgl. **computer**).

disconto [korting op wissel wegens vervroegde betaling] < **it.** *(di)sconto* [idem], van *discontare* (vgl. **disconteren**).

discordant [niet-evenwijdig gelaagd] < **fr.** *discordant* < **lat.** *discordans* (2e nv. *discordantis*), teg. deelw. van *discordare* [onenig zijn], van *discorso* (2e nv. *discordis*) [onenig], van *dis* [uiteen] + *cor* [hart], daarmee idg. verwant.

discotheek [verzameling grammofoonplaten, plaats met grammofoonplaten] gevormd van **lat.** *discus* [werpschijf, discus, schotel] < **gr.** *diskos* [discus] (vgl. **desk**) + -*theek*.

discount [korting] < **eng.** *discount* < **fr.** *descompte* < **me. lat.** *discomputus* (vgl. **disconto**).

discours [gesprek] < **fr.** *discours* < **lat.** *discursus* [het ronddraven, heen en weer lopen, in me. lat. ook het circuleren, betoog, discussie], van *discurrere* [naar verschillende kanten lopen, uiteen lopen], van *dis* [uiteen] + *currere* [rennen], idg. verwant met **kar**.

discreet [bescheiden] **middelnl.** *discreet* [verstandig, wijs] < **fr.** *discret* [bescheiden] < **lat.** *discretus*, verl. deelw. van *discernere* [(vaneen) scheiden, onderscheiden], van *dis* [uiteen] + *cernere* [zeven, onderscheiden].

discrepantie [tegenstrijdigheid] < **lat.** *discrepantia* [verschil, tegenspraak], van *discrepare* (teg. deelw. *discrepans*, 2e nv. *discrepantis*) [vals klinken, niet overeenstemmen], van *dis* [uiteen] + *crepare* [knarsen, kraken, rammelen].

discretie [bescheidenheid] **middelnl.** *discrecie*
< **fr.** *discrétion* < **chr. lat.** *discretionem*, 4e nv. van *discretio* [scheiding, onderscheiding(svermogen), voorzichtigheid] (vgl. **discreet**).

discretionair [aan eigen inzicht overgelaten] < **fr.** *discrétionnaire*, van *discrétion* < **chr. lat.** *discretionem*, 4e nv. van *discretio* [scheiding, onderscheidingsvermogen], van *discernere* (verl. deelw. *discretum*, vgl. **discreet**).

discrimineren [niet gelijk behandelen] < **fr.** *discriminer* < **lat.** *discriminare* [(af)scheiden], van *discrimen* [scheiding, grenslijn, onderscheid], van *discernere* (vgl. **discreet**).

disculperen [ontlasten, verontschuldigen] < **fr.** *disculper* < **lat.** *disculpare* [ontkennen van schuld, rechtvaardigen], van *dis* [uiteen] + *culpare* [beschuldigen], van *culpa* [schuld].

discursief [redenerend] < **fr.** *discursif* [idem] < **me. lat.** *discursivus* [een groot gebied bestrijkend, tot een slotsom komend door redenering], van **lat.** *discursus* [het uiteenlopen, heen en weer lopen], van *dis* [uiteen] + *currere* [hardlopen], idg. verwant met **kar**.

discus [werpschijf] < **lat.** *discus* [idem, in laat-lat. ook schotel] < **gr.** *diskos* [werpschijf] (vgl. **desk**).

discussie [gedachtenwisseling] < **fr.** *discussion* [idem] < **lat.** *discussionem*, 4e nv. van *discussio* [het schokken, in chr. lat. ook onderzoek], van *discutere* (verl. deelw. *discussum*, vgl. **discuteren**).

discuteren [van gedachten wisselen] < **fr.** *discuter* < **lat.** *discutere* [uiteen slaan, uit de weg ruimen, in laat-lat. ook onderzoeken, bespreken], van *dis* [naar verschillende kanten] + *quatere* [schokken, slaan, verbrijzelen, van zijn stuk brengen].

diseuse [declamatrice] < **fr.** *diseuse*, vr. van *diseur*, van *dire* (teg. deelw. *disant*), van **lat.** *dicere* [zeggen, vertellen], idg. verwant met **hd.** *zeigen* [tonen], **nl.** *(aan)tijgen*.

disfiguratie [verminking] met teniet gedane assimilatie < **me. lat.** *diffiguratio* [het verkleden, vermomming], van *dis* [uiteen] + *figurare* [met vormen uitbeelden, vormen], van *figura* [vorm].

disharmonie [gebrek aan overeenstemming] gevormd van **lat.** *dis* [uiteen] + *harmonia* (vgl. **harmonie**).

disjunctie [scheiding] < **lat.** *disjunctio* [scheiding, verschil, asyndeton, tegenstelling (in stijl)], van *disiungere* (verl. deelw. *disiunctum*) [losmaken, ontbinden, scheiden], van *dis* [uiteen] + *iungere* [verbinden], idg. verwant met *juk*.

disk [schijfgeheugen] < **eng.** *disk* < **lat.** *discus* [werpschijf, schotel].

diskrediet [slechte naam] gevormd van **lat.** *dis* [uiteen] + **krediet**.

diskwalificeren [ongeschikt verklaren] gevormd van **lat.** *dis* [uiteen] + *kwalificeren* (vgl. **kwalificatie**).

dislocatie [verplaatsing] < **me. lat.** *dislocatio* [het opbreken, dislocatie van een bot], van *dis* [uiteen] + *locus* [plaats, positie] < **oudlat.** *stlocus* [waar iets is geplaatst], van dezelfde basis als **stellen**.

disorde, disorder [wanorde] < eng. *disorder,* naar analogie van **fr.** *désordre* gevormd van **lat.** *dis* [uiteen] + *ordre* (vgl. *orde*).

dispache [averijregeling] < **fr.** *dispache* < **it.** *dispaccio* [afhandeling, regeling], van *dispacciare* = *spacciare* [afhandelen], gevormd als tegenstelling van *impacciare* [belemmeren] < **provençaals** *empachar* < **fr.** *empêcher* < **me. lat.** *impedicare* [belemmeren] < **klass. lat.** *impedire* [idem, eig. voetboeien aandoen, kluisteren van dieren], van *in* [tot, naar] + *pedica* [voetboei], van *pes* (2e nv. *pedis*) [voet], daarmee idg. verwant.

disparaat [niet bij elkaar passend] < **fr.** *disparate* [idem] < **spaans** *disparate* < **lat.** *disparatus* [verschillend], eig. verl. deelw. van *disparare* [scheiden, verspreiden], van *dispar* [ongelijk, verschillend], van *dis* [uiteen] + *par* [gelijk aan].

dispariteit [ongelijkwaardigheid] < **me. lat.** *disparitas* (2e nv. *disparitatis*) [ongelijkheid], van *dispar* (vgl. *disparaat*).

dispatch [verwerking van lading] < **eng.** *dispatch* < **it.** *dispaccio* (vgl. *dispache*).

dispensarium [lokaal voor poliklinische behandeling] **(middelnl.** *dispenseren* [uitdelen, verdelen, in het klein verkopen]) < **me. lat.** *dispensorium* [opslagplaats], van **klass. lat.** *dispensare* (vgl. *dispensatie*).

dispensatie [vrijstelling] **middelnl.** *dispensatie* [toelating van hetgeen eig. ongeoorloofd is] < **fr.** *dispensation* < **me. lat.** *dispensatio* [dispensatie, pardon, onderbreking van een functie, in klass. lat. uitdeling, verdeling, bestuur, taak], van *dispensare* (verl. deelw. *dispensatum*) [uitdelen, verdelen, regelen, beheren], frequentatief van *dispendere* [uitwegen], van *dis* [uiteen] + *pendere* [wegen] (vgl. *pond*).

dispenser [doosje voor tabletten] < **eng.** *dispenser,* van *to dispense* [uitdelen, distribueren] < **lat.** *dispensare* (vgl. *dispensatie*).

dispenseren [vrijstellen van] **middelnl.** *dispenseren* [bij uitzondering toelaten] < **fr.** *dispenser* (vgl. *dispensatie*).

dispergeren [verdelen] < **lat.** *dispergere* [verstrooien, uiteen doen spatten, verspreiden], van *dis* [uiteen] + *spargere* [sprenkelen], idg. verwant met *sprank, sprenkel*[1], *sprokkelen* (vgl. *asperge*).

dispersie [kleurschifting] < **chr. lat.** *dispersio* [verstrooiing], van *dispergere* (verl. deelw. *dispersum,* vgl. *dispergeren*).

display [uitstalling] < **eng.** *display,* van *to display* [uitstallen] < **oudfr.** *despleier* (**fr.** *déployer*) < **lat.** *displicare* [uitvouwen], van *dis* [uiteen] + *plicare* [vouwen], idg. verwant met *vlechten* → *vlecht.*

disponenda [in commissie genomen boeken] < **lat.** *disponenda,* o. mv. van *disponendum* [wat geplaatst moet worden], gerundivum van *disponere* (vgl. *disponeren*).

disponent [die inzet van vervoermiddelen regelt] < **lat.** *disponens* (2e nv. *disponentis*), teg. deelw. van *disponere* (vgl. *disponeren*).

disponeren [beschikken, regelen] **middelnl.** *disponeren* [beschikken, regelen] < **fr.** *disponer* [idem] < **lat.** *disponere* [uit elkaar plaatsen, indelen, regelen, verordenen], van *dis* [uiteen] + *ponere* [plaatsen].

disponibel [beschikbaar] < **fr.** *disponible* (vgl. *disponeren*).

dispositie [beschikking] **middelnl.** *dispositie* < **fr.** *disposition* < **lat.** *dispositionem,* 4e nv. van *dispositio* [ordening, indeling, regeling], van *disponere* (verl. deelw. *dispositum,* vgl. *disponeren*).

dispositief [beschikkend] < **fr.** *dispositif,* van **lat.** *disponere* (verl. deelw. *dispositum,* vgl. *disponeren*).

disputatie [redetwist] **middelnl.** *disputacie* < **lat.** *disputatio* [overweging, uiteenzetting, bespreking], van *disputare* (verl. deelw. *disputatum,* vgl. *disputeren*).

disputeren [(wetenschappelijk) redetwisten] **middelnl.** *disputeren* < **fr.** *disputer* < **lat.** *disputare* [nauwkeurig berekenen, met een tegenstander bespreken, redetwisten], van *dis* [naar verschillende kanten] + *putare* [in het reine brengen, berekenen, menen, denken], van *putus* [rein, schoon] (vgl. *computer*).

dispuut [redetwist] < **fr.** *dispute,* van *disputer* < **lat.** *disputare* (vgl. *disputeren*).

disruptief [verwoestend] gevormd van **lat.** *disrumpere* (verl. deelw. *disruptum*) [splijten], *di(s)ruptio* [het splijten], van *dis* [vaneen] + *rumpere* [breken], idg. verwant met *roven, roppen.*

dissectie [lijkopening] < **fr.** *dissection* < **me. lat.** *dissectio,* van *dissecare* (verl. deelw. *dissectum*), van *dis* [uiteen] + *secare* [snijden], idg. verwant met *zaag, zeis.*

dissel[1] [bijl] **middelnl.** *dessel, dissel, diessel,* **oudhd.** *dehsala,* **middelnd.** *desele, dessel,* **oudnoors** *þexla;* buiten het germ. **lat.** *telum* [werpspies], **oudkerkslavisch** *tesla* [bijl], **oudindisch** *taksati* [hij hakt, timmert].

dissel[2] [disselboom] **middelnl.** *diesele, disel, dissel,* **oudsaksisch** *thisla,* **oudhd.** *dīhsala,* **oudeng.** *ðīsl(e),* **oudnoors** *þīsl;* buiten het germ. **lat.** *temo* [disselboom].

dissenter [andersdenkende] < **eng.** *dissenter,* van *to dissent* [in gevoelen verschillen, afwijken van de staatskerk] < **lat.** *dissentire* [het oneens zijn], van *dis* [uiteen] + *sentire* [met een zintuig waarnemen, van mening zijn], idg. verwant met *zinnen.*

dissertatie [proefschrift] < **fr.** *dissertation* [verhandeling, opstel] < **lat.** *dissertatio* [verhandeling], van *dissertare* [redetwisten, uiteenzetten, redeneren], frequentatief van *disserere* [ordenen, uiteen zetten, betogen], van *dis* [naar alle richtingen] + *serere* [aaneenschakelen, laten aansluiten] (vgl. *serie*).

dissident [andersdenkende] < **fr.** *dissident* < **lat.**

dissimilatie — diurnaal

dissidens (2e nv. *dissidentis*), teg. deelw. van *dissidēre* [verwijderd zijn, onenig zijn], van *dis* [uiteen] + *sedēre* [zitten], daarmee idg. verwant.

dissimilatie [het ongelijk maken (in taalkunde)] **middelnl.** *dissimilatie* < **fr.** *dissimilation*, van **lat.** *dissimilis* [ongelijk aan, verschillend], van *dis* [uiteen] + *similis* [gelijk].

dissimulatie [veinzerij] **middelnl.** *dissimulatie* [het door de vingers zien, oneerlijkheid] < **fr.** *dissimulation* < **lat.** *dissimulationem*, 4e nv. van *dissimulatio* [het loochenen, het doen alsof men iets niet merkt], van *dissimulare* (verl. deelw. *dissimulatum*) [verheimelijken, niets laten merken], van *dis* [uiteen] + *simulare* [gelijk maken, nabootsen, voorwenden], van *simul* [tegelijk, samen].

dissipatie [verkwisting] < **fr.** *dissipation* < **lat.** *dissipationem*, 4e nv. van *dissipatio* [verstrooiing, verbrokkeling], van *dissipare* (verl. deelw. *dissipatum*) [uiteenwerpen, verstrooien], van *dis* [uiteen] + het niet zelfstandig bewaarde *sipare* [werpen].

dissolveren [ontbinden] < **lat.** *dissolvere* [losmaken, uiteen doen vallen], van *dis* [uiteen] + *solvere* [losmaken], van *se-* [terzijde] + *luere* [losmaken], idg. verwant met ***verliezen*** (vgl. ***lues***).

dissonant [wanklank] < **fr.** *dissonant* < **lat.** *dissonans* (2e nv. *dissonantis*), teg. deelw. van *dissonare* [verward klinken, niet overeenstemmen], van *dis* [uiteen] + *sonus* [klank, geluid], idg. verwant met ***zwaan***.

distaal [van het middelpunt verwijderd] < **eng.** *distal*, van *distant* [ver, verwijderd] + *-al* < **lat.** *-alis*, dat een verband aangeeft.

distant [veraf] < **fr.** *distant* < **lat.** *distans* (2e nv. *distantis*), teg. deelw. van *distare* [verwijderd zijn], van *dis* [uiteen] + *stare* [staan], daarmee idg. verwant.

distel [stekelige plant] **middelnl.** *destel, diestel, distel*, **oudsaksisch** *thistil*, **oudhd.** *distil*, **oudeng.** *pistel*, **oudnoors** *pistill*; buiten het germ. **lat.** *instigare* [aanzetten, prikkelen], **gr.** *stizein* [steken, prikken], **russ.** *stegat'* [naaien, geselen], **oudindisch** *tejate* [hij is scherp] (vgl. ***steken***); de verbindingen buiten het germ. zijn niet zeker, maar wel geloofwaardig.

distichon [tweeregelig vers] < **lat.** *distichon* < **gr.** *distichon*, van *di-* [twee] + *stichos* [rij, gelid, vers].

distillaat [produkt van distillatie] < **lat.** *destillatum, distillatum*, verl. deelw. van *destillare* (vgl. ***distilleren***).

distilleren [zuiveren] **middelnl.** *distilleren* < **fr.** *distiller* < **lat.** *destillare, distillare* (verl. deelw. *destillatum, distillatum*) [afdruipen, druppen], (*destillatio* [neusverkoudheid]), van *stilla* [druppel].

distinctie [onderscheiding] **middelnl.** *distinctie* < **fr.** *distinction* < **lat.** *distinctionem*, 4e nv. van *distinctio* [scheiding, onderscheiding, eer], van *distinguere* (verl. deelw. *distinctum*) [scheiden, versieren].

distinctief [onderscheidend] < **fr.** *distinctif* < **me. lat.** *distinctivus* [idem], van *distinguere* (vgl. ***distinctie***).

distingeren [onderscheiden] < **fr.** *distinguer* < **lat.** *distinguere* (vgl. ***distinctie***).

distomatose [leverbotziekte] genoemd naar de *distomata*, mv. van *distoma* [parasietsoort] < **gr.** *distomos* [met twee monden], van *dis* [tweemaal] + *stoma* [mond]; de parasiet heeft twee zuigmondjes.

distorsie [verzwikking] < **fr.** *distorsion* [verwringing], gevormd van **lat.** *dis* [uiteen] + **fr.** *torsion* (vgl. *+torsie*).

distract [verstrooid] < **lat.** *distractus* [verdeeld, verstrooid], van *distrahere* (verl. deelw. *distractum*) [uiteentrekken, doen weifelen], van *dis* [uiteen] + *trahere* [trekken], idg. verwant met ***dragen***.

distribueren [verdelen] **middelnl.** *distribueren* < **fr.** *distribuer* < **lat.** *distribuere* [verdelen, uitdelen, indelen], van *dis* [uiteen] + *tribuere* [toedelen, toekennen], van *tribus* [een van de oorspronkelijke drie delen van de stad Rome alsook van de drie gebieden waarin het omgevende land was verdeeld, kiesdistrict], gevormd van dezelfde basis als *drie* + een stam van het ww. zijn, vgl. *fui* [ik was], *futurus* [zullende zijn].

distributie [verdeling] (1541) < **fr.** *distribution* < **lat.** *distributionem*, 4e nv. van *distributio* [verdeling, uitdeling, indeling], van *distribuere* (verl. deelw. *distributum*, vgl. ***distribueren***).

district [ambtsgebied] **middelnl.** *district* < **fr.** *district* < **me. lat.** *districtus, districtum, districtio* [bergpas, jurisdictie, gebied van de jurisdictie, district], van *distringere* (verl. deelw. *districtum*) [uiteenrekken, uitstrekken, verdelen], van *dis* [uiteen] + *stringere* [aansnoeren], idg. verwant met ***strijken, strik*** [1].

dit [aanwijzend vnw.] **middelnl.** *dit*, **oudsaksisch** *thit*, **oudhd.** *diz*, **oudfries** *thit*, **oudeng.** *ðis*.

dithyrambe [loflied, oorspr. op Bacchus] < **gr.** *dithurambos* [bijnaam van Bacchus], een vóór-gr. woord.

dito [evenzo] < **it.** *ditto*, een toscaanse nevenvorm van *detto*, verl. deelw. van *dire* [zeggen] < **lat.** *dicere* [idem], dus lett. 'dat wat al gezegd is'; idg. verwant met (*aan*)*tijgen*.

dittografie [het bij vergissing dubbel schrijven] gevormd van **it.** *ditto* (vgl. ***dito***) + **gr.** *graphein* [schrijven], idg. verwant met ***kerven***.

diurese [urinelozing] van **gr.** *diourein* [op het wateren werken], van *dia* [doorheen] + *ourein* [wateren], van *ouron* [urine].

diuretisch [urineren bevorderend] < **byzantijnsgr.** *diourètikos* [diuretisch], van **klass. gr.** *diourein* (vgl. ***diurese***).

diurnaal [gebedenboek] **middelnl.** *diurnael*, van **lat.** *diurnus* [overdag gebeurend, dag-, dagelijks], van *dius* [overdag], van *dies* [dag] + een achtervoegsel *-urnus*, dat tijd indiceert.

diva [gevierde actrice] < **it.** *diva* [godin, geliefde, actrice] < **lat.** *diva* [godin, geliefde], vr. van *divus* = *deus* [god], verwant met **gr.** *theos* [idem].

divagatie [uitweiding] < **fr.** *divagation* < **me. lat.** *devagatio, divagatio* [het verdwalen], van *dis* [uiteen] + *vagari* [zwerven], van *vagus* [zwervend, onbestendig, onbepaald, vaag].

divan [Turkse staatsraad, rustbank, verzameling gedichten] (1760) < **fr.** *divan* [idem] < **turks** *divan* < **ar.** *dīwān* [(vroeger) boekhouding van de schatkist, verzameling gedichten van één schrijver, overheidskantoor, gerechtshof, staatsraad, rustbed, treincoupé] < **perzisch** *dīwān,* verwant met *debīr, dibīr* [schrijver] > **maleis** *dewan* [raad, gerechtshof]; de betekenisontwikkeling is dus: register, registratie, douane, schrijvend college, de vestiging daarvan, hun 'zetels', vgl. *douane.*

divergeren [uiteenwijken] < **fr.** *diverger* [idem] < **me. lat.** *divergere* [verdwalen, de verkeerde weg op gaan], van *dis* [uiteen] + *vergere* [overhellen, naderen, ten einde lopen], idg. verwant met *wringen, wurgen.*

divers [verschillend] **middelnl.** *divers* < **fr.** *divers* < **lat.** *diversus, -a, -um* [naar verschillende kanten gekeerd, verschillend], van *divertere* (verl. deelw. *diversum*) [verschillen], van *dis* [uiteen] + *vertere* [keren, wenden, draaien], idg. verwant met *worden.*

diversificatie [spreiding] < **me. lat.** *diversificationem,* 4e nv. van *diversificatio* [variatie], van *diversus* (2e nv. *diversi,* vgl. ***divers***) + een vorming van *facere* [maken, doen], daarmee idg. verwant.

diversiteit [verscheidenheid] < **fr.** *diversité* [idem] < **lat.** *diversitatem,* 4e nv. van *diversitas* [verschil], van *diversus* (vgl. ***divers***).

diverteren [zich diverteren, zich vermaken] < **fr.** *se divertir* [idem] < **lat.** *divertere* [weggaan, verschillen, zich afwenden, afleiden], van *dis* [uiteen, weg van] + *vertere* [keren, wenden], idg. verwant met *worden.*

divertikel [uitstulping] < **lat.** *diverticulum, deverticulum* [zijpad, ook kroeg, herberg], van *divertere* (vgl. ***diverteren***).

divertimento [klein muziekwerk] < **it.** *divertimento* (vgl. ***diverteren***).

divette [operettezangeres] < **fr.** *divette,* verkleiningsvorm van ***diva***.

dividend [periodieke winstuitkering] < **fr.** *dividende* < **lat.** *dividendum* [dat wat verdeeld moet worden], gerundivum van *dividere* [verdelen, splitsen, scheiden], idg. verwant met *weduwe.*

divideren [verdelen] **middelnl.** *divideren* < **lat.** *dividere* (vgl. ***dividend***).

dividivi [peulen] via spaans ontleend aan een Caribische taal.

divien [goddelijk] (ca. 1500) *divyn* < **fr.** *divin* < **lat.** *divinus* [goddelijk], van *divus* = *deus* [god] (vgl. ***diva***).

divinatie [inzicht in de toekomst door bovennatuurlijke gave] < **fr.** *divination* < **lat.** *divinationem,* 4e nv. van *divinatio* [idem], van *divinare* (verl. deelw. *divinatum*), van *divinus* [goddelijk] (vgl. ***divien***).

diviniteit [goddelijkheid] **middelnl.** *diviniteit* [godgeleerdheid] < **fr.** *divinité* < **lat.** *divinitatem,* 4e nv. van *divinitas* [goddelijkheid], van *divinus* (vgl. ***divien***).

divisie [afdeling] **middelnl.** *divisie* [indeling, verdeeldheid] < **fr.** *division* [deling, legerdivisie] < **lat.** *divisionem,* 4e nv. van *divisio* [verdeling, deel], van *dividere* (verl. deelw. *divisum,* vgl. ***divideren***).

dixiecraten [zuidelijke Democraten in de V.S.] < **eng.** *dixiecrats,* van *Dixie Land* [het zuiden van de Verenigde Staten].

dixieland [soort jazzmuziek] genoemd naar *Dixie Land,* benaming voor de zuidelijke staten in de Amerikaanse burgeroorlog, oorspr. een spotnaam voor New Orleans, vermoedelijk van *dixie* [een 10-dollar biljet], uitgegeven door een bank daar vóór het uitbreken van de burgeroorlog; het vertoonde op beide zijden in grote letters *Dix* [fr. tien].

djahé [gember] < **maleis** *jahe,* **javaans** *jae.*

djak, djakke [zweep] van *djakken* [met een zweep klappen], klanknabootsende vorming.

djaksa [officier van justitie] < **maleis** *jaksa* [idem] < **ar.** *jazā* [hij strafte, gaf genoegdoening, vergold].

djamboe [vrucht] < **maleis** *jambu,* **javaans** *jambu,* uit het oudindisch.

djarak [de wonderboom] < **maleis** *jarak,* **javaans** *jarak.*

djati [houtsoort] < **maleis** *jati* < **javaans** *jati.*

djengkol [boomsoort] < **maleis** *jengkol* [idem].

djeroek [citrussoort] < **maleis** *jeruk* [idem].

djimat [talisman] < **maleis** *jimat* [talisman, toverformulier].

djinn → *dschinn.*

djoeroetoelis [klerk] < **maleis** *jurutulis,* van *juru* [iem. die in iets bedreven is] + *tulis* [schrijven].

djongos [huisbediende] < **maleis** *jongos* [idem] < **nl.** *jongen.*

do [muzieknoot] < **it.** *dò,* een willekeurig gekozen lettergreep ter vervanging van *ut.*

dobbe [veenkuil] **middelnl.** *dobbe* [kuil, groeve], verwant met *diep, dompelen.*

dobbelen [met dobbelstenen werpen] **middelnl.** *doblen, dob(b)elen* < **oudfr.** *doble* < **lat.** *duplus* [tweevoudig, tweemaal zoveel], *duplum* [het dubbele], van *duo* [twee], daarmee idg. verwant.

dobber [drijver] **middelnl.** *dobber,* mogelijk gevormd als agens bij **middelnl.** *dubben, dobben* [onderdompelen], mogelijk verwant met *diep* → *dobbe*

dobberen [drijven] afgeleid van *dobber* of van *dobben.*

dobby [weefmachine] < **eng.** *dobby, dobbie* [idem], vermoedelijk de persoonsnaam (troetelnaampje)

dobermannpinscher — doen

Dobby < *Dobbin*, verkleiningsvorm van *Dob*, van *Rob(in)*.

dobermannpinscher, dobermannpincher [terriër] het eerste lid naar de 19e eeuwse Duitse hondenfokker *Ludwig Dobermann* + **pinscher**.

docent [leraar] < lat. *docens* (2e nv. *docentis*), teg. deelw. van *docēre* (vgl. **doceren**).

doceren [onderwijzen] < lat. *docēre* [onderwijzen], verwant met gr. *didaskein* (vgl. **didactisch**).

doch [maar] middelnl. *doch*, oudsaksisch *thoh*, oudhd. *doh*, oudfries *thach*, **oudnoors** *po*, **gotisch** *pauh*, **oudindisch** *tu* [echter], is gevormd van dezelfde voornaamwoordelijke stam als in *daar, dat, deze* + een versterkend partikel, dat in lat. *que*, gr. *te*, oudindisch *ca*, o.m. in de betekenis 'en' te voorschijn komt.

docht → **doft**.

dochter [kind van het vrouwelijk geslacht] middelnl. *dochter*, oudnederfrankisch *dohter*, oudsaksisch *dohtar*, oudhd. *tohter*, **gotisch** *dauhtar*; buiten het germ. gr. *thugatèr*, **oudkerkslavisch** *dŭšti*, oudindisch *duhitar-*.

dociel [leerzaam, gedwee] < fr. *docile* < lat. *docilis* [leerzaam, bevattelijk, bereid te luisteren], van *docēre* [onderwijzen] (vgl. **doceren**).

docimasie [essayeerkunst] < fr. *docimasie* < gr. *dokimasia* [keuring, onderzoek], van *dokimazein* [onderzoeken, keuren], van *dokimos* [aannemelijk, beproefd], van *dechesthai* [opnemen, aannemen], verwant met *docēre*.

doctor [academische graad] < lat. *doctor* [leraar, leermeester], van *docēre* (verl. deelw. *doctum*) [onderrichten, onderwijs geven, uiteenzetten] (vgl. **doceren**).

doctoraal [van een doctor] < me. lat. *doctoralis* [doctoraal], van **doctor**.

doctorandus [iem. die doctoraalexamen heeft gedaan, lett. die tot doctor moet worden gemaakt] < me. lat. *doctorari* [de doctorsgraad verwerven], van **doctor**.

doctrine [leerstelling] **(middelnl.** *die hemelsche doctrine*, benaming van Jezus en Maria) < lat. *doctrina* [onderwijs, opleiding, leer], van *docēre* [onderwijzen] (vgl. **doceren**).

document [bescheid] < fr. *document* < lat. *documentum* [lering, leerzaam of waarschuwend voorbeeld, bewijs, toonbeeld], van *docēre* [onderwijzen, inlichten, meedelen] (vgl. **doceren**).

dodaars [dodo] het eerste lid is *dot* [pluk], het tweede betekent 'achterste'. De dodo werd zo genoemd vanwege de staartpluk veren.

dodde [lisdodde] hetzelfde woord als *dot;* de bloem zal zo genoemd zijn op grond van vormgelijkenis.

dodderen [slaperig zijn] iteratief van *dutten*.

doddig [snoezig] een vrij jonge afleiding van *dot*, in de betekenis 'lief kindje'.

dodecaëder [twaalfvlak] < gr. *dōdekaedron* [met 12 vlakken], van *dōdeka* [12], van *duo* [twee] + *deka* [tien] + *hedra* [zetel, vlak].

dodei [vuil ei] het eerste lid vermoedelijk van *dodder*, nevenvorm van **dooier**, genoemd naar de trillende substantie.

dodekop [rode en paarse verfstof] vertaling van alchemistenlatijn *caput mortuum* [dood hoofd]; de eerste betekenis van *caput* is hoofd, maar vervolgens ook uiterste, zowel einde als oorsprong, bron, leven; het niet werkzame residu, dat na het destilleren overbleef, werd *caput mortuum* genoemd.

doden [van het leven beroven] **middelnl.**, middelnd. *doden*, oudhd. *toden*, oudfries *deda*, **oudeng.** *diedan*, gotisch *daupjan;* afgeleid van *dood*¹.

dodijnen [wiegen] < fr. *dodiner, dodeliner* [idem], een klanknabootsende vorming.

dodo [uitgestorven vogelsoort] < **portugees** *doudo* [dwaas], vermoedelijk zo genoemd vanwege zijn lomp en onhandig voorkomen.

doedelzak [blaasinstrument] < hd. *Dudelsack*, uit slavische talen, vgl. **tsjechisch** *dudy* [doedelzak], **servokroatisch** *duduk* [fluit] < **turks** *duduk* [fluit] (verwant met *dudak* [lip]).

doei [dag!] naast *doeg;* etymologie onbekend, soort samentrekking van *goeiendag* met verplaatsing van de *oe*.

doejoeng, doejong, dujong, dugong [zeekoe] < **maleis** *duyung*, **javaans** *duyung*.

doek [geweven stof] **middelnl.** *doeke, doec, duec*, **oudsaksisch** *dōk*, **oudhd.** *tuoh*, **oudfries** *dōk;* verwantschap met niet-germ. woorden is onzeker.

doekoe [vrucht] < **maleis** *duku* [idem].

doekoen [medicijnman, tovenaar] < **maleis** *dukun*, **javaans** *dukun*.

doel [mikpunt] middelnl. *doel(e)* [greppel, als grens tussen twee landen (waarvoor ook het woord doelpunt werd gebruikt), schietbaan, gevecht], oudhd. *tuolla* [klein dal], waarnaast *dola* [greppel], **oudwestfries** *dole* [doel (bij schieten)], ablautsvormingen naast *dal;* de betekenisovergang van greppel, dal naar doel is verklaarbaar, als men denkt aan de schietbaan met vóór het doel een loopgraaf voor degenen die de gescoorde punten van dichtbij noteren en eventueel de doelen herstellen.

doelang [schotel voor wassen van erts] < **maleis** *dulang* [bak, presenteerblad].

doelen [ww. mikken, zn. schietbaan] afgeleid van *doel*.

doelmatig [geschikt voor het doel] eerst 19e eeuws, gevormd van *doel* o.i.v. hd. *zweckmäßig*.

doem [oordeel, vloek] middelnl. *doem, doum* [oordeel, vonnis], **oudhd.** *tuom*, **oudsaksisch, oudfries, oudeng.** *dōm*, **gotisch** *dōms*, **oudnoors** *dōmr;* buiten het germ. gr. *themis* [wet], **oudindisch** *dhāman* [wet], afgeleid van een idg. basis met de betekenis 'plaatsen, (vast)stellen'.

doempalm [waaierpalm] < eng. *doom palm* < fr. *doum* < ar. *daum* [doempalm].

doen [handelen, plaatsen] middelnl. *doen*, oudne-

doerak — dol

derfrankisch *duon,* **oudsaksisch** *duon, dōn,* **oudhd.** *tuon,* **oudfries** *dua(n),* **oudeng.** *don,* van een idg. basis met de betekenis 'leggen, plaatsen', waarvan ook stammen **lat.** *facere* [maken, doen], **gr.** *tithenai* [zetten], **gallisch** *dede* [plaatste], **oudkerkslavisch** *děti* [leggen], **oudindisch** *dadhāti* [hij zet].

doerak [gemeen mens] < **russ.** *durak* [nar, dwaas, gek], vermoedelijk overgenomen van de kozakken die aan het eind van de Franse tijd in Nederland waren gelegerd.

doerian [vrucht] < **maleis** *durian,* afgeleid van *duri* [stekel].

doerra [kafferkoren] < **ar.** *dhura* [een soort gierst].

does[1] [hondsoort] verkort uit *kardoes*[3].

does[2] [sproeier] < **fr.** *douche* (vgl. *douche*).

does[3] [suf] **middelnl.** *dosich, dosech* [duizelig, suf, versuft] → *doezelen.*

does[4] [huls voor kruit] verkort uit *kardoes*[1].

doesoen [desa] < **maleis** *dusun* < **javaans** *dusun* [dorp], naast maleis uit **javaans** *desa* [dorp] (vgl. *desa*).

doetebolten [grote lisdodde] van *doet,* een dialectische vorm van *dot + bolte,* een dialectische vorm van *bout* [ondereind van de stengel].

doetje [sukkel] (1632), vermoedelijk uit verouderd **nl.** *doei* [onnozele vrouw], **middelnl.** *doetsch* [traag van verstand], vgl. **middelnd.** *dutte* [onnozele vrouw] en **nl.** *dutten, bedotten, duizelen.*

doezelaar [rolletje zeemleer om krijt dun uit te wrijven] < **fr.** *douzil* [zwikje van een val], **oudfr.** *doisil* [gat in een vat gemaakt om het aan te steken] < **me. lat.** *duciculus, ducillus, docillus,* verkleiningsvorm van *ductio* [leiding], van *ducere* (verl. deelw. *ductum*) [voeren, leiden]; de betekenis ontwikkelde zich van boorgat via prop om dit te dichten, prop om een wond te stoppen tot prop om de inkt van het oppervlak van een koperen plaat te wrijven.

doezelen [suf zijn] dialectische nevenvorm van *duizelen.*

dof[1] [slag, ingehaald en daardoor bolstaand naaiwerk] van *doffen* [slaan, met een vlugge beweging duwen], **middelnl.** *duffen, doffen* [slaan]; stellig klanknabootsend, maar de betekenis werd verruimd met een visueel element. Vgl. *poffen* en vooral de samenstelling *dofmouw* naast *pofmouw,* vgl. ook *bof* voor slag.

dof[2] [mat, gedempt] evenals *duf* hetzelfde woord als *doof* [in middelnl. gevoelloos, dwaas, doof, dof].

doffer [mannetjesduif] afgeleid van *duif,* zoals *kater* van *kat.*

dofferd [klap] van *doffen* [slaan] (vgl. *dof*[1]).

dofmouw [mouw met doffen] → *dof*[1].

doft, docht [roeibank] **middelnl.** *docht(e), doft, dochtbank,* **middelnd.** *ducht,* **oudhd.** *dofta,* **oudeng.** *ðofte,* **oudnoors** *popta;* etymologie onbekend.

dog [hond] (1546) *dogge* [grote hond] < **eng.** *dog* < **oudeng.** *docga,* waarvan de etymologie onbekend is.

dogboot [vissersvaartuig] → *dogger.*

dog-cart [licht rijtuig] < **eng.** *dog-cart;* zo genoemd omdat oorspronkelijk onder de bank een afgesloten ruimte was voor een hond.

doge [titel van hoogste overheidspersoon in Venetië en Genua] venetiaans dialect voor *duce* (vgl. *duce*).

dogen [dulden] → *gedogen.*

dogger [visser ter kabeljauwvisserij] **middelnl.** *dogger,* wel van **middelnl.** *dogg(h)e* [kabeljauw], vgl. *doggevisch, doggebuys;* etymologie onbekend.

Dogger [geologische term] ontleend aan **noordeng. dial.** *dogger* [vorm van ijzersteen die in klonten wordt gevonden], niet onmogelijk afgeleid van *dog.*

dogma [vastomlijnd geloofsartikel] < **gr.** *dogma* [mening, in pregnant gebruik principe, leerstelling, in chr. verband dogma], van *dokein* [menen, geloven], verwant met **lat.** *decēre* (vgl. *decent*).

dojo [judoschool] < **japans** *dojo* [krijgsschool].

dok[1] [inrichting voor scheepsreparaties] **middelnl.** *docke* [afgesloten kom, waarin men aan schepen werkte] < **me. lat.** *ducta, ductus, doctus, doccia* [waterloop, kanaal, bassin, het weglopen van het water], *ductile* [molentocht, kraan, dijk], van *ducere* [voeren, leiden] (vgl. *duce, douche*).

dok[2] [strowis] **middelnl.** *docke* [pop], **middelnd.** *docke* [pop, strobundel voor het dak], **oudhd.** *tocka* [pop], **fries** *dok* [bundel], **zweeds** *docka* [pop]; verbindingen met niet-germ. talen zijn twijfelachtig.

doka [term in fotografie] afkorting van *donkere kamer.*

dokke [plant] **middelnl.** *docke* [benaming voor diverse planten: kliskruid, hoefblad, plompe, wilde zuring], **oudeng.** *docce,* vermoedelijk verwant met *dok*[2].

dokken[1] [schepen in het dok brengen] → *dok*[1].

dokken[2] [stoten] klanknabootsende vorming, vgl. *dokkeren, deuken.*

dokken[3] [betalen] (1509), reeds bij Kiliaan, etymologie onzeker, mogelijk bargoens < **zigeunertaal** *dau* [geven].

dokkeren [het geluid maken van wielen op stenen] iteratief van *dokken*[2] [stoten], klanknabootsende vorming, vgl. *deuk.*

doksaal [wand tussen koor en schip van een kerk] **middelnl.** *docsael;* zo genoemd omdat daar de *doxologie* werd voorgelezen.

dokter [arts] **middelnl.** *doctoor* [geleerde, leraar] < **lat.** *doctor,* oorspr. gebruikt voor kerkleraar, dan voor *doctor legis* [wetgeleerde] en vervolgens voor medicus (vgl. *doctor*).

dol[1] [krankzinnig, dwaas] **middelnl.** *dol, dul* [dwaas, onnozel, gek], **oudsaksisch** *dol,* **oudhd.** *tol,* **oudfries** *dol, dul,* **oudeng.** *dol* [dom] (**eng.** *dull* [saai]); verwant met *dwalen,* **gotisch** *dwals*

dol — **dolmspiese**

[dwaas]; buiten het germ. **gr.** *tholos* [donker, ondoorzichtig vocht], **oudiers, welsh** *dall* [blind], **Iets** *duls* [halfdwaas].

dol² [spitsmuis] geopperd is dat de benaming van het bn. *dol* stamt, omdat men meende, dat de beet van het dier giftig was.

dol³ [last, pret] van *dol¹*.

dol⁴ [roeipen] **middelnl.** *dol(le)* [idem], **middelnd.** *dolle, dulle,* **oudfries** *tholl,* **oudeng.** *ðol(l)* **(eng.** *thole*) [roeipen], **oudnoors** *pollr* [houten pen]; buiten het germ. **gr.** *tulos* [zwelling, houten pen], **litouws** *tulis* [dol], l-afleiding van de idg. basis die 'zwellen' betekent, vgl. zonder l **lat.** *tumidus* [gezwollen, uitstekend].

dol⁵ [vormloze hoed] in oorsprong hetzelfde woord als *dol⁴* [roeipen, uitstekende rib van trottoirband].

dolage, doodlage [moerassig stuk grond] **middelnl.** *dootlage, dolage,* van *doot* [levenloos, krachteloos, uitgeblust] + *lake, laec, lac* [plas, poel, waterloop] (in plaatsnamen *laak, leek),* **oudeng.** *lagu* [zee, water] < **fr.** *lac* < **lat.** *lacus* [meer, rivier, water], verwant met **gr.** *lakkos* [waterput, vijver], **oudkerkslavisch** *loky* [poel], **gaelisch** *loch* [meer].

dolappel [doornappel] het eerste lid is *dol¹*, wat wijst op de toxische eigenschappen, vgl. *dolkruid*.

dolbroek [broek gedragen bij het zoeken naar zandwormen] van *dollen,* vgl. **fries** *dolle* [kledingstuk gebruikt bij het dolle(n), opspitten], vgl. *dollen²*, *dolmes*.

dolby [systeem voor ruisonderdrukking] genoemd naar *Dolby,* de uitvinder ervan.

dolce [muziekterm] < **it.** *dolce* [zoet, smakelijk, vriendelijk, lief] < **lat.** *dulcis* [idem].

dole [torenkraai] **middelnl.** *dole, dool,* **hd.** *Dohle,* **middelhd.** *tole, dul, dalle,* van *dalen, tallen, tullen* [kletsen].

doleantie [klacht] **middelnl.** *doleantie* < **fr.** *doléance* [idem], van **oudfr.** *douloir* < **lat.** *dolēre* (teg. deelw. *dolens,* 2e nv. *dolentis*) [pijn hebben, treuren over, zich gekrenkt voelen], verwant met *dolare* [met de aks bewerken], zodat de betekenis eig. is 'openrijten', verwant met **gr.** *daidallein* (vgl. *Daedalus*).

dolen [dwalen] **middelnl., middelnd.** *dolen* [dwalen, onzeker zijn, zich vergissen], van *dole* [verwarring, onzekerheid, onzekerheid over de weg], van *dol¹,* naast *dwalen*.

dolendo, dolente [klagend] < **it.** *dolendo, dolente,* respectievelijk gerundium en teg. deelw. van *dolere* [smart gevoelen, klagen] < **lat.** *dolēre* (vgl. *doleantie*).

doleren [zich beklagen] **middelnl.** *doleren* [lijden, verduren] < **lat.** *dolēre* [pijn doen, pijn hebben, zich gekrenkt voelen, treuren over] (vgl. *doleantie*).

doleriet [gesteente] gevormd van **gr.** *doleros* [listig, bedrieglijk], van *dolos* [list, bedrog], idg. verwant met *tellen;* zo genoemd omdat het bedrieglijk veel lijkt op dioriet; vgl. voor de betekenis *apatiet, blende, fenakiet, kobalt, nikkel, wolfraam*.

doleus [te kwader trouw] → *doloos*.

dolfijn [walvisachtige] **middelnl.** *delfijn, dolphijn, dolfijn* < **oudfr.** *dalfin, dauphin* < **me. lat.** *dalfinus,* **klass. lat.** *delphinus* < **gr.** *delphis* (2e nv. *delphinos*), gevormd van *delphus, dolphos* [baarmoeder], idg. verwant met **lat.** *vulva* en waarschijnlijk met *kalf;* de dolfijn is zo genoemd door vormgelijkenis met de baarmoeder.

dolgraag [buitengewoon graag] het eerste lid is het bijw. *dol¹,* dat hier de betekenis 'heel, zeer' heeft gekregen.

dolichocefaal [langschedelig] gevormd van **gr.** *dolichos* [lang] + *kephalè* [hoofd], idg. verwant met *gevel*.

dolik [soort van raaigras] **middelnl.** *dolik, doleke, dolke,* afgeleid van *dol¹* (vanwege de verdovende eigenschappen), vgl. **hd.** *Tollhafer* [dolik].

doline [ketelvormige verdieping in berghellingen] < **fr.** *doline* < **servokroatisch** *dolina* [dal].

dolk¹ [wapen] sedert Kiliaan < **hd.** *Dolch,* in de 16e eeuw ook *tolch* < **tsjechisch** *tolch* en **pools** *tulich;* het ontleende woord sloot enigermate aan bij **middelnl.** *dolle, dolmesse* [dolk] < **lat.** *dolo* [stok met ijzeren punt] < **gr.** *dolōn* [dolk], verwant met *dolos* [berekening, list], idg. verwant met *tellen*.

dolk² [klos, ongezaagd rondhout] vermoedelijk afgeleid van *dol⁴* [roeipen].

dolkruid [nachtschade] het eerste lid wijst op het toxisch karakter, zoals een 18e eeuwse farmacopee zegt 'Verstand ... beroerende kracht', (vgl. *dolappel*).

dollar [munteenheid] dezelfde etymologie als *daalder*.

dollen¹ [uitgelaten handelen] gevormd van *dol¹*.

dollen² [rooien, delven] vermoedelijk van **middelnl.** *dolle* (vgl. *dolmes*).

dolly [karretje] < **eng.** *dolly,* verkleiningsvorm van *doll* [pop, vervolgens de naam van uiteenlopende contrapties, oorspr. met enige gelijkenis met een mens], *doll* is een koosnaampje voor *Dorothy, Dorothea*.

dolmades [gekruide rijst in wijngaardblad] van **turks** *dolma,* gevormd van *dolma(k)* [vullen, gevuld worden].

dolman [jasje] < **hd.** *Dolman* < **hongaars** *dolmány* < **turks** *dolaman* [het rode paradegewaad van de janitsaren, eig. windsel], van *dolamak* [winden].

dolmen¹ [megalitisch grafmonument] < **fr.** *dolmen,* gevormd van **bretons** *tol* [tafel] < **lat.** *tabula* [tafel] + *men* [steen] (vgl. *menhir*).

dolmen² [barg. slapen] < **rotwelsch** *dormen* [idem] < **fr.** *dormir* < **lat.** *dormire* [idem].

dolmes [mes om wormen te dollen] **middelnl.** *dolmes(se)* [dolkmes], van *dolle* [dolk, degenstok] < **lat.** *dolo* (vgl. *dolk¹*).

dolmspiese [barg. slaapstee] gevormd van *dolmen²* + *spiese*.

dolomiet [bitterkalk] < **fr.** *dolomite,* genoemd naar de ontdekker van dit mineraal, de Franse mineraloog *Déodat-Guy-Silvain-Tancrède de Dolomieu* (1750-1801).

doloos [opzettelijk begaan] < **lat.** *dolōsus* [bedrieglijk], van *dolus* [list, bedrog, boos opzet] + *-osus* [vol van].

dolus [kwade trouw] < **lat.** *dolus* [list, bedrog, schuld, boos opzet] (vgl. *doloos*).

dom [1] [kerk] (1574), in het **middelnl.** *dome, doem* < **fr.** *dôme* (een domkerk in Frankrijk zelf noemt men *cathédrale*), naar **it.** *duomo* < **lat.** *domus* [huis] (namelijk *Dei* [van God]), verwant met **gr.** *domos* [huis] en *dōma* [woning, woning der goden, tempel].

dom [2] [naaf] nevenvorm met korte vocaal van *duim;* blijkens **middelnl.** *iet draeit op minen dume* [ik beschik erover] lagen de betekenis vinger en draaipunt niet ver uiteen, vgl. ook *holle duim.*

dom [3] [Portugese titel] < **lat.** *dominus* [heer] (vgl. *dominee*).

dom [4] [niet wijs] **middelnl.** *dom, domp* [dom, dwaas], **oudnederfrankisch, oudsaksisch** *dumb* [dom], **oudhd.** *tumb* [stom, doof, dom], **oudfries** *dumb, dumm* [stom, dom], **oudeng.** *dumb,* **gotisch** *dumbs,* **oudnoors** *dumbr* [stom]; de oorspronkelijke betekenis van deze woorden is 'stom, niet kunnende spreken'; de herkomst is onzeker maar samenhang met *doof* lijkt waarschijnlijk.

-dom [achtervoegsel ter vorming van zn.] in b.v. *bisdom,* **middelnl.** *-doem,* **oudsaksisch** *-dōm,* **oudhd.** *-tuom* (**hd.** *-tum*), **oudeng.** *-dōm* (**eng.** *-dom*), hetzelfde als *doem* in de oorspr. betekenis van (middelnl.) oordeel, rechterlijke uitspraak, i.h.b. van het volk t.o.v. de vorst.

domaniaal [tot het domein behorend] < **fr.** *domanial,* van **me. lat.** *domanium* [domein, land dat door leenmannen voor eigen gebruik wordt benut], van *dominus* [heer] (vgl. *dominee*).

domansduim [kolonie van koralen] vgl. *dodemansvinger (= Fries duimpje)* [een bepaalde paddestoel].

domein [gebied] **middelnl.** *domeinen* [de gezamenlijke rechten en inkomsten van de staat] < **fr.** *domaine* [gebied] < **me. lat.** *domanium* [land dat door leenmannen voor eigen gebruik wordt benut], **klass. lat.** *dominium* [heerschappij, eigendomsrecht, later landgoed], van *dominus* (vgl. *dominee*).

domen [dampen] **middelnl.** *domen, doemen* [vochtig zijn, nevelig zijn, dampen] (vgl. *opdoemen*).

domesticatie [het tot huisdier maken] < **me. lat.** *domesticatio,* van *domesticare* (verl. deelw. *domesticatum*) [temmen], van *domesticus* [van het huis, tam], van *domus* [huis]) (vgl. *dom* [1]).

domestiek [bediende] < **fr.** *domestique* < **lat.** *domesticus* [van het huis, in het huis, huisvriend, bediende], van *domus* [huis] (vgl. *dom* [1]).

domicilie [woonplaats] < **lat.** *domicilium,* van *domus* [huis] + *colere* [bebouwen, in stand houden, (be)wonen] (vgl. *cultuur*).

domig [klam] afgeleid van *doom.*

dominaat [absoluut bewind van de Romeinse keizers] < **lat.** *dominatus = dominatio* [heerschappij, alleenheerschappij], van *dominari* (verl. deelw. *dominatum*) [heersen], van *dominus* [heer] (vgl. *dominee*).

dominant [overheersend] < **lat.** *dominans* (2e nv. *dominantis*) [heersend, gebiedend], eig. teg. deelw. van *dominari* [heersen], van *dominus* [heer] (vgl. *dominee*).

dominatie [overheersing] (1540) < **fr.** *domination* < **lat.** *dominatio* (vgl. *dominaat*).

dominee [predikant] **middelnl.** *domine* [heer!] < **lat.** *domine,* 5e nv., de aanspreekvorm van *dominus* [heer, dus lett. meneer], van *domus* [huis] (vgl. *dom* [1]); de klemtoon versprong in de 17e eeuw in kringen die de toonloze *e* als vulgair beschouwden → *jemenie, molla, rabbijn.*

domineren [overheersen] **middelnl.** *domineren* < **fr.** *dominer* < **lat.** *dominari* [heersen, een voorname rol spelen, de overhand krijgen], van *dominus* [heer des huizes, gebieder] (vgl. *dominee*).

dominicaan [monnik van de orde van Sint-Dominicus] < **me. lat.** *dominicanus,* gevormd van *Dominicus,* de verlatijnste vorm van *Domingo de Guzmán (Santo Domingo),* de stichter van de orde.

dominion [autonoom deel van Britse Gemenebest] < **eng.** *dominion* < **vroeg-fr.** *dominion* < **me. lat.** *dominionem,* 4e nv. van *dominio = klass. lat. dominium* [heerschappij], van *dominus* [heer] (vgl. *dominee*).

domino [lange zwarte (oorspr. priester)mantel met masker, spel] (1859), waarschijnlijk schertsend uit de gebedsformule *benedicamus domino* [laten wij de Heer loven]; het spel is waarschijnlijk zo genoemd vanwege de gelijkenis van de stenen (zwart met witte stippen) met het masker.

dommekracht [werktuig] (1660), van *dom* [2] [spil] + *kracht.*

dommelen [dutten] (1685), vermoedelijk een klanknabootsende vorming.

domoor [dom mens] gevormd van *dom* [4] + *oor,* vgl. *wijsneus.*

domp [lisdodde] van *dompen* [onderdompelen].

dompel [mengsel om scheepsnaden te stoppen] vermoedelijk van *dompelen;* ook in *op de dompel zijn* [sukkelen] hebben we te maken met een afleiding van *dompelen* [geheel verzinken in ...].

dompelen [onder laten gaan in vloeistof] **middelnl.** *dompelen,* **middelnd.** *dumpeln* [onderduiken], **oudhd.** *tumphilo* [kolk] (**hd.** *Tümpel*); iteratief van *dompen.*

dompen [kantelen] verwant zijn o.m. **eng.** *to dump,* **hd.** *Tümpel* [poel], **noors** *dump* [gat in de grond], **litouws** *dumburys* [met water gevuld gat, vijver], verwanten met nasaal element, van *diep.*

domper [kapje om vlam te doven] agens bij *dompen* [uitdoven], **middelnl.** *dompen, verdompen* [verstikken], van *domp* [damp, walm], nevenvorm van *damp*.

dompig [mistig] afgeleid van *domp* [nevel, mist], nevenvorm van *damp* (vgl. *domper*).

dompteur [dierentemmer] < **fr.** *dompteur,* van *dompter* [bedwingen] < **lat.** *domitare* [temmen, bedwingen], intensivum van *domare* [idem], van *domus* [huis] (vgl. *dom* ^{1}).

don [heer, eretitel] < **spaans** *don* < **lat.** *dominus* [heer] (vgl. *dominee*).

doña [eretitel van dame] < **spaans** *doña* < **lat.** *domina* [vrouw des huizes, meesteres] (vgl. *dame*).

donaat [leek, die zijn bezit en zichzelf heeft overgedragen aan een klooster] **middelnl.** *donaet* < **me. lat.** *donatus* [idem], eig. verl. deelw. van *donare* [schenken], van *donum* [geschenk].

donateur [schenker] < **fr.** *donateur* < **lat.** *donator* [schenker, gever], van *donare* (verl. deelw. *donatum*) [geven], van *donum* [geschenk].

donatie [schenking] < **fr.** *donation* < **lat.** *donationem,* 4e nv. van *donatio* [idem], van *donare* (vgl. *donateur*).

donder [geluid bij bliksemslag] **middelnl.** *donre, donder(e),* **oudhd.** *donar,* **oudfries** *thuner,* **oudeng.** *ðunor,* **oudnoors** *þorr;* buiten het germ. **lat.** *tonare* [donderen], **gr.** (aeolisch) *tennei* [hij kreunt], **perzisch** *tondar* [donder], **oudindisch** *tanyati* [het dondert]; de germ. godennaam *Thor* beteken t 'de donderaar'.

donderbaard [huislook] ook *donderbloem,* **middelnl.** *donderbaer(t), donderbone, donderlooc, donderblat, donreblat,* vroeger met de lat. benaming *Barba Iovis* [baard van Jupiter]; zo genoemd omdat de huislook in het volksgeloof beschermde tegen onweer.

donderdag [vijfde dag van de week] **middelnl.** *donredach, donderdach,* het eerste lid is de naam van de germaanse god *Thor* of *Donar;* donderdag is een vertalende ontlening aan **lat.** *Iovis dies* [Jupiters dag]; dit is op gelijke wijze overgenomen uit **gr.** *Dios hèmera* [Zeus' dag].

doneren [geven] < **lat.** *donare* [geven] (vgl. *donateur*).

dong [mest] **middelnl.** *dong(e),* **oudhd.** *tunga,* **oudfries, oudeng.** *dung,* **oudnoors** *dyngja* (vgl. *donk*).

donjon [burchttoren] < **fr.** *donjon* < **me. lat.** *dunjo, jonjo, donjona* [burchttoren, bewaking], van *dominio* (vgl. *dominion*).

donjuanerie [het spelen van verleider] naar de vrouwenverleider *Don Juan,* een legendarische figuur, die in de wereldliteratuur voor veel schrijvers het uitgangspunt werd nadat hij voor het eerst ten tonele was gevoerd door Tirso de Molina in *El burlador de Sevilla y el convivado de piedra (De vrouwenverleider van Sevilla en de stenen gast)* (1630).

donk [moeras, hoogte daarbij] **middelnl.** *donc* [kelder om in te weven of graan in op te slaan, hoge plek in het land], **oudhd.** *tung* [half ondergrondse weefkamer], **middelnd., oudeng.** *dung* [bewaring], **oudnoors** *dǫkk* [kuil], *dyngnja* [vrouwenvertrek (weven!)]; de betekenisovergang van half ondergrondse ruimte, die dus gedeeltelijk boven de grond uitstak, naar hoogte is begrijpelijk. Bij *donk* hoort *dong* [mest]; te denken is aan een met een laag mest geïsoleerde woonruimte. Of *donk* [ineengedraaide bundel] bij *donk* [weefkamer] hoort is onzeker.

donker [niet licht] **middelnl.** *don(c)ker, don(c)kel,* **oudnederfrankisch** *duncal,* **oudsaksisch** *dunkar,* **oudhd.** *tunchar, tunchal,* **oudfries** *diunk(er),* **oudeng.** *deorc,* **oudnoors** *døkkr;* buiten het germ. **gr.** *themerōpis* [met donkere blik], **middeliers** *deim* [somber], **litouws** *dargana* [slecht weer].

donkey [kleine stoommachine op schip] < **eng.** *donkey* [ezel], verkleiningsvorm van *dun* [donkerbruin], waarbij de *o* optrad o.i.v. *monkey,* idg. verwant met **lat.** *fuscus* [donkerbruin] (vgl. *fosco*).

donna [vrouwelijke eretitel] < **it.** *donna* < **lat.** *domina* [vrouw des huizes, meesteres] (vgl. *dame*).

donor [gever, b.v. van bloed] < **eng.** *donor* < **oudfr.** *doneur,* van *donner* [geven] < **lat.** *donare* [idem], van *donum* [geschenk].

donquichotterie [handeling uit onberedeneerd idealisme] **fr.** *donquichottisme,* **spaans** *quijotismo, quijotería,* naar *Don Quichot,* de hoofdfiguur van Miguel de Cervantes Saavedra (1547-1616) in diens beide delen over de *Ingenioso Hidalgo don Quijote de la Mancha.*

dons [pluizig haar] **middelnl.** *donst, dunst, dūst, doest, doust, donse* [stuifmeel, dons, plantenhaar, duist], **oudeng.** *dust,* **oudnoors** *dust* [stof], **oudhd.** *tunst* [adem, storm]; buiten het germ. **oudindisch** *dhvámsati* [hij vervalt tot stof].

donst [maalprodukt] → *dons.*

dont [premieaffaire met keuze tussen premie en rouwgeld] uit de fr. formulering *vente à tel prix, dont ...francs* [verkoop tegen dusdanige prijs, waarvan ... francs premie wordt betaald bij ontbinding van de overeenkomst].

dood ^{1} [toestand waarin men niet meer leeft] **middelnl.** *doot, doet, dood,* van het ww. *do(o)yen, douwen* [wegkwijnen], **oudnederfrankisch** *dōt,* **oudsaksisch** *dōth,* **oudfries** *dāth,* **oudeng.** *deað,* **oudnoors** *dauðr,* **gotisch** *daupus;* buiten het germ. **oudiers** *duine* [mens] → *dooien.*

dood ^{2} [niet meer levend] **middelnl.** *doot,* **oudsaksisch** *dōd,* **oudhd.** *tōt,* **oudfries** *dād,* **oudeng.** *dead,* **oudnoors** *dauðr;* oorspr. een verl. deelw. van **middelnl.** *dooyen* (vgl. *dood* ^{1}).

dood- [voorvoegsel] b.v. *doodstil, doodtoevallig* e.d. met superlatieve betekenis, gevormd naar analogie van *doodziek, doodsbleek.*

dooddoener [algemeen gezegde dat niets bewijst] van *dooddoen* + *-er*.

doodeter [leegloper] dit is *dode eter*, vgl. *mortepaai*.

doodverf [grondverf] **middelnl.** *dootvaruwe, dootverwe* [doodskleur], *dootvaruwich* [doodsbleek], *doot* [dood, bleek (van het gelaat)]; de doodverf is dus genoemd naar het gebruikelijke doffe wit.

doodverven [kenschetsen] eig. in de grondverf zetten (vgl. *doodverf* [grondverf]).

doof [niet kunnende horen] **middelnl.** *doove, doof* [gevoelloos, dwaas, doof], verwant met o.m. **oudhd.** *toup* [idem], **oudfries** *dāf*, **oudeng.** *deaf*, **oudnoors** *daufr*, **gotisch** *daubs* [doof]; buiten het germ. **gr.** *tuphlos* [omneveld, blind, doof], **oudiers** *dub(h)* [zwart]..

dooien [ophouden te vriezen] **middelnl.** *do(o)yen, douwen* [wegkwijnen, smelten], **middelnd.** *doien, douwen*, **oudsaksisch** *doian*, **oudhd.** *doan, douwen*, **oudfries** *deja*, **oudeng.** *ðinan* [vochtig worden], **oudnoors** *deyja*, **gotisch** *diwan* [sterven]; buiten het germ. **lat.** *tabēre* [wegkwijnen, vochtig zijn], **gr.** *tèkein* [doen smelten], **oudiers** *duine* [mens, eig. sterveling], **middeliers** *tam* [dooi], **welsh** *tawdd* [smelten] → *dood* [1], *verdwijnen*.

dooier [centrale deel van vogelei] de *j*- klank is een secundaire ontwikkeling: **middelnl.** *dodre, doder, door*, **oudsaksisch** *dodro*, **oudhd.** *totoro*, **oudeng.** *dydring*; op afstand verwant zijn **gr.** *thuein* [in onstuimige beweging brengen], **oudindisch** *dhūnoti* [hij schudt]; de benaming slaat op de trillende geleimassa.

dook [1] [ijzerstaaf om hout en stenen te verbinden] behoort bij *duiken*.

dook [2] [mist, nevel] bij Kiliaan *daech*, **oudnoors** *poka*, **ijslands** *poka*, **noors** *toka*, **deens** *taage*, **zweeds** *töcken*, **oudeng.** *ðuscian* [ondoorzichtig maken], van een idg. basis met de betekenis 'zwellen', waarvan vermoedelijk ook *duister* is afgeleid.

doom [damp] behoort bij *(op)doemen*.

doon [klam] verondersteld wordt dat het hetzelfde woord is als *doon, deun* [strak gespannen].

doopvont [bekken met doopwater] gevormd van *doop* (vgl. *dopen*) + **middelnl.** *vont(e)* < **fr.** *font* [wijwatervat] < **lat.** *fontem*, 4e nv. van *fons* [bron, in chr. lat. doopvont].

door [1] samentrekking van *dooier*.

door [2] [voorzetsel, van een punt naar een ander] **middelnl.** *dor(e), duer(e)*, **oudnederfrankisch** *thuro*, **oudsaksisch** *thuru(h)*, **oudhd.** *dur(u)h*, **oudfries** *thruch*, **oudeng.** *ðurh, ðerh* (**eng.** *through* en *thorough*), ablautend **gotisch** *þairh*; buiten het germ. **lat.** *trans* [aan de overkant van], **oudiers** *tre, tri*, **welsh** *tra*, **avestisch** *tarasca*, **oudindisch** *tiraḥ* [door].

doorgaans [gewoonlijk] met het bijwoorden vormende achtervoegsel *s* ontstaan uit *doorgaands*.

doorgronden [volledig doorzien] **middelnl.** *doregronden* [peilen, doorgronden], van *dore* [in hoge mate, zeer] + *gronden* [peilen, onderzoeken], van *gront* [grond, het fijne, de bijzonderheden van een zaak].

doorluchtig [verheven] **middelnl.** *dorelichtig, duerluchtich, duerluftich* [doorluchtig, doorschijnend, rein, oprecht], van *dorelichten* [doorstralen]; het gebruik van *doorluchtig* in titels is te danken aan vertalende ontlening aan **lat.** *perillustris*.

doorn, doren [puntig uitsteeksel, m.n. aan plant] **middelnl.** *do(o)rn, doren, dorijn*, **oudsaksisch**, **oudhd.**, **oudfries** *thorn*, **oudeng.** *ðorn*, **oudnoors** *þorn*, **gotisch** *þaurnus*, **oudkerkslavisch** *trŭnŭ* [doorn], **iers** *trainin*, **oudindisch** *tṛṇa-* [gras, stro].

doorwas [schermbloemige plantensoort] < **hd.** *Durchwachs*, zo genoemd omdat het lijkt alsof de steel door het blad is gegroeid.

doorwrocht [grondig] **middelnl.** *dorewracht* [doorwerkt]; van *door* [2] + *wrochten*.

doos [kartonnen kistje] **middelnl.** *dose*, van *dosis*, welke betekenis verklaard wordt doordat bepaalde doses medicijnen in doosjes werden afgeleverd.

dop [schaal] **middelnl.** *dop(pe), dup* [schil, pot, tol, knop, knoop], **middelnd.** *doppe* [schil, dop, knop], **oudhd.** *topf(o)* [tol], mogelijk een nevenvorm van *top*, maar de herkomst van dit op zo'n klein gebied voorkomend woord is moeilijk te achterhalen.

dope [stimulerend middel] < **eng.** *dope* < **nl.** *doop* [saus en dan wel in de bijzondere betekenis van vloeibaar mengsel van pek, hars, olie en buskruit voor vuurwerk].

dopen [dompelen, door doop in geloofsgemeenschap opnemen] **middelnl.** *dopen*, **oudsaksisch** *dopian*, **oudhd.** *toufen*, **oudfries** *depa*, **oudeng.** *diepan*, **gotisch** *daupjan*; de Goten kozen na hun kerstening *daupjan* [indompelen] voor dopen in christelijke zin als vertalende ontlening aan **gr.** *baptizein* [onderdompelen, de doop geven]; het woord *dopen* behoort bij *diep*.

dopheide [erica] zo genoemd omdat de vruchtjes op notedoppen lijken.

doppen [1] [pellen] → *dop*.

doppen [2] [barg. vechten] vgl. *dop!* [pats!], klanknabootsende vorming.

dopplereffect [wijziging van trillingen] genoemd naar de Oostenrijkse wis- en natuurkundige *Christian Johann Doppler* (1803-1853).

doppleriet [bruine tot zwarte humusafzetting] genoemd naar de Oostenrijkse wis- en natuurkundige *Christian Johann Doppler* (1803-1853).

dor [onvruchtbaar door droogte] **middelnl.** *dor(re), dur(re)*, **oudsaksisch**, **oudhd.** *durri*, **oudeng.** *ðyrre*, **gotisch** *þaursus*, **oudnoors** *þurr*; buiten het germ. **lat.** *terra* [aarde], **oudiers** *tir* [droog].

dorade [goudmakreel] < **spaans** *dorada* [goudbrasem], eig. vr. vorm van het verl. deelw. van *dorar* [vergulden] < lat. *deaurare* [vergulden], van *de* [van] + *aurum* [goud, eig. het stralende], van dezelfde basis als *Aurora*.

dorado → *eldorado*.

Dorisch [van Dorië] < gr. *Dōrikos*, van *Dōris* [een gebied in het oude Griekenland].

dormen [barg. slapen] stellig < fr. *dormir* < lat. *dormire* [slapen].

dormeuse [fauteuil] < fr. *dormeuse* [slaapster, chaise longue], van *dormir* < lat. *dormire* [slapen].

dormitief [slaapmiddel] < fr. *dormitif,* van *dormir* < lat. *dormire* (verl. deelw. *dormitum*) [slapen].

dormitorium [slaapzaal] < lat. *dormitorium* [slaapvertrek], verkort uit *cubiculum dormitorium, cubiculum* [vertrek] *dormitorium* [slaap-], van *dormire* (verl. deelw. *dormitum*) [slapen].

dorp [plattelandsgemeente] **middelnl.** *dorp(e), derp, darp, durp* [akker, hoeve, dorp], **oudsaksisch** *thorp,* **oudhd.** *dorf,* **oudfries** *thorp,* **oudeng.** *ðorp, ðrop* [landgoed, dorp], **oudnoors** *þorp* [hoeve], **gotisch** *þaurp* [landgoed]; buiten het germ. lat. *trabs* [balk, dak, huis], *taberna* [hut], gr. *teramnon* [huis], **welsh** *tref* [woning], **litouws** *troba,* **lets** *traba* [gebouw].

dorpel [drempel] **middelnl.** *do(e)rpel, du(e)rpel;* het gebruikelijke woord in het zuidelijke deel van het taalgebied. De herkomst is niet bevredigend verklaard, maar het is waarschijnlijk dat het woord samenhangt met het noordelijke *drempel*.

dorper [dorpeling, onbeschaafd iemand] **middelnl.** *dorper,* van *dorp*.

dors [jonge kabeljauw] **middelnl.** *dorsch, dorch, derch* [een soort schelvis], **middelnd.** *dors(ch),* **oudnoors** *þorskr,* **eng.** *torsk,* **hd.** *Dorsch* [jonge kabeljauw]; het woord is ontleend aan het noordgerm. en hangt stellig samen met *dor* (men denke aan stokvis).

dorsaal [van de rug] **middelnl.** *dorsale* [het behangsel achter de bisschopszetel < fr. *dorsal* [rug-] < lat. *dorsalis, dorsualis* [op de rug], van *dorsum* [rug].

dorsen [zaad uit de aren slaan] **middelnl.** *derschen, darschen, dorschen,* evenals **middelnd.** *derschen, dorschen,* **oudeng.** *ðerscan* met metathesis van *r,* vgl. **oudhd.** *dreskan,* **oudnoors** *þriskja,* **gotisch** *þriskan;* vermoedelijk verwant met lat. *terere,* gr. *teirein* [wrijven], idg. verwant met *draaien*.

dorso ['in dorso', op de achterzijde] ofwel < it. *in dorso* [in of op de rug], ofwel < lat. *in dorso,* waarin *dorso* de 6e nv. van *dorsum* [rug] is.

dorst [verlangen (naar drinken)] **middelnl.** *dorst, derst, darst, durst,* **oudnederfrankisch, oudsaksisch** *thurst,* **oudhd.** *durst,* **oudeng.** *ðyrst,* **oudnoors** *þorsti,* **gotisch** *þaurstei;* buiten het germ. **oudiers** *tart* [dorst], lat. *torrēre* [verschroeien], **oudindisch** *tarṣa-* [dorst], verwant met *dor*.

dorsten [verlangen naar] afgeleid van *dorst*.

dory [open roeiboot] ontleend aan één van de talen der Mosquito-indianen aan de Atlantische kust van Nicaragua en Honduras.

dos [fraaie kleding] **middelnl.** *dos* < fr. *dos* [rug] < lat. *dorsum* [rug, maar dan meestal van dieren], zodat we moeten denken aan vacht, bont.

dos-à-dos [type tweezitsbank, rijtuigje] < fr. *dos-à-dos* [met de ruggen tegen elkaar] → *dos*.

doseren [een dosis bepalen] < fr. *doser,* van *dose* < me. lat. *dosis* (vgl. *dosis*).

dosis [hoeveelheid] < me. lat. *dosis* < gr. *dosis* [gift], van *didonai* [geven].

dosse ['en dosse', met de schors gezaagd] < fr. *dosse* [de eerste of de laatste plank die men uit een stam zaagt en waarvan dus de ene kant vlak gezaagd is en de andere, met de schors, rondstaat, een ronding die op een rug gelijkt], fr. *dos,* waarbij een vr. vorm *dosse* < lat. *dorsum* [rug].

dossier [papieren over één onderwerp] (**middelnl.** *dossier* [leunstoel]) < fr. *dossier* [o.a. achterkant, ordner, dossier], van *dos* [rug, achterkant] < lat. *dorsum* [rug], via een geassimileerde vorm *dossum*.

dot [pluk, iets liefs] (1608), de grondbetekenis is 'verward kluwen', waarschijnlijk een spontane expressieve vorming, ook *dodde* en *tod;* in de betekenis 'klein kind' afgeleid van *zuigdot*.

dotaal [door de vrouw aangebracht] < fr. *dotal* < lat. *dotalis* [van de bruidsschat], van *dotare* [(met een bruidsschat) begiftigen], van *dos* (2e nv. *dotis*) [bruidsschat, geschenk, gave], van *dare* [geven], (*do* [ik geef]).

dotatie [schenking] < fr. *dotation* < me. lat. *dotationem,* 4e nv. van *dotatio,* van *dotare* (verl. deelw. *dotatum*) [begiftigen], van *dare* [geven].

dotskop [domkop] het eerste lid is een variant van *duts* [sukkel].

dotterbloem [boterbloemachtige] (1608), met dezelfde etymologie als *dooier;* zo genoemd vanwege de gele kleur.

douairière [adellijke weduwe] **middelnl.** *duwagiere* [een vrouw met weduwgoed] < fr. *douairière* < **oudfr.** *douagiere,* vr. bn. van *douage* [bruidsschat, weduwgoed] < lat. *dotarium,* van *dotare* [begiftigen (met een bruidsschat)] (vgl. *dotatie*); het **middelnl.** *duwagiere* is door hernieuwde oriëntering op het fr. verdwenen.

douane [dienst voor in- en uitvoerrechten] < fr. *douane* < me. lat. *doana, duana* [in- en uitvoerregister] < **ar.** *dīwān* (vgl. *divan*).

douarie [weduwengoed] **middelnl.** *douarie, duwarien* < fr. *douarie* < lat. *dotarium* (vgl. *douairière*).

doublé [met edelmetaal bedekt] < fr. *doublé,* verl. deelw. van *doubler,* van *double* [dubbel].

double-breasted [met elkaar bedekkende voorpanden en twee rijen knopen] < **eng.** *double-breasted* [lett. met dubbele borst, met de twee helften van de borst gelijkgemaakt, zodat men aan beide kanten kan toeknopen (1701)], van *double* (vgl. **dubbel**) + *breasted,* van *breast* (vgl. **borst**¹).

doubleren [verdubbelen] < fr. *doubler,* van *double* [dubbel].

doublet [dubbel exemplaar] < fr. *doublet,* verkleiningsvorm van *double* [dubbel].

douceur [fooi] < fr. *douceur,* van *doux,* vr. *douce* [zoet, zacht, lieflijk] < lat. *dulcis* [zoet, aangenaam, bevallig].

douche [stortbad] < fr. *douche* < it. *doccia* [afvoerbuis, goot, stortbad] < me. lat. *doccia* (vgl. **dok**¹).

doussié [houtsoort] < fr. *doussié,* ontleend in Kameroen.

douterkousen [lisdodde] voor het eerste lid vgl. *dodde.*

douteus [twijfelachtig] < fr. *douteux,* van *douter* [twijfelen] < lat. *dubitare* [aarzelen, onzeker zijn, twijfelen], van *dubius* [onzeker, eig. naar twee kanten overhellend], van *duo* [twee], daarmee idg. verwant.

douwen → *duwen.*

doven [uitdoen] afgeleid van *doof,* vgl. de middelnl. betekenissen 'gevoelloos, dof, levenloos, doof' (van kolen).

dovenetel [plantengeslacht] het eerste lid is *doof* in de oude betekenis 'zonder leven' (i.t.t. brandnetel): dove kool, doof hout. Een van de volksnamen is *tamme netel.*

doverik [bokje, snip] ook *stomme snip* genoemd, van *doof;* het dier blijft op het nest zitten als mensen dicht naderen, zodat men zou denken dat het doof is. Vgl. fr. *bécassine sourde, sourd comme une bécasse* en *doof als een kwartel.*

Dow-Jones index [lijst van prijzen van Amerikaanse effecten] < eng. *Dow-Jones index;* het betreft een index, oorspr. samengesteld door *Charles Henry Dow* (1852-1901) en *Edward D. Jones* (1856-1920), die in 1882 Dow Jones en Co stichtten.

down [neerslachtig] < eng. *down,* verkort uit *adown* [heuvelaf], van *a-* [van...af] + *down* [heuvel] (vgl. *duin*).

doxaal → *doksaal.*

doxologie [lofprijzing] < fr. *doxologie* < byzantijns-gr. *doxologia* [glorificatie, lof], gevormd van *doxa* [mening, goede mening, aanzien, eer], *doxa theoi* [ere zij God (Lucas 2:14)] + *logos* [woord, verhaal, verhandeling].

doyen [oudste in jaren] < fr. *doyen* < oudfr. *deien* < lat. *decanus* (vgl. *decaan*).

dozijn [twaalftal] middelnl. *dusine, dosine, dossijn* < fr. *douzaine* < me. lat. *dozena, dossena, dussena, ducena, duzenne* [dozijn], klass. lat. *duodeni* [telkens twaalf], van *duodecim* [twaalf], van *duo* [twee] + *decem* [tien].

dra [spoedig] middelnl. *dra(de)* [vlug, spoedig], **oudhd.** *drato;* indien het woord behoort bij *draaien,* kan men buiten het germ. **oudindisch** *tarani-* [vlug] bij *skt tárati* [hij strekt over] erbij plaatsen.

draad [garen, vezel] middelnl. *draet,* **oudsaksisch** *thrād,* **oudhd.** *drāt,* **oudfries** *thrēd,* **oudeng.** *ðrǣd,* **oudnoors** *þrāðr;* eig. iets dat gedraaid is, afgeleid van *draaien.*

draaien [keren, wenden] middelnl. *dra(e)yen, dreyen,* **oudsaksisch** *thraian,* **oudhd.** *draen* [draaien], **oudeng.** *thrawen,* *ðrawen* [draaien, werpen]; buiten het germ. lat. *terebra,* gr. *teretron,* **oudiers** *tarathar* [boor].

draak [fabelachtig monster] middelnl. *drake* < lat. *draco* [slang, bij dichters ook grote slang, draak] < gr. *drakōn* [slang, in het NT gezegd van de duivel, ook veldteken]; het woord is verwant met gr. *derkomai* (aoristus *edrakon*) [ik kijk, ik straal uit]; daarbij *hupodra* [van onder de wenkbrauwen uitkijkend, somber, dreigend kijkend]; er lijkt een element van 'biologeren' in de betekenis te zitten.

draal [wartel] zal van *draaien* stammen.

drab, drabbe [droesem] (1599), nevenvorm van *draf*¹.

drabbelkoek [bros gebak] het eerste lid is een frequentatief van **middelnl.** *drabben* (vgl. **dribbelen**); de koek is zo genoemd naar het procédé waarbij een straal beslag heen en weer werd gespoten in heet vet.

dracaena [plantesoort] < modern lat. *dracaena* < gr. *drakaina,* vr. van *drakōn* [draak].

drachme [griekse munt] < gr. *drachmè* [dat wat de hand kan grijpen], van *drattomai* [ik vat, grijp]; de drachme was in het oude Griekenland gelijk aan zes *oboloi* [braadspies, munt] (vgl. *obool*); gebleken is na opgravingen, dat zes van deze oude, als betaalmiddel dienende spiesen, juist door een mannenhand kunnen worden omspannen.

dracht [het dragen] middelnl. *dracht,* middelnd. *dracht,* oudhd. *traht;* van *dragen.*

drachtig [zwanger] middelnl. *drachtich, drechtich,* middelnd. idem, hd. *trächtig,* afgeleid van *dracht(e), drecht* [het dragen, het zwanger zijn, aandrang, toedracht, zet in een spel, etter].

draconisch [zeer streng] gevormd van gr. *Drakōn,* de eerste (zeer strenge) Griekse wetgever, ca. 620 v. Chr..

draconitisch [astronomische term] in de oudheid werd aangenomen, dat de maan tijdens een eclips werd ingeslikt door een draak, die zich bij de knopen in de maanbaan bevond → *draak.*

draf¹ [afval na bierbrouwen] middelnl. *draf* [draf, bezinksel, drab], sedert Kiliaan ook *drab,* middelnd. *draf,* oudeng. *drœf,* oudnoors *draf,* **oostfries** *drabbe;* buiten het germ. gr. *trephein* [stremmen], *thrombos* [geronnen bloed], **litouws** *drėbti* [diarree hebben] → *dras, drijten.*

draf² [gang van een paard] afgeleid van *draven.*

dragant, tragant [duindoorn] middelnl. *dragant* [boksdoorn] < fr. *tragacanthe,* van gr. *tragos* [bok] (vgl. **dragee, tragedie**) + *akantha* [doorn] (vgl. *acanthus*).

dragee [versuikerde tablet] in de huidige vorm < fr. *dragée;* de middelnl. vormen zijn *dragie, tragie,*

dragen — dravik

tregie, tresie, tresy, trezie, targie, tergie, traitsye [suikerwerk] < **me. lat.** *dragetum* [gemengde bloem van gerst en haver, snoepje] (vgl. gerstesuiker, een zoete stof bereid van suiker en een aftreksel van gerst) < **gr.** *tragèma* [amandelen, noten e.d., studentenhaver, eig. knabbeltje], van *trōgein, tragein* [knabbelen], waarvan ook *tragos* [bok] (vgl. *tragedie*).

dragen [ondersteunen, bij zich, aan hebben] **middelnl.** *draghen,* **oudsaksisch** *dragan,* **oudhd.** *tragan,* **oudfries** *draga,* **oudeng.**, **gotisch** *dragan* [dragen], **oudnoors** *draga* [trekken]; hoewel er klankwettig geen volledige overeenstemming is, is het wel verwant met **lat.** *trahere* [trekken]; de betekenis heeft zich ontwikkeld van lasten voorttrekken via opladen tot dragen.

dragline [graafmachine] < **eng.** *dragline,* van *to drag* [moeizaam over de grond voortslepen], **oudeng.** *dragan* (vgl. ***dragen***) + *line* [lijn, touw, snoer met een haak].

dragoman [tolk] < **ouder fr.** *dragoman* < **it.** *drogomanno* < **byzantijns-gr.** *dragoumanos* < **syrisch** *targmānā* (**ar.** *turjumān,* bij het ww. *tarjama* [hij vertaalde], vgl. **akkadisch** *targumannu* [tolk], samenhangend met **hettitisch** *tarkumiai-* [verkondigen, vertalen]).

dragon[1] [gewas, lett. slangekruid] vgl. **middelnl.** *dragoen* [draak, basilisk] < **oudfr.** *dragonce* [slangekruid] < **gr.** *drakontion,* van *drakōn* [slang] (vgl. ***draak***).

dragon[2] [sabelkwast] < **fr.** *dragonne* [idem], van *dragon* (vgl. ***dragonder***).

dragonder [lichte cavalerist, heerszuchtig persoon] (1671) < **hd.** *Dragoner* < **fr.** *dragon,* dat als eerste betekenis 'draak' heeft (vgl. ***draak***), en als afgeleide dragonder. Onder de Romeinse veldtekens werd ten tijde van Trajanus, ca. 100 na Chr., voor de ruiterij een zijden slang ingevoerd, die zich bij de galop vanzelf opblies, de *draco,* via de Parthen van Chinese herkomst. Hij werd in de middeleeuwen tot het vaantje aan de ruiterijlans.

dragonnade [terreur door inkwartiering van dragonders] < **fr.** *dragonnade,* van *dragon* (vgl. ***dragonder***).

draineren [ontwateren] (1881) < **fr.** *drainer* < **eng.** *to drain,* **oudeng.** *dreahnian* [idem], van *dryge* [droog].

draisine [loopfiets] genoemd naar de uitvinder ervan, de Duitser *Karl Freiherr Drais von Sauerbronn* († 1851).

dral [vast ineengedraaid] verwant met *drillen* en *draaien → drol*.

dralen [talmen] **middelnl.** *dralen* [talmen, plagen], **oudfries** *dralen* [talmen, in het westfaals voor slepend praten, traag zijn]; het woord komt op een beperkt gebied voor en de etymologie is onbekend. Mogelijk verwant met *druilen*.

dram [verloop van rum] < **eng.** *dram* [borrel(tje)], *fluid dram* [⅛ ounce van b.v. medicijn, ten slotte een slok sterkedrank] < **oudfr.** *drame* < **gr.**

drachmè [munt, gewichtseenheid] (vgl. ***drachme***).

drama [toneelstuk] < **gr.** *drama* [handeling, verhandeling, toneelstuk]; met handeling werd niet bedoeld handeling van het stuk, maar de dienst voor Dionysos, op wiens feesten men slechts stukken opvoerde. Het gr. woord had aanvankelijk een algemene betekenis; ook de komedie viel onder drama. Het betrof meest treurspelen en de betekenisinhoud verschoof naar melodrama. Bij *draō* [ik doe, verricht, handel] (vgl. ***drastisch***).

dramaturg [toneelschrijver, toneeladviseur] < **gr.** *dramatourgos* [idem], van *drama* (vgl. ***drama***) + *ergon* [werk], daarmee idg. verwant.

drambuie [likeursoort] < **gaelisch** *dram buidheach,* van *dram* [borrel] (vgl. ***dram***) + *buidheach* [voldaan, tevreden, dankbaar].

drammen [aandringen] **middelnl.** *drommen, drummen* [dringen], *dremmen* [kwellen, drukken], *drammen* [lawaai maken], **middelnd.** *drammen* [onstuimig voorwaarts dringen, lawaai maken]; de verhoudingen zijn niet geheel doorzichtig, maar het is waarschijnlijk, dat *drom(men)* uit het lat. stamt, vgl. ***drom***[1].

drank [drinkbaar vocht] **middelnl.**, **oudnederfrankisch** *dranc,* **oudsaksisch** *drank,* **oudhd.** *tranc,* **gotisch** *dragk;* afgeleid van ***drinken***.

drapeau [vaandel] < **fr.** *drapeau,* van *drap* [laken, lap stof] < **me. lat.** *drappus* (vgl. ***draperie***).

drapenier [lakenbereider] **middelnl.** *drapenierder, drapeniere,* van *drapenieren* [laken weven], van **fr.** *draperie* [laken], van *drap* [laken] < **me. lat.** *drappus* (vgl. ***draperie***).

draperen [omhangen met een ruim hangend gewaad] **middelnl.** *drapieren* [laken bereiden, weven] < **oudfr.** *draper* [idem, in modern fr. tot laken verwerken, kunstig plooien], van *drap* (vgl. ***draperie***).

draperie [hangende stof als versiering] < **fr.** *draperie,* van *drap* [laken] < **me. lat.** *drap(p)us* [tapijt, kleding, stof voor kleding], van gallische herkomst (vgl. ***drapeau***).

dras, drassig [doorweekt (van grond)] een jong woord, eerst na Kiliaan bekend, en uitsluitend nl., dat in dialecten in ettelijke vorm- en betekenisvarianten voorkomt, verwant met ***draf***[1], *drab, drijten*.

drastisch [krachtig] < **fr.** *drastique* [idem] < **gr.** *drastikos* [krachtig werkzaam, ondernemend, driest], een vorm van het ww. *dran* [doen, verrichten] (vgl. ***drama***).

draven [rennen] **middelnl.** *draven,* **oudsaksisch** *thrabon,* **middelhd.** *draben, traben* [draven], **oudwestfries** *tro(u)wia,* **oudeng.** *ðrafian* [aandrijven, dringen]; buiten het germ. **lat.** *trepidus* [angstig heen en weer lopend], **gr.** *trapein* [druiven treden], **oudkerkslavisch** *trepetŭ* [het beven]; verwant met ***drammen, trimmen, drempel***.

draverik [plantesoort] nevenvorm van ***dravik***.

dravik [plantengeslacht] **middelnl.** *drāvic,* middel-

eng. *drauk* (met hetzelfde achtervoegsel als b.v. *dolik*), **nl. dial.** ook *drep, dreps,* **middelhd.** *trefse,* **middelnd.** *drepse* [wilde haver] (met ander achtervoegsel). De etymologie van dit op beperkt gebied voorkomend woord is niet achterhaald.

draw [gelijk spel] < **eng.** *draw,* van *to draw,* vermoedelijk uit de betekenis 'terugtrekken' *(to withdraw)* ontstaan (vgl. *dragen*).

drawback [nadelige omstandigheid] < **eng.** *drawback,* uit de verbinding *to draw back* [achteruit trekken] (vgl. *dragen*).

dreadnought [slagschip] < **eng.** *dreadnought,* het type is genoemd naar de naam van het eerste schip van dit soort, dat in 1906 te water werd gelaten, van *dread* [vrezen] + *nought* [niets].

drecht, trecht, tricht [overvaart, doorwaadbare plaats] < **lat.** *traiectum,* eig. het verl. deelw. van *traicere* [over iets heen werpen, over iets heen brengen, (een water) oversteken], van *trans* [aan de overkant van, over...heen] + *iacere* [werpen]; hetzelfde woord als de latere ontlening *traject.*

dreef [brede landweg] **middelnl.** *dreve;* afgeleid van (vee) *drijven,* vgl. **hd.** *Trieb* [het drijven van vee], **eng.** *drive* [weg (zn.)], van *to drive* [drijven].

dreet [scheet] afgeleid van *drijten.*

dreg, dregge [anker] **middelnl.** *dregge, drecge* [haak, baggerbeugel] < **eng.** *drag,* van *to drag* [trekken], **oudeng.** *dragan,* **oudnoors** *draga* (vgl. *dragen, dragline*).

dreigen [bedreigend bejegenen, gevaar lopen] **middelnl.** *drēgen, dreigen, driegen,* **oudsaksisch** *thrēgian;* daarbuiten komt het woord niet voor. De etymologie is onzeker; pogingen tot reconstructie zijn weinig overtuigend.

dreinen [zeuren] eerst tegen het einde van de 19e eeuw bekend, klanknabootsende vorming, mogelijk op basis van *drenzen.*

drek [uitwerpselen, vuil] **middelnl.** *drec,* **middelnd.** *dreck,* **middelhd.** *drec,* **oudfries** *threkk,* **oudnoors** *prekkr;* buiten het germ. **lat.** *stercus* [mest], **welsh** *trwnc* [urine], **litouws** *teršti* [bevuilen].

drel [vunzige vrouw] nadrukkelijke nevenvorm van *del²*.

drelen [strelen] etymologie onzeker, vermoedelijk verwant met *draaien.*

dremmen [overhaasten, zeuren] **middelnl.** *dremmen* [kwellen, drukken] → *drammen.*

drempel [verhoging bij deur] vermoedelijk verwant met *draven* → *dorpel.*

drendel [sliert] van *drendelen,* dial. nevenvorm van *drentelen.*

drenkeling [die dreigt te verdrinken of verdronken is] **middelnl.** *drenkelinc,* van *drenken, drinken* [drenken, verdrinken].

drenken [drinken geven] **middelnl.** *drenken* [drenken, verdrinken]; causatief van *drinken,* vgl. **oudnederfrankisch** *drenkan* naast *drinkan,* **hd.** *tränken* naast *trinken,* **eng.** *to drench* naast *to drink.*

drentelen [zonder doel rondlopen] (1678), naast dial. *trentelen,* iteratief van **middelnl.** *trenten* [stappen, lopen], **oudeng.** *trendan* [rollen], **middelhd.** *trendeln* [zich draaien], **hd.** *trendeln* [treuzelen, slenteren], verwant met **gr.** *dromos* [wedloop], **oudindisch** *dramati* [hij loopt heen en weer] (vgl. *hippodroom, dromedaris*).

Drenthe [geogr.] in 820 *Threant* genoemd, een samenstelling waarvan het eerste lid is *drie* en het tweede *hanta* [gemeenschap], dus kennelijk een uit drie delen bestaand gebied.

drenzen [zeuren] **middelnl.** *drensen, drenten* [kniezen, drenzen] → *dreunen.*

drep, dreps [draverik] → *dravik.*

dresregen [stortregen] het eerste lid is van *dressen,* nevenvorm van *dretsen* naast *drijten.*

dress [kleding] < **eng.** *dress,* van **middeleng.** *dressen* [richten, in orde brengen, kleden] < **fr.** *dresser* (vgl. *dresseren*).

dresse [keukenkast] < **fr.** *dresse,* van *dresser* (vgl. *dressoir*).

dresseren [africhten] (1784) < **fr.** *dresser* [rechtop zetten, gereedmaken, in orde brengen, africhten], teruggaand op **lat.** *dirigere* (verl. deelw. *directum* [recht maken, regelen], van *dis* [uiteen] + *regere* [richten], idg. verwant met *rekken.*

dressing [slasaus] < **eng.** *dressing* [kledij, aanmaaksel (voor sla), slasaus], van *to dress* [aankleden, tooien, aanmaken], van **middeleng.** *dressen* < **fr.** *dresser* (vgl. *dresseren*).

dressoir [buffet] < **fr.** *dressoir,* van *dresser* [rechtop zetten: men zette de borden rechtop tegen de wand] (vgl. *dresseren*).

dressuur [africhting] afgeleid van *dresseren.*

dretsen [spatten] iteratief van *drijten.*

dreumel [eindje touw] **middelnl.** *dromelaken* [laken gevouwen uit de afgeknipte einden van draden], **middelnd.** *drom, drum* [uiteinde, zoom], **oudhd.** *drum* [uiteinde], **oudnoors** *promr;* verkleiningsvorm van *dreum* → *drom²*.

dreumes [klein kind] (1843), afgeleid van *dreum,* nevenvorm van *drom²* [stukje overgebleven kettingdraad, klein stukje], met hetzelfde achtervoegsel als b.v. *lobbes.*

dreunen [met een zwaar geluid trillen] in oorsprong een klanknabootsend woord, vergelijkbaar met *drenzen, dreinen, druisen;* in **middelnl., middelnd.** *dronen,* **gotisch** *drunjus* [geluid]; buiten het germ. **gr.** *thrōs* [rumoer, klank], *thrènein* [jammeren], **oudindisch** *dhranati* [hij weerklinkt].

dreutelen [talmen] frequentatief bij **middelnd.** *dröten* [op de lange baan schuiven], de hapax **middelnl.** *droten* [talmen, aarzelen], **westvlaams** *droten* [dutten], waarschijnlijk een relatief jonge vorming in de sfeer van *drentelen, dralen, druilen, treuzelen.*

drevel [drijfijzer] **middelnl.** *drevel* [drijfhamer, metalen pin], afgeleid van *drijven.*

drevelen [heen en weer lopen] → *dribbelen.*

drevelgat [lichtekooi] het eerste lid is (bij Kiliaan) *drevelen* [heen en weer lopen] (vgl. *dribbelen*); de betekenis is dus: die met haar achterste loopt te draaien.

dribbelen [met kleine passen lopen] middelnl. *dribbelen, drubbelen* [trippelen, dansen], *drabben* [druk heen en weer lopen], fries *dribbelje* [onophoudelijk heen en weer lopen]; dribbelen als voetbalterm is overgenomen van eng. *to dribble,* frequentatief van *to drib* (nevenvorm van *drip*) [druppelen], vgl. gemeenzaam: 'wat loop je nou te druppelen' [ongecoördineerd, besluiteloos heen en weer lopen].

drichten [de akker bewerken] < westvlaams *dricht* [bewerking van het bouwland], middelnl. *drift, dricht,* middelnd. *trift* [o.m. weide], middelhd. *trift* [idem], afgeleid van *drijven* (vgl. *drift*).

drie [telwoord] middelnl. *dri, drie;* buiten de in alle germ. talen duidelijke verwanten o.m. in lat. *tres,* gr. *treis,* oudiers *tri,* oudkerkslavisch *trije,* oudindisch *trayas.*

driegen [rijgen] middelnl. *driegen* [rijgen, hechten], middelhd. *drihen* [stikken], verwant met *driest, dreigen, dringen.*

driegloop [klavervormige vulling in gotisch venster] gevormd van *drie* + *gloop.*

driehoek [deel van plat vlak door drie lijnen ingesloten] middelnl. *driehoec,* vertaling van lat. *triangulum.*

drieklezoor [baksteen met ¾ van de gewone lengte] → *klezoor.*

drieling [drie kinderen van dezelfde dracht] het middelnl. kende *drielinc* [¾ erf], in de moderne betekenis is het een navolging van middelnl. *tweelinc* [tweeling].

dries [braakliggende akker] oudgents *thriusca* [begroeide akker], middelnl. *driesch, dries, dreesch* [braakland]; etymologie onzeker.

driest [vermetel] middelnl. *drijst, driest,* oudsaksisch *thrīst,* oudhd. *drīsti,* oudeng. *ðrīste,* afgeleid van de germ. vorm van *dringen.*

drift [hartstocht, plotselinge woede] middelnl. *dricht, drecht, drift, dreft* [onstuimigheid, kudde, weide, ijver, drift], afgeleid van de germ. vorm van *drijven,* vgl. ook *drichten.*

drijlen [garen op klossen winden] Zaanse nevenvorm van *drillen.*

drijten [kakken] middelnl., middelnd. *driten* [idem], oudhd. *drizan, trizan,* oudeng. *dritan,* oudnoors *drita;* buiten het germ. russ. *dristat',* lat. *forica* [latrine], litouws *derkiu* [ik doe mijn gevoeg].

drijven [voor zich uit doen gaan] middelnl. *drīven* [drijven, voeren, werken, doen, heen en weer gaan, bewegen], oudsaksisch *drīban* [zich bewegen, wegdrijven, doen], oudhd. *trīban,* oudnoors *drīfa,* oudfries *drīva* [idem], gotisch *dreiban* [drijven, dringen]; het woord komt slechts in een deel van het germ. voor en de etymologie is onzeker.

dril[1] [gelei] (1867), van *drillen,* nevenvorm van *trillen.*

dril[2] [apesoort] verkort uit *mandril.*

dril[3] [een stof] pas sedert Kiliaan *drille, trille,* middelnd. *drell(e)* < oudhd. *drilih* [drievoudig, driedraads] < lat. *trilix* [driedraads], van *tres* [drie] + *licium* [draad, lint] (vgl. *lus, trielje*).

dril[4] [op de dril, aan de zwier] ook *tril,* van *drillen* in de oude betekenis 'zwaaien, rondzwaaien' en vandaar 'zwieren'.

drilboor [bepaalde boor] → *drillen.*

drillen [africhten, boren] middelnl. *drillen* [boren, zwaaien], middelnd. *drillen* [rollen, draaien], middelhd. *drillen* [draaien, rond maken], eng. *to drill* [doorboren]; in fries en nd., waaruit ook sedert de 17e eeuw in hd., komt de betekenis 'africhten op' voor, vermoedelijk via de betekenis 'kwellen', die nog voorkomt in zweeds *drilla,* deens *drille* → *drol.*

dringen [druk doen gelden] middelnl. *dringen* [drukken, persen, klemmen, dringen], oudsaksisch *thringan,* oudhd. *dringan,* oudeng. *ðringan,* gotisch *þraihan,* oudnoors *þryngva, þryngja;* buiten het germ. lat. *truncus* [boomstam, boomstronk], litouws *trinka* [hakblok], lets *triekt* [kapot stoten]; verwant met *dreigen.*

drinken [vloeistof tot zich nemen] middelnl. *drinken,* oudnederfrankisch, oudsaksisch *drinkan,* oudhd. *trinkan,* oudfries *drinka,* oudeng. *drincan,* oudnoors *drekka,* gotisch *drigkan;* verbindingen met niet-germ. woorden zijn dubieus.

drive [bridgewedstrijd] < eng. *drive,* van *to drive* [voortdrijven], thans gebruikt voor bridge, vroeger voor de voorganger daarvan, whist. Men sprak ook van *progressive whist, (progressive* [lett. voortschrijdend]); er wordt mee aangegeven, dat paren na een gespeeld spel worden doorgestuurd naar een volgende tafel.

droedelen [gedachteloos krabbels tekenen] iteratief van *droelen.*

droef [troebel, neerslachtig] middelnl. *droeve, droef, drove, druve* [duister, troebel, somber, bedroefd, ellendig], oudsaksisch *drovi,* middelnd. *dröve,* oudhd. *truobi,* oudeng. *dröf;* buiten het germ. vermoedelijk gr. *tarachè* [storing, verbijstering], litouws *dirgti* [in verwarring raken].

droelen [foppen, misleiden] middelnl. *droelen, droilen, droeylen, drul(l)en* [de gek steken, spotten], vermoedelijk verwant met *drillen.*

droes[1] [paardeziekte] middelnl. *droes(e)* [zweer, gezwel], *droesich* [aan droes lijdend], middelnd. *dros, drose* [klier, gezwel], middelhd. *druos,* fries *troes;* etymologie onzeker.

droes[2] [duivel] bij Kiliaan *droes* [reus, krijgsheld], middelnd. *drōs, drōst, druss* [duivel, lomperd, reus]; mogelijk aan het middelnd. ontleend.

droesem [bezinksel] middelnl. *droes(e), drose, druse, droesen, droesem,* middelnd. *drosem,* oudhd. *drosi,* oudeng. *drōs(na);* buiten het

germ. gr. *trachus* [ruw], **oudlitouws** *drages,* **oudpruisisch** *dragios* [droesem], **albaans** *dra* [oliedroesem]; behoort bij *droef, draf*¹, *drijten*.
Droezen → *Druzen*.
drogbeeld [chimère] het eerste lid van *(be)driegen*.
drogen [droogmaken] afgeleid van *droog*.
droget [bepaald weefsel] < fr. *droguet* [oorspr. een goedkope stof], van *drogue*, in de overdrachtelijke betekenis van 'iets waardeloos' (vgl. *drogist*).
drogist [verkoper van drogerijen] < fr. *droguiste* [idem], van *drogue* [drogerij] < **middelnl.** *droge, drooch* [droog], *droegerie* [specerij], *droochgoet* [droge koopwaar], *droochpijpe, droechtonne, droochvat* [fust voor droge koopwaren] (vgl. *droog*).
drogman → *dragoman*.
drol [keutel] uit het middelnl. is de betekenis 'kaboutertje' overgeleverd, bij Kiliaan die van 'rond, ineengedraaid ding' en die van 'grappenmaker'. De huidige betekenis 'klein, dik mannetje' is stellig dezelfde als de middelnl. van kaboutertje, al heeft daarbij *trol* wel invloed gehad. Afgeleid van *draaien*, d.i. een met *drillen* [boren] verwante vorm (in middelhd. had *drillen* een sterk verl. deelw. *gedrollen*), vgl. **middelnl.** *dril* [rond gat]; ook als grove draad van dezelfde herkomst, vgl. *draad, draaien*.
drollig [kluchtig] vermoedelijk eind 16e eeuw ontstaan, vgl. **hd.** *drollig* [snoezig klein, koddig], van *drol* in de betekenis 'klein, dik mannetje' (vgl. *drol*), mede o.i.v. fr. *drôle* [grappig] ontstaan.
drom¹ [menigte] vgl. **middelnl.** *drommen* [dringen], waarschijnlijk te herleiden tot **lat.** *turma* [eskadron, troep, menigte].
drom², **dreum** [deel van de ketting van een weefsel] **middelnl.** *drom, dreum* [trommel van weefgetouw, einde van de weefseldraden, afgesneden overschot van de ketting], **middelnd.** *drom, drum* [uiteinde, zoom, dreum], **oudsaksisch** *thrumi* [uiteinde (van de speer)], **oudhd.** *trum* [einde, spaander], **middelhd.** *drum, trum* [uiteinde, afgesneden stuk], **oudeng.** *(tunge) þrum* [(tong)band], **oudnoors** *þrǫmr* [rand]; buiten het germ. **lat.** *terminus* [uiteinde], **gr.** *terma* [einde, grens], **oudindisch** *tarman-* [eind van een offerpaal].
dromedaris [eenbultige kameel] **middelnl.** *dromedare, dromedaris* < **oudfr.** *dromedaire* < **laat-lat.** *dromedarius* < **gr.** *dromas* (2e nv. *dromados*) [dromedaris], van *dramein* [hard lopen] (vgl. *drentelen*).
dromen [een droom hebben] **middelnl.** *dromen*, **oudhd.** *troumen*, **oudnoors** *dreyma*; afgeleid van *droom*.
drommel [beklagenswaardig persoon] (1632), van *dreum* (vgl. *drom*², *dreumes*); de betekenissen, behalve de jongste (duivel) stammen van 'kort, dik mannetje' en lopen vrijwel parallel met die van *drol*.
drommels [zeer, verwenst] van *drommel* [duivel].
drong [dicht op elkaar] **middelnl.** *dronghe* [druk, propvol], van *dringen*.

Droezen — drossaard

dronken [beschonken] **middelnl.** *dronken*, oude vorm van het verl. deelw. van *drinken* zonder *ge-*.
dronte [dodo] < fr. *dronte*, overgenomen op Mauritius.
droog [niet nat] **middelnl.** *drōge, drooch, druech, drüge*, **oudsaksisch** *drōgi*, **oudeng.** *drýge*, **fries** *drügje* [drogen], **oudhd.** *trucchan;* er zijn geen verwanten buiten het germ. gevonden; de etymologie is onbekend.
droogstoppel [saai mens] naar *Batavus Droogstoppel*, figuur uit Multatuli's Max Havelaar (1860).
droom [voorstelling in de slaap] **middelnl.** *droom*, **oudsaksisch** *drōm*, **oudhd.** *troum*, **oudfries** *drām*, **middeleng.** *dream*, **oudnoors** *draumr*, verwant met *bedriegen;* vgl. voor de begripsinhoud **middelnl.** *bedriechnisse* [schijngestalte, spookgestalte], *gedroch* [bedrieglijke verschijning, droomgezicht]; tegen deze etymologie bestaat bezwaar, omdat dromen vroeger niet voor bedrog werden aangezien, integendeel. De opponenten wijzen op **oudeng.** *dream*, **oudsaksisch** *drōm*, die gelijkluidend zijn, maar 'vreugde, jubel, gezang' betekenen. Misschien moet men dus uitgaan van een betekenis 'extase'.
droop [ziekte bij uiers] **middelnl.** *drope* [het druppelen, jicht, schurft, waterzucht, vlek], verwant met *druppel, druipen*.
drop, drup [druppel] **middelnl.** *drope, drop, drup* [druppel], **oudnederfrankisch** *dropo*, **oudeng.** *dropa*, **oudnoors** *dropi* en **middelnd.** *droppe*, **oudhd.** *tropho;* van *druipen;* (zoute) drop is hetzelfde woord, namelijk gestolde vloeistof.
drop-out [mislukkeling] in deze betekenis < **amerikaans-eng.** *drop-out* [iem. die voortijdig een school verlaat], van *to drop* [vallen in druppels, vallen] (vgl. *drop*) + *out* [uit].
droppen [afzetten] < **eng.** *to drop* [idem, eig. druppelen] < **oudeng.** *drōpian* [druppelen], van *drop* [druppel, val] (vgl. *drop, druppel*).
drops [suikerballetjes] mv. van **eng.** *drop*, waarvan de eerste betekenis 'druppel' is (vgl. *drop*).
drosbaas [die katoenspinmachines instelt] → *drosseerder*.
droschke [huurrijtuig] < **hd.** *Droschke* < **russ.** *drožki*, verkleiningsvorm van *droga* [disselboom], idg. verwant met *dragen*.
drosera [zonnedauw] van **gr.** *droseros* [bedauwd], van *drosos* [dauw], verwant met **lat.** *ros* (vgl. *rosmarijn*).
drosometer [dauwmeter] gevormd van **gr.** *drosos* [dauw] (vgl. *drosera*) + *meter*¹.
drossaard, drost [bestuursambtenaar] **middelnl.** *drochsate, drossate, drossete, drost;* het eerste lid vinden we terug in *drochtijn, drechtijn* [legerhoofd]; het tweede stamt van *zitten;* de betekenis is dus 'hij die bij de krijgslieden is gezeten', lett. legerzitten. Germ. verwanten zijn **middelnd.** *drossete, droste* [drost, hofmaarschalk], **oudfries** *drusta, dreht* [drost], **oudsaksisch** *druht*, **oudhd.**

drosseerder — dubieus

truht [gevolg van de heer], **gotisch** *gadrauhts* [krijgsman]; vgl. verder **oudiers** *drong,* **gallisch** *drungos* [krijgsbende].

drosseerder [bediener van ringspinmachine] van **eng.** *throstle* [zanglijster, vervolgens een bepaald type spinmachine], dat in tegenstelling tot zijn voorganger de *mule* [muilezel], alle handelingen tegelijk uitvoerde en ononderbroken voortsnorde. Vgl. **middelnl.** *dro(o)ssel* [lijster] (vgl. *lijster*).

drossen [deserteren] (1864) < **fr.** *drosser* [doen afdrijven (naar de wal)], van *drosse* [stuurreep] < **it.** *trozza* [idem] < **me. lat.** *troccia,* met metathesis < **klass. lat.** *torquis* [gedraaid touw], van *torquere* [draaien] (vgl. *tros*).

drost [bestuursambenaar] verkort uit *drossaard*.

drozen [suffen, mijmeren] **oudhd.** *truren* [de ogen sluiten, treuren] (> **nl.** *treuren*), **oudeng.** *drus(i)an* [traag zijn] (**eng.** *to drowse*).

drude [vrouwelijk nachtspook, dat op iemands borst gezeten nachtmerries veroorzaakt] **hd.** *Drude,* **deens** *drude,* op Gotland *druda,* vgl. **gotisch** *trudan,* **oudnoors** *troða* [treden].

drudenvoet [pentagram] zo genoemd omdat men zei dat het de voetafdruk was van de *drude*.

drug [verdovend middel] < **eng.** *drug* < **fr.** *drogue* (vgl. *drogist*).

druïde [Keltische priester] < **lat.** *druides, druidae* (mv.) < **keltisch** *druid,* een samenstelling waarvan het eerste lid 'boom' betekent (vgl. *dryade,* **eng.** *tree,* **nl.** *hesselteer*) en het tweede *weten* → *dur*.

druif [vrucht van de wijnstok] **middelnl.** *druve, druuf* [druif, druiventros], **oudsaksisch** *thrubo* [druif], **oudhd.** *thruba, druba* [druif, druiventros], **oostfries** *druve, druf* [klomp, hoop]; de betekenis 'tros' is waarschijnlijk de oorspronkelijke; een woord dat slechts in zo'n klein gebied voorkomt, geeft etymologisch geen houvast.

druil [klein zeil aan achtermast] vermoedelijk van *druilen* [lusteloos zijn, (eind 16e eeuw) stilletjes gaan, sluipen]; de druil wordt niet gebruikt om snelheid te lopen, maar om bij harde wind en hoge zee stabiliteit te geven en koers te kunnen houden.

druilen [lusteloos zijn] pas uit de 16e eeuw bekend: *druylen* [sluipen, zachtjes lopen]; ook **oostfries** *drau(e)len, drölen* [talmen, zeuren]; mogelijk een variant van *dralen*.

druipen [in druppels neervallen] **middelnl.** *drupen,* **oudsaksisch** *driopan,* **oudhd.** *triofan,* **oudfries** *driapa,* **oudeng.** *dreopan,* **oudnoors** *drjupa* [druipen], naast causatief **middelnl.** *dropen,* **middelnd.** *dröpen,* **oudhd.** *troufen,* **oudeng.** *driepan,* **oudnoors** *dreypa;* buiten het germ. vgl. **gr.** *thruptein* [in kleine stukjes slaan of wrijven], **oudkerkslavisch** *drobiti* [fijnwrijven, in kleine stukjes verdelen] → *drop*.

druisen [aanhoudend geluid voortbrengen] (1562), vgl. **middelnl.** *druusc(h)* [geweld, gedruis], **oudsaksisch** *driosan,* **oudeng.** *dreosan,* **gotisch** *driusan* [vallen]; buiten het germ. **lat.** *frustum* [brokstuk], **gr.** *thrauein* [verbrijzelen], **iets** *druska,* **welsh** *dryll* [brokstuk]; de betekenis is vernauwd van in stukken vallen tot die van het daarbij geproduceerde geluid.

druk [het drukken] **middelnl.** *druc, droc* [druk, kwelling], **middelnd.** *druck* [druk, nood], **oudhd.** *druc;* daarnaast het bn. *druk, drok* [vol leven, bezig], vgl. **middelnd.** *druk* (vgl. *drukken*).

drukken [duwen, zwaar liggen op] **middelnl.**, **middelnd.** *drucken,* **oudhd.** *drucchen,* **oudwestfries** *treck* [last, moeite], **oudeng.** *ðrycc(e)an,* van een idg. basis met de betekenis 'snijden': **welsh** *trychu* [snijden], **litouws** *trukti* [breken].

drum [trommel] < **eng.** *drum* [trommel, bus, ton], vgl. *drom²,* **middelnd.** *drom, druem* [trommel van het weefgetouw] en *trom*.

drumstick [boutje van gevogelte] < **eng.** *drumstick* [eig. trommelstok], van *drum* + *stick* [stok].

druppel, droppel [vochtdeeltje] **middelnl.** *dropel(e),* verkleiningsvorm van *drup, drop*.

Druzen [volk en religieuze sekte] < **ar.** *durūz,* mv. van *durzī,* genoemd naar de stichter van deze sekte *Ismā'īl ad-Darazī,* de kleermaker († 1019).

dry [niet zoet (van wijn)] < **eng.** *dry* < **oudeng.** *dryge* [droog].

dryade [boomnimf] < **gr.** *druas* (2e nv. *druados*) [idem], van *drus* [eik, boom], verwant met **oudindisch** *dru-* [hout], *druma-* [boom], **gotisch** *triu,* **eng.** *tree* (vgl. *druïde, hesselteer, dur*).

dschinn [geest] < **ar.** *jinn* [(collectief) geesten, demonen].

dualis [tweevoud] < **lat.** *dualis* [dat wat twee bevat, als grammaticale term het tweevoud], van *duo* [twee], daarmee idg. verwant.

dubbel [tweevoudig] **middelnl.** *dobel, dobbel, dubbel(t)* < **oudfr.** *double, doble* < **lat.** *duplus* [tweevoudig, dubbel], waarin *duo* [twee]; geheel vergelijkbaar met **gr.** *diplous, diplōs,* waarin *duō* [twee]; het tweede lid van **lat.** *plicare* [vouwen], resp. **gr.** *plekein* [vlechten], daarmee idg. verwant.

dubbeldekker [autobus met twee verdiepingen] < **eng.** *double-decker* [idem], van *double* [dubbel] + *decker* [schip met (zoveel) dekken], evenals in *two-decker* e.d., van *deck* < **middelnl.** *dec* [bedekking] (vgl. *dek*).

dubbelganger [iem. die buitengewoon sterk op een ander lijkt] evenals **eng.** *doubleganger* < **hd.** *Doppelgänger,* voor het eerst gebruikt door Jean Paul (Johann Paul Friedrich Richter) in 1796.

dubbeltje [muntstukje] (1612), eig. dubbele stuiver, stuk van twee stuivers (vgl. *dubbel*), **middelnl.** *dobbel* was de naam van verschillende gouden en zilveren munten → *beisje*.

dubben [twijfelen] eerst 17e eeuws, waarschijnlijk gevormd van het 'geleerde' **lat.** *dubitare* [twijfelen], **fr.** *dubitation, dubitatif* (vgl. *dubieus*).

dubieus [twijfelachtig] o.i.v. fr. woorden op *-eux* gevormd van **laat-lat.** *dubiosus* [twijfelachtig, onze-

ker], van *dubius* [besluiteloos, onbeslist, eig. geneigd naar twee kanten], gevormd van *duo* [twee], daarmee idg. verwant + een vorm van het ww. voor zijn, vgl. **eng.** *to be,* **nl.** *ik ben + -osus* [vol van].

dubio ['in dubio', in twijfel] < **lat.** *in dubio,* van *in* [in] + *dubio,* 6e nv. van *dubium,* het zelfstandig gebruikt o. van *dubius* (vgl. *dubieus).*

dubloen [dubbele dukaat] < **spaans** *doblón,* vergrotingsvorm van *dobla* [de dubbele (namelijk dubbele escudo)] (vgl. *dubbel).*

ducdalf → *dukdalf.*

duce [leider] < **it.** *duce* < **lat.** *ducem,* 4e nv. van *dux* [leidsman, herder, vorst], van *ducere* [trekken, meetrekken, leiden], idg. verwant met *tijgen, hertog,* vgl. **eng.** *duke* (vgl. *doge).*

duchesse [zijden stof] < **fr.** *duchesse* [lett. hertogin] < **me. lat.** *ducissa,* vr. van *dux* (vgl. *duce).*

duchten [vrezen] **middelnl.** *duchten, dochten* [vrezen], van *ducht(e), docht* [vrees, gevaar], **middelnd.** *beducht, bedücht* [bevreesd]; etymologie onzeker, niet onmogelijk verwant met *dunken.*

ductiliteit [pletbaarheid] < **fr.** *ductilité* [idem], van *ductile* [rekbaar, smedig] < **lat.** *ductilis* [verplaatsbaar, gedreven (van metaal)], van *ducere* [trekken, vormen, maken, smeden], idg. verwant met *tijgen.*

duecento [de 13e eeuw] < **it.** *duecento,* verkort uit *mille due cento* [duizend tweehonderd], van *due* [twee], daarmee idg. verwant + *cento* [honderd], daarmee idg. verwant.

duel [tweegevecht] (1642) < **fr.** *duel* < **lat.** *duellum;* dit is de oude lat. vorm, waaruit het in de klassieke tijd gewone *bellum* [oorlog] zich heeft ontwikkeld. Duellum bleef in literair gebruik voorkomen. De betekenis 'tweegevecht' ontstond door de gedachte aan *duo* [twee]; hoewel deze associatie onterecht was, is 'duo' hogerop verwant met *duelleren.*

dueñа [gezelschapsdame] < **spaans** *dueña* [meesteres, eigenares] < **lat.** *domina* (vgl. *dame).*

duet [tweestemmig gezang] < **it.** *duetto* [duet, duo], verkleiningsvorm van *due* [twee] < **lat.** *duo* [twee], daarmee idg. verwant.

duf [muf, suf] nevenvorm van *dof²,* mogelijk o.i.v. *muf.*

duffel [dikke wollen stof] **middelnl.** *duffels(ch)* [van duffel], genoemd naar de plaats *Duffel* in de provincie Antwerpen, die tot in de 17e eeuw een bloeiende textielnijverheid had.

dugazon [bepaald type in Franse muzikale toneelstukken] genoemd naar de Franse toneelspeelster *Rose Lefèvre Dugazon* (1755-1821).

dugong [zeekoe] < **maleis** *duyung,* **javaans** *duyung.*

dug-out [ruimte voor reservespelers] < **eng.** *dug-out, dug* [uitgegraven], van *to dig (dug, dug),* **middeleng.** *diggen* < **fr.** *diguer* [een dijk maken, uithollen], van *digue* [dijk, dam] < **middelnl.** *dijc* [dijk] + *out* [uit].

duidelijk [gemakkelijk te begrijpen] sedert Kiliaan, vgl. **middelhd.** *diutliche* (vgl. *duiden).*

duiden [wijzen, uitleggen] **middelnl.** (vlaams) *dieden,* **middelnl.** (hollands) *duden* (tot *duiden* gediftongeerd) [uitleggen, betekenen], **middelnd.** *duden,* **oudhd.** *diuten,* **oudfries** *bithiuda,* **oudeng.** *geðiedan,* **oudnoors** *þyða;* afgeleid van een woord voor volk (vgl. *Duits);* de betekenis is dus eigenlijk 'voor het volk uitleggen'.

duif [een vogel] **middelnl.** *duve,* **oudnederfrankisch** *duva,* **oudsaksisch** *duba,* **oudhd.** *tuba,* **oudnoors** *dufa,* **gotisch** *-dubo;* mogelijk verwante vorm is o.m. **iers** *dub* [zwart] in welk geval de vogel naar zijn kleur is genoemd, maar deze etymologie is speculatief.

duig [hout van de wand van een vat] **middelnl.** *duge* (duig, bij Kiliaan ook spon] < **me. lat.** *duga, doga, doha, doa, douva* [gracht, wagenschot, vat, duig] < **gr.** *dochè* [kanaal, lichaamswater].

duikelaar ['slome duikelaar', sul] is het pseudoniem *Shloume (= Salomon) Duikelaar* van Abraham Joseph Swalff (1745-1819), een figuur op een Amsterdamse markt over wie veel anekdoten in omloop waren, schrijver van jiddische stukjes. Vermoedelijk koos hij de naam *Duikelaar* op grond van de oude betekenis: **middelnl.** *duckelen* [aanhoudend bukken].

duiken [onder water gaan, zich in iets verbergen] **middelnl.** *duken, duycken,* **middelnd.** *duken,* **oudhd.** *tūchan,* **oudfries** *duka,* **middeleng.** *d(o)uken* (**oudeng.** *duce* [eend, de duikende vogel]); buiten het germ. zijn geen directe verwanten gevonden.

duil [lisdodde] behoort mogelijk bij de plantnaam *dille.*

duim [voorste vinger] **middelnl.** *dume, duum, duym,* **middelnd.** *dume,* **oudsaksisch** *thumo,* **oudhd.** *dumo,* **oudfries** *thuma,* **oudeng.** *ðuma,* teruggaand op een idg. basis met de betekenis 'zwellen': **lat.** *tumidus* [gezwollen], **oudindisch** *tumra-* [dik].

duimelot [duimeling, duim] gevormd van *duim* + de fr. uitgang *-lot.*

duin [zandheuvel] **middelnl.** *dune, duun, duyn,* wel te plaatsen naast **gaelisch, iers** *dun* [heuvel, fort], een kelt. woord, dat ook in plaatsnamen als *Lugdunum* is terug te vinden → *down, Lyon.*

duist [vossestaart (plant), kaf] vgl. **middelnl.** *doest* [spelt], **middelnd.** *doste* [bloemtros], **oudhd.** *dosto* [tros]; het gemeenschappelijk element in de betekenis lijkt te zijn 'warrig, bossig'. De idg. basis is waarschijnlijk dezelfde als van *dij, duim, duizend,* met de betekenis 'uitdijen, zwellen'.

duister [zonder licht] **middelnl.** *duuster,* **oudnederfrankisch** *thuisternussi* [duisternis], **oudsaksisch** *thiwstri,* **oudfries** *thiustere,* **oudeng.** *ðiestre;* buiten het germ. **russ.** *tusk* [donkerte].

duit [koperen munt] **middelnl.** *deyt, doyt, dueyt, duit,* **oudnoors** *þveiti* [munt, eig. iets dat is afgesneden], van *þueita* [houwen], **oudeng.** *ðwitan* [afsnijden]; vgl. voor de betekenisontwikkeling *roebel, stuiver.*

Duits [m.b.t. Duitsland] **middelnl.** *dietsch* (vlaamse vorm) en *duuts(ch)* (hollandse vorm, waaruit *Duits*) [Germaans, Nederlands]; de betekenisvernauwing, waarbij Duits alleen m.b.t. onze oosterburen ging betekenen, ontstond eerst later. Vgl. **oudsaksisch** *thiudisk*, **oudhd.** *diutisc* [van het volk], **gotisch** *þiudisko* [heidens], uit een woord voor volk: **middelnl.** *mandiet* [manvolk], **oudsaksisch** *thioda*, **oudhd.** *diot, diota*, **gotisch** *þiuda*, **oudfries** *thiade*, **oudeng.** *þeod*, **oudnoors** *þjoð;* buiten het germ. **oudiers** *tuoth* [volk], **welsh** *tud* [land], **oudlitouws** *tauta* [volk], **oscisch** *touto* [gemeenschap] → *gedwee.*

duivekater [fijn wit brood, uitroep] **middelnl.** *kater* betekent o.m. duivel, maar de etymologie blijft niettemin onbekend → *deuvekater.*

duivel [het kwaad als persoon] **middelnl.** *duvel, dievel*, **oudsaksisch** *diubel*, **oudhd.** *tiuval*, **oudfries** *diovel*, **oudeng.** *diofol* < chr. **lat.** *diabolus* < **gr.** *diabolos* [belasteraar], van het ww. *diaballein* [lasteren]; de duivel was oorspronkelijk een lid van de hemelraad met de taak de wereld te doorkruisen en het kwaad van de mensen aan te geven; vgl. voor de betekenis *Satan.*

duiveljagen [tekeergaan] ook *duveljagen*, gevormd van *duivel* + *jagen*, vgl. **middelnl.** *quaet jagen* [slechte bedoelingen hebben], vgl. *donderjagen.*

duivelsdrek [plantesoort] zo genoemd omdat de blaadjes, als men ze kneust, een afschuwelijke stank afgeven.

duizelen [draaierig worden] **middelnl.** *duselen, duyselen* [duizelen], *tuimelen*, een iteratiefvorm van een niet in het middelnl. overgeleverd woord, vgl. **oostfries** *dusen* [draaien, duizelen], **oudnoors** *dusa* [zich kalm houden], **middelnd.** *dusich* [duizelig], **eng.** *to doze* (< scandinavisch). Afleidingen zijn **middelnl.** *dosich* [bedwelmd], *duizelig, beduusd* → *doezelen, dwaas.*

duizend [10 maal 100] **middelnl.** *dusent*, **oudnederfrankisch** *thusint*, **oudsaksisch** *thusundig*, **oudhd.** *thusunt, dusunt*, **oudfries** *thusend*, **oudeng.** *ðusend*, **oudnoors** *þusund*, **gotisch** *þusundi;* het woord is samengesteld uit een eerste lid, dat we tegenkomen in **oudindisch** *tavas-* [krachtig] en **lat.** *tumēre* [zwellen], en een tweede lid *honderd;* de betekenis is dus: grote honderd.

duizenddollarvis [aquariumvisje] zo genoemd vanwege het patroon van rondjes op zijn lichaam.

duizendguldenkruid [plantengeslacht] vertalende ontlening aan **lat.** *centaureum, centaurea* < **gr.** *kentaureion* [duizendguldenkruid], afgeleid van *centaur;* de centaur Chiron zou volgens Plinius met dit kruid zijn in het gevecht met Herakles opgelopen wonden hebben genezen. Volksetymologie gaf een andere uitleg, namelijk de verbinding van *centum* [honderd] + *aureus* [gulden, gouden] → *santorie.*

dukaat [gouden munt] genoemd naar het laatste woord van het omschrift van de rond 1300 voor het eerst in Venetië geslagen munt, luidende *sit tibi christe datus quem tu regis iste ducatus* [dit hertogdom, dat u regeert, Christus, zij u gewijd].

dukaton [zilveren munt] < **fr.** *ducaton* < **it.** *ducatone*, vergrotingsvorm van *ducato* [dukaat].

dukdalf [zware meerpaal] (1671), volgens de gebruikelijke etymologie is het een verbastering van *Duc d'Albe*, die zou zijn opgekomen in het koningsgetrouwe Amsterdam, maar sedert 1581 komt in Oost-Friesland voor *dukdalle*, ook *dukdalfe*, en de meervoudsvorm *dückdalben*, **fries** (mv.) *dukdalve* voor. Het accent pleit ervoor, dat het woord volksetymologisch is vervormd uit een ander woord, waarvan het eerste lid zou kunnen zijn **middelnl.** *docke, doc* [klos, blok, scheepsdok] (of mogelijk dik?), en het tweede *delfijn, dolfijn*, vgl. **eng.** *dolphin* voor meerpaal.

dul[1] [geesteloos] nevenvorm van *dol*[1].

dul[2] [lisdodde] verkort uit *duil.*

Dulcinea [beminde (ironisch)] naar de geliefde van Don Quijote < **spaans** *Dulcinea*, van *dulce* [zoet, lieflijk, zacht] < **lat.** *dulcis* [zoet, innemend, bevallig].

dulden [verdragen, toelaten] **laat-middelnl.** *dulden* met een dentaal achtervoegsel, naast ouder en oostelijk *dolen;* vgl. resp. **middelnd.** *dulden*, **oudhd.** *dulten*, **oudfries** *thelda, thi(e)lda*, **oudeng.** *geðyldian* en **oudnederfrankisch**, **oudsaksisch** *tholon*, **oudhd.** *dolen*, **oudfries** *tholia*, **oudeng.** *ðolian* (eng. *to thole*), **oudnoors** *þola*, **gotisch** *þulan;* buiten het germ. **gr.** *thènai* [dragen, verdragen], **lat.** *tollere* [opheffen], **oudiers** *tlenid* [hij rooft], **lets** *izītlt* [verdragen], **oudindisch** *tulayati* [hij tilt] → *talent.*

dulia [verering van engelen en heiligen] < **lat.** *dulia* [verering] < **gr.** *dulia, douleia* [slavernij], van *doulos* [slaaf, onderdaan van oosters despoot], van niet-idg. herkomst, vgl. **akkadisch** *dullu* [dienst, moeite, arbeid].

dulve [sloot] nevenvorm met geronde vocaal naast **middelnl.** *delve, delf, delft, dilve, dilf* [gracht, sloot], van *delven* (vgl. *Delft*).

dum-dum-kogel [bepaalde geweerkogel] genoemd naar het een ton noorden van Calcutta gelegen plaatsje *Dum-dum*, waar deze kogels voor het eerst, in 1895, werden afgeschoten; het is ook de naam van het internationale vliegveld van Calcutta.

dummy [blinde in kaartspel, model van uitvoering, pop] < **eng.** *dummy*, geassimileerd uit *dumby*, afgeleid van *dumb* [stom, sprakeloos], verwant met **hd.** *dumm* (vgl. *dom*[4]).

dumpen [omkiepen, storten] in de zin van omkiepen een nevenvorm van *dompen;* in de betekenis storten (van vuil) in de grond hetzelfde woord, maar nieuw ontleend aan het eng..

dun [niet dik, smal] **middelnl.** *dun(ne), din(ne)*, **middelnd.** *dunne*, **oudsaksisch** *thunni*, **oudhd.** *thunni, dunni*, **oudfries** *thenne*, **oudeng.** *þynne*,

oudnoors *þunnr;* buiten het germ. **lat.** *tenuis* [dun], **gr.** *tanaos* [lang gerekt], **oudkerkslavisch** *tĭnŭkŭ* [dun], **oudiers** *tan(a)e* [dun] van ww. die 'spannen' betekenen, vgl. **gr.** *teinein,* **lat.** *tenēre,* **hd.** *dehnen,* **oudindisch** *tanoti* [hij strekt].

dunken [als mening hebben] **middelnl.** *dunken, dinken, donken,* **oudsaksisch** *thunkian,* **oudfries** *thinka,* **oudnoors** *þykkja,* **gotisch** *þugkjan,* ablautend naast ***denken***.

duo [koppel] < **it.** *duo* [verouderd voor: twee] (thans *due*) < **lat.** *duo* [twee], daarmee idg. verwant.

duodecimo [kleinste boekformaat] < **lat.** *duodecimo,* 6e nv. van *duodecimus* [twaalfde], van *duodecim* [twaalf], van *duo* [twee] + *decem* [tien].

duodenum [twaalfvingerige darm] gevormd door Gerard van Cremona (1114?-1187), die veel Griekse en Arabische werken vertaalde, van **lat.** *duodeni* [telkens twaalf, twaalf], van *duodecim* [twaalf], van *duo* [twee] + *decem* [tien]; de vorming was een poging tot vertaling van **gr.** *dōdekadaktulon* [lett. twaalfvingerig], van *dōdeka* [twaalf] + *daktulos* [vinger]; de Griekse arts Herophilus (ca. 300 v. Chr.) stelde dat de darm een lengte heeft van twaalf vingers breed.

dupe [bedrogene] < **fr.** *dupe,* samengetrokken uit *d'huppe, d'* [van], *huppe* [hop (vogel)] < **lat.** *upupa* [idem], een klanknabootsend woord. De betekenis van dupe is verklaarbaar uit het feit, dat de vogels een weerzinwekkend vocht kunnen afscheiden om belagers op een afstand te houden en dat daardoor ook de eieren afstotelijk zijn.

duplex- [dubbel] < **lat.** *duplex* [tweevoudig, dubbel], verwant met **gr.** *diplax* [uit twee lagen bestaand], van *di-* [twee] + *plax* [vlak] → ***dubbel***.

duplicaat [kopie] < **lat.** *duplicatum,* verl. deelw. van *duplicare* (vgl. ***dupliceren***).

dupliceren [wederantwoorden, herhalen] < **lat.** *duplicare* [verdubbelen], van *duplex* (2e nv. *duplicis*) [tweevoudig].

dupliek [antwoord op een repliek] **middelnl.** *duplike* < **fr.** *duplique* [idem], van *dupliquer* < **lat.** *duplicare* [verdubbelen], van *duplex* (2e nv. *duplicis*) [tweevoudig] → ***dubbel***.

duplo ['in duplo', in tweevoud] < **lat.** *in duplo* [in het dubbele], van *in* [in] + *duplo,* 6e nv. van *duplum,* o. van *duplus* [tweemaal zoveel], van *duo* [twee] en dezelfde basis als het tweede lid van ***duplex-*** en ***triplex***.

dur [majeur] < **hd.** *Dur* < **lat.** *durus* [hard], verwant met **gr.** *drus* [eik, boom], *doru* [boomstam, timmerhout], dus oorspr. zo hard als hout → ***duren, duro, druïde, dryade, hesselteer***.

durabel [duurzaam] < **fr.** *durable* < **lat.** *durabilis* [duurzaam], van *durare* [duren].

duraluminium [een aluminiumlegering] < **hd.** *Duralumin,* genoemd naar *Düren,* waar het werd uitgevonden. De umlaut ontbreekt, omdat de afleiding werd gemaakt van de lat. naam van Düren: *(Marco)durum.*

dura mater [hard hersenvlies] < **lat.** *dura mater* [harde moeder (namelijk van de hersenen)], een ontlening aan **ar.** *umm ad dimāgh ash shafīqa* [lett. tedere of zorgzame moeder (van) de hersenen]; het **ar.** *umm* [moeder] wordt veelvuldig gebruikt om een relatie tussen dingen aan te geven → ***pia mater***.

duratief [voortdurend] < **fr.** *duratif* [idem] < **me. lat.** *durativus* [met betrekking tot voortduren], van *durare* [duren].

durbar [zitting in de troonzaal, inhuldiging] < **eng.** *durbar* < **hindustani** *darbar* < **perzisch** *darbār* [hof], van *dar* [deur], daarmee idg. verwant + *bār* [hof] (vgl. ***trawant***); vgl. voor de betekenisontwikkeling ***farao, Porte, mikado***.

duren [tijd in beslag nemen, voortduren] **middelnl.** *duren* < **fr.** *durer* < **lat.** *durare* [hard maken, harden, uithouden, voortduren], van *durus* [hard] (vgl. ***dur***).

durk [hoosgat] **middelnl.** *dorc, dorric(k)* [kielwater, drab, plaats waar het vuil zich verzamelt], **middelnd.** *dork,* **fries** *durk,* **oudeng.** *ðurruck,* afleiding op *-k* van een ww. met de betekenis 'verdwijnen', vgl. **oudnoors** *þverra,* vermoedelijk met de oorspr. betekenis 'spant'.

duro [munt] < **spaans** *duro,* van bn. *duro* [hard] < **lat.** *durus* (vgl. ***dur***); de betekenis sloeg op de intrinsieke waarde, vgl. *solidus* (vgl. ***soldaat***).

durven [wagen] **middelnl.** *dorven, durven* [oorspr. behoeven, nodig hebben], **middelnd.** *dorven, derven,* **middelhd.** *durfen, dürfen* (**hd.** *dürfen* [behoeven], *dürftig* [behoeftig]), **gotisch** *þaurban;* doordat de oude vorm van de verl. tijd *dorste* luidde, gelijk aan die van *dorren* [durven], nam het ww. de betekenis van *dorren* over, vgl. **gr.** *tharsos* [moed], **oudindisch** *dhṛṣnóti* [hij durft].

dus [aldus, bijgevolg] **middelnl.** *dus,* **oudsaksisch, oudfries** *thus,* **oudeng.** *þus,* op het beperkte gebied van voornoemde talen ontstaan met het bijwoorden vormende achtervoegsel *s* van een idg. aanwijzend vnw. waarvan **nl.** *de* stamt.

dusdanig [zodanig] lett. aldus gedaan < **middelnl.** *dusgedaen, dusgedanich, dusdanich.*

duster [ochtendjas voor dames] < **eng.** *duster,* van *dust* [stof, vuil, stuifmeel], vgl. **oudnoors** *dust* [idem], **middelnl.** *dust, dunst, donst, doest* [stuifmeel, dons].

dut [merkteken] van *dutten* [een merk slaan], **middelnl.** *dutten* [kloppen, tikken, slaan], wel hetzelfde woord als intransitief *dutten* [razen, woeden] → ***dutten*** [soezen].

duts [sukkel] van ***dutten***.

dutten [suffen, soezen] **middelnl.** *doten, dutten* [razen, krankzinnig zijn, ijlhoofdig zijn], **middelnd.** *vordutten* [buiten bezinning raken], **middelhd.** *vertutzen* [bedwelmd worden] (**hd.** *verdutzt*), **middeleng.** *dotie* [seniel zijn]; buiten dit beperkte gebied zijn geen verwanten aan te wijzen. De etymologie is onbekend, al mag men aannemen dat er verband bestaat met *duizelen*.

duümviraat [tweemanschap] < lat. *duumviratus* [waardigheid van tweemanschap], van *duumvir* [lid van de commissie van tweemannen], gevormd uit de constructie met oude 2e nv. mv. *duum virum* [van twee mannen], *vir* [man], idg. verwant met *weer(wolf)*.

duur[1] [het (voort)duren] van het ww. *duren*.

duur[2] [prijzig] **middelnl.** *dier(e), duer(e)* [kostbaar, dierbaar], **oudsaksisch** *diuri,* **oudhd.** *tiuri,* **oudfries** *diure,* **oudeng.** *diere,* **oudnoors** *dyrr;* verwanten buiten het germ. zijn niet gevonden en de etymologie is onzeker.

duwen [door drukking voortbewegen] een dial. (westvlaams) nevenvorm van *douwen*, die in de literaire taal opgenomen, zich van daaruit heeft verbreid. De *w* is een overgangsklank, vgl. **oudhd.** *duhen,* **oudeng.** *deon, dyn;* buiten het germ. **gr.** *tukos* [beitel], **welsh** *twll* [geboord gat] → *douwen*.

dwaal [altaardoek] **middelnl.** *dwale, dwael* [handdoek, servet]; nevenvorm van *dweil*[1].

dwaas [zonder verstand] **middelnl.** *dwaes,* **middelnd., middelhd.** *dwās,* **oudeng.** *dwœs,* nauw verwant met *duizelen*.

dwalen [zwerven] **middelnl.** *dwalen, dwelen,* **oudnederfrankisch** *dwelan,* **middelnd.** *dwalen,* **oudsaksisch** *fordwelan,* **oudhd.** *twalon,* **oudeng.** *gedwolen* [verkeerd]; vgl. *bedwelmen*.

dwalm [dikke rook] behoort bij *bedwelmen*.

dwang [machtsuitoefening] **middelnl.** *dwanc,* **middelnd.** *dwank,* **oudhd.** *dwang* [teugel], **oudfries** *thwong,* **oudeng.** *ðwong* (**eng.** *thong* [riem]), **oudnoors** *þvengr* [riem]; van *dwingen*.

dwarrelen [zich zwevend verplaatsen] **middelnl.** *dwerelen* [draaien in een kolk], iteratief van een niet-overgeleverd ww., vgl. **oudhd.** *dweran* [draaien], **oudeng.** *athweran* [roeren]; buiten het germ. **lat.** *trulla* [lepel], **gr.** *torunè* [roerlepel].

dwars [scheef, weerbarstig] **middelnl.** *dwers(ch), dweers, dwaers, dwars,* **middelnd.** *dwers,* **middelhd.** *twerhes,* **oudfries** *thwer(e)s,* **oudeng.** *ðweores,* **gotisch** *þwairhs* [boos], met het bijwoordelijk achtervoegsel *s* uit het bn. **oudsaksisch** *thwerh,* **oudhd.** *dwerh;* de oorspr. betekenis is 'draaien', vgl. de idg. verwanten **lat.** *torquēre* [draaien], **gr.** *atraktos* [spil (bij het spinnen)], **oudruss.** *torokŭ* [zadelriem], **oudindisch** *tarku-* [spil].

dweil [zwabber] sedert Kiliaan < *dwegel,* **middelnl.** *dwale, dwele* [handdoek, servet, doek], **middelnd.** *dwele* [dweil], **oudhd.** *dwahila* (**hd.** *Zwehle* [tafellaken, handdoek]), afgeleid van een ww. voor 'wassen' **middelnl.** *dwagen, dwaen* [wassen, reinigen].

dwepen [overdreven verering koesteren] **middelnl.** *dwapen* en met umlaut *dwepen* [in de war zijn, ijlen, niet wel bij het hoofd zijn], van *dwaep* [nar, zotskap], **oudfries** *dwepen* [in gedachten zijn, dwepen].

dwerg [onnatuurlijk klein mens] **middelnl.**

dwe(e)rch, dworch [monster (ook reus), dwerg], **oudsaksisch** *dwerg,* **oudhd.** *twerg,* **oudfries** *dwirg,* **oudeng.** *dweorg,* **oudnoors** *dvergr,* vermoedelijk verwant met **oudindisch** *dhvaras-* [demon].

dwingeland [tiran] vgl. **hd.** *Landzwinger;* de constructie van dwingeland is te vergelijken met *brekebeen, stokebrand* en dergelijke. De betekenis is dus 'landdwinger'.

dwingen [noodzaken] **middelnl.** *dwingen* [drukken, knijpen, bedwingen, dwingen], **oudsaksisch** *thwingan,* **oudhd.** *dwingan,* **oudfries** *thwinga,* **oudeng.** *ðwingan,* **oudnoors** *þvinga;* buiten het germ. **oudindisch** *tvanakti* [hij trekt samen], **avestisch** *thwazjaiti* [hij geraakt in nood].

dyname [krachtenstelsel] < **fr.** *dyname,* gevormd van **gr.** *dunamis* [kracht], van *dunamai* [ik ben in staat].

dynamiek [bewogenheid] < **fr.** *dynamique* [idem] < **gr.** *dunamikos* [vol uitwerking], van *dunamis* (vgl. *dyname*).

dynamiet [springstof] bedacht door de uitvinder ervan, de Zweed Alfred Nobel (1833-1896), geënt op **gr.** *dunamis* [kracht] (vgl. *dyname*).

dynamo [toestel voor opwekking van elektrische energie] de uitvinder ervan, de Duitse ingenieur Ernst Werner von Siemens (1816-1892) bedacht de naam: *Dynamo-elektrische Maschine,* wat hij later verkortte tot *Dynamo-Maschine,* in Engeland verder verkort tot *dynamo* (vgl. *dynamiek*).

dynastie [vorstenhuis] < **fr.** *dynastie,* gevormd van **lat.** *dynastes* [heerser, titel voor afhankelijke vorsten van een beperkt gebied], mogelijk rechtstreeks < **gr.** *dunasteia* [heerschappij], van *dunamai* [ik ben machtig].

dyne [eenheid van kracht] < **fr.** *dyne,* gevormd van **gr.** *dunamis* [kracht], van *dunamai* [ik ben in staat].

dysartrie [spraakstoornis] gevormd van **gr.** *dus-* [slecht] + *arthron* [lid, gearticuleerde klanken], idg. verwant met *arm*[1]; vgl. voor de betekenis *articuleren*.

dysenterie [besmettelijke darmontsteking] < **fr.** *dysenterie* < laat-lat. *dysenteria* [ingewandsziekte] < **gr.** *dusenteria* [buikloop, buikpijn], van *dus-* [slecht] + *enteron* [ingewand], van *entos* [binnen(in)], van *en* [in].

dysfagie [het moeilijk slikken] gevormd van **gr.** *dus-* [moeilijk] + *phagein* [eten].

dysfasie [spraakstoornis] gevormd van **gr.** *dus-* [slecht] + *phasis* [spraak], van *phèmi* [ik spreek] (vgl. *faam*).

dyslexie [woordblindheid] gevormd van **gr.** *dus-* [slecht, moeilijk] + *lexis* [het spreken], van *legein* [lezen, spreken].

dysmelie [niet-harmoniërende verbinding van zinsdelen] gevormd van **gr.** *dus-* [slecht] + *melos* [lid, ledemaat].

dyspepsie [slechte spijsvertering] < **fr.** *dyspepsie* < **lat.** *dyspepsia* < **byzantijns-gr.** *duspepsia*

[idem], van *duspeptos* [moeilijk verteerbaar, onrijp], van *dus-* [moeilijk, slecht] + *pessein, pettein* (verl. deelw. *peptos*) [doen rijpen, koken, bakken, in het lichaam zacht maken], verwant met **lat.** *coquere* [koken].

dysplasie [stoornis bij weefselvorming] gevormd van **gr.** *dus-* [slecht] + *plasis* [vorm], van *plassein* [kneden, vormen], idg. verwant met **middelnl.** *blanden* [mengen], **eng.** *to blend.*

dyspnoe [ademnood] < **lat.** *dyspnoea* < **gr.** *duspnoia* [aamborstigheid], van *duspnoös* [zwaar hijgend], van *dus-* [moeilijk] + *pnoè* [het blazen, adem], van *pneō* [ik blaas, haal adem], klanknabootsend, vgl. *niezen,* **nl.** *fniesen.*

dysprosium [chemisch element] gevormd van **gr.** *dusprositos* [met moeite toegankelijk], van *dus-* [slecht] + *proseimi* [ik ga naar, kom binnen], van *pros* [naar iets] + *eimi* [ik ga], verwant met **lat.** *ire* [gaan].

dysteleologie [verkeerde doelgerichtheid] gevormd van **gr.** *dus-* [moeilijk] + *teleologie.*

dystopie [anti-utopie] gevormd van **gr.** *dus-* [moeilijk, slecht] + *utopie.*

dystrofie [slechte ontwikkeling door storing in voedseltoevoer] gevormd van **gr.** *dus-* [slecht] + *trophè* [voedsel, het voeden], van een basis met de betekenis 'doen stollen', waarvan ook *drab, draf*[1], *drijten.*

dysurie [het moeilijk urineren] < **fr.** *dysurie* < **gr.** *dusouria* [idem], van *dus-* [moeilijk] + *ouron* [urine].

e

eagle [tiendollarstuk] < **eng.** *eagle* [eig. adelaar] < **oudfr.** *egle* [adelaar] < **lat.** *aquila* [idem], eig. het vr. van *aquilus* [donkerbruin].

eau [water] < **fr.** *eau* < **lat.** *aqua,* idg. verwant met de nl. waternamen *A(a), Ee, Ie, IJ.*

eau de cologne [reukwater] < **fr.** *eau de cologne* [lett. water van Keulen]; het woord *cologne,* evenals **hd.** *Köln,* van de lat. naam voor de stad *Colonia Agrippina,* van *colonia* [kolonie] en *Agrippina,* omdat de vestiging werd genoemd naar Agrippina, de vrouw van keizer Claudius.

eb, ebbe [het aflopen van de zee] **middelnl., middelnd.** *ebbe,* **oudfries, oudeng.** *ebba,* **oudnoors** *efja* [het terugstromen]; afgeleid van *af.*

ebaucheren [schetsen] < **fr.** *ébaucher* [ruw bewerken, schetsen, oorspr. ruw behakken van boomstammen], van *bau* [(dek)balk], van germ. afkomst, vgl. *balk* + *é-* [uit], dus lett. balken uit (stammen) hakken.

ebbehout [harde houtsoort] **middelnl.** *ebeen, ebene,* **oudfr.** *ebene* < **lat.** *ebenus* < **gr.** *ebenos* < **egyptisch** *hbny* [idem].

ebenist [schrijnwerker in ebbehout] < **fr.** *ébéniste* (vgl. *ebbehout*).

ebolakoorts [besmettelijke ziekte] genoemd naar de *Ebola,* een zijrivier van de Congo.

eboniet [gevulcaniseerd caoutchouc] gevormd van **eng.** *ebony* [ebbehout], zo genoemd vanwege de zwarte kleur (vgl. *ebbehout*).

ebullioscoop [toestel voor bepalen van kookpunt] gevormd van **lat.** *ebullire* [opborrelen] + **gr.** *skopein* [kijken naar], idg. verwant met *spieden.*

eburine [ivoorsurrogaat] gevormd van **lat.** *ebur* [ivoor], teruggaand op **egyptisch** *āb* [olifant, ivoor] (vgl. *olifant*).

ecade [verandering in groeivorm door het milieu] gevormd van **gr.** *oikos* [huis, huisgezin], idg. verwant met *wijk*[1] + *-ade,* een achtervoegsel gebruikt om o.m. namen van families van planten te vormen < **gr.** *-as* (2e nv. *-ados*), waarmee vr. zelfstandige naamwoorden werden gevormd.

écaillé [geschubd] < **fr.** *écaillé,* van *écaille* [schub, schelp] < **frankisch** *skala* (vgl. *schaal*[2]).

ecarté [kaartspel] < **fr.** *écarté* (verl. deelw. van *écarter*) [lett. weggelegd], van *é-* [weg] < **lat.** *ex* + *carte* [kaart], naar het voorbeeld van **it.** *scarto* (vgl. *skaat*); het **eng.** *to discard* is gevormd naar fr. voorbeeld.

ecarteren [ter zijde schuiven] < **fr.** *écarter* (vgl. *ecarté*).

ecchymose [onderhuidse bloeding] < **gr.**

ecclesia — eclips

ekchumōsis [bloeduitstorting], van *ekchumousthai* [een bloeduitstorting veroorzaken], *ekcheō* [ik giet uit, vergiet (bloed, tranen)], van *ek-* [uit] + *cheō* [ik giet], idg. verwant met **gieten**.

ecclesia [kerk] middelnl. *ecclesie* < lat. *ecclesia* [(Griekse) volksvergadering, christelijke gemeente, kerk, kerkgebouw] < gr. *ekklèsia* [volksvergadering, vergaderplaats, christelijke gemeente, de kerk], van *ekklètoi* [commissie, deputatie] (mv. van *ekklètos* [scheidsrechter]), eig. het verl. deelw. van *ekkalein* [naar buiten roepen, oproepen], van *ek-* [uit] + *kalein* [roepen], idg. verwant met **hel**[3], **helder**.

ecclesiastes [bijbelboek Prediker] < gr. *ekklèsiastès* [lid van de volksvergadering, spreker daar] → *ecclesia*.

echamperen [tegen de achtergrond doen uitkomen] < fr. *échampir*, van *é-* [uit] + *champ* [veld (de achtergrond van een gravure)] < lat. *campus* [veld, oorspr. dal tussen twee bergruggen], verwant met gr. *kampè* [buiging, bocht].

échange [ruiling] < fr. *échange,* van lat. *cambiare* [ruilen], van gallische oorsprong, vgl. **oudiers** *camm* [gebogen].

échappade [uitglijden van graveerstift] < fr. *échappade,* van *échapper* [ontsnappen], van *é-* [uit] + me. lat. *cappare* [een mantel aandoen], dus 'uit zijn mantel glippen' (*cappa* [mantel], vgl. **kap**).

echarperen [een dwarse houw toebrengen, van terzijde beschieten] < fr. *écharper* [in draden verdelen (b.v. vlas), in de pan hakken, onhandig voorsnijden], van *é-* [uit] + *charpir* [uiteenrafelen, verscheuren, hout hakken] < vulg. lat. *carpire* < klass. lat. *carpere* [plukken, versnipperen, telkens aanvallen], idg. verwant met **herfst**.

echaufferen [verhitten] < fr. *échauffer* [idem], van *é-* [volkomen, geheel] + *chauffer* [verhitten] < lat. *calefacere* [idem], van *calidus* [warm] + *facere* [maken, doen], daarmee idg. verwant.

echec [schaakmat, mislukking] < fr. *échec* [idem] → **schaakmat**.

echel [bloedzuiger] middelnl. *echel, egele,* middelnd. *egel,* oudhd. *egala;* is hetzelfde woord als *egel,* uit *g* ontstond vóór *l ch*.

echelle [toonladder, handelsplaats] in de betekenis 'toonladder' < fr. *échelle* [idem] < lat. *scala,* ook mv. *scalae* [ladder, trap]; in de betekenis 'handels- en stapelplaats in de Levant' < oudfr. *escale* [in nautisch gebruik de plaats waar men de ladder plaatste om te debarkeren], verwant met lat. *scandere* [klimmen] (vgl. **schandaal**).

echelon [troepenafdeling, rang] < fr. *échelon* [sport, trede, etappe], *échelon de combat* [gevechtsafdeling], *échelonner* [van afstand tot afstand opstellen van troepen], van *échelle* [ladder] (vgl. *echelle*).

echeveria [vetplant] genoemd naar de Mexicaanse plantenschilder *Echeveri,* die de Flora Mexicana samenstelde.

echinieten [fossiele zeedieren] van lat. *echinus* [zeeëgel] < gr. *echinos* [landegel, zeeëgel], idg. verwant met **egel**.

echinococcus [blaasworm] gevormd van gr. *echinos* [egel, zeeëgel] + *kokkos* [vruchtepit, zaadje, bes], zo genoemd omdat de larve een gezwel vormt met soms talrijke knopjes, de toekomstige lintwormkoppen.

echinus [kussen tussen schacht en dekplaat van zuil] < lat. *echinus* < gr. *echinos* [egel, zeeëgel]; de echinus is zo genoemd op grond van vormgelijkenis met de zeeëgel die qua vorm het midden houdt tussen een schijf en een bol.

echo [geluidsweerkaatsing] < lat. *echo* [weergalm] < gr. *èchō* [idem], van *èchè* [klank, geschreeuw], *èchein* [(doen) weerklinken].

echografie [registratie van de gegevens van echopeiling] van **echo** + *-grafie,* van gr. *graphein* [schrijven], idg. verwant met **kerven**.

echolalie [het onwillekeurig herhalen (zenuwstoornis)] gevormd van **echo** + gr. *lalia* [gebabbel, gepraat], van *lalein* [babbelen, praten, spreken], klanknabootsend evenals lat. *lallare* [een kind in slaap wiegen], hd., nl. *lallen,* eng. *lullaby*.

echoppe [etsnaald] < fr. *échoppe,* oudfr. *eschaupre* < lat. *scalprum* [priem, beitel, pennemes] (vgl. **scalp**).

echt[1] [huwelijk] middelnl. *echt(e),* is het zelfst. gebruikte bn. *echt* [wettig, door huwelijk verbonden].

echt[2] [werkelijk] middelnl. *echt* [wettig, door huwelijk verbonden], ontstond uit een grondvorm als **oudsaksisch, oudhd.** *ehaft* [wettig], van middelnl. *ewe* [wet, huwelijk], **oudnederfrankisch, oudsaksisch, oudhd.** *ewa,* fries *ewe* + een achtervoegsel *-achtig,* vgl. lat. *aequus* [billijk].

echter [niettemin] middelnl. *efter, echter* [later, daarna, opnieuw] + *achter, after,* dat niet alleen bijw. van plaats, maar ook van tijd was → **achter**.

eclaireren [ophelderen] < fr. *éclairer* [idem] < lat. *exclarare* [verlichten], van *ex* [uit, helemaal] + *clarare* [helder maken], van *clarus* [helder] (vgl. **klaar**).

eclampsie [krampaanvallen] < modern lat. *exclampsia,* gevormd door de Franse arts François Boissier de la Croix de Sauvages (1706-1767), van gr. *eklampsis* [uitstraling], van *eklampein* [uitstralen, plotseling te voorschijn schieten], van *ek* [uit] + *lampein* [stralen] (vgl. **lamp**).

éclat [glans, luister] < fr. *éclat,* van *éclater,* van me. lat. *clapetum* [ratel, klepper], uit het germ., vgl. **klap, klappen**.

eclectisch [uitkiezend] < fr. *éclectique* < gr. *eklektikos* [idem], van *eklegein* [kiezen], van *ek-* [uit] + *legein* [verzamelen, uitkiezen].

eclips [verduistering] < fr. *éclipse* < lat. *eclipsis* [idem] < gr. *ekleipsis* [het verlaten, ondergang, verduistering], van *ekleipein* [verlaten, weggaan, verduisteren (van hemellichaam)], van *ek* [uit, naar buiten] + *leipein* [achterlaten], idg. verwant met **lenen**[1].

ecloge [herdersgedicht] < **lat.** *ecloga* < **gr.** *eklogè* [keuze], van *eklegein* [uitkiezen], van *ek*- [uit] + *legein* [kiezen, lezen]; bij de Romeinen was een ecloga oorspr. een uitgekozen gedicht. De term werd toegepast op de herdersdichten van Vergilius en nadien werd de betekenis beperkt tot die van herdersdicht.

ecologie [leer van de betrekkingen tussen dieren en planten en hun leefomgeving] < **hd.** *Ökologie*, gevormd door de Duitse bioloog Ernst Heinrich Haeckel (1834-1919) van **gr.** *oikos* [huis, huisgezin, familie], idg. verwant met **wijk**[1] + *-logia* [verhandeling], van *logos* [woord, verhandeling].

economie [staathuishoudkunde, zuinigheid] < **fr.** *économie*, via de verlatijnsing *oeconomia* < **gr.** *oikonomia* [huishoudkunde, staathuishoudkunde], van *oikos* [huis], idg. verwant met **wijk**[1] + *nomos* [gewoonte, manier, wet], idg. verwant met **nemen**.

écossaise [Schotse dans] < **fr.** *écossaise*, de zelfstandig gebruikte vr. vorm van *écossais* [Schots] (vgl. *Schot*).

ecrasiet [springstof] gevormd van **fr.** *écraser* [vermorzelen] < *accraser*, van *á crase*, een zn., gevormd van **oudfr.** *crasir* [stukbreken], uit het germ., vgl. **eng.** *to crash*, klanknabootsend gevormd.

ecrin [juwelenkistje] < **fr.** *écrin* < **lat.** *scrinium* [(cilindervormige) doos (voor boekrollen)] (vgl. *schrijn*).

ecru [ongebleekt] < **fr.** *écru* [ruw, ongebleekt], versterkte vorm van *cru* < **lat.** *crudus* [ongelooid, grof (van linnen)], idg. verwant met **rauw**.

ectoparasieten [woekerdiertjes levend op dieren] gevormd van **gr.** *ektos* [van buiten, buiten], van *ek* [uit] + *parasiet*.

ectropion [het naar-buiten-gekeerd-zijn van de oogleden] gevormd van **gr.** *ektrepein* [van de gevolgde richting afwenden, ombuigen], van **gr.** *ex*, *ek* [uit] + *trepein* [keren, wenden].

ectypon [afdruk van penning of zegel] < **gr.** *ektupon*, o. van *ektupos* [in reliëf gemaakt], van *ek* [uit] + *tupos* [beeld] (vgl. *type*).

écu[1] [Franse daalder] < **fr.** *écu* [(borst)schild, wapenschild, de naam van een gouden munt], die zo werd genoemd naar het wapenschild van Philips VI van Frankrijk op de keerzijde. De navolging heette **middelnl.** *vrancrijcsche schilt* of *conincsschilt*; schild werd de soortnaam voor een type munt. Het woord *écu* komt < **lat.** *scutum* [met leer overtrokken schild], **gr.** *skutos* [huid, leer], idg. verwant met **schuur → escudo, schelling, scudo, shilling**.

écu[2] [Europese munteenheid] letterwoord uit **eng.** *European Currency Unit*.

Ecuador [geogr.] < **spaans** *El Ecuador* [de equator (die door het land loopt)] (vgl. *equator*).

écusson [klein schildje in een wapen] < **fr.** *écusson*, van *écu*[1] [borstschild, wapenschild].

eczeem, eczema [huiduitslag] < **gr.** *ekzema* [overkooksel], van *ekzein* [overkoken, losbreken, wemelen], van *ek*- [uit] + *zein* [koken], idg. verwant met **gist**.

edafisch [m.b.t. eigenschappen van de bodem] van **gr.** *edaphos* [grond, bodem].

Edam [geogr.] betekent dam in de *Ee*, umlautsvorm van *a* [water], nevenvorm *IJ* en *Ie*, in talrijke plaatsnamen.

Edda [Oudijslands prozawerk] < **oudnoors** *Edda*, van *ōðr* [geest, passie, zang, poëzie], verwant met **middelnl.** *woet* (**nl.** *woede*) [razernij, hartstocht, in mystieke geschriften brandende begeerte, extase], **oudeng.** *wōð* [gezang], **gotisch** *wōþs* [bezeten]; buiten het germ. **lat.** *vates* [ziener, zanger, dichter], **oudiers** *faith* [dichter], **welsh** *gwawd* [gedicht]; volgens anderen is Edda een afleiding van de plaatsnaam *Oddi* en zou het betekenen 'het boek van Oddi' → **Wodan**.

edder nevenvorm van **uier**.

eddy [draaikolk] < **eng.** *eddy* < **oudnoors** *iða* [idem, eig. dat wat terugloopt], van *ið*- [opnieuw], verwant met **lat.** *et* [en, en toch, maar].

eddyisme [gebedsgenezing] genoemd naar Mary Morse Eddy-Baker (1821-1890), stichtster van de Christian Science Church.

edel [adellijk] **middelnl.** *edel*, **oudsaksisch** *ethili*, **oudhd.** *edili*, **oudfries** *ethele*; behoort bij **adel**.

Eden [paradijs] **middelnl.** *Eden* < **hebr.** *'ēden* [de naam van een landstreek], waarvan de gebruikelijke verklaring is dat het identiek is aan *'ēden* [genot, lust].

edict [verordening] **middelnl.** *edict* < **lat.** *edictum* [proclamatie, verordening], eig. het verl. deelw. van *edicere* [bekend maken, afkondigen], van *ex* [uit] + *dicere* [zeggen], idg. verwant met (*aan*) *tijgen*.

ediel [Romeins magistraat] < **lat.** *aedilis* [functionaris die in Rome zorgde voor o.a. openbare orde en marktwezen], gevormd van *aedes*, *aedis* [kamer, tempel, woning, huishouden, eig. vertrek met haard], verwant met **ether**.

edik [azijn] **middelnl.** *edic* → *azijn*.

edison [aan grammofoonplaten toegekende prijs] genoemd naar *Thomas Alva Edison* (1847-1931), de Amerikaanse uitvinder van de fonograaf.

editen [bezorgen (van een boek)] < **eng.** *to edit* [idem], gevormd van *editor* < **lat.** *editor* [schepper, veroorzaker], van *edere* [uitgeven] (vgl. *editie*).

editie [uitgave] < **fr.** *édition* < **lat.** *editionem*, 4e nv. van *editio* [bericht, uitgave (van een boek)], van *edere* (verl. deelw. *editum*) [naar buiten brengen, uitgeven], van *ex*- [uit] + *dare* [geven].

educatie [opvoeding] < **fr.** *éducation* < **lat.** *educationem*, 4e nv. van *éducatio* [idem], van *educare* (verl. deelw. *educatum*) [doen groeien, opvoeden], van *educere* [uittrekken, te voorschijn

educt — eeuw

brengen, in de hoogte brengen, opvoeden], van *ex* [uit] + *ducere* [leiden], idg. verwant met *tijgen*.

educt [scheikundige term] < lat. *eductum*, verl. deelw. van *educere* [naar buiten voeren, te voorschijn brengen] (vgl. *educatie*).

eed [plechtige verklaring] middelnl. *eet*, oudsaksisch *ēð*, oudfries *ēth, āth*, oudeng. *að* (eng. *oath*), oudnoors *eiðr*, gotisch *aiþs*; daarnaast **oudiers** *oeth*; vermoedelijk verder verwant met gr. *oitos* [gang], oudindisch *etah* [gaande], dus oorspr. het plechtig gaan naar de eedsaflegging.

eega [echtgenoot, echtgenote] (1599), middelnl. niet overgeleverd, maar wel de samenstellende delen *ee* [wet, huwelijk] en *gade* [één van een paar, echtgenoot, echtgenote] → *echt* [1], *gade*.

eegde → *eg*.

eek [1] [azijn] verkort uit *edik*.

eek [2] nevenvorm van *eik*.

eekhoorn [knaagdier] het tweede lid is een volksetymologische verbastering, die mogelijk uit het hd. is overgenomen, eventueel mede o.i.v. *eenhoren* (ook met de vorm *eencoren!*); vgl. middelnl. *eencor(e)n*, oudhd. *eihhurno, eihhorno*, oudeng. *ācweorna*, oudnoors *ikorni*; het eerste lid is wel *eik*; het tweede is een enkelvoudige, in andere idg. talen gereduplicerde, vorm die te voorschijn komt in lat. *viverra*, litouws *voverė*, lets *vavere*, oudruss. *věverica* [eekhoorn].

eelt [verdikking van opperhuid] eerst bij Kiliaan, in middelnd. *elde, elt, ele*, oudfries *ile, il*, oudeng. *ile* [voetzool, eelt], oudnoors *il* [voetzool], dus de huid van de voetzool.

Eemien [de Saale-Weichsel interglaciale tijd] genoemd naar het riviertje de *Eem*, waarin een oude naam voor rivieren zit, die we ook vinden in o.a. *Amstel*.

een [telwoord, lidwoord] middelnl. *een*, oudnederfrankisch, oudhd. *ein*, oudsaksisch *ēn*, oudfries *ān, ēn*, oudeng. *ān*, oudnoors *einn*, gotisch *ains*, lat. *unus*, gr. *oinos* [één op een dobbelsteen], oudiers *oin*, oudindisch *ena* [hij, deze], *eka* [één].

eend [watervogel] middelnl. *e(e)nt, eynt*, oudhd. *enita*, oudeng. *ened*, naast middelnl. *aent*, middelnd. *anet*, oudhd. *anut*, oudnoors *ǫnd*; buiten het germ. lat. *anas*, litouws *antis*.

eender [gelijk] is oorspr. de middelnl. 2e nv. vr. enk. van *een* en is ontstaan in verbindingen als *eenre hande* [van een en dezelfde soort].

eendracht [eensgezindheid] middelnl. *eendrage* [eenstemmigheid], *eendracht* [overeenkomst, vennootschap, complot, eenstemmigheid], van *overeendragen* [overeenkomen, overeenstemmen, in harmonie zijn].

eenduidig [ondubbelzinnig] < hd. *eindeutig* [idem].

eenheid [hecht samenhangend geheel] middelnl. *eenheit* [eenheid, eenzaamheid], middelnd. *einheit*, vertaling van lat. *unitas*.

eenkennig [verlegen] oorspr. die slechts één persoon wil kennen, vgl. *een* + *kennen*.

eenparig [eendrachtig] middelnl. *eenbarich, eenparich* [gelijksoortig, gestadig], middelnd. *einparich* [overal even goed], middelhd. *einbære* [eensgezind]; van *een* + *baren* [1] [dragen], maar door volksetymologie in verband gebracht met *paar*.

eens [1] [eenmaal] met het bijwoorden vormende achtervoegsel *s* (oorspr. een 2e nv.) gevormd van *een*.

eens [2] ['het eens zijn', overeenstemmen] is middelnl. 2e nv. van *een*.

eenvoudig [niet ingewikkeld] middelnl. *eenvoudich, eenvuldich, eenveldich, eenvoldich* [ongekunsteld], middelnd. *einvaldich, einvoldich*, oudhd. *einfalt(līh)*, oudfries *ēnfaldech*; afgeleid van middelnl. *eenvout*, van *een* + *-voud*.

eenzaam [alleen] wel < hd. *einsam*, van *ein* [één] + het achtervoegsel *-sam* (vgl. *-zaam*).

eer [1] [vroeger] middelnl. *e(e)re, eer*, oudnederfrankisch, oudsaksisch, oudhd. *ēr*, oudeng. *ær*, gotisch *airis*, is de comparatief van een woord voor vroeg dat gotisch *air* en oudnoors *ār* luidt, vgl. gr. *eri* ['s morgens vroeg], *ēerios* [in de morgen, vroeg]; van *eer* is vervolgens *eerder* als nieuwe vergrotende trap gevormd.

eer [2] [achting, deugd] middelnl. *e(e)re, eer*, oudnederfrankisch, oudsaksisch, oudhd. *era*, oudfries *ere*, oudeng. *ār*, waarnaast met een dentaalstam gotisch *aistan* [achten], lat. *aestimare*, gr. *aidesthai*.

eerbied [achting] gevormd uit *iemand eer bieden*.

eerdaags [binnenkort] nog niet bij Kiliaan, jongere vorm naast middelnl. *eerstdages* [idem].

eerder [vroeger] van *eer* [1].

eergisteren [op de dag vóór gisteren] middelnl. *eergisteren*, vgl. oudeng. *gyrstan dæg and æran dag* [gisteren en eergisteren]; van *eer* [1] + *gisteren*.

eerlijk [oprecht] middelnl. *eerlijc* [(van personen) braaf, (van zaken) aanzienlijk, eervol], oudnederfrankisch *erlich*, oudhd. *ērlīh*, oudfries *ērlik* [eervol]; afgeleid van *eer* [2].

eerst [vóór ieder ander] middelnl. *e(e)rst, ierst*, oudsaksisch, oudhd. *erist*, oudfries *erost, ārst*, oudeng. *ærest*; overtreffende trap van *eer* [1].

eerzucht [dorst naar roem] gevormd van *eer* [2] + *zucht* [2] [ziekte]; het taalgevoel associeerde dat *zucht* later met *zoeken, zocht, gezocht*.

eest, ast [drooginrichting] middelnl. *eest(e), est*, middelnd. *eiste*, oudeng. *āst* [droogoven], oudnoors *eisa* [gloeiende as], lat. *aestus* [hitte], naast oudsaksisch *ed* [vuur], oudhd. *eit* [gloed], oudeng. *ād* [brandstapel], lat. *aedes* [huis, eig. haard], gr. *aithos* [brand], oudindisch *edha(s)-* [brandhout] (vgl. *ether*).

eeuw [honderd jaar] middelnl. *e(e)we, eeu* [eeuwigheid], oudnederfrankisch, oudhd. *ewa*, oudfries *ewe* [eeuwigheid], oudnoors *œfi* [leven], gotisch *aiws* [eeuwigheid], lat. *aevum* [tijdperk, eeuwigheid], **gr.** *aiōn* [levensduur, levenskracht], **oudindisch** *āyus-* [leven(sduur), lang leven]; pas in het nl. krijgt het de betekenis '100 jaar'.

efebe [jongeling] < **gr.** *ephèbos* [idem], van *epi* [bij] + *hèbè* [rijpe leeftijd].

efedrine [stimulerend alkaloïde] gevormd van **modern lat.** *ephedra* [een geslacht van struiken waaruit het werd gewonnen], van **gr.** *ephedra* [paardestaart], vr. van *ephedros* [op iets zittend], van *epi* [op] + *hedra* [zitplaats], van *hizesthai* [zitten], daarmee idg. verwant.

efemeer [kortstondig] → *efemeriden.*

efemeriden [eendagsvliegen] gevormd van **gr.** *ephèmer(i)os* [gedurende de gehele dag, slechts voor de dag van nu, broos, kortstondig], van *epi* [bij, op] + *hèmera* [dag].

efendi, effendi [Turkse titel] < **turks** *efendi* [heer] < **byzantijns-gr.** *aphentè* (*-tè* uitgesproken als *-di*), de aanspreekvorm van *aphentès* < **klass. gr.** *authentès* [met eigen hand voltrekkend, moordenaar, veroorzaker, heer en meester], van *autos* [zelf] + *anuō* [ik voltooi]; door volksetymologie werd het woord uitgelegd als *autos* [zelf] + *thentès* [hij die doodslaat], van *theinein* [doden].

efeten [Atheense rechters] < **gr.** *ephetai,* mv. van *ephetès*, van *ephienai* [zenden naar], van *epi* [bij, tot aan] + *hienai* [zenden].

effaceren [uitwissen] < **fr.** *effacer*, **oudfr.** *esfacier,* van **lat.** *ex* [uit] + *facies* [gestalte, uiterlijk, gelaat], dus lett. het uiterlijk van iets doen verdwijnen.

effect [uitwerking] **middelnl.** *effect* < **lat.** *effectum, effectus* [gevolg, resultaat, werkzame bestanddelen], van *efficere* (verl. deelw. *effectum*) [tot stand brengen, veroorzaken], van *ex* [uit] + *facere* [maken, doen], daarmee idg. verwant.

effector [orgaan dat door reflex werkt] < **lat.** *effector* [bewerker, schepper], van *efficere* (verl. deelw. *effectum*) (vgl. *effect*).

effectueren [verwezenlijken] < **fr.** *effectuer* < **me. lat.** *effectuare* [idem], van *effectum* (vgl. *effect*).

effen [vlak, gelijkmatig] **middelnl.** *effen* [gelijkmatig, even van getallen], **oudsaksisch** *eban,* **oudhd.** *eban,* **oudeng.** *efn,* **oudnoors** *jafn,* **gotisch** *ibns;* verscherping van *even.*

effer [boor] nevenvorm van *avegaar,* **middelnl.** *navegeer, navigaer, neffegaer, neffeger, avegaar.*

efferent [wegleidend] < **fr.** *efférent* [idem] < **lat.** *efferens* (2e nv. *efferentis*), teg. deelw. van *efferre* [naar buiten dragen], van *ex* [uit] + *ferre* [dragen], idg. verwant met *baren* [1].

efficiency [doelmatigheid] < **eng.** *efficiency,* gevormd middels *-cy* van *efficient* (vgl. *efficiënt*).

efficiënt [doelmatig] < **fr.** *efficient* < **lat.** *efficientem,* 4e nv. van *efficiens,* teg. deelw. van *efficere* (vgl. *effect*).

efficiëntie [doelmatigheid] < **lat.** *efficientia* (vgl. *efficiënt*).

effigie [beeltenis] < **fr.** *effigie* < **lat.** *effigies* [afbeelding, beeld, voorstelling], van *effigere* [boetseren, afbeelden], van *ex* [uit, volkomen] + *fingere* [vormen, maken] (vgl. *figuur*).

effileren [haar uitdunnen] < **fr.** *effiler* [uiteenrafelen, uitdunnen van haren], van *é-* [uit] + *fil* [draad] < **lat.** *filum* [idem].

effleureren [licht aanraken] < **fr.** *effleurer* [idem, oorspr. bloemetjes plukken], van *é-* [uit, weg] + *fleur* < **lat.** *flos* (2e nv. *floris*) [bloem], daarmee idg. verwant.

efflorescentie [bloei] van **lat.** *efflorescere* (teg. deelw. *efflorescens,* 2e nv. *efflorescentis*) [uitbreken (van ziekte), uitblinken], van *ex* [uit] + *florescere* [beginnen te bloeien], inchoatieve vorming van *florēre* [bloeien], van *flos* (2e nv. *floris*) [bloem], idg. verwant.

effluent [geloosd gezuiverd afvalwater] < **eng.** *effluent,* gevormd van **lat.** *effluere* (teg. deelw. *effluens,* 2e nv. *effluentis*) [wegstromen], van *ex* [uit] + *fluere* [stromen], idg. verwant met *vlieten.*

effusie [uitstroming] < **fr.** *effusion* < **lat.** *effusionem,* 4e nv. van *effusio* [het uitgieten, uitstorten, uitstromen], van *effundere* (verl. deelw. *effusum*) [uitgieten], van *ex* [uit] + *fundere* [uitgieten], idg. verwant met *gieten.*

eforen [overheidspersonen in Sparta] < **gr.** *ephoros* [toezicht houdend, bestuurder], van *ephoran* [op iets toezien], van *epi* [in de richting van] + *horan* [zien], idg. verwant met *waar (nemen).*

eg → *egge* [1].

egaal [gelijkmatig, glad] (1503) *egael* < **fr.** *égal* < **lat.** *aequalis* [effen, gelijkmatig, even groot], van *aequus* [gelijk, effen].

egaliseren [gelijk maken, vereffenen] < **fr.** *égaliser* < *equaliser,* gevormd van **lat.** *aequalis* (vgl. *egaal*).

egard [ontzag] < **fr.** *égard,* **oudfr.** *esguart,* van *esgarder,* van *garder,* dat uit het germ. stamt, vgl. *(be)waren,* **hd.** *warten* [verzorgen, passen op].

egel [zoogdier met stekels] **middelnl.** *eghel,* **oudsaksisch, oudhd., oudeng.** *igil,* **oudnoors** *igull;* buiten het germ. **gr.** *echinos,* **lets** *ezis;* verwant met **lat.** *anguis,* **gr.** *echis,* **oudindisch** *ahi-* [slang]; egel betekent eigenlijk 'slangeneter'.

egelantier, eglantier [roosachtige heester] **middelnl.** *eglentier* < **fr.** *églantier,* **oudfr.** *aiglent* [idem], teruggaand op **lat.** *aculeus* [angel, punt, scherpte], van *acus* [naald] (vgl. *acuut*).

egge [1], eg [landbouwwerktuig] **middelnl.** *egede, echede, egde, egge,* **oudsaksisch** *egitha,* **oudhd.** *egida,* **oudfries** *eide,* **oudeng.** *egeðe,* van het ww. *eggen,* **middelnl.** *eggen,* **oudhd.** *ecken;* buiten het germ. **lat.** *occa,* **gr.** *oxinè,* **welsh** *oged,* **litouws** *aketés* [eg], *akèti* [eggen].

egge [2] [het scherp van een mes, zelfkant] **middelnl.** *egge,* **oudsaksisch** *eggia,* **oudhd.** *ecka* (hd. *Ecke*), **oudfries** *eg(ge),* **oudeng.** *ecg* (**eng.** *edge*), **oudnoors** *egg,* van een idg. basis met de betekenis 'scherp zijn', waarvan ook stammen **lat.** *acer*

[scherp], gr. *akōn* [werpspies], **iers** *ochair* [hoek, rand] → **neg**.
ego [ik] < **lat.** *ego* [ik], verwant met **gr.** *egō,* **armeens** *es,* **oudindisch** *aham,* **gotisch** *ik,* **oudhd.** *ih* (**hd.** *ich*), **oudeng.** *ic* (**eng.** *I*), **nl.** *ik.*
egocentrisch [bij wie het eigen ik steeds het middelpunt is] < **eng.** *egocentric* [idem], gevormd van **lat.** *ego* of **gr.** *egō* [ik] (vgl. *ego*) + *-centrisch* (vgl. *centrum*).
egoïsme [zelfzucht] < **fr.** *égoïsme,* gevormd van **lat.** *ego* (vgl. *ego*).
egotisme [zelfvergoding] < **eng.** *egotisme,* de vorming is gelijk aan die van *egoïsme,* waarbij ten onrechte een -t- insloop doordat woorden als *autisme* het gevoel wekten, dat *-tisme* een juiste uitgang zou zijn.
egotrip [activiteit ter verhoging van het zelfgevoel] < **eng.** *ego-trip* [idem], van *ego* (vgl. *ego*) + *trip* [reisje, tochtje], van *to trip* [trippelen, huppelen, dansen], **middeleng.** *trippen,* **fries** *trippelje,* **nd.** *trippen,* **hd.** *trippeln,* **middelnl.** *trepelen,* **nl.** *trippelen.*
egoutteur [wals in papiermachine] < **fr.** *égoutteur* [idem], van *égoutter* [laten uitlekken], van *é-* [uit] + *goutte* [druppel] < **lat.** *gutta* [idem].
egreneren [katoen ontdoen van pitten] < **fr.** *égrener* [uitkorrelen], van *é-* [uit] + *grener* [korrelen], van *grain, graine* [korrel, zaadkorrel] < **lat.** *granum* [korrel] (vgl. *graan*).
egretreiger [reigergeslacht] voor het eerste lid vgl. *aigrette.*
Egypte [geogr.] < **fr.** *Egypte* < **lat.** *Aegyptus* < **gr.** *Aiguptos* [de Nijl, Egypte] < **egyptisch** *ha-ka-ptah* [de stad Memphis].
ei [vrouwelijke geslachtscel, kiem] **middelnl.**, **oudsaksisch, oudhd.** *ei,* **oudeng.** *æg,* **oudnoors** *egg;* buiten het germ. **gr.** *ōion,* **lat.** *ovum,* **oudiers** *og;* het woord is verwant met **lat.** *avis,* **oudindisch** *vi-* [vogel], en betekent dus: het produkt van de vogel.
eiber → *ooievaar.*
eidebaar → *ooievaar.*
eiderdons [borstveren van de eidereend] het eerste lid < **oudnoors** *œðr,* dat verwant is met **gr.** *ōtis* [trapgans] en **oudindisch** *āti-* [soort watervogel].
eidetisch [m.b.t. de aanschouwing] < **hd.** *eidetisch,* een woord dat door de Duitse psycholoog en filosoof Erich Jaensch (1883-1940) is gevormd van **gr.** *eidètikos* [abstract], van *eidèsis* [het weten], van *eidos* [uiterlijk, gestalte, idee], verwant met **oudindisch** *vedas-* [kennis].
eidofoor [grootbeeldprojector van televisie] gevormd van **gr.** *eidos* [beeld] (vgl. *idee*) + *-phoros* [-dragend], van *pherein* [dragen], idg. verwant met *baren*[1].
Eiffeltoren [ijzeren toren in Parijs] genoemd naar de ontwerper, de Franse ingenieur *Alexandre-Gustave Eiffel* (1832-1923).
eigen [van het subject] **middelnl.** *egen, eigen* [aan een ander onderworpen, lijfeigen, wat ons toebehoort, eigen], is het verl. deelw. van een ww. voor bezitten, hebben: **middelnl.** *eegen, eigen* [moeten hebben, krijgen, toebehoren], **oudsaksisch** *egan,* **oudhd.** *eigan,* **oudfries** *aga,* **oudeng.** *agan* (**eng.** *to owe*), **oudnoors** *eiga,* **gotisch** *aigan;* buiten het germ. **oudindisch** *īśa-* [heer], **avestisch** *is-* [rijkdom].
eigenaar [bezitter] **middelnl.** *eigenaer,* met achtervoegsel *-aar* gevormd van *eigen.*
eigenaardig [een eigen karakter dragend] in de 18e eeuw < **hd.** *eigenartig.*
eigendom [wat men zijn eigen mag noemen] **middelnl.** *eigendom* [toestand van lijfeigenschap, eigendom, eigenaardigheid, eigenaar], **middelnd.** *eigendom,* **oudfries** *egendōm;* van *eigen* + *-dom.*
eigenerfde [landbouwer met eigen erf] **middelnl.** *eigenervet, egenarvet* [een eigen erf hebbend, als zn. gebruikt eigenerfde].
eigengerechtig [naar eigen oordeel te werk gaand] gevormd van *eigengerechtigheid,* dat nog tot in de 19e eeuw in twee woorden werd geschreven. Kiliaan heeft *eyghen-rechtigh* [zijn eigen recht hebbend].
eigenlijk [waar, echt] **middelnl.** *eigenlijc* [eigen, van ons zelf, eigenaardig, werkelijk, juist], als bijw. *eigenlike* [op de wijze van een eigen man, in dienstbaarheid, uit gehechtheid aan het vergankelijke, in eigendom, in werkelijkheid], **middelhd.** *eigenlich* [eigenaardig, uitdrukkelijk], **oudfries** *egenlik* [eigen], **oudeng.** *ǣgendlīc,* **oudnoors** *eiginligr.*
eigenschap [bijbehorend kenmerk] **middelnl.** *eigenschap,* ongeveer synoniem met **middelnl.** *eigendom,* **middelnd.** *egenskap,* **middelhd.** *eigenschaft;* van *eigen* + *-schap.*
eigenwijs [ontoegankelijk voor raad] (sedert 1466) < **middelnd.** *eigenwīs.*
eigenzinnig [zijn eigen zin volgend] sedert Kiliaan *eigenzinnec;* van *eigen* + *zin.*
eik [boom] **middelnl.** *eke, eec, eike, eic,* **oudsaksisch, oudfries** *ēk,* **oudhd.** *eih,* **oudeng.** *āc,* **oudnoors** *eik;* buiten het germ. **lat.** *aesculus* [wintereik], **gr.** *aigilōps* [soort eik] (het tweede lid verwant met *lepein* [schillen], *aiganeè* [werpspies], dat te vergelijken is met **lat.** *fraxinus* [es, (essehouten) werpspies], een woord dat verwant is met **nl.** *berk* (de betekenis van boomnamen wisselt nogal eens tussen de idg. talen).
eikel [vrucht van de eikeboom] **middelnl.** *e(i)kel,* **middelnd.** *ekel,* **oudhd.** *eihhila* (**hd.** *Eichel*), verkleiningsvorm van *eik.*
eiker [vrachtschip] (1684), vgl. **middelnd.** *eke* [een soort schuit], **oudnoors** *eikja* [uit boomstam vervaardigde boot]; de betekenis is 'schip van eikehout'.
eilaas → *helaas.*
eiland [land omgeven door water] **middelnl.** *eylant, eilant,* **oudfries** *eiland,* **oudeng.** *egland, i(e)gland,* **oudnoors** *eyland;* het eerste lid is nauw verwant met *A(a)* [waterloop].

eilieve [tussenwerpsel] ontstaan uit *ei, lieve,* van het tussenwerpsel *ei* + de aanspreekvorm van *lief.*

eiloof [klimopsoort] het eerste lid is **middelnl.** *yfte, hijft, yvette* [klimop], naast *i(e)ve, iewe* [aardveil, onderhave], **oudhd.** *ebah,* **oudeng.** *ifig;* er is in deze talen en ook in dialecten een groot aantal uiteenlopende vormen waarvan de gemeenschappelijke bron nog niet is gevonden.

eimat [tweede gewas van hooiland] *ei* is waarschijnlijk uit een nevenvorm van *et-* ontwikkeld (vgl. *etmaal, etgroen*), het tweede lid is *made* [weiland, hooiland], verwant met **maaien.**

einde, eind, end [bepaalde afstand, laatste gedeelte] **middelnl.** *e(i)nde,* **oudnederfrankisch** *e(i)nde, endi,* **oudsaksisch** *endi,* **oudhd.** *enti,* **oudfries,** **oudeng.** *ende,* **oudnoors** *endi,* **gotisch** *andeis;* buiten het germ. **lat.** *ante* [voor], **gr.** *anti* [tegenover], **oudindisch** *anti* [voor], *anta-* [eind], **tochaars A** *antuṣ,* **tochaars B** *entwe* [daarna], **oudiers** *etan* [voorhoofd].

eindigen [een eind nemen] **middelnl.** *endigen, eindigen* [beëindigen, beslissen], **laat-middelhd.** *endigen,* **oudfries** *endigia,* jonger naast **middelnl.** *enden, einden,* **oudsaksisch** *endion,* **oudhd.** *enton,* **oudfries** *endia,* **oudeng.** *endian,* **oudnoors** *enda* [eindigen]; afgeleid van *einde.*

eins, einze, enze [hengsel, oor] < **lat.** *ansa* [handvat, oor].

einsel [weegtoestel] nevenvorm van *unster,* **middelnl.** *einser, einsel;* bij Kiliaan *unster, unser, unssel, enssel, enster, ensser, entster.*

einsteinium [(kunstmatig) element] genoemd naar *Albert Einstein.*

eïs [met een halve toon verhoogde e (muziekterm)] < **hd.** *Eis,* van *E* + een verbastering van **fr.** *dièse* < **gr.** *diesis* [halve toon].

eisen [verlangen] **middelnl.** *eeschen, eisken, eischen* [vragen, eisen], **oudsaksisch** *ēskon,* **oudhd.** *eiscon* [vragen], **oudfries** *āskia,* **oudeng.** *āscian* [vragen, verlangen] (**eng.** *to ask*); buiten het germ. **lat.** *aeruscare* [bedelen], **oudkerkslavisch** *iskati* [zoeken], **litouws** *ieškoti* [zoeken].

ejaculeren [uitstorten] < **fr.** *éjaculer* < **lat.** *eiaculari* [uitwerpen, uitspuiten], van *ex* [uit] + *iaculari* [werpen], van *iaculus* [wat geworpen wordt, werpspies], van *iacere* [werpen, slingeren].

ejector [uitwerper] van **lat.** *eicere* (verl. deelw. *eiectum*) [uitwerpen], van *ex* [uit] + *iacere* [werpen].

ekster [kraaiachtige vogel] **middelnl.** *aexter, exter, aester, haexster,* **middelnd.** *hegister, heister,* met een achtervoegsel van een vorm, die in **fries** *akke,* **oudeng.** *agu* is te vinden. Waarschijnlijk verwant met *eg* [scherpe kant], in welk geval de vogel naar zijn snavel is genoemd.

eksteroog [likdoorn] **middelnl.** *exsteroge,* **hd.** *Hühnerauge, Krähenauge,* **fr.** *oeil-de-perdrix* [patrijzeoog], **it.** *occhio pollino* [kippeoog], *occhio di pernice* [patrijzeoog], **spaans** *ojo de pollo* [kippeoog].

el [lengtemaat] **middelnl.** *elne, elle* [onderarm, vervolgens als maat gebruikt: el], **oudsaksisch, oudhd.** *elina,* **oudfries** *ielne,* **oudeng.** *eln,* **oudnoors** *öln, alen,* **gotisch** *aleina;* buiten het germ. **lat.** *ulna* [elleboog, arm, el], **gr.** *ōlenè* [elleboog, arm], **welsh** *elin* [elleboog], **oudindisch** *aratni-* [elleboog], *ārtni-* [uiteinde van de boog]; de oorspr. idg. basis betekende 'buigen'; in elleboog is dit begrip dus tweemaal uitgedrukt.

e-laag [laag van Heaviside] zo genoemd omdat het de vijfde laag en *e* de vijfde letter is.

elaboraat [moeizaam werkstuk] van **lat.** *elaborare* (verl. deelw. *elaboratum*) [afwerken], *elaboratus* [met zorg afgewerkt, zorgvuldig], *elaborare* van *ex* [uit] + *laborare* [met moeite vervaardigen, bewerken], van *labor* [inspanning, werk].

elaboratie [moeizame bearbeiding] < **fr.** *élaboration* < **me. lat.** *elaboratio* [elaboratie, het uitwerken], van **klass. lat.** *elaborare* (vgl. *elaboraat*).

elan [bezieldheid] < **fr.** *élan* [idem] < *élans,* van *élancer* [werpen], van **lat.** *ex* [uit] + **me. lat.** *lanceare* [werpen (van een lans)], van *lancea* [lans].

eland [hertengeslacht] **middelnl.** *elen, elant* < **ouder hd.** *elen(d)* < **litouws** *elnis,* verwant met **oudkerkslavisch** *jeleni* [hert], **gr.** *ellos* [ree], idg. verwant met *lam*².

elastiek [rekbaar] < **lat.** (17e eeuws) *elasticus,* van **gr.** *elastos* [idem], van *elan, elaunein* [(voort)drijven, uitslaan van metaal, trekken (ook aan een lijn)] (vgl. *elaterium*).

elastomeer [synthetisch rubber] gevormd van *elastisch* (vgl. *elastiek*) + *polymeer.*

elateriet [aardpek] van **gr.** *elatèr* [rijder (van dieren), veedrijver], van *elan, elaunein* [voortdrijven, wegdrijven]; zo genoemd vanwege zijn veerkracht.

elaterium [sap van de springkomkommer] < **gr.** *elatèrion* [purgeermiddel, springkomkommer], van *elan, elaunein* [voortdrijven] (vgl. *elastiek*).

elatie [vervoering] < **lat.** *elatio* [verheffing, vervoering], van *elatum,* verl. deelw. van *efferre* [naar buiten brengen, naar buiten gaan, meeslepen, opheffen, reflexief: overmoedig zijn].

elatief, elativus [absolute superlatief] gevormd van **lat.** *elatum* (vgl. *elatie*).

elatiet [versteend dennehout] gevormd van **gr.** *elatè* [den], mogelijk idg. verwant met *linde.*

elder [uier] vermoedelijk bij een ww. met de betekenis 'voeden' als **oudeng.** *alan* [voeden] → *oud.*

elders [op een andere plaats] met het bijwoorden vormend achtervoegsel *s* van **middelnl.** *elre, eldre, elder(e),* dat evenals *daar, hier, waar* een plaatsaanduidend achtervoegsel *r* vertoont. Vgl. **oudsaksisch** *ellior,* **oudeng.** *ellor* [naar elders], **gotisch** *aljar* [elders], maar *aljis* [ander]; buiten het germ., zonder *r,* **lat.** *alius,* **gr.** *allos,* **oudiers** *aile* [ander].

eldorado [paradijs] van **spaans** *el* [het] + *dorado* [verguld, goudkleurig, voorspoedig, welvarend], waarbij verzwegen is gebied, land of iets dergelijks. Het spaanse lidwoord *el* werd in andere talen niet herkend, wat leidde tot de stapelvorm het eldorado. Dorado is equivalent van *de oro* [van goud], *oro* < **lat.** *aurum* [goud] (vgl. *Aurora, aureool*).

elect [nog niet bevestigde bisschop] **middelnl.** *elect* < **lat.** *electus* [uitgelezen, uitgezocht, uitverkoren], eig. verl. deelw. van *eligere* (vgl. *electie*).

electie [verkiezing] **middelnl.** *electie* < **fr.** *élection* < **lat.** *electionem*, 4e nv. van *electio* [keuze, verkiezing], van *eligere* (verl. deelw. *electum*) [uitkiezen], van *ex* [uit] + *legere* [(uit)kiezen].

electoraat [waardigheid van keurvorst, de kiezers] < **fr.** *électorat* [idem], van *élire* [uitkiezen] < **lat.** *eligere* (verl. deelw. *electum*) [idem].

electuarium [likkepot] **middelnl.** *electuarie* < **me. lat.** *lectuarium, electuarium* [idem], van **gr.** *ekleiktikos* [oplikbaar], van *ek-* [uit] + *leichein* [likken], daarmee idg. verwant.

elefant → *olifant*.

elefantiasis [huidverdikking, knobbelmelaatsheid] < **gr.** *elefantiasis* [op olifantshuid gelijkende uitslag], van *elephas* (2e nv. *elephantos*) [olifant].

elegant [bevallig] < **fr.** *élégant* < **lat.** *elegantem*, 4e nv. van *elegans* [kieskeurig, voorbeeldig, fijn, beschaafd, smaakvol, sierlijk], nevenvorm van *eligens*, teg. deelw. van *eligere* [wieden, zorgvuldig uitzoeken], van *ex* [uit] + *legere* [(uit)kiezen].

elegantie [bevalligheid] < **lat.** *elegantia* [kieskeurigheid, gepastheid, smaak, verfijning] (vgl. *elegant*).

elegie [lyrisch dichtstuk] < **fr.** *élégie* < **laat-lat.** *elegia* < **gr.** *elegeia* [elegie], van *elegos* [dodenklacht, klaaglied], vermoedelijk gevormd van een smartekreet en onder invloed gekomen van *legein* [lezen, zeggen].

elektrisch [m.b.t. elektriciteit] de Engelse natuurkundige William Gilbert (1540-1603) maakte het woord *electricus* in 1600 van **lat.** *electrum* [barnsteen] < **gr.** *èlektron* [idem]; Thomas Browne (1605-1682) leidde in 1646 *electricity* af van *electricus* → *elektron*.

elektrode [toeleiding van elektrische stroom in elektrolyten en gassen] < **eng.** *electrode*, gevormd door Michael Faraday (1791-1867) van *electro-* [elektrisch] + **gr.** *hodos* [weg].

elektrokuteren [doden door elektrische stroom] gevormd van **elektrisch** + *executeren*.

elektrolyse [ontleding d.m.v. elektriciteit van chemische verbindingen] gevormd van **elektrisch** + **gr.** *lusis* (vgl. *analyse*).

elektron [legering] **middelnl.** *electrum* [geelkoper], *elektron* [mengsel van zilver en goud] < **gr.** *èlektron* [barnsteen, goudlegering], verwant met *èlektōr* [de stralende zon, vuur als element], **oudindisch** *ulkā* [hemelvuur, meteoor].

elektronisch [werkend door vrije elektronen] gevormd van *elektron*.

element [hoofdstof, eenheid] **middelnl.** *element* [grondstof der natuur, lucht] < **fr.** *élément* < **lat.** *elementa* [letters, alfabet, beginselen van lezen en schrijven, aanvang van iets, grondstoffen, elementen].

elementair [fundamenteel] < **fr.** *élémentaire* < **lat.** *elementarius, elementaris* [betrekking hebbend op de elementen, elementair] → *element*.

elemihars [oliehoudend hars] het eerste lid < **fr.** *élémi* < **spaans** *elemí* [een druivesoort], waarvan niet zeker is of het uit het ar. werd overgenomen (het kwam kort vóór 1600 in Egypte voor als *al lāmī*), dan wel via de Portugezen uit India of Sri Lanka stamt.

elevatie [verheffing, opheffing] **middelnl.** *elevacie* [opheffing van de miskelk] < **fr.** *élévation* < **laat-lat.** *elevationem*, 4e nv. van *elevatio* [opheffing, verheffing] (vgl. *elevator*).

elevator [losinrichting voor kolen, graan etc.] < **eng.** *elevator*, naar **chr. lat.** *elevator* [helper, steun, eig. opheffer], van *elevare* [omhoog heffen], van *ex* [uit] + *levare* [lichter maken, optillen], van *levis* [licht], daarmee idg. verwant (vgl. *élève*).

élève [leerling] < **fr.** *élève* < **it.** *allievo*, van *allevare* [fokken, opvoeden] < **lat.** *allevare* [opheffen], van *ad* [naar, tot] + *levare* (vgl. *elevator*).

eleveren [verheffen] < **fr.** *élever* < **lat.** *elevare* (vgl. *elevator*).

elf¹ [telwoord] **middelnl.** *el(le)f*, vgl. **eng.** *eleven*, **oudhd.** *einlif*, **gotisch** *ainlif*: de meest bekende etymologie zegt: het eerste element in deze samenstelling is het telwoord *één*, het tweede de stam van *blijven*.

elf² [geest] (19e eeuw) < **hd.** *Elf* < **eng.** *elf*, **oudeng.** *ælf, ylf*, **oudsaksisch, middelnd., middelhd.** *alf*, **oudnoors** *alfr*; modern duits heeft naast elkaar *Alp* [kwelduivel, nachtmerrie] als resultante van de genoemde oudere vormen en het eng. ontleende *Elf* [goede geest], in feite hetzelfde woord. De divergering van de betekenis is te verklaren door het feit, dat de elfen oorspronkelijk ambivalente wezens waren → *alf*¹.

elfendertig ['op zijn elfendertigst', zeer langzaam] ontleend aan het weven. De *elf-en-dertig* was een kam waar 41 gangen door geschoven konden worden (= 4100 draden), zodat er zeer fijn textiel kon worden geweven, hetgeen echter daardoor uiterst langzaam ging.

elft¹ [zeevissoort] **middelnl.** *el(f)st, elft*, **middelnd.** *elft*, naast **oudsaksisch** *alund*, **oudhd.** *alunt* [witvis], **oudnoors** *ǫlunn* [een niet-geïdentificeerde vis], verwant met **gr.** *elephitis* [blei], **lat.** *albus* [wit] (vgl. *Albion*); de vis is dus naar de witte kleur genoemd.

elft² [engerling] **oudhd.** *alba* (hd. *Elbe*) [larf], vermoedelijk identiek met *elft¹* [vis] en dan zo genoemd naar de witte kleur.

elger [vork voor palingsteken] **middelnl.** *aelgaerde, aelgeer, ellegaer, elger*, van *ael* [aal, paling] + *geer* [speer, werpspies] (vgl. *avegaar*,

geren), oudsaksisch, oudfries gĕr, oudeng.
gār, oudnoors geirr; buiten het germ. **gr.** *chaios*
[herdersstaf], oudiers *gae* [speer].
elideren [uitstoten] < **fr.** *élider* < **lat.** *elidere*
[idem], van *ex* [uit] + *laedere* [slaan, beschadigen].
-elijk [achtervoegsel voor bijw. van bn.] → *-lijk*.
eliminatie [verwijdering] < **fr.** *élimination,* gevormd van **lat.** *eliminare* (verl. deelw. *eliminatum*) (vgl. *elimineren*).
elimineren [verwijderen] < **fr.** *éliminer* < **lat.** *eliminare* [verwijderen, verdrijven], van *ex* [uit, weg] + *limen* (2e nv. *liminis*) [drempel, deur, huis], dus lett. de deur uitzetten, verwant met *limiet*.
elisie [uitstoting] < **fr.** *élision* < **lat.** *elisio* [idem], van *elidere* (verl. deelw. *elisum*) (vgl. *elideren*).
elite [het geselecteerde gedeelte] < **fr.** *élite* [idem], eig. een vr. verl. deelw. van *élire* [(ver)kiezen], dus uitverkoren, uitgelezen < **lat.** *eligere* (vgl. *electie*).
elixer, elixir [steen der wijzen (1666), geneeskrachtige drank (1774)] < **me. lat.** *elixirium* < **ar.** *al iksīr* [het elixer]; het lidwoord *al* werd aangezien voor een deel van het woord. De betekenis is middel om edele metalen te onderscheiden van onedele, ook genees- en verjongingsmiddel. Ar. ontleend aan **gr.** *xèrion* [een droog medicijn], van *xèros* [droog], verwant met **lat.** *serenus* (vgl. *sereen, serenade*).
elk [ieder] een sterke verkorting van een samenstelling waarvan het eerste lid *een* is en het tweede een oude vorm van *gelijk* met de betekenis 'persoon', van het voorvoegsel *ga (ge)* + *lijk* (vgl. *lichaam*).
elkaar, elkander [wederkerig] van *elk* + *ander*.
elleboog [gewricht tussen beneden- en bovenarm] **middelnl.** *elle(n)boge,* van *elne, ellen, elle* [onderarm], vgl. *el* + *boog*.
ellende [beroerdigheid] **middelnl.** *ellende* [een ander land, het verblijf daar, ballingschap, droevig lot], oudnederfrankisch *elelendi,* **oudsaksisch** *elilendi,* **oudhd.** *elilenti;* van *el-* (vgl. *elders*) + *land,* opgekomen als vertaling van **lat.** *captivitas, exilium*.
ellepijp [dikste bot in benedenarm] van *el,* waarnaar de maat is genoemd + *pijp,* van *pijpbeen*.
eller [boom] nevenvorm van **els** [1], vgl. **middelnd.** *else,* naast *elze*.
ellerling → *elrits*.
ellips [ovaal] < **lat.** *ellips* < **gr.** *elleipsis* [het tekortschieten], van *elleipein* [(in iets) achterlaten, overlaten, weglaten], van *en* [in] + *leipein* [achterlaten].
elmsvuur, sint-elmsvuur [lichtjes door elektriciteit] **hd.** *Elmsfeuer,* naast *Helenenfeuer,* het eerste verbasterd uit het tweede. Plinius deelt mee, dat de benaming stamt van *Helena* van Troje, zuster van Castor en Pollux; als er twee vonken waren, werden ze toegeschreven aan de beide broers, drie aan Helena; in de middeleeuwen werd Helena geïdentificeerd met een heilige.

elocutie [welbespraaktheid] < **fr.** *élocution* < **lat.** *elocutio* [inkleding der gedachten in woorden, stijl], van *eloqui* (verl. deelw. *elocutum*) (vgl. *eloquent*).
éloge [lofspraak] < **fr.** *éloge* < **me. lat.** *eulogia, eulogium* [verzorgd taalgebruik, zegening, lofprijzing] < **gr.** *eulogia* [lof, roem, schone taal], van *eu* [goed] + *logos* [woord, verhandeling].
Elohim [naam voor God] < **hebr.** *elōhīm,* mv. van *elōh* [god], mogelijk een verlenging van *ēl* [god], vgl. *Allah*.
elongatie [verschil in lengte tussen planeet en zon] < **lat.** *elongatio* [verlenging, vergroting, vertraging, verwijdering, elongatie (in astronomie)], van *elongare* (verl. deelw. *elongatum*), van *ex* [uit] + *longus* [lang], daarmee idg. verwant.
eloquent [welsprekend] < **fr.** *éloquent* < **lat.** *eloquens* (2e nv. *eloquentis*), teg. deelw. van *eloqui* [uitspreken, behoorlijk zijn gedachten uitdrukken], van *e-* [uit] + *loqui* [spreken].
eloxeren [elektrolytisch oxyderen] gevormd van *elektrolyse* + *oxyderen*(vgl. *oxyde*).
elp [ivoor] **middelnl.** *elp* [olifant], van **gr.** *elephas* [idem] (vgl. *olifant*).
elpee [langspeelplaat] uit *l.p.,* uit *long-play* [lang spell].
elrits [karperachtig visje, ellerling] < **hd.** *Elritze,* dial. *Erling, Irlitse,* **middelnd.** westelijk *erlitz,* **oudhd.** *erling,* vgl. **nl.** *allerling* en *elzenvoorntje*.
els [1], elst [boomsoort] **middelnl., middelnd.** *else,* daarnaast met grammatische wisseling (vgl. *was - waren*) **middelnl.** *elre,* **oudhd.** *elira, erila* (**hd.** *Erle*), **oudfries** *ielren* [van elzehout], **oudeng.** *alor* (**eng.** *alder*), **oudnoors** *elri(r);* buiten het germ. **lat.** *alnus,* **oudruss.** *ol'cha* en een in plaatsnamen bewaard **gallisch** *alisia;* de basis is een kleuraanduiding geweest, vgl. **oudhd.** *elo* [geel], die ook tot vorming van *olm* [1] heeft geleid en van dierenamen, b.v. **eng.** *elk* [eland].
els [2], elst [priem] **middelnl.** *alsene, elsene, elsne, elsen, else,* gevormd met een achtervoegsel dat in het middelnl. nog bewaard bleef, maar later afviel, omdat vormen van het type elsen werden aangezien voor meervouden. Vgl. **oudhd.** *alunsa, alansa,* **oudnoors** *alr,* **oudeng.** *œl,* **oudhd.** *ala* zonder het achtervoegsel.
els [3] [Limburgse kruidenjenever] van *alsem,* vgl. **hd.** van de linker Rijnoever *Alse, Else, Els* [alsem].
elstar [een zoetzure appel] gevormd van *Elst* in de Betuwe + *Arie* Schaap, die hem kweekte.
elucidatie [ophelderen] < **fr.** *élucidation* < **lat.** *elucidare* [uitlegging], van *elucidare* (verl. deelw. *elucidatum*) (vgl. *elucideren*).
elucideren [ophelderen] < **fr.** *élucider* < **chr. lat.** *elucidare* [in een helder licht stellen], van *ex* [uit, geheel en al] + *lucidus* [lichtend, duidelijk], van *lux* (2e nv. *lucis*) [licht], daarmee idg. verwant.
elucubratie [moeizaam werkstuk] < **fr.** *élucubration* [idem] < **lat.** *elucubratio* [nachtwerk (bij lamplicht)], van *ex* [uit, geheel en al] + *lucubratio*

[werk bij lamplicht], van *lucēre* [schijnen, doen schijnen (b.v. een kaars)], van *lux* (2e nv. *lucis*) [licht], daarmee idg. verwant.

eluderen [ontwijken] < fr. *éluder* < lat. *eludere* [tegenhouden, ontwijken, misleiden], van *ex* [uit] + *ludere* [spelen, toneelspelen, schertsen].

elusief [ontwijkend] < fr. *élusif*, gevormd van lat. *eludere* (verl. deelw. *elusum*) (vgl. **eluderen**).

eluvium [niet-verplaatst verweringsgesteente] naar het voorbeeld van *alluvium* gevormd van lat. *eluere* [uitwassen], van *ex* [uit] + *luere* [bespoelen], idg. verwant met **verliezen**.

elvenschot [jicht] zo genoemd omdat het volksgeloof de boosaardigheid van de *elven (alven)* als veroorzaker zag, vgl. eng. *elf-shot* en hd. *Hexenschuß*.

elver [glasaaltje] mogelijk < eng. *elver*, van *eelvare*, zuidelijke dialectvariant van *eel-fare* [de trek van het palingbroed de rivieren op, vervolgens het broed zelf], van *eel* [paling] (vgl. **aal**[3]) + *fare* [het reizen, ook groep die op reis gaat], verwant met **varen**[2].

Elysium [de Elyzeese velden, het paradijs] < gr. *èlusion pedion* [Elysische vlakte], vermoedelijk van vóór-gr. herkomst.

Elzasser [bewoner van de Elzas] < oudhd. *elisazzo*, van *eli* (vgl. gotisch *aljis*) [ander], nl. *elders* + oudhd. *sizzan* [zitten, bewonen], dus bewoners van de andere oever (van de Rijn).

elzevier [lettertype] waarmee veel boeken werden gedrukt op de persen der *Elzeviers* of *Elseviers*, een beroemd 17e eeuws geslacht van boekdrukkers in Leiden en Amsterdam.

emaceratie [vermagering] van laat-lat. *emacerare* [verzwakken], van *ex* [geheel en al] + *macerare* [week maken, verzwakken, uitmergelen], van *macer* [schraal, mager], daarmee idg. verwant.

email [glazuur] (1666) < fr. *émail*, oudfr. *esmail*, uit het germ., vgl. **smelten**.

emanatie [uitvloeiing] < fr. *émanation* < chr. lat. *emanatio* [idem], van *emanare* (verl. deelw. *emanatum*) [uitvloeien, uitstromen], van *ex* [uit] + *manare* [vloeien, stromen].

emancipatie [gelijkstelling] < fr. *émancipation* [idem] < lat. *emancipationem*, 4e nv. van *emancipatio* [plechtige vrijlating van een zoon uit de vaderlijke macht], van het ww. *emancipare*, van *ex* [uit] + *mancipare*, van *manus* [hand], idg. verwant met **momber, mondig, munt**[3] [voogdij] + *capere* [nemen] (idg. verwant met **heffen**), d.w.z. koopwaar met (b.v. slaven) of in de hand nemen.

emanciperen [mondig verklaren] < fr. *émanciper* [idem] < lat. *emancipare* (vgl. **emancipatie**).

emaneren [uitvloeien] < fr. *émaner* < lat. *emanare* (vgl. **emanatie**).

emballage [verpakking] < fr. *emballage*, van *emballer*, van *balle* [baal], uit het germ., vgl. **baal**.

embarcadère [aanlegplaats] < fr. *embarcadère*, van *embarquer* (vgl. **embarkeren**).

embargo [beslaglegging, verbod van publikatie] (19e eeuws) < spaans *embargo*, van *embargar* [tegenhouden, beslag leggen op], van lat. *in* [in, op] + *barra* [staaf, balie, zandbank voor riviermond] (vgl. **barette**).

embarkeren [inschepen] < fr. *embarquer* < spaans *embarcar* [idem], van *in* [in] + *barca* [bark].

embarras [hindernis] < fr. *embarras*, van *embarrasser* [hinderen, belemmeren] < it. *imbarazzare* of spaans *embarazar* < *imbarrare* [idem], van *in* [in, naar] + *barra* (vgl. **barette**).

embellisseren [fraaier maken] gevormd naar fr. *embellir* [idem], *embellissement* [verfraaiing], van *beau, bel* [fraai] < lat. *bellus* [aardig, keurig, gezond].

embêtant [vervelend] < fr. *embêtant*, eig. teg. deelw. van *embêter* [vervelen, de keel uithangen], van *en* [bij, in, op] + *bête* [beest, domkop, dom, vervelend] < lat. *bestia* [beest].

embêteren [lastig vallen] → **embêtant**.

embleem [zinnebeeld, herkenningsteken] < fr. *emblème* < lat. *emblema* [mozaïek, inlegwerk, beeldwerk in reliëf op vazen] < gr. *emblèma* [het ingezette], van *emballein* [in iets werpen, invoegen], van *en* [in] + *ballein* [werpen], idg. verwant met hd. *Quelle*, nl. **kwelder**.

emblema [zinnebeeldige plaat] → **embleem**.

embolie [verstopping van bloedvat] van gr. *embolon* [wat ergens is ingedrongen], van *emballein* (vgl. **embleem**).

embonpoint [gezetheid] < fr. *embonpoint*, verbastering van *en bon point* [in goede conditie], ironisch bedoeld.

embouchure [monding, mondstuk] < fr. *embouchure*, van *emboucher* [de mond zetten aan, in de mond doen, een riviermond binnenvaren], van *en* [in] + *bouche* [mond] < lat. *bucca* [volgestopte wang, kaak], van een basis met de betekenis 'zwellen', waarvan ook *pok* stamt.

embouté [(in wapenkunde) aan het eind met een ring] < fr. *embouté*, verl. deelw. van *embouter* [van een metalen dopje voorzien], van *en* [in, op] + *bouter* [slaan, stoten], uit het germ., vgl. **boten**.

embrasse [gordijnophouder] < fr. *embrasse*, van *embrasser* [omarmen], van *en* [in] + *bras* [arm] < lat. *bracchium* (vgl. **brassière**).

embrasure [schietgat] < fr. *embrasure*, van *embraser* [in brand steken, doen ontbranden (hier van een vuurwapen)], van oudfr. *breze* (vgl. *brazieL*).

embrayeren [de koppeling aanzetten] < fr. *embrayer*, het tegenovergestelde van **debrayeren**.

embrouilleren [in de war brengen] < fr. *embrouiller* [idem], van *en* [in] + *brouiller* [klutsen] (vgl. **brouillon**).

embryo [kiem] < gr. *embruon* [een jong], van *bruein* [zwellen, rijp worden, vol worden], verwant met *bruon* [mos] en vermoedelijk met **kruid**.

Emden [geogr.] hd. *Ems*, heet naar de rivier *Ems*,

emelt — empaleren

nl. *Eems,* waarin de *s* het restant is van een oud achtervoegsel om riviernamen te vormen (vgl. de *Eem* zonder dit achtervoegsel) bij een woord voor rivier, dat in *Amersfoort* en *Amstel* voorkomt.

emelt [muggelarve] verwant met *aamt.*

emenderen [verbeteren] < **fr.** *émender* < **lat.** *emendare* [idem], van *ex* [uit] + *mendum* [fout, gebrek].

emer [emerkoren, tweekorrelige tarwe] in de 19e eeuw uit oostelijke dialecten overgenomen, vgl. **middelnl.** *amer* [een soort van tarwe], **oudhd.** *amaro, amari.*

emerald → *smaragd.*

emeritus [zijn ambt neergelegd hebbend] < **lat.** *emeritus* [oudgediende, veteraan], eig. verl. deelw. van *emerēre, emerēri* [geheel verdienen, militair uitdienen], van *ex* [uit] + *merēre, merēri* [verdienen].

emerkoren [tweekorrelige tarwe] eerst in de 19e eeuw uit oostelijke dialecten overgenomen. Vgl. voor het eerste lid **hd.** *Ammer* [gors], naast *Emmer* [geelgors, maar ook tweekoren]; mogelijk is de vogel naar het koren genoemd omdat hij zich daaraan tegoed deed → *amelkoren.*

emersie [het te voorschijn komen van hemellichamen] < **fr.** *émersion* [idem] < **me. lat.** *emersio* [uitvloeiing, het te voorschijn komen], van *emergere* (verl. deelw. *emersum*) [opduiken uit], van *ex* [uit] + *mergere* [onderdompelen].

emetica [braakmiddel] < **lat.** *emetica* (mv.) < **gr.** *emetika,* o. mv. van *emetikos* [braken opwekkend], van *emein* [braken], idg. verwant met *vomeren.*

emfaze [nadruk] < **fr.** *emphase* [idem] < **lat.** *emphasis* < **gr.** *emphasis* [afspiegeling, uiterlijk, schijn, verduidelijking, nadruk], van *emphainein* [ergens in laten zien, aanwijzen], van *en* [in] + *phainein* [schijnen, doen verschijnen, laten zien].

emfyseem [zwelling] < **gr.** *emphusèma* [het inblazen, opblazen], van *emphusan* [inblazen, opblazen], van *en* [in] + *phusan* [blazen], van *phusa* [blaasbalg, wind], klanknabootsend gevormd.

emigreren [uitwijken] < **fr.** *émigrer* < **lat.** *emigrare* [verhuizen], van *ex* [uit] + *migrare* [verhuizen, vertrekken].

eminent [voortreffelijk] < **fr.** *éminent* < **lat.** *eminentem,* 4e nv. van *eminens* [uitstekend, uitstékend], eig. teg. deelw. van *eminēre* [uitsteken], van *ex* [uit] + een afleiding van een idg. basis met de betekenis 'uitsteken', waarvan b.v. ook stammen **fr.** *mont,* **eng.** *mountain* [berg], **fr.** *menton* [kin].

eminentie [1] [voortreffelijkheid, titel van kardinalen] < **lat.** *eminentia* [het uitsteken, uitmuntendheid], van *eminens* (2e nv. *eminentis*) [uitstekend, uitmuntend], teg. deelw. van *eminēre* [uitsteken, in het oog vallen], van *ex* [uit] + *minēre* [uitsteken].

eminentie [2] [grijze eminentie, vertrouwd raadsman op de achtergrond] < **fr.** *éminence grise,* oorspr. gezegd van le Père Joseph (François le Clerc du Tremblay), een kapucijner die vertrouweling was van Richelieu. Het grijs slaat op de kleur van het habijt.

emir [Arabisch opperhoofd] (19e eeuws) < **ar.** *'amīr* [commandant, prins, emir, stamhoofd], bij het ww. *'amara* [hij beval].

émissaire, emissario [geheime bode] < **fr.** *émissaire,* resp. < **spaans** *emissario* < **lat.** *emissarius* [bode, verspieder], van *emittere* (verl. deelw. *emissum*) [uitzenden], van *ex* [uit] + *mittere* [zenden], idg. verwant met *smijten.*

emissie [uitzending, uitgifte van obligaties e.d.] < **fr.** *émission* [idem] < **lat.** *emissionem,* 4e nv. van *emissio* [het uitzenden, loslaten], van *emittere* (vgl. *émissaire*); in financiële zin < **eng.** *emission* [uitgifte].

emissor [transistoronderdeel] < **lat.** *emissor* [die uitzendt], van *emittere* (vgl. *émissaire*).

emittent [die aandelen uitgeeft] < **lat.** *emittens* (2e nv. *emittentis*), teg. deelw. van *emittere* (vgl. *émissaire*).

emmentaler [kaassoort] de kaas is afkomstig uit het *Emmental,* het dal van de *Emme,* een zijrivier van de Aare in Zwitserland.

emmer [vat] **middelnl.** *em(m)er, ymmer,* **oudsaksisch** *ēmbar,* **oudhd.** *eimbar* < **lat.** *amphora* (vgl. *amfoor*).

emmeren [zaniken, neuken] oorspr. gezegd van huzaren, die staande op een omgekeerde emmer geslachtsgemeenschap met een paard zouden hebben. Voor de betekenisovergang naar zaniken vgl. *lullen* en *dreutelen.*

emmes [fijn] < **hebr.** *emeth* [waarheid].

emmetropie [normale lichtbreking van oog] gevormd van **gr.** *emmetros* [in de juiste maat], van *en* [in] + *metron* [maat], idg. verwant met *maat* [1], *maal* [7] [maaltijd] + *ōps* [oog].

emmy [onderscheiding voor televisie] < **eng.** *emmy,* variant van *immy,* van *im(age orthicon tube),* van *image* [beeld] (vgl. *image*) + *orthicon* [toestel om uitzendingen op locatie over te zenden naar de studio] < **gr.** *orthos* [recht vooruit, recht] + *iconoscope,* van **gr.** *eikōn* [beeld] + *skopein* [kijken naar] + *tube* [buis].

emoe [struisvogel] < **portugees** *ema,* overgenomen uit een benaming op de Molukken *eme,* ook *samu.*

emolumenten [bijkomende verdiensten] **middelnl.** *emolumenten* < **fr.** *émolument* < **lat.** *emolumentum,* van *ex* [uit, weg] + een afleiding van het ww. *molere* [malen], daarmee idg. verwant; de betekenis is letterlijk 'wat uitgemalen wordt, wat men bij het malen wint'.

emotie [gemoedsbeweging] < **fr.** *émotion,* gevormd van *é-* [uit] + **lat.** *motio* [beweging, koortsrilling], aansluitend bij het veel oudere *émouvoir* [ontroeren] < **vulg. lat.** *exmovēre* < **klass. lat.** *emovēre* [ergens uitdrijven, doen schudden], van *ex* [uit] + *movēre* [in beweging brengen].

empaleren [aan een paal rijgen] < **fr.** *empaler*

empathie — enclise

< **me. lat.** *impalare,* van *in* [in, op] + een germ. element, vgl. **paal**[1].

empathie [het zich invoelen in anderen] naar **byzantijns-gr.** *empatheia* [hartstocht], van **klass. gr.** *empathès* [vatbaar voor gevoelens, hartstochtelijk], van *paschein* [lijden] (vgl. *pathos*).

empire [(stijl van) het eerste Franse keizerrijk] < **fr.** *empire* [idem] < **lat.** *imperium* [bevel, recht om te bevelen, heerschappij, keizerlijke regering], van *imperare* [bevelen], van *in* [in] + *parere* [verwekken], dus eig. in iets teweegbrengen.

empiricus [met alleen door ondervinding opgedane kennis] < **lat.** *empiricus* [arts wiens werkwijze uitsluitend op ervaring berust] < **gr.** *empeirikos* [ervaren], van *empeiros* [idem], van *en* [in] + *peira* [proef, ervaring, onderneming, poging] → *experimenteren, expert, periculeus, piraat*.

empirie [ervaring als kennisbron] < **gr.** *empeiria* [ervaring, proefondervindelijke kennis] (vgl. *empiricus*).

emplacement [terrein voor bouwwerk, dienst] < **fr.** *emplacement* [oorspr. het plaatsen in], van *en* [in] + *placement* [het plaatsen], van *placer* [plaatsen], van *place* [plaats].

emplooi [bezigheid] < **fr.** *emploi* [idem], van *employer* (vgl. *employeren*).

employeren [gebruik maken van] **middelnl.** *employeren* < **fr.** *employer* < **lat.** *implicare* [in iets vouwen, in iets voegen, nauw verbinden], van *in* [in] + *plicare* [samenvouwen, oprollen], idg. verwant met *vlechten* → *vlecht*.

emporium [stapelplaats] < **lat.** *emporium* < **gr.** *emporion* [stapelplaats, factorij], van *emporos* [reiziger, passagier, koopman], *emporeuomai* [ik begin een expeditie, drijf handel], van *en* [in] + *poros* [weg door of over het water, weg, middel], idg. verwant met *varen*[2].

empyeem [etteropeenhoping] < **fr.** *empyème* < **byzantijns-gr.** *empuèma* [inwendige verzwering], van *en* [in] + *puon* [etter], verwant met *puthein* [doen verrotten], verwant met **lat.** *pus* [etter].

empyreum [hoogste hemel] < **me. lat.** *empurios, empureus* [vurig] < **byzantijns-gr.** *empurios,* **klass. gr.** *empuros* [in het vuur, bij het vuur], van *en* [in] + *pur* [vuur], daarmee idg. verwant.

emserzout [zout uit bronwater] het zout wordt gewonnen uit de natriumhoudende geneeskrachtige bronnen van *Bad Ems* aan de Lahn.

emt, empt, empe [mier] **middelnl.** *amete, eemt(e), emte,* **oudhd.** *ameiza* (hd. *Ameise*), **oudeng.** *œmetta* (**eng. ant,** dial. ook *emmet*), met een voorvoegsel *a* [af], gevormd van een ww. dat 'afsnijden' betekent, vgl. **oudsaksisch** *meita,* **gotisch** *maitan;* het diertje is dus genoemd naar de kracht van zijn kaken → *mes, mijt*[1]*, moot*.

emulatie [naijver] < **fr.** *émulation* < **lat.** *aemulationem,* 4e nv. van *aemulatio* [wedijver, naijver, afgunst], van *aemulari* (verl. deelw. *aemulatum*) [nastreven, wedijveren], van *aemulus* [wedijverend, naijverig, zn.: mededinger].

emulgeren [tot een emulsie maken] < **lat.** *emulgēre* [uitmelken], van *ex* [uit] + *mulgēre* [melken], daarmee idg. verwant.

emulsie [melkachtige oplossing] < **fr.** *émulsion,* gevormd van **lat.** *emulsum,* verl. deelw. van *emulgēre* (vgl. *emulgeren*).

en [voegwoord] **middelnl.** *ende,* **oudnederfrankisch** *inde,* **oudsaksisch** *endi,* **oudhd.** *enti, anti, unti,* **oudfries** *ande, end(e),* **oudeng.** *and,* waarnaast ablautend **oudhd.** *unta, unti*.

-enaar [achtervoegsel ter vorming van m. zn.] doordat in woorden als *molenaar, Leidenaar* het ontleende woord dikwijls op *n* uitging, kon zich uit *-aar* > *-naar* ontwikkelen (vgl. *-aar*).

enakskind [reus van een kerel (bijbels)] de naam betekent vermoedelijk 'langhals', vgl. **ar.** *'unq* [hals].

enallage [stijlfiguur] < **fr.** *énallage* [idem] < **gr.** *enallagè* [verwisseling], van *en* [in] + *allagè* [verwisseling], van *allattein* [veranderen, wisselen], van *allos* [ander].

enamel → *email*.

encadreren [inlijsten] < **fr.** *encadrer,* van *en* [in] + *cadre* [lijst] < **it.** *quadro* [vierkant, schilderij, kader] < **lat.** *quadrum* [vierkant], van *quattuor* [vier], daarmee idg. verwant.

encanailleren ['zich encanailleren', omgaan met mensen beneden zijn stand] → *canaille*.

encas [een maaltijd gereedhouden voor het geval dat...] < **fr.** *en-cas, encas,* verkort uit *en cas d'urgence* [in geval van nood].

encaustiek [wasschilderkunst met ingebrande figuren] < **fr.** *encaustique* [idem] < **lat.** *encaustus* [ingebrand, in brandschildering] < **gr.** *egkaustos* [idem], van *egkaō* [ik brand in], van *en* [in] + *kaō* [ik steek in brand, verbrand, schroei].

encefalitis [hersenontsteking] gevormd van **gr.** *egkephalos* [hersens, eig. zich in het hoofd bevindend], van *en* [in] + *kephalè* [hoofd], idg. verwant met *gevel*.

encefalografie [het maken van röntgenfoto's van de hersens] gevormd van **gr.** *egkephalos* (vgl. *encefalitis*) + *graphein* [schrijven, schilderen, tekenen], idg. verwant met *kerven*.

enceinte [vestingwal] < **fr.** *enceinte* < **lat.** *incinctus,* vr. *incincta,* verl. deelw. van *incingere* [omgorden, omgeven, b.v. van een stad met muren], van *in* [in] + *cingere* [omgorden, insluiten] (vgl. *singel*).

enchiridion [handboek] < **gr.** *egcheiridios* [in de hand gehouden], o. *egcheiridion* [als zn. dolk, handboek], van *en* [in] + *cheir* [hand], dus wat men in de hand houdt.

enclave [door vreemd gebied omsloten terrein] < **fr.** *enclave,* van *enclaver* [omsluiten], van *en* [in] + **lat.** *clavis* [sleutel, grendel, in me. lat. ook afgesloten ruimte], van *claudere* [sluiten], daarmee idg. verwant → *klooster*.

enclise, enclisis [aansluiting van woord bij ander woord] < **fr.** *enclise,* resp. < **gr.** *egklisis* [neiging], van *egklinein* [afbuigen, neer laten komen op], van *en* [in] + *klinein* [doen leunen, neigen, verschuiven] (vgl. *klinisch*).

encomium [lofrede] verlatijnst uit **gr.** *egkōmion* [idem], van *en* [in] + *kōmos* [feestelijke optocht ter ere van Bacchus, serenade, feestlied].

encourageren [aanmoedigen] < **fr.** *encourager*, van *en* [in] + *courage* [moed], van *coeur* < **lat.** *cor* [hart], daarmee idg. verwant.

encycliek [pauselijke zendbrief] < **gr.** *egkuklios* [in een kring, allen langsgaand], van *en kuklōi*, van *en* [in] + *kuklōi*, 3e nv. van *kuklos* [kring], idg. verwant met *wiel*¹.

encyclopedie [beschrijvend woordenboek] < **fr.** *encyclopédie* [idem] < **byzantijns-gr.** *egkuklopaideia* = *hè egkuklios paideia* [een cursus van complete opleiding] (d.w.z. in de artes liberales) = *ta egkuklia;* van *egkuklios* [rond] (vgl. *encycliek*) + *paideia* [opvoeding, opleiding, algemene ontwikkeling], van *pais* (2e nv. *paidos*) [kind], idg. verwant met **lat.** *puer* [jongen] en *veulen*.

endeldarm [laatste deel van darm] **middelnl.** *eindeldarm, endeldarm,* van *einde* + *darm,* met een *l* als **middelnl.** *endeldoor* [verste deur], *endelvers* [gebed voor een stervende], vgl. ook *middel-*.

endemisch [niet elders voortkomend] < **fr.** *endémique* [idem] < **byzantijns-gr.** *endèmos* [in het volk, inheems], van *en* [in] + *dèmos* [land, volk].

endocarditis [ontsteking van binnenbekleding van hart] *endocardium* [binnenbekleding van hart], gevormd van **gr.** *endon* [binnen] (eig. 'in het huis', afgeleid van *en* [in] + *domos* [huis]) + *kardia* [hart], daarmee idg. verwant.

endocrien [met inwendige lozing] gevormd van **gr.** *endon* (vgl. **endocarditis**) + *krinein* [scheiden, schiften], idg. verwant met *rein*¹.

endofyt [in een plant levende parasiet] gevormd van **gr.** *endon* (vgl. **endocarditis**) + *phuton* [plant], idg. verwant met (*land)bouw*.

endogamie [het huwen binnen de stam] gevormd van **gr.** *endon* [binnenin] (vgl. **endocarditis**) + *gamos* [huwelijk], van *gamein* [trouwen].

endogeen [uit het binnenste voorkomend] gevormd van **gr.** *endon* [binnenin] (vgl. **endocarditis**) + *genos* [schepping, geslacht, ontstaan, afstamming] (vgl. *Genesis*).

endometrium [baarmoederslijmvlies] gevormd van **gr.** *endon* [binnenin] (vgl. **endocarditis**) + *mètra* [moederschoot], van *mètèr* [moeder], daarmee idg. verwant.

endoscoop [instrument om in lichaamsholten te kijken] gevormd van **gr.** *endon* [binnenin] (vgl. **endocarditis**) + *-scoop*.

endosmose [osmose met water door de wand] gevormd van **gr.** *endon* [binnenin] (vgl. **endocarditis**) + *osmose*.

endosperm [begin van kiem in embryozak] gevormd van **gr.** *endon* [binnenin] (vgl. **endocarditis**) + *sperma*.

encomium — engbloem

endossabel, indossabel [overdraagbaar door endosseren] < **fr.** *endossable,* van *endosser* (vgl. **endosseren**).

endosseren, indosseren [overdragen door aantekening op achterkant van wissel] < **fr.** *endosser,* van *en* [in, op] + *dos* [rug] < **me. lat.** *dossum* < **klass. lat.** *dorsum* (vgl. *dossier*).

endotheel [binnenbekleding vormende cellaag] gevormd van **gr.** *endon* [binnenin] (vgl. **endocarditis**) + *thèlè* [moederborst].

endotherm [warmte opnemend] gevormd van **gr.** *endon* [binnenin] (vgl. **endocarditis**) + *thèrmè* [(koorts)hitte], idg. verwant met *warm*.

energetica [leer van het arbeidsvermogen] < **gr.** *energetika,* o. mv. van *energetikos* [actief], van *energein* [werken], van *en* [in] + *ergein,* van *ergon* [werk].

energie [veerkracht, arbeidsvermogen] < **fr.** *énergie* < **me. lat.** *energia* < **gr.** *energeia* [werkzaamheid, het handelen, de zich openbarende kracht], van *en* [in] + *ergon* [werk], daarmee idg. verwant.

energumeen [bezetene] < **fr.** *énergumène* < **chr. lat.** *energumenus* [bezeten (van de duivel)] < **byzantijns-gr.** *energoumenos* [idem], van *energein* [werken in, beïnvloeden, instigeren], van *en* [in] + *ergon* [werk], daarmee idg. verwant.

enerveren [op de zenuwen werken] < **fr.** *énerver* [idem] < **lat.** *enervare* [de energie er uithalen, verzwakken, verlammen], van *ex* [uit] + *nervus* [pees, spier, zenuw], mv. *nervi* [kracht, energie].

enfileren [in de lengte met geschut bestrijken] < **fr.** *enfiler* [een draad door een naald steken, aan een snoer rijgen, in de lengte beschieten], van *fil* [draad] < **lat.** *filum* [idem].

enfin [kortom] < **fr.** *enfin,* eig. *en fin* [op het eind], *fin* < **lat.** *finis* [eind].

enfleurage [winnen van etherische oliën uit bloemen] < **fr.** *enfleurage* [het een bloemengeur geven], van *enfleurer,* van *fleur* < **lat.** *florem,* 4e nv. van *flos* [bloem], daarmee idg. verwant.

eng¹ [nauw] **middelnl.** *enghe,* **oudsaksisch, oudhd.** *engi,* **oudeng.** *enge,* **oudnoors** *ǫngr,* **gotisch** *aggwus;* buiten het germ. **lat.** *angustus* [nauw], *(angina pectoris),* **gr.** *agchein* [de keel dichtsnoeren], **oudruss.** *uzŭkŭ* [eng, nauw], **oudindisch** *amhu-* [nauw] → *aambei,* **angst**¹, **bang**¹.

eng², enk [bouwland] **middelnl.** *enc, eng* [bebouwd land], **oudsaksisch, oudhd.** *angar* [ongeploegd grasland], **oudeng.** *ing* [akkerland], **oudnoors** *eng(i)* [weide]; verwant zijn verder **oudnoors** *angr* [bocht, fjord], **gr.** *ankos* [dal]; de idg. basis betekende waarschijnlijk 'buigen, welven'.

engageren [(als artiest) verbinden aan] < **fr.** *engager,* van *en* [in] + *gage* (vgl. *gage*).

engbloem [plantesoort] het eerste lid is *eng*¹ in de betekenis van **middelnl.** *ange* [benauwd]; de in de volksgeneeskunde vroeger veel toegepaste plant is toxisch; het gif kan o.m. tot verlamming van de hartspier leiden. Vgl. de bij Hippocrates

engel — entelechie

voorkomende benaming *kunagchos*, van *kuōn* [hond] + *agchein* [de keel toesnoeren], idg. verwant met ***angst***¹ en ***eng***¹.

engel [bode van God] middelnl. *engel, ingel*, **oudsaksisch, oudhd. engil**, oudnoors *engill*, gotisch *aggilus* < lat. *angelus* [bode, engel] < gr. *aggelos* [afgezant, bode der goden, engel], variant van *aggaros* [renbode], niet onmogelijk uit het semitisch, vgl. **akkadisch** *agru* [huurling] → ***hangar***.

Engels [van Engeland] < **eng.** *English*, **oudeng.** *(A)englisc*, van *Angle, Engle* [de stam der Angelen], door de Romeinen *Angli*, enk. *Anglus*, genoemd, afkomstig uit *Angul* [een gebied in Sleeswijk dat haakvormig is] (**oudeng.** *angul* [vishaak]).

engerling [larve van meikever] (1859) < **hd.** *Engerling*, oudhd. *angar(i)* [made, eig. slangetje]; buiten het germ. **lat.** *anguis*, **litouws** *angis*, **russ.** *už* [slang], **lat.** *anguilla*, **gr.** *egchelus* [aal].

engobe [kleilaagje op ceramiek] < **fr.** *engobe*, van *en* [in, op] + *gobe* [balletje vogelvoer (voor het vetmesten), dial. ook klomp klei], van *gober* [slikken zonder kauwen], uit het gallisch, vgl. **iers** *gob* [bek].

engram [wat in iets gegrift is] < **hd.** *Engramm*, gevormd van **gr.** *en* [in] + *gramma* [inkrassing], van *graphein* [krassen, schrijven], idg. verwant met ***kerven***.

en-gros [in het groot] < **fr.** *en gros*, van *en* [in] + *gros* [groot] (vgl. ***gros***²).

enharmonisch [gezegd van tonen die anders genoemd en geschreven worden, maar toch even hoog klinken] < **lat.** *enharmonicus* < **gr.** *enarmonikos* [harmonisch], van *en* [in] + *harmonikos* [van de toonhoogte, van harmonie] (vgl. ***harmonie***).

enig [onbepaald telwoord] middelnl. *enich, ienich*, **oudsaksisch** *enig*, **oudhd.** *einig*, **oudfries** *enich*, **oudeng.** *ænig* (**eng.** *any*), **oudnoors** *einigr*; een betrekkelijk late afleiding van ***een***; het bn., met de betekenis 'waarvan er geen tweede is', is eveneens afgeleid van ***een***, vgl. middelnl. *enich*, **oudsaksisch** *enag*, **oudhd.** *einag*, **oudeng.** *ānga*, **oudnoors** *einga*, **gotisch** *ainaha*.

enigma [raadsel] < **lat.** *aenigma* [idem] < **gr.** *ainigma* [duistere uitdrukking, raadsel], van *ainissesthai* [in raadselen spreken], van *ainos* [vertelling, sprookje], idg. verwant met **gotisch** *aips* [eed].

enjambement [overloop van versregels] < **fr.** *enjambement*, van *enjamber* [overspringen], van *en* [in, op] + *jambe* [been] < **laat-lat.** *gamba* [idem] < **gr.** *kampè* [buiging, geleding], verwant met **lat.** *campus* [veld].

enk → ***eng***².

enkel¹ [voetgewricht] middelnl. *ankel, enkel* en *anclau*, **oudhd.** *anchal, anchlao*, **middeleng.** *ancle, anclowe*, **oudnoors** *ǫkla*; buiten het germ. **lat.** *angulus*, **oudkerkslavisch** *ǫgŭlŭ* [hoek],

oudindisch *aṅguli-* [vinger], met *l* gevormde verkleiningsvorm van een woord **oudhd.** *ancha*, *enche* [schenkel], **oudindisch** *aṅga-* [lid].

enkel² [alleen] middelnl. *enkel* [enig], met een *l* achtervoegsel gevormd van *enech* [waarvan er maar één is].

enkelvoud [vorm van woord die aangeeft dat er slechts van één exemplaar sprake is] nieuwnl., vertaling van **lat.** (*numerus*) *singularis*.

Enkhuizen [geogr.] op grond van een 14e eeuwse spelling Enghuizen is het eerste lid verklaard als ***eng***² [bouwland, weide].

enlevage [etsdruk (textiel)] < **fr.** *enlevage* [verwijdering van kleurstof (het principe van de etsdruk)], van **lat.** *levare* [optillen, wegnemen], van *levis* [licht van gewicht, gering], idg. verwant met ***licht***³.

enlumineren → ***illumineren***.

enorm [bijzonder groot] middelnl. *enorm* < **fr.** *énorme* < **lat.** *enormis* [onregelmatig, bovenmatig groot, monsterachtig], van *ex* [uit] + *norma* [winkelhaak, richtsnoer, regel], lett. dus buiten de regels (vgl. ***norm***).

enormiteit [bovenmatigheid, blunder] < **fr.** *énormité* < **lat.** *enormitatem*, 4e nv. van *enormitas* [bovenmatige grootte], van *enormis* (vgl. ***enorm***).

enquête [onderzoek] (1503) *enqueste* [onderzoek] < **fr.** *enquête* < **oudfr.** *enqueste*, van **lat.** *inquirere* (verl. deelw. *inquisitum*) [zoeken, onderzoeken, trachten te weten te komen], van *in* [in] + *quaerere* [trachten te krijgen, zoeken, een vraag stellen].

enroberen [met een laagje chocolade bedekken] < **fr.** *enrober* [verpakken, dekken met een laagje], van *en* [in] + *robe* [jurk, schil] (vgl. ***robe***).

enroleren [in dienst nemen] < **fr.** *enrôler* [idem], van *en* [in, op] + *rôle* [rol].

ensceneren [in scène zetten] van ***scène***, gevormd naar analogie van fr. ww. als *enrober, envoyer*.

ensemble [het geheel, muziekgezelschap] < **fr.** *ensemble* < **me. lat.** *insimul* [tegelijkertijd, op dezelfde plaats], versterkte vorm van **klass. lat.** *simul* [tegelijk, tegelijkertijd].

ensileren [inkuilen] < **fr.** *ensiler*, van *en* [in] + *silo* [silo].

entablement [omlijsting van raam of deur] < **fr.** *entablement*, van *en* [in, op] + **me. lat.** *tabulamentum, tablementum* [entablement], van *tabula* [plank, bord] (vgl. ***tafel***).

entameren [in behandeling nemen] < **fr.** *entamer* < **chr. lat.** *intaminare* [beginnen], van **klass. lat.** *in* [in, naar] + *-taminare* (slechts in samenstellingen) [door aanraking bezoedelen], verwant met *tangere* [aanraken].

enté [heraldisch motief] < **fr.** *enté* [geënt, enté], verl. deelw. van *enter* [enten].

entelechie [ingeschapen streving naar een doel] < **gr.** *entelecheia* [beweging die de materie tot werkelijkheid verheft], gevormd door Aristoteles van *entelès* [volwassen, voortreffelijk, volledig] (van *en* [in] + *telos* [einde, volmaaktheid]) + *echein* [hebben].

enten [een loot op een andere boom bevestigen] **middelnl.** *enten, inten* < **fr.** *enter* [idem] < **me. lat.** *imputare* [schoonmaken, snoeien, enten], van **klass. lat.** *in* [in] + *putare* [schoonmaken, in het reine brengen], verward met **gr.** *emphuteuein* [enten], van *en* [in] + *phuteuein* [planten], van *phuton* [plant], idg. verwant met ***bouwen*** [1].

entente [eensgezindheid] < **fr.** *entente* [verstandhouding], van *entendre* [op het oog hebben, luisteren naar, begrijpen] < **lat.** *intendere* [uitstrekken naar, richten naar, de geest richten op], van *in* [naar] + *tendere* [spannen] (vgl. ***tent***).

enter [eenjarige koe] **middelnl.** *enter,* gevormd van *één* (winter oud).

enteren [een vijandig schip beklimmen] < **spaans** *entrar* [naar binnen gaan, een inval doen, bezetten] < **lat.** *intrare* [binnengaan, binnendringen], van *intra* [van binnen, naar binnen], van een vergrotende trap van *in* [in].

enteritis [ontsteking van darmslijmvlies] gevormd van **gr.** *enteron* [ingewand], vergrotende trap van *en* [in].

enterogeen [van de darm ontstaan(d)] gevormd van **gr.** *enteron* [ingewand], vergrotende trap van *en* [in] + *genos* [schepping, het ontstaan] (vgl. ***Genesis***).

enterorragie [darmbloeding] gevormd van **gr.** *enteron* [ingewand] + *-rragia* [het losbarsten], van *règnumi* [ik breek open], idg. verwant met ***wrak*** [1].

entertainment [amusement] < **eng.** *entertainment,* van *to entertain* < **fr.** *entretenir,* teruggaand op **lat.** *inter* [tussen] + *tenēre* [houden].

enterzaad [eerste oogst van Russisch lijnzaad] het eerste lid betekent 'eenjarig', vgl. ***enter.***

enthalpie [warmtefunctie] gevormd van **gr.** *en* [in] + *thalpos* [hitte].

enthousiasme [geestdrift] < **fr.** *enthousiasme* < **gr.** *enthousiasmos* [geestvervoering], van *enthousiazein* [door een god bezeten of buiten zinnen zijn], van *en* [in] + *theos* [god], verwant met **lat.** *deus* [idem].

enthousiast [geestdriftig] < **fr.** *enthousiaste* < **gr.** *enthousiastikos* [dwepend, bezielend], van *enthousiazein* (vgl. ***enthousiasme***).

enthymema [incomplete redenering] < **gr.** *enthumēma* [overweging, in de retoriek gebruikt syllogisme], van *enthumeisthai* [overdenken, ter harte nemen], van *en* [in] + *thumos* [levensadem, gemoed, bewustzijn], verwant met **lat.** *fumus* [rook]; vgl. de omgekeerde overeenkomst in betekenis tussen **gr.** *anemos* [wind] en **lat.** *animus* [ziel, geest].

entiteit [het wezenlijke] < **fr.** *entité* < **me. lat.** *entitas* (2e nv. *entitatis*), van *ens* (2e nv. *entis*), teg. deelw. van *esse* [zijn], idg. verwant met hij *is.*

entoderm [binnenste laag van kiemvlies] gevormd van **gr.** *entos* [van binnen], van *en* [in] + *derma*

[huid, zak], verwant met *derein* [villen], **eng.** *to tear* [verscheuren], **nl.** *(ver)teren.*

entomografie [beschrijving van insekten] gevormd van **gr.** *entomos* [lett. insekt], van *entemnein* [insnijden], van *en* [in] + *temnein* [snijden], een benaming die afkomstig is van Aristoteles; het tweede lid komt van *graphein* [schrijven], idg. verwant met ***kerven.***

entomoliet [versteend insekt] gevormd van **gr.** *entomos* [insekt] (vgl. ***entomografie***) + *lithos* [steen].

entourage [omgeving] < **fr.** *entourage,* van *entourer* [omgeven], van *en* [in, naar] + *tour* [omtrek, wending], van **oudfr.** *torn,* van **me. lat.** *tornare* [draaien (op de draaibank)], van *tornus* [draaibeitel, draaischijf] < **gr.** *tornos* [timmermanspasser, draaibeitel].

entozoön [endoparasiet] gevormd van **gr.** *entos* [binnen], van *en* [in] + *zōion* [dier].

entr'acte [pauze tussen twee bedrijven] < **fr.** *entracte* [idem], van *entre* [tussen] < **lat.** *inter* [idem] + *acte* (vgl. ***akte***).

entraineren [meeslepen] < **fr.** *entrainer* < **me. lat.** *traginare, trahinare, trainare* [trekken, slepen] < **klass. lat.** *trahere* [idem], idg. verwant met ***dragen.***

entrecôte [stuk vlees van tussen de ribben] < **fr.** *entrecôte,* van *entre* [tussen] < **lat.** *inter* + *côte* [rib] < **lat.** *costa* [rib, zijde].

entree [ingang] **middelnl.** *entree* [intocht] < **fr.** *entrée,* eig. vr. verl. deelw. van *entrer* [binnengaan] < **lat.** *intrare* [idem], van *intra* [van binnen, naar binnen], van een vergrotende trap van *in* [in].

entrefilet [ingevoegd kort bericht in krant] < **fr.** *entrefilet,* van *entre* [tussen] < **lat.** *inter* + *filet* [draadje, lijstje], verkleiningsvorm van *fil* [draad] < **lat.** *filum* [idem]; de letterlijke betekenis is 'stukje tussen typografische lijntjes'.

entremets [tussengerecht] **middelnl.** *entremes* < **fr.** *entremets* [tussengerecht, toespijs], van *entre* [tussen] < **lat.** *inter* + **fr.** *mettre* [plaatsen, zetten, in oudfr. ook i.h.b. voorzetten] < **lat.** *mittere* [zenden, cadeau sturen], en verbijzonderd *cibos mittere* [spijzen opdienen].

entrepot [opslagplaats] < **fr.** *entrepôt,* van *interponere* [ergens tussen plaatsen, als bemiddelaar laten optreden], *interpositio* [tussenvoeging], *interpositus* [tussenplaatsing], van *inter* [tussen] + *ponere* [plaatsen].

entresol [tussenverdieping] < **fr.** *entresol,* van *entre* [tussen] < **lat.** *inter* + **fr.** *sol* [grond, bodem, vloer] < **lat.** *solum* [idem, ook voetzool], vanwaar afkomstig **nl.** ***zool.***

entropie [term in de thermodynamica] gevormd van **gr.** *en* [in] + *tropè* [wending, draai, verandering] (vgl. ***tropisch***).

enucleatie [het uitpellen van een gezwel] < **fr.** *énucléation,* van **lat.** *enucleare* [de kern er uithalen], van *ex* [uit] + *nucleus* [kern].

enumeratie [opsomming] < **fr.** *énumération* < **lat.**

enuntiatief — epideiktisch

enumeratio [idem], van *enumerare* (verl. deelw.

enumeratum) [(op)tellen, opsommen], van *ex* [uit, (in samenstellingen) geheel, volledig] + *numerus* [getal, aantal, telling] > **nl.** *nummer.*

enuntiatief [verduidelijkend] < **lat.** *enuntiativus* [idem], van *enuntiare* (verl. deelw. *enuntiatum*) [uitspreken, formuleren], van *ex* [uit, (in samenstellingen) geheel] + *nuntiare* [melden, aankondigen], van *nuntius* [bode, bericht].

enuresis [onwillekeurige urinelozing] gevormd van **gr.** *enourein* [wateren in, wateren tegen], van *en* [in] + *ourein* [wateren], van *ouron* [urine].

envelop, enveloppe [briefomslag] < **fr.** *enveloppe,* van *envelopper* [omwikkelen], van *en* [in] + **oudfr.** *voloper,* vermoedelijk < **me. lat.** *faluppa* [stro], dat van kelt. herkomst lijkt te zijn, mogelijk o.i.v. **lat.** *volvere* [wentelen].

envers [keerzijde] < **fr.** *envers* < **lat.** *inversus* [omgekeerd], verl. deelw. van *invertere* [omkeren], van *in* [naar...toe] + *vertere* [wenden], idg. verwant met ***worden.***

environs [omstreken] < **fr.** *environs,* van *en* [in] + **oudfr.** *viron* [kring], van *virer* [draaien] < **me. lat.** *virare* [idem], geassimileerd uit **klass. lat.** *vibrare* [doen heen en weer bewegen, doen krullen], idg. verwant met ***wippen.***

envoûtement [beheksing via wassen beeldje] < **fr.** *envoûtement,* van *envoûter,* van **oudfr.** *volt, vout* [gezicht, vervolgens een wassen beeldje dat bij het envoûtement werd gebruikt] < **lat.** *vultus* [gelaat].

envoyé [buitengewoon diplomaat] < **fr.** *envoyé,* verl. deelw. van *envoyer* [zenden] < **lat.** *inviare* [zich op weg begeven], van *in* [in, naar] + *via* [weg].

enzoötie [endemische ziekte onder dieren] gevormd van **gr.** *en* [in] + *zōion* [dier].

enzym [ferment] < **byzantijns-gr.** *enzumos* [gezuurd], van *en* [in] + *zumè* [gist], idg. verwant met ***jus***[2].

Eoceen [geologisch tijdperk] gevormd van **gr.** *èōs* [dageraad] (vgl. ***Eos***) + *kainos* [nieuw], verwant met *(re)cen(t).*

eolien, eoline [een weefsel] < **fr.** *éolienne* [idem], van **gr.** *aiolos* [snel bewegend, flikkerend, vonkend, bont gekleurd] (vgl. ***eolusharp***).

Eolithicum [geologisch tijdperk] gevormd van **gr.** *èōs* [dageraad] (vgl. ***Eos***) + *lithos* [steen].

eolusharp [windharp] genoemd naar **lat.** *Aeolus* < **gr.** *Aiolos* [de god der winden], van *aiolos* [snel bewegend, flikkerend, afwisselend], verwant met **lat.** *volvere* [wentelen], daarmee idg. verwant.

eon → ***aeon.***

Eos [de Griekse godin van de dageraad] → ***Aurora, oost.***

eosine [groep verfstoffen] gevormd van **gr.** *èōs* [morgenrood, dageraad] (vgl. ***Eos***).

Eozoïcum [geologische periode] gevormd van **gr.** *èōs* [dageraad] (vgl. ***Eos***) + *zōion* [dier].

epacta [maanwijzer] < **lat.** *epacta* [toegevoegde dag] < **gr.** *epaktai* (te weten *hèmerai* [dagen]), vr.

mv. van *epaktos* [van buiten aangebracht], verl. deelw. van *epagein* [brengen naar, toevoegen], van *epi* [naar, tot] + *agein* [voeren, leiden].

épagneul [spaniel] < **fr.** *épagneul,* nevenvorm van *espagnol,* waarvan de betekenis gereserveerd raakte voor ***spaniel.***

epanalepsis [stijlfiguur] < **byzantijns-gr.** *epanalèpsis* [herhaling], van *epanalambanein* [herhalen], van *epi* [op] + *ana* [wederom] + *lambanein* [nemen].

epanodos [stijlfiguur] < **gr.** *epanodos* [terugtocht, korte herhaling], van *epi* [op] + *ana* [wederom] + *hodos* [weg].

epateren [overdonderen] < **fr.** *épater* [de voet breken (van een glas), een poot uittrekken, laten omvallen, plat maken, paf doen staan], van *é-* [uit] + *patte* [poot, voet (van glas e.d.)], vermoedelijk klanknabootsend.

epaulement [borstwering] < **fr.** *épaulement* (vgl. ***epaulet***).

epaulet [schouderbelegsel] < **fr.** *épaulette* [idem], verkleiningsvorm van *épaule* [schouder] < **me. lat.** *spadula, spalda, spalla, spaulla* [schouderblad, schouder], verkleiningsvorm van *spatha, spada* [zwaard] (vgl. ***spade***[2]) < **gr.** *spathè* [breed, vlak hout, zwaard].

epenthesis [inlassing van klank in woord] < **lat.** *epenthesis* < **byzantijns-gr.** *epenthesis* [inlassing], van *epentithenai* [inlassen], van *epi* [bij, in, op] + *entithenai* [plaatsen in], van *en* [in] + *tithenai* [plaatsen], idg. verwant met ***doen.***

epi- [voorvoegsel] < **gr.** *epi* [bij, op, na, naar, over], verwant met **lat.** *ob.*

epicentrum [middelpunt van aardbeving] gevormd van **byzantijns-gr.** *epikentros* [in het centrum], van *epi* [bij, in, op] + *kentron* [prikkel van de zweep, middelpunt, lanspunt, punt].

epiclese [aanroeping] < **gr.** *epiklèsis* [bijnaam, benaming, het aanroepen], van *epikalein* [erbij roepen, aanroepen], van *epi* [bij] + *kalein* [roepen, noemen], idg. verwant met *hel(der).*

epicondylus [aanhechtingsknobbel van spieren aan gewricht] gevormd van **gr.** *epi* [bij] + *kondulos* [knokkel].

epicrise [wetenschappelijke beoordeling van ziekten] < **gr.** *epikrisis* [onderzoek naar iemands stand, militaire keuring, beslissing], van *epikrinein* [onderzoeken], van *epi* [bij, om] + *krinein* [(onder)scheiden, beoordelen] (vgl. ***crisis***).

epicurisch [genotzuchtig] genoemd naar de Griekse wijsgeer *Epikouros* (342/341-271/270 v. Chr.).

epicus [episch dichter] < **lat.** *epicus* < **gr.** *epikos* (vgl. ***epos***).

epicycloïde [kromme lijn] < **gr.** *epikuklos* [raakcirkel], van *epi* [bij] + *kuklos* [cirkel], idg. verwant met ***wiel***[1] + *-oïde.*

epideiktisch [gezegd van pronkrede] < **gr.** *epideiktikos* [pronkend, i.h.b. van redevoeringen], van *epideiknunai* [tonen, ten toon spreiden, met iets pronken], van *epi* [om iets te bereiken] + *deiknunai* [tonen, onderwijzen], idg. verwant met *(be)tichten.*

epidemie [volksziekte, plaag] **middelnl.** *epidimia* < **fr.** *épidémie* < **lat.** *epidimia,* van **gr.** *epidèmios* [epidemisch], gebruikt door Hippocrates. De oorspr. betekenis was 'in het volk, inheems', van *epi* [bij, in] + *dèmos* [land, volk].

epidermis [opperhuid] < **gr.** *epidermis,* van *epi* [bij, op] + *derma* [huid], van *derein* [villen], idg. verwant met *scheuren* → *scheuren.*

epidiascoop [projectielantaarn] gevormd van **gr.** *epi* [op] + *dia* [door] + *skopos* [het naar iets kijken], idg. verwant met *spieden.*

epididymis [bijbal] < **gr.** *epididumis,* van *epi* [bij] + *didumos* [dubbel, tweelingen], gevormd van *dis* [tweemaal] + *duo* [twee].

epiek [epische poëzie] → *epos.*

Epifanie [Driekoningen] < **fr.** *épiphanie* < **lat.** *epiphania* [idem] < **gr.** *epiphaneia* [verschijning], van *epiphainein* [laten zien, reflexief: plotseling te voorschijn komen bij iets], van *epi* [bij] + *phainein* [schijnen, blijken, doen verschijnen, tonen].

epifoor [stijlfiguur] < **gr.** *epiphora* [het bijvoegen, toeslag], van *epipherein* [op iets dragen, aandragen], van *epi* [bij] + *pherein* [herhaaldelijk dragen, overal heendragen], idg. verwant met *baren* **I**.

epifyse [pijnappelklier] < **gr.** *epiphusis* [nieuwe loot], van *epiphuesthai* [op, aan iets groeien], van *epi* [bij, op] + *phuesthai* [groeien], idg. verwant met *bouwen* **I**.

epifyt [op andere planten groeiende plant] gevormd van **gr.** *epiphuein* [op iets laten groeien, passief: op iets groeien], van *epi* [bij, op] + *phuein* [doen groeien], idg. verwant met *bouwen* **I**.

epigeïsch [zich boven de grond bevindend] < **gr.** *epigeios* [op de grond], van *epi* [op] + *gè* [aarde].

epiglottis [strotklepje] < **lat.** *epiglottis* < **gr.** *epiglōttis* [idem], van *epi* [bij] + *glōtta* = *glōssa* [tong].

epigoon [navolger] < **gr.** *epigonos* [later geboren, nakomeling], van *epigignesthai* [later geboren worden], van *epi* [daarop, na] + *gignesthai* [geboren worden], *gonos* [kind, kroost, geslacht] (vgl. *Genesis*); de *Epigonoi* [Epigonen] waren de opvolgers van Alexander de Grote.

epigraaf [inschrift op monument] < **fr.** *épigraphe* [idem] < **gr.** *epigraphè* [opschrift], van *epigraphein* [op iets schrijven], van *epi* [bij, op] + *graphein* [krassen, griffen, schrijven], idg. verwant met *kerven.*

epigram [puntdicht] < **fr.** *épigramme* < **lat.** *epigramma* [idem] < **gr.** *epigramma* [opschrift], van *epigraphein* (vgl. *epigraaf*).

epilepsie [vallende ziekte] < **fr.** *épilepsie* < **me. lat.** *epilepsia* < **gr.** *epilèpsis,* van de toekomende tijd van het gr. ww. *epilambanein* [o.a. aanvallen]; de benaming drukt dus de verwachting van een aanval uit.

epileren [ontharen] < **fr.** *épiler,* gevormd van *é-* [ont-] < **lat.** *ex-* [ont-] + *pilus* [haar].

epidemie − epitafium

epiloog [slotrede] < **fr.** *épilogue* < **lat.** *epilogus* [idem] < **gr.** *epilogos* [o.m. besluit, epiloog], van *epi* [op, bovenop] + *logos* [gesproken woord, voordracht].

epineus [netelig] < **fr.** *épineux* [idem] < **lat.** *spinosus* [vol doornen], van *spina* [doorn], van dezelfde basis als *spil* + het achtervoegsel -*osus* [vol van].

épinglé [met fijne ribben (van stof)] < **fr.** *épinglé,* verl. deelw. van *épingler* [spelden], van *épingle* [speld] < **lat.** *spinula,* verkleiningsvorm van *spina* [doorn]; in Gallië en Germanië werden doorns gebruikt als spelden.

epirogenese [vorming van opheffings- en dalingsgebieden] gevormd van **gr.** *èpeiros* [vasteland] (vgl. *Epiroot*) + *Genesis* [oorsprong, ontstaan].

Epiroot [bewoner van Epirus] < **lat.** *Epirus* < **gr.** *èpeiros* [kustgebied, vasteland], idg. verwant met *oever.*

episch [m.b.t. de verhalende poëzie] → *epos.*

episcoop [projectietoestel] gevormd van **gr.** *epi* [op] + *skopein* [kijken naar], idg. verwant met *spieden.*

episcopaal [bisschoppelijk] < **fr.** *épiscopal* < **chr. lat.** *episcopalis* [idem], van *episcopus* (vgl. *bisschop*).

episcopaat [bisschoppelijke waardigheid] < **chr. lat.** *episcopatus* [opzienersambt, bisschoppelijke waardigheid], van *episcopus* (vgl. *bisschop*).

episode [op zichzelf staand deel] < **fr.** *épisode,* van **gr.** *epeisodion* [de dialoog tussen de koorlieden in het drama, lett. dat wat van buiten bij iets komt], van *epi* [bij] + *eis* [naar, naar...in] + *hodos* [weg, pad, straat].

epistasie [belemmering van erfelijkheidsfactor] < **gr.** *epistasis* [het (doen) stilstaan, oponthoud], van *epi* [bij] + *stasis* [het gaan staan], van *histanai* [staan], daarmee idg. verwant.

epistel [brief] **middelnl.** *epistel* [brief, i.h.b. van de brieven uit de bijbel] < **lat.** *epistula, epistola* [bestelling, brief] < **gr.** *epistolè* [bericht, brief], van *epistellein* [zenden naar], van *epi* [aan, naar] + *stellein* [in orde maken, verzenden], idg. verwant met *stellen.*

epistemologie [kennisleer] gevormd van **gr.** *epistèmè* [vaardigheid, kennis, wetenschap], van *epistamai* [ik versta, weet], van *epi* [bij] + *histamai* [ik ga staan], daarmee idg. verwant + *logos* [verhandeling].

epistolair [m.b.t. het briefschrijven] < **fr.** *épistolaire* < **lat.** *epistularis* [brief-], van *epistula* (vgl. *epistel*).

epistrofe [epifoor] < **gr.** *epistrophè* [het omdraaien, wending], van *epi* [bij] + *strophè* (vgl. *strofe*).

epistylus [architraaf] < **lat.** *epistylium* [idem] < **gr.** *epistulion* [idem], van *epi* [bij, op] + *stulos* [zuil, pilaar], van *stuein* [oprichten, stijf maken], idg. verwant met *sturen.*

epitafium, epitaaf [grafschrift] < **lat.** *epitaphium* [lijkrede] < **gr.** *epitaphios* [tot de begrafenis beho-

epithalamium — equivalent

rend, lijkrede], van *epi* [bij, op] + *taphos* [begrafenis, begraafplaats, graf].

epithalamium [bruiloftsdicht] < **lat.** *epithalamium* [bruidslied] < **gr.** *epithalamion*, van *epi* [bij] + *thalamos* [slaapkamer, huwelijk], verwant met *tholos* [koepel], van vóór-gr. herkomst.

epitheel [bekleedsel van organen] gevormd van **gr.** *epi* [op] + *thèlein* [bloeien, groen zijn].

epitheton [bijnaam] < **gr.** *epitheton*, o. van *epithetos* [toegevoegd], verl. deelw. van *epitithenai* [plaatsen op, bijvoegen], van *epi* [bij, op] + *tithenai* [leggen, plaatsen], idg. verwant met ***doen***.

epitome [kort overzicht] < **lat.** *epitoma* [uittreksel] < **gr.** *epitomè* [verwonding, uittreksel], van *epitemnein* [in iets snijden, verkorten], van *epi* [in de richting van] + *temnein* [snijden].

epitrope [stijlfiguur] < **gr.** *epitropè* [o.m. bescherming, genade], van *epitrepein* [overlaten aan iemand, toelaten, toegeven], van *epi* [bij, naar] + *trepein* [wenden, richten, afwenden, elders heen wenden].

epizeuxis [opeenstapeling (stijlfiguur)] < **gr.** *epizeuxis* [verbinding], van *epizeugnunai* [verbinden], van *epi* [bij, op] + *zeugnunai* [vastbinden, inspannen (van ossen)], verwant met *zugon* [juk], daarmee idg. verwant.

epizoën [in, op de huid van dieren levende insekten] gevormd van **gr.** *epi* [op] + *zōion* [dier].

epoche [tijdperk] < **gr.** *epochè* (vgl. ***epoque***).

epode [slotstrofe in afwijkend metrum, slotzang] < **fr.** *épode* < **lat.** *epodos* [idem] < **gr.** *epōidos*, *epōidè* [gezang bij een bepaalde gelegenheid, b.v. om te troosten], van *epaidein* [bij iets zingen], van *epi* [bij] + *aidein* [zingen].

epopee [heldendicht] < **fr.** *épopée* [idem] < **gr.** *epoipoiia* [vervaardiging van een episch gedicht, vervolgens episch gedicht], van *epos* (vgl. ***epos***) + *poiein* [maken] (vgl. ***poëzie***).

epoptica [leer van kleurspeling op doorzichtige vlakken] gevormd van **gr.** *epopsis* [aanblik], van *epi* [in de richting van] + de stam van *zien*, vgl. ***optisch***.

epoque [tijdvak] < **fr.** *époque* [idem] < **gr.** *epochè* [het ophouden, stoppen, astronomische positie, tijdstip], van *epechein* [houden bij, tegenhouden, wachten], van *epi* [op, bij] + *echein* [houden], idg. verwant met ***zege***.

epos [heldendicht] < **gr.** *epos* [gesproken woord, lied, epos], bij een incompleet ww. *eipon* [ik sprak].

epoxy [kunsthars] < **eng.** *epoxy*, gevormd van **gr.** *epi* [bij] + *oxygenium;* het gaat om de binding van één atoom zuurstof met twee atomen koolstof.

eppe [selderij, (lett.) door de bij bezochte bloem] van **lat.** *apis* [bij], **middelnl., middelnd.** *apis*, **oudhd.** *epfi* < **lat.** *apium* [eppe, selderij], d.w.z. een plaats die door de bijen graag wordt bezocht, van *apis* [bij].

epsilon [vijfde letter van het Griekse alfabet] < **gr.** *e psilon, psilon*, o. van *psilos* [onbehaard, kaal], dus een simpele e, in tegenstelling tot de in de latere tijd eveneens als *e* uitgesproken tweeklank *ai*.

epsomzout [bitterzout] zo genoemd naar de stad *Epsom* in Surrey, omdat het zout het eerst werd gewonnen uit het minerale water aldaar.

epuratie [reiniging] < **fr.** *épuration*, van *épurer* [reinigen], gevormd van *é-* [uit] + *pur* [zuiver] (vgl. ***puur***).

epyllion [klein epos] < **gr.** *epullion* [versregeltje], verkleiningsvorm van *epos* (vgl. ***epos***).

equanimiteit [gemoedsrust] < **lat.** *aequanimitas* (2e nv. *aequanimitatis*) [toegevendheid, geduld, berusting], van *aequus* [gelijk, effen, vlak] + *animus* [ziel, gemoed].

equatie [verevening] < **fr.** *équation* [idem] < **lat.** *aequatio* [gelijkmaking], van *aequare* (verl. deelw. *aequatum*) [gelijk maken], van *aequus* [gelijk].

equator [evenaar] < **lat.** *equator* [die gelijk maakt], van *aequare* (verl. deelw. *aequatum*) [gelijk maken], van *aequus* [gelijk].

equerre [instrument om hoeken uit te zetten] < **fr.** *équerre*, van *équerrer*, **oudfr.** *escarrer* [haaks maken], van **lat.** *ex* [uit] + *quadrare* [vierkant maken] (vgl. ***carré***).

equidistant [op gelijke afstand gelegen] < **fr.** *équidistant* < **lat.** *aequidistans* (2e nv. *aequidistantis*), van *aequus* [gelijk] + *distans*, teg. deelw. van *distare* [verwijderd zijn], van *dis* [uiteen] + *stare* [staan], daarmee idg. verwant.

equilibre [evenwicht] < **fr.** *équilibre* < **lat.** *aequilibrium* [evenwicht], van *aequus* [gelijk] + *libra* [weegschaal].

equinoctiaal [m.b.t. de equinox] < **lat.** *aequinoctialis* [tot de dag- en nachtevening behorend], van *aequinoctium* [dag- en nachtevening], van *aequus* [gelijk] + *nox* (2e nv. *noctis*) [nacht], daarmee idg. verwant.

equinox [dag- en nachtevening] < **fr.** *équinoxe* < **lat.** *aequinoctium* (vgl. ***equinoctiaal***).

equipage, ekwipage [uitrusting, scheepsbemanning] (17e eeuws) < **fr.** *équipage*, van *équiper* [equiperen].

equipe [sportploeg] < **fr.** *équipe*, van *équiper* [equiperen].

equiperen [toerusten] < **fr.** *équiper* [inrichten], **oudfr.** *eschiper* [aan boord gaan, het schip uitreden], uit het germ., vgl. ***schip***.

equipollent [gelijkwaardig] < **lat.** *aequipollens* (2e nv. *aequipollentis*) [van gelijke betekenis], van *aequus* [gelijk] (vgl. ***ijken***) + *pollens* [sterk, krachtig], teg. deelw. van *pollēre* [sterk zijn], verwant met **gr.** *polus*, **nl.** *veel*.

equiteit [billijkheid] (1523) < **fr.** *équité* < **lat.** *aequitas* (2e nv. *aequitatis*) [effenheid, juiste verhouding, billijkheid], van *aequus* [gelijk, effen, billijk].

equivalent, ekwivalent [gelijkwaardig] < **fr.** *équivalent* < **lat.** *aequivalens* (2e nv. *aequivalentis*) [gelijkwaardig], van *aequus* [gelijk] + *valens*, teg. deelw. van *valēre* [waard zijn], idg. verwant met **hd.** *walten* [heersen].

equivoque [dubbelzinnig] < **fr.** *équivoque*, van **me. lat.** *aequivocus* [homoniem, met twee uiteenlopende betekenissen voor één woord], van *aequus* [gelijk] + *vox* (2e nv. *vocis*) [woord], verwant met *epos*, **hd.** *erwähnen* [vermelden].

er [bijw.] middelnl. gewoonlijk als encliticum aan het voorgaande woord vastgeschreven, vgl. **middelnl.** *er, (e)re*, **oudsaksisch, oudhd.** *iro*, **oudfries** *hira* en **oudeng.** *hiera* met secundaire *h*, **gotisch** *izē, izō* [van hen, ervan], 2e nv. mv.. Vaak gebruikt als synoniem van *daar*, waartoe het samenvallen na een *t* en *d* heeft bijgedragen: *hij heeft er vijf* < *hij heeft der vijf*.

er- [voorvoegsel] middelnl. *er-*, **oudnederfrankisch** *ir-, re-*, **middelnd.** *er-*, **oudhd.** *ar-, ir-, ur-*, **oudsaksisch, oudfries, oudeng.** *ā-*, **gotisch** *us-*, *ur-;* is het onbeklemtoonde voorvoegsel *oor-;* de samenstellingen komen uit het duitse taalgebied, ook de middelnl..

-er [achtervoegsel ter vorming van zn.] verzwakte vorm van *-aar*.

era [tijdrekening, periode] < **me. lat.** *aera* [nummer, cijfer, nummer van het jaar gerekend van een bep. beginpunt af] < **klass. lat.** *aes* (mv. *aera*) [erts, koper, brons, kopergeld, geld, schuld, belasting (hoofdgeld)]; in de 3e eeuw na Chr. werd het gebruikelijk in belastingjaren te rekenen; zelfs het grafschrift van Karel de Grote vermeldt naast 814 een belastingjaar, een indicatio, als identificatie.

eradiatie [uitstraling] gevormd van **lat.** *e(x)* [uit] + *radiatie*.

erbarmen [zich erbarmen, medelijden tonen] middelnl. (oostelijk) *erbarmen*, **hd.** *erbarmen*, **gotisch** *arman*, gevormd van *arm*² als vertalende ontlening aan **lat.** *miserēre* [medelijden hebben], van *miser* [ellendig, arm] (vgl. *barmhartig*) → *ontfermen*.

erbium [chemisch element] gevormd door de Zweedse chemicus Gustav Mosander (1797-1858) uit de naam van de Zweedse plaats *(Ytt)erby*, waar lagen voorkomen waaruit het werd gewonnen, vgl. *terbium, ytterbium, yttrium*.

-erd [achtervoegsel] → *-aard*.

ere, eer [dorsvloer] middelnl. *eren, ere* [vloer, bodem, dorsvloer] < **oudfr., fr.** *aire* [idem] < **lat.** *area* [opengelaten vlakke ruimte, dorsvloer], vermoedelijk van *arēre* [droog zijn] en dan idg. verwant met *as*³.

erectie [oprichting] (1504) < **laat-lat.** *erectio* [het oprichten], van *erigere* (verl. deelw. *erectum*) [oprichten], van *ex* [uit, geheel en al] + *regere* [richten], idg. verwant met *rekken*.

ereis [eens] < **middelnl.** *ene reise* [een keer] (vgl. *reis*¹).

eremiet → *heremiet*.

eren [eerbied bewijzen] van *eer*².

ereprijs [plantengeslacht] < **hd.** *Ehrenpreis*, een prijzende benaming omdat de plant werd gebruikt als geneesmiddel en men er heksen mee verdreef en de bliksem afweerde.

erethisme [geprikkeldheid van de zenuwen] < **fr.** *éréthisme* [idem] < **byzantijns-gr.** *erethismos* [opstandige neiging], **klass. gr.** *erethisma* [wedstrijd], van *erethizein* [prikkelen, boos maken, opwekken], verwant met *Eris*.

erf¹ [(gewone) muur (plant)] < **lat.** *ervum* [idem] (vgl. *erwt*).

erf², erve [erfdeel, grond behorend bij huis] middelnl. *erve, a(e)rve* [erfdeel, vast goed, grondgebied, erf], **oudnederfrankisch** *ervi*, **oudsaksisch** *erbi*, **oudhd.** *erbi, arbi*, **oudfries** *erve*, **oudeng.** *ierfe*, **gotisch** *arbi*, waarbij steeds de betekenis 'erfgoed' centraal staat, **oudnoors** *erfi* [dodenmaal]; buiten het germ. **lat.** *orbus* [ouderloos, kinderloos], **gr.** *orphanos* [ouderloos] (vgl. **eng.** *orphan*), **oudiers** *orbe* [erfenis], **oudkerkslavisch** *rabŭ* [slaaf] (vgl. *robot*), **armeens** *orb* [wees], **oudindisch** *arbha-* [zwak, klein, jong]; de grondbetekenis is dus 'ouderloos'.

erfgenaam [op wie een nalatenschap overgaat] middelnl. *erfname, erfgename* [eig. die de erfenis neemt], het tweede lid is van *nemen* (*nam, namen*).

erg¹ [slecht] middelnl. *a(e)rch, e(e)rch* [kwaad, gemeen, schandelijk, gering], **middelnd.** *ar(i)ch* [slecht], **oudhd.** *ar(a)g* [gierig, laf, waardeloos], **oudfries** *erg* [slecht, erg], **oudeng.** *earg* [laf, traag], **oudnoors** *argr* [pervers, laf, slecht]; ondanks uiteenlopende pogingen is de etymologie tot dusver onbekend gebleven.

erg² [zonder erg, argeloos] middelnl. *arch, erech* [kwaad, boosheid, arglist], *in arge* [met een arglistige bedoeling] → *erg*¹.

erg³ [eenheid van arbeid] van **gr.** *ergon* [werk], daarmee idg. verwant.

ergens [op enige plaats] middelnl. *ergen, ergent, ergents, ergens;* de *t* is toegevoegd, vgl. *sedert* en **hd.** *irgend;* de *s* is een formans voor bijwoorden. Vgl. **oudhd.** *iowergin*, van *io* (**nl.** *ie*, als in *ieder*) + *hwergin*, **oudsaksisch** *hwergin*, **oudeng.** *hwergen* < *waar* + een achtervoegsel *-gin, -gen*, te vergelijken met **oudindisch** *cana*.

ergeren [aanstoot geven] middelnl., **middelnd.** *argeren, ergeren*, **oudhd.** *argirōn*, **oudfries** *ergeria;* van *erger*, vergrotende trap van *erg*¹; in het middelnl. ontwikkelde de betekenis zich van slechter maken tot iemand kwaad doen, iemand ergeren, verergeren, in waarde verminderen.

ergo [derhalve] < **lat.** *ergo*, van *ex* [uit] + *regere* [richten], idg. verwant met *rekken*, dus uit de richting van.

ergograaf [apparaat om spierprestatie te meten] gevormd van **gr.** *ergon* [werk], daarmee idg. verwant + *graphein* [schrijven], idg. verwant met *kerven*.

ergon [levensprocessen beïnvloedende stof] < **gr.** *ergon* [het werken, werk], daarmee idg. verwant.

ergonomie — erudiet

ergonomie [studie van werkomstandigheden] gevormd van **gr.** *ergon* [werk], daarmee idg. verwant + *nomos* [wijze, gewoonte, wet], idg. verwant met *nemen*.

ergosterine [stof waaruit vitamine D-2 kan worden gevormd] gevormd van *ergotine*, omdat vroeger *ergot* werd gebruikt voor de bereiding + *sterol* + *-ine*.

ergoteren [haarkloven] < **fr.** *ergoter* [vitten, haarkloven], gevormd van **lat.** *ergo* [derhalve], een woord dat in scholastieke verhandelingen veelvuldig voorkomt en de teksten markeert. Het is daarmee voor de moderne lezer het symbool voor haarkloverij.

ergotherapie [oefening van uitgevallen functies] gevormd van **gr.** *ergon* [werk], daarmee idg. verwant + *therapie*.

ergotine [alkaloïde in moederkoren] van **fr.** *ergot*, **oudfr.** *argoz, argot* [hanespoor], etymologie onbekend.

ergotisme [kriebelziekte] de ziekte treedt op door het eten van met *ergot* vergiftigd graan (vgl. *ergotine*).

erica [dopheide] < **me. lat.** *erica* [heide, heidekruid] < **gr.** *ereikè* [heidekruid], van *ereikein* [openscheuren], verwant met **lat.** *ericius* [egel, stekelvarken, spaanse ruiter].

-erig [achtervoegsel] ontstaan uit *-ig*, doordat verscheidene grondwoorden op *-er* uitgingen, b.v. *waterig, schemerig*.

erigeron [fijnstraal (plantengeslacht)] < **gr.** *èrigerōn* [naam van een kruid], van *èri* ['s morgens vroeg], idg. verwant met *eer(der)* + *gerōn* [grijsaard] (vgl. *geront*); zo genoemd vanwege zijn grijze dons.

-erij [achtervoegsel] → *-ij*.

-erik [achtervoegsel met pejoratieve betekenis] vgl. *viezerik*, naast *-ik* < **germ.** *k;* etymologie onbekend.

erinnyen, erinyen [wraakgodinnen] < **gr.** *erinus* [wraakgodin, vervloeking], verwant met *Eris*.

Eris [godin der tweedracht] < **gr.** *Eris, eris* [strijd, twist].

eristiek [redeneerkunde] < **fr.** *éristique* [idem], van **gr.** *eristikos* [graag disputerend], van *eris* (vgl. *Eris*).

Eritrea [geogr.] genoemd naar **lat.** *Mare Erythraeum* [Rode Zee] < **gr.** *eruthraios* [roodachtig], van *eruthros* [rood], daarmee idg. verwant.

erkennen [inzien] **middelnl.** *erkennen*, van *er-* [oor-] + *kennen*.

erkentelijk [dankbaar] in de 18e eeuw < **hd.** *erkenntlich*.

erker [uitbouw] (1901) < **hd.** *Erker* (**middelnl.** *archier, arkier, erker* [boogvormig uitbouwsel aan vestingmuren]) < **oudfr.** *arquiere* [schietgat] < **me. lat.** *arcuarium* [uitbouwsel voor boogschutters], van *arcus* [boog], *arcuarius* [boogschutter], vgl. **eng.** *bow-window* [erker].

erlangen [verkrijgen] < **hd.** *erlangen*, naast *gelangen* < **oudhd.** *gilangon* [bereiken, eig. een lange weg gaan], van *lang* (vgl. *lang*).

erlenmeyer [laboratoriumkolf] genoemd naar de Duitse chemicus *Emil Erlenmeyer* (1825-1909).

ermitage → *hermitage*.

ernst [toewijding, oprechtheid] **middelnl.** *er(e)nst, a(e)rnst*, **oudsaksisch** *ernust* [ernst], **oudhd.** *ernust* [strijd, ernst], **oudeng.** *eornest*, **gotisch** *arniba* [veilig], **oudnoors** *ern* [gevecht]; buiten het germ. **lat.** *oriri* [ontstaan], **oudindisch** *irya* [beweeglijk, energiek]; de *-st* is een achtervoegsel dat o.m. ook in *dienst* voorkomt. Idg. verwantschappen zijn onzeker.

eroderen [afslijpen] < **fr.** *éroder* [idem] < **lat.** *erodere* [afknagen, wegvreten], van *ex* [uit] + *rodere* [knagen], idg. verwant met *rat*.

erogeen [gevoelig voor erotische prikkels] gevormd van **gr.** *erōs* [zinnelijke liefde, begeerte] + *genos* [schepping, ontstaan] (vgl. *Genesis*).

erosie [afslijting van land] < **fr.** *érosion* [idem] < **lat.** *erosio* [het wegvreten], van *erodere* (verl. deelw. *erosum*) (vgl. *eroderen*).

erotisch [m.b.t. de zinnelijke liefde] < **gr.** *erōtikos* [van de liefde, vervuld van liefde], van *erōs* (2e nv. *erōtos*) [zinnelijke liefde, begeerte].

erotomanie [hyperseksualiteit] < **gr.** *erōtomania* [razende verliefdheid], van *erōs* (2e nv. *erōtos*) [liefde] + *mania* [razernij].

erpel [woerd] **middelnl.**, **middelnd.** *erpel*, **oudhd.** *erpf*, **oudeng.** *eorp*, **oudnoors** *jarpr* [donker]; buiten het germ. **gr.** *orphn(i)os* [donker], *orphnè* [duisternis], **russ.** *rjaboj* [donker gekleurd], **albaans** *er* [duisternis]; de erpel is dus genoemd naar zijn donkere veren.

erratisch [zwervend] < **fr.** *erratique* < **lat.** *erraticus* [idem], van *errare* (verl. deelw. *erratum*) (vgl. *erratum*).

erratum [drukfout] < **lat.** *erratum* [fout, vergissing], eig. het verl. deelw. van *errare* [ronddwalen, verdwalen, zich vergissen], idg. verwant met **hd.** *irren*.

erreur [vergissing] < **fr.** *erreur* < **lat.** *error* [het ronddwalen, afdwalen, dwaling], van *errare* (vgl. *erratum*).

ersatz [vervangingsmiddel] < **hd.** *Ersatz*, van *ersetzen* [vervangen], **oudhd.** *irsezzen*, van *ir-* = **nl.** *oor-*, een voorvoegsel met de oorspr. betekenis 'weg van', + *setzen* [zetten].

erts [metaal bevattende delfstof] **middelnl.** *eer, ere* [koper, metaal] < **hd.** *Erz*, **oudsaksisch**, **oudhd.** *ēr*, **oudeng.** *ār* (**eng.** *ore*), **oudnoors** *eir*, **gotisch** *aiz*, verwant met **lat.** *aes* (2e nv. *aeris*) [metaal], **oudindisch** *ayas* [ijzer], welke woorden mogelijk verwant zijn met Ayashya, een oude naam voor Cyprus, vgl. voor de betekenis *koper*.

erudiet [uitgebreide kennis en smaak bezittend] < **fr.** *érudit* < **lat.** *eruditus* [beschaafd, ontwikkeld, geleerd], eig. het verl. deelw. van *erudire* [beschaven, opleiden], van *ex* [uit] + *rudis* [ruw, on-

bewerkt]; de betekenis is dus lett.: beschaafd, namelijk het ruwe eraf gehaald.
eruditie [geleerdheid] < **fr.** *érudition* [idem] < **lat.** *eruditionem*, 4e nv. van *eruditio* [opleiding, ontwikkeling] (vgl. **erudiet**).
eruptie [uitbarsting] < **fr.** *éruption* < **lat.** *eruptionem*, 4e nv. van *eruptio* [idem], van *erumpere* (verl. deelw. *eruptum*) [stormen, uitbarsten], van *ex* [uit] + *rumpere* [breken, doen barsten, doen te voorschijn komen], idg. verwant met ***roven, roppen***.
ervaren [ondervinden] **middelnl.** *ervaren* [vinden, bemerken] < **middelhd.** *ervarn*, van *er* + *varen* [eig. door reizen ondervinding opdoen].
erven [door erfenis verkrijgen] **middelnl.**, **middelnd.** *erven*, **oudhd.** *erben*, **oudfries** *ervia*, **oudnoors** *erfa;* van ***erf²***.
erwt [een plantezaad, ook als voedsel] **middelnl.** *(a)erwete*, **oudsaksisch** *erit*, **oudhd.** *arawiz;* buiten het germ. **lat.** *ervum*, **gr.** *orobos*, *erebinthos* [erwt], **middeliers** *orbaind* [korrel]; de verschillende vormen zijn klankwettig niet terug te voeren tot één idg. basis. Het woord is dan ook waarschijnlijk in diverse idg. talen ontleend aan een niet-idg. taal, vgl. *erevandi* in het niet-idg. georgisch.
erysipelas [belroos] < **byzantijns-gr.** *erusipelas* [idem], van *eruthros* [rood, bloed-], idg. verwant met ***rood*** + *-pelas* [huid], dat alleen in samenstellingen voorkomt, idg. verwant met ***vel***.
erythema [rode plek] < **gr.** *eruthèma* [blos van schaamte, ontsteking], van *eruthainein* [rood maken, doen blozen], van *eruthros* [rood], daarmee idg. verwant.
erytrociet [rood bloedlichaampje] gevormd van **gr.** *eruthros* [rood], daarmee idg. verwant, + *kutos* [holte, bergruimte, in moderne wetenschappelijke taal cel], idg. verwant met ***huid***.
erytrofobie [bloosangst] gevormd van **gr.** *eruthros* [rood], daarmee idg. verwant, +***fobie***.
es¹ [loofboom] **middelnl.** *essche*, **oudsaksisch, oudhd.** *ask* (**hd.** *Esche*), **oudeng.** *æsc* (**eng.** *ash*), **oudnoors** *askr;* buiten het germ. **lat.** *ornus* [pluimes], **gr.** *oxua* [beuk], **oudiers** *uinnius* [beuk], **russ.** *jasen'* [es]; de betekenis van boomnamen wisselt in idg. verband opvallend gemakkelijk.
es² [bouwland rond dorp] **middelnl.** *esch*, **oudsaksisch** *-ezsche*, **oudhd.** *ezzisc*, **gotisch** *atisk* [zaaiveld]; aansluiting bij andere idg. talen is dubieus.
-es, -*esse* [achtervoegsel ter vorming van vrouwelijke woorden] < **oudfr.** *-esse* < **lat.** *-issa* (b.v. *abbatissa* [abdis]).
esbattement [rederijkerstoneelstuk] **middelnl.** *abattement, esbattement* [ontspanning, verlustiging, i.h.b. toneelvoorstelling] < **oudfr.** *e(s)battement, abattement*, van *ebattre, abattre* [neerslaan, doden, ook van spanning, verveling, vermoeienis] < **lat.** *ex* [uit], resp. *a(b)* [weg, neer] + *battuere* [slaan].

escadrille [groep vliegtuigen] < **fr.** *escadrille* < **spaans** *escuadrilla*, verkleiningsvorm van *escuadra* [eskader].
escaleren [steeds ernstiger worden] < **fr.** *escalader* < **spaans** *escalar* [bestormen, met geweld binnendringen], van **lat.** *scala* [ladder, stormladder], **fr.** *escalader*, **it.** *scalare*.
escamoteren [als een goochelaar wegmoffelen, ontfutselen] < **fr.** *escamoter*, ofwel < **spaans** *escamotear* [idem], van *escamar* [van de schubben ontdoen], van *escama* [schub] < **lat.** *squama* [idem], ofwel < **provençaals** *escamoutar* [de huid afstropen, bedriegen], van dezelfde herkomst.
escapade [uitstapje] < **spaans** *escapada* [idem] (vgl. ***échappade***).
escapisme [vlucht uit een onbevredigende actualiteit] < **eng.** *escapism* [idem], van *to escape* [ontsnappen], **middeleng.** *escapen* < **oudfr.** *escaper* (**fr.** *échapper*), **vulg. lat.** (niet overgeleverd) *excappare* [uit de kap glippen en die in de handen van de achtervolger laten], van *cappa* [kap].
escargot [wijngaardslak] < **fr.** *escargot* < **provençaals** *escaragol* < *cagarol*, gevormd o.i.v. *scarabaeus*, waarvan de etymologie onbekend is (vgl. ***caracole***).
escarpe [binnentalud van vestinggracht] < **fr.** *escarpe* < **it.** *scarpa* [talud], uit het germ., vgl. ***scherp***.
eschatocol [slotformule van oorkonde] < **gr.** *eschatokollon* [het eind van een papyrusrol, aangegeven door een opgeplakt etiket], van *eschatos* [uiterst, laatst], afgeleid van *ek* [uit] + *kollan* [lijmen], idg. verwant met ***helen¹*** → ***protocol***.
eschatologie [leer van de laatste dingen] < **fr.** *eschatologie*, gevormd van **gr.** *eschatos* [uiterst, laatst], afgeleid van *ex* [uit] + *logos* [verhandeling].
eschscholtzia [goudpapaver] genoemd naar de Duitse natuuronderzoeker *Johannes Friedrich von Eschscholtz* (1793-1831).
escorte [gewapend geleide] (1692) < **fr.** *escorte* < **it.** *scorta* [gids, geleide, escorte], van *scorgere* [geleiden], van **lat.** *ex* [uit] + *corrigere* [recht maken, verbeteren] (vgl. ***corrigeren***).
escosijns, *escauzijns* [hardsteensoort] genoemd naar de plaats *Ecaussines* in Henegouwen, een centrum van steengroeven.
escouade [rot soldaten] < **fr.** *escouade*, 16e eeuws *esquade*, nevenvorm van *escadre* [eskader].
escudo [Portugese, vroeger ook Spaanse munt] < **portugees, spaans** *escudo* < **lat.** *scutum* [schild] → ***écu¹***.
esculaap [embleem van geneeskundigen] < **fr.** *esculape* [idem] < **lat.** *Aesculapius* < **gr.** *Asklèpios* [de god van de geneeskunde], samenhangend met vóór-gr. *aiglè* [glans, straling].
Escuriaal, *Escoriaal* [paleis van Filips II] < **spaans** *El Escorial* [de naam van de plaats waar het is gebouwd, bn. van *escoria* [metaalslak, afval] < **lat.** *scoria* (mv.) [idem] < **gr.** *skôria* [ijzerslakken],

van *skōr* [drek]; het dorpje bevindt zich op de plaats van een uitgeputte mijn.

eskader [vlootafdeling, groep oorlogsvliegtuigen] **middelnl.** *escadre* [troepenafdeling], nog niet verbijzonderd tot vlootafdeling < **fr.** *escadre* < **spaans** *escuadra* [oorspr. vierkant, dan (in carré opgestelde) troepen], van **lat.** *ex* [uit] + *quadrare* [vierkant maken], van *quadrum* [vierkant], van *quattuor* [vier], daarmee idg. verwant.

eskadron [afdeling ruiterij] < **fr.** *escadron* [idem] < **it.** *squadrone,* vergrotingsvorm van *squadra* (vgl. **eskader**).

Eskimo [inwoner van Groenland] aan een algonkintaal ontleend: *Eskimantsik* betekent rauwvlees-eters.

eslook [sjalot] volksetymologische vervorming van **fr.** *échalotte = escalogne* [sjalot].

esmerald [smaragd] < **oudfr.** *esmeralde, esmeraude* < **lat.** *smaragdus* (vgl. **smaragd**).

esoterisch [geheim] < **fr.** *ésotérique* [idem] < **gr.** *esōterikos* [slechts voor ingewijden], van *esōterō,* de vergrotende trap van *esō = eisō* (bijw.) [naar binnen, binnen], van *eis* [naar binnen].

esp [ratelpopulier] **middelnl., middelnd.** *espe,* **oudhd.** *aspa,* **oudeng.** *æps, æsp(e),* **oudnoors** *ǫsp,* met metathesis, vgl. **wesp;** buiten het germ. **Iets** *apse,* **litouws** *apušė,* **russ.** *osina* (waarin de *p* is verdwenen).

espada [stierenvechter] < **spaans** *espada* [zwaard, degen, matador] < **lat.** *spatha* [slaghout, sabel] < **gr.** *spathē* [spaan, roeiriem, zwaard], idg. verwant met **spade**[2] →**epaulet**.

espadrille [schoeisel met touwzool] < **fr.** *espadrille,* ook *espardille* < **provençaals** *espardilho,* verkleiningsvorm van *espart* (vgl. **esparto**).

espagnolet [draairoede aan deuren] < **fr.** *espagnolette* [idem], van *espagnol* [Spaans], dus Spaans mechaniek.

espalier [latwerk, leiboom] < **fr.** *espalier* < **it.** *spalliera* [schouder, steun] < **me. lat.** *spalla* (vgl. **epaulet**).

esparcette [hanekam (plant)] < **fr.** *esparcet(te)* < **provençaals** *esparceto,* van dezelfde basis als *épars* [los, verspreid].

esparto [Spaans gras] < **spaans** *esparto* [espartogras] < **lat.** *spartum* [idem] < **gr.** *sparton* [touw]; daarnaar noemde men met *spartos* diverse gewassen waarvan men touw maakte.

Esperanto [kunsttaal] in het esperanto betekent het woord zelf 'de hopende', van **esperanto** *esperi* [hopen] (gebaseerd op **lat.** *sperare* [hopen]) en is tevens de schuilnaam van de uitvinder ervan, de Pool Dr. Lazarus Ludwig Zamenhof (1859-1917), die de taal *Lingvo Internacia* had gedoopt.

esplanade [wandelplein] < **fr.** *esplanade* < **it.** *spianato* [vlak, effen, effen oppervlak] < **lat.** *explanatus* [geëffend], van *planus* [vlak], idg. verwant met **vloer**.

espressivo [met veel gevoel] < **it.** *espressivo* < **me.**

lat. *expressivus* [uitpersend, expressief, betekenisvol], van **klass. lat.** *exprimere* (verl. deelw. *expressum*) [uitpersen, afbeelden, uitdrukken], van *ex* [uit] + *premere* [drukken].

espresso [zwarte koffie] < **it.** *espresso,* verkort uit *caffè espresso,* verl. deelw. van *esprimere* [uitdrukken] < **lat.** *exprimere* [uitpersen, afdwingen], van *ex* [uit] + *premere* [drukken].

esprit [geest] < **fr.** *esprit* < **lat.** *spiritus* [luchtstroom, ademhaling, levensadem, geest, ziel], van *spirare* [blazen].

esquire [beleefdheidstitel] < **eng.** *esquire* < **oudfr.** *esquier* [stalmeester, ridder] < **lat.** *scutarius* [een schild dragend], het mv. *scutarii* [garde], van *scutum* [schild] (vgl. **escudo**).

essaaieren, essayeren [gehalte van edelmetalen onderzoeken] < **fr.** *essayer* [proberen, toetsen], *essai* [proef, toetsing] < **me. lat.** *exagium, essagium, essajum* [het wegen, het toetsen van gewichten, van metalen], van **klass. lat.** *exigere* (verl. deelw. *exactum*) [uitdrijven, naar buiten brengen, afwegen, onderzoeken], van *ex* [uit] + *agere* [drijven].

essay [opstel] < **eng.** *essay* < **oudfr.** *essai* (vgl. **essaaieren**).

essence [aromatisch aftreksel, het wezenlijke] < **fr.** *essence* < **lat.** *essentia,* gevormd in alchemistenkring (vgl. **essentie**).

essentie [het wezen] < **lat.** *essentia,* van *essens* (2e nv. *essentis*), teg. deelw. van *essere* [zijn], idg. verwant met hij *is,* vertalende ontlening aan **gr.** *ousia* [aard, wezen], van *einai* [zijn] (vgl. **essence**).

establishment [bestel] < **eng.** *establishment,* van *to establish* [grondvesten], **middeleng.** *establissen* < **oudfr.** *establir* < **lat.** *stabilire* [stutten, staande houden], van *stabilis* [vast staande, stevig] (vgl. **etablissement, stabiel**).

estacade [paalwerk] < **fr.** *estacade* < **spaans** *estacada* [palissadering], van *estaca* [paal, staak], **me. lat.** *staca, stacha,* uit het germ., vgl. **staak**.

estafette [koerier] < **fr.** *estafette* < **it.** *stafetta* [stijgbeugel, estafette], verkleiningsvorm van *staffa* [trede, pedaal, stijgbeugel], uit het germ., vgl. *stap,* **middelnl.** *stappe* → **stappen**.

estaminet [kroeg] < **waals** *staminé* [ruimte waar men bijeenkomt, oorspr. zaal met zuilen], uit het germ., vgl. *(boom)stam* → **staminee**.

estancia [veeboerderij in Spaans-Amerika] < **spaans** *estancia* < **me. lat.** *stantia* [standplaats, verblijfplaats, woonplaats, woning], van *stare* (teg. deelw. *stans,* o. mv., later geïnterpreteerd als vr. enk. *stantia*) [staan], daarmee idg. verwant.

ester [scheikundige verbinding] < **hd.** *Ester,* gevormd door de Duitse chemicus Leopold Gmelin (1788-1853) van *Essig* [azijn] + *Äther* [ether].

estheet [kunstgevoelige] < **fr.** *esthète* [idem] < **gr.** *aisthètès* [waarnemer], van *aisthanomai* [ik neem met de zintuigen waar, begrijp], verwant met **lat.** *auris* [oor].

esthesiometer [meter voor de gevoeligheid van de tastzin] gevormd van **gr.** *aisthèsis* [gevoel] (vgl. *estheet*) + *meter*¹.

estinatie [knopdekking] < **fr.** *estivation,* gevormd naar analogie van *hibernatie* van **lat.** *aestus* [zomer] (vgl. *eest*).

estouffade [stoofschotel] < **fr.** *estouffade* < **it.** *stufata,* van *stufare* [stoven], van *stufa* [fornuis], uit het germ., vgl. ***stoof***¹, ofwel van **vulg. lat.** *extufare* [uitwasemen], van een niet-overgeleverd **lat.** *tufus* [walm] (**it.** *tufo*) < **gr.** *tuphos* [beneveling], van *tuphein* [dampen] (vgl. ***tyfus***).

estrade [verhoogde plaats] < **fr.** *estrade* < **me. lat.** *estra* (vr. enk.) [zuilengang, portiek, portaalconstructie, luifel, afdak], van **lat.** *extra* (o. mv.) [de dingen die buiten zijn gelegen], van *extra* [buiten], vergrotende trap van *ex* [uit].

estrapade [slippertje] < **fr.** *estrapade* [wipgalg, sprong om een ruiter af te werpen] < **it.** *strappata* [ruk], van *strappare,* uit het germ., vgl. ***straf***¹.

estrik [gebakken vloertegel] **middelnl.** *estric* < **me. lat.** *astracum, astracus* [plavuis] < **gr.** *ostrakon* [schaal van schaaldieren, aarden schaal, scherf], verwant met *osteon* [bot] (vgl. ***ostracisme***).

estuarium [trechtermond] < **lat.** *aestuarium* [kustzone, die bij vloed onderloopt, lagune, wad, monding van een getijderivier], van *aestus* [hitte, het koken, branding, getij], idg. verwant met ***eest***.

etablissement [onderneming, inrichting] < **fr.** *établissement* [idem] < **lat.** *stabilimentum* [steun, stut], van *stabilire* [stutten, staande houden] (vgl. ***establishment***).

etage [verdieping] **middelnl.** *stage, staghe, stagie, staedge* [iets waarop men staat, stellage, verdieping] < **oudfr.** *estage* < **me. lat.** *staticum, estaticum, astaticum, stagia, stagium* [verblijf, etage, verdieping], afgeleid van **klass. lat.** *stare* [staan], daarmee idg. verwant; het moderne nl. is beïnvloed door **fr.** *étage*.

etagère [tafeltje met boven elkaar geplaatste bladen] < **fr.** *étagère* [idem], van *étage* [verdieping].

etalage [uitstalling] < **fr.** *étalage* [idem], van *étal* [marktstalletje, vlees- of visbank], uit het germ., vgl. *stal(letje)*.

etalon [standaardmaat bij het ijken] < **fr.** *étalon* [idem], **oudfr.** *estel* [paal], vermoedelijk uit het germ., vgl. *stellen* (?).

etamine [weefsel] < **fr.** *étamine,* **oudfr.** *estamine* < **lat.** *stamineus* [met draden omwonden], van *stamen* (2e nv. *staminis*) [schering, draad], van *stare* [staan], daarmee idg. verwant.

étang [hafachtig zoutmeer] < **fr.** *étang* < **lat.** *stagnum* [stilstaand water, poel, meer, kreek, vijver, bassin] (vgl. ***stagneren***).

etappe [afstand tussen twee rustpunten] < **fr.** *étappe* [stapelplaats, proviand, halte, pleisterplaats, dagmars] < **middelnl.** *stapel* [stapel, verkoopplaats van goederen, stapelplaats] (vgl. ***stapel***¹).

etatisering, etatisme [bevordering van het staatsbelang] gevormd van **fr.** *état* < **lat.** *status* [staat].

et cetera [enzovoorts] < **lat.** *et cetera, et* [en] *cetera,* o. mv. van *ceterus* [andere, overige]; in bijwoordelijk gebruik werd deze vorm aangewend in de zin van overigens, dus betekent *et cetera* letterlijk en overigens.

eten [nuttigen] **middelnl.** *eten,* **oudnederfrankisch** *ĕton,* **oudsaksisch** *ĕtan,* **oudhd.** *ĕzzan,* **oudfries** *ĕta, ĭta,* **oudeng.** *ĕtan,* **oudnoors** *ĕta,* **gotisch** *ĭtan;* buiten het germ. **lat.** *edere,* **gr.** *edein,* **oudiers** *esse,* **oudindisch** *admi* [ik eet], **hettitisch** *edmi* [ik eet] → ***aas***¹.

eterniet [produkten van asbestcementlei] oorspr. de merknaam *Eternit,* gevormd van **lat.** *aeternus* [eeuwigdurend] en *-iet*.

etgras [tweede grasgewas] **middelnl.** *etgras* [het tweede gras] → ***etgroen***.

etgroen [tweede grasgewas] **middelnl.** *etgroede,* **middelnd.** *etgrode,* **middeleng.** *edgro(w)e;* het eerste lid is verwant met **gotisch** *ip* [en], **lat.** *etiam* [ook, bovendien, nog eens], **gr.** *eti* [nog verder], **oudindisch** *ati* [verder, langer]; het tweede lid behoort bij ***groeien***.

ethaan [gasvormige koolwaterstof] gevormd van ***ether*** + *-aan,* een uitgang die gebruikt wordt voor verzadigde koolwaterstoffen.

ether [verdovende vloeistof, (boven)lucht] < **lat.** *aether* [de hoge luchtlaag waar de goden en de sterren zich bevinden] < **gr.** *aithèr* [de brandende bovenlucht], van *aithein* [branden, lichten], idg. verwant met ***eest;*** in het stelsel van Aristoteles was de ether het vijfde, onweegbare, element naast de vier waaruit al het aardse is opgebouwd.

etherisch [vergeestelijkt] < **lat.** *aetherius* [van de aether, hemels, in de lucht van de bovenwereld], van *aether* (vgl. ***ether***).

ethiek, ethica [zedenleer] **middelnl.** *ethike* [logica] < **lat.** *ethicus,* van **gr.** *èthikos* [met het karakter, de zedelijke persoonlijkheid verband houdend], van *èthos* [verblijfplaats, gewoonte, aard, karakter, zede], daarmee idg. verwant.

Ethiopiër [inwoner van Ethiopië] < **lat.** *Aethiopes* [Ethiopiërs] < **gr.** *Aithiopes* [idem], van *aithops* [vlammend, vurig, brandend], van *aithein* [in brand steken, branden], idg. verwant met ***eest***.

ethologie [gedragsbeschrijving] < **byzantijns-gr.** *èthologia* [karakterbeschrijving], van *èthos* (vgl. ***ethiek***) + *logos* [woord, verhaal, verhandeling].

ethos [zedelijke houding] < **gr.** *èthos* [ethos, gewoonte, zede, karakter, uiting], verwant met **lat.** *suescere* [gewoon worden], **oudindisch** *svadhā* [gewoonte], **gotisch** *swēs* [eigen], *sidus* [zede], **oudsaksisch** *sidu,* **oudhd.** *situ* (**hd.** *Sitte*), **middelnl.** *sede,* **nl.** *zede.*

ethyl [koolwaterstofgroep] gevormd van ***ether*** + het in de chemie gebruikte achtervoegsel *-yl,* van **gr.** *hulè* [hout, materie], verwant met **lat.** *silva* [woud].

etiket [label] < **fr.** *étiquette* [idem], van **middelnl.** *sticken* [steken, vaststeken, afpalen (met stokken), borduren].

etioleren [uitgroeien van internodiën] < fr. *étioler* [idem], van *éteule* [stoppel], oudfr. *esteule* < lat. *stipula* [halm, stoppel] (vgl. **stipuleren, stoppel**).

etiologie [leer van de oorzaken] < fr. *étiologie* < gr. *aitiologia* [bewijsvoering], gevormd van *aitios* [schuldig, de oorzaak van] + *-logia*.

etiquette [omgangsvormen] < fr. *étiquette* [etiket, vormen, gebruiken] (vgl. **etiket**).

etmaal [24 uur] middelnl. *admael, atmael, etmael,* **middelnd.** *etmāl,* oudfries *etmēl;* voor het eerste lid vgl. **etgroen,** voor het tweede **maal**[5].

etnisch [volkenkundig] < fr. *ethnique* [idem, vroeger ook heidens] < chr. lat. *ethnicus* [heidens] < gr. *ethnikos* [aan het volk eigen], van *ethnos* [menigte, kudde, volk].

etnografie [beschrijvende volkenkunde] gevormd van **gr.** *ethnos* [menigte, kudde, volk] + *graphein* [(be)schrijven], idg. verwant met **kerven**.

être [wezen (zn.)] < fr. *être* (vgl. **etter**[2]).

etsen [in metaal graveren] sedert Kiliaan < **hd.** *ätzen,* oudhd. *azzon,* het causatief van *eten,* dus doen wegvreten (vgl. **etten**).

etstoel [voormalig hoogste Drenthse gerechtshof] middelnl. *etstoel,* de zetel van de *etten,* middelnl. *ette,* oudhd. *atto,* oudfries *atha, atta, ettha,* **gotisch** *atta* [vader], waarbij als verkleiningsvorm *Attila,* de naam van de Hunnenkoning; ook lat. en gr. *atta,* een stamelwoord van kleine kinderen.

ettelijke [enige] middelnl. *itlijc, etlijc* [ieder, elk, ettelijk, menigvuldig] < **middelhd.** *etelich* [enig, een of ander], van een voorvoegsel oudhd. *eta-,* verwant met **gotisch** *aippau* [misschien, of].

etten [beweiden] middelnl. *etten,* oudnoors *etja,* gotisch *fra-atjan* [voedsel uitdelen], oudhd. *azzen* [doen eten], causatiefvormen van *eten*.

etter[1] [pus] middelnl. *etter, atter,* middelnd. *etter,* oudsaksisch *ettar,* oudhd. *eitar,* oudfries *at(t)er,* oudeng. *at(t)or* (**eng.** *atter* [vergift]), oudnoors *eitr* [vergift]; buiten het germ. **gr.** *oidēma* [zwelling] (vgl. **oedeem**), lat. *aemidus* [zwelling], oudkerkslavisch *jadŭ* [vergift] → **oot**.

etter[2] [scheldwoord] < fr. (zn.) *être* [wezen], van het ww. *être* [zijn] < **vulg. lat.** *essere = esse* [zijn], idg. verwant met *hij is*.

etude [muzikale studie] < fr. *étude* [idem] < lat. *studium* [studie].

etui [koker] (1670) *estuy* < fr. *étui,* oudfr. *estui,* van *estuier* [opbergen, opsluiten, voorzichtig omgaan met] < **me. lat.** *studiare* [iem. verzorgen, iets in goede staat houden] < **klass. lat.** *studēre* [zich toeleggen op, streven naar, studeren].

etymologicon [etymologisch woordenboek] < **byzantijns-gr.** *etumologikon,* eig. het zelfstandig gebruikt o. van *etumologikos* [van de etymologie] (vgl. **etymologie**).

etymologie [woordafleidkunde] (1522) < fr. *étymologie* < lat. *etymologia* < **byzantijns-gr.** *etumologia* [idem], van *etumon* [de wortel van een woord], eig. het zelfstandig gebruikt o. van *etumos* [werkelijk waar] + *logos* [woord, verhandeling], *etumotès* [woordafleiding].

etymon [grondbetekenis van een woord] → **etymologie**.

eubiotiek [kunst van het gezond leven] gevormd van **gr.** *eubios* (2e nv. *eubiotos*) [gemakkelijk zijn levensonderhoud vindend], van *eu* [goed] + *bios* [leven, levenswijze, levensonderhoud].

eucalyptus [plantengeslacht] < **fr.** *eucalyptus,* gevormd van **gr.** *eu* [goed] + *kaluptos* [bedekt], verl. deelw. van *kaluptein* [bedekken], idg. verwant met ***hullen;*** zo genoemd omdat de vergroeide kroonbladen als een dekseltje afvallen als de bloem zich opent.

eucharistie [H. Sacrament] < fr. *eucharistie* < **chr. lat.** *eucharistia* [dankzegging, heilig avondmaal, eucharistie] < gr. *eucharistia* [dank, het danken], van *eucharistos* [aantrekkelijk, gelukkig, dankbaar], *eucharistein* [dankbaar zijn, danken], van *eucharis* [bekoorlijk, geliefd, genadig], van *eu* [goed] + *charis* [schoonheid, blijdschap, dank].

euclidisch [planimetrisch] genoemd naar *Euclides,* verlatijnsing van *Eukleidès,* Grieks wiskundige (ca. 300 v. Chr.).

eudemonisme [leer dat welzijn bevorderende daden zedelijk goed zijn] van **gr.** *eudaimonizein* [gelukkig noemen of achten], van *eudaimōn* [een goede demon hebbend, gezegend, gelukkig], van *eu* [goed] + *daimōn* [demon].

eudiometer [toestel voor volumeverandering van gassen] gevormd van **gr.** *eudios* [helder, zonnig, warm, kalm], van *eu* [goed] + *dios* [stralend], verwant met *theos* [god] + **meter**[1].

eufemisme [verhullend woord] gevormd van **gr.** *euphèmia* [goede, geluk voorspellende woorden of naam], *euphèmein* [slechts goede woorden laten horen, onheilige, storende geluiden vermijden], van *eu* [goed] + *phèmè* [woorden, mededeling], *phèmi* [ik zeg] (vgl. ***faam***).

eufonie [welluidendheid] < **gr.** *euphōnia* [schone stem, welluidendheid], van *eu* [goed] + *phōnè* [geluid], idg. verwant met ***ban***[1].

euforie [gevoel van welbehagen] < fr. *euphorie* < **gr.** *euphoria* [welzijn], van *euphoros* [gemakkelijk te dragen, gemakkelijk dragend, stuwend, goed vruchtdragend], van *euphorein* [veel vervoeren, vruchtbaar zijn], van *eu* [goed] + *pherein* [dragen], idg. verwant met **baren**[1].

eugenese, eugenetica [rasverbetering] gevormd van **gr.** *eugenès* [van edel geslacht, van edel ras], van *eu* [goed] + *genos* [afstamming, geslacht] (vgl. ***Genesis***).

euhemerisme [filosofische leer] genoemd naar de Griekse schrijver *Euèmeros* (ca. 340 v. Chr.).

eunjer [tovenaar] stellig, zij het op niet duidelijke wijze, afgeleid van *Hongaar*.

eunuch [ontmande (als vrouwenoppasser in harem)] < lat. *eunuchus* < **gr.** *eunouchos,* van *eunè* [slaapplaats, omhelzing, bijslaap] + *echein* [houden, bewaken], idg. verwant met ***zege;*** eunuch is dus bewaker van de liefde.

euphorbia [plantesoort] < **lat.** *euphorbia* < **byzantijns-gr.** *euphorbion* [stekelige plant uit Afrika], genoemd naar *Euphorbos* [een beroemd arts uit N.-W.-Afrika kort vóór de christelijke jaartelling].

euphuïsme [gekunstelde stijl] genoemd naar het zeer gekunstelde *Euphues. The Anatomity of Wyt* van de Engelse auteur John Lyly (1554?-1606), van **gr.** *euphuès* [met de goede aard].

euritmie [bewegingskunst] < **gr.** *euruthmia* [het ritmisch zijn, harmonie, goede houding], van *euruthmos* [in goed ritme, goed passend], van *eu* [goed] + *ruthmos* [ritme].

Europa [werelddeel] < **lat.** *Europa* < **gr.** *Eurōpè*, dat aan een semitische taal ontleend moet zijn, vgl. **akkadisch** *erbu* [ondergang], *ereb shamshi* [zonsondergang]; vgl. voor de betekenis *Maghrib* en voor de tegenovergestelde betekenis *Anatolië, Azië, Levant, Oriënt, Nippon*.

europium [chemisch element] door zijn ontdekker, de Franse chemicus Eugène Demarçay (1852-1903) genoemd naar het continent *Europa*.

eustachiusbuis [buis in oor] genoemd naar de Italiaanse anatoom *Bartolommeo Eustachio* (1524?-1574), die deze beschreef.

eustatisch [m.b.t. tectonische veranderingen] van **gr.** *eustathès* [stevig, vast], van *eu* [goed] + de stam van *histanai* [gaan staan], idg. verwant met *staan*.

Euterpe [een der muzen] < **gr.** *Euterpè*, van *eu* [goed] + *terpein* [verkwikken, opvrolijken].

euthanasie [zachte dood] < **fr.** *euthanasie* < **gr.** *euthanasia* [een schone dood], van *eu* [goed, edel] + *thanatos* [dood].

eutrofie [voedselrijkdom] < **gr.** *eutrophia* [goede voeding, doorvoedheid], van *eu* [goed] + *trophè* [voedsel, het voeden].

euvel [kwaad] **middelnl.** *evel, ovel, oevel* [slecht], **oudnederfrankisch** *uvel*, **oudsaksisch** *ubil*, **oudh.** *ubil*, **oudfries** *evel*, **oudeng.** *yfel*, **gotisch** *ubils*, vermoedelijk verwant met **gotisch** *uf* [onder].

Eva [de eerste vrouw] < **lat.** *Eva* < **hebr.** *hawwā* [zij die leeft], van het ww. *hāwā = hājā* [leven].

evacuatie [ontruiming] < **fr.** *évacuation* < **me. lat.** *evacuationem*, 4e nv. van *evacuatio* [het leeg maken, verwijdering, verhuizing], van *evacuare* (vgl. *evacueren*).

evacueren [ontruimen] < **fr.** *évacuer* < **laat-lat.** *evacuare* [ledigen, zich ontdoen van], **klass. lat.** *vacuare* [ledig maken], van *vacuus* [leeg, ontruimd].

evalueren [schatten] < **fr.** *évaluer*, van *é-* [uit, ont-] + *valoir* [waard zijn] < **lat.** *valēre* [krachtig zijn] (vgl. *geweld*).

evangelie [de vier boeken van het Nieuwe Testament] **middelnl.** *evangelie* < **fr.** *évangile* < **chr. lat.** *euangelium* [idem] < **gr.** *euaggelion* [loon aan een geluksbode, goede boodschap, evangelie], van *eu* [goed] + *aggellein* [een boodschap overbrengen] (vgl. *engel*).

evangelisch [volgens het evangelie] ca. 1550 < **fr.** *évangélique* < **lat.** *euangelicus* [van het evangelie, christelijk] < **gr.** *euaggelikos* [idem] (vgl. *evangelie*).

evangeliseren [het evangelie verkondigen] **middelnl.** *evangeliseren* [verkondigen, nauwkeurig verzamelen en onderzoeken] < **fr.** *évangéliser* < **lat.** *euangelizare* [idem] < **gr.** *euaggelizein* [idem] (vgl. *evangelie*).

evangelist [schrijver van een evangelie, verkondiger van het evangelie] **middelnl.** *evangelist* < **fr.** *évangéliste* < **chr. lat.** *euangelista* < **gr.** *euaggelistès* [idem] (vgl. *evangelie*).

evaporatie [verdamping] < **fr.** *évaporation* < **lat.** *evaporationem*, 4e nv. van *evaporatio* [uitwaseming], van *evaporare* (verl. deelw. *evaporatum*) (vgl. *evaporeren*).

evaporeren [uitwasemen] < **fr.** *évaporer* < **lat.** *evaporare* [uitwasemen], van *ex* [uit] + *vaporare* [dampen], van *vapor* [damp].

evasie [ontwijking] < **fr.** *évasion* < **chr. lat.** *evasionem*, 4e nv. van *evasio* [ontvluchting], van *evadere* (verl. deelw. *evasum*) [naar buiten gaan, ontsnappen], van *ex* [uit] + *vadere* [gaan, schrijden], idg. verwant met *waden*.

evectie [maanvereffening] < **fr.** *évection* [idem] < **lat.** *evectionem*, 4e nv. van *evectio* [opstijging], van *evehere* (verl. deelw. *evectum*) [uit de richting drijven, naar buiten drijven, zich verbreiden buiten, omhoog vliegen], van *ex* [uit] + *vehere* [dragen, brengen, drijven], idg. verwant met *bewegen*.

even [in gelijke mate] daaruit verscherpt *effen*, **middelnl.** *effen*, ook wel *even*, **oudsaksisch** *eban*, **oudhd.** *eban*, **oudfries** *ivin, even*, **oudeng.** *efn*, **oudnoors** *jafn*, **gotisch** *ibns*; buiten het germ. **lat.** *imitari* [nabootsen, evenaren], *aemulus* [gelijk, nabijkomend], *imago* [(even)beeld].

evenaar [equator, naald van weegschaal] **middelnl.** *evenaer, effenaer* [balans, weegschaal], van *evenen, effenen* [gelijk maken] (vgl. *even*).

evenaren [gelijkwaardig zijn] van *evenaar* [balans, weegschaal].

evenbeeld [die sprekend lijkt op een ander] sedert Kiliaan, vgl. **middelhd.** *ebenbilde*.

evene [mediterrane haversoort] **middelnl.** *evene, eivene, even* [zwarte haver], *averescoof* [haverschoof], **oudfr.** *aveine* (**fr.** *avoine*) < **lat.** *avena* [haver].

eveneens [op dezelfde wijze, ook] **middelnl.** *eveneens* [geheel op dezelfde wijze], bij Kiliaan nog niet in de betekenis 'ook'.

evenement [gebeurtenis] < **fr.** *événement*, van **lat.** *evenire* (vgl. *eventualiteit*).

evening-dress [avondtoilet] < **eng.** *eveningdress* [idem], van *even(ing)* [avond] (vgl. *avond*) + *dress* [kleding], van *to dress* [zich kleden] < **oudfr.** *drecier* [richten, zich aankleden] (**fr.** *dresser*) < **lat.** *dirigere* [regelen, zich richten].

evenknie [gelijke in stand] middelnl. *evencnie* [gelijke van geboorte, (mv.) magen in dezelfde graad], van *cnie* in de betekenis 'geslacht, verwantschapsgraad' (vgl. **knie**).

eventualiteit [mogelijkheid dat iets gebeurt] < fr. *éventualité* [idem], van *éventuel* [eventueel, mogelijk], van lat. *eventus* [gebeurtenis], van *evenire* (verl. deelw. *eventum*) [gebeuren], van *ex* [uit] + *venire* [komen], daarmee idg. verwant.

eventueel [mogelijkerwijs] < fr. *éventuel* (vgl. **eventualiteit**).

evenveeltje [soort gebakje] zo genoemd omdat van elk der ingrediënten evenveel wordt gebruikt.

evenwicht [toestand van rust door gelijk gewicht aan weerszijden van de balans] middelnl. *evenwicht* [hetzelfde gewicht als iets anders], maar in de moderne betekenis een vertaling van lat. *aequilibrium*.

ever [wild zwijn, vrachtschip] middelnl. *ever,* oudsaksisch *ebur,* oudhd. *ebur,* oudeng. *eofor* [wild zwijn]; buiten het germ. lat. *aper,* **oudkerkslavisch** *veprĭ,* lets *vepris* [gecastreerd zwijn]; de benaming voor het schip, reeds middelnl., zal wel op een suggestie van vormgelijkenis berust hebben. Er zijn meer dierenamen aan scheepstypen gegeven, vgl. **kat, hengst**.

everdas, everdis [hagedis] voorbeelden van de grote groep sterk divergerende dialectische nevenvormen van **hagedis**.

everdoek [soort zeildoek voor sloepen] van **ever** [vaartuig] + **doek**.

everglaze [kreukbestendig katoen] < eng. *everglaze,* van *ever* [altijd] + *glaze* [glazuur, glans], van *to glaze* [voorzien van glans, glazuur].

everlast [sterke keperstof] < eng. *everlast,* van *everlasting* [eeuwigdurend], van *ever,* op enige afstand verwant met *ooit* + *lasting,* teg. deelw. van *to last* [het uithouden], oudeng. *lǣstan* [volgen, uitvoeren, voortzetten], van *last* [voetzool, voetafdruk], verwant met *leest;* de grondbetekenis is dus: het voetspoor volgen.

evictie [uitwinning] < fr. *éviction* < lat. *evictio* [idem], van *evincere* (verl. deelw. *evictum*) [overwinnen, overhalen, uitwinnen], van *ex* [uit] + *vincere* [overwinnen], idg. verwant met *weigeren;* uitwinnen is dus een letterlijke vertaling.

evident [zonneklaar] (1524) < fr. *évident* < lat. *evidentem,* 4e nv. van *evidens* [zichtbaar, onmiskenbaar], van *ex* [uit, geheel en al] + *vidēre* [zien], idg. verwant met *weten, wijs* [1], [2].

evidentie [klaarblijkelijkheid] < fr. *évidence* < lat. *evidentia* [duidelijke verschijning, klaarblijkelijkheid], van *evidens* (vgl. **evident**).

evocatie [het voor de geest roepen] < fr. *évocation* [idem] < lat. *evocationem,* 4e nv. van *evocatio* [oproep, in chr. lat. ook roeping], van *evocare* (verl. deelw. *evocatum*) [iem. uit iets roepen, tot zich roepen, oproepen, prikkelen], van *ex* [uit] + *vocare* [roepen], van *vox* (2e nv. *vocis*) [stem, geroep].

evocatief [beeldend] gevormd van **evocatie**.

evoceren [oproepen] < lat. *evocare* (vgl. **evocatie**).

evoë [vreugderoep] < lat. *evoe* = *euou* < gr. *euoi* [kreet der bacchanten].

evolueren [ontwikkelen] < fr. *évoluer* < lat. *evolvere* (vgl. **evolutie**).

evolute [ontwondene van kromme] < lat. *evolutum,* verl. deelw. van *evolvere* (vgl. **evolutie**).

evolutie [ontwikkeling] < fr. *évolution* [idem] < lat. *evolutio* [het afrollen van de boekrol, (in me. lat.) tijdsverloop], van *evolvere* (verl. deelw. *evolutum*) [ontrollen], van *ex* [uit] + *volvere* [rollen, wentelen], daarmee idg. verwant.

evolvente [ontwindende van een kromme] < lat. *evolvens* (2e nv. *evolventis*), teg. deelw. van *evolvere* (vgl. **evolutie**).

evoqueren [oproepen] < fr. *évoquer* < lat. *evocare* (vgl. **evoceren**).

Evriet [modern Hebreeuws] → *Ivriet*.

evulgetur [verlof tot publikatie] < lat. *evulgetur* [moge het bekend worden gemaakt], aanvoegende 3e persoon enk. teg. tijd passief van *evulgare* [onder de mensen brengen, bekend maken, verbreiden], van *ex* [uit] + *vulgare* [algemeen maken], van *vulgus* [het grote publiek, volk].

ex [uit] < lat. *ex, e-,* gr. *ex, ek,* gallisch *ex,* oudiers *ess-, ass-,* **oudpruisisch** *esse,* **oudkerkslavisch** *iz*.

ex- [1] [voorvoegsel voorkomend in woorden van lat. herkomst] betekent uit, op, aan, van, zonder, geheel en al, voor *f ef-,* voor alle medeklinkers *e,* verwant met gr. *ex*.

ex- [2] [voorvoegsel voorkomend in gr. woorden] betekent uit, voor medeklinkers *ek-* (vgl. **ex-** [1]).

exacerbatie [verergering] < chr. lat. *exacerbatio* [verbittering], van *exacerbare* (verl. deelw. *exacerbatum*) [verbitteren, prikkelen, weerstreven], van *ex* [uit] + *acerbare* [verergeren], van *acerbus* [wrang, smartelijk], van *acer* [scherp, grimmig, hevig].

exact [nauwkeurig] < fr. *exact* < lat. *exactus* [nauwkeurig, vaststaand, volmaakt], oorspr. verl. deelw. van *exigere* [o.m. tot een eind brengen], van *ex* [uit, geheel en al] + *agere* [ergens heen drijven].

exagereren [overdrijven] < fr. *exagérer* < lat. *exaggerare* [ophopen, vergroten, overdrijven], van *ex* [geheel en al] + *agger* [aangedragen materiaal, dam, stapel, opeenstapeling], van *aggerere* [aandragen], van *ad* [naar...toe] + *gerere* [dragen].

exaltatie [geestvervoering] (ca. 1500) < fr. *exaltation* [idem] < chr. lat. *exaltationem,* 4e nv. van *exaltatio* [zelfverheffing, trots], van *exaltare* (verl. deelw. *exaltatum*) [opheffen, verheerlijken, passief trots zijn], van *ex* [uit] + *altus* [hoog], oorspr. verl. deelw. van *alere* [voeden, groot brengen], idg. verwant met **oud**.

examen [onderzoek naar iemands kennis] < lat.

examen [zwerm, tongetje van de weegschaal, vandaar onderzoek], gevormd van *ex* [uit] + *agere* [drijven] (vgl. *exact*).

examinandus [hij die geëxamineerd moet worden] < lat. *examinandus,* gerundivum van *examinare* [afwegen, onderzoeken] (vgl. *examen*).

exantheem [huiduitslag] < gr. *exanthèma* [idem], van *exanthein* [gaan bloeien, te voorschijn komen, uitbreken (van uitslag en kwalen)], van *ek* [uit] + *anthein* [bloeien], *anthos* [bloem].

exarch [Byzantijns stadhouder] < gr. *exarchos* [voorganger], van *ek* [uit] + *archein* [het hoofd zijn, de eerste zijn, beginnen, vandaar ook voorzanger zijn].

exarticulatie [afzetting in het gewricht] gevormd van **lat.** *ex* [uit] + *articulus* [gewricht], verkleiningsvorm van *artus* [idem], op enige afstand verwant met *armus* [schouder] en **arm** [1].

exasperatie [opvoering tot het uiterste] < fr. *exaspération* [idem] < me. lat. *exasperationem,* 4e nv. van *exasperatio* [het verscherpen, irriteren], van *exasperare* (verl. deelw. *exasperatum*) (vgl. *exaspereren*).

exaspereren [verhevigen] < fr. *exaspérer* < lat. *exasperare* [ruw maken, irriteren, verergeren], van *ex* [uit, geheel en al] + *asper* [ruw, scherp, wrang].

excardinatie [ontslag van geestelijke] met lat. *ex* [uit] gevormd naast *incardinatie* (vgl. *incardineren*).

excavatie [uitholling] < fr. *excavation* < lat. *excavatio* [idem], van *excavare* (verl. deelw. *excavatum*) [uithollen], van *ex* [uit] + *cavus* [hol].

excedent [wat boven een bepaalde waarde komt] < fr. *excédent* [overschot] < lat. *excedentem,* 4e nv. van *excedens,* teg. deelw. van *excedere* [weggaan, in iets overgaan, op iets uitlopen, groter zijn, overschrijden], van *ex* [uit] + *cedere* [schrijden, gaan].

excederen [te boven gaan] (1499) < fr. *excéder* < lat. *excedere* (vgl. *excedent*).

excellent [voortreffelijk] < fr. *excellent* < lat. *excellentem,* 4e nv. van *excellens,* teg. deelw. van *excellere* [uitsteken, uitmunten], van *ex* [uit] + -*cellere* [rijzen] (het verl. deelw. *celsus* [hoog]), van dezelfde basis als *culmineren, kolom*).

excellentie [titel] < lat. *excellentia* [verhevenheid, voortreffelijkheid, excellentie], van *excellens* (vgl. *excellent*).

excelleren [uitmunten] < fr. *exceller* < lat. *excellere* (vgl. *excellent*).

excelsior [steeds hoger] < lat. *excelsior* [hoger], vergrotende trap van *excelsus* [hoog], eig. verl. deelw. van *excellere* (vgl. *excellent*).

excentriek [uitmiddelpuntig, buitenissig] < fr. *excentrique* < me. lat. *excentricus,* van *ex* [uit] + *centrum* (vgl. *centrum*).

exceptie [uitzondering] < fr. *exception* < lat. *exceptionem,* 4e nv. van *exceptio* [uitzondering, gerechtelijke tegenwerping], van *excipere* (verl. deelw. *exceptum*) [uitnemen, uitzonderen, afweren], van *ex* [uit] + *capere* [nemen], idg. verwant met *heffen*.

excerpent [die excerpeert] < lat. *excerpens* (2e nv. *excerpentis*), teg. deelw. van *excerpere* (vgl. *excerperen*).

excerperen [een uittreksel maken] < lat. *excerpere* [uitplukken, uit iets halen, uit een boek uitkiezen], van *ex* [uit] + *carpere* [plukken, van een geheel afnemen], idg. verwant met *herfst*.

excerpt [uittreksel] < lat. *excerptum,* verl. deelw. van *excerpere* (vgl. *excerperen*).

exces [buitensporigheid] middelnl. *exces* < fr. *excès* < lat. *excessus* [het uitgaan, weggaan, uitweiding, buitensporigheid], van *excedere* [weggaan, afwijken] (vgl. *excedent*).

excisie [uitsnijding] < fr. *excision* < lat. *excisionem,* 4e nv. van *excisio* [verwoesting], van *excidere* (verl. deelw. *excisum*) [uitsnijden, afsnijden, aan stukken houwen, verwoesten], van *ex* [uit] + *caedere* [hakken], idg. verwant met *heien* [1].

excitantia [opwekkende middelen] < lat. *excitantia,* o. mv. van *excitans,* teg. deelw. van *excitare* [prikkelen, opjagen], van *ex* [uit] + *citare* [opdrijven, ontbieden, iemands naam afroepen], intensivum van *ciëre* (verl. deelw. *citum*) [in beweging brengen, laten horen].

excitatie [opwekking] < fr. *excitation* < me. lat. *excitationem,* 4e nv. van *excitatio* [het wekken, beroep op], van *excitatum,* verl. deelw. van *excitare* (vgl. *excitantia*).

exciteren [opwekken] < fr. *exciter* < lat. *excitare* (vgl. *excitantia*).

exclamatie [uitroep] < fr. *exclamation* < lat. *exclamationem,* 4e nv. van *exclamatio* [uitroep, gezegde], van *exclamare* (verl. deelw. *exclamatum*) [luid roepen], van *ex* [uit] + *clamare* [roepen, schreeuwen], verwant met *clarus* [luid, duidelijk] (vgl. *klaar*).

exclaustratie [toestemming voor verblijf buiten klooster] < me. lat. *exclaustratio,* van *ex* [uit] + *claustrum* [klooster].

exclave [grondgebied in vreemd gebied, tegengestelde van enclave] gevormd met **lat.** *ex* [uit] naar analogie van *enclave*.

exclusie [uitsluiting] < fr. *exclusion* < lat. *exclusionem,* 4e nv. van *exclusio* [buitensluiting, afwijzing], van *excludere* (verl. deelw. *exclusum*) (vgl. *exclusief*).

exclusief [iets anders uitsluitend] < fr. *exclusif* < me. lat. *exclusivus,* van *excludere* (verl. deelw. *exclusum*) [uitsluiten, buitensluiten], van *ex* [uit] + *claudere* [sluiten], lett. dus dat wat uitgesloten is (voor anderen).

excommunicatie [kerkban] (1540) < fr. *excommunication* < chr. lat. *excommunicationem,* 4e nv. van *excommunicatio* [idem], van *excommunicare* (verl. deelw. *excommunicatum*) (vgl. *excommuniceren*).

excommuniceren [in de kerkban doen] < chr. lat.

excorporatie — exhaleren

excommunicare [idem], van *ex* [uit] + *communis* [gemeenschap] (vgl. *commune*).

excorporatie [verwijdering uit een corporatie] gevormd met **lat.** *ex* [uit] naar analogie van *incorporatie*.

excreet [uitscheidingsprodukt] < **fr.** *excrément* < **lat.** *excretum,* verl. deelw. van *excernere* (vgl. *excrement*).

excrement [ontlasting] < **fr.** *excrément* < **lat.** *excrementum* [afscheidsel, uitwerpsel, afval], van *excernere* (verl. deelw. *excretum*) [afzonderen], van *ex* [uit] + *cernere* [zeven]; excrement is dus lett. dat wat is uitgezeefd, vgl. *feces*.

excretie [lichaamsafscheiding] **fr.** *excrétion* < **me. lat.** *excretionem,* 4e nv. van *excretio,* van **klass. lat.** *excernere* (verl. deelw. *excretum*) [afzonderen] (vgl. *excrement*).

excursie [uitstapje] < **fr.** *excursion* [idem] < **lat.** *excursionem,* 4e nv. van *excursio* [snel vooruittreden, uitval, in laat-lat. ook reisje], van *excurrere* (verl. deelw. *excursum*) [naar buiten rennen, afdwalen], van *ex* [uit, naar buiten] + *currere* [rennen], idg. verwant met *kar*.

excusabel [te verontschuldigen] < **fr.** *excusable* < **lat.** *excusabilis* [vergeeflijk], van *excusare* (vgl. *excuseren*).

excuseren [verontschuldigen] **middelnl.** *excuseren* < **fr.** *excuser* < **lat.** *excusare* [verontschuldigen, rechtvaardigen], *excusari* [zich onder verontschuldigingen aan iets onttrekken], van *ex* [uit] + *causa* [rechtspositie, verdediging, rechtszaak, beschuldiging], verwant met *cudere* [slaan], idg. verwant met *houwen*.

excuus [verontschuldiging] (1548) *excuse* < **fr.** *excuse,* van *excuser* < **lat.** *excusare* (vgl. *excuseren*).

execrabel [afschuwelijk] < **fr.** *exécrable* [idem] < **lat.** *execrabilis, exsecrabilis* [verwenst, vervloekt], van *exsecrari* [vervloeken], van *ex* [uit] + *sacrare* [heiligen, wijden], van *sacer* [heilig, gewijd].

executeren [(vonnis) voltrekken] **middelnl.** *executeren* < **fr.** *exécuter* < **lat.** *ex(s)equi* [ten einde toe volgen, vervolgen, nastreven, ten uitvoer brengen, gerechtelijk vervolgen, straffen], van *ex* [uit] + *sequi* [volgen] (vgl. *sociaal*).

executeur [uitvoerder] (ca. 1500) < **fr.** *exécuteur* < **lat.** *ex(s)ecutor* [uitvoerder, voltrekker], van *exsequi* (verl. deelw. *exsecutum,* vgl. *executeren*).

executie [uitvoering] **middelnl.** *executie* < **fr.** *exécution* < **me. lat.** *exsecutio* [gerechtelijke vervolging, voltrekking van een vonnis] (vgl. *executeren*).

executoir, executoor [invorderbaar] (1537) < **fr.** *exécutoire* < **me. lat.** *executorius* [idem], van *exsequi* (verl. deelw. *exsecutum*) (vgl. *executeren*).

executoriaal [ingevolge vonnis uitvoerbaar] (1548) < **me. lat.** *executorialis* = *executorius* (vgl. *executoir*).

exedra [diepe nis] < **gr.** *exedra* [tuinhuis, warande (bij de Romeinen gebruikt als eetkamer)], van *ek* [uit] + *hedra* [zitplaats], van *hizein* [doen zitten], idg. verwant met *zitten*.

exegeet [bijbelverklaarder] < **gr.** *exègètès* [uitlegger], van *exègeomai* (vgl. *exegese*).

exegese [bijbelverklaring] < **gr.** *exègèsis* [interpretatie], van *exègeomai* [ik voer naar buiten, naar een doel, schrijf voor, zet uiteen, bericht], van *ek* [uit] + *hègeomai* [ik leid tot een conclusie, geloof aan, schat], idg. verwant met *zoeken*.

exegetisch [verklarend] < **fr.** *exégétique* < **gr.** *exègètikos* [idem], van *exègeomai* (vgl. *exegese*).

exempel [voorbeeld] **middelnl.** *exempel* < **lat.** *exemplum* [voorbeeld], van *eximere* (verl. deelw. *exemptum*) [uitnemen, uitzonderen], van *ex* [uit] + *emere* [kopen, oorspr. nemen].

exemplaar [stuk] < **fr.** *exemplaire* < **laat-lat.** *exemplarium, exemplar* (2e nv. *exemplaris*) [voorbeeld, toonbeeld, afschrift, kopie], van *exemplum* (vgl. *exempel*).

exemplair [voorbeeldig] **middelnl.** *exemplaer* < **fr.** *exemplaire* [idem] < **lat.** *exemplaris* [idem] (vgl. *exemplaar*).

exemplificatie [toelichting met voorbeelden] < **me. lat.** *exemplificatio* [het aanhalen van een voorbeeld], van *exemplum* (vgl. *exempel*) + *-ficare,* van *facere* [doen], daarmee idg. verwant.

exempt [onttrokken aan] **middelnl.** *exempt* [vrijgesteld] < **fr.** *exempt* < **lat.** *exemptum,* verl. deelw. van *eximere* [nemen uit, losmaken, overslaan], van *ex* [uit] + *emere* [kopen, oorspr. nemen].

exequatur [machtiging] < **lat.** *exequatur,* 3e pers. enk. van de aanvoegende wijs van *ex(s)equi* [ten uitvoer brengen, dus dat hij ten uitvoer brenge], van *ex* [uit] + *sequi* [volgen, trachten te bereiken] (vgl. *executeren*).

exequiën [uitvaartplechtigheden] **middelnl.** *exequiën* < **lat.** *exsequiae* [begrafenisstoet, begrafenis], van *exsequi* [volgen], van *ex* [tot het eind] + *sequi* [volgen, begeleiden] (vgl. *executeren*).

exerceren [manoeuvreren] **middelnl.** *exerceren* [uitoefenen (m.b.t. een beroep)] < **fr.** *exercer* [in beweging brengen] < **lat.** *exercēre* [in voortdurende beweging houden, aan het werk zetten, afmatten], van *ex* [uit] + *arcēre* [insluiten, bijeenhouden]; de oorspr. betekenis was 'vee uit een omheining naar buiten drijven'.

exercitie [militaire oefening] **middelnl.** *exercitie, exercicie* [het hanteren, oefening, uitoefening] < **lat.** *exercitium* [bezigheid, oefening], van *exercēre* (verl. deelw. *exercitum*) (vgl. *exerceren*).

exeunt [zij gaan af (toneelterm)] < **lat.** *exeunt,* 3e pers. mv. teg. tijd van *exire,* van *ex* [uit] + *ire* [gaan].

exhalatie [uitwaseming] < **fr.** *exhalation* < **lat.** *exhalationem,* 4e nv. van *exhalatio* [uitwaseming, uitdamping], van *exhalare* (verl. deelw. *exhalatum*) (vgl. *exhaleren*).

exhaleren [uitwasemen] < **fr.** *exhaler* < **lat.**

exhalare [uitademen, uitblazen, uitwasemen], van *ex* [uit] + *halare* [dampen, wasemen].
exhauster, exhaustor [afzuigapparaat] gevormd van **lat.** *exhaurire* (verl. deelw. *exhaustum*) [uitscheppen, uitgraven, leegdrinken], van *ex* [uit] + *haurire* [putten, uitdrinken, opslokken], *haustor* [drinker], idg. verwant met *hozen*.
exhaustief [uitputtend] < **eng.** *exhaustive* [idem], gevormd van **lat.** *exhaurire* (verl. deelw. *exhaustum*) [uitscheppen, leeg drinken, uitputten], van *ex-* [uit, geheel en al] + *haurire* [putten].
exhiberen [vertonen] (1512) < **fr.** *exhiber* [idem] < **lat.** *exhibēre* [voor de dag brengen, aanreiken, vertonen], van *ex* [uit] + *habēre* [hebben, behandelen, voordragen], idg. verwant met *hebben*.
exhibitie [tentoonstelling] < **fr.** *exhibition* [idem] < **lat.** *exhibitionem*, 4e nv. van *exhibitio*, van *exhibēre* (verl. deelw. *exhibitum*) (vgl. **exhiberen**).
exhibitum [overgelegd stuk] < **lat.** *exhibitum*, eig. verl. deelw. van *exhibēre* (vgl. **exhiberen**).
exhortatie [aansporing] < **fr.** *exhortation* < **lat.** *exhortationem*, 4e nv. van *exhortatio* [idem], van *exhortari* (verl. deelw. *exhortatum*) [moed inspreken, aansporen], van *ex* [uit] + *hortari* [aansporen], frequentatief van *horiri* [aansporen], idg. verwant met *gaarne*.
exhorteren [aanmanen] < **fr.** *exhorter* < **lat.** *exhortari* (vgl. **exhortatie**).
exhumatie [opgraving van een lijk] < **fr.** *exhumation* [idem] < **me. lat.** *exhumatio*, van *exhumare* (verl. deelw. *exhumatum*), van *ex* [uit] + *humus* [aarde], verwant met *homo* ¹.
exigeant [veeleisend] < **fr.** *exigeant* < **lat.** *exigens* (2e nv. *exigentis*), teg. deelw. van *exigere* [wegduwen, verdrijven, beroven, tot het einde brengen, afwegen, overleggen, vragen], van *ex* [uit] + *agere* [voortdrijven, handelen, verrichten, behandelen].
exigentie [eis] (1524) < **fr.** *exigence* < **lat.** *exigentiam*, 4e nv. van *exigentia* [noodzaak, vraag, verzoek, eis], van *exigere*.
exil [ballingschap] < **fr.** *exil* < **lat.** *exilium* [verbanning, verbanningsoord], van *exul* (2e nv. *exulis*) [balling].
eximeren [uitzonderen] (1540) < **lat.** *eximere* [nemen uit], van *ex* [uit] + *emere* [kopen, oorspr. nemen].
existentie [het bestaan] < **me. lat.** *existentia* [idem], van **klass. lat.** *existere* (teg. deelw. *existens*, 2e nv. *existentis*, vgl. **existeren**).
existeren [bestaan] < **fr.** *exister* < **lat.** *existere* = *exsistere* [te voorschijn komen, ontstaan, worden, zijn, bestaan], van *ex* [uit] + *sistere* [doen staan, in een toestand brengen], *se sistere* [zich vertonen], van *stare* [staan], daarmee idg. verwant.
exit [hij treedt af, uitgang] in de eerste betekenis < **lat.** *exit* [idem], in de tweede betekenis < **eng.** *exit* < **lat.** *exitus* [uitgang, vertrek].
exitus [afloop] < **lat.** *exitus* [vertrek, uitgang, einde], van *exire* (verl. deelw. *exitum*) [gaan uit], van *ex* [uit] + *ire* [gaan].
ex-libris [eigendomsmerk voor boeken] < **lat.** *ex libris*, van *ex* [uit] + *libris*, 6e nv. mv. van *liber* [boek], dus lett. uit de boeken (van ...). De eerste betekenis van *liber* is bast onder de schors (bruikbaar als schrijfmateriaal), idg. verwant met *loof* ¹.
exmissie [gerechtelijke uitzetting] < **lat.** *emissio* [idem] (vgl. **emissie**).
exobiologie [ruimtebiologie] gevormd van **gr.** *exō* [buiten], van *ek* [uit] + *biologie*.
exocet [raketwapen] < **fr.** *exocet* [vliegende vis] < **lat.** *exocoetus* < **gr.** *exōkoitos* [die zijn legerstede verlaat], van *koitè* [legerstede].
exocrien [met uitwendige lozing, het tegenovergestelde van endocrien] gevormd van **gr.** *exō* [buiten], van *ek* [uit] + *krinein* [scheiden] (vgl. **endocrien**).
exodus [uittocht] < **lat.** *exodus* < **gr.** *exodos*, van *ek* [uit] + *hodos* [weg].
exogamie [huwelijk buiten de stam] gevormd van **gr.** *exō* [buiten], van *ek* [uit] + *gamos* [huwelijk].
exogeen [van buitenaf komend] gevormd van **gr.** *exō* [buiten], van *ek* [uit] + *genos* [afkomst] (vgl. **Genesis**).
exoneratie [vrijwaring] < **fr.** *exonération* [idem] < **me. lat.** *exonerationem*, 4e nv. van *exoneratio* [het lossen (van schip), verlichting, het vrijlaten, kwijtschelding], van *exonerare* (verl. deelw. *exoneratum*) (vgl. **exonereren**).
exonereren [vrijwaren] < **fr.** *exonérer* < **lat.** *exonerare* [ontlasten, bevrijden, zich van iets ontdoen], van *ex* [uit] + *onerare* [belasten], van *onus* (2e nv. *oneris*) [last].
exoot [uitheemse plant of dier] van *exotisch*.
exorbitant [buitensporig] < **fr.** *exorbitant* [idem] < **chr. lat.** *exorbitantem*, 4e nv. van *exorbitans*, teg. deelw. van *exorbitare* [afwijken, zondigen], van *ex* [uit] + *orbita* [wagenspoor, pad], van *orbis* [kring, cirkel, schijf, rad].
exorciseren [geesten uitdrijven] < **fr.** *exorciser* [idem] < **lat.** *exorcizare* [idem] < **gr.** *exorkizein* [bezweren], van *ek* [uit] + *horkizein* [laten zweren, bezweren], van *horkion* [onderpand van de eed, d.w.z. het daarbij geslachte offerdier, verdrag, eed], eig. het zelfstandig gebruikt o. van *horkios* [de eed betreffend], van *horkos* [eed, eig. beperking door belofte en woord], verwant met *herkos* [omheining, strik, net].
exorcist [duivelbanner] < **fr.** *exorciste* < **lat.** *exorcista* [geestenbezweerder] < **gr.** *exorkistès* [idem] (vgl. **exorciseren**).
exordium [inleiding van een rede] < **lat.** *exordium* [begin, inleiding], van *exordiri* [op het getouw zetten van een weefsel, op touw zetten, beginnen], van *ex* [uit] + *ordiri* [beginnen].
exosfeer [luchtzone boven 1000 km] gevormd van **gr.** *exō* [buiten], van *ek* [uit] + *sfeer*.
exosmose [osmose met uittredend water] gevormd van **lat.** *ex* [uit] + *osmose*.

exoterisch — exploiteren

exoterisch [ook voor oningewijden bestemd] < fr. *exotérique* [naar buiten tredend] < lat. *exotericus* < gr. *exōterikos* [buitenlands, voor de buitenwacht, populair], van *exōteros* [meer naar buiten], vergrotende trap van *exō* [buiten, naar buiten], van *ek* [uit, naar buiten].

exotherm [ontstaand met warmteontwikkeling] gevormd van **gr.** *exō* [naar buiten], van *ek* [uit] + *thermos* [heet], idg. verwant met *warm*.

exotisch [uitheems] < **fr.** *exotique* [idem] < **lat.** *exoticus* [buitenlands] < **gr.** *exōtikos* [vreemd], van *exō* [buiten], van *ek* [uit].

expanderen [uitbreiden] < lat. *expandere* [uitspannen, uitspreiden], *se expandere* [zich uitstrekken], van *ex* [uit] + *pandere* [ontplooien, uitbreiden].

expansief [betrekking hebbend op expansie] < fr. *expansif* [idem], gevormd van *expansion,* van lat. *expansum,* verl. deelw. van *expandere* (vgl. ***expanderen***).

expatriëren [het vaderland verlaten] < fr. *expatrier* < me. lat. *expatriare* [idem], van *ex* [uit] + *patria* [vaderland], van *pater* (2e nv. *patris*) [vader], daarmee idg. verwant.

expectant [kandidaat voor een functie] < fr. *expectant* < lat. *expectantem,* 4e nv. van *expectans,* teg. deelw. van *exspectare* [afwachten, verlangen naar], van *ex* [uit] + *spectare* [kijken naar, op het oog hebben, aspiraties hebben], intensivum van *specere* (verl. deelw. *spectum*) [zien, kijken], idg. verwant met ***spieden***.

expectoratie [opgeving van slijm] < fr. *expectoration* < lat. *expectorare* [uit de borst verdrijven], van *ex* [uit] + *pectus* (2e nv. *pectoris*) [borst].

expediënt [redmiddel, assistent-bevrachter] in de eerste betekenis < fr. *expédient* [redmiddel] < lat. *expedientem,* 4e nv. van *expediens,* teg. deelw. van *expedire* [de voeten uit de boeien losmaken, bevrijden, gereedmaken, uitrusten (b.v. tot de strijd)], van *ex* [van...weg] + *pes* [voet], daarmee idg. verwant; in de tweede betekenis < **fr.** *expédier* [verzenden].

expediet [voortvarend] < lat. *expeditus* [onbelemmerd, vlot], eig. verl. deelw. van *expedire* [losmaken] (vgl. *expediëren*).

expeditie [verzending van goederen, onderzoekingstocht, krijgsonderneming] **middelnl.** *expeditie* [afdoening, vervoer] < fr. *expédition* [voorbereidingen, later krijgstocht] < lat. *expeditionem,* 4e nv. van *expeditio* [onderneming tegen de vijand, strooptocht, in me. lat. ook expeditieleger], van *expedire* (verl. deelw. *expeditum*) [losmaken, verrichten, te velde trekken] (vgl. *expediëren*).

expensen [kosten] < lat. *expensa* [uitgave], eig. het o. verl. deelw. mv. van *expendere* [wegen, afwegen, uitbetalen (het afwegen van de prijs in b.v. metaal), uitgeven], van *ex* [uit] + *pendere* [(af)wegen, (uit)betalen] (vgl. ***spijs¹, pension, pensioen***).

expensief [duur] < lat. *expensa* (vgl. ***expensen***).

experiëntie [ondervinding] **middelnl.** *experiëntie* < fr. *expérience* [proef] < lat. *experientiam,* 4e nv. van *experientia* [poging, proef, ervaring, ondervinding], van *experiri* (teg. deelw. *experiens,* 2e nv. *experientis*) [toetsen, proberen, door ondervinding leren], van *ex* [uit, tot het einde toe] + de basis van *peritus* [ervaren], *periculum* [gevaar], daarmee idg. verwant.

experimenteel [proefondervindelijk] < fr. *expérimental* < me. lat. *experimentalis* [idem].

experimenteren [een proef nemen] < fr. *expérimenter* [idem] < me. lat. *experimentare* [door ondervinding te weten komen, experimenteren] < klass. lat. *experimentari* [uitproberen], van *experimentum* [proef, poging, ondervinding], van *experiri* (vgl. ***experiëntie***).

expert [deskundige] **middelnl.** *expert* [ervaren, deskundige] < fr. *expert* < lat. *expertus* [iets ondervonden hebbend, beproefd], eig. verl. deelw. van *experiri* (vgl. ***experiëntie***).

expiratie [uitademing, afsterving, afloop (van termijn)] (1512) < fr. *expiration* [idem] < lat. *expirationem,* 4e nv. van *expiratio* = *exspiratio* [uitwaseming], van *exspirare* (verl. deelw. *exspiratum*) (vgl. ***expireren***).

expireren [uitademen, sterven, vervallen] **middelnl.** *expireren* < fr. *expirer* < lat. *expirare* = *exspirare* [uitblazen, uitwasemen, de laatste adem uitblazen, eindigen], van *ex* [uit] + *spirare* [blazen, waaien, ademen] (vgl. ***spiritus***).

expletief [met een niet-noodzakelijke aanvulling] < fr. *explétif* < me. lat. *expletivus* [idem (als taalkundige term)], van *explēre* (verl. deelw. *expletum*) [vullen, volledig maken], idg. verwant met ***vol¹***.

explicateur [uitlegger] < fr. *explicateur* < lat. *explicator* [idem], van *explicare* (verl. deelw. *explicatum*) (vgl. ***expliceren***).

explicatie [uitleg] < fr. *explication* [idem] < lat. *explicationem,* 4e nv. van *explicatio* [het afrollen (van tekstrol), uiteenzetting, verklaring], van *explicare* (verl. deelw. *explicatum*) (vgl. ***expliceren***).

expliceren [uitleggen] < lat. *explicare* [ontvouwen, ontplooien, uitstallen, uiteenzetten, verklaren], van *ex* [uit] + *plicare* [samenvouwen, oprollen], verwant met *plectere* [vlechten], daarmee idg. verwant.

expliciet [uitdrukkelijk] < fr. *explicite* < lat. *explicitus* [duidelijk, uitdrukkelijk], van *explicare* (verl. deelw. *explicatum* en *explicitum*) (vgl. ***expliceren***).

expliqueren [uitleggen] < fr. *expliquer* [idem] < lat. *explicare* (vgl. ***expliceren***).

exploderen [ontploffen] < fr. *exploder* < lat. *explodere* [met klappende, slaande geluiden wegjagen], van *ex* [van...weg] + *plaudere* [op iets slaan, in de handen klappen] (vgl. ***applaus***).

exploiteren [winstgevend maken, uitbuiten] **middelnl.** *exploiteren* [gebruiken, gerechtelijk handelen] < fr. *exploiter*, oudfr. *esploiter, espleitier* [idem], van lat. *explicitus* (vgl. *expliciet*).

exploot [betekening] **middelnl.** *exploi(c)t, exploot* < fr. *exploit* [idem] < lat. *explicitum,* verl. deelw. van *explicare* (vgl. *expliceren*).

explorateur, explorator [onderzoeker] < fr. *explorateur* [idem] < lat. *exploratorem,* 4e nv. van *explorator,* van *explorare* (verl. deelw. *exploratum*) (vgl. *exploreren*).

exploratie [verkenning] < fr. *exploration* [idem] < lat. *explorationem,* 4e nv. van *exploratio* [het verkennen, onderzoek], van *explorare* (verl. deelw. *exploratum*) (vgl. *exploreren*).

exploreren [doorzoeken (van gebied)] < fr. *explorer* [idem] < lat. *explorare* [doorzoeken, onderzoeken, verkennen], van *ex* [uit] + *plorare* [luid jammeren]; de grondbetekenis van *explorare* is het bij de jacht door kabaal maken opdrijven van wild.

explosie [ontploffing] < fr. *explosion* [idem] < lat. *explosionem,* 4e nv. van *explosio* [het uitfluiten, uitjouwen van acteurs of gladiatoren, losbarsting], van *explodere* (verl. deelw. *explosum*) (vgl. *exploderen*).

exponent [machtsaanwijzer, kenmerkend vertegenwoordiger] < lat. *exponens* (2e nv. *exponentis*), teg. deelw. van *exponere* [buiten zetten, in het gezicht zetten, uitstallen, uiteenzetten, uitleggen], van *ex* [uit] + *ponere* [zetten, leggen].

exponeren [blootstellen] **middelnl.** *exponeren* [uitleggen] < lat. *exponere* (vgl. **exponent**).

exportatie [uitvoer] < fr. *exportation* [idem] < lat. *exportatio* [idem], van *exportare* (verl. deelw. *exportatum*) (vgl. *exporteren*).

exporteren [uitvoeren] < fr. *exporter* [idem] < lat. *exportare* [uitdragen, wegvoeren], van *ex* [uit] + *portare* [dragen, vervoeren, brengen], idg. verwant met *varen*[2].

exposant [die tentoonstelt] < fr. *exposant,* eig. teg. deelw. van *exposer* [tentoonstellen] < lat. *exponere* (verl. deelw. *expositum*) (vgl. *exponeren*).

exposé [overzicht] < fr. *exposé,* eig. verl. deelw. van *exposer* (vgl. *exposant*).

exposeren [tentoonstellen] < fr. *exposer* (vgl. *exposant*).

expositie [tentoonstelling] **middelnl.** *exposicie* [uitlegging, verklaring] < fr. *exposition* [idem] < lat. *expositionem,* 4e nv. van *expositio* [het te vondeling leggen, uiteenzetting], van *exponere* (verl. deelw. *expositum,* vgl. *exponeren*).

expres [met opzet] **middelnl.** *expres* [nadrukkelijk] < fr. *exprès* [uitdrukkelijk, met opzet] < lat. *expressus* [scherp weergegeven, duidelijk], van *exprimere* (verl. deelw. *expressum*) [uitdrukken, duidelijk uitspreken], van *ex* [uit] + *premere* [drukken, indrukken, uitdrukken].

expressie [uitdrukking] < fr. *expression* < me. lat. *expressionem,* 4e nv. van *expressio* [gezwollen woord, hoogdravendheid] (vgl. *expres*).

expressionisme [kunstrichting] < fr. *expressionisme,* van *expression* (vgl. *expressie*).

expropriëren [onteigenen] < fr. *exproprier* < me. lat. *expropriare* [van eigendom beroven], van *ex* [uit] + *proprius* [eigen], ontstaan uit *pro* [voor, overeenkomstig] + *pater* [vader], daarmee idg. verwant; het betekent dus: beroven van wat van zijn vader komt.

expulsie [uitdrijving] < fr. *expulsion* [idem] < lat. *expulsionem,* 4e nv. van *expulsio* [idem], van *expellere* (verl. deelw. *expulsum*) [verdrijven], van *ex* [uit] + *pellere* [stoten, slaan, in beweging brengen, (ver)drijven, verbannen].

expungeren [wegraderen] < lat. *expungere* [hevig steken, schrappen], van *ex* [uit] + *pungere* [steken, prikken] (vgl. *punt*[1]).

exquis [voortreffelijk] < fr. *exquis* < lat. *exquisitum,* 4e nv. van *exquisitus* [uitgezocht, uitgelezen], eig. verl. deelw. van *exquirere* [opzoeken, uitzoeken], van *ex* [uit] + *quaerere* [verlangen, trachten te krijgen, zoeken].

exsiccator [toestel voor chemische droging] gevormd van lat. *exsiccare* (verl. deelw. *exsiccatum*) [uitdrogen, leegdrinken], van *ex* [uit] + *siccare* [uitdrogen, leegdrinken], van *siccus* [droog] (vgl. *sec*).

exsudaat [uitgezweten vloeistof] van lat. *exsudare* (verl. deelw. *exsudatum*) [uitdampen, uitzweten], van *ex* [uit] + *sudare* [zweten, dampen], van *sudor* [vocht, zweet], daarmee idg. verwant.

extase [geestvervoering] < fr. *extase* < chr. lat. *exstasem,* 4e nv. van *exstasis* = *ecstasis* [geestvervoering] < **gr.** *ekstasis* [het weggaan, verwijdering, verstandsverbijstering, diepe ontroering], van *ek* [uit, naar buiten] + *histanai* [gaan staan], idg. verwant met *staan*.

extatisch [in vervoering] < fr. *extatique* < gr. *ekstatikos* [idem] (vgl. *extase*).

ex-tempore [voor de vuist weg] < lat. *ex tempore* [overeenkomstig de omstandigheden, voor de vuist weg], *ex* [uit] *tempore,* 6e nv. van *tempus* [tijd, ogenblik, toestand], van een basis met de betekenis 'spannen' (een spanne tijds), waarvan ook nl. *dun* en hd. *dehnen* stammen.

extenderen [uitstrekken] (1506) < lat. *extendere* [uitstrekken, rekken, laten duren], van *ex* [uit] + *tendere* [spannen] (vgl. *tent*), idg. verwant met *dun*.

extensie [uitbreiding] < fr. *extension* [idem] < lat. *extensionem,* 4e nv. van *extensio* [het uitstrekken], van *extendere* (verl. deelw. *extensum*) (vgl. *extenderen*).

extenso ['in extenso', in zijn geheel] < lat. *in extenso, in* [in] *extenso,* 6e nv. van *extensum,* verl. deelw. van *extendere* (vgl. *extenderen*).

exterieur [uiterlijk] < fr. *extérieur* [idem] < lat. *exterior* [meer naar buiten gelegen, buitenste van twee], vergrotende trap van *exter, exterus* [zich buiten bevindend], dat een vergrotende trap is van *ex* [uit].

extern [uitwonend, buiten iets liggend] < fr. *externe* [idem] < **lat.** *externus* [zich buiten bevindend, buitenlands, uitheems], van *exterus* (vgl. *exterieur*).

exterritoriaal [buiten het staatsgebied vallend] gevormd van **lat.** *ex* [uit] + *territorium*.

extincteur [brandblusapparaat] < **fr.** *extincteur* < **lat.** *extinctor* [blusser], van *extinguere* (verl. deelw. *extinctum*) [blussen], van *ex* [uit] + een vorm van een basis met de betekenis 'steken', waarvan ook **nl.** *steken, stok,* vgl. **lat.** *instigare* [instigeren].

extinctie [doving] (ca. 1540 *extinct* [nietig, vervallen]) < **fr.** *extinction* < **lat.** *exstinctionem*, 4e nv. van *exstinctio* [vernietiging, dood], van *exstinguere* (vgl. *extincteur*).

extirpatie [het uitroeien] (1533) *extirpacie,* **fr.** *extirpation* < **me. lat.** *ex(s)tirpationem,* 4e nv. van *ex(s)tirpatio* [het ontwortelen, afval, extirpatie], van *extirpare* (verl. deelw. *extirpatum*) (vgl. *extirperen*).

extirperen [uitroeien] < **fr.** *extirper* [idem] < **lat.** *exstirpare* [met wortel en tak uitroeien], van *ex* [uit] + *stirps* [stam, wortel, plant, struik].

extra [boven het gewone, bijzonder] < **lat.** *extra* [buiten, uitgezonderd, behalve] (bijw.), oorspr. 6e nv. van *extera,* vr. van *exterus* (vgl. *exterieur*).

extract [uittreksel, aftreksel] **middelnl.** *extract* < **lat.** *extractum,* verl. deelw. van *extrahere* [uittrekken], van *ex* [uit] + *trahere* [trekken], idg. verwant met *dragen*.

extractie [het extraheren] < **fr.** *extraction* < **me. lat.** *extractionem,* 4e nv. van *extractio* [het verwijderen], van *extrahere* (vgl. *extract*).

extragalactisch [buiten de melkweg liggend] gevormd van **lat.** *extra* [buiten] + *galactisch*.

extraheren [uittrekken] **middelnl.** *extraheren* < **lat.** *extrahere* [uittrekken, uitrukken, naar buiten halen], van *ex* [uit] + *trahere* [trekken], idg. verwant met *dragen*.

extrajudicieel [buitengerechtelijk] gevormd van **lat.** *extra* [buiten] + *judicieel*.

extramuraal [buiten het gebouw plaatshebbend] gevormd van **lat.** *extra* [buiten] + *muralis* [muur-], van *murus* [muur].

extraneus [examenstudent] < **lat.** *extraneus* [zich buiten bevindend, vreemd], van *extra* [buiten] (vanwaar **fr.** *étrange,* **eng.** *strange*).

extraordinair [buitengewoon] (1544) *extraordinari(j)s* [idem] < **fr.** *extraordinaire* < **lat.** *extraordinarium,* 4e nv. van *extraordinarius* [buitengewoon], van *extra* [buiten] + *ordinarius* [regelmatig, gewoon], van *ordo* (2e nv. *ordinis*) [rij, gelid, rang, stand, orde, regelmaat].

extraordinarius [buitengewoon hoogleraar] < **me. lat.** *extraordinarius* (vgl. *extraordinair*).

extrapoleren [uit bekende termen daarbuiten liggende termen berekenen] gevormd van **lat.** *extra* [buiten] + *poleren* (vgl. *interpolatie*).

extravagant [buitensporig] < **fr.** *extravagant* < **me. lat.** *extravagantem,* 4e nv. van *extravagans,* teg. deelw. van *extravagari* [buiten de perken zwerven], van *extra* [buiten] + *vagari* [rondzwerven, afdwalen], van *vagus* [zwervend] (vgl. *vaag*³), idg. verwant met *wankelen*.

extravert [naar buiten gekeerd] gevormd van **lat.** *extra* [buiten] + *vertere* (vgl. *introvert*).

extreem [uiterst] (1544) *extreme* < **fr.** *extrême* [idem] < **lat.** *extremum,* 4e nv. van *extremus,* overtreffende trap van *exter* [zich buiten bevindend, de uiterste, laatste, grootste, hoogste], vergrotende trap van *ex* [uit].

extremis ['in extremis', in de laatste ogenblikken van het leven] < **lat.** *in extremis, in* [in] *extremis,* 6e nv. mv. van *extremum* [uiterste] (vgl. *extreem*).

extremiteit [uiterste] < **fr.** *extrêmité* [idem] < **lat.** *extremitatem,* 4e nv. van *extremitas* [uiterste grens, mv.: extremiteiten], van *extremus* (vgl. *extreem*).

extrinsiek [niet wezenlijk, nominaal] < **fr.** *extrinsèque* < **lat.** *extrinsecum,* 4e nv. van *extrinsecus* [van buiten], van *exter* [buiten], van *ex* [uit] + *secus* = *secundum* [langs], dus eig. langs buiten.

extrovert [naar buiten gekeerd] gevormd van *extro-,* o.i.v. *intro-* gevormd naast *extra* [buiten] + **lat.** *vertere* (vgl. *introvert*).

extruderen [spuiten] < **eng.** *to extrude* < **lat.** *extrudere* [naar buiten dringen], van *ex* [uit] + *trudere* [drijven, stoten, dringen], idg. verwant met *verdrieten*.

exuberant [overdadig] < **fr.** *exubérant* [idem] < **lat.** *exuberantem,* 4e nv. van *exuberans,* teg. deelw. van *exuberare* [in overvloed te voorschijn komen, in overvloed aanwezig zijn], van *uber* [vruchtbaar, overvloedig], van *uber* [uier, moederborst, vruchtbaarheid], idg. verwant met *uier*.

exuviën [afgeworpen huid] **middelnl.** *exue* [recht van het stedelijk bestuur geheven van erfenissen in de stad, die aan personen daarbuiten toevallen] < **lat.** *exuviae* [afgestroopte huid, (afgelegde) kleding], van *exuere* [uittrekken, afleggen, ontkleden], op enige afstand verwant met *vest*².

ex-voto [wijgeschenk krachtens gelofte] < **lat.** *ex voto,* van *ex* [uit, uit hoofde van] *voto,* 6e nv. van *votum* [gelofte], eig. verl. deelw. van *vovēre* [plechtig beloven (aan de godheid)] (vgl. *devoot*).

eye-liner [stift voor accentueren van oogranden] < **eng.** *eyeliner* [idem], van *eye* [oog] (vgl. *oog*) + *liner* [die een lijn vormt], van *to line* (vgl. *linnen*).

ezel [paardachtige] < **lat.** *asellus,* verkleiningsvorm van *asinus* [ezel], **gr.** *onos,* **myceens** *o-no,* **soemerisch** *anšu,* een Anatolisch leenwoord.

ezelsmelk [volksnaam voor de engbloem] volksetymologische vervorming van **me. lat.** *esula,* **middelnl.** *esule, ezel* [heksenmelk].

f

fa [muziekterm] → *ut*.
faag [eig. eter] verkort uit *bacteriofaag* en andere soortgelijke samenstellingen, gevormd van **gr.** *phagos* [veelvraat].
faal [feil] **middelnl.** *fael;* van *falen*.
faam [reputatie, roem] **middelnl.** *fame, faem* < **fr.** *fame* [idem] < **lat.** *fama* [gerucht, publieke opinie, goede naam, slechte reputatie], verwant met *fateri* [bekennen] (vgl. *confessie*) en met *ban* ¹.
faas [dwarsbalk (in heraldiek)] **middelnl.** *faes(che)* < **fr.** *fasce* [idem] < **lat.** *fascia* [band, windsel, streep], verwant met *fascis* [bundel] (vgl. *fascisme*).
fabel [vertelling, verzinsel] **middelnl.** *fabule, fabele, favel,* eventueel via **fr.** *fable* < **lat.** *fabula* [verhaal van een gebeurtenis, verdicht verhaal, fabel], van *fari* [spreken (door goden, orakels, zieners), bezingen], idg. verwant met *faam*.
fabisme [door eten van bonen ontstane ziekte] gevormd van **lat.** *faba* [boon], daarmee verwant, vermoedelijk van vóór-idg. herkomst.
fabliau [boerde] picardische nevenvorm van **oudfr.** *fableare,* verkleiningsvorm van *fable* (vgl. *fabel*).
fabricatie [het vervaardigen] < **fr.** *fabrication* < **lat.** *fabricationem,* 4e nv. van *fabricatio* [het bouwen], van *fabricare* (verl. deelw. *fabricatum*) (vgl. *fabriceren*).
fabriceren [vervaardigen] < **fr.** *fabriquer* < **lat.** *fabricare* [idem] (vgl. *fabriek*).
fabriek [industrieel bedrijf] **middelnl.** *fabrike, fabrijk* [werkplaats] < **fr.** *fabrique* < **lat.** *fabrica* [idem], van *faber* (4e nv. *fabrem*) [handwerksman].
fabrikant [eigenaar van een fabriek] < **fr.** *fabricant* [idem] < **lat.** *fabricans* (2e nv. *fabricantis*), teg. deelw. van *fabricare* (vgl. *fabriceren*).
fabulant [sprookjesverteller] < **fr.** *fabulant,* teg. deelw. van *fabuler* [verzinsels vertellen] of < **lat.** *fabulans* (2e nv. *fabulantis*), teg. deelw. van *fabulare, fabulari* (vgl. *fabuleren*).
fabuleren [verzinsels vertellen] < **fr.** *fabuler* [idem] < **lat.** *fabulare, fabulari* [praten, spreken, vertellen], van *fabula* [fabel].
fabuleus [fabelachtig] < **fr.** *fabuleux* < **lat.** *fabulosus* [waarvan de mythen gewagen, tot de sagenwereld behorend, verzonnen, ongelooflijk], van *fabula* [fabel] + *-osus* [vol van].
façade [voorgevel] < **fr.** *façade* < **it.** *facciata* [voorgevel, voorkant], van *faccia* [gezicht, gevel], van **lat.** *facies* [gestalte, gezicht], van *facere* [maken], dus eig. makelij, idg. verwant met *doen*.

face [voorzijde, gezicht] < **fr.** *face* < **lat.** *facies* (vgl. *façade*).
face-lift [het optrekken van gezichtshuid] < **eng.** *face-lift,* van *face* [gezicht] + *to lift* [optillen].
facet [aspect, kant] (1657) < **fr.** *facette* [idem], verkleiningsvorm van *face* (vgl. *face*).
fachingerwater [bronwater] genoemd naar het plaatsje *Fachingen* in Nassau.
faciaal [m.b.t. het gelaat] < **fr.** *facial* [idem] < **me. lat.** *facialis, faciale* [handdoek], maar eig. het zelfstandig gebruikt bn. van *facies* [gezicht] (vgl. *façade*).
facie [tronie] **middelnl.** *faci(e)* [gezicht, gelaat], nog zonder pejoratieve betekenis < **fr.** *face* < **lat.** *facies* (vgl. *façade*).
faciel [inschikkelijk] < **fr.** *facile* < **lat.** *facilis,* o. *facile* [gemakkelijk], van *facere* [maken, doen, volvoeren], dus lett. uitvoerbaar, idg. verwant met *doen*.
faciës [aanduiding van lithologisch karakter] < **lat.** *facies* [gezicht] (vgl. *façade*).
faciliteit [inschikkelijkheid, hulpmiddel] < **fr.** *facilité* < **lat.** *facilitatem,* 4e nv. van *facilitas* [gemakkelijkheid, gewilligheid], van *facilis* (vgl. *faciel*).
façon [manier] < **fr.** *façon* (vgl. *fatsoen*).
facsimile [nauwkeurige nabootsing] gevormd van **lat.** *fac-,* de stam van *facere* [maken, doen], daarmee idg. verwant + *simile,* de o. vorm van *similis* [gelijk], idg. verwant met *samen*.
facta [feiten] < **lat.** *facta,* mv. van *factum* [daad, handeling, gebeurtenis, feit], eig. verl. deelw. van *facere* [maken, doen], daarmee idg. verwant.
facteur [brievenbesteller] **middelnl.** *facteur, factoor, factor* [dader van een misdaad] < **fr.** *facteur* [fabrikant, factor, oorzaak, besteller, makelaar] < **lat.** *factor* (vgl. *factor*).
factice [kunstmatig] < **fr.** *factice* < **lat.** *facticius* [nagemaakt, kunstmatig], van *facere* (verl. deelw. *factum*) [maken, doen], daarmee idg. verwant.
factie [politieke groep] < **fr.** *faction* [idem] < **lat.** *factionem,* 4e nv. van *factio* [het maken, doen, connectie, groep volgelingen, politieke partij, kliek], van *facere* (verl. deelw. *factum*) [maken, doen], daarmee idg. verwant.
factisch [feitelijk] < **lat.** *factus* [gemaakt, geschapen, bestemd], eig. verl. deelw. van *facere* [maken, doen], daarmee idg. verwant.
factitief [causatief] < **fr.** *factitif,* gevormd van **lat.** *factitare* [dikwijls doen, dikwijls maken, iets als beroep uitoefenen], intensivum van *facere* [maken, doen], daarmee idg. verwant.
factor [element] **middelnl.** *factoor* [zaakgelastigde, dader] < **lat.** *factor* [hij die maakt], van *facere* (verl. deelw. *factum*) [maken, doen], daarmee idg. verwant.
factorij [handelsonderneming in buitenland] van **middelnl.** *factoor* [zaakgelastigde, tussenpersoon], of < **lat.** *factura* [het maken, schepping, in me. lat. ook structuur, bouwsel], van *facere* (verl. deelw. *factum*) [maken, doen], daarmee idg. verwant.

factotum [manusje-van-alles] < fr. *factotum,* gevormd van **lat.** *facere* [doen], daarmee idg. verwant + *totum* [alles], dus doe alles.

factuur [lijst van geleverde goederen] < fr. *facture* [uitvoering, maaksel, fabricatie, factuur] < **chr. lat.** *facturam,* 4e nv. van *factura* [het maken, schepping, maaksel, schepsel, in me. lat. ook de rekening voor het maken], van *facere* [maken, doen], daarmee idg. verwant.

facultatief [aan eigen verkiezing overlatend] < fr. *facultatif* [idem], van *faculté* (vgl. *faculteit*).

faculteit [vermogen, hoofdafdeling van universiteit] **middelnl.** *faculteit* [vermogen] < fr. *faculté* [vermogen, universitaire afdeling] < **lat.** *facultatem,* 4e nv. van *facultas* [mogelijkheid, gelegenheid, aanleg], van *facul,* nevenvorm van *facilis* (vgl. *faciel*).

fade [flauw, slap] < fr. *fade* < **lat.** *fatuus* [onnozel, dwaas, smakeloos] (vgl. *fat*).

fading [sluiereffect] < eng. *fading,* teg. deelw. van *to fade* [verleppen, langzaam verdwijnen] < fr. *fade* (vgl. *fade*).

faecaliën, fecaliën, faeces, feces [uitwerpselen] < **lat.** *faeces,* mv. van *faex* [bezinksel, droesem, onzuiverheid], in me. lat. ook *feces* [uitwerpselen].

faëton [soort van vogel, rijtuigtype] < eng. *phaeton,* genoemd naar de Griekse zonnegod **gr.** *Phaethōn,* die in zijn zonnewagen langs de hemel reed, lett. de stralende, van **gr.** *phainein* [schijnen].

fagocyt [wit bloedlichaampje, eetcel] gevormd van **gr.** *phagein* [eten] + *kutos* [holte, lichaam, huid, eig. alles wat omhult], idg. verwant met *huid, hullen.*

fagot [blaasinstrument] < fr. *fagot* < it. *fagotto* [bundel, fagot] < **me. lat.** *fagottus* [takkenbos] (vgl. **middelnl.** *fago(o)t* [idem]) < **klass. lat.** *fagus* [beuk], daarmee idg. verwant.

fäh [petit-gris, Siberische eekhoorn] →*feh.*

faible [zwak, voorliefde] < fr. *faible* < **lat.** *flebilis* (gedissimileerd) [jammerlijk, ontroerend], van *flēre* [wenen, eig. het opwellen der tranen], van dezelfde basis als *blaas.*

faïence [majolica] < fr. *faïence,* verkort uit *de Faïence* [afkomstig uit de Italiaanse stad Faenza].

faille [tafsoort] < fr. *faille,* in Noordoost-Frankrijk overgenomen uit **nl.** *falie.*

failliet [bankroet] **(middelnl.** *faillieren* [in gebreke blijven]) < fr. *faillite,* met aanpassing aan *faillir* < **it.** *fallito* [bankroet (bn.)], van *fallire* [missen, te kort schieten, failliet gaan] < **lat.** *fallere* [bedriegen, teleurstellen, breken van beloften] (vgl. *vals*).

faillissement [het failliet gaan] gevormd van fr. *faillir* [failliet gaan].

fair[1] [jaarmarkt, kermis] < **oudfr.** *faire* (fr. *foire*) (vgl. *foor*).

fair[2] [eerlijk] < eng. *fair* < **oudeng.** *fæger* [mooi], **gotisch** *fagrs* [passend], verwant met *vegen.*

fairing [gestroomlijnde kap] < eng. *fairing,* van *fair*[2]; vgl. de 'geveegde' neus van een schip.

faiseur [geldschieter tegen woekerrente] < fr. *faiseur* [maker, fabrikant, constructeur, oplichter], van *faire* < **lat.** *facere* [maken, doen], daarmee idg. verwant.

fait [feit, daad] **middelnl.** *fait, feit* [daad] < fr. *fait* < **lat.** *factum* [daad, voorval, feit], eig. verl. deelw. van *facere* [maken, doen], daarmee idg. verwant.

fake [namaak] < eng. *fake* [bedrog, namaak], van *to fake* [(oppoetsen om te) vervalsen, bedriegen], ouder *to feak,* etymologie onzeker, wordt wel verbonden met **nl.** *vegen.*

fakir, fakier [boetende bedelmonnik] < **ar.** *faqīr* [arm, arme man, bedelmonnik], bij het ww. *faqura* [hij was arm].

fakkel [toorts] **middelnl.** *fackel(e)* < **lat.** *facula* [fakkeltje], verkleiningsvorm van *fax* [spaanders, fakkel].

falanx [slagorde] < gr. *phalagx* [balk, ronde stam, wals, voortrollende aanvalsgolf, slagorde], idg. verwant met *balk.*

falbala [zoom van gordijn e.d.] < fr. *falbala* < provençaals *farbello* [franje], **oudfr.** *felpe, felp, fulp;* het eng. heeft volksetymologisch *furbelow.*

falconet [stuk licht geschut] < fr. *falconet,* verkleiningsvorm van **oudfr.** *falcon* [valk] < **me. lat.** *falconem,* 4e nv. van *falco* [valk]; diverse belegeringswerktuigen zijn naar dieren genoemd: *kat, ram, onager, slang.*

falderappes [gespuis] in bargoens van midden 19e eeuw *falderapes, chalderapes;* etymologie onzeker, mogelijk van **spaans, portugees** *gualdrapa* [paardedek] (er zijn nogal wat scheldwoorden die ook een slechte textielsoort betekenen). Dit *gualdrapa* is eveneens van onzekere herkomst, wordt wel verbonden met **laat-lat.** *valtrapes* [een soort van broek], een woord van oosterse herkomst.

faldistorium [bisschopsstoel] < **me. lat.** *faldistorium, faldistolium* (vgl. *fauteuil*).

falen [in gebreke blijven, mislukken] **middelnl.** *faillieren, failleren* [idem] < fr. *faillir* [te kort schieten, falen] < **lat.** *fallere* [doen vallen, bedriegen, teleurstellen] (vgl. *vals*).

falie [sluierdoek] **middelnl.** *faelge, fale, falie* [mantel, huik, sluier] < **oudfr.** *faille* [vierkante doek die men over het hoofd drapeert], van onzekere herkomst, volgens sommigen < **nl.** *falie,* vgl. *op zijn falie krijgen, op zijn tabberd krijgen, de mantel uitvegen* →*feil*[2].

faliekant [verkeerd] **middelnl.** *faliecant* [een niet-rechte hoek, schuine kant], van **middelnl.** *faelge* [gebrek, fout], *falie* [faliekant] < **oudfr.** *faille* (vgl. *failliet*) + *kant.*

fallus [mannelijk lid in erectie] < **lat.** *phallus* < **gr.** *phallos,* idg. verwant met *bul*[1], van een idg. basis met de betekenis 'zwellen'.

falsaris [oplichter] **middelnl.** *falsaris* < **lat.** *falsarius* [falsaris, vervalser], van *falsus* [vals].

falset [zangstem] < it. *falsetto* [idem], verkleiningsvorm van *falso* [onoprecht] < **lat.** *falsus* [vals, onwaar, nagemaakt]; de benaming komt van het feit dat mannen die falset zingen slechts een deel van de stembanden gebruiken (oorspr. om het gemis aan vrouwen en jongens in koren te compenseren).

falsificatie [vervalsing] < **fr.** *falsification* < **me. lat.** *falsificationem,* 4e nv. van *falsificatio,* van **klass. lat.** *falsificus* [vals handelend], van *falsus* [vals] + *facere* [maken, doen], daarmee idg. verwant.

falsiteit [onoprechtheid] < **lat.** *falsitas* (2e nv. *falsitatis*) [leugen, vervalsing, fout], van *falsus* [vals].

fameus [vermaard] **middelnl.** *famoos* [eerrovend, berucht, befaamd] < **fr.** *fameux* < **lat.** *famosus* [beroemd, berucht], van *fama* [faam] + *-osus* [vol van].

familiaar [gemeenzaam] 16e eeuws **nl.** *familiaer* [vertrouwd vriend] < **lat.** *familiaris* [van de slaven, van het huis, van de familie, vertrouwd, bevriend], van *familia* (vgl. *familie*).

familiariteit [vertrouwelijkheid] < **fr.** *familiarité* < **lat.** *familiaritatem,* 4e nv. van *familiaritas* [vriendschap, vertrouwelijkheid] (vgl. *familie*).

familie [gezin, bloedverwanten] **middelnl.** *familie* [onderhorigen, gevolg, personeel, ook wel huisgezin, kudde] < **lat.** *familia* [dienstpersoneel, huisgezin, familie], van *famulus,* **oudlat.** *famul* [dienend, slaaf, knecht].

famille [familie] < **fr.** *famille* < **lat.** *familia* (vgl. *familie*).

famulus [dienaar] < **lat.** *famulus* [dienend, slaaf, bediende] (vgl. *familie*).

fan¹ [ventilator] < **eng.** *fan* < **lat.** *vannus* [wan].

fan² [bewonderaar] < **eng.** *fan,* verkorting van *fanatic* [fanatiek].

fanaal [kustlicht] < **fr.** *fanal* < **it.** *fanale* [idem] < **gr.** *phanè* [fakkel], van *phanos* [helder schijnend], van *phainesthai* [stralen].

fanatiek [bezeten] < **fr.** *fanatique* < **lat.** *fanaticus* [door een godheid in vervoering gebracht, dwepend, bezeten, fanatiek], van **oudlat.** *fanum* [gewijde plaats, heiligdom, tempel] → *feest, profaan.*

fancy [verbeelding] < **eng.** *fancy,* samengetrokken uit *fantasy* (vgl. *fantasie*).

fancy-fair [liefdadigheidsbazar] van *fancy* + *fair* ¹.

fandango [Spaanse volksdans] < **sp.** *fandango,* mogelijk < **portugees** *fado* [een soort van volkszang en volksdans] < **lat.** *fatum* [lot]; de *fado* geeft commentaar op het lot van de mensen.

fanerogamen [zaadplanten] gevormd van **gr.** *phaneros* [duidelijk zich vertonend], van *phainein* [schijnen, verschijnen] + *gamos* [huwelijk].

fanfare [muziekstuk voor koper, fanfarekorps] < **fr.** *fanfare* [trompetgeschal, fanfarekorps, lawaai, ophef], van *fanfarer* [op de trompet blazen], van *fanfaron* [opschepper], ouder *fafaron,* vermoedelijk < **ar.** *farfār* [lichtzinnig, kletserig, onbesuisd].

fango [geneeskrachtige modder] < **it., spaans** *fango,* **catalaans** *fang* [slijk], uit het germ., vgl. *veen, ven.*

fanion [richtvlag] < **fr.** *fanion,* verkleiningsvorm van *fanon* [o.m. slip van een banier], uit het germ., vgl. *vaan.*

fanmail [van fans ontvangen correspondentie] < **eng.** *fan mail* [idem], van *fan* (vgl. *fan²*) + *mail* [postzak, briefpost], **middeleng.** *male* < **oudfr.** *male* [zak], uit het germ., vgl. **oudhd.** *mal(a)ha* [zadeltas], **middelnl.** *male, mael* [reistas, buidel], **nl.** *maal* [koffer, valies].

fantasie [verbeeldingskracht] **middelnl.** *fantasie* [droombeeld, hersenschim, muizenissen, aanval van zwaarmoedigheid] < **oudfr.** *fantasie* < **lat.** *phantasia* [gedachte, voorstelling] < **gr.** *phantasia* [uiterlijke verschijning, stralende verschijning, het zich voorstellingen maken, inbeelding], van *phantazein* [zich inbeelden], verwant met *phainein* [doen verschijnen].

fantasma [fantasiebeeld] (**middelnl.** *fantasme* [spook, geestverschijning]) < **fr.** *fantasme* < **lat.** *phantasma* [spook, schijnbeeld] < **gr.** *phantasma* [idem], van *phantazein* (vgl. *fantasie*).

fantasmagorie [geestenverschijning] < **fr.** *fantasmagorie,* gevormd van **gr.** *phantasma* (vgl. *fantasma*) + *-gorie,* vermoedelijk o.i.v. *allegorie.*

fantast [iem. met sterke fantasie] < **me. lat.** *phantasta* < **byzantijns-gr.** *phantastès* [iem. die dik doet, pocher], van *phantazein* [zich iets inbeelden, reflexief: zich vertonen, zich trots gedragen].

fantastisch [niet werkelijk, onwerkelijk goed e.d.] < **fr.** *fantastique* < **laat-lat.** *phantasticus* [ingebeeld, fantastisch] < **byzantijns-gr.** *phantastikos* [van het zich voorstellingen maken, daarvoor geschikt], van *phantasia* (vgl. *fantasie*).

fantoom [spook] **middelnl.** *fantome, fantoom* [spook, zinsbedrog] < **fr.** *fantôme,* **oudfr.** *fantosme* < **vulg. lat.** *fantauma* < **gr.** *phantasma* [verschijning] (vgl. *fantasma*).

farad [eenheid van elektrische capaciteit] genoemd naar de Engelse chemicus en natuurkundige Michael Faraday (1791-1867).

farandole [Provençaalse dans] < **fr.** *farandole* < **provençaals** *farandoulo.*

farao [naam van Egyptische koningen] < **egyptisch** *per'aa,* dat tot de 18e dynastie de benaming van het paleis was (*per* [huis], *aa* [groot]), dan voor de bewoners daarvan, en vervolgens voor het instituut vorst. Vgl. voor de betekenis **Porte, durbar, mikado.**

farce [dwaze grap, vulsel voor gevogelte] < **fr.** *farce* < **me. lat.** *fars(i)a* [een klucht die in een mysteriespel is ingeplant], van *farcire* [opvullen, iets ergens instoppen], **nl.** *farceren* [volstoppen met gehakt en truffels] (vgl. *frequent*).

farde [omslag met bladen papier] < **fr.** *farde* [baal, in Wallonië opbergmap], *fenille de farde* [los blad (schoolpapier)] < **ar.** *farīda* [parel, edelsteen, eig. solitair, in Egypte ook een katern, losse vellen (een 'boek')], *farda* [een enkel exemplaar van een paar], bij het ww. *farada* [hij was alleen].

fardeel — fatsoen

fardeel [mat voor verpakking van oosterse produkten] **middelnl.** *fardeel* [last, vracht, pak] < **oudfr.** *fardel*, verkleiningsvorm van *farde* (vgl. *farde*).

faribool [zot praatje] < **fr.** *faribole*, variant van *faribourde* (mogelijk via **provençaals** *faribolo, falibourdo, faribourdo*) < **middelfr.** *falibourde*, waarvan de etymologie onzeker is; mogelijk stamt het eerste lid van **oudfr.** *faloir* [missen, verknoeien] en is het tweede *bourde* [leugen, onzin] (vgl. *boerde*).

farinesuiker [poedersuiker] gevormd van **fr.** *farine* [meel] < **lat.** *farina* [meel, poeder], van *far* (2e nv. *farris*) [spelt, meel, brood, gort], idg. verwant met **eng.** *barley* [gerst] + *suiker*.

farizeeër [schijnheilige] **middelnl.** *fariseus* [farizeeër, huichelaar, falsaris] < **lat.** *Pharisaeus* < **gr.** *Pharisaios* < **aramees** *prīshayyā* [afgescheiden], verwant met **hebr.** *pārasj* [scheiden], **akkadisch** *parāsu* [scheiden, besluiten].

farm [particulier landbouwbedrijf] < **eng.** *farm* < **fr.** *ferme* [pacht, boerderij] < **me. lat.** *firma* [overeengekomen betaling], van *firmare* [bekrachtigen, sluiten (van overeenkomst)], van *firmus* [stevig, vast].

farmaceut [apotheker] < **gr.** *pharmakeutikos* [m.b.t. geneesmiddelen], *pharmakeus* [bereider van medicijnen, gifmenger, tovenaar], van *pharmakon* (vgl. *farmacon*).

farmacie [artsenijbereidkunde, apotheek] < **fr.** *pharmacie* < **me. lat.** *pharmacia* < **gr.** *pharmakeia* [het gebruiken van genees- of tovermiddelen], van *pharmakon* (vgl. *farmacon*).

farmacon [geneesmiddel] < **gr.** *pharmakon* [tovermiddel, geneesmiddel, vergif], verwant met **lat.** *ferire* [slaan, stoten, treffen], vermoedelijk een begrip waarmee het taboe op toveren werd omzeild.

farmacopee [geneesmiddelenhandboek] < **fr.** *pharmacopée* < **gr.** *pharmakopoios* [geneesmiddelen bereidend], van *pharmakon* (vgl. *farmacon*) + *poiein* [maken] (vgl. *poëet*).

faro [kaartspel] zo genoemd omdat oorspr. de *farao* als hartenheer was afgebeeld op één van de kaarten.

farouche [wild] < **fr.** *farouche* < **lat.** *forasticus* [buiten de deur, publiek], van *foras* [buiten] (vgl. *forens*).

farthing [¼ penning] < **eng.** *farthing* < **oudeng.** *feorthing*, van *feortha* [vierde, kwart], van *feower* [vier], daarmee idg. verwant.

farus [vuurtoren] < **lat.** *farus* < **gr.** *pharos* [eig. de naam van een eilandje bij Alexandrië waar ca. 280 v. Chr. de beroemde vuurtoren, één der zeven wereldwonderen, werd gebouwd].

farynx [keelholte] < **gr.** *pharugx* [keelgat, keel, strot], van dezelfde idg. basis als *boren*.

fasces [bundel roeden met bijl] < **lat.** *fasces*, mv. van *fascis* [bundel], idg. verwant met *bast*.

fascikel [aflevering van een boek] < **fr.** *fascicule* [idem] < **lat.** *fasciculus* [bundeltje, pakje geschriften], verkleiningsvorm van *fasces*.

fascine [bundel rijshout] (**middelnl.** *fasceel* [takkenbos]) < **fr.** *fascine* < **lat.** *fascina* [takkenbos], van *fascis* (vgl. *fasces*).

fascineren [sterk boeien] < **fr.** *fasciner* [idem] < **lat.** *fascinare* [beheksen, betoveren], van *fascinum* [phallus als middel tegen betovering] < **gr.** *baskanion* [amulet], van *baskainein* [belasteren, beheksen, betoveren], verwant met *phèmi* [ik spreek], dus eig. 'bespreken', dat verwant is met **lat.** *fari* (vgl. *fatum*).

fascisme [politiek systeem] < **it.** *fascismo*, gevormd van **lat.** *fasces* (vgl. *fasces*).

fase [schijngestalte van planeet, stadium] < **fr.** *phase* < **modern lat.** *phasis*, naar **gr.** *phasis* [het opkomen, verschijnen van sterren], van *phainein* [schijnen, stralen, beginnen te schijnen, opkomen, slechts de indruk wekken, laten zien], derhalve betekent *fase* in de grond schijngestalte.

fashion [mode] < **eng.** *fashion* < **fr.** *façon* [manier] (vgl. *fatsoen*).

fastueus [pralend] < **fr.** *fastueux* < **lat.** *fast(u)osus* [trots], van *fastus* [hooghartigheid, trots, overmoed] + *-osus* [vol van].

fat [dandy] < **fr.** *fat* [verwaand] < **lat.** *fatuus* [onnozel, dwaas, gek, flauw, smakeloos, nar].

fata [lotgevallen] < **lat.** *fata*, mv. van *fatum* (vgl. *fatum*).

fataal [noodlottig] (ca. 1603) < **fr.** *fatal* < **lat.** *fatalis* [van het noodlot, noodlottig], van *fatum* (vgl. *fatum*).

fatalisme [geloof in noodlot] < **fr.** *fatalisme*, van *fatal* [noodlottig] < **lat.** *fatalis* (vgl. *fataal*).

fataliteit [noodlottigheid] < **fr.** *fatalité* < **me. lat.** *fatalitatem*, 4e nv. van *fatalitas* (vgl. *fataal*).

fata morgana [luchtspiegeling] < **me. lat.** *fata morgana*; het eerste lid *fata* [noodlotsgodin, fee] (vgl. *fee*), een vr. enk., maar eig. het niet meer als zodanig herkende klass. lat. o. mv. van *fatum*, met de betekenis 'voorspellingen, orakels' en later 'schikgodinnen'. Het tweede lid *morgana* is de naam van de zuster van de legendarische koning Arthur. De Normandiërs, die de Moren op Sicilië en in Zuid-Italië verdreven, noemden de in de Straat van Messina voorkomende luchtspiegelingen, die zij aan toverij toeschreven *fata morgana*.

fatigant [vermoeiend] < **fr.** *fatigant*, oorspr. teg. deelw. van *fatiguer* (vgl. *fatigeren*).

fatigeren [vermoeien] < **fr.** *fatiguer* [idem] < **lat.** *fatigare* [idem], van *fatim* (4e nv. van een als zodanig niet-overgeleverd *fatis* [afmatting]) + *agere* [voortdrijven], dus tot afmatting drijven.

fatisch [m.b.t. de woordvormen in de zin] < **gr.** *phatis* [wat men zegt, woord, gezegde, woorden], van *phèmi* [ik spreek] (vgl. *fabel*).

fats, fots [verlengstrook onderaan zeil] vermoedelijk < **fr.** *fasce* [in oudfr.: band, strook] < **lat.** *fascia* [band] (vgl. *fasces*).

fatsen [spijbelen] ook *fadsen*, vermoedelijk behorend bij *vadsig*.

fatsoen [model, goede manieren] **middelnl.**

fa(e)tsoen [vorm, maaksel, uiterlijk, model, wezen van iets, manier van doen] < **fr.** *façon* [manier (van doen), vorm] < **lat.** *factionem*, 4e nv. van *factio* [het maken, doen], van *facere* [maken, doen], daarmee idg. verwant.

fatuïteit [ingebeeldheid] < **fr.** *fatuité* [idem] < **lat.** *fatuitas* (2e nv. *fatuitatis*) [onnozelheid, dwaasheid], van *fatuus* (vgl. *fat*).

fatum [lot] < **lat.** *fatum* [noodlot, lot, dood], eig. verl. deelw. van *fari* [spreken, voorspellen], dus dat wat is aangezegd.

faubourg [voorstad, buitenwijk] < **fr.** *faubourg* < **oudfr.** *forsbourg*, van *fors* [buiten] < **lat.** *foris* [buiten, buitenshuis, buiten de stad] (vgl. *forens*) + *bourc* [stad] (vgl. *burcht*); door volksetymologie ontstond *faubourg* uit *faux* [vals, niet echt].

fault [misslag] < **eng.** *fault;* de etymologie is dezelfde als van *fout;* de *l* in het eng. is veroorzaakt door heroriëntatie op **lat.** *fallere* [bedriegen, misleiden].

faun [bos- en veldgod] < **lat.** *Faunus* [Italische veldgod], later met Pan gelijkgesteld, mogelijk verwant met **gr.** *thaunos* [wild beest] (vgl. *fauna*).

fauna [dierenwereld] genoemd naar *Fauna*, de Romeinse godin van de vruchtbaarheid, zuster van *Faunus* (vgl. *faun*).

fausseren [vervormen] **middelnl.** *fauceren* [vervalsen, vernielen] < **fr.** *fausser*, van *faux* [vals] < **lat.** *falsus* [vals], eig. verl. deelw. van *fallere* [bedriegen] (vgl. *fout*).

fausset → *falset*.

fauteuil [leunstoel] < **fr.** *fauteuil* < **oudfr.** *faldestoel, faldestueil, faudeteuil,* uit het germ., vgl. **oudhd.** *faltistuol* [lett. vouwstoel] (vgl. *faldistorium*).

fauvisme [richting in schilderkunst] < **fr.** *fauvisme,* afgeleid van *fauves* [wilde dieren], een benaming door de criticus Vauxcelles in 1905 gegeven < **lat.** *fulvus* [goudgeel, goudbruin], idg. verwant met *geel*.

faveur [gunst] **middelnl.** *faveur* < **fr.** *faveur* < **lat.** *favor* (vgl. *favoriet*).

favorabel [gunstig] **middelnl.** *favorabel* < **fr.** *favorable* < **lat.** *favorabilis* [begunstigd, gunst verschaffend, innemend], van *favor* (vgl. *favoriet*).

favoriet [gunsteling] < **fr.** *favorite* < **it.** *favorito, favorita* [gunsteling(e)], eig. verl. deelw. van *favorire* [begunstigen], van **lat.** *favor* (2e nv. *favoris*) [gunst], van *favēre* [genegen zijn].

favoris [bakkebaarden] < **fr.** *favoris*, mv. van *favori* [geliefkoosd, gunsteling], in de betekenis 'bakkebaarden' < **it.** *favoriti* [idem], mv. van *favorito* (vgl. *favoriet*).

favus [hoofdzeer] < **lat.** *favus* [honingraat]; zo genoemd naar de putjes die in de huid achterblijven.

faxpost [systeem van telecommunicatie] < **eng.** *faxpost*, van *fax*, verkort uit *facsimile* + *post*².

fazant [hoenderachtige] **middelnl.** *faisaen, fas(s)aen, feisaen, vesaen* < **oudfr.** *faisan* [idem] < **lat.** *phasianus* [afkomstig van de rivier de Phasis, fazant (vogel uit dit gebied)] < **gr.** *phasianos* [idem]; de Phasis is een rivier in het oude Colchis (Georgië).

fazel [rafel] nevenvorm van *vezel,* verkleiningsvorm van **middelnl.** *vase, vas,* resp. *vese* [rafel, vezel, touw], vgl. **hd.** *Faser* [vezel, draad, rafel].

feature [iets speciaals] < **eng.** *feature* < **oudfr.** *faiture* < **lat.** *factura* [het maken, schepping, maaksel] (vgl. *factuur*).

februari [tweede maand] < **lat.** *mensis Februarius* [maand van het reinigingsfeest, maand van februari], *Februarius* van *februum* [riem van geitevel (om te tuchtigen, om vrouwen mee te slaan om hen vruchtbaar te maken), reinigingsmiddel, reinigingsfeest]; februari was vroeger de laatste maand van het jaar → *sprokkelmaand*.

feces → *faecaliën*.

fecit [signatuur van kunstenaars] < **lat.** *fecit* [heeft het gemaakt], van *facere* [maken, doen], daarmee idg. verwant.

fecundatie [bevruchting] gevormd van **lat.** *fecundare* [vruchtbaar maken], van *fecundus* [vruchtbaar], van de basis *fe-* met de grondbetekenis 'produceren', waarvan ook stammen *femina* [vrouw], *fellare* [zuigen], *filius* [zoon], *fenum* [hooi] (vgl. *fellatie, fenegriek*).

federatie [bond] (1805) < **fr.** *fédération* < laat-**lat.** *foederationem*, 4e nv. van *foederatio* [verbond], van *foederare* [verenigen, verbinden], van *foedus* (2e nv. *foederis*) [verbond, verdrag], verwant met *fides* [geloof], idg. verwant met *bidden*.

fee [vrouwelijke sprookjesfiguur] **middelnl.** *feye* [fee, tovenares] < **fr.** *fée* < **lat.** *fata* [noodlotsgodin] (vgl. *fata morgana*).

feed-back [terugkoppeling] < **eng.** *feed-back*, van *to feed* (vgl. *voeden*) + *back* [(te)rug] (vgl. *bak*²).

feeëriek [toverachtig] < **fr.** *féerique* (1836) (vgl. *fee*).

feeks [lastige vrouw] eerst in de 17e eeuw bekend, maar mogelijk veel ouder; vgl. **fries** *fekke*, **middeleng.** *vekke*, **hd. dial.** *feks* [sluwe, onzedelijke vrouw], welke vormen mogelijk te verbinden zijn met **oudsaksisch** *fēkn*, **oudhd.** *feihhan*, **oudeng.** *fācn* [list, bedrog], **oudnoors** *feikn* [ramp, verderf].

feeling [intuïtie] < **eng.** *feeling*, teg. deelw. van *to feel*, **oudeng.** *felan* (vgl. *voelen*).

feem [barg. hand, vinger] ook *veem*, **rotwelsch** *Veem*, vermoedelijk van *vijf,* vgl. *de fem* [vijf].

feest [viering] **middelnl.** *feest(e)* < **oudfr.** *feste* < **me. lat.** *festa, festum* [feest], **klass. lat.** *(dies) festa* [feestelijke (dag)], *festus*, vr. *festa* [feestelijk, vrolijk, oorspr. plechtig], vgl. **oudlat.** *fanum* [heilige plaats]; van dezelfde idg. basis als **gr.** *theos* [god].

feh, fäh [bont van Siberische eekhoorn, petit-gris] < **hd.** *Feh*, **oudhd.** *Feh*, **oudeng.** *fāh*, **gotisch** *filufaihs* [zeer bont, veelvormig], waarbij het ww. **oudeng.** *fǣn*, **oudnoors** *fa* [schilderen]; buiten

feil — feodaal

het germ. **gr.** *poikilos* [bont van kleur], **litouws** *piešti* [tekenen, schrijven], **oudkerkslavisch** *pĭsati* [schrijven].

feil[1] [fout] **middelnl.** *fael* < **oudfr.** *faille,* van *faillir* [falen] < **lat.** *fallere* [doen vallen, bedriegen, teleurstellen, schenden] → *vals.*

feil[2] [dweil] **nd.** *fail, foi(de)l* [grove doek, dweil], **hd.** *Fendel* [poetslap], waarschijnlijk van *vegen,* hoewel ontlening aan **fr.** *faille* denkbaar is → *falie.*

feilen [mistasten] **middelnl.** *feilen, felen* [gebrek hebben], naast *falen,* **middelnd.** *feilen* < **fr.** *faillir* (vgl. *feil*[1]).

feit [wat werkelijk is] **middelnl.** *fait, fe(e)t, feit* [daad, bedrijf, handeling] < **fr.** *fait* < **lat.** *factum* [daad, feit], van *facere* (verl. deelw. *factum*) [maken, doen], daarmee idg. verwant.

fel [hevig, vurig] **middelnl.** *fel* [wreed, hard, geducht, opvliegend, boos] < **oudfr.** *fel* [wreed, goddeloos], **fr.** *felon* [woordbreker] (vgl. *felonie*).

feliciteren [gelukwensen] < **fr.** *féliciter* [idem] < **me. lat.** *felicitare* [gelukkig maken], van *felicitas* [vruchtbaarheid, geluk, succes], van *felix* [vruchtbaar, gelukkig, succesvol]; voor *fe-* vgl. *fecundatie.*

felien [katachtig] < **lat.** *felinus* [kat-], van *felis, feles* [kat].

fellah [inheemse landbouwers in Noord-Afrika en Midden-Oosten] < **ar.** *fallāḥ* [boer], bij het ww. *falaḥa* [hij spleet open, ploegde].

fellatie [het pijpen] < **modern lat.** *fellatio,* gevormd van **klass. lat.** *fellare* (verl. deelw. *fellatum*) [zuigen] (vgl. *fecundatie*).

felleen [kurkweefsel] gevormd van **gr.** *phellos* [kurkeik, kurk], van een idg. basis met de betekenis 'zwellen', waarvan *bal*[1] en *bil* stammen.

fellow [gezel] < **eng.** *fellow* < **oudeng.** *feolaga* < **oudnoors** *felagi* [partner], van *felag* [partnerschap], van *fe* [vee, geld] + *lag* [het leggen], dus te zamen het neertellen van geld.

feloek [scheepstype] < **fr.** *félouque* < **ar.** *fulk* [schip], *falŭka* [sloep, boot, feloek].

felonie [trouwbreuk] < **fr.** *félonie* [idem], van **oudfr.** *felon* [booswicht], **me. lat.** *felo, felon(i)us* [eig. degene die de slaven geselt], **middelnl.** *felloen,* uit het germ., vgl. **oudhd.** *fillen* [geselen].

felsen [metalen platen omvouwen en vastslaan] midden 19e eeuws < **hd.** *falzen* (**middelhd.** *velzen, valzen*), intensivum van *falten* [vouwen].

femel [mannelijke hennep] **middelnl.** *femeel, fimele, fimeel,* naast *fem(m)ele* [wijfjesdier, vrouw] < **fr.** *femelle* < **lat.** *femella,* verkleiningsvorm van *femina* [vrouw, wijfje]; men dacht vroeger dat de mannelijke hennep vrouwelijk was → *fecundatie, karl.*

femelen [zoetsappig zeuren] **middelnl.** *fimelen* [hennep pluizen, kaarden] (vgl. *femel*).

femininum [vrouwelijk geslacht] < **lat.** *femininum,* het zelfstandig gebruik o. van *femininus* [vrouwelijk], van *femina* [vrouw] (vgl. *fecundatie*).

fenacetine [middel tegen zenuwspanning] gevormd van *fenol* + *acetic* (vgl. *aceton*) + *-ine.*

fenakiet [mineraal] gevormd van **gr.** *phenax* (2e nv. *phenakos*) [bedrieger, leugenaar]; zo genoemd omdat het mineraal aanvankelijk voor kwarts werd gehouden. Vgl. voor de betekenis *apatiet, blende, doleriet, kobalt, nikkel, wolfraam.*

fender [stootkussen] < **eng.** *fender,* van *to fend,* verkort uit *to defend* (vgl. *defensie*).

fenegriek [plant] < **lat.** *fenum graecum* [lett. Grieks hooi] (vgl. *fecundatie, venkel*).

Fenian [lid van een Iers geheim genootschap] mengvorm van **oudiers** *Fene* [de naam van de oude inwoners van Ierland], en *fiann* (mv. van *feinne*) [de naam van een legendarische troep Ierse krijgslieden], genoemd naar de legendarische held *Fiann.*

Feniciër [inwoner van Fenicië] < **lat.** *Phoeniceus* [Fenicisch, purperrood] < **gr.** *phoinix* [roodbruin, palm, purperstof, purperkleur, Feniciër], waarvan de relaties tussen de betekenissen onduidelijk zijn.

feniks [mythische vogel] < **gr.** *phoinix* < **egyptisch** *boine* [een soort van reiger (gezien als zielegod, zonnevogel)].

fennebloem [madeliefje] voor het eerste lid vgl. **oudfries** *fenne* [weiland] (vgl. *veen*).

fennek [woestijnvos] < **ar.** *fanak* [idem].

fenogenetiek [leer van betrekkingen tussen erfelijke aanleg en omgeving] gevormd van *fenomeen* + *genetisch* (vgl. *Genesis*).

fenol [carbolzuur, hydroxybenzeen] afgeleid van *phène,* de oorspr. voorgestelde benaming voor benzeen, afgeleid van **gr.** *phainein* [schijnen]; benzeen brandt met een heldere vlam.

fenologie [leer van de invloed van het klimaat] gevormd van **gr.** *phainein* [verschijnen] + *logos* [verhandeling].

fenomeen [verschijnsel] < **fr.** *phénomène* < **me. lat.** *phaenomenon* < **gr.** *phainomenon,* teg. deelw. van *phainesthai* [schijnen, verschijnen], dus dat wat verschijnt.

fenotype [verschijningsvorm] gevormd van **gr.** *phainein* [doen schijnen, laten zien] + *type.*

fenteneel [vensterluik] **middelnl.** *ventele, vintele, fintele* [sluis] < **spaans** *ventanilla* [venstertje, loket], *ventanillo* [luikje in deur], verkleiningsvorm van *ventana* [venster] of < *ventanal* [groot venster], vergrotingsvorm van *ventana* < **lat.** *ventus* [wind]; vgl. **eng.** *window* [lett. windoog].

fenylalcohol [carbolzuur] het eerste lid *fenyl* < **fr.** *phénique* + *-yl*; de Franse chemicus Auguste Laurent (1807-1853) noemde wat thans *fenol* heet *acide phénique,* van **gr.** *phainein* [te voorschijn (doen) komen], omdat het een derivaat was van koolteer.

feodaal [tot het leenstelsel behorend] **middelnl.** *feodael* [het leenrecht betreffend] < **fr.** *féodal* < **me. lat.** *feodalis, feudalis,* van *feudum,* van *feum* [leen], uit het germ., vgl. *vee.*

feppen [borrels drinken] klanknabootsende vorming, vgl. **eng.** *fap* [dronken].
ferlet [kruis om papier op te hangen] < **fr.** *ferlet* < **lat.** *ferula* [roede, in chr. lat. kruisstaf]; de eerste betekenis van *ferula* was brem, verwant met *ferire* [stoten, doorboren].
ferm [flink] (1781) < **fr.** *ferme* < **lat.** *firmus* [stevig, standvastig], verwant met *fortis* [sterk] (vgl. *troon*).
ferman → *firman*.
fermate [rustpunt] < **it.** *fermate* [pauzeert!], 2e pers. mv. gebiedende wijs van *fermare* [tot stilstand brengen], van *fermo* [vast, vaststaand, stil] < **lat.** *firmus* [stevig, vast], verwant met *fortis* [sterk] (vgl. *troon*).
ferment [giststof] < **fr.** *ferment* < **lat.** *fermentum* (vgl. *fermenteren*).
fermentatie [gisting] < **fr.** *fermentation* < **me. lat.** *fermentationem*, 4e nv. van *fermentatio*, van *fermentare* (verl. deelw. *fermentatum*) (vgl. *fermenteren*).
fermenteren [gisten] < **fr.** *fermenter* < **lat.** *fermentare* [idem], van *fermentum* [zuurdeeg, gist], van *fervēre* [gloeien, bruisen], idg. verwant met *brouwen*[1].
fermeteit, fermiteit [flinkheid] < **fr.** *fermeté* [stevigheid, kracht, vastberadenheid] < **lat.** *firmitas* (2e nv. *firmitatis*) [idem], van *firmus* [krachtig, standvastig], verwant met *fortis* [sterk] (vgl. *troon*).
fermetguts [schepguts] het eerste lid uit het fr., afgeleid van *former* [vormen, gestalte geven], maar o.i.v. *fermer* [sluiten] en *fermoir* [slot, haak, beugel, steekbeitel] tot *fermet* geworden → *fermoor*.
fermium [chemisch element] genoemd naar de Italiaanse natuurkundige *Enrico Fermi* (1901-1954).
fermoor [hakbeitel] < **fr.** *fermoir* (vgl. *fermetguts*).
fernambuk [braziehout] genoemd naar de Braziliaanse stad *Pernambuco*.
feromonen [insekten-lokstoffen] gevormd van **gr.** *pherein* [aandragen] + *homonoos* [eendrachtig].
ferronnière [voorhoofdssierraad] genoemd naar *La Belle Ferronnière*, een portret van Leonardo da Vinci waarop een dergelijk sieraad voorkomt en dat in de 19e eeuw model stond voor juweliers.
ferry, ferryboat [veerboot] → *veer*[2].
fertiel [vruchtbaar] < **fr.** *fertile* < **lat.** *fertilis* [vruchtdragend, vruchtbaar], van *ferre* [dragen], idg. verwant met *baren*[1].
ferula [pauselijke kruisstaf, plantengeslacht] < **lat.** *ferula* [priemkruid, roede, in chr. lat. kruisstaf] (vgl. *ferlet*).
fervent [vurig] < **fr.** *fervent* < **lat.** *ferventem*, 4e nv. van *fervens* [gloeiend, vurig, driftig], eig. teg. deelw. van *fervēre* [gloeien, koken], idg. verwant met *brouwen*[1] (vgl. *fermenteren*).
festijn [feest(maal)] < **fr.** *festin* < **it.** *festino* [idem], verkleiningsvorm van *festa* (vgl. *feest*).
festival [groot (muziek)feest] **eng.** *festival* < **fr.** *festival* < **oudfr.** *festival* < **me. lat.** *festivalis* < **klass. lat.** *festivus* [feestelijk] (vgl. *feest*).

festiviteit [feestelijkheid] < **fr.** *festivité* < **lat.** *festivitatem*, 4e nv. van *festivitas*, van *festivus* (vgl. *festival*).
festoen [guirlande] < **fr.** *feston* [guirlande, ornament van bloemen] (vgl. *feston*).
feston [ornament (in bouwkunde), guirlande] < **fr.** *feston* < **it.** *festone*, van *festa* (vgl. *feest*) → *festoen*.
fêteren [vieren, onthalen] < **fr.** *fêter*, van *fête* (vgl. *feest*).
fetisj [vereerd voorwerp] < **fr.** *fétiche* < **portugees** *feitiço* [idem] < **lat.** *facticius* [nagemaakt, kunstmatig], van *facere* [maken, doen], daarmee idg. verwant.
feuilletée [bladerdeeg] van **fr.** *pâte feuilletée*, *feuilletée* [bladerig, gelaagd], eig. verl. deelw. van *feuilleter* [bladeren], van *feuille* [blad] < **lat.** *folium* [idem], idg. verwant met *bloem*[1].
feuilleton [vervolgverhaal] < **fr.** *feuilleton*, verkleiningsvorm van *feuille* (vgl. *feuilletée*); feuilletons waren oorspr. losse blaadjes als bijlagen van nieuwsbladen.
feut [noviet] verkort uit **lat.** *foetus* = *fetus* [het voortbrengen, kind, loot]; voor *fe*- vgl. *fecundatie*.
fez [muts] genoemd naar de stad *Fez* in Marokko, waar de fez oorspr. vandaan zou komen.
fezelen [fluisteren] verwant met *veest* → *veziken*.
feziken → *veziken*.
fiaal, fiale, fioel [pinakel] **middelnl.** *fyole* [fiaal, pinakel]; de afleiding van **oudfr.** *fillole* [dochtertje] (fiaal zou dan dochtertorentje betekenen) is geleerde volksetymologie; het is veeleer hetzelfde woord als **middelnl.** *fyole* [fles met lange hals], waarbij de vorm *fiool* uit het me. lat. stamt en *fiaal* uit klass. lat. (vgl. *fiool*).
fiacre, fiaker [huurrijtuig] < **fr.** *fiacre*, genoemd naar het *Hôtel St. Fiacre* te Parijs, waar voor het eerst, en wel sedert 1640, rijtuigen werden verhuurd.
fiasco [mislukking] (1879) < **fr.** *faire fiasco* < **it.** *far fiasco* [mislukken], uit het germ., vgl. *fles*, maar de betekenisontwikkeling van fles tot mislukking is ondanks vele pogingen tot verklaring duister gebleven, mogelijk is het een herinnering aan de straf voor twistzieke vrouwen in de middeleeuwen; zij moesten een flesvormige steen rond de stad dragen: in **middelnl.** *steen dragen*, **hd.** *eine Schandflasche*.
fiat [goedkeuring] < **lat.** *fiat* [dat het geschiede], 3e pers. enk. van de aanvoegende wijs van *fieri* [gebeuren], verwant met *fui* [ik was], idg. verwant met ik *ben*, **eng.** *to be*.
fiber [isolatiemateriaal uit vezels e.d.] < **fr.** *fibre* [vezel] < **lat.** *fibra* [vezel van planten], verwant met *filum* [draad].
fibreus [vezelachtig] < **fr.** *fibreux*, van *fibre* [vezel] (vgl. *fiber*) + *-eux* < **lat.** *-osus* [vol van].
fibril [trilhaar] met een verkleiningsuitgang gevormd van **lat.** *fibra* [vezel] (vgl. *fiber*).
fibrine [bloed- of plantevezelstof] < **fr.** *fibrine*, 18e eeuwse vorming naar **lat.** *fibra* [vezel] (vgl. *fiber*).

fibroom — fijfel

fibroom [gezwel van bindweefsel] gevormd van **lat.** *fibra* [vezel] + de gr. uitgang *-ōma,* die ziekelijke groei aangeeft, vgl. ***carcinoom***.

fibula [sluitspeld] < **lat.** *fibula* [kram, gesp, doekspeld], verwant met *figere* [vasthechten] (vgl. ***fixeren***).

fiche [speelmerkje, kaart uit kaartsysteem] (1735) < **fr.** *fiche* [pin, spie, kaartje voor aantekeningen], van *ficher* [insteken, voegen, vestigen], teruggaand op **lat.** *figere* (verl. deelw. *fictum* en *fixum*) [vasthechten] (vgl. ***fixeren***).

fichu [halsdoek] < **fr.** *fichu,* eig. verl. deelw. van *ficher* [uitslaan, insteken, geven, gooien], dus lett. iets dat snel is omgegooid, 'omgooiertje' < **lat.** *figere* (verl. deelw. *fixum* en *fictum*) [vasthechten, steken in] (vgl. ***fixeren***).

fictie [niet op werkelijkheid berustende voorstelling] < **fr.** *fiction* [idem] < **lat.** *fictionem,* 4e nv. van *fictio* [vorm, gedaante, gefingeerde voorstelling], van *fingere* (verl. deelw. *fictum*) [vormen, veinzen, huichelen, nabootsen, veranderen], idg. verwant met ***deeg***[1].

fictief [verdicht] < **fr.** *fictif* < **me. lat.** *fictivus* [fantasievol], van *fictus* [verzonnen], *fictum* [verzinsel], eig. het verl. deelw. van *fingere* (vgl. ***fictie***).

ficus [plantengeslacht] **middelnl.** *ficus* [vlezige aangroeiing, vijg] < **lat.** *ficus* [vijgeboom, vijg], **gr.** *sukon;* het lat. en het gr. woord stammen uit een zelfde Aziatische bron, vgl. **fenicisch-hebr.** *pagh* [halfrijpe vijg] → ***vijg***.

fidalgo → ***hidalgo***.

fideel [trouwhartig] < **fr.** *fidèle* < **lat.** *fidelis* [getrouw], van *fides* [trouw], van dezelfde basis als **gr.** *theos* [god].

fideï-commis [erfstelling over de hand] < **fr.** *fidéicommis* [idem] < **lat.** *fideicommissum* [toevertrouwd aan het goede geloof], van *fidei* (3e nv. van *fides*) [aan het geloof, vertrouwen] + *commissum* (verl. deelw. van *commitere*) [opdragen].

fidejussio [schriftelijke borgstelling] < **lat.** *fidejussio,* van *fide* (6e nv. van *fides*) [uit, door vertrouwen] + *iussio* [bevel, verzoek], van *iubēre* (verl. deelw. *iussum*) [bevelen].

fidel [hondenaam] < **fr.** *fidèle* [trouw] (vgl. ***fideel***).

fideliteit [trouw] < **fr.** *fidélité* < **lat.** *fidelitas* (2e nv. *fidelitatis*), van *fidelis* (vgl. ***fideel***).

fidibus [papier om sigaar mee aan te steken] een reeds 17e eeuws hd. studentenwoord, dat wordt verklaard uit de studentikoze schertsvertaling van Horatius' Oden I 36: *et ture et fidibus iuvat placare deos* [laten we de goden gunstig stemmen met wierook en citerspel/liederen], waarbij van *ture* [wierook (6e nv.)] tabaksrook werd gemaakt en *fidibus* (een 6e nv. mv.) de huidige betekenis kreeg.

fiduciair [op vertrouwen berustend] < **fr.** *fiduciaire* [idem] < **lat.** *fiduciarius* [fiduciair, tijdelijk toevertrouwd] (vgl. ***fiducie***).

fiducie [vertrouwen] < **fr.** *fiducie* < **lat.** *fiducia* [vertrouwen, zelfvertrouwen], van *fidus* [betrouwbaar, trouw], van *fides* [vertrouwen, trouw, geloof], van dezelfde basis als **gr.** *theos* [god].

fiebelefors [op stel en sprong, overhaast] verbastering van vermoedelijk **lat.** *flebile fortis, flebile* [jammerend] *fortis* [sterk], eventueel < **fr.** *faible force,* dus met uit zwakte geputte kracht.

fiedel [viool] → ***vedel***.

fieken [neuken] nevenvorm van *fikken* [slaan, treffen, neuken], **oostmiddelnl.** *ficken* [slaan, beuken] < **hd.** *ficken,* **middelhd.** *vicken* [met roeden slaan], dat van klanknabootsende herkomst is, vgl. ***fikfakken, flikker, frik;*** de betekenisontwikkeling is gelijk aan die van ***neuken***.

fielt [schurk] **middelnl.** *fiel* < **fr.** *vil* [gemeen] < **lat.** *vilis* [te koop, goedkoop, waardeloos, armzalig].

fiepen [geluid dat reeën, i.h.b. de geiten, maken] < **hd.** *fiepen,* klanknabootsende vorming.

fier [trots] **middelnl.** *fier(e)* < **fr.** *fier* [trots, flink] < **lat.** *ferus* [wild, ongetemd].

fiertel, fierter [relikwiekast] **middelnl.** *fiertre, fierter, fietre, feretre, fertele* [lijkkist, relikwieschrijn] < **fr.** *fiertre,* **oudfr.** *fertere* < **lat.** *feretrum* [draagbaar, lijkbaar, maar ook voor sacrale doeleinden]; Feretrius was een bijnaam van Jupiter aan wie buit op een *feretrum* werd aangeboden; van *fero* [ik draag], idg. verwant met ***baar***[3], vgl. *lijkbaar.*

fieselemie [gezicht] verbastering van ***fysiognomie***.

fieteldans verbastering van ***vitusdans***.

fieter [storttrechter voor graan] < **eng.** *feeder* [idem], van *to feed* [voeden].

fiets[1] [rijwiel] etymologie onbekend, ondanks diverse pogingen tot verklaring < *vielesepee* < **fr.** *vélocipède?*.

fiets[2] [barg. vijf gulden] twee achterwielen, schertsende benaming voor twee rijksdaalders.

figaro [barbier, slimme dienaar] genoemd naar een figuur in Beaumarchais' *Barbier de Séville* (1775).

figgelen, fikkelen [onhandig snijden] (1872), naast *faggelen* [onbeholpen lopen], vgl. **nd.** *fikkeln* [vlugge beweginkjes maken], **deens** *fikle* [broddelen], *fakle* [knoeien] → ***fieken, fikfakken***.

figuraal [met figuren] < **me. lat.** *figuralis* [typerend, figuratief, schematisch], van *figura* [gedaante, vorm] (vgl. ***figuur***).

figurant [acteur met zwijgende rol] < **fr.** *figurant* < **lat.** *figurans* (2e nv. *figurantis*), teg. deelw. van *figurare* [vormen, voorstellen, uitbeelden], van *figura* (vgl. ***figuur***).

figuratie [het aanbrengen van figuren] < **fr.** *figuration* < **lat.** *figurationem,* 4e nv. van *figuratio* [allegorie], van *figura* (vgl. ***figuur***).

figuur [gestalte, afbeelding] **middelnl.** *figure* < **fr.** *figure* < **lat.** *figura* [gedaante, vorm, figuur], verwant met *fingere* [vormen, beeldhouwen], idg. verwant met ***deeg***[2].

fijfel, fijfer [dwarsfluit] **middelnl.** *fifer, fijfer* [pijper], *fifel* [kleine dwarsfluit] < **fr.** *fifre* [fluit, pijper] < **zwitsers-fr.** *pfifer* (**hd.** *Pfeifer*) < **lat.** *pipare.*

Fiji [geogr.] van een inheems woord *Viti* [land]; het hoofdeiland heet *Viti Levo* [groot land].
fijn [niet grof, verfijnd, heerlijk] **middelnl.** *fijn* < **fr.** *fin* [idem] < **lat.** *finis* [grens, doeleinde, einde, het uiterste, het hoogste], verwant met *figere* [vasthechten, vaststellen (te denken valt aan de grenspalen neerzetten)], vgl. (*dat is*) *het einde*.
fijt [ontsteking aan vinger] **middelnl.** *fijc*, bij Kiliaan ook *vijgepuist*, vervorming van **lat.** *ficus* [vijg, gezwel].
fikfakken [stoeien] < **hd.** *fickfacken*, een reduplicerende vorm met ablaut bij *ficken* [heen en weer bewegen, wrijven, schurken], een klanknabootsende vorming (vgl. *fieken*).
fikken[1] [vingers] mogelijk gedenasaleerd uit *vingers* en wellicht o.i.v. *fikkelen, figgelen* [onhandig hakken], waarvan de grondbetekenis is 'kleine, vlugge bewegingen' maken; vgl. **middelnl.** *fikkere* [middelvinger].
fikken[2] [branden] waarschijnlijk klanknabootsend gevormd als weergave van de flikkerende vlammen, vgl. **hd.** *ficken* [neuken, eig. snel heen en weer bewegen] (vgl. *fieken*).
fikkie [hond] etymologie onbekend.
fiks [flink, stevig] (16e eeuws) < **fr.** *fixe* [vast, bestendig, strak] < **lat.** *fixus* [vast, blijvend, onveranderlijk], eig. verl. deelw. van *figere* [vasthechten].
fiksen [in orde brengen] < **eng.** *to fix* (vgl. *fiks*).
filament [vezel] < **fr.** *filament* < **modern lat.** *filamentum*, van **me. lat.** *filare* [spinnen], van **klass. lat.** *filum* [draad, vezel].
filantroop [mensenvriend] < **fr.** *philanthrope* [idem] < **gr.** *philanthrōpos* [vriendelijk in de omgang], van *philos* [een vriend van ...] + *anthrōpos* [mens].
filantropie [menslievendheid] < **fr.** *philanthropie* [idem] < **gr.** *philanthrōpia* [vriendelijkheid, welwillendheid] (vgl. *filantroop*).
filatelist [postzegelverzamelaar] < **fr.** *philatéliste*, gevormd van **gr.** *philos* [een vriend van ...] + *ateleia* [vrijdom van staatsrecht], van *atelès* [vrij van betaling]; vóór invoering van de postzegel betaalde de ontvanger, nadat de dienst van het vervoer was verricht. De postzegel is een vooruitbetaling en stelt de ontvanger vrij van betaling van rechten; vgl. *franco* en *financiën*.
file[1] [rij] < **fr.** *file* [rij, gelid, file], van *filer* [spinnen, tot draden trekken] < **lat.** *filare* [idem], van *filum* [draad, lijn].
file[2] [administratief bestand] < **eng.** *file* < **fr.** *file* (vgl. *file*[1]).
fileren [van bot of graat ontdoen] gevormd van *filet*.
filet [bot- of graatloos stuk vlees of vis, rand op boekbanden e.d., open kant] **middelnl.** *filet* [draadje] < **fr.** *filet* [draadje, plakje, reep], verkleiningsvorm van *fil* [draad]; de betekenis stuk vlees is waarschijnlijk ontstaan door de rollade, die met een netje of touwtje omwikkeld is, vgl. **eng.** *fillet*.

filharmonisch [de toonkunst beminnend] < **it.** *filarmonico*, gevormd van **gr.** *philos* [een vriend van ...] + *harmonikè (technè)* [muziektheorie], *technè* [vaardigheid], *harmonikos* [van de harmonie, i.h.b. de muzikale] (vgl. *harmonie*).
filhelleen [vriend der Grieken] < **gr.** *philellèn* [vriend van de Grieken of van de Griekse beschaving], van *philos* [vriend van ...] + *hellènis* [Grieks] (vgl. *Helleens*).
filiaal [bijkantoor] < **fr.** *filiale* [idem], eig. het zelfstandig gebruikt me. lat. bn. *filialis*, o. *filiale* [met betrekking tot de relatie tussen moederkerk en dochterkerk], van **lat.** *filia* [dochter].
filiatie [afstamming] < **fr.** *filiation* < **lat.** *filiationem*, 4e nv. van *filiatio* [zoonschap], van *filius* [zoon].
filibuster [obstructie door eindeloze redevoeringen] < **eng.** *filibuster* [eig. piraat, vrijbuiter] < **spaans** *filibustero* < **fr.** *filibustier* < **nl.** *vrijbuiter* (vgl. *vrijbuiter*).
filière [reeks der contracten bij termijnaffaires] < **fr.** *filière*, van *fil* < **lat.** *filum* [draad, lijn].
filigraan, filigrain, filigrein [zilver- of gouddraadwerk] < **fr.** *filigrane*, **it.** *filigrana* [idem], van **lat.** *filum* [draad] + *granum* [korrel] (vgl. *graan*).
filigram [watermerk] gevormd van **lat.** *filum* [draad] + **gr.** *gramma* [inkrassing, teken, letter], van *graphein* [inkrassen, schrijven], idg. verwant met *kerven*.
filippica [agressieve redevoering] < **gr.** *Philippikè*, vr. van *Philippikos* [met betrekking tot Philippos], hetgeen slaat op de felle redevoeringen van Demosthenes tegen koning Philippos van Macedonië.
filippie, flip, flep [stukje papier, briefje, ook in de zin van muntbiljet] etymologie onbekend.
Filippijnen [geogr.] < **spaans** *Islas Filipinas*, genoemd naar *Filips II* van Spanje; de naam **gr.** *Philippos*, van *philos* [vriend van ...] + *hippos* [paard], betekent paardenliefhebber.
filippine [dubbele amandel] < **fr.** *philippine* [idem], van *valentine*; oorspr. was het de gewoonte op Valentijnsdag (14 februari) geliefden een dubbele amandel te sturen. Verdere vervorming trad in het Engels op tot *philopena*, in het Duits tot *Philippchen* en zelfs tot *Vielliebchen*.
filister [bekrompen burger] < **hd.** *Philister*, het door Luther gevormde equivalent van **nl.** *Filistijn*.
Filistijnen [bijbels volk] < **gr.** (mv.) *Philistinoi* < **hebr.** *plisjtīm*, van *pelesjet* [het land van de Filistijnen], vgl. **akkadisch** *Palasjtu, Pilisjtu* (vgl. *Palestina*).
filler [Hongaarse munt] < **hongaars** *fillér* < **hd.** *Heller* (vgl. *heller*).
film [vliesje, strook met film- of fotobeelden] < **eng.** *film* < **oudeng.** *filmen* [vlies], **oudfries** *filmene* [vel], **middelnl.** *velm* [vlies] (vgl. *vel*).
filologie [taal- en letterkunde van een volk] < **fr.** *filologie* < **lat.** *philologia* < **gr.** *philologia* [aanleg of

filomeel — fiscaal

lust tot geleerde disputen, wetenschappelijke studie van letteren en kunst], van *philos* [vriend van] + *logos* [verhandeling].

filomeel, filomele [nachtegaal] < **gr.** *philomèla* [idem], van *philos* [een vriend van] + *melos* [lied].

filopedisch [kinderminnend] → *pedofiel*.

filosofaster [die zich als filosoof aanstelt] gevormd van *filosoof* + het depreciërende achtervoegsel *-aster*, vgl. *poëtaster, kritikaster*.

filosofeem [filosofische stelling] < **gr.** *philosophèma* [uitkomst van een wetenschappelijk onderzoek, beschouwing], van *philosophia* (vgl. *filosofie*) + *phèmè* [mededeling, woorden], van *phèmi* [ik zeg, spreek] (vgl. *fabel*).

filosofie [wijsbegeerte] < **fr.** *philosophie* < **lat.** *philosophia* < **gr.** *philosophia* [liefde tot wijsheid], van *philos* [die houdt van ...] + *sophia* [wijsheid].

filozel [floretzijde] < **fr.** *filoselle* [idem] < **it.** *filosello* [cocon] < **lat.** *folliculus* [zakje, bal, huid, peul], verkleiningsvorm van *follis* [leren zak, blaasbalg, bal, longen], waarin de *f* ontstond uit *bh*, van een idg. basis met de betekenis 'opzwellen', waarvan ook **nl.** *bul* [stier]; het woord **it.** *filo* [draad] < **lat.** *filum* [idem] heeft invloed uitgeoefend.

filter [zeef] (1862) < **fr.** *filtre* < **me. lat.** *filtrum* [filtreerdoek van vilt], ontleend aan het germ., vgl. *vilt*.

filtrum [minnedrank] < **lat.** *philtrum* < **gr.** *philtron* [idem], van *philein* [houden van] + het achtervoegsel *-tron*.

fimosis, fimose [vernauwing van de voorhuid] gevormd van **gr.** *phimoun* [knevelen, de mond snoeren], van *phimos* [muilkorf], mogelijk verwant met **lat.** *fiscus* [korf].

fin[1] [blaasworm] < **hd.** *Finne* [puist, meeëter] met de oorspr. betekenis *punt*, vgl. *vin*.

fin[2] [eind] < **fr.** *fin* < **lat.** *finis* [eind] (vgl. *fijn*).

Fin [bewoner van Finland] bij Tacitus mv. *Fenni*, bij Ptolemaeus *Phennoi*, een naam waarvan niet vaststaat op welk volk in het Baltisch gebied hij betrekking heeft en waarvan de etymologie onbekend is.

finaal [uiteindelijk, tot het einde toe] < **fr.** *final* < **lat.** *finalis* [het einde vormend, uiteindelijk], van *finis* [grens, einde, doel] (vgl. *fijn*).

finale [slotstuk van meerdelig instrumentaal muziekstuk, eindstrijd in sport] < **fr.** *finale* < **it.** *finale* van fine [einde] < **lat.** *finis* [einde].

financiën [geldwezen] **middelnl.** *financie* [het opnemen van geld tegen (woeker)rente], *fineren* [geld opnemen, geld uitlenen] < **fr.** *finance* of rechtstreeks < **me. lat.** *finantia* [op vaste tijdstippen verschuldigd geld, cijns], van *finare* [een bedrag betalen om een kwestie te beëindigen], nevenvorm van **klass. lat.** *finire* [beëindigen], van *finis* [eind] (vgl. *fijn*).

fineren [met fineer beleggen] < **eng.** *to fineer*, een oudere vorm van *to veneer* [idem] < **hd.** *furnieren* < **fr.** *fournir* (vgl. *fourneren*).

finesse [het fijne] < **fr.** *finesse*, van *fin* [verst, diepst] < **lat.** *finis* [grens, einde, het uiterste, toppunt] (vgl. *fijn*).

fingeren [verzinnen] **middelnl.** *fingeren* [voorwenden, veinzen] < **lat.** *fingere* [vormen, boetseren, dichten, veinzen, huichelen, nabootsen, zich verbeelden].

finish [eindstreep] < **eng.** *finish*, het zn. is afgeleid van het ww. *to finish*, van een op het verbaalsuffix *-isc-* uitgaand inchoatief van **lat.** *finire* [begrenzen, afbakenen, beëindigen], van *finis* [eind] (vgl. *fijn*).

finjol, finnjol [type van jol] genoemd naar *Finland*, omdat de klasse werd geïntroduceerd op de Olympische spelen van Helsinki (1952).

fint[1] [voorwendsel, slim bedenksel] < **it.** *finta* [verdichtsel], van *fingere* (verl. deelw. *finto*) [doen alsof, uitdenken] < **lat.** *fingere* [vormen, scheppen, veinzen] (vgl. *fictie*).

fint[2] [soort van elft] etymologie onbekend.

fioel [pinakel] → *fiool*.

fiool [sierlijk gevormd flesje] **middelnl.** *fyole* [fles met lange hals] < **fr.** *fiole* [flesje] < **me. lat.** *phiola* < **klass. lat.** *phiala* [drinkschaal, bekken] < **gr.** *phialè* [ketel, urn, drinkschaal], reeds **myceens** *pi-a-ra* met het ideogram van een platte schaal; de uitdrukking *fiolen laten zorgen*, **middelnl.** *fiolen laten sorgen* betekent zijn zorgen ontvluchten in de drank.

fioringras [soort struisgras] < **iers** *fiorthánn* [een grassoort].

fiorituren [versieringen van de zang] < **it.** *fioritura* (enk.) [idem], van *fiorire* [in bloei staan], van *fiore* [bloem] < **lat.** *florem*, 4e nv. van *flos* [bloem], daarmee idg. verwant.

firma [handelsnaam, handelszaak] < **it.** *firma* [handtekening, bevestiging], van **lat.** *firmare* [sterk maken, bevestigen] (vgl. *firmament*); met de handtekening is bedoeld de juridisch geldige ondertekening met de naam van de zaak, die niet die van de betreffende persoon hoeft te zijn.

firmament [uitspansel] **middelnl.** *firmament* < **lat.** *firmamentum* [steun, stut, steunpunt voor een bewering, vastheid, veiligheid, sedert de christelijke tijd ook: uitspansel] (van *firmare* [versterken, bevestigen]), van *firmus* [stevig], verwant met *fortis* [sterk] (vgl. *ferm*).

firman, ferman [handelspas] < **turks** *firman* < **perzisch** *farmān* [bevel, besluit, pas], van *farmūdan* [een opdracht geven].

firn [korrelig sneeuwijs] < **hd.** *Firn* [sneeuw van het vorige jaar] < **middelhd.** *virne* [oud], **oudhd.** *firni* [idem], verwant met **gotisch** *fairns* [van vorig jaar, oud], **middelnl.** *verne* [oud].

fis[1], fits [bunzing] → *visse*.

fis[2] [met een halve toon verhoogde f (in muziek)] < **hd.** *Fis*, van *F* + een verbastering van **fr.** *dièse* < **gr.** *diesis* [halve toon].

fiscaal [m.b.t. de belastingen] < **fr.** *fiscal* < **lat.** *fiscalis* [de schatkist betreffend], van *fiscus* (vgl. *fiscus*).

fiscus [staatskas] < lat. *fiscus* [geldmandje of -kas, af en toe in de zin van staatskas gebruikt, later de bijzondere kas van de keizer], verwant met **oudnoors** *biða* [melkemmer], **gr.** *pithos* [groot aarden vat zoals bekend uit Knossos], **myceens** *qe-to* [een vat].

fisethout [geelhout] nevenvorm van *fustiekhout* → *fustiek*.

fissuur [scheur] < **fr.** *fissure* [idem] < **me.lat.** *fissura* [het splijten (van hout)], van *findere* (verl. deelw. *fissum*) [splijten], idg. verwant met *bijten*.

fistel [afvoerkanaal van etter] middelnl. *fistele, festele* < **fr.** *fistule* [idem] < **lat.** *fistula* [pijp, buis, fistel], van de stam van *findere* (vgl. *fissuur*).

fistuleus [fistelachtig] < **fr.** *fistuleux* < **lat.** *fistulosus* [met fistels], van *fistula* (vgl. *fistel*) + het achtervoegsel *-osus* [vol van].

fit[1] [fithaak] < **eng.** *fit,* van **middeleng.** *fitten* [uitdossen, schikken]; hieraan beantwoordt middelnl. *vitten* [schikken, voegen, zich voegen]; het eng. woord werd beïnvloed door **middeleng.** *fete* [passend] < **lat.** *factus* [gedaan, gemaakt], verl. deelw. van *facere* [maken, doen], daarmee idg. verwant.

fit[2] [gezond] < **eng.** *fit,* eig. het verl. deelw. van **middeleng.** *fitten* [rangschikken, opstellen] (vgl. *fitten*).

fitis [vogelsoort] klanknabootsende benaming.

fitnesscentrum [inrichting voor het op peil houden van de lichamelijke gezondheid] < **eng.** *fitness centre* [idem], van *fitness* [fitheid] (vgl. *fit*[2]) + *centre* [centrum].

fits [scharnier] < **fr.** *fiche* [pen], van *ficher* [inslaan, invoegen, voegen (metselen)] < **lat.** *figere* [vasthechten].

fitten [pasklaar maken (van buizen)] < **eng.** *to fit* [idem], **middeleng.** *fitten* [rangschikken, opstellen], verwant met **middelnl.** *vitten* [voegen, schikken], **oudnoors** *fitja* [samenbinden], etymologie onbekend (vgl. *fit*[1,2]).

fitting [deel van elektrisch apparaat dat lamp met stroomdraden verbindt] < **eng.** *fitting,* eig. de handeling van *to fit* [passen bij, voegen], verwant met **middelnl.** *vitten* [voegen, schikken] (vgl. *vitting*).

fixatie [vastlegging, overmatige binding] < **fr.** *fixation* < **me.lat.** *fixationem,* 4e nv. van *fixatio* [het vastzetten] (vgl. *fixeren*).

fixeren [vastmaken, vastleggen] < **fr.** *fixer,* afgeleid van **oudfr.** *fix* [bevestigd, vast] < **lat.** *fixus,* eig. verl. deelw. van *figere* [vasthechten, vaststellen, onveranderlijk maken].

fixum [vast bedrag] < **lat.** *fixum,* het zelfstandig gebruikt verl. deelw. van *figere* [vasthechten] (vgl. *fixeren*).

fjeld [bergvlakte] < **noors** *field,* **oudnoors** *fiall,* waarnaast *fell* [heuvel, berg], **oudsaksisch** *felis,* **oudhd.** *felis(a),* **hd.** *Fels* [rots].

fjord [inham] < **noors** *fiord,* **oudnoors** *fjörðr,* verwant met *voorde*.

fiscus — flambeeuw

flab [geslacht van waterplanten] vgl. **middelnl.** *flabbe* [slag], **middelnd.** *flabbe* [brede hangmond], **eng.** *flabby* [week], **nl.** *flap,* kennelijk klanknabootsend gevormd.

flabberen [loshangen, klapperen] vrij jonge klanknabootsende vorming.

flabellum [waaier (in processies)] < **lat.** *flabellum,* verkleiningsvorm van *flabrum* [wind], van *flare* [waaien, blazen], daarmee idg. verwant.

flacon [sierlijke fles] < **fr.** *flacon* < **me.lat.** *flasconus, flasco, flesco, flasca, flascum, flascus* [draagbaar vaatje], uit het germ., vgl. *fles*.

fladder [in dieventaal krant, speelkaart] van *fladderen*.

fladderen [vlinderen, wapperen] (1755), vgl. **middelnl.** *vlederen* [fladderen], *vlederic* [vleugel], **middelhd.** *vladeren,* **fries** *fladderje;* een klanknabootsend woord als *flodderen, flab, flappen, fleer* (vgl. *vleermuis*).

flagel [zweephaar] < **lat.** *flagellum* (vgl. *flagellant*).

flagellant [geselbroeder] < **fr.** *flagellant* < **lat.** *flagellans* (2e nv. *flagellantis*), teg. deelw. van *flagellare* [geselen], van *flagellum* [gesel, zweep], verkleiningsvorm van *flagrum* [geselwerktuig met kettingen en ijzeren pinnen, zweep].

flagellatie [geseling] < **fr.** *flagellation* < **lat.** *flagellationem,* 4e nv. van *flagellatio* [geseling] (vgl. *flagellant*).

flageolet [boon] < **fr.** *flageolet* < **it.** *fagiolo, fagiuolo* [boon], *fagioletto* [prinsessenboon] < **lat.** *phaselus* [snijboon] < **gr.** *phasèlos* [plant met eetbare bonen]; de *-l-* is ontstaan door invloed van *flageolet* [muziekinstrument] < **it.** *fagiulo* [boon], van **lat.** *faba* [boon] en van *phaseolus,* verkleiningsvorm van *phaselus* < **gr.** *phasèlos* [plant met eetbare bonen].

flagrant [zonneklaar] < **fr.** *flagrant* < **lat.** *flagrantem,* 4e nv. van *flagrans* [brandend, vurig, heftig], teg. deelw. van *flagrare* [branden, gloeien, blaken], daarmee idg. verwant.

flagstone [tuintegel] < **eng.** *flagstone;* het eerste lid is direct verwant met **oudnoors** *flaga* [platte, gemakkelijk van de rots af te splijten steen], vgl. **nieuwijslands** *flaga* [de graslaag wegnemen] en **nl.** *plag*.

flair [bijzondere handigheid] < **eng.** *flair* < **fr.** *flair* [een fijne neus], van *flairer* [(iets) ruiken, oorspr. geur afgeven] < **lat.** *flagrare* [geuren], idg. verwant met *fraise* en met *brak*[2] [hond].

flakkeren [onrustig branden] **middelnl.** *flackeren* [fladderen]; voor *flakkeren* geldt hetzelfde als opgemerkt onder *fladderen*.

flambard [slappe vilten hoed met brede rand] naar **fr.** *faire le flambard* [opscheppen, snoeven], van *flamber* (vgl. *flambé*).

flambé [gevlamd] < **fr.** *flambé,* verl. deelw. van *flamber* [vlammen, door de vlam halen, schitteren] < **oudfr.** *flambe* < *flamble* < **lat.** *flammula,* verkleiningsvorm van *flamma* [vlam].

flambeeuw [flambouw] **middelnl.** *flambeeu* [flam-

flamberen — flemen

bouw] < fr. *flambée* [helder, vlammend vuur], van *flamber* (vgl. *flambé*) → *flambouw*.

flamberen [zengen, opdienen met brandende alcohol] < fr. *flamber* < oudfr. *flambe* (vgl. *flambé*).

flambouw [fakkel] middelnl. *flambeeu* < fr. *flambeau*, van *flambe* (vgl. *flambé*).

flamboyant [vlammend, laatgotische stijl, sierboom] < fr. *flamboyant*, teg. deelw. van *flamboyer* [vlammen], van *flambe* (vgl. *flambé*).

flamelamp [gloeilamp met getint glas] < eng. *flamelamp*, van *flame* voor *flame-colour* [vlamkleur].

flamenco [Spaanse zigeunerdans] < spaans *flamenco* [Vlaams, Vlaming, zigeuner] < nl. *Vlaming*; de betekenisontwikkeling van Vlaming naar zigeuner ontstond doordat men dacht dat de zigeuners uit het noorden kwamen, vgl. **fr. bohémien** [uit Bohemen], **spaans** *gitano*, **eng.** *gipsy* [uit Egypte], **nl.** (17e eeuws) *unger* [uit Hongarije].

flamingant [aanhanger van de Vlaamse beweging] < fr. *flamingant*, teg. deelw. van *flaminguer* [Vlaams spreken] < oudfr. *flameng* [Vlaming].

flamingo [waadvogel] < portugees *flamingo* < spaans *flamenco* < provençaals *flamenc* < lat. *flamma* [vlam] + een achtervoegsel van germ. herkomst, vgl. nl. *-ing*; de betekenis is dus: vlammend rood.

flammé [gevlamde stof] < fr. *flammé*, van *flamme* (vgl. *vlam*).

flamoes, flamoesj, flemoes [kut] etymologie onbekend.

flan [eiervla] < fr. *flan* < oudfr. *flaon*, uit het germ., vgl. *vlade*.

flanel [geweven stof] (17e eeuw)< fr. *flanelle*, < eng. *flannel*, ouder *flan(n)en* < welsh *gwlanen* [iets van wol], van *gwlân* [wol], daarmee idg. verwant.

flaneren [drentelen] < fr. *flâner*, een Normandisch woord, dat uit Scandinavië stamt; vgl. noors *flana* [blindelings voorwaarts rennen].

flank [zijkant] (1664) < fr. *flanc*, uit het germ., vgl. oudhd. *(h)lanca* [heup, lendenen], middelnl. *lanke, lanc* [idem].

flankeren [zich in de flank bevinden] middelnl. *flankeeren, flackeren* [idem] < fr. *flanquer*, van *flanc* (vgl. *flank*).

flansen [neersmijten, haastig in elkaar zetten] een eerst vroeg 17e eeuwse klanknabootsende vorming, evenals fries *flanzje*.

flap [geldstuk] vroeger *flab* [munt van 4 stuivers], hetzelfde woord als *flap*, middelnl. *flabbe* [klap, slag], vgl. *plak* [twee-en-een-halve-centstuk], waarvan de eerste betekenis eveneens slag was.

flard [afgescheurde lap] ca. 1600 *flerd*, een jonge vorming met de klanknabootsende *fl-* anlaut, die buiten het fries en het middelnl. geen verwanten heeft; vergelijkbaar in vorm en betekenis met *fleer*, mogelijk ook daarvan afgeleid.

flash [flits] < eng. *flash*, klanknabootsend gevormd.

flash-back [vertelwijze waarin wordt teruggegre-

pen op het verleden] < eng. *flashback, flash-back* [idem], van *flash* [flits], van *to flash* [flitsen], klanknabootsend gevormd + *back* [terug] (vgl. *bakboord*).

flat[1] [woning] < eng. *flat*, van *flat* [plat] (vgl. *flatteren, plat*[1]).

flat[2] [drekhoop, pannekoek] vgl. middelnl. *vladde* [vlak, uitgestrekt], verder *vlade, vlaai* en *flat*[1].

flater [blunder] klanknabootsende vorming.

flatteren [te fraai voorstellen] middelnl. *flatteren, flacteren* [vleien] < fr. *flatter* [strelen, vleien] < frankisch *flat* [plat], dus strelen met het vlak van de hand (vgl. *plat*[1]).

flatteus [vleiend, flatterend] naar de vorm < fr. *flatteuse*, vr. van *flatteur*, van *flatter* [mooier maken], maar kennelijk geïnterpreteerd als een vorm op *-eux*, zoals *merveilleux*.

flatulentie [gasophoping in buik] < fr. *flatulence*, van *flatulent* [gepaard gaand met winden], van lat. *flatus* (vgl. *flatus*).

flatus [wind] < lat. *flatus* [het waaien, blazen, wind], van *flare* [waaien, blazen], daarmee idg. verwant.

flauw [niet hartig, niet krachtig] middelnl. *flou, flau, flaeu, vlau*, waarschijnlijk < fr. *flou*, dat van germ. herkomst is en verwant met *lauw*[1].

flebile [klagend] < it. *flebile* < lat. *flebilis* [tranen verwekkend, wenend], van *flēre* [wenen], van dezelfde basis als *blaas, blaar*.

flebitis [aderontsteking] gevormd van gr. *phleps* (2e nv. *phlebos*) [ader], van een basis met de betekenis 'zwellen', waarvan ook *bal*[1] stamt + *-itis*.

flebografie [röntgenen van aders] gevormd van gr. *phleps* (2e nv. *phlebos*) [ader], van dezelfde basis als *bal*[1] + *graphein* [schrijven, afbeelden], idg. verwant met *kerven*.

fleboliet [adersteen] gevormd van gr. *phleps* (2e nv. *phlebos*) [ader] (vgl. *flebitis*) + *lithos* [steen].

flèche [pijl] < fr. *flèche*, uit het germ., vgl. middelnl. *vlieke, vleke, vleec, vleike* [de veren van een vogel, pijl], van dezelfde basis als *vliegen*.

flecteren [verbuigen] < lat. *flectere* [buigen].

fleer, flèr, fleers [draai om de oren, slordig wijf] bij Kiliaan in deze beide betekenissen, in het drents ook 'lap'; het woord is zeker een jonge, wat vage klanknabootsende vorming, met typische *fl-* anlaut, waarop de eerste betekenis het best lijkt aan te sluiten.

flegma [onverstoorbaarheid] < gr. *phlegma* [brand, gloed, ontsteking, een slijm dat voor de oorzaak van allerlei ziekten werd gehouden] (vgl. *leukon phlegma* [bleekzucht], *leukon* [wit]), van *phlegein* [verbranden, kwellen, gloeien, ontsteken], idg. verwant met *blaken* → *flogiston, flox, fluim*.

flegmasie [kraambeen] < gr. *flegmasia* [ontsteking], van *phlegma* (vgl. *flegma*).

flegmone, flegmoon [weefselontsteking] < gr. *phlegmonè* [onderhuidse ontsteking], van *phlegein* [verbranden, ontsteken] (vgl. *flegma*).

flemen [vleien] (17e eeuws), relatief jonge vorming,

die gelijkt op **middelnl.** *fleeuwen, vleuwen* [vleien].

flens [opstaande rand] < **eng.** *flange* [idem] < **oudfr.** *flanc, flanche* [flank, zijkant], uit het germ., vgl. *flank*.

flensen [oorspr. krachtige slagen toedienen, dan aan lappen scheuren, walvissen aan stukken snijden] klanknabootsend gevormd.

flensje [dun pannekoekje] (1633), dial. ook *flens* [oorvijg], **nd.** *flinse* [reepje, schijfje] > **hd.** *Flinse*, te verbinden met het klanknabootsend gevormde *flensen*.

flenter, flinter [lap, reep] niet vóór de 16e eeuw overgeleverd, vgl. **fries** *flinter* [snipper], **eng.** *flinders*, samenhangend met *flint*.

flep [hoofddoekje] nevenvorm van *flap*, vgl. bij Kiliaan *flabbe, flebbe* [haarlint], **oostfr.** *flabbe, flebbe, fleppe* [hoofdband voor vrouwen]; jonge, klanknabootsende vorming.

fleppen [lurken] klanknabootsende vorming.

flerecijn [jicht] **middelnl.** *fledercijn, vledersijn* < **fr.** *pleurésie* (vgl. *pleuris*).

fleren [ergens een lap over halen, ronddrentelen] → *fleer*.

flerie [gemeen vrouwspersoon] → *fleer*.

fles [glazen vat met nauwe hals] **middelnl.** *flassche, flessche*, **oudfr.** *flache* < **me. lat.** *flasco, flasca, flascus* < **byzantijns-gr.** *phlaska* < **klass. gr.** *phlaskè, phlaskōn* [wijnfles], verwant met *plekein* [vlechten], daarmee idg. verwant; de oorspr. betekenis moet zijn geweest 'mandfles'.

fletcheren, fletscheren [langdurig kauwen] naar **amerikaans-eng.** *to fletcherize*, genoemd naar de Amerikaan *Horace Fletcher* (1849-1919), die zijn uitgesproken ideeën over voeding verbreidde.

flets [bleek] (17e eeuws), vermoedelijk < **oudfr.** *flac, flache* [verwelkt, flets] < **lat.** *flaccus* [met hangende oren], **oudfr.** *flaistre, flestre* [verwelkt, flets] < **lat.** *flaccidus* [slap, zwak], van *flaccus* [met hangende oren].

fleur [bloeiende toestand] < **fr.** *fleur* < **lat.** *florem*, 4e nv. van *flos* [bloem], daarmee idg. verwant.

fleuret [zijde, schermdegen] → *floret*[2].

fleuron [bloemvormig ornament] < **fr.** *fleuron*, vergrotingsvorm van *fleur* (vgl. *fleur*), of < **it.** *fiorone* [idem].

flexibel [buigzaam] < **fr.** *flexible* < **lat.** *flexibilis* [buigzaam, lenig, vriendelijk], van *flectere* (verl. deelw. *flexum*) [buigen], vermoedelijk een nevenvorm van *plectere* [vlechten], daarmee idg. verwant.

flexibiliteit [buigzaamheid] < **fr.** *flexibilité* < **me. lat.** *flexibilitatem*, 4e nv. van *flexibilitas* [idem], van *flexibilis* (vgl. *flexibel*).

flexie [buiging] < **fr.** *flexion* < **lat.** *flexionem*, 4e nv. van *flexio* [buiging], van *flectere* (verl. deelw. *flexum*) [buigen] (vgl. *flexibel*).

flexuur [kromming] < **lat.** *flexura* [buiging, kromming], van *flectere* (verl. deelw. *flexum*) [buigen] (vgl. *flexibel*).

flibustier [zeeschuimer] variant van *filibuster*.

flier verkort uit *violier*.

flierefluiter [losbol] waarschijnlijk is het eerste lid een variërende reduplicatie van het tweede, mogelijk ook van *vlier*[1], waarvan kinderen fluitjes maken.

flik [spel kaarten, krant (dieventaal)] vermoedelijk klanknabootsend.

flikflooien [met baatzuchtige bedoelingen vleien] reduplicatie van **fries** *flaeije* (vgl. *vleien*).

flikje [chocolaatje] genoemd naar *Caspar Flick*, een 18e eeuwse fabrikant.

flikken [een lap opzetten] < **hd.** *flicken* [idem], van *Fleck, Flicken* [lap], hetzelfde woord als *vlek*.

flikker [homoseksueel] vermoedelijk een klanknabootsende vorming in de sfeer van *fieken* en *frik*.

flikkeren [onrustig licht afgeven] (1545), klanknabootsend en in zijn ontstaan vergelijkbaar in de eerste plaats met *flakkeren*, maar ook met woorden als *fladderen* en *flonkeren*; vgl. ook *flink*.

flink [fors, stevig] (1781), een vrij jong woord, van **middelnl.** *vlinken* [schitteren, flikkeren, zich snel bewegen, draven], en zonder nasaal *vlicken* [schitteren, flikkeren]; waarschijnlijk een variant van *flikkeren, flonkeren*.

flins [oer] < **hd.** *Flins* [vuursteen, kiezel], *flinsig* [hard als kiezel], *flinsen* [verharden], van dezelfde basis als *flint*.

flint [keisteen, vuursteen] **middelnl.** *vlint* [kei] **(oud)eng.** *flint*, **oudhd.** *flins* [steensplinter], ook in de Scandinavische talen voorkomend, maar daarbuiten zonder enige aanknopingspunten; het **gr.** *plinthos* [(bak!)steen] is ontleend aan een niet-idg. taal.

flinter → *flenter*.

flintglas [glassoort voor optische instrumenten] < **eng.** *flint-glass* [idem], oorspr. gemaakt met kiezelstenen als siliciumingrediënt (vgl. *flint*).

flip [drank] < **eng.** *flip*, afgeleid van het ww. *to flip* [met een schok in beweging komen, een zweepslag geven], een drank dus 'die hard aankomt'.

flippen [omslaan, erop uitgekeken zijn] < **eng.** *to flip*, van onzekere, maar vermoedelijk klanknabootsende herkomst.

flipperkast [speelautomaat] het eerste lid **eng.** *flipper* [hij die 'flipt'], van *to flip* [met een bruuske beweging stoten, ook een muntstuk opgooien, tossen], klanknabootsend gevormd.

flirten [niet serieus het hof maken] < **eng.** *to flirt* [idem] < **oudfr.** *fleureter*, gevormd van een verkleiningsvorm van *fleur* [bloem], dus eig. bloemetjes strooien.

flit [merknaam] < **eng.** *flit*, gevormd van *(to) fly* [vlieg, vliegen] + *tox* (vgl. *toxisch*).

flits [kort schijnsel] (1599) < **fr.** *flèche* [pijl], vgl. **middelnl.** *vlicke* [idem], verwant met *vliegen*.

flobert [licht geweer] genoemd naar de uitvinder ervan, de Franse wapenfabrikant *Louis-Nicolas-Auguste Flobert* (1818-1897).

flocculator [toestel voor het reinigen van water]

flodder — fluor

van lat. *flocculus,* verkleiningsvorm van *floccus* [wolvlok, kleinigheid] (vgl. *vlok*[1]).

flodder [patroon, losse kleding] klanknabootsende vorming.

floèem [bastweefsel] gevormd van **gr.** *phloios, phlōs* [bast, schors].

floepen [zich schielijk uitschietend bewegen] van het tussenwerpsel *floep,* klankvariant van *flappen.*

floers [stof] **middelnl.** *floers* → *velours.*

flogiston [denkbeeldige stof waarvan men dacht dat die bij verbranding ontsnapte] < **gr.** *phlogiston,* o. verl. deelw. van *phlogizein* [in brand steken, verbranden], van *phlox* (2e nv. *phlogos*) [vlam, vuur], verwant met *flegma.*

flok[1] [wollegras] → *vlok*[1].

flok[2] [slap] van het zn. *vlok*[1].

flonkeren [warm schitteren] (1552), nevenvorm met iteratief karakter van **middelnl.** *vlinken* [schitteren, flonkeren] (vgl. *flikkeren*).

flop [mislukking] < **eng.** *flop,* van *to flop* [ineens ineenvallen]; klanknabootsende vorming.

floppy, floppy disk [diskette] < **eng.** *floppy disk,* van *floppy* [slap, flodderig], van *to flop* [plotseling neervallen], variant van *to flop* [flappen].

flora [gezamenlijke planten van een streek] genoemd naar lat. *Flora,* de godin van bloemen en lente, van *flos* (2e nv. *floris*) [bloem], daarmee idg. verwant.

Florentijns [van Florence] < **lat.** *Florentinus,* van *Florentia* [Florence, lett. de bloeiende], van *florens,* teg. deelw. van *florēre* [bloeien], van *flos* (vgl. *flora*).

floreren [bloeien] **middelnl.** *floreren* [bloeien, letters versieren, verluchten] < **lat.** *florēre* [idem], van *flos* (vgl. *flora*).

floret[1] [degen] (1658) < **fr.** (16e eeuws) *fleuret* < **it.** *fioretto,* verkleiningsvorm van *fiore* [bloem] < **lat.** *florem,* 4e nv. van *flos* (vgl. *flora*); zo genoemd vanwege de gelijkenis van de bloemknopachtige plant.

floret[2] [zijde] < **fr.** *fleuret* [idem], verkleiningsvorm van *fleur* en vermoedelijk uit de verbinding *fleur de laine* [de beste kwaliteit (de bloem) van wol] (vgl. *fleur*).

florijn [gulden] **middelnl.** *florijn* < **fr.** *florin* < **it.** *fiorino* [idem], verkleiningsvorm van *fiore* [bloem]; de Florentijnen sloegen na het midden van de 13e eeuw gouden munten, die een voorbeeld werden in andere landen. De Florentijnse munten werden florijnen genoemd, omdat ze een wapen met lelies (bloemetjes) als kenmerk hadden. Onze aanduiding *fl.* voor gulden stamt daarvan → *floret*[1].

florissant [bloeiend] < **fr.** *florissant,* gebaseerd op **lat.** *flos* (2e nv. *floris*) [bloem], waarvan ook **fr.** *fleur* is afgeleid.

florist [bloemkweker, bloemschilder] < **eng.** *florist,* gevormd van **lat.** *flos* (2e nv. *floris*) [bloem], naar analogie van **fr.** *fleuriste* (vgl. *flora*).

flors, flort [scheet] (**middelnl.** *florsen, flortsen* [knoeien]), klanknabootsend gevormd.

flos [vlossig uiteinde van b.v. sigaren] → *vlos.*

floszijde [vlakzijde] → *vlos.*

flotatie [scheiding van poedervormige mengsels] < **eng.** *flotation* [idem], een onder fr. invloed ontstane verkeerde spelling van *floatation,* van *to float* [drijven], verwant met *vlotten.*

flotteren [in onvaste beweging zijn] < **fr.** *flotter,* uit het germ., vgl. *vlotten.*

flottielje [groep lichte oorlogsvaartuigen] < **fr.** *flottille* [idem] < **spaans** *flotilla* [smaldeel], verkleiningsvorm van *flota* [vloot], uit het germ., vgl. *vloot*[1].

flou [vervloeiend] < **fr.** *flou,* uit het germ., verwant met **nl.** *lauw*[1] (vgl. *flauw*).

flous [smoesje] < **hd.** *Flause* [idem], van *Flaus(ch)* [pluk wol], verwant met **oudhd.** *pfluma,* teruggaand op **lat.** *pluma* [veertje, dons], idg. verwant met *vlies.*

flouw [schakelnet] → *vlouw.*

flow-chart [stroomschema] < **eng.** *flow chart,* van *to flow* [vloeien], daarmee idg. verwant + *chart* [kaart] (vgl. *kaart*).

flox [sierplantengeslacht] naar **gr.** *phlox* [vlam, vuur], van *phlegein* [branden, gloeien] (vgl. *flegma*).

fluctuatie [het schommelen] < **fr.** *fluctuation* < **lat.** *fluctuationem,* 4e nv. van *fluctuatio* [golving, weifeling], van *fluctuare, fluctuari* [golven, weifelen], van *fluctus* [het golven, golf], van *fluere* [vloeien].

fluïde [fluïdum] < **fr.** *fluide* < **lat.** *fluidus* (vgl. *fluïdum*).

fluïdum [uitvloeiende stof] < **lat.** *fluidum,* o. van *fluidus* [stromend, vloeibaar], van *fluere* [stromen, vloeien].

fluim [hoeveelheid slijm] < **middelnl.** *fleuma, fleume, fluma, flume* [fluim, snot, één van de vier hoofdvochten in de mens, die zijn temperament bepalen] < **oudfr.** *flume* [idem] < **gr.** *phlegma* = *phleuma* (vgl. *flegma*).

fluisteren [zacht spreken] (17e eeuws), klanknabootsend gevormd.

fluit [blaasinstrument] **middelnl.** *flute, fleute, floyte* < **fr.** *flûte* < **provençaals** *flaitto,* een vermenging van *flaujol* + *laüt* [luit].

fluitekruid [plant] zo genoemd omdat kinderen van de holle stengel fluitjes maken.

fluitglas [hoog, smal wijnglas] zo genoemd vanwege de vormovereenkomst met het muziekinstrument.

fluitschip [vrachtschip] met zijn welhaast rond grootspant, ronde spiegel en sterk ingehaalde boorden op grond van vormovereenkomst genoemd naar het muziekinstrument.

fluks [dadelijk] **middelnl.** *vloges, vloegs, vlueghs, vluchs, vlus(ch)* [vlug, met spoed, zoëven], met het bijwoorden vormende achtervoegsel *-s,* van *vloge, vluege, vlooch* [vlucht, snelheid], **middelnd.** *vloges,* **middelhd.** *flug(e)s* → *vleug.*

fluor [gas] < **lat.** *fluor* [stroom, vloed], oorspronkelijk gebezigd voor vloeispaat, het mineraal dat het meeste fluor bevat.

fluoresceren [licht uitstralen] gevormd van lat. *fluor* + *-escere*, dat inchoativa vormt. Zo genoemd omdat het verschijnsel werd ontdekt in fluoriet.

flus [zoëven] nevenvorm van *fluks*.

flush [opeenvolgende rij bij poker] < eng. *flush* < oudfr. *flux, flus* [het stromen, rollen] < lat. *fluxus* [het vloeien], van *fluere* [vloeien].

flut [prul] klanknabootsend gevormd, vgl. *flodder*.

flutter [snelle zweving bij geluidsweergave] < eng. *to flutter* [fladderen, flikkeren, wapperen], verwant met *vluchten, vliegen, vlot* (zn.) en met lat. *pluere* [regenen], gr. *plein* [varen] (vgl. *vloeien*).

fluviatiel [rivier-] < fr. *fluviatile* < lat. *fluviatilis* = *fluvialis* [van een rivier], van *fluvius* [stromend water, rivier], van *fluere* (verl. tijd *fluvi*) [stromen].

fluviometer [meter voor stroomsnelheden] gevormd van lat. *fluvius* [stroom, stromend water, rivier], van *fluere* [stromen, vloeien] + *meter*¹.

fluweel [stof] middelnl. *velueel, veluel, fluweel* < oudfr. *veluel* < lat. *villus* [ruig haar, wol].

fluwijn¹ [steenmarter] middelnl. *flauwijn, fluwijn*, met oneigenlijke *l* < oudfr. *fouine* < lat. *fagina meles* [idem], van *fagina* [van de beuk], van *fagus* [beuk, beukenoot] + *meles* [marter], vgl. hd. *Buchmarder* en nl. *boommarter;* het dier eet beukenoten.

fluwijn² [kussensloop] middelnl. *vlouwe, vluwe, fluwe* [vlouw, flouw (soort net)], vgl. eng. *flue* [vlouw, pluis, dons, nopjeslaken] < lat. *villosus* [harig], van *villus* [ruig haar, wol] + *-osus* [vol van] → *fluweel, vlouw*.

flux [stroom] < fr. *flux* < lat. *fluxus* [het vloeien, stroom], eig. verl. deelw. van *fluere* [vloeien, stromen].

flux de bouche [radheid van tong] < fr. *flux de bouche* [speekselvloed], ten onrechte in het nl. gebruikt voor *flux de paroles* [woordenvloed], van *flux* < lat. *fluxus* [het vloeien, stroom], van *fluere* (verl. deelw. *fluxum*) [vloeien] + *bouche* < lat. *bucca* [wang, mond]; de vorm *paroles* is mv. van *parole* [woord] (vgl. *parool*).

fluxie [differentiaalquotiënt] < modern lat. *fluxio* [het vloeien], gevormd van *fluere* (verl. deelw. *fluxum*) [vloeien].

fnazel [rafel] middelnl. *fnase, vnase, vase* [rafel, franje], *ve(e)se* [vezel, rafel], oudhd. *faso, fasa*, oudeng. *fœs*, deens *fjæser* (mv.).

fniezen [niezen] middelnl. *fniesen* → *niezen*.

fnuiken [beknotten] middelnl. *fnuken, vnuken* [kortwieken], fries *fnuwckje* [kortwieken, fnuiken]; verband met andere talen is speculatief; de etymologie is dan ook onzeker.

fobie [angstbeklemming] gevormd van gr. *phobos* [vlucht, angst], verwant met *phebesthai* [vluchten] en op enige afstand met *pheugein* [idem], idg. verwant met *buigen*.

focus [brandpunt] < lat. *focus* [haard, vuur, gloed].

foedraal [koker] < hd. *Futteral* < me. lat. *fotrale*, van *fotrum* [schede], dat uit het germ. komt, vgl.

middelnl. *voeder* [voering, overtrek, foedraal] (vgl. *voeren*²).

foefje [truc] (1789), verkleiningsvorm van *foef* [lap, vod]; voor de betekenisontwikkeling vgl. westvlaams *prullen* [leugens vertellen, schertsen], van *prul*.

foei [uitroep van afkeuring] vgl. middelnl. *fi, fij*, hd. *pfui*, eng. *fie*, fr. *fi*, lat. *fu*, gr. *phu;* ontstaan door het gebaar van uitspuwen.

foekepot [rommelpot] het eerste lid waarschijnlijk klanknabootsend gevormd; voor het tweede vgl. *pot*¹.

foelie [dungeslagen metaal] middelnl. *foelge* [loofhut, prieel], *foelgenblat* [foelieblad] < lat. *folium* [blad], idg. op enige afstand verwant met *bloem*¹.

foelielat [barg. kerfstok] het eerste lid heeft reeds de betekenis 'schuldregister, kerfstok' < fr. *feuille* [eig. blad in een koopmansboek], vgl. voor de etymologie *foelie*.

foerage [veevoeder] < fr. *fourrage* [idem], van *feurre* [stro], uit het germ., vgl. *voer*¹ → *foerier, fourragères*.

foerier [bevoorradingsonderofficier] middelnl. *fourier* [beambte belast met de zorg voor logies] < fr. *fourier* < me. lat. *fodrarius* [degene die voor voedsel zorgt], van *foderare* [voor voedsel zorgen], uit het germ., vgl. *voeden* → *foerage, fourragères*.

foetelen [bedriegen] nevenvorm van *foeteren;* vgl. voor de betekenisontwikkeling *verneuken, fokken*.

foeteren [mopperen] < fr. *foutre* [neuken], *se foutre, de* [voor gek zetten, lak hebben aan], *foutre!* [verdomd, verrek] < lat. *futuere* [beslapen].

foetsie, foets [weg] < hd. *futsch*, klanknabootsend gevormd door de revueartiest J. F. *Buziau* (1877-1958).

foetus [embryo] < lat. *fetus, foetus* [bevalling, groeikracht, kind, loot, vrucht, gewas], verwant met *fecundus* [vruchtbaar] (vgl. *fecundatie*).

foe yong hai [soort garnalenomelet] < chinees *foe yong hai*, gevormd van *ha* [garnaal] + chinees dial. *fu yong* [hibiscus]; de bloemnaam is gegeven omdat het uiterlijk van het gerecht associaties opriep met de bloem.

foezel¹ [schrobnet] etymologie onbekend.

foezel² [slechte jenever] (1716) < nd. *foezel* of hd. *Fusel*, mogelijk via rotwelsch *Fusel* [slechte brandewijn of koffie], vermoedelijk < lat. *fusilis*, o. *fusile* [vloeibaar, gietbaar], van *fundere* (verl. deelw. *fusum*) [gieten].

föhn [warme valwind] < hd. *Föhn* < oudhd. *phönno* < lat. *Favonius* [de zoele westenwind], met dissimilatie gevormd van *fovēre* [koesteren], idg. verwant met *dag*¹.

fok¹ [voorzeil] middelnl. (1438) *focke*, middelnd. *vocke*, wordt verbonden met Rijnlands *vocken* [waaien], **oudnoors** *fjuka* [snel door de lucht gaan], iets *puga* [windstoot, bui].

fok² [bril] hetzelfde woord als *fok*¹; de betekenis

fokkelen — fontanel

voorzeil ging over in die van bril met die van de, onder de fok gelegen, scheg in die van neus.

fokkelen [neuken] iteratief van *fokken*.

fokken [aankweken, doen voorttelen] staat naast *foppen* [idem], **middelnl.** *focken, vocken* [een loopje nemen met], *verfokerden* [iemand het zijne afhandig maken (?)], *fokert* [oplichter (?)]; de grondbetekenis zal zijn geweest 'stoten', waaruit die van 'beslapen' en 'bedriegen' zich, evenals bij *(ver)neuken*, hebben ontwikkeld, vgl. ook *foebelen*.

foks [barg. goud] van *vos*, naar de roodachtige kleur van de pels, vgl. **rotwelsch** *Fuchsn* [dukaten] en **jiddisch** *adumim* [roden, dukaten].

foksel [bemanningsverblijf] < **eng.** *fo'c'sle*, de fonetische weergave van de zeemansuitspraak van *forecastle* [lett. voorkasteel, vroeger een als een kleine burcht verhoogd voordek om vijandelijke schepen te kunnen bestrijken].

folade [steenboorder] < **fr.** *pholade* [idem] < **gr.** *phōlas* (2e nv. *phōlados*) [de winterslaap houdend, eig. zich verbergend in zijn hol], van *phōleos* [hol van wilde dieren].

folder [vouwblad] < **eng.** *folder*, van *to fold* [vouwen].

folen [plagen] **middelnl.** *fo(e)len* [gekheid maken] < **oudfr.** *foler* [idem] van **lat.** *follis* [blaasbalg, (met lucht gevulde) bal], verwant met *flare* [blazen], daarmee idg. verwant; vgl. **eng.** *fool*.

foliant [boek in folioformaat] < **hd.** *Foliant* (vgl. *folio*).

folie [dun bladmetaal] **middelnl.** *foelge, fulge, foelie, folie* [blad geslagen metaal] (vgl. *foelie*) < **lat.** *folium* [blad], idg. verwant met *bloem* [1].

foliëren [de bladen van een boek nummeren] gevormd van *folio*.

folio [blad van een boek, boekformaat] < **me. lat.** *folio* [blad] < **klass. lat.** *folium* [blad van een plant, in laat-lat. ook blad papier], idg. verwant met *bloem* [1].

Folketing [Deense parlement] < **deens** *Folketing* gevormd van *folk* [volk] + *ting* [gerecht] (vgl. *ding*).

folklore [volksoverleveringen] < **eng.** *folklore*, gevormd door de Engelse antiquaar William John Thomas (1803-1885) van *folk* [volk] (vgl. *volk*) + **middeleng.** *lore*, **oudeng.** *lār* [onderwijzing, wetenschap], verwant met *leren*.

follikel [zakje] < **lat.** *folliculus* [zakje, met lucht gevulde bal], van *follis* [leren zak, blaasbalg, bal], idg. verwant met *bul* [1].

folteren [martelen] sedert Kiliaan < **hd.** *foltern* van **me. lat.** *poldra* [een martelwerktuig], **klass. lat.** *poledrus* [hengstveulen] < **gr.** *pōlos* [veulen], daarmee idg. verwant. Vgl. voor de betekenisontwikkeling **lat.** *eculeus, equuleus* [veulen, folterwerktuig (in de vorm van een paard)] en **fr.** *chevalet* [pijnbank, lett. paardje].

fomenteren [stoven] < **fr.** *fomenter* [idem] < **lat.** *fomentare* [koesteren, aanmoedigen], van *fomentum* [warm kompres, koestering], van *fovēre* [verwarmen, koesteren], idg. verwant met *dag* [1].

fommelen [frommelen] affectieve vorming naast *frommelen*.

foncé [donker van tint] < **fr.** *foncé*, eig. verl. deelw. van *foncer* [een bodem inzetten, donkerder maken], van *fons*, nevenvorm van *fond* < **lat.** *fundus* [bodem, grond, bekrachtiger], idg. verwant met *bodem*.

fond [grond] < **fr.** *fond* (vgl. *foncé*).

fondament, fondement, fundament [grondslag] < **fr.** *fondement* < **lat.** *fundamentum* [grondslag, fundament], van *fundare* [van een bodem voorzien (schip), grondvesten], van *fundus* [bodem], daarmee idg. verwant.

fondant [suikergoed] < **fr.** *fondant* [smeltend, fondant], teg. deelw. van *fondre* (vgl. *fondue*).

fonds [vastgelegd kapitaal] < **fr.** *fonds* [vast goed, voorraad, kapitaal] < **lat.** *fundus* [bodem, grond, landgoed], idg. verwant met *bodem*.

fondue [gesmolten kaasgerecht] < **fr.** *fondue*, eig. verl. deelw. van *fondre* [smelten] < **lat.** *fundere* [uitgieten, smelten], idg. verwant met *gieten* (vgl. *fondant*).

foneem [klankeenheid] < **gr.** *phōnèma* [stemgeluid, woorden], van *phōnè* [geluid, stem, taal], verwant met **lat.** *fari* [spreken] (vgl. *faam*).

fonetiek [tak van taalwetenschap betreffende spraakklanken] < **fr.** *phonétique* [idem] < **gr.** *phōnètikon* [het kunnen spreken], het zelfstandig gebruikt o. van *phōnètikos* [stem-], van *phōnè* (vgl. *foneem*).

foniatrie [spraakverbetering] gevormd van **gr.** *phōnè* (vgl. *foneem*) + *-atrie* (vgl. *arts*).

foniek [tak van taalwetenschap] gevormd van **gr.** *phōnè* (vgl. *foneem*).

fonkelen [levendig glanzen] **middelnl.** *vonkelen*, hetzij een iteratief van *vonken*, hetzij afgeleid van *vonkel* [vonk], van *vonke, vonc, vunke, vunc* [vonk].

fonkelnieuw [splinternieuw] vgl. voor de betekenis *gloednieuw*, in de 19e eeuw < **hd.** *funkelnagelneu, funkelneu* [idem].

fonofoor [zeer gevoelige microfoon] gevormd van **gr.** *phōnè* [geluid, stem] (vgl. *foneem*) + *-foor*.

fonograaf [voorloper van de grammofoon] < **fr.** *phonographe*, gevormd van **gr.** *phōnè* (vgl. *foneem*) + *graphein* [schrijven], idg. verwant met *kerven*.

fonogram [rol voor fonograaf] gevormd van **gr.** *phōnè* (vgl. *foneem*) + *gramma* [teken, letter] (vgl. *grammatica*).

fonoliet [klinksteen] gevormd van **gr.** *phōnè* (vgl. *foneem*) + *lithos* [steen], zo genoemd naar de klank die hij geeft als men erop slaat.

fonologie [tak van taalwetenschap betreffende fonemen] gevormd van **gr.** *phōnè* (vgl. *foneem*) + *logos* [verhandeling].

fontanel [deel van schedeldak] **middelnl.** *fontanelle* [opzettelijk in het lichaam aangebrachte opening] < fr. *fontenelle* < lat. *fontanella* [fontenel], verkleiningsvorm van *fontana,* het zelfstandig gebruikt vr. van *fontanus* [bron-], van *fons* (2e nv. *fontis*) [bron] (vgl. *fontein, vont*).

fontange [hoog dameskapsel] genoemd naar een maîtresse van Lodewijk XIV, Marie-Angélique de Scorraille de Roussilles, door hem *Duchesse de Fontanges* gemaakt.

fontein [kunstmatige springbron] **middelnl.** *fontaine, fonteine* [bronwater, bron], **fr.** *fontaine* < **laat-lat.** *(aqua) fontana* [bronwater], *fontana* [bron-] (vgl. *fontanel*).

fooi [drinkgeld, omloop] **middelnl.** *fo(o)ye, voy(e)* [reis, weg, omloop op dak, afscheidsmaaltijd] < **fr.** *voie* [weg, reis] < **lat.** *via* [idem].

fooien [trakteren] van **middelnl.** *fooye* in de betekenis 'afscheidsmaal' (vgl. *fooi*).

foolproof [beschermd tegen onoordeelkundige behandeling] < **eng.** *foolproof,* van *fool* [dwaas], **middeleng.** *fol* < **oudfr.** *fol* < **lat.** *follis* [leren zak, blaasbalg, in vulg. lat. dwaas] + *proof,* **middeleng.** *preove* < **laat-lat.** *proba* [bewijs, blijk], van *probare* (vgl. *proberen*).

foon [eenheid van geluid] < **gr.** *phōnè* (vgl. *foneem*).

foor [kermis, handelsbeurs] **middelnl.** *fore, foer, fuere* [markt] < **fr.** *foire,* **oudfr.** *faire* [idem] < **lat.** *feriae* [feestdagen, feest, rustdagen]; kermissen en markten werden als regel op feestdagen gehouden, b.v. *sinksenfoor.*

-foor [drager in samenstellingen] < **gr.** *-phoros* [drager], *-phoron* [dragend], van *pherein* [dragen], idg. verwant met *baren* [1].

foppen [voor de gek houden] → *fokken.*

forain [tegen vreemdelingen (van juridisch beslag)] < **fr.** *forain* < **me. lat.** *foranus* [vreemdeling] (vgl. *forens*).

foraminifeer [krijtdiertje] gevormd van **lat.** *foramen* [opening, gat], idg. verwant met *boren* + *ferre* [dragen], idg. verwant met *baren* [1]; in de schaal komen meestal talrijke gaatjes voor, waardoor de schijnvoetjes naar buiten treden.

force [kracht] < **fr.** *force* < **lat.** *fortia,* het als enk. aangevoelde, zelfstandig gebruikt o. mv. van *fortis* [sterk].

forceps [tang] < **lat.** *forceps* [vuurtang, schaar], van *formus* [heet] (idg. verwant met *warm* en met het **gr.** *thermos* [heet]), **lat.** + *capere* [pakken], idg. verwant met *heffen.*

forceren [door geweld openen] < **fr.** *forcer* [idem] < **me. lat.** *fortiare* [verkrachten], van **lat.** *fortis* [sterk, stevig, flink].

foreest [woud] **middelnl.** *foreest* [wildernis, woud, bosland, jachtterrein] < **oudfr.** *forest* < **me. lat.** *forestis* [koninklijk bosdomein], van *forum* [(in de middeleeuwen) hof].

forehand [slag met handpalm richting bal (bij tennis)] tegenovergestelde van *backhand* < **eng.** *forehand,* van *fore* (vgl. *voor* [2]) + *hand* (vgl. *hand*).

forel [riviervis] < **hd.** *Forelle,* **middelhd.** *vorhel,* **oudhd.** *forhana* (vgl. *voorn*).

forens [die elders woont dan hij werkt] < **lat.** *forensis* [buitenhuis], van *foris* [niet thuis, buitenshuis, buiten de stad], *foras* [naar buiten, in me. lat. vreemd, van buiten een district], van *foris* [deur], daarmee idg. verwant (vgl. *forum*).

forfait [vast bedrag] **middelnl.** *for(e)feit, for(e)fait* [geldboete, misdaad] < **fr.** *forfait,* van **me. lat.** *forifacere, forefacere, forfetare* [onrecht begaan, het zich op de hals halen of betalen van boete, beboeten], van *foris* [buiten, hier in de zin van buiten de wet] (vgl. *forens*) + *facere* [maken, doen], daarmee idg. verwant.

forint [Hongaarse munt] < **hongaars** *forint* < **it.** *fiorino* (vgl. *florijn*).

forket [vork] < **fr.** *fourchette,* verkleiningsvorm van *fourche* [hooivork] < **lat.** *furca* [tweetandige vork, gaffel] (vgl. *vork*).

forma [vorm] < **lat.** *forma* (vgl. *vorm*).

formaat [grootte] < **fr.** *format* < **it.** *formato,* eig. verl. deelw. van *formare* [maken, vormen] < **lat.** *formare* [een vorm aan iets geven, ordenen, inrichten, vervaardigen], van *forma* [vorm].

formaldehyde [een alifatisch aldehyde] gevormd van *-form* [met de vorm van] < **lat.** *forma* [vorm] + *aldehyd*(e).

formaline [desinfectiemiddel] gevormd uit een verkorting van *formaldehyd(e)* + *-ine.*

formaliteit [uiterlijke vorm, plichtpleging] < **fr.** *formalité* [idem] < **me. lat.** *formalitatem,* 4e nv. van *formalitas* [de essentiële hoedanigheid], van **klass. lat.** *formalis* [officieel], van *forma* [vorm, gestalte, formulering, decreet, model] (vgl. *vorm*).

formaliter [naar de vorm] < **lat.** *formaliter* [officieel], bijw. bij *formalis* (vgl. *formaliteit*).

formans [vormend element] < **lat.** *formans* (vgl. *formant*).

formant [vormend bestanddeel] < **lat.** *formans* (2e nv. *formantis*), teg. deelw. van *formare* (vgl. *formeren*).

formateur [samensteller] < **fr.** *formateur* < **lat.** *formator* [vormer, schepper], van *formare* (verl. deelw. *formatum*) (vgl. *formeren*).

formatie [vorming] < **fr.** *formation* < **lat.** *formationem,* 4e nv. van *formatio* [idem], van *formare* (verl. deelw. *formatum*) (vgl. *formeren*).

formatteren [rangschikken van gegevens voor een computer] van **eng.** *format* [procedure] < **hd.** *Format* (vgl. *formaat*).

formeel [naar de vorm] < **fr.** *formel* [idem] < **lat.** *formalis* (officieel) (vgl. *formaliteit*).

formeren [vormen] **middelnl.** *formeren* < **fr.** *former* < **lat.** *formare* [vorm aan iets geven, vormen, opleiden], van *forma* [vorm].

formiaat [zout van mierezuur] gevormd van **lat.** *formica* [mier], gedissimileerd uit een niet-overgeleverd *mormica,* **gr.** *murmèx,* idg. verwant met *mier* [1].

formica [harde kunststof] handelsmerk, fantasievorming, vermoedelijk zo genoemd omdat het aanzicht deed denken aan wriemelende mieren (vgl. *formiaat*).

formidabel — fotonastie

formidabel [geducht] < fr. *formidable* [idem] < lat. *formidabilis* [huiveringwekkend, vreselijk], van *formidare* [huiveren, vrezen], van *formido* [vrees], verwant met gr. *mormō* [spook waarmee kinderen schrik werd aangejaagd]; voor de verhouding lat. *f* t.o.v. gr. *m* vgl. *formica* - *murmèx* onder *formiaat*.

formule [vast geheel van woorden] < fr. *formule* < lat. *formula* [vorm, norm, voorschrift, formulering], verkleiningsvorm van *forma* [vorm].

formulier [in te vullen papier] met achtervoegsel *-ier* gevormd van lat. *formula* (vgl. *formule*).

fornuis [kookkachel] middelnl. *forneise, fornaise* < oudfr. *fornaise* [idem] < lat. *fornacem*, 4e nv. van *fornax* [oven], verwant met *formus* [warm], daarmee idg. verwant.

forometer [draagkrachtmeter] gevormd van gr. *phorein* [voortdurend dragen], iteratief van *pherein* [dragen], idg. verwant met *baren* [1] + *meter* [1].

foronomie [bewegingsleer] voor het eerste lid vgl. *forometer*, het tweede van gr. *nomos* [gewoonte, conventie, principe, wet], van *nemein* [(in)nemen, gebruiken, besturen], idg. verwant met *nemen*.

fors [stevig] bij Kiliaan *forts(igh)* < fr. *force* (zn.) [kracht], reeds middelnl. ontleend als *fortse, forche* < me. lat. *fortia*, het zelfstandig gebruikt o. mv. van *fortis* [moedig, krachtig], dat voor een vr. enk. werd aangezien.

forsythia [sierheester] genoemd naar de Engelse tuinbouwkundige *William Forsyth* (1737-1804).

fort [vestingwerk] (1577) < fr. *fort* < lat. *fortis* (vgl. *forte*).

forte [sterk] < it. *forte* < lat. *fortis* [krachtig, sterk], verwant met *firmus* [stevig] (vgl. *ferm*).

forte-piano → *piano*.

fortificatie [versterking] < fr. *fortification* < me. lat. *fortificationem*, 4e nv. van *fortificatio* [versteviging, fortificatie], van *fortis* [sterk], verwant met *firmus* [stevig] (vgl. *ferm*) + *-ficare*, van *facere* [maken, doen], daarmee idg. verwant.

fortiori ['a fortiori', met des te meer reden] < lat. *a fortiori, fortiori*, 6e nv. van *fortior*, vergrotende trap van *fortis* [sterk], verwant met *firmus* [stevig] (vgl. *ferm*).

fortis [gespannen medeklinker] < lat. *fortis* [krachtig] (vgl. *forte*).

fortissimo [zeer luid] < it. *fortissimo*, overtreffende trap van *forte* [sterk, krachtig] < lat. resp. *fortissimus* en *fortis* (o. *forte*) [idem], verwant met *firmus* [stevig] (vgl. *ferm*).

fortran [computertaal] < eng. *fortran*, gevormd van *for(mula)* + *tran(slation)*.

forts ['geen forts', geen zier] < hd. *Forz, Furz* [scheet], middelnl. **vort**, middelnd. *verten*, oudhd. *ferzan* [een wind laten], oudeng. *feorting* [wind], oudnoors *freta* [een wind laten] (met metathesis van *r*), deens, zweeds *fjert* [wind]; buiten het germ. lat. *pedere*, gr. *perdein*, litouws *persti*, lets *pirst*, russ. *perdet'*, albaans *pjerth* [een wind laten], oudindisch *pardate* [hij laat een wind].

fortuin [geluk, vermogen] middelnl. *fortune* [wisselvallige kans, gevaar op zee, de goede kans] < fr. *fortune* [geluk, vermogen] < lat. *fortunam*, 4e nv. van *fortuna* [lot, toeval, kans, ongeluk, geluk, (het) fortuin], van *fors* (2e nv. *fortis*) [toeval], verwant met *ferre* [dragen], idg. verwant met *baren* [1].

forum [markt te Rome] < lat. *forum* [marktplein, doordat zich daar het openbare leven afspeelde ook rechtszitting], waarschijnlijk van *foris* [buitenhuis] (vgl. *forens*).

fosco [chocoladedrank] < it. *fosco* [donker] < lat. *fuscus* [donkerbruin, donker, gebruind] (vgl. *donkey*).

fosfaat [fosforzuur zout] afgeleid van *fosfor*.

fosfaturie [aanwezigheid van fosfaten in urine] gevormd van *fosfaat* + *urine*.

fosfolipiden [fosfaat bevattende vetachtige stoffen] gevormd van *fosfor* + gr. *lipos* [vet, olie], idg. verwant met *blijven*.

fosfor [chemisch element] < lat. *phosphorus* [morgenster, Venus] < gr. *phosphoros* [lichtbrenger, morgenster], van *phōs* [licht] + *phoros* [drager], van *pherein* [dragen], idg. verwant met *baren* [1], vgl. *lucifer*.

fosforesceren [licht geven na bestraling] < fr. *phosphoriser*, o.i.v. *phosphorescent* (vgl. *fosfor*).

fossa [fretkat] inheemse benaming op Madagaskar, ook *fanaloka* genoemd.

fossiel [versteend overblijfsel] < fr. *fossile* [idem] < lat. *fossilis* [uitgegraven, opgegraven, fossiel], van *fodere* (verl. deelw. *fossum*) [graven, opgraven], idg. verwant met *bed*.

fot [eenheid van lichtsterkte] < gr. *phōs* (2e nv. *phōtos*) [licht], verwant met *phainein* [schijnen] (vgl. *fantasie*), lat. *fenestra* > *venster*.

fotismen [lichtgewaarwordingen] moderne herinterpretatie van gr. *phōtismos* [voorlichting, hogere wijding], van *phōtizein* [licht geven, verlichten, beschijnen] (vgl. *fot*).

foto (1870), verkort uit *fotografie*.

fotofobie [lichtschuwheid] gevormd van gr. *phōs* (2e nv. *phōtos*) [licht] (vgl. *fot*) + *fobie*.

fotografie [het maken van afbeeldingen door chemische inwerking van licht] < fr. *photographie* < eng. *photography* [idem], gevormd van gr. *phōs* (2e nv. *phōtos* [licht] (vgl. *fot*) + *graphein* [inkrassen, schrijven, afbeelden], idg. verwant met *kerven*.

fotokopie [fotografisch vervaardigde kopie] < eng. *photocopy* [idem], van *photo* [foto] + *copy* [kopie].

foton [lichtquant] < gr. *phōs* (2e nv. *phōtos*) [licht] (vgl. *fot*) + *-on*, voor kleine deeltjes gebruikt achtervoegsel naar het model van *ion* waarin *-on* echter geen achtervoegsel is.

fotonastie [beweging in plant o.i.v. licht] gevormd van gr. *phōs* (2e nv. *phōtos*) [licht] (vgl. *fot*) + *nassein* (verl. deelw. *nastos*) [samendrukken, samenpersen].

fots, fotse [ontuchtige vrouw, oude lap] eind 16e eeuw *fotte,* **middelnd.** *fut(te),* **middelhd.** *fotze, futze, vut;* buiten het germ. **lat.** *putidus* [stinkend], **oudindisch** *putau* [billen] → **hondsvot.**
foudroyant [bliksemend] < **fr.** *foudroyant,* teg. deelw. van *foudroyer* [met de bliksem treffen, verpletteren], van *foudre* [bliksem] < **lat.** *fulgor, fulgur* [bliksem], verwant met *fulgēre* [schijnen], verwant met *flagrare* [blaken], daarmee idg. verwant.
fouilleren [kleren doorzoeken] < **fr.** *fouiller* [uitgraven, in de grond wroeten, fouilleren], uit een iteratiefvorm van **lat.** *fodicare* [wroeten], van *fodere* [graven, spitten], idg. verwant met **bed.**
foulard [een weefsel, halsdoek daarvan] < **fr.** *foulard,* met vervanging van achtervoegsel < **provençaals** *foulat,* van **lat.** *fullare* (vgl. *vollen, foule*).
foule [menigte] < **fr.** *foule,* van *fouler* [drukken, persen, druiven treden, vollen] < **lat.** *fullare* [vollen] (vgl. *foulard*); foule betekende oorspr. de plaats waar men opeen geperst wordt.
foundation [onderkleding van vrouwen, onderlaag van poeder] < **eng.** *foundation* [eig. fundering] < **fr.** *fondation* [idem] < **lat.** *fundationem,* 4e nv. van *fundatio* [fundatie].
fourgon [vrachtwagen] < **fr.** *fourgon,* etymologie onbekend.
fourire [schaterlach] < **fr.** *fou rire* [slappe lach], van *fou* [dwaas, dol] < **lat.** *follis* [leren zak, blaasbalg], waaruit zich dwaas kon ontwikkelen (vgl. *windbuil*) + *rire* < **lat.** *ridēre* [lachen].
fourneren [verschaffen] **middelnl.** *fourneren* < **fr.** *fournir,* dat uit het germ. stamt, vgl. **oudhd.** *fremmen* [doen, uitvoeren, verschaffen], **oudeng.** *fremman* [iets bevorderen], verwant met **vroom.**
fournituren [kleine handwerkbenodigdheden] < **fr.** *fourniture,* van *fournir* (vgl. *fourneren*).
fourragères [schouderkwasten van uniform] < **fr.** *fourragères,* in deze betekenis eerst sedert 1850, eig. een band die cavaleristen gebruikten om de voor het paard verzamelde fourage bijeen te binden (vgl. *foerage*).
fout [gebrek, misslag] **middelnl.** *fau(l)te, foute* < **fr.** *faute,* ouder *faulte* [idem] < **me. lat.** *falta, defalta, defauta, defaltum* [het niet gestand doen van een belofte], van *de* [van...weg] + *fallere* [doen vallen, teleurstellen, bedriegen, schenden], idg. verwant met *vallen* en *vellen,* **gr.** *sphallein* (vgl. *asfalt*).
fox-terriër [hond] < **eng.** *fox-terrier,* van *fox* [vos] + *terrier* (vgl. *terriër*); de hond werd oorspr. gebruikt om de vossen uit hun holen te jagen.
foxtrot [dans] < **eng.** *fox-trot* [idem, lett. vossegang], oorspr. gezegd van een paard dat draaft met de voor- en stapt met de achterbenen, vandaar gebruikt voor de dans met zijn wisseling van slow-quick-quick-slow.
foyer [koffiekamer] < **fr.** *foyer* [huiselijke haard, foyer] < **me. lat.** *focarium* [haard], eig. o. van *focarius* [haard-], van *focus* [haard].

fra [broeder] < **it.** *fra,* verkort uit *frate* < **lat.** *fratrem,* 4e nv. van *frater* [broeder], daarmee idg. verwant.
fraai [mooi] **middelnl.** *vray, fray, fraey* [opgewekt, flink, dartel, pronkerig] < **fr.** *vrai* [waar] < **vulg. lat.** *veracus,* **klass. lat.** *verax* [waarachtig], van *verus* [waar], daarmee idg. verwant.
fraas [deel buikvlies van vee, darmscheil] < **fr.** *fraise* [idem, ook geplooide halskraag], van **oudfr.** *fraiser* [doppen, pellen], teruggaand op **lat.** *frendere* (verl. deelw. *fresum*) [fijnmalen].
fractie [onderdeel] < **fr.** *fraction* [idem] < **laat-lat.** *fractionem,* 4e nv. van *fractio* [het breken], van *frangere* (verl. deelw. *fractum*) [breken], daarmee idg. verwant.
fractioneren [trapsgewijs destilleren] < **fr.** *fractionner,* van *fraction* < **chr. lat.** *fractionem,* 4e nv. van *fractio* [het breken (van de hostie)], van *frangere* (verl. deelw. *fractum*) [breken], daarmee idg. verwant.
fractuur [breuk] < **fr.** *fracture* < **lat.** *fractura* [het breken, gebroken plek], van *frangere* (verl. deelw. *fractum*) [breken], daarmee idg. verwant.
fragiel [breekbaar] < **fr.** *fragile* < **lat.** *fragilis* [idem], van *frangere* (verl. tijd *fregi,* verl. deelw. *fractum*) [breken] (vgl. *fractuur*) → *frêle.*
fragment [gedeelte] < **fr.** *fragment* < **lat.** *fragmentum* [stuk, brok], van *frangere* [breken] (vgl. *fragiel*).
fragmentarisch [uit brokstukken bestaand] < **eng.** *fragmentary,* van *fragment* [fragment] + *-ary* < **lat.** *-arius* [behorend tot].
fraîcheur [frisheid] < **fr.** *fraîcheur,* van *frais,* vr. *fraîche,* uit het germ., vgl. *fris, vers* ².
fraise [aardbeikleurig] < **fr.** *fraise* < **me. lat.** *fraga,* het voor vr. enk. aangeziene o. mv. van **klass. lat.** *fragum* [aardbei], verwant met *fragrare* [lekker ruiken], idg. verwant met **brak** ².
frak [jas] < **fr.** *frac* of < **hd.** *Frack* < **eng.** *frock* [idem] < **oudfr.** *froc* [monnikspij] > **middelnl.** *froc* [overkleed van geestelijken, rok], uit het germ., hetzelfde woord als **rok.**
framboesia [tropische huidziekte] < **modern lat.** *framboesia,* gevormd van **fr.** *framboise* [framboos].
framboos [vrucht] (1554) *frambesie* < **fr.** *framboise,* mogelijk uit het germ., vgl. **nl.** *braambes,* en dan o.i.v. *fraise,* mogelijk < **lat.** *fraga ambrosia, fraga* [aardbei] (vgl. *fraise*), *ambrosia* [ambrozijnen].
frame [raamwerk] < **eng.** *frame* < **middeleng.** *frame* [voordeel, later het in orde brengen, constructie], van *to frame,* **oudeng.** *framian* [van dienst zijn, voortgang maken], *fremman, fremian* [bevorderen, vooruitgaan, volvoeren], **middelnl.** (maar van friese herkomst) *fremen* [volvoeren], *vrome* [voordeel, nut], *vromen* [baten, van nut zijn] (vgl. *vroom*).
Française [Franse vrouw] < **fr.** *française* [idem], van *France* < **me. lat.** *Francia* [het land van de Franken] (vgl. *Frank*).

franchement [ronduit] < fr. *franchement,* bijw. van *franc,* vr. *franche* (vgl. ***frank***[1]).
franchise [vrijdom] < fr. *franchise* [vrijheid, vrijdom], van *franc,* vr. *franche* [vrij] (vgl. ***frank***[1]).
franchising [het huren van rechten van een ander bedrijf] < eng. *franchising,* teg. deelw. van *to franchise* [een franchise verstrekken] (vgl. ***franchise***).
franciscaan [minderbroeder] genoemd naar de stichter van de orde *Franciscus van Assisi.*
francium [chemisch element] door Marguerite Percy, aan wie het in 1939 gelukte het te isoleren, genoemd naar haar vaderland *Frankrijk* < lat. *Francia.*
franco [portvrij] < it. *franco* [vrij, vrijgesteld van] (vgl. ***frank***[1]).
francofoon [Frans sprekend] gevormd van lat. *Francus* [Frank] + gr. *phōnè* [geluid, taal] (vgl. ***foneem***).
franc-tireur [vrijschutter] < fr. *franc-tireur,* van *franc* [vrij] (vgl. ***frank***[1]) + *tireur* [schutter], van *tirer* [schieten], waarvan de etymologie onzeker is, ondanks vele uiteenlopende theorieën.
frangipane [vulling van gebak met o.m. amandelspijs] < fr. *frangipane,* genoemd naar de 16e eeuwse markies *Frangipani* in Rome, uitvinder van een parfum, dat ook in gebak werd gebruikt.
franje [garnering, overbodige opsiering] middelnl. *fringe, frenge, frange, frenje* < oudfr. *fringe, frenge* < me. lat. *fimbria* [zoom, franje], klass. lat. *fimbriae* (mv.) [franje en daardoor ook haarkrullen].
frank[1] [vrij] middelnl. *vranc* [vrij, vrijmoedig] < fr. *franc* < me. lat. *francus,* een germ. woord waarvan de verbindingen niet erg doorzichtig zijn.
frank[2] [muntnaam] < fr. *franc,* verkorting van het omschrift op middeleeuwse munten, dat luidde *Francorum Rex* [koning der Franken] (vgl. ***Frank***).
Frank [volksnaam] middelnl. *Vranke,* hetzelfde woord als ***frank***[1].
frankeren [porto betalen] < hd. *frankieren* < it. *(af)francare* [idem] (vgl. ***franco***).
Frankisch [van de Franken] < hd. *fränkisch,* van *Franke* (vgl. ***Frank***).
Frans [van Frankrijk] middelnl. *fransoys, francsch, vrancs, vrans* < oudfr. *françois* (vgl. ***Française***).
fransijn, francijn [perkament] middelnl. *francijn* < me. lat. *francenum,* van *Francia* [Frankrijk], dus eig. het Franse materiaal.
franskiljon [Vlaming die voor overheersing van het frans is] met een fr. verkleiningsuitgang gevormd van *Frans.*
Fransoos [Fransman (minachtend)] middelnl. *Fransoys, Fransoeys, Fransoos* < oudfr. *françois* = *français* (vgl. ***Française***).
frappant [treffend] < fr. *frappant,* eig. teg. deelw. van *frapper* [slaan, treffen], een klanknabootsende vorming.

frase [volzin] < fr. *phrase* < laat-lat. *phrasis* [wijze van uitdrukken, dictie] < gr. *phrasis* [het spreken, de taal], van *phrazein* [tonen, meedelen, uitleggen].
fraseologie [woordenkeus van een schrijver] < eng. *phraseology,* gevormd van gr. *phrasis* (2e nv. *phraseōs*) (vgl. ***frase***) + *-logia* < gr. *logos* [iem. die op een bepaalde manier spreekt].
frater [broeder] < lat. *frater* [broeder, vriend, in chr. lat. monnik], idg. verwant met ***broeder***.
fratertje [soort van vink] blijkens de variant *frijtertje* een klanknabootsende vorming.
frats [gril] < hd. *Fratze,* door Luther ontleend aan it. *frasca* [bebladerde tak, krans, tak als uithangbord van herbergen, lichtzinnig iemand], mv. *frasche* [dorre takken, overdadige versiering, nukken, grillen].
fraude [valsheid] middelnl. *fraude* < fr. *fraude* < lat. *fraudem,* 4e nv. van *fraus* [bedrog, schade], idg. verwant met ***bedriegen, droom***.
frauderen [bedriegen] middelnl. *frauderen* [benadelen] < fr. *frauder* < lat. *fraudare* [bedriegen, beroven, verduisteren], van *fraus* (vgl. ***fraude***).
frazelen [stamelen] emfatische vorm van *fazelen.*
freak [fanaat] < eng. *freak,* mogelijk te verbinden met hd. *frech* [brutaal].
freatisch [m.b.t. de grondwaterspiegel] gevormd van gr. *phrear* (2e nv. *phreatos*) [waterput], idg. verwant met ***bron***.
free-lancer [losse medewerker] < eng. *free-lancer* [lett. vrije lansier, d.w.z. huursoldaat] (vgl. ***lansier***).
frees [werktuig] (1860) → ***frezen***.
freesia [knolgewas] genoemd naar de Duitse arts *Friedrich Heinrich Theodor Freese* (1795-1876).
freewheelen [doorgaan zonder activering] oorspr. zijn fiets laten doorlopen zonder trappen < eng. *to freewheel* [idem], van *freewheel* [het aandrijfrad van een fiets, dat kan blijven draaien terwijl de benen in rust zijn], van *free* [vrij] + *wheel* [wiel].
fregat [oorlogszeilschip] (1599) < fr. *frégate* < it. *fregata* [idem] < byzantijns-gr. *aphraktos* [zonder dek (gezegd van een schip)], van ontkennend *a* + *phraktos* [omheind, beschermd], verl. deelw. van *phrassein* [tegen elkaar drukken, omheinen, beschutten, afsluiten].
frêle [broos] < fr. *frêle* < lat. *fragilis* [breekbaar] (vgl. ***fragiel,*** dat later ontleend is aan dezelfde bron).
frenesie [bezetenheid] middelnl. *frenesie* < fr. *frénésie* < me. lat. *phrenesia* < gr. *phrenèsis* [waanzin], van *phrèn* (2e nv. *phrenos*) [middenrif, hart, borst, inborst, geest].
frenetiek [bezeten] < fr. *frénétique* [bezeten, dol] < lat. *phreneticus* [waanzinnige] < gr. *phrenitikos* [waanzinnig], van *phrenitis* [waanzin], van *phrèn* [hart, inborst als uitgangspunt van alle geestelijke roerselen].
frenologie [beoordeling van karakter en geestelij-

ke vermogens naar de vorm van de schedel] gevormd van **gr.** *phrèn* in de betekenis 'inborst' + *logos* [woord, verhandeling] →*frenetiek*.
frequent [veelvuldig] < **fr.** *fréquent* < **lat.** *frequentem,* 4e nv. van *frequens* [talrijk, herhaaldelijk, druk bezocht], verwant met *farcire* [volstoppen] (vgl. *farce*).
fresco [muurschildering] < **it.** *fresco,* eig. *affresco,* van *a fresco* [vers, namelijk schildering op de nog vochtig-verse kalkmortel], uit het germ., vgl. *fris, vers*[2].
fresia →*freesia*.
fret[1] [dier] **middelnl.** *furet, foret, fret* < **fr.** *furet* [idem] < **me. lat.** *furet(t)us,* van **lat.** *fur* [dief], op enige afstand verwant met *ferre* [(weg)dragen], idg. verwant met *baren*[1] →*furunkel*.
fret[2] [boortje] **middelnl.** *foret* [kleine boor] < **fr.** *foret,* van *forer* [boren] < **provençaals** *forar* of **it.** *forare* < **lat.** *forare* [doorboren] (vgl. *perforeren*).
fret[3] [herautstuk, bestaand uit een malie met daardoor gevlochten dunne band en baar] < **eng.** *fret* < **oudfr.** *fret(t)e,* vermoedelijk uit het germ., vgl. *veter*.
fret[4] [aanduiding voor de juiste greep op tokkelinstrumenten] < **eng.** *fret,* van *to fret* [wegvreten, op iets knagen of knabbelen], verwant met *vreten*.
fretel [ornament in de vorm van een knop] < **fr.** *fruitelet* [idem], verkleiningsvorm van *fruit* (vgl. *fruit*).
freule [adellijke jonkvrouw] (1646) < **hd.** *Fräule,* naast *Fräulein* [idem], verkleiningsvorm van *Frau* [vrouw].
frezen [met de frees bewerken] < **fr.** *fraiser* [idem], **oudfr.** *fraiser, fraser* [doppen, schillen, frezen], teruggaand op **lat.** *frendere* (verl. deelw. *fresum*) [fijnmalen, b.v. van bonen].
fribbelen [tussen de vingers wrijvend ronddraaien] evenals *friemelen, frommelen* met vrijwel vergelijkbare betekenis en een expressieve, klanknabootsende vorming; het **eng.** *to fribble* [(vroeger) doelloos rondlopen, ronddraaien] heeft een gelijke ontstaansgrond.
fricandeau [stuk vlees] < **fr.** *fricandeau,* op niet geheel duidelijke wijze gevormd van *fricasser* [vlees laten stoven] (vgl. *fricot*).
fricassee [gerecht van gehakt vlees] < **fr.** *fricassée,* van *frire* [bakken] < **lat.** *frigere* [roosteren], idg. verwant met *brouwen*[1] + *casser* [breken, klein maken] < **lat.** *quassare* [schudden, beuken], frequentatief van *quatere* [schokken, schudden], daarmee idg. verwant.
fricatief [wrijvingsmedeklinker] gevormd van **lat.** *fricare* (verl. deelw. *fricatum*) [wrijven, schuren].
fricot [het eten] < **fr.** *fricot* [vleesragoût, het eten], van dezelfde basis als *fricasser* [laten stoven, kokkerellen] (vgl. *frikadel*).
frictie [wrijving] < **fr.** *friction* < **lat.** *frictionem,* 4e nv. van *frictio* [het wrijven] (vgl. *friction*).
friction [hoofdwassing] < **fr.** *friction* < **me. lat.**

frequent — frisolet

frictio [het wrijven], van *fricare* (verl. deelw. *fricatum, frictum*) [wrijven].
friemelen [peuteren] klanknabootsend gevormd.
fries [term in bouwkunde] eerst 16e eeuws < **fr.** *frise* [idem] < **me. lat.** *phrygium, frigium, frisium, frizium* [borduursel], van *Phrygia* [met goud doorstikte, oorspr. uit Phrygië afkomstige stoffen].
Fries [bewoner van Friesland] vermoedelijk genoemd naar een woord voor krulhaar, vgl. *friseren*.
friet [gebakken reepjes aardappel] < **fr.** *frites* (vgl. *frites*).
frigidaire [koelkast] < **fr.** *frigidaire* < **lat.** *frigidarium* [(vertrek voor) koud bad], van *frigidus* (vgl. *frigide*); het oude fr. woord is vóór W.O. II door een fabrikant van ijskasten opnieuw als merknaam ingevoerd.
frigide [seksueel ongevoelig] < **fr.** *frigide* < **lat.** *frigidus,* vr. *frigida* [koud, koel, kil, onverschillig], van *frigus* [koude], van *frigēre* [koud zijn], verwant met *rigēre* [hard zijn, stijf zijn] (vgl. *rigide*).
frigiditeit [seksuele ongevoeligheid van vrouwen] < **fr.** *frigidité* [idem] < **lat.** *frigiditatem,* 4e nv. van *frigiditas* [koude], van *frigidus* (vgl. *frigide*).
frigorie [koude-eenheid] gevormd van **lat.** *frigor,* nevenvorm van *frigus* [koude] (vgl. *frigide*).
frijnen [groeven aanbrengen in natuursteen] van **fr.** *chanfrein* [schuin afgestoken kant], van *chanfraindre* [frijnen], van *chant* [smalle kant] < **lat.** *canthus* (vgl. **kant**) + *fraindre* [breken] < **lat.** *frangere* [breken], daarmee idg. verwant.
frik [schoolmeester] (19e eeuws), vermoedelijk verkort uit *schoolfrik,* oorspr. (17e eeuws) met de betekenis 'lul', ook *fik* en *flik;* wel een klanknabootsende vorming in de sfeer van *fieken* en *flikker*.
frikadel [gehakt vlees] (17e eeuws) < **fr.** *fricadelle* (in Lotharingen), van *fricasser* [stoven], vgl. **middelnl.** (nederrijns) *fricken* [roosteren, braden], teruggaand op **chr. lat.** *frigere* [roosteren].
frimaire [rijpmaand] < **fr.** *frimaire,* gevormd van *frimas* [rijp, rijm], uit het germ., vgl. *rijm*[1].
fris [vers, koel] **middelnl.** *vris(ch), fris(ch)* < **middelhd.** *vrisch;* daarnaast staat *vers*[2] als de oorspr. nl. vorm.
frisbee [werpschijf] de naam van de houder van het Amerikaanse patent ervan.
friseren [doen krullen, stof spannen] 16e eeuws *friseren* [textiel ratineren] < **fr.** *friser,* dat van germ. herkomst moet zijn, vgl. **oudfries** *frisle* [krulhaar] (vgl. **Fries**).
frisket [raam voor te bedrukken vel] < **fr.** *frisquette,* van *frisque* [fris] (**modern fr.** *frisquet*), hetzij < **it.** *freschetto,* verkleiningsvorm van *fresco,* hetzij uit het germ.: **nl.** *fris,* **hd.** *frisch;* het drukraam beschermde de niet te bedrukken marges tegen het smetten door de inktrol.
frisling [jong wild zwijn (jagerswoord)] < **hd.** *Frischling,* van *frisch* [vers, fris, jong], *frischen* [jongen werpen].
frisolet [vloszijden lint] < **fr.** *frisolet,* verkleinings-

frissen — fuga

vorm van *fraise* [geplooide halskraag], van *fraiser* [plooien], uit het germ., vgl. *friseren*.

frissen [ijzerbewerking] < **hd.** *frischen* [zuiveren], van *frisch* (vgl. *fris*).

frisure, frisuur [kapsel] < **fr.** *frisure,* van *friser* (vgl. *friseren*).

frit, fritte [halfgesmolten glasmassa] < **fr.** *fritte* [gesmolten glas] < **it.** *fritta,* eig. vr. verl. deelw. van *friggere* [bakken, braden] < **lat.** *frigere* [roosteren].

frites [patat] < **fr.** *frites,* eig. vr. mv. van *frit,* verl. deelw. van *frire* [bakken] < **lat.** *frigere* [roosteren].

frituur [in kokend vet gebakken spijs] < **fr.** *friture* < laat-lat. *frictura,* van *frigere* (verl. deelw. *frictum*) [roosteren].

fritvlieg [korenvlieg] etymologie onbekend.

frivolité [knoopwerktechniek] < **fr.** *frivolité,* van *frivole* (vgl. *frivool*).

frivool [lichtzinnig] (1527) < **fr.** *frivole* [idem] < **lat.** *frivolus* [waardeloos, onbelangrijk, (grondbetekenis) stukgewreven] (verwant met *friare* [stukwrijven, verbrokkelen]), in me. lat. *frivole* (bijw.) [luchtig, onnadenkend].

fröbelen [spelen van kinderen] afgeleid van de naam van de Duitse pedagoog *Friedrich Fröbel* (1782-1852).

froisseren [licht krenken] < **fr.** *froisser* [kneuzen, bezeren, krenken] < me. lat. *frustare* [geselen, striemen], van *frustum* [brok], idg. verwant met *breken*.

frommelen [friemelen] (1718) → *fribbelen*.

Fronde [17e eeuwse Franse oppositiegroep] van *fronder* (vgl. *fronderen*).

frondeel [voorhoofdsriem van paard] < **fr.** *frontail* < me. lat. *frentallum, frontellum* < klass. lat. *frontalia* [hoofdstel], van *frontem,* 4e nv. van *frons* [voorhoofd].

fronderen [mokken, tegenwerken] < **fr.** *fronder* [met de slinger werpen, overdrachtelijk: ontevreden zijn, hekelen], van *fronde* [slinger], **oudfr.** *fonde, fronde* < **lat.** *funda* [idem].

fronsen [tot rimpels samentrekken] **middelnl.** *fronsen* [vouwen, plooien, rimpelen] < **oudfr.** *froncir, froncer* [idem], uit het germ.: **middelhd.** *runke,* **oudnoors** *hrukka* [rimpel].

front [voorzijde] (17e eeuws) < **fr.** *front* [voorhoofd, voorkant, eerste gelid] < **lat.** *frontem,* 4e nv. van *frons* [voorhoofd, gelaat, voorzijde, eerste gelid].

frontispice, frontispies [voorgevel, titelblad] < **fr.** *frontispice* < me. lat. *frontispicium* [gevel, kroonlijst], van *frons* (2e nv. *frontis*) + *spicere, specere* [zien, kijken], idg. verwant met *spieden*.

fronton [driehoekige gevelbekroning] < **fr.** *fronton* < **it.** *frontone,* vergrotingsvorm van *fronte* [voorhoofd, gezicht, gevel] < **lat.** *frons* (2e nv. *frontis*) [voorhoofd, gezicht, voorkant].

frotté [ruw weefsel] < **fr.** *frotté,* eig. verl. deelw. van *frotter* (vgl. *frotteren*).

frotten [boenen] < **fr.** *frotter* (vgl. *frotteren*).

frotteren [boenen] < **fr.** *frotter,* uit een intensiefvorming van **lat.** *fricare* (verl. deelw. *frictus*) [wrijven], verwant met *friare* [verbrokkelen], idg. verwant met *brij*.

frou-frou [vertoon van ritselende onderkleren, biskwietje] < **fr.** *frou-frou* [geritsel], klanknabootsend gevormd.

fructidor [naam van maand tijdens de Franse revolutie] gevormd van **lat.** *fructus* [vrucht] + **gr.** *dōron* [gave, gift].

fructifiëren [vrucht dragen] < **fr.** *fructifier* < **lat.** *fructificare,* van *fructifer* [vruchtdragend], van *fructus* [vrucht] + *-fer* [dragend], van *ferre* [dragen], idg. verwant met *baren*[1].

fructose [vruchtesuiker] gevormd van **lat.** *fructus* [vrucht] + *-osus* [vol van].

fructuarius [vruchtgebruiker] < **lat.** *fructuarius* [vruchtdragend, in vruchtgebruik, vruchtgebruiker], van *fructus* [vrucht].

frugaal [sober] < **fr.** *frugal* < **lat.** *frugalis* [degelijk, eenvoudig, matig], van *frux* (2e nv. *frugis*) [vrucht, veldvrucht (peulvruchten, koren), nut]; de 3e nv. daarvan *frugi,* tot bn. geworden [sober, degelijk, matig], verwant met *fructus* [vrucht], *frui* (verl. deelw. *fructum*) [genieten, genot hebben van] (vgl. *fruit*).

fruit [vruchten] < **fr.** *fruit* [vrucht] < **lat.** *fructus* [genot, opbrengst, oogst, vrucht], van het ww. *frui* [genieten, gebruiken] (vgl. *frugaal*).

fruiten [bruin braden] **middelnl.** *friten, froyten, fruten* [roosteren, braden, fruiten] < **oudfr.** *frire* < **lat.** *frigere* [roosteren].

frul nevenvorm van *prul*.

frunnik [peutertje] waarschijnlijk een klanknabootsende vorming.

frustreren [dwarsbomen] (1518) < **fr.** *frustrer* < **lat.** *frustrare* [bedriegen, teleurstellen], van *fraus* [bedrog, schade] (vgl. *fraude*).

frustulum [brokje (op vastendagen genuttigd beetje)] < **lat.** *frustulum,* verkleiningsvorm van *frustum* [brok], idg. verwant met *breken*.

frutje [kleinigheid] van *frutselen*.

frutselen [knoeien] mogelijk een emfatische nevenvorm van *futselen,* misschien echter o.i.v. *prutsen* ontstaan.

ftaalzuur [organisch zuur] het eerste lid is verkort uit *naftaline*.

ftisis [tering] < **gr.** *phthisis* [het te gronde gaan, afnemen, verdwijnen, tering], van *phthi(n)ein* [verdwijnen, ondergaan].

fuchsia, foksia [siergewas] genoemd naar de Duitse botanicus *Leonhart Fuchs* (1501-1566).

fuchsine [een rode kleurstof] gevormd van *fuchsia,* vanwege de daarop gelijkende kleur.

fuel [brandstof] < **eng.** *fuel* < **oudfr.** *fouaille* [idem] < me. lat. *focalia,* het zelfstandig gebruikt o. mv. van *focalis* [m.b.t. de haard], van *focus* [haard].

fuga [meerstemmig stuk] < **it.** *fuga* [vlucht, fuga], zo genoemd omdat de partijen van het motief schijnen te vluchten, te ontsnappen in de verschillende

stemmen < lat. *fuga* [vlucht], van dezelfde idg. basis als *buigen*.
fuif [feest] in het midden van de 19e eeuw ontstaan als studentenwoord; etymologie onbekend.
fuik [langwerpig vistuig] middelnl. *fuke, vuycke*, middelnd. *vūke* [fuik, ook onderrok], **oudfries** *fūcke* [fuik]; etymologie onbekend.
fulguriet [dondersteen] < lat. *fulgur* (2e nv. *fulguris*) [bliksem], zo genoemd omdat het het produkt van blikseminslag is, verwant met *fulgēre* [bliksemen] en met *fulminare* (vgl. *fulmineren*).
fulminaat [zout van knalzuur] < lat. *fulminatio* [bliksem], van *fulminare* (verl. deelw. *fulminatum*) (vgl. *fulmineren*).
fulmineren [heftig uitvaren] < fr. *fulminer* [ontploffen, heftig uitvaren] < lat. *fulminare* [bliksemen, woeden], van *fulmen* (2e nv. *fulminis*) [bliksem].
fulp [fluweel] (17e eeuws), nevenvorm van *felp* < it. *felpa* [pluche] < oudfr. *felpe* [franje] < me. lat. *faluppa* [stro].
fulveen [groep gekleurde koolwaterstoffen] gevormd van lat. *fulvus* [goudgeel, goudbruin], verwant met *flavus* [geelrood] en idg. met **blauw**¹.
fumarole [damp- en gasbron] < it. *fumaruola* [rokende spleet in rots] < me. lat. *fumariolum* [idem], verkleiningsvorm van klass. lat. *fumarium* [rookhok om wijn kunstmatig te verouderen], van *fumus* [rook, damp].
fumigatie [beroking] < fr. *fumigation* < me. lat. *fumigationem*, 4e nv. van *fumigatio* [rookwolk], van *fumiger* [rokend], van *fumus* [rook, damp] + *gerere* [dragen, brengen].
functie [ambt] < lat. *functio* [vervulling, waarneming], van *fungi* [deelachtig worden, vervullen, verrichten, bekleden, zich kwijten van].
functionaris [die een functie vervult] < fr. *fonctionnaire* [idem], gewijzigd o.i.v. *functie*.
fundament [grondslag] < lat. *fundamentum* (vgl. *fondament*).
fundatie [stichting] middelnl. *fondacie, fundacie* [stichting, inrichting] < fr. *fondation* < lat. *fundationem*, 4e nv. van *fundatio* [het funderen, fundering], van *fundare* (verl. deelw. *fundatum*) (vgl. *fondament*).
funderen [grondvesten] middelnl. *fonderen, funderen* < fr. *fonder* < lat. *fundare* (vgl. *fondament*).
funerair [m.b.t. begrafenissen] < fr. *funéraire* < lat. *funerarius* [de begrafenis betreffend], van *funus* (2e nv. *funeris*) [sterfgeval, begrafenis, lijkstoet], idg. verwant met **dood**¹.
funest [verderfelijk] < fr. *funeste* < lat. *funestus* [ontwijd door de aanraking met de dood, dodelijk, noodlottig], van *funus* [dood, sterfgeval, ondergang, begrafenis], idg. verwant met **dood**¹.
fungeren [de dienst verrichten van] < lat. *fungi* [deelachtig worden, doormaken, verrichten, vervullen].

fungibel [vervangbaar] < me. lat. *fungibilis*, in de huidige juridische betekenis, van *fungi* [verrichten, doen] (vgl. *functie*).
fungicide [stof die schimmels doodt] voor het eerste lid vgl. *fungilore*, voor het tweede vgl. *pesticide*.
fungilore [folklore in verband met paddestoelen] het eerste lid is de 2e nv. van lat. *fungus* [paddestoel], verwant met gr. *spoggos* [spons]; voor het tweede vgl. *folklore*.
funiculaire [kabelbaan] < fr. *funiculaire*, verkort uit *chemin de fer funiculaire* [lett. kabelspoorweg], *funiculaire* [met touwen werkend] < lat. *funiculus* [touwtje, snoer], verkleiningsvorm van *funis* [touw, kabel].
funk [soort van popmuziek] < eng. slang *funk* [laag bij de gronds, eerder: angst], van *to funk* [rook blazen, vooral ook in iemands gezicht] < oudfr. *fungier* [idem] < lat. *fumigare*, van *fumus* [rook]; vgl. voor de betekenis eng. slang *smoke* [angst].
fureur [woede] < fr. *fureur* < lat. *furor* [razernij], verwant met *furia* (vgl. *furie*).
furfural, furfurol [uit plantaardig afval bereide aldehyde] gevormd van lat. *furfur* [zemel], idg. verwant met eng. *to grind*, middelnl. *grinde* [schurft].
furie [razernij] < fr. *furie* < lat. *furia* [woede, razernij] (vgl. *fureur, furore*).
furieus [razend] < fr. *furieux* < lat. *furiosus* [idem], van *furia* (vgl. *furie*) + -*osus* [vol van].
furioso [onstuimig] < it. *furioso* < lat. *furiosus* (vgl. *furieus*).
furlong [achtste deel van mijl] < eng. *furlong*, van oudeng. *furh* [voor, vore] + *long* [lang], dus de lengte van een vore.
furore [opgang] < it. *furore* [razernij, heftigheid, geweld, furore] < lat. *furor* [razernij, geestvervoering, bezieling], *furare* [razen] (vgl. *furie*).
Fürst Pückler [Duits ijsgerecht] genoemd naar *Hermann Fürst von Pückler-Muskau* (1785-1871), die het heeft bedacht of ter ere van wie het door de uitvinder ervan is genoemd.
furunkel [steenpuist] < lat. *furunculus* [kleine dief, bloedzweer], verkleiningsvorm van *fur* [dief], verwant met *ferre* [dragen], idg. verwant met **baren**¹ → *fret*¹.
fusain [houtskoolschets] < fr. *fusain* [houtskool, houtskooltekening, kardinaalsmuts (botanisch)], van *fuseau* [spil, spoel, klos] < lat. *fusus* [klos, spoel (waarop de gesponnen draad wordt gewikkeld)]; het hout van de kardinaalsmuts, de *fusain* (lett. dus klosboom, vgl. eng. *spindle-tree*) werd bij voorkeur gebruikt voor het branden van houtskool → *fusee, fuselage*.
fusee [scharnier van autovoorwiel] < fr. *fusée* [idem] < lat. *fusus* [klos, spoel] (vgl. *fusain*).
fuselage [vliegtuigromp] < fr. *fuselage*, van *fuseau* [klos] < lat. *fusus* [idem]; zo genoemd naar de vorm (vgl. *fusain*).
fuselier [soldaat] < fr. *fusilier* (vgl. *fusilleren*).

fuseren [samensmelten] < fr. *fuser* [idem], van lat. *fusum*, verl. deelw. van *fundere* [uitgieten, vloeibaar maken], idg. verwant met *gieten*.

fusie [het samengaan] < fr. *fusion* [idem] < lat. *fusionem*, 4e nv. van *fusio* [uitstoting, gietbaarheid, in me. lat. het smelten], van *fundere* (vgl. *fuseren*).

fusilleren [neerschieten (als straf)] < fr. *fusiller*, van *fusil* [vuurslag, geweer] < me. lat. *focile* [stalen vuurslag], *fugillum* [vuursteen, vuurslag], *fugillare* [vuurslaan] < klass. lat. *foculum* [pan], *foculus* [pan (voor het offeren), haardje, vuur], verkleiningsvorm van *focus* [haard, kolenpan, vuur].

fust [houten vat] (1599) (**middelnl.** *fustalie, fustagie*) < **oudfr.** *fust* [stuk hout, fust] < me. lat. *fusta, fustum* [boom, houtblok, steel, houten gereedschap, vat] < klass. lat. *fustis* [stok, knuppel].

fustein [bombazijn] **middelnl.** *fustein, fustain, fustaen* [bombazijn] < **oudfr.** *fustaine* < me. lat. *fustaneum*, van *fustis* [knuppel, stok], een vertalende ontlening aan gr. *lina xulina* [lett. houten linnen], vgl. voor de betekenis *boomwol* als oude benaming van katoen.

fusti [rabat voor beschadiging] < it. *fusti*, mv. van *fusto* [fust].

fustiek [geelhout] < **spaans** *fustoc* < ar. *fustuq, fustaq* [pistache] < **perzisch** *pesteh* (vgl. *pistache*).

fut [energie] (1813), mogelijk uit het tussenwerpsel *vort* [hup] ontstaan.

futiel [nietig] < fr. *futile* [idem] < lat. *fut(t)ilis* [broos, onbetrouwbaar, ijdel, nutteloos], van dezelfde basis als *fundere* (vgl. *fuseren*); de betekenis zal in oorsprong zijn geweest 'wat gemakkelijk wegvloeit'.

futiliteit [nietigheid, kleinigheid] < fr. *futilité* < lat. *futtilitatem*, 4e nv. van *futtilitas* [onbeduidendheid, beuzelpraat], van *fut(t)ilis* (vgl. *futiel*).

futselen [friemelen] **middelnl.** *futselen* [beuzelen, knoeien], vgl. hd. *fusselig* [pluizig], eng. *to fuzz* [pluizen], van *fuzz* [dons, pluis], dat van het continent is overgenomen, waarschijnlijk te verbinden met *voos*.

future [aanstaande (vrouw)] < fr. *future*, vr. van *futur* [toekomstig, aanstaand] < lat. *futurus* [zullende zijn], vorm van het ww. zijn, die idg. verwant is met ik *ben*, eng. *be*.

futurisme [kunstrichting] afgeleid van het *Manifeste futuriste* van de journalist-dichter E.F.T. Marinetti (1909) < lat. *futurus* [toekomstig], *futurum* [toekomst] (vgl. *future*); de beweging verwierp tradities, i.h.b. de 19e eeuwse historische opvattingen.

futurum [toekomende tijd] < lat. *futurum* [toekomst], het zelfstandig gebruikt o. van *futurus* (vgl. *future*).

fuut [vogel] (1763), klanknabootsende vorming.

fylacterion [toevluchtsoord] < gr. *phulaktèrion* [versterkte wachtpost, voorbehoedmiddel, amulet], van *phulaktèr* = *phulax* (2e nv. *phulakos*) [schildwacht, bewaker], van *phulassein* [(be)waken].

fyle [stam(volk)] < gr. *phulè* [volksstam], verwant met *phuein* [opgroeien, ontstaan], idg. verwant met *bouwen*¹.

fylliet [versteend planteblad, glanslei] gevormd van gr. *phullon* [blad], idg. verwant met *bloem*¹ + *lithos* [steen]; zo genoemd vanwege de structuur.

fyllodium [verbrede bladsteel] gevormd van gr. *phullon* [blad], idg. verwant met *bloem*¹ + *eidos* [uiterlijk], dus dat wat op een blad lijkt, verwant met **oudindisch** *vedas-* [kennis].

fylloxera [druifluis] gevormd van gr. *phullon* [blad], idg. verwant met *bloem*¹ + *xèros* [droog], idg. verwant met lat. *serenus* (vgl. *sereen*).

fylogenese [ontwikkelingsleer van lagere levensvormen] gevormd van gr. *phulon* [stam, geslacht], verwant met *phuein* [doen groeien, laten ontstaan], idg. verwant met *bouwen*¹ + *genese* (vgl. *Genesis*).

fysaliet [blaassteen] gevormd van gr. *phusa* [blaasbalg, blaas], van een basis met de betekenis 'zwellen', waarvan ook *puist* stamt + *lithos* [steen].

fysiatrie [natuurgeneeswijze] gevormd van gr. *phusis* (vgl. *fysiek*) + *iatros* (vgl. *arts*).

fysica [natuurkunde] **middelnl.** *phisike* [kennis van geneeskrachtige kruiden en van de invloed van de natuur op de mens] < lat. *physica* [natuurfilosofie, natuurkunde] < gr. *phusikè* [van de natuur], waarachter te denken *epistèmè* [wetenschap], *phusikè*, van *phusis* [natuur], van *phuein* [opgroeien, ontstaan], van een basis met de betekenis 'zwellen', waarvan ook *puist* stamt.

fysiek [van de natuur, lichamelijk] < fr. *physique* < lat. *physicus* [natuurkundig] < gr. *phusikos* [van de natuur], van *phusis* (vgl. *fysica*).

fysiocratie [natuurkracht] gevormd van gr. *phusis* [natuur] (vgl. *fysica*) + *-kratia* [heerschappij], van *kratos* [kracht], idg. verwant met *hard*.

fysiognomie, fysionomie [gelaatsuitdrukking] **middelnl.** *phisonomie* [gelaat(suitdrukking)] < gr. *phusiognōmia* [bestudering van gelaatstrekken om het karakter te beoordelen], van *phusiognōmōn* [gelaatstrekken bestuderend], van *phusis* [aard] (vgl. *fysica*) + *gnōmōn* [beoordelaar], van *gignōskein* [weten, kennen]; de tweede vorm < lat. (15e eeuws) *physionomia* [voorkomen], o.i.v. gr. *nomos* [wijze, natuurwet], idg. verwant met *nemen*.

fytine [een uit vooral planten gewonnen zout] gevormd van gr. *phuton* [plant], van *phuein* (vgl. *fysica*).

fytocide [plantenverdelgingsmiddel] gevormd van gr. *phuton* [plant], verwant met *phuein* (vgl. *fysica*) + *cide* (vgl. *genocide*).

fytofaag [planteneter] gevormd van gr. *phuton* [plant], van *phuein* (vgl. *fysica*) + *phagein* [eten].

fytoftora [ziekte in aardappelloof] gevormd van **gr.** *phuton* [plant], van *phuein* (vgl. *fysica*) + *phthora* [vernietiging, verwoesting].

g

gaaf [ongeschonden] **middelnl.** *gave, geve* [geschikt om te geven, gangbaar, volmaakt, ongeschonden], evenals het zn. *gave* van het ww. **geven**, vgl. **middelnd.** *geve*, **middelhd.** *gœbe* [geefbaar, aannemelijk, gangbaar, goed].

gaai [vogel] **middelnl.** *ga(e)y* < **picardisch** *gai* (**fr.** *geai*) [idem] < **me. lat.** *gaius, gaia*, klanknabootsende vorming, maar geïdentificeerd met de lat. persoonsnaam *Gaius, Gaia;* de Vlaamse gaai kreeg ook in het nl. een persoonsnaam: *wouter;* het verschijnsel komt vaker voor, vgl. o.m. **eng.** *robin* [roodborstje], *martin* [huiszwaluw], **fr.** *colin* [Amerikaanse kwartel], *martinet* [gierzwaluuw], ook ons (kanarie) *pietje* → **parkiet**.

gaaike, gaaiken [wijfje van vogel] **middelnl.** *gaeykijn,* verkleiningsvorm van **gade**.

gaal[1] [dunne streep in weefsel] vermoedelijk van **middelnl.** *gale* [vurige plek op de huid], **hd.** *Galle* [gebrekkige, beschadigde plaats], **oudnoors** *galli* [gebrek] (vgl. **gaal**[2]).

gaal[2] [kattedoorn] mogelijk samengetrokken uit **gagel**[1] [mirtedoorn].

gaan [zich voortbewegen] **middelnl.** *gaen,* **oudnederfrankisch, oudsaksisch, oudfries, oudeng.** *gān,* **oudhd.** *gān, gēn;* buiten het germ. **gr.** *kichanein* [bereiken, ontmoeten], *chèros* [beroofd van, eenzaam], *chèra* [weduwe], **oudindisch** *ahāt* [hij verliet].

gaanderij [zuilengang] volksetymologische vervorming van **galerij**, evenals **middelnl.** *gaeldorie* en *galeye.*

gaandeweg [van lieverlede] ontstaan uit *gaande de weg* [langzaam vorderend], naast het vroegere *gaandewegs.*

gaar [voldoende toebereid] **middelnl.** *gaer* [gereed, gaar], **oudnederfrankisch, oudsaksisch, oudhd.** *garo* [gereed], **oudeng.** *gearu* (**eng.** *yare*), **oudnoors** *gerr* [gereed] (vgl. **gearing**); etymologie onbekend → **gerwe**.

gaard, gaarde [omheinde tuin] kruising van twee woorden, namelijk **middelnl.** *gaerde,* **oudsaksisch** *gardo,* **oudhd.** *garto,* **oudfries** *garda* [tuin], **gotisch** *garda* [erf] en **middelnl.** *gaert,* **oudsaksisch** *gard* [ingesloten ruimte], **oudeng.** *geard* [omheinde ruimte, hof, woning] (**eng.** *yard*), **oudnoors** *garðr* [omheinde ruimte, hof], **gotisch** *gards* [hof (in samenstellingen)], te verbinden met **lat.** *hortus* [tuin], **gr.** *chortos* [omheinde plaats, weide, domein], vgl. ook **russ.** *gorod* [stad], dat mogelijk aan het germ. is ontleend. De bases van beide woorden hangen onderling nauw samen en tevens met die van **gord**.

gaarkeuken — gaillardia

gaarkeuken [spijshuis] < hd. *Garküche*, van *gar* [gaar] + *Küche* [keuken], vgl. **middelnl.** *gaerbraderie* [gaarkeuken], bij Kiliaan *gaerkock*.

gaarne [met genoegen] **middelnl.** *gaerne, ge(e)rne, geren,* **oudsaksisch, oudhd.** *gerno,* **oudfries** *jerne,* **oudeng.** *georne,* **oudnoors** *gjarna;* behoort bij *begeren.*

gaas [luchtig weefsel] (1732) < fr. *gaze,* genoemd naar *Gaza* in het Egyptisch-Israëlisch grensgebied, waar lichte weefsels vandaan kwamen.

gaba, gabah [ongepelde rijst] < **maleis** *gabah* < **javaans** *gabah* [idem], ook *kopi gabah* [koffie (als bes)].

gabaar, gabare [praam] < fr. *gabare* < **baskisch** *gabarra, kabarra* < **lat.** *carabus* < **byzantijns-gr.** *karabos* (vgl. *karveel¹*).

gabardine [stof] < **eng.** *gaberdine, gabardine* [idem] < **oudfr.** *gallevardine, gauvardine* [kledingstuk] < **middelhd.** *wallevart* [pelgrimstocht], van *wallen* [rondtrekken] + *vart* [tocht], van *varn* [gaan].

gabbe [gapende wond] gevormd van *gapen,* met affectieve *bb.*

gabber [kameraad] < **jiddisch** *khawwer* [vriend] < **hebr.** *chawēr* [idem].

gabberen [babbelen] (1599), iteratief van **middelnl.** *gabben* [gekheid maken, spottend lachen], **middelnd.** *gabben* [bespotten], **oudfries** *gabbia* [een oploop veroorzaken, aanklagen], **middeleng.** *gabben* [bespotten, bedriegen], **oudnoors** *gabba* [voor de gek houden]; hierbij *ginnegappen,* ouder *ginnegabben,* **hd.** *gaffeln* [lachen, zwetsen]; verwant met *gapen,* **hd.** *gaffen.*

gabbro [gesteente] < **it.** *gabbro* < **lat.** *glaber* [glad, kaal], idg. verwant met *glad.*

gabel [belasting op zout, tol] **middelnl.** *gabelle, gabeele* < **fr.** *gabelle* < **it.** *gabella* [idem] < **ar.** *qabāla* [borgtocht, zekerheid, overeenkomst].

gade [echtgenoot, echtgenote] **middelnl.** *gade* [één van een paar, echtgenoot, echtgenote], *gegade, gegaet* [genoot, gelijke, mannetje of wijfje], **oudsaksisch** *gigado* [gelijke], **middelhd.** *(ge)gate* (**hd.** *Gatte*), **oudeng.** *gada* [gezel], van een bn., oorspr. verl. deelw., vgl. **middelnl.** *gegaeyt,* van een ww. **middelnl.** *gaden* [zich paren met, behoren bij], **middelnd.** *gaden* [passen], **oudfries** *gadia* [handgemeen worden], **oudkerkslavisch** *godŭ* [(gunstige) tijd], **russ.** *god* [jaar].

gadeslaan [observeren] **middelnl.** *gade slaen* [zijn aandacht schenken aan], *gade, gaye* [zorg, aandacht], vgl. *begaden* [het gelijke bij elkaar brengen, ordenen, in orde brengen, zorg besteden aan] (vgl. *gade*).

gadget [klein, nutteloos voorwerp] < **eng.** *gadget,* etymologie onbekend.

gading [lust] **middelnl.** *gadinge, gayinge* [paring, lust, kooplust, gading], van *gade.*

gadolinium [chemisch element] afgeleid van het mineraal *gadoliniet,* waarin het werd aangetroffen, en dat genoemd is naar de ontdekker ervan, de Finse chemicus *Johan Gadolin* (1760-1852).

gadood [plotselinge dood] **middelnl.** *gaudoot, ga(y)doot, geedoot* [plotselinge dood, beroerte, pest]; het eerste lid is **middelnl.** *ga* [snel handelend, iem. onverhoeds overvallend], vgl. **hd.** *jäh* [plotseling] (vgl. *gauw*).

gadoop [nooddoop] **middelnl.** *gadoop;* voor het eerste lid vgl. *gadood.*

Gaelisch [Keltische taal] < **eng.** *Gaelic,* van *Gael* [Schotse Kelt], van **gaelisch** *Gaidheal,* vgl. **lat.** *Gallus* [Galliër].

gaffe [flater] < **fr.** *gaffe* [oorspr. haak, bootshaak, vaarboom], tot in de 19e eeuw de betekenis flater verschijnt, een overgang die niet bevredigend verklaard is; ontleend aan **provençaals** *gaf,* dat wel van germ. herkomst is, vgl. *gaffel.*

gaffel [tweetandige stok, vork] **middelnl.** *gaf(f)el(e), gavel* [gaffel, vork], **oudsaksisch** *gafala,* **oudhd.** *gabala* (**hd.** *Gabel*), **oudeng.** *geafol;* buiten het germ. **iers** *gabul* [vork, galg], mogelijk ook **gr.** *kephalè* [hoofd], idg. verwant met *gevel → javelijn.*

gaffeler [gaffelbok] < **hd.** *Gabeler,* van *Gabel* (vgl. *gaffel*).

gag [kwinkslag] < **eng.** *gag* [oorspr. iets dat iemand in de mond werd gestopt om hem te verhinderen te praten of te schreeuwen, dan een door een acteur ingelaste passage met komisch effect], een klanknabootsende vorming, vgl. *to gag* [kokhalzen] en **nl.** *stikken van de lach,* vgl. ook *gagel².*

gaga¹ [kinds] < **fr.** *gaga* [idem], een klanknabootsende vorming, die het terugvallen in het kinderstadium suggereert.

gaga² [droog rijstveld] < **maleis** *gaga* [idem] < **javaans** *pagagan* [niet geterrasseerd, droog rijstveld].

gagaat [zwart barnsteen] **middelnl.** *gagaet → git.*

gage [loon] **middelnl.** *gage, gaye* < **fr.** *gage,* uit het germ., vgl. **gotisch** *wadi* [pand] (vgl. *wedde, wedden*).

gagel¹ [heester] **middelnl.** *gagel* [mirtedoorn], **oudhd.** *gagel,* **oudeng.** *gagel;* etymologie onbekend.

gagel² [verhemelte, tandvlees] **middelnl.** *gagel* [keel, verhemelte], **eng.** *to gag* [verstikken, wurgen], **oudnoors** *gaghals* [naar achteren gebogen hals], klanknabootsend → *gag.*

gaggelen [snateren] (1599) vgl. **eng.** *to gaggle,* **hd.** *gackeln,* evenals *kakelen, giechelen* e.d. klanknabootsende vorming, vgl. *gagel* [keel].

gahonger [geeuwhonger] voor het eerste lid vgl. *gadood,* zie verder *geeuwhonger.*

gaillard [sterke kerel] **middelnl.** *galiaert* [stout, vermetel, krachtig] < **oudfr.** *gaillard* [krachtig (de betekenis al te vrij dateert eerst van de 17e eeuw), modern fr.: flink, vrolijk, al te vrij, kerel]; daarvan *gaillarde* [flinke, wat lichtzinnige vrouw, vrolijke dans]; ongetwijfeld verwant met *galant.*

gaillarde [dans] → *gaillard.*

gaillardia [tuinsierplant] genoemd naar de 18e eeuwse Franse botanicus *Gaillard de Charontonneau.*

gaine [buikkorset] < fr. *gaine* (picardisch *gaïne, waïne*) < lat. *vagina* [in me. lat. schede, omhulling, huis], ook *gaigna* [schede voor de boog].

gajes [volk (ook pejoratief)] <**jiddisch** *gajes* hetzij <**hebr.** *gajīs* [legioen, soldaten], hetzij <**hebr.** *gojīm*, mv. van *goj* [niet-jood].

gajong, gajoeng [schepemmertje] <**maleis** *gayung* [waterschep voor het mandiën, eig. de daarvoor gebruikte halve klapperdop].

gakken [geluid van ganzen] klanknabootsende vorming, vgl. *gaggelen*.

gal[1] [bittere vloeistof] **middelnl.** *galle*, **oudnederfrankisch, oudsaksisch, oudhd.** *galla*, **oudeng.** *gealla*, **oudnoors** *gall*; buiten het germ. **lat.** *fel* [gal], **gr.** *cholè, cholos* [gal]; de idg. grondbetekenis is 'geel, groen': **lat.** *helvus* [geelbruin], **gr.** *chlōros* [helder groen, helder geel], **oudkerkslavisch** *zelenŭ* [groen], **litouws** *žalias* [groen], **oudiers** *gel* [wit], **oudindisch** *hari-* [blond], verwant met *geel, gloeien*.

gal[2] [uitwas aan planten, gezwel bij paarden] eerst in de 18e eeuw geattesteerd, maar vgl. **middelnl.** *gale* [vurige plek op de huid], **middelnd., middelhd.** *galle*, **oudeng.** *gealla* (**eng.** *gall*), **oudnoors** *galli* [gebrek], mogelijk verwant met **oudiers** *galar* [ziekte]; het is niet onmogelijk dat **lat.** *galla* [galappel] het **nl.** *gal* heeft beïnvloed.

gal[3] [kwal] vermoedelijk hetzelfde woord als *gal*[2].

gala [hoffeest, staatsiekleding] (19e eeuws) < fr. *gala* < **spaans** *gala* < **ar.** *khil'a* [eregewaad].

galactiet [melksteen] < fr. *galactite* < lat. *galactitis* < **byzantijns-gr.** *galaktikos lithos* [idem], van *gala* (2e nv. *galaktos*) [melk] + *lithos* [steen].

galactisch [m.b.t. de melkweg] < **gr.** *galaktikos* [melkachtig], van *gala* (vgl. *galaxis*).

galactorroea [melkvloed] voor het eerste lid vgl. *galaxis*, voor het tweede *gonorroea*.

galactose [melksuiker] < fr. *galactose* [idem], van **gr.** *gala* (2e nv. *galaktos*) [melk] + het lat. achtervoegsel *-osus* [vol van].

galangawortel [aromatische wortel van een plant uit de gemberfamilie] **middelnl.** *galanga, galange, galiga, galigaen* < **me. lat.** *galanga* < **byzantijns-gr.** *galagga* < **egyptisch ar.** *khalangān* < **perzisch** *khūlenjan* < **oudindisch** *kulañjana-* < **chinees** *ko liang kiang* [zachte gember uit het Ko(gebied, bij Canton)].

galant [hoffelijk] (1574) < fr. *galant* [voorkomend, minnaar] < **spaans** *galante* [galant, hoffelijk], van *galán* [knappe vent, minnaar], van *galano* [keurig, elegant], van *gala* (vgl. *gala*); volgens anderen is er samenhang met **oudhd.** *wāla* [goed], **hd.** *wohl*, **nl.** *wel*, **eng.** *well*.

galantine [vleesgerecht] (**middelnl.** *galentinen* [in gelei leggen]) < fr. *galantine*, ouder *galatine* < **me. lat.** *galatina, gelatina* (vgl. *gelatine*).

galappel [uitwas aan eikebomen] → *gal*[2].

galaxis [melkweg] < **gr.** *galaxias* [de Melkweg], van *gala* (2e nv. *galaktos*) [melk, melkweg].

galbanum [gomhars] < fr. *galbanum* < lat. *galbanus* < **gr.** *chalbanè* [moederhars] < **hebr.** *helbnā*, van *hēleb* [vet].

galei [vaartuig, geroeid door misdadigers] **middelnl.** *galeye* < fr. *galée* < **me. lat.** *galea, galia, galeia* < **byzantijns-gr.** *galea* < **klass. gr.** *galeos* [hondshaai], één van ettelijke voorbeelden dat schepen zijn genoemd naar dieren.

galengan [sawahdijkje] < **maleis** *galengan* < **javaans** *galengan*.

galeniet [loodglans] van lat. *galena* [looderts], vermoedelijk ontleend aan het etruskisch.

Galenisch [volgens de leer van Galenus] **gr.** *Galènos* [griekse arts uit de 2e eeuw na Chr.].

galerie [verkooplokaal voor moderne kunst] < fr. *galerie* (vgl. *galerij*).

galerij [zuilengang] (1574), vgl. **middelnl.** *galerie, gaelderie* < fr. *galerie*, **oudfr.** *galilée* [voorportaal] < **it.** *galleria* [zuilengang] < **me. lat.** *galeria* [voorportaal van de kerk], mogelijk genoemd naar het bijbelse *Galilea*, waar mensen woonden die het niet nauw namen met de godsdienst (Mattheus 4:15), (vgl. *galilea*).

galetzijde [de nog verspinbare afval van cocons van zijdewormen] het eerste lid < fr. *galet* [strandkei, rolletje, wieltje], **oudfr.** *gal* [kiezelsteen] < **picardisch** *galer* [rollen] < **oudnoors** *valr* [rond].

galf [barg. mes] < **hebr.** *galoph, galiph* [slacht].

galg [strafwerktuig voor ophanging] **middelnl.** *galghe*, **oudsaksisch, oudhd.** *galgo* [galg, kruis], **oudfries** *galga*, **oudeng.** *gealga* (**eng.** *gallows*), **oudnoors** *galgi*, **gotisch** *galga* [kruis]; buiten het germ. **litouws** *žalgas*, **lets** *žalga*, **armeens** *jałk* [stang].

galgant [aromatische wortel] → *galangawortel*.

galgenaas [schurk] **middelnl.** *galgenaes*; de benaming slaat op het feit, dat gehangenen vroeger wel aan de galg bleven hangen als aas voor roofvogels.

galigaan [plant] → *galangawortel*.

galilea [voorgebouw voor kerk] naar *Galilea* < lat. *Galilaea* < **gr.** *Galilaia* < **hebr.** *Haggālīl* [het district], van het ww. *gālal* [hij rolde, ontvouwde] → *galerij*.

galimatias [wartaal] < fr. *galimatias* < **modern lat.** *gallimathia* [manier van spreken van de Gallimathiërs].

galimettahout [hout van een Westindische boom] < **spaans** *galimeta*, een in Jamaica ontleend inheems woord.

galjak [breitschwanz] een inheemse benaming in Oezbekistan.

galjard [8-punts letter] genoemd naar een Franse drukker *Gaillarde*.

galjas [schip] (17e eeuws) < fr. *galéasse, galéace*, < **it.** *galeazza* [idem] < **me. lat.** *galeasia* [grote galei], van *galea* [galei].

galjetkolen [steenkool van een bepaalde grootte] < fr. *gaillette* [idem], verkleiningsvorm van *gaille* [noot] < lat. *nux gallica* [galnoot].

galjoen [zeilschip] **middelnl.** *galjoen* < **fr.** *galion* < **spaans** *galeón* [idem], van **me. lat.** *galionem*, 4e nv. van *galio* [een korte galei], reeds vóór 1200 voorkomend, van *galea* [galei].

galjoot [schip] **middelnl.** *gaillioot, galiote* [een kleine galei] < **fr.** *galiote* [idem], van **me. lat.** *galea* (vgl. *galei*).

galle [egelboterbloem] nevenvorm van *gaal*².

gallicaans [m.b.t. de zich zelfstandig opstellende Franse r.-k. kerk] < **lat.** *Gallicanus* [Gallisch], van *Gallicus* [idem] (vgl. *Gaelisch*).

Galliër [bewoner van Gallië] < **lat.** *Gallus* [Galliër] (vgl. *Gaelisch*).

gallig [schurftig] van **middelnl.** *gaele* [huiduitslag] (vgl. *gal*²).

galliseren [methode van verbeteren van wijn] genoemd naar *Gall*, die het procédé heeft ingevoerd.

gallium [chemisch element] gevormd door de ontdekker ervan, de Franse chemicus Paul Emile Lecoq de Boisbaudran, van *Gallia* [de lat. naam voor Frankrijk], met een toespeling op zijn naam *le coq* [de haan], in het **lat.** *gallus*.

gallon [inhoudsmaat] < **eng.** *gallon* < **normandisch** *galon,* naast **oudfr.** *jalon* [een vloeistofmaat], van *jale* [schaal, kom], waarvan de etymologie onbekend is, mogelijk uit het kelt..

galm [zwaar geluid] **middelnl., oudsaksisch, oudhd.** *galm,* van een ww. **middelnl.** *galen* [misbaar maken], **oudnederfrankisch** *galen,* **oudhd.** *galan* [bezweren, betoveren], **oudeng.** *galan* [zingen, roepen] (**eng.** *to yell*), **oudnoors** *gala* [schreeuwen, zingen] → *gillen*¹, *nachtegaal*.

galmei [zinkerts] **middelnl.** *cal(a)mijn, kalmijn,* echter in de huidige vorm in de 19e eeuw < **hd.** *Galmei* < **me. lat.** *calamina* (vgl. *cadmium*).

galoche [overschoen] < **fr.** *galoche* [schoen met houten zool, overschoen], mogelijk < **lat.** *gallica* [Gallische (houten) sandaal], verkort uit *solea Gallica,* (*solea* [sandaal]).

galon [koordvormig weefsel op uniformen e.d.] < **fr.** *galon,* mogelijk van *gala* (vgl. *gala*).

galop [snelle gang van paard] (1599) < **fr.** *galop,* van *galoper,* **oudfr.** (picardisch) ook *waloper,* dat middelnl. werd overgenomen als *waloppen, walopperen* [galopperen], *walop* [galop]; de fr. vormen *galoper, waloper* zijn van germ. herkomst en zijn te vergelijken met *wel lopen*, (*wel* in de betekenis goed); vgl. *garderobe* voor de wisseling van *g* en *w*.

galpen [schreeuwen] **middelnl.** *galpen, gelpen,* **oudsaksisch** *galpon* [brallen], **oudeng.** *gylpian* [toejuichen] → *galm, gelp, gillen*¹, *nachtegaal*.

galsterig [ranzig] **middelnl.** *gelsterachtig, galsterachtig* [vettig stinkend], **middelnd.** *gel* [vet], *galstrig* [ranzig], **hd.** *galst(e)rig, galstern* [ranzig worden], *Galm* [stank], *gälmerisch* [ranzig], van een basis *gal-* met de betekenis 'stinken' → *geil*.

galvanisch [m.b.t. opgewekte elektriciteit] afgeleid van de naam van de Italiaanse natuurkundige Luigi Galvani (1737-1798).

gamander [plantengeslacht] **middelnl.** *groete gamander* [akkerzenegroen], vervormd uit **lat.** *chamaedrus* < **gr.** *chamaidrus* [gamander], van *chamai* [op de grond] + *drus* [eik, boom], idg. verwant met **eng.** *tree* (vgl. *druïde, hesselteer*).

gamba, gambe [soort violoncel] < **it.** *gamba,* voor *viola da gamba* [lett. viool van het been], namelijk tussen de benen gehouden (vgl. *gambade*).

gambade [luchtsprong] < **fr.** *gambade* < **it.** *gambata* [schop], van *gamba* [been, poot] (**fr.** *jambe*) < **me. lat.** *jambe*) < **gr.** *kampè* [buiging, geleding], verwant met **lat.** *campus* [veld].

gambiet [schaakopening] < **hd.** *Gambit* < **spaans** *gambito* [idem] < **ar.** *janbī* [opzij], van *janba* [zijde], van het ww. *janaba* [hij wendde af, in de 5e vorm hij hield weg].

gambir [Indisch heestergewas, afkooksel hiervan] < **maleis** *gambir*.

gambohennep [bastvezel van bepaalde plant] het eerste lid is **it.** *gambo* [been (van letter), stengel, steel, halm], naast *gamba* [haal (aan letter), been, poot] (vgl. *gamba, gambade*).

game [spel] < **eng.** *game* < **oudeng.** *gamen, gomen* [sport, spel, vermaak], **oudfr.** *game, gome,* **oudsaksisch, oudhd.,** **oudnoors** *gaman* [vermaak], **gotisch** *gaman* [medemens, gezel], **middelnl.** *game* [spot] → *backgammon, gemelijk*.

gameet [voortplantingscel] < **gr.** *gametè* [gemalin], *gametès* [echtgenoot], *gamein* [huwen].

gamel [eetketeltje] < **fr.** *gamelle* [eetketel, officierstafel] < **spaans** *gamella* [idem] < **lat.** *camella* [drinkschaal], verkleiningsvorm van *camera* (vgl. *camera*).

gamelan [stel muziekinstrumenten] < **maleis** *gamelan* < **javaans** *gamelan*.

gamelle [gemeenschappelijke tafel van scheepsofficieren] → *gamel*.

gamin [kwajongen] < **fr.** *gamin* [kwajongen, eig. hulpje van een arbeider], etymologie onbekend.

gamma [Griekse letter] < **gr.** *gamma* < **hebr.-fenicisch** *gīmel* [kameel]; de letter had oorspr. de vorm van de nek van een kameel.

gammel [wrak, vervallen] **middelnl.** *gamel* [oud (gezegd van haring)], **oudhd.** *gamal,* **oudeng.** *gamol,* **oudnoors** *gamall;* idg. verbindingen zijn twijfelachtig, waarmee de etymologie onzeker blijft.

gamogenesis, gamogenese [geslachtelijke voortplanting] gevormd van **gr.** *gamos* [huwelijk] + *Genesis*.

gamonen [zaadcel activerende stoffen] gevormd van **gr.** *gamos* [huwelijk].

gander [mannetjesgans] nevenvorm van *gent* en evenals het trefwoord afgeleid van de stam van *gans*¹.

gang¹ [loop, doorloop] niet afgeleid van *gaan,* maar van een ww. dat daarnaast stond **middelnl.** *ganghen* naast *gaen* → *gang*².

gang² [bende] < **eng.** *gang* < **oudeng.** *gang* [het gaan, tocht], van *gangan* [gaan] → *gang* ¹.

ganglion [zenuwknoop, peesknoop] < **gr.** *gagglion* [idem] < **hebr.** *galgal* [iets ronds, wiel], van *gālal, gilgēl* [rollen].

ganglioom [gezwel van zenuwcellen] gevormd van **gr.** *gagglion* (vgl. *ganglion*) + het achtervoegsel *-ōma* [ziekelijke woekering], als in *lymfoom, sarkoom*.

gangreen [koudvuur] < **fr.** *gangrène*, **me. lat.** *gangraena* [idem] < **gr.** *gaggraina* [kanker], van *gran* [wegvreten], verwant met *gastèr* [maag, buik] (vgl. *gastronomie*).

gangster [bendelid] < **eng.** *gangster*, van *gang* [bende] (vgl. *gang²*) + het achtervoegsel *-ster*, dat de bedrijvende persoon aangeeft en vaak een wat ongunstige betekenis heeft, evenals het **lat.** *-aster*, vgl. **eng.** *spinster* [oude vrijster], **lat.** *poetaster* [dichter (pejoratief)].

Ganimedes [schenker] < **gr.** *Ganumēdes*, van *ganumai* [ik straal, verheug me] + *mèdos* [schaamdeel]; de mythe van de jonge, wonderbaarlijk schone Ganimedes, die door Zeus naar de Olympus werd gebracht en als schenker aangesteld, is in de Oudheid aangevoerd als excuus voor pederastie.

gannef [dief] < **jiddisch** *ganef* < **hebr.** *gannab* (moderne uitspraak *gannav*).

gans ¹ [zwemvogel] **middelnl.**, **oudhd.** *gans*, **middelnd.** *gans, gōs*, **oudeng.** *gōs* (**eng.** *goose*), **oudnoors** *gās*; buiten het germ. **lat.** *anser*, **gr.** *chèn*, **oudiers** *geiss* [zwaan], **oudindisch** *hamsa-* [gans].

gans² [geheel] **middelnl.** *gantz, gans, gants(ch)* [gezond, genezen, in zijn geheel, volkomen] < **oudhd.** *ganz*, waarvan de etymologie onzeker is.

ganzerik ¹ [mannetjesgans] < **hd.** *Gänserich*, sedert 1555 bekend, vgl. *Enterich* [woerd, mannetjeseend].

ganzerik² [roosachtig plantengeslacht] (1554) **middelnl.** *grensinc*, **middelnd.** *grensink*, **hd.** *Gänserich*, ouder *grenserich*, **oudhd.** *grensinc*, te verbinden met **oudhd.** *grans* [bek, snavel], waarna een verband is gelegd met *gans*, vgl. **fr.** *bec d'oie* [ganzebek], **it.** *piè d'oca*.

gapen [de mond wijd openen] **middelnl.**, **middelnd.** *gapen*, **middelhd.** *gaffen*, **oudnoors** *gapa*; buiten het germ. **oudindisch** *hāphikā* (alleen in inheemse lexica), klanknabootsend [het gapen]; het woord is op enige afstand verwant met *geeuwen* (vgl. *geest²*).

gaplek [gedroogde cassave] < **maleis** *gaplek*.

gappen [stelen] via jiddisch < **pools** *chapač* [grijpen].

gaps [handvol] eerst genoteerd bij Kiliaan, eig. de holle hand, behoort bij *gapen*, d.i. openstaan.

garage [autostalling] < **fr.** *garage*, van *garer* [bergen, opbergen], uit het germ., vgl. *bewaren*.

garamond [lettersoort] genoemd naar de Franse lettergieter *Claude Garamont* († 1561).

garancine [verf uit meekrap] < **fr.** *garancine*, van *garance* [meekrap] < **me. lat.** *warantia* [idem], dat uit het germ. stamt.

garanderen [waarborgen] van **middelnl.** *garant* [borg, borgtocht] < **fr.** *garantir*, gevormd van het teg. deelw. van een germ. ww., vgl. *waarborg*.

garantie [waarborg] < **oudfr.**, **fr.** *garantie*, van *garantir* (vgl. *garanderen*).

garce [meid, snol] < **fr.** *garce*, vr. vorm van *garçon* (vgl. *garçon*).

garçon [vrijgezel] < **fr.** *garçon* [jongen, vrijgezel, knecht, kelner], **oudfr.** *gars* [soldaat, huurling, jongen, knecht], uit het germ., vgl. **middelnl.** *recke* [banneling, avonturier, rondzwervend krijger, woesteling, held], **oudsaksisch** *wrekkio*, **oudhd.** *recke* [balling] (**hd.** *Recke* [krijgsheld]), **oudeng.** *wrecca* [banneling, vreemdeling, stakker] (**eng.** *wretch* [stakker]), van dezelfde basis als *wreken* en *wrak* ¹.

gard, garde [strafwerktuig, roe] **middelnl.** *ga(e)rde, ge(e)rde, gaert* [tak, twijg, stok, roede], **oudnederfrankisch** *gerda*, **oudsaksisch** *gerdia*, **oudhd.** *gartea* (**hd.** *Gerte*), **oudfries** *jerde*; buiten het germ. **lat.** *hasta* [stengel, stang, lans], **middeliers** *gat* [wilgetwijg].

garde [keurbende] **middelnl.** *gaerde* [wachter, lijfwacht] < **fr.** *garde*, van *garder* [bewaren, passen op, beschermen], uit het germ., vgl. **middelnl.** *waerden* [waken over, behoeden] (vgl. *deurwaarder*).

gardenia [plantengeslacht] genoemd naar de Amerikaanse botanicus *Alexander Garden* (1730?-1791).

gardenier [landarbeider die iets verbouwt op een gehuurd stukje grond] **middelnl.** *gaerdeniere* [tuinman], het eerste lid is *gaard*.

garderobe [voorraad kleren, vestiaire] < **fr.** *garderobe*, van *garder* [bewaren, behoeden], uit het germ., vgl. *(deur)waarder* + *robe* [japon, tabberd, eig. veroverde wapenrusting], uit het germ., vgl. *roven*; een oudere ontlening, in dit geval aan het picardisch, is **middelnl.** *waerderobe, waerderibbe, waerderebbe, waerderuebe* [kleedkamer, wat tot de kleding behoort, benodigdheden voor de provisiekamer, geheim gemak]; vgl. *galop* voor de wisseling tussen *g* en *w* in oudfr..

gardiaan [overste van franciscanen- of kapucijnenklooster] < **me. lat.** *g(u)ardianus* [opzichter], uit het germ., vgl. *(deur)waarder*.

gardoe [wachthuisje] < **maleis** *gardu* < **portugees** *guardo, guarda* [wachtpost], van *guardar* [bewaken] (vgl. *garde*).

gareel [halsjuk] **middelnl.** *gor(r)eel, gareel* < **oudfr.** *goherel, joherel* [idem], teruggaand op **lat.** *iugum* [juk], daarmee idg. verwant.

garen ¹ [draad] **middelnl.** *garn, gaern, garen*, **middelnd.**, **oudhd.** *garn*, **oudeng.** *gearn* (**eng.** *yarn*), **oudnoors** *görn* [darm], *garn* [draad]; buiten het germ. **lat.** *hirae* [ingewanden], **gr.** *chordè* [(darm)snaar], **oudindisch** *hirā* [ader], *hira-*

garen — gast

[band]; darmen zijn blijkbaar het oudste naaimiddel.

garen² [verzamelen] **middelnl.** *gaderen,* **middelhd.** *gatern,* **oudfries** *gaderia,* **oudeng.** *gaderian;* samengetrokken uit **middelnl.** *gaderen,* van *gader* [tegader], van *gade.*

gareren [op een zijspoor brengen, in de garage brengen] < **fr.** *garer* [idem] (vgl. *garage*).

garf, garve [schoof] **middelnl.** *garve, garwe* [idem], met metathesis van *r* van *grabben, grobben* [grijpen], vgl. het intensivum *grabbelen.*

gargantuesk [overdadig in spijs en drank] genoemd naar de hoofdpersoon *Gargantua* in Rabelais' *La vie inestimable du grand Gargantua.*

gargouille [waterspuwer] **middelnl.** *gargoel, garyolen, gargolen* < **fr.** *gargouille,* een klanknabootsende vorming, waaraan ook *gorgelen* ontleend is, mogelijk o.i.v. **oudfr.** *goule* (**fr.** *gueule*) [keel].

garibaldi [dophoed] genoemd naar de Italiaanse vrijheidsstrijder *Giuseppe Garibaldi* (1807-1882).

garimpeiro [ongeautoriseerde goud- of diamantzoeker in Brazilië] < **portugees** *garimpeiro,* vervorming van *grimpeiro,* van *grimpar* [in verzet komen, tegenstribbelen], vgl. **fr.** *grimper* [klimmen], genasaleerde vorm van *gripper* [grijpen], uit het germ., vgl. *grijpen.*

garm, germ [ooi die nog niet gelammerd heeft] etymologie onbekend.

garmond → *garamond.*

garnaal [schaaldiergeslacht] **middelnl.** *garnate, geernaert, gernaet,* etymologie onzeker. Men heeft gemeend, dat het stamt van **lat.** *granatum* [granaatappel] (op grond van overeenkomst in kleur), van een persoonsnaam *Geernaert* en, wat het meest geloofwaardig lijkt, men heeft een verband gelegd met **middelnl.** *graen, grane, gerne* [snor], **oudhd.** *grana,* **oudeng.** *granu,* **oudnoors** *grǫn* [idem], vgl. **me. lat.** *granus, grana* [baard, haarvlecht], mogelijk verwant met **bretons** *grann* [wenkbrauw], **oudkerkslavisch** *granĭ* [hoek, punt], in welk geval het dier is genoemd naar zijn opvallende sprieten.

garnaat [hondefok] vgl. *karnaatje* [takel], etymologie onbekend.

garneren [versieren] < **fr.** *garnir* [van het nodige voorzien, opvullen, opwerken, garneren], uit het germ., vgl. **middelnl.** *waernen* [van het nodige voorzien, uitrusten] (vgl. *garnizoen*).

garnier, gernier [beplanking van stortgoederen] **middelnl.** *grenier, gernier* [graanzolder] < **fr.** *grenier* [graanzolder, pakhuis, zolder] < **lat.** *granarium* [plaats waar men het graan opslaat], van *granum* (vgl. *graan*).

garnisair [ingelegerde soldaat] < **fr.** *garnisaire,* van *garnir* (vgl. *garnizoen*).

garnituur [garneersel] < **fr.** *garniture,* van *garnir* (vgl. *garneren*).

garnizoen [legerafdeling, bezetting] **middelnl.** *wa(e)rnisoen* [versterking, fort], *warisoen* [versterking, fort, bezetting], *garnisoen* [voorraad, krijgsvoorraad, garnizoen, bezetting], vgl. *waernen* [van het nodige voorzien, uitrusten, beschermen, in staat van tegenweer brengen, bewaken], **oudfr.** *warison, garison* [verdediging, bescherming, garnizoen, voorziening], van *garir* [beschermen, verdedigen], naast *garnison* [verdediging, voorziening, bevoorrading, vesting], van *garnir* (vgl. *garneren*); de woorden zijn dooreen gelopen, zodat naast **nl.** *garnizoen* in het **eng.** *garrison* kon ontstaan.

garoe [blaartrekkend middel van garoebast] < **maleis** *garu, gaharu* [een boomaloë].

garoeda [fabelachtige vogel] < **oudindisch** *garuḍa-* [rijdier van de god Vishnu].

garre, gerre [kier] **middelnl.** *kerre* in *akerre, akèr, aenkerre* [op een kier (van deur)] → *kier.*

garrotteren [wurgen] < **spaans** *garrote* [wurgstok, wurgpaal], vgl. **fr.** *garrotter* [met een spanstok aanhalen], **oudfr.** *garrot* [hout van een pijl, pijl], etymologie onbekend.

gars [landmaat] hetzelfde woord als *gras,* **middelnl.** *gras, gars* [gras, grasveld, een landmaat] → *gras.*

garstig [ranzig] **middelnl.** *gar(d)stich, gerstich,* naast *garst,* **middelnd.** *garstich,* **middelhd.** *garstig,* naast **middelnd., middelhd.** *garst* [ranzig], **oudnoors** *gerstr* [bitter], **litouws** *grasa* [afkeer], **armeens** *garšim* [verafschuw], **tochaars** *kras* [doen schrikken].

garve → *garf.*

gas¹ [stof zonder eigen vorm of volume] het woord is bedacht door de Vlaming Jan Baptist van Helmont (1579-1644) en geïnspireerd op **gr.** *chaos,* dat sedert Paracelsus gebruikt werd voor lucht (vgl. *chaos*).

gas² [straat] **oostmiddelnl.** *gas(se)* < **hd.** *Gasse,* **oudhd.** *gaz(z)a,* **oudnoors** *gata,* **gotisch** *gatwo.*

Gascogner [bewoner van Gascogne] < **fr.** *Gascon* [idem] < **lat.** *Vasco* [Bask]; in **spaans** *Vasco* wordt de *v* uitgesproken als *b.*

gasconnade [snoeverij] < **fr.** *gasconnade,* van *Gascon* (vgl. *Gascogner*); Gascogners golden als snoevers → *kaskenade.*

gasjewijne → *asjeweine.*

gasoline [petroleumether] < **eng.** *gasoline,* gevormd van *gas* [gas] + *-ol* (< **lat.** *oleum* [olie]) + het chemische achtervoegsel *-ine.*

gaspeldoorn, gaspeldoren [heester] het eerste lid is een verkleiningsvorm van **middelnl.** *gaspe* [haak, gesp] (vgl. *gesp, gespelen*); in de vroege middeleeuwen werden doorns gebruikt als sluiting van kleding.

gasser [varken, spek] < **jiddisch** *gasser* < **hebr.** *chazōr* [varken, varkensvlees, spek].

gassie [muts, pet] < **hebr.** *mechūsēh* [bedekt].

gast¹ [bezoeker] **middelnl.** *gast* [vreemdeling, gast, gastheer, vijand], **oudsaksisch, oudhd.** *gast,* **oudfries** *jest,* **oudeng.** *giest,* **oudnoors** *gestr,*

gotisch *gasts* [vreemdeling, gast]; buiten het germ. **lat.** *hostis* [vreemdeling, vijand], *hospes* [gast], **oudkerkslavisch** *gostĭ* [gast].

gast[2] [viertal (van eieren, garven)] **middelnl.** *garst, gast,* mogelijk met uitvallen van de *r* van *garst* [gerst] (vgl. *gerst*).

gastereren, gastreren [een gastmaal houden] gevormd van **gr.** *gastèr* [maag, veelvraat].

gastricisme [maagcatarre] → *gastritis.*

gastrilogie [buiksprekerskunst] gevormd van **gr.** *gastèr* (2e nv. *gastros*) [maag, buik] + *logos* [gesproken woord, verhandeling].

gastrisch [m.b.t. de spijsvertering] gevormd van **gr.** *gastèr* (2e nv. *gastros*) [maag, buik].

gastritis [ontsteking van maagslijmvlies] gevormd van **gr.** *gastèr* (2e nv. *gastros*) [maag].

gastronomie [hogere kookkunst] < **fr.** *gastronomie,* gevormd van **gr.** *gastèr* (2e nv. *gastros*) [maag, buik] + *nomos* [gewoonte, wijze, wet], idg. verwant met **nemen.**

gastrula [embryonaal stadium] < **lat.** *gastrula,* verkleiningsvorm van *gaster* < **gr.** *gastèr* [buik].

gat [opening] **middelnl.**, **oudsaksisch** *gat,* **oudfries** *jet,* **oudeng.** *geat* [deur, poort], **eng.** *gate,* **oudnoors** *gat* [hol]; verbindingen buiten het germ. blijven onzeker, mogelijk verwant met **gr.** *chodanos* [achterste], **oudindisch** *hadati* [hij schijt].

gats [ranzig] vgl. **middelnl.** *gast* en **nl.** *garstig,* met uitstoting van *r* ook *gastig.*

gatsometer [snelheidsmeter] genoemd naar de uitvinder ervan, de autocoureur *Maus Gatsonides.*

gaucherie [gebrek aan goede manieren] < **fr.** *gaucherie,* van *gauche* [scheef, onhandig, links], *gauchir* [uitwijken, krom trekken], uit het germ., vgl. **hd.** *wanken* [wankelen, waggelen], **middelnl.** *wanken* [onvast staan, doen wankelen], *wanc* [het heen en weer gaan, afwijken van de rechte weg, onvastheid, valsheid]; vgl. *galop* en *garderobe* voor de verhouding van *g* en *w.*

gaucho [gekleurde koeherder] < **spaans** *gaucho* < **creools** van het Río de la Plata-gebied *gaucho,* mogelijk < **quechua** *wahcha* [arm, behoeftig, wees].

gaufreren [plooien inpersen] < **fr.** *gaufrer,* van *gaufre* [wafel, opgedrukte figuur] < **middelnl.** *wafel, wafer* (vgl. *wafel*).

gauge [standaardmaat] < **eng.** *gauge* < **noordelijk oudfr.** *gauge,* naast **normaal oudfr.**, **fr.** *jauge* [maatstok, pijlstok, maat], uit het germ., vgl. *galg.*

gauw [snel, spoedig] **middelnl.** *ga, gauw;* de eerste vorm is de oorspronkelijke, vgl. **oudhd.** *gahi* [snel] (**hd.** *jäh*); de vorm *gauw* ontstond o.i.v. *blauw* en *grauw;* het woord komt op een beperkt germ. gebied voor en verband met andere idg. talen is twijfelachtig.

gauwdief [geslepen dief] **middelnl.** *gauwedief;* van *gauw* [snel] + *dief.*

gave [al wat gegeven wordt] ook *gaaf,* **middelnl.**, **middelnd.** *gave,* **middelhd.** *gabe,* **oudnoors** *gafa,* naast **middelnl.** *geve,* **oudnederfrankisch** *gĕva,* **oudsaksisch** *gĕba,* **oudhd.** *gĕba,* **oudfries** *jĕve,* **oudeng.** *giefu,* **oudnoors** *gjǫf,* **gotisch** *giba,* beide gevormd van **geven,** maar van verschillende ablautsvormen.

gaviaal [snavelkrokodil] < **fr.** *gavial,* verbasterd uit **hindi** *ghaṛiyāl.*

gavotte [dans] < **fr.** *gavotte* < **provençaals** *gavoto,* de dans van de *gavot* [spotnaam voor een bergbewoner] < **oudprovençaals** *gava* [kropgezwel (een daar vroeger veel voorkomende kwaal)], van vóór-lat. herkomst.

gay [homoseksueel] < **eng.** *gay* [vrolijk, fleurig, in slang homofiel] < **fr.** *gai* [levendig, vrolijk], uit het germ., vgl. **oudhd.** *gahi* [snel, onstuimig] (**hd.** *jäh*) (vgl. *gauw*).

gazan [joods voorzanger] → *chazan.*

gazel, gazelle [zoogdier] < **fr.** *gazelle* < **spaans** *gacela* [idem] < **ar.** *ghazāl,* bij het ww. *ghazala* [hij deed verliefd, maakte het hof] → *ghazel.*

gazet [krant] < **fr.** *gazette* [idem] < **it.** *gazzetta* [een kleine Italiaanse munt, voor het eerst in 1539 geslagen, ter waarde van twee soldi, ook in de 19e eeuw aangemunt, de prijs van een krantje] (vgl. *stuiversblad*), van **lat.** *gaza* [schatkamer, rijkdom] < **gr.** *gaza* [koninklijke schat] < **perzisch** *ganj* [schat].

gazeus [koolzuurhoudend] < **fr.** *gazeux* [gasachtig], van *gaz* [gas].

gazon [onderhouden grasveld] < **fr.** *gazon,* uit het germ., vgl. **verouderd zuidduits** *Wasen* [gazon], **middelnl.** *wase, waes* [begroeide aardkorst].

ge → *gij.*

ge- [voorvoegsel] **middelnl.** *ge-,* **oudnederfrankisch, oudsaksisch, oudeng.** *ge-, gi-,* **oudhd.** *gi-, ga-,* **oudfries** *ge-, gi-, (j)e-, i-,* **gotisch** *ga-,* **oudnoors** *g-* (in verstarde samenstellingen. Overigens vallen in het oud-noors de voorvoegsels weg). De oorspr. betekenis is 'samen', vermoedelijk verwant met **lat.** *cum, com, co(n),* hoewel de anlaut moeilijkheden oplevert, mogelijk echter werd deze in de doorlopende rede als inlaut behandeld. Toen de betekenis verbleekte kreeg *ge-* de functie om de voltooiing der handeling uit te drukken, vandaar het gebruik in verleden deelwoorden: *gegeven, gedragen;* daarnaast werd *ge-* gebruikt ter vorming van possessieve samenstellingen, verder voor de vorming van verbaalabstracta: *gepraat;* door toevoeging van *ge-* en achtervoeging van *-te* werden collectieven gevormd: *gebeente, gebergte, gesteente.*

geaccidenteerd [ongelijk (van bodem)] van **fr.** *accidenté* [idem], van *accident* [ongeluk, toevallige vorm, oneffenheid], van **lat.** *accidere* (teg. deelw. *accidens,* 2e nv. *accidentis*) [neervallen], van *ad* [naar, tot] + *cadere* (in samenstellingen *-cidere*) [vallen].

geacheveerd [zorgvuldig afgewerkt] van **fr.** *achevé* [idem], verl. deelw. van *achever* [oorspr. tot een

geaffaireerd — gedebaucheerd

eind brengen], van **oudfr.** *a chief* [tot het eind] < **lat.** *caput* [hoofd, uiteinde], vgl. **spaans** *llevar a cabo* [idem].

geaffaireerd [bedrijvig] van **fr.** *s'affairer* [druk in de weer zijn], *affairé* [druk], van *affaire* (vgl. **affaire**).

geaffecteerd [gekunsteld] van **fr.** *affecté* [idem], verl. deelw. van *affecter* [doen alsof] < **lat.** *affectare* (vgl. **affectatie**).

geaffideerde [vertrouweling] van **fr.** *affidé* [idem] < **it.** *affidato*, verl. deelw. van *affidare* [toevertrouwen] < **me. lat.** *affidere* [idem], van **klass. lat.** *ad* [tot, naar] + *fidere* [vertrouwen op], van *fides* [vertrouwen], idg. verwant met **bidden**.

geaggregeerd [toegevoegd] → **aggregeren**.

gealiëneerd [waanzinnig] van **fr.** *aliéné* [idem], verl. deelw. van *aliéner* [vervreemden, verbijsteren] < **lat.** *alienare* [in de macht van een ander brengen, ontvoeren], *alienare mentem* [(de geest) verbijsteren], van *alienus* [een ander toebehorend, vreemd], idg. verwant met **elders**.

geallieerden [bondgenoten] van **fr.** *allier* (vgl. **alliage**).

gearing [versnelling] < **eng.** *gearing*, van *to gear* [tuigen], van *gear* [uitrusting, inrichting, instrument, ouder ook harnas], vgl. **middelnl.** *gaer* [wapenrusting], **oudnoors** *gervi* [kleding], naast **oudhd.** *garawen*, *gariwen*, **oudeng.** *gearwian* [gereedmaken] (vgl. **gaar**).

gebaar [beweging van het lichaam, geste] **middelnl.** *gebare, gebere, gebaert, geberte* [gedrag], **oudsaksisch, oudhd.** *gibari*, **oudeng.** *gebǣre* [wijze van doen]; van **middelnl.** *baren, beren* [zich gedragen, oorspr. dragen] (vgl. **baren**[1]).

gebang [soort van waaierpalm] < **maleis** *gebang*.

gebbe [schepnet aan gaffel] (1750), verwant met **gaffel**.

gebbetje [grapje] van *gabben* (vgl. **gabberen**).

gebed [het bidden] **middelnl.**, **oudnederfrankisch** *gebet*, **oudsaksisch** *gibed*, **oudhd.** *gibet*, **oudeng.** *gebed*; afgeleid van **bidden**.

gebeente [het beendergestel] **middelnl.** *gebeente*, **middelnd.** *gebente*, **middelhd.** *gebeinde*, naast **middelnl.** *gebeine*, *gebeen*, **oudhd.** *gibeini* (hd. *Gebein*); van **ge-** + *been* [bot] + *-te*.

gebeid [op bessen overgehaald (van jenever)] van *bei*[1] [bes].

gebeuren [voorvallen] **middelnl.** *geboren, gebueren, gebeuren* [iemand ten deel vallen, gebeuren, betamen], **oudsaksisch, oudhd.** *giburian*, **oudeng.** *gebyrian*; van **middelnl.** *boren, bueren* [beuren, optillen] (vgl. **beuren**).

gebied [streek waarover een macht heerst] **middelnl.** *gebiet* [bekendmaking, bevel, rechtsgebied], van **gebieden**.

gebieden [(als heerser) bevelen] **middelnl.** *gebieden* [afkondigen, verordenen, bevelen geven, heersen], samenstelling van **bieden**.

gebint, gebinte [samenstel van balken] **middelnl.**

gebint, gebent [bundel, verband, dwarsbalk, balkwerk], **middelnd.** *gebinde* [balkwerk], **middelhd.** *gebinde* [band], collectief van *bint*[2], gevormd met **ge-** + *-te*.

gebit [geheel van tanden en kiezen] **middelnl.** *gebet, gebit* [toom], **middelnd.** *gebit* [idem], **middelhd.** *gebiz* [bijten, tandenknarsen]; van **bijten**.

geblaseerd → *blasé*.

gebod [het bevolene] **middelnl.** *gebot* [bekendmaking, aanbod, oproeping, macht, gebied], **oudnederfrankisch** *gebot* [voorschrift], **oudsaksisch** *gibod*, **oudhd.** *gibot*, **oudfries** *(land)bod*, **oudeng.** *bod;* afgeleid van **bieden**.

geboorte [het ter wereld komen] **middelnl.** o.m. *gebort(e), geboorte*, met achtervoegsel *-te* als in *beroerte*, vgl. **oudsaksisch** *giburd*, **oudhd.** *giburt*, **oudfries** *berd*, **oudeng.** *gebyrd* (**eng.** *birth*); de lange vocaal van geboorte o.i.v. de *r* en van *geboren*, verl. deelw. van **baren**[1], dat vroeger een sterk ww. was. Buiten het germ. **lat.** *fors* [toeval], **iers** *brith* [het baren].

gebrek [gemis, kwaal] **middelnl.** *gebrec, gebrece*, van *gebrecen* [iets stuk breken, stuk gaan, schorten, in gebreke blijven], van **ge-** + **breken**.

gebroeders [broers] **middelnl.** *gebroeder*, **oudsaksisch** *gibrothar*, **oudhd.** *gibruoder*, **oudeng.** *gebroðer;* collectief bij **broeder**, gevormd met **ge-**.

gebrouilleerd [in onmin zijnde] van **fr.** *brouillé*, verl. deelw. van *brouiller* (vgl. **brouillon**).

gebruiken [zich bedienen van] **middelnl.** *bruken, gebruken* [genieten van (vooral liefde), iemands omgang genieten, gemeenschap hebben met (b.v. God, thans een meisje 'gebruiken'), gebruik maken van], **oudsaksisch** *brukan*, **middelnd.** *(ge)bruken*, **oudhd.** *(ga)bruhhan*, **oudfries** *bruka*, **oudeng.** *(ge)brucan*, **gotisch** *brukjan;* buiten het germ. **lat.** *frui* [genieten van], *fructus* [vrucht].

gebuisd [gesjeesd] verl. deelw. van *buizen*[3].

gechantourneerd [met orgelbogen] van **fr.** *chantourner* = *tourner le chant* [uithollen, uitsnijden], van *chant* [smalle kant] (vgl. **kant**) + *tourner* (vgl. **tournee**).

gecorseerd [vol (van wijn)] van **fr.** *corsé* [idem], verl. deelw. van *corser* [krachtig maken, 'body' geven], van *corps* < **lat.** *corpus* [lichaam].

gedaante [uiterlijk] **middelnl.** *gedaente*, van *gedaen*, verl. deelw. van **doen** en vervolgens bn. met de betekenis 'een zekere gedaante hebbend'.

gedachte [het nadenken, idee] **middelnl.** *gedacht(e);* afgeleid van **denken** (dacht, gedacht).

gedagis [inlichting, waarschuwing] < **jiddisch** *gadagat* [hete koorts], *iem. 't gedagis inschmuzen* [met drogredenen ompraten].

gedebaucheerd [ontuchtig] van **fr.** *débauché* [losbandig], verl. deelw. van *débaucher* [losbandig maken, tot ondeugd verleiden, eig. iemand van zijn werk houden], **oudfr.** *desbochier* [het werk staken], **me. fr.** *soi desbochier* [zich amuseren], vgl. **provençaals** *beziga* [braak liggend veld], **portugees** *bouça, boiça* [idem]; van kelt. herkomst.

gedeelte [deel] **middelnl.** *gedeel, gedeelte,* afgeleid van *gedelen* [onderling verdelen], van *delen* [delen].

gedefereerde [die door de tegenpartij tot een eed is verplicht] → *deferentie.*

gedegen [goed doordacht, zuiver (van metalen)] **middelnl.** *wel gedegen* [gezond van lijf en leden, voortreffelijk], eig. het verl. deelw. van *(ge)dien* (vgl. *gedijen*).

gedeisd → *deizen.*

gedepraveerd [zedelijk bedorven] van **fr.** *dépravé* [idem], verl. deelw. van *dépraver* < **lat.** *depravare* [verdraaien, misvormen, bederven], van *pravus* [krom, mismaakt, verkeerd].

gedijen [voorspoedig groeien, welvaren] **middelnl.** *dien, dijen, gedien* (verl. deelw. *gedeghen*) [groeien en bloeien, toenemen in omvang], **oudnederfrankisch** *thion* [overvloedig zijn], **oudsaksisch** *(gi)thihan,* **oudhd.** *(gi)dihan,* **oudeng.** *gedheon,* **gotisch** *þeihan* [gedijen]; buiten het germ. o.m. **oudiers** *techt* [gestold]; **litouws** *tankus* [dicht], **oudindisch** *tanakti* [hij doet, laat stremmen]; vermoedelijk is de laatste betekenis de oorspronkelijke en dik worden daarvan afgeleid.

geding [rechtszaak] **middelnl.** *gedinge, gedinc* [rechtsgeding, verdrag] (vgl. *ding*).

gedistingeerd [voornaam] van **fr.** *distingué* [idem], verl. deelw. van *distinguer* < **lat.** *distinguere* [onderscheiden], van *dis-* [uiteen] + *-stinguere* [steken, prikken], idg. verwant met *steken.*

gedogen [dulden] **middelnl.** *gedogen* [verduren, dulden], ook *dogen* [lijden, gedogen], behoort bij **deugen.**

gedrag [wijze van doen] **middelnl.** *gedrach* [gedrang, bedrag, beloop], *gedrage* [toestand, positie], gevormd van *zich gedragen,* dat evenals *gedrag* zijn huidige betekenis eerst in het nieuwnl. kreeg.

gedragen [zich gedragen, handelen, doen] **middelnl.** *gedragen* [dragen, verdragen, bedragen, intransitief zich richten, wederkerend, in een bepaald geval naar iem. verwijzen], in de huidige betekenis eerst nieuwnl..

gedrocht [monster] **middelnl.** *gedroch* [bedrog, spook], *gedrocht(e)* [spookverschijning], van **bedriegen.**

geducht → *duchten.*

geduld [lijdzaamheid, volharding] **middelnl.** *gedout* en (naar de gebogen nv.) *gedult,* **oudnederfrankisch** *gethult,* **oudsaksisch** *githuld,* **oudhd.** *gidult,* **oudeng.** *geðyldu,* gevormd van **dulden.**

gedwee [onderworpen] **middelnl.** *gedwade,* en met umlaut *gedwede, gedwee* [mak, zachtzinnig, gedwee], **middelnd.** *getwede,* **oudhd.** *gidwadi,* waarschijnlijk ablautend naast **gotisch** *þiuþ* [het goede], verwant met **gotisch** *þiuda* [volk] (vgl. *Duits, Diets*).

geel [kleur] **middelnl.** *geel* (en naar de verbogen nv. *gelu*), **oudsaksisch** *gelu,* **oudhd.** *gelo,* **oudeng.** *geolu* (**eng.** *yellow*); buiten het germ. **gr.** *chloros* [geelgroen]; nauw verwant met *gal* [1].

geeltje [barg., biljet van ƒ 25,-] zo genoemd naar de kleur van het biljet, dat vroeger geel was.

geelwortel [plant] zo genoemd omdat de wortel na het drogen (voor medicinale doeleinden) geel wordt.

geelzucht [ziekte] **middelnl.** *geelsucht;* van **geel** + *zucht* [2].

geen [niet een] **middelnl.** *negeen, engeen, egeen, geen,* **oudsaksisch** *nigēn,* **oudhd.** *nihhein;* samengesteld uit een eerste ontkennend lid, vgl. **noch** + **één.**

-geen [achtervoegsel met de betekenis voortbrengen en voortgebracht] in de eerste betekenis gevormd door de Franse chemicus Antoine-Laurent de Lavoisier (1743-1794) als *-gène* < **gr.** *-genès* [geboren uit], van *gennan* [voortbrengen] (vgl. **genus, Genesis**).

geenszins [in genen dele] **middelnl.** *geenssins* (vgl. **zin**).

geep [zeevis] (1599); waarschijnlijk afgeleid van het ww. **middelnl.** *gipen* [een open mond hebben], *gapen ende gipen* [snakken]; de vis heeft een opvallend lange, snavelachtige bek, waarvan de onderkaak vóór de bovenkaak uitsteekt.

geeps [ziekelijk bleek] etymologie onzeker, wel verwant met *kwaps, kwips.*

geer [1] [spits toelopende lap kleding of grond] **middelnl.** *gere* [schuin toelopend pand van kleding, spits toelopend stuk grond], ontwikkeld uit de betekenis 'spies, pijl', zoals in het tweede lid van **elger.**

geer [2] [zevenblad] < **nl.** *gerardskruid.*

geerde [touw om gaffel vast te zetten] vgl. **middelnl.** *darmgerde* [buikriem van paard], bij Kiliaan *gaerde* [schoot], **hd.** *Gehrde,* **gotisch** *gairda* [gordel].

geers [landmaat] **middelnl.** *gras, gars, gaers, geers* [gras, een landmaat] → *gras.*

geertelse [mannetje van de giervalk] het eerste lid *geer* is verkort uit *geervalk* (vgl. **giervalk**); het tweede is verkort uit **fr.** *tiercelet (de gerfaut),* **oudfr.** *terçuel,* verkleiningsvorm van **lat.** *tertius* [derde]; het mannetje is een derde kleiner dan het vrouwtje.

geervalk nevenvorm van **giervalk.**

geest [1] [ziel, onstoffelijk wezen] **middelnl.** *geest,* **oudsaksisch** *gēst,* **oudhd.** *geist,* **oudfries, oudeng.** *gāst* (**eng.** *ghost*); buiten het westgerm. zijn verwant **gotisch** *usgeisnan* [verschrikken], **oudnoors** *geiskafullr* [vervuld van schrik]; de betekenisontwikkeling zal van schrikaanjagend, geestverschijning tot ziel zijn gegaan, waarbij het oude woord voor het nieuwe christelijke begrip *spiritus* is gebruikt.

geest [2] [grond] middelnl. *geest*, middelnd. *gēst, gāst* [hoog, droog land], fries *gaast*, vgl. *Gaasterland*, deens *gest*, naast **oudeng.** *gǣsne* [onvruchtbaar], **oudzweeds** *gistinn* [met spleten door de droogte], wordt afgeleid van een idg. basis met de betekenis 'open staan', waarvan ook *geeuwen* stamt. Ondanks de secundair afwijkende vocaal is verwantschap met **nl.** *gust* [onvruchtbaar] waarschijnlijk.

geestig [gevat] **middelnl.** *geestich* [geestelijk, onzinnelijk, godvruchtig]; afgeleid van *geest* [1].

geeuwen [gapen] **middelnl.** *gewen, ge(e)uwen*, **middelhd.** *gewen, giwen*, **oudhd.** *gewon, giwen*, **oudeng.** *giwian*, met w-suffix bij de basis van *gapen*; daarnaast met n-suffix **middelnl.** *genen*, **oudhd.** *ginon* (**hd.** *gähnen*), **oudeng.** *ganian* (**eng.** *to yawn*); ook zonder achtervoegsel **oudhd.** *gien*; buiten het germ. **lat.** *hiare* [gapen] → *gillen* [1].

geeuwhonger [plotselinge honger] volksetymologische vervorming, o.i.v. *geeuwen* → *gahonger*.

geëverteerd [toegekeerd] van **lat.** *evertere* [omkeren], van *ex* [uit] + *vertere* [wenden, keren], idg. verwant met *worden*.

geëxalteerd [overspannen] (16e eeuws **nl.** *exaltatie*), van **fr.** *exalté* [idem], verl. deelw. van *exalter* [verrukken] < **lat.** *exaltare* [verheffen, in het passief: trots zijn], van *ex* [uit] + *altus* [hoog], eig. verl. deelw. van *alere* [voeden, grootbrengen].

geëxaspereerd [vertwijfeld] van **fr.** *exaspéré* [idem], verl. deelw. van *exaspérer* < **lat.** *exasperare* [ruw maken, irriteren], van *asper* [ruw].

gefaasd [van fazen voorzien] van *faas* [dwarsbalk in wapen].

gefyrofobie [brugvrees] gevormd van **gr.** *gephura* [brug, eig. een polsbrug, van een balk die op in het water geplaatste gaffels rust], idg. verwant met *gaffel* + *fobie*.

gegadigde [belanghebbende] via een niet-teruggevonden *gegadingde* van *gading*, dus iem. met kooplust.

gegeven [grootheid, bekend geval] als wiskundige term afkomstig van Simon Stevin (1548-1620), vertaling van **lat.** *datum*.

gegoed [welgesteld] verl. deelw. van **middelnl.** *goeden* [iem. goed, vast goed of de inkomsten ervan verschaffen, begunstigen].

gehaaid [gewiekst] ook *geheid*, verl. deelw. van *heien* [1], dus ingeheid, stevig.

gehalte [inhoud] < **hd.** *Gehalt*, van *halten* [houden].

geheel [heel] met *ge-* gevormd van *heel*, **gotisch** *gahails*.

geheim [verborgen] (1599) < **hd.** *geheim*, **middelhd.** *geheim* [tot het huis behorend, vertrouwd, voor anderen verborgen] → *heem* [2].

gehemelte [bovenwand van mondholte] **middelnl.** *gehemelt(e)* [zoldering], van *hemel*, ook **middelnl.** *verhemelinge, verhemelt(e)*; het ww. **middelnl.** *verhemelen* [van een plafond voorzien].

gehengen [gedogen] **middelnl.** *gehengen* [toestaan, dulden], ook *hengen* [idem], causatief van *hangen*, dus eig. doen hangen, iem. of iets ophangen, laten zweven, vgl. **middelnl.** *henger* [beul], **hd.** *Henker* → *hangen*.

Gehenna [hel] < **gr.** *Geenna* < **hebr.** *gē (ben) hinnōm* [dal van (de zoon van) Hinnom, waar kinderoffers werden gebracht aan Moloch].

gehoond [met een leeuw zonder staart, tanden of klauwen (in heraldiek)] verl. deelw. van **middelnl.** *ho(o)nen* [misleiden, bedriegen, benadelen, schade toebrengen aan, iem. in zijn recht verkorten] → *honen* [1].

gehoorzaam [gewillig] **middelnl.** *gehoorsam* [luisterend naar, gehoorzaam]; van *horen* + *-zaam*, dat bij *zamelen* en *samen* behoort en uitdrukt 'van dezelfde aard als wat het hoofdwoord aangeeft'.

gehot [geschift (van melk)] van *hotten* [stremmen].

gehucht [klein dorpje] **middelnl.** *gehochte*, *gehuchte* [de gezamenlijke bij elkaar behorende gebouwen, gehucht]; evenals in b.v. *graft* (werd *gracht*, van *graven*) is de verbinding *-cht* uit *-ft* ontwikkeld. Het grondwoord is **middelnl.** *hof* [omheinde ruimte, tuin, boerenwoning]; het voorvoegsel *ge-* geeft een collectief aan. De betekenis is dus 'gezamenlijke hoeven', vgl. **hd.** *Gehöft*.

gei [1] [touw] (1628), van *geien*, **hd.** *geien*, **zweeds** *giga*, **oudnoors** *geiga* [heen en weer zwaaien] → *giek* [1].

gei [2], gaai [dartel] **middelnl.** *gay, gaey* [opgewekt, lustig, levendig], **oudfr.**, **fr.** *gai*, een germ. woord, vgl. **oudhd.** *gahi*, **middelhd.** *gāch* [snel, stormachtig] (**hd.** *jäh*) → *gay*.

geigerteller [meetinstrument voor radioactieve stralen] genoemd naar de uitvinder ervan, de Duitse natuurkundige Hans Geiger (1882-1945).

geil [wulps] **middelnl.** *geil, geel* [vrolijk, wulps, vruchtbaar], **oudsaksisch** *gēl* [overmoedig, vrolijk], **oudhd.** *geil* [vol levenskracht, dartel], **oudeng.** *gāl* [dartel, lichtzinnig], **gotisch** *gailjan* [verblijden]; buiten het germ. **litouws** *gailus* [opvliegend], **oudkerkslavisch** *(d)zĕl* [zeer], **oudindisch** *helā* [lichtzinnigheid].

geilkenen [barg. delen] < **jidd.** *geilkenen* < **hebr.**, van *geilek* [deel, aandeel].

gein [lol] < **jiddisch** *gein* [gunst, leuk] < **hebr.** *chēn* [gunst, lieftalligheid].

geiser [warme springbron, waterverwarmingstoestel] < **ijslands** *Geysir* [de naam van een bepaalde springbron met de betekenis de gutser, de spuiter], van *geysa* [gutsen, omhoog spuiten], **oudnoors** *gjosa* [idem], frequentatief van *gjota* [gieten].

geisha [Japanse dienster] < **japans** *geisha*, van *gei* [kunst, artistieke verrichting] + *sha* [persoon], dus artistiek persoon.

geisslerse buis [natuurkundige term] genoemd naar de uitvinder ervan, de Duitse glasblazer en instrumentmaker *Heinrich Geissler* (1814-1879).

geïstiek [beschrijving van de vaste delen van de aarde] gevormd van **gr. *gè*** [aarde] + het achtervoegsel *-istiek* (**lat.** *-isticus,* **fr.** *-istique*), van *-istès,* dat zn. vormt + *-ikos,* dat bn. vormt.

geit [een herkauwer] **middelnl.** *geet, geit,* **oudsaksisch** *gēt,* **oudhd.** *geiz* (**hd.** *Geiss*), **oudeng.** *gāt* (**eng.** *goat*), **oudnoors** *geit,* **gotisch** *gaits;* buiten het germ. **lat.** *haedus* [bok].

geitenmelker [vogel] zo genoemd omdat men vroeger meende (Plinius, Jacob van Maerlant), dat deze vogels 's nachts geiten molken, waardoor de uiers verdroogden en de dieren blind werden.

gek [krankzinnig, dwaas] **middelnl.** *gec,* **middelnd.** *geck,* verwant met *gig, giek*[1]; zowel de betekenis dwaas, als hinen en weer zwaaiende kap op schoorsteen zijn dan ook gebaseerd op de grondbetekenis instabiel.

gekheid ['alle gekheid op een stokje', aanmaning serieus te zijn] slaat op de zotskolf, die de nar traditioneel droeg.

gekko [hagedis] vermoedelijk te verbinden met **atjehs** *gèh-gòh* [druk in de weer].

gekloft [fijn, mooi] → *klof.*

gekscheren [spotten] bij Kiliaan *den gek scheren* [spelen voor gek]; van *gek* + *scheren* [spotten] → *scherts.*

gel [geleiachtige stof] < **eng.** *gel,* verkort uit *gelatine.*

gelaat [aangezicht] **middelnl.** *gelaet* [wijze van zich voordoen, uiterlijk, gedrag], van *hem gelaten* [zich gedragen], van *ge-* + *laten,* dat dezelfde betekenis had, vgl. **oudnoors** *lœti* [gedrag, stem].

gelag [vertering] **middelnl.** *gelach, gelage* [geld om op gezamenlijke kosten te eten, kosten voor gemaakte verteringen, vertering, maaltijd, drinkgelag], van *geliggen* in de betekenis van 'samen liggen'.

geland [eigenaar van een stuk grond] van *ge-* in de betekenis 'voorzien van' + *land,* dus land bezittend.

gelang ['naar gelang', naar mate] **middelnl.** *na gelange,* waarschijnlijk o.i.v. *gelangen* [reiken tot, bereiken] ontstaan naast gewoner *na gelande* [naar evenredigheid]; de vorm *gelande* [evenredig aandeel], is vermoedelijk ontstaan uit *gelande* [belendende eigenaar].

gelangen [bereiken] **middelnl.** *gelangen* [reiken tot, bereiken, beet krijgen], van *ge-* + *langen* [langer worden, raken], van *lang.*

gelasten [bevelen] **middelnl.** *lasten* [beladen, iem. een last opleggen, iem. overlast aandoen, iem. een last geven]; afgeleid van *last.*

gelaten [in het lot berustend] **middelnl.** *gelaten,* in mystieke teksten o.i.v. **middelhd.** *gelazen* [zich overgegeven hebbend aan God].

gelatine [geleiachtig eiwitpreparaat] (1599) < **fr.** *gélatine* < **me. lat.** *gelatina* [vlaai, custard, gelatine], van *gelare* (verl. deelw. *gelatum*) [doen bevriezen, doen verstijven], van *gelu(s)* [vorst, koude, ijs], idg. verwant met *koud.*

geld[1] [betaalmiddel] **middelnl.** *gelt, geld, gilt, gult* [vergelding, betaling, geld], **oudsaksisch** *geld* [betaling, vergelding, offer], **oudhd.** *gelt* [betaling, geld], **oudfries** *jeld* [betaling, geld], **oudeng.** *gield* [betaling, offer, broederschap], **oudnoors** *gjald* [betaling, schuld], **gotisch** *gild* [betaling]; de oorspr. betekenis is de bijdrage aan het gemeenschappelijke offer en de rituele maaltijd, waaruit die van de broederschap en die van de betaling zich ontwikkelden. Verbindingen buiten het germ. zijn er waarschijnlijk niet. De uitdrukking *geen geld, geen Zwitsers* slaat op de vroegere, in grote delen van Europa ingehuurde Zwitserse soldaten. Toen in 1521 François I van Frankrijk zijn Zwitsers niet kon betalen, zou hun bevelhebber gereageerd hebben met *Point d'argent, point de Suisse* → *gelden, gilde.*

geld[2] [onvruchtbaar (van dieren)] **middelnl.** *gelt, geld* [idem], *gelte* [gesneden wijfjesvarken], in 9e eeuws Gents *geldindas* (verschrijving voor *geldingas,* 4e nv. mv.) [gecastreerde dieren], **middeleng.** *gelden* (**eng.** *to geld*), **oudnoors** *gelda* [castreren], van **oudnoors** *geldr* [onvruchtbaar], **middelnd.** *gelde,* **middelhd.** *galt* (**hd.** *galt, gelt*), **oudeng.** *gielde* [onvruchtbaar]; de etymologie is onzeker → *gelling, geltharing.*

gelden [meetellen, van kracht zijn] **middelnl.** *gelden* [vergelden, opbrengen, betalen, waard zijn], **oudsaksisch** *geldan* [vergelden, betalen], **oudhd.** *geltan* [betalen, vergelden, offeren] (**eng.** *to yield*), **oudnoors** *gjalda* [betalen, vergoeden], **gotisch** *fragildan* [vergelden] → *geld*[1].

geleding [het verbonden-zijn van delen] jonge vorming naar *geleed* (vgl. *lid*[1]).

geleeg, *geleg* [huis en erf] **middelnl.** *gelege* [kasteel, huizing], van *geliggen* [gelegen zijn], pendant van *zate.*

geleerd [knap] **middelnl.** *geleert* [rijk aan levenswijsheid, knap, geleerd], **middelnd.** *gelert,* **middelhd.** *gelēret,* **oudeng.** *gelœred* [idem]; van *leren,* o.i.v. **lat.** *doctus* [geleerd].

gelei[1] [ingekookt sap] **middelnl.** *jaleye* < **fr.** *gelée* [vorst, het vriezen, gelei], van *geler* [doen bevriezen] < **lat.** *gelare* (vgl. *gelatine*).

gelei[2], *glei, glui* [goede kwaliteit stro] **middelnl.** *gloy, gley, gly, gluy, geluye, glay, gleu* [idem] < **fr.** *glui* [dakstro, roggestro] < **lat.** *glodium, clodium,* dat wel van kelt. herkomst is.

geleidelijk [niet plotseling geschiedend] de tegenwoordige betekenis gaat terug op volgzaam, gemakkelijk te leiden, afgeleid van *geleiden,* samenstelling van *leiden.*

geleng [middenstuk van schoenzool] < **hd.** *Gelenk* [gewricht, scharnier, overgang, oorspr. het lichaamsdeel tussen ribben en bekken], een collectiefvorming met *ge-* van **oudhd.** *(h)lanca* [heup (als plek waar het lichaam buigt], waarvan **hd.**

geletterd — gemeente

lenken), **oudeng.** *hlence* [schakel in ketting], **oudnoors** *hlekkr* [ring]; buiten het germ. **lat.** *cingere* [omgorden, omringen]; verwant met *flank.*

geletterd [gestudeerd] **middelnl.** *gelettert,* vertaling van **lat.** *litteratus.*

gelf [haverziekte waarbij de blaadjes krom trekken] → *gelfs.*

gelfs [met scheve hoeken] bij Kiliaan *ghelfs,* vgl. *gelf, gillen*[2] [schuins afsnijden].

gelid [aaneengesloten rij, gewricht] van *ge-* + *lid*[1].

gelieven [lief zijn] **middelnl.** *gelieven* [aangenaam zijn, terwille zijn], van *lief.*

gelijk [overeenkomend] **middelnl.** *gelijc,* **oudnederfrankisch** *gelīc,* **oudsaksisch** *gilīk,* **oudhd.** *gilīh* (**hd.** *gleich*), **oudnoors** *(g)līkr,* **gotisch** *galeiks;* de oorspr. betekenis is 'met gelijke gestalte', namelijk samengesteld uit *ge-* + *lijk*[1] [lichaam]; het zn. *gelijk,* **middelnl.** *gelijc* [billijkheid, recht], ontstond uit het bn., dat de betekenis 'billijk' had gekregen.

gelijken [gelijk zijn aan] **middelnl.** *geliken* [idem, lijken op, blijken, toeschijnen, behagen], **middelhd.** *gelīchen;* afgeleid van *gelijk* (vgl. *lijken*).

gelijkenis [uiterlijke overeenkomst] **middelnl.** *gelikenisse* [overeenkomst, gelijkenis, vergelijking, uiterlijk, gestalte], **oudnederfrankisch** *gilicnussi* [gelijkheid], **oudsaksisch** *gilikníssi(a)* [beeld], **oudhd.** *gilihnissa* [gelijkenis, beeld], **oudeng.** *(gel)īcnes* [gelijkenis, beeld, parabel]; afgeleid van *gelijken.*

gelling [mannelijke hennep] het eerste lid is *geld*[2] [onvruchtbaar], vgl. *geltharing.*

geloven [vertrouwen in, op] **middelnl.** *geloven,* **oudsaksisch** *gilobian,* **oudhd.** *gilouben,* **oudfries** *leva,* **oudeng.** *geliefan* (**eng.** *to believe*), **gotisch** *galaubjan* [geloven, vertrouwen], **oudnoors** *leyfa* [prijzen, toestaan], oorspr. betekenis 'zich iets lief maken', verwant met *lief*→*lof*[1], *loven.*

gelp [welig groeiend] **middelnl.** *gelp* [welig, weelderig], van *gelpen, galpen* [schreeuwen], *gelpsch* [schreeuwerig, drukte makend], vgl. **oudsaksisch** *gelp* [spot], **oudhd.** *gelph* [luid klinken, lawaai, overmoed], **oudeng.** *gi(e)lp* [overmoed, pralen], **oudnoors** *gjalp* [grootspraak] → *galpen.*

gelt [onvruchtbaar] → *geld*[2].

gelte [jong wijfjesvarken, m.n. een dat gesneden is] **middelnl.** *gelte,* **oudhd.** *gelza,* **oudeng.** *gielte,* **oudnoors** *gylta* [zeug] → *geld*[2].

geltharing [mannetjesharing] het eerste lid is *geld*[2].

geluid [dat wat hoorbaar is] **middelnl.** *geluut;* van *ge-* + *luid.*

geluk [voorspoed] **middelnl.** *geluc(ke)* [geluk, voorspoed], **middelnd.** *(ge)lucke* [idem], **middelhd.** *(ge)lücke* (**hd.** *Glück*) [geluk, toeval, lot]; het **eng.** *luck* is aan taalvormen van het van het continent ontleend. Het woord komt op een zo klein gebied voor, dat er weinig ruimte is voor conclusies over de etymologie.

gelukzalig [uiterst gelukkig] sedert Kiliaan < **hd.** *glückselig,* **middelnd.** *lucksalich.*

gelunder [getalm] → *lunderen.*

geluw [geel] vlaamse nevenvorm van *geel;* in het middelnl. stonden naast elkaar *gele* en *gelu,* de laatste uit een naamvalsvorm.

gem, gemme [gesneden edelsteen] < **lat.** *gemma* [knop (van planten), edelsteen, juweel, zegel (ring)], van een idg. basis met de betekenis 'aan stukken scheuren', waarvan ook *kam* stamt.

gemaal [echtgenoot] bij Kiliaan < **hd.** *Gemahl,* **oudhd.** *mahalen* [verloven] (**hd.** *vermählen*), **oudsaksisch** *mahlian* [spreken, zich verloven], **oudeng.** *mœlan* [in een vergadering spreken], **oudnoors** *mœla,* **gotisch** *ma þljan* [spreken], **oudhd.** *mahal* [vergadering], **middelnl.** *mael* [rechtszitting].

gemacht [geslachtsdeel] **middelnl.** *gemacht(e), gemecht* [de teeldelen], van *machte* [schaamdelen, lies] (vgl. *macht*).

gemak [kalmte] **middelnl.** *gemak* [toestand van rust en vrede, voordeel, verzorging, nut dat men doet], van *gemaken* [maken, scheppen, bewerken, veroorzaken], van *maken* met ongeveer dezelfde betekenis.

gemakkelijk [op zijn gemak gesteld, niet moeilijk] **middelnl.** *gemackelijc* [kalm, gemakzuchtig], **middelnd.** *gemaklik* [geschikt], **oudhd.** *gimahlih* [kalm], **oudnoors** *makligr* [behoorlijk, waardig]; makkelijk is vermoedelijk deels een vorm van het noorden, deels ontstaan door de tegenstelling tot moeilijk.

gemalin [echtgenote] → *gemaal.*

gemaniëreerd [gekunsteld] van **fr.** *maniéré* [idem], van *manière* [wijze, manier, gemaaktheid] (vgl. *manier*).

gematigd [niet overdreven] **middelnl.** *gematicht, gemeticht,* verl. deelw. van *matigen,* dat o.i.v. **lat.** *temperatus* [moderatus] de betekenis aannam van *gematich* [ingetogen, gematigd].

gember [een eetbare wortelstok] **middelnl.** *gingebare, gengeber, gingebere* < **me. lat.** *zinziber, zinzeber, zhinciber, gingeber, jingeber* < **ar.** *zanjabīl* < **prakrit** *siṃgavera-* < **oudindisch** *śṛṇgavera,* van *śṛṇga-* [hoorn] + **tamil** *vēr* [wortel].

gemeen [gemeenschappelijk, vals] **middelnl.** *geme(i)ne* [gemeenschappelijk, in het algemeen, gezamenlijk], **oudnederfrankisch** *gemeini,* **oudsaksisch** *gimeni,* **oudhd.** *gimeini,* **oudeng.** *gemœne* (**eng.** *mean*), **gotisch** *gamains;* buiten het germ. **lat.** *communis;* de betekenis ontwikkelde zich van algemeen over gewoon tot zonder waarde en slecht; vgl. wat dat betreft ook die van het woord *slecht.*

gemeenplaats [alledaags gezegde] letterlijke vertaling van de term *locus communis* in de Romeinse retorica.

gemeente [alle burgers van stad of dorp, zelfbestuur uitoefenend onderdeel van de staat]

middelnl. *gemeente* [gemeenschap, samenkomst, gemeente, burgerij], **middelnd.** *gemente, gemeinte* [gemeenschap, gemeente], **oudfries** *mente* [gemeente, burgerij]; dit is een jongere vorming naast **middelnl.** *gemeende,* **oudhd.** *gimeinida,* **oudsaksisch** *gimēntho* [gemeenschap]; verder nog **middelnl.** *gemene* [gemeenschap, vergadering, hoop volk], **oudhd.** *gimeini* [aandeel, gemeenschap], **middelnd.** *gemeine* [gemene, gemeenschappelijk bezit, vergadering], **oudfries** *mene* [vergaderde menigte], **gotisch** *gamainei* [gemeenschap], naast *gamainþs* [gemeente].

gemeenzaam [familiair] **middelnl.** *gemeensam* [vertrouwelijk, vriendschappelijk] (1310), dus een oud woord. In de huidige betekenis in de 18e eeuw < **hd.** *gemeinsam*.

gemeet [mengsel van afgepaste hoeveelheden (bij glasblazen)] afgeleid van *meten,* vgl. **middelnl.** *gemet* [een inhoudsmaat], nog in de plaatsnaam *Tiengemeten*.

gemelijk [misnoegd] **middelnl.** *gemelijc* [zonderling, wonderlijk, kluchtig, knorrig], **middelnd.** *gemelik,* **oudhd.** *gamanlih,* **fries** *jamk* [mooi], **oudeng.** *gamenlic,* van **middelnl.** *game, geme* [spel, grap, spot, lelijke grap, streek], **oudsaksisch,** **oudhd.** *gaman,* **oudfries** *game,* **oudeng.** *gamen* (**eng.** *game*), **oudnoors** *gaman,* **zweeds** *gamman,* **deens** *gammen,* etymologie onbekend (vgl. **backgammon**).

gemenebest [republiek] vertaling van **lat.** *res publica* en daarom oorspr. in twee woorden geschreven.

gemet [vlaktemaat] → *gemeet*.

geminatie [verdubbeling] < **fr.** *gémination* < **lat.** *geminatio* [idem], van *geminus* [tegelijk geboren, tweeling, dubbel], verwant met **gr.** *gamein* [trouwen].

gemme → *gem*.

gemoed [innerlijk] collectief van *moed,* dat middelnl. o.m. gemoedsbeweging betekent, dus het totaal van de gemoedsbewegingen.

gemot [gerecht (dieventaal)] vgl. **middelnl.** *gemoet* [ontmoeting, aanwezigheid van twee personen op dezelfde plaats, vijandelijke ontmoeting], *in enes gemoet* [in tegenwoordigheid van], *moetsoene* [vrijwillige schikking, zoengeld voor de inbreuk op een recht].

gemotst [met korte oren] → *mots*.

gems [klipgeit] bij Kiliaan < **hd.** *Gemse,* van *camox,* een in de 5e eeuw geregistreerd woord uit de Alpen, van vóór-idg. herkomst → *chamois*.

gemul [puin, gruis] **middelnl.** *gemul(le)* [stof], van *mul*[3].

gemunt [gemunt op, voorzien op] **middelnl.** *gemunt* → *munten*.

gemuskeerd [een muskusgeur hebbend] van *muskus*.

gen [drager van erfelijke eigenschappen] dit is de stam van **gr.** *genos* [schepping, soort, geslacht], *gignesthai* [geboren worden] (vgl. *Genesis*).

genachte [plechtige zitting] **middelnl.** *genachte* [een bepaald aantal nachten of dagen, halfmaandelijkse termijn voor twee rechtsdagen in een zaak, rechtsdag], van *nacht* [nacht, dag en nacht, etmaal].

genade [gratie, gunst] **middelnl.** *genade* [rust, gunst, hulp, ootmoed, dank], **oudnederfrankisch** *ginātha,* **oudsaksisch** *(gi)nātha,* **oudhd.** *g(i)nāda,* **oudfries** *(ge)nathe,* **gotisch** *nipan* [helpen]; de etymologie is onzeker.

genaken [naderen, ophanden zijn] **middelnl.** *genaken, genaecken, geneken, genaeyen,* **oudnederfrankisch** *genacon,* **middelnd.** *(ge)naken, (ge)neken,* **oudsaksisch** *ginacon,* van *ge-* + *naken*.

genan, *genant* [naamgenoot] **middelnl.** *genanne, genannin,* **middelnd.** *genanne,* **oudhd.** *ginamno,* **oudnoors** *nafni,* afgeleid van *naam*.

gênant [verlegenheid wekkend] < **fr.** *gênant,* teg. deelw. van *gêner* (vgl. *gêne*).

gendarme [politiesoldaat] vroeg 16e eeuws *gensdarme* [soldaat, voetknecht] < **fr.** *gendarme,* van *gens d'armes* [lett. mensen van wapens], vgl. *gens d'épée, gens de guerre* [krijgers]; het **fr.** *gens,* mv. van *gent* [volk, soort] < **lat.** *gentem,* 4e nv. van *gens* [geslacht, volk], van *gignere* (verl. deelw. *genitum*) [verwekken], idg. verwant met *kind;* het **fr.** *armes* < **lat.** *arma* [uitrusting, wapens] (vgl. *arm*[1]).

gene [gindse] **middelnl.** *gene, gone, geune,* met *g* < *j,* **oudhd.** *jener,* **oudfries** *jena,* **gotisch** *jains,* van een idg. basis die ook ten grondslag ligt aan pers. vnw. **hd.** *er,* **gotisch** *is,* **lat.** *is* [hij].

gêne [verlegenheid] < **fr.** *gêne* < **oudfr.** *gehine* [marteling], van *gehir* [afdwingen van een bekentenis door te pijnigen], uit het germ., vgl. **middelnl.** *gien* [bekennen] → *biecht*.

genealogie [geslachtkunde] < **fr.** *généalogie* < **lat.** *genealogiam,* 4e nv. van *genealogia* < **gr.** *genealogia* [geslachtsregister], van *genea* [geboorte, geslacht] (vgl. *Genesis*) + *logos* [woord, verhandeling].

genegen [lust tot iets hebbend] **middelnl.** *genegen,* verl. deelw. van *nijgen*.

generaal [algemeen] **middelnl.** *generael* < **fr.** *général* [algemeen] < **lat.** *generalis* [van het geslacht, van de soort, algemeen, over het geheel], van *genus* [afkomst, geslacht], verwant met *gignere* (verl. deelw. *genitum*) [voortbrengen] (vgl. *Genesis*); als zn. **middelnl.** *generael* [hoofd van een orde], **fr.** *général,* een verkorting van *capitaine général*.

generaliseren [veralgemenen] < **fr.** *généraliser* [idem], van *général* (vgl. *generaal*).

generatie [geslacht] (1516) *generacie* < **fr.** *génération* [geslacht] < **lat.** *generationem,* 4e nv. van *generatio* [vruchtbaarheid, voortbrenging, in chr. lat. geslacht, generatie, mensenleeftijd], van *generare* (verl. deelw. *generatum*) [verwekken, voortbrengen] (vgl. *genereren*).

generatief [geslachtelijk, voortbrengend] < fr. *génératif* [idem] < lat. *generativum,* 4e nv. van *generativus,* van *generare* (verl. deelw. *generatum*) (vgl. *genereren*).
generator [toestel dat gas, stroom opwekt] < lat. *generator* [voortbrenger, vader], van *generare* (verl. deelw. *generatum*) (vgl. *genereren*).
generen[1] [hinderen] < fr. *gêner* (vgl. *gêne*).
generen[2] [zich bezig houden] **middelnl.** *generen* [behouden, in leven houden, voeden, genezen], **oudnederfrankisch** *nerian,* **oudsaksisch** *ginerian* [redden, genezen], **oudhd.** *(gi)nerian* [genezen, behoeden] (**hd.** *nähren*), **oudfries** *nera* [onderhouden, voeden], **oudeng.** *(ge)nerian* [redden, beschermen], **gotisch** *(ga)nasjan* [redden, doen genezen] (vgl. *genezen*).
genereren [verwekken] < lat. *generare* [verwekken, voortbrengen, scheppen], van *genus* (2e nv. *generis*) [afkomst, geboorte].
genereus [edelmoedig] < fr. *généreux* [edelmoedig, gul, edel, rijk, moedig] < lat. *generosus* [edel, voornaam, fier, voortreffelijk], van *genus* (2e nv. *generis*) [geslacht] + *-osus* [vol van].
generisch, generiek [eigen aan de soort] < fr. *générique,* van lat. *genus* (2e nv. *generis*) [soort].
generositeit [edelmoedigheid] < fr. *générosité* [idem] < lat. *generositatem,* 4e nv. van *generositas* [idem], bij *generosus* (vgl. *genereus*).
genese [ontstaan, wording] < fr. *genèse* [idem] < gr. *genesis* (vgl. *Genesis*).
Genesis [eerste boek van Mozes] < gr. *Genesis* [oorsprong, ontstaan, schepping], van *gignesthai* [geboren worden, ontstaan], *genos* [schepping, het ontstaan], verwant met lat. *genus* [geslacht, soort] en met lat. *nasci,* (< *gnasci*) [geboren worden] (vgl. *natie, natuur* en *gignere* [verwekken, ter wereld brengen]).
genetica [erfelijkheidsleer] gebaseerd op griekse woorden als *genesis* [oorsprong], *genetè* [geboorte], *genetès* [verwekker, (stam)vader].
genetkat, genetta [soort van civetkat] **middelnl.** *genet* < **oudfr.** *genet(t)e* < **spaans** *gineta* < **ar.** *jarnaiṭ.*
geneugte [genieting] met umlaut tegenover de oudste vorm *genoechte,* **middelnl.** *genoechte, genuechte, genuchte,* van *genoeg.*
genever → *jenever.*
genezen [beter (doen) worden] **middelnl.** *genesen* [een gevaar te boven komen, genezen, overgankelijk: redden, iemands leven of ziel redden, beter maken], **oudsaksisch, oudhd.** *ginesan,* **oudeng.** *genesan,* **gotisch** *ganisan* [gered worden, gezond worden, zalig worden], naast *nasjan* [redden]; buiten het germ. **gr.** *neomai* [ik keer terug], **oudindisch** *nasate* [hij nadert].
geniaal [buitengewoon begaafd] < fr. *génial* [geniaal, vernuftig] < lat. *genialis* [aan de genius gewijd, vrolijk, feestelijk, in me. lat. ook geïnspireerd], van *genius* [geleigeest, genius, weldoener, beschermer], verwant met *gignere* (verl. deelw.

genitum) [voortbrengen] (vgl. *genitaal, genitief, jent*).
genie [die buitengewoon begaafd is] (18e eeuws) < fr. *génie* [idem] < lat. *genius* (vgl. *geniaal*).
geniep ['in het geniep' (1736), heimelijk] eig. in het duister, vgl. **oudeng.** *(ge)nipan* [donker worden], *genip* [mist], **middelnd.** *nepen* [nieuwe maan]; daarnaast **gotisch** *ganipnan* [bedroefd worden]; geniep is een niet-gediftongeerde vorm naast *knijpen, nijpen.*
genieten [vreugde beleven aan, ontvangen] **middelnl.** *genieten* [iets gedaan krijgen, gebruik maken van, genot hebben van, proeven], **oudnederfrankisch** *nieton* [bezitten], **oudsaksisch** *niotan* [bezitten, gebruiken, genieten], **oudhd.** *(gi)niozan* [pakken, gebruiken, genieten], **oudnoors** *njota* [gebruiken, genieten], **gotisch** *niutan* [krijgen, genieten]; buiten het germ. **litouws** *nauda* [nut, bezit], **Iets** *nauda* [geld].
genitaal [m.b.t. de genitaliën] < lat. *genitalis* (vgl. *genitaliën*).
genitaliën [geslachtsdelen] < lat. *genitalia* [geslachtsdelen], eig. gesubstantiveerd o. mv. van *genitalis* [vruchtbaar, tot voortplanting bestemd], van *genere* = *gignere* (verl. deelw. *genitum*) [verwekken, voortbrengen] (vgl. *geniaal, genitief, jent*).
genitief [tweede naamval] < lat. *casus genetivus/genitivus* [oorsprongsnaamval], (*casus* [naamval]) *genetivus/genitivus* [aangeboren], van *gignere* (vgl. *genitaliën*).
genius [beschermgeest] → *geniaal.*
genocide [uitroeiing van een volk] het woord werd voor het eerst gebruikt door Raphael Lemkin in diens *Axis Rule in Occupied Europe* (1944). Het is samengesteld uit gr. *genos* [kind, familie, geslacht, generatie] + lat. *caedere* (in samenstellingen *-cidere*) [houwen, doden], idg. verwant met *heien*[1].
genoeg [voldoende] **middelnl.** *genoech,* **oudsaksisch** *ginōg,* **oudhd.** *ginuog,* **oudfries** *enōch,* **oudeng.** *genōg,* **oudnoors** *gnōgr,* **gotisch** *ganōhs;* buiten het germ. **lat.** *nancisci* (verl. deelw. *nactus*) [vinden, krijgen, bereiken], **gr.** *ogkos* [last, massa], **oudkerkslavisch** *nesti* [dragen], **hettitisch** *nakiš* [zwaar], **oudindisch** *aśnoti* [hij bereikt].
genoegen [voldoening] evenals *geneugte* van *genoeg.*
genoffel [anjer] **middelnl.** *genoffel, geroffel* → *giroffel.*
genologie [leer der kunstgenres] van lat. *genus* [geslacht, soort] + gr. *logos* [woord, verhandeling].
genoniem [algemeen soortwoord] gevormd van **gr.** *genos* [schepping, kind, familie] + *onuma,* nevenvorm van *onoma* [naam], daarmee idg. verwant.
genoom [geheel van de genen en chromosomen] van *gen* + *chromosoom.*
genoot [deelgenoot, makker] **middelnl.** *genote,*

genoot [iemands gelijke, gezel(lin)], **oudsaksisch** *ginōt*, **oudhd.** *ginōz* (**hd.** *Genosse*), **oudfries** *nāt*, **oudeng.** *geneat*, **oudnoors** *nautr*, in ablautsverhouding tot *genieten;* de oorspr. betekenis is: iem. die samen met een ander geniet in de zin van gebruik maakt van; voor de betekenis vgl. *compagnon, kompaan, kompel, gezel, kameraad, maat*², *matroos*.

genot [vreugde] →*genieten*.

genre [soort] < **fr.** *genre* < **lat.** *generem*, 4e nv. van *genus* [afkomst, geslacht, stam, soort, klasse], van dezelfde basis als *gignere* [verwekken, voortbrengen] en *nasci* [geboren worden] (vgl. *natie, natuur*) en **gr.** *genos* [oorsprong, afstamming, soort] (vgl. *Genesis*).

genster [vonk] **middelnl.** *ge(e)nster, gei(n)ster, ginster* [vonk], **oudhd.** *ganeistra*, van **oudhd.** *gneisto*, **oudeng.** *gnāst*, **oudnoors** *gneisti* [vonk], waarschijnlijk verwant met *knisteren* → *gneis*.

gent [mannetjesgans] **middelnl.** *gent*, **middelnd.** *gante*, **oudhd.** *ganzo* [mannetjesgans], **oudeng.** *ganot* [zeevogel], van dezelfde basis als *gans*¹ → *kanoet, knot*².

Gentenaar [inwoner van Gent] de etymologie van *Gent* is onzeker; er zijn uiteenlopende, vage suggesties gegeven.

gentiaan [plantengeslacht] < **lat.** *herba gentiana, gentiana* is volgens Plinius van *Gentius,* koning van Illyrië in de 2e eeuw v. Chr..

gentleman [heer] < **eng.** *gentleman,* van *gentle* < **oudfr.** *gentil* [nobel] < **lat.** *gentilis* [behorend tot hetzelfde geslacht, in me. lat.: van voorname geboorte, beschaafd, elegant], van *gens* (2e nv. *gentis*) [geslacht, afstamming, volksstam], verwant met *genus* →*jent*.

gentry [lagere adel] < **eng.** *gentry,* van het oudere *gentrice* < **oudfr.** *genterise*, nevenvorm van *gentelise* [adel], van *gentil* (vgl. *gentleman*).

genuïen [echt, aangeboren] < **lat.** *genuinus* [aangeboren, echt], van *genu* [knie], daarmee idg. verwant; de vader zette het pasgeboren kind op de knie als erkenning van zijn vaderschap. Door volksetymologie geassocieerd met *genus* [afkomst, geboorte].

genus [geslacht] →*genre*.

geobotanie [plantengeografie in relatie tot de bodem] gevormd van **gr.** *gè* [aarde, land, grond] + *botanie* → *botanisch*.

geocentrisch [met de aarde als middelpunt] gevormd van **gr.** *gè* [aarde] + *centrisch* (vgl. *centrum*).

geocyclisch [m.b.t. de omloop van de aarde] gevormd van **gr.** *gè* [aarde] + *cyclisch* (vgl. *cyclus*).

geode [holte in gesteente] < **fr.** *géode* [idem] < **gr.** *geōdēs* [aardachtig], van *gè* [aarde].

geodesie [theoretische landmeetkunde] < **fr.** *géodesie* [idem] < **gr.** *geōdaisia* [landmeetkunde, eig. verdeling van het land], van *gè* [aarde, land] + *daiesthai* [verdelen] (vgl. *demon*).

geofaag [aardeter] gevormd van **gr.** *gè* [aarde, land, grond] + *phagein* [eten].

geograaf [aardrijkskundige] < **fr.** *géographe* [idem] < **me. lat.** *geographus* < **gr.** *geōgraphos*.

geografie [aardrijkskunde] < **fr.** *géographie* [idem] < **lat.** *geographia;* van **gr.** *geōgraphein* [de aarde beschrijven], van *gè* [aarde] + *graphein* [schrijven], idg. verwant met *kerven*.

geologie [aardkunde] < **fr.** *géologie* [aardkunde] < **it.** *geologia* [aardkunde]; gevormd van **gr.** *gè* [aarde] + *logos* [verhandeling].

geomantie [waarzegkunst uitgaande van verschijnselen op aarde] gevormd van **gr.** *gè* [aarde] + *manteia* [het voorspellen, orakelspreuk] (vgl. *necromantie*).

geometrie [meetkunde] < **fr.** *géometrie* [meetkunde] < **lat.** *geometriam*, 4e nv. van *geometria* < **gr.** *geōmetria* [landmeetkunst], van *gè* [aarde] + *metron* [maat, maatstaf] (vgl. *maat*¹).

geoorloofd [toegelaten] →*oorlof*.

geoplastiek [leer van het aardreliëf] gevormd van **gr.** *gè* [aarde] + *plastiek*.

georama [van binnenuit te bekijken aardglobe] gevormd van **gr.** *gè* [aarde] + -*rama* (vgl. *panorama*).

geostatica [leer van het evenwicht der vaste lichamen] gevormd van **gr.** *gè* [aarde, grond] + *statikè (technè)* [(de kunst van) het wegen], van *statos* [stilstaand], verl. deelw. van *histèmi* [ik doe staan (hier: van de naald van de weegschaal)], idg. verwant met *staan*.

geosynclinaal, geosynclinale [inzinking van de aardkorst] gevormd van **gr.** *gè* [aarde] + *synclinale*.

gepard [jachtluipaard] < **fr.** *guépard* [idem], van *gapard* < **it.** *gattopardo* [lett. kat-luipaard] → *kat, luipaard*.

gepetrifieerd [versteend] van **fr.** *pétrifié* [verstenen], van **lat.** *petra* [steen] < **gr.** *petra* [idem] + -*fier* < **lat.** -*ficere,* van *facere* [maken, doen], daarmee idg. verwant.

gepeupel [gewone volk] van **fr.** *peuple* [volk], **middelnl.** *popel* [het mindere volk] < **lat.** *populus* [volk] + het collectieve *ge-*.

gepikeerd [ontstemd] van **fr.** *piqué*, verl. deelw. van *piquer* [pikken]; het woord komt in de rom. talen voor: **it.** *piccare*, **spaans** *picar,* en eveneens in het germ., zonder dat er aanwijzingen zijn voor overname, zodat vermoedelijk sprake is van klanknabootsende vorming in elk van beide groepen (vgl. *pikken*).

gepikt [verliefd] *van een meisje gepikt zijn,* formeel verl. deelw. van *pikken,* maar in feite navolging van **fr.** *piqué,* vgl. *touché, épris*.

gepokt ['gepokt en gemazeld', doorkneed in] verl. deelw. van *pokken* en *mazelen,* dus iem. die de kinderziekten achter de rug heeft.

geporteerd [op hebbend met] van **fr.** *porter* [dragen, toedragen (b.v. genegenheid)], *se porter sur* [zich richten op] < **lat.** *portare* [dragen], idg. verwant met *varen*².

gepremediteerd [voorbedacht] →*premeditatie*.

geps [handvol] nevenvorm van *gaps*.
geraad [huishoudelijk voorwerp, het geheel daarvan] **middelnl.** *gerade* [o.m. benodigdheden], collectief van *raet* [hulpmiddel].
geraamte [skelet, raamwerk] **middelnl.** *geraemte* [raam]; collectief van *raam* [latwerk].
gerak [gerief, gerei] **middelnl.** *gerac* [hetgeen men nodig heeft], *gerec* [in orde], **middelnd.** *gerak* [behoorlijke toestand, wat nodig is], **middelnl.** *gereken* (verl. tijd *gerak*) [gereed maken, in orde maken], *reken, reecken* [in goede staat brengen] (vgl. *rekken*).
geramasseerd [gedrongen van gestalte] van **fr.** *ramasser* [bijeenbrengen, oorspr. nauwer toehalen], van *masser* [opstapelen], *se ramasser* [zich ineenrollen], van *masse* [stapel] < **lat.** *massa* (vgl. *massa*[1]).
geranium [plantengeslacht] < **lat.** *geranium* [ooievaarsbek] < **gr.** *geranion* [idem], van *geranos* [kraanvogel]; zo genoemd vanwege het kenmerkend verschijnsel, dat elke deelvrucht uitloopt in een snavel; vandaar de nl. naam voor deze plant: *ooievaarsbek*, **eng.** *crane's-bill* (vgl. **kraan**[1]).
gerant [beheerder] < **fr.** *gérant* [idem], eig. teg. deelw. van *gérer* < **lat.** *gerere* [dragen, verrichten, besturen, regelen], waarvan ook *gerent*.
gerbera [snijbloem] genoemd naar de 18e eeuwse arts en plantenverzamelaar *T. Gerber*.
gerberligger [bouwkundige term] genoemd naar de Duitse ingenieur en bruggenbouwer *Johann Gottfried Heinrich Gerber* (1832-1912).
gerecht[1] [eten in één gang] **middelnl.** *gerechte* [gereed gemaakte spijs], van *rechten, richten* [recht maken, in orde maken, gereed maken van een maaltijd], met een *e* o.i.v. *recht*.
gerecht[2] [rechtbank] van *richten, rechten* [rechtspreken], met een *e* o.i.v. *recht*.
gereed [bereid, klaar voor of met een handeling] **middelnl.** *gereet, gereit*, **middelnd.** *geret, gerede, gereit, gereide*, **oudfries** *rede*, **oudeng.** *geræde, ræde* [gereed, voorradig] (**eng.** *ready*), **oudnoors** *greiðr* [zonder moeilijkheden], **gotisch** *garaiðs* [vastgesteld]; buiten het germ. **iers** *reid* [effen], **welsh** *rhwydd* [gemakkelijk]; afgeleid van *rijden;* vgl. voor de betekenis **hd.** *fertig* en *Fahrt* van *fahren*.
gereedschap [werktuigen] van *gereed* + -*schap*.
gerei [benodigdheden] **middelnl.** *gere(i)de* [benodigdheid, toerusting], afgeleid van *gereed*.
gerekestreerde, gerekwestreerde [wederpartij in verzoekschriftprocedure] → *rekest*.
geren [schuin lopen] → *geer*[1].
gerendeerde [aan wie verantwoording wordt gedaan] → *rendant*.
gerenommeerd [vermaard] van **fr.** *renommé* [vermaard], eig. verl. deelw. van *renommer* [weer benoemen], *se faire renommer* [zich beroemd maken], van *re*- [wederom] + *nommer*, van *nom* < **lat.** *nomen* [naam], daarmee idg. verwant.
gerent [zaakwaarnemer] < **lat.** *gerens* (2e nv. *gerentis*), teg. deelw. van *gerere* [dragen, verrichten, beheren], waarvan ook *gerant*.
gerfkamer [consistoriekamer] **middelnl.** *gerwecamer* [oorspr. kamer waar de priester zich gereed maakt voor de dienst], vgl. **middelnl.** *gerfsel* [misgewaad], van *gerven*.
gergel, girgel [inkeping in een duig] bij Kiliaan *gaerghel*, **middelhd.** *gargele*, waarvoor rom. herkomst wordt vermoed zonder dat men echter de bron heeft kunnen vinden.
geriatrie [ouderdomszorg] gevormd van **gr.** *gerōn* [oude man] (vgl. *geront*) + *iatros* [arts].
gerief [genot] **middelnl.** *gerief, gerijf* [genot, voordeel, winst], **middelnd.** *berêf, berîf* [nut], *gerief* [wat men voor zijn gemak gebruikt], **oudsaksisch** *gerīvon* [ten gebruike]; etymologie onzeker, maar wel te verbinden met **middelnl.** *rīve, rijf* [mild, overvloedig, rijk voorzien van].
gering [klein, onbeduidend] **middelnl.** *geringe* [snel, spoedig], **oudhd.** *giringo* [licht], *ringi* [licht, van geringe waarde], **middelhd.** *(ge)ringe* [ook: handig, vlug], **oudfries** *ring* [vlug]; buiten het germ. vermoedelijk verwant met **gr.** *rimpha* [snel, licht].
Germaan [een volkerennaam] < **lat.** *Germanus*, uit het kelt., vgl. **oudiers** *gairm*, **welsh** *garm* [schreeuwen, roepen], dus schreeuwer (vgl. *kermen*); volgens anderen moet verband worden gezocht met **lat.** *germanus* [broeder].
germain [van dezelfde grootmoeder stammend] < **fr.** *germain* < **lat.** *germanus* [dezelfde ouders hebbend, vol, eigen], van *germen* [kiem, loot, spruit].
germanium [chemisch element] door de ontdekker, de Duitse chemicus Klemens Alexander Winkler (1838-1904) afgeleid van *Germania*, de lat. naam van zijn vaderland.
germinal [kiemmaand] < **fr.** *germinal*, gevormd van **lat.** *germen* (2e nv. *germinis*) [kiem, loot, spruit].
germinatie [ontkieming] < **fr.** *germination* < **lat.** *germinationem*, 4e nv. van *germinatio* [het voortspruiten, ontkiemen], van *germinare* (verl. deelw. *germinatum*) [ontspruiten], van *germen* (2e nv. *germinis*) [kiem, spruit].
germineren [ontkiemen] < **lat.** *germinare* (vgl. *germinatie*).
geronnen [gestremd] verl. deelw. van **middelnl.** *rinnen, rennen* [stromen, vlieden, rennen, stollen], *gerinnen* [samenlopen, stollen]; het ww. was sterk: *rinnen, ran, geronnen* → *rennen*.
geront [lid van de raad der oudsten in Sparta] < **gr.** *gerōn* (2e nv. *gerontos*) [oude man, in het mv.: de oudsten, senatoren, de adel], van een idg. basis met de betekenis 'rijp worden', waarvan ook *koren*[1], *kerel* en *graan* stammen.
gerontologie [leer van de ouderdomsverschijnselen] gevormd van **gr.** *gerōn* (vgl. *geront*) + *logos* [verhandeling].
gerre [kier] → *garre*.

gerst [een graangewas] middelnl. *ge(e)rst(e), garste, gorste,* **oudsaksisch, oudhd.** *gersta;* buiten het germ. **lat.** *hordeum* [gerst], *horrēre* [omhoog staan, te berge rijzen, er ruw uitzien, kippevel krijgen], **gr.** *krithè* [gerst], **oudiers** *garb* [ruw], **oudindisch** *hrsyati* [hij verheugt zich], *harṣate* [is opgewonden (emoties), staat omhoog (van haren)]; de gerst is genoemd naar de omhoog priemende aren (vgl. *horror, egel*).

gerucht [praatje, geluid] middelnl. *geroefte, geruefte, gerufte, geruchte* [geschreeuw, bekendmaking, opschudding, faam, gerucht], *ruchte* [het roepen, faam, gerucht], naast *geroep* [geschreeuw]; de overgang van *-ft* in *-cht,* evenals b.v. in *graft* (werd *gracht*) is normaal; afgeleid van *roepen* (vgl. **hd.** *rufen*) → *berucht, ruft*.

gerundium [zelfstandig gebruikte onbepaalde wijs] < **me. lat.** *gerundium,* van *gerundum = gerendum* [dat wat gedaan moet worden], van *gerere* [doen, verrichten].

gerundivum [bn. van de gerundiumstam] < **me. lat.** *gerundivum* [betrekking hebbend op het gerundium] (vgl. *gerundium*).

gerust [kalm] van *rusten*.

gerven [leerlooien] middelnl. *gaerwen, ge(e)rwen, geruwen* [in orde brengen, looien, kleden, tooien], **oudeng.** *gearo, gearu* [gereed gemaakt, compleet] (**eng.** *yare* [gereed, werkzaam]), **oudsaksisch, oudhd.** *garo* (**hd.** *gar*), **oudnoors** *görr;* we hebben dus te maken met hetzelfde woord als *gaar,* vgl. ook **eng.** *gear;* uit de algemene betekenis klaarmaken bleef dialectisch de gespecialiseerde over van huiden prepareren (vgl. *gerfkamer*).

gerwe, gerve, gerf [duizendblad] middelnl. *garwe, garuwe, gerwe, ger(r)uwe,* **oudhd.** *gar(a)wa* (**hd.** *Garbe*), **oudeng.** *gearwe* (**eng.** *yarrow*); het is in oorsprong hetzelfde woord als *gaar;* de afstand in betekenis verdwijnt als men bedenkt, dat de plant medicinaal werd gebruikt voor o.m. de spijsvertering.

geschieden [gebeuren] met hypercorrecte *d* (als ook in *spieden, berijden*), middelnl. *schien, scheen, geschien, geschieden,* middelnd. *geschen,* **oudhd.** *(ga)scehan,* **oudfries** *schia,* **oudeng.** *(ge)sceon;* buiten het germ. **oudiers** *scuchim* [weggaan], **iers** *scen* [schrik], **oudkerkslavisch** *skokŭ* [sprong]; verwant zijn *schielijk, schicht*[1]*, misschien;* de grondbetekenis is die van 'een plotseling gebeuren'.

geschiedenis [het gebeurde] middelnl. *geschienisse* [het gebeuren, geschiedenis, wording, lotgevallen, geschiedverhaal], van *gescien,* met jongere invoeging van *d* (vgl. *geschieden*).

geschikt [aangenaam in omgang, passend] middelnl. *geschicket, geschict* [ordelijk, knap, geschikt voor], verl. deelw. van *schicken* (vgl. *schikken*).

geschil [onenigheid] middelnl. *geschil* → *schelen*[1].

geschrift [het geschrevene] middelnl. *geschrifte,*

geschrijfte, geschript en *geschrichte* [al wat geschreven is, al wat geschilderd is], met klankwettige overgang van *-ft* > *-cht* (vgl. *graft* > *gracht*); afgeleid van *schrift*.

geschut [schietend oorlogstuig] middelnl. *geschot, geschut, geschutte,* een collectief begrip: al wat geschoten wordt, dan pijl en werptuig, schiettuig (vgl. *schieten*).

gesel [strafwerktuig] middelnl. *gesel(e), geisel, gecele,* **oudhd.** *geis(i)la,* **fries** *gyssel,* **oudnoors** *geisl* [stok], verwant met *elger*.

gesjiewes [goedhartig mens] < **jiddisch** *gesjiewes* < **hebr.** *gasjibōt* [voortreffelijkheid].

gesjochten [arm] van **jiddisch** *sjechten* [slachten] (vgl. *zestig*[2]).

geslacht [familie, sekse] middelnl. *geslachte, geslechte* [afkomst, geslacht], bn. *geslacht* [afkomstig, geboortig], afgeleid van *slaan,* vgl. voor de betekenis: dit *slag* van mensen.

gesmijde [kleinodiën] middelnl. *gesmide* [al wat in metaal bewerkt wordt, allerlei kostbaarheden], van het collectieven vormende *ge-* + *sme(i)den* [bewerken], **hd.** *Geschmeide* [sieraad, sieraden] (vgl. *smid, smijdig*).

gesmijdig [smijdig] middelnl. *gesmidich* [geschikt voor bewerking] (vgl. *gesmijde*).

gesp [sluitmechanisme aan riemen e.d.] middelnl. *gaspe, gesp(e), gispe* [gesp, haak], vgl. **middeleng.** *gaispen, gaspen* [gapen, wijd openstaan] (**eng.** *to gasp*), **oudnoors** *geispa* [idem]; de gesp is dus een haak voor wat openstaat; vgl. *gaspeldoorn, gespelen*.

gespelen [haastig en gespannen lopen] vermoedelijk een intensiefvorming met de betekenis 'hijgen', van woorden als *gapen* (vgl. *gesp*).

gesprek [mondeling onderhoud] middelnl. *gesprake, gespreke, gesprec;* afgeleid van *spreken*.

gespuis [geboefte] 16e eeuws *gespuys;* hoewel de formele afleiding niet duidelijk is, stellig van **middelnl.** *gespuwen* [spuwen, braken], *gespuwinge* [uitbraaksel], *spu* [spuw, speeksel], *spouwe* [spog, braaksel] (vgl. *spuwen*).

gestadig [voortdurend, bestendig] middelnl. *(ge)stadig, (ge)stade, stadich,* van *staan*.

gestalte [gedaante] middelnl. *gestalt* [gesteldheid, gestalte] < **hd.** *Gestalt,* van het verl. deelw. van *stellen*.

gestand ['gestand doen', nakomen] *gestand* is een zn., vgl. middelnl. *gestant, gestande* [stand, stilstand, standvastigheid, toestand, rang, hulp], *helpen oft gestant doen* (vgl. *stand*).

Gestapo [Duitse geheime politie] samengetrokken uit *Geheime Staatspolizei*.

geste [gebaar] < **fr.** *geste* < **lat.** *gestus* (vgl. *gesticuleren*).

gesteggel [ruzie] van *steggelen, stechelen*.

gestel [samenstel, lichamelijke constitutie] middelnl. *gestel(le)* [stellage, samenstel], van *stellen*.

gesternte [alle sterren] middelnl. *gesternte,* een middels *ge-* van *ster*¹ gevormd collectief.

gesticht [groot gebouw, inrichting] middelnl. *gestifte* en *gesticht(e)* [idem], met klankwettige overgang van *-ft* > *-cht* (vgl. *graft* > *gracht*), middelnd. *gestichte,* middelhd. *gestifte* [idem]; afgeleid van *stichten.*

gesticuleren [gebaren maken] < fr. *gesticuler* < lat. *gesticulari* [gebaren maken, een pantomime opvoeren], *gesticulus* [gebaar], verkleiningsvorm van *gestus* [houding, beweging, gebaar], van *gerere* (verl. deelw. *gestum*) [dragen, doen, zich gedragen als].

gestie [beheer] < fr. *gestion* < lat. *gestionem,* 4e nv. van *gestio* [behartiging, uitvoering, verrichting], van *gerere* (vgl. *gesticuleren*).

gestopen [gebukt] verl. deelw. van *stuipen* (vgl. *stuip*).

gestreng [streng, onverbiddelijk] middelnl. *gestrenge* [idem], mogelijk < middelhd. *gestrenge* [sterk, dapper, een vererend epitheton van de ridderstand] (vgl. *streng*²).

gestruiveld [golvend (van haar)] verl. deelw. van *struivelen* (vgl. *streuvelen*).

get, gette [slobkous] < fr. *guêtre* [idem], uit het germ., vgl. middelnl. *wrest, wrist* [pols- of enkelgewricht], middelnd. *wrist,* middelhd. *rist(e)* (hd. *Rist* [wreef, rug van de hand]), oudfries *wrist, wirst,* oudeng. *wrist* (eng. *wrist* [polsgewricht]), oudnoors *rist,* verwant met middelnl. *wrigen* [winden, verschuiven, krom groeien] (vgl. *wrikken*).

getaken [aanraken] middelnl. *getaken* [aanraken, grijpen], van *taken* [pakken, grijpen] (vgl. *takken*).

getal [cijfer, aantal] middelnl. *(ge)tal,* van *taal,* vgl. ook *tellen.*

geteisem [uitvaagsel] < jiddisch *chatteisem* [schooiers].

getij, getijde → *tij.*

getouw [toestel waarop men weeft] → *touwen.*

getroebleerd [niet goed bij het hoofd] van fr. *troublé* [verward], *troublé d'esprit* [niet goed bij het hoofd], verl. deelw. van *troubler* [troebel maken, in verwarring brengen] (vgl. *troebel*).

getto [jodenwijk] < it. *ghetto* [idem], etymologie onzeker. Enkele van de pogingen tot verklaring zijn: de eerste aan joden toegewezen wijk, in Venetië, heette zo omdat er smelterijen waren (it. *gettare* [gieten]), verkort uit *borghetto* [gehucht, voorstadje], < hebr. *ghēt* [het afscheiden] < provençaals *Guet* [Egypte].

getuigen [als getuige verklaren] middelnl. *getugen,* van *ge-* + *tugen* [getuigen], uit een germ. ww., vgl. gotisch *tiuhan* [trekken] (vgl. *tijgen*); de oorspr. betekenis is: voor het gerecht halen van mensen met verklaringen.

geuf [grondel] nevenvorm van *govie.*

geul [smal water] middelnl. *guelle, geul(e)* [geul], middelnd. *goele* [moeras], middelhd. *gülle* [poel], zweeds *göl* [diepe plaats in een rivier]; zou kunnen stammen van fr. *gueule,* lat. *gula* [keel], maar gezien de naam van de Limburgse *Geul* (als *Gulia,* 9e eeuw) en het feit dat riviernamen oud plegen te zijn, gelet ook op fins *kulju* [plas], een oud germ. leenwoord, lijkt germ. herkomst waarschijnlijk.

geur [wat men ruikt] middelnl. *gore, guere, geure,* verwant met *gist, gier*².

geuren [met iets pronken] vertalende ontlening aan fr. *airs,* in b.v. *se donner des airs* [voornaam doen, drukte maken].

geus¹ [een partijnaam] sedert 1566 bij het aanbieden van het smeekschrift der edelen overgenomen uit fr. *gueux* [bedelaar, schooier]; de etymologie is niet duidelijk, mogelijk < middelnl. *guut, guit* of *guuch, guich, guse* [een gezicht dat men tegen iem. trekt].

geus² [kleine boegvlag] (1685), vermoedelijk hetzelfde woord als *geus*¹.

geus³ [gieteling] < fr. *gueuse* [idem] < oudhd. *guzzi,* van *gießen* [gieten].

geut, geute [goot] van *goot, gieten.*

geuze [biersoort] < hd. *Gose* [een soort witbier], middelnd. *gose,* oorspr. *Goslarer Bier,* gebrouwen met water uit het riviertje de *Gose.*

gevaar [hachelijke toestand] < hd. *Gefahr,* middelhd. *gevare* [list, boos voornemen]; het middelnl. *gevaerde, geveerde* [arglistigheid, kwade trouw], samenstelling van *ge-* + *vaer, vare* [arglistigheid, vrees, gevaar], oudsaksisch *far(a)* [vrees, gevaar], oudhd. *fara* [arglist, het belagen], oudeng. *fǣr* [vrees, gevaar] (eng. *fear*), oudnoors *far* [boosheid, bedrog], gotisch *ferja* [belager]; buiten het germ. lat. *periculum* [gevaar], gr. *peira* [waagstuk] (vgl. *experimenteren, empirie*).

gevaarte [kolos] middelnl. *gevaerde* [werktuig, toerusting, leefwijze, toestand, drukte, een vreemd, de aandacht trekkend feit, wonderlijke verschijning], van *varen* [handelen, doen]; de betekenisontwikkeling is wel beïnvloed door *gevaar.*

geval [voorval, omstandigheid] middelnl. *geval* [lot, toeval, geval], van *gevallen* [gebeuren], van *vallen.*

gevangenis [bajes] middelnl. *gevangenisse, gevancnisse* [gevangenschap, gevangenis, het gevangene], *vangenisse* [krijgsgevangenschap, gevangenis, gevangenneming, opbrengst van een vastgoed], middelnd. *vanknisse,* middelhd. *gevancnisse,* oudfries *fangnese;* afgeleid van *vangen.*

gevat [geestig] begin 18e eeuw, naar hd. *gefaßt;* de oudste nl. betekenis is 'voorbereid op'.

gevecht [treffen van strijders] middelnl. *gevechte, gevichte* en *gevecht,* middelhd. *gevechte,* naast oudhd. *gifeht* en oudeng. *(ge)feoht;* afgeleid van middelnl. *gevechten* [vechten, strijd leveren], of van *vechten.*

gevel [voormuur van gebouw] middelnl.,

middelnd. *gevel*, **oudhd.** *gibil*, **oudnoors** (ablautend) *gafl*, **gotisch** *gibla;* buiten het germ. vermoedelijk **gr.** *kephalè* [hoofd].

geven [aanreiken, verschaffen, schenken] **middelnl.** *geven*, **oudnederfrankisch, oudsaksisch** *gĕban*, **oudhd.** *gĕban*, **oudeng.** *giefan*, **oudnoors** *gĕfa*, **gotisch** *gĭban;* buiten het germ. **oudiers** *gaibim* [ik neem, ik heb], **litouws** *gabenti* [verwijderen].

gevergeerd [gestreept] van **fr.** *vergé* [met strepen], verl. deelw. van *verger* [met strepen bewerken], van **oudfr.** *verge* < **lat.** *virga* [twijgje, bezem, streep], vgl. ***virga, virginaal***, *(virgo* [maagd] en *virga* zijn verwant, ook in de betekenis, waarbij te denken valt aan jonge loot).

geverseerd [bedreven] van **fr.** *versé* [ervaren], verl. deelw. van *verser* < **lat.** *versari* [draaien, zich bewegen, zich op een bepaald gebied bewegen, betrokken bij iets zijn, bedreven in iets zijn], frequentatief van *vertere* [keren, wenden], idg. verwant met ***worden***.

gevest[1] [handvat] van **middelnl.** *vesten* [vastmaken, bevestigen], van ***vast*** → ***vesting***.

gevest[2] [omgeving van het wild] **middelnl.** *gevest* [verbonden aan één plaats], eig. verl. deelw. van *gevesten* [vastmaken, zich hechten aan] (vgl. ***vestigen***).

gevoeg [behoefte] **middelnl.** *gevoech* [wat iem. voegt, gepaste wijze van doen], van ***voegen***.

gevoeglijk [betamelijk, gepast] **middelnl.** *gevoechlike* [op betamelijke, geschikte wijze], **hd.** *füglich* [gevoeglijk], van *gevoech* (vgl. ***gevoeg***).

gevoel [gewaarwording van het gevoelen] **middelnl.** *gevoel* [gewaarwording]; afgeleid van ***voelen***.

gevolg [personen die iem. begeleiden, wat uit iets voortvloeit] **middelnl.** *gevolch* [volgelingen, het met iem. eens zijn, uitvoering], **middelnd.** *gevolch* [gevolg], **oudhd.** *gafolgi* [het volgen], **oudnoors** *fylgð* [hulp van volgelingen, argumentatie]; afgeleid van **middelnl.** *gevolgen* [navolgen], of van ***volgen***.

gewaad [kleding] **middelnl.** *gewaet, gewade* [kleding, ingewand], **oudsaksisch** *giwaldi*, **oudhd.** *giwati*, **oudeng.** *gewǣde*, collectief van **middelnl.** *-waet* in *miswaet*, lijnwaet, **oudnederfrankisch, oudhd.** *wāt*, **oudsaksisch** *wād*, **oudfries** *wēd(e)*, **oudeng.** *wǣd* (**eng.** *weed*), **oudnoors** *vāð*, vgl. **gotisch** *gawĭdan*, **oudhd.** *wĕtan* [binden]; buiten het germ. **iers** *fedan* [span], **litouws** *audzu* [weven] (vgl. ***winden***).

gewaarworden [bespeuren] **middelnl.** *geware werden* [opmerken], waarin *geware* de zwakke vorm is van *gewar* [opmerkzaam], **oudsaksisch** *giwar werthan*, **oudhd.** *giwar werdan*, **oudeng.** *(ge)wǣr weorðan*.

gewagen [vermelden] **middelnl.** *gewagen* [melden], van *gewach* [melding], van *wagen* [melden], **oudhd.** resp. *giwahanen* (**hd.** *erwähnen*) en *wahan;* buiten het germ. **lat.** *vox* [stem], **gr.** *epos*

(**cyprisch** *wepos*) [woord], **oudiers** *faig* [hij zei], **oudindisch** *váhti* [hij spreekt].

gewam [ingewand van vis] → ***wam***.

gewan, gewand [hijsblok] **middelnl.** *gewant*, *ywant* [kledingstof, kleding, al wat men voor iets nodig heeft, scheepswant], vgl. ***want***[2], ***gewaad***.

gewarig [waakzaam] **middelnl.** *gewarich* [opmerkzaam], van *gewaren* [ontwaren, opmerken], vgl. ***gewaar worden***.

geweer [vuurwapen] **middelnl.** *gewere* [tegenweer, verdedigingswerk, wapen], van *weren;* de algemene betekenis wapen is behouden in *zijdgeweer* [sabel].

gewei [horens van herten e.d.] < **hd.** *Geweih*, dat eig. 'samenstel van takken' betekent, een afleiding met *ge-* van een woord **oudnoors** *vigr* [werpspeer], **lat.** *vicia* [voederwikke], **welsh** *ghwyge* [twijg, werpspeer], **oudindisch** *vayā* [tak].

gewel [braakbal van katoen e.d. voor jachtvogels] **middelnl.** *gewel(le)* [deegbal om vogels te voeren], van *wellen* [rollen].

geweld [uiting van macht, kracht] **middelnl.** *gewalt, gewolt, gewout*, naast *gewelt, gewilt* [macht, geweld]; de vorm *geweld* heeft (uit de verbogen nv.) de umlaut naast de klankwettige 1 e nv. *gewout*, **oudsaksisch** *giwald*, **oudhd.** *giwalt*, **oudfries** *wald, weld*, **oudeng.** *geweald*, afgeleid van een ww. **middelnl.** *walden, wouden* [iets beschikken, regelen], **gotisch** *waldan* [heersen], verwant met **lat.** *valēre* [sterk zijn].

gewelf [halfgebogen zoldering] **middelnl.** *gewelve*, *gewelf, gewelft, gewulft*, **middelnd.** *gewelfte*, **oudhd.** *giwelbi* (**hd.** *Gewölbe*); de *u* in *gewulft* is te verklaren door de invloed van de volgende labiaal. Afgeleid van ***welven***.

gewest [landstreek] begin 16e eeuw *geweste*, *gewiste* [(land)streek], van *wesen* [zijn, vertoeven, wonen], **oudhd., oudeng.** *wist* [woonplaats].

geweten [besef van goed en kwaad] zelfstandig gebruikte onbepaalde wijs, o.i.v. **hd.** *Gewissen*, van *ge-* + *weten*, lett. samen weten, vertalende ontlening aan **lat.** *conscientia*, van *con* [samen] + *scientia* [het weten].

gewicht [zwaarte] **middelnl.** *gewichte, gewechte* [gewicht, schaal en gewichten, bezwaar], **oudhd.** *giwihti*, **oudeng.** *gewihte;* afgeleid van noordelijk **middelnl.** *wicht(e)*, **middelnd., oudfries** *wicht*, **oudeng.** *wiht* (**eng.** *weight*), **oudnoors** *vœtt* [gewicht]; afgeleid van **middelnl.** *gewegen* [een zeker gewicht hebben], of van ***wegen***[1].

gewiekst [bijdehand] verl. deelw. van *wieksen* (dial.) [boenwassen], **hd.** *wichsen* [boenen, poetsen], van *Wichse* [boenwas]; vgl. voor de betekenis het bn. *glad*.

gewijsde [definitief vonnis] < **middelnl.** *gewijst* [tot het uitoefenen van eigendomsrechten bevoegd verklaard door het gerecht], *gewijst tot/te* [veroordeeld tot], verl. deelw. van *wisen* (zowel sterk als zwak vervoegd) [wijzen naar, rechtdoen, vonnis wijzen] (vgl. ***wijzen***).

gewis — giebelen

gewis [waar] → *wis* [1].
gewoon [gewend, gebruikelijk] ablautend bij *wennen*.
gewricht [beenderverbinding] middelnl. *gewrichte,* daarnaast bij Kiliaan *ghewerf* [gewricht], van middelnl. *wrijch* [wreef (van voet)], *wrigen, wrijgen* [winden, verschuiven, overhellen, ineengroeien, kromgroeien], *gewrijcht* [krom], van een basis die met genasaleerde variant verschijnt in *wringen,* waarmee ook nauw verwant de basis van *worgen, werven* (in de oorspr. betekenis draaien) en *wervel, wrikken.*
gewrocht [voortbrengsel] middelnl. *gewrocht(e)* [werkstuk], van *werken,* met *wrocht, gewrocht* vroeger een sterk ww..
gezag [macht] middelnl. *gesach* [gezag, rechtsbevoegdheid], van *geseggen* (vgl. *zeggen).*
gezamenlijk [samen] middelnl. (bijw.) *gesamenlike,* middelnd. *sametliken,* middelhd. *samentliche* (hd. *sämtlich*); afgeleid van *zamelen.*
gezant [afgevaardigde] bij Kiliaan < hd. *der Gesandte* [de gezondene], van *senden* [zenden].
gezapig [gemoedelijk] afgeleid van *sap,* middelnl. *sap* [levenssap, vochtigheid van de grond].
gezegde [spreekwijze] sedert de 18e eeuw, o.i.v. lat. *dictum* en fr. *dit,* afgeleid van *zeggen.*
gezel [makker] middelnl. *gesel(le)* [gezel(lin), makker, jong persoon, persoon], van *ge-* + *zaal,* middelnl. *sale, sele* [woning, paleis, burcht, burchtzaal, eetzaal]; de betekenis is oorspr. dus: iem. die in dezelfde zaal is gezeten; vgl. voor de betekenis *kameraad, kompel, genoot, compagnon, kompaan, maat* [2], *matroos.*
gezellig [knus] middelnl. *gesellich* [gemeenzaam omgaand met, vertrouwd], van *gesellen* [zich aansluiten bij, zich mengen onder], van *gesel* (vgl. *gezel).*
gezet [vastgesteld, corpulent] middelnl. *geset* [bepaald, vastgesteld, volgroeid, volwassen, goed uitgegroeid], verl. deelw. van *setten* [bepalen e.d., ook: beginnen te ontwikkelen (van knoppen)] (vgl. *zetten).*
gezicht [het zien, gelaat] middelnl. *gesichte,* afgeleid van *sichten* [kijken], alleen intransitief, naast *sien,* dat zowel transitief als intransitief was (vgl. *zien).*
gezin [echtpaar met hun kinderen] middelnl. *gesinde, gesinne* [reisgezelschap, gevolg, hovelingen, bedienden, iemands omgeving], collectief naast *gesinde, gesinne* [reisgezel, huisgenoot], **oudsaksisch** *gisīthi* resp. *gisīth,* **oudhd.** *gisindo* resp. *gisind;* van woorden voor weg, reis: **oudsaksisch** *sīth,* **oudhd.** *sind,* **gotisch** *sinþs;* buiten het germ. welsh *hynt* [weg], iers *set* [weg].
gezindte [gemeenschap van gelovigen] ouder *gezinde,* hetzelfde woord als *gezin.*
gezond [niet ziek] middelnl. *gesont* [behouden, gezond, ongeschonden], **oudnederfrankisch** *gisund* [welvarend], **oudsaksisch** *gisund,* **oudhd.** *gisunt,* **oudfries** *sund,* **oudeng.** *(ge)sund* (eng. *sound* [gezond]), wel verwant met *gezwind.*
gezusters [zusters] middelnl. *gesuster, gesust(e)re,* **oudsaksisch, oudhd.** *giswester* [broers en zusters], **oudeng.** *gesweostor* [gezusters]; is op dezelfde wijze afgeleid van *zuster* als *gebroeders* van *broeder.*
gezwind [rap] middelnl. *geswint* [geweldig groot, buitengewoon], *geswinde* [snelheid], van *ge- + swinde, zwinde* [sterk, heftig], **oudsaksisch** *swīth(i)* [sterk], middelhd. *geswinde* [koen, snel], **oudfries** *swīthe* [hevig, zeer], **oudeng.** *swīð* [sterk, heftig], **oudnoors** *swinnr* [onstuimig], **gotisch** *swinþs* [krachtig] → *gezond.*
Ghana [geogr.] genoemd naar een machtig en welvarend, veel noordelijker gelegen rijk, dat van de 4e tot in de 13e eeuw bestond, bekend door zijn fabelachtige goudexport < ar. *ghanā'* [rijkdom].
ghazel [Arabische dichtvorm] < ar. *ghazal* [flirt, liefde, liefdespoëzie, erotische poëzie], bij het ww. *ghazala* [hij deed verliefd, maakte het hof] (vgl. *gazel).*
ghazidsja [heilige oorlog der mohammedanen] → *razzia.*
Ghibellijnen [aanhangers van de keizer] < it. *Ghibellini* < hd. *Waiblinger,* naar het kasteel *Waiblingen* van de Hohenstaufen in Württemberg, met wisseling van *g* en *w,* vgl. it. *guardia* en nl. *bewaring.*
ghibil [woestijnwind in N.-Afrika] < ar. *qiblī* [zuidelijk, eig. uit de gebedsrichting], *qibla* is zuidelijk voor de Egyptenaren, dus zuidenwind.
ghostwriter [die voor een ander teksten schrijft] < **amerikaans-eng.** *ghostwriter,* van *ghost* [spook], **oudeng.** *gāst* (vgl. *geest* [1]) + *writer* [schrijver], van *to write* (vgl. *rijten*) + *-er.*
giaur [ongelovige] < turks *giaur* < perzisch *gaur, gabr* [aanhanger van Zoroaster].
gibbon [apengeslacht] een Indisch woord, door Joseph-François Marquis Dupleix (1697-1763), gouverneur-generaal van de Franse koloniën in Indië, in Frankrijk geïntroduceerd.
giberne [sieraad aan ceremonieel tenue] < fr. *giberne* [patroontas] < it. *giberna* < me. lat. *diaberna, zaberna* [idem] < **byzantijns-gr.** *zaba* [kuras].
gibus [opvouwbare cilinderhoed] genoemd naar de uitvinder ervan, een Franse hoedenmaker uit de eerste helft van de 19e eeuw.
gicht [beverigheid] middelnl. *gicht;* nevenvorm van *jicht.*
Gideon [bijbelse naam] < hebr. *gidh'ōn* [hij die velt], van het ww. *gāda'* [houwen, vellen].
gids [leidsman] in deze vorm eerst na 1600 gevonden, echter begin 16e eeuw *guyde,* dat stellig van fr. *guide* komt, door het fr. ontleend aan **provençaals** *guide* of it. *guida,* dat uit het germ. stamt, vgl. nl. *weten,* hd. *wissen;* de ontleende vorm verdrong zijn oudfr. voorganger *guis.*
giebelen [giechelen] vgl. hd. *geifeln,* nd.

gib(b)elen, eng. *to gibe* [spotten], **middelnl.** *gipen* [een open mond hebben], verwanten van *geeuwen, gapen*.

giechelen [halfgesmoord lachen] (1573), in het middelnl. niet overgeleverd, maar **oudhd.** *gichazzan* [giechelen], **eng.** *to giggle* [giechelen], **middelnl.** *gigen* [hikken of niezen]; van dit als klanknabootsend gevoelde woord bestaan ettelijke varianten, de oorsprong ligt echter in de basis van *geeuwen*.

giegagen [balken] klanknabootsende vorming.

giegauw [term bij het molenspel] **middelnl.** *givegave* [beuzeling, sprookje, zottenpraat], **middeleng.** *giuegoue*, **eng.** *gewgaw* [prul, snuisterij]; de onderlinge verhouding is niet duidelijk; de grondbetekenis is vermoedelijk een ruil waarbij evenveel wordt gegeven als ontvangen, wat aansluit bij de betekenis in molenspel en whist.

giek¹ [lange, smalle sloep] (1846) < **eng.** *gig* [tweewielige wagen, lichte sloep], vermoedelijk uit het scandinavisch, vgl. **oudnoors** *geiga* [wankelen]; de wagen en de sloep zijn beide tuitelig (vgl. *giek*²).

giek² [onderste parallelle rondhout van een langsgetuigd schip] (1671), zal verwant zijn met *giek*¹, het rondhout beweegt sterk tijdens manoeuvreren, vgl. ook *gieren*².

gielen [watertandend toekijken] nevenvorm van *gijlen*.

gieler [schooier] **middelnl.** *gilare, gijlre, giler* [bedrieger, boef, bedelaar], *gilen* [bedelen], van **oudfr.** *guile*, evenals **eng.** *guile* [bedrog, list, valsheid]; het **oudfr.** *guile* is ontleend aan het germ., vgl. **middelnl.** *wiken, wikelen* [waarzeggen], *wicker* [wichelaar], **middelhd.** *wicken* [toveren], **oudeng.** *wigle* [waarzeggerij] (**eng.** *wile* [list, sluwe streek]), verwant met *wicce* [heks] (**eng.** *witch*) (vgl. *wichelen*).

gienje [Engelse munt] < **eng.** *guinea*, genoemd naar *Guinea*, i.h.b. de Goudkust, omdat de eerste van deze munten geslagen werden van uit Guinea afkomstig goud.

gier¹ [roofvogel] van *gierig* [vraatzuchtig, gulzig].

gier² [vloeibare mest] **fries** *jarre;* zoals ook door de betekenis van **middelnl.** *gier* [most, gier] wordt gesteund, is het woord verwant met *gist* → *geur*.

gier³ [uier] < *geder*, één van de vele oude vormen van *uier*.

gieren¹ [schreeuwen] **middelnl.** *gieren* [knorren (van varken)], **middelnd.** *giren* [schreeuwen], **middelnl.** *garren, gerren, gar(re)len, gerrelen* [snateren, knorren], **middelhd.** *gerren* [rochelen]; typisch klanknabootsende vormingen.

gieren² [heen en weer gaan, van de koers afwijken] van dezelfde basis als *gig* en *giek*¹ met de grondbetekenis 'topzwaar zijn, omvallen'.

gierig [inhalig] **middelnl.** *gi(e)rich* [begerig, gretig, hebzuchtig, vraatzuchtig], van *gier* [idem, ook geldgierig], **oudhd.** *giri* [idem], stamt van dezelfde basis als *geeuwen* en betekent eigenlijk 'hijgend naar'. Het ww. *begeren* heeft een andere afstamming.

gierpont [pont die door de stroom naar andere oever gaat] van *gieren*² + *pont*.

gierst [graangewas] de *t* is evenals in *rijst* een jongere toevoeging, vgl. **middelnl.** (oostelijk) *herse* < **hd.** *Hirse*, **oudhd.** *hirsi, hirso*, **oudsaksisch** *hirsi;* de *g* is vermoedelijk ontstaan o.i.v. *gerst;* waarschijnlijk verwant met *Ceres* [de Romeinse oogstgodin], **gr.** *korennumi* [ik verzadig], **oscisch** *caria* [brood], **litouws** *šerti* [voederen].

giertelsel → *geertelsel*.

giervalk [roofvogel] **middelnl.** *ge(e)rvalke, gerevalke, giervalke*, **middelhd.** *girfalc, gerfalc*, **oudnoors** *geirfalki;* het eerste lid is een woord voor speer, pijl, dat als tweede lid in *elger* optreedt.

gierzwaluw [soort van zwaluw] zo genoemd omdat ze in de paartijd met een gierend geluid achter elkaar aan vliegen.

gies [overtollig lood aan letter] < **hd.** *Gieße* [o.a. smeltkroes, gieterij], van *gießen* (vgl. *gieten*).

gieteling [merel] **middelnl.** *gietelinc*, **middelnd.** *geidling* [geilink], **oudfries** *geitel*, afgeleid van *geit* (vgl. *geitenmelker*).

gieten [schenken] **middelnl.** *gieten*, **oudsaksisch** *giotan*, **middelnd.** *geten*, **oudhd.** *giozan*, **oudfries** *giata*, **oudeng.** *geotan*, **oudnoors** *gjota*, **gotisch** *giutan;* buiten het germ. **lat.** *fundere* [gieten] en zonder dentaal **gr.** *cheō* [ik giet], **oudindisch** *juhoti* [hij plengt], **armeens** *jaunem* [ik plengl].

gif [vergift] < *gift* < **hd.** *Gift*, waarbij het wegvallen van de *t* gevolg is van de poging verschil te maken met *gift* [gave]; het **hd.** *Gift* betekende oorspr. ook gave, maar kreeg de betekenis vergift doordat het woord gebruikt werd als een vertaling van **me.** **lat.** *dosis* in recepten.

gift [geschenk] **middelnl.** *gichte, gifte*, **middelnd.** *gifte*, **oudhd.** *gift*, **oudfries** *jeft(e)*, **oudeng.**, **oudnoors** *gift*, van *geven*.

gig [tweewielige disselwagen] < **eng.** *gig* [tweewielig rijtuigje, sjees, giek (lange, smalle roeiboot)], vgl. **oudnoors** *geiga* [wankelen], **deens** *gig* [top]; de grondbetekenis is 'onstabiel bewegen', een vermoedelijk klanknabootsend woord → *giek*¹, *gieren*².

giga- [voorvoegsel dat miljardvoud aangeeft] afgeleid van **gr.** *gigas* [reus, gigant].

gigantisch [reusachtig] gevormd van **middelnl.** *gigant* [reus] < **gr.** *Gigas* (2e nv. *Gigantos*), een der mythologische reuzen, die de Olympus bestormden.

gigolo [beroepsdanser, betaalde minnaar] < **fr.** *gigolo*, gevormd als mannelijke pendant naast *gigolette* [dansmeisje], van *gigoter* [in argot: dansen], van *gigue* [danswijsje] < **eng.** *jig*, van **oudfr.** *gigue* [viool], dat uit het germ. stamt: **middelnl.** *gige* [luit, viool], **hd.** *Geige*.

gigue [oude, oorspr. Engelse dans] < **fr.** *gigue* < **eng.** *jig* (vgl. *gigolo*).

gij [pers. vnw.] **middelnl.** *ghi* (2e pers. mv.), vgl. **gotisch** *jus* [idem]; het vocalisme van het nl. is te danken aan invloed van *mij;* de oorspr. anlautende *j* werd in een aantal frankische dialecten tot *g*, maar niet in de ingweoonse. Holland was het gebied waar de *gij* en de *jij* vorm om de suprematie dongen. Aanvankelijk, door de in de middeleeuwen overheersende positie van Brabant, overwon de *gij* vorm in geschrifte. Hij bleef nog lang in de deftige taal in het Noorden behouden. Met de opkomst van Holland overwon daar na 1600 de *jij* vorm. Aanvankelijk was *gij/jij* (vgl. *jullie*) de mv. vorm van de 2e persoon; allengs werd het voor het enk. gebruikt, terwijl het oude *du* (vgl. **hd.** *du* [jij]) verdween. Buiten het germ. **gr.** *humeis* [jullie], **litouws** *jus*, **oudpruisisch** (bez. vnw.) *ious*, **oudindisch** *yūjam*.

gijgen, giegen [giechelen] **middelnl.** *gigen* [hikken of niezen], **hd.** *gickern* [giechelen], klanknabootsend gevormd (vgl. *giechelen*).

gijl [gist] **middelnl.** *gijl* [nog niet uitgegist bier], *gilen* [koken], **oudnoors** *gil-* [gistend bier] (vgl. *geil* [welig]).

gijlen [schuimen, gisten] **middelnl.** *gijlen,* van *gijl.*

gijn, jijn [takel] (1671) < **eng.** *gin,* verkort uit *engine* < **oudfr.** *engin* [vaardigheid, uitvinding, apparaat] < **lat.** *ingenium* (vgl. *ingenieur*).

gijpen [met open mond naar adem snakken, voor de wind overstag gaan] **middelnl.** *gipen* [naar adem snakken] (vgl. *geeuwen*); het beeld van het zo ver mogelijk naar stuur- of bakboord uitgestoken zeiltuig, dat met een klap naar de andere kant overslaat, komt overeen met dat van het wijd openen van de mond.

gijzelaar [persoon die als onderpand dient] **middelnl.** *giselare,* verlenging van *gisel,* **oudsaksisch, oudhd.** *gisal* (**hd.** *Geisel*), **oudeng.** *gisel,* **oudnoors** *gīsl* [gijzelaar, borg]; verwant met of ontleend aan het kelt., vgl. **welsh** *gwystl*, **iers** *giall* [gijzelaar].

gilamonster [hagedis] genoemd naar de *Gila*, een zijrivier van de Colorado in Arizona.

gilbert [eenheid van magneto-motorische kracht] genoemd naar de Engelse arts en natuurkundige *William Gilbert* (1540-1603).

gilde [middeleeuwse broederschap] **middelnl.** *gilde, gulde* [gilde, gildemaaltijd], **middelnd.** *gilde,* **oudfries** *jelde,* **middeleng.** *gilde,* vermoedelijk < **oudnoors** *gildi* [betaling, feestmaal, vereniging] (vgl. *geld*[1]).

gilet [vest] < **fr.** *gilet* < **it.** *gilè* [vest] < **turks** *yelek* [vest, pullover].

gilia [plantengeslacht] genoemd naar de 18e eeuwse Spaanse botanicus *Fepile Luis Gil.*

gillen[1] [schel schreeuwen] **middelnl.** *gellen, gillen*, **middelnd.** *gellen,* **oudhd.** *gellan,* **oudeng.** *giellan* (**eng.** *to yell*), **oudnoors** *gjalla,* verwant met *galm.*

gillen[2] [schuin afsnijden] oorspr. schuins van iets afstaan, van dezelfde basis als *geeuwen.*

gilletje [diefstal, inbraak] wellicht hetzelfde woord als **middelnl.** *gile* [bedrog, list] < **oudfr.** *guile* [idem], *guiler* [bedriegen], uit het germ., vgl. **oudeng.** *wil* [truc] (**eng.** *wile* [list, sluwe streek]), verwant met *wiggelen.*

gilling [schuin afgesneden kant] van *gillen* [2].

gimmick [vernuftig apparaat, laatste snufje] < **eng.** *gimmick,* etymologie onbekend.

gimp [passement] (1625) < **fr.** *guimpe* (vgl. *guimpe*).

gin [jenever] < **eng.** *gin,* verkort uit *geneva* [sterkedrank], dat dezelfde afstamming heeft als **fr.** *genièvre* (vgl. *jenever*).

ginder [daar] **middelnl.** *ginder, gender, gonder, gunder* [daar], van dezelfde basis als *gene;* vgl. voor de vorm **gotisch** *jaindrē* [daarheen], **eng.** *yonder → ginds.*

ginds [daar] **middelnl.** *gens, geyns, gins* [naar gene zijde], **oudeng.** *geond,* **gotisch** *jaind* [daarheen], verwant met *gene, ginder.*

gin fizz [drank] < **eng.** *gin fizz,* van *gin + fizz* [een borrelend, sissend geluid en vandaar een drank als bier, champagne of sodawater].

gingang [weefsel met strepen] < **javaans** *ginggang* [gescheiden door een kleine afstand, het bedoelde weefsel].

gingivitis [tandvleesontsteking] gevormd van **lat.** *gingiva* [tandvlees, eig. iets ronds], verwant met **gr.** *goggulos* [rond], *goggros* [uitwas aan boom] en **hd.** *Keule* [knots].

ginnegappen [giechelen] < *ginnegabben,* samengesteld uit *ginniken* + **middelnl.** *gabben,* die beide 'spottend lachen' betekenen, vgl. **fries** *gysgabje, g(n)iisgapje* [ginnegappen]; de vorm *ginneken* is waarschijnlijk van *grinniken,* **middelnl.** *greniken;* voor *gabben* vgl. *gebbetje.*

ginseng [Chinese plant] van **chinees** *jen* [man] (omdat de gevorkte wortel op een mannetje lijkt) + *shen,* waarvan de betekenis niet duidelijk is.

ginst, genst, ginster [gaspeldoorn] **middelnl.** *genst(e), ginster* [brem], **oudhd.** *geneste* (**hd.** *Ginst(er)*) < **oudfr.** *geneste* (**fr.** *genêt*) < **lat.** *genista* [bezemstruik, brem].

giorgistelsel [eenhedenstelsel (kg, m en seconde)] genoemd naar de Italiaanse elektrotechnicus *Giovanni Giorgi* (1871-1950).

giorno ['a giorno', wijze van illumineren] < **it.** *giorno* [lett. als de dag], *giorno* [dag] < **lat.** *diurnus* (vgl. *journaal*).

gips [pleister] **middelnl.** *gips* < **fr.** *gypse* < **lat.** *gypsum* [gips, krijt] < **gr.** *gupsos* [gips, krijt], van semitische oorsprong, vgl. **mishnaïsch hebr.** *gebhes* [gips, pleisterkalk].

gipsy [zigeuner(in)] < **eng.** *gipsy* via *gypcian* en *Egypcian* < **fr.** *égyptien* [Egyptenaar, zigeuner]; men nam lang aan, dat de zigeuners uit Egypte kwamen; vgl. *gitano, flamenco, Egypte.*

giraal [m.b.t. de giro] < **hd.** *giral* (vgl. *gireren*).

giraf, giraffe [dier met lange hals] (1599) < **fr.** *giraffe* via **it.** *giraffa* < **ar.** *zarāfa,* dat waarschijnlijk aan een Afrikaanse taal werd ontleend.

girande — **glamour**

girande [vuurfontein] < **fr.** *girande* < **it.** *giranda* [idem], van **me. lat.** *gyrare* [draaien] (vgl. *gireren*).
girandole [kandelaar] < **fr.** *girandole* < **it.** *girandola,* verkleiningsvorm van *giranda* (vgl. *girande*).
girasol [maansteen] < **it.** *girasole* [zonnebloem, zonnesteen], van *girare* [draaien] (vgl. *gireren*) + *sole* [zon] < **lat.** *solem,* 4e nv. van *sol* [idem].
gireren [overmaken (van geld)] < **it.** *girare* [draaien, ronddraaien, in omloop zijn, gireren] < **chr. lat.** *gyrare* [rondgaan, draaien] < **lat.** *gyrus* [kring] < **gr.** *guros* [rond, kring].
giro [overschrijving] (1766) < **hd.** *Giro* < **it.** *giro* [cirkel, omloop, giro] < **lat.** *gyrus* (vgl. *gireren*).
giroffel [anjer] < **fr.** *girofle* [kruidnagel] < **lat.** *caryophyllon* < **byzantijns-gr.** *karuophullon* [kruidnagel], van *karuon* [noot], **lat.** *carina* [notedop], **ionisch** *karaka-* [kokosnoot] + *phullon* [blad], idg. verwant met ***bloem*** ¹.
Girondijnen [republikeinen] < **fr.** *Girondins,* zo genoemd omdat de leiders van de factie uit het departement van de *Gironde* kwamen.
gis ¹ [slim] ook *ges* < **hebr.** *ches, chet,* de naam voor de letter *ch,* hier als beginletter van ***goochem***.
gis ² [met een halve toon verhoogde g (in muziek)] < **hd.** *Gis,* van *G* + een verbastering van **fr.** *dièse* < **gr.** *diesis* [halve toon].
gisp [dunne roede] →*gispen*.
gispelen [geselen] iteratief van ***gispen*** [ranselen].
gispen [laken] 16e eeuws **nl.** *gispen* [afranselen], eind 16e eeuw *ghispe* [gesel, in zuidnl.: dunne roede, smalle riem als strafwerktuig], **oostfries** *gisp(e)* [dunne roede], *gispen* [ranselen]; waarschijnlijk verwant met *gesel,* mogelijk echter slechts klanknabootsend.
gissen [raden] **middelnl.** *gissen, gessen* [zijn zinnen zetten op, bedacht zijn op, vermoeden], **middelnd.** *gissen* [bedenken, vermoeden]; afgeleid van een ww. dat we tegenkomen in **oudsaksisch** *bigetan* [grijpen, vinden], **oudhd.** *bigezzan* [verkrijgen], **oudeng.** *begietan* [krijgen, verschaffen, vinden] (**eng.** *to beget*), **oudnoors** *geta* [verschaffen, verwekken, leren, vermoeden].
gist [rijsmiddel] **middelnl.** *gest(e), gist,* **middelnd.** *gest,* **middelhd.** *jest,* **oudeng.** *gist* (**eng.** *yeast*), **oudnoors** *jǫstr,* van het ww. **middelnl.** *geren,* **oudhd.** *jesan* [gisten] (**hd.** *gären*); buiten het germ. **gr.** *zeō* [ik kook], **welsh** *ias* [het koken], **oudindisch** *yasyati* [hij kookt (onovergankelijk), wordt heet, is woedend], verwant met *geur*.
gisteren [de dag vóór heden] **middelnl.** *gistere(n), gister, gisterdage(n),* **oudhd.** *gesteron, gesteren* (verbogen vorm van *gestre*), **oudeng.** *gystran dæg* (**eng.** *yesterday*), **gotisch** *gistradagis* [morgen!], afleidingen met het achtervoegsel *-tra* van een stam die we terugvinden in **lat.** *heri* [gisteren], *hesternus* [gister-], **gr.** *chthes,* **welsh** *doe,* **oudindisch** *hyas* [gisteren].
git [zwarte delfstof] **middelnl.** *get, git, gagates,*

gagaet, **oudfr.** *get, jayet* < **laat-lat.** *gagates* < **gr.** *gagates* [afkomstig uit Gagas (een plaats en rivier in Klein-Azië)]; de wetenschappelijke naam van git is *gagaat* →*agaat*.
gitaans [zigeuner-] →*gitano*.
gitaar [tokkelinstrument] (1683) *guitarre* < **fr.** *guitare* < **spaans** *guitarra* < **ar.** *qītāra* < **gr.** *kithara* [citer] < **perzisch** *sehtār;* aan **gr.** *kithara* werd **lat.** *cithara* ontleend > **fr.** *cithare* > **nl.** *citer*.
gitano [zigeuner] < **spaans** *gitano,* van ouder *Egiptano* [Egyptenaar], van *Egipto* [Egypte] < **lat.** *Aegyptus;* men meende, dat de zigeuners uit Egypte kwamen; vgl. *gipsy, Egypte*.
glabella [vlakke plek op voorhoofdsbeen] < **lat.** *glabella,* vr. van *glabellus* [glad, onbehaard], verkleiningsvorm van *glaber* [glad, onbehaard], idg. verwant met *glad*.
glacé [geglansd leer] < **fr.** *glacé* [bevroren, ijskoud, koel, geglansd], eig. verl. deelw. van *glacer* [bevriezen, met glazuur bedekken, glaceren, satineren] < **lat.** *glaciare* [tot ijs maken], van *glacies* [ijs], verwant met *gelu* [vorst, ijs, kou], daarmee idg. verwant.
glaceren [met een gladde laag overdekken] →*glacé*.
glaciaal [m.b.t. de ijstijd] < **fr.** *glacial* [ijskoud] < **lat.** *glacialis* [idem], van *glacies* [ijs] (vgl. *glacé*).
glaciologie [gletsjerkunde] gevormd van **lat.** *glacies* [ijs] (vgl. *glacé*) + **gr.** *logos* [woord, verhandeling].
glacis [vestingtalud, doorschijnende laag] < **fr.** *glacis,* van *glace* < **lat.** *glacies* [ijs]; de betekenis stamt van het ww. **fr.** *glacer* [bevriezen], dat echter in het oudfr. ook 'glijden' betekent, vanwaar de betekenis 'helling waar men van afglijdt' (vgl. *glacé*).
glad [egaal] **middelnl.** *glat, glad* [glad, glinsterend], **oudsaksisch** *glad* [vrolijk], **oudhd.** *glat* [glad, glinsterend], **oudfries** *gled* [glad], **oudeng.** *glæd* [glanzend, blij] (**eng.** *glad*), **oudnoors** *glaðr* [glanzend, vrolijk]; buiten het germ. **lat.** *glaber* [onbehaard], **oudkerkslavisch** *gladŭkŭ* [glad], **litouws** *glodus* [glad].
gladakker [leperd] < **het maleis van Java** *geladak* [kamponghond].
gladiator [zwaardvechter] < **lat.** *gladiator,* van *gladius* [zwaard], uit het kelt., vgl. **bretons** *kleze,* **welsh** *cleddyf* [idem] →*kloon* ².
gladiolus, gladiool [knolgewassengeslacht] de naam werd gegeven door Plinius de Oudere († 79) vanwege de zwaardvormige bladeren: *gladiolus* is een verkleinwoord van *gladius* [zwaard] (vgl. *gladiator*).
gladjanus [gewiekste vent] van *glad* + de persoonsnaam *Janus,* andere samenstellingen met *Janus* zijn *slapjanus* en *ritjanus* [ritmeester].
glamonius [barg. ruit] ook *glonis* < **hebr.** *galanōt,* mv. van *galōn* [venster, raam, ruit].
glamour [schone schijn] < **eng.** *glamour,* verbaste-

glan — glis

glan ring van *grammar* [grammatica, occulte lering, magie] < **oudfr.** *gramarie*, nevenvorm van *grammaire* (vgl. **grammatica**).

glan [pakkingdrukker] < **eng.** *gland*, ouder *glam, glan*, **schots dial.** *glaum*; etymologie onbekend.

glanduleus [klierachtig] < **fr.** *glanduleux* [idem] < **lat.** *glandulosus* [gezwel-], van *glans* (2e nv. *glandis*) [eikel, vrucht, kogel] + -*osus* [vol van].

glans¹ [schijnsel] **middelnl.** *glans* [schittering], een woord uit de devote literatuur < **hd.** *Glanz* [glanzig, schitterend], van *glinzen* [schitteren], **middeleng.** *glenten* [een blik werpen op]; buiten het germ. **oudiers** *glese* [glans], **russ.** *gljadet'* [zien], verwant met **glinsteren, glunder** → **gal¹**.

glans² [eikel] < **lat.** *glans*, verwant met **gr.** *balanos* [eikel, dadel, eikelvormig voorwerp].

glariën [glinsteren] **middelnl.** *glaren* [schitteren, glinsteren (van ogen)], van **glas**.

glas [harde stof uit silicaten] **middelnl.**, **oudsaksisch**, **oudhd.** *glas*, **oudeng.** *glæs* [glas], **oudnoors** *gler* [glad oppervlak]; daarnaast **oudeng.** *glær* [barnsteen, hars], **middelnd.** *glar*, **oudhd.** *glas* [hars], **lat.** *glesum* [barnsteen] (uit het germ.). Idg. verwant met **iers** *glass* [groen, blauw, grijs] → **gal¹**, **glariën**.

glasnost [openheidspolitiek] < **russ.** *glasnost'* [openbaarheid, publiciteit], van *glasnyj* [openbaar, publiek], van *golos* [stem], idg. verwant met **oudnoors** *kalla* [roepen, zeggen], **iers** *gall* [beroemd].

glatik [rijstvogeltje] < **maleis** *jelatik, gelatik* [idem].

glauberzout [gekristalliseerd natriumsulfaat] genoemd naar de Duitse arts en chemicus Johann Rudolf Glauber (1604-1668).

glauconiet [groen mineraal] gevormd van **gr.** *glaukos* [blinkend (i.h.b. gezegd van het blauwgroene water), groenig].

glaucoom [groene staar] < **gr.** *glaukōma* [staar], van *glaukos* (vgl. **glauconiet**).

glauk [zeegroen] < **fr.** *glauque* [idem] < **lat.** *glaucus* < **gr.** *glaukos* [idem] (vgl. **glauconiet**).

glazen [van glas] afgeleid van **glas**; het glazen muiltje van Assepoester berust op een misvatting, doordat voor *de vair* [een wit-grijs bont] werd verstaan *de verre* [van glas].

glazuur [glasachtige laag] < **hd.** *Glasur*, van *Glas* (vgl. **glas**).

glee [gesleten plek] van **glijden**, **middelnl.** *gliden* [glijden, wegzakken, vergaan].

gleis [pottenbakkersklei] (19e eeuws) < **fr.** *glaise*, uit het gallisch. Plinius vermeldt het woord *glisomarga* [een soort mergel].

gleiwerk [glinsterend aardewerk] ook *gleiergoed*, **middelnl.** *galeyer, gleyer* [bakker van geglazuurd aardewerk]; Kiliaan deelt mee, dat het aardewerk van Majorca is. Vgl. **eng.** *gal(l)ipot, galley-tile* < **fr.** *pot de galère, plat de galère*; de betekenis is dus: aardewerk dat is aangevoerd op *galeien*, vgl. *potschipper*, **kraakporselein**; het is niet uitgesloten, dat volksetymologie in het spel is en dat de oorsprong is gelegen in *gleis*.

gletsjer [ijsstroom] (19e eeuws) < **hd.** *Gletscher* < **alemannische dialecten** *glatsch, gletsch* [ijs, ijzel, gletsjer], evenals **fr.** *glacier* stammend van **lat.** *glacies* [ijs, in het mv. ijsvelden] → **glacé**.

gleuf [spleet] vgl. **oudnoors** *gljūfr* [rotsspleet], **oostfries** *glīfe* [gleuf]; eerst uit de 19e eeuw bekend, doch stellig een oud woord, waarvan de etymologie echter niet duidelijk is.

glibberen [glijden] (17e eeuws), een vrij jong iteratief van **glippen**.

glidkruid [plantengeslacht] (1554) *ledtcruyt* < **hd.** *Gliedkraut*, van *Glied* [lid], zo genoemd omdat de plant werd gebruikt als geneesmiddel tegen jicht.

gliede [humus] < **me. lat.** *glis* (2e nv. *glitis*) [voiaarde], **oudfr.** *glise, gleise* [modder], van kelt. herkomst; verwant met **klei**.

glijden [zich met weinig wrijving voortbewegen] **middelnl.**, **oudnederfrankisch** *gliden*, **oudsaksisch** *glidan*, **middelhd.** *gliten* (**hd.** *gleiten*), **oudfries** *glida*, **oudeng.** *glidan* (**eng.** *to glide*), op enige afstand verwant met **glad**.

glimlach [onhoorbare lach] een jonge, 18e eeuwse aanpassing, o.i.v. **glimmen**, van het oudere *grimlach* (van **middelnl.** *grimmen* [grijnzen]) dat dezelfde betekenis had, maar met *grimmig* werd geassocieerd.

glimmen [gloeien, blinken] **middelnl.** *glimmen* [glimmen, schitteren], **middelhd.** *glimmen* [gloeien, schitteren, bliksemen], **eng.** *to glimpse*; buiten het germ. **gr.** *chliaros* [warm], **oudiers** *gle* [helder, vrolijk].

glimmer [delfstof] (1770) < **hd.** *Glimmer*, van *glimmern* [glanzen].

glimmerik [barg. agent] van **glimmen**, hetgeen slaat op de uniformuitrusting, gebruikt in tegenstelling tot *dof gajes* voor de niet-geüniformeerde politieman.

glimp [flikkering] (17e eeuws), van *glimpen*, een nog dialectisch voorkomende nevenvorm van **glimmen**.

glinsteren [schitteren] **middelnl.**, **middelnd.** *glinsteren*, **middelhd.** *glinstern*, samenhangend met **glans¹** en **glimmen** → **glunder**.

glint, *gelint, gelind* [heining van latwerk] **middelnl.** *g(e)lent, gelende, gelinde, glint* [balustrade, hekwerk, heining], van *ge-* + *linteel* [bovendorpel] < **oudfr.** *lintel* (**fr.** *linteau*) < **lat.** *limitare* [drempel], van *limen* (2e nv. *liminis*) [drempel], verwant met *limes* [grens] (vgl. **limiet**).

glioom [gezwel] gevormd van **gr.** *glia* [lijm], verwant met **lat.** *glus, gluten* [idem] + het gr. achtervoegsel *-ōma*, gebruikt in woorden die gezwellen benoemen.

glip [spleet] **middelnl.** *glippe*, **nd.** *glepe*, van **glippen**.

glippen [uitglijden, ontglijden] het woord is eerst sedert eind 16e eeuw bekend, maar behoort tot een grote groep min of meer samenhangende woorden als *slippen, gluipen, glijden, glissen*.

glis [benen schaats] → **glissen**.

glissade [het uitglijden van de voet, danspas] < fr. *glissade,* van *glisser,* o.i.v. *glacer* (vgl. *glacis*) < **oudfr.** *glier,* uit het germ., vgl. *glijden.*

glissando [het overglijden van tonen] < **it.** *glissando* < fr. *glissant,* teg. deelw. van *glisser* (vgl. *glissade*).

glissen [glijden] sedert eind 16e eeuw bekend naast en wel geassimileerd uit *glitsen,* een intensiefvorm van *glijden.*

glit [loodoxyde] **middelnl., middelnd.** *glede,* **middelhd.** *glete* [eig. gladheid], vgl. **(oost); middelnl.** *glijssen* [gladmaken, glimmen].

glitter [fonkeling] < **eng.** *glitter,* van *to glitter* [fonkelen] < **oudnoors** *glitra,* **middelnl.** *glitten* [glimmen], **oudhd.** *glizzan.*

globaal [niet nauwkeurig] < **fr.** *global,* van *globe* (vgl. *globe*).

globe [wereldbol] (17e eeuws) < **fr.** *globe* < **lat.** *globus* [bol, kogel, massa, cirkel].

globetrotter [wereldreiziger] < **eng.** *globetrotter,* gevormd van *globe* + *trotter,* van *to trot* [draven, tippelen], verwant met *treden.*

globine [eiwitachtige stof van het bloed] verkort uit *globuline.*

globuline [eiwitachtige stof] gevormd door de Zweedse chemicus Jöns Jakob Berzelius (1779-1848) van **lat.** *globulus* [bolletje], verkleiningsvorm van *globus* [bol].

gloed [uitstralende hitte] **middelnl.** *gloet,* **middeld.** *glöd,* **oudhd.** *gluot,* **oudfries, oudeng.** *gled,* **oudnoors** *gloð;* van *gloeien.*

gloednieuw [volstrekt nieuw] eerst na Kiliaan, vgl. **nd.** *grootnij,* **oostfries** *gloodnee,* **fries** *gloednij,* vgl. **hd.** *feuerneu, funkelnagelneu,* **eng.** *fire-new, brandnew,* zo nieuw dat het nog glanst.

gloeien [door verhitting stralen] **middelnl.** *glo(e)yen,* **oudsaksisch** *gloian,* **oudhd.** *gluoen* (**hd.** *glühen*), **oudeng.** *glowan* (**eng.** *to glow*), **oudnoors** *gloa* [gloeien]; verwant met *glas, glinsteren.*

gloepe [eendenkooi] nevenvorm van *glop* [nauwe steeg].

glooien [met een flauwe helling aflopen] (1640), niet uit het middelnl. bekend, vgl. **nd.** *glojen* [hellen], mogelijk van een bn. dat in het **zaans** *glooi, (glouw)* luidt en 'duidelijk zichtbaar' betekent, naast *glooi lopen* [glad, als van een leien dakje lopen]; in dat geval te verbinden met o.m. **oudhd.** *glou* [verstandig], van een basis met de betekenis 'blinkend'.

gloop [bouwkundig ornament] het betekeniselement 'nauw toelopende holte' doet vermoeden, dat het woord behoort bij *glop* en *gluipen.*

glop [nauwe steeg] (17e eeuws), vgl. **gronings** *gloep* [kier], **fries** *gloppe* [slop]; behoort bij *gluipen.*

gloren [lichten] **middelnl.** *gloren,* **nd.** *gloren, glören,* **fries** *gloarje* [glinsteren], van dezelfde basis als *gloeien.*

gloria, glorie [roem, pracht] < **lat.** *gloria,* etymologie onbekend.

gloriëren [roemen] < **lat.** *gloriari* [zich op iets beroemen, pralen met], van *gloria* (vgl. *gloria*).

gloriëtte [prieeltje] < **fr.** *gloriette,* verkleiningsvorm van **lat.** *gloria* in de betekenis 'sieraad', dus '(tuin)sieraadje'.

glorieus [roemrijk] < **fr.** *glorieux* < **lat.** *gloriosus* [roemrijk, eerzuchtig, pochend], van *gloria* [glorie] + -*osus* [vol van].

glorificatie [verheerlijking] < **fr.** *glorification* < **chr. lat.** *glorificationem,* 4e nv. van *glorificatio* [verheerlijking, lofprijzing], van *glorificare* (verl. deelw. *glorificatum*) [verheerlijken, loven], van *gloria* [glorie] + *facere* [maken, doen], daarmee idg. verwant.

gloriool, gloriole [stralenkrans] formeel < **fr.** *gloriole* [idem] < **lat.** *gloriola* [een beetje roem], verkleiningsvorm van *gloria* [glorie], praktisch veeleer te zien als samenstelling van *gloria* + *aureool.*

glos, glosse [kanttekening] **middelnl.** *glo(os)se* < **fr.** *glose* [idem] < **me. lat.** *glossa, gloza* [taal, moeilijk woord dat uitleg behoeft, uitleg bij de tekst, commentaar] < **gr.** *glōssa* [tong, tongval, taal, veroudered woord, glosse].

glossarium [verklarende woordenlijst] < **me. lat.** *glossarium,* van *glossa* (vgl. *glos*).

glosseem [kleinste betekenisdragende taaleenheid] < **lat.** *glossema* [ongewone term] < **gr.** *glōssēma* [glosseem], van *glōssa* (vgl. *glos*).

glossitis [tongontsteking] gevormd van **gr.** *glōssa* [tong].

glossolalie [extatische verkondiging] < **modern lat.** *glossolalia,* gevormd van **gr.** *glōssais lalein* [spreken met tongen], *glōssa* [tong, tongval, taal] + *lalein* [babbelen, praten, spreken] (vgl. *lollen*).

glottis [stemspleet] < **byzantijns-gr.** *glōttis, glōsis, glōssa* [mondstuk van een muziekinstrument, ook glottis], van *glōssa* (vgl. *glos*).

gloxinia [plant] genoemd naar de 18e eeuwse Duitse arts en plantkundige *Benjamin Peter Gloxin.*

glucose [druivesuiker] gevormd van **gr.** *gleukos* [most], verwant met *glukus* [zoet], verwant met **lat.** *dulcis* [idem]; o.i.v. *glukus* is ten onrechte *u* in plaats van *eu* getreden.

glui [dekriet] **middelnl.** *gluy* → *gelei*[2].

gluip [reet, spleet] behoort bij *gluipen,* vgl. *glop* en **middelnl.** *glippe* [reet, spleet].

gluipen [loeren] **middelnl.** *glupen, gluipen* [loeren], gluipen, heimelijk en met slechte bedoelingen naderen], **middelnd.** *glupen* [loeren], **oudfries** -*glupa* [-sluipen]; vgl. *glop, gloep,* ook *gleuf;* de basis is het begrip nauwe spleet, dan door de spleetjes van de ogen kijken. Hierbij ook **middelnl.** *glepen* [scheel zijn (?)].

glunder [glanzig, voldaan] uit noordhollands dialect: **zaans** *glunder* [helder, blakend], **westfries** *glant* [helder, verstandig], **fries** *glandich* [gloeiend], verwant met *glans*[1], *glinsteren.*

gluren [tersluiks kijken] eerst uit eind 16e eeuw be-

gluten — godvruchtig

kend: *gluyeren, gloeren, glueren, gluer-oogen,* **middelnd.** *gluren* [knipogen, loeren], **fries** *glurje* [gluren], **eng.** *to glower, to gloom, to glore,* vgl. *gloren* en *gloeien.*

gluten [kleefstof uit graankorrels] < **lat.** *gluten* [lijm] (vgl. *glutinantia*).

glutinantia [kleefmiddelen] < **lat.** *glutinantia,* o. mv. van *glutinans,* teg. deelw. van *glutinare* [lijmen], van *gluten* (2e nv. *glutinis*) [lijm], resp. *glutinum* [idem], van een idg. basis met de betekenis 'kleven', waarvan ook zijn afgeleid *kleed, klei.*

glutineus [lijmerig] < **fr.** *glutineux* < **lat.** *glutinosus* [kleverig], van *gluten* (2e nv. *glutinis*) [lijm], resp. uit *glutinum* [idem] + *-osus* [vol van] (vgl. *glutinantia*).

gluton [plakmiddel] merknaam, gevormd van **lat.** *gluten* [lijm].

glycerine [driewaardige alcohol] gevormd door de Franse chemicus Michel-Eugène Chevreul (1786-1889) van **gr.** *glukeros* [zoet] (naast *glukus* [idem]), verwant met **lat.** *dulcis* [idem].

glycol [antivries] gevormd van *glycerine* + *ethylalcohol,* want het wordt beschouwd als tussen deze beide liggend.

glyfografie [vervaardigingswijze van galvano's] gevormd van **gr.** *gluphis* [insnijding], *gluphè* [snijwerk], van *gluphein* [inkerven, uithollen], idg. verwant met *klieven* + *graphein* [krassen, schrijven, tekenen], idg. verwant met *kerven.*

glyptiek [het beeldhouwen, steensnijden] < **fr.** *glyptique* < **byzantijns-gr.** *gluptikè (technè)* [snijwerk] (waarbij *technè* [vaardigheid]), **klass. gr.** *gluptos* [geschikt om te snijden], het zelfstandig gebruikt o. *glupton* [gesneden beeld], verl. deelw. van *gluphein* [kerven], idg. verwant met *klieven.*

glyptodon, glyptodont [reuzengordeldier] gevormd van **gr.** *gluptos,* verl. deelw. van *gluphein* [inkerven], idg. verwant met *klieven* + *odōn* (2e nv. *odontos*) [tand], daarmee idg. verwant. Zo genoemd vanwege zijn gegroefde tanden.

glyptotheek [verzameling beeldhouwwerk] < **fr.** *glyptothèque,* voor het eerste lid vgl. *glyptiek,* voor het tweede *apotheek.*

gnap [knap] variant van *knap* [2], als *gniezen* naast *kniezen* en *gnorren* naast *knorren.*

gnathologie [gebied van tandheelkunde] gevormd van **gr.** *gnathos* [kaak, wang] + *logos* [verhandeling].

gneis [gesteente] < **hd.** *Gneis,* **oudhd.** *gneisto* [vonk] (zo genoemd vanwege zijn glans) → *genster.*

gniffelen [onderdrukt lachen] variant van *gnuiven.*

gnoe [antilope] < een **san-taal** (Bosjesmans) *gnu.*

gnokken, gnukken [zeurend vleien] variante vorming naast *snokken, nokken.*

gnome [korte zinspreuk] < **fr.** *gnome* < **lat.** *gnomus* (gevormd door Paracelsus) < **gr.** *gnōmè* [mening, conclusie, zin, spreuk], van *gignōskein* [leren kennen, begrijpen], idg. verwant met *kennen.*

gnomon [zonnewijzer] < **fr.** *gnomon* < **lat.** *gnomon* < **gr.** *gnōmōn* [kenner, stift van de zonnewijzer, zonnewijzer, richtsnoer, principe], verwant met *gnome.*

gnoom [berggeest] < **modern lat.** *gnomus,* gevormd door Paracelsus (1493?-1541) van **gr.** *gnōmè* in de zin van intelligentie (vgl. *gnome*).

gnorren [knorren] **middelnl.** *gnorren* [knorren van varkens], **fries** *gnorjen,* **nd.** *gnörren, gnurren* [knorren], **oudeng.** *gnornian* [klagen]; klanknabootsende vorming, met zoals daarbij gewoon diverse varianten en verwanten: *gnarren, knarren, knorren, gnorten, snarren, snorren, knarsen, knersen.*

gnorten → *gnorren.*

gnosis [diepere kennis m.b.t. godsdienstige waarheden] < **gr.** *gnōsis* [inzicht, als christelijke term: het beleven van verborgen dingen] (vgl. *gnostisch*).

gnostisch [m.b.t. de herkenningsfuncties] < **fr.** *gnostique* [idem] < **gr.** *gnōstikos* [m.b.t. weten], van *gnōstos* [bekend, begrepen] = *gnōtos,* verl. deelw. van *gignōskein* [weten], idg. verwant met *kennen.*

gnuiven [gniffelen] variant van *snuiven,* als *gnerken* naast *snorken* en *gnokken* naast *snokken.*

go [Japans bordspel] < **japans** *go,* gespeeld op een bord *(gotan)* met witte pionnen *(go-ishi).*

goal [doel(punt)] < **eng.** *goal* < **middeleng.** *gōl* [eindstreep, grens], **oudnoors** *gil* [ravijn], **gr.** *cheilos* [lip].

gobang [muntstuk] < **maleis** *gobang* [tweeëneenhalf-centstuk], oorspr. javaans.

gobbelen [gutsen] ook *gubbelen, gobelen, geubelen, goffelen,* klanknabootsende vormingen.

gobelin [geweven wandtapijt] genoemd naar de Franse familie *Gobelin,* die sinds de 15e eeuw een atelier voor tapijten bezat.

god [bovenmenselijk wezen] **middelnl.** *god, got* (oorspronkelijk o., maar o.i.v. het christendom m.) **oudnederfrankisch, oudhd.** *got,* **oudsaksisch, oudfries, oudeng.** *god,* **oudnoors** *goð, guð,* **gotisch** *guþ* (o.); de etymologie is onzeker, misschien verwant met **oudindisch** *hūta-* [aangeroepen], **oudiers** *guth* [stem], **oudkerkslavisch** *zŭvati* [roepen].

godemiché [kunstpenis] < **fr.** *godemiché* of *godemichet* < **catalaans** *godomacil* < **spaans** *gaudameci,* van *gudames* < **me. lat.** *gaude mihi* < **lat.** *gaude mihi* [schep vreugde in mij].

godetia [tuinsierplant] genoemd naar de Zwitserse botanicus *Charles Godet* (1797-1879).

godsamme [uitroep om schrik uit te drukken] elliptisch voor *God zal me* (*lazeren* of iets dergelijks).

godspenning → *goospenning.*

godvruchtig [godvrezend] **middelnl.** *godvruchtig,*

godevruchtigh, godsvruchtich [idem], van *god* + *vruchtich* [vrezende], van *vruchten* [vrezen], hd. *fürchten*, leenvertaling uit lat. *timor Dei*.
goechelen [giechelen] evenals o.m. *gaggelen, giggelen, joechelen* naast *giechelen* gevormd.
goed [bn. met positieve kwalificatie] middelnl. **goet, oudnederfrankisch, oudhd.** *guot,* **oudsaksisch, oudfries, oudeng.** *gōd,* **oudnoors** *gōðr,* **gotisch** *gōds,* van dezelfde basis als *gade* [passend bij]; buiten het germ. o.m. **russ.** *godnyj* [deugdelijk], **litouws** *guodas* [eer].
goedang [opslagplaats] < **maleis** *gudang* (eventueel via **teloegoe** *gidangi*) < **tamil** *kidangu,* van tamil *kidu* [liggen].
goedertieren [welgezind] middelnl.
goedertiere(n), van *goet* [goed] + *t(h)iere, tier* [aard, manier van leven of doen], beide elementen in de 2e nv. (vgl. *tieren*).
goël [bloedwreker] < **hebr.** *gō'ēl* [verlosser], teg. deelw. van het ww. *gā'al* [hij verloste].
goelasj [vleesgerecht] < **hongaars** *gulyás,* verkort uit *gulyáshús* [vlees van de herder], (*hús* [vlees], *gulyás* [herder], van *gulya* [kudde]), dan wel (de meer natte variant) van *gulyásleves* [soep van de herder], (*leves* [soep]).
goele [eend] vgl. fr. *goéland, goélette* [meeuw] < **bretons** *gwelan,* **eng.** *gull* [vogel met zwemvliezen], **cornisch** *gullan, gwilan,* **welsh** *gwylan,* stellig van kelt. herkomst.
goeling [rolkussen] < **maleis** *guling* [rolkussen], van *berguling* [rollen], (*bergulung* [rollen, opgerold], vgl. *pangolin*).
goena-goena [tovermiddelen] < **maleis** *guna-guna* [idem] < **javaans** *guna* [toverformule om iem. kwaad te berokkenen, oorspr. vernuft, vindingrijk]; voor de betekenisovergang vgl. *gunabisa* [over buitenmenselijke krachten beschikkend], (*bisa* [kunnen]), **kawi, oudindisch** *gunagang, guṇa-* [eigenschap, verdienste], **maleis** *guna* [nut, voordeel, deugd].
goeni → *gonje*[1].
goenoeng [berg] < **maleis** *gunung* [idem].
goeroe [leermeester] < **hindi** *guru* [zwaar van gewicht, eerbiedwaardig, leermeester] < **oudindisch** *guru-* [eerbiedwaardig, leermeester] (> **maleis** *guru* [leermeester]).
goesting [trek] < **oudfr.** *gost* (vgl. *goût*).
goëtie [zwarte magie] < **gr.** *goèteia* [toverij], van *goès* [weeklagende, tovenaar (die de formules zingt), ook bedrieger], van *goös* [geschreeuw, rouwmisbaar].
gof [klap, slag] klanknabootsend woord.
goj, mv. **gojim** [niet-jood] < **hebr.** *gōj* [volk, vreemdeling, niet-jood], in volkstaal *goje* [christelijke vrouwelijke bediende].
gokken [spelen om geld] < **jiddisch** *shegokken* [lachen, schertsen, spelen, speculeren], **hebr.** *se'chok* [gelach, spot].
go lau yoek [varkensvlees in zoetzure saus] uit een zuidchinees dialect, van *yuk* [vlees] + *go lau,* een klanknabootsende vorming met de betekenis 'lekker'.
golem [joodse sagenfiguur, tot leven gebrachte kleifiguur] < **hebr.** *gōlem* [vormeloze massa], van het ww. *gālam* [vouwen].
golf[1] [opgestuwd water] **middelnl.** *gelve, gelf* en, o.i.v. *golf* [zeeboezem], *golve, golf,* **middelnd.** *gelve,* **oudnoors** *gjalfr* [gebruis van golven], vgl. **middelnl.** *galpen, gelpen* [schreeuwen, gillen, loeien, brullen], verwant met *gillen*[1].
golf[2] [zeeboezem] **middelnl.** *golve, golf* < fr. *golfe,* it. *golfo* < me. lat. *colpus* [idem] < gr. *kolpos* [boezem, zeeboezem], idg. verwant met *welven.*
golf[3] [balspel] < **eng.** *golf,* een schots woord, vermoedelijk < nl. *kolf.*
Golgotha [heuvel waar Christus werd gekruisigd] < **aramees** *gulgŭltā* [schedel]; de heuvel is genoemd naar zijn vorm, vgl. **afrikaans** *kopje* → *calvarie.*
goliarden [zwervende studenten] < **oudfr.** *goliard* [gulzigaard, veelvraat], van *gole* [mond, muil] < lat. *gula* [keel, slokdarm, gulzigheid, veelvraat], idg. verwant met *keel*[1].
goliath [reus] naar de door David verslagen reus in 1 Samuel 17.
golok [type sabel] < **maleis** *golok* [kapmes].
golzen [slokken, zwelgen] van **middelnl.** *guls* [gulzig].
gom [kleverige boomvloeistof] **middelnl.** *gomme, gom, gum* < **oudfr.** *gomme* < lat. *gummi, cummi, cummis* < gr. *kommi* [gom] < **egyptisch** *kmyt* [idem].
gomarist [streng calvinist] genoemd naar de theoloog *Franciscus Gomarus (François Gomaer)* (1563-1641).
gombo [okraplant] ontleend aan een bantoe-taal.
gonade [geslachtsklier] gevormd van **gr.** *gonè* [nakomelingen, paring, geboorte, afkomst, zaad], van *gignesthai* [geboren worden].
gonagra [kniejicht] gevormd van **gr.** *gonu* [knie], daarmee idg. verwant + *agra* [vangst, jacht, buit].
gond, gonde [kram, duim] < **fr.** *gond* [idem] < **lat.** *gomphus* [pin] < **gr.** *gomphos* [houten pin, tand, kies], idg. verwant met **lets** *zuobs* [tand], **litouws** *žambas* [scherpe kant], **oudindisch** *jambha-* [tand] en **nl.** *kam.*
gondel[1] [Venetiaans bootje] (1667) < it. *gondola,* (*gondolà* [in het retisch van Friuli-Venezia-Giulia betekent schommelen]) < **byzantijns-gr.** *kondura* [boot].
gondel[2] [prostituée] < **jiddisch** *chonte* [deerne] < **rotwelsch** *Chonte.*
gonfalon [kerkvaandel] < **fr.** *gonfalon,* met dissimilatie uit en naast *gonfanon* [vaantje, lansvaantje, kerkbanier] < **oudhd.** *gundfano,* van *gund, gunt* [oorlog] (vgl. *brengun*) + *fano* [vlag, banier] (vgl. *vaandel*).
gong [muziekinstrument] < **maleis** *gung* [gong, slagbekken, bom], klanknabootsende vorming.
gongorisme [overladen stijl] genoemd naar de

goniometrie — gossip

Spaanse dichter *Luis de Argote y Góngora* (1561-1627), een der meest uitgesproken vertegenwoordigers van het maniërisme.

goniometrie [hoekmeetkunde] < fr. *goniométrie,* van **gr.** *gōnía* [hoek], idg. verwant met *knie* + *meter*[1].

gonje[1] [jute] ouder *goeniezak* < **maleis** *guni, goni* [jute, jutezak], uit India, vgl. **hindi** *gon(a),* **marathi** *gonī* en daarvóór **oudindisch** *gon ī* [zak]; het **eng.** *gummy* [jute, jute zak] is rechtstreeks uit Indië overgenomen.

gonje[2] [meisje] → *gondel*[2].

gonorroea, gonoerroe [druiper] < **me. lat.** *gonorrhoea* [idem] < **gr.** *gonorroia,* van *gonos* [o.m. zaad] + *roia* [vloeiing], van *rein* [vloeien], idg. verwant met *stroom.*

gonzen [dof klinken] eerst uit eind 16e eeuw bekend, vgl. **fries** *gonzje,* in **middelnd., middelhd.** *gunseln* [kermen], klanknabootsende vormingen.

goochelen [door handigheid misleiden] **middelnl.** *gokelen* [toveren, goochelen], van *goken* [misleiden, bedriegen], *gokelaer, gogelaer, gukelaer, cokelaer* [tovenaar, duivelskunstenaar, goochelaar], **middelnd.** *gokelen,* **oudhd.** *goukelon, gaugolon* (**hd.** *gaukeln*), vgl. **middelnl.** *gooc* [domoor], verder **middelhd.** *giege(l)* [nar, zot] en **nl.** *guichelen,* die ablautend naast *goochelen* kunnen staan, op grond waarvan men germ. herkomst aanneemt. Het is ook mogelijk, dat het woord teruggaat op **lat.** *joculari* (vgl. *jongleur*); daarnaast moet gewezen worden op **me. lat.** *caucularius* [goochelaar], van *caucus* [beker] < **gr.** *kauka* [toverbeker].

goochem [slim] < **jiddisch** *kochem* < **hebr.** *chākām.*

goodwill [waarde van een zaak voor zover die berust op haar verworven positie etc., boven de intrinsieke waarde] < **eng.** *goodwill,* ouder *good will,* van *good* (vgl. *goed*) + *will* (vgl. *willen*).

gooien [werpen] **middelnl.** *go(o)yen* [gooien, stromen], **nd.** *gojen* [gooien]; buiten dit kleine gebied komt het woord niet voor, maar waarschijnlijk is de idg. basis een ablautsvariant van die van *gieten.*

goor [vies] **middelnl.** *goor* [vuil, vies], *goren* [vuil maken], het zn. *gore, goor* [slik, drek, moddersloot], **middelnd.** *gore* [vuiligheid], **oudeng.** *gyrwefen* [moeras], **oudnoors** *gjǫr* [bezinksel], verwant met *gist,* vgl. **gotisch** *gaurs* [bedroefd, treurig], **oudeng.** *gyre* [mest].

goospenning [handgeld voor huurder] samengetrokken uit **middelnl.** *godespenninc* [(om) Gods (wil gegeven) penning].

goot [afvoerkanaal] **middelnl., middelnd.** *gote,* **oudhd.** *guss,* **oudeng.** *gyte,* afgeleid van *gieten.*

gord, gorde [gording] **middelnl.** *gorde* [riem, gordel], **middelhd.** *gurt,* **oudnoors** *gjǫrð,* **gotisch** *gairda,* evenals *gaard* afgeleid van een idg. basis met de betekenis 'omvangen, omheinen'.

gordel [riem] **middelnl.** *gordel, gurdel,* **middelnd.**

gordel, **oudhd.** *gurtil,* **oudfries** *gerdel,* **oudeng.** *gyrdel,* **oudnoors** *gyrðill,* van het ww. *gorden,* van *gord.*

gordiaans ['gordiaanse knoop', onontwarbare knoop] genoemd naar *Gordias,* Frygisch koning, stichter van *Gordium,* de hoofdstad van Frygië.

gordijn [voorhangsel] **middelnl.** *gordine, gardine* < **oudfr.** *curtine* [idem] < **chr. lat.** *cortina* [tentkleed], verkleiningsvorm van **lat.** *cortem,* 4e nv. van *cors,* samengetrokken uit *cohors* [omheinde plaats, kooi, stal] (vgl. *cohort, courtine*).

gording [dwarshout tussen binten] afgeleid van *gord.*

gorgel [strottehoofd] **middelnl.** *gorgel* [gorgel, keel, pijp] < **lat.** *gurgulio* [luchtpijp, keel], verwant met *gurges* [draaikolk].

gorgelen [de keel spoelen] afgeleid van *gorgel.*

Gorgiaans [met retorische figuren] genoemd naar de Griekse redenaar *Gorgias van Leontini* (ca. 480-399 v. Chr.), bekend om zijn epaterende redevoeringen, rijk aan stijlfiguren.

Gorgonen [mythische Griekse vrouwelijke monsters] < **gr.** *Gorgō* [Gorgoon], van *gorgos* [verschrikkelijk].

gorgonzola [kaassoort] < **it.** *gorgonzola,* genoemd naar een dorp bij Milaan.

gorilla [mensaap] stamt uit een Westafrikaanse taal. Het woord werd genoteerd in de Griekse vertaling van het verslag, dat de Carthaagse admiraal Hanno van zijn reis langs de Afrikaanse westkust ca. 500 v. Chr. maakte.

gorren [de balzak afbinden bij lammeren] van *gorden* → *gordel.*

gors[1] [vogelgeslacht] **middelnl.** *gorse, geelgorse, geelgurse,* vermoedelijk klanknabootsende vorming.

gors[2] [buitendijks land] **middelnl.** *gors,* nevenvorm van *gras* met methatesis van *r.*

gort [gepelde gerst] **middelnl.** *gort(e)* [gort, grutjes], een vorm met methatesis van *r,* vgl. *grut,* **middelnd.** *gorte,* **oudhd.** *gruzzi;* ablautende varianten zijn o.m. **middelnl.** *griet* [grof zand], **oudsaksisch** *griot* (vgl. *gries*); buiten het germ. **lat.** *rudus* [stukje steen, puin], **gr.** *chraiein* [schrammen], **litouws** *grudas* [graan], **oudkerkslavisch** *gruda* [steenhoop] → *griend*[1], *grind*[2], *gruis.*

gortig [garstig, smerig] eigenlijk gezegd van varkens die lijden aan trichine, waarvan de larven zich inkapselen in gortachtige bolletjes, **middelnl.** *gortich;* afgeleid van *gort.*

gorzing [buitendijks land] van *gors*[2].

gospel [godsdienstig negerlied] < **eng.** *gospel* [evangelie], **oudeng.** *gōdspell,* van *gōd* [goed] + *spell* [verhaal, boodschap] (vgl. *voorspellen*); een vertaling van **lat.** *evangelium* (vgl. *evangelie*).

gospodar → *hospodar.*

gossip [roddelpraat] < **eng.** *gossip* < **middeleng.** *godsip* [petekind, peetouders, intieme vriend(in)], **oudeng.** *gōdsibb,* van *gōd* (vgl. *god*) + *sib* [verwantschap] (vgl. *sibbe*).

goteling [gieteling] van *gieten* (*goot, gegoten*).
gotisch [naam van een volk, naam van een stijl] < **lat**. *Gothicus* [van de Goten], van *Gothi, Gutones, Gotones* < **gotisch** *gut-þiuda* (het tweede lid [volk]), vermoedelijk uit de benaming *gut* voor een rivier op Gotland, daterend van het oorspronkelijke verblijf der Goten in Scandinavië. De benaming van de stijl dateert uit ca. 1820, toen in de romantiek de belangstelling voor de middeleeuwen ontwaakte, maar werd overgenomen uit **it**. *gotico* voor Germaanse kunst.
gotspe [brutaliteit] < **hebr**. *chūtspā* [aanmatiging, brutaliteit].
gouache [soort waterverf] < **fr**. *gouache* < **it**. *guazzo* [poel, plas, gouache] < **lat**. *aquatio* [het water halen], van *aqua* [water], idg. verwant met *a*.
goud [chemisch element] **middelnl**. *gout*, (*-out* klankwettig < *-olt*, vgl. ook *gulden*), **oudsaksisch, oudhd., oudfries, oudeng**. *gold*, verwant met *geel*, dus het gele metaal.
goudron [asfaltprodukt] < **fr**. *goudron* < **oudfr**. *cotran* < **ar**. *qaṭrān, qiṭrān, qaṭirān* [teer], teruggaand op **akkadisch** *itrānu* [potas, salpeter].
Gouds [van Gouda] → *gouwenaar*.
goulardwater [oplossing van loodacetaat in water] genoemd naar de Franse arts *Goulard*, die het in 1760 introduceerde.
goulash → *goelasj*.
gourmand [lekkerbek] < **fr**. *gourmand*, etymologie onbekend, niet van *gourmet*.
gourmet [fijnproever] < **fr**. *gourmet* < **oudfr**. *gro(u)met, gourmet* [dienaar, page, hulp van een wijnhandelaar], in betekenis beïnvloed door *gourmand*, etymologie onduidelijk (vgl. *groom*).
gourmetteketting [ketting met vlakke schakels] van **fr**. *gourmette* [kinketting, schakelarmband, eig. ketting om het bit van een paard op zijn plaats te houden], van *gourme* [droes die zich in de bek manifesteert]], uit het germ., vgl. *worm*.
goût [smaak] < **fr**. *goût* < **lat**. *gustum, gustus* [het proeven, proefje, smaak], idg. verwant met *kiezen*.
goûteren [proeven] < **fr**. *goûter* < **lat**. *gustare* [proeven, een beetje eten, genieten], van *gustus* (vgl. *goût*).
gouvernante [particuliere onderwijzeres] < **fr**. *gouvernante*, eig. teg. deelw. van *gouverner* (vgl. *gouverneur*).
gouvernement [regering] < **fr**. *gouvernement* [idem], van *gouverner* (vgl. *gouverneur*).
gouverneur [bestuurder] **middelnl**. *gouvernere, gouverneur* < **fr**. *gouverneur*, van *gouverner* [besturen, leiden] < **lat**. *gubernare* [sturen, leiden, regeren], evenals **gr**. *kubernan* [sturen, besturen, beslissen], van vóór-gr. herkomst (vgl. *cybernetica*).
gouverno, *governo* ['a go(u)verno', tot richtsnoer dienend] < **it**. *a governo*; van dezelfde herkomst als het fr. equivalent *gouverne* (vgl. *gouverneur*);

de spelling *gouverno* ontstond in het nl. uit *governo* o.i.v. het *fr*..
gouw[1] [gewest, landstreek] **middelnl**. *gou(w), gau, go(oy)*, **oudhd**. *găwi, gĕwi, gōwi, găwa*, **fries** *gā*, **gotisch** *găwi;* uiteenlopende vormen komen vooral in plaatsnamen voor, b.v. het *Gooi, Oostergo, Henegouwen*, met **fries** *ā* in *Wolvega;* de vorm *gouw* ontstond uit de eerste nv., terwijl *gooi* uit de verbogen nv. voortkwam (vgl. **gotisch** *gawi*, 2e nv. *gaujis*); de etymologie is onzeker.
gouw[2] [weg langs water, sloot] **middelnl**. *gouw(e), gou*, waarschijnlijk hetzelfde woord als *gouw*[1].
gouw[3] [goudmerel] *wielewaal;* benaming naar de goudkleur.
gouwe [volksnaam van verschillende planten] afgeleid van *goud* en genoemd naar de kleur.
gouwenaar [Goudse pijp] van *Ter Gouwe*, oude naam van Gouda met de betekenis 'aan de Gouwe gelegen'.
goverzeil [topzeil] vermoedelijk < **portugees** *vela de gávea* of *gávea* [marszeil], *vela* < **lat**. *velum* [zeil], *gávea* [mars, marszeil] < **lat**. *cavea* [holte, kooi, theater].
govie [grondel] **middelnl**. *gobioen* < **lat**. *gobius*, < **gr**. *kōbios* [idem], van vóór-gr. herkomst, vgl. **akkadisch** *kuppû* [aal], **soemerisch** *gunbi* [aal].
gozer [barg. kerel] < **jiddisch** *gozer* < **hebr**. *chatan* [schoonzoon, bruidegom].
graad [deel van schaalverdeling, rang] **middelnl**. *graet* [tree, ladder, graad] < **lat**. *gradus* [pas, stap, traptrede, positie, graad, rang].
graaf [adellijke titel] **middelnl**. *grave*, **oudhd**. *grav(i)o*, **oudfries** *greva* < **me. lat**. *graffio, gravio, greva* [voorzitter van de koninklijke rechtbank] < **byzantijns-gr**. *grapheus = suggrapheus* [degene die tot een vergadering oproept], van *suggraphein*, **lat**. *conscribere* [oproepen] (**gr**. *pateres suggegrammenoi = **lat**. *patres conscripti*), **klass. gr**. *grapheus* [secretaris], van *graphein* [krassen, schrijven], idg. verwant met *kerven*.
graafjes [soort aardappelen] etymologie onbekend; men veronderstelt afleiding van een plaats- of persoonsnaam.
graag [met plezier] (ca. 1600), samengetrokken uit **oostmiddelnl**. *gradich, gredich* [graag, hongerig], **oudsaksisch** *gradag*, **oudhd**. *gratag*, **oudeng**. *grædig* (**eng**. *greedy*), **oudnoors** *gradugr*, **gotisch** *gredags*, dat vermoedelijk verwant is met (*be*)*geren*.
graaien [met de handen rondtasten] (1617), klanknabootsende affectieve vorming als *grijpen, grabbelen*, mogelijk ook o.i.v. *graag* (dialectisch *graaiig*).
graal [schaal waarin Christus' bloed opgevangen werd] **middelnl**. *grael* < **oudfr**. *graäl, greal* < **me. lat**. *cratalis*, van **gr**. *kratèr* (vgl. *krater*).
graan[2] [zaadkorrel, koren] < **lat**. *granum* [korrel, pit, ook wel voor gerst gebruikt], idg. verwant met *kern, koren*[1] (vgl. *granaat, graniet*).

graat [been van vis] **middelnl.** *graet,* **oudhd.** *grat,* van een idg. basis met de betekenis 'spits zijn', waarvan b.v. ook **gr.** *charax* [wal van palissaden], *charassein* [scherp maken].

grabbelen [grijpen] **middelnl.** *grabbelen* [grijpen, grabbelen], frequentatief van *grabben* [idem], naast *grobben* [grabbelen, schrapen], **middelnd.** *grabben,* **middelhd.** *grappala* [tasten], **oudnoors** *grapa* [graaien] → *graaien, grijpen.*

gracelijk [bevallig] **middelnl.** *gracelijc, gracelike* (vgl. *gratie*).

gracht [kanaal] **middelnl.** *graft* en vervolgens ook *gracht* [grafstede, gracht], afgeleid van *graven,* met overgang van *ft* in *cht,* vgl. *after* > *achter, kraft* > *kracht.*

graciel [slank en teer] < **fr.** *gracile* < **lat.** *gracilis* [slank, tenger, dun, fijn, onopgesmukt], niet verwant met *gratia,* maar met *cracens* [slank].

gracieus [bevallig] **middelnl.** *gracioos, gratioos, gracieus* < **fr.** *gracieux* < **lat.** *gratiosus* [van Gods genade vervuld, welgevallig, bevallig, genadig] (vgl. *gratis*).

gradatie [verloop] < **fr.** *gradation* < **lat.** *gradationem,* 4e nv. van *gradatio* [trapsgewijze versterking], van *gradus* (vgl. *graad*).

gradatim [trapsgewijs] < **lat.** *gradatim* [stap voor stap], van *gradus* [schrede, stap] + het achtervoegsel -*atim,* gebruikt om bijwoorden te vormen.

graderen [het gehalte verhogen] (**middelnl.** *gradeert* [gegradueerd]); van *graad.*

gradiënt [ruimtelijk verloop van een grootheid] < **fr.** *gradient* < **lat.** *gradiens* (2e nv. *gradientis*), verl. deelw. van *gradi* [voortschrijden, stappen], van *gradus* [pas, stap, trap, graad].

gradinen [oplopende rijen zitplaatsen] < **fr.** *gradin* [stapje, trede, bank van amfitheater] < **it.** *gradino* [trede, voetstuk], verkleiningsvorm van *grado* [trede] < **lat.** *gradus* [schrede, tred, sport, trap, (trapsgewijs oplopende) zitbank].

gradino [verhoging achter het altaar] → *gradinen.*

graduaat [Belgische academische graad] < **me. lat.** *graduatus,* van *gradus* [schrede, trede, positie, graad, rang].

graduale [korte tussenzang bij mis] < **chr. lat.** *graduale* [trapgezang, boek met de misgezangen], van *gradus* (vgl. *gradinen*).

gradueel [opklimmend] < **fr.** *graduel* < **lat.** *gradualis,* van *gradus* (vgl. *graad*).

gradueren [een graad verlenen] < **fr.** *graduer* < **me. lat.** *graduare* [idem], van *gradus* (vgl. *graad*).

graecisme [ontlening aan het Grieks] gevormd van **lat.** *Graecus* [Grieks].

graf [waar lijk begraven wordt] **middelnl., oudsaksisch** *graf,* **oudhd.** *grab,* **oudfries** *gref,* **oudeng.** *græf;* afgeleid van *graven.*

grafeem [schriftteken] < **byzantijns-gr.** *graphèma* [idem], van *graphein* [krassen, schrijven], idg. verwant met *graven, kerven.*

graffito [ingekrast muurinschrift] < **it.** *graffito,* mv. *graffiti,* verkleiningsvorm van *graffio* [krab, schram, kras], van *graffiare* [krassen], teruggaand op **gr.** *graphein* [krassen, schrijven], idg. verwant met *kerven.*

grafiek [schrijf- en tekenkunst, prentkunst] < **fr.** *graphique,* van **gr.** *graphikos* [van het schrijven, voor het schrijven], van *graphein* [krassen, schrijven, schilderen], idg. verwant met *kerven.*

grafiet [koolstof] < **hd.** *Graphit,* gevormd door de Duitse geoloog Abraham Gottlob Werner (1750-1817) naar **gr.** *graphein* [schrijven], omdat grafiet zich uitstekend leent voor de fabricage van potloden.

grafologie [handschriftkunde] gevormd door de abbé Jean-Hippolyte Michon, die als eerste een grafologiesysteem ontwierp, het *Système de graphologie* (1875), naar **gr.** *graphein* [schrijven], idg. verwant met *kerven* + *logos* [begripsbepaling, verhandeling].

graft → *gracht.*

grahambrood [brood zonder gisting] genoemd naar de Amerikaan *Sylvester Graham* (1794-1851), die zich inzette voor voedselhervorming.

gram[1] [boos] **middelnl., oudsaksisch, oudhd.** *gram,* **oudeng.** *gram, grom,* **oudnoors** *gramr* [boos, vijandig]; buiten het germ. **gr.** *chromos* [geknars]; ablautend naast *grimmig* en *grommen.*

gram[2] [eenheid van gewicht] (1501) *gremkijn* [grammetje, gewichtseenheid] < **laat-lat.** *gramma* < **gr.** *gramma* [letter, klein gewicht], van *graphein* [schrijven], idg. verwant met *kerven;* in de betekenis '¹/1000 kilo' is de gram overgenomen uit **fr.** *gramme,* benoemd en gedefinieerd door de Convention Nationale in 1793.

grameel [ironische glimlach] van *gremel.*

graminologie [leer der grassen] gevormd van **lat.** *gramen* [gras, plant, kruid], idg. verwant met *gras* + **gr.** *logos* [verhandeling].

grammaire [spraakkunst] < **fr.** *grammaire* < **lat.** *grammatica* (vgl. *grammatica*).

grammatica [spraakkunst] < **lat.** *grammatica* [taalwetenschap], eig. het zelfstandig gebruikt o. mv. van *grammaticus* [letterkundig, taalkundig] < **gr.** *grammatikos* [die kan lezen en schrijven, zelfstandig gebruikt: onderwijzer, tekstenverklarend geleerde], *grammatikè* [de kunst van lezen en schrijven], van *gramma* [letterteken, letterklank, geschrift], van *graphein* [inkrassen, schrijven], idg. verwant met *kerven.*

grammeer [oma] < **fr.** *grand-mère* [idem].

grammofoon [platenspeler] < **hd.** *Grammophon,* oorspr. een handelsmerk. Het woord is gevormd door de uitvinder Emile Berliner (1851-1929) van **gr.** *gramma* [inkrassing, teken, klank, geschrift, muziekteken] (vgl. *grammatica*) + *phōnè* [geluid, stem].

grampeer [opa] < **fr.** *grand-père* [idem].

grampel [ketting aan de halsboog van gestalde koeien, die met ringen om de koestijlen schuiven van een genasaleerde variant van de basis van *grabbelen.*

gramstorig [boos] o.i.v. *storen* < *gramsturig,* van *gram*¹ [verstoord] + een tweede lid, waarvoor vgl. *stuurs.*

granaat [granaatappel, ontploffend projectiel, edelsteen] middelnl. *garnate, grenate* [granaatappel, granaatsteen], **oudfr.** *grenat* < **lat.** *pomum granatum* [boomvrucht, appel vol korrels], van *granum* [korrel, pit] (vgl. *graan, graniet*); de granaat als munitie ontleent haar naam aan de granaatappel, die immers talrijke zaden bevat. De granaatsteen is naar de granaatappel genoemd vanwege de rode kleur.

granaatfougas [open granaatmijn] het tweede lid < **fr.** *fougasse,* ouder *fougade* < **it.** *fogata,* het zelfstandig gebruikt vr. verl. deelw. van *fogare* [op de vlucht jagen] < **lat.** *fogare,* van *fuga* [vlucht].

grande [rijksgrote] < **spaans** *grande,* van het bn. *grande* [groot], **it.** *grande* < **lat.** *grandis* [volwassen, groot, veel, edel, belangrijk].

granderik [barg. hemel, God] nevenvorm van *grandiger,* van *grandig.*

grandeur [groot(s)heid] < **fr.** *grandeur,* van *grand* [groot] (vgl. *grande*).

grandezza [waardigheid] < **it.** *grandezza,* van *grande* (vgl. *grande*).

grandig [barg. voornaam, deftig, rijk] van **fr.** *grand* (vgl. *grande*).

grandioos [groots] < **fr.** *grandiose* < **it.** *grandioso* [idem], van *grande* (vgl. *grande*).

graniet [hard gesteente] (1789) < **fr.** *granit* [idem] < **it.** *granito* [gekorreld, graniet], eig. verl. deelw. van *granire* [korrelig worden], van **lat.** *granum* [korrel] (vgl. *graan, granaat*).

granito [kunststeen] → *graniet.*

granman [opperhoofd der bosnegers] van **eng.** *grand* [groot(s), voornaam] < **oudfr.** *grand* + *man* (vgl. *man*¹).

granotypie [fotomechanisch procédé op gekorrelde drukplaat] voor het eerste lid vgl. *grein,* voor het tweede *typografie.*

granuleus [korrelig] < **fr.** *granuleux* < **me. lat.** *granulosus,* van *granulum* (vgl. *granuliet*) + -*osus* [vol van].

granuliet [gesteente] < **lat.** *granulum* [pit], verkleiningsvorm van *granum* [korrel, pit] (vgl. *graan*) + **gr.** *lithos* [steen].

grap [kwinkslag] eerst uit de 18e eeuw bekend en vermoedelijk een jong woord, dat waarschijnlijk gevormd is in associatie met woorden als *grijpen, grabbelen, graaien* met als algemene gedachte te pakken nemen.

grapefruit [citrusvrucht] < **eng.** *grape-fruit* [idem], *grape* [druif] < **fr.** *grappe* [haak, tros] < **provençaals** *grapa,* uit het germ., vgl. **nl.** *krap* [wervel van deur]; het **fr.** *grappe* in de betekenis 'tros' kwam voort uit **oudfr.** *graper, craper* [druiven plukken] (met een *grappe* [haak e.d.]); de grapefruit is zo genoemd omdat de vruchten in trossen groeien.

gras [gewas op weiden e.d.] **middelnl.**, **oudsaksisch, oudhd., oudnoors, gotisch** *gras,* **oudfries** *gers, gres,* **oudeng.** *gærs, græs;* buiten het germ. **lat.** *gramen,* (< *grasmen*), **gr.** *gran,* (< *grasein*) [afknabbelen], **oudiers** *greim* [mondvol].

grasduinen [naar hartelust toetasten] *in grasduinen gaan* [lett. in grazige duinen gaan, vandaar: zich verlustigen].

graskarsoeten [madeliefjes] voor het tweede lid vgl. *kersouw.*

grasknarper [kwartelkoning] het tweede lid afgeleid van *knarpen, knerpen.*

gratias [dankgebed na het eten] geïsoleerd uit **lat.** uitdrukkingen als *gratias reddere, gratias referre* [iem. dank vergelden, dank betonen], waarin *gratias* de 4e nv. mv. is van *gratia* [dank] (vgl. *gratie*).

gratie [bevalligheid, goedgunstigheid, genade] < **lat.** *gratia* [gunst, genade, weldaad, dank, aanzien, bevalligheid], van *gratus* [bevallig, lieflijk, dankbaar].

gratificatie [bonus] < **fr.** *gratification* [idem] < **lat.** *gratificationem,* 4e nv. van *gratificatio* [gedienstigheid, inschikkelijkheid, schenking], van *gratificari* (verl. deelw. *gratificatum*) [een dienst bewijzen], van *gratus* [bekoorlijk, tot dankbaarheid stemmend, welkom, dankbaar] + *facere* [maken, doen], daarmee idg. verwant.

gratineren [met een korstje toebereiden] < **fr.** *gratiner* [idem], van *gratin* [bereiding met paneermeel of gerapst brood, korstje], van *gratter* [afkrabben], uit het germ., vgl. *krassen.*

gratis [zonder betaling] < **me. lat.** *gratis* [vergeefs, zonder reden, gaarne, als een beloning], samengetrokken uit *gratiis,* 6e nv. mv. van *gratia,* met de betekenis 'door liefdegaven, kosteloos' (vgl. *gratie*).

gratuit [onverplicht, ongegrond] < **fr.** *gratuit* < **lat.** *gratuitus* [kosteloos, belangeloos, ongegrond], van *gratus* [bevallig, aangenaam, dierbaar, dankbaar], van *gratia* (vgl. *gratie*).

grauw¹ [vaalwit] **middelnl.** *gra(u)* [grijs, grauw], **oudhd.** *grao,* **oudwestfries** *grê,* **oudeng.** *græg,* **oudnoors** *grär;* buiten het germ. vermoedelijk **lat.** *ravus* [grijs, grauw], **oudkerkslavisch** *zrěti* [zien], **litouws** *žerèti* [glanzen], **oudiers** *grian* [zon], verwant met *grijs;* de oorspr. betekenis lijkt te zijn 'stralend, glanzend'.

grauw² [gepeupel] (1599), het zelfstandig gebruikte bn. grauw, in het **middelnl.** *grau* [grijze stof], gedragen door geestelijken (vgl. *grauwe monniken, Schiermonnikoog*) en door geringe lieden. Vgl. **fr.** *grisette* [grijze stof en vervolgens scharreltje].

grauwak [kiezelzandsteen] < **hd.** *Grauwacke,* van *grau* [grijs] + *Wacke(n)* [rivierkiezel], **oudhd.** *wacko,* ouder *waggo,* van *(be)wegen.*

grauwen [snauwen] jonge vorming, eerst uit eind 16e eeuw bekend, moeilijk los te denken van

gravamen — grendel

grommen en *snauwen;* op het ontstaan heeft waarschijnlijk *grauw* invloed gehad.

gravamen [bezwaar] < chr. lat. *gravamen* [bezwaar, drukkende last], van *gravari* [bezwaar maken], *gravare* [zwaar maken, bezwaren], van *gravis* [zwaar], verwant met **gr.** *barus* [idem] (vgl. *barograaf*).

grave [plechtig] < **it.** *grave* [zwaar, ernstig] < **lat.** *gravis* (o. *grave*) [zwaar, ernstig] (vgl. *gravamen*).

graveel [niergruis] **middelnl.** *gravele, graveel* [kiezelsteen] < **oudfr.** *gravel* [idem], verkleiningsvorm van *grave, greve* [zandstrand], dat uit het kelt. stamt, vgl. **cornisch** *gro* [grind] → *gravel*.

graveelzaad [raapzaad] → *aveelzaad*.

gravel [dakpannengruis als bestrating] < **eng.** *gravel* < **oudfr.** *gravel(l)e* [kiezel, zand, strand], verkleiningsvorm van *grave* [zandstrand, zandbank] < **me. lat.** *gravellum* [gravel], *grava, gravia, greva* [zandstrand, zandige kust], uit het kelt., vgl. **welsh** *gro* [kiezel], **cornisch** *gro* [gravel].

graven [in de grond spitten] **middelnl.** *graven,* **oudnederfrankisch** *gravan,* **oudsaksisch** *graban,* **oudhd.** *graban,* **oudfries** *greva,* **oudeng.** *grafan* (**eng.** *to grave*), **oudnoors** *grafa,* **gotisch** *graban;* buiten het germ. **Iets** *grebt* [uithollen], **oudkerkslavisch** *greti* [graven].

graveren [figuren inkrassen] **middelnl.** *graveren* < **fr.** *graver* [idem] < **middelnl.** *graven* [graven, graveren]; het woord zou in de bloeitijd van het Bourgondische Huis door Nederlandse kunstenaars in Frankrijk zijn geïntroduceerd.

graves [wijn] < **fr.** *Graves* [wijngebied ten zuiden van Bordeaux], van **oudfr.** *grave* [zandstrand, zandbank].

gravida [zwangere] → *graviditeit*.

graviditeit [zwangerschap] < **eng.** *gravidity* < **lat.** *graviditatem,* 4e nv. van *graviditas* [zwangerschap], van *gravida* [zwanger], van *gravis* [zwaar] (vgl. *gravamen*).

gravimeter [zwaartekrachtmeter] gevormd van **lat.** *gravis* [zwaar] (vgl. *gravamen*) + *meter*[1].

gravitatie [zwaartekracht] < **modern lat.** *gravitatio,* gemaakt door Sir Isaac Newton (1642-1727) naar **klass. lat.** *gravitas* [zwaarte, gewicht], van *gravis* [zwaar] (vgl. *gravamen*).

graviteit [plechtstatigheid] < **fr.** *gravité* [idem] < **lat.** *gravitatem,* 4e nv. van *gravitas* [zwaarte, aanzien, ernst], van *gravis* [zwaar] (vgl. *gravamen*).

grazelen [grasduinen] iteratief van *grazen*.

grazen [gras eten] **middelnl., middelnd.** *grasen,* **oudhd.** *grasôn,* **oudeng.** *grasian;* van *gras*.

grazioso [bevallig] < **it.** *grazioso* < **lat.** *gratiosus* (vgl. *gracieus*).

greb, grebbe [smalle sloot] **middelnl.** *grebbe* [sloot]; evenals **greppel,** van *graven*.

greep [het grijpen, handvat] **middelnl.** *grepe,* afgeleid van *grijpen*.

greetneus [die alles wil hebben] het eerste lid van het bij Kiliaan vermelde *greten* [begeren] (vgl. *gretig*).

gregarisch [de massa betreffend] < **lat.** *gregarius* [van de kudde], van *grex* (2e nv. *gregis*) [kudde, schare, bende, kliek], van een idg. basis met de betekenis 'verzamelen', waarvan ook **gr.** *agora* [plein] stamt.

gregoriaans [van gregorius] de muziek genoemd naar paus *Gregorius de Grote* (590-604); de kalender genoemd naar *Gregorius XIII* (1572-1585).

grei [begeerte] → *greien*[2].

greid [grasland] ook *greide, greed, grede,* **middelnl.** *grede, gree* [grond waarop iets groeit], **nd.** *grët, grede, greide,* **fries** *greid,* ongetwijfeld behorend bij *groeien,* dus begroeid land, vgl. de plaatsnaam *Groede*.

greien[1] [schreien] **middelnl.** *greien* en ablautend *grayen* [schreeuwen, roepen], **fries** *graeyen,* van dezelfde basis als *grijnen, grienen,* nauw verwant met *grijnzen* en *grinniken*.

greien[2] [behagen, bevallen] **middelnl.** *greyen, g(e)reiden,* van *grey(e)* [wil, welgevallen] < **oudfr.** *gré* [wil, goedvinden] < **lat.** *gratum,* het zelfstandig gebruikt o. van *gratus* [liefelijk, aangenaam, welkom, dankbaar].

greien[3] nevenvorm van *graaien*.

grein [korrel, gewichtje] **middelnl.** *grain, grein(e)* < **fr.** *grain* [korrel, kleine hoeveelheid, in Canada: klein gewichtje] < **lat.** *granum* [korrel, pit] (vgl. *graan, grofgrein*); dat zaden zijn gebruikt als gewichtjes was niet ongewoon. Zaden met een constant gewicht werden b.v. tot laat in de 19e eeuw in Ghana gebruikt voor het wegen van stofgoud.

greinen [korrel op iets aanbrengen] afgeleid van *grein*.

greling [touw] etymologie onbekend.

gremel [kruimel] < **middelnl.** *gremil* [steenzaad, parelkruid] < **fr.** *grémil* [idem] < **lat.** *granum milii* [korrel van de pluimgierst] (vgl. *graan*); het steenzaad is zo genoemd naar de harde deelvruchten.

gremiale [zijden schootdoek van bisschop] < chr. **lat.** *gremiale,* van *gremium* [schoot], idg. verwant met *kram*.

gremium [college van vertegenwoordigers] < **lat.** *gremium* [schoot, hulp, bescherming, binnenste, midden] (vgl. *gremiale*).

grenadier [keursoldaat van de infanterie] < **fr.** *grenadier,* afgeleid van *grenade* [granaat], eig. een soldaat die granaten werpt.

grenadine [limonade] < **fr.** *grenadine,* van *grenade* [granaatappel], van **laat-lat.** *malum granatum,* (*malum* [appel]) *granatum,* van *granum* [korrel], dus korrelige appel (vgl. *granaat*).

grenaille [grof steengruis] < **fr.** *grenaille,* van *grain* [korrel] (vgl. *grein*).

grendel [schuifbout voor deuren] **middelnl.** *gre(i)ndel* en *grindel, grundel, grondel* [draagstok, handboom, grendel], **oudsaksisch** *grindil,* **oudhd.** *grintil* [stang, grendel], **oudnoors** *grind* [poortje, raam, omheining van traliewerk]; buiten het germ. **lat.** *grunda* [overbrugging, dak], li-

touws *grindis* [plank], **oudpruisisch** *grandico* [dikke plank], **servokroatisch** *greda* [balk].

grenen [van grenehout] uit een scandinavische taal: **oudnoors** *grön,* **noors** *gran,* **zweeds, deens** *gran.*

grens [scheidingslijn] het woord komt in de 13e eeuw voor in oostelijk nd. ontleningen aan **pools** *granica,* **russ.** *granica.*

greppel [ondiepe sloot] **middelnl.** *greppe, grippe* [goot, greppel, riool], *greppelkijn* [gootje], van *graven* → *greb.*

grès [aardewerk] < **fr.** *grès* [zandsteen, gres], uit het germ., vgl. **oudhd.** *grioz* [zand, kiezel] (vgl. het eerste lid van *griesmeel*).

greten [de draak steken met] ook *graten* → *gretig.*

gretig [graag] eerst in de 16e eeuw genoteerd, bij Kiliaan *grete* [begerigheid], *greten* [begeren, ook irriteren], **middelnd.** *grettich* [vertoornd], *gretten* [irriteren], **oudhd.** *grazzo* [hevig, ernstig], **middelhd.** *graz* [woede], *grazen* [schreeuwen, aanmatigend handelen], vermoedelijk te verbinden met **oudhd.** *gratag,* **oudeng.** *grǣdig* [begerig], **gotisch** *gredags* [hongerig], afgeleid van dezelfde basis als *begeren.*

gribus [rotzooi, bouwval, gevangenis, armoedige buurt] reeds in vroeg 18e eeuwse blijspelen; etymologie onbekend, wellicht echter < **jiddisch** *gribez* [boer, oprisping], vgl. *het is shit.*

grief [klacht] **middelnl.** *grief* [leed, krenking, smaad, smart] < **oudfr.** *grief,* van *grever* [schade berokkenen] < **lat.** *gravare* [zwaar maken, bezwaren, lastig vallen], van *gravis* [zwaar].

Grieks [van Griekenland] < **lat.** *Graecus* < **gr.** *Graikos* [van of uit Graia], een streek in Boeotië, waarvan kolonisten zich vestigden in Cumae in Zuid-Italië en naar wie de Romeinen alle Hellenen *Graeci* noemden.

griel[1] [rooster] < **fr.** *gril, grille* (vgl. *grill*).

griel[2] [vogel] vgl. **fr.** *grêle* [schril, piepend], **middelnl.** *grielkijn* [trompet], van klanknabootsende oorsprong.

griel[3], griele [zot, kinderachtig meisje] van *grielen* [kinderachtig zijn], **middelhd.** *grüllen, grellen* [schreeuwen, schertsen, spotten] → *grol.*

grielen nevenvorm van *krielen.*

griend[1] [waard] **middelnl.** *grient, greent, griend* [zandgrond, met bomen beplante strook, met wilgen begroeid buitendijks rivierland] → *grind*[2].

griend[2], grind, grindewal [zwarte dolfijn] < **deens** *grindehval, grind.*

grienen → *grijnen.*

griep [influenza] (18e eeuws) < **fr.** *grippe* [eig. ziekte die hard toeslaat], van *gripper* [pakken], uit het germ., vgl. *grijpen.*

gries [gebroken graan, kiezelzand] < **hd.** *Griess* [gruis, zand, kiezel, gruttenmeel], **middelhd.** *griez* [zandkorrel, kiezel], **oudsaksisch** *griot,* **oudeng.** *greot* [zand], *grist* [te malen koren], **oudnoors** *grjōt* [gesteente] → *gort,* **griend**[1], **grind**[2], *gruis.*

griet[1] [grutto] (19e eeuws), ontstaan uit *grutto,* klanknabootsende vorming.

griet[2] [vis] (1671), etymologie niet zeker, mogelijk naar **middelnl.** *griet* [grof zand] en dan genoemd naar de plaats waar de vis zich ophoudt, vgl. *grondel* → *grut.*

grietenij [vroegere bestuurlijke eenheid in Friesland] van **oudfries** *greta* [aanklagen, dagvaarden] → *groeten.*

grietje [bovenkruiszeil] volgens overlevering genoemd naar *Grietje van Dijk,* die op het schip 'den Eik' als kruisraasgast zou hebben gediend.

grieven [krenken] → *grief.*

griezelen [ijzen] **middelnl.** *griselen,* iteratief van *grisen* (vgl. *afgrijzen*).

grif [vlug] (17e eeuws), behoort bij *gerieven,* *gerief.*

griffel [schrijfstift] **middelnl.** *griffel, greffel, greffeel* < **me. lat.** *graphilum* [pen], van *graphium* [schrijfstift voor wasplankjes], van **gr.** *grapheion* [idem], van *graphein* [inkrassen, schrijven], idg. verwant met *kerven.*

griffie [secretarie, schrijfstift] **middelnl.** *greffe, greffie, griffie* [schrijfstift, priem, secretarie] < **oudfr.** *grafe, grefe* [schrijfstift, secretarie] < **lat.** *graphium* (vgl. *griffier*).

griffier [secretaris] **middelnl.** *gryffier, greffier* < **oudfr.** *greffier* [idem] < **lat.** *graphiarius* [m.b.t. de schrijfstift], (*graphium* [schrijfstift]), van **gr.** *grapheion* (vgl. *griffel, graaf*).

griffioen [mythische vogel] **middelnl.** *griffoen* < **oudfr.** *grifon* < **lat.** *gryps, gryp(h)is* [griffioen, de vogel Grijp] < **gr.** *grups* [griffioen, gier]; volgens de meeste etymologen een versmelting van *gups* [gier] en *grupos* [naar buiten gebogen, i.h.b. van een haviksneus], idg. verwant met *krom;* waarschijnlijker lijkt dat we te doen hebben met een Aziatische fabeldier, vgl. **hebr.** *kerūbh* (vgl. *cherub*), mogelijk een parallel met *sfinx* → *griffon.*

griffon [jachthond] < **fr.** *griffon* [lammergier, griffioen, smousbaard], hetzelfde woord als *griffioen.*

grift [watergang] **middelnl.** *grifte* [gegraven waterloop], vorm met ontronde vocaal naast *greft* < *graft* (vgl. *gracht*).

grijm [roet] **middelnl.** *grime, gryme* [masker], **middelnd.** *greme* [vuil], *grimet* [met zwarte vegen], **oudsaksisch** *grima,* **oudhd.** *grimo,* **oudeng., oudnoors** *grima* [masker]; masker is eigenlijk een zwart gemaakt gezicht, vgl. buiten het germ. **gr.** *chriō* [ik wrijf in, smeer met kleurstof in], **litouws** *grieti* [de room van de melk afscheppen] → *wrijven.*

grijn[1] [knorrepot] → *grijn*[2], *grijnen.*

grijn[2] [zweer aan de mond] vgl. **middelnl.** *grine* [schijngelaat, vermomming], van *grijnen* → *grijn*[1].

grijnen [grienen] **middelnl.** *grinen* [schreien, briesen, grijnzen], **middelnd.** *grinen* [de mond vertrekken om een geluid te maken, huilen], **oudhd.**

grinan, **oudnoors** *grina* [grijnzen], ablautend **oudeng.** *granian* (**eng.** *to groan*) [steunen, klagen]; de grondbetekenis is 'het vertrekken van de mond' → ***grijn²***, ***grijnzen***, ***grinniken***.

grijnzen [vals lachen] **middelnl.** *grinsen, grensen, greinsen;* een naast ***grijnen*** gevormd woord. Bij affectieve woorden ontstaan gemakkelijk expressieve vormvarianten → ***grinzen***.

grijpen [pakken] **middelnl.** *gripen,* **oudsaksisch, oudeng.** *gripan,* **oudhd.** *grifan,* **oudfries, oudnoors** *gripa,* **gotisch** *greipan;* buiten het germ. slechts **litouws** *griebti* [idem]; het woord is dus niet algemeen idg., maar later gevormd, verwant evenwel met *grabbelen,* dat een oude afstamming heeft.

grijs [lichtgrauw] **middelnl., oudsaksisch** *gris,* **oudwestfries** *grys,* van dezelfde idg. basis als ***grauw¹***.

grijzekom [duivekervel] **middelnl.** *grisecom,* etymologie onbekend.

grijzorie [grijzekom] **middelnl.** *g(e)risorie,* etymologie onbekend.

Grikwa, Griqua [Zuidafrikaans mengras] < **afrikaans** *Griekwa* [lid van de genoemde stam] < **hottentots** *grigua,* waarin *gua* een meervoudsvorm is.

gril [inval] 16e eeuws *grille* < **hd.** *Grille,* **oudhd.** *grillo* [sprinkhaan, kuur, luim] < **lat.** *grillus* < **gr.** *grullos* [sprinkhaan].

grill [vleesrooster] < **eng.** *grill* < **oudfr.** *grille, graïlle* [rooster] < **lat.** *craticula* [braadrooster], verkleiningsvorm van *cratis* [vlechtwerk], idg. verwant met ***horde¹***.

grille [rooster vooraan een auto] < **fr.** *grille* (vgl. ***grill***).

grilleren [roosteren] < **fr.** *griller,* van *grille* (vgl. ***grill***).

grim [woede, grimmig] **middelnl.** *grimme* [verbittering, boos], **middelhd.** *grimme* (vgl. ***grimmig***).

grimas [vertrekking van het gezicht] (1574) *grimmagie* < **fr.** *grimace* < **oudspaans** *grimazo* [grijnzende tronie], uit het germ., vgl. **middelnl.** *grime* [masker] (vgl. ***grijm***).

grimeren [schminken] < **fr.** *grimer* [idem], van *grime* [rol van oude gek (toneelwoord)] < **it.** *grimo* [gerimpeld], uit het germ., vgl. ***grijm***.

grimlach [bittere lach] → ***glimlach***.

grimmeld [gevlekt] = *gegremeld* (vgl. ***gremel***).

grimmelen [wriemelen] moet gezien worden als een variante vorming naast *griemelen, wriemelen, kriemelen;* een scala van vormvarianten is normaal bij affectieve, klanknabootsende of beweging-schilderende woorden.

grimmig [gruwelijk, boos] **middelnl.** *grimmich, grimmelijc,* van *grim, grem* [grimmig, boos], **oudsaksisch, oudhd., oudfries** *grim,* **oudeng.** *grimm,* **oudnoors** *grimmr* [wreed, boosaardig, woedend], ablautend naast *gram;* het middelnl. ww. *grimmen* [brullen, loeien, toornig zijn]; buiten het germ. **gr.** *chrem(et)izein* [hinniken], **litouws**

grumèti [donderen], **oudkerkslavisch** (ablautend) *gromŭ* [donder]; het woord is van klanknabootsende oorsprong en de betekenis heeft zich ontwikkeld van het dreigend geluid van de donder tot de huidige → ***pogrom***.

grind¹ [dolfijn] → ***griend²***.

grind² [kiezels] **middelnl.** *grinde, grint* [huiduitslag], in de moderne betekenis niet voor de 17e eeuw genoteerd, in oostelijke dialecten *grind* [grof meel dat overblijft na het verwijderen van de bloem], **fries** *grint* [grind], **oudnoors** ablautend *grand* [zand, grind], **oudeng.** *grindan* (**eng.** *to grind*) [fijnwrijven], **oudeng., eng.** *grist* [te malen koren]; buiten het germ. **gr.** *chondros* [korrel, spelt], *cheras, cherados* [grind], **litouws** *gręsti* [wrijven], **albaans** *grunde* [zemelen]; de basisbetekenis is 'fijnwrijven'.

grindewal → ***griend²***.

grinniken [grijnzend lachen] **middelnl.** *greenken, greniken,* **middelnd.** *greneken* → ***grijnen***.

grinzen [drenzen] **middelnl.** *grinsen, grensen, greinsen* [grijnzen, grimmig zijn, huilen van een dier], van *grinse* [mom, grijns] → ***grijnzen***.

griotte [morel] < **fr.** *griotte* < *agriotte* < **provençaals** *agriota* [kers], van *agre* [zuur] < **lat.** *acer* [idem].

grisaille [schilderwerk in tonen van grijs] < **fr.** *grisaille,* van *gris* [grijs], uit het germ., vgl. ***grijs***.

grisette [naaistertje, scharreltje] < **fr.** *grisette* [grijze stof, naaistertje (wel in het grijs gekleed, kleurloos meisje)], van *gris* [grijs] (vgl. ***grisaille***); vgl. voor de betekenis ***grauw²***.

grisou [mijngas] < **fr.** *grisou,* picardisch voor *grégeois,* uit *feu grégeois* [Grieks vuur].

grissen [snel naar zich toe halen] (1810), vgl. **nd.** *gritsen, grapsen,* gevormd volgens het principe van woorden als *grabbelen, graaien, grijpen*.

grit¹ [grutto] nevenvorm van ***griet¹***.

grit² [schelpengruis] behoort bij *grut* en verwanten.

gritsel [hark] **middelnl.** *gritsel, grietsel(e),* verkleiningsvorm van ***rits¹*** [scherp voorwerp, kras].

grizzlybeer [grote grijze beer] van **eng.** *grizzly* [grijs, grijs behaard], verwant met ***grijs;*** de beer heeft zeer vaak een zilvergrijze vacht. Voor het taalgevoel trad verwarring op met *grisly* [schrikaanjagend], verwant met *(af)grijzen, griezelen,* temeer daar vroeger *grizzly* ook *grisly* werd gespeld. De wetenschappelijke naam is op *grisly* gebaseerd: *ursus horribilis* [huiveringwekkende beer].

grobak, grobag [tweewielige vrachtkar] < **maleis** *gerobak* [kar, wagen (voor vracht)] < **javaans** *grobag* [idem].

grobbelen [wroeten] ablautend naast *grabbelen.*

groed, groede [gors] **middelnl.** *groede* [groei, aangeslibd land waarop al iets groeit], van ***groeien*** → ***gors²***.

groef, groeve [greppel, inkerving] **middelnl.** *gro(e)ve,* **oudnederfrankisch** *gruova,* **oudsak-**

sisch *groba,* **oudhd.** *gruoba,* **oudnoors** *grōf* [geul], **gotisch** *groba,* van *graven, (groef, gegraven).*

groeien [(in grootte) toenemen] **middelnl.** *gro(e)yen* [groenen, groeien], **middelnd.** *groien* [groeien], **oudhd.** *gruoen* [groen worden], **oudeng.** *growan,* **oudnoors** *groa* [groeien]; alleen in het germ. bekend → *groen.*

groen [kleurnaam] **middelnl.** *groene,* **oudsaksisch** *groni,* **oudhd.** *gruoni,* **oudfries, oudeng.** *grene,* **oudnoors** *grænn,* gevormd van *groeien.*

groening [vogel] van *groen;* de vogel is olijfgroen, vgl. **middelnl.** *groeninc* [een groene appel].

Groenland [geogr.] < **oudnoors** *Grænland,* van *groen* + *land,* zo door de ontdekker Erik de Rode (981) genoemd om het aantrekkelijk voor te stellen voor kolonisten.

groenspaan [Spaans groen] vertaling van me.lat. *viride hispanum* [Spaans groen].

groenzoeter [groentje] van *groen* [groen, jeugdig, onervaren] + *zoet* [lief, zachtaardig].

groep¹ [stalgoot] **middelnl.** *groepe,* **oudfries** *grope,* **oudnoors** *grop* → *greppel.*

groep² [verzameling] (ca. 1600) < **fr.** *groupe* [hoop, troep] < **it.** *gruppo, groppo,* uit het germ., vgl. *krop¹.*

groep³ [kroep, influenza] → *kroep¹.*

groeten [gedagzeggen] **middelnl.** *groten, grueten, groeten* [uitnodigen, in rechte aanspreken, groeten], **oudsaksisch** *grotian,* **oudhd.** *gruozzen* [aanspreken, groeten], **middelhd.** *graxen* [schreeuwen], **oudfries** *greta* [in rechte aanspreken] (vgl. *grietenij*), **oudeng.** *gretan* [jammeren, aanspreken, groeten], **gotisch** *gretan, greitan,* **oudnoors** *grata* [huilen]; buiten het germ. (onzeker) **oudindisch** *hrādate* [het klinkt]; de grondbetekenis is wel 'roepen'.

groeve → *groef.*

groeze, groes [met groen of gras begroeid land] **middelnl.** *groese* [graszode, weiland]; ablautsvorm van *gras.*

groezelig [niet schoon] (1796), met dialectische *oe* naast *ui* (vgl. *gruis*); de betekenis is dus 'met gruis bedekt'.

grof [groot, ruw] **middelnl.** *grof, groef, grouf, gerouf,* **middelnd.** *grof,* **oudhd.** *grob, girob,* mogelijk op afstand verwant met *groot.*

groffelen [graaien] een naast *grabbelen* ontstane variant.

groffelsnagel [kruidnagel] **middelnl.** *geroffelsnagel, garioffelnagel* (vgl. *giroffel*).

grofgrein [grof weefsel] **middelnl.** *grogrein, grofgrein, grein* [halfzijde] < **fr.** *gros grain,* naar *graine* [eitje van de zijdeworm] (vgl. *grein*); vgl. **eng.** *program,* waaruit *grog.*

groftiend [tiende van veldvruchten] van *grof* in de betekenis 'groot' + *tiende,* vgl. het tegengestelde *smaltiend.*

grog [sterkedrank met heet water] < **eng.** *grog,* verkort uit *Grogram,* bijnaam van admiraal Edward Vernon (1684-1757), die als eerste met water aangelengde rum liet uitreiken. Vernon placht *grogram* [grofgreinen] kleding te dragen.

groggy [waggelend] < **eng.** *groggy,* afgeleid van *grog,* dus gezegd van iem. die een glas te veel heeft gedronken.

grol [grap, frats] eerst 17e eeuws [dwaas gepraat, grap], van **middelnl.** *grollen* [grommen, pruilen], **middelhd.** *grüllen* [spotten], **oudeng.** *grillan* (**eng.** *to growl*), ablautsvariant van *grommen.*

grom [ingewand van vis] **middelnl.** *grom,* **fries** *grom, gram, grim;* etymologie onzeker.

grommel [kruimel] **middelnl.** *gromel, grumel* [kleine blaassteentjes], verkleiningsvorm naast *crome* [kruimel], *crume* [kruim].

grommelen [mopperen] frequentatief van *grommen.*

grommen [dof brommend geluid maken] **middelnl.** *grommen, grummen;* vermoedelijk ablautend naast *gram¹, grim, grimmig,* mogelijk echter spontaan klanknabootsend gevormd naast b.v. *brommen.*

grond [bodem] **middelnl.** *gront,* **oudsaksisch, oudfries, oudeng.** *grund* (**eng.** *ground*), **oudhd.** *grunt,* **gotisch** *grundu-,* mogelijk samenhangend met *grind².*

grondel [zeevis] **hd.** *Grundel,* afgeleid van *grond,* omdat de vis zich op de bodem beweegt.

gronsen [knorrig zeggen] vgl. **middelnl.** *grundselen* [grommen, brullen], naast *grongen, gronge(e)ren,* **fr.** *grogner* < *groignir* < *grunir* < **lat.** *grunnire* [knorren (van varkens)], naast **fr.** *gronder, grondre, grondir* < **lat.** *grundire,* nevenvorm van *grunnire,* **gr.** *chromados* [gekraak], **oudkerkslavisch** *gromŭ* [donder]; vgl. ook *grommen, gram¹* en *grimmig;* er is op idg. basis, zoals gemakkelijk voorkomt bij klanknabootsende vormingen, een veelheid aan varianten ontstaan.

gront, grunt → *grondel.*

groom [bediende in livrei] < **eng.** *groom* < **middeleng.** *grom(e)* [jongen] < **oudfr.** *grome, gromet* (vgl. *gourmet*).

groot¹ [niet klein] **middelnl.** *groot,* **oudsaksisch** *grōt,* **oudhd.** *grōz,* **oudfries** *grāt,* **oudeng.** *great;* het woord is beperkt tot het westgerm., vgl. echter *gort;* vermoedelijk is de oorspr. betekenis 'grofkorrelig'.

groot² [munt] < **lat.** *(denarius) grossus* [dikke (penning)]; nadat tot in de 13e eeuw lang in Europa vrijwel alleen penningen waren geslagen, kwam de behoefte op aan zwaarder zilvergeld. In Venetië sloeg men de *grosso,* in Frankrijk de *gros,* in de Nederlanden de *groot,* in Duitse gebieden de *Groschen,* in Engeland de *groat.*

grop [greppel, stalgoot] → *groep¹.*

gros¹ [de meeste(n)] **middelnl.** *gros(se)* [de inhoud in hoofdstukken], *in gros* [in het groot] < **fr.** *gros* [groot, aanzienlijk] < **lat.** *grossus* [dik].

gros² [het grootste aantal, twaalf dozijn] (1751) < **fr.** *douzaine grosse* [een groot dozijn], *gros* [groot] < **laat-lat.** *grossus* [dik].

groschen [munt] < hd. *Groschen* (vgl. *groot*²).
grosse [afschrift] < **fr.** *grosse* [groot schrift, afschrift van notariële acte], van *gros* (vgl. *gros*¹).
grossier [groothandelaar] **middelnl.** *grosser, grossier* [hij die iets in het groot doet, grossier], van *gros(se), in gros* [in het groot] < **fr.** *gros* (vgl. *gros*¹).
grossulaar [mineraal] < **modern lat.** *grossularia* [kruisbes] < **lat.** *grossulus*, verkleiningsvorm van *grossus* [halfrijpe vijg]; zo genoemd vanwege de vaak groene kleur.
grot [onderaardse ruimte] (1600) < **fr.** *grotte* [idem (m.b.t. tuingrotten)] < **it.** *grotta* [grot] < **lat.** *crypta* (vgl. *crypt*).
grotesk [zonderling, buitensporig] (1785) < **fr.** *grotesque* [idem] < **it.** *grottesca* [een ornamentatie die bij opgravingen in gewelven van Romeinse gebouwen werd gevonden en in de renaissance nagevolgd], van *grotta* [grot, gewelf, kelder] (vgl. *grot*); de ornamenten waren speels en ook extravagant en zo kon men ook tot de kwalificatie grotesk = belachelijk komen.
grub [greppel] → *greppel, groep*¹.
gruis [verbrokkelde stof] **middelnl.** *gruus, gruis*, van een idg. basis met de betekenis 'malen', waarvan ook *gort* stamt.
gruit [ingrediënt van bier] **middelnl.** *grute, gruut* (vgl. *gort, grut*).
gruizel verkleiningsvorm van *gruis*.
gruizelementen, gruizementen, gruzelementen, gruzementen [scherven] van *gruizel* + de uitgang *-(e)ment*, als in *kakement, zielement, prevelement*.
grunniken variant van *grinniken*.
grunt → *gront*.
grut [gruis, graan] → *gort*.
grutto [vogel] klanknabootsende benaming; hieruit *griet*¹.
gruw [jonge vis voor aas] **hd.** *Grühe*, van *groeien*.
gruwel [afschuw] **middelnl.** *gruwel, gruël*, van *gruwelen*, intensivum van *gruwen*.
gruwen [afschuw hebben van] **middelnl.** *gr(o)uwen*, **middelnd.** *gruwen, growen*, **middelhd.** *gruwen*, **oudhd.** *(in)gruen*, wordt in verband gebracht met **oudkerkslavisch** *grŭdŭ* [bang] (**russ.** *gordyj* [trots]) en zou dan verwant zijn met *grut*.
gruyère [kaassoort] genoemd naar de Zwitserse plaats *Gruyère*.
Guadeloupe [geogr.] < **fr.** *Guadeloupe* < **spaans** *Guadelupe*, genoemd naar de stad *Guadalupe* in Spanje.
guajakhars [hars uit pokhout] van **modern lat.** *guajacum* [pokhout] < **spaans** *guayaco*, op Haïti ontleend aan het taino.
guanaco [lama-achtig dier] < **spaans** *guanaco* < **quechua** *huanacu*.
guanine [een DNA-bestanddeel] afgeleid van *guano* waarin het wordt gevonden.
guano [mest van zeevogels] < **spaans** *guano* < **quechua** *wánu* [mest, drek].

guave [boom en vrucht daarvan] < **spaans** *guayabo* < **tupi** *guajava*.
Guelfen → *Welfen*.
guereza [zijdeaapje] ontleend in Ethiopië.
gueridon [tafeltje op 1 of 3 poten] < **fr.** *guéridon* [tafeltje met één poot, oorspr. in de vorm van een Moor, vooral gebruikt om kandelaars op te zetten], genoemd naar *Guéridon*, een figuur in een uit 1614 daterende klucht, die de kandelaar ophield terwijl de anderen dansten, vgl. 'hij die de kaars vasthoudt'.
guerrilla [strijd van ongeregelde troepen] < **spaans** *guerrilla*, verkleiningsvorm van *guerra* [oorlog] < **me. lat.** *guerra, werra* [tweedracht, oproer, oorlog], *werrare, guerrare* [oorlogvoeren], ontleend aan het germ., vgl. *(ver)weren*.
guetteren [bespieden] < **fr.** *guetter* [idem], uit het germ., vgl. *waken*.
guich [grimas] **middelnl.** *guuch*, **fries** *guwch*, van dezelfde herkomst als *guichel* (vgl. *guichelheil*).
guichelheil [plantengeslacht] (1554), het eerste lid van *guichelen* [gekheid maken], **middelnl.** *guchelen, gugelen, gukelen* [smaadwoorden richten tot] (vgl. *goochelen*); het **hd.** *Gauchheil, Geckenheil, Narrenheil* geeft duidelijker aan, dat de plant in de volksgeneeskunde gebruikt werd tegen zenuwziekten.
guichet [loket] → *winket*.
guidon [vizierkorrel] < **fr.** *guidon* < **it.** *guidone* [militaire standaard (die leidt)], van *guida* [gids], uit het germ., vgl. *wijzen*.
guil [oud paard] **middelnl.** *gule, guul, guil* [hengst, oude knol], **middelnd.** *gūl* [paard], **middelhd.** *gūl(e)* [monster, ever, mannelijk dier, later slecht paard], hd. *Gaul;* idg. verbindingen zijn dubieus.
guillocheren [versieren met dooreengevlochten lijnen] < **fr.** *guillocher* [idem] < **venetiaans** *ghiocciare* [bedruppelen], **it.** *gocciare* [druipen, druppelen, aflopen], van *goccia* [druppel, ook als versieringsmotief] < **lat.** *gutta* [druppel].
guillotine [valbijl] genoemd naar *Joseph-Ignace Guillotin* (1738-1814), Frans medicus en afgevaardigde naar de Staten-Generaal. Hij stelde in 1789 de doodstraf en het gebruik van zijn uitvinding voor.
guimpe [tulen halsbedekking met baleintjes] < **fr.** *guimpe* < **oudfr.** *guimple*, uit het germ., vgl. *wimpel*.
guinguette [buitencafé, uitspanning] < **fr.** *guinguette*, van *ginguet* [vroeger een benaming voor de petits vins uit de buurt van Parijs] van *ginguer* [dansen, springen], genasaleerde vorm van *giguer*, van *gigue* [oude, snelle dans]; de wijn schijnt zo te zijn genoemd omdat men ervan ging dansen, vgl. voor de betekenis *huppelwater*.
guipure [reliëfkant] < **fr.** *guipure*, van *guiper* < **frankisch** *wipan*, vgl. **middelnl.** *wippen* [op en neer bewegen, heen en weer bewegen].
guirlande [bloemenslinger] < **fr.** *guirlande* < **oudfr.** *gerlande, gourlande* (**middelnl.**

garlande) < it. *ghirlanda* of < **oudprovençaals** *guirlanda, garlanda;* etymologie onbekend.
guit [deugniet] **middelnl.** *guut, guit,* van *gu(i)ten, goiten* [spotten], **nd.** *güt(e),* **fries** *gut,* vgl. **oudnoors** *gautan* [gezwets], **noors** *gauta* [veel praten, pralen]; vermoedelijk klanknabootsend gevormd.
guiven [gieren (van wind)] vgl. **zweeds** *guva,* **ijslands** *gufa;* klanknabootsend gevormd.
guizig [begerig] van *guis* = *gust* [voor het ogenblik niet drachtig] (vgl. *gust*) + *-ig,* eig. dus verlangend gedekt te worden.
gul[1] [royaal] 17e eeuws nl. met de betekenis 'mul, zacht, royaal', vgl. **nd.** *gull* [mild], **fries** *gol* [goedhartig], **oostfries** *gul* [mul, vriendelijk], **middeleng.** *gulle* [vrolijk]; etymologie onbekend.
gul[2] [niet-volgroeide kabeljauw] **middelnl.** *gullekijn* [kleine kabeljauw of schelvis], **fries** *gol(le);* vermoedelijk verwant met *geel* en dan genoemd naar de horizontale gelige spiraallijnen op de flanken.
guldeling [gouden pippeling] van *gulden* [gouden].
gulden [munt] **middelnl.** *gulden, guldijn, goudijn, gouden, gouwen* [van goud] (vgl. *goud*); de munt werd oorspr. in goud geslagen. Vgl. voor de betekenis *öre, soof, zloty.*
gullen [zich in het mulle zand baden] → *gul*[1].
gulp[1] [dikke straal] bij Kiliaan *golpe,* **fries** *gjalp* [gulp], **eng.** *gulp* [slok], **deens** *gylp, gulp* [slok], vermoedelijk behorend bij *golf*[1], maar daar alle vormen jong zijn is klanknabootsende vorming niet uitgesloten.
gulp[2] [split in broek] eerst 19e eeuws, vermoedelijk vervormd uit *glop.*
gulzand [stuifzand] van *gul*[1].
gulzig [gretig] **middelnl.** *guls, gulsich* < **oudfr.** *golos* [gulzigaard], van *gole* [keel, strot] < **lat.** *gula* [idem], idg. verwant met *keel*[1]; de vorm *gulsich* is wel afgeleid van *guls,* dat ook als zn. werd gebruikt, maar invloed van **me. lat.** *gulosus* [vraatziek], van *gula* + *-osus* [vol van], is mogelijk.
gummi → *gom.*
gundel [versterkingslat tegen de binnenkant van het topboord bij gieken] vgl. verouderd **eng.** *gundelet* [gondel], **fr.** *gondoler* [kromtrekken, zeeg geven], van *gondolé* [gondelachtig] (vgl. *gondel*[1]).
gunnen [verlenen, niet benijden] **middelnl.** *geonnen, onnen, gonnen, gunnen, jonnen,* **oudsaksisch, oudhd.** *giunnan,* **oudeng.** *geunnan,* **oudnoors** *unna;* buiten het germ. zijn geen verwanten gevonden.
gunst [welwillendheid] **middelnl.** *gonst(e), gunst, jonst,* afgeleid van *gunnen.*
gup, guppy [een visje] genoemd naar de ontdekker van deze visjes *Robert J. L. Guppy.*
Gurkha [Brit van Nepalese herkomst] genoemd naar het stadje *Gurkha* in Nepal.
gus[1] [dikwandig gietijzer] < **hd.** *Guß* < **oudhd.** *guz,* van *gießen* [gieten].
gus[2] [grindzand] **hd.** *Güsel* [afval, stof, puin], van

guit — gyroscoop

guseln, güseln [uiteenvallen, verbrokkelen, stofregenen]; verwant met *gieten.*
gust [onvruchtbaar] **middelnl., middelnd.** *gust;* ondanks afwijkende vocaal vermoedelijk van *geest(grond).*
guts [beitel met holle bek] **middelnl.** *gouge, goegie* [met ijzer beslagen stok] < **fr.** *gouge,* **me. lat.** *gubia* [beitel], uit het kelt., vgl. **oudiers** *gulban* [prikkel, tenen mandje], **welsh** *gylfin* [snavel]; verder verwant met **gr.** *glaphein* [uithollen], **sloveens** *globati* [idem].
gutsen [in stromen neervloeien] **middelnl.** *gudsen,* intensivum van *gieten.*
guttapercha [verdroogd melksap van bomen] < **maleis** *getah perca, getah* [plantaardig melksap] *perca* [de pertjahboom].
guttegom, gittegom [gomhars] omzetting van **modern lat.** *gummigutta* [lett. gomgom], van *gutta* (vgl. *guttapercha*) + *gom.*
gutturaal [keelklank] < **fr.** *guttural* [idem], gevormd van **lat.** *guttur* (2e nv. *gutturis*) [keel].
guur [snijdend] (1599), gevormd uit *onguur,* wat slechts mogelijk was omdat men niet meer begreep, dat *on-* daarin een ontkennend voorvoegsel is.
gymkana [type behendigheidswedstrijden, waarbij de deelnemers worden belemmerd in hun bewegingen] < **eng.** *gymkhana* [sportclub, sporthal, wedstrijd, sport], o.i.v. *gymnastics* < **hindi** *gendkhānā* [balspelbaan], van *gend* [bal] + *khānā* [huis].
gymnasium [onderwijsinstelling] < **lat.** *gymnasium* [sportgebouw, filosofenschool] < **gr.** *gumnasion* [sport- en gymnastiekschool, school], afgeleid van *gumnos* [naakt] (atleten oefenen naakt), idg. verwant met *naakt.*
gymnastiek [lichaamsoefeningen] < **fr.** *gymnastique* [idem] < **gr.** *gumnastikè technè* [sport, training], *(technè* [vaardigheid]) *gumnastikè,* vr. van *gumnastikos* [in sport bedreven], van *gumnazein* [trainen], van *gumnos* [naakt] (vgl. *gymnasium*).
gynaeceum [harem] < **lat.** *gynaeceum* [vrouwenvertrekken in het Griekse huis] < **gr.** *gunaikeia* [idem], van *gunaikeios* [vrouwen-], van *gunè* (vgl. *gynaecologie*).
gynaecologie [leer der vrouwenziekten] gevormd van **gr.** *gunè* (2e nv. *gunaikos*) [vrouw], idg. verwant met *kween* en **eng.** *queen* + *logos* [woord, verhandeling].
gynandrie [het voorkomen van mannelijke geslachtskenmerken bij vrouwen] gevormd van **gr.** *gunandros* [tweeslachtig], van *gunè* [vrouw] + *anèr* [man] (vgl. *andro-*).
gyromantie [het waarzeggen uit magische kringen] < **fr.** *gyromancie* [idem], gevormd van **gr.** *guros* [kring] (vgl. *giro*) + *manteia* [het voorspellen, orakel] (vgl. *necromantie*).
gyroscoop [stabilisator] gevormd van **gr.** *guros* [rond, kring] (vgl. *giro*) + *skopein* [zien], idg. verwant met *spieden;* zo genoemd omdat men de

omwenteling van de aarde er optisch mee kan demonstreren.

h

haaf [hooibergvijzel] van *heffen*.
haag [heg] middelnl. *hage(n)*, oudsaksisch *hago*, middelnd. *hage*, oudeng. *haga* (eng. *haw*) [haag, heining], **oudnoors** *hagi* [weide]; buiten het germ. lat. *caul(l)ae* [holte, schaapskooi], **gallisch** *caio* [omheining], **welsh** *cae*, **cornisch** *ke* [haag]; verwant met *heg* → *inchoatief*.
haagdoorn, haagdoren, hagedoorn [heestergeslacht] middelnl. *hage(n)do(o)rn, haechdo(o)rn* [dorenhaag, hagedoorn]; zoals de naam aangeeft werden met de aanplant *hagen* (ter afrastering van percelen) gevormd.
haagt, haagte [onderaardse gang] ook *aacht(e)*, samengetrokken uit middelnl. *hagedochte* [onderaards gewelf, krocht] < lat. *aquaeductus* (vgl. *aquaduct*).
haai[1] [vis] middelnl. *haey*, ontleend aan het scandinavisch: **oudnoors** *har* [ook: roerklamp], **gotisch** *hoha* [ploeg], **oudhd.** *huohili* [kleine ploeg]; buiten het germ. **oudkerkslavisch** *sǫkŭ* [tak], **oudindisch** *śanku-* [puntige stok, grote vis]; het dier is vermoedelijk genoemd naar de typerende rugvin, die gelijkenis vertoonde met een door het oppervlak snijdende ploeg.
haai[2] [schuine hoek, geer] etymologie onbekend.
haai[3] [barg. geducht] vermoedelijk van *haaien* [de baas spelen], van *haai*[1].
haaiebaai, haaibaai [kijfzieke vrouw] naast *heibei;* reduplicatievorm van klanknabootsende aard.
haaien [krabben (van paarden)] vermoedelijk hetzelfde woord als middelnl. *(h)aeyen* [verlangen, begeren, verdragen, verduren]; etymologie onbekend.
haak [gebogen voorwerp om iets vast te houden, op te hangen e.d.] middelnl. *hake, haec*, **oudsaksisch, oudhd.** *hako*, **oudeng.** *haca;* ablautend naast *hoek*.
haal[1] [heugel] middelnl. *hael, hale*, **middelnd.** *hal(e)*, **oudhd.** *hahala*, van *hahan* [hangen].
haal[2] [nageboorte] ook *heel, heling*, **oudeng.** *hala* [nageboorte], **noordfries** *hialing* [genezing, nageboorte], van *helen*[1] [genezen]; vgl. voor de betekenis middelnl. *genesen* [in leven blijven, genezen, van een vrucht verlost worden].
haal[3] [droog, dor] middelnl. *hael*, nd. *hal;* buiten het germ. **lets** *kalst* [verdorren], **oudiers** *sceile* [magerte], **gr.** *skellein* [uitdrogen, dor maken] → *schelm, skelet*.
haam[1] [knieboog voor paard] middelnl. *hame, haem* [achterschenkel] → *ham*[1].
haam[2] [net, houten halsband, eig. omhulling]

middelnl. *hame* [haam] → **hemd, hemel, lichaam.**

haam[3] [vishaak] **middelnl.** *hame*, **oudhd.** *hamo* < **lat.** *hamus* [idem].

haan [mannetje bij hoenderachtigen] **middelnl.** *hane*, **oudsaksisch**, **oudhd.** *hano*, **oudfries**, **oudeng.** *hona*, **oudnoors** *hani*, **gotisch** *hana*; buiten het germ. **lat.** *canere* [zingen], *ciconia* [ooievaar], **gr.** *kanachè* [klank], **oudiers** *canim* [ik zing]; de haan is naar zijn gekraai genoemd.

haander [mand] etymologie onbekend.

haanderiksbloem [koekoeksbloem] het eerste lid bij *haan* als *ganzerik* bij *gans*.

haanvis [orde van beenvissen] zo genoemd vanwege de weke achterste stralen van de rug- en aarsvin, die blijkbaar associaties met de hanestaart opriepen.

haar[1] [bezittelijk vnw.] **middelnl.** *hare, haer*, **oudnederfrankisch**, **oudsaksisch**, **oudhd.** *iro*, **oudfries** *hire*, **oudeng.** *hiere*, **gotisch** *ize, izo*; de **nl.**, **fries**, **eng.** *h* is niet oorspr., maar ontstond o.i.v. *hem* en *hun*; van dezelfde basis als ***gene***.

haar[2] [hoofdhaar] **middelnl.** *hare, haer, hair*, **middelnd.**, **oudsaksisch**, **oudhd.** *har*, **oudfries** *her*, **oudeng.** *hær*, **oudnoors** *har*; verdere verwantschappen zijn onzeker.

haar[3] [hoogte in het veld] vgl. **oudhd.** *harug*, **oudeng.** *hearg* [bos, heiligdom], **oudnoors** *hǫrgr* [steenhoop, offerplaats]; buiten het germ. **gr.** *krokè* [steentje aan het strand], **oudiers** *carric* [klip], **oudindisch** *śarkara-* [keisteentje].

haar[4] [snede van zeis] van het ww. ***haren***.

haar[5] [links (opdracht aan trekpaarden)] tegenover *hot* [rechts], **nd.** *har*, een klankvorming als *hu* en *ho*.

haard[1] [stookplaats] **middelnl.** *he(e)rt, haert*, **oudsaksisch** *herth*, **oudhd.** *herd*, **oudeng.** *heorð*, verwant met **oudnoors** *hyrr* [vuur], **gotisch** *hauri* [kool]; buiten het germ. **lat.** *carbo* [kool], **gr.** *keramos* [pottenbakkersaarde], **lets** *kurt*, **litouws** *kurti* [stoken], **oudindisch** *kūḍayati* [hij verzengt].

haard[2] [strekdam] mogelijk met oneigenlijke *r* < **fr.** *haad* [hoofd, pier] (vgl. ***hoofd***).

haars [hees, scherp] → ***hees***.

haarspit [aanbeeld om zeisen op te scherpen] van het ww. ***haren***.

haas[1] [knaagdier] **middelnl.** *hase, haes*, **middelnd.** *hase*, **oudhd.** *haso*, **oudfries** *hasa*, **oudeng.** *hara*, **oudnoors** *heri* (de *s* en *r* vertonen de zogenaamd grammatische wisseling als in *was - waren*); daarnaast **oudhd.** *hasan*, **oudeng.** *hasu* [grijs], **oudnoors** *hǫss* [grijsbruin]; buiten het germ. **lat.** *canus* [grijs], **welsh** *ceinach*, **oudindisch** *śaśa-* [haas]; het dier is benoemd naar zijn kleur.

haas[2] [spier bij slachtdieren] vermoedelijk overdrachtelijk gebruik van de dierenaam, evenals bij *muis* van de hand.

haast[1] [spoed] **middelnl.** *ha(e)ste, haest* < **oudfr.** *haste* (**fr.** *hâte*), dus waarschijnlijker dan uit het germ., vgl. **gotisch** *haifsts* [twist] (vgl. ***heftig***).

haast[2] [bijna, weldra] **middelnd.** *haste* < **oudfr.** *haste* [vlug]; zie verder **haast**[1].

haat [diepe afkeer] **middelnl.** *hat*, afgeleid van ***haten***, hangt samen met **oudsaksisch** *heti*, **oudhd.** *haz*, **oudfries** *hat*, **oudeng.** *hete*, **oudnoors** *hatr*, **gotisch** *hatis* [toorn, haat]; buiten het germ. **gr.** *kèdein* [kwellen, beroven], **iers** *cais* [haat], **welsh** *cas*, **bretons** *kas*.

habanera [dans] < **spaans** *habanera*, zelfstandig gebruikt vr. bn. van *la Habana* [Havanna], hoofdstad van Cuba.

habbekrats [kleinigheid] van ***krats*** + een niet-verklaard eerste lid.

habbezakkerig, **habbezakkig** [slap geworden] → ***hobbezak***.

haberdoedas [klap om de oren] (19e eeuws) < **hd.** *hab' du das* [pak aan, dat is voor jou].

habiel [bekwaam] < **fr.** *habile* [idem] < **lat.** *habilis* [gemakkelijk te hanteren, handig], van *habēre* [houden, hebben, hanteren, behandelen], wel idg. verwant met ***hebben***.

habijt [geestelijk gewaad] **middelnl.** *(h)abijt* < **lat.** *habitus* [houding, uiterlijk, kleding], van *habēre* (verl. deelw. *habitum*) [houden, hebben], daarmee idg. verwant.

habiliteit [bekwaamheid] < **lat.** *habilitas* (2e nv. *habilitatis*) [geschiktheid], van *habilis* (vgl. ***habiel***).

habitat [geheel van milieufactoren] < **lat.** *habitat*, 3e pers. enk. van *habitare* [bewonen, dus hij of zij bewoont], *habitare* is frequentatief van *habēre* [hebben, bezitten, vasthouden], wel idg. verwant met ***hebben***.

habitué [regelmatige bezoeker] < **fr.** *habitué*, verl. deelw. van *habituer* [gewennen] < **me. lat.** *habituare* [idem], van *habitus* [houding, karakter, toestand], eig. verl. deelw. van *habēre* [houden, hebben], daarmee wel idg. verwant met ***hebben***.

habitus [uiterlijke gedaante] → ***habitué***.

hach[1] [gevaar] → ***hachelijk***.

hach[2] ['hach noch wach', geen kik] secundair gevormd om met een rijm het begrip *wach* te versterken, dat bij *wagen* hoort (vgl. ***gewagen***).

hachee [een gerecht] < **fr.** *haché* [gehakt], bn., eig. verl. deelw. van *hacher* [hakken, fijnsnijden], van *hache* [bijl], dat uit het germ. stamt, vgl. ***aks***.

hachelen [gulzig eten] < **jiddisch** *achelen* [eten], van **hebr.** *akàl* [eten].

hachelijk [gevaarlijk] (ca. 1600) afgeleid van **middelnl.** *hacht(e)* [hechtenis, gevangenis, gevaar, hachelijke omstandigheden], naast *hecht(e)* [hechtenis, gevangenis, macht], van *hachten, hechten* [vasthechten, gevangen nemen of houden].

hachje[1] [vermetele knaap] (1679), vgl. **fries** *hachje*, **middelhd.** *hache* [jonge man]; etymologie onzeker, mogelijk van **middelnl.** *hachte* [gevaar] (vgl. ***hachelijk***).

hachje² [leven, 'zijn hachje erbij inschieten'] verkleiningsvorm van *hacht* [brok, kerf], van eind 16e eeuws *hachten* [hakken]; de betekenis is dus: zijn brok vlees o.i.d., zijn levensonderhoud erbij inschieten.

haciënda [landgoed in Midden- en Zuid-Amerika] < **spaans** *hacienda* [landgoed] < **me. lat.** *fazenda, fazienda, facienda* [bebouwing van land, boerderij], het gerundivum mv. in klass. lat. van *facere* [doen], dus 'de dingen die gedaan moeten worden', idg. verwant met *doen*.

hadith [overlevering betreffende daden en uitspraken van Mohammed en zijn gezellen] < **ar.** ḥ *adīth* [verhaal, relaas], bij het ww. ḥ *adatha* [(in de tweede vorm) hij vertelde].

hadji, hadzji [pelgrim naar Mekka] < **ar.** ḥ *ājj* [pelgrim naar Mekka], van het ww. ḥ *ajja* [hij maakte de pelgrimstocht naar Mekka].

Hadramitisch [van Hadramaut] < **ar.** ḥ *aḍhramī* [Hadramiet], van *Ḥaḍramaut*, dat zou bestaan uit *ḥaḍhra* [aanwezigheid], van het ww. ḥ *aḍara* [hij was aanwezig, in de aanwezigheid van, bezocht] + *maut* [dood (zn.)], bij het ww. *māta* [hij stierf]; de naam van het land zou dus iets betekend hebben als 'aanwezigheid van de dood'.

haeresie [ketterij] **middelnl.** *heresie* → **heresie**.

haf [strandmeer] (19e eeuws) < **hd.** *Haff*, doch reeds **middelnl.** *haf* [zee, oceaan], **middelhd.** *haf*, **oudfries** *hef*, **oudeng.** *hœf* [zee], uit het noordgerm., vgl. **oudnoors** *haf*; behoort vermoedelijk bij *heffen*, d.w.z. het rijzen van het tij → *haven*, *Kopenhagen*.

hafnium [chemisch element] gevormd van *Hafnia*, de lat. naam van Kopenhagen (vgl. *Kopenhagen*) door de Nederlandse natuurkundige Dirk Coster (1889-1950) en de Hongaarse chemicus George de Hevesy (1885-1966), die het samen in Kopenhagen ontdekten.

haft¹ [bevestiging van bajonet] < **hd.** *Haft* [haak, gesp], van *haften* (vgl. *hechten*¹).

haft² [insekt] afgeleid van *hechten*¹, ouder *heften*; het dier hecht zich vast aan wat het het eerst tegenkomt.

hagedis [kruipend dier] **middelnl.** *egetisse, eg(g)edisse, hagetisse, haechdisse*, volksetymologisch beïnvloed door *hage, hegge* [haag, heg]; vgl. **oudsaksisch** *egithassa, ewidehsa*, **oudhd.** *egidehsa* (**hd.** *Eidechse*), **oudeng.** *apexe* (**eng.** *asp*); buiten het westgerm. komt het woord niet voor; mogelijk houdt het eerste lid verband met **gr.** *echis* [adder, slang] (vgl. *egel*).

hagel [ijskorrels als neerslag] **middelnl.** *hagel*, **oudsaksisch**, **oudhd.** *hagal*, **oudeng.** *hagol*, *hœg(el)* (**eng.** *hail*), **oudnoors** *hagl*; buiten het germ. **gr.** *kachlèx* [kiezel].

hagemeester [onbevoegd geneeskundige] voor het eerste lid vgl. *hagepreek*.

hagemunt, haagmunt [niet erkende munt] **middelnl.** *hagemunt* [slechte munt]; voor het eerste lid vgl. *hagepreek*.

hagepreek [predikatie in het open veld] (1566 *haagpredicant*), van **middelnl.** *hage(n)* [haag, bos van laag hout, van doornstruiken], vgl. de wending *ane haghe, op straten ende op velden* en *hagepo(o)rter* [buitenpoorter]; door de betekenisontwikkeling van heg tot door een haag omgeven land ontstond de nuance geheim.

hagerd, hagard, haggerd [getemde jachtvogel] evenals **eng.** *haggard* < **fr.** *faucon hagard*, (*faucon* [valk]), uit het germ., vgl. **hd.** *Hagart, Hagerfalk* en **middelnl.** *hagemuter, (muter* [jachtvogel die geruid heeft en dus minstens een jaar oud is]), eig. vogel die in de haag heeft geruid, wilde vogel.

hagiografen [deel der boeken van het O.T.] < **lat.** *hagiographa* < **gr.** *hagiographa (biblia)*, van *hagios* + *graphos*, verl. deelw. van *graphein* (vgl. *hagiografie*).

hagiografie [levensbeschrijving van heilige] gevormd van **gr.** *hagios* [heilig] + *graphein* [schrijven], idg. verwant met *kerven*.

hagioscoop [opening in wand van kerkkoor] gevormd van **gr.** *hagios* [heilig] + *skopein* [kijken naar], idg. verwant met *spieden*.

haik [sluier, vrouwenoverkleed] < **ar.** ḥ *ā'ik* [wever, in Marokko: een lichaam en hoofd bedekkend gewaad], bij het ww. ḥ *āka* [hij weefde, breide].

haiku [Japanse dichtvorm] van *hai* < **chinees** *p'ai* [amusement] + *ku* < **chinees** *chü* [zin, versregel].

Haïti [geogr.] < **taino** *ahiti, aiti* [berg, bergachtig].

hak¹ [haat, wrok] → *hekel*¹.

hak² [landbouwwerktuig] **middelnl.** *hac(ke)*, van het ww. *hakken*.

hak³ [hiel] **middelnl.** *hacke, hac* [hak, hiel], **middelnd.**, **fries** *hakke*, **hd.** *Hacke*, verwant met *haak*; vgl. **oudhd.** *hahsa*, **oudfries** *hoxene* [knieboog]; buiten het germ. **lat.** *coxa* [heup], **oudiers** *coss* [voet], **oudindisch** *kakṣā* [oksel].

haken [haken naar, verlangen] **middelnl.** *haken*; afgeleid van *haak*.

hakeweren [harrewarren] van het eerste lid van *hakketeren*, **middelnl.** *we(e)ren* [afweren, kanten tegen, vechten], ofwel een verbastering van *hakketeren*.

hakkebord [muziekinstrument] **middelnl.** *hack(e)bert, hack(e)bort, hack(e)bret*, van *hakken* (het aanslaan van de snaren met hamertjes) + *bord* [plank].

hakkelen [stamelen] (16e eeuws), frequentatief van *hakken*, **middelnl.** *hackelen* [uitsnijden, scheuren], *hackelinghe* [verwarring, verwardheid]; de betekenis stotteren is waarschijnlijk ontstaan uit in kleine mootjes blijven hakken.

hakken [houwen] **middelnl.** *hacken*, **oudhd.** *hacchon*, **oudfries** *hackia*, **oudeng.** -*haccian* (alleen in samenstellingen). Zonder directe verwanten buiten het germ. → *haak*.

hakkenei [telganger] **middelnl.** *hackeneie* < **fr.** *haquenée* [telganger] < **eng.** *hackney* [huurpaard, huurrijtuig], genoemd naar *Hackney* in Middlesex, een om zijn paarden beroemde plaats.

hakkepoffen [geluid van binnenvaartuig] klanknabootsende vorming, waarvoor *hakkelen, ploffen, puffen* wel het materiaal hebben geboden.

hakketeren [krakelen, vitten] van **middelnl.** *a(c)ket* [slimme vondst, bedrieglijke kunstgreep] < **oudfr.** *agait* [het bespieden, hinderlaag, list], van *agaiter* [bespieden, opwachten], *gaitier* [bespieden, op zijn tellen passen, waken over], uit het germ., vgl. **middelnl.** *wachten* [bewaken].

haktakken, hakketakken [vitten] vermoedelijk een aan *hakken* gevormde aanpassing van *hakketeren,* door degenen die dit laatste woord niet begrepen.

hal[1] [ruimte] **middelnl.** *halle* [overdekte markt, hal], **oudsaksisch** *halla* [zaal], **oudhd.** *halla* [tempel], **oudeng.** *heall* [zaal, paleis], **oudnoors** *hǫll* [paleis], **gotisch** *hulundi* [grot]; buiten het germ. **lat.** *cella* [vertrek], **gr.** *kalia* [hut], **oudiers** *cuile* [kelder], **oudindisch** *śālā* [gebouw, huis]; verwant met ***helen***[2], **gr.** *kaluptein;* de grondbetekenis is 'verbergen'.

hal[2] [hardbevroren grond] (1642) *hel,* **oudhd.** *hali* [glad], **oudeng.** *hal-stan* [kristal], **oudnoors** *hall* [glad]; buiten het germ. **litouws** *šalti* [vriezen], **oudkerkslavisch** *slana* [rijp], **oudindisch** *śiśira-* [koud, rijp, koude, koude jaargetijde (midden januari tot midden maart)].

halatie [het optreden van halo's] op onregelmatige manier gevormd van *halo.*

halcyoon [ijsvogel] < **gr.** *alkuōn* [idem], waarbij *-uōn* een voor dierenamen gebruikelijk achtervoegsel is, idg. verwant met **alk** [eveneens een zeevogel]; de *h* is te wijten aan verwarring met **gr.** *hals* [zee].

halen [(bij zich) brengen, bemachtigen] **middelnl.** *halen,* **oudsaksisch, oudhd.** *halon,* **oudfries** *halia,* **oudeng.** *geholian,* **middeleng.** *halen* (**eng.** *to hale, to haul*); niet bekend buiten het germ., waardoor de etymologische verklaring onzeker blijft.

half [de helft] **middelnl., oudsaksisch, oudfries** *half,* **oudhd.** *halp,* **oudeng.** *healf,* **oudnoors** *halfr,* **gotisch** *halbs,* van een idg. basis met de betekenis 'splijten', vgl. **oudindisch** *kalpayati* [hij deelt toe]; verwant is een groep met voorgevoegde *s,* b.v. *schelp, schelf, schilfer.*

halfagras [steppegras, esparto] < **ar.** *ḥalfā', ḥalfa* [alfa, esparto].

halfblanksheer [die zich als heer voordoet] eig. iem. die maar een halve blank, d.w.z. drie duiten, te verteren heeft (vgl. ***blank***[2]).

halfcast [halfbloed] < **eng.** *halfcast,* waarin *cast* de betekenis van 'tint, kleur' heeft.

halfscheid [helft] **middelnl.** *halfscheide, helfscheide,* van ***half*** + *scheide* [plaats waar een voorwerp zich in tweeën deelt] (vgl. ***scheiden***).

halitose [slechte adem] gevormd van **lat.** *halitus* [adem, uitwaseming] + *-osis,* achtervoegsel dat zn. afleidt.

hallali, halali [jagerskreet] < **fr.** *hallali* [idem], samenstelling van *hale,* nevenvorm van *hare* [een jagerskreet om de honden op te hitsen] + *à lui* [er opaf].

hallel [lofzang] < **hebr.** *hallēl* [idem], van het ww. *hillēl* [hij loofde], vgl. **ar.** *halla* [hij jubelde], **akkadisch** *alālu* [schreeuwen van vreugde] (vgl. ***halleluja***).

halleluja, alleluja [lofkreet] < **hebr.** *hallelū jāh* [looft God], *hallelū,* gebiedende wijs 2e pers. mv. van *hillēl* [hij loofde] (vgl. ***hallel***), *jāh,* verkorte vorm van *Jehovah* [God].

hallo [uitroep, groet] **hd.** *halloh,* **eng.** *halloo,* vermoedelijk uit het eng., van *to halloo* [honden ophitsen], naast *to hallow,* **oudeng.** *hallowen* < **oudfr.** *halloer;* klanknabootsend gevormd.

hallucinatie [zinsbegoocheling] < **fr.** *hallucination* [idem] < **lat.** *(h)alucinatio* [geleuter], van *(h)alucinari* (verl. deelw. *(h)alucinatum)* (vgl. ***hallucineren***).

hallucineren [begoochelen] < **fr.** *halluciner* [idem] < **lat.** *(h)alucinari* [bazelen, doorslaan, dromen], gevormd naar **gr.** *aluein* [opgewonden of doelloos heen en weer lopen].

halm [stengel van gewas] **middelnl., oudsaksisch, oudhd.** *halm,* **oudeng.** *healm* [halm], **oudnoors** *halmr* [halm, stro]; buiten het germ. **lat.** *culmus* [stro, halm], **gr.** *kalamè* [stro, halm].

halma [bordspel] < **amerikaans-eng.** *halma* < **gr.** *halma* [sprong], van *hallesthai* [springen], verwant met **lat.** *salire* [idem] (vgl. ***halter***).

halmer [grensslootje] **middelnl.** *halmer,* van *halmen* [plechtig afstand doen van vooral onroerend goed], van *halm;* bij overdracht van b.v. landerijen werd een halm weggeworpen of overhandigd.

halo [lichtende kring ergens omheen] < **fr.** *halo* < **lat.** *halos* < **gr.** *halōs* [rand om het schild, kring om de maan en andere hemellichamen].

halochromie [kleuring van een verbinding] gevormd van ***halo*** + **gr.** *chrōma* [huid, huidkleur, kleur].

halofyt [plant op zoute grond] gevormd van **gr.** *hals* (2e nv. *halos*) [(vr.) zee, (m.) zout] + *phuton* [plant], idg. verwant met ***bouwen***[1].

halogeen [m.b.t. de elementen van de 7e groep] gevormd door de Zweedse chemicus Jöns Jakob Berzelius (1779-1848) van **gr.** *hals* (2e nv. *halos*) [zout] + *gennan* [voortbrengen]; de betreffende elementen verbinden zich direct met metalen tot zouten.

hals [keel] **middelnl., oudsaksisch, oudhd., oudnoors, gotisch** *hals,* **oudeng.** *heals;* buiten het germ. **lat.** *collum* [hals], **iers** *coll* [hoofd], **litouws** *kaklas* [nek], **lets** *kakls* [nek], vermoedelijk ook **lat.** *celsus* [hoog].

halster [leidsel] **middelnl.** o.m. *halfter, helfter, halfster, helfster, halster,* **oudnederfrankisch** *heliftra,* **oudsaksisch** *haliftra,* **oudhd.** *halftra* (**hd.** *Halfter*), **oudeng.** *hælftre* (**eng.** *halter*), van een woord **middelnl.** *helve* [steel] → ***helm***[2].

halt — hangen

halt [stop] < hd. *halt*, gebiedende wijs van *halten* [stilhouden] (vgl. *houden*).

halte [stopplaats] < fr. *halte* < hd. *halt* (vgl. *halt*).

halter [staaf met kogels aan uiteinden] (19e eeuws) < laat-lat. *halter* < gr. *haltèr* [gewicht gebruikt bij het springen], van *hallesthai* (vgl. *halma*).

-halve [kant, zijde] alleen nog in samenstellingen, een naamval van **middelnl.** *halve, half, alve, alf* [zijde, richting, streek], van *-halven* [van de kant van], **oudsaksisch** *halba*, **oudhd.** *halba*, **oudfries** *halve*, **oudeng.** *healf*, **oudnoors** *halfa*, **gotisch** *halba* → *half*.

halzen [voor de wind (doen) wenden] van *hals* [hoek van grootzeil waar voorlijk en onderlijk elkaar ontmoeten], overdrachtelijk gebruik van *hals* [nek].

ham[1] [achterbout van varken] **middelnl.** *hamme*, **oudhd.** *ham(m)a* [achterschenkel, kniesschijf], **oudeng.** *hamma*, **oudnoors** *hom* [schenkel]; buiten het germ. **lat.** *camur* [gebogen], **gr.** *knèmè* [scheen, kuit], **oudiers** *camm* [gebogen], *cnaim* [bot] (mogelijk) **oudindisch** *kmarati* [hij is gebogen].

ham[2] [aangeslibd land] → *hem*.

hamadryade [boomnimf] < gr. *hamadruas* (2e nv. *hamadruados*), van *hama* [samen met] + *druas* [boomnimf], van *drus* [boom] (vgl. *druïde*), dus nimf die onafscheidelijk is van haar boom (vgl. *druïde*).

hamamelis [toverhazelaar] < gr. *hamamèlis* [vermoedelijk kweepeer], van *hama* [samen met] + *mèlon* [appel, fruit] (vgl. *meloen*).

hamei [slagboom] **middelnl.** *(h)ameide, hameede, hameye* [slagboom, grendel, afgesloten ruimte] < **oudfr.** *hamede*, dat wel uit het germ. stamt, vgl. **middelnl.** *(h)emmen* [belemmeren, niet verder kunnen].

hamel[1] [insekt] nevenvorm van *emelt*.

hamel[2] [gesneden ram] **middelnl., middelnd.** *hamel*, **oudhd.** *hammal* (hd. *Hammel*), eig. een bn.: **oudhd.** *hamal*, **oudeng.** *homol* [verminkt]; buiten het germ. **lat.** *capo* [kapoen], **gr.** *koptein* [slaan, afhakken], **litouws** *kapoti* [klein hakken], **oudkerkslavisch** *kopati* [graven, hakken] (vgl. *kapoen*).

hamer [werktuig] **middelnl.** *hamer*, **oudsaksisch, oudhd.** *hamar*, **oudfries** *homer*, **oudeng.** *homor*, **oudnoors** *hamarr* [hamer, steen, rots]; vermoedelijk buiten het germ. **gr.** *akmōn* [aambeeld (van steen)], **oudkerkslavisch** *kamy*, **litouws** *akmuo* [steen], **oudindisch** *aśman-* [steen, rots]; vgl. *mes* en *zaag* voor een parallelle betekenisontwikkeling.

Hamieten [mensenras] beschouwd als afstammelingen van *Ham*, zoon van Noach.

hammondorgel [muziekinstrument] genoemd naar de Amerikaanse uitvinder van elektronische instrumenten Laurens Hammond (1895-1973).

hamster [knaagdier] eerst bij Kiliaan (1599) *ham(e)ster*, **oudhd.** *hamistro, hamastro*; waarschijnlijk ontleend aan een slavische taal, vgl. **russ.-kerkslavisch** *choměstorŭ* (**russ.** *chomjak*) [hamster]; waarschijnlijk uit het iraans, vgl. **avestisch** *hamaēstar-* [vijand, die omwerpt].

hamvraag [voornaamste kwestie] oorspr. vraag waarmee men in de radioquiz *Mastklimmen* van de NCRV een ham kon verdienen.

han [herberg voor karavanen] < **turks** *han* < **perzisch** *khāneh* [huis].

hand [lichaamsdeel aan uiteinde van arm] **middelnl., oudnederfrankisch, oudhd.** *hant*, **oudsaksisch** *hand*, **oudfries, oudeng., oudnoors** *hond*, **gotisch** *handus*, verwant met **oudeng.** *hentan* [trachten te pakken], **oudnoors** *henda* [grijpen]; hand betekent dus 'grijper', evenals het **gr.** *cheir*; buiten het germ. zijn geen verwanten gevonden.

handekenskruid [plant] zo genoemd naar de handvormige knollen.

handel [kopen en verkopen] **middelnl.** *handel* [behandeling, het handelen over iets], *handelinge* [behandeling, onderhandeling, handel], van *handelen*.

handelen [doen, behandelen, handel drijven] **middelnl.** *handelen* [in de hand nemen, behandelen, verrichten, handelen, te werk gaan], **oudsaksisch** *handlon* [bevoelen, behandelen], *hantalon* [aanraken, zijn krachten richten op], **oudfries** *hondelia* [behandelen], **oudeng.** *hondlian* [met de hand behandelen], **oudnoors** *handla, hondla* [aanraken, behandelen], van *hand*.

handhaven [in stand houden] **middelnl.** *hant(h)aven* [de hand slaan aan, vermoedelijk ook: tot handvat maken], *hanthave* [handvatsel, heft], (*have* [in oostmiddelnl. hebben]), vermoedelijk < **middelhd.** *hanthaben* [vastpakken, beschermen]; vgl. **middelnl.** *hantholden, hanthouden* [handhaven].

handicap [belemmering, gebrek] (ca. 1910) < **eng.** *handicap*, van *hand in cap* [oorspr. een gokspelletje waarbij het geld van de inzet in de hand in een pet werd gehouden].

handvest [stuk met rechtsbeginselen] **middelnl.** *handvest(e)* [eigenhandige bevestiging van een oorkonde, ondertekende akte], van *hand* + *vast*.

hanebollen, hanebolten [lisdodde] van *haan* + *-bollen*, geassimileerd uit *-bolten*, van *bolt* [hout], zo genoemd vanwege de vormovereenkomst.

hanetred, hanetree [kiemblaasje in ei] → *treedsel*.

hangar, hangaar [overdekte bergplaats] < fr. *hangar* [wagenschuur, loods, afdak] < **me. lat.** *hangar, angarium, angari* [postdienst, transportdienst, paardenwisseling, reiswagen, kar, welke dienstverlening dan ook] < **gr.** *aggaros* [renbode, postbode], *aggareia* [expressedienst van de post], *aggèrion* [de inrichting van de postdienst bij de Perzen], nevenvorm van *aggelos* (vgl. *engel*).

hangen [aan bovenkant bevestigd door eigen zwaarte neerwaarts gehouden worden]

middelnl. oorspr. *haen, hinc, gehangen,* waarna o.i.v. het verl. deelw. de onbepaalde wijs *hangen* werd, vgl. **oudhd.** *hahan,* **oudeng.** *hon* [hangen], **gotisch** *hahan* [doen hangen]; ernaast stond het zwak vervoegde **oudhd.** *hangen,* **oudeng.** *hongian* met causatief **middelnl.** *hengen, hingen* [gehengen, dulden]; buiten het germ. zijn verwant **lat.** *cunctari* [aarzelen], **hettitisch** *gank-* [hangen], **oudindisch** *śankate* [hij aarzelt].

hangmat [hangend net om in te liggen] (1659) < **spaans** *hamaca* < **fr.** *hamac,* overgenomen uit het Caribisch gebied: **taino** *amaca* [idem]; volksetymologie is verantwoordelijk voor de nl. vorm.

hank, hanke [doodlopende rivierarm, kreek] **middelnl.** *hanck* [brede sloot met lopend water], hetzelfde woord als *hanke, hanc* [heup, schenkel] (vgl. *schenkel,* met anlauts s); de basisbetekenis is 'scheef, schuin'.

hankeren variant van *hunkeren.*

hanne [sukkel] **middelnl.** *hanne, hannen, hannin* [Jan, sukkel, onnozele hals].

hannekemaaier [Westfaling die in hooitijd in Nederland kwam werken, lompe kerel] (ca. 1710) < **nd.** *hankemeier,* van *hanke* [Hanneke], van *Johannes,* een vroeger gebruikelijke benaming voor een boerenarbeider →*jacquerie, sjakes.*

hanneman [Gelderse zoete appel] genoemd naar een Gelderse boerderij.

hannes [sul] → *hanne.*

hannesen [knoeien] (19e eeuws), eig. zich gedragen als een *hannes.*

hannik [lummel] van *hanne.*

Hansje in de kelder [likeur] geschonken in de 7e maand van de zwangerschap, bij de bekendmaking van de komende geboorte, gedronken uit een speciaal glas, waaruit een poppetje sprong als men het aan de lippen zette.

hansom [tweewielig rijtuigje] < **eng.** *hansom,* genoemd naar de uitvinder ervan, de Engelse architect *Joseph Aloysius Hansom* (1803-1882).

hansop [wijd kledingstuk, m.n. als nachtkleding] (1639) *hansop* als naam van een toneelfiguur, eig. het kostuum van de potsenmaker *Hanssop* [Jean Potage].

hansworst [potsenmaker] (1732) < **nd.** *Hans Worst* of **hd.** *Hans Wurst,* vgl. *Jack Pudding* en *Jean Potage.*

hanteren [omgaan met] **middelnl.** *hanteren* [omgang hebben met, omgaan met, bedrijven], o.i.v. *hand* < **fr.** *hanter,* dat in de 12e eeuw ook nog 'wonen' betekende, uit het germ., vgl. *heim, heem*².

hanukha → *Chanoeka.*

Hanze [koopmansgilde] **middelnl.** *(h)anse, hense* [gilde, koopmansgilde, entreegeld van een gilde], **oudhd.** *hansa* [schare van krijgslieden], **oudeng.** *hos* [gevolg, schare], **gotisch** *hansa* [schare, menigte] (**me. lat.** *hansa* [handelsbelasting]); de etymologie is onzeker, ondanks diverse speculatieve pogingen → *Drente, Twente.*

haperen [blijven steken, mankeren] **middelnl.** *haperen* [stotteren, onenigheid hebben], vgl. **deens** *happe* [stotteren]; vermoedelijk gevormd van *happen.*

haplologie [weglating van een lettergreep] gevormd van **gr.** *haploös* (veelal *haplous*) [éénvoudig, niet dubbel] + *logos* [het gesproken of opgeschreven woord, vermelding].

happe [hakbijl] **middelnl.** *happe* [hakbijl, snoeimes] < **oudfr.** *happe* [kram], van germ. herkomst en stellig klanknabootsend, moeilijk los te denken van *happen,* hoewel dit laatste een jonge vorming lijkt te zijn.

happen [bijten] eerst uit eind 16e eeuw bekend, vgl. **nd.** *happen,* **fries** *happe;* vermoedelijk jonge klanknabootsende vorming.

happening [manifestatie] < **eng.** *happening* [gebeurtenis, manifestatie], van *to happen* [gebeuren], van *hap* (vgl. *happy*).

happy [gelukkig] < **eng.** *happy,* van *hap* [geluk], **middeleng.** *hap(pe),* **middelnl.** *mishappe* [ongeluk], **oudnoors** *happ* [geluk], **noors** *happ* [misschien]; buiten het germ. **oudkerkslavisch** *kobĭ* [vogelwichelarij], **oudiers** *cobi* [overwinning].

hapschaar [diender] < **fr.** *happe-chair* [idem], van *happer* [vastpakken] + *chair* [vlees] < **lat.** *caro* [idem] (vgl. *carnaval, carnivoor*).

hapsnap [onregelmatig] eig. met een *hap* en een *snap,* twee synoniemen.

haptisch [m.b.t. de tastzin] < **gr.** *haptikos* [met fijne tastzin, tot de tastzin behorend], van *haptesthai* [met iets in contact komen, aanraken] (vgl. *abside, apsis*).

haptonomie [de wetenschap der affectiviteit] gevormd van **gr.** *haptein* [vasthechten, wederkerig gebruikt: aanraken] (vgl. *haptisch*) + *-nomie* (vgl. *economie*).

har, harre [scharnier] **middelnl.** *harre, herre* [har, scharnier, spleet], **oudhd.** *scerdo* [scharnier], **oudeng.** *heorr, hior,* **oudnoors** *hjarri* [scharnier]; buiten het germ. **lat.** *cardo* [deurspil], **gr.** *kradè* [het heen en weer zwaaiend eind van een tak], **oudiers** *fo-cherdaim* [ik werp].

harakiri [zelfmoord] < **japans** *harakiri,* van *hara* [buik] + *kiri,* een vorm van het ww. *kiru* [snijden].

harangueren [een toespraak houden] < **fr.** *haranguer,* van *harangue* [toespraak], **me. lat.** *haranga, arenga,* wel uit het frankisch, vgl. **nl.** *heir* [leger] + *ring, kring,* dus met de grondbetekenis 'toespraak tot de verzamelde troepen'.

harasseren [afmatten] < **fr.** *harasser* [idem] < **oudfr.** *harer* [de honden en achterheen zetten], van **frankisch** *hari* [leger] (**nl.** *heir*), waaruit **me. lat.** de verkleiningsvorm *harella* [kleine militaire expeditie, oproer, relletje].

harceleren [verontrusten, afmatten] < **fr.** *harceler* < *herceler, herseler,* van *herser,* van *herse* [eg] < **lat.** *(h)irpex* [idem].

hard [moeilijk samen te drukken, te verbrijzelen, te buigen, luid, meedogenloos] **middelnl.** *hart,* oud-

hardboard — harst

nederfrankisch, oudsaksisch *hard,* **oudhd.** *hart,* **oudfries** (bijw.) *herde,* **oudeng.** *heard,* **oudnoors** *harðr,* **gotisch** *hardus;* buiten het germ. **gr.** *kratus* [sterk], *kartos, kratos* [kracht].

hardboard [houtvezelplaat] < **eng.** *hardboard,* van *hard* [hard] + *board* (vgl. **board**).

harder[1] [tobber] eig. die moet *harden* [lijden].

harder[2] [vis] **middelnl.** *harder, (h)erder, eerder,* **oudeng.** *heardhara, heardra,* van *hard* [hard] + *hara,* dat wel verwant is met **noors** *harr* [een soort zalm], van een idg. basis met de betekenis 'zwart', vgl. **oudindisch** *kṛṣṇa-* (de naam *Krishna* betekent de Zwarte).

hardvochtig [ongevoelig] oorspr. een medische term, gebaseerd op de middeleeuwse theorie van de vochten, humeuren, in het lichaam, die een juiste mengverhouding dienden te hebben.

harem [vrouwenverblijf, vrouwen en bijzitten van een mohammedaan] < **ar.** *ḥarīm* [heilig, verboden], bij het ww. *ḥaruma, ḥarima* [het was verboden] → **harmattan, hormat, maraan**.

haren [een zeis scherpen] **middelnl.** *haren,* **fries** *harje,* verwant met **hd.** *herb* [scherp].

harig [mistig] van *haar* [scherpe, droge wind], **middelnl.** *hare,* van **haren;** de betekenisontwikkeling liep van droog van de wind, via onhelder naar nevelig.

haring [zeevis] **middelnl.** *harinc, heering,* **oudsaksisch** *hering,* **middelnd.** *harink, hering,* **oudhd.** *harinc, herinc,* **oudeng.** *hœring;* van deze alleen westgerm. woorden zijn geen verdere verwanten gevonden, maar dat het een oud woord is blijkt uit de latinisering *aringius* uit de 3e eeuw.

haringbuis [schip voor haringvangst] van *haring* + *buis*[1].

hark [tuingereedschap] **middelnl.** *harke,* **middelnd.** *harke, herke,* **oudnoors** *hark* [lawaai], *harka,* dat kracht voortsleuren over], **oudhd.** *rahhison* [rochelen], **oudindisch** *kharjati* [hij knarst]; uitgangspunt is wel een klanknabootsende vorming.

harlekijn [hanswoorst] (1653) < **fr.** *harlequin,* thans *arlequin* [een toneelfiguur], ontleend aan **it.** *arlecchino,* dat zelf < **fr.** *harlequin* komt; de oudste fr. vormen waren *Hellequin, Herlequin, Hierlekin, Hennequin* [dat is een naam van een duivel], vgl. **oudhd.** *hella kunni,* **oudeng.** *helle cyn* [duivelsgebroed], *(helle* [hel], *kunne* [geslacht]); in veel middeleeuws toneel speelden hel en duivels een belangrijke rol, vgl. **oudfr.** *manteau herlequin* [voorhang van de ingang van de hel op het toneel].

harmattan [verschroeiende Westafrikaanse wind] < **spaans** *harmatán* < **fanti** *haramata* [idem] < **ar.** *ḥarām* [verboden, zondig, vervloekt], bij het ww. *ḥaruma, ḥarima* [het was verboden] → **harem, hormat, maraan**.

harmel [hermelijn] **middelnl.** *hermel, harmel, harmal, hermal* → **hermelijn**.

harmonie [eendracht] < **fr.** *harmonie* < **lat.** *harmonia* [overeenstemming] < **gr.** *harmonia* [samenvoeging van planken (zwaluwstaarten), overeenkomst, wereldorde, harmonie (ook van klanken)], verwant met *armos* [gewricht, schouder], idg. verwant met **arm**[1].

harmonika [muziekinstrument] door de uitvinder ervan, de Amerikaanse staatsman, filosoof en natuurkundige Benjamin Franklin (1706-1790) *armonika* gedoopt < **gr.** *harmonikos* [van de harmonie] (vgl. **harmonie**).

harmonium [kamerorgel] het woord werd bedacht door de Franse orgelbouwer Alexandre Debain, die in 1840 het eerste echte harmonium bouwde; hij baseerde zich op **lat.** *harmonia* [harmonie].

harnachement [paardetuig] < **fr.** *harnachement,* afgeleid van *harnais* [harnas].

harnas [wapenrusting] **middelnl.** *harnas(ch), hernas(ch), harnes, hernes* [uitrusting, benodigdheden, wapenrusting] < **oudfr.** *harnasc, harnais, harneis,* uit het germ., vgl. voor het eerste deel **heer**[2], *heir* en **middelnl.** *neren* [voeden, onderhouden, nering doen], voor welke laatste vgl. **generen**[2]; de betekenis is dus: uitrustingsstuk voor het leger.

harp [snareninstrument] **middelnl.** *haerpe, harp(e),* **oudsaksisch** *harpa,* **oudhd.** *harfa,* **oudeng.** *hearpe,* **oudnoors** *harpa,* waarvan wordt vermoed, dat het hetzelfde woord is als **nl. dial.** *harp,* **oudnoors** *harpe* [zeef].

harpij [godin als roofvogel met meisjesgezicht en klauwen] < **fr.** *harpie* < **lat.** *harpyia* < **gr.** *harpuia* [idem], van *harpazein* [wegrukken, roven, snel grijpen], idg. verwant met o.m. **eng.** *to rape* [gewelddadig ontvoeren, verkrachten].

harpluis [breeuwsel] van *harrel* + *pluis*[1].

harpoen [geweerhaakt werptuig] **middelnl.** *harpoen* < **fr.** *harpon* [ijzeren haak], van *harpe* [klauw], een uit het germ. stammend woord van dezelfde basis als *harp*.

harpuis [mengsel tegen houtworm] **middelnl.** *harpois, herpois, harpuis, herpuis* < **oudfr.** *harpoix,* uit het germ., vgl. **hars**[1] + *poix* [pek].

harrel [hennepvezel] (1654), vgl. **middeleng.** *herle,* **middelnd.** *herle, harle,* van **oudhd.** *haro,* **oudfries** *her,* **oudnoors** *hǫrr* [vlas]; misschien verwant met **lat.** *car(r)ere* [kaarden], **litouws** *karšti* [kammen]; vgl. het eerste lid van **harpluis**.

harrewarren [krakelen] (1676), reduplicatievorm van *warren,* als *hassebassen* bij *bassen*.

harrier [jachthond] < **eng.** *harrier* [voor de hazejacht gefokt], van *hare* [haas].

harring [metalen ring om de nok van de achterhar van een sluisdeur] van *har*.

hars[1] [kleverige stof uit naaldbomen] < **hd.** *Harz,* **oudhd.** *harz(oh),* **middelnd., oudsaksisch** *hart,* maar niet in andere germ. talen; etymologie onzeker, misschien te verbinden met **gr.** *kardopos* [deegtrog], **oudindisch** *kardama-* [modder].

hars[2] [vis] nevenvorm van **hors**[1].

harst[1] [stuk gebraden vlees] **middelnl.** *(h)arst,*

herst [rugstuk van een geslacht dier], *harsten, hersten* [gloeiend maken, braden], **oudsaksisch** *harst(a)* [stellage], **oudhd.** *harst(a)* [rooster], **middelnl., oudhd.** *harsten, oudeng. hierstan* [roosteren], verwant met ***haard***[1].

harst[2] [verijsd sneeuwlaagje] in enkele Zwitserse dialecten, o.a. in Graubünden de variant van **hd.** *Harsch* [roofje], *sich verharschen, sich verharsten* (uitgesproken -sch-, geschreven -st-) [verkorsten van een wond], van dezelfde basis als ***krassen***.

hart [spier die bloedsomloop regelt] **middelnl.** *herte, harte,* **oudnederfrankisch** *herta,* **oudsaksisch** *hertu,* **oudhd.** *herza,* **oudfries** *herte, hirte,* **oudeng.** *heorte,* **oudnoors** *hjarta,* **gotisch** *hairto;* buiten het germ. **lat.** *cor* (2e nv. *cordis*), **gr.** *kardia,* **oudkerkslavisch** *srŭdĭce,* **oudiers** *cride.*

hartebeest [antilope] van *hart,* nevenvorm van *hert.*

Hartjesdag [eerste maandag na 15 augustus] etymologie onbekend.

hartstocht [passie] voor het tweede lid vgl. ***tocht*** in de betekenis 'trekken'.

hartsvanger [jachtmes] < **hd.** *Hirschfänger* [hertevanger].

haruspex [priester die uit ingewanden voorspelt] < **lat.** *haruspex,* van *haru-* [ingewand], vermoedelijk etruskisch (vgl. ***hernia***) + *spex,* van *specere* [zien, kijken], idg. verwant met ***spieden***.

hasjiesj, haschisch [bedwelmend genotmiddel] < **ar.** *ḥashīsh* [(collectief) gras, kruiden, hooi, hasjiesj].

haspel [toestel om garen op te winden] **middelnl.** *hasp(e)* [kram, sluithaak, streng garen, garenwinder]; daaruit ook **middelnl.** *haspel* [hengsel, haak, haspel]; vgl. **oudsaksisch** *hespa,* **oudhd.** *haspa* [streng garen, haak], **oudeng.** *hæsp* [streng garen, haak], **oudnoors** *hespa* [deurhengsel]; vermoedelijk verwant met **litouws** *kabė* [haak].

hassebassen [kibbelen] reduplicatievorm van ***bassen***, vgl. *kissebissen, harrewarren.*

Hasselt [geogr.] zowel de Belgische als de Nederlandse plaatsnaam van ***hazelaar***.

haten [sterke afkeer voelen] **middelnl.** *haten,* **oudnederfrankisch, oudsaksisch** *haton,* **oudhd.** *hazzen, hazzon,* **oudfries, oudeng.** *hatia,* **oudnoors** *hata* [haten, vervolgen], naast **oudsaksisch** *hettian* [haten, vervolgen], **oudhd.** *hezzen,* **oudeng.** *hettan* [vervolgen], **gotisch** *hatjan* [haten, vervolgen]; buiten het germ. **gr.** *kèdein* [kwellen, beroven], **avestisch** *sādra* [ongeluk], **iers** *cais* [haat].

hatsjie [geluid van het niezen] klanknabootsend.

hattrick [het maken van drie doelpunten achter elkaar] < **eng.** *hattrick,* van *hat* [hoed] + *trick* [kunstje], zo genoemd omdat de prestatie oorspr. werd beloond met een hoed.

hauk → ***havik***.

hausse [het rijzen van prijzen, opleving] < **fr.** *hausse,* van *hausser* [verhogen] < **vulg. lat.** *altiare,* van *altus* [hoog]; in het fr. trad invloed op van **germ.** *hoog.*

haustorium [zuigorganen van parasitaire plant] gevormd van **lat.** *haustor* [drinker], *haustus* [het putten, inademen, dronk], *haurire* (verl. deelw. *haustum*) [putten, ontlenen, in zich opnemen].

hautain [hooghartig] < **fr.** *hautain,* van *haut* < **lat.** *altus* [hoog]; gevormd o.i.v. **germ.** *hoog.*

hauw [type vrucht] **middelnl.** *hauw, haeuw* [peul van peulvrucht], etymologie onbekend.

havanna [sigaar] genoemd naar de plaats van herkomst *Havanna* op Cuba.

have [bezit] **middelnl., middelnd.** *have,* **oudhd.** *haba,* **oudfries** *have, heve,* afgeleid van ***hebben***.

havelock [overjas] genoemd naar de Engelse generaal *Sir Henry Havelock* (1795-1857).

haveloos [armoedig] **middelnl.** *haveloos* [zonder geld en goed, arm, schamel], van ***have*** + *-loos*[2]; de huidige betekenis o.i.v. *havenen, gehavend.*

haveluinig → *aveluinig.*

haven [ligplaats voor schepen] **middelnl.** *have, haven(e),* **middelnd.** *havene,* **oudeng.** *hæfen(e),* **oudnoors** *hǫfn,* vermoedelijk verwant met *heffen* (vgl. ***haf***).

havenen [beschadigen] **middelnl.** *havenen* [met zorg behandelen, verzorgen, van het nodige voorzien, herstellen], **middelnd.** *havenen* [schoonmaken], **oudfries** *havenia* [zorgen voor], **oudeng.** *hafenian* [grijpen], **oudhd.** (met umlaut) *hebinon* [behandelen], afgeleid van ***hebben***; voor de betekenisovergang naar beschadigen vgl. de parallel *toetakelen.*

haver[1] [korensoort] **middelnl.** *haver(e),* **oudsaksisch** *haboro,* **oudhd.** *haboro,* **oudnoors** *hafri;* etymologie onzeker, mogelijk verwant met **lat.** *caproneae* [haren die op het voorhoofd vallen], in welk geval de haver naar de stekelige haren zou zijn genoemd.

haver[2] ['van haver tot gort', geheel en al] oorspr. luidde de uitdrukking *van haver tot haver,* d.w.z. *van avere tot avere* [van voorouder tot voorouder]; toen de betekenis verloren was gegaan, is de variant met *gort* opgekomen. Afgeleid van ***af***.

haverij → *averij.*

havezaat, havezate [ridderhofstede] oostelijke vorm naast **middelnl.** *hovesate* [hofstede], van *hof* + *sate,* van *zitten;* vgl. voor de betekenis ***state*** en *hofstede.*

havik [roofvogel] **middelnl.** *havic, havec(k),* **oudsaksisch** *habuc,* **oudhd.** *habuh* (**hd.** *Habicht*), **oudfries** *hauk,* **oudeng.** *heafoc* (**eng.** *hawk*), **oudnoors** *haukr;* mogelijk van dezelfde basis als ***hebben***; de betekenis is dan 'de vogel die weggepakt'; er is dan een parallel met de lat. benaming *accipiter,* van *capere* [wegnemen, pakken], idg. verwant met ***heffen***.

Hawaï [geogr.] waarin de naam *Hawaiki,* volgens de traditie het stamland der Polynesiërs.

hazard — heemst

hazard [kans, geluk] **middelnl.** *hasaert* [kans, worp op goed geluk] < **fr.** *hasard* [idem], van **ar.** *yasara* [hij speelde hazardspel].

hazelaar [struik] **middelnl.** *hasel*, **oudhd.** *hasala*, **oudeng.** *hæs(e)l*, **oudnoors** *hasl*; buiten het germ. **lat.** *corylus*, **oudiers**, **welsh** *coll* [idem].

hazelworm [hagedis] van *hazelaar* + *worm*.

hazepeper [gerecht van hazevlees] voor het tweede lid vgl. **fr.** *poivrade* [pepersaus], **hd.** *Pfefferbrühe* [idem].

hazewind → *windhond*.

H-bom [waterstofbom] *H* van *hydrogenium*.

heat [manche] < **eng.** *heat* [hitte, intensiteit, één uit een serie krachtsinspanningen].

heautoscopie [het zichzelf van buitenaf waarnemen] gevormd van **gr.** *heautou* [van hem zelf] + *skopein* [kijken naar], idg. verwant met *spieden*.

hebben [bezitten, hulpwerkwoord] **middelnl.** *hebben*, **oudnederfrankisch** *hebon*, **oudsaksisch** *hebbian*, **oudfries** *hebba*, **oudeng.** *habban*, **oudhd.** *haben*, **oudnoors** *hafa*, **gotisch** *haban*; op klankwettig niet geheel heldere wijze verwant met **lat.** *habēre* [hebben], **welsh** *cafael* [krijgen]; verwant ook met *heffen*.

hebe [schenkster] naar **gr.** *Hèbè* [schenkster der goden en godin van de jeugd], *hèbè* [jeugd] → *efebe*.

hebraïcus [kenner van het Hebreeuws] < **lat.** *Hebraicus* [Hebreeuws] < **gr.** *Hebraikos*, van *Hebraios* [Hebreeër].

Hebreeër [Israëliet] < **lat.** *Hebraeus*, **gr.** *Hebraios* < **aramees** *'ibray*, *'ebhray* < **hebr.** *'ibrī* [Hebreeër, lett. iem. van de overkant (d.w.z. van de rivier)], van *'ēber* [overkant], van het ww. *'ābara* [oversteken].

hecatombe [offer, slachting] < **gr.** *hekatombè* [offer van honderd runderen], van *hekaton* [honderd] + *bous* [rund]; het eerste lid is idg. verwant met *honderd*, het tweede met *koe* [1].

hecht [1] [stevig] van *hechten* [1].

hecht [2] [handgreep] nevenvorm van *heft* [2], zoals *graft* naast *gracht*; de verbinding *ft* werd in een deel van het taalgebied tot *cht*, maar de ontwikkeling werd niet voltooid, zodat varianten naast elkaar kwamen te staan, waarbij *ft* fries-hollands is → *hechten* [1].

hechten [1] [bevestigen] **middelnl.** *heften*, *hechten*, **oudsaksisch** *heftian*, **oudeng.** *hæftan*, **oudnoors** *hefta* [boeien], **gotisch** *haftjan* [zich hechten aan]; buiten het germ. **lat.** *capere* [vastpakken].

hechten [2] [sterk hijgen] **middelnl.** *hichten*, intensief van *higen* [hijgen].

hectare [vlaktemaat] < **fr.** *hectare*, in 1793 door de Nationale Vergadering benoemd, gevormd van *hecto-* (vgl. *hectogram*) + *are*.

hectisch [gejaagd, hardnekkig] < **fr.** *hectique* < **me. lat.** *hecticus*, (*hectica* [hectische koorts]) < **gr.** *hektikos* [chronisch lijdend, teringachtig], van

hexis [houding, toestand], van *echein* [hebben, houden].

hectograaf [kopieerpers] gevormd van *hecto-* (vgl. *hectogram*) + **gr.** *graphein* [schrijven], idg. verwant met *kerven*.

hectogram [100 gram] gevormd van *hecto-*, verkort uit **gr.** *hekaton* [honderd], daarmee idg. verwant, + *gram* [2].

hede, hee [vlasvezels] **middelnl.** *hede(n)*, **middelnd.** *he(i)de*, **hd.** *Hede*, bij Kiliaan *he(e)rde* met *r* uit oude *z*, **oudeng.** (mv.) *heordan* (**eng.** *hards*, *hurds*), **oudfries** *hede*, **oudnoors** *haddr* [vrouwenhaar]; buiten het germ. **oudkerkslavisch** *česati* [kammen], **russ.** *čjoska* [hede].

heden [vandaag] **middelnl.** *heden*, *huden*, **oudhd.** *hiutu* (**hd.** *heute*), **oudsaksisch** *hiudu*, verbogen samengestelde vorm van *hiu dagu* [op deze dag]; vgl. **lat.** *hodie* [heden], van *hoc die* [op deze dag].

hederik, herik [plant] **middelnl.** *haderic*, *hederic*, **middelnd.** *hederick*, **oudhd.** *hederih* < **lat.** *hedera* [klimop], *hederaceus* [klimop-, op klimop gelijkend], verwant met *(pre)hendere* [vasthouden], idg. verwant met *(ver)geten*, **eng.** *to get* [krijgen].

hedgen [wijze van opereren op de termijnmarkt] < **eng.** *to hedge* [eig. heggen planten], van *hedge* [heg].

hedonisme [leer dat genot het hoogste goed is] afgeleid van **gr.** *hèdonè* [genot, lust], idg. verwant met *zoet*.

hedsjra [het wegtrekken van Mohammed uit Mekka naar Medina] < **ar.** *hijra* [vertrek, migratie], van het ww. *hajara* [hij verbrak de relatie, verliet].

Hedzjamitisch [van de Hedzjas] afgeleid van *Hedzjas* < **ar.** *al ḥijāz* [een regio in West-Arabië].

heef [schepnet] van de stam van *heffen*.

heeft [windas van hooiberg] ook *haaf(t)*, *heef*, ouder *heve*; van de stam van *heffen*.

heek [stokvis] < **eng.** *hake* [soort kabeljauw], **oudeng.** *hacod*, *hæcod* [snoek], **middelnl.** *heket*, *hecht* [snoek], **oudsaksisch** *hact*, **oudhd.** *hachit*, *hechit* (**hd.** *Hecht*); verwant met *haak*.

heel [ongeschonden, volledig, zeer] **middelnl.** *heel* [gezond, ongeschonden, geheel, rein, oprecht], **oudsaksisch**, **oudfries** *hel*, **oudhd.** *heil*, **oudeng.** *hal*, **oudnoors** *heill*, **gotisch** *hails*; buiten het germ. **gr.** *koilu* [mooi], **oudkerkslavisch** *cělŭ* [heel], **welsh** *coel* [voorteken] → *heil*.

heelbeen [plantengeslacht] van *helen* [1] + *been* [bot], vanwege de eraan toegeschreven geneeskracht, vgl. de benaming *holosteum* < **gr.** *holosteon*, van *holos* [geheel] + *osteon* [bot].

heelgoed [de geheel bereide papierbrij] van *(ge)heel*, vgl. **hd.** *Ganzzeug* [idem].

heem [1] [kleurstof van hemoglobine] gevormd van **gr.** *haima* [bloed], idg. verwant met *zeem* [1].

heem [2] [woonplaats] → *heim*.

heemst [plantengeslacht] **middelnl.** *heemse*, *heems*, *heemst*, *hemst*; etymologie onbekend.

heen¹ [stijve zegge] (1562), vgl. **nd.** *heenk, hant,* verwant met **oudeng.** *han* (**eng.** *hone*), **oudnoors** *hein* [slijpsteen]; buiten het germ. **lat.** *cos* [slijpsteen], *catus* [scherp], **gr.** *kōnos* [pijnappel], **middeliers** *cath* [scherpzinnig], **oudindisch** *sita-* [scherp]; de heen is naar zijn scherpte genoemd, evenals *zegge¹ → canapé, conisch, honen².*

heen², henen [weg] **middelnl.** *hene(n), henne, he(e)n, hin* [van hier], **oudsaksisch** *hinan(a),* **oudhd.** *hinnan(a)* (**hd.** *hinnen*), **oudeng.** *heonan* (**eng.** *hence*); van het element *hi,* dat ook in *hier* en *hinder* aanwezig is.

heenwortel [plant] → *heen¹.*

heep [snoeimes] **middelnl.** *hepe, heep, hiep,* **oudhd.** *hep(p)a,* verwant met **gr.** *kopis* [mes, kromme sabel], *koptein* [houwen], **oudkerkslavisch** *kopati* [graven, hakken] → *kapoen.*

heer¹ [mannelijk persoon] **middelnl.** *here,* **oudnederfrankisch, oudsaksisch** *herro,* **oudhd.** *heriro* (**hd.** *Herr*), eig. een vergrotende trap bij *heer* (eerste lid van *heerlijk*), **oudhd.** *her* [heerlijk, voornaam], stond wel o.i.v. **lat.** *senior,* vgl. de vergrotende trap in *seigneur.*

heer², heir [leger] **middelnl.** *here, hare, heyr(e)* [leger, verzamelde menigte], **oudnederfrankisch** *heri-, here-,* **oudsaksisch, oudhd.** *heri,* **oudfries** *here, hiri,* **oudeng.** *here,* **oudnoors** *herr,* **gotisch** *harjis* [leger]; buiten het germ. **gr.** *koiranos* [bevelhebber], **litouws** *karias* [leger], **middeliers** *cuire* [troep], **oudkerkslavisch** *kara* [strijd] → *hertog.*

heerd [strook land bij boerderij] **middelnl.** *heerd* [haard, stookplaats, ook als zinnebeeld van het stamgoed, hofstede] (vgl. *haard¹*).

heers¹ [plant] nevenvorm van *gierst.*

heers² [hees] een vorming met *r* naast *hees,* evenals de vormingen **middeleng.** *hors,* ouder *hos,* **eng.** *hoarse.*

heersen [regeren] van *heer¹* [de baas].

hees [schor] **middelnl.** *heesch, heisch,* **middelnd.** *hesch, heisch,* naast **middelnl.** *hees, hesch, heisch,* **oudhd.** *heis(i)* (**hd.** *heiser*), naast **middelnl.** *haes, haesch,* naast **middelnd.** *haers,* bij Kiliaan *heersch,* **middeleng.** *hors* (**eng.** *hoarse*) vgl. *heers²*); het verband tussen deze vormen en hun etymologie is niet duidelijk.

heester [struik] **middelnl.** *heester, heister* [heester, tuin, lusthof], **middelnd., middelhd.** *heister* [jonge boom]; het eerste lid is **oudhd.** *heisi,* **oudeng.** *hese* < **me.lat.** *hesia, haesia* e.d. [kreupelhout]; voor het tweede lid vgl. *hesselteer.*

heet [zeer warm] **middelnl.** *heet,* **oudnederfrankisch** *heit,* **oudsaksisch** *het,* **oudhd.** *heiz,* **oudfries** *het,* **oudeng.** *hat,* **oudnoors** *heitr;* buiten het germ. **litouws** *kaisti* [heet worden] → *hitte.*

hef, heffe [gist] **middelnl.** *heffe,* **oudhd.** *hevil(o)* (**hd.** *Hefe*); van *heffen.*

heffen [omhoog brengen] **middelnl., oudhd.** *heffen,* **oudsaksisch** *heffian,* **oudnoors** *hefja,* **gotisch** *haffjan,* naast **middelnl., middelnd.** *heven,* **oudnederfrankisch** *hevon,* **oudhd.** *hevan,* **middeleng.** *heven* (**eng.** *to heave*); buiten het germ. **gr.** *kōpè* [handvat, gevest], **lat.** *capere* [pakken], **oudiers** *cacht* [dienares], **iets** *kampt* [grijpen]; verwant met *hebben, hechten¹.*

hefnerkaars [eenheid van lichtsterkte] geïntroduceerd door de Duitse natuurkundige *Friedrich von Hefner Alteneck* (1845-1904).

heft¹ [kaasgebrek, waardoor hij gaat rijzen] van *heffen,* **middelnl.** *heft* [ook rijzen van brood of water] → *hef.*

heft² [handvat] → *hecht².*

heften [barg. openschuiven] vermoedelijk oude nevenvorm van *heffen.*

heftig [onstuimig] (1562), vgl. **middelnl.** *haftich* [kloek, flink], de vorm met *e* vermoedelijk uit **hd.** *heftig,* **oudhd.** *heiftig* [onstuimig], met de normale overgang *ei > e* en verkorting vóór de medeklinkercombinatie > **middelhd.** *heftec* (**middelhd.** *heifte* [twist]), **oudfries** *haeste* [gewelddadig], **oudeng.** *hæst* [geweld], *hæste* [heftig], **oudnoors** *heipt, heifst* [vijandschap], **gotisch** *haifsts* [twist]; de etymologie is onbekend → *haast¹.*

heg, hegge [haag] **middelnl.** *hegge,* **oudhd.** *hegga,* **oudeng.** *hecg* (**eng.** *hedge*), naast **middelnd., oudeng.** *hege;* van dezelfde basis als *haag.*

hegemonie [overwicht van een staat] < **gr.** *hègemonia* [opperbevel, koningschap, leidende positie, hegemonie], van *hègemoneuein* [de weg wijzen, aanvoeren], *hègeomai* [ik zoek de weg voor iem., ik leid], idg. verwant met *zoeken.*

hegge → *heg.*

hegira [tocht van Mohammed uit Mekka naar Medina] < **it.** *hegira* (vgl. *hedsjra*).

hei → *heide.*

heibei (1642) → *haaiebaai.*

heibel [drukte, ruzie] < **jiddisch** *heibel* mogelijk < **hebr.** *hèwel* [damp, ijdele praatjes].

heidamp [rook van brandende hei] het eerste lid is niet de plant, maar **middelnl.** *hei* [heet, droog], 16e eeuws *heiweder* [zomerhitte, heet weer], eind 16e eeuws *heyd(er)en* [weerlichten], **middelnd., oudhd.** *hei* [hitte], van *heet* (vgl. *heiig*).

heide, hei [plant, grond met heideplant begroeid] **middelnl.** *heide, hede, hei(e)* [heide, vlakte, heideplant], **oudsaksisch** *hetha* [heide], **middelnd.** *heide, hede* [heide, grond], **oudhd.** *heida* [heideplant], **oudeng.** *hǣð* (**eng.** *heath*) [heide], **oudnoors** *heiðr* [hoogvlakte], **gotisch** *haiþi* [veld]; buiten het germ. **oudiers** *ciad,* **welsh** *coed,* **bretons** *coet* [woud].

heiden [ongelovige] **middelnl.** *heidijn, heiden,* **oudsaksisch** *hethino,* **oudhd.** *heidan,* **oudeng.** *hǣden* (**eng.** *heathen*), het bn. van *heide,* dat zelfstandig is gebruikt. De oorspronkelijke betekenis is dus 'iem. van de heide', vgl. **lat.** *paganus* [heiden], maar eig. iem. uit een *pagus* [dorp].

heiduk, haidoek [lijfknecht in Hongaarse kleding]

heien — helaas

< **hongaars** *hajdú,* mv. *hajduk* [oorspr. op de vlucht geslagen groepen bewoners van door de Turken verwoeste dorpen, half rovers, half militairen] < **turks** *haidud* [rover].

heien[1] [in de grond stampen] **middelnl.** *heien,* **middelnd.** *heie* [heiblok], **oudhd.** *heia* [houten hamer], verwant met **lat.** *caedere* [vellen, houwen].

heien[2] [weerlichten] → *heidamp.*

heiho [door de Japanners in Indonesië gebruikte inheemse militie] < **japans** *heiho* van *hei* [soldaat] + *ho* [manier van oorlogvoeren, krijgskunst].

heiig [wazig (van de lucht)] van **middelnl.** *hei* [heet] (vgl. *heidamp*).

heikel [netelig] < **hd.** *heikel,* etymologie onzeker, mogelijk een kruising van *ekel* en een bij **middelhd.** *hei(g)en* [koesteren] behorende vorm.

heiknapper [op heigrond geweid stuk vee] het tweede lid van *knappen,* **middelnl.** *cnappen* [met de tanden stukbijten].

heil [welzijn, redding] **middelnl.** *heil, heel,* **oudsaksisch** *hel,* **oudeng.** *hœl* [voorteken], **oudhd.** *heil* [geluk], **oudnoors** *heill* [gunstig voorteken, geluk] → *heel.*

Heiland [Zaligmaker] **middelnl.** in oostelijke teksten *heilant,* **oudsaksisch** *heliant,* **oudhd.** *heilant,* **oudeng.** *hœland,* eig. teg. deelw. van *helen* (**middelnl.** *he(i)len* [gezond maken, helen]; vertalende ontlening aan **lat.** *salvator.*

heilbot [zeevis] **middelnl.** *heilbot,* **middeleng.** *halybutte* (**eng.** *halibut, holibut*), **nd.** *hilligbutt, hillebutt,* **hd.** *Heilbutt;* mogelijk zo genoemd vanwege feest- of vastendagen.

heilig [verheven] **middelnl.** *he(i)lich,* **oudnederfrankisch,** **oudhd.** *heilig,* **oudsaksisch** *helag,* **oudeng.** *halig,* **oudnoors** *heilagr* → *heel, heil.*

heiligmaker → *hijlikmaker.*

heilleuver, heileuver [ooievaar] samenstelling van *heul*[2] met *uiver, eiber* → *ooievaar.*

heim [woonplaats] **middelnl.** *heem, heim* [woonplaats, huis], **oudsaksisch, oudfries** *hem,* **oudhd.** *heim,* **oudeng.** *ham,* **oudnoors** *heimr,* **gotisch** *haims;* buiten het germ. **gr.** *kōmè* [dorp, wijk], **litouws** *kaimas* [dorp], **oudkerkslavisch** *sěmija* [huispersoneel] (**russ.** *sem'ja* [gezin]), **oudiers** *coirn* [geliefd].

heimelijk [geheim, verborgen] **middelnl.** *heimelijc, hemelijc* [tot het huis behorend, intiem, vertrouwd, verborgen, geheim], van *heem,* *heim* [woonplaats, huis]; de huidige betekenis staat o.i.v. *geheim,* dat in de 15e eeuw uit het hd. werd overgenomen.

heimwee [verlangen naar geboortegrond] (1689) < **hd.** *Heimweh,* van *Heim* (vgl. *heim*) + *weh* (vgl. *wee*).

hein [afscheiding] → *heining.*

heinde ['van heinde en verre', van alle kanten] **middelnl.** *hende, gehende, gehinde, geheinde, gehent* [nabij], van *hand,* vgl. **middelnl.** *gehenden* [ter hand stellen].

heining [schutting] **middelnl.** *heininge;* van het middelnl. ww. *heinen, hegenen, hegen* [met een hek afsluiten] (vgl. *hekkelen*).

heinsel [slootruigte] → *hekkelen.*

heir → *heer*[2].

heisa [drukte] van *hei,* **middelnl.** *ei, ey,* **hd.** *hei,* een klanknabootsende vorming, vgl. **lat.** *(h)eia,* **gr.** *heia* [komaan] + *sa,* **hd.** *sa* < **fr.** *ça* [hier] < **lat.** *ecce* [kijk, ziehier].

heisteren [nodeloze drukte maken] **fries, nd.** *heisteren,* behoort bij *heftig, haast*[1].

heit, heitje [barg. kwartje] naar de vijfde letter uit het hebr. alfabet *hē,* die als getalswaarde 5 heeft. Bedoeld is vijf stuivers. Vgl. *beisje, joet* en *lammetje.*

hek [rastering] **middelnl.** *hec(ken),* **middelnd.** *heck;* de etymologie is onzeker, mogelijk gevormd van *heg.*

hekel[1] [afkeer] in *een hekel hebben aan iem.* (1785) afgeleid van *hak*[1], vgl. **middelnl.** *den hac werpen op enen* [het op iem. gemunt hebben], **modern nl.** *op iem. hakken* [de pik hebben op].

hekel[2] [vlaskam] **middelnl.** *hekel(e)* [prikkel, stekel, vlaskam], **middelnd.** *hekele,* **middelhd.** *hechel,* **middeleng.** *hekele, hechele* (**eng.** *hackle, hatchel*); afgeleid van *haak.*

hekelen [over de hekel halen] van *hekel*[2].

hekkelen [sloten schoonmaken, heinen] van *hekkel* [vork voor het hekkelen] < **middelnl.** *hegen, hegenen* [met een haag omgeven, schoonmaken], waaruit *heinen,* zoals *dweil* uit *dwegel;* ontstaan uit *hege,* nevenvorm van *hage* [haag] (veel gebruikt als begrenzing van land, waartoe ook de greppels of sloten dienden), vgl. *heimsloot.*

heks [tovenares] **middelnl.** *hexe* < **hd.** *Hexe,* **middelhd.** *hecse;* in het **middelnl.** *hekel* [heks], *hagetisse, haechdisse* [hagedis, heks, toverkol], wordt vergeleken met **oudhd.** *zunrita,* **oudsaksisch** *tunriða* [boze geest, heks], **nd.** *walriderske,* dus die op een hek, muur, tuin (= hek) rijdt.

hel[1] [onderwereld] **middelnl.** *helle,* **oudsaksisch** *hellja,* **oudhd.** *hell(i)a,* **oudfries** *helle, hille,* **oudeng.** *hell,* **gotisch** *halja* [hel], **oudnoors** *hel* [godin van de dood, dood]; de benaming van de onderwereld hoort bij *helen*[2] [verbergen].

hel[2], hal [plek bevroren grond] middelnl. niet overgeleverd, vgl. **oudhd.** *hali,* **oudnoors** *hall* [glad], *hela* [rijp]; buiten het germ. **litouws** *šaltas* [koud], **oudkerkslavisch** *slana* [rijp], **oudindisch** *sisira-* [koud].

hel[3] [schel, fel] **middelnl.** *hel* [helder], **oudhd.** *hel* [klinkend], **middelhd.** *hel* [ook schitterend]; de betekenis heeft zich uitgebreid van 'klank' tot 'licht'; van **middelnl.** *hellen* [(weer) klinken], **oudsaksisch, oudhd.** *hellan* [geluid geven], **oudnoors** *hjala* [spreken]; buiten het germ. **lat.** *clarus* [helder klinkend], **gr.** *kalein* [roepen, noemen], **russ.** *kolokol* [klok], **litouws** *kalba* [taal].

helaas [uitroep van smart] (1548) < **fr.** *hélas,* van het tussenwerpsel *he* + *las* [ongelukkig] < **lat.**

lassus [afgemat, uitgeput], idg. verwant met *laten*.

held [dapper iemand] middelnl. *helet, he(e)lt* [held, gewapende], **oudsaksisch** *helith*, middelhd. *helit, hel(e)t*, oudeng. *hæle(ð)*, **oudnoors** *halr* [man]; buiten het germ. **lat.** *celer* [snel], *celeber* [beroemd, oorspr. opeengedreven, druk bezocht], **gr.** *kelès* [renpaard], van *kelesthai* [aansporen], **oudindisch** *kalayati* [hij drijft voort] → *houden*.

helder [klaar, duidelijk] (1573), vgl. **fries** *helder*, middelnd. *heller*; afgeleid van *hel*³.

heldering [onderlaag voor verguldsel] van *helder*.

helegaar [geheel en al] < *heel ende gaar* (middelnl. *gaer* [geheel]), **hd.** *ganz und gar*.

helemaal [geheel en al] < *heel te male* [geheel, te enen male], *heel* is een bijw. van graad.

helen¹ [genezen] afgeleid van *heel*.

helen² [verbergen (ook van gestoeld goed)] middelnl. *helen*, **oudsaksisch, oudhd., oudeng.** *helan*, **oudfries** *hela*, naast ablautend **gotisch** *huljan* [hullen]; buiten het germ. **lat.** *occulare*, **gr.** *kaluptein* [verbergen], **oudiers** *celim* [ik verberg] → *hullen*.

helft [elk der beide gelijke delen waarin iets verdeeld is] afgeleid van *half*.

heliakisch [de zon betreffend] < **hd.** *heliakisch* < **laat-lat.** *heliacus* < **gr.** *hèliakos* [idem], van *hèlios* [zon], daarmee idg. verwant.

heliant [zonnebloem] < **fr.** *hélianthe* [idem] < **lat.** *helianthus*, gevormd van **gr.** *hèlios* [zon], daarmee idg. verwant + *anthos* [bloem] (vgl. *antilope*).

helicon [contrabas-tuba] < **gr.** *helix* (2e nv. *helikos*) [gedraaid, kronkeling].

helikopter [hefschroefvliegtuig] < **fr.** *hélicoptère*, gevormd van **gr.** *helix* (2e nv. *helikos*) [gedraaid, kronkelende baan, spiraalvormig sieraad], van *helissein* [doen draaien, passief: roterend voortgonzen (van speer)] + *pteron* [vleugel], idg. verwant met *veer*¹.

heliocentrisch [met de zon als middelpunt] gevormd van **gr.** *hèlios* [zon], daarmee idg. verwant, + *centrum*.

heliotroop [toestel dat zonnestralen terugkaatst, plantengeslacht] < **fr.** *héliotrope* < **lat.** *heliotropium* [idem] < **gr.** *hèliotropion* [zonnebloem, zonnewijzer], van *hèlios* [zon], daarmee idg. verwant + *tropos* [wending, draai], van *trepein* [draaien].

helium [chemisch element] verlatijnst naar **gr.** *hèlios* [zon], daarmee idg. verwant; de naam werd gegeven door Sir Joseph Norman Lockyer (1836-1920) en Sir Edward Frankland (1825-1899), omdat zij het element voor het eerst waarnamen tijdens een eclips in het spectrum van de zon.

helix [schroef, spiraal] < **lat.** *helix* [spiraal] < **gr.** *helix* [gedraaid, spiraalbroche, slakkenhuis, wijnrank, kronkeling] (vgl. *helikopter*).

hellebaard [een wapen] middelnl. *helmbaerde, hellebaerde*, van **helm**² [steel] + middelnl. *ba(e)rde* [bijl], **oudnederfrankisch, oudsaksisch** *barda*, **oudhd.** *barta*; buiten het germ. **lat.** *forfex* [schaar], **gr.** *perthein* [verwoesten, doden], **oudiers** *brissim* [ik breek].

Helleens [van de oude Grieken] < **gr.** *Hellènikos*, van *Hellènes* [Grieken], van *Hellèn* [de mythische stamvader van de Grieken].

hellen [schuin aflopen] middelnl., middelnd. *helden, hellen*, **oudhd.** *helden* [buigen], **oudeng.** *hieldan* [buigen, hellen], gevormd van een woord voor scheef: **oudhd.** *hald*, **oudeng.** *heald*, **oudnoors** *hallr*.

heller [munt] genoemd naar *Schwäbisch-Hall*, waar men deze kleinste Zuidduitse munt rond 1230 begon te slaan.

helleveeg [feeks] eerst 16e eeuws, synoniem van *helleteve*, van middelnl. *helle* [hel] + *vegen* [vijandig behandelen of aantasten].

hellig [boos] etymologie onbekend.

helm¹ [hoofddeksel] middelnl., **oudsaksisch, oudfries, oudeng., oudhd.** *helm*, **oudnoors** *hjalmr*, **gotisch** *hilms*; buiten het germ. **oudindisch** *śarman-* [bedekking]; afgeleid van de basis van *helen*².

helm² [steel] middelnl. *helm*, **oudhd.** *helmo, halmo*, **oudeng.** *helma*, **oudnoors** *hjalmr*; buiten het germ. **gr.** *skalmos* [(roei)dol], **litouws** *kelmas* [boomstomp]; stammend van een idg. basis met de betekenis 'splijten', waarvan ook **gr.** *skallein* [eggen], **middeliers** *scailim* [ik verdeel], **litouws** *skelti* [splijten], **oudkerkslavisch** *skala* [rots], **gotisch** *skilja* [slager], **oudnoors** *skalm* [kant van gekloofd hout] → *schol*¹.

helm³ [duinplant] variant van *halm*.

helm⁴ [galm] → *helmen*.

helmen [galmen] middelnl. *helmen* [galmen, weerklinken], **oudhd.** *(h)limman* [klinken, ruisen], **oudnoors** *hlymja* [klinken, kraken]; buiten het germ. **oudindisch** *krandati* [hij schreeuwt], *klandate* [hij klinkt].

helmet [helm] middelnl. *helmet* < **oudfr.** *helmet*, verkleiningsvorm van *helme*, uit het germ., hetzelfde woord als *helm*¹.

helmgat [galmgat] → *helmen*.

helmins, helmint [ingewandsworm] < **fr.** *helminthe* [idem], van **gr.** *helmins* (2e nv. *helminthos*) [worm], van *helissein* (vgl. *helix*).

heloot [Spartaanse horige] < **gr.** *heilōs* (2e nv. *heilōtes*) [heloot, lijfeigene], mogelijk verwant met *halikesthai* [gevangen genomen worden].

helpen [bijstaan] middelnl. *helpen*, **oudnederfrankisch** *helpon*, **oudsaksisch, oudeng.** *helpan*, **oudhd.** *helfan*, **oudfries** *helpa*, **oudnoors** *hjalpa*, **gotisch** *hilpan*; het woord komt buiten het germ. slechts in het litouws voor: *šelpiu* [ik help].

helt → *hilt*.

Helvetisch [Zwitsers] van **lat.** *Helvetii* [Helvetiërs], een Keltisch volk in het huidige Zwitserland.

hem [buitendijks land] middelnl. *hem, ham* [afge-

hemangioom — hennegat

heind of door sloot omgeven land], **middelnd.
ham, oudeng.** *hamm,* vgl. **oudnederfrankisch** *chamian* [klemmen], **oudnoors** *hemja* [beteugelen]; buiten het germ. **Iets** *kams,* **russ.** *kom* [klomp], **armeens** *kamel* [persen]; de oorspr. betekenis is 'samendrukken' en dan 'omheinen, afperken'.

hemangioom [bloedvatgezwel] gevormd van **gr.** *haima* [bloed] (vgl. **hematiet**) + *aggeion* [vat, emmer, bloedvat], naast *aggos* [idem], idg. verwant met *anker*[2].

hematiet [bloedsteen] < **fr.** *hématite* [idem] < **lat.** *haematites* < **gr.** *haimatitès* [bloed-], van *haima* (2e nv. *haimatos*) [bloed], idg. verwant met *zeem*[1]; zo genoemd omdat bij het slijpen het koelwater bloedrood kleurt.

hematurie [het bloedwateren] gevormd van **gr.** *haima* [bloed] (vgl. **hematiet**) + *ouron* [urine].

hemd [onderkledingstuk] **middelnl.** *hem(e)de, him(me)de, hemet, heemt,* **middelnd.** *hem(e)de, heemde,* **oudsaksisch** *hemithi,* **oudhd.** *hemidi,* **oudeng.** *hemeðe;* de grondbetekenis is 'omhulsel' → *haam*[2].

hemel [firmament] **middelnl.** *hemel,* **oudnederfrankisch** *himil,* **oudsaksisch, oudhd.** *himil,* **oudfries** *himel, himul,* waarnaast **oudsaksisch** *heban,* **oudeng.** *heofon* (**eng.** *heaven*), **oudnoors** *himinn,* **gotisch** *himins;* de grondbetekenis is 'buiging, gewelf' → *haam*[1], *ham*[1].

hemelen [opknappen] → *ophemelen.*

hemelt → *emelt.*

hemeralopie [nachtblindheid] < **gr.** *hèmeralōps* [blind bij dag], van *hèmera* [dag] + *alaos* [blind] (< ontkennend *a* + *laō* [ik zie]) + *ōps* (2e nv. *ōpos*) [oog], daarmee idg. verwant.

hemerologie [lijst van dagen met astrologische aantekeningen] gevormd van **gr.** *hèmera* [dag] + *-logia* [verhandeling].

hemerotheek [verzameling van dagbladen] gevormd van **gr.** *hèmera* [dag] + *thèkè* [bewaarplaats, kist] (vgl. *bibliotheek*).

hemertjes [wilde frambozen] → *hennebei.*

hemianopsie [halfzijdige blindheid] gevormd van **gr.** *hèmi-* [half] + *an-* [niet, zonder] + *opsis* [het zien].

hemichordata [eikelwormen] gevormd van **gr.** *hèmi-* [half] + *chordata,* van **lat.** *chorda* [touw] (vgl. *koord*).

hemicyclus [halve boog] < **lat.** *hemicyclium* < **gr.** *hèmikukleion,* van *hèmi-* [half] + *kuklos* [cirkel].

hemiplegie [halfzijdige verlamming] gevormd van **gr.** *hèmi-* [half] + *plègè* [slag, houw], van *plèssein* [slaan].

hemisfeer [halve bol] < **fr.** *hémisphère* < **lat.** *hemispherium* < **gr.** *hèmisphairion* [idem], van *hèmi-* [half] + *sphaira* [bal, bol] (vgl. *sfeer*).

hemistiche [halve versregel] < **fr.** *hémistiche* < **lat.** *hemistichium* < **gr.** *hèmistichion* [idem], van *hèmi-* [half] + *stichos* [rij, gelid, vers], van *stix* (2e nv. *stichos*) [rij, gelid], van *steichein* [stijgen, op-

trekken (ook van troepen)], idg. verwant met *stijgen.*

hemofilie [bloederziekte] gevormd van **gr.** *haima* (vgl. **hematiet**) + *philia* [vriendschap, neiging tot].

hemorragie [bloeding] < **gr.** *haimorragia* [bloeding], van *haimorragès* [bloedend], van *haima* [bloed], idg. verwant met *zeem*[1] + *règnunai* [openbreken, doorbreken (i.h.b. ook van wonden)].

hemorroïden [aambeien] < **fr.** *hémorroïde* < **lat.** *haemorrhois* < **gr.** *haimorrois* [bloeduitstorting], mv. *haimorroides* [aambeien], van *haima* [bloed], idg. verwant met *zeem*[1] + *rein* [vloeien], idg. verwant met *stroom.*

hemostase [bloedstolling] < **byzantijns-gr.** *haimostasis* [het stoppen van bloed], van *haima* [bloed], idg. verwant met *zeem*[1] + *stasis* [het (stil) staan], van *histèmi* [ik doe staan], idg. verwant met *staan.*

hen [kip] **middelnl.** *henne, hinne-,* **middelnd.** *henne,* **oudhd.** *henna,* **oudeng.** *henn;* gevormd bij *haan.*

hendel, handel [hefboom] < **eng.** *handle* [idem], van *hand;* een oorspr. nl. woord *handel* [handgreep] bestond in het middelnl., maar ging verloren.

hendiadys [stijlfiguur] < **me. lat.** *hendiadys,* gevormd van **gr.** *hen* [één] (o. van *heis*) + *dia* [door] + *dis* [tweemaal]; de oorspr. gr. vorm was *hendiaduoin,* met *duoin,* 2e nv. van *duo* [twee].

heng [(deur)hengsel] **middelnl.** *heng, hengen(e), hingen(e)* [hengsel, haak, hengel], van *hangen.*

hengel[1] [hengsel, vistuig] **middelnl.** *hengel, hingel, engel* [hengsel, haak, hengel(roede)], van *hangen.*

hengel[2] [zwartkoren] etymologie onbekend.

hengsel [beugel, scharnier] **middelnl.** *hencsel, hengsel(e)* [handvat, scharnier, weegschaal, sluier], van *hangen.*

hengst[1] [mannelijk paard] **middelnl.** *henxt, hinxt, heinst,* **middelnd.** *hengest, hingest, hinxt,* **oudhd.** *hengist,* **oudfries** *hengst, hangst,* **oudeng.** *hengest;* etymologie onzeker, doch vermoedelijk verwant met **litouws** *šokti* [springen], *šankus* [snel].

hengst[2] [vissersvaartuig] vermoedelijk genoemd naar *hengst*[1] [paard], vgl. b.v. de Giethoornse *bok* en **middelnl.** *ever.*

henker [beul] **middelnl.** *henker, hinker* [idem] < **hd.** *Henker,* van *hängen,* causatief van *hangen* [idem], dus: degene die doet hangen.

henna [oranjerood kleurmiddel] < **ar.** *ḥinnā'* [idem], ontleend aan het perzisch.

hennebei, hennebes, hennebraam [wilde framboos] ook *hinnebei, hinnebes, hinnebraam,* **middelnl.** *hinnebere, hinsbere,* **oudsaksisch** *hindberi,* **oudhd.** *hintberi,* **oudeng.** *hindberie,* **hd.** *Himbeere;* waarschijnlijk is het eerste lid *hinde;* de struik waar de hinde dekking zoekt?.

hennegat [gat voor roerkoning] zo genoemd in associatie met de opening van de eileider van de kip; vgl. *patrijspoort.*

hennekleed, henekleed [lijkwade] **middelnl.** henencleet, van *hene(n), heinen, henne, heen, hen, hin* [heen] (vgl. **heen²**); vgl. *hene(n)vaert* [de dood], *henenleggen* [afleggen].

hennep [plant] **middelnl.** *hannep, hennep,* **oudsaksisch** *hanap,* **oudhd.** *hanaf,* **oudeng.** *henep,* **oudnoors** *hampr;* buiten het germ. **gr.** *kannabis* > **lat.** *cannabis,* **armeens** *kanap, kanep,* **oudindisch** *śaṇa-* en buiten het idg. **akkadisch** *qunnabu;* het is onduidelijk aan welke taal deze vormen zijn ontleend.

hennin [15e eeuwse puntmuts] < **fr.** *hennin;* etymologie onbekend, wellicht < **middelnl.** *hennin* [kippe-].

henotheïsme [verering van één god] gevormd van **gr.** *hen* [één (o.)] + *theos* [god].

henry [eenheid van zelfinductie] genoemd naar de Amerikaanse natuurkundige *Joseph Henry* (1797-1878).

hens ['alle hens', alle manschappen] < **eng.** *all hands* [lett. alle handen].

hensbeker [hanzebeker] van **Hanze, middelnl.** *(h)anse, hense.*

henzen [fel branden] etymologie onbekend, vermoedelijk een klanknabootsende vorming, die het oplaaien van de vlammen suggereert.

heortologie [leer van de kerkelijke feesten] gevormd van **gr.** *heortè* [feest, feestdag] + *logos* [verhaal, begripsbepaling].

heparine [anticoagulatiestof in de lever] gevormd van **gr.** *hèpar* [lever].

hepatoliet [leversteen] gevormd van **gr.** *hèpar* (2e nv. *hèpatos*) [lever] + *lithos* [steen].

heptameter [versvorm] gevormd van **gr.** *hepta* [zeven] + *metron* [maat, versvoet] (vgl. **meten**).

heptarchie [regering van zeven] gevormd van **gr.** *hepta* [zeven] + *archè* [regering].

her¹, herre → **har.**

her² [hierheen, sedert] **middelnl.** *her, here, hare* [hierheen, hier], **oudhd.** *hera,* **gotisch** *hiri* [kom hier]; van dezelfde basis als die ten grondslag ligt aan *hier, heen, heden.*

her- [ter uitdrukking van herhaling] is hetzelfde woord als **her².**

Heracleïsch [van Hercules] → **Hercules.**

heraldiek [wapenkunde] < **fr.** *héraldique* < **me. lat.** *heraldicus,* van *heraldus* (vgl. **heraut**).

heraut [aanroeper] **middelnl.** *heralt, herault, heraut* [wapenkoning] < **oudfr.** *heralt,* **me. lat.** *heraldus,* uit het germ., van een eerste lid met de betekenis 'leger', vgl. **heer²** heir + een tweede lid met de betekenis 'heersen', vgl. **oudhd.** *waltan,* **middelnl.** *wouden* (vgl. **geweld**).

herbarium [verzameling gedroogde planten] < **me. lat.** *herbarium* zelfstandig gebruikt o. van **lat.** *herbarius,* het bn. van *herba* [gras, kruid, plant].

herberg [logement] **middelnl.** *herberge, herbarge* [onderkomen, woning, herberg, bedienden, huisgenoten], **oudnederfrankisch** *hereberga* [legerplaats], **oudsaksisch** *heriberga* [verblijfplaats],

oudhd. *heriberga* [legerplaats, overnachtingsplaats], **oudfr.** *herberge-,* van een eerste lid met de betekenis 'leger', vgl. **heer²,** *heir* + een tweede lid met de betekenis 'opbergen', vgl. **bergen;** in het eng. tot *harbour* [haven] geworden.

herbicide [onkruidverdelger] gevormd van **lat.** *herba* [gras, kruid, plant], *herbae steriles* [onkruid] + *caedere* (in samenstellingen -*cidere*) [houwen, neerhouwen, doden], idg. verwant met **heien¹.**

herbivoor [planteneter] gevormd van **lat.** *herba* [gras, kruid, plant] + *vorare* [gulzig eten, vreten].

herboriseren [kruiden zoeken] < **fr.** *herboriser,* vroeger *herboliser,* van **lat.** *herbula,* verkleiningsvorm van *herba* [gras, kruid, plant].

herborist [verzamelaar van kruiden] < **fr.** *herboriste* [idem], vroeger *herboliste,* van *herboliser* (vgl. **herboriseren**).

Hercules [Griekse halfgod] < **lat.** *Hercules* < **gr.** *Hèraklès,* van *Hèra* [de godin] + *kleos* [gerucht, tijding, goede roep].

herdboek [keurstamboek] < **eng.** *herd-book* [idem], van *herd* [kudde], verwant met **herder** + *book* [boek].

herder [hoeder van een kudde] **middelnl.** *hirder, harder, he(e)rder,* ouder *herde, harde, he(e)rde,* **middelhd.** *hertaere,* **oudfries** *herdere,* resp. **oudsaksisch** *hirdi,* **oudhd.** *hirti,* **oudeng.** *hierde,* **gotisch** *hairdeis;* van een woord voor kudde: **oudhd.** *herta,* **oudeng.** *heord,* **gotisch** *hairda;* buiten het germ. **gr.** *korthu(n)ein* [ophopen], **middelwelsh** *cordd* [troep], **litouws** *kerdžius* [herder].

hereditair [erfelijk] < **fr.** *héréditaire* < **lat.** *hereditarius* [van de erfenis, erfelijk, geërfd], van *hereditare* (verl. deelw. *hereditatum*) [erven, laten erven], van *heres* (2e nv. *heredis*) [erfgenaam].

herediteit [erfelijkheid] < **fr.** *hérédité* < **lat.** *hereditatem,* 4e nv. van *hereditas* [het erven, erfenis, erfdeel], van *hereditare* (vgl. **hereditair**).

herel [vlasstengel] van *heerde* (vgl. **hede**).

heremiet, eremiet [kluizenaar] **middelnl.** *(h)eremite* < **chr. lat.** *(h)eremita* < **gr.** *erèmitès* [idem, eig. iem. die in de woestijn woont], van *erèmia* [eenzame plek], van *erèmos* [verlaten, eenzaam], verwant met **lat.** *rarus* (vgl. **raar**).

heresiarch [aartsketter] gevormd van **heresie** + **gr.** *-archos* [aanvoerder] (vgl. **arts**).

heresie [ketterij] < **fr.** *hérésie* [idem] < **lat.** *haeresis* [wijsgerige school, sekte, in chr. lat. ook ketterij] < **gr.** *hairesis* [het nemen, keuze, geestelijke voorkeur, sekte, ketterse sekte], van *hairein* [grijpen, begrijpen], *hairesthai* [kiezen].

herfst [najaar] **middelnl.** *hervest, herfst,* **oudsaksisch** *hervist,* **oudhd.** *herbist,* **oudfries** *herfst,* **oudeng.** *hærfest* (**eng.** *harvest* [oogst]), **oudnoors** *haust;* buiten het germ. **lat.** *carpere* [plukken], **gr.** *karpos* [boomvrucht, veldvrucht], **middeliers** *corran* [sikkel], **oudindisch** *kṛpāṇa-* [zwaard]; de betekenis is dus 'oogsttijd'.

herik → *hederik*.
herinneren [doen terugdenken aan] < middelnl. *erinnen* [inprenten, in zich opnemen], *erinninge*, naast *erinneringe*, van *inne* [in, binnen], *in inne sijn* [weten, overtuigd zijn], van *in* [in], wel o.i.v. hd. *erinnern*.
hermafrodiet [tweeslachtig wezen] < fr. *hermaphrodite* < lat. *hermaphroditum*, 4e nv. van *hermaphroditus* < gr. *hermaphroditos* [hermafrodiet], van *Hermès* (het mannelijk principe) en *Aphroditè* (het vrouwelijk principe). Volgens de mythe was *Aphroditos* de zoon van hen: een adaptatie van een Kleinaziatische tweeslachtige godheid.
hermandad [politie] < spaans *hermandad* [broederschap, de naam van middeleeuwse verbonden, vooral tussen steden, ter onderlinge bescherming en handhaving van de orde], waarvan de belangrijkste was de *Santa Hermandad* [Heilige Hermandad] < me. lat. *germanitas* [broederschap in geestelijke zin], van *germanus* [vol, eigen, van broers en zusters van dezelfde ouders, broederlijk, zusterlijk], verwant met *germen* [kiem, spruit, afstammeling] en *gignere* [verwekken, voortbrengen], idg. verwant met *kind*.
herme [stenen zuil met (Hermes)kop] < gr. *Hermès* [Hermes, hermeszuil].
hermelijn [roofdier] middelnl. *hermelijn* < me. lat. *hermelinus*, uit het germ., vgl. **oudsaksisch**, oudhd. *harmo*, oudeng. *hearma*, met verkleiningsuitgang middelnl. *hermel*, middelnd., middelhd. *hermel*.
hermeneutiek [theorie van de exegese] < gr. *hermèneutikos* [van de interpretatie], van *hermèneutès* = *hermèneus* [uitlegger, tolk], van *hermèneuein* [verklaren, vertolken].
hermetisch [volkomen dicht] < fr. *hermétique*, een alchemistenwoord, afgeleid van *Hermes*, de Griekse god, die gelijk gesteld werd aan de Egyptische god *Thot* in het kader van een religieus-mystieke beweging tijdens de eerste eeuwen van onze jaartelling. Een reeks geschriften werd gebundeld in het *Corpus Hermeticum* (het over Hermes handelende werk), waaruit de betekenis ontstond van 'geheimzinnig, geheim, afgesloten'.
hermiet → *heremiet*.
hermitage, ermitage [kluizenaarshut] middelnl. *hermitage*, *ermitage* < fr. *ermitage* < me. lat. *eremitagium* [idem] (vgl. **heremiet**).
hernhutter [lid van een christelijke sekte] genoemd naar de kolonie *Herrnhut* die graaf van Zinzendorf (1700-1760) op zijn landgoed voor de Boheemse broeders bouwde.
hernia [uitstulping van tussenwervelschijf, ingewandsbreuk] < lat. *hernia* [breuk], verwant met *hirae* [ingewanden] en **haruspex**.
heroïek [heldhaftig] < fr. *héroïque* [idem] < lat. *heroicus* [van de halfgoden, van het heldendicht, episch] < gr. *hèrōikos* [heroïsch], van *hèrōs* [halfgod, held].

heroïne [bedwelmende stof] < hd. *Heroin*, gevormd door H. Dreser naar gr. *hèrōs* [halfgod, held], vanwege de door heroïne veroorzaakte euforie.
heroïsch [heldhaftig] < lat. *heroicus* (vgl. **heroïek**).
heronsfontein [waaruit water spuit door samengeperste lucht] genoemd naar *Hero(n) van Alexandrië* (vermoedelijk 1e eeuw v. Chr.), Grieks wis- en natuurkundige, die in zijn *Pneumatica* apparaten behandelt die werken op stoom en hete lucht.
heros [held] < gr. *hèrōs* [halfgod, held] (vgl. **heroïne**).
herpes [huidziekte] < lat. *herpes* < gr. *herpès* [voortwoekerende wond], van *herpein* [kruipen, langzaam gaan], idg. verwant met lat. *serpere* [kruipen] (vgl. **serpent**).
herpetologie [leer der reptielen] < gr. *herpeton* [kruipend dier, slang] + *logos* [verhaal, verhandeling, begripsbepaling] (vgl. **herpes**).
herre → *har*.
herrie [lawaai] (ca. 1800), mogelijk < eng. *to hurry* [haasten], maar gezien het eng. equivalent *to whirry* en middelhd., hd. *hurren* [zich snel voortbewegen] waarschijnlijk een vorm met een gemeenschappelijke ontstaansgrond.
hers [bak voor verlichting van decors] < fr. *herse* [eg, staketsel, balk met punten, driehoekige kerkkandelaar, bovenlichtapparatuur voor toneel] < lat. *(h)irpex* (2e nv. *hirpicis*) [eg] < samnitisch *hirpus* [wolf (betekenisoverdracht vanwege de tanden)], verwant met lat. *hircus* [bok].
hersenen, hersens [centrale zenuwstelsel] middelnl. *he(e)rsene*, *harsen* en (oostelijk) *herne*, middelnd. *herne*, *harne*, oudhd. *hirni*, middeleng. *hernes*, oudnoors *hjarni*; buiten het germ. lat. *cerebrum*, gr. *kara* [kop, top], oudindisch *śiras-* [hoofd, kop] → **hoorn** [1].
hert [herkauwend zoogdier] middelnl. *hert(e)*, *hart*, oudnederfrankisch *hirot*, oudhd. *hiruz* (hd. *Hirsch*), oudeng. *heorot* (eng. *hart*), oudnoors *hjǫrtr*; buiten het germ. lat. *cervus* [hert], gr. *krios* [ram] (verwant met *keras* [hoorn]), welsh *carw*, oudkerkslavisch *sĭrna* [hert]; de grondbetekenis is 'gehoornd dier' → **hoorn** [1].
hertebeest → *hartebeest*.
hertog [adellijke titel] middelnl. *hertoge*, *hertoch* [legerhoofd, aanvoerder, hertog], oudsaksisch *heritogo*, oudhd. *herizogo*, oudfries *hertoga*, oudeng. *heretoga*, oudnoors *hertogi*, samengetrokken uit een woord voor 'leger', vgl. **heer** [2], *heir* en een woord voor 'trekken', vgl. middelnl. *tien* [trekken, reizen, trekken van gewapenden], vgl. **teug**, een germ. vertalende ontlening aan gr. *stratèlatès* [aanvoerder] (vgl. **strateeg**), waarvan het tweede lid is van *elaunein* [voortdrijven, marcheren].
hertz [eenheid van trillingen] genoemd naar de Duitse natuurkundige *Heinrich Hertz* (1857-1894).
hes [kiel] (1843), mogelijk uit de hd. volksnaam

Hesse [Hes, bewoner van Hessen], in het lat. van Tacitus *Chatti* (mv.).
hesp [hieltje van een ham] **middelnl.** *hespe, espe* [gewricht, heupgewricht, ham, hengsel] → *haspel.*
Hesperiden [dochters van Hesperos of van Atlas] < **gr.** *Hesperides,* van *hesperos* [avondster, avond, avond-, westelijk], van *hespera* [avond, het westen], verwant met **lat.** *vesper* [idem].
hesseling [vis] (18e eeuws) < **hd.** *Hässling,* **noors** *hesling, haslung;* genoemd naar zijn kleur, afgeleid van *hazelaar.*
hesselteer, hesselter [haagbeuk] samenstelling van een onverklaard *hessel,* ook *herzel, hern, heren* en een tweede lid met de betekenis 'boom', waarvoor vgl. *druïde, dryade, heester, trog,* vgl. **eng.** *tree* → ***heulenteer.***
hessig [warm, vurig] nevenvorm van *hitsig.*
hessoniet, essoniet [kaneelsteen] gevormd van **gr.** *hèssōn* [zwakker]; zo genoemd vanwege de geringere hardheid dan zirkoon.
hesychasme [contemplatie van Griekse monniken] van **gr.** *hèsuchazein* [rusten, stil zijn, zwijgen], van *hèsuchos* [rustig, zwijgend], verwant met **lat.** *serus* [laat] (vgl. ***serenade***).
hetaere [courtisane] < **gr.** *hetairè* [begeleidster, gezellin, 'vriendin', hetaere]; de m. vormen *hetairos* en *hetaros* betekenden 'makker, volgeling, bondgenoot, lijfgarde bij de Macedoniërs', en ook 'minnaar'.
hetaerie [wapenbroederschap] < **gr.** *hetaireia* [kameraadschap, politieke club, ontucht] (vgl. ***hetaere***).
heten [de naam dragen] **middelnl.** *heten* [verklaren, noemen, gebieden, beloven, heten], **oudnederfrankisch** *heitan,* **oudsaksisch** *hetan,* **oudhd.** *heizzan,* **oudfries** *heta,* **oudeng.** *hatan,* **gotisch** *haitan;* buiten het germ. **lat.** *ci(e)o* [ik breng in beweging, i.h.b. door roepen: ik ontbied, noem], **gr.** *kinein* [zich bewegen, gaan] (vgl. ***cinema***).
heterarchie [heerschappij van vreemdelingen] gevormd van **gr.** *heteros,* vr. *hetera* [een ander] + *archè* [regering, heerschappij].
heterochtoon [niet inheems] gevormd van **gr.** *heteros* [ander] + *chthōn* [aarde, grond, land].
heteroclitisch, heterocliet [van zeer verschillende aard] < **fr.** *hétéroclite* [onregelmatig] < **lat.** *heteroclitus,* gevormd van **gr.** *heteros* [een ander] + *klitos,* verl. deelw. van *klinein* [buigen, verbuigen].
heterodox [niet rechtzinnig] < **fr.** *hétérodoxe* [idem] < **gr.** *heterodoxos* [van een andere mening, van een verkeerde mening], van *heteros* [ander] + *doxa* [mening].
heterodyne [soort radio-ontvangtoestel] gevormd van **gr.** *heteros* [ander] + *dunamis* [kracht].
heterofiel [seksueel op het andere geslacht gericht] gevormd van **gr.** *heteros* [de ander, het andere] + *philos* [een vriend van].

heterofyllie [tweeërlei stengelbladeren hebbend] gevormd van **gr.** *heteros* [ander] + *phullon* [blad], idg. verwant met ***bloem***[1].
heterogeen [ongelijksoortig] < **fr.** *hétérogène* < **me. lat.** *heterogeneus* < **gr.** *heterogenès* [van een andere aard], van *heteros* [ander] + *-geen.*
heteromorf [van verschillende gedaante] gevormd van **gr.** *heteros* [ander] + *morphè* [vorm, gedaante].
hetman [aanvoerder van de kozakken] < **pools** *hetman* < **hd.** *Hauptmann* [kapitein].
Hettitisch [van de Hettieten, een volk] de Hettieten noemden zichzelf *Chatti;* onze vorm komt van **hebr.** *Hittī* [Hettiet].
heu, hui [type binnenschip] **middelnl.** *hoede, hoei, heude, huede, hode, hoedeschip, hoedenaer;* mogelijk een samenstelling met *hude* [tent, huif].
heug [zin] **middelnl.** *ho(e)ge, heuge, huege* [gedachte, herinnering, beraad, vrolijkheid] (vgl. ***heugen***), **oudsaksisch, oudhd.** *hugi,* **oudfries** *hei,* **oudeng.** *hyge,* **oudnoors** *hugr,* **gotisch** *hugs;* etymologie onzeker.
heugel [ketelhaak in schouw] **middelnl.** *hogel,* vermoedelijk van *hoog;* vgl. voor de vorm **hd.** *Hügel.*
heugen [herinnerd worden] **middelnl.** *hogen, huegen* [heugen, verheugen], **oudsaksisch** *huggian,* **oudnoors** *hyggja,* **gotisch** *hugjan* [menen, denken] en daarnaast **oudwestfries** *hugia,* **oudeng.** *hugian,* **oudnoors** *huga* [troosten]; afgeleid van ***heug.***
heukel [hulst] etymologie onbekend.
heuken [in het klein verkopen] te verbinden met **middelnl.** *huken, hucken* [hurken]; vgl. **eng.** *huckster* [venter, kramer], dat al in de 12e eeuw is geattesteerd.
heukeren [in het klein verkopen] iteratief van ***heuken.***
heul[1] [papaver] **middelnl.** *ole, oele, heul* [papaver, maankop] < **lat.** *oleum* [olie] (uit de papaver werd vroeger olie gewonnen).
heul[2] [baat] eerst 17e eeuws; vermoedelijk gevormd naast *heil,* mogelijk o.i.v. *hulp.*
heul[3] [opening in dijk, riool] **middelnl.** *hole, hool, huele, heul* [open riool, duiker], afgeleid van ***hol***[2].
heulen [samenspannen] **middelnl.** *heulen* [met schijven of ballen spelen], *huelen* [vaststellen van de volgorde bij prijsschieten], waaruit zich later de betekenis 'samenspannen' ontwikkelde, van *heul*[3] [goot], waarbij te denken valt aan de kuil voor knikkers of de greppel vóór de schietschijf.
heulenteer [vlierboom] (vgl. **hd.** *Holunder*), **middelnl.** *hol(l)ender, holentere;* het tweede lid is **middelnl.** *-tere* [boom], alleen in samenstellingen, zoals *mispeltere, noteltere,* **oudsaksisch** *treo,* **oudfries** *trē,* **oudeng.** *treow* (**eng.** *tree*), **oudnoors** *tre,* **gotisch** *triu;* buiten het germ. **gr.** *drus* [boom, eik], **oudkerkslavisch** *drĕvo* [boom], **oudiers** *daur* [eik], **oudindisch** *druma-* [boom] (vgl. ***druïde***); het eerste lid is vermoedelijk **middelnl.** *hole* [riooltje e.d. (de vlier heeft mergkanaaltjes in de takken)] → ***hesselteer, heul***[3].

heumig, hummig [vuns] **middelnl.** *hommich* [muf, duf, vuns], naar de vorm overeenkomend met **oudnoors** *hum* [schemering].

heup [gewricht tussen bovenbeen en romp] **middelnl.** *ho(e)pe, huepe, heupe, hepe* [heup, achterschenkel], **oudhd.** *huf,* **oudeng.** *hype,* **gotisch** *hups;* buiten het germ. **lat.** *cubitum, cubitus* [elleboog], **gr.** *kubos* [wervel, holte boven het kniegewricht, eig. buiging].

heureka [uitroep bij ontdekking] < **gr.** *heurèka* [ik heb (het) gevonden], 1e pers. voltooid verl. tijd van *heuriskein* [vinden].

heuristiek [leer van het vinden] gevormd van **gr.** *heuriskein* [vinden].

heurst [mallejan] → *hoefstal*.

heus [echt, hoffelijk] **middelnl.** *hovesch, hoofsch, hoosch, huefsch, huesch, heusch* [beschaafd, deugdelijk, geschikt], dus een nevenvorm van *hoofs*.

heuvel [verheffing van aardbodem] **middelnl.** *hovel, hoevel, huevel, hevel, huffel, heuvel,* **middelnd.** *hovel,* **oudhd.** *hubil;* buiten het germ. **lat.** *cupa* [kuip, vat], **gr.** *kupellon* [beker], **litouws** *kaupas* [hoop], **oudkerkslavisch** *kupŭ* [idem] (**russ.** *kupa*); de grondbetekenis is 'buigen, welven' → *heup, hoop* **¹,** *huif*.

hevea [plantengeslacht] < *hevee,* een Zuidamerikaanse indiaanse benaming.

hevel [gebogen buis om vloeistoffen over te tappen] **middelnl.** *hevel* [hefboom]; afgeleid van *heffen,* met *-el* (vgl. *beitel, drevel* etc.).

hevig [sterk, erg] **middelnl.** *hevich* [zwaar, moeilijk, heftig], **oudsaksisch** *hebig,* **oudhd.** *hebig,* **oudeng.** *hefig* (**eng.** *heavy*) [zwaar]; van *heffen*.

hexa- [zes-] < **gr.** *hexa-, hex-* (in samenstellingen), van *hex* [zes], daarmee idg. verwant.

hexaan [koolwaterstof] van *hexa-* [zes], zo genoemd vanwege het aantal van zes waterstofatomen.

hexaëder [zesvlak] gevormd van *hexa-* + **gr.** *hedra* [zetel, vlak], van *hezesthai* [gaan zitten], idg. verwant met *zitten*.

hexagram [zeshoek] gevormd van *hexa-* + **gr.** *grammè* [lijn, stel van lijnen, figuur], van *graphein* [schrijven, tekenen], idg. verwant met *kerven*.

hexameron [het scheppingswerk in zes dagen] gevormd van *hexa-* + **gr.** *hèmera* [dag].

hexameter [versmaat] < **lat.** *hexametrus* < **gr.** *hexametros* [uit zes versvoeten bestaand], van *hex* [zes] + *metron* [maat, versvoet], idg. verwant met *maat* **¹**.

hexateuch [de eerste zes boeken van het OT] gevormd van *hexa-* + **gr.** *teuchos* [instrument, vandaar wapenen, tuigage, vaatwerk, boekrol], van *teuchein* [vervaardigen], idg. verwant met *deugen*.

hiaat [leemte] < **lat.** *hiatus* [gaping, opening, kloof, hiaat], van *hiare* [opengesperd zijn, gapen], idg. verwant met *geeuwen, gapen*.

hibernakel [winterknop] < **lat.** *hibernaculum* [winterverblijf], *hibernalis* [in de winter], van *hiems* [winter].

hiberneren [overwinteren] < **lat.** *hibernare* [idem], van *hibernus* (vgl. *hibernakel*).

hibiscus [plantengeslacht] < **me. lat.** *hibiscus,* ouder *hibiscum,* ontleend aan het keltisch.

hickory [houtsoort] < **eng.** *hickory,* ouder *pohickery,* uit een indiaans woord uit Virginia *pawcohiceora* [voedsel bereid uit noten van de hickoryboom].

hidalgo [edelman] < **spaans** *hidalgo* [idem], samengetrokken uit *hijo de algo* [zoon van iets], *hijo* < **lat.** *filius* [zoon], *algo* < **lat.** *aliquod* [iets]; in diverse talen heeft *iets* mede de betekenis van 'iets van belang', b.v. *c'est quelque chose, that is something;* vgl. **portugees** *fildalgo* [hidalgo].

hideus [weerzinwekkend] < **fr.** *hideux,* **oudfr.** *hisde,* etymologie onzeker, mogelijk < **lat.** *hispidus* [ruig].

hidjra → *hedsjra*.

hidrotica [zweetmiddelen] < **gr.** *hidrōtikos* [zweet-], van *hidrōs* (2e nv. *hidrōtos*) [zweet], van *hidroō* [ik zweet].

hiel [achterste deel van voet] **middelnl.** *hiel(e),* **oudfries** *hel(a),* **oudeng.** *hela,* **oudnoors** *hæll,* een kustwoord van de Noordzee. Buiten het germ. **litouws** *kinka, kenklè* [kniebocht], **oudindisch** *kaṅkāla-* [geraamte].

hielen [kabels aan elkaar binden] een o.a. westfriese nevenvorm van *helen* **¹**.

hiep ¹ [hakmes] **middelnl.** *hepe, heep, hiep* [snoeimes], **oudhd.** *hep(p)a, happa* (**hd.** *Hippe* [snoeimes, zeis]); buiten het germ. **gr.** *kopis* [mes, kromme sabel], **litouws** *kaponè* [hakmes]; verwant met *hachje* **²** [afgesneden stuk vlees].

hiep ² [ingebeelde pijn] wel verkort uit *hypochondrisch,* vgl. **eng.** *hipped, hippish, hypped, hyppish,* hoewel gewezen moet worden op **middelnl.** *hipen* [morren, klagen].

hier [op deze plaats] **middelnl.** *hier,* **oudsaksisch** *hīr, hēr,* **oudfries** *hīr,* **oudeng.** *hēr,* afgeleid van dezelfde basis met de betekenis 'dichtbij', die ook aanwezig is in *her (en der), heen, heden*.

hiërarchie [rangorde] < **me. lat.** *hierarchia* < **byzantijns-gr.** *hierarchia,* van *hiereus* [priester], van *hieros* [heilig] + *archein* [het hoofd zijn, leiden, commanderen].

hiëratisch [priesterlijk] < **gr.** *hieratikos* [idem], van *hieros* [heilig], *hiereus* [priester].

hiëroduul [tempelslaaf] < **gr.** *hierodoulos* [tempelslaaf, priester van lagere orde], van *hieros* [heilig] + *doulos* [slaaf].

hiërofant [priester die mysterie (van Eleusis) bedient] < **gr.** *hierophantès* [die de heilige voorwerpen vertoont], van *hieros* [heilig] + *phainein* [doen verschijnen, tonen].

hiëroglief [teken van beeldschrift] < **gr.** *hierogluphika (grammata)* [hiëroglief enschrift], *(grammata* [tekens, letters]) *hierogluphika,* mv., van *hieros* [heilig] + *gluphein* [inkerven], idg. verwant met *klieven*.

hieuwen [met een spil omhoogwerken] (19e eeuws) < **eng.** *to heave* [heffen].

hij [pers. vnw. 3e pers. enk.] **middelnl.**, **oudsaksisch, oudfries** *hi, he,* **oudhd.** *er,* **oudeng.** *he,* **gotisch** *hita* [deze]; buiten het germ. **lat.** *cis* [aan deze kant], **gr.** *ekei* [daar], **hettitisch** *kī* [dit], **oudkerkslavisch** *sĭ;* verwant met *heden, her.*

hijgen [kort ademhalen] **middelnl.** *higen* en *heigeren* [sterk verlangen naar], **middelnd.** *higen* en ablautend *hegen, heigen,* **oudeng.** *higian,* **middeleng.** *highen,* **eng.** *to hie* [streven naar]; buiten het germ. **russ.** *sigat'* [springen], **oudindisch** *śīghra-* [snel] → *hijmen.*

hijlikmaker [koek] *hijlik* is een variant van *huwelijk.*

hijmen [hijgen] **middelnl.** *hijmen* [snakken naar], **eng.** *to hie,* **middeleng.** *hien,* naast *highen;* nevenvorm van *hijgen.*

hijsen [naar boven trekken] **middelnl.** *hischen,* als term in de zeilvaart ontstaan en dan goed verklaarbaar als klanknabootsend.

hikken¹ [de hik hebben] **middelnl.** *hicken;* iteratief van *hijgen.*

hikken² [mikken, treffen] **middelnl.** *hicken* [hakken, bikken]; verwant met *hakken.*

hil [hoogte] **middelnl.** *hil(le), hul* [heuvel, duin, hoog aangewassen grond, eiland], **nd.** *hul,* **oudeng.** *hyll* (**eng.** *hill*), **oudnoors** *hallr* [helling], **gotisch** *hallus* [rots] en **middelnl.** *holm* [riviereiland, heuvel], **oudsaksisch, oudeng.** *holm,* **oudnoors** *holmr* [eiland, heuvel]; buiten het germ. **lat.** *collis* [heuvel], **gr.** *kolōnos* [heuvel], **litouws** *kalnas* [berg], **gallisch** *celignon* [toren], **oudkerkslavisch** *čelo* [voorhoofd].

hilariteit [vrolijkheid] < **fr.** *hilarité* < **lat.** *hilaritatem,* 4e nv. van *hilaritas* [opgewektheid, vrolijkheid], van *hilaris* [vrolijk] < **gr.** *hilaros* [vriendelijk, vrolijk], van *hilèmi* [ik ben genadig].

hild, hilde [zoldering boven een stal] ook *hilt, hilte,* **middelnd.** *hilde;* etymologie onbekend.

hillebil [draaigat (meisje)] reduplicatie van *bil.*

hilletje [pompklep] etymologie onbekend.

hillig [barg. sof] < **hebr.** *hilluch* [idem].

hilt, hilte [handvat] **middelnl.** *helt, hilt, helte, hilte, hulte* [greep, gevest], **oudsaksisch** *helta,* **middelnd.** *helt,* **oudhd.** *helza,* **oudeng.** *hilt,* **oudnoors** *hjalt;* van dezelfde basis als *hout.*

hiltik, hillek [bikkel, koot] **middelnl.** *hiltike, hyltinge* [kootje], *hilten, hiltiken, hilteken* [koten (ww.)], bij Kiliaan *hielte;* wellicht van *hiel.*

hinde [wijfje van hert] **middelnl., middelnd.** *hinde,* **oudhd.** *hinta,* **oudeng., oudnoors** *hind* (**eng.** *hind*); buiten het germ. **gr.** *kemas* [jong hert], **litouws** *šmulis* [os, koe zonder hoorns], **oudindisch** *śama-* [zonder horens].

hinder [overlast] **middelnl.** *hinder,* van het bijw. *hinder* [achter, achteruit, in het ongeluk], waarin het element *hi* een idg. voornaamwoordelijke basis vertegenwoordigt, waarvoor vgl. *hier.*

Hindi [Hindoestaanse taal in India] < **hindi** *hindī* [betrekking hebbend op Hind] (vgl. *Hindoe*).

Hindoe [bewoner van Hindoestan, aanhanger van het hindoeïsme] < **perzisch** *hendū,* van *hend* [India], teruggaand op **oudindisch** *sindhu-* [rivier, i.h.b. de Indus] (vgl. *Indisch*).

Hindoestani [taal, vorm van Hindi] < **hindi** *Hindustānī,* met achtervoegsel *ī* [betrekking hebbend op], gevormd van **perzisch** *hendū* (vgl. *Hindoe*) + *stān* [plaats, land], idg. verwant met **lat.** *stare,* **nl.** *staan, staat.*

hinkelen [op één been voortspringen] iteratief van *hinken.*

hinken [mank gaan] **middelnl.** *hinken, henken,* **middelnd.** *hinken,* **oudhd.** *hinkan;* buiten het germ. **gr.** *skazein* [hinken], **oudiers** *cingim* [springen], **oudindisch** *khañjati* [hij hinkt].

hinnebes → *hennebei.*

hinniken [geluid van een paard] van 16e eeuws *hinnen;* klanknabootsend, evenals **lat.** *hinnire* [idem].

hint [wenk] < **eng.** *hint,* van *to hint,* **oudeng.** *hentan,* verwant met *huntian,* **eng.** *to hunt* [jagen], verwant met *hand,* dat de grondbetekenis 'grijpen' heeft.

hip [vlot] → *hippie.*

hipocras, hippocras [kruidenwijn] **middelnl.** *hypocras* < **lat.** *manica Hippocratis* [de mouw van Hippocrates, een mouwvormig filter van textiel, gebruikt om de wijn na het kruiden te filteren], genoemd naar de Griekse arts Hippocrates (ca. 460-377? v. Chr.), de vader van de geneeskunde. De spelling met één *p* ontstond o.i.v. de talrijke woorden die met *hypo-* beginnen.

hippen nevenvorm van *huppen.*

hippiatrie [kennis van paardeziekten] gevormd van **gr.** *hippos* [paard], verwant met **lat.** *equus* [idem] + *iatreia* [genezing], van *iasthai* [genezen].

hippie [jong, non-conformistisch persoon] < **amerikaans slang** *hippie, hippy* [idem], van *hip,* nevenvorm van *hep* [bewust, ingewijd]; mogelijk van *hep* (verouderd *step*), de kreet die de sergeant bij het marcheren gebruikt.

hippisch [m.b.t. paarden] gevormd van **gr.** *hippos* [paard], verwant met **lat.** *equus* [idem].

Hippocrene, Hippocreen [hengstebron] < **gr.** *Hippokrènè,* van *hippos* [paard], verwant met **lat.** *equus* + *krènè* [bron].

hippodroom [renbaan voor paarden] < **fr.** *hippodrome* < **lat.** *hippodromus* [idem] < **gr.** *hippodromos* [idem], van *hippos* [paard], verwant met **lat.** *equus* [idem] + *dromos* [loop] (vgl. *dromedaris, drentelen*).

hippopotamus [nijlpaard] < **fr.** *hippopotame* < **lat.** *hippopotamus* < **gr.** *hippopotamos,* van *hippos* [paard], verwant met **lat.** *equus* [idem] + *potamos* [rivier].

hippuurzuur [zuur in de nieren] gevormd van **gr.** *hippos* [paard], verwant met **lat.** *equus* [idem] + *ouron* [urine]; zo genoemd omdat het voor het eerst werd gevonden in urine van paarden.

hiragana [Japans cursief lettergreepschrift] van

hirs — hoef

hira [vlak] + *kana*, van *ka* [onecht] < **chinees** *chia* + *na* [naam, schriftteken], dus oneigenlijke tekens.

hirs [zevenblad] nevenvorm van ***heers*** [1].

hirsuties, hirsutisme [overmatige beharing] < **modern lat.** *hirsuties*, gevormd van **lat.** *hirsutus* [ruig], verwant met *horrere* (vgl. ***horribel***).

histamine [bloedvaten verwijdende stof] gevormd van *histidine*, gevormd van **gr.** *histion*, verkleiningsvorm van *histos* [mast, weefgetouw, daardoor gebruikt voor 'weefsel' in samenstellingen], van *histèmi* [ik doe staan], idg. verwant met ***staan*** + *amine*.

histogram [frequentiekolomdiagram] gevormd van **gr.** *histos* (vgl. ***histamine***) + *gramma* [teken], van *graphein* [schrijven, tekenen], idg. verwant met ***kerven***.

histologie [weefselleer] gevormd van **gr.** *histos* (vgl. ***histamine***) + *logos* [verhandeling].

historicus [geschiedkundige] < **lat.** *historicus* [geschiedkundig(e), geschiedschrijver] < **gr.** *historikos* [wetenschappelijk, historisch, historicus], van *histōr* (vgl. ***historie***).

historie [verhaal, geschiedverhaal] **middelnl.** *historie, ystorie* < **lat.** *historia* [onderzoek, kennis, verhaal, geschiedschrijving, geschiedenis] < **gr.** *historia* [onderzoek, verslag, verhaal, studie, wetenschap], van *histōr* [ooggetuige, rechter van onderzoek, deskundige], verwant met *idein* [zien], idg. verwant met ***weten***.

historiografie [geschiedschrijving] gevormd van **lat.** *historiographus* < **gr.** *historiographos* [geschiedschrijver], van *historia* (vgl. ***historie***) + *graphein* [schrijven], idg. verwant met ***kerven***.

historisch [geschiedkundig] van **lat.** *historicus* (vgl. ***historicus***).

histrionisch [toneelspelerachtig] < **lat.** *histrionicus* [van een acteur], van *histrio* (2e nv. *histrionis*) [acteur], van *hister* [pantomimespeler], een etruskisch woord.

hit [1] [paardje] (18e eeuws), eig. een Shetlandpony, van *Hitlandt*, de oude benaming van *Shetland*, die in het nl. in de 16e eeuw nog meer gebruikelijk was dan *Schetlandt*.

hit [2] [succesnummer] < **eng.** *hit*, van *to hit* [treffen, raken], **middeleng.** *hitten* < **oudnoors** *hitta* [ontmoeten, stoten op], **middelnl.** *hitten* [zijn doel bereiken], **nl.** *hitten* [raken, treffen].

hitsig [vurig] (begin 17e eeuw) **middelnl.** *hitsich* [heet] < **hd.** *hitzig*, van *Hitze* [hitte].

hitte [sterke warmte] **middelnl.** *he(e)te, heite, hiete, hit(te)*, van ***heet***.

hitten [raken, treffen] → ***hit*** [2].

hittepetit [bedrijvig persoontje] reduplicerende vorming als b.v. ook *hotemetoot*, waarvan de etymologie onbekend is.

Hittitisch → ***Hettitisch***.

hobbedob [soppig land] van *hubbe* (vgl. ***hobbel***) + *dobbe*.

hobbel [oneffenheid] (1546), vgl. **fries** *hobbel*, **nd.**

hubbel, vgl. *hubbe* [stuk veengrond, dat als een bult boven het water uitsteekt], variant met consonantverdubbeling van ***heuvel***.

hobbelen [schommelend bewegen] **middelnl.** *hob(b)elen*, **middeleng.** *hobelen*, **eng.** *to hobble*, intensivum naast **nl.** *hobben* [zich aftobben] → ***huppelen***.

hobbezak [lomp iem.] het eerste lid van *hobben* [heen en weer gaan] → ***hobbelen***.

hobby [liefhebberij] < **eng.** *hobby* < **oudfr.** *hobi(n)* [paardje, telganger], van *hober* [bewegen, springen], uit het germ., vgl. ***hobbelen***.

hobie-cat [catamaran] merknaam.

hobo [1] [blaasinstrument] (1628) < **fr.** *hautbois* (eventueel via **it.** *oboe*), van *haut* [hoog], hetgeen op de toon slaat + *bois* [hout].

hobo [2] [zwerver] < **amerikaans slang** *hobo*, etymologie onzeker, mogelijk van een tussen zwervers vroeger gebruikelijke groet *ho! beau!*.

hobstempel [zeer harde stempel] < **eng.** *hob, hub* [wielnaaf, hardhouten klos voor drijfwerk gebruikt, muntstempel], verwant met ***hobbel***.

hockey [een veldsport] < **eng.** *hockey* < **oudfr.** *hoquet* [gebogen, b.v. van een schaapherdersstaf], van *hoc* [haak], uit het germ., vgl. ***hoek, haak***.

hocus-pocus [toverformule] ook *hocus pocus pas*, schertslatijn, teruggaand op een onzinformule, door zwervende studenten in de 16e eeuw gebruikt: *hax pax max Deus adimax*.

hoddelen, huddelen [knoeien, ongehuwd samenleven] vgl. **middelnl.** *hudze* [rommel], zn. *hodden* [lorren], **eng.** *to huddle* [dooreengooien, op een hoop gooien]; van een idg. basis met de betekenis 'bedekken', waarvan ook **eng.** *to hide* en **nl.** *huid* zijn afgeleid.

hodeldebodel → ***hoteldebotel***.

hodologie [leer der zenuwverbindingen] gevormd van **gr.** *hodos* [weg] + *logos* [woord, verhaal, begripsbepaling].

hoe [op welke wijze] **middelnl.** *hoe*, **oudnederfrankisch** *huo*, **oudsaksisch** *huo, hwo*, identiek met **middelnl., oudsaksisch, oudfries, oudeng.** *hu* (**eng.** *how*), waarnaast ablautend **oudsaksisch, oudeng.** *hwi* (**eng.** *why*), **oudnoors** *hvi*, **gotisch** *hwe*; waarschijnlijk buiten het germ. te verbinden met **lat.** *quo* [waarheen], **gr.** *oupō* [nog niet], *pōpote* [ooit].

hoed [hoofddeksel] **middelnl.** *hoet*, **oudsaksisch** *hōd*, **oudhd.** *huot*, **oudfries** *hōd, hāth*, **oudeng.** *hœtt, hōd* (**eng.** *hat*, naast *hood*), **oudnoors** *hattr*; buiten het germ. **lat.** *cassis* [helm], **welsh** *caddu* [zorgen voor] (vgl. ***hoede***).

hoede [bewaking, waakzaamheid] **middelnl.** *hoe(de), huede* [bewaking, bescherming, behoedzaamheid], **middelnd., oudfries** *hode*, **oudhd.** *huota*; van dezelfde basis als ***hoed***.

hoeden [beschermen] afgeleid van ***hoede***.

hoef [hoornschoen] **middelnl.** *hoef*, **oudsaksisch, oudfries, oudeng.** *hōf*, **oudhd.** *huof*, **oudnoors** *hōfr*; buiten het germ. **oudindisch** *śapha-* [hoef], **avestisch** *safa-* [paardehoef].

hoefslag [aanslag voor landeigenaar] van *hoef* [hoeve] + *slag*, middelnl. *slach* [aandeel in markegerechtigheid en grondbezit, deel van weg of dijk tot het onderhoud waarvan iem. gehouden is, aangeslagen wordt], van *slaen* [slaan, verdelen].

hoefstal [travalje, noodstal] middelnl. *nootstal,* hetzelfde woord als middelnl. *oestel, oestal, oostal, hoestal, noistal, nootstal* [katapult, een folterwerktuig, polei] < **oudfr.** *ostil, ustil* (**fr.** *outil*) [gereedschap, apparaat] < **me. lat.** *ustilium* [idem], van *uti* [gebruiken]; zoals uit de gegeven vormen blijkt, zijn *hoefstal* en *noodstal* gevallen van volksetymologie; mogelijk is *heurst* [mallejan] een vervorming met ingevoegde *d* van hetzelfde woord (vgl. *oets* [mallejan]).

hoek [ruimte tussen twee lijnen of vlakken] middelnl. *hoec,* **oudsaksisch, middelnd.** *hōk,* **oudeng.** *hōc;* ablautsvorm van *haak.*

hoeker [vissersschip] zo genoemd omdat men op het schip viste met *hoekwant,* dus afgeleid van *hoek.*

Hoeks [tot de partij der Hoeksen behorend] etymologie onbekend.

hoela [dans] < **hawaïaans** *hoela.*

hoelie, hoeldie [steenkolen] < **fr.** *houille* [idem], ouder *oille* < **waals** *hoye* < **frankisch** *hukk* [stapel, hoop], vgl. middelnl. *hocke* [hoop graan dat op het veld staat te drogen] (vgl. *hok* [2]).

hoelman [hondsaap] genoemd naar *Hanoeman,* de apenkoning in het Rámáyaṇa < **oudindisch** *hanumant-* [kaken hebbend], van *hanu* [kaak].

hoelzwaan [wilde zwaan] vgl. **gronings** *hoelen* [brommen, gonzen] = **nl.** *huilen,* 16e eeuws *huyler* [zwaan].

hoempa, oempa [straatmuzikant] klanknabootsende vorming.

hoen [kip] middelnl. *hoen,* **oudsaksisch** *hon,* **oudhd.** *huon;* ablautende variant van *haan* en *hen.*

hoender, hoenderik [soort hengselmand] ook *haanderik;* etymologie onbekend.

hoep [band van hout om vat] middelnl. *houp, hoep, hoop,* **oudfries, oudeng.** *hop* (**eng.** *hoop*), vgl. **oudnoors** *hop* [inham, baai], waarvoor vgl. ook **nl.** *hop* [3] *(Hoornse hop);* vermoedelijk te verbinden met **gr.** *kamptein* [buigen], **litouws** *kumpti* [zich buigen] → *heup, hoepel.*

hoepel [band om vaatwerk] verkleiningsvorm van *hoep.*

hoepland [griendland] het eerste lid is *hoep* [hoepel], dus land waar het materiaal voor houten hoepels vandaan komt.

hoer [prostituée] middelnl. *hoere,* middelnd., **oudeng.** *hōre,* **oudhd.** *huora,* **oudnoors** *hora* [overspelige vrouw], **gotisch** *hōrs* [echtbreker]; buiten het germ. **lat.** *carus* [dierbaar, geliefd], **oudiers** *carae* [vriend], **welsh** *caraf* [ik houd van], **lets** *kars* [begeerlijk], **oudindisch** *kāma-* [begeerte] (vgl. de *Kāmasūtra* [leidraad der liefdeskunst]); de oorspronkelijke betekenis is dus allerminst ongunstig.

hoera [vreugdekreet] begin 19e eeuw < **hd.** *hurra,* dat door Duitse soldaten in Engelse dienst is overgenomen uit **eng.** *hurrah, hurray, hooray,* van *huzza,* waarnaast een **hd.** *hurra* [vlug!], van *hurren* [zich snel bewegen].

hoerebakkerd [eenvoudige aardewerken knikker] het tweede lid is wel *(potte)bakker* [van potklei gebakken knikker]; het eerste lid waarschijnlijk = *hoer,* overdrachtelijk gebruikt in de zin van minderwaardig.

hoeri [maagd in islamitisch paradijs] < **perzisch** *hūrī,* met het enkelvoudsachtervoegsel *ī* < **ar.** *ḥaurā',* mv. *ḥūr* [met mooie zwarte ogen], bij het ww. *ḥawirat* [zij had zwarte ogen].

hoes [1] [overtrek] middelnl. *hoetse, houschemaker* [overtrekker van hoezen], *houchieringe* [bekleding] < **oudfr.** *housse* [overtrek], uit het germ., vgl. middelnl. *holfter* [foedraal] → *holster.*

hoes [2] [huis] dialectische nevenvorm, met behoud van de oorspronkelijke vocaal, van *huis.*

hoest [uitstoting van lucht met keelgeluid] middelnl. *hoest(e),* middelnd. *hōste,* oudhd. *huosto,* oudeng. *hwōsta,* **oudnoors** *hōsti;* buiten het germ. **middeliers** *cassacht,* **russ.** *kašel'* [hoest], **litouws** *kosèti* [hoesten], **oudindisch** *kāsate* [hij hoest].

hoetelen [broddelen, treuzelen] middelnl. *hoedelen,* naast *hoedelaere, hodelare* [knoeier, leegloper, iem. die negotie doet, op minder eerlijke manier aan de kost komt], van *huden, huyden* [verbergen, verstoppen], vgl. middelnl. *hudelen,* **eng.** *to huddle,* van *to hide* [verbergen], oudeng. *hydan,* oudfries *heda,* nd. *verhüen* → *huid.*

hoeve [1] [boerderij] middelnl. *ho(e)ve, hoef* [stuk land van een bepaalde grootte, hofstede], **oudsaksisch** *hoba,* **oudhd.** *huoba;* buiten het germ. **gr.** *kèpos* [omheind stuk land, boomgaard, domein], mogelijk verwant met **lat.** *capere* [(in bezit) nemen], idg. verwant met *heffen.*

hoeve [2] [netmaag] van *huif,* middelnl. *huve* [hoofddeksel, koepeldak, maar ook wel nethuid, vlies].

hoeven (1599) → *behoeven.*

hoezee [vreugde- of aanmoedigingskreet] in de 18e eeuw overgenomen uit **eng.** *huzza,* een zeemanskreet, waarschijnlijk identiek met *hissa!,* gebruikt bij het hijsen van de zeilen (vgl. *hoera*).

hof [omheind stuk grond, omgeving van een vorst, rechtbank] middelnl., **oudsaksisch, oudhd., oudfries, oudeng., oudnoors** *hof;* wel van dezelfde basis als *heuvel.*

hoffmanndruppels [geneesmiddel] genoemd naar de Duitse arts *Friedrich Hoffmann* (1660-1742).

hofmeier [majordomus] middelnl. *hofmeyer;* van *hof + meier* [1].

hogel [1] [ketelhaak in schouw] middelnl. *hogel* → *heugel.*

hogel [2] [gotisch siermotief] waarschijnlijk zo genoemd vanwege de gelijkenis van de *hogel, heugel* met zijn tanden en de in rijen langs o.m.

hoi — hominidae

pinakels opklimmende hogelelementen → **hogel**[1].

hoi [uitroep] evenals **eng.** *ahoy* spontaan gevormd.

hok[1] [bergruimte] eerst eind 16e eeuw genoteerd, komt buiten nl., fries en nd. niet voor; vermoedelijk van *hukken* [gehurkt zitten], of een nevenvorm van *hoek*.

hok[2] [aantal schoven] **middelnl.** *hocke*, vgl. **litouws** *kugis* [grote hoop hooi], **iets** *kaudze, skaudze* [idem], verwant met *schok*[1] [60-tal] en *hukken* [hurken] → *hoelie*.

hokkeling [eenjarig kalf] eerst eind 16e eeuw, van *hok*[1].

hol[1] [leeg] **middelnl., oudsaksisch, oudhd., oudfries, oudeng.** *hol*, **oudnoors** *holr;* van dezelfde basis als *(ver)helen* (verl. deelw. *(ver)holen*).

hol[2] [grot] is het zelfstandig gebruikt bn. *hol*[1].

hol[3] [brug, aflopend deel van een weg] nevenvorm van *heul*[3].

hola, holla [uitroep] in 1516 genoteerd, vgl. **eng.** *holla*, in 1523 genoteerd < **fr.** *ho là* < **oudfr.** *holà*, in 1140 geattesteerd, of mogelijk een afleiding van *halen*.

holaars, holeers [soort appel] lett. betekent het 'met *holle aars'*, vgl. *holgat* voor een soort stoofappel met sterk ingetrokken kruin.

holarctisch [behorend tot het noordelijk halfrond boven de tropengordel] gevormd van **gr.** *holos* [geheel] + *arctisch*.

holbeinwerk [borduursteek aan hemden] in de 16e eeuw opgekomen; zo genoemd omdat hij voorkomt op schilderijen van *Holbein* (1497?-1543).

holgat [soort appel] → *holaars*.

holisme [biologisch-filosofische leer] gevormd van **gr.** *holos* [geheel].

holkeel [uitholling in zuilen] < **hd.** *Hohlkehle*, waarin *Kehle* [keel, goot, gleuf].

Holland [westelijk deel van Nederland] in de 9e eeuw *Holtland*, van *holt* [hout]; de naam had betrekking op het bosrijke gebied in de buurt van Haarlem.

hollen [rennen] reeds middelnl., maar niet in andere talen voorkomend, mogelijk afgeleid van *hol*[3] [steil stukje pad, b.v. van de kruin van een dijk naar beneden, waarop men rustig lopend niet overeind blijft], maar in het middelnl. is deze betekenis niet genoteerd.

hollerithsysteem [administratiesysteem met ponskaarten] genoemd naar de Amerikaanse statisticus *Herman Hollerith* (1860-1929), die het uitvond.

holm [bouwkundig ornament] **middelnl.** *helm, holm* [steel], **middelnd.** *holm* [dwarsbalk, juk], **hd.** *Holm* [horizontale bovenbalk] → *helm*[2].

holmeslicht [waterlicht (aan reddingsboei), om drenkelingen terug te vinden] genoemd naar de fictieve detective *Sherlock Holmes*.

holmium [chemisch element] afgeleid van *holmia* [het oxyde van holmium], dat eerder zo genoemd was door de Zweedse chemicus Per Teodor Cleve (1840-1905), naar *Holmia*, de verlatijnsing van Stockholm.

holocaust [volkenmoord] < **eng.** *holocaust* < **fr.** *holocauste* < **lat.** *holocaustum* [brandoffer] < **gr.** *holokauston* [idem], van *holos* [geheel] + *kaustos* [verbrand], van *kaiein* [in brand steken, verbranden].

Holoceen [geologisch tijdperk] gevormd van **gr.** *holos* [geheel] + *kainos* [nieuw].

holograaf [eigenhandig geschreven stuk] van **gr.** *holographein* [geheel uitschrijven, niet afkorten], van *holos* [geheel] + *graphein* [schrijven], idg. verwant met *kerven*.

holosteric-barometer [aneroïde-barometer] gevormd van **gr.** *holos* [geheel] + *stereos* [vast, hard], dus helemaal vast, d.w.z. zonder vloeistof.

holothuriën [zeekomkommers] < **gr.** *holothourion* [een zeedier].

holsblok [klomp] (1785), vgl. **middelnl.** *hoolbloc* [idem], van *hol*, dus een uitgehold blok hout; de s dateert van later en is oneigenlijk.

holster [vuurwapenfoedraal] (1678), vgl. **middelnl.** *holfter* [foedraal, pijlkoker], *hulsteren* [verstoppen, verduisteren], **middelnd.** *hulfte*, **oudhd.** *hulft* [koker], **oudeng.** *heolstor*, **gotisch** *hulistr* [bedekking]; behoort bij *hullen*.

holting [markgenootschap voor bossen] **middelnl.** *holtdinc, holtinc, houtinc*, ook *houtgerichte*, van *hout* + *ding* [rechtsgeding].

hom[1] [zaad van vis] (1567), etymologie onbekend.

hom[2] [geplooide strook aan overhemd] etymologie onbekend.

homeopathie [een geneeswijze] < **hd.** *Homöopathie*, door de Duitse arts Christian Friedrich Hahnemann (1755-1843) gevormd van **gr.** *homoiopatheia* [vatbaarheid voor gelijke indrukken], *homoiopathès* [met gelijke ervaringen, zich bevindend in dezelfde toestand], van *homoios* [gelijk] + *pathos* [het lijden, aandoening].

homerisch [van Homerus] *homerisch gelach*, ontleend aan Homerus' Ilias I 599 en Odyssee VIII 326, waar gesproken wordt over het niet aflatend gelach van de goden.

homespun [grofharig weefsel] < **eng.** *homespun*, van *home* [huis], verwant met *heim* + *spun* [gesponnen], verl. deelw. van *to spin* (vgl. *spinnen*).

homig [vuns] → *heumig*.

homileet [kanselredenaar] < **gr.** *homilètès* [toehoorder, leerling], *homilètikos* [voor conversatie geschikt], van *homilein* [samenleven, omgaan met], van *homilos* [menigte, samengekomen mensen], van *homos* [m.b.t. meer dan twee te zamen] + een tweede lid dat verwant is met **lat.** *mille* [duizend].

homiletisch [predik-] < **gr.** *homilètikos* [voor de omgang, conversatie geschikt], van *homilètikè* [kunst van de conversatie] (vgl. *homileet*).

homilie [prediking] < **gr.** *homilia* [omgang, college, gesprek, samenkomst] (vgl. *homileet*).

hominidae [primatenfamilie] < **modern lat.**

hominidae, gevormd van **lat.** *homo* (2e nv. *hominis*) [mens] + het achtervoegsel *-idae*, mv. van *-ides*, gebruikt voor families < **gr.** *-idès* [zoon van].

hommage [eerbetoon] < **fr.** *hommage* < **me. lat.** *hominatio, hominatus, hominium, hommagium* [leenhulde], van **lat.** *homo* [man] (vgl. *homo* ¹); in de middeleeuwen had men mede de specifieke betekenis van 'leenheer', vgl. b.v. **middelnl.** *sijns selves manne* [onafhankelijk].

hommel ¹ [mannetjesbij] **middelnl.** *hommel, homel, hummel,* **middelnd.** *homele, hummel-bē,* **oudhd.** *humbal,* **middeleng.** *humbyl-bee* (**eng.** *bumblebee, bee* [bij]), naast **middelnl.** *hommelen, hummelen* [brommen, gonzen], **middeleng.** *hummen* (**eng.** *to hum*), **hd.** *hummen;* klanknabootsende vorming.

hommel ² [hopplant] **middelnl.** *hommel,* **oudeng.** *hymele,* **me. lat.** *humulo, fumlo, umblone,* wel van **germ.** herkomst en mogelijk te verbinden met **oudnoors** *humla* [met de handen tasten] (de hop is een klimplant).

hommelen [gonzen] klanknabootsende vorming (vgl. *hommel* ¹).

hommeles [ruzie] (1653), wel van *hommelen* in de betekenis 'donderen, razen'; vgl. voor de vorming *brommeles krijgen*.

hommer ¹ [mannetjesvis] → *hom* ¹.

hommer ² [zeekreeft] **hd.** *Hummer* < **deens** *hummer,* **oudnoors** *hummarr;* buiten het **germ. gr.** *kammaros* [garnaal] (vgl. *Kameroen*); de basisbetekenis is 'bedekken' (de chitinehuid) → *haam* ².

hommer ³ [verdikking van masteind tot steun van bramzaling] vgl. **middelnl.** *hune* [mars van een schip], **noors** *hun* [kop van een balk], **zweeds** *hummer,* **oudnoors** *hunn* [kort eind hout, mastkorf]; van een idg. stam met de betekenis 'opzwellen', waarvan ook o.m. **lat.** *cavus* [hol], **gr.** *kuein* [zwanger worden].

homo ¹ [mens] < **lat.** *homo,* verwant met *humus* [aarde], dus de mens als kind van moeder aarde. Verwant met (*bruide*)*gom*.

homo ² verkorting van *homoseksueel*.

homofiel [homoseksueel] gevormd van **gr.** *homos* [eender, dezelfde] + *philos* [een vriend van].

homofonie [het gelijkklinken] < **fr.** *homophonie* < **gr.** *homophōnia* [overeenkomst van taal, gelijkluidendheid], van *homos* [eender, dezelfde] + *phōnè* [klank].

homogaam [met gelijktijdig rijp meeldraden en stampers] gevormd van **gr.** *homos* [eender, dezelfde] + *gamos* [huwelijk].

homogeen [van dezelfde aard] < **fr.** *homogène* < **lat.** *homogeneus* [idem] < **gr.** *homogenès* [van hetzelfde geslacht, bloedverwant, van dezelfde generatie], van *homos* [eender, dezelfde] + *genos* (vgl. *-geen*).

homograaf [op dezelfde manier gespeld woord] gevormd van **gr.** *homos* [eender, dezelfde] + *graphein* [schrijven], idg. verwant met *kerven*.

homologeren [bekrachtigen] < **fr.** *homologuer* < **lat.** *homologare* [idem] < **gr.** *homologein* [in gedachten overeenstemmen, het eens worden, afspreken, een verdrag sluiten], van *homos* [eender, dezelfde] + *logos* [woord, gedachte].

homologie [het homoloog zijn] < **gr.** *homologia* [overeenstemming na dispuut, overeenkomst] (vgl. *homologeren*).

homoloog [overeenstemmend] < **fr.** *homologue* < **gr.** *homologos* [het eens zijnde met] (vgl. *homologeren*).

homoniem [gelijkluidend woord met verschillende betekenissen] < **fr.** *homonyme* [idem] < **me. lat.** *homonymus* [naamgenoot, dubbelzinnig], van **gr.** *homos* [dezelfde] + *onuma,* nevenvorm van *onoma* [naam, woord, uitdrukking], idg. verwant met *naam*.

homoseksueel [gericht op seksuele omgang met personen van hetzelfde geslacht] bastardvorming van **gr.** *homos* [eender, dezelfde] + **lat.** *sexus* [geslacht].

homozygoot [biologische term] gevormd van **gr.** *homos* [dezelfde] + *zugotos,* verl. deelw. van *zugoun* [onder het juk spannen], van *zugon* [juk], daarmee idg. verwant.

homp ¹ [stuk, brok] (1599), vgl. **fries** *hompe;* buiten het **germ. gr.** *kumbos* [beker], **oudindisch** (hoewel de aspiratie een moeilijkheid is) *kumbha-* [pot], en zonder nasalering **gr.** *kubos* [holte boven het heupgewricht], **lat.** *cubare,* naast *cumbere,* vgl. *heup, cimbaal;* de basisbetekenis is 'buigen'.

homp ² [groot drinkglas] < **hd.** *Humpen* [bokaal], vgl. **gr.** *kumbos* [beker], verwant met *homp* ¹.

hompelen [mank gaan] **middelnl.** *hompelen, humpelen* [stumperen, knoeien]; vermoedelijk een klanknabootsende vorming naast *huppelen, hubbelen, hob*(*b*)*elen*.

homunculus [door alchemie gevormde kunstmens] < **lat.** *homunculus* [zwakke man, mannetje, kereltje], verkleiningsvorm van *homo* ¹.

hond ¹ [huisdier] **middelnl.** *hont,* **oudnederfrankisch, oudsaksisch** *hund,* **oudhd.** *hunt,* **oudfries, oudeng.** *hund* (**eng.** *hound*), **oudnoors** *hundr,* **gotisch** *hunds;* buiten het **germ.** o.m. **lat.** *canis,* **gr.** *kuōn* (2e nv. *kunos*), **oudiers** *cu,* **litouws** *šuo* [hond], **russ.** *suka* [teef], **oudindisch** *śvā* (2e nv. *śunas*) [hond].

hond ² [landmaat van 100 roeden] **middelnl.** *hont,* van *honderd*.

honderd [telwoord] **middelnl.** *hondert,* **oudsaksisch** *hund*(*erod*), **oudhd.** *hundert,* **oudfries, oudeng.** *hundred,* **oudnoors** *hundrað,* samenstelling van **oudsaksisch, oudeng., gotisch** *hund,* **oudhd.** *hunt,* buiten het **germ. lat.** *centum* (vgl. *cent*) + een tweede lid **gotisch** *raþjo* [rekening] (vgl. *rede* ¹).

hondsdagen [warmste tijd van het jaar] **middelnl.** *hont*(*s*)*dage,* **middelnd., middelhd.** *hundsdag,* vertalende ontlening van **lat.** *dies caniculares,* van *canicula* [Sirius, de hondsster], die in de be-

hondsdraf — hoon

treffende periode tegelijk met de zon boven de horizon komt, eig. vr. verkleiningsvorm van *canis* [hond], daarmee idg. verwant < **gr.** *kunos hèmera, kunos,* 2e nv. van *kuōn* [hond], daarmee idg. verwant, + *hèmera* [dag].

hondsdraf [plantengeslacht] volksetymologische vervorming, vgl. **middelnl.** *gonderave, gondrave, hondrave, onderhave,* **hd.** *Gundelrebe* (naast *Gundermann),* **oudhd.** *gundreba;* het eerste lid is waarschijnlijk **oudeng.** *gund,* **oudhd.** *gunt,* **gotisch** *gund* [etter, zweer], het tweede lid **middelnl.** *reve,* **oudhd.** *reba* [rank].

hondsvot [scheldwoord] in de 16e eeuw < **hd.** *Hundsfott* [ellendeling, eig. het geslacht van de teef], *vot,* 16e eeuws oostelijk *fotte,* **middelnl.** *fut(te), fotze, futze, vut* (**hd.** *Fotze*), verwant met **lat.** *putidus* [stinkend], **oudindisch** *putau* [billen].

Honduras [geogr.] de naam werd gegeven door Columbus, naar **spaans** *honduras,* mv. van *hondura* [diepte, moeilijkheid]; men vond aanvankelijk geen ankergrond.

honen¹ [smaden] **middelnl.** *honen,* **oudsaksisch** *gihonian,* **oudhd.** *honen,* **oudfries** *hena,* **oudeng.** *hienan,* **gotisch** *haunjan;* afgeleid van **hoon.**

honen² [binnenomtrek slijpen] < **eng.** *to hone,* van *hone* [slijpsteen], **oudeng.** *hān* [steen], **oudnoors** *hein* [slijpsteen] → ***heen¹.***

Hongaar [iem. uit Hongarije] **middelnl.** *Onger, Honger* < **me. lat.** *(H)ungarus* < **me. gr.** *Ouggros,* nauw verwant met *Oegrisch, O(ej)goer.*

honger [eetlust] **middelnl.** *honger,* **oudnederfrankisch,** **oudfries** *hunger,* **oudsaksisch, oudhd.** *hungar,* **oudeng.** *hungor,* **oudnoors** *hungr,* **gotisch** *huhrus;* buiten het germ. **gr.** *kagkanos* [dor], **litouws** *kenkti* [schaden], *kanka* [het lijden].

hongitocht [expeditie met hongi] van **moluks** *hongi* [oorlogsvloot van prauwen].

Hongkong [geogr.] < **chinees** *Hsiang kang* [geurige haven].

honing [stof door bijen uit bloemvocht bereid] **middelnl.** *honich, honinc(h), honech, huenic,* **oudnederfrankisch** *honog,* **oudsaksisch** *honeg, huneg,* **oudhd.** *honag,* **oudfries** *hunig,* **middeleng.** *honi,* **oudnoors** *hunang;* buiten het germ. **gr.** *knèkos, knakos* [geelachtig], *knèkos* [wilde saffraan], *knèkis* [geelbleke wolk], **welsh** *canecon* [goud], **oudindisch** *kāñcana-* [goud] (< **maleis** *kencana* [goud]); de benaming berust dus op de kleur.

honk [thuis, vrijplaats bij kinderspelen] **middelnl.** *honc* [hoek, schuilplaats, honk], **fries** *honk* [huis, woonstede]; buiten dit gebied niet bekend; mogelijk met nasalering van *hok¹.*

honneponnig [snoezig] reduplicerende uitbreiding van *honnig.*

honnet [fatsoenlijk] < **fr.** *honnête* [idem] < **lat.** *honestus* [geëerd, geacht, eervol, deugdzaam], van *honos, honor* [eer, eerbied].

honneurdagen, honordagen [respijtdagen] van **fr.** *honneur* < **lat.** *honorem,* 4e nv. van *honos, honor* [eer, eerbewijs].

honnig [snoezig] vermoedelijk van *hond,* dus: zo schattig als een jong hondje.

honorabel [eervol] < **fr.** *honorable* < **lat.** *honorabilis* [eervol, geëerd], van *honor* [eer, eerbewijs].

honorair [ere-] < **fr.** *honoraire* < **lat.** *honorarius* (vgl. ***honorarium***).

honorarium [geldelijke vergoeding] < **laat-lat.** *honorarium* [een geschenk aan de keizerlijke fiscus bij de aanvaarding van een bepaald ambt], het zelfstandig gebruikt o. van *honorarius* [eershalve gegeven], van *honos, honor* [eer, eerbewijs, ereambt].

honoreren [belonen, als geldig erkennen] < **fr.** *honorer* < **lat.** *honorare* [eren, belonen, begiftigen], van *honor* [eer, eerbewijs].

honteus [schandelijk] < **fr.** *honteux,* van *honte* [schande], van *honnir* [smaden], uit het germ., vgl. ***honen¹.***

honved [Hongaarse landweer] < **hongaars** *honvéd* [Hongaars soldaat], verkort uit *honvédō* [hij, die zijn vaderland verdedigt], van *hon* [vaderland] + *vénedi* [verdedigen, beschermen]; gevormd bij de vrijheidsstrijd van 1848.

hoofd [kop, leider] **middelnl.** *hovet, hooft,* **oudsaksisch** *hobid,* **oudhd.** *houbit,* **oudfries** *haved,* **oudeng.** *heafod,* **oudnoors** *haufuð,* **gotisch** *haubiþ;* buiten het germ. **lat.** *caput* [hoofd], **oudindisch** *kapāla-* [schedel] (> **maleis** *kepala* [hoofd]).

hoofs [vormelijk] evenals *heus* afgeleid van *hof,* als **fr.** *courtois* van *court.*

hoog [boven een ander punt, verheven] **middelnl.** *ho* (bewaard in *hovaardig*), *hooch, hoge,* **oudsaksisch, oudhd.** *hōh,* **oudfries** *hāch,* **oudeng.** *heah,* **oudnoors** *haugr* [heuvel], **gotisch** *hauhs;* buiten het germ. **lat.** *cacumen* (met reduplicatie) [top], **litouws** *kaukara* [heuvel], **tochaars A** *koc,* **tochaars B** *kauc* [hoog], **oudiers** *cuar* [gebogen], **oudindisch** *kucati* [hij kromt zich].

hooi [gedroogd gras] **middelnl.** *houw(e),* naast *ho(o)y;* de eerste vorm is de klankwettig normale 1e nv., de tweede stamt van de verbogen naamvallen, vgl. *gouw - Gooi,* **oudhd.** *hewi,* **gotisch** *hawi,* **oudfries** *hā, hē,* **oudeng.** *hieg;* behoort bij de basis van *houwen,* dus is de betekenis 'het afgemaaide'.

hooimijt [hooischelf] het tweede lid **middelnl.** *mite* [hoop hout of hooi] < **lat.** *meta* [o.a. kegel, houtstapel, hooimijt], verwant met *munire* [muren optrekken, schansen aanleggen, beschermen] (vgl. ***munitie, muur¹***).

hooked [verslaafd] < **amerikaans slang** *hooked* [verslaafd, eig. gebogen als een haak, aan de haak geslagen] (vgl. ***haak***).

hoon [smadelijke bejegening] **middelnl.** *hoonde* [smaad, schande], *hoonte* [misleiding, bedrog], *hoon* [gevaarlijk, verraderlijk, bedrieglijk],

oudhd. *honida,* **gotisch** *hauns* [deemoedig], **oudeng.** *hēan* [veracht]; buiten het germ. **gr.** *kaunos* [slecht], **lets** *kauns* [schande].

hoop[1] [stapel, massa] **middelnl.** *hoop,* **oudnederfrankisch, oudsaksisch** *hōp,* **oudhd.** *houf,* **oudfries** *hāp,* **oudeng.** *heap,* **oudnoors** *hōpr;* buiten het germ. **oudkerkslavisch** *kupŭ* (**russ.** *kupa*), **litouws** *kaupas* [hoop], **lat.** *cumbere* [liggen]; verwant met *heuvel* en *heup.*

hoop[2] [verwachting] **middelnl., middelnd.** *hope* → *hopen.*

hoorn[1], horen [uitsteeksel aan dierekop, blaasinstrument, spreekplaat van telefoon] **middelnl.** *ho(o)rn, horen,* **oudsaksisch, oudhd., oudfries, oudeng., oudnoors** *horn,* **gotisch** *haurn;* buiten het germ. **lat.** *cornu,* **gr.** *keras,* **welsh** *carn* [hoef], **oudindisch** *śṛṅga-* [hoorn]; verwant met *hersenen.*

hoorn[2] [mannetjesduif] etymologie onbekend.

hoornaar [wesp, horzel] **middelnl.** *horn(e)te, hoornete* [horzel, wesp], **oudsaksisch** *hornut,* **oudhd.** *hornaz, hurnuz* (**hd.** *Hornisse*), **oudeng.** *hyrnet* (**eng.** *hornet*), **oudnoors** *hornberi* [(lett.) hoorndrager], uit welk laatste woord duidelijk de volksetymologische associatie met *hoorn*[1] blijkt. Het woord is slechts op afstand met *hoorn*[1] verwant, meer direct met *hersenen, horzel;* vgl. voor het semantisch verband *hoorndol.*

hoorndol [razend (van vee)] het verband met *hoorn*[1] is volksetymologisch. Het woord hoort bij *hoornaar, horzel, hersenen;* de razernij van de dieren wordt veroorzaakt doordat horzels en bij de neusgaten van herten, schapen, runderen en andere dieren hun eitjes leggen en de larven zich inwendig ontwikkelen. Vgl. **hd.** *hirntoll* en **lat.** *cerebrosus bos* [dol rund], (*cerebrum* [hersenen]).

hoornen [harden (b.v. van caoutchouc)] van *hoorn*[1], dus eig. tot een hoornachtige substantie maken.

hoos[1] [beenbedekking] **oostmiddelnl.** *hose, hoosse* [hoge laarzen, broek], **oudsaksisch, oudhd.** *hosa* [jachtschoen], **oudeng.** *hosa,* **oudnoors** *hosa* [beenbedekking]; verwant met *hoes*[2], *huis.*

hoos[2] [wervelwind als een slurf] zo genoemd naar de vorm, die op een broekspijp of kous lijkt.

hop[1] [trekvogel] **middelnl.** *hoppe, hoopte, hoptope, wedehoppe,* **middelnd.** *hoppe,* **oudsaksisch** *widohoppa,* **oudhd.** *wituhopfo;* evenals **lat.** *upupa* en **gr.** *epops* klanknabootsend gevormd.

hop[2], hoppe [klimplant] **middelnl.** *hop(pe), huppe,* **oudsaksisch** *hoppo,* **oudhd.** *hopfo,* **middeleng.** *hoppe;* voor de oorspr. betekenis vgl. **fr.** *houppe* [boomtop, kuif, haarbundeltje, kwastje], uit het germ. De hop is genoemd naar de bloeiwijze.

hop[3] [inham] b.v. in *Hoornse hop,* **middelnl.** *Hoornse hop* [inham, haven], **fries** *hop,* **oudeng.** *hōp* [droog land in moeras], **oudnoors** *hōp* [kleine bocht]; verwant met *hoep(el)* en *heup;* de grondbetekenis is 'gebogen'.

hopen [wensen, verwachten] **middelnl., middelnd.** *hōpen,* **middelhd.** *hoffen,* **oudfries** *hopia,* **oudeng.** *hopian;* etymologie onbekend.

hopje ['Haags hopje', snoepje] uitgevonden in de banketbakkerij van de heren Van Haaren en Nieuwerkerk aan het Haagse Voorhout, in of kort na 1794, op instigatie van een in hun pand inwonende *Baron Hendrik Hop* (1723-1808), ex-gezant van de Staten-Generaal te Brussel, een groot koffieliefhebber.

hopkeest [scheut van de hop] gevormd van *hop*[2] + *keest.*

hoplieten [zwaar gewapend voetvolk] < **gr.** *hoplitès* [zwaargewapende, zwaargewapende soldaat], van *hoplon* [werktuig, wapen].

hopman [kapitein] in de 16e eeuw < **hd.** *Hauptmann.*

hoppen [huppelen] → *huppen.*

hopper [baggervaartuig] (1905) < **eng.** *hopper,* van *to hop,* vgl. **nl.** *hoppen;* zo genoemd omdat de voorraadruimte met losklep aanvankelijk in schokkende of trillende beweging werd gebruikt.

hor [gaas voor raam tegen insekten] **middelnl.** *horde, hoord, hu(e)rde* [mat van gevlochten teen, horde, stellage], **oudsaksisch** *hurth,* **oudhd.** *hurt* [vlechtwerk], **oudeng.** *hyrdel,* **oudnoors** *hurð,* **gotisch** *haurds* [deur]; buiten het germ. **lat.** *cratis* [vlechtwerk (van rijshout), horde], **gr.** *kartal(l)os* [mand], *kurtos* [visfuik], **oudiers** *certle* [kluwen garen], **oudindisch** *kṛṇatti* [hij spint].

hora [uur] < **lat.** *hora* [uur, tijd] → *uur.*

horde[1] [vlechtwerk] → *hor.*

horde[2] [bende] (1622) < **hd.** *Horde* < **turks** *ordu* [kamp, leger, legioen] < **tataars** *urdu* [kamp] (vgl. *urdu*).

hordeolum [strontje] < **modern lat.** *hordeolum,* verkleiningsvorm van **lat.** *hordeum* [gerst], daarmee idg. verwant.

horeca [bedrijfsgroep van hotel-, restauranthouders e.d.] gevormd van *ho(tel), re(staurant), ca(fé).*

horen [geluiden waarnemen] **middelnl.** *horen,* **oudsaksisch** *horian,* **oudhd.** *horen,* **oudfries** *hera,* **oudeng.** *hieran,* **oudnoors** *heyra,* **gotisch** *hausjan;* buiten het germ. **gr.** *koein* [bemerken], *akouein* [horen], **oudkerkslavisch** *čuchati,* **oudindisch** *kavi-* [dichter] (vgl. *akoestiek*).

horig [afhankelijk] **middelnl.** *horich* [gehoorzaam, onderworpen, horig]; van *horen.*

horizon [gezichtseinder] < **lat.** *horizon* < **gr.** *horizōn* [de begrenzende, horizon], van *horizein* [begrenzen], *horos* [grens].

hork, hurk [wesp, lomperd] waarschijnlijk verwant met *horzel, hoornaar.*

horken [luisteren] **middelnl.** *ho(o)rken, hu(e)rken,* **oudhd.** *horechen* (**hd.** *horchen*), **oudfries** *herkja* **oudeng.** *heorcnian* (**eng.** *to hearken, to hark*), intensivum van *horen.*

horlepijp, horlepiep [blaasinstrument, dans]

horletoet — hospitant

< eng. *hornpipe* [idem], van *horn* (vgl. **hoorn**[1])
+ *pipe* (vgl. **pijp**).

horletoet [grondschaaf] van *horrelen*, iteratief van het klanknabootsende *horren* [snorren] + *toet* [(gewestelijk) varken]; de grondschaaf heet ook wel *varken;* vgl. ook *vloervarken* [schuier].

horloge [uurwerk aan pols] **(middelnl.** *orloge, (h)orloy* [uurwerk, klok]) < fr. *horloge* < lat. *horologium* [uurwerk (wateruurwerk of zonnewijzer)] < gr. *hōrolog(e)ion* [tijdaanwijzer], van *hōra* [tijd, uur] + *logos* [getal, rekening, het vermelden].

hormat [eerbied] < maleis *hormat* < ar. *ḥ urma* [dat wat sacrosanct is, heiligheid, eerbied], bij het ww. *ḥaruma* [het was verboden] → **harem, maraan**.

hormoon, hormon [inwendig afgescheiden stof] < eng. *hormone* < gr. *hormōn*, teg. deelw. van *horman* [zich in beweging zetten, in beweging brengen], van *hormè* [aandrang], verwant met **iers** *serth* [rooftocht], **lets** *sirt* [invallen doen], **oudindisch** *sarati* [hij snelt, stormt] (vgl. **serum**).

horn [in het water uitspringende hoek land] → **hoorn**[1].

hornpijp [blaasinstrument] (1784) *hornepijp* → **horlepijp**.

horoscoop [punt van ecliptica tijdens geboorteuur en waaruit de toekomst blijkt] < fr. *horoscope* < laat-lat. *horoscopus* < gr. *hōroskopos*, van *hōra* [tijdstip, uur] + *skopein* [ergens naar kijken], idg. verwant met **spieden**.

horrelvoet [misvormde voet] (ca. 1715), het eerste lid is *horrel* [hapering], van *horrelen* [strompelen], **nd.** *hurreln* [heen en weer gooien], **middelhd.** *hurren* [zich snel bewegen], **fries** *hoarlje* [met rukwinden waaien], **eng.** *to hurl* [werpen, stoten], *to hurry* [zich haasten], *hurr* [haast].

horreur [afschuw] < fr. *horreur* < lat. *horror* (vgl. **horror**).

horribel [afschuwelijk] < fr. *horrible* < lat. *horribilis* [huiveringwekkend], van *horrēre* (vgl. **horror**).

horror [afschuw] < lat. *horror* [ruigheid, schrik], van *horrēre* [overeind staan (o.m. van haren), kippevel krijgen, huiveren, sidderen], verwant met *er* [stekelvarken], idg. verwant met **egel, gerst**.

hors[1] [makreel] (19e eeuws) < eng. *horse-mackerel* [idem], van *horse* [paard].

hors[2] [zandplaat] nevenvorm van *gors*[2].

hors d'oeuvre [voorgerecht] < fr. *hors d'oeuvre* [bijwerk, bijgerecht], van *hors* [buiten], nevenvorm van *fors* [uitgezonderd] < lat. *foris* [buiten] (vgl. **forens**) + *oeuvre* [werk] < lat. *opera* [idem] (vgl. **opera**).

horse [heroïne] < amerikaans slang *horse* [lett. paard]; zo genoemd omdat het een sterkere kick geeft dan soft drugs.

horst [roofvogelnest, ruig begroeide terreinverhoging] **middelnl.** *horst, hurst* [kreupelhout, bosje], **oudsaksisch, oudhd.** *hurst* [kreupelhout], **mid-**

deleng. *hurst* [heuvel, bosje] **(eng.** *hurst*), ablautend **oudsaksisch** *harst* [vlechtwerk] → **hor, horde**[1].

hort [stoot] **middelnl.** *hort, hurt* [stoot, botsing, aanval], van *horten* < **oudfr.** *hurter* **(fr.** *heurter*), mogelijk uit het germ. en dan verwant met **oudnoors** *hrūtr* [ram].

hortensia [sierheester] de naam werd bedacht door de Franse botanicus Commerson, die de plant in China ontdekte tijdens de reis om de wereld van Bougainville (1766-1769); genoemd naar *Hortense*, de vrouw van Commersons reisgenoot Lepaute.

horticultuur [tuinbouw] < lat. *horti cultura*, van *horti*, 2e nv. van *hortus* (vgl. **hortus**) + *cultura* (vgl. **cultuur**).

hortje [eindje, poosje] **middelnl.** *ort, oort, ord, hort* [uiteinde van iets, deel, stuk, tijdstip, ook: vierdedeel, muntje] → **oord**.

hortulanus [bestuurder van een tuin] < lat. *hortulanus* [van de tuin, tuinman], van *hortus* (vgl. **hortus**).

hortus [tuin] < lat. *hortus*, verwant met gr. *chortos* [omheinde ruimte] (vgl. **gaard**); vgl. voor de betekenisontwikkeling **tuin, paradijs**.

horzel [vlieg] **middelnl.** *horsel, hu(e)rsel*, naast *horn(e)te, hoornete* [ook: wesp], **oudsaksisch** *hornut*, **oudhd.** *hornaz, hornuz*, **oudeng.** *hyrnet* **(eng.** *hornet*); verwant met lat. *crabro* [horzel, hoornaar, horentje], **oudkerkslavisch** *srŭšenĭ* **(russ.** *šeršen'* [horzel]), **litouws** *širšuo* [wesp, horzel]; van een idg. basis met de betekenis 'bovenste deel van het lichaam, hoofd, hoorn'; vgl. ook het verwante **hersenen**, lat. *cerebrum* en voor het semantisch verband **hoorndol, hoornaar**.

hosanna [heil] < gr. *hōsanna* < hebr. *hōsjanā*, van *hōsja* [red (imperatief)] + *nā*, een partikel dat opdracht of verzoek ondersteept.

hosklos [lomp persoon] reduplicatievorm van *klos*.

hospes [pensionhouder] < lat. *hospes* [gastvriend, gastheer, gast, hotelgast, hotelhouder], eig. een samenstelling van (gereconstrueerd) *hosti-pots*, waarin het eerste lid 'vreemdeling' betekent, vgl. *hostis* [vijand], en het tweede lid 'in staat' (vgl. **impotent**).

hospies [gastenverblijf] < fr. *hospice* < lat. *hospitium* (vgl. **hospitium**).

hospita [kostjuffrouw] < lat. *hospita* [o.m. gastvrouw, waardin], vr. van *hospes* (2e nv. *hospitis*) (vgl. **hospes**).

hospitaal [ziekenhuis] **middelnl.** *hospitael* [gasthuis, weeshuis, hotel] < me. lat. *hospitalis* [hotel, hospitaal] < klass. lat. *domus hospitalis* [gastvrij huis], *hospitalis* [gastvrij], van *hospes* [gastvriend, gastheer].

hospitaliteit [gastvrijheid] < fr. *hospitalité* < lat. *hospitalitatem*, 4e nv. van *hospitalitas* [idem], van *hospitalis* (vgl. **hospitaal**).

hospitant [aanstaand leraar die lessen bijwoont]

< lat. *hospitans* (2e nv. *hospitantis*), teg. deelw. van *hospitari* [vertoeven, logeren, tijdelijk ontvangen worden], van *hospitalis* (vgl. **hospitaal**).

hospitium [gastverblijf] < lat. *hospitium* [gastvriendschap, gastvrijheid, gastvrij onderdak, hotel], van *hospes* (vgl. **hospes**).

hospodar [heer] < **roemeens** *hospodar* < **oekraïens** *gospodar*', van *gospod*', **oudkerkslavisch** *gospodï*, verwant met lat. *hospes* [gastheer].

hossebossen [op en neer gaan bij het rijden] vermoedelijk een redupliceren de vorming van **botsen**.

hossen [elkaar arm in arm vasthoudend dansen] geassimileerd uit **hotsen**.

hostie [offerbrood] **middelnl.** *hostie* < lat. *hostia* [klein offerdier, offer, in chr. lat. hostie], verwant met *hostis* [oorspr. vreemdeling, dan vijand], idg. verwant met **gast** ¹.

hostiel [vijandig] < **fr.** *hostile* < lat. *hostilis* [vijandelijk, vijandig], van *hostis* [vreemdeling, vijand], idg. verwant met **gast** ¹, **hospes**.

hot ¹ [rechts (bij voerlieden)] klanknabootsende vorming.

hot ² [rugkorf] < **fr.** *hotte* [draagmand], uit het germ. en van dezelfde basis als **hut** en **huid**.

hot ³ [dikke melk] **middelnl.** *hotte* [idem], van **hotten**.

hot dog [broodje knakworst] < **eng.** *hot dog* waarschijnlijk zo genoemd omdat men er gelijkenis in zag met de (das)hond.

hotel [logement] < **oudfr.** *(h)ostel* [verblijf] (**fr.** *hôtel*) (**middelnl.** *hosteel* [onderkomen], *zijn hosteel nemen* [zijn intrek nemen]) < lat. *hospitale*, het als zn. gebruikte o. van *hospitalis* [van de gastheer, gastvriend, gastvrij] (vgl. **hospitaal**).

hoteldebotel [dol] verbastering van *overlewotel*, verbastering van **hebr.** *awar u wotēl* [heengegaan en verdwenen], dat voorkomt in een talmudisch traktaat.

hot pants [type shorts voor vrouwen] < **amerikaans slang** *hot pants* [oorspr. hevig seksueel verlangen], van *hot* [heet, wellustig] + *pants* [broek, onderbroek], verkort uit *pantaloons* (vgl. **pantalon**).

hotsen [schokkend voortgaan] evenals *hossen* < **hd.** *hotzen* [schommelen, schudden] (vgl. **hotten**) → **hotten**.

hottelen [schiften (van melk)] iteratief van **hotten**.

hotten [schiften (van melk)] **middelnl.** *hotten* [schudden, hutsen, dik worden van melk], ook **hutsen**, *hutselen* [schudden, omroeren].

Hottentot [Zuidafrikaans ras] door de Hollanders zo genoemd omdat ze bij het dansen steeds *hot, hot* zongen; zij noemden zichzelf *khoin khoin* [mensen der mensen].

hou ['hou en trou', getrouw onder alle omstandigheden] **middelnl.** *hold, houd, hout, houde* [welwillend, genadig, trouw], **oudsaksisch, oudhd.**, **oudfries, oudeng.** *hold*, **oudnoors** *hollr*, **gotisch** *hulps*; behoort bij **hellen**, vgl. voor de betekenis *genegen zijn*; de dentaal viel uit in de verbogen nv..

houarituig [soort sloeptuig] het eerste lid < **fr.** *houari* < **eng.** *wherry* [roeiboot].

houden [niet afstaan, tegenhouden] **middelnl.** *halden, holden, houden* [bewaken, behouden, hoeden (van vee), verzorgen, houden], **oudsaksisch** *haldan* [hoeden, weiden], **oudhd.** *haltan*, **oudfries** *halda*, **oudeng.** *healdan*, **oudnoors** *halda*, **gotisch** *haldan*; buiten het germ. lat. *celer* [snel, eig. opeengedreven, druk bezocht], **gr.** *kellein* [naar land drijven (overgankelijk)], **oudindisch** *kalayati* [hij drijft voort]; de betekenis 'hoeden van vee' is waarschijnlijk de oudste.

houri → *hoeri*.

hout [hard gedeelte van bomen] **middelnl.** *hout, haud, holt*, **oudnederfrankisch, oudsaksisch, oudfries, oudeng., oudnoors** *holt*, **oudhd.** *holz* [bos, boom, hout]; buiten het germ. **gr.** *klados* [tak, twijg], **oudiers** *caill* [bos], **oudkerkslavisch** *klada* (**russ.** *koloda*) [balk] → **Holland**.

houting [vis] **middelnl.** *houtic*, etymologie onbekend, een visnaam op *-ing*, vgl. **paling**.

houtvester [bosopzichter] **middelnl.** *houtvester*, van *hout* + *vorster, vurster, vo(i)ster* < **me. lat.** *forestarius*, van *silva forestis* [het koninklijk bos], *silva* [bos] *forestis*, van *forum* [markt, plein, in me. lat. koninklijk gerechtshof].

houw ¹ [hak, slag] → **houwen**.

houw ² [oogziekte] **hd.** *Haug, Hauk*; etymologie onbekend.

houweel [werktuig, bik] **middelnl.** *houweel* < **oudfr.** *hou(w)el*, verkleiningsvorm van *houe* [houweel], dat van germ. herkomst is, vgl. **houwen**.

houwen [slaan, afhakken] **middelnl.** *houwen*, **oudnederfrankisch** *hauuen*, **oudsaksisch** *hauwan*, **oudhd.** *houwan*, **oudfries** *ha(u)wa, ho(u)wa*, **oudeng.** *heawan*, **oudnoors** *hoggva*; buiten het germ. lat. *cudere* [slaan], **gr.** *keiein* [splijten], **litouws** *kauti*, **oudkerkslavisch** *kovati* [slaan, smeden], **oudiers** *curd-* [slaan], **tochaars B** *kaut-*, **tochaars A** *kot-* [splijten, hakken].

houwitser [krombaangeschut] (1663) < **hd.** *Haubitze*, **middelhd.** *haufniz* < **tsjechisch** *houfnice* [slingerwerktuig (geschut)], van *houf* [stapel, massa].

hovaardig [hoogmoedig] **middelnl.** *hovaerdich*, van *hovaert* [trots, overmoed], van *ho* [hoog] + *varen* [gaan, rijden (te paard of per wagen)].

hoveelzaad → *aveelzaad*.

hoven [feestvieren] van **hof**.

hovercraft [amfibisch vaartuig] < **eng.** *hovercraft*, het eerste lid van *to hover* [zweven], frequentatief van *to hove* [opheffen], van *to heave* [heffen].

hoya [plantengeslacht] genoemd naar de Engelse tuinbouwkundige *Thomas Hoy* († 1821).

hozeband [kouseband] → *hoos* ¹.

hozebek [zeeduivel] vermoedelijk zo genoemd vanwege een gelijkenis van de bek met een hoosvat.

hozen [water scheppen] (1599), vgl. **middelnl.** *osen* [leegscheppen, natgooien], **middelnd.** *osen,* **middelhd.** *osen,* **fries** *eaz(j)e, easgje,* **oudnoors** *ausa;* buiten het germ. **lat.** *haurire* [scheppen, putten], **gr.** *auein* [vuur halen].

hucht [struikgewas, ruigte] **middelnl.** *ho(e)cht,* verwant met *joop.*

hudo [privaat in padvinderskamp] ontleend aan **urdu** *hawda* [gestoelte dat door kamelen of olifanten wordt gedragen] < **ar.** *haudaj,* bij het ww. *hadaja* [hij liep wankelend, schommelend].

huerta [geïrrigeerde vlakte] < **spaans** *huerta,* van *huerto* [moestuin met vruchtbomen] < **lat.** *hortus* [tuin].

hugen [vleien] < **eng.** *to hug* [knuffelen, in het gevlei komen], **oudnoors** *hugga* [paaien, op zijn gemak stellen], vgl. o.m. **gotisch** *hugs* [geest, ziel, gedachte].

hugenoot [Franse protestant] (1565) < **fr.** *huguenot,* ouder *eiguenot* < **zwitsers-duits** *Eidgenoss* [eedgenoot], beïnvloed door de naam van de leider *Hugues Besançon* uit Genève.

hui [wei] ablautend met *wei.*

huiben [steenuil] **oudhd.** *huwo,* **fr.** *hibou,* **oudfr.** *houpi;* klanknabootsende vorming, vgl. **nl.** *oehoe.*

huichelen [veinzen] (1562) < **hd.** *huchelen* (bij Luther), frequentatief van *huchen* [een gebogen houding aannemen], vgl. **hukken, middelnl.** *hucken.*

huid [vel] **middelnl.** *huut,* **oudsaksisch** *hũd,* **oudhd.** *hũt,* **oudeng.** *hỹd* (**eng.** *hide*), **oudnoors** *hũð;* buiten het germ. **lat.** *cutis* [huid], **gr.** *kutos* [omhulsel, huid], **litouws** *kiautas* [omhulsel], **welsh** *cwd;* verwant met **oudfries** *hothan,* **oudhd.** *hodo* (**hd.** *Hode*) [scrotum]; de grondbetekenis is 'verbergen' → *hoetelen.*

huidig [van heden] **middelnl.** *hudich,* van *hude(n), huyden* [heden].

huien [met een binnenschip vervoeren] → *heu.*

huif [kap] **middelnl.** *huve, huyve, huuf,* **oudsaksisch** *huba,* **oudhd.** *huba* (**hd.** *Haube*), **oudeng.** *hufe,* **oudnoors** *hufa;* buiten het germ. **lat.** *cupa,* **gr.** *kupellon* [vat], **oudiers** *cuan,* **litouws** *kaupas* [hoop], **oudindisch** *kũpa-* [kuil, hol] → *heuvel, hoop*[1]

huig [lelletje in de keel] **middelnl.** *huuch, huuf;* etymologie onzeker, mogelijk van dezelfde basis als *hoog.*

huik [mantel, dekzeil] **middelnl.** *hoike, hoyc, heucke, heycke, huke,* in het middelnd. gelijkaardige vormen, vermoedelijk < **oudfr.** *huque, heucque,* **me. lat.** *huca,* etymologie onzeker, mogelijk uit het germ. en dan denkelijk verwant met *huig.*

huiken [hurken] nevenvorm van *hukken.*

huilebalk [die vaak huilt] van *huilen + balken* of *balg.*

huilen [schreien, janken] **middelnl.** *(h)ulen, huylen,* **middelnd.** *hulen* [huilen, schreeuwen], **oudhd.** *hiulon, hiwilon* [jubelen]; vgl. **oudsaksisch** *huo,* **oudhd.** *huwo, h(i)uwila* [uil]; buiten het germ. **oudindisch** *kauti* [hij schreeuwt], **gr.** *kōkuein* [huilen], **litouws** *kaukti* [huilen (van honden)], **kerkslavisch** *kũjati* [hij kreunt, steunt]; klanknabootsend gevormd.

huipke verkleiningsvorm van *huiben* [steenuil, sukkel].

huis [woning] **middelnl.** *huus,* **oudnederfrankisch, oudsaksisch, oudhd., oudfries, oudeng., oudnoors, gotisch** *hus,* van een idg. basis met de betekenis 'bedekken', waarvan ook zijn afgeleid **lat.** *custos* [bewaker], **gr.** *keuthein* [bedekken, verbergen], **welsh** *cuddio* [verbergen], **oudindisch** *kuhara-* [grot], *kuhu-* [nieuwe maan], **eng.** *to hide* [verbergen].

huiveren [rillen] (1573), vgl. **nd.** *hũvern,* bij Kiliaan *kuiveren,* **eng.** *to quiver, to quaver;* klanknabootsend gevormd.

huizing [dun scheepstouw] 16e eeuw *hu(y)sinc;* etymologie onbekend.

hukje [klein ventje] vermoedelijk te verbinden met *huiken,* **middelnl.** *huken, hucken* [hurken] (vgl. *hukken*).

hukken [hurken] **middelnl.** *hũcken, huken,* **middelnd.** *hũken, hucken,* **middelhd.** *huchen,* **oudnoors** *huka* [gehurkt zitten]; hierbij **middelnl.** *hocke* [hoop graan dat op het veld staat te drogen], vergelijkbaar met **litouws** *kaugè* [hooihoop]; de etymologie is onbekend.

hul[1] [neepjesmuts] **middelnl.** *hul(le)* [kap]; van *hullen.*

hul[2] [verhoging van de bodem] → *hil.*

hul[3] [groep, een hul bloemen] zal een speciale, maar niet verklaarde, toepassing zijn van *hul*[2], *hil* [heuvel].

hulde [eerbetoon] **middelnl.** *houde, hulde* [genegenheid, gunst, bescherming, trouw], **oudsaksisch, oudhd.** *huldi,* **oudfries** *helde,* **oudeng.** *hyldu* → *hou.*

hulft [klomp] → *holster.*

hulk [schip] **middelnl.** *holc, hulc, huelc, hulke* [groot en log vrachtschip], **middelnd.** *hol(li)c,* **oudhd.** *holcho,* **oudeng.** *hulc* (**eng.** *hulk*) < **me. lat.** *holcas* < **gr.** *holkas* [vrachtschip], van *helkein* [trekken].

hullen [wikkelen in] **middelnl., oudhd.** *hullen,* **oudsaksisch** *hullian,* **oudnoors** *hylja,* **gotisch** *huljan;* ablautend bij *helen*[2].

hullie [pers. vnw.] < *hun lieden.*

hulp [bijstand] **middelnl., middelnd.** *hulpe,* **oudnederfrankisch, oudhd.** *hulpa,* waarnaast ablautend **middelnl., oudfries** *helpe,* **oudsaksisch** *helpa,* **oudeng.** *help,* **oudnoors** *hjalp;* afgeleid van *helpen.*

huls [koker] (17e eeuw) **middelnl.** *hulse* [huls, peul], **oudhd.** *hulisa,* **gotisch** *hulistr* [hulsel] → *holster, hullen.*

hulst [heester] **middelnl.** *huls(e),* **oudsaksisch, oudhd.** *hulis,* **oudeng.** *holegn* (**eng.** *holly*), **oud-**

noors *hulfr*; buiten het germ. **gaelisch** *cuilonn,* **welsh** *celyn* [hulst], **oudkerkslavisch** *klati* [prikken], **russ.** *kolos* [korenaar]; de grondbetekenis is 'steken'; de *t* is secundair toegevoegd en eerst uit de eerste helft van de 15e eeuw bekend.

hulster [strooien omhulsel van wijnfles] nevenvorm van *holster.*

hulte [hoogte] **middelnl.** *hil(le), hul, hilt* [heuvel, duin] → *hil.*

humaan [menslievend] < **lat.** *humanus* [menselijk, vriendelijk, goedig], van *homo* (2e nv. *hominis*) [mens].

humanitas → *humaniteit.*

humaniteit [menselijkheid] < **fr.** *humanité* < **lat.** *humanitatem,* 4e nv. van *humanitas* [menselijke natuur, menselijk gevoel, de mensheid], van *humanus* (vgl. *humaan*).

humaten [humuszure verbindingen] gevormd van **lat.** *humus* [teelaarde]; humuszuren worden in humus aangetroffen of daaruit gedestilleerd.

humbug [bluf] < **eng.** *humbug,* etymologie onbekend.

humecteren [bevochtigen] < **fr.** *humecter* [idem] < **lat.** *umectare, humectare* [bevochtigen, besproeien], van *umēre* [vochtig zijn, nat zijn], waarvan *humor* (vgl. *humor*).

humeraal, humerale [amict] < **fr.** *huméral* [idem] < **me. lat.** *(h)umerale* [schouderdoek van priester], van *umerus* [schouder (met inbegrip van de bovenarm)].

humeur [gemoedsgesteldheid] < **fr.** *humeur* < **lat.** *humorem,* 4e nv. van *humor* (vgl. *humor*).

humiditeit [vochtigheid] < **fr.** *humidité* < **lat.** *humiditatem,* 4e nv. van *humiditas,* van *humidus* [vochtig], van *humēre* [nat zijn] (vgl. *humor*).

humiliant [vernederend] < **fr.** *humiliant,* teg. deelw. van *humilier* < **lat.** *humiliare* [vernederen], van *humilis* [nederig, eig. op de grond], van *humus* (vgl. *humus*).

humiliteit [nederigheid] < **fr.** *humilité* < **lat.** *humilitatem,* 4e nv. van *humilitas,* van *humilis* (vgl. *humiliant*).

hummel [jong kind] een eerst nieuwnl. woord. Etymologie onzeker.

hummen [hum roepen] klanknabootsend gevormd.

hummer [kreeft] → *hommer* [2].

hummig → *heumig.*

humor [scherts] **middelnl.** *umoor, humore, humoor* [vocht, de vochtmenging in het menselijk lichaam] < **lat.** *(h)umor* [vochtigheid, vocht]; volgens de vroegere wetenschappelijke opvatting bepaalden de vier lichaamsvochten in hun onderlinge verhouding de toestand van de mens. Vandaar de middeleeuwse betekenis 'geestelijke toestand', dan (momenteel) 'humeur', en ten slotte, in de 18e eeuw < **eng.** *humo(u)r,* in onze betekenis, idg. verwant met *os* [1]; de *h* van humor is ontstaan door volksetymologische associatie met *humus.*

humoraal [m.b.t. de lichaamsvochten] gevormd van *humor.*

humoreske [kort humoristisch vertelsel] < **hd.** *Humoreske,* van *Humor* + het fr. achtervoegsel *-esque* < **it.** *-isco,* aan het germ. ontleend, vgl. **nl.** *-isch.*

humus [teelaarde] < **lat.** *humus* [aarde, grond] (vgl. *homo* [1], *humiliant*).

hunebed [voorhistorische begraafplaats] de verklaring is nog nimmer overtuigend gelukt; mogelijk naar de *Huni* genoemd, die Beda in zijn kroniek (8e eeuw) samen met Angelen en Saksen vermeldt en die uit Noord-Duitsland afkomstig moeten zijn.

hunkeren [verlangen] eerst sedert de 16e eeuw bekend. Daarnaast **vlaams** *hankeren,* waaruit **eng.** *to hanker;* vermoedelijk iteratief van *hangen,* dat **middelnl.** ook 'sterk verlangen naar' betekent, ook *verhangen* met dezelfde betekenis, vgl. *een hang hebben naar.*

hunnebes [framboos] nevenvorm van *hennes* (vgl. *hennebei*).

Hunnen [ruitervolk uit Mongolië] < **lat.** *Hun(n)i, Chunni,* **gr.** *Hounnoi* < **mongools** *hün* [maan].

huppelen [zich springend voortbewegen] **middelnl.** *(h)ubbelen,* iteratief van *huppen.*

huppen [springen] **middelnl.,** **middelnd.** *huppen* [springen, huppelen], **middelhd.** *hopfen, hupfen, hüpfen,* **oudeng.** *hoppian* (**eng.** *to hop*), **oudnoors** *hoppa;* buiten het germ. **gr.** *kubistan* [buitelen].

hups [aardig] **middelnl.** *hubsch, (h)upsch* [beleefd, vrolijk, sierlijk] < **middelhd.** *hüb(e)sch* (vgl. *heus*).

huren [pachten] **middelnl.,** **middelnd.,** **middelhd.** *huren,* **oudfries** *hera,* **oudeng.** *hyr(i)an;* afgeleid van *huur.*

hurk [wesp, nijdas] → *hork.*

hurken [met gebogen knieën zitten] eerst sedert eind 16e eeuw bekend, behoort wel bij *hobbelen.*

hus [troep] → *husselen, hutsen.*

husky [poolhond] verbasterd uit **amerikaans-eng.** *Esky,* slang voor *Eskimo.*

husselen → *hutselen.*

hussiet [aanhanger van Hus] genoemd naar *Johannes Hus(s)* (ca. 1470-1515).

hut [houten woning] **middelnl.** *huette, hutte* [hut, schuurtje] < **middelhd.** *hütte,* **oudhd.** *hutta* [hut, tent]; van dezelfde basis, met de betekenis 'bedekken', als *huid* en **eng.** *to hide* [verbergen].

hutselen [door elkaar gooien] frequentatief van *hutsen.*

hutsen [hutselen] evenals *hotsen, hotten* mogelijk verwant met **lat.** *quatere* [schudden].

hutspot, hutsepot [gerecht] van **middelnl.** *hutsen* [schudden, omroeren] + *pot* [1].

huttentut [plant] wordt verklaard onder verwijzing naar *huttegetut* [klein grut e.d.].

huur [pacht] **middelnl.** *hure,* **oudsaksisch** *hur(i)a,* **oudfries** *hēre,* **oudeng.** *hyr;* het woord komt alleen rond de Noordzee voor. Etymologie onbekend.

huwelijk — hymne

huwelijk [echtverbintenis] **middelnl.** *huwelijc, hielic;* voor het eerste lid vgl. *huwen;* het tweede is verwant met **oudhd.** *leih* [spel, melodie], **oudnoors** *leikr* [spel, spot], **gotisch** *laiks* [dans], **middelhd.** *leichen,* **gotisch** *laikan* [dansen, springen, spelen], buiten het germ. **gr.** *elelizein* [doen opspringen], **oudindisch** *rejati* [laten trillen].

huzaar [soldaat van de lichte ruiterij] 16e eeuws *huse(e)re* < hd. *Husar* < **hongaars** *huszár* < **servokroatisch** *husar, gusar* [bandiet, piraat] < it. *corsaro* [piraat, eig. hardloper] < **me. lat.** *cursarius,* van **lat.** *cursus* [het hardlopen, de reis] (vgl. *cursus*).

hyacint [bolplant] < **lat.** *hyacinthus* < **gr.** *huakinthos* [idem], van vóór-gr. herkomst.

hyaden [beeknimfen, een sterrengroep] < **gr.** *huados;* de naam van de sterrengroep werd in de Oudheid afgeleid van **gr.** *huein* [regenen] (vgl. *soma*[1]); als het gesternte in het voorjaar boven de horizon kwam was dat ook de tijd van de regens.

hyalien [glasachtig] < **gr.** *hualinos* [glazen], van *hualos* [doorschijnende steen, albast, glas].

hyaliet [soort opaal] < **gr.** *hualitès* [tot het vervaardigen van glas geschikt], van *hualos* (vgl. *hyalien*).

hybridisch [bastaard-] van **lat.** *hybrida, hibrida* [bastaard].

hybris [overmoed] < **gr.** *hubris* [idem].

hydra [waterslang] < **gr.** *hudra,* van *hudōr* [water], daarmee idg. verwant, **oudindisch** *udra-* [waterdier] (vgl. *otter*).

hydraat [verbinding met water] gevormd van **gr.** *hudōr* [water], daarmee idg. verwant.

hydrant [aansluiting op waterleiding] gevormd van **gr.** *hudōr* [water], daarmee idg. verwant, + de lat. uitgang *-ans* (2e nv. *-antis*) van het teg. deelw. van ww. op *-are*.

hydraulisch [waarbij van vloeistoffen gebruik gemaakt wordt] < **fr.** *hydraulique* < **lat.** *hydraulicus* [m.b.t. waterwerken, hydraulisch] < **gr.** *hudraulikos* [idem], van *hudraulos* [waterorgel], van *hudōr* [water], daarmee idg. verwant, + *aulos* [pijp, buis, straal, fluit], verwant met **russ.** *ulica* [straat].

hydria [waterkruik] < **lat.** *hydria* < **gr.** *hudria* [idem], van *hudōr* [water], daarmee idg. verwant.

hydrocefaal [waterhoofd] < **fr.** *hydrocéphale* < **gr.** *hydrokephalon,* van *hudōr* [water], daarmee idg. verwant, + *kephalè* [hoofd], idg. verwant met *gevel*.

hydrocele [waterbreuk] < **gr.** *hudrokèlè,* van *hudōr* [water], daarmee idg. verwant, + *kèlè* [breuk].

hydrofiel [vocht aantrekkend] gevormd van **gr.** *hudōr* [water], daarmee idg. verwant, + *philos* [een vriend van].

hydrofoor [waterdragend] < **gr.** *hudrophoros* [waterdrager], van *hudōr* [water], daarmee idg. verwant, + *phoros* [verder brengend], van *pherein* [dragen], idg. verwant met *baren*[1].

hydrofyt [waterplant] gevormd van **gr.** *hudōr* [water], daarmee idg. verwant, + *phuton* [plant], van *phuein* [doen groeien], idg. verwant met *bouwen*[1].

hydrogel [chemische term] gevormd van **gr.** *hudōr* [water], daarmee idg. verwant, + *gelatine*.

hydrogenium [waterstof] gevormd door de Franse chemicus Antoine-Laurent Lavoisier (1743-1794) van **gr.** *hudōr* [water], daarmee idg. verwant, + *gennan* [verwekken, scheppen], dus water producerend (vgl. *Genesis*).

hydrografie [deel van de aardrijkskunde] < **fr.** *hydrographie* [idem], gevormd van **gr.** *hudōr* [water], daarmee idg. verwant, + *graphein* [schrijven], idg. verwant met *kerven*.

hydrolyse [splitsing van stoffen onder opneming van water] gevormd van **gr.** *hudōr* [water], daarmee idg. verwant, + *lusis* [het losmaken], van *luein* [losmaken], idg. verwant met *verliezen*.

hydromel [honingdrank, mede] < **fr.** *hydromel* < **lat.** *hydromeli* < **byzantijns-gr.** *hudromeli* [honingdrank], van *hudōr* [water], daarmee idg. verwant, + *meli* [honing].

hydrometer [vochtweger] gevormd van **gr.** *hudōr* [water], daarmee idg. verwant, + *meter*[1].

hydropsie [waterzucht] < **gr.** *hudrōps* [idem], van *hudōr* [water], daarmee idg. verwant, + *-ōps* [-ogig] (vgl. *optisch*).

hyena [roofdier] < **lat.** *hyaena* [idem] < **gr.** *huaina* [zeug], met de vr. uitgang *-aina* gevormd van *hus* (2e nv. *huos*) [varken] (vgl. *zwijn, zeug*[1]); bij de Grieken werd het woord ook gebruikt voor een verscheurend dier in Afrika, vermoedelijk de hyena; de betekenisoverdracht kwam dan wel voort uit de borstelige manen.

hyetometer [regenmeter] gevormd van **gr.** *huetos* [regen], verwant met *hudōr* [water], daarmee idg. verwant, + *meter*[1].

hyfen [zwamdraden] < **gr.** *huphè* [het weven, weefsel], idg. verwant met *weven*.

hygiëne [gezondheidsleer] < **fr.** *hygiène* < **gr.** *hugieinos* [bevorderlijk voor de gezondheid, gezond functionerend], *hugieia* [gezondheid], *hugiainein* [gezond zijn].

hygrofyt [vochtminnende plant] gevormd van **gr.** *hugros* [vochtig] (vgl. *humor*) + *phuton* [plant] (vgl. *hydrofyt*).

hygrograaf [registrerende vochtigheidsmeter] gevormd van **gr.** *hugros* (vgl. *hygrofyt*) + *graphein* [schrijven], idg. verwant met *kerven*.

hygroscoop [vochtigheidsmeter] gevormd van **gr.** *hugros* (vgl. *hygrofyt*) + *skopein* [kijken naar], idg. verwant met *spieden*.

hylozoïsme [leer dat alle stof leeft] gevormd van **gr.** *hulè* [hout, materie], verwant met **lat.** *silva* [woud] + *zōiè* [leven].

hymen [maagdenvlies] < **gr.** *humèn* [huid, vlies] (vgl. *hymne*).

hymne [lofzang] < **fr.** *hymne* < **lat.** *hymnus* [idem] < **gr.** *humnos* [lied, meestal feestlied ter ere van mens of god], waarschijnlijk afgeleid van *humèn* [juichkreet bij het huwelijk, huwelijkszang] ; *Humèn* was de god van het huwelijk (vgl. **hymen**).

hypallage [stijlfiguur] < **fr.** *hypallage* < **lat.** *hypallage* < **gr.** *hupallagè* [verwisseling, verwisseling van de rol van twee zinsdelen], van *hupallassein* [ruilen], van *hupo* [onder] + *allos* [ander].

hyparschaal [schaaldak] in de vorm van een *hy*(*perbolische*) *par*(*aboloïde*).

hyper- [in sterke mate] < **gr.** *huper* [een bepaalde grens te boven gaand], verwant met **lat.** *super*.

hyperaemie, hyperemie [ophoping van bloed] van **gr.** *huperaimoō* [ik ben volbloedig], van *huper* (vgl. **hyper-**) + *haima* [bloed], idg. verwant met *zeem*[1].

hyperbaton [verandering van de logische volgorde] < **lat.** *hyperbaton* < **gr.** *hyperbaton*, het zelfstandig gebruikt o. van *huperbatos* [over te klimmen, buiten zijn normale plaats in de zin behandeld], verl. deelw. van *huperbainein* [over iets heen gaan, over de grens gaan], van *huper* (vgl. **hyper-**) + *bainein* [gaan, lopen], idg. verwant met **komen**.

hyperbool [overdrijving, kegelsnede] < **fr.** *hyperbole* < **lat.** *hyperbole* < **gr.** *huperbolè* [het verder gooien dan een ander, de gewone maat overtreffen, overdrijving, overdreven uitdrukking, kegelsnede], van *huperballein* [over iets heengaan, passeren, overtreffen, buitensporig zijn], van *huper* (vgl. **hyper-**) + *ballein* [werpen, treffen], idg. verwant met **hd.** *Quelle* [bron], *kwelder*.

Hyperboreeërs [bewoners van het uiterste noorden] < **lat.** *Hyperboreus* [noordelijk, Hyperboreeër] < **gr.** *Huperboreos*, van *huper* (vgl. **hyper-**) + *boreas* [noordenwind, noorden] (vgl. **bora**).

hyperboulie [ziekelijke dadendrang] gevormd van **hyper-** + **gr.** *boulè* [wil], idg. verwant met **willen**.

hypercorrect [foutief uit vrees voor onjuistheid] gevormd van **hyper-** + *correct*.

hypergolisch, hypergool [spontaan reagerend op contact] gevormd van **hyper-** + **gr.** *ergon* [werk], daarmee idg. verwant, + *-ole*, van het lat. achtervoegsel *-olus*.

hypermetroop [verziend] < **gr.** *hupermetros* [bovenmatig], van *huper* (vgl. **hyper-**) + *metron* [maatstaf, maat] + *ōps* [oog], daarmee idg. verwant.

hypertrofie [abnormale gewichtstoeneming] < **modern lat.** *hypertrophia*, gevormd van **gr.** *huper* (vgl. **hyper-**) + *trophè* [voedsel, het voeden], van *trephein* [stremmen, voeden], idg. verwant met *draf*[1] [afval van bierbrouwen].

hypesthesie [verminderde gevoeligheid] gevormd van **gr.** *hupo* [onder] + *aisthèsis* [gevoel], van *aisthanomai* [ik bemerk, gevoel voor iets of iem.] (vgl. *estheet*).

hypnobatie [het slaapwandelen] gevormd van **gr.** *hupnos* [slaap], verwant met **lat.** *somnus* + *bainein* (verl. deelw. *batos*) [gaan, zich bewegen], idg. verwant met **komen**.

hypnopedie [informatieopname tijdens slaap] gevormd van **gr.** *hupnos* [slaap] + *paideia* [opvoeding] (vgl. **pedagoog**).

hypnose [kunstmatige slaap] < **fr.** *hypnose* van **gr.** *hupnoun* [doen inslapen, inslapen], van *hupnos* [slaap] (vgl. **hypnobatie**).

hypo [fixeerzout] verkort uit *hyposulfiet*.

hypocaustum [ruimte met heteluchtverwarming] < **laat-lat.** *hypocaustum* [kelder voor of vertrek met heteluchtverwarming] < **gr.** *hupokauston*, verl. deelw. o. van *hupokan* [onder iets in brand steken], van *hupo* [onder] + *kan* [in brand steken, verbranden].

hypochondrie [zwaarmoedigheid] < **gr.** *hupochondrion* [onderlijf, ingewanden], eig. het zelfstandig gebruikt o. bn. van *hypochondrios* [onder het borstbeen], van *hupo* [onder] + *chondros* [o.m. kraakbeen]; het onderlijf werd beschouwd als de zetel van de zwaarmoedigheid.

hypocoristicon [vleinaam] van **gr.** *hupokorizesthai* [als een kind, met vriendelijke woordjes toespreken], van *hupokorisma* [liefkozende naam], van *koros* [jongen], *korè* [meisje], verwant met **lat.** *Ceres* [een godin], *crescere* [groeien], *creare* [scheppen] + *hupo* [onder].

hypocriet [huichelaar] **middelnl.** *hypocrite* < **fr.** *hypocrite* [idem] < **laat-lat.** *hypocrita* [toneelspeler, in chr. lat. ook huichelaar] < **gr.** *hupokritès* [droomuitlegger, toneelspeler, huichelaar], van *hupokrinesthai* [antwoorden, speciaal in toneeldialoog, komedie spelen, huichelen], van *hupo* [onder] + *krinesthai* [iets betwisten, uitleggen, verklaren], van *krinein* [oordelen] (vgl. **crisis**).

hypofunctie [te zwakke werking] gevormd van **gr.** *hupo* [onder] + *functie*.

hypofyse [hersenaanhangsel] < **gr.** *hupophusis* [iets dat van onderen is aangebracht], van *hupo* [onder] + *phusis* [natuurlijke groei, wat zich vanzelf ontwikkelt], van *phuein* [doen groeien], idg. verwant met *bouwen*[1].

hypogeïsch [zich onder de aarde bevindend] < **gr.** *hupogeios* [idem], van *hupo* [onder] + *gaia* [aarde].

hypospadie [te lage uitmonding van de mannelijke pisbuis] < **gr.** *hupospadias*, vermoedelijk van *hupo* [onder] + *spaō* [ik trek] (vgl. **spastisch**).

hypotaxis [onderschikking] < **byzantijns-gr.** *hupotaxis* [idem], van *hupotassein* [plaatsen onder of achter], van *hupo* [onder] + *tassein* [schikken, plaatsen].

hypotensie [lage bloeddruk] gevormd van **gr.** *hupo* [onder] + *tensie*.

hypotenusa [schuine zijde van rechthoekige driehoek] < **lat.** *hypotenusa* [idem] < **gr.** *hupoteinousa*, vr. teg. deelw. van *hupoteinein* [zich uitstrekken onder], van *hupo* [onder] + *teinein* [spannen, zich uitstrekken], verwant met **lat.** *tendere* [spannen], **hd.** *dehnen*.

hypothalamus [deel van de hersenen] gevormd van **gr.** *hupo* [onder] + *thalamus*.

hypotheek [geldlening voor onroerend goed] (1538) *hypotheke* < **fr.** *hypothèque* < **lat.** *hypotheca* [hypotheek] < **gr.** *hupothèkè* [onderpand, hypotheek], van *hupotithenai* [iets leggen onder, als onderpand geven], van *hupo* [onder] + *tithenai* [plaatsen, leggen].

hypothermie [ondertemperatuur] gevormd van **gr.** *hupo* [onder] + *thermos* [warm], daarmee idg. verwant.

hypothese [nog te bewijzen stelling] < **gr.** *hupothesis* [het ten grondslag leggen, onderstelling], van *hupotithesthai* [een vraag voorleggen], van *hupo* [onder] + *tithenai* [leggen, plaatsen].

hypothymie [duurzame depressie] gevormd van **gr.** *hupo* [onder] + *thumos* [leven, opwellingen, geest].

hypsometer [hoogtemeter] gevormd van **gr.** *hupsos* [hoogte] + *meter* [1].

hysop [plantengeslacht] < **fr.** *hysope* < **chr. lat.** *hysopum* [hysop] < **gr.** *hussōpos* < **hebr.** *ēzōb*.

hysterie [zenuwziekte] (1865) < **fr.** *hystérie* (**lat.** *hysterica* [hysterisch]), afgeleid van **gr.** *hustera* [baarmoeder], verwant met **lat.** *uterus* [idem]; men meende dat hysterie een gevolg was van een ziekte van de baarmoeder.

hysteron proteron [stilistische wending] < **gr.** *husteron proteron* [het laatste (geplaatst als) het eerste].

ibbel, ibbelig [naar] < *jiddisch ibbel* < **hd.** *übel* [euvel], vgl. *jiddisch* < *jüdisch*.

Iberië [geogr.] oudste vermelding **gr.** *Ibèria*, etymologie onbekend.

iberis [plant] < **gr.** *ibèris* [peperkers, eig. de Spaanse plant], van *Ibères* [Spanjaarden].

ibidem [ter zelfder plaatse] < **lat.** *ibidem*, gevormd van *ibi* [daar] (vgl. *alibi*) + *idem* [dezelfde].

ibis [vogel] < **lat.** *ibis* < **gr.** *ibis* < **egyptisch** *hīb*.

ichneumon [soort civetkat] < **lat.** *ichneumon* < **gr.** *ichneumōn* [spoorzoeker, ichneumon], van *ichneuein* [opsporen], van *ichnos* [voetspoor]; zo genoemd omdat het dier de eieren van de krokodil opspoort.

ichtyofaag [viseter] < **fr.** *ichtyophage* < **gr.** *ichthuophagos* [visetend], van *ichthus* [vis] + *phagein* [eten].

ichtyosaurus [vishagedis] gevormd van **gr.** *ichthus* [vis] + *sauros* [hagedis], verwant met *saulos* [met zijn staart bewegend, verwijfd lopend].

ichtyosis [huidziekte met schubben] gevormd van **gr.** *ichthus* [vis] + het achtervoegsel *-osis*.

iconoclast [beeldenstormer] < **byzantijns-gr.** *eikonoklastès*, van *eikōn* (vgl. *icoon*) + *-klastès* [breker], van *klan* [breken].

iconodulen [beeldenvereerders] gevormd van **gr.** *eikōn* (vgl. *icoon*) + *doulos* [slaaf] (vgl. *dulia*).

iconografie [beeldbeschrijving] < **gr.** *eikonographia* [schets, beschrijving], van *eikōn* (vgl. *icoon*) + *graphein* [schrijven, tekenen], idg. verwant met *kerven*.

iconolatrie [beeldenverering] gevormd van **gr.** *eikōn* (vgl. *icoon*) + *latreia* [loondienst, slavernij, godsverering], verwant met **lat.** *latro* [huursoldaat].

icoon [voorstelling van Christus en de heiligen] < **lat.** *icon* [beeld, icoon] < **gr.** *eikōn* [gelijkenis, afbeelding], van *eoika* [ik gelijk op].

icosaëder [twintigvlak] < **fr.** *icosaèdre* < **lat.** *icosaedrum* < **gr.** *eikosaedros* [met 20 vlakken], van *eikosi* [20] + *hedra* [zetel, zitplaats, plaats], van *hizein* [doen zitten], idg. verwant met *zitten*.

icterus [geelzucht] < **gr.** *ikteros* [geelzucht, geelbruine vogel].

ideaal [bn. volmaakt, zn. droombeeld] < **fr.** *idéal* [idem] < **me. lat.** *idealis* [in de idee bestaand, ideaal (bn.)], van *idea* [idee].

idee [voorstelling, denkbeeld] **middelnl.** *idee* < **fr.** *idée* < **lat.** *idea* [de idee (in de zin van Plato)] < **gr.** *idea* [aanblik, uiterlijk, gestalte, soort, wezen, idee,

begrip], van *idein* [zien], idg. verwant met *weten* (vgl. *idool*).
identiek [gelijk(waardig)] < fr. *identique* (vgl. *identificeren*).
identificeren [de identiteit vaststellen] < me. lat. *identificare* [idem], van *identicus* [identiek], van *identicus* [hetzelfde] + *-ficare*, van *facere* [maken, doen], daarmee idg. verwant.
identiteit [(persoons)gelijkheid] < fr. *identité* < chr. lat. *identitatem*, 4e nv. van *identitas* [eenzelvigheid, identiteit], van *identitas* [dezelfde], vertalende ontlening aan gr. *tautotès* [identiteit], van *to* [het] + *auto* [zelfde].
ideologie [ideeënleer] < fr. *idéologie*, gevormd van gr. *idea* [idee] + *-logia*, van *logos* [woord, verhandeling].
idiomorf [zijn eigen vorm hebbend] < gr. *idiomorphos* [met bijzonder uiterlijk], van *idios* [afzonderlijk, eigen] + *morphè* [vorm, uiterlijk].
idioom [bijzondere eigenaardigheid van een taal] < fr. *idiome* [idem] < me. lat. *idioma* [wijze van spreken, taal] < gr. *idiōma* [bijzondere gesteldheid], van *idioun* [zich toeëigenen], van *idios* [afzonderlijk, persoonlijk, eigen].
idioot [gek] middelnl. *idioot* [onontwikkelde, weetniet] < fr. *idiote* [idem] < lat. *idiota* [ondeskundige, leek] < gr. *idiōtès* [gewoon burger, niet-vakman, leek, ongeschoold, onontwikkeld, man uit het volk], van *idios* (vgl. *idioom*).
idiopathisch [op zichzelf staande aandoening] van gr. *idiopatheia* [aandoening van plaatselijke oorsprong], van *idios* [eigen, bijzonder] + *patheia*, van *pathos* [het lijden].
idiosyncrasie [aangeboren overgevoeligheid] < gr. *idiosunkrasia*, van *idios* [eigen aan] + *sun* [samen, met] + *krasis* [menging] (vgl. *krater*).
idioticon [dialectwoordenboek] < gr. *idiōtikon*, het zelfstandig gebruikt o. van *idiōtikos* [van een privaat persoon, kunstloos, alledaags], van *idiōtès* (vgl. *idioot*).
Ido [wereldtaal, 'verbeterd Esperanto'] uit het Esperanto achtervoegsel *-ido* [voortgekomen uit], ontleend aan gr. *-idès*, lat. *-ida*.
idolaat [afgodisch] < fr. *idolâtre* [afgodisch, verzot op] (vgl. *idolatrie*).
idolatrie [beeldendienst] < fr. *idolâtrie* < lat. *idolatria* [afgodendienst] < gr. *eidōlolatreia* [idem], van *eidōlon* (vgl. *idool*) + *latreia* (vgl. *iconolatrie*).
idool [afgodsbeeld] < fr. *idole* < lat. *idolum, idolon* [schim, spook, in chr. lat. afgod(sbeeld)] < gr. *eidōlon* [schim, beeld, afgodsbeeld], van *eidos* [vorm, gedaante] (vgl. *idee*).
idus [middelste dag van de maand] < lat. *idus*, naar mededeling uit de Oudheid aan het sabijns ontleend, vermoedelijk een vóór-italisch woord; men heeft gewezen op **soemerisch** *itu* [nieuwe maan, maand].
idylle [dichterlijke schildering van eenvoudig leven, onbevangen liefdesverhouding] < lat. *idyllium* [klein gedicht, idylle] < gr. *eidullion* [afbeeldinkje,

kort beschrijvend gedicht], verkleiningsvorm van *eidos* [uiterlijk, schoon gezicht, (denk)beeld, idee] (vgl. *idee, idool*).
iebeboom → *ijf*.
iebel nevenvorm van *ibbel*.
ieder [elk] eerst bij Kiliaan *ider*, een duits of althans oostelijk woord, vgl. middelnd. *i(e)der*, middelhd. *ieder* (hd. *jeder*), vgl. ook middelnl. *jegedage, iegedage* [iedere dag], **oudsaksisch** *iahwethar*, oudhd. *iowedar*, **oudfries** *āhwedder*, oudeng. *āhwœðer* (eng. *either*) [één van beiden, elk van beiden]; ieder is een samenstelling met een eerste lid middelnl. *ie*, **oudnederfrankisch** *io*, oudsaksisch, oudhd. *eo, io*, oudfries *ā*, oudeng. *ā, ō*, oudnoors *æ, ei*, gotisch *aiw* [altijd, ooit] (vgl. *eeuw*) + een tweede lid **oudsaksisch** *hwethar*, gotisch *hwaþar* [wie van beiden], verwant met gr. *poteros*, **litouws** *katras* [wie van beiden].
iegelijk [ieder] middelnl. *iegelijc*, van *ie* (vgl. *ieder*) + *gelijk*, van *ge-* + *-lijk*.
iek [bot (vis)] middelnl. *ieke, (h)yeke* [platvis]; etymologie onbekend.
iel [dun] nevenvorm van *ijl* (vgl. *ijdel*).
ielgoes [aalscholver] < **fries** *ielgoes*, van *iel* [aal] + *goes* [gans], vgl. eng. *goose*.
ielregel [blauwe reiger] < fr. *ielreager, ielreger*, van *iel* [aal] + *reager, regel*, ook *reagel, regel* [reiger].
iemand [de een of andere persoon] middelnl. *ieman* en (jonger, met toegevoegde dentaal) *iemant*, van *ie, je* [ooit, altijd] (vgl. *ieder*) + *man*.
ieme [honingbij] → *imker*.
iemker → *imker*.
iempie [donderbeestje] mogelijk verwant met middelnl. *amete, eemt(e)* [mier], hd. *Ameise* (vgl. *aamt, emelt*).
iep [loofboom] eerst 16e eeuws en zonder verwanten in andere talen; etymologie onbekend, misschien verband met *ijf*.
ier [aalt, gier] middelnl. *ier, yer, eir* (westfries). Hetzelfde woord als *gier*[2], waarin de *g* < *j*.
Iers [van Ierland] middelnl. *Hierlants(ch)* < **oudeng.** *Irland* < **oudiers** *Eriu* (iers *Eire*), waarvan de 4e nv. *Erinn* > **oudeng.** *Erinn*.
iets [een onbepaalde zaak] reeds middelnl. naast ouder *iet*, dat waarschijnlijk o.i.v. *niets* een *s* kreeg, samengesteld uit *ie* (vgl. *ieder*) + *wicht*[2] [wezen], vgl. oudsaksisch, oudhd. *eowiht*, oudeng. *ā(wu)ht, ō(wu)ht* (eng. *ought*).
ievallig [guur, kil] < **zeeuws, vlaams** *i(e)val, ivel* [armoede, ongemak], middelnl. *evel, ovel, oevel* [slecht, verdorven, naar, onaangenaam] (vgl. *euvel*).
iewers [ergens] met het bijw. vormend achtervoegsel *s* < middelnl. *iewaer, iewer, iewers*, van *ie* (vgl. *iemand, ieder*) + *waer* [waar]; vgl. eng. *anywhere*.
iezegrim [brompot] genoemd naar *Isengrim*, de wolf in de *Reinaert*, van *iser* [ijzer] + *grime* [masker], dus met het ijzeren masker.

ifte — illinium

ifte [klimop] → *ijf*.
-ig [achtervoegsel dienend tot vorming van bn.] **hd.** *-ig*, **eng.** *-y* [hebbend wat in het grondwoord is uitgedrukt], vgl. **lat.** *-cus*, b.v. *civicus* van *civis* [burger].
iglo [hut van sneeuw] < **eskimo** *idglu* [huis].
ignobel [laaghartig] < **fr.** *ignoble* [idem] < **lat.** *ignobilis* [onbekend, niet beroemd, onaanzienlijk], van *in* [niet] + *nobilis* [bekend, voornaam] (vgl. *nobel*¹).
ignorant [onwetend] < **fr.** *ignorant* < **lat.** *ignorantem*, 4e nv. van *ignorans*, teg. deelw. van *ignorare* [niet weten, onbekend zijn met], van *in* [niet] + *noscere* [weten] (vgl. *nobel*¹).
IJ [geogr.] dezelfde naam als in plaatsnamen *ā, aa,* waarnaast *ee,* dat tot *ie* werd en ten slotte tot *ij* (vgl. *a*).
-ij [achtervoegsel] **middelnl.** *-ie* < **oudfr.** *-ie* < **lat.** *-ia* < **gr.** *-ia;* in het oudfr. ontwikkelde zich een nieuw achtervoegsel *-erie,* doordat een aantal woorden die op *-er* uitgingen *-ie* erachter kregen: *tuiler-ie,* de plaats waar de *tuilier* werkt, werd opgevat als *tuil-erie,* de plaats waar de *tuiles* [dakpannen] worden gemaakt.
ijdel [verwaand, vergeefs] **middelnl., oudnederfrankisch, oudfries** *īdel,* **oudeng.** *īdal* (**eng.** *idle*), **oudsaksisch** *īdal,* **oudhd.** *ītal* (**hd.** *eitel*); etymologie onbekend.
ijf [taxus] **middelnl.** *ijf* [palmboom], **oudsaksisch** *īch,* **oudhd.** *iwa, igo* (**hd.** *Eibe*), **fries** *if,* **oudeng.** *īw,* **oudnoors** *ȳr;* buiten het germ. **lat.** *uva* [druif], **gr.** *oa, hoia* [kwalsterbezieboom], **oudiers** *eo,* **welsh** *yw* [taxus], **oudkerkslavisch** *iva* [wilg]; de nl. vormen wel o.i.v. **fr.** *if* [taxus].
ijfel [taxus] → *ijf*.
ijken [waarmerken] **middelnl.** *eken, ijcken* < **lat.** *aequare* [gelijkmaken], van *aequus* [gelijk].
ijl¹ [regenworm] **middelnl.** *ile,* ook blijkens **oudeng.** *igil* uit een vorm met *g,* naast *egele, eggle, echel, echijn* [bloedzuiger], hetzelfde woord als *egel*.
ijl² ['in aller ijl', haast] → *ijlen*¹.
ijl³ [leeg, dun, wazig] → *ijdel*.
ijlen¹ [zich haasten, hard lopen] **middelnl.** *ilen, ylen,* **oudnederfrankisch** *ilon,* **oudsaksisch** *ilian,* **oudhd.** *ilen,* mogelijk van dezelfde idg. basis als **lat.** *eo* [ik ga], **gr.** *eimi* [idem], **gotisch** *iddja* [ik ging], **litouws** *eiti* [gaan], **oudindisch** *eti* [hij gaat].
ijlen² [verward praten] van *ijl*³, van *ijdel* [leeg].
ijmker → *imker*.
ijs [bevroren water] **middelnl.** *ise, ijs,* **oudsaksisch, oudhd., oudfries, oudeng.** *īs,* **oudnoors** *īss;* buiten het germ. **avestisch** *aēxa* [ijs], **afghaans** *asai* [vorst].
ijsbeen [dijbeen in varkensham] **middelnl.** *isebeen, ijsbeen* [heupbeen, heiligbeen], **hd.** *Eisbein,* vervormd uit **me. lat.** *ischia* [heupgewricht, heup] (vgl. *ischias*).
ijselijk [verschrikkelijk] **middelnl.** *eiselijc* en *iselijc,* het laatste o.i.v. *iselich* [ijzig], van *eisen* [gruwen, ijzen], **oudnederfrankisch** *egislik,* **oudsaksisch** *egislik,* **oudhd.** *egislih,* **oudeng.** *egeslic* → *ijzen*.
ijveboom [taxus] → *ijf*.
ijver [toewijding] in de 16e eeuw < **hd.** *Eifer* o.i.v. de Lutherbijbel, vgl. **middelnd.** *īver, īwer,* **middelhd.** *īfer;* wel reeds **middelnl.** *īveren* [iem. achtervolgen, het hem lastig maken]; etymologie onbekend.
ijzel [dunne ijskorst na neerslag] **middelnl.** *isel(e),* verkleiningsvorm van *ijs*.
ijzen [gruwen] o.i.v. *ijs* volksetymologisch vervormd, in het **middelnl.** *eisen* met *ei* < *ege* als *dweil* < *dwegel,* vgl. **oudnederfrankisch** *egislik* [ijselijk], **oudsaksisch** *egiso,* **oudhd.** *egi,* **oudeng.** *ege,* **oudnoors** *agi,* **gotisch** *agis* [vrees]; buiten het germ. **gr.** *achos* [leed], **oudiers** *adagur* [ik vrees].
ijzer [chemisch element] **middelnl.** *isen, iser(e),* **oudsaksisch** *isarn,* **oudhd.** *isa(r)n,* **oudfries** *iser(n),* **oudeng.** *ise(r)n, iren,* **oudnoors** *isarn, jarn,* **gotisch** *eisarn;* buiten het germ. **oudiers** *iarann,* **welsh** *haiarn;* wel ontleend aan het illyrisch. Vermoedelijk verwant met **gr.** *hieros* [levenskrachtig], **oudindisch** *isira-* [sterk, veerkrachtig].
ijzermaal [vlek van ijzerroest] het tweede lid is *maal*⁴ [vlek].
ik [pers. vnw.] **middelnl.** *ic,* **oudnederfrankisch, oudsaksisch, oudfries, gotisch** *ik,* **oudhd.** *ih,* **oudeng.** *ic,* **oudnoors** *ek;* buiten het germ. **lat.** *ego,* **gr.** *egō,* **welsh** *i,* **oudkerkslavisch** *azŭ* (**russ.** *ja*), **oudindisch** *aham*.
-ik [achtervoegsel met pejoratieve betekenis] b.v. *vuilik* (vgl. *-erik*).
ikat [weefsel] < **maleis** *ikat* [band, bundel, bosje]; het weefsel werd zo genoemd naar de techniek waarbij die gedeelten van een bundel garens, die in een bepaald verfbad niet moeten worden gekleurd, omwikkeld en afgebonden worden.
ikebana [bloemschikkunst] < **japans** *ikebana,* van een vorm van *ikeru* [schikken (van bloemen)] + *hana* [bloem].
ikker [nikker, duivel] nevenvorm van *nikker* met verlies van *n;* voor woorden met eenzelfde verlies, vgl. *adder, avegaar*.
ilico [op staande voet] < **lat.** *ilico* [op de plaats, op staande voet], van *in* [in, op] + *loco,* 6e nv. van *locus* [plaats].
illatief [een gevolgtrekking aanduidend] < **me. lat.** *illativus* [bedekt te kennen gevend], van *illatum,* gebruikt als verl. deelw. van *inferre* [brengen naar, aanbieden], van *in* [naar] + *ferre* [dragen].
illegaal [onwettig] afgeleid van **lat.** *legalis* (vgl. *legaal*) + ontkenning *in-*.
illiciet [ongeoorloofd] < **lat.** *illicitus* [idem], van *in-* [niet] + *licitus* [veroorloofd], eig. verl. deelw. van *licet* [het staat vrij].
illinium [chemisch element] door de Amerikaanse

chemicus B. Smith Hopkins, verbonden aan de University of Illinois, genoemd naar *Illinois*.

illuminatie [verlichting] < **fr.** *illumination* < **lat.** *illuminationem,* 4e nv. van *illuminatio* [idem], van *illuminare* (verl. deelw. *illuminatum*) (vgl. *illumineren*).

illuminator [verluchter van handschriften] < **me. lat.** *illuminator* [iem. die versieringen aanbrengt], van *illuminare* (verl. deelw. *illuminatum*) (vgl. *illumineren*).

illumineren [verlichten, versieren] **middelnl.** *illumineren* < **fr.** *illuminer* < **lat.** *illuminare* [verlichten, oneigenlijk: glans verlenen, doen uitkomen], van *in* [in, op, aan, naar ... toe] + *lumen* (2e nv. *luminis*) [licht], verwant met *lucēre* [schijnen].

illusie [zinsbegoocheling, droombeeld] < **fr.** *illusion* [idem] < **lat.** *illusionem,* 4e nv. van *illusio* [spot, ironie, in chr. lat. begoocheling, verzoeking], van *illudere* (verl. deelw. *illusum*) [met iets spelen, bespotten, bedriegen], van *in* [in, naar, op in] + *ludere* [spelen].

illusoir, illusoor [denkbeeldig] < **fr.** *illusoire* < **me. lat.** *illusorius* [bedrieglijk] < **lat.** *illusorius* [spottend, ironisch], van *illudere* (vgl. *illusie*).

illuster [doorluchtig] < **fr.** *illustre* < **lat.** *illustris* [schitterend, helder, verlicht, doorlucht, luisterrijk], van *illustrare* (vgl. *illustreren*).

illustreren [met afbeeldingen voorzien, toelichten] < **fr.** *illustrer* < **lat.** *illustrare* [verlichten, aanschouwelijk maken, glans verlenen, versieren], van *in* [tot, naar] + *lustrare* [verlichten], idg. verwant met *licht* [1].

illuvium [uitloging van de bodem] gevormd van **lat.** *in* [in] + het tweede lid van *Alluvium*.

ilmeniet [titaanijzererts] genoemd naar de vindplaats, de *Ilmen-bergen* in de Oeral.

image [voorstellingsbeeld] (**middelnl.** *image* [beeld, portret, gelijkenis]) < **eng.** *image* < **fr.** *image* < **oudfr.** *imagene* < **lat.** *imaginem,* 4e nv. van *imago* [imitatie, kopie, voorstelling, afbeelding, beeld], van de stam van *imitari* [imiteren].

imago → *image*.

imam [mohammedaans gebedsvoorganger] < **ar.** *'imām* [eig. voorganger bij de gebeden op vrijdag, een functie die de kaliefen aanvankelijk zelf uitoefenden], bij het ww. *'amma* [hij ging voor (in het gebed)].

imari [porseleinsoort] < **japans** *imari,* genoemd naar *Imari,* een plaats op Kijūshū met porseleinindustrie.

imbeciel [zwakzinnig, onnozel] < **fr.** *imbécile* [idem] < **lat.** *imbecillus* [zwak, slap, onzelfstandig], van het ontkennend *in* + *baculus, baculum* [stok, staaf], dus: zonder steun (vgl. *bacil*).

imbiberen [inzuigen] < **fr.** *imbiber* < **lat.** *imbibere* [drinken, opzuigen], van *in* [in] + *bibere* [drinken].

imbroglio [ineengrijpen van gebeurtenissen] < **it.** *imbroglio,* van *imbrogliare* [verwarren] < **fr.** *embrouiller,* van **oudfr.** *brou* [bobbel, luchtbel op het water, schuim], uit het germ., vgl. *brouwen* [1].

imitatie [nabootsing] < **fr.** *imitation* < **lat.** *imitationem,* 4e nv. van *imitatio* [idem], van *imitari* (verl. deelw. *imitatum*) [nabootsen] (vgl. *imago*).

imitator [nabootser] < **lat.** *imitator,* van *imitari* (vgl. *imitatie*).

imiteren [navolgen] < **fr.** *imiter* < **lat.** *imitari* (vgl. *imitatie*).

imker [bijenhouder] **middelnl.** *immecare,* van *imme, ym(m)e* [bij], **middelnd.** *imme,* **middelhd.** *imbe, imme* (**hd.** *Imme*), **oudeng.** *imbe;* waarschijnlijk verwant met **oudiers** *imbed* [menigte]; de oorspr. betekenis van *imme* is wel 'zwerm'.

immanent [inwonend] < **fr.** *immanent* < **me. lat.** *immanentem,* 4e nv. van *immanens* [immanent, in theologische zin], van *in* [in] + *manēre* [op een plaats blijven] (vgl. *maison, manor*).

immatriculatie [inschrijving] < **fr.** *immatriculation,* van **me. lat.** *immatriculare* [inschrijven], van *in* [in] + *matriculare* [inschrijven], van *matricula,* verkleiningsvorm van *matrix* (vgl. *matrix*).

immatuur [ontijdig] < **lat.** *immaturus* [onrijp, ontijdig], van *in-* [niet] + *maturus* [rijp, volwassen, rijp voor iets op de juiste tijd] (vgl. *matinee, metten*).

imme [honingbij, bijenzwerm] → *imker*.

immediaat [onmiddellijk] < **fr.** *immédiat* < **me. lat.** *immediatus* [onmiddellijk, aanpalend], van ontkennend *in* + *laat-lat. mediatus,* verl. deelw. van *mediare* [halverwege zijn, delen, scheiden], van *medius* (vgl. *middag*).

immelmann [figuur bij het kunstvliegen] genoemd naar de Duitse oorlogsvlieger *Max Immelmann* (1890-1916).

immens [onmetelijk] < **fr.** *immense* < **lat.** *immensus* [onmetelijk, geweldig, onafzienbaar], van ontkennend *in* + *mensus,* verl. deelw. van *metiri* [meten], dus lett. ongemeten.

immensiteit [onmetelijkheid] < **fr.** *immensité* < **me. lat.** *immensitatem,* 4e nv. van *immensitas* [overweldigende grootheid, overvloed, eeuwigheid], van *immensus* (vgl. *immens*).

immensurabel [onmeetbaar] < **fr.** *immensurable* < **me. lat.** *immensurabilis* [idem], van *in-* [niet] + **chr. lat.** *mensurabilis* [meetbaar], van *mensurare* [meten], van *mensura* [meting, maat], van *metiri* (verl. deelw. *mensum*) [meten], daarmee idg. verwant.

immer [altijd] → *immers*.

immers [toch] **middelnl.** *immers, ommers, ummers,* met het bijw. vormend achtervoegsel *s* < *immer, emmer, ommer, ummer* [steeds, immers], naast **oudsaksisch** *eomer,* **oudhd.** *iomer,* **middelnl.** *ie* (vgl. *iemand, ieder*) + *meer*.

immersie [onderdompeling] < **fr.** *immersion* < **lat.** *immersionem,* 4e nv. van *immersio* [idem], van *immergere* (verl. deelw. *immersum*) [onderdompelen, doen zinken], van *in* [in] + *mergere* [onderdompelen].

immes → *emmes*.

immigrant [inkomend landverhuizer] < **fr.** *immi-*

imminent — impetrant

grant < **lat.** *immigrans* (2e nv. *immigrantis*), teg. deelw. van *immigrare* [zijn intrek nemen, binnendringen], van *in* [in, naar] + *migrare* (vgl. **migreren**).

imminent [boven 't hoofd hangend] < **fr.** *imminent* < **lat.** *imminentem,* 4e nv. van *imminens,* teg. deelw. van *imminēre* [uitsteken boven, bedreigen], van *in* [tot, naar] + de ook in *eminent* en *prominent* optredende basis, met de betekenis 'uitsteken', vgl. **lat.** *mons* [berg], *mentum* [kin].

immissie [het inbrengen] < **lat.** *immissio* [het laten groeien, het insteken], van *immittere* [zenden naar, laten binnenkomen], van *in* [in] + *mittere* [zenden], idg. verwant met *smijten.*

immolatie [opoffering] < **fr.** *immolation* [idem] < **lat.** *immolationem,* 4e nv. van *immolatio* [het offeren, offer], van *immolare* (verl. deelw. *immolatum*) [offeren], van *in* [naar...toe] + *mola* [molensteen, molen, offermeel (grof gemalen spelt met zout)]; de betekenis is dus eig.: het meel op het altaar strooien.

immoleren [opofferen] < **fr.** *immoler* < **lat.** *immolare* (vgl. **immolatie**).

immortelle [strobloem] < **fr.** *immortelle,* vr. van *immortel* [onsterfelijk] < **lat.** *immortalis* [idem], van *in-* [niet] + *mortalis* [sterfelijk], van *mors* (2e nv. *mortis*) [de dood], idg. verwant met *moord.*

immuniteit [niet-onderworpen zijn aan wetten, onvatbaarheid] < **fr.** *immunité* [idem] < **lat.** *immunitatem,* 4e nv. van *immunitas* [ontheffing van openbare lasten, vrijstelling, vrijdom], van *immunis* (vgl. **immuun**).

immuun [onschendbaar, onvatbaar] < **lat.** *immunis* [vrij van staatslasten (werk, krijgsdienst, belasting), verschoond van, veilig, ongestraft], van *in-* [niet] + *munia* [plichten] (vgl. **ammunitie, commune**).

impact [invloed] < **eng.** *impact* < **lat.** *impactum,* verl. deelw. van *impingere* [stoten tegen, opdringen, zich blindelings storten in], van *in* [in, naar] + *pangere* [vastslaan] (vgl. **pact**).

impala [antilope] overgenomen uit het zoeloe.

impartiaal [onpartijdig] < **fr.** *impartial,* gevormd van ontkennend *in* + *partial* [partijdig] < **me. lat.** *partialis,* van *pars* (2e nv. *partis*) [gedeelte, kant, partij], verwant met *portio* [portie].

impasse [moeilijkheid zonder oplossing] < **fr.** *impasse* [doodlopende straat, slop], van ontkennend *in* + *passe* [doorgang], van **me. lat.** *passare* [oversteken, voorbijgaan], van *passus* [schrede, pas] (vgl. **passeren**).

impassibel [onbewogen] < **fr.** *impassible* < **lat.** *impassibilis* [idem], van ontkennend *in* + *passibilis* [die lijden kan], van *pati* [lijden] (vgl. **patiënt**).

impatiëntig [ongeduldig] < **fr.** *impatient* < **lat.** *impatientem,* 4e nv. van *impatiens,* gevormd van ontkennend *in* + *patiens,* teg. deelw. van *pati* [lijden] (vgl. **patiënt**).

impedantie [wisselstroomweerstand] < **eng.** *impedance,* afgeleid van *to impede* [belemmeren] (vgl. **impediëren**).

impediëren [verhinderen] (1525) < **lat.** *impedire,* van *in, im* [tot, naar] + *pes* (2e nv. *pedis*) [voet] → **expediënt**.

impenderen [ten koste leggen] < **lat.** *impendere* [idem], van *in* [tot, naar] + *pendere* [afwegen (ook van betaalmiddel), betalen].

impensen [onkosten] < **fr.** *impenses* < **lat.** *impensa* [uitgave, onkosten], van *impendere* (verl. deelw. *impensum*) [ten koste leggen, besteden], van *in* [in, naar, toe-] + *pendere* [wegen, en vandaar: betalen], dus lett. toewegen bij de betaling.

imperatief [gebiedend(e wijs)] < **lat.** *imperativus* [behorend bij een bevel, als zn. bevelende wijs], van *imperare* (vgl. **imperator**).

imperator [opperbevelhebber] < **lat.** *imperator* [gebieder, aanvoerder, opperbevelhebber, imperator (titel), keizer], van *imperare* (verl. deelw. *imperatum,* vgl. **imperium**).

imperceptibel [onmerkbaar] < **fr.** *imperceptible,* van ontkennend *in* + *perceptible* (vgl. **perceptibel**).

imperfect [onvolmaakt] < **lat.** *imperfectus* [onvoltooid, onvolmaakt], van ontkennend *in* + *perfectus* (vgl. **perfect**).

imperiaal[1] [keizerlijk] < **fr.** *impérial* < **lat.** *imperialis* [keizerlijk] (vgl. **imperium**).

imperiaal[2] [bagagerek op auto] < **fr.** *impériale* [rek op rijtuig (16e eeuws)] < **lat.** *imperialis* [keizerlijk], *imperare* [heersen over] (vgl. **imperium**); zo genoemd omdat zij bovenop is geplaatst.

imperieus [gebiedend] < **fr.** *impérieux* [idem] < **lat.** *imperiosus* [bezeten van macht, machtig], van *imperium* (vgl. **imperium**) + *-osus* [vol van].

imperium [(keizer)rijk, oppermacht] < **lat.** *imperium* [bevel, heerschappij, regering, macht, rijk, gebied], van *imperare* [bevelen, heersen], van *in* [in] + *parare* [gereedmaken, maatregelen nemen], verwant met *parere* [ter wereld brengen, verwerven].

impersonatie [het optreden in een andere gedaante] gevormd van **lat.** *in* [in] + *persona* (vgl. **persoon**), gevormd naar analogie van *incorporeren.*

impertinent [niet ter zake, onbehoorlijk] < **fr.** *impertinent* < **lat.** *impertinentem,* 4e nv. van *impertinens,* van ontkennend *in* + *pertinens,* teg. deelw. van *pertinēre* [zich uitstrekken naar, betrekking hebben op, dienen tot, belangrijk zijn voor], van *per* [door...heen, over...heen] + *tenēre* [houden, omvatten].

imperturbabel [onverstoorbaar] < **fr.** *imperturbable* < **chr. lat.** *imperturbabilis* [idem], van ontkennend *in* + *perturbare* [in verwarring brengen], van *per* [door] + *turbare* [in verwarring brengen] (vgl. **turberen**).

impetrant [verzoeker] (**middelnl.** *impetreren* [verkrijgen]) < **fr.** *impétrant* [idem] < **lat.** *impetrantem,* 4e nv. van *impetrans,* teg. deelw. van *impetrare* [gedaan krijgen, bewerken], van *in*

[in] + *patrare* [volvoeren], van *pater* [vader], dus eig. handelen als een vader.

impetueus [onstuimig] < fr. *impétueux* < lat. *impetuosus*, van *impetus* [snelle vaart, onstuimig verlangen, aanval], van *in* [naar...toe] + *petere* [trachten te bereiken, stoten].

impiëteit [goddeloosheid] < fr. *impiété* < lat. *impietatem*, 4e nv. van *impietas* [gebrek aan plichtsgevoel, goddeloosheid, trouweloosheid], van ontkennend *in* + *pietas* (vgl. *piëteit*).

impitoyabel [onmeedogend] < fr. *impitoyable*, gevormd van ontkennend *in* + *pitoyable* [medelijdend], van *pitié* [medelijden] < lat. *pietatem*, 4e nv. van *pietas* (vgl. *piëteit*).

implacabel [onverzoenlijk] < fr. *implacable* < lat. *implacabilis* [idem], van ontkennend *in* + *placabilis* [gemakkelijk te bevredigen], van *placare* [effenen, gunstig stemmen], verwant met *placere* [behagen].

implanteren [inplanten] < lat. *implantare*, van *in* [in] + *plantare* [planten] (vgl. *plant*¹).

implementeren [verwezenlijken] < eng. *to implement* [aanvullen, uitvoeren] < me. lat. *implementa* (mv.) [opvulling, aanvullingen], van *implēre* [vol maken], van *in* [in, naar] + **oudlat.** *plēre* [vullen], idg. verwant met *vol*¹.

impliceren [omvatten] < lat. *implicare* [invouwen, invoegen, inwikkelen, met iets verbinden], van *in* [in] + *plicare* [samenvouwen, oprollen], verwant met *plexus* [gevlochten], van *plectere* [vlechten], daarmee idg. verwant, vgl. **gr.** *plekein* [vlechten].

impliciet [mede erin betrokken] < fr. *implicite* [idem] < lat. *implicitum*, verl. deelw. van *implicare* (vgl. *impliceren*).

implorant [die om hulp vraagt] < fr. *implorant* < lat. *implorans* (2e nv. *implorantis*), teg. deelw. van *implorare* (vgl. *imploreren*).

imploreren [verzoeken om iets] < fr. *implorer* < lat. *implorare* [(onder tranen en smeekbeden) aanroepen, te hulp roepen, afsmeken], van *in* [aan] + *plorare* [luid jammeren], een klanknabootsend woord (> fr. *pleurer*).

implosie [ontploffing naar binnen toe] met lat. *in* [in, naar], gevormd naar analogie van *explosie*.

impluvium [bassin in atrium] < lat. *impluvium*, van *impluere* [op iets regenen], van *in* [naar...toe] + *pluere* [regenen] (> fr. *pleuvoir*) (vgl. *paraplu*).

imponderabilia [onweegbare zaken] < lat. *imponderabilia*, o. mv., van ontkennend *in* + *ponderabilis* [weegbaar], van *ponderare* [wegen], van *pondus* (2e nv. *ponderis*) [gewicht] (vgl. *pond*).

imponeren [ontzag inboezemen] **middelnl.** *imponeren* < fr. *imponer* < lat. *imponere* [plaatsen op, toekennen, iem. iets wijs maken], van *in* [in, op] + *ponere* (vgl. *poneren*).

important [belangrijk] < fr. *important* < lat. *importans* (2e nv. *importantis*), teg. deelw. van *importare* [importeren, iets teweegbrengen] (vgl. *importeren*).

importeren [invoeren] < fr. *importer* < lat. *importare* [indragen, invoeren, teweegbrengen], van *in* [in] + *portare* [dragen, vervoeren].

importuneren [ongelegen komen] **(middelnl.** *importunicheit*) < fr. *importuner* < me. lat. *importunari*, van *importunus* [ongunstig gelegen, ontoegankelijk, lastig, onbeschaamd], van ontkennend *in* + *portus* [haven], dus eig. zonder haven, idg. verwant met *voorde, varen* ².

imposant [indrukwekkend] < fr. *imposant*, eig. teg. deelw. van *imposer* [opleggen, voorschrijven, afdwingen (van eerbied)] < lat. *imponere* (verl. deelw. *impositum*) [inleggen, opleggen], van *in* [in] + *ponere* [plaatsen].

impost [accijns] (1532) < oudfr. *impost* [idem], van lat. *imponere* (verl. deelw. *impositum*) (vgl. *imposant*).

impotent [onmachtig tot geslachtelijk verkeer] < fr. *impotent* < lat. *impotentem*, 4e nv. van *impotens* [onmachtig, iets niet kunnende beheersen], van ontkennend *in* + *potens* [krachtig, iets beheersend], eig. teg. deelw. van *posse* [kunnen], van *potis* [in staat], vgl. het tweede lid van de samenstelling *hospodar* en *hospes*.

impracticabel [ondoenlijk] < fr. *impracticable*; gevormd van lat. ontkennend *in* + *practicable* (vgl. *practicabel*).

imprecatie [bezwering] < fr. *imprécation* [idem] < lat. *imprecationem*, 4e nv. van *imprecatio* [verwensing, vloek], van *imprecari* (verl. deelw. *imprecatum*) [toebidden, toewensen], van *in* [naar, toe] + *precari* [bidden] (vgl. *preek, prediken*).

impregneren [doordrenken] < fr. *imprégner* [doortrekken, bezwangeren] < lat. *impraegnari* [idem], van *praegna(n)s* [zwanger, vol], van *prae* [voor] + de stam van *(g)nasci* [geboren worden]).

impresario [ondernemer van toneelvoorstellingen e.d.] < it. *impresario* [oorspr. hoofd van een toneelgezelschap], van *impresa* [onderneming], van lat. *in* [in, naar] + *prehendere* [grijpen, oppakken], dus dat wat men aanpakt, idg. verwant met *(ver)geten,* eng. *to get* [krijgen].

impressie [indruk] < fr. *impression* < lat. *impressionem*, 4e nv. van *impressio* [stempel, indruk], van *imprimere* (verl. deelw. *impressum*) [iets drukken in, van *in* [in] + *premere* [drukken].

impressionisme [kunststroming] < fr. *impressionisme*, gevormd van *Impression*, de titel van een schilderij van Claude Monet (vgl. *impressie*).

impressum [vermelding van typografische gegevens in een boek] → *impressie*.

imprimatur [verlof tot drukken] < lat. *imprimatur* [laat het gedrukt worden], 3e pers. enk. van de aanvoegende wijs van *imprimere* [indrukken, drukken] (vgl. *impressie*).

imprimé [bedrukte japonstof] < fr. *imprimé*, eig. verl. deelw. van *imprimer* [bedrukken] < lat. *imprimere* [drukken op] (vgl. *impressie*).

improbabel [onwaarschijnlijk] < fr. *improbable*

improbant — incarnatie

[idem] < lat. *improbabilis* [afkeurenswaard, slecht], van ontkennend *in* + *probabilis* (vgl. *probabel*).

improbant [niet bewijzend] gevormd van lat. ontkennend *in* + *probare* [keuren, aannemelijk maken, bewijzen] (vgl. *proeven*).

improbatie [afkeuring] < fr. *improbationem*, 4e nv. van *improbatio* < lat. *improbationem*, 4e nv. van *improbatio* [idem], van *improbare* (verl. deelw. *improbatum*) [afkeuren], van *improbus* [slecht], van ontkennend *in* + *probus* [deugdelijk, goed] (vgl. *proeven*).

improbiteit [oneerlijkheid] < fr. *improbité* [idem] < lat. *improbitatem*, 4e nv. van *improbitas* [verdorvenheid], van ontkennend *in* + *probus* [fatsoenlijk] (vgl. *proeven*).

impromptu [iets dat zonder voorbereiding is gemaakt] < fr. *impromptu* < lat. *in promptu* [openlijk, voor aller ogen, duidelijk], *in promptu esse* [gemakkelijk zijn], van *in* [in] + de 6e nv. van *promptus* [het zichtbaar zijn], van *promere* (verl. deelw. *promptum*) [voor de dag halen], van *pro* [voor] + *emere* [kopen, eig. nemen].

improviseren [voor het ogenblik bedenken] < fr. *improviser* < it. *improvvisare*, van *improvviso* [niet voorzien, onverwacht] < lat. *improvisus* [idem], van ontkennend *in* + *provisus*, verl. deelw. van *providēre* [al van verre zien, vooruitzien], van *pro* [voor] + *vidēre* [zien], idg. verwant met ***weten***.

imprudent [onvoorzichtig] < fr. *imprudent* < lat. *imprudentem*, 4e nv. van *imprudens* [argeloos, onwetend, onkundig], van ontkennend *in* + *prudens* (vgl. ***prudent***).

impudentie [onbeschaamdheid] < fr. *impudence* < lat. *impudentia* [idem], van *impudens* (2e nv. *impudentis*) [onbeschaamd, schaamteloos], van ontkennend *in* + *pudens* [beschaamd, beschroomd], eig. teg. deelw. van *pudēre* [zich schamen].

impugnatie [bestrijding] < lat. *impugnatio* [bestorming], van *impugnare* (verl. deelw. *impugnatum*) [aanvallen, bestormen], van *in* [naar] + *pugnare* [strijden], van *pugnus* [vuist], verwant met *pungere* [prikken] (vgl. ***punt***[1]).

impuls [prikkel] < lat. *impulsus* [stoot, aandrang, opwelling], van *impellere* (verl. deelw. *impulsum*) [stoten tegen, duwen, meeslepen, aanzetten], van *in* [tot, naar] + *pellere* [stoten, drijven].

impuniteit [straffeloosheid] < fr. *impunité* < lat. *impunitatem*, 4e nv. van *impunitas* [idem], van ontkennend *in* + *poena* [boete, straf].

imputabel [toerekenbaar] < fr. *imputable* < me. lat. *imputabilis* [toe te schrijven, te wijten aan] (vgl. ***imputatie, imputeren***).

imputatie [aantijging] < fr. *imputation* < me. lat. *imputationem*, 4e nv. van *imputatio* [beschuldiging, verwijt], van *imputare* (verl. deelw. *imputatum*) (vgl. ***imputeren***).

imputeren [aantijgen] < fr. *imputer* < lat. *imputare* [in rekening brengen, toeschrijven, verwijten], van *in* [naar...toe] + *putare* [schoonmaken, in het reine brengen, berekenen] (vgl. ***computer***).

in [voorzetsel] in alle germ. talen *in*, behalve oudnoors *ī*; buiten het germ. lat. *in*, gr. *en*, iers *i(n)*, litouws dial. *in*, albaans *in*, oudpruisisch *en*, armeens *i*.

in-[1] [in, naar, op, tegen] voorvoegsel voorkomend in woorden van lat. herkomst, in germ. talen *in*, gr. *en*.

in-[2] [niet] voorvoegsel voorkomend in woorden van lat. herkomst, verwant met nl. *on-*, gotisch *un-*, eng. *un-*, hd. *un-*, *i-* voor *gn, il-* voor *l, im-* voor *b, m, p, ir-* voor *r*.

inaan [leeg, zinloos] < lat. *inanis* [leeg, hol, zinloos, zelfingenomen].

inaliënabel [onvervreemdbaar] < fr. *inaliénable*, van ontkennend *in* + *aliénable* (vgl. ***aliëneren***).

inalterabel [onveranderlijk] < fr. *inaltérable*, van ontkennend *in* + *alterable* (vgl. ***alterabel***).

inaniteit [leegheid] < fr. *inanité* [idem] < lat. *inanitatem*, 4e nv. van *inanitas* [ledige ruimte, holte, ijdelheid, schijn], van *inanis* [leeg].

inaugureren [inwijden] < fr. *inaugurer* [idem] < lat. *inaugurare* [de vlucht van de vogels, de voortekenen raadplegen, onder deze waarnemingen iem. of iets inwijden], van *in* [in] + *augur* [vogelwichelaar (priester), voorspeller, ziener], verwant met *avis* [vogel, voorteken], idg. verwant met *ei*.

inborst [aard] middelnl. *inborste, imborste*, vervormd o.i.v. *borst*, vgl. middelhd. *inbrunst* (vgl. ***bronst***).

inbronstig [innig, vurig] < hd. *inbrünstig*, ouder *einbrünstig*, van *Einbrunst* [gloed, ijver], van *einbrennen* [door vuur verteren].

incantatie [bezwering] < fr. *incantation* < lat. *incantationem*, 4e nv. van *incantatio* [toverformule, bezwering], van *incantare* (verl. deelw. *incantatum*) [betoveren], van *in* [in, naar] + *cantare* [zingen, een toverspreuk uitspreken], intensivum van *canere* [zingen], idg. verwant met ***haan***.

incapabel [onbekwaam] < fr. *incapable* [idem] < me. lat. *incapabilis* [wat niet begrepen kan worden], van ontkennend *in* + *capabilis* (vgl. ***capabel***).

incarceratie [kerkering] (middelnl. *incarcereren* [inkerkeren]) < fr. *incarcération* < me. lat. *incarcerationem*, 4e nv. van *incarceratio* [idem], van *incarcerare* (verl. deelw. *incarceratum*) [opsluiten in een kerker], van *in* [in] + *carcer* (vgl. ***kerker***).

incardineren [als priester opnemen in diocees] < me. lat. *incardinare* [aanstellen (in hoge geestelijke functie)], van *cardo* (2e nv. *cardinis*) [spil (van deur), draaipunt, hoofdpunt] (vgl. ***kardinaal***); vgl. voor de betekenis *sleutelpositie*.

incarnatie [vleeswording] middelnl. *incarnacie*

< fr. *incarnation* < chr. lat. *incarnationem,* 4e nv. van *incarnatio* [idem], van *incarnare* [tot vlees maken, in passief: vlees worden, mens worden], van *in* [tot, naar] + *caro* (2e nv. *carnis*) [vlees] (vgl. *carnatie*).

incasseren [in ontvangst nemen] < it. *incassare* [in kisten pakken, incasseren] < me. lat. *incassare, incapsare* (vgl. *kas* ¹).

incentive [aansporing] < eng. *incentive* < lat. *incentivus* [de toon aangevend], van *incinere* (verl. deelw. *incentum*) [aanheffen], van *in* [in, naar] + *canere* [zingen], idg. verwant met *haan*.

incest [bloedschande] < fr. *inceste* [idem] < lat. *incestum, incestus* [heiligschennis, ontucht, bloedschande], van ontkennend *in* + *castus* [rein, kuis, vroom], eig. verl. deelw. van *carēre* [zonder iets zijn, missen], verwant met *castrare* (vgl. *castreren*).

inch [Engelse duim] < eng. *inch* [het twaalfde deel van een voet], oudeng. *ynce* < lat. *uncia* [het twaalfde deel van een as, ook van een pond] (vgl. *ons* ¹).

inchoatief [werkwoord dat begin van een handeling aangeeft] < fr. *inchoatif* < lat. *inchoativum,* van *incohare, inchoare* (verl. deelw. *inc(h)oatum*) [een begin maken met iets], van *cohum* [riem om ossen mee in te spannen], van een basis met de betekenis 'insluiten' waarvan ook *heg* stamt.

incident [stoornis] < fr. *incident* < lat. *incidens,* 4e nv. van *incidens,* teg. deelw. van *incidere* [vallen in, in iets geraken, stoten op, gebeuren], van *in* [in] + *cadere* [vallen] (vgl. *kans*).

incineratie [lijkverassing] < fr. *incinération* < me. lat. *incinerationem,* 4e nv. van *incineratio* [idem], van *incinerare* (verl. deelw. *incineratum*) [verassen], van *in* [in, tot] + *cinis* (2e nv. *cineris*) [as].

incipiënt [aanvanger] < lat. *incipiens* (2e nv. *incipientis*), teg. deelw. van *incipere* [beginnen], van *in* [naar...toe] + *capere* [vatten, nemen], idg. verwant met *heffen*.

incisie [insnijding] < fr. *incision* < lat. *incisionem,* 4e nv. van *incisio* [snede], van *incidere* (verl. deelw. *incisum*) [een snede maken], van *in* [in] + *caedere* [hakken], idg. verwant met *heien* ¹.

incisief [snijdend, bijtend] < fr. *incisif* < me. lat. *incisivus,* van *incidere* (verl. deelw. *incisum*) [insnijden], van *in* [in] + *caedere* [houwen], idg. verwant met *heien* ¹.

incitatie [aansporing] < fr. *incitation* < lat. *incitationem,* 4e nv. van *incitatio* [idem], van *incitare* [aandrijven], van *in* [tot, naar] + *citare* [in snelle beweging brengen], frequentatief van *ciēre* [in beweging brengen, opwekken] (vgl. *citeren*).

inciviek [politiek onbetrouwbaar (persoon)] < fr. *incivique,* van ontkennend *in* + *civique* < lat. *civicus* [burger-], van *civis* [burger].

inclinatie [helling, neiging] middelnl. *inclinaci(e)* < fr. *inclination* < lat. *inclinationem,* 4e nv. van *inclinatio* [het buigen, neiging, wending], van *inclinare* [ombuigen, overhellen, veranderen],

van *in* [naar...toe] + *-clinare* [buigen], dat alleen in samenstellingen voorkomt (vgl. *klinisch*).

incluis [ingesloten] middelnl. *incluus, incluis* < fr. *inclus* < lat. *inclusus,* verl. deelw. van *includere* [insluiten], van *in* [in] + *claudere* [sluiten], daarmee idg. verwant.

inclusie [insluiting] < fr. *inclusion* < lat. *inclusionem,* 4e nv. van *inclusio* [idem], van *includere* (verl. deelw. *inclusum*) (vgl. *incluis*).

incognito [onder schuilnaam] < it. *incognito* < lat. *incognitus* [onbekend, niet herkend], van ontkennend *in* + *cognoscere* (verl. deelw. *cognitum*) [leren kennen, waarnemen, herkennen], van *con-* [bijeen] + *noscere* (oudlat. *gnoscere*) [kennen].

incommoderen [lastig vallen] < fr. *incommoder* < lat. *incommodare* [idem], van *incommodus* [onaangenaam, ongelegen], van ontkennend *in* + *commodus* [passend], van *con* [met] + *modus* [grootte, maatstaf, maat] (vgl. *commode*).

incompatibel [onverenigbaar] < fr. *incompatible* < me. lat. *incompatibilis* [onverenigbaar (in verband met prebenden)], van ontkennend *in* + *compatibilis,* van *compati* [mede lijden, medelijden hebben met], van *com* [samen] + *pati* [lijden, iemands luimen geduldig verdragen, dulden].

incompetent [onbekwaam] < fr. *incompétent,* van ontkennend *in* + *compétent* (vgl. *competent*).

incongruent [niet overeenstemmend] < lat. *incongruens* (2e nv. *incongruentis*) [idem], van ontkennend *in* + *congruens* (vgl. *congruent*).

inconsequent [onlogisch] < fr. *inconséquent* < me. lat. *inconsequentem,* 4e nv. van *inconsequens* [onlogisch, inconsistent], van ontkennend *in* + *consequens* (vgl. *consequent*).

incontinent [urine of ontlasting niet kunnende ophouden] < fr. *incontinent* [oningetogen, onmatig, in medische zin incontinent] < lat. *incontinentem,* 4e nv. van *incontinens* [niet ingetogen, onmatig], van ontkennend *in* + *continēre* [bijeenhouden, in toom houden], van *com* [samen] + *tenēre* [houden].

inconveniënt [ongerief] < fr. *inconvénient* [idem] < lat. *inconvenientem,* 4e nv. van *inconveniens* [niet overeenstemmend], van ontkennend *in* + *conveniens* [overeenstemmend, passend], teg. deelw. van *convenire* [overeenstemmen], van *con* [samen] + *venire* [komen], daarmee idg. verwant.

incorporatie [opneming] middelnl. *incorporacie* [inlijving] < fr. *incorporation* < me. lat. *incorporationem,* 4e nv. van *incorporatio* [opname in een corpus], van *incorporare* (verl. deelw. *incorporatum*), van *in* [in] + *corpus* (vgl. *corpus*).

incorrect [onnauwkeurig, ongepast] < fr. *incorrect* < chr. lat. *incorrectus* [onverbeterd, ongeneeslijk], van ontkennend *in* + *correctus* (vgl. *correct*).

increduliteit [ongelovigheid] < fr. *incrédulité* < lat. *incredulitatem,* 4e nv. van *incredulitas* [ongeloof], van *incredulus* [ongelovig], van ontkennend *in* + *credulus* [lichtgelovig, gemakkelijk vertrouwend, in chr. lat. gelovig], van *credere* [zijn vertrouwen schenken, geloven].

increment — indigo

increment [toeneming] < **fr.** *incrément* < **lat.** *incrementum* [groei], van *increscere* [in iets groeien, aangroeien], van *in* [in] + *crescere* [groeien], van dezelfde basis als *creare* [scheppen].

increta [inwendige afscheidingsprodukten] gevormd van **lat.** *in* [in] + *cernere* (verl. deelw. *cretum*) [zeven], verwant met **gr.** *krinein* [schiften] (vgl. *kritiek*).

incrimineren [als schuld aanrekenen] < **fr.** *incriminer* < **me. lat.** *incriminari* [beschuldigen], van *in* [naar, tot] + *criminari* [beschuldigen], van *crimen* [beschuldiging] (vgl. *crisis*).

incroyabel [ongelooflijk] < **fr.** *incroyable*, van ontkennend *in* + *croyable*, van *croire* [geloven] < **lat.** *credere* [idem].

incrustatie [omkorsting, invatting] < **fr.** *incrustation* [idem] < **lat.** *incrustationem*, 4e nv. van *incrustatio* [het bedekken van wanden met stuc of marmer], van *incrustare* (verl. deelw. *incrustatum*), van *in* [in, op] + *crustare* [bedekken], van *crusta* [korst] (vgl. *korst*).

incubatie [broeiing] < **fr.** *incubation* [idem] < **lat.** *incubationem*, 4e nv. van *incubatio* [het op de eieren zitten, broeden], van *incumbere* (verl. deelw. *incubitum*) [gaan liggen op], van *in* [in, op] + *cubare* [liggen, aanliggen, slapen] (vgl. *cubiculum*).

incubus [verschijning van de duivel die verkeert met een vrouw] **middelnl.** *incubus* [boze geest door nachtmerrie veroorzaakt] < **chr. lat.** *incubus* [nachtmerrie], van *incubare* [liggen op] (vgl. *incubatie*).

inculperen [beschuldigen] < **fr.** *inculper* < **chr. lat.** *inculpare* [idem], van *in* [in, naar] + *culpare* [de schuld geven, afkeuren], van *culpa* [schuld].

incunabel [wiegedruk] < **fr.** *incunable* [idem] < **lat.** *incunabula* [windsels (van zuigeling), bakermat, eerste jeugd, oorsprong], van *in* [in] + *cunabula* [wieg, geboorteplaats], verkleiningsvorm van *cunae* [wieg].

incurreren [vervallen in] (1549) < **lat.** *incurrere* [aanlopen tegen, voorvallen], van *in* [naar, tot] + *currere* [(hard) lopen] (vgl. *kar, krant*).

indantreen [kleurstof] merknaam, gevormd van *indigo* + *antraceen*.

indebitum [onverplichte betaling] < **lat.** *indebitum*, het zelfstandig gebruik o. van *indebitus* [niet verschuldigd], van ontkennend *in* + *debēre* (vgl. *debet*).

indecent [onwelvoeglijk] < **fr.** *indécent* < **lat.** *indecentem*, 4e nv. van *indecens* [onbehoorlijk, lelijk], van ontkennend *in* + *decens* (vgl. *decent*).

indemniteit [schadevergoeding] < **fr.** *indemnité* < **lat.** *indemnitatem*, 4e nv. van *indemnitas* [idem], van *indemnis* [zonder schade], van ontkennend *in* + *damnum* [verlies, schade, boete] > *damnare* [veroordelen] > **fr.** *damner*, **eng.** *to damn*.

indent [vorm van contract] < **eng.** *indent*, van **me.**

lat. *indentare* [het scheiden van de beide exemplaren van een geschreven overeenkomst door een knip met zaagtanding, zodat door latere vergelijking de authenticiteit is vast te stellen], van **lat.** *dens* (2e nv. *dentis*) [tand], daarmee idg. verwant.

independent [onafhankelijk] < **fr.** *indépendent* < **me. lat.** *independentem*, 4e nv. van *independens* [idem], van ontkennend *in* + *dependens* (vgl. *dependentie*).

index [inhoudsopgave, verhoudingscijfer, wijsvinger] < **lat.** *index* [aanwijzer, wijsvinger, opschrift, korte inhoud, lijst, catalogus], van *indicere* (perfectum *indixi*) [aanzeggen, aankondigen], van *in* [naar, aan] + *dicere* [zeggen], idg. verwant met het tweede lid van *aantijgen*.

Indiaan [lid van één van de oorspr. Amerikaanse volken] afgeleid van **lat.** *India* [Indië], omdat de eerste ontdekker van Amerika dacht dat zij in Azië waren (vgl. *Indisch*).

indice, indicie, indicium [aanwijzing] < **fr.** *indice*, resp. < **lat.** *indicium* [aanwijzing, mededeling], van *indicere* (vgl. *indiceren*).

indiceren [aanwijzen] < **lat.** *indicare* [aanwijzen, bekend maken, aangeven, de prijs van iets bepalen], intensivum van *indicere* (vgl. *index*).

indictie [bijeenroeping tot een kerkvergadering] (1548) *indictie* [aanzegging] < **lat.** *indictio*, van *indicere* (verl. deelw. *indictum*) [aanzeggen] (vgl. *index*).

Indië [geogr.] < **lat.** *India* (vgl. *Indisch*).

indienne [sits] < **fr.** *indienne* [Indisch], van *Inde* [Indië].

indifferent [onverschillig] (1549 *indifferenteliche*) < **fr.** *indifférent* < **lat.** *indifferentem*, 4e nv. van *indifferens* [onverschillig, onpartijdig], van ontkennend *in* + *differens* (vgl. *differentiëren, differentie*).

indigent [behoeftig] < **fr.** *indigent* < **lat.** *indigentem*, 4e nv. van *indigens*, teg. deelw. van *indigere* [gebrek hebben aan iets], van **oudlat.** *indu* [in] + *egēre* [derven, gebrek lijden].

indigestie [gestoorde spijsvertering] < **fr.** *indigestion* < **lat.** *indigestionem*, 4e nv. van *indigestio* [idem], van *indigestus* [onverteerd, onverteerbaar, aan zijn maag lijdend], van ontkennend *in* + *digestus*, verl. deelw. van *digerere* [uit elkaar brengen, verdelen, verteren van voedsel], van *dis* [uiteen] + *gerere* [dragen, regelen].

indignatie [verontwaardiging] **middelnl.** *indignatie* [ongenade, verontwaardiging] (1590) < **fr.** *indignation* < **lat.** *indignationem*, 4e nv. van *indignatio* [idem], van *indignari* (verl. deelw. *indignatum*) [niet dulden, verontwaardigd worden], van *indignus* [onwaardig], van ontkennend *in* + *dignus* [waardig], verwant met *decet* [het betaamt] (vgl. *decent*).

indigo [blauwe kleurstof] (1582) < **spaans** *índico*, *índigo* < **lat.** *indicum* (o. van *Indicus* [Indisch]) < **gr.** *indikon*, verkort uit *Indikon pharmakon* [Indisch geneesmiddel].

Indisch [m.b.t. Indië] < **lat.** *Indicus* < gr. *Indikos* [Indisch], van *India,* afgeleid van *Indos* [de rivier de Indus] < **oudperzisch** *hendū* < **oudindisch** *sindhu-* [rivier en dan speciaal de Indus]; India is dus eig. het gebied van de Indus (vgl. *Hindoe*).

indiscreet [onbescheiden] < **fr.** *indiscret* [idem] < **lat.** *indiscretus* [niet gescheiden, onafscheidelijk, zonder onderscheid], van ontkennend *in* + *discretus,* verl. deelw. van *discernere* [scheiden, onderscheid maken], van *dis* [uiteen] + *cernere* [zeven, onderscheiden], verwant met **gr.** *krinein* [uitziften] (vgl. *kritiek*).

indium [chemisch element] door de ontdekkers, de Duitse chemici Ferdinand Reich en Theodor Richter, afgeleid van *indigo,* omdat het in een bunsenbrander de kleur van indigo krijgt.

individu [enkeling] < **fr.** *individu* < **lat.** *individuus* [ondeelbaar], van ontkennend *in* + *dividuus* [deelbaar], van *dividere* [verdelen]; de samenstelling *individuus* is door Cicero gevormd naar het voorbeeld van **gr.** *atomos* (vgl. *atoom*).

individualiteit [eigen aard] < **fr.** *individualité* < **me. lat.** *individualitatem,* 4e nv. van *individualitas* [idem], van *individuus* (vgl. *individu*).

Indo [halfbloed] verkort uit *Indo-europeaan.*

indoctrineren [inprenten (van opvattingen)] gevormd van **lat.** *in* [in] + *doctrina* (vgl. *doctrine*).

Indogermaans [taalfamilie] zo genoemd omdat de taalfamilie zich uitstrekt van het germ. in het uiterste noordwesten (IJsland) tot de Indus (Bangladesj).

indolentie [lusteloosheid] < **fr.** *indolence* [idem] < **lat.** *indolentia* [ongevoeligheid, gevoelloosheid], gevormd door Cicero van ontkennend *in* + *dolere* [pijn doen, smart gevoelen, leed doen], naar het voorbeeld van **gr.** *apatheia* (vgl. *apathie*).

Indonesië [geogr.] gevormd van *Indië* + **gr.** *nèsos* [eiland].

indool [door bacteriën in de darm gevormde stof] van *indigo* + *alcohol.*

indoor- [binnenshuis] < **eng.** *indoor, in-door,* < ouder *within-door* [idem].

indruk [door indrukken ontstaan merk] **middelnl.** *indruc* [stempel dat op iets wordt gedrukt, indruksel] < **middelhd.** *indruc* (in mystieke werken), is buiten de mystiek weinig gebruikt totdat de Piëtisten het woord weer gingen gebruiken.

indubben [geluid op een opnameband invoegen] < **eng.** *to dub,* van *to double* [dubbelen].

indubitabel [ontwijfelbaar] < **fr.** *indubitable* < **lat.** *indubitabilis* [idem], van ontkennend *in* + *dubitabilis* [waaraan getwijfeld kan worden], van *dubitare* (vgl. *dubieus*).

inductie [redeneren van het bijzondere naar het algemene] < **fr.** *induction* [idem] < **lat.** *inductionem,* 4e nv. van *inductio* [het binnenleiden, het invoeren], van *inducere* (verl. deelw. *inductum*) [invoeren], van *in* [in] + *ducere* [voeren, leiden], idg. verwant met *tijgen*).

inductor [stroomopwekkingstoestel, meettoestel] < **me. lat.** *inductor* [invoerder, die overtuigt, die aanspoort], van *inducere* (vgl. *inductie*).

indulgent [toegevend] < **fr.** *indulgent* < **lat.** *indulgentem,* 4e nv. van *indulgens,* teg. deelw. van *indulgēre* [toegevend zijn, de ruimte laten], verwant met **gr.** *dolichos,* **oudkerkslavisch** *dlŭlgŭ,* **oudindisch** *dīrgha-* [lang].

indult [respijt] < **fr.** *indult* [idem] < **lat.** *indultum* [gunstbewijs], eig. verl. deelw. van *indulgēre* (vgl. *indulgent*).

industrie [nijverheid] < **fr.** *industrie* < **lat.** *industria* [ijver, werkzaamheid], van **oudlat.** *indu* [in] + *struere* [bouwen, ordenen].

industrieus [bedrijvig] < **fr.** *industrieux* < **lat.** *industriosus* [zeer actief, alert, ijverig], van *industrius* [ijverig, werkzaam], van *industria* [ijver] (vgl. *industrie*) + *-osus* [vol van].

ineffabel [onzegbaar] < **fr.** *ineffable* < **lat.** *ineffabilis* [onuitsprekelijk], van ontkennend *in* + *effabilis* [uitspreekbaar], van *ex* [uit] + *fari* [spreken] (vgl. *fabel*).

inept [ongerijmd] < **fr.** *inepte* < **lat.** *ineptus* [onbehoorlijk, ongerijmd, dwaas], van ontkennend *in* + *aptus* [bevestigd, gebonden, in orde gebracht, passend].

inert [traag] < **fr.** *inerte* [idem] < **lat.** *inertem,* 4e nv. van *iners* [waardeloos, werkeloos, traag], van ontkennend *in* + *ars* [kundigheid].

inertie [traagheid] < **fr.** *inertie* < **lat.** *inertia* [ongeschiktheid, onbekwaamheid, traagheid], van *iners* (vgl. *inert*).

inevitabel [onvermijdelijk] < **fr.** *inévitable* [idem] < **lat.** *inevitabilis* [idem], van *in* [on-] + *evitare* [vermijden], van *ex* [uit] + *vitare* [vermijden, trachten te ontgaan], van *via* [de weg] + *itare,* frequentatief van *ire* [gaan].

inexorabel [onverbiddelijk] < **fr.** *inexorable* < **lat.** *inexorabilis* [idem], van ontkennend *in* + *exorabilis* [te verbidden, lankmoedig], van *exorare* [dringend bidden], van *ex* [uit] + *orare* [bidden] (vgl. *oratie*).

infaam [schandelijk] < **fr.** *infâme* < **lat.** *infamis* [berucht, schandelijk, onterend], van *in* [in] +*fama* (vgl. *faam*).

infante [koninklijke prinses] < **spaans** *infanta* [klein meisje, prinses, infante] < **me. lat.** *infanta* < **klass. lat.** *infans* (vgl. *infanticide*).

infanterie [voetvolk] (Kiliaan) < **fr.** *infanterie* < **it.** *infanteria* (vgl. *infante*); de betekenis verschoof van 'zeer jong kind' tot 'jonge man'.

infanticide [kindermoord] < **fr.** *infanticide* < **chr. lat.** *infanticidium* [idem], van *infans* (2e nv. *infantis*) [klein kind], van ontkennend *in* +*fans,* teg. deelw. van *fari* [spreken] (vgl. *fabel*) + *caedere* [houwen, doden], idg. verwant met *heien*[1].

infantiel [kinderlijk] < **fr.** *infantile* < **lat.** *infantilis* [van een kind, kinder-], van *infans* (vgl. *infanticide*).

infantiliteit — infractie

infantiliteit [kinderlijkheid] < **me. lat.** *infantilitas* [idem], van *infantilis* (vgl. *infantiel*).

infarct [verstopping van de bloedtoevoer] van **lat.** *infarcire* (verl. deelw. *infarctum*) [volstoppen, d.w.z. van de arterie], van *in* [in] + *farcire* [volstoppen, opvullen].

infatigabel [onvermoeibaar] < **fr.** *infatigable* < **lat.** *infatigabilis* [idem], van ontkennend *in* + *fatigare* [afmatten] (vgl. *fatigeren*).

infatuatie [verwaandheid, overdreven voorliefde] < **fr.** *infatuation*, gevormd van **me. lat.** *infatuatus* [idioot geworden], van *infatuare* [gek maken], van *fatuus* [onnozel, dwaas, gek, smakeloos] (vgl. *fat*).

infaust [zich ongunstig latende aanzien] < **lat.** *infaustus* [onheil brengend], van ontkennend *in* + *faustus* [begunstigend, geluk voorspellend], van *favere* (verl. deelw. *fautum*) [iem. gezind zijn].

infecteren [besmetten] < **fr.** *infecter;* van **lat.** *infectum*, verl. deelw. van *inficere* [bezoedelen, besmetten], van *in* [in, naar, op] + *facere* [maken, doen], daarmee idg. verwant.

infectie [aansteking] < **fr.** *infection* < **me. lat.** *infectionem*, 4e nv. van *infectio* [infectie, vergiftiging], van *inficere* (verl. deelw. *infectum*) (vgl. *infecteren*).

infereren [afleiden] (1530) < **fr.** *inférer* [idem] < **lat.** *inferre* [brengen naar, aanbieden, concluderen], van *in* [naar] + *ferre* [dragen], idg. verwant met *baren*[1].

inferieur [lager, minder] < **fr.** *inférieur* [idem] < **lat.** *inferior* [lager geplaatst], vergrotende trap van *inferus* [laag gelegen], van *infra* [onder, beneden], idg. verwant met *onder*.

inferno [hel] < **it.** *inferno* < **lat.** *infernus* [laag gelegen, onderaards, van de onderwereld], in **chr. lat.** *inferna, infernus, infernum* [hel], van *inferus* [lager] (vgl. *inferieur*).

infertiliteit [onvruchtbaarheid] < **fr.** *infertilité*, van ontkennend *in* + *fertilité* (vgl. *fertiel*).

infesteren [een streek binnenvallen] < **fr.** *infester* < **lat.** *infestare* [aanvallen, onveilig maken], van *infestus* [dringend, verontrustend].

infibulatie [het afsluiten van de vulva] van **lat.** *infibulare* (verl. deelw. *infibulatum*) [dichtspelden], van *fibula* [kram, gesp, veiligheidsspeld], verwant met *figere* [vasthechten] (vgl. *fixeren*).

infideel [ontrouw] < **fr.** *infidèle* < **lat.** *infidelis* [ontrouw, oneerlijk], van ontkennend *in* + *fidelis* [trouw, eerlijk], van *fides* [vertrouwen, trouw] (vgl. *fideel*).

infiltreren [naar binnen siepelen, binnendringen] < **fr.** *infiltrer* [idem], van *in* [in] + *filtrer* [filteren], van *filtre* (vgl. *filter*).

infiniteit [oneindigheid] < **fr.** *infinité* < **lat.** *infinitatem*, 4e nv. van *infinitas* [idem], van *infinitus* [niet begrensd], van ontkennend *in* + *finitus*, verl. deelw. van *finire* [begrenzen], van *finis* [grens, einddoel].

infinitief [onbepaalde wijs] < **fr.** *infinitif* [idem] < **lat.** *infinitivus* [onbepaald, als zn.: onbepaalde wijs], van *infinitus* (vgl. *infiniteit*).

infirmerie [ziekenhuis] < **fr.** *infirmerie* < **me. lat.** *(domus) infirmaria*, van *infirmus* [zwak, sukkelend], van ontkennend *in* + *firmus* [krachtig, gezond] (vgl. *ferm, firma*).

infix [tussengevoegd element] < **lat.** *infixum*, verl. deelw. van *infigere* [vasthechten, steken in], van *in* [in] + *figere* [vasthechten] (vgl. *fixeren, fibula*).

inflammatie [ontsteking] < **fr.** *inflammation* [ontvlamming, ontsteking] < **lat.** *inflammationem*, 4e nv. van *inflammatio* [het aansteken, vuur, gloed], van *inflammare* (verl. deelw. *inflammatum*) [in vlam zetten], van *in* [in] + *flammare* [vlammen], van *flamma* [vlam].

inflatie [opzetting van de buik] < **fr.** *inflation* < **lat.** *inflationem*, 4e nv. van *inflatio* [opgeblazenheid (medisch)], van *inflare* (verl. deelw. *inflatum*) [opblazen, volblazen, doen zwellen], van *in* [in, naar] + *flare* [blazen, waaien], idg. verwant met *blazen*; in de betekenis 'waardevermindering van geld' < **eng.** *inflation* [idem].

inflecteren [verbuigen] < **lat.** *inflectere* [(om)buigen, door buigen wijzigen], van *in* [in, naar] + *flectere* [buigen] (vgl. *flexibel*).

inflexie [buiging] < **lat.** *inflexio* [idem], van *inflectere* (verl. deelw. *inflexum*) (vgl. *inflecteren*).

inflictie [het opleggen (van een straf)] < **lat.** *inflictio* [het opleggen], van *infligere* [berokkenen], van *in* [tot, naar, op] + *fligere* [slaan tegen] (vgl. *conflict*).

inflorescentie [bloeiwijze] < **fr.** *inflorescence*, gevormd van **lat.** *inflorescere* [beginnen te bloeien], van *in* [in, naar, tot] + *florescere* [beginnen te bloeien], inchoatief van *florēre* [bloeien], van *flos* (2e nv. *floris*) [bloem], daarmee idg. verwant.

influenceren [invloed hebben] < **fr.** *influencer*, van *influence* [invloed] < **lat.** *influentia* [idem], van *influens* (2e nv. *influentis*), teg. deelw. van *influere* [binnenstromen], van *in* [naar, toe, in] + *fluere* [stromen, vloeien], daarmee idg. verwant.

influenza [griep] < **it.** *influenza* [invloed, griep], van **lat.** *influere* (vgl. *influenceren*); er werd vroeger verondersteld dat de ziekte veroorzaakt werd door de invloed van hemellichamen.

inform [vormeloos] < **fr.** *informe* < **lat.** *informis* [idem], van ontkennend *in* + *forma* (vgl. *vorm*).

informatie [inlichting, nasporing] < **fr.** *information* [idem] < **lat.** *informationem*, 4e nv. van *informatio* [voorstelling, begrip, in chr. lat. ook vorming, onderricht], van *informare* (verl. deelw. *informatum*) [vormen, zich een voorstelling maken], van *in* [in] + *formare* [vorm aan iets geven], van *forma* [gestalte] (vgl. *vorm*).

infra [onder] < **lat.** *infra* [onder], daarmee idg. verwant.

infractie [inbreuk] < **fr.** *infraction* < **lat.** *infractionem*, 4e nv. van *infractio* [gebrokenheid], van *in* [in] + *fractio* [het breken], van *frangere* (verl. deelw. *fractum*) [breken], daarmee idg. verwant.

infrasoon [beneden de frequentie van de geluidstrillingen] gevormd van **lat.** *infra* [onder] + *sonus* [geluid], idg. verwant met *zwaan*.

infructueus [vruchteloos] < **fr.** *infructueux* < **lat.** *infructuosus* [idem], van ontkennend *in* + *fructuosus* [vruchtdragend], van *fructus* [vrucht] + *-osus* [vol van].

infusie [het laten trekken, aftreksel] < **fr.** *infusion* [idem] < **lat.** *infusionem*, 4e nv. van *infusio* [het ingieten], van *infundere* (vgl. ***infusoriën***).

infusoriën [afgietseldiertjes] door Ladermuller in 1763 gevormd van **lat.** *infusus*, verl. deelw. van *infundere* [ingieten, uitgieten], van *in* [in] + *fundere* (verl. deelw. *fusum*) [idem]; vertaling van afgietseldiertjes, zo genoemd door Antonie van Leeuwenhoek, die ze in 1675 in rottende aftreksels (infusies) ontdekte.

infuus [inspuiting] < **fr.** *infus*, gevormd van **lat.** *infundere* (verl. deelw. *infusum*, vgl. ***infusoriën***).

ingeland [eigenaar van bedijkt land] **middelnl.** *ingelant* (bn. en zn.) [landbezit hebbend in (b.v. een polder)], van *in* [in] + *gelant* [eigenaar zijnde van een stuk land], van *land*.

ingenieur [afgestudeerde aan een hogere technische school] (Kiliaan) *engenieur* [militaire bouwmeester] < **fr.** *ingénieur* [idem], afgeleid van **me. lat.** *ingenium* [o.m. uitvinding, kunstgreep, apparaat, belegeringswerktuig, in klass. lat. aard, capaciteiten, verstand, talent, vindingrijkheid, eig. wat is ingeboren], van *in* [in] + de stam van *genus* (vgl. *genus*).

ingenieus [vernuftig] < **fr.** *ingénieux* [idem] < **lat.** *ingeniosus* [talentvol, geschikt], van *ingenium* (vgl. ***ingenieur***) + *-osus* [vol van].

ingénu [naïef] < **fr.** *ingénu*, in het oudfr. betekende het 'vrij man, natuurlijk', de betekenis 'naïef' is eerst 17e eeuws < **lat.** *ingenuus* [aangeboren, natuurlijk, vrijgeboren], van *in* + een met *genus* [afkomst, geboorte] verwant lid (vgl. ***ingenieur***).

ingereren [inbrengen] < **fr.** *ingérer* < **lat.** *ingerere* [brengen in of op], van *in* [in] + *gerere* [dragen, brengen].

ingestie [het via de mond naar binnen krijgen van schadelijke stoffen] < **lat.** *ingestio* [het binnen krijgen], van *ingerere* (verl. deelw. *ingestum*) [ingieten], van *in* [binnen, tot in] + *gerere* [brengen].

ingetogen [zich onthoudend van buitensporigheden] **middelnl.** *ingetogen* [in zichzelf verzonken], ook *ingetrokken*, van *in* + het verl. deelw. van *tien, tijen* [trekken].

ingewand [inwendige delen van het lichaam] **middelnl.** *ingewade, ingewaet, ingewant, ingewei(de)* [ingewand], van *in* [binnenin] + *gewaet, gewant* [kleding, wat men voor een bepaald doel nodig heeft, ingewand] (vgl. *gewaad*).

ingot [gegoten blok metaal] < **eng.** *ingot*, van **oudeng.** *in* + *goten*, verl. deelw. van *geotan* [gieten].

ingrediënt [bestanddeel] < **fr.** *ingrédient* [idem] < **lat.** *ingredientem*, 4e nv. van *ingrediens*, teg. deelw. van *ingredi* [binnengaan], van *in* [in] + *gradi* [lopen], van *gradus* [stap] (vgl. *graad*).

ingressief [het beginnen uitdrukkend] gevormd van **lat.** *ingressus* [het binnenkomen, toegang], van *ingredi* (verl. deelw. *ingressum*) (vgl. ***ingrediënt***).

Ingweoons, Ingveoons [van de Germaanse stammen aan de Noordzeekust] van **lat.** *Ingaevones* [een bij Tacitus vermelde Germaanse volksstam aan de Noordzeekust].

inhaleren [diep inademen] < **fr.** *inhaler* < **lat.** *inhalare* [toeademen], van *in* [tot, naar] + *halare* [ademen].

inham [kleine baai] voor het tweede lid vgl. *ham* ² [aan het water gelegen weiland].

inheems [in het land zelf thuis behorende] **middelnl.** *inheemsch*; van *in* + *heem* (vgl. *heim*).

inherent [eigen aan] < **fr.** *inhérent* < **lat.** *inhaerentem*, 4e nv. van *inhaerens*, teg. deelw. van *inhaerēre* [(blijven) hangen, blijven bij], van *in* [in] + *haerēre* [(blijven) hangen, blijven bij].

inhibitie [verhindering] **middelnl.** *inhibitie* [akte van rechter, waarin hij verklaart dat iemand zich onder zijn rechtsmacht bevindt, (1530) verbod] < **fr.** *inhibition* [verhindering] < **lat.** *inhibitionem*, 4e nv. van *inhibitio* [het inhouden], van *inhibēre* (verl. deelw. *inhibitum*) [aanwenden, inhouden], van *in* [in] + *habēre* [houden, hebben], daarmee stellig idg. verwant.

inhumaan [onmenselijk] < **fr.** *inhumain* < **lat.** *inhumanus* [onmenselijk, wreed, onwellevend], van ontkennend *in* + *humanus* [menselijk], van *homo* (2e nv. *hominis*) [mens].

inhumatie [begrafenis] < **fr.** *inhumation* < **me. lat.** *inhumationem*, 4e nv. van *inhumatio* [idem], van *inhumare* (verl. deelw. *inhumatum*) [begraven], van *in* [in] + *humus* [aarde, grond, bodem].

iniquiteit [onbillijkheid] < **fr.** *iniquité* < **lat.** *iniquitatem*, 4e nv. van *iniquitas* [ongunstige toestand, ongelijkheid, onbillijkheid], van *iniquus* [oneffen, ongeschikt, onbillijk], van ontkennend *in* + *aequus* [effen, tevreden, billijk].

initia [eerste beginselen] < **lat.** *initia*, mv. van *initium* (vgl. ***initiaal***).

initiaal [het begin betreffend] < **fr.** *initial* < **lat.** *initialis* [aanvankelijk, oorspronkelijk], van *initium* [begin], van *inire* (verl. deelw. *initum*) [ingaan, beginnen], van *in* [in] + *ire* [gaan].

initiatie [inwijding] < **fr.** *initiation* < **lat.** *initiationem*, 4e nv. van *initiatio* [inwijding], van *initiare* (verl. deelw. *initiatum*) [inwijden], van *initium* [begin, inwijding in de mysteriën] (vgl. ***initiaal***).

initiatief [aanstichting] < **fr.** *initiative*, van **lat.** *initiare* (vgl. ***initiaal***).

initiëren [inleiden, invoeren] < **fr.** *initier* < **lat.** *initiare* [in een geheime godsdienst inwijden, inwijden, invoeren, beginnen] (vgl. ***initiatie***).

injecteren [inspuiten] < **fr.** *injecter* [idem] < **lat.** *iniectare*, van *inicere* (verl. deelw. *iniectum*) [werpen op of in, inbrengen], van *in* [in] + *iacere* [werpen, slingeren] (vgl. *jet*).

injectie — inscharen

injectie [inspuiting] < **fr.** *injection* [idem] < **lat.** *iniectionem,* 4e nv. van *iniectio,* van *inicere* (vgl. *injecteren*).

injiciëren [inspuiten] < **lat.** *inicere* (vgl. *injecteren*).

injunctie [gerechtelijk bevel] < **lat.** *iniunctio* [bevel], van *iniungere* (verl. deelw. *iniunctum*) [laten aansluiten bij, iem. iets aandoen, opleggen], van *in* [in] + *iungere* [samenvoegen], idg. verwant met *juk.*

injurie [belediging] < **lat.** *iniuria* [onrecht, belediging, mishandeling, ontering], van ontkennend *in* + *ius* (2e nv. *iuris*) [recht].

injurieus [beledigend] < **fr.** *injurieux* < **lat.** *iniuriosus* [vol ongerechtigheid], van *iniuria* (vgl. *injurie*) + *-osus* [vol van].

ink → *inkel.*

Inka, Inca [vroeger volk in Peru] via het spaans uit het quechua, waarin het de betekenis had van 'heer, koning'.

inkarnaat [vleeskleur] < **fr.** *incarnat* < **it.** *incarnato* [idem], van **lat.** *incarnare* (verl. deelw. *incarnatum*) (vgl. *incarnatie*).

inkel [gemaasde trechter in fuik] waarschijnlijk te verbinden met **eng.** *inkle* [soort linnen band, het garen waarvan deze is gemaakt], etymologie onbekend.

inken, inkenning [bekendmaking] van *inkennen* [kennisgeven].

inklinken [door klinken (met een hamer) vastmaken] van *in* + *klinken*[2].

inkrozen [een kroos maken] → *kroos*[1].

inkt [schrijfvloeistof] **middelnl.** *inc, inket, inct* < **oudfr.** *enque* < **laat-lat.** *encaustum,* het o. van *encaustus* [de purperrode inkt van de latere Romeinse keizers in Trier], eig. [ingebrand], van **gr.** *egka(i)ein* [verhitten, inbranden van kleuren (op aardewerk)], van *en* [in] + *ka(i)ein* [branden].

inlichten [opheldering geven] **middelnl.** *inlichten, inluchten* [verlichten, bestralen, het inlichten, het doordringen van het goddelijke licht in het menselijk gemoed], als navolging van **lat.** *illustratio,* eerst 19e eeuws in de huidige betekenis.

inlijven [opnemen] sedert de 16e eeuw ter vertaling van **lat.** *incorporare* [idem], van *in* [in] + *corpus* (2e nv. *corporis*) [lichaam].

inmiddels [middelerwijl] komt voor de eerste maal voor bij Hooft (< **ouder hd.** *mittels*); gevormd van *in* + *middel* met het bijwoorden vormend achtervoegsel *s.*

in-morastelling [ingebrekestelling] van **lat.** *in* [in] + *mora* [oponthoud, verzuim].

innen [invorderen] **middelnl.** *innen,* **middelnd.** *innen* [in zijn bezit brengen], **oudhd.** *innon* [opnemen in], **oudfries** *innia* [in zijn huis opnemen], **oudeng.** *innian* [brengen in] < **middelnl.,** **oudnederfrankisch, oudsaksisch, oudhd., oudfries, oudeng.** *inne,* **oudnoors** *inni,* **gotisch** *inna* [in, binnen]; van *in.*

innerlijk [inwendig] **middelnl.** *innerlijc* [innerlijk, inwendig, innig], in devote literatuur < **middelhd.** *innerlīche,* afgeleid van de vergrotende trap van *in,* vgl. **middelnl.** *inne, innere.*

innervatie [de invloed van zenuwen op organen] < **fr.** *innervation,* gevormd van **lat.** *in* [in] + *nervus* [pees, spier, zenuw] (vgl. *naaien*).

innidatie [innesteling] gevormd van **lat.** *in* [in] + *nidus* [nest], daarmee idg. verwant.

innig [in, uit iemands binnenste] **middelnl.** *innich* [inwendig, innerlijk, innig, vroom], van *in.*

inning, innings [slagbeurt bij cricket e.d.] < **eng.** *inning* < **oudeng.** *innung,* van *innian* [innemen, inplaatsen], van *inn* [in].

innocent [onschuldig] **middelnl.** *innocent* < **fr.** *innocent* < **lat.** *innocentem,* 4e nv. van *innocens* [onschadelijk, onschuldig], van ontkennend *in* + *nocens* [schadelijk], eig. teg. deelw. van *nocēre* [schaden], verwant met *nex* [moord], **gr.** *nekus* [lijk], **welsh** *angeu* [dood], **oudindisch** *nasyati* [hij gaat te gronde].

innominaatcontract [overeenkomst van eigen natuur] van **lat.** *innominatus,* van ontkennend *in* + *nominatus,* verl. deelw. van *nominare* [noemen], van *nomen* [naam], daarmee idg. verwant, + *contract.*

innoveren [als nieuwigheid invoeren] < **fr.** *innover* < **lat.** *innovare* [vernieuwen], van *in* + *novare* [nieuw maken], van *novus* [nieuw], daarmee idg. verwant.

inoculeren [inenten] < **fr.** *inoculer* < **lat.** *inoculare* [idem], van *in* [in] + *oculatus* [van ogen voorzien], verl. deelw. van *oculare* [ziende maken], van *oculus* [oog], daarmee idg. verwant.

inositol [spiersuiker] gevormd van **gr.** *is* (2e nv. *inos*) [spier] + *-iet* als in *sulfiet* + *-ol* van *alcohol.*

inpalmen [hand over hand naar zich toehalen] sedert de 16e eeuw, gevormd van *in* + **middelnl.** *palmen* [aanvatten, grijpen], van *palm(e)* [de palm van de hand] (vgl. *palm*).

inprenten [diep in de geest doen indringen] **middelnl.** *inprenten, inprinten* [idem], **middelnd.** *inprenten;* samenstelling van *in* + *prenten.*

input [wat toegevoerd wordt] < **eng.** *input,* van *in* [in] + *to put* [plaatsen].

inquilien [commensaal] < **lat.** *inquilinus* [huurder, indringer], verwant met *incola* [inwoner], van *colere* (vgl. *kolonie*).

inquisitie [onderzoek naar misdrijven, kerkelijke rechtbank] **middelnl.** *inquisitie* < **fr.** *inquisition* [idem] < **lat.** *inquisitionem,* 4e nv. van *inquisitio* [het zoeken, onderzoek, opsporen van bewijsmiddelen, in chr. lat. vervolging], van *inquirere* (verl. deelw. *inquisitum*) [zoeken naar, onderzoeken], van *in* [in] + *quaerere* [trachten te krijgen, onderzoeken].

inscharen[1] [vee in de gemene weide brengen] van *in* + *scharen,* **middelnl.** *scharen,* van *schare* [aandeel in de mark] (vgl. *schaar*[3]).

inscharen[2] [afkalven van oever] van *schaarde* (vgl. *schaar*[4]).

inscriberen [boeken] < lat. *inscribere* [schrijven in of op], van *in* [in, op] + *scribere* (vgl. **schrijven**).
inscriptie [inschrift] < fr. *inscription* < lat. *inscriptionem*, 4e nv. van *inscriptio* [het opschrijven, opschrift], van *inscribere* (verl. deelw. *inscriptum*) (vgl. **inscriberen**).
insectie [insnijding] < me. lat. *insectio* [idem], van *insecare* [insnijden], van *in* [in] + *secare* (verl. deelw. *sectum*) [snijden], idg. verwant met het tweede lid van **mes**.
insekt [klasse van gelede dieren] < fr. *(bête) insecte* < lat. *insectum*, verl. deelw. van *insecare* [insnijden], vertalende ontlening aan gr. *entoma* (vgl. **entomografie**).
insekticide [insektendodend middel] gevormd van **insekt** + lat. *caedere* [doden], idg. verwant met **heien**[1].
inseminatie [inbrengen van zaadcellen] gevormd van lat. *inseminare* (verl. deelw. *inseminatum*) [inplanten], van *in* [in] + *semen* [zaad], daarmee idg. verwant.
inseparabel [onafscheidelijk] < fr. *inséparable* < lat. *inseparabilis* [idem], van ontkennend *in* + *separabilis* [scheidbaar], van *separare* [scheiden], van *se-* [apart, opzij] + *parare* [voorbereiden, gereedmaken, maatregelen nemen].
inseraat [iets dat ingelast is] **(middelnl.** *insereren* [tussenvoegen]) < me. lat. *inseratus, insertus* [geornamenteerd, geborduurd] < lat. *insertus,* verl. deelw. van *inserere* [insteken, invoegen], van *in* [in] + *serere* [aaneenrijgen] (vgl. **serie**).
insertie [inlassing] < fr. *insertion* < lat. *insertio,* van *inserere* (vgl. **inseraat**).
insgelijks [evenzo] middelnl. *ingelike, ingelijcs, insgelijcs,* is ontstaan uit uitdrukkingen als *in gelike des, in des gelike* [op de wijze van].
insider [ingewijde] < eng. *insider,* van *inside* [binnenkant], van *in* [binnen] + *side* [zijde] + *-er*.
insidieus [arglistig] < fr. *insidieux* < lat. *insidiosus* [vol hinderlagen, verraderlijk], van *insidiae* [hinderlaag] (van *insidere* [zitten op, bezet houden (b.v. een bergpas)], van *in* [in, op] + *sedēre* [zitten] daarmee idg. verwant) + *-osus* [vol van].
insigne [onderscheidingsteken] < fr. *insigne* < lat. *insigne* [kenteken, insigne], het zelfstandig gebruikt o. van *insignis* [opvallend, buitengewoon], van *in* [in] + *signum* [teken] (vgl. **sein**[1], **zegen**[1]).
insimulatie [minder gegronde beschuldiging] < lat. *insimulatio* [beschuldiging], van *insimulare* (verl. deelw. *insimulatum*) [beschuldigen], van *in* [naar] + *simulare* [voorwenden] (vgl. **simuleren**).
insinuatie [zijdelingse verdachtmaking] < fr. *insinuation* [idem] < lat. *insinuationem*, 4e nv. van *insinuatio* [(in de retoriek) het deel van de redevoering waarin de spreker ongemerkt de harten der toehoorders tracht te winnen], van *insinuare* [iets tot het binnenste laten doordringen, inplanten], van *sinus* [o.m. boezem]; lett. betekent *insinuatie* dus inboezeming.
insinueren [bedekt aantijgen] < fr. *insinuer* < lat. *insinuare* (vgl. **insinuatie**).

insipide [geesteloos] < fr. *insipide* < lat. *insipidus* [flauw], van ontkennend *in* + *sapidus* [smakelijk], van *sapere* [smaken, proeven], idg. verwant met *sap*.
insisteren [aandringen] < fr. *insister* < lat. *insistere* [gaan staan op, toeleggen op, blijven staan bij, volharden bij], van *in* + *sistere* [doen staan, staan], reduplicatievorm bij *stare* [staan], daarmee idg. verwant.
insjallah [zo God wil] < ar. *'in shā'a llāh* [lett. indien wilde God = indien God wil].
insolatie [het blootstellen aan de zon] < fr. *insolation*, van lat. *insolare* (verl. deelw. *insolatum*) [in de zon plaatsen], van *in* [in] + *sol* [zon], daarmee idg. verwant.
insolent [onbeschaamd] (1540 *insolentie*) < fr. *insolent* < lat. *insolentem*, 4e nv. van *insolens* [niet gewend, ongewoon, overdreven, overmoedig, onbeschaamd], van ontkennend *in* + *solens,* teg. deelw. van *solēre* [gewoon zijn].
insolvent [niet in staat te betalen] van lat. ontkennend *in* + *solvent*.
insomnie [slapeloosheid] < fr. *insomnie* < lat. *insomnia, insomnium* [slapeloosheid], van ontkennend *in* + *somnus* [slaap], verwant met gr. *hupnos* [idem].
inspecteren [bezichtigen] < fr. *inspecter* < lat. *inspectare* [idem], frequentatief van *inspicere* (verl. deelw. *inspectum*) (vgl. **inspectie**).
inspecteur [opziener] < fr. *inspecteur* [idem] < lat. *inspector* [bekijker, toeschouwer, in chr. lat. ook onderzoeker] (vgl. **inspectie**).
inspectie [onderzoek] (1544) < fr. *inspection* < lat. *inspectionem*, 4e nv. van *inspectio* [het bekijken, onderzoek], van *inspicere* (verl. deelw. *inspectum*) [kijken naar, onderzoeken], van *in* [in] + *specere* [zien, kijken], idg. verwant met **spieden**.
inspectrice [vrouwelijke inspecteur] < fr. *inspectrice,* gevormd van **inspecteur**.
inspeten [inspelden] → **speten**.
inspiciënt [die toezicht houdt op rekwisieten etc.] < hd. *Inspizient* [idem] < lat. *inspiciens* (2e nv. *inspicientis*), teg. deelw. van *inspicere* (vgl. **inspectie**).
inspiratie [inblazing, ingeving] middelnl. *inspiracie* [ingeving] < fr. *inspiration* < lat. *inspirationem*, 4e nv. van *inspiratio* [adem, het blazen, in chr. lat. ingeving, inspiratie, bezieling], van *inspirare* (verl. deelw. *inspiratum*) [blazen in, inboezemen, inspireren], van *in* [in] + *spirare* [blazen] (vgl. **spirit, spelonk**).
instabiel [onvast] < lat. *instabilis* [wankel, onbestendig], van ontkennend *in* + *stabilis* (vgl. **stabiel**).
installeren [inrichten, bevestigen (in een ambt)] < fr. *installer* < me. lat. *installare* [idem], van *in* [in] + *stallum* [stal, zetel], uit het germ., vgl. **stal**[1].
installig [gedeprecieerd] middelnl. *installich werden* [te lang blijven liggen], *ten installe* [gedeprecieerd, onverkoopbaar], van *stal*[1] [stand, het

instant- — **intarsia**

staan, blijven staan, ook verkoopkraampje]; vgl. *achterstallig* [het blijven uitstaan van een betaling].

instant- [onmiddellijk klaar] (middelnl. *instant* [het volgende ogenblik]) < eng. *instant* (vgl. *instantané*).

instantané [momentopname] < fr. *instantané* [ogenblikkelijk, plotseling, kort], van *instant* [in oudfr. aanstaande, nabij] < lat. *instantem*, 4e nv. van *instans*, teg. deelw. van *instare* [op iets staan, aanstaande zijn], van *in* + *stare* [staan], daarmee idg. verwant.

instantie [rechtbank, college] < lat. *instantia* [aandrang, onmiddellijke nabijheid, in me. lat. ook praktijk, voorbeeld, rechtsgang], van *instare* (teg. deelw. *instans*, 2e nv. *instantis*) (vgl. *instantané*).

instauratie [herstelling] < fr. *instauration* [idem] < lat. *instaurationem*, 4e nv. van *instauratio* [vernieuwing, herhaling], van *instaurare* (verl. deelw. *instauratum*) [opnieuw vieren, hernieuwen], verwant met gr. *stauros* [paal, staak].

instemmen [zijn stem met andere verenigen] in de 18e eeuw < hd. *einstimmen*.

instendiglijk [met aandrang] van *instendig*, evenals hd. *inständich*, een vertalende ontlening aan lat. *instanter*, bijw. bij *instans* (vgl. *instantané*).

instigatie [aandrijving] < fr. *instigation* < lat. *instigationem*, 4e nv. van *instigatio* (vgl. *instinct*).

instillatie [indruppeling] < fr. *instillation* < lat. *instillationem*, 4e nv. van *instillatio*, van *instillare* (verl. deelw. *instillatum*) [indruppelen], van *in* [in] + *stillare* [druppelen], van *stilla* [druppel].

instinct [natuurdrift] < fr. *instinct* [idem] < lat. *instinctus* [aansporing, ingeving, geestdrift, vervoering], eig. verl. deelw. van *instinguere* [aanzetten, aanvuren], verwant met *instigare* [aansporen] > *instigatio* > *instigatie*.

institueren [instellen] < fr. *instituer* < lat. *instituere* (verl. deelw. *institutum*) [plaatsen in of op, opstellen, instellen], van *in* [in, op] + *statuere* [doen staan, plaatsen], causatief van *stare* [staan], daarmee idg. verwant.

institutie [instelling] < fr. *institution* [idem] < lat. *institutionem*, 4e nv. van *institutio* [inrichting, onderwijs, methode, principe], van *instituere* (vgl. *institueren*).

instituut [instelling] < fr. *institut* [idem] < lat. *institutum* [gewoonte, instelling, plan, onderwijs], eig. verl. deelw. van *instituere* (vgl. *institueren*).

instructeur [leermeester] < fr. *instructeur* [idem] < lat. *instructor* [toebereider], van *instruere* (vgl. *instructie*).

instructie [onderwijs, aanwijzing] < fr. *instruction* [idem] < lat. *instructionem*, 4e nv. van *instructio* [oprichting, bouw, het ordenen], van *instruere* (verl. deelw. *instructum*) [bouwen, ordenen, regelen, verschaffen, iem. van iets voorzien].

instrument [gereedschap] middelnl. *instrument* < fr. *instrument* < lat. *instrumentum* [werktuig, hulpmiddel], van *instruere* (vgl. *instructie*).

instuiken [met geweld inslaan] → *stuiken*.

insubordinatie [verzet in de dienst] < fr. *insubordination*, van *in* [in] + *subordination* (vgl. *subordineren*).

insufficiëntie [onvoldoende werking] < lat. *insufficientia*, van ontkennend *in* + *sufficientia* [het voldoende zijn], van *sufficere* (teg. deelw. *sufficiens*, 2e nv. *sufficientis*) [leggen onder, naar boven brengen, opleveren, volledig maken], van *sub* [onder] + *facere* [maken, doen], daarmee idg. verwant.

insufflatie [inblazing van lucht] < fr. *insufflation* < lat. *insufflatio* [het inblazen], van *insufflare* (verl. deelw. *insufflatum*) [inblazen], van ontkennend *in* + *sub* [onder] + *flare* [blazen].

insulair [eiland-] < fr. *insulaire* < lat. *insularis* [eiland-], van *insula* [eiland].

Insulinde [Indonesische archipel] gevormd door Multatuli in zijn Max Havelaar (1860) van lat. *insulae* [eilanden] + *Indië*.

insuline [hormoon] gevormd door de Engelse arts Sir Edward Albert Sharpey-Schafer (1850-1935) van lat. *insula* [eiland], omdat het hormoon wordt gevormd in de zogenaamde eilandjes van Langerhans.

insulteren [beledigen] < fr. *insulter* [idem] < lat. *insultare* [springen in of op, trappen tegen, met voeten treden, honen], van *in* [in, op] + *saltare* [dansen], frequentatief van *salire* [springen], verwant met gr. *hallesthai* [idem] (vgl. *halma*).

insurgent [opstandeling] < lat. *insurgens* (2e nv. *insurgentis*), teg. deelw. van *insurgere* [zich oprichten, opstaan tegen], van *in* [in, op] + *surgere* [verrijzen], van *sub* [onder] + *regere* [richten] (vgl. *regel, richel*).

insurrectie [opstand] < fr. *insurrection* < me. lat. *insurrectionem*, 4e nv. van *insurrectio* [idem], van *insurgere* (vgl. *insurgent*).

intabuleren [omranden, inschrijven] < me. lat. *intabulare* [registreren], van *in* [in, op] + *tabula* [plank, (met was bestreken) schrijftafeltje, geschrift, register] (vgl. *tafel, tabel*).

intact [onaangeroerd] < fr. *intact* < lat. *intactus* [niet aangeraakt, ongedeerd, vrij van], van ontkennend *in* + *tangere* (verl. deelw. *tactum*) [aanraken, treffen].

intaglio [camee] < it. *intaglio*, van me. lat. *intalliare* [hakken, kerven], van *in* [in] + *talliare*, *tailliare*, *taillare*, *tallare* [stenen hakken, maaien, textiel snijden, ciseleren], van lat. *talea* [paaltje, ijzeren staafje (als betaalmiddel)] (vgl. *taille*).

intang [landvest] middelnl. *intang* [anker van ijzer of hout om de vaste stand te verzekeren van schoeiingen e.d., deze 'in de tang te houden'], van *in* [van binnen] + *tange* [tang].

intarsia [inlegwerk] < it. *intarsio, tarsia* [idem], van *intarsiare* [inleggen], van *in* [in] + *tarsiare*

< ar. *tarṣīʿ* [inlegwerk], bij de tweede vorm van *raṣṣaʿa* [inleggen], *tarṣīʿ* is hiervan de infinitief.
integer [onkreukbaar] → *integratie.*
integraal [volledig] < **fr.** *intégral* [idem] < **me. lat.** *integralis,* van *integer* (vgl. *integratie*).
integratie [het maken tot een geheel] < **fr.** *intégration* [idem] < **lat.** *integrationem,* 4e nv. van *integratio* [hernieuwing], van *integrare* (verl. deelw. *integratum*) [herstellen, aanvullen], van *integer* [gaaf, volledig, in zijn geheel, ongerept], van ontkennend *in* + een met *tangere* [aanraken] verwant element.
integreren [volledig maken, tot een geheel samenvoegen] < **fr.** *intégrer* < **lat.** *integrare* (vgl. *integratie*).
integriteit [rechtschapenheid] < **fr.** *intégrité* < **lat.** *integritatem,* 4e nv. van *integritas* [ongeschondenheid, rechtschapenheid] (vgl. *integratie*).
integument [bekleedsel] < **lat.** *integumentum* [overdekking, omhulsel], van *integere* [bedekken, overtrekken], van *in* [in, op] + *tegere* [bedekken], idg. verwant met **dekken, dak.**
intellect [verstand] < **fr.** *intellect* < **lat.** *intellectus* [begrip, verstand], van *intellegere, intelligere* (verl. deelw. *intellectum*) (vgl. *intelligent*).
intellectueel [verstandelijk] < **fr.** *intellectuel* [idem] < **me. lat.** *intellectualis* [begiftigd met intelligentie], van *intellectus* (vgl. *intellect*).
intelligent [verstandig] < **fr.** *intelligent* < **lat.** *intelligentem,* 4e nv. van *intelligens* [verstandig], eig. teg. deelw. van *intelligere, intellegere* [waarnemen, weten, kennen], van *inter* [tussen, te midden van] + *legere* [verzamelen, uitkiezen, lezen].
intelligibel [begrijpelijk] < **fr.** *intelligible* < **lat.** *intellegibilis, intelligibilis* [idem], van *intellegere, intelligere* (vgl. *intelligent*).
intempestief [ontijdig] < **fr.** *intempestif* < **lat.** *intempestivus* [ontijdig, ongelegen], van ontkennend *in* + *tempestivus* [op de juiste tijd plaats vindend], van *tempestas* (2e nv. *tempestatis*) [tijd, tijdsomstandigheden], van *tempus* [tijd].
intendance [rentmeesterschap] < **fr.** *intendance,* van *intendant* < **me. lat.** *intendentem,* 4e nv. van *intendens* [zorgzaam], teg. deelw. van *intendere* [zorgzaam zijn, zorgen voor, in klass. lat. spannen, inspannen, richten op, letten op], van *in* [naar] + *tendere* [spannen] (vgl. *dun, tent, toon* [1]).
intenderen [bedoelen] < **lat.** *intendere* (vgl. *intentie*).
intens [hevig] < **fr.** *intense* < **lat.** *intensus* [hevig], *intentus* [gespannen, fel], eig. verl. deelw. van *intendere* (vgl. *intentie*).
intensive care [intensieve verpleging] < **eng.** *intensive care, intensive* < **fr.** *intensif,* vr. *intensive* [intensief] + *care* [zorg], verwant met **nl.** *karig* [spaarzaam].
intentie [bedoeling] < **fr.** *intention* < **lat.** *intentionem,* 4e nv. van *intentio* [spanning, aandacht, wil, bedoeling], van *intendere* (verl. deelw. *intentum*) [spannen, inspannen, uitstrekken naar, richten op, streven naar], van *in* [in] + *tendere* [spannen] (vgl. *intendance*).
intentionaliteit [gerichtheid] < **fr.** *intentionnalité,* van *intentionnel,* van *intention* [bedoeling, doel] < **lat.** *intentio* (vgl. *intentie*).
inter [voorzetsel] < **lat.** *inter* [tussen, te midden van, tussen...door], van *in* [in, op]; verwant met **nl.** *onder* in de betekenis 'tussen', zoals in 'onder de mensen' **gotisch** *undar,* **hd.** *unter,* **eng.** *under,* **gr.** *entera* [ingewanden], **albaans** *nder* [tussen, in], **oudiers** *eter, etar, etir,* **oudindisch** *antar* [tussen].
interbellum [periode tussen twee oorlogen] < **modern lat.** *interbellum,* van *inter* [tussen] + *bellum* [oorlog] < **oudlat.** *duellum,* van *duo* [twee], dus eig. tweegevecht.
intercalatie [inlassing] < **fr.** *intercalation* [idem], van **lat.** *intercalare* (verl. deelw. *intercalatum*) [het afkondigen van een tussengevoegde kalenderdag], van *inter* [tussen] + *calare* [samenroepen (door de priesters voor bijeenkomsten ter behandeling van sacrale aangelegenheden)] (vgl. *kalender* [1]).
intercedent [bemiddelaar] < **lat.** *intercedentem,* 4e nv. van *intercedens,* teg. deelw. van *intercedere* (vgl. *intercederen*).
intercederen [tussenbeide komen] < **fr.** *intercéder* < **lat.** *intercedere* [tussenin komen], van *inter* [tussen] + *cedere* [gaan], verwant met **gr.** *hodos* [weg].
interceptor [onderschepper] < **eng.** *interceptor* < **lat.** *interceptor* [ontvreemder, verduisteraar], van *intercipere* (verl. deelw. *interceptum*) [onderscheppen, wegkapen], van *inter* [tussen] + *capere* [nemen], idg. verwant met *heffen.*
intercessie [tussenkomst] < **fr.** *intercession* < **lat.** *intercessionem,* 4e nv. van *intercessio* [het tussenkomen, bemiddeling], van *intercedere* (verl. deelw. *intercessum*) (vgl. *intercederen*).
intercom [huistelefoon] < **eng.** *intercom,* verkort uit *intercommunication* (vgl. *intercommunaal*).
intercommunaal [tussen verschillende gemeenten] < **fr.** *intercommunal* [idem], van **lat.** *inter* [tussen] + *oudfr. communal* < **lat.** *communis* [gemeenschappelijk] (vgl. *commune*).
intercostaal [tussen de ribben gelegen] < **fr.** *intercostal,* van **lat.** *inter* [tussen] + *costa* [rib] (vgl. *kust* [1]).
intercurrent [tussendoor] < **fr.** *intercurrent,* van **lat.** *intercurrere* (teg. deelw. *intercurrens,* 2e nv. *intercurrentis*) [tussenin lopen], van *inter* [tussen] + *currere* [(hard) lopen] (vgl. *kar, cursief*).
interdict [verbod] **middelnl.** *interdict* [ban] < **fr.** *interdict* < **lat.** *interdictum* [verbod, uitspraak, vonnis], eig. verl. deelw. van *interdicere* [verbieden, ontzeggen], van *inter* [tussen, gedurende, bij] + *dicere* [zeggen], idg. verwant met het tweede lid van *aantijgen.*
interessant [belangwekkend] < **fr.** *intéressant,* eig.

interesse — interpunctie

teg. deelw. van *intéresser* < **lat.** *interesse* (vgl. *interesse*).

interesse [belang(stelling)] < **lat.** *interesse* [zijn tussen, deelnemen aan], *interest* [er is aan gelegen], van *inter* [tussen] + *esse* [zijn], idg. verwant met *is*.

interest, intrest [percentsgewijze vergoeding voor leningen] < **lat.** *interest*, 3e pers. enk. van *interesse* (vgl. *interesse*).

interferentie [inmenging] < **fr.** *interférence*, van **lat.** *inter* [tussen] + *ferre* (teg. deelw. *ferens*, 2e nv. *ferentis*) [dragen, brengen], idg. verwant met *baren* [1].

interferon [eiwit dat deel van het afweersysteem is] van **eng.** *to interfere* < **fr.** *interférer* (vgl. *interferentie*) + *-on*.

intergentiel [tussen de bevolkingsgroepen] gevormd van **lat.** *inter* [tussen] + *gentilis* [van dezelfde gens, van hetzelfde volk], van *gens* (2e nv. *gentis*) [geslacht, afstamming, ras, volk], verwant met *genus* [afkomst, soort] (vgl. **Genesis**).

interieur [het inwendige] < **fr.** *intérieur* [idem] < **lat.** *interior* [meer naar binnen gelegen, binnenste van twee, inwendig]; de vorm *interior* is eig. een dubbele vergrotende trap, namelijk van *inter* [te midden van], van *in* [in].

interim [tussentijd] < **lat.** *interim*, van *inter* [tussen] + het bijw. vormend achtervoegsel *-im*.

interimaat [tijdelijke waarneming] < **fr.** *intérimat*, van *intérim* (vgl. **interim**).

interjectie [tussenwerpsel] < **fr.** *interjection* [idem] < **lat.** *interiectionem*, 4e nv. van *interiectio* [het tussenvoegen, tussenwerpsel], van *intericere* (verl. deelw. *interiectum*) [ergens tussen werpen], van *inter* [tussen] + *iacere* [werpen].

interlinie [regelafstand] < **fr.** *interligne* < **me. lat.** *interliniatio* [idem], van *interlineare* [interlinie aanbrengen], van *inter* [tussen] + *linea* [lijn].

interlock [dubbel breigoed, ondergoed daarvan] < **eng.** *interlock*, van *to interlock* [in elkaar grijpen], van *inter* [tussen] + *to lock* [sluiten]; de naam wil zeggen: vezels, die onlosmakelijk zijn verbonden.

interlocutie [interlocutoir vonnis] (**middelnl.** *interlocutorie* [interlocutoir]) < **fr.** *interlocution* < **lat.** *interlocutio*, van *interloqui* [in de rede vallen, een tegenwerping maken], van *inter* [tussen] + *loqui* [spreken].

interludium [tussenspel] < **me. lat.** *interludium*, van *inter* [tussen] + *ludere* [spelen], *ludus* [spel].

intermediair [tussenliggend (bn.), bemiddeling (zn.)] < **fr.** *intermédiaire* [idem] < **lat.** *intermedius*, van *inter* [tussen] + *medium* [het midden].

intermezzo [tussenspel] < **it.** *intermezzo* < **lat.** *intermedius* (vgl. **intermediair**).

intermissie [het nalaten, tussentijd] < **fr.** *intermission* < **lat.** *intermissionem*, 4e nv. van *intermissio* [idem], van *intermittere* (verl. deelw. *intermissum*) [tussenleggen, scheiden, onderbreken], van *inter* [tussen] + *mittere* [doen gaan, zenden, in chr. lat. ook plaatsen], idg. verwant met *smijten*.

intermitterend [met tussenpozen] van **lat.** *intermittere* (vgl. **intermissie**).

intern [inwendig] < **fr.** *interne* < **lat.** *internus* [inwendig], van *inter* [tussen].

internaat [kostschool] < **fr.** *internat*, van *interner* (vgl. **interneren**).

internationaal [tussen verschillende naties] < **eng.** *international*, gevormd door de Engelse jurist en filosoof Jeremy Bentham (1748-1832) van **lat.** *inter* [tussen] + *nationes*, mv. van *natio* [natie].

interneren [een gedwongen verblijfplaats aanwijzen] < **fr.** *interner*, van *interne* (vgl. **intern**).

internist [arts voor inwendige ziekten] gevormd van **lat.** *internus* [inwendig] (vgl. **intern**).

internodium [stengellid] < **lat.** *internodium* [stek tussen twee knopen], van *inter* [tussen] + *nodus* [knoop, knop], idg. verwant met *net* [1].

internuntius [pauselijk vertegenwoordiger] < **lat.** *internuntius* [tussenpersoon, bemiddelaar], van *inter* [tussen] + *nuntius* [bode] (vgl. **annonceren**).

interpellatie [vraag om inlichting aan bestuurder] < **fr.** *interpellation* [idem] < **lat.** *interpellationem*, 4e nv. van *interpellatio* [het in de rede vallen], van *interpellare* (verl. deelw. *interpellatum*) [in de rede vallen], van *inter* [tussen] + *pellere* [stoten, drijven].

interpelleren [om inlichting vragen] < **fr.** *interpeller* < **lat.** *interpellare* (vgl. **interpellatie**).

Interpol [internationale politie] < **fr.** *Interpol*, samengetrokken uit *Commission Internationale de Police Criminelle* [internationale commissie van misdaadpolitie].

interpolatie [tussenvoeging] (**middelnl.** *interpolaet* [tussenvoegsel]) < **fr.** *interpolation* < **lat.** *interpolationem*, 4e nv. van *interpolatio* [inlassing], van *interpolare* (verl. deelw. *interpolatum*) [inlassen, onderbreken, in klass. lat. opknappen, opsieren van kleding door de voller, vervolgens vervalsen], van *inter* [tussen] + *polire* [glad maken, opsieren, goed verzorgen] (vgl. **polijsten**), vgl. *interpolis* [nieuw opgemaakt (van kleren)], *interpolator* [vervalser].

interpreet [vertolker] < **fr.** *interprète* [tolk] < **lat.** *interpretem*, 4e nv. van *interpres* [bemiddelaar, uitlegger, tolk], van *inter* [tussen] + een met *pretium* [prijs, waarde] verwante vorm.

interpretatie [uitlegging, vertolking] < **fr.** *interprétation* < **lat.** *interpretationem*, 4e nv. van *interpretatio* [verklaring, vertaling], van *interpretari* [uitleggen, vertalen], van *interpres* (vgl. **interpreet**).

interpunctie [leestekens] < **lat.** *interpunctio* [scheiding der woorden door punten], van *interpungere* (verl. deelw. *interpunctum*) [woorden door punten scheiden], van *inter* [tussen] + *pungere* [prikken]; het zelfstandig gebruikt verl. deelw. *punctum* [steek, punt].

interregnum [tussenregering] < lat. *interregnum,* van *inter* [tussen] + *regnum* [regering], van *regere* (vgl. *regeren*).

interrogatie [ondervraging] middelnl. *interrogatie* < fr. *interrogation* < lat. *interrogationem,* 4e nv. van *interrogatio* [idem], van *interrogare* (verl. deelw. *interrogatum*) [ondervragen, naar iets vragen], van *inter* [tussen, onder] + *rogare* [een vraag stellen].

interrogeren [ondervragen] < fr. *interroger* < lat. *interrogare* (vgl. *interrogatie*).

interrumperen [onderbreken] < lat. *interrumpere* [onderbreken], van *inter* [tussen] + *rumpere* [breken], idg. verwant met *roven*.

interruptie [onderbreking] (1518 *interrupt* [onderbroken]) < fr. *interruption* < lat. *interruptionem,* 4e nv. van *interruptio,* van *interrumpere* (verl. deelw. *interruptum*) (vgl. *interrumperen*).

interstellair [tussen de sterren gelegen] < fr. *interstellaire,* van lat. *inter* [tussen] + *stella* [ster], daarmee idg. verwant.

interstitie [tussenruimte] < fr. *interstice* [idem] < lat. *interstitium* [onderbreking], van *interstare* [er tussen zijn, in het midden zijn], van *inter* [tussen] + *stare* [staan], daarmee idg. verwant.

interstitieel [tussenliggend] < fr. *interstitiel,* gevormd van lat. *interstitium* (vgl. *interstitie*).

intertribaal [tussen stammen onderling geldend] gevormd van lat. *inter* [tussen] + *tribus* (vgl. *tribus*).

interval [tussentijd] middelnl. *interval* < fr. *intervalle* < lat. *intervallum* [tussenruimte, tussentijd], van *inter* [tussen] + *vallum* [verdedigingswal], dus eig. de ruimte tussen twee wallen (vgl. *wal*).

interveniëren [tussenbeide komen] < fr. *intervénir* < lat. *intervenire* [tussen iets komen], van *inter* [tussen] + *venire* [komen], daarmee idg. verwant.

interventie [tussenkomst] < fr. *intervention* < me. lat. *interventionem,* 4e nv. van *interventio* [idem], van *intervenire* (verl. deelw. *interventum*) (vgl. *interveniëren*).

interview [vraaggesprek] < eng. *interview* < fr. *entrevue* [ontmoeting, onderhoud], van *entrevoir* [vluchtig zien], van *entre* [tussen, onder] < lat. *inter* [tussen] + *voir* [zien] < lat. *vidēre* [idem], idg. verwant met *weten*.

intestaat [zonder testament overledene] < fr. *intestat* [idem] < lat. *intestatus* [zonder getuigen, zonder testament], van ontkennend *in* + *testari* (verl. deelw. *testatum*) [getuigen, een testament maken] (vgl. *testament*).

intestinaal [m.b.t. het darmkanaal] < fr. *intestinat,* gevormd van lat. *intestina* [ingewanden], van *intestinus* [inwendig], van *intus* [binnen, binnenin], van *in* [in].

intiem [innig, vertrouwelijk] < fr. *intime* [idem] < lat. *intimus* [het meest naar binnen gelegen, diepst, innigst, vertrouwd vriend], overtreffende trap van *intus* [binnen, binnenin], van *in* [in].

intimatie [aanzegging] (middelnl. *intimeren* [bekend maken]) < fr. *intimation* [idem] < me. lat. *intimationem,* 4e nv. van *intimatio* [aanduiding, gerechtelijke aanzegging, dagvaarding], van *intimare* (verl. deelw. *intimatum*) [inbrengen, mededelen], van *intimus* [binnenste] (vgl. *intiem*).

intimideren [schrik aanjagen] < fr. *intimider* < me. lat. *intimidare,* van *in* [naar, tot] + *timidus* [vreesachtig], van *timēre* [vrezen], *timor* [vrees].

intimus [boezemvriend] < lat. *intimus,* ouder *intumus* [binnenste, meest vertrouwd], overtreffende trap van *in* [in].

intolerabel [onverdraaglijk] < fr. *intolérable* < lat. *intolerabilis* [idem], van ontkennend *in* + *tolerabilis* [draaglijk], van *tolerare* [dragen, verdragen], van *tollere* [opheffen], idg. verwant met *dulden*.

intonatie [stembuiging] < fr. *intonation,* van lat. *intonare* [luid weerklinken], van *in* [in, naar] + *tonare* [weerklinken], van *tonus* [toon].

intoxicatie [vergiftiging] < fr. *intoxication* < me. lat. *intoxicationem,* 4e nv. van *intoxicatio* [idem], van *intoxicare* (verl. deelw. *intoxicatum*) [in gif dopen (van pijlen)], van *in* [in] + *toxicare* [vergiftigen], van *toxicum* (vgl. *toxisch*).

intrade [inleidende muziek] < spaans *entrada* (de oudste entrada's stammen uit Spanje en Portugal) < me. lat. *intrata* [binnenkomst], van lat. *intrare* [binnengaan, beginnen], van *intra* [binnenin], *intro* [naar binnen].

intraden [staatsinkomsten] verouderd eng. *intrado,* spaans *entrada* [ingang, het binnenkomen, formeel inkomen (vgl. blijde innekomst), belasting] < me. lat. *intrata* [binnenkomst, belasting op het bezit], van *intrare* [binnengaan] (vgl. *intrade*).

intransigent [zich niet schikkend] < fr. *intransigeant* < spaans *intransigente* [idem], van ontkennend *in* + *transigente* [plooibaar], eig. teg. deelw. van *transigir* [tot een vergelijk komen] < lat. *transigere* [in der minne schikken], van *trans* [aan de overkant van] + *agere* [handelen]; de term stamt uit de Spaanse politiek in het laatste deel van de 19e eeuw waarin de republikeinen tot geen enkel compromis bereid waren.

intransitief [onovergankelijk] < fr. *intransitif* < lat. *intransitivus* [intransitief (grammaticale term)], van ontkennend *in* + *transire* (verl. deelw. *transitum*) [overgaan], van *trans* [over] + *ire* [gaan].

intraveneus [in de ader geschiedend] gevormd van lat. *intra* [van binnen] + *vena* [ader].

intrepiditeit [onversaagdheid] (17e eeuws) *intrépidité,* van *intrépide* [onversaagd] < lat. *intrepidus* [idem], van ontkennend *in* + *trepidus* [angstig heen en weer lopend].

intricaat [netelig] van lat. *intricare* (verl. deelw. *intricatum*) [in verlegenheid brengen], van *tricae* (vgl. *intrigant*).

intrigant [arglistig mens] < it. *intrigante,* eig. teg.

intrigeren — investeren 366

intrigeren deelw. van *intrigare* [intrigeren, konkelen] < **lat.** *intricare* [in verlegenheid brengen], van *in* [in, naar] + *tricae* [onzin, vervelende bezigheden, beslommeringen] (vgl. *intricaat*).

intrigeren [slinks te werk gaan] < **it.** *intrigare* [idem] (vgl. *intrigant*).

intrinsiek [wezenlijk] < **fr.** *intrinsèque* [idem] < **lat.** *intrinsecus* [inwendig, van binnen], van *inter* [tussen] + *secus* [anders, maar oorspr. volgend], van *sequi* [volgen].

introduceren [voorstellen] < **lat.** *introducere* [binnenleiden, invoeren], van *intro* [naar binnen] + *ducere* [leiden, voeren], idg. verwant met *tijgen*.

introductie [binnenleiding] < **fr.** *introduction* < **lat.** *introductionem,* 4e nv. van *introductio* [het binnenvoeren], van *introducere* (verl. deelw. *introductum*) (vgl. *introduceren*).

introïtus [inleiding tot de mis] (**middelnl.** *introïte*) < **lat.** *introitus* [intocht, begin, voorspel], van *introire* (verl. deelw. *introitum*) [binnengaan, ingaan], van *intro* [naar binnen] + *ire* [gaan].

intronisatie [inhuldiging van vorst] **middelnl.** *intronisacy* [inhuldiging van een bisschop] < **fr.** *intronisation* [inhuldiging] < **me. lat.** *inthronizationem,* 4e nv. van *inthronizatio* [idem], van **byzantijns-gr.** *enthronizein, enthronisein,* van *en* [in, op] + *thronos* [troon].

introspectie [innerlijke zelfwaarneming] < **fr.** *introspection,* gevormd van **lat.** *introspicere* (verl. deelw. *introspectum*) [ergens inkijken], van *intro* [naar binnen] + *specere, spicere* [kijken], idg. verwant met *spieden*.

introvert [naar binnen gekeerd] van **lat.** *intro* [naar binnen] + *vertere* [keren, wenden], idg. verwant met *worden*.

intrusie [het binnendringen] < **fr.** *intrusion* < **me. lat.** *intrusionem,* 4e nv. van *intrusio* [idem], van *intrudere* (verl. deelw. *intrusum*) [binnendringen], van *in* [in] + *trudere* [duwen, drijven, dringen], idg. verwant met *(ver)driet*.

intubatie [het inbrengen van een buis] gevormd van **lat.** *in* [in] + *tubus* [buis].

intueren [bij intuïtie ervaren] < **lat.** *intuēri* (vgl. *intuïtie*).

intuinen [zich beet laten nemen] **middelnl.** *intunen* [omheinen]; van *in* + *tuinen* [in de tuin werken, zich daarin verpozen, deze bezichtigen, lopen met grote passen, erin lopen], dus van *tuin*.

intuïtie [ingeving] < **fr.** *intuition* < **me. lat.** *intuitionem,* 4e nv. van *intuitio* [overdenking, intuïtie], van *intuēri* [zijn blik richten op], **chr. lat.** *intuitus* [het kijken naar, doel], van *in* [in] + *tuēri* [beschouwen, waarnemen].

intumescentie [zwelling] < **fr.** *intumescence,* gevormd van **lat.** *intumescere* [opzwellen], van *tumescere* [idem, beginnen te gisten, opgeblazen worden], inchoatief van *tumēre* [gezwollen zijn], verwant met *tumor* [gezwel] en *tumulus* [(graf)heuvel].

intussen [inmiddels] **middelnl.** *intwisschen, intusschen,* vermoedelijk < **oudhd.** *inzwischen*.

inulien [zetmeelachtige stof uit plantewortels] gevormd van **lat.** *inula* [alant] < **gr.** *helenion,* mogelijk van *helos* [vochtige weide, moeras].

inundatie [het onder water zetten van terrein] (1531) < **lat.** *inundatio* [overstroming] (vgl. *inunderen*).

inunderen [onder water zetten] < **lat.** *inundare* [overstromen], van *in* [in, naar] + *unda* [golf, stroom, water], daarmee idg. verwant.

invalidatie [ongeldigverklaring] < **fr.** *invalidation* [idem] < **me. lat.** *invalidationem,* 4e nv. van *invalidatio* [invaliditeit, deze veroorzakend], van *invalidus* (vgl. *invalide*).

invalide [gehandicapt] < **fr.** *invalide* [idem] < **lat.** *invalidus* [krachteloos, zwak, onmachtig, ziek], van ontkennend *in* + *validus* [krachtig, gezond, machtig] (vgl. *valide*).

invariabel [onveranderlijk] < **fr.** *invariable* < **me. lat.** *invariabilis,* van ontkennend *in* + *variare* (vgl. *variëren*).

invasie [vijandelijke inval] < **fr.** *invasion* < **lat.** *invasionem,* 4e nv. van *invasio* [gewelddadige inbezitneming], van *invadere* (verl. deelw. *invasum*) [binnendringen], van *in* [in, naar] + *vadere* [gaan, voortschrijden], idg. verwant met *waden*.

invectief [scheldwoord] < **fr.** *invective* < **me. lat.** *invectiva* [scheldwoord], van *invehere* (verl. deelw. *invectum*) [inbrengen, (passief) invaren, inrijden, invliegen, op iem. losgaan, uitvaren tegen], van *in* [in, naar] + *vehere* [brengen, drijven] (vgl. *vehikel*).

inventaris [boedelbeschrijving] (Kiliaan) **middelnl.** *inventaris,* gevormd van **me. lat.** *inventariare, inventarisare* [inventariseren], van *inventarium* [inventaris], van *inventum,* verl. deelw. van *invenire* [vinden], van *in* [in, op] + *venire* [komen], daarmee idg. verwant. Dus betekent *invenire* lett. op iets komen.

inventie [vinding] (1528) < **fr.** *invention* < **me. lat.** *inventionem,* 4e nv. van *inventio* [bevinding, vondst], van *invenire* (vgl. *inventaris*).

inventief [vindingrijk] < **fr.** *inventif* [idem], van **lat.** *inventum* [het uitgevondene, uitvinding], *inventio* [(uit)vinding], *invenire* (verl. deelw. *inventum*) (vgl. *inventaris*).

inversie [omkering van de gewone orde] < **fr.** *inversion* < **lat.** *inversio* [omkering], van *invertere* (verl. deelw. *inversum*) [omkeren], van *in* [in] + *vertere* [keren, wenden, draaien], idg. verwant met *worden*.

invertebrata [ongewervelde dieren] < **modern lat.** *invertebrata,* o. mv. van *invertebratus,* van **lat.** ontkennend *in* + *vertebratus* [gewerveld], van *vertebra* [gewricht, wervel], van *vertere* [draaien], idg. verwant met *worden* + het instrumentaal achtervoegsel *-bra*.

inverteren [omkeren] < **fr.** *invertir* < **lat.** *invertere* (vgl. *inversie*).

investeren [beleggen] < **fr.** *investir* < **lat.** *investire*

[bekleden], van *in* [in] + *vestis* [kleding] (vgl. ***vest***²).
investigatie [onderzoek] < **fr.** *investigation* < **lat.** *investigationem*, 4e nv. van *investigatio* [idem], van *investigare* (verl. deelw. *investigatum*) [spoorzoeken, opsporen], van *in* [in] + *vestigare* [opsporen], van *vestigium* [voetstap, voetspoor, spoor].
investigeren [onderzoeken] < **lat.** *investigare* (vgl. ***investigatie***).
investituur [bekleding met een waardigheid] < **fr.** *investiture* < **me. lat.** *investitura* [investituur, inbezitstelling], van *investire* (verl. deelw. *investitum*) [bekleden] (vgl. ***investeren***).
inviolabel [onschendbaar] < **fr.** *inviolable* < **lat.** *inviolabilis* [idem], van ontkennend *in* + *violabilis* [kwetsbaar], van *violare* [schenden, mishandelen, ontwijden, onteren], verwant met *vis* [kracht, geweld].
invisibel [onzichtbaar] < **fr.** *invisible* < **lat.** *invisibilis* [idem], van ontkennend *in* + *visibilis* [zichtbaar], van *vidēre* (verl. deelw. *visum*) [zien], idg. verwant met ***weten***.
invitatie [uitnodiging] < **fr.** *invitation* < **lat.** *invitationem*, 4e nv. van *invitatio* [uitnodiging, aansporing], van *invitare* (verl. deelw. *invitatum*) (vgl. ***inviteren***).
invite [wenk, uitnodiging] < **fr.** *invite*, van *inviter* (vgl. ***inviteren***).
inviteren [uitnodigen] < **fr.** *inviter* < **lat.** *invitare* [uitnodigen, te eten vragen, onthalen], etymologie onbekend.
invloed [inwerking] **middelnl.** *invloet* [het invloeien van water, invloed], vertaald uit **lat.** *influxus* of overgenomen uit **middelhd.** *invluz*.
invocatie [aanroeping] < **fr.** *invocation* < **lat.** *invocationem*, 4e nv. van *invocatio* [aanroeping (van de goden)], van *invocare* (verl. deelw. *invocatum*) [inroepen, aanroepen], van *in* [in] + *vocare* [roepen, oproepen], van *vox* (2e nv. *vocis*) [stem], idg. verwant met **hd.** *erwähnen*.
involutie [teruggaande ontwikkeling] < **fr.** *involution* [verwikkeling, het teruggaan naar de normale vorm] < **lat.** *involutionem*, 4e nv. van *involutio* [het oprollen], van *involvere* (verl. deelw. *involutum*) (vgl. ***involveren***).
involveren [verwikkelen in] < **lat.** *involvere* [iets ergens heen rollen, wentelen op, omwikkelen], van *in* [in, naar] + *volvere* [wentelen], idg. verwant met ***wals***¹.
inwendig [van binnen zittend] **middelnl.** *inwendich* [idem], vooral in mystieke literatuur, wel < **middelhd.** *inwendecliche*.
inwilligen [toestaan] eerst 19e eeuws < **hd.** *einwilligen*; het middelnl. kende wel *bewilligen* [toestaan].
-ioen [achtervoegsel dat zn. vormt] < **fr.** *-ion* < **lat.** *-io* (2e nv. *-ionis*).
ion [elektrisch geladen deeltje] bedacht door de Engelse natuurkundige Michael Faraday (1791-1867). Het is het **gr.** *ion*, o. van *iōn*, teg. deelw. van *ienai* [gaan].
ipecacuanha [geneeskrachtige plant] via portugees < **tupi** *ipe ka guéne* [kruipende plant die braken veroorzaakt].
Iraans [van Iran] < **oudperzisch** *ariya* [edel], verwant met **oudindisch** *ārya-* [edel], waarvan *arisch* is afgeleid.
Irak [geogr.] < **ar.** *'irāq* [Irak].
irascibiliteit [prikkelbaarheid] < **fr.** *irascibilité*, van **me. lat.** *irascibilis* [vol woede], van *irasci* [boos worden of zijn], van *ira* [woede].
irbis [sneeuwpanter] < **russ.** *irbis* < **mongools** *irbis*.
irenisch [vreedzaam] < **gr.** *eirènikos* [idem], van *eirènè* [vrede].
irias [iris] **oudfr.** *ireos*, **eng.** *orris*, **me. lat.** *yreos*, dat zal stammen van **gr.** *ireōs*, 2e nv. van *iris* (vgl. ***iris***).
iridium [chemisch element] gevormd door de ontdekker ervan, de Engelse chemicus Smithson Tennant (1761-1815) van **gr.** *iris* (2e nv. *iridos*) [regenboog]; zo genoemd vanwege de diversiteit in kleur van zijn verbindingen.
iris [plantengeslacht, regenboog] < **fr.** *iris* < **gr.** *iris* [Iris, de bode der goden, regenboog, soort lelie].
iriseren [de kleuren van de regenboog vertonend] < **fr.** *iriser*, gevormd van *iris* in de betekenis 'regenboog' (vgl. ***iris***).
Irokees [Noordamerikaanse Indiaan] < **fr.** *Iroquois* < **algonkin** *Irinakhoiw* [echte adder].
ironie [lichte spot] < **fr.** *ironie* < **lat.** *ironia* [ironie] < **gr.** *eirōneia* [geveinsde onwetendheid], *eirōn* [zich van de domme houdend, bedrieglijk], eig. spreker en wel iem. die praat om zich van de domme te houden, van *eirein* (waarvoor een *w* uitviel) [zeggen], idg. verwant met ***woord***¹.
irradiatie [uitstraling] **middelnl.** *irradiacie* < **fr.** *irradiation* [idem], van **lat.** *irradiare* (verl. deelw. *irradiatum*) [verlichten, (be)stralen], van *in* [in] + *radiare* [(be)stralen], van *radius* [straal].
irrationeel [onberedeneerbaar] < **fr.** *irrationnel* < **lat.** *irrationalis* [redeloos], van ontkennend *in* + *rationalis* (vgl. ***rationeel***).
irrecusabel [onwraakbaar] < **fr.** *irrécusable* < **lat.** *irrecusabilis* [idem], van ontkennend *in* + *recusare* [bezwaar maken, weigeren, ontkennen], van *re-* [terug] + *causa* [zaak].
irredenta [Italia irredenta, leus om alle gewesten met Italië te verenigen] < **it.** *irredenta*, van ontkennend *in* + *redimere* (verl. deelw. *redento*, vr. *redenta*) [loskopen, verlossen (dus het (nog) niet bevrijde Italië)] < **lat.** *redimere*, van *re-* [terug] + *emere* [nemen, kopen] (vgl. ***redemptorist***, ***rantsoen***¹).
irrefutabel [onweerlegbaar] < **fr.** *irréfutable* < **lat.** *irrefutabilis* [idem], van ontkennend *in* + *refutare* [terneerslaan, afwijzen, weerleggen], van *re-* [terug, weer] + niet zelfstandig overgeleverd *futare* [slaan], idg. verwant met ***boten*** [slaan].

irregulier [onregelmatig] < fr. *irrégulier* < me. lat. *irregularis* [idem], van ontkennend *in* + *regularis* (vgl. **regulier**).

irrelevant [niet terzake] van ontkennend *in* + *relevant* → **releveren**.

irreligieus [ongodsdienstig] < fr. *irréligieux* < lat. *irreligiosus* [in strijd met de godsdienst, oneerbiedig], van ontkennend *in* + *religiosus* (vgl. **religie**).

irremediabel [onherstelbaar] < fr. *irrémédiable* [idem] < lat. *irremediabilis* [onverzoenlijk], van ontkennend *in* + *remediabilis* [geneesbaar], van *remedium* (vgl. **remedie**).

irreparabel [onherstelbaar] (1e helft 16e eeuw) < fr. *irréparable* < lat. *irreparabilis* [niet opnieuw te krijgen, onherstelbaar], van ontkennend *in* + *reparabilis* [herstelbaar] (vgl. **repareren**).

irresistibel [onweerstaanbaar] < fr. *irrésistible* < me. lat. *irresistibilis* [idem], van ontkennend *in* + *resistere* [halt houden, weerstand bieden], van *re-* [wederom, terug] + *sistere* [doen staan], van *stare* [staan], daarmee idg. verwant.

irreversibel [onomkeerbaar] < fr. *irréversible,* van me. lat. *irreversibiliter* bijw., van ontkennend *in* + *revertere* [omkeren, doen omslaan], van *re-* [terug] + *vertere* [draaien, keren], idg. verwant met **worden**.

irrevocabel [onherroepelijk] (1518) < fr. *irrévocable* < lat. *irrevocabilis* [niet terug te roepen, onherroepelijk], van ontkennend *in* + *revocabilis* [terug te roepen], van *revocare* [terugroepen], van *re-* [terug] + *vocare* [roepen], van *vox* (2e nv. *vocis*) [stem, geluid], idg. verwant met **hd.** *erwähnen*.

irrigatie [kunstmatige bevloeiing] < fr. *irrigation* < lat. *irrigationem,* 4e nv. van *irrigatio* [besproeiing], van *irrigare* (vgl. **irrigeren**).

irrigeren [bevloeien] < fr. *irriguer* < lat. *irrigare* [besproeien, bevochtigen], van *in* [naar] + *rigare* [(een vloeistof) leiden, besproeien], idg. verwant met **regen**.

irritabel [prikkelbaar] < fr. *irritable* < lat. *irritabilis* [idem], van *irritare* (vgl. **irriteren**).

irritatie [prikkeling] < fr. *irritation* [woede, irritatie] < lat. *irritationem,* 4e nv. van *irritatio* [prikkeling], van *irritare* (verl. deelw. *irritatum*) (vgl. **irriteren**).

irriteren [prikkelen] < fr. *irriter* < lat. *irritare* [prikkelen, boos maken], etymologie onbekend.

irruptie [inval] < fr. *irruption* < lat. *irruptionem,* 4e nv. van *irruptio* [idem], van *irrumpere* (verl. deelw. *irruptum*) [binnendringen], van *in* [in] + *rumpere* [breken], idg. verwant met **roven**.

isagogisch [inleidend] < **gr.** *eisagōgè* [invoer, inleiding], van *eis* [naar binnen] + *agein* [leiden, voeren] (vgl. **agoog**).

ischemie [plaatselijke bloedeloosheid] gevormd van **gr.** *ischein* [tegenhouden], verwant met *echein* [hebben, houden] + *haima* [bloed], idg. verwant met **zeem** [1].

ischias [heupjicht] < gr. *ischias* [lendepijn, jicht], van *ischion* [heup].

islam [mohammedaanse godsdienst] < ar. *'islām* [onderwerping (aan de wil van God)], van het ww. *'aslama* [hij gaf zich over].

isobaar [lijn die plaatsen met gelijke luchtdruk verbindt] gevormd van **gr.** *isos* [gelijk] + *baros* [zwaarte], verwant met **lat.** *gravis* [idem] > **fr.**, **eng.** *grave*.

isobaat [dieptelijn] gevormd van **gr.** *isos* [gelijk] + *bathos* [diepte].

isochimenen [lijnen die plaatsen met gelijke koude verbinden] gevormd van **gr.** *isos* [gelijk] + *cheima* [winter], verwant met **lat.** *hiems* [idem].

isochoor [term in de thermodynamica] gevormd van **gr.** *isos* [gelijk] + *chōra* (vgl. **koor**).

isochroon [met gelijke werkingstijd] < fr. *isochrone* [idem] < **byzantijns-gr.** *isochronos* [van dezelfde tijd], *isochronōs* [op dezelfde tijd], gevormd van *isos* [gelijk] + *chronos* [tijd].

isodynaam [lijn die plaatsen met gelijke magneetkracht verbindt] gevormd van **gr.** *isos* [gelijk] + *dunamis* [lichaamskracht, kracht, vermogen].

isofoon [lijn van constante luidheid] gevormd van **gr.** *isos* [gelijk] + *phōnè* [geluid].

isofoot [van gelijke helderheid (van sterren)] gevormd van **gr.** *isos* [gelijk] + *phōs* (2e nv. *phōtos*) [licht].

isogamie [gelijkheid van voortplantingscellen] gevormd van **gr.** *isos* [gelijk] + *gamos* [huwelijk].

isogamme [lijn tussen plaatsen met gelijke versnelling van zwaartekracht] gevormd van **gr.** *isos* [gelijk] + de letter *gamma,* symbool voor een eenheid van magnetische veldsterkte.

isoglosse [grenslijn van een taalverschijnsel] gevormd van **gr.** *isos* [gelijk] + *glōssa* [tong, tongval, taal].

isogonaal [met gelijke hoeken] gevormd van **gr.** *isos* [gelijk] + *gōnia* [hoek], idg. verwant met **knie**.

isohypse [niveaulijn] gevormd van **gr.** *isos* [gelijk] + *hupsos* [hoogte].

isoleren [afzonderen] < fr. *isoler* < it. *isolare* [idem], van lat. *insula* [eiland].

isolex [begrenzingslijn van een woordbetekenis] gevormd van **gr.** *isos* [gelijk] + *lexis* [woord], van *legein* [spreken], verwant met **lat.** *legere* [lezen].

isomeer [met gelijke empirische en moleculaire formule] < **byzantijns-gr.** *isomerès, isomoiros* < *isos kai homoios* [gelijk en identiek].

isomerose [zoetingsmiddel uit maïs] gevormd van **gr.** *isos* [gelijk] + *meros* [deel].

isometrie [gelijkheid van maat] < **gr.** *isometria* [idem], van *isos* [gelijk] + *metron* [maatstaf, maat] (vgl. **meten**).

isomorf [van dezelfde gedaante] gevormd van **gr.** *isos* [gelijk] + *morphè* [uiterlijke vorm].

isopoon [verbindingslijn van plaatsen op gelijke afstand van een centrum] gevormd van **gr.** *isos* [gelijk] + **lat.** *ponere* [plaatsen].

isorachie [lijn die plaatsen met gelijke vloed verbindt] gevormd van **gr.** *isos* [gelijk] + *rachia* [branding, vloed], van *rassein* [neerslaan].

isosyllabisme [gelijkheid in het aantal lettergrepen per versregel] gevormd van **gr.** *isosullabos* [van een gelijk aantal lettergrepen], van *isos* [gelijk] + *sullabos* (vgl. *syllabe*).

isotagme [grenslijn van syntactische verschijnselen] gevormd van **gr.** *isos* [gelijk] + *tagma* [het rangschikken], van *tassein* [in een bep. orde opstellen] (vgl. *syntaxis*).

isotherm [met constante temperatuur] gevormd van **gr.** *isos* [gelijk] + *thermè* [(koorts)hitte], idg. verwant met *warm*.

isotoon [van gelijke spanning] gevormd van **gr.** *isos* [gelijk] + *tonos* [spanning], van *teinein* [spannen], idg. verwant met **hd.** *dehnen*.

isotoop [elke vorm van eenzelfde element met verschillende atoomkern] gevormd van **gr.** *isos* [gelijk] + *topos* [plaats], dus dezelfde plaats hebbend (in het Periodiek Systeem).

isotroop [met dezelfde eigenschappen in alle richtingen] gevormd van **gr.** *isos* [gelijk] + *tropos* [wending, draai, karakter, aard], van *trepein* [draaien].

Israël [geogr.] < **lat.** *Israel* < **gr.** *Israèl* < **hebr.** *jisrā'ēl* [hij vocht met God], van *sārā'* [hij vocht] + *ēl* [God], zie Genesis 32:24-32 (echter ook 35:10), waar het gevecht van Jacob, die daardoor de bijnaam Israel verkreeg, wordt verhaald. De naam Israel is veel ouder en het verhaal is een achteraf bedachte verklaring, waarbij een stamvader werd gecreëerd.

issue [onderwerp] < **eng.** *issue* [uitstroming, einde, uitkomst, kwestie, uitvaardiging] < **oudfr.** *(e)issue*, vr. verl. deelw. van *(e)issir* [gaan uit] < **lat.** *exire* [idem], van *ex* [uit] + *ire* [gaan].

-ist [achtervoegsel] **middelnl.** *-iste* < **fr.** *-iste* < **lat.** *-ista* < **gr.** *-istès*, b.v. **lat.** *baptista*, **gr.** *baptistès* [doper], en b.v. **nl.** *organist*.

istmus [landengte] < **lat.** *isthmus* [idem] < **gr.** *isthmos* [idem].

Italiaans [van Italië] < **it.** *italiano*, van *Italia* < **lat.** *Italia*, oorspr. beginnend met *v*, vgl. **oscisch** *Viteliu* [Italië], verwant met **lat.** *vitula* [kalf], dus: land rijk aan vee.

italiek [cursieve letter] < **fr.** *italique* < **lat.** *italicus* [Italisch], zo genoemd omdat het type werd ontworpen door de Italiaanse drukker Aldus Manutius (1450-1515).

iteratie [herhaling] < **fr.** *itération* < **lat.** *iterationem*, 4e nv. van *iteratio* [idem], van *iterare* [herhalen] (verl. deelw. *iteratum*), van *iterum* [voor de tweede maal].

iteratief [herhalend] < **fr.** *itératif* [idem] < **lat.** *iterativum* [frequentatief (ww.)] (vgl. *iteratie*).

ithyfallisch [met opgericht lid, metrisch schema] < **gr.** *ithuphallos* [met het mannelijk lid rechtop, hetgeen betrekking heeft op een ceremonie van de Dionysos-dienst], van *ithus* [recht op iemand toe, als zn. rechte richting] + *phallos* [fallus].

itinerarium [reisboek] < **me. lat.** *itinerarium*, van *itinerarius* [reis-], van *itinerari* [reizen], van *itiner, iter* (2e nv. *itineris*) [het gaan, reis, weg], verwant met *ire* [gaan].

itten → *hitten*.

ivoor [materiaal van slagtanden] **middelnl.** *ivore, ivoor* < **fr.** *ivoire* < **lat.** *eburem*, 4e nv. van *ebur* [idem] < **koptisch** *ebu* [olifant, ivoor].

Ivriet [modern Hebreeuws] < **hebr.** *'ibrī* [Hebreeuws] (vgl. *Hebreeër*).

ixia [Engelse zwaardlelie] < **modern lat.** *ixia*, gevormd van **gr.** *ixos* [mistletoe, vogellijm].

izabel [kleur tussen geel en wit] (1645), afgeleid van de persoonsnaam, maar niet naar de aartshertogin Isabella, die volgens het verhaal geen schoon hemd zou aantrekken voordat Oostende veroverd was, mogelijk < **ar.** *hizah* [leeuwkleurig].

j

ja [bevestiging] **middelnl., oudsaksisch, oudhd., oudnoors, gotisch** *ja,* **oudeng.** *gea* **(eng.** *yea);* buiten het germ. zijn geen duidelijke verwanten gevonden.

jaap [diepe snijwonde] (1612), vermoedelijk de persoonsnaam *Jaap.*

jaar [tijd van 12 maanden] **middelnl.** *jaer,* **oudsaksisch, oudhd.** *jār,* **oudfries** *iēr,* **oudeng.** *gear,* **oudnoors** *ār,* **gotisch** *jēr;* buiten het germ. **gr.** *hōros* [jaargetijde, jaar], *hōra* [tijdstip, tijd], **avestisch** *yār-* [jaar], **kerkslavisch** *jara* [voorjaar].

jabiroe [zadelbekooievaar] < **spaans** *jabirú,* overgenomen uit het tupi.

jabot [geplooide strook] < **fr.** *jabot* [krop, bef] < **oudfr.** *gave,* dat mogelijk uit het kelt. stamt, vgl. **gaelisch-schots, iers** *gob, gop* [snavel], waarmee het in ablaut kan staan.

jabroer [die op alles ja zegt] in de 17e eeuw < **hd.** *Jabruder.*

jaçana, jassana [lelieloper] via **portugees** *jaçaná* < **tupi** *jasaná.*

jacht [het vervolgen van dieren, vaartuig] van *jagen* als *dracht* bij *dragen;* de scheepsbenaming is hiermee identiek (jacht betekent niet alleen het jagen, maar ook snelheid).

jachts [loops] afgeleid van *jacht* [het jagen].

jack [jasje] < **eng.** *jack,* van dezelfde herkomst als *jak*[1].

jacket [papieromslag van boek, kroon over een tand] < **eng.** *jacket* < **oudfr.** *jaquet* **(modern fr.** *jaquette,* vgl. *jacquet).*

jackpot [de totale inleg] < **amerikaans-eng.** *jackpot,* het eerste lid is *Jack* [Jan, kerel, boer in het kaartspel, in amerikaans slang: geld] (vgl. *jackstag).*

jack-stag [waterstag] het eerste lid is < **eng.** *Jack,* vertrouwelijke vorm van *John.* Eerst gebruikt voor een man, dan ook voor apparaten en ook onderdelen daarvan, ten slotte vervaagd voor andere zaken: *Union Jack, jack-flag* [geus] (vgl. *jackpot).*

jaconnet [mousseline] verbastering van *Jagannathganj,* een stadje ten noordwesten van Dacca in Bangladesj, waar de stof vandaan kwam.

jacquard [weefapparaat] genoemd naar de uitvinder, de Fransman *Joseph-Marie Jacquard* (1752-1834).

jacquerie [Franse boerenopstand van 1358] naar *Jacques Bonhomme,* een denigrerende benaming voor de boer (vgl. *jacquet).*

jacquet [pandjas] < **fr.** *jaquette,* verkleiningsvorm van *jaque,* de persoonsnaam *Jacques,* in de middeleeuwen gebruikt als aanduiding voor boer, in de 16e eeuw ook lakei, dus lakeiejas, vgl. *Jantje* voor matroos → *hannekemaaier, jacquerie, jak*[1]*.*

jadder nevenvorm van *uier.*

jade [kostbaar gesteente] < **fr.** *jade,* ouder *éjade;* de vorm *l'éjade* werd geïnterpreteerd als *le jade* < **spaans** *piedra ijada, piedra* [steen] *ijada* [pijn in de zij] < **laat-lat.** *ilia* [lendenen, ingewanden, onderbuik]; jade werd gebruikt als talisman tegen koliek.

jaeger [wollen ondergoed] genoemd naar de Duitse medicus *G. Jaeger* (1832-1916), die het dragen van wollen ondergoed propageerde.

jaffa [sinaasappel] en wel uit de plaats *Jaffa,* **hebr.** *Jafo.*

jagen [wild vervolgen] **middelnl., middelnd.** *jagen,* **oudhd.** *jagon,* **oudfries** *jagia;* etymologie onbekend.

jaguar [katachtig roofdier] een tupi woord dat niet specifiek jaguar, maar in het algemeen 'een groot roofdier' betekent.

Jahwe, Jahweh → *Jehova.*

jainisme [één van de godsdiensten van India] van **hindi** *jain* < **oudindisch** *jaina-* [betrekking hebbend op een jinu, volgeling van de jina's], van *jina* [eig. overwinnaar], van *jayati* [hij overwint].

jajem [jenever] < **hebr.** *jājin* [wijn] (vgl. *nectar).*

jak[1] [kiel, kort jasje] **middelnl.** *jakeboenhomme* [een soort van rechte tuniek], *jac, jacket* [wambuis] < **fr.** *Jacques Bonhomme,* een benaming voor een boer → *jacquet.*

jak[2] [rund] < **tibetaans** *gjak.*

jakhals [hondachtig roofdier] (1653) < **fr.** *chacal,* **turks** *çakal,* **perzisch** *shaghāl,* **oudindisch** *śṛgāla-.*

jakken [hard lopen of rijden] (1605), intensiefvorm van *jagen.*

jakkeren [voortjagen] (19e eeuws), iteratief van *jakken.*

jakkes [uitroep van tegenzin] verder verbasterd uit *jaszes,* verbastering van *Jezus.*

jako [soort papegaai] < **fr.** *jacquot,* verkleiningsvorm van *Jacques,* dus letterlijk Jaapje.

jakobijn [naam van de eerste dominicanen in Noord-Frankrijk] **middelnl.** *Jacobijn,* genoemd naar hun eerste klooster, in de Rue Saint-Jacques, lid van de politieke club uit 1789, die in dit voormalige klooster werd opgericht < **lat.** *Jacobus,* dat in het fr. *Jacques* is geworden.

jakobsladder [over schijven lopende ketting met bakken] oorspr. de ladder uit de droom van *Jakob* in Genesis 28:12.

jakobsschelp [schaal van oestersoort] genoemd naar *St. Jacobus,* die in San Jago (=Jacob) de Compostella vereerd werd, in het gebied waar de schelp veelvuldig voorkomt. De pelgrims naar deze bedevaartplaats bevestigden de schelpen bij terugkeer op hun hoed en kleding.

Jakoet [lid van een Siberische volksstam] < russ. *jakut*, van **turkotataars** *jaka* [rand, grens, oever] + de mongoolse mv. uitgang *-t*, dus lett. randbewoners. De Jakoeten noemen zichzelf *sacha* [mens].

jalap, jalappe [plantestengels, purgeermiddel daaruit] genoemd naar *Jalapa*, een Mexicaans plaatsje ten zuiden van Villahermosa waar de jalap vandaan kwam.

jaloers [naijverig] **middelnl.** *jalous, jaloes, jaloers* < **oudfr.** *jaloux* < **lat.** *zelosus* [idem] (vgl. *zeloot*).

jaloezie [afgunst, optrekbaar zonnescherm] **middelnl.** *jaloesie* [ijverzucht, naijver] < **fr.** *jalousie* [idem] (vgl. *jaloers*); in de betekenis 'optrekbaar zonnescherm' (18e eeuw) ontleende het fr. aan **it.** *gelosia* [een gordijn dat tegen de inkijk was], eveneens terug te voeren op **gr.** *zèlos* [ijverzucht].

jalon [landmeterstok] < **fr.** *jalon* < **oudfr.** *giele* [paaltje waaraan de lijnen van een net zijn bevestigd], verwant met *jauge* [ijkmaat, maatstok], van een germ. basis waarvan ook *galg* stamt.

jam[1] [eetbare wortelknol] (1695) < **eng.** *yam* < **portugees** *inhame* [idem], van **senegalees** *nyami* [eten].

jam[2] [confiture] (1910) < **eng.** *jam*, van *to jam* [samendrukken] en expressieve vorming, nl. samengeperst fruit → *jam-session*.

Jamaïcaan [bewoner van Jamaïca] van **arowak** *xaymaca* [land van bos en water].

jambe [versvoet] < **lat.** *iambus* < **gr.** *iambos* [idem], naast *ia* [geluid, stem, geschreeuw], van vóór-gr. herkomst.

jamboree [internationaal padvinderskamp] < **eng.** *jamboree*. Etymologie onbekend.

jammer [spijtig] **middelnl.** *jāmer, jammer*, zn. *gejammer*, **oudsaksisch, oudhd.** *jamar*, **oudfries** *jamer*, **oudeng.** *geomor*; etymologie onbekend.

jam-session [geïmproviseerde jazzuitvoering] < **amerikaans-eng.** *jam-session*, van *to jam* [volproppen, samendrukken, improviseren bij jazz], een expressieve klanknabootsende vorming → *jam*[2].

jandome [basterdvloek] gebruikt i.p.v. *goddome*.

janhagel [gepeupel] (17e eeuws), de persoonsnaam *Jan* + *hagel* in de overdrachtelijke betekenis 'zwerm, dichte menigte'.

janitsaar [Turks soldaat] via **fr.** *janissaire*, **it.** *giannizzero* < **turks** *yeni çeri* [nieuwe troepen], van *yeni* [nieuw] *çeri* [troepen], de in 1362 nieuw uit slaven en krijgsgevangenen gevormde legereenheid.

janken [huilen] **middelnl.** *janken*, klanknabootsende vorming, vgl. **eng.** *to jangle*, **lat.** *gannire*.

janker [jasje] < **hd.** *Janker*, in zuidelijke gebieden, b.v. **schwäbisch** *Jänke*, vermoedelijk een genasaleerde nevenvorm van *Jacke*.

janklaassen [hansworst] naar de Amsterdamse overlevering was Jan Klaassen een trompetter van 's prinsen lijfwacht, die ontslag nam na de dood van Willem II en nadat de garde van de prins in garde der Staten van Holland was omgedoopt. Hij trok naar Amsterdam en ging er de poppenkast vertonen. Hij voerde een nieuw personage in, dat hij zijn eigen naam gaf.

jansalie [slappe man] gevormd van *saliemelk*, een bijzonder flauwe drank.

jansenisme [een godsdienstige leer] genoemd naar *Cornelis Jansen (Cornelius Jansenius)*, r.-k. bisschop (1585-1638).

jantje-van-leiden ['zich met een jantje-van-leiden ergens van afmaken', met een mooi praatje zich ergens van afmaken] Jan Beukelszoon van Leiden, hoofd van de wederdopers, stond in de 17e eeuw bekend als een mooiprater, wat hem maakte tot onderwerp van de uitdrukking.

januari [eerste maand] < **lat.** *Mensis Ianuarius*, maand van *Janus*, de god van deuren, poorten, van doorgang. Waarschijnlijk is de naam verbonden met 'zonnedoorgang' (vgl. *jeans*).

jan-van-gent [pelikaanachtige] de naam werd door de 17e-eeuwse walvisvaarders gegeven, maar de reden waarom is onduidelijk, mogelijk is *gent* te verbinden met de naam van de vogel, vgl. het Katwijks gezegde 'hij gaapt als een gent'.

Japan [geogr.] vermoedelijk < **maleis** *Jepang* < **chinees** *Jih pen, jih* [zon] *pen* [oorsprong] (vgl. *Nippon*).

japon [jurk] **middelnl.** *jupe, gupe* [wambuis, kiel, japon] < **fr.** *jupon* [onderrok], verkleiningsvorm van *jupe* [rok] < **ar.** *jubba* [een lang overkleed]; het **nl.** *japon* kreeg zijn *a* o.i.v. 'Japonse rok' (vgl. *jopper*[1], *jumper*).

jaquemart [allegorisch figuurtje dat op een klok slaat] < **fr.** *jaquemart*, van *Jaqueme*, oude vorm van *Jacques*.

jardinière [bloemenvaas, gemengde groenten] < **fr.** *jardinière*, vr. van *jardinier* [tuin-], van *jardin* [tuin], van germ. herkomst, vgl. *gaard*.

jargon[1] [groepstaal, vaktaal] < **fr.** *jargon* < **oudfr.** *gargon, jargoun* [gejilp]; de etymologie is onzeker, vermoedelijk uiteindelijk klanknabootsend.

jargon[2] [variëteit van zirkoon] < **fr.** *jargon* < **portugees** *zarcão* [menie] < **ar.** *zarqūn* [helder rood] < **perzisch** *zargūn* [goudkleurig], van *zar* [goud] + *gūn-* [kleur] (vgl. *zirkoon*).

jarig [zijn geboortedag herdenkend] **middelnl.** *jarich* [van dit jaar, van het laatste jaar, één jaar oud, mondig]; van *jaar*.

jarovisatie [vernalisatie] van **russ.** *jarovizacija* [vernalisatie], van *jarovoj* [lente-], idg. verwant met *jaar*.

jarrahout [Westaustralische houtsoort] van **eng.** *jarrah* [idem], overgenomen van de Australische aborigines.

jarretel, jarretelle [sokophouder] < **fr.** *jarretelle*, van *jarret* [knieholte, spronggewricht van paard], dial. *jarre* [knieholte], *jar* [elleboog], uit het gallisch, vgl. **cornisch** *gar* [been], **iers** *gairri* [kuit].

jas¹ [kledingstuk] (1733), mogelijk verkort uit *paljas*.

jas² [troefboer] (1720), vermoedelijk < *paljas* (in het zuidnl. heet de kaart wel *zot*, vertaling van fr. *fou* voor bepaalde kaarten).

jasmijn [plantengeslacht] middelnl. *jesminne, jasmijn* < fr. *jasmin* < me. lat. *jesminium* < ar. *yasmīn* < perzisch *yāsemīn*.

jaspegaren [gesponnen uit verschillend gekleurde draden] van fr. *jaspe* [jaspis], vgl. *jasper* [jasperen, bespikkelen, marmeren].

jaspis [steensoort] middelnl. *jasper, jaspis, jasp(e)*; ontlening aan oudfr. *jaspe, jaspre* is duidelijk. De vernederlandste vormen gingen verloren, maar de lat. vorm *jaspis* bleef bewaard. De lat. vorm < gr. *iaspis*, dat uit het semitisch stamt, vgl. **akkadisch** *jasjpû* [jaspis].

jassana → *jaçana*.

jassen¹ [kaartspel] van *jas²* [troefboer].

jassen² [wegjagen] fries *jaskje* [lopen, draven, wild heen en weer lopen], vgl. fries *jasker* [watermolen].

jasses [uitroep van afschuw] verbastering van *Jezus*.

jat [hand] → *jatmoos*.

jatagan [dolk] < turks *yatagan*.

jatmoos [handgeld] van hebr. *yād* [hand] (vgl. *joet*) + *ma'ōt* [geld].

jatten [gappen] afgeleid van *jat* (vgl. *jatmoos*); de vorming is dus vergelijkbaar met *klauwen* bij *klauw*.

javel [eau de javelle, bleekwater] < fr. *eau de javel*, genoemd naar *Javelle*, een vroeger dorp, nu het Parijse 15e arrondissement, waar het werd gemaakt.

javelijn [werpspeer] < fr. *javeline*, van kelt. herkomst, vgl. welsh **gaflach** [gevederde speer], *gafl* [vork], oudiers *gabul* [gevorkte tak, vork], idg. verwant met *gaffel*.

jazz [moderne dansmuziek] < amerikaans negereng. van New Orleans *jazz*, etymologie onbekend.

jean potage [hanswoorst] pseudo-fr., vgl. hd. *Hans Supp(e)*, eng. *Jack Pudding*, it. *maccherone*; het eerste lid *Jean* is een vertaling van *Hans* (afkorting van Johannes), *potage* is afgeleid van *pot*.

jeans [spijkerbroek] < eng. *jeans* < fr. *jean* [weefsel] < oudfr. *Janne* (modern fr. *Gênes*) [Genua] < me. lat. *Ianua* [poort], waar dit weefsel oorspr. vandaan kwam (vgl. *januari*).

jeep [legerauto] < eng. *jeep*, vermoedelijk uit *G.P.* = *General Purpose* [(voor) universeel gebruik].

jegens [ten aanzien van] middelnl. *jegen, gegen, jegens*, oudnederfrankisch, oudsaksisch, oudhd. *gegin*, oudeng. *gēan*, oudnoors *gegn*; etymologie onbekend.

Jehova [de god van Israël] de naam van God wordt in het hebr. gespeld *jhwh*; het hebr. geeft normaliter met tekens de vocalen aan, maar niet in de naam van God, die niet mag worden uitgesproken, behalve op Grote Verzoendag door de hogepriester in de voorhof van de tempel. In de 16e eeuw werden de vocalen in Rome ingevuld tot de naam *Jehovah*, later achtte men *Jahwe* waarschijnlijker.

jeile, jeiles [heibel] < hebr. *jeloloh* [geweeklaag].

jein [pakking] < eng. *join* [verbinding], van *to join* [samenvoegen] < fr. *joindre* < lat. *iungere* [idem], idg. verwant met *juk*.

jeinen [een pakking dichtmaken] van *jein*.

jekker [korte overjas] (1788), gevormd van *jak¹*.

jemenie, jeminie, jeminee, jemie [bastaardvloek] uit *Jesu Domine*, lat. aanspreeknaamval van *Jesus Dominus*, dus: O Here Jezus (vgl. *dominee*).

Jemeniet [bewoner van Jemen] van *Jemen* < ar. *al yaman, yaman* [de rechter kant, Jemen] (gezien door iem. die naar het oosten kijkt, ligt Jemen rechts). De betekenis 'rechts' houdt tevens in 'gunstig' (vgl. *benjamin*).

jenaplanschool [schoolvorm] naar het voorbeeld van die van Peter Petersen uit de jaren twintig met een vorm van projectonderwijs, zo genoemd omdat zij, verbonden met de universiteit van *Jena*, daar was gevestigd.

jenever [alcoholische drank] (1672), vgl. middelnl. *genever, geniver, jenever, jeniver* [jeneverbes] < oudfr. *geneivre* < lat. *juniperus*, van keltisch *jeneprus* [stekelig]; jeneverbessen worden toegevoegd aan de drank voor het aroma.

jengelen [drenzen] (1729), vgl. middelnl. *jangelen* [jengelen] (1729), iteratiefvorm van *janken*.

jennen [plagen] in de 16e eeuw *ionen* [bedriegen], rotwelsch *jonen* [valsspelen], waarschijnlijk < *jiddisch Jowen* [Griek] (turks *Yunan*); Grieken hadden de reputatie vals te spelen: Kiliaan (1599) *Grieck* [vals, bedrieglijk].

jenoffel [anjer] → *giroffel*.

jent [bevallig] middelnl. *gent, jent* [edel, lief, schoon, bevallig] < oudfr. *gent* [edel] < lat. *genitus* (verl. deelw. van *gignere*) [geboren, pregnant gebruikt: welgeboren, in me. lat. edel].

jeremiade [klaaglied] eig. een van de klaagliederen van de profeet *Jeremia*.

jerrycan [benzineblik] < eng. *jerrycan*, van *jerry* [Duits soldaat (slang, i.h.b. soldatentaal)], gevormd naar *German* [Duits] + *can* [kan]; deze benzineblikken werden oorspr. aan het Duitse leger verstrekt.

jersey [gebreide kleding] < eng. *jersey*, genoemd naar de plaats van herkomst, het Kanaaleiland *Jersey*.

Jeruzalem [geogr.] < hebr. *jerušālajim*, van het ww. *yārā* [werpen] + *sjālōm* [vrede], dus basis van vrede.

jet [straalvliegtuig] < eng. *jet* [straalpijp], van *to jet* [spuiten] < fr. *jeter* [wegwerpen] < vulg. lat. *jectare*, klass. lat. *iactare* [haastig werpen], frequentatief van *iacere* [werpen].

jet lag [ervaring van tijdsverschil op lange vluchten] < eng. *jet lag*, van *jet* (vgl. *jet*) + *lag* [vertraging], *to lag* [achterblijven], etymologie onbekend.

jeton [fiche, munt] < fr. *jeton* < oudfr. *gectoire, gettoire,* van *geter, jeter* [werpen] < lat. *iactare* [vaak werpen], van *iacere* [werpen]; oorspr. in de tijd dat men nog met aanvankelijk Griekse, later Romeinse cijfers werkte, die ongeschikt zijn voor *calculeren,* bediende men zich van schelpjes, steentjes, fiches, die men op een abacus, een rekenbord, wierp om zo de som visueel te bepalen.

jeu [1] [vleesnat] nevenvorm van *jus* [2].

jeu [2] [spel] < fr. *jeu* < lat. *iocus* [scherts, spel], verwant met bretons *iez* [taal] en de woorden vermeld bij *biecht.*

jeugd [het jong-zijn, jongelui] **middelnl.** *joget, joocht, juecht, jeucht,* **oudnederfrankisch** *iugind,* **oudsaksisch** *juguth,* **oudhd.** *jugund,* **oudeng.** *geoguð* (**eng.** *youth*); vgl. verder *jong.*

jeuken [kriebelen] **middelnl.** *jo(oc)ken, juecken, jocken, jucken,* **middelnd.** *jucken,* **oudhd.** *jucchen,* **oudeng.** *gyccan, gyccean* (**eng.** *to itch*); etymologie onbekend.

jeunen [gunnen] nevenvorm van *jonnen* (vgl. *gunnen*).

jeupen [vruchten van de meidoorn] →*joop.*

jeuzelen [beuzelen, zeuren] **fries** *jeuzelje,* frequentatief van *jeuzen* [jazen], vermoedelijk < fr. *jaser* [babbelen, kletsen], een klanknabootsende vorming.

jezuïet [lid van de geestelijke orde van Jezus] < **modern lat.** *Jesuita,* afgeleid van *Jesus.*

Jezus [grondlegger van het christendom] < lat. *Iesus* < gr. *Ièsous* < hebr. *jēšūa,* een jongere vorm van *jehōsjūa* [Joshua].

jezuspapier [Franse papiersoort] met het monogram IHS (= Ièsous, Jezus) in watermerk.

jicht [stofwisselingsziekte] **middelnl.** *gicht, jecht(e), jocht,* **middelnd.** *gicht,* **middelhd.** *giht;* volgens sommigen verwant met **middelhd.** *jehen* [zeggen, spreken], wat zou kunnen impliceren een betekenis 'ziekte veroorzaakt door betovering', (vgl. *biecht*); daarnaast staat **middelnl.** *die grote gote* voor jicht < **oudfr.** *gote* [druppel, jicht] (**fr.** *goutte,* **eng.** *gout*) < lat. *gutto* [druppel].

jid [jood] < *jiddisch jid* < hd. *Jude* (vgl. *Jiddisch*).

Jiddisch [dialect van Oosteuropese joden] < hd. *jüdisch* [joods] (vgl. *jid*).

jig [pulseerzeef] < **eng.** *jig,* van *to jig* [dansen] < **oudfr.** *giguer,* van *gigue* [viool], uit het germ. (vgl. *gigolo*).

jigger [het grootzeil (langsgetuigd) aan de achtermast van een overigens dwarsgetuigd schip] < **eng.** *jigger,* van *to jig* [spartelen, dansen], lett. dus: danser. Het grootzeil met gaffel en giek gedraagt zich anders dan de razeilen, het springt en danst bij het overstag gaan en het op de wind liggen.

jij [pers. vnw. 2e pers. enk.] →*gij.*

jingle [herkenningsmelodie] < **eng.** *jingle* [reclame (versje), klinkklank], klanknabootsend gevormd.

jingo [Engels chauvinist] etymologie onzeker.

jioe-jitsoe [Japans worstelen] < **japans** *jioe-jitsoe,* van *jū* [zacht, meegevend] < **chinees** *jou* [idem] + *jitsu* [bedrevenheid] < **chinees** *shu* [idem].

jitterbug [moderne dans] < **amerikaans slang** *jitterbug,* van *jitters* [paniek, zenuwen], etymologie onbekend + *bug* [kever, insekt, bacil], eveneens etymologie onbekend.

job [baan] < **eng.** *job,* etymologie onbekend.

jobber [beursspeculant] < **eng.** *jobber,* van *job* (vgl. *job*); de eerste betekenis was 'iem. die jobs, werk, voor een ander doet'.

jockey [pikeur] < **eng.** *jockey,* verkleiningsvorm van *Jock,* de Schotse variant van *Jack;* de vorm *jack* heeft o.m. de betekenis van 'kerel, man, bediende, knecht'. De betekenisovergang van *Jock* naar *jockey* is dus min of meer vergelijkbaar met die van *Jan* naar *(de) Jantje(s),* vgl. ook *jak* [1].

jocrisse [onnozele hals] de naam van een personage in de Franse komedie, reeds tegen het eind van de 16e eeuw, maar vooral bekend uit de 18e eeuw door een stuk van Dorvigny, de *Désespoir de Jocrisse;* vermoedelijk te verbinden met **eng.** *to joke,* lat. *iocari* [schertsen], nl. *jokken.*

jodelen [manier van zingen bij de Alpenbewoners] < hd. *jodeln,* klanknabootsend gevormd.

jodhpurs [rijbroek] < **eng.** *jodhpur(s),* verkort uit *Jodhpur breeches,* van *Jodhpur* [de Indiase staat].

jodium [chemisch element] gevormd door Joseph-Louis Gay Lussac (1778-1850) van **gr.** *ioeidès* [violierkleurig], van *ion* [violier] + *eidos* [uiterlijk]; bij verhitting ontstaat een violette damp.

joechjachen [door elkaar roepen] klanknabootsende vorming naast *joechelen* en *juichen.*

joedelen [jodelen] (1861) < hd. *jodeln,* klanknabootsend gevormd.

Joegoslavisch [van Joegoslavië] < **servokroatisch** *Jugoslavija,* van *jugo-* [zuid-], van *jug* [het zuiden]; voor het tweede lid vgl. *Slaaf.*

joekel [hond, kanjer] < **rotwelsch** *Schuckel, Zjukyl, Ju(c)kel* etc. [hond] < **zigeunertaal** *dshuklo* [idem].

joelen [zich luidruchtig gedragen] (1648), nevenvorm van *jolen.*

joelfeest [kerstfeest] moderne vorming naar **deens, zweeds** *jul,* **oudnoors** *jōl,* **eng.** *yule* [kerstmis], **gotisch** *jiuleis* [kerstmaand], waarvan **fr.** *joli* [eig. feestelijk] en **eng.** *jolly* stammen (vgl. *jolijt*).

joert, joerte [Kirgiezentent] < **russ.** *jurta,* uit het kirgiezisch, verwant met **turks** *yurt* [bakermat].

joet [tien] van de hebr. letter *yōdh,* die als getalwaarde 10 heeft, verwant met *jad* [hand] (vgl. *jat*); de letter heeft de vorm van een hand →*beisje, heitje, jota, lammetje.*

jofel [fijn] < hebr. *jofeh* [aangenaam, nuttig] (vgl. *joven*).

joggelen [buigen van stalen platen] < **eng.** *to joggle,* frequentatief van *to jog* [aanstoten, aanzetten], een klanknabootsende vorming.

joggen [hardlopen] < **eng.** *to jog* [schudden, horten, sukkelen, sjokken, trimmen], een klanknabootsende vorming.

johannesbroodboom [een boom] → *carobbe*.
johannieter [lid van een geestelijke orde] genoemd naar *Johannes de Doper*, patroon van de johannieters.
johannisberger [wijn] naar *Johannisberg* in de Rheingau.
John Bull [personificatie van de Engelse natie] oorspr. een figuur, die de Engelse natie verzinnebeeldt in een satire van John Arbuthnot, getiteld *The History of John Bull* (1712).
joint [samen te roken hasjsigaret] < **eng.** *joint* < **oudfr.** *jointe* [samenvoeging].
jojo [klimtol] < **fr.** *joujou* [stuk speelgoed (en vervolgens gespecialiseerd) jojo], reduplicatievorm uit de kindertaal van *jouer* [spelen] < **lat.** *iocari*, idg. verwant met *biecht* (vgl. *joke*).
jojotte [een kaartspel] < **fr.** *jojotte*, verkleiningsvorm van *(faire) joujou* [spelen (kindertaal)], 15e eeuw *(faire) jojo*, dus spelletje (vgl. *jojo*).
jok [scherts] **middelnl.** *joc(ke)* [grap, scherts, onaardige grap, eerst later leugen (1511)] < **lat.** *iocus* (vgl. *jeu*², *joker*).
jokari [spel met bal aan elastiekje] < **fr.** *jokari* < **baskisch** *jokari* [speler], van *joko* [spel], evenals **fr.** *jeu* < **lat.** *iocus*, idg. verwant met *biecht* + achtervoegsel *-ari*, mogelijk ontleend aan **lat.** *-arius*.
joke [grap] < **eng.** *joke* < **lat.** *iocus* [scherts, grap], idg. verwant met *biecht*.
joken [jeuken] **middelnl.** *joken*, nevenvorm van *jeuken*.
joker [overscharige kaart] < **eng.** *joker* [nar, iets om een truc mee uit te halen, joker], van *to joke*, van *joke* [grap] (vgl. *joke*).
jokko [chimpansee] < **fr.** *jocko*, door Buffon (1750) aan een Congo-taal ontleend.
jol [kleine boot] eerst 16e eeuw bekend uit nl. en nd.; etymologie onbekend → *yawl*.
jolen [uitgelaten zijn] **middelnl.** *jolen* [joelen, juichen], vermoedelijk van het tussenwerpsel *jo*.
jolig [vol vrolijkheid] van *jolen*.
jolijt [vrolijkheid] **middelnl.** *jolijt, solijt* [vreugde], eig. het zelfstandig gebruikt bn. *jolijs, jolijt* [vrolijk] < **fr.** *joli* [idem], uit het germ., vgl. **oudnoors** *jōl* [kerstmis] (vgl. *joelfeest*).
jollen [een kreunend geluid maken] aangezien **middelhd.** *jolen* in het nl. voorkomt als *jolen* en *jollen*, is *jollen* wel hetzelfde woord als *jolen*, klanknabootsend gevormd.
jomper [touw aan nokken van marsera's] < **eng.** *jumper* [idem], van *to jump* [springen], dat vermoedelijk een klanknabootsende vorming is. Vgl. *springer* bij *springen*.
jonassen [iem. horizontaal vasthouden en omhoogwerpen] naar *Jonas* (in de walvis) < **gr.** *Iōnas* < **hebr.** *jōnā* [duif].
jong [jeugdig] **middelnl.** *jonc*, **oudsaksisch, oudhd., oudfries** *jung*, **oudeng.** *geong*, **oudnoors** *ungr*, **gotisch** *juggs*; buiten het germ. **lat.** *iuvencus* [jong, jonge man], **oudiers** *oac*, **oudindisch** *yuvaśa-* [jeugdig, jongeling], zonder het achtervoegsel *k*, **lat.** *iuvenis* [jong(e man)], **oudiers** *oa* [jonger], **oudkerkslavisch** *junŭ*, **litouws** *jaunas* [jong], **oudindisch** *yuvan-* [jong(e man)].
jongejannen [het spelen van een groot aantal rollen door één speler] ontstaan doordat Henri de Vries in Heijermans' *De Brand in de Jonge Jan*, waarin 7 getuigen optreden, zei: 'Ik speel ze wel allemaal alleen' en dat ook deed.
jongeling [jonge man] **middelnl.** *jongelinc* [jong mens van beiderlei geslacht, jong van dieren, zuigeling], **oudsaksisch** *jungling*, **oudhd.** *jungaling, jungiling*, **oudeng.** *geongling*, **oudnoors** *ynglingr*; van *jong* + *-ling*.
jongen [mannelijk kind] (16e eeuws), oorspr. *jonge*, het zelfstandig gebruikt bn. *jong*.
jongleur [evenwichtskunstenaar] (Kiliaan) < **fr.** *jongleur* [jongleur, goochelaar, minstreel] < **me. lat.** *jugulator, joculator* [nar, entertainer], van *jocus* [toneelstuk, in klass. lat. scherts, aardigheid, tijdverdrijf, spel].
jongstleden [vorig] nieuwnl. vorming, vgl. *laatstleden*.
jonk¹ [Chinees schip] (1619) < **maleis** *jung*, **javaans** *jung*, overigens een woord dat in allerlei varianten in grote gebieden van Azië voorkomt.
jonk² [Javaanse landmaat] < **javaans** *jung* [te verdelen geheel, een landmaat].
jonker [landedelman] **middelnl.** *joncker* [jongere zoon van een edelman], verkort uit *jonchere* [jong edelman].
jonnen → *gunnen*.
jonquille [narcis] < **fr.** *jonquille* < **spaans** *junquillo* [gele narcis], verkleiningsvorm van *junco* [bloembies, riet] < **lat.** *iuncus* [bies, riet].
jonst, *jonste* → *gunst*.
jood [Israëliet] **middelnl.** *jode, juede, jeude* < **lat.** *Judaeus* < **gr.** *Ioudaios* < **hebr.** *jehŭdi*, vermoedelijk een afleiding van *hŭd* [majesteit (zijn)]; het zou dan bijvoorbeeld een afleiding zijn van *jehŭd-el* [God heeft zich majesteit betoond]; volgens anderen moest men denken aan verwantschap met **ar.** *vahda* [ravijn]; in dat geval zou het een omschrijving zijn van het landschap Juda.
jool [pret, feest] van *jolen*.
joon [tonnetje aan net] (ca. 1850), etymologie onbekend.
joop, *jeup* [vrucht van de meidoorn] (1618), waarnaast *hiep*, **middelnl.** *hiepelboom* [kornoeljeboom], **oudsaksisch** *hiopo* [doornstruik], **oudhd.** *hiufo*, **oudeng.** *heopa*, **oudzweeds** *hiupa* [rozebottel], verwant met *heup, hucht;* de grondbetekenis zal zijn geweest 'ronding'.
Joosje [de duivel] oorspr. benaming van een Chinese afgod, ouder (1676) *joos*, evenals **eng.** *joss* < **portugees** *deos* < **lat.** *deus* [god].
joosjesthee [Chinese thee] < **chinees** *cho chai, cho* [parel] *chai* [thee]; deze thee werd fijngewreven en tot balletjes gemaakt.
jopenbier [Duits bier] **middelnl.** *jopenbier*, van *joop* [vrucht van de meidoorn].

joppe [barg. fijn, goed] van *jofel*.
jopper [1] [zeilkiel] wel onder Duitse invloed, vgl. **middelnl.** *jupe, gupe* [wambuis], **middelnd.** *jope*, **middelhd.** *jope, joppe, juppe* (**hd.** *Joppe*) < **fr.** *jupe* (vgl. *jupon, japon*).
jopper [2] [barg. sjacheraar] < **eng.** *jobber* (vgl. *jobber*).
Jordaan [rivier in Palestina] van **hebr.** *jarad* [naar beneden komen].
Jordaner [bewoner van de Amsterdamse Jordaan] etymologie onzeker, verondersteld is wel dat het een volksetymologie zou zijn van **fr.** *jardin* [tuin].
jordanon [biologische ondersoort] genoemd naar de Nederlandse bioloog H. J. Jordan (1877-1943).
jota [Griekse letter] < **gr.** *iōta* < **hebr.** *jōd* (vgl. *joet*).
jou, jouw [voornaamwoord] ingweoonse (kust)vormen van *u, uw*.
jouïssance [genot] < **fr.** *jouissance* < **oudfr.** *joiance*, van *joir* (**fr.** *jouir*) [genieten], teruggaand op **lat.** *gaudēre* [zich verheugen over].
jouker [barg. duur] < **hebr.** *jakar* [duur, zeldzaam].
joule [eenheid van arbeid] genoemd naar de Engelse natuurkundige *James Prescott Joule* (1818-1889).
joum-kippoer [Grote Verzoendag] < **hebr.** *jōm* [dag], verwant met **akkadisch** *ūmu* [idem] + *kippūr* [verzoening], van het ww. *kipper* [vergeven], verwant met **akkadisch** *kuppuru* [uitroeien, afwissen, ritueel reinigen]; vgl. **hebr.** *kappora* [reiniging, zoenoffer] (vgl. **kapoeres**); anderen leggen verband met **ar.** *kafara* [bedekken].
jour [ontvangdag] < **fr.** *jour* < **lat.** *diurnus* [dagelijks], van *dies* [dag] + -*urnus*, een tijdaanduidend achtervoegsel.
journaal [nieuwsrubriek, dagregister] < **fr.** *journal* [idem] < **lat.** *diurnus* (vgl. *jour*).
jouwen [schimpen] (1613), afgeleid van *jouw* dat Kiliaan vermeldt als geschreeuw en als juichend, ook spottend tussenwerpsel.
joven [barg. goed, fijn] nevenvorm van *jofel*.
joviaal [gulhartig] < **fr.** *jovial* < **it.** *gioviale* [joviaal, vrolijk], maar oorspr. m.b.t. Jupiter < **lat.** *Iovis*, een bijvorm, en tevens de 2e nv. van *Juppiter* (de oppergod en de planeet), ontstaan uit *deus* [god] + *pater* [vader]; in de astrologie wilde geboren in het teken van Jupiter zeggen 'vrolijk, opgeruimd'.
joyeus [vrolijk] < **fr.** *joyeux* [vrolijk, blij], van *joie* [blijdschap] < **lat.** *gaudia* (een voor vr. enk. aangezien mv. van *gaudium*) [vreugde, vreugdebetoon], van *gaudēre* [zich verheugen].
joyrider [die ongemachtigd in andermans auto rijdt] < **eng.** *joyrider*, van *joy* [plezier] < **oudfr.** *joie* [idem] < **lat.** *gaudium* [idem] + *rider*, van *to ride* (vgl. *rijden*).
jubee [zanggalerij] < **fr.** *jubé* [idem] < **lat.** *iube*, imperatief enk. van *iubēre* [bevelen, laten], het eerste woord van de formule *Iube, domine, benedicere* [Heer, laat zegenen]; de formule werd door de diaken gesproken tot de priester vóór het lezen van het evangelie, en wel op de galerij boven het koorhek.

jubelen [vreugdekreten aanheffen] **hd.** *jubeln*, **middelnl.** *jubileren* < **fr.** *jubiler* [idem] < **lat.** *jubilare* [schreeuwen, juichen], in tegenstelling tot *jubileren* van idg. herkomst. Het klankelement *ju* vinden we terug in **gr.** *iuzein* [schreeuwen], **hd.** *jauchzen*, **nl.** *juichen*.
jubilaris [die een jubileum viert] < **me. lat.** *jubilarius* (vgl. *jubileum*).
Jubilate [derde zondag na Pasen] < **lat.** *Jubilate*, 2e pers. mv. imperatief van *jubilare* [juicht], het eerste woord van de 66e psalm, gebruikt als introïtus op die dag (vgl. *jubileum*).
jubileum [herdenkingsdag van bekleding van ambt] < **chr. lat.** *iubileus* [jubeljaar] > **fr.** *jubilé*, dat in moderne tijd in het nl. weer is verlatijnst tot *jubileum;* de vorm *iubileus* < **gr.** *iōbèlaios* [m.b.t. een jubileum], van *iōbèlos* [jubileum] < **hebr.** *jōbēl* [ram, ramshoorn, verheugenis, jubileum]; elk 50e jaar werd met de ramshoorn het jubeljaar (Leviticus 25:9-10) op Grote Verzoendag ingeluid. In het lat. trad vermenging op met *jubilare* (vgl. *jubelen*).
juchtleder, juchtleer [soort leer] van 17e eeuws *juft*, **nd.** *juft* < **russ.** *juftŭ, juchtĭ*, via turkotataars < **nieuwperzisch** *juft* [paar], omdat de huiden paarsgewijze gelooid werden; de overgang *ft* > *cht* in het nl. is normaal, vgl. *graft* > *gracht;* anderzijds kan ook ontleend zijn aan een andere slavische taal: **pools** *jucht*, **tsjechisch** *juchta*, of aan **hd.** *Juchten*.
Juda [Israëlische stam] < **hebr.** *jehūdā* [prijzen] (vgl. *jood*).
judas- [voorvoegsel] naar *Judas Iskariot*, dat wil vermoedelijk zeggen de Judeër, de man van Kerioth (in Judea). Een *judasbaard* [een rode baard, zo genoemd omdat volgens traditie Judas rood haar had], *judasboom* [sierboom, zo genoemd omdat Judas zich aan een dergelijke boom zou hebben opgehangen], *judaskus* [verraderlijke kus, naar Lucas 22:47 e.v., waarin wordt verhaald hoe Judas Jezus kuste om hem te identificeren voor zijn arrestatie], *judaspenning* [een kruisbloemige plant, waarvan de zilverglanzende tussenschotjes van de vruchten deden denken aan de zilverlingen van het verraad (o.a. Mattheus 26:15)], *judas* [kijkgaatje om de mensen heimelijk te beloeren].
Judas [verrader van Jezus] < **lat.** *Judas* < **gr.** *Ioudas* [inwoner van Juda, vervolgens jood] (vgl. *jood*).
judiceren [vonnis vellen] < **lat.** *iudicare* [rechtspreken] (vgl. *judicium*).
judicieel [rechterlijk] < **lat.** *iudicialis* [rechterlijk, gerechtelijk], van *iudicium* (vgl. *judicium*).
judicium [vonnis, oordeel] < **lat.** *judicium* [gerechtelijk onderzoek, gerecht, uitspraak, beoordeling], van *iudex* (2e nv. *iudicis*) [rechter], van *ius* [recht] + *dicere* [spreken], idg. verwant met het tweede lid van **aantijgen**, dus hij die recht spreekt.
judo [verdedigingssport] < **japans** *jūdō*, van *jū*

judogi — jurist

judogi [oefenpak van judoka] < **japans** *judogi*, gevormd van *jūdō* (vgl. *judo*) + een vorm van het ww. *kiru* [aantrekken].

judoka [beoefenaar van judo] < **japans** *judoka*, voor het eerste lid vgl. *judo*, het tweede is *ka* [persoon, expert].

juffrouw [(ongehuwde) vrouw] **middelnl.** *joncfrouwe, jouffrouwe, joufrouwe, juffrouwe* [ongehuwde jonge vrouw, meisje of getrouwde vrouw van stand, kamermeisje].

Jugendstil [een stijl] genoemd naar het sedert 1896 in München verschenen tijdschrift *Die Jugend*.

juichen [uiting geven aan vreugde] **middelnl.** *joychen, juichen* [roepen, schreeuwen]; een klanknabootsende vorming.

juilen [joelen] vgl. **nd.**, **hd.** *jaulen* en *joelen*.

juin [ui] → *ajuin*.

juist [billijk, correct] **middelnl.** *ju(u)st* [juist, nauwkeurig, rechtvaardig] < **fr.** *juste* < **lat.** *iustus* [rechtvaardig, gegrond, billijk, behoorlijk, juist], van *ius* [het recht].

jujitsu → *jioe-jitsoe*.

jujube [vrucht] < **fr.** *jujube* [idem] < **me. lat.** *zizyphum* [jujubeheester] < **byzantijns-gr.** *zizuphon* [idem].

juk [trektuig voor dieren] **middelnl.** *joc, juc*, **oudsaksisch** *juk, joh*, **oudhd.** *juh*, **oudeng.** *geoc* (**eng.** *yoke*), **oudnoors** *ok*, **gotisch** *juk*; buiten het **germ. lat.** *iugum*, **gr.** *zugon*, **oudiers** *cuing*, **oudkerkslavisch** *igo*, **oudindisch** *yuga-*, van **lat.** *iungere*, **gr.** *zeugnunai* [binden].

juke-box [muziekautomaat] < **negereng.** *juke-box*, oorspr. met de betekenis 'bordeel', dan van 'wegrestaurant' en ten slotte 'muziekautomaat'.

julep [kalmerende drank] < **fr.** *julep* < **spaans** *julepe* of **oudprovençaals** *jùlep* < **ar.** *julāb, jullāb* [rozenwater, julep] < **perzisch** *golāb* [idem], van *gol* [roos] + *āb* [water], idg. verwant met *aqua*, **a**.

juli [zevende maand] < **lat.** *Mensis Iulius, Mensis* [maand] *Iulius* [van Julius (Caesar)]; de maand heette aanvankelijk *Quinctilis* [de vijfde], maar werd in 44 v. Chr. omgedoopt ter ere van Julius Caesar, die in die maand was geboren.

Juliaans [van Julius] genoemd naar *(Gaius) Julius (Caesar)*, die deze tijdrekening vaststelde.

juliennesoep [soort soep] genoemd naar een vermaarde Franse kok *Julien* te Boston.

jullie [pers. vnw.] samengetrokken uit de samenstelling van *jij* (vgl. *gij*) in meervoudig gebruik + *lui* (vgl. *zullie*).

jumbo [naam voor olifant, groot exemplaar] oorspr. de naam van een vervaarlijk grote Afrikaanse olifant, die aan het publiek werd getoond door de Amerikaanse showman Phineas Taylor Barnum (1810-1891). De naam is een verkorting van *mumbo jumbo*, van **mandingo** *mama dyambo* [medicijnman, fetisj, voorwerp van vrees].

jumelage [band tussen twee organismen] < **fr.** *jumelage*, 19e-eeuwse vorming naar *jumeau* (vgl. *jumelles*).

jumelkatoen [Egyptische katoen] genoemd naar *Louis-Alexis Jumel* (1785-1823), een Frans ingenieur, die toezicht hield op de Egyptische spinnerijen en weverijen en een nieuwe variëteit van katoen ontdekte.

jumelles [(dubbele) kijker] < **fr.** *jumelles* [eig. gelijke dingen], van *jumel, jumeau* [tweeling-] < **lat.** *gemellus* [gelijk geboren, tweeling, dubbel], verkleiningsvorm van *geminus* [idem], verwant met **gr.** *gamein* [trouwen].

jumpen [springen] < **eng.** *to jump*, waarschijnlijk klanknabootsend gevormd.

jumper [damestrui] < **eng.** *jumper*, eind 19e eeuws, van verouderd *jump* [korte mantel], van *jup* < **fr.** *jupe* (vgl. *japon*).

junctie [verbinding] < **lat.** *iunctio* [idem], van *iungere* (verl. deelw. *iunctum*) [verbinden, verenigen] (vgl. *juk*).

junctuur [verbinding] < **lat.** *iunctura* [idem], van *iungere* (vgl. *junctie*).

jungle [wildernis] < **eng.** *jungle* < **hindi** *jaṅgal* [woestijn, woud].

juni [zesde maand] < **lat.** *Mensis Iunius, Mensis* [maand] *Iunius*, van (de godin) *Iuno*, eig. de jeugdige, vermoedelijk verwant met *iuvenis* [jong].

junior [de jongere] < **lat.** *junior* [jonger], vergrotende trap van *iuvenis* [jong(eman)].

junk, junkie [verslaafde aan heroïne] < **eng.** *junkie*, van *junk* [versleten touwwerk aan boord, onverteerbare scheepskost, rommel, heroïne], **middeleng.** *jonke*, etymologie onbekend.

junta [regering van hoge militairen] < **spaans** *junta* < **me. lat.** *juncta* [juridische of militaire vergadering] < **klass. lat.** *iunctus*, vr. *iuncta* [samengevoegd, verbonden], eig. verl. deelw. van *iungere* [samenvoegen, verbinden], idg. verwant met *juk*.

Jupiter [opperste Romeinse god] < **lat.** *Juppiter*, samengetrokken uit een vorm van *deus* [god] + *pater* [vader].

jupon [onderrok] < **fr.** *jupon*, van *jupe* (vgl. *japon*).

Jura [gebergte] < **lat.** *Iuranus Mons, Iures, Iura* < **gr.** *Ioras*.

juridisch [rechtskundig] < **fr.** *juridique* < **lat.** *iuridicus* [de rechtspraak betreffend], van *ius* (2e nv. *iuris*) [het recht].

jurisdictie [rechtsmacht] **laat-middelnl.** *jurisdictie* [rechtsgebied] < **fr.** *juridiction* < **lat.** *iurisdictionem*, 4e nv. van *iurisdictio* [rechtspraak], van *iuris*, 2e nv. van *ius* [het recht] + *dictio* [het spreken], van *dicere* (verl. deelw. *dictum*) [spreken], idg. verwant met het tweede lid van *aantijgen*.

jurisprudentie [toegepaste rechtspraak] < **lat.** *iurisprudentia*, ook *prudentia iuris, iuris*, 2e nv. van *ius* [recht] (vgl. *prudentie*).

jurist [rechtsgeleerde] **middelnl.** *juriste* < **me. lat.** *iurista* [rechtskundig adviseur], van **klass. lat.** *ius* (2e nv. *iuris*) [het recht].

jurk [japon] (1846), eerder bovenkleed voor kleine kinderen (1691), mogelijk uit eng. *jerkin* [wambuis].

jurrie ['een stijve jurrie', een houterig mens] van de friese persoonsnaam *Jorhard, Joorerd, Jorrit, Jurrit, Jurt* e.d. [Everhard, Evert], vgl. *houten Klaas*.

jurriemast [noodmast] < eng. *jury-mast, jury* < oudfr. *ajurie* [hulp], van lat. *adiutare* [helpen].

jury [beoordelingscommissie, beëdigd college] < eng. *jury* < oudfr. *juree* [eed, wettelijk onderzoek], van lat. *iurare* [zweren, onder ede bevestigen], van *ius* (2e nv. *iuris*) [recht, gerecht].

jus[1] [recht] < lat. *ius*.

jus[2] [vleesnat] (1567) < fr. *jus* < lat. *ius* [vleesnat, saus, soep].

justeren [op de juiste maat brengen] middelnl. *justierren* [keuren, ijken] < oudfr. *juster* [aanpassen aan de maat, vergelijken] < me. lat. *iustare* [aanpassen aan de maat], van *justus* [rechtschapen, behoorlijk] (vgl. *juist*).

justificatie [rechtvaardiging] < oudfr. *justification* < lat. *iustificationem*, 4e nv. van *iustificatio* [idem], van *iustificare* (verl. deelw. *iustificatum*) [rechtvaardigen], van *ius* [recht] + *facere* [maken, doen], daarmee idg. verwant.

justificeren [rechtvaardigen] < lat. *iustificare* (vgl. *justificatie*).

justifiëren [rechtvaardigen] < fr. *justifier* < lat. *iustificare* (vgl. *justificatie*).

justitie [rechterlijke macht] < fr. *justice* < lat. *iustitia* [rechtvaardigheid, gerechtigheid], van *iustus* [rechtvaardig], van *ius* [het recht].

jut [soort peer] (1854) < *juttepeer* (middelnl. *pietpeer*), van de vrouwenaam *Jut* < *Judith*.

jute [vezelstof] (1869) < eng. *jute* < bengali *joṭo, juṭo* < oudindisch *jūṭa-* [gevlochten haar, haarvlecht].

juttemis [sint-juttemis, heiligendag] *met sint-juttemis (als de kalveren op het ijs dansen)* [nooit], middelnl. *Jutte* is een troetelnaampje voor *Judith*; op de gedenkdag van Sint Judith, 17 augustus, kunnen moeilijk kalveren op het ijs dansen.

jutten [stranddieverij plegen] (1912), wel van *Jut* (*lander*).

juttepeer → *jut*.

juut [agent van politie] depreciërend, kindertaal, vgl. Juutjuutjuut daar komt 'n smeris an, Op 'n hobbelpaard, door de Kalverstraat.

juvenaat [school voor aspirant kloosterlingen] < fr. *juvénat* [idem] < lat. *iuvenis* [jong, jonge man, jonge vrouw], idg. verwant met *jong*.

juveniel [jeugdig] < fr. *juvénile* < lat. *iuvenilis* [jeugdig], van *iuvenis* [jong, jonge man], idg. verwant met *jong*.

juventus [jeugdige volwassenheid] < lat. *juventus* [jeugdige, mannelijke leeftijd, jonge mensen], van *iuvenis* (vgl. *juveniel*).

juweel [kostbaar sieraad] middelnl. *jouweel,* *juweel* < oudfr. *joel, joiel, jouel, juel* < lat. *iocus* [scherts, spel, kleinigheid], in me. lat. *jocus* [ook juweel, kostbaarheid].

juwelier [handelaar in juwelen] middelnl. *jolier, julier, juwelier* < fr. *joaillier* (vgl. *juweel*).

juxtapositie [het naast elkaar plaatsen] gevormd van lat. *iuxta* [naast] + *positie*.

k

ka [vogel] → *kauw*.
Kaäba [heiligdom te Mekka] < **ar.** *ka'ba* [eig. kubus, kubusvormige bouw] (vgl. *kubus*).
kaaf [schoorsteen] **middelnl.** *cave* [schoorsteen, schouw] < **lat.** *cavea* [holte, kooi].
kaag[1] [buitendijks land] nevenvorm van *koog*, **middelnl.** *caech, cooch*.
kaag[2] [vaartuig] 16e eeuws *kaghe*, wel verwant met **oudnoors** *kaggi* [vaatje]; etymologie onbekend.
kaai[1] de oorspr. vorm van *kade*, dat een hypercorrecte *d* heeft, vgl. **middelnl.** *ca, caey*.
kaai[2] [kaantje] → *kaan*[2].
kaai[3] [gier van een schip] vermoedelijk verkort uit *kaaier*.
kaai[4] [pruim tabak] hetzelfde woord als *kaai*[2].
kaaiboeren [met stenen naar een baksteen werpen] het eerste lid is **middelnl.** *keyen* [met stenen naar een doel werpen (spel)], van *kei, kay* [kei]; het tweede lid is van *boer* [een opgerichte steen], **middelnl.** *boer* [teken, spoor] → *bekaaid*.
kaaien[1] [keilen] → *bekaaid, kaaiboeren*.
kaaien[2] [de ra's stellen] etymologie onbekend.
kaaien[3] [gappen] mogelijk gevormd bij *kapen, graaien, snaaien*.
kaaier [gier van een schip] vermoedelijk van *kaaien*[1] [gooien, smijten], dus een opdonder.
kaaiman [krokodil] < **spaans** *caimán*, ontleend aan **caribisch** *acayuanan* (van dezelfde stam als *macayumano* [kreeft]).
kaak[1] [monddeel] **middelnl.** *cake, kake, caek*, **nd.** *kake, keke*, **oudeng.** *ceace* (**eng.** *cheek* [wang]); een verbinding met *kauwen* lijkt mogelijk, al is de verhouding taalkundig niet regulier.
kaak[2] [schandpaal] **middelnl.** *cake, caec*, **middelnd.** *kāk, litouws žagaras* [twijg], **lets** *žagari* [sprokkelhout]; mogelijk verwant met *keg, kegel*.
kaak[3] [rukwind] etymologie onbekend.
kaak[4], kaakje [koekje] < **eng.** *cake* [gebak, koek], ablautend **middelnl.** *coke, coecke* [koek] (vgl. *koek*); naast de uitspraak 'kaak' komt ook de eng. uitspraak 'keek' voor.
kaal [zonder haar] **middelnl.** *cale, caluwe, calu, calewe, cael*, **oudhd.** *kalo*, **oudeng.** *calu* (**eng.** *callow*); buiten het germ. **oudkerkslavisch** *golŭ* [naakt].
kaalkop [soort zeebaars] < **maleis** *kakap* [idem].
kaam [vlies op wijn] **middelnl.** *camich* [beschimmeld], **middelnd., middelhd.** *kām*, **eng. dial.** *keam* [schuim], **eng.** *coom* [roet]; daarnaast met *n* *kaan*, **middelhd.** *kān*, **eng. dial.** *canes, keans*, te verbinden met **vulg. lat.** *cana* [vlies op wijn].
kaan[1] [griet, een platvis] etymologie onbekend.
kaan[2] [stukje uitgebraden spek] **middelnl.** *cade*, waarvan *kaan*, met uitstoting van *d*, het mv. is; etymologie onbekend. Uit het mv. *caden* ontstond naast de vorm met uitstoting van *d* een vorm met de overgangsklank *j*: *kaaien*, waaruit een nieuw enk. werd gedestilleerd: *kaai*[2].
kaan[3] [bootje] eerst eind 16e eeuw genoteerd < **middelnl.** *kane*, **middelnd.** *kane*, later vermoedelijk opnieuw ontleend < **hd.** *Kahn* (vgl. *kan*[1]); vgl. **oudnoors** *kani* [houten vat], *kœna* [bootje], **eng.** *vessel* [vat, vaartuig].
kaap[1] [landtong] **middelnl.** *cape* [baak, vuurtoren] < **fr.** *cap* [landtong] < **it.** *capo* [idem] < **lat.** *caput* [hoofd, kop, uiteinde], idg. verwant met *hoofd*.
kaap[2] [zilvermeeuw] nevenvorm van *kobbe*[1].
kaapstander [windas] **middelnl.** *capestant, capestander*, onder volksetymologische invloed < **oudfr.** *cabestan* < **provençaals** *cabestan, cabestran*, van *cabestre* [touw, poelie] < **lat.** *capistrum* [halster], van *capere* [beetpakken], idg. verwant met *heffen*.
Kaapverdisch [van de Kaapverdische eilanden] van **portugees** *Cabo Verde* [Groene Kaap], *verde* < **lat.** *viridis* [groen].
kaar[1] [beun] **middelnl.** *caer* (met verlengde vocaal uit het mv.) [vaatwerk, korf (ook voor de vis)], **oudsaksisch, oudhd.** *kar*, **oudeng.** *cere*, **oudnoors** *ker*, **gotisch** *kas*, een uitsluitend germ. woord, dat mogelijk verwant is met *kast*.
kaar[2] [nis in bergtop] < **hd.** *Kar*, **oudhd.** *Kar*, **middelnd.** *kar*, **gotisch** *kas* [vat]; etymologie onzeker.
kaarde, kaard [plant, gereedschap om wol te kaarden] **middelnl.** *ca(e)rde* < **lat.** *carduus* [distel].
kaars [vetstaaf met pit voor verlichting] **middelnl.** *ke(e)rse, caers(e)*, **oudhd.** *cherza, cherze*, **oudnoors** *kerti*, opgenomen op **lat.** *charta* [papyrus] (vgl. *kaart*); er moet worden gedacht aan in was gedrenkte papyrusstrookjes.
kaart [stuk karton, dienend voor correspondentie, spel, weergave van de aarde] **middelnl.** *caerte* < **fr.** *carte* < **lat.** *charta* [papier, geschrift, dun blad] < **gr.** *chartès* [papyrusblad], waarvan wordt aangenomen dat het uit Egypte stamt → *cartouche, kaars, kardoes*[1].
kaas [zuivelprodukt] **middelnl.** *case, kese, kees*, **oudsaksisch** *kesi*, **oudhd.** *chasi*, **oudeng.** *ciese* < **lat.** *caseus* [idem].
kaatsen [balslaan, stuiten] **middelnl.** *caetsen* [kaatsen, balslaan], daarnaast *caetse* [vervolging van vijand of wild, kaatsbaan, worp van een bal]; het ww. *caetsen* < **oudfr.** *chacier* [jagen, kaatsen] (variant *cachier*), teruggaand op **lat.** *captare* [gretig grijpen naar, jacht maken op], intensivum van *capere* [pakken, grijpen], idg. verwant met *heffen*.
kabaai, kabaja [baadje] < **maleis** *kabaya* [idem] < **perzisch** *qabā* [mantel] (vgl. *caban*).

kabaal [lawaai] de betekenis 'lawaai' is eerst 19e eeuws, in 1660 geattesteerd in de betekenis 'intrige' < fr. *cabale* [kuiperij] < **hebr**. *qabbālāh* (vgl. *kabbala*).

kabanes [keet, krot] < fr. *cabane* < me. lat. *capanna* [idem], van illyrische herkomst.

kabaret [schenkblad] < fr. *cabaret* [kroeg, dienblad] (vgl. *cabaret*).

kabas [hengselmand] **middelnl**. *caba(e)s* < fr. *cabas* [vruchtenmand, boodschappenmand] < lat. *capax* [veel kunnende bevatten], van *capere* [nemen, ontvangen, inoogsten, (kunnen) bevatten, ruimte genoeg hebben], idg. verwant met *heffen*.

kabbala [geheime joodse leer] < **mishnaïsch hebr**. *qabbāla* [ontvangst], d.w.z. van de onderwijzing.

kabbelen[1] [zacht golven] **middelnl**. *cabbelen* [kibbelen]; klanknabootsend gevormd.

kabbelen[2] [schiften (van melk)] vermoedelijk identiek met *kabbelen*[1] → *kappelen*.

kabberdoes [kroeg] vermoedelijk < fr. *cabaret douze, cabaret* [kroeg, herberg] *douze* [twaalf], hier in de speciale betekenis van een gokspel met dobbelstenen, de passe anglaise, waarin een worp van double six de verliezer bepaalt.

kabbes [Surinaamse houtsoort] < **sranantongo** *kabbes* < eng. *cabbage* [kool] < fr. *caboche* [kop, bol], **oudfr**. *cabosse,* van *ca-* (een expressief voorvoegsel) + *bosse* [bult, knobbel, uitwas], uit het germ., vgl. *boten* [slaan], dus eig. slag en dan zwelling.

kabel [dik touw] **middelnl**. *cabel(e)* < fr. *câble* < me. lat. *cap(u)lum, cab(u)lum* [kabel, touw], van *capere* [grijpen, vangen, boeien], idg. verwant met *heffen*, mogelijk (mede) van **ar**. *ḥabl* [kabel].

kabelaring [kabeltouw] < **portugees** *cabo de ala e larga* [kabel om te halen en te vieren].

kabeljauw [zeevis] **middelnl**. *cabbeliau, cablau,* ook *bakeljouw,* **spaans** *bacallao,* etymologie onzeker. De eerste vermelding (1163) stamt uit Vlaanderen in de verlatijnste vorm *cabellauwus,* mogelijk < **gascons** *cabilhau,* van *cap* [kop].

Kabeljauws [van de Kabeljauwse partij] etymologie onbekend.

kabinet [(werk)kamer, meubelstuk, regering] < fr. *cabinet* < it. *gabinetto* [kabinet, werkkamer], verkleiningsvorm van *gabbia* [kooi] < lat. *cavea* [hol van dieren, kooi], van *cavus* [uitgehold, hol, gewelfd].

kaboepaten [regentenwoning op Java] < **javaans** *kabupaten dalem* [idem], (*dalem* [huis]), *kabupaten bawah* [regentschap], (*bawah* [onderhorig aan]), van *bupati* [regent], *pati* [heer] (vgl. *adhipati*).

kabots [muts] → *kapoets*.

kabouter [aardmannetje] **middelnl**. *cobout, coubout, cobbout* [huisgeest], hetzelfde woord als **hd**. *Kobold* < me. lat. *cobalus* < gr. *kobalos* [kabouter, grappenmaker, clown], dat vermoedelijk uit het thracisch stamt → *kobalt*.

kabuiskool [kropkool] **middelnl**. *cabuuscole;* het eerste lid < fr. *cabus* in *chou cabus* [sluitkool, kabuiskool] < **provençaals** *cabus* < it. *cappuccio* [kap, monnikskap, kool], verkleiningsvorm van *cappa* [kap].

Kabylisch [van Kabylië] < **ar**. *al qabā'il,* eig. mv. van *qabīla* [volksstam], van het ww. *qabila* [hij ontving (gastvrij)]; in de Europese talen werd het ar. enk. dus overgenomen.

kachel[1] [verwarming] eerst bij Kiliaan, met de betekenis 'aarden pot, kacheltegel', verkort uit *kacheloven* < **hd**. *Kachelofen,* waarin het eerste lid betekent 'tegel', vgl. **middelhd**. *kachel(e)* [aarden vat, pot, tegel], **oudhd**. *chachala* [aarden pot], teruggaand op lat. *caccabus* [aarden pot, kookpot] < **gr**. *kakkabè, kakkabos* [pot, pan], waarschijnlijk reeds **myceens** *ka-ka-po*.

kachel[2] [dronken] eig. verhit, als een opgestookte ouderwetse kachel met rode wangetjes.

kachel[3] [veulen] **middelnl**. *cachtel,* naast *catel, catteel, cateil(e),* evenals fr. *chaptel* en **eng**. *cattle* < me. lat. *capitale* [vee] (vgl. *kapitaal*).

kadaster [grondbeschrijving] (1828) < fr. *cadastre* < me. lat. *catastrum* [idem] < **byzantijns-gr**. *katastichon* [lijst], van *kata* [van boven naar beneden] + *stichos* [rij, gelid], idg. verwant met *stijgen*.

kadaver [lijk] < fr. *cadavre* < lat. *cadaver* [idem], van *cadere* [vallen, omkomen].

kaddisj [lofprijzing] < **aramees** *qaddīsh* [heilig].

kade [wal] **middelnl**. *ca, cae, caeye,* met latere invoeging van een hypercorrecte *d* < fr. *quaie* < me. lat. *caja, chaja, cajum* [aanlegsteiger, kade], uit het kelt., vgl. **welsh** *cae* [hek, heg], **cornisch** *ke* [heg], **gallisch** *caio* [omheining], idg. verwant met *heg*.

kadee [iem. die in het goede of kwade uitmunt, kwant] < fr. *cadet* (vgl. *kadetje*).

kadeel → *kordeel*.

kader [frame, lijst] (1816) < fr. *cadre* [omlijsting], teruggaand op lat. *quadrum* [vierkant], van *quattuor* [vier], daarmee idg. verwant.

kadetje [broodje] (1823), van **cadet**, dat in ouder nl. 'heer' betekende, dus 'herenbroodje'.

kadi [rechter] < **ar**. *qāḍī* [rechter], eig. teg. deelw. van *qaḍā* [hij besliste, verordende].

kadiezen, kadijzen [op- of aanmerken] < fr. *que dis-je* [wat zeg ik].

kadjang [gedroogde palmbladeren] < **maleis** *kajang* [matten, bamboevlechtwerk].

kadodder [uit het nest gevallen vogeltje, onbenullig persoontje] mogelijk met het voorvoegsel *ka*- gevormd van *dodderen* [slaperig zijn], dat wel een nevenvorm van *dutten* zal zijn.

kadraai, kadraaier [parlevinker] van *ka(de)* + *draaien*.

kadreren [in een kader plaatsen] < fr. *cadrer* [idem], van *cadre* (vgl. *kader*).

kadul [gezel, kameraad] vermoedelijk verlenging van *kul*.

kaduuk [kapot] < fr. *caduc* [verouderd, afgedaan]

< **me. lat.** *caduca* (zn. mv.) [dingen die voorbij gaan, wereldse zaken], **klass. lat.** *caducus* [vallend, gevallen, dreigend te vallen, vergankelijk], van *cadere* [neerstorten].

Kaenozoïcum [geologische periode] gevormd van **gr.** *kainos* [nieuw] + *zōion* [levend wezen].

kaf[1] [hulzen van aren] **middelnl.**, **oudhd.** *caf*, **oudeng.** *ceaf*, **oudhd.** tevens *cheva;* etymologie onbekend.

kaf[2] [barg. twintig] < **hebr.** *kaph* [de letter k met getalswaarde 20, eig. de holte van de hand], van het ww. *kāphaph* [buigen], zo genoemd naar de vorm van de letter; door de Grieken ontleend als *kappa* [de letter k].

kaffa [weefsel] **middelnl.** *caffa* [een zijden stof] < **fr.** *caffa;* etymologie onbekend.

kaffer [stommerd] < **ar.** *kāfir* [ongelovige], act. deelw. van *kafara* [hij was ongelovige]; werd tot naam van de Bantoes.

kafir [ongelovige] → *kaffer*.

kaft [omslag] (1861) < *kaffetorie* (vgl. *kapitoor*).

kaftan [lang opperkleed] < **ar.** *quftān*, **turks** *kaftan* < **perzisch** *khaftān*.

kaïk [Turks vaartuigje] < **turks** *kayik* [roeiboot].

kaïn [lendekleed] < **maleis** *kain* [geweven stof, goed, sarong].

kainiet [minerale kunstmest] gevormd van **gr.** *kainos* [nieuw], omdat het een jonge formatie betrof.

Kaïro [geogr.] < **ar.** *al qāhira*, of -voluit- *misr al qāhira* [zegevierende hoofdstad], *misr* [metropool] *al* [de] *qāhira*, act. deelw. van het ww. *qahara* [hij overwon, onderwierp].

kajak [eenpersoonsvaartuigje] < **eskimo** *kajak* [mansboot], tegenover *umjak* [vrouwenboot].

kajapoetolie [soort olie] < **maleis** *kayu putih* [wit hout], (*kayu* [hout] *putih* [wit]); de inderdaad wat wittige moederbomen, vooral omdat vaak veel van de bast ontbreekt, leveren in principe een wit destillaat, dat in de praktijk meestal groen is door het koperoxide van de koppen van de destilleerketels.

kajuit [passagiersverblijf op boten] op grond van een middelnl. vorm *kaeyhute* wordt gedacht aan ontlening aan **fr.** *cahute* [hut, stulpje], dat een mengvorm van *cabane* en *hutte* kan zijn. Ook wordt gedacht aan een samenstelling van *hutte* met een pejoratief voorvoegsel *ca-*.

kak [drek] afgeleid van *kakken;* in de betekenis 'omslag, drukte' valt ook te denken aan *kakelen*.

kakadoris [kwakzalver, iem. die op markten medicijnen verkoopt] etymologie onzeker, maar gezien het belang van faecaliën voor de diagnostiek in het verleden en ook de vorming *piskijker*, lijkt het woord met *kak* te maken te hebben.

kakelbont [met vele, niet-harmoniërende kleuren] **middelnl.** *cakelbont*, als znw. [bonte opschik], van *kakelen* (van gevogelte) + *bont*, dus van een kakelende bontheid.

kakelen [het roepen der kippen] **middelnl.** *cakelen*, **middelnd.** *kakelen*, **eng.** *to cackle;* klanknabootsend gevormd.

kakement [kaakgestel] van **kaak**[1] + het rom. achtervoegsel *-ment*.

kakemono [hangende rolschildering] < **japans** *kakemono*, van *kake*, een vorm van het ww. *kakeru* [hangen] + *mono* [ding] (vgl. **kimono**).

kaken[1] [ingewandsverwijdering van haring via de kieuw] **middelnl.** *caken*, van **kaak**[1].

kaken[2] → *kokhalzen*.

kakenestje, kakkenestje, kakkernestje [nestkuiken] van *kak-in-nest*.

kaketoe [soort papegaai] (1662) < **maleis** *kakatua*, *kakaktua* [kaketoe, nijptang]; vermoedelijk is *kaka* klanknabootsend, vgl. ook **maori** *kaka* [papegaai].

kaki [stof, uniform daarvan] < **eng.** *khaki* < **hindi** *khākī* [stofkleurig, aardekleurig] < **perzisch** *khākī* met dezelfde betekenis, van *khāk* [stof, aarde]; het kaki-uniform werd door de Engelsen in 1857 ingevoerd bij het beleg van Delhi.

kakkelobbes [lomperd] ook *zeekakkelobbes*, vermoedelijk < **cachelot** [potvis] + *lobbes*.

kakken [poepen] **middelnl.** *cacken*, **middelnd.**, **hd.** *kacken*, **eng.** *to cack*, < **lat.** *cacare* een woord dat vermoedelijk uit de kindertaal stamt.

kakkerlak [insekt] (1646), verbasterd uit **spaans** *cucaracha*, afgeleid van *cuca* [rups, beestje].

kakkies [voeten] < **maleis** *kaki* [been, voet].

kakkineus [bekakt] gevormd van *kak* + het deftige achtervoegsel *-ineus*, uit **fr.** *-eux*, **lat.** *-osus* [vol van].

kakofonie [herrie] < **fr.** *cacophonie* [idem] < **byzantijns-gr.** *kakophōnia* [lelijk of grof geluid], van *kakophōnos* [slecht klinkend], van *kakos* [slecht] + *phōnè* [geluid], verwant met *phanai* [spreken].

kal [gebabbel, babbelaarster] **middelnl.** *calle* (vgl. *kallen*).

kalamijn [zinkerts] **middelnl.** *calamijn* < **me. lat.** *calamina* < *cadmia, cadmea* (vgl. **cadmium**).

kalander[1] [mangel] **middelnl.** *calander*, van **oudfr.** *calandrer* [glanzen met een rol] < **me. lat.** *celendra, calendra* < **gr.** *kulindros* [cilinder].

kalander[2] [korenworm] **middelnl.** *calander* < **noordfr.** *calandre*, gedissimileerd uit **oudfr.** *charendre*, van **oudfr.** *charenton*, dat uit het kelt. stamt.

kalanderleeuwerik [ringleeuwerik] **middelnl.** *calandre, calander* < **fr.** *calandre*, via vulgair latijn < **gr.** *kalandra* [idem].

kalap, kalappa → *klapper*.

kalasjnikov [Russische mitrailleur] genoemd naar de uitvinder ervan, *Michail Timofeevitsj Kalašnikov* (geb. 1919).

kalbas [mandje] *karbas, kar(e)bies*, vgl. **kabas**.

kaldoe [bouillon] < **maleis** *kaldu* [idem] < **portugees** *caldo* [idem] < **lat.** *caldus, calidus* [warm].

kalebas [vrucht] < **fr.** *calebasse* < **spaans** *calabaza* [idem], wel teruggaand op **perzisch** *kharbuzeh, kharbūzeh*, via **ar.** *qar' yābis* [droge kalebassen].

kalefakker [duivelstoejager] < hd. *Calfacter, Kalfakter* < lat. *calefactor* [degene die het vuur moet stoken], van *calefacere* (verl. deelw. *calefactum*) [heet maken, verwarmen], van *calidus* [warm] + *facere* [maken, doen], daarmee idg. verwant.

kalefaten, kalefateren → *kalfaten.*

kaleidoscoop → *caleidoscoop.*

kalender [1] [tijdoverzicht] **middelnl.** *calendier* < fr. *calendrier* < oudfr. *calendier* < me. lat. *kalendarium* [kalender, kalendarium], gevormd van *Calendae* (vgl. *calendarium*); onze vorm vermoedelijk o.i.v. hd. *Kalender.*

kalender [2] [bedelmonnik] < **perzisch** *kalāntar* [groter], vergrotende trap van *kalān* [groot (verouderd)].

kales [koets] → *calèche.*

Kalevala [Fins epos] de naam betekent 'land van Kaleva', de niet nader gedefinieerde (half)mythische woonplaats van de helden.

kalf [jong van een koe] **middelnl.**, **oudnederfrankisch** *calf,* oudhd. *chalp,* oudeng. *cealp,* **oudnoors** *kalfr,* gotisch *kalbo* (vr.). Idg. verwantschappen zijn onzeker, mogelijk te verbinden met lat. *galba* [dikzak], in welk geval de oorspr. betekenis zou zijn: plomp.

kalfaten, kalefaten [herstellen] 16e eeuws *calfaten* < fr. *calfater* < it. *calfatare* [idem] < ar. *qalfaṭa,* ook *qa(l)lafa* [hij breeuwde].

kali [1] [rivier] < **javaans** *kali.*

kali [2] [chemische term] → *alkali.*

kaliber [vorm, gehalte] (1702) < fr. *calibre* < it. *calibro* [idem] < ar. *qālib* [vorm, gietvorm, schoenleest] < gr. *kalopous* [leest], van *kalon* [hout] + *pous* [voet], daarmee idg. verwant.

kalibreren [op maat maken] < fr. *calibrer,* afgeleid van *calibre* (vgl. *kaliber*).

kalief [titel] < fr. *caliphe* < ar. *khalīfa* [stadhouder, opvolger (van Mohammed)], bij het ww. *khalafa* [hij volgde op, verving].

kalies [drophout] → *kalissie.*

kalis [schooier] (1596), van **zigeunertaal** *kalo* [zwart, zigeuner]; de betekenis is beïnvloed door *kaal.*

kalissie, kalisse [zoethout, drop] **middelnl.** *kalissie* [zoethout], verbasterd uit me. lat. *liquiritia,* verbasterd uit gr. *glukurriza,* van *glukus* [zoet] + *riza* [wortel] (vgl. *radijs*), eng. *licorice, liquorice,* hd. *Lakritze,* fr. *réglisse.*

kalium [chemisch element] → *alkali.*

kalk [bouwmateriaal] **middelnl.** *calc,* oudsaksisch *kalk,* oudhd. *chalh,* oudeng. *cealc* < lat. *calx* [kalksteen, kalk] (vgl. *calcium*).

kalketrip [wilde ridderspoor] **middelnl.** *cousetrape, caudetrappe* [kraaiepoot, puntig ijzertje om cavaleriepaarden te verwonden], **oudnederfrankisch** *cauketrape,* oudfr. *chaucetrape,* it. *calcatrippa,* middeleng. *calketrappe,* me. lat. *calcitrapa,* van *calcare* [treden, stappen], van klass. lat. *calx* (2e nv. *calcis*)

[hiel] + *trapa* [val], uit het germ., vgl. eng. *trap;* de benaming is niet alleen voor de ridderspoor gebruikt, maar ook voor planten als distels en bramen, die het lopen belemmeren.

kalkoen [1] [hoenderachtige] genoemd naar de stad *Calicut* op de Malabarkust, omdat men dacht, dat de vogel vandaar stamde. Merkwaardig is dat het eng. *turkey* heeft, wat een herkomst uit Turkije of via Turkse handelaren suggereert; het turks zelf heeft *hindi,* de vogel uit Indië, het fr. *dinde* [kalkoense hen], van *de Inde* [uit Indië], naast *coq de l'Inde,* het **portugees** *perú* → *calico.*

kalkoen [2] [paardehoef] **middelnl.** *calcoen* [paardehoef, de neergebogen achtereinden daarvan] < lat. *calx* (2e nv. *calcis*) [hiel, hoef, hak, spoor, trap].

kalkoentje [wijnflesje] etymologie onbekend, wellicht van de naam van een restaurant of slijter.

kalle [1] [kraai] **middelnl.** *calle* [naam voor verschillende vogels, babbelaarster]; van *kallen* [praten].

kalle [2] [hoer] → *kalletje.*

kallegaaien [druk praten] van *kalle* [1] [kraai, ekster, gaai] (vgl. *kallen* [praten]) + *gaai.*

kallen [praten] **middelnl.** *callen,* oudhd. *challon,* oudeng. *ceallian* [roepen], **oudnoors** *kalla;* buiten het germ. welsh *galw* [roepen], **oudkerkslavisch** *glasŭ* [stem], **litouws** *galsas* [echo] → *kouten.*

kalletje [bruid] < hebr. *kalāh* [idem].

kalligraferen [schoonschrijven] < gr. *kalligraphein* [een schone stijl schrijven], *kalligraphia* [schone stijl, het schilderen], van *kallos* [schoonheid, schoon voorwerp], van *kalos* [mooi, goed] + *graphein* [schrijven], idg. verwant met *kerven.*

kalm [1] [rustig] (1574), oorspr. een woord uit de zeevaart < fr. *calme* [kalm], van het zn. *calme* [windstilte], vgl. *calmer* [kalmeren] naast *calmir* [luwen van de wind, kalm worden van de zee]; de vorm *calme* < it. *calmo* [kalm], van *calma* [windstilte, kalmte] < gr. *kauma* [weersgesteldheid met windstilte, gladde zee en brandende hitte].

kalm [2] → *kalmoes.*

kalmaar [tienarmige inktvis] < hd. *Kalmar* [idem] < me. lat. *calmarium* [pennenkoker] lat. *calmarius* [van de schrijfwijze], van *calamus* vgl. *kalmoes*).

kalmei [zinkerts] → *galmei.*

kalmoek, kalmuk [stof] genoemd naar de *Kalmukken* (vgl. *Kalmuk*).

kalmoes [waterplant, geneesmiddel daaruit] < lat. *calamus* [riet, kalmoes, later ook halm] < gr. *kalamos* [riet, halm], daarmee idg. verwant.

Kalmuk [lid van nomadenvolk] < **turks** *Kalmuk,* verl. deelw. van *kalmak* [blijven], dus door de Turken aangeduid als degenen die zijn gebleven. Dit slaat op het feit dat Kalmukse groepen, die zich van hun Centraalaziatische stamland uit aan de Benedenwolga hadden gevestigd, onder Catharina de Grote te zeer in de knel raakten. Een deel

kalomel — kampernoelie

trok in 1771 onder grote verliezen terug naar het stamland, de overigen waren de blijvers.

kalomel [kwikchloride] gevormd van **gr.** *kalos* [mooi] + *melas* [zwart], idg. verwant met **maal**[4], omdat het witte (mooie) kristallen vormt, met ammoniak echter zwart kleurt.

kalong [vliegende hond] < **maleis** *kalong, keluang* [idem].

kalot [mutsje] < **fr.** *calotte,* van *cale* [kapsel] < *écale* [dop, notebolster], mogelijk uit het germ., vgl. **schaal**[2].

kam [gereedschap om haar te ontwarren of bijeen te houden] **middelnl.** *cam(me), camb,* **oudsaksisch** *kamb,* **oudhd.** *chamb,* **oudeng.** *comb, camb,* **oudnoors** *kambr;* buiten het germ. **lat.** *gemma* (vgl. **gemme**), **gr.** *gomphos* [houten pin, tand], **litouws** *žambas* [scherpe kant], **albaans** *demp* [tand], **oudindisch** *jambha-* [tand].

kameel [zoogdier] **middelnl.** *camele, cameel, cámel, kemel* < **lat.** *camelus* < **gr.** *kamèlos* < **fenicisch-hebr.** *gāmāl,* verwant met **ar.** *jamal* (vgl. **gamma**).

kameleon [hagedis] **middelnl.** *gamaleon, cameliointe, cameleon* < **fr.** *caméléon* < **me. lat.** *chameleo, chameleon, camaleon* < **klass. lat.** *chamaeleon* < **gr.** *chamaileōn,* van *chamai* [op de grond], verwant met **lat.** *humus* (vgl. **kamille**) + *leōn* [leeuw].

kamelot [weefsel] **middelnl.** *cam(m)eloot, cam(m)elaut* < **fr.** *camelot,* dat geassocieerd werd met *chameau* [kameel] (men dacht aan kameelhaar), vermoedelijk met de fr. uitgang *-ot* van **ar.** *khaml* [harig oppervlak van weefsel, hoogpolig tapijt].

kamen [beschimmelen] van **kaam**.

kamenier [vrouwelijke bediende] **middelnl.** *cameriere, cameniere* (de laatste vorm door dissimilatie uit de eerste gevormd) [hofdame, kamenier] < **chr. lat.** *cameraria* [hofdame], vr. van *camerarius* [kamerheer], van *camera* [kamer] → **kameraar**.

kamer [vertrek] **middelnl.** *camer(e)* [gewelf, stookplaats, zoldering, kamer met stookplaats, gevangenis, raadkamer, slaapkamer] < **lat.** *camera* [gewelf, gewelfde zoldering van o.a. een kamer] < **gr.** *kamara* [huifwagen, gewelfde kamer], verwant met *kaminos* [oven], idg. verwant met **hemel, hemd.**

kameraad [makker] (1599) < **fr.** *camarade* < **spaans** *camarada* [zaalgenoot], van *cámara* [zaal, kamer] < **lat.** *camera* [kamer]; vgl. **gezel, compagnon, kompaan, kompel, genoot**.

kameraar [kamerling] **middelnl.** *cameraer* [kamerheer, kamerdienaar, schatbewaarder], van **lat.** *camerarius* (vgl. **kamenier**).

kameralistisch [m.b.t. vermogensboekhouding] van **it.** *camerale* [de kamer, de staatskas betreffend], van *camera* [kamer, staatskas, in me. lat. kamer, gerechtshof, thesaurierschap] (vgl. **kamer**).

kamerdoek [batist] het eerste lid < *Kamerijk,* de plaats van herkomst → **cambric, chambray**.

Kameroen [geogr.] < **portugees** *camarão* (uitgesproken als kamaraoen) [krab] < **lat.** *cammarus* < **gr.** *kammaro* [garnaal], verwant met **oudnoors** *humarr,* vgl. **fr.** *homard* [kreeft]; zo genoemd naar de krabben, die de Portugezen in de Golf van Guinea aantroffen.

kamfer [middel tegen motten, geneesmiddel] **middelnl.** *camfer, canfer* < **fr.** *camphre* < **me. lat.** *camphora* < **ar.** *kāfūr,* in India overgenomen: **prakrit** *kappūra-* [idem], met assimilatie uit **oudindisch** *karpūra-*.

kamikaze [zelfmoordpiloot] < **japans** *kamikaze* [goddelijke wind], van *kami* [geest, god] + *kaze* [wind, tyfoon]; het woord is vooral gebruikt n.a.v. het feit dat in 1274 en 1281 de Mongoolse invasievloten door tyfoons werden ontredderd, wat werd gezien als een bevestiging van de goddelijke afstamming der Japanners. Tegenwoordig ook bijnaam voor taxichauffeurs in de grote steden.

kamille [plantengeslacht] **middelnl.** *camomille, camille* < **fr.** *camomille* < **me. lat.** *chamemelon, camomilla* < **gr.** *chamaimèlon* [idem], van *chamai* [op de aarde], verwant met **lat.** *humus* + *mèlon* [appel, vrucht].

kamizool [kledingstuk] < **fr.** *camisole* [borstrok, jakje] < **lt.** *camiciula* [flanellen hemd, borstrok, truitje], verkleiningsvorm van *camicia* [hemd] < **chr. lat.** *camisia* [hemd], via het gallisch uit het germ. afkomstig, vgl. **hemd**.

kamoes, kamoesleer, kamoesleer [gemzeleer] **middelnl.** *camoos* < **fr.** *chamois* (**picardisch** *camois*) (vgl. **gems**).

kamp [legerplaats, strijd] < **fr.** *camp* [idem] < **lat.** *campus* [het vlakke veld], verwant met **gr.** *kamptein* [buigen]; de *Campus Martius,* een aan Mars gewijd groot veld in Rome, werd veel gebruikt voor sport en exercitie, vanwaar de betekenis 'strijd' (vgl. **kampioen, zambo**).

kampaan [klokvaas] < **fr.** *campane* [klok] < **lat.** *campana* [idem] (vgl. **campanile**).

kampak [rover, bende] < **javaans** *kampak* [rover(s), bandiet(en), roversbende].

kampanje [verhoogd achterdek] **middelnl.** *compaenge, compaigne,* 16e eeuws *campange, campaenge* < **fr.** *compagne,* scheepshut voor de **compagnie,** het gezelschap, de 'staf' (vgl. **compagnon**).

kampen [strijden] van *kamp,* **middelnl.** *camp* [strijd] < **lat.** *campus* [vlakte, strijdperk, in me. lat. ook strijd] (vgl. **kamp**).

Kampen [geogr.] is *kamp*.

kamperen [tijdelijk in tenten verblijven] < **fr.** *camper,* van *camp* (vgl. **kamp**).

kamperfoelie [plant] < **lat.** *caprifolium,* van *capri,* 2e nv. van *caper* [geitebok] + *folium* [blad], idg. verwant met **bloem**[1].

kampernoelie, kampernoelje [paddestoel] **middelnl.** *campernoel(i)e* < **oudfr.** *champegnuel,* uit een verkleiningsvorm van lat. *campus* [veld], dus een op het veld groeiende paddestoel.

kamperveen [peresoort] genoemd naar de plaatsnaam of de daarvan afgeleide familienaam.

kampioen [de beste in een sport, voorvechter] middelnl. *campioen,* uit picardische nevenvorm van fr. *champion* < me. lat. *campionem,* 4e nv. van *campio* [strijder, vechter], van *campus* [veld, strijdperk] (vgl. *kamp*).

kampong [gehucht] < maleis *kampung* [dorp, wijk, buurt].

kan[1] [pot] middelnl. *canne,* oudsaksisch, oudnoors *kanna,* oudhd. *channa,* oudeng. *canne;* verwant met **kaan**[3] [bootje]; etymologie onzeker.

kan[2] [oosterse titel] < oudfr. *kaan* < me. lat. *caanus* < perzisch *khān* < turks *khān,* samengetrokken uit *khāqān* [heerser], van mongoolse herkomst.

Kanaak [inboorling van Melanesië en Polynesië, oorspr. van Hawaï] < *kanaka,* in de taal van Hawaï [man, mens].

kanaal [kunstmatige waterweg] middelnl. *canael* < fr. *canal* [idem] < lat. *canalis* [pijp, goot, kanaal], van *canna* [riet] < gr. *kanna* [rieten mat], uit het semitisch, vgl. **akkadisch** *qanû,* hebr. *qāne* [riet] → *kanaster, kaneel, kanjelen, kanon, kanunnik, karamel.*

Kanaän [het beloofde land] < hebr. *knaʻan,* waarvan de etymologie onbekend is.

kanalje [gepeupel] (ca. 1500) < fr. *canaille* < it. *canaglia* [gepeupel, ploert], van *cane* [hond] < lat. *canem,* 4e nv. van *canis* [hond], daarmee idg. verwant + *-aglia,* dat een collectief vormt, lett. dus: troep honden.

kanarie [zangvogel] < fr. *canari* < spaans *canario* [(vogel) van de Canarische eilanden]; het lat. *Insulae Canariae* betekent Hondeneilanden (*canis* [hond], vgl. *kanalje, kanjer, kennel*); de eilanden waren opmerkelijk vanwege de grote honden.

kanarieboom [boomsoort] < maleis *kenari* < javaans *kenari.*

kanariesek [wijnsoort] het eerste lid is van *Canarische eilanden,* het tweede < spaans *seco* [droog] < lat. *siccus* [idem].

kanaster [mand, soort tabak] < fr. *canastre* [idem] < spaans *canastro* [rieten korf (voor tabak gebruikt)] < lat. *canistrum* [uit riet gevlochten mandje] < gr. *kanistron* [idem], van *kanna* [riet] (vgl. *kanaal*).

kandeel [warme drank] middelnl. *candeel* < me. lat. *caldellum* [idem], van *cal(i)dus* [warm], van *calēre* [warm zijn].

kandelaar [kaarsdrager] middelnl. *candelare, candelaer* < picardisch *candelier* [idem], van lat. *candela* [kaars, in laat lat. ook lamp, lampdrager], van *candēre* [schijnen] (vgl. *kandidaat*).

kandelaber [kroonluchter] < fr. *candélabre* < lat. *candelabrum* [luchter, kandelaar], van *candela* [kaars] (vgl. *kandelaar*).

kandidaat [gegadigde] < fr. *candidat* [idem] < lat. *candidatus* [in het wit gekleed, iem. die naar een publiek ambt dingt (waartoe een witte toga werd gedragen)], van *candidus* [blinkend, blinkend wit], van *candēre* [schijnen] (vgl. *kandelaar*).

kandij [soort suikerklontjes] middelnl. *candi, candy* < fr. *candi* [kandij-], *(sucre candi),* it. *candi* [kandij] < ar. *qandī* [gekristalliseerd], van *qand* [harde gekristalliseerde suikermassa, kandij], vermoedelijk via het perzisch ontleend aan het dravidisch, vgl. **tamil** *kantu* [kandij], *kattu* [stollen].

kaneel [specerij] middelnl. *canele, c(a)neel* [riet, kaneel] < fr. *cannelle* [idem], verkleiningsvorm van *canne* [rietstengel] < lat. *canna* (vgl. *kanaal*).

kanefas, kanevas → *canvas.*

kanen [met smaak eten] mogelijk afgeleid van *kaan*[2].

kangoeroe [springhaas] volgens getuigenis van de ontdekkingsreiziger James Cook een inheems woord (*kangooroo*).

kanis[1] [vissersmandje] middelnl. *canis* [korf, mand] < lat. *canistra* (mv.) [uit riet gevlochten mandje] < gr. *kanastron,* van *kanna* [riet] (vgl. *kanaal*).

kanis[2] [barg. hoofd, kop] mogelijk hetzelfde woord als **kanis**[1] [mand], en dan met een betekenisovergang die te vergelijken ware met die van *melis* en *balg* van zak naar buik: *iets in zijn melis, balg stoppen.*

kanjelen [druipen] van *kanjel* [zuidlimburgs: goot], middelhd. *kanel, kenel* < oudhd. *chanali* < lat. *canalis* (vgl. *kanaal*).

kanjer [voortreffelijk persoon, groot persoon] < fr. *cagnard* [lui, vadsig, luiwammes], van *cagne* [straathond, slons] < it. *cagna* [teef] < lat. *canis* [hond], daarmee idg. verwant. Vgl. het middelnl. scheldwoord *canis* [eig. hond].

kanji [Japanse schriftsoort] < japans *kanji,* van chinees *han* [de naam van de Han-dynastie] + *tzu* [woord].

kanker [ziekte] middelnl. *canker(e)* < lat. *cancer* (gedissimileerd uit *carcer-*) [kreeft, kwaadaardige woekering]; verwant met gr. *karkinos* [kreeft (het dier met de harde schaal), kanker], idg. verwant met *hard;* de betekenisoverdracht berust op de uiterlijke gelijkenis van gezwellen met uitlopende woekeringen in het omringende weefsel.

kankeren [invreten, knorrig zijn] middelnl. *cankeren* [kankeren, invreten, voortvreten].

kanneberg [veenbes] < fr. *canneberge* < hd. *Kranichbeere,* vgl. eng. *cranberry;* zo genoemd omdat de bes met graagte wordt gegeten door de *Kranich* [kraanvogel] (vgl. *krambamboeli*).

kannetjesappel [appelsoort] het eerste lid is van *kan*[1] [pot].

kannibaal [menseneter] (1566) < spaans *canibal,* een misvorming, onder invloed van *can* [hond], van de naam *Caribal* [Caribisch indiaan], welke Columbus noteerde. Het caribisch zelf heeft *galibi*

kano — kapel

met de betekenis 'sterke mannen'. De praktijk van het mensen eten maakte dat de naam van de Cariben het woord voor menseneter werd.

kano [bootje] < fr. *canot,* of rechtstreeks < **spaans** *canoa* [idem], overgenomen uit caribisch *canaoua.*

kanoet [strandloper] → *knot* ².

kanon [vuurwapen] (1599) < fr. *canon* < it. *cannone* [idem], een vergrootwoord van *canna* [buis] < lat. *canna* [(een klein soort) riet] (vgl. *kanaal*).

kanonbeen [samengegroeide voetbeentjes van herkauwers] van fr. *canon* [pijp] < it. *cannone* [buis, pijp] (vgl. *kanon*).

kanones, kanonikes [stiftsjuffer] → *kanunnik.*

kanonikaal [van een kanunnik] → *kanunnik.*

kanonnade [het schieten met kanonnen] < fr. *canonnade* [idem], van *canon* (vgl. *kanon*).

kans [waarschijnlijkheid] **middelnl.** *canse, cans* [gelukkige worp bij het dobbelen, toeval] < **picardisch** *cance,* oudfr. *chance,* van lat. *cadere* [vallen (van de dobbelstenen)] (vgl. *cadens*).

kansel [preekstoel] 16e eeuws *kancel, kantsel* < hd. *Kanzel,* oudhd. *cancella, chanzella* [oorspr. afgezonderde plaats voor de geestelijkheid] < lat. *cancelli* (mv.) [traliewerk, hek], verkleiningsvorm van *cancer* [traliewerk], met dissimilatie uit *carcer* (vgl. *kerker*).

kanselarij [griffie] < me. lat. *cancellaria,* van *cancelli* (vgl. *kansel*).

kanselier [hoogwaardigheidsbekleder] < fr. *chancelier* < me. lat. *cancellarius* (vgl. *kansel*).

kant [zijde, rand] **middelnl.** *cant* [rand, kant] < oudfr. *chant* (*picardisch can*) [kant] < lat. *cantus* [band van een wiel, velg], uit het gallisch, vgl. welsh *cant* [ijzeren band, rand], bretons *kant* [cirkel].

kanteel [opstaand deel van muur] **middelnl.** *canteel* [uitgetand stuk, rand, kant, kanteel] < oudfr. *cantel* [idem], van *cant* < me. lat. *canthus* (vgl. *kant*).

kantelaaf [dagzijde van muuropening buiten het kozijn] een onduidelijk woord, dat echter te vergelijken moet zijn met **eng.** *cantilever* [console, buiten de pijlers uitstekend brugdeel], van *cant* [schuine kant] (vgl. *kant*) + *lever* [lett. optillen], van fr. *lever* [optillen] < lat. *levare,* van *levis* [licht].

kantelen [omkeren] (1782), een iteratief met de betekenis 'telkens op zijn kant zetten', vgl. *kant* en *kenteren.*

kanteloep [meloen] < fr. *cantaloup,* genoemd naar het kasteel *Cantalupo* bij Ancona, waar de uit Armenië afkomstige vrucht voor het eerst in Europa werd gekweekt.

kanten [agar agar] < **japans** *kanten,* etymologie onzeker. De karakters geven aan voor *kan* [koud], voor *ten* [de hemel], wat semantisch vreemd is, zodat aan te nemen valt dat de karakters er op grond van hun klank bij zijn gezocht.

kanterkaas [gele kaas] genoemd naar *Cantal* in Auvergne.

kantiek [kerkgezang] **middelnl.** *canteke, cantike* [gezang, het Hooglied] < fr. *cantique* [gezang] < lat. *canticum* [gezang, lied], van *canere* [zingen], idg. verwant met *haan.*

kantine [schaftlokaal] < fr. *cantine* < it. *cantina* [wijnkelder, provisiekamer], van *canto* [hoek (van kamer of straat), zijde, plaats] (vgl. *kant, kanton*).

kantjagen [bedelen] eig. zingend langs de huizen gaan, vgl. **middelnl.** *chanteren* [zingen] en *jagen* [ten uitvoer brengen, zijn best doen voor].

kantje [haringvaatje] verkleiningsvorm van dial. *kante,* vgl. hd. *Käntchen,* van *Kante* = *Kanne,* oudhd. *channa* (vgl. *kan* ¹).

kantjiel, kantjil [dwerghert] < **maleis** *kancil,* **javaans** *kancil.*

kanton [onderafdeling van een gebied] < fr. *canton* [idem] < it. *cantone* [hoek, kant, kanton], vergrootwoord van *canto* (vgl. *kantine*).

Kanton [geogr.] < **chinees** *Kuang To, kuang* [wijd, uitgebreid] *to* [provincie]; merkwaardig is dat de provincie *Kuang Tung* heet, van *tung* [oost] (vgl. *shantoeng*).

kantonneren [inkwartieren] < fr. *cantonner* [in kantons verdelen] (vgl. *kanton*).

kantonnier [wegwerker] < fr. *cantonnier* [die zich bezig houdt met een kanton van de weg] (vgl. *kanton*).

kantoor [werkvertrek, bureau] **middelnl.** *contoir, contoor, cantoor* [een dichte kast voor het opbergen van paperassen] < fr. *comptoir* met de oorspr. betekenis van 'rekentafel', van *compter* [rekenen] < lat. *computare* [berekenen], van *putare* [in het reine brengen], van *putus* [zuiver] (vgl. *computer*).

kanunnik [domheer] **middelnl.** *canonic, canoone* < lat. *canonicus* [regelmatig, in chr. lat. tot de canon behorend, kanunnik], van *canon* [regel, richtsnoer, in chr. lat. (lijst van erkende) bijbelboeken] < gr. *kanōn* [richtlat (in het schild, bij het weven), richtsnoer], van *kanna* [rietstok]; (vgl. *kanaal*); de kanunnik was oorspr. iem. die op de canon, de lijst van geestelijken die in een bepaalde kerk dienst deden, stond uitgeschreven, vervolgens iem. die een bisschoppelijke canon volgde, een stelsel van regels voor een leven in gemeenschap.

kaolien [porseleinaarde] < **chinees** *kao ling, kao* [hoog] *ling* [berg], de naam van een heuvel in Kiangsi, een oude vindplaats van kaolien.

kap [hoofddeksel, bovendeel] **middelnl.** *cappe,* **oudsaksisch, oudhd.** *kappa,* **oudeng.** *cappa* < laat-lat. *cappa* [kap, mantel], etymologie onbekend.

kapel ¹ [vlinder] **middelnl.** *capellenvogel, capelle, pellenvogel,* waarschijnlijk van dezelfde herkomst als *kapel* ² [bedehuisje], dus eig. manteltje.

kapel ² [bedehuis] **middelnl.** *cap(p)elle, cápel* < oudfr. *chapele* < vulg. lat. *cappella* [mantel], verkleiningsvorm van laat-lat. *cappa* [capuchon, mantell]; Sint Maarten, bisschop van Tours, schonk zijn halve mantel weg aan een arme. Zijn halve mantel werd een reliek, die in het druk bezochte pelgrimsoord Tours werd bewaard. Daardoor werd *cappella* een soortnaam voor bedehuisjes.

kapel[3] [essayeursschaaltje, cupel] < fr. *coupelle* [idem], van *coupe* [drinkbeker] < lat. *cuppa, cupa* [vat] (vgl. *kuip*).

kapelaan [hulppriester] middelnl. *capel(l)aen* < me. lat. *capellanus*, van *cappella* (vgl. *kapel*[2]).

kapen [overmeesteren] vermoedelijk < fries *capia* [kopen] of < lat. *capere* [nemen].

kaper [muts] middelnl. *caper*, van *cap* (vgl. *kap*).

kapitaal [vermogen] < fr. *capital* < laat-lat. *capitale* [compensatie, bezit], van *caput* [hoofd, het gewichtigste, en dus hoofdpersoon, hoofdzaak, hoofdgerecht, hoofdstuk, (van geld) hoofdsom, kapitaal], idg. verwant met *hoofd*.

kapiteel [bovenstuk van zuil] middelnl. *capiteel* < laat-lat. *capitellum* [kapiteel], verkleiningsvorm van *caput* [hoofd, bovenste, uiteinde], idg. verwant met *hoofd*.

kapitein [scheepsgezagvoerder, militaire rang] middelnl. *capitein, capetein* [hoofdman, aanvoerder] < fr. *capitaine* < me. lat. *capitaneus* [iem. van hoge rang, vazal, vooraanstaand burger, baron, militair commandant, gouverneur van b.v. een stad], afgeleid van *caput* (2e nv. *capitis*) [hoofd], daarmee idg. verwant.

kapitonneren → *capitonneren*.

kapitoor, kapitorie [kaft] middelnl. *copertorie* < fr. *couverture* < me. lat. *coöpertura* [idem], van *coöperire* (verl. deelw. *coöpertum*) [geheel bedekken], van *con* [met] + *operire* [bedekken], idg. verwant met *weren* → *kaft*.

kapittel [hoofdstuk, vergadering van kloosterlingen] middelnl. *capit(t)el* < lat. *capitulum* [hoofdje, kopje, passage in een geschrift, in chr. lat. ook kapittel, vergadering van geestelijken], van *caput* (2e nv. *capitis*) [hoofd], daarmee idg. verwant.

kapittelen [berispen] middelnl. *capit(t)elen* [kapittel houden, iem. de les lezen (in het kloosterkapittel)], vgl. met dezelfde betekenis oudfr. *chapituler* < me. lat. *capitulare* (vgl. *kapittel*).

kapjesmonielje [soort zakzwam] het tweede lid van lat. *monile* [halsketen], idg. verwant met *manen*[1]; in de biologie gebruikt om vormen aan te geven van ketens met afwisselende insnoering en verdikking.

kapoen [gesneden haan] middelnl. *cappone, cap(p)oen* < picardisch *capon* [idem] < lat. *caponem*, 4e nv. van *capo* [gecastreerde haan, deugniet] < gr. *kapōn* [idem], van *koptein* [afhakken] (vgl. *komma, syncope*); in de betekenis 'deugniet' ontstaan uit de scheldnaam kapoen voor jood, vanwege de besnijdenis.

kapoeres, kapores [verloren, dood] (19e eeuws) < jiddisch *kapores* [idem] < hebr. *kappora* [reiniging, zoenoffer, en in het verlengde daarvan het tot de ondergang gewijde, onheil, dood] (vgl. *joum-kippoer*).

kapoets [monnikskap, muts] (1629) < hd. *Kapuze* < it. *cappuccio* [kap, monnikskap, capuchon], van *cappa* (vgl. *kap*).

kapok [zaadpluis van kapokboom] < maleis *kapuk*, javaans *kapuk*.

kapot [stuk] in de 17e eeuw < hd. *kaputt*, van de fr. kaartterm *faire capot* [de tegenstander verhinderen ook maar één slag binnen te halen], tijdens de 30-jarige oorlog hd. *capot machen* [doden]; de etymologie is onzeker. Gedacht wordt o.m. aan *capot* (vgl. *kapotjas*), dus iem. de kap over het hoofd trekken, en aan *capoter* [kenteren] (vgl. *kapseizen*).

kapotjas [soldatenjas] (1817) < fr. *capote* [grote mantel met kap, kapothoed] < lat. *cappa* (vgl. *kap*).

kapotje [condoom] < fr. *capote* (vgl. *kapotjas*).

kapotspelen [alle slagen halen] < fr. *faire capot* (kaartterm) [de tegenstander verhinderen een slag te maken, eig. ondersteboven gooien] (vgl. *kapot, kapseizen*).

kappa [de griekse letter k] → *kaf*[2].

kappelen [zuur worden, schiften] ook *kabbelen*[2], wel identiek met *kabbelen, kappelen* [rimpelen van water].

kappeliene, kappelien, kapeliene, kapelien [gebreid hoofddeksel] < fr. *capeline* [kapje, oorspr. helm] < it. *cappellino* [kapje], verkleiningsvorm van *cappello* [hoed], verkleiningsvorm van *cappa* (vgl. *kap*).

kappen[1] [hakken] middelnl. *cappen*, nd. *kappen*, eng. *to chap* (verwant met *to chop*); verwant met *keep*[1] en *kippen*[2] [uitbroeden, eig. slaan].

kappen[2] [barg. spreken] mogelijk hetzelfde woord als *kappen*[1] [hakken], vgl. *hakkelen* en wellicht met de bedoeling door verminking onverstaanbaar voor anderen te spreken.

kappen[3] [haar opmaken] middelnl. *cappen* [een kap opzetten, een bovenstuk op iets zetten], van *cappe* [kap, muts, bovendeel, kruin] < me. lat. *cappa* (vgl. *kap*).

kapper[1] [barg. advocaat] van *kappen*[2] [spreken].

kapper[2] [glas van ¼ liter] etymologie onbekend.

kapper[3] [struik, bes] (1551) < lat. *capparis* < gr. *kapparis*, dat een leenwoord zal zijn, vgl. perzisch *kabar*, ar. *qabbār*.

kappertjeskool vervorming van *kabuiskool*.

kapraaf [dakspar] middelnl. *caprave*; van *kap* + *raaf* [spar], middelnl. *rave* [plank, balk, bint], middelnd. *rafter, rachter*, oudhd. *ravo*, oudfries *refter*, oudeng. *ræfter* (eng. *rafter, raft*), oudnoors *raptr* → *karbeel*.

kaproen [muts] middelnl. *cap(p)roen* < picardisch *caperon* (fr. *chaperon*) [kapje] < me. lat. *cappa* (vgl. *kap, chaperonneren*).

kapseizen [omslaan] (1856) < eng. *to capsize* < spaans *chapuzar* [in het water dompelen], van *cabeza* [hoofd] + *pozo* [put], *poza* [plas, poel], dus: met het hoofd naar beneden in het water duwen.

kapsel [omhulsel van b.v. abces] < **hd.** *Kapsel* < **lat.**
capsula [busje, doosje], verkleiningsvorm van
capsa [bus, doos], verwant met *capere* [vatten, tot
zich nemen, bevatten, inhouden], idg. verwant
met *heffen*.

kapsie, kaptie → *captie*.

kapsones [koude drukte] < **jiddisch** *gawsones*
< **hebr.** *qa'awtanŭt* [hoogmoed].

kapucijn [bedelmonnik] < **fr.** *capucin* < **it.**
cappuccino [idem], verkleiningsvorm van
cappuccio [monnikskap] (vgl. *kapoets*); kapucijnen dragen een puntige kap.

kar [voertuig] **middelnl.** *car(re), kerre* < **lat.**
carrus, uit het kelt., vgl. **bretons** *karr*, **oudiers**
carr, idg. verwant met **lat.** *currere* [hardlopen]
(vgl. *cursus, corrida, corridor, koerier*).

karaat [eenheid van diamantgewicht en goudgehalte] **middelnl.** *c(a)raet, coraet* < **fr.** *carat* < **me.**
lat. *carratus* [idem] < **ar.** *qīrāṭ* [een inhoudsmaat,
een lengtemaat, gewicht van 0,195 gram, gehalte
van een goudlegering] < **gr.** *keratia* [zaadjes van
de Johannesbroodboom], verkleiningsvorm van
keras [hoorn]; de zaadjes van de boom werden,
dankzij hun stabiel gewicht, veel gebruikt voor
het afwegen van zeer kleine hoeveelheden, b.v.
stofgoud. Vergelijking met het artikel *carobbe*
doet het vermoeden rijzen dat er wellicht een,
overigens allerminst duidelijk, verband kan hebben bestaan met de daar genoemde woorden.

karabijn [buks] (1599) < **fr.** *carabin* [idem], vermoedelijk hetzelfde woord als (eind 16e eeuw)
carabin [soldaat van de lichte cavalerie]; het wapen is dan genoemd naar de drager ervan
< **oudfr.** *escarrabin* [doodgraver van aan de pest
overledenen], genoemd naar de *écharbot*, **provençaals** *escaravach* [mestkever] (vgl. *scarabee,
karveel*¹).

karabinier [soldaat] < **fr.** *carabinier* [idem], van
carabin (vgl. *karabijn*).

karaf [tafelfles] < **fr.** *carafe* < **spaans** *garrafa*
[idem] < **ar.** *ghirāf* [drinkkruik], bij het ww.
gharafa [hij schepte water].

karakoelschaap [Aziatisch schaap] genoemd naar
Karakul, een dorp in Oezbekistan.

karakter [aard, letter] **middelnl.** *caracter* [toverschrift, toverteken, letterteken] < **oudfr.** *caracte,
caractère* [idem], waarna heroriëntatie op het lat.
optrad < **lat.** *c(h)aracter* [merkteken, tatouage]
< **gr.** *charaktèr* [graveur, stempel, kenmerk, karakter], van *charassein* [scherpen, inkrassen,
merken].

karakteristiek [kenmerkend] < **fr.** *caractéristique*
< **gr.** *charaktèristikos* [idem] (vgl. *karakter*).

karamel [gebrande suiker] via **fr.** *karamel* of **eng.**
caramel < **spaans** *caramelo* [idem] < **me. lat.**
cannamella [suikerriet], van *canna* [riet] (vgl. *kanaal*) + *melleus* [als honing, honingzoet], van *mel*
(2e nv. *mellis*) [honing]; het **middelnl.** *calamel,
calmel* betekende 'rietstengel, suikerriet' (vgl. *kanaal*).

karate [verdedigingssport] < **japans** *karate*, van
kara [leeg] + *te* [hand], dus de techniek van het
gevecht met de blote hand.

karateka [beoefenaar van karate] < **japans**
karateka, van *karate* (vgl. *karate*) + *ka* [persoon,
expert].

karateren [goud alliëren] afgeleid van *karaat*.

karavaan [troep (m.n. van oosterse reizigers)] < **fr.**
caravane < **perzisch** *kārwān* [kamelenstoet, gezelschap reizigers, karavaan], van **oudindisch**
karabha- [kameel, jonge olifant].

karavaanserai, karavaansera [gebouw voor huisvesting van karavanen] < **perzisch** *kārwānsarāy*,
van *kārwān* (vgl. *karavaan*) + *sarāy* [gebouw,
herberg] (vgl. *serail*).

karbeel, korbeel [schoorbalkje] **middelnl.** *corbeel,
carbeel, corbiel, carbiel* [steunlat, kraagsteen],
oudfr. *corbel* < **me. lat.** *corvellus*, verkleiningsvorm van *corvus* [raaf, roek, muurhaak] (vgl. *kapraaf*).

karbies [grote handtas] (1884), doublet van *kabas*.

karbonade [stuk vlees] (1573) < **fr.** *carbonnade*
< **spaans** *carbonada* [idem], van *carbón* [kool], of
< **it.** *carbonata* [idem], van *carbone* [kool] < **lat.**
carbo (2e nv. *carbonis*) [kool], dus op kolen geroosterd stuk vlees.

karbonkel [een edelgesteente, negenoog]
middelnl. *carbonkel, carbunkel* < **lat.**
carbunculus [kooltje, robijn, hematiet (bloedsteen)], verkleiningsvorm van *carbo* [(houts)kool].

karbouw [tamme buffel] < **maleis** *kerbau* [buffel].

kardeel [streng van garen] **middelnl.** *cordeel,
cardeel* < **fr.** *cordelle* [treklijn, jaaglijn], verkleiningsvorm van *corde* (vgl. *koord*).

kardemom [kardamom (specerij)] **middelnl.**
cardamome < **fr.** *cardamome* < **lat.** *cardamomum*
[idem] < **gr.** *kardamon* [nieskruid], aan een andere taal ontleend, vgl. **hettitisch** *karšani-* [alkalische plant].

kardinaal [voornaamste (bn.), hoogwaardigheidsbekleder in de r.-k. kerk (zn.)] **middelnl.**
cardinael [voornaam, hoofd-, als zn. kardinaal]
< **fr.** *cardinal* [voornaamste] < **lat.** *cardinalis*
[hoofd-, hoofdpersoon], van *cardo* (2e nv.
cardinis) [deurspil], dus dat waar het om draait.

kardoen [distel, artisjok] < **fr.** *cardon* < **provençaals** *cardoun* [idem] < **lat.** *carduus* [distel] (vgl.
kaarde).

kardoes¹ [kruithuls] (1594) < **fr.** *cartouche* [patroon om te schieten, kardoes] (vgl. *cartouche*)
< **it.** *cartoccio* [zakje, papieren omslag, patroonhuls, patroon] (ook *cartuccia* [kardoes, huls, patroon]), afgeleid van **lat.** *carta = charta* [papier]
(vgl. *kaart*) < **gr.** *chartès* [papyrusblad], vermoedelijk van egyptische oorsprong. De vorm
cartuccia werd in het hd. overgenomen als
Kartätsche > **nl.** *kartets*.

kardoes² [steunklamp] < **fr.** *cartouche* (vgl. *cartouche*).

kardoes³ [hond] vermoedelijk eig. krulhond, vgl.
*kardoes*¹.

kareel [tichelsteen] **middelnl.** *careel, quareel* < **oudfr.** *carel, quarel* [vierkante steen] < **me. lat.** *quadrellum,* verkleiningsvorm van *quadrum* [vierkant], van *quattuor* [vier], daarmee idg. verwant.

karekiet, karkiet [zangvogel] klanknabootsende vorming.

Karelië [geogr.] < **fins** *Karjala,* afgeleid van *karja* [vee, runderen].

karet[1] [rubber] < **maleis** *karet* [rubber, gom, elastiek].

karet[2] [zeeschildpad] < **spaans** *carey* < **maleis** *karah* [idem].

kariatide [vrouwenbeeld als zuil] genoemd naar het plaatsje *Karuai* op de Peloponnesus, met een Artemis-cultus waarbij jonge meisjes dansen uitvoerden.

kariboe [rendier] < **canadees-fr.** *caribou* < **micmac** (een algonkintaal) *khalibu* [krabber (met de voorpoten)].

karig [schraal, gierig] **middelnl.** *carich* [zuinig, spaarzaam, schriel], **middelnd.** *kar(i)ch,* **oudsaksisch** *karag,* **oudhd.** *charag,* **oudeng.** *cearig* [treurig] (**eng.** *chary* [karig]), vgl. o.m. **oudhd.** *chara* [vasten, zorg, leed] (**hd.** *Karfreitag*), **gotisch** *kara* [zorg], *karon* [zich bekommeren], verwant met *kermen*.

karikatuur [spotbeeld] < **fr.** *caricature* < **it.** *caricatura* [lading, overdrijving, karikatuur], van *caricare* [beladen, iem. met iets bezwaren, overdrijven, aanvallen], van **me. lat.** *carricatura* [wagenlading], van *carricare* (vgl. *chargeren*).

karikel [tweewielig rijtuigje] < **lat.** *carriculus,* verkleiningsvorm van *carrus* [kar] (vgl. *kar*); het **middelnl.** *care* betekende 'tweewielige wagen'.

Karinthië [geogr.] < **hd.** *Kärnten,* van **lat.** *Carni,* de naam van een Keltische volksstam in dat gebied.

kariool [licht voertuig] < **fr.** *carriole* < **oudprovençaals** *carriola* [idem], een verkleinwoord dat teruggaat op **lat.** *carrus* [grote vierwielige kar] (vgl. *kar*).

karkant [halssnoer van edelstenen] **middelnl.** *carkant,* **fr.** *carcan* < **me. lat.** *carcannum* [idem], te verbinden met **oudhd.** *querca* [hals, keel], **oudnoors** *kverk;* buiten het germ. **lat.** *gurges* [maalstroom] (vgl. *gorgelen*).

karkas [geraamte] < **fr.** *carcasse* < **lat.** *carcassium* [idem], etymologie onbekend.

karkiet (1809) → *karekiet*.

karkol → *caracole*.

karl [uitgehekelde hennep] **middelnl.** *carrel* [vlas] < **eng.** *carl* [man uit het volk, de vrouwelijke hennep] (vgl. *kerel*); men verwarde vrouwelijke en mannelijke hennep → *femel*.

karlet [vierkante liniaal] < **fr.** *carrelet* [idem], van *carreau* [klein vierkant] < **lat.** *quadrus* [vierkant (bn.)], van *quattuor* [vier], daarmee idg. verwant.

karma [het bepaald-zijn van iemands lot] < **oudindisch** *karma* [handeling, daad, het totaal van iemands goede en slechte daden in vorige existenties dat iemands lot in de volgende bepaalt, lot], verwant met het tweede lid van *Sanskriet*.

karmeliet [monnik van bepaalde orde] **middelnl.** *ca(e)rmer, kermer,* genoemd naar de berg *Karmel,* waar zich in de 13e eeuw een groep kluizenaars vestigde waaruit de orde voortkwam, **hebr.** *karmel* [tuin], van *kerem* [wijngaard].

karmijn [rode kleur(stof)] < **fr.** *carmin* < **me. lat.** *carminium* [idem], samengesteld uit **laat-lat.** *minium* (cinnaber), van iberische herkomst (vgl. *menie*) + **ar.** *qirmizī* [karmijn], afgeleid van *qirmiz* (kermes, de vrouwelijke cochenilleluizen, die een rode kleurstof opleveren) (vgl. *kermes, cochenille*), teruggaand op **oudindisch** *krmih* [worm]; rode verfstof werd niet alleen uit de luis verkregen, maar ook uit wormen.

karmil [plant] ook *kramil, kermil, kremil* [huttentut] < **modern lat.** *camelina,* gevormd van **gr.** *chamai* [op de grond] (vgl. *kameleon*) + *linon* [vlas], dus dwergvlas (vgl. *lijn*[1]).

karmozijn [purperverf, rode kleur] (Kiliaen) < **oudfr.** *cramoisin* < **lat.** *carmesinus,* nevenvorm van *carminus* (vgl. *karmijn*).

karn [karnton] **middelnl.** *kerne, keerne* [ook kern, pit, ook overdrachtelijk pit, merg, het fijne van iets]; de vormen *karn* en *karnen* zijn dus afgeleid van *kern*.

karnaatje [takel] etymologie onbekend.

karnemelk [gekarnde melk] gevormd van **hollands** *karnde melk,* voor *gekarnde melk.*

karnoffel [anjelier] < **fr.** *cornifle* nevenvorm van *genoffel, geroffel, giroffel.*

Karolingisch [van de Karolingers, een Frankische koningsdynastie] van *Carolus Magnus* [Karel de Grote] (vgl. *kerel*).

karolusgulden [munt] genoemd naar *Karel V,* die deze munt liet slaan, met de afbeelding van hemzelf.

karonje [feeks] < **fr.** *carogne* [idem] < **it.** *carogna* [aas, kreng, liederlijk mens], van **lat.** *caro* (2e nv. *carnis*) [vlees, ook: kreng (als scheldwoord)] (vgl. *kreng*).

Karoo [hoogvlakte in Kaapland] < **hottentots** *Karoo* [kale dorre plek met droog klimaat].

karoot → *kroot.*

karos [rijtuig] (17e eeuws) < **fr.** *carrosse* [koets] < **it.** *carrozza* < **me. lat.** *carrocium* [een wagen waarop de veldtekens in het gevecht werden gereden], van *carrus* (vgl. *kar*).

karot [rol] < **fr.** *carotte* (vgl. *kroot*).

Karpaten [geogr.] < **gr.** *Karpatès oros,* (*oros* [berg]), naar *Karpoi* [de naam van een Thracische stam], verwant met **albaans** *karpe* [rots, steilte], dus: rotsbewoners, en *Karpaten* betekent dus rotsgebergte, van een idg. stam met de betekenis 'snijden', waarvan **gr.** *karpos* [vrucht], **lat.** *carpere* [plukken] (vgl. *herfst*).

karper [riviervis] **middelnl.** *carpe, carper,* **middelnd.** *karpfe,* **oudhd.** *charpfo,* **me. lat.**

karpet — kassaart

carpa (vroeger geattesteerd dan in de germ. talen). De etymologie is onzeker, mogelijk uit een vóór-idg. taal.
karpet [vloerkleed] **middelnl.** *carpite* < **oudfr.** *carpite* [idem] < **me. lat.** *carpita* [grove stof uit plaksel vervaardigd], van *carpere* [plukken, verscheuren, versnipperen], idg. verwant met *herfst*.
karpoets [muts] nevenvorm van *kapoets*.
karrel[1] [kernhout] verkleiningsvorm van *kern, korrel*, **middelnl.** *karrelkijn* [korrel].
karrel[2] [keep] geassimileerd uit *kartel* (vgl. *kartelen*[1]).
karrelen [korrelen, schiften] van *karrel*[1].
karren [smalle gleuven in kalksteen] < **hd.** *Karren,* zwitsers-duitse nevenvorm van *kar* (vgl. *kaar*[2]).
karsaai [grof gekeperd laken] **middelnl.** *kersey, karsey, caersey* < **eng.** *Kersey*, de plaats in Suffolk waar de stof oorspr. vandaan kwam.
karst [gebied met kalksteenbodem] genoemd naar het *Karstplateau*, **it.** *Carso*.
kartel [aaneensluiting van producenten] < **hd.** *Kartell* [idem] < **fr.** *cartel* [uitdaging tot een duel, uitwisselingsverdrag] < **it.** *cartello* [affiche, etiket, naambord, kartel, trust], waarnaast *cartella* [kaart (van systeem), biljet, aandeel in NV, ledenlijst], verkleiningsvormen van *carta* [papier, kaartje] < **lat.** *carta* (vgl. *kaart*).
kartelen[1] [uittanden] **middelnl.** *cartelen, kertelen* [idem], van *kerte* [kerf], **middelnd.** *krete* [idem]; de vorm *kertelen* met metathesis van *r* naast **middelnl.** *cretten, cretsen, cratsen* [schrappen, krabben, schuren], **oudhd.** *krazzon* [krabben], **oudnoors** ablautend *krota* [uitsnijden].
kartelen[2] [schiften (van melk)] vgl. met dezelfde betekenis *karrelen*.
karteren [in kaart brengen] < **hd.** *kartieren,* van *Karte* [kaart].
kartets (1740) → *kardoes*[1].
kartoffel [aardappel] < **hd.** *Kartoffel* < *Tartuffel, Tartüffel* < **it.** (16e eeuws) *tarathopoli, taratouphli* (mv.), zo genoemd vanwege de gelijkenis met de *truffel*.
karton [bordpapier] (1790) < **fr.** *carton* < **it.** *cartone* [idem], vergrootwoord van *carta* [papier] < **lat.** *carta* (vgl. *kaart*).
kartonnage [kartonnen band] < **fr.** *cartonnage* [idem], van *carton* (vgl. *karton*).
kartouw [kanon] **middelnl.** *cortauwe, cortouwe, cartouwen*, volksetymologisch vervormd < **oudfr.** *courtault* (**fr.** *courtaud*) [een kort kanon], van *court* [kort], **it.** *cortana* [idem], maar vermengd met **it.** *quartana* [een stuk geschut], dat kogels verschoot van een *quarto* [een vierde van het normale gewicht van 100 pond]; vóór de moderne indeling in kalibers benoemde men, nog in de 17e eeuw, kanonnen naar het gewicht van de kogels.
kartuizer [monnik van bepaalde orde] **middelnl.** *chartroys(er), sartroys(er)*, genoemd naar het moederklooster, de *Grande Chartreuse* (**lat.** *Carthusia*, vgl. *chartreuse*).

karveel[1] [schip] **middelnl.** *carveel*, **fr.** *caravelle* [idem] < **portugees** *caravela* [idem] < **me. lat.** *carabus* [idem] < **ar.** *qārib* [bark] < **gr.** *karabos* [gehoornde kever, krab, schip] (vgl. *scarabee, gabaar, karabijn*).
karveel[2] [hout] **middelnl.** *carbeel, corbeel* (vgl. *karbeel*).
karviel [hijsblok] < **spaans** *cabilla* [karvielnagel, knevel] < **lat.** *clavicula*, verkleiningsvorm van *clavus* [spijker, pin], verwant met *claudere* [sluiten], *clavis* [sleutel], vermoedelijk idg. verwant met *sluiten*.
karwats [zweep] (1807), ouder *karbats* < **russ.** *karbač*, later < **hd.** *Karbatsche*, via slavische talen ontleend aan **turks** *kirbaç* [zweep].
karwei[1] [werk] **middelnl.** *cor(re)weide, cor(re)weye* [herendienst] < **fr.** *corvée* < **me. lat.** *corvatae, corveda, corweda, corvea, corveiae* e.d., teruggaand op **klass. lat.** *corrogare* [bijeenvragen, uitnodigen, in de middeleeuwen: oproepen voor de herendienst], van *con* [samen] + *rogare* [vragen].
karwei[2] [slachtafval] < **fr.** *courée* [ingewanden] < **me. lat.** *corata* (collectief) [idem], van **klass. lat.** *cor* [hart, maag], idg. verwant met *hart*.
karwij [specerijplant] **middelnl.** *carvi, carewi, karwe* < **oudfr., me. lat.** *carvi* < **ar.** *karawyā* < **gr.** *karon* [idem].
karyologie [studie van celkernen] gevormd van **gr.** *karuon* [(okker)noot] + *logos* [verhandeling].
kas[1] [bergplaats, contanten, broeikas] < **it.** *cassa* < **me. lat.** *cassa*, van *capsa* [doos], van *capere* [nemen, vatten, bevatten], idg. verwant met *heffen*.
kas[2] [in de lengte gespleten (van duigen), lekkend] < **oudfr.** *quas, cas* (**fr.** *cassé*) [beschadigd, vernield], van *quasser, casser* [breken] (vgl. **middelnl.** *casseren* [buiten werking stellen, afdanken]) < **lat.** *quassare*, frequentatief van *quatere* [schudden, beschadigen, vernielen], idg. verwant met *schudden*.
kasba [Moorse citadel] < **ar.** *qaṣaba* [citadel].
kasinet [een halfwollen kledingstof] < **eng.** *cassinette*, tegen het midden van de 19e eeuw gevormd, vermoedelijk op basis van *cassimere*, een oudere vorm van *cashmere* [kasjmier].
kasjeren [weer kosjer maken] < **hebr.** *kāsjer* (vgl. *koosjer*).
kasjmier [wollen stof] genoemd naar het Indisch-Pakistaanse gebied van die naam.
kaskenade [grootspraak] verbastering van *gasconnade*.
kaskien, kaskijn [pronkjak van Noordhollandse boerin] < **fr.** *casaquin* < **it.** *casacchino*, verkleiningsvorm van *casacca* [kazak].
kassa [loket] < **it.** *cassa* (vgl. *kas*[1]).
kassaaf, kassavie, kassawie, kesavie [barg. brief, bankbiljet] < **jiddisch** *kessaw* < **hebr.** *ketab* [geschrift, officieel schrijven].
kassaart [spekpannekoek] met later ingevoegde *r*

<*kassaat*, bij Kiliaan *kassaerd,* vermoedelijk < **me. lat.** *caseata, cas(c)iata* [een soort koek, vermoedelijk quiche] < **lat.** *caseus* [kaas].

kassei, kalsij(d)e, kalsei [straatweg] **middelnl.** *cautsie(de), cauchie, cassie, calsie* [straatweg, straatsteen] < **picardisch** *cauchee,* **fr.** *chaussée* (vgl. *chaussee*).

kasselrij [heerlijkheid in Vlaanderen] **middelnl.** *casselrie, castelrie* [ambt van de kastelein], van *castel, cassel* (vgl. *kasteel*).

kassen [op het water slaan, keilen] klanknabootsende vorming (vgl. *kiskassen*).

kassian [uitroep van medelijden] < **maleis** *kasihan* [medelijden, jammer!, zielig!], van *kasih* [liefde, liefhebben, medelijden].

kassie, kassia [soort kaneel] **middelnl.** *cassie* < **lat.** *cas(s)ia* < **gr.** *kasia* [kaneel], uit het semitisch, vgl. **hebr.** *qesī́ā*.

kassier [kashouder] < **fr.** *caissier,* van *caisse* [kas].

kast [opbergmeubel] **laat-middelnl.** *cast(e)* [korenschuur, magazijn] < **hd.** *Kasten,* **oudhd.** *chasto,* waarschijnlijk verwant met **kaar**[1]; het woord is vrijwel samengevallen met *kas* [kast].

kastanje [vrucht] **middelnl.** *castaenge, carstaenge, kerstaenge* < **picardisch** *castagne* < **oudfr.** *chastaigne* < **lat.** *castanea* < **gr.** *kastanon* [kastanje], ontleend aan een Kleinaziatische taal, vgl. **armeens** *kask* [idem]; de Romeinen hebben de kastanje in Noordwest-Europa ingevoerd. De uitdrukking *iem. de kastanjes uit het vuur laten halen* is ontleend aan een fabel van La Fontaine, waarin de aap de kat er met vleierij toe brengt de hete kastanjes uit het vuur te halen.

kaste [stand binnen het hindoeïsme] (1641) < **portugees** *casta* [ras], en gebruikt voor het Indisch kastensysteem waarmee de Portugezen vroeg in aanraking kwamen. Gesubstantiveerd van *casto, casta* [zuiver, rein] < **lat.** *castus* [rein, kuis, vroom, als zn. godsdienstig voorschrift] (vgl. *kastijden*).

kasteel [burcht] **middelnl.** *caste(e)l, castele, cassel* < **picardisch** *castel* < **lat.** *castellum* [versterkte plaats, fort, vesting, kasteel], verkleiningsvorm van *castrum* met dezelfde betekenis.

kastelein [caféhouder] **middelnl.** *castelein* [slotvoogd, burggraaf] < **lat.** *castellanus* [van een fort, bewoner van een fort], van *castellum* [fort], verkleiningsvorm van *castrum* [kasteel, fort].

kastelenij → *kasselrij*.

kasterolie [wonderolie] gebruikt in plaats van en genoemd naar het vroeger gebruikte bevergeil, in het **lat.** *castoreum,* van *castor* [bever] < **gr.** *kastōr* [bever, bevergeil]; de Grieken noemden het dier naar Castor, vanwege het voor vrouwenkwalen gebruikte bevergeil; Castor gold als beschermer van vrouwen.

kastie [balspel] etymologie onzeker. Gaat het evenals **kaatsen** terug op **picardisch** *cachier?*, of: werpbalspel van **eng.** *to cast* [werpen].

kastijden [tuchtigen] **middelnl.** *castigen, castien* en, met hypercorrecte *d, castiden* < **lat.** *castigare* [tuchtigen, straffen, verbeteren, bedwingen], van *castus* [rein, kuis, vroom], eig. het verl. deelw. van *casēre,* oudere vorm van *carēre* [vrij zijn van, zich vrijwillig van iets onthouden] (vgl. *kaste*).

kastoor [beverhaar] < **lat.** *castor* (vgl. *kasterolie*).

kastrol [braadpan] met toegevoegde *t* < **fr.** *casserole* (vgl. *casserole*).

kasuaris [vogel] < **maleis** *kesuari, suari* [idem].

kat [huisdier] **middelnl.** *cat(te),* **middelnd.**, **oudfries** *katte,* **oudhd.** *chazza,* **oudeng.** *catt(e),* **oudnoors** *ko̜ttr* < **lat.** *catta,* dat dateert uit de keizertijd, toen de huiskat, afkomstig uit Afrika, een gebruikelijke verschijning werd en het oude woord voor (wilde) kat *feles, felis* werd verdrongen. Het woord *catta* werd met het dier geïmporteerd, vgl. **nubisch** *kadis* [kat]; de uitdrukking *de kat de bel aanbinden* is ontleend aan een fabel van Aesopus, waarin het in het overleg van de muizen er één voorstelt de kat een bel aan te binden en een oude muis de vraag stelt wie dat dan wel zal doen.

katabolie [chemische afbreking] < **gr.** *katabolè* [het neerstrooien, aanval], van *kataballein* [omlaag werpen, neerwerpen, verspreiden], van *kata* [neer-] + *ballein* [werpen], idg. verwant met **hd.** *Quelle* en met **kwelder**.

katafalk [verhevenheid onder doodkist] (1851) < **fr.** *catafalque* < **it.** *catafalco* [idem], teruggaand op **lat.** *fala* [een hoog getimmerte, belegeringstoren], een aan het etruskisch ontleend woord + *cata-* < **gr.** *kata* [van boven naar beneden, neer-] (vgl. *schavot*).

katakana [Japans fonetisch lettergrepenschrift] < **japans** *katakana,* van *kata* [de ene kant, de ene helft], d.w.z. het fonetische deel van het karakter + *kana* [geleend teken], van *ka* [niet echt, geleend] + *na* [teken].

katalysator [in de scheikunde stof die een proces bespoedigt of vertraagt] moderne vorming van *katalyse*.

katalyse [chemische term] < **gr.** *katalusis* [het oplossen], van *kataluein* [oplossen], van *kata* [van boven naar beneden] + *luein* [losmaken, oplossen], idg. verwant met *verlossen* → *los*[2].

katanker [licht anker met één vloei dat men met de hand achter de kat legt] *kat* [een balk op de wal achter twee ingeheide palen; voor de overdracht van de diernaam kat op de balkenconstructie vgl. *chevron, ezel, ram* e.d..

katapult [werptuig] < **fr.** *catapulte* < **lat.** *catapulta* [machine om speren en pijlen te werpen] < **gr.** *katapeltès* [idem], van *kata* [van boven naar beneden] + *pallein* [wegslingeren van projectielen).

katbatterij [voorverschansing] het eerste lid **middelnl.** *catte* [beweegbaar schutdak waarop de blijde staat, werktuig om stenen te slingeren]; veel apparaten en wapens zijn genoemd naar dieren: *ram, onager, falconet, ezel, chevron, paard* e.d.. Middelnl. heeft naast *catte* ook *cater.*

kateel, kateil [roerend goed, opstallen] **middelnl.**

kateie — katterik

catel, cateel, cateil(e) [stuk vee, vee, roerend goed] < **oudfr.** *catel* [idem] < **me. lat.** *capitale* (vgl. **kapitaal**, vgl. **eng.** *cattle*.

kateie [strandhoofd] verbasterd < **fr.** *jetée* [het werpen, havendam], van *jeter* [werpen] < **lat.** *iactare,* frequentatief van *iacere* [werpen].

kateker [eekhoorn] ook *eekkatte,* vgl. **hd.** *Eichkätzchen;* voor het tweede lid vgl. **eekhoorn**.

katenspek [gerookt spek] het eerste lid uit het duits, vgl. **hd.** *Katenbrot, Katenschinken, Katenwurst,* van *Kate(n),* een vooral noordduits woord = *Kote* [hut, huisje van dagloner, keuterboerderijtje] (vgl. **kot, kater** [3]).

kater [1] [mannetjeskat] **middelnl.** *cater(e),* **middelnd.** *kater,* **oudhd.** *chatere;* van **kat,** vgl. vormingen als *doffer, marter*.

kater [2] [ongesteldheid na dronkenschap] (1906), heeft alleen een volksetymologisch verband met het huisdier. Rond 1850 valt in de taal van Duitse soldaten het woord *Kater* voor het eerst te noteren, vermoedelijk een opzettelijke verbastering van *Katarrh,* dat de Duitsers van de Russen overnamen (vgl. **catarre**).

kater [3] [pachter] → **katenspek, keuter** [1].

katern [deel van boek] **middelnl.** *quatern(e)* [een viertal ineengevouwen vellen perkament] < **lat.** *quaterni* [telkens vier], van *quattuor* [vier]; door de vellen éénmaal te vouwen ontstaan per vel vier bladzijden en vormen de vier vellen dus 16 bladzijden, hetgeen het normale aantal is voor een modern katern, dat wordt gevormd door één vel papier drie maal te vouwen.

kathalzen [zich afsloven, reikhalzen] **hd.** *katthalsen, die Strebekatze ziehen,* verouderd **nl.** *kattrek, kathalstrek* [een spel waarbij twee mannen op handen en voeten met een touw om hun halzen elkaar moesten proberen omver te trekken].

katheder [spreekgestoelte] (18e eeuws) < **hd.** *Katheder* [spreekgestoelte] < **lat.** *cathedra* < **gr.** *kathedra* (vgl. **kathedraal**).

kathedraal [hoofdkerk] (1510) *cathedrale* < **fr.** *cathédral* [idem] < **me. lat.** *cathedralis* [van een bisschopszetel, kathedraal], van **lat.** *cathedra* [leunstoel, leerstoel, katheder, in chr. lat. bisschopszetel] < **gr.** *kathedra* [zetel], van *kata* [neer] + *hezesthai* [gaan zitten], idg. verwant met **zitten;** in het fr. werd *cathedra* tot *chaise,* in het eng. tot *chair*.

kathete [rechthoekszijde van rechthoekige driehoek] < **fr.** *cathète* [idem] < **gr.** *kathetos* [neergelaten lijn], eig. verl. deelw. van *kathienai* [naar beneden laten], van *kata* [van boven naar beneden] + *hienai* [sturen, zenden].

kathode [negatieve elektrode] door de Engelse natuurkundige Michael Faraday (1791-1867) gevormd van **gr.** *kathodos* [de weg naar beneden, afdaling], van *kata* [van boven naar beneden] + *hodos* [weg].

katholiek [rooms] < **fr.** *catholique* [algemeen, katholiek] < **lat.** *catholicus* [algemeen, in chr. lat. katholiek] < **gr.** *katholikos* [algemeen], van *katholou* [slaande op het geheel], van *kata* [o.m. zich verspreidend over] + *holou,* 2e nv. van *holos* [geheel].

kati, kattie [een bepaald gewicht] < **maleis** *kati* [idem].

katijf [stakker] **middelnl.** *catijf, keitijf* [krijgsgevangen(e), stakker, ellendeling] < **oudfr.** *caitif* [idem] < **lat.** *captivus* [krijgsgevangene], van *capere* [nemen, grijpen], idg. verwant met **heffen**.

kation [positief ion] door de Engelse natuurkundige Michael Faraday (1791-1867) ontleend aan **gr.** *katiōn* [naar beneden gaand], teg. deelw. van *katienai* [naar beneden gaan], van *kata* [van boven naar beneden] + *ienai* [gaan]; zo genoemd omdat het ion naar de **kathode** gaat.

katjang [boon, noot, ondeugende jongen] < **maleis** *kacang* [idem]; in de betekenis ondeugende jongen vermoedelijk verkort uit *kacang miang* [jeukboon], en vandaar onruststoker (*miang* [jeuk veroorzakende vezels of haartjes]); beïnvloeding door *kacung, kacong* [jongen, boy] ligt voor de hand.

katje [bloeiwijze] (1573), genoemd naar het zachte kattevel.

katoen [1] [stof] **middelnl.** *cot(t)oen, catoen,* via rom. talen (**fr.** *coton,* **spaans** *cotón*) < **ar.** *quṭn*.

katoen [2] ['zich katoen houden', zich koest houden] < **hebr.** *qatan, qaton* [klein].

katrienerad [kringvormige huiduitslag] genoemd naar de Heilige *Catharina van Alexandrië,* die een wijdverbreide verering genoot. Zij werd gemarteld op een rad met scherpe punten, waarmee zij placht te worden afgebeeld.

katrol [hijsblok] **middelnl.** *caterol, catarol, catrol(le),* wordt algemeen gezien als < *kat + rol,* waarbij wordt gewezen op **vlaams** *katrol* [kater] en de scheepsterm het *katblok,* **eng.** *catblock*.

katschip [een type fluitschip] naar het dier genoemd, vgl. **oudfr.** *chaz, chat(z),* **eng.** *cat(t),* **hd.** *Katze,* **me. lat.** *cat(t)a, gat(t)us;* de reden voor de benaming is onduidelijk, evenzeer als voor het type *hengst*.

katsen [barg. praten] < **rotwelsch** *quatschen* [(onzin) praten], **oudhd.** *quedan,* **gotisch** *qithan* [idem], **middelnl.** *quedden* [aanspreken].

katsjoe, cachou [plantaardig extract uit Zuidoost-Azië] < **maleis** *kacu* [idem], vgl. **tamil** *kasu,* **malayalam** *kaccu,* **hindi** *kath,* **oudindisch** *kvathati* [hij kookt af], idg. verwant met **gotisch** *hwapjan* [schuimen], **lat.** *caseus* [kaas].

kattebak [barg. winkellade] → **katterik**.

kattebelletje [kort briefje] (1784), ouder *cartebelle* < **it.** *scartabello* [slecht boek], **me. lat.** *cartabulum* [register], van *charta* (vgl. **charter, kaart**).

katten [berispen] van *kat* [standje, bekeuring], verkort uit **bekattering**.

katterik [barg. winkellade] ook *kattebak,* vermoedelijk door associatie met poep, vgl. *poepzak* voor geldzak, en/of molm, vgl. **rotwelsch** *Torf* [geld] < **hebr.** *teref* [idem], *turftrekker* [zakkenroller].

kaugek [grote stern] het eerste lid is onduidelijk, mogelijk van *kaap, kobbe* [zilvermeeuw]; het tweede lid is waarschijnlijk 'gek, dom', vgl. **fr.** *fou de Bassan* [jan-van-gent] en **mallemok, dodo**.

Kaukasus [geogr.] < **gr.** *Kaukasis* < **scythisch** *kroukasis* [glinsterend van ijs], of idg. verwant met *hoog*.

kauri[1] [schelp] < **hindi** *kauṛi,* via vele tussenvormen afgeleid van **tamil** *kotu* [draaiing, gebogen vorm, schelp].

kauri[2] [boom] < **maori** *kauri,* nevenvorm van *kaudi*.

kauw [kraai] **middelnl.** *cauw(e);* klanknabootsende vorming.

kauwen [met de kiezen vermalen] **middelnl.** *cauwen, couwen, cuwen,* **oudhd.** *chiuwan,* **oudeng.** *ceowan* (**eng.** *to chew*); buiten het germ. **lat.** *gingiva* [tandvlees], **oudkerkslavisch** *živati,* **perzisch** *javīdan* [kauwen].

kauwoerde [kalebas] **middelnl.** *cauwoerde, cuwoerde* < **oudfr.** *coöurde* < **lat.** *cucurbita* [fleskalebas] (vgl. *courgette*).

kava, kawa [drank] < **polynesisch** *kawa kawa* [peperstruik, de wortel daarvan, de daaruit bereide drank voor ceremoniële doeleinden].

kavalje [oud paard, vervolgens: oud huis] sedert Kiliaan, mogelijk < **spaans** *caballejo* [knol], of direct < **lat.** *caballus* (vgl. *cavalerie*).

kavel[1] [deel, perceel] **middelnl.** *cavel(e),* **middeleng.** *cavel,* hd. *Kabel,* **oudnoors** *kafl* [stokje (gebruikt om te loten)], verwant met **litouws** *žabas* [rijshout].

kavel[2] [keep] een gespecialiseerde betekenis van *kavel*[1] [lot].

kaveren [opkomen voor] < **lat.** *cavēre* [zich in acht nemen, voorzorgsmaatregelen nemen, vrijwaren, borg nemen of geven].

kaves [bleek, niet-gekookt bier] **brabants** *kawesse* < *kouwe weerse,* **middelnl.** *werse, weerse* [afkooksel], verwant met *wort*.

kavete, kavietse [bouwvallig huis] < **fr.** *cavité* [holte, uitholling], van **lat.** *cavus* [hol].

kaviaar [viskuit] < **fr.** *caviar* < **ouder it.** *caviaro* < **byzantijns-gr.** *kabiarion* < **turks** *havyar,* genoemd naar de havenplaats *Kaffa* op de Krim, thans Feodosiya.

kavietje [kroeg] **middelnl.** *cavie* [hok, hol] < **brussels** *cavie,* van **fr.** *cave* [kelder]; er waren en zijn nog veel tapgelegenheden in Brusselse keldergewelven.

kawaan [een minder soort schildpad] < **fr.** *caouane* < **spaans** *cauana* [idem], ontleend aan een Zuidamerikaanse indianentaal.

kawauwen [babbelen] een verlengde vorm van **middelnl.** *couwen, cauwen* (vgl. *wauwelen*).

kawetteren [kwetteren] frequentatief van **middelnl.** *cawetten* [kwetteren, kakelen, schelden], een verlengde vorm van *kweten* (vgl. *kweter*).

Kawi [Oudjavaans] eig. de naam van een poëtisch genre in het oudjavaans, dat beantwoordt aan **oudindisch** *kāvya-* [kunstliteratuur], van *kavi-* [dichter]; de naam van het genre kwam in zwang voor de taal door Wilhelm von Humboldts *Ueber die Kawi-Sprache auf der Insel Java* (1836-1840).

kazak [overkleed, tapijt] < **turks** *kazak* [landloper, zwerver, nomade, thans: trui] (> **russ.** *kazak*).

Kazakstan [geogr.] < **turks** *Kazakstan,* van *kazak* (vgl. *kazak*) + *stan* (vgl. *-stan*).

kazem, kazeem [veertiendaagse betaaldag] < **fr.** *quinzaine* [15-tal, twee weken, salaris over 14 dagen], van *quinze* [15] < **lat.** *quindecim,* van *quinque* [vijf] + *decem* [tien].

kazemat [bomvrij geweld] (1593) < **fr.** *casemate* [idem (1539)] < **it.** *casamatta* [kazemat], afgeleid van **byzantijns-gr.** *chasmata,* **gr.** *chasma* [spleet, kloof, grote tussenruimte], van *chaskein* [gapen] (vgl. *chaos*).

kazerne [gebouw voor huisvesting van soldaten] (1710) < **fr.** *caserne* [onderkomen voor vier soldaten] < **provençaals** *cazerna* [groep voor vier], teruggaand op **lat.** *quaterni* [ieder vier, telkens vier]; tot in de 17e eeuw betekende het woord een kleine kamer voor enkele mannen van de nachtwacht, eerst later een groot complex om soldaten te legeren.

kazike → *cacique*.

kazoo [soort mirliton] < **amerikaans-eng.** *kazoo,* klanknabootsend gevormd.

kazuifel [deel van misgewaad] **middelnl.** *casufle* < **me. lat.** *casubula, casuvula* [mantel met capuchon], verkleiningsvorm van *casula* [bijgebouw, monnikscel, en dan metaforisch: kazuifel], verkleiningsvorm van *casa* [hut, huisje, in laat-lat. huis].

kea [papegaaiesoort] < **maori** *kea,* klanknabootsend gevormd.

Kea, Keja [een huishouden van Kea/Keja, een rommelig huishouden] vermoedelijk een familienaam.

kebab [aan pennen geroosterde stukjes vlees] verkort < **turks** *şiş kebabi, şiş* [braadspit] *kebabi* < *kebap* [geroosterd vlees] < **ar.** *kabāb* [idem].

kebon [tuin] < **maleis** *kebun* [tuin, maar ook: tuinman] (de laatste betekenis met weglating van *tukang* [werkman]).

kedin, kitskedin [veilig, goed] < **hebr.** *kadīn* [volgens recht, orde].

kedive [Egyptische onderkoning] < **fr.** *khédive* [idem] < **turks** *khidiv* < **ar.** *khidīw, khudaiwī* < **perzisch** *khadiw* [prins], afgeleid van *khodā* [heer, prins].

keeftkast [type kast] het eerste lid is *kieviet;* verondersteld is, dat het hoge basement (heel gebruikelijk bij meubelen rond de oude Zuiderzee) associaties opriep met de hoge poten van de kieviet.

keek[1] [mosterd] ook *keik, kiek,* **nd.** *keek, kök, köddik,* **fries** *kütk, kiddik;* van *kodde*[1]?.

keek — kelner

keek[2] [schreeuw] → *kekeren*.

keel[1] [strot] **middelnl.**, **middelnd. kele, oudnederfrankisch, oudhd. kela, oudeng.** *ceole;* buiten het germ. **lat.** *gula* [keel], **oudiers** *gelim* [vreten], **russ.** *glotat'* [slikken].

keel[2] [rood (in wapenkunde)] **middelnl.** *kele, keel* < **fr.** *gueule* [keel, de rode keel van wilde dieren] < **lat.** *gula* [keel] (vgl. *keel*[1]).

keen [spleet, kiem] van dezelfde basis als *kiem*, met de grondbetekenis 'opengaan'.

keep[1] [kerf] eerst na de 16e eeuw genoteerd, vgl. **middelnd.** *kēp* [keep], **oudnoors** *keipr* [pin, dol]; behoort bij *kippen*[2] [uitbroeden].

keep[2] [vink] **hd.** *Kepf* [roofvogel], **fries** *keepfink;* etymologie onbekend.

keeper [doelverdediger] < **eng.** *keeper,* van *to keep* < **oudeng.** *cǣpan* [in de gaten houden, bewaken], **middelnl.** *capen* [kijken naar, turen], *caper* [degene die tuurt], het equivalent van *keeper*, **oudsaksisch** *kapōn*, **oudhd.** *kapfen* [kijken], **oudnoors** *kōpa* [staren]; etymologie onbekend.

keerkring [cirkel evenwijdig aan de evenaar] vertalende ontlening aan **lat.** *tropicus* (vgl. *tropisch*).

kees[1] [hond] verkort uit *keeshond,* vermoedelijk gevormd van de persoonsnaam *Kees*.

kees[2] [scheldnaam voor patriot] naar de Dordtse patriot *Cornelis (Kees) de Gijselaar* (1751-1815).

kees[3] [tabakspruim] van **middelnl.** *ke(e)sen* [kauwen], verwant met *kies*[1].

kees[4] in de uitdrukking *klaar is kees,* nevenvorm van *kaas,* gebruikt als woordspeling met de persoonsnaam *Kees*.

keest [kiem] **middelnl.** *keest(e)* [pit, merg, het fijnste van iets], **oudhd.** *chīst;* van dezelfde basis als *kiem*.

keet[1] [schuur] **middelnl.** *kete, keet;* ablautend naast *kit*[1].

keet[2] [herrie] hetzelfde woord als *keet*[1] [hut, loods], waarbij de betekenis zich ontwikkelde via 'onordelijk verblijf' over 'rommel' tot 'herrie'.

keeuwen [naar adem snakken (van vis op het droge)] van *kieuw*.

keffen [blaffen] klanknabootsende vorming.

kefir [melkwijn] van kaukasische herkomst.

keg, kegge [wig] **middelnl.** *kegge* [keg, ijzeren wig], **oudfries** *kei* [sleutel], **oudeng.** *cǣg* [sleutel]; mogelijk verwant met *kaak*[2].

kegel [conus] verkleiningsvorm van *keg*, **middelnl.** *kegel* [keg, wig, pop in het kegelspel, kei], *kekel* [ijspegel], *kekelen* [kegelen].

kehilla, killa [gemeente] < **hebr.** *qehillāh* [bijeenkomst, gemeenschap], van het ww. *qāhāl* [hij bracht bijeen].

kei [rolsteen] **middelnl.** *kei, kay* en *kegel* [keg, kegel, kei], **oostfries** *kei;* het woord hoort kennelijk bij *kegel* en de grondbetekenis zal zijn geweest 'kegelvormige steen'.

keik [witte radijs, herik] → *keek*[1] [mosterd].

keil[1] [dronken] het verkleinwoord *keiltje* betekent 'groot glas jenever' < **hebr.** *kelī* [vat, vaatwerk].

keil[2] [keg] **middelnl.** *keil* [keg, wig, kegel, steen] < *kegel* met de overgang van *ege* in *ei* zoals b.v. ook in *dweil* (vgl. *keilen*).

keilderen frequentatief van *keilen*.

keilen [langs het wateroppervlak werpen] **middelnl.** *keilen* = *kegelen,* gevormd als *dweil* < *dwegel, peil* < *pegel* etc. (vgl. *kegel*).

keiler [ever] < **hd.** *Keiler,* van *keilen* [hakken, beuken], van *Keil* [kegge, wig] (vgl. *keil*[2]).

keirin [sprint achter gangmakers] < **japans** *keirin* [wielerwedstrijd], van *kei* [zich meten met] + *rin* [wiel].

keizel nevenvorm van *kiezel*.

keizer [titel van de hoogste vorst] **middelnl.** *keiser* < **lat.** *caesar;* de naam van *(Gajus Julius) Caesar* werd na zijn dood een titel die de Romeinse heersers aannamen. Vgl. voor de vorming **russ.** *korol'* [koning], van de naam van Karel de Grote **oudhd.** *Karal, Karl*.

keizersnede [operatie t.b.v. geboorte] vertalende ontlening aan **lat.** *sectio caesarea,* genoemd naar de *Lex Caesarea,* volgens welke na de dood van een zwangere vrouw de vrucht door een buiksnede moest worden verwijderd alvorens zij mocht worden begraven.

kek [kittig] < **hd.** *keck,* **oudhd.** *chec, quec* [levendig] (vgl. *kwiek*).

kekelen [op luidruchtige toon praten, kijven] nevenvorm van *kekeren*.

keken [schreeuwen] → *kekeren*.

keker [soort erwt] **middelnl.** *keker, kecher,* **hd.** *Kichererbse* < **lat.** *cicer* [grauwe erwt, sisser]; de vorm *sisser* is een latere overname van *cicer*.

kekeren [stotteren] *hakkelen*, **middelnl.** *hakkelen,* bij Kiliaan *hakkelen* [schateren], iteratief van *keken* [schreeuwen], klanknabootsend gevormd.

kel [koud van schrik] **middelnl.** *kelde* [koude], **kellinghe** [pijn door koude], *kelnisse* [hardheid, bitterheid van kou], de oorspr. vorm van *kil* → *koud*.

kelder [deel van gebouw onder de begane grond] **middelnl.** *kelre, kelder, keller* < **lat.** *cellarium* [voorraadkamer], van *cella* [voorraadkamer voor graan, vruchten etc.], *in cellam* [voor het huishouden] (vgl. *cel*).

kelim [tapijt] < **ar.** *kilīm* [een lang en smal tapijt].

kelk[1] [drinkbeker] **middelnl.** *kel(e)c, kelic, kilc, ke(e)lct* [kelk, drinkbeker], **oudsaksisch** *kelik,* **oudhd.** *kelich,* **oudeng.** *calic* (**eng.** *chalice*), **oudnoors** *kal(e)kr* < **lat.** *calicem,* 4e nv. van *calix* [beker], **gr.** *kulix,* **oudindisch** *kalaśa-* [pot]; verwant met *kelk*[2].

kelk[2] [bloemkroon] **hd.** *Kelch* < **lat.** *calyx* < **gr.** *kalux* [bloemkelk, knop], **oudindisch** *kalikā* [bloemknop]; verwant met *kelk*[1].

kelner [ober] **middelnl.** *kelnare, kellenare* [keldermeester, i.h.b. in een klooster], van *kelder, keller, kelnare, kellenare* [kelder, herberg, wijnhuis] (vgl. *kelder*), resp. < **lat.** *cellarius* [tot de voorraadkamer behorend, opzichter daarvan, bottelier]; in de huidige toepassing < **hd.** *Kellner*.

kelp [zeewier] < eng. *kelp*, middeleng. *culp(e)*; etymologie onbekend.
Keltisch [m.b.t. de Kelten] < **lat.** *Celticus*, van *Celtae* [Kelten] < **gr.** *Keltoi*.
kelven [graven] te verbinden met *kalf* [weggezakte grond] (vgl. *afkalven*).
kelvin [temperatuureenheid] genoemd naar de Britse natuurkundige *William Thomson Kelvin* (1824-1907).
kemel → *kameel*.
kemelkoek [een gebak] het eerste lid is verbasterd uit *kummel*.
kemenade [woonvertrek] middelnl. *camenade, keminade, kemenade* [kamer met stookplaats, kamer, hofstede, woning] < **me. lat.** *caminada* [idem], van **lat.** *caminus* [oven, haard, haardvuur] < **gr.** *kaminos* [oven], verwant met **lat.** *camera* [kamer] en idg. verwant met *hemel*.
kemp [hennep] middelnl. *canep, kennep* < **lat.** *cannabis* [hennep].
Kempen [geogr.] < **lat.** *Campinia* [de streek van de velden], van *campus* (vgl. *kamp*).
kempetai [Japanse militaire politie] < **japans** *kempetai*, van *tai* [bataljon] + *kempe* [de wet uitvoerend], van *kem* [wet].
kemphaan [waadvogel] gekenmerkt door de felle schijngevechten van de mannetjes tijdens de balts, pas na Kiliaan geattesteerd, maar gezien de vorm *kemp* stellig ouder (vgl. *kamp*).
kenari → *kanarieboom*.
kenau [manwijf] genoemd naar *Kenau Simonsdochter Hasselaar*, die tijdens het beleg van Haarlem in 1572 en 1573 als een man streed.
kendang [slaginstrument] < **javaans** *kendang* [trom].
kendo [stokschermen] < **japans** *kendo*, van *ken* [zwaard] + *do* als in *judo;* de stok is de vervanging van het te gevaarlijke zwaard.
kenen [kiemen, splijten] van *keen*.
Kenia, Kenya [geogr.] uit de inheemse naam (van de berg Kenya) *Kere Nyaga* [Berg van Licht], de troon van de Keniase *Mwene Nyaga* [Heer van het Licht].
kenmerk [merkteken] gevormd van *kennen* + *merk*.
kennef, kennewe, kelf [halsbeugel voor vee] middelnl. *kennewe, kenneve, calf* [dwarshout], ongetwijfeld verband houdend met *knevel*, maar op onduidelijke wijze.
kenneken [pupil] eig. kindeke, vgl. voor de betekenisontwikkeling *pupil*.
kennel [hondehok] < eng. *kennel* < oudfr. *chenil* < **me. lat.** *canicularium, canillum, canile, kenillum* [idem], van *canis* [hond], daarmee idg. verwant.
Kennemerland [geogr.] in de 8e eeuw *Kinnehim;* de etymologie is onbekend, maar er zal zeker verband zijn met de naam der *Kaninefaten*.
kennen [weten] middelnl. *kennen*, oudnederfrankisch *kennan*, oudhd. *kennen*, oudfries *kenna*, oudeng. *cennan*, **oudnoors** *kenna*, gotisch *kannjan;* causatief bij *kunnen*.
kennewe → *kennef*.
kennis [het kennen, persoon die men kent] middelnl., middelnd. *kennisse* [idem]; afgeleid van *kennen*.
kenosis [afstand van de goddelijkheid (van Christus)] < gr. *kenōsis* [het leeg maken], van *kenoun* [leeg maken, van iets ontdoen, verlaten maken], van *kenos* [leeg, (van mensen) verlaten] (vgl. *cenotaaf*).
kenteren [omslaan, veranderen] (1671), van *kant*, dus: over zijn kant gaan.
kentiapalm [palmsoort] genoemd naar de plaats van herkomst *Kentia*, hoofdstad van de Howe-eilanden in de Stille Oceaan.
Kenya → *Kenia*.
kenzaad [kiem] → *keen*.
kepel [spits van pinakel] vgl. **oostmiddelnl.** *kepeler* [hij die een kap draagt] (vgl. *kap*).
keper [visgraat (in weefsel)] middelnl. *keper* [dakspant, zolderrib, twee banden in de vorm van een half open passer (in de heraldiek)], waaruit de huidige betekenis van een bepaald weefpatroon zich ontwikkelde < **lat.** *caper* [bok], dat in het nl. de betekenis zowel van 'dier' als van 'toestel' heeft. De **lat.** vorm *capreolus* (verkleiningsvorm van *caper*) [gems, schoorbalk] → *chevrons*.
kepie [militair hoofddeksel] < fr. *képi* < hd. *Käppi*, verkleiningsvorm van *Kappe* < **lat.** *cappa* [muts, huik] (vgl. *kap*).
keppe [lieveling] middelnl. *keves(ch)* [onecht (van zonder huwelijk samenwonenden)], *kevese* [overspel], hd. *Kebse* [bijzit], **middelhd.** *keb(e)se*, **oudhd.** *kebis, kebisa*, **oudsaksisch** *kevis*, **oudeng.** *ciefes*, **oudnoors** *kefsir* [slaaf].
keppeltje [schedelkapje] < **jiddisch** *kepel* < **middelhd.** *köpfel* [kopje].
keramiek → *ceramiek*.
keratine [hoornstof] gevormd van **gr.** *keras* (2e nv. *keratos*) [hoorn], daarmee idg. verwant.
kerel [man] middelnl. *ke(e)rle, kaerl(e), kerel* [vrij man van lage geboorte, boer], middelnd. *kerle*, oudhd. *karal* [man, echtgenoot, minnaar], oudeng. *ceorl* [vrij man van lage geboorte, echtgenoot] (eng. *churl*), oudnoors *karl* [oude man, man uit het volk]; buiten het germ. gr. *gerōn*, armeens *cer* [oude man], russ. *korol'* [koning] (van de naam van Karel de Grote oudhd. *Karal, Karl*, wiens naam identiek is met kerel) **oudindisch** *jaran-* [oud, zwak].
keren[1] [wenden] middelnl., oudhd. *keren*, oudnederlandsfrankisch *keran*, oudsaksisch *keran*, oudfries *kera*, en mogelijkerwijs oudnoors (met grammatische wisseling) *keisa* [buigen].
keren[2] [vegen] middelnl. *ke(e)ren, kerren, kerien*, oudhd. *kerren*, oudnoors *kar* [het vuil].
kerf [keep] → *kerven*.
kerfstok [stokje waarop door kerven wordt aangegeven wat iem. verbruikt (en dus: hoeveel schul-

kerk — ketel

den hij heeft)] middelnl. *kerfhout* [idem], *kerfstoc*, middelnd. *kervestock*, van *kerf* of *kerven + stok*.

kerk [bedehuis] middelnl. *ke(e)rke, kirke, kerc*, oudsaksisch *kirika*, oudhd. *chirihha*, oudfries *kerke*, oudeng. *cirice* < byzantijns-gr. *kuriakon* [het huis des Heren, kerk], het zelfstandig gebruikt o. van *kuriakos* [van de Heer], van *kurios* [heer] (vgl. *kyrie*).

kerker [gevangenis] middelnl. *kerker, caerker*, oudsaksisch *karkari*, oudhd. *charchari*, gotisch *karkara* < lat. *carcer* [gevangenis, kerker].

kerkhof [begraafplaats] middelnl., middelnd. *kerkhof*, middelhd. *kirchhof*, betekende oorspr. omsloten ruimte rond een kerk, ook als begraafplaats.

kermen [kreunen] middelnl. *kermen, ka(e)rmen*, oudeng. *cierman*, middelnd. *kermen, karmen*, middelhd. *karmen*, van middelnl. *kerme*, oudsaksisch *karm* [geweeklaag], oudeng. *cearm* [geschreeuw, kabaal] (eng. *chirm*); buiten het germ. lat. *garrire* [praten], gr. *gèrus* [stem], litouws *girti* [prijzen], oudiers *gairm* [schreeuwen], oudindisch *jarate* [hij geeft geluid] →*Germaan, karig*.

kermes [insekt, grondstof voor verf] middelnl. *kermesmaker* [vervaardiger van karmozijn] < fr. *kermès* [schildluis, kermeseik, karmozijn] < ar. *qirmiz* (vgl. *karmijn*).

kermis [volksfeest met jaarmarkt] middelnl. *kercmisse, kermis(se)* [plechtige mis bij jaarlijkse viering van de kerkwijding, jaarmarkt ter gelegenheid daarvan, feest] (vgl. *kerk*).

kern [binnenste, essentie] middelnl. *kern(e)*, *keerne* [kern, pit, zaadkorrel], oudsaksisch, oudhd. *kerno*, oudnoors *kjarni;* ablautend naast *koren*[1] (vgl. *graan*).

kerning [korrel van schietwapen] van *kern*.

kerosine [vliegtuigbenzine] gevormd naar gr. *kèros* [was].

kerria [sierstruik] genoemd naar *William Kerr* († 1814), hortulanus op Ceylon.

kerrie [specerij] < eng. *curry-powder* [kerriepoeder], van tamil *kari* [saus].

kers[1] [kruisbloemige plant, waterkers e.d.] middelnl. *kers(s)e, korsse*, met metathesis van *r*, vgl. oudhd. *kresso* (hd. *Kresse*), oudeng. *cresse, cærse* (eng. *cress*); buiten het germ. lat. *gramen* [veevoer, gras], gr. *graō* [ik knabbel], oudiers *greim* [mondvol] (in welke vormen de *s* is verdwenen) en oudindisch *grasati* [hij verslindt]; de Oostindische kers is zo genoemd omdat de smaak lijkt op die van waterkers en tuinkers.

kers[2] [vrucht] middelnl. *ke(e)rse, karse* < me. lat. *cerisum, cericum*, klass. lat. *cerasium* < gr. *kerasos* [kerseboom], dat mogelijk een uit het gebied van Pontus stammend leenwoord is.

kersouw [madeliefje] middelnl. *carssaude, corsaude, kersoude* < fr. *cassaude* < me. lat. *consolida* [idem], van klass. lat. *consolidare* [versterken]; madeliefjes stonden in de middeleeuwse geneeskunst in hoog aanzien. Ze werden o.m. gebruikt ter bestrijding van vermoeidheid.

kerspel [parochie] middelnl. *kercspel, kerspel, kirspel;* van *kerk + spellen* [verklaren] *spel* is de verkondiging van de rechtsbeslissingen, dan het gebied waarvoor deze geldig waren.

kerspendoek [zwart krip] middelnl. *kerspendoec* [doek van krip], *kersp* [krullend, kroes] < oudfr. *crespe* met metathesis van *r* (vgl. *krip*[1]).

kerst verkort uit *Kerstmis*.

kerstenen [dopen] middelnl. *ke(e)rstenen, carstenen, corstenen, kersten* [idem], oudeng. *cristnian*, vgl. oudfr. *chrestiener;* afgeleid van middelnl. *kerstijn* [christen], resp. fr. *chrestien* < lat. *christianus* [christelijk, christen] (vgl. *Kerstmis*).

Kerstmis [feest van Jezus' geboorte] middelnl. *Kersmisse*, middelnd. *Kerstesmisse*, oudeng. *Cristes mæsse;* samengesteld van *Kerst* [Christus], met metathesis van *r* < lat. *Christus + mis*[1].

kersvers [geheel vers] (17e eeuws) *kars inne varsch*, het eerste lid is middelnd., middelhd. *karsch* [opgewekt, fris], oudnoors *karskr* [flink]; buiten het germ. lat. *expergisci* [ontwaken], gr. *egeirein* [waken], avestisch *-gar-* [idem], oudindisch *jāgarti* [hij waakt].

kert, kerte [kerf, keep] bij Kiliaan *kerte* en *kerten* [kerven], vgl. *kertelen*, *kartelen*[1], vormen met metathesis van *r* naast middelnl. *cretten, cretsen, cratsen, crassen*.

kertel [rafeling] →*kartel*.

kervel [plantengeslacht] middelnl. *kervel* < lat. *chaerefyllum* < gr. *chairephullon*, gevormd van *chairein* [zich verheugen] + *phullon* [blad], idg. verwant met *bloem*[1]; zo genoemd vanwege de aantrekkelijke geur.

kerven [insnijdingen maken] middelnl. *ke(e)rven, ca(e)rven*, middelnd. *kerven*, middelhd. *kerben*, oudfries *kerva*, oudeng. *ceorfan* (eng. *to carve*); verwant met *krabben;* buiten het germ. gr. *graphein* [griffen, schrijven], idg. verwant met *kerven*.

kerygma [heilsboodschap] < gr. *kèrugma* [verkondiging], van *kèrussein* [verkondigen], van *kèrux* [heraut].

kesp [draagbalk] etymologie onbekend.

ket, ked, kid, kidde [paardje] komt voor in de kustdialecten, van dezelfde oorsprong als eng. *kid* [kind (slang), oorspr. geitje] < oudnoors *kið* [geitje].

ketch-up [pikante saus] < eng. *ketch-up* < chinees *kōe tsiap* (op Amoy), van *kōe* [fijn gehakte vis] *+ tsiap* [saus].

keteen [een organische verbinding] < hd. *Keton* (vgl. *keton*).

ketel [vat] middelnl. *ketel*, oudsaksisch *ketel*, oudeng. *cietel*, oudnoors *ketill*, gotisch *katils* < lat. *catinus* [holte, nap, platte schotel], gevormd met een germ. achtervoegsel, òf van de lat. verkleiningsvorm *catillus* [schoteltje, bordje], mogelijk verwant met **gr.** *kotulè* [nap, kroes, holte] (vgl. *cotyledo*).

ketelaar [matroos die naëet] **(middelnl.** *ketelaer* [ketelsmid]), tegenwoordig in *daar kun je ketelaar van blijven* [daar krijg je niets van]; bij de marine is met ketelaar bedoeld iem. die wacht moet lopen en wiens eten in een ketel wordt warm gehouden.

ketella [cassave] < **maleis** *ubi ketela*, (*ubi* [knol]) < **javaans** *ketela* [bataat].

keten [ketting, reeks] **middelnl.** *keten(e), ketten(e)* < **lat.** *catena* [ketting, keten, boei].

ketjap [saus van sojabonen] < **maleis** *kecap*, uit het chinees.

ketjoe [roversbende] < **maleis** *kecu* [rover, rampokker, beroving] < **javaans** (ngoko) *wong kecu*, **javaans** (krama) *tiyang kecu* [bandiet(en)].

ketjoeboeng [plant] < **maleis** *kecubung* [idem].

keton [groep chemische stoffen] < **hd.** *Keton*, door de Duitse chemicus Leopold Gmelin (1788-1853) gevormd van *Aketon* [aceton].

kets [hooiopper] nevenvorm van **kits** [2] [hoop grind].

ketsen [drijven, jagen] **middelnl.** *ketsen, caetsen* (vgl. **kaatsen**).

kettel → **kartel**.

ketter [die afwijkt van de geloofsleer] **middelnl.** *ketter* < **fr.** *cathare* [lid van de sekte der Katharen], van **gr.** *katharos* [rein], van vermoedelijk vóór-gr. herkomst.

ketting [samenstel van schakels] **middelnl.** *kettinc*, van *kettene* met het achtervoegsel *-ing* (vgl. **keten**).

keu [1] [biljartstok] < **fr.** *queue* [staart, steel, keu] < **lat.** *coda, cauda* [staart], idg. verwant met *houwen* en vermoedelijk oorspr. betekenend 'afgehakt stuk' (vgl. *coda*).

keu [2] [big] **middelnl.** *code* [jong varken], *cudde* [keu, zeug]; behoort bij **kodde** [1].

keukelen [buitelen] naast **kukelen**.

keuken [kookvertrek] **middelnl.** *cokene*, **middelnd.** *koke(ne)*, **oudhd.** *chuhhina*, **oudeng.** *cycene*, teruggaand op **lat.** *coquina* [idem].

keule [bonekruid] eveneens *kwendel, keune*, **middelnl.** *cuelne, quendel*, **nd.** *konele*, **oudsaksisch** *cunele*, **oudhd.** *konala*, **oudsaksisch**, **oudhd.** *quenula, quenela, quenala* (**hd.** *Künel*), **oudeng.** *cunelle* < **lat.** *cunila* < **gr.** *konilè* [idem], van vóór-gr. herkomst.

Keulen [geogr.] < **hd.** *Köln* < **lat.** *Colonia Agrippina*, van *colonia* [kolonie] *Agrippina*, omdat de vestiging werd genoemd naar Agrippina, de vrouw van keizer Claudius.

keun [1] [big] → **keu** [2].

keun [2] dial. nevenvorm van *konijn*.

keune [bonekruid] → **keule**.

keur [stempel, keus, het beste] **middelnl.** *co(i)re, cuere, keure* [keuze, vrije keus, beschikking, verordening], **oudsaksisch** *kuri*, **oudhd.** *kuri*, **oud-**

eng. *cyre*, **oudnoors** *kör*; gevormd van **kiezen** (vroeger verl. deelw., met grammatische wisseling *gekoren*).

keurig [net] afgeleid van **keur**.

keurmede [door de heer te kiezen goed stuk uit nalatenschap van een horige] van **keur** [keuze], **middelnl.** *m(i)ede* [loon, beloning, geschenk], **oudsaksisch** *meda*, **oudhd.** *miata* (**hd.** *Miete*), **oudeng.** *mēd* (**eng.** *meed*), **gotisch** *mizdo* [loon, betaling]; buiten het germ. **gr.** *misthos* [loon, beloning], **oudkerkslavisch** *mĭzda*, **oudindisch** *mīḍha-* [loon].

keurs [kledingstuk om bovenlijf] **middelnl.** *coerse, cuerse*, **middelnd.** *korse*, **middelhd.** *kürse*, **oudeng.** *crusne* < **oudfr.** *cors* [lichaam, mantel] < **lat.** *corpus* [lichaam]; vgl. voor de betekenisontwikkeling *lijfje* → **korset**.

keurslijf [rijglijf, belemmering] pleonastische samenstelling van **keurs** + *lijf*.

keus [1], keuze [het kiezen] **middelnl.** *cose, keuse*, o.i.v. *kiezen* ontstaan bij **keur**.

keus [2] [rok] → **keurs**.

keutel [drekballetje] **middelnl.** *cotel, cuetel*, **middelnd.** *kotel*, verkleiningsvorm van *cote* [knokkel, koot, bikkel, kei], dus eig. keitje.

keuter [1] [kleine boer] **middelnl.** *cot(t)er, keuter* (oostelijk) *cater*, van *cote* [hut] (vgl. *kot*).

keuter [2] [kind] → **koter** [2].

keuvel, kovel [kap van kloosterlingen, vrouwenmuts] **middelnl.** *covel(e), cuevel*, **middelnd.** *kovel*, **oudeng.** *cufel(e)*; zal bij *kuif* behoren.

keuvelen [babbelen] (1724), nevenvorm van *kevelen*, **middelnl.** *kevel* [kaak, als bn. tandeloos], **oudsaksisch** *kaflos* [kaken], **middelhd.** *kivel* (**hd.** *Kiefer*), **oudeng.** *ceafl*, **oudnoors** *kjaptr*; buiten het germ. **oudiers** *gop* [snavel, bek], **avestisch** *zafar* [mond].

keuzelen [keuvelen] (ca. 1720), ook *kozelen*, frequentatief van *kozen*.

kevelen [mummelen] **middelnl.** *kevel* [kaak, kinnebak, tandvlees, gehemelte] → **keuvelen**.

kevels [kaakbeenderen] → **keuvelen**.

kever [insekt] **middelnl.** *kever*, **oudnederfrankisch**, **oudsaksisch** *kevera*, **oudhd.** *kevaro*, **oudeng.** *ceafor* (**eng.** *chafer*), waarschijnlijk van *kevel* (vgl. **keuvelen**); de betekenis is dan 'knager'.

keveren [met ronde rug lopen] gevormd van *kever*, het insekt.

kevie [kooi] **middelnl.** *kevie* [val om dieren te vangen], **oudsaksisch, oudhd.** *kevia* (**hd.** *Käfig*) < **lat.** *cavea* [holte, kooi], van *cavus* [hol].

keyboard [elektronisch apparaat met toetsenbord] < **eng.** *keyboard* [toetsenbord], van *key* [sleutel], **oudeng.** *cǣg* [instrument om mee te splijten], **nl.** *keg*, **middelnl.** *kile, kijle* [wig] + *board* (vgl. *bord*).

kezen [neuken] van *kees* [3] [tabakspruim], geeft de associatie met enerzijds *pruim* [kut], anderzijds met het harige van de pruim tabak.

khaki → *kaki*.

khan → *kan*².
khedive → *kedive*.
kibbelen [ruzie maken] **middelnl.** *kibbelen, kebbelen,* iteratief van *kijven.*
kibboets [Israëlische kolonie] < **hebr.** *qibbūts* [verzameling], van het ww. *qibbets* [bijeenbrengen, verzamelen].
kibboot [soort boot] genoemd naar de fuiken die ermee werden uitgezet, van *kip* ² [korf].
kibitke, kibitka [tentwagen, Tataarse tent] < **russ.** *kibitka* [tentwagen], met het russ. achtervoegsel *-ka* gevormd van **tataars** *kibits*.
kick [schop, prikkel] < **eng.** *kick,* etymologie onbekend.
kid [kind] < **eng. slang** *kid* [kind, maar oorspr. geitje], van dezelfde oorsprong als *ket*.
kidde [regel samengeharkt gras] → *kits* ² [hoop grind].
kidnap [ontvoering] < **eng.** *kidnap,* samengesteld uit *kid* [kind] + *nap,* nevenvorm van *nab* [grijpen].
kiebes [barg. hoofd] < **rotwelsch** *Kiebes* < **hd.** *Kabis(z)* = *Kappes* [krop-, kopkool], **middelhd.** *kabez,* **oudhd.** *kapuz* < **lat.** *caput* [hoofd], daarmee idg. verwant.
kieft → *kieviet.*
kiek [plant] → *keek* ¹ [mosterd].
kiekeboe [uitroep] van *kieken,* dial. nevenvorm van *kijken* + het tussenwerpsel *boe!*.
kieken vlaamse variant van hollands *kuiken.*
kiekeren [vogelgeluid] klanknabootsend gevormd.
kiekhoest nevenvorm van *kinkhoest.*
kiekje [amateurfoto] genoemd naar de Leidse fotograaf *Israël David Kiek* (1811-1899).
kiel¹ [boezeroen] **middelnl.** *kidel, kedel, keel,* **middelnd.** *kedele,* **middelhd.** *ki(t)tel* (**hd.** *Kittel*); etymologie onzeker.
kiel² [keg, geer] **middelnl.** *kile, kijle* [wig, homp, brok], **oudhd.** *kil* (**hd.** *Keil,* dat in het nl. is overgenomen) **fries** *kyl;* van een idg. basis met de betekenis 'splijten' waarvan ook *kiem* stamt.
kiel³ [schip, kielbalk] **middelnl.** *kiel* [zeeschip], **oudsaksisch, oudhd.** *kiol,* **oudeng.** *ceol,* **oudnoors** *kjöll;* buiten het germ. **gr.** *gaulos* [emmer, buikig schip]; de betekenis 'bodembalk' stamt van een ander woord **middelnd.** *kil,* **oudeng.** *cele* [scheepssneb], **middeleng.** *kele* (**eng.** *keel*), **oudnoors** *kjǫlr*.
Kiel [geogr.] < *Kyle,* verwant met *kil* ¹ [waterdiepte, rivierarm].
kieleman, kielman [Belgisch opstandeling in 1830] van *kiel* [boezeroen], dus drager van een kiel. Aanvankelijk ontbraken veelal de uniformen.
kiem [beginsel, uitloper] **middelnl.** *kieme, kijme,* **oudnederfrankisch, oudhd.** *kīmo* (**hd.** *Keim),* **middelnd.** *kīme,* **oudsaksisch** *kīn;* etymologie onzeker.
kien¹ [barg. sleutel] **middelnl.** *kine, kene, kijn* [reet, spleet, barst], **rotwelsch** *Kien* [hangslot], nevenvorm van *Qui(e)n* [hond], eig. evenals *kluns* [hondsvot], teruggaande op **oudhd.** *quiti* [kut]; verwant met **eng.** *key* [sleutel].

kien² [pienter] < **eng.** *keen* [scherp], verwant met *koen*.
kienen [het kienspel spelen] (19e eeuws) < **fr.** *quine!* [vijf opeenvolgende nummers!] < **lat.** *quini* [telkens vijf], van *quinque* [vijf], daarmee idg. verwant.
kienhout [harsrijk, uit het veen afkomstig dennehout] **middelnd.** *kēn,* **oudhd.** *kien, kēn,* **oudeng.** *cēn* [pijnboom, fakkel], **oudiers** *gius* [pijnboom]; verwant met *kiem,* met de grondbetekenis 'splijten'.
kiep [hengselmand] → *kip* ⁶ [hoofddeksel]; de uitdrukking *vliegende kiep* [een keeper die tegelijk veldspeler is] < **eng.** *flying keeper,* van *to fly* [vliegen] + *keeper* (vgl. *keeper).*
kiepen, kippen [omwerpen] < **hd.** *kippen* [idem], vgl. **fr.** *receper* [kort snoeien, afkappen van paalwerk], van *cep* [wijnstok, ankerstok, ploeghout], **provençaals** *cepa,* **oudeng.** *forcippian* [de punt afhakken], teruggaand op **lat.** *cippus* [schanspaal].
kieperen [vallen, smijten] → *kiepen* [omslaan].
kier [spleet] geïsoleerd uit de verbinding **middelnl.** *akerre, aker, aenkerre* [op een kier (van deur)], **middelnd.** *enkare,* **eng.** *ajar* < *on char,* **fries** *yn 't kier,* van *keren* ¹, **middelnl.** *yn 't kier,* ook *kieren* [keren, draaien], dus het openzetten van de deur.
kiereboe [speelwagen (met een bak die op twee leren riemen hing)] **fries** *kierebuk, kjirrebloekje,* mogelijk < **fr.** *cuir à bout(s)* [leer op de nok(ken)].
kierketel [ketel voor het reinigen van garens] < **fr.** *cuire* [koken, i.h.b. ook het opkoken van zijde].
kies¹ [maaltand] **middelnl.** *kiesetant,* hollands naast **oudfries** *kese* [kies], verwant met **middelnl.** *ke(e)sen* [kauwen], daarmee idg. verwant.
kies² [kieskeurig] (1599) → *kiezen.*
kies³ [kiezel] < **hd.** *Kies,* **middelhd.** *kīs* (vgl. *kiezel).*
kieskauwen [treuzelend eten] (1599), gevormd van *kies* ¹ [maaltand] + *kauwen,* waarbij het begrip kieskeurig allicht invloed heeft gehad.
kieskeurig [veeleisend] (1661), gevormd van *kiezen* (vgl. *kies* ²) + *keurig.*
kiet¹ (1785) → *quitte.*
kiet² → *kuit* ¹.
kietelen, kittelen [een kriebeling opwekken] **middelnl.** *ketelen, kittelen,* **oudsaksisch** *kitilon,* **middelnd.** *kettelen,* **oudhd.** *kizzilon,* **oudeng.** *citelian,* **oudnoors** *kitla;* klanknabootsend gevormd.
kietelsteentje [kiezelsteentje] **fries** *kidelstien, kitelstien,* **oostfries** *kittelflinte* [kiezel(steentje)] (vgl. *kiezel*).
kieuw [ademhalingsorgaan van vis] **middelnl.** *cuwe, kieuwe* [kaak, kieuw], *cauwe, cawe* [kaak, bek]; hoort bij *kauwen.*
kieviet, kievit [waadvogel] klanknabootsende benaming, vgl. **eng.** *pewit, peewit*.

kiezel [grind] middelnl. *kesel, keisel, kiesel,* oudhd. *kisil,* oudeng. *cisil,* verkleiningsvorm van een woord middelhd. *kīs* [kiezel]; etymologie onbekend.

kiezen [een keus doen] middelnl. *kiesen* [smaken, ondervinden, keuren, kiezen], oudsaksisch *kiosan* [kiezen], oudhd. *kiosan* [(be)proeven, onderzoeken, kiezen], oudeng. *ceosan* [kiezen] (eng. *to choose*), oudnoors *kjosa,* gotisch *kiusan* [kiezen]; buiten het germ. lat. *gustus* [het proeven, smaak], gr. *geuein* [laten proeven], oudiers *togu* [kiezen], oudkerkslavisch *kusiti* [proeven, proberen], oudindisch *josayate* [hij heeft plezier in].

kif[1] [gebruikte run] etymologie onzeker; verwantschap met *kaf* is geopperd.

kif[2] [hasjiesj] < ar. *kaif* (in Noord-Afrika *kif*) [vreugde, het zich goed voelen; kif].

kiften afgeleid van *kijven*.

kijkel [ijspegel] middelnl. *kekel* (vgl. *kegel*).

kijken [zien] middelnl., middelnd. *kiken,* middeleng. *kīke* (verouderd eng. *to keek*); etymologie onbekend.

kijl [dronken] → *keil*[1].

kijt nevenvorm van *kuit*[1].

kijven [schelden] middelnl., middelnd. *kiven,* oudfries *zîvia, tzîvia,* in het Oudfries wordt de *k* voor oude palatalen gepalataliseerd oudnoors *kîfa* (vgl. *kibbelen, kiften*); etymologie onzeker.

kikhalzen → *kokhalzen*.

kikken [een geluid voortbrengen] middelnl. *kicken,* klanknabootsende vorming.

kikker [kikvors] eerst 16e eeuws; klanknabootsende vorming.

kiks [voetbalschoenen] < eng. *kicks* [trappen, trappers] (vgl. *kick*).

kikvors [amfibie] van het klanknabootsende *kikken, kikker* + *vors*.

kil[1] [geul] middelnl. *kille* [rivierbedding], nd. *kille,* oostfries *kille,* oudnoors *kill* [lange zeearm]; verwant met *keil*[2].

kil[2] [koud] middelnl. *kil* → *kel*.

kille [joodse gemeente] → *kehilla*.

killen[1] [klapperen van zeilen] etymologie onbekend.

killen[2] [doden] < eng. *to kill* [idem] < oudeng. *cwellan,* causatief van *cwelan* [sterven], verwant met *kwellen*[1].

kilo [gewichtseenheid] < fr. *kilo,* gevormd van gr. *chilioi* [1000].

kilt [Schotse rok] < eng. *kilt,* van *to kilt* [opnemen (van rokken)], uit Scandinavië, vgl. oudnoors *kilting, kjalta* [rok].

kim[1], kimme [rand, horizon] middelnl. *kim(me)* [rand van een vat], fries *kimen* [groef waarin de vatbodem past], hd. *Kimme* [inkeping, sponning], eng. *chime, chimb* [rand van een vat], zweeds dial. *kimb(e)* [rand], mogelijk verwant met *kam*.

kim[2] nevenvorm van *kaam*.

kim[3], kin, ken [barg. goed, akkoord] < jiddisch *ken* [juist] < hebr. *kēn* [eerlijk, oprecht].

kimberliet [diamanthoudende aarde] genoemd naar *Kimberley* in Zuid-Afrika, genoemd naar Lord Kimberley, Brits minister van koloniën.

kimmel [barg. drie] < hebr. *gīmel* [de derde letter van het alfabet met getalswaarde drie] → *gamma*.

Kimmerisch [van de Kimmeriërs, een Germaanse stam] van lat. *Cimbricus,* van de *Cimbri,* de Kimbren.

kimono [ochtendkleding] < japans *kimono,* van *ki,* een vorm van het ww. *kiru* [aantrekken] + *mono* [een ding], iets om aan te trekken.

kin[1] [deel van de onderkaak] middelnl. *kin(ne),* oudsaksisch *kin(ni),* oudhd. *kinni,* oudeng. *cinn* (eng. *chin*), oudnoors *kinn,* gotisch *kinnus* [wang]; buiten het germ. lat. *gena* [wang], gr. *genus* [kaak, kin], litouws *žandas* [kaak], oudiers *gin* [mond], oudindisch *hanu-* [kaak].

kin[2] [halfmuds mand] met verlies van de uitgang hetzelfde woord als *kinnetje*.

kina [boom, bast daarvan] < spaans *quina* < quechua *quinquina* [idem].

kinase [een enzym] van *kinetisch* + -*ase* → *kinetica*.

kind [jong mens, zoon of dochter] middelnl., oudnederfrankisch *kint,* oudsaksisch, oudhd., oudfries *kind* (o.) [kind en direct daarbij behorende betekenissen als zoon, jonge man e.d.], oudnoors *kind* (vr.) [geslacht, maar later ook wel kind], gotisch *kindins* [bevelhebber, d.w.z. hoofd van de stam]; de oorspr. betekenis van het vr. zn. is 'geslacht', het o. 'kind' in de meer noordelijke germ. talen is een ontlening uit het zuiden (hd. *Kind*), dat gezien moet worden als een overgang van collectief naar nomen unitatis; buiten het germ. lat. *gens* [geslacht, volksstam, afstammeling], gr. *genos* [geslacht, familie, kind], oudindisch *janas-* [geslacht], *jantu-* [kind, schepsel], verwant met *kunne*[1]; voor *kind noch kraai* vgl. *kraai*[2].

kindsbeen [van kindsbeen (af), sedert de vroegste kindsheid] Brederoo: *van mijn kindsche beenen af,* middelhd. *von kindes beine* [van het ogenblik af dat men is begonnen te lopen].

kinematica [leer van de bewegingen] gevormd van gr. *kinèma* (2e nv. *kinèmatos*) [beweging], van *kinein* [bewegen].

kinematograaf [filmtoestel] gevormd van gr. *kinèma* (vgl. *kinematica*) + *graphein* [schrijven, afbeelden], idg. verwant met *kerven*.

kinescoop [ampex] gevormd van gr. *kinein* [bewegen] + *skopein* [kijken naar], idg. verwant met *spieden*.

kinesie [bewegingstherapie] < gr. *kinèsis* [beweging], van *kinein* [bewegen].

kinesitherapie [bewegingstherapie] gevormd van gr. *kinèsis* [beweging], van *kinein* [bewegen] + *therapie*.

kinetica, kinetiek [dynamica] → *kinematica*.

kinine [extract van kinabast tegen koorts] < fr. *quinine* [idem] (vgl. *kina*).

kink — kit

kink[1] [kronkel] middelnl. *kinc(horen)*, zweeds *kink*, oudnoors *kikna* [buigen]; ablautend naast *konkel*[1].

kink[2] [harde slag] van *kinken*, klanknabootsend gevormd.

kinkel [botterik] (1544) *kinckelboer* [lomperd], oostfries *kinkel* [kink in kabel], nd. *kinkel* [groot stuk, homp]; afgeleid van *kink*[1].

kinkhoest [ziekte] (1599), dial. *kiekhoest*, middelnd. *kinkhoste*, hd. *Keuchhusten*, fries *kinkhoast*, eng. *chink cough;* het eerste lid is een genasaleerde nevenvorm van *kuchen*.

kinkhoorn [reehoorn] middelnl. *kinchor(e)n*, van *kink*[1] [kronkel], dus gedraaid horentje.

kinnebak [onderkaak] middelnl. *kinnebacke* [onderste deel van het gezicht], van *kinne* [kin, benedenste deel van het gezicht] + *backe* [kinnebak, wang] (vgl. *bakkes*).

kinnef [barg. ongedierte, luizen] rotwelsch *Kinne, Kinum, Kinem(e)* [luis] < jiddisch *ken*, mv. *kinnim* [luis] < hebr. *kināh* (mv. *kīnīm*) [luis].

kinnesinne [jaloezie, afgunst, kif] < jiddisch *kinnesinne* < hebr. *kin`a sin`a* [haat en nijd].

kinnetje [half vat] middelnl. *kinnekijn, kintkijn, kindekijn* [vaatje] < me. lat. *quintallus, quintale*, hetzij via ar. *qinṭār* [een gewicht van 100 *raṭl*], hetzij rechtstreeks < gr. *kentènarion* (vgl. *centenaar*).

kino [een plantaardige looistof] van Westafrikaanse herkomst, vgl. mandingo *cano*, gambia *kino*.

kiosk [verkoopstalletje] (1698) < fr. *kiosque* [paviljoen, koepel, kiosk] < turks *kioshk* [paleis, landhuis, paviljoen] < perzisch *kūshk* [paleis].

kip[1] [hoen] (1599), is vermoedelijk de lokroep van het dier. Sommigen verbinden het woord met middelnl. *kippen* [broeden, uitbroeden], of verwant met *keep*[1] oorspr. met de betekenis 'het doorpikken van de eierschaal'.

kip[2] [vogelknip] middelnl. *kip(pe)* [knip, strik, val, voetboei], van *kippen*[1] [vangen].

kip[3] → *keep*[1].

kip[4] [stokvishoepeltje] middelnl. *kip, kijp* [bundel huiden, vlas e.d.], middelnd. *kip*, oudnoors *kippi*, van *kippen*[1] [vangen, grijpen].

kip[5] [ploeghout] hetzelfde woord als *kip*[2] [vogelknip].

kip[6] [hoofddeksel, bepaaldelijk van stro] nevenvorm van *kiep* [hengselmand], nd. *kip(e), kiep(e)*, hd. *Kiepe*, oudeng. *cypa, cype* [korf]; stamt van een idg. basis met de betekenis 'buigen', waarvan ook *giro*.

kip[7] [politieagent] < rotwelsch *Kipp* [hond] (vgl. *Teckel* [gendarme]); in sommige Duitse streken heette in de mijnbouw de bak op vier wielen voor horizontaal vervoer in de gangen *Hund*, fr. *chien des mines*, nl. *hond*, ook wel *ijzeren hond*, in o.m. Saksen was de benaming *Kieper*, van *Kiepe* [kist, bak]; in Zwaben, waar dit laatste woord onbekend was, vatte men het op als waakhond.

kippen[1] [vangen] middelnl. *kippen*, verouderd eng. *to kip*, oudnoors *kippa*, vgl. *kippen*[2].

kippen[2] [uitbroeden] middelnl. *kippen*, hd. *kippen* [hakken], eng. *to chip*, klanknabootsend gevormd (vgl. *chip*); vgl. voor de betekenis eng. *to hatch*, hd. *hecken* [uitbroeden], verwant met *hakken*.

kippen[3] [kantelen] (20e eeuws) < hd. *kippen*, etymologie onzeker → *kiepen*.

kipper [gebakken haring] < eng. *kipper*, eerste betekenis 'mannetjeszalm', vgl. oudeng. *cypera, cypere* [zalm (ten tijde van het kuitschieten)], oudsaksisch *cupiro* [idem], verwant met *koper;* de vis is zo genoemd naar de koperkleurige vlekken op de huid.

kippig [bijziend] van *kip*[1], kijkend op de manier van een kip.

kipp-toestel [toestel voor bereiding van bep. gassen] genoemd naar J. B. Kipp (1808-1864).

kips [geïmporteerde kleine huiden] mv. van eng. *kip* [huid van kalf of ander jong beest], etymologie onbekend.

kipsel [dracht, broedsel] van *kippen*[2] [uitbroeden].

kir [drank] < fr. *kir*, genoemd naar de kanunnik *Kir*, afgevaardigde en burgemeester van Dijon (1876-1968).

kira-kira [ongeveer] < maleis *kira-kira*, eig. mv. van *kira* [gissing].

Kirgiezen [een volk] verondersteld wordt, dat zij zijn genoemd naar een mythisch stamhoofd.

kirman [soort van Perzisch tapijt] naar de Perzische provincie van die naam.

kiro [roep van drijvers bij fazantejacht] naast *tiro* < fr. *tire haut* [schiet hoog!], vgl. *wartoe*.

kirren [rollend keelgeluid maken] (17e eeuws), in 16e eeuws *kieren*, nd. *kirren;* klanknabootsende vorming.

kirsch [likeur] < hd. *Kirsch* [idem], verkort uit *Kirschwasser*.

kiskassen [keilen] van *kitsen*, nevenvorm van *ketsen* + *kassen* [keilen].

kismet [voorbeschikking] < turks *kismet* < ar. *qisma* [verdeling, toedeling, lot (voorbeschikt door God)], bij het ww. *qasama* [hij verdeelde, deelde toe, beschikte voor (God)].

kissebissen [beuzelen] (eind 18e eeuws), van *kissen* + *bissen*.

kissen [een sissend geluid maken] middelnl. *kissen*, klanknabootsend gevormd.

kissevissen [zaniken] nevenvorm van *kissebissen*.

kist [bak met deksel] middelnl. *kist(e)*, middelnd. *kiste*, oudhd. *kista*, oudeng. *ciest* (eng. *chest* en *kist*), oudnoors *kista* < lat. *cista* [kist, koffer] < gr. *kistè* [kist, korf], dat volgens sommigen uit het semitisch stamt, vgl. akkadisch *kīsu* [buidel], volgens anderen verwant is met *oudiers cess*, *ciss* [mand] (vgl. *cisterne*).

kistjes [schoenen in soldatenjargon] zo genoemd omdat vroeger militair schoeisel geen profiel voor links of rechts had.

kit[1] [kan] middelnl. *cit(te)* [kruik, kan], middelnd. *kitzen* [nevenvertrek], eng. *kit* [vaatje], noors *kitte* [bak]; verwant met *kot*.

kit[2] [lijm] (1860) < **hd.** *Kitt*, **oudhd.** *quiti* [lijm], **oudeng.** *cwidu* [mastiek], **oudnoors** *kvaða* [hars], **oudindisch** *jatu-* [lak,gom].

kit[3] [zelfbouwpakket] < **eng.** *kit* [kruik, kom, vaatje, uitrusting, bagage, set, stel], **middeleng.** *kitt* [tobbe] < **middelnl.** *cit(te)* [kruik, kan]; hetzelfde woord als *kit*[1].

kitchenette [klein ingebouwd keukentje] < **eng.** *kitchenette*, van *kitchen* [keuken], **middeleng.** *kuchene* < **lat.** *cucina* (vgl. *keuken*) + het fr. verkleiningsachtervoegsel *-ette*.

kits[1] [type zeilschip] < **eng.** *ketch* [idem], **middeleng.** *catche*, van *to catch* < **oudfr.** *chasser* [jagen] < **lat.** *captare* [trachten te pakken te krijgen], van *capere* [pakken], idg. verwant met *heffen*.

kits[2] [bijeengeveegde hoop grind] vermoedelijk van **hd.** *kitschen* (vgl. *kitsch*).

kits[3] [fijn, in orde] van *alles kits* < **jiddisch** *alles gietes* < **hd.** *alles Gute*.

kitsch [schijnkunst] < **hd.** *Kitsch* [idem], vermoedelijk van *kitschen* [snel bijeenvegen van vochtig vuil], in de eind 19e eeuwse kunstkritiek gebruikt als aanduiding van waardeloos schilderwerk.

kittebroer [drinkebroer] gevormd van *kit*[1] [grote kan].

kittelorig [lichtgeraakt] van *kietelen* + *oor*.

kitten [aaneenlijmen] < **hd.** *kitten*, van *Kitt* [lijm] (vgl. *kit*[2]).

kittig [levendig] (1612), wel te plaatsen bij *kid(de)*, *ked*, *ket* [klein paard].

kitvos [woestijnvos] < **eng.** *kit-fox* [idem], *kit*, van *kitten* [jonge kat], zo genoemd vanwege zijn geringe afmeting.

kiwi[1] [vogel] een Maoriwoord, ook *kiwi-kiwi*, klanknabootsend gevormd.

kiwi[2] [vrucht] zo genoemd door de Amerikanen, die de meeste kiwi's importeren uit Nieuw-Zeeland. Kiwi is de bijnaam van de Nieuwzeelander, naar *kiwi*[1].

klaaf [halshout om vee mee vast te binden] (1811), vgl. **oostmiddelnl.** *clave* [bundel (van vlas)], **middelnd.** *klave*, **oudnoors** *klafi* [klaaf]; op afstand verwant met *kolf* en *klimmen*; de gemeenschappelijke idg. basis betekent 'samendrukken'.

klaai [onnozel iemand] van de persoonsnaam *Klaai* < *Niklaai*.

klaar [helder, gereed] **middelnl.** *claer* [glanzend, helder, zuiver, en ten slotte: gereed] < **lat.** *clarus* [helder klinkend, glanzend, geestelijk helder, uitblinkend].

klabak [politieagent] (19e eeuws), van **nd.** *klabakken* [doelloos rondlopen].

klabasteren [klauteren] een verlengde vorming van *kla(a)steren* [klimmen], dat waarschijnlijk verwant is met *klauw* → *klauteren*.

klabetteren [hevig gerucht maken] van *klabetter* [ratel, klapper], klanknabootsend → *klabots*.

klabots [klets, plets] klanknabootsende vorming.

klad[1] [vlek] **middelnl.** *cladde* [vlek, klad, modder], **middelnd.** *kladderen* [smeren], **fries** *kladde*, naast **middelnl.** *clatte, classe* [klis, klodder]; nevenvormen met afwijkende klinker zijn naast kladderen *kliederen, kledderen, klodderen* (vgl. *klodder*).

klad[2] [veldduif] vergelijking met *kladdegat* [ekster] doet vermoeden dat de naam berust op de bevuiling, anderzijds valt te wijzen op **hd.** *Klätscher* [een duivesoort die een geluid maakt als het klakken van de tong].

kladdeboter [morsig vrouwmens] van *kladdeboteren* [met boter knoeien, zijn werk slecht doen], van *klad*[1].

kladderen [flodderen] iteratief van *kladden*, van *klad*[1].

klagen [droefheid uiten] **middelnl.** *clagen*, **oudsaksisch, oudhd.** *klagon*, **oudfries** *klagia*; buiten het germ. **oudindisch** *garhati* [hij beschuldigt, beschimpt].

klak[1] [slag, klap] (1546), klanknabootsend gevormd, vgl. **fr.** *claque* in *klak*[3].

klak[2] [klodder, vlek] **middelnl.** *clacke, clac*, is een nevenvorm van *klad*[1].

klak[3] [samendrukbare hoge hoed] **zuidnl.** *klak* [pet] < **fr.** *(chapeau) claque*, van *claque* [klap met de vlakke hand], klanknabootsend gevormd.

klakkeloos [onverwachts, zonder grond] **middelnl.** *clack(e)loos*, ook *clacs* [zonder in iets tekort te schieten], **oudfries** *klaklās* [zonder bijoogmerk], **oudeng.** *clæcleas* [onschuldig, argeloos], **oudnoors** *klakklaust* [zonder schade]; afgeleid van **middelnl.** *clacke* [klad, vlek].

klam [vochtig] **middelnl.** *clam* [kleverig, vochtig, klam], **oudeng.** *clām* [modder], *clæman* [smeren, pleisteren] (**eng.** *to clam*), **eng.** *clammy* [klam] (vgl. *klei*).

klamaai[1], *klamei* [drek] etymologie onbekend.

klamaai[2] [langscheepse legger] **hd.** *Klamei*; etymologie onbekend, mogelijk van **nl.** *klam* [klem].

klamaaijzer [kalfaatijzer] etymologie onbekend.

klamboe [muskietennet] < **maleis** *kelambu* [idem].

klamp [belegstuk, hooischelf] **middelnl.** *clamp(e)* [haak, kram, klamp, klauw, hooischelf], **middelnd.** *klampe*, **oudnoors** *klǫpp* [balkbrug]; ablautend met *klomp*.

klamper [wouw] **middelnl.** *clamvogel, clemvogel* [roofvogel], eig. vogel met *klampen*, vgl. **middelnl.** *clamp(e)* [haak, kram, en vervolgens klauw].

klamvaars [voor het eerst drachtige koe] het eerste lid is *klam* [vochtig].

klandizie [alle klanten] (< eind 16e eeuws) *kallandijse* < **fr.** *chalandise* (vgl. *klant*).

klank [geluid] **middelnl.** *clanc*, van *klinken* (vroeger *klinken, klank, geklonken*).

klant [cliënt] **middelnl.** *caland, calant, clant* [klant als afnemer en als jongeman], van een nevenvorm van **fr.** *chaland*, teg. deelw. van *chaloir* [sterk geïnteresseerd zijn] < **lat.** *calēre* [warm zijn, opgewonden zijn] (vgl. *nonchalant*).

klap [slag] klanknabootsend gevormd.

klaploper [profiteur] lett. iem. die met een **middelnl.** *klapspaen,* d.w.z. een ratelaar, loopt. In de middeleeuwen moesten leprozen hun nadering op deze wijze aankondigen. Zij waren paria's en werden gemeden, maar men zette ook wel voedsel en drank voor hen neer → *klikspaan.*

klapmuts [muts, rob] van *klap* = *klep* [muts met kleppen], en vandaar in uiteenlopende betekenissen op grond van vormovereenkomst.

klappen [klappen geven, praten] **middelnl.** *clappen* in beide betekenissen, van *klap,* klanknabootsend gevormd, vgl. *kleppen* [praten].

klapper [kokosnoot] < **maleis** *kelapa* [kokospalm].

klapperen [klepperen] **middelnl.** *klapperen;* iteratief van *klappen.*

klaproos [plant] het eerste lid is *klap,* het geluid, vgl. **hd.** *Klatschrose;* als men een bloemblaadje op de vlakke hand legt en daar op slaat, geeft het een klap.

klapstuk [vlees van de klapribben, de korte ribben van geslacht vee] gevormd van *klappen* + *stuk.*

klarantie ['klarantie maken', aanstalten maken] van lat. *clarare* (teg. deelw. *clarans,* 2e nv. *clarantis*) [schoonmaken, i.h.b. van rekeningen], van *clarus* [helder] (vgl. *klaar*), lett. dus iets klaren.

klarinet [blaasinstrument] (1791) < **it.** *clarinetto,* verkleiningsvorm van *clarino* [trompet], van *claro* < **lat.** *clarus* [helder klinkend, luid, duidelijk] (vgl. *klaar, klaroen*).

klaroen [trompet] **middelnl.** *claroen* < **oudfr.** *claron* (**fr.** *clairon*) [idem], van **lat.** *clarus* [helder klinkend, luid, duidelijk] (vgl. *klaar, klarinet*).

klas, klasse [groep] deels < **fr.** *classe* [idem], deels < **lat.** *classis,* dat werd gebruikt voor de klassen waarin de bevolking was ingedeeld, tevens voor de onder de wapenen geroepen manschappen, in niet-klass. lat. voor rang en afdeling, verwant met *calare* [samenroepen], verwant met *clarus* (vgl. *klaar*).

klaspis [witte krodde] verbasterd < *thlaspi* < **fr.** *thlaspi(s)* < **gr.** *thlaspis,* een soort kers.

klassement [onderbrenging in een klasse] < **fr.** *classement* [idem], van *classer* (vgl. *classificatie*).

klassen[1] [stapelen] van *klas,* **middelnl.** *classe* [klis, klit, vuiligheid, klodder], **middelnd.** *klaske* [lap, stuk], **eng.** *clash* [hoop, grote hoeveelheid]; van *klad*[1].

klassen[2] [kletsen] **middelnl.** *classen* [kletteren, kabbelen], vgl. **eng.** *clash* [geluid van botsen, dan babbelen, kletspraatje]; klanknabootsend gevormd.

klassiek [antiek, voortreffelijk] < **fr.** *classique* [idem] < **lat.** *classicus* [van de Romeinse burgerklassen, van de eerste klasse daarvan] (vgl. *klas*).

klassineren [praten] van *klassen*[2] + het rom. achtervoegsel *-eren.*

klastisch [gruisvormig (van gesteente)] van **gr.** *klastos,* verl. deelw. van *klan* [breken].

klateersel [diamantgruis] van *klateren* < **fr.** *éclater* [verbrijzelen], van *éclat* [splinter, schilfer], etymologie onzeker.

klateren [helder klinken] **middelnl.** *clateren,* **hd.** *klattern,* **eng.** *to clatter,* **noors** *klatra;* evenals *kletteren* klanknabootsend gevormd.

klatergoud [vals bladgoud] van *klateren* + *goud,* **nd.** *klat(t)ergold, klättergold,* middelnl. kent *clatermerse* [een klaterend versiersel, klatergoud], van *merse* [koopwaar]; klateren slaat waarschijnlijk op het geluid van de blaadjes koperblik, vgl. **hd.** *Rauschgold.*

klatser, klatsjer [knoeier] van *kla(t)sjen, klassen* (met *l* o.i.v. *klassen* = stapelen) [knallen met de zweep, plassen, plonzen, en overdrachtelijk zijn werk slecht doen], van **oudfr.** *cache* [slaghout van zweep], van *cachier* [drukken, vertreden, kwetsen], teruggaand op **lat.** *coactare* [dwingen], frequentatief van *cogere* [idem], van *con* [samen] + *agere* [voortdrijven, uitdrijven, doen].

klatspapier [vloeipapier] van *klats* (klanknabootsend), oorspr. kleine weke massa die met een klats wordt neergeworpen, dan: kleine hoeveelheid, meest vloeistof.

klatten [spuwen] van *klad*[1].

klauteren [klimmen] (1667), vgl. **middelnl.** *clauweren, claveren* [klauteren, klimmen], iteratief van *cla(u)wen* [idem], **oostfries** *klauteren,* **nd.** *klauern,* van *klauw.*

klauw [nagel] **middelnl.** *cla(e)uwe, clawe, clau,* **oudnederfrankisch** *clawa,* **oudhd.** *klawa,* **oudeng.** *clā,* **oudnoors** *klō,* verwant met *kluwen, kloot, kluit*[1].

klauwaards [aanhangers van de Vlaamse graaf Gwijde van Dampierre in zijn conflict met de Fransen rond 1300] hij had in zijn wapen de klimmende leeuw **middelnl.** *clauwaert,* van *clauwen* [klimmen], van *klauw.*

klauwier [spijker, vogel] **middelnl.** *clauwier* [haak]; afgeleid van *klauw.*

klavaatshamer metathesisvorm van *kalfaatshamer* → *kalfaten.*

klavarskribo gevormd van *klavier* + **lat.** *scribere* [schrijven].

klavecimbel [muziekinstrument] < **it.** *clavicembalo* < **me. lat.** *clavicymbalum* [idem] (vgl. *klavier, cimbaal*).

klaver [plantengeslacht] **middelnl.** *claver(e),* **oudsaksisch** *klē, clever,* **middelnd.** *klever,* **oudhd.** *kleo,* **oudeng.** *clafre* (**eng.** *clover*); etymologie onzeker, mogelijk van *kleven,* vanwege het kleverige vocht.

klaveren [klauteren] **middelnl.** *claveren,* iteratief van *clawen, clauwen* [klimmen], van *clau(we), clawe* [klauw] → *klauwaards.*

klaverjassen [een bepaald kaartspel spelen] gevormd van *klaver* + *jas* [troefboer].

klavetteren → *klabetteren.*

klaviatuur [toetsenbord] < **hd.** *Klaviatur,* gevormd van **lat.** *clavis* [sleutel], idg. verwant met *sluiten.*

klavier [toetsenbord, piano] (1567), vgl. **middelnl.** *clavier, clauwier* [toets] < **oudfr.** *clavier* [idem] < **lat.** *clavis* [sleutel, me. lat. ook toets], idg. verwant met *sluiten*. Het begrip *clavis*, het sluiten stamt van het openen en sluiten van de windladen der orgels.

klawetteren → *klabetteren*.

kledderen [iets nats knoeien] nevenvorm van *kladderen*.

kleed [stuk weefsel] **middelnl.** *cleet, cleit, cleed*, **middelhd.** *kleit*, **oudfries** *klāth, klēth*, **oudeng.** *clāð, clæð* (**eng.** *cloth*), van een idg. basis met de betekenis 'kleven', waarvan ook stammen *klei* en **lat.** *gluten*.

kleem [leem] **middelnl.** *cleem* [klei, leem], met m-achtervoegsel van dezelfde basis als *klei* → *kliemen*.

kleems [kleverig] van *kleem*.

klef [kleverig] (1648), van *kleven*.

klefferen [klauteren] ook *klaveren*, **nd.** *klauern*; evenals *klauteren* bij *klauw*.

klei [grondsoort] **middelnl.** *clei(e)*, **oudsaksisch** *klei*, **oudfries** *klai*, **oudeng.** *clæg*, **deens** *klæg*; buiten het germ. **lat.** *gluten* [lijm], **gr.** *gloios* [gebruikte vuile olie], *glichesthai* [kleven aan], **russ.** *glen'* [vochtigheid], van een basis met de betekenis 'kleven', waarvan ook *kleed* en *klein* stammen.

kleien [boekweitzemelen] → *klij(e)*.

klein [niet groot] **middelnl.** *cle(i)n(e)* [fijn, schoon, slank, onbeduidend, klein], **oudsaksisch** *cleni* [klein], **oudhd.** *kleini* [rein, schitterend, gering], **oudfries** *klene* [klein], **oudeng.** *clæne* [rein] (**eng.** *clean*); de grondbetekenis is 'glimmend'. Buiten het germ. **gr.** *glènos* [kleinood], *gelan* [stralen, lachen], **oudiers** *glan* [rein]; verwant met *klei*.

kleineren [in waarde verkleinen] van *klein* + het rom. achtervoegsel *-eren*.

kleinood [kostbaar voorwerp] **middelnl.** *cleinode, cle(i)noot*, **middelnd.** *klenode*, **middelhd.** *kleinōt*, **me. lat.** *clenodium*, van *klein* met het achtervoegsel als in *armoede*.

kleinzen [zeven] → *klenzen*.

kleinzoon [mannelijk kleinkind] sedert de 18e eeuw, vertaling van **fr.** *petit-fils*, dat het tot dan toe gebruikelijke *neef* verdrong.

kleisteren [glinsteren] evenals *kleinsteren, gleisen, glitten* stammend van dezelfde basis als *glimmen*.

klemmen [vastzetten, knellen] **middelnl.** *clemmen*, **oudsaksisch** *klemmian*, **oudhd.** *klemmen*, van **middelnl.** *clampe* [haak, klamp], **middelnd.** *klamme*, **middelhd.** *klemme*, **oudnoors** *klemma*; buiten het germ. **lat.** *glomus* [kluwen], **oudiers** *glomar* [teugel], **litouws** *glemžti* [samendrukken].

klemmer [klimplant] van *klemmen* (vgl. *klimmen*).

klemtoon [nadruk] gevormd van *klemmen* [nadruk geven] + *toon* [nadruk].

klens[1], *kleens, kleins* [zeef] van *klenzen, kleinzen*.

klens[2] [ankersteek] < **eng.** *clinch* (nevenvorm *clench*) [het vastzetten, ankersteek], van *to clinch, clench* (vgl. *klinken*[2]).

klenzen, *kleinzen* [zeven] **middelnl.** *cle(i)nsen, cleensen, clinsen* [reinigen, zeven], **fries** *klinsgje*, **oudeng.** *clœnsian* (**eng.** *to cleanse*), van *klein*, waarvan de eerste betekenissen waren middelnl. fijn, keurig, blank, schoon.

klep[1] [klepper, deksel] **middelnl.** *clep(pe);* van *kleppen*.

klep[2] [heuvel van stuifzand] → *klip*[2].

klepel [staaf in klok] **middelnl.** *clep(p)el, clippel*, van *cleppen, clippen* [kleppen], nevenvorm van *klappen*.

kleppel nevenvorm van *kluppel*.

kleppen [het geluid klep maken] **middelnl.** *cleppen*, **middelnd.** *kleppen*, **oudfries** *kleppa*, **oudeng.** *clæppan*, umlautsvorm van *klappen*.

klepper [paard] eerst 16e eeuws **middelnl.** *klepper*, van *kleppen, klepperen*, naar het hoefgeklepper.

klepperen [kleppend geluid geven] iteratief van *kleppen*.

kleptofobie [vrees bestolen te worden] gevormd van **gr.** *kleptein* [stelen] + *fobie*.

kleptomanie [steelzucht] gevormd van **gr.** *kleptein* [stelen] + *manie*.

klere ['krijg de klere', stik!] < **fr.** *colère* [woede] < *cholera* (vgl. *cholera*).

kleren [kleding] samengetrokken < *klederen* (vgl. *kleed*).

klerikaal [geestelijk] < **me. lat.** *clericalis* [behorend tot de clerus], **chr. lat.** *clericus* [geestelijke] (vgl. *clerus*).

klerk [schrijver] **middelnl.** *clerc* [geestelijke, man van wetenschap, schoolmeester, leerling, schrijver] < **lat.** *clericus*, van *clerus* (vgl. *clerus*).

kles [vette kleipap] **middelnl.** *clesse, clisse* [klis, klit, leem, kleiige aarde] (vgl. *klit*).

klessebessen [babbelen] verlengde vorm van *klessen* = *kletsen*.

klet[1] [kleefkruid] → *klit*.

klet[2] [vierkant uitgesneden jakje] < **fr.** *collet* [kraag, hals], van *col* (vgl. *col*).

klets[1] [geluid] klanknabootsend gevormd.

klets[2] [kaal hoofd] → *kletskop*.

kletsen [geluid maken] nevenvorm van *klotsen* en *klutsen*, klanknabootsend gevormd.

kletskop [kaal hoofd] < **hd.** *Glatzkopf* [kale kop], van *Glatze* [kale kop], van *glatt* [glad].

kletskous [praatziek persoon] het tweede lid zal, geassocieerd met *kous* [beenbedekking], stammen van **middelnl.** *koytsen* [snappen, babbelen], een intensiefvorm van *kouten*.

kletsoor [slag, dun uiteinde van zweep] < **noordfr.** *clachoire*, van *clacher* (**fr.** *claquer*) [knallen], van *clac*, klanknabootsend gevormd.

kletspatet [hoofdzeer, schurfthoofd] voor het eerste lid vgl. *kletskop*; het tweede is **jiddisch** *partsef* < **hebr.** *partsōf* [gezicht, smoel] (vgl. *paradet*).

kletter [distelvink] van *klit*, **middelnl.** *clit(te), clette*, **hd.** *Klette;* evenals distelvink zo genoemd omdat de vogel voorliefde heeft voor de bloemen van de distel.

kletteren [scherpe geluiden maken] (1649), vgl. fries *kletterje*, evenals *klateren* en *klets* een klanknabootsende vorming.

kleuf, kleuve nevenvorm van *kloof*.

kleumen [kou lijden] **middelnl.** *verclo(e)men* [gevoelloos worden, verstijven van kou], ablautend bij *clam* [vochtig, beverig] (vgl. *klam*).

kleunen [harde slagen geven] **middelnl.** *clonen, cluenen*, **oudfries** *klinna*, **oudeng.** *clynnan* [klinken]; klanknabootsend gevormd.

kleur [lichtnuance] **middelnl.** *colore* < **oudfr.** *colour* < **lat.** *colorem*, 4e nv. van *color* [kleur], van dezelfde basis als **gr.** *chrōma* [idem] en *huid*.

kleuter [klein kind] (1569), vgl. **middelnl.** *cleuteringe, cloteringe* [kleinigheid], *cloteren* [klein maken], van *cloten* [knotten, snoeien, kortwieken] → *kleuteren*.

kleuteren [timmeren] **middelnl.** *cloteren* [kloppen, timmeren], mogelijk klanknabootsende vorming.

kleuve nevenvorm van *kloof*.

kleven [plakken] **middelnl.** *cleven*, **oudnederfrankisch** *clevon*, **oudsaksisch** *clibon*, **oudhd.** *kleben*, **oudeng.** *clifian, clīfan* (**eng.** *to cleave*), **oudnoors** *klifa* [klimmen], ablautend naast *klijven* (vgl. *beklijven*).

klewang [wapen] < **maleis** *kelewang* [kort zwaard].

klezoor, klesoor [metselsteen] (1716) < **oudfr.** *closoir* [sluitsteen van een gewelf], van *clore* [sluiten] < **lat.** *claudere* [idem], idg. verwant met *sluiten*.

klibber[1] [gom] **middelnl.** *clebber, clibber*, van *cliven* [kleven, blijven vastzitten].

klibber[2] [levendig] behoort bij *klijven* (vgl. *beklijven*).

klieder [iets nats] variant van *kladder, kledder, klodder* met, zoals bij affectief geladen woorden gebruikelijk, variëring van klinker.

kliek[1] [voedselrest] eerst 17e eeuw met betekenis 'klad, vlek', dan 'voedselrest', te stellen bij *klak*, **middelnl.** *clacke* [vlek, klad].

kliek[2] [exclusief groepje] < **fr.** *clique* [idem] (vgl. *clique*).

kliemen [met lijmverf schilderen] **middelnl.** *clemen* [met klei of leem bestrijken], **oudhd.** *kleimen* [lijmen], **oudeng.** *clǣman* [besmeren] (**eng.** *to clam*), **oudnoors** *kleima* [besmeren] (vgl. *klei, leem*[1]).

klienen [wrongel fijn maken] van *klien*, friesnoordhollandse vorm *klein*, **middelnl.** *cle(i)nen* [kleiner maken] (vgl. *klein*).

kliener, kliender [doorhaler] raam om te *klienen*.

klier[1] [vochtafscheidend orgaan] **middelnl.** *clier(e)* [gezwel]; etymologie onzeker, mogelijk echter bij *klei*.

klier[2] [hemdsboord] **middelnl.** *clieder* [kraag op kleding, hemdsboord], *collier(e)* [halskraag] < **fr.** *collier* (vgl. *collier*).

kliester[1] [bloembol] nevenvorm *klijster, ke(i)ster, klister*, **middelnl.** *cli(e)ster* [ui, knol], **hd.** *Kleister* [stijfselpap]; van dezelfde basis als *klei*.

kliester[2], klijster [lijster] van **middelnl.** *clijst(e)ren* [helder klinken, schetteren, snerpen]; klanknabootsend gevormd.

kliet [scholekster] → *kluut*.

klieven [splijten] **middelnl.** *clieven*, **oudsaksisch** *klioban*, **oudhd.** *klioban* (**hd.** *klieben*), **oudeng.** *cleofan* (**eng.** *to cleave*), **oudnoors** *kljufa;* buiten het germ. **lat.** *glubere* [uitkleden, eig. afschillen], **gr.** *gluphein* [kerven] (vgl. *kloven, kluiven*).

klif [steile bodemverheffing] **middelnl.** *clif* [(rots)helling, steilte, klip], **oudsaksisch** *klib*, **oudhd.** *chlep*, **oudeng.** *clif* (**eng.** *cliff*), **oudnoors** *klif;* verwant met *klijven kleven*.

klift [kleefkruid] ook *kleefte*, van *kleven*.

klij, klije [zemelen] **middelnl.** *cli(w)e, cly* [zemel], **nd.** *klij(e), kli*, **oudhd.** *kli(w)a* (**hd.** *Kleie*), behoort bij *klei;* stijfsel werd vroeger van zemelen gemaakt.

klijf [klimop, kleefkruid] van **middelnl.** *cliven* [kleven, wortelschieten, klimmen].

klijn, klien [veenspecie] **middelnl.** *clijnsout* [zout uit daring], **fries** *klyn* [veengrond], vgl. **oudhd.** *kleini* [glanzend] → *klei*.

klijt [klei] **middelnl.** *clijt, clite*, vgl. **eng. dial.** *clayt*, **hd.** (16e eeuws) *kleit;* verwant met *klei*.

klik [geluid] klanknabootsend gevormd.

klikken [overbrengen] **middelnl.** *clicken* [verspieden, verklikken]; de eerste betekenis is 'het geluid *klik* maken', vgl. **oostfries** *klikken*, **hd.** *klicken*, **eng.** *to click*.

klikspaan [klikker] van *klikken* + *spaan*, zal gevormd zijn naar het voorbeeld van *klapspaan* [een soort ratelaar, gebruikt door leprozen om hun nadering aan te kondigen] → *klaploper*.

klimaat [natuurlijke gesteldheid van lucht en weer] **middelnl.** *climaet* [luchtgesteldheid] < **oudfr.** *climat* < **lat.** *clima* (2e nv. *climatis*) [gebied, klimaat] < **byzantijns-gr.** *klima* [helling, inclinatie van de aardas, gebied, klimaat], van *klinein* [doen leunen, neigen, verschuiven] (vgl. *klinisch*).

klimmen [omhoogklauteren] **middelnl.** *clemmen, climmen* [klimmen], *clem(m)en* [kleven, vastzitten, vasthouden, klemmen, bedwingen], **oudhd.** *klimban*, **oudeng.** *climban* [klimmen]; waarschijnlijk behoren de beide woorden *clemmen* [klimmen] en *kleven* bij elkaar en valt te denken aan zich klimmend vastklemmen, tegen de rotswand kleven (vgl. *klif*).

kling[1] [lemmet] (1574) < **hd.** *Klinge*, van *klingen* [klinken], vanwege het slaan van staal op staal.

kling[2] [heuvel, dor duin] **middelnl.** *clinge* [hoogte, heuvel, *clingen* [kleven, blijven vastzitten, verwelken, verdorren], **eng.** *to cling* [kleven, zich vastklemmen], **oudeng.** *clingan* [samentrekken,

krimpen, verschrompelen], vermoedelijk verwant met *klemmen* → *klinge*.
Klingalees [iem. van de kust van Coromandel] vroeger *Kalinga* geheten.
klinge [kleefkruid] vgl. middelnl. *clingen* [kleven] (vgl. *kling*²).
klingelen [rinkelen] naar de vorm een iteratief van *klingen*, nevenvorm van *klinken*, maar vermoedelijk < hd. *klingeln;* denkbaar is ook, dat *klingelen* een spontane klanknabootsende vorming is.
kliniek [ziekenhuis] → *klinisch*.
klinisch [m.b.t. een kliniek] < **byzantijns-gr.** *klinikos* [betrekking hebbend op een bed, als zn. arts die zorgt voor bedlegerige patiënten], van *klinè* [bed], *klinein* [doen leunen, neigen, gaan liggen], idg. verwant met *leunen* (vgl. *climax, colon*).
klink [kruk, pal] **middelnl.** *clinke, clinc* [ijzeren bout om iets vast te zetten, vallend deurijzer], verwant met *klinken*² (vgl. *klens*²).
klinken¹ [luiden] **middelnl.** *clingen*, naast *clinken*, **oudhd.** *klingan;* vermoedelijk een klanknabootsende vorming.
klinken² [vastslaan] vgl. **middelnl.** *clingen, clinken* [blijven vastzitten], **oudhd.** *klenken* [binden]; zal verwant zijn met *klemmen, klimmen, klink, kling*², *klinge*.
klinker [hardgebakken steen] **middelnl.** *clinkaert, clinkert, tichelsteen,* zo genoemd omdat de kwaliteit blijkt uit de heldere klank, in deze en andere betekenissen afgeleid van *klinken*¹.
klinket [deurtje in grote deur] **middelnl.** *clinket* < **oudfr.** *clencquet,* verkleiningsvorm van **noordfr.** *clenque* < **middelnl.** *clenke, clinke, clenc, clinc* [deurijzer] (vgl. *klink*).
klinkklaar [louter] een jonge alliterererende vorming.
klip¹ [rots] **middelnl.** *clip(pe),* **nd.** *klippe;* gevormd van *klif*.
klip² [vogelslag] nevenvorm van *klep*².
klipkop [steenraaf] van *klip*¹ + *kop,* **middelhd.** *koppe,* **hd. dial.** *koppe, kob* [raaf, kraai] (vgl. *kobbe*¹ [zilvermeeuw]).
klippel [knuppel] nevenvorm van *kleppel*.
klipper [type zeilschip] (1852) < **eng.** *clipper* [idem], van *to clip* [knippen, klapwieken, voortsnellen], **nd., fries** *klippen,* **oudnoors** *klippa;* klanknabootsende vorming.
klis [plantengeslacht, verwarde, samenklevende massa] **middelnl.** *clisse, clesse* [klis, klit, warklomp, kleiige aarde], samenhangend met *klit,* **middelnl.** *clit(te), clette,* **oudsaksisch** *kletto,* ablautend **oudeng.** *clate,* naast **oudhd.** *kletta, kledda,* **oudsaksisch** *kleddo,* welke vormen afstammen van de basis van *klei*.
klisteerspuit [pomp voor darmspoeling] **middelnl.** *clisterpipe* < **lat.** *clyster* [klisteerspuit, lavement] < **gr.** *klistèr* [klisteerspuit, spuit] (vgl. *klysma*).

klister [bolknop] van *klis*.
klit → *klis*.
klits¹ [teef] **nd.** *klits, oostfries klits(e);* etymologie onbekend.
klits² [knikker] klanknabootsende vorming.
klizeerschaaf [schaaf voor lijsten] het eerste lid < **fr.** *glissière* [schuif], van *glisser* [glijden], o.i.v. *glacer* gevormd < **oudfr.** *glier,* uit het germ., vgl. *glijden, glissen*.
klobotsigaar [sigaar met schutbladen van maïskolf] van **javaans** *klobot* [schutblad van de maïs], gebruikt voor strootjes.
klodde [dot] → *klodder*.
klodder [klonter] een jonge 19e eeuwse vorming, vgl. **middelnl.** *clot* [bol, klomp, vleesklomp], **vlaams** *klodde* [dot, prop] (**oudeng.** *clott* [brok]), wel van dezelfde basis als *kloot, kluit*¹, *kluwen,* en waarschijnlijk o.i.v. *klad*.
kloef [klomp, holsblok, lomp mens] bij Kiliaan *kloefhout* [lomp iem.]; omdat oudere vindplaatsen ontbreken, is niet duidelijk of het woord oud is en dan bij *klieven* zal horen of een jonge vorming en dan wel op basis van **middelnl.** *cloet* [rond voorwerp, bol, bal, drol] is gevormd.
kloek¹ [klokhen] (1886), klanknabootsende vorming.
kloek² [flink] **middelnl.** *cloec, clouc, clo(o)c* [slim, dapper, kloek, sluw], **middelnd.** *klōk* (**hd.** *klug*), **oudiers** *glie* [wijs]; een op een zeer beperkt gebied voorkomend woord waarvan de etymologie dubieus is.
kloen [kluwen] **middelnl.** *cloen,* de westelijke vorm *kloen,* waarin de *w* verdwenen is, is een dial. variant naast *klouwen* en *kluwen*.
kloet [vaarboom] **middelnl.** *cloet(e), cluet* [vaarboom, bal, bol, knop op een stok], *cloeten* [bomen]; de betekenisovergang van bal tot knop op een stok en tot deze stok zelf is niet geheel duidelijk, een pars pro toto?.
klof, kloft, kloffie [barg. pak, kostuum] in Liber Vagatorum *claffot* ['een cleet'], **laat-middelhd.** *klabot* < **jiddisch** *keliphas* [schaal, omhulsel]; ook **rotwelsch** *Schale* betekent kleding.
klok [bel, uurwerk] **middelnl.** *cloc(ke),* evenals **me. lat.** *clocca, glocca* [klok, bel] uit het kelt., vgl. **oudiers** *clocc,* **welsh** *cloch;* klanknabootsende vorming.
kloken [ergens iets uit peuteren] etymologie onbekend.
klokhen → *kloek*¹.
klokhuis [plaats van een klok, zaadhuisje van appels en peren] **middelnl.** *clochuus, clochuys* [klokketoren, (sedert Kiliaan) zaadhuisje], op grond van vormovereenkomst.
klokspijs [metaal voor het klokkengieten] **middelnl.** *clockenspise* [het materiaal waarvan klokken worden gegoten], **middelnd.** *hlock(en)spise,* **middelhd.** *glocke(n)spise;* voor het eerste lid vgl. *klok,* voor het tweede *spijs*³.
klommel [lor] van *klomp* [vormloze, samenhangende massa].

klomp [kluit, klont] **middelnl.** *clomp(e)* [klomp (in alle betekenissen)], **middelnd.** *klumpe, klompe,* **oudfries** *klumpa,* **oudeng.** *clympre* [brok metaal] (**eng.** *clump* [hoop]), **oudnoors** *klumba* [knuppel]; ablautend bij *klamp.*

klonisch [met korte opeenvolgende samentrekkingen] van **gr.** *klonos* [verwarde beweging, gedrang], *klonein* [voor zich uit jagen, in verwarring brengen].

klont [kleine samenhangende massa] **middelnl.** *clont,* **middelnd.** *klunte,* **fries** *klonte;* genasaleerde vorm van *kloot.*

klontong [marskramer] < **maleis** *kelontong* [rammelaar, venter die deze hanteert].

kloof [spleet] **middelnl.** *clove,* **oudsaksisch** *klobo,* **oudhd.** *klobo;* van *klieven.*

klooien[1] [stuntelen, rondhangen] **middelnl.** *clo(o)yen, cloteren, clo(u)wen* [krabben, krauwen], op enige afstand verwant met *klauw.*

klooien[2] [stuntelen, luieren] afgeleid van *klooi,* verzachtend voor *kloot.*

kloon[1] [klomp] ook *kloen, kluun,* vgl. **middelnl.** *cluyn, cloen* [kluwen], van dezelfde basis als *kloot, kluit*[1], *kluwen.*

kloon[2] [duplicaat] < **gr.** *klōn* (en *klōnos*) [takje, loot (ook om te enten)], verwant met *klan* [afbreken], **russ.** *kladu* [ik castreer] (vgl. *gladiator, gladiolus*).

klooster [instelling waar mensen zich terugtrekken voor godsdienstig leven] **middelnl.** *cloester, cloister* < **laat-lat.** *claustrum* [slot, grendel, muur, afgesloten plaats, kooi, kerker, in chr. lat. klooster], van *claudere* [sluiten], daarmee idg. verwant (vgl. *clitoris*).

kloot [(teel)bal] **middelnl.** *cloot* [klomp, kluit, bol, bal, kogel], **middelnd.** *klot* [(ook) teelbal], **oudhd.** *klōz,* **oudfries** *klāt,* **oudeng.** *cleat* [klamp]; ablautend met *kluit*[1], met *t* afgeleid van de basis van *kluwen.*

klophengst [hengst waarvan men de testikels met een hamer heeft verbrijzeld] vgl. voor de betekenis *barg*[2] [gecastreerd varken].

kloppen [hoorbaar op iets slaan] **middelnl.** *cloppen,* **middelnd.** *kloppen,* **oudhd.** *klopfon;* klanknabootsende vorming, ablautend naast *klappen.*

kloris [vrijer] genoemd naar een hoofdpersoon *Kloris* in de bucolica, b.v. in *Kloris en Roosje.*

klos [spoel] **middelnl.** *clos(se),* vermoedelijk < **middelhd.** *kloz,* verwant met *kloot.*

klot [klomp, kluit, turf] **middelnl.** *clot* [klomp, bol, vleesklomp], **oudeng.** *clot(t)* [klomp], verwant met **middeleng.** *clete, clite* [wig], vgl. ook *klots* en *klus*[1].

klots [stuk vierkant beslagen hout] **middelnl.** *kluts, klutzen,* **hd.** *Klotz;* verwant met *klot* [klomp, kluit].

klotsen [geluid van vloeistoffen] (1599), klanknabootsende vorming, nevenvorm *kletsen, klutsen.*

kloven [(doen) splijten] **middelnl.** *cloven,* **middelnd.** *kloven;* causatief van *klieven.*

klovenier, kolvenier [busschieter] **middelnl.** *clovenier* [schutter], van *couleuver, colovere, clover* [grote boog, vuurroer] < **fr.** *couleuvre* [idem] < **lat.** *colubra* [wijfjesslang], m. *coluber;* vgl. *slang*[1] voor middeleeuws geschut.

klucht [kort grappig toneelstuk] **middelnl.** *cluft(e), cloft, clucht* [afdeling van de burgerij, deel van een buurtschap, klucht, grap]; behoort bij *klieven* en betekent oorspr. gedeelte, stuk, toneel'stuk', vgl. *pièce de théatre* → *kluft.*

kluft [afhellende schuinte, kloof] naast *klucht* als *graft* naast *gracht.*

kluif [bot met vlees] van *kluiven.*

kluin [Gronings bier] etymologie onbekend.

kluis [cel, brandkast] **middelnl.** *cluse,* **middelnd.** *kluse,* **oudhd.** *chiusa,* **oudeng.** *cluse* < me. lat. *clusa* [afgesloten ruimte] (vgl. *kluizenaar*).

kluister [boei] **middelnl.** *cluuster,* **oudsaksisch** *klustar,* **oudeng.** *clustor* < me. lat. *clustrum, claustrum* (vgl. *klooster*).

kluit[1] [massa, klont] **middelnl.** *clute,* **middelnd.** *klute,* **oudeng.** *clut* [lap], **oudnoors** *klutr* [vod]; nevenvormen zijn *kluut, kliet;* ablautend bij *kloot.*

kluit[2] [waadvogel] (1636) → *kluut.*

kluiven [met de tanden vlees van bot halen] **middelnl.** *clu(y)ven,* **middelnd.** *kluven,* **oudhd.** *klubon* (**hd.** *klauben*); van *klieven, kloven.*

kluizen [door storm heftig bewogen worden (van water)] etymologie onbekend, mogelijk klanknabootsend gevormd.

kluizenaar [heremiet] **middelnl.** *clusenaer* [bewoner van een kluis], van *cluse* [kluis, kluizenaarshut], van **lat.** *clusum,* bijvorm van *clausum* [afgesloten ruimte], van *claudere* [afsluiten] (vgl. *klooster*).

klunderen [dof rommelen] klanknabootsende vorming.

klungel [sukkel] (1781), vgl. **nd.** *klüngel,* **fries** *klongel,* verkleiningsvorm van (bij Kiliaan) *klonghe* [kluwen]; de oorspr. betekenis is wel 'in-eengedraaide massa'. Vgl. voor het depreciërende *klont, kloen.*

kluns [sufferd, beunhaas] < **rotwelsch** *Kluns* [hond], en wel in de zin van *hondsvot,* nevenvorm van *Klunte, Klunde* [hoer], **hd.** *Klunze, Klunse* [spleet, reet], waaruit de betekenis hoer zich heeft ontwikkeld.

kluppel [knuppel] **middelnl.** *cloppel, cluppel* [werktuig om te kloppen, knuppel]; van *kloppen.*

kluppelvers [onregelmatig vers] van *kluppel* [knuppel] (vgl. *knuppelvers*).

klus[1], kluts [vooruitstekende kin] → *klots.*

klus[2] [karwei] ook *kluts,* van *klutsen* [slaan, timmeren, houtwerk herstellen en vloeistoffen dooreen mengen].

kluts [koppeling] < **eng.** *clutch* [greep, klauw, koppeling], verwant met **oudfries** *kletsie* [speer], **zweeds** *klyka* [vork], **eng.** *to cling* [zich vastklemmen].

klutsen [door kloppen dooreenmengen] middelnl. *clutsen,* nevenvorm van *klotsen,* ook *kletsen;* klanknabootsend gevormd.

kluun [kluwen] van *kluwen* (vgl. *kloen*).

kluut [waadvogel] vermoedelijk klanknabootsend gevormd.

kluwen [knot] middelnl. *clu(w)en, clouwen,* middelnd. *kluwen, klon,* **oudsaksisch** *kleuwin,* **oudeng.** *cliwen, cleowen,* **oudhd.** *kliuwa,* **oudeng.** *cleowe* (**eng.** *clew*), van een idg. basis met de betekenis 'krommen, een windende beweging maken'. Buiten het germ. **gr.** *gloutos* [bil], **oudindisch** *glau-* [bal, bol]; verwant met *kluit*¹, *kloot, klauw.*

klysma [lavement] < **gr.** *klusma* [idem], van *kluzein* [golven, bespoelen, doorspoelen, afspoelen], verwant met **lat.** *cloaca* en met *louter.*

klystron [elektronenbuis] < **gr.** *klustèr* [spuit], van *kluzein* [doorspoelen] (vgl. *klysma*).

knaak [rijksdaalder] wel te verbinden met **rotwelsch** *Knök, kneeks* [taler]; etymologie onbekend.

knaap [jongen] middelnl. *cnape, cnaep* [jonge man, jongen, leerling, dienaar, knecht, handwerksgezel, schildknaap], **oudnederfrankisch** *knapo,* middelnd. *knape,* **oudfries** *knapa,* **oudeng.** *cnapa;* van omstreden herkomst, doch vermoedelijk ablautend met de basis van *kind.*

knaapje [klerenhanger] overdrachtelijk gebruik van *knaap* [knecht], vgl. voor de betekenis *laarzenknecht.*

knaasjes [mugjes] ook *knijt, knut,* een klanknabootsende vorming (vgl. *kneu, kneute*).

knabbelen [kort op iets bijten] eerst laat 16e eeuw opgetekend, vgl. **nd.** *knabbeln,* **hd.** *knabbern, knappern,* **fries** *knab(bel)je,* **eng.** *to knabble,* een iteratief blijkens verouderd **hd.** *knaben,* **eng.** *to knab;* van *knappen.*

knäckebröd [hard brood] < **zweeds** *knäckebröd* [lett. (bij het bijten) knappend brood], vgl. *knakworst.*

knagen [met de voortanden langs iets gaan, een aanhoudende onaangename gewaarwording veroorzaken] middelnl. *cnagen,* **oudsaksisch, oudeng.** *gnagan* (**eng.** *to gnaw* [knagen], *to nag* [knagen aan iem.]), **oudhd.** *gnagan, nagan,* **oudnoors** *gnaga;* buiten het germ. **iets** *gnega* [iem. die met lange tanden eet], **avestisch** *aiwignichta* [aangeknaagd]; voor de vormen op *kn-* vgl. *knijpen - nijpen, knoest - noest* e.d..

knak¹ [geluid] klanknabootsend gevormd.

knak² [gekrenkt] van *knakken.*

knakken [een geluid (knak) maken, met een knak breken] middelnl. *cna(c)ken* [stukbreken], middelnd. *knaken,* middelhd. *knacken;* klanknabootsend, maar moeilijk los te zien van *knikken.*

knakworst [soort worst] < **hd.** *Knackwurst,* van *knacken* [kraken (als men erin bijt)] (vgl. *knäckebröd*).

knallen [met het geluid van een ontploffing weerklinken] (eind 16e eeuw), vgl. **hd.** *knallen,* ablautend bij middelhd. *erknellen* [weerklinken], **oudeng.** *cnyllan* [de klok luiden]; klanknabootsend gevormd.

knap¹ [vlasbraak] van *knappen* [knappend breken].

knap² [engsluitend, welgevormd] **nd.** *knapp;* etymologie onbekend.

knappen [een geluid (knap) maken, met een knap breken] middelnl. *cnappen;* evenals *knakken* een klanknabootsende vorming.

knapzak [draagzak met etenswaren] (eind 16e eeuw); het eerste lid van middelnl. *cnappen* [knappen, stukbijten met de tanden], (*cnapper* [tand]), dus etenszak, in het fr. overgenomen als *canapsa* [haverzak van paarden].

knar [schonk, kale kluif, oude kerel] nevenvorm van *knor,* vgl. ook *knars.*

knarpen [een krakend geluid maken] nevenvorm van *knerpen.*

knars [kraakbeen] bij Kiliaan *knarsbeenken,* **fries** *knars(e)bien* (vgl. *knor*); associatie met *knarsen* zal van invloed zijn geweest.

knarsen [een schurend geluid maken] middelnl. *knersen,* middelnd. *knarsen, knersen;* klanknabootsende vorming met de expressieve anlaut *kn-,* evenals b.v. *knerpen, knorren.*

knaster [gevlochten korf] → *kanaster.*

knautia [plantje] genoemd naar *Chr. Knaut,* een 17e eeuwse Duitse arts-plantkundige.

knauwen [sterk kauwen] middelnl. *cnauwen, cn(o)uwen,* **nd.** *knauen,* **fries** *knauwe,* vermoedelijk een mengvorm van *kauwen* + *knagen.*

knecht [bediende] middelnl. *cnecht* [jongeling, dienaar, soldaat, handwerksgezel, schildknaap], **oudsaksisch, oudhd.** *kneht,* **oudfries** *kniucht,* **oudeng.** *cniht* (**eng.** *knight*); etymologie onzeker. Hoewel volgens sommigen het woord oorspr. stuk hout betekent (vgl. een *knaapje*), lijkt verwantschap met *kind* het meest waarschijnlijk, al is de vormverwantschap bepaald niet helder. Vgl. ook *knaap.*

kneden [door knijpen dooreenmengen] middelnl. *cneden,* **oudsaksisch** *knedan,* **oudhd.** *knetan,* **oudeng.** *cnedan* (**eng.** *to knead*), **oudnoors** *knoða;* buiten het germ. **oudkerkslavisch** *gnesti* [kneden], **oudpruisisch** *gnode* [trog].

kneep [daad van knijpen, kunstgreep] 17e eeuws, vgl. middelnl. *knepe* [klem]; gevormd van *knijpen* als *beet* bij *bijten.*

kneippkuur [geneeswijze] genoemd naar *Sebastian Anton Kneipp* (1821-1897), Duits priester die de waterkuur propageerde.

knekel [doodsbeen] nevenvorm van *kneukel.*

kneker [vrek] vgl. **hd.** *Knicker* [idem], verkort uit **nd.** *lüsenknikker,* **hd.** *Läuseknicker, knicken* [knikken, half doorbreken].

knellen [drukken] (1598), in het middelnl. niet genoteerd, wel *cnelle* [een soort van fuik], **oostfries**

knerpen — knod

knellen, middelhd. ablautend *knüllen* [stompen], oudeng. *cnyllan* [slaan, kloppen], **oudnoors** *knylla* [afranselen].

knerpen [krakend geluid maken] klanknabootsende vorming.

knersen → *knarsen.*

Knesseth, Knesset [het Israëlisch parlement] **mishnaïsch hebr.** *kneseth* [vergadering], van het hebr. ww. *kanās* [hij bracht bijeen].

knetteren [scherpe geluiden doen horen] (1630), vgl. **hd.** *knittern,* **nd.** *knettern, knittern;* klanknabootsend gevormd.

kneu, kneuter, knuit [zangvogeltje] **middelnl.** *cnuut, cnuyt* [kraai], bij Kiliaan *knoterken,* van *kneuteren* [brommen, ook: kwinkeleren] (vgl. *knaasjes).*

kneukel [knokkel] **middelnl.** *cnockel,* **middelnd.** *knokel,* **hd.** *Knöchel,* **eng.** *knuckle,* **oudnoors** *knykill;* verkleiningsvorm van *knok.*

kneute, kneut [mopperende vrouw of kind] → *kneuteren.*

kneuteren [brommen] **middelnl.** *cnateren, cnoteren, cneuteren, cnueteren, cniesen, cneesten, cnitsen, cnotelen* [brommen, morren]; klanknabootsend evenals *knetteren;* de grote vormenrijkdom is typerend voor dit soort imitatieve en expressief geladen woorden.

kneuzen [beschadigen] **middelnl.** *cnosen, cneusen, cnussen,* **oudhd.** *knussen* [slaan], **oudeng.** *cnyssan* [slaan, kneuzen], **oudnoors** *knosa* [met slagen mishandelen]; verwant met *knoest, knuist, knor.*

knevel[1] [stokje om het losdraaien te beletten] eerst eind 16e eeuw, vgl. **middelnl.** *cnevelen* [toebinden], **middelnd.** *knevel,* **oudhd.** *knebil* (**hd.** *Knebel),* **oudnoors** *knefill* [stok]; buiten het germ. **gr.** *gnamptein* [buigen], **litouws** *gembė* [pin, nagel].

knevel[2] [snor] van *knevelen* of verkort uit *knevelbaard.*

knibbelen [knabbelen, afdingen] variant van *knabbelen,* waarbij de betekenis wel beïnvloed is door *kibbelen.*

knickerbocker [kniebroek] < **eng.** *knickerbocker,* aan het nl. ontleend, van bakker van (aardewerk) knikkers. Het woord is in Amerika in gebruik gekomen door Washington Irving, die het als pseudoniem gebruikte voor zijn *A History of New York* (1809).

knie [verbinding tussen boven- en onderbeen] **middelnl.** *cnie,* **oudsaksisch** *knio,* **oudhd.** *kneo,* **oudfries, oudnoors** *kne,* **oudeng.** *cneo,* **gotisch** *kniu;* buiten het germ. **lat.** *genu,* **gr.** *gonu,* **armeens** *cunr,* **hettitisch** *genu-,* **oudindisch** *jānu-;* verwant met woorden voor *hoek.*

knielen [de knieën buigen] **middelnl.** *cnielen,* naast de oostelijke vorm *cnien, cnieën;* van *knie.*

knier [scharnier] (1642), vgl. **middelnl.** *carnier, carnyel* < **picardisch** *karniere,* nevenvorm van **fr.** *charnière* (vgl. *scharnier).*

kniezen [treuren] **middelnl.** *cniesen, cneesten, cnitsen* [brommen, grommen, kniezen]; eig. een dial. vorm naast de normale *knijzen.*

knijf [knipmes] **middelnl.** *cnijf, cnief* [lang en puntig mes], **nd.** *knif,* **hd.** *Kneif,* **fries** *kniif,* **oudeng.** *cnīf* (**eng.** *knife),* **oudnoors** *knīfr* (vgl. *knijpen).*

knijp [kroeg] < **hd.** *Kneipe,* verkort uit *Kneipschenke* [beklemmend enge gelagkamer].

knijpen [druk uitoefenen] **middelnl.** *knypen,* naast *nijpen* (vgl. *knagen* naast **hd.** *nagen).*

knijt [mugjes] → *knaasjes.*

knijzen[1] [kijken, begrijpen] vgl. **hd.** *kneisten* [turen] < **rotwelsch** *kneissen* [idem] < **beiers** *geneiszen* [waarnemen].

knijzen[2] [treuren] nevenvorm van *kniezen.*

knik[1] [zak, boterhammenzak] vermoedelijk < **nd.** *gnikk, knikk* < *genick,* van *genicksack* [een op de nek gedragen zak], door Westfaalse arbeiders bij ons geïntroduceerd.

knik[2] [klei] etymologie onbekend.

knikken [half doorbreken] **middelnl.** *cnicken,* **middelnd.,** **hd.** *knicken,* **eng.** *to knick;* klanknabootsend gevormd.

knikker [glazen of stenen balletje als kinderspel] vgl. **nd.** *knicker,* **fries** *knikkert,* in hd. sedert midden 16e eeuw *Klicker,* ouder (**middelhd.**) *klucker;* vermoedelijk nabootsing van het geluid van op elkaar stotende knikkers.

knip [een geluid, val, sluiting met een veer] **middelnl.** *cnip(pe)* [knip, val], van *cnippen* [in het nauw brengen], intensivum van *knijpen.*

knipmes [zakmes] voor het eerste lid vgl. *knijf,* **nd.** *knip,* **hd.** *Kneipf,* beïnvloed door knippen.

knippel nevenvorm van *knuppel.*

knippen [met een schaar snijden] **middelnl.** *cnippen* [knippen, in het nauw brengen]; iteratief van *knijpen.*

knirps [opvouwbare paraplu] < **hd.** *Knirps* [eig. kereltje, dwerg], gebruikt als handelsmerk; van onzekere herkomst, mogelijk verwant met *Knorpel* [kraakbeen].

knisteren [een knetterend geluid maken] (1864) < **hd.** *knistern,* klanknabootsend gevormd.

knitsen [stoten (van glazen, knikkers)] klanknabootsende vorming.

knittelvers [knuppelvers] < **hd.** *Knittelvers,* van *Knittel* [knots]; vgl. *knuppelvers, kluppelvers.*

knitteren nevenvorm van *knetteren.*

knix [kniebuiging] < **hd.** *Knicks,* van *knicken* [knikken].

knob [uitwas] **middelnl.** *knobbe;* hiernaast de verscherpte vorm *knop;* buiten het germ. vormen met en zonder *n,* **gr.** *gomphos* [houten pin], **iers** *gnobh* [knoest], **litouws** *žambas* [scherpe kant].

knobbel [bult] (1526) in de betekenis 'homp', (1573) in de moderne betekenis, verkleiningsvorm van *knob* [uitwas], vgl. **iers** *gnobh* [knoest].

knobbelen, knobelen [gokken] < **hd.** *(aus)knobeln,* vgl. **oudhd.** *knovel* [kootje], **middelhd.** *knöbel* [dobbelsteen (uit een botje gesneden)].

knod, knodde [knoop, knoest] **middelnl.** *cnod(d)e,*

oudhd. *knoto* (hd. *Knoten*); nevenvorm van *knot*¹.

knoddig [kluchtig] van *knod;* de betekenisovergang is merkwaardig, vgl. de parallellen *koddig* bij *kodde, knotterig* bij *knot, moppig* bij *mop* (steen) en mogelijk *bak* [grap, ook estrik].

knoedel [meelballetje, knoet] verkleiningsvorm van *knot*, **middelnl.** *cnod(d)e*, met dial. *-oe-* vorm.

knoefelen [knoeien] ook *knuifelen, knofelen, knuffelen*, vermoedelijk van *knuiven*, een mogelijk o.i.v. *knagen* en *knabbelen* gevormde nevenvorm van *kluiven*, of direct uit *kluiven* met dissimilatie van *l* tot *n*.

knoeien [morsen] (1617) **nd.** *knoien,* **oudfries** *knoeije,* **oudnoors** *knyja* [drukken, slaan], wat de oorspr. betekenis is, vandaar over beschadigen naar broddelen. Verwant met *kneuzen*.

knoeper, knoeperd [joekel] expressieve vorming opgekomen bij woorden als *knoert, knoest, joekel*.

knoerpen [knerpen] klanknabootsende vorming evenals het lichtere *knerpen*, ook *knarpen*.

knoers, knoerst [bult, stronk, stuk kraakbeen] behoort bij *knor, knar*.

knoersen [een stroef geluid geven] klanknabootsende vorming evenals het lichtere *knersen*, ook *knarsen;* vgl. ook *knorren*.

knoert [harde slag] vgl. **middelnl.** *cnoersebeen* [kraakbeen], **nd.** *knurt,* **deens, zweeds** *knort*, samenhangend met *knar* [harde knobbel, uitwas], zonder dat die samenhang geheel doorzichtig is.

knoesel, knoezel [enkel] **middelnl.** *cno(e)sel* [idem], verkleiningsvorm van *cnoes* [kraakbeen]; van *knoest* [uitwas].

knoest [uitwas aan boom] **middelnl.** *cnoest, cnust, knuest* [knoest, vooruitstekend voorwerp (van steen of ijzer)], *cnoes* [kraakbeen], **middelnd.** *knoster* [kraakbeen]; hoort bij *knuist* en *kneuzen*.

knoet¹ [lomperd, Westfaler] waarschijnlijk van **middelnl.** *cnote, cnotte* [knoest, klomp, dot]; voor de betekenisovergang zijn te vergelijken woorden als *knuppel* en *bal*.

knoet² [zweep] (1677) < **russ.** *knut* [uit leren riemen gevlochten zweep], van scandinavische herkomst, vgl. **oudnoors** *knūtr* [knoop], **zweeds** *knut* [idem], verwant met **hd.** *Knoten* (vgl. *knot*¹).

knoet³ [haar] nevenvorm van *knot*¹.

knoflook [kruiderij] **middelnl.** *cloflooc, cluflooc* en gedissmileerd *cnoflooc*, van *clof* [kloof, spleet], van *klieven* + *look*¹, **oudsaksisch, middelnd.** *kluflōk*, **oudhd.** *klovolouh*, **oudeng.** *clufu;* buiten het germ. **gr.** *skorodon*, **albaans** *hurde* [knoflook]; genoemd naar de vorm, de splijting in teentjes.

knok, knook [bot] **middelnl.** *cnocke, cnoc* [wervel, gewricht, knoop (van plant)], *cnoke* [bot, knobbel, wervel, gewricht, geleding], **middelnd.** *cnocke,* **hd.** *Knochen,* **oudeng.** *cnocian* [kloppen (met de knokkels)], **oudnoors** *knŏka* [idem].

knokel → *kneukel*.

knokkel → *kneukel*.

knol [vlezige wortel] **middelnl.** *cnol* [heuveltje], verkleiningsvorm van *cnodde, cnode* [knot, knobbel, knoop] (vgl. *knot*¹, *knoedel*), **middelhd.** *knolle* [kluit, klomp], **oudeng.** *cnoll,* **oudnoors** *knollr* [heuveltop].

knook → *knok*.

knoop [ronde sluiting aan kleding] **middelnl.** *cnope, knoop* [knoop, knobbel, knop]; ablautend naast *knop*.

knop [rond voorwerp als versiering, bescherming, handvat] **middelnl.** *cnop(pe)* [knop, knobbel, knot, knoop], **middelnd.** *knoppe,* **oudhd.** *knopf,* **eng.** *knop,* **noors dial.** *knupp* [bloemknop], **ijslands** *hnappur* [knop, knoop]; nevenvorm naast *knoop*.

knor [uitwas, kraakbeen] **middelnl.** *cnor(re), cnorsel,* **middelnd., middelhd.** *knorre* (**hd.** *Knorpel*), **eng.** *knur(l), knar;* behoort bij *knoest*, met grammatische wisseling als in *was - waren;* verwant met *kneuzen*.

knorf [knobbel] nevenvorm van *knurf*.

knorhaan [vis] van *knorren*, genoemd naar het geluid dat hij maakt als hij uit het water komt, vgl. **fr.** *grondin,* **eng.** *gurnard*.

knorren [geluid van m.n. varkens] **middelnl.** *cnorren, gnorren, gnerren,* **nd.** *gnurren;* klanknabootsend gevormd.

knors nevenvorm van *knor*, vgl. *knars* naast *knar*.

knot¹ [bosje haar] **middelnl.** *cnot(t)e* [knoest, klomp, dot], **middelnd.** *knutte* [knoop (van vlas)], **fries** *knotte* [knoop], **oudeng.** *cnotta* (**eng.** *knot* en de afleiding *to knit* [breien]); buiten het germ. **litouws** *gniusti* [drukken].

knot² [kanoet (strandloper)] < **eng.** *knat, knut;* verwant met *gent, gans*¹.

knoteren [mopperen] nevenvorm van *kneuteren*.

knots [zware stok] (1567) *knodse*, met intensieve *s* < *knod(de)* (vgl. *kodde*¹).

knudde [waardeloos] (1925), jong woord waarvan de etymologie onbekend is.

knuffelen [ruw hanteren, liefkozend pakken] **nd.** *knuffeln*, frequentatief van *knuffen* [duwen, stoten], **hd.** *knuffen, knüffeln,* **fries** *knoffelje,* **deens** *knubbe;* verwant met *knobbel*.

knuffen [kuchen] klanknabootsende vorming.

knuist [harde hand] **middelnl.** *cnuust, cnuyst* [knoest, knots], **middelnd.** *knust,* **fries** *knust* [knuist, vuist]; nevenvorm van *knoest*, verwant met *kneuzen*.

knuit → *kneu*.

knuivelingen [kluifbeentjes] gedissimileerd uit *kluivelingen*.

knul [jongen] oorspr. een barg. woord < **rotwelsch** *Knölle* [knecht], *Knul* [zoon, jongen, jonge boer], *Knilch, Knülch* [boerepummel] (het als zn. gebruikte *knollig* [boers]) < **hd.** *Knoll(e)* [vlegel] (vgl. *knol*).

knungel [onhandig persoon] nevenvorm van *klungel*, anlautsvariant met dissimilatie daarvan, vgl. *knuppel*, naast *kluppel*.

knuppel — koel

knuppel [dikke stok] (1679), vgl. **middelnl.** *cluppel, cleppel* en gedissimileerd *cneppel*, **middeleng.** *clubba* (**eng.** *club*), **oudnoors** *klubba* [knuppel], geassimileerd uit *klumba*, vgl. *klumbufotr* naast *klubbufōtr* [met klompvoet]; van *klomp*.

knuppelvers [onregelmatig vers] vgl. *kluppelvers, knittelvers*, **middelnl.** *stockreghel* en **fr.** *à batons rompus* [te hooi en te gras].

knurf, knorf [knoest, kraakbeen] vgl. **middelnl.** *cnor(re)* [knoest, kwast, kraakbeen], *cnorsel* [kraakbeen], *cnot(t)e* [knoest], *cnoes* [kraakbeen]; verwant met *knuist, kneuzen*.

knurft [stommeling] variant van *knurf* [knobbel, kraakbeen, bonk].

knus [behaaglijk-vertrouwd] jong woord, vgl.
  hd. *knutschen* [vrijen, knuffelen], **nl. dial.** *knutsig* [dicht bijeen], **oostfries** *knütsel* [ineengedraaide knoop]; verwant met *knutselen, knoop, knuttel*.

knut [mugjes] → *knaasjes, knijt*.

knutselen [fabrieken] (17e eeuws), iteratief van **middelnl.** *cnutten* [knopen, vastmaken], van *knot* ¹; verwant met *knuttel, knus*.

knuttel [touwtje] van **middelnl.** *cnutten* [knopen, vastmaken], vgl. **eng.** *knot* [knoop], *to knit* [breien]; verwant met *knus, knutselen*.

knutteren [pruttelen] → *kneuteren*.

koala [buideldiertje] verbastering van de Australische inheemse benaming *kūl(l)a*.

koati [soort van neusbeer] uit de taal der Apiaca-indianen *koati*, **tupi** *koatá*.

kob [soort van antilope] < **peul** *koba*.

kobalt [chemisch element] (1785), hetzelfde woord als *kobold* [aardmannetje]; kobolden hadden bij mijnwerkers een slechte reputatie; zij zouden het edele metaal weghalen en vervangen door minderwaardige kwaliteit. Aanvankelijk werden ertsen die op edele metalen leken maar het niet waren, kobalt genoemd. Later werd de naam toegepast voor erts dat men kon gebruiken om glas blauw te kleuren. Vgl. verder *kabouter*; vgl. voor de betekenis **apatiet, blende, doleriet, fenakiet, nikkel, wolfraam**.

kobbe ¹ [zilvermeeuw] **fries** *kob*, **oostfries** *kobbe*, bij Kiliaan *kobbe* [hen], *kobber* [doffer]; te verbinden met *kuif, klipkop*.

kobbe ² [spinnekop] **middelnl.** *coppe* [kruin, met haar begroeide schedel, bol, spin]; genoemd naar het karakteristieke bolvormige lichaam.

kobber [mannetjesduif] sedert Kiliaan → *kobbe* ¹.

kobold → *kabouter*.

kochelen [sneeuwballen gooien] vermoedelijk vervormd uit *kogelen*.

kocher [zichzelf vastzettend klemmetje] genoemd naar de uitvinder ervan, de Zwitserse chirurg *Emil Theodor Kocher* (1841-1917).

kodak [camera] een willekeurig gevormd woord, gekozen als handelsmerk door George Eastman, de stichter van de *Eastman Kodak Company*.

kodde ¹ [knots] **middelnl.** *codde, cudse*, **oudfries** *kudda*, **oudeng.** *codd* [balzak], **oudnoors** *koddi* [kussen]; verwant met *kodde* ², *kossem*.

kodde ² [staart] van dezelfde idg. basis met de betekenis 'buigen' als *kodde* ¹ [knots] en *kossem*.

koddebeier [veldwachter] (1521), van *kodde* ¹ [knots] + *beieren* [heen en weer zwaaien].

koddig [grappig] (1599), van *kodde* [grap], dat vermoedelijk identiek is met *kodde* [knots].

kodiakbeer [reusachtige beer] genoemd naar het eiland *Kodiak* in de Golf van Alaska.

koe ¹ [rund] **middelnl.** *coe*, **oudsaksisch** *kō*, **oudhd.** *kuo*, **oudfries** *kū*, **oudeng.** *cū*, **oudnoors** *kȳr*; buiten het germ. **lat.** *bos*, **gr.** *bous*, **oudiers** *bo*, **lets** *guovs*, **armeens** *kov*, **oudindisch** *gaus*; de idg. woorden zijn vermoedelijk ontleend aan **soemerisch** *gudr* [rund, stier].

koe ² [leren handbekleedsel van steenkruiers] komt alleen in mv. *koeien* voor, vermoedelijk uit *koeieleder*.

koedoe [soort van antilope] < **fr.** *koudou* < **xhosa** *igudu*.

Koefisch [oudarabische schrijfsoort] genoemd naar de stad *Kūfa* aan de Eufraat, hoewel deze jonger is dan dit type schrift.

koefje [verpleegsterswoord] verkort uit *couveusekindje*.

koefnoen [gratis] < **jiddisch** *koefnoen*, van **hebr.** *kof* [de letter k] + *nūn* [de letter n], dus k.n. voor *kost niets*.

koeioneren [bedillen] < **fr.** *coionner* [voor gek zetten] < **it.** *coglionare* [uitlachen, bespotten], van *coglione* [testikel, figuurlijk uilskuiken, 'zak'] < **lat.** *coleus* [zak, testikels], van **vulg. lat.** *colis, caulis* [steel, koolstronk, penis] (vgl. *kool* ¹).

koek [zoet gebak] **middelnl.** *co(e)ke, coec*, **middelnd.** *koke*, **oudhd.** *kuohho*, **oudeng.** verkleiningsvorm *cœcel, cycel*; daarnaast met ablaut **oudnoors** *kaka*, hetgeen pleit voor germ. herkomst, de etymologie echter is onbekend. Sommigen leiden af uit het romaans, vgl. *koken* ¹.

koekamp [weide] **middelnl.** *camp(e)* [kamp, akker] < **lat.** *campus* [vlakte, open land].

koekeloeren ¹ [zonder bezigheid uitkijken] bij Kiliaan *kokeloeren, kokerolien* [zien een als een slak in zijn huisje leiden], **nd.** *kukeluren* [zitten uitkijken], van (Kiliaan) *kokeloer, kokerol* [slak] < **oudfr.** *coque* [grote holle schelp] < **lat.** *concha* [mossel, schelp] (vgl. *kokkel*), o.i.v. *loeren*.

koekeloeren ² [kraaien] klanknabootsende vorming, sedert Kiliaan, vgl. *kukeleku* en **lat.** *cucullus* [koekoek].

koekoek [vogel] ook *koekuit*, **middelnl.** *coecoec, coccuuc, cucuuc, cuycuyc*, **fr.** *coucou*, **lat.** *cucullus*, **gr.** *kokkux*, **oudindisch** *kokila-*; klanknabootsende vorming, die ook separaat in de diverse talen kan zijn ontstaan.

koekuit nevenvorm van *koekoek*.

koel ¹ [matig koud] **middelnl.** *co(e)le, coel, cuele*, **oudhd.** *kuoli*, **oudeng.** *cōl*; ablautende nevenvorm van *koud*.

koel[2] nevenvorm van **kuil**[1].

koelak [Russische boer] < russ. *kulak* [vuist, grote hamer, opkoper, gierigaard], een turkotaars leenwoord.

koelan [halfezel] < tataars *kulan*.

koeleek [gekrulde zuring] van **koe**[1] + **leek**[1].

koelekop [kikkervisje] het eerste lid is samengetrokken uit **kogel**[1], evenals hd. *Kaulquappe,* van vroeg-hd. *Kaule,* middelhd. *kule* < *kugele* + *Quappe* (vgl. *aalkwab*).

koelie [dagloner] (1642) < maleis *kuli* [dagloner, sjouwer] < hindi *qulī,* afgeleid van *Kuli* [een bevolkingsgroep uit Gujarat]; het eng. *coolie* is een directe ontlening buiten het nl. om.

koemis [gegiste paardemelk] < turks *kumiz* < tataars *kumuz*.

koempoelan [bijeenkomst] < maleis *kumpulan* [verzameling, vergadering, samenkomst], van *kumpul* [tezamen, samenkomen] + het substantiva vormende -*an*.

koen [dapper] middelnl. *coen(e)* [moedig, rustig, fier], middelnd. *cone,* oudhd. *kuoni* [moedig] (hd. *kühn*), oudeng. *cene* (eng. *keen* [scherp]); vermoedelijk van *kunnen*.

koepel [halfbolvormige overwelving] < fr. *coupole* < it. *cupola* [idem] < lat. *cupula,* verkleiningsvorm van *cupa* [vat, kuip] (vgl. *kap*); koepel betekent dus eig. kuipje.

koer [binnenplaats] < fr. *cour,* oudfr. *court, curt* < lat. *cohortem,* 4e nv. van *cohors* (vgl. *cohort*).

koeren [rollend geluid maken] klanknabootsende vorming, vgl. *kirren*.

koerier [bode] < fr. *courrier* < it. *corriere* [koerier, ijlbode, briefpost] < me. lat. *currerius* [loper], van *currere* [hard lopen], idg. verwant met *kar*.

Koerland [geogr.] hd. *Kurland,* genoemd naar de *Koeren* [een Westfins volk, dat daar omstreeks 1200 nog toonaangevend was].

koers [richting, route, gangbaarheid van geld] middelnl. *coers, course* [koers, loop, gang, het gangbaar zijn van het geld] < fr. *cours* [idem] < lat. *cursus,* van *currere* (verl. deelw. *cursum*) [hard lopen] (vgl. *kar*).

koeskoes[1] [buideldier] Molukse inheemse benaming.

koeskoes[2] [deegwaar van kleine korrels] < ar. *kuskus, kuskusū,* bij het ww. *kaskasa* [hij stampte fijn, verpulverde, vermaalde].

koest [rustig!] (1722) < fr. *couche-toi* [ga liggen].

koesteren [verwarmen, vertroetelen] middelnl. *coesteren* [opkweken, verkwikken], gezien nd. *kutschelen* [in het bed warm toedekken], wel van *koets*[2] [bed(stede)].

koet [vogel] middelnl. *coet, cuut,* eng. *kite* [wouw], hd. *Kauz* [uil], genoemd naar het geluid, vgl. gr. *goè* [weeklacht], **oudindisch** *gavate* [hij klinkt], *jogū* [luidzingend, prijzend].

koeterwaals [onverstaanbare taal] (1866), maar *koeterwaal* reeds 1617 < hd. *Kauderwelsch;* het eerste lid is *Kauer,* in de 11e eeuw in Tirol de naam voor de stad *Chur,* waar rhetisch werd gesproken, een taal die voor de Duitsers barbaars was, vgl. Luthers waarschuwing: *Behüt unsere Nachkommen vor der Chauderwelschen oder Churwallen kahlen Glossen;* voor het tweede lid vgl. **Waal**[1] [iem. die romaans spreekt].

koets[1] [rijtuig] (ca. 1580) < hd. *Kutsche* < hongaars *kocsi,* verkort uit *kocs i szekér, kocs* [een dorp bij Györ in Hongarije, waar het keizerlijk wagenpark zich bevond] + *i* [van] + *szekér* [wagen].

koets[2] [bed] middelnl. *coetse* < fr. *couche,* van *coucher* (vgl. *koetsen*).

koetsen [geschepte vellen papier op de vilten leggen] vgl. middelnl. *coets(e)* [leger(stede)], van fr. *coucher* [neerleggen] < lat. *collocare,* van *locare* [plaatsen], van *locus* [plaats], **oudlat.** *stlocus,* van dezelfde basis als *stellen, stal*[1].

koetsier [bestuurder van een koets] hetzij < fr. *cocher* [idem], hetzij o.i.v. hd. *kutschieren,* hetzij van *koets* + -*ier,* vgl. *koets*[1].

koeverdak [type leien dak] vgl. middelnl. *coverrere* [beschermer], van fr. *couvrir* (vgl. *koffertorie*).

koevoet [spaak die eindigt in een klauw] zo genoemd naar de vorm.

kof [zeilschip] (1750), het schip is genoemd naar zijn rondingen, behoort bij *koof*[1], *kuif*.

koffer [reistas] < fr. *coffre* [idem] < me. lat. *coffrus, copherus, koforus* [kist, geldkist], aansluitend bij *cophinus, coffinus* [korf, mand] < gr. *kophinos* [draagmand], aan een niet-geïdentificeerde taal ontleend.

koffertorie [kaft] middelnl. *couverture, coffertuer, coffertorie* [bedekking] < fr. *couverture* [idem] < me. lat. *coöpertura* [bedekking], *coöpertura librorum* [kaft van boek], van *con* + *operire* [bedekken], idg. verwant met *weren* → *kaft, koeverdak*.

koffie [drank uit koffiebonen] (ca. 1640) < eng. *coffee,* in de Europese talen overgenomen uit **turks** *kahve* toen de Turkse expansie in de 16e eeuw de koffie bekend maakte < ar. *qahwa,* oorspr. betekenis 'wijn', later 'koffie'.

kofschip → *kof*.

kog, kogge [scheepstype] middelnl. *cocge, cogge* < me. lat. *cogga, coggum, coggo, cocha,* klass. lat. *caudiceus* [uit een boomstam gemaakt], van *caudex* [boomstam, blok] (vgl. *codex*).

kogel[1] [projectiel] middelnl. *cogel(e)* [stok met kogelvormig uiteinde], middelhd. *kugel(e)* [bal], oudeng. *cycgel* (eng. *cudgel*) [knots]; buiten het germ. lat. *caudex,* litouws *guga* [zadelknop], russ. *guglja* [gezwel].

kogel[2] [kap] middelnl. *cogel(e)* [mantelkap, kap met mantel], middelnd. *kogel,* oudhd. *kugula, kukula,* oudeng. *cugele* (eng. *cowl*) < chr. lat. *cucullo,* klass. lat. *cuculus* [kap, zak].

kogellager [ondersteuning van draaiende as in bus met bolletjes] < hd. *Kugellager,* van *Kugel*

kohier — kolder

[kogel] + *Lager,* ablautend bij *liegen* (verl. tijd *lag*) [liggen].

kohier [register] **middelnl.** *quahier, quohier* [opschrijfboek, geschreven boek] < **fr.** *cahier* (vgl. ***cahier***).

koh-i-noor [naam van een diamant] < **perzisch** *kūh-e-nūr* [berg van licht], van *kūh* [berg] + **ar.** *nūr* [licht].

koine [gemeenschappelijke taal] < **gr.** *koinè,* vr. van *koinos* [bij elkaar horend, gemeenschappelijk, algemeen], *koinè dialektos* [gewone spreektaal].

kojan, kojang [inhoudsmaat] < **maleis** *koyan* [grote maat van 27 à 40 pikul].

kok[1] [die spijzen toebereidt] **middelnl.** *coke, coc,* **oudsaksisch** *kok,* **oudhd.** *koh* < **laat lat.** *coco.*

kok[2] [fazantehaan] < **fr.** *coq,* klanknabootsende vorming.

kokanje [Land van Kokanje, luilekkerland] **middelnl.** *dat lant van Cockaenge,* **oudfr.** *cocaigne* < **middelnd.** *kokenje* [zoet koekje], verkleiningsvorm van *koke* [koek] → ***kokinje.***

kokarde [onderscheidingsteken op hoofddeksel] < **fr.** *cocarde* [idem], van *coquard* [oude haan, galante oude heer], van *coq* [haan].

koken[1] [verhitten, spijzen toebereiden] **middelnl.** *coken* < **lat.** *coquere.*

koken[2] → ***kokhalzen.***

koker [etui, huls] **middelnl.** *coker* [pijlkoker, naaldenkoker, koker] < **me. lat.** *cucurus, cucura, cucurum* < **byzantijns-gr.** *koukouron* [pijlkoker].

kokermuilen grijnzen → ***kokhalzen.***

koket [behaagziek] < **fr.** *coquet* [idem], van *coq* [haan], dus eig. zich gedragend als een haan.

kokhaan [hartschelp] **middelnl.** *hanecoc* [alikruik], *kok* < **fr.** *coque* [schaal (van ei, dop, romp (van schip)] < **vulg. lat.** *coccum* (vgl. ***kokkel***).

kokhalzen [op het punt staan te braken] (1802), eig. het geluid 'kok' in de keel maken, vrijwel synoniem met *kokermuilen,* d.i. een muil maken als iemand die kokt, van het klanknabootsende *kok,* van **koken**[2] *kaken,* vgl. **hd.** *koken,* **eng.** *to keck* [kokhalzen].

kokinje [gesmolten suiker als lekkernij] nevenvorm van *kokanje.*

kokkel [hartschelp] < **fr.** *coquille* [idem] < **lat.** *conchula* [kleine schelp], verkleiningsvorm van *concha* [schelpdier, schelp] < **gr.** *kogchè* [schelp].

kokkelen [knuffelen] frequentatief van *kukken* [kussen] (vgl. ***kukelen***).

kokkelevi [kuifleeuwerik] < **fr.** *cochevis* [idem], mogelijk van *coq* [haan] + *vis(age)* [gezicht].

kokkelkorrels [giftige zaadjes van een heester] namelijk de *Anamirta cocculus,* het eerste lid < **modern lat.** *cocculus,* verkleiningsvorm van *coccus* [bes] (vgl. ***streptokok***).

kokker, kokkerd [iets groots, grote neus] (ca. 1700) **oudnoors** *kǫkkr* [bal], **gr.** *kokkulos* [rond].

kokkerel, kokkerul [klein huisje] hetzelfde woord als *karakol, caracole* [slak] (vgl. ***caracole***).

kokkerellen [allerlei kookseltjes maken] (1785), heeft o.i.v. *koken* zijn huidige betekenis gekregen en is een verlenging van *kokkeren* [voor kok spelen], of een afleiding van *kokkerel* [kooksel], **middelnl.** *cokerellen* betekende echter: luidruchtige vreugde bedrijven, langs de straten lopen zingen met o.a. vastenavond, en **middelnl.** *cokerel* [geld voor de vastenavond], *kokereller* [vastenavondvierder]; er zal een verband zijn met *karkol* [het spiraalvormig gedraaide slakkenhuis].

kokkie [kookster] < **maleis** *koki* [kok, kokkin] < **nl.** *kok.*

kokmeeuw [zeemeeuw] het eerste lid is klanknabootsend.

kokosnoot [vrucht van de kokospalm] van **portugees, spaans** *coco* [boeman], naar het 'gezichtje' met de twee ogen op de noot.

koksiaan [scheldnaam voor de Afgescheidenen] de volgelingen van Ds. *Hendrik de Cock* uit Ulrum.

kokwet [vaartuigje] **middelnl.** *co(c)ket* [bootje] < **fr.** *coquet,* verkleiningsvorm van *coque* (vgl. ***kog***).

kol[1] [bles] **middelnl.** *col(le),* **middelnd.** *kolle* [hoofd, bles], **oudeng.** *coll* [heuvel], **oudnoors** *kollr* [ronde bergtop, kaalkop]; buiten het **germ.** **litouws** *galva,* **oudkerkslavisch** *glava* [hoofd].

kol[2] [feeks] eerst 17e eeuws, een vermoedelijk laat gevormd en uitsluitend nl. woord, hoewel het naar de vorm beantwoordt aan **oudnoors** *kolla* [vrouw] en de vergelijking is getrokken met **zweeds dial.** *kolla* [halfwijze vrouw], *kulla* [meisje] en dus mogelijk ouder is.

kol[3] [klaproos] < *kollebloem,* is wel *kol*[1] [voorhoofd], vgl. voor de betekenis *maankop* voor papaver, naar de bolronde doosvrucht.

kol[4] [vistuig] van *kollen* [op kabeljauw vissen], uit het scandinavisch, vgl. **deens** *kolle,* **noors, zweeds** *kolja* [kabeljauw], zo genoemd vanwege de koolzwarte vlek.

kol[5] [halsboord] → *col.*

kol[6] [stem, keel] < **hebr.** *qol* [stem, klank, geluid].

kola [boom, de noot daarvan] overgenomen van de naam van de noot in een Westafrikaanse taal.

kolbak [beremuts] (1858) < **fr.** *colback* (17e eeuws *kalepak*) [idem] < **turks** *kalpak* [bontmuts].

kolbeitel [koubeitel] van *koud + beitel.*

kolblei [vis] synoniem *kolfoog, kol* geassimileerd uit *kolf* [het dikke eind van ...].

kolchoz [collectief landbouwbedrijf] < **russ.** *kolchoz,* verkort uit *kollektivnoe chozjajstvo* [collectieve boerderij].

kolder[1] [lederen harnas] **middelnl.** *colre, coller* [ringkraag] < **me. lat.** *collarium, colarum, coler, colerum* [halsband voor paard of hond], *collarius* [rond de hals gedragen], **klass. lat.** *collaris* [van de hals], *collare* [halsijzer, halsband, kraag], van *collum* [hals, nek].

kolder[2] [hersenziekte bij vee] (1763) **middelnl.** *colre* < **hd.** *Koller* [idem] < **gr.** *cholera* [darmziekte, cholera] (vgl. ***cholera***).

kolder[3] [paal] ook *kolter,* etymologie onbekend.

kolere, koleire [krachtterm] < fr. *colère* [woede] (vgl. **cholera**).

kolf [achterstuk van geweer e.d.] middelnl. *colve,* **oudsaksisch** *kolbo,* **oudnoors** *kolfr* [bout]; buiten het germ. lat. *globus* [bol, kegel, opeengeperste massa, klomp] (vgl. *globe*).

kolfoog → **kolblei**.

kolgans [soort wilde gans] het eerste lid is **kol**[1] [blei].

kolharing [jonge haring] het eerste lid is **kol**[4] [vistuig voor kabeljauwvangst]; de jonge haring dient als aas voor de kabeljauw.

kolibrie [vogel] < fr., **spaans** *colibri,* ontleend in het Caribisch gebied, uit **galibi** *col-ib(a)ri* [glanzend oppervlak]; de vogel is genoemd naar het heldere groen aan de onderkant van de kop.

koliek [darmkramp] (1599) < fr. *colique* [idem] < lat. *colicus* [van de dikke darm, lijdend aan de dikke darm] < gr. *kōlikos* [idem], van *kolon* [dikke darm] (verward met *kōlon* [o.m. lichaam, lijf]).

kolk [maalstroom] middelnl. *colc,* middelnd., **oudfries** *kolk,* **oudeng.** *colc;* behoort bij **keel**[1], **gorgel**.

kollebloem [klaproos, waterlelie] voor het eerste lid vgl. **kol**[3].

kollen [met de slagersbijl doodslaan] van **kol**[1] [voorhoofd, bles].

kol nidree, kol nidrei [joods gebed] < **aramees** *kol nidhré* [alle geloften], de beginwoorden van het gebedsformulier, dat aan de vooravond van Grote Verzoendag wordt voorgedragen.

kolokwint [komkommerachtige plant] < fr. *coloquinte* < me. lat. *colorcynthius, coloquintida* < **byzantijns-gr.** *kolokunthis, kolokuntha, kolokuntè, kolokunthion* [wilde komkommer] < **klass. gr.** *kolokunthè* [pompoen], vermoedelijk van vóór-gr. herkomst.

kolom [zuil, verticaal deel van bladzijde] middelnl. *colomme* < fr. *colonne* [idem] < lat. *columna* [zuil], verwant met *celsus* [hoog], *collis* [heuvel].

kolombijntje [zacht soort gebakje] etymologie onzeker, lijkt fr., maar heet in het fr. *biscuit à la cuiller,* van *colombin* [rol klei van pottenbakker, ook drol?].

kolonel [hoofdofficier] (16e eeuw) < fr. *colonel* < it. *colonello* [idem], afgeleid van *colonna* [kolonne]; de letterlijke betekenis is dus: aanvoerder van een kolonne.

koloniaal [m.b.t. een kolonie] < eng. *colonial,* een woord dat gemaakt is door de Engelse politicus Edmund Burke (1729-1797) naar lat. *colonia* [volksplanting], van *colonus* [boer, kolonist], van *colere* [de grond bewerken].

kolonie [nederzetting] < lat. *colonia* (vgl. **koloniaal**).

koloog → **kolblei**.

koloriet [kleurgeving] < it. *colorito* [kleurig, koloriet], eig. verl. deelw. van *colorire* [kleuren], van lat. *color* (2e nv. *coloris*) [kleur].

kolorist [schilder die zich toelegt op kleureffecten] < fr. *coloriste* < it. *colorista* [idem], van *colorire* [kleuren] (vgl. **koloriet**).

kolos [lichaam, zaak van grote afmetingen] (1597) < lat. *colossus* [reusachtig beeld, kolos] < gr. *kolossos* [standbeeld van enorme afmetingen]; aanvankelijk betekende het gewoon figuur, maar door de kolossos van Rhodos kreeg het woord de betekenis kolos; een vóór-gr. woord.

kolsem [zaathout] middelnl. *colswijn;* het tweede lid betekent 'zwijn', overdrachtelijk 'balk'. Het eerste lid is verbasterd uit **kiel**[2] [schip], vgl. hd. *Kielschwein,* eng. *ke(e)lson*.

kolvenier [busschieter] o.i.v. *kolf* < **klovenier**.

kom [vaatwerk] middelnl. *com(me),* middelhd. *kumpf* (hd. *Kumme),* **oudeng.** *cumb;* van dezelfde basis als **kuif**, met nasalering.

koma [lichtomhulsel van komeetkern] < lat. *coma* [hoofdhaar, lichtstralen] < gr. *komè* [hoofdhaar] (vgl. **komeet**).

kombaars [grove wollen matrozendeken] nd. *kumbar,* mogelijk uit **portugees** *cobertor* [deken], **spaans** *cubierta* [deken], *cobertura* [paardedek], van lat. *coöperire* [geheel bedekken], idg. verwant met **weren**.

kombuis [scheepskeuken] middelnl. *cabeus, kabus, cabuse* [pot, ton, kombuis] < lat. *cacabus* [kookpot] (vgl. **kachel**[1]).

komedie [blijspel] < fr. *comédie* < lat. *comoedia* [idem] < gr. *kōmōidia (aoidè)* [gezang bij het blijspel], van *kōmos* [blijspel, oorspr. feestelijke optocht ter ere van Bacchus, cortège, wild feest], verwant met **oudindisch** *kama*-[liefde].

komeet [staartster] middelnl. *comete,* eventueel fr. *comète* [idem] < lat. *cometes* [idem] < gr. *komètès* [lang haar dragend, staartster], van *koman* [(lang) haar dragen], van *komè* [haar] (vgl. **koma**).

komen [een plaats bereiken] middelnl. *comen,* **oudsaksisch** *kuman,* **oudhd.** *koman,* **oudeng.** *cuman,* **oudnoors** *koma* en ablautend **oudhd.** *queman,* **gotisch** *qiman;* buiten het germ. lat. *venire* [komen], gr. *bainein* [gaan], **lets** *gaju* [ik ging], **oudindisch** *gautum* [gaan].

komenij [winkel] van middelnl. *coopman, coman, comen,* dus eig. *koopmannij*.

komfoor [toestel om iets warm te houden] middelnl. *caufoor, caf(f)oor* [komfoor, vuurpan] < **noordfr.** *caufoir,* fr. *chauffoir* [idem], van *chauffer* [verwarmen, stoken] < lat. *calefacere,* van *calidus* [warm] + *facere* [maken, doen], daarmee idg. verwant.

komfoort [hielversterking] middelnl. *confo(o)rt, comfoort, conterfort* [versterking] < fr. *confort,* van *conforter* < lat. *confortare* [versterken], van *fortis* [sterk].

komiek [grappig] < fr. *comique* [idem] < lat. *comicus* [van het blijspel, komisch] < gr. *kōmikos* [idem], van *kōmos* (vgl. **komedie**).

komijn [plantengeslacht, zaad daarvan] middelnl. *comin, comijn* < **oudfr.** *comin* [idem] (vgl. **kummel**).

Kominform — konte

Kominform [afkorting] gevormd van *Communistisch Informatiebureau*.

Komintern [de Derde Internationale] gevormd van *Communistische Internationale*.

komisch [lachlust opwekkend] < **hd.** *komisch* (vgl. *komiek*).

komkommer [langwerpige vrucht] **middelnl.** *cucumer, comcommere* < **oudfr.** *cucombre, cocombre*, **oudprovençaals** *cogombre* < **lat.** *cucumerem*, 4e nv. van *cucumis* < **byzantijns-gr.** *kukuon*, geassimileerd uit **klass. gr.** *sikuos*, uit het semitisch, vgl. **hebr.** *qisjsjū'ā*, **akkadisch** *qisjsjû*, **soemerisch** *ukusj*.

komma [leesteken] < **fr.** *comma* < **lat.** *comma* [idem] < **gr.** *komma* [deel van een periode (in stijl), in byzantijns gr. ook komma], van *koptein* [afhakken] (vgl. *kapoen*).

kommaliewant [eetgerei aan boord] het eerste lid vermoedelijk uit **fr.** *gamelle* (vgl. *gamel*); het tweede uit **middelnl.** *gewant* [stof, kleding, wapenrusting, wat men voor een bepaald doel nodig heeft, scheepstuig] (vgl. *gewaad*).

kommer¹ [leed] **middelnl.** *comber, com(m)er, cummer* [belemmering, last, nadeel, moeite die men ondervindt, zorg, gebrek], **middelhd.** *kumber* [puin, overlast, nood], **oudfr.** *combre* [versperring in rivier], *combrer* [grijpen, zich meester maken van], **me. lat.** *cumbrus* [versperring], waarvoor gallische herkomst wordt aangenomen.

kommer² [hazedrek] **middelhd.** *kummer* [vuilnis], hetzelfde woord als *kommer¹*.

kommervorm [geatrofieerde vorm] < **hd.** *Kümmerform* (vgl. *kommer¹* en *vorm*).

kompaan [kameraad] **middelnl.** *compaen* < **oudfr.** *compaign*, van **lat.** *com* [samen] + *panis* [brood], dus degene met wie men het brood deelt (vgl. *compagnon, kompel* en voor de betekenis *kameraad, gezel, maat²*, *genoot*).

kompas [instrument dat de windstreken aanwijst] **middelnl.** *compas(se)* [cirkel, passer, kompas], *compassen* [afpassen] < **fr.** *compas, compasser* [idem], van **lat.** *com* [samen] + *passus* [schrede, pas].

kompel, koempel [mijnwerker] < **hd.** *Kumpel* [kameraad, collega, vriend, mijnwerker], verkleiningsvorm van *Kumpe* (vgl. *kompaan*).

kompenie [de O.-I. Compagnie] van *compagnie*.

komplot [samenzwering] bij Kiliaan *comploot* < **oudfr.** *complot* [menigte die dicht opeengepakt is], van *com* [samen] + *pelote* [bal] (vgl. *pelote*).

komplotteren [samenspannen] < **fr.** *comploter* [idem], van *peloter* [op een kluwen winden], van *pelote* [kluwen, bal], van **lat.** *pila* [bal] (vgl. *pelote*).

kompres [natte omslag] < **fr.** *compresse* [idem] < **lat.** *compressum*, verl. deelw. van *comprimere* [samendrukken], van *com* [samen] + *premere* [drukken].

kond [bekend] **middelnl.** *cont*, **oudnederfrankisch**, **oudhd.** *kund*, **oudsaksisch**, **oudfries** *kuth*, **oudeng.** *cuð*, **oudnoors** *kunnr*, **gotisch** *kunþs* [bekend]; verl. deelw. van *kunnen*.

kondee, kondeh [haarwrong] < **maleis** *konde, kundai* [idem].

konfijten [in suiker inleggen] (1514), van **fr.** *konfit* [gekonfijt], verl. deelw. van *confire* [inmaken, konfijten] < **lat.** *conficere* [tot stand brengen, ten einde brengen, toebereiden, bewerken], van *con* [samen] + *facere* [maken, doen], daarmee idg. verwant.

kongeraal [zeepaling] (1621) < **fr.** *congre* [idem] of direct gevormd van **lat.** *conger* [zeepaling] < **gr.** *goggros* [idem] + *aal³*.

kongsi, kongsie [firma, ongunstig kliek] < **maleis** *kongsi* [handelsvereniging, vennootschap, maatschappij, club, verbond] < **chinees** *kong she, kong* [gemeenschappelijk] *she* [maatschappij, firma].

konijn [knaagdier] **middelnl.** *con(n)ijn* < **oudfr.** *conin* < **lat.** *cuniculus* [konijn], uit het iberisch.

koning [regerend vorst] **middelnl.** *coninc*, **oudnederfrankisch** *cuning*, **oudsaksisch** *kuning*, **oudhd.** *kuning*, **oudeng.** *cyning*, **oudnoors** *konungr*, verwant met **middelnl.** *conne* [geslacht, afkomst] (vgl. *kunne¹*, *kind*).

konisch [kegelvormig] → *conisch*.

konkel¹ [slag (in touw)] **middelnl.** *konkel* [draaikolk], *conkelen* [ineendraaien], **middelnd.** *kunke* [winding]; buiten het germ. **gr.** *goggulos* [rond], **lat.** *gyrare* [draaien] (vgl. *giro*); verwant met *kink¹*.

konkel² [koffiepot] en wel met een grote uitstulping die in de kachel wordt geplaatst, vermoedelijk < *konkelpot*, van *konkel¹* [draaikolk], overdrachtelijk gebruikt als holte, ronde ruimte.

konkel³ [spinrokken] (Kiliaan) *konckel, kunkel* < **hd.** *Kunkel*, **oudhd.** *chunchala* < **me. lat.** *conucula* < *colucula*, verkleiningsvorm van **klass. lat.** *colus* [spinrokken].

konkelen [intrigeren] **middelnl.** *conkelen* [ineendraaien], van *konkel¹*; het woord is in het maleis overgenomen als *kongkol* [konkelen, samenzweren], *sekongkol* [medeplichtige].

konkelfoezelen, konkelfoezen [bedrieglijk handelen, samenzweren] van *konkelen + foezelen* [slecht werken] (vgl. *foezel²* [slechte jenever]).

konserf [geneeskrachtige stroop, verduurzaamde levensmiddelen] → *conserveren*.

konstabel [onderofficier bij de marine] **middelnl.** *conestavel, constavel, conincstavel* [bevelhebber], **oudfr.** *conestable* < **laat-lat.** *comes stabuli* [maarschalk], van *comes* [metgezel, in het mv.: hofhouding, ten slotte hoog keizerlijk ambtenaar] + *stabuli*, 2e nv. van *stabulum* [stal]; konstabel en *maarschalk* zijn parallellen.

kont [achterste] **middelnl.** *conte* [vrouwelijk geslachtsdeel, ook nu nog in dialecten], **middelnd.**, **oudwestfries** *kunte*, **oudeng.** *cunte*, **oudnoors** *kunta*; vermoedelijk genasaleerde vorm van *kut*; de betekenis 'achterste' is secundair.

konte [fopperij] < **fr.** *conte* [(verzonnen) verhaal,

konterfeiten — koper

praatje, verzinsel], van **lat.** *computare* (vgl. *computer*); voor de betekenisontwikkeling vgl. *tellen*.

konterfeiten [afbeelden] **middelnl.** *conterfeiten, contrafeiten* [nabootsen, afschilderen] < **fr.** *contrefaire* [nabootsen, vervalsen] < **me. lat.** *contrafacere* [imiteren, vervalsen], van *contra* [omgekeerd, tegen, van de andere kant] + *facere* [maken, doen], daarmee idg. verwant.

kontwachter [touw over de klamp] van *kont* + *wachter*, namelijk een lijn die er voor waakt dat een sloep vrij wordt gehouden van de kont van het schip.

konvooi [gewapend geleide] 16e eeuws *convoy* < **fr.** *convoi*, van *convoyer* [begeleiden] < **lat.** *conviare*, van *con* [samen] + *viare* [reizen], van *via* [weg].

konzenielje → *cochenille*.

koof[1] [vrouwenmuts] **middelnl.** *coyf(i)e* [ijzeren kapje onder de helm gedragen] < **fr.** *coiffe* [kap (bij de geboorte), muts] < **me. lat.** *cofia*, van germ. herkomst, vgl. *kuif*.

koof[2] [plafondrand] < **eng.** *cove* [kleine inham, beschutte plaats, plafondrand], *to cove* [overwelven], **oudeng.** *cofa* [kamer], **hd.** *Koben* [beschot, schuurtje], **oudnoors** *kofi* [hut]; buiten het germ. **gr.** *gupē* [gierenest, in byzantijns gr. holte, spleet], **avestisch** *gufra-* [diep, verborgen]; het woord bestond in het middelnl. als *cove* [hut, huisje, schuur, stal].

koog [buitendijks land] naast *kaag,* **middelnl.** *co(o)ch, cage, caech,* **middelnd.** *koch,* **fries** *kaag, keech;* etymologie onbekend.

kooi [hok, stal] nevenvorm *kouw,* **middelnl.** *co(o)ye, couwe,* waarbij *kouw* uit de eerste en *kooi* uit de verbogen nv. ontstond, vgl. *gouw* en *gooi,* teruggaand op **lat.** *cavea* [kooi voor dieren] → *kevie*.

kooiker [houder van een kooi] gevormd van *kooi* + *-ker,* naar analogie van *imker,* waarvan de tweede lettergreep geïnterpreteerd werd als een achtervoegsel.

kookaburra [Australische lachvogel] inheems, klanknabootsend woord.

kool[1] [plantengeslacht, groente] **middelnl.** *cole, cool,* **oudsaksisch** *koli,* **oudhd.** *chola* < **vulg. lat.** *colis* (vgl. *koeioneren*).

kool[2] [verkoolde materie, steenkool] **middelnl.** *cole,* **middelnd., oudfries** *kole,* **oudhd.** *kolo,* **oudeng.** *col,* **oudnoors** *kol;* buiten het germ. **oudiers** *gual* [kool], **oudindisch** *jvalati* [hij gloeit].

koolraap [knol als groente] < **hd.** *Kohlrabi* of rechtstreeks uit **it.** *cavolo rapa*.

koolrabi (1835) → *koolraap*.

koolvis [kabeljauwachtige vis met donkerkleurige rug] **middelnl.** *cool* [idem], **oudfr.** *cole*, vertalende ontlening aan **me. lat.** *carbonarius*, van *carbo* (2e nv. *carbonis*) [houtskool].

koon [wang] **middelnl.** *coon* [kaak, wang, kieuw], **oostfries** *kon* [wang], wordt verbonden met **oudnoors** *kaun* [buil], van een basis met de betekenis

'buigen', die ook voorkomt in *kuil,* door anderen verbonden met *kauwen*.

koop [bruine kiekendief] **middelnl.** *cobe* (vermoedelijk gesproken met bb) [wouw], vgl. *cob(b)e* [bolvormige verhevenheid], **middelnd.** *kob,* **hd.** *Kubbe, Kuppe,* **eng.** *cob,* **westvlaams** *kuif* [kop van vogel, bol van hoed, in verscheidene dialecten benaming voor dieren (vooral vogels) met kuif].

koor [meerstemmige zangmelodie, zanggroep] **middelnl.** *c(h)oor* < **lat.** *chorus* [reidans, dansende en zingende groep, koor] < **gr.** *choros* [dansplaats, dans, koor].

koord [touw] **middelnl.** *co(o)rde* < **fr.** *corde* [idem] < **lat.** *chorda* [darm, snaar, lier, touw] < **gr.** *chordē* [darm, pees, snaar].

koorde [rechte verbindingslijn van twee punten] < **lat.** *chorda* (vgl. *koord*).

koornaarvis [zoetwatervis] < *korenaar;* de wetenschappelijk naam van aarvissen is *atherinidae,* van **gr.** *atherinē* [visje vol graten], van *athèr* [baard van de aar, aar, vin van een vis].

koorts [verhoogde lichaamstemperatuur] **middelnl.** *corts(e), curtse, coorts,* **middelnd.** *korts,* mogelijk verwant met **oudindisch** *jvarati* [hij is koortsig].

koortsboom [boomsoort] zo genoemd omdat hij in Zuid-Europa veel werd geplant om de (malaria) moerassen droog te maken; hij onttrekt veel water aan de grond.

koosjer, kousjer [ritueel] < **hebr.** *kāsjēr* [geschikt, passend, in mishnaïsch hebr. ritueel passend, koosjer].

koosnaam [liefkozende benaming] < **hd.** *Kosename,* van *kosen* [kozen] + *Name* [naam].

koot[1] [beentje] **middelnl.** *cote,* **nd.** *kote,* ablautend **oudfries** *kate;* verwant met *keutel*.

koot[2] [hokje] → *kot*.

kop [hoofd, drinkgerei] **middelnl.** *cop(pe)* [schaal, beker, hersenpan, schedel], **middelnd.** *kop,* **oudhd.** *kopf* [beker], vermoedelijk < **lat.** *cuppa* (vgl. *coupe*), hoewel het ook uit het germ. kan stammen en dan verwant is met *kuif*.

kopal [harssoort] < **spaans** *copal* < **nahuatl** *copalli* [hars].

kopek, kopeke [Russische munt] < **russ.** *kopejka,* van *kop'jo* [lans], zo genoemd omdat oorspr. de tsaar erop stond afgebeeld met een lans, in tegenstelling tot eerdere munten met een sabel; vgl. *piek*[4].

kopen [door betaling verwerven] **middelnl.** *copen,* **oudsaksisch** *copon, copian,* **oudhd.** *koufen, koufon,* **oudeng.** *ciepan, ceapian,* **oudnoors** *kaupa,* **gotisch** *kaupon,* van **lat.** *caupo* (uitgesproken *copo*) [herbergier, in chr. lat. winkelier], **chr. lat.** *cauponari* [handel drijven].

Kopenhagen [geogr.] < **deens** *København* [koopmanshaven].

koper [metaal] **middelnl.** *cop(p)er, cueper* < **me. lat.** *cuprum, coprum,* van *aes Cyprium* [Cyprisch erts] (vgl. *Cyprus*); Cyprus was bij uitstek de vindplaats van kopererts in de Oudheid.

koperrood [ferrosulfaat] **middelnl.** *coper(r)ose* < **oudfr.** *couperose* [idem] < **me. lat.** *cuprosa, cupri rosa* [idem], van *cupri,* 2e nv. van *cuprum* [koper] + *rosa* [roos].

kopie [afschrift] **middelnl.** *copie* [overvloed, eensluidend afschrift] < **fr.** *copie* [idem] < **me. lat.** *copia* [afschrift, in klass. lat. overvloed, menigte, voorraad], van *com* [samen] + *ops* (2e nv. *opis*) [kracht, vermogen]; uit de betekenis menigte ontwikkelde zich die van veelvoud, afschrift, waarbij het in de uitgeverij/boekhandel niet ging om een enkel afschrift, maar om kleine oplagen, die door slaven werden afgeschreven van het origineel.

kopij [handschrift voor de pers] nevenvorm van **kopie**.

koppe [spinnekop] → **kobbe**².

koppelen [aan iets verbinden] **middelnl.** *copelen, coppelen* < **oudfr.** *copler* < **lat.** *copulare,* van *com* [samen] + *apere* [vastmaken] (vgl. **copla**).

koppensneller [die hoofden van lijken rooft] mogelijk te verbinden met **middelnl.** *snel* [snel, boosaardig], *snelle* [vluggerd, die doet wat hij niet hoort te doen, boosaardige vent], *snellaert* [een naam voor de duivel].

koppermaandag [koppertjesmaandag, maandag na Driekoningen] **middelnl.** *coppeldach* [koppermaandag], van *coppel* [band, reglement, iets waardoor iem. gebonden is, jaarlijkse opbrengst], bij **koppelen,** vgl. **eng.** *Handsel Monday* [koppermaandag], van *handsel* [handgift]; koppermaandag is waarschijnlijk te verbinden met het oversluiten van de jaarcontracten en het uitkeren van een handgeld daarbij.

kopra [gedroogd vruchtvlees van de kokosnoot] < **eng.** *copra,* **portugees, spaans** *copra* < **malayalam** *koppara* [kokosnoot].

koprofagie [het eten van uitwerpselen] gevormd van **gr.** *kopros* [mest] + *phagein* [eten].

Koptisch [van de Kopten] < **koptisch** *gypt(e)ios* < **gr.** *Aiguptios* [Egyptenaar] (vgl. **Egypte**).

kor, korre [sleepnet] geassimileerd uit *korde,* met metathesis van *r* < *krode,* hetzelfde woord als **middelnl.** *corde* [kruiwagen], *crodewagen, cordewagen,* van *cruden* [duwen, schuiven, opdringen] (vgl. **kruien**).

koraal¹ [kerkgezang] (1612) < **me. lat.** *choralis* [behorend bij het koor] (vgl. **koor**).

koraal² [poliepenkolonie] < **lat.** *coral(l)ium, curalium* [koraal] < **gr.** *korallion,* dat waarschijnlijk semitisch van oorsprong is, vgl. **hebr.** *gōrāl* [steentje].

korakora [groot Moluks vaartuig] een oostindonesisch woord, waarvan de etymologie onzeker is.

koran [heilige schrift van de moslims] < **ar.** *qur'ān,* bij het ww. *qara'a* [hij las hardop, reciteerde].

korbeel nevenvorm van **karbeel**.

kordaat [ferm] (1658) < **spaans** *cordato* [verstandig] of direct < **lat.** *cordatus* [idem], van *cor* (2e nv. *cordis*) [hart, ook als zetel van het verstand: geest, inzicht], idg. verwant met **hart**.

kordeel [touw] → **kardeel**.

kordelier [minderbroeder] < **fr.** *cordelier,* van **oudfr.** *cordele,* verkleiningsvorm van *corde* [koord]; zo genoemd naar hun gordel van koord.

kordewagen [kruiwagen] **middelnl.** *crodewagen, cordewagen, crooywagen, crudewagen,* met metathesis van *r* van *cru(i)den* [duwen] (vgl. **kruien**) → **kor**.

kordon [keten van soldaten] < **fr.** *cordon* [o.m. touwtje, rij, troepenlinie (kordon)], verkleiningsvorm van *corde* [koord].

Korea [geogr.] afgeleid van *Korje* [de naam van één der koninkrijken, die Korea vroeger omvatte].

koren¹ [graan] **middelnl.** *co(o)rn, coren, corne* [korrel, graankorrel, koren], **oudsaksisch** *korn,* **oudhd.** *korn,* **oudfries** *korn,* **oudnoors** *korn,* **oudeng.** *corn,* **gotisch** *kaurn;* buiten het germ. **lat.** *granum,* **oudiers** *gran,* **oudpruisisch** *syrne* [pit], **oudkerkslavisch** *zĭrěti* [rijpen], *zrĭno* [koren] (vgl. **kern, graan**).

koren² [walgen] **middelnl.** *coren* [braken], **middelnd.** *koren* [braken, babbelen], **fries** *koarje* [walgen, braken]; de etymologie is onzeker, maar vermoedelijk is **middelnl.** *coren* < *coderen* [babbelen] (vgl. beide betekenissen in **middelnd.** *koren*) en dan < *coder* [halskwab]; uitgangspunt is dan het op en neer gaan van de halskwab.

korent nevenvorm van **krent**.

korentang [instrument om oorspr. hagelkorrels, dan ook botsplinters uit wonden te halen] voor het eerste lid vgl. **korrel, koren**¹.

korf [mand] **middelnd.** *co(o)rf, curf, corft,* **middelnd.** *korf,* **oudsaksisch** verkleiningsvorm *korvilin,* **oudhd.** *korb;* hoewel het woord verwant zou kunnen zijn met *krib* en dan van germ. herkomst zou zijn, is de herkomst uit **lat.** *corbem,* 4e nv. van *corbis* [korf], meer waarschijnlijk.

korhaan [mannetje van het korhoen] het eerste lid van **korren**.

koriander [plant] **middelnl.** *coriander* < **fr.** *coriandre* < **lat.** *coriandrum* [idem] < **gr.** *koriannon,* van *koris* (vgl. **koriskruid**).

koriskruid [akkerzenegroen] van **gr.** *koris* [luis]; de vruchten ruiken in onrijpe toestand naar wantsen.

korjaal [Surinaamse boot] < **negereng.** *kroejara* < **caribisch** *koeliala.*

kormoraan [aalscholver] < **fr.** *cormoran,* **oudfr.** *cormaran, cormareng* [idem], van *corp* [raaf], daarmee idg. verwant < **lat.** *corvus* [idem] + *marenc* [zee-], van **lat.** *mare* [zee], idg. verwant met **meer**¹.

kornak [olifantgeleider] < **portugees** *cornaca* < **singalees** *kuruneka* < *kurunayak* < *kuruva nayaka* [temmer van olifanten].

kornalijn [carneool] **middelnl.** *cornalijn, corangeline* < **fr.** *cornaline* [idem], van *corne* [kornoelje], vanwege de overeenkomst in kleur.

kornel¹ [zemelmeel] **middelnl.** *kernel, cornel* [idem], met verkleiningsuitgang van **kern, koren**¹.

kornel[2] [kolonel] **middelnl.** *coronel* < **spaans** *coronel*, in de 16e eeuw onder de Spaanse bezetting ontleend (vgl. *kolonel*).

kornel[3] nevenvorm van *kornoelje*.

kornet[1] [vaandrig] **middelnl.** *cornet(te)* [officier die bij een compagnie ruiterij het vaandel droeg] < **fr.** *cornette* [oorspr. het vaandel zelf], van *cornet* [hoorntje], verkleiningsvorm van *cor* < **lat.** *cornu* [hoorn, vleugel], idg. verwant met *hoorn*[1].

kornet[2] [muziekinstrument] < **fr.** *cornet à pistons* [klephoorn, kornet], verkleiningsvorm van *corne* [hoorn (stof, gewei, muziekinstrument)] < **lat.** *cornu* [hoorn (van dier, muziekinstrument)] (vgl. *kornet*[1]).

kornis [kroonlijst] < **fr.** *corniche* (vgl. *corniche*).

kornnagel [stalen pin om merken in metaal te slaan] samenstelling van *korn* [korrel], d.w.z. de korrel in een te graveren plaat, vgl. de korrel in foto's (vgl. *koren*[1]).

kornoelje [plantengeslacht] (1544) < **fr.** *cornouille*, ouder *corneille* < **me. lat.** *cornulus* [kornoeljeboom], van **klass. lat.** *cornus* [idem], *cornum* [de vrucht ervan]; de grondbetekenis is 'hard', vgl. **gr.** *kranon, krane(i)a* [kornoeljeboom], verwant met *kranaos* [hard, steenachtig]; de Grieken maakten hun speren bij voorkeur van kornoeljehout.

kornuit [makker] **middelnl.** *cornuut, cornuyt* [sukkel, kinkel], vgl. **oudfr.** *cornu* [gepunt, onaangenaam, dwaas] < **me. lat.** *cornutus* [gehoornd, als bn. gebruikt voor een bedrogen echtgenoot, ook als aanduiding van een gemijterde bisschop, als zn. een scheldwoord voor homoseksueel, verrader, ketter] < **lat.** *cornu* [hoorn], daarmee idg. verwant.

koro [wierookvat] < **japans** *kōro* [idem].

korporaal [legerrang] in 16e eeuw naast elkaar *caporal* en *corporal;* de vorm *caporal* < **me. lat.** *caporalis* [aanvoerder van een troep soldaten], teruggaand op *caput* [hoofd], daarmee idg. verwant. Er is verwarring opgetreden door **middelnl.** *corporael* [altaardoek], vgl. **fr.** *caporal* [korporaal] en *corporal* [altaardoek].

korps → *corps*.

korre → *kor*.

korrel [graantje, rond, hard lichaampje] **middelnl.** *corle* [pit van vruchten, graankorrel], **fries** *korel*, verkleiningsvorm van **middelnl.** *corn(e), coorn, coren* [(graan)korrel] (vgl. *koren*[1]).

korren [kirren] **middelnl.** *curren* [kirren], *corren, kerren* [kraken, knarsen, piepen], **middelnd., middelhd.** *kurren* [knorren], **eng.** *to curr* [murmelen], **oudnoors** *kurra*, vgl. *koeren* en *kirren;* klanknabootsende vormingen.

korrie, kor, korre [wagen] < *kor(re)*, vermoedelijk nevenvorm van *kar*.

korsak [steppevos] < **russ.** *korsak* < *karsak* in verscheidene Kirgizische dialecten [steppevos].

korset [rijglijf] **middelnl.** *corset* < **fr.** *corset*, verkleiningsvorm van **oudfr.** *cors* (vgl. *keurs*); de vorm *corselet* is een nevenvorm, eveneens verkleiningsvorm van **oudfr.** *cors, torselet* is een parallelle vorming, verkleiningsvorm van **fr.** *torse* [romp, bovenlijf, buste] (vgl. *torso*).

korst [rand van iets die taaier is dan de rest] **middelnl.** *corst(e), curst, kerste,* met metathesis van *r* < **lat.** *crusta*, vgl. **hd.** *Kruste*, **eng.** *crust*, **fr.** *croûte* < *crouste* (vgl. *custard*).

kort[1] [niet lang] **middelnl.** *cort, curt* [kort] < **lat.** *curtus* [verkort, verminkt, onvolledig, mager, karig], van een idg. basis met de betekenis 'snijden', waarvan ook **lat.** *caro* [vlees] stamt (vgl. *carnaval*).

kort[2] [haksel, afval] zelfstandig gebruik van het bn. *kort*.

kortegaard [wachthuis] volksetymologische vervorming van **fr.** *corps de garde* (vgl. *corps, garde*).

kortelas [zwaard] (sedert Kiliaen) < **it.** *cortellaccio* [idem], gedissimileerd uit *coltellaccio*, vergrootwoord van *coltello* [mes] < **lat.** *cultellus* [mesje], verkleiningsvorm van *culter* [mes] (vgl. *kouter*[2]).

korteresse [tekort] van *courteresse*, een quasifranse vorming op basis van *court*.

kortjan [matrozenmes] vermoedelijk uit *kort*[1] + de persoonsnaam *Jan*.

kortkarstig [bros, korzelig *karst* is nevenvorm van *korst*.

kortom [om kort te gaan] eerst na Kiliaen, vgl. **middelnd.** *kortümme* [volstrekt], **hd.** *kurzum*.

kortswijl [grap] **middelnl.** *cortwile*, van *corten* [bekorten] + *wile, wijl* [tijd]; de oorspr. betekenis is dus ongeveer die van 'tijdverdrijf'.

kortwieken [de slagpennen van een vogel wegnemen] nog niet bij Kiliaen, maar vgl. **middelnl.** *cortpoten, cortpoeten* [een hond van het normale gebruik van een poot beroven], *corthoren* [een stuk van de oren van katten afsnijden], bij Kiliaan *kortvlerken, kortvlogelen*.

koruna [Tsjechische kroon (munt)] < **lat.** *corona* [kroon].

korund [mineraal] < **hd.** *Korund* < **eng.** *corundum* < **tamil** *kurundam* [idem] < **oudindisch** *kuruvinda-* [robijn].

korvet [oorlogsvaartuig] (1808) < **fr.** *corvette*, dat in de 15e eeuw in picardische teksten voorkomt, ook *corbe, corvot, corbette*, ontleend aan **middelnl.** *corver* [haringjager], *te corve* [op haringvangst].

korvijnagel [pen voor touwwerk] nevenvorm van *karvielnagel* (vgl. *karviel*).

korzelig [ontstemd] (1622), vgl. **middelnl.** *corsel* [lichtgeraakt], vermoedelijk van *korren* [mopperen, brommen].

kosjer → *koosjer*.

kosmetisch [m.b.t. de kunst de schoonheid van het lichaam te behouden] < **gr.** *kosmètikos* [betrekking hebbend op organiseren], van *kosmètos* [in orde gebracht], verl. deelw. van *kosmein* [in orde brengen, verzorgen, versieren], van *kosmos* (vgl. *kosmos*).

kosmisch [het heelal betreffend] hetzij < **hd.** *kosmisch,* hetzij gevormd in aansluiting aan **fr.** *cosmique* (vgl. ***kosmos***).

kosmografie [wiskundige aardrijkskunde] gevormd van **gr.** *kosmos* (vgl. ***kosmos***) + *graphein* [schrijven], idg. verwant met ***kerven***.

kosmonaut [ruimtevaarder] gevormd van **gr.** *kosmos* (vgl. ***kosmos***) + *nautès* [schipper].

kosmopoliet [wereldburger] < **gr.** *kosmopolitès* [idem], van *kosmos* (vgl. ***kosmos***) + *politès* [burger], van *polis* [stad].

kosmos [heelal] < **gr.** *kosmos* [orde, staatsorde, wereldorde, de aarde].

kossaard [keuterboer] **middelnl.** *cossate,* van *cot* [kot] + *-sate,* van *sitten* [zitten, wonen].

kossem [halskwab van rund] (1552), vgl. **middelnl.** *coder,* **middelnd.** *koder,* **noors** *kusma* [de bof] (vgl. ***kodde*** [1]); de oorspr. betekenis is 'zwelling'.

kost [uitgave, levensonderhoud] **middelnl.** *cost(e);* van het ww. ***kosten***.

kosten [voor een bedrag verkrijgbaar zijn] het ww. **middelnl.** *costen, custen* < **fr.** *coster* < **me. lat.** *costare, constare* [idem], **klass. lat.** *constare* [vaststaan, te staan komen op, kosten], van *com* [samen] + *stare* [staan], daarmee idg. verwant. Het zn., middelnl. nog enk. *cost(e)* < **me. lat.** *costus, custus, custum, custa,* van *constat* [komt te staan op], vgl. **fr.** *coût.*

koster [kerkbewaarder] **middelnl.** *coster, custer* < **me. lat.** *custor,* **klass. lat.** *custos* [bewaker, wachter], van *custodire* [waken, wacht houden, bewaren, verdedigen], van een idg. basis met de betekenis 'bedekken' waarvan ook ***huid*** stamt.

kostuum [kleding, pak] (1799) < **fr.** *costume* [idem] < **it.** *costume* [gewoonte, zede, gebruik, fatsoen, kostuum] < **lat.** *consuetudinem,* 4e nv. van *consuetudo* [gewoonte, gebruik], van *consuescere* [zich aan iets gewennen].

kot [armoedig huis] **middelnl.** *cot, cote,* **middelnd.** *kot, kote,* **middelhd.** *kot,* **oudeng.** *cot,* **oudnoors** *kot* [hut]; etymologie onbekend.

kota, kotta [stad] < **maleis** *kota* [stad, burcht], uit het dravidisch, vandaar ook in het oudindisch *kuṭ(h̬)a* [burcht].

kotamissie → *kotomissie.*

kotelet [ribstuk] < **fr.** *côtelette* [ribbetje, kotelet], verkleiningsvorm van *côte* [rib, ribstuk] < **lat.** *costa* [rib, flank].

koten [bikkelen] → ***koot*** [1].

koter [1] [pook] van ***koteren***.

koter [2] [barg. kind] < **jiddisch** *koton* [klein] < **hebr.** *qatan, qaton* [idem].

koteren [peuteren] **middelnl.** *cot(t)eren* [peuteren, vooral van de tanden], iteratief van *coten* [stoten, porren]; de etymologie is onzeker, enerzijds is gesuggereerd dat het een klanknabootsende vorming is, anderzijds dat het woord ablautend naast *kittelen* staat.

kotomissie [creoolse vrouwendracht] < **sranantongo** *kotomisi,* van *koto* [rok] + *misi* [juffrouw].

kotsen [braken] sedert Kiliaan < **hd.** *kotzen,* uit joodse kring stammend, naar **hebr.** *kuts* [walging voelen].

kotter [zeilschip] (1781) < **eng.** *cutter,* van *to cut* [snijden, klieven], d.w.z. hetzij met zijn scherpe boeg het water klieven, hetzij de wind, door hoog aan de wind te lopen (vgl. ***windjammer, botteloef, kluiver***).

kotteren [gaten uitboren] < **eng.** *to cotter* [bevestigen met een bout of pin], van *cotter* [bout, pin, wig], dat met **nl.** *coteren* verwant zal zijn.

koubeitel [beitel voor bewerking op koud ijzer] het eerste lid is ***koud***.

koublekken [blauwbekken] afgeleid van ***bleek*** [1].

koud [guur, kil] **middelnl.** *caut, colt, cout,* **oudsaksisch** *kald,* **oudhd.** *kalt,* **oudfries** *kald,* **oudeng.** *ceald,* **oudnoors** *kaldr,* **gotisch** *kalds,* teg. deelw. van een ww. dat oostmiddelnl. als *kellen* [vriezen] is overgeleverd, vgl. **oudeng.** *calan,* **oudnoors** *kala* [afkoelen]; buiten het germ. **lat.** *gelu* [vorst, koude], **oscisch** *gelan* [rijp] → ***kel, kil*** [2], ***koel*** [1].

koudepis [strangurie] volksetymologische vervorming van **noordfr.** *caude-pisse* = **fr.** *chaude-pisse* [warme pis].

koudvuur [gangreen, dat een gevoel van koude teweegbrengt] **hd.** *kalter Brand, kaltes Feuer,* **deens** *koldbrand,* ouder *koldfyr,* **zweeds** *kallbrand.*

kous [sok] **middelnl.** *couse, cause, colse* [broek, kous(en), schoen(en), laars, laarzen] < **picardisch** *cauce* (**oudfr.** *chauce*) < **me. lat.** *calcea* [schoen], *chauco, chauso* [sok, schoen] < **klass. lat.** *calceus* [schoen, laars], van *calx* [hiel, hak].

kouten [praten] **middelnl.** *cauten, couten,* **middelhd.** *kalzen,* **oudfries** *kaltia;* afgeleid van *kallen.*

kouter [1] [bouwland] **middelnl.** *couter(e), cauter* [bebouwd land] (vgl. ***cultuur***).

kouter [2] [ploegijzer] **middelnl.** *couter* < **oudfr.** *coltre* [idem] < **lat.** *culter* [mes, offermes, koksmes, dolk, scheermes].

kouw nevenvorm van ***kooi***.

kovel [kap] → ***keuvel***.

kovet [barg. prestige] < **hebr.** *qībūd* [eerbewijs].

kozak [lid van Russisch ruitervolk] → ***kazak***.

kozen [vleien] **middelnl.** *cosen* [spreken, praten], **middelhd.** *kosen* [idem] < **middelnl.** *cose* [zaak], resp. **oudhd.** *kosa* [gesprek, twistpunt, rechtszaak] < **lat.** *causa* [idem]; later is de betekenis van kozen o.i.v. *liefkozen* gewijzigd.

kozijn [1] [neef] < **fr.** *cousin* [idem] (vgl. ***cousin***).

kozijn [2] [raamwerk] **middelnl.** *cassine, cassijn* < **noordfr.** *cassin* = **oudfr.** *chassin,* van *châsse* (vgl. ***chassis***).

kozijn [3] [bosbes] < **fr.** *cousinet, coussinet* [idem], verkleiningsvorm van *coussin* [kussen], dus kussentje (vgl. ***kussen*** [2]).

kraag [rand langs halsopening van kledingstuk] **middelnl.** *crage, craech* [hals, keel, strot, slokdarm, kraag]; de oorspr. betekenis is behouden in 'met een stuk in zijn kraag'. In **middelnd.** *krage,* **oudfries** *kraga,* **eng.** *craw* [krop]; buiten het germ. **gr.** *brochthos* [keel], **oudiers** *brage* [nek], **welsh** *breuant* [strot].

kraai[1] [vogel] **middelnl.** *cra(e)ye, creye,* **oudsaksisch** *kraja,* **oudhd.** *kraja,* **oudeng.** *crawe* (**eng.** *crow*); hoort bij *kraaien.*

kraai[2] [kind noch kraai, geen naaste bloedverwant] **middelnl.** *kint no craet, craet* [het gekraai van de haan en vervolgens de haan zelf]; voor het gerecht nam men familie en andere eedhulp mee en ook wel een haan, die door te zwijgen de eed van zijn eigenaar ondersteunde of door te kraaien logenstrafte dan wel de schuldige aankraaide. Iem. zonder kint en zonder craet stond dus volkomen alleen.

kraaien [het geluid dat een haan maakt] **middelnl.** *craeyen,* **oudhd.** *kraen* (**hd.** *krähen*), **oudeng.** *crawan* (**eng.** *to crow*); klanknabootsende vorming.

kraak[1] [schip] **middelnl.** *crake, craec* < **oudfr.** *caraque* < **it.** *caracca* of **spaans** *carraca* [idem], **me. lat.** *carraca* < **ar.** *qarāqir,* mv. van *qurqūr* [koopvaardijschip] < **gr.** *kerkouros* [een soort van licht jacht], van *kerkos* [staart van een dier], van *krekein* [een hard geluid maken, slaan], klanknabootsend gevormd (vgl. **nl.** *kraken*) + *oura* [staart], *orros* [achterste], idg. verwant met *aars.*

kraak[2] [grote inktvis] < **noors dial.** *krake* [een mythisch zeemonster].

kraakbeen [buigzaam benig weefsel] **laatmiddelnl.** *cracbeen,* afgeleid van *kraken.*

kraakporselein [Chinees 17e eeuws exportporselein] (1681), is wel verklaard als porselein aangevoerd op *kraken,* maar is waarschijnlijk een samenstelling met *kraken.*

kraal[1] [rond siervoorwerpje aan ketting] nevenvorm van *koraal*[2].

kraal[2] [omsloten ruimte voor vee] (1652) < **portugees** *curral,* van *correr* [rennen] < **lat.** *currere* [idem] (vgl. *corso, kar, krant*).

kraam [tent waarin koopwaar wordt aangeboden] **middelnl.** *crāme, craem* [zeildoek, tentzeil, kraampje, met gordijn afgesloten kraambed]; etymologie onzeker.

kraambed [bed waarin vrouw bevalt] → *kraam.*

kraan[1] [vogel] **middelnl.** *crane, craen,* **middelnd.** *krane,* **oudhd.** *kranuh* (**hd.** *Kranich*), **oudeng.** *cran(oc)* (**eng.** *crane*); buiten het germ. **lat.** *grus,* **gr.** *geranos* [kraanvogel], **litouws** *garnys* [ooievaar], **welsh** *garan*; klanknabootsend gevormd (vgl. *cranberry, geranium, krambamboeli, pedigree*).

kraan[2] [hijswerktuig, opening aan waterleiding] genoemd naar de vogel (vgl. *kraan*[1]) vanwege vormgelijkheid met de hals. Vgl. voor de hijskraan **fr.** *grue,* voor de waterkraan **hd.** *Hahn,* **eng.** *cock.*

kraan[3] [flinke vent] (1869) < **fr.** *crâne* [schedel, branie, kranige kerel] < **lat.** *cranium* [schedel]

< **gr.** *kranion,* verwant met **lat.** *cerebrum* [hersens], daarmee idg. verwant.

krab [schaaldier] **middelnl.** *crabbe* [krab, kreeft], **middelnd.** *krabbe,* **oudhd.** *krebiz* (**hd.** *Krebs*), **oudeng.** *crabba,* **oudnoors** *krabbi;* hoort bij *krabben,* dus eig. de krabber.

krabbelen [herhaaldelijk krabben] **middelnl.** *crabbelen;* iteratief van *krabben.*

krabben [de nagels over iets heen halen] **middelnl.** *crabben,* **middelnd.** *krabben,* **middelhd.** *krabbeln,* **eng.** (dial.) *craffle,* **oudnoors** *krafla* [kruipen], waarbij de vormen met *l* iteratieven zijn. Buiten het germ. **gr.** *graphein* [kerven], **lets** *grebt* [uithollen]; verwant met *kerven.*

krach [ineenstorting van beurs] < **hd.** *Krach* [idem], gevormd van *krachen* [springen], **oudhd.** *krahhon,* verwant met *kraken.*

kracht [sterkte] **middelnl.** *craft, cracht* (met *ft* > *cht* als b.v. in *graft* > *gracht*), **oudnederfrankisch** *craft,* **oudsaksisch** *kraft,* **oudhd.** *kraft,* **oudfries** *kreft,* **oudeng.** *cræft,* **oudnoors** *krǫptr;* de oorspr. betekenis is vermoedelijk 'samendrukken', dan verwant met *krimpen, krap*[3].

krachtens [ingevolge] (19e eeuws), met het bijwoorden vormende achtervoegsel *s,* vermoedelijk in navolging van **hd.** *kraft* [krachtens], dat verkort is uit *aus, in, mit kraft.*

krachtig [sterk] **middelnl.** *craftich, crachtich, crechtich,* **oudnederfrankisch** *kreftih,* **oudsaksisch** *kraftag,* **oudhd.** *kreftig,* **oudeng.** *cræftig,* **oudnoors** *krǫptugr;* afgeleid van *kracht.*

krag, kragge [drijftil] **middelnl.** *cragge;* etymologie onbekend.

krak[1] [grap] < **fr.** *craque* [leugentje, fopperij], van *craquer* [kraken, opsnijden, liegen], van *crac* [krakend geluid]; klanknabootsende vorming.

krak[2] [eend] naast *krik* [taling]; klanknabootsende vorming.

krakeel [ruzie met rumoer] 16e eeuws *cra(c)keel* [twist, rumoer], volksetymologische vervorming o.i.v. *kraken* < **fr.** *querel(le),* **oudfr.** *querel(le)* [twist] < **lat.** *querel(l)a* [klacht, strijd], van *queri* [klagen].

krakeling [bros koekje] **middelnl.** *crakelinc* [diverse soorten gebak, ook kaantjes], van *kraken,* naar het knappen van het broze gebak, vgl. *froufrou.*

kraken [een scherp geluid maken] **middelnl.** *craken,* **middelnd.** *kraken,* **oudhd.** *krahhon* (**hd.** *krachen*), **middelnl.** *cracian* (**eng.** *to crack*); buiten het germ. **litouws** *giržgdeti* [kraken], **oudkerkslavisch** *grochotŭ* [geraas], **iers** *grag* [gekras], **armeens** *karkac* [lawaai], **oudindisch** *garjati* [hij raast]; klanknabootsend gevormd.

krakkemikkig → *krikkemik.*

krakken [scheuren (met een krak)] intensiefvorm van *kraken.*

krakowiak [Poolse dans] < **pools** *krakowiak* [Krakauwse], van *Krakow* [Krakau].

krallenboom [lijsterbes] verbastering van *krammetboom* (vgl. **kramsvogel**).

kram [bevestigingshaakje, wondhaakje] **oostmiddelnl.** *cram(me), crame* [kram, haak], *cramp(e)* [kramp, kram, haak], *crimmen* [met de klauw grijpen], **middelnd.** *kremmen*, **oudhd.** *krimman*, **oudeng.** *crimman, crammian* (**eng.** *to cram*) [inproppen], **oudnoors** *kremja* [drukken], wel van een idg. basis met de betekenis 'grijpen', vgl. **russ.** *gromada* [hoop]; vermoedelijk heeft vermenging plaats gehad met woorden van de basis van *krimpen* (vgl. **kramp**).

kramakkelen [sukkelen] gevormd van **krakken**, geredupliceerd tot *kramakken*.

kramassen [de haren wassen] < **maleis** *keramas* [haarwasmiddel] < **javaans** (ngoko) *banyu kramas* en **javaans** (krama) *toja kramas* [haarwater].

kramat [heilig graf] < **maleis** *keramat* [heiligheid, wonderdoende macht (b.v. van een graf), heilig] < **ar.** *karāma* [een wonder dat God door zijn heiligen laat geschieden], mv. van *karāma* [respect, adel, eretekens, vrijgevigheid, wonder], bij het ww. *karuma* [hij was edel, vrijgevig].

krambamboeli [kersenbrandewijn] < **hd.** *Krambambuli* [de in Danzig gestookte brandewijn], van *kranewit* [jeneverboom], **oudhd.** *kranawitu* [kraanvogelhout], omdat de vogels voorkeur hebben voor de jeneverbes (vgl. **kramsvogel**).

kramer [venter] **middelnl.** *cramer*, **middelnd.** *kramer, kremer*, van **kraam**.

kramiek [tarwebrood met krenten] **middelnl.** *cre(de)micke, cramic(ke);* etymologie onbekend.

krammetvogel → **kramsvogel**.

kramp [spiersamentrekking] **middelnl.** *cramp(e)* [kram, krampj], **oudsaksisch** *krampo*, **oudhd.** *krampho* [kramp], *chramph* [haak], **eng.** *cramp* [kram, klamp], ablautend naast **krimpen** → **kram**.

kramsvogel [lijster] < **hd.** *Krammetsvogel*, het eerste lid < **oudhd.** *kranawitu* [jeneverboom], vgl. **eng.** *cranberry*, **nd.** *kranbere*, **hd.** *Kranichbeere, cran, kran, kranich* [kraan(vogel)]; *kranawitu* bevat een tweede lid **oudhd.** *witu* [hout, bos], **eng.** *wood*, **nl.** *woud*.

krandjang [mand] < **maleis** *keranjang* [mand] < **javaans** *kranjang* [grote, grove mand voor emballage].

krang [verkeerd] van **krengen** [draaien].

kranig [flink] gevormd van **kraan**[3] [flinke vent].

krank [ziek] **middelnl.** *cranc* [gering, weinig, pover, ellendig, afschuwelijk], **middelhd.** *kranc*, **oudhd.** *chrancholon* [zwak worden], **oudnoors** *krangr* [zwak], van dezelfde basis met de betekenis 'draaien' als **krans**.

krans [ring van gevlochten bloemen] **middelnl.** *crans(e)* < **hd.** *Kranz*, **oudhd.** *kranz* [ronde om het hoofd gewonden hoofdtooi], wel van een idg. basis met de betekenis 'draaien, wikkelen', waarvan o.m. ook **kram, krinkelen, groep**[1] zijn afgeleid.

krant [dagblad] < *courant*, verkort uit *courante nouvellen* < **fr.** *nouvelles courantes* [lopende nieuwtjes] (vgl. **courant**[1]).

krap[1] [kram, boekslot] **middelnl.** *crap(pe)* [haak, kram, deurhengsel], **oudhd.** *krapfo*, **middelnd.** *krappe* [haak], niet genasaleerde nevenvorm van *kramp* → **kram**.

krap[2] [kerf] van **krabben**.

krap[3] [nauw] eerst sedert eind 16e eeuw genoteerd, vgl. **fries** *krap* [sober], **oudnoors** *krappr* [nauw], **deens** *krap*, **zweeds** *krapp;* van dezelfde basis als *krimpen, kramp*.

krapuul [scheldwoord] < **fr.** *crapule* [zwijnerij, janhagel, smeerlap] < **lat.** *crapula* [roes, brasserij] < **gr.** *kraipalè* [idem], verwant met **litouws** *kraipyti* [ronddraaien], **oudkerkslavisch** *krěsŭ* [wenteling].

kras[1] [sterk, flink] (1664), vermoedelijk < **hd.** *krass* < **lat.** *crassus* [dik, grof, vet].

kras[2] [op gesmolten zetlood drijvend vuil] < **fr.** *crasse* < **lat.** *crassus* [dik, grof, vet].

krasselen [onbedreven schaatsenrijden] frequentatief van **krassen**.

krassen [een scherp geluid geven, inkervingen maken] **middelnl.** *cratsen, cretsen* < **middelhd.** *kratzen, kretzen*, klanknabootsend gevormd.

krat [kist van open latwerk] **middelnl.** *crat(te)* [gevlochten mat, horde, wagenkorf], **oudhd.** *chrezzo* [mand] (**hd.** *Krätze*), **fries** *kret* [mestkruiwagen], **oudeng.** *cræt* [wagen], *cradol* [wieg], **oudnoors** *kartr* [vrachtwagen]; buiten het germ. **lat.** *cratis* [vlechtwerk, horde], **oudiers** *grinne* [bundel twijgen] (onzeker) **oudindisch** *grathnāti* [hij knoopt, maakt vast], *grantha-* [knoop]; de grondbetekenis is 'vlechten' → **horde**[1].

krater [mengvat, mond van vulkaan] < **lat.** *crater* < **gr.** *kratèr* [kom voor het mengen van wijn en water, vulkaankrater], van *kerannunai* [mengen].

krates [misvormd mens] naar *Kratès*, een filosoof in het Griekse Thebe van de Oudheid, die door een ongeluk een verlamming aan het onderlijf opliep, bij ons eigenlijk bekend geworden door een verhaal van Jacob Cats waarin een mismaakte man, genaamd *Crates*, hoofdpersoon is.

kratokbonen [Indische maanbonen] *kratok* is de javaanse benaming van de limaboon.

kraton [vorstenverblijf] < **javaans** *kraton* [het hof] → **ratoe**.

krats [klein bedrag] nevenvorm van *kras*, vgl. **middelnl.** *cratsen* [schrappen, krabben, schuren]; oorspr. klanknabootsende vorming.

krauten [barg. naar roofgoed speuren] < **rotwelsch** *krauten*, ook *Krautsuppe essen* [er vandoor gaan, vluchten], van *Kraut* [het groen, tuin, het vrije veld].

krauwage [schurft] van *krauwen* [krabbelen] + het fr. achtervoegsel *-age*, vgl. **middelnl.** *crau(w)sel* [plek die men krabben wil, jeukerige uitslag, schurft].

krauwen [(zacht) krabben] **middelnl.** *crauwen*

[krabben, krauwen], middelnd. *krauwen,* oudhd. *krouwon,* oudfries *krawa;* buiten het germ. gr. *grumea* [rommel], albaans *grime* [broodkruimel] → *kruim.*

kravat [das] < fr. *cravate* [sjerp, das] < *Croate,* vroeger *Cravate* [Kroaat, Kroatisch]; de betekenis is dus 'Kroatische sjerp'.

krawaken [nachtbraken] het eerste lid is middelnl. *gra* [grauw], waarbij *graken, grieken* [schemeren van de morgen], *dachgrake* [morgenschemering], eig. dus het grauwen van de ochtend.

krawei [slachtafval] → *karwei.*

krebbe → *krib.*

krediet [vertrouwen in betalingsmogelijkheid, verstrekken van kapitaal] sedert Kiliaan < fr. *crédit* < it. *credito* [credit, tegoed, krediet, aanzien] < lat. *creditum* [het geleende, schuld], eig. verl. deelw. van *credere* [toevertrouwen].

kree[1] [(bn.) krap] etymologie onbekend.

kree[2] [bamboe zonnescherm] < maleis *kerai, kere* [hangend zonnescherm van bamboe etc.], javaans *kere.*

kreeft [schaaldier] middelnl. *crevet, crevit, creift, cre(e)ft,* oudsaksisch *krebit,* oudhd. *krebiz* (hd. *Krebs);* verwant met *krab.*

kreeftdicht [retrograde] van *kreeft + dicht* (vgl. *dichten),* zo genoemd omdat lezing van achteren naar voren ook een goede zin geeft.

kreek [smal water] middelnl. *creke* [kreek, oever, walrand], **middeleng.** *crike* (eng. *creek),* oudnoors *kriki* [hoek, bocht], *krikr* [bocht], *krōkr* [haak, bocht]; mogelijk verwant met lat. *gurges* [maalstroom, zee, poel], gr. *gurgathos* [fuik].

kreel [smal boordsel] ook *kriel,* van onzekere herkomst. Gesuggereerd is, dat het verwant is met fries *krellen* [krullen].

kreen [nauwlettend] wordt verklaard als een nevenvorm van *rein*[1], zoals *kring* naast *ring* en *knijpen* naast *nijpen.*

kreet [schreeuw] middelnl. *crete, creet,* van *krijten,* (*kreet, gekreten).*

kreeuw [opbergzakje van matrozen] etymologie onbekend.

kreeuwen [schreeuwen] klanknabootsende vorming naast *schreeuwen.*

kregel [prikkelbaar] middelnl. *(een)cregel* [koppig, eigenzinnig], van *crege* [strijd, oorlog] (vgl. *krijg);* nevenvorm *kriegel.*

kreiten [treiteren] → *kreten.*

kreits [kring] (begin 17e eeuw) < middelhd. *kreiz,* vgl. middelnl. *kreit* en de nl. vorm *krijt*[2] [kring].

krek [precies] (1708) < fr. *correct* [idem] (vgl. *correct).*

krekel [insekt] middelnl. *crekel, criekel, crieke,* (*crekelen* [grommen]), fr. *criquet* [sprinkhaan], van oudfr. *criquer* [kraken], eng. *to creak;* klanknabootsende vormingen, vgl. *kraken.*

krem [valk] nevenvorm van *kram* [klauw].

kremetart, krimmetart [gezuiverde wijnsteen] volksetymologische vervorming van *cremor tartari.*

kremil [huttentut] nevenvorm van *karmil.*

Kreml, Kremlin [zetel van Sowjetregering in Moskou] < russ. *kreml'* [burcht].

kremmelen [dringen door een nauwe doorgang, opgepropt staan of zitten] middelnl. *crimmelen, kremelen* [wemelen]; klanknabootsende vorming.

kremp [krimp, krap] nevenvorm van *krimp* → *krimpen.*

kremper [sukkel] van *krempen,* middelnl. *crempen* [krimpen, ineenschrompelen, wegkruipen], bij *krimpen.*

kreng [aas] middelnl. *crenge, cronge* < fr. *carogne* (vgl. *karonje).*

krengelen [nauw afdingen] frequentatief van *krengen.*

krengen [een schip laten overhellen] middelnl. *crengen* [doen keren], *cringen* [zich draaien]; van *kring.*

krenken [beschadigen, beledigen] middelnl. *crenken, crinken* [zwak maken, beschadigen], middelnd., middelhd. *krenken,* oudfries *krenza;* afgeleid van *krank.*

krense [graanafval] *krinsen* [wannen], middelnl. *criensen* [idem]; vermoedelijk van dezelfde basis als *kringen* (vgl. *kring).*

krent [gedroogde druif] middelnl. *carenten, corinthen* < fr. *(raisin de) Corinthe* [idem, lett. druif van Corinthe]; Corinthe leverde veel krenten.

krenterig [schriel] sedert de 18e eeuw, vgl. *krentenkakker* (vgl. *krent).*

krep [dunne stof] < fr. *crêpe* (vgl. *crêpe).*

kreppen [kroezen] van *crêpe.*

kressen nevenvorm van *krijsen.*

kret[1] [mestkruiwagen] nevenvorm van *krat.*

kret[2] [zeeschildpad] → *karet*[2].

kret[3] [schar] van middelnl. *cretten, cretsen* [krabben], vgl. *krassen* en voor de betekenis *schar*[1].

kretek [tabak gemengd met kruidnagel] < maleis *kretek* [eig. knetterend], javaans *merketek* [knetteren (van vuur)]; klanknabootsende vorming.

kreten, kreiten [treiteren] middelnl. *creiten, creten* (vgl. *greten).*

kretologie [het zich-te-buiten-gaan aan ongefundeerde leuzen] gevormd van *kreet + logie.*

kretsen [krassen] nevenvorm van *kratsen* [krassen].

kreu [schepnetje] < fr. *creux* [hol, holte, kuil], van gallische herkomst.

kreuken [vouwen maken] middelnl. *croken* [vouwen, kreuken, breken], heeft als oorspr. betekenis 'buigen', vgl. oudhd. *kriochan* (hd. *kriechen)* [kruipen], eng. *to crouch* [neerbuigen], verwant met *kruk, kruipen.*

kreunen [steunen] middelnl. *cronen,* oudhd. *kronen* [babbelen], oostfries *krönen* [jammeren]; klanknabootsende vorming.

kreupel [mank] middelnl. *cropel, cru(e)pel, crepel,*

kreupelhout — krinkelen

creupel, middelnd. *kröpel, krepel,* **oudeng.** *crypel* (**eng.** *cripple*); verwant met *kruipen.*
kreupelhout [gewas met dooreengegroeide takken] heeft de oorspr. betekenis van *kreupel,* namelijk kruipend, vastgehouden.
kreus[1] [inkeping] nevenvorm van *kroos*[1].
kreus[2] [klokhuis] nevenvorm van *kroos*[3].
krevelen [krieuwelen] **middelnl.** *crevelen* [kriebelen, dartelen]; klanknabootsende vorming.
krib, kribbe [voederbak] **middelnl.** *cribbe, crebbe,* **oudsaksisch** *kribbia,* **oudhd.** *krippa,* **oudfries** *kribbe,* **oudeng.** *cribb;* vgl. **middelhd.** *krebe* [korf], **oudnoors** *kjarf* [bundel].
kribbelen [krabbelen] **middelnl.** *cribbelen* [afdingen], nevenvorm van *krabbelen.*
kribben [ruziemaken, kribbig zijn] vgl. **middelnl.** *cribmes(se)* [krabmes]; nevenvorm van *krabben.*
kribbig [prikkelbaar] (1573) *kribbigh* [twistziek, knorrig], **middelnd.** *kribbisch;* van *kribben.*
kriebelen nevenvorm van *kribbelen.*
kriegel [prikkelbaar] (17e eeuw), mogelijk met behoud van de oorspr. lange *i* naast *kregel.*
kriek [kers] **middelnl.** *cri(e)ke* [kers, pruim], **middelnd.** *kre(i)ke,* **middelhd.** *krieche,* etymologie onzeker, wellicht < **lat.** *Graecus* [Grieks], en dan dus de Griekse vrucht.
krieken [piepen] (16e eeuw), klanknabootsende vorming.
kriel[1] [kleingoed (kippen, aardappelen e.d.)] vermoedelijk van *krielen* [krioelen].
kriel[2] [rugkorf] < **oudfr.** *creil* < **lat.** *craticula* [rooster], verkleiningsvorm van *cratis* [vlechtwerk van rijshout] (vgl. *krat*).
kriel[3] [dartel, flink] samengetrokken uit *kregel,* dat dial. ook 'flink' betekent.
krielen [krioelen] **middelnl.** *crielen* [idem]; klanknabootsende vorming.
kriepen [knerpen] klanknabootsende vorming.
krieuwelen [krioelen] **hd.** *kraueln,* **eng.** *to crawl;* frequentatief van *krieuwen.*
krieuwen [kibbelen] affectieve vorming in aansluiting op woorden als *kriebelen, friemelen, wriemelen,* **krauwen.**
krijg [oorlog] **middelnl.** *crijch* [inspanning, halsstarrigheid, strijd, aanval], *crege* [strijd, oorlog], **middelnd.** *krīch* [koppigheid, strijd], **oudhd.** *krēg* [koppigheid]; in andere germ. talen niet bekend; idg. verwantschappen zijn dubieus → *kregel.*
krijgen [verwerven] **middelnl.** *crigen* [zich inspannen, door inspanning verwerven, krijgen] < *vercrigen,* van *krijg,* vgl. voor de betekenis *werven - verwerven.*
krijgshaftig [geneigd tot oorlog] van *krijg* + *-haftig.*
krijn [haar tot vulling van meubelen] < **fr.** *crin* [paardehaar] < **lat.** *crinis* [hoofdhaar], verwant met *crispus* [gekruld] (vgl. *crêpe*).
krijsen [schel schreeuwen] **middelnl.** *crīschen, crijsschen,* **middelhd.** *krīschen;* klanknabootsend woord, als *krijten.*

krijt[1] [kalk] **middelnl.** *crijt, crete* < **lat.** *creta* [gezuiverd], van *cernere* [scheiden], verkort uit *terra creta* [krijt of een fijne witte leemsoort voor o.m. blanketten en wit maken van kleren, lett. gezuiverde aarde].
krijt[2] [strijdperk] **middelnl.** *crijt* [cirkel, kring, strijdperk], **middelnd.** *krīt,* naast *kreits* < **oudhd.** *kreiz,* van **oudhd.** *krizzon* [inkrassen], **middelnd.** *krete* [kras] (vgl. *krassen*).
krijten [luid roepen] **middelnl.** *criten,* **middelhd.** *krīzen;* klanknabootsende vorming.
krijzelen [krassen, huiveren] **middelnl.** *criselen, crijsselen* [knarsen]; klanknabootsende vorming.
krik[1] [taling] bij Kiliaan *kricke,* vgl. **lat.** *crecca,* **gr.** *krex* [bepaalde vogel, schreeuwerd], **litouws** *kirkti* [schreeuwen (van de broedkip), piepen], **oudindisch** *krakara-* [patrijs]; klanknabootsende vorming.
krik[2] [brandewijn] < **fr.** (19e eeuws, argot) *cric, crik, crique,* ook *croc* [brandewijn]; klanknabootsende vorming voor iets sterks.
krik[3] [dommekracht] → *cric.*
krik[4] [lichtgeraakt] wel van het klanknabootsende *krikken* [een krakend, knappend geluid maken].
krikkemik [driepotige lage bok, moeilijkheden] nog niet bij Kiliaan, vermoedelijk gevormd van **middelnl.** *cricke, crucke* [kruk, haak, stok met dwarsstok, stelt, stof], vgl. *kruk* + *mik*[2] [gaffelvormige steunbalk].
kril [plankton] < **noors** *kril* [vissebroed], vgl. *kriel* [kleingoed].
krimi [detectiveroman, detectivefilm] < **hd.** *Krimi,* verkorting < *Kriminalroman, Kriminalfilm;* voor het eerste lid vgl. *crime.*
krimmer [imitatie-astrakan] genoemd naar de *Krim,* het gebied van herkomst; de naam is gegeven door de Tataren die er 1237 binnendrongen, en betekent 'vesting' (vgl. *Kreml*).
krimpen [zich samentrekken] **middelnl.** *crimpen, crempen,* **middelnd.** *krimpen,* **oudhd.** *krimpfan,* **middeleng.** *crimpen,* **oudnoors** *kroppinn* (verl. deelw.). Ablautend hierbij *kramp,* ook dial. *kromp,* **oudeng., eng.** *crump* [krom]; buiten het germ. **litouws** *grubti* [oneffen, hard worden], **oudkerkslavisch** *grǫbŭ* [ongevormd] (**russ.** *grubyj* [grof]).
kring [cirkel] **middelnl.** *crinc, cring,* **middelnd.** *krink,* **middelhd.** *krinc* en ablautend *kranc,* **oudnoors** *kringr,* van een basis die een variant was van die van *krinkel* → *krinkelen.*
kringelen [tal van kringen vormen] **middelnl.** *crinkelen* [in een kring plaatsen, krullen, doen krullen] (vgl. *krinkelen*).
kringen [dringen] ook *krengen,* **middelnl.** *cringen* [zich samentrekken, krommen], waarnaast causatief *crengen, cringen* [doen keren (van voertuig)], van *kring.*
krinkelen [zich herhaaldelijk buigen] **middelnl.** *crinkelen,* van *crinkel,* verkleiningsvorm van *crinc, cring* [kring].

krinsen [wannen] eerst bij Kiliaan, van *krinse* [kaf] → *krense*.

krioelen [wemelen] (1598) < fries *kryoelje*, naast *kriuwelje*, vgl. **oudhd.** *krewelon* en **nl.** *krieuwelen, krielen*.

krip[1] [dunne stof] (1791) < **fr.** *crêpe* (vgl. *crêpe, krep*).

krip[2] [lapje vlees] nevenvorm van *krap(je)*, **middelnl.** *crap(pe)* [karbonade]; etymologie onbekend.

kris [soort dolk] (1596) < **javaans** *keris*.

kriskras [in alle richtingen] een allitererende en ablautende afleiding van *krassen*.

krispelen [bewerking van leer] vgl. **middelhd.** *krispel* [gekruld], **eng.** *crisp* < **lat.** *crispus* (vgl. *crêpe*).

krissen [klapbessen] een van de vele dial. varianten van het eerste lid van *kruisbes*.

krissie [drop] verbasterde vorm, vgl. *kalissie*.

kristal [glanzend glas, kwarts] **middelnl.** aanvankelijk *kerstael, carstael* met metathesis van *r* < **oudfr.** *cristal*, dan onder fr. invloed *crista(e)l* < **lat.** *crystallus* [kristal] < **gr.** *krustallos* [ijs, kristal], van *kruos* [ijs, vorst, kou], verwant met **lat.** *crusta* [harde korst].

kristalliet [microscopisch kleine kristallen] van *kristal* + het fr. achtervoegsel *-ite* < **lat.** *-ita*, **gr.** *-itès*, met de betekenis 'behorend tot'.

kristallijn [van kristal] **middelnl.** *cristallijn* < **oudfr.** *cristallin* < **lat.** *crystallinus* (vgl. *kristal*).

kristalliseren [kristallen vormen] < **fr.** *cristalliser* (vgl. *kristal*).

krit [schar] → *kret*[3].

kritiek [beoordeling] < **fr.** *critique* [beslissend] < **lat.** *criticus* [beslissend, kritiek, als zn. beoordelaar, kunstrechter] < **gr.** *kritikos* [in staat te onderscheiden, beoordelaar, rechter], van *krinein* [scheiden, onderscheiden] (vgl. *crisis*).

kritisch [geneigd tot beoordelen] < **hd.** *kritisch* (vgl. *kritiek*).

kritiseren [kritiek leveren op] < **hd.** *kritisieren* [idem] (vgl. *kritiek*).

krits[1] [lastig kind] van **middelnl.** *crijt* [kreet, schreeuw] (vgl. *krijten*).

krits[2] [kruimel] van **middelnl.** *cretsen, cretten, cratsen, crassen* [krabben, schrappen] (vgl. *krassen*).

Kroaat [bewoner van Kroatië] < **kroatisch** *Hrvat* < **oudiraans** *(fšu-)haurvatā* [veehoeder], **avestisch** *pasu-haurva-*, van *haurvati* [hij hoedt].

krochen [kuchen] → *kruchen*.

krocht[1] [hoge zandgrond] **middelnl.** *croft, crocht* [idem], **oudeng.**, **eng.** *croft* [veldje], vgl. **gaelisch** *cruach* [hoop]; de oorspr. betekenis is 'iets gebogens'; verwant met *kruipen*.

krocht[2] [spelonk] **middelnl.** *cruft, croft, crocht* [onderaardse schuilplaats, grot, hol, onderaards kerkgewelf] < **lat.** *crypta* (vgl. *crypt*).

krodde[1], krod [padde] **middelnl.** *crode, crade,*

middelnd. *krode, krede*, **oudhd.** *kreta, krota* (**hd.** *Kröte*); etymologie onbekend.

krodde[2] [herik] mogelijk van *kruid*.

kroden → *kruien*.

kroeg [herberg] **middelnl.** *croech* (ca. 1500) [drinkgelag], **middelnd.** *krūch;* ondanks uiteenlopende pogingen is de etymologie onzeker gebleven.

kroelen [dicht tegen elkaar zitten] heeft waarschijnlijk als grondbetekenis 'krommen, zich buigen', vgl. **middelnl.** *crullen, crollen* [krullen, doen oprollen] (vgl. *krul, kroos*[3], *kruizemunt*).

kroep[1] [ziekte] < **fr.** *croup*, overgenomen uit **eng.** (tegenwoordig dial.) *to croup* [een rauw geluid geven], dit i.v.m. de scheurende hoest.

kroep[2] [achterdeel van paard] < **fr.** *croupe*, uit het germ., vgl. *krop*[1]; de oorspr. betekenis was 'uitstekend deel' (vgl. *croupier*).

kroepoek [viskoekjes] < **maleis** *kerupuk* [idem], klanknabootsend, vgl. *kerup* [dof knappend], *keropeng, keruping* [korstje van een wond].

kroes[1] [drinkbeker] **middelnl.** *croes*, **middelnd.** *krōs*, mogelijk verwant met *kruik*, wellicht echter < **me. lat.** *crucibulus* < **gr.** *krōssos* [kruik].

kroes[2] [gekruld] **middelnl.** *cruus, cruys* [kroesharig], *croesen* [doen krullen], **middelnd.** *krūs* (**hd.** *kraus*), **middeleng.** *crūs;* verwant met *krul*.

kroes[3] [dronken] mogelijk uit de betekenis 'verward van zinnen' en dan via *kroes*[2].

kroet[1] [taling] ook *kruts, krust, krak(eend);* klanknabootsend gevormd.

kroet[2] [afgevallen fruit] < **fr.** *croûte* [korst, prul van een mens of schilderij] < **lat.** *crusta* [korst] (vgl. *korst*).

kroet[3] [ruwe olie] < **eng.** *crude* [ruw, ruwe olie] < **lat.** *crudus* [ruw].

kroezel [haarkrul] van *kroes*[2], voor de betekenis vgl. *kruisbes*.

kroft [spelonk] bij *krocht*[2], evenals *graft* naast *gracht*.

krok [sneeuw met hagel] nevenvorm van *krak* (**middelnl.** *croc, crac*); klanknabootsing van het geluid als men erover loopt.

krokant [knapperig] < **fr.** *croquant*, teg. deelw. van *croquer* [knappen], van *croc* [krak!]; klanknabootsend gevormd.

kroken nevenvorm van *kreuken*.

krokke, krok [wikke] ook *krak* < **lat.** *cracca* [wikke]; etymologie onbekend.

krokken dial. nevenvorm van *kreuken*.

krokodil [reptiel] **middelnl.** *cocodril(le), crocodil* < **oudfr.** *corodrile, crocodile* < **lat.** *crocodil(l)us, corcodrilus* < **gr.** *krokod(e)ilos*, van *krokè* [steentje aan het strand], klanknabootsend evenals **nl.** *kraken, krokalè* [strand] + *drilos* [worm, slang], berustend op de waarneming van reptielen, die hun warmtehuishouding regelen op rotsen of stranden.

krokus [plantengeslacht] (1608) < **lat.** *crocus* [saffraan] < **gr.** *krokos* [idem (gele krokus)], uit het

krol — kruik

semitisch, vgl. **hebr.** *karkōm,* **ar.** *kurkum* [saffraan] (vgl. ***kurkuma***).

krol nevenvorm van ***krul.***

krolneut [spiraalvormig sieraad] van *krol* [krul] + ***neut***[1].

krols [hitsig] (1709), van *krollen,* klanknabootsend, naast *grollen,* het laatste reeds middelnl..

krom [gebogen] **middelnl.** *crom, cromb, cromp, crump,* **oudsaksisch, oudfries, oudhd.** *krumb,* **oudeng.** *crumb,* behoort bij ***krimpen;*** verwantschap met **gr.** *grupos* [krom] is mogelijk.

Kromo [verpersoonlijking van de Javaanse volksman] < **maleis** *kaum kromo, kaum* [volk] *kromo* [de kleine man (op Java)] < **javaans** *krama* (uitgesproken met 2 o's) [de beleefde taal], dus iem. die sociaal altijd de mindere is.

kromp [schelpdier] behoort bij *krimpen* (kromp, gekrompen).

kroniek [jaarboek] **middelnl.** *cronike* < **fr.** *chronique* < **me. lat.** *chronica* < **gr.** *chronika* (*biblia* [boeken]), o. mv. van *chronikos* [de tijdrekening betreffend], van *chronos* [tijd], van dezelfde basis als ***koor*** (tijdruimte naast plaatsruimte).

kronkel [sterke kromming] **middelnl.** *cronkel, crunkel,* naast *crinkel;* het laatste is de verkleiningsvorm van *crinc, cring* [kring].

kronsel [kruisbes] van *kroezel,* een van de vele dial. nevenvormen van het eerste lid van ***kruisbes.***

krontjong [Indonesische muziek, gitaar] < **maleis** *k(e)roncong* [rammelend, rinkelend, enkelring, krontjong], klanknabootsend gevormd.

krooi [troepje, ploeg] **middelnl.** *crode* [last die men iem. aandoet, hulp, steun, drom, troep, bende, kruiwagen], *croden* [zich om iets bekommeren], *cru(i)den* [duwen, opdringen, drukken] (vgl. ***kruien***).

kroon [hoofdsieraad van vorsten] **middelnl.** *crone, croon* [krans, kroon], nevenvorm van ***kruin*** < **lat.** *corona* [krans en vandaar de naam voor kransachtige zaken zoals de bovenrand van een bouwsel]; verwant met **gr.** *korōnè,* dat o. a. krans en kroon, afsluiting betekent.

kroos[1] [inkeping in duig] **middelnl.** *croes,* van *croesen* [krassen].

kroos[2] [waterplantje] **middelnl.** *croos;* behoort bij ***kroes***[2] [gekruld], zo genoemd op grond van vormgelijkenis.

kroos[3] [klokhuis van appel] **middelnl.** *croos, crose, croes* [ingewand], **nd.** *krōs,* **hd.** *Gekröse, Kroese;* van ***kroes***[2] [gekruld].

kroos[4] [rente] **middelnl.** *crois, croos* [aanwas, rente] < **oudfr.** *croist,* van *croistre* [groeien] < **lat.** *crescere* [idem].

kroos[5] [pruim] etymologie onbekend.

kroost [kinderen] (1640), vermoedelijk uit middelnl. *croos* [aanwas] < **oudfr.** *croist* [idem] (vgl. ***kroos***[3]).

kroot [biet] ouder *karoot* < **fr.** *carotte* < **lat.** *carota* [peen] < **byzantijns-gr.** *karōton, karōta* [peen].

krootse [kromstaf] **middelnl.** *croche, crootse* < **fr.** *crosse* [idem] < **me. lat.** *crucea,* van *crux* (2e nv. *crucis*) [kruis].

krop[1] [voormaag] **middelnl.** *crop(pe)* [knoest, knot, ineengedraaid voorwerp, voormaag, strot, bladknop, slakrop], **middelnd.** *krop* [romp, lijk, keelgat], **oudhd.** *kropf,* **oudeng.** *cropp* (**eng.** *crop*), **oudnoors** *kroppr;* buiten het germ. **gr.** *grupos* [gebogen], van een idg. basis die we ook terugvinden in ***krom*** en ***kruipen.***

krop[2] [ongebuild meel] → ***krop***[1] [holte in de molensteen].

krosok, krossok [inlandse minderwaardige tabak] < **maleis** *tembakau kerosok* [gedroogde tabaksbladeren], (*tembakau* [tabak]), van *kerosok* [ritselen], gekruist met *rosok* [afgetakeld], *rosokan* [rommel, afgedankt].

krostel [licht pasteigebak] < **fr.** *croustelle,* verkleiningsvorm van **oudfr.** *crouste* [korst] < **lat.** *crusta* [korst].

krot[1] [vervallen huis] eerst sedert de 17e eeuw en alleen in het nl. bekend, is mogelijk een met een nadrukkelijke *r* afgeleide vorm van ***kot,*** wellicht echter een kruising met b.v. *krocht* of *krat.*

krot[2] [slijk, modder op kleding] < **fr.** *crotte* [slijk], **oudfr.** *crote,* dat uit het frankisch stamt.

kroton [plant] < **gr.** *krotōn* [teek, wonderboom], de vrucht lijkt op een teek (vgl. ***ricinus***).

krotten [van slijk reinigen, licht vriezen, rijpen] van ***krot***[2].

kruchen [hard kuchen] **middelnl.** *crochen, cruchen* [mompelen, brommen, zacht kermen]; een klanknabootsend woord, dat zowel tegen *kuchen* als *kreunen* aanleunt.

kruid [gewas] **middelnl.** *cruut,* **oudsaksisch** *krūd* [onkruid], **oudhd.** *krūt* [groente, kool]; etymologie onbekend.

kruidenier [handelaar in koloniale en grutterswaren] **middelnl.** *crudenaer, crudenere, crudenier* [handelaar in kruiderijen, drogist], **middelnd.** *krudenere,* **middelhd.** *kriutener.*

kruidje-roer-me-niet [plant] vertalende ontlening aan **lat.** *noli me tangere.*

kruidnagel [specerij] sedert Kiliaan, van ***kruid*** + ***nagel*** [spijker], zo genoemd op grond van vormgelijkenis.

kruien [met een kruiwagen vervoeren, over elkaar schuiven (van ijsschotsen)] **middelnl.** *cru(i)den* [duwen, drukken, opdringen, voortduwen], **middelhd.** *krōten* [drukken], **nd.** *krūden,* **oudeng.** *crūdan* [drukken, duwen] (**eng.** *to crowd*); etymologie onbekend.

kruif [opsnijder] **middelnl.** *cruve, cruuf* [gefriseerde lok, krullend, kroes], *cruven* [friseren], met metathesis van *r* bij **lat.** *curvus* [krom, zich kronkelend].

kruik [vat] **middelnl.** *cru(y)ke,* **oudsaksisch** *kruka,* **middelhd.** *kruche,* **oudfries** *krocha* [bak voor kolen], **oudeng.** *cruce,* **oudnoors** *krukka,* naast **oudhd.** *kruoc,* **oudeng.** *crōg,* in onduidelijke relatie tot ***kroes***[1]; de verhouding tot **gr.**

krōssos, **iers** *crocan* [kruik] is evenmin geheel doorzichtig.

kruiling [fijne appel] naast *kruideling, kruidappel*, van *kruid;* zo genoemd vanwege de smaak.

kruim [kruimel, binnenste van brood, verkookte aardappels], **middelnl.** *crume, cruum, cruime* [binnenste van brood, overgebleven eten], **middelnd.** *krome*, **middelhd.** *krume*, **oudeng.** *cruma* (**eng.** *crumb*), **nieuwijslands** *krumr* [kern]; buiten het germ. **lat.** *grumea* [bijeengekrabde aarde], **gr.** *grume(i)a* [restje], **albaans** *grime* [broodkruimel].

kruimel [broodkorreltje] verkleiningsvorm van *kruim*.

kruin [haarwervel] **middelnl.** *cru(i)ne* < **lat.** *corona* [krans, halo] (vgl. *kroon*).

kruipen [zich op handen en voeten voortbewegen] **middelnl.** *crupen*, **middelnd.** *krupen*, ablautend **oudnederfrankisch** *criepen*, **oudfries** *kriapa*, **oudeng.** *creopan* (**eng.** *to creep*), **oudnoors** *krupa;* buiten het germ. **gr.** *grupos* [gebogen]; de grondbetekenis is 'zich gebogen voortbewegen', vgl. *kreupel*.

kruis [twee balken die elkaar rechthoekig snijden] **middelnl.** *cruce, cruse, cruys* < **lat.** *crux* (2e nv. *crucis*) [paal waaraan misdadigers werden geëxecuteerd]; eig. vormde de paal samen met het patibulum, de dwarsbalk, het kruis, waarna *crux* tot 'kruis' werd, in oneigenlijke zin 'marteling, ellende'.

kruisbes [klapbes] **middelnl.** *croeselbesie*, afgeleid van *kroes*², vanwege de kroezige haartjes. In de vorm *kroes* is de vocaal als relict bewaard gebleven, terwijl deze zich in de nevenvorm *kruis* op normale wijze van *oe*, via *uu*, tot *ui* heeft ontwikkeld.

kruiselings [kruisgewijs] nog niet bij Kiliaan, evenmin als *kruiseling* (bijw. en bn.), wel echter **middelnl.** *kruzelinge*, **middelhd.** *kriuzlinge* [kruiselings]; afgeleid van *kruis*.

kruisen [een kruis doen vormen, snijden, door een andere soort bevruchten] van *kruis*.

kruisharing [haring gevangen na 3 mei] de dag van de *Heilige Kruisvinding*.

kruisigen [aan een kruis slaan] **middelnl.** *crucigen* < **lat.** *cruciare* [folteren, martelen, pijnigen] (vgl. *kruis*).

kruisjassen [een kaartspel] → *jassen*¹.

kruit [ontplofbaar mengsel] hetzelfde woord als *kruid*, vanwege de gelijkenis met fijngewreven kruiden. Het verschil tussen *t* en *d* kon ontstaan omdat van (bus)kruit uiteraard geen mv. met *d* voorkwam.

kruiven [krullen] van *kruif*.

kruiwagen [eenwielig voertuig] → *kruien*.

kruizemunt [plant] **middelnl.** *crusemunte* < **lat.** *menta crispa, menta* [kruizemunt] (vgl. *munt*²) *crispa*, vr. van *crispus* [gekruld] (vgl. *kroes*², een nevenvorm van *kruis*).

kruk [stoel zonder leuning, handvat] **middelnl.** *crucke, cricke, crocke*, **oudsaksisch** *krukka*, **oudhd.** *krucka*, **oudeng.** *cryce* (**eng.** *crutch*), **zweeds** *krycka*, **deens** *krykke;* behoort vermoedelijk bij de basis van *kreuken* met de betekenis 'krom zijn'.

krul [omgebogen vorm] **middelnl.** *crulle, crolle, crul* [krullend], vermoedelijk verkort uit *kroezel* [haarlok], vgl. ook **middelnl.** *crosel* [kraakbeen].

krupsie, kripsie verminking van *corruptie*. *corrupt*.

krust [krakeend] → *kroet*¹.

kryoliet [ijssteen] gevormd van **gr.** *kruos* [ijs], idg. verwant met *korst* + *lithos* [steen].

krypton [chemisch element] gevormd van **gr.** *krupton*, o. van *kruptos* [verborgen] (vgl. *crypt*); door de ontdekkers ervan, Sir William Ramsay (1852-1916) en Morris William Travers (1872-1961), zo genoemd omdat het element lang verborgen was gebleven.

kryptorchisme [het niet-ingedaald-zijn van een testikel] gevormd van **gr.** *kruptos* [verborgen] + *orchis* [testikel] (vgl. *orchidee*).

ku [achterste] < **fr.** *cul* (vgl. *cul*).

kub, kubbe [visfuik] **middelnl.** *cubbe* [mand, ben, fuik, rieten dak, stal], **middelnd.** *kubbe* [rieten dak], van **middelnl.** *cove* [hut, stal] (vgl. *kof, kuif*).

kubatuur [het berekenen van de inhoud van een driedimensionale figuur] < **hd.** *Kubatur* (vgl. *kubus*).

kubbing [oudsaksische boerderijstal] afgeleid van *kub* → *kuf*¹.

kubboot [soort botter] nevenvorm van *kibboot*.

kubiek [inhoudsmaat] < **fr.** *cubique*, van *cube* [kubus].

kubisme [richting in de beeldende kunst] < **fr.** *cubisme;* het woord is gemaakt door de kunstcriticus Louis Vauxelles nadat Matisse hem had gewezen op de kubusjes in werk van Braque.

kubus [hexaëder] < **lat.** *cubus* [wervel, bikkel, kubus, ook een inhoudsmaat] < **gr.** *kubos* [dobbelsteen met cijfers op elk der zes vlakken, kubiek of derdemachtswortel], een niet-idg. woord, dat vermoedelijk uit het semitisch stamt, vgl. *Kaäba*.

kuch [broodje] gevormd van *keg* [homp brood].

kuchen [hoesten] **middelnl.** *cuchen, co(e)chen*, **nd.** *kuchen*, **hd.** *keuchen*, **eng.** *to cough;* klanknabootsend gevormd.

kudde [troep] **middelnl.** *cudde*, **middelnd.** *kudde*, **middelhd.** *kütte*, **oudfries** *kedde*, **oudnoors** *keyra* [voortdrijven]; buiten het germ. vermoedelijk **litouws** *guotas* [kudde].

kudderen [ploeteren, wassen] **middelnl.** *cuderen* [sukkelen, ziek zijn], is hetzelfde woord als **hd.** *kaudern* [brabbelen, venten, leuren].

kuf¹ [slechte kroeg] **nd.** *küffe*, behoort bij *kub(be)* [visfuik] en **middelnl.** *cof(fe)* [stal, schuur] (vgl. *kof, kubbing*).

kuf² [strochoen voor paarden in het veen] **middelnl.** *coyf, cuffie, coyfe* [ijzeren kapje gedragen onder de helm] < **fr.** *coife* [idem, kap] < **me.** **lat.** *cofea*, uit het germ., vgl. *kuif*.

kuieren – kundig

kuieren [op zijn gemak lopen, keuvelen] middelnl. *coyeren* [keuvelen, wandelen], **oostmiddelnl.** *cod(e)ren* [babbelen], van *coder* [halskwab, kossem]; voor beide betekenissen zal het uitgangspunt zijn gezapig op en neer, c.q. heen en weer gaan, vgl. *kwebbelen - kwab.*

kuif [opstaand voorhaar] eerst na het middelnl. in teksten aangetroffen, maar stellig oud, vgl. **oudnoors** *kūfr* [ronde top], **zweeds** *kuv* [heuveltop], verwant met *kof* [schip] *keuvel* [kap].

kuiken [jong van een kip] middelnl. *kiekijn, cuken* (waarbij *cuken, kuiken* de hollandse vorm is), vgl. **middelnd., middelhd.** *kuchen*, **oudeng.** *cycen* (**eng.** *chicken*), ablautend naast middelnl. *coc* [zeehaan, knorhaan]; klanknabootsend gevormd.

kuil[1] [holte] middelnl. *cule, cuul, cuile,* **middelnd., middelhd.** *kule;* buiten het germ. **lat.** *vola,* (<*guola*) [de holle hand], **gr.** *gualon* [welving, dal, koepelgraf], **oudiers** *gualu* [schouder].

kuil[2] [visnet] middelnl. *cudel(e), cuil,* **middelnd.** *küdel* [tas], **hd.** *Keutel* [gezwel, visnet]; afgeleid van oudhd. *kiot*, **oudeng.** *ceod* [buidel] (vgl. **kodde**[1], **kossem**).

kuimen [zwak zijn, klagen] middelnl. *cu(e)men* [steunen, klagen, kreunen], **oudsaksisch** *kumian,* oudhd. *kumen, kumon,* van *kuim* [zwak], middelnl. *cume, cuym* (bijw.) [met moeite, nauwelijks], **middelnd.** *kume,* oudhd. *kumo* (**hd.** *kaum*), oudeng. *cyme* [fijn] (**eng.** *comely* [liefelijk]); buiten het germ. **gr.** *gōs* [rouwmisbaar, jammerklacht].

kuin [fier] middelnl. *cuen,* nevenvorm van *coene* (vgl. *koen*).

kuip [vat] middelnl. *cupe, cuype, cuup* < **lat.** *cupa* [vat, kuip], verwant met **gr.** *kupellon* [beker] (vgl. *koepel, kop*).

kuipen [in een kuip leggen, intrigeren] middelnl. *cupen* [kuipen maken, in een kuip doen, door listen zijn doel bereiken], van *kuip.*

kuis[1] [rein, ingetogen] middelnl. *cuus(ch), cuysch* [zindelijk, rein, eerbaar], **oudsaksisch** *kūski,* oudhd. *kūski,* **oudfries** *kūsk* [zedig] < **lat.** *conscius* [medewetend, bij zichzelf wetend, dus bewust, volgens het geweten] (vgl. *consciëntie*).

kuis[2] [jonge koe] vgl. **oudnoors** *kussa* [idem], *kussi* [mannelijk kalf], **middelhd.** *kuose* [vrouwelijk kalf, schaap], naast **nl.** *kui* [roepnaam voor de koe, koekalf]; van *koe*[1].

kuis[3] [knikker] bij Kiliaan *kuysel, keusel,* **nd.** *küsel,* van *küseln* [wervelend draaien], **hd.** *kräuseln.*

kuis[4] [knots] middelnl. *cuse* (vgl. *kuizen*).

kuisboom [Zuideuropees heestergewas] **hd.** *Keuschbaum* en *Keuschlammstrauch*, vertalende ontlening aan **lat.** *agnus castus* [kuis lam] < **gr.** *hagnos* [een soort wilg], verward met *hagnós* [kuis] en geassocieerd met *agnus* [lam, symbool van de onschuld]; vroeger zag men in de kuisboom een middel tegen overspel.

kuit[1] [deel van het onderbeen] middelnl. *cute, cuyt(e), cuut* [kuit, milt, vlezig deel van het lichaam], **middelnd.** *kut* (vgl. *kuit*[2]).

kuit[2] [visseëitjes] middelnl. *cute, cuut* en ablautend *kiet,* **nd.** *küte,* **fries** *kut,* **schots dial.** *kite* [buik], **middelnd.** (nederrijns) *kotz* [darmen], vgl. **oudindisch** *guda-* [darm]; het woord is oorspr. identiek met *kuit*[1], (**russ.** *ikra* heeft beide betekenissen). De grondbetekenis zal zijn geweest 'weke massa'.

kuitenflikker [kromme sprong] gevormd van *kuitelen* [buitelen] + *flikker* [luchtsprong], vgl. *een flikker slaan.*

kuitjebuiten [ruilen] ook *ruilebuiten;* voor het eerste lid vgl. middelnl. *cu(y)den* [ruilen], *cu(y)temuten* [oneerlijke praktijken bedrijven], **nd.** *kütten* [bemiddelen bij koop], **hd.** *kaudern* [venten, leuren]; voor het tweede lid vgl. middelnl. *bu(i)ten* [verruilen, verkwanselen, verdelen, buit maken] (vgl. *buit*).

kuizen [doodslaan met een hamer] van middelnl. *cu(y)se, cuese* [knots, kolf], **middelnd.** *cuse,* van dezelfde basis met de betekenis 'hol, rond, krom zijn' als **hd.** *Keule,* **lat.** *buris* [verbindingsstuk tussen ploegboom en ploegstaart], **gr.** *guros* [rond], *guès* [kromhout aan de ploeg].

kuk, kukkel [kus] **nd.** *küchen,* **oostfries** *kükken,* **gotisch** *kukjan* [kussen]; klanknabootsende vorming.

kukelen [tuimelen] vorming van klanknabootsende aard, vermoedelijk naast *duikelen*, **middelnl.** *duckelen.*

Ku-Klux-Klan [geheim verbond] gevormd van **gr.** *kuklos* [kring] (vgl. *cyclus*) + *clan.*

kukri [mes met gebogen lemmet] < **hindi** *kuk(a)rī.*

kul [testikel, flauwe kul] middelnl. *cul(le)* [teelbal, zaadbolletje van planten], **middelnd.** *kulle* [teelbal], **fries** *kul* [penis], **oudeng.** *cylle* [leren fles], **oudnoors** *kyllir* [scrotum] < **lat.** *culleus* [leren zak, zak]; de betekenis 'flauwe vent' is parallel ontwikkeld aan die van *zak, lul, lullig, kloot.*

kulas [stootbodem van kanon] < **fr.** *culasse* < **it.** *culaccio* [achterstuk], van *culo* [het achterste] < **lat.** *culus* [idem].

kulbaars [rondkoppige baars] vgl. middelnl. *coelinc* [kleine baars] en *koelekop.*

kummel [komijn, likeur] (1778) < **hd.** *Kümmel,* oudhd. *kumil,* nevenvorm van *kumin,* **oudfr.** *cumin, comin* < **lat.** *cuminum* < **gr.** *kuminon* [komijn], ontleend aan het semitisch, vgl. **hebr.** *kammōn,* **akkadisch** *kamūnu* (soemerisch verwant *gamun*) (vgl. *komijn*).

kumquat [citrusvrucht] < **kantonees** *kam kwat,* mandarijn *chin chü, chin* [goud] *chü* [sinaasappel].

kunde [het kunnen] middelnl. *conde, cunde* [bekendheid, kennis van persoon of zaak, vertrouwen], **middelnd.** *kunde* [kennis, bekendheid], oudhd. *-chundi;* abstractum van *kond.*

kundig [kunde bezittend] middelnl. *condich, cundich* [kennis hebbend, hoogmoedig, bekend], **middelnd.** *kundich,* oudhd. *chundig* [bekend, verstandig, slim], **oudfries** *kundich,* **oudeng.** *cyðig;* afgeleid van *kunde.*

kung-fu [Chinese vechttechniek] < **chinees** *ch'uan fa, ch'uan* [boksen] *fa* [beginselen].

kunne¹ [sekse] middelnl. *conne, cunne* [geslacht, verwantschap, afkomst, soort], **oudsaksisch** *kunni*, **oudhd.** *chunni*, **oudfries** *ken*, **oudeng.** *cynn*, **gotisch** *kuni* [geslacht], verwant met *kind*, *koning*.

kunne² [bonenkruid] → *keule*.

kunnen [in staat zijn] middelnl. *con(n)en, cunnen* [kunnen, kennis hebben van, weten], **oudsaksisch, gotisch, oudhd.** *kunnan*, **oudfries, oudnoors** *kunna*, **oudeng.** *cunnan*; buiten het germ. **lat.** *gnoscere*, **gr.** *gignōskein* [leren kennen], **oudindisch** *janāti* [hij weet]; het ww. *kennen* is een causatief van *kunnen*.

kunst [creatieve uiting] middelnl. *const(e), cunst(e)* [kennis, kunde, bekwaamheid, kunstvaardigheid, ambacht, wijsheid], van *connen, cunnen* [kunnen, kennen], gevormd als *komst* bij *komen*.

kuomintang [regerende partij van Taiwan] < **chinees** *kuomintang*, van *kuo* [staat, nationaal] + *min* [volk] + *tang* [partij].

kür [vrije figuur bij het kunstschaatsen] < **hd.** *Kür* < **oudhd.** *kuri* [overweging, keuze], van *kiesen* [kiezen].

kuras [borst- en rugharnas] (16e eeuw) *curaetse*, bij Kiliaan *kuris(se)* < **fr.** *cuirasse*, van *cuir* [huid, leder] < **lat.** *corium* [dikke huid van dieren en het daaruit gemaakte leder] < **gr.** *choria* [nageboorte, buikvlies, huid, leer], van een basis met de betekenis 'omvatten', die ook aan **gr.** *cheir* [hand] ten grondslag ligt (vgl. *chirurgijn*).

kurhaus [plaats voor een kuur] < **hd.** *Kurhaus*, van *Kur* [kuur] + *Haus* [huis].

kurk [schors van kurkeik, materialen daarvan] middelnl. *corc* < **spaans** *alcornoque* [kurkeik] < **lat.** *quercus* [kurkeik].

kurkuma [geelwortel] < **modern lat.** *curcuma* < **ar.** *kurkum* [saffraan] (vgl. *krokus*).

kussen¹ [zoenen] middelnl. *cussen, cusschen, cossen*, **oudsaksisch** *kussian*, **oudhd.** *kussen*, **oudfries** *kessa*, **oudeng.** *cyssan*, **oudnoors** *kyssa*; klanknabootsend gevormd.

kussen² [gevulde zachte zak] middelnl. *cussin, cussijn, cussen* < **oudfr.** *cussin, coissin*, teruggaand op **lat.** *culcita* [matras, kussen, peluw] (middelnl. *culct(e), culcste* [matras, kussen, sprei, gestikte deken]), van *coxa* [dij, heup].

kust¹ [grens tussen land en zee] middelnl. *cost(e)* [landstreek, kust, kuststreek] < **oudfr.** *coste* [rib, kust] < **lat.** *costa* [rib, flank, zijde].

kust² [te kust en te keur, voor het kiezen] middelnl. *cust*, **oudsaksisch** *kust*, **oudhd.** *kust*, **oudeng.** *cyst*, **gotisch** *kustus*; afgeleid van *kiezen*.

kuster [kustvaartuig] < **eng.** *coaster* [idem], van *coast* [kust].

kusting [hypotheek] middelnl. *custinge, costinge* [rente op onroerend goed, betaling], van *custen*,

costen [iem. voldoen, zekerheid geven] (vgl. *kosten*).

kut [vrouwelijk schaamdeel] (ca. 1570), vgl. **nd.** *kutte*, **zweeds** *kutta*, wordt, hoewel hierover geen zekerheid bestaat, veelal verbonden met **gotisch** *qiþus* [moederschoot], **oudeng.** *cwið(a)* [idem]; mogelijk een gedenasaleerde vorm naast *kont*.

kutsen [bij boeren eieren en boter opkopen en op de markt verhandelen] middelnl. *cuts(er)* [koopman, venter]; intensiefvorm van *kuiten* (vgl. *kuitjebuiten*).

kuur¹ [gril] middelnl. *cure* [vlaag van verstandsverbijstering], *curioos* [nieuwsgierig, opzichtig, zonderling, veeleisend, bezorgd, angstvallig, vervuld van], hetzelfde woord als **kuur**².

kuur² [geneeswijze] middelnl. *cu(e)re* < **lat.** *cura* [zorg, verzorging, verpleging, genezing].

kuur³ [touw] onverklaarde nevenvorm van *tuur*, middelnl. *tuder(e)* (vgl. *tuien*).

kwaad [slecht, boos] middelnl. *quaet* [vuil, drek, kwaad], **middelnd., oudhd.** *quāt* (**hd.** *Kot*), **middeleng.** *cwed* [slecht]; buiten het germ. **litouws** *gėda* [schande], **welsh** *budr* [vuil].

kwaadaardig [boosaardig] van *kwaad* + *aard* + -*ig*.

kwaadschiks [tegen wil en dank] van *kwaad* + *schik* (vgl. *schikken*).

kwaal [ziekte, gebrek] middelnl. *quale, quael* [ellende, pijn, kwaal], **oudsaksisch, oudhd.** *quala* [kwelling], **oudeng.** *cwalu*, **oudnoors** *kvǫl* [kwelling] (vgl. *kwellen*¹).

kwaart [loodglazuur] verbastering van **it.** *coperta* [bedekking], van *coprire* (verl. deelw. *coperto*) [bedekken] < **lat.** *cooperire* (vgl. *koffertorie*).

kwab [puitaal] middelnl. *quappe, quabbe* [naam van een vis, kwab, kwal], **oudsaksisch** *quappa* [puitaal], **hd.** *Quappe*; buiten het germ. **lat.** *bufo*, **oudkerkslavisch** *žaba*, **oudpruisisch** *gabawo* [padde]; van een basis met de betekenis 'zacht, week'.

kwaddel [huidverdikking bij allergie] middelnl. *quadele* [pukkel, puist], **hd.** *Quad(d)el*, **oudhd.** *quedilla*, **gotisch** *quipus* [buik].

kwadraat [vierkant] < **fr.** *quadrat* [idem] < **lat.** *quadratus* [vierhoekig, vierkant] en de zelfstandig gebruikte o. vorm daarvan *quadratum* [vierhoek, vierkant], eig. verl. deelw. van *quadrare* [vierkant maken], van *quadrum* [vierhoek, vierkant], van *quattuor* [vier], daarmee idg. verwant (vgl. *kwadrant*).

kwadrant [cirkelsector met een kwart van de oppervlakte] middelnl. *quadrant* [vierde deel, uurwerk] < **fr.** *quadrant* [vierde deel van de cirkel, vierde deel van de dag] < **lat.** *quadrans* (2e nv. *quadrantis*), naar de vorm teg. deelw. van *quadrare* (vgl. *kwadraat*).

kwadratuur [berekenen van kromme figuur in vierkante eenheden] < **fr.** *quadrature* < **me. lat.** *quadratura* [het vierkant maken], van *quadrare* (vgl. *kwadraat*).

kwadreren — kwasi

kwadreren [in het kwadraat verheffen] < lat. *quadrare* (vgl. *kwadraat*).

kwajongen [ondeugende jongen] uit vlug gesproken *kwade jongen*.

kwak[1] [vissersvaartuig] (1889), vermoedelijk genoemd naar de kwakkuil (een net).

kwak[2] [reiger] **middelnl.** *quacke* [nachtreiger], ook *quacreiger*, van *qua(c)ken* [kwaken, kwekken].

kwak[3] [week] behoort bij **kwak**[2] en het ww. *kwakken*.

kwaken [geluid van eenden en kikkers] **middelnl.** *qua(c)ken;* klanknabootsende vorming.

kwaker [lid van godsdienstige sekte] < **eng.** *Quaker*, een spotnaam, gegeven door de rechter toen Fox, de leider van de beweging, hem voorhield dat hij zou *quake at the word of the Lord* [sidderen voor het woord van de Heer].

kwakhuis [kroeg] het eerste lid is *kwak* [jenever].

kwakkel [kwartel] **middelnl.** *quackel*, naast *quattel(e)*, **nd.** *quakkel*, naast **middelnd.** *quattele*, **oudhd.** *quattala*, verder **middelnd.** *quartele*, **nl.** *kwartel;* vgl. **me. lat.** *quaccola*, *quarcara*, **oudfr.** *quaille*, **fr.** *caille;* in het germ. klanknabootsend gevormd.

kwakkelen [sukkelen] frequentatief van *kwakken*.

kwakken [hard neersmijten] (1647), klanknabootsend gevormd.

kwakzalver [onbevoegd beoefenaar van de geneeskunst] **middelnl.** *quacsalver*, van *quacsalven* [met huismiddeltjes opknappen], van *kwak* (een kwak zalf) + *zalven*, vgl. het synoniem *lapzalven*.

kwal [holtedier] (1727) **middelnd.** *kwalle*, **middelhd.** *qualle* [grote dikke kerel]; van *kwellen*[1] [zwellen].

kwalie [vervelende babbelaarster] < **oudfr.** *quaille* (**fr.** *caille*) [kwartel] (vgl. *kwartel*, *kwakkel*).

kwalificatie [toekenning van eigenschap] < **fr.** *qualification* [idem] < **me. lat.** *qualificationem*, 4e nv. van *qualificatio* [kwalificatie, hoedanigheid], van *qualis* [hoedanig] + *facere* (in samenstellingen *-ficere*) [maken, doen], daarmee idg. verwant.

kwalijk [slecht] **middelnl.** *qualijc*, van *quaet*, **middelnd.** *quelik(e)*, gevormd als *lelijk* bij *leed* (vgl. *kwaad*).

kwaliteit [hoedanigheid] **middelnl.** *qualite(i)t* < **fr.** *qualité* < **lat.** *qualitatem*, 4e nv. van *qualitas* [hoedanigheid, eigenschap], van *qualis* [wat voor één?, zodanig als, zekere eigenschap bezittend].

kwalmen [walmen] **middelnl.** *qualmen*, van *qualm* [dikke damp, verstikkende rook, opborreling uit de grond] (vgl. *walm*[1]).

kwalster[1] [rochel] **middelnl.** *qualster* [dik slijm, rochel, fluim], waarbij het ww. *qualsteren*, **fries** *kwalster* [halfgesmolten sneeuw], **hd.** *Qualster* [fluim], waarschijnlijk in verband te brengen met *kwal*, waarnaast *kwijl* een affectieve variant lijkt te zijn.

kwalster[2] [lijsterbes] **middelnl.** *qualsterbesien*, *quartelbesien, lijsterbesien*, naar Dodoens meedeelt vruchten om lijsters, sneppen e.d. te vangen, vgl. dial. *kwelster* [lijster] (vgl. *kwartel, kwakkel*).

kwalvis [vissoort] zo genoemd omdat deze vissen samenleven met kwallen die hun met hun netelbatterijen bescherming bieden.

kwanselen [op knoeierige wijze ruilen] (1599), o.i.v. **hd. dial.** *quanzeln* < **middelnl.** *quantelen* [knoeien] (vgl. *kwant*).

kwansuis, kwanswijs [schijnbaar] **middelnl.** *quamsijs, quansijs, quansuys* < **oudfr.** *queinsi*, *quanses* < **lat.** *quamsi* [alsof].

kwant [vent] **middelnl.** *quant* [gezel, kameraad, eind 15e eeuw als bn.: vals, sluw], *quantelaer* [knoeier, bedrieger], mogelijk < **me. lat.** *quantus* [een zeker iemand], **klass. lat.** *quantus* [hoe groot, hoe klein, hoe veel].

kwantiteit [hoeveelheid] **middelnl.** *quantite(i)t* < **fr.** *quantité* < **lat.** *quantitatem*, 4e nv. van *quantitas* [grootte, aantal], van *quantus* [hoe groot, hoe veel].

kwapits [ondeugende streek] van *kwaad* + *pits* (**middelnl.** *pitse* betekende naast kneep ook streek; vgl. *pitsen*).

kwaps [week] van *kwab*.

kwar [knoest] vermoedelijk een jonge kruising van *kwast* [knoest] met *knar* [boomstronk], *knor* [kraakbeen].

kwark [wrongel] < **hd.** *Quark*, **middelhd.** *twarc*, *zwarc, quarc* < **pools** *twaróg*.

kwarrelig [knoestig] van *kwar*.

kwarren [niet groeien] van *kwar* [knoest, ineengedrongen].

kwart [vierde deel] **middelnl.** *quarte, quaerte* < **fr.** *quart* [kwart] < **lat.** *quarta pars* [vierde gedeelte], *quarta*, vr. van *quartus*, van *quattuor* [vier], daarmee idg. verwant.

kwartaal [drie maanden] eerst na Kiliaan < **me. lat.** *quartale* (*anni* = van het jaar) [het vierde deel], van *quattuor* [vier], daarmee idg. verwant.

kwartel [hoenderachtige] → *kwakkel*.

kwartet [muziekstuk voor vier partijen, vier kaarten] < **fr.** *quartette* < **it.** *quartetto* [idem], verkleiningsvorm van *quarto* [vierde deel] < **lat.** *quartus* (vgl. *kwart*).

kwartier [vierde deel, o.m. van een uur, verblijfplaats] **middelnl.** *quartier* [het vierde deel van iets, o.m. van een tijdseenheid, vervolgens een niet nader bepaald gedeelte, o.m. district, in de 16e eeuw verblijfplaats] < **fr.** *quartier* [idem], van *quart* [kwart].

kwartje [een vierde gulden] **middelnl.** *quarte, quaerte, quart, quaert* [het vierde deel van vooral vloeistoffen, ook van meel, sedert de 17e eeuw van een gulden], gevormd als *dubbeltje*.

kwarto [boekformaat] < **lat.** *in quarto* [op (het formaat van) een vierde (van een vel)], *quarto* is de 6e nv. van *quartus* [vierde] (vgl. *kwart*).

kwarts [delfstof] (1770) < **hd.** *Quarz*.

kwasi → *quasi*.

kwassie [Surinaamse boom, koortswerend middel daaruit] genoemd naar *Kwassi*, de neger die de genezende werking ervan bekend maakte, in 1761.

kwast[1] [knoest] hetzelfde woord als **kwast**[2].

kwast[2] [verfgereedschap] **middelnl.** *quast* [tak met bladeren, pluim, sprengkwast, kwast in boom], **middelnd.**, **middelhd.** *quast* [bundel van loof, badkwast], **oudnoors, noors, deens** *kvas* [afgehakte twijgen], ablautend **oudsaksisch** *quest* [bosje loof], **oudhd.** *questa* [loofschort]; buiten het germ. **oudpruisisch** *gwozd* [bergwoud], **gr.** *bostruchos* [haarkrul] (vgl. **kwispel**).

kwast[3] [drank] (1893) < **eng.** *lemon squash*, van *to squash* [uitpersen] < **oudfr.** *esquasser*, van **lat.** *ex* [uit] + *quassare* [heen en weer schudden, beuken, verbrijzelen], idg. verwant met **schudden**.

kwat [fluim] **middelnl.** *quat, quad* [kwak, kladder]; klanknabootsende vorming.

kwatluis [schuimbeestje] het eerste lid is **kwat** [speeksel, fluim]; de larven bedekken zich met een schuimlaag.

kwatrijn [vierregelig gedicht of strofe] < **fr.** *quatrain* [idem], van *quatre* (vgl. **kwartier**).

kwats [kwab, kwak] van *kwatsen* [met een kwak vallen], klanknabootsend gevormd.

kwatsch [onzin] < **hd.** *Quatsch*, **middelnd.** *quat(d)* [kwaad, slecht], **middelnl.** *quaet*, waarbij gevormd *quatschen* [onzin praten], en als regressieve vorming *Quatsch*.

kwazen [wilgetoppen] van dezelfde basis als **kwar, kwast**[2].

kweb [moerassige grond] umlautvorm bij **kwab**.

kwebbelen [veel en rad praten] waarschijnlijk samenhangend met *(hals)kwab*, **middelnl.** *quabbelen* [het heen en weer gaan van vetkwabben], mogelijk ook met een klanknabootsend element.

kwebhaak [soort hak] het eerste lid is **kweb** [moerassige, natte grond].

kwee[1] [vrucht] **middelnl.** *quede(ne)*, **oudhd.** *qitina* (**hd.** *Quitte*) < **me. lat.** *quidonia* < **klass. lat.** *malum cotoneum, (malum* [appell) < **gr.** *kudōnion malon, (malon* [appel]) *kodumalon*, een vóór-gr. woord, dat werd geïnterpreteerd als appel van de stad *Cydonia* op Kreta → **merkaton**.

kwee[2] [haringbuis] etymologie onbekend.

kweek [tarwegras] **middelnl.** *queke(n), quecken*, **eng.** *quitch, couch*, **hd.** *Quecke*, behoort bij **kwik**[1] [levend(ig)], vanwege de onuitroeibaarheid van dit onkruid.

kweekwee [gebakjes] < **maleis** *kué kué*, uit het chinees.

kweeltje [vlekje] **middelnl.** *quele* [ellende, kwaal, kwelling]; behoort bij **kwaal**.

kween [oude vrouw] **middelnl.** *quene*, **oudnederfrankisch, oudsaksisch, oudhd.** *quena*, **oudnoors** *kona*, **gotisch** *qino* [vrouw] en ablautend **oudsaksisch** *quān*, **oudeng.** *cwēn(e)* [vrouw, koningin], *cwene* [vrouw, slavin, hoer] (**eng.** *queen*

[koningin] en *quean* [slet]), **oudnoors** *kvān*, **gotisch** *qēns* [echtgenote]; buiten het germ. **gr.** *gunè*, **oudiers** *ben*, **oudkerkslavisch** *žena*, **oudindisch** *jāni*- [vrouw].

kweer [walgelijk zoet] **nd.** *querre*; etymologie onbekend.

kweerhout [instrument van touwslagers] vgl. **hd.** *quer* [dwars], **middelnl.** *queren* [tegenwerken] (vgl. **kweern**).

kweern [handmolen] **middelnl.** *que(e)rne, quaerne, queern*, **oudsaksisch** *quern(a)*, **oudhd.** *quirn*, **oudeng.** *cweorn* (**eng.** *quern*) [handmolen], **oudnoors** *kvern*, **gotisch** *-qairnus* [molensteen]; buiten het germ. **oudiers** *brao, bro* [handmolen], **oudpruisisch** *girnoywis* [handmolen], **oudkerkslavisch** *žrŭny* [molen], **oudindisch** *grāvan*- [maalsteen].

kweesten [het gebruik waarbij de vrijer 's nachts op het bed van het meisje kwam zitten of liggen] **middelnl.** *que(e)sten* [onderzoeken, nasporen, avonturen najagen], van *que(e)ste* [nasporing, tocht daartoe] < **oudfr.** *queste* (**fr.** *quête*) < **lat.** *quaestio* [onderzoek, ondervraging], van *quaerere* (verl. deelw. *quaesitum*) [verlangen, trachten te krijgen, trachten te vinden, onderzoeken].

kweken [verbouwen] **middelnl.** *queken, queecken* [in leven houden, voeden, oprvolijken]; behoort bij **kwik**[1] [levend(ig)].

kwekken [geluid van kikvorsen e.d., kletsen] (1552), klanknabootsend woord, evenals *kwaken*.

kwel [bron] van **kwellen**[1] [opborrelen].

kwelder [buitendijks land] (1830), te verbinden met **kwellen**[1] [opborrelen].

kwelen[1] [lieflijk zingen] **middelnl.** *quedelen* [snappen, kakelen, kwinkeleren], **nd.** *quedelen*, **oudhd.** *quitilon*, iteratief van **middelnl.** *quedden* [aanspreken], **oudsaksisch** *quethan*, **oudhd.** *quedan*, **oudfries** *quetha*, **oudeng.** *cweðan* (**eng.** *he quoth* [hij sprak]), **oudnoors** *kveða*, **gotisch** *qiþan* [spreken].

kwelen[2] [pijn lijden] **middelnl.** *quelen*, **oudsaksisch**, **oudhd.** *quelan*, **oudeng.** *cwelan* [sterven]; buiten het germ. **gr.** *belos* [pijn, barensweeën], **oudiers** *-bail* [sterven], **litouws** *gelti* [pijn doen]; het ww. **kwellen** is het causatief van *kwelen*.

kwellen[1] [pijnigen] **middelnl.** *quellen* [pijnigen], **oudsaksisch** *quellian*, **oudhd.** *quellen*, **oudeng.** *cwellan*, **oudnoors** *kvelja*, causatief bij **middelnl.** *quelen* [lijden, kwijnen], **middelnd.** *quelen*, **oudhd.** *quelan* [pijn lijden], **oudeng.** *cwelan* [sterven] (vgl. **kwellen**[2], **kwaal**).

kwellen[2] [zwellen] **middelnl.** *quellen* [opborrelen, opwellen, zich uitzetten], **oudhd.** *quellan*, **oudeng.** *(ge)collen* [gezwollen]; buiten het germ. **gr.** *ballein* [werpen], **oudindisch** *galati* [hij druppelt] (vgl. **kwelder**).

kwendel [wilde tijm] **middelnl.** *quendel* → **keule** [bonekruid].

kwestie [vraag, zaak] **middelnl.** *questie* < **fr.** *ques-*

kwetelen — kwispedoor

tion [idem] < **lat.** *quaestionem*, 4e nv. van *quaestio* [het zoeken, ondervraging, wetenschappelijk onderzoek, kwestie, punt in kwestie], van *quaerere* (verl. deelw. *quaesitum*) [trachten te vinden].

kwetelen [babbelen] **middelnl.** *queteren, quetering* [kletspraat]; klanknabootsend gevormd.

kweter [belemmering in het spreken] → *kwezel*.

kwets [pruim] (1758) < **hd.** *Quetsche* < *Zwetsche* < **me. lat.** *davascena* = *damascena*; de kwets werd verondersteld uit *Damascus* te komen; het eng. heeft *damson* < **lat.** *Damascena pruna*.

kwetsen [beschadigen, bezeren] **middelnl.** *quets(ch)en*, **middelnd.** *quessen* [wonden], **middelhd.** *quetschen*, **oudfries** *quetsene* [verwonding]; verwantschap met **litouws** *gendu* [beschadigd worden], is waarschijnlijk.

kwetsuur [wond] **middelnl.** *quetsure*, **middelhd.** *qua(t)schiure* < **oudfr.** *quassure*, geassocieerd met *kwetsen*.

kwettelnet [net om duikeenden te vangen] het eerste lid is **middelnl.** *quattel(e)* [kwakkel].

kwetteren[1] [druk geluid maken] (1599), nevenvorm van *kwetelen* → *kweter*.

kwetteren[2] [kneuzen] frequentatief van *kwetten* (vgl. *kwetsen*).

kwezel [vroom iemand] van *kwezelen*, bij Kiliaan *queselen*, vgl. **middelnl.** *queteren* [beuzelpraat uitslaan]; klanknabootsend gevormd.

kwibus [dwaas] (1662), wel overgenomen uit **lat.** *quibus*, 3e en 6e nv. van *quis* [welke] en dan schertsend losgemaakt uit een lat. zinsverband in kerklatijn of studententaal. Denkbaar is een ontlening in de situatie waarbij de celebrant van de mis in de prefatie een ... *cum quibus* ... uitspreekt, waarop diaken en subdiaken zich bij hem voegen, zodat grappenmakers daarvan ... *kom kwibus* ... maakten.

kwiek [levendig] → *kwik*[1].

kwier [bevallig] < **fries** *kwier* [netjes, bevallig].

kwijl [zever] **middelnl.** *quijl* en het ww. *quilen*, **nd.** *kwillen*; etymologie onbekend, mogelijk gevormd in associatie met *kwal*.

kwijnen [verzwakken] **middelnl.** *quinen, verquinen, quine* [ziekte, toestand van kwijning], *verquininge*, **oudsaksisch** *quinan*, **middelhd.** *verquinen*, **oudeng.** *acwinan*; buiten het germ. **oudindisch** *jinati* [hij wordt oud].

kwijt [vrij, verloren hebbend] **middelnl.** *quit(e), quijt* [rustig, vrij, onbezwaard, vereffend, weg] < **fr.** *quitte* [niet schuldig, vrij van] < **lat.** *quietus* [rustig, vrij van], van *quies* (2e nv. *quietis*) [rust], idg. verwant met *wijl*[1].

kwijten [kwijtschelden] **middelnl.** *quiten, quijtten* [vrijmaken, inlossen, kwijtschelden, een plicht volbrengen] < **oudfr.** *quitter* [idem] < **me. lat.** *quitare* < **klass. lat.** *quietare* [gerust laten], van *quies* (2e nv. *quietis*) [rust].

kwik[1], kwiek [levendig] **middelnl.**, **oudneder-**frankisch *quic*, **oudsaksisch** *quik*, **oudhd.** *quek* [levend(ig)] (**hd.** *queck*), **oudfries** *quik*, **oudeng.** *cwic(u)* (**eng.** *quick*), **oudnoors** *kvikr* [levend]; buiten het germ. **lat.** *vivus*, **gr.** *bios* [leven], **oudkerkslavisch** *živŭ*, **litouws** *gyvas*, **oudiers** *biu*, **oudindisch** *jīva-* [levend(ig)].

kwik[2] [aardigheid] (1521), waarschijnlijk behorend bij *kwik*[1] [levendig].

kwik[3] [metaal] (1736), verkort uit *kwikzilver*, **middelnl.** *quicsilver* (vgl. *kwik*[1]), vertaling van **lat.** *argentum vivum*, *argentum* [zilver] *vivum* [levend, later ook levendig], vgl. **fr.** *vif-argent*, **it.** *argento vivo*; het lat. is vertaald uit **gr.** *arguros chutos* [vloeibaar zilver], *chutos*, verl. deelw. van *cheō* [ik giet], daarmee idg. verwant.

kwikken [opsieren] van *kwik* [lintje e.d.], vermoedelijk van *kwik*[1] [levendig].

kwikstaart [vogel] eerst bij Kiliaan, vgl. **middelnd.** *quikstert*, *quekstert*, het eerste lid van *kwik*[1], dus de vogel met de levendige staart.

kwikzilver [chemisch element] **middelnl.** *quicsilver*, *quekselver*, **middelnd.** *quiksulver*, **oudhd.** *quecsilbar*, **oudeng.** *cwicseolfor*, vertalende ontlening van **lat.** *argentum vivum*.

kwinkeleren, kwinken [vrolijk zingen] (1556), vgl. **middelnl.** *quinken*, *quenken*, *queincken* [op en neer gaan, kwinkeleren], *quinkeeren*, *quenkieren* [op en neer gaan met de stem]; vermoedelijk klanknabootsend gevormd.

kwinkslag [snaaks gezegde] **middelnl.** *quinkslag*, het eerste lid van *quincken* [zich snel bewegen, op en neer gaan, flikkeren, schitteren, kwinkeleren], dus de betekenis zal oorspr. zijn geweest 'verrassende slag'.

kwint [vijfde toon] (1574) < **fr.** *quinte* [idem] < **lat.** *quintus* [vijfde], van *quinque* [vijf], daarmee idg. verwant.

kwintaal [centenaar] < **fr.** *quintal* < **me. lat.** *quintale* < **ar.** *qinṭār* [een landelijk variërend gewicht], via *aramees qinṭār*, verkort uit *qinṭinārā* [100 pond] < **byzantijns-gr.** *kentènarios*, gevormd naar **lat.** *centenarius* [100 pond wegend], van *centum* [honderd], daarmee idg. verwant.

kwintappel [kolokwint] het eerste lid van *kolokwint*.

kwintessens [het voornaamste] < **fr.** *quintessence* < **me. lat.** *quintessentia*, ook *quinta essentia*, *quinta* [vijfde] *essentia* [het wezenlijke], vorm van het teg. deelw. *essens* van *esse* [zijn]; gedoeld wordt op het vijfde element, dat Aristoteles toevoegde aan aarde, water, vuur en lucht, namelijk de ether.

kwintet [muziekstuk voor 5 partijen] < **it.** *quintetto*, verkleiningsvorm van *quinto* [vijfde] < **lat.** *quintus* [idem], van *quinque* [vijf], daarmee idg. verwant.

kwips nevenvorm van *kwaps*.

kwispedoor [spuwpotje] (1672) < **portugees** *cuspidor*, teruggaand op **lat.** *conspuere* [spuwen], *laat-lat.* *conspuere* [(be)spuwen], idg. verwant met *spuwen*; de kw- o.i.v. *kwalster*.

kwispel [kwast] middelnl. *quispel, quespel* [kwast, tak met loof], middelnd. *quispel;* buiten het germ. lat. *vespices* [struikgewas], oudindisch *guspita-* [warboel]; op enige afstand verwant met ***kwast²***.

kwisten [verkwisten] middelnl. *quisten* [spillen, verspillen, tenietgaan], middelnd. *quisten* [verspillen], oudhd. *-quistan* [vernietigen], oudnoors *kvista,* gotisch *qistjan* [doden]; etymologie onzeker.

kwistig [royaal] middelnl. *quistich,* van *quisten* [kwisten].

kwitantie [kwijting] < fr. *quittance* [idem] (vgl. ***kwijt***).

kwiteren [kwijtschelden] hetzij < oudfr. *quitter* (vgl. ***kwijten***), hetzij van ***kwijt***.

kworren [geluid van de houtsnip] klanknabootsend gevormd.

kyaniseren [hout conserveren] genoemd naar de uitvinder van het procédé, de Engelsman *John H. Kyan* (1774-1850).

kyfose [kromming van de ruggegraat] < gr. *kuphōsis* [bochel], van *kuphos* [kromming, bochel].

kymograaf [toestel voor het registreren van bewegingen] gevormd van gr. *kuma* [golving, deining] + *graphein* [schrijven], idg. verwant met ***kerven***.

kynoloog [hondenkenner] gevormd van gr. *kuōn* (2e nv. *kunos*) [hond], daarmee idg. verwant + *logos* [verhaal, woord, gedachteninhoud].

kyrie [liturgische smeekbede] middelnl. *Kir* [o Heer!], verkort uit gr. *Kurie eleison* [Heer, ontferm U], *kurie,* vocatief van *kurios* [heer, meester], van *kuros* [macht, gezag] + gebiedende wijs van *elein* [medelijden hebben], van *eleos* [medelijden] (vgl. *aalmoes*).

kyu [graad bij judo e.d.] < **japans** *kyu* [graad in het algemeen], synoniem van *dan*.

l

-l [een relictachtervoegsel, dienend tot vorming van bn.] in het idg. *-lo-,* vgl. lat. *credulus* [lichtgelovig], *querulus* [klagend], nl. *vermetel, dartel, zwoel*.

la¹ [muzieknoot] → ***ut***.

la² → ***lade***.

laaf¹ [stootrand van traptrede] vermoedelijk < oudfr. *la(h)on, leon, lavon* [plank], uit het germ., vgl. oudhd. *lado,* oostmiddelnl. *lade* [plank], vermoedelijk hetzelfde woord als ***lade*** [bergplaats].

laaf² [put waarin huiden worden gelooid] vgl. middelnl. *laven* [reinigen, doorweken] < fr. *laver* < lat. *lavare* [wassen, baden, wassen van erts].

laafnet [schepnetje] van ***laven²***.

laag¹ [niet hoog] middelnl. *lage, lege,* middelnd. *lage,* middelhd. *læge;* van dezelfde basis als ***liggen*** of verwant met litouws *lekštas,* lets *lefs* [vlak].

laag² [hoeveelheid die ergens tussen, boven ligt] ablautend bij ***liggen***.

laag³ [list] middelnl. *lage* [ligging, bergplaats, plaats waar men kan vinden wat men nodig heeft, hinderlaag]; ablautend van ***liggen***.

laai, laaie [vlam] middelnl. *laey(e)* [vlam, gloed], oudhd. *loug,* oudeng. *lieg* (eng. *low(e)),* oudnoors *leygr* [vlam]; daarnaast met ablaut middelnl. *loge, looch,* oudsaksisch *logna,* oudfries *loga,* oudnoors *logi;* verwant met ***licht¹***.

laak [wetering, poel, plas] → ***leek³***.

laan¹ [weg] middelnl. *lane, laen,* nd. *lane,* oudfries *lana, lona,* oudeng. *lane* (eng. *lane),* oudnoors *lön* [huizenrij]; wellicht verwant met gr. *elaunein* [voortdrijven van mens en dier]; de laan zou dan zijn de weg waarlangs het vee wordt gedreven, vgl. *drift, dreef* bij *drijven*.

laan² [vloerdeel van botter] vgl. oostmiddelnl. *lane, laninge, leninge* [leuning, borstwering]; van ***leunen***.

laan³ [metaalblad] < hd. *Lahn* < fr. *lame* [idem] < lat. *lamina* [plaat van metaal, hout, marmer, plaatzilver, plaatgoud].

laar¹ [open plaats in het bos] middelnl. *laer* [open veld, als bn.: ledig], oudhd. *hlār* [weideplaats], oudsaksisch, oudhd. *lari* (hd. *leer*) [leeg].

laar² [zode van vlotgras] met grammatische wisseling verwant met middelnl. *las(ch)* [slap], oudnoors *lasinn,* gotisch *lasiws* [zwak], eng. *lazy* [lui], deens, noors *las* [vod] (vgl. ***las²*** [tong]); buiten het germ. litouws *laskana,* russ. *loskut* [lap].

laars — labyrint

laars [schoeisel] **middelnl.** *leerse, laerse* [lederen beenbedekking, laars] < *lederhose* [lederen broek], **middelnd.** *lērse,* van *leder* + *hoos* ¹.

laarzen [het tuchtigen van schepelingen met een eind touw] niet met laarzen, maar op de *laars* = *lederhose* (vgl. *laars*).

laat ¹ [niet vroeg] **middelnl.** *late, laet* [laat], naast *lat* [traag, lusteloos], vgl. **oudsaksisch** *lat,* **oudhd.** *laz* (hd. *laβ*), **oudeng.** *læt,* **oudnoors** *latr,* **gotisch** *lats;* buiten het germ. **lat.** *lassus* [afgemat], **gr.** *lèdein* [vermoeid zijn], **oudiers** *lesc* [slap] (vgl. *laten*).

laat ² [horige] **middelnl.** *late, laet,* **middelnd.** *lāt,* **oudhd.** *lāz,* **oudfries** *lēt,* vgl. **gotisch** *fralēts* [de vrijgelatene]; ongetwijfeld van *laten.*

laatdunkend [hooghartig] < **middelnl.** *hem laten dunken* [zich verbeelden].

laatstleden [laatst verlopen] **middelnl.** *laetstleden, lestleden;* van *laatst* + *geleden,* verl. deelw. van **middelnl.** *(ge)liden* [voorbijgaan] (vgl. *lijden*).

labaar [grote halsdoek] van *labarum.*

labadist [aanhanger van protestantse richting] genoemd naar de Franse voorganger, de gewezen jezuïet, later protestantse voorganger *Jean de Labadie* (1610-1674).

labarum [processievaandel, oorspr. Romeins legervaandel] < **lat.** *labarum,* etymologie onbekend.

labbeien [babbelen] van *labbei* [babbelaarster], van *labben.*

labbekak [vreesachtig persoon] vermoedelijk van *labben* [likken, slobberen] + *kak,* van *kakelen,* maar geassocieerd met *kak* [poep].

labben [babbelen, likken] in het algemeen een slap heen en weer gaande beweging maken, vgl. **oudhd.** *laffan,* **oudeng.** *lapian* [slurpend likken]; buiten het germ. **lat.** *lambere,* **gr.** *laptein* [likken] (vgl. *lamprei* ¹, ²).

labberdaan [gezouten kabeljauw] **middelnl.** *aberdaen, habourdaen* < **fr.** *(poisson) labourdan,* vis uit *Labourd,* thans Bayonne. De vorm *abberdaan* ontstond doordat men de *l* aanzag voor het lidwoord.

labberdoedas [oorveeg] nevenvorm van *haberdoedas* < **hd.** *hab' du das* [pak aan, dat is voor jou].

labberen [zich slap heen en weer bewegen] in het middelnl. in de betekenis 'bevlekken, bezoedelen'. Iteratief van *labben.*

labberlot [stumper, kruiperd, wat slecht is in zijn soort] zou oorspr. de naam zijn van een bende straatschenders, die tegen 1680 Amsterdam onveilig maakte en zich noemde naar de krijgsoverste *La Berlotte* († 1680), een verklaring die niet geheel bevredigt.

labboon [tuinboon] het eerste lid is *leb* [stremsel], vgl. **hd.** *Labkraut* [bonekruid], zo genoemd omdat de bloem de melk doet stremmen. Mogelijk is de boon dus genoemd naar het gebruikelijke toekruid.

label [etiket] < **eng.** *label* < **oudfr.** *label, lambel* (**fr.** *lambeau*) [lap, flard], uit het germ., vgl. *lap.*

labeur [zwaar werk] **middelnl.** *labeur, laboor* < **fr.** *labeur* [idem] < **lat.** *laborem,* 4e nv. van *labor* [inspanning, werk, het zwoegen].

labiaal [lip-] < **fr.** *labial* [idem], van **lat.** *labium* (mv. *labia*) [lip], idg. verwant met *lip, lepel.*

labiaat [lipbloemige plant] < **modern lat.** *labiatus* [met lippen], van **klass. lat.** *labium* [lip], daarmee idg. verwant.

labiel [wankelbaar] < **fr.** *labile* [idem] < **me. lat.** *labilis* [geneigd tot vallen, kunnende vallen], van *labi* [glijden, struikelen, instorten].

labiliteit [wankelbaarheid] < **fr.** *labilité* < **me. lat.** *labilitas* [instabiliteit], van *labilis* (vgl. *labiel*).

labiodentaal [met de onderlip en boventanden gevormd] gevormd van **lat.** *labium* (vgl. *labiaal*) + *dens* (2e nv. *dentis*) [tand], daarmee idg. verwant.

labiovelaar [gezegd van velaren die door een halfklinker worden gevolgd] gevormd van **lat.** *labium* [lip], daarmee idg. verwant + *velum* [zacht gehemelte, in klass. lat. zeil, stuk doek, gordijn] (vgl. *voile*).

laborant [assistent in een laboratorium] < **modern lat.** *laborans* (2e nv. *laborantis*), teg. deelw. van *laborare* (vgl. *laboratorium*).

laboratorium [werkvertrek voor technisch onderzoek] < **me. lat.** *laboratorium* [werkplaats], van *laborare* (verl. deelw. *laboratum*) (vgl. *laboreren*).

laboreren [lijden] < **lat.** *laborare* [moeite hebben met, in nood zijn, ziek zijn, moeite doen voor, met moeite vervaardigen], van *labor* [moeite, ellende, zwaar werk].

labrador [hond] genoemd naar het gebied van herkomst *Labrador,* dat genoemd is naar zijn ontdekker, de 16e eeuwse Portugese zeevaarder *João Fernandes Lavrador;* het dier is een variant van de newfoundlander.

labradoriseren [een bepaalde kleurspeling vertonen] namelijk de kleurspeling die de labradorsteen vertoont, genoemd naar *Labrador,* verkort uit *Terra Labrador* [bouwland], de naam gegeven door de Portugese ontdekkingsreiziger Gaspar Corter(r)eal, die in 1500 de kust verkende.

labroïden [lipvissen] gevormd van **lat.** *labrum* [lip] + *-oïde.*

labrum [vaas met lipvormige rand] < **lat.** *labrum* [lip, rand].

labskous [een scheepsstampot] < **eng.** *lobscouse,* waarvan de etymologie onbekend is. Het dial. ww. *to lob* betekent 'pruttelen op het vuur'.

labyrint [doolhof] < **lat.** *labyrinthus* < **gr.** *laburinthos* [het Labyrint van Knossos, doolhof, ingewikkelde zaak], **myceens** vermoedelijk *dapurito,* verwant met *labrus* [dubbele bijl], een teken van vorstelijke waardigheid, dat op Kreta een belangrijke functie in de godsdienst had; het woord *laburinthos* is van vooraziatische herkomst; de uitgang *-inthos* is kleinaziatisch, vgl. verder **armeens** *tapar*, **perzisch** *tabar* [bijl], **hettitisch** *labarna-* [heerser], *tapar-* [regeren].

lacet [rijgveter] < **fr.** *lacet* [veter, rijgsnoer, strik voor wild], verkleiningsvorm van *lacs* [snoer, strik, valstrik] < **lat.** *laqueus* [strik, valstrik].

lachen [met het gezicht vrolijkheid uitdrukken] **middelnl.** *lachen,* **oudsaksisch** *hlahhian,* **oudhd.** *hlahhēn,* **oudeng.** *hliehhan* (**eng.** *to laugh*), **oudnoors** *hlæja,* **gotisch** *hlahjan;* buiten het germ. **lat.** *clangere* [schreeuwen], **gr.** *klazein* [idem], **litouws** *klageti,* **oudkerkslavisch** *klokotati* [kakelen].

laconiek [doodkalm] < **fr.** *laconique* [idem] < **lat.** *Laconicus* [Lacedaemonisch, Spartaans] < **gr.** *Lakōnikos,* bn. van *Lakōn* [Spartaan, Laconiër].

lacrimoso [smartelijk klagend] < **it.** *lacrimoso* < **lat.** *lacrimosus* [tranend, klagend, tranenverwekkend], van *lacrima* [traan], **oudlat.** *dacruma* (verwant met **eng.** *tear*) + *-osus* [vol van] (vgl. *larmoyant*).

lacrosse [balspel] < **fr.** *lacrosse,* van *la* [de] + *crosse* [hockeystick, kruk], uit het germ., vgl. *kruk,* hd. *Krücke* (vgl. *cricket*).

lactatie [melkafscheiding] < **lat.** *lactatio* [het zogen], van *lactare* (verl. deelw. *lactatum*) [zogen], van *lac* (2e nv. *lactis*) [melk] (vgl. *galaxis*).

lactose [melksuiker] gevormd door de Franse chemicus Pierre-Eugène-Marcelin Berthelot (1827-1907), van **lat.** *lac* (vgl. *lactatie*) + *-osus* [vol van].

lacune [leemte] < **fr.** *lacune* < **lat.** *lacuna* [poel, moeras, afgrond, kuil, leemte], verkleiningsvorm van *lacus* [meer] (vgl. *lagune*).

ladang [veld voor droge rijstbouw] < **maleis** *ladang* [niet bevloeide akker, veld].

ladder [trap] **middelnl.** *lader(e), ladder, leder, leider, ledder;* de vorm met *a* is fries naast **frankisch** *e;* de vorm *leder* werd met elisie van *d* tot *leer;* vgl. **oudfries** *hladder,* **oudhd.** *hleitara* (**hd.** *Leiter*), **oudeng.** *hlæder* (**eng.** *ladder*); buiten het germ. **lat.** *clivus* [helling], *cliens* [cliënt], **gr.** *klinein* [doen leunen] (vgl. *leunen*); de grondbetekenis is 'leunen'.

lade, la [schuifbak] **middelnl.** *lade, laey(e), la* [houten voorwerp waarin iets kan worden geborgen]; behoort bij *laden.*

laden [bevrachten, kogels indoen] **middelnl.** *laden,* **oudsaksisch, oudeng.** *hladan,* **oudhd.** *(h)ladan,* **oudfries** *hlada,* **oudnoors** *hlaða,* **gotisch** *hlaþan;* buiten het germ. **litouws** *kloju,* **lets** *klaju* [ik spreid], **oudkerkslavisch** *kladǫ* [ik leg].

Ladinisch [een Rhaeto-Romaans dialect] < **lat.** *Latinus* (vgl. *Latijn*).

lady [dame] < **eng.** *lady* < **middeleng.** o.m. *lafdi,* **oudeng.** *hlæfdige* [kneedster van het brood], van *hlaf* (**eng.** *loaf*) [brood] + *dæge* [die kneedt], van *dag* [deeg] → *lord.*

laederen [schaden] < **lat.** *laedere* [slaan, kwetsen, beschadigen, beledigen].

laesie [kwetsing] < **lat.** *laesio* [idem], van *laedere* (verl. deelw. *laesum*) [kwetsen].

laesus [de benadeelde] < **lat.** *laesus,* verl. deelw. van *laedere* (vgl. *laesie*).

Laetare [vierde zondag in de vasten] naar de aanvangswoorden van de mis *Laetare Jerusalem* [Verheug U, Jeruzalem].

laevulose [vruchtsuiker] gevormd van **lat.** *laevus* [links], een verkleiningsuitgang *-ulus* + een uitgang **fr.** *-ose* voor het zn. In tegenstelling tot dextrose draait de laevulose het polarisatievlak van gepolariseerd licht naar links.

laf[1] [vreesachtig] **middelnl., middelnd.** *laf,* **fries** *laf, lef* [flauw], **oudnoors** *lafa* [neerhangen], vgl. *labben* [likken].

laf[2] [water in de pomp] (1702), behoort bij *laven*[1].

lagena → *lagona.*

lager[1] [draagpot] < **hd.** *Lager,* **oudhd.** *lēgar, (e* werd *a* o.i.v. *Lage*), **eng.** *lair,* **gotisch** *ligrs,* **nl.** *leger;* van *liggen.*

lager[2] [bier] (eind 19e eeuw) < **hd.** *Lagerbier* (vgl. *lagerbier*).

lagerbier [zomerbier] < **hd.** *Lagerbier* [bier dat enige tijd op magazijn is gehouden], (*Lager* [magazijn]), (vgl. *liggen*).

laget, lagette [git] een niet-doorzichtige bijvorm van *aget* [git].

lagona, lagena [schenkkan] < **lat.** *lagoena* [kruik, fles] < **gr.** *lagunos* [fles].

lagune [strandmeer] < **fr.** *lagune* < **it.** *laguna* [poel] < **lat.** *lacuna* [poel, moeras] (vgl. *lacune*).

lahar [vulkanische modderstroom] < **maleis** *lahar* [lava].

laïceren [een geestelijke degraderen tot leek] < **me. lat.** *laicare* (vgl. *leek*[2]).

laiton [messing] **middelnl.** *latoen, let(t)oen* < **fr.** *laiton* < **oudfr.** *laton* < **ar.** *lātūn* [koper].

lak[1] [welig, laf, zouteloos] **middelnl.** *lac* [dartel, wulps, slap, traag], verwant met *laken*[1], zie de daar vermelde gr. verwanten waarbij de begrippen 'wulps' en 'slap' ook blijkbaar aan elkaar grenzen.

lak[2] [gebrek, laster] **middelnl.** *lake, laec,* **eng.** *lack* (vgl. *laken*[3]).

lak[3] [oorspr. een harsachtig produkt, verf] < **fr.** *laque* < **me. lat.** *lacca* < **ar.** *lakk, lukk* [hars, lak], **perzisch** *lak* < **hindi** *lakh* [idem] < **oudindisch** *laksa* [100.000], benaming voor de cochenilleluis (vanwege hun aantallen); de steek van de insekten doet de hars uit een boom vloeien die naar de cochenilleluis, de *cocca ilicis,* (*ilex* [steeneik]), de *quercus coccifera* [cochenilledragende eik] heet.

lakei [huisbediende in livrei] **middelnl.** *lackay* < **oudfr.** *laquais* < **spaans** *lacayo* of **it.** *lacchè* < **vroeg-nieuwgr.** *oulakès* < **turks** *ulak* [renbode, bode, koerier].

laken[1] [textiel] **middelnl.** *laken,* **oudsaksisch** *lakan,* **oudhd.** *lahhan,* naast **middelnl.** *lac* [slap]; buiten het germ. **lat.** *laxus* [slap], *languēre* [slap zijn], **gr.** *laganon* [feuilletée], *lagaros* [slap, week], *lagnos* [wellustig], *lagōs* [haas, eig. slapoor] **oudiers** *lacc* [slap, zacht] (vgl. *lak*[1]).

laken — lammy

laken[2] [bloedzuiger] **middelnl.** *lāke, lieke, lēke,* **oudsaksisch** *lāki,* **oudhd.** *lāhhi,* **oudfries** *lētza,* **oudeng.** *lǣce* [arts, bloedzuiger] **(eng.** *leech),* **oudnoors** *lǣknir,* **gotisch** *lēkeis* [arts]; daarnaast **oudiers** *liaig* [bezweerder, arts]; van dezelfde idg. basis als **lat.** *legere* [lezen], **gr.** *legein* [spreken]; de oorspr. betekenis zal geweest zijn 'spreker van magische woorden' (vgl. *lijklaken).*

laken[3] [afkeuren] **middelnl., middelnd.** *laken,* **oudfries** *lackia;* behoort bij **lak**[1] [iets verkeerds in zedelijk opzicht].

lakenvelder [koe met wit middenstuk] met epenthetische *d* van *lakenveller,* van **laken**[1] + *vel.*

lakh, lak [rekenmunt van 100.000 ropijen] < **hindi** *lakh* < **oudindisch** *laksa* [merkteken, 100.000]; N.B. **maleis** *laksa* [10.000].

lakmoes [kleurstof] **middelnl.** *le(e)cmoes, lijcmoes,* van *lecken* [(onovergankelijk) lekken, (overgankelijk) distilleren, overhalen]; bij de fabricage laat men de mosbrij uitlekken.

lakooi [violier] < **gr.** *leukion* [witte violier], van *leukos* [wit] + *-ion* [violier], verwant met **lat.** *viola* [idem].

lakris, lakkeris [zoethout] → *kalissie.*

laks [traag] gezien het feit dat het eerst in de 19e eeuw genoteerd is, wel ontleend aan **lat.** *laxus* [slap] (vgl. *laxeren),* hoewel in het **middelnl.** *lac* [slap] bestond (vgl. **laken**[1]).

lakschouw [controle op gebreken van **lak**[2] [gebrek] + *schouwen*[1].

lallen [onduidelijk praten] klanknabootsende vorming (vgl. *lollen).*

lam[1] [jong van een schaap] **middelnl.** *lam,* **oudsaksisch, oudhd., oudnoors, gotisch** *lamb,* **oudeng.** *lomb;* buiten het germ. **gr.** *elaphos,* **litouws** *elnis,* **oudkerkslavisch** *jelenĭ* [hert], verwant met *eland;* de grondbetekenis van de idg. basis is waarschijnlijk 'bruin'.

lam[2] [verlamd] **middelnl.** *lam* [gebrekkig, lam, slap], **oudsaksisch** *lamo,* **oudhd.** *lam,* **oudnoors** *lami;* buiten het germ. **oudiers** *laime* [bijl], **oudpruisisch** *limtwei* [breken], **litouws** *luomas* [lam], **oudkerkslavisch** *lomiti* [breken]; de grondbetekenis is 'gebroken', vgl. *gebrekkig.*

lama[1] [boeddhistische priester] < **tibetaans** *lama* [priester].

lama[2] [schaapkameel] < **spaans** *llama* < **quechua** *lama.*

lamantijn [zeekoe] < **fr.** *lamantin* < **spaans** *manaté* (oudere volksetymologische invloed van *lamenter* [weeklagen], vanwege het naargeestige geluid van het dier) < **caribisch** *manattouï.*

lambda [de Griekse letter l] < **gr.** *lambda* < **fenicisch-hebr.** *lāmedh* [rotting van de meester], van het ww. *lāmadh* [hij oefende, leerde] (vgl. *talmoed);* de letter werd zo genoemd vanwege zijn vorm.

lambdacisme [het uitspreken van r als l] < **byzantijns-gr.** *la(m)bdakismos* [het gebruik van de letter l in plaats van een andere] (vgl. *lambda).*

lambel [barensteel (in de heraldiek)] < **fr.** *lambel,* uit het germ., vgl. *lap.*

lambert [eenheid van lichtsterkte] genoemd naar de Duitse natuurkundige *Johann Heinrich Lambert* (1728-1777).

lambiek [biersoort] vermoedelijk genoemd naar de brouwketels (vgl. *alambiek).*

lambrekijn [draperie] < **fr.** *lambrequin,* uit (een verkleiningsvorm *lamperkijn?* van) **middelnl.** *lampers, lamper* [een doorschijnende stof] (van *lampe, lamp* [een klein lichtje?]), **modern nl.** *lamfer.*

lambrizering [houten wandbekleding] 16e eeuws *lambrosuere* [lambrizering], **middelnl.** *lambruce* [wilde druif], **fr.** *lambris* [idem], *lambrisser* [lambrizeren] < **lat.** *(vitis) labrusca* [wilde wingerd], *(vitis* [wijnstok]); zo genoemd naar het laat-gotische motief van druiven en bladeren van de wijnstok die de panelen vulden.

lamé [weefsel met goud- of zilverdraad] < **fr.** *lamé,* van *lames* [gouden of zilveren draden], van *lame* [dun metaalblad] < **lat.** *lamina* [dun blad metaal of hout] (vgl. *lemmet*[2]).

lameer [babbelaarster] bij Kiliaan *lamēre* < **fr.** *la mère,* vgl. *faire la commère* [babbelen], waaruit **vlaams** *kommeren.*

lamel, lamelle [dunne strook] < **fr.** *lamelle* < **it.** *lamella* [dun plaatje, blikje], verkleiningsvorm van *lam(m)ina* [plaat, schijf van metaal, hout, marmer etc.] (vgl. *lemmet*[2]).

lament [kaarsepit] **middelnl.** *lenement, lemmet, lemate* [lampepit] < **lat.** *linamentum* [idem], van *linum* [vlas] (vgl. *linnen).*

lamenteren [jammeren] **middelnl.** *lamenteren* < **fr.** *lamenter* [bejammeren], *se lamenter* [jammeren] < **lat.** *lamentari* [jammeren, bejammeren], van *lamenta* [jammerklacht].

lamentoso [klagend] < **it.** *lamentoso,* van *lamento* [geklaag], van *lamentare* [jammeren] < **lat.** *lamentari* (vgl. *lamenteren).*

lamet, lamette [lamel] < **fr.** *lamette,* verkleiningsvorm van *lame* (vgl. *lamé).*

lamfer [fijn gaas] **middelnl.** *lamper(s), lamfeter* < **fr.** *lampas* [idem], etymologie onbekend.

lamijnen [zeurderig spreken] **middelnl.** *lammijn* [lams-], *lammerend* [blèrend, blatend] (verbonden met *spraec),* vgl. *mekkeren.*

lamineren [metaal pletten] < **fr.** *laminer* [idem], van **lat.** *lamina* [plaat van metaal].

lamlendig [futloos] eig. met lamme lendenen.

lammenadig [ellendig] het eerste lid is *lam* of onder invloed daarvan, het tweede is onzeker, niet onmogelijk van *genade* in de middelnl. betekenis 'ootmoed', mogelijk ook is het woord verbasterd < **lat.** *lamentarius* [jammerklachten opwekkend] (vgl. *lamenteren)* en dan o.i.v. *genadig.*

lammetje [30 stuivers] < **hebr.** *lāmedh* [de letter l, maar ook de getalswaarde 30]; vgl. ook *beisje, heitje joet, lambda.*

lammy [bont voor voering van jassen] **quasi-eng.** *lammy,* gevormd van **eng.** *lamb* [lam].

lamoen [disseldoom] **middelnl.** *limoen, lemoen, lamoen* < **oudfr.** *limon* [brancard], van gallische herkomst.
lamp [tot verlichting dienend voorwerp] **middelnl.** *lamp(e)* [ieder brandend licht, ook fakkel] < **oudfr.** *lampe* < **lat.** *lampadem,* 4e nv. van *lampas* [fakkel, in dichterlijke taal: luchter, glans, licht] < **gr.** *lampas* [licht, fakkel, lamp], van *lampein* [glanzen, stralen, schijnen] (vgl. **lantaarn**).
lamper [fijn gaas] nevenvorm van *lamfer.*
lampet [waterkan] **middelnl.** *lampet,* van *lamp(e)* met een fr. uitgang; op grond van gelijkenis met de (olie)tuitlamp.
lampion [feestverlichting] < **fr.** *lampion* [vetpotje, illumineerglas, lampion] < **it.** *lampione* [lantaren], vergrotingsvorm van *lampa* [lamp].
lampreel [jong konijn] → *lamprei*[1].
lamprei[1] [jong konijn] **middelnl.** *lampreel, lamprei(d)e, lampraes* < **oudfr.** *laperel* (**fr.** *lapereau,* waarnaast *lapin*), van *laper* [likken], dat uit het germ. stamt, vgl. *labben* [likken].
lamprei[2] [vis] **middelnl.** *lampreide, lampereide, lampereie* < **oudfr.** *lampreie* < **me. lat.** *lampreda, lamproia, lamprea,* een vermenging van **lat.** *naupreda,* uit het gallisch + *lambere* [likken].
lancaster [katoenstof] naar de Engelse stad *Lancaster.*
lancé [stof met contrasteffect] < **fr.** *lancé,* verl. deelw. van *lancer* [werpen als weversterm] (vgl. *lanceren*).
lanceren [afvuren] **middelnl.** *lanc(i)eren* < **fr.** *lancer* [werpen, gooien, slingeren] < **me. lat.** *lanceare* [stoten met een lans, werpen met een lans] (vgl. *lans*).
lancet [plat mesje] < **fr.** *lancette,* verkleiningsvorm van *lance* (vgl. *lans*).
land [streek, bouwland] **middelnl., oudhd.** *lant,* **oudsaksisch, oudfries, oudeng., gotisch** *land;* buiten het germ. **oudiers** *land,* **welsh** *llan,* **oudpruisisch** *lindan* (4e nv.) [vallei], **oudruss.** *ljadina* [onkruid, struikgewas].
landauer [rijtuig] (1907) < **hd.** *Landauer,* een volksetymologische vorming doordat men meende, dat het type rijtuig uit de plaats *Landau* afkomstig was, in feite < **fr.** *landau* < **spaans** *landó* < **ar.** *al andūl,* (*al* [de]), via perzisch < **oudindisch** *hindolah, andolah* [draagstoel].
landen [aan land zetten] **middelnl., middelnd.** *landen,* **middelhd.** *lenden, lenten;* afgeleid van *land.*
landerig [slecht geluimd] nog niet bij Kiliaan, oorspr. gezegd van zeelieden die aan wal zijn, vgl. *het land hebben.*
landorium [gezouten kabeljauw] ook *landonium* < **me. lat.** *landonium, landonum, lanna* [houten stang, stok die honden om de hals wordt gehangen om ze te beletten te jagen], **oudfr.** *landon,* van germ. herkomst. De kabeljauw die gezouten en op stokjes werd gezet om te drogen, er stokvis van te maken, werd kennelijk naar dit procédé genoemd; evenzo is het woord stokvis gebruikt voor kabeljauw.
landouw [veld] **middelnl.** *landouwe;* het tweede lid is identiek met *ei* (vgl. *eiland*) en *-ooi* in plaatsnamen als *Akkooi, Renooi;* evenals in *gouw* naast *gooi* ontstond *-ouw* uit de eerste nv. en *-ooi* uit de verbogen nv..
landschap [landelijke omgeving, schilderstuk met voorstelling daarvan] **middelnl.** *lantschap, lantschep, lantschip* [gewest, land, vaderland], van *land* + *-schap.*
landsknecht [voetknecht] **middelnl.** *lant(s)cnecht* [gerechtsdienaar, gendarme, marechaussee], van *land* + *knecht,* eig. dus overheidsdienaar.
lang [met een grote lengte] **middelnl.** *lanc,* **oudsaksisch, oudhd.** *lang,* **oudfries, oudeng.** *long,* **oudnoors** *langr,* **gotisch** *laggs;* buiten het germ. **lat.** *longus,* **gr.** *dolichos,* **oudkerkslavisch** *dlŭgŭ,* **oudindisch** *dirghah.*
langen [aangeven] **middelnl.** *langen,* afgeleid van *lang.*
langet [mutsekant] < **fr.** *languette* [tongetje, reepje, klepje], verkleiningsvorm van *langue* [tong] < **lat.** *lingua* [idem], **oudlat.** *dingua,* idg. verwant met *tong.*
langlauf [skitocht over vlak terrein op speciale ski's] < **hd.** *Langlauf,* van *Skilanglauf* [een wedstrijd van 10 km voor dames en 50 km voor heren], van *lang* (vgl. *lang*) + *Lauf* (vgl. *lopen*[1]).
Langobarden [Germaanse stam] van **lat.** *Langobardi* [Langobarden], uit het germ., lett. lange baarden.
langoer [apesoort] < **hindi** *langur* < **oudindisch** *langulin* [met een (lange) staart].
langoest [kreeftesoort] < **fr.** *langouste* [oorspr. sprinkhaan] < **oudprovençaals** *langosta* < **lat.** *locusta* [sprinkhaan, zeekreeft], verwant met *lacertus* [hagedis].
langoureus [kwijnend] < **fr.** *langoureux,* van *langueur* [het kwijnen] < **lat.** *languorem,* 4e nv. van *languor* [matheid, slapte, luiheid, verveling] (vgl. *languissant*).
langs[1] [in de lengte] **middelnl.** *langes, lancs, lanx* [in de lengte, rechtuit], **middelhd.** *langes* [languit, langs], **middelnd.** *langes* [lang geleden, languit, langs], 2e nv. van *lang.*
langs[2] [langer] b.v. in *hoe langs hoe meer,* met het bijwoorden vormende achtervoegsel *s* voor **middelnl.** *lanc,* eigenlijk de oude bijw. vergrotende trap van *lang.*
langue d'oc [het Occitaans] < **oudfr.** *langue d'oc,* de taal van *oc,* d.w.z. waarin *oc* [ja] < **lat.** *hoc* (o. van *hic*) [dit], gebruikt voor ja.
languissant [kwijnend] < **fr.** *languissant,* teg. deelw. van *languir* [kwijnen, smachten] < **lat.** *languēre* [moe zijn, slap zijn, loom zijn] (vgl. *langoureus*).
langwerpig [meer lang dan breed] **middelnl.** *lancwerpel(t), lancwarpel(t), lancworpel(t),*

langzaam — laren

middelnd. *lankworpel,* bij Kiliaan *langhworpigh;* etymologie onzeker, het eerste lid is *lang,* het tweede is mogelijk **middelnl.** *hem werpen* [zich werpen, zich slingeren, zich overgeven aan], ofwel **middelnl.** *werp, warpe, worpe* [kettinggaren].

langzaam [traag] **middelnl.** *lancsa(e)m* [idem], **middelhd.** *lancsam,* **hd.** *langsam,* maar **oudsaksisch, oudhd.** *langsam,* **oudeng.** *longsum* [langdurig].

laning [vloer in schuit] **middelnl.** *laninge* [borstwering, mogelijk ook kampanje], *lane* [leuning] (vgl. *laan*²).

lanital [melkwol] gevormd van it. *lana* [wol] + *Italia.*

lank [zijde] **middelnl.** *lanke, lanc,* **oudhd.** *hlanca* (vgl. *flank*).

lankmoedig [toegevend] **middelnl.** *lancmoedich,* vertalende ontlening aan **chr. lat.** *longanimis,* van *longus* [lang], daarmee idg. verwant + *animus* [ziel]; in het middelnl. betekende *moet* ook gemoed, geestesstemming. Het lat. vertaalde < **gr.** *makrothumos,* van *makros* [lang, groot] + *thumos* [gemoed].

lanoline [wolvet] < **hd.** *Lanolin,* gemaakt door de Duitse arts Mathias Eugenius Oscar Liebreich (1838-1908) van lat. *lana* [wol] + *oleum* [(olijf)olie].

lans [stootwapen] **middelnl.** *lance, lanche,* **fr.** *lance* < **lat.** *lancea* [(Spaanse) werpspeer], overgenomen uit het kelt..

lansier [met een lans gewapende ruiter] < **fr.** *lancier* < **lat.** *lancearius, lanciarius, lancerius* [lansdrager] (vgl. *lans*).

lansknecht geassimileerd uit *landsknecht.*

lanspassaat [onder-korporaal] 16e eeuws *lambersade* < *lanspesade* < ouder fr. *lanspessade,* ook *lancespessade* < it. *lancia spezzata* [gebroken lans, aanduiding van een ervaren soldaat].

lansquenet [kaartspel] < **fr.** *lansquenet* [landsknecht, lansquenetspel] < **hd.** *Landsknecht* (vgl. *landsknecht*); het spel is zo genoemd omdat het onder Maximiliaan I en Karel V door Duitse landsknechten veel werd gespeeld.

lantaarn, lantaren [verlichtingstoestel] **middelnl.** *la(n)terne, latte(e)rne* [lantaarn, kaars] < **fr.** *lanterne* < **lat.** *lanterna* [lantaarn, lamp] < **gr.** *lamptèr* [vuurbekken, fakkel, lantaarn], van *lampein* [glanzen, stralen, schijnen] (vgl. *lamp*).

lante [olielampje] < *lampe* door gedeeltelijke assimilatie en syncope.

lanterfanten [zijn tijd verbeuzelen] van 16e eeuws *lanterfant,* van **middelnl.** *lant* [land], vgl. *lantdwinger* [straatrover, landloper] + *tru(w)ant* [bedelaar] < **oudfr.** *truant,* dat uit het kelt. stamt, vgl. *oudiers trog* [ellendig].

lanterlu, lanterlui [een bepaalde constellatie in een kaartspel] < **fr.** *lanturlu* [een refrein van een populair 17e-eeuws straatdeuntje, vervolgens 'klaverenboer', dan de naam van een kaartspel]; voor de vorming vgl. *tureluur*¹,².

lanthaan [chemisch element] door de ontdekker ervan, de Zweedse chemicus Carl Gustav Mosander (1797-1858) gevormd van **gr.** *lanthanein* [verborgen zijn], omdat het verborgen was in erbium. Vgl. voor de betekenis *krypton.*

lantierboom → *latierboom.*

lanugo [nesthaar] < **lat.** *lanugo* [het dons van vruchten en bladeren, vlasbaard], van *lana* [wol].

Laodiceeër [onverschillig mens] van *Laodicea* [een stad in Klein-Azië; de lauwheid van de inwoners is vermeld in Openbaringen 3:14 e.v..

Laos [geogr.] < **laotiaans** *lan xang* [(het land van) een miljoen olifanten], *lan* [miljoen] *xang* [olifant (en)].

lap [stuk doek] **middelnl.** *lap(pe),* **oudnederfrankisch** *lap,* **oudsaksisch** *lappo,* **oudfries, oudhd.** *lappa,* **oudnoors** *lappr;* buiten het germ. **lat.** *legumen* [peulvrucht], **gr.** *lobos* [lelletje].

Lap [bewoner van Lapland] < **zweeds** *Lapp,* ontleend aan **fins** *lappalainen* [Lap] < *Lappi* [Lapland]; zij noemen zichzelf *sapme,* mv. *same.*

laparotomie [opening der buikholte] gevormd van **gr.** *laparè* [lende, onderbuik] + *tomè* [het snijden, snede], van *temnein* [snijden].

lapel [omslag aan jas] < **eng.** *lapel,* verkleiningsvorm van *lap* [pand], hetzelfde woord als *lap.*

lapidair [kort en kernachtig] < **fr.** *lapidaire* [oorspr. m.b.t. inschriften in steen, dan kort en bondig van stijl] < **lat.** *lapidarius* [van steen], van *lapis* (2e nv. *lapidis*) [steen, grafsteen].

lapidarium [boek dat handelt over gesteenten] < **me. lat.** *lapidarium,* van **klass. lat.** *lapidarius* [van steen, steensnijder], van *lapis* [steen].

lapis [steen] → *lapidair.*

lapkous [scheepsstampot] → *labskous.*

laponderaap [lampongaap] < *lampongder aap* [aap uit de Lampongs op Zuid-Sumatra].

lapsus [vergissing] < **lat.** *lapsus* [het voortglijden, uitglijden, misstap, fout], van *labi* [wegglijden, struikelen].

lapzalven [kwakzalven] het eerste lid is van *lappen* [opknappen, b.v. van schoenen, middelnl. i.h.b. ook iem. opknappen door geneesmiddelen].

lapzwans [vent van niks] < **jiddisch** *Lappschwanz,* van **hd.** *läppisch* [onbeholpen, onnozel] + *Schwanz* [staart, penis].

laqué [gelakt] < **fr.** *laqué,* verl. deelw. van *laquer* [lakken], van *laque* [lak] (vgl. *lak*³).

lar [soort van gibbon] genoemd naar de Romeinse huisgod *Lar* (vgl. *laren*); vgl. voor de naamgeving *lemuren* voor maki's.

larderen [doorspekken] **middelnl.** *larderen* < **fr.** *larder* [larderen], van *lard* [spek] < **lat.** *lardum, laridum* [idem], verwant met **gr.** *larinos* [gemest].

laren [beschermgoden van grond en huis] < **lat.** *lares,* mv. van *lar,* dat van dezelfde basis stamt als *lascivus* [dartel, uitgelaten] (vgl. *larve*); in de huisaltaartjes werden de laren uitgebeeld als dansende, bekranste jongelingen.

Larens [van, uit Laren] 3e nv. mv. van *laar* [weideplaats].

larf → *larve*.

larghetto [enigszins breed] < it. *larghetto*, verkleiningsvorm van *largo* (vgl. *largo*).

largo [zeer langzaam] < it. *largo* [breed, langzaam] < lat. *largus* [breed].

larie [onzin] vgl. *lariën* [onzin praten], dat vermoedelijk klanknabootsend is gevormd.

lariks [naaldboom] (1682) < lat. *larix* [lork], uit een onbekende taal overgenomen. Het woord is in het nl. tweemaal uit het lat. overgenomen, vroeg als *lork* en laat als *lariks*.

lark [type zeilbootje] < eng. *lark* [leeuwerik].

larmoyant [huilerig] < fr. *larmoyant*, eig. teg. deelw. van *larmoyer* [tranen storten, huilen, jengelen], van *larme* [traan] < lat. *lacrima* [idem], nevenvorm van *lacruma*, oudlat. *dacruma* < gr. *dakruma* [de tranen], van *dakruein* [wenen], van *dakru* [traan], daarmee idg. verwant.

larp [zweep] vermoedelijk van *leer* + *reep* in de betekenis 'koord, touw'.

larve, larf [bij dieren met gedaanteverwisseling de vorm waarmee het dier het ei verlaat] < fr. *larve* [masker] < lat. *larva* [spook, boze geest, maar vervolgens ook masker, skelet], verwant met *lar* [huisgod] (vgl. *laren*).

laryngaal [m.b.t. de larynx] van *larynx* (vgl. *laryngitis*).

laryngitis [strottehoofdontsteking] gevormd van gr. *larugx* (2e nv. *laruggos*) [strottehoofd, stembanden, keel] + *itis*.

larynx [strottehoofd] → *laryngitis*.

las¹ [verbinding] middelnl. *lassche, lasse* [een bepaalde houtverbinding, schuine lap, geer], middelnd. *lasche* [geer]; etymologie onzeker.

las² [middelgrote zeetong] mogelijk verwant met hd. *lasch* [slap] (vgl. *slip*).

lascief [wulps] < fr. *lascif* < lat. *lascivus* [dartel, uitgelaten, losbandig, wulps], verwant met *lar* (vgl. *laren*).

laser [stralingsversterker] gevormd van de beginletters van *Light Amplification by Stimulated Emission of Radiation* [lichtversterking door gestimuleerde uitzending van straling].

lash-ship [zeeschip met lichters voor inlands transport] < eng. *lash-ship*, van *lash*, afkorting van *lighter aboard ship* [lichter aan boord].

laskaar [Brits-Indisch matroos] < eng. *lascar* < **portugees** *laschar* [inlands soldaat in Indië] < urdu *lashkar* < perzisch *lashkar* < ar. *al 'askar* [het leger], (*al* [het]), dat via laat-gr. stamt van lat. *exercitus* [leger] (vgl. *exercitie*).

lassakoorts [infectieziekte] genoemd naar het dorp *Lassa* in Nigeria, waar de ziekte het eerst werd geconstateerd.

lasser [tong] → *las²*.

lasso [werpkoord met strik] < spaans *lazo* < lat. *laqueus* [strik, lus].

last [vracht, hinder] middelnl., middelnd. *last,* oudhd. *(h)last,* oudfries *hlest,* oudeng. *hlæst;* van *laden.*

laster [kwaadsprekerij] middelnl. *laster, lachter, lochter* [schande, smaad], oudnederfrankisch *laster* [schande], oudsaksisch, oudhd. *lastar,* oudfries *laster,* oudeng. *leahtor,* oudnoors *lǫstr;* buiten het germ. **iers** *locht* [gebrek]; verwant met een ww. voor berispen dat luidt **oudsaksisch,** oudhd. *lahan,* oudeng. *lean.*

lastex [merknaam voor rubberdraden] < eng. *lastex,* gevormd van *latex* + *elastic.*

lat [lang stuk hout] middelnl. *lat(te),* oudsaksisch, oudhd. *latta,* oudeng. *lætta* (eng. *lath*) en middelnd. *lade* [tak, spruit], middelhd. *lade* [plank, kraam]; buiten het germ. (**oud**)**iers** *slat,* **welsh** *llath* [stok, paal], **oudindisch** *lata-* [rank].

lataanboom [waaierpalm] < fr. *latanier,* etymologie onbekend.

latei [draagbalk boven deur] < fr. *lattis,* oudfr. *lattis, lacteys* [plafondlatten], van *latte;* dat uit het germ. komt, vgl. *lat.*

laten [niet verhinderen, nalaten, afstaan] middelnl. *laten,* **oudsaksisch** *latan,* oudhd. *lazan,* oudfries *leta,* oudeng. *lǣtan,* oudnoors *leta,* gotisch *letan;* van *laat²*.

latent [verborgen] < fr. *latent* < lat. *latentem,* 4e nv. van *latens* [onzichtbaar, verborgen], eig. teg. deelw. van *latēre* [verborgen zijn, zich schuil houden] (vgl. *Lethe, lethargie*).

latentie [het latent-zijn] < me. lat. *latentia* [verborgenheid, verduistering], van *latēre* (vgl. *latent*).

lateraal [ter zijde] < fr. *latéral* < lat. *lateralis* [m.b.t. de zijde], van *latus* (2e nv. *lateris*) [zijde, kant], verwant met *latus* [breed].

Lateraan [gebouwencomplex in Rome] genoemd naar de *Laterani,* een oude Romeinse familie die het paleis oorspr. in bezit had.

lateren [een strolaag onder de pannen leggen] van *later* [dik hout op een lading waarmee deze wordt vastgesjord], etymologie onbekend.

latereren [per bladzijde besommen] van lat. *latus* (2e nv. *lateris*) [bladzijde].

lateriet [grondsoort] gevormd van lat. *later* (2e nv. *lateris*) [baksteen, (metaal)baar].

latex [melksap der rubberbomen] < lat. *latex* [vloeistof, vocht] < gr. *latax* [druppels wijn die men met een tikje uit zijn beker in een schaal wierp] (vgl. *letten²*).

lathyrus [plantengeslacht] < gr. *lathuros* [een peuldragende plant], idg. verwant met *linze.*

latierboom [afscheidingsboom in paardestal] middelnl. *litierboom, leitierboom, latierboom, lantier* < *litiere, let(t)iere, laitiere* [slaapplaats van dieren] < fr. *litière,* van *lit* [bed] < lat. *lectus* [idem], idg. verwant met *liggen.*

latifundiaat, latifundium [grootgrondbezit] < lat. *latifundium* [landgoed], van *latus* [breed, uitgestrekt] + *fundus* [bodem, grond, boerderij, landgoed], idg. verwant met *bodem.*

Latijn [taal der Romeinen] < lat. *Latinus* [Latijns],

latiniteit — lavuur

van *Latium* [het landschap rond Rome], van dezelfde basis als *latus* [breed, uitgestrekt], dus het vlakke land.

latiniteit [juiste Latijnse uitdrukking, het gebruik van Latijn] < **lat.** *latinitas* (2e nv. *latinitatis*) [zuivere Latijnse uitdrukking, Latijns burgerrecht], van *Latinus* (vgl. ***Latijn***).

latitude [geografische breedte] < **fr.** *latitude* < **lat.** *latitudo*, van *latus* (2e nv. *lati*) [breed].

latkip [barg. agent] voor het tweede vgl. ***kip*** [7]; het eerste lid is onduidelijk, mogelijk barg. *lat* [lul].

latoen [messing] → ***laiton***.

laton [omwoeld metaaldraad] hetzelfde woord als *latoen* [messing] (vgl. ***laiton***).

lat-relatie [leefsituatie waarin partners hun zelfstandigheid niet opgeven] *lat* van de beginletters van *living apart together*.

-latrie [in compositio] b.v. *idolatrie* [afgodenvering] < **chr. lat.** *latria* < **gr.** *latreia* [loondienst, dienst, slavernij, verering], van *latris* [dagloner, dienaar, slaaf].

latrine [buitenshuis toilet] < **fr.** *latrines* (mv.) [idem] < **lat.** *latrina* [toiletgelegenheid, beerput, bordeel] < *lavatrina*, van *lavare* (verl. deelw. *lavatum*) [wassen, wegspoelen].

lats, latse [broekklep] **middelnl.** *laetse, lets(e), litse* [snoer, strik, riem voor jachthonden, helmsnoer] < **oudfr.** *laz* [idem] < **lat.** *laqueus* [strik, kluister, teugels] → ***lasso***.

latus [bladzijde] < **lat.** *latus* [zijde, flank, kant van een voorwerp], van *latus* [breed], **armeens** *lain* [idem], **oudkerkslavisch** *steljǫ* [ik spreid uit].

latuw [sla] **middelnl.** *lat(t)uwe* < **fr.** *laitue* < **lat.** *lactuca* [kropsla], afgeleid van *lac* (2e nv. *lactis*) [melk, melkachtig vocht van planten], idg. verwant met **gr.** *gala* (vgl. ***galaxis***); de stelen scheiden een melkachtig vocht af.

lauan [Aziatische houtsoort] < **tagalog** *lawaan*.

laudanum [opiumtinctuur] in deze vorm afkomstig van Paracelsus, die waarschijnlijk dacht aan **lat.** *laudare* [prijzen], en *ladanum* veranderde, dat van **gr.** *lèdanon* [een oosterse harssoort] stamt, aan het semitisch ontleend, vgl. **ar.** *lādān*, **akkadisch** *ladunu*.

laudatie [lofprijzing] < **lat.** *laudatio*, van *laudare* (verl. deelw. *laudatum*) [prijzen], idg. verwant met ***lied***.

lauden, laudes [kerkelijk getijde] < **chr. lat.** *laudes* [psalm 148-150], mv. van *laus* [lof] (vgl. ***laudatie***).

laureaat [bekroond dichter] < **lat.** *laureatus* [gelauwerd], van *laurea* [laurierboom, lauwertak, lauwerkrans], vermoedelijk uit een vóór-lat. taal in het Middellandse-Zeebekken.

laurenskop [poon] genoemd naar de feestdag van de *II. Laurentius* (10 aug.), de beste periode voor het vangen van deze vis.

laurentium → ***lawrencium***.

laurier [sierboom] < **fr.** *laurier* < **lat.** *laurus* [laurier] (vgl. ***laureaat***).

lauw [1] [tussen heet en koud] **middelnl.** *lau, laeu*, **oudhd.** *lao*, **oudeng.** *hleow* [warm] (**eng.** *lew* [lauw]), **oudnoors** *hlaer* [zacht (van het weer)]; buiten het germ. **lat.** *calidus* [warm]; verwant met ***lij, luw***.

lauw [2] [zeelt] → ***louw*** [1].

lauwer [1] [komfoor] van **middelnl.** *la(e)uwen* [lauw worden] (vgl. ***lauw*** [1]); de betekenis verhitten is op grond van het woord lauw moeilijk te verklaren, hoewel in oudere taal een enkel citaat bekend is waarin lauw heet betekent.

lauwer [2] [krans van laurieren] **middelnl.** *lau(w)er* < **lat.** *laurus* (vgl. ***laurier***).

lava [door vulkanische uitbarsting uitgeworpen stoffen] (1778) < **it.** *lava*, **napolitaans** *lave* [idem] < **lat.** *labes* [instorting, verzakking], van *labi* [glijden, voortglijden] (vgl. ***lawine***).

lavabo [wasbekken] < **lat.** *lavabo* [lett. ik zal wassen], van *lavare* [wassen]; het woord *lavabo* is het eerste woord van het gebed Psalm 26: 6-12, dat de priester uitspreekt bij de rituele handwassing in de Latijnse mis.

lavallière [type gestrikte das] genoemd naar *Françoise-Louise de La Baume Le Blanc, duchesse de La Vallière* (1644-1710), maîtresse van Lodewijk XIV.

lavas [maggiplant, lubbestok] **middelnl.** *livessche, lavetse, levestoc, lubberstekel* < **fr.** *livèche* [idem] < **lat.** *ligusticum*, het bn. van *Liguria*, dus de uit Ligurië afkomstige plant.

lavatory [toilet] < **eng.** *lavatory* < **me. lat.** *lavatorium* [wasplaats], van *lavare* (verl. deelw. *lavatum*) [wassen].

laveien [lanterfanten, stropen] **middelnl.** *laveyen* [rondslenteren] < **oudfr.** *loveer* [idem] (vgl. ***laveren*** [1]).

laveloos [stomdronken] van **middelnl.** *lave* [verkwikking, troost], van ***laven*** [1] + ***-loos*** [2].

lavement [klysma] < **fr.** *lavement* [wassing, lavement], van *laver* [wassen] < **lat.** *lavare* [idem].

laven [1] [verkwikken] **middelnl.** *laven*, **oudsaksisch** *labon* [laven], **oudhd.** *labon* [wassen, laven], **oudeng.** *lafian* [wassen] < **lat.** *lavare* [wassen] (vgl. ***loog***).

laven [2] [vis uit het net scheppen] etymologie onbekend.

lavendel [heestergeslacht, de bloemen daarvan] **middelnl.** *lavender, lavendelbloeme* < **me. lat.** *lavandula*, van *lavare* [wassen]; lavendel werd en wordt gebruikt om het badwater te parfumeren.

laveren [1] [telkens aan de wind overstag gaan] **middelnl.** *loeve(e)ren, loveren, laveren* < **oudfr.** *loveer* [idem], van **nl.** *loef*.

laveren [2] [wassen] < **fr.** *laver* < **lat.** *lavare* [idem].

lavis [het wassen van tekeningen] < **fr.** *lavis*, afgeleid van *laver* (vgl. ***laveren*** [2]).

lavoor [ivoor] met het niet-herkende lidwoord < **fr.** *l'ivoire*, vermoedelijk o.i.v. **middelnl.** *lavoor, lavoir* [wasbekken].

lavuur [afval bij het smelten van edele metalen]

< **fr.** *lavure* [spoelwater], *lavures* [stukjes goud en zilver die na het wassen overblijven], van *laver* [wassen] < **lat.** *lavare* [idem].

lawaai [herrie] (1827), vermoedelijk jongere vorm van *laweit*.

laweit [lawaai] (1599), etymologie onbekend.

lawine [neerstortende sneeuw] < **me. lat.** *labina* [moeras, onstabiele grond, poel], van *labes* [verzakking, instorting, ondergang], van *labi* [glijden, wegglijden], *labare* [wankelen] (vgl. *lava*).

lawn-tennis [tennis dat oorspr. op grasbanen werd gespeeld] het eerste lid is **oudeng.** *launde, lande* < **oudfr.** *idem* (**fr.** *lande*) [heide, steppe] van kelt. herkomst.

lawrencium, laurentium [chemisch element] genoemd naar het *Lawrence Radiation Laboratory* in Berkeley, waar het werd gesynthetiseerd.

laxans [purgeermiddel] < **lat.** *laxans,* teg. deelw. van *laxare* (vgl. *laxeren*).

laxeren [de stoelgang bevorderen] **middelnl.** *laxeren* < **lat.** *laxare* [verwijden, losmaken, openen, laten schieten], van *laxus* [wijd, ruim].

lay-out [opmaak] < **eng.** *lay-out* [opzet, plan, ontwerp], van *to lay out* [tentoonspreiden, lett. uitleggen].

lazaret [(veld)hospitaal] < **fr.** *lazaret* < **it.** *lazzaretto* [idem], gevormd van *Lazzaro* [Lazarus] (Lucas 16).

lazarist [lid van bepaalde congregatie] zo genoemd omdat zij de priorij *St. Lazare* (een vroeger leprozenhuis) te Parijs overnam als moederhuis (1632).

lazarus, lazerus [stomdronken] vermoedelijk naar de naam *Lazarus* (Lucas 16).

lazeren [smijten] een krachtterm op basis van *lazerus, belazeren* e.d., die alle een krachtig negatief element hebben, vermoedelijk naar analogie van *donderen* → *belazerd.*

lazerij ['op zijn lazerij', op zijn donder geven] **middelnl.** *lasarie, laserie* [melaatsheid, leprozenhuis], van *lasarus* [melaats] (vgl. *lazarus*).

lazerkruid [plantengeslacht] het eerste lid is **lat.** *laser* [het sap van een Noordafrikaanse plant], namelijk de *laserpicium,* ook *silphium* < **gr.** *silphion* geheten, ook *sirpe,* vroeger als geneesmiddel en specerij gebruikt. Alle vormen gaan terug op een vóór-gr. en vóór-lat. mediterrane taal.

lazuur → *azuur.*

lazzarone [Napolitaanse bedelaar] in de 18e eeuw opgekomen benaming voor het Napolitaanse proletariaat < **napolitaans** *lazzaro* < **spaans** *lazaro* [lepraleider, bedelaar], gebruikt als scheldwoord voor de volgelingen van Masaniello (vgl. *lazarus*).

lazzi [kwinkslagen] < **it.** *lazzi,* mv. van *lazzo* [potsierlijk gebaar, grap], etymologie onbekend.

leadzanger [belangrijkste zanger in popgroep] het eerste lid van **eng.** *to lead* [leiden] (vgl. *leiden*).

league [bond] < **eng.** *league* < **oudfr.** *ligue* < **me. lat.** *liga,* van **lat.** *ligare* [binden].

leasen [voor lange termijn huren] < **eng.** *to lease* < **oudfr.** *laissier, less(i)er* (**fr.** *laisser*) < **lat.** *laxare* (vgl. **laxeren**).

leb[1] [stremsel, lebmaag] **middelnl.** *lebbe, lib(be), lip* [stremsel]; volgens sommigen in de betekenis 'lebmaag' identiek met *leb*[2], waarschijnlijk echter zijn *leb* [stremsel] en *leb* [vierde maag van het rund] hetzelfde woord, vgl. **middelnl.** *laf* [stremsel], **oudhd.** *lab* [saus] (**hd.** *Lab* [stremsel]), waarnaast **oudhd.** *kasilubbi* en **middelnl.** *libbe* mogelijk ablautsvarianten zijn, vgl. **oudeng.** *cieselybb.*

leb[2] [slappe buikzijde van vis] klanknabootsend gevormd, vgl. *labberen, lebberen, lubberen.*

lebaal [dikke paling] van *leb* [plak, afgesneden stuk], zo genoemd omdat de zware alen in moten werden gesneden + *aal*[3].

lebberen [slobberen] (19e eeuws), frequentatief van *lebben* [likken], nevenvorm van *labben.*

lebemann [die zinnelijke genoegens najaagt] < **hd.** *Lebemann,* vertaling van **fr.** *viveur* of *bon vivant.*

lecithine [groep fosfatiden] gevormd van **gr.** *lekithos* [eierdooier], omdat lecithinen (in 1846 door Gobby) het eerst uit eierdooiers werden geïsoleerd.

lectionarium [liturgisch boek met epistels en evangeliën] < **chr. lat.** *lectionarium,* van *lectio* (2e nv. *lectionis*), van *legere* (verl. deelw. *lectum*) [lezen].

lector [titel aan universiteit, lezer van manuscripten] < **lat.** *lector* [uitkiezer, lezer, voorlezer (ondergeschikte bij het gerecht die stukken voorleest, slaaf die zijn meester voorleest)], van *legere* [bijeenlezen, kiezen, lezen].

lectrice [voorlezeres] < **fr.** *lectrice* < **lat.** *lector* (vgl. *lector*) + de vr. uitgang **fr.** *-trice,* **lat.** *-trix.*

lectuur [leesstof] < **fr.** *lecture* < **me. lat.** *lectura* [idem], van *legere* (verl. deelw. *lectum*) [lezen].

ledebreken, leebreken [zich ziek voelen] eig. de *leden* [ledematen] breken. In het middelnl. betekende *breken* ook krachteloos maken.

ledematen → *lidmaat.*

ledenpop [pop met beweegbare leden] van *lid*[1].

leder, leer [stof uit dierenhuiden] **middelnl.** *leder,* **oudsaksisch** *lethar,* **oudhd.** *ledar,* **oudfries** *lether,* **oudeng.** *leðer,* **oudnoors** *leðr;* in het kelt. **oudiers** *lethar,* **welsh** *lledr,* **bretons** *lezr;* buiten dit gebied zijn geen verwanten gevonden.

ledesteen [kalkzandsteen] kenmerkend voor het *Lediaan,* genoemd naar de plaats *Lede* in het arrondissement Aalst.

ledig, leeg [zonder inhoud, vrij] **middelnl.** *ledich* [vrij, onbelemmerd, zonder werk, ongehuwd, onbebouwd, onbezet van een plaats], **middelhd.** *ledic,* **oudfries** *lethoch,* **oudnoors** *liðugr;* van *lid*[1], dus iets als vrij bewegend.

ledikant [bed] **middelnl.** *lidecant, ledecant* < **fr.** *lit de camp* [lett. veldbed], in tegenstelling tot de niet-transportabele bedstede.

lee[1] [lende] vermoedelijk het verkorte mv. van *lid*[1].

lee[2] [scharnier] **middelnl.** *lede* [lid, gewricht, scharnier] (vgl. *lid*[1]); de grondbetekenis van lid is 'bewegen, draaien'.

lee — leger

lee[3] [enige schoven] vermoedelijk het oude mv. van *lid*[1].

lee[4] [watering] < *lede*, dial. in plaatsnamen *liede*, middelnl. *le(e)de* [waterloop, watergang]; van *lijden* [gaan].

leed [verdriet, schade] middelnl. *leet, leit*, is het zelfstandig gebruikte bn. *leet, leit* [onaangenaam, hatelijk, droevig], oudhd. *leid*, oudsaksisch *leth*, oudeng. *laδ* (eng. *loath*), oudnoors *leiδr* (vgl. *lelijk*); verwant met *lijden*.

leedvermaak [genoegen over andermans ongeluk] vertaling van hd. *Schadenfreude*.

leeftocht [proviand] middelnl. *leeftocht*, naast *lijftocht* [levensonderhoud], gevormd van *leven* + *tocht*, vgl. voor de betekenis lat. *aetatem ducere* [zijn leven doorbrengen].

leeg → *ledig*.

leek[1] [zuring] middelnl. *lapaten, ladic(ke), ladeke, ladich*, nd. *ladeke, lodeke*, oudhd. *letihha* (hd. *Lattich*) < lat. *lapatium, lapathus* < gr. *lapathos*.

leek[2] [niet-geestelijke] < chr. lat. *laicus* [gewoon, oningewijd, leek] < gr. *laikos* [behorend tot het volk], van *laos* [volk], myceens *ra-wo*, vermoedelijk van Kleinaziatische, niet-idg. herkomst.

leek[3] [beekje] van *leken, lekken*.

leem[1] [grondsoort] middelnl. *leem, leim, liem*, oudnederfrankisch, oudhd. *leimo*, oudsaksisch *lemo*, oudeng. *lam* (eng. *loam*); buiten het germ. lat. *limus* [slijk, leem], gr. *alinein* [bestrijken]; ablautend bij *lijm*.

leem[2] [dennenaald] middelnl. *le(e)me* [visgraat, vlasstoppels, doppen van koren, zaadstro e.d.], oudeng., oudnoors *lim* [lid, tak]; van een idg. basis met de betekenis 'buigen', waarvan ook *lid*[1] stamt.

leemte [gaping, fout] middelnl. *leemte, leemde*, middelhd. *lem(e)de*, middelnd. *lemede*, oudfries *lemiste*, oudnoors *lemd* [verlamming, gebrekkigheid]; van *lam*[2].

leen [feudum, wat men voor tijdelijk gebruik ontvangt] middelnl. *leen*, oudsaksisch *lehen*, oudhd. *lehan*, oudfries *loan*, oudeng. *lan* (eng. *loan*), oudnoors *lan*; behoort bij het ww. middelnl. *lien* [in leen geven], oudsaksisch, oudhd. *lihan*, oudeng. *leon*, oudnoors *lja*, gotisch *leihan*; buiten het germ. lat. *linquere* [laten], gr. *leipein* [verlaten], oudiers *leicim* [ik verlaat], armeens *elik* [laten], oudkerkslavisch *-lěků* [overblijfsel], oudindisch *rinakti* [hij verlaat].

leep [schuin, slim] middelnl. *leep* [schuins, slecht van gehalte, sluw, bijdehand], *lipen, lupen* [scheel zien, schuinse blikken werpen]; etymologie onbekend.

leepoog [waterig oog] het eerste lid < me. lat. *lippis*, klass. lat. *lippus* [tranend, met zere ogen].

leer[1] → *leder*.

leer[2] [trap] → *ladder*.

leertouwen [het bewerken van leer na het looien] → *touwen*.

leest [schoenvorm, vorm van het lichaam] middelnl. *leest, leist* [model, vorm van de voet], oudhd. *leist* [spoor, voetafdruk, leest], oudeng. *læst* [voetzool, voetafdruk, leest], oudnoors *leistr* [voet], gotisch *laists* [spoor], verwant met middelnl. *le(i)se* [spoor, groeve, vore], oudhd. *waganleisa* [wagenspoor], lat. *lira* [vore]; de betekenis ontwikkelde zich van vore tot voetspoor tot vorm van de voet tot vorm → *leren, lezen*.

leeuw [katachtig roofdier] middelnl. *leu, leeu, leeuwe*, oudhd. *lewo*, oudeng. *leo* < lat. *leo* < gr. *leōn* [leeuw], uit het semitisch, vgl. akkadisch *labbu* [leeuw].

leeuwerik [zangvogel] middelnl. *leeuwer(i)ke, liewerke, lawerke*, oudsaksisch *lewerka*, middelnd. *lewer(i)ke*, oudhd. *lerahha* (hd. *Lerche*), fries *ljurk*, oudeng. *læwerce* (eng. *lark*), oudnoors *lævirki*, portugees *laverca* (< westgotisch); het woord is vermoedelijk een samenstelling, waarvan de etymologie onzeker is. Het eerste deel is waarschijnlijk te vergelijken met gr. *lakein* [schreeuwen].

leewater [ophoping van vocht in gewricht] van *lee*, ouder mv. van *lid*[1] + *water*.

leewieken [het vleugellid met de grote slagpennen wegnemen] naar analogie van kortwieken, van *lee*, oud mv. van *lid*[1].

lef[1] [moed] (1896) < hebr. *lēw* [hart, moed].

lef[2] [slap] nevenvorm van *laf*[1].

legaal [wettelijk] < fr. *légal* < lat. *legalis* [wettelijk, wettig], van *lex* (2e nv. *legis*) [bepaling, wet], verwant met *legere* [lezen, verzamelen]; de oorspr. betekenis is 'verzameling'.

legaat[1] [gezant] < fr. *légat* < lat. *legatus* [idem] (vgl. *legatie*).

legaat[2] [testamentaire beschikking] < lat. *legatum* [legaat, vermaking], eig. verl. deelw. van *legare* [met een volmacht sturen, als gezant sturen, vermaken, nalaten], verwant met *lex* (vgl. *legaal*).

legaliseren [voor echt verklaren] < fr. *légaliser*, van *légal* (vgl. *legaal*).

legasthenie [leeszwakte] het eerste lid is van gr. *legein* [lezen]; voor het tweede lid vgl. *neurasthenie*.

legatie [gezantschap] < fr. *légation* < lat. *legationem*, 4e nv. van *legatio* [idem], van *legare* (verl. deelw. *legatum*) [als gezant zenden], verwant met *lex* (vgl. *legaal*).

legendarisch [tot de legende behorend] < me. lat. *legendarius* [idem], van *legenda* (vgl. *legende*).

legende [verhaal van een wonder, sage] middelnl. *legende* [voorlezing uit de bijbel of uit heiligenlevens, boek met heiligenlevens, verhalen over een heilige, verhaal over iem. uit de Oudheid] < fr. *légende* [idem] < lat. *legendus, legenda* [wat gelezen moet worden], gerundivum van *legere* [lezen, voorlezen].

leger [ligplaats, krijgsmacht te land] middelnl. *leger* [ligging, legerstede, legerplaats van soldaten], afgeleid van *liggen*.

legeren [een ligplaats verschaffen] middelnl. *legeren* [doen liggen (b.v. ook van geschut), een legerplaats opslaan], van *leger*.

legering [vermenging van metalen] < hd. *Legierung*, afgeleid van *legieren*, in de 17e eeuw ontleend aan lat. *ligare* [vastbinden].

leges [administratieve heffingen] < lat. *leges*, mv. van *lex* [voorwaarde, wet, voorschrift] (vgl. ***legaal***).

legge [uitgespreide bossen koren] van *leggen*.

leggen [doen liggen] middelnl. *leggen*, oudsaksisch *leggian*, oudhd. *legen*, oudeng. *lecgan*, oudnoors *leggja*; causatief van *liggen*.

leggiero [licht, luchtig] < it. *leggiero*, ook *leggero*, teruggaand op lat. *levis* [licht], vgl. **me. lat.** *levigare* [verzachten, lenigen, opbeuren].

leghorn [kip] genoemd naar *Leghorn*, de eng. naam van *Livorno*, dat in de 16e en 17e eeuw *Legorno* heette < lat. *Liburnus* [Liburnisch], van de *Liburni*, een Illyrische volksstam.

legio [zeer talrijk] < lat. *legio* [legioen, legermacht], van *legere* [verzamelen].

legioen [legerafdeling] middelnl. *legioen* < fr. *légion* < lat. *legionem*, 4e nv. van *legio* [idem] (vgl. ***legio***).

legionair [soldaat] < fr. *légionnaire* [idem] < lat. *legionarius* [van een legioen, in het mv. legioensoldaten], van *legio* (vgl. ***legio***).

legionella [legionairsbacterie] < modern lat. *legionella*, verkleiningsvorm van *legio* (2e nv. *legionis*) [legioen].

legislatief [wetgevend] < fr. *législatif* < me. lat. *lexislativus, legislativus*, van *legislatio* [wetgeving], van *lex* [wet] (vgl. ***legaal***).

legitiem [wettelijk, gewettigd] < fr. *légitime* < lat. *legitimus* [wettig, wettelijk, rechtmatig, behoorlijk], van *lex* [wet] (vgl. ***legaal***).

legitimeren [wettigen] < fr. *légitimer*, van *légitime* (vgl. ***legitiem***).

leguaan [hagedischtige] < eng. *leguan*, samen met het lidwoord *l(a)* overgenomen uit **spaans** *iguana* < **caribisch** *iwana*.

legumine [eiwit uit peulvruchten] < lat. *legumen* (2e nv. *leguminis*) [peulvrucht, bonen], van *legere* [verzamelen, plukken, oogsten].

lei[1] [gesteente] middelnl. *leye, lei*, oudsaksisch *leia* [rots, steen], middelhd. *leie* (vanwaar de *Lorelei*), mogelijk uit het kelt., vgl. oudiers *lia*, gaelisch *leac*, welsh *lech*, gr. *laas* [steen, kei].

lei[2] [sloot] nevenvorm van *lede*.

lei[3] [Roemeense munteenheid] mv. van *leu* < lat. *leo* [leeuw] → *lev*.

leiden [doen gaan, aanvoeren] middelnl. *le(i)den*, oudnederfrankisch *leiden*, oudsaksisch *ledian*, oudhd. *leiten*, oudfries *leda*, oudeng. *lædan* (eng. *to lead*), oudnoors *leiða*; causatief van ***lijden*** [gaan].

leidsel [teugel] (1702), van *leiden* + *zeel*, vgl. *leizeel*.

leis[1], leist [riem voor jachthond] < fr. *laisse* [leiband], van *laisser* [losser laten] < lat. *laxare* [idem] (vgl. ***laxeren***).

leis[2] [godsdienstig lied] middelnl. *leise(n), leisene* < gr. *Kyrie eleison* [Heer, erbarm U] (vgl. ***kyrie***).

leken [druppen] middelnl. *leken* (sterk ww.), is gevormd van een variant van de basis van ***lekken***.

lekespel [toneelspel gespeeld door amateurs] vertalende ontlening aan hd. *Laienspiel*.

lekken [niet dicht zijn] middelnl., middelnd. *lecken*, oudhd. *lecchen*, van middelnl. *lac* (bn.) [lek], *lac, lake* (zn.) [meer, poel, waterloop], oudhd. *lahha*, oudeng. *laku*, ablautend oudnoors *lökr* [beek]; buiten het germ. oudiers *legaim* [ik smelt], welsh *llaith* [vochtig]; behoort bij ***leken***.

lekker [aangenaam van smaak, geur] middelnl. *lecker*, middelnd., middelhd. *lecker*; van *lekken* [likken] (vgl. ***likken***[1]).

lekko [laat maar gaan] < eng. *let go*.

leknamat [derde gewas op een weiland] van *lek*, mogelijk een oude gewestelijke benaming voor de kweek, het triticum repens + *mad*, ***made***[2] [hooiland, weide].

lekythos [Grieks vazentype] < gr. *lèkuthos*, een niet-oorspr. gr. woord, vgl. **akkadisch** *lahannu* [vermoedelijk fles].

lel [lapje] (1556), bij Kiliaan met de betekenissen 'oorlelletje, tepel, huig, tongpunt'; klanknabootsend gevormd naast *lillen* [trillen].

lelie [bloem] oudsaksisch *lilli*, oudhd., oudnoors *lilja*, oudeng. *lilge* < lat. *lilia*, mv. van *lilium* < gr. *leirion* < **koptisch** *hrēri, hlēli* [idem] < **egyptisch** *hrere*.

lelijk [niet mooi] middelnl. *leedlijc, leetlijc, leellijc, le(e)lijc* [onaangenaam, lelijk], van *leed* + *-lijk*.

lellebel [slonzige vrouw] verlenging van *lel*.

lellen [zaniken] nevenvorm van *lollen*.

lemma [trefwoord] < me. lat. *lemma, limma* [thema, gedachte, idee] < gr. *lèmma* [veronderstelling], van *lambanein* [vatten, krijgen, in zich opnemen, begrijpen] (vgl. ***syllabe***).

lemmen [flemen] ook *lammen*; aansluiting bij *lam* is waarschijnlijk.

lemmer, lemmet [snijkant van mes] middelnl. *lemmele, lemmer, lemmet* [plaat van metaal, kling], van lat. *lam(m)ina, lamna* [plaat van metaal, marmer e.a., lemmet].

lemmeren [zeuren] frequentatief van *lemmen*, vgl. voor de betekenis *mekkeren*.

lemmet[1] [kaarsepit] middelnl. *lemmet, lemate, lemment, lenement* < lat. *linamentum* [pit], van *linum* [vlas] (vgl. ***linnen***).

lemmet[2] [snijkant van mes] → ***lemmer***.

lemming [knaagdier] < noors *lemming* < **laps** *luomek*.

lemniscaat [striklijn] < lat. *lemniscatus* [met erelinten versierd], van *lemnisci* [banden van lindebast, later met goud- of zilverbeslag versierde linten bevestigd aan kransen] < gr. *lèmniskos* [wollen band], van *Lèmnos* [Lemnos], dus eig. van dat eiland afkomstig.

lemoenappel [appelsoort] het eerste lid is *limoen*.

lemuren [maki's] < **lat.** *Lemures* [geesten van de doden, spoken]; zij spookten 's nachts rond. De nachtdieren lemuren werden daarom naar hen genoemd.

lende [deel van rug en zij] **middelnl.** *le(i)nde, linde, lendine* [lende, geslachtsdelen], **oudnederfrankisch** *lendin*, **oudhd.** *lenti,* **oudfries** *lenden* [nieren], **oudeng.** *lenden*, **oudnoors** *lendr;* buiten het germ. **lat.** *lumbus*, **oudkerkslavisch** *lędvijȩ* (mv.) (vgl. *lumbaal, lumbago*).

lenen[1] [te leen geven] afgeleid van *leen*.

lenen[2] nevenvorm van *leunen*.

leng[1] [kabeljauw] **middelnl.** *leng* [stokvis], **middelnd.** *lenge,* **middeleng.** *lenge, linge* (**eng.** *ling*), **oudnoors** *langa,* **hd.** *Längfisch*, van *lang*, dus de lange vis.

leng[2] [strop] (1660), vgl. **middelnl.** *longe* [riem, halsterriem] < **fr.** *longe* [leidsel, riem], **me. lat.** *longia*, van *longus* [lang], vermoedelijk af te leiden van **middelnl.** *lange, lenge* [lengte].

leng[3] [graanbederf] vgl. **middelnl.** *ling(e)ne* [slijk, vuilnis, modder, drek]; zal van dezelfde basis stammen als *leem*[1].

lengte [langste afmeting] **middelnl.** *leng(e)de, lencte;* van *lang*.

lenig [buigzaam] eerst in de 17e eeuw genoteerd, in het **oostfries** *lenig*, **fries** *linich*, vgl. **middelhd.** *lin* [lauw, mat], **oudnoors** *linr* [week]; buiten het germ. **lat.** *lenis* [zacht], **middeliers** *lian*, **oudkerkslavisch** *lęnŭ,* **oudindisch** *li(n)ati* [hij buigt]; verwant met *leem*[2].

lenigen [zacht maken] van *lenig* in de zin van buigzaam.

leninisme [vorm van het marxisme] afgeleid van *Lenin*, schuilnaam van *Vladimir Il'itsj Oeljanov*, die zich zo noemde naar de rivier de *Lena* i.v.m. politieke ongeregeldheden dan. Overigens werd de naam niet ongebruikelijk als afleiding van *Lenja*, verkleiningsvorm van *Aleksandr* of *Aleksej*.

lenis [zachte medeklinker] < **lat.** *lenis* [zacht], idg. verwant met *lenig*.

lenitief [verzachtend] < **fr.** *lénitif* < **me. lat.** *lenitivus* [verzachten], van *lenire* (verl. deelw. *lenitum*) [verzachten, lenigen], van *lenis* [zacht].

lens[1] [spies van walvisvangers] **middelnl.** *lance, lanche, lense* [lans] (vgl. *lans*).

lens[2] [gekromd doorzichtig lichaam] < **lat.** *lens* [linze] (vgl. *linze*); de betekenisoverdracht is het gevolg van overeenkomst in vorm.

lens[3] [slap] **middelnl.** *lins, lijns* [zacht, kalm]; vermoedelijk behorend bij *lenig*.

lente[1] [voorjaar] **middelnl.** *lente(n), lentene, linte,* **oudsaksisch** *lentin*, **oudhd.** *len(gi)zin,* **oudeng.** *lengten* (**eng.** *lent* [vastentijd]), samengesteld uit *lengen* en een tweede lid dat in **gotisch** *sinteins* [dagelijks] voorkomt, vgl. **litouws** *diena,* **oudkerkslavisch** *dĭnĭ*, **oudindisch** *dina-* [dag], verwant ook met **lat.** *dies* [dag]; de betekenis is dus: het lengen der dagen.

lente[2] [luie vrouw] < **fr.** *lente*, vr. van *lent* [langzaam] < **lat.** *lentus* [idem].

lenticel [oogwratje] < **fr.** *lenticelle* [idem], van *lentille* [linze, lens] < **lat.** *lenticula*, verkleiningsvorm van *lens* (2e nv. *lentis*) [linze] (vgl. *lens*[2]).

lenticulair [lensvormig] < **fr.** *lenticulaire* [idem] < **lat.** *lenticularis* [van een linze], afgeleid van *lenticula* (vgl. *lenticel*).

lento [langzaam] < **it.** *lento* < **lat.** *lentus* [taai, buigzaam, kleverig, langzaam, slepend, bedaard].

lenzen [met weinig zeil voor de wind varen] vgl. bij Kiliaan *lentsen, lenssen* [losmaken], van *lens*[3] [uitgeput, slap]; de verklaring zou dan zijn met losgegooid tuig.

leonisch [als van een leeuw, onecht] < **lat.** *leoninus* [als van een leeuw, in de zin van het leeuwendeel voor zich opeisend], van *leo* (2e nv. *leonis*) [leeuw].

lep[1] [houten spade] behoort bij *lepel* en *lip*.

lep[2] [zeelt] nevenvorm van *lip*, (**middelnl.** *lippe, leppe,* **oostmiddelnl.** *lebbe* [onderlip]); mogelijk doordat deze vis geen tanden in de kaak heeft.

lepel [eetgereedschap] **middelnl.** *lep(p)el,* **middelnd.** *lepel,* **oudsaksisch** *lepil,* **oudhd.** *leffil*, van dezelfde basis als **middelnl.** *lapen* [likken, slurpen], **middelnd.** *lapen*, **oudhd.** *laffan,* **oudeng.** *lapian* (**eng.** *to lap*), **oudnoors** *lepja*, **zweeds** *lapa;* buiten het germ. **lat.** *lambere*, **gr.** *laptein*, **armeens** *lap'el* [likken]; vgl. ook *leppen*.

lepelaar [vogel] **middelnl.** *lepelaer,* **middelnd.** *lepeler*, **hd.** *Löffler;* zo genoemd vanwege de lepelvormige snavel.

leporelloalbum [prentenalbum] genoemd naar *Leporello*, het hulpje van *Don Giovanni* [Don Juan] in Mozarts opera, omdat hij daarin het boek met de catalogus van Don Juans erotische veroveringen opent.

leporide [kruising tussen haas en konijn] < **fr.** *leporide* (19e eeuw), van **modern lat.** *lepus* (2e nv. *leporis*) [haas], van niet-idg., vermoedelijk iberische herkomst + *-idae*, een lat. achtervoegsel, gebruikt om de namen van families in de zoölogie te vormen, mv. van *-ides* < **gr.** *-idès*, gebruikt om afstammingen te vormen.

leppen [met de lippen aantippen] **middelnl.** *leppen* [met dikke lippen spreken] → *lepel*.

leproos [melaatse] < **lat.** *leprosus* [melaats], van *lepra* [melaatsheid] < **gr.** *lepra* [melaatsheid, uitslag die de huid schilferig maakt], van *lepros* [schilferig, ruw, aan lepra lijdend], van *lepein* [pellen, schillen].

leptosoom [lichaamstype] gevormd van **gr.** *leptos* [fijn, dun, mager] + *sōma* [lichaam].

leraar [onderwijzer] **middelnl.** *leeraer, le(e)rer* [onderwijzer, godsdienstleraar], **oudsaksisch** *-lerari,* **oudhd.** *lerari,* **gotisch** *laisareis*, met het achtervoegsel **lat.** *-arius* gevormd van *leren*.

leren [kennis verwerven, onderrichten] **middelnl., oudhd.** *leren,* **oudsaksisch** *lerian,* **oudeng.** *lœran,* **oudfries** *lera,* **gotisch** *laisjan;* voor de zogenaamde grammatische wisseling van *s* en *r* vgl. *was - waren;* buiten het germ. **lat.** *lira* [door de ploeg opgeworpen aardrug], **litouws** *lyse* [tuinbed], **oudkerkslavisch** *lecha* [richel in een veld]; de grondbetekenis is 'het volgen van een spoor'. Vgl. *leze* [wagenspoor] *leest, list* → *folklore*.

lerk → *lariks*.

les [onderricht] **middelnl.** *lesse,* van **lat.** *lectio* [leuze, het lezen, belezenheid, lectuur, het voorlezen], van *legere* (verl. deelw. *lectum*) [lezen, voorlezen].

lesbisch [homoseksueel (van vrouwen)] afgeleid van *Lesbos,* het Griekse eiland waar de dichteres Sappho ca. 630 v. Chr. haar liefde voor meisjes bezong.

lèse-majesté [majesteitsschennis] < **fr.** *lèse-majesté,* van *lèse* [schennis] (vgl. *laesie*) + *majesté* [majesteit].

lessen [blussen] **middelnl.** *less(ch)en, lesken* [verslappen, uitdoven, teniet doen, teniet gaan], waarnaast *las(ch)* [slap, zwak], **oudsaksisch, oudhd.** *lesken* [uitgaan] en **oudsaksisch** *leskian,* **oudhd.** *leskan* [uit doen gaan]; vgl. ook **middelnl.** *lasch* [vermoeid], **oudnoors** *laskr* [slap] en **iers** *lesc* [traag]; hiervan afgeleid *blussen.*

lessenaar [schuin blad op voetstuk ter ondersteuning voor lezen] **middelnl.** *lessenare, lessenaer,* gevormd van *les* naar het voorbeeld van **lat.** *lectionarium.*

let¹ [let spelen, krijgertje spelen] vermoedelijk van *letten* [hinderen].

let² [hinder] → *letsel.*

Let [bewoner van Letland] < **oudhd.** *liuti* (mv.) > **hd.** *Leute,* dus met de oorspr. betekenis 'mensen'.

letaal [dodelijk] < **fr.** *létal* < **lat.** *letalis* [doods-], van *letum* [(gewelddadige) dood, vernietiging, ondergang].

lethargie [geestelijke ongevoeligheid] < **fr.** *léthargie* [idem] < **lat.** *lethargia* < **gr.** *lèthargia* [slaapziekte], van *lèthein* [verborgen zijn, mediaal: vergeten], *lèthè* [het vergeten] (vgl. *Lethe*).

Lethe [de stroom der vergetelheid in de onderwereld] < **gr.** *lèthè* [vergetelheid], verwant met *lèthargos* [vergeetachtig] (vgl. *lethargie*), **lat.** *latère* (vgl. *latent*).

letje [beetje] → *luttel.*

letsel [kwetsuur] **middelnl.** *letsel* [belemmering, letsel], van *let(te)* [idem], van *letten¹*.

letten¹ [verhinderen] **middelnl.** *letten* [vertragen, ophouden, hinderen, deren], **oudsaksisch** *lettian,* **oudhd.** *lezzan,* **oudfries** *letta,* **oudeng.** *lettan,* **oudnoors** *letja,* **gotisch** *latjan;* verwant met *laat¹*.

letten² [kleideeltjes in water] < **hd.** *Letten* [vormklei, leem], **oudhd.** *letto,* **oudnoors** *lepjo* [leem, bagger]; buiten het germ. **gr.** *latax* [druppels wijn die men met een tikje van de vinger uit zijn beker in een schaal wierp], waaruit **lat.** *latex* [vloeistof, vocht], **middeliers** *lathach* [modder], *laith* [bier], **welsh** *llaid* [modder].

letter [schriftteken] **middelnl.** *littere, letter(e)* [letter, brief] < **fr.** *lettre* [idem] < **lat.** *littera* [letter, brief, letterkunde], uit of verwant met **gr.** *diphthera* [geprepareerde huid, perkament] (vgl. voor de wisseling van *l* en *d, traan¹*).

lettergreep [syllabe] het tweede lid is een vertaling van **lat.** *syllabus.*

lettré [geletterde] < **fr.** *lettré,* naar **lat.** *litteratus* [geleerd], van *littera,* mv. *litterae* [wetenschap, schrijverswereld].

leugen [onwaarheid] **middelnl.** *logen(e), luegene,* **oudnederfrankisch** *lugena,* **oudsaksisch, oudhd.** *lugina,* **oudfries** *leyne,* **oudeng.** *lygen,* ablautend van *liegen.*

leuk [aardig] de betekenis ontwikkelde zich van lauw tot traag, flegmatiek tot aardig, vgl. **oostfries** *luk* [lauw, rustig, onverschillig], **eng.** *luke,* (= *lukewarm),* van dezelfde basis als *lauw¹, lui³, lij.*

leukaemie [bloedkanker] gevormd van **gr.** *leukos* [wit], idg. verwant met *licht¹* + *haima* [bloed], idg. verwant met *zeem¹* [honing].

leukocyt [wit bloedlichaampje] gevormd van **gr.** *leukos* [wit] (vgl. *leukaemie*) + *kutos* [wat omhult: holte, lichaam, urn, vaatwerk, huid], van *keuthein* [verbergen, opbergen], idg. verwant met *huid.*

leukodermia, leukodermie [witte huidverkleuring] gevormd van **gr.** *leukos* [wit] (vgl. *leukaemie*) + *derma* [huid] (vgl. *dermatitis*).

leukoplast [hechtpleister] gevormd van **gr.** *leukos* [wit] (vgl. *leukaemie*) + *plastos* [gevormd], verl. deelw. van *plassein* [uit klei kneden, vormen] (vgl. *plastiek*).

leunen [steunen op, tegen] **middelnl.** *le(i)nen, loenen, luenen, leunen,* met ontwikkeling van *e* > *eu* als in *rese* > *reus,* **oudsaksisch** *hlinon,* **oudhd.** *(h)linēn* (**hd.** *lehnen*), **oudeng.** *hleonian;* buiten het germ. **lat.** *-clinare* [neigen], **gr.** *klinein* [(doen) leunen], **oudiers** *cloin* [scheef], **litouws** *szleju* [ik leun], **oudindisch** *srayati* [hij doet leunen] (vgl. *klinisch*).

leunes [domme jongen] van de persoonsnaam *Leunis* = *Laurentius.*

leur¹ [vod] (1513), nevenvorm van *lor,* behoort bij *loer, luur, luier.*

leur² [bij de jacht gebruikte nagemaakte valk, lokaas] **middelnl.** *loedervogel, lorevogel* [op de jacht afgerichte (lok)vogel], *loeder, loder* [lokaas, verlokkende gestalte], *lore, loor, leure* [verlokking, misleiding], *ter leure stellen* [misleiden], van *laden* [oproepen, uitnodigen, lokken, in het nl. verloren gegaan], vgl. echter ook **hd.** *einladen* [uitnodigen].

leuren [venten] van *leur¹* [vod].

leus, leuze [zinspreuk] **middelnl.** *lose* [leus, wachtwoord, parool, wapenkreet], vermoedelijk < **oudfr.** *lose* [stenen plaat, vloertegel, graf, grafschrift] < **keltisch** *lausa* [platte steen], beïnvloed door *lose* < **lat.** *laus* [lof] (vgl. *losange*).

leut¹ [koffie] is wel *leut²* [pret], vgl. *troost.*

leut — Lias

leut², leute [plezier] eerst laat 17e eeuws genoteerd, vgl. **fries** *liette,* **oudhd.** *lioz* [leugenachtig], **oudfries** *liat* [idem], **oudeng.** *lōt* [bedrog], *lytig* [bedrieglijk], **oudnoors** *ljōtr* [boosaardig], **gotisch** *luton* [bedriegen]; buiten het germ. **oudkerkslavisch** *ludŭ* [dwaas], *luditi* [bedriegen].

leutel, leuter [schopje] vermoedelijk van *leuteren* in de oorspr. betekenis van 'een heen en weer gaande beweging maken'.

leuter [mannelijk lid] van **middelnl.** *loteren, leuteren* [schudden (overgankelijk), los zitten, waggelen].

leuteren [los zitten, waggelen] **middelnl.** *loteren, leuteren* [schudden (overgankelijk), los zitten, waggelen], *lueteraer* [beuzelaar]; wel verwant met *lodderen.*

leuver [oog in het touw langs een zeil] van *loef;* de leuvers trekken het zeil strak tegen mast of stag, zodat men hoger aan de wind, meer naar de loef, kan sturen, vgl. **middelnl.** *loeveren* [aan de wind zeilen].

leuze → *leus.*

leuzig [lui] **middelnl.** *losich,* van *lo(e)y, leuy, luy* [lui], gevormd op de manier van *vadsig, bitsig.*

lev, leva [Bulgaarse munteenheid] < **bulgaars** *lev* [leeuw], **oudkerkslavisch** *lĭvŭ,* ontleend - via het gotisch - aan **gr.** *leōn* [leeuw] → *lei³.*

levaard [verse haring] van *leven* + het achtervoegsel *-aard,* dus levende vis.

levade [het doen steigeren van het paard] < **fr.** *levade,* van *lever* < **lat.** *levare* [optillen], van *levis* [licht], idg. verwant met *licht¹.*

Levant [het Oosten] < **fr.** *Levant,* eig. het teg. deelw. van *(se) lever* [opstaan, opkomen van hemellichamen] < **lat.** *levare* [lichter maken, oprichten], van *levis* [licht] (vgl. *licht³*); vgl. voor de betekenis *Anatolië, Azië, Oriënt, Nippon* en voor de tegenovergestelde betekenis *Europa, Maghrib.*

leven [niet dood zijn] **middelnl.** *leven,* **oudnederfrankisch** *libbon,* **oudsaksisch** *lebon,* **oudeng.** *libban,* **oudhd.** *leben,* **oudnoors** *lifa,* **gotisch** *liban* (vgl. *blijven*).

levendig [beweeglijk] **middelnl.** *levendich* [levend, krachtig], **oudsaksisch** *lebindig,* **oudhd.** *lebēntig,* **oudfries** *liventich;* afgeleid van het deelw. *levend.*

lever¹ [het opstaan] < **fr.** *lever* [optillen, onovergankelijk: rijzen], *se lever* [opstaan] (vgl. *Levant*).

lever² [klier] **middelnl.** *lever,* **oudhd.** *lebara,* **oudfries** *livere,* **oudeng.** *lifer,* **oudnoors** *lifr;* verband met niet-germ. woorden als **lat.** *iecur* [idem] is dubieus.

leverancier [die waren levert] gevormd van ouder **fr.** *livrancier* [idem], van *livrer* [leveren].

leverbloempje [soort anemoon] de plant is genoemd naar de levervormige bladeren.

leverbot [een zuigworm, parasiet] van *lever¹* + *bot* [ingewandsworm], vgl. **vlaams** *botse* [worm in aardappels], **eng.** *bot(t)* [horzellarve]; het is niet uitgesloten dat de worm op grond van vormgelijkenis naar de vis is genoemd.

leveren [verschaffen] **middelnl., middelnd.** *leveren,* **hd.** *liefern* < **fr.** *livrer* [idem] < **lat.** *liberare* [vrij maken, loskopen], van *liber* [vrij].

levermos [mossoort] zo genoemd omdat het gebruikt werd tegen leverkwalen.

levertraan [olie gewonnen uit levers van kabeljauwachtigen] (1636), in (1560) *leversmeer* [levertraan]; gevormd van *lever¹* + *traan².*

leviathan [monsterachtig waterdier] < **hebr.** *liwyāthān* [slang, draak, eig. gekronkeld], van de basis *l-w-h,* vgl. **ar.** *lawā* [hij draaide].

levier [stuurknuppel] < **fr.** *levier* [eig. hefboom], van *lever* (vgl. *lever¹*).

leviet [nakomeling van een Israëlische stam] namelijk de *Levi,* **hebr.** *lēwī.*

leviraatshuwelijk [huwelijk tussen broer van iem. die zonder zoon is gestorven en de weduwe] het eerste lid < **lat.** *levir* [broeder van de man].

levitatie [het uitgeschakeld-zijn van de zwaartekracht] naar analogie van *gravitatie* gevormd van **lat.** *levitas* (2e nv. *levitatis*) [lichtheid of gewicht], van *levis* [licht] (vgl. *licht³*).

lewisiet [strijdgas] < **eng.** *lewisite,* genoemd naar de uitvinder ervan *Winford Lee Lewis* (1878-1943), Amerikaans chemicus en militair.

lexeem [minimale betekeniseenheid] gevormd van *lex(icon)* + een achtervoegsel als in *foneem.*

lexicaal [m.b.t. de woordenschat] gevormd van *lexicon* + het lat. achtervoegsel *-alis.*

lexicograaf [woordenboekschrijver] < **gr.** *lexikographos* [idem], van *lexikon* (vgl. *lexicon*) + *graphos* [schrijver], van *graphein* [schrijven], idg. verwant met *kerven.*

lexicon [woordenboek] < **byzantijns-gr.** *lexikon* (namelijk *biblion* [boek]), o. van het bn. *lexikos* [woorden-], van **gr.** *lexis* [het spreken, woord], van *legein* [oplezen, spreken].

leze [wagenspoor] **middelnl.** *lese, leise* [spoor, groeve, vore, rimpel], **oudhd.** *waganleisa,* **middelhd.** *leise, geleis* → *leest, leren.*

lezen [verzamelen (b.v. van aren), lezen van schrift] **middelnl.** *lesen,* **oudsaksisch, oudhd., oudeng.** *lesan,* **oudfries, oudnoors** *lesa,* **gotisch** *lisan;* verzamelen is de oorspr. betekenis, de tweede ontstond o.i.v. het niet-verwante **lat.** *legere,* dat zowel 'verzamelen' als 'lezen van schrift' betekende.

liaison [liefdesbetrekking] < **fr.** *liaison* < **me. lat.** *ligationem,* 4e nv. van *ligatio* [binding, gevangenisstraf], van *ligare* (verl. deelw. *ligatum*) [binden, vastbinden, samenbinden].

liane, liaan [slingerplant] < **fr.** *liane,* ouder *liarne,* o.i.v. *lier* [binden] gevormd van *viorne* < **lat.** *viburnum* [slingerplant], een woord van etruskische herkomst.

lias [snoer] **middelnl.** *liasse, liache* < **me. lat.** *liacium, ligacium* [bundel], van *ligare* [binden, dichtbinden, verenigen].

Lias [geologische periode] < **eng.** *Lias* < **fr.** *liais* [fijnkorrelige kalksteen], **oudfr.** *liois,* dat van kelt. herkomst lijkt te zijn.

Libanon [geogr.] < **ar.** *lubnān* [Libanon], voor de *l-b-n* vergelijk: *laban* [melk]; het punt van vergelijking is de witheid van melk enerzijds en van de rotsen van het Libanon-gebergte anderzijds.

libatie [plengoffer] < **fr.** *libation* < **lat.** *libationem*, 4e nv. van *libatio* [idem], van *libare* [iets van de oppervlakte afscheppen, van iets proeven, van iets genieten, plengen, offeren, wijden].

libel[1] [schotschrift] < **fr.** *libelle* < **lat.** *libellus* [geschrift, verzoekschrift, brief, in laat-lat. ook klaagschrift, schotschrift], verkleiningsvorm van *liber* [boek, oorspr. de bast onder de boomschors, gebruikt als schrijfmateriaal], van dezelfde basis als *loof*[1] en **eng.** *leaf* [dat wat wordt geplukt].

libel[2] [waterpas] < **lat.** *libella* [waterpas, schietlood], verkleiningsvorm van *libra* [weegschaal, paslood], *librare* [waterpas maken, zwevend houden, balanceren, afwegen].

libel[3] [insekt] < **lat.** *libella* (vgl. *libel*[2]); zo genoemd omdat de constellatie van de vleugels aan een weegschaal doet denken.

liberaal [ruimdenkend] **middelnl.** *liberael* [onbekrompen, mild] < **fr.** *libéral* [edelmoedig], of direct < **lat.** *liberalis* [van de vrijheid, de vrije man waardig, mooi, beschaafd, voornaam, vrijgevig, overvloedig], van *liber* [vrij, onbelemmerd].

liberaliseren [bevrijden van beperkingen] < **fr.** *libéraliser* (vgl. *liberaal*).

liberaliteit [vrijgevigheid] (16e eeuws) *liberaliteyt* < **fr.** *libéralité* [idem] < **lat.** *liberalitatem*, 4e nv. van *liberalitas* [de aard van de vrije man, vriendelijkheid, gulheid, geschenk], van *liberalis* (vgl. *liberaal*).

liberatie [bevrijding] < **fr.** *libération* < **lat.** *liberationem*, 4e nv. van *liberatio* [bevrijding, vrijspraak], van *liberare* (verl. deelw. *liberatum*) [bevrijden] (vgl. *liberaal*).

Liberia [geogr.] gevormd van **lat.** *liber* [vrij]; de staat werd gesticht voor Amerikaanse vrijgelaten slaven.

liberteit [vrijheid] (vroeg 16e eeuws) < **fr.** *liberté* < **lat.** *libertatem*, 4e nv. van *libertas* [idem], van *liber* [vrij].

libertijn [vrijdenker] < **fr.** *libertin* [idem] < **lat.** *libertinus* [vrijgelaten (slaaf), zoon van een vrijgelatene], van *liber* [vrij].

libidineus [wellustig] < **fr.** *libidineux* < **lat.** *libidinosus* [wellustig], van *libido* (2e nv. *libidinis*) [begeerte, wellust, liederlijkheid], van *libet* [het lust mij, jou etc.] + het achtervoegsel *-osus* [vol van].

Libië [geogr.] < **gr.** *Libuè*, naar de in Cyrenaica wonende stam der *Libu*.

librarius [bibliothecaris] < **lat.** *librarius*, *afschrijver* [boekhandelaar, in me. lat. ook: geleerd, auteur, bibliothecaris], van *liber* [boek] (vgl. *libel*[1]).

libratie [schijnbare schommeling van hemellichaam] < **fr.** *libration* < **lat.** *libratio* [evenwicht], van *librare* (verl. deelw. *libratum*) [waterpas maken, in evenwicht houden, zwevend houden, balanceren, zwaaien], van *libra* [weegschaal] (vgl. *libel*[2,3]).

libre [biljartterm] < **fr.** *libre* [vrij], d.w.z. van de regels van de kaderspelen < **lat.** *liber* [vrij].

libretto [operatekst] < **it.** *libretto* [boekje, spaarbankboekje, couponboekje, operatekst], verkleiningsvorm van *libro* [boek] < **lat.** *liber* [idem] (vgl. *libel*[1]).

librije [kerkbibliotheek] **middelnl.** *liberarie, librarie, librerie, librie* < **me. lat.** *libraria* [bibliotheek], van *liber* [boek] (vgl. *libel*[1]).

librium [kalmerend middel] merknaam, wel gevormd van **lat.** *librare* [balanceren].

licentiaat [gegradueerde] < **me. lat.** *licentiatus*, eig. verl. deelw. van *licentiare* [toelaten], van *licentia* (vgl. *licentie*).

licentie [verlof] **middelnl.** *licencye* < **fr.** *licence* [idem] < **lat.** *licentia* [vrijheid, verlof, vergunning], van *licens* (2e nv. *licentis*) [vrij, los], eig. teg. deelw. bij *licet* [het staat vrij].

licentieus [wulps] < **fr.** *licencieux* < **lat.** *licentiosus* [willekeurig, onbeteugeld], van *licens* (vgl. *licentie*) + het achtervoegsel *-osus* [vol van].

lichaam [lijf] **middelnl.** *lichame*, **oudsaksisch** *līkhamo*, **oudhd.** *līhhamo*, **oudfries** *likoma*, **oud-eng.** *līchoma*, **oudnoors** *līkami*, van *lijk*[1] [oorspr. lichaam, vlees] + *haam*[2] [omhulsel], dus eig. vleselijk omhulsel.

licht[1] [uitstraling van zon e.d.] **middelnl.** *licht*, **oudnederfrankisch, oudsaksisch, oudhd.** *lioht*, **oudfries** *liacht*, **oudeng.** *leoht*, **gotisch** *liuhaþ*; buiten het germ. **lat.** *lux*, **gr.** *leukos* [stralend, wit], **oudiers** *luach* [wit], *loche* [bliksem], **litouws** *laukas* [bleek], **oudkerkslavisch** *loetsj*, **oudindisch** *rokah* [licht].

licht[2] [helder] **middelnl.** *licht*, **oudsaksisch, oudhd.** *lioht*, **oudfries** *liacht*, **oudeng.** *leoht* → *licht*[1].

licht[3] [niet zwaar] **middelnl.** *licht*, **oudsaksisch, oudhd.** *līht*, **oudfries** *licht*, **oudeng.** *leoht*, **oudnoors** *lēttr*, **gotisch** *leihts*; buiten het germ. **lat.** *levis*, **gr.** *elachus* [klein], **oudkerkslavisch** *līgŭkŭ* [licht], **oudindisch** *laghuh* [vlug, klein].

licht[4] [long] (1573), het zelfstandig gebruikt bn. *licht* [weinig wegend], vgl. **eng.** *lights*, **portugees** *leve*, **it.** *liviano* met dezelfde betekenisontwikkeling.

lichtekooi [hoer] het eerste lid is *lichten* [optillen], het tweede lid betekent hier 'achterste', dus zoiets als: die met haar achterste loopt te draaien.

lichten [optillen] **middelnl.** *lichten*, van *licht*[3] in de betekenis 'niet zwaar', vgl. **fr.** *lever* < **lat.** *levare* [idem], van *levis* [licht].

lichter[1] [luchter, kandelaar] **middelnl.** *lichter, luchter*, **middelnd.** *lichter, luchter* (vgl. *licht*[1]).

lichter[2] [vaartuig voor vervoer van lading van zeeschepen] (1532) *lichter* [idem], **middelnl.** *lichter* [werktuig om iets op te heffen], van *lichten* [optillen].

lichterlaaie, lichtelaaie [met uitslaande vlam] 3e nv. van *lichte laai* (vgl. **laai**).

lichtmatroos [aankomend matroos] < *lichte matroos,* d.w.z. nog niet vol(ledig).

Lichtmis [Vrouwendag] **middelnl.** *lichtmisse* [het feest op 2 februari ter gelegenheid van de inwijding van de kaarsen voor het hele jaar], vertalende ontlening aan **lat.** *festum luminum* [het feest der lichten]; het ww. *lichtmissen* betekent dus eig. het vieren van dit feest, waarbij zoals bij carnaval en kermissen (kerkmissen) de zaken lichtelijk uit de hand konden lopen. Associatie met b.v. *lichtmoedich* [lichtzinnig] en *misse, mis* [misslag] zullen bij de betekenisoverdracht van invloed zijn geweest.

licitatie [verkoop aan deelgenoot bij opheffing van de onverdeeldheid] < **fr.** *licitation* [idem] < **lat.** *licitatio* [bod (bij veiling)], van *licitari* [op iets bieden], frequentatief van *licēri* [idem], van *licēre* [te koop zijn, aangeboden worden].

lick [loopje op gitaar] < **eng.** *lick,* van *to lick* [likken, de tong over iets heen halen, snel heen en weer gaan].

lictor [bijlbundeldrager] < **lat.** *lictor,* betekende vermoedelijk 'binder', bij een nevenvorm van *ligare* [binden], omdat hij de samengebonden roeden, fasces, droeg.

lid[1] [lichaamsdeel] **middelnl.** *lit,* **oudsaksisch, oudfries** *lith,* **oudhd.** *lid,* **oudeng.** *lið,* **oudnoors** *liðr,* **gotisch** *liþus;* vgl. **lat.** *lituus* [kromstaf], van een idg. basis met de betekenis 'buigzaam', waarvan ook *leem*[2] stamt.

lid[2] [deksel] **middelnl.** *lit,* **oudhd.** *(h)lit,* **oudfries, oudeng.** *hlid,* **oudnoors** *hlið* [opening, tussenruimte], **oudfries** *hlida* [bedekken], **oudsaksisch** *-hlidan,* van een idg. basis met de betekenis 'buigen', waarvan ook *leunen, klinisch* stammen.

lidmaat [deel van het lichaam, medelid] **middelnl.** *litmate, litmaet* [lichaamsdeel], **middelnd.** *litmate, litmete* [lichaamsdeel, medelid, helper], **middelhd.** *litmete* [lichaamsdeel], **oudfries** *lithmata* (mv.). Gevormd van *lid*[1] + *meten.*

lido [strand] naar het *Lido* van Venetië, een eiland dat deel uitmaakt van de schoorwal < **it.** *lido* [schoorwal, strand] < **lat.** *litus* [strand, kust].

lidwoord [de, het, een] 16e eeuws, vertaling van **lat.** *articulus,* het eerste deel is *lid*[1].

liebaard [leeuw (in de heraldiek)] **middelnl.** *liebaert, luipaard* [leeuw]; nevenvorm van *luipaard,* vgl. **me.lat.** *leopardus, lepardus, lebardus, libardus.*

lied [gezang] **middelnl.** *liet,* **oudsaksisch** *lioth,* **oudhd.** *liod,* **oudeng.** *leoð,* **oudnoors** *ljóð,* **gotisch** *awi-liuþ* [dankzegging]; buiten het germ. **lat.** *laus* (2e nv. *laudis*) [lof], **gr.** *lura* [lier], **oudiers** *liod* [lied].

lieden [mensen] **middelnl.** *liede, lude, luide* (mv.), waarbij de eerste vorm vlaams is en bij Boendale in de zin van volwassenen voorkomt, de andere **hollands, oudsaksisch** *liudi,* **oudhd.** *liuti,* **oudfries** *liode,* **oudeng.** *liode,* **oudnoors** *lýðr,* hoort bij een ww. met de betekenis 'groeien', dat **middelnl.** niet is overgeleverd, maar waarvan vermoedelijk is afgeleid *ludich* [welig opschietend], vgl. **oudsaksisch** *liodan,* **oudhd.** *-liotan,* **oudeng.** *leodan,* **gotisch** *liudan* [groeien]; buiten het germ. **lat.** *liber* < *luber* < *leudhro-* [vrij], *liberi* [kinderen], **gr.** *eleutheros* [vrij], van *eleusomai* [komen, opkomen, groeien], **oudindisch** *rodhati* [hij groeit] → *loden, loot, luier.*

liederlijk [losbandig] (1709), vermoedelijk < **hd.** *liederlich,* van dezelfde basis als *lodderen,* vgl. **middelnl.** *lodderlijc* [wulps, dartel].

liedertafel [zangvereniging] < **hd.** *Liedertafel* [bord in kerk waarop de gezangen staan vermeld], begin 19e eeuw als benaming van zangverenigingen in gebruik gekomen.

lief [bemind, aardig] **middelnl.**, **oudnederfrankisch** *lief,* **oudsaksisch** *liof,* **oudhd.** *liob,* **oudfries** *liaf,* **oudeng.** *leof,* **oudnoors** *ljúfr,* **gotisch** *liufs, galaufs* [begeerlijk, waardevol]; buiten het germ. **lat.** *libentia* < *lubentia* [wellust], *libido* < *lubido* [begeerte], **russ.** *ljubit'* [liefhebben], **oudindisch** *lubhyati* [hij verlangt] → *geloven, loven.*

liefde [genegenheid] **middelnl.** *liefde, liefte* [genoegen, genegenheid, liefde], **middelnd.** *levede, lefde,* **oudfries** *liafte;* van *lief* + *-de.*

liefdesappel [tomaat] vertalende ontlening aan **fr.** *pomme d'amour* [idem] < **it.** *pomo d'amore,* een volksetymologische verbastering van *pomo dei Mori* [appel van de Moren].

lieftallig [bevallig] **middelnl.** *lieftallich,* van *lieftal, liefgetal* [bemind], van *lief* + *-getal* [geteld, gerekend], vgl. *goetgetal* en 16e eeuws *leetgetal* [gehaat].

liegen [onwaarheid spreken] **middelnl.** *liegen,* **oudnederfrankisch** *liegon,* **oudsaksisch, oudhd.** *liogan,* **oudfries** *liaga,* **oudeng.** *leogan,* **oudnoors** *ljuga,* **gotisch** *liugan;* buiten het germ. **oudiers** *logaissi* (2e nv.) [leugen], **oudkerkslavisch** *lŭgati* [liegen] → *leugen, loochenen.*

liemen[1] [scheven (in de vlasbewerking)] ook *lemen,* van *leem*[2] [houtachtig deeltje van vlas, dennenaald], **middelnl.** *le(e)me* [visgraat, stoppel van vlas, zaadstro e.d.].

liemen[2] [met leem bestrijken] van **middelnl.** *liem,* nevenvorm van *leem*[1].

liend [akkerwinde] nevenvorm van *lijn* [idem], hetzelfde woord als *lijn* [touw] en *lijn* [vlas].

lier[1] [wang] **middelnl.** *lier(e),* **oudsaksisch** *hlior,* **oudeng.** *hleor* (**eng.** *leer*), **oudnoors** *hlýr* [wang], verwant met *oor, horen.*

lier[2] [snaarinstrument] **middelnl.** *liere, lyre,* **oudfr.** *lire* < **lat.** *lyra* [lier, luit] < **gr.** *lura* [lier].

lier[3] [slungel] vermoedelijk verwant met *sliert.*

lierelauwen [wauwelen] etymologie onzeker, vermoedelijk klanknabootsend gevormd, misschien een verlenging van *lauw,* maar ook is associatie met *lieren* [een draaiorgel afdraaien] mogelijk.

liëren [verbinden] < fr. *lier* [(ver)binden] < lat. *ligare* [idem].

lierlauw [weinig warm] van *lier*¹ [wang], dus zo lauw dat het goed voelt als men het tegen de wang houdt, hetgeen men b.v. doet om de temperatuur van een zuigfles te controleren.

liernurstelsel [rioleringssysteem] genoemd naar de uitvinder ervan, de Nederlander *Liernur* (geb. Haarlem 1828).

lies¹ [plooi tussen onderlijf en bovenbeen] **middelnl.** *lies(ch)e*; etymologie onbekend, verwant met *los* [vrij?].

lies² [reuzel] **middelnl.** *lies(ch)e* [dunne huid, dun leer aan de buik van sommige dieren, buiksmeer van varkens, zoom, rand]; stellig identiek met *lies*¹.

lies³ [plant] **middelnl.** *lies(ch)e, liesse, lies,* naast *lissche, lisch* (vgl. *lis*²).

liesje ['gouden liesjes', handappelen] verbasterd uit eng. *golden delicious*.

lieuw [scholekster] waarschijnlijk zo genoemd naar zijn geluid.

lieverlede ['van lieverlede', langzamerhand] **middelnl.** *met (bi) liever lade(n)* [op zijn gemak, geleidelijk], met een **fries** *a* voor **hollands** *e*, van *liden, lijden* in de oorspr. betekenis van 'gaan'.

liflaf [flauwe kost] (Kiliaan) *lieflaf* [flauwe praat]; reduplicatie van *laf*¹.

lift [hijstoestel] (1891) < eng. *lift,* van *to lift,* **middeleng.** *liften, lyften,* **oudnoors** *lypta,* **zweeds** *lyfta* → *lichten*.

liga [verbond] < me. lat. *liga* (vgl. *league*).

ligament [band] < lat. *ligamentum* [idem], van *ligare* [binden].

ligato, legato [gebonden] < it. *legato,* verl. deelw. van *legare* [binden] < lat. *ligare* [idem].

ligatuur [afbinding, koppeling van letters] < fr. *ligature* < lat. *ligatura* [verband], van *ligare* (verl. deelw. *ligatum*) [binden].

liggen [uitgestrekt zijn, zich bevinden] **middelnl.** *liggen, li(e)gen,* **middelnd., oudhd.** *liggen, li(e)gen,* **oudsaksisch** *liggian,* **oudfries** *lidzia,* **oudeng.** *licgan,* **oudnoors** *liggia,* **gotisch** *ligan;* buiten het germ. **lat.** *lectus* [bed], **gr.** *lechesthai,* **oudkerkslavisch** *ležati* [liggen], **oudiers** *laigim* [ik ga liggen], *lige* [bed], **hettitisch** *laggari* [hij ligt] → *leggen.*

ligniet [soort bruinkool] < fr. *lignite* [idem], gevormd van lat. *lignum* [hout, eig. het verzamelde], verwant met *legere* [samenrapen, verzamelen].

ligorist [redemptorist] genoemd naar de stichter der orde, de Italiaan *Alfonsus Maria de' Liguori* (1696-1787).

ligroïne [petroleumether] < eng. *ligroin(e),* etymologie onbekend.

ligue [verbond] < fr. *ligue* < it. *liga* (vgl. *liga*).

liguline [kleurstof uit liguster] van **modern lat.** *ligula* [een vliezig aanhangsel bij de Gramineae op de grens van bladschede en bladschijf], van **klass. lat.** *ligula* [landtong, schoenriempje], verkleiningsvorm van *lingua* [tong], daarmee idg. verwant.

Ligurisch [van de Liguriërs] van lat. *Ligures* [het volk der Liguriërs] (vgl. *liguster*).

liguster [heestergeslacht] < lat. *ligustrum* [eig. afkomstig uit Ligurië, het gebied rond Genua en Piemonte] (vgl. *Ligurisch, lubbestok*).

lij [zijde die van de wind is afgekeerd] eerst uit de 16e eeuw overgeleverd, vgl. **oudsaksisch** *hleo* [beschutting], **oudeng.** *hleo* [schuilplaats], **oudnoors** *hlē;* behoort bij *luw* en *lauw*¹.

lijden [verduren, ondergaan] **middelnl.** *liden* [gaan, voorbijgaan naast dulden], **oudnederfrankisch** *lithon,* **oudsaksisch** *lithan,* **oudhd.** *lidan,* **oudeng.** *liðan,* **oudnoors** *liða,* **gotisch** *leiþan* [gaan]; in de betekenis 'verduren' **middelnl.** *liden,* **oudhd.** *lidan,* **oudfries** *litha;* de tweede betekenis is voortgekomen uit de eerste: gaan, ergens doorheen gaan, verdragen, dulden.

lijf [lichaam] **middelnl.** *lijf* [het leven, lichaam], **oudnederfrankisch, oudsaksisch, oudeng., oudfries, oudnoors** *lif,* **oudhd.** *lib;* ablautend bij het ww. *leven.*

lijfeigen [geheel onvrij] sedert Kiliaan. Vgl. **middelnl.** *eigen* [lijfeigen], ook *eigen man, eigenman, lijf* [het leven, lichaam, persoon], *cnape van den live* [lijfknecht].

Lijfland [geogr.] genoemd naar het volk der *Liven,* sprekers van een met Fins en Ests verwante taal.

lijk¹ [dood lichaam] **middelnl.** *like, lijc,* **oudsaksisch, oudfries, oudnoors** *līk,* **oudeng.** *lic,* **oudhd.** *līh,* **gotisch** *leik* [lichaam, lijf, lijk], dus niet alleen lichaam van een dode, vgl. b.v. nog **middelnl.** *lijchare* [het schaamhaar] en vgl. *likdoorn* en *lichaam, litteken;* het begrip gestalte, vorm is waarschijnlijk uitgangspunt.

lijk² [touw om rand van zeil] (1569), vgl. nd., **oudnoors** *līk,* vgl. **oudhd.** *gileiche* [gewricht], **lat.** *ligare* [binden], **albaans** *l'ide* [band].

-lijk [achtervoegsel tot vorming van bn. en bijw.] **middelnl.** *-lijc, -lic, -leke, -leec,* hd. *-lich,* gotisch *-leiks;* in oorsprong identiek met het zn. *lijk* [lichaam], en toen dienend tot vorming van bezittelijke samenstellingen, vervolgens tot achtervoegsel geworden, waarbij de toon steeds verder verzwakte, totdat de vocaal een schwa werd; vóór *-lijk* kwam aanvankelijk meermalen een *e,* een zaak van ritme en vervolgens van gewoonte.

lijken [gelijken] → *gelijk.*

lijklaken [bloedzuiger] van *lijk*¹ [lichaam] + *laken*².

-lijks [achtervoegsel] b.v. in *dagelijks,* met de *s* van de 2e nv., vgl. **middelnl.** *elker dage gelike* [op iedere van alle dagen] > *elker dagelike,* en naar analogie daarvan b.v. *maandelijks.*

lijm [plakmiddel] **middelnl.** *lime, lijm* [slijk, slijm, speeksel, lijm], **oudsaksisch** *līm* [lijm], **oudeng.** *līm* [lijm, kalk] (**eng.** *lime*), **oudhd.** *līm* [leem, lijm], bij *leem*¹ → *slijm.*

lijn¹ [vlas] in samenstellingen als *lijnkoek;* Kiliaan

lijn — limonade

heeft *lijn* [vlas], **oudsaksisch, oudhd., oudeng.**, **oudnoors** *līn*, **gotisch** *lein*, verwant met **lat.** *linum* [vlas], **oudiers** *lin* [net].

lijn[2] [touw] **middelnl., middelnd.** *line-*, **oudhd.** *lina*, **oudfries, oudeng.** *line*, **oudnoors** *lina*, afleiding van *lijn*[1] en betekent 'een uit vlas gemaakt touw'.

lijn[3] [streep] **middelnl.** *line*, **oudnoors** *lina* [lijn, streep], is hetzelfde woord als *lijn*[2], maar heeft de betekenis overgenomen van **lat.** *linea*, **fr.** *ligne*.

lijp [scheef, gek] nevenvorm van *leep*.

lijpen[1] [scheef zijn, verkeerd vouwen] van *lijp*.

lijpen[2] [pruilen] wel identiek met *lijpen*[1] [scheef zijn], namelijk in de betekenis 'een scheve mond trekken'.

lijs[1] ['lange lijzen', kommen met afbeelding van ranke vrouwenfiguren] < *Lijzebet* [Elisabeth].

lijs[2] [zacht en (zelfstandig gebruikt) suf persoon] **middelnl.** *lise* [zacht, kalm], **middelnd.** *lise*, **oudhd.** *liso* (**hd.** *leise*); daarnaast **middelnl.** *lins, lijns*, **middelhd.** *linse*, verwant met *lenig*.

lijspond [oud gewicht] **middelnl.** *lijspont*; eig. *Lijfs pond*, van *Lijfland*.

lijst [rand, reeks] **middelnl.** *lijst(e)* [rand, boord, lijst], **middelnd., oudeng.** *līste*, **oudhd.** *līsta*; behoort bij *leze*.

lijster [zangvogel] **middelnl.** *lijst(e)re, listre*, **oudhd.** *līstara*, **fries** *lyster*; bij een ww. voor springen, vgl. **gotisch** *laikan* (vgl. *huwelijk*); lijster zou dan betekenen 'de hippende vogel'.

lijwaad [linnen] < *lijnwaad*, **middelnl.** *lynwaet, lin(n)ewaet, linwaet, lywaet* (vgl. *lijn*[1]).

lijzig [langzaam] (1682), van *lijs*[2] [suf persoon].

lik [gevangenis] < **rotwelsch** *Leck* < **hd.** *Loch* [gat, krocht] (vgl. *loch*).

likdoorn, likdoren [eksteroog] **middelnl.** *lijcdor(e)n*; het eerste lid is *lijk*[1]; de betekenis ontwikkelde zich van 'vlees' tot 'gestorven vlees' (vgl. *lichaam, litteken*).

likeur [alcoholische drank] (**middelnl.** *licoor* [vocht, drank]) < **fr.** *liqueur* [vloeistof, likeur] < **lat.** *liquor* [vloeibaarheid, vloeistof, sap, water], van *liquēre* [vloeibaar zijn].

likken[1] [met de tong over iets heen gaan] **middelnl.** *lecken, licken, lacken*, **oudnederfrankisch** *leccon*, **oudsaksisch** *likkon*, **oudhd.** *lecchon*, **oudeng.** *liccian*, **gotisch** *laigon*; buiten het germ. **lat.** *lingere*, **gr.** *leichein, lichanos* [wijsvinger], **oudiers** *ligim* [ik lik], **welsh** *llyfu* [likken], *llwy* [lepel], **oudkerkslavisch** *lizati* [likken], **oudindisch** *lihati* [hij likt] → *lekker*.

likken[2] [glanzend maken] **middelnl.** *licken* [gelijk maken, glad maken, polijsten], vgl. *belicken* [het gelijk maken van een dijk met likzoden], intensiefvorm van *liken* [gelijk maken, effenen], *lyc* [gelijk], **oudsaksisch** *likon*, **oudhd.** *lihhen*, **oudeng.** *lician* (**eng.** *to like*), **oudnoors** *lika*, **gotisch** *leikan*; het **middelnl.** *lyc* beantwoordt aan **litouws** *lygus*, **lets** *lidzigs*, **oudpruisisch** *poligu* [gelijk]; vgl. ook *lijk*[1] [dood lichaam], maar oorspr. gestalte, vorm.

likkepot [zalfpotje] vertalende ontlening aan **me. lat.** *electarium, ecligma*, van **gr.** *ekleichein*, van *ek* [uit] + *leichein* [likken], daarmee idg. verwant.

likzode [zode om dijk gelijk te maken] **middelnl.** *li(j)csode*; van *likken*[2] [gelijk maken].

lila [lichtblauw paars] (1844) < **fr.** *lilas* [sering, lila] < **ar.** *līlak, nīlak* [sering, lila] < **perzisch** *līlag, nīlag* < **oudindisch** *nilah* [donkerblauw] (vgl. *aniline*).

lillen [drillen (van weke massa)] **middelnl.** *lillen*; van *lel*.

lilliputter [dwerg] eig. bewoner van *Lilliput* uit Swifts *Gulliver's Travels* (1726); de naam is door Swift bedacht.

Lima [geogr.] genoemd naar de rivier *Rimac* waaraan de stad ligt, een quechua-naam met de betekenis 'spreker', zo genoemd omdat er in de Inkatijd een orakel in het dal lag. De conquistadores namen consequent de zachte *r* van het quechua over als *l*.

liman [zeebocht aan riviermonding] **russ.** *liman* [estuarium] < **turks** *liman* [ankerplaats, haven] < **gr.** *limèn* [baai, haven, toevluchtsoord], verwant met *limnè* (vgl. *limnologie*).

limba [houtsoort] ontleend aan een westafrikaanse taal.

limbisch [m.b.t. de zoom] van **lat.** *limbus* [zoom van dameskleding of van een weefsel] (vgl. *limbo*).

limbo [dans waarbij met naar achteren gebogen bovenlijf onder een lage lat wordt gedanst en waarbij alleen de voeten de grond mogen raken] < **it.** *limbo* [rand, zoom, voorgeborchte van de hel] < **lat.** *limbus* [rand, zoom], **chr. lat.** *limbus patrum* [voorgeborchte].

limbus [zoom] < **lat.** *limbus* [rand, zoom], verwant met **oudindisch** *lámbatē* [hangt af] en met **nl.** *lomp*[1].

limerick [vijfregelig grappig versje] genoemd naar de Ierse plaats *Limerick*; zou zijn ontleend aan een liedje met het refrein *Will you come up to Limerick*.

limiet [grens] < **fr.** *limite* < **lat.** *limitem*, 4e nv. van *limes* [grenslijn, grens].

limietplant [plantesoort] zo genoemd omdat de plant in het gebied van herkomst (Oost-Azië) wordt gebruikt om percelen af te perken (vgl. *limiet*).

limmetje [citroen] < **fr.** *limette*, verkleiningsvorm van *lime* [citroen] < **provençaals** *limo* (vgl. *limoen*).

limnologie [zoetwaterbiologie] gevormd van **gr.** *limnè* [baai, meer, poel, vijver] (vgl. *liman*) + *logos* [verhandeling] (vgl. *liman*).

limoen [citroen] **middelnl.** *limoen, lemuen* [kleine citroen] < **fr.** *limon* [idem] < **turks** *limon* [citroen] < **perzisch** *līmūn* [idem].

limonade [drank van vruchtesap] (1693) < **fr.** *limonade*, van *limon* (vgl. *limoen*).

limoniet [moerasijzer] gevormd van **gr.** *leimōn* [vochtig land], idg. verwant met *slijm*.

limousine [gesloten luxeauto] < **fr.** *limousin*, vr. *limousine*, uit of van *Limoges*.

limpide [doorzichtig] < **fr.** *limpide* < **lat.** *limpidus* [helder], verwant met *lympha* [water uit bron of rivier], dus eig. zo helder als water (vgl. *lymf*).

linament [pluksel] **middelnl.** *lenement, lemate* [lampepit] < **me. lat.** *linamentum* [idem] (vgl. *linnen*).

lindaan [insekticide] genoemd naar de ontdekker ervan, de Nederlandse chemicus *T. van der Linden*.

linde [boom] **middelnl.** *linde*, **oudsaksisch** *linda*, **oudhd.** *linta*, **oudeng.** *lind(e)* (**eng.** *linden*), **oudnoors** *lind;* buiten het germ. **lat.** *lentus* [taai, buigzaam en dan lang], **russ.** *loet* [lindebast (dial.)], **pools** *Jet* [twijg], **litouws** *lenta* [plank]; de grondbetekenis is 'buigzaam'; de bast was een veel toegepast materiaal.

lineair [lijnvormig] < **fr.** *linéaire* [idem], van **lat.** *linea* [lijn] (vgl. *lijn*³).

lineamenten [gelaatstrekken] < **lat.** *lineamentum* [lijn, omtrek, schets, gelaatstrekken], van *linea* [linnen draad] (vgl. *lijn*²).

linea recta [rechtstreeks] < **lat.** *linea recta* [in rechte lijn], 6e nv. van *linea recta*, van *linea* (vgl. *lijn*³) + *recta*, vr. van *rectus* (vgl. *recht*¹).

-ling [achtervoegsel] oorspr. in de zin van behorend tot door het grondwoord uitgedrukt en dan vooral persoonsnamen die afgeleid zijn van de vader als *Karolingen, Merovingen*.

linga, lingam [phallus, embleem van Shiva] < **oudindisch** *lingam* [merkteken, karakteristiek].

-linge [achtervoegsel om vr. personen te onderscheiden van m.] b.v. *leerlinge*, ontstaan in de 19e eeuw, mogelijk naar Frans voorbeeld (*étudiante*).

lingerie [damesondergoed] < **fr.** *lingerie*, van *linge* [linnen(goed), eig. bn.: van linnen], van **lat.** *lineus* [idem], *linum* [linnen].

-lings [achtervoegsel ter vorming van bijw.] van het achtervoegsel *-ling* voor bn. middels een bijwoorden vormend achtervoegsel s: *schrijlings, blindelings*.

linguaal [m.b.t. de tong] < **fr.** *lingual* < **me. lat.** *lingualis* [idem], van **lat.** *lingua* [tong], daarmee idg. verwant.

lingua franca [een vroeger mengsel van diverse talen rond de Middellandse Zee] < **it.** *lingua franca* [lett. de Franse taal], *franca* [Frans] *lingua* [taal] (vgl. *linguïst*).

linguïst [taalkundige] < **fr.** *linguiste*, gevormd van **lat.** *lingua* [tong, klank, taal], idg. verwant met *tong*.

liniaal [meetlat] vermoedelijk < **noordfr.** *lignal*, van **lat.** *linea* [lijn].

liniatuur [samenstel van lijnen] < **hd.** *Liniatur* < **me. lat.** *lineatura, liniatura*, van *lineare, liniare*, van *linea* [lijn].

linie [streep, lijn] **middelnl.** *linie, lenie* [lijn, regel] < **fr.** *ligne* < **lat.** *linea* [lijn] (vgl. *lijn*³).

liniëren [lijnen] < **fr.** *ligner* [idem] < **me. lat.** *lineare* [in klass. lat.: volgens het richtsnoer timmeren], van *linea* [lijn].

linieschip [slagschip] zo genoemd omdat uit dit type schepen de gevechtslinie werd gevormd.

liniment [smeersel] < **fr.** *liniment* < **me. lat.** *linimentum* [medische zalf], van een nevenvorm van *linere* [smeren], van dezelfde basis als *slijm*.

link¹ [striem op de huid] **middelnl.** *linke* [litteken], verwant met **middelnl.** *linken* [vouwen, ombuigen] en met *links*¹.

link² [schakel] < **eng.** *link* [schakel, schalm, verbinding], verwant met **oostmiddelnl.** *linken* [vouwen, ombuigen], **hd.** *lenken*, **oudnoors** *hlekkr* [ketting, verbinding], verwant met *links*¹, *link*¹.

link³ [barg. leep, gevaarlijk] **middelnl.** *linc* is de oorspronkelijke vorm van *links*¹, dit in de betekenis 'gevaarlijk' en 'slim, glad'. Van oudsher is links geassocieerd met ongunstig. Men oriënteerde zich op de opgaande zon en had het Noorden, waar het dodenrijk lag, aan de linkerhand, vgl. voor de Oudheid *sinister* en voor de Arabische wereld omgekeerd *Jemeniet*.

linker [tegenover rechter] oorspronkelijk de derde nv. van **middelnl.** *linc* [links].

linkmichel [barg. lepe kerel] < **rotwelsch** *Linkmichel* [onhandig, vals iemand]; voor het eerste lid vgl. *link*¹; het tweede lid is de persoonsnaam *Michel*, die wordt gebruikt om een sukkel aan te duiden.

links¹ [aan de linkerzijde] **middelnl., middelnd.** *linc*, **oudhd.** *lenka* [linkerhand], vgl. **middelhd.** *gelenke* [buigzaam]; de oorspronkelijke betekenis is 'buigen', tegenover *recht* in *rechts*.

links² [veld voor golfspel] < **eng.** *links* [zandig met gras begroeid terrein bij de kust, golfveld], **oudeng.** *hlinc* [helling, heuvel], verwant met **oudeng.** *hlinian*, **eng.** *to lean* [leunen], daarmee idg. verwant.

linktrainer [nabootsing van vliegtuigcockpit] < **eng.** *linktrainer*, genoemd naar de uitvinder ervan, de Amerikaan *Edward A. Link* (geboren 1904).

linnen [(weefsel) van vlas (zn., bn.)] **middelnl.** *linijn, lijnnen, linen* [van linnen gemaakt (bn.) en dan ook als zn.], afgeleid van *lijn*¹.

linneon [grote soort (in botanie)] afgeleid van de naam *Carl Linnaeus*, de Zweedse natuuronderzoeker (1707-1778).

linoleum [vloerbedekking] < **eng.** *linoleum*, gevormd door Frederick Walton, de Engelsman die de fabricage ervan uitdacht, van **lat.** *linum* [vlas, draad, linnen kleed] (vgl. *lijn*¹) + *oleum* [(olijf) olie].

linon [een fijn weefsel] < **fr.** *linon* < **me. lat.** *linonum* [linnen].

linotype [zetmachine per regel] < **eng.** *linotype*, gevormd van *line-of-type*, (*line* [regel], *of* [van], *type*

lint — literaat

[zetsel]), in tegenstelling tot procédé met losse letter (handzetsel, monotype, fotozetters).

lint [band] **middelnl.** *lint, lijnt, lynd,* ofwel < **middelnl.** *lijnde* [touw], **oudnoors** *lindi* [band, (oorspr.) strook lindebast], ofwel < **lat.** *linteum* [linnen doek, linnen], het zelfstandig gebruikt o. van *linteus* [van linnen] ofwel < **middelnl.** *lijnde* [lijn], **oudnoors** *liudi* [band, gordel].

linters [vezels van katoenzaad] < **eng.** *linters,* afgeleid van *lint,* **middeleng.** *lyn(n)et* < **oudfr.** *linette* [vlaszaad], van *lin* [vlas] (vgl. **linnen**).

lintworm [klasse van platwormen] sedert 1773 in deze betekenis; in het **middelnl.** *lintworm* [reuzenslang, krokodil]; de vormen **oudhd.** *lindwurm,* **middelhd.** *lintwurm* [draak], **oudnoors** *linnormr* zijn tautologisch gevormd van **oudhd.** *lind, lint* en **oudnoors** *linnr* [slang], verwant met **lenig**.

linze [plant] **middelnl.** *lent(e)* < **lat.** *lentem,* 4e nv. van *lens* [linze], **middelnl.** *lentille* < **fr.** *lentille* < **lat.** *lenticula,* verkleiningsvorm van *lens;* daarnaast **middelnl.** *linze, lins* < **hd.** *Linse,* **oudhd.** *linsi(n),* dat eveneens wel uit het lat. zal stammen, maar waarin dan op onverklaarde wijze de *t* uit de stam is verdwenen (vgl. **lens**²).

lip [rand van mondopening] **middelnl.** *lip(pe), leppe,* **middelnd.** *lippe,* **oudfries, oudeng.** *lippa;* buiten het germ. **lat.** *labium,* **gaelisch** *liob;* vgl. **labberen, laf**¹, **slap,** van een idg. basis met de betekenis 'slap neerhangen'.

lipaemie [verhoogd vetgehalte van bloed] gevormd van **gr.** *lipos* [vet] + *haima* [bloed], idg. verwant met *zeem*¹.

lipariet [kwartsporfier] gevormd van **gr.** *liparos* [vet, glanzend], verwant met *lipos* [vet].

lipase [vetsplitsend enzym] gevormd van **gr.** *lipos* [vet] + *-ase,* een achtervoegsel voor enzymen, ontstaan uit *diastase,* het eerst benoemde enzym.

liplap [Indo-Europeaan] < **maleis** *liplap* [in laagjes van verschillende kleuren], b.v. *mas liplap* [imitatiegoud], *(mas* [goud]); een *orang liplap* werd zo een aanduiding voor een Indo-Europeaan *(orang* [man, mens]).

lipogram [geschrift waarin een bepaalde letter niet voorkomt] gevormd van **gr.** *leipein* [achterlaten, achterwege blijven] + *gramma* [letter] (vgl. **grammatica**).

lipoïde [op vetten gelijkende stof] gevormd van **gr.** *lipos* [vet] + *-oïde*.

lipoom [vetgezwel] gevormd van **gr.** *lipos* [vet] + de gr. uitgang *ōma* als in **nl.** *sarcoom, lymfoom*.

lippen [het zelf kopen door een makelaar] etymologie onbekend.

lippizaner [paard] < **hd.** *Lippizaner,* genoemd naar de keizerlijke stoeterij *Lippizza* bij Triëst.

lipsanografie [inventaris van een kerkschat] gevormd van **gr.** *leipsanon* [overblijfsel], van *leipein* [achterlaten] + *graphein* [schrijven], idg. verwant met *kerven*.

lipstick [lippenstift] < **eng.** *lipstick,* van *lip* [lip] + *stick* (vgl. **stok**).

liquette [hemd] < **fr.** *liquette,* vermoedelijk vervorming van *limace* [hemd] (uit argot) *lyme,* overdrachtelijk gebruik van *lime* [vijl], omdat het hemd de huid prikkelt < **lat.** *lima* [vijl], van dezelfde basis met de betekenis 'glad' als **slijm**.

liquida [vloeiklank, l en r] het zelfstandig gebruikt vr. van **lat.** *liquidus* [vloeiend], van *liqui, liquēre* [vloeien].

liquide [vloeiend] < **fr.** *liquide* < **lat.** *liquidus* [vloeibaar], van *liqui, liquēre* [vloeien].

liquideren [verrekenen, afwikkelen] < **fr.** *liquider* < **me. lat.** *liquidare* [idem], van *liquidus* [vloeibaar, vloeiend], van *liqui, liquēre* [vloeibaar zijn].

liquor [vocht] < **lat.** *liquor* (vgl. **likeur**).

lire [munteenheid] < **it.** *lire,* mv. van *lira* < **lat.** *libra* [weegschaal, Romeins pond (ca. 320 gram) en vandaar via gewicht aan metaal een geldeenheid; de afkorting £ voor Engels pond komt van *libra;* voor de betekenis vgl. **pond, peso, talent**.

lis¹ [lus] **middelnl.** *litse;* nevenvorm van *lus,* dat zijn vorm kreeg o.i.v. de *l*.

lis² [plant] **middelnl.** *lis(s)che, les(s)che, lies,* **middelnd.** *lus(ch);* niet onmogelijk is verwantschap met **lat.** *lutum* [modder].

liseen, lisene [pilastervormige verticale muurbekleding] < **hd.** *Lisene, Lesene, Laschene,* verbastering van **fr.** *lisière* [zelfkant, rand, zoom], **oudfr.** *lis, lice* < **lat.** *licia,* mv. van *licium* [draad, lint, band].

lispelen [fluisteren] **middelnl.** *lispelen* [lispelen, stamelen], iteratief van *lispen* [idem], naast *wispelen, wisperen* [sissen, fluiten, fluisteren, stamelen], iteratief van *wispen, wijspen* [sissen], **oudeng.** *hwisprian,* **middeleng.** *lispen, whisperen* (**eng.** *to lisp,* naast *to whisper),* **oudhd.** *(h)wispalon;* de oorspronkelijke germ. vorm met anlaut *wl-* heeft zich gesplitst in *w-* en *l-* vormen.

Lissabon [geogr.] < **portugees** *Lisboa,* via het ar. < **fenicisch** *alisubbo;* de plaats was een Fenicische nederzetting.

list [slimheid] **middelnl.** *list(e)* [kennis, kunde, vaardigheid, handigheid, list], **oudsaksisch, oudfries, oudeng., oudnoors** *list,* **gotisch** *lists,* stamt van dezelfde basis als *leren*.

litanie [smeekbeden] < **me. lat.** *litania, letania* [idem] < **gr.** *litaneia,* van *litaneuein* [bidden, smeken], van *litanos* [smeekbede], van *litè* [gebed, smeekbede].

Litauen → **Litouwen**.

litchi → **lychee**.

liten [halfvrijen] < **chr. lat.** *litus,* dat aan het germ. is ontleend, vgl. **laat**².

liter [inhoudsmaat] < **fr.** *litre,* gevormd van *litron* [een ¾ liter kan] < **me. lat.** *litra* [een inhoudsmaat] < **gr.** *litra* [een gewicht, pond], verwant met *libra* [het Romeinse pond].

literaat [letterkundige, literator] < **hd.** *Literat* [idem] < **lat.** *litteratus* [geleerd, taalgeleerde], van *littera* [letter, brief], mv. *litterae* [wetenschap, belezenheid].

literatuur, litteratuur [letterkunde] **middelnl.** *litteratuyre* [letterkunst, kunst van lezen en schrijven] < **fr.** *littérature* < **lat.** *litteratura* [letterschrift, onderwijs, wetenschappelijke vorming, in chr. lat. letterkunde], van *littera* [letter, schrift, brief, oorkonde, literatuur, wetenschap] (vgl. *letter*).

lithium [chemisch element] gevormd van **gr.** *litheos* [van steen], van *lithos* [steen].

lithograaf [steendrukker] < **fr.** *lithographe,* gevormd van **gr.** *lithos* [steen] + *graphein* [schrijven, tekenen], idg. verwant met *kerven*.

litholatrie [steenverering] gevormd van **gr.** *lithos* [steen] + *-latrie,* waarvoor vgl. *idolatrie*.

lithopoon, lithopone [dekkende verfstof] gevormd van **gr.** *lithos* [steen] + *ponos* [het bewerken], *ponein* [hard werken].

lithosfeer [vaste aardkorst] gevormd van **gr.** *lithos* [steen] + *sfeer*.

litigeren [een proces voeren] (1548) *litigant* [die een proces voert] < **fr.** *litiger* < **lat.** *litigare* [twisten, procederen], van *lis* (2e nv. *litis*) [twist, proces] + *agere* [doen, voeren].

litoraal, littoraal [m.b.t. de kust] < **fr.** *littoral* < **lat.** *litoralis* [van het strand, van de kust], van *litus* (2e nv. *litoris*) [strand, kust].

litotes [retorische figuur] < **gr.** *litotès* [eenvoud, bepaalde retorische wending], van **gr.** *litos* [glad, sober], van *lis* [glad, niet geborduurd].

Litouwen [geogr.] < *litouws Lietuvà,* waarvan de etymologie onzeker is, mogelijk van dezelfde basis als **lat.** *litus* [kust].

lits-jumeaux [tweelingbed] < **fr.** *lits-jumeaux,* van *lit* [bed] < **lat.** *lectus* [idem] + *jumeau* [tweeling] < **lat.** *gemellus* [idem].

litteken [teken van een wond] **middelnl.** *lycteken, licteken, litteken,* **middelnd.** *likteken,* **oudhd.** *lihzeihhan* < *lijk*[1] [vlees] (vgl. *lichaam, likdoorn*) + *teken*.

liturgie [gebeden en ceremoniën van eredienst] < **fr.** *liturgie* < **laat-lat.** *liturgia* < **gr.** *leitourgia* [dienst aan de staat, kerkelijke dienst], van *leitourgos* [werk verrichtend voor de gemeenschap, dienaar Gods, priester], van *leitos* [van het volk], van *laos* [volk] + *ergon* [werk], daarmee idg. verwant.

live [niet van bandopnames] < **eng.** *live,* afkorting van *alive,* **oudeng.** *on life,* verwant met *aan* en *lijf*.

living [levensonderhoud] < **eng.** *living,* teg. deelw. van *to live,* verwant met *leven*.

livrei [bijzondere kleding] **middelnl.** *liv(e)rije* [ambtsgewaad, wapen van landsheer door bedienden gedragen] < **oudfr.** *livree* [idem] < **me. lat.** *lib(e)rata* [prebende, bezoldiging, livrei], eig. verl. deelw. van *liberare* [bevrijden, redden, garanderen, overhandigen, betalen, prebenden verstrekken, gaven doen aan de leden van het gevolg en daaronder ook kleding], **klass. lat.** *liberare* [bevrijden], van *liber* [vrij].

livret [militair zakboekje] < **fr.** *livret,* verkleiningsvorm van *livre* [boek] < **lat.** *liber*.

liwan [galerij om binnenhof van moskee] < **dialectaal ar.** *līwān* [hal met zuilen, toegang via een arcade tot de voornaamste ruimte in traditionele Arabische huizen].

llano [steppe] < **spaans** *llano* [glad, plat, vlak, vlakte] < **lat.** *planus* [vlak], *planum* [vlakte], idg. verwant met *vloer*.

Lloyd [maatschappij voor zeeverzekering] genoemd naar *Edward Lloyd,* eigenaar van Lloyd's Coffee House, die in 1688 aan de wieg stond van een maatschappij van zee-assuradeuren, die in zijn bij de beurs, in Tower Street, gelegen café geïnitieerd werd.

load [(houthandel) 50 kubieke voet] < **eng.** *load* [wagenlast], **oudeng.** *lād* [weg, reis, goederenvervoer], verwant met *to lead* [leiden] en *lode* [afvoerkanaal], niet met **nl.** *laden*.

loafer [slipper] < **eng.** *loafer,* van *to loaf about* [rondslenteren]; van onbekende herkomst.

lob[1], lub [geplooide halskraag, kwab] **middelnl.** *lobbe(n)* [afhangende strook kant, lubbe, manchet, kwab, klomp] → *lob*[2], *lubberen*.

lob[2] [tennis- en cricketterm] < **eng.** *lob,* afgeleid van *to lob* [zich onhandig gedragen], van *lob* [onhandig iemand, oorspr. klomp, kluit, dikke massa] (vgl. *lob*[1]).

lobbedei, lobbedoe [sul] afgeleid van *lob*[1], met een onduidelijk achtervoegsel, vgl. **nd.** *lulei* [luiaard].

lobberen [waggelen, plassen in water] hoort bij *lob*[1], *lubberen*.

lobbes [goedaardig dier, mens] (1658), afgeleid van *lob*[1], met het achtervoegsel van b.v. *dreumes*.

lobbig [(van kleren) ruim] afgeleid van *lob*[1], c.q. *lobberen*.

lobby [corridor in Lagerhuis waar wordt gestemd, groep die invloed op parlementaire besluitvorming nastreeft] < **eng.** *lobby* [hal, vestibule] < **me. lat.** *lobium, lobia* [vestibule, hal], uit het germ., vgl. *lochting, loge*.

lobelia [plantengeslacht] genoemd naar de botanicus *Lobelius = Matthias de l'Obel* (1538-1616).

lobotomie [operatie in hersensubstantie] gevormd van **gr.** *lobos* [lelletje] + *tomos* [snede], van *temnein* [snijden].

locatie [plaats(ing)] < **fr.** *location* < **lat.** *locationem,* 4e nv. van *locatio* [lett. plaatsing], van *locare* [plaatsen], van *locus* [plaats], **oudlat.** *stlocus,* van dezelfde basis als *stellen*.

locatief [plaatsaanduidende naamval] < **modern lat.** *locativus,* gevormd van *locus* [plaats] (vgl. *locatie*), gemaakt naar analogie van *vocativus*.

loch [gat, knikkerkuiltje] **middelnl.** *loc, locke* [gat, opening, hol], *naselocke* [neusgat], **oudhd.** *loh* [kerker, hol], **gotisch** *usluk* [opening] → *lik, luiken*[1].

lochting [tuin, hof] **middelnl.** *lochtinc, lochten(e)* [open plaats of tuin bij een huis], van *lo(e)ve, leuve, louve* [luifel, uitbouwsel], *lovekijn* [galerij,

loco — lof 450

zuilengang, open plaats, tuin], **oudhd.** *louba* [schutdak, hal] (**hd.** *Laube*); van *loof*[1] en oorspr. dus een afdak van bladeren (vgl. *loggia, loge, lobby*).

loco [ter plaatse, waarnemend, vervangend] < **lat.** *loco*, 6e nv. van *locus* [plaats] (vgl. *locatie*).

locomobiel [stoommachine] < **fr.** *locomobile*, gevormd van **lat.** *loco* (vgl. *loco*) + *mobilis*, o. *mobile* [kunnende bewegen], van *movēre* [bewegen].

locomotief [treintrekker] < **eng.** *locomotive*, gevormd van **lat.** *loco* (vgl. *loco*) + *motivum* [beweegreden, lett. aanleiding tot bewegen], van *movēre* (verl. deelw. *motum*) [bewegen].

locutie [spreekwijze] < **fr.** *locution* < **lat.** *locutionem*, 4e nv. van *locutio* [het spreken, manier van spreken], van *loqui* (verl. deelw. *locutum*) [spreken].

lodder [kwelgeest] → *loeder*.

lodderein [reukwater] verbastering van **fr.** *l'eau de la reine* [lett. het water van de koningin].

lodderen [zich koesteren, soezen] afgeleid van *lodder* [wulps, verlokkend, lieflijk], **middelnl.** *lodder* [wulps, dartel], waarvan **middelnl.** *lodderen* [hoereren], van dezelfde basis als *slodderen* en verwant met (zonder dentaal) *sluimeren, sluik*, met een grondbetekenis 'slap neerhangen'.

loden [dichte stof] < **hd.** *Loden* (vgl. *luier*).

lodicator [instrument om spanningen in een schip te meten] merknaam van de Zweedse onderneming Götaverkeen A.B. voor het in 1951 in de handel gebrachte apparaat < **zweeds** *loda* [peilen, loden] + *indicator* → *indiceren*.

loebas [groot, plomp dier, mens] nevenvorm van *lobbes*.

loeder [gemeen persoon] de betekenis is ontwikkeld uit die van 'verlokkende gestalte', **middelnl.** eveneens *loeder*, van **middelnl.** *laden* [roepen, oproepen, lokken] → *leur*[2].

loef [windzijde] bij Kiliaan *loeve, loef* [dol van roeiriem], **middelnd.** *lof* [roeiriem om de steven aan de wind te houden], **middeleng.** *love*, **oudnoors** *lofi*, **gotisch** *lofa* [de vlakke hand]; buiten het germ. **litouws** *lopeta* [schep], **lets** *lapsta* [schep, spade], **russ.** *lopata* [schep], *lopatka* [schouderblad].

loefie [barg. halve cent] < **zigeunertaal** *lovo* [geldstuk], mv. *love* [geld].

loeg [wand van opgestapelde turf] **middelnl.** *loech* [stapel turf], van *logen, lougen, loegen* [plaatsen, vlijen, stouwen], van dezelfde basis als *leggen*.

loeien [geluid van runderen, wind] **middelnl.** *lo(e)yen*, **oudnederfrankisch** *luon*, **middelnd.** *loien*, **oudhd.** *(h)luo(j)en*, **oudeng.** *hlowan*; buiten het germ. **lat.** *calare* [samenroepen], **gr.** *kalein* [roepen], **litouws** *kalba* [taal], verwant met *hel*[2].

loeken [kijken] **middelnl.** *loken, louken, loeken* [kijken, turen, gluren], **oudsaksisch** *lokon*, **oudhd.** *luogen* (**hd.** *lugen*), **oudeng.** *locian* (**eng.** *to look*); buiten het germ. **oudcornisch** *lagat*, **bretons** *lagad* [oog] (vgl. *look*[3]).

loem [fuut] → *lom*[1].

loeme [wak] → *lom*[2].

loempia [gevuld pannekoekje] < **maleis** *lumpia* [idem] < **chinees** *chuan* [voorjaar], *chuan* [rollen], vandaar de vertaling in het **eng.** *springroll*.

loen [barg. vals] → *loens*.

loenje[1] [kalfsbout met het lendestuk] < **oudfr.** *loigne, luine, longe* (**fr.** *longe*) [idem], teruggaand op **lat.** *lumbus* [lende(n)] (vgl. *lumbaal*).

loenje[2] [teugel] **middelnl.** *longe* [riem, halsterriem] < **fr.** *longe* [idem], de oude vr. vorm van *long* < **lat.** *longa*, vr. van *longus* [lang], daarmee idg. verwant.

loens [een beetje scheel] eerst 1689, vgl. **fries** *lumsk* [slinks, listig], **nd.** *lünschen* [knorrig aankijken], waarnaast vormen met *m*, vgl. *luim;* de *oe* zal dial. zijn.

loep [vergrootglas] < **fr.** *loupe* [gezuiverde ijzerklomp, fout in metaalmassa, uitwas, beurs gezwel, loep], **oudfr.** *loup*, een vermenging van twee leenwoorden: **lat.** *lupa* [wolvin, ziekte] en **oudhd.** *luppa* [een vormeloze massa van een gestolde vloeistof]; op grond van vormovereenkomsten ontwikkelde zich dan de betekenis 'loep'.

loer[1] [botterik] (16e eeuws), samengetrokken uit *loeder*.

loer[2] ['iem. een loer draaien', bedotten] (1842), nevenvorm van *luur* en *luier*.

loerah [dorpshoofd] < **maleis** *lurah* < **javaans** *lurah*.

loereman, loerman [magere kaas] bij Kiliaan *loerman* [slechte kaas], **fries** *loerreman*, etymologie onbekend.

loeren [spieden, sluimeren, bedriegen] **middelnl.** *loeren, lueren* [gluren], bij Kiliaan *loeren* [gluren, belagen, de ogen sluiten], **middelnd.** *luren* [bedriegen], **fries** *loere* [loeren, bedriegen], **middeleng.** *l(o)uren* [belagen] (**eng.** *to lower, to lour* [dreigend kijken]), **deens** *lure* [loeren, bedriegen], **zweeds** *lura* [loeren, sluimeren], van dezelfde basis als *luimen*[1], *luipen*.

loeres [loeris, onnozele] bij Kiliaan *loerisch, loersch* [dom mens], van *loer* (16e eeuws) [lomperd, vod, lap].

loeri [papegaaiachtige vogel] → *lori*.

loert [opdoffer] wordt gezien als hetzelfde woord als *loert* [drol], van friese herkomst, vgl. **fries** *loart(e)* [keutel, drol].

loet [werktuig] **middelnl.** *loet(e)* [naam voor diverse werktuigen om te scheppen of te krabben], **middelnd.** *lote* [hark]; verwantschap met *laden* wordt vermoed.

loeven [in de wind opdraaien] afgeleid van *loef*.

loewak [koffierat] < **maleis** *luak* < **javaans** *luwak*.

lof[1] [het prijzen] **middelnl., oudnederfrankisch, oudsaksisch, oudfries, oudeng., oudnoors** *lof*, **oudhd.** *lob;* verwant met *lief, beloven*.

lof[2] [gebladerte] → *loof*[1].

loftuiting [het verkondigen van lof] van het ww. **middelnl.** *lovetuten* [vleien, pluimstrijken], van *lof*¹ + het ww. *tuiten*.

log¹ [plomp] **middelnl.** *loggich, luggich* [traag, lui], **middelnd.** *luggich* [traag, slaperig], **middelhd.** *loger, locker* [los, slap], **oostfries** *lug* [log] (vgl. *sluik*¹).

log² [snelheidsmeter van schip] < **eng.** *log* [houtblok, snelheidsmeter van schip] < **me. lat.** *loggum*, etymologie onbekend. De log was aanvankelijk een rechtopstaand plankje aan een lijn.

loganbes [kruising van bramen en frambozen] genoemd naar *James Harvey Logan* (1841-1928), een Amerikaanse advocaat, die als eerste deze bes kweekte.

logaritme [wiskundige term] het woord *logarithmus* is gevormd door de Schotse wiskundige John Napier of Neper (1550-1617), uit **gr.** *logos* [o.m. getal, rekening] en *arithmos* [getal, telling, totaal, cijfer], idg. verwant met *rijm*².

logatoom [testwoord voor microfoon] gevormd van **gr.** *logos* [woord] + *atoom*, in de zin van zeer klein.

logboek [scheepsjournaal] van *log*² + *boek*¹.

loge [portiershokje, plaats in theater] < **fr.** *loge* [hut, hok, kraam, loge], uit het germ., vgl. *lochting*.

logement [gelegenheid tot logeren] < **fr.** *logement*, afgeleid van *loge* (vgl. *loge*).

logenstraffen [onwaarheid doen blijken] **middelnl.** *logenstrepen, logenstraffen* [iem. heten liegen], van *logen* [leugen] + *straffen* [berispen, straffen, tegenspreken].

logeren [als gast zijn intrek nemen] **middelnl.** *loodseren, loyeren, logeren* < **fr.** *loger* [idem], van *loge* (vgl. *loge*).

loggat [gat in de knieplaten der vullings voor het doorstroom] → *lokgat*.

logger [vaartuig] (1796) < **eng.** *lugger*, waarin *lugsails* [emmerzeilen], dus eig. schip met emmerzeilen; het woord *lugsail* is vermoedelijk van een niet-geattesteerd *lucksail* (de fr. term is *voile de fortune*).

loggia [overdekte galerij] < **it.** *loggia* < **fr.** *loge* (vgl. *loge*).

logia [niet-bijbelse uitspraken van Christus] mv. van **gr.** *logion* [spreuk, uitspraak], van *legein* [oplezen, spreken].

logica [leer van de wetten van het denken] verlatijnsing van **gr.** *logikè* (vr. van *logikos* [de taal betreffend, het disputeren betreffend, de rede betreffend]), verkort uit *logikè technè*, (*technè* [vaardigheid]), van *logos* [getal, verhaal, gesprek, welsprekendheid, het nadenken, filosofische begripsbepaling, rede], van *legein* [oplezen, verzamelen, spreken, bespreken, noemen].

logie [droogschuur voor stenen] **middelnl.** *loodse, loosse, loge, logie* [hut, loods].

logies [onderdak] **middelnl.** *logijs* < **fr.** *logis*, van *loger*, van *loge* (vgl. *loge*).

logisch [m.b.t. de logica] → *logica*.

logistiek [voorzieningen van troepen] < **fr.** *logistique*, gevormd van *logis* [onderdak (d.w.z. van soldaten)] (vgl. *logies*) + de gr. uitgang *-istikos*.

logo [vignet] < **eng.** *logo*, verkort uit *logotype*, gevormd van **gr.** *logos* [woord, verhandeling] + *type*.

logo- [uit het gr. stammend voorvoegsel] voor een vocaal *log-*, van *logos* [verhaal, gesproken woord, voordracht], verwant met *legein* [oplezen].

logomachie [woordenstrijd] < **gr.** *logomachia* [idem], van *logos* [woord] + *machè* [krachtmeting], van dezelfde basis met de betekenis 'sterk zijn' als *ik mag, macht*.

logopedie [spraakverbetering] gevormd van **gr.** *logos* [het gesproken woord] + *paideia* [opleiding] (vgl. *pedagoog*).

loipe [langlauftraject] < **noors** *løpe* [rennen], verwant met *lopen*¹.

lok [haar] **middelnl.** *loc*, **oudsaksisch, oudfries** *lok*, **oudeng.** *locc* (**eng.** *lock*), **oudnoors** *lokkr*; buiten het germ. **lat.** *luctari* [worstelen, eig. zich krommen], **gr.** *lugos* [buigzame tak], **litouws** *lugnas* [buigzaam], **gaelisch** *lugach* [krombenig].

lokaal [vertrek, plaatselijk] < **fr.** *local* < **me. lat.** *locale*, het zelfstandig gebruikt o. van *localis* [plaatselijk], van *locus* [plaats] (vgl. *locatie*).

lokaliseren [tot een plaats beperken, een plaats toekennen] < **fr.** *localiser* [idem] (vgl. *lokaal*).

loket [doorgeefraampje] **middelnl.** *loket*, van *loke* [afgesloten ruimte], met fr. uitgang (vgl. *luiken*¹).

lokgat [spuigat] tautologische samenstelling van **middelnl.** *loc(ke)* [gat, opening] (vgl. *loch*) + *gat*.

lokken¹ [aantrekken] **middelnl.** *locken*, **oudhd.** *lockon*, **oudeng.** *loccian*, **oudnoors** *lokka*; vgl. **litouws** *lugoti*, *lets lugt* [verzoeken]; mogelijk op afstand verwant met *liegen*.

lokken² [zuigen] gevormd naast *likken*¹.

lokus, lokust [Surinaams teakhout] < **eng.** *locust* [sprinkhaan] < **oudfr.** *locuste* < **lat.** *locusta* [idem], zo genoemd naar de peulen van de boom, die enigszins op sprinkhanen lijken, verwant met *lacertus* [hagedis].

lol [pret] eerst bij Kiliaan geattesteerd (met de betekenis 'deun, dreun') → *lollen*.

lollarden [volgelingen van Wycliffe] **middelnl.** *lollaert* [cellebroeder]; van *lollen*.

lollen [prevelen, zottenklap uitslaan] **middelnl.** *lollen* [prevelen, dommelen], **hd.** *lullen* [neuriën], **eng.** *to lull* [sussen], **nl., hd.** *lallen*, **lat.** *lallare* [in slaap zingen], **gr.** *lalein* [praten]; klanknabootsende vormingen, vgl. *lolly, glossolalie*.

lollepot [lesbienne] samenstelling van *lollen* (bij Kiliaan) [de dijen koesteren], d.w.z. met gespreide benen het onderlijf warmen onder de rok boven een *pot*, dat is vuurpot; tegenwoordig veelal verkort tot *pot*.

lolly [lekkernij] verkort uit **eng.** *lollipop, lollypop*, mogelijk uit noordelijk dial. *lolly* [tong], van *to loll* [lummelen, hangen, uit de mond hangen], vgl. *lollen* + *to pop* [snel bewegen].

lom — looien

lom[1] [duikereend] eng. *loom*, hd. *Lumme*, uit het scandinavisch, vgl. **noors, deens, zweeds** *lom*, **oudnoors** *lomr*, dat eig. 'schreeuwer' betekent.

lom[2] [bijt(gat)] middelnl. *loem(e), loum, lomme* [bijt in het ijs]; buiten het germ. **lat.** *lama* [moeras], **oudkerkslavisch** *lomŭ* [poel, eig. gebroken grond], verwant met *lam*[2].

lombard [pandhuishouder] middelnl. *lombaert* < **fr.** *lombard* [Lombardijs, Lombardijer, pandhuishouder] < **lat.** *Longobardus* (vgl. **Langobarden**).

lombarde [middeleeuws type handschrift] < **fr.** *lombarde*, middelnl. *lombaertsche letteren* [romeins letterschrift]; van *Lombardije* (vgl. **lommerd**).

lombok [Spaanse peper] < **maleis** *lombok* < **javaans** *lombok;* genoemd naar het eiland Lombok.

lommer [schaduw van gebladerte] < **fr.** *l'ombre* [de schaduw], dus samen met het lidwoord dat niet werd herkend. Het woord *ombre* < **lat.** *umbra* [schaduw, lommer] (vgl. *somber*).

lommerd [pandjeshuis] middelnl. *lombaerde* [bank van lening], *lombaert* [Lombard, geldhandelaar, bankier, wisselaar, pandjeshuis] < **fr.** *Lombard* [iem. uit Lombardije] < **lat.** *Langobardus, Longobardus* (vgl. **Langobarden**).

lomp[1] [vod] bij Kiliaan *lompe* [windsel, lap], **middelhd.** *lumpe* [lap, vod], **nd.** *lempen*, **middelhd.** *lampen* [slap neerhangen], met ingevoegde *m*, verwant met (zonder m) *lap, lip, laf*, die alle de grondbetekenis 'slap neerhangen' hebben.

lomp[2] [vis] van *lomp*[3] [plomp], zo genoemd naar zijn vorm.

lomp[3] [plomp] hetzelfde woord als *lomp*[1] [vod], vgl. **hd.** *Lump;* de grondbetekenis is 'dat wat neerhangt'.

lom-school [schooltype] uit de beginletters van 'school voor l(eer- en) o(pvoedings)m(oeilijkheden)'.

lonen [opwegen tegen, vergelden] middelnl. *lonen*, oudhd. *lonon*, afgeleid van *loon*.

long [ademhalingswerktuig] middelnl. *longe(ne), longer, lunge(ne)* [long, pens], **oudsaksisch** *lungandia*, **oudhd.** *lungun*, **oudfries** *lungene*, **oudeng.** *lungen*, **oudnoors** *lunga*, vgl. **oudsaksisch**, **oudhd.** *lungar*, **oudeng.** *lunger* [vlug]; de grondbetekenis was 'licht' (niet zwaar).

long drink [een drankje in een hoog glas] < **eng.** *long drink*, van *long* [lang] + *drink* (vgl. *drank*).

longeren [aan de longe leiden] < **fr.** *longer*, van *longe*, (verouderd) vr. van *long* < **lat.** *longus* [lang], daarmee idg. verwant.

longicefaal [langschedelig] gevormd van **lat.** *longus* [lang], daarmee idg. verwant + **gr.** *kephalè* [hoofd], idg. verwant met *gevel*.

longitude [geografische lengte] < **fr.** *longitude* < **lat.** *longitudo* [lengte], van *longus* [lang], daarmee idg. verwant.

longroom [lounge voor scheepsofficieren] nl. vorming van **eng.** *to lounge* [luieren] (etymologie onbekend) + *room* [vertrek, ruim(te)]; het eng. woord voor longroom is *ward-room*.

lonken [een blik toewerpen] middelnl. *lonken* [loeren, gluren, lonken], **nd.** *lünken*, **fries** *loerkje*, **eng.** *to lurk* (intensief van **middeleng.** *lure*), verwant met *loens;* zou ablautend naast *links* kunnen staan.

lont [koord voor ontsteking] middelnl. *lontte* (1520) middelnd. *lunte*, nog bij Luther *Lunte* in de betekenis 'lomp, vod', welke de oorspronkelijke is → *lomp*[1].

lontar [palm] < **maleis** *lontar* [waaierpalm, palmblad, palmbladhandschrift].

loo [open plek in bos] middelnl. *lo(o)* [bos, bosrijke vlakte, begroeide plek], **oudhd.** *lōh* [bosschage], **oudeng.** *leah* (**eng.** *lea*) [open veld], **oudnoors** *lō;* buiten het germ. **lat.** *lucus* [woud, heilig domein], **litouws** *laukas* [open veld], **oudindisch** *loka-* [open ruimte, wereld], van dezelfde basis als *licht*[1].

loochenen [ontkennen] middelnl. *logenen, lochenen*, **oudsaksisch** *lōgnian*, **oudhd.** *lougnen*, **oudfries** *leina*, **oudnoors** *leyna*, **oudeng.** *liegnan*, **gotisch** *laugnjan*, ablautend met *liegen*.

lood [chemisch element] middelnl. *loot, lood*, middelnd., middelhd. *lōt*, **oudfries** *lād*, **oudeng.** *lead;* misschien aan het keltisch ontleend, vgl. **oudiers** *luaide;* het **litouws** *liudè* is vermoedelijk een ontlening aan het germ..

loodlijn [lijn die loodrecht op een andere staat, lijn voor het dieplood] nog niet bij Kiliaan, wel middelnd. *lotline* [lijn aan het dieplood].

loodrecht [zuiver recht] nog niet bij Kiliaan.

loods[1] [stuurman] < **middelnl.** *loodsman, lootsman* < **middeleng.** *lodesman*, van *lōd(e)* < **oudeng.** *lād* [pad, traject, koers], van **oudeng.** *līðan* [gaan, reizen], verwant met *leiden* (vgl. het oudere middelnl. *leitsage, leidesage* [gids, loods]).

loods[2] [schuur] middelnl. *loge, logie, loodze, lootse* [uitbouwsel, tent, hut, stal, schuur] < **fr.** *loge* (vgl. *loge*).

loof[1] [gebladerte] middelnl. *loof*, **oudsaksisch** *lōf*, **oudhd.** *loub* (**hd.** *Laub*), **oudfries** *lāf*, **oudeng.** *leaf*, **oudnoors** *laufs*, **gotisch** *lauf;* buiten het germ. **gr.** *lepein* [pellen, schillen], **litouws** *lapas* [blad], **iets** *lupt* [pellen], **oudkerkslavisch** *lubŭ* [schors] → *lochting*.

loof[2] [moe] middelnl. *love, loof, gelove* [moe, uitgeput], naast *laf* [slap, krachteloos], als *loom* naast *lam*[2].

loog [oplossing van soda] middelnl., middelnd. *loge*, **oudhd.** *louga* (**hd.** *Lauge*), **oudeng.** *leag* (**eng.** *lye*), **oudnoors** *laug* [warm bad]; buiten het germ. **lat.** *lavare*, **gr.** *louein* [wassen], **oudiers** *loathar* [wasbekken].

looien[1] [dierehuiden behandelen] middelnl. *lo(o)yen, louwen*, van *lo(o)* [run, eikeschors], middelnd., oudhd. *lō*, van een idg. basis met de betekenis 'losmaken', waarvan o.m. *verliezen* stamt, vgl. *louwmaand*.

looien[2] [luieren] middelnl. *loyen, loeyen,* van *lui*[3].

look[1] [plant] middelnl. *looc,* oudsaksisch *lōk,* oudhd. *louh* (hd. *Lauch*), oudeng. *leac* (eng. *leek*), oudnoors *laukr;* vgl. oudiers *luss;* gelet op het beeld van de bol van gebogen schillen is aan te nemen, dat look samenhangt met (haar)lok → *lok.*

look[2] [wervel van deur] middelnl. *loke, loick* [afsluiting] → *luiken*[1].

look[3] [stijl in b.v. kleding] < eng. *look,* van *to look* [kijken, eruitzien], oudeng. *lōcian,* nd. *löken,* oudhd. *luogen* (hd. *lugen*), middelnl. *lo(e)ken, louken* [kijken, turen, gluren]; buiten het germ. bretons *lagad,* oudcornisch *lagat* [oog] → *loeken.*

loom [vermoeid] bij Kiliaan *lome* [traag, lui], oostfries *lōm* [kreupel, moe], hoort bij *lam*[2], middelnl. *lam, laem.*

loon [vergoeding] middelnl. *loon,* verwant met *lauwen, louwen* [grijpen, vangen], oudsaksisch, oudhd. *lōn,* oudfries *lān,* oudeng. *lean,* oudnoors, gotisch *laun;* buiten het germ. lat. *lucrum* [winst], gr. *lèis* [buit], oudiers *luach* [loon], oudkerkslavisch *lovŭ* [buit].

loopbaan [carrière] van *loop* (vgl. *lopen*[1]) + *baan,* waarin mensen of dieren om het hardst lopen.

loopgraaf [gang in de grond voor dekking tegen de vijand] eind 16e eeuw < hd. *Laufgraben,* met als 2e lid middelnl. *grave* [kuil], middelnd. *grave,* oudhd. *grabo* [gracht], afgeleid van *graven.*

looping [luchtvaartterm] < eng. *looping,* van *to loop* [lussen maken], van *loop* [lus, bocht], dat wordt vergeleken met **gaelisch, iers** *lub* [bocht], maar waarvan overigens de etymologie onbekend is.

loops [ritsig, tochtig] van het ww. *lopen*[1], dat in het middelnl. betekende 'lopen, vloeien, geslachtsdrift hebben', *lopende* [loops].

loos[1] [los, leeg] middelnl. *loos* [los, vals, lastig], oudnl. *lōs* [vals], oudsaksisch, oudhd. *lōs* [los, bedrieglijk], oudeng. *leas* [leeg, beroofd, vals], oudnoors *lauss* [los, leeg, lichtzinnig], gotisch *laus* [los, leeg], verwant met *verliezen.*

loos[2] [long] < *loze lever, lege lever.*

-loos[1] [achtervoegsel] hetzelfde woord als *loos*[1], stond oorspr. slechts achter zn. *(redeloos),* later ook achter ww. *(reddeloos).*

-loos[2] [achtervoegsel] ablautend met *verliezen,* was vroeger een zelfstandig woord, vgl. **gotisch** *laus* [los van, leeg, vergeefs], maar verzwakte in betekenis onder hd. invloed tot 'zonder', b.v. *draadloos, pijnloos.*

loot [boomscheut] middelnl. *lode, lade, lote, loot,* oudsaksisch *-loda,* nd. *lode,* oudhd. *lota* (hd. *Lote*), bij een ww. voor groeien, vgl. *lieden.*

lopen[1] [gaan] middelnl. *lopen,* oudnederfrankisch *loupon,* oudsaksisch *hlopan,* oudhd. *(h)loufan,* oudfries *hlāpa,* oudeng. *hleapan* (**eng.** *to leap*) [springen], oudnoors *hlaupa,* gotisch *-hlaupan;* idg. verbindingen zijn onzeker.

lopen[2] [inhoudsmaat voor b.v. meel] middelnl. *loop, lope, lopen* [schepel, vaatje], middelnl. *lōp* [vaatje], oudeng. *leap,* oudnoors *laupr* [korf]; de grondbetekenis is wel 'vlechtwerk' → *loof*[1], *luifel.*

lor [vod] bij *loer*[2], *luier.*

loran [hulpmiddel voor navigatie] gevormd van *long range navigation* [lange-afstand navigatie].

lord [titel] < eng. *lord* < middeleng. *laverd,* oudeng. *hlaford,* etc., van *hlāf* [brood] (eng. *loaf*) + *weard* [bewaker], verwant met middelnl. *waerden* [waken over], *waerder* [bewaker] (vgl. *deurwaarder*); de oorspronkelijke betekenis is dus 'behoeder van het brood' → *lady.*

lorder [smokkelaar] met ingevoegde *d,* als in *diender,* gevormd van *lorren.*

lording [garen tot het bekleden van touwwerk] < nd. *lurding,* van *lurd, lurt* [idem], vgl. **oostfries** *lurdlompen* [garen van oud touw] (vgl. *lor*).

lordose [vergroeide ruggegraat] < gr. *lordōsis* [idem], van *lordos* [krom, voorovergebogen].

lorejas [deugniet] wel samenhangend met *lorren* [bedriegen].

lorentzkracht [natuurkundige kracht] genoemd naar de Nederlandse natuurkundige *Hendrik Antoon Lorentz* (1853-1928).

lorgnet [knijpbril] < fr. *lorgnette* [toneelkijker] (naast *lorgnon* [lorgnet]), van *lorgner* [steelsgewijs kijken naar], dat vrij zeker van frankische herkomst is.

lori [halfaap, papegaaiachtige vogel] < fr. *loris,* waarschijnlijk < nl. *loeris,* en dan zo genoemd vanwege de langzame, zwaaiende bewegingen van het dier, die doen denken aan die van de luiaard.

lork [lariks] < lat. *larix* (vgl. *lariks*).

lororekening [aan derden verschuldigd totaal] het eerste lid is it. *loro* [zij, hun, hen], ontstaan uit de 2e nv. mv. lat. *illorum* [van hen], van *ille* [die daar], vgl. fr. *leur.*

lorre [naam van papegaai] (1735) < **maleis** *luri,* nevenvorm van *nuri* [papegaai (Molukken)], **spaans** *loro,* eng. *lory;* mogelijk is de vorm *lorre* mede beïnvloed door het oudere nl. *lorevogel* [lokvogel].

lorren [bedriegen, smokkelen] van *lor* [bedriegerij], middelnl. *lore* [bedriegen], etymologie onbekend, vgl. ook *loer*[2].

lorrie [kipkarretje] (1876) < eng. *lorry,* etymologie onzeker, mogelijk genoemd naar een uitvinder *Laurie.*

lorsen [bedriegen, knoeien] intensief van *lorren* [bedriegen, knoeien]; daarbij *lors* [slons].

lorum ['in de lorum zijn', dronken zijn] (1886); verbasterd uit *delirium.*

los[1] [roofdier] middelnl. *los* → *lynx.*

los[2] [niet gebonden] middelnl. *los(se)* [vrij, los], ablautend met *loos*[1].

los[3] [niet-openbare weg tot stuk land] van *lossen* [losmaken, openen] → *los*[2].

losange [schuine ruit] < fr. *losange*, van oudfr. *lose* [platte steen, plavuis, vierkant, graf, grafschrift] < **keltisch** *lausa* [platte steen] → ***leus***.

losbandig [ongeregeld] nog niet bij Kiliaan, ook nd. en fries, van *los*² + *band*¹ + *-ig*.

losbol [lichtzinnig mens] nog niet bij Kiliaan, van *los*² + *bol*¹ [hoofd].

los hoes, lös hoes [bouwstijl van boerderij] lett. open huis, omdat er geen scheiding was tussen woning en stal.

löss [leemsoort] < hd. *Löss*, in 1823 gevormd door de Duitser K.C. von Leonhardt < **zwitsers dial.** *lösch* [los] (vgl. ***los*¹**).

lossen [uitladen, afkopen] middelnl. *lossen* [los maken, bevrijden, afkopen, ontladen], middelnd. *lossen* [een schip lossen], afgeleid van *los*².

lot¹ [scheut] nevenvorm van ***loot***.

lot² [loterijbriefje] middelnl. *lot*, oudsaksisch, oudfries, oudeng. *hlot*, oudhd. *hlŭz, hlōz*, oudnoors *hlutr*; verbindingen buiten het germ. zijn dubieus.

lot³ [onvast] van *loteren* [los zitten] → ***leuteren***.

Lotharingen [geogr.] genoemd naar *Lotharius II* (ca. 835-869), koning van het noordelijkste deel van Midden-Francië. Lotharius is de verlatijnste vorm van een germ. naam: oudhd. *Hludher*, *Hlothari*, vgl. *hlŭt* [beroemd] en *heri* [leger] (modern *Heer*).

lotie [wassen van erts] < fr. *lotion* [wassing].

lotion [haarwassing, gezichtswater] < fr. *lotion* < me. lat. *lotionem*, 4e nv. van *lotio* [het wassen] < klass. lat. *lotum* [gewassen, gebaad], van *lavare* [wassen, baden, bevochtigen].

lotto [loterij] (1862) < it. *lotto*, dat het uit het germ. heeft geleend, vgl. *lot*².

lotus [waterlelie] (1608) < lat. *lotus* < gr. *lōtos* < hebr. *lōt*.

louche [onguur] < fr. *louche* [scheel, niet pluis] (vr.) < lat. *luscus* [eenogig (door een ongeluk)], idg. verwant met ***loens***.

loudspeaker [luidspreker] < eng. *loud-speaker* [idem], van *loud* (vgl. ***luid***) + *speaker* (vgl. ***spreken***).

louis d'or, louis [gouden munt] < fr. *louis (d'or)*, lett. (gouden) Lodewijk, genoemd naar Lodewijk XIII van Frankrijk, die deze munt sedert 1640 liet slaan.

louisine [madapolam] afgeleid van een persoonsnaam *Louis(e)*, vgl. *crêpe georgette*.

lounge [hal van hotel] < eng. *lounge*, van *to lounge* [luieren], etymologie onbekend.

loup, loupe → ***loep***.

louter [zuiver] middelnl. *lu(i)ter, lutter, lotter, louter*, de laatste vorm en onze huidige vorm < middelhd. *lūter*, oudnederfrankisch *hluttir*, oudsaksisch *hlūttar*, oudeng. *hlūttor*, gotisch *hlutrs*; buiten het germ. oudlat. *cluere* [reinigen], lat. *cloaca* [riool], gr. *kluzein* [bespoelen] (vgl. ***klysma***).

louterstal [diabetes bij paarden] < hd. *Lauterstall* < *lauter Stall* [zuivere urine]; men meende dat het opgedronken water zonder verandering te ondergaan weer werd geloosd. Voor het tweede lid ***stallen***.

loutre [otterbont] < fr. *loutre* < lat. *lutra* [otter].

louvredeur [deur met latjes] het eerste lid < eng. *louvre, louver* [ventilatiekoepel], **middeleng.** *luver, lover* < oudfr. *lov(i)er* [zolderraampje, muuropening], vermoedelijk afgeleid van lat. *lupus* [wolf], vanwege vormovereenkomst van het raampje met de wolveval.

louw¹ [zeelt] oudhd. *slio*, oudeng. *sleo* [zeelt, (eig.) de slijmerige vis], verwant met ***slijm***.

louw², lou [barg. niets] *lou(w) loene* < hebr. *lō lonu* [niet aan ons], dat voorkomt in de lofzang Haleïl.

louwmaand [januari] middelnl. *loumaent, laumaent*, wordt verklaard als *looimaand, louwen* [looien] (vgl. ***looien***¹).

loven [prijzen] middelnl. *loven*, oudnederfrankisch *lovon*, oudsaksisch *lobon*, oudhd. *loben* [loven], oudeng. *lofian*, oudnoors *lofa* [beloven]; van *lof*¹.

lover [gebladerte] eig. mv. van ***loof*¹**.

loxodroom [kromme, die de meridianen onder dezelfde hoek snijdt] gevormd van gr. *loxos* [schuin, gekromd] + *dromos* [(wed)loop].

loyaal [trouw] middelnl. *loyael* < fr. *loyal* < lat. *legalis* [wettelijk, wettig], van *lex* (vgl. ***legaal***).

lozen [losmaken, verwijderen] middelnl., oudhd. *losen*, oudnederfrankisch *losin*, oudsaksisch *losian*, oudfries *lesa*, oudeng. *liesan*, gotisch *lausjan*, van ***loos***¹.

lub, lubbe [halskraag] nevenvorm van ***lob***¹.

lubben [castreren] middelnl., nd. *lubben*, middelhd. *luppen*, eng. dial. *to lib*, van een basis met de betekenis 'afschillen, plukken' (van de teelballen) waarvan ook ***loof*¹** stamt.

lubberen [flodderen] klanknabootsend gevormd → ***lob***¹.

lubbestok [lavas] middelnl. *lubbestoc, lupstoc, levestock, levistock*, middelnd. *lubbestock*, oudsaksisch *lubesteko*, oudeng. *lufestice* < lat. *levisticum* voor *Ligusticum*, zelfstandig gebruikt o. bn. van *Ligures* [de Liguriërs] (vgl. ***liguster***).

lubricatie [smeermiddel] van eng. *to lubricate* [doorsmeren] < me. lat. *lubricatio* [smering, verzachting] < klass. lat. *lubricus* [glibberig, glad], idg. verwant met ***sluipen***.

lubriek [zinnelijk] < fr. *lubrique* [idem] < lat. *lubricus* [glibberig, glad, bedrieglijk], idg. verwant met ***sluipen***.

lucht [gasmengsel van zuurstof en stikstof] middelnl. *luft, lucht(e), locht(e)*, (met overgang *ft > cht* als in *graft > gracht*), oudsaksisch, oudhd. *luft*, oudeng. *lyft*, oudnoors *lopt*, gotisch *luftus*; verwanten buiten het germ. zijn niet gevonden. Gezien middelnd. **lucht** en **oudnoors** *lopt* [zolder] is waarschijnlijk de grondbetekenis 'bedekking, overdekking' (uitspansel), vgl. ***hemel***.

luchter [lichtkroon] middelnl. *luchter* [eig. verlichter], van *luchten* [licht geven], tot lichten geworden o.i.v. *licht*, vgl. **middelnd.** *luchter,* **middelhd.** *liuhtære* → **luster**.

luchthartig [zorgeloos] **middelnl.** *lichthertich* [opgewekt, onnadenkend], **middelnd.** *lichthertich*, **hd.** *leichtherzig*, afgeleid van *licht*³ + *hartig*, met *u* o.i.v. *luchtig*, vgl. *lichtzinnig* → **hart**.

luchtkasteel [schoon toekomstbeeld dat men zich voorspiegelt] *luchtkastelen bouwen*, vgl. **lat.** *in aere aedificare*, **fr.** *bâtir en l'air*, **it.** *far castelli in aria*, **eng.** *to build castles in the air*, **hd.** *Luftschlösser bauen*.

lucide [helder] < **fr.** *lucide* < **lat.** *lucidus* [lichtend, helder, duidelijk], van *lucēre* [licht geven, duidelijk zijn], van *lux* [licht], daarmee idg. verwant.

luciehout, sint-luciehout [hout van de sint-luciekers] vgl. *bois de Sainte Lucie*.

lucifer [vlamhoutje] **eng.** *lucifer, match;* voor de benaming is genomen **lat.** *lucifer* [licht brengend], van *lux* (2e nv. *lucis*) [licht], idg. verwant met *licht*¹ + *ferre* [dragen, brengen], idg. verwant met *baren*¹; Lucifer was de naam van de morgenster, vertaald uit **gr.** *phōsphoros* [lichtdrager]; de naam werd toegepast op de duivel naar aanleiding van Jesaja 14:4-23, waarin de vorst van Babel wordt vergeleken met de uit de hemel gevallen morgenster. In de apocalyptische literatuur is dit motief toegepast op de vorst der engelen.

lucratief [winstgevend] < **fr.** *lucratif* < **lat.** *lucrativus* [uitgewonnen, gespaard, voordelig], van *lucrari* [winnen, verwerven], van *lucrum* [winst, profijt], idg. verwant met *loon*.

lucubratie [nachtwerk] < **lat.** *lucubratio* [werken bij lamplicht, nachtelijke studie], van *lucubrare* (verl. deelw. *lucubratum*) [bij lamplicht werken], van *lucēre* [licht geven, doen schijnen], van *lux* (2e nv. *lucis*) [licht].

lucullusmaal [heerlijk maal] genoemd naar *Lucius Licinius Lucullus* (ca. 117-56 v. Chr.), Romeins consul en veldheer, wiens naam spreekwoordelijk is geworden als gastronoom.

ludiek [speels] < **fr.** *ludique*, een moderne vorming van **lat.** *ludus* [spel, scherts] (**me. lat.** *ludificus* [speels, feestelijk]).

ludificatie [bespotting] < **lat.** *ludificatio* [plagerij, bespotting], van *ludus* [spel, scherts, spot] + een afgeleide vorm van *facere* [doen, maken].

Ludolfiaans ['Ludolfiaans getal', het getal pi] genoemd naar *Ludolf van Ceulen* (1540-1610), Nederlands wiskundige, die dit getal berekende.

lues [syfilis] < **lat.** *lues* [besmettelijke ziekte, pest], van *luere* [boeten, betalen].

lug [verbindingsstuk voor fietsbuizen] < **eng.** *lug*, vgl. **middeleng.** *lugge* (schots) [oor, flap], vermoedelijk van *luggen* = *to lug* [trekken], vermoedelijk van scandinavische herkomst, vgl. **zweeds** *lugga* [iem. aan zijn haren trekken], **middelnl.** *luggen* [slepen].

lugerpistool [halfautomatisch pistool] genoemd naar de ontwerper ervan, de Duitser *Georg Luger* (1900).

luguber [somber] < **fr.** *lugubre* [somber, doods] < **lat.** *lugubris* [rouw-, treur-, somber, droevig], van *lugēre* [treuren, weeklagen].

lui¹ → **lieden**.

lui² [windas] etymologie onbekend.

lui³ [vadsig] **middelnl.** *loy, loey, leuy, luy* [traag, vadsig, wulps], **middelnd.** *loi*, **fries** *loai;* buiten het germ. **lat.** *luere* [een financiële band losmaken], *solvere*, (< *se luere*) [losmaken], **gr.** *luein* [losmaken, uitspannen, krachteloos maken] → *los*².

luibert [ooievaar] één der talrijke varianten, vgl. i.h.b. *aibert, uiver* en de samenstelling *heiluiver* → *ooievaar*.

luid [hard klinkend] **middelnl.** *luut*, **oudsaksisch, oudfries, oudeng.** *hlūd* (**eng.** *loud*), **oudhd.** *(h)lūt* (**hd.** *laut*); buiten het germ. **lat.** *inclutus* [beroemd], **gr.** *klutos* [vermaard], **oudiers** *clu* [glorie], **oudkerkslavisch** *slava* [roem], **oudindisch** *śr̥ṇoti* [hij hoort], *śruta* [gehoord]; luid is een verl. deelw. als b.v. ook *koud* en betekent eigenlijk 'gehoord'.

luidruchtig [lawaaierig] **middelnl.** *luutruchtig*, van *luut* [luid] + *ruchtig* [luidruchtig], van *ruchte* [het roepen] (vgl. *gerucht*).

luiemotte [luilak] van *lui*³ + *mot*⁴ [zeug, lichte vrouw].

luier [doek voor kinderen] **middelnl.** *luder(e), luer* [doek, doodskleed, luier], **oudsaksisch** *luthara*, **oudhd.** *ludara*, (**hd.** *Lauder*), naast **oudsaksisch** *lotho*, **oudhd.** *lodo* (**hd.** *Loden*), **oudeng.** *loða*, **oudnoors** *loði* [grof laken], vgl. **oudnoors** *loðinn* [harig]; de basis is een germ. ww. voor groeien → *lieden, loden*.

luieren [lui zijn] < *luyaerden* (midden 16e eeuw), van *luyaerdie*, van *luy* [lui].

luif → *luifel*.

luifel [afdak] **middelnl.** *lo(e)ve, louve, leuwe*, bij Kiliaan *luyffe, luyve*, vgl. **oudhd.** *louba* [schutdak, hal], **hd.** *Laube* [eig. bladerdak] → *loge, loggia, loof*¹.

luik [(houten) schot] **middelnl., middelnd.** *luke;* van *luiken*¹.

Luik [geogr.] in de 8e eeuw *Leodium, Leodico*, eind 13e eeuw *Ludeke* > **hd.** *Lüttich*, vermoedelijk van de persoonsnaam *Leudo, Liudiko*, met een achtervoegsel van gallische herkomst -*acu*.

luiken¹ [sluiten] **middelnl.** *lu(i)ken* [toedoen, sluiten, dichtgaan], **oudsaksisch** -*lūkan*, **oudhd.** *lūhhan*, **oudfries, oudnoors** *lūka*, **oudeng.** *lūcan*, **gotisch** *galūkan;* mogelijk verwant met *lok;* de grondbetekenis zou dan zijn 'sluiten met vlechtwerk'.

luiken² [touwstrengen samenslaan] **middelnl.** *lu(i)ken* [toeknijpen, sluiten, omvatten] → *luiken*¹.

luilak [luiaard] (1701), in 1692 *luie lak;* de verklaring van het tweede lid is onzeker, vermoedelijk **middelnl.** *lac* [traag, slap, loom] (vgl. *laks*).

luim [stemming] **middelnl.** *lume* [scherts], naast

luimen ¹ [loeren] middelnl. *lumen* [belagen], van dezelfde basis als *loeren* en *luipen*.

luimen ² [slapen] kennelijk gevormd bij *sluimeren*; ca. 1500 komt voor *lumericheit* [slaap].

luipaard [katachtig roofdier] middelnl. *lupaert* < oudfr. *lupart, liepart* < lat. *leopardus*, van *leo* [leeuw] + *pardus* [luipaard] < **gr.** *pardos*, naast *pardalis* [wijfjespanter], vermoedelijk een kleinaziatisch leenwoord, dat in vele talen voorkomt: **turks** *pars*, **russ.** *bars*, **hettitisch** *paršana-*, **sogdisch** *pwrdnk*, **afghaans** *prang*, **oudindisch** *pṛdāku-* [panter, tijger], waarbij vermoedelijk **hebr.** *bārōd* [gevlekt (van dieren)]; aangezien **oudindisch** *pṛdāku-* ook 'slang' betekent is waarschijnlijk dat de oorspronkelijke betekenis 'gevlekt' is.

luipen [loeren] met andere anlaut naast *gluipen* als *loeren* naast *gluren*, een groep van vrij los samenhangende woorden waartoe verder behoren *luimen* [loeren] en *loens*, die alle als grondbetekenis hebben: door de toegeknepen ogen kijken.

luis [parasiet] middelnl. *luus, luse, luis*, middelnd., oudhd., oudeng., oudnoors *lūs*; buiten het germ. slechts kelt.: **oudcornisch** *lowen*, **welsh** *lleuen*, **bretons** *louen*.

luister [glans] middelnl. *luuster* [glans van een stof] < fr. *lustre* < it. *lustro* [idem], van *lustrare* [verlichten] < lat. *lustrare* (vgl. **luster**).

luisteren [horen] middelnl. *lu(u)steren* [luisteren, fluisteren], oudhd. *(h)lustren*, iteratiefvormingen, vgl. middelnl. *lust* [het aandachtig toeluisteren], middelnd., middelhd. *lūschen* en ablautend oudhd. *(h)losēn* [luisteren], van dezelfde basis als **luid**.

luistervink [stiekeme luisteraar] middelnl. *luustervinke*, **fries** *lusterfink* [iem. die zo scherp luistert als een vink].

luiszaad [sabadilzaad] zo genoemd omdat de gedroogde zaden gebruikt werden tegen luizen.

luit ¹ [muziekinstrument] < oudfr. *leüt* < me. lat. *lautum, lautus* [idem] < ar. *al 'ūd* [het hout, de stok, rietstengel, luit]; het arabische lidwoord *al* werd bij de ontlening niet onderkend.

luit ² [peer] bij Kiliaan *luyte*, van de vrouwennaam *Lute*, vgl. *aagt(epeer), lijzebet, dirkjespeer*.

luitenant [officier van lagere orde] (eind 15e eeuw) < fr. *lieutenant* [plaatsvervanger], *luitenant*, van *lieu* [plaats] < lat. *locus* [idem] (vgl. **locatie**) + *tenant*, teg. deelw. van *tenir* [houden] < lat. *tenēre* [idem]; de woorden *stadhouder* en *stedehouder* zijn letterlijke vertalingen.

luiwagen [bezem] vermoedelijk een sterk vervormd woord waarvan de etymologieën tot dusver speculatief zijn gebleven.

luiwammes [luiaard] van *lui* ³ + *wammes*, geassimileerd uit **wambuis**.

lukken [wel slagen] middelnl., middelnd. *lucken*, van middelnl. *luc*, middelnd. *lucke*, oudfries *luk*, vgl. **geluk**.

lukraak [op goed geluk af] middelnl. *luc of raec, luckeraec* [misschien, waarschijnlijk].

lul [pijp, penis] bij Kiliaan *lulpijpe* [doedelzak], van *lollen* [binnensmonds zingen e.d.], klanknabootsende vorming, door vormovereenkomst ontstond de betekenis 'penis'.

lullen [kletsen] van *lollen* (vgl. **lul**).

lumbaal [m.b.t. de lendenen] < lat. *lumbus* [lende, lendenen, schaamdelen] (vgl. **lende**).

lumbago [lendespit] < lat. *lumbago* [zwakte van de lendenen], van lat. *lumbus* [lende].

lumbecken [garenloos binden] < hd. *lumbecken*, genoemd naar de uitvinder ervan, de Duitser *E. Lumbeck*.

lumberjaquet [sportkiel] < eng. *lumberjack* [houthakker, een jack door lumberjacks gedragen], van *lumber + jack* [man, kerel] < *Jack;* het woord *lumber* betekent 'gezaagd hout', maar oorspr. 'opgeslagen gemengde inventaris', vgl. *lombard* [lommerd, d.w.z. het magazijn van de pandhuishouder, die oorspr. een man uit Lombardije was].

lumen [eenheid van lichtstroom] < lat. *lumen* [licht], daarmee idg. verwant.

lumieren [aanbreken van de dag] vgl. middelnl. *lumiere* [opening in vizier] < fr. *lumière* [licht, daglicht, dag, kijkgat] < lat. *luminare* [hemellicht, lamp, venster], van *lumen* [licht].

lumineus [lichtend, prachtig] < fr. *lumineux* < laatlat. *luminosus* [goed verlicht, lichtend, uitblinkend], van *lumen* (2e nv. *luminis*) [licht] + *-osus* [vol van].

luminiscentie [uitstraling] < fr. *luminescence*, van *luminescent*, een moderne vorming naar lat. *lumen* (2e nv. *luminis*) [licht].

lumme [achterstuk van rund] < lat. *lumbus* [lende].

lummel [onhandige vent] oostmiddelnl. *lummel* [onderbuik], hd. *Lümmel* [lul, bengel, vlegel], behoort bij *lam* ² [slap hangend].

lump, lomp [slijmvis] nd. *lump(en)*, zo genoemd vanwege zijn lompe vorm.

lumpe [vis] → *lomp* ².

lunair [maan-] < fr. *lunaire* < lat. *lunaris* [maan-], van lat. *luna* [maan], verwant met *lux* [licht].

lunapark [soort kermis] genoemd naar *Luna Park* (Coney Island, Brooklyn, New York), bekend om zijn verlichting, genoemd naar lat. *luna* [maan].

lunch [maaltijd rond middaguur] < eng. *lunch*, van *lump* [klomp, brok], verwant met **lomp** ¹.

lunderen [talmen] ook *lunteren* (bij Kiliaan), lenteren, lenderen, hd. *luntern*, klanknabootsende vorming, vgl. *slenteren, lanterfanten*.

lunet [halve ronding aan bouwwerk] < fr. *lunette*, van *luné* [halvemaanvormig], van *lune* [maan] < lat. *luna*, (vgl. **lunair**) *fr. les lunettes* [de bril, brilschans], het nl. woord voor *lunet* in de vestingbouw.

luns [spie in as] middelnl. *lonse, lunse, lunnagele*

[nagel om de asspie vast te zetten], **oudsaksisch** *lunisa*, **middelhd.** *lunse* (**hd.** *Lünse*), **oudeng.** *lynis* (**eng.** *linchpin*); buiten het germ. **lets** *ula* [wielnaaf], **armeens** *il* [spil], **oudindisch** *āṇi-* [pin van de as, bovenbeen].
lunteren [talmen] nevenvorm van *lunderen*.
lunula [halvemaanvormige houder in monstrans] < **lat.** *lunula*, verkleiningsvorm van *luna* [maan, halvemaanvormig voorwerp, meest sieraad] (vgl. *lunair*).
lupanar [bordeel] < **fr.** *lupanar* < **lat.** *lupanar*, van *lupa* (vr. van *lupus*) [wolvin, lichtekooi]; thans nog it. *lupanare*, fr. *lupanar* [bordeel].
lupine [plantengeslacht] < **lat.** *lupinus, lupinum* [idem], van *lupus* [wolf]; men geloofde, dat de lupine schadelijk was voor de grond.
lupus [huidtuberculose] < **lat.** *lupus* [wolf], daarmee idg. verwant.
lurf [ingekeept hout] **hd. dial.** *lorfe, lorve, larve*, etymologie onbekend.
lurken [hoorbaar zuigen] klanknabootsende vorming, vgl. **fries** *loarkje* [pompen].
lurp [overrijp] vgl. **noors** *lurva* [vod], **zweeds** *lurv* [ongekamd haar], **nl.** *de lurven* en *lerf* [tong].
lurven ['bij de lurven pakken', bij de kraag vatten] → *lurf*.
lus [tot een oog gedraaid touw] nevenvorm van *lis*, **middelnl.** *litse* [snoer, strik] < **fr.** *lice* < **lat.** *licia*, mv. van *licium* [lus].
lusingando [muziek vleiend] < **it.** *lusingando*, gerundium van *lusingare* [vleien] < **fr.** *losange* of **provençaals** *lauzenga*.
Lusitaans [Portugees] van **lat.** *Lusitania*, een provincie die grotendeels met het huidige Portugal samenviel, *Lusitani* [het daar wonende Iberische volk].
lust [begeerte] **middelnl., oudhd., oudfries, oudeng.** *lust*, **oudsaksisch** *lusta*, **gotisch** *lustus*; buiten het germ. **lat.** *lascivus* [dartel], **gr.** *lastè* [hoer], **oudkerkslavisch** *laska* [vleierij] (**russ.** *laska* [liefkozing]), **oudiers** *lainn* [gulzig], **hettitisch** *ilalija-* [begeren].
luster [kroonluchter] < **fr.** *lustre* [in de 15e eeuw straling] < **it.** *lustro*, van *lustrare* < **lat.** *lustrare* [verlichten], van *lux* (2e nv. *lucis*) [licht], daarmee idg. verwant → *luchter*.
lustratie [reinigingsrite] < **lat.** *lustratio* [reiniging], van *lustrare*, van *lustrum* (vgl. *lustrum*).
lustre [weefsel, glans] < **eng.** *lustre* < **fr.** *lustre* < **it.** *lustro* [idem] (vgl. *luster*).
lustreren [glanzend maken (van aardewerk)] < **fr.** *lustrer* < **it.** *lustrare* [idem] (vgl. *luster*).
lustrum [vijfjarig tijdvak] < **lat.** *lustrum* [de reiniging, het zoenoffer dat elke vijf jaar werd gebracht, tijdvak van vijf jaar], van *lustrare* [reinigen], verwant met *lavare* [wassen].
lut [zuigdot] van *lutten*.
luteïne [gele kleurstof] gevormd van **lat.** *luteus* [geel, oranje], van *lutrum* [wouw (plant die gele verf levert), gele kleur].

luteren [dichtsmeren] **middelnl.** *lute(e)ren* [met leem bestrijken], iteratief van *luten* [idem] < **fr.** *luter* [idem] < **lat.** *lutare* [besmeren], van *lutum* [modder, leem], verwant met *polluere* [bezoedelen], *luere* [bespoelen].
lutetium [chemisch element] genoemd naar *Lutetia*, de Latijnse benaming van Parijs, een naam van kelt. herkomst, vgl. **oudiers** *loth* [vuil], **welsh** *lludedic* [modderig, dus: moerassig gebied].
luthers [volgens de leer van Luther] genoemd naar *Martin Luther* (1483-1546).
lutje [beetje] → *luttel*.
lutrijn [koorlessenaar] < **fr.** *lutrin* < **chr. lat.** *lectrinum*, verkleiningsvorm van *lectrum* < **klass. lat.** *lectorium* [leesstoel], van *legere* (verl. deelw. *lectum*) [lezen].
luts [lis] nevenvorm van *lits* [lis] (vgl. *lis*²).
lutsen [heen en weer gaan, wiebelen] **middelnl.** *lutsen, ludsen* [idem], met het karakter van een intensiefvorm, naast (met dezelfde betekenis) *leuteren*, met het karakter van een frequentatief.
luttel [gering] **middelnl.** *luttel, littel, lettel, lutter, lut(t)ic*, **oudnederfrankisch** *luttic*, **oudsaksisch** *luttil, luttik*, **oudhd.** *luzzil, luzzic*, **oudfries** *litik*, **oudeng.** *lytel*, **oudnoors** *litill*, **gotisch** *leitils*; daarnaast **nl.** *lutje*, een duidelijk affectief woord gezien de varianten; verwanten buiten het germ. zijn niet gevonden.
lutten [zuigen, lurken] klanknabootsende vorming.
lutteren [wiebelen] vgl. *leuteren* en *lutsen*.
lutum [kleine gronddeeltjes] < **lat.** *lutum* [modder, leem, zand, stof], van *luere* [bespoelen] → *luteren*.
luur → *luier*.
luw [windvrij] **middelnl.** *luw*, **oudeng.** *hliewe* [lauw, warm], **oudnoors** *hly* [warmte] → *lauw*¹, *lij*.
luxatie [ontwrichting] gevormd van **lat.** *luxare* [verzwikken, verrekken, ontwrichten, van zijn plaats brengen] (vgl. *luxe*).
luxe [weelde] < **fr.** *luxe* < **lat.** *luxus* [vruchtbaarheid, wellust, uitspatting, weelde, overdaad, pracht] (bn.) *luxus* [ontwricht, verrekt] (vgl. *luxatie*).
Luxemburg [geogr.] officieel *Letzeburg*, genoemd naar de *Lützelburg* [kleine burcht] (vgl. *luttel*), vgl. *Mecklenburg* [grote burcht].
luxurieus [wellustig] < **fr.** *luxurieux* < **lat.** *luxuriosus* [te weelderig groeiend, bovenmatig, weelderig, verkwistend], van *luxus* (vgl. *luxe*) + -*osus* [vol van].
luzerne [rupsklaver] < **fr.** *luzerne* < **provençaals** *luzerno*, dat als eerste betekenis 'glimworm' heeft en dan 'luzerne' vanwege de glanzende korrels < **lat.** *lucerna* [lamp] > **middelnl.** *lucerne* [lamp, licht], daarmee idg. verwant.
lyceum [middelbare school] < **lat.** *Lyceum* [het gymnasium nabij Athene, waar Aristoteles doceerde], **gr.** *Lukeion*, o. van *lukeios* [wolfs-], van *lukos* [wolf], daarmee idg. verwant; dit gymnasium werd zo genoemd naar de nabijgelegen

tempel van Apollo, van wie *lukeios* een epitheton was.

lychee [vrucht] < **mandarijn** *li chih,* **kantonees** *lai chi.*

lycopodium [wolfsklauw] gevormd van **gr.** *lukos* [wolf], daarmee idg. verwant + *pous* (2e nv. *podos*) [poot, voet], daarmee idg. verwant.

lyddiet [springstof] genoemd naar de plaats *Lydd* in Kent, waar het voor de eerste maal werd beproefd.

lydiet [kiezelklei] genoemd naar *Lydië,* het gebied in West-Anatolië.

Lydisch [m.b.t. Lydië] < **lat.** *Lydius* < **gr.** *Ludios* < *Ludos* [van Lydië].

lykantroop [weerwolf] < **byzantijns-gr.** *lukanthrōpos* [lijdend aan (weer)wolfsziekte], van *lukos* [wolf], daarmee idg. verwant + *anthrōpos* [mens].

lymf, lymfe [weefselvocht] < **lat.** *lympha* [water uit rivier of bron], wel gedissimileerd < **gr.** *numphè* [nimf] → *limpide.*

lymfocyt [wit bloedlichaampje] gevormd van *lymf* + **gr.** *kutos* [holte, vaatwerk, pot], idg. verwant met *huid.*

lynchen [zonder berechting doden] (19e eeuws), afgeleid van de naam *William Lynch* (1742-1820), die het lynchen in zwang zou hebben gebracht.

lynx [katachtig roofdier] < **lat.** *lynx* < **gr.** *lugx* [lynx, los], daarmee idg. verwant.

lyofiel [goed oplosbaar] gevormd van **gr.** *luein* [losmaken, afbreken, doen uiteenvallen], idg. verwant met *verlossen* + *philos* [een vriend van].

Lyon [geogr.] < **lat.** *Lugdunum,* keltisch *Lugudunon,* waarvan het eerste lid mogelijk *Loegos,* de Keltische zonnegod is, mogelijk echter een kelt. woord voor raaf + *dunon* [berg, burcht] (vgl. *duin*).

lyriek [lierdicht] < **fr.** *lyrique* [idem] < **lat.** *lyricus* [lyrisch] < **gr.** *lurikos,* bn. van *lura* [lier].

lysis [ontbinding] < **gr.** *lusis,* van *luein* [losmaken], idg. verwant met *verlossen.*

lysogenie [het produceren van antistoffen] *lysines* [antistoffen], gevormd van **gr.** *lusis* (vgl. *lysis*) + *Genesis.*

lysol [ontsmettingsmiddel] gevormd van **gr.** *lusis* [het losmaken] (vgl. *lysis*) + **lat.** *oleum* [olie].

lyssa [hondsdolheid] < **gr.** *lussa* [razernij].

m

-m [relictachtervoegsel] in het idg. *-m-,* dienend tot vorming van zn. bij ww., b.v. *molm* (ablautend) bij *malen,* bloem bij *bloeien, helm* bij *helen.*

maag[1] [verwant] **middelnl.** *mage, maech,* **oudsaksisch, oudhd.** *māg,* **oudfries** *mēch,* **oudeng.** *mæg,* **oudnoors** *māgr* [zwager, schoonzoon], **gotisch** *mēgs* [schoonzoon]; verwantschap met *maagd* is niet onmogelijk.

maag[2] [orgaan] **middelnl.** *mage,* **oudhd.** *mago,* **oudfries, oudeng.** *maga* (**eng.** *maw* [maag van dier]), **oudnoors** *magi;* buiten het germ. **welsh** *megin* [blaasbalg], **litouws** *makas,* **lets** *maks,* **oudkerkslavisch** *mošĭna* [zak].

maagd [ongerepte jonge vrouw] **middelnl.** *maget, maecht, meget, meecht* [jonkvrouw, jonkman, dienstmaagd], **oudsaksisch** *magath,* **oudhd.** *magad,* **oudfries** *maged, megith,* **oudeng.** *mægd* (**eng.** *maid(en)*), **gotisch** *magaþs* [maagd]; naast **oudsaksisch** *magu,* **oudeng.** *mago* [zoon], **oudnoors** *mǫgr,* **gotisch** *magus* [knaap, zoon]; buiten het germ. **oudiers** *maug, mug* [slaaf], *macc* [zoon], **avestisch** *maghava* [ongehuwd].

maaien [afsnijden] **middelnl.** *ma(e)yen, meyen,* **middelnd.** *meien,* **oudhd.** *māen* (**hd.** *mähen*), **oudfries** *mia,* **oudeng.** *mawan* (**eng.** *to mow*); buiten het germ. **lat.** *metere,* **gr.** *aman,* **bretons** *medi* [maaien], **oudiers** *meithel,* **oudwelsh** *medel* [groep maaiers] → *made*[2].

maal[1] [markgenoot] **middelnl.** *ma(e)lman* [hij die aandeel heeft in de mark en rechtszitting], **oudnederfrankisch** *mallus, mallum* [gerechtsplaats], **oudhd.** *mahal* [idem], **gotisch** *maþl* [verzamelplaats, markt] → *gemaal.*

maal[2] [jonge koe] **oudnederfrankisch** *mala,* **oudnoors** *smali* [klein vee, schapen]; buiten het germ. **gr.** *mèlon* [stuk klein vee], **oudiers** *mil* [dier], **oudkerkslavisch** *malŭ* [klein], **armeens** *mal* [schaap, ram]; mogelijk verwant met *smal.*

maal[3] [valies] **middelnl.** *mael, male* [reistas, valies, buik van dier], **oudsaksisch** *malaha,* **oudhd.** *malha;* buiten het germ. **gr.** *molgos* [kale leren zak], **iers** *mala* [zak].

maal[4] [vlek, teken] **middelnl.** *mael,* **oudsaksisch** *-māl,* **oudhd., oudnoors** *māl,* **oudeng.** *mǣl,* **gotisch** *mēl;* buiten het germ. **lat.** *mulleus* [roodachtig], **gr.** *melas* [zwart], **bretons** *melen* [geel], **litouws** *mèlas* [blauw], **lets** *mę̄lns* [zwart], **oudindisch** *mula-* [vuil, onreinheid].

maal[5] [telkens terugkerend tijdstip, keer] **middelnl.** *mael* [tijd, keer], **middelnd., oudhd.** *māl,* **oudeng.** *mǣl,* **oudnoors** *māl* [tijdstip], **go-**

tisch *mēl* [tijd]; etymologie onzeker, vermoedelijk is het woord identiek met **middelnl.** *mael* [vlek, teken] (vgl. ***maal*** **⁴**), waarbij de betekenis zich dan ontwikkelde van 'teken', via 'mikpunt, doel' tot 'tijdpunt, tijdstip'.

maal ⁶ [melktijd] hetzelfde woord als ***maal*** **⁷** [tijdstip, maaltijd].

maal ⁷ [maaltijd] **middelnl.** *mael,* **oudhd.** *mal,* **oudeng.** *mœl,* **oudnoors** *mal,* **gotisch** *mel* [tijd]; hetzelfde woord als *maal* [keer (telkens terugkerend tijdstip, etenstijd en vervolgens het eten zelf)].

maalstroom [ronddraaiende stroming] oorspr. de draaiende stroom voor de Noorse kust, waarvan men veronderstelde dat hij alle schepen uit de omgeving opslorpte, 1595 bij Mercator, van ***malen*** **²** + ***stroom***.

maaltijd [eten] samenstelling van ***maal*** **⁵** + ***tijd***.

maan ¹ [satelliet] **middelnl.** *mane, maen,* **oudnederfrankisch, oudsaksisch, oudhd.** *mano,* **oudfries, oudeng.** *mona,* **oudnoors** *mani,* **gotisch** *mena;* buiten het germ. **gr.** *mènè,* **Iets** *mènesis* [maan, maand], **oudkerkslavisch** *měsęcĭ* [maan, maand], **perzisch** *māh,* **oudindisch** *mās-* [maan] →***maand***.

maan ² [made] etymologie onbekend.

maand [1/12e jaar] **middelnl.** *maent,* **oudsaksisch** *manoth,* **oudhd.** *manod,* **oudfries** *monath,* **oudeng.** *monađ,* **oudnoors** *manađr,* **gotisch** *menoþs;* buiten het germ. **lat.** *mensis,* **gr.** *mèn,* **oudiers** *mi,* **oudpruisisch** *menig* < ***maan*** ¹.

maandag [tweede dag van de week] vertalende ontlening aan **lat.** *dies lunae* [de dag van de maan]; de rom. talen bleven het lat. volgen met **fr.** *lundi,* **it.** *lunedì;* het lat. vertaalde uit **gr.** *selènès hèmera, selènès* [van de maan] *hèmera* [dag] ; *luna* is idg. verwant met ***licht*** ¹.

maandstond [mis voor dode een maand na overlijden] **middelnl.** *maentstont,* samenstelling van ***maand*** + ***stond***.

maankop [papaver] **middelnl.** *macopijn, ma(e)ncop, ma(c)kijn* [papaverzaad], **middelnd.** *mankop,* **oudhd.** *mankopf;* voor het eerste lid vgl. **oudsaksisch** *maho,* **oudhd.** *mago;* buiten het germ. **gr.** *mèkōn* [papaver], **lat.** *macerare* [slap maken], **oudpruisisch** *moke,* **oudkerkslavisch** *makŭ* [papaver]; voor het tweede lid vgl. ***slaapbol***.

maanzaad [zaad van de maankop] **middelnl.** *maensaet, mancopsaet* [zaad van de papaver] (vgl. ***maankop***).

maanziek [zenuwziek] **middelnl.** *manesiec* (1332), vertaling van **lat.** *lunaticus* [epileptisch, maanziek].

maar ¹ [tijding] →***mare*** ¹.

maar ² →***nachtmerrie***.

maar ³ [gracht] **middelnl.** *mare, maer, mere* [poel, meer, wetering], **middelnd.** *mare,* **fr.** *mar* [meer] →***meer*** ¹.

maar ⁴ [doch] **middelnl.** *neware, newaer, nemare, maere, maer, mer,* van de ontkenning *ne* + *ware,* de optatief verl. tijd van ***wezen***.

maarschalk [opperstalmeester] **middelnl.** *ma(e)rschalc* [hoefsmid, paardendokter, koninklijk ambtenaar die toezicht houdt op de stallen, de legertros e.d.]; het eerste lid is **middelnl.** *mare, marie, merie* (vgl. ***merrie***), voor het tweede lid vgl. ***schalk*** ¹.

maart [derde maand] < **lat.** *Mensis Martis, Mensis* [maand] *Martis* [van (de god) Mars]; mogelijk zo genoemd omdat men 's winters geen oorlog voerde en deze in het voorjaar weer begon.

maarte [dienstmeisje] **middelnl.** *Martha, maerte, marte;* genoemd naar de dienstvaardige *Martha* uit Lucas 10:38.

maas [oog in netwerk] **middelnl.** *ma(e)sche, mase, maas,* **oudsaksisch** *maska,* **oudhd.** *masca* (**hd.** *Masche*), **oudeng.** *masc* (**eng.** *mesh*), **oudnoors** *moskvi;* buiten het germ. **gr.** *moschos* [jonge loot], **litouws** *mazgas* [knoop], *megsti* [breien].

Maas [rivier] < **gallisch** *Mosa,* vergelijk de verkleiningsvorm in het **lat.** *Mosella* > *Moezel* [lett. dus: kleine Maas, (gelegen in de nabijheid van de bovenloop van de Maas].

maasbalk [benaming voor een soort van lange dennen] vermoedelijk te verbinden met **middelnl.** *ma(i)siere* [muur, spleet in muur], waarbij *masieregat* [opening in muur] < **oudfr.** *maisiere, mesiere* [idem] < **me. lat.** *maceria* [muur] (vgl. ***metselen***).

Maastricht [geogr.] voor het eerste lid vgl. ***Maas,*** het tweede lid < **lat.** *traiectum* [overgang], eigenlijk verl. deelw. van *traicere* [over iets heen werpen, over iets heen brengen], van *trans* [over] + *iacere* (in samenstellingen *-icere*) [werpen].

maaswerk ¹ [netwerk] samenstelling van ***maas*** + ***werk*** ².

maaswerk ² [tracering] < **hd.** *Maßwerk*.

maat ¹ [afmeting] **middelnl., middelnd.** *mate,* **oudhd.** *maza,* **oudfries** *mete,* bij ***meten***.

maat ² [metgezel] **middelnl.** *mate, maet,* **middelnd.** *mat(e),* **oudhd.** *gimazzo* [tafelgenoot], van **middelnl.** *met* [spijs], **oudsaksisch** *mat,* **oudhd.** *maz,* **oudfries** *met,* **oudeng.** *mēte* (**eng.** *meat*), **oudnoors** *matr,* **gotisch** *mats;* buiten het germ. **oudiers** *maisse* [voedsel]; maat betekent dus: degene met wie men de tafel deelt, vgl. ***mes, metworst,*** voor de betekenisontwikkeling vgl. ***kameraad, compagnon, kompaan, gezel, genoot***.

maat ³ [weide] nevenvorm van ***made*** ².

maatjesharing [haring waarbij hom of kuit nog niet ontwikkeld is] **middelnl.** *magedekenharinc, maechdekenharinc, madekenharinc;* het eerste lid is een verkleiningsvorm van *maget* [maagd, jonkvrouw, jonkman], de betekenis is dus: jonge haring.

maatjespeer [bergamotpeer] (1721) < *Maartenspeer,* **hd.** *Martinsbirne,* naar *Sint-Maarten,* rond wiens naamdag, 11 nov., de peer rijp is.

maatland — maculatie

maatland [buitendijks land in het Gooi] het eerste lid is *maat*³ [weide].
maatregel [schikking] (1734) < hd. *Maßregel*.
maatschap [samenwerkingsverband] **middelnl.** *maetschap*, van *maat*² + *-schap*.
maatschappij [vereniging, samenleving] afgeleid van *maatschap*.
mabok [dronken] < maleis *mabuk*, ouder *mabok* [idem].
macaber [behorend bij de dood, griezelig] < fr. *danse macabre* [dodendans] < **middelfr.** *danse macabré, Macabré la danse*, onjuiste weergave van me. lat. *Machabeorum chorea;* dat geïnspireerd zal zijn door het verhaal, in de apocriefe boeken der *Makkabeeërs*, van de moeder die haar zeven zonen moest zien doden en braden omdat zij geen varkensvlees wilden eten.
macadam [wegverharding] < **eng.** *macadam*, genoemd naar de uitvinder ervan, de Britse ingenieur *John London McAdam* (1756-1836).
macamba [Antilliaanse benaming voor Europese Nederlanders] een woord uit een oorspronkelijke taal van de Afrikaanse slaven.
macarisme [zaligspreking] < gr. *makarismos*, van *makarizein* [gelukkig noemen], van *makar* [rijk, gezegend].
macaroni [deegspijs] < it. *maccheroni*, ouder *macceroni*, mv. van *maccerone* < me. gr. *makaria* [bouillon met gerstgrutten, met niet-verklaarde wijziging van de oorspronkelijke betekenis 'geluk, zegen'], van *makar* [rijk, gezegend].
macedoine [gemengd gerecht van groenten of vruchten] < fr. *macédoine* [lett. uit Macedonië], zo genoemd omdat dat gebied een smeltkroes van volkeren was.
Macedonisch [m.b.t. Macedonië] < lat. *Macedonius* < gr. *Makedonios*.
maceratie [losmaken van b.v. weefseldelen] < fr. *macération* [kastijding] < lat. *maceratio* [zelfkastijding, versterving], van *macerare* (verleden deelwoord *maceratum*) (vgl. **macereren**).
macereren [laten weken] **middelnl.** *macereren* [doen uitteren van het lichaam] < fr. *macérer* < lat. *macerare* [weken, in de week zetten, week maken, verzwakken, uitmergelen].
macfarlane [lichte overjas] stellig van een persoonsnaam *Mac Farlane*.
mach [verhouding tussen geluid en eigen snelheid] genoemd naar de Oostenrijkse filosoof en natuurkundige *Ernst Mach* (1838-1916).
machete [kapmes] < spaans *machete*, van *macho* [hamer] < **lat.** *marculus* [hamertje], verwant met *malleus* [hamer].
machiavellisme [gewetenloze staatkunde] genoemd naar *Niccolò Machiavelli* (1469-1527), Florentijns staatsman.
machicoulis [schietgat in torenvloer] < fr. *machicoulis*, vgl. me. lat. *machicolare* (ww.), van < **oudfr.** *mache* [instrument om iets fijn te stampen, knots], van onbekende herkomst + *couler* [(doen) vloeien, druipen, zinken, gieten] < lat. *colare*, van *colum* [zeef].
machinatie [kuiperij] < fr. *machination* [idem] < lat. *machinationem*, 4e nv. van *machinatio* [werktuig], van *machinari* (verl. deelw. *machinatum*) (vgl. **machineren**).
machine [toestel] < fr. *machine* < lat. *machina* [(belegerings)werktuig, toneelmachine] < gr. *mèchanè* [kunstvaardigheid, middel, werktuig], van *mèchos* [middel (vooral middel tegen)], idg. verwant met *macht*.
machineren [kuipen] < fr. *machiner* [idem] < lat. *machinari* [kunstig vervaardigen, uitdenken, in zijn schild voeren], van *machina* (vgl. **machine**).
macho [overdreven zelfbewuste man] < **spaans** *macho* [mannetje, mannetjesdier], teruggaand op lat. *masculus* [mannelijk], van *mas* [idem].
machoch, machochel [dikke, vette vrouw] bij Kiliaan *machache, machachel*, waarvan verondersteld is dat het eind 16e eeuw is overgenomen van de Spaanse troepen < **spaans** *muchacha* [meisje].
machorka [slecht soort tabak] < **russ., oekraïens** *machorka;* vermoedelijk afgeleid van de Nederlandse plaatsnaam *Amersfoort* en volksetymologisch beïnvloed door **russ., oekraïens** *mochor* [draad, franje].
macht [vermogen] **middelnl.** *macht*, **oudsaksisch, oudhd.** *maht*, **oudfries** *mecht*, **oudeng.** *meaht*, **gotisch** *mahts*, **oudnoors** *mattr* het oudnoors assimileert *cht* > *tt*, behoort bij *mogen, ik mag*.
machtigen [volmacht geven] **middelnl., middelnd.** *machtigen*, **oudhd.** *gamahtigon* [sterk maken].
macigno [kalkachtig zandgesteente] < it. *macigno*, eigenlijk steensoort waarvan men een *macina* [molensteen] maakt < **lat.** *machina* (vgl. **machine**).
macis [foelie van nootmuskaat] < fr. *macis* < laatlat. *macis*, ontstaan door een verschrijving in *macir* < gr. *makir*, van onbekende herkomst.
mackintosh [regenjas] < **eng.** *mackintosh*, genoemd naar de uitvinder van waterdicht textiel *Charles Mackintosh* (1766-1843, patent gedeponeerd in 1823).
maçon [vrijmetselaar] < fr. *maçon* [metselaar] < me. lat. *machio*, uit het germ..
macramé [knoopwerk] < fr. *macramé* < ar. *miqram*, mv. *maqārim* [beddesprei].
macro- [groot, lang] < gr. *makros* [idem], idg. verwant met *mager*.
macrobiotisch [m.b.t. de kunst om het leven te verlengen] gevormd van gr. *makros* [lang] + *bios* [leven].
macrocefalie [waterhoofd] gevormd van *macro-* + gr. *kephalè* [hoofd], idg. verwant met *gevel*.
maculatie [gevlektheid] < fr. *maculation* < lat. *maculatio* [vlek], van *maculare* (verl. deelw. *maculatum*) [bevlekken], van *macula* [vlek], idg. verwant met *smijten*.

maculatuur [misdruk] < fr. *maculature* [idem], van *maculer* [bekladden] < lat. *maculare* [idem], van *macula* [vlek] (vgl. *maculatie*).

maculeus [gevlekt] gevormd van lat. *maculosus* [idem], van *macula* [vlek] (vgl. *maculatie*) + -*osus* [vol van].

mad [maaiersterm] van *maaien*, vgl. *made*² [weide, hooiland].

madam [mevrouw] < fr. *madame* < *ma dame, ma* [mijn] + *dame* (vgl. *dame*).

madapolam [katoenen weefsel] genoemd naar *Madapollam*, een voorstad van Narsapur in Madras, waar de stof vandaan kwam.

made¹ [larve] middelnl. *māde, maeye*, oudsaksisch *mătho*, oudhd. *mădo* (hd. *Made*), oudeng. *maða*, gotisch *măþa*, verwant met *mot*¹.

made² [weide, hooiland] middelnl. *made, maet, mede, meet*, oudhd. *mād*, oudeng. *mǣð*, van *maaien* → *mad*.

madelief [plant] middelnl. *matelieve, metelieve, madesoete, medesuete*; het eerste lid is wel *made*² [weide]; vgl. *matefellone, matefeloene* [centauria pratensis, weidecentauria, knoopkruid, een bitter plantje], *(felloen* [boosaardig]); beide plantjes werden met medisch oogmerk geconsumeerd. Vgl. voor de betekenis van het eerste lid nog *vennebloem*, vgl. ook *meizoentje*.

maderiseren [donker worden van wijn bij rijping] < fr. *madériser*, gevormd van *Madera*.

madoeravoet [infectie] genoemd naar *Madura*, een district in Madras waar de ziekte veelvuldig voorkwam.

madonna [mevrouw] < it. *madonna*, van *ma donna, ma*, tegenwoordig *mia* [mijn], *donna* [vrouwe] (vgl. *donna*).

madras [katoenen weefsel] genoemd naar de plaats van herkomst *Madras*.

madreporen [sterkoralen] < it. *madrepora*, van *madre* [moeder] + *poro* [porie, lett. moeder van de poriën] (vgl. voor het gebruik van moeder in deze zin b.v. *duramater*), zo genoemd vanwege de poreuze plaat, die het zeewater toegang geeft. De *a* in het it. is ontstaan door het vr. geslacht van *madre*.

Madrid [geogr.] < ar. *majrīt*, genoemd naar *majran* [waterloop, beekje, goot], bij *jarā* [hij stroomde, vloeide] + *ma*-, een plaatsaanduidend voorvoegsel; de Moren, die ter plekke een dorp stichtten, hadden een bevloeiingskanaal aangelegd om water uit de omringende bergen naar hun fruittuinen te leiden.

madrigaal, madrigal [liedvorm] < it. *madrigale*; etymologie omstreden.

maduro [donker van kleur (van sigaren)] < spaans *maduro* [gerijpt] < lat. *maturus* [idem], verwant met *manus* [goed] (vgl. *manen*² [geesten]).

maësta [majesteit] < it. *maestà* < lat. *maiestas* (2e nv. *maiestatis*), (vgl. *majesteit*).

maëstro [meester] < it. *maestro* < lat. *magistrum*, 4e nv. van *magister* (vgl. *meester*).

maf [flauw, slap] etymologie onbekend, mogelijk een nevenvorm van *muf*¹, wellicht ook een kruising van *moe* en *laf* of van *mat* en *laf*.

maffen [slapen] van *maf*.

maffia [misdadige organisatie] < it. *maffia*, etymologie onbekend.

maffie, mafje [barg. kwartje] etymologie onbekend.

magaal [magge, puitaal] etymologie onbekend.

magazijn [bergplaats] (1589) < fr. *magasin* [idem] < it. *magazzino* [idem] < ar. *makhāzin*, mv. van *makhzan* [opslagplaats, depot], met het plaatsaanduidend voorvoegsel *ma*, bij het ww. *khazana* [hij sloeg op, borg op].

magazine [periodiek] < eng. *magazine* < fr. *magasin* (vgl. *magazijn*), dus eig. opslagplaats van 'artikelen'.

Magdalénien [geologische periode] genoemd naar de vindplaats in de grot *La Madeleine* in de Dordogne.

magenta [rode verfstof, karmozijntint] in 1858 bereid, maar veelal magenta genoemd naar de bloedige slag bij *Magenta* in 1859.

mager [dun] middelnl. *mager*, oudhd. *magar*, oudeng. *mǣger* (eng. *meagre*), oudnoors *magr*; buiten het germ. lat. *macer* [mager], gr. *makros* [lang], avestisch *mas*- [lang].

magge [puitaal] → *magaal*.

maggi [merknaam] genoemd naar de uitvinder en fabrikant, de Zwitser *Julius Maggi* (1846-1912).

maggiore [groter] < it. *maggiore* < lat. *maiorem*, 4e nv. van *maior* (vgl. *majoor*).

maggiplant [lavas] zo genoemd naar de lucht die de bladeren afgeven als men ze fijn wrijft.

Maghrib [Noordwest-Afrika] < ar. *Maghrib*, met het plaatsaanduidend *ma*-, gevormd bij *gharaba* [hij (d.w.z. de zon) ging onder], dus het westen, vgl. *Europa*, vgl. voor de tegenovergestelde betekenis *Anatolië, Azië, Levant, Nippon*.

magie [toverkunst] < fr. *magie* < laat-lat. *magia* [toverkunst] < gr. *mageia* [de geleerdheid van de Perzische priesters (magiërs), toverij, bedrog], van *magos* [Perzisch priester (zij waren ook de dragers van de wetenschap), tovenaar, bedrieger] < **oudperzisch** *magush*.

Maginotlinie [verdedigingslinie] genoemd naar de Franse minister van Oorlog *André Maginot* (1877-1932).

magirusladder [uitschuifbare ladder] genoemd naar de uitvinder ervan, de Duitser *Conrad Dietrich Magirus* (1824-1895).

magister [meester] < lat. *magister* (vgl. *meester*).

magistraal¹ [meesterlijk] < fr. *magistral* < me. lat. *magistralis* [meesterlijk], van *magister* (vgl. *meester*).

magistraal² [gordellijn (in vestingbouw)] < fr. *magistrale* [idem] < me. lat. *magistralis* [van de meester, voornaamste, belangrijkste] (vgl. *magistraal*¹).

magistraat [overheid(spersoon)] < fr. *magistrat* < lat. *magistratus* [overheidsbeambte, over-

magma — maiko

heidspersoon], van *magister* [meester] (vgl. **meester**).
magma [gesmolten massa in de aarde] < **lat.** *magma* [idem] < **byzantijns-gr.** *magma* [deeg, massa], van *massein* [kneden], idg. verwant met **mengen**.
magnaat [iem. van veel invloed] < **fr.** *magnat* < **chr. lat.** *magnatus* [machtige], van *magnus* [groot, aanzienlijk] (vgl. **magnum**).
magnalium [aluminiumlegering] gevormd van **chr. lat.** *magnalia* [grote daden, wonderdaden], van *magnus* [groot] (vgl. **magnum**) + **aluminium**, zo genoemd vanwege de wonderbaarlijke eigenschappen van het materiaal.
magnaniem [grootmoedig] < **fr.** *magnanime* < **lat.** *magnanimus* [(groot)moedig, fier, lijdzaam], van *magnus* [groot] (vgl. **magnum**) + *anima* [wind, adem, ziel].
magnecule [kleinste magnetisch deeltje] gevormd van **magneet** + *-culus*, een lat. verkleiningsuitgang.
magneet [staal dat ijzer aantrekt] **middelnl.** *magne(e)t, magnes,* **oudfr.** *magnete* < **lat.** *magnes* (4e nv. *magneta*) [magneet-], in *lapis magnes* [magneetsteen], (*lapis* [steen]) < **gr.** *Magnètis* [van Magnesia]; bij de in Klein-Azië gelegen stad van die naam wordt magnetisch erts gevonden.
magnesium [chemisch element] < **modern lat.** *magnesium,* gevormd van *magnesia* [magnesiumoxide] < **me. lat.** *magnesia* < **gr.** *magnèsia,* verkort uit *Magnèsia lithos* [steen van Magnesia] (vgl. **magneet**).
magnetiseur [persoon die iem. in een toestand van gewijzigd bewustzijn brengt] < **fr.** *magnétiseur* [idem], van *magnétisme* [vermogen om iem. te genezen] (vgl. **magneet**).
magneton [term uit de atoomfysica] < **fr.** *magnéton,* gevormd van *magnétique* + *-on*, een gebruikelijk achtervoegsel in de elektronica.
magnetron [instrument dat korte radiogolven uitgeeft] gevormd van **magneet** + **elektron**.
magnificat [lofzang van Maria] < **lat.** *magnificat* [hij looft], het eerste woord van de lofzang van Maria in Lucas 1:46.
magnifiek [prachtig] < **fr.** *magnifique* < **lat.** *magnificus* [idem, lett. grote dingen doende], van *magnus* [groot] (vgl. **magnum**) + *facere* (in samenstellingen *-ficere*) [maken, doen], daarmee idg. verwant.
magnitude [grootheid] < **fr.** *magnitude* < **lat.** *magnitudo* [grootte], van *magnus* [groot] (vgl. **magnum**).
magnolia [plantengeslacht] Linnaeus benoemde het geslacht magnolia naar *Pierre Magnol* (1638-1715), directeur van de botanische tuin te Montpellier.
magnum [wijnfles van 2 liter] < **lat.** *magnum,* het zelfst. gebruikt o. van *magnus* [groot], verwant met **gr.** *megas,* **oudindisch** *mah-, mahā-* (vgl.

maharadja), **hettitisch** *mekkiš,* **middeliers** *mag;* in het germ. **oudsaksisch** *mikil,* **oudhd.** *mihhil,* **oudeng.** *micel* (**eng.** *mickle*), **oudnoors** *mikill,* **gotisch** *mikils,* in het nl. verloren gegaan, maar **middelnl.** *mekel* [groot].
magoggel → *machoch*.
magot [apesoort] < **fr.** *magot,* verbastering van **hebr.** *Māgōg,* het land genoemd in Ezechiël 38, in de middeleeuwen scheldnaam voor niet-christelijke volkeren, eind 16e eeuw gebruikt voor de Barbarijse aap.
Magyaar [Hongaar] < **hongaars** *Magyar,* oorspronkelijk *Megyer,* de naam van een destijds dominerende Hongaarse stam.
mahagonie → *mahonie*.
maharadja [titel van vorst in Voor-Indië] < **hindi** *maharaja,* van *maha* [groot] (vgl. **mega-**) + *raja* [koning] < **oudindisch** *maharajah* [idem] (vgl. **rex**).
maharani [Indische vorstin] < **hindi** *mahārāji,* vr. van *maharadja* < **oudindisch** *mahārājñī,* van *maha-* [groot] (vgl. **magnum**) + *rājñī* [koningin].
maharishi [Hindoegoeroe] < **hindi** *maharishi,* van *maha-* [groot] (vgl. **magnum**) + *rshi* [wijze].
mahatma [Indische titel, in moderne tijd speciaal gegeven aan Gandhi] < **oudindisch** *mahātman-* [met een grote ziel], titel gegeven aan eenieder die ergens in uitblinkt, uit *maha-* [groot] (vgl. **magnum**) + *ātman-* [ziel, persoonlijkheidskern], idg. verwant met **adem**.
Mahdi [verlosser] < **ar.** *mahdī,* passief deelw. van *hadā* [hij leidde (langs het rechte pad), dus hij die (door God) is rechtgeleid].
mahjong [Chinees spel] < **kantonees** *ma chiung,* **mandarijn** *ma ch'iao* [mus], naar de afbeelding op de voornaamste steen van één der stellen, van *ma* [gespikkeld] + *ch'iao* [vogel, mus].
mahokboom [mahonieboom] ontleend aan **eng.** *mahogany,* Surinaamse variant van *mahonieboom*.
mahomedaan, mohammedaan → *Mohammed*.
mahonia [sierheester] genoemd naar de Amerikaanse tuinbouwkundige *Bernard McMahon* (1775-1816).
mahonie [mahoniehout] < **eng.** *mahogany,* ontleend aan een niet-achterhaalde indiantaal.
mahout [kornak] < **hindi** *mahaut* < *mahāvat* < **oudindisch** *mahā-* [groot] (vgl. **magnum**) + *mātra-* [maat], daarmee idg. verwant, dus groot van maat, oorspronkelijk een eretitel.
maiden-speech [redenaarsdebuut] < **eng.** *maiden-speech,* van *maiden* (vgl. **maagd**) + *speech* (vgl. **spraak**).
maieutiek [kunst van het uitvragen om de ondervraagde tot inzicht te brengen] < **gr.** *maieutikos* [het verlossen betreffend], van *maieuein* [verlossen], van *maia* [vroedvrouw, oorspronkelijk moeder], van *ma* [moeder], een kinderwoord.
maiko [jonge geisha] < **japans** *maiko* [eig. danseres], van *mai* [dans] + *ko* [meisje].

mail [brievenpost] < eng. *mail* [zak, brievenzak, post], **middeleng.** *male* < **oudfr.** *male* [zak], uit het germ., vgl. *maal*³.
maillot [tricot] < fr. *maillot*, van *maille* [ringetje], vgl. *malie*¹.
maina [treurspreeuw, Gracula religiosa] < **hindi** *mainā* < **oudindisch** *madana* [soort vogel].
maintenee [bijzit] in het nl. gevormd verl. deelw. bij fr. *maintenir* (vgl. *mainteneren*).
mainteneren [onderhouden] **middelnl.** *maintenieren, maintenyren, mainteneren* [handhaven, wederkerig: zich gedragen] < fr. *maintenir* [handhaven, in stand houden, onderhouden] < lat. *manu tenēre* [in de hand houden], van *manu*, 6e nv. van *manus* [hand] + *tenēre* [(vast) houden].
maire [burgemeester] < fr. *maire* < lat. *maiorem*, 4e nv. van *maior* (vgl. *majoor*).
maïs [graansoort] < spaans *maíz* < het taíno van Haïti *mahís*.
maison [huis] < fr. *maison* < lat. *mansionem*, 4e nv. van *mansio* [oponthoud, nachtverblijf, herberg, woning], van *manēre* [(op een plaats) blijven].
maisonnette [etage-woning] < fr. *maisonnette* [huisje], verkleiningsvorm van *maison* (vgl. *maison*).
maître [meester] < fr. *maître* < lat. *magistrum*, 4e nv. van *magister* (vgl. *meester*).
maitriseren [de meester spelen over] < fr. *maîtriser*, afgeleid van *maître* [meester].
maïzena [bindmiddel, handelsmerk] gevormd van *maïs*.
majem [barg. water] < hebr. *majim*.
majer [plantengeslacht] < hd. *Maier, Meier*, **middelnd.** *mir*, **nl.** *muur* [muurkruid], ook *mier, murik* → *muur*².
majesteit [heerlijkheid] **middelnl.** *magestaet, majestaet, majesteit* < fr. *majesté* < lat. *maiestatem*, 4e nv. van *maiestas* [verhevenheid, waardigheid, aanzien], van *maius*, o. van *maior* [groter, rijker, belangrijker, edeler] (vgl. *majoor*).
majestueus [verheven] < fr. *majestueux* < it. *maestoso* [idem], van *maestà* + *-oso* < lat. *-osus* [vol van] → *majesteit*.
majeur [muziekterm] < fr. *majeur* [groter] < lat. *maior* (vgl. *majoor*).
majolein → *marjolein*.
majolica [aardewerk] < it. *maiolica*, verbastering van *Mallorca*; het betreffende aardewerk werd in de 15e eeuw uit Spanje via Mallorca verhandeld naar Italië en daar vervolgens nagevolgd.
majoor [hoofdofficier] (**middelnl.** *mayoer* [benaming voor verschillende overheidsambten]) < fr. *major* < spaans *mayor* < lat. *maiorem*, 4e nv. van *maior*, vergrotende trap van *magnus* [groot] (vgl. *magnum*).
major [de oudste (achter namen)] < lat. *major*, vergrotende trap van *magnus* [groot, oud].
majoraan → *marjolein*.
majoraat [erfrecht van oudste zoon] < me. lat. *majoratus* [idem], van lat. *maior* (vgl. *majoor*).

Majorca [geogr.] < it. *Majorca*, it. vorm voor spaans *Mallorca* < lat. *Maiorica* < *maior* [groter] (vgl. *majoor*), zo genoemd omdat het groter is dan de andere Balearen → *Minorca*.
majordomus [hofmeier] < me. lat. *majordomus*, van *maior* (vgl. *majoor*) + *domūs*, 2e nv. van *domus* [huis] → *meier*¹.
majoreren [meer bestellen dan nodig is] < fr. *majorer* < me. lat. *majorare*, van *maior* (vgl. *majoor*).
majorette [meisje bij optocht van muziekkorps] < fr. *majorette*, vr. verkleiningsvorm van *(tambour-)major* (vgl. *majoor*).
majuskel [hoofdletter] < fr. *majuscule* [idem] < lat. *maiusculus* [vrij groot], verkleiningsvorm van *maior*, o. *maius* [groter] (vgl. *majoor*).
mak¹ [herdersschop] ablautend bij *mik*² [gaffelvormige paal].
mak² [getemd] **middelnl.** *mac*, **middelnd.** *mak* < *gemak*.
makaak [aap] < **portugees** *macaco*, een Kongolees woord: *makaku* van zijn kreet *kaku kaku!*
makame [literaire vorm] < ar. *maqāma* [zitting, sessie, bijeenkomst, idem van filosofen, geleerden en dichters], van het plaatsaanduidend voorvoegsel *ma-* + het ww. *qāma* [hij stond, lag, was gesitueerd].
makara [regenwaterspuiter] < **oudindisch** *makara* [een groot mythisch zeemonster].
makaron, makron [koekje] < fr. *macaron* < it. *maccaroni*, hetzelfde woord als *macaroni*.
makartboeket [boeket van gedroogde bloemen] genoemd naar de Oostenrijkse schilder *Hans Makart* (1840-1884).
makelaar [tussenhandelaar] **middelnl.** *maeckelaer, makelaer* [tussenhandelaar, tussenpersoon, makelaar, afzetter, koppelaar] (waarvoor vgl. *makreel;* het woord zal niet zijn afgeleid van *makelen*, dat eerst later optreedt, maar van *maken*, vgl. ook **middelnl.** *makelgelt* [makkloon en makelaarsloon] → *makelen*.
makelen [het makelaarsbedrijf uitoefenen] hoewel het ww. makelen niet in het middelnl. is gevonden, maar pas bij Kiliaan voorkomt, doet **middelnl.** *makelgelt* [makkloon, makelaarsloon] vermoeden, dat het wel voorkwam. Het ww. zou dan een intensivum zijn van *maken*.
makelij [constructie] afgeleid van *maken*.
maken [iets in een bepaalde toestand brengen] **middelnl.** *maken*, **oudnederfrankisch** *mācon*, **oudsaksisch** *mākon*, **oudhd.** *mãhhon*, **oudfries** *mākia*, **oudeng.** *mãcian;* wordt verbonden met **gr.** *mageiros* [bakker, eig. kneder], **bretons** *meza* [kneden], **oudkerkslavisch** *mazati* [smeren]; de grondbetekenis is 'kneden' (van meel, mortel).
make-up [schoonheidsmiddelen] < **eng.** *make-up*, van *to make up one's face* [zich opmaken].
maki [halfaap] < **malagasi** *maka*.
makimono [rolschildering] < **japans** *makemono*, gevormd van *make*, een vorm van het ww. *maku* [oprollen] + *mono* [ding], vgl. *kimono*.

makke [barg. klap, tegenslag, gebrek] < **hebr.** *makka* [slag, plaag, gebrek].

makkelijk [eenvoudig] **middelnl.** *mackelijc* [geschikt, eigenaardig], *mackelike* [rustig, langzaam aan], naast gemakkelijk, afgeleid van *gemak*.

makker [gezel] eerst uit de 16e eeuw bekend, vgl. **oudeng.** *gemœcca,* naast *gemăca* (**eng.** *match*), **oudsaksisch** *gimăko,* **oudhd.** *gimăhho,* **oudnoors** *măki* [maat, makker], verwant met *gemak, maken*.

makkes [barg. slaag] collectief van *makke*.

makoré [Afrikaanse houtsoort] < **fr.** *makoré,* ontleend aan een niet-geïdentificeerde Westafrikaanse taal.

makreel [vis, barg. pooier] **middelnl.** *makereel, macreel* [makreel], *makerele* [koppelaarster] < **oudfr.** *macquerel* [koppelaarster, makreel]; volgens het volksgeloof volgden de makrelen de scholen jonge haring om mannetjes en vrouwtjes bij elkaar te brengen.

makron → *makaron*.

makuba [tabak] < **spaans** *macuba;* genoemd naar *Macuba* bij de punt van Martinique, de plaats van herkomst.

mal [1] [model] < **oudfr.** *modle, mole* (**fr.** *moule*) [idem] < **lat.** *modulus* [maat], verkleiningsvorm van *modus* (vgl. *mode, model*).

mal [2] [zot] **middelnl.** *mal(l)* [dartel, dwaas], **middelnd.** *mal,* **oudeng.** *ameallian* [slap worden], vermoedelijk te verbinden met **lat.** *mollis* [zwak], **gr.** *meleos* [vergeefs, ongelukkig], **middeliers** *mellaim* [bedriegen].

malaat [zout van appelzuur] gevormd van **lat.** *malum* [appel, appelboom] < **gr.** *mèlon* [appel], een vóór-gr. woord (vgl. *meloen*).

malachiet [donkergroen verweerd kopererts] < **fr.** *malachite* < **lat.** *malachites* [idem]; van **gr.** *malachè* [maluwe], zo genoemd vanwege de kleur. Het woord *malachè* stamt evenals **lat.** *malva* en **hebr.** *mallū'ah* van een oude taal in het Middellandse-zeebekken.

malacologie [leer der weekdieren] gevormd van **gr.** *malakos* [week], *malakion* [weekdier], idg. verwant met **lat.** *molere* [malen, molm] + *logos* [woord, verhandeling].

malafide [te kwader trouw] < **lat.** *malā fidē,* 6e nv. van *mala fides* [kwade trouw].

malaga [wijn uit Málaga] < **lat.** *Malaca* < **fenicisch** *malha* [zout]; de stad was aanvankelijk een Fenicische kolonie.

Malagasisch [van Malagasië (vroeger Madagaskar genoemd)] < *Malegass;* de *l* en de *d* wisselen, vgl. **fr.** *malgache* naast *madécasse* [Malagasisch].

malagueña [Spaanse dans] < **spaans** *malagueña,* vr. van *malagueño* [van Málaga] (vgl. *malaga*).

malaise [gedruktheid] < **fr.** *malaise* [onbehaaglijk van lichaam en geest, slapte in zaken], uit *mal* [slecht, ziek] < **lat.** *malus* [slecht] + *aise* [gemak, welbehagen] < **lat.** *adiacens,* teg. deelw. van *adiacēre* [bij iets liggen, grenzen aan, aanwezig zijn bij, te maken hebben met].

malaria [moeraskoorts] < **it.** *malaria* [moeraslucht, malaria], samengetrokken uit *mala aria, mala* < **lat.** *malus,* vr. *mala* [slecht], *aria* < **lat.** *aer* [lucht, atmosfeer] < **gr.** *aèr* [lucht], verwant met *awèmi* [ik waai], idg. verwant met *waaien*.

malaxeur [mixer] < **fr.** *malaxeur,* van *malaxer* [door kneden week maken] < **lat.** *malaxare* [zacht maken, lenig maken] < **gr.** *malassein* [idem], uit *malakos* [zacht].

Malayalam [Dravidische taal in zuidwestelijk India, lett. bergtaal] van *mala* [berg].

maldegeer [gentiaan] < *madelgeer* < **hd.** *Madelgeer,* oorspronkelijk de persoonsnaam *Madalger*.

maledictie [vloek] **middelnl.** *maledixie* < **fr.** *malédiction* < **lat.** *maledictionem,* 4e nv. van *maledictio* [het kwaadspreken, vervloeking], van *maledicere* (verl. deelw. *maledictum*) [lasteren, vervloeken], van *male* [slecht] + *dicere* [zeggen], idg. verwant met *tijgen,* vgl. *aantijgen*.

maleficia [boze daden] < **lat.** *maleficia,* mv. van *maleficium* [misdaad], eig. het zelfst. gebruikt o. van *maleficius* [misdadig], gevormd van *male* [slecht] + *facere* (in samenstellingen *-ficere*) [maken, doen]; daarmee idg. verwant.

malefijt [stormvogel] < **portugees** *malfeito* [verkeerd, slecht gedaan] < **lat.** *malefactus,* verl. deelw. van *malefacere* [kwaad doen], van *malum* [kwaad, ongeluk] + *facere* [maken, doen], daarmee idg. verwant; de vogel werd beschouwd als de voorbode van storm.

Maleier [lid van bepaald mensenras] is verklaard als **javaans** *wong melayu* [overloper, d.w.z. overloper naar de islam, gezegd door degenen die hun oude overtuiging trouw bleven], (*wong* [mens]).

malen [1] [schilderen] **middelnl.** *malen,* **oudsaksisch, oudhd.** *malon,* **gotisch** *mēljan,* bij *maal* [4] [vlek].

malen [2] [fijn maken] **middelnl.** *malen,* **oudsaksisch, oudhd., gotisch** *malan,* **oudnoors** *mala;* buiten het germ. **lat.** *molere,* **gr.** *mullein,* **oudiers** *melim,* **litouws** *malti,* **oudkerkslavisch** *mlěti* (**russ.** *molot'*), **armeens** *malem* → *meel, molm, mul* [2].

malen [3] [wentelen, woelen, zaniken] is hetzelfde woord als *malen* [2] [fijn malen]; de grondbetekenis is 'draaien'.

malenger → *malinger*.

malheur [ongeluk] < **fr.** *malheur* < **lat.** *malus, -a, -um* [slecht] + *augurium* [voorgevoel, vermoeden] (vgl. *auguren*).

malice [boosaardigheid] **middelnl.** *malicie* < **fr.** *malicie* < **lat.** *malitia* [slechtheid, doortraptheid, schalksheid], van *malus* [slecht].

malicieus [boosaardig] < **fr.** *malicieux* < **lat.** *malitiosus,* van *malitia* (vgl. *malice*) + *-osus* [vol van].

malie [1] [metalen ring] **middelnl.** *maelge, maille, malie* < **fr.** *maille* < **me. lat.** *maela, maillia* [schakel van ketting, malie] < **klass. lat.** *macula* [vlek, maas van net].

malie² [houten kolf] middelnl. *mae(i)lget, malget* [houten hamer] < fr. *maillet* [idem], verkleiningsvorm van *mail* [hamer, kolf, maliespel] < lat. *malleus* [hamer].

maliebaan [terrein van maliespel] → *malie*².

maliënkolder [hemd van ijzeren ringetjes] gevormd van *malie*¹ + *kolder*¹.

maligne [kwaadaardig] < oudfr. *maligne* < lat. *malignus* [boosaardig], van *male* [slecht] + de stam van *gignere* [verwekken, voortbrengen] (vgl. *genus*).

maling [maalstroom] *iem. in de maling nemen* [voor de gek houden], van *malen*², vgl. *in de neer zijn*.

malinger [simulant] < fr. *malingre*, van *mal* [slecht] + *heingre* [uitgemergeld], van onzekere herkomst, mogelijk uit het germ., vgl. *honger*.

maljenier [verkoper van ijzerwaren] middelnl. *maelgenier, mailljenier* [idem], van *maelgerie, maillerie* [allerlei kleine voorwerpen van metaal] → *malie*¹ [ringetje].

malkaar [vnw.] samengetrokken uit *malkander*.

malkander [vnw.] < middelnl. *malcanderen* [elkander] < *mal(ij)c* < *manlijc* [ieder, elk] + *ander*.

malkruid [bilzekruid] het eerste lid betekent 'dwaas'. Wordt ook *dolkruid* genoemd.

malleabel [hamerbaar] < fr. *malléable* [pletbaar] < me. lat. *malleabilis* [idem], van *malleare* [hameren], van *malleus* [hamer].

mallejan [wagen] van *mal*² [dwaas] + de persoonsnaam *Jan*, vermoedelijk gevormd naar *mallewagen* [wagen waarop leden van het narrengilde rondreden].

mallemoer ['naar zijn mallemoer', kapot] samenstelling van *mal*² + *moer*, samengetrokken uit *moeder*.

mallemok [noordse stormvogel] van *mal*² [dwaas] + *mok* [meeuw], **fries** *mok* [meeuw, stommerik].

mallemolen [draaimolen] 17e eeuws, samenstelling van middelnl. *mallen* [dwaasheden uithalen] + *molen*; vgl. verouderd *mallewagen* [de wagen van de leden van een narrengilde].

malloot [iemand die mal is] eerst 16e eeuws < fr. *mâlot, mâlaud* [wild, jongensachtig meisje], van *mâle* [mannelijk] < lat. *masculus* [idem], van *mas* [idem].

mallote [steenklaver] middelnl. *melloet* < lat. *melilotos* [idem] < gr. *melilōton* [honingklaver], van *meli* [honing] + *lōtos* [een soort klaver] (vgl. *lotus*).

malm → *molm*.

Malm [jongste tijdvak van Jura] < eng. *malm* [zachte, kruimelige kalk], oudeng. *mealm-* (vgl. *molm*).

malonzuur [organisch zuur] het eerste lid is afgeleid van fr. *malique* [appelzuur], dat gevormd is naar lat. *malum* [appel] < gr. *mèlon* [idem] (vgl. *meloen*).

malope [plantengeslacht] van de plantnaam in het lat. *malope*.

malossol [licht gezouten kaviaar] < hd. *Malossol* < russ. *malosoljonyj*, van *malo* [weinig] + *soljonyj* [gezouten], idg. verwant met *zout*.

malrove [plantengeslacht] middelnl. *maerobie, maerovie* < lat. *marrubium*.

mals [zacht] middelnl. *mals(ch)* [overmoedig, in de weer zijnde, zacht, week (van spijzen)], **oudsaksisch** *malsk*, **gotisch** *untilamalsks* [overmoedig]; buiten het germ. gr. *malakos* [zacht, week], **oudiers** *meldach* [aangenaam], ook verwant met *mild*.

malt nevenvorm van *mout*.

Malta [geogr.] < lat. *Melita* < gr. *Melitè* < fenicisch *melītā* [vluchtplaats], bij het ww. *mālat* [hij ontsnapte].

maltase [enzym dat maltose splitst] < fr. *maltase*, gevormd van *maltose*.

maltentig [al te nauwgezet] van *mal*² [dwaas] + *tentig*, afgeleid van *tenten*.

malthusianisme [bevolkingstheorie] genoemd naar de Engelse econoom *Thomas Robert Malthus* (1766-1834).

maltose [moutsuiker] gevormd van eng. *malt* [mout] (vgl. *mout*) + *-ose*.

maltraiteren [mishandelen] < fr. *maltraiter*, van *mal* [slecht, verkeerd] < lat. *male* [idem] (bijw.) + fr. *traiter* [behandelen] < lat. *tractare* [sleuren, mishandelen, behandelen], intensivum van *trahere* [trekken], idg. verwant met *dragen*.

malve¹, mauve [kaasjeskruid] middelnl. *malu(w)e* < lat. *malva* [idem] (vgl. *malachiet*).

malve² [mauve] nevenvorm van *maluwe* < lat. *malva* (vgl. *malve*¹); de kleur is naar de plant genoemd.

malversatie [verduistering van gelden] < fr. *malversation*, van *malverser* < lat. *male versari*, *male* [slecht] *versari* [zich gedragen], passief van *versare* [wenden], frequentatief van *vertere* [keren, draaien], idg. verwant met *worden*.

malvezij [wijn] middelnl. *malveseye* < fr. *mal(e)vesie* < it. *malvasia* [idem] < gr. *Monembasia* [de plaats Monemvasia in het zuidoosten van de Peloponnesus], gevormd van *monos* [alleen] + *embasis* [toegang]; de verbinding met de vaste wal bestond uit een dam.

mama [moeder] (1680) < fr. *maman*, een stamelwoord van kinderen (vgl. *mamma*).

mamba [slang] < bantoe *mamba*.

mambo [dans] < amerikaans-spaans *mambo* < haïtiaans creools *mambo* [een voodoo priesteres].

mamiering [leren of zeildoeken transportbuis] eind 16e eeuw *maniering*, ook wel *mal(le)miering* < portugees *mangueira*, van *manga* [mouw] < lat. *manica* [idem] < *manus* [hand, arm, slurf], vgl. spaans *manguito* [overmouw], *manguero* [spuitgast].

mamma [borstklier] stamelwoord uit de kindertaal.

Mammeluk [Egyptische soldaat, afvallige] middelnl. *mamelouck* (1516) < fr. *mamel(o)uk* [idem] < ar. *mamlūk* [die eigendom is (blanke

mammen — manderstijl 466

slaaf in het Ottomaanse Egypte)], passief deelw. van *malaka* [hij bezat, was meester], waarbij ook *malik* [koning], verwant met **moloch**.

mammen [aan de borst zuigen] bij *mem, mamma,* die in de taal van stamelende kinderen zijn ontstaan.

mammoet [prehistorische olifant] < **russ.** *mamont, mamout, mamot,* wellicht ontleend aan **jakoetisch** *mamma* [aarde]; en dan omdat men meende, dat de mammoet als een varken met zijn snuit de aarde omwoelde.

Mammon [geldgod] < **gr.** *Mammōnas* < **aramees** *māmōnā,* de emfatische vorm van *māmōn* [geld], van dezelfde wortel als *amen,* met de grondbetekenis 'vertrouwen'.

man[1] [mens van mannelijk geslacht] **middelnl., oudnederfrankisch, oudsaksisch, oudhd.** *man,* **oudfries, oudeng.** *mon,* **oudnoors** *mannr, maðr,* **gotisch** *manna;* buiten het **germ. russ.** *muž* (vgl. **moezjik**), **avestisch** *mainyu* [geest], **oudindisch** *manu-,* misschien verwant met **lat.** *mens* [geest] (vgl. **mentaal**), **gotisch** *munan* [denken], **eng.** *mind,* van een basis met de betekenis 'denken' → *mens*.

man[2] [gulden] ook *man met de stok* en *piek(elman),* naar een vroegere beeldenaar met een figuur met een lans (vgl. *piek*[5]).

mana [bovenmenselijke kracht] < **melanesisch** *mana* [kracht].

manage [paardedressuur] < **eng.** *manage* < **me. lat.** *mensuagium, mas(u)agium, menagium, managium* [landbouwbedrijf, huishouding], van **gallisch-lat.** *mansus* [huis, boerenbedrijf] + *agere* [leiden] → *manege*.

management [bestuur van een onderneming] < **eng.** *management,* van *to manage* [besturen] + achtervoegsel *-ment*.

mañana [morgen] < **spaans** *mañana,* via vulg. lat. teruggaand op **lat.** *mane* [ochtend, de volgende ochtend].

manas [geestelijk vermogen] < **oudindisch** *manas,* van *manyate* [hij denkt], idg. verwant met **nl.** *vermanen, manen*[3].

manatee [zeekoe] < **eng.** *manatee* < **spaans** *manati,* een caribisch woord, vermoedelijk identiek met *manati* [borst].

manbarklak [Surinaamse houtsoort] **sranantongo** *barklak,* **negereng.** *barkrakki, manbarklak* (**arowak** *kakaralli*).

mancando [muziek allengs afnemend] < **it.** *mancando,* gerundium van *mancare* [gebrek hebben aan, verminderen] (vgl. **mankeren**).

mancenielje → *manzanilla*.

manche [halve robber] < **fr.** *manche* [mouw, manchet], daardoor is het in het begin van de 17e eeuw ook 'een kunstje met kaarten' gaan betekenen (vgl. **manchet**).

manchester [katoenfluweel] genoemd naar de Engelse stad *Manchester*.

manchet [handboord] < **fr.** *manchette,* verkleiningsvorm van *manche* < **lat.** *manica* [mouw], van *manus* [hand] (vgl. **manco**).

mancipatie [overgave als eigendom] < **lat.** *mancipatio* [formele eigendomsoverdracht], van *mancipare* (verl. deelw. *mancipatum*) [officieel verkopen], van *mancipium* [formele verkoop], *manceps* [koper], van *manus* [hand] + *capere* [nemen, dus lett. in de hand nemen].

manco [gebrek, tekort] < **it.** *manco* < **lat.** *mancus* [links, gebrekkig, verminkt, onvolledig, eig. verminkt aan de hand], van *manus* [hand] → *manchet, mank, momber, mondig*.

mand [gevlochten korf] **middelnl., middelnd.** *mande,* **oudeng.** *mond* (**eng.** *maund*); etymologie onbekend, mogelijk verwant met (maar zeer omstreden) **gr.** *mandra* [omheinde plaats voor vee, stal], **oudindisch** *mandura-* [stal].

mandaat [lastbrief] **middelnl.** *mandaet* < **fr.** *mandat* [idem] < **lat.** *mandatum* [opdracht, bevel, volmacht, lastgeving], eig. verl. deelw. van *mandare* [toevertrouwen, opdragen, verzoeken, laten zeggen], van *manus* [hand] (vgl. **manco**) + *dare* [geven], *in manum dare* [in de hand geven].

mandala [symbolische uitbeelding van de kosmos] < **oudindisch** *maṇḍala-* [cirkel, symbolische uitbeelding van de kosmos].

mandant [lastgever] < **fr.** *mandant,* van **lat.** *mandare* (teg. deelw. *mandans,* 2e nv. *mandantis*) (vgl. **mandaat**).

mandapa [open voorhal van hindoetempel] < **oudindisch** *maṇḍapa-,* van *mand-* [arrangeren].

mandarijn[1] [Chinese ambtenaar] (1596) < **portugees** *mandarim,* dat, onder volksetymologische invloed van *mandar* [bevelen], is overgenomen uit < **oudindisch** *mantrin-* [raadsheer, minister]; in het maleis was *mantri* een inheems bestuursambtenaar.

mandarijn[2] [vrucht] hetzelfde woord als *mandarijn*[1] < **fr.** *mandarine* [idem], zo genoemd omdat deze vruchten uit China, het land der mandarijnen, kwamen.

mandateren [een mandaat geven] < **fr.** *mandater* [idem], van *mandat* [gegeven volmacht] < **lat.** *mandatum* (vgl. **mandaat**).

mande [gemeenschap] **middelnl.** *ma(e)nde* < **oudfries** *mand, monda* [meent] → *gemeen*.

mandel [graanhoop] **middelnl.** *mandel(e)* [12 tot 15 bossen graan of stro], **middelnd.** *mandel,* **me. lat.** *mandala,* **hd.** *eine Mandel Eier* [15 of 16 stuks eieren], mogelijk te verbinden met *manipel*.

mandement [herderlijke brief] **middelnl.** *mandement* [edict, herderlijke brief] < **fr.** *mandement,* van *mander* < **lat.** *mandare* [geven, toevertrouwen, opdragen, berichten] (vgl. **mandaat**).

mandemie [rieten pop] van *mand* + de persoonsnaam *Mie*.

manderkruid [gamander] het eerste lid is *gamander*.

manderstijl [onderdeel van een molenopstand]

(1734) < fr. *mandrin* [drevel, spil], uit het germ., vgl. **middelhd.** *mandel* [wasrol], **oudnoors** *mǫndull* [draaistok van de molensteen].

mandiën [een douche nemen] < **maleis** *mandi* [zich baden].

mandoer [opzichter] < **maleis** *mandur,* **javaans** *mandor* [idem] < **portugees** *mandador,* van *mandar* [bevelen, opdragen] < **lat.** *mandare* [toevertrouwen, een opdracht geven] (vgl. ***mandaat***).

mandola [muziekinstrument] < **it.** *mandola* < **me. lat.** *mandola* < **klass. lat.** *pandura, pandurium* < **gr.** *pandoura,* met de god Pan in verband gebracht, maar vermoedelijk een Kleinaziatisch leenwoord, vgl. **armeens** *p'andir,* **ossetisch** *fändur,* **georgisch** *pantura.*

mandoline [muziekinstrument] < **fr.** *mandoline* < **it.** *mandolino,* verkleiningsvorm van *mandolin,* verkleiningsvorm van ***mandola.***

mandorla [amandelvormig aureool] < **it.** *mandorla* [eig. amandel] (vgl. ***amandel***).

mandragora [alruin] **middelnl.** *mandrage, mandragre, mandragora* < **me. lat.** *mandragoras, mandragora* < **gr.** *mandragoras* [een verdovende, slaapverwekkende plant, belladonna].

mandrijn [werktuig om deuken uit sabels te slaan] < **fr.** *mandrin* [idem] < **provençaals** *mandre* [handvat, hendel] < **lat.** *mamphur* [boogboor].

mandril [aap] < **eng.** *mandrill,* van *man* + een inheemse Westafrikaanse benaming *dril.*

manege [rijschool] < **fr.** *manège* [idem] < **it.** *maneggio* [hantering, bediening], van *maneggiare* [hanteren, leiden, weten om te gaan met] < **lat.** *manus* [hand] (vgl. ***manco***) + *agere* [drijven, leiden, handelen] → ***manage.***

manen[1] [nekhaar] **middelnl.** *manen,* **oudhd.** *mana,* **oudfries** *mona,* **oudeng.** *manu,* **oudnoors** *mǫn;* buiten het germ. **lat.** *monile* [halsketen], **gr.** *maniakès* [idem], **oudkerkslavisch** *monisto* [idem], **welsh** *mwn* [nek], *mwng* [manen], **iers** *muin* [nek], *muince* [halssnoer], **oudindisch** *manyā-* [nek].

manen[2] [geesten der afgestorvenen] < **lat.** *manes* [zielen der doden], van *manus* [goed], vgl. **oudiers** *maith,* **welsh** *mad* [goed]; de achtergrond van de benaming is angst voor de terugkeer van boosaardige geesten.

manen[3] [herinneren aan] **middelnl., oudhd.** *manen,* **oudsaksisch** *manon,* **oudfries** *monia,* **oudeng.** *manian,* **oudnoors** *muna* [gedenken, zich herinneren]; buiten het germ. **lat.** *monēre* [vermanen], **gr.** *mimneiskein* [gedenken], **litouws** *minèti,* **oudkerkslavisch** *mĭnĕti* [menen], **oudiers** *-moiniur* [ik meen].

manette [hendel] < **fr.** *manette,* verkleiningsvorm van *main* < **lat.** *manus* [hand]; de betekenis is dus 'handje', vgl. ***hendel.***

manga → ***mango.***

mangaan [chemisch element] < **modern lat.** *manganum,* eerder *manganesium,* welke benaming later werd verworpen vanwege verwarring met *magnesium;* het woord *manganesium* is gevormd van **it.** *manganese,* verbasterd uit **me. lat.** *magnesia* [het mangaanmineraal pyroseliet], zo genoemd vanwege de magnetische eigenschappen ervan (vgl. ***magneet***).

mangel[1] [pers met rollen] (16e eeuws), vgl. **middelnl.** *magne, mange, magneel, mang(e)neel* [slingerwerktuig] < **oudfr.** *mangonel(e)* < **me. lat.** *manganum* < **gr.** *magganon* [steenslinger, oorspronkelijk iets om te beheksen], (> *magganeuein* [betoveren]), **middeliers** *meng* [sluwheid, bedrog], **oudpruisisch** *manga* [hoer], **lat.** *mango* [koopman die zijn waar bedrieglijk verfraait], van een idg. basis met de betekenis 'verfraaien, in orde brengen'.

mangel[2] [wortel] (1892) < **hd.** *Mangelwurzel;* het eerste lid is niet verklaard. Dit was **middelhd.** *mangolt.*

mangelen[1] [ontbreken] < **hd.** *mangeln,* **oudhd.** *mangolon,* een iteratiefvorming bij **oudhd.** *mangon* < **lat.** *mancare* [verminken, verlammen], van *mancus* (vgl. ***mank***); vgl. **middelnl.** *manken* [kwetsen, verzwakken], van dezelfde herkomst.

mangelen[2] [ruilen] **middelnl.** *mangelen* [vermengen, ruilen], frequentatiefvorming naast ***mengen.***

mangelen[3] [door de mangel halen] afgeleid van ***mangel***[1].

mangelhout [mangrovehout] < **spaans** *mangle* < **fr.** *manglier* [idem] (vgl. ***mangrove***).

mangen [barg. bedelen] < **rotwelsch** *mangen* < **zigeunertaal** *mangav* [ik bedel].

manggis [vrucht] → ***mangoestan.***

mango, manga [vrucht] < **maleis** *mangga* < **tamil** *mankay* [idem], van *man* [mangoboom] + *kay* [vrucht].

mangoest [soort civetkat] < **fr.** *mangoest* < **spaans** *mangosto* < **tamil** *mangusu* [idem].

mangoestan, mangostan [vrucht] < **maleis** *manggusta, manggis, manggista(n)* [idem] (vgl. ***manga***).

mangrove [tropische plantenvegetatie] < **eng.** *mangrove* < **portugees** *mangue* [idem] < **taino** *mangue* + **eng.** *grove* [bosje].

manhaftig [koen] 16e eeuws < **hd.** *mannhaftig;* voor het tweede deel vgl. *-haftig.*

maniak [iem. die een manie heeft] < **fr.** *maniaque* [idem] < **me. lat.** *maniacus* [demonisch, een bezetene] < **gr.** *mania* (vgl. ***manie***).

manicheeër [aanhanger van de christelijke, Perzische sekte van Manes] < **lat.** *Manichaeus* < **gr.** *Manichaios,* van *Mani* (ca. 215-275), stichter van de sekte.

manicure [verzorger van handen en nagels] < **fr.** *manucure, manicure* [idem], van **lat.** *manus* [hand] + *cura* [verzorging].

manie [hartstochtelijke ingenomenheid] < **fr.** *manie* < **lat.** *mania* < **gr.** *mania* [razernij, waanzin, geestdrift, enthousiasme] → ***mantiek.***

manier [wijze] **middelnl.** *maniere* < **fr.** *manière,* van *manier* [behandelen, hanteren, oorspronkelijk strelen, dan: met de hand bedienen], van *main* < **lat.** *manus* [hand].

maniërisme [gekunsteldheid] < **fr.** *maniérisme* < **it.** *manierismo,* van *maniera* [manier]; de oorspronkelijke betekenis was: schilderen op de manier van hetzij Rafaël, hetzij Michelangelo of van een ander voorbeeld.

manifest [zich duidelijk vertonend] < **fr.** *manifeste* < **lat.** *manifestus* (vgl. ***manifesteren***).

manifesteren [openbaren] **middelnl.** *manifesteren* [bekend maken, iem. met ere noemen] < **fr.** *manifester* [openbaren] < **lat.** *manifestare* [aan het licht brengen], *manifestari* [zich vertonen, duidelijk worden], van *manifestus* [op heterdaad betrapt, duidelijk], van *manus* [hand] + *-festus* [gegrepen kunnende worden], verwant met **gr.** *tharsos* [moed], **nl.** *ik dorst,* **eng.** *to dare* [durven].

manifold [pijpstuk met vertakkingen] < **eng.** *manifold,* van het bn. *manifold* [menigvuldig], van *many* [menig] + *-fold* [-vuldig], vgl. **middelnl.** *manichvoldinge* [vermenigvuldiging].

manihot [maniok] < **fr.** *manihot,* nevenvorm van *manioc* (vgl. ***maniok***).

manilla [tabak van de Filippijnen] genoemd naar *Manila,* waarvan wordt aangenomen dat de naam is afgeleid van *nilad* [een Filippijnse struik].

manille [tweede troef] < **fr.** *manille;* ouder *melille, malille* < **spaans** *malilla* [idem], verkleiningsvorm van *mala,* vr. van *malo* [slecht, ondeugend] < **lat.** *malus* [slecht, dus eig. ondeugende kaart] → *nel.*

maniok [broodwortel] < **fr.** *manioc* < **tupi** *manioch* [idem].

manipel [militaire afdeling] < **lat.** *manipulus* [handvol, bundel, bos, militaire afdeling], van *manus* [hand] + *plenus* [vol], daarmee idg. verwant → *manipuleren.*

manipuleren [hanteren] < **fr.** *manipuler* [idem], van *maniple* [handvol] (vgl. ***manipel***).

manis[1] [schubdier] < **modern lat.** *manis,* een onjuist geconstrueerd enk. van **lat.** *manes* (vgl. ***manen***[2] [schimmen]).

manis[2] [vriendelijk, lief] < **maleis** *manis* [lief, zoet].

manisan [zoetigheden] < **maleis** *manisan,* van *manis* [zoet].

manisch [bn.] afgeleid van *manie.*

manisme [verering van afgestorvenen] van **lat.** *manes* (2e nv. *manium*) [schimmen, zielen van de afgestorvenen] (vgl. ***manen***[2]).

Manitoe [Grote Geest] via **fr.** *Manitou* < **algonkin** *manitu,* teg. deelw. van *manit* [over iets heen schrijden, vrij vertaald: hij die alles overtreft].

manivel [draaikruk] < **fr.** *manivelle* [handvat, hendel] < **lat.** *manibula = manicula,* verkleiningsvorm van *manus* [hand, dus handje].

mank [kreupel] **middelnl.** *manc* [verminkt, gebrekkig, kreupel] < **lat.** *mancus* [gebrekkig, kreupel, mank], waarin *manus* [hand] + een element 'voet' dat aanwezig is in *peccare* [misslagen begaan, struikelen] → *verminken.*

mankeren [missen] < **fr.** *manquer* [idem] < **lat.** *mancare* [verminken, verlammen], afgeleid van *mancus* (vgl. ***mank***).

manmoedig [dapper] eerst nieuwnl., merkwaardige afleiding van *mannenmoed.*

manna [hemels voedsel] < **aramees** *mannā* < **hebr.** *mān,* vgl. **ar.** *mann* [geschenk, honingdauw, manna], bij het ww. *manna* [welwillend zijn, gunsten verlenen].

mannequin [ledenpop] (19e eeuws) < **fr.** *mannequin* < **middelnl.** *mannekijn* [mannetje, pop]; tot in de 19e eeuw werd damesmode bekend gemaakt door het sturen van poppen.

mannesmannbuis [naadloos gewalste buis] genoemd naar de Duitse industrieel *Reinhard Mannesmann* (1856-1922).

mannitol [mannasuiker] vroeger *manniet* genoemd, afgeleid van **manna** [het sap van de manna-es].

mannose [enkelvoudige suiker] van **manna** + dezelfde uitgang als in b.v. *glucose, saccharose.*

manoel [steppekat] een mongools woord.

manoeuvre [handgreep] < **fr.** *manoeuvre* < **me. lat.** *manuopera* [herendienst], van *manū* [met de hand, 6e nv. van *manus* [hand] + *operari* [werken, bezig zijn, doen], van *opus* (2e nv. *operis*) [werk], idg. verwant met *oefenen.*

manometer [drukmeter] < **fr.** *manomètre,* gevormd van **gr.** *manos* [dun gezaaid, ver uiteen] + *meter*[1].

manor [huis van landjonker] < **eng.** *manor* < **oudfr.** *manoir* [wonen], eig. een infinitief < **lat.** *manēre* [blijven, in laat-lat. ook wonen].

manostaat [toestel om constante druk te onderhouden] voor het eerste lid vgl. ***manometer,*** voor het tweede ***thermostaat.***

mans [geldbakje] vgl. **rotwelsch** *Mansch machen* [fooien ophalen] < **jiddisch** *mono* [aandeel] < **hebr.** *maneh* [munt], volgens anderen < **it.** *mancia* [fooi], dat door de orgeldraaier in omloop kwam.

mansarde [zolderkamertje] genoemd naar de Franse architect *François Mansard* (1598-1666).

mansen [met de mans rondgaan] → *mans.*

mansfelder [manwijf] genoemd naar *Peter Ernst Graf von Mansfeld* (1580-1626), een condottiere in de 30-jarige oorlog, die door de Staten-Generaal wegens verregaande plunderingen werd ontslagen. Zijn soldaten hadden uiteraard geen goede reputatie. Vgl. voor manwijf *dragonder.*

mansjen → *mansen.*

mansoor [kruipende plant] zo genoemd omdat de bladeren op oren lijken.

manta [duivelsrog] < **spaans** *manta* [eig. mantel].

manteau [stellage met schijnwerpers op toneel] < **fr.** *manteau* [mantel, omkleding, toneelomlijsting] < **lat.** *mantellum* [mantel].

mantel[1] [overjas] **middelnl.** *mantel* < **me. lat.** *mantele, mantile, mantela, mantellum, mantellum* [servet, tafellaken, beddelaken, mantel], **klass.**

lat. *mantellum* [mantel], *mantēle* [handdoek, servet], van kelt. oorsprong.

mantel[2] [touw met ingesplitste takel] is mantel in de zin van omkleding, vgl. *schoorsteenmantel*.

manteline [kapmantel] < **fr.** *mante* [schoudermantel] < **me. lat.** *mantum* [mantel] (vgl. **mantilla**).

mantiek [waarzeggerskunst] < **gr.** *mantikè (technè)* [voorspelling(skunst)], *mantikè*, vr. van *mantikos* [van de mantis], *mantis* [profeet, voorspeller], verwant met *manteia* [het waarzeggen, orakelspreuk], en met *mania* (vgl. *manie*).

mantilla [sluier] < **spaans** *mantilla*, verkleiningsvorm van *manta* [deken] < **me. lat.** *mantum* [deken, mantel], teruggevormd uit *mantellum* [mantel].

mantisse [decimale breuk van logaritme] < **lat.** *mantissa* [supplement], een leenwoord uit het etruskisch.

mantouxtest [tuberculosetest] genoemd naar de uitvinder ervan, de Franse arts *Charles Mantoux* (1877-1947).

mantra [gebedsformule] < **oudindisch** *mantra-* [heilige spreuk, raad], vgl. *mandarijn*[1].

mantri, mantrie [opzichter] → *mandarijn*[1].

manuaal [handboek] **middelnl.** *manuael* [idem, ook: klavier dat met de hand bespeeld wordt], vgl. *pedaal* [met de voet] < **me. lat.** *manuale* [handboek, liturgisch boek voor dagelijks gebruik van een priester], van *manus* [hand].

manufactuur [bedrijf met menselijke arbeidskracht] < **fr.** *manufacture* < **me. lat.** *manufactura* [iets dat met de hand is gemaakt, ook rekening], van *manū* [met de hand], 6e nv. van *manus* [hand] + *factura* [het maken], van *facere* (verl. deelw. *-factum*) [maken, doen], daarmee idg. verwant.

manuldruk [drukprocédé] met omzetting van letters door de uitvinder van het procédé, de Duitser *F. Ullmann* uit zijn naam gevormd.

manumissio [het vrijlaten van slaven] < **lat.** *manumissio*, van *manū* [met de hand], 6e nv. van *manus* [hand] + *missio* [het vrijlaten], van *mittere* (verl. deelw. *missum*) [doen gaan, zenden, dus uit de (bezittende) hand doen heengaan].

manuscript [handschrift] < **me. lat.** *manuscriptus* [manuscript], *manuscriptum* [charter], van *manū*, 6e nv. van *manus* [hand] + *scriptum*, verl. deelw. van *scribere* [schrijven].

manusje ['manusje-van-alles', die van alle markten thuis is] vermoedelijk de verkleiningsvorm van de persoonsnaam *(Her)manus*, waarbij mogelijk een woordspeling is gemaakt met **lat.** *manus* [hand].

Manx [de taal van het eiland Man] < *Manisk*, van *man* [mens, man] + *-isk*, hetzelfde achtervoegsel als **eng.** *-ish*.

manzanilla [witte wijn] < **spaans** *manzanilla*, oorspronkelijk verkleiningsvorm van *manzana* [appel] < **lat.** *mala mattiana, mala* [appel-] *mattiana*, genoemd naar *Caius Matius*, een autoriteit op landbouwgebied uit de 1e eeuw v. Chr..

manzenilleboom [Westindische boom met op appels gelijkende vruchten] dezelfde herkomst als *manzanilla*.

Maori [Polynesische stam] een maori-woord met de betekenis 'inheems, autochtoon', in tegenstelling tot *maoi, maoli* [vreemdeling].

map [omslag] < **hd.** *Mappe* < **lat.** *mappa* [dek, hoes], *(mappa mundi* [omslag voor een wereldkaart]), een punisch woord, vgl. **fenicisch-hebr.** *mappā* [servet, doek, vlag] (vgl. *nappa, napkin*).

maquette [driedimensioneel model] < **fr.** *maquette* < **it.** *macchietta* [eig. vlekje, dan ruwe schets], verkleiningsvorm van *macchia* < **lat.** *macula* [vlek, maas van net].

maquillage [het schminken] < **fr.** *maquillage*, van **oudfr.** *maquiller* [werken], **picardisch** *makier* [doen] < **middelnl.** *maken*.

maquis [struikgewas] < **fr.** *maquis* < **it.** *macchia* [vlek, kreupelhout] < **lat.** *macula* [vlek].

mara [pampahaas] < **spaans** *mar(r)a*, overgenomen uit het araukaans.

maraan [scheldnaam voor Spanjaarden die zich uit lijfsbehoud afwendden van islam of jodendom] < **spaans** *marrano* [varken, laag, gemeen] < **ar.** *maḥram* [het verbodene, het onaanraakbare], bij het ww. *ḥaruma* [het was verboden]; de benaming slaat op hen die het verboden varkensvlees gingen eten.

maraboe, maraboet [kropooievaar] < **fr.** *marabout* [idem] < **portugees** *marabuto* [idem] < **ar.** *murābiṭ* [kluizenaar]; de ooievaar werd door zijn solitair gedrag naar de kluizenaar genoemd.

marasme [verval van krachten] < **fr.** *marasme* < **gr.** *marasmos* [uitputting], van *marainein* [uitputten, kwijnen, uitdrogen, uitdoven], idg. verwant met *murw*.

marasquin [kersenlikeur] < **fr.** *marasquin* < **it.** *maraschino,* van *(a)marasca* [morel], van *amaro* [bitter] < **lat.** *amarus* [idem], idg. verwant met *amper*.

marathon [hardloopwedstrijd over lange afstand] genoemd naar het stadje *Marathon,* 26 mijl ten noorden van Athene, vanwaar in 490 v. Chr. een hardloper bericht van de daar behaalde overwinning op de Perzen overbracht.

marbel [knikker] **middelnl.** *ma(e)rbel*, gedissimileerd uit *ma(e)rber* < **fr.** *marbre*, naast **middelnl.** *marmer* (vgl. *marmer*).

marbriet [gemarmerd glas] gevormd van **fr.** *marbrier* [marmeren], van *marbre* < **lat.** *marmor* (vgl. *marmer*).

marc [eau-de-vie van schillen en pitten] < **fr.** *marc,* van *marcher* [(overgankelijk) trappen op (in dit geval de druiventrossen bij het wijnmaken)] (vgl. *marcheren*).

marcando [muziek in scherp ritme] < **it.** *marcando,* gerundium van *marcare* (vgl. *marcato*).

marcasiet [modificatie van zwavelijzer] < **fr.** *marcassite* [idem] < **spaans** *marcaxita,* of **it.** *marcassita* < **ar.** *marqāshīthā* < **perzisch** *marqāshīshā* [idem].

marcato [muziek in scherp ritme] < it. *marcato*, verl. deelw. van *marcare* [merken, stempelen], uit het germ., vgl. *merk*.

marchanderen [dingen] < fr. *marchander* [handelen, loven en bieden] < **me. lat.** *mercandio, mercandizo* [ik handel], van *mercatus* [handel, markt], van *mercari* (verl. deelw. *mercatum*) [handelen], van *merx* (2e nv. *mercis*) [koopwaar].

marcheren [in ritmische pas gaan] **middelnl.** *marcheren, maertse(e)ren* < fr. *marcher*, **oudfr.** *marchier les piés* [met de voeten treden, rondtrekken, marcheren], uit het germ., vgl. **nl.** *merken* [eig. een teken zetten], van *merk*.

marchese [markies] < it. *marchese* (vgl. *markies*[1]).

marcia [mars] < it. *marcia*, van *marciare* < **oudfr.** *marchier* [marcheren].

marconist [radiotelegrafist] afgeleid van de naam van de Italiaanse uitvinder ervan, markies *Guglielmo Marconi* (1874-1937).

marcotteren [wijze van stekken] < fr. *marcotter*, van *marcotte*, **oudfr.** *marquos* (mv.), ook *margotte* [ent], waaraan ten grondslag liggen resp. **gallisch-lat.** *marcus*, **klass. lat.** *mergus* [ent van een wijnstok].

mardijkers [vrijburgers] < **maleis** *merdeka* [vrij, onafhankelijk, als zn. oorspronkelijk een klasse inlanders die vrijgesteld was van bepaalde lasten, dan vrijburgers], vgl. **kawi** *mahārddhika* [zeer rijk, zeer machtig], **oudindisch** *maharddhi* [grote welvaart of volmaaktheid], (*mahā-* [groot], vgl. *maharadja*].

mare[1] [bericht] **middelnl.** *mare, maer, mere* [roem, gerucht, bericht], **middelnd., oudfries** *mere*, **oudh.** *mari* [bericht], bij **middelnl.** *mare*, **oudsaksisch, oudhd.** *mari*, **oudeng.** *mære* [beroemd], **oudnoors** *mærr;* buiten het germ. **oudiers** *mor* [groot], **oudruss.** *-měrŭ* (in de persoonsnaam *Volodiměrŭ*, **russ.** *Vladimir*) [beroemd].

mare[2] → *nachtmerrie*.

mare[3], maar [kratermeer] is hetzelfde woord als *maar*[3] [gracht].

marechaussee [militair politiekorps in de huidige betekenis in de 19e eeuw < fr. *maréchaussée*, maar reeds middelnl. *marisauchie, mareschalkerie, mareschalscie, mareschalsie* [al wat betrekking heeft op voeding en onderhoud der paarden, al wat nodig is voor de legertros], **oudfr.** *marechaussie* (vgl. *maarschalk*).

marel [grutto] < fr. *morelle* [idem], van *more* [moor], zo genoemd vanwege zijn kleur.

Maremmen [vroegere moerassen in Midden-Italië] < it. *Maremma* < **lat.** *maritima* [kuststrook], eig. o. mv. van *maritimus* [op zee, aan zee], van *mare* [zee], verwant met *meer*[1].

maren [kirren (van duiven)] vermoedelijk klanknabootsend gevormd.

marene [vis] < **hd.** *Maräne*, verwant met **oudkerkslavisch** *more*, idg. verwant met *meer*[1].

marengo [textiel] genoemd naar het it. dorp *Marengo*, thans onderdeel van de stad Alessandria in Italië, waar Napoleon in 1800 een grote overwinning behaalde.

maretak [altijd groene struik] van *mare* [boze geest]; een opgehangen bosje maretakken hield de boze geesten weg.

margapatroon [oefenpatroon] genoemd naar *Louis Marga* (geb. 1846), Frans generaal.

margariet [kalkglimmer] < **hd.** *Margrit* < **gr.** *margaritès* [parel]; het gesteente is zo genoemd vanwege de korrelige, parelachtige structuur.

margarine [kunstboter] (1900) < fr. *margarine*, met de uitgang van *glycerine* gevormd van *margarique*, (*acide margarique* [margarinezuur]), dat gevormd is van **gr.** *margaron* [parel]; zo genoemd vanwege de gelijkenis in kleur (vgl. *margariet*).

margay [katachtig roofdier] < fr. *margay*, ouder *margaia* < **tupi** *mbaracaia*.

marge [rand van pagina] **middelnl.** *ma(e)rge, margie* [rand, kant van een pagina] < fr. *marge* < **lat.** *margo* (2e nv. *marginis*) [rand], idg. verwant met *mark*[1] [grensgebied].

marginaal [op de rand aangebracht] < fr. *marginal* < **me. lat.** *marginalis* (vgl. *marge*).

margriet [plant] < fr. *marguerite* [idem] < **lat.** *margarita* [parel] < **gr.** *margaritès* [idem] (vgl. *margariet*).

mariage [huwelijk] < fr. *mariage* < **me. lat.** *maritagium, maritatio*, van **klass. lat.** *maritare* (verl. deelw. *maritatum*) [uithuwelijken], van *maritus* [gehuwd, echtgenoot, huwelijks-].

Marianne [symbool van de Franse republiek] een willekeurige vrouwennaam, gekozen door de leden van een geheim genootschap dat na de staatsgreep van 1851 de republiek wilde herstellen. Leden identificeerden zich met vragen en antwoorden waarvan het eerste stel luidde *Connaissez-vous Marianne?* met het antwoord *De la montagne*.

marien [zee-] < fr. *marin*, vr. *marine* ≤ **lat.** *marinus* [van de zee], van *mare* [zee], verwant met *meer*[1].

marifoon [radiotelefoon op schepen] gevormd van **lat.** *mare* (2e nv. *maris*) [zee], verwant met *meer*[1] + het tweede lid van *telefoon*.

marihuana [genotmiddel] < **mexicaans-spaans** *marihuana*, samentrekking van *Maria* en *Juana;* twee veel voorkomende vrouwennamen dus. Dit vanwege de seksuele implicaties van het marihuanagebruik.

marimba [xylofoon met klankbuizen] **bantoe** *marimba, malimba*, mv. van *limba* (mv. wordt gevormd met *ma-*) [een van de klankelementen].

marinade [het doortrekken met kruiden] < fr. *marinade* [pekel, in pekel ingemaakte, gemarineerde spijzen], van *marin* [zee-] (vgl. *marien*).

marine [militair zeewezen] **middelnl.** *marine* [zeekust, waterkant] < fr. *marine*, aanvankelijk met dezelfde betekenis, later ook 'oorlogsvloot' (vgl. *marien*).

marineren [in azijn kruiden] < **fr.** *mariner* [idem], van *marin* [van de zee] < **lat.** *marinus* [idem], van *mare* [zee], idg. verwant met *meer* ¹.
marinisme [gezwollen stijl] naar *Giambattista Marino*, Italiaans dichter (1569-1625).
mariolatrie [verering van Maria] → *-latrie*.
marionet [pop] (1692) < **fr.** *marionette*, verkleiningsvorm van *Marion*, verkleiningsvorm van *Marie*.
marist [lid van priestercongregatie] < **fr.** *mariste*, afgeleid van *Maria*.
maritaal [van de echtgenoot] < **fr.** *marital* < **lat.** *maritalis* [van het huwelijk, van de echtgenoot], van *maritus* [gehuwd, huwelijks-, echtgenoot].
maritiem [zee-] < **fr.** *maritime* < **lat.** *maritimus* [zee-], van *mare* (2e nv. *maris*) [zee], idg. verwant met *meer* ¹.
marjolein, majoraan, majolein [plantengeslacht] **middelnl.** *majoraan, marioleine, margellein, mayoleine* < **fr.** *marjolaine*, een onjuiste interpretatie van ouder *maiorane* < **me. lat.** *majorana* [marjolein], dat verband moet houden met **klass. lat.** *amaracus, amaracum* [marjolein] < **gr.** *amarakos;* de verhaspeling in het me. lat. mogelijk o.i.v. *major* [groter].
mark ¹ [grens] **middelnl.** *ma(e)rke, merke* [grens, gebied, gemeenschap op het platteland, de grond daarvan], **oudnederfrankisch, oudsaksisch** *marka*, **oudhd.** *marha*, **oudfries** *merke*, **oudeng.** *mearc*, **gotisch** *marka* [grens], **oudnoors** *mǫrk* [bos (vaak een grens)]; buiten het germ. **lat.** *margo* [zoom], **oudiers** *mruig* [grens, gebied], **welsh** *bro* [gebied], **avestisch** *maraza* [grens].
mark ² [gewicht, munteenheid] **middelnl.** *marc, marke, merc*, van *merken* [dus gemerkt stuk metaal] → *merk*.
markant [opvallend] < **fr.** *marquant*, teg. deelw. van *marquer* [merken], uit het germ., vgl. *merk*.
Marken [geogr.] vermoedelijk van *mark* ¹, dus grensstreek; Marken werd eerst in de middeleeuwen een eiland.
markeren [merken] < **fr.** *marquer*, uit het germ., vgl. *merk*.
marketenster [zoetelaarster] (1846), vr. van verouderd *marketender* (1632) < **hd.** *Marketender* < **it.** *mercatante* [handelaar], teruggaand op **lat.** *mercari* [handeldrijven], van *merx* (2e nv. *mercis*) [koopwaar].
marketing [afzetplan] < **eng.** *marketing*, van *market* [markt].
markgraaf [beheerder van een mark] samenstelling van *mark* ¹ + *graaf*.
markies ¹ [markgraaf] **middelnl.** *markijs* < **fr.** *marquis*, **oudfr.** *marchis* [idem], van *marche* [grensgebied], uit het germ., vgl. *mark* ¹.
markies ² [zonnescherm] < **fr.** *marquise* [markiezin, en dan: tent, d.w.z. een plek een markiezin waardig] (vgl. *markies* ¹).
markje [fiche] van *mark* ², *merk*.
markoen [het sinte-markoen, koningszeer] < *Sint-Marculphus*, **oudfr.** *Marcoul*, die tegen de ziekte werd aangeroepen.
markotten → *marcotteren*.
markt [openbare handel] **middelnl.** *market, merct*, **middelhd.** *market* < **lat.** *mercatus* [koophandel, markt], bij *mercari* [handel drijven, kopen], van *merx* (2e nv. *mercis*) [koopwaar].
marlen [met de marlijn vastzetten] (1671), frequentatief van *meren* [binden], **middelnl.** *merren, marren*.
marli [gaas] < **fr.** *marli*, herkomst onzeker, mogelijk < *merlis* = **oudfr.** *(drap) merlé*, nevenvorm van *meslé* = *mêlé*.
marlijn, marling [dun touw] **middelnd.** *marlink, merlink*, afgeleid van *marren* [binden] → *meren*.
marling hetzelfde woord als *marlijn*.
marmel [knikker] met dissimilatie uit *marmer*.
marmelade [jam] (1536) < **fr.** *marmelade* < **portugees** *marmelada* [jam van kweeperen], van *marmelo* [kweepeer] < **lat.** *melimelum* [een zoete appel] < **gr.** *melimèlon*, van *meli* [appel, vrucht], uit een vóór-gr. taal + *mèlon* [honing].
marmelen [knikkeren] afgeleid van *marmel*.
marmer [kalkgesteente] (ca. 1500) < **lat.** *marmor* [marmer] < **gr.** *marmaros* [rotsblok, stuk steen, vervolgens fraaie steen, marmer]; het **middelnl.** *marber* was ontleend aan **fr.** *marbre*.
marmiet [ketel] < **fr.** *marmite* [ketel, pan], waarvan de herkomst niet duidelijk is.
marmot [knaagdier] **middelnl.** *marmot(te)* [wanstaltige figuur, lelijke aap] < **oudfr.** *marmotte, marmottaine, (marmoser* [tanden knarsen]) < **me. lat.** *mormontana* < **lat.** *mus montana*, van *mus* [marter, muis], daarmee idg. verwant + *montana* [berg-] → *mormel*.
marode ['op marode gaan', uit stelen gaan] < **fr.** *maraud* [schelm], *marauder* [stropen, plunderen]; in Centraal- en West-Frankrijk is *maraud* de benaming van de kater, klanknabootsing van de krolse kater.
marokijn [soort leer] < **fr.** *maroquin* [idem], van *Maroc* (vgl. *Marokko*).
Marokko [geogr.] **middelnl.** *Maroch* < **it.** *Marocco* < **ar.** *marrākush, marrākish* [Marrakesj, Marokko].
Marollen [Brusselse volksbuurt] genoemd naar het klooster der *Maricol(l)en*, afgeleid van *Maricolae* [vereersters van Maria].
maroniet [groep Syrische christenen] genoemd naar de 5e eeuwse monnik *Maro*, stichter van de sekte.
marot [zotskolf] **middelnl.** *maroc* < **fr.** *marotte* [een pop, attribuut van De Dwaasheid], verkleiningsvorm van *Marie*.
marouflage [het verdoeken] < **fr.** *marouflage*, van *maroufle* [fielt, vlegel, schertsend gebruikt voor een krachtige lijm], bijvorm van *maraud* (vgl. *marode*).
marqueterie [inlegwerk] < **fr.** *marqueterie*, van *marqueter* [spikkelen, sprenkelen, inleggen met

marren — mas

mozaïek], van *marque* [merkteken, stempel, afdruk], uit het germ., vgl. *merk*.

marren [dralen] middelnl. *merren, marren* [talmen], oudsaksisch *merrean,* oudhd. *merran,* oudfries *meria,* oudeng. *mierran* [hinderen] (eng. *to mar*), gotisch *marzjan* [ergernis geven]; buiten het germ. lat. *mora* [oponthoud], oudiers *maraim* [blijven], litouws *maršas* [vergeten], oudindisch *mṛṣyate* [vergeten, veronachtzamen].

marron¹ [ontvluchte slaaf, bosneger] < fr. *marron* < **amerikaans-spaans** *cimarrón* [ontvluchte Indiaan, neger, ontsnapt dier], van *cima* [top, kruin] < lat. *cyma* < gr. *kuma* [golf, golving], zo genoemd omdat zij naar het gebergte verdwenen.

marron² [kastanjebruin] < fr. *marron* < it. *marrone* [kastanje].

mars¹ [militaire tocht, lopen] (1642) < fr. *marche* (vgl. **marcheren**).

mars² [korf van marskramer] middelnl. *me(e)rse, maers(e)* [koopwaar, mand voor koopwaar, rugkorf, mars van schip] < lat. *merces,* mv. van *merx* [koopwaar] → **markt**.

mars³ [moeras] nevenvorm van **meers**.

Mars [god van de oorlog] samengetrokken uit *Mavors,* vermoedelijk een godennaam uit het oude Tyrrheense gebied.

marsala [zuidwijn] genoemd naar de plaats van herkomst *Marsala* op Sicilië < ar. *marsā allāhi* [de haven van God].

marsbanker [horsmakreel] genoemd naar de bank bij het Marsdiep.

Marseillaise [naam van het Franse volkslied] < fr. *Marseillaise,* vr. van *marseillais* [van Marseille] < lat. *Massilia* < gr. *Massalia,* gecomponeerd door Claude-Joseph Rouget de Lisle, genie-officier, onder de titel Chant de Guerre pour l'Armée du Rhin, 1792, en gezongen door een bataljon vrijwilligers uit Marseille, waarna de benaming *marseillaise* werd.

Marseille [geogr.] < lat. *Massilia* < gr. *Massalia,* uit een inheemse ligurische naam.

marsepein [lekkernij] middelnl. *marcepen, marsepein* < fr. *marcepain* < it. *marzapane* [idem], dat onder invloed kwam van gr. *maza* [gerstkoek] en it. *pane* [brood, (maar eigenlijk) doos van de inhoud van een tiende mud], hetzelfde woord als de Venetiaanse munt *mattapàn* (met overgang van betekenis van munt op hoeveelheid, maat) < ar. *mauthabān* [(vorst) die geen militaire actie onderneemt, benaming voor een Byzantijnse munt met een afbeelding van de tronende Christus, die tijdens de kruistochten in circulatie was].

Marshallhulp [economische hulpverlening na W.O. II] genoemd naar *George Catlett Marshall,* Amerikaanse minister van Buitenlandse Zaken.

marshmallow [een snoepje, gemaakt van de plant van die naam] < eng. *marshmallow,* van *marsh* [moeras] + *mallow* [malve, maluwe].

marsiliaan [scheepstype] < it. *marsiliana* < *Marsiglia* [Marseille].

martavaan [pot van aardewerk] genoemd naar *Martaban* in Burma, een vroeger belangrijke verlaadplaats van Chinees aardewerk.

marteel [hamer] middelnl. *marteel* < oudfr. *martel* < me. lat. *martellus, martellum* [hamertje], naast klass. lat. *marculus* < *marcus* [hamer].

martelaar [bloedgetuige] middelnl. *martiere, martere,* naast *martelaar* < chr. lat. *martyr* [getuige, martelaar] < gr. *martus, marturos* [getuige].

martelen [folteren] middelnl. *marte(e)len,* afgeleid van *martéle* [Christus' kruisdood], *martélie* [pijniging], gedissimileerd uit *martire, martirie* [marteling] < lat. *martyrium* < gr. *marturion* [getuigenis].

martellato [gehamerd] < it. *martellato,* verl. deelw. van *martellare* [hameren], van *martello* [hamer] < lat. *martulus* [hamertje], verkleiningsvorm van *martus* [hamer].

martellement [muziekterm] < fr. *martèlement, martellement* [idem], van *marteler* [hameren], van oudfr. *martel* (vgl. **marteel**).

marter [zoogdier] middelnl. *marter* < fr. *martre,* uit het germ., vgl. oudhd. *mardar;* vermoedelijk verwant met litouws *mardi* [jonge vrouw], een taboenaam, vgl. it. *donnola* [wezel, eig. vrouwtje].

martiaal [krijgshaftig] < fr. *martial* < lat. *Martialis* [van (de oorlogsgod Mars), gewijd aan Mars] (2e nv. *Martis*).

martingaal [springteugel] < fr. *martingale* [deel van paardetuig dat buikriem met neusriem verbindt, ceintuur] < **provençaals** *martegalo,* vr. van *martegal,* afleiding van *Martegue,* dial. voor de plaatsnaam *Martigue* (Bouches-du-Rhône).

martingale [halve ceintuur] → **martingaal**.

Martini [alcoholische drank] genoemd naar zijn Italiaanse uitvinder, van wie overigens verder niets bekend is.

Martinique [geogr.] verbastering van de caribische naam *Madidina*.

martiniseren [staalproduktie] genoemd naar de Fransman *Emile Martin* (1829-1915), die het regeneratieprincipe van de gebroeders Siemens in 1863 wist toe te passen voor de staalproduktie.

martyrologie [geschiedenis der martelaren] < lat. *martyrologium* < gr. *marturologion,* van *martus* [martelaar] + *logos* [woord, verhandeling].

Marva [letterwoord] gevormd uit *Marine-Vrouwenafdeling*.

marxisme [politieke leer] genoemd naar *Karl Marx* (1818-1883).

maryland [tabak] genoemd naar de staat *Maryland;* door de kolonist George Calvert, lord Baltimore, genoemd naar Koningin *Henriëtte Maria,* gemalin van Karel I.

marziale [krijgshaftig] < it. *marziale,* van *Marte* < lat. *Martem,* 4e nv. van *Mars* [de god van de oorlog].

mas [goudgewicht, beleefde aanspraak op Java]

< **maleis** *mas* < **javaans** *mas* [goud, vervolgens ook een eenvoudige aanspreektitel, afgesleten tot het equivalent van meneer].

Mascaar [bewoner van de Mascaren of Mascarenen] genoemd naar *Mascarenhas,* de Portugese ontdekker van Réunion (1545).

mascara [make-up] < **spaans** *máscara* [masker].

mascaret [vloedverschijnsel] < **fr.** *mascaret,* een gascons woord, overdrachtelijk gebruik van gevlekt (van koe), van *mascara* [bekladden, zwart maken], verwant met *masker.*

mascaron [dierekop uit sluitstuk van boog] < **fr.** *mascaron* < **it.** *mascherone* [idem], vergrotingsvorm van *maschera* (vgl. *masker*).

mascotte [gelukbrengend voorwerp] < **fr.** *mascotte,* eerst bij Zola genoteerd en in 1880 populair geworden door *La Mascotte,* Aubran's operette < **provençaals** *mascoto* < *masco* [heks] < **me. lat.** *masca* [heks] (vgl. *masker*).

masculien [mannelijk] < **fr.** *masculin* < **lat.** *masculinus* [idem], van *mas* [idem].

masculinum [het mannelijk] < **laat-lat.** *masculinum,* o. van *masculinus* [mannelijk], van *masculus* [idem], van *mas* [mannelijk, man].

maser [versterker van stralingsflitsen] uit de beginletters van *Microwave Amplification by Stimulated Emission of Radiation.*

maserhout [geaderd gevlamd hout] **middelnl.** *masel, maser* [vlek, vlek op de huid] (vgl. *mazelen*).

maske [plooi in de onderlip van een bloemkroon] < **fr.** *masque* [masker].

masker [mombakkes] **middelnl.** *masch(e)re* < **fr.** *masque* [idem] < **it.** *maschera* [idem] < **ar.** *maskhara* [voorwerp van spot, belachelijk, dwaas, maskerade], bij het ww. *sakhira* [hij lachte, spotte]; mogelijk heeft contaminatie plaats gehad met *saḥara* [hij betoverde], *saḥḥār* [tovenaar], *saḥḥāra* [heks] (vgl. *mascotte*).

maskerade [optocht van gemaskerden] < **fr.** *mascarade* [idem] of < **spaans** *mascarada,* van *mascara* [masker].

maskeren [verbergen] < **fr.** *masquer* [idem], van *masque* [masker].

masochisme [het ondergaan van vernederingen voor seksuele bevrediging] < *Masochismus,* door de Duitse psychiater R. von Krafft-Ebing gevormd van de naam van de Oostenrijkse romanschrijver *Leopold Sacher Masoch* (1836-1895), die het verschijnsel beschreef.

masqué [bedekt] < **fr.** *masqué,* verl. deelw. van *masquer* [maskeren].

massa[1] [toebereide stof, grote hoeveelheid] **middelnl.** *masse* [klomp, vooral van edele metalen] < **fr.** *masse* < **lat.** *massa* [klomp, massa die als deeg samenkleeft] < **gr.** *maza* [deeg van gerstemeel], van *massein* [kneden]; de vorm *massa* (1644) door heroriëntering op het lat..

massa[2] [meester] in negereng. verbastering van *master.*

massacre [slachting] < **fr.** *massacre,* vgl. **oudfr.** *maçacre,* ouder *macecre, macecle* [slagerij], afkomstig van **ar.** *maslakh* [slachthuis], van het ww. *salakha* [hij vilde] + het plaatsaanduidende *ma-;* vgl. **middelnl.** *masèl, maise(e)l* [slachthuis].

massage [het masseren] < **fr.** *massage* < **ar.** *misās* [het aanraken, betasten, behandeling], bij het ww. *massa* [voelen, betasten], vgl. **hebr.** *māsjasj* [idem], **akkadisch** *masjāsju* [afwissen, van iets afwrijven].

massé [kopstoot] < **fr.** *massé,* verl. deelw. van *masser* [masseren (biljartterm)], van **oudfr.** *mace* (**fr.** *masse*) [hamer] < **lat.** *mateola* [een soort hamer], verwant met **oudhd.** *medela* [ploeg], **eng.** *mattock* [houweel], **oudkerkslavisch** *motyka* [houweel], **oudindisch** *matya-* [knuppel].

massematten [barg. handel, gestolen goed] < **hebr.** *masa u matan* [opstapeling en afgifte, vandaar het koopmansbedrijf, transactie].

masseren → *massage.*

massicot [poederachtig loodoxyde] **middelnl.** *masticot, massicot* < **fr.** *massicot* < **it.** *mazzacote* of **spaans** *mazacote* [soda] < **ar.** *ash shabb al qubṭī, ash* [de] *shabb* [jonge man, aluin], voor de betekenisovergang waarvan men denke aan het gemakkelijke groeiproces van het aluinkristal, (bij het ww. *shabba* [hij groeide op]) *qubṭī* [Koptisch] samen dus: Egyptische aluin.

massief [niet hol] < **fr.** *massif,* van *masse* (vgl. *massa*[1]).

massificeren [tot een massa maken] naar analogie van woorden als kwalificeren gevormd uit *massa*[1] + **lat.** *facere* (in samenstellingen *-ficere*) [maken, doen], daarmee idg. verwant.

Massora [traditionele tekst van het Oude Testament] < **mishnaïsch hebr.** *māsōrā,* nevenvorm van *māsōret* in *māsōret habbrīt* [de arke des verbonds], vermoedelijk met instrumentaal voorvoegsel *ma-* van *āsar* [binden], maar later geassocieerd met *māsar* [overdragen].

mast[1] [paal] **middelnl.** *mast(e),* **oudhd.** *mast,* **oudeng.** *mæst;* buiten het germ. **lat.** *malus* [mast, paal], **oudiers** *matan* [knuppel], **oudkerkslavisch** *mostǔ* [brug].

mast[2] [varkensvoer] **middelnl.** *ma(e)st,* behoort bij *mesten, mest.*

mast[3] [ter afbetaling ingehouden soldij] < **fr.** *masse* [massa, menigte, totaalbedrag, kas, pot].

mastaba [graf] < **ar.** *masṭaba, misṭaba* [stenen bank tegen de muur van het huis, stenen plaat om op te zitten, Egyptische mastaba].

mastectomie [borstamputatie] gevormd van **gr.** *mastos* [borst], verwant met **lat.** *madēre* [vochtig zijn, dronken zijn], **oudindisch** *madati* [hij is dronken] (vgl. *mest*) + **gr.** *-ektomia* [het uitsnijden], bij *ektemnein* [uitsnijden], van *ek* [uit] + *temnein* [snijden].

mastel [broodje] < **oudfr.** *mestellon* (vgl. *masteluin*).

masteluin [half tarwe half rogge] **middelnl.**

master — matig

messeluun, mesteluun, masteluun < **oudfr.
mestillon** < **lat.** *mixtellum,* van *miscere* (verl. deelw. *mixtum*) [mengen], idg. verwant met **hd.** *mischen.*

master [meester] < **eng.** *master,* **oudeng.** *mægester* < **lat.** *magister* (vgl. *meester*).

masticatie [het kauwen] < **laat-lat.** *masticatio,* van *masticare* (verl. deelw. *masticatum*) [kauwen] < **gr.** *mastichan* [tandenknarsen], verwant met *mastazein* [kauwen], *mastax* [mond], daarmee idg. verwant → *mastiek.*

masticot → *massicot.*

mastiek [harssoort] **middelnl.** *mastic* [hars van de mastikboom] < **fr.** *mastic* < **me. lat.** *masticatio* [kauwgom], van *masticare* [kauwen] < **gr.** *mastichè* [mastiek(hars)] (vgl. *masticatie*).

mastiff [hond] < **eng.** *mastiff* < **me. lat.** *mastinus canis, mastivus canis* [mastiff], (*canis* [hond]) < **klass. lat.** *mansuetus* [tam], eig. verl. deelw. van *mansuescere* [tam maken], van *manus* [hand] + *suescere* [aan iets gewennen, dus aan de hand (van de meester) gewend].

mastitis [borstklierontsteking] gevormd van **gr.** *mastos* [borst] (vgl. *mastoiditis*).

mastoc [dikke kerel] < **fr.** *mastoc,* door De Balzac in omloop gebracht als *mastok* < **hd.** *Mastochs* [vetgemeste os].

mastodont [uitgestorven slurfdier] gevormd van **gr.** *mastos* [(vrouwen)borst] + *odōn* (2e nv. *odontos*) [tand]; zo genoemd vanwege de tepelvormige uitsteeksels op de kiezen.

mastoiditis [ontsteking van het tepelvormig beentje] gevormd van **gr.** *mastos* [(vrouwen) borst] + *eidos* [vorm] + *-itis,* vr. van *-itès* [behorende tot], een voor ontstekingen in medische taal gebruikelijk geworden achtervoegsel.

mastozoön [zoogdier] gevormd van **gr.** *mastos* [(vrouwen)borst] + *zōion* [levend wezen].

masturberen [zichzelf seksueel bevredigen] < **fr.** *masturber* < **lat.** *masturbari,* van *manū* (6e nv. van *manus*) [met de hand] + *stuprare* [bezoedelen], van *stuprum* [onzedelijke handeling], verwant met *stupēre* [stokken, verstomd staan] (vgl. *stupide*).

mat[1] [Spaans geldstuk] < **fr.** *matte* [metaal dat na een eerste smelten nog onzuiver is], *maton* [geklonterde melk], vermoedelijk < **ar.** *mădda* [materie, materiaal, fundamenteel bestanddeel]; door het verbod edele metalen als zodanig uit de Spaanse gebieden in Amerika uit te voeren, was men gedwongen het metaal aan te munten in de vorm van matten. Dit geschiedde onzorgvuldig, omdat zij in Europa toch weer werden versmolten.

mat[2] [van biezen e.d.] **middelnl.** *matte* [strozak] < **lat.** *matta* [mat] < **punisch-fenicisch** *matta,* verwant met **hebr.** *mittāh* [bed] → *natté.*

mat[3] [klonter] vgl. **fr.** *maton* [klonter], wel hetzelfde woord als *mat*[1] [geldstuk].

mat[4] → *schaakmat.*

mat[5] [moe] **middelnl.** *mat* < **oudfr.** *mat* [idem] < **me. lat.** *mattus* [overwonnen, neergeslagen], afgeleid van (*schaak*)*mat.*

mat[6] [dof] < **fr.** *mat,* hetzelfde woord als *mat*[5] [moe].

mat[7] → *mad.*

matador [stierenvechter] < **spaans** *matador* [moordenaar, stierenvechter], van *matar* [doden] < **ar.** *māta* [hij stierf] (vgl. *schaakmat*).

mataglap [door razernij verblind] < **maleis** *mata gelap* [zinsverbijstering, dol], (*mata* [oog] *gelap* [duister]).

match [gelijke, sportwedstrijd] < **eng.** *match* [gelijke, partuur, partij], **oudeng.** *mœcca, gemœcca* [één opgewogen tegen een ander, één van een stel, genoot], van *macian* [maken], verwant met *gemak.*

matdijk [dijk waarvan voor onderhoud stukken aan bepaalde personen worden opgedragen] het eerste lid **middelnl.** *mat, mad, madt,* van dezelfde basis als *maaien.*

maté [Zuidamerikaanse volksdrank] < **spaans** *maté,* de naam van het brouwsel is ontleend aan die van de halve uitgeholde kalebas (in het **quechua** *mati*), die voor allerlei huishoudelijke zaken diende en waaruit de maté werd gedronken.

matelassé [stof voor o.m. peignoirs] < **fr.** *matelassé,* verl. deelw. van *matelasser* [opstikken, dik bekleden], van *matelas* [matras].

matelot [strooien hoedje] < **fr.** *matelot* [matroos, matrozenhoedje] (vgl. *matroos*).

materiaal [bouwstof] **middelnl.** *materiael* [stoffelijk, substantie] < **me. lat.** *materialis,* bn. van *materia* (vgl. *materie*).

materie [stof] **middelnl.** *materie* < **lat.** *materia* [hout, bouwmateriaal, grondstof, voorraad], van *mater* [moeder], daarmee idg. verwant.

materieel [stoffelijk] < **fr.** *matériel* < **me. lat.** *materialis* (vgl. *materiaal*).

materniteit [moederschap] < **fr.** *maternité* < **me. lat.** *maternitatem,* 4e nv. van *maternitas* [idem], van *maternus* [moeder-], van *mater* [moeder], daarmee idg. verwant.

mathematisch [wiskundig] < **fr.** *mathématique* < **lat.** *mathematicus* [idem] < **gr.** *mathèmatikos* [leergierig, met lust voor de studie], (*mathèmatikè technè* [wiskunde], vgl. de betekenis van *wis*-), van *mathèma* [wat men te weten komt, wetenschap, verbijzonderd tot mathematica], bij *manthanein* (aoristus *mathein*) [in zijn geest opnemen], idg. verwant met *monter.*

mathoen [pluvier] bij Kiliaan *mathoen,* van *mat* [weide] (vgl. *maaien*) + *hoen.*

matico [struik] < **spaans** *matico,* van *Matico,* verkleiningsvorm van *Matteo* [Mattheus], volgens het verhaal genoemd naar de soldaat die de bloedstollende eigenschap ervan ontdekte.

matig [binnen redelijke maat] **middelnl.** *matich,* mogelijk onder duitse invloed, vgl. **oudhd.** *mazig,* **middelnd.** *matich,* afgeleid van *maat*[1].

-matig[1] [achtervoegsel] bij Coornhert *schriftmatig,* eerst echter eind 18e eeuw gebruikelijk geworden, vermoedelijk o.i.v. **hd.** *-mässig.*

-matig[2] [achtervoegsel] ontstaan uit *-ig,* dat dient tot vorming van adjectieven, b.v. in *hongerig, bevallig,* doordat woorden als *evenmatig, middelmatig* de indruk wekten, dat *-matig* een achtervoegsel was: *doelmatig, toneelmatig.*

matinee [morgenbijeenkomst] < **fr.** *matinée,* van *matin* [ochtend] < **lat.** *matutinum* [idem], van *Mater Matutina,* (*mater* = moeder) [de godin van de dageraad], wier naam verwant is met *maturus* [vroeg, rijp] → **metten**.

matineus [gewoon vroeg op te staan] < **fr.** *matineux,* van *matin* (vgl. **matinee**).

matrak [knuppel] < **fr.** *matraque* [idem] < **ar.** *miṭraq* [hamer], bij het ww. *ṭaraqa* [hij klopte, hamerde], met het instrumentaal voorvoegsel *mi-.*

matras [beddezak] **middelnl.** *matratse, matrasse, materaste* [zitkussen, matras] < **oudfr.** *materas* [idem], **it.** *materasso,* **me. lat.** *matra, matrax, matricia* < **ar.** *maṭraḥ* [plaats waar iets wordt neergegooid, plaats, zetel], met het plaatsaanduidend voorvoegsel *ma-* bij het ww. *ṭaraḥa* [hij wierp neer, wierp een kleed ergens over] (vgl. ***tarra***).

matres [houdster van bewaarschool] **middelnl.** *matresse* [maîtres, meesteres] < **fr.** *maîtresse,* vr. van *maître* [meester].

matriarchaat [rechtstoestand via de vrouwelijke lijn] gevormd van *matriarch,* naar analogie van ***patriarch,*** van **lat.** *mater* [moeder], daarmee idg. verwant.

matrijs [holle vorm] **middelnl.** *matrice* [moederlijf] < **fr.** *matrice* [baarmoeder, gietvorm] < **lat.** *matricem,* 4e nv. van *matrix* [moederdier, in chr. lat. ook oorsprong], van *mater* [moeder], daarmee idg. verwant.

matrikel [inschrijvingsregister] < **fr.** *matricule* < **me. lat.** *matricula* [lijst, register (b.v. van studenten)], verkleiningsvorm van *matrix* (vgl. ***matrijs***).

matrilineair [in de vrouwelijke lijn] < **fr.** *matrilinéaire,* van **lat.** *mater* (2e nv. *matris*) [moeder], daarmee idg. verwant, + *linea* [lijn].

matrimonium [huwelijk] < **lat.** *matrimonium,* van *mater* (2e nv. *matris*) [moeder], daarmee idg. verwant, + het achtervoegsel *-monium,* dat een handeling of een toestand aangeeft.

matrix [moederbodem] < **lat.** *matrix* [fokdier, moederdier, baarmoeder, oorsprong, stam, register] (vgl. ***matrijs***).

matrone [gehuwde vrouw] **middelnl.** *matrone, matroon, matroensche* < **fr.** *matrone* < **lat.** *matrona* [getrouwde vrouw, huismoeder, echtgenote, lett. grote, eerwaarde moeder], van *mater* [moeder], daarmee idg. verwant + de vergrotingsuitgang *-one.*

matroos [gewoon schepeling] (1584) < **fr.** (mv.) *matelots,* **oudfr.** *matenot* < **middelnl.** *mattenoot* [schepeling, matroos], van *matte* [slaapplaats] + *(ge)noot* [lett. met wie men de slaapplaats deelt], vgl. voor de betekenis ***kameraad*** → ***genoot***.

mats[1] [slag, troef] → ***matsen***[1] [klappen geven].

mats[2] [mal] *te mats* [te sterk], mogelijk < **eng.** (*too*) *much.*

matse [ongezuurd brood] < **hebr.** *matstsă* [ongegist brood, eig. dat wat is uitgezogen, gedraineerd], bij het ww. *mătsat* [uitzuigen].

matsen[1] [klappen geven] **middelnl.** *maetchen, maetsen, metsen* [neerslaan] < **oudfr.** *machier* [vermorzelen] < **lat.** *masticare* [geselen] < **gr.** *mastizein* [idem], van *mastix* [zweep].

matsen[2] [iem. een voordeeltje gunnen] etymologie onbekend, mogelijk < **eng.** *to match* [bij elkaar passen].

matshamer [strijdhamer] **middelnl.** *matse, maetse, maetche, matsuwe, machuwe* [knots, strijdhamer], van ***matsen***[1] [klappen geven].

matten [knokken] etymologie onbekend, wellicht < **rotwelsch** *matten,* **jiddisch** *Matte* [stok].

matteren [mat maken] < **fr.** *matter, mater* [idem] (vgl. ***mat***[6] [dof]).

mattes [kakhuis] herkomst onbekend, maar de vergelijking dringt zich op met **rotwelsch** *Mattes* [valse stempel] < **jiddisch** *madphis* [drukkerij]; een oorspronkelijk bargoens woord?

maturiteit [volwassenheid] < **fr.** *maturité* [rijpheid] < **lat.** *maturitatem,* 4e nv. van *maturitas* [rijpheid, juist tijdstip, vroegte], van *maturus* [rijp], verwant met *manus* [goed] (vgl. ***manen***[2]) en met *matutinus* [morgen] (vgl. ***metten***).

Mauretanië [geogr.] < **lat.** *Mauretania,* van *Mauri* [bewoners van Mauretanië], *Maurus* [Afrikaans] (vgl. ***Moor***).

Mauritius [geogr.] door Jacob van Neck naar *Prins Maurits* genoemd.

mauser [geweer] genoemd naar de uitvinders ervan, de gebroeders Wilhelm (1834-1882) en Peter Paul Mauser (1838-1914).

mausoleum [grafteken] < **gr.** *Mausoleion,* het grafmonument van koning *Mausolos* te Halikarnassos, één van de zeven wereldwonderen.

mauve [zacht paars] < **fr.** *mauve,* bn. naast zn. *mauve = maluwe, malve,* dus met de kleur van de ***malve***[1].

mauwen [geluid van kat voortbrengen] **middelnl.** *ma(e)uwen;* klanknabootsende vorming.

maxi- [het grootst, zeer groot] → ***maximum***.

maxillair [kaak-] < **fr.** *maxillaire* < **lat.** *maxillaris* [idem], van *maxilla* [kaak], verkleiningsvorm van *mala* [kaak].

maxim [type machinegeweer] genoemd naar de uitvinder ervan, de Amerikaans-Engelse wapenfabrikant *Sir Hiram Stevens Maxim* (1840-1916), directeur van de Engelse Maxim Gun Co.

maximaal [het maximum bereikend] < **fr.** *maximal* [idem], van **lat.** *maximus* (vgl. ***maximum***).

maxime [grondstelling] < **fr.** *maxime* < **me. lat.**

maxima (sententia) [grootste (mening, gedachte, uitgesproken gedachte, spreuk)].
maximum [hoogste waarde] < **lat.** *maximum*, o. van *maximus* [grootste], overtreffende trap van *magnus* (vgl. ***magnum***).
maxwell [eenheid van magnetische krachtstroom] genoemd naar de Schotse natuurkundige *James Clerk Maxwell* (1831-1879).
Maya[1] uit een inheemse benaming voor noordelijk Yucatán.
Maya[2] [hindoegodin] < **oudindisch** *māyā* [bovennatuurlijke kracht, toverkunst, illusie].
mayday [SOS-roep] verengelsing van **fr.** *m'aidez* [helpt me].
mayonaise [eiersaus] < **fr.** *mayonnaise* < *sauce mahonnaise*, die zo schijnt te zijn gedoopt n.a.v. de bezetting in 1756 door Franse troepen van *Mahón*, hoofdstad van Menorca.
mayor [burgemeester] < **eng.** *mayor* < **lat.** *maior* [groter] (vgl. ***majoor***).
mazaganboon [tuinboon] genoemd naar *Mazagan*, het huidige El Jadida, een haven ten zuidwesten van Casablanca.
mazagran [drank van koffie, selterswater en brandewijn] deze drank werd door de Franse militairen, toen zij in 1840 in het dorp *Mazagran* bij Oran in noordwest Algerije werden belegerd, gedronken.
mazdeïsme [door Zarathoestra gestichte godsdienst] < **avestisch** *ahuramazda*, van *ahura-* [god, goede geest], verwant met **oudindisch** *asura-* [God, tegengod] + *mazdāh-* [wijs], verwant met **oudindisch** *medhā* [wijsheid].
mazelen [kinderziekte] **middelnl.** *masel, maser* [vlek, door ziekte veroorzaakte huidvlek], **oudhd.** *masala* [bloedgezwel], **middelnl.** *masele* [mazelen], van **middelnl.**, **middelnd.** *mase* [vlek], **oudhd.** *masa* [wond, litteken], samenhangend met een woord voor gevlamd hout, vgl. **oudhd.** *masar* (**hd.** *Maser*) [gevlamd hout], **middelnl.** *maser* [knoestige uitwas], vgl. ***mazelhout, maserhout***.
mazelhout → ***mazelen***.
mazen [netwerk herstellen] afgeleid van ***maas***.
mazier [nisje in schoorsteenmuur] **middelnl.** *ma(i)siere* [muur om tuinen e.d., spleet in muur, kast in muur] < **oudfr.** *maisiere* [kloostermuur] < **lat.** *maceria* [omheining, muur] (vgl. ***metselen***).
mazout [stookolie] < **russ.** *mazut* [petroleumrest], via het turkotaaars ontleend aan **ar.** *makhzūlāt* [afval (mv.)], bij het ww. *khazala* [hij sneed af, verhinderde].
mazurka [dans] < **pools** *mazurek*, verkleiningsvorm van *mazur*, afgeleid van de naam van de Poolse provincie *Mazurië*.
mazzel [geluk] < **hebr.** *mazal* [gesternte, geluk].
meander [rivierbocht] genoemd naar de sterk kronkelende rivier de *Maiandros* in het vroegere gebied Karia in Klein-Azië. De rivier heet tegenwoordig *Menderes*.

mecanicien [werktuigkundige] < **fr.** *mécanicien* < **lat.** *mechanicus* [idem] < **gr.** *mèchanikos* [vindingrijk, tot werktuigen behorend], van *mèchanè* [middel, kunstvaardigheid, werktuig] (vgl. ***machine***).
meccano [speelgoed] merknaam, 1908, gevormd o.i.v. **it.** *meccanico* [werktuigkundig].
mecenaat [kunstbegunstiging] genoemd naar de Romeinse kunstbeschermer *Gaius Cilnius Maecenas* (65-8 v.Chr.).
mechanica [theoretische werktuigkunde] < **gr.** *mèchanikè technè*, *mèchanikè* is vr. van *mèchanikos* (vgl. ***mecanicien*** en ***techniek***).
Mechelen [geogr.] eerste helft 12e eeuw *Mehla*, in 1200 *Mechtlo*, waarvan de betekenis mogelijk is 'machtig bos' → ***loo***.
Mecklenburg [geogr.] het eerste lid is **oudsaksisch** *mikil*, **oudhd.** *mihhil*, **gotisch** *mikils* [groot], verwant met ***meer***[2] → ***magnum***.
meconine [opianyl] gevormd van **lat.** *meconium* [papaversap] < **gr.** *mèkōnion*, verkleiningsvorm van *mèkōn* [papaver], idg. verwant met ***maankop***.
medaille [erepenning] < **fr.** *médaille* < **it.** *medaglia*, teruggaand op **lat.** *metallum* [erts] (vgl. ***metaal***).
medaillon [sieraad] < **fr.** *médaillon* [idem] < **it.** *medaglione* [idem], vergrootwoord van *medaglia* [medaille].
mede[1] [meekrap] **middelnl.**, **middelnd.** *mede*, **fries** *miede*, **oudhd.** *matara*, **oudeng.** *mædere* (**eng.** *madder*), **oudnoors** *maðra*, etymologie onbekend.
mede[2] [drank] **middelnl.**, **middelnd.** *mēde*, **oudhd.** *meto* (**hd.** *Met*), **oudeng.** *meodo* (**eng.** *mead*), **oudnoors** *mjǫðr;* buiten het germ. **gr.** *methu* [mede, later wijn], **oudiers** *mid*, **welsh** *medd* [mede], **litouws** *medus* [honing], *midus* [mede], **oudkerkslavisch** *medŭ*, **avestisch** *madhav* [mede], **oudindisch** *madhu-* [zoete drank, honing, wijn].
mede[3] [samen] **middelnl.** *mede*, **oudsaksisch** *midi*, **oudhd.** *miti*, staat tot ***met***[4] als *ane* tot *aan*.
mededingen [concurreren] samenstelling van ***mede***[3] + ***dingen***.
mededogen [barmhartigheid] **middelnl.** *mededogen*, samenstelling van ***mede***[3] + *dogen* [lijden], **nl.** *gedogen*, maar **zaans** ook *dogen*.
medeklinker [consonant] vroeg-nl. vertaling van **lat.** *consonans*.
medel, metel [onkruid in rogge] **nd.** *midel*, etymologie onbekend.
medelijden [deernis] **middelnl.**, **middelnd.** *medeliden*, **middelhd.** *mĭtelidunge, mĭteliden*, vermoedelijk uit het middelhd. overgenomen in mystieke geschriften. Het was een vertaling van **lat.** *compassio*, dat weer een vertaling was van **gr.** *sumpatheia*.
Meden [Perzisch volk] < **lat.** *Medus* (enk.) < **gr.** *Mèdos* < **oudperzisch** *mada*.

medeplichtig [opzettelijk behulpzaam bij een misdrijf] **middelnl.** *medeplichtich*, afgeleid van *medeplichten, medeplechten* [deel hebben aan, meedoen].

medestander [partijgenoot] reeds middelnl., afgeleid van *medestaen* [tegenwoordig zijn, terzijde staan].

media [communicatiemiddelen] < **lat.** *media*, mv. van *medium*.

mediaan [zwaartelijn in driehoek] < **lat.** *medianus* [middelste], van *medius* [midden], daarmee idg. verwant.

mediaeval [lettertype] < **eng.** *mediaeval*, van **lat.** *medius* [midden-] + *aevum* [eeuw].

mediaevistiek [bestudering van de middeleeuwen] afgeleid van **modern lat.** *medium aevum* (1604) + *-istiek*.

mediamiek [d.m.v. een medium] moderne vorming uitgaand van **lat.** *medius* [midden, bemiddelend], *mediare* [halverwege zijn].

mediateur [bemiddelaar] < **fr.** *médiateur* < **lat.** *mediator* [idem], van *mediare* (verl. deelw. *mediatum*) [halverwege zijn], van *medius* [midden].

medicament [geneesmiddel] < **fr.** *médicament* [idem] < **lat.** *medicamentum* [medicijn, lett. middel tot genezing], van *medicari* [genezen] + *-mentum*, een achtervoegsel dat het middel aangeeft.

medicijn [geneesmiddel] **middelnl.** *medicine* < **lat.** *medicina* [geneeskunst, geneesmiddel], eig. vr. van het bn. *medicinus* bij *medicus* (2e nv. *medici*) [arts], van *medēri* [genezen], verwant met *modus* [manier] (vgl. *mode*) → *mediteren, meten*.

medicus [arts] < **lat.** *medicus* (vgl. *medicijn*).

medio [midden] < **lat.** *medio* [in het midden van], 6e nv. van *medium* [het midden (van plaats of tijd)], het zelfstandig gebruikt o. van *medius* [midden], daarmee idg. verwant.

mediocriteit [middelmatigheid] < **fr.** *médiocrité* < **lat.** *mediocritatem*, 4e nv. van *mediocritas*, van *mediocris* [middelmatig], van *medius* [midden-] + *ocris* [bergtop], verwant met **gr.** *okris* [wat uitsteekt, spits], verwant met *akros* [uitstekend] (vgl. *akropolis*); de betekenis is dus 'halfweg de helling'.

mediotheek [verzameling audiovisuele apparatuur] gevormd van *medium* [middel van communicatie] + *-theek*.

mediteren [peinzen] < **fr.** *méditer* < **lat.** *meditari* [op iets studeren, van plan zijn, peinzen over], verwant met *modus, modestus* [bescheiden], *medēri* [genezen] (vgl. *medicijn*) → *mediteren, meten*.

mediterraan [m.b.t. de Middellandse Zee] < **lat.** *mediterraneus* [midden in het land, binnenlands], van *medius* [in het midden], daarmee idg. verwant + *terra* [de aarde, land], idg. verwant met *dor*.

medium [midden] < **lat.** *medium* [het midden, wat voor allen toegankelijk is], het mv. *media*, zelfstandig gebruikt o. van *medius* [zich in het midden bevindend], idg. verwant met *midden*.

medius [middelste term van een syllogisme] < **lat.** *medius* (vgl. *medium*).

medley [potpourri] < **eng.** *medley* [eig. mengeling] < **oudfr.** *mesdlee* (vgl. *mêleren*).

medoc [wijn uit Médoc] < **lat.** *Medulicus pagus* [de Medulische provincie].

medulla [ruggemerg] < **lat.** *medulla* [merg], vermoedelijk idg. verwant met *smeer*.

medusa [schermkwal] vanwege de gelijkenis tussen het klokvormige lichaam met de tentakels van de kwal en het hoofd met slangen van *Medusa* uit de Griekse mythologie, naar haar genoemd (**gr.** *Medousa* [bewaakster], vr. teg. deelw. van *medein* [beschermen, heersen over]).

mee → *mede*[3].

meedogenloos [zonder medelijden] samenstelling van *mededogen* + *-loos*[2].

meekrap [plant, kleurstof daaruit] **middelnl.** *crappe, crap, crapmede, crapmee, meedecrappe* (1500), van *mede, mee* + *crappe*, dat vermoedelijk identiek is met *crappe* [haak], **oudhd.** *chrapfo* [idem]; de plant zou dan genoemd zijn naar haar haakvormige uitsteeksels. De etymologie van *mee* is onzeker, mogelijk ablautend met **oudhd.** *matara*, **oudeng.** *mædere* (**eng.** *madder*) [meekrap].

meel [gemalen graan] **middelnl.** *meel, mele*, **oudsaksisch**, **oudhd.** *mëlo*, **oudfries** *mële*, **oudeng.** *mëlo* (**eng.** *meal* [meel, maaltijd]), **oudnoors** *mjǫl*, ablautend bij *malen*[2].

meeldauw [planteschimmel] (1778) < **hd.** *Mehltau* < **oudhd.** *militou*, vgl. **oudeng.** *meledeaw*, **middelnl.** *honichdau*; het eerste lid verwant met **gotisch** *milip*, **lat.** *mel*, **gr.** *meli*, **oudiers** *mil* [honing] → *mousse*.

meeldraad [stuifmeel producerend deel van bloem] samenstelling van *meel* + *draad*, een vertaling van **lat.** *stamen* [idem].

meent [gemene weide] **middelnl.** *meente, miente*, verkort uit *gemeente*.

meeps [zwak, ziekelijk] (1573), vgl. **fries** *meepsk, miepsk*, **oudfries** *mepel* [dun, breekbaar], vgl. **lat.** *mitis* [zacht, gematigd], **welsh** *mul* [bescheiden], **iets** *atmist* [week worden].

meer[1] [waterbekken] **middelnl.** *mere, me(e)r* [meer, zee], **oudsaksisch, oudhd.** *mëri*, **oudeng.** *mëre*, **oudnoors** *marr*, **gotisch** *marei* [zee]; buiten het germ. **lat.** *mare*, **oudiers** *muir*, **gallisch** *Armorica* [zeeland], **litouws** *marès* (mv.), **oudkerkslavisch** *more* [zee].

meer[2] [vergrotende trap van veel] **middelnl.** *meer*, **oudsaksisch, oudhd., oudfries** *mēr*, **oudeng.** *ma*, **gotisch** *mais*; buiten het germ. **gr.** *megas* [groot], **iers** *maith* [goed].

meerder [groter, verschillende] **middelnl.** *meerre*, **middelnd.** *merere*, **oudhd.** *meriro, meroro* zijn gevormd van *meer* door ten overvloede het ach-

meerderjarig — megalopolis

tervoegsel van de comparatief nog eens toe te voegen.

meerderjarig [volwassen] sedert Kiliaan, vertaling van **lat.** *maiorennis*.

meerkat [smalneusaap] **middelnl.** *meercatte*, **middelnd.** *merkatte*, **oudhd.** *mer(i)kazza*, **middelhd.** *merkatze;* het eerste lid zal zijn *meer*[1], het tweede *kat*, waarbij we waarschijnlijk moeten bedenken, dat **middelnl.** *cater* een naam van de duivel was en *catte* ook voor heks stond.

meerkoet [watervogel] (1772), samenstelling van *meer*[1] + *koet*.

meerkol[1] [meerkoet] samenstelling van *meer*[1] + *kol*[1].

meerkol[2] [Vlaamse gaai] dial. *markol*, **middelnd.** *marcolf* [soort van kraai of ekster], ontstaan uit de persoonsnaam *Markolf*, die in de middeleeuwen het type van de grappenmaker was. Omdat de vogel diergeluiden nabootst, kreeg hij de naam Markolf. Op de vormverandering kan *meerkol*[1] invloed hebben uitgeoefend.

meerlaan nevenvorm van *merel*.

meermin [zeevrouw] **middelnl.** *me(e)rminne*, *ma(e)rminne*, **oudsaksisch** *meriminna*, **oudhd.** *merimanni*, **oudeng.** *meremen(n);* het tweede lid is afgeleid van *man*, dat oorspronkelijk 'mens' betekende en dus op een vrouwelijk wezen kon slaan, veranderd in *min* o.i.v. *minnen;* meerminnen zouden mannen, die verliefd op hen werden, in het verderf storten.

meers [weide] **middelnl.** *me(e)rsch, ma(e)rsch* [land aan water, moerasland], **nd.** *marsch*, **oudeng.** *mersc* (**eng.** *marsh*), van dezelfde basis als *meer*[1].

meerschuim [delfstof] (1821) < **hd.** *Meerschaum*, vertaling van **lat.** *spuma maris* [schuim van de zee], een koraal waarvan men meende dat het gevormd was uit schuim, vertaling uit **gr.** *halos achnè, halos* [van de zee] *achnè* [kaf, schuim], idg. verwant met *aar;* in het middelnl. heeft *meerschuum* de betekenis van 'zeeschuim'.

meerval [zoetwatervis] **hd.** *Wels*, **middelhd.** *wels;* de naam van de grootste zoetwatervis werd overgedragen op de walvis (of mogelijkerwijs omgekeerd) (**hd.** *Wal*, **middelnl.** *wal*); het eerste lid is *meer*[1].

meervoud [vorm van naamwoord voor een aantal] eerst na de 16e eeuw, vertaling van **lat.** *(numerus) pluralis*, vanwaar *ouder nl. meervoud getal*.

mees [vogel] **middelnl., middelnd.** *mese*, **oudhd.** *meisa*, **oudeng.** *mase*, **oudnoors** *meisingr;* buiten het germ. **oudcornisch** *moelh*, **welsh** *mwyalch*, **bretons** *mouialc'h*, **lat.** *merula* < *misula* [merel].

meesmuilen [spottend lachen] (1607) → *mirakel*.

meest [overtreffende trap van veel] **middelnl.** *meest*, **oudnederfrankisch, oudhd.** *meist*, **oudsaksisch** *mēst*, **oudfries** *māst*, **oudeng.** *mǣst*,

oudnoors *mēstr*, **gotisch** *maists*, superlatief bij *meer*[2].

meestal [bijna altijd] sedert 18e eeuw; toen ook in de betekenis 'grotendeels'.

meester [onderwijzer] **middelnl.** *meister, mester, meester*, uit 12e eeuws **fr.** *maistre* < **lat.** *magister* [meester], van *magis* [meer], zoals *minister* van *minus* [minder].

meet[1] [streep, honk] (1618) < **lat.** *meta* [kegel, eindpaal, grens], op afstand verwant met *murus* [muur] (vgl. *muur*[1]).

meet[2] [deel van akker] **middelnl.** *mete* [gemet], bij *meten*.

meeting [bijeenkomst] < **eng.** *meeting*, eigenlijk gerundium van *to meet* [ontmoeten], daarmee verwant; een verouderd equivalent van meeting is *moot*.

meetkunde [geometrie] in de Teuthonista *metenskonst*, bij Simon Stevin *meetconst*, vertaling van **lat.** *geometria*.

meetronen [meelokken] samenstelling van *mede*[3] + *tronen*.

meeuw [zwemvogel] **middelnl., middelnd.** *mēwe*, **oudeng.** *mæw* (**eng.** *mew*), naast **oudnoors** *mār*, *māki;* etymologie onbekend.

meewarig [deelnemend] sedert Kiliaan *medwaerigh*, **middelnl.** *medewaerdigh*, *medewerdich* [minzaam], o.i.v. *medewaerdich*, *medewerdich* [gelijkwaardig], met een *d;* de vorm zonder *d* is de oudste, vgl. **oudhd.** *mitiwari* [vriendelijk]; vgl. ook *aelwarich, aelwaerdich;* het tweede lid hoort bij *waar*[1].

meewinde [wilde kamperfoelie] gevormd van *mede*[2] [honing] + *winde*.

meewustig [zichzelf van iets bewust] mogelijk door P. C. Hooft gevormd van *mede* + *bewust*, vertaling van **lat.** *consciens*.

Mefisto [persoonsnaam] verkort uit *Mefistofeles* [boze geest in het Faust-verhaal], gevormd van **hebr.** *mēfīts* [vernietiger] + *tōfēl* [leugenaar].

mefitis [verstikkende lucht] < **lat.** *mefitis* [uit de grond oprijzende zwaveldamp], van oscische herkomst.

mefitisch [stinkend] van *mefitis*.

mega- [aanduiding van grootheid] < **gr.** *megas* [groot], verwant met **lat.** *magnus*, **gotisch** *mikils* [groot].

megabyte [eenheid van 1.948.576 bytes] < **eng.** *megabyte*, gevormd van **gr.** *megas* [groot] + *byte* (vgl. *byte*).

megafoon [versterkende geluidstrechter] gevormd van **gr.** *megas* [groot] (vgl. *magnum*) + *phōnè* [stem].

megaliet [reuzensteen] gevormd van **gr.** *megas* [groot] (vgl. *magnum*) + *lithos* [steen].

megalomanie [grootheidswaan] gevormd van **gr.** *megalè*, vr. van *megas* [groot] (vgl. *magnum*) + *mania* (vgl. *manie*).

megalopolis [superstad] < **gr.** *megalopolis*, van *megalè*, vr. van *megas* [groot] (vgl. *magnum*)

+ *polis* [stad], verwant met **oudindisch** *pur-* [stad], vgl. *Singapore* [leeuwenstad].
megatherium [voorhistorisch reuzenluiaard] gevormd van **gr.** *megas* [groot] (vgl. *magnum*) + *thèrion* [wild dier], eig. verkleiningsvorm van *thèr* [idem].
megera [feeks] naar *Megaira*, één van de Griekse Schikgodinnen, van **gr.** *megairein* [(te) groot vinden, misgunnen], bij *megas* [groot] (vgl. *magnum*).
megger [meetapparaat voor isolatiewaarden] verkort uit *megohmmeter* < *megaohm* [1.000.000 ohm], van *megas* (vgl. *magnum*) + *ohm* + *meter*[1].
megilla [wetsrol] **hebr.** *mgillā*, bij het ww. *galal* [hij rolde, ontrolde].
mehari [dromedaris als rijdier] < **fr.** *méhari* [idem] < **algerijns-ar.** *mehrī*, het bn. bij de arabische Mahara-stam.
mei[1] [maand] **middelnl.** *meye, mei* < **lat.** *mensis Maius*, (*mensis* [maand]), genoemd naar *Maius*, een Italische god, wiens naam betekent 'hij die toename brengt', verwant met *maior* (vgl. *majoor*).
mei[2] [tak] → *berkemeier*.
meid [jong meisje] < **middelnl.** *meget, maget, meecht, meit, meid*, vgl. *dwegel* > *dweil*, dus een nevenvorm van *maagd*, en wel noordelijk (**oudfries** *megith*).
meier[1] [rentmeester] **middelnl.** *meyer, mayer* < **lat.** *maior domūs* [beheerder van het huis], *domus* [huis], *maior* [vergrotende trap van], *magnus* [groot] (vgl. *magnum*), *major* is in me. lat. gebruikelijk voor 'leidinggevend functionaris'.
meier[2] [barg. honderd gulden] < **hebr.** *mei'oh* [honderd].
meierbloem [walstro] het eerste lid evenals *meier*[1] [rentmeester] < **lat.** *maior* [groter], vgl. **middelnl.** *meyeraen* [marjolein] (vgl. *marjolein*).
meieren [zaniken] vgl. **hd.** *Meier* [meier, pachter, maar ook: kerel] : *Angstmeier* [bangerd], *Heulmeier* [huilebalk], *Schlaumeier* [leperd].
meierij [gebied van een meier] **middelnl.** *meyerie;* afgeleid van *meier*[1] [rentmeester].
meikers [vroegrijpe kers] die echter eerst na mei wordt gegeten; in het middelnl. betekende *meye* ook voorjaar; in het hd. betekende *Mai* aanvankelijk zowel mei (*der erste Mai*) als juni (*der ander Mai*).
meikever [insekt] zo genoemd omdat hij gewoonlijk in mei te voorschijn komt.
meiler [houtstapel van de kolenbrander] < **hd.** *Meiler*, **nd.** *mile(r)* < **lat.** *milarium* [duizendtal, o.m. van stukken hout (waaruit zich de huidige betekenis ontwikkelde)].
meimus [barg. dood] < **hebr.** *majmit* [dood].
meineed [valse eed] **middelnl.** *meine eet, meineet, meeneet* [valse eed], van *mein(e), meen* [vals], vgl. *gemeen*, **oudsaksisch** *mēnēth*, **oudhd.** *meineid*, **oudfries** *mēnēth*, **oudeng.** *mānāð*, **oudnoors** *meineiðr*.

megatherium — melde

meiosis [reductiedeling] < **gr.** *meiōsis*, van *meioun* [verkleinen], van *meiōn* [kleiner], verwant met *minimum*.
meisje [vrouwelijk kind] **middelnl.** *meiskijn*, verkleiningsvorm van *meisen*, met een vermoedelijk affectieve s naast *meit, meid*.
meistreel nevenvorm van *minstreel*.
meizoentje [madeliefje] **middelnl.** *madesoete, medesuete*, samenstelling van *made*[2] + *soete* [zoet, lief], vgl. *madelief;* mei en zoentje oefenden volksetymologische invloed uit.
mejuffrouw [titel voor meisje of ongehuwde vrouw] van *me* [mijn] + *juffrouw*.
mekaar → *malkaar, malkander*.
mekken, mekkeren [geluid van geiten] klanknabootsend.
mel → *melde*.
melaats [aan lepra lijdend] **middelnl.** *malaetsch, melaetsch, molaetsch*, ook *mal(l)ade, melade, malate* < **fr.** *malade* [ziek, lepreus] < **lat.** *male habitus* [ziek, lett. slecht bewaard]; de lepra was een bijzonder gevreesde ziekte en werd veelal beschouwd als een straf van God. Er lag een taboe op dat de mensen ertoe bracht van 'de ziekte' te spreken.
melafier [donker soort porfier] gevormd van **gr.** *melas* [zwart] + **nl.** (*por*)*fier*.
melamine [een amine] afgeleid van *melam*, een door Justus Liebig, Duits chemicus (1803-1873), in 1834 willekeurig gevormd woord.
melancholie [zwartgalligheid] **middelnl.** *melancolie* < **fr.** *mélancole* < **lat.** *melancholia* < **gr.** *melagcholia*, van *melas* (2e nv. *melanos*) [zwart] + *cholè* [gal], dus zwartgalligheid.
melanemie [zwartbloedigheid] gevormd van **gr.** *melas* (2e nv. *melanos*) [zwart] + *haima* [bloed], idg. verwant met *zeem*[1].
Melanesië [geogr.] gevormd van **gr.** *melas* (2e nv. *melanos*) [zwart, donker] + *nèsos* [eiland].
melange [mengsel] < **fr.** *mélange*, van *mêler* [mengen] (vgl. *mêleren*).
melaniet [granaatsoort] < **hd.** *Melanit*, door de Duitse geoloog Abraham Gottlob Werner (1750-1817) gevormd van **gr.** *melas* (2e nv. *melanos*) [zwart].
melanine [pigment] gevormd van **gr.** *melas* (2e nv. *melanos*) [zwart].
melanzaan [aubergine] < **it.** *melanzana* [idem], o.i.v. *mela* [appel] < **ar.** *bādinjān* < **perzisch** *bādenjān*.
melasma [optreden van zwarte huidvlekken] < **gr.** *melasma* [zwarte vlek], van *melas* [zwart].
melasse [suikerhoudende massa] < **fr.** *mélasse* < **portugees** *melaço*, **spaans** *melaza* < **me. lat.** *mellaceum*, van *mella* [honingdrank], van **lat.** *mel* [honing].
melati [jasmijnbloempje] < **maleis** *melati*.
melde [plantengeslacht, ganzevoet] **middelnl.**, **middelnd.**, **oudeng.** *melde*, **oudhd.** *molta, melta* (**hd.** *Melde*); buiten het germ. **gr.** *bliton*,

melden — membranofoon

(< *mliton*) [melde], **litouws** *balanda* (naast **lets** *balañdis* [duif], *bálti* [wit]), **oudindisch** *mlāyati* [hij verlept]; de plant is genoemd naar haar wit bestofte bladeren *meel*.

melden [bekend maken] middelnl. *melden*, **oudsaksisch**, oudhd. *meldon*, oudeng. *meldian* [verklappen], van oudhd. *melda* [verraad], **oudeng.** *meld* [verkondiging]; buiten het germ. vermoedelijk **litouws** *melsti*, **oudkerkslavisch** *moliti* [verzoeken], **hettitisch** *mald-* [vragen].

mele → *medel*.

mêlée [strijdgewoel] < fr. *mêlée*, van *mêler* [mengen] (vgl. *mêleren*).

mêleren [mengen] < fr. *mêler*, oudfr. *mesler* < me. lat. *misculare* < lat. *miscere* [idem], idg. verwant met hd. *mischen*, eng. *to mix*.

melet [soort ansjovis] < fr. *melette* < oudprovençaals *melet*, etymologie onbekend.

melganzevoet [plantengeslacht] het eerste lid is *mel*, *melde* [ganzevoet].

melig [uit meel bestaand, flauw] afgeleid van *meel*.

melik [barg. pens, buik] nevenvorm van *meluk*, *melis*[2].

meliliet [silicaat] gevormd van gr. *meli* [honing] + *lithos* [steen], zo genoemd vanwege de kleur.

meliniet [springstof] < fr. *mélinite*, door de Fransman Turpin, de uitvinder ervan, afgeleid van lat. *mel* [honing], naar de kleur ervanvan.

melioratie [grondverbetering] gevormd van lat. *meliorare* (verl. deelw. *melioratum*) [verbeteren], van *melior* [beter], gebruikt als vergrotende trap van *bonus* [goed], verwant met *multus* [veel].

melis[1] [broodsuiker] etymologie onbekend, wellicht van *melasse*.

melis[2] [barg. buik] < rotwelsch *melis* [zak, buik].

melis[3] [plant] → *melisse*.

melisme [reeks tonen op één lettergreep] < gr. *melisma* [gezang, lied], van *melos* [lyrisch lied, melodie], vermoedelijk identiek met *melos* [lid] (het lied bestond uit vaste delen).

melisse [plant] middelnl. *melisse* < fr. *mélisse* < lat. *melissa* < gr. *melissa* [bij, honing]; de plant werd bijenplant genoemd, omdat ze de bijen sterk aantrok. Men geloofde, dat bijen nooit een tuin met melisse zouden verlaten, hetgeen in een tijd dat honing nog hèt zoetmiddel was van groot belang was.

melk[1] [vloeistof uit zoogklieren] middelnl. *melc*, **oudsaksisch** *miluk*, oudhd. *miluh*, oudfries *melok*, oudeng. *meol(o)c*, oudnoors *mjolk*, gotisch *miluks*; buiten het germ. oudiers *melg*, tochaars A *malke*, tochaars B *malkwer* → *melken*.

melk[2] [hom] middelnl. *melk(e)*, hetzelfde woord als *melk*[1], vgl. voor de betekenis lat. *lac* (2e nv. *lactis*) [melk, melkachtig vocht], *lactes* (mv.) [hom], fr. *lait* [melk], *laite*, *laitance* [hom].

melken [van melk ontlasten] middelnl. *melken*, oudhd. *melchan*, oudfries *melka*, oudeng. *melcan*, oudnoors *mjalka*; buiten het germ. lat. *mulgēre*, gr. *amelgein*, oudiers *bligim*, **oudkerkslavisch** *mlesti*, **oudindisch** *mrjati* [hij strijkt af].

melker [hom, mannetjesharing] afgeleid van *melk*[2].

melkitisch [van de melkieten (christenen die de Byzantijnse liturgie in het Arabisch vieren)] < ar. *mālikī* [melkitisch, eig. keizerlijk], van *mālik* [eigenaar, heerser], bij het ww. *malaka* [hij nam in bezit, heerste]; zo genoemd door hun tegenstanders, omdat zij vasthielden aan de door de keizer van Byzantium gesanctioneerde besluiten.

melkweg [sterrenstelsel] sedert de 17e eeuw, ter vertaling van lat. *via lactea*, vertaling van gr. *gala* (2e nv. *galaktos*) [melk, melkweg].

melliet → *meliliet*.

melodie [wijsje] middelnl. *melodie* < fr. *mélodie* < laat-lat. *melodia* < gr. *melōidia* [het zingen, lied, melodie], uit *melos* [lied, melodie] + *aoidè*, (> *ōidè*) [gezang, lied].

melodrama [toneelspel met muziek] < fr. *mélodrame* [oorspronkelijk een toneelstuk met liedjes], gevormd van gr. *melos* [lied] + *drama*.

meloen [komkommerachtige vrucht] middelnl. *melo(e)ne*, *meloen* < oudfr. *melon* < me. lat. *melonem* (4e nv. van *melo*) < gr. *mèlopepōn* [meloen], van *mèlon* [appel, vrucht], uit een vóór-gr. mediterrane taal + *pepōn* [rijp] (vgl. *pepsine*).

meloet [dronken] vermoedelijk verbasterd uit *mulat*.

melomaan [met hartstochtelijke liefde voor muziek] < fr. *mélomane*; gevormd van gr. *melos* [lied] + *mania* (vgl. *manie*).

meloochem [instrument, middel] < hebr. *melochoch* [werk].

melopee [declamatie begeleidend gezang] < fr. *mélopée* [idem] < me. lat. *melopoeia* < gr. *melopoia* [het liederen componeren], van *melos* [lid] + *poiein* [maken] (vgl. *poëzie*).

melos → *melodie*.

melote [honingklaver] middelnl. *melloet*, *melote*, *mel(lil)ote* < lat. *melilotus* < gr. *melilōtos*, van *meli* [honing] + *lōtos* [lotus].

melt-down [het smelten van de lading van een kernreactor] < eng. *melt-down*, van *to melt*, oudeng. *meltan*, verwant met **oudnoors** *melta*, nl. *smelten* + *down* (vgl. *down*).

melte [hom] nevenvorm van *milt*[1], middelnl. *milt(e)*, *melte* [milt, hom].

melton [mantelstof] < eng. *melton*, genoemd naar de plaats *Melton Mowbray* in Leicestershire.

meluw[1] [houtluis] **oudsaksisch** *miluua*, oudhd. *miliwa* [mot], van dezelfde basis als *meel*, dus het poedermakende insekt → *meluw*[2], *memel*.

meluw[2] [murw] vgl. eng. *mellow* [zacht en rijp] < oudeng. *melu* [meel, bloem], bij *meel*, *malen*[2] → *meluw*[1].

mem [tiet] middelnl. *mamme*, *memme*, hd. *Mamme*, nevenvorm van *mamma* → *mammen*.

membraan [vlies] < fr. *membrane* < lat. *membrana* [dunne huid, vlies], eig. dat wat de *membra* [leden] bedekt, enk. *membrum*.

membranofoon [strak over een klankkast gespannen membraan] gevormd van lat. *membrana* [dunne huid], van *membrum* [lid van het lichaam] + **gr.** *phônè* [geluid].

memel [mijt, wormpje] behoort bij *meel, malen*² → *meluw* ¹.

memento [herinnering] < lat. *memento*, de gebiedende wijs van *meminisse* [zich herinneren], verwant met *mens* [geest] (vgl. *mentaal*).

memme [joodse moeder] **jiddisch** *memme* < hd. *Memme*, nevenvorm van *Mam(me)*.

memo verkort uit *memorandum*.

memoires [levensherinneringen] < fr. *mémoires* [idem], mv. van *mémoire* [geheugen] < lat. *memoria* [idem] (vgl. *memorabel*).

memorabel [gedenkwaardig] < fr. *mémorable* < lat. *memorabilis* [vermeldenswaard, beroemd], van *memor* [gedachtig, aan iets herinnerend], idg. verwant met *mijmeren;* de vorm *memorabilia* is het zelfstandig gebruikt o. mv. van *memorabilis*.

memorandum [gedenkboek, nota] < lat. *memorandum*, het gerundivum van *memorari* [zich herinneren, dus lett. dat wat onthouden moet worden] (vgl. *memorabel*).

memoreren [herinneren] < lat. *memorari*, vgl. *memorandum*.

memorie [geheugen] **middelnl.** *memorie* < oudfr. *memorie* < lat. *memoria* [geheugen, herinnering, mondeling of schriftelijk bericht], van *memor* [gedachtig, indachtig], vgl. *memorabel*.

men [onbepaald vnw.] **middelnl.** *men*, verzwakte vorm van *man* [mens].

Menado [geogr.] verbastering van *Manarow* [van verre], de naam van een eilandje in de baai van Menado, dat vanwege de overgang van de naam op de stad verder *Menado tua* [Oud Menado] werd genoemd.

menage [huishouding] < fr. *ménage* [huishouding, huisgezin] < me. lat. *managium, mansuagium* [woonhuis, landhuis, huishouding], van **klass. lat.** *mansio* [verblijf, oponthoud, nachtverblijf, herberg, woning], bij *manēre* (verl. deelw. *mansum*) [vertoeven, overnachten] + *agere* [voeren, verrichten].

menageren [spaarzaam huishouden] < fr. *ménager*, dat in het oudfr. 'wonen' betekende, in de 16e eeuw beheren, en vervolgens besparen; van *ménage* (vgl. *menage*).

menagerie [verzameling wilde dieren] < fr. *ménagerie*, van *ménage* (vgl. *menage*).

menarche [begin van de menstruatie] gevormd van **gr.** *mèn* [maand] + *archè* [begin].

mendaciteit [leugenachtigheid] < lat. *mendacitas* (2e nv. *mendacitatis*), van *mendax* [leugenachtig], verwant met *menda* [gebrek] (vgl. *amenderen*).

mendelen [overerven van eigenschappen] genoemd naar de Oostenrijkse augustijner en botanicus *Gregor Johann Mendel* (1822-1884), die de 'Wet van Mendel' ontdekte.

mendelevium [element] genoemd naar de Russische chemicus *Dmitri Ivanovitsj Mendeleev* (1834-1907).

mendelisme [erfelijkheidswetten] opgesteld door de Oostenrijkse botanicus *Gregor Johann Mendel* (1822-1884).

mendeur [hoge schuurdeur] → *menne*.

mendicant [bedelbroeder] < lat. *mendicans* (2e nv. *mendicantis*), teg. deelw. van *mendicare* [bedelen, arm zijn], van *mendicus* [doodarm, bedelaar], van *mendum* [fout, gebrek] (vgl. *amenderen*).

mendiciteit [armlastigheid] < fr. *mendicité* < lat. *mendicitatem*, 4e nv. van *mendicitas* [idem], van *mendicare* (vgl. *mendicant*).

meneer [aanspreekvorm] < *mijnheer*, **middelnl.** *mijnhere*, gebruikt als titel van de landsheer of een andere aanzienlijke. Evenzo *mijnvrouwe;* meer dan thans had *vrouwe* de betekenis van 'heerseres, meesteres', vervolgens 'edelvrouwe, deftige dame'.

menen [bedoelen, denken] **middelnl.** *menen*, **oudsaksisch** *menian*, **oudhd.** *meinen*, **oudfries** *mena*, **oudeng.** *mœnan* (**eng.** *to mean*); buiten het germ. **oudiers** *mian* [wens].

mengel [vochtmaat] **middelnl.** *mengel, mingel*, waarschijnlijk afgeleid van *mengen* en dan vermoedelijk een maat om de juiste verhouding voor het mengsel af te meten.

mengelmoes [bont allerlei] bij Kiliaan *menghmoes*, van *mengen* + *moes* [oorspr., ook bij Kiliaan, de naam van een gerecht].

mengen [stoffen door elkaar brengen] **middelnl.**, **oudhd.** *mengen*, **oudsaksisch** *mengian*, **oudfries** *mengia*, naast *mendz(i)a*, **oudeng.** *mengan;* buiten het germ. **gr.** *massein*, **litouws** *minkyti* [kneden], **oudkerkslavisch** *mǫka* [meel].

menhir [voorhistorische zuilen] **bretons, welsh** *menhir*, gevormd van *men* [steen] + *hir* [lang], vgl. *dolmen*¹.

menidrosis [maandzweet] gevormd van **gr.** *mèn* [maand], idg. verwant met *maan*¹, *maand* + *hudōr* [water], daarmee idg. verwant.

menie [rode verfstof] **middelnl.** *menie, minie*, **middelnd.** *minie*, **oudhd.** *minig* (**hd.** *Mennige*) < lat. *minium* [vermiljoen], dat ook voorkomt in het tweede deel van *karmijn*.

menig [onbepaald telwoord] **middelnl.** *menich*, **oudnederfrankisch, oudsaksisch, oudhd.** *manag* (**hd.** *manch*), **oudfries, oudeng.** *monig* (**eng.** *many*), **oudnoors** *mangr*, **gotisch** *manags;* buiten het germ. **oudiers** *menicc*, **cornisch** *menouch* [dikwijls], **oudkerkslavisch** *mŭnogŭ* [veel].

menigeen [verscheidene personen] **middelnl.** *menich een* (vgl. *menig*).

menigte [grote hoeveelheid] **middelnl.** *menichte*, **middelnd.** *mennichte*, **oudeng.** *menigu*, **deens** *mængde*, **zweeds** *mängd;* afgeleid van *menig*.

mening [opinie] **middelnl.** *meninge;* afgeleid van *menen*.

meningitis [hersenvliesontsteking] gevormd van

meniscus — méprise

gr. *mènigx* [vlies, i.h.b. hersenvlies], verwant met *membraan*.

meniscus [knieschijf] gevormd van **gr.** *mèniskos* [maantje, maanvormig lichaam], verkleiningsvorm van *mènè* [maan], daarmee idg. verwant.

menist [doopsgezinde] afgeleid van de voornaam van *Menno Simonsz* (1496-1561).

menladder [opzetstuk op landbouwwagens] → *menne*.

menne [landweggetje] **middelnl.** *menne* [vervoer per wagen, rit], *mennewech* [wagenweg waarlangs de oogst kan worden binnengehaald], hoort bij *mennen* [drijven, besturen, per wagen vervoeren].

mennen [dieren d.m.v. een leidsel besturen] **middelnl.** *mennen, minnen*, **oudhd.** *mennen*, **oudeng.** *menian* [voortdrijven], vermoedelijk o.i.v. **fr.** *mener;* er is geen geheel bevredigende verklaring.

mennoniet → *menist*.

menopauze [het ophouden van menstruatie] gevormd van **gr.** *mèn* (2e nv. *mènos*) [maand], daarmee idg. verwant, + *pausis* [het ophouden], uit *pauein* [doen ophouden].

menora [liturgische kandelaar] < **hebr.** *menora*, verwant met **ar.** *manāra* [lantaarn, vuurtoren, minaret] (vgl. *minaret*).

menorragie [te sterke menstruatie] gevormd van **gr.** *mèn* (2e nv. *mènos*) [maand], daarmee idg. verwant + *règnunai* [laten uitbreken].

menostase [ontijdig stoppen van menstruatie] gevormd van **gr.** *mèn* (2e nv. *mènos*) [maand], daarmee idg. verwant + *stasis* [het gaan staan], idg. verwant met *staan*.

menotten [handboeien] < **fr.** *menotte* [handje], *menottes* [handboeien], verkleiningsvorm van *main* < **lat.** *manus* [hand] (vgl. *manco*).

mens [hoogst ontwikkelde wezen] **middelnl.** *mensch(e)*, **oudsaksisch** *mennisko*, **oudhd.** *mennisco*, **oudfries** *menneska*, **oudeng.** *mennisc*, eig. een zelfstandig gebruikt bn., vgl. **oudsaksisch, oudhd., oudeng.** *mennisc*, **oudnoors** *mennstr*, **gotisch** *mannisks* [menselijk], afgeleid van *man*[1].

mensa [gemeenschappelijke tafel] < **lat.** *mensa* [tafel], eig. het vr. verl. deelw. van *metiri* [meten, afmeten], en verkort uit *tabula mensa, tabula* [plank].

mensendieckgymnastiek [kamergymnastiek] genoemd naar de Amerikaanse gymnastiekhervormster *Bess Marguerite Mensendieck* (1864-1957).

menses [maandstonden] < **lat.** *menses*, mv. van *mensis* [maand], daarmee idg. verwant.

mensjewiek [aanhanger van Russische politieke partij] < **russ.** *men'ševik* [één van de minderheid], van *men'še* [minder], tegenover *bolsjewiek*.

menstruaal [m.b.t. de menstruatie] < **lat.** *menstrualis* [maandelijks] (vgl. *menstruatie*).

menstruatie [maandstonden] < **chr. lat.** *menstruata* [menstruatie], *menstrualim* [maandelijks], van **klass. lat.** *menstrualis* [maandelijks], van *menstruus* [idem], van *mensis* [maand], daarmee idg. verwant.

menstrueren [menstruatie hebben] < **lat.** *menstruare*, van *menstruus* (vgl. *menstruatie*).

mensuraal [streng ritmisch] < **me. lat.** *mensuralis*, van *mensura* (vgl. *mensuur*).

mensurabel [meetbaar] < **fr.** *mensurable* < **lat.** *mensurabilis* [meetbaar], van *mensurare* [meten], van *mensura* (vgl. *mensuur*).

mensuur [toonverhouding] < **hd.** *Mensure* [idem] < **lat.** *mensura* [meting, maat], van *metiri* (verl. deelw. *mensum*) [meten], daarmee idg. verwant.

-ment [achtervoegsel ter vorming van zn. die een actie van het ww. uitdrukken] oorspr. in ontleningen aan het fr. of lat.: **fr.** *-ment*, **lat.** *-mentum*, vgl. *parlement*, later ook aan germ. of nl. woorden toegevoegd, vgl. *prevelement*.

mentaal [m.b.t. de geest] < **fr.** *mental* < **me. lat.** *mentalis* [van de ziel, van de geest], van *mens* (2e nv. *mentis*) (vgl. *memento*).

menthe [likeur] **middelnl.** *mente, minte, munte* < **fr.** *menthe* [kruizemunt] < **lat.** *ment(h)a* < **gr.** *minthè* [idem], een vóór-gr. woord.

menthol [pepermuntolie] gevormd van **lat.** *mentha* (vgl. *menthe*) + *oleum* [olie].

menticide [geestelijke moord] gevormd van **lat.** *mens* (2e nv. *mentis*) [geest] + *caedere* (in samenstellingen *-cidere*) [hakken, vermoorden], idg. verwant met *heien*[1].

mentie [gewag] **middelnl.** *mentie, mencie* < **fr.** *mention* [idem] < **lat.** *mentionem*, 4e nv. van *mentio* [gedachte, vermelding], van *mens* (2e nv. *mentis*) [begrip, geest, nadenken, bedoeling].

mentioneren [vermelden] < **fr.** *mentionner*, van *mention* [vermelding] < **lat.** *mentio* (vgl. *mentie*).

mentor [leidsman] genoemd naar *Mentor*, in Homerus' Odyssee de oudere, wijze vriend, die Telemachus met goede raad ter zijde staat en hem in feite opvoedt.

menu [spijskaart] < **fr.** *menu*, als bn. [fijn, klein], *par le menu* [tot in details]; menu is dus eigenlijk een gedetailleerde specificatie, teruggaand op **lat.** *minus* [minder], *minuere* [klein maken, stuk hakken], idg. verwant met *minder*.

menuet [dans] < **fr.** *menuet*, verkleiningsvorm van *menu, menus pas* [kleine passen].

menweg → *menne*.

mep [klap] (1787), klanknabootsende vorming.

Mephisto → *Mefisto*.

meppelhout [hout van de Amerikaanse ahorn] < **eng.** *maple* [idem], **oudeng.** *mapulder, mapel,* **oudsaksisch** *mapulder*, **oudnoors** *möpurr*.

meppen [slaan] klanknabootsende vorming.

méprise [vergissing] < **fr.** *méprise*, van *méprendre* (verl. deelw. *mépris*), van het negatieve voorvoegsel *mé-*, verwant met *mis* + *prendre* [pakken, vatten] < **lat.** *prehendere* [idem], van *pre-* + *hendere*

[pakken], idg. verwant met **eng.** *to get* (vgl. *vergeten*).
meranti [Aziatische houtsoort] < **maleis** *meranti* [de naam van de boom].
merbau [Aziatische boom] < **maleis** *merbau*.
merbel → *marbel*.
mercantiel [handels-] < **fr.** *mercantile* < **it.** *mercantile* [handels-, verkoopbaar], van **lat.** *mercans* (2e nv. *mercantis*), teg. deelw. van *mercari* [handel drijven], van *merx* (2e nv. *mercis*) [koopwaar, handel] → *marketenster*.
mercaptan [zwavelverbinding] gevormd van *mercurium captans*, **mercurius** [de naam van de god], genomen voor kwikzilver vanwege de beweeglijkheid ervan (vgl. **fr.** *mercure*, **eng.** *mercury*) + *captans*, teg. deelw. van *captare* [gretig naar iets grijpen], intensivum van *capere* [nemen], idg. verwant met *heffen*.
mercatorprojectie [cartografische afbeelding] genoemd naar de Vlaamse cartograaf *Gerard Mercator* (1512-1594).
mercedariër [lid van een in de 13e eeuw in Barcelona gestichte orde] genoemd naar de naam van de orde *Ordo Beatae Mariae de Mercede redemptionis captivorum* [Orde van de Zalige Maria Mercedes voor het loskopen van (christen)gevangenen], *Mercede* [genade] < **lat.** *merces* (2e nv. *mercedis*) [loon, beloning], van *merx* (2e nv. *mercis*) [koopwaar, handel, dus Maria van Genade].
mercenair [huurling] < **fr.** *mercenaire* [huurbaar, huurling] < **lat.** *mercennarius* [gehuurd, bezoldigd, huurling], van *merces* [loon, prijs], van *merx* (2e nv. *mercis*) [koopwaar, handel].
merceriseren [glanzen van stoffen] < **eng.** *to mercerize*; genoemd naar de uitvinder van het procédé, de Engelse textieldrukker *John Mercer* (1791-1866).
merchandising [marktonderzoek] < **amerikaans-eng.** *merchandising*, eigenlijk teg. deelw. van *to merchandise* [het winkeliersvak uitoefenen], van *merchandise* [koopwaar], **oudeng.** *marchaundise* < **oudfr.** *marcheandise* (vgl. *marchanderen*).
merci [bedankt] < **fr.** *merci*, verkort uit *je vous remercie*, van *merci*, **oudfr.** *merci* [gunst, mede­lijden] (> **middelnl.** *merc(h)i* [genade, barmhartigheid]) < **lat.** *mercedem*, 4e nv. van *merces* [loon, prijs, pacht, soldij, beloning, in vulg. lat. ook medelijden], van *merx* (2e nv. *mercis*) [koopwaar, handel].
mercuriaal [marktbericht] < **fr.** *mercuriale* [idem] < **lat.** *mercurialis* [van Mercurius, de god van de handel], (*mercuriales* [koopmansgilde], vgl. *Mercurius*.
mercurialiën [met kwik samengestelde geneesmiddelen] gevormd van *mercurius*.
mercurius [kwikzilver] genoemd naar de Romeinse bode der goden *Mercurius*, stellig vanwege de beweeglijkheid van het metaal (vgl. *Mercurius*.
Mercurius [god van de handel, bode der goden] < **lat.** *Mercurius*, afgeleid van de naam van een Etruskische god. De verbinding met *merx* (2e nv. *mercis*) [koopwaar, handel] is volksetymologie.
merd [stront] < **fr.** *merde* [idem] < **lat.** *merda* [mest].
merel [zwarte lijster] **middelnl.** *me(e)rle, ma(e)rle*, **middelnd.** *merle, merlink* < **lat.** *merula*.
meren [een schip vastleggen] **middelnl.** *me(e)ren, maren* [vastbinden], **oudhd.** *marawen* [verbinden], ablautend **nd.** *vermoren*, **eng.** *to moor* [meren]; de idg. betekenis was 'vlechten', vgl. **gr.** *mermis, mèrinthos* [draad] → *marlen*.
meretrix [hoer] < **lat.** *meretrix*, van *merēre, merēri* (verl. deelw. *meritus*) [verdienen] + *-trix*, een achtervoegsel dat het bedrijven van een handeling aangeeft, lett. dus: zij, die (er geld aan) verdient.
merg [substantie in beenderen] **middelnl.** *ma(e)rch, merch, morch, murch*, **oudsaksisch** *marg*, **oudhd.** *marag*, **oudfries** *merg*, **oudeng.** *mearg* (**eng.** *marrow*), **oudnoors** *mergr;* buiten het germ. **oudpruisisch** *muzgeno* [merg], **oud-kerkslavisch** *mozgŭ* [hersens], **avestisch** *mazga-* [hersens], **oudindisch** *majjā* [merg].
mergel [vettige aarde] **middelnl.** *mergel* [een meststof] < **me. lat.** *margila*, verkleiningsvorm van *marla* [mergel], naar Plinius meedeelt een keltisch woord. De Kelten pasten als eersten bemesting met mergel toe.
meridiaan [cirkel over aardoppervlak] < **lat.** *meridianus* [middag-], van *meridies* [de middag], van *medius* [midden] + *dies* [dag].
méridienne [sofa] < **fr.** *méridienne* [middagslaapje, canapé] < **lat.** *meridianus* (vgl. *meridiaan*).
meridionaal [zuidelijk] < **fr.** *méridional* [zuidelijk] < **lat.** *meridionalis* < *meridialis*, van *meridies* [middag, zuiden] (vgl. *meridiaan*).
meringue [gebakje] < **fr.** *meringue* < **pools** *marzynka* [idem].
merinos [wollen stof] < **fr.** *merinos*, mv. van **spaans** *merino* [merinogaren] < **ar.** *(banū) marīn* [(de stam) der Mariniden, die tot 1549 Marokko beheersten (spaanse benaming)], *Benimerinos;* Merino was vrijwel identiek met Marokkaans. Het schijnt dat hun schapen in Spanje werden ingevoerd.
meristeem [een celweefsel] < **gr.** *meristos* [verdeeld], verl. deelw. van *merizein* [verdelen], van *meros* [deel].
merite [verdienste] < **fr.** *mérite* < **lat.** *meritum* [verdienste, loon, belang, gewicht], eigenlijk verl. deelw. van *merēre, merēri* [verdienen].
merk [teken] met *e* uit *a* vóór *r* + gutturaal, vgl. **middelnl.** *marc, merc*, **oudhd.** *marcha*, **oudeng.** *mearc*, **oudnoors** *mark*, vgl. **mark**[1] [grenssteen].
merkaton [perzik] < **fr.** *mi(r)licoton* < **spaans** *melocotón*, **it.** *melocotogno* [idem], van **lat.** *mel* [honing] + *(malum) cotoneum* [kweepeer] (vgl. *kwee*[1]).
merkel [hoepel voor het drogen van zeilen] etymologie onbekend.

merken [van een teken voorzien, gadeslaan, opletten] **middelnl.** *merken* [tekenen, merken, onderzoeken, letten op, gewaarworden], **middelnd.**, **oudhd.** *merken, oudnoors merkja*, naast **oudsaksisch** *markon*, **oudhd.** *marchon*, **oudfries** *merkia*, **oudeng.** *mearcian* (**eng.** *to mark*), **oudnoors** *marka;* afgeleid van **merk**.

merlet [vogeltje in heraldiek] < **fr.** *merlette* [idem], eig. vrouwtje van de *merle* [merel].

merlijn [valk] vermoedelijk < **fr.** *émerillon* [dwergvalk, smelleken], **oudfr.** *esmerillon* < *esmeril*, uit het germ., vgl. **middelnl.** *sme(e)rle, smarel* [dwergvalk].

merloen [opstaand deel van kasteelmuur] < **fr.** *merlon* < **it.** *merlone* [idem], vergrotingsvorm van *merlo* [merel]; zo genoemd omdat de kantelen van onder gezien wat lijken op vogels in de dakgoot.

merode [armoede] → *marode*.

Merovingisch [van de dynastie der Merovingers] < **fr.** *mérovingien*, van (koning) *Merowig* + *-ing*, een achtervoegsel dat afstamming aangeeft.

merrie [vrouwtjespaard] **middelnl.** *mer(r)ie*, **oudsaksisch**, **oudhd.** *meriha*, **oudfries** *merrie*, **oudeng.** *miere* (**eng.** *mare*), **oudnoors** *merr;* mogelijk van kelt. herkomst, vgl. **iers** *marc*, **gaelisch** *marc*, **welsh** *march*, **cornisch** *margh*, **bretons** *marh* [paard].

mert [stront] < **fr.** *merde* (vgl. **merd**).

merveilleus [wonderbaar] < **fr.** *merveilleux* < **lat.** *mirabilis* [(ver)wonderlijk, uitzonderlijk, bewonderenswaardig], van *mirari* [zich verwonderen, bewonderen], van *mirus* [(ver)wonderlijk], idg. verwant met **eng.** *to smile* [glimlachen] + *-eux* < **lat.** *-osus* [vol van].

mes [snijwerktuig] **middelnl.** *mes(se), mets(er), messer*, **middelnd.**, **oudwestfries** *mes*, **middelhd.** *mezzer;* mes is een oude samenstelling, vgl. **oudhd.** *mezzisahs*, **oudeng.** *meteseax* [spijsmes]; het eerste lid is **met** [1] [spijs, gehakt varkensvlees], vgl. **eng.** *meat;* het tweede lid is **oudsaksisch**, **oudhd.** *sahs*, **oudfries** *sax*, **oudeng.** *seax*, **oudnoors** *sax*, **gotisch** *sahs* [mes], vgl. **lat.** *secare* [idem], verwant met **zaag**.

mesalliance [huwelijk beneden de stand] < **fr.** *mésalliance*, van het pejoratieve voorvoegsel *més-* < **lat.** *mis-* < *minus* [minder] + *alliance* [verbond, verbintenis, huwelijk], van *allier* < **lat.** *alligare* [aan iets of iem. binden], van *ad* [aan] + *ligare* [binden].

mescal [Mexicaanse sterkedrank] < **spaans** *mezcal* [agave, de daaruit bereide sterkedrank] < **nahuatl** *mezcalli*.

mescaline [drug] afgeleid van **spaans** *mezcal* [alcoholische drank] < **nahuatl** *mexcalli* [gegist agavesap].

mesdag [kerkelijke feestdag] **middelnl.** *mesdach*, nevenvorm van *misdach* < **mis** [1] + **dag** [1].

mesdjid → *moskee*.

mesencefalon [middenhersenen] **modern lat.**, gevormd van **gr.** *mesos* (vgl. **meson**) + *egkephalos* (vgl. **encefalitis**).

mesenchym [embryonaal bindweefsel] gevormd van **gr.** *mesos* [midden-] + *egchuma* [het vullen], van *egchein* [ingieten], van *en* [in] + *chein* [gieten], daarmee idg. verwant.

mesenterium [darmscheil] gevormd van **gr.** *mesos* [midden-] + *enteron* [ingewand], eig. de vergrotende trap van *en* [in].

mesigit, missigit [islamitisch bedehuis] < **maleis** *mesigit* (vgl. **moskee**).

mesjoche, mesjogge [barg. gek] < **jiddisch** *meschuggo* < **hebr.** *mesjūga* [krankzinnig].

mesmerisme [leer van het dierlijk magnetisme] genoemd naar de Oostenrijkse arts *Fr. Anton Mesmer* (1734-1815).

mesocefaal [tussen brachy- en dolichocefaal in] gevormd van **gr.** *mesos* [midden] + *kephalè* [hoofd], idg. verwant met **gevel**.

mesoderm [derde kiemblad van embryo] lett. middenhuid, gevormd van **gr.** *mesos* [midden-] + *derma* [huid] (vgl. **dermatitis**).

mesofase [tussenvorm] gevormd van **gr.** *mesos* [midden-] + *fase*.

mesofyt [plant die een gematigd klimaat behoeft] gevormd van **gr.** *mesos* [midden-] + *phuton* [plant], idg. verwant met **bouwen** [1].

mesolithicum [middensteentijd] gevormd van **gr.** *mesos* [midden-] + *lithos* [steen].

mesomorf [toestand tussen de kristalvorm en de amorfe fase] van **gr.** *mesos* [zich in het midden bevindend] + *morphè* [vorm].

meson [materiedeeltje] verkort uit *mesotron*, gevormd van **gr.** *mesos* [midden-] + *-tron*, een achtervoegsel, in navolging van *elektron*.

Mesopotamië [geogr.] < **gr.** *Mesopotamia (chōra)* [(land) tussen de rivieren], gevormd van *mesos* [midden-] + *potamos* [rivier] (tussen Eufraat en Tigris).

mesotroof [matig voedselrijk] gevormd van **gr.** *mesos* [midden-] + *trophè* [voedsel], bij *trephein* [stijf maken, doen gedijen, voeden], idg. verwant met **draf** [1].

Mesozoïcum [geologisch tijdperk] gevormd van **gr.** *mesos* [midden-] + *zōiè* [leven].

mesquin [bekrompen] < **fr.** *mesquin* < **it.** *meschino* [behoeftig] < **ar.** *miskīn* [arm, ongelukkig].

mess [groep samen etende officieren] < **eng.** *mess* [voedsel, gemeenschappelijke tafel, kantine] < **oudfr.** *mes* (**fr.** *mets*) [gerecht] < **lat.** *missus* [worp, in me. lat. dat wat op de tafel is geplaatst], eigenlijk verl. deelw. van *mittere* [zenden], idg. verwant met **smijten**.

messa [mis] < **it.** *messa* < **lat.** *missa* (vgl. **mis** [1]).

messagerie [vervoersdienst] < **fr.** *messagerie* < **me. lat.** *messegerius, messageria*, van *missiaticum* [boodschap], van *mittere* (verl. deelw. *missum*) [zenden], idg. verwant met **smijten**.

messaline [een zijden stof] < **fr.** *messaline*, in de 19e eeuw genoemd naar *Messalina*, de beruchte en luxueuze vrouw van keizer Claudius.

Messias [de gezalfde] < lat. *Messias* < gr. *Messias,* via **aramees** *meshīsha* < hebr. *mashiah* [gezalfd(e)], bij het ww. *māshah* [hij zalfde], vgl. *christen*.

messidor [oogstmaand] < fr. *messidor,* gevormd van **lat.** *messis* [het oogsten, de oogst], van *metere* (verl. deelw. *messum*) [maaien, oogsten] + **gr.** *dōron* [gave].

messing[1] [geelkoper] **middelnl.** *messinc, missinc, messinge, missinge,* **middelnd.** *missink,* **middelhd.** *messinc, mitsinc, möschine,* **oudeng.** *mæs(t)ling, mæslen,* **oudnoors** *messing, massing, mersing,* wordt afgeleid van **gr.** *Mossunoikos chalkos* [brons van de Mossynoiken, een volk in Klein-Azië].

messing[2] [plankverbinding] (1863), vermoedelijk afgeleid van *mes*.

messing[3] [mestput] **middelnl.** *messen(e), messine, messinc* [mestvaalt, beerput], van *mest*.

mest [uitwerpselen] **middelnl.** *mes(se), mesch, misch, mest, mist,* **oudsaksisch, oudhd.** *mist,* **fries** *mjuks,* **oudeng.** *meox,* **gotisch** *maihstus,* verwant met *miegen* [urineren].

mesten[1] [vruchtbaar maken door bemesting] **middelnl.** *mesten,* afgeleid van *mest*.

mesten[2] [vet maken (van varkens)] **middelnl., middelnd., oudhd.** *mesten* (hd. *mästen*), **oudeng.** *mæstan,* afgeleid van **middelnl., middelnd., oudhd.** *mast* [eikels en beukenoten als varkensvoer] (vgl. *mast*[2]), **oudeng.** *mæst* (**eng.** *mast*); buiten het germ. **oudindisch** *medas* [vet], *medyati* [hij wordt vet], **oudiers** *mat* [varken].

mesties [halfbloed] < **spaans** *mestizo* [idem] < **me. lat.** *mixticius* [van gemengd bloed] < **lat.** *mixtus,* verl. deelw. van *miscere* [mengen, dus (van) gemengd (bloed)], idg. verwant met **hd.** *mischen* [mengen] → *métis*.

mesurabel [meetbaar] < **fr.** *mesurable* < **lat.** *mensurabilis* [meetbaar], van *metiri* (verl. deelw. *mensum*) [meten], daarmee idg. verwant.

mesures [maatregelen] < **fr.** *mesure* [maatregel] < **lat.** *mensura* [afmeting] (vgl. *mensuur*).

met[1] [gehakt (varkens)vlees] **middelnl.** *met* [vlees, spijs] → *mes*.

met[2] [landmaat] → *meet*[2].

met[3] [geit] → *mette*.

met[4] [voorzetsel] **middelnl.** *met,* **oudsaksisch, oudeng.** *mid,* **oudhd.** *mit,* **oudfries** *mith,* **oudnoors** *með,* **gotisch** *miþ,* verwant met **gr.** *meta*.

met- → *meta-*.

meta [halve rekening] < **it.** *metà (conto)* [helft] < **lat.** *medius* [zich in het midden bevindend].

meta- [voorvoegsel bij woorden van gr. herkomst] voor vocalen *met-,* voor geaspireerde woorden *meth-* [achter, na, veranderd, hoger] < **gr.** *meta* [te midden van], verwant met **nl.** *met,* **oudsaksisch** *mid(i),* **oudhd.** *mit(i),* **oudfries** *mith,* **oudeng.** *mid,* **oudnoors** *með,* **gotisch** *miþ*.

metaal [groep elementen] **middelnl.** *metael* < **fr.** *métal* < **lat.** *metallum* [mijn, erts, metaal] < **gr.** *metallon* [mijn, vooral die van metalen, ook bij belegeringen], mogelijk uit het semitisch, vgl. **hebr.** *metsūlā* [diepte], **oegaritisch** *mṣlt* [bron], **akkadisch** *ṣalālu* [gaan liggen, gaan slapen].

metabletica [leer der maatschappelijke veranderingen] gevormd door J. H. van den Berg van **gr.** *metablètikos* [op het ruilverkeer betrekking hebbend], van *metaballein* (vgl. *metabolisch*).

metabolisch [gedaantewisseling ondergaand] < **gr.** *metabolikos* [veranderlijk], van *metabolè* [het omgooien van het zeil, verandering, veranderlijkheid], van *meta* [naar, achterna] + *ballein* [werpen], idg. verwant met **hd.** *Quelle* [bron] (vgl. *kwelder*).

metadyne [toestel om elektrische stroom constant te houden] gevormd van **gr.** *meta* [daarbij] + *dunamis* [kracht] (vgl. *dynamo*).

metafoor [overdrachtelijke uitdrukking] < **fr.** *métaphore* [transport] < **lat.** *metaphora* [idem] < **gr.** *metaphora* [het naar elders overbrengen, overdrachtelijk gebruik], van *metaphorein* [naar elders wegbrengen], van *meta* [naar] + *pherein* [dragen], idg. verwant met *baren*[1].

metafysica [leer van het bovenzinnelijke] < **gr.** *ta meta ta phusika* [wat na de fysieke zaken komt] (vgl. *fysica*).

metagenesis [generatiewisseling] gevormd van **gr.** *meta,* dat een verandering aangeeft + *Genesis*.

metalepsis [retorische omdraaiing] < **gr.** *metalèpsis,* van *metalambanein* [vervangen], van *meta* [daarbij] + *lambanein* [nemen].

metallurgie [leer van de metaalbewerking] < **fr.** *métallurgie,* gevormd van **gr.** *metallourgos* [metaalwerker], van *metallon* [metaal] + *ergon* [werk], daarmee idg. verwant.

metameer [segment van bepaalde dieren] gevormd van **gr.** *meta* [daarbij] + *meros* [deel].

metamorf [uit ander gesteente ontstaan] gevormd van **gr.** *meta* [daarbij] + *morphè* [vorm].

metamorfose [gedaanteverwisseling] < **fr.** *métamorphose* < **lat.** *metamorphosis* < **gr.** *metamorphōsis* [idem], van *metamorphoun* [vervormen], van *meta,* dat een verandering aangeeft + *morphè* [vorm].

metanilgeel [kleurstof] van *metanilzuur* + *geel, metanil,* van *meta* [daarbij] + *(sulfa)nil*.

metanoëtisch [het kennen teboven gaand] gevormd van **gr.** *metanoia* [verandering van gedachte, verkrijging van beter inzicht], bij *metanoëō* [ik kom tot andere gedachten, bedenk te laat], van *meta* [achter...aan] + *noëō* [ik denk].

metaplasie [overgang van weefselsoort in een andere] gevormd van **gr.** *metaplattein* (verl. deelw. *metaplastos*) [vervormen, een nieuwe vorm geven], van *meta* [daarbij] + *plassein* [vormen] (vgl. *plastic*).

metastase [uitzaaiing] < **gr.** *metastasis* [verhuizing], van *methistanai* [zich begeven naar het midden van, zich verplaatsen van], van *meta* [daarbij] + *histanai* [doen staan], idg. verwant met *staan*.

meteen [dadelijk] middelnl. *meteen, mitein* [te zamen, geheel en al, tegelijk, zo meteen], **middelnd.** *mit en* [tegelijk, geheel en al].

metel, medel [doornappel] < **ar.** *māthil*.

metempsychose [zielsverhuizing] < **gr.** *metempsuchōsis* [idem], van *meta*, dat een verandering aangeeft + *empsuchos* [bezield], van *en* [in] + *psuchè* [adem, leven, geest, ziel].

meten [een maat bepalen] **middelnl.** *meten*, **oudsaksisch, oudeng.** *metan*, **oudhd.** *mezzan*, **oudfries, oudnoors** *meta*, **gotisch** *mitan;* naast dit sterke ww. **oudhd.** *mezzon* [matigen], **gotisch** *miton* [(be)denken, overwegen]; buiten het germ. **lat.** *meditari* [overwegen] en op enige afstand *metiri* [meten], **gr.** *medesthai* [bedenken], **oudiers** *mess* [oordeel], *midim* [ik oordeel].

meteoor [verschijnsel in dampkring] < **fr.** *météore* < **me. lat.** *meteora* < **gr.** *meteōron*, zelfstandig gebruikt o. van *meteōros* [omhoog getild, hoog in de lucht], van *meta* [naar het midden van, tussen] + *airein* [optillen, omhoog zwaaien].

meteorologie [weerkunde] < **fr.** *météorologie* < **gr.** *meteōrologia* [lett. spreken over dingen in de lucht, maar niet concreet bedoeld, doch met de betekenis van 'spreken over verheven, abstracte zaken'] (vgl. **meteoor**).

meter[1] [maat] < **fr.** *mètre*, in 1791 op gezag van de Nationale Vergadering gevormd van **gr.** *metron* [maatstaf, maat].

meter[2] [doopmoeder] < **me. lat.** *matrin(i)a, matrigna* [petemoei, schoonmoeder] < *mater* [moeder], daarmee idg. verwant.

metgezel [reisgenoot] tautologische samenstelling van **met**[4] + **gezel**.

meth- → *meta-*.

methaan [gas] gevormd van *meth-* (vgl. **methyl**) + *ane*, een achtervoegsel.

methadon [vervangingsmiddel van morfine] < **eng.** *methadon(e)*, van *(di)meth(yl) a(mino) d(iphenylheptan)one*.

methexis [relatie tussen beeld en idee] < **gr.** *methexis* [het deel hebben aan], gevormd van *meta* [met] + *echein* [hebben], idg. verwant met **zege**.

methode [vaste manier van handelen] < **fr.** *méthode* < **gr.** *methodos* [het naspeuren, wetenschappelijke methode], van *meta* [naar, achterna] + *hodos* [weg].

methodisten [aanhangers van bepaalde godsdienst] een door hen aanvaarde spotnaam: zij wensten streng naar de methoden, die in de bijbel zijn aangegeven, te leven.

Methusalem [persoonsnaam] < **hebr.** *mthūshelah*, van een slechts in persoonsnaam voorkomend *metū*, enk. van *metīm* [mannen] + *sjelah* [werpspies].

methyl [scheik.] < **fr.** *méthyle*, gevormd van *méthylène*, gevormd van **gr.** *methu* [wijn, mede], daarmee idg. verwant, + *-yl*.

methyleen [scheikundige term] van **methyl**.

meticuleus [nauwgezet] < **fr.** *méticuleux* [angstvallig, nauwgezet, pietluttig] < **lat.** *meticulosus* [vreesachtig], van *metus* [vrees, bezorgdheid, aarzeling] + *-osus* [vol van].

métier [vak] < **fr.** *métier* < **oudfr.** *menestier, mistier, mestier* < **lat.** *ministerium* [dienst, taak, uitvoering], van **minister**.

métis [mulat] < **fr.** *métis* < **oudfr.** *mestis* < **me. lat.** *mixticius* < **lat.** *mixtus* [gemengd]; in de betekenis 'mulat' o.i.v. het spaans (vgl. **mesties**).

metist [deelnemer in zaak] gevormd van **it.** *metà* [helft] (vgl. **meta**).

metoestrum [slotfase van bronstcyclus voor de rust] gevormd van **gr.** *meta* [achter...na] + *oestrum* → **oestron**.

metonomasia [naamsverandering] gevormd van **gr.** *metonomazein* [anders noemen] (vgl. **metonymie**).

metonymie [stijlfiguur] < **fr.** *métonymie* < **me. lat.** *metonymia* < **gr.** *metōnumia* [verandering van naam, het gebruiken van het ene woord i.p.v. het andere, eigenlijk dat wat achter de naam ligt], van *meta*, dat een verandering aangeeft + *onuma, onoma* [naam], daarmee idg. verwant.

metope [vlak tussen trigliefen] < **fr.** *métope* < **lat.** *metopa* [idem] < **gr.** *metopè* [ruimte], van *meta* [tussen] + *opai* (mv.) [eig. gaten waardoor de daksparren worden gelegd], *opè* [gat], verwant met *ophthalmos* [oog] (vgl. **optisch**).

metritis [baarmoederontsteking] gevormd van **gr.** *mètra* [moederschoot], van *mètèr* [moeder], daarmee idg. verwant.

metro [ondergrondse] verkort uit **fr.** *chemin de fer métropolitain* [hoofdstedelijke spoorweg] < **lat.** *metropolitanus*, van **gr.** *mètropolitès* [van de moederstad], van *mètropolis* (vgl. **metropool**).

metromanie[1] [rijmwoede] < **fr.** *métromanie*, gevormd van **lat.** *metrum* of **gr.** *metron* [maatstaf, maat, versmaat] + **manie**.

metromanie[2] [nymfomanie] het eerste lid van **gr.** *mètra* [moederschoot] of *mètèr* [moeder, (moderne betekenis) baarmoeder].

metronoom [apparaat dat de maat aangeeft] gevormd van **gr.** *metronomos* [ijkmeester], van *metron* [maatstaf, maat] + *nomos* [wet], idg. verwant met **nemen**.

metronymicum [naar die van de moeder gevormde naam] < **gr.** *mètrōnumikos* [genoemd naar zijn moeder], van *mètèr* [moeder], daarmee idg. verwant + *onuma, onoma* [naam], daarmee idg. verwant.

metropoliet [hoofd van kerkprovincie] < **gr.** *mètropolitès* [oorspronkelijk bisschop van een metropool] (vgl. **metropool**).

metropool [wereldstad] < **fr.** *métropole* [idem] < **laat-lat.** *metropolis* [hoofdstad] < **gr.** *mètropolis* [moederstad van kolonies, hoofdstad], van *mètèr* [moeder], daarmee idg. verwant + *polis* [stad], verwant met **oudindisch** *pur-* (vgl. **Singapore** [leeuwenstad]).

metroscoop [baarmoederspiegel] gevormd van **gr.** *mètra* [moederschoot], van *mètèr* [moeder], daarmee idg. verwant + *skopein* [ergens naar kijken].

metrum [versmaat] < **lat.** *metrum* < **gr.** *metron* [maat, maatstaf, muziekmaat, versvoet], idg. verwant met **maat**[1].

metselen [bouwen met mortel en stenen] **middelnl.** *maetselen, metseren, metselen,* iteratief van *machen, maetsen, metsen,* van *mache, metse(r), metselaer, metsenaer* [metselaar], **oudhd.** *steinmezzo;* in het rom. **provençaals** *masso,* **fr.** *maçon,* **picardisch** *machon* < **me. lat.** *macio, macerius, macerio, matio,* naast *maceriola* [muurtje], **klass. lat.** *maceria* [omheining, muur], van een basis met de betekenis 'kneden, uit een weke massa vormen', vgl. **lat.** *macerare* [week maken], **gr.** *massein* [kneden], idg. verwant met *mengen;* het verband tussen *macerius* [metselaar] en *maceria* [muur] heeft een semantische parallel in it. *murario* [metselaar] en *muro* (mv. *mura*) [muur]; de gedachte dat onze vormen en eventueel ook de rom. van germ. *maken* stammen lijkt minder waarschijnlijk.

mette, met [geit] wel hetzelfde woord als **hd.** *Metze* [snol], dat wordt verklaard als een troetelnaampje voor *Mechtild, Mathild*.

metten [eerste deel van dagelijks breviergebed] **middelnl.** *mattene, mattine, metten(e)* < **lat.** *ad matutinam horam* [voor het vroege uur], **me. lat.** *matutinus* [behorend bij de ochtenddienst], *matutinae* [vroeglof], **klass. lat.** *matutinus* [morgen-], *Matuta* [de godin van de dageraad], verwant met *maturus* [rijp, op de juiste tijd geschiedend, vroeg] (vgl. *matinee*).

metterdaad [werkelijk] evenals *metterhaast, mettertijd, metterwoon* < *met der daad* (*haast, tijd, woon*).

metworst [worst van gehakt varkensvlees] **middelnl.** *metworst* [metworst, braadworst], **middelnd.** *metworst;* voor het eerste lid vgl. *mes*.

meu [tante] oostelijke nevenvorm van *moei*.

meubel [stuk huisraad] **middelnl.** *mobel, meubel* [tilbaar, roerend, als zn. huisraad] < **fr.** *meuble* [idem] < **lat.** *mobilis* [beweegbaar], van *movēre* [iets in beweging brengen].

meug [trek] **middelnl.** *moge, muege, meuge* [macht, vermogen, genoegen, lust], afgeleid van *mogen*.

meugebet [de bij gebrek aan beter uitgenodigde persoon] van *mogen,* **middelnl.** *bet* [beter, liever, dus ik mag liever].

meui, meuje [tante] nevenvorm van *moei*.

meuk[1] [bewaarplaats voor appels en peren] bij Kiliaan *muydick, muych,* **nd.** *mudeke* (vgl. **meuk**[2]), dus oorspr. plaats waar het fruit rijp wordt gemaakt.

meuk[2] [zacht, week] ook ablautend *muik*[2], **middelnl.** *muken* [meuken], **eng.** *meek,* **oudeng.** *meoc* (mogelijk <) **oudnoors** *mjūkr,* **gotisch** *mukamodei* [nederigheid]; buiten het germ. **lat.** *mucus* [snot, slijm], **oudiers** *mocht* [zacht] → *moksa*[2].

meuken [zacht worden, murw maken] **middelnl.** *muken,* nevenvorm van *muiken,* afgeleid van *meuk*[2] [zacht, rijp].

meun [vis] (1617), vgl. **middelnd.** *mone,* **oudhd.** *munwa,* **fries** *meun,* **oudeng.** *myne* (**eng.** *minnow*); buiten het germ. **lat.** *maena* [goudbrasem] < **gr.** *mainè,* **russ.** *men'* [puitaal], **litouws** *menkè* [kabeljauw].

meunière [kookterm] *à la meunière* [lett. op de manier van de molenaarsvrouw], van vis die vóór het bakken door de bloem is gehaald.

meuren [winden laten, slapen] vermoedelijk klanknabootsend gevormd.

meut [ouwe vrijster] vermoedelijk bij *meutelen* [pruttelen, zeuren, peuteren], klanknabootsend gevormd.

meute [troep honden] **middelnl.** *meute, muyte* [oproer] < **oudfr.** *muete, meute* [idem] < **me. lat.** *mota, mueta, meuta, moeta* [meutel], van *motare* [heen en weer bewegen, in rep en roer brengen], intensivum van *movēre* [idem].

meuzel [haverzak van een paard] bij *meuzelen,* frequentatief van *muizen* [eten], van *muis* (vgl. *muis*).

mevrouw → *meneer*.

Mexico [geogr.] < **nahuatl** *mexihco, meshï'ko* [op de plaats Mexico(stad)], van *meshi-* [plaatsnaam] + *-ko,* een plaatsaanduidend achtervoegsel.

mezoeza [aan deurpost bevestigd fragment van het OT] < **hebr.** *mezūzā* [deurpost], vgl. **akkadisch** *manzāzu* [standplaats, sokkel, stelling], bij *izuzzu* [staan].

mezomme [barg. geld] < **hebr.** *mezumān* [baar, contant].

mezzanino [tussenverdieping] < **it.** *mezzanino* [midden-] < **lat.** *medianus* [middelste] (vgl. *mediaan*).

mezzo [half] < **it.** *mezzo* < **lat.** *medius* [half, midden-], daarmee idg. verwant.

mezzotint [zwartekunstprent] < **it.** *mezzotinto* [lett. halftint], gevormd van *mezzo* (vgl. *mezzo*) + *tinto* (vgl. *tint*[1]).

mi[1] → *ut*.

mi[2] [Chinees vermicellitype] **zuidchinees dial.** *mi,* **standaard-chinees** *mièn* [van meel gemaakt] → *mihoen*.

miasma [uitwaseming van moeras] < **gr.** *miasma* [vlek, bezoedeling], van *miainein* [bevlekken, bezoedelen], idg. verwant met *modder*.

miauwen [geluid van kat voortbrengen] evenals *mauwen* klanknabootsende vorming.

mica [glimmer] < **lat.** *mica* [korreltje, beetje], verwant met **gr.** *mikros* [klein]; hoewel mica glinstert is **lat.** *micare* [glinsteren] niet verwant → *mik*[1].

micel [submicroscopisch deeltje] < **modern lat.** *micella,* van **lat.** *mica* [korreltje, beetje].

micraat [microscopische reproduktie] < **hd.** *Mikrat* [idem], gevormd van **gr.** *mikros* [klein].

micro- [om aan te duiden dat het object uit kleine zaken bestaat] < **gr.** *mikros* [klein].

microbe [zeer klein levend organisme] < fr. *microbe*, gevormd van **gr.** *mikros* [klein] + *bios* [leven].

microfoon [geluidsversterker] gevormd van **gr.** *mikros* [klein] + *phōnè* [stem, geluid].

micron [0,000001 m] van **gr.** *mikron*, o. van *mikros* [klein].

Micronesië [geogr.] gevormd van **gr.** *mikros* [klein] + *nèsos* [eiland].

microscoop [optisch instrument] gevormd van **gr.** *mikros* [klein] + *skopein* [kijken naar].

microsoom [korreltje in cellichaam] gevormd van **gr.** *mikros* [klein] + *sōma* [lichaam].

microtoom [apparaat om dunne plakjes te snijden] gevormd van **gr.** *mikros* [klein] + *tomos* [snede, afgesneden stuk], bij *temnein* [snijden].

mictie [urinelozing] < fr. *miction*, van **me. lat.** *mictare* [urineren], **klass. lat.** *micturire* [idem], iteratief van *mingere* [idem] (verl. deelw. *mi(n)ctum*), idg. verwant met **miegen**.

midasoren [ezelsoren] genoemd naar koning *Midas* van Phrygië, die in een muzikale wedstrijd tussen Apollo en Pan ten gunste van de laatste besliste, waarop Apollo zijn oren liet uitgroeien tot ezelsoren.

middag [midden van de dag] **middelnl.** *middach*, **oudnederfrankisch** *mitdon dage* (3e nv.), **oudsaksisch** *middi dag*, **oudfries** *middei*, **oudeng.** *middæg*, **oudnoors** *miðr dagr*, het eerste lid is een bn., **oudsaksisch** *middi*, **oudhd.** *mitti*, **oudfries** *midde*, **oudeng.** *mid*, **oudnoors** *miðr*, **gotisch** *midjis* [middelste, midden-]; buiten het germ. **lat.** *medius*, **gr.** *mes(s)os*, **oudindisch** *madhya-*.

middel [middelste deel, zn.] is het zelfstandig gebruikt bn. *middel*, afgeleid van het eerste lid in *middag*.

middelbaar [gemiddeld] **middelnl.** *middelbaer*, **middelnd.** *middelbar*, **hd.** *mittelbar;* mogelijk een vertaling van **lat.** *mediocris*.

middeleeuwen [tijdperk tussen oudheid en nieuwe tijd] sedert de 18e eeuw, vertaling van **modern lat.** *medium aevum* (1604) of van *media aetas* (1518).

middellands [tussen twee of meer landen gelegen] nieuwnl. vertaling van **lat.** *mediterraneus*.

middelpunt [centrum] als mathematische term, eind 16e eeuw, vertaling van **lat.** *centrum* (vgl. *centrum*).

midden [punt tussen twee uitersten, zn.] **middelnl.** *midden*, in *te midden*, *in midden* is midden een verbogen nv. van het eerste lid in *middag*.

middenrif [tussenschot tussen borst- en buikholte] **middelnl.** *middelrijf*, **middelnd.** *middelrif*, **oudfries**, **oudeng.** *midhrif* (**eng.** *midriff*), van *middel* + *rif²*.

middernacht [twaalf uur 's nachts] de *r* is een naamvalsuitgang. Het woord is ontstaan uit een vorming als *te midder nacht*.

Midgardslang [aardslang] het eerste lid is **oudnoors** *miðgarðr* [het door de mensen bewoonde deel van de wereld] (vgl. *midden* en *gaard*).

midget-golf [miniatuurgolf] < **eng.** *midgetgolf*, van *midget* [dwergje], verkleiningsvorm van *midge* [mug, dwerg] < **middeleng.** *migge*, **oudeng.** *mycg(e)* [mug], daarmee idg. verwant + *golf* [het golfspel].

Midi [Zuid-Frankrijk] < fr. *Midi;* van *mi-* [midden] < **lat.** *medius* [idem] + *-di* [dag] < **lat.** *dies* [idem].

midinette [ateliermeisje] < fr. *midinette*, samengetrokken uit *midi-dinette*, van *midi* ['s middags twaalf uur] (vgl. *Midi*) + *dinette* [eenvoudig maaltje, idem lat. dus 'twaalfuurtje'].

mie¹ [homoseksueel] verkort uit *sodemieter*, met bijgedachte aan de vrouwennaam *Mie*.

mie² → *mi²*.

miegelen [motregenen] iteratief van *miegen* [urineren].

miegen, mijgen [urineren] **middelnl.**, **middelnd.** *migen*, **fries** *mige*, **oudeng.** *migan*, **oudnoors** *miga;* buiten het germ. **lat.** *mingere*, **gr.** *omichlè* [fijne regen], **lets** *mizt* [wateren], **armeens** *mez* [urine], **oudindisch** *mehati* [hij watert]; verwant met *mist, mest, mistel*.

mieges [barg. slecht] < **jiddisch** *mechesj* [bijgelovige vrees].

mieland [drassig terrein] het eerste lid is verwant met *miezelen, miegelen* [motregenen] *mist*.

mielie [(Zuidafrikaans) maïs] **middelnl.** *mil(ie)* [gierst] < **oudfr.** *mil*, verkleiningsvorm *millet* < **lat.** *milium* [pluimgierst], verwant met **gr.** *melinè*, **litouws** *malnos* (mv.) [gierst].

mien [barg. vuilak] < **jiddisch** *mien* [gluiper], mogelijk spottend gebruik van < **hebr.** *maamīn* [gelovige].

mientgrond [meentgrond] met **fries** *ie* naast *meent* → *gemeente*.

mier¹ [insekt] **middelnl.** *mi(e)re, mere*, **middelnd.** *mire*, **oudeng.** *myre*, **oudnoors** *maurr*, **krimgotisch** *miera;* buiten het germ. **lat.** *formica* (vgl. *formiaat*), **gr.** *murmèx* (aeolisch *bormax*), **oudiers** *moirb*, **oudkerkslavisch** *mravija* (**russ.** *muravej*), **oudindisch** *vamra-* [mierenhoop]; de in de verschillende talen nogal afwijkende vormen kunnen wijzen op een vroeger taboe, vgl. *zeikmier*.

mier² [veeziekte] wellicht van *mieren* [jeuken], dat bij *mier¹* is gevormd.

mierik [lepelblad] **middelnl.** *me(er)radic*, *mierradic, meeredic*, ook *peperradic*, **middelnd.** *mirredik*, **oudhd.** *meriratih* (**hd.** *Meerrettich*), **oudeng.** *merege;* voor *radic* vgl. *radijs;* het eerste lid is *meer* [groter], vgl. **lat.** *maior* tegenover *minor*, dus de grotere radijs.

miering [moerasaloë] nevenvorm van *mierik*.

miers [lijdend aan de mier] → *mier²* [veeziekte].

mies [kwalijk]**barg.** < **rotwelsch** *mies* < **jiddisch** *mies* < **hebr.** *miūs* [minderwaardigheid].

mieter¹ [klein geldstukje] in de uitdrukking: *geen mieter* < *mijt²*.

mieter² [homoseksueel] < *sodomieter*, *sodemieter*.

mieters [fijn] verkort uit *sodemieter*.

mietje [homoseksueel] verkleiningsvorm van *mie* ¹.

miezelen [tot poeder wrijven, motregenen] twee betekenissen die hetzelfde betekenen, men zag poeder en kleine waterdeeltjes als identiek, vgl. **middelnl.** *misel* [stofregen, motregen, nevel], **middelnd.** *miseln* → *miegelen, mist*.

miezerig [regenachtig, nietig] afgeleid van *miezelen* [zachtjes regenen]; in de tweede betekenis heeft vermoedelijk **lat.** *miser* [armzalig] invloed uitgeoefend.

miezig [barg. schuldig] afgeleid van → *mies*.

mignon [lief, aardig] < **fr.** *mignon*, door vervanging van het achtervoegsel in de plaats gekomen van het ouder *mignot*, met de verkleiningsuitgang *-ottus*, gevormd uit een gallisch woord, vgl. **oudiers** *min* [zacht, teder].

migraine [schele hoofdpijn] < **fr.** *migraine* < **me. lat.** *hemicranium, hemicrania* < **gr.** *hèmikranion*, van *hèmi* [half] + *kranion* [schedel], van *kras* [hoofd], verwant met **lat.** *cerebrum* [hersenen].

migrant [die verhuist] < **lat.** *migrans* (2e nv. *migrantis*), teg. deelw. van *migrare* [verhuizen].

migratie [het zich verplaatsen] < **fr.** *migration* < **lat.** *migrationem*, 4e nv. van *migratio* [verhuizing], van *migrare* (verl. deelw. *migratum*) [verhuizen].

migreren [trekken] < **lat.** *migrare* [verhuizen].

mihoen [rijstvermicelli] < **chinees** *mihoen*, gevormd van *mi* [rijst], dat niet identiek is met *mi* ² + *hun* [poeder].

mihrab [nis in moskee die gebedsinrichting aangeeft] < **ar.** *miḥrāb*.

mij → *mijn* ¹.

mijde [verlegen] **middelnl.** *mide* [verwijl, vertoef, schroom], van *mijden*, **middelnl.** *miden* [vermijden, verzuimen, talmen, schuw zijn].

mijden [ontwijken] **middelnl.** *miden*, **oudsaksisch** *mīthan*, **oudhd.** *mīdan*, **oudfries** *-mītha*, **oudeng.** *mīðan;* verbindingen met andere talen zijn onzeker.

mijgen → *miegen*.

mijl [lengtemaat] **middelnl.** *mile, mijl* < **lat.** *mille passus* [1478 meter], van *mille* [1000] en *passus* [schrede, stap, pas (onder pas werd dubbele stap verstaan)].

mijmeren [suffen] **middelnl.**, **nd.** *mimeren*, **fries** *mimerje*, ablautend **oudeng.** *mamorian* [zinnen op]; buiten het germ. **lat.** *memor* [denkend aan], **gr.** *mermeros* [waar men aan blijft denken], **armeens** *mormok* [zorg], **oudindisch** *smarati* [hij herinnert zich].

mijn ¹ [bez. vnw.] **middelnl.** *mijn*, **oudnederfrankisch, oudsaksisch, oudhd., oudfries, oudeng.** *mīn*, **oudnoors** *minn*, **gotisch** *meins*, van dezelfde idg. basis als *mij*, pers. vnw.: **middelnl., oudnederfrankisch, oudsaksisch, oudfries** *mi*, **oudhd.** *mir*, naast *mih*, **oudeng.** *me*, **oudnoors** *mēr*, naast *mik*, **gotisch** *mis*, naast *mik*; buiten het germ. **lat.** *meus*, **oudpruisisch** *mais*, **oudkerkslavisch** *mojĭ*, **hettitisch** *-miš* [mijn], **lat.** *me* (4e nv.), **gr.** *me*, **oudiers** *me*, **oudperzisch, oudindisch** *mām* [mij].

mijn ² [voor kolen, ertsen] **middelnl.** *mine* < **oudfr.** *mine*, uit het kelt., vgl. **gaelisch** *mein*, **welsh** *mwyn* [erts].

mijn ³ [afslag] **middelnl.** *mine* < *mijnen* [mijn roepen].

mijnheer [titel voor een man] van *mijn* ¹ + *heer* ¹.

mijt ¹ [spinachtige] **middelnl., middelnd., oudeng.** *mite*, **oudhd.** *miza* [mug]; buiten het germ. **gr.** *midas* [made]; verwant met woorden voor snijden → *mes, mijt* ², *moot*.

mijt ² [muntje] **middelnl.** *mite*, te verbinden met werkwoorden voor snijden, zie *mijt* ¹; van germ. *maitan* [snijden, dus afgesneden, afgehakt stukje, d.w.z. van een baar metaal], vgl. ook *roebel* → *mieter* ¹, *mitrailleur*.

mijt ³ [zorgvuldig opgestapelde hoop hooi, stro] **middelnl., nd.** *mite* < **lat.** *meta* [kegel, houtstapel, hooimijt].

mijter [hoofddeksel] **middelnl.** *mītre, miter(e)* < **fr.** *mitre* < **lat.** *mitra* [hoofdband, Aziatische muts, tulband] < **gr.** *mitra* [hoofdband], een leenwoord, dat vermoedelijk te verbinden is met *Mithras*.

mik ¹ [brood] **middelnl.** *micke* < **me. lat.** *mic(h)a* [broodje] < **klass. lat.** *mica* [korreltje, kruimpje, beetje] (vgl. *mica*).

mik ² [gaffel] **middelnl.**, **nd.** *mik(ke);* van **middelnl.** *hem micken* [zich neervlijen?].

mikado [titel van Japanse keizer] van *mi* [verheven], een respect uitdrukkend voorvoegsel + *kado* [poort], vgl. *durbar, farao, Porte*.

mikimotoparel [cultiveparel] genoemd naar de Japanse parelkweker Kokichi Mikimoto (1858-1954), die belangrijke verbeteringen van de kweek uitvond.

mikken [richten] **middelnl.** *micken, mecken* [scherp kijken, over iets peinzen, zich toeleggen op, mikken], **middelnd.** *micken* [mikken, passen], **oudfries** *mitza* [letten op]; over de etymologie bestaan uiteenlopende meningen. Waarschijnlijk lijkt een verbinding met *mik* ² [gaffel], dus het schietwapen op de vork leggen om te viseren.

mikmak [rommel] < **fr.** (15e eeuws) *mutemaque* < **middelnl.** *muyten* [oproer, opstand], *muytemaker* [oproermaker] (vgl. *meute*).

milaan [wouw] < **fr.** *milan* [wouw, poon], teruggaand op **klass. lat.** *miluus, milvus* [wouw, vliegende vis].

Milaan [geogr.] < **it.** *Milano* < **lat.** *Mediolanum* < **keltisch** *lan(n)o*, verwant met **lat.** *planum* [vlakte].

milanaise [een tricot] < **fr.** *milanaise* < **it.** *milanese*, van *Milano* (vgl. *Milaan*).

mild [zachtaardig] **middelnl.** *milde, melde, milt, melt* [liefderijk, milddadig], **oudsaksisch** *mildi*, **oudhd.** *milti*, **oudfries, oudeng.** *milde*, **oudnoors** *mildr*, **gotisch** *mildeis*; buiten het germ. **gr.** *malthakos* [zacht], **oudiers** *meldach* [aangenaam], **oudindisch** *mardhati* [hij verwaarloost].

miliair [gierstekorrelachtig] < **fr.** *miliaire* [gierstvormig] < **lat.** *milium* [gierst].

miliaria [korrelige huiduitslag] gevormd van **lat.** *miliarius* [op gierst gelijkend], van *milium* [gierst].

milicien [(dienstplichtig) soldaat] < **fr.** *milicien*, van *milice*, **oudfr.** ook *milicie* [leger] < **lat.** *militia* (vgl. *militie*).

miliën [gerstekorreltjes onder de huid] gevormd van **lat.** *milium* [gierst].

milieu [omgeving] < **fr.** *milieu*, van *mi-* [midden-] < **lat.** *medius* [idem] + **fr.** *lieu* [plaats] < **lat.** *locus*, dus een in het midden gelegen plaats, waarvoor vgl. *locatie*.

militair [m.b.t. het krijgswezen] < **fr.** *militaire* [idem] < **lat.** *militaris* [m.b.t. de soldaten of de oorlog, krijgsman], van *militia* (vgl. *militie*).

militant [strijdlustig] < **fr.** *militant*, eig. teg. deelw. van *militer* [strijden] (**middelnl.** *militeren*) < **lat.** *militare* [soldaat zijn].

military [bepaalde paardenwedstrijd] < **eng.** *military* [militair], maar de wedstrijd heet in het **eng.** *three-day event*.

militie [krijgsmacht] < **lat.** *militia* [krijgsdienst, soldaten], van *miles* [soldaat].

milium [pluimgierst] < **lat.** *milium*.

miljard [duizend miljoen] < **fr.** *milliard*, afgeleid van *million* met het achtervoegsel *-ard* dat een versterkende functie had en in het fr. is overgenomen uit het germ. (**nl.** *hard*, **hd.** *hart* etc.).

miljoen [duizendmaal duizend] **middelnl.** *millioen* < **fr.** *million* < **it.** *milione* [idem], gevormd van *mille* [duizend], met de vergrotingsuitgang *-one*.

milkshake [drank] < **eng.** *milkshake*, van *milk* [melk] + *to shake* [schudden].

mille [duizend] < **fr.** *mille* < **lat.** *mille*.

millefiori [glas met bont patroon] < **it.** *millefiori* [lett. duizend bloemen], van *mille* [duizend] < **lat.** *mille* (vgl. *mijl*) + *fiori*, mv. van *fiore* < **lat.** *florem*, 4e nv. van *flos* [bloem], daarmee idg. verwant.

millennium [tijdperk van 1000 jaar] < **modern lat.** *millennium*, naar analogie van **lat.** *biennium* [periode van twee jaar], van *mille* [duizend] (vgl. *mijl*) + *annus* [jaar].

millet [gierst] < **eng.** *millet* < **fr.** *millet*, verkleiningsvorm van *mil* < **lat.** *milium* [pluimgierst].

milli- [een duizendste deel] < **fr.** *milli-* [idem] < **lat.** *millesimus* [idem].

milocorn [gierst] < **eng.** *milocorn*, het eerste lid < **sotho** *maili* [gierst].

milt[1] [orgaan] **middelnl., middelnd., oudfries, oudeng.** *milte*, **oudhd.** *milzi*, **oudnoors** *milti*; etymologie onzeker, van *smelten* (**oudeng.** *meltan*)? of bij *melk*?.

milt[2] [plant] nevenvorm van *melde*.

Milva [letterwoord] gevormd uit de beginlettters van *Militaire Vrouwenafdeling*.

mimbar [kansel in moskee] < **turks** *mimber* < **ar.** *minbar* [kansel, spreekgestoelte], bij het ww. *nabara* [hij verhief, verhoogde, riep uit], met het instrumentale voorvoegsel *mi-*.

mime [gebarenspel(er)] < **fr.** *mime* < **lat.** *mimus* [acteur, balletdanser, kluchtspel] < **gr.** *mimos* [nabootser, acteur, nabootsing, de mime als literair genre].

mimesis [nabootsing] < **gr.** *mimèsis* [het navolgen, nabootsen], van *mimeisthai* [nabootsen], van *mimos* (vgl. *mime*).

mimi [salonmeubel] < **fr.** *mimi* [lief, schattig, snoezig, aardig], een expressieve vorming.

mimicry [camouflage] < **eng.** *mimicry*, van *mimic* < **gr.** *mimikos*, bn. bij *mimos* (vgl. *mime*) + *-ry* [-erij].

mimiek [kunst om door gebaren uitdrukkingen weer te geven] < **fr.** *mimique* [idem], van *mimer* [door gebaren uitdrukken], teruggaand op **lat.** *mimus* (vgl. *mime*).

mimosa [plantengeslacht] gevormd van **lat.** *mimus* (vgl. *mime*), zo genoemd, omdat de prikkelbare bladeren verwelking nabootsen.

mimus [klucht] → *mime*.

min[1] [liefde] **middelnl.** *min(ne)* [aandenken, gedachtenis, liefde], **oudsaksisch** *minnia* [liefde], **oudhd.** *minna* [aandenken, liefde], **oudfries** *minne* [liefde], **oudnoors** *minni*, **gotisch** *gaminþi* [herinnering, aandenken], verwant met *manen*[3].

min[2] [gering] **middelnl., middelnd., oudhd., oudfries, oudeng.** *min*, **gotisch** *mins*; buiten het germ. **lat.** *minuere*, **gr.** *minuthein* [verminderen], **oudkerkslavisch** *minji̋* [minder], **oudindisch** *mināti* [hij vermindert].

min[3] [zoogster] **middelnl.** *minne*, wellicht uit *minnemoeder* zoals *best* uit *bestemoeder*, hoewel *minnemoeder* niet in het middelnl. is teruggevonden.

mina, mine [1/60 talent] < **lat.** *mina* [gewicht, hoeveelheid geld] < **gr.** *mna* [idem], teruggaand op **akkadisch** *manû* [mina], **soemerisch** *mana*.

Mina [Dolle Mina, naam van een feministische actiegroep] in 1969 genoemd naar de feministe *Wilhelmina Elizabeth Drucker* (1847-1925).

minachten [geringschatten] later nieuwnl., van *min* (als stellende trap in nieuwnl. gevormd van *minder, minst*) + *achten*.

minaret [toren van een moskee] < **spaans** *minarete*, **turks** *menaret*, *minare* [idem] < **ar.** *manāra* [minaret], afgeleid van *nār* [vuur: oorspronkelijk vuurtoren (als baken)] + het plaatsaanduidend voorvoegsel *ma-* (vgl. *menora*).

minauderen [behaagziek doen] < **fr.** *minauder*, van *minaud*, in het dialect van Anjou [gezicht], *minaudier* [geaffecteerd], van *mine*.

minbar → *mimbar*.

minco [letterwoord] verkort uit *minderwaardigheidscomplex*.

minder [kleiner] **middelnl.** *minre*, vergrotende trap van *min*[1].

minderbroeder [franciscaan] **middelnl.** *minrebroeder, minderbroeder*, vertaling van **lat.** *frater minor*, een naam gegeven door Franciscus van Assisi.

minderjarig [nog niet mondig] sedert eind 16e eeuw, vertaling van lat. *minorensis*.
mine [gelaatsuitdrukking] < fr. *mine* < bretons *min* [bek, snuit].
mineerder [gangengravende larve] van *mineren*.
mineraal [bestanddeel van aardkorst] < fr. *minéral* < me. lat. *minerale*, zelfstandig gebruikt o. van *mineralis* [mijn-], van *minera* [mijn] (vgl. *mijn*²).
mineren [ondermijnen] middelnl. *mineren* < fr. *miner*, van *mine* [mijn] (vgl. *mijn*²).
Minerva [Romeinse godin] < oudlat. *Menerva*, vermoedelijk van etruskische herkomst, vgl. etruskisch *Menora, Menerva*.
minerval [schoolgeld] afgeleid van *Minerva* [de Romeinse godin van de wijsheid].
minestrone [dikke soep] < it. *minestrone*, vergrootwoord van *minestra* [soep], van *minestrare* [(op)dienen, serveren] < lat. *ministrare* [bedienen, opdienen, zorgen voor, besturen] (vgl. *minister*); voor de betekenisontwikkeling vgl. *serveren*.
minette¹ [poesje, snolletje] < fr. *minette* [poesje, katje, schatje, liefje], verkleiningsvorm van *mine* [(dial.) poes], klanknabootsend gevormd.
minette² [ijzererts] < fr. *minette* [mineraal, vooral in stofvorm, in het bijzonder m.b.t. ijzererts], verkleiningsvorm van *mine* [mijn] (vgl. *mijn*²).
mineur¹ [mijngraver] < fr. *mineur*, afgeleid van *mine* [mijn] (vgl. *mijn*²).
mineur² [kleine-tertstoonschaal] < fr. *mineur* < lat. *minor* (vgl. *minor*).
Ming [Chinese dynastie] < chinees *ming* [lichtend, verlicht].
mini- [in zeer kleine uitvoering] < lat. *minimus* [idem].
miniatuur [kleine geschilderde illustratie] < fr. *miniature* < it. *miniatura* < me. lat. *miniatura* [idem], van klass. lat. *miniatus* [rood geverfd], verl. deelw. van *miniare* [schilderen met vermiljoen], (*minium* [vermiljoen]) (vgl. *menie*).
miniem [zeer klein, gering] < fr. *minime* < lat. *minimus, minumus* [kleinste], van *minus* [kleiner], o. van *minor* (vgl. *minor*).
minimaal [uiterst klein] < eng. *minimal*, 17e eeuwse afleiding van lat. *minimus* (vgl. *minimum*).
minimum [kleinste waarde] < lat. *minimum*, o. van *minimus* [kleinste], verwant met *minor* (m., vr.) *minus* (o.) [kleiner], *minuere* [kleiner maken], idg. verwant met nl. *minder, minst*, *min*¹ → *meiosis*.
minister [eerste staatsdienaar] middelnl. *minister* [bediende, beambte, bestuurder van een klooster] < fr. *ministre* < lat. *ministrum*, 4e nv. van *minister* [dienaar, helper, handlanger], met een vergrotingsuitgang van *minor, minus* [kleiner], als *meester* van *magis* [groter] → *métier, minstreel*.
ministerie [departement van bestuur] < fr. *ministère* [idem], beïnvloed door lat. *ministerium* [dienst, ambt] (vgl. *minister*).
ministreren [kerkdienst (helpen)] verrichten]

middelnl. *ministreren* [dienstbaar maken, aanwenden] < lat. *ministrare* [bedienen] (vgl. *minister*).
minjan [quorum voor joodse godsdienstoefening] < hebr. *minjān* [getal], bij het ww. *mānā* [tellen], vgl. akkadisch *manû* [tellen].
mink [nerts] < eng. *mink* < middeleng. *mynk*, deens *mink*, zweeds *mänk, menk*, nd. *mink* [otter], etymologie onbekend.
minkukel [dom persoon] bedacht door Marten Toonder en gebruikt in één van zijn Ollie B. Bommel-strips.
minne → *min*².
minnen [liefhebben] middelnl. *minnen*, oudnederfrankisch *minnon*, oudsaksisch *minnion*, oudfries *minnia*, van *min*² [liefde].
minoïsch [m.b.t. vóór-gr. beschaving op Kreta gevormd van gr. *Minōs* [de legendarische vorst van Kreta], een vóór-gr., niet-idg. naam.
minor [minder] < lat. *minor* [kleiner], verwant met *minuere* [kleiner maken], gr. *minuthein*, oudkerkslavisch *mĭnijĭ* [kleiner, minder], verlengde vormen naast gr. *meiōn* [minder], oudindisch *mināti* [hij vermindert], idg. verwant met *minder* (vgl. *min*¹).
Minorca [geogr.] it. vorm van spaans *Menorca* < lat. *minor* [het kleinere] (vgl. *minor*); zo genoemd omdat het eiland kleiner is dan *Majorca*.
minoriteit [minderheid] < fr. *minorité* < me. lat. *minoritatem*, 4e nv. van *minoritas* [minderheid], van *minor* (vgl. *minor*).
minst [kleinste] middelnl. *minst*, oudsaksisch *minnisto*, oudhd. *minnist* (hd. *mindest*), oudnoors *minnstr*, gotisch *minnists*, gevormd van *min*¹ met het achtervoegsel van de vergrotende trap.
minstreel [troubadour] middelnl. *minestreel, menestrele* [bediende, i.h.b.b. die in dienst van aanzienlijken kunst ten gehore brengt] < oudfr. *menestrel* [idem] < me. lat. *ministerialis* [beambte, sedert de 11e eeuw ook speelman] (vgl. *minister*).
minuscuul [zeer klein] < fr. *minuscule* < lat. *minusculus* [tamelijk jong, tamelijk klein], verkleiningsvorm van *minus*, o. van *minor* [minder] (vgl. *minor*).
minuskel [kleine letter] < lat. *minuscula (littera)* [een wat kleinere (letter)], vr. van *minusculus*, verkleiningsvorm van *minor* [kleiner] (vgl. *minor*).
minutant [redacteur van De Propaganda Fide] < it. *minutante* [klerk, redacteur van de stukken in de pauselijke kanselarij], teg. deelw. van *minutare* [ontwerpen, in het klad opstellen], van *minuta* [eerste ontwerp] (vgl. *minuut*²).
minutieus [zeer nauwkeurig] < fr. *minutieux* [idem], van lat. *minutia, minuties* [kleinheid, klein deeltje], van *minutus* [klein gemaakt, nietig], eig. verl. deelw. van *minuere* [klein maken], van *minus* [kleiner] (vgl. *minor*) + *-osus* [vol van].

minuut¹ [60e deel van uur] middelnl. *minute, minuut* < fr. *minute* [idem] < me. lat. *minuta* (ellips voor *minuta pars, pars* [deel]), vr. van *minutus* [klein], verl. deelw. van *minuere* [klein maken], vgl. *minor;* minuut is dus deeltje van een uur. De verdeling van het uur in minuten dateert uit de 15e eeuw, die in seconden is nog jonger, zodat het middelnl. wel het woord minuut kent maar niet de *seconde;* in de oudheid was het uur variabel in overeenstemming met de duur van het daglicht. De exacte verdeling in minuten was niet mogelijk.

minuut² [eerste beknopt schriftelijk ontwerp] middelnl. *minute, minuut* < lat. *minutum,* o. van *minutus* [klein] (vgl. **minuut¹**).

minzaam [beminnelijk] middelnl. *minnesam, minsa(e)m,* middelhd. *minnesam,* van *minne* [liefde] + het achtervoegsel *-zaam.*

Mioceen [geologische formatie] gevormd van gr. *meiōn* [minder] + *kainos* [nieuw, recent].

mirabel [een pruim] < fr. *mirabelle* < lat. *myrobalanum* < gr. *murobalanon.*

mirabiliet [glauberzout, natriumsulfaat] < hd. *Mirabilit,* uit de door Glauber, (1604-1670) chemicus, bedachte naam *sal mirabilis, sal* [zout] *mirabilis* [verwonderlijk, bewonderenswaardig] (vgl. **merveilleus**).

miraculeus [wonderbaar] < fr. *miraculeux* < me. lat. *miraculosus* [idem], van *miraculum* [mirakel] (vgl. **mirakel**) + *-osus* [vol van].

mirador [uitkijktoren] < spaans *mirador,* van *mirar* [kijken naar] < vulg. lat. *mirari* < lat. *mirari* [zich verwonderen, met verwondering zien] (vgl. **mirakel**).

miradsj [hemelreis van Mohammed] < ar. *mi'rāj* [eig. ladder], van *mi-,* instrumentaal voorvoegsel + het ww. *'araja* [hij beklom, steeg].

mirage [luchtspiegeling] < fr. *mirage,* van *mirer* [kijken naar] < vulg. lat. *mirare* < klass. lat. *mirari* [zich verwonderen over] (vgl. **mirakel**).

mirakel [wonder] middelnl. *mirakel(e)* < fr. *miracle* < lat. *miraculum* [idem], van *mirari* [zich verwonderen], van *mirus* [verwonderlijk], waaruit de anlautende s is verdwenen, verwant met gr. *meidan* [glimlachen], **oudkerkslavisch** *smijati sę* [lachen], **oudindisch** *smayate* [hij glimlacht], **eng.** *to smile,* middelhd. *smielen,* bij Kiliaan *smuylen* [meesmuilen].

mirbaanolie [synthetische bittere amandelolie] < fr. *mirbane,* etymologie onbekend.

mirepoix [mengsel van fijngesneden groenten] genoemd naar de *Duc de Mirepoix,* maréchal de France (1699-1751).

mirette [boetseerstokje] < fr. *mirette* [bakenstok, boetseerstokje], verkleiningsvorm van *mire* [vizier (van geweer)], van *mirer* [het oog gericht hebben op] < vulg. lat. *mirare* [kijken] < klass. lat. *mirari* [zich verwonderen] (vgl. **mirakel**).

mirliton [rieten fluitje] < fr. *mirliton,* vermoedelijk stammend van een oud refrein.

mirograaf [projector van de tekentafel] gevormd van fr. *mirer* of vulg. lat. *mirare* (vgl. **mirakel**) + gr. *graphein* [schrijven, tekenen], idg. verwant met *kerven.*

mirre [welriekende gomhars] middelnl. *mirre* < oudfr. *mirre* of rechtstreeks < lat. *myrrha* < gr. *murra,* ontleend aan het semitisch, vgl. **akkadisch** *murru* [bitterheid, mirre], bij *marāru* [bitter zijn], ar. *murr* [bitter, mirre].

mirt, mirte [heester] sedert de 16e eeuw < fr. *myrte* < lat. *myrtus* < gr. *murtos,* aan een vóór-gr. taal ontleend.

mis¹ [rooms-katholieke kerkdienst] middelnl. *mis(se), messe,* ontleend aan de formule ter afsluiting van de kerkdienst: *Ite, missa est* (t.w. *ecclesia*) [gaat heen, (de gemeente) wordt uiteengezonden]; de middelnl. vorm *messe* stamt uit het romaans, vgl. fr. *messe.*

mis² [niet raak] hoort bij *mis-* als voorvoegsel [verkeerd], middelnl. *mis, mes* [verkeerd, oneven], middelnd. *mis* [verkeerd], **oudhd.** *missi* [verschillend], **gotisch** *misso* [wederkerig]; buiten het germ. lat. *mutare* [veranderen, ruilen], **iers** *mis-* [mis-], **lets** *mit* [ruilen], *mitet* [veranderen], **oudindisch** *mithas* [wederkerig], *mithū* [verkeerd]; de grondbetekenis is 'afwisselend'.

mis- [voorvoegsel, vóór zn. en ww., met de betekenis verkeerd] is ontstaan uit de betekenis 'verschillend', vgl. middelnl. *misselijc* [onderling verschillend].

misandrie [tegenzin tegen mannen] gevormd naar analogie van **misantroop,** van gr. *misein* [haten] + *anèr* (2e nv. *andros*) [man].

misantroop [mensenhater] < fr. *misanthrope* < gr. *misanthrōpos* [mensen hatend], van *misos* [haat] + *anthrōpos* [mens].

misbaar [geschreeuw] middelnl. *misbare, misbare, mesbare, mesbaer,* middelhd. *mis(se)beren,* middelhd. *missebaren* [zich misdragen]; van middelnl. *misbaren* [tieren, jammeren], van **mis²** + *baren* [tekeergaan, zich gedragen] (vgl. **gebaar, baren¹**).

miscellanea [mengelingen] < lat. *miscellanea,* het zelfstandig gebruikt o. van *miscellaneus* [gemengd], van *miscellus* [idem], van *miscere* [mengen], idg. verwant met hd. *mischen.*

misdaad [vergrijp] middelnl. *misdaet, mesdaet,* **oudnederfrankisch** *misdāt,* **oudsaksisch** *misdād,* oudhd. *missität,* **oudfries** *misdēd,* oud-eng. *misdœd,* **gotisch** *missadeðs,* van **mis²** + *daad.*

misdrijf [strafbaar feit] na de 16e eeuw gevormd naast *bedrijf.*

miserabel [ellendig] < fr. *misérable* < lat. *miserabilis* [beklagenswaardig], van *miserari* [klagen over, jammeren], van *miser* [ongelukkig, ellendig].

misère [ellende] < fr. *misère* < lat. *miseria* [ellende, ongeluk, angst], van *miser* [ongelukkig, ellendig].

miserere [boetpsalm, drekbraken] < lat. *miserēre,*

het eerste woord van de 50e psalm [ontferm u]; de betekenis 'drekbraken' komt voort uit de vroegere hulpeloosheid van artsen tegenover een darmkronkel.

misericordia [medelijden] < lat. *misericordia* [medelijden, barmhartigheid], van *miserere, misereri* [medelijden hebben] + *cor* (2e nv. *cordis*) [hart], daarmee idg. verwant.

mishagen [niet aanstaan] **middelnl., middelnd.** *mishagen*, **middelhd.** *missehagen*, gevormd naast **behagen**.

misjna [verzameling joodse wetten] **mishnaïsch** hebr. *mīsjnā* [herhaling, mondelinge studie, mondelinge wet] < hebr. *sjānā* [herhalen, in het mishnaïsch ook hij studeerde, leerde aan, doceerde]; het grondbegrip is twee, vgl. **akkadisch** *sjina* [twee], *sjanû* [voor de tweede keer doen, herhalen].

miskennen [niet erkennen] vermoedelijk sedert de 18e eeuw gevormd naar **fr.** *méconnaître* [idem].

mismoedig [neerslachtig] **middelnl.** *mismoedich*, **oudhd.** *missimuoti*, van **mis**² + **moed** + het achtervoegsel *-ig*.

misogaam [die afkeer heeft van het huwelijk] gevormd van **gr.** *misos* [haat] + *gamos* [huwelijk].

misogyn [vrouwenhater] < **gr.** *misogunos* [vrouwen hatend], van *misos* [haat] + *gunè* [vrouw], idg. verwant met **kween**.

mispel [vrucht] **middelnl.** *mespel(e), mispel(e)* < **oudfr.** *mesple* < **me. lat.** *mespila, mespileus* < **gr.** *mespilon* [idem].

mispickel [arsenopyriet] < **hd.** *Mispickel*, ouder ook *Misputl, Mispilt*, etymologie onbekend.

mispunt [stuk ongeluk] was aanvankelijk een term in het biljartspel, een misstoot waardoor men de tegenpartij een punt bezorgt.

miss [juffrouw] < **eng.** *miss*, samengetrokken uit *mistress* [meesteres] (vgl. **meester**).

missa → **mis**¹.

missaal [misboek] **middelnl.** *missael, missale* < **me. lat.** *missale*, het zelfstandig gebruikt o. van *missalis*, behorend bij de *missa* (vgl. **mis**¹).

misschien [wellicht] **middelnl.** *machgescien, machschien, misschien*, etc., van *mach scien* [kan geschieden] (vgl. **geschieden**), vgl. **fr.** *peut-être*.

misselijk [onpasselijk] **middelnl.** *misselijc* [onderling verschillend, van verschillende gedachten vervuld, onzeker, anders dan men verwacht, ongepast, walglijk], **oudsaksisch** *mislīk*, **oudhd.** *missilih*, **oudfr.** *mislīk*, **oudeng.** *mislīc*, **oudnoors** *mislīkr*, **gotisch** *missaleiks* [verschillend, twijfelachtig, gevaarlijk], van **middelnl.** *mis*, vgl. **mis**² + **-lijk**.

missen [niet treffen] **middelnl., middelnd., oudhd.** *missen*, **oudfries, oudnoors** *missa*, **oudeng.** *missan*, gevormd van een deelw. van **mijden**.

missie [zending] < **fr.** *mission* < **lat.** *missionem*, 4e nv. van *missio* [het zenden], van *mittere* (verl. deelw. *missum*) [zenden], idg. verwant met **smijten**.

missigit → **moskee**.

missive [brief] < **fr.** *missive*, verkort uit *lettre missive*, van **lat.** *mittere* (verl. deelw. *missum*) [zenden], idg. verwant met **smijten**.

mist [verdichting van waterdamp] **middelnl., nd., oudeng.** *mist* [duisternis, somberte], **oudnoors** *mistr*; buiten het germ. **gr.** *omichlè* [nevel], **litouws** *migla*, **oudkerkslavisch** *mīgla* [nevel], **armeens** *meg*, **oudindisch** *mēghah* [wolk].

mistel [maretak] sedert Kiliaan genoteerd; **oudhd.** *mistil*, **oudeng.** *mistel* (**eng.** *mistle(toe)*, **oudnoors** *mistil(teinn)*, van dezelfde basis als **mest**; gezien de benaming vogellijm en de naam in het **lat.** *viscum* [vogellijm, lijmstok] is de grondbetekenis wel 'kleverig'.

mistella [wijn] < **fr.** *mistelle* < **spaans** *mistela*, van *misto* [gemengd] < **lat.** *mixtus* (vgl. **mixture**).

mister [mijnheer] < **eng.** *mister*, verzwakte vorm van *master* < **lat.** *magister* (vgl. **meester**).

mistletoe [maretak] < **eng.** *mistletoe* < **oudeng.** *misteltān*, van **mistel** + *tān* [twijg, tak], verwant met **teen**².

mistral [bepaalde wind in Zuid-Frankrijk] < **provençaals** *mistral* < **me. lat.** *(ventus) magistralis* [heersende (wind)], van *magister* [meester, heer].

mistroostig [neerslachtig] **middelnl.** *mistroostich* [mistroostig, wanhopig], afgeleid van *mistroost* [het opgeven van de hoop], **middelnd., middelhd.** *missetröst*.

mitaine [handschoen zonder vingers] < **fr.** *mitaine*, **oudfr.** *mitaine*, van *mite* [kat (vanwege het bont)], klanknabootsende vorming.

mitella [draagdoek] < **lat.** *mitella* [hoofdband (van Griekse vrouwen)], verkleiningsvorm van *mitra* (vgl. **mijter**).

Mithras [de Perzische lichtgod] < **avestisch** *mithra*, verwant met **oudindisch** *Mitra-* [een Vedische godheid], personificatie van *mitram* [overeenkomst, dus partner in een overeenkomst, verbond], vgl. de betekenis van **lat.** *pax* [vrede].

mithridatiseren [door innemen van kleine doses vergif daartegen immuun maken] genoemd naar koning *Mithridates* VI van Pontus (132-63 v. Chr.), die zich zo aan alle vergiften had gewend, dat hij zich moest laten doden door een soldaat toen hij zelfmoord wilde plegen.

mitigatie [leniging] < **fr.** *mitigation* < **lat.** *mitigatio* [verzachting, kalmering], verl. deelw. van *mitigare* [verzachten] (vgl. **mitigeren**).

mitigeren [lenigen] < **fr.** *mitiger* < **lat.** *mitigare* [zacht maken, temperen], van *mitis* [zacht, gematigd] + *agere* [ergens heen drijven, sturen, verrichten].

mitochondriën [korreltjes in cytoplasma] gevormd van **gr.** *mitos* (vgl. **mitose**) + *chondros* [korrel], verwant met **eng.** *to grind* [vermalen].

mitose [indirecte kerndeling] gevormd van **gr.** *mitos* [even en oneven draden van de schering], verwant met **oudindisch** *methati* [hij wisselt af].

mitra [mijter] < **lat.** *mitra* [Aziatische hoofdband,

mitrailleur — modulatie

tulband, muts] < **gr.** *mitra* [leren buikgordel, hoofdband, kroon], een leenwoord uit Klein-Azië.

mitrailleur [snelvuurwapen] < **fr.** *mitrailleur,* van *mitraille* [oud ijzer, schroot, kopergeld, lett. dus een apparaat om met schroot te schieten]; vroeger werden kanonnen vaak met kleine stukjes schroot geladen: **oudfr.** *mitraille,* nevenvorm *mitaille* [kopergeld, stukjes metaal], van *mite* [een koperen muntje] < **middelnl.** *mite* (vgl. **mijt**[2]).

mits [indien] **middelnl.** *mids, mits* [als bijw. in het midden, als voorzetsel midden in, door middel van, ten gevolge van, benevens, behoudens], met bijwoordelijke *s* uit bn. *mid-* [in samenstellingen midden] (vgl. *midden*).

mitsgaders [alsook] **middelnl.** *metgaders, metsgaders, mitsgaders,* met een bijw. vormende *s,* die ook in het eerste lid is terecht gekomen, gevormd van **met**[4] + *gader* → *gade.*

mixen [mengen] < **eng.** *to mix* [idem], via **fr.** *mixte* [gemengd] < **lat.** *mixtum,* verl. deelw. van *miscere* [mengen], idg. verwant met **hd.** *mischen.*

mixture [mengsel] < **eng.** *mixture* < **lat.** *mixtura* [vermenging, mengsel], van *miscere* (verl. deelw. *mixtum*) [mengen], idg. verwant met **hd.** *mischen.*

mixtuur [vloeibaar artsenijmengsel] < **lat.** *mixtura* [mengsel] (vgl. *mixture*).

mizerieboom [peperboompje] < **me. lat.** *mezereon* < **het ar. van** Avicenna *māzaryūn* < **perzisch** *māzaryūn.*

mnemoniek [geheugenleer] < **gr.** *mnèmonikos* [die zich alles goed herinnert], het zelfstandig gebruikt o. *to mnèmonikon* [de mnemotechniek, geheugen] (vgl. *memo*).

moa [uitgestorven Nieuwzeelandse vogel] een maori-woord.

Moabiet [afstammeling van Moab] van **hebr.** *Mō'āb* [het land van Moab], waarin het tweede lid mogelijk is *ābh* [vader].

mobiel [beweeglijk] < **fr.** *mobile* < **lat.** *mobilis* [beweegbaar, beweeglijk], van *movēre* [heen en weer bewegen].

mobiliteit [beweeglijkheid] < **fr.** *mobilité* < **lat.** *mobilitatem,* 4e nv. van *mobilitas* [idem], van *mobilis* (vgl. *mobiel*).

mobilofoon [radiotelefoon in vervoermiddelen] samenstelling van *mobiel* [beweeglijk] + *telefoon.*

mocassin [indianenschoen] < **eng.** *mocassin* < **algonkin** *mohkussin,* **powhatan** *mockasin.*

mochaleer [glacéleer] genoemd naar de uitvoerhaven *Mokka (Mokha)* in Jemen.

modaal [model staand] < **fr.** *modal,* van *mode* (vgl. *mode*).

modde [lompe vrouw, slet] → *modden.*

modden [wroeten om iets op te vissen] van **middelnl.** *modde* [slik, vuil wijf], een kortere vorm van *modder.*

modder [mengsel van aarde en water] **middelnl.** *mod(d)er, mudder, mo(e)der* [slik, moeras, droesem], **middelnd.** *modder,* **middelhd.** *moder,* **eng.** *mother,* naast **middelnl.** *modde,* **middelnd.**

mudde, **middeleng.** *mudde* (**eng.** *mud*); buiten het germ. **gr.** *mudros* [gloeiende massa], van *mudan* [vloeibaar, doornat zijn], **oudiers** *mun* [pis], *muod* [wolk], **avestisch** *mūthra* [faeces], **oudkerkslavisch** *myti* [wassen], **litouws** *mauditi* [iem. baden], **oudindisch** *mūtra-* [pis], *mudira-* [wolk].

modderen [baggeren, van modder zuiveren] **middelnl.** *modderen;* afgeleid van *modder.*

mode [trend] < **fr.** *mode* < **lat.** *modus* [maatstaf, het maat houden, wijze, manier] → *mal*[1], *meten.*

model [voorbeeld] < **fr.** *modèle,* **it.** *modello* [idem] < **lat.** *modulus* [maat], verkleiningsvorm van *modus* [maat, maatstaf, voorschrift, regel] (vgl. *mode*).

modem [toestel t.b.v. telefoonaansluitingen] samengetrokken uit *modulator-demodulator* (vgl. *moduleren*).

Modena [geogr.] → *modillon.*

moderaat [gematigd] < **lat.** *moderatus,* eig. verl. deelw. van *moderari* [matigen], van *modus* (vgl. *mode*).

moderamen [dagelijks bestuur] < **lat.** *moderamen* [stuur, roer, leiding, eig. matiging], van *moderari* [matigen], van *modus* (vgl. *mode*).

moderatie [matiging] < **fr.** *modération* < **lat.** *moderationem,* 4e nv. van *moderatio* [idem], van *moderari* (vgl. *moderaat*).

moderator [geestelijk adviseur] < **lat.** *moderator* [beteugelaar, regelaar, leider], van *moderari* (vgl. *moderaat*).

modern [tot de nieuwere tijd behorend] < **fr.** *moderne* < **me. lat.** *modernus* [modern, recent, actueel, nieuw], van **klass. lat.** *modo* [zoëven, kortgeleden, nu], van *modus* (vgl. *mode*).

modest [bescheiden] < **fr.** *modeste* < **lat.** *modestus* [gematigd, ingetogen, bescheiden, eerbaar], van *modus* [maat] (vgl. *mode*).

modestie [bescheidenheid] < **fr.** *modestie* < **lat.** *modestia* [gematigdheid, ingetogenheid, bescheidenheid, eerbaarheid], van *modestus* (vgl. *modest*).

modificatie [detailverandering] < **fr.** *modification* < **lat.** *modificationem,* 4e nv. van *modificatio* [het juist afmeten, van *modificare, modificari* (verl. deelw. *modificatum*) (vgl. *modificeren*).

modificeren [wijzigen] < **lat.** *modificare, modificari* [afmeten, beperken, matigen], van *modus* [maat] (vgl. *mode*) + *facere* [maken, doen], daarmee idg. verwant.

modillon [console] < **fr.** *modillon* < **it.** *modiglione* [idem], teruggaand op **lat.** *mutulus* [kraagsteen], ontleend aan een etruskisch woord dat 'uitstekend' betekent en dat ook schuilt in de stadsnaam *Mutena* (Modena): **lat.** *mutto* [penis], **baskisch** *mutur* [snuit], **gr.** *mutis* [snuit], behorend tot een vóór-idg. mediterrane basis.

modulatie [stembuiging] < **fr.** *modulation* < **lat.** *modulationem,* 4e nv. van *modulatio* [maat, cadans, ritme], van *modulari* (verl. deelw. *modulatum*) (vgl. *moduleren*).

modulator [regelaar] < lat. *modulator*, van *modulari* (vgl. *moduleren*).

moduleren [voordragen] < fr. *moduler* [idem] < lat. *modulari* [de maat aangeven, maathouden (bij muziek)], van *modulus* [maat, melodie], verkleiningsvorm van *modus* [maat] (vgl. *mode*).

modulus, moduul [maat(staf)] → *moduleren*.

modus [wijze, manier] < lat. *modus* [hoeveelheid, grootte, omvang, maat, manier], idg. verwant met *maat*¹, *meten*.

moe, moede [vermoeid] middelnl. *moede*, oudsaksisch *mōthi*, oudeng. *meðe*, oudhd. *muodi*, oudnoors *mōðr*, van dezelfde basis als *moeien*.

moed [flinkheid] middelnl. *moet* [hartstocht, drift, gemoedsbeweging, gemoed, verstand], oudnederfrankisch *muod*, oudsaksisch, oudfries, oudeng. *mōd* (eng. *mood*), oudhd. *muot*, oudnoors *mōðr*, gotisch *mōþs*; buiten het germ. gr. *mènis* [wrok, vete], oudkerkslavisch *sŭměti* [wagen].

moëddzin [oproeper tot gebed] < turks *muezzin* < ar. *mu'adhdhin* [hij die oproept tot het gebed].

moeder [vrouw met kinderen] middelnl. *moeder*, oudnederfrankisch *muoder*, oudsaksisch *modar*, oudhd. *muotar*, oudfries *moder*, oudeng. *modor*, oudnoors *moðir*; buiten het germ. lat. *mater*, gr. *mètèr*, oudiers *mathir*, oudkerkslavisch *mati*, armeens *mair*, oudindisch *mātar-*.

moederkoren [woekering in aren] zo genoemd omdat het vroeger door vroedvrouwen werd gebruikt om weeën op te wekken.

moedernaakt [geheel naakt] middelnl. *moedernaect*, middelhd. *muoternacket*, d.w.z. naakt geboren als uit het moederlichaam.

moederzielalleen [helemaal alleen] vgl. hd. *mutterseelenallein*, afgeleid van *mutterseele*, dat waarschijnlijk een versterking is van *Mutter*; opgekomen naast middelnl. *moederene*, middelhd. *muoters eine*, fries *moerallinne*, *moederlik allinne*.

moedwil [willekeur] middelnl. *moetwille*; van *moet* + *wil*, de wil die uit het gemoed komt → *willen*.

moeflon [wild schaap] < fr. *mouflon* < it. (corsicaans dial.) *muffolo* [idem], elders *mufrone* < laat-lat. (5e eeuw) *mufro*, overgenomen uit het sardisch.

moefti [islamitisch rechtsgeleerde] < ar. *muftī* [officieel uitlegger van de islamitische wet], act. deelw. van *'aftā* [hij gaf uitleg van de wet].

moei [tante] middelnl. *mo(e)ye*, *muye* [tante, nicht, stiefmoeder], eig. vleinaam voor *moeder*.

moeien [moeite veroorzaken] middelnl. *mo(e)yen* [lastig vallen, kwellen], middelnd. *moien*, oudhd. *muoen*, oudfries *moia*, gotisch *afmauiþs* [vermoeid]; buiten het germ. gr. *mōlos* [moeite], russ. *majat'* [vermoeien] → *moelje*.

moeilijk [aanleiding gevend tot moeite] middelnl. *moeyelijc*, middelnd. *moielik* (middelhd. *müelich*), van middelnl. *moeye* [moeite, verdriet], bij *moeien*.

moeite [last] middelnl. *moeyte*, middelnd. *moite*, afgeleid van *moeien*.

moeizaam [met grote moeite] (ca. 1800) < hd. *mühsam*.

moekim [district ter viering van de vrijdagse moskeedienst] < ar. *muqīm* [blijvend, voortdurend, volhardend, wonend], bij het ww. *'aqāma* [(4e vorm) oprichten, bestaan, verblijven].

moel [kneedtrog] middelnl. *moel(d)e*, *moude*, middelnd. *molde*, *molle*, oudhd. *muolt(e)ra* < lat. *mulctra*, *mulctrum*, *mulgarium*, me. lat. (ook) *mulctrale*, *multrale*, *multra*, *mulgare* [melkemmer], bij *mulgēre* [melken], daarmee idg. verwant.

moelje [havenhoofd] < spaans *muelle* [idem] < lat. *moles* [massa, dam, pier], van dezelfde basis als *moeien*.

moelrui [kopschurft] van *moel*, dial. nevenvorm van *muil*¹ + *rui* (vgl. *ruien*²).

moentjak → *muntjak*.

moer¹ [bezinksel] middelnl. *moer*, naast *modder*, nd. *moder*, eng. *mother* [azijnmoer]; waarschijnlijk bij *modder*, want fr. *mère de vinaigre* [vlies op azijn] lijkt erop te wijzen dat ons moer is samengetrokken uit moeder, vgl. echter *dure-mère* < *dura mater* voor moeder [vlies].

moer² [bevestiging voor schroef] (1786), samengetrokken uit *moeder*; vgl. voor de betekenis it. *madrevite* en *schroef*.

moer³ [veen] middelnl. *moor*, *moer* [slik, veengrond, moeras], middelnd., oudsaksisch, oudfries, oudeng. *mōr*, oudhd. *muor*; ablautend met *meer*¹.

moer⁴ [onkruid] nevenvorm van *muur*².

moeraal [murene] o.i.v. *aal* < lat. *murena* < gr. *muraina*, van *muros* [zeeaal], een wel vóór-gr., niet-idg. woord.

moeras [drassig land] middelnl. *moras*, *maras*, *mares*, bij Kiliaan *moeras* < oudfr. *mares(c)*, noordelijk *maras(c)*, dat uit het germ. stamt, vgl. *meer*¹; de vorm moeras o.i.v. *moer*³.

moerbei [vrucht] middelnl. *moerbeye*, *moerbesie* en, met dissimilatie *muulbere*, *muylbere*, middelnd. *morbere*, oudhd. *murberi* (hd. *Maulbeere*), oudeng. *murberie* (eng. *mulberry*); het eerste lid < lat. *morus* [zwarte moerbei] < gr. *mōron*, *moron*, middeliers *merenn*, welsh *merwydden*, armeens *mor* [braam]; voor het tweede lid vgl. *bei*¹.

Moerdijk [geogr.] van *moer*³ [moeras] + *dijk*.

moeren¹ [kapot maken] eerst begin 20e eeuw genoteerd, zal gevormd zijn bij *morrelen* naast ook *oerelen* [morrelen], waarbij wellicht een associatie is opgetreden met *moer* (in: moeren losdraaien) → *moeren*².

moeren² [morrelen] wel afgeleid van *moer*².

moerlemei [opstand der Bruggelingen in 1281] etymologie onbekend.

moes [brij] **middelnl.** *moes* [spijs, moes, brij], **oudnederfrankisch, oudhd.** *muos,* **oudsaksisch, oudfries, oudeng.** *mos;* ablautend naast **gotisch** *mats* (vgl. **mes, met¹**); buiten het germ. **lat.** *madeo,* **gr.** *madaō* [ik ben week], **oudindisch** *medas* [vet].

moesang [loewak] < **maleis** *musang* [civetkat].

moeselien → *mousseline.*

moesje [pronkpleistertje, anders gekleurd stipje] (1657) < **fr.** *mouche* [vlieg, vlekje, schoonheidspleistertje] < **lat.** *musca* [vlieg], idg. verwant met *mug.*

moesjewara [eindeloos beraadslagen] < **maleis** *musyawarat* [beraadslaging, beraadslagen] < **ar.** *mushāwara* [overleg, conferentie], van het ww. *shāwara* [(3e vorm) hij raadpleegde, (6e vorm) hij overlegde].

moeskoppen [pruilen, stropen] van **hd.** *Mauskopf* [muizekop, muis, dief], *mausen* [stelen, eerst gezegd van de kat die muist, vervolgens in algemeen gebruik].

moesson [periodieke wind, jaargetijde waarin deze wind waait] (1605) < **fr.** *mousson* < **portugees** *monção* < **ar.** *mausim* [tijd van het jaar, seizoen, vastgestelde tijd].

moet [vlek] (1670), vgl. **oostfries** *mōt,* **oudnoors** *mōt* [teken, merk], **oudeng.** *metan* [schilderen, meten]; mogelijk met ablaut van dezelfde basis stammend als **maal⁴** [vlek].

moete [ledige tijd] **middelnl.** *moete,* **oudhd.** *muozza* (**hd.** *Mußestunde*); behoort bij **moeten,** waarvan de oorspr. betekenis is 'gelegenheid hebben'.

moeten [verplicht zijn, behoren] **middelnl.** *moeten,* **oudsaksisch, oudeng., gotisch** *motan,* **oudhd.** *muozan,* **oudfries** *mota;* van **moete,** vgl. **gotisch** *gamotan* [plaatsvinden, ruimte vinden].

moethond [zeelt] → *muidhond.*

moeven [weg wezen] < **eng.** *to move along* [idem] < **lat.** *movēre* [in beweging zetten].

moezelzak [doedelzak] het eerste lid is **middelnl.** *muse, musele, moesel* [doedelzak] < **me. lat.** *musa,* verkleiningsvorm *musella,* van *musare* [neuriën], van *musum* [snuit van dier], vgl. **middelnl.** *museel* [idem]; de etymologie van *musum* is niet bekend.

moezjik [boer] < **russ.** *mužik* [boer, kleine man], verkleiningsvorm van *muž* [man, echtgenoot].

mof¹ [Duitser] **middelnl.** *moffe, muffe* [scheldwoord voor vreemdelingen], **hd.** (16e eeuws) *muff* [scheve muil, bars iem.], *muff, mupf* [de mond vertrekken], **middelnl.** *moffelen* [een grote mond opzetten], vgl. *mopperen;* vgl. voor de betekenis *Germaan.*

mof² [losse mouw] → *moffel¹.*

mofette [gasbron] < **fr.** *mofette* < **it.** *moffetta,* verkleiningsvorm van *muffa* [schimmel, uitslag], uit het germ., vgl. **middelnl.** *muffen* [stinken] (vgl. *muf¹*).

moffel¹ [losse mouw] hetzelfde woord als *moffel²* [oven].

moffel² [oven] (1789) **hd.** *Muffel,* of **fr.** *moufle* [(vr.) want, (m.) porceleinoven], vgl. **nl.** *mof* [losse mouw e.d.], **middelnl.** *moffe, muffe* [want, grove handschoen, mof], gelatiniseerd als **hd.** *Muffe* [sok], **me. lat.** *muffa, muffla* [handschoen]; de oven zou dan als omkleding, afscherming zijn gezien.

moffelboon [boerenboon] van *moffel¹* [losse mouw] + *boon.*

mogelijk [kunnende gebeuren] **middelnl.** *mogelijc;* van **mogen** in de betekenis 'kunnen'.

mogen [vrijheid hebben te, vermogen] **middelnl.** *mogen, meugen* [kunnen, mogen], **oudsaksisch** *mugan,* **oudhd.** *magan, mugan,* **oudfries** *muga,* **oudeng., gotisch** *magan,* **oudnoors** *mega;* buiten het germ. **gr.** *mèchos* [middel], **oudkerkslavisch** *mogǫ* [ik kan], **oudpruisisch** *massi* [hij kan].

mogendheid [natie] **middelnl.** *mogentheit* [kracht, macht, majesteit, machtsuitoefening], van *mogent,* teg. deelw. van **mogen** [krachtig zijn].

moggelen [morrelen, roeren] **nd.** *muggeln;* gevormd naast *morrelen.*

mogol [koning van Delhi, iem. met veel macht] < **perzisch** *moghol* [Mongool].

mohair [weefsel van angorawol] < **eng.** *mohair* (ouder) *morayare* [idem] < **ouder fr.** *mocayere* [idem] < **it.** *moccaiaro* [idem] < **ar.** *mukhayyar* [fijne wollen stof, eig. uitgelezen], passief deelw. van *khayyara* [hij verkoos, hij gaf de voorkeur aan], waarbij ook *khair* [goed] → *moiré.*

Mohammed [stichter van de islam] < **ar.** *muḥammad* [geprezen, lofwaardig], passief deelw. van *ḥammada* [(2e vorm) hij prees, hij verheerlijkte] (*mu-* is deelwoord – voorvoegsel).

mohel [kerkelijk besnijder] < **hebr.** *mōhēl* [idem].

Mohikanen [uitgestorven Indiaanse stam] < **eng.** *Mohican,* van *Mohawk* [een Indiaan van de Algonkian Mohawk-stam]; de naam betekent in het algonkin 'wolf'.

moiré [gevlamd] < **fr.** *moiré,* verl. deelw. van *moirer* [wateren van stoffen, gevlamd opwerken van metalen], van het zn. *moire* = *moiré* < *mohair* (vgl. *mohair*).

mok¹ [paardeziekte] nevenvorm *muik,* behoort bij *muik, meuk²* [week].

mok² [kannetje met oor], vgl. **eng.** *mug,* **nd.** *mokke, mukke;* etymologie onbekend.

mokasen [mocassinslang] hetzelfde woord als *mocassin.*

moker [breekhamer] (1657), van dezelfde herkomst als *meuk²* [zacht, week], dus instrument om murw te slaan.

mokfluweel [soort trijp] voor het eerste lid vgl. *moquette.*

mokka [beste kwaliteit koffie] genoemd naar de Rode Zee-haven *Al Mukhā* in Jemen.

mokke [morsig wijf] **middelnl.** *mocke* [zeug, slet], **middelhd.** *mocke* [zeug] (**hd.** *Mocke*); wordt verbonden met *mok* [klomp, brok].

mokkel¹ [dik kind, mollige vrouw, slet] van *mokke*.
mokkel² [kus] wel een klanknabootsende vorming, vgl. *smak(ker), smok*.
mokken [pruilen] **middelnl.**, **hd.** *mucken*, vgl. **lat.** *mugire* [loeien], **gr.** *mu!* [au!], *muzein* [snuiven, steunen], *mugmos* [zucht]; klanknabootsend gevormd.
moksa¹, moxa [het dons van de bladeren van de Chinese alsem] < **japans** *mogusa* [idem].
moksa² [verlossing] < **oudindisch** *mokṣa-* [bevrijding, vrijheid, ontsnapping, verlossing, i.h.b. uit de kringloop van wedergeboortes], verwant met **lat.** *mucus* (vgl. **mucoos, meuk**²).
Mokum [stad, m.n. Amsterdam] < **hebr.** *makam* [stad].
mol¹ [molm] nevenvorm van **mul**².
mol² [zoogdier] **middelnl.** *mol(le)*, **oostmiddelnl.** *molderwerp*, **middelnd.** *mul, mol*, **oudfries** *moll*, **middeleng.** *molle*, van **middelnl.** *mol, mul(le), mil* [losse aarde]; verwant met **malen**² in de zin van fijn malen van de grond.
mol³ [muziekterm] (1685) < **fr.** b.v. *bémol* < **lat.** *mollis* [week, zacht], idg. verwant met **meel, malen**².
mol⁴ [barg. dood] → *mollen*.
mola [gedegenereerde vrucht] < **gr.** *mulè* [windei, misgeboorte].
molaar [maalkies] < **lat.** *molaris* [molensteen, kies], van *mola* [molensteen] (vgl. **malen**²).
molasse [zandsteen] < **fr.** *molasse* < **it.** *molassa*, de steen die gebruikt wordt om er de *mola* [molensteen] van te maken, van *molare* [malen] < **lat.** *molere* [malen].
molboon [paardeboon] etymologie onzeker, mogelijk < *Maltaboon* via het eng..
molbord [gesleept bord voor het effenen van land] van **middelnl.** *mul, mol, moude* [losse aarde] (vgl. *molm, mul*²) + *bord* [plank].
Moldavië [geogr.] < **russ.** *Moldavia*, van de riviernaam *Moldava* < **roemeens** *Moldova*, ouder *Moldava*, vgl. de *Moldau* in Bohemen < **me. lat.** *Fuldaha, Wlitawa* uit een oudgerm. vorm die *Wilpawo* [wilde beek] moet hebben geluid.
molecule [kleinste deel met alle chemische eigenschappen] < **fr.** *molécule*, moderne verkleiningsvorm van **lat.** *moles* [massa].
molen [werktuig tot fijnmalen van m.n. graan] **oudsaksisch, oudhd.** *mulin*, **oudeng.** *myl(e)n*, **oudnoors** *mylna* < **laat-lat.** *molinus* [molen] (vgl. **malen**²).
molenaar [exploitant van een molen] **middelnl.** *molenaer, muelenaer, mo(o)lner, mul(de)ner,* **oudsaksisch** *muleniri*, **oudhd.** *mulinari*, **oudnoors** *mylnari* < **lat.** *molinarius*.
moleskin [Engels leer] < **eng.** *moleskin* [lett. mollevel], van *mole* [mol] + *skin* [huid], verwant met **schenden**.
molest [opzettelijke geweldpleging] (1547) < **lat.** *molestia* [last, onaangenaamheid], van *molestus* [lastig, onaangenaam], van *moles* [gevaarte, massa, druk, zware taak].

molestatie [overlast] **middelnl.** *molestacie* < **fr.** *molestation* < **me. lat.** *molestationem,* 4e nv. van *molestatio* [geschil, dispuut, ergernis, ongemak, ongeval], van *molestare* (verl. deelw. *molestatum*) (vgl. **molesteren**).
molesteren [overlast doen] **middelnl.** *molesteren* < **fr.** *molester* < **lat.** *molestare* [lastig vallen, hinderen], van *molestus* (vgl. **molest**).
molet [kartelrad] < **fr.** *molette* [idem], verkleiningsvorm van *meule* [maalsteen] < **lat.** *mola* [maalsteen] (vgl. **malen**²).
molière [lage schoen] in Frankrijk niet bekende benaming, werd afgeleid van de naam *Molière*, pseudoniem van de schrijver Jean-Baptiste Poquelin (1622-1673). De molière werd ontleend aan het type schoen, dat onder Lodewijk XIV, de tijd van Molière, werd gedragen.
molik [vogelverschrikker] **middelnl.** *moloc* [afgodsbeeld], van *Moloch* [vogelverschrikker, de bijbelse Moloch] < **hebr.** *melech* [koning].
molinist [aanhanger van bep. leer] ten eerste genoemd naar de Spaanse jezuïet *Luis de Molina* (1535-1600), ten tweede naar de Spaanse priester *Miguel de Molinos* (1628-1696).
molken [zure melk] **middelnl.** *molken* [melk en wat ervan gemaakt wordt, wei, room, dikke melk, ook zuivel], **middelnd.** *molken*, **middelhd.** *molchen, molken*, **oudeng.** *molcen;* gevormd van *melk*¹.
molkever [een aaskever] genoemd naar de **mol**²; de dieren hebben een ondergrondse broedkamer, waarin het wijfje de larven verzorgt.
molla, mollah [islamitisch schriftgeleerde] < **turks** *molla* [(tegenwoordig) theologisch student] < **ar.** *maulā* [meester, heer, patroon], met de aanspreekvorm *maulāya* [mijn heer], bij het ww. *waliya* [hij had de leiding, hij heerste] (vgl. **vilajet, wali**); het **perzisch** *mollā* is ontleend aan het ar.. Vgl. **dominee, rabbijn**.
mollen [doden] vermoedelijk van **zigeunertaal** *muló* [dood].
mollig [zacht] (17e eeuws), ook dial. duits, vgl. **middelnd.** *mol* [week]; mogelijk verwant met **mals** en vermoedelijk o.i.v. **lat.** *mollis* [zacht].
mollusk [weekdier] < **fr.** *mollusque* < **modern lat.** *mollusca* [de weken (zachten)], eig. het zelfstandig gebruikt o. mv. van *molluscus* [zacht], verlenging van *mollis* [idem], idg. verwant met **meel, malen**².
molm [stof van vergaan hout e.d.] **middelnl.** *mol(le)m, mollen* [droge grond, turfstof], ook *melm(e),* **oudsaksisch, oudhd.** *melm* (hd. *Mulm),* **oudnoors** *malmr* [erts], **gotisch** *malma* [zand]; behoort bij **malen**².
moloch [waaraan alles opgeofferd moet worden] naar de semitische godennaam *Moloch* (vgl. **molik**).
molos [jachthond] uit *Molossia*, een gebied in het oude Epirus.
molotowcocktail [bom bestaande uit fles benzine

molto — monitoring

met lont] genoemd naar *Vjačeslav Michajlovič Molotov*, minister van Buitenlandse Zaken van de USSR van 1939-1949.

molto [veel] < **it.** *molto* < **lat.** *multum* [idem].

molton [dik weefsel] < **fr.** *molleton* [molton], van *mollet* [nogal zacht], van *mou*, vr. *molle* < **lat.** *mollis* [zacht] (vgl. **mollusk**).

Molukken [geogr.] in annalen van de T'ang-dynastie uit het midden van de 7e eeuw *mi li kü* genoemd, in een 14e eeuwse javaanse bron *maloko;* er is geen bevredigende etymologie.

moluwe [gezouten kabeljauw] < **fr.** *morue*, met tot de 17e eeuw als nevenvorm *molue*, niet onmogelijk < **keltisch** *mer* [zee] + **oudfr.** *luz* [snoek] < **lat.** *lucius* [idem].

molybdeen [chemisch element] < **fr.** *molybdène* [idem] < **lat.** *molybdaena* [zilverader vermengd met lood] < **gr.** *molubdaina* [loden kogel om te werpen en voor vistuig, tevens de naam van een ertssoort], van *molubdos* [lood], vermoedelijk **myceens** *moliwdos*, ontleend in het oostelijke mediterrane gebied.

mom [masker] **middelnl.** *mom(me), mumme* [masker, gemaskerde], **oudfr.** *momer* [zich vermommen, een masker opzetten], **spaans, portugees** *momo* [grijns]; vermoedelijk ontstaan als kinderwoord.

mombakkes [(bizar) masker] van *mom* + *bakkes*.

momber, momboor [voogd] **middelnl.** *montbaer, montber, montboor, momboor* [voogd, zaakgelastigde, burgerlijk bestuurder], van *mont* [macht, bevoegdheid] (vgl. *munt*³, *mondig*) + *baren*¹ [dragen].

moment [ogenblik] < **fr.** *moment* < **lat.** *momentum* [beweegkracht, gewicht, factor, tijdsverloop, ogenblik], met eliminering van *ve* van *movēre* [heen en weer bewegen, in beweging brengen].

mompelen [binnensmonds spreken] **middelnl.** *mommelen, mummelen, mompelen*, de laatste vorm expressief versterkt, dus van *mummelen*.

monachaal [m.b.t. monniken] < **me. lat.** *monachalis* [monniks-], van *monachus* [monnik].

monade [eenheid] < **fr.** *monade* < **me. lat.** *monas* (2e nv. *monadis*) < **gr.** *monas* (2e nv. *monados*) [eenheid], van *monos* [alleen].

monarch [alleenheerser] (**middelnl.** *monarchie* [alleenheerschappij]) < **me. lat.** *monarcha* [idem] < **gr.** *monarchès, monarchos* [alleenheersend, alleenheerser], van *monos* [alleen] + *archos* [aanvoerder], van *archein* [het hoofd zijn].

monarchie [keizerrijk, koninkrijk] **middelnl.** *monarchie* [alleenheerschappij] < **oudfr.** *monarchie* < **laat-lat.** *monarchia* < **gr.** *monarchia*, van *monarchès, monarchos* (vgl. *monarch*).

monastiek [m.b.t. kloosterleven] < **fr.** *monastique* < **me. lat.** *monasticus* [idem] < **gr.** *monastikos* [alleen levend] (vgl. *monnik*).

monazietzand [zand met zeldzame metalen] van **gr.** *monas* [eenzaam], zo genoemd i.v.m. het zeldzame voorkomen.

mond [holte achter de lippen] **middelnl.** *mont*, **oudnederfrankisch** *munt*, **oudhd.** *mund*, **gotisch** *munps* en zonder nasaal **oudsaksisch, fries** *muth*, **oudeng.** *mūð*, **oudnoors** *muðr;* buiten het germ. **lat.** *mentum* [kin], **gr.** *mastax* [mond], *mastazein* [kauwen], **welsh** *mant* [kinnebak] → *mui*.

mondain [werelds] < **fr.** *mondain* < **lat.** *mundanus* [van de wereld, werelds, aards], van *mundus* [uitspansel, hemel, wereld].

monde [de wereld, de mensen] < **fr.** *monde* < **lat.** *mundus* [hemel, heelal, wereld, het mensdom].

mondiaal [wereld-] < **fr.** *mondial* [wereld-] < **lat.** *mundialis* [werelds] (vgl. *mondain*).

mondig [niet meer onder voogd, zelfstandig kunnende beslissen] van **middelnl.** *mont* [macht, bevoegdheid] (vgl. *munt*³ [voogdijschap]).

moneem [kleinste betekeniseenheid] gevormd van **gr.** *monos* [alleen] + wat men meende dat de uitgang was van *foneem*.

Monegask [bewoner van Monaco] < **fr.** *monégasque* < **provençaals** *mounegasc*, van *Mounegue* [Monaco] < **lat.** *Portus Monoeci* [haven van Hercules], *Monoeci*, 2e nv. van *Monoecus*, vertaling van **gr.** *Limèn Monoikou;* volgens de sage zou Hercules op een van zijn reizen in het Ligurische gebied hebben verbleven. De naam *Monoikos* is een epitheton van hem, van *monos* [alleen] + *oikos* [huis], dus alleen wonend, solitair.

monel, monelmetaal [een legering] genoemd naar *Ambrose Monell* († 1921), president-directeur van de Canadian Copper Company.

moneren [eencellige dieren] van **gr.** *monèrès* [alleen levend], van *monos* [alleen] + *erèmos* [eenzaam] (vgl. *heremiet*).

monetair [m.b.t. het geld] < **fr.** *monétaire* < **me. lat.** *monetarius* [de munt betreffend, de muntslag betreffend], van *moneta* (vgl. *munt*¹).

monetarisme [mening dat de economie het best wordt beheerst door de omvang van het geld] gevormd van **lat.** *monetarius* [munter], van *moneta* (vgl. *munt*¹).

money [geld] < **eng.** *money* < **oudfr.** *moneie* < **lat.** *moneta* (vgl. *munt*¹).

Mongolen [bewoners van Mongolië] mongoolse benaming van *mong* [dapper].

moniale [die nooit uit het klooster gaat] < **fr.** *moniale* < **chr. lat.** *monialis* [non] (vgl. *monnik*).

monierbalk [balk van gewapend beton] genoemd naar de Franse ingenieur *Joseph Monier* (1823-1906), de uitvinder van gewapend beton.

monisme [stelsel waarbij regering en volksvertegenwoordiging één macht vormen] < **modern lat.** *monismus*, gevormd van **gr.** *monos* [alleen].

monitor [televisieontvanger, beeldscherm] < **lat.** *monitor* [idem, vermaner, waarschuwer], van *monēre* (verl. deelw. *monitum*) [iem. aan iets herinneren, vermanen, waarschuwen, raden].

monitoring [controle tijdens technisch proces] < **eng.** *monitoring*, teg. deelw. van *to monitor* [controleren], van *monitor* [controleapparaat].

monitum [vermaning] < lat. *monitum*, eig. verl. deelw. van *monēre* (vgl. **monitor**).

monjet [aap] < maleis *monyet* [aap] < javaans *monyet*.

monkachtig [pruilerig] van middelnl. *monken* (vgl. **monkelen**).

monkelen [meesmuilen] iteratief van middelnl. *monken* [pruilen, grommen]; klanknabootsend gevormd.

monnik [kloosterling] middelnl. *monic, mon(e)c, mun(i)c* < chr. lat. *monachus* [idem] < gr. *monachos* [alleen, op zichzelf], van *monos* [alleen]; de vorm nl. *monnik* is mogelijk ontstaan uit *mone*.

monocarpisch [slechts éénmaal vruchtdragend] gevormd van gr. *monos* [alleen, enkelvoudig] + *karpos* [vrucht], idg. verwant met **herfst**.

monochord [éénsnarig muziekinstrument] middelnl. *monocorde* < fr. *monocorde* < lat. *monochordon* < gr. *monochordon*, het zelfstandig gebruikt o. van *monochordos* [met één snaar], van *monos* [alleen] + *chordè* [darm, snaar] (vgl. **garen¹**).

monochroom [eenkleurig] < gr. *monochrōmos* [idem], van *monos* [alleen] + *chrōma* [kleur].

monocle [oogglas] < fr. *monocle* < me. lat. *monoculus* [ééneogig], van gr. *monos* [alleen, in zijn eentje] + lat. *oculus* [oog], stellig daarmee verwant.

monodie [eenstemmig gezang] < fr. *monodie* < gr. *monōidia*, van *monos* [alleen] + *ōidè* [gezang] (vgl. **ode**).

monofaag [van één voedingsstof levend] gevormd van gr. *monos* [alleen] + *phagein* [eten].

monofysieten [aanhangers van Eutyches] gevormd van gr. *monos* [alleen] + *phusis* [natuurlijke groei, natuur] (vgl. **fysica**).

monogaam [enkelvoudig huwend (van mens) of samenlevend (van dier)] < fr. *monogame* < lat. *monogamus* < gr. *monogamos* [één vrouw huwend], van *monos* [alleen, enkel] + *gamein* [huwen].

monogram [figuur van dooreengevlochten (begin) letters] < fr. *monogramme* < lat. *monogrammus* [uit één lijn bestaand] < gr. *monogrammos* [alleen uit lijnen bestaand], van *monos* [alleen] + *gramma* [inkrassing, teken, letter].

monokini [bikini zonder bovenstuk] gevormd van *mono-* < gr. *monos* [alleen] + **bikini**.

monoliet [bouwdeel uit één stuk steen] < fr. *monolithe* < me. lat. *monolithus* < gr. *monolithos* [uit één steen], van *monos* [alleen] + *lithos* [steen].

monoloog [alleenspraak] < fr. *monologue* < byzantijns-gr. *monologos* [alleen sprekend], van *monos* [alleen] + *logos* [gesproken woord].

monomanie [op één punt toegespitste waanzin] < fr. *monomanie*, gevormd van gr. *monos* [alleen, enkel] + **manie**.

monoplegie [verlamming van één der ledematen] gevormd van gr. *monos* [alleen, enkel] + *plègè* [slag, houw], van *plèssein* [slaan], idg. verwant met **vloeken**.

monopolie [alleenrecht] middelnl. *monopolie* [plaats waar slechts één koopwaar wordt verkocht] < lat. *monopolium* [alleenverkoop] < gr. *monopōlion* [idem], van *monos* [alleen] + *pōlein* [verkopen].

monopoliseren [tot een monopolie maken] < fr. *monopoliser* [idem], van *monopole* (vgl. **monopolie**).

monopsonie [waarvoor slechts één koper in de markt is] gevormd van gr. *monos* [alleen] + *opsōnia* [het kopen], van *opsōnein* [voedsel kopen], van *opson* [wat bij het eigenlijke eten komt, voornamelijk vlees of vis, levensmiddelenmarkt], *psōmos* [mondvol, hap].

monopteros [open zuilenhal] gevormd van gr. *monos* [alleen, enkel] + *pteron* [vleugel, veer, pluimage, rij zuilen], idg. verwant met **veer¹**.

monorchisme [het hebben van één testikel] gevormd van gr. *monos* [alleen] + *orchis* [testikel] (vgl. **orchidee**).

monotoon [eentonig] < fr. *monotone*, gevormd van me. lat. *monotonus*, gr. *monotonos*, van *monos* [enkelvoudig] + *tonos* [toon].

Monroeleer [isolationistische leer] genoemd naar de Amerikaanse president *James Monroe* (1758-1831).

monseigneur [titel van hoge geestelijken] < fr. *monseigneur*, van *mon* [mijn] + *seigneur* [heer] < lat. *seniorem*, 4e nv. van *senior* [oudere]; vergrotende trap van *senex* [oud, ervaren].

monster¹ [proefstuk] middelnl., middelnd. *munster*, eng. *muster* < oudfr. *monstre* [idem], van *monstrer* (fr. *montrer*) [tonen] < lat. *monstrare* [idem].

monster² [gedrocht] middelnl. *monster* < fr. *monstre* [idem] < lat. *monstrum* [wonderteken, wonder, gedrocht], van *monēre* [aan iets herinneren, vermanen, waarschuwen].

monsteren [keuren] middelnl. *monsteren*; van **monster¹** [staaltje].

monstrans [vaatwerk voor de hostie] < lat. *monstrans*, eig. teg. deelw. van *monstrare* [aanwijzen, de aandacht vestigen op], van *monstrum* (vgl. **monster¹**).

monstrueus [monsterachtig] < fr. *monstrueux* [idem] < lat. *monstruosus* [onnatuurlijk, zonderling], van *monstrum* (vgl. **monster²**) + *-osus* [vol van].

monstrum [mirakel] < lat. *monstrum* [wonder, monster, eig. dat wat dient als een waarschuwing] van *monēre* [vermanen].

monstruositeit [gedrochtelijkheid] < fr. *monstruosité* < me. lat. *monstruositatem*, 4e nv. van *monstruositas* [idem], van *monstruosus* (vgl. **monstrueus**).

montaan [berg-] < lat. *montanus* [idem], van *mons* (2e nv. *montis*) [berg] (vgl. **montagne**).

montage [het monteren] < fr. *montage*, van *monter* [monteren].

montagne [berg] < fr. *montagne* < lat. *montanea,* het zelfstandig gebruikt vr. van *montaneus* [bergachtig, berg-], van *mons* (2e nv. *montis*) [berg], verwant met *eminēre* [uitsteken] (vgl. **eminent**).

montbretia [sierplant] genoemd naar de Franse botanicus *Antoine-François-Ernest baron Coquebert de Montbret* (1780-1801).

montée [groep glasaaltjes die de rivier opzwemt] < **fr.** *montée* [het klimmen, opzwemmen van vis], van *monter* [klimmen], teruggaand op **lat.** *mons* (2e nv. *montis*) [berg] (vgl. **montagne**).

Montenegrijn [bewoner van Montenegro] van *Montenegro,* van **it.** *monte* [berg] + *negro* [zwart], vertaling van **servokroatisch** *Crna Gora* [idem], de naam van de berg aan de voet waarvan Cetinje ligt.

monter [opgewekt] in de 16e eeuw < **hd.** *munter,* **oudhd.** *muntar* [levendig, flink], vgl. **oudsaksisch** *mundon,* **oudhd.** *munton,* **oudeng.** *mundian* [helpen, beschermen], **oudnoors** *munda* [mikken], **gotisch** *mundon* [acht slaan op]; buiten het germ. **gr.** *manthanein* [in zijn geest opnemen, leren], **litouws** *mandrus* [vrolijk], **oudkerkslavisch** *mondrŭ* [wijs] (vgl. **mathematisch**).

monteren [in elkaar zetten] **middelnl.** *monte(e)ren* [(alleen in betekenis) te paard stijgen, te paard helpen] < **fr.** *monter* [beklimmen, hoger plaatsen, van het nodige voorzien, inrichten, monteren], teruggaand op **lat.** *mons* (2e nv. *montis*) [berg] (vgl. **montagne**).

montessorimethode [een onderwijsmethode] genoemd naar de Italiaanse arts en opvoedkundige *Maria Montessori* (1870-1952).

monteur [vakman die machines herstelt] < **fr.** *monteur,* van *monter* [monteren].

montfortaan [lid van een missiecongregatie] de *Societas Mariae Montfortana;* genoemd naar de stichter *L.M. Grignion de Montfort* (1704).

montgolfière [luchtballon die opstijgt op warme lucht] genoemd naar de uitvinders ervan, de gebroeders *Joseph-Michel* (1740-1810) en *Jacques-Etienne Montgolfier* (1745-1799).

montia [plant] genoemd naar de Italiaanse botanicus *Giuseppe Monti* († 1760).

montuur [inlijsting] < **fr.** *monture,* van *monter* (vgl. **monteren**).

monty-coat [overjas] genoemd naar de Britse maarschalk *Bernard Law Montgomery viscount of Alamein* (1887-1976).

monument [gedenkteken] < **fr.** *monument* < **lat.** *monumentum* [herinneringsteken, aandenken, gedenkteken], van *monēre* [iem. aan iets herinneren, vermanen].

mooi [fraai, bevallig] **middelnl.** *mo(o)y;* komt behalve in nl. en oostfries niet voor, etymologie onzeker.

moonboots [kunststof laarzen met groot loopvlak] < **amerikaans-eng.** *moonboots* [maanlaarzen], van *moon* [maan] + *boot* [laars] < **oudfr.** *bote* (**fr.** *botte*) [idem].

moor[1] [modder] **middelnl.** *more;* nevenvorm van *moer*[3].

moor[2] [gevlamd] < **fr.** *moiré* (vgl. **moiré**).

Moor [bewoner van Mauretanië, neger] < **fr.** *Maure* < **lat.** *Maurus* < **gr.** *Mauros,* van *mauroun* [donker maken].

moord [doodslag met voorbedachten rade] **middelnl.** *mo(o)rt* [dood, vooral een gewelddadige], **oudsaksisch, oudfries** *morth,* **oudhd.** *mord,* **oudeng., oudnoors** *morð,* naast **oudeng.** *morðor,* **gotisch** *maurþr;* buiten het germ. **lat.** *mors* (2e nv. *mortis*) [de dood], **gr.** *brotos* (met *b* < *m*) [sterfelijk], **oudiers** *marb* [gestorven], **oudkerkslavisch** *mrěti* [sterven].

moordenaar [die een moord begaat] **middelnl.** *mordare, mo(o)rdenaer,* vermoedelijk van **middelnl.** *morderen* [moorden], met *-aar* > *-enaar.*

moos[1] [barg. geld] < **jiddisch** *moos* < **hebr.** *ma'ōt,* mv. van *ma'a* [muntje].

moos[2] [modder] **middelnl.** *mose* [idem], vgl. **hd.** *Moos* [moerasland]; behoort bij *mos*[1] en is iets verderop verwant met *modder.*

moot [schijf] (1567), vgl. **oostfries** *mote, mate,* van **oudhd.** *meizan,* **oudnoors** *meita,* **gotisch** *maitan* [snijden]; verdere etymologie onbekend.

mop[1] [lomperd] verwant met *mof*[1].

mop[2] [grote metselsteen] sedert de 17e eeuw, bij Kiliaan *moffe,* oudere betekenis 'klomp, brok', waarvandaan ook 'hard gebakken koek', etymologie onbekend.

mop[3] [hond] → **mops**.

mop[4] [muts] < *mopmuts,* van *motten* in *bemotten* [omwikkelen], dat stellig verwant is met *moffel*[2].

moped [bromfiets] < **zweeds** *(trampcykel med) mo(tor och) ped(aler)* [gemotoriseerde trapfiets].

mopperen [brommen] (1881), iteratief van ouder *moppen,* klanknabootsend gevormd.

mops [hond] vermoedelijk van *mop* [brok, klomp, kluit]; vanwege de stompe snuit.

moquette [een stof] < **fr.** *moquette,* ouder *moucade,* etymologie onbekend.

mora[1] [verzuim] < **lat.** *mora* [oponthoud, uitstel], idg. verwant met *marren.*

mora[2] [Surinaamse houtsoort] mogelijk < **tupi** *moira* [boom].

moraal [heersende zeden, zedenleer] < **fr.** *moral* [idem] < **me. lat.** *morale* [de moraal van een verhaal], mv. *moralia* [ethische geschriften], o. mv. van **klass. lat.** *moralis* [m.b.t. de zeden], van *mores* [zeden].

moraliseren [zedenpreken] **middelnl.** *moraliseren* < **fr.** *moraliser* < **me. lat.** *moralizare* [moraliseren] (vgl. **moraal**).

moraliteit [zedelijkheid] **middelnl.** *moraliteit* [zedenleer] < **fr.** *moralité* < **me. lat.** *moralitatem,* 4e nv. van *moralitas* [karakter, deugd] (vgl. **moraal**).

moratorium [uitstel (van betaling)] < **lat.** *moratorium,* het zelfstandig gebruikt o. van *moratorius* [uitstellend], van *morator* [uitsteller], van *morari* [laten wachten, vertragen], van *mora* [uitstel] (vgl. *mora*¹).

Moravië [geogr.] een vroeger markgraafschap dat genoemd is naar een vóór-slavische riviernaam.

morbeus [ziekelijk] < **lat.** *morbosus* [idem], van *morbus* [ziekte], idg. verwant met **smart**¹ + *-osus* [vol van].

morbide [ziekelijk] < **fr.** *morbide* < **lat.** *morbidus* [ziekmakend, ongezond], van *morbus* [ziekte, verdriet] (vgl. *morbeus*).

morceleren [verbrokkelen] < **fr.** *morceler* [idem], van **oudfr.** *morcel* (**fr.** *morceau*), verkleiningsvorm van *mors* [beet] < **lat.** *morsus* [idem], eig. verl. deelw. van *mordēre* [bijten], idg. verwant met *smart*¹.

mordaciteit [bijtende scherpte] < **fr.** *mordacité* < **lat.** *mordacitatem*, 4e nv. van *mordacitas* [scherpte], van *mordēre* [bijten], idg. verwant met **smart**¹.

mordant [bijtend] < **fr.** *mordant*, teg. deelw. van *mordre* [bijten] < **lat.** *mordēre* [bijten], idg. verwant met *smart*¹.

mordent [verkorte triller (in de muziek)] < **it.** *mordente* [eig. bijtend], teg. deelw. van *mordere* < **lat.** *mordēre* [bijten], idg. verwant met *smart*¹.

mordicus [onverzettelijk] < **lat.** *mordicus* [bijtend, met de tanden], van *mordēre* [bijten], idg. verwant met **smart**¹.

more¹ [eenheid van tijdsduur in de metriek] < **lat.** *mora* [oponthoud, pauze, tijd].

more² [op de wijze van] < **lat.** *more*, de 6e nv. van *mos* [gebruik] (vgl. *mores*).

more³ [modder] → *moor*².

moreel [zedelijk] aanvankelijk *moraal*, waarna vervanging van het achtervoegsel optrad (vgl. *moraal*).

moreen [weefsel] < **eng.** *moreen*, vermoedelijk < **fr.** *moiré* (vgl. *moiré*).

morel [kers] bij Kiliaan *amarelle, marelle* < **it.** *amarella, marella*, voor diverse plantenamen, van *amaro* [bitter] < **lat.** *amarus* [idem], idg. verwant met *amper*.

morendo [wegstervend] < **it.** *morendo*, gerundio van *morire* [sterven, wegsterven] < **lat.** *moriri* [idem], idg. verwant met *moord*.

morene [bergpuin op rand van gletsjer] < **fr.** *moraine* [rolstenen in een rivier, gruiswal], vgl. **savoois** *morena*, **provençaals** *mourreno*, **lat.** *murra* [veldspaat], bn. *murrinus*, **gr.** *morria* (o. mv.).

mores [zeden] < **lat.** *mores*, mv. van *mos* [gewoonte, gebruik, voorschrift, regel, manieren, i.h.b. goede manieren].

moreske [Moors versieringsmotief] < **fr.** *moresque* < **spaans** *morisco* [idem] < **me. lat.** *mauriscus*, van *Maurus* [Moor] (vgl. *Moor*).

morfeem [betekeniseenheid] naar analogie van *foneem*, gevormd van **gr.** *morphè* [vorm], verwant met **lat.** *forma* (vgl. *vorm*).

morfine [bedwelmend middel] afgeleid van de Griekse god van de dromen *Morpheus*, wiens naam 'gestaltevormer' betekent, van **gr.** *morphè* [uiterlijke vorm], verwant met **lat.** *forma* (vgl. *vorm*).

morfologie [vormleer] < **hd.** *Morphologie*, door Goethe gevormd van **gr.** *morphè* [vorm] + *logos* [woord, verhandeling].

morganatisch [huwelijk met de linkerhand] van **me. lat.** *morganatus* [het geven van een bep. deel van vermogen als huwelijksgift], uit het germ., vgl. **middelnl.** *morgengave* [gift door één der echtelieden aan de ander verstrekt], oorspr. na de huwelijksnacht, en die als lijfrente werd vastgezet. Een morganatisch huwelijk werd daardoor een verbintenis met een partij, die geen eigen kapitaal bezit.

morgen¹ [ochtend] **middelnl.** *morgen, ma(e)rgen, mergen,* **oudsaksisch, oudhd.** *morgan,* **oudfries** *mor(ge)n,* **oudeng.** *morgen,* **oudnoors** *morginn,* **gotisch** *maurgins;* buiten het germ. **litouws** *merkti* [met de ogen knipperen], **oudkerkslavisch** *mrĭknǫti* [donker worden]; de grondbetekenis is 'schemering'.

morgen² [de volgende dag] **middelnl.** *morgen,* is of de 3e of de 4e nv. van *morgen*¹.

morgen³ [landmaat] **middelnl.** *morgen* [morgen, ochtend], namelijk zoveel land als men op één ochtend kan ploegen.

morgue [hoogmoed, lijkenhuis] < **fr.** *morgue* [aanvankelijk hoogmoed, dan plek waar de gevangenen werden gefouilleerd als zij binnen kwamen, en dan gebouw in Parijs waar de gevonden lijken tentoon werden gesteld], van *morguer* [hoogmoedig behandelen].

Moriaan [Moor] **middelnl.** *Moriaen* < **oudfr.** *morien* [Moor] (vgl. *Moor*).

morille [paddestoel] < **fr.** *morille*, vermoedelijk van een verkleiningsvorm van **lat.** *maurus* [bruin], maar mogelijk ook van germ. herkomst, vgl. **hd.** *Mohrrübe* [peen].

morindine [gele kleurstof] gevormd van **fr.** *morine* [kleurstof uit fustiekhout], gevormd door de Franse chemicus Michel-Eugène Chevreul (1786-1889) van *Morus*, een geslacht waartoe vroeger de fustiekboom werd gerekend < **lat.** *morus* [zwarte moerbei] (vgl. *Moor*).

morine [gele kleurstof] → *morindine*.

morinelplevier [soort plevier] < **fr.** *morinelle* < **hd.** *Morinell(e)* [idem] (vgl. *morille*).

morion [zwart bergkristal] < **hd.** *Morion*, ontstaan uit **lat.** *mormorion* [idem] door verschrijving in een handschrift.

morisk [Spaans-Moorse halfbloed] < **spaans** *morisco* [idem], bn. van *moro* [Moor] (vgl. *Moor*).

mormel [lelijk schepsel of voorwerp] verkort uit *mormeldier* < **hd.** *Murmeltier* < **lat.** *murem montis, murem,* 4e nv. van *mus* [muis, rat, marter], idg. verwant met *muis, montis,* 2e nv. van *mons* [berg], dus bergrat (vgl. *marmot*).

mormon [maskeraap] naar **gr.** *mormō(n)* [spook om kinderen angst aan te jagen].

mormoon [lid van een godsdienstsekte] genoemd naar *Mormon*, een Amerikaanse profeet uit de 4e eeuw, die aan Joseph Smith (1805-1844), stichter van de sekte, geopenbaard werd als de schrijver van de gewijde geschiedenis van Amerika, door Smith vertaald als het *Book of Mormon*.

morose [droefgeestig] < fr. *morose* < lat. *morosus* [gemelijk, eigenzinnig, humeurig], van *mos* (2e nv. *moris*) (vgl. *mores*).

morrelen [roeren] (1671), frequentatief van *morren*.

morren [brommen, zich beklagen] middelnl. *morren, murren,* middelnd. *murren,* oudnoors *murra,* klanknabootsend, evenals lat. *murmurare,* gr. *mormurein,* armeens *mrmram* [ik brom], oudindisch *marmara-* [ruisend].

morsdood [ineens dood] in de 17e eeuw < nd. *mursdot,* waarin *murs, mors* [plotseling, geheel en al], mogelijk samenhangend met *vermorzelen,* mogelijk ook met lat. *mors* [dood].

morse [alfabet voor telegrafisch seinen] genoemd naar de uitvinder ervan, de Amerikaan *Samuel Finley Breese Morse* (1791-1872).

morsebel [onzindelijke vrouw] sedert ca. 1600, gevormd van *morsen* + *bel* [vod, lap].

morsen [knoeien] middelnl. *ter mors(s)e* [met knoeierij], verouderd *mors* [slap, vuil]; hangt wel samen met *vermorzelen*.

mortadella [Italiaanse worstsoort] < lat. *murtalum, myrtalum* [een worst die is gekruid met de vrucht van de mirte] (vgl. *mirt*).

mortaliteit [sterftecijfer] < fr. *mortalité* [idem] < lat. *mortalitatem*, 4e nv. van *mortalitas* [sterfelijkheid, de dood], van *mortalis* [sterfelijk], van *mors* (2e nv. *mortis*) [de dood], van *moriri* [sterven], idg. verwant met *moord*.

mortel [metselspecie] middelnl. *morte(e)l, morter* [steengruis, mortel, cement] < lat. *mortarium* [vijzel, in laat-lat. ook poeder] (vgl. *mortier*).

mortepaai [niet-bestaand op de loonlijst geplaatst militair] < fr. *morte-paye*, van *morte*, vr. van *mort* [dood] < lat. *mortuus* [dood] (vgl. *mortaliteit*) + *paye* (vgl. *paai* ²).

mortier [vijzel, vuurmond] middelnl. *mortier* [vijzel, stuk geschut] < fr. *mortier* < lat. *mortarium* (vgl. *mortel*).

mortificatie [het doden] < fr. *mortification* < lat. *mortificationem*, 4e nv. van *mortificatio* [het sterven], van *mortificare* (verl. deelw. *mortificatum*) [doden, laten afsterven], van *mors* (vgl. *mortaliteit*) + *facere* [maken, doen], daarmee idg. verwant.

mortificeren [tuchtigen, tenietdoen] middelnl. *mortificeren* [goederen in de dode hand brengen] < lat. *mortificare* (vgl. *mortificatie*).

mortuarium [rouwcentrum] < me. lat. *mortuarium*, het zelfstandig gebruikt o. van laatlat. *mortuarius* [van de doden], van lat. *mortuus* [dood], van *mors* (2e nv. *mortis*) [de dood].

mos ¹ [plantjes] middelnl. *mos*, oudhd. *mos* [mos, moeras], oudeng. *mos* [moeras] (eng. *moss*), naast oudnoors *mosi* [mos, moeras], middelnl. *mose* [slijk, modder], ook oudhd. *mios*, oudeng. *meos* [mos]; buiten het germ. lat. *muscus* [mos], litouws *musos*, oudkerkslavisch *mŭchŭ* [mos].

mos ² [barg. vrouw] middelnl. *mosse* [dienstmeid, meid (verachtelijk)], rotwelsch *Mosche, Musche,* hd. *Musche* [snol, jonge koe].

mos ³ [gewoonte] → *mores*.

mosasaurus [prehistorische hagedis] gevormd van lat. *Mosa* [de Maas] + gr. *sauros* [hagedis], verwant met *saulos* [met zijn staart bewegend].

moscovade [ruwe suiker] < fr. *moscovade*, ook *moscouade* < *mascouade* < portugees *mazcabado* [half voltooid, minderwaardig], verl. deelw. van oudportugees *mazcabar* [aftrekken, in waarde verminderen] < provençaals *mezcabar* [geen succes hebben], tegenover *acabar* [tot een goed einde brengen].

mosen [knoeien] van *moos* ² [modder].

mosjav [Israëlische nederzetting] < hebr. *mōsjab* [vestiging, zetel], van het ww. *jāsjab* [terneerzitten].

moskee [islamitisch bedehuis] < fr. *mosquée* < spaans *mezquita* < ar. *masjid* [moskee], met het plaatsaanduidend voorvoegsel *ma-*, afgeleid van het ww. *sajada* [hij wierp zich terneder (in gebed)].

mosket [mannetje van de sperwer] → *musket*.

Moskou [geogr.] < russ. *Moskva*, naam van de rivier en daarmee ook die van de stad tsjechisch, slovaaks *moskva* [vochtig binnengehaald graan], slovaaks *mozga* [plas, poel], litouws *mazgoti* [wassen, spoelen], lat. *mergere* [onderdompelen], oudindisch *majjati* [hij duikt onder].

moslem, moslim [aanhanger van de islam] < ar. *muslim,* act. deelw. van *'aslama* (vgl. *islam, muzelman*).

mossel [weekdier] middelnl. *mossel(e), mussel(e)* < oudfr. *mousle, muisle* < me. lat. *musculus, muscula, muskelus* [idem] < klass. lat. *musculus* [muisje, spier, mossel], verkleiningsvorm van *mus* [muis], daarmee idg. verwant; vgl. voor het verband tussen muis en spier de muis van de duim en eng. *muscle* [spier]; daarnaast is middelnl. *mosschele* een oudere ontlening direct aan het lat..

mosso [bewogen] < it. *mosso*, eig. verl. deelw. van *muovere* [bewegen] < lat. *movēre* [idem].

most [nog niet gegist druivesap] middelnl., middelnd., oudhd. *most*, oudeng. *must* < lat. *mustum* [idem] (vgl. *mosterd*).

mosterd [plantengeslacht, kruiderij daaruit] middelnl. *mo(e)staert, mo(e)start, mo(e)stert* < oudfr. *moustarde*, gevormd van lat. *mustum* [most]; de betekenis is dus: toebereid met most, waarmee vroeger de mosterd werd aangemaakt.

mot ¹ [insekt] middelnl. *mot(te), mutte,* middelhd. *motte, mutte,* oudeng. *moppe,* oudnoors *motti;* de etymologie is onzeker, verband met *made* ¹ is echter mogelijk.

mot[2] [barg. ruzie] mogelijk bij **mot**[5] [klap].

mot[3] [veenachtige aarde] hd. *Mott* [modder], **fries** *mot* [turfmolm]; hetzelfde woord als het eerste deel van **motregen**.

mot[4] [zeug, lichte vrouw] **middelnl.** *mot(te), mutte*, **middelnd.** *mutte*, **oudhd.** *muzze* (hd. *Mutze*) [vulva].

mot[5] [slag, klap] klanknabootsende vorming.

mot[6] [soort tjalk] **gronings** *motschip*, hetzelfde woord als **mot**[4] [zeug]; zo genoemd naar de plompe, gezwollen vorm.

motel [logeergelegenheid voor automobilisten] < eng. *motel*, samengetrokken uit *motor* en *hotel*.

motet [vocale compositie] **middelnl.** *motet* [woorden op muziek gezet, motet] < fr. *motet* < me. lat. *motetus*, verkleiningsvorm van *mot* (vgl. **motto**).

motie [uitspraak in een vergadering] < eng. *motion* < lat. *motio* [beweging], van *movēre* (verl. deelw. *motum*) [heen en weer bewegen, in beweging brengen, kenbaar maken].

motief [beweegreden, onderwerp] **middelnl.** *motijf* < fr. *motif* < me. lat. *motivum* [motief, reden], eig. het zelfstandig gebruikt o. van *motivus* [in beweging brengend, aanzettend], van *movēre* (verl. deelw. *motum*) [in beweging brengen].

motiliteit [beweeglijkheid] < fr. *motilité*, van lat. *motus* [beweging], van *movēre* (verl. deelw. *motum*) [bewegen].

motiveren [staven] < fr. *motiver*, van oudfr. *motif* (vgl. **motief**).

motor [machine die beweegkracht levert, stuwende kracht] < laat-lat. *motor* [beweger], van *movēre* (verl. deelw. *motum*) [heen en weer bewegen, in beweging brengen].

motoriek [beweeglijkheid in gedrag] < hd. *Motorik*, afgeleid van *Motor* [stuwende kracht].

motoriseren [van motoren voorzien] < fr. *motoriser* [idem], van *moteur* [motor].

motraai [grassoort] van **mot**[4] [zeug] (vgl. *varkensgras, mottegras*) + **raai**[2] [plantenaam] (vgl. ook *raaigras*).

motregen [fijne regen] (1658), vgl. **oostfries** *mudden*, **zweeds dial.** *muta* [fijn regenen] (vgl. **mot**[3]); van **middelnl.** *mot* [gruis], verwant met **modder**.

mots [gecoupeerde hond of paard] van *motsen, moetsen* [de oren korten], **middelnl.** *mutsen* [sieren, optooien?], **hd.** *mutzen* [de oren korten], etymologie onzeker.

motse, mots [wijde schippersbroek] vgl. **hd.** *Mutzen* [soort van kiel], eig. afgesneden kledingstuk → **mots**.

mottegras [varkensgras] het eerste lid is **mot**[4] [zeug] (vgl. **motraai**).

motto [zinspreuk] < it. *motto* [geestig gezegde, zinspreuk] < me. lat. *muttum, muctum* [geknor, kreet], van *muttire* [een kik geven, kikken].

mouchard [spion] < fr. *mouchard* [stille verklikker], van *mouche*, **oudfr.** *mosche, musche* [vlieg, en overdrachtelijk spion] < lat. *musca* [vlieg, lastpost, nieuwsgierige], idg. verwant met **mug**.

mouche [moesje] < fr. *mouche* [eig. vlieg] (vgl. **mouchard**).

moude [fijne gedroogde klei] **middelnl.** *moude, mouwe*, **oudhd.** *molta* (hd. *Molte*), **oudeng.** *molde* (eng. *mould*), **oudfries** *molde*, **oudnoors** *mold*, **gotisch** *mulda*, van **malen**[2] (vgl. **mul**[2]).

mouflon → **moeflon**.

mouilleren [week uitspreken] < fr. *mouiller* [natmaken, bevochtigen, met water vermengen] < lat. *mollire* [week maken], van *mollis* [zacht, week], idg. verwant met *meel* (vgl. **malen**[2]).

moulage [afgietsel] < fr. *moulage*, van *moule* [model, gietvorm] < lat. *modulus*, verkleiningsvorm van *modus* (vgl. **mode**).

moulinetgaren [soort garen] van fr. *moulinet* [molentje, haspel], verkleiningsvorm van *moulin* < me. lat. *molinum* (vgl. **molen**).

moulure [sierlijst] < fr. *moulure*, van *moule* (vgl. **moulage**).

mousse [gerecht van stijfgeklopte room] < fr. *mousse* [schuim, slagroom] < lat. *mulsus* [met honing gemengd, zoet], *mulsum* [met honing gemengde wijn, wijnmede], van *mel* [honing], idg. verwant met het eerste lid van **meeldauw**.

mousseline [stof] < fr. *mousseline*, van *Mosul*, ar. *musil*, stad aan de Tigris.

mousseren [schuimen] < fr. *mousser*, van *mousse* [schuim] (vgl. **mousse**).

moustache [snor] < fr. *moustache* < it. *mostaccio* < me. lat. *mustacia* [baardhaar] < gr. *mustakion* [bovenlip, snor] (**modern it.** *i mustacchi* < nieuwgr. *moustaki*).

Moustérien [steentijdperiode] < fr. *Moustérien*, genoemd naar de vindplaats in *Le Moustier*, ten noordoosten van Les Eyzies.

mout [ontkiemd graan voor bier] **middelnl.** *malt, molt, moult, moud, mout*, **oudsaksisch** *malt*, **oudhd.** *malz*, **oudeng.** *mealt*, **oudnoors** *malt*, van **oudeng.** *meltan* [verteerd worden, smelten], **oudnoors** *melta* [verteren (van eten), smelten]; afgeleid van de stam van **malen**[2].

mouter [overrijp] vermoedelijk verwant met *mollig*, vgl. **hd.** *mölsch* en met dentaal achtervoegsel *mollicht;* van dezelfde basis als lat. *mollis* [zacht] en **malen**[2].

mouvement [beweging] < fr. *mouvement*, van *mouvoir* [bewegen] < lat. *movēre* [idem].

mouw[1] [armbekleedsel] **middelnl., middelnd., middelhd.** *mouwe;* verbinding met andere talen is dubieus, de etymologie is twijfelachtig.

mouw[2] [bak] nevenvorm *moud, mout*, **middelnl.** *moude, mouwe, mout, molde, malde, molt* [een langwerpige bak, uit één stuk gemaakt, voor melk en boter, schedel]; etymologie onbekend, wellicht uit lat. *mulctra* [melkemmer?].

moveren [tot iets bewegen] **middelnl.** *moveren* [bewegen, roeren] < lat. *movēre* [heen en weer bewegen, in beweging brengen, bewegen, te voorschijn halen].

moxa → *moksa*¹.

moyenne [gemiddelde] < fr. *moyenne*, van *moyen* [gemiddeld] < lat. *medianus* [middelste] (vgl. **mediaan**).

mozaïek [inlegwerk] **middelnl.** *musaica* < fr. *mosaïque*, it. *mosaico* [idem] < me. lat. *musaicum*, met vervanging van achtervoegsel < **klass. lat.** *musivum (opus)* [(werk) betrekking hebbend op de muzen], nevenvorm van *museus*, van *Musa* (vgl. **muze**).

Mozambique [geogr.] genoemd naar de stam v.d. *Muzimbas*, die van de regenwouden uit in de 16e eeuw de kuststreken binnenvielen.

mozarabisch [m.b.t. Spaanse christenen onder de Moren] < **spaans** *mozárabe* [idem] < **ar.** *musta 'rib*, act. deelw. van *ista'raba* [hij arabiseerde, (10e vorm) hij nam de taal en gewoonten van de Arabieren over].

mozetta [bisschopsmantel] < it. *mozetta*, van *almozzetta*, verkleiningsvorm van me. lat. *almucia* (vgl. **muts**).

mucoos [slijmachtig] < lat. *mucosus* [idem], van *mucus* [slijm] + *-osus* [vol van], verwant met **gr.** *mukès* [paddestoel] (vgl. **mycologie**).

mud¹ [inhoudsmaat] **middelnl.** *mud(de)*, **oudsaksisch** *muddi*, **oudhd.** *mutti*, **oudeng.** *mydd* < lat. *modius* [een korenmaat van 8,733 liter, naar opgave van anderen 9 liter].

mud² [bunzing] vermoedelijk nevenvorm van *mot*⁴ [zeug], **middelnl.** *motte, mutte* [zeug].

mudejaren [Spaanse moslims onder christelijke overheersing] < **spaans** *mudéjar*, met vervanging van *-an* door *-ar* < **ar.** *mudajjan* [hij die mag blijven] (d.w.z. als het land in de handen der christenen is gevallen), passief deelw. van *dajjana* [(2e vorm) hij liet blijven].

muesli → *müsli*.

muezzin → *moëddzin*.

muf¹ [onfris] (1599), van **middelnl.** *muffen* [stinken], *muffich* [stinkend], **middelnd.** *müffeln*, hd. *muffen, müffen*; waarschijnlijk verwant met *modder*.

muf² [scheet] van **middelnl.** *muffen* [stinken] (vgl. *muf*¹).

muffeldier [moeflon] naar fr. *mouflon* (vgl. **moeflon**).

muffels [kleikasten op metaaloven] → *moffel*².

mug [insekt] **middelnl.** *mugge*, **oudsaksisch** *muggia*, **oudhd.** *mucka*, **oudeng.** *mycg* (**eng.** *midge*), **oudnoors** *mȳ*; buiten het germ. lat. *musca*, **gr.** *muia*, **oudkerkslavisch** *mucha*, **litouws** *musè* [vlieg], **armeens** *mun* [mug]; van een klanknabootsende basis met de betekenis 'zoemen, geluid maken'.

mui [geul tussen zandbanken] (1868), is het hetzelfde woord als *mond*, met verlies van *n* in de ingweoonse dial.. Hetzelfde woord in plaatsnamen als *IJsselmuiden*.

muidhond [zeelt] ook *moethond*; het eerste lid is **vlaams** *mude*, van **middelnl.** *mueder, moeder* [modder, modderpoel].

muieren [moeite doen om iets in orde te brengen, dooreenmengen] nevenvorm van *modderen* en *moeren*, vgl. **muide** [moeras, poel] en *muidhond* [zeelt].

muik¹ [paardeziekte] → *mok*¹.

muik² [bewaarplaats voor appels en peren] eig. de plek waar ze zacht worden, vgl. *muik* (bn.) [week]; ablautend bij **meuk**² *meuken* [zacht worden].

muiken [broeien, smeulen, geveinsd zijn] → *meuken*.

muil¹ [bek] **middelnl.** *mule*, **oudhd.**, **oudfries** *mula*, **oudnoors** *muli*; buiten het germ. lat. *mutus* [stom], *muttire* [mompelen], **gr.** *mullein* [meesmuilen, mompelen] (vgl. **mysterie**), **litouws** *smaule* [muil], **oudindisch** *mukham* [muil]; van een basis met de betekenis 'mompelen,' vgl. *smoel*.

muil² [dier] **middelnl.** *mule, muul*, **middelnd.**, **oudhd.**, **oudeng.** *mul* < lat. *mulus* (**gr.** *muchlos*, **albaans** *musk*).

muil³ [pantoffel] **middelnl.** *mu(y)le* < lat. *(calceus) mulleus, calceus* [schoen] *mulleus* [rood], dus eig. een rode schoen (zoals gedragen door de Albaanse koningen en door Caesar).

muilen [morren] **middelnl.** *mu(y)len* [een muil of snoet zetten, een zuur gezicht trekken, pruttelen, morren], van *muil*¹ [bek].

muilpeer [klap in het gezicht] **middelnl.** *muulpere*; van *muil*¹ + *peer*¹, gevormd als *oorvijg*.

muim [barg. slaag] < hebr. *mūm* [lichaamsgebrek].

muis [knaagdier] **middelnl.** *muus, muys* [muis (dier), en op grond van gelijkenis spier], **oudsaksisch**, **oudhd.**, **oudfries**, **oudeng.**, **oudnoors** *mūs*; buiten het germ. **lat., gr.** *mus*, **albaans** *mi*, **oudpruisisch** *muso*, **oudkerkslavisch** *myši*, **oudperzisch** *mush*, **oudindisch** *mūs-* [muis, rat]; de muis van de hand is zo genoemd vanwege vormovereenkomst.

muisjes [gesuikerde anijszaadjes] verkort uit *muizekeuteltjes*.

muit, muite [vogelkooi] **middelnl.** *mu(y)te, muut* [het ruien, kooi waarin de vogels ruien, kooi], van *muten* (vgl. **muiten**¹).

muiten¹ [ruien] **middelnl.** *mu(y)ten* [ruien] < lat. *mutare* [veranderen].

muiten² [oproer maken] < **middelnl.** *meuten, moyten, muyten* [oproer maken], van *meute* etc. [oproer] < fr. *meute* (vgl. **meute**).

muiterij [oproer] **middelnl.** *muyterie, moyterie, meuterie* (vgl. **muiten**²).

muizen [muizen vangen] **middelnl.** *musen*; afgeleid van *muis*, evenals *eruit muizen* [stilletjes als een muis eruit glippen].

muizenis [zwarigheid waarvan men het hoofd vol heeft] sedert Kiliaan, van **middelnl.** *musen* [peinzen] < **oudfr.** *muser* [de tijd verknoeien] (vgl. **amuseren**).

muizing [bindsel van kabelgaren] van *muis* [verdikking (vgl. de betekenis 'spier')].

mul¹ [vissenfamilie] (1862) < lat. *mullus* [zeebarbeel] < **gr.** *mullos*.

mul² [fijne aarde] → *molm*.
mul³ [weefsel] < eng. *mull,* van *mulmull* < hindi *malmal*.
mul⁴ [meekrap die verkregen is door het afschrapen van de wortels] hetzelfde als **mul²** [fijne aarde].
mulat [kind van neger en blanke] < **fr.** *mulat* < **spaans** *mulato* [idem] < **ar.** *muwallad* [geboren, verwekt, opgegroeid, geboren en getogen onder Arabieren (van mensen die niet van Arabisch bloed zijn), halfbloed], van *wallada* [(2e vorm) hij bracht voort]; de spaanse vorm ontstond mede o.i.v. *mulo* [muilezel].
mulch, muls [laag organisch materiaal voor dekking] < eng. *mulch,* **middeleng.** *molsh* [zacht], **oudeng.** *melsc* [week], verwant met *mals*.
muldenpan [dakpan] het eerste lid is een nevenvorm van *moude*.
mulder¹ [molenaar] met later toegevoegde *d,* **middelnl.** *molenaer, muelenaer, moolner, molner, mulner, muldener* < **lat.** *molinarius* (vgl. *molen*).
mulder² [tussendeur] < *middeldeur*.
mule [textiel] → *mul³*.
muleta [stok met rode vlag bij stieregevecht] < **spaans** *muleta* [kruk voor kreupelen, hulpmiddel], vr. verkleiningsvorm van *mulo* [muilezel] (vgl. *muil²*).
mullen [eten] vgl. **oudhd.** *mullen* [fijnstoten]; hoort bij *malen²*.
mulligatawny [soep] < eng. *mulligatawny* < **tamil** *milagutannir,* van *milagu* [peper] + *tan* [koel] + *nir* [water].
multipel [veelvoudig] < **fr.** *multiple* < **lat.** *multiplex* (vgl. *multiplex*).
multiplex [veelvoudig, plaatmateriaal uit meerdere lagen] < **lat.** *multiplex* [veelvoudig, uit veel delen bestaand], van *multum* [menig, veel] + *plexum,* verl. deelw. van *plectere* [vlechten], daarmee idg. verwant.
multiplicatie [vermenigvuldiging] < **fr.** *multiplication* < **lat.** *multiplicationem,* 4e nv. van *multiplicatio* [idem], van *multiplicare* (verl. deelw. *multiplicatum*) [vermenigvuldigen], van *multiplex* (vgl. *multiplex*).
mum verkort uit *minimum*.
mummelen [onduidelijk spreken] **middelnl.** *mummelen, mumpelen, mommelen, mompelen;* klanknabootsende vorming.
mummie [gebalsemd lijk] (1599), bij Kiliaan *mommie, mummie* < **oudfr.** *momie* < **me.lat.** *mumia* < **ar.** *mūmiyā'* [mummie], van *mūm* [was]; ter verklaring van de betekenisovergang van 'was' naar 'mummie' diene, dat de wasachtige substantie, die uit aan de zon blootgestelde mummies droop als een belangrijk geneesmiddel werd beschouwd.
München [geogr.] in de 12e eeuw *Munnichen* [bij de monniken], **middelhd.** *ze den münchen*.
mundaan [werelds] < **lat.** *mundanus* [wereldburger, van de wereld, werelds], van *mundus* [hemel, heelal, wereld].

mundiaal [wereld-] < **lat.** *mundialis* [werelds], van *mundus* [hemel, heelal, wereld].
mundium [macht van het gezinshoofd] < **me.lat.** *mundium,* uit het germ., vgl. *munt³* [voogdijschap].
mungo¹ [kunstwol uit vezels van lompen] < eng. *mungo* < **middeleng.** *mong, mung* [mengsel], vgl. **eng.** *among* (vgl. *mengen*); In Yorkshire is *Mungo* een gebruikelijke roepnaam voor een niet-rashond.
mungo² [soort civetkat] < **tamil** *mangus* [idem].
municipaal [gemeentelijk] < **fr.** *municipal* [idem] < **lat.** *municipalis,* bn. van *municipium* [niet-Romeinse stad, die de Romeinse burgerrechten heeft verworven], van *municeps* (2e nv. *municipis*) [burger], van *munia* [plichten] + *capere* [nemen], idg. verwant met *heffen,* dus: die de plichten van de burger op zich heeft genomen.
munificentie [milddadigheid] < **fr.** *munificence* < **lat.** *munificentia* [idem], van *munificus* [gul], van *munus* [geschenk] + *facere* (in samenstellingen *-ficere*) [maken, doen], daarmee idg. verwant.
munitie [schietbenodigdheden] (1551) < **fr.** *munition* [idem] < **lat.** *munitionem,* 4e nv. van *munitio* [het versterken, stevigheid, sterkte, verschansing, beveiliging], van *munire* [muren optrekken, versterken, beveiligen], van *moenia* [muur, bolwerk], verwant met *murus* (vgl. *muur¹*).
munster [domkerk] **middelnl.** *monster, munster* [klooster, kloosterkerk, heiligdom] < **lat.** *monasterium* < **gr.** *monastèrion* [klooster], van *monastès* [monnik], van *monazein* [alleen wonen], van *monos* [alleen].
munt¹ [geldstuk] **middelnl.** *mu(y)nte, monte,* **oudsaksisch** *munita,* **oudhd.** *munizza,* **oudeng.** *mynet* < **lat.** *moneta* [de munt, munt], genoemd naar de tempel van *Juno Moneta,* waar in Rome munten werden geslagen. Moneta, bijnaam van Juno, werd in de Oudheid verbonden met *monēre* [waarschuwen] en uitgelegd als waarschuwster, hetgeen vermoedelijk volksetymologie is.
munt² [plantengeslacht] **middelnl.** *mente, minte, mu(i)nte,* **oudsaksisch** *minta,* **oudhd.** *minza,* **oudeng.** *minte* < **lat.** *menta, mentha* [kruizemunt] < **gr.** *mintha, minthè* [munt], uit een vóór-gr. mediterrane taal.
munt³ [voogdijschap] **middelnl.** *mont* [macht, bevoegdheid van een voogd], *in monde staen* [onder voogdij staan], *voremond* (**hd.** *Vormund*) [voogd], **oudsaksisch** *mund* [hand, bescherming], **oudhd.** *munt* [idem], **oudeng., oudnoors** *mund* [hand], vgl. voor de betekenisovergang van 'hand' naar 'bescherming, voogdij', *emancipatie* → *momber, mondig*.
munten [doelen op] **middelnl.** *munten,* **fries** *mintsje, muntsje,* **oudeng.** *myntan,* **oudnoors** *munda,* **gotisch** *mundon;* verwant met *monter*.
muntjak [hert] < **soendaas** *muncek* [idem].
muon [subatomisch partikel] samengetrokken uit *mu meson,* van *mu,* de naam van de gr. letter *m,*

muraal — mustio

gebruikt als symbool van het partikel + *meson;* de vorm *mu* < hebr. *mēm,* samengetrokken uit *majim* [water], vgl. **ar.** *mā',* **akkadisch** *mû* [water]; de letter is zo genoemd naar zijn golvende vorm.

muraal [m.b.t. de wand] < **fr.** *mural* < **lat.** *muralis* [idem], van *murus* (vgl. **muur** ¹).

murene [moeraal] **middelnl.** *murene* < **fr.** *murène* [idem] < **lat.** *murena* [zeepaling, lamprei] < **gr.** *muraina,* van vóór-gr. herkomst.

murexide [zuur ammoniumpurpuraat] < **lat.** *murex* [purperslak, purperverf].

murf [barg. bek] vgl. bij Kiliaan *morfen,* en het iteratief *morfelen* [kauwen als een geit], **middelhd.** *murfen* [knagen], *murfelen* [met gesloten lippen kauwen], **rotwelsch** *Murf* [mond, kus].

muriatisch [zoutzuur bevattend] gevormd van **lat.** *muriatica* [in vissaus ingelegde spijzen], van *muria* [vissaus].

murik [plant] (19e eeuws), van **muur** ² [plant].

murmelen [binnensmonds zeggen] (1569), vgl. **oudnederfrankisch, oudhd.** *murmulon,* naast **middelnl.** *murmuren,* **middelnd.** *murmeren,* **oudhd.** *murmuron;* buiten het germ. **lat.** *murmurare,* **gr.** *mormurein* [bruisen, grommen], **armeens** *mrmram* [ik brul], **oudindisch** *marmara-* [ruisend], stammend van een zeer produktieve idg. basis met *mu-* die klanknabootsend is en waarbij hier reduplicatie optrad.

murmureren [morren] **middelnl.** *murmureren* < **fr.** *murmurer* < **lat.** *murmurare* [brommen, morren, fluisteren, ruisen, murmelen], ofwel te interpreteren als een frequentatief van **middelnl.** *murmuren* (vgl. **murmelen**); in ieder geval klanknabootsend.

murw [zacht] **middelnl.** *mor(we), moruw, muerw, mueru,* **middelnd.** *morwe,* **oudhd.** *mur(u)wi* (**hd.** *mürbe*), naast ablautend **middelnl.** *mareu,* **oudhd.** *marawi, maro;* buiten het germ. **lat.** *mortarium* [vijzel, poeder], **gr.** *marainein* [uitputten (passief: lijden), vernietigen], **middeliers** *meirb* [zacht], **oudindisch** *mṛṇāti* [hij verbrijzelt].

mus [zangvogel] **middelnl.** *muss(ch)e, mussch, mosch,* **oudnederfrankisch** *musca,* **middelnd.** *musche,* **middelhd.** *musche* < **lat.** *muscio,* van *musca* [vlieg], dus eig. vliegenvanger (vgl. **mouche**).

muscardine [schimmelziekte van de zijdeworm] < **fr.** *muscardine* < **provençaals** *muscardino* [zieke zijdeworm], die het gipsachtige aanzien kreeg van de *muscardin,* oude nevenvorm van *muscadin* [muskuspastille], vroeger een mannenparfum (vgl. **muskus**).

muscarine [alkaloïde uit de vliegenzwam] in **modern lat.** *fungus muscarius, (fungus* [zwam]), bn. bij **lat.** *musca* [vlieg], idg. verwant met **mug**.

musculair [spier-] < **fr.** *musculaire* [idem], van **lat.** *musculus* [spier, (eerste betekenis) muisje], verkleiningsvorm van *mus* [muis], vgl. 'muis van de duim'.

museaal [m.b.t. musea] < **hd.** *museal* [idem], van *Museum* (vgl. **museum**).

musette [doedelzak, trekharmonika] < **fr.** *musette,* van *muser* [in oudfr. zich amuseren, eig. de snuit in de lucht steken], van *muse* [amusement], van **galloromaans** *musus* [muil].

museum [tentoonstellingsgebouw] < **lat.** *museum* [verblijfplaats van de muzen] < **gr.** *mouseion* [gewijde plaats van de muzen], van *mousa* [muze].

musical [zangspel] verkort uit **eng.** *musical comedy* of *musical farce, musical* [idem] < **me. lat.** *musicalis* [muziek-], van **lat.** *musica* [muziek (tevens omvattend dichtkunst en zang)].

musicus [toonkunstenaar] < **lat.** *musicus.*

musiefgoud [tindisulfide] < **fr.** *mus(s)if* in or *mus(s)if* [idem] < **lat.** *musivum* [mozaïek].

muskaat [noot] → **nootmuskaat**.

muskaatwijn [zoete wijn] **middelnl.** *muscatel, muscadel* < **me. fr.** *idem* [wijn gemaakt van muskaatdruiven] < **me. lat.** *(vinum) muscum* [muskaat(wijn)] (vgl. **muskus**).

muskadel → **muskaatwijn**.

musket [mannetje van de sperwer, ouderwets geweer] **middelnl.** *mosschet, musschet, musket* [sperwer] < **fr.** (16e eeuws) *mousquette* < **it.** *moschetto* [idem, pijl, musket], van *mosca* [vlieg] < **lat.** *musca* [idem]; ettelijke wapens werden naar dieren genoemd, b.v. *slang, kat, ram, onager*.

musketon [wapen, haakje met veer] < **fr.** *mousqueton* < **it.** *moschettone* [musket van zwaarder kaliber], vergrotingsvorm van *moschetto* [musket]; de betekenis ging over van het wapen op de bevestigingshaak aan de bandelier, vgl. *karabijnhaak*.

muskiet [steekmug] (1695) < **spaans, portugees** *mosquito* [mug], verkleinwoord van *mosca* [vlieg] < **lat.** *musca* [vlieg] (vgl. **mouche**).

muskoviet [mineraal] < **eng.** *muscovy glass* [Moskovisch glas].

muskus [sterk riekende stof van mannelijke muskusdieren] **middelnl.** *musc, musch* < **oudfr.** *musc,* **me. lat.** *muscus, muscum* < **ar.** *misk* < **perzisch** *moshk* [muskus] < **oudindisch** *muṣka-* [balzak, testikel], wegens de gelijkenis met de muskusklier. De oorspr. betekenis is 'muisje' (vgl. **mossel, muis**).

müsli [rauwkostgerecht] < **zwitsers-duits** *müsli,* verkleiningsvorm van *Mus* [brij] (vgl. **moes**).

must [iets dat absoluut moet] < **eng.** *must,* het als zn. gebruikte ww. *to must* [moeten].

mustang [prairiepaard] < **mexicaans-spaans** *mestengo* [idem] < **spaans** *mesteño* [zwervend] < **me. lat.** *animalia mixta* [wilde of loslopende dieren die zich hebben aangesloten bij iemands kudde], mv. van *mixtum,* verl. deelw. van *miscere* [mengen], idg. verwant met **hd.** *mischen*.

mustie [Spaanse kleurling] < **eng.** *mustee* [idem] < **spaans** *mestizo* (vgl. **mesties**).

mustio [zoon van een blanke en een mulattin]

< spaans *mustio* [als bn. verflenst, in Mexico vals, huichelachtig] < **lat.** *moestus* [droevig, treurig, akelig].
mut [vol] etymologie onbekend.
muta [plofklank] vr. van **lat.** *mutus* [stom, zwijgend], vgl. **mysterie** en **eng.** *to mutter* [mompelen], **fr.** *muet* [stom].
mutageen [veranderlijk] < **eng.** *mutagen,* gevormd van *mutation* [verandering] < **fr.** *mutation* [idem] < **lat.** *mutationem,* 4e nv. van *mutatio* [idem], van *mutare* (verl. deelw. *mutatum*) [veranderen] + *-gen* (vgl. **oxygenium**).
mutant [door mutatie ontstaan individu] < **lat.** *mutantem,* 4e nv. van *mutans,* teg. deelw. van *mutare* [veranderen].
mutatie [verandering] < **fr.** *mutation* < **lat.** *mutationem,* 4e nv. van *mutatio* [verandering, verwisseling], van *mutare* (verl. deelw. *mutatum*) (vgl. **muteren**).
muteren [veranderen] **middelnl.** *muteren* < **lat.** *mutare* [verplaatsen, veranderen, ruilen], verwant met *mutuus* [geleend, wederkerig].
mutilatie [verminking] < **fr.** *mutilation* < **me. lat.** *mutilationem,* 4e nv. van *mutilatio* [idem], van *mutilare* (verl. deelw. *mutilatum*) (vgl. **mutileren**).
mutileren [verminken] < **fr.** *mutiler* < **lat.** *mutilare* [afsnijden, verminken], van *mutilus* [verminkt, oorspr. kort], vgl. **oudiers** *mut* [kort].
mutineren [oproerig worden] < **fr.** *se mutiner* [muiten], van *meute* (vgl. **meute**).
muting [onderdrukken van geruis] < **eng.** *muting,* teg. deelw. van *to mute* [tot zwijgen brengen, dempen], van *mute* [zwijgend] < **lat.** *mutus* [idem]; van een klanknabootsende idg. basis die ook aan *mompelen* ten grondslag ligt.
mutisme [het stilzwijgen] < **fr.** *mutisme,* van **lat.** *mutus* [stom, zwijgend] (vgl. **muting**).
muts [hoofddeksel] **middelnl.** *a(e)lmisse* [tot de schouders afhangend hoofddeksel], *muts(e), mutsche* [idem, muts] < **me. lat.** *almucia* [mantel mat kap], met het lidwoord *al* < **ar.** *mustaqa* [mantel met lange mouwen].
mutsaard, mutserd [takkenbos] **middelnl.** *mutsaert, mutser(t)* [stapel takkenbossen, later brandstapel], mogelijk van *mote* [heuveltje] < **fr.** *motte,* van vóór-lat. herkomst, mogelijk echter van (Kiliaan) *moetsen, mutsen* [verminken, afsnijden] (vgl. **Modena**).
mutsje [oude vochtmaat] niet onmogelijk van *mud,* maar eerder gevormd naast *hoed* [oude maat voor droge waren].
mutualiteit [wederkerigheid] < **fr.** *mutualité,* van *mutuel* < **lat.** *mutuus* [geleend, wederkerig], verwant met *mutare* [verplaatsen, verwisselen, veranderen].
mutuum [verbruikleen] < **lat.** *mutuum,* het zelfstandig gebruikt o. van *mutuus* [geleend, te leen], verwant met *mutare* [verplaatsen, veranderen, ruilen].

muur[1] [metselwerk] **oudhd.** *mura, muri,* **oudeng., oudnoors** *mur* < **lat.** *murus* [(stads)muur, aarden wal, bolwerk].
muur[2] [plant] **middelnl.** *muer, muur,* **fries, nd.** *mīr;* etymologie onbekend.
muurpeper [plant] zo genoemd naar de scherpe smaak.
muze [zanggodin] < **lat.** *Musa* < **gr.** *mousa,* waarschijnlijk verwant met **lat.** *mons* [berg], en dan bergnimf, mogelijk omdat de muze werd vereerd op de berg Piëria in Thracië.
muzelman [moslim] < **fr.** *musulman* < **perzisch** *mosalmān,* **turks** *müslüman* [idem] < **ar.** *muslimūn,* mv. van *muslim* (vgl. **moslem**).
muziek [toonkunst] **middelnl.** *musike* < **fr.** *musique* < **lat.** *musica* < **gr.** *mousikè (technè)* [muzen(kunst)], van *mousa* (vgl. **muze**).
muzikant [muziekbeoefenaar] < **oudfr.** *musicant,* van *musique* [muziek].
myalgie [spierpijn] van **gr.** *mus* [muis, spier] + *algos* [pijn].
mycelium [zwamvlok] naar analogie van epithelium gevormd van **gr.** *mukès* [zwam] (vgl. **mucoos**).
Mycene [geogr.] < **gr.** *Mukènè,* een vóór-gr., niet-verklaarde naam.
mycologie [kennis van de zwammen] gevormd van **gr.** *mukès* [paddestoel] (vgl. **mucoos**) + *-logia* [verhandeling].
mycorrhize [zwamwortel] gevormd van **gr.** *mukès* [zwam] (vgl. **mucoos**) + *rhiza* [wortel].
mycose [suikersoort uit zwammen] gevormd van **gr.** *mukès* [zwam] (vgl. **mycelium**) + *-osis,* gebruikt om een toestand of ziekte aan te duiden.
myelitis [ruggemergsontsteking] gevormd van **gr.** *muelos* [merg].
myiasis [ziekte door vliegelarven veroorzaakt] gevormd van **gr.** *muia* [vlieg] (vgl. **mug**).
myiologie [kennis van de muggen of vliegen] gevormd van **gr.** *muia* [vlieg] (vgl. **mug**) + *-logia* [verhandeling], van *logos* [idem].
myografie [beschrijving der spieren] gevormd van **gr.** *mus* [muis, spier] + *graphein* [schrijven], idg. verwant met **kerven**.
myoom [gezwel van spierweefsel] gevormd van **gr.** *mus* [muis, spier] + het achtervoegsel *-ōma.*
myoop [bijziend] < **fr.** *myope* < **gr.** *muōps* [idem], van *muein* [sluiten, i.h.b. van lippen en ogen] + *ōps* [oog].
myorrhexis [spierscheur] gevormd van **gr.** *mus* [muis, spier] + *rèxis* [breuk, scheur], idg. verwant met **wrak**[1].
myosotis [vergeet-mij-niet] < **lat.** *myosotis* < **gr.** *muosōtis,* van *mus* [muis] + *ous* (2e nv. *ōtos*) [oor], dus muizeoor, naar het uiterlijk van de blaadjes.
myriade [tienduizendtal] < **fr.** *myriade* < **me. lat.** *myrias* (2e nv. *myriadis*) < **gr.** *murias* (2e nv. *muriados*) [idem, ontelbare menigte], van *murios* [oneindig groot of veel, 10.000].
myrmecofiel [graag door mieren bezocht] ge-

vormd van **gr.** *murmèx* (2e nv. *murmèkos*) [mier], daarmee idg. verwant, + *philos* [een vriend van].

myrobalaan [looistof bevattende vrucht] < **fr.** *myrobalan* [purgeerpruim] < **lat.** *myrobalanum* [balsem] < **gr.** *murobalanos* [zalfolie leverende noot], van *muron* [welriekend plantesap], idg. verwant met *smeer* en met **fr.** *merde* + *balanos* [eikel, dadel].

mysofobie [infectievrees] gevormd van **gr.** *musos* [vuil] + *fobie*.

mysten [ingewijden] < **lat.** *mysta* < **gr.** *mustès* [hij die in de mysteriën is ingewijd] (vgl. ***mysterie***), verl. deelw. van *muein* [sluiten, i.h.b. van lippen en ogen].

mysterie [eredienst, iets onbegrijpelijks] **middelnl.** *misterie* [verborgenheid, de hostie] < **lat.** *mysterium* < **gr.** *mustèrion* [geheim] (mv.) *mustèria* [de mysteriën van Eleusis en elders], van *mustos* (vgl. ***mysten***).

mysterieus [geheimzinnig] < **fr.** *mystérieux*, van *mystère* (vgl. ***mysterie***) + *-eux* < **lat.** *-osus* [vol van].

mystiek [geheimzinnig] < **fr.** *mystique* < **lat.** *mysticus* [van de mysteriën, verborgen, geheimzinnig] < **gr.** *mustikos* [geheim, mystisch], van *mustès* (vgl. ***mysterie***).

mystificatie [bedriegerij] < **fr.** *mystification*, gevormd van de basis van *mystère* (vgl. ***mysterie***) + **lat.** *-ficatio* [het vervaardigen], van *facere* (in samenstellingen *-ficere*) [maken, doen], daarmee idg. verwant.

mythe [wereldbeschouwelijke overlevering, fabel] < **me. lat.** *mythus* < **gr.** *muthos* [gesproken woord, verhaal, i.h.b. mythe], vgl. **lat.** *muttire* [kikken].

mythologie [geheel van de mythen van een volk] < **fr.** *mythologie* < **me. lat.** *mythologia* < **gr.** *muthologia* [het vertellen van mythen, mythologie], van *muthos* [gesproken woord, verhaal, mythe] + *logos* [gesproken woord, geschiedverhaal, verhaal].

mytylschool [school voor lichamelijk gebrekkige kinderen] genoemd naar het meisje *Mytyl* in een verhaal van Maeterlinck, dat haar witte duif gaf aan een gebrekkig kind, waarop de duif in een blauwe vogel veranderde.

myxoedeem [ziekte door onvoldoende schildklierfunctie] gevormd van **gr.** *muxa* (vgl. ***myxoma***) + *oedeem*.

myxoma [gezwel uit slijmweefsel] gevormd van **gr.** *muxa* [slijm (uit de neus)], vgl. **oudindisch** *muñcati* [hij laat los], **lat.** *mucus* [snot].

myxomatose [virusziekte van konijnen] gevormd van ***myxoma*** + **gr.** *- ōsis*, een zn. vormend achtervoegsel.

n

-n [achtervoegsel dienend ter vorming van bn., afgeleid van ww.] in het idg. *-n-*, vgl. *groen* bij *groeien*, *schoon* bij *schouwen*.

na [volgend op (voorzetsel), nabij (bijw.)] **middelnl.** *na*, als bijw., vgl. **oudsaksisch, oudhd.** *nah*, **oudeng.** *neah* (**eng.** *nigh*), **oudnoors** *na-*, **gotisch** *nehw*, < het bn. **oudsaksisch, oudhd.** *nah*, **oudeng.** *neah*, **oudnoors** *nœr*, **gotisch** *nehwa*, waaruit ook het voorzetsel ontstond. Etymologie onzeker.

naad [voeg] **middelnl.** *naet*, **middelnd., oudhd.** *nat*; gevormd van de stam van ***naaien***.

naaf [middenstuk waardoor de as gaat] **middelnl.** *nave, na(e)f*, **oudsaksisch** *naba*, **oudhd.** *naba*, **oudeng.** *nafu*, **oudnoors** *nǫf*; buiten het germ. **oudpruisisch** *nabis*, **oudindisch** *nabhya-* [naaf].

naaien [met naald en draad maken] **middelnl.** *naeyen*, **middelnd.** *neien*, **oudhd.** *najen, nāen*; buiten het germ. **lat.** *nēre* [spinnen, weven], *nervus* [zenuw, pees (pezen werden vroeger gebruikt als naaigaren)], **gr.** *neō* [ik spin], **oudiers** *snigim* [ik vlecht] → ***naald***.

naakt [bloot] **middelnl.** *naket, naect*, **oudhd.** *nackot, nackut*, **oudfries** *nakad*, **oudeng.** *nacod*, **gotisch** *naqaþs*; buiten het germ. **lat.** *nudus*, **oudiers** *nocht*, **litouws** *nuogas*.

naald [dunne stift om te naaien] **middelnl.** *naelde*, **oudnederfrankisch** *nalda*, **oudhd.** *nadala*, **oudfries** *nedle*, **oudeng.** *nǣdl*, **oudnoors** *nāl*, **gotisch** *nēþla*; gevormd van dezelfde basis als ***naaien***.

naam [woord waarmee iem. of iets wordt aangeduid] **middelnl.** *name*, **oudsaksisch, oudhd., gotisch** *namo*, **oudfries, oudeng.** *noma*, **oudnoors** *nafn*; buiten het germ. **lat.** *nomen*, **gr.** *onoma*, **oudkerkslavisch** *imę*, **welsh** *enw*, **oudindisch** *nāman-*; behoort bij ***noemen***.

naamval [elk der buigingsvormen van een naamwoord] gevormd door de Nederlandse taalkundige Arnold Moonen in zijn *Nederduitsche Spraekkunst* (1706), ter weergave van **lat.** *casus nominis*; voordien gebruikte men *val* en *geval*.

naar[1] [akelig] **middelnl.** *nare, naer* [nauw, eng, akelig], **oudsaksisch** *naru*, **oudeng.** *nearw* (**eng.** *narrow*), **oudnoors** *nǫrr* [nauw]; buiten het germ. Iets *nare* [klem], **litouws** *nirti* [ranken schieten].

naar[2] [tot] vergrotende trap van ***na***.

naardien [aangezien] ontstond uit **middelnl.** *naer dien dat, na dien dat* [naarmate, aangezien].

naargeestig [neerslachtig] in de 18e eeuw gevormd van ***naar***[1] + *geestig*.

naarstig [ijverig] middelnl. *nernstich, naernstich,* van *nernst, naernst, naerst* [volharding, ernst], naast *ernst, eernst, aernst* [strijdlust], *ernst, ernstich* [ernstig]; de anlautende *n* is secundair, ontstaan uit de *n* in de verbogen vorm van lidw. of bez. vnw..

naast [dichtbij, terzijde van] oorspr. de overtreffende trap van *na.*

naasten [in bezit nemen] middelnl. *naesten,* van *naast.*

nabauwen [spottend napraten] → *bauwen.*

naber [nabuur] middelnl. *nabuur, nabuer, nabur, naber.*

nabob [oorspr. Indische onderkoning, bestuursambtenaar] < **eng.** *nabob* < **hindi** *navāb, navvāb* < **ar.** *nuwwāb,* een mv. vorm waarvan het gebruik is te vergelijken met de pluralis majestatis, enk. *nā'ib* [vertegenwoordiger], act. deelw. van *nāba* [hij vertegenwoordigde].

nabootsen [nadoen] → *bootsen.*

nabuur [buurman] middelnl. *nagebuur,* noordhollands *nabuur,* oudsaksisch *nabūr,* oudhd. *nāhgibūr,* oudeng. *neah gebūr* (**eng.** *neighbour*); vgl. *buur.*

nacht [de tijd als de zon onder is] middelnl. *nacht,* oudsaksisch, oudhd. *naht,* oudeng. *neaht, niht,* oudnoors *nātt,* gotisch *nahts;* buiten het germ. **lat.** *nox,* **gr.** *nux,* albaans *nate,* oudiers *in-nocht* [deze nacht], oudindisch *nakt-* [nacht].

nachtbraken [de nacht doorwerken, de nacht met uitgaan doorbrengen] sedert Kiliaan, van *nacht* + middelnl. *braken* [in de nacht bezig zijn], vgl. *waken ende braken* [nachtbraken].

nachtegaal [zangvogel] middelnl. *nachtegale, nachtegael,* oudsaksisch, oudhd. *nahtigala,* oudeng. *nihtegala,* van *nacht* + een ww. dat 'zingen' betekent en in het middelnl. behouden is als *galen* [misbaar maken, aangaan], dus: in de nacht zingende vogel (vgl. *galm, gillen* [1]).

nachtmerrie [angstige droom] middelnl. *nachtmare, nachtmere, nachtmeer, nachtmerie,* ook *nachtmoeder!;* het tweede lid is *mare* [nachtspook, kwelgeest], oudhd., oudnoors *mara,* oudeng. *mare;* buiten het germ. oudiers *mor-,* oudkerkslavisch *mara* [gemoedsaandoening], **russ.** *mara* [verlokking, visioen].

nadat [na verloop van] middelnl. *nadat,* naast *na dien dat.*

nadeel [schade] (eind 16e eeuw), vgl. *voordeel.*

nademaal [omdat] middelnl. *nade(n)mael* < *na den maal, maal* [tijdstip].

nadir [voetpunt] < **fr.** *nadir* [idem] < **ar.** *an naẓīr* [het tegenovergestelde, de tegenhanger, d.w.z. van het zenith], bij het ww. *naẓara* [hij keek, hij bevond zich tegenover].

nadruk [klemtoon] vermoedelijk in de 18e eeuw gevormd naar **hd.** *Nachdruck.*

nafta, naft [petroleum] middelnl. *napte* [petroleum] < **lat.** *naphta* < **byzantijns-gr.** *naphta* < **aramees** *naftā* < **akkadisch** *napṭu.*

naga [slang] < oudindisch *nāga-* [slang, slangendemon].

nagana, ngana [veeziekte] < **bantoe** *ngana.*

nageïre [een Japanse manier van bloemschikken] van **japans** *nageru* [werpen] + *ireru* [doen binnengaan, ergens in stoppen].

nagel [hoorn op laatste voet- en handkootjes, spijker] middelnl. *nagel, negel, nachgel* [nagel aan het lichaam, spijker, kruidnagel], oudsaksisch, oudhd. *nagal,* oudfries *neil,* oudeng. *nœg(e)l,* oudnoors *nagl,* gotisch *nayl* (ww.) *nagljan* [nagelen, spijkeren]; buiten het germ. **lat.** *unguis,* **gr.** *onux* (2e nv. *onuchos),* **oudiers** *ingen,* **litouws** *nagutis,* (*naga* [hoef]), oudkerkslavisch *nogŭtĭ,* verkleiningsvorm van *noga* [voet, been], oudindisch *nakha-* [nagel].

naïef [argeloos, onnozel] < **fr.** *naïf* [natuurlijk, ongekunsteld, onnozel, naïef] < **lat.** *nativus* [door geboorte ontstaan, aangeboren, natuurlijk], van *nasci* (verl. deelw. *natus*) [geboren worden].

naijver [wedijver] sedert Hooft, waarschijnlijk van *naijveren,* dat in dezelfde tijd verschijnt, van *na* + *ijver.*

naja [slang] → *naga.*

najade [waternimf] < **lat.** *Naias* (2e nv. *Naiadis*) [waternimf] < **gr.** *nèis* [bronnimf], verwant met **lat.** *natare* [zwemmen], **gr.** *nèsos* [eiland].

naken [naderen] middelnl. *naken, naecken, neken* [idem], van *na,* met *k* ontstaan uit de *n* in *na* weggevallen *h* en de begintconsonant van het ww. achtervoegsel → *genaken.*

nalatenschap [erfenisboedel] (1683) < **hd.** *Nachlassenschaft.*

Nama [Hottentot] van de stam die woont in *Namaqualand* (*Namaqua* is mv. van *Nama*).

namaals [later] middelnl. *namaels, naermaels,* middelnd. *namals;* van *na* + *maal,* vgl. voor de vorming *eertijds.*

namaze [Turks bidkleedje] < **turks** *namazkh* [idem], van *namaz* [het belangrijkste mohammedaans gebed, dat vijfmaal daags wordt gebeden] < **perzisch** *namāz* [idem].

namelijk [met name] middelnl. *namelike* [met name, uitdrukkelijk, vooral, uitsluitend, evenzo, persoonlijk], en het bijw. *namelijc* [met name genoemd, uitdrukkelijk bepaald, dezelfde], middelnd. *nempliken,* middelhd. *namelich.*

namens [uit naam van] (1832) < **hd.** *namens,* in de 18e eeuw gevormd van *mit Namen.*

Namibië [geogr.] < **hottentots** *Namib* [grote vlakte], een naam die oorspr. werd gegeven aan het woestijngebied ten oosten van de Walvisbaai.

namptiseren, nantiseren [tot zekerheid storten] middelnl. *nampteren, namptiseren* [een eiser voorlopig bevredigen], *nampt* [voorlopige bevrediging] < **fr.** *nantir* [onderpand geven], van **oudfr.** *nant* [onderpand], uit het germ., vgl. middelnl. *name* [het nemen, ontvangen].

nandi [de stier, die dienaar en rijdier is van Shiva, epitheton van Shiva, ook wel van Vishnu] < oud-

nandoe — Nathanaël

indisch *nandi* [de gelukkige], van *nanda* [geluk, vreugde].

nandoe [loopvogel] < **tupi** *nhandu*.

nangka [zuurzak] < **maleis, javaans** *nangka*.

nanisme [dwerggroei] gevormd van **lat.** *nanus* [dwerg] < **gr.** *nanos* [idem].

Nanking [geogr.] < **chinees** *nan* [zuiden] + *ching* [hoofdstad], dus zuidelijke hoofdstad, in tegenstelling tot *Peking* → *Pekinees*.

nano- [dwerg-] → *nanisme*.

nansoek [weefsel] < **fr.** *nansouk* < **hindi** *nansuk*.

nantiseren → *namptiseren*.

nap [beker] **middelnl.** *nap(pe)*, **oudsaksisch** *hnapp*, **oudhd.** *hnapf*, **oudeng.** *hnæpp*, **oudnoors** *hnappr*; mogelijk i.v.m. oudnoorse nevenvorm *knappr* verwant met *knop*.

napalm [vulling van brandbom] < **eng.** *napalm*, gevormd van *naphthene*, van *nafta* (vgl. **nafta**) + *palmitate* < *palmite* [pit van de palm] (vgl. *palm*).

napkin [tafellaken] < **eng.** *napkin* < **middeleng.** *nap(p)ekin*, verkleiningsvorm van *nap(p)e* < **oudfr.** *nap(p)e* [idem], gedissimileerd uit **me. lat.** *nappa* (vgl. **nappa**).

Napolitaans [van Napels] < **fr.** *napolitain* < **it.** *napoletano* < **lat.** *neapolitanus*, van *Neapolis* < **gr.** *Neapolis*, van *nea*, vr. van *neos* [nieuw] + *polis* [stad], verwant met **oudindisch** *pur-* (vgl. *Singapore* [leeuwenstad]), dus nieuwe stad, zo genoemd door de kolonisten van Cumae die haar stichtten.

nappa [nappaleder] < **eng.** *nappa*, genoemd naar de plaats *Napa* ten noorden van Berkeley in Californië.

nar [zot] **middelnl.** *nar(re)* [zot, dwaas, potsenmaker, nar], **oudhd.** *narro*, van **middelnl.** *narren* [grommen (?)].

narcis [sierplant] (1554) < **lat.** *narcissus* < **gr.** *narkissos*, van vóór-gr. herkomst, maar in verband gebracht met *narkè* (vgl. *narcose*); de plant had pijnstillende eigenschappen.

narcisme [liefde voor zichzelf] < **hd.** *Narzissismus*, door Sigmund Freud (1856-1939) gevormd van de naam van de mythische *Narcissus*.

narcose [verdoving] gevormd van **byzantijns-gr.** *narkōsis* [verstarring, verdoving, ook in medisch opzicht], van *narkoun* [verstarren, verlamd raken], van *narkè* [sidderaal, plotselinge verstijving] (vgl. *narcis*).

narcoticum [bedwelmend middel] < **modern lat.** *narcoticum* < **gr.** *narkōtikon*, o. van *narkōtikos* [verdovend] (vgl. *narcose*).

nardus [plant] < **lat.** *nardus, nardum* < **gr.** *nardos* [plant waaruit nardusolie wordt bereid], uit het semitisch, vgl. **hebr.** *nēred*, **aramees** *nirdā*, **akkadisch** *lardu*, die mogelijk stammen van **oudindisch** *nalada-* [nardus], hoewel ook het oudindisch omgekeerd kan hebben ontleend aan woorden in Voor-Azië.

nargileh [waterpijp] < **turks** *nargile* < **perzisch** *nārgīleh* [idem], van *nārgīl* [kokospalm] < **oudindisch** *nārikala-* [kokoshout]; waterpijpen werden oorspr. gemaakt van de schalen van kokosnoten.

narratief [verhalend] < **fr.** *narratif* < **lat.** *narrativus* [geschikt om te verhalen], van *narrare* (verl. deelw. *narratum*) [verhalen], idg. verwant met *kennen* (in het lat. viel een *g* weg voor de *n*).

narren [een narreslee rijden] → *ar* [1].

narthex [voorhal van kerk] < **gr.** *narthèx* [grote schermbloemige plant, in byzantijns gr. voorhal van kerk].

narwal [walvisachtige] (1769) < **deens, noors** *narhval* < **oudnoors** *nahvalr*, van *nar* [lijk], **gotisch** *naus* [idem], vgl. **oudkerkslavisch** *navĭ*, **oudcornisch** *naun* [lijk], **lets** *nawe* [dood (zn.)]; vermoedelijk zo genoemd naar de wittige huid. Voor het tweede lid vgl. *walvis*.

nasaal [neus-] < **fr.** *nasal*, van **lat.** *nasus* [neus], daarmee idg. verwant.

nasi [gekookte rijst] < **maleis** *nasi* [(gekookte) rijst].

nasi rames [rijstgerecht] < **maleis** *nasi rames* [rijst met groente etc. door elkaar], *ramas, meramas* [kneden].

nasjen [eten] < **hd.** *naschen* [snoepen], **oudhd.** *naskon*, **deens** *(g)naske*, **zweeds dial.** *naska*, vgl. ook **nd.** *gnaschen;* in oorspr. klanknabootsend.

Nassau [een hertogdom] in de 8e eeuw *Nasouge* < **oudhd.** *naz* [nat] + *augia*, verlatijnsing van *ouwe*, vgl. het tweede lid van *Betuwe*, dus waterrijk land, land dat als weide benut wordt.

nastie [krommingsbeweging van planten] < **gr.** *nastos*, verl. deelw. van *nassein* [vaststampen, vastdrukken].

nasturtium [waterkers] < **lat.** *nasturtium*, *nasturcium* [idem], van *nasus* [neus] + *torquēre* (verl. deelw. *tortum*) [draaien, verdraaien]; vanwege de sterke lucht ervan.

nat [vloeibaar, vochtig] **middelnl.** *nat(e), naet*, **oudnederfrankisch, middelnd.** *nat*, **oudhd.** *naz*, **gotisch** *natjan* [nat maken]; etymologie onzeker.

nataal [geboorte-] < **lat.** *natalis* [idem], van *nasci* (verl. deelw. *natum*) [geboren worden] (vgl. *natie*).

Natal [geogr.] afgeleid van *Terra Natalis*, welke naam door Vasco da Gama, die het op kerstdag 1497 ontdekte, eraan gegeven werd; van **lat.** *natalis* [van de geboorte, geboortedag, geboortedag van Christus] (vgl. *nataal*) + *terra* [land].

nataliteit [geboortencijfer] < **fr.** *natalité*, gevormd op basis van **lat.** *natalis* [geboorte-], van *natus* [geboren], verl. deelw. van *nasci* [geboren worden] (vgl. *natie*).

naterkruid [adderkruid] het eerste lid is **middelnl.** *nater, nadere* (vgl. *adder*).

Nathanaël [oprecht iemand] naar Johannes 1:48 < **hebr.** *netan 'ēl* [God heeft gegeven], van *nātān* [hij heeft gegeven], **akkadisch** *nadānu* [geven] + *ēl* [God].

natie [volk] **middelnl.** *nacie, natie* < **fr.** *nation* < **lat.** *nationem,* 4e nv. van *natio* [geboorte, afkomst, volksstam, natie], van *nasci* [geboren worden], verwant met *gignere* [verwekken], **gr.** *gignesthai* [geboren worden] (vgl. ***genus, Genesis, natuur***).

natief [geboortig, naturel] < **fr.** *natif* < **lat.** *nativus* [door geboorte ontstaan, aangeboren, natuurlijk], van *nasci* (verl. deelw. *natum*) [geboren worden] (vgl. ***natie***).

nationaal [volks-, staats-] < **fr.** *national,* van *nation* < **lat.** *nationem,* 4e nv. van *natio* (vgl. ***natie***).

nationaliteit [het behoren tot een bepaalde natie] < **fr.** *nationalité,* gevormd onder Napoleon I van *national* [nationaal], van **oudfr.** *nation* [geboorte, afkomst, in fr. natie].

nativiteit [geboortencijfer] < **fr.** *nativité* [idem] < **lat.** *nativitatem,* 4e nv. van *nativitas* [geboorte], van *nasci* (verl. deelw. *natum*) [geboren worden] (vgl. natie).

natrium [chemisch element] < **modern lat.** *natrium,* gevormd van ***natron***.

natron [soda] < **fr.** *natron* < **spaans** *natrón* < **ar.** *naṭrūn* < **gr.** *nitron* [idem], uit het semitisch, vgl. **hebr.** *nether,* **aramees** *nitrā* < **egyptisch** *ntry* [goddelijk].

natté [stof in panamabinding] < **fr.** *natté,* verl. deelw. van *natter* [vlechten], van **me. lat.** *natta* < **chr. lat.** *matta* [mat] (vgl. ***mat²***).

natura [natuur] < **lat.** *natura* (vgl. ***natuur***).

naturaliseren [opnemen als staatsburger] < **fr.** *naturaliser* [idem], van *naturel* [natuur-] < **lat.** *naturalis* [idem], van *natura* [natuur].

naturel [natuurlijk] < **fr.** *naturel* < **lat.** *naturalis* [natuurlijk, aangeboren], van *natura* (vgl. ***natuur***).

natuur [aangeboren neiging, landschap] **middelnl.** *nature, natuer(e)* < **fr.** *nature* < **lat.** *natura* [geboorte, natuur, aard, schepping, wereld], van *nasci* (verl. deelw. *natum*) [geboren worden] (vgl. ***natie***).

naumachie [scheepsgevecht] < **lat.** *naumachia* < **gr.** *naumachia* [idem], van *naus* [schip] (vgl. ***nautisch***) + *machè* [strijd], idg. verwant met ik ***mag, macht***).

nauplius [larve van schaaldier] < **gr.** *nauplios* [zeevarend], van *naus* [schip] (vgl. ***nautisch***) + *pleō* [ik vaar], **lat.** *pluit* [het regent], **armeens** *hetum* [ik giet], **litouws** *plauti* [wassen], **oudindisch** *plavate* [hij zwemt, drijft] (vgl. ***vlieten***).

nautilus [slak] verlatijnsing van **gr.** *nautilos* [de zee bevarend, zeevaarder, een soort poliep] (vgl. ***nautisch***).

nautisch [scheepvaart-] < **lat.** *nauticus* [van de schepelingen of schepen] < **gr.** *nautikos* [idem], van *naus* [schip], **oudiers** *nau,* **welsh** *noe,* **armeens** *nav,* **oudnoors** *nōr,* **oudindisch** *nauh,* **lat.** *navis* (vgl. ***navigatie***).

nauw [niet wijd] **middelnl.** *na(e)uwe, nouwe, neuwe,* **middelhd.** *nawe, nouwe* (**hd.** *genau*), **oudeng.** *hneaw,* **oudnoors** *hnöggr,* **oudnoors** *hnöggva* [stoten]; verwant met ***fnuiken***.

nauwelijks [amper] (16e eeuws) *nauwelijcs,* met het bijwoorden vormende achtervoegsel *s* gevormd van **middelnl.** *nauwelike* [nauw].

navaal [scheepvaart-] < **lat.** *navalis* [scheeps-], van *navis* [schip] (vgl. ***nautisch***).

navegaar → ***avegaar***.

navel [plaats van navelstreng] **middelnl.** *naffel(e), navel(e),* **oudhd.** *nabalo,* **oudfries** *navla,* **oudeng.** *nafela,* afgeleid van ***naaf;*** de navel werd vergeleken met de naaf van het wiel, vgl. **oudindisch** *nābhi-* [navel, naaf].

navenant [overeenkomstig] (1514) < *na avenant* [naar verhouding], **middelnl.** *avenant* [evenredigheid, verhouding] < **oudfr.** *avenant,* eig. teg. deelw. van *avenir* < **lat.** *advenire* [aankomen, naderen, ten deel vallen], van *ad* [naar] + *venire* [komen], daarmee idg. verwant.

navet [schietspoel] < **fr.** *navette* [eig. schuitje], verkleiningsvorm van **oudfr.** *nef* < **lat.** *navis* [schip] (vgl. ***nautisch***).

navicert [scheepsdocument voor non-belligerent] < **eng.** *navigation certificate* [scheepsdocument].

navigabel [bevaarbaar] < **fr.** *navigable* < **lat.** *navigabilis* [idem], van *navigare* (vgl. ***navigeren***).

navigatie [scheepvaart] < **fr.** *navigation* < **lat.** *navigationem,* 4e nv. van *navigatio* [het varen, scheepvaart, zeereis], van *navigare* (verl. deelw. *navigatum*) (vgl. ***navigeren***).

navigeren [een schip vakkundig besturen] < **fr.** *naviguer* < **lat.** *navigare* [varen, een zeereis ondernemen], van *navis* [schip] (vgl. ***nautisch***).

navrant [hartverscheurend] < **fr.** *navrant,* teg. deelw. van *navrer* [wonden] < **oudnoors** *nafarra* [doorboren].

nawaren [met de ogen volgen] **middelnl.** *nawaren* [beloeren, bespieden] (vgl. ***waarnemen***).

nazaat [nakomeling] **middelnl.** *nasate,* van ***zitten***.

Nazareth [geogr.] < **hebr.** *nātsrat,* waarvan de etymologie onbekend is.

nazi [nationaal-socialist] < **hd.** *Nazi,* verkorte naam voor een lid van de *Nationalsozialistische Deutsche Arbeiterpartei,* vgl. *Sozi(alist)*.

nazireeër [Israëliet die bepaalde onthoudingsgeloften heeft gedaan] < **hebr.** *nāzīr* [(toe)gewijd, eig. afgescheiden], van het ww. *nāzāra* [afscheiden, toewijden].

Neanderthaler [mens waarvan fossiele resten gevonden zijn] genoemd naar de vindplaats, het *Neandertal* tussen Düsseldorf en Elberfeld.

nearctisch [m.b.t. het gebied tussen poolcirkel en Mexico] gevormd van **gr.** *neos* [nieuw], daarmee idg. verwant, + ***arctisch***.

neartrose [vorming van schijngewricht] van **gr.** *neos* [nieuw] daarmee idg. verwant, + ***arthrose***.

neb, nebbe [snavel] **middelnl.** *neb(be), nyb,* **oudeng.** *nebb(e)* (**eng.** *neb, nib*), **oudnoors** *nebbi,* vgl. de vormen met *s* onder ***sneb*** en ***nippel***.

nebbis, nebbisch, nebbisj [uitroep van medelijden]

nebuleus — nefelometer

aggenebbisj, oggenebbisj, oggenemmes < **hebr.**
achaija èmèt [zeker waar, inderdaad] of **jiddisch**
auch in èmèth [ook inderdaad], **rotwelsch**
nebbich [ja, zeker, jammer]; de grondbetekenis zal
dus zijn 'amen, het zij zo, er is niets aan te doen'.

nebuleus [nevelachtig] < **fr.** *nébuleux* < **lat.**
nebulosus [idem], van *nebula* [nevel], daarmee
idg. verwant.

nebulist [die in vage omtrekken schildert] gevormd
van **lat.** *nebula* [nevel], daarmee idg. verwant.

nebulium [element waarnaar vergeefs werd gezocht] gevormd van **lat.** *nebula* [nevel], daarmee
idg. verwant.

necessaire [reisetui] < **fr.** *nécessaire* [idem] < **lat.**
necessarius [onvermijdelijk, noodzakelijk], van
necesse [onvermijdelijk, noodzakelijk], van het
ontkennend *ne-* + *cedere* [weggaan].

necessiteit [noodzakelijkheid] < **fr.** *nécessité* < **lat.**
necessitatem, 4e nv. van *necessitas* [onvermijdelijkheid, noodzaak], van *necesse* [onvermijdelijk]
(vgl. **necessaire**).

necrofiel [seksuele begeerte naar lijken hebbend]
van **gr.** *nekros* [lijk] + *philos* [een vriend van].

necrologie [lijkrede] < **fr.** *nécrologie* < **me. lat.**
necrologium, gevormd van **gr.** *nekros* [lijk]
+ *logos* [woord, verhandeling].

necromantie [dodenbezwering] < **fr.** *nécromancie*
< **me. lat.** *necromantia*, naast *nigromantia*, gevormd van **gr.** *nekros* [lijk] + *manteia* [het waarzeggen, voorspellen, de wijze waarop het orakel
wordt meegedeeld], van *mantis* [profeet, ziener];
blijkens de vormen is reeds in de middeleeuwen
volksetymologische verwarring opgetreden met
niger [zwart], door de gedachte aan zwarte kunst.

necropolis [dodenstad] gevormd van **gr.** *nekros*
[lijk] + *polis* [stad], dus dodenstad; de vorm *polis*
is verwant met **oudindisch** *pur-* [idem] (vgl. **Singapore** [leeuwenstad]).

necropsie [lijkopening, autopsie] gevormd van **gr.**
nekros [lijk] + *opsis* [het zien] (vgl. **optisch**).

necrose [weefselversterving] < **gr.** *nekrōsis* [het afgestorven zijn], van *nekroō* [ik maak dood], van
nekros [lijk].

nectar [godendrank] < **fr.** *nectar* < **lat.** *nectar* < **gr.**
nektar [de drank der goden], uit het semitisch,
vgl. **hebr.** *jājin niqtār* [kruidenwijn], *jājin* [wijn] >
jajem, *niqtār* [welriekend], verwant met **ar.**
qatara [hij gaf geur af, was gierig], **akkadisch**
qutru [rook], *qutrinnu* [wierookoffer].

neder, neer [naar beneden] **middelnl.** *neder*, **oudnederfrankisch**, **oudfries** *nither*, **oudsaksisch**
niðar, **oudhd.** *nidar*, **oudeng.** *niðer* (**eng.** *nether*), **oudnoors** *niðr*, vergrotende trap van een basis, die te voorschijn komt in **middelnl.** *niel* [voorover op de grond liggend], **nl. dial.** *nuul-*, in **vernielen** en verborgen zit in **nest**, vgl. ook **beneden**;
buiten het germ. **lat.** *nidus* [nest], **oudindisch**
nīḍa- [leger van dieren, rustplaats], **gr.** *neios*
[veld, eig. laag land], **oudkerkslavisch** *niva*
[idem], **oudindisch** *ni* [neer-], *nitarām* [naar beneden, neerwaarts].

nederig [ootmoedig] in de Deux-Aes-Bijbel overgenomen uit Luthers *niedrich*.

nederlaag [het overwonnen worden] **middelnl.**
nederlage [manslag, nederlaag, slachting, schade], **middelnd.** *nedderlage*, **middelhd.**
niderlage; van **neder** + **middelnl.** *lage* [ligging];
ontleend aan het hd..

nee [ontkenning] vermoedelijk < **neen**.

neef [zoon van broer, zus, oom of tante] **middelnl.**
neve, neef [kleinzoon, neef], **oudsaksisch** *nebo*,
oudhd. *nevo*, **oudfries** *neva*, **oudeng.** *nefa*, **oudnoors** *nefi* [neef, ook bloedverwant]; buiten het
germ. **lat.** *nepos* [kleinzoon, neef], **gr.** *nepodes*
[afstammelingen], **welsh** *nei* [zoon van zuster],
oudindisch *napāt-* [zoon, kleinzoon, afstammeling].

neen [ontkenning] **middelnl.** *neen, nee* in oost-middelnl. *geen*, **oudsaksisch** *nēn*, **oudhd.** *nein*,
vgl. **oudeng.** *nān*, **oudnoors** *neinn* [geen], is ontstaan uit *niet een*; het eerste lid **middelnl.** *ne;* in
alle oudgerm. talen *ni, ne;* buiten het germ. **lat.**,
gr., **oudiers** *ne-*, **oudkerkslavisch** *ne*, **litouws**
ne, **oudindisch** *na* [niet].

neep [het knijpen] **middelnl.** *nepe;* van **nijpen**,
(*neep, genepen*).

neer[1] [dorsvloer] **middelnl.** *ere(n)* [vloer, dorsvloer] < **lat.** *area* [open vlakte, binnenplaats, dorsvloer]; de *n* is overgenomen uit het voorgevoegde
lidw. in de verbogen nv..

neer[2] [tegenstroom] **middelnl.** *neer*, vermoedelijk
uit *neer*, **neder**, dus neergaande stroom; mogelijk
echter te combineren met **oudnoors** *iða* [tegenstroom, draaikolk], vergelijkbaar met *et-* in
etgroen, en dan met de *n* ontstaan uit *een eer*.

neer[3] [omlaag] → **neder**.

neerslachtig [bedroefd] **middelnl.**
nederslachtich, vgl. **hem nederslaen** [zich verootmoedigen].

neerstik [geborduurde borstlap] van **neer**[3] + **stik**
[stuk], dus lett. (kleding)stuk dat onder iets anders
wordt gedragen.

neet [luizeëi] **middelnl.** *net(t)e, neet*, **middelnd.**
nete, nit, **oudhd.** *(h)niz* (**hd.** *Niss*), **oudeng.** *hnitu*
(**eng.** *nit*), **oudnoors** *gnit;* buiten het germ. **gr.**
konis (2e nv. *konidos*, verwant met *knaō* [ik krabbel]), **middeliers** *med*, **albaans** *tkeni*, **russ.**
gnida.

nefast [verderfelijk] < **fr.** *néfaste* [idem] < **lat.**
nefastus [ongeluks-, zondig, verboden], van ontkennend *ne-* + *fastus* in *dies fasti* [dagen waarop
recht mocht worden gesproken], van *fari* [spreken, verkondigen], *fas* [goddelijke wet, eig. wat de
godheid zegt]; er is verwarring ontstaan met
faustus [gelukbrengend].

nefelien [steensoort] < **gr.** *nephelè* [wolk, nevel],
daarmee idg. verwant; zo genoemd omdat het
wolkig wordt in salpeterzuur.

nefelometer [toestel om troebeling in suspensie te
meten] gevormd van **gr.** *nephelè* [nevel], daarmee idg. verwant, + **meter**[1].

neffens [nevens] → *neven*.
nefoscoop [toestel om bewegingen van wolken te bepalen] gevormd van **gr.** *nephos* [wolk, nevel], daarmee idg. verwant, + *skopein* [kijken naar], idg. verwant met *spieden*.
nefralgie [nierkoliek] gevormd van **gr.** *nephros* [nier], daarmee idg. verwant, + *algos* [pijn].
nefriet [steensoort] gevormd van **gr.** *nephros* [nier], daarmee idg. verwant. Aan de steen werd bescherming tegen nierziekten toegeschreven.
nefritis [nierontsteking] gevormd van **gr.** *nephros* [nier], daarmee idg. verwant.
neg, negge [zelfkant] van *eg* [scherpe kant] met een oneigenlijke *n* die stamt van het voorgevoegd lidw. *een*.
negatie [ontkenning] < **fr.** *négation* < **lat.** *negationem,* 4e nv. van *negatio* [idem], van *negare* (verl. deelw. *negatum*) [neen zeggen, ontkennen, loochenen], idg. verwant met *neen*.
negatief [ontkennend] < **fr.** *négatif* < **lat.** *negativus* [ontkennend], van *negare* (vgl. **negatie**); fotografisch negatief < **fr.** *négative* < *épreuve négative*.
negen [hoofdtelwoord] **middelnl.** *negen,* **oudsaksisch** *nigun,* **oudfries** *ni(u)gun,* **oudhd.,** **gotisch** *niun,* **oudeng.** *nigun,* **oudnoors** *niu;* buiten het germ. **lat.** *novem,* **gr.** *ennea,* **albaans** *nende,* **oudiers** *noin,* **welsh** *naw,* **oudindisch** *nava*.
negentig [negen keer tien] **middelnl.** *tnegentich, negentich,* **middelnd.** *negentich,* **oudhd.** *niunzug,* **oudeng.** *hundnigontig,* **oudwestfries** *tniogentich;* de t- in de anlaut schijnt een restant te zijn van *hund,* dat eigenlijk 'tiental' betekent (vgl. **honderd**), dus 'tiental van negen', terwijl *-tig* eveneens 'tiental' betekent.
neger [zwarte] (1739) < **spaans, portugees** *negro* [zwart, neger] < **lat.** *niger* [zwart, donker] (vgl. *Nigeria*).
negeren [ontkennen] (16e eeuws) < **lat.** *negare* (vgl. **negatie**).
negeret [pluk pruimtabak] < **eng.** *negro-head* [een pluk zwarte tabak], vgl. *niggerhead* als benaming voor uiteenlopende donkere ronde zaken.
negerij, negorij [gehucht] (1619) < **maleis** *negeri* [stad, land, district] < **oudindisch** *nagara* [stad, residentie van de koning]; de ongunstige betekenis in het nl. ontstond waarschijnlijk doordat talrijke minuscule dorpjes hun gemeenschap als negeri aanduidden, vgl. het begrip *radja* in b.v. de Bataklanden.
negerzaad [vrucht] verbasterd uit *nigerzaad*.
negge [lat langs deurkozijn] → *neg*.
negligé [huisgewaad] < **fr.** *négligé,* eig. verl. deelw. van *négliger* [onachtzaam behandelen] < **lat.** *negligere, negligere* [veronachtzamen], van *nec* [en niet, maar niet] + *legere* [kiezen].
negligent [slordig] **middelnl.** *negligent* < **fr.** *négligent* < **lat.** *negligentem,* 4e nv. van *negligens,* teg. deelw. van *negligere* (vgl. **negligé**).
negligentie [veronachtzaming] **middelnl.** *negligentie* < **fr.** *négligence* [idem] < **lat.**

negligentia [zorgeloosheid, verwaarlozing, onverschilligheid], van *negligens* (vgl. **negligent**).
negligeren [verzuimen] < **fr.** *négliger* < **lat.** *negligere* (vgl. **negligé**).
negorij → *negerij*.
negotiant [handelaar] < **fr.** *négociant* < **lat.** *negotiantem,* 4e nv. van *negotians,* teg. deelw. van *negotiare, negotiari* [geldhandel drijven, handel drijven], van *negotium* (vgl. **negotie**).
negotiatie [koophandel, geldlening, onderhandeling] (1523) < **fr.** *négociation* < **lat.** *negotiationem,* 4e nv. van *negotiatio* [bankierszaak, handelszaak, handel], van *negotiare* (vgl. **negotiant**).
negotie [koopwaar] (1520) *negotie* [handel] < **lat.** *negotium* [bezigheid, werkzaamheid, handelszaak, zaken], van *neque* of *nec* [en niet] + *otium* [vrije tijd, ambteloos leven, ledigheid, rust], idg. verwant met **hd.** *Öde*.
negotiëren [onderhandelen] < **fr.** *négocier* [idem] < **lat.** *negotiare, negotiari* [geldhandel drijven, handel drijven], van *negotium* (vgl. **negotie**).
negrillen [pygmoïden] < **spaans** *negrillo,* verkleiningsvorm van *negro* (vgl. **neger**).
negrito [pygmee] < **spaans** *negrito,* verkleiningsvorm van *negro* (vgl. **neger**).
negroïde [met negerkenmerken] van o.a. **eng.** *negro* (vgl. **neger**) + *-oïde*.
negro-spirituals [geestelijke liederen van Amerikaanse negers] < **amerikaans-eng.** *negro-spirituals,* van *negro* < **spaans, portugees** *negro* (vgl. **neger**) + *spiritual* < **oudfr.** *spirituel* [geestelijk], of < **lat.** *spiritualis* [idem], van *spiritus* [diep ademhalen, leven, geest].
negus[1] [Ethiopische keizerstitel] < **amhaars** *negūsh* [koning].
negus[2] [een soort van warme wijn] < **eng.** *negus,* genoemd naar de samensteller ervan, kolonel Francis Negus († 1732).
nehrung [strandwal] < **hd.** *Nehrung* [schoorwal van haf]; hetzelfde woord als **nl.** *neer*[2] [tegenstroom].
neien [hinniken] **middelnl.** *neyen,* **oudeng.** *hnægan* (**eng.** *to neigh*), **oudnoors** *ghneggja;* klanknabootsende vorming.
neigen [buigen] **middelnl.** *ne(i)gen,* **oudsaksisch** *gihnegian,* **oudhd.** *(h)neigan,* **oudeng.** *hnægan,* **oudnoors** *hneigja* [buigen], **gotisch** *hnaiwjan* [vernederen]; vermoedelijk causatief bij **nijgen**.
nek [achterste deel van hals] **middelnl.** *nec(ke),* **middelnd.** *necke,* **oudfries** *hnekka,* **oudeng.** *hnecca,* naast **middelnl.** *nac(ke),* **oudhd.** *hnac,* **oudnoors** *hnakkr;* buiten het germ. **oudiers** *cnocc,* **welsh** *cnwch* [heuvel]; verwant met **nok**.
nekken [doden] afgeleid van **nl.** *nek,* eig. 'de nek breken'.
nekton [zichzelf voortbewegende waterfauna] < **gr.** *nèkton,* o. van *nèktos* [zwemmend], van *nèchein* [zwemmen].
nel [troef] (1855), ouder (1727) *menel* < **fr.** *menille,*

manille, malille < **spaans** *malilla* [tweede troefkaart], verkleiningsvorm van *mal* [slecht] < **lat.** *male* [idem].

nelson [worstelgreep] < **eng.** *nelson*, stellig een persoonsnaam, echter niet geïdentificeerd.

nematicide [bestrijdingsmiddel van aaltjes] gevormd van **gr.** *nèma* (2e nv. *nèmatos*) [draad], waarvan afgeleid de naam *nematoden* voor een bep. soort wormen + **lat.** *caedere* (in samenstellingen *-cidere*) [doden], idg. verwant met *heien* [1].

nemen [grijpen, gebruiken] **middelnl.** *nemen*, **oudnederfrankisch, oudsaksisch, oudeng., gotisch** *niman*, **oudhd.** *neman*, **oudfries, oudnoors** *nema;* buiten het germ. **lat.** *numerus* [getal], **gr.** *nemein* [uitdelen, nemen], **litouws** *imti*, **oudkerkslavisch** *imati* [nemen]; de oorspr. betekenis is 'toedelen'.

Nemesis [godin van de wraak] < **gr.** *Nemesis*, verpersoonlijking van *nemesis* [verontwaardiging, wraak der goden], van *nemein* [nemen, geven, uitdelen (ook het lot aan de mens)], idg. verwant met *nemen*.

nemoliet [dendriet, op varen of mos lijkende figuur in een steen] gevormd van **gr.** *nemos* [weide] + *lithos* [steen].

nenia [treurdicht] < **lat.** *nenia* [lijkzang door gehuurde klaagvrouw, later gewoon lied].

neodymium [chemisch element] verkort uit *neodidymium*, gevormd door de Oostenrijkse chemicus Karl baron Auer von Welsbach, van **gr.** *neos* [nieuw] + *didymium*, gevormd door de Zweedse chemicus Karl Gustav Mosander (1797-1858) van **gr.** *didumos* [dubbel, tweevoudig], een verdubbelingsvorm van *duō* [twee]; Mosander meende, dat wat hij ten onrechte aanzag voor een element, steeds samen met een ander element, lanthaan, voorkwam. Toen Von Welsbach didymium splitste, noemde hij het per resto door hem in didymium gevonden element neodidymium.

neofiel [die uit is op nieuwe dingen] gevormd van **gr.** *neos* [nieuw] + *philos* [een vriend van].

neofiet [nieuwbekeerde] < **gr.** *neophutos* [pas beplant, pas bekeerd], van *neos* [nieuw] + *phutos*, verl. deelw. van *phuein* [doen groeien, verwekken], idg. verwant met *bouwen* [1].

neofilisme [het najagen van nieuwigheden] → *neofiel*.

Neolithicum [geologische periode] gevormd van **gr.** *neos* [nieuw] + *lithos* [steen].

neomalthusianisme [streven naar beperking v.h. kindertal] gevormd van **gr.** *neos* [nieuw] + *malthusianisme*.

neomist [pasgewijde priester] gevormd van **gr.** *neos* [nieuw] + *mustès* [een in de mysteriën ingewijde] (vgl. *mysten*).

neon [chemisch element] gevormd van **gr.** *neon*, o. van *neos* [nieuw], dus het nieuwe element.

neontologie [biologie van thans levende organismen] gevormd van **gr.** *neos* [nieuw], naar analogie van *paleontologie*.

neoplasma [gezwel] gevormd van **gr.** *neos* [nieuw] + *plasma*.

neopreen [een synthetische rubber] gevormd van **gr.** *neos* [nieuw] + *isopreen*, van *isos* [gelijk] + *propyl, propionisch* met de chemisch uitgang *-yl*, propionisch van **gr.** *prōtos* [eerste] + *piōn* [vet].

neorama [combinatie van panorama en diorama] gevormd naar analogie van *diorama, panorama* met **gr.** *neos* [nieuw].

neotenie [het voortbestaan van larvale eigenschappen bij geslachtsrijpe amfibieën] gevormd van **gr.** *neotès* [jeugd], van *neos* [jong, nieuw], daarmee idg. verwant.

Neozoïcum [geologische periode] gevormd van **gr.** *neos* [jong, nieuw] + *zōïkos* [van de dieren], van *zōïon* [levend wezen], *zōös* [levend].

nep [bedrog] in *rotwelsch* (18e eeuws) *nappen* [iem. oplichten, plukken]; men heeft verband gezocht met **hd.** *noppen* [de wolknopen uit het weefsel plukken]; het hd. heeft overigens *Nepp* en *neppen*.

nepent, *nepenthes* [pijnstillend middel] ontleend aan Homerus' Odyssee *nèpenthes pharmakon* [het kruid (pharmakon), dat nepenthes is], o. van *nèpenthès* [vrij van pijn], van ontkennend *nè* + *penthos* [smart, pijn], verwant met *pathos* [het lijden].

nepotisme [begunstiging van familieleden met baantjes en goederen] gevormd van **lat.** *nepos* (2e nv. *nepotis*) [neef], daarmee idg. verwant. Het woord ontstond doordat pausen kerkelijke goederen overdroegen aan wat zij eufemistisch hun neven noemden.

neppe, nippe [kattekruid] **middelnl.** *nepte, nipte* < **lat.** *nepeta*, genoemd naar de stad *Nepeta*, tegenwoordig *Nepi*, in Etrurië.

nepschore [goederen afkomstig van oplichting] gevormd van *nep* + *schore*.

neptunisme [leer dat alle gesteente zich uit water heeft afgezet] genoemd naar *Neptunus*, de Romeinse god van de zee, wiens naam verwant is met *nevel*.

neptunium [chemisch element] de naam stamt van het feit, dat neptunium in het periodiek systeem van de elementen transuraan is, een hoger nummer dan uraan heeft, zoals de baan van Neptunus buiten die van Uranus ligt.

nereïde [waternimf] < **gr.** *nèrèïs* (2e nv. *nèreidos*), dochter van *Nèreus*, wiens naam samenhangt met *nāros* [stromend].

nerf[1] [oneffenheid in leer] **middelnl.** *nerwe, nerve* [nerf, teken van een verminking], **middelnd.** *narwe, nare*, **oudhd.** *narwa;* voor *f* < *w* vgl. *verf*; verwant met *naar*[2].

nerf[2] [zenuw] (1850) < **fr.** *nerf* < **lat.** *nervus* [pees, spier, zenuw], idg. verwant met *naaien;* in de vroege geschiedenis werden pezen gebruikt bij wijze van naaigaren.

nergens [op geen plaats] met ontkennend *n(e)* naast *ergens*.

nerietslak [soort slak] van gr. *nèritès* [een soort zeeslak], van *Nèreus* (vgl. *nereïde*).

nerine [bolgewas] < lat. *Nerine* [Thetis], van *Nereus* [de god van de zee] < gr. *Nèreus* (vgl. *nereïde*).

nering [bedrijf] middelnl. *neringe* [broodwinning], van *hem neren* [in zijn onderhoud voorzien], van *neren* [zich voeden] (vgl. *generen*[1]).

neritisch [m.b.t. de zee van het continentaal plat] gevormd van gr. *nèritès, anaritès* [een soort zeeslak] (vgl. *nerietslak*).

neroli, neroli-olie [olie uit oranjebloesem] < fr. *néroli* < it. *neroli,* genoemd naar de ontdekster ervan, Anna Maria de la Tremoïlle, echtgenote van de Italiaanse Prins van *Nerole*.

nerts [marterachtige] < hd. *Nerz,* uit het slavisch, vgl. russ. *norka,* pools *nurek,* **oudpruisisch** *naricie* [nerts, duiker], **oudkerkslavisch** *norĭcĭ* [duiker], van *nora* [hol].

nervaal [zenuw-] van lat. *nervus* [pees, spier, zenuw], idg. verwant met *naaien*.

nervatuur [nervenstructuur] gevormd van *nerf*[2].

nerveus [zenuwachtig] < fr. *nerveux* [idem] < lat. *nervosus* [gespierd, pittig, vol zenuwen], van *nervus* [spier, pees, zenuw], idg. verwant met *naaien* + *-osus* [vol van].

nervositeit [zenuwachtigheid] < fr. *nervosité* [idem] < lat. *nervositas,* van *nervosus* (vgl. *nerveus*).

nes[1] [landtong, schor] in plaatsnamen ook *-nisse,* middelnl. *nes(se);* ablautende nevenvorm van *neus*.

nes[2] [zacht, week] middelnl. *nesch, nisch,* oudeng. *hnesce* (eng. *nesh*), gotisch *hnasqus;* buiten het germ. Iets *knuost* [tussen de veren krabben], **oudindisch** *kiknasa-* [deeltjes gemalen koren] (vgl. *nek*).

nesologie [leer der eilanden] gevormd van gr. *nèsos* [eiland], verwant met lat. *nare* [zwemmen], oudiers *snam* [het zwemmen], **oudindisch** *snāti* [hij zwemt] + gr. *logos* [woord, verhandeling].

nest [vogelbroedplaats] middelnl., middelnd., oudhd., oudeng. *nest;* buiten het germ. lat. *nidus,* met volksetymologische veranderingen litouws *lizdas,* oudkerkslavisch *gnězdo,* oudiers *net,* welsh *nyth,* armeens *nist,* oudindisch *niḍa-;* het woord is samengesteld uit een eerste lid dat ook in *neder* wordt gevonden en een tweede dat in *zitten* voorkomt, dus iets waarop wordt gezeten.

nestel [veter, schoudersieraad] middelnl. *nestel* [veter], **oudsaksisch, oudhd.** *nestila* [haarband], **oudfries** *nestle* [rijgband]; verwant met *net*[1].

nestor [eerbiedwaardige grijsaard] naar *Nestoor,* de oudste en om zijn wijze raadgevingen beroemde Griekse held bij het beleg van Troje.

Nestoriaan [aanhanger van bep. leer] naar *Nestorius,* van 428-431 patriarch van Constantinopel.

net[1] [visnet] middelnl. *net(te),* **oudsaksisch** *netti,* **oudhd.** *nezzi,* **oudfries** *nette,* **oudeng.** *nett,* **oudnoors** *net,* gotisch *nati;* buiten het germ. lat. *nassa* [fuik], *nodus* [knoop], **oudiers** *nascim* [ik bind], **oudindisch** *nahyati* [hij bindt, hij knoopt] (vgl. *nestel*).

net[2] [keurig] middelnl. *net* < fr. *net* [schoon, zuiver] < lat. *nitidus* [schitterend, verzorgd, elegant], van *nitēre* [schitteren] (vgl. *netto*).

netel [gewas] middelnl. *netel(e), nettel,* **oudsaksisch** *netela,* oudhd. *nezzila,* oudeng. *netele,* naast oudhd. *nazza,* verkleiningsvorm van een woord oudhd. *naza* [netel], ijslands *nötu* [gras]; buiten het germ. litouws *notère,* oudiers *nenaid;* netels werden gebruikt om garens van te spinnen (neteldoek). Vermoedelijk verwant met *net*[1].

neteldoek [weefsel] zo genoemd omdat vroeger het ervoor gebruikte garen werd gesponnen van netelvezels.

netelig [lichtgeraakt] (1661), van middelnl. *netel, nitich* [kwaadaardig, nijdig (van een stier)], van *ni(e)den* [slaan, klinken].

netsuke [Japanse gebeeldhouwde knoop om medicijndoosje aan gordel te bevestigen (want een kimono heeft geen zakken)] < japans *netsuku* [wortel schieten, wortelen].

nettel nevenvorm van *netel*.

netten [natmaken] middelnl. *natten, netten,* van *nat*.

netto [schoon] < it. *netto* [rein, zuiver, net, netto] < lat. *nitidus* (vgl. *net*[2]).

neuken [stoten, geslachtsgemeenschap hebben] nd. *nöken* [stoten], **oudnoors** *hnykkja* [rukken], vgl. *nuk;* voor de betekenisovergang van 'slaan' naar 'beslapen' vgl. *fieken, klooien*[2] → *nuk*.

neulen [zeuren] vermoedelijk < nd. *nölen,* klankbootsend gevormd.

neum [melodienotatie] < fr. *neume* < me. lat. *neuma* [idem] < *pneuma* < gr. *pneuma* [adem, ziel, geest].

neuralgie [zenuwpijn] gevormd van gr. *neuron* [spier, pees] + *algos* [pijn].

neurasthenie [zenuwzwakte] gevormd van gr. *neuron* [spier, pees, later gebruikt voor zenuw] + *astheneia* [krachteloosheid], van *asthenès* [zwak], van ontkennend *a* + *sthenos* [kracht].

neuren[1] van *neuriën*.

neuren[2] [barg. rondgaan om te zien of er iets te halen valt] middelnl. *neren* [in zijn onderhoud voorzien] (vgl. *nering*).

neurie [barg. voedsel] middelnl. *nere, neer* [levensonderhoud] (vgl. *nering*).

neuriën [halfluid zingen] (17e eeuws), klankbootsend gevormd.

neuropathie [aangeboren zenuwzwakte] gevormd van gr. *neuron* [spier, pees, later ook gebruikt voor zenuw] + *pathos* [lijden, pijn].

neurose [psychiatrisch ziektebeeld] < modern lat. *neurosis,* gevormd van gr. *neuron* [spier, pees, later gebruikt voor zenuw].

neus [reukzintuig] middelnl. *nose, nuese, neuse,*

neuston — niets

oudfries *nose,* **oudeng.** *nosu,* naast **middelnl.** *nase, nese* **middelnd.** *nese,* **oudhd.** *nasa,* **oudeng.** *nasu,* **oudnoors** *nǫs;* buiten het germ. **lat.** *nasus,* **litouws** *nosis,* **oudkerkslavisch** *nosŭ,* **oudindisch** *nas-* [neus].

neuston [microscopische diertjes aan wateroppervlak] < **gr.** *neuston,* o. (hier zelfstandig gebruikt) van *neustos* [zwemmend, drijvend], van *neō* [ik zwem] (toekomende tijd *neusomai*), verwant met *naō* [ik stroom, ik vloei], idg. verwant met *snot.*

neut[1] [uitstekend deel (in bouwkunde), barg. hoofd] nevenvorm van *noot*[2].

neut[2] [klein oud vrouwtje, meisje dat in de groei is blijven steken] (Kiliaan) *neuthen,* vgl. **hd.** *Nössel* [kleine maat]; etymologie onzeker, vermoedelijk betekent het woord 'notedop', vgl. *neutje.*

neutel [klein mannetje] → *neut*[2].

neutje [iets kleins in het algemeen, stompje, stukje, borreltje] verkleiningsvorm van *noot*[2], **middelnl.** *note, nuete, noot,* vgl. **hd.** *Nössel* [kleine maat]; vgl. voor de betekenis *notedop,* vgl. ook *neut*[2] [oud vrouwtje].

neutraal [onzijdig] **middelnl.** *neutrael* < **fr.** *neutral* < **me. lat.** *neutralis* [idem], van *neuter* [geen van beide(n)] (vgl. *neutrum*).

neutraliteit [onzijdigheid] < **fr.** *neutralité* < **me. lat.** *neutralitatem,* 4e nv. van *neutralitas* [idem], van *neutralis* (vgl. *neutraal*).

neutrino [ongeladen materiedeeltje] < **it.** *neutrino,* verkleiningsvorm van *neutrone* [neutron], gevormd door de Italiaanse natuurkundige Enrico Fermi (1901-1954), (vgl. *neutron*).

neutron [atoomdeeltje] door de Engelse natuurkundige James Chadwick (1891-1974) gevormd van **lat.** *neuter* [geen van beide(n)] (vgl. *neutrum*).

neutrum [onzijdig geslacht] < **lat.** *neutrum,* o. van *neuter* [geen van beide(n), d.w.z. zomin mannelijk als vrouwelijk], van ontkennend *ne-* + *uter* [een van beide(n)].

neuzelen [door de neus praten, puzzelen] in de eerste betekenis van *neus,* in de tweede van *neuzen.*

nevel [damp] **middelnl.** *nevel,* **oudsaksisch** *nebal,* **oudhd.** *nebul,* **oudnoors** *nifl;* buiten het germ. **lat.** *nebula,* **gr.** *nephelè,* **oudindisch** *nabhas-* [nevel], **oudiers** *nel* [wolk].

neven [naast] **middelnl.** *neven, neffen,* is blijkens **oudsaksisch** *an eban,* **oudhd.** *ineben,* **oudeng.** *on efn* gevormd van *in even* [op gelijk niveau] (vgl. *even*).

newfoundlander [hond van Newfoundland] < **eng.** *newfoundlander,* van *new-found* [nieuw gevonden], speciaal m.b.t. landen in Amerika.

newton [eenheid van kracht] genoemd naar *Sir Isaac Newton* (1642-1727).

nexus [samenhang] < **lat.** *nexus* [het samenknopen, verbinding, band], van *nectere* (verl. deelw. *nexum*) [knopen, vlechten, binden]; verwant met *net*[1].

ngana [veeziekte] → *nagana.*

niaiserie [onnozelheid] < **fr.** *niaiserie,* van **oudfr.** *nies, niais* [die in het nest is gegrepen (de vogel die nog niet kan vliegen)], teruggaand op **lat.** *nidus* [nest, stel jonge vogels].

Nicaragua [geogr.] van *Nicarao,* de naam van een opperhoofd met wie de eerste Spanjaarden een vriendschappelijk contact hadden.

nichroom [legering] samengesteld uit *nikkel* + *chroom.*

nicht [dochter van broer, zus, oom of tante] **middelnl.** *nicht(e)* [kleindochter, nicht, bloedverwante], **middelnd.** *nichte,* **oudhd., oudfries, oudeng.** *nift,* **oudnoors** *nipt;* buiten het germ. **lat.** *neptis* [kleindochter], **oudiers** *necht,* **cornisch** *noith,* **tsjechisch** *net'* [nicht], **oudindisch** *napti-* [kleindochter], vr. vorm naast *neef,* met overgang van *ft* > *cht.*

nicol [kalkspaatprisma] genoemd naar de uitvinder, de Britse natuurkundige *William Nicol* (1768?-1851).

nicotine [alkaloïde in tabak] < **fr.** *nicotine,* ouder *nicotiane,* van **modern lat.** *herba Nicotiana, herba* [het kruid van], *Nicot* [tabak], naar *Jean Nicot* († 1600), Franse ambassadeur in Portugal, die de tabak als geneesmiddel aanprees.

nidatie [inbedding in weefsel] gevormd van **lat.** *nidus* [nest].

niëllo [graveerwerk in metaal] < **it.** *niello* < **me. lat.** *nigellus* [zwart, in niëllo], *nigellum* [email], verkleiningsvorm van *niger* [zwart] (vgl. *nigelle*); zwart omdat de figuren zwart worden ingebrand.

niemand [niet een enkel persoon] **middelnl.** *nieman(t),* **oudsaksisch** *neoman,* **oudhd.** *nioman,* van een ontkennend element waarvoor *neen* + *iemand.*

niemendal [volstrekt niets] **middelnl.** *niet met allen* [volstrekt niet(s)], *(met allen* [geheel en al]).

nier [een orgaan] **middelnl.** *ni(e)re,* **oudhd.** *nioro,* **middeleng.** *nēre,* **oudnoors** *nȳra;* verband met andere idg. talen is onzeker, evenals de etymologie.

niese [vrouw, meisje] < **hebr.** *īsjāh* [vrouw, echtgenote], met voorgevoegde *n* van een bez. vnw.: *zijn iese.*

niesen → *niezen.*

niet [ontkenning] **middelnl.** *niet* [niets, niet], **oudnederfrankisch** *niewiht, niewet.* **oudsaksisch** *neowiht, niowiht,* **oudhd.** *neowiht, niwiht,* **oudfries** *nawet,* **oudeng.** *nawuht, noht* (**eng.** *not, nought*), **gotisch** *ni waihts* [niets]; van ontkennend *ne* (vgl. *neen*) + *iet* (vgl. *iets*).

nietig [niet geldig, onbeduidend] **middelnl.** *nietich* [onnut, waardeloos], van *niet* [niets].

nietje, niet [klinknageltje] **middelnl.** *niet, neet* [klinknagel], **middelnd.** *nēt, nēd,* **middelnl.** *nieden,* **middelhd.** *nieten,* **oudhd.** *hniotan,* **oudnoors** *hnjoða* [slaan, klinken, omklinken]; buiten het germ. **gr.** *kunthos* [doorntje].

niets [geen enkel ding] **middelnl.** *niet, niets;* de vorm met *s* is eig. een 2e nv. van het oorspr. *niet* [niets].

niettegenstaande [ondanks] middelnl. *nietjegenstaende, niettegenstaende, nietwederstaende,* vertaald uit fr. *non obstant* [zonder dat iets in de weg staat].

niettemin [evenwel] middelnl. *niettemin, nietmin,* middelnd. *nichtes de min* [daarom niet minder], vgl. oudfr. *neient moins,* lat. *nihilo minus.*

nieuw [pas ontstaan] middelnl. *nie(u)we, nuwe, nouwe, nië, ny,* oudsaksisch, oudhd. *niuwi,* oudfries *ni(e),* oudeng. *niwe, niowe,* oudnoors *nȳr,* gotisch *niujis;* buiten het germ. lat. *novus,* gr. *neos,* oudiers *nue,* welsh *newydd,* litouws *naujas,* oudkerkslavisch *novŭ,* perzisch *nau,* oudindisch *nav(y)ah → nu.*

nieuwbakken [pas gebakken] middelnl. *nie(u)bakken* [vers (van brood)], oudeng. *niwbacen;* een oud type samenstelling.

nieuwerwets [volgens de laatste mode] pas na Kiliaan, van *nieuw + wet.*

nieuws [bericht over iets dat nog onbekend is] eig. 2e nv. (zogenaamde genitivus partitivus) van middelnl. *nieuwe* [iets nieuws, nieuws].

nievers [nergens] middelnl. *niewer,* van ontkennend *ni + ie* [ooit] + *waar.*

niezen, niesen [proesten] middelnl. *fniesen, vniesen, viniesen, niesen,* klanknabootsende vormingen oudhd. *(h)niosan,* oudeng. *fneosan,* middeleng. *fnesen,* eng. *to sneeze,* oudnoors *fnysa* [snuiven]; met dezelfde ontstaansgrond gr. *pnein* [blazen].

nifteren [barg. doden] rotwelsch *niftern* < jiddisch *niftren* [sterven] van *nifter* [overleden(e)] < hebr. *niftar* [idem].

nigelle [plantengeslacht] middelnl. *nigelle* < lat. *nigella,* verkleiningsvorm van *niger* [zwart], zo genoemd naar de zwarte zaadjes.

Nigeria [geogr.] genoemd naar de *Niger* < lat. *niger* [zwart]; vgl. voor de betekenis *Soedan.*

nigerzaad [vrucht] van lat. *niger* [zwart] (vgl. *nigelle*).

nigromantie [zwarte kunst] middelnl. *nigromantie → necromantie.*

nihil [niets] < lat. *nihil,* van ontkennend *ne + hilum,* vermoedelijk dial. vorm van *filum* [vezeltje, een beetje].

nihilisme [de wil om op het niets een nieuwe maatschappij te bouwen] < hd. *Nihilismus,* van lat. *nihil* [niets].

nijd [jaloezie, woede] middelnl. *nijt,* oudsaksisch, oudfries *nith,* oudhd. *nid,* oudeng., oudnoors *nið,* gotisch *neiþ;* wel verwant met oudiers *nith* [nood, strijd], maar verdere idg. verbindingen met b.v. gr. *oneidos* [smaad], lets *naids* [haat], oudindisch *nindā* [belediging] zijn, althans in directe lijn, twijfelachtig.

nijdas [nijdige kerel] (1891), vermoedelijk gevormd van *nijd* + de uitgang -*as,* vergelijkbaar met *loebas, lobbes, dreumes, smeris,* hoewel afleiding uit *een eidas* [hagedis] (dial. als pejoratieve aanduiding van vooral vrouwen gebruikt) verdedigd is.

nijdnagel → *nijnagel.*

nijf[1] [mes] middelnl. *cnijf, cnief* [lang en puntig mes, dolk], middelnd. *knif,* hd. *Kneif, Kneip,* oudeng. *knif* (eng. *knife*), oudnoors *knīfr;* behoort bij *nijpen, knijpen.*

nijf[2] [niet gekloofd (van diamant)] < fr. *naïf,* in de zin van niet verfijnd (vgl. *naïef*).

nijg [hard, zeer] samengetrokken uit *nijdig → nijd.*

nijgen [buigen] middelnl. *nigen,* oudsaksisch, oudhd., oudeng. *hnigan,* oudfries, oudnoors *hniga,* gotisch *hneiwan;* buiten het germ. lat. *con(n)ivēre* [de ogen sluiten] → *knikken.*

Nijl [geogr.] < lat. *Nilus* < gr. *Neilos* < egyptisch *nwy* [water, rivier].

nijlgau [antilope] < eng. *nilgai, nylghai, nylghau* < hindi *nīlgāy* < perzisch *nīlgāw,* van *nil* [blauw] + *gāw* [koe], daarmee idg. verwant.

nijlpaard [zoogdier] gevormd naar lat. *hippopotamus* < gr. *hippopotamos* [lett. rivierpaard], van *hippos* [paard] (vgl. *hippisch*) + *potamos* [rivier] (vgl. *potamologie*).

Nijmegen [geogr.] < lat. *Noviomagus,* van lat. *novus* [nieuw] + gallisch *magus* [markt]; dezelfde naam als het Duitse *Neumagen.*

nijnagel [dwangnagel] bij Kiliaan zowel *dwancknaghel* als *nijpnagel;* eind 16e eeuw komt ook voor *nijdtnagel;* de oorspr. vorm is waarschijnlijk een samenstelling met *(k)nijpen* [dwingen]; de vorming *nijd > nij-* is dan volksetymologisch, vgl. fr. *envie* [afgunst, nijnagel].

nijpen [knellen, kwellen] middelnl. *nipen,* middelnd. *nipen,* oudnoors *hnippa* [stoten]; buiten het germ. litouws *gnybti* [knijpen], lets *knebt* [idem]; naast *nijpen* staat *knijpen* als *nop* naast *knop, knagen* naast hd. *nagen.*

nijpnaars [gierigaard, bangerik] gevormd van *(k)nijpen + naars,* middelnl. *naers,* door aanhechting van het lidw. gevormd van *aars.*

nijten [met de horens stoten] middelnl. *nitich* [kwaadaardig, van een stier], *netel* [idem], middelnd. *niten,* oudnoors *hnita* [stoten]; buiten het germ. gr. *knizein* [afkrabben, prikkelen], lets *knidet* [jeuken], middeliers *cned* [wond].

nijver [naarstig] (1561), vermoedelijk ontstaan uit de verbinding *in ijver.*

nikkel [chemisch element] (1778) < hd. *Nickel;* toen de Zweedse baron Axel Fredric Cronstedt (1722-1765) in 1751 erin slaagde nikkel te isoleren, stelde het hem teleur dat het geen koper was. Hij noemde het *kopparnickel;* het tweede lid is het hd. *Nickel* [kobold], een boze geest die volgens de mijnwerkers goed metaal door slecht verving. Vgl. voor de betekenis *apatiet, blende, doleriet, fenakiet, paragoniet, kobalt, wolfraam.*

nikken [knikken] middelnl. *nicken,* intensivum van *nijgen.*

nikker[1] [boze watergeest, duivel] middelnl. *nicker, necker* [watergeest, kabouter], middelnd. *necker,* oudhd. *nihhus* (hd. *Nix*), oudeng. *nicor,* oudnoors *nykr* [watermonster] (vgl. *nix*); het

nikker — nobel

woord stamt af van een idg. basis met de betekenis 'wassen': **gr.** *nizein* [wassen], **oudiers** *necht* [schoon, eig. gewassen], **oudindisch** *nikta-* [gewassen].

nikker[2] [neger] (1828) < **eng.** *nigger* (vgl. **neger**), mogelijk o.i.v. **nikker**[1] [watergeest].

niknak [kleine koekjes] behoort tot een reeks fr., vooral dial. klanknabootsende vormingen als *flic-flac, ric-rac, tic-tac*.

niks [niets] sedert de 18e eeuw < **hd.** *nicks, nix, nichts*, vgl. **niets**.

nilotisch [m.b.t. de Nijl] < **lat.** *Niloticus* [idem] < **gr.** *Neilotikos*, van *Neilos* (vgl. **Nijl**).

nimbostratus [wolkenformatie] gevormd van **lat.** *nimbus* [(regen)wolk, storm] + *stratus* [spreiding], eig. verl. deelw. van *sternere* [uitspreiden] (vgl. **straat**[1]).

nimbus [regenwolk] < **lat.** *nimbus* [wolk, nevel].

nimf [wezen dat bossen, rivieren bewoonde, bevallig meisje] < **lat.** *nympha* [bruid, jonge vrouw, nimf (lagere godin)] < **gr.** *numphè* [bruid, pas gehuwde vrouw, huwbare jonge vrouw], verwant met **lat.** *nubere* [trouwen] (vgl. **nuptiaal**).

nimmer [nooit] **middelnl.** *nimmer, nemmer*, **middelhd.** *nimmer, nummer;* met ontkennend voorvoegsel van **immer**.

nimrod [jachtliefhebber] naar de grote jager *Nimrod* in Genesis 10:8-10. In het hebr. betekende *nimrōd* [dapper, sterk].

Ninivieter [bewoner van Ninive] < **chr. lat.** *Ninivitae* [inwoners van Ninive], **akkadisch** *ninuwā*.

Niobe [een van smart versteende moeder] < **gr.** *Niobè* < **hebr.** *nejābā*, vr. van *nejab* [voorwerp van vijandschap (van de goden)], eig. het deelw. van het ww. *āyab* [vijandig zijn], vgl. **akkadisch** *ajjābu* [vijand].

niobium [chemisch element] benoemd door de Duitse apotheker-chemicus Heinrich Rose (1795-1864), die het voor het eerst heeft geïsoleerd. Zo genoemd naar *Niobe*, de dochter van Tantalus vanwege de gelijkenis van niobium met tantalium.

nipa [moeraspalm] < **maleis** *nipah* [idem].

Nipkowschijf [prijs voor het beste televisieprogramma] eig. een onderdeel van een televisiecamera; genoemd naar de Duitse uitvinder ervan *Paul Gottlieb Nipkow* (1860-1940).

nippe [kattekruid] → **neppe**.

nippel [metalen mof] < **eng.** *nipple* [tepel, verhoginkje], verkleiningsvorm van **eng.** *neb* [snavel, neus, punt] (vgl. **neb**).

nippen [een teugje drinken] (1644), intensivum van **nijpen**.

nippertje [ogenblik] van **nippen**.

Nippon [Japan] < **japans** *Nippon*, gevormd van *ni* [zon] + *pon* [oorsprong] < **oudchinees** *njet pun* (**chinees** *jih pen*) [idem], dus: het land van de rijzende zon. Vgl. voor de betekenis **Anatolië, Azië, Levant, Oriënt** en voor de tegenovergestelde betekenis **Europa, Maghrib**.

niqueteren [neerhoudende staartspieren van een paard doorsnijden] < **eng.** *to nick* [een incisie maken, i.h.b. in een paardestaart], etymologie onbekend.

nirken [herkauwen] vgl. **zaans** *neuren* [idem]; voor de *k* vgl. *blèren - blerken, snoren - snorken;* behoort tot een groep klanknabootsende woorden met vele varianten als *neuriën, snorren, snurken*.

nirvana, nirwana [volkomen rust] < **oudindisch** *nirvāṇa-* [idem, eig. uitgeblust], gevormd van *nir-* [uit] + *vāti* [hij blaast], idg. verwant met **waaien**.

nis [uitholling] (1654) < **fr.** *niche* [idem] < **it.** *nicchia* [schelp, nis] < **lat.** *mytilus* [mossel] < **gr.** *mutilos* [idem], van *mutis* [vochtblaas bij weekdieren], idg. verwant met **muis** (dier en spier). Nissen hadden vaak een gewelfde bovenkant en ook achterkant.

-nis [achtervoegsel ter vorming van zn.] **middelnl.** *-nisse, -nesse*, **oudnederfrankisch** *-nussi, -nissi-*, **oudsaksisch** *-nussi, -nissi, -nessi*, **oudhd.** *-nissi, -nussi, -nassi, -nessi* (**hd.** *-nis*), **oudfr.** *-nisse, -nesse*, **oudeng.** *-nes*, **gotisch** *-nassus* (**eng.** *-ness*), vgl. *droefenis, kennis, gevangenis*.

nishut, nissenhut [barak uit plaatstaal] < **eng.** *Nissen hut*, zo genoemd naar de ontwerper ervan, de Engelse mijningenieur en luitenant-kolonel Peter N. Nissen (1871-1930).

-nist [achtervoegsel] ontstaan uit *-ist*, door het voorbeeld van woorden als *machinist* werd b.v. *lampenist* (**fr.** *lampiste*) gevormd. Woorden van geleerde herkomst als b.v. *germanist* ontstonden onder hd. invloed.

nitraat [zout van salpeterzuur] < **fr.** *nitrate*, van *nitre* < **lat.** *nitrum* [salpeter] < **gr.** *nitron* [loogzout, soda], uit het semitisch, (vgl. **natron**).

nitwit [die niets weet] < **eng.** *nitwit*, van *nit* (vgl. **neet**) + *wit* [intelligentie] (vgl. **weten**).

niveau [peil] < **fr.** *niveau* < **oudfr.** *nivel*, gedissimileerd uit ouder *livel* < **lat.** *libella* [weegschaaltje] (vgl. **libel**[3] [insekt]).

nivelleren [op één peil brengen] < **fr.** *niveler*, van *nivel* (vgl. **niveau**).

nivometer [sneeuwmeter] → **nivose**.

nivose [sneeuwmaand] < **fr.** *nivose* < **lat.** *nivosus* [vol sneeuw], van *nix* (2e nv. *nivis*) [sneeuw], daarmee idg. verwant + *-osus* [vol van].

nix, nixe [watergeest] < **hd.** (m.) *Nix* (vr.) *Nixe*, **oudhd.** (m.) *nihhus* (vr.) *nicehussa*, een variant met wisseling van *s* en *r*, van **nikker**[1] [watergeest].

nizam [titel van de vorst van Haiderabad] < **hindi** *nizām* < **ar.** *niẓām* [passende regeling, methodische organisatie, systeem, regime], bij het ww. *naẓama* [hij ordende, regelde].

njonja [gehuwde vrouw] < **maleis** *nyonya* [mevrouw].

Noach [bijbelse figuur] < **hebr.** *nōh* [rust].

nobel[1] [munt] **middelnl.** *nobel* < **eng.** *noble*, de eerste in Engeland geslagen gouden munt (vgl. **nobel**[2] [edel]).

nobel[2] [edel] **middelnl.** *nobel*, **fr.** *noble* < **lat.**

nobilis [bekend, vermaard, voornaam, adellijk, edel], van het ww. *noscere* [leren kennen, herkennen, erkennen] < *gnoscere*, verwant met **gr.** *gignōskein* [leren kennen] (vgl. **kunnen, kennen**).

nobelium [chemisch element] door de ontdekkers, een groep medewerkers van het Nobel-instituut voor Natuurkunde te Stockholm genoemd naar *Alfred Bernhard Nobel* (1833-1896).

Nobelprijs [Zweedse prijs] genoemd naar de insteller ervan (vgl. *nobelium*).

nobiliteit [adeldom] < **lat.** *nobilitas* (2e nv. *nobilitatis*) [bekendheid, beroemdheid, adel, hoge rang], van *nobilis* (vgl. **nobel**[1]).

noblesse [adeldom] < **fr.** *noblesse*, van *noble* (vgl. **nobel**[2]).

noch [en (ook) niet] **middelnl.** *noch, no,* **oudnederfrankisch, oudsaksisch, oudhd.** *noh,* **oudfries** *noch, nach,* **gotisch** *nih, nauh* (vgl. **nog**), samengesteld uit een eerste, ontkennend lid (vgl. **neen**), en een tweede met de betekenis 'en', vgl. **lat.** *que* (in *neque* [en niet]), **gr.** *te* (in *oute* [en niet]), **oudiers** *-ch,* **oudindisch** *ca*.

nochtans [evenwel] met het bijwoorden vormende achtervoegsel *s* < **middelnl.** *nochtan* [nog dan].

nociceptief [m.b.t. pijn] gevormd van **lat.** *nocēre* (verl. deelw. *nocitum*) [schaden], van *noxa* [schade, nadeel], verwant met **gr.** *nekros* [lijk] (vgl. **necropolis**) + *capere* (verl. deelw. *captum*) [nemen], dus schade lijdend.

noctambule [slaapwandelaar] < **fr.** *noctambule*, gevormd van **lat.** *nox* (2e nv. *noctis*) [nacht], daarmee idg. verwant + *ambulare* [wandelen].

noctuarium [verblijf voor nachtdieren] < **modern lat.** *noctuarium*, van *nox* (2e nv. *noctis*) [nacht], daarmee idg. verwant.

nocturne [dromerig muziekstuk] < **fr.** *nocturne* < **me. lat.** *nocturna* [avondmis], van *nox* (2e nv. *noctis*) [nacht], daarmee idg. verwant.

node [onwillig] **middelnl.** *no(o)de* [uit nood, met tegenzin], instrumentalis van *nood*.

noden [verzoeken] **middelnl.** *no(o)den* [dwingen, aansporen, uitnodigen], **oudsaksisch** *nodian,* **oudhd.** *noten,* **oudeng.** *niedan,* **oudnoors** *neyða,* **gotisch** *nauþan;* van **middelnl.** *noot* [nood].

nodulair [met knobbels] < **fr.** *nodulaire*, gevormd van **lat.** *nodulus*, verkleiningsvorm van *nodus* [knoop, knoet, knop]; idg. verwant met **net**[1].

noedels [gekookte meelballetjes] < **hd.** *Nudel*, dat naast *Knuddel* staat als *nol* naast *knol* (vgl. **knoedel**).

noël [Frans kerstlied] < **fr.** *Noël* [Kerstmis, kerstlied], **oudfr.** *nouel, noel, neel, nael* < **lat.** *dies natalis, dies* [dag] (vgl. **Natal**).

noemen [een naam geven] **middelnl.** *noemen,* **middelnd.** *nomen;* ablautend bij **naam**.

noen [middag(maal)] **middelnl.** *none, noen(e)* [drie uur 's namiddags, middag], **oudsaksisch** *non(a),* **oudeng., oudnoors** *non* < **lat.** *(hora) nona* [negende (uur)], van *novem* [negen], daarmee idg. verwant. Het negende uur was in de Oudheid 3 uur 's middags, omdat de dag om 6 uur 's morgens begon.

noëpedie [het ontwikkelen van de geest] gevormd van **gr.** *noein* [waarnemen, begrijpen, denken], van *noös* [het denken, verstand, geest] + *paideia* [opvoeding, opleiding], van *paideuein* [opvoeden, corrigeren], van *pais* [kind] (vgl. **pedagoog**).

noes [schuin] bij Kiliaan *noesch, nuesch;* etymologie onzeker.

noest [arbeidzaam] < *in oest, oest* [oogst] (vgl. **oogst**).

noëtiek [kennisleer] < **gr.** *noètikos* [tot denken in staat], *noètikon* [het denkvermogen], van *noètos* [slechts voor het denken bestaande en bereikbaar], van *noëö* [ik denk], van *noös* [het denken] (vgl. **paranoia**).

nog [tot op dit ogenblik, voortdurend] **middelnl.** *noch* (de moderne spelling met *g* is geforceerd om het verschil met *noch* aan te geven) **oudsaksisch, oudhd.** *noh,* **oudfries** *noch,* **gotisch** *nauh,* samengesteld uit een eerste lid *nu* en een tweede met de betekenis van 'en waarvoor', vgl. **noch**.

noga [een lekkernij] < **fr.** *nougat* < **provençaals** *nougat,* **oudprovençaals** *nogat,* teruggaand op **lat.** *nux* (2e nv. *nucis*) [noot], daarmee idg. verwant.

nogmaals [wederom] sedert de 18e eeuw < **hd.** *nochmals*.

nok [hoogste deel van dak] **middelnl.** *nocke,* **nd.** *nock* [nok van ra], **hd.** *Nock,* **ijslands** *hnjukur* [bergtop], **oudnoors** *hnuka* [zich buigen]; hierbij met anlautsvariant *knok, kneukel* → **nek**.

nokken[1] [iets snikkend zeggen] **middelnl.** *nocken* [snikken, knikken], variant van *snokken*, een woord met sterk affectieve waarde, dat uitgaat van stotende bewegingen, vgl. **hikken**[1], **nikken, snikken**.

nokken[2] [knopen, breien] van *knok*.

nol [zandheuvel] **middelnl.** *nol(le)* [kruin, achterhoofd, zandheuvel], **eng.** *noll* [hoofd], variant van *knol,* **middelnl.** *cnol* [heuveltje], **eng.** *knoll* [idem] (**oudeng.** *cnoll*), **oudnoors** *knollr* [heuveltop] (vgl. **knol**).

nolens volens [tegen wil en dank] < **modern lat.** (18e eeuws) *nolens volens* [lett. niet willend, wel willend], gevormd van de teg. deelwoorden van *nolle* [niet willen] en *velle* [willen], een uitdrukking die niet in klass. lat. voorkomt.

nollen [foppen] eig. heen en weer gaan, vgl. **hd.** *nollen* [neuken], van **middelhd.** *nol* [schaamheuvel], **oudhd.** *(h)nol* [heuvel] (vgl. **nol**); vgl. voor de betekenis *verneuken*.

noma [waterkanker aan de wang] < **gr.** *nomè* [weide, het weiden, voortwoekeren], van *nemein* [in bezit nemen, medium: in gebruik nemen (door het vee), afweiden], idg. verwant met **nemen** (vgl. **nomade**).

nomade [rondzwervende steppebewoner] < **fr.** *nomade* < **lat.** *nomas* (2e nv. *nomadis*) < **gr.** *nomas*

nomen — noord

[kudden weidend, rondzwervend], van *nomos* [weide], van *nemein* (vgl. *noma*), waarvan de eerste betekenis is 'het in bezit nemen van een stuk land'.

nomen [naam] < **lat.** *nomen* [naam], daarmee idg. verwant.

nomenclator [woordenboek van vaktermen] < **lat.** *nomenclator* [naamnoemer], d.w.z. een slaaf die zijn heer de namen noemde van gasten en - bij verkiezingen - mensen die men op straat ontmoette, van *nomen* [naam], daarmee idg. verwant + *calator* [een dienaar om te ontbieden, bode], van *calare* [samenroepen].

nomenclatuur [stelsel van regels voor naamgeving] < **lat.** *nomenclatura* [aanduiding van de naam], van *nomen* [naam] + *calare* [roepen] → *nomenclator*.

nominaal [naamwoordelijk] < **fr.** *nominal* < **me. lat.** *nominalis* [van een naamwoord, nominaal, slechts in naam], van *nomen* (2e nv. *nominis*) [naam], daarmee idg. verwant.

nominatie [benoeming, voordracht] < **fr.** *nomination* < **lat.** *nominationem*, 4e nv. van *nominatio* [het noemen, voordracht voor een ambt], van *nominare* (verl. deelw. *nominatum*) [noemen, voordragen], van *nomen* (vgl. **nomen**).

nominatief [eerste naamval] < **fr.** *nominatif* [idem] < **lat.** *(casus) nominativus*, (*casus* [naamval]), van *nominare* (verl. deelw. *nominatum*) [noemen, benoemen], van *nomen* [naam], daarmee idg. verwant.

nomisme [het zich richten naar de wet] van **gr.** *nomos* [wet], idg. verwant met **nemen** (vgl. **Nemesis**).

nomografie [onderzoek van grafische voorstellingen] < **byzantijns-gr.** *nomographia* [het schrijven van wetten], van *nomos* [wet], idg. verwant met **nemen** + *graphein* [schrijven], idg. verwant met *kerven*.

nomotheet [wetgever] < **gr.** *nomothetès* [idem (in Athene lid van een commissie van burgers voor herziening van wetten)], van *nomos* [wet], idg. verwant met **nemen** + *thetès* [hij, die iets vaststelt], van *tithenai* [leggen, plaatsen, vaststellen, maken, beschouwen] (vgl. *thema*).

non [1] [kloosterzuster] **middelnl.** *nonne*, **middelnd.**, **oudeng.** *nunne*, **oudhd.**, **oudnoors** *nunna* < **chr. lat.** *nonna* [oude vrouw, non], **gr.** *nanna* [tante], **perzisch** *naneh* [moeder], **welsh** *nain* [grootmoeder]; een woord uit de kindertaal.

non [2], nonnie [meisje] → *nonna*.

nonchalant [acheloos] < **fr.** *nonchalant*, oorspr. teg. deelw. van **oudfr.** *nonchaloir* [niet warm zijn], van *non* [niet] + *chaloir* [warm zijn] < **lat.** *calere* [idem] (vgl. *klant*).

nondescript [moeilijk te beschrijven] < **eng.** *nondescript*, van ontkennend *non*- + **lat.** *descriptum*, verl. deelw. van *describere* [beschrijven], van *de* [van boven naar beneden, neer] + *scribere* [schrijven].

none [negende toon, negende uur] < **lat.** *nonus* [negende], van *novem* [negen], daarmee idg. verwant.

nonet [muziekstuk voor negen instrumenten] < **it.** *nonetto* [idem], van < **lat.** *nonus* [negende], daarmee idg. verwant + -*etto* als in *duetto*.

nonius [maatlatje] genoemd naar de Portugese mathematicus *Petrus Nonius*, verlatijnsing van Pedro Nuñez (1492-1577).

nonk, nonkel [oom] < **fr.** *oncle* met de *n* van voorafgaand *mon, oncle* < **lat.** *avunculus* [oom], verkleiningsvorm van *avus* [grootvader, voorvader] (vgl. *oom*).

nonna [juffrouw] < **maleis** *nona* [juffrouw] < **portugees** *dona* [vrouw des huizes] (vgl. *doña*).

nonnenfortje [luchtig bolvormig gebakje] het tweede lid is **middelnl.** *vort* [wind], van *vorten, verten, vurten, voorten* [verrotten, doen rotten], **oudhd.** *ferzan* (**hd.** *farzen*), **oudeng.** *feortan* (**eng.** *to fart*), **oudnoors** *freta;* buiten het germ. **gr.** *perdein* [een wind laten], **litouws** *perdžu* [ik laat een wind], **albaans** *pjerth* [hij laat een wind], **oudindisch** *pardate* [idem]; vgl. *nonnevot*.

nonnevot [oliebol met jam] voor het tweede lid vgl. *vot;* vgl. *nonnenfortje*.

nonpareille, nonparel [6-punts letter] < **fr.** *nonpareille* [lett. zonder gelijke], van een verkleiningsvorm van **lat.** *par* [gelijk].

nonsens [onzin] < **eng.** *nonsense*, **fr.** *non-sens* [idem], van *not, non* [niet] + **lat.** *sensus* [het waarnemen, gevoel, gedachte, betekenis], van *sentire* (verl. deelw. *sensum*) [waarnemen, merken, oordelen, bedoelen], idg. verwant met *zin*.

nontonnen [een voorstelling bijwonen] < **javaans** *nonton* [kijken naar].

non-usus [niet-gebruik] van **lat.** *non* [niet] + *usus* [gebruik], van *uti* (verl. deelw. *usum*) [gebruiken].

nood [dwang der omstandigheden, gevaar, gebrek] **middelnl.** *noot, nood,* **oudsaksisch** *nōd,* **oudhd.** *nōt,* **oudfries** *nēd,* **oudeng.** *nied,* **oudnoors** *nauð,* **gotisch** *naups;* buiten het germ. **oudiers** *nune* [hongersnood], **oudpruisisch** *nauti* [nood], **oudkerkslavisch** *nužda* [dwang, nood].

nooddruft [dringende behoefte] **middelnl.** *nootdorft, nootdurft,* en met metathesis van *r, nootdroft, nootdruft* [dringende behoefte], van *noot* [nood] + -*dorft,* -*droft* [gebrek], afgeleid van *derven*.

noodstal → *hoefstal*.

noodwendig [onvermijdelijk] (16e eeuw), vgl. **oost-middelnl.** *nootwendich* [uit noodzaak, uit noodweer] < **hd.** *notwendig*.

nooien nevenvorm van **noden**.

nooit [op geen enkel tijdstip] **middelnl.** *noi(n)t,* van ontkennend *ne* + *ooit*.

noord [windstreek] **middelnl.** *no(o)rt* [in, naar het noorden, noordelijk, het noorden], **middelnd.** *nort,* **oudhd.** *nord,* **oudfries** *north,* **oudnoors** *norðr* [het noorden]; buiten het germ. **gr.** *nerthen* [beneden], **oscisch** *nertrak* [links], **armeens**

nerk'in [de lagere], (onzeker) **oudindisch** *narakah* [hel]; bij 'oriëntering' op de opgaande zon is links noordelijk en ongunstig in de voortekenen, vgl. *sinister* en omgekeerd ***Jemeniet***.

noorden [recht tegenover het zuiden] **middelnl.** *no(o)rden,* **middelnd.,** **oudhd.** *nord(en),* oorspr. een bijw. met de betekenis 'uit het noorden', later ook als zn..

noordkromp [schelpdier] → ***kromp***.

Noorwegen [geogr.] < **me. lat.** *Norvegia* < **oudnoors** *Norvegr,* van *norðr* [noord-] + *vegr* [weg].

nooslijk [spijtig] **middelnl.** *noselijc* [schadelijk, zondig, jammerlijk], van *nosel* [schadelijk] (vgl. ***onnozel***), van *no(y)sen* [nozen].

noot[1] [muziekteken] **middelnl.** *note, noot* [aantekening, muzieknoot] < **fr.** *note* [idem] < **lat.** *nota* [(ken)teken, letterteken, en in kerk-lat. ook muzieknoot] (vgl. ***noteren***).

noot[2] [vrucht] **middelnl.** *not(te),* **middelnd.** *not(e),* **oudhd.** *nuz,* **oudeng.** *hnutu,* **oudnoors** *hnot;* buiten het germ. **lat.** *nux,* **oudiers** *cnu* (vgl. ***noga***).

nootmuskaat [specerij] pleonastische vorming: **middelnl.** *notemuschate* naast *muscaetnot(e),* ook nog *muscaet, moscaet* zonder *noot,* **oudfr.** *muscate* (waarbij te denken aan *noix* [noot]) < **me. lat.** *muscatus* [muskusachtig] (vgl. ***muskus***).

noöumenon [idee in Platonische zin] < **gr.** *nooumenon,* teg. deelw. van *noein* [waarnemen, begrijpen, denken, menen], van *noös* [verstand, gedachte].

nop[1] [ruk] bij ***nopen*** [steken, (vissen) rukken aan aas].

nop[2] [knoop, propje] **middelnl.** *nop(pe)* [wolvlok, oneffenheid in weefsel, knoop], **middelnd.,** **middelhd.** *noppe,* **oudhd.** *aua nuppan* [afplukken], **oudeng.** ablautend *ahneopan* [idem], **gotisch** *dishniupan* [scheuren].

nop[3] [niets] verkort uit ***noppes***.

nopal [cactus] < **fr.** *nopal* < **spaans** *nopal* < **nahuatl** *nopalli* [idem].

nopen [dwingen] **middelnl.** *nopen* [steken, prikken, kwellen, duwen, stoten, opwekken], niet in andere talen aangetroffen. Verwant met ***nop***[1].

nopens [betreffende] **middelnl.** *nopends,* met het bijwoorden vormende achtervoegsel *s* gevormd van *nopende* [betreffende], van ***nopen***.

nopjes [in zijn nopjes zijn, in zijn schik zijn] oorspr. gekleed zijn in kleding met nopjes, dus feestelijk gekleed (vgl. ***nop***[2]).

noppes [barg. niets] met vergelijkbare vormen in het rotwelsch, heeft aanleiding gegeven tot diverse speculaties, waarvan het meest waarschijnlijk lijkt de herleiding tot **oudhd.** *neowihts* [niets].

nor [gevangenis] (1881), etymologie onzeker, mogelijk klanknabootsende vorming, vgl. **middelnl.** *norren* [brommen, grommen].

noradrenaline [hormoon van bijniermerg] gevormd van *nor-,* verkort uit *normal* + ***adrenaline***.

norbertijn [lid van kloosterorde] genoemd naar *Norbert van Xanten,* die in 1121 de orde stichtte.

norfolkpakje [jongenspak] naar eng. *Norfolk jacket,* type jasje dat in Norfolk op de eendenjacht werd gedragen.

noria [waterrad] < **spaans** *noria* < **ar.** *nā'ūra* [noria].

noriet [een grofkorrelig gesteente] gevormd van *Noorwegen* + *-iet*.

norit [actieve kool] merknaam.

norm [richtsnoer] < **fr.** *norme* < **lat.** *norma* [winkelhaak, richtsnoer, maatstaf, regel], afkomstig van **gr.** *gnōmōn* [kenner, richtsnoer, winkelhaak], verwant met *gignōskein* [weten] (vgl. ***gnostisch***).

normaal [overeenkomstig de regel] < **fr.** *normal* [idem], van *norme* (vgl. ***norm***).

normaliter [gewoonlijk] < **me. lat.** *normaliter* [volgens de regel] (vgl. ***norm***).

Normandië [geogr.] van **middelnl.** *Norman, Noorman* < **oudfr.** *normant* [lett. noordman].

normatief [een norm stellend] < **fr.** *normatif* [idem], gevormd van *norme* (vgl. ***norm***).

nornen [Noordse schikgodinnen] < **oudnoors** *norn* [eig. de fluisteraarster], van een basis waarvan o.m. zijn afgeleid *snorren,* **eng.** *to snore, to snort,* **middelnl.** *norren* [brommen].

nors [stuurs] **middelnl.** *norts(ch)* (vgl. ***nurks***).

norsen [barg. slapen] vgl. **rotwelsch** *Nürschel* [bed]; klanknabootsend gevormd.

nortonpomp [zuigpomp] genoemd naar de Engelse ingenieur *Sir John Norton Griffiths* (1871-1930).

nosocomium [ziekenhuis] < **chr. lat.** *nosocomium* < **byzantijns-gr.** *nosokomeion* [idem], van *nosokomos* [zorgend voor de zieken], van *nosos* [ziekte] + *komein* [verzorgen, verplegen].

nosografie [beschrijving van ziekten] gevormd van **gr.** *nosos* [ziekte] + *graphein* [schrijven], idg. verwant met ***kerven***.

no-spel [Japans toneelspel] van **japans** *nō* [talent, bekwaamheid].

nostalgie [heimwee] < **fr.** *nostalgie,* gevormd van **gr.** *nostos* [terugkeer], idg. verwant met *geuzen* + *algos* [pijn, leed].

nota [aantekening] < **lat.** *nota* (vgl. ***noteren***).

notabel [voornaam] **middelnl.** *notabel* < **fr.** *notable* [idem] < **lat.** *notabilis* [in het oog lopend, merkwaardig], van *notare* [kenbaar maken, aanwijzen, optekenen, waarnemen], van *nota* [kenteken, stempel, opschrift, aantekening] (vgl. ***noteren***).

nota bene [let op] < **lat.** *nota bene,* van de 2e pers. enk. gebiedende wijs van *notare* (vgl. ***noteren***) + *bene* [goed (bijw.)].

notaris [openbaar ambtenaar] **middelnl.** *notarius, notarijs, notaris* [ambtenaar van het geestelijk gerecht, notaris] < **lat.** *notarius,* van *notare* (vgl. ***notabel***).

notatie [het optekenen] < **fr.** *notation* < **lat.** *notationem,* 4e nv. van *notatio* [het merken, aantekenen, beschrijving], van *notare* (vgl. ***notabel***).

noteren [aantekenen] **middelnl.** *note(e)ren* [muziek maken, op schrift brengen] < **fr.** *noter* < **lat.** *notare* [aantekenen, schrijven, stenograferen], van *nota* [teken, kenteken, letterteken, brief], verwant met *nomen* [naam], daarmee idg. verwant.

notie [besef] < **fr.** *notion* < **lat.** *notionem*, 4e nv. van *notio* [kennismaking, kennis, begrip], van *notus* [bekend], verl. deelw. van *noscere* [leren kennen].

notificatie [kennisgeving] < **fr.** *notification* < **me. lat.** *notificationem*, 4e nv. van *notificatio*, van *notificare* (verl. deelw. *notificatum*, vgl. **notificeren**).

notificeren [bekendmaken] (1522) < **me. lat.** *notificare* [kennisgeven, verwittigen], van *nota* [aanwijzing] (vgl. **noteren**) + *facere* (in samenstellingen -*ficere, -ficare*) [maken, doen], daarmee idg. verwant.

notitie [aantekening] < **fr.** *notice* < **lat.** *notitia* [bekendheid, begrip, aantekening], van *noscere* (verl. deelw. *notum*) [leren kennen] (vgl. **noteren**).

notoir, notoor [bekend, berucht] **middelnl.** *notoir(e), notoor* [evident, duidelijk] < **fr.** *notoire* < **me. lat.** *notorius,* van *notus* [bekend], eig. verl. deelw. van *noscere* [leren kennen] (vgl. **noteren**).

notulen [aantekeningen van vergadering] < **fr.** *notule* [korte aantekening] < **me. lat.** *notula* [muzieknotering, minuten van een notaris], verkleiningsvorm van *nota* (vgl. **noot** ¹).

notweg [weg over andermans land] **middelnl.** *no(o)twech* [weg tot vervoer van vee, oogst, werktuigen], van *note, noot* [opbrengst van het land], **oudhd.** *nōz*, **oudfries** *nāt*, **oudeng.** *neat* (**eng.** *neat),* **oudnoors** *naut* [vee], behoort bij ***nut, genieten.***

nou nevenvorm van ***nu.***

nouveauté [nieuwigheid] < **fr.** *nouveauté,* van *nouveau,* **oudfr.** *novel* [nieuw] < **lat.** *novellus* [nieuw, jong], van *novus* [nieuw], daarmee idg. verwant.

nova [ster] < **lat.** *nova stella, stella* [ster], daarmee idg. verwant *nova,* vr. van *novus* [nieuw], daarmee idg. verwant.

novaal [nieuw ontgonnen] **middelnl.** *novale,* **oudfr.** *novel* [idem] < **lat.** *novalis* [opnieuw geploegd (na periode van braakliggen), braakland, bouwland], van *novare* [hernieuwen] (vgl. ***nova***).

novatie [schuldvernieuwing] < **fr.** *novation* < **lat.** *novationem,* 4e nv. van *novatio* [idem], van *novare* (verl. deelw. *novatum*) [hernieuwen], van *novus* [nieuw] (vgl. ***nova***).

noveen, novene [periode van negen dagen] < **lat.** *noveni* [ieder negen, telkens negen], van *novem* [negen], daarmee idg. verwant, vgl. **me. lat.** *novenarius* [reeks van negen psalmen, onder de metten gezongen].

novelle [kort prozaverhaal] (**middelnl.** *novele* [nieuwstijding]), **fr.** *novelle* < **it.** *novella* [nieuwtje, bericht, novelle] < **lat.** *novella* [nieuwe dingen], o. mv. van *novellus* [nieuw, jong], verkleiningsvorm van *novus* [nieuw], daarmee idg. verwant.

november [elfde maand] < **lat.** *Mensis November* [negende maand, november], van *novem* [negen], daarmee idg. verwant. Het Romeinse jaar begon aanvankelijk met maart.

novemole [muziekterm] naar analogie van *triool* gevormd < **lat.** *novem* [negen], daarmee idg. verwant.

novene → ***noveen.***

novice [nieuweling (in klooster)] **middelnl.** *novissijs* < **fr.** *novice* < **lat.** *novicius* [nieuw, nieuweling, bekeerling], van *novus* [nieuw], daarmee idg. verwant.

noviciaat [proeftijd] < **fr.** *noviciat* < **lat.** *novitiatus* [idem], van *novitas* [nieuwheid, het nieuwe], van *novus* [nieuw], daarmee idg. verwant.

noviteit [nieuwigheid] < **lat.** *novitas* (2e nv. *novitatis*) [nieuwheid], van *novus* [nieuw], daarmee idg. verwant.

novocaïne [verdovingsmiddel] gevormd van **lat.** *novus* [nieuw], daarmee idg. verwant, + ***cocaïne***.

novum [nieuw feit] < **lat.** *novum,* het zelfstandig gebruikt o. van *novus* [nieuw], daarmee idg. verwant.

noyauteren [infiltreren] < **fr.** *noyauter* [het vormen van politieke kernen], van *noyau* [pit, kern], van de verkleiningsvorm van **lat.** *nodus* [knoop, knop] (vgl. ***nodulair***).

nozem [branieschopper] vgl. **barg.** *nootsum* [onwetende snotneus, groentje] < **eng.** *nothing?.*

nozen [spijten] **middelnl.** *no(y)sen* [schaden, aan het kart gaan] < **lat.** *nocēre* [schaden], frequentatief van *necare* [doden], van *nex* [gewelddadige dood], verwant met **gr.** *nekros* [lijk] (vgl. ***necropolis***).

nu [op het ogenblik] **middelnl.**, **oudnederfrankisch, oudsaksisch, oudhd., oudfries, oudeng., oudnoors, gotisch** *nu;* buiten het germ. **lat.** *nunc,* **gr.** *nu(n),* **oudiers** (voorvoegsel teg. tijd) *nu-, no-,* **litouws** *nunai,* **oudkerkslavisch** *nyně,* **oudindisch** *nu,* verwant met ***nieuw***.

nuance [schakering] < **fr.** *nuance,* van *nuer* [schakeren, in het oudfr. overschaduwen], van *nue* [wolk] < **lat.** *nubes* [idem].

Nubië [geogr.] van **lat.** *Nubae* [Nubiërs] < **gr.** *Noubai* [idem] < **egyptisch** *nub* [goud].

nubiel [huwbaar] < **lat.** *nubilis* [idem], van *nubere* [huwen (door de vrouw)] (vgl. ***nuptiaal***).

nuchter [niets gegeten of gedronken hebbend] **middelnl.** *nuchteren, nochteren,* **middelnd.** *nuchterne, nochterne,* **oudhd.** *nuohturn,* mogelijk < **lat.** *nocturnus* [nachtelijk], van *nox* (2e nv. *noctis*) [nacht], daarmee idg. verwant.

nucleair [kern-] < **fr.** *nucléaire* [van de kern], van **lat.** *nucleus* [kern, pit], van *nux* (2e nv. *nucis*) [noot], daarmee idg. verwant.

nucleon [verzamelnaam voor de deeltjes van atoomkernen] gevormd van **lat.** *nucleus* [kern] + *-on*.

nudisme [recreëren zonder kleding] < **fr.** *nudisme,* gevormd van **lat.** *nudus* [naakt], daarmee idg. verwant.

nudist [naaktloper] < fr. *nudiste,* van lat. *nudus* [naakt], daarmee idg. verwant.
nuditeit [naaktheid] < fr. *nudité* < chr. lat. *nuditatem,* 4e nv. van *nuditas* [idem], van *nudus* [naakt], daarmee idg. verwant.
nuf [ingebeeld meisje] eerst eind 16e eeuw genoteerd nd. *nüff* [neus, snuit], *nif* [pedant], **oostfries** *nüf* [iem. met een fijne neus]; te denken valt aan iem., die de neus voor iets ophaalt, met de neus in de lucht loopt (vgl. *neus*).
nugger nevenvorm van *snugger*.
nuk [kuur] (eind 16e eeuw) *nucke* [sluwheid, middelnd. plotselinge stoot, aanval, gril]; vermoedelijk van *neuken* [stoten].
nul [nihil] middelnl. *nul* [nietig] < oudfr. *nul* [geen, waardeloos] < lat. *nullus* [geen, niet bestaand, onbetekenend], samengetrokken van ontkennend *ne* (vgl. *neen*) + *ullus* [enig]; nul werd eerst in de 17e eeuw van bn. tot zn. en telwoord.
nulliteit [nietigheid] < fr. *nullité* < me. lat. *nullitatem,* 4e nv. van *nullitas* [het niet bestaan, nietigheid, nulliteit], van *nullus* (vgl. *nul*).
numereren [nummeren] < lat. *numerare* [tellen, rekenen, opsommen], van *numerus* [getal] (vgl. *nummer*).
Numeri [boek der getallen (OT)] < lat. *numeri,* mv. van *numerus* [getal, telling], zo genoemd naar de tellingen van het volk in dat boek (vgl. *nummer*).
numeriek [door getallen uitgedrukt] < fr. *numérique* < it. *numèrico* [idem], van lat. *numerus* [getal].
numerus clausus, numerus fixus [gesloten, resp. vast aantal] < lat. *numerus clausus,* van *numerus* [getal, aantal] + *clausus,* verl. deelw. van *claudere* [sluiten], daarmee idg. verwant + *fixus,* verl. deelw. van *figere* [iets vasthouden].
Numidiër [bewoner van Numidië] < lat. *Numida* [Numidisch, Numidiër], waarnaast *Nomas* (2e nv. *Nomadis*) [Numidische vrouw], mv. *nomades* [nomaden, Numidiërs]; daarvan is 'nomaden' de oorspr. betekenis (vgl. *nomade*).
numineus [m.b.t. de godheid] van lat. *numen* (2e nv. *numinis*) [knik, wenk, goddelijke openbaring (kenbaar gemaakt door een knik)], van *nuere* [knikken] + fr. *-eux* < lat. *-osus* [vol van].
numismaat [munt- of penningkundige] gevormd van lat. *numisma, nomisma* [geldstuk] < gr. *nomisma* [vaste gewoonte, wet, munt (dus eig. courant betaalmiddel)], van *nomos* [gewoonte, wet], idg. verwant met *nemen*.
nummer [cijfer] middelnl. *nommer, nomber* < fr. *nombre* [getal, aantal] < lat. *numerus* [idem], van een idg. basis met de betekenis 'verdelen', waarvan ook *nemen* is afgeleid.
nummuliet [penningsteen] < fr. *nummulite* [idem], gevormd van lat. *nummulus* [muntstukje], verkleiningsvorm van *nummus* [munt] (vgl. *numismaat*).
nun [tuitpotje] van *nunnen,* hd. *ninnen,* eng. (dial.) *ninne* [drinken (kindertaal)]; klanknabootsend gevormd.

nuntius [pauselijke ambassadeur] → *annonceren.*
nuptiaal [huwelijks-] < fr. *nuptial* < lat. *nuptialis* [idem], van *nuptiae* [bruiloft, huwelijk], van *nubere* (verl. deelw. *nuptum*) [trouwen (door de vrouw)] (vgl. *nimf*).
nupturiënt [pasgehuwde] < lat. *nupturiens* (2e nv. *nupturientis*), teg. deelw. van *nupturire* [willen trouwen], van *nubere* (verl. deelw. *nuptum*) [trouwen] (vgl. *nimf*).
nurks [knorrig] (1841), van 17e eeuws *nurk* [knorrig iemand], of van *nurken,* intensivum van *norren* (waaruit *nors*), klanknabootsend gevormd.
nurse [verpleegster] < eng. *nurse* < oudfr. *nurice* [idem] < lat. *nutricia,* vr. van *nutricius* [opvoeder, gouverneur], van *nutrire* [zogen, verzorgen].
nut [voordeel] kan identiek zijn met middelnl. *not, nut* [opbrengst van het land, voordeel, nut], vgl. *genot;* daar dit woord zelden en op beperkt gebied voorkwam is eerder aan te nemen dat ons nut het zelfstandig gebruikt bn. *nut* [nuttig] is, evenals *nutten, nuttigen* ablautend naast **genieten.**
nutatie [periodieke verschuiving van de hemelpool] < fr. *nutation* [idem] < lat. *nutatio* (2e nv. *nutationis*) [het wankelen], van *nutare* (verl. deelw. *nutatum*) [knikken, knikkebollen, zwaaien, wankelen, weifelen], frequentatief van *nuere* [knikken].
nutria [moerasbever] < spaans *nutria* [otter] < lat. *lutra* [idem], idg. verwant met *otter.*
nutriënt [voedingsmiddel] < lat. *nutriens* (2e nv. *nutrientis*), teg. deelw. van *nutrire* [voeden].
nuttigen [spijs gebruiken] middelnl. *nutten, nuttigen,* middelnd. *nutten, nuttigen,* oudhd. *nuzzēn, nuzzōn,* oudeng. *nyttian,* oudfries *nettigia, binetta,* **oudnoors** *nytja* [melken]; onder invloed van *nuttig* gevormd naast *nutten* zoals *eindigen* bij *einden.*
nuver [aardig, zonderling] middelnl. *nu(e)ver* [smekend, vleierig], *nuveren* [begeren, met aandacht vragen], vermoedelijk te verbinden met *nijver.*
nyctalopie [dagblindheid] van gr. *nuktalōps* (2e nv. *nuktalōpos*) ['s nachts niet ziend], dus met de tegenovergestelde betekenis als nu, van *nux* (2e nv. *nuktos*) [nacht] + *alaos* [blind] (van ontkennend *a* + *laein* [zien]) + *ōps* (2e nv. *ōpos*) [oog].
nyctinastie [plantenslaap] gevormd van gr. *nux* (2e nv. *nuktos*) [nacht], daarmee idg. verwant.
nylon [kunststof] een woord zonder duidelijke achtergrond, door de uitvinders die werkten bij Dupont de Nemours bedacht.
nymfaeum [monumentale fontein] < gr. *numphaion* [tempel der nimfen] (vgl. *nimf*).
nymfale [vlinder] gevormd van lat. *nympha* (vgl. *nimf*).
nymfomanie [verhoogde geslachtsdrift van vrouwen] gevormd van gr. *numphè* (vgl. *nimf*) + *mania* [razernij] (vgl. *manie*).

nystagmus [ongecontroleerde oogbeweging] < **gr.** *nustagmos* [slaperigheid], van *nustazein* [slapen].

O

oase, oaze [vruchtbare plaats in woestijn] < **hd.** *Oase* < **me. lat.** *oasis* < **laat-gr.** *oasis* < **koptisch** *ouahe* (dat de Arabieren als *wāḥa* overnamen) < **egyptisch** *wahet.*
obat [medicijn, geneesmiddel] < **maleis** *obat.*
obbligato [verplicht] < **it.** *obbligato,* eig. verl. deelw. van *obbligare* [binden, verplichten] < **lat.** *obligare* (vgl. *obligatie*).
obduceren [openen van een lijk] < **lat.** *obducere* [iets vóór, over iets leggen, bedekken], van *ob* [vóór] + *ducere* [trekken]; de handeling van het bedekken van het lichaam wordt genoemd i.p.v. het onaangename opensnijden.
obediëntie [gehoorzaamheid] **(middelnl.** *obedientelijc* [op onderdanige wijze]) < **fr.** *obédience* < **lat.** *ob(o)edientia* [gehoorzaamheid], van *ob(o)ediens* (2e nv. *ob(o)edientis*) [gehoorzaam], eig. teg. deelw. van *ob(o)edire* [gehoorzamen, naar iem. luisteren], van *ob* [naar ... toe, tegenover] + *audire* [horen].
obediëren [gehoorzamen] < **lat.** *ob(o)edire* (vgl. *obediëntie*).
obelisk [gedenknaald] < **lat.** *obeliscus* [idem] < **gr.** *obeliskos* [klein braadspit], verkleiningsvorm van *obelos* [braadspit, naald] (vgl. *obool*).
ober [kelner] < **hd.** *Oberkellner* [eerste kelner].
obex [beletsel voor het ontvangen van het sacrament] < **lat.** *obex* [versperring, barricade, hinderpaal], verwant met *obicere* [vóórwerpen, in de weg stellen], van *ob* [naar ... toe, vóór] + *iacere* [werpen].
obi [Japanse gordel] < **japans** *obi* [gordel].
obituarium [lijst van overledenen] het zelfstandig gebruikt o. van **me. lat.** *obituarius* [betrekking hebbend op de dood], van *obitus* [bezoek, dood, in me. lat. ook mis voor gestorvene], van *obire* (verl. deelw. *obitum*) [naar iets toegaan, bezoeken, sterven]; de betekenis 'sterven' stamt van een verkorting uit *obire mortem* [de dood ontmoeten].
object [voorwerp] (ca. 1500) < **oudfr.** *object* < **lat.** *obiectum,* verl. deelw. van *obicere* (vgl. *obex*); vgl. voor de betekenis *probleem.*
objectie [tegenwerping] < **fr.** *objection* < **chr. lat.** *obiectionem,* 4e nv. van *obiectio* [verwijt, tegenwerping], van *obicere* (verl. deelw. *obiectum*) (vgl. *obex*).
objectief [zich bepalend tot de feiten] < **fr.** *objectif* < **me. lat.** *objectivus* (vgl. *object*).
oblaat [hostie] **middelnl.** *oblate* < **me. lat.** *oblatio* [misoffer, hostie], van *oblatum,* gebruikt als verl. deelw. bij het incomplete ww. *offerre* [vóór iem. brengen, aanbieden, offeren] (vgl. *oubli*).

oblatie [opdracht van brood en wijn] < **lat.** *oblatio* [het voorhouden, aanbieding, offer, in me. lat. misoffer] (vgl. *oblaat*).

oblie [dun wafeltje, chocolaatje] **middelnl.** *ob(e)lie, hoblie* < **oudfr.** *ublie, oubleie, oblie* (**fr.** *oublie*) < **lat.** *oblatus, oblata* [dat wat geofferd is, in me. lat. nog niet gewijde hostie, hostie] (vgl. *oblaat*).

obligaat [verplicht] < **lat.** *obligatus* [verplicht, verbonden], eig. verl. deelw. van *obligare* [verbinden, aan banden leggen, verplichten], van *ob* [naar iets toe, vóór, wegens] + *ligare* [binden].

obligatie [verplichting] **middelnl.** *obligatie* < **fr.** *obligation* < **lat.** *obligationem*, 4e nv. van *obligatio* [verplichting, verbintenis], van *obligare* (vgl. *obligaat*).

obligeren [verplichten] < **fr.** *obliger* < **lat.** *obligare* (vgl. *obligaat*).

obliquus [verbogen vorm] < **lat.** *obliquus* [schuin, scheef, dwars, zijwaarts, gekromd, gebogen].

obliteratie [doorhaling] < **fr.** *oblitération* [idem] < **lat.** *oblit(t)eratio* [uitwissing], van *oblit(t)erare* [uit het geheugen wissen], van *ob* [vóór, in de weg] + *litteratus* [duidelijk, geleerd] (vgl. *letter*).

oblong [langwerpig] < **fr.** *oblong* < **lat.** *oblongus* [idem], van *ob* [naar ... toe] + *longus* [lang], daarmee idg. verwant.

obool [muntje] < **fr.** *obole* < **lat.** *obolus* < **gr.** *obolos* [obool, een zesde deel van een drachme], gevormd van *obelos* [braadspit]; voordat gemunt geld betaalmiddel was, deden primitieve geldsoorten dienst, o.a. spiesen (niet alleen in de Griekse wereld). De naam van dit oorspr. betalingsmiddel is in obolos bewaard gebleven → *drachme*.

obsceen [oneerbaar] < **fr.** *obscène* [idem] < **lat.** *obscenus* [vuil, afschuwelijk, ontuchtig], van het redengevende *ob(s)* + *caenum* [slijk, modder, drek, en (oneig.) lage, gemene stand].

obscurant [duisterling] < **lat.** *obscurans* (2e nv. *obscurantis*), teg. deelw. van *obscurare* [donker maken, onduidelijk maken, doen vergeten, in de war brengen], van *obscurus* (vgl. *obscuur*).

obscuriteit [duisternis] < **fr.** *obscurité* < **lat.** *obscuritatem*, 4e nv. van *obscuritas* [duisternis, onduidelijkheid, onaanzienlijkheid], van *obscurare* (verl. deelw. *obscuratum*) (vgl. *obscurant*).

obscuur [duister] < **fr.** *obscur* < **lat.** *obscurus* [donker, duister, verborgen, onduidelijk, onbekend], van *ob* [naar ... toe, voor] + een afleiding van dezelfde basis als *huid*.

obsederen [geheel in beslag nemen] < **fr.** *obséder* [hinderen, ergeren, lastig vallen, obsederen] < **lat.** *obsidēre*, **chr. lat.** *obsedēre* [zitten op, bezet houden, belegeren, blokkeren, in beslag nemen, op iets loeren], van *ob* [naar iets toe, tegenover] + *sedēre* [zitten, zich neerleggen], idg. verwant met *zitten*.

obsequium [gehoorzaamheid jegens oversten] < **lat.** *obsequium* [meegaandheid, gehoorzaamheid], van *obsequi* [volgen, zich laten leiden, zich overgeven aan], van *ob* [naar ... toe] + *sequi* [volgen], verwant met *socius* (vgl. *sociaal*).

observant [kloosterling die aan de oorspr. regels vasthoudt] **middelnl.** *observant* < **lat.** *observans* (2e nv. *observantis*), teg. deelw. van *observare* (vgl. *observeren*).

observatie [waarneming] < **fr.** *observation* < **lat.** *observationem*, 4e nv. van *observatio* [waarneming, zorgvuldigheid, regel, eredienst], van *observare* (verl. deelw. *observatum*) (vgl. *observeren*).

observator [waarnemer] < **lat.** *observator*, van *observare* (verl. deelw. *observatum*, vgl. *observeren*).

observeren [waarnemen] (1524) < **fr.** *observer* < **lat.** *observare* [gadeslaan, in acht nemen, naleven, vereren], van *ob* [naar ... toe] + *servare* [in het oog houden].

obsessie [dwangvoorstelling] < **fr.** *obsession* [idem] < **lat.** *obsessionem*, 4e nv. van *obsessio* [bezetting, belegering, insluiting, blokkade], van *obsidēre* (verl. deelw. *obsessum*) (vgl. *obsederen*).

obsidiaan [vulkanisch glas] < **lat.** *lapis Obsidianus*, (*lapis* [steen]), hetgeen een verschrijving is in een tekst van Plinius. Het woord had dienen te luiden *Obsianus*, van *Obsius*, degene die het obsidiaan heeft ontdekt.

obsignatie [verzegeling] < **lat.** *obsignatio*, van *obsignare* (verl. deelw. *obsignatum*) [verzegelen], van *ob* [vóór] + *signare* [van een merk voorzien], van *signum* [merk] (vgl. *zegel, zegen* [1]).

obsoleet [verouderd] < **fr.** *obsolète* [idem] < **lat.** *obsoletus* [versleten, vervallen, verouderd], eig. verl. deelw. van *obsolescere* [afslijten, verouderen, uit de mode raken].

obstakel [hinderpaal] (1512) *obstaeckel* < **fr.** *obstacle* < **laat-lat.** *obstaculum* [hindernis, hinderpaal], van *obstare* [in de weg staan, hinderen], van *ob* [tegenover] + *stare* [staan], daarmee idg. verwant.

obstetrie [verloskunde] gevormd van **lat.** *obstetrix* [vroedvrouw], van *ob* [vóór] + *stare* (verl. tijd *steti*) [staan], lett. dus zij die ervóór staat.

obstinaat [halsstarrig] **middelnl.** *obstinaet* < **lat.** *obstinatus* [standvastig, halsstarrig], van *obstinare* (verl. deelw. *obstinatum*) [op iets staan], van *ob* [tegenover] + een vorming van *stare* [staan], daarmee idg. verwant.

obstipatie [hardlijvigheid] < **me. lat.** *obstipatio* [het farceren van gevogelte], van *ob* [in de weg] + *stipare* [dicht opeenpakken, samenpersen], idg. verwant met *stijf*.

obstructie [tegenwerking, afsluiting] < **fr.** *obstruction* [idem] < **lat.** *obstructionem*, 4e nv. van *obstructio* [afsluiting], van *obstruere* (verl. deelw. *obstructum*) [vóór iets bouwen, als versperring bouwen, versperren], van *ob* [vóór, tegenover] + *struere* [bouwen], idg. verwant met *strooien*.

obstrueren [belemmeren] < **fr.** *obstruer* < **lat.** *obstruere* (vgl. *obstructie*).

obturator [afsluiter] < **me. lat.** *obturator,* van *obturare, obturari* [dichtstoppen, volstoppen van b.v. gevogelte].

obus [granaat] < **fr.** *obus* < **hd.** *Haubitze* [houwitser].

obvers [bovenzijde van penning] < **fr.** *obvers(e)* [idem] < **lat.** *obversus,* verl. deelw. van *obvertere* [naar iets toewenden], van *ob* [naar ...toe] + *vertere* [wenden], idg. verwant met ***worden***.

ocarina [muziekinstrument] < **it.** *ocarina,* verkleiningsvorm van *oca* [gans] < **lat.** *oca;* zo genoemd vanwege de vormgelijkenis.

occasion [koopje] < **fr.** *occasion* < **lat.** *occasionem,* 4e nv. van *occasio* [de gelegenheid, de gunstige gelegenheid], van *occasum,* verl. deelw. van *occidere* [neervallen], van *ob* [naar ...toe] + *cadere* [vallen].

occident [het westen] < **fr.** *occident* [idem] < **lat.** *occidentem,* 4e nv. van *occidens* [avondzon, het westen], eig. teg. deelw. van *occidere* [neervallen, ondergaan (van zon)], van *ob* [naar ...toe] + *cadere* [vallen].

occidentaal [westelijk] < **fr.** *occidental* [idem] < **me. lat.** *occidentalis, oxidentalis* [westers, westerling], van *occidens* (vgl. ***occident***).

occipitaal [m.b.t. het achterhoofd] < **fr.** *occipital* < **me. lat.** *occipitalis,* van *occiput* [achterhoofd], van *ob* [naar ...toe] + *caput* [hoofd], daarmee idg. verwant.

Occitaans [van Occitanië] < **fr.** *occitan;* afgeleid van de *(langue d')oc,* de Zuidfranse taal waarin 'ja' = *oc,* tegenover het **fr.**, uit het Noorden, de *langue d'oil,* waarin 'ja' = *oui,* (< *oil*); de vormen *oil* en *oc* komen beide < **lat.** *ille hoc.*

occlusief [afsluitend, plofklank] < **fr.** *occlusif* [idem], van **lat.** *occlusum,* verl. deelw. van *occludere* [sluiten], van *ob* [voor] + *claudere* [sluiten], daarmee idg. verwant.

occult [verborgen] < **fr.** *occulte* < **lat.** *occultus* [verborgen, geheim], eig. verl. deelw. van *occulere* [verbergen, geheim houden], verwant met *celare* [verbergen], idg. verwant met ***hullen***.

occultatie [tijdelijke afdekking van hemellichaam] < **fr.** *occultation* [idem] < **lat.** *occultationem,* 4e nv. van *occultatio* [het verbergen, geheimhouding], van *occultare* [verbergen], van *occulere* (vgl. ***occult***).

occupatie [bezetting] **middelnl.** *occupatie* [bezigheid, verhindering] < **fr.** *occupation* < **lat.** *occupationem,* 4e nv. van *occupatio* [het in bezit nemen, bezetting, in beslag genomen worden, drukte], van *occupare* (vgl. ***occuperen***).

occupent [bezetter] < **fr.** *occupant* < **lat.** *occupans* (2e nv. *occupantis*), teg. deelw. van *occupare* [in bezit nemen]; de *e* berust op onjuiste ontlening, in de hand gewerkt doordat talrijke lat. ww. in het teg. deelw. een *e* hebben en door de *e* van ***occuperen***.

occuperen [bezetten] (1520) *occuperen* [ijverig bezig zijn] < **fr.** *occuper* < **lat.** *occupare* [in bezit ne-

men, bezighouden], van *ob* [tegenover] + *capere* [nemen], idg. verwant met ***heffen***.

oceaan [wereldzee] < **fr.** *océan* < **lat.** *oceanus* [de wereldzee], die in het klassieke wereldbeeld het land omstroomt < **gr.** *ōkeanos* [idem], een vóórgr. woord.

oceaniden [najaden] < **fr.** *océanide* [najade] < **gr.** *ōkeanis* [uit de oceaan] (vgl. ***oceaan***).

ocel [puntoog (bij insekt)] < **fr.** *ocelle* [idem], van **lat.** *ocellus* [oogje], verkleiningsvorm van *oculus* [oog], daarmee stellig idg. verwant.

ocelot [katachtige] < **fr.** *ocelot* < **spaans** *ocelote* < **nahuatl** *océlotl* [grote katachtige], gedocumenteerd sedert 1575.

och [tussenwerpsel] **middelnl., middelnd., middelhd.** *och,* is mogelijk ontstaan uit *ach.*

ochēma [astraal lichaam] < **gr.** *ochēma* [het bewegen, voertuig], van *ochein* [vervoeren, doen rijden].

ochlocratie [regering van het gepeupel] < **gr.** *ochlokratia* [idem], van *ochlos* [onrust, lawaai van een menigte, grote menigte, het gepeupel] + *-kratia* [heerschappij], van *kratos* [kracht], idg. verwant met ***hard***.

ochtend [(vroege) morgen] **middelnl.** *nuchten(t), nochten, uchten, ochten,* **oudsaksisch, oudhd., oudeng.** *ūhta,* **oudnoors** *ōtta,* **gotisch** *ūhtwo;* de *d* is naar analogie van avond toegevoegd. De *n* is in de verbogen vorm van lidw. of bn. ontstaan, vgl. **oudsaksisch** *an uhtan* ['s ochtends], ablautend naast ***nacht***; buiten het germ. **gr.** *aktis* [zonnestraal], **oudindisch** *aktu-* [laatste deel van de nacht, schemering voor de dageraad].

octaaf [muziekterm] < **fr.** *octave* < **lat.** *octava (pars* [gedeelte]), vr. van *octavus* [achtste], van *octo* [acht], daarmee idg. verwant.

octaan [een koolwaterstof met 8 atomen koolstof] gevormd van **lat.** *octo* [acht] (vgl. ***octaaf***).

octaëder [achtvlak] < **fr.** *octaèdre* < **me. lat.** *octaedros* < **gr.** *oktaedros,* gevormd van *oktō* [acht], daarmee idg. verwant, + *hedra* [vlak], verwant met *hizein* [doen zitten], idg. verwant met ***zitten***.

octant [hoekmeter, sterrenbeeld] < **fr.** *octant* < **lat.** *octans* (2e nv. *octantis*) [een achtste gedeelte], van *octo* [acht] (vgl. ***octaaf***).

octavo [boekformaat] < **lat.** *in octavo, in* [in] + 6e nv. van *octavus* [achtste], van *octo* [acht], daarmee idg. verwant; de betekenis is 'vel perkament of papier dat driemaal is gevouwen', zodat het acht folio's (met de achterkanten mee 16 blz.) bevat en daarmee van kleiner formaat is dan een slechts tweemaal gevouwen vel.

octet [muziekstuk voor 8 partijen] gevormd naar analogie van *duet, quartet,* van **lat.** *octo* [acht], daarmee idg. verwant.

octogonaal [achthoekig] gevormd naar analogie van *trigonaal,* van **gr.** *oktō* [acht], daarmee idg. verwant, + *gōnia* [hoek], idg. verwant met ***knie***.

octopus [inktvis] < **gr.** *oktōpous* [met acht voeten], van *oktō* [acht], daarmee idg. verwant, + *pous* [voet], daarmee idg. verwant.

octrooi [patent] middelnl. *octroy* [machtiging door een bevoegde autoriteit] < fr. *octroi* [toekenning], van *octroyer* [toestaan], van lat. *auctorare* [een contract aangaan, verbinden, verplichten], van *auctor* (vgl. **auteur**).

oculair [oog-] < fr. *oculaire* [oog-, oogglas van een kijker] < me. lat. *ocularium* [kijkgat van een helm], van *oculus* (vgl. **ocel**).

oculeren [wijze van enten] gevormd van lat. *oculus* [oog, knop van een plant] (vgl. **ocel**).

oculist [oogarts] < fr. *oculiste*, gevormd van lat. *oculus* [oog] (vgl. **ocel**).

oculus [rond venster] < lat. *oculus* [oog] (vgl. **ocel**).

odalisk, odaliske [dienares in harem] < fr. *odalisque* [slavin in oosterse harem]; de uitgang *-isque* kwam door verwarring met de vrij talrijke woorden op *-isque;* herkomst uit **turks** *odalyk*, van *oda* [kamer] + het achtervoegsel *-lyk* dat een functie aangeeft, lett. dus kamermeisje.

Odd Fellows [Engelse vereniging] < eng. *Odd Fellows*, van *odd* [die overgebleven zijn] + *fellow* [gezel]; een genootschap dat in de 18e eeuw ontstond uit een verbond van lieden, die in geen enkel gilde werden opgenomen.

ode [lyrisch gedicht] < fr. *ode* < lat. *ode, oda* < gr. *ōidè* [gezang, gedicht, lied], samengetrokken uit *aoidè* [het zingen, gezang, lied], van *aeidō* [ik zing].

odeon [concertgebouw] < gr. *ōideion*, van *ōidè* [zang] (vgl. **ode**).

odeur [geur] < fr. *odeur* < lat. *odor* [geur, reukwerk].

odieus [ergerlijk] < fr. *odieux* [idem] < lat. *odiosus* [gehaat, weerzinwekkend], van *odium* [haat] + *-osus* [vol van].

odium [haat] < lat. *odium* [haat, afkeer, voorwerp van afkeer], van *odisse* [haten].

odontalgie [tandpijn] gevormd van gr. *odōn* (2e nv. *odontos*) [tand], daarmee idg. verwant + *algos* [pijn].

odontologie [leer van de tanden] gevormd van gr. *odōn* (vgl. **odontalgie**) + *-logia* [verhandeling], van *logos* [woord, verhandeling].

odorant [reukstof] < fr. *odorant* [idem] < lat. *odorantem*, 4e nv. van *odorans*, teg. deelw. van *odorare* [welriekend maken], van *odor* (vgl. **odeur**).

oecologie [omgevingsleer] < hd. *Ökologie*, gevormd van gr. *oikos* [huis] (vgl. **economie**) + *-logia* [verhandeling], van *logos* [woord, verhandeling].

oecosysteem [functionele geheel van levensgemeenschap] voor het eerste lid vgl. **economie**.

oecumene [algemene kerk] < gr. *oikoumenè* (met weglating van *gè* [wereld]), vr. van *oikoumenos* [bewoond], van *oikein* [bewonen], van *oikos* [huis], dus de (gehele) bewoonde wereld (vgl. **economie**).

oedeem [vochtophoping] < gr. *oidèma* [zwelling], van *oidan, oidein* [opzetten, zwellen], idg. verwant met **etter**[1].

Oedipus-complex [complex waarbij zoons een diepere relatie met de moeder en dochters met de vader hebben] geformuleerd door Sigmund Freud (1856-1939) en genoemd naar lat. *Oedipus*, gr. *Oidipous*, van *oideō* [ik zwel op] + *pous* [voet], daarmee idg. verwant. Oedipus doodde onwetend zijn vader en huwde zijn moeder.

oefenen [door herhaling bekwaam maken] middelnl. *oefenen*, oudeng. *efnan*, oudfries *ofnia*, frequentatief bij middelnl. *oeven*, bij Kiliaan *uven*, oudsaksisch *obian*, oudhd. *uoban*, deens *öve*, zweeds *öva* [idem]; buiten het germ. lat. *opus* [werk], *operari* [werken].

Oeganda [geogr.] een aan de kust opgetreden verbastering van **bantoe** *Buganda*, waarin *bu* [stam].

oehoe [uil] hd. *Uhu*, evenals lat. *bubo*, gr. *buas*, armeens *bu* klanknabootsend gevormd.

oekaze [bevelschrift] < russ. *ukaz* [decreet], van *ukazat'* [bevelen], van *u-* [weg-] + *kazat* [tonen].

oekelele → **ukelele**.

oeken [brommen] oostfries *ükkern;* klanknabootsend gevormd.

Oekraïne [geogr.] < russ. *Oekrajna* [grensland], van *kraj* [rand, zoom, einde, streek, land].

oelder [wilde zwaan] → **hoelzwaan**.

oelema, oelama [schriftgeleerde] < ar. *'ulamā'*, enk. *'ālim* [wetend, geleerde], act. deelw. van *'alima* [hij wist, was op de hoogte].

oelewapper [waardeloze vent] het eerste lid is het tussenwerpsel *oele* ['t mocht wat, kun je denken], eig. een zn. *oelen*, mv. van *oele, ol* [beuzeling], vgl. **limburgs** *oelig* [klein], **middelhd.** *uol* in *uolwurm* [lintworm], **oudeng., oudnoors** *öl* [riem, band].

oeloe [visuil] klanknabootsend gevormd, vgl. de onder *uil* genoemde woorden en **oehoe**.

oemiak [boot] < **eskimo** *umjak* [vrouwenboot] (vgl. **kajak**).

oenologie [kennis van de wijn] gevormd van gr. *oinos* [wijn], daarmee idg. verwant + *-logia* [verhandeling], van *logos* [woord, verhandeling].

oepasboom [Oostindische boom] van **maleis** *upas* [plantaardig vergif].

oer [ijzerhoudend grond] (1764), uit het duits, vgl. **nd.** *ur*, ablautend **oudeng.** *ear* [aarde], *eor* [grind], **oudnoors** *aurr* [kiezel, oer], **oudiers** *ur* [aarde, klei].

oer- [voorvoegsel met de betekenis oorspronkelijk, oudst] (19e eeuws) < hd. *ur*, gevormd naast oorspr. nl. *oor-*.

Oeral [geogr.] < russ. *Ural* < **wogoelisch** *ur-ala* [bergtop].

oeraliet [soort van hoornblende] < hd. *Uralit*, gevormd van *Ural* (vgl. **Oeral**) + gr. *-ités*, een substantieven vormend achtervoegsel, vgl. **dolomiet, dynamiet**.

Oerdoe [taal] verkort uit *zaban i urdu* [taal van het

oeros — ofschoon

legerkamp], *urdu* < **perzisch** *ordū* [legerkamp] (vgl. **horde²**).

oeros [wisent] uit het duits, vgl. **middelnd.** *urosse*, **oudhd.** *ūrohso* (**hd.** *Auerochs*), waarvan het eerste lid ook afzonderlijk voorkomt, vgl. **oudhd., oudeng.** *ūr*, **oudnoors** *ūrr*, bij Caesar *urus*, heeft ofwel verband met **oudindisch** *usra-* [os] en *usrá-* [roodachtig], ofwel met **oudindisch** *vṛṣa-* [stier]; Kiliaan geeft *ooros* in een poging tot vernederlandsing.

oersted [eenheid van magnetische veldsterkte] genoemd naar de Deense natuurkundige *Hans Christian Oersted* (1777-1851).

oerzon [boomstekelvarken] < **fr.** *ourson* [eig. jonge beer], van *ours* [beer] < **lat.** *ursus*, verwant met **gr.** *ark(t)os* [beer] (vgl. **arctisch**).

Oesbeken [Turks volk] genoemd naar *Uzbeg* (1313-1340), een khan van het rijk van de Gouden Horde.

oest [oogst] **middelnl.** *oust, oest* < **oudfr.** *aoust* [oogst].

oester [weekdier] **middelnl.** *hoestre, woester, oester* < **oudfr.** *oistre, uïstre* (**fr.** *huître*) < **lat.** *ostreum*, jonger *ostrea* < **gr.** *ostreion, ostreon* [idem], verwant met *osteon* [been, bot], waarbij gedacht moet worden aan de harde schelp.

oestron [eierstokhormoon] < **gr.** *oistros* [horzel, steek, prikkel, razernij, liefdesverlangen], verwant met **lat.** *ira* [woede].

oestrus, oestrum [vruchtbare periode] gevormd van **gr.** *oistros* (vgl. **oestron**).

oets [mallejan] → **hoefstal**.

oetsen [foppen] < **hd., jiddisch** *uzen* [voor de gek houden] < **pools** *uciecha* [lol ten koste van anderen].

oeuvre [gezamenlijk werk] < **fr.** *oeuvre* < **lat.** *opera* [moeite, werkstuk, dienst], van *opus* (mv. *opera*) [werk, moeite, werkstuk] (vgl. **opera**).

oever [kade] **middelnl.** *oever*, **middelnd.** *over*, **middelhd.** *uover*, **oudfries** *over*, **oudeng.** *ofer;* buiten het germ. **gr.** *èpeiros* [oever, vasteland] (vgl. **Epiroot**).

off-day [dag dat men niet in vorm is] < **eng.** *off-day*, van *off* [weg, van hier], oorspronkelijk identiek met *of*, maar in nadrukkelijk gebruik gespeld met *ff* + *day* [dag].

offensie [belediging] **middelnl.** *offentie* < **fr.** *offense* [idem] < **lat.** *offensionem*, 4e nv. van *offensio* [het stoten, aanval, aanstoot, ergernis], van *offendere* (verl. deelw. *offensum*) [aanstoten tegen, kwetsen, aanstoot geven], van *ob* [tegen ... aan] + *-fendere* (vgl. **defensie**).

offensief [aanval(lend)] < **fr.** *offensif* [idem] < **me. lat.** *offensivus* [aanstootgevend, stotend, aanvallend], van *offendere* (vgl. **offensie**).

offer [gave (aan godheid)] van **offeren**.

offerande [gave (aan godheid)] **middelnl.** *off(e)rande* < **fr.** *offrande* < **me. lat.** *offerenda* [dat wat geofferd moet worden], gerundivum mv. van *offerre* (vgl. **offeren**).

offeren [(aan godheid) schenken] < **lat.** *offerre* [tegemoet voeren, prijsgeven, aanbieden, en bij christelijke auteurs offeren], van *ob* [voor, naar ... toe] + *ferre* [dragen], idg. verwant met **baren** ¹.

offerte [aanbieding] < **fr.** *offerte*, zelfstandig gebruikt vr. verl. deelw. van *offrir* [aanbieden] < **lat.** *offerre* (vgl. **offeren**).

offertorium [het offer van brood en wijn] < **chr. lat.** *offertorium* [plaats waarheen offers werden gebracht], van *offerre* (vgl. **offeren**).

office [suikerwerkerij] < **fr.** *office* [dienst, (in speciale betekenis) de kunst van het nagerecht] < **lat.** *officium* [dienst], van *ops* [kracht, hulp, bemoeienis], verwant met *opus* (vgl. **opus**) + *facere* [doen, maken], dus het bieden van hulp.

official [officieel afgevaardigde] **(middelnl.** *officiael* [ambtenaar belast met het waarnemen der geestelijke rechtspraak]) < **eng.** *official* < **fr.** *officiael* [dienaar] < **me. lat.** *officialis* [huisbediende, rentmeester, kerkelijk functionaris, hofdignitaris, magistraat], van *officium* (vgl. **office**).

officie [ambt] < **fr.** *officie* < **lat.** *officium* (vgl. **office**).

officieel [ambtelijk] < **fr.** *officiel* < **lat.** *officialis* [m.b.t. een dienst], van *officium* (vgl. **office**).

officier [hogere militair] **middelnl.** *officier, offichier* [ambtenaar belast met een deel der rechtsmacht] < **fr.** *officier*, dat zich ontwikkelde tot de huidige betekenis < **me. lat.** *officiarius* [huisbediende, rentmeester van een landgoed], van *officium* (vgl. **office**).

officiëren [als priester dienst doen] < **fr.** *officier* < **me. lat.** *officiare* [idem], van *officium* (vgl. **office**).

officieus [niet officieel] < **fr.** *officieux* [idem] < **lat.** *officiosus* [gedienstig, voorkomend], van *officium* (vgl. **office**) + *-osus* [vol van].

officinaal [in de apotheek verplicht voorhanden] < **fr.** *officinal* [idem] < **lat.** *officinalis* [m.b.t. een werkplaats], van *officina* [werkplaats], van *opifex* (2e nv. *opificis*) [werkman], van *ops* [kracht, hulp] + *facere* (vgl. **office**).

offreren [aanbieden] < **fr.** *offrir* < **lat.** *offerre* (vgl. **offeren**).

offset, offsetdruk [druktechniek] van **eng.** *offset*, het overzetten van de inkt van de ene pagina op de andere, het zogenaamde smetten, dan in de offsettechniek het overbrengen van de inkt op een intermediair en vervolgens op het papier.

ofiet [serpentijn] < **fr.** *ophite* < **lat.** *ophites* [idem] < **gr.** *ophítès*, waarbij *lithos* [steen] is weggevallen, bn. van *ophis* [slang], vermoedelijk uit het semitisch, vgl. **aramees** *af'ā*, **hebr.** *ef'e* [adder], van het ww. **hebr.** *pā'ā* [hij siste] (vgl. **serpentijn²**).

ofiologie [studie van de slangen] van **gr.** *ophis* [slang] (vgl. **ofiet**) + *-logia* [verhandeling], van *logos* [woord, verhandeling].

Ofir [het bijbels goudland] < **hebr.** *ōphīr*.

ofschoon [hoewel] (1756), gevormd in de verbinding *of ... schoon* (bijw.).

oft [dikwijls] **middelnl.** *oft(e)* (nederrijns) [idem], **oudsaksisch** *oft(o)*, **oudhd.** *ofto*, **oudfries** *ofta*, **oudeng.** *oft*, **oudnoors** *opt*, **gotisch** *ufta;* etymologie onzeker.

oftalmie [oogontsteking] gevormd van **gr.** *ophthalmos* [oog], van *ops* [blik], *opsis* [het zien], idg. verwant met *oog* + *thalamos* [vertrek], samen oogkas. Dat het gr. de omschrijving oogkas voor oog gebruikt wordt toegeschreven aan een taboe dat op oog rustte.

ogam [Oudiers alfabet] < **oudiers** *ogam, ogum*, modern *ogham;* volgens de legende de naam van de uitvinder van dit schrift.

ogief [spitsboog] **middelnl.** *ogijf* < **fr.** *ogive*, vermoedelijk < **spaans** *aljibe* [waterreservoir] < **ar.** *al jubb* (mv. *jibāb*) [het waterreservoir], (*al* [het]).

oginoïsme [onthoudingssysteem] genoemd naar de Japanse verloskundige *Ogino* (1882-1975).

ohm [eenheid van weerstand] genoemd naar de Duitse natuurkundige *Georg Simon Ohm* (1787-1854).

oir [afstammeling] **middelnl.** *hoir, hoor, oor, ore, oir* < **fr.** *hoir* < **lat.** *heres* [erfgenaam, opvolger] (vgl. *hereditair*); de spelling *oi* dateert uit de tijd, dat de *i* werd geschreven om aan te geven, dat de voorgaande klinker lang was.

-oïde [-achtig] < **gr.** *-oeidès*, waarin de *o* tot een voorafgaand woord behoort, van *eidos* [vorm, gedaante], van *weidos* (niet overgeleverd), idg. verwant met **weten**.

ojief → **ogief**.

o.k. [alles in orde] het eerst gebruikt in de naam van de *Democratic O.K. Club* in de U.S.A. (1840), waarin *O.K.* staat voor *Old Kinderhook*, het geboortedorp van Martin van Buren die de club steunde voor een tweede ambtstermijn. De afkorting kon gemakkelijk worden geïnterpreteerd als *all correct* [alles in orde]. Deze verklaring is onbewezen.

okapi [herkauwer] overgenomen uit het Kongolese *mbuba*.

okarina → **ocarina**.

oker [aardsoort, gele verf daaruit] **middelnl.** *oker* < **fr.** *ocre* < **lat.** *ochra* [idem] < **gr.** *ōchra* [gele oker], van *ōchros* [geelachtig bleek].

okkernoot [walnoot] **middelnl.** *nokernote, noker* < **me. lat.** *nucarius, nogarius* [okkernoteboom], van *nux* (2e nv. *nucis*) [noteboom, noot], daarmee idg. verwant.

oksaal, doksaal [zangerskoor] **middelnl.** *oxale, ocsaele* < *docsael, doxael* (de *d* verdween omdat men die aanzag voor het lidw.) < **me. lat.** *doxale, dossale* < *dorsale*, het zelfstandig gebruikt o. van *dorsalis* [rug-], van *dorsum, dorsus* [rug]; het woord betekende aanvankelijk 'plaats achter de rug der priesters waar de tapijten hingen'.

oksel [holte onder de arm] **middelnl.** *ocsele, oxel*, ablautend naast *assel(e)* [schouder, oksel], **oudsaksisch** *ahsla*, **oudhd.** *ahsala*, **oudfries** *axle*, **oudeng.** *ocusta, eaxle* (**eng.** *oxter*), **oudnoors** *ǫxl;* buiten het germ. **lat.** *axilla* [idem]; van **as** [1] [spil].

oksenaar [barg. horloge] in **rotwelsch** *osni(ek)* < **jiddisch** *os* [merkteken] + het slavisch achtervoegsel *-ih*, o.i.v. **jiddisch** *osen* [oor].

okshoofd [vochtmaat] (1573) < **eng.** *hogshead* [vat, inhoudsmaat, lett. zwijnskop], met onduidelijke overgang van betekenis.

oktober [tiende maand] **middelnl.** *october* < **lat.** *Mensis Octobris* [achtste maand], *octobris*, van *octo* [acht], daarmee idg. verwant. Het Romeinse jaar begon oorspr. met maart.

Oldenburg [geogr.] < **hd.** *Oldenburg* [lett. de oude burcht].

olderman [Fries/Saksisch overheidspersoon] het eerste lid is de vergrotende trap van *oud*, vgl. **eng.** *alderman*.

oleaat [zout van oliezuur] afgeleid van **lat.** *oleum* (vgl. *olie*).

oleander [sierplant] < **fr.** *oléandre* < **me. lat.** *lorandrum, oleander* < **gr.** *rhododendron* (vgl. *rododendron*), waarbij echter verwarring is opgetreden met *laurier* blijkens *lorandrum* en mogelijk ook associatie met *olijf*.

oleaster [wilde olijfboom] < **lat.** *oleaster*, van *olea* [olijf, olijfboom] + het pejoratieve achtervoegsel *-aster* (vgl. *poëtaster*).

olfactorisch [m.b.t. de reuk] van **lat.** *olfactum*, verl. deelw. van *olfacere* [ruiken], van *olēre* [rieken] + *facere* [maken, doen], daarmee idg. verwant.

olie [vette vloeistof] **middelnl.** *olei, oly, olie* < **lat.** *oleum* [olijfolie, olie] < **gr.** *elaion* [olijfolie, zalf], van *elaiè* [olijf (boom en vrucht)], vermoedelijk uit het semitisch, vgl. **akkadisch** *ulû* [beste kwaliteit olie].

oliesel [sacrament der stervenden] **middelnl.** *olijs, olysse, oliesel* [zalfolie, het laatste oliesel], afgeleid van *olisen* [het laatste oliesel aan iem. verstrekken], van *olijs* < **oudfr.** *olis* [olijfolie].

olifant [slurfdier] **middelnl.** *olifant* [olifant, ivoor], **oudfr.** *olifant* < **lat.** *elephantem*, 4e nv. van *elephas*, waarnaast *elephantus* < **gr.** *elephas* [ivoor, olefant], een tautologische samenstelling waarvan het eerste lid in het **hamitisch** *elu* [olifant] voorkomt (> **ar.** *fīl*, **perzisch** *pīl*) en het tweede stamt van **egyptisch** *yb* [olifant].

oligarchie [regering van weinige personen of families] < **gr.** *oligarchia* [idem], van *oligos* [klein, weinig] + *archè* [regering, heerschappij].

Oligoceen [geologische periode] gevormd van **gr.** *oligos* [klein, gering] + *kainos* [nieuw], idg. verwant met **recent;** zo genoemd vanwege het geringe aantal nog levende vormen.

oligochronisch [kortstondig] gevormd van **gr.** *oligos* [klein, weinig, kort (van tijd)] + *chronos* [tijd].

oligofrenie [achterlijkheid] gevormd van **gr.** *oligos* [klein, gering] + *phrèn* [middenrif, borst, inborst, geest].

oligoklaas [soort van veldspaat] gevormd van **gr.**

oligopolie — omineus

oligos [klein, gering] + *klazein* [breken]; zo genoemd omdat het minder gemakkelijk splijt dan albiet.

oligopolie [monopolievorm] gevormd van **gr.** *oligos* [klein, gering] + *-polie* (vgl. ***monopolie***).

oligopsonie [marktvorm] gevormd van **gr.** *oligos* [klein, gering] + *-psonie* (vgl. ***monopsonie***).

oligotroof [voedselarm] gevormd van **gr.** *oligos* [klein, gering] + *trophè* [voedsel], idg. verwant met ***draf***¹.

oligurie [geringe urineafscheiding] gevormd van **gr.** *oligos* [klein, gering] + *ouron* [urine].

olijf [vrucht van olijfboom] **middelnl.** *olive* < **fr.** *olive* < **lat.** *oliva* [olijf (boom en vrucht)] < **gr.** *elaiè* [idem] (vgl. ***olie***).

olijk [niet goed in zijn soort, dom, dwaas, slim, doortrapt, guitig] **middelnl.** *odelijc, olijk* [weinig waard, suf, ellendig], van *ode* [gemakkelijk], **oudsaksisch** *oði*, **oudhd.** *odi*, **oudeng.** *eaðe*, **oudnoors** *auð-;* vermoedelijk te verbinden met **gr.** *eu* [goed, edel, braaf].

olim [voorheen] < **lat.** *olim* [toen, vroeger].

olivien, olivijn [mineraal] < **hd.** *Olivin,* afgeleid van **lat.** *oliva* [olijf], vanwege de groene kleur.

olla podrida [mengsel van spijzen] → ***potpourri***.

olm¹ [iep] **middelnl.** *olme* < **fr.** *olme* < **lat.** *ulmus* [iep].

olm² [houtziekte] **middelnl.** *olm* [molm van vergaan hout], **nd.** *olm* [rotting in hout], **oudhd.** *olmoht* (bn.) **middelhd.** *ulm;* buiten het germ. **litouws** *elmės, almens* [lijkvocht].

olm³ [pigmentloze blinde salamander in grotten] < **hd.** *Olm,* **oudhd.** *mol, molt, molm* [salamander, hagedis], waarvan de etymologie niet duidelijk is, hoewel te wijzen valt op **armeens** *molez* [hagedis].

olms [barg. oud] < **jiddisch** *olom* [wereld, eeuwigheid] (vgl. de betekenisontwikkeling van *wereld*).

oloroso [welriekend] < **spaans** *oloroso* [welriekend], van *olor* [geur], van **lat.** *olēre* [rieken], verwant met *odor* (vgl. ***odeur***).

olympiade [internationale sportwedstrijd, tijdvak van vier jaar] < **fr.** *olympiade* < **lat.** *Olympias* (2e nv. *Olympiadis*) [tijdperk van vier jaar], van **gr.** *olumpias* [olympisch, de olympische spelen]; naar het tempelterrein *Olympia* in de Peloponnesus, waar de spelen werden gehouden.

olympiajol [zeilboot] zo genoemd omdat de boot ontworpen werd voor de olympische wedstrijden (van 1936).

om [rond(om)] **middelnl.** *ombe, omme, om, umbe, umme,* **oudnederfrankisch, oudsaksisch, oudhd.** *umbi,* **oudfries** *umbe,* **oudeng.** *ymb(e),* **oudnoors** *um(b);* buiten het germ. **lat.** *amb-,* **gr.** *amphi,* **oudiers** *imb-,* **oudindisch** *abhi* [naar...toe, tegen], *abhitas* [om].

oma [grootmoeder] in kindertaal verkort uit *grootma*.

omagra [jicht in de schouderstreek] gevormd van **gr.** *ōmos* [schouder] + *agra* [het jagen, dat wat gevangen, geschoten is], gevormd naar analogie van ***podagra***.

omalgie [pijn in de schouder] gevormd van **gr.** *ōmos* [schouder] + *algos* [pijn].

omber¹ [kleurstof] < **fr.** *terre d'Ombrie* [Umbrische aarde].

omber² [kaartspel] (1735) < **fr.** *hombre* < **spaans** *hombre* [man], degene die de leiding heeft.

ombervis [soort vis] (1778), van **fr.** *ombre* [idem] < **lat.** *umbra* [schaduw, schim, ombervis, zeebaars], vertaalde ontlening aan **gr.** *skiaina,* van *skia* [schim, schaduw], daarmee idg. verwant (vgl. ***somber***).

ombiliek [navelpunt (in wiskunde)] < **fr.** *ombilic* [idem] < **lat.** *umbilicus* [navel], daarmee idg. verwant.

ombrageus [wantrouwend] < **fr.** *ombrageux* [idem] < **lat.** *umbrosus,* van *umbra* [schaduw, schim] (vgl. ***somber***) + *-osus* [vol van].

ombré [geschakeerd weefsel] < **fr.** *ombré,* verl. deelw. van *ombrer* [schaduwen], dus met (kleur)-schaduw (vgl. ***ombrelle***).

ombrelle [parasol] < **fr.** *ombrelle* < **me. lat.** *umbrella* < **klass. lat.** *umbella* [parasol], verkleiningsvorm van *umbra* [schaduw] (vgl. ***somber***).

ombrometer [regenmeter] gevormd van **gr.** *ombros* [regen] + ***meter***¹.

ombrotrofie [afhankelijkheid van neerslag voor voeding] gevormd van **gr.** *ombros* [regen] + *trophè* [voeding], idg. verwant met ***draf***¹.

ombudsman [vertrouwensman] < **zweeds** *ombud(sman)* < **oudnoors** *umboðsmaðr* [vertegenwoordiger van de koning], van *um* [om, rond] + *boð* [opdragen, gelasten], vgl. *(ont)bieden* + *maðr* = *mannr* [man].

omega [laatste letter van het Griekse alfabet] < **gr.** *ōmega* [grote (d.w.z. lange) *o*], in tegenstelling tot de *omikron* [kleine *o*], van *megas* [groot], verwant met **lat.** *magnum* (vgl. ***magnum***).

omein, omijn nevenvorm van ***amen***.

omelet [eiergerecht] (1867) < **fr.** *omelette* < *amelette,* met verlies van de *l,* omdat men dacht dat deze het lidwoord was < *alumette* < *alumelle* [idem] < **lat.** *lamella* [metaalplaatje], verkleiningsvorm van *lamina* [plaat, blad van metaal of hout, nog zachte notedop]; zo genoemd vanwege vormgelijkenis. De fr. vorm heeft stellig o.i.v. *œuf* gestaan.

omen [voorteken] < **lat.** *omen,* verwant met **gr.** *oiomai* [ik heb een voorgevoel, vermoed] (vgl. ***abominabel***).

omentum [darmscheil] < **lat.** *omentum* [vet, ingewanden].

omheinen [met een omheining omgeven] **middelnl.** *ommeheimen, ommeheinen;* van ***om*** + ***heining***.

omhelzen [de armen om de hals slaan] **middelnl.** *ommehelsen,* vgl. ***behelzen***.

omhoog [in de hoogte] **middelnl.** *om(me)hoge,* waarin *om* aanduiding is van een punt ergens in de hoogte.

omineus [een boos voorteken inhoudend] < **lat.**

omissie — ondanks

ominosus [vol voorbetekenis], van *omen* (2e nv. *ominis*) (vgl. **omen**) + *-osus* [vol van].
omissie [verzuim] < **fr.** *omission* < **laat-lat.** *omissionem*, 4e nv. van *omissio* [idem], van *omittere* (verl. deelw. *omissum*) (vgl. **omitteren**).
omitteren [weglaten] < **lat.** *omittere* [laten gaan, afzien van, vergeten, overslaan], van *ob* [naar ... toe] + *mittere* [doen gaan], idg. verwant met *smijten*.
ommatidium [oogfacet van insekt] verlatijnsing van **gr.** *omma* (2e nv. *ommatos*) [oog], verwant met *ops* [blik] + de verkleiningsuitgang *-idion*.
omnibus [openbaar vervoermiddel, boek] < **fr.** *(voiture) omnibus*, van **lat.** *omnibus*, 3e nv. van *omnes* [allen], dus: voertuig voor allen, de naam van het vervoer met paardentractie dat in 1820 in Parijs werd ingesteld. In de betekenis 'boek' met een aantal werken van één schrijver in een goedkope editie is de gedachte voor allen betaalbaar.
omnipotent [alvermogend] < **lat.** *omnipotens* (2e nv. *omnipotentis*), van *omne* (2e nv. *omnis*) [alles] + *potens*, teg. deelw. van *posse* [kunnen].
omnipresentie [alomtegenwoordigheid] < **me. lat.** *omnipresens* (2e nv. *omnipresentis*) [alomtegenwoordig], van *omni-* (vgl. **omnipotent**) + *presens* (vgl. **presentie**).
omnium [wedstrijd van allen] < **eng.** *omnium* < **lat.** *omnium* [van allen], 2e nv. van *omnes* [allen], mv. van *omnis* [ieder, elk].
omnivoor [alleseter] < **fr.** *omnivore*, van **lat.** *omnis* [alles] + *vorare* [gulzig eten].
omofagie [het eten van rauw vlees] < **gr.** *ōmophagia* [idem], van *ōmophagos* [rauw vlees etend], van *ōmos* [rauw] + *phagein* [eten].
omstandigheid [gesteldheid van zaken] sedert Kiliaan, vgl. **middelnl.** *ommestant*, vertalende ontlening aan **fr.** *circonstance* of **lat.** *circumstantia*, vertalende ontlening aan **gr.** *peristasis* [omstandigheid, lett. het rondom staan], van *peri* [rondom] + *stasis* [het (gaan) staan], van *histamai* [ik ga staan].
omstreeks [ongeveer] met het bijwoorden vormende achtervoegsel *s* gevormd van *omstreek*, van *om* + **streek**.
omswitchen [omzwaaien (naar)] gevormd van *om* + **eng.** *to switch* [raken, omschakelen], van *switch* [buigzame twijg], verwant met **middelnl.** *zwijch, zwijck* [tak, twijg].
omtrek [hoofdlijn die grenzen van een figuur bepaalt] waarschijnlijk gevormd door Simon Stevin ter vertaling van **gr.** *periphereia*.
omtrent [nabij, ongeveer] **middelnl.** *ommetrent, ommetrant, ommetrint* [rondom, omstreeks, ongeveer], van *om* + *trant* [gang, schrede], *tranten, trinten* [stappen, oorspr. zich draaien] (vgl. **trant, trend**).
omturnen [een andere wending geven] gevormd van *om* [anders] + **eng.** *to turn* [draaien, keren] < **lat.** *tornare* [op de draaiband draaien], van *tornus* (vgl. **toer**).

omver [ondersteboven] **middelnl.** *ommeverre, ommevarre, ommeveer* [ver weg, weg], (*ommeverre werpen* [ver weg werpen]), van *omme* [(als bijw.) rondom, in de rondte, aan alle kanten, overal] + *verre* (vgl. **ver**).
omzichtig [behoedzaam] **middelnl.** *ommesichticheit* [alziendheid], vertaling van **lat.** *circumspectio*, van *circum* [rondom] + *spectio*, van *specere* [kijken].
on- [ontkennend voorvoegsel] **middelnl.** *on-*, **oudnederfrankisch, oudsaksisch, oudhd., oudfries, oudeng., gotisch** *un-*, **oudnoors** *ō-, ū-*; buiten het germ. **lat.** *in-*, **oudiers** *an-*, vgl. **oudindisch** *na* [niet].
onager [wilde ezel, slingerwerktuig] < **lat.** *onager* < **gr.** *onagros*, van *onos* [ezel], een vóór-gr. woord **myceens** *ono*, **soemerisch** *anshu* + *agros* [veld, het land], idg. verwant met **akker**; het werktuig werd zo genoemd omdat het na het schieten bokte.
onaneren [masturberen] genoemd naar *Onan* in Genesis 38:9.
onbeholpen [onhandig] **middelnl.** *onbehelpich, onbehulpelijc* [zonder hulp zijnde]; van *on-* + het verl. deelw. van *behelpen* [helpen, zich helpen].
onbehouwen [ruw] **middelnl.** *onbehouwen* [niet rondom behouwen van een boomstam, ruw, plomp], *onbehouwelijc* [onbetamelijk]; van *on-* + *behouwen*.
onbescheid [overmoed, driestheid] **middelnl.** *onbescheit, onbescheet* [buitensporigheid, onredelijkheid, onverstand], van *on-* + *bescheit* [scheiding, afscheiding, onderscheid, oordeel, inzicht, beslissing, bericht, waarheid] (vgl. **scheiden**); vgl. *bescheiden*, ook in *de bescheiden lezer*, **hd.** *Bescheid* en vgl. voor de betekenis ook **kritisch**.
onbeschoft [lomp] (1588), etymologie onzeker; men heeft verondersteld dat het is gevormd bij *onbeschaafd*, maar ook wel dat het bij *scheppen* [vormen] behoort en eveneens bij *schub*, vgl. **middelnl.** *schobben* [schuren].
onbestemd [onbepaald, vaag] (1785) < **hd.** *unbestimmt*.
onbesuisd [onbeheerst] **middelnl.** *onbessust*, verl. deelw. van **middelnl.** *besusen, besuysen* [tot bedaren brengen, sussen (b.v. een kind)]; klankbootsend gevormd.
onbewimpeld [openhartig] → *bewimpelen*.
once [1/12 van het medicinale pond] < **fr.** *once* < **lat.** *uncia* (vgl. **ons¹**).
oncogeen [gezwellen veroorzakend] < **gr.** *ogkos* [massa, omvang, opgeblazenheid] + de stam van *gennan* [voortbrengen] (vgl. **Genesis**).
onctie [zalving] < **fr.** *onction* < **lat.** *unctionem*, 4e nv. van *unctio* [zalving], van *unguere* (verl. deelw. *unctum*) [zalven], verwant met **oostmiddelnl.** *anke(n)*, **hd.** *Anken* [boter] (vgl. **ongel**).
ondanks [in weerwil van] **middelnl.** *ondanc* [in weerwil van], ouder *ane (aen, an) minen* (etc.) *danc*, van *ane* [zonder, vrij van] + *danc* [gedachte,

ondeeg — onkosten

mening, zin, wil], dus tegen mijn (etc.) wil. Vgl. *ongeveer*.

ondeeg [niet in orde] van ontkennend *on-* + *deeg*¹.

onder [beneden] middelnl. *onder*, oudnederfrankisch *undir*, oudsaksisch, gotisch *undar*, oudhd. *untar*, oudfries, oudeng. *under;* buiten het germ. lat. *inferus*, avestisch *adhara*, oudindisch *adhara-;* deze vormen zijn van een basiswoord **oudnoors** *und*, lat. *infra*, oudindisch *adhas;* de betekenis van 'onder' is dus eig. meer 'naar beneden'.

onderbaas [voetstuk van pilaar] het tweede lid < fr. *base* < lat. *basis* (vgl. *basis*).

onderdaan [onderworpene] middelnl. *onderdaen* [onderworpen, dan ondergeschikte], eig. het verl. deelw. van *onderdoen* [onder iets plaatsen, onderwerpen].

ondergeschoven ['een ondergeschoven kind', een kind dat heimelijk de plaats van een eigen kind inneemt] de uitdrukking stamt van het vroegere gebruik kleine kinderen in een lade onder de bedstee te schuiven om te slapen.

onderhave → *hondsdraf*.

onderhavig [waarvan op het ogenblik sprake is] middelnl. *onderhavich, onderhevich* [onderhevig aan], in de huidige betekenis evenwel < hd. *(die) unterhabene (Sache);* van **onder** + **hebben**.

onderhevig [lijdende aan] middelnl. *onderhevich* [idem] (vgl. *onderhavig*).

onderhorig [ondergeschikt] middelnl. *onderhorich* [onderdanig, nederig, gehoorzaam], middelnd. *underhorich*, middelhd. *underhœric*.

onderkast [bij boekdrukkers] de kast die op de hellende bok beneden de bovenkast staat en waarin de gewone, kleine letters worden bewaard.

onderling [onder elkaar] bijw. *onderlinge, onderlange, onderlinc,* bn. *onderlinc*, middelnd. *underlinge, underlange;* van **onder** + *-ling(s)*.

ondershands [in het geheim] ontstond uit *onderhands* o.i.v. samenstellingen als *buitenslands*, waarin de eerste *s* de 2e nv. is van het lidwoord.

onderspit [het onderspit delven, het afleggen] gezegd van degene die bij het diepspitten de diepere laag moet uitwerpen.

ondersteen [IJssel- en Dordtse steen] van **onder** + **steen;** steen uit de onderste laag in de oven, die daardoor te hard gebakken en minder van kwaliteit is.

onderwerp [zaak waarover men spreekt] in de 16e eeuw ontstaan als leenvertaling van me. lat. *subiectum*, verl. deelw. van *subicere* [onderwerpen], van *sub* [onder] + *iacere* (in samenstellingen *-icere*) [werpen].

onderziel, onderzieltje [onderlijfje] middelnl. *ondersiel(e)*, van **onder** + **ziel** [kledingstuk], middelnl. *siel(e), ziel* [ziel, lijfje].

ondulatie [golving] < fr. *ondulation*, van *onduler* [golven] < me. lat. *undulare* [idem], van *undula* (niet overgeleverd), verkleiningsvorm van *unda* [golf], idg. verwant met *water*.

onduleren [golven] < fr. *onduler* < me. lat. *undulare* (vgl. *ondulatie*).

onen [lammeren werpen] middelnl. *oone* [lam], fries *inje*, middeleng. *yenen* (eng. *to yean);* buiten het germ. lat. *agnus*, gr. *amnos*, **oudiers** *uan*, welsh *oen*, oudkerkslavisch *agnę* [lam].

onera [lasten] < lat. *onera*, mv. van *onus* [last, belasting].

onereus [lastig] < fr. *onéreux* [idem] < lat. *onerosus* [zwaar, drukkend, bezwarend] (vgl. *onera*) + *-osus* [vol van].

ongans [ongezond] middelnl. *ongans(ch)* [ongezond, niet gaaf, schadelijk], van *on-* + **gans**² [gezond].

ongel [dierlijk vet] middelnl. *ungel, ongel* [vet, smeer, talk, reuzel], van een verkleiningsvorm met *l* suffix van lat. *unguen* [zalf, vet], idg. verwant met **oostmiddelnl.** *anke(n)*, hd. *Anken* [boter] (vgl. *onctie*).

ongelikt [ongepolijst, ruw] (1720), van *on-* + **likken**² [glanzend maken].

ongesteld [in lichte mate ziek] middelnl. *ongestel(le)t* [in een slechte toestand verkerend, niet in orde, ongesteld (ook van de geest), in de war], van *on-* [slecht] + het verl. deelw. van *gestellen* [stellen, in orde brengen, herstellen].

ongestuim, ongestuimig → *onstuimig*.

ongeveer [om en nabij] middelnl. *ongeveerlike* [naar iemands beste weten, ten naaste bij], van *on-* + **gevaar**, vgl. middelnl. *gevaerde, geve(e)rde* [arglistigheid, kwade trouw]; de oorspr. betekenis was 'zonder gevaar', dan 'zonder scherp op te letten, naar beste weten' en dan 'ongeveer'. Het lid *on* is een voorzetsel **middelnl.** *ane, aen, an* [zonder], **oudnederfrankisch** *ana*, **oudsaksisch, oudhd.** *ano*, **oudfries** *oni*, **oudnoors** *ōn, ān*, vgl. gr. *aneu* [idem].

onguur [akelig] middelnl. *ongehiere, ongehure* [op woeste wijze, geweldig], **oudsaksisch** *unhiuri*, **oudhd.** *ungihiuri* (hd. *ungeheuer*), **oudeng.** *unheore*, van *on-* + middelnl. *gehier(e), gehuer* [lief, zachtzinnig], **oudhd.** *gehiure*, **oudeng.** *hiore* [aangenaam], **oudnoors** *hȳrr* [vriendelijk], verwant met **huwen**, **huwelijk** en buiten het germ. met lat. *civis* [burger].

onhout [onder geteeld hout opgeschoten hout, eig. slecht hout] van *on-* + **hout**.

onirisch [droom-] gevormd van gr. *oneiros* [droom].

oniromantie [voorspelling uit dromen] van gr. *oneiromantis* [door de droom voorspellend], van *oneiros* [droom] + *manteuesthai* [als wil der goden mededelen, voorspellen].

onkosten [kosten die men moet maken zonder dat zij voordeel opleveren] middelnl. *oncost*, ook wel *oncosten* [buitengewone kosten], **middelnd.** *unkost*, **oudwestfries** *onkost*, **oudfries** *unkost*, van *on-* [slecht] + *cost* (vgl. *kosten*).

onnozel [onschuldig, dom] middelnl. *onnosel* [onschuldig, zachtmoedig, onnozel], van *on-* + *nosel* [schadelijk (van dieren)], van *nosen* [schaden, leed doen], **oudnederfrankisch** *noson,* middelnd., middelhd. *nosen,* waarvan de afleiding niet vaststaat, mogelijk van **oudfr.** *noise* [kabaal, twist] < **lat.** *nausea* [zeeziekte, walging, afkeer] < **gr.** *nausia* [zeeziekte], van *naus* [schip], maar ook **lat.** *nocēre* [schaden] komt in aanmerking.

onomasticon [lijst van namen] < **gr.** *onomastikon (biblion)* [naamgevend (boek)], van *onomazein* [noemen, een naam geven, opsommen], van *onoma* [naam], daarmee idg. verwant.

onomatopee [klanknabootsend woord] < **fr.** *onomatopée* < **lat.** *onomatopoeia* < **gr.** *onomatopoiia* [het vormen van woorden naar de natuurklank], van *onoma* [naam], daarmee idg. verwant + *poiein* [o.m. maken, verzinnen] (vgl. *poëzie*).

onpasselijk [misselijk, onwel] sedert de 17e eeuw, van *on-* + *passelijk* (bij Bredero) [goed in orde, behoorlijk gezond], van **middelnl.** *pas* [een goede toestand, welvaren, aangename stemming] (*wel te passe* (vgl. *goed van pas komen*) [in orde, als bijw. behoorlijk] → *passen¹*.

onraad [gevaar] middelnl. *onraet* [slechte raad, gevoel van onveiligheid, ongeval, schade], van *on-* + *raet* (vgl. *raad*).

ons¹ [gewicht] middelnl. *once, onche, unce,* **oudfr.** *unce* < **lat.** *uncia* [Romeins ons (27,3 gram)], verwant met *unus* [een (eenheid)] → *inch.*

ons² [bez. vnw.] middelnl. *onse,* **oudnederfrankisch** *unsa,* **oudsaksisch** *usa,* **oudfries** *use,* met r **oudhd.** *unserer,* **oudeng.** *user, ure* (**eng.** *our*), **gotisch** *unsar;* buiten het germ. **lat.** *nos* [wij], *noster* [ons], **gr.** *hèmeis* [wij], **iers** *ni* [wij, ons], **oudkerkslavisch** *nasŭ* (2e nv. van *ny*) [wij], **oudindisch** *nas* [ons].

onstuimig [wild] bij Kiliaan *onstuemich, onstuymigh,* naast *ongestuem* < **hd.** *ungestüm,* **middelhd.** *ungestüeme,* **middelnd.** *ungestume, unstumich,* mogelijk te verbinden met *stamelen,* in welk geval de oorspr. betekenis was 'niet tegengehouden'.

ont- [voorvoegsel voor scheiding, ontkenning, begin] het voorvoegsel **middelnl.** *ont-,* **oudnederfrankisch** *ant-,* **oudsaksisch** *and-, ant-,* **oudhd.** *ant-, int-,* **oudfries** *und-, unt-, ond-, ont-,* **oudeng.** *on-,* **gotisch** *and-* is identiek met *ant-* in *antwoord,* maar met ander vocalisme door zwakke klemtoon. In ww. die een begin van een handeling aangeven zoals *ontbranden, ontkiemen* is het vermoedelijk samengevallen met *in-.*

ontberen [missen] middelnl. *ontberen, ontbaren* [zich onttrekken aan, iets nalaten, missen], van *ont-* + een ww. voor dragen, vgl. *baren¹*; de grondbetekenis is 'iets wegdragen van'.

ontbijten [ochtendmaal eten] middelnl. *ontbiten* [een kleinigheid eten, ontbijten], van *ont-* + *biten* [bijten], eig. beginnen te bijten.

ontbreken [mankeren] middelnl. *ontbreken* [voor de dag komen, doorbreken, uitbreken, ontgaan, ontsnappen, van iets bevrijd worden, met iets ophouden, iem. aan zijn lot overlaten, in gebreke zijn, ontbreken].

ontbunselen [uit de windsels doen] van *ont-* + *bunsel,* met achtervoegsel *-el,* van *bond,* middelnl. *bont* [bundel], **oudsaksisch** *gibund,* middelhd. *bunt,* van *binden.*

ontdaan [van streek] middelnl. *ont(d)aen* [open, ontdaan, razend, in het verderf gestort], verl. deelw. van *ontdoen* [losmaken, openstellen, blootleggen, zijn zelfbeheersing doen verliezen].

ontdooien [vloeibaar worden van ijs] van *ont-* + *dooien.*

ontfermen [zich ontfermen, uit de nood helpen] middelnl. *ontfa(e)rmen, ontfermen,* middelnd. *entvarmen, entvermen;* van *ont-* + *arm²,* gevormd ter vertaling van **lat.** *misereri* [medelijden hebben], van *miser* [arm]; ontfermen trad terug tegenover *erbarmen,* dat door de Statenbijbel van 1637 ingang vond.

ontfutselen [listig ontnemen] van *ont-* + *futselen.*

ontginnen [bebouwbaar maken] → *beginnen.*

ontgoocheling [ontnuchtering] vertalende ontlening aan **fr.** *désillusion,* van *dés-* [*ont-*] + *illusion* [zinsbedrog].

onthalen [trakteren] middelnl. *onthalen* [weghalen, een getuige bij iets roepen, (feestelijk) inhalen, vriendschappelijk ontvangen], van *ont-* + *halen.*

ontheisteren [ontredderen] (16e eeuws), van *ont-* + *heisteren.*

onthouden [niet vergeten] van *ont-* in de betekenis 'scheiding van wat dusver verbonden was' + *houden,* dus eig. apart houden.

onthutsen [doen ontstellen] van *ont-,* dat het begin van een handeling aangeeft, als in *ontwaken, ontbranden,* + *hutsen.*

ontieg, ontig [smerig, schandelijk] middelnl. *ontidich, ontiich, ontich* [ontijdig, ongelegen, onrijp, ongepast, ongunstig, vuil, bedorven (van eet- en drinkwaren)].

ontij [donkere tijd van de dag] middelnl. *ontijt* [ongeschikte tijd van de dag, waarin het donker is, ongeschikt tijdstip], van *on-* + *tijd.*

ontisch [m.b.t. het zijn] → *ontologie.*

ontluiken [(zich) ontsluiten] middelnl. *ontluken* [(zich) ontsluiten, ontvouwen], gevormd van *ont-* + *luiken¹.*

ontmoeten [toevallig tegenkomen] middelnl. *ontmoeten,* middelnd. *entmoten,* **oudeng.** *onmetan* [aantreffen], waarnaast middelnl. *moeten, gemoeten,* **oudsaksisch** *motian,* **oudfries** *meta,* **oudeng.** *mœtan* (**eng.** *to meet*), **oudnoors** *mœta,* **gotisch** *gamōtjan;* van *ont-* + een tweede deel, waarvoor vgl. *tegemoet.*

ontogenese [ontwikkeling van een levend wezen] voor het eerste lid vgl. *ontologie,* voor het tweede *Genesis.*

ontologie [leer van het zijn] < **fr.** *ontologie,* ge-

ontploken — ooft

vormd van **gr.** *on* (2e nv. *ontos*), teg. deelw. van *einai* [zijn], idg. verwant met hij *is* + *logos* [woord, verhandeling].

ontploken [ontplooid] **middelnl.** *ontploken* [open], verl. deelw. van *ontpluken* [ontsluiten] < *ont-beluiken* (vgl. *luiken*[1]).

ontredderd [gehavend] verl. deelw. van 17e eeuws *ontredderen* [havenen], middels *ont-*, gevormd als tegenstelling van *redderen*.

ontrieven [ongemak veroorzaken] **middelnl.** *ontriven* [schade toebrengen aan iets, iem. in ongelegenheid brengen], met *ont-* gevormd naast *gerieven*.

ontschranken [onthoeken] < **hd.** *entschränken* [eig. buiten het hek, de perken gaan] (vgl. *schrank*).

ontsnappen [ontkomen] sedert de 17e eeuw, doch bij Kiliaan in de betekenis 'snel en handig ontnemen', van *ont-* + *snappen* in de betekenis 'grijpen'.

ontstaan [vorm krijgen] van *ont-*, dat het begin van een handeling aangeeft + *staan*.

ontsteltenis [verwarring] vroeg 17e eeuws, afgeleid van het verl. deelw. van *ontstellen*, dat in het middelnl. betekende 'bederven, in de war maken, van streek maken'.

ontstentenis [het niet voorhanden zijn] sedert de 17e eeuw, gevormd van **middelnl.** *ontstaen*, dat o.m. betekende 'ontheven zijn', van *ont-* + *staen* (vgl. *staan*).

ontvankelijk [vatbaar voor indrukken] van *ontvangen* + *-lijk*.

ontvreemden [ontstelen] van *ont-* + *vreemd*, betekent eigenlijk 'vreemd van iem. maken'.

ontwaken [wakker worden] van *ont-*, dat het begin van een handeling aangeeft + *waken*.

ontwaren [gewaarworden] eerst sedert eind 18e eeuw bekend, **middelnl.** *ontwaer werden*, **middelnd.** *en(t)ware werden*, dat verklaard wordt als *en* (modern nl. *in*) + *ware*, vgl. **eng.** *aware*, waarvan *waarnemen*.

ontweiden [van het ingewand ontdoen] van *ont-* + *(ge)weide* [ingewand].

ontwerpen [uitdenken, schetsen] **middelnl.** *ontwerpen* [(oorspr.) wegwerpen, opwerpen, heen en weer werpen, schetsen, tekenen]; van *ont-* + *werpen*, vermoedelijk een vertaling van **lat.** *projectare*.

ontwikkelen [ontvouwen] eerst nieuwnl., zal zeker qua betekenis invloed hebben ondergaan van **fr.** *développer* en **hd.** *entwickeln*; gevormd van *ont-* + *wikkelen*.

ontwrichten [uit zijn verband rukken] van *ont-* + *gewricht*, dus eig. de ledematen uit het verband halen.

ontzag [eerbied] **middelnl.** *ontsach, ontsich* [vrees, ontzag], van *ontzien*; de vorm met *a* is vermoedelijk gevormd o.i.v. de verl. tijd van *ontzien*.

ontzetten [bevrijden, verbijsteren] **middelnl.** *ontsetten* [wegzetten, iem. van iets verwijderen, beroven, verwarren, bederven, kwetsen], van *ont-* + *zetten*.

ontzien [sparen] **middelnl.** *ontsien* [vrezen, ontzag hebben, ontzien], van *ont-* + *sien*, eig. dus wegzien van, de ogen afwenden van of sluiten voor.

onverdroten [niet ontmoedigd] gevormd van *on-*, **middelnl.** *verdroten,* het verl. deelw. van *verdrieten* [een weerzin in iets hebben, traag zijn].

onverhoeds [plotseling] **middelnl.** bijw. *onverhoets,* bn. *onverhoet, onverhoedet,* van *on-* + *verhoet* [voorzichtig], van *verhoeden* [beschermen, letten op], *hem verhoeden* [op iets bedacht zijn], van *ver-* + *hoede* [bewaking].

onverholen [niet verborgen] gevormd van *on-* + het verl. deelw. van *verhelen*.

onverlaat [slechte kerel] van *on-* + **middelnl.** *verlaten* [van zich doen gaan, ontslaan van, vergiffenis schenken], dus iem. die niet geëxcuseerd wordt, vgl. **middelnl.** *onverlaten, onverlatich* [snood, verdorven], *onverlatelijc* [onvergeeflijk], verder *onverlaet* [vuiligheid]; het **middelnl.** *verlaten* was zowel een sterk als een zwak ww..

onverlet [onbelemmerd, ongedeerd, zonder uitstel] **middelnl.** *onverlet,* gevormd van *on-* + het verl. deelw. van *verletten* [belemmeren, vertragen], van *ver-*, **middelnl.** *letten* [vertragen], van *let* [belemmering, schade, vertraging], verwant met *laat*[1].

onversaagd [onverschrokken] **middelnl.** *onversaget, onversaecht* → *versagen*.

onvertogen [ongepast] **middelnl.** *onvertogen* [niet uitgesteld, onmiddellijk]; van *on-* + *vertogen,* verl. deelw. van **middelnl.** *vertien* [trekken, uitstellen] (vgl. *tijgen*).

onvoorzien [onverhoeds] **middelnl.** *onversien, onvoresien*, de tweede vorm verving de eerste en oudere, o.i.v. het ww. *voorzien*.

onweer [donderbui] **middelnl.** *onwe(d)er* [slecht weer, stormweer], **middelnd.** *unwed(d)er*, **middelhd.** *unweter*, **oudfries, oudeng.** *unweder* [idem]; van *on-* + *weer*[4].

onychia [ontsteking rond nagel] gevormd van **gr.** *onux* (2e nv. *onuchos*) [nagel], daarmee idg. verwant.

onyx [steensoort] < **fr.** *onyx* < **lat.** *onyx* < **gr.** *onux* [nagel], daarmee idg. verwant. De steen werd op grond van gelijkenis zo genoemd.

onzijdig [neutraal] eerst 17e eeuws gevormd, als vernederlandsing van *onpartijdig,* als grammaticale term bedacht door de taalkundige Arnold Moonen in zijn *Nederduytsche Spraekkunst* (1706) (**fr.** (15e eeuws) *neutre* als grammaticale term).

onzin [zottenklap] vertalende ontlening aan **fr.** *non-sens* (van ontkennend *non* + *sens* [zin]), mogelijk o.i.v. **hd.** *Unsinn,* dat zelf naar **fr.** *non-sens* werd gevormd.

oöcyt [eicel] gevormd van **gr.** *ōion* [ei], daarmee idg. verwant, + *kutos* [holte, bergruimte, vaatwerk], idg. verwant met *huid*.

ooft [fruit] **middelnl.** *ovet, ooft,* **oudnederfran-**

kisch *ovit*, **oudhd.** *obaz*, **oudeng.** *ofet;* mogelijk van een grondvorm van **nl.** *opeten*, maar twijfelachtig.

oog [gezichtsorgaan] **middelnl.** *oge, ooch*, **oudnederfrankisch, oudsaksisch** *oga*, **oudhd.** *ouga*, **oudfries** *age*, **oudeng.** *eage*, **oudnoors** *auga*, **gotisch** *augo;* buiten het germ., ondanks afwijkende klinker **lat.** *oculus*, **gr.** *opsomai* [ik zal zien], **litouws** *akis*, **oudkerkslavisch** *oko*, **oudindisch** *aksi-* [oog].

-oog [in geografische namen, eiland] **middelnd.** *oge, ōch, ou(we)*, verwant met **nl.** *a* [water] (vgl. *eiland*).

oögenese, oögenesis [eicelvorming] gevormd van **gr.** *ōion* [ei], daarmee idg. verwant, + *genesis* [ontstaan, geboorte, afstamming] (vgl. *Genesis*).

ooglid [huidplooi over het oog] **middelnl.** *ogelit;* van *lid*[2] [deksel].

oögonium [cel waaruit eicel ontstaat] gevormd van **gr.** *ōiogonein* [eieren leggen], van *ōion* [ei], daarmee idg. verwant, + *gonè* [vrucht, het verwekken, geboorte] (vgl. *Genesis*).

oogst [het inzamelen van gewassen] **middelnl.** *ogest* [de maand augustus, oogst]; oogst is dus naar de maand genoemd. Oogstmaand is dus lett. augustusmaand.

ooi [wijfjesschaap] **middelnl.** *ooy, (o)oye, ouwe*, **oudsaksisch** *ewi*, **oudhd.** *ou(wi)*, **oudfries** *ey*, **oudeng.** *eowu* (**eng.** *ewe*), **gotisch** *awepi* [kudde]; buiten het germ. **lat.** *ovis*, **gr.** *ois*, **oudiers** *oi*, **litouws** *avis*, **oudkerkslavisch** *ovŭca*, **oudindisch** *avi-* [schaap].

ooievaar [vogel] in saksisch dial. *euver, uiver*, **gronings-fries** *eiber*, **middelnl.** *odevare, odevader, oudevare, adeber, aber*, **oudhd.** *odobero* < **oudsaksisch** *ōd*, **oudhd.** *ōt*, **oudeng.** *ead*, **oudnoors** *auðr*, **gotisch** *auda-* [geluk, bezit, rijkdom]; het tweede lid schijnt te zijn een woord voor dragen, brengen, vgl. *baren*[1]; de betekenis is dan 'brenger van rijkdom'. Het is niet onmogelijk dat het woord vervormd is door oude volksetymologie en dat het eerste lid met water samenhangt en het tweede bij *varu* [gaan] hoort, zodat de oorspr. betekenis zou zijn 'de over drassig land stappende vogel'.

ooit [te eniger tijd] **middelnl.** *oit*, oorspr. met twee lettergrepen gesproken, samengesteld uit een eerste lid, waarvoor vgl. *ieder*, en een tweede dat identiek is met **eng.** *yet*, **oudfries** *ieta* [nog].

ook [bovendien] **middelnl.** *ooc(k), ōc* [ook, zelfs, echter, dan ook], **oudnederfrankisch, oudsaksisch** *ōk*, **oudhd.** *ouh*, **oudfries** *āk*, **oudeng.** *eac* (**eng.** *eke*), **oudnoors** *auk* [en, ook], **gotisch** *auk* [maar, ook, want]; de redengevende betekenis is hier sterker dan b.v. in het middelnl.. Verwant met **middelnl.** *oken* [groter maken, groter worden], **oudsaksisch** *okian*, **oudhd.** *ouhhon*, **oudfries** *aka*, **oudnoors** *auka*, **gotisch** *aukan;* buiten het germ. **lat.** *augēre*, **gr.** *auxanein* [vermeerderen], **oudindisch** *ukṣati* [hij groeit], *vakṣayati* [hij doet groeien], verwant ook met *wassen*[2] [groeien].

oöliet [eiersteen] gevormd van **gr.** *ōion* [ei], daarmee idg. verwant, + *lithos* [steen].

oölogie [eierkunde] gevormd van **gr.** *ōion* [ei], daarmee idg. verwant + *logia* [verhandeling], van *logos* [woord, verhandeling].

oom [broer van vader of moeder] **middelnl.** *ohem, ome, oom* [oom, grootvader, zwager], **middelnd.** *ōm*, **oudhd.** *oheim*, **oudfries** *ēm*, **oudeng.** *eam*, een samenstelling voor het eerste lid waarvoor vgl. **oudnoors** *afi* [grootvader], **gotisch** *awo* [grootmoeder]; buiten het germ. **lat.** *avus* [grootvader, voorvader], **armeens** *hav* [grootvader], **oudiers** *aue* [kleinzoon] (tot *o* geworden in namen als *O'Neill*), **oudpruisisch** *awis* [oom]; het tweede lid is vermoedelijk *heem*[2].

oöplasma [protoplasma in oögonium] gevormd van **gr.** *ōion* [ei], daarmee idg. verwant, + *plasma*.

oor [gehoororgaan] **middelnl.** *ore*, **oudnederfrankisch, oudsaksisch, oudhd.** *ora*, **oudeng.** *eare*, **oudnoors** *eyra*, **gotisch** *auso;* buiten het germ. **lat.** *auris*, **gr.** *ous*, **oudiers** *au*, **litouws** *ausis*, **oudkerkslavisch** *jucho*, **avestisch** *ush* [oor].

oor- [voorvoegsel] **middelnl.** *oor-, or-, er-*, **oudnederfrankisch, oudsaksisch, oudhd.** *ur-*, onbeklemtoond *-ir, -ar*, **oudfries** *ur-, or-*, **oudeng.** *or-*, **oudnoors** *ur-, or-, ør-* en **gotisch** *us-* in b.v. *oorlog, oorzaak*, was oorspr. een voorzetsel, dat vermoedelijk alleen in het germ. voorkwam (vgl. *oer-*).

oorbaar [welgevoeglijk] **middelnl.** *ōrbare* (zn.) [winst uit beroep of bedrijf, nut, nuttig], **middelhd.** *urbar*, **middelnd.** *orbar;* van *oor-* + *baren*[1] in de betekenis 'dragen'.

oord [plaats, gereedschap] **middelnl.** *o(o)rt, ord* [uiterste punt, kant, rand, hoek, ruimte binnen een hoek, hoek grond, het vierde deel van iets, ook van munten, i.h.b. van stuivers], **oudsaksisch, oudfries, oudeng.** *ord*, **oudhd.** *ort*, **oudnoors** *oddr* [punt]; buiten het germ. **litouws** *usnis*, **lets** *usna* [distel], **albaans** *usht* [aar]; in de betekenis 'gereedschap voor het vellen van hout' hetzelfde woord → *hortje*.

oordeel [mening] **middelnl.** *o(o)rdeel* [uitspraak, oordeel, vonnis], **middelnd.** *ordel*, **oudhd.** *urteil*, **oudfries** *ordēl, urdēl* [idem, godsoordeel], **oudeng.** *ordāl* [godsoordeel], van het ww. **oudsaksisch** *adelian* [toekennen, oordelen], **oudhd.** *arteilen* [idem], **oudeng.** *adœlan* [afscheiden]; van *oor-* + *delen* in de betekenis 'toewijzen'.

oordje [munt] → *oord*.

oorkonde [schriftelijke getuigenis] **middelnl.** *o(o)rconde* [getuigenis], **middelnd.** *orkunde*, **oudhd.** *urkundi*, naast **middelnl.** *o(o)rconde*, **oudnederfrankisch, oudhd.** *urkundo*, **oudsaksisch** *urkundio*, **oudfries** *orken(de)* [getuige]; een naast *erkennen* gevormde zn..

oorlam [borrel] ouder *orlam*, bij Van Riebeeck *orang lam* < **maleis** *orang lama (datang)* [een zo-

oorlof — opdruistig

genaamde oudgast, later rantsoen jenever op oorlogsschip (1830)], *orang* [man] *lama* [lang geleden] *datang* [aangekomen].

oorlof [vergunning] **middelnl.** *o(o)rlof* [vergunning, vergunning om heen te gaan], **oudnederfrankisch, oudsaksisch** *ōrlof,* **oudhd.** *urloub,* **oudfries** *orlof, orlef,* van **middelnl.** *orloven* [vergunnen, van een verplichting ontslaan], **middelnd.** *erloven,* **oudhd.** *irlouben,* **oudeng.** *lyfan,* **gotisch** *uslaubjan;* van *oor-, er-* + het tweede lid van *geloven;* vgl. ook **middelnl.** *erloofnisse* [oorlof].

oorlog [strijd tussen volkeren] **middelnl.** *orlo(u)ge, orloch, orlage,* **middelnd.** *orloch, orloge,* **oudhd.** *urliugi,* **oudfries** *orloge;* gaat terug op de vermenging van twee woorden, namelijk **oudsaksisch** *orlag,* **oudhd.** *urliugi,* **oudeng.** *orleg,* **oudzweeds** *ørlyge* [strijd], < een voorvoegsel **germ.** *uz-* + een woord verwant met **gotisch** *liuga* [huwelijk], waarvoor samen een grondbetekenis als 'ontbinding van een overeenkomst' is aan te nemen, en daarnaast **oudsaksisch** *orlag,* **oudhd.** *urlag,* **oudeng.** *orlœg* [noodlot], verwant met **oudhd.** *irlegen* (**hd.** *erlegen*) [neerleggen], dus noodlot als wat voor de mens is neergelegd.

oorsprong [aanvang] **middelnl.** *o(o)rspronc* [springader, het eerste begin], **middelnd.** *orsprunk,* **middelhd.** *ursprung,* van **middelnl.** *erspringen* [opspringen], **oudhd.** *arspringan,* **oudeng.** *aspringan;* van *oor-* + *springen.*

oortje [munt] → *oord.*

oorveeg [klap] een vermoedelijk eerst 19e eeuwse o.i.v. *vegen* ontstane vervorming van *oorvijg.*

oorvijg [klap] (1642), vgl. *muilpeer.*

oorzaak [reden] **middelnl.** *o(o)rsake,* **middelnd.** *o(o)rsake,* **middelhd.** *ursache,* vermoedelijk ontleend aan het duits, van **hd.** *ur-* (vgl. *oor-*) + *Sache* in de oude betekenis 'rechtszaak' (vgl. *zaak*) (ook de betekenis van **middelnl.** *sake* ontwikkelde zich van rechtszaak tot de zaak waaruit iets voortspruit, oorzaak).

oost [windstreek] **middelnl.** *oost,* **middelnd., middelhd.** *ōst,* **oudfries** *āst,* **oudeng.** *east;* buiten het **germ. lat.** *aurora,* **gr.** *heõs, èõs,* **litouws** *aušra,* **oudindisch** *uṣas-* [dageraad].

Oostenrijk [geogr.] in een oorkonde van Otto III in 996 *Ostarrichi* genoemd, betekende 'oostelijk gebied'.

oosterlucie [pijpbloem] **hd.** *Osterluzei,* volksetymologische vervorming van **me. lat.** *aristolochia* < **gr.** *aristolochia,* van *aristos* [de beste] + *locheia* [het baren], van *lochos* [het in bed gaan liggen, baren], van *lechein* [te bed leggen], idg. verwant met *leggen,* dus de beste voor de geboorte. De plant is medicinaal gebruikt.

Oostindische kers [plant] → *kers*[1].

oot [wilde haver] < *ote,* ook *ate,* **eng.** *oat* (meest mv. *oats*), **middeleng.** *ote,* **oudeng.** *ate;* buiten het **germ. gr.** *oidein* [opzwellen], **armeens** *aitnum* [ik zwel op]; van dezelfde basis als *etter*[1].

ootje[1] [grootmoeder] vleinaam gevormd uit *grootje.*

ootje[2] ['in het ootje', de maling nemen] eerst sedert midden 19e eeuw, naar de letter *o:* een kringetje om iem. maken om hem voor de gek te houden.

ootmoed [nederigheid] **middelnl.** *ootmoet, ootmoede* [genade, nederigheid], **oudsaksisch** *ōdmodi,* **oudhd.** *ōtmuoti* [nederigheid], **oudeng.** *eaðmedu* [genadigheid, deemoed]; de betekenis 'nederigheid' is ontstaan doordat het woord bij de kerstening werd gekozen om **lat.** *humilitas* [nederigheid] te vertalen, hoewel de betekenis er niet goed mee overeenstemde. Voor het eerste lid vgl. *olijk,* het tweede is *moed.*

op [voorzetsel] **middelnl.** *op(pe), up(pe),* **oudnederfrankisch** *up,* **oudsaksisch, oudfries** *up,* **oudeng.** *upp,* **oudnoors** *upp,* **oudhd.** *ūf,* **gotisch** *iup* [naar boven], *iupa* [boven]; de verbinding met **lat.** *sub,* **gr.** *hupo,* **oudindisch** *upa* [tegen, naar] wordt niet algemeen erkend, o.a. door het verschil in betekenis, waarvoor men wel een grondbetekenis 'van onder naar boven' aanneemt.

opa [grootvader] in kindertaal verkort uit *grootpa* (vgl. *opaal*).

opaak [ondoorschijnend] < **fr.** *opaque* [idem] < **lat.** *opacus* [beschaduwd, donker].

opaal [mineraal] < **fr.** *opale* [idem] < **lat.** *opalus* [edelsteen, opaal] < **gr.** *opallios* [opaal] < **oudindisch** *upala-* [steen, edelsteen].

opaciteit [mate van ondoorschijnendheid] < **fr.** *opacité* [idem] < **lat.** *opacitas* (2e nv. *opacitatis*) [lommer, schaduw], van *opacus* (vgl. *opaak*).

opaline [een soort cheviot] < **fr.** *opalin,* vr. *opaline* [opaalkleurig] (vgl. *opaal*).

opank [schoen] < **servokroatisch** *opanak* [sandaal].

op-art [kunstrichting] < **eng.** *op-art,* van *op* < *optical effects* [optische effecten] + *art* [kunst].

opblazen [doen ontploffen] tijdens de Boerenoorlogen ontleend aan **eng.** *to blow up* [eig. stijgen, toenemen in kracht].

opboeien [zich boos maken] d.w.z. een kleur als een (roodgeschilderde) bebakeningston, bakingsboei, een kop als een *boei* krijgen.

opboeten [het vuur verder opbouwen] van *op* + *boeten.*

opbuisen [door hard slaan wekken] van *op* + *buizen*[3].

opdirken [met dirken ophalen, mooi maken] van *op* + *dirk* [piekeval, de lijn waarmee de gaffel in de juiste stand wordt gebracht], de laatste handeling van het hijsen. Vgl. *optuigen.*

opdoemen [aan de horizon zichtbaar worden] van *op* + **middelnl.** *do(e)men* [vochtig worden, nevelachtig zijn, dampen], van *do(e)m* [damp, wasem], **oudhd.** *toum* [idem]; buiten het **germ. lat.** *fumus* [rook], **gr.** *thumos* [oorspr. opwellende gedachte], **litouws** *dumai* en **oudindisch** *dhūmā-* [rook].

opdoffen [oppoetsen] van *op* + *dof*[2] [duwtje].

opdruistig [rood en gezwollen van gezicht] van *op*

+ middelnl. *druystich* [onstuimig], van *druusch,* *druust* [geweld, aandrang], van *druisen.*

open [niet gesloten] middelnl. *open,* **oudsaksisch** *opan,* **oudhd.** *offan,* **oudfries** *epen,* **oudeng.** *open,* **oudnoors** *opinn;* afgeleid van *op.*

openbaar [algemeen bekend, het algemeen betreffend] middelnl. *openbaer* [open liggende, toegankelijk], van *open* + *-baer,* afgeleid van *baren* [1] [dragen].

openen [ontsluiten] middelnl. *openen,* **oudsaksisch** *opanon,* **oudhd.** *offanōn,* **oudeng.** *openian,* **oudfries** *epenia,* **oudnoors** *ŏpna;* afgeleid van *open.*

op-en-top [geheel en al] < *op ende op,* waarin middelnl. *op* [open], maar toen men niet langer bewust was van deze betekenis, zag men er *top* in.

opera [gezongen toneelspel] < **it.** *opera* [werk, schepping, kunstwerk, opera] < **lat.** *opera* [werk], naast *opus,* waarvan opera oorspr. het oude collectivum is, dat later als mv. werd gebruikt, idg. verwant met *oefenen.*

operateur [die opereert, bedienaar van film] < **fr.** *opérateur* [idem] < **lat.** *operator* [bewerker, verrichter], van *operari* [bezig zijn met].

operatie [(geneeskundige) handeling] < **fr.** *opération* [idem] < **lat.** *operationem,* 4e nv. van *operatio* [werkzaamheid, het handelen, in chr. lat. ook heilige handeling, offer, milddadigheid] (vgl. *opereren*).

operationeel [hanteerbaar] < **fr.** *opérationnel* [idem], van *opération* (vgl. *operatie*).

operator [bedieningsdeskundige] < **eng.** *operator* < **chr. lat.** *operator* [maker, bewerker, verrichter], van *operari* (vgl. *opereren*).

opereren [te werk gaan, een operatie verrichten] < **fr.** *opérer* [idem] < **lat.** *operari* [werken, zich wijden aan, bewerken], van *opus* [werk], *opera* [arbeid, bemoeiing, werk] (vgl. *opus*).

operette [opera met dialoog] < **fr.** *opérette* [idem] < **hd.** *Operette* < **it.** *operetta,* verkleiningsvorm van *opera* [klein werk, operette] (vgl. *opera*).

operment [koningsgeel] middelnl. *operment,* **hd.** *Operment,* **fr.** *orpiment,* verbasterd < **lat.** *auripigmentum,* van *auri,* 2e nv. van *aurum* [goud] (vgl. *Aurora, öre*) + *pigmentum* (vgl. *pigment*).

opgemaakt [met make-up getooid] vertaling van **eng.** *made up.*

opgetogen [verrukt] middelnl. *opgetogen* [in een staat van geestesverrukking], oorspr. verl. deelw. van *optien* [omhoog trekken, in een staat van zinsverrukking brengen]; van *op* + *tijgen.*

ophanden [weldra] middelnl. *ophanden,* van *op de hand(en)* [in de onmiddellijke nabijheid], met de veel voorkomende overgang van plaats naar tijd.

ophemelen [opknappen] middelnl. *ophemelen* [opbergen, wegleggen], *hem(m)elen* [wegbergen, netjes leggen, vlijen, opknappen, schoonmaken], **fries** *himmelje* [schoonmaken]; van een idg. basis met de betekenis 'verbergen', waarvan ook *hemd* stamt. De tegenwoordige betekenis ontstond o.i.v. *hemel.*

ophicleïde [koperen blaasinstrument, ontwikkeld uit de serpent en met kleppen]; gevormd van **gr.** *ophis* [slang, serpent] (vgl. *ofiet*) + *kleis* (2e nv. *kleidos*), *klèjs* [grendel, 'sleutel', pen], idg. verwant met *sluiten,* dus serpent met kleppen.

ophielen [kabels aaneenbinden] van *op* + *hielen.*

ophuiden [uit gierigheid verzamelen] van *op* + *huiden,* middelnl. *hu(y)den* [verbergen, begraven], middelnd. *hu(y)den,* **oudeng.** *hydan* (**eng.** *to hide*); buiten het germ. **gr.** *keuthein* [idem], **welsh** *cuddio* [ik verberg], **oudindisch** *kuhara-* [hol (zn.)] (vgl. *huid*).

opiaat [geneesmiddel] < **fr.** *opiat* < **me. lat.** *opiatum* [bedwelmend middel, pijnstillend middel], van *opium* (vgl. *opium*).

opial [een opiumpoeder] van *opium* + *alkaloïden* (vgl. *alkali*).

opineren [zijn mening uiten] (1500) middelnl. *opinioen* [opinie] < **fr.** *opiner* [zijn mening uiten] < **lat.** *opinari* [vermoeden, menen], verwant met *optare* [wensen].

opinie [mening] < **fr.** *opinion* < **lat.** *opinionem,* 4e nv. van *opinio* [mening, vermoeden] (vgl. *opineren*).

opistografisch [aan beide zijden bedrukt] < **fr.** *opistographe* [idem], gevormd van **gr.** *opisthe(n)* [achter, van achteren] + *graphein* [schrijven], idg. verwant met *kerven.*

opium [verdovend middel] (1554), moderne verlatijnsing van **gr.** *opion* [plantesap, later vooral opium], verkleiningsvorm van *opos* [plantesap], i.h.b. het als stremsel gebruikte sap van de wilde vijgeboom *opizein* [door insnijden melksap van een plant oogsten].

opkikkeren [opbeuren] mogelijk een iteratief van *opkikken,* een samenstelling van *kikken,* dat als we denken aan *geen kik meer geven,* kan worden gezien als een terugkeer van de levensgeesten. De vorm opkikkeren zou dan de voorkeur hebben gekregen door associatie met *kikker.*

opklaren [klaar doen worden, (in zeevaart) opruimen] middelnl. *claren,* in 1521 genoteerd m.b.t. kabels, samenstelling van *op* + *klaren* (vgl. *klaar*), **hd.** *aufklaren, aufklären.*

opkoteren [oprakelen, aanporren] van *op* + *koteren.*

oplage [gezamenlijk aantal afdrukken van een werk] < **hd.** *Auflage.*

oplawaai [klap] evenals *opdonder, oplazer* e.d. gevormd van *op* + een woord dat kabaal of slag betekent.

opleukeren [opwarmen] van *op* + *leukeren* [warmen] (vgl. *leuk*).

opname [het opnemen] < **hd.** *Aufnahme* [idem], verdrong het oudere *opneming.*

opnieuw [wederom] middelnl. *op een nieu, opt nieu.*

opodeldoc [middeltje tegen reuma] gevormd door Paracelsus als *oppodeltoch*, oorspr. als benaming van pleisters, op basis van **gr.** *opos* [sap].

opoe [grootmoeder] o.i.v. *opa* < *omoe*, in kindertaal verkort uit *grootmoe(der)*.

opossum [buideldier] < **algonkin** *aposoum* [wit beest].

oppassen [opletten] van *op* + *passen* [sluiten], dus op iets doen sluiten en dan zien of iets ergens op past.

opper[1] [hooischelf] **middelnl.** *opper*, van *opperen* [op hopen zetten], van *oppe*, *op* [naar de hoogte].

opper[2] [soldatenterm] < *opperwachtmeester*, vgl. *opper-* [zich hoger bevindend].

opper- [zich hoger bevindend] vergrotende trap van *op*.

opperen [te berde brengen] iteratief van **middelnl.** *oppen, uppen* [openbaren], van *uppe, op* [op] (vgl. *op*).

opperman [helper van metselaar] **middelnl.** *operman*, later *opperman*, van *operen* [knechtwerk doen, vooral van de metselaar] (vgl. *opperen* [hooi aan oppers zetten]).

oppervlakte [bovenste vlakte, buitenkant] gevormd van *opper-* + *vlakte* → *vlak*[1].

opponent [tegenpartij] < **lat.** *opponens* (2e nv. *opponentis*), teg. deelw. van *opponere*, van *ob* [voor, tegenover] + *ponere* [plaatsen].

opponeren [zich verzetten] **middelnl.** *opponeren* < **lat.** *opponere* [plaatsen, tegenoverstellen], van *ob* [naar ... toe] + *ponere* [plaatsen].

opportunist [die zonder beginsel handelt] < **fr.** *opportuniste*, gemaakt door de Franse journalist, politicus en toneelschrijver Victor-Henri marquis de Rochefort-Luçay (1830-1913), die het tegen Gambetta gebruikte (vgl. *opportuun*).

opportuun [van pas] < **fr.** *opportun* < **lat.** *opportunus* [gunstig gelegen, geschikt (ook van tijd)], van *ob* [naar ... toe] + *portus* [haven], dus naar de haven leidend.

opposant [die oppositie voert] < **fr.** *opposant*, teg. deelw. van *opposer* < **lat.** *opponere* (verl. deelw. *oppositum*) (vgl. *opponeren*).

oppositie [tegenstand] **middelnl.** *oppositie* < **fr.** *opposition* [idem] < **lat.** *oppositionem*, 4e nv. van *oppositio* [tegenstelling], van *opponere* (verl. deelw. *oppositum*) (vgl. *opponeren*).

oppressie [onderdrukking] (1540) < **fr.** *oppression* < **lat.** *oppressionem*, 4e nv. van *oppressio* [het neerdrukken], van *opprimere* (verl. deelw. *oppressum*) (vgl. *opprimeren*).

opprimeren [onderdrukken] < **fr.** *opprimer* < **lat.** *opprimere* [neerdrukken], van *ob* [naar ... toe] + *premere* [drukken].

oprecht [echt, ongeveinsd] **middelnl.** *oprecht* [recht overeind, deugdelijk, eerlijk], **middelnd.** *uprecht*, **oudhd.** *ûfreht*, **oudfries** *upriucht*, **oudeng.** *upriht*; van *op* + *recht*[1].

opreep [speerreep] ook *opperreep*, van *op* + *reep*[1] [touw].

opril [hellende weg naar kruin van dijk] **middelnl.** *aprel* en, o.i.v. *op, oprel* < **fr.** *appareil(le)* [opril aan de wallen voor kanonnen], teruggaand op **lat.** *apparare* [voorbereiden, gereedmaken], van *ad* [naar, tot] + *parare* [gereedmaken] (vgl. *apparaat*).

oprispen [maaginhoud opgeven] **middelnl.** *opruspen, oprispen;* gevormd van *op* + **middelnl.** *rispen, respen, ruspen* < *rupsen* [oprispen], **oudhd.** *roffazzen*, **oudnoors** *ropa*.

oproden [opruimen] **middelnl.** *oproden* [opgraven, uithouwen], van *op* + *roden* (vgl. *rooien*[2]).

oproer [opstand] **middelnl.** *oproer(inge)*, van *oproeren* [opwekken tot iets], van *op* + *roeren* [in beweging brengen].

oprotten [ophoepelen] mogelijk < **eng.** *to rot off* [wegrotten].

opruien [ophitsen] ouder *opruiden*, van *op* + **middelnl.** *ru(y)den* [van onkruid en waterplanten zuiveren], **middelnd.** *ruden, opruden* [idem], vgl. hd. frequentatief *rütteln;* behoort bij *rooien*[2].

opschepen [ten laste van een ander laten] **middelnl.** *opschepen* [overgankelijk: uit het schip aan wal brengen, onovergankelijk: lossen, later: op het schip brengen], tegenwoordig uitsluitend overdrachtelijk: *opgescheept zitten* [tot zijn last hebben].

opschorten [uitstellen] **middelnl.** *opschorten*, van *op* + *schorten*.

opsjezen [er ijlings vandoor gaan] van *op* + *sjezen*, van *sjees*.

opslatten [uitbaggeren] van *op* + *slatten*, fries *slatte*, van *slat* [drassige plek, grote plas], nevenvorm van *sloot*, **oudfries** *slāt*, **fries** *sleat*.

opsmergelen [bij elkaar passende stukken metaal opslijpen] van *smergel*.

opsneukelen [opsnoepen] van *op* + *sneukelen*.

opsnijden [voorsnijden, opensnijden, grootspreken] **middelnl.** *opsniden* [afsnijden, opensnijden]; de betekenisontwikkeling tot grootspreken blijkt uit 17e eeuws **hd.** *mit dem großen Messer aufschneiden*.

opsolferen [iets opdringen] van *op* + *solfer*, *sulfer* [zwavel].

opsoloog [viskenner] gevormd van **gr.** *opson* [wat bij het eigenlijke eten komt, vooral vlees of vis].

opsonine [stof die witte bloedlichaampjes activeert] gevormd van **gr.** *opsōnion* [kost, proviand], van *opson* (vgl. *opsoloog*).

opstal [wat boven de grond gebouwd is] **middelnl.** *opstal;* van *opstellen* [in het middelnl. oprichten, stichten, instellen].

optant [die opteert] < **lat.** *optans* (2e nv. *optantis*), teg. deelw. van *optare* [kiezen] (vgl. *opteren*).

optassen [opstapelen] van *op* + *tassen*, van *tas*[3] [stapel], dan wel < **fr.** *tasser* [opstapelen], dat uit het germ. stamt.

optatief [wensend] < **fr.** *optatif* < **lat.** *optativus* [m.b.t. een wens, een wens uitdrukkend], van *optare* (verl. deelw. *optatum*) [kiezen, wensen] (vgl. *opteren*).

opteren [kiezen] < fr. *opter* < lat. *optare* [kiezen, wensen], verwant met *opinari* [menen] (vgl. *opinie*).

opticien [brillenmaker] < fr. *opticien*, in de 17e eeuw afgeleid van *optique* < me. lat. *optica* < gr. *optikè (technè)* [(de kunst van) het zien], vr. van het bn. *optikos* (vgl. *optisch*).

optie [vrije keus] < fr. *option* < lat. *optionem*, 4e nv. van *optio* [keuze, vrijheid van keuze, optie], van *optare* [kiezen, wensen] (vgl. *opteren*).

optiek [optica, gezichtspunt] < fr. *optique* [idem] (vgl. *optisch*).

optimaal [hoogst] < fr. *optimal*, in de 20e eeuw gevormd van lat. *optimum* [het beste], van dezelfde basis als *ops* [macht, rijkdom] (vgl. *opulent*).

optimaten [de aanzienlijken] < lat. *optimates*, mv. van *optimas* [de beste van een geslacht], van *optimus* [beste] (vgl. *optimaal*).

optimisme [neiging het beste te zien] < fr. *optimisme*, gevormd van lat. *optimus* [beste] (vgl. *optimaal*).

optioneel [de keus latend] < eng. *optional* [idem], van *option* (vgl. *optie*) + *-al*.

optisch [m.b.t. het zien] < gr. *optikos* [idem], van *optos* [gezien], van *opsomai* [ik zal zien], verwant met *ōps* [oog], daarmee idg. verwant.

optofonie [het hoorbaar maken van gezichtsindrukken] gevormd van gr. *optos* (vgl. *optisch*) + *phōnè* [geluid, stem], verwant met lat. *fari* [spreken] (vgl. *faam*).

optometer [gezichtsmeter] gevormd van gr. *optos* [gezien] (vgl. *optisch*) + *meter* [1].

optornen [met moeite tegenin gaan] van *op* + *tornen* [1] [wenden].

optutten [opmaken] waarschijnlijk = *optuien*, waarbij de *t* uit het verl. deelw. *opgetuid* kan stammen, mogelijk echter van *op* + *tuit* [haarvlecht].

opulent [zeer rijk] < fr. *opulent* < lat. *opulentus* [rijk, welvarend], van *ops* [macht, kracht, vermogen, rijkdom], verwant met *optimum* [het beste] (vgl. *optimaal, Oscisch*).

opuntia [cactusgeslacht] < lat. *Opuntia (herba)* [de Opuntische (plant)], van *Opus* < gr. *Opous*, een plaats in het Griekse Locris, waar de plant veelvuldig voorkwam.

opus [werk] → *opera*.

oraal [m.b.t. de mond] < fr. *oral*, gevormd van lat. *os* (2e nv. *oris*) [mond] (vgl. *Oslo*).

orakel [godsspraak] < fr. *oracle* < lat. *oraculum* [orakel, voorspelling], van *orare* [spreken, bidden].

orang [mens] < **maleis** *orang* [man, mens].

orangeade [frisdrank] < fr. *orangeade*, naar analogie van *limonade* gevormd uit *orange* [sinaasappel].

orangist [aanhanger van het Oranje-huis] < fr. *orangiste*, van (het prinsdom) Orange (vgl. *oranje* [1]).

orang-oetan, orang-oetang [mensaap] < **maleis** *orang (h)utan*, *orang* [man, mens] *(h)utan* [woud], dus bosmens.

oranje [1] [sinaasappel] **middelnl.** *arange, appel van araengen*, appel van *Orange* < lat. *Arausio;* Orange was dè plaats waar sinaasappels werden verhandeld, reden waarom ze zo werden genoemd. Er is wel volksetymologie in het spel, want het woord stamt van **ar.** *naranj* (vanwaar **spaans** *naranja*) < **perzisch** *nārenj* < **oudindisch** *nāranga-* [sinaasappelboom].

oranje [2] [kleur] genoemd naar de *oranjeappel* (vgl. *oranje* [1]).

oranjeappel [vrucht] genoemd naar *Orange* (vgl. *oranje* [1]).

oranjerie [serre waar 's winters o.a. oranjebomen worden bewaard] < fr. *orangerie* [idem], van *oranger* [oranjeboom] (vgl. *oranje* [1]).

orant [leeuwebek] < **modern lat.** *orontium*, vermoedelijk genoemd naar de rivier de *Orontes* in Syrië.

orante [beeld van biddende figuur] < lat. *orans* (2e nv. *orantis*), teg. deelw. van *orare* [spreken, bidden].

orateur [redenaar] < fr. *orateur* < lat. *orator* (vgl. *oratie*).

oratie [toespraak] < lat. *oratio* [de spraak, het spreken, stijl, redevoering], van *orare* (verl. deelw. *oratum*) [spreken, aanroepen, bidden].

oratorianen [congregatie van seculiere priesters] gevormd van **chr. lat.** *oratorium* [vereniging van seculiere priesters] (vgl. *oratie*).

oratorium [bidvertrek] < **chr. lat.** *oratorium* [bidplaats, kapel] (vgl. *oratie*).

orberen [te zijnen nutte gebruiken] **middelnl.** *o(o)rbaren* [voordeel van iets trekken], van *o(o)rbare* [voordeel, nut] (vgl. *oorbaar*).

orbiculair [kringvormig] < fr. *orbiculaire* < me. lat. *orbicularis* [bolvormig, kring-, ring-], van *orbiculus* [schijf], verkleiningsvorm van *orbis* [kring, cirkel].

orbit [elliptische omloop] < eng. *orbit* < lat. *orbita* [wagenspoor, pad], van *orbis* [kring].

orbitaal [de omloop betreffend] < me. lat. *orbitalis* [cyclisch], van *orbita* [wagenspoor, baan], van *orbis* [kring, schijf, rad].

Orcaden [geogr.] < lat. *Orcades*, **oudnoors** *Orkney(j)ar*, van *orkn*, *örkn*, *erkn* [een soort rob], vermoedelijk < **oudeng.** *orc* < **oudiers** *orc* [monster]; de betekenis is dus 'robbeneilanden'.

orchidee [plant] < **modern lat.** *orchidea*, gevormd van **klass. lat.** *orchis* (2e nv. *orchis*) < gr. *orchis* (2e nv. *orchios, orcheōs*) [testikel, en dan plant met testikelachtige wortels]; de *d* is ingevoegd omdat de moderne naamgevers ten onrechte meenden dat de 2e nv. van *orchis orchidis* was. Vgl. voor de betekenis *salep, papekullekens*.

ordale [godsgericht] < me. lat. *ordalium* < **oudeng.** *ordal* (vgl. *oordeel*).

orde [regelmatige plaatsing, geregelde toestand] **middelnl.** *ordene, orde* < **oudfr.** *ordene* < lat.

ordener — orgie

ordinem, 4e nv. van *ordo* [rij, gelid, rang, stand, orde, regelmaat].

ordener, ordner [map voor het opbergen van correspondentie] < **hd.** *Ordner,* van *ordnen* [ordenen].

ordentelijk [fatsoenlijk] met ingevoegde *t* < **middelnl.** *ordenlijc, ordelijc,* van *orde.*

order [bevel] < **fr.** *ordre,* **oudfr.** *ordene* (vgl. *orde*).

ordinaal[1] [m.b.t. rangorde] < **fr.** *ordinal* [idem] < **me. lat.** *ordinalis,* van *ordo* (vgl. *orde*).

ordinaal[2] [fles met water om een lampje te versterken] met toegevoegde *d* < **middelnl.** *orinaal* [urinaal].

ordinaat [meetkundige term] < **lat.** *(linea) ordinata* [parallel(le lijn)], vr. verl. deelw. van *ordinare* [in het gelid stellen], van *ordo* (vgl. *orde*).

ordinair [gemeen, gewoon] < **fr.** *ordinaire* [gewoon, alledaags] < **lat.** *ordinarius* [gewoon, regelmatig], van *ordo* (2e nv. *ordinis*) (vgl. *orde*).

ordinantie [verordening] **middelnl.** *ordinancie* [order tot betaling] < **oudfr.** *ordinance,* van *ordiner* [regelen, verordonneren] < **lat.** *ordinare* [in het gelid stellen, regelen], van *ordo* (vgl. *orde*).

ordinaris [rechterlijke magistraat] < **lat.** *(magistratus) ordinarius* [op geregelde tijden gekozen (magistraat)] (vgl. *ordinair*).

ordineren [instellen, wijden] **middelnl.** *ordineren* < **lat.** *ordinare* [in het gelid stellen, rangschikken, regelen, toewijzen, aanstellen tot, wijden (van bisschop)], van *ordo* (2e nv. *ordinis*) (vgl. *orde*).

ordonnans [officier] < **fr.** *ordonnance* [idem], van *ordonner* (vgl. *ordonneren*).

ordonneren [ordenen, bevelen] < **fr.** *ordonner,* o.i.v. *donner* < **lat.** *ordinare* [ordenen, regelen, toewijzen], van *ordo* (2e nv. *ordinis*) (vgl. *orde*).

öre [munt] < **lat.** *aureus* [van goud, gouden (munt)], van *aurum* [goud] (vgl. *Aurora*); voortgezette geldontwaarding deed het besef van het uitgangspunt verloren gaan. Vgl. *gulden.*

oreade [bergnimf] < **lat.** *oreas* (2e nv. *oreadis*) < **gr.** *oreias,* van *oros* [berg], van dezelfde basis als **lat.** *oriri* [zich verheffen] (vgl. *Oriënt*).

orebak [barg. geldla] het eerste lid < *oortjes,* verkleiningsvorm van *oord.*

oregami [papiervouwkunst] < **japans** *oregami,* van *ori,* een vorm van het ww. *oru* [vouwen] + *kami* [papieren].

oregano [tuinkruid] < **spaans** *orégano* [wilde marjolein] < **lat.** *origanum* [idem] < **gr.** *or(e)iganon,* gevormd van *oros* [berg] (vgl. *oreade*) + *ganos* [schittering, verwikking], van *ganusthai* [zich verheugen], verwant met **lat.** *gaudēre* [idem].

orego [lipbloemig plantengeslacht] < **lat.** *origanum* (vgl. *oregano*).

oregon [grenehout] genoemd naar de Amerikaanse staat *Oregon.*

oreïd [kunstgoud] gevormd van **fr.** *or* [goud] < **lat.** *aurum* (vgl. *Aurora*) + *-oïde.*

oreillon, orillon [flankbescherming van vesting]

< **fr.** *oreillon* [oorklep, oorklepbolwerk], verkleiningsvorm van *oreille* [oor] < **lat.** *auricula,* verkleiningsvorm van *auris* [oor], daarmee idg. verwant; de vorm *oreillon* is een vertaling van de it. vestingbouwterm *orecchione,* vergrotingsvorm van *orecchio* [oor], van dezelfde herkomst als *oreille;* de naam berust op vormgelijkenis.

orellien [kleurstof] nevenvorm van *orleaan.*

oremboai [Moluks staatsievaartuig] verbastering van **maleis** *rambaya* [idem].

oreren [redevoering houden] < **lat.** *orare* [spreken, verzoeken, smeken, bidden].

orfisch [m.b.t. Orpheus] < **gr.** *Orphikos,* bn. van *Orpheus.*

orgaan [deel van levend organisme] (1784) < **lat.** *organum* (vgl. *orgel*).

organdie [weefsel] < **fr.** *organdi;* etymologie onzeker, mogelijk verwant met *organzin* (vgl. *organzin*).

organiek [organisch voortvloeiend uit] < **fr.** *organique* [idem] < **lat.** *organicus* [mechanisch] < **gr.** *organikos* [met instrumenten] (vgl. *orgaan*).

organisch [m.b.t. een orgaan, van organen voorzien] < **hd.** *organisch,* van *Organ* [orgaan] + *-isch.*

organiseren [regelen] < **fr.** *organiser* < **me. lat.** *organizare,* van *organum* [werktuig, muziekinstrument, fluit] (vgl. *orgaan, orgel*).

organisme [samenhang der delen] < **fr.** *organisme,* van *organe* [orgaan].

organist [orgelspeler] **middelnl.** *organiste* < **fr.** *organiste* < **me. lat.** *organista* [idem] (vgl. *orgel*).

organogeen [ontstaan uit organismen] gevormd van *orgaan* + *Genesis.*

organoïde [orgaanachtig lichaam] gevormd van *orgaan* + *-oïde.*

organoleptisch [op organen werkend] gevormd van *orgaan* + **gr.** *lèptikos* [geschikt om te verkrijgen], van *lambanein* [nemen, opnemen].

organzin [natuurzijden draad] < **fr.** *organsin* < **it.** *organzino* [idem]; van *Urgench,* stad in Oezbekistan.

orgasme [het (seksueel) klaarkomen] < **fr.** *orgasme* < **gr.** *orgasmos* [het kneden], van *organ* [van sappen zwellen, vol hartstocht zijn], van *orgè* [temperament, stemming, aandrift].

orgeade [drank] < **fr.** *orgeat* [gerstenat], van *orge* [gerst] < **lat.** *hordeum* [idem], idg. verwant met *gerst.*

orgel [muziekinstrument] **middelnl.** *organe, orgale, orgene, orgele* < **lat.** *organum* [werktuig, muziekinstrument, fluit], (*organum hydraulicum* [waterorgel]) < **gr.** *organon* [werktuig], van *ergein* [werken], daarmee idg. verwant.

orgiasme [geheime cultushandeling] van **gr.** *orgiazein* [godsdienstige plechtigheden voltrekken], van *orgia* (vgl. *orgie*).

orgie [losbandig drinkgelag] < **fr.** *orgie* < **lat.** *orgia* < **gr.** *orgia* [heilige handeling, godsdienstplechtigheden, i.h.b. die welke betrekking hebben op Dionysus], verwant met *organon* (vgl. *orgel*).

Oriënt — orthostichen

Oriënt [het Oosten] < fr. *Orient* < lat. *oriens* (2e nv. *orientis*) [opgaande zon, oosten, het Oosten], eig. teg. deelw. van *oriri* [opkomen van hemellichamen, opstaan]; vgl. voor de betekenis **Anatolië, Azië, Levant, Nippon** en voor de tegenovergestelde betekenis **Europa, Maghrib**.

oriëntaal [oostelijk] < fr. *oriental* < lat. *orientalis* [oostelijk], van *oriens* (vgl. *Oriënt*).

oriënteren [plaatsen volgens de streken van het kompas] < fr. *orienter* [idem], van *orient* (vgl. *Oriënt*).

oriflamme [standaard der Franse koningen] < fr. *oriflamme*, van lat. *aurea flamma* [gouden vlam] (vgl. *Aurora, vlam*).

origine [oorsprong] < fr. *origine* < lat. *originem*, 4e nv. van *origo* [oorsprong], van *oriri* [opstaan, geboren worden] (vgl. *Oriënt*).

origineel [oorspronkelijk] **middelnl.** *originael* < fr. *original*, in het iets latere fr. *originel* < lat. *originalis* [oorspronkelijk, eerste], van *origo* (vgl. *origine*).

ork, orka [zwaardwalvis] < lat. *orca* [idem] < gr. *oruga*, 4e nv. van *orux* [gazelle, en een walvisachtig dier].

orkaan [hevige stormwind] (1657) < **spaans** *huracán* [idem] < **taino** *hurakán* < **maya** *hunraken* [Grote Beer]; als de zon in het teken van de Grote Beer staat breekt het seizoen van de orkanen aan.

orkest [groep musici] < fr. *orchestre* [idem] < lat. *orchestra* [de plaats voor de senatoren in het theater, de stalles] < gr. *orchèstra* [dansplaats in het theater, de halfronde plaats vóór het proscenium voor de bewegingen van het koor], van *orcheisthai* [dansen]; het is dus de plaats tussen toneel en muziek, in later tijden de orkestbak en vandaar orkest.

orkestraal [orkest-] < fr. *orchestral* < it. *orchestrale* [idem], van *orchestre* (vgl. *orkest*).

orkestratie [het voor orkest schrijven, bewerken] < fr. *orchestration* < it. *orchestrazione* [idem], van *orchestre* (vgl. *orkest*).

orleaan [kleurstof uit een tropische boom] < **spaans** *orellana* [idem], van *orellano, orellana* (bn.), met de betekenis: groeiend aan de *orilla* [grens, oever van zee of rivier] < lat. *ora* [rand, zoom, kust], verwant met *os* (2e nv. *oris*) [mond].

Orléans [geogr.] < fr. *Orléans* < lat. *Aurelianum*, genoemd naar keizer *Aurelianus* (270-275).

orliëtblok [zeilvaartterm] verbastering van fr. *oreillette* [oorklepje], verkleiningsvorm van *oreille* [oor] < lat. *auricula* [idem], van *auris* [idem], idg. verwant met *oor;* de blokken aan de uiteinden van mars- en bramra's deden blijkbaar aan oorkleppen denken.

ornaat [ambtsgewaad] < lat. *ornatus* [uitrusting, tooi, kleding, versiering], van *ornare* (vgl. *ornament*).

ornament, ornement [versiersel] **middelnl.** *ornament, ordiment, ordement, ordelment* [kerkelijk sieraad, staatsiekleed] < lat. *ornamentum* [uitrusting, sieraad, ereteken], van *ornare* [toerusten, versieren, vereren], verkort uit *ordinare* [ordenen, gereedmaken], van *ordo* [rij, reeks, gelid, rang, stand] (vgl. *orde*); de vorm *ornement* is ontleend via het fr..

ornamenteren [met ornamenten versieren] gevormd van *ornament*, o.i.v. fr. *ornementer*.

orneren [versieren] < fr. *orner* < lat. *ornare* (vgl. *ornament*).

ornithografie [vogelbeschrijving] gevormd van gr. *ornis* (2e nv. *ornithos*) [vogel], idg. verwant met **arend** + *graphein* [schrijven], idg. verwant met *kerven*.

orogenese [gebergtevorming] gevormd van gr. *oros* [berg] (vgl. *oreade*) + *Genesis*.

orseille [kleurstof uit mos] < fr. *orseille*, 15e eeuws *orsolle* (**oudfr.** *orcele, orçueil*), **it.** *orcella, orcello, orciglia*, **catalaans** *orxella*, vermoedelijk te verbinden met lat. *herba urceolaris* [kruid voor het schoonwrijven van glazen kruikjes], *urceolus* [kruikje], verkleiningsvorm van *urceus, urceum* [kruik] (waaruit *urna* [urn]), vermoedelijk van vóór-lat. herkomst.

ortho- [juist] < gr. *orthos* [recht], verwant met lat. *arduus* [steil], **keltisch** *Arduenna* [Ardennen].

orthochroom [kleurstof] gevormd van *ortho-* + gr. *chrōma* [huid, huidkleur, kleur].

orthodox [rechtzinnig] < lat. *orthodoxus* [rechtzinnig] < gr. *orthodoxos* [idem], van *orthos* [recht, hecht, onbezweken, juist, waar] + *doxa* [mening], dus met de juiste overtuiging.

orthodromisch [recht lopend] gevormd van *ortho-* + gr. *dromos* [loop] (vgl. *dromedaris*).

orthoëpie [uitspraakleer] gevormd van *ortho-* + gr. *-epeia*, van *epos* [woord] (vgl. *epos*).

orthofonie [behandeling van spraakstoornissen] gevormd van *ortho-* + gr. *phōnè* [geluid, stem, taal], van dezelfde basis als *faam*.

orthognaten [mensen met rechte tandkassen] gevormd van *ortho-* + gr. *gnathos* [kaak, wang], verwant met *genus* [kaak, kin], daarmee idg. verwant.

orthografie [spelkunst, spelling] < fr. *orthographie* < lat. *orthographia* [spelkunst] < gr. *orthographia*, van *orthos* [recht, juist] + *graphein* [schrijven], idg. verwant met *kerven*.

orthoklaas [mineraal] gevormd van *ortho-* + gr. *klasis* [het breken], van *klan* [breken], dus: dat met rechte hoeken breekt.

orthopedie [leer van de afwijkingen van het bewegingsapparaat] < fr. *orthopédie*, gevormd door de Franse arts Nicholas Andry (1658-1742) van *ortho-* + gr. *paideia* [opvoeding, jeugd], van *pais* [kind].

orthoptist [die de stand der ogen corrigeert] gevormd van *ortho-* + gr. *optikos, optikè, optika* [de leer van het zien] (vgl. *optisch*).

orthostichen [plantkundige term] gevormd van *ortho-* + gr. *stichos* [rij, gelid], idg. verwant met *stijgen*.

ortolaan [vogel] (1692) < fr. *ortolan* [idem] < provençaals *ortolan* < lat. *hortulanus* [van, in de tuin], van *hortus* [tuin].

orvietaan [een tegengif] < it. *orvietano*, eig. van *Orvieto*, de geboorteplaats van de uitvinder ervan.

oryx [een antilope] < gr. *orux* [gazelle, antilope], van *orussein* [uitgraven], dus eig. graafdier. Vgl. voor de betekenis *kariboe*.

os[1] [gesneden stier] middelnl. *osse*, oudsaksisch, oudhd. *ohso*, oudfries, oudeng. *oxa*, oudnoors *oxi*, gotisch *auhsus*; buiten het germ. welsh *ych* [os], middeliers *oss* [mannetjeshert], avestisch *uxshan-* [os, stier], **oudindisch** *ukṣan-* [stier]; van dezelfde basis als **oudindisch** *ukṣati* [hij besprenkelt], gr. *hugros* [vocht], lat. *humor* (vgl. *humor*).

os[2] [mond] < lat. *os* (vgl. *oraal*).

oscar [filmonderscheiding] etymologie onbekend.

oscilleren [slingeren] < fr. *osciller* < lat. *oscillare*, van *oscillum* [een wassen maskertje van Bacchus, dat ter afwering van onheil in de wijngaard werd opgehangen, zo dat het heen en weer zwaaide], verkleiningsvorm van *osculum* (vgl. *osculeren*).

Oscisch, Oskisch [Ouditaliaans] van lat. *Osci*, oudlat. *Obsci, Opsci*, van *Ops*, een godin, gemalin van Saturnus, personificatie van de aarde als moeder van de veldvruchten, van *ops* [macht, kracht] (vgl. *opulent*).

osculeren [driepuntig raken] < lat. *oculari* (verl. deelw. *oculatum*) [kussen], van *osculum* [mondje, lippen, kus], verkleiningsvorm van *os* [mond] (vgl. *oraal*).

Oslo [geogr.] eig. de naam van het oudste, oostelijke stadsdeel, gelegen aan het riviertje de *Lo*; het eerste lid noors *os* [riviermond], **oudnoors** *oss*, vgl. lat. *os*, oudindisch *ās-* [mond] en *os*[1].

Osmaans [Turks] van *Osman* (1259-1326), de stichter van het Osmaanse rijk. Osman is de Turkse uitspraak van de ar. naam *'Uthmān*, die in *Ottomaan(s)* iets dichter benaderd is.

osmium [chemisch element] gevormd door de Engelse chemicus Smithson Tennant (1761-1815) van gr. *osmè*, *odmè* [stank, geur], verwant met lat. *odor* (vgl. *odeur*), omdat het oxide van osmium een sterke geur afgeeft.

osmologie [leer der riekende stoffen] gevormd van gr. *osmè* [geur, stank] (vgl. *osmium*) + *logos* [woord, verhandeling].

osmose [het zich wederzijds vermengen] < byzantijns-gr. *ōsmos*, klass. gr. *ōthismos* [het op elkaar stoten, botsing], van *ōthein* [stoten].

ossobuco [kalfsschenkel] < it. *ossobuco*, gevormd van *osso* [been, gebeente] < lat. *ossem*, 4e nv. van *os* [bot] + it. *buco* [ronde opening] < *buca* [holte, opening] < lat. *buc(c)a*, vermoedelijk verwant met *vacuus* [leeg, hol].

ossuarium [knekelhuis] < lat. *ossuarium* [verzamelplaats voor het gebeente van de doden], van *os*, mv. *osses* [bot, been].

ostensibel [wat vertoond kan worden] < fr. *ostensible* < me. lat. *ostensibilis* (vgl. *ostensief*).

ostensief [zonneklaar] < me. lat. *ostensivus*, van *ostendere* (verl. deelw. *ostentum, ostentsum*) [voorhouden, tonen], van *ob(s)* [voor] + *tendere* [spannen, uitstrekken, aanbieden] (vgl. *tent*).

ostensorium [monstrans] < me. lat. *ostensor* [houder van een document], van *ostendere* (vgl. *ostensief*).

ostentatief [uitdagend] van lat. *ostentare* [voorhouden, tonen, pralen], intensivum van *ostendere* [voorhouden, uitstrekken, tonen] (vgl. *ostensief*).

osteogangreen [koudvuur in de beenderen] gevormd van gr. *osteon* [bot] + *gangreen*.

osteoïd [beenachtig] gevormd van gr. *osteon* [bot] + *-oïde*.

osteomalacie [beenverweking] gevormd van gr. *osteon* [bot] + *malakia* [zachtheid], van *malakos* [zacht], idg. verwant met *malen*[2].

osteoom, osteoma [gezwel van botweefsel] gevormd van gr. *osteon* [bot].

osteria [herberg] < it. *osteria*, van *oste* [waard, herbergier] < lat. *hospitem*, 4e nv. van *hospes* (vgl. *hospitaal*).

ostiaraat [eerste geestelijke wijding] gevormd van lat. *ostiarius* [deurwachter], van *ostium* [monding, ingang, huisdeur], van *os* [mond, ingang] (vgl. *Oslo*).

ostinato [voortdurend terugkerend] < it. *ostinato* [eig. hardnekkig] (vgl. *obstinaat*).

ostitis [beenderontsteking] gevormd van gr. *osteon* [bot] + *-itis*.

ostracisme [schervengericht] < fr. *ostracisme* < lat. *ostracismus* < gr. *ostrakismos*, van *ostrakon* [o.m. potscherf], verwant met *osteon* [bot] (vgl. *oester, estrik*).

otalgie [oorpijn] < gr. *ōtalgia* [idem], van *ous* (2e nv. *ōtos*) [oor], daarmee idg. verwant, + *algos* [pijn].

otiatrie [oorheelkunde] gevormd van gr. *ous* (2e nv. *ōtos*) [oor], daarmee idg. verwant + *-atrie* (vgl. *psychiater*).

otium [rust] < lat. *otium* [vrije tijd, ambteloos leven, rust], idg. verwant met hd. *Öde* (vgl. *negotie*).

otofoon [horentje voor doven] gevormd van gr. *ous* (2e nv. *ōtos*) [oor], daarmee idg. verwant, + *phōnè* [geluid, stem], verwant met *faam*.

otoliet [oorsteentje] gevormd van gr. *ous* (2e nv. *ōtos*) [oor], daarmee idg. verwant, + *lithos* [steen].

otter [marterachtige] middelnl. *otter*, oudhd. *ottar*, oudeng. *otor*, oudnoors *otr*; buiten het germ. gr. *hudra* [waterslang] (vgl. *hydra*), litouws *udra* [otter], oudpruisisch *wudro*, oudkerkslavisch *vydra* [idem], oudindisch *udra-* [waterdier], ablautend met *water*.

ottetto [octet] < it. *ottetto*, van *otto* [acht] < lat. *octo* [acht], daarmee idg. verwant (vgl. *octet*).

Ottomaans → *Osmaans*.

ottoman [weefsel] < fr. *ottoman* [Osmaans] (vgl. *Osmaans*).

ottomane [sofa] < fr. *ottomane,* vr. van *ottoman* (vgl. *ottoman*).

ottomotor [verbrandingsmotor] genoemd naar de uitvinder ervan, de Duitse technicus *Nikolaus August Otto* (1832-1891).

oubaas [eigenaar van een boerenhoeve] < **afrikaans** *oubaas* [oude meneer, kerel], van **nl.** *oud + baas.*

oubli, oublie → *oblie.*

oubliëtte [onderaardse gevangenis] < fr. *oubliëtte,* van *oublier* [vergeten], **oudfr.** *oblier,* teruggaand op **lat.** *oblivisci* [idem].

oubollig [koddig, flauw] 16e eeuws *oubollich* [gek, dwaas], **middelnl.** *abolgich* [verbolgen], van *abolge, abolch* [verbolgenheid], **oudhd.** *abulgi,* **oudeng.** *abelgan* (ww.). Van *belgen* (vgl. **verbolgen**).

oud [lang geleefd hebbend] **middelnl.** *alt, olt, out,* **oudsaksisch, oudfries** *ald,* **oudhd.** *alt,* **oudeng.** *eald,* **gotisch** *alpeis,* deelw. bij een in het nl. niet bewaard ww., vgl. **oudnoors** *ala,* **gotisch** *alan* [voeden]; buiten het germ. **lat.** *alere* [idem].

oudbakken [enige tijd geleden gebakken] **middelnl.** *outbacken* (men bakte eens per week brood). Van *oud + bakken* ¹.

ouder [vader of moeder] **middelnl.** *ouderen* [de ouders], mv. van de vergrotende trap van *out* (vgl. *oud*).

ouderdom [leeftijd] **middelnl.** *ouderdoem* [leeftijd, grijsheid, de oudsten van een geslacht], **middelnd.** *alderdōm;* van **-dom, middelnl.** *ouder* [ouderdom, leeftijd], **oudsaksisch** *aldar* [leven], **oudhd.** *altar* [ouderdom, leeftijd], **oudeng.** *ealdor* [leven], **oudnoors** *aldr* [leeftijd]; buiten het germ. **oudiers** *altram* [voeding], *altru* [pleegvader] (vgl. *oud*).

ouderling [bejaard iemand, protestants kerkelijk ambtsdrager] **middelnl.** *ouderlinc* [oude man, oudste van een gilde], gevormd als *jongeling.*

ouderwets [zoals vroeger gebruikelijk] (1695), uit *oudewets* (1622), is *van de oude wet,* mogelijk het Oude Testament.

oudmodisch [ouderwets] gevormd van *oud + modisch,* vermoedelijk < **hd.** *altmodisch.*

ouistiti [apensoort] door de Franse bioloog graaf Georges-Louis Leclerc de Buffon (1707-1788) zo gedoopt naar de kreet van het dier.

outaar, outer [altaar] **middelnl.** *outaer,* wat de klankwettige ontwikkeling was → *altaar.*

outcast [uitgestotene] eig. verl. deelw. van **middeleng.** *outcasten* [uitstoten], van *out + casten* [werpen] < **oudnoors** *kasta* [idem].

outfit [uitrusting] < **eng.** *outfit,* van *to fit out* [uitrusten (b.v. van schip)] (vgl. *fitten*).

outillage [uitrusting] < **fr.** *outillage* < **me. lat.** *hustensilia* [gebruiksvoorwerpen], **klass. lat.** *utensilia,* het zelfstandig gebruikt o. mv. van *utensilis* [bruikbaar], van *uti* [gebruiken].

outreren [overdrijven] < **fr.** *outrer* [idem], van *outre* [aan gene zijde] < **lat.** *ultra* [idem].

outrigged [met dollen buitenboord] < **eng.** *outrigged,* van *out + rig* [tuigage, takelage], **noors** *rigga* [binden], verwant met **lat.** *corrigia* [schoenveter], dat uit het kelt. stamt.

ouverture [inleidend orkeststuk] < **oudfr.** *ovrir* (verl. deelw. *overt*) [openen] < **lat.** *aperire* [idem].

ouvreuse [die plaats aanwijst] < **fr.** *ouvreuse* [lett. vrouw die (loges) opent], van *ouvrir* [openen], teruggaand op **lat.** *aperire* [idem].

ouwel [dun baksel, niet-geconsacreerde hostie] **middelnl.** *niewele, nuwele* [oblie, kaneelwafeltje], naast *ouwel, uwel* [ouwel]; de *n* viel weg als b.v. ook in *adder,* **oudfr.** *niule, niuele, nuile, neble, niele* [wolk, mist, soort zeer licht en dun gebak, dat in bepaalde kerken werd verkocht] < **me. lat.** *neb(u)la, nebulo, nebla, neula* [oblie, wafel] < **klass. lat.** *nebula* [wolk, nevel], *nebulo* [windbuil], idg. verwant met **nevel.**

ouzo [Grieks destillaat] < **nieuwgr.** *ouzon* [idem].

ovaal [langwerpig rond] < **fr.** *ovale* < **me. lat.** *ovalis* [eivormig], van *ovum* [ei], daarmee idg. verwant.

ovarium [eierstok] < **modern lat.** *ovarium,* gevormd van **lat.** *ovum* [ei], daarmee idg. verwant.

ovatie [toejuiching] < **fr.** *ovation* < **lat.** *ovatio* [kleine zegetocht (kleiner dan de triumph)], van *ovare* [juichen, jubelen], klanknabootsend gevormd.

oven [plaats om te bakken] **middelnl.** *oven,* **oudhd.** *ovan,* **oudfries** *oven,* **oudeng.** *ofen,* **oudnoors** *ofn,* **gotisch** *auhns;* buiten het germ. **gr.** *ipnos* [oven, haard], **oudindisch** *ukha-* [kookpot]; de oorspr. betekenis is dus vuurpot.

over [voorzetsel] **middelnl., oudnederfrankisch, oudfries** *over,* **oudsaksisch** *obar,* **oudhd.** *ubar,* **oudeng.** *ofer,* **oudnoors** *yfir,* **gotisch** *ufar;* buiten het germ. **lat.** *super,* **gr.** *huper,* **oudiers** *for,* **oudindisch** *upari;* mogelijk een vergrotende trap van *op.*

overbodig [overtollig] **middelnl.** *overbodich* [zich ter beschikking van iem. stellend, bereidvaardig, bereidwillig] (**oostmiddelnl.** *orbodich* [bereid], **middelhd.** *urbot* [het aanbieden]); het is merkwaardig dat de betekenis zich heeft ontwikkeld van bereidwillig, via kwistig, tot overtollig, wellicht onder invloed van *overtollig?.*

overboefen [zich overboefen, zich overeten] < **fr.** *bouffer* [zich opblazen, schransen], klanknabootsend gevormd.

overdaad [exces] **middelnl.** *overdaet* [buitensporigheid], **middelnd.** *overdāt* [wandaad], **middelhd.** *übertāt* [misdaad]; van *over* [verder] *+ daad.*

overhand [grootste macht] = *bovenhand,* **middelnl.** *hand* kende als afgeleide betekenis macht, kracht, gezag.

overheid [lichaam waarbij het openbaar gezag berust] **middelnl.** *overheit* [gezag, heerschappij, macht]; van *over* [boven iets uit zijnde] *+ -heid.*

overheren [beheersen] van *over + heer* ¹ [baas].

overhoop [op een hoop, dooreen] sedert de 16e eeuw, vgl. **oudnl.** *over (eenen) hoop* [op een hoop].

overigens [voor het overige] (1787) < **hd.** *übrigens*.

overlijden [sterven] **middelnl.** *overliden* [overgaan, overgaan tot een ander leven], is in de huidige betekenis eufemistisch gebruikt, vgl. **middelnd.** *overliden* [overgaan, sterven]; van *over*, **middelnl.** *liden* [gaan] (vgl. *lijden*).

overreden [overtuigen] sedert Kiliaan < **middelhd.** *überrēden*, van *über* (vgl. *over*) + *reden* (vgl. *rede*[1]).

overrompelen [onverwachts overvallen] 16e eeuws < **hd.** *überrumpeln*, behoort bij *rumpeln* [lawaai maken], zodat de betekenis met lawaai overvallen is.

overrulen [overstemmen] < **eng.** *to overrule*, van *over* + *to rule*, **middeleng.** *riule, reule* < **oudfr.** *reuler, riuler* < **lat.** *regulare*, van *regula* [regel].

overscharig [overtollig] van *over* + *schaar*[3] [aandeel in de markegrond], dus vee dat men heeft boven het aantal dat men op de marke mag laten grazen.

overschierig [overtollig] westfriese nevenvorm van *overscharig*.

overschrikkelen [overslaan] → *schrikkeljaar*.

overspel [echtbreuk] **middelnl.** *overspel, overspul*; het ww. *spelen* betekent ook lijfsgemeenschap hebben: *spelen boven haren man* [haar man met een ander bedriegen], *boven* en *over* hadden ook de betekenis tegen, in strijd met.

overste [aanspreektitel van luitenant-kolonel] **middelnl.** *overste* [bovenste, hoogste (als bn. en bijw.), de voornaamste (als zn.)], de superlatief van *over*, als zn. gebruikt, vgl. **hd.** *Obrist, Oberst*.

overstelpen [onder de massa bedelven] **middelnl.** *overstolpen* [omverwerpen]; van *over* + **middelnl.** *stolp(e)* [haarddeksel], zodat de oorspr. betekenis is over het deksel heenvloeien.

overtollig [boven het juiste aantal aanwezig] **middelnl.** *overtollich, overtullich, overtoldich, overtuldich, overtallich, overtellich*, verbinding van *over* + *tal* (getal) + *-ig*, of van *tol*[1] voor zover het de eerste vormen betreft?.

overtoom [sleephelling] het tweede lid behoort bij *tijgen*.

overtuigen [iets doen geloven door klem van woorden] **middelnl.** *overtugen* [als aanklager tegen iem. optreden], **middelhd.** *überziugen* [door getuigen een bewijs leveren], oorspr. een rechtsterm.

overweg ['met iem. overweg kunnen', kunnen omgaan] **middelnl.** *overwech* [over de uitgestrektheid van de weg], vervolgens gebruikt in uitdrukkingen als *met iemand over de weg kunnen*.

overweldigen [met geweld overmeesteren] **middelnl.** *overweldigen* < **hd.** *überwältigen* (vgl. *geweld*).

ovipaar [eierleggend] < **lat.** *oviparus* [eieren leggend], van *ovum* [ei], daarmee idg. verwant + *parere* [ter wereld brengen, leggen (van eieren)] (vgl. *ovovivipaar*).

ovovivipaar [eierlevendbarend] gevormd van **lat.** *ovum* [ei], daarmee idg. verwant + *viviparus* [levende jongen voortbrengend], van *vivus* [levend], idg. verwant met **kwik**[1] + *parere* [voortbrengen], van dezelfde basis als *vaars*[1] [kalf].

ovulatie [uittreding van een eicel] van **modern lat.** *ovulum*, verkleiningsvorm gemaakt bij *ovum* [ei], daarmee idg. verwant.

oxaal → *oksaal*.

oxaalzuur [zuringzuur] het eerste lid van **lat.** *oxalis* < **gr.** *oxalis* [zuring], van *oxus* [scherp].

oxaliet [het mineraal Humbold-tin] gevormd van *oxaalzuur* [zuringzuur], van **gr.** *oxalis* [klaverzuring, waarvan de bladen een scherp zuur sap bevatten], van *oxus* [puntig, scherp, scherp van smaak] + *lithos* [steen].

oxazinen [groep organische kleurstoffen] van *fenoxazine, benzofenoxazine, dibenzofenoxazine*.

oxer [hindernis in de ruitersport] < **eng.** *oxer*, term gebruikt bij de vossejacht, eig. *ox-fence* [omheining om het vee tegen te houden].

Oxford [geogr.] **oudeng.** *oxen(a)ford*, van *oxena*, 2e nv. mv. van *oxa* [os] + *ford* [voorde].

oxycraat [honingazijn] < **gr.** *oxumelikraton*, van *oxumeli* (vgl. *oxymel*) + *kerannumi* [ik vermeng] (vgl. *krater*).

oxyde [zuurstofverbinding] < **fr.** *oxyde*, door de Franse chemicus Louis-Bernard baron Guyton de Morveau (1737-1816) gevormd van **gr.** *oxus* [scherp].

oxygenium [zuurstof] door de Franse chemicus Antoine-Laurent Lavoisier (1743-1794) gevormd van **gr.** *oxus* [scherp] + *gignesthai* [geboren worden, ontstaan]; zijn benaming was *principe oxygène*.

oxygoon [scherphoekig] < **gr.** *oxugōnios* [idem], van *oxus* [puntig, scherp] + *gōnia* [hoek], idg. verwant met *knie*.

oxymel [honingazijn] < **gr.** *oxumel*, van *oxus* [scherp] + *meli* [honing].

oxymoron [scherpe, schijnbaar ongerijmde tegenstelling] < **gr.** *oxumōron* [idem], van *oxus* [scherp] + *mōros* [afgestompt, verdwaasd].

oxyopie [het scherp zien] van **gr.** *oxuōpès* [scherp ziend], van *oxus* [scherp] + *ōps* [oog].

oxytonon [woord met eindaccent] < **gr.** *oxutonon*, o. van *oxutonos* [hoog van toon], van *oxus* [scherp] + *tonos* [spanning], van *teinein* [spannen] (vgl. *tent*).

ozie, *ozing* [uitstekend dakdeel] **middelnl.** *o(o)se, oese, oyse, (h)osie, ovese*, **middelnd.** *ovese*, **oudhd.** *obisa*, **oudfries** *ose*, **oudeng.** *efes* (**eng.** *eaves*), **oudnoors** *ups* [dakhout], **gotisch** *ubizwa* [voorhal van kerk]; buiten het germ. **gr.** *hupsi* [hoog], **welsh** *uch* [bovenop], **oudkerkslavisch** *vysokŭ* [hoog]; verwant met *op*.

ozokeriet [aardwas] < hd. *Ozokerit*, gevormd van gr. *ozein* [geuren] + *xèros* [was].

ozon [een gas] door de Duitse chemicus Christian Friedrich Schönbein (1799-1868), die in 1839 de ozon ontdekte gevormd van gr. *ozein* [geuren, rieken], vanwege de typische lucht van ozon.

p

paai[1] [vader, ouweheer] < **portugees** *pāe, pai*, vermoedelijk < **lat.** *pater* o.i.v. de kindertaal.

paai[2] [betalingstermijn] **middelnl.** *pa(e)ye, pay* [betaling, termijn] < **fr.** *paye* [idem], van *payer*, **oudfr.** *paier* [iem. tevredenstellen, dan het verschuldigde geven, 16e eeuws betalen] < **lat.** *pacare* [tevredenstellen], van *pax* (2e nv. *pacis*) [vrede] (vgl. *mortepaai, paaien* [1]).

paaien[1] [tevredenstellen] **middelnl.** *paeyen* [bevredigen, voldoen, betalen] < **oudfr.** *paier* [idem] (vgl. *paai*[2]).

paaien[2] [paren van vissen] etymologie onzeker.

paaien[3] [vieren van een kabel] is hetzelfde woord als *paaien*[1] [tevredenstellen].

paaien[4] [harpuizen] (1671) < **eng.** *to pay* [idem] < **fr.** *empoyer* [idem], **oudfr.** *peier* < **lat.** *picare* [met pek besmeren], van *pix* (2e nv. *picis*) [pik, pek].

paal[1] [stuk hout] **middelnl.** *pael*, **oudsaksisch, oudeng.** *pal*, **oudhd.** *pfal*, **oudnoors** *pall* < **lat.** *palus* [paal, staak].

paal[2] [ovenschop] **middelnl.** *pale* < **fr.** *pale* [roeiriem, schoepbord] < **lat.** *pala* [spade, schop], verwant met *pandere* [uitstrekken], idg. verwant met *spannen*[1].

paan[1] [fluweel] < **fr.** *panne* [bontwerk] < **me. lat.** *pannus, panna, pannum*, **klass. lat.** *pannus* [lap, stuk doek, vod], idg. verwant met *vaan*.

paan[2] [kweekgras] meest in het mv. *panen*[1].

paander [mand voor eetwaren] **middelnl.** *paenre, paender* < **lat.** *panarium* [broodmand], van *panis* [brood], idg. verwant met *voeden* (vgl. *panier*).

paap [geestelijke] **middelnl.** *pape, paep*, **middelnd.** *pape*, **oudhd.** *pfaffo* (hd. *Pfaffe*), **oudfries** *papa*, vermoedelijk via **gotisch** *papa* < **byzantijns-gr.** *pap(p)as* (vgl. *pope*) → *paus*.

paar [stel] **middelnl.** *paer* [iemands gelijke, het mannetje of vrouwtje, en vervolgens paar], vgl. het ww. *pareren* [behoren bij], *gepareert zijn met* [overeenkomen met], van **lat.** *par* [gelijk, gelijkstaande, in overeenstemming, de genoot, en ten slotte ook een paar].

paard [hoefdier] **middelnl.** *pa(e)rt, pe(e)rt* < **me. lat.** *paraveredus, parafredus, palafredus, pa(l)lefredus* [postpaard op zijlijnen, wisselpaard], van gr. *para* [bij] + **gallisch** *veredus* [paard].

paarlemoer, zie **parelmoer**.

paars [kleur] **middelnl.** *pers, peers, paers* [paars], *licht paers* [rose] < **me. lat.** *persus* [blauw], *persum* [donkerblauwe stof] < **klass. lat.** *persicus* [als van een perzik] (vgl. *perzik*).

paat¹ [petemoei] nevenvorm van *peet*.
paat² [kleipap] < **fr.** *pâte* [idem], **oudfr.** *paste* < **me. lat.** *pasta* < **gr.** *pastè* [een met meel gebonden saus] (vgl. *pastei*).
pace [snelheid] < **eng.** *pace* < **middeleng.** *pas* < **oudfr.** *pas* [pas] < **lat.** *passus* [stap] (vgl. *pas*¹).
pachometer [diktemeter] gevormd van **gr.** *pachus* [dik] + *meter*¹.
pacht [huurovereenkomst] **middelnl., middelnd.** *pacht,* **middelhd.** *pfaht* < **lat.** *pactum* [overeenkomst], het zelfstandig gebruikt verl. deelw. van *pacisci* [overeenkomen, bedingen, zich verplichten].
pachyderm [dikhuidig] < **gr.** *pachudermos* [dikhuidig, dom, stompzinnig], van *pachus* [dik] + *derma* [huid] (vgl. *dermatitis*).
Pacific [Stille Zuidzee] < **spaans** *pacífico* [vreedzaam] < **lat.** *pacificus* [vrede stichtend, vreedzaam], van *pax* (2e nv. *pacis*) [vrede] + *facere* (in samenstellingen *-ficere*) [maken, doen], daarmee idg. verwant.
pacificateur [vredestichter] < **fr.** *pacificateur* < **lat.** *pacificator* [idem], van *pacificare* (verl. deelw. *pacificatum*) (vgl. *pacificeren*).
pacificatie [vredesluiting] (1516) < **fr.** *pacification* [idem] < **lat.** *pacificationem,* 4e nv. van *pacificatio* [vredestichting, verzoening], van *pacificare* (verl. deelw. *pacificatum*) (vgl. *pacificeren*).
pacificeren [vrede herstellen] < **lat.** *pacificare* [in vrede leven, vredelievend stemmen, verzoenen], van *pax* (2e nv. *pacis*) [vrede, rust] + *facere* (in samenstellingen *-ficere*) [maken, doen], daarmee idg. verwant.
pacifiek [vredelievend] < **fr.** *pacifique* < **lat.** *pacificus* [vrede stichtend, vreedzaam] (vgl. *Pacific*).
paco [soort lama] < **spaans** *paco* < *alpaca* (vgl. *alpaca*).
pacotille [vrachtvrij goed van schepelingen] < **fr.** *pacotille* < **spaans** *pacotilla,* **catalaans** *pacotilla,* van dezelfde etymologie als *pakket*.
pact [afspraak] < **fr.** *pacte* < **lat.** *pactum* [afspraak, verdrag], eig. verl. deelw. van *pacisci* [met iem. overeenkomen], verwant met *pax* (2e nv. *pacis*) [vrede].
pad¹ [weg] **middelnl.** *pat,* **oudhd.** *pfad,* **oudfries** *path,* **oudeng.** *pæð;* verband met **gr.** *patos* [pad], **oudiers** *path* is denkbaar.
pad² [kikvorsachtige] **middelnl., middelnd.** *padde,* **oudeng.** *pad(de),* **oudnoors** *padda;* etymologie onzeker.
pad³ [plaatje op as ter bevestiging van de wagenveren] < **eng.** *pad* [eeltkussen van poot, stootkussen] < **fr.** *patte* [poot].
paddel, peddel [roeispaan] < **eng.** *paddle* [idem], **middeleng.** *padell* [kleine spade], etymologie onbekend.
padden [zwoegend voortgaan] **middelnd.** *pedden,* **oudhd.** *pfädon,* **oudeng.** *paeþþan* [stappen]; van *pad*¹ [weg].

paddestoel [zwam] **middelnl.** *paddenstoel, paddenhoet;* van *pad*² + *stoel*.
paddock [omheinde ruimte voor renpaarden] < **eng.** *paddock* < **middeleng.** *parro(c)k,* dat als zodanig als nevenvorm nog bestaat < **oudeng.** *pearroc,* dat hetzelfde woord is als *perk* en *park*.
Paddy [spotnaam voor Ieren] verkleiningsvorm van *Padraig,* **oudiers** *Patrice* < **lat.** *patricius* [patricisch, adellijk, patriciër], van *pater* [vader], daarmee idg. verwant.
padie [te velde staande rijst] < **maleis** *padi* [idem].
padisjah [sultan] < **turks** *padişa* < **perzisch** *pādshāh* (vgl. *pasja*).
padoek [boomnaam] < **eng.** *padauk, padouk,* van Birmaanse herkomst.
Padua [geogr.] < **it.** *Padova* < **lat.** *Patavium;* de Veneti en daarna de Kelten noemden het mondingsgebied van de Po *Padus*.
paean [loflied voor Apollo] < **gr.** *paian* [lied ter ere van Apollo, overwinningslied], van *Paian,* een Griekse godheid, heelmeester der goden, ook vereenzelvigd met o.m. Apollo en Asclepius.
paella [Spaans rijstgerecht] < **catalaans** *paella,* in het **oudfr.** *paele* [pan] (**fr.** *poêle*) < **lat.** *patella* [schotel], verkleiningsvorm van *patina* [schotel, pan] < **gr.** *patanè* [schotel], verwant met *petannumi* [ik spreid uit], idg. verwant met *vadem* (vgl. *pan, pateel*).
paf¹ [geluid] (1786), klanknabootsende vorming.
paf² [opgeblazen] (1717), oorspr. identiek met *paf*¹, het geluid dat een oververzadigd mens maakt.
pagaai [roeispaan] ouder *pangaai* < **maleis** *pengayuh, kayuh* [roeier, roeiriem].
pagadder [snaak] ouder nl. *pagadooris* [iem. die leent op onderpand van lommerdbriefjes] < **spaans** *pagador* [betaler], van *pagar* [betalen], van **lat.** *pacare* (vgl. *paai*²).
paganisme [heidendom] < **fr.** *paganisme,* gevormd van **lat.** *paganus* [van het dorp, landelijk, boers, ongeleerd, dorpsbewoner, in chr. lat. heiden(s)], van *pagus* [gouw, kanton, dorp], verwant met *pax* [vrede].
page [hofjonker] **middelnl.** *page, pagie* < **fr.** *page* [idem] < **it.** *paggio* [idem] < **gr.** *paidion* [jongetje, meisje, kind, slaafje], verkleiningsvorm van *pais* (2e nv. *paidos*) [jongen, meisje, slaaf, dienaar, bediende], verwant met **lat.** *puer* en *veulen* (vgl. *pedagoog*).
pages, paget [barg. bang] < **hebr.** *pāchad* [vrees].
paggelen [onzeker lopen] nevenvorm van *faggelen,* **nd.** *faggeln,* **oudhd.** *fakln* (**hd.** *fackeln*), **oudfries** *faclen,* **zweeds** *fakla;* van *fakkel,* vanwege het onrustige bewegen van de vlam van de fakkel.
pagger [hek] < **maleis** *pagar* [hek, haag, omrastering].
pagina [bladzijde] < **lat.** *pagina* [een (eenzijdig beschreven) blad, bladzijde], van *pangere* [vast-

slaan, bevestigen, maken, vervaardigen], idg. verwant met *vangen, voegen;* de betekenis is te verklaren uit het aaneenhechten van stroken papyrus.

pagode [boeddhistische tempel in China] (1631) < portugees *pagoda* < tamil *pagavadi* [huis van een godheid] < **oudindisch** *bhagavati,* vr. van *bhagavat* [goddelijk], van *Bhagah* [toedeler, heer], van *bhajati* [hij deelt toe].

pagodiet [Chinese speksteen] van *pagode,* zo genoemd omdat de steen uit China kwam in de vorm van beeldjes en tempeltjes.

pagoscoop [instrument om nachtvorst te voorspellen] gevormd van gr. *pagos* [berg, ijs], van *pègnumi* [ik bevestig, maak hard, doe stollen, doe bevriezen], idg. verwant met *vangen* + *skopein* [kijken naar], idg. verwant met *spieden.*

pagus [district, gouw] < lat. *pagus* (vgl. *paganisme*).

paille [strogeel] < fr. *paille* [stro] < lat. *palea* [kaf], mogelijk verwant met *pellis* [huid] en dan met *vel* (vgl. *palie*).

paillet[1] [geelachtige rode wijn] < fr. *vin paillet,* ouder *vin de paille,* van *paille* [stro] (vgl. *paille*).

paillet[2] [versiering van kleding] < fr. *paillette* [idem], verkleiningsvorm van *paille* (vgl. *paille*).

pair [edelman] < fr. *pair* < lat. *par* [gelijk aan, in me. lat. collega, metgezel, iem. van gelijk sociaal niveau, medevazal, een van de rijksgroten] (vgl. *peer*[3]).

pais → *peis.*

paisley [motief in dameskleding] < eng. *paisley,* overgenomen van de kasjmiersjaals, genoemd naar de plaats *Paisley* in Schotland, waar in de 19e eeuw deze sjaals werden geïmiteerd.

pait [bitter, jenever] < maleis *pa(h)it* [bitter (niet zoet)].

pajoeng, pajong [zonnescherm, regenscherm] < maleis *payung* [idem].

pajot [soldaat] vermoedelijk < fr. *paillot* [strozak], van *paille* (vgl. *paille*).

pak [bundel, kostuum] **middelnl.** *pac* [bundel], **middelnd.** *pak,* **middeleng.** *packe;* het woord verbreidde zich met de wolhandel over andere germ. en rom. talen. Etymologie onbekend.

pakean [kostuum] < maleis *pakaian* [kleren, kostuum], met het substantiverend achtervoegsel *-an,* gevormd van *pakai* [gebruiken, kleding aanhebben] (vgl. *pakkie-an*).

Pakistan [geogr.] gevormd uit de namen *Punjab, Afghan, Kasjmir, Sind* en *Baluchistan;* de combinatie betekent tevens land der reinen.

pakken [grijpen] **middelnl.** *packen* [inpakken, oppakken], van *pak.*

pakket [klein pak] sedert Kiliaan < fr. *paquet* < oudfr. *pacquet* < nl. *pak.*

pakketboot [veerboot] < eng. *packet-boat* [idem], van *packet* (vgl. *pakket*).

pakkie-an ['dat is mijn pakkie-an niet', dat is mijn taak niet] < maleis *bagian* [deel, taak], maar vermoedelijk geassocieerd, wellicht schertsend in verband gebracht met *pakean.*

paktong [koperalliage] < **chinees** *peh t'ung, peh* [wit] *t'ung* [koper].

pal [zetter, klamp (zn.), vast (bijw.)] < fr. *pal* [spits toelopende paal] < lat. *palus* (vgl. *paal*[1]); in de betekenis vast is *pal* het bijvoeglijk gebruikte zn..

paladijn [ridderlijke beschermer, aanhanger] **middelnl.** *palatijn* < fr. *palatin* [idem] < lat. *palatinus* [van de Palatijn, keizerlijk, in laat-lat. paleisdienaar] (vgl. *Palatijn, paleis*).

palaestra [sportveld] < lat. *palaestra* [worstelschool, oefenschool] < gr. *palaistra,* van *palaiein* [worstelen], van *palè* [worsteling].

palafita [Braziliaanse paalwoning] < portugees *palafita* < it. *palafitta* [paalwerk, paalwoning], gevormd van *palo* [paal] + *fitto* [ingeplant, vastgehecht], verl. deelw. van *figgere* [indrijven, bevestigen] < lat. *figere* (vgl. *fixeren*).

palagoniet [basaltglas] genoemd naar de vindplaats bij *Palagonia,* een plaatsje op Sicilië, zuidwestelijk van Catania.

palank [onderdeel van palissade] < fr. *palanque* [paalwerk, versperring] < it. *palanca* [heipaal] < me. lat. *planca* < gr. *phalanx* (vgl. *plank*[1]).

palankijn [draagstoel] (1596) < spaans *palanquín* < portugees *palanquim* [idem] < **teloegoe** *pallaki,* teruggaand op **oudindisch** *palyaŋ ka-* [(rust)bed, draagstoel] > maleis *pelangki(n), pelangking.*

palataal [gehemelte-] < fr. *palatal* [idem], gevormd van lat. *palatum* [gehemelte], verwant met **etruskisch** *falado* [hemel].

Palatijn [één van de zeven heuvels van Rome] < lat. *Mons Palatinus* (vgl. *paleis*).

palatinaat [paltsgraafschap] < fr. *palatinat* < me. lat. *palatinatus* [de jurisdictie van een paltsgraaf] (vgl. *palts*).

palatine [bontmanteltje] < fr. *palatine,* genoemd naar *prinses Palatine,* schoonzuster van Lodewijk XIV.

palatum [het harde gehemelte] < lat. *palatum.*

palaver [bespreking] < port. *palavra* [woord] < lat. *parabola* (vgl. *parabel*).

pale-antropologie [leer van uitgestorven mensenrassen] het eerste lid < gr. *palaios* [oud], van *palai* [lang geleden]; voor het tweede lid vgl. *antropologie.*

palei [katrol] middelnl. *pol(l)eye, peleye* < oudfr. *polie* [poelie] < me. lat. *pulea, polea, pullum, pulinus, polenus* [idem], van gr. *polos* [as waarom iets draait, windas, kaapstander], van *pelein* [zich bewegen]; van dezelfde idg. basis als *wiel*[1].

paleis [vorstelijk verblijf] **middelnl.** *palais, pala(e)s, paleis* < fr. *palais* [idem] < lat. *palatium,* oorspr. het paleis dat Augustus bouwde op de *Palatium* of *Mons Palatinus,* de Palatijnse

Paleoceen — Pallas

heuvel in Rome, vermoedelijk te verbinden met *Pales,* een Italische godin, beschermster van vee en herders.

Paleoceen [geologische periode] gevormd van **gr.** *palaios* [oud], van *palai* [lang geleden] + *kainos* [nieuw], verwant met *recent.*

Paleogeen [geologische periode] gevormd van **gr.** *palaios* [oud], van *palai* [lang geleden] + *Genesis.*

paleografie [de studie van het oude schrift] gevormd van **gr.** *palaios* [oud], van *palai* [lang geleden] + *-graphia* [beschrijving van], van *graphein* [schrijven], idg. verwant met *kerven.*

Paleozoïcum [geologische periode] gevormd van **gr.** *palaios* [oud], van *palai* [lang geleden] + *zōiè* [leven].

paleren [tooien] **middelnl.** *pareren* [klaarmaken, opsieren], *pal(l)eren* [optooien] < **fr.** *parer* [bereiden, opschikken] < **lat.** *parare* [gereedmaken].

Palermo [geogr.] < **gr.** *Panormos,* van *pan,* o. van *pas* [geheel, elk] + *hormos* [rede, haven], verwant met *eirein* [aaneenrijgen], verwant met *serie,* dus eig. plaats waar de schepen zijn vastgesnoerd. De betekenis van *Panormos* is dus iets als haven voor een gehele vloot.

palesteel [barensteel] de figuur op het wapenschild die het breken van het wapen aangeeft, een dwarsbalk met hangers die over de andere figuren zijn heen geplaatst **middelnl.** *pale(n)steel, pale(n)steen, barensteel* < **oudfr.** *palastrel, paletel* [stuk dat men op oude kleding zet, barensteel], verkleiningsvorm teruggaand op **lat.** *palla* [mantel, gordijn, tentdoek].

Palestina [het Heilige Land] < **lat.** *Palaestina* < **gr.** *Palaistinè* < **hebr.** *pelesjet* [het land van de Filistijnen].

palestrisch [m.b.t. het worstelen] →*palaestra.*

palet[1] [verfplankje] **middelnl.** *palet* < **fr.** *palette,* verkleiningsvorm van *pale* [blad van roeiriem] < **lat.** *pala* [spade, schop] (vgl. *paal*[2]).

palet[2] [kaatsspaan] **middelnl.** *palet(te),* hetzelfde woord als *palet*[1].

paletot [korte mantel] < **fr.** *paletot* < **me. fr.** *paltoke, paltoc, paletot* < **middeleng.** *paltok,* van *pal* < **lat.** *palla* (vgl. *palla*).

palfrenier [koetsbediende] **middelnl.** *palfrenier, palfernier* [stalknecht] < **fr.** *palefrenier* < **me. lat.** *paravedarius* [palfrenier] (vgl. *paard*).

Pali [één van de Middelindische talen, klassieke taal van het Hīnayāna Boeddhisme] < **oudindisch** *pāli (bhāsā)* [canon (taal)], *pali* [lijn, norm, vervolgens canon en dan taal van de canon: Pali].

palie [bolster, kaf] **middelnl.** *paelg(i)e* < **fr.** *paille* (vgl. *paille*).

palier [bordes] < **fr.** *palier* < **oudfr.** *paelier* [oorspr. een vlakke metalen plaat], vgl. **lat.** *pala* [spade], *patella* [platte schaal] (vgl. *palet*[1]).

palilalie [het steeds herhalen van de eigen woorden] gevormd van **gr.** *palin* [wederom], verwant met *pelein* (vgl. *palei*) + *lalein* [praten] (vgl. *lollen*)

palimpsest [opnieuw beschreven perkament] < **fr.** *palimpseste* [idem] < **lat.** *palimpsestus* < **gr.** *palimpsèstos* [opnieuw afgewreven, i.h.b. van perkament om het opnieuw te gebruiken], van *palin* [wederom] (vgl. *palilalie*) + *psèstos,* verl. deelw. van *psaō* [ik wrijf], idg. verwant met het eerste lid van *barrevoets* en met *baarlijk* (van duivel).

palindroom [woord dat achterstevoren kan worden gelezen] < **gr.** *palindromos* [teruglopend], van *palindromein* [achteruitlopen], van *palin* [terug, weer opnieuw, in tegengestelde richting] (vgl. *palilalie*) + *dromos* [het snel lopen] (vgl. *dromedaris*).

paling [aal] **middelnl.** o.m. *palinc,* achtervoegsel *-ing,* vgl. *haring, bokking, wijting,* **oudnoors** *grunnungr* [soort kabeljauw], *eitrungr* [gifslang], *glǫmmungr* [poon], eerste lid: etymologie onbekend.

palingenese [wedergeboorte van de ziel] gevormd van **gr.** *palin* [wederom] (vgl. *palilalie*) + *Genesis.*

palinodie [gedicht met herroeping van beschimping] < **gr.** *palinōidia* [herroepen van een vroeger gezang door een nieuw lied, dat lied zelf], van *palin* [wederom] (vgl. *palilalie*) + *ōidè* [zang] (vgl. *ode*).

Palinuur [stuurman] < **lat.** *Palinurus* [de stuurman van Aeneas] < **gr.** *Palinouros,* van *palin* [wederom] (vgl. *palilalie*) + *ouros* [gunstige wind].

palissade [omheining] **middelnl.** *palijsse, palisse* < **fr.** *palissade,* van *palis* [spitse paal, omheining] < *pal* [spitse paal] < **lat.** *palus* [paal].

palissander [houtsoort] ouder *palissantenhout* < **spaans** *palosanto,* overigens de naam van een andere Zuidamerikaanse boom. De spaanse vorm *palisandro* is via **fr.** *palissandre* < **nl.** *palissander* afgeleid.

paljas [strozak (1673), hansworst (1815)] < **fr.** *paillasse* [stromatras, paljas] < **it.** *pagliaccio* [strozak, stropop], van *paglia* [stro] < **lat.** *palea* [kaf]; in het Napolitaans volkstheater was *pagliaccio* een oorspr. met stro opgevulde hansworst →*pias*[1],[2].

palla [doekje ter bedekking van de miskelk] < **lat.** *palla* [lange mantel], verwant met *pellis* [huid, pels], idg. verwant met *vel.*

Palladiaans [bouwkundige stijl] de stijl van de Italiaanse architect *Andrea Palladio* (1518-1580).

palladium[1] [beschermbeeld van Troje] < **lat.** *palladium* < **gr.** *palladion* [standbeeld van Pallas].

palladium[2] [chemisch element] door de ontdekker ervan, de Engelse chemicus William Hyde Wollaston (1766-1828) genoemd naar de kort tevoren ontdekte asteroïde *Pallas,* die genoemd is naar de godin.

pallas [ruitersabel] in de meeste europese talen, b.v. **fr.** *palache,* < **hd.** *Pallasch,* **it.** *palascio* < **hongaars** *pallos* [kromzwaard].

Pallas [Griekse naam van Minerva] vermoedelijk van vóór-gr., semitische herkomst.

pallet [laadbord] < eng. *pallet* [palet, laadklep] (vgl. *palet*¹).

palliatief [verzachtend middel] < fr. *palliatif* [verzachtend, lapmiddel] < me. lat. *palliativus* [met een deken erover], van *palliare* (verl. deelw. *palliatum*) [bemantelen], van *pallium* [Griekse mantel, laken, deken], verwant met *palla*.

palliëren [vergoelijken] < fr. *pallier* [idem] < lat. *palliare* (vgl. *palliatief*).

pallium [mantel] → *palliatief*.

palm [binnenkant van de hand, boom] middelnl. *palm(e)*, oudfr. *palme*, fr. *paume* [idem] < lat. *palma* [handpalm, palmboom], gr. *palamè* [de vlakke hand, handpalm]; voor de betekenisovergang van hand naar boom is te denken aan de vormovereenkomst tussen een hand met licht gespreide vingers en een palmblad. De vergelijking met het woord *dadel* dringt zich op.

palmares [lijst van prijswinnaars] < fr. *palmarès* [idem] < lat. *palmaris* [van de palm, de eerste prijs verdienend], van *palma* [palm].

palmbeach [weefsel] merknaam, genoemd naar *Palm Beach* in Florida.

palmer [barg. soldaat] < jiddisch *pal megoone* [koloniaal aangeworven voor Indië], *pal* < hebr. *ba 'al milgomok, ba 'al* [man, heer, echtgenoot] *milgomok* [militair].

palmet [waaiervormige palmtak] < fr. *palmette*, verkleiningsvorm van *palme* < lat. *palma* [palm].

palmiet [palmkool] < spaans *palmita*, verkleiningsvorm van *palma* [palm].

palmine [planteboter] gevormd van lat. *palma* [(kokos)palm].

palmyra [vezelstof] < portugees *palmeira* [palmboom], van lat. *palma* [palm].

paloloworm [achterste deel van borstelwolm] het eerste lid is een woord uit Samoa en Tonga.

palpabel [tastbaar] < fr. *palpable* < me. lat. *palpabilis* [idem], van *palpare, palpari* [strelen, met de hand kloppen], idg. verwant met *voelen*.

palperen [met de hand bekloppen] < fr. *palper* [idem] < lat. *palpare, palpari* (vgl. *palpabel*).

palpitatie [hartklopping] < fr. *palpitation* < lat. *palpitatio* [klopping, trilling], van *palpitare* (verl. deelw. *palpitatum*) [kloppen, lillen, trillen], frequentatief van *palpare* (vgl. *palpabel*).

palster [pelgrimsstaf] middelnl. *palster* [wandelstaf, pelgrimsstaf], oudeng. *palster* < oudnoors *pālstafr*, van *pāll* [spade, schoffel] < lat. *pala* [spade, schop] (vgl. *paal*²) + *stafr* (vgl. *staf*¹).

palt [lap, vod] middelnd. *palt(e)*, fries *palt*, zweeds *palta*, vgl. middelnl. *paltoc* en dan volksetymologisch *palt(s)roc* [tabbaard, soldatenkleed] < oudfr. *pal(e)toc* (vgl. *paletot, paltrok*).

palter [haak om balken te kantelen] etymologie onbekend.

paltrok [bovenkleed] middelnl. *paltoc, paltroc, paltsroc* [tabbaard, kledingstuk van soldaten], o.i.v. *rok* < oudfr. *paletoc* (vgl. *paletot*).

palts [paleis] sedert Kiliaan < hd. *Pfalz* [paleis], oudhd. *pfalanza* [idem] < lat. *palantia*, van *palatium* (vgl. *paleis*).

paludisme [moeraskoorts] gevormd van lat. *palus* (2e nv. *paludis*) [moeras, poel], idg. verwant met *vloeien*.

palul [vod] middelnl. *palullen* [zich opproonken]; etymologie onbekend.

palynologie [leer der pollen] gevormd van gr. *palunein* [strooien], van *palè* [fijn meel], verwant met lat. *pollen* (vgl. *pollen*) + *logos* [woord, verhandeling].

pamflet [geschrift] < eng. *pamphlet* [idem], middeleng. *pamphlet* < *Pamphilet, Panflet*, uit de lat. persoonsnaam *Pamphilus* uit het populaire me. lat. dichtstuk *Pamphilus seu de Amore;* vooral na uitvinding van het boekdrukken een semi-literair genre, als planovel of brochure verspreid tractaat over actuele zaken.

pampa [boomloze vlakte] < spaans *pampa* < quechua *pampa* [vlakte].

pampelen [overdadig eten] van *pampen* dat voorkomt in o.m. *slampampen*, nd. *pampen*, eng. *to pamp(er)* [verzadigen], noors *pampa;* klanknabootsend gevormd als b.v. *paf*¹; vgl. ook *pimpelen*.

pampoesje [muiltje] < fr. *babouche* [idem] < ar. *bābūj* [slipper] < perzisch *pāpūsh* [idem, lett. voetbedekking], van *pā* [voet], daarmee idg. verwant, + *pūshīdan* [bedekken] *baboesjes*.

Pampus [eilandje in het IJsselmeer] etymologie onzeker, wellicht < *pamphuis* [zwaardschede] en zou dan duiden op een smalle ondiepte, of < *pomphuis?*.

pan [ketel] middelnl. *pan(ne)* < me. lat. *panna* [ketel] < klass. lat. *patina* [schotel, pan, in chr. lat. pateen] < gr. *patanè* [schotel], verwant met *petannumi* [uitspreiden, openspreiden], idg. verwant met *vadem* (vgl. *paella*).

pan- [in woorden van gr. herkomst] van gr. m. *pas*, vr. *pasa*, o. *pan* [geheel, elke], etymologie onbekend.

panacee [geneesmiddel tegen alle kwalen] < fr. *panacée* < lat. *panacea* < gr. *panakeia* [idem], van *pan* [alles] + *akeisthai* [genezen], *akos* [geneesmiddel].

panache [helmbos] < fr. *panache* < it. *pennaccio*, nevenvorm van *pennacchio* [vederbos], van *penna* [veer] < lat. *penna* [idem] (vgl. *pen*¹).

panade [bindmiddel van melk en broodkruim] < fr. *panade*, van *pain*, oudfr. *pan* < lat. *panem*, 4e nv. van *panis* [brood], verwant met *pascere* [weiden, voeden], daarmee idg. verwant.

panama [strooien hoed] < spaans *panamá*, van *Panama*, waar de in Columbia gemaakte hoeden werden uitgevoerd (Panama hoorde vroeger tot Columbia).

panaritium [nagelontsteking] < gr. *parōnuchion* [idem], *parōnuchia* [nijdnagel], van *para* [naast] + *onux* (2e nv. *onuchos*) [nagel], daarmee idg. ver-

panas — **panoplie**

want. In betekenis beïnvloed door *pènos* [etterige ontsteking].

panas [barg. winkel, pandjeshuis] ook *parneis, parnaas,* van joodse herkomst, *parneis* [verzorger, bestuurder, lid van het dagelijks bestuur van een gemeente, invloedrijk persoon, maandelijkse voorzitter die de dagelijkse voorzieningen treft].

panatella [lange dunne sigaar] etymologie onzeker, vermoedelijk te verbinden met **spaans** *panetela* [broodje], van **lat.** *panis* [brood] (vgl. *panade*), waarbij dan de betekenisovergang duister is tenzij gedacht is aan het model van de zogenaamde soepstengels.

panboor [trepaneerboor] het eerste lid is (*hersen*) *pan*.

pancarte [plakkaat] < **fr.** *pancarte* < **me. lat.** *pancharta,* van **gr.** *pan* [geheel] + **lat.** *charta* (vgl. *charter*).

panchromatisch [gevoelig voor alle kleuren] gevormd van **gr.** *pan* [alles] + *chrōma* [huid, (huid) kleur, kleur].

pancratium [worstel- en vuistkamp] < **lat.** *pancratium* < **gr.** *pagkration* [idem], van *pan* [alles] + *kratos* [kracht], idg. verwant met *hard*.

pancreas [alvleesklier] < **gr.** *pagkreas* [geheel vlees], van *pan* [al] + *kreas* [vlees]; alvleesklier is dus een vertalende ontlening.

pand¹ [onderpand, gebouw] **middelnl.** *pant* [onderpand, iets van grote waarde, vastgoed, pand], **oudsaksisch** *pant*, **oudhd.** *pfant*, **oudfries** *pand, pond;* etymologie onzeker, niet onmogelijk evenals *pand*², van **lat.** *pannus* [lap, vod].

pand² [slip] (1562) < **fr.** *pan* [idem] < **lat.** *pannus* [stuk stof] (vgl. *vaan*).

panda [dier] Nepalese benaming.

pandan [pandanusboom] < **maleis** *pandan*.

pandecten [Romeinse jurisprudentie] < **lat.** *Pandectae* (mv.) < **gr.** *pandektēs* [lett. opnemer van het geheel], naam die aan verschillende compilatiewerken werd gegeven, i.h.b. de samenvatting van het Romeinse recht door Justinianus, van *pan* [geheel] + *dechesthai* [opnemen], verwant met *doceren*.

pandemisch [overal verbreid (van ziekte)] < **gr.** *pandèm(i)os* [m.b.t. het hele volk], van *pan* [geheel] + *dèmos* [volk] (vgl. *demos*).

pandemonium [hels lawaai] gevormd door John Milton (1608-1674) in zijn *Paradise Lost,* van **gr.** *pan* [geheel] + **lat.** *daemonium* [demon, duivel].

pandit [geleerde hindoe] < **hindi** *paṇḍit* < **oudindisch** *paṇḍita*- [geleerd, wijs].

pandoer [kaartspel] genoemd naar de pandoeren, soldaten van een Kroatisch regiment, opgericht door baron Franz von der Trenck (1711-1749), in het **kroatisch** *pandur,* ouder *bandur* < **me. lat.** *banderius* [hij die onder een vaandel dient] (vgl. *baanderheer*).

paneel [beschot, bord met schakelaars] **middelnl.** *pan(n)eel* [zadelkussen, paneel] < **oudfr.** *panel* [zadelkussen], *penel* [paneel] < **lat.** *pannulus* [lapje], verkleiningsvorm van *pannus* [lap] (vgl. *vaan, panel*).

panegyriek [lofrede] < **fr.** *panégyrique* < **lat.** *panegyricus* [feestrede] < **gr.** *panègurikos,* op of bij een *panèguris* [feestvergadering, volksfeest], van *pan* [alles] + *aguris* (vgl. *agora*).

panel [groep die discussie leidt] < **eng.** *panel* [lap, stukje perkament, perkamentrol, i.h.b. die waarop het hoofd van de politie de gezworenen van de jury inschreef] < **oudfr.** *panel* [lap, lijst, rol], van *pane* [laken] < **lat.** *pannus* [lap] (vgl. *vaan, paneel*).

panen¹ [volksnaam voor de kweek] → *puin*².

panen² [van fluweel gemaakt] van *paan*¹.

panentheïsme [leer dat God de eenheid is van al wat is] gevormd van **gr.** *pan* [geheel] + *en* [in] + *theos* [god].

paneren [met ei en beschuit bestrijken] < **fr.** *paner* [idem], van *pain* [brood] < **lat.** *panem,* 4e nv. van *panis* [idem], verwant met *pascere* [weiden, voeden], daarmee idg. verwant.

pangeran, pangerang [hoge titel] < **javaans** *pangeran* [lett. hij op wie wordt gewacht] < **kawi** *angher* [op iem. wachten].

panghoeloe [moskeehoofd] < **maleis** *penghulu* [adathoofd, desahoofd, wijkhoofd, hoogste moskeebeambte], van *hulu* [boveneind, hoofd].

panglima [hoofd] < **maleis** *panglima* [bevelhebber].

pangolin [schubdier] < **maleis** *pengguling* [lett. oproller], van *guling* [rol(len)] + het voorvoegsel *pe(ng),* met de betekenis van het nl. achtervoegsel *-er* (vgl. *goeling*).

panhellenisme [het streven naar eenheid van de Griekse stammen] gevormd van **gr.** *pan* [ieder, elk, mv. alle(n)] + *hellenisme* (vgl. *Helleens*).

paniek [schrik] < **fr.** *panique* [idem] < **gr.** *panikon deima* [schrik voor de god Pan], *panikos* [van Pan]; de Arcadische bosgod Pan had de reputatie, dat hij nimfen en mensen de doodschrik op het lijf joeg.

panier [hoepelrok] < **fr.** *panier,* van **lat.** *panis* [brood]; de oorspr. betekenis is 'broodmand' (vgl. *paander, paneren*).

panikgras [grasgeslacht] < **me. fr.** *panic* < **lat.** *panic(i)um* [naaldaar], van *panus* [zwelling, gierstaar].

panisch [hevig (van schrik)] < **gr.** *panikos* (vgl. *paniek*).

panne¹ [fluweel] → *paan*¹.

panne² [gedwongen oponthoud] → *depanneren*.

pannekoek [in pan gebakken platte koek] **middelnl.** *pan(ne)coecke;* van *pan* + *koek*.

pannen [fluwelen] van *panne* (vgl. *paan*¹).

pannette [weefsel] verkleiningsvorm van **fr.** *panne* [pluisfluweel, trijp] (vgl. *paan*¹).

panoplie [volledige wapenrusting] < **fr.** *panoplie* < **gr.** *panoplia* [volle wapenrusting], van *panoplos* [volledig gewapend], van *pan* [geheel] + *hoplon* [werktuig, wapentuig] (vgl. *hoplieten*).

panopticum [wassenbeeldenspel] < **gr.** *panoptès* [alles ziend], van *pan* [geheel] + *optikos,* o. *optikon* [m.b.t. zien].

panorama [vergezicht] < **eng.** *panorama,* gevormd door Barker in 1787 van **gr.** *pan* [geheel] + *horama* [schouwspel], van *horan* [zien], idg. verwant met **waarnemen.**

panotypie [fotografie op wasdoek] gevormd van **me. lat.** *pan(n)us* [doek] (vgl. *vaan*) + *typie* (vgl. *typen*).

panpneumatisme [opvatting dat de kosmos bezield is] gevormd van **gr.** *pan* [geheel] + *pneuma* (vgl. *pneumatisch*).

pansee [driekleurig viooltje] < **fr.** *pensée* [idem], van *penser* [denken] < **me. lat.** *pensare* [idem, in klass. lat. wegen, overwegen]; de bloem was het symbool van de herinnering, vgl. *vergeet-menietje.*

pansofie [alwijsheid] < **gr.** *pansophos* [alwijs], van *pan* [alles] + *sophos* [wijs].

panspermie [leer van alomtegenwoordigheid van levenskiemen] gevormd van **gr.** *pan* [geheel] + *sperma.*

pantalon [lange broek] < **fr.** *pantalon* < **it.** *Pantalone,* figuur in de Commedia dell'Arte, die een lange nauwe broek placht te dragen.

pantatypie [een soort zinkografie waarbij b.v. de kunstenaar losse schetsen gemakkelijk kon overbrengen op de drukvorm] gevormd van **gr.** *panta,* mv. van *pan* [geheel, elk], in het mv. met de betekenis 'alle mogelijke, allerlei' + *tupos* [slag, zegelindruk, afdruk] (vgl. *typen*).

panter [katachtig roofdier] **middelnl.** *panter(e), panteer, pantier* < **oudfr.** *pantere* < **lat.** *panthera* < **gr.** *panthèr,* dat uit Azië stamt; onzeker is het verband met **oudindisch** *puṇḍārika-* [tijger].

pantheïst [die gelooft dat God het leven van het heelal zelf is] gevormd door John Toland (1670-1722), een Iers deïst, van **gr.** *pantheios* [gemeenschappelijk voor alle goden], van *pan* [alles] + *theos* [god].

pantheon [eregebouw voor overleden beroemdheden] < **lat.** *pantheon* < **gr.** *pantheion (hieron)* [een aan alle goden gewijde (tempel)], van *pan* [geheel, ieder] + *theios* [goddelijk, het goddelijke, de goddelijke machten], van *theos* [god].

pantjasila [de Indonesische staatsfilosofie] < **indonesisch** *pancasila* [de vijf basisprincipes], van *panca-* [vijf (in samenstellingen)] < **oudindisch** *pañca,* idg. verwant met *vijf* + *śīla-* [gewoonte, aard, moraal, leefregel], eveneens uit het oudindisch.

pantocratie [alleenheerschappij] gevormd van **gr.** *pas* (2e nv. *pantos*) [geheel] + *-cratie* (vgl. *democratie*).

pantoen [bepaald type vierregelig gedicht] < **maleis** *pantun* [idem].

pantoffel [huisschoen] **middelnl.** *panto(e)ffel* < **fr.** *pantoufle,* mogelijk verband houdend met *patte* [poot], mogelijk echter < **lat.** *pantofola* en dit < **byzantijns-gr.** *pantōphelès* [nuttig, geschikt voor alles], van *pan* (mv. *panta*) [ieder, elk] + *ōphelein* [baten, helpen], niet onmogelijk van *pan* in de betekenis 'geheel' + *ophellos* [kurk], dus: geheel van kurk.

pantometer [hoekmeter] gevormd van **gr.** *pas* (2e nv. *pantos*) [geheel] + *meter* [1].

pantomime [gebarenspel] < **fr.** *pantomime,* van **lat.** *pantomimus* [pantomimespeler] < **gr.** *pantomimos* [idem], van *pas* (2e nv. *pantos*) [geheel, ieder, alle mogelijke] + *mimos* [nabootser, toneelspeler, het literaire genre van de mime].

pantry [provisiekamer] < **eng.** *pantry* < **oudfr.** *paneterie,* waaruit **middelnl.** *paneterie, panitaria, panetaria* [broodbakkerij], van **lat.** *panis* [brood], idg. verwant met *voeden.*

pants [broek] < **eng.** *pants,* verkort uit *pantaloons* (vgl. *pantalon*).

pantser [harnas] **middelnl.** *pansier, panser, pansert* [harnas], **middelhd.** *pantzer* < **oudfr.** *panciere* < **me. lat.** *pancerea* [eig. buikbedekking] < **lat.** *pantex* (vgl. *pens*).

panty [nylons met broekje] < **eng.** *panty,* ouder *pantywaist* [een tweedelige onderkleding voor kinderen], die aan het middel *(waist)* werd samengeknoopt. Het eerste lid < *pants* [broek] (vgl. *pantalon*).

panurgisch [schelms] gevormd van *Panurge,* een figuur in Rabelais' Gargantua en Pantagruel < **gr.** *panourgos* [tot iedere daad in staat, handig, sluw], van *pan,* o. van *pas* [alles] + *ergon* [werk], daarmee idg. verwant.

pap [halfvloeibaar voedsel] **middelnl.** *pappe* < **me. lat.** *pappa,* van **klass. lat.** *pappare* [eten], klanknabootsend gevormd.

papaal [pauselijk] < **fr.** *papal* [idem] < **me. lat.** *papalis* [idem], van *papa* (vgl. *paus*).

papabel [verkiesbaar tot paus] < **fr.** *papable* < **me. lat.** *papabilis* [idem], van *papa* (vgl. *paus*).

papagallo [Italiaanse man die avontuurtjes met toeristes zoekt] van **it.** *pappagallo* [papegaai] < **spaans** *papagayo* [papegaai], in vorm beïnvloed door **spaans** *gallo* [haan], vgl. *papagallismo* [het monotoon zinloos herhalen, het lastig vallen, eig. aan het hoofd zeuren van vrouwen].

papaja [vrucht] < **spaans** *papaya,* ontleend aan het caribisch.

paparazzo [opdringerige persfotograaf] naar de achternaam van een fotograaf in de film *La Dolce Vita* van Fellini (1960).

papaver [plant] < **lat.** *papaver.*

papegaai [vogel] **middelnl.** *pape(n)gaey* < **oudfr.** *papegai, papingai* < **spaans** *papagayo* < **ar.** *babghā', babbaghā',* dat vermoedelijk in West-Afrika is ontleend. In het nl. heeft *gaai* vermoedelijk een rol gespeeld, in het **fr.** *geai* [idem] en voor **eng.** *popinjay,* evenzo *jay* [gaai].

papekullekens [benaming van uiteenlopende planten] **middelnl.** *papencullen,* van *paap* + *kul*

papel — parade

[testikel, penis], zo genoemd vanwege vormgelijkenis, voor sommige planten naar gelijkenis met testikels, voor andere met een penis, vgl. voor de betekenis *orchidee, salep*.

papel [huidknobbeltje] < **me. lat.** *papella* < **klass. lat.** *papula* [blaar, blaasje, buil].

paper [verhandeling] < **eng.** *paper*, **middeleng.** *papir(e)* < **oudfr.** *papier* < **lat.** *papyrus* (vgl. *papier*).

paperassen [gedrukte papieren] (1855) < **fr.** *paperasse* [idem], pejoratieve afleiding van *papier* (met aan het it. ontleend achtervoegsel).

paperback [gebrocheerde uitgave] < **eng.** *paperback*, van *paper* (vgl. *paper*) + *back* [rug] (vgl. *bak*²).

paperclip [klemmetje om papieren bijeen te houden] < **eng.** *paper-clip*, van *paper* (vgl. *paper*) + *clip*, **oudeng.** *clypp* [omarming] < **oudeng.** *clyppan* [omarmen], **middelhd.** *kläfter* [vadem], **oostmiddelnl.** *clafter* [idem]; buiten het germ. **lat.** *gleba* en *globus* [klomp].

papeterie [voorwerpen van papier en karton] < **fr.** *papeterie* [papierhandel], van *papetier* [papiermaker], van *papier* (vgl. *papier*).

Papiamento [Papiamentoe (mengtaal)] gevormd van **portugees** *papiar* [babbelen].

papier [beschrijfbaar materiaal] **middelnl.** *papier* < **oudfr.** *papier* < **lat.** *papyrus* < **gr.** *papuros* < **egyptisch** *pa per aa* [dat van de koning], d.w.z. koninklijk monopolie (van de papyrusfabricage).

papier-maché [deeg van papierafval met lijm] < **fr.** *papier maché* [lett. gekauwd papier], van *papier* (vgl. *papier*) + *maché*, verl. deelw. van *mâcher* [kauwen] < **lat.** *masticare* (vgl. *mastiek*).

papil [verhevenheid op tong] < **lat.** *papilla* [tepel], verwant met *papula* (vgl. *papel*).

papillair [op een papil gelijkend] < **fr.** *papillaire* [idem], van *papille* [papil] < **lat.** *papilla* [borst, tepel].

papillot [papiertje om haar te krullen] < **fr.** *papillote* [idem], verkleiningsvorm van *papillon* [vlinder] < **lat.** *papilionem*, 4e nv. van *papilio* [idem], idg. verwant met **hd.** *Falter* (vgl. *vijfwouter*); het woord *papier* heeft invloed uitgeoefend.

papiniaanse pot [autoclaaf] genoemd naar de uitvinder ervan, de Franse natuurkundige Denis Papin (1647-ca. 1714).

papisme [pausgezindheid] < **fr.** *papisme*, van *pape* [paus] < **chr. lat.** *papa* (vgl. *paus*).

Papoea [bewoner van Nieuw-Guinea] is in verband gebracht met ouder **maleis** *puah puah* [gekroesd].

pappeblaren [rond kaasjeskruid] vgl. *pappel* [kaasjeskruid], **middelnl.** *pap(p)el, peppel, pappelcruut*, **oudhd.** *papula*, **middelhd.** *papel(e), poppele, popel*, **hd.** *Pappel*; waarschijnlijk verwant met *pappel*¹ [populier].

pappel¹ [populier] evenals *peppel* < **me. lat.** *papulus* [populier], dat stamt van de klass. lat. vorm *populus* (vgl. *populier*).

pappel² [kaasjeskruid] **middelnl.** *pa(p)pel, peppel, peppelcruut* (vgl. *pappeblaren*).

pappenheimer ['zijn pappenheimers kennen', zijn volgelingen kennen] ontleend aan Schillers *Wallensteins Tod*; eig. een kurassier van Gottfried Heinrich Graf zu Pappenheim (1594-1632), een ruw optredend ruiteraanvoerder in de Dertigjarige Oorlog.

paprika [plant, specerij] < **hd.** *Paprika*, via hongaars < **servokroatisch** *paprika*, verkleiningsvorm van **nieuwgr.** *piperi* < **klass. gr.** *peperi* (vgl. *peper*).

papyrus [papierplant] → *papier*.

para [munt] < **turks** *para* [stuk, geldstuk (1/40 piaster)] < **perzisch** *pāreh* [stuk, deel].

para-, par- [voorvoegsel] < **gr.** *para* [bij, naast, naar ... toe, langs, aan iets voorbij, in strijd met, van ... weg], idg. verwant met **lat.** *prae*, **nl.** *voor*².

paraaf [handtekening uit beginletters van naam] (1843) < **fr.** *paraphe* [idem] < **me. lat.** *paraphus*, samengetrokken uit *paragraphus* (vgl. *paragraaf*).

paraat [klaar] < **lat.** *paratus* [gereedstaand, klaar], eig. verl. deelw. van *parare* [voorbereiden, gereedmaken].

parabalsem [soort balsem] genoemd naar het gebied van herkomst, de Braziliaanse staat Pará.

parabasis [deel van Grieks blijspel waarin het koor zich tot het publiek wendt] < **gr.** *parabasis* [het voorbij elkaar gaan, overschrijden, het eerste optreden van het koor], van *para* + *basis* [het gaan], van *bainein* [gaan], idg. verwant met *komen*.

parabel [gelijkenis] **middelnl.** *parabale* [voorbeeld] < **fr.** *parabole* < **oudfr.** *parable* [gelijkenis] < **lat.** *parabola* [vergelijking, in chr. lat. gelijkenis] < **gr.** *parabolè* [het naast elkaar stellen, vergelijking], van *paraballein* [naast iets gooien, in het spoor brengen, naast elkaar zetten, vergelijken], van *para* [naast] + *ballein* [werpen], idg. verwant met **hd.** *Quelle* en **nl.** *kwelder*.

parabellum [soort pistool] de naam is afgeleid van het lat. adagium *si vis pacem, para bellum* [als u vrede wilt, bereid u dan voor op oorlog].

parabiose [dubbelgroei van organismen] gevormd van **gr.** *para* [naast] + *bios* [leven].

parabool [kegelsnede] < **gr.** *parabolè* (vgl. *parabel*).

paracentese [het openen van een lichaamsholte] < **gr.** *parakentèsis*, van *parakentein* [van opzij doorsteken, van *para* [naast] + *kentein* [prikken, doorboren] (vgl. *centrum*).

parachute [valscherm] < **fr.** *parachute*, gevormd door de uitvinder ervan, de Franse ballonvaarder François Blanchard (1753-1809), van **gr.** *para* in de betekenis 'in strijd met' + **fr.** *chute* [val], teruggaand op **lat.** *cadere* [vallen].

parade [wapenschouw] < **fr.** *parade* [het stilhouden van een paard, statie, vertoon, vertoning (b.v. voor een kermistent), parade] < **spaans** *parada* [halteplaats, pleisterplaats voor paarden, parade], van lat. *paratus* [toebereidselen, schitterende uitrusting, praal], van *parare* [toebereidselen maken].

paradentose [zich terugtrekkend tandvlees] gevormd van **gr.** *para* [naast, langs] + **lat.** *dens* (2e nv. *dentis*) [tand], daarmee idg. verwant.

paradet [hoofdzeer] → *kletspatet*.

paradigma [voorbeeld] < **lat.** *paradigma* < **gr.** *paradeigma* [idem], van *paradeiknunai* [naast iets anders laten zien], van *para* [naast] + *deiknunai* [laten zien], verwant met **lat.** *dicere* [zeggen], idg. verwant met het tweede lid van *aantijgen*.

paradijs [lusthof] middelnl. *paradijs* < **lat.** *paradisus* < **gr.** *paradeisos* [idem] < **avestisch** *paradaëza*, **perzisch** *behesht*, *Pardys*, *ferdōs*, **ar.** *firdaus*, van **avestisch** *pairī* [rondom], verwant met **gr.** *peri* [idem] + *daēza* [muur]; de betekenis is dus 'omheind gebied', vgl. *tuin, hortus;* het hebr. heeft *pardēs* [park, tuin].

parados [dekking tegen rugschoten] < **fr.** *parados*, van *parer* [afweren, pareren] + *à* + *dos* [rug] < **vulg. lat.** *dossum* < **klass. lat.** *dorsum*.

paradox [schijnbare tegenstrijdigheid] < **fr.** *paradoxe* [idem] < **gr.** *paradoxos* [tegen de verwachting ingaand], van *para* [naast, tegenover] + *doxa* [mening, verwachting], verwant met *dogma*.

paraenese [opwekking tot de deugd] < **gr.** *parainesis* [aansporing, waarschuwing], van *parainein* [vermanen], van *para* [naast] + *ainein* [zeggen, raden].

parafernalia [bij iem. behorende zaken] < **me. lat.** *paraphernalia*, o. mv. van *paraphernalis* (bn.), van **gr.** *parapherna* (mv.) [huwelijksgoed dat eigendom van de vrouw blijft], van *para* [naast] + *phernè* [bruidsschat], van *pherein* [dragen, brengen], idg. verwant met *baren* [1].

paraffine [wasachtige stof] (1878) < **hd.** *Paraffin*, gevormd door de Duitse chemicus Karl Baron von Reichenbach (1788-1869), van **lat.** *parum* [weinig] + *affinis* [verbonden met], zo genoemd omdat de stof weinig chemische affiniteit bezit. Het woord *paraffine* bestond al in het 16e eeuwse fr. met de betekenis 'harsachtige pek'.

parafimose [aandoening van de voorhuid] gevormd van **gr.** *para* [naast] + *phimoō* [ik knevel].

parafrase [omschrijving met eigen woorden] < **fr.** *paraphrase* < **lat.** *paraphrasis* < **gr.** *paraphrasis*, van *paraphrazein* [iets in andere woorden zeggen], van *para* [naast] + *phrazein* (vgl. *frase*).

paragnost [helderziende] gevormd van **gr.** *para* [naast] + *gnōstēs* [kenner] (vgl. *gnostisch*).

paragoge [achtervoeging van klanken] < **fr.** *paragoge* < **lat.** *paragoge* < **gr.** *paragōgè* [het langs het doel voeren, dial. taalafwijking, fout], van *paragein* (vgl. *paragoniet*).

paragon, parangon [grote diamant, groot letterkorps] < **fr.** *parangon* < **it.** *paragone* [toetssteen, vergelijking, toets, model], van **gr.** *parakonan* [aan iets wetten], van *para* [naast, langs] + *akonè* [slijpsteen], van *akè* [punt], verwant met *acuut*.

paragoniet [mineraal] gevormd van **gr.** *paragōn* [misleiding], van *paragein* [ernaast leiden, misleiden], van *para* [naast] + *agein* [voeren]; men hield het aanvankelijk voor talk. Vgl. voor de betekenis *apatiet, blende, dolomiet, fenakiet, kobalt, nikkel, wolfraam*.

paragraaf [onderverdeling van tekst] middelnl. *paragrafe, paragraef* < **fr.** *paragraphe* [idem] < **me. lat.** *paragraphus* [paragraafteken] < **gr.** *paragraphè* [het schrijven van een kritisch teken bij iets], van het ww. *paragraphein*, van *para* [naast] + *graphein* [schrijven], idg. verwant met *kerven*.

paragras [soort gras] genoemd naar het gebied van herkomst, de Braziliaanse staat *Pará*.

Paraguay [geogr.] vermoedelijk < **guarani** *paraguá* [kroon-, krans van palmen] + *i* [rivier], dus met palmen gekroonde rivier.

paraisseren [verschijnen] met *ai* gespeld o.i.v. vormen van **fr.** *paraître* < **me. lat.** *parescere*, inchoatief van **klass. lat.** *parēre* [zich vertonen, zichtbaar zijn].

paraklaas [breuk met verschuiving] gevormd van **gr.** *para* [langs] + *klaō* [ik breek].

Parakleet [de Heilige Geest] middelnl. *Paraclijt* < **oudfr.** *paraclit* (fr. *paraclet*) < **chr. lat.** *paracletus* [idem] < **gr.** *paraklētos* [pleitbezorger, trooster], eig. verl. deelw. van *parakalein* [ergens bij roepen, te hulp roepen], van *para* [naast] + *kalein* [roepen] (vgl. *claim*).

paralalie [spraakstoornis] gevormd van **gr.** *para* [naast] + *lalia, lalè* [gepraat] (vgl. *lollen*).

paraleipsis [stijlfiguur] < **gr.** *paraleipsis* [het nalaten], van *paraleipein* [weglaten], van *para* [naast] + *leipein* [alleen laten], idg. verwant met *lenen* [1].

paralexie [leesblindheid] gevormd van **gr.** *para* [langs] + *lexis* [woord], naast *paralegein* [er naast praten, wartaal uitslaan].

paralipomena [toevoegsel aan geschrift] < **gr.** *paralipomena*, o. mv. van *paraleipomenos*, van *paraleipein* (vgl. *paraleipsis*).

parallax [ogenschijnlijke verplaatsing] < **fr.** *parallaxe* < **gr.** *parallaxis* [afwisseling, afwijking], van *parallassein* [veranderen, afwisselen], van *para* [naast] + *allassein* [veranderen], van *allos* [ander].

parallel [evenwijdig] < **fr.** *parallèle* < **lat.** *parallelus* < **gr.** *parallēlos* [evenwijdig], uit de verbinding *para* [naast] + *allēlous* [elkaar].

parallellepipedum [meetkundig lichaam] < **lat.** *parallelepipedum*, met o o.i.v. *parallellepipedum* < **lat.** *parallelepipedum* < **gr.** *parallèlepipedon*, van *parallèlos* (vgl. *parallel*) + *epipedos* [op de grond, vlak], van *epi* [op] + *pedon* [bodem], idg. verwant met **lat.** *pes* [voet].

parallellogram [meetkundige figuur] < **fr.** *parallèlogramme* < **lat.** *parallelogrammum* < **gr.** *parallèlogrammon* [idem], van *parallèlos* (vgl. *parallel*) + *graphein* [schrijven, tekenen], idg. verwant met *kerven*.

paralogie [denkstoornis] van **gr.** *paralogos* [strijdig met de berekening], uit de verbinding *para* [naast, tegenover] + *logon*, 4e nv. van *logos* [getal, woord, gedachteninhoud].

paralympics [Olympische Spelen voor gehandicapten] < **eng.** *paralympics*, gevormd van **gr.** *para* [naast] + **eng.** *Olympic games* [Olympische Spelen], met bijgedachte aan *paralytic* [verlamd].

paralyse [verlamming] < **fr.** *paralysie* < **lat.** *paralysis* < **gr.** *paralusis* [idem], van *paraluein* [(opzij) losmaken], van *para* [naast] + *luein* [losmaken], idg. verwant met **verliezen**.

paramat [weefsel] < **eng.** *paramatta* [idem], van *Parramatta*, een plaatsje bij Sydney in Australië.

paramedisch [met de geneeskunde samenhangend] gevormd van **para-** + *medisch* (vgl. **medicijn**).

parament, parement [versierend belegsel] middelnl. *parament* [sieraad, tooi] < **oudfr.** *parament*, sedert de 13e eeuw *parement* < me. lat. *paramentum* [tooi], van **klass. lat.** *parare* [voorbereiden, gereedmaken, iets uitrusten].

parameter [meetkundige term] gevormd van **gr.** *para* [naast, ondersteunend] + **meter**[I].

paramnesie [déjà vu] gevormd van **gr.** *para* [naast] + *mnèsis* [herinnering].

parana-pine [houtsoort] < **eng.** *parana-pine*, eig. *pine* (vgl. **pitchpine**) uit de Braziliaanse staat *Paraná*.

parang [kapmes] < maleis *parang*.

paranimf [bruidsjonker, helper bij plechtigheid] < **fr.** *paranymphe* < **lat.** *paranymphus* [idem], van **gr.** *para* [naast] + *numphios* [bruidegom], *numphè* [bruid] (vgl. **nimf**), dus iem. die de bruid(egom) lett. terzijde staat.

paranoia [geesteziekte] < hd. *Paranoia* (1772) < **gr.** *paranoia* [dwaasheid, krankzinnigheid], van *para* [naast] + *nous, noös* [verstand, geest].

paranoot [soort noot] genoemd naar de Noordbraziliaanse staat *Pará*, waar de noten vandaan komen.

parapet [borstwering] < **fr.** *parapet* < **it.** *parapetto*, van *parare* [afweren] + *petto* [borst] < **lat.** *pectus* [idem], verwant met *pecus* [vee], daarmee idg. verwant. Oorspr. zal *pectus* het behaarde deel van het lichaam hebben betekend.

paraplegie [verlamming van beide armen of benen] < **fr.** *paraplégie* [idem], gevormd van **gr.** *para* [naast, langs] + *plègè* [slag, houw], van *plèssein* [slaan], idg. verwant met **vloeken**.

paraplu [regenscherm] < **fr.** *parapluie*, dat met *pluie* [regen] is gevormd naar het voorbeeld van *parasol*.

parapraxis [vergissing] < modern lat. *parapraxis*, vgl. **para-** + *praxis*.

pararubber [soort rubber] genoemd naar de Noordbraziliaanse staat *Pará*.

parasiet [ten koste van andere(n) levend] < **fr.** *parasite* [idem] < **lat.** *parasitus* [gast, tafelschuimer, klaploper] < **gr.** *parasitos* [mee aanzittend, lagere priester, die bij de offermaaltijd mee mocht aanzitten, klaploper], van *para* [bij, naast] + *sitos* [tarwe, brood, eten, levensonderhoud], een vóór-gr. woord, vgl. **baskisch** *zitu* [graan, oogst, fruit].

parasol [zonnescherm] < **fr.** *parasol* < **it.** *parasole*, van *parare* [afweren] + *sole* < **lat.** *solem*, 4e nv. van *sol* [zon], daarmee idg. verwant.

parataxis [nevenschikking] < **gr.** *parataxis* [het naast elkaar in slagorde stellen], van *para* [naast] + *taxis* [het in slagorde scharen, het ordenen], van *tassein* [in een bepaalde orde opstellen], van dezelfde basis als **staan**.

parathion [landbouwgif] gevormd van *para* + *thiofosfaat* + *-on*.

paratonisch [(bewegend door) uitwendige prikkels] gevormd van **gr.** *para* [naast] + *tonos* [spanning], van *teinein* [spannen], idg. verwant met **hd.** *dehnen* en met **tent**.

paravaan, paravane [apparaat op de boeg tegen zeemijnen] < **eng.** *paravane* [idem], van **gr.** *para* [naast] + *vane* [vaan].

paravent [windscherm] < **fr.** *paravent* < **it.** *paravento* [idem], gevormd van *para* als in *paraplu* + *vento* [wind] < **lat.** *ventus*, idg. verwant met **wind**.

parcellering [verkaveling] **middelnl.** *parcelen, parseelen* < **fr.** *parceller* [in stukken, percelen verdelen] (vgl. **perceel**).

parceltanker [tanker voor het vervoer van, meest chemische, stoffen die uit elkaar moeten worden gehouden] < **eng.** *parceltanker*, van *parcel* [pakje, partij] < **fr.** *parcelle* [idem] < **vulg. lat.** *particella*, lat. *particula*, verkleiningsvorm van *pars* (2e nv. *partis*) (vgl. **part**[I]) + *tanker* (vgl. **tank**).

Parcen [de drie schikgodinnen] < **lat.** *Parcae* [de schikgodinnen], eerst later als drieëenheid opgevat, oorspr. *Parca*, godin van de geboorte in het oude Rome, van *parere* [ter wereld brengen, baren].

parcimonie [spaarzaamheid] < **fr.** *parcimonie* < **lat.** *parcimonia*, van *parcere* [sparen, zuinig zijn, matigen].

parcours [af te leggen weg] < **fr.** *parcours* < **me. lat.** *percursus* [door dieren gebaand pad], van *percurrere* [door iets heen lopen, voortsnellen], van *per* [door] + *currere* [(hard) lopen] (vgl. **cursief, cursus**).

pardaf [uitroep] → **pardoes**.

pardel [luipaard] (**middelnl.** *pa(e)rdus*) < **hd.** *Pardel* < **lat.** *pardalis* [wijfjespanter], *pardus* [panter, jachtluipaard] < **gr.** *pardalis* [idem], naast *pardos* [panter] < **perzisch** *palang*, vgl. **oudindisch** *pṛdāku-* [slang, panter, tijger]; mogelijk van een idg. basis met de betekenis 'gevlekt'.

pardessus [overjas] < **fr.** *pardessus* [lett. overgooier], gesubstantiveerd < *par dessus* [boven, over].

pardie, pardjie [krachtterm] < **fr.** *par Dieu*.

pardoen [verstaging van een steng] < **nd.** *berdune, pardune*, vermoedelijk < **it.** *bardoni* (mv.), waarvan wordt verondersteld dat het uit het germ. stamt, vgl. *scheepsboord*.

pardoes [ineens] (1669) *bardoes* (1796) *pardoes*, ook *pardaf, pardoef,* vgl. *paf, poef,* vgl. ook hd. *bardauz,* ouder *pordutz, perdutz;* klanknabootsend gevormd.

pardonneren [vergeven] < **fr.** *pardonner* [idem] < **me. lat.** *perdonare* [een privilege toekennen, begenadigen, een boete kwijtschelden, vergeven], van *per* [over ... heen, door ... heen] + *donare* [geven, schenken], van *dare* [geven].

pareerbreuk [bep. soort armbreuk] zo genoemd omdat het het type breuk is, dat ontstaat als men de arm opheft om een slag op het hoofd af te weren (vgl. *pareren*).

parel [klompje parelmoerstof in oester] **middelnl.** *pe(e)rle, pa(e)rle* < **fr.** *perle* < **me. lat.** *perula, perla* [idem], mogelijk verkleiningsvorm van *perna* [ham] (verwant met **gotisch** *fairzna*, **nl.** *verzenen*) [achterschenkel van ham, een soort mossel].

parelmoer [harde, glinsterachtige substantie uit sommige oesterschelpen] **middelnl.** *moer van peerle,* bij Kiliaan *perlenmoeder* < **me. lat.** *mater perlarum* [naam van de schelp die een parel bevat, daarna naam van de schelp waarvan de binnenkant is bedekt met dezelfde stof als de parel].

parement [stenen buitenbekleding] → *parament.*

parenchym [plantaardig celweefsel] < **gr.** *paregchuma* [dat wat erbij is ingegoten], van *paregchein* [erbij ingieten], van *para* [naast] + *egchein* [ingieten], van *en* [in] + *chein* [gieten], daarmee idg. verwant.

parentage [bloedverwantschap] < **fr.** *parentage* < **me. lat.** *parentagium,* van *parens* (2e nv. *parentis*) [vader, moeder, vorouder], teg. deelw. van *parere* [voortbrengen, verwekken].

parenteel, parentele [afstammelingen van één ouder(paar)] < **fr.** *parentèle* [idem] < **lat.** *parentalis* [van de ouders], van **lat.** *parens* (vgl. *parentage*).

parenteraal [anders dan via het maagdarmkanaal ingebracht] gevormd van **gr.** *para* [naast] + *enteron* [ingewand], vergrotende trap van *en* [in].

parenthese, parenthesis [tussenzin] < **fr.** *parenthèse* < **lat.** *parenthesis* < **gr.** *parenthesis* [tussenlassing], van *parentithenai* [inlassen], van *para* [ernaast, extra] + *en* [in] + *tithenai* [plaatsen], idg. verwant met *doen.*

pareren [tooien, afwenden] **middelnl.** *pareren* [gereedmaken, opsieren] < **fr.** *parer* [bereiden, maatregelen nemen, versieren] < **lat.** *parare* [gereedmaken, maatregelen nemen, zich verschaffen]; in de betekenis 'afweren' heeft het fr. ontleend aan **it.** *parare,* van dezelfde herkomst.

parese [spierverslapping] < **gr.** *paresis* [het laten gaan, verslappen], van *parienai* [laten gaan], van *para* [naast] + *hienai* [in beweging brengen, zenden].

paresseuse [mutsje, lijfje, kussen] < **fr.** *paresseuse,* vr. van *paresseux* [lui], **oudfr.** *pereçus,* van *perece* (**fr.** *paresse*) [luiheid] < **lat.** *pigritia* [idem], van *piger* [lui].

paret [pralerij] waarschijnlijk hetzelfde als *part* [2].

paretmaker, parettemaker [druktemaker] het eerste lid vermoedelijk identiek met *pret.*

par excellence [bij uitnemendheid] < **fr.** *par excellence* < **lat.** *per excellentiam* [bij uitstek], vertalende ontlening aan **gr.** *kat' exogèn.*

parfait [ijscoupe] < **fr.** *parfait* [soort van roomijs, lett. volmaakt, perfect] < **lat.** *perfectus* [volmaakt] (vgl. *perfect*).

parforce, parfors [met alle geweld] < **fr.** *par force* < **me. lat.** *per fortia,* van *per* [door] + *fortia,* o. mv. zn. van **me. lat.** *fortis* [moedig, en dan sterk].

parfum [aangename geur] < **fr.** *parfum,* van *parfumer,* teruggaand op **lat.** *per* [door ... heen] + *fumare* [roken, dampen], van *fumus* [rook, damp, nevel].

parg [zeer hoofd] < **jiddisch** *parch* [schurfthoofd] < **pools** *parch* [uitslag].

pargasiet [mineraal] genoemd naar de vindplaats, de plaats *Pargas,* ten zuiden van Turku in Finland.

parhelium [bijzon] < **lat.** *parhelion* < **gr.** *parèlion, parèlios,* van *para* [naast] + *hèlios* [zon], daarmee idg. verwant.

pari [1] [gelijk aan waarde] < **it.** *pari* < **lat.** *par* (2e nv. *paris*) [gelijk] (vgl. *prijs* [1]).

pari [2] [weddenschap] < **fr.** *pari,* van *parier* [wedden] < **lat.** *parare* [gelijkstellen, even hoog stellen], van *par* [gelijk].

paria [verstoteling, iem. van laagste kaste] < **fr.** *paria* < **portugees** *paria* < **tamil** *paraiyan* [trommelslager], een nederig beroep dat van vader op zoon overging, van *parai* [(grote) trom].

pariëren [wedden] < **fr.** *parier* [idem] < **lat.** *pariare* [een vergelijk treffen, in evenwicht brengen van een rekening, betalen, als boete betalen], van *par* (2e nv. *paris*) [gelijk].

pariëtaal [m.b.t. de wand] < **fr.** *pariétal* < **lat.** *parietalis* [wand-], van *paries* (2e nv. *parietis*) [wand].

Parijs [geogr.] < **lat.** *Lutetia Parisiorum, Lutetia,* van *luteus* [uit leem, klei], van *lutum* [modder], *Parisiorum* is 2e nv. van *Parisii,* leden van een Keltische volksstam, dus eig. het modderige gebied van de Parisii.

pariskruid [eenbes] de lat. naam is *Paris quadrifolia* [Paris met vier bladen], genoemd naar de Trojaanse prins Paris. De vier bladen werden gezien als Paris en de drie godinnen en de bes als de appel uit de mythe.

pariteit [gelijkheid] < **fr.** *parité* [idem] < **lat.** *paritatem,* 4e nv. van *paritas,* van *par* (2e nv. *paris*) [gelijk].

park [beplant terrein] **middelnl.** *pa(e)rc, parric, perc* [omheining, lusthof], **middelnd.** *park, perk* [afgesloten ruimte], **oudhd.** *pfarrich, pferrich* [omheining], **oudeng.** *pearroc* [omheinde ruimte]; de nl. vorm *park* is vermoedelijk < **fr.** *parc,* de vorm *perk,* met *a* > *e* voor *r* + gutturaal, rechtstreeks uit het grondwoord **me. lat.** *parricus,* dat

parka — parsisme

uit het gallisch, mogelijk uit het iberisch stamt. Vgl. *tuin* en *paradijs* voor de betekenis.

parka [pooljak] < **russ.** *parka* < **samojeeds** *parka* [pels van rendier-, honde- of schapevel].

parkal →*perkaline*.

parkeren [een voertuig stallen] < **fr.** *parquer* [idem], van *parc* [park].

parket [afgeperkte ruimte, openbaar ministerie, zitplaats in schouwburg] **middelnl.** *parket* [afgeperkte ruimte, parket, balie, paneel] < **fr.** *parquet* [parket (in alle betekenissen)], verkleiningsvorm van *parc* [afgeperkte ruimte] (vgl. *park*).

parkiet [vogel] ouder *paroquit, perkiet,* etymologie onzeker, volgens sommigen < **fr.** (14e eeuws) *paroquet,* een verkleiningsvorm van *Pierre,* dus Pietje. Volgens anderen heeft het fr. ontleend aan **it.** *perrocchetto,* verkleiningsvorm van *parroco* [pastoor], dus pastoortje. Het zou kunnen zijn dat klanknabootsing een rol heeft gespeeld en zelfs bepalend was.

parking [parkeerterrein] < **eng.** *parking,* oorspr. gerundium van *to park* [parkeren], van het zn. *park* (vgl. *park*).

parkoen [geschild stamstuk] →*perkoen*.

parlando [meer sprekend dan zingend] < **it.** *parlando,* gerundium van *parlare,* evenals **fr.** *parler* < **chr. lat.** *parabolare* (vgl. *parabel*).

parlement [volksvertegenwoordiging] **middelnl.** *parlement* [gepraat, gesprek, vergadering] < **fr.** *parlement* [idem] < **me. lat.** *parlamentum* [spreekkamer, vergadering, bijeenkomst, parlement], van *parabolare* [zich uitdrukken in beeldspraken, spreken, samen spreken, beraadslagen], van *parabola* [vergelijking] (vgl. *parabel*).

parlementariër [lid van een parlement] < **fr.** *parlementaire* [idem], van *parlement* (vgl. *parlement*).

parlesanten [vloeken] < **spaans** *por los santos* [bij de heiligen (zeggen)].

parlevink [vink, die in het hout, op het land vlakbij de vinkenbaan rondvliegt, vervolgens handelaar te water] als verklaring van het lid *parle* is gewezen op de uitdrukking *par l'occasion* voor vinken die zelden op de baan komen en die men dus bij toeval te pakken krijgt. Een gedachte aan de oude betekenis van *parlement* [druk gepraat, gewoel], *parlementen* [kibbelen], **fr.** *parlot(t)e* [plaats waar men bijeenkomt om te praten], heeft misschien ook een rol gespeeld.

parmantig [fier] eerst bij Kiliaan [ernstig, waardig, gestreng], *parmantelick* als synoniem van *staetelijck,* wel hetzelfde woord als **middelnl.** *premant* [stoutmoedig], dat stellig te verbinden is met **lat.** *premere* (teg. deelw. *premens,* 2e nv. *prementis*) [drukken, vasthouden aan, naar beneden drukken, iem. overtreffen].

Parmentier [culinaire term] genoemd naar *Antoine-Augustin Parmentier* († 1813), een Franse legerapotheker, die in zijn vrije tijd aardappelen kweekte en deze door de steun van het hof van Lodewijk XVI populair maakte. Er zijn diverse gerechten naar hem genoemd.

Parmezaan [inwoner van Parma] < **fr.** *parmesan* < **it.** *parmigiano* [van Parma] < **lat.** *Parma*.

parnas, parnassijn [kerkvoogd] < **hebr.** *parnas* [kerkmeester, kerkvoogd, bestuurder van gemeente].

Parnastaal [hoogdravende taal] genoemd naar **gr.** *Parnassos,* de Griekse berg waar de Muzen zetelden, een vóór-gr. naam.

parochie [kerkelijke gemeente] **middelnl.** *p(a)rochie* < **me. lat.** *parochia* [idem] < **gr.** *paroikia* [verblijfplaats, diocees], van *paroikos* [naburig], van *para* [bij, naast] + *oikos* [huis], idg. verwant met *wijk*[1].

parodie [bespottelijke nabootsing] < **fr.** *parodie* < **gr.** *parōidia* [idem], van *para* [naast] + *ōidè* [gezang] (vgl. *ode*).

parodiëren [een parodie maken] < **fr.** *parodier* [idem] (vgl. *parodie*).

parodontologie [leer van tandziekten] van **gr.** *para* [naast] + *odōn* (2e nv. *odontos*) [tand], daarmee idg. verwant, + *logos* [woord, verhandeling].

paroemiologie [studie der spreekwoorden] gevormd van **gr.** *paroimia* [spreekwoord, parabel], van *para* [naast] + *oimos* [weg] + *logos* [woord, verhandeling].

paroniem [stamverwant woord] < **gr.** *parōnumia* [afgeleid woord], van *para* [naast] + *onuma, onoma* [naam], daarmee idg. verwant.

paronomasia [spel met woorden die eender klinken] < **lat.** *paronomasia* < **gr.** *paronomasia,* van *paronomazein* [benoemen met een klein verschil in de naam, lett. terzijde noemen], van *para* (vgl. *para-*) + *onomazein* [noemen], van *onoma* [naam], daarmee idg. verwant.

parool [leus] < **fr.** *parole* [idem] < **me. lat.** *parabola* [parabel, parabool].

parotitis [ontsteking aan de oorspeekselklier] gevormd van **gr.** *para* [naast] + *ous* (2e nv. *ōtos*) [oor], daarmee idg. verwant.

parousie [glorieuze verschijning] < **fr.** *parousie* < **gr.** *parousia* [tegenwoordigheid, aankomst, kort verblijf van de koning, Jezus' komst op aarde], van *pareimi* [ik ga langs, ga naar binnen, kom naar voren, treed op].

paroxisme [plotselinge verheviging van een ziekte] < **fr.** *paroxysme* [idem] < **gr.** *paroxusmos* [ophitsing], *paroxus* [heethoofdig], van *paroxunein* [scherp maken, erger maken], van *para* [naast] + *oxunein* [scherp maken], van *oxus* [scherp].

parrel [pagaai (Westindisch)] vermoedelijk verbastering van *paddel,* mogelijk o.i.v. **eng.** *parrel* [apriet van een zeil].

pars [deel] →*part*[1].

parsec [afstandseenheid voor sterren] gevormd van *parallax* + *seconde*.

parsisme [Perzische godsdienst] van *Parsi* [afstammeling van voor de islam naar India gevluchte aanhangers van de Zoroaster-dienst], **perzisch** *pārsī* [Perzisch], van *pārs* [Perzië].

part¹ [deel] < fr. *part* < lat. *partem*, 4e nv. van *pars* [deel, gedeelte].

part² [list, 'parten spelen'] middelnl. *pa(e)rte, pert(e)* [streek, list], Kiliaan *parte, perte, pratte* [list, arrogantie], fries *pret*, oudeng. *prœtt, (> pretty)*, oudnoors *prettr* [list] (vgl. **prat, pret**).

partageren [verdelen] < fr. *partager*, van *partage* [verdeling], van *partir* [verdelen] < lat. *partiri, partire* [verdelen], van *pars* (2e nv. *partis*) [deel].

parterre [benedenverdieping] < fr. *parterre* [tuinbed, parterre in de schouwburg], van *par* < lat. *per* [door, in] + *terre* < lat. *terra* [aarde, grond].

Parthen [Iraans ruitervolk] < lat. *Parthi* < gr. *Parthoi*, van oudperzisch *Parthava* [Parthië].

parthenocarp [m.b.t. een zonder bevruchting gevormde vrucht] gevormd van gr. *parthenos* [maagd] + *karpos* [vrucht], idg. verwant met **herfst**.

parthenogenese, parthenogenesis [voortplanting zonder bevruchting, lett. geboorte uit een maagd] gevormd van gr. *parthenos* [maagd] + *genesis* [oorsprong, afstamming, geboorte] (vgl. **Genesis**).

Parthenon [tempel te Athene] < gr. *Parthenōn,* van *parthenos* [maagd], dus de tempel van de maagd, d.w.z. Pallas Athene.

participatie [deelneming] < fr. *participation* < lat. *participationem,* 4e nv. van *participatio* [deelneming aan], van *participare* (vgl. **participeren**).

participeren [deelnemen] < fr. *participer* < lat. *participare* [iem. deelgenoot maken, iets met iem. delen, in iets delen], van *pars* (2e nv. *partis*) [deel] + *capere* [nemen], idg. verwant met **heffen**.

participium [deelwoord] < lat. *participium,* van *particeps* (2e nv. *participis*) [aan iets deelnemend], van *pars* + *capere* (vgl. **participeren**).

particulier [privaat] middelnl. *particulier* [persoonlijk] < fr. *particulier* < lat. *particularis* [een klein deel betreffend], van *particula* [partikel].

partieel [gedeeltelijk] < fr. *partiel* < me. lat. *partialis* [gedeeltelijk], van *pars* (2e nv. *partis*) [deel].

partij [groep] middelnl. *partie* < fr. *partie* [deel, groep], van *partir* (vgl. **partageren**).

partijk, partijke [kattestaart] naast *pardike, peerdik, paardestaart;* afgeleid van *paard*.

partikel [deeltje] < lat. *particula* [deeltje], verkleiningsvorm van *pars* (2e nv. *partis*) [deel].

parti-pris [vooringenomen standpunt] < fr. *parti pris* [idem], van *parti* (vgl. **partij**) + *pris,* verl. deelw. van *prendre* [innemen] (vgl. **prise**).

partitief [een deel uitmakend] < laat-lat. *partitivus* < lat. *partitus,* verl. deelw. van *partire, partiri* [verdelen].

partituur [volledige notering van orkestbegeleiding] < hd. *Partitur* < me. lat. *partitura* [verdeling, indeling], van *partiri* (verl. deelw. *partitum*) [verdelen], van *pars* (2e nv. *partis*) [deel].

partizaan [guerrillastrijder] < fr. *partisan* [idem] < it. *partigiano* [partij-, partijdig, partijganger, partizaan], van *parte* [deel, afdeling, partij] < lat. *partem,* 4e nv. van *pars* [deel, partij].

partner [deelgenoot] < eng. *partner* < middeleng. *partener,* nevenvorm van *parcener* [medeërfgenaam], ontstaan o.i.v. *part,* oudfr. *parçonier* < me. lat. *partionarius,* verkort uit *partitionarius* [die een aandeel heeft] < lat. *partitio* [verdeling], van *partitus,* verl. deelw. van *partire, partiri* [verdelen].

part-time [deeltijd] < eng. *part-time,* van *part* < oudeng., fr. *part* < lat. *partem,* 4e nv. van *pars* [gedeelte] + *time* [tijd].

partus [bevalling] < lat. *partus,* van *parere* (verl. deelw. *partum*) [baren].

partuur [evenknie, gelijke] middelnl. *pa(e)rture* < oudfr. *part(e)ure* [verdeling] < me. lat. *partitura* [idem], van *partiri* [delen, zijn deel krijgen van], van *pars* (2e nv. *partis*) [deel].

party [ongedwongen feest] < eng. *party* [groep mensen die er een bepaalde mening op na houdt, groep mensen die samen reist, sociale bijeenkomst in een particulier huis], middeleng. *partie* < oudfr. *partie* (vgl. **partij**).

parure [tooi] middelnl. *parure* < fr. *parure,* van *parer* [opschikken, versieren, bereiden, gereedmaken] < lat. *parare* (vgl. **pareren**).

parvenu [iem. van lage afkomst die rijk, maar niet beschaafd is] < fr. *parvenu,* verl. deelw. van *parvenir* [bereiken, komen tot, slagen (in het leven)] < lat. *pervenire* [bereiken], van *per* [door ... heen] + *venire* [komen].

pas¹ [schrede] middelnl. *pas(se)* < fr. *passe* < lat. *passus* [schrede, stap], eig. verl. deelw. van *pandere* [uitstrekken, openspersen].

pas² → **paspoort**.

pas³ [zoëven] (1605), bijw. gebruik van het zn. *pas*¹, dat reeds middelnl. een ontwikkeling van plaats naar tijd doormaakte: schrede, ruimte waar men gaat, een bep. plaats, een bep. tijdstip.

pasar [markt] < maleis *pasar* < perzisch *bāzār* [(overdekte) markt], oudperzisch *vašhar* (vgl. **bazaar**).

Pascha → **Pasen**.

pasdijsje → **passedies**.

Pasen [christelijk feest] middelnl. *Pa(e)sschen,* waarin de *n* de uitgang van de 3e nv. is in de verbinding *te Paesschen,* vgl. *Pinksteren,* hd. *Weihnachten* < chr. lat. *pascha,* gr. *pascha* < aramees *pashā* [idem], vgl. hebr. *pāsah* [hij ging voorbij]; zie Exodus 12:13.

pasicrisie [verzameling van rechtspraken] van gr. *pasi* [voor allen], 3e nv. mv. van *pas* [geheel, ieder] + *krisis* [in juridische zin rechterlijk onderzoek, gericht, veroordeling, rechterlijk college] (vgl. **crisis**).

pasja [Turkse titel] < turks *paşa* [generaal], vroeger minder specifieke eretitel voor hoge officieren < perzisch *pādshāh,* van *pād* [meester], oudperzisch *pati,* oudindisch *pati-* [meester, heer, echtgenoot] (vgl. **adhipati**) + *shāh* [koning] (vgl. *schaakmat*).

paskwil [spotschrift] < it. *pasquillo* [idem], verklei-

paskwilschuif — pasta

ningsvorm van de persoonsnaam *Pasquino;* in 1501 werd een gehavende torso van een klassiek beeld in Rome opgegraven en door kardinaal Caraffa voor zijn paleis gezet. In de volksmond werd het Pasquino genoemd, naar de ambachtsman die er tegenover gewoond had. Men gebruikte het beeld om er opschriften op te plakken.

paskwilschuif [spanjolet] dus een metalen staaf die door middel van een radertje met een handgreep naar boven of beneden wordt geschoven < hd. *Baskülenriegel,* zo genoemd op grond van vormovereenkomst met de bascule of de sluiting uit Baskenland, (vgl. voor de betekenis *spanjolet*).

paso doble [dans in ²/₄ maat] (1919) < spaans *paso doble* [lett. dubbele (dans)pas], van *paso* (vgl. *pas*¹) + *doble* (vgl. *dubbel*).

paspel [boordsel van knoopsgaten] < fr. *passepoil* [idem], van *passer* [gaan door] (vgl. *passeren*) + *poil* [haar in de betekenis draad van de stof] < lat. *pilus* [(lichaams)haar].

paspoort [nationaliteitsverklaring] **middelnl.** *pas(se)porte, paspo(o)rt* < fr. *passeport* [idem], van *passer* [door of langs gaan] (vgl. *passeren*) + *port* [haven, maar in oudfr. ook bergpas, grens] < lat. *portus* [haven].

pasquinade [libel] < fr. *pasquinade* (vgl. *paskwil*).

pass [schot van de bal aan een medespeler] < eng. *pass,* van *to pass* < fr. *passer* [langs gaan], teruggaand op lat. *passus* [schrede].

passaat [wind] 17e eeuws *passade, passade wind* < spaans *pasada* [overtocht], van *pasar* [oversteken (van woestijn, rivier, zee)] < me. lat. *passadium* [oversteek van een rivier, overtocht over zee, overzeese expeditie], van *passus* [pas]; dus is *passade wind* de moesson waarop voor een overtocht over de oceaan diende te worden gewacht (vgl. *passage*).

passabel [passeerbaar] < fr. *passable* [wat ermee door kan gaan], van *passer* (vgl. *passeren*).

passacaglia [reeks contrapuntvariaties] < it. *passacaglia* < spaans *pasacalle,* van *pasar* [lopen] (vgl. *passeren*) + *calle* [straat].

passage [doorgang, deel van tekst] **middelnl.** *passage* [gelegenheid om een water over te steken, brug, veerpont, doorwaadbare plaats, doorgang] < fr. *passage* [idem] < me. lat. *passuagium, passagium, passadium* [veergeld, recht van overgang, oversteek van rivier of zee] (vgl. *passaat*).

passagier [reiziger] kort na 1547 < oudfr. *passagier* [iem. die het water oversteekt] (vgl. *passage, passaat*).

passagieren [aan wal gaan van zeelieden] o.i.v. *passagier* vervormd uit ouder *pasisieren* < maleis *pesisir* [strand, naam van de noordkust van Java], van *pasir* [zand] (**javaans** *pasisir* [het strand]).

passant [voorbijganger] < fr. *passant,* eig. teg. deelw. van *passer* (vgl. *passeren*).

passato [voorbij] < it. *passato,* eig. verl. deelw. van *passare* [voorbijgaan] (vgl. *passeren*).

passedies, passediesje [een dobbelspel] < fr. *passe-dix* [lett. ga de tien te boven] (men moest boven de tien trachten te gooien).

passement [boordsel] < fr. *passement,* van *passer* (vgl. *passeren, paspel*).

passen¹ [afpassen] **middelnl.** *passen;* van *pas*¹ [schrede].

passen² [zijn beurt voorbij laten gaan] < fr. *passer* [gaan, voorbijgaan], van lat. *passus* [schrede] (vgl. *pas*¹).

passe-partout [loper, doorlopende toegangskaart, kartonnen rand] < fr. *passe-partout,* van *passer* < vulg. lat. *passare,* van *passus* [pas] + *partout,* van *par* [door] + *tout* [alles] < lat. *totus.*

passepoil → *paspel.*

passer [barg. opkoper van ramsjpartijen] < zigeunertaal *pasj* [deel].

passerelle [loopbrug] < fr. *passerelle,* van *passer* (vgl. *passeren*).

passeren [voorbijgaan] < fr. *passer,* via een gereconstrueerd vulg. lat. *passare* van lat. *passus* [schrede] (vgl. *pas*¹).

passevolant [die ingehuurd is om bij inspectie de plaats van een ontbrekend soldaat in te nemen] < fr. *passevolant* [verstekeling, iem. die zich kort ergens ophoudt], van *passer* [voorbijgaan] (vgl. *passeren*) + *volant* [vliegend].

passie [hartstocht] **middelnl.** *passie* [het lijden, hartstocht] < lat. *passio* [het lijden, gemoedsaandoening], van *pati* (verl. deelw. *passum*) [lijden].

passiebloem [plantengeslacht] zo genoemd vanwege de symboliek. De krans van de draadvormige honingklieren is de doornenkroon van Christus, de driedelige stempel verbeeldt de drie nagels in het kruis, de meeldraden zijn de wonden.

passief [lijdend] < fr. *passif* [idem] < lat. *passivus* [voor aandoeningen vatbaar], van *pati* (verl. deelw. *passum*) [lijden, dulden].

passim [verspreid] < lat. *passim* [wijd en zijd verstrooid, hier en daar, overal], van *pandere* (verl. deelw. *passum*) [uitspreiden].

passionaal [boek met heiligenlevens] < **middelnl.** *passionael* < me. lat. *passionalis* [beschrijving van de levens der martelaren], van *passio* (vgl. *passie*).

passionato [hartstochtelijk] < it. *passionato* < me. lat. *passionatus,* van lat. *passio* (2e nv. *passionis*) [passie].

passiva [de te betalen lasten] < lat. *passiva,* o. mv. van *passivus* [voor aandoeningen vatbaar] (vgl. *passief*).

passiviteit [lijdelijkheid] < fr. *passivité* [idem] < lat. *passivitas,* van *passivus* (vgl. *passief*).

passivum [lijdende vorm van het werkwoord] < lat. *passivum,* o. van *passivus* [voor aandoeningen vatbaar] (vgl. *passief*).

passus [zinsnede] < lat. *passus* [schrede], eig. het zich uitstrekken (van het been) (vgl. *pas*¹).

pasta [deeg] (**middelnl.** *past(e)* < oudfr. *paste* < me. lat. *paste*) [pasta] < gr. *pasta* [brij], mv. verl.

deelw. van *passein* [strooien, op iets strooien (d.w.z. zout strooien)], idg. verwant met **schudden**.

pasteerder [arbeider die muren vochtdicht maakt] teruggaand op **middelnl**. *past(e)* [deeg, beslag, mengsel] < **oudfr**. *paste* (vgl. *pasta*).

pastei [deeg met vlees] **middelnl**. *pastei(d)e* < **oudfr**. *pasté* (**fr**. *pâté*) [idem] (vgl. *pasta*).

pastel[1] [wede] (1563) < **fr**. *pastel* < **provençaals** *pastel* < **me. lat**. *pastellus, pastillus* [wede], verkleiningsvorm van *pasta* [deeg, brij]; eig. dus een (kleur)papje, want vóór de wederinvoering van de indigo in Europa in de 17e eeuw won men blauwe kleurstof voor textiel en alle schildertechnieken uit wede.

pastel[2] [kleurkrijt] (1778) < **fr**. *pastel* < **it**. *pastello* [idem], verkleiningsvorm van *pasta* [deeg, beslag, stijfsel] < **lat**. *pasta* (vgl. *pastel*[1]); pastelkrijt is een uitgeharde kleurbrij van gips of kaolien met kleurstof en gom.

pasten [afgietsel van oude munten e.d.] < **it**. *pasta,* mv. *paste* [deeg, brij, stijfsel] (vgl. *pasta*); men gebruikt een papje van fijn gips.

pasteuriseren [door verhitting bacterievrij maken] genoemd naar de Franse chemicus *Louis Pasteur* (1822-1895).

pastiche [nabootsing] < **fr**. *pastiche* < **it**. *pasticcio* [idem] < **me. lat**. *pasticius* [idem] (vgl. *patisserie*).

pastille [tablet] < **fr**. *pastille* < **lat**. *pastillus* [een geparfumeerde pastille om te kauwen], verkleiningsvorm van *pasta* (vgl. *pasta, pastel*[1],[2]).

pastinaak [plant] **middelnl**. *pastenake, pastinake* < **lat**. *pastinaca* [idem], van *pastinare* [de grond omspitten, klaar maken voor het poten of uitzaaien].

pastis [anijsdrank] < **fr**. *pastis* < **provençaals** *pastitz* [pâté], mogelijk echter < **it**. *pasticcio* [pastei].

pastoor [hoofd van parochie] **middelnl**. *pastoor* < **lat**. *pastor* [herder], van het ww. *pascere* [weiden, laten groeien, onderhouden, opfokken], idg. verwant met *voeden* (vgl. *pleisteren*).

pastorale [herderslied] < **lat**. *pastorale,* o. van *pastoralis* [op herders betrekking hebbend], van *pastor* [herder] (vgl. *pastoor*).

pastorie [plaats als pastoor, woning van pastoor, pastoorschap] bij Kiliaan *pastoorije* [pastoorschap] < **me. lat**. *pastoria* [pastoorschap, pastorie, kerk, kerkinkomsten] (vgl. *pastoor*).

pat[1] [strook aan kleding] < **fr**. *patte* [poot, klep, lipje, pat(je)], klankschilderend gevormd.

pat[2] [schaakterm] < **fr**. *pat* [idem], vermoedelijk < **it**. *patta* [idem], naast *patto* [verdrag] < **lat**. *pactum* (vgl. *pact*).

pataat [cassaveknol] < **spaans** *patata,* naast *batata* [idem] < **taino** *batata;* de vorm met *p* ontstond o.i.v. **quechua** *papa* [aardappel].

Patagonië [geogr.] < **spaans** *Patagonia,* van *patagón,* vergrotingsvorm van *pata* [poot] (vgl.

pasteerder — paternosterlift

patoot), dus het gebied van de mensen met de grote poten. Bij de ontdekking door Magahães (1519) vond men grote voetsporen in de sneeuw, die evenwel waren veroorzaakt door voeten, die met lappen waren omwonden.

patakon [munt] < **spaans** *patagón,* vergrotingsvorm van *pataca,* etymologie onbekend; het **ar**. *'abū ṭāqa,* lett. vader van het venster is een door volksetymologie beïnvloede ontlening (het venster is de uitleg van de op de munten afgebeelde zuilen van Hercules), die vaak als de bron van *patagón* is aangemerkt, hoewel het ar. woord eerst eeuwen later voorkomt dan de Europese vorm en de Europeanen natuurlijk geen enkele behoefte hadden aan een ar. benaming voor een door hen zelf geslagen munt.

patapoef [dikke persoon] < **fr**. *patapouf,* van *pouf* [pof, boem, overdrachtelijk gebruikt voor muts, (zit)poef], klanknabootsende vorming, vermoedelijk door kruising met *pataud* [dikzak].

patas [schip] < **spaans** *patache,* **fr**. *patache,* portugees *patacho* < **ar**. *baṭāsh* [een tweemaster].

patat → *pataat*.

patates frites [in vet gebakken reepjes aardappel] < **fr**. *patates frites,* mv. van *patate* < *batate* < **spaans** *batata* (vgl. *pataat*) + *frites,* mv. van **fr**. *frit* [gebakken], verl. deelw. van *frire* < **lat**. *frigere* [roosteren].

patchoeli [kruid] < **eng**. *patchouli* [idem] < **tamil** *patchai* [groen] + *ilai* [blad].

patchwork [handwerktechniek] < **eng**. *patchwork,* van *patch* [lapje] < **me. lat**. *pecia, petzia, pettia* (> **fr**. *pièce,* **eng**. *piece*), oorspr. kelt.: **bretons** *pez,* **welsh** *peth* [een beetje].

pâte [deegachtig mengsel] < **fr**. *pâte* < **me. lat**. *pasta* (vgl. *pasta*).

pâté, patee [vleespastei] < **fr**. *pâté* < **oudfr**. *pasté* (vgl. *pastei*).

pateel [platte schotel] < **lat**. *patella* [idem], verkleiningsvorm van *patina* (vgl. *pateen*).

pateen [schotel voor hostie] **middelnl**. *patene, pateen* < **fr**. *patène* < **lat**. *patena, patina* [schotel, pan] < **gr**. *patanè* [schotel], verwant met *petannunai* [openspreiden], idg. verwant met *vadem*.

patent[1] [octrooi] (1591) < **fr**. *lettre patente* [privilegebrief, eig. open brief] < **lat**. *patens* (2e nv. *patentis*) [open], teg. deelw. van *patēre* [openstaan], idg. verwant met *vadem*.

patent[2] [voortreffelijk] (19e eeuws) < **hd**. *Patent,* in samenstellingen als *Patentstrümpfe,* eig. waarvoor patent is verleend, oorspr. het zn. *patent*[1].

pater [priester] **middelnl**. *pater* < **lat**. *pater* [vader], daarmee idg. verwant.

paternaal [vaderlijk] < **me. lat**. *paternalis,* van *paternus* [vaderlijk], van *pater* (vgl. *pater*).

paternostererwt [peulvrucht] genoemd naar het *Onze Vader,* omdat de zaden tot snoeren, ook bidsnoeren werden geregen.

paternosterlift [kabellift] genoemd naar het *Onze*

paterstuk — patronymicum

Vader, vanwege de gelijkenis met de rozenhoed.

paterstuk [het beste ribstuk van een rund] bestemd voor de pater-overste van een klooster.

patetico [pathetisch] < **it.** *patetico* (vgl. ***pathetisch***).

pathefoon [ouderwetse platenspeler] genoemd naar de uitvinder ervan, de Fransman *Charles Pathé* (1863-1957).

pathetisch [aandoenlijk] < **fr.** *pathétique* [idem] < **me. lat.** *patheticus* < **gr.** *pathètikos* [voor indrukken vatbaar, emotioneel], van *pathètos* [aan hartstochten blootgesteld], van *pathos* (vgl. ***pathos***).

pathogeen [ziekteverwekkend] gevormd van *pathos* + ***Genesis***.

pathologie [ziektenleer] < **fr.** *pathologie* < **gr.** *pathologia,* van *pathos* [het lijden] + *logos* [woord, verhandeling].

pathos [aandoening] < **gr.** *pathos* [pijn, leed, aandoening, emotie, gewaarwording, emotionele voorstelling van zaken], verwant met *paschein* [lijden].

patience [kaartspel] < **fr.** *patience* < **lat.** *patientia* [het verdragen, volharding, geduld], van *pati* [lijden, geduldig verdragen].

patiënt [zieke] **middelnl.** *patiënt* < **fr.** *patient,* van **lat.** *pati* (teg. deelw. *patiens,* 2e nv. *patientis*) [lijden].

patiëntie [geduld] **middelnl.** *patiëntie, paciencie* < **fr.** *patience* < **lat.** *patientia* (vgl. ***patience***).

patig [ridderzuring] **middelnl.** *lapaten* [stompbladige zuring of bitterblad] < **lat.** *lapathum, lapathus* < **gr.** *lapathos* [zuring], van *lapassein* [maag en buik legen]; de eerste lettergreep viel af vermoedelijk omdat men dacht met het fr. lidwoord van doen te hebben.

patijn [tripklomp] **middelnl.** *patine, pa(t)tijn* [klomp] < **fr.** *patin* [schoen met dikke zool], van *patte* [poot], klanknabootsend gevormd.

patijts [kopsteen] < **fr.** *boutisse* [idem], van *bouter* [stoten, terugdringen] < **frankisch** *botan* (vgl. ***boten***).

patina [oxydatielaag] < **it.** *patina* [soort lak, zwartsel voor leer, beslag op tong, aanslag op brons] < **lat.** *patina, patena* [platte, ondiepe pan], van *patère* [openstaan, toegankelijk zijn], idg. verwant met ***vadem***.

patio [open terras] < **spaans** *patio,* van **lat.** *patère* [openstaan, open zijn, zich uitstrekken], idg. verwant met ***vadem***.

patisserie [banketbakkerij] < **fr.** *patisserie* < **me. lat.** *pasticius, pasteria, pastelleria* etc., van *pasta* (vgl. ***pasta***).

patjakker [gemene kerel] ouder *badjakker* < **maleis** *bajak* [zeerover].

patjepeeër [parvenu] gevormd in de context van *patser* en *plebejer.*

patjol [soort spade] < **maleis** *pacol,* **javaans** *pacul* [idem].

Patmos [geogr.] is verklaard als afkomstig van **fenicisch** *butm* [terpentijnboom]; het eiland was vroeger bebost.

patois [volkstaal] < **fr.** *patois* [volkstaal, streektaal], van *patte* [poot] (met de uitgang -*ois* als in *françois*), met de betekenis 'grof', vgl. *pataud* [jonge hond met dikke poten, boerenpummel] (vgl. ***Patagonië, patoot***).

patok [Javaanse vlaktemaat] < **javaans** *patok* [piketpaaltje (als teken in de grond geslagen), vastgesteld, afgesproken, vast aandeel in de gemeenschappelijke gronden].

patoot [dikke vrouw] < **fr.** *pataud* [jonge hond met lompe poten, dikzak, lomperik], van *patte* [poot].

patria [vaderland] < **lat.** *patria,* van *pater* (2e nv. *patris*) [vader].

patriarch [aartsvader] < **chr. lat.** *patriarcha* < **gr.** *patriarchès* [idem], van *patria* [afstamming, geslacht, volksstam, volk] + -*archès* [heerser].

patriciër [aanzienlijke] < **lat.** *patricius* [patricisch, adellijk, zelfstandig gebruikt: patriciër], van *pater* [vader, stichter, beschermer, als eretitel eerbiedwaardig], mv. *patres* [voorouders].

patrijs [1] [vogel] **middelnl.** *perdrise, pa(r)trise* < **oudfr.** *perdriz, perdiz* < **lat.** *perdicem,* 4e nv. van *perdix* < **gr.** *perdix.*

patrijs [2] [stempel] < **fr.** *patrice,* naar analogie van *matrice* gevormd uit **lat.** *pater* [vader].

patrijspoort [raam op schip] een eerst laat in de 18e eeuw genoteerd woord, dat niet in andere talen voorkomt. De herkomst is onbekend, maar er is gewezen op *patrijsgat,* het gat aan dek waardoor de kolderstok de benedendekse roerpen beweegt. Vgl. hiervoor ***hennegat;*** voor poort is te denken aan de middelnl. betekenis 'aarsgat, vulva'. Is misschien ook een associatie met *trijsgat,* luik waardoor lading werd getakeld, van invloed geweest?.

patrilineair [afstammend in de vaderlijke lijn] < **fr.** *patrilinéaire,* gevormd van **lat.** *pater* (2e nv. *patris*) (vgl. ***pater***) + *linéaire* (vgl. ***lineair***).

patrimonium [vaderlijk erfdeel] (**middelnl.** *patrimonie*) < **lat.** *patrimonium*), gevormd van *pater* (2e nv. *patris*) [vader].

patriot [die zijn vaderland mint] < **fr.** *patriote* [idem] < **me. lat.** *patriota* < **gr.** *patriòtès* [uit hetzelfde land afkomstig], van *patrios* [voorvaderlijk], van *patèr* [vader].

patristiek [patrologie] gevormd van **gr.** *patèr* of **lat.** *pater* [vader].

patrocinium [beschermheerschap, bescherming] < **lat.** *patrocinium,* van *patrocinari* [beschermen], van *patronus* (vgl. ***patroon*** [1]).

patronage [patronaat] < **fr.** *patronage* < **laat-lat.** *patronatus* [idem], van *patronus* (vgl. ***patroon*** [1]).

patronymicum [persoonsnaam, afgeleid van de naam van de vader] < **laat-lat.** *patronymicus* < **gr.** *patronumikos,* van *patèr* [vader], daarmee idg. verwant, + *onoma* [naam], daarmee idg. verwant.

patroon [beschermer] **middelnl.** *patrone, patroon* < **fr.** *patron* < **lat.** *patronus* [beschermheer, verdediger], van *pater* [vader].

patroon[2] [munitie] (1637), is hetzelfde woord als *patroon*[3] [model]; de betekenis ontwikkelde zich uit die van huls voor een bep. hoeveelheid kruit.

patroon[3] [ontwerp] is hetzelfde woord als *patroon*[1] [beschermheer, in het middelnl. ook model]; uit de betekenis 'degene naar wie men zich heeft te richten', ontwikkelde zich die van 'model'.

patrouille [verkenning] **middelnl.** *patroelje* [troep soldaten, troep, bende] < **fr.** *patrouille* [idem], van *patrouiller,* nevenvorm (o.i.v. ww., met de verbinding *tr*) van *patouiller,* van *patte* [poot] (vgl. *patijn*) + *touiller* [roeren] < **lat.** *tudiculare* [vermalen], van *tudicula* [(olijf)oliemolen], van *tundere* [beuken], van dezelfde basis als *stoten;* de oorspr. betekenis van *patrouiller* is in de modder lopen stampen. Vgl. **fr.** *patouille* [halfvloeibaar deeg].

patstelling [in schaakspel] van *pat*[2] + *stelling*[1].

pattepoef → *patapoef*.

pauk [keteltrom] < **hd.** *Pauke,* **middelhd.** *puke, buke,* wel klanknabootsend gevormd.

paul jones [dans waarbij dames en heren voortdurend van partner wisselen] genoemd naar *John Paul Jones* (1747-1792), vooraanstaand Amerikaans scheepskapitein tijdens de Onafhankelijkheidsoorlog, waarschijnlijk zo genoemd naar Jones' methode om nieuwe veroveringen te maken.

paumelle [deurhengsel] < **fr.** *paumelle,* verkleiningsvorm van *paume* [handpalm] < **lat.** *palma* (vgl. ***palm***), sedert eind 13e eeuw in uiteenlopende technische betekenissen gebruikt.

pauper [arme] < **lat.** *pauper* [arm].

paus [hoofd van de r.-k. kerk] **middelnl.** *paves, pawes, paefs, paus,* **oudsaksisch** *pabos,* **oudhd.** *babes,* **oudfries** *pawis, pave,* teruggaand op **lat.** *papa* [bisschop, paus] < **byzantijns-gr.** *pap(p)as* (vgl. ***pope***).

pauschal [alles bij elkaar genomen] < **hd.** *Pauschale* [totaal bedrag], in de 19e eeuw in Oostenrijkse ambtelijke taal gevormd als een latinisering van *Pausch(e),* nevenvorm van *Bausch* [rol aan het zadel], van dezelfde basis als *boezem* en *buil,* met de grondbetekenis 'zwellen'.

pausen [doorstuiven, calqueren] < **hd.** *pausen* < **fr.** *poncer* [met puimsteen gladmaken, een doorgeprikte tekening met inktpoeder doorkleuren], van *ponce* [puimsteen, inktpoederzakje] < **me. lat.** *pomex,* **klass. lat.** *pumex* (vgl. ***puimsteen***).

pauw[1] [vogel] **middelnl.** *pawe, pau(we)* < **lat.** *pavo,* dat wel aan een oosterse taal is ontleend.

pauw[2] [horzel] vermoedelijk verkort uit *bijspauw, biesbauw,* waarvan het eerste lid van *biezen* [door de wei rennen, snel vliegen of kruipen].

pauwies [een soort hoenderachtige] een in West-Indië ontstane vorm van *pauw*[1].

pauze [rustpoos] < **fr.** *pause* [idem] < **lat.** *pausa* [het stoppen] < **gr.** *pausis* [het stoppen], van *pauein* [doen stilhouden].

pavane [dans] < **fr.** *pavane* < **it.** *pavana* [idem], van *pavone* [pauw, ijdel iemand] (vgl. ***pauw***[1]).

pavie [soort perzik] < **fr.** *pavie,* naar *Pavie* [de stad Padua].

paviljoen [buitenverblijf] **middelnl.** *pavelioen, pauweljoen* [tent, troonhemel] < **fr.** *pavillon* [buitenverblijf] < **lat.** *papilionem,* 4e nv. van *papilio* [vlinder] (vgl. ***pepel***); het woord werd gebruikt voor tent op grond van vormgelijkenis.

pavoiseren [met vlaggen versieren] < **fr.** *pavoiser* [idem], **oudfr.** *paveschier,* van *pavois* [schild] (**middelnl.** *pavais, pavois*) < **it.** *pavese* [van Padua], de stad waar deze schilden oorspr. vandaan zouden komen. De betekenis ontwikkelde zich tot schilden, die aan het scheepsboord bescherming boden, waarna de naam overging op een bespanning met hetzelfde doel, die vervolgens ornament werd.

pax [vrede] < **lat.** *pax,* verwant met ***pact***.

peau de suède [fijn leer met uiterlijk van fluweel] < **fr.** *peau de suède,* van *peau* [huid], geënt op **lat.** *pellis* [dierehuid], **de** < **lat.** *de* [van] + *Suède* [Zweden].

peauter [legering van lood en tin] **middelnl.** *(s)peauter, spijauter, spijautre,* **nd.** *spialter* [tin] < **oudfr.** *peltre, peautre* (**fr.** *piautre*), **me. lat.** *peutrum, peautrum, peltrum, piltrum, pewtreum, pelitria* [tin]; uit welke taal het woord stamt is niet achterhaald.

pecannoot [vrucht] < **fr.** *pacane,* ontleend aan het algonkin.

peccadille [kleine zonde] < **fr.** *peccadille* < **spaans** *pecadillo,* verkleiningsvorm van *pecado* [zonde] < **lat.** *peccatum* [zonde, fout], eig. verl. deelw. van *peccare* [struikelen, fouten maken, zondigen], waarin de stam van *pes* (2e nv. *pedis*) [voet] schuilt.

peccavi [ik heb gezondigd] < **lat.** *peccavi,* van het ww. *peccare* (vgl. ***peccadille***).

pecco [theesoort] < **chinees dial.** van Amoy *pek* [wit] + *ho* [dons, haar], zo genoemd omdat de blaadjes jong, met het dons er nog op, worden geplukt.

pech [tegenspoed] < **hd.** *Pech,* **oudhd.** *Peh,* ook benaming voor de hel, waar men in 'pek' brandt, dus (eind 18e eeuw in studententaal) [ongeluk], waarbij in studententaal ook *Pechvogel* < **lat.** *pix*.

pêche melba [dessert] zo genoemd door Georges-Auguste Escoffier, chef-kok van het Londense Savoy Hotel, die dit ijsdessert ontwierp voor een in 1890 ter ere van de zangeres *Dame Nellie Melba,* eig. Helen Mitchell (1861-1931), gehouden galasouper; zij voerde de artiestennaam Melba naar *Melbourne,* in de buurt waarvan zij was geboren.

pectine [geleivormige stof] gevormd door de Franse chemicus Henri Braconnot (1781-1855) van **gr.** *pèktos* [stevig in elkaar gezet], van *pègnumi* [ik maak vast]; idg. verwant met ***vangen***.

pectoraal [borst-] < **fr.** *pectoral* < **lat.** *pectoralis* [idem], van *pectus* (2e nv. *pectoris*) [borst].

pecuniën [geld] < lat. *pecunia* [vermogen, geld], van *pecus* [(de kudde) vee], daarmee idg. verwant. Het begrip pecunia dateert van de tijd dat het vermogen vrijwel bestond uit vee en vee betaalmiddel was.

pedaal [hefboom door de voet bediend] < fr. *pédale* [idem] < it. *pedale* [idem] < lat. *pedalis* [geschikt voor de voet], van *pes* (2e nv. *pedis*) [voet], daarmee idg. verwant (vgl. *piloot*).

pedagoog [opvoedkundige] < fr. *pédagogue* [idem] < lat. *paedagogus* [slaaf die toezicht houdt op jongens en hen naar school brengt] < gr. *paidagōgos* [slaaf die kinderen naar school begeleidt, vervolgens leidsman, leraar], van *pais* (2e nv. *paidos*) [kind] + *agōgos* [brenger, gids], van *agein* [voeren].

pedant [verwaand] < fr. *pédant* [schoolvos, wijsneus, pedant] < it. *pedante* < me. lat. *paedagogantem*, 4e nv. van *paedagogans*, van *paedagogus* (vgl. **pedagoog**); als bn. mogelijk < hd. *pedant*.

pedati [kar, wagen] < maleis *pedati* < javaans (ngoko) *pedati*, (*pedatos* in **krama**).

peddelen [fietsen] < eng. *to pedal* (vgl. **pedaal**).

pedel [die academische plechtigheden regelt] middelnl. *bede(e)l* [gerechtsbode, bode] < hd. *Pedell* < me. lat. *bidellus, bedellus, pedellus*, dat uit het germ. stamt en behoort bij *bidden* [verzoeken, uitnodigen].

pederast [man die seks bedrijft met jongens] < fr. *pédéraste* < gr. *paiderastès* [idem], van *pais* (2e nv. *paidos*) [kind] + *eran* [zinnelijk liefhebben] (vgl. *erotisch*) → *pedofiel*.

pedestal → *piëdestal*.

pediater [kinderarts] gevormd van gr. *pais* (2e nv. *paidos*) [kind] + *iatros* [arts], van *iasthai* [genezen], verwant met *hieros* [heilig].

pedicure [voetverzorger] < fr. *pédicure*, gevormd van lat. *pes* (2e nv. *pedis*) [voet], daarmee idg. verwant, + *curare* [verzorgen].

pedigree [stamboom] < eng. *pedigree* < me. fr. *pie de grue* [kraanvogelpoot], van *pie* (fr. *pied*) [poot] + *grue* < lat. *gruem*, 4e nv. van *grus* [kraan], daarmee idg. verwant. De afstamming werd aangegeven met een tekentje dat op een vogelpootje met drie tenen lijkt.

pediment [verweringspuin aan de voet van de berg] van lat. *pes* (2e nv. *pedis*) [voet], daarmee idg. verwant. Gevormd naar analogie van *sediment*.

pedis [scherp (van maaltijd)] < maleis *pedas, pedis* [idem].

pedofiel [met voorkeur voor seks met kinderen] < gr. *paidophilès* [idem], van *pais* (2e nv. *paidos*) [kind] + *phileō* [ik heb lief] → *pederast*.

pedogenesis[1] [levende larven barend (van maden)] gevormd van gr. *pais* [kind] + *Genesis*.

pedogenesis[2] [bodemvorming] gevormd van gr. *pedon* [bodem, vlakte], idg. verwant met *voet* + *Genesis*.

pedometer [schredenteller] gevormd van lat. *pes* (2e nv. *pedis*) [voet], daarmee idg. verwant, + *meter*[1].

pee[1] [vader, man, kerel] wordt verklaard als verkort uit *peer* < fr. *père* [vader].

pee[2] [wortel] etymologie onbekend.

pee[3] [benaming van de kweek] een van de vele bijvormen van *paan* (vgl. *panen*[1]).

peel [schil] nevenvorm van *pelle* [vlies], **middelnl.** *pelle* < lat. *pellis* [huid], idg. verwant met *vel*.

peem [wortel van bep. grassoorten] dial. o.m. *peeën, peingras,* nevenvorm van *peen*.

peen [wortel] < *pee*, met een toegevoegde *n*, die uit het mv. stamt, evenals bij *schoen* en *teen*; etymologie onbekend.

peenhaar [geelachtig haar] de benaming dateert uit de tijd dat witte peen heel gewoon was. Deze is evenwel, evenals de rode variant verdwenen. Met de overgebleven oranje peen voor ogen is elke associatie met peenhaar verdwenen.

peep-show [kijkkast met seksattractie] < eng. *peep-show*, van *to peep* [loeren], klanknabootsend gevormd + *show* [schouwspel].

peer[1] [vader] < fr. *père* < lat. *pater* [idem].

peer[2] [vrucht] oudfr. *peire* < vulg. lat. *pera*, **klass. lat.** *pirum*, waarvan het mv. *pira* later werd aangezien voor een vr. enk..

peer[3] [lid van het Hogerhuis] < eng. *peer* < middeleng. *per* < oudfr. *per* (fr. *pair*) < lat. *par* [gelijke] (vgl. *pair*).

peerdrops [zuurtjes] < eng. *peardrop* [zuurtje], van *pear* (vgl. *peer*[2]) + *drop* [druppel].

pees[1] [zenuw] middelnl., middelnd. *pese;* het woord is buiten dit gebied niet teruggevonden en de etymologie is onbekend.

pees[2] [bij kaarten heer en vrouw van dezelfde kleur] < fr. *pièce* [stuk], van gallische herkomst, vgl. *gallisch peth* [ding].

pees[3] [perzik] < fr. *pêche* < lat. *malum Persicum* (vgl. *perzik*).

pees[4] [gierigaard] waarschijnlijk figuurlijke toepassing van *pees*[1].

peet [peter of meter] middelnl. *pete, peter, petrijn* [doopvader, petekind], (*pete* [ook doopmoeder]) < me. lat. *patrinus* [doopvader], van *pater* [vader, ook pleegvader, schoonvader].

peg [spie] → *peil*.

pegboard [pennenbord] < eng. *pegboard*, van *peg* [pen] + *board*.

pegel[1] [staaf] → *peil*.

pegel[2] [gulden] is hetzelfde woord als *pegel*[1] [peil, maat, merkteken].

pegelen [peilen, ijken] van *pegel*[1] [staaf om gaten in de grond te prikken].

pegmatiet [groep gesteenten] gevormd van gr. *pègma* [band], van *pègnunai* [vastmaken, hardmaken, in het passief: stollen], idg. verwant met *vangen*.

pegnine [ferment dat koemelk doet stollen] van gr. *pègnunai* (vgl. *pegmatiet*).

Pehlevi, Pahlavi [Middelperzisch] < **perzisch** *pahlawī* (bn.), van *Pahlaw* < **oudperzisch** *Parthava* [Parthië].

peiger [dood] < **hebr.** *pèger* [lijk].

peigné [gekamd (van wolvezels)] < **fr.** *peigné,* verl. deelw. van *peigner* [kammen], van **oudfr.** *pigne* [kam] < **lat.** *pecten* (2e nv. *pectinis*) [kam].

peignoir [ochtendjas] < **fr.** *peignoir* [kapmantel, ochtendjapon], van *peigner* [kammen] (vgl. *peigné*).

peil [watermerk, niveau] **middelnl.** *pegel, peil(e)* (een normale overgang, b.v. ook in *dwegel* > *dweil*) [knopje in maten voor drinkwaren, hoogtemerk voor waterstanden, ladingmerk van vaartuigen] < *pegge* [houten pen, tap, stop], **middelnd.** *pegel;* mogelijk verwant zijn **lat.** *baculum,* **gr.** *baktron* [stok], **oudiers** *bacc* [kromstaf].

peinzen [denken] **middelnl.** *pe(i)nsen, peisen* < **fr.** *penser* [nadenken] < **lat.** *pensare* [wegen, overwegen].

peis, pais [vrede] **middelnl.** *pai(y)s, paes, peis* < **oudfr.** *pais* < **lat.** *pacem,* 4e nv. van *pax* [vrede].

peisteren [laten grazen] **middelnl.** *peisteren* [voeden, voeren, laten grazen] < **oudfr.** *paistre* (**fr.** *paître*) < **lat.** *pascere* [laten grazen, voeden] (vgl. *pastoor*).

peizen → *peinzen.*

pejoratief [ongunstig] < **fr.** *péjoratif* [idem], gevormd van **lat.** *peiorare* (verl. deelw. *peioratum*) [slechter maken], van *peior* [slechter] (naast *pessimus* [slechtste]), verwant met *pes* (2e nv. *pedis*) [voet], daarmee idg. verwant, en met **oudindisch** *padyate* [hij valt].

pek [teerprodukt] **middelnl.** *pic, pec* < **lat.** *picem,* 4e nv. van *pix* [idem].

pekaan [barg. gearresteerd] ook *bekaan, piekaan* < **jiddisch** *beka'n* [op deze plek, hier in dit lokaal, hier ter stede], van *be-* [in, op] + *ka'n* [hier].

pekari [navelzwijn] < **fr.** *pécari* < **spaans** *pecarí* < **caribisch** *pakari.*

pekblende [uraanpekerts] < **hd.** *Pechblende,* van *Pech* [pek] + *Blende* (vgl. *blende*).

pekel [oplossing van zout in water] **middelnl.** *pekel,* **middelnd.** *peckel,* **fries** *pikel;* etymologie onzeker.

Pekinees [afkomstig uit Peking] van *pei* [noorden] + *ching* [hoofdstad], dus noordelijke hoofdstad.

pekking [rammeling] nevenvorm van **nl.** *pikking,* van *pikken* [slaan].

pekoe [theesoort] → *pecco.*

pel[1] [huid, schil] **middelnl.** *pelle* [vlies] < **oudfr.** *pel* (**fr.** *peau*) [huid] < **lat.** *pellis* [idem], idg. verwant met *vel.*

pel[2] [vlek] etymologie onbekend.

pelagiaan [aanhanger van bep. leer] namelijk die van *Pelagius,* Brits asceet ca. 400, tegenstander van Augustinus.

pelagisch [m.b.t. de diepe zee] < **lat.** *pelagius* [zee-], van *pelagus* [zee, volle zee] < **gr.** *pelagos* [zee], van een idg. basis met de betekenis 'uitspreiden', waarvan ook *plein* stamt.

pelargonium [plantengeslacht] < **modern lat.** *pelargonium,* gevormd van **gr.** *pelargos* [ooievaar], van een eerste lid dat voorkomt in *pellos* [loodkleurig, reiger], idg. verwant met *vaal* + *argos* [wit].

pelder [baarkleed] **middelnl.** *pellen, pellijn, pelle(r), pelre, pelder* [statiekleed, dekkleed, baarkleed, pellengoed] < **lat.** *pallium* [Griekse mantel, laken, deken] (vgl. *palliatief*).

pêle-mêle [overhoop] < **fr.** *pêle-mêle* < **oudfr.** *pesle-mesle,* variant van *mesle-mesle,* reduplicatie van *mesler* (**fr.** *mêler*) [mengen] < **me. lat.** *misculare* < **lat.** *miscere* [mengen], idg. verwant met **hd.** *mischen.*

pelen [ontharen] **middelnl.** *pelen* [de schors ergens afhalen] < **fr.** *peler* [afpellen, ontharen] < **lat.** *pilare* [plukken, ontharen], van *pilus* [haar].

pelerine [schoudermanteltje] < **fr.** *pèlerine* [schouder-, eig. pelgrimsmantel], van *pèlerin* (vgl. *pelgrim*).

pelgrim [bedevaartganger] **middelnl.** *pelg(e)rijm, peleg(e)rijm, pereg(e)rijm, peregrim* [vreemdeling, reiziger, pelgrim, kruisvaarder] < **lat.** *peregrinus* (**me. lat.** ook *pelegrinus*) [uit den vreemde gekomen, vreemdeling, niet-burger, in chr. lat. pelgrim], van *peregre* [in het buitenland], van *per* [door ... heen, voorbij] + *agrei,* locativus van *ager* [akker], daarmee idg. verwant, dus lett. voorbij op de akker.

pelgrimage [bedevaart] **middelnl.** *pelgrimage* < **oudfr.** *pelrimage, pelerinage,* van *peleriner* [op pelgrimsreis gaan], van *pèlerin* [pelgrim].

pelikaan [vogel] < **fr.** *pélican* < **lat.** *pelecanus* < **gr.** *pelekan* [idem], van *pelekus* [bijl], een niet-idg. leenwoord; de vorm van de grote ondersnavel inspireerde tot de vergelijking met een bijl.

pelita [nachtlampje] < **maleis** *pelita* [lamp, licht].

pellagra [tropische ziekte] gevormd van **lat.** *pellis* [huid], idg. verwant met *vel* + **gr.** *agra* [jacht, vangst], idg. verwant met *agiteren.*

pellen[1] [weefsel] → *pelder.*

pellen[2] [ontbolsteren] van **middelnl.** *pelle* [vlies] < **lat.** *pellis* [huid], idg. verwant met *vel.*

pelleterie [pelswerk] < **fr.** *pelleterie,* van **me. lat.** *pellitarius, peltarius, pellicitarius* [bontwerker], van *pellis* (vgl. *pellies*).

pellets [bolletjes ijzererts] < **eng.** *pellets* < **oudfr.** *pelote* < **lat.** *pila* [bal, eig. bal van haar], van *pilus* [haar].

pellies [met bont gezoomde mantel] < **fr.** *pelisse* [bontjas] < **me. lat.** *pelicia, pelicium, pelicio* [idem], de zelfstandig gebruikte vormen van *pelicius* [van bont gemaakt], van *pellis* [huid], idg. verwant met *vel.*

Peloponnesus [geogr.] < **lat.** *Peloponnesus* < **gr.** *Peloponnèsos,* van *Pelops,* de zoon van Tantalus + *nèsos* [eiland].

pelorie [bloeiwijze] < **gr.** *pelōrios* [wonderlijk (groot)], van *pelōr* [monster, gedrocht].

pelote [Baskische sport] < **fr.** *pelote* < **spaans**

peloton — penitent

pelota < me. lat. *pelota, pelotis* [bal] < vulg. lat. *pilotta* [idem], van *pila* [bal, balspel] (vgl. **komplotteren**).

peloton [onderafdeling] < fr. *peloton* [kluwentje, balletje, zwerm (bijen), peloton], verkleiningsvorm van *pelote*.

pels [vacht] middelnl. *pels(e), pelts* < me. lat. *pelicio, pelicia, pelicium* (vgl. **pellies**).

pelser[1] [visje] vgl. eng. *pilchard*, iers *pilséar;* mogelijk is het eng. uit het nl. overgenomen of omgekeerd. Etymologie onbekend.

pelser[2] [toestel om heipalen uit te trekken] etymologie onbekend.

pelt [bont] → *pelterij*.

peltast [lichtgewapende infanterist] < gr. *peltastès* [lichtgewapend soldaat], die een *peltè* draagt [klein, licht schild], verwant met lat. *pellis* [huid], nl. *vel;* het schild was met leer overtrokken.

pelterij [bontwerk] < fr. *pelleterie* (vgl. **pelleterie**).

pelure [tekstfoelie] van fr. *papier pelure* [zeer dun papier], *pelure* [schil (van vrucht), overjas], van *peau* [huid], oudfr. *pel* < lat. *pellis* [huid], idg. verwant met *vel*.

peluw [kussen] middelnl. *poeluwe, puluwe, peellu* < lat. *pulvinus* [kussen].

pelvimeter [instrument om het inwendig bekken te meten] van *pelvis* + *meter*[1].

pelvis [bekken] < lat. *pelvis* [schaal, bekken], gr. *pella* [beker].

pelzijde [zijden draad] evenals hd. *Pelseide*, van it. *pelo* [haar, beharing, donzig oppervlak] < lat. *pilus* [haartje, (lichaams)haar].

pemmikaan, pemmikan [vleeskoek] in de taal der Cree-indianen *pimecan*, van *pimiy* [vet].

pemoeda [lid van Indonesische jeugdorganisatie] < maleis *pemuda* [jongeman], van het voorvoegsel *pe-* dat de bedrijvende persoon vormt + *muda* [jong].

pen[1] [vogelveer, schrijfgereedschap] middelnl. *penne* < lat. *penna* (met *nn* geassimileerd uit *tn*), idg. verwant met *veder*.

pen[2], pin [houten nagel] middelnl. *pin(ne), penne* [houten of ijzeren pin, pijlspits, tinne] < lat. *penna, pinna* [veder, vin, pijl, kanteel].

pen[3] [barg. slaapplaats] van rotwelsch *pennen* [slapen] < hebr. *penai* [vrije (rust)tijd].

penaal, poenaal [m.b.t. het strafrecht] (1527) < oudfr. *poinal* [idem] < lat. *poenalis* (vgl. **penalty**).

penaliteit [strafbepaling] < fr. *pénalité* [idem] (vgl. **penalty**).

penalty [strafschop] < eng. *penalty* < fr. *pénalité* [boete] < me. lat. *penalitatem*, 4e nv. van *penalitas*, van *poenalis* [tot straf dienend], van *poena* [boete, schadeloosstelling, straf, wraak] < gr. *poinè* [weergeld, boete, straf].

penant [steunpilaar] middelnl. *penant, pi(n)nant* [pijler, post] < oudfr. *penant* [idem] < lat. *penna, pinna* [slagpen, vin, kanteel] (vgl. **pen**[2]).

penarie [nood] → *penurie*.

penaten [huisgoden] < lat. *penates* [idem], van *penus* [de in het binnenste van het huis bewaarde voorraad], *penitus* [inwendig, tot in het binnenste], *penetrare* [in iets doordringen].

penchant [neiging] < fr. *penchant*, eig. teg. deelw. van *pencher* [neigen], teruggaand op lat. *pendēre* [hangen, gehecht zijn aan].

pendant [tegenhanger] < fr. *pendant*, zelfstandig gebruikt teg. deelw. van *pendre* [hangen] < lat. *pendēre* [idem].

pendel [hanglamp, heen en weer reizen tussen woon- en werkplaats] < lat. *pendulus* [hangend, afhangend, glooiend, zwevend, veranderlijk], van *pendēre* [hangen].

pendeloque [hanger] < fr. *pendeloque*, o.i.v. *breloque* < oudfr. *pendeloche*, van *pendeler* (fr. *pendiller*) [bungelen], iteratief van *pendre* [hangen] < lat. *pendēre* [idem].

pendentief [gewelfzwik] < fr. *pendentif* [idem], van lat. *pendens* (2e nv. *pendentis*), teg. deelw. van *pendēre* [hangen].

pendopo, pendoppo [open galerij] < maleis *pendopo, pendapa* < javaans *pendapa* [idem].

pendule [slingeruurwerk] < fr. *pendule*, van lat. *pendulus* [hangend (m.b.t. de slinger)] (vgl. **pendel**).

peneplain [schiervlakte] < fr. *pénéplaine* [halfvlakte], gevormd van lat. *paene* [bijna] + fr. *plaine* (vgl. **plein**).

penetrabiliteit [doordringbaarheid] < fr. *pénétrabilité* [idem] < me. lat. *penetrabilitas* (2e nv. *penetrabilitatis*) [idem], van *penetrare* (vgl. **penetreren**).

penetratie [doordringing] < fr. *pénétration* [idem] < lat. *penetrationem*, 4e nv. van *penetratio* [het doordringen, prik], van *penetrare* (verl. deelw. *penetratum*) (vgl. **penetreren**).

penetreren [doordringen] < fr. *pénétrer* < lat. *penetrare* [door of in iets dringen, binnendringen], van *penitus* [inwendig, tot in het binnenste], *penus* [de in het binnenste van het huis bewaarde levensmiddelen] (vgl. **penaten**).

pengö [Hongaarse munt] < hongaars *pengö*, deelw. van *pengeni* [bellen, klinken]; klanknabootsend gevormd.

penibel [pijnlijk] < fr. *pénible*, van *peine* [leed, moeite, straf] < lat. *poena* (vgl. **penalty**).

penicilline [antibioticum] < eng. *penicillin*, gevormd door Sir Alexander Fleming, de ontdekker ervan (1881-1955), van lat. *penicillus* [penseel], verkleinwoord van *peniculus* [borstel], verkleinwoord van *penis* [staart, mannelijk lid]; het betreft een penseelschimmel.

penis [mannelijk lid] < lat. *penis* [staart, mannelijk lid], idg. verwant met het middelnederlandse eerste lid van *vaselborse* [nageboorte], *vaselos* [dekstier] (vgl. **vazel**[2]).

penitent [boeteling] < fr. *pénitent* [idem] < lat. *paenitentem*, 4e nv. van *paenitens*, teg. deelw. van *paenitet* [hij heeft berouw] (vgl. **penitentie**).

penitentie [boete] middelnl. *penitencie* < lat. *paenitentia* [berouw], van *paenitet* [hij heeft berouw, is ontevreden], van *paene* [bijna, eig. met moeite], o.i.v. maar niet verwant met *poena* (vgl. *penibel*).

penning [munt] middelnl. *penni(n)c, pen(n)ich* [1/16 stuiver], **oudsaksisch** *penni(n)g,* **oudhd.** *pfenni(n)g, pfending,* **oudfries** *panni(n)g, penni(n)g,* **oudeng.** *pen(n)ing, pen(n)ig, pen(d)ing* (**eng.** *penny*); mogelijk < lat. *pannus* [lap stof], van dezelfde basis als *vaan;* in meer dan één primitieve samenleving werden lappen stof als betalingsmiddel gebruikt.

pennoen [riddervaantje] middelnl. *pen(n)oen* < **oudfr.** *penun* (**fr.** *pennon*), van *penne* [veer, vleugel] < lat. *penna* [veer].

penny [munt] < **eng.** *penny* (vgl. *penning*).

penologie [leer van de straffen] gevormd van **gr.** *poinè* [schadevergoeding, bloedgeld, boete, straf] (< lat. *poena*) + *logos* [woord, verhaal].

penose, penoze [barg. de onderwereld] < **jiddisch** *penose* < **hebr.** *parnasāh* [broodwinning, levensonderhoud].

pens [buik] middelnl. *panse, pens(e)* < **fr.** *panse* [buik] < lat. *panticem,* 4e nv. van *pantex* [pens, darmen].

pensee [driekleurig viooltje] < **fr.** *pensée* [gedachte, driekleurig viooltje]; vgl. voor de betekenis *vergeet-mij-nietje*.

penseel [kwastje] middelnl. *pinceel, pinseel* < **oudfr.** *pincel* < lat. *penicillus* [idem] (vgl. *penicilline*); het **eng.** *pencil* [potlood, penseel] heeft dezelfde etymologie.

pensie [uitkering] middelnl. *pensi(e)* < lat. *pensio* (vgl. *pensioen*).

pensief [nadenkend] < **fr.** *pensif* [idem], van *penser* [denken] < lat. *pensare* [afwegen, overwegen], frequentatief van *pendere* [wegen, afwegen, beoordelen].

pensioen [uitkering] middelnl. *pensi(e), pensioen* [lijfrente, bezoldiging, huurprijs, pacht] < **fr.** *pension* [jaargeld] < lat. *pensionem,* 4e nv. van *pensio* [(af)betaling, betalingstermijn, huishuur], van *pendere* (verl. deelw. *pensum*) [wegen, afwegen, uitbetalen] (vgl. *pensum, pension*).

pension [kosthuis, kostgeld] < **fr.** *pension* [jaargeld, pension]; hetzelfde woord als *pensioen*.

pensionaat [kostschool] < **fr.** *pensionnat,* van *pensionner* (vgl. *pension*).

pensionaris [stadsadvocaat] middelnl. *pensionarijs* [rechtsgeleerd ambtenaar] < **me. lat.** *pensionarius* [hij die een jaarlijks inkomen van de vorst of uit de schatkist ontvangt], van *pensio* (vgl. *pensioen*).

pensum [opgelegde taak] < lat. *pensum* [dagtaak, taak], eig. verl. deelw. van *pendere* [afwegen] en dan een afgewogen hoeveelheid wol die de huisslavinnen dienden te spinnen als hun dagtaak.

pent [brijachtige spijs] < **me. lat.** *panata* [broodpap, broodsoep], van *panis* [brood], idg. verwant met *voeden* (vgl. *pantry*).

pentaan [een koolwaterstof] gevormd van **gr.** *pente* [vijf], daarmee idg. verwant. Zo genoemd vanwege de vijf koolstofatomen in het molecuul.

pentaëder [prisma met gelijkzijdige driehoeken als eindvlak, vijfvlak] gevormd van **gr.** *pente* [vijf], daarmee idg. verwant, + *hedra* [zitplaats, stand (plaats)], van *hizesthai* [zitten], daarmee idg. verwant.

pentagon [vijfhoek] < **gr.** *pentagōnon,* het zelfstandig gebruikt o. van *pentagōnos* [vijfhoekig], van *pente* [vijf], daarmee idg. verwant, + *gōnia* [hoek], idg. verwant met *knie*.

pentagram [vijfpuntige ster] < **byzantijns-gr.** *pentagrammos* [uit vijf lijnen bestaand], van *pente* [vijf], daarmee idg. verwant, + *gramma* [inkerving, teken], idg. verwant met *kerven*.

pentameter [versvoet] < lat. *pentameter* < **byzantijns-gr.** *pentametros* [idem], van *pente* [vijf], daarmee idg. verwant, + *metron* [maat] (vgl. *meten*).

Pentateuch [de vijf boeken van Mozes] < **gr.** *pentateuchos,* van *pente* [vijf], daarmee idg. verwant, + *teuchos* [instrument, gereedschap, boekrol], van *teuchein* [vervaardigen], idg. verwant met *deugen*.

pentatlon [vijfkamp] < **gr.** *pentathlon,* van *pente* [vijf], daarmee idg. verwant, + *athlon* [prijs van de wedstrijd, wedstrijd] (vgl. *atleet*).

penter [ijzer aan ring om balken uit het water te lichten] **hd.** *pentern* [het anker lichten], **eng.** *painter* [vanglijn] < **fr.** *penture* [hengsel van deur, ijzerwerk van roer] < **oudfr.** *pentour, pentoir,* van lat. *pendēre* [hangen].

penteren [afdingen] etymologie onbekend.

penthouse [dakwoning] < **eng.** *penthouse,* volksetymologische vervorming van *pentice,* **middeleng.** *pentis* < **oudfr.** *apentis,* teruggaand op lat. *appendēre* (verl. deelw. *appensum*) [hangen aan], van *ad* [aan, tot] + *pendēre* [hangen].

penultima [voorlaatste lettergreep] < lat. *syllaba paenultima* [op één na laatste lettergreep], *paenultima,* van *paene* [bijna] + *ultima* (vr. van *ultimus*) [laatste].

penurie [groot gebrek] middelnl. *penurye* < **fr.** *pénurie* [idem] < **me. lat.** *penuria, penurium* [armoede, gebrek aan], verwant met *paene* [bijna].

peon [boerenknecht] < **spaans** *peón* [idem] < lat. *pedonem,* 4e nv. van *pedo* [voetsoldaat], van *pes* (2e nv. *pedis*) [voet], daarmee idg. verwant.

pep [energie] < **eng.** *pep,* verkort uit *pepper* [peper].

pepel [vlinder] middelnl. *pepel* < lat. *papilio* [idem] (vgl. *paviljoen, vijfwouter*).

peper [specerij] middelnl. *pe(i)per* < lat. *piper* < **gr.** *peperi* [peper], teruggaand op **oudindisch** *pippalī* [peperbes, peperkorrel].

peperine [soort van tufsteen] < **it.** *peperino* [pepersteen], van *pepe* [peper]; zo genoemd vanwege de structuur die op peperkorrels lijkt.

pepermunt [lekkernij] van *peper* + *munt*².

peperoni — pergola

peperoni [Spaanse peper] < it. *peperoni*, mv. van *peperone* [idem], van *pepe* [peper].

pepinière [boomkwekerij] < fr. *pépinière*, van *pépin* [pit], van een basis die iets kleins uitdrukt, vgl. *petit*, me. lat. *pitinnus* [klein], it. *piccolo* [klein].

pépite [goudklomp] < fr. *pépite* < spaans *pepita* [vruchtepit, goudzand], van een basis die iets kleins uitdrukt (vgl. *pepinière*).

peplis [waterpostelein] een gr. plantenaam.

peplos [gewaad] < gr. *peplos,* etymologie onbekend.

pepoen [pompoen] < fr. *pépon,* oudfr. *pepon* (vgl. *pompoen*).

peppel [populier] middelnl. *pappel, peppel* < me. lat. *papulus* zijn naast middelnl. *popelboom,* oudfr. *pople* < lat. *populus,* jonge ablautende vormen (vgl. *populier*).

pepsine [maagsapenzym] < hd. *Pepsin,* gevormd door de Duitse medicus Theodor Schwann (1810-1882), van gr. *pepsis* [rijping, spijsvertering], van *pessein* [doen rijpen, koken, voedsel verteren], idg. verwant met *koken*[1].

peptalk [opwekkende woorden] < eng. *pep talk* [idem], van *pep* (vgl. *pep*) + *talk* [gesprek], verwant met *taal*.

per [door, door middel van] < lat. *per.*

peranakan [afstammeling van oosterling en inlandse] < maleis *peranakan* [baarmoeder, kind van een vreemdeling en een Indonesische moeder], van *anak* [kind].

perceel [pand, stuk land] middelnl. *parceel, perceel* [een deel, vooral van landerijen] < fr. *parcelle* [deel, perceel], teruggaand op lat. *particula* [deeltje, stukje], verkleiningsvorm van *pars* [deel].

percent [aantal per honderd] < lat. *per centum* [per honderd].

perceptibel [waarneembaar] < fr. *perceptible* < lat. *perceptibilis* [idem] (vgl. *perceptie*).

perceptie [inning, waarneming] < fr. *perception* < lat. *perceptionem,* 4e nv. van *perceptio* [het inzamelen, begrip, inzicht], van *percipere* [geheel in bezit nemen, ontvangen, waarnemen, begrijpen], van *per* [door ... heen] + *capere* [nemen], idg. verwant met *heffen*.

percolator [filtreerapparaat] gevormd van lat. *percolare* [doorsijpelen], van *per* [door] + *colare* [zeven].

percussie [slag] < fr. *percussion* < lat. *percussionem,* 4e nv. van *percussio* [het slaan], van *percutere* (verl. deelw. *percussum*) [stoten], van *per* [door] + *quatere* [slaan, schudden], daarmee idg. verwant.

percutaan [door de huid heen] gevormd van lat. *per* [door ... heen] + *cutis* [huid], daarmee idg. verwant.

perdendo [langzaam afnemend] < it. *perdendo,* gerundium van *perdere* [verliezen, verspelen] < lat. *perdere.*

peregrinatie [omzwerving] < fr. *pérégrination* [idem] < lat. *peregrinationem,* 4e nv. van *peregrinatio* [reis, verblijf in het buitenland], van *peregrinari* [in het buitenland vertoeven of reizen] (vgl. *pelgrim*).

perekwatie [vereffening] < fr. *péréquation* < lat. *peraequationem,* 4e nv. van *peraequatio* [het volkomen gelijkmaken], van *peraequare* [gelijk maken], van *per* [door en door] + *aequus* [gelijk].

peremptoir [afdoend, beslissend] < fr. *péremptoire* < lat. *peremptorius* [idem], van *perimere* [geheel wegnemen, vernietigen], van *per* [dwars door ... heen] + *emere* [nemen, kopen].

peren [drinken] van *peer*[1] [vader, oude vent], vgl. westvlaams *smeerpere* [smulpaap].

perennerend [het hele jaar blijvend] van lat. *perennare* [lang duren], van *perennis* [het hele jaar durend, voortdurend, duurzaam, eeuwig], van *per* [door ... heen] + *annus* [jaar].

perestrojka [hervorming] < russ. *perestrojka* [lett. verbouwing, reorganisatie], van *perestroit'* [verbouwen, reorganiseren], van *pere-* [ver-] + *stroit'* [bouwen], idg. verwant met lat. *stria* [gleuf, geul].

perfect [volmaakt] middelnl. *perfect* < lat. *perfectus* [volmaakt], eig. verl. deelw. van *perficere* (verl. deelw. *perfectum*) [voltooien], van *per* [door ... heen] + *facere* [maken, doen], daarmee idg. verwant.

perfectie [volmaaktheid] (ca. 1520) *perfeccie* < fr. *perfection* < lat. *perfectionem,* 4e nv. van *perfectio* [voltooiing, volmaaktheid], van *perficere* (vgl. *perfect*).

perfectief [tot volmaking brengend] < me. lat. *perfectivus* < lat. *perfectus,* verl. deelw. van *perficere* [voltooien], van *per* [door] + *facere* (in samenstellingen *-ficere*) [maken, doen], daarmee idg. verwant.

perfectioneren [tot voltooiing brengen, verbeteren] < fr. *perfectionner* [idem], van *perfection* (vgl. *perfectie*).

perfectum [voltooid tegenwoordige tijd] < lat. *perfectum,* het verl. deelw. van *perficere* [voltooien], van *per* [door...heen] + *facere* (in samenstellingen *-ficere*) [maken, doen], daarmee idg. verwant.

perfide [trouweloos] < fr. *perfide* < lat. *perfidus* [trouweloos, onbetrouwbaar], van *per* [door ... heen, langs ... heen] + *fides* [vertrouwen, belofte, toezegging], dus lett. langs de toezegging heen gaand.

perforatie [opening] < fr. *perforation* < me. lat. *perforationem,* 4e nv. van *perforatio* [doorboring, gat], van *perforare* (vgl. *perforeren*).

perforeren [doorboren] < fr. *perforer* < lat. *perforare* [idem], van *per* [door ... heen] + *forare* [boren], daarmee idg. verwant →*fret*[2].

performance [voorstelling, optreden] < eng. *performance,* van *to perform* [uitvoeren] < oudfr. *parformer* [idem], o.i.v. *forme* < *parfournir* < me. lat. *perfurnire* (vgl. *fourneren*).

pergola [terras] < it. *pergola* [prieel, begroeide galerij] < lat. *pergula* [een uitbouw aan een huis], van *pergere* [een beweging voortzetten, doorgaan met], van *per* [door] + *regere* [richten, leiden, sturen].

peri [gevleugelde geest] < **perzisch** *parī,* waarschijnlijk van dezelfde herkomst als ***Pallas,*** vermoedelijk aan het semitisch ontleend.

pericambium [deel van wortels en vaatbundels] gevormd van **gr.** *peri* [rondom] + **lat.** *cambium* [wisseling, verandering], van *cambiare* [ruilen].

pericardium [hartzakje] < **gr.** *perikardios* [zich rond het hart bevindend], van *peri* [rondom] + *kardia* [hart], daarmee idg. verwant.

periculeus [gevaarlijk] < **lat.** *periculosus* [idem], van *periculum* [proefneming, gevaar] + -*osus* [vol van].

peridot [chrysoliet] < **fr.** *péridot,* **oudfr.** *peritot,* etymologie onbekend.

periëgetisch [rondreizend] < **gr.** *periègètikos* [bij het rondleiden, bij de explicatie behorend], van *periegeisthai* [rondleiden], van *peri* [rondom] + *hegeisthai* [de weg zoeken voor iemand]; idg. verwant met ***zoeken.***

periferie [buitenkant] < **fr.** *périphérie* < **me. lat.** *peripherie* < **gr.** *periphereia* [omtrek], van *peripherein* [ronddragen], van *peri* [rondom] + *pherein* [dragen], idg. verwant met ***baren*** [1].

perifrase [omschrijving] < **fr.** *périphrase* < **lat.** *periphrasis* < **gr.** *periphrasis* [omschrijving], van *periphrazein* [door omschrijving uitdrukken], van *peri* [rondom] + *phrazein* [laten zien, uitleggen].

perigeum [term in de astronomie] < **me. lat.** *perigeum* < **gr.** *perigeios* [rondom de aarde gaand], van *peri* [rondom] + *gaia, gè* [aarde].

perigonium [bloemdek] gevormd van **gr.** *peri* [rondom] + *gonos* [zaad], verwant met *genesis* (vgl. ***Genesis***).

perigynisch [rondomstandig] gevormd van **gr.** *peri* [rondom] + *gunè* [vrouw], hier in de zin van vruchtbeginsel, idg. verwant met ***kween,*** **eng.** ***queen.***

perihelium [punt in loopbaan dichtst bij zon] door de Duitse astronoom Johannes Kepler (1571-1630) gevormd van **gr.** *peri* [rond, bij] + *hèlios* [zon], daarmee idg. verwant.

perikel [gevaar] **middelnl.** *perikel* < **lat.** *periculum* [proefneming, gevaar] (vgl. ***periculeus***).

perikoop [bijbelfragment] < **gr.** *perikopè* [verminking, het verminderen, omtrek], van *perikopein* [afsnijden], van *peri* [rondom] + *koptein* [hakken] (vgl. ***kapoen***).

perineum [plaats tussen schaamdeel en anus] < **gr.** *perinaios* [idem], van *peri* [rondom] + *ineō, inaō* [ik ledig], **oudindisch** *iṣṇāti* [hij zet in snelle beweging, giet uit].

periode [tijdruimte] < **fr.** *période* [idem] < **lat.** *periodus* [volzin, periode] < **gr.** *periodos* [kringloop, omloop van tijd], van *peri* [rondom] + *hodos* [weg, tocht].

periost [beenvlies] < **gr.** *periosteon,* het zelfstandig gebruikt o. van *periosteos* [rond het bot], van *peri* [rond] + *osteon* [bot].

peripateticus [aanhanger van Aristoteles] < **lat.** *Peripateticus* < **gr.** *peripatètikos* [rondwandelend], van *peripatein* [rondwandelen], van *peri* [rond] + *patein* [lopen, wandelen], van *patos* [pad], idg. verwant met ***vinden;*** zo genoemd omdat Aristoteles al rondlopend zijn lessen gaf.

peripetie [onvoorzien geval] < **fr.** *péripétie* [ontknoping, wending] < **gr.** *peripeteia* [plotselinge ommekeer], van *peripetès* [om iets heen vallend], van *peri* [om] + *piptein* [vallen].

peripteros [door zuilengang omgeven bouwwerk] < **gr.** *peripteros* [helemaal rond vliegend], van *peri* [rondom] + *pteros* [vleugel (ook gezegd van de riemen van een schip)], idg. verwant met ***veer*** [1].

periscoop [optisch instrument] gevormd van **gr.** *peri* [rondom] + *skopè* [het rondzien, uitkijk], van *skopein* [ergens naar kijken, zoeken], verwant met **lat.** *spicere* [uitkijken] (vgl. ***spieden***).

perisperm [voedingsweefsel in plantezaden] gevormd van **gr.** *peri* [rondom] + *sperma* [zaad, kiem].

peristaltisch [m.b.t. een de inhoud voortstuwende beweging] < **fr.** *péristaltique* [idem] < **gr.** *peristaltikos* [drukkend, samentrekkend, peristaltisch], van *peristellein* [omhullen, verzorgen], van *peri* [rondom] + *stellein* [opstellen, rangschikken, kleden], op enige afstand idg. verwant met ***stellen.***

peristerium [hostievat, vaak in de vorm van een duif] < **gr.** *peristerion,* verkleiningsvorm van *peristera* [duif].

peristyle [zuilengang] < **fr.** *péristyle* [idem] < **lat.** *peristylium* < **gr.** *peristulon,* van *peri* [rondom] + *stulos* [zuil] (vgl. ***stijl*** [1]).

peritoneum [buikvlies] < **gr.** *peritonion* [het vel van de buik], van *periteinein* [omspannen], van *peri* [rondom] + *teinein* [spannen], idg. verwant met **hd.** *dehnen* en met ***tent.***

perk [afgebakend stuk grond] nevenvorm van ***park.***

perkaline [weefsel] < **fr.** *percaline,* van *percale* < **perzisch** *pargāl* [dun linnen, daarvan gemaakt gewaad].

perkament [geprepareerde dierehuid] **middelnl.** *pargament, parcament, percament* < **oudfr.** *parchemin* < **me. lat.** *pergamena (pellis)* (huid) van *Pergamon* < **gr.** *pergamenè;* het prepareren van huiden als schrijfmateriaal was niet specifiek voor Pergamon. De benaming kwam in gebruik toen een Ptolemaeïsche heerser de uitvoer van papyrus naar Pergamon verbood en men daar teruggreep op dierehuid, naar Plinius meedeelt.

perkara [zaak] < **maleis** *perkara* [zaak, kwestie, affaire].

perkel [wilde perzik] vgl. **middelnl.** *pers(e)ker, perker* [perzik] (vgl. ***perzik***); de vorm van de varianten is niet duidelijk.

perkoen [geschild stamstuk] naast *parkoen* bijvorm van *barkoen*, **middelnl.** *barcoen, bercoen, borcoen* [rondhout, parkoenpaal], met metathesis van *r* < *brackoen, brancoen* [balk, steunbalk] < **fr.** *bracon* [sluisbalk, muurstut] < **nd.** *braken*, **middelnd.** *brako* [staakhout].

perkoetoet [tortelduif] < **javaans** *perkutut* [idem].

perliet [vulkanisch glas met bolvormige barstjes] gevormd van **fr.** *perle* [parel].

Perm [geologische periode] genoemd naar het Russische gebied van die naam.

permafrost [altijd bevroren grond] < **eng.** *permafrost*, gevormd van *permanent* [voortdurend] + *frost* [vorst].

permanent [blijvend] < **fr.** *permanent* < **lat.** *permanentem*, 4e nv. van *permanens*, teg. deelw. van *permanēre* [voortdurend blijven], van *per* [door ... heen, tijdens] + *manēre* [blijven].

permeabel [doordringbaar] < **fr.** *perméable* < **lat.** *permeabilis*, van *permeare* [gaan door], van *per* [door ... heen] + *meare* [gaan].

permeatie [het binnendringen in cellen] < **lat.** *permeatus* [het gaan door ...], van *permeare* (vgl. *permeabel*).

permissie [toestemming] **middelnl.** *permissie* < **fr.** *permission* < **lat.** *permissionem*, 4e nv. van *permissio* [verlof], van *permittere* (verl. deelw. *permissum*) (vgl. *permitteren*).

permissief [toegeeflijk] < **eng.** *permissive* [idem] < **oudfr.** *permissif* [idem], vr. *permissive* < **lat.** *permissus*, verl. deelw. van *permittere* (vgl. *permitteren*).

permit [verlofbriefje] < **eng.** *permit*, van *to permit* [toestaan] < **lat.** *permittere* (vgl. *permitteren*).

permitteren [toestaan] (1546) < **lat.** *permittere* [doen gaan, laten gaan, overgeven, toevertrouwen], van *per* [door ... heen] + *mittere* [zenden, sturen], dus eig. toestaan om te passeren.

permutatie [verwisseling] **middelnl.** *permutacie* < **fr.** *permutation* [idem] < **lat.** *permutationem*, 4e nv. van *permutatio* [verandering, ruil], van *permutare*, van *per* [door en door] + *mutare* [veranderen].

pernambukhout [roodhout] genoemd naar de uitvoerhaven *Pernambuco* in Brazilië.

pernicieus [verderfelijk] < **fr.** *pernicieux* < **lat.** *perniciosus* [verderfelijk, gevaarlijk], van *pernicies* [onheil, ondergang], van *per* [door ... heen] + *nex* (2e nv. *necis*) [gewelddadige dood], verwant met *nocēre* [schaden] + *-osus* [vol van].

pernoos [dieven-] → *penose*.

peroratie [slotrede] < **oudfr.** *péroration* (fr. *péroraison*) [idem] < **lat.** *perorationem*, 4e nv. van *peroratio* [slot van een redevoering], van *perorare* (verl. deelw. *peroratum*) [de slotrede houden], van *per* [door ... heen] + *orare* [spreken].

peroxyde [een zuurstofverbinding] gevormd van **lat.** *per* [door ... heen] + *oxyde*, zo genoemd om verbindingen aan te duiden die de grootst mogelijke, meer dan gewone hoeveelheid *oxygenium* bevatten.

perpendiculair [loodrecht] < **fr.** *perpendiculaire* [loodlijn] < **lat.** *perpendicularis* [loodrecht], van *perpendiculum* [schietlood, loodlijn], van *perpendere* [nauwkeurig afwegen], van *per* [door en door] + *pendere* [wegen, afwegen, schatten, zwaar zijn].

perpetueel [onophoudelijk] < **fr.** *perpétuel* < **lat.** *perpetualis* [voortdurend], van *perpetuus* [doorlopend], van *perpes* (2e nv. *perpetis*) [idem], van *per* [in de loop van, gedurende] + *petere* [streven, trachten te bereiken].

perpetuum mobile [toestel dat, in beweging gezet, eeuwig blijft bewegen] < **lat.** *perpetuum mobile*, van *perpetuum*, o. van *perpetuus* [voortdurend], van *perpes* (2e nv. *perpetis*) [idem], van *per* [door...heen] + *petere* [trachten te bereiken] + *mobile*, o. van *mobilis* [beweegbaar], van *movēre* (vgl. *moveren*).

perplex [onthutst] < **fr.** *perplexe* [idem] < **lat.** *perplexus* [dooreengevlochten, verward, dubbelzinnig], van *per* [door ... heen] + *plexus*, verl. deelw. van *plectere* [vlechten], daarmee idg. verwant.

perquisitie [gerechtelijk vooronderzoek] < **fr.** *perquisition* < **lat.** *perquisitionem*, 4e nv. van *perquisitio*, van *perquirere* (verl. deelw. *perquisitum*) [opsporen, onderzoeken, vragen], van *per* [door ... heen] + *quaerere* [trachten te krijgen, trachten te weten te komen].

perron [platform bij station] < **fr.** *perron* < **oudfr.** *perron* [groot blok steen], vergrotingsvorm van *perre, pierre* [steen] < **lat.** *petra* [rots(blok)] < **gr.** *petra*.

perrotinedruk [methode van katoenbedrukken] genoemd naar de uitvinder ervan, de Fransman *L. J. Perrot*.

pers[1] [drukpers] **middelnl.** *pers(s)e*, met metathesis van *r* < **oudfr.** *presse* [druk] < **lat.** *pressa* [idem], verl. deelw. van *premere* [drukken].

pers[2] [stang] **middelnl.** *per(t)che, pe(e)rtse* < **oudfr.** *perche* < **lat.** *perticam*, 4e nv. van *pertica* [stang].

persé [voortvloeiend uit het wezen van persoon of zaak, stellig] onjuiste spelling voor *perse* of *per se* < **lat.** *per se* [van zelf, door eigen kracht], van *per* [door bemiddeling van] + *se* [zich].

persecuteren [vervolgen] (**middelnl.** *persecutie* [vervolging]) < **fr.** *persécuter* [vervolgen], van **lat.** *persecutor* [achtervolger], *persecutum*, verl. deelw. van *persequi*, van *per* [gedurende, in de loop van] + *sequi* [volgen].

persen [drukken] **middelnl.** *pers(s)en*, met metathesis van *r* < **fr.** *presser* < **lat.** *pressare* [drukken, persen], iteratief van *premere* [drukken] (vgl. *pressen*[1]).

persevereren [volhouden] **middelnl.** *persevereren* < **fr.** *persévérer* < **lat.** *perseverare* [volharden in, voortduren, blijven beweren], van *perseverus* [zeer streng], van *per* [door en door] + *severus* [streng], van *se-* [zonder] + *verus* [waar], daarmee idg. verwant.

pershing [raket] genoemd naar de Amerikaanse generaal *John Joseph Pershing* (1860-1948).

persiaan [imitatie-astrakan] van **lat.** *Persianus* [Perzisch].

persicot [perziklikeur] < **fr.** *persicot,* verkleiningsvorm van *perse* [perzik] in het dial. van Savoye.

persienne [zonwering] < **fr.** *persienne,* eig. vr. van *persien* [Perzisch] < **lat.** *Persianus,* van *Persia* [Perzië] < **gr.** *Persis* < **oudperzisch** *pārsa* [Perzië].

persiflage [karikatuur] < **fr.** *persiflage,* van **lat.** *per* [door en door] + **fr.** *sifflage* [het fluiten], van *siffler* [fluiten, iem. uitfluiten] < **lat.** *sifilare, sibilare* [sissen, fluiten, iem. uitfluiten], klanknabootsend gevormd.

persimoen [boom] < **eng.** *persimmon,* ouder *posimon, pessemmin, putchamin,* uit het algonkin (in het cree als *pasiminan,* in het lenapisch overgenomen als *pasimenan*).

persistent [blijvend] < **lat.** *persistens* (2e nv. *persistentis*), teg. deelw. van *persistere* (vgl. **persisteren**).

persisteren [volhouden] (1499) < **fr.** *persister* < **lat.** *persistere* [blijven bij, volharden in], van *per* [in de loop van, gedurende] + *sistere* [blijven staan], een intensiefvorm van *stare* [staan], daarmee idg. verwant.

personage [persoon] middelnl. *personage* < **fr.** *personnage* [idem], van middelfr. *persone* < **lat.** *persona* (vgl. **persoon**) + het achtervoegsel *-age.*

personalia [persoonlijke bijzonderheden] < **laatlat.** *personalia,* o. mv. van *personalis* [m.b.t. een persoon], van *persona* [persoon] (vgl. **persoon**).

personeel [persoonlijk, medewerkers] in de betekenis 'persoonlijk' in de 16e eeuw < **fr.** *personnel,* oudfr. *personal* < **me. lat.** *personalis* [m.b.t. de persoon], van *persona* [persoon]; het zn. is later uit dezelfde bron overgenomen.

personificatie [de voorstelling van een zaak als persoon] < **fr.** *personnification* [idem], van *personne* [persoon] + *-fication* < **lat.** *-ficatio,* van *facere* (in samenstellingen *-ficere*) [maken, doen], daarmee idg. verwant.

persoon [individu] middelnl. *persone* [persoon in een dramatische vertoning, pastoor] < **fr.** *personne* < **lat.** *persona* [toneelmasker, de rol van de acteur, de mens in de wereld, persoonlijkheid, persoon], teruggaand op **etruskisch** *fersu* [masker].

perspectief [doorzichtkunde] < **fr.** *perspectif* [idem] < **me. lat.** *perspectivus* [optisch, opticien], van *perspicere* (verl. deelw. *perspectum*) [doorheen zien], van *per* [door] + *spicere, specere* [zien, kijken], idg. verwant met *spieden.*

perspex [doorzichtig plastic] < **eng.** *perspex,* onregelmatig gevormd van **lat.** *perspicere* (vgl. **perspectief**).

perspicaciteit [scherpzinnigheid] < **fr.** *perspicacité* [idem] < **lat.** *perspicacitatem,* 4e nv. van *perspicacitas* [onderscheidingsvermogen, scherp zicht], van *perspicere* [doorheen zien, duidelijk waarnemen], van *per* [door ... heen] + *specere* [zien, kijken], idg. verwant met *spieden.*

perspiratie [uitwaseming] < **fr.** *perspiration* < **lat.** *perspirationem,* 4e nv. van *perspiratio* [idem], van *perspirare* (verl. deelw. *perspiratum*) [ademen], van *per* [door ... heen] + *spirare* [ademen].

persuaderen [overreden] < **fr.** *persuader* < **lat.** *persuadēre* [overtuigen, overreden], van *per* [door ... heen] + *suadēre* [aanraden], idg. verwant met *zoet.*

pertang [toch] < **fr.** *pourtant.*

perte[1] [verlies] < **fr.** *perte* < **me. lat.** *perdita* [idem], van *perdere* (verl. deelw. *perditum*) [te gronde richten, verliezen].

perte[2], pert [gril] → *part*[2].

pertinent [beslist] < **fr.** *pertinent* < **lat.** *pertinentem,* 4e nv. van *pertinens,* teg. deelw. van *pertinēre* [zich uitstrekken tot, behoren tot, tot doel hebben, belangrijk zijn voor], van *per* [door ... heen] + *tenēre* [vasthouden, standhouden].

perturbatie [verwarring] (ca. 1500) *perturbacie* < **fr.** *perturbation* [idem] < **lat.** *perturbationem,* 4e nv. van *perturbatio* [idem], van *perturbare* (verl. deelw. *perturbatum*) [verwarren], van *per* [door ... heen] + *turbare* [verwarren], van *turba* [verwarring, opschudding] < **gr.** *turbè* [idem], idg. verwant met *dorp.*

Peru [geogr.] < *Virú, Pirú, Perú,* benaming door Middenamerikaanse indianen ten tijde van de Spaanse veroveringen gegeven aan een zuidelijk fabelrijk.

peruvienne [lakenstof voor avondkleding] < **fr.** *péruvienne,* vr. van *péruvien* < **spaans** *peruviano* [van Peru].

pervers [verdorven] < **fr.** *pervers* < **lat.** *perversus* [verdraaid, verkeerd, slecht], eig. verl. deelw. van *pervertere* [omverwerpen, van zijn stuk brengen, omkeren], van *per* [dwars door] + *vertere* [keren, ondersteboven gooien], idg. verwant met *worden.*

perverteren [bederven] < **lat.** *pervertere* (vgl. **pervers**).

Perzië [geogr.] < **lat.** *Persia* (vgl. **persienne, perzik**).

perzik [vrucht] middelnl. *perse, perze, perseke, persike* < **lat.** *malum Persicum* [Perzische appel, boomvrucht], **gr.** *persikos, persikon, mèlon Persikon* [idem] (vgl. **persienne, pees**[3]).

Pesach [joods paasfeest] → *Pasen.*

pesante [zwaarwichtig] < **it.** *pesante,* teg. deelw. van *pesare* [zwaar zijn, wegen, drukken] < **me. lat.** *pesare* < **klass. lat.** *pensare* [idem], frequentatief van *pendēre* [hangen, wegen].

peseta [munt] < **spaans** *peseta,* verkleiningsvorm van *peso* (vgl. **peso**).

peso [munt] < **spaans** *peso* [gewicht, en vervolgens munteenheid] < **lat.** *pensum* [het gewogene], verl. deelw. van *pendere* [wegen, betalen]; vgl. voor de betekenisontwikkeling *lire, pond, stater, talent.*

pessarium [ring tegen zwangerschap] < **me. lat.** *pessarium* [tampon] < **klass. lat.** *pessum* [idem] < **gr.** *pessos, pesson* [medicinale dot textiel, die in vagina of anus wordt ingebracht], uit het semitisch, vgl. **aramees** *pīsa* [klonter].

pessem [kweek] naast *peem* dat vermoedelijk uit *pedem* is ontstaan, vgl. *asem* naast *adem*, vermoedelijk te vergelijken met **gr.** *pedon, pedion* [vlakte], dat verwant is met **gr.** *pous*, **lat.** *pes* (vgl. *voet*).

pessimisme [neiging alles negatief te zien] < **fr.** *pessimisme*, gevormd van **lat.** *pessimus* [zeer slecht].

pest [ziekte] < **fr.** *peste* of direct < **lat.** *pestis* [besmettelijke ziekte, i.h.b. de pest, ook reeds onheil], mogelijk van het ww. *perdere* [in het verderf storten].

pestel [stamper] **middelnl.** *pesteel*, waarschijnlijk [knots], **middeleng.** *pestel*, **oudfr.** *peste(i)l* < **lat.** *pistillum* [kleine stamper], van *pinsere* [fijnstampen], **gr.** *ptissein* [graan stampen], **oudindisch** *pinaṣṭi* [hij stampt fijn].

pesten [kwellen] afgeleid van *pest*, eig. een pest voor iem. zijn.

pesticide [onkruidverdelgingsmiddel] < **fr.** *pesticide*, gevormd van **lat.** *pestis* (vgl. *pest*) + *caedere* (in samenstellingen *-cidere*), idg. verwant met *heien*[1] [doden].

pestilentie [epidemische ziekte] **middelnl.** *pestilencie* < **fr.** *pestilence* < **lat.** *pestilentia* [besmettelijke ziekte, epidemie, verderf] (vgl. *pest*).

pet[1] nevenvorm van *put*.

pet[2] [hoofddeksel] (begin 19e eeuws), etymologie onbekend.

pet[3] [waardeloos] een jonge, 19e eeuwse ontwikkeling, naar het hoofddeksel als kledingstuk van arbeiders: Jan met de pet.

petalodie [dat bloemdelen het uiterlijk van kroonbladen aannemen] < **gr.** *petalōdēs* [vol blaadjes, vol schilfers, vol plakjes], van *petalon* [blad (van boom)], van *petannumi* [ik spreid open].

petanque [jeu de boules] < **fr.** *pétanque*, gevormd van **provençaals** *ped* [voet] < **lat.** *pedem*, 4e nv. van *pes* [voet], daarmee idg. verwant, + *tanco*, teruggaand op **lat.** *stare* (teg. deelw. *stans*, 2e nv. *stantis*) [staan], daarmee idg. verwant. Men dient de voeten stevig op de grond te houden bij dit spel.

petard [soort van bom] < **fr.** *pétard* [rotje, kont], *pétarade* [geknetter, harde wind], vergrootwoord van *pet* [wind], van *péter* [winden laten] < **lat.** *pedere* [een wind laten], *peditum* [wind].

petechie [koortsvlekjes] < **fr.** *pétéchie* [idem] (vgl. *petitsels*).

peter [doopvader] **middelnl.** *peter* < **me. lat.** *patrinus*, van *pater* (vgl. *pater*).

peterman [bijnaam van de Leuvenaars] naar de St.-Pieter, de dominerende kerk van Leuven.

peter principle [wetmatigheid dat iedereen een te hoge functie ambiëert] beschreven door Dr. Lawrence J. Peter en Raymond Hall in *The Peter Principle* (1969).

peterselie [gewas] **middelnl.** *petercelle, petersille, persijn* < **me. lat.** *petrosilicum* < **lat.** *petroselinum* < **gr.** *petroselinon* [idem], van *petros* [rots] + *selinon* [eppe] (vgl. *selderie*).

petieterig [klein] < **fr.** *petit*, **me. lat.** *pitinnus*, ouder **vulg. lat.** *pititus* [idem], een woord uit de kindertaal.

petillant [parelend] < **fr.** *pétillant* [idem], teg. deelw. van *pétiller* [knetteren, bruisen, tintelen, schitteren], van *pet* [wind] (vgl. *petard*).

petinet [een ijl weefsel] < **fr.** *petinet* (hd. *Petinet*) < **eng.** *petty net* [fijn net].

petinggi [dorpshoofd] < **maleis** *petinggi*, van *tinggi* [hoog] + het voorvoegsel *pe-*, dat aangeeft de persoon die ....

petit-four [minigebakje] < **fr.** *petit-four*, van *petit* [klein] + *four* [oven] (**oudfr.** *fournier* [bakker]) < **lat.** *furnus* [oven, bakkersoven] (vgl. *fornuis*).

petitie [verzoekschrift] < **fr.** *pétition* [idem] < **lat.** *petitionem*, 4e nv. van *petitio* [verzoek, sollicitatie, eis, recht van vordering], van *petere* (verl. deelw. *petitum*) [trachten te bereiken, verlangen, dingen naar, eisen].

petitsels [koortsvlekken] < **fr.** *pétéchies* [idem] < **it.** *petecchie* (mv.) [idem] < **me. lat.** *petacium*, **klass. lat.** *pittacium* [strookje perkament, etiket, label, pleister, spet op kleed of schoen] < **gr.** *pittakion* [schrijftablet, kaartje, pleister], van *pitta* [pek], verwant met **lat.** *pix* [idem].

petoet [gevangenis] < **javaans** *dipetut* [gepakt, gevangen gezet].

petomaan [die houdt van winden laten] < **fr.** *pétomane* [idem], voor het eerste lid vgl. *petard*, voor het tweede lid *maniak*.

petrefact [versteend lichaam] gevormd van **lat.** *petra* [rots(blok)] < **gr.** *petra* + **lat.** *facere* (verl. deelw. *factum*) [maken, doen], daarmee idg. verwant.

petrinwerker [die kleikoeken kneedt] < **fr.** *pétrin* [bakkerstrog] (vgl. *petrissage*).

petrischaal [schaal voor het kweken van micro-organismen] genoemd naar de Duitse bacterioloog R. J. Petri (1852-1921).

petrissage [vorm van massage] < **fr.** *pétrissage* [idem], van *pétrir* [kneden, stevig masseren] < **me. lat.** *pistrire, pistrinare* [brood maken] < **klass. lat.** *pistare* [beuken], frequentatief van *pinsare, pi(n)sere* [slaan, fijnstampen].

petroleum [brandstof] **middelnl.** *peterolie, pieterolie* [geneesmiddel!] < **me. lat.** *petroleum* [minerale olie], van *petra* [rots, steen] < **gr.** *petra* + **lat.** *oleum* [olie].

pets [klap] klanknabootsende vorming.

petticoat [onderrok] < **eng.** *petticoat*, het eerste lid < **fr.** *petit* [klein] (vgl. *petieterig*).

petto ['in petto', achter de hand] < **it.** *in petto*, van *in* [in] + *petto* [borst, figuurlijk hart], dus in het hart; *petto* < **lat.** *pectus* [borst, hart, geest].

petulant [onstuimig] < fr. *pétulant* [idem] < lat. *petulantem*, 4e nv. van *petulans* [dartel, uitgelaten, brutaal], eig. teg. deelw. van een intensivum van *petere* [grijpen, verlangen, eisen, mikken op].

petunia [plantengeslacht] gelatiniseerd naar fr. *pétun* [tabak] < **portugees** *petume* < **guarani** *petè* (vgl. **betuneren**).

peuk [1] [klein stukje] behoort bij *pok*.

peuk [2] [slag, stoot] hoort bij *poken, pook*[rakel].

peukel → *pukkel*.

peul [1] [bolster] middelnl. *pole, puele, peule,* van *puilen*.

peul [2] nevenvorm van *peluw*.

peuren [paling vangen met een peur] **middelnl.** *poderen, puederen, poyeren* [met een tros wormen vissen], *poder, poer* (1507) [een tros wormen]; etymologie onbekend, vermoedelijk klanknabootsende vorming.

peut [klap, stoot] evenals *peuter* bij *peuteren*, dat een frequentatief is van *poten* [in de grond steken], **oudeng.** *potian* [stoten, slaan], **ijslands** *pota* [steken].

peuter [klein kind] behoort bij *peuteren* (vgl. *peut*).

peuteren [wroeten in] **middelnl.** *poteren, poderen,* frequentatief van *poten* (vgl. *peut*).

peuzelen [langzaam werken, eten] (1573), vermoedelijk een verscherpte vorm van *beuzelen*.

peyote [soort van cactus] < **spaans** *peyote* < **nahuatl** *peyotl* [rups], zo genoemd vanwege de rupsachtige beharing.

pezen [hard werken] van *pees* [1].

pezerik [roede van stier of varken] **middelnl.** *peseric,* van *pees* [1] (vgl. *bullepees*).

phoenix → *feniks*.

phylum [hoofdgroep in dierenrijk] < **gr.** *phulon* [stam, geslacht, soort], van *phuein* [opgroeien], idg. verwant met *bouwen* [1].

pi [getal dat verhouding tussen middellijn en omtrek van een cirkel uitdrukt] de gr. letter *pi* [p] werd gebruikt als afkorting van *perifereia* [(ronde) omtrek].

piaanpuisten [uitslag] < **portugees** *(e)pian,* in Brazilië ontleend aan **galibi** *pian* [framboesia].

pia mater [het zachte hersenvlies] van **me. lat.** *pia* [trouw, rechtschapen, heilig] + *mater* [moeder], onjuiste vertaling van **ar.** *umm ad dimāgh ar raqīqa,* lett. de zachte moeder (van) de hersenen; *raqīq* [dun, maar ook overdrachtelijk zacht, gevoelig, lief, delicaat] is ten onrechte in overdrachtelijke zin in het lat. weergegeven; *umm* [moeder] wordt evenals de begrippen vader en zoon gebruikt om relaties weer te geven (vgl. *dura mater*).

pianino [een beetje zacht] < **it.** *pianino,* verkleiningsvorm van *piano* (vgl. *piano*).

pianissimo [zeer zacht] < **it.** *pianissimo,* overtreffende trap van *piano* (vgl. *piano*).

piano [muziekinstrument] < **it.** *piano,* elliptisch voor *piano e forte* [zachtjes en luid]; de naam is afkomstig van de uitvinder van de *gravicembalo col piano e forte,* Bartolomeo Cristofori (1709), een instrument dat zowel zacht als hard kon spelen.

pianola [mechanische piano] bedachte handelsnaam, vermoedelijk bedoeld als verkleinwoord van *piano*.

piarist [lid van een bep. r.-k. orde, die zorgt voor onderwijs aan arme kinderen] afgeleid van het laatste woord in *patres scholarum piarum* [vaders van de religieuze scholen].

pias [1] (1842) < *paljas*.

pias [2] [stro] < fr. *paillasse* [idem] (vgl. *paljas*).

piassave [borstelvezels van palmen] < **fr.** *piassava* [idem] < **portugees** *piassaba, piaçaba* [idem] < **tupi** *piaçaba*.

piaster [munt] < **it.** *piastra (d'argento =* van zilver) [(metalen) plaat, piaster] < *impiastro* [pleister] < **lat.** *emplastrum, emplastra* < **gr.** *emplastron* [idem] (vgl. *pleister, plastron*).

piatprojectiel [projectiel tegen tanks] gevormd van **eng.** *projector + infantry + anti-tank*.

piazza [plein] < **it.** *piazza,* teruggaand op **lat.** *platea* (vgl. *plaats*).

pica [typografische eenheid] < **eng.** *pica,* genoemd naar de *Pica* (vgl. *picador*), een kerkelijke leidraad, eig. ekster, idg. verwant met *specht;* zo genoemd vanwege de zwart-witte pagina's.

picador [stierenvechter te paard] < **spaans** *picador* [idem], van *picar* [steken] < **me. lat.** *picare* [idem], van *pica* [ekster], idg. verwant met *specht* (vgl. *pica*).

picaresk [van schelmen] < **spaans** *picaresco* [schelms], van *picaro* [schelms, schelm], van *picar* (vgl. *picador*).

picaro [schelm] → *picaresk*.

piccalilly [in zuur ingemaakte groente] < **eng.** *piccalilly,* van *pickle* (vgl. *pickles*).

piccolo [hoteljongen] < **it.** *piccolo* [klein, jongen], klanknabootsend gevormd evenals **fr.** *petit* (vgl. *petieterig*).

pickles [ingemaakte augurken] < **eng.** *pickles* < **nl.** *pekel*.

picknick [maaltijd in de open lucht] < **eng.** *picknick,* oudere spelling voor *picnic* < **fr.** *piquenique,* dat eerst eind 17e eeuw is ontstaan, van *piquer* in de betekenis 'voedsel zoeken' + *nique* < **hd.** *nichts, nix(?)*.

pick-up [arm met toonkop, platenspeler, kleine open vrachtauto] < **eng.** *pick-up,* van *to pick up* [oppakken met de vingers], van *to pick* [plukken], mogelijk een vermenging van **fr.** *piquer* [prikken] en **middeleng.** *pikken* [prikken], dat verwant is met **nl.** *pikken + up* [op].

pickwick [weefsel met trapvormig effect] **eng.** reduplicatie van *pick* [weefdraad, weefworp], **middeleng.** *pykken, picc(h)en* [een weefspoel gooien], **eng.** *to pitch,* verwant met *pikken*.

pico- [biljoenste deel] < **spaans** *pico* [snavel, punt, kleine hoeveelheid], van *picar* [prikken] (vgl. *picador*).

picobello [prima] pseudo-italiaanse vervorming van *piekfijn*.

picot [oogje voor versiering] < **fr.** *picot,* overdrachtelijk gebruik van *pic* [specht] < **lat.** *pica* [idem], idg. verwant met *specht*.

picpus, picpus-pater [lid van een bep. congregatie] genoemd naar de *Rue de Picpus* in Parijs waar lange tijd het moederhuis was gevestigd.

picrinezuur [bep. zuur] gevormd van **gr.** *pikros* [bitter, scherp].

Picten [een volk] < **lat.** *Picti,* lett. de beschilderden (verl. deelw. m. mv. van *pingere*), een volksetymologische vervorming van **keltisch** *Pe(i)hta,* **gaelisch-schots** *Pecht,* **oudeng.** *Pihta, Peohta,* met de vermoedelijke betekenis 'vechter'.

pictogram [beeldschrift] gevormd van **lat.** *pictum* (vgl. *picturaal*) + **gr.** *gramma* [letterteken] (vgl. *grammatica*).

picturaal [schilderkunstig] < **fr.** *pictural,* gevormd van **lat.** *pictura* [het schilderen, schilderkunst, schildering], van *pingere* (verl. deelw. *pictum*) [schilderen].

picture ['in de picture komen', in de belangstelling komen] < **eng.** *picture* < **lat.** *pictura* [schilderij] (vgl. *picturaal*).

pidgin [omgangstaal] chinese verbastering van **eng.** *business.*

pidjetten [masseren] < **maleis** *pijat, pijit* [knijpen, drukken, masseren] < **javaans** *pijet* [idem], **oudindisch** *pīḍayati* [hij drukt] (vgl. *piëzochemie*).

pièce de résistance [hoofdschotel] < **fr.** *pièce de résistance,* van *pièce* [stuk], oudfr. *pece* < **vulg. lat.** (niet geattesteerd) *pettia,* uit het kelt., vgl. **bretons** *pez* [een beetje] + *de* < **lat.** *de* [van] + *résistance* < **laat-lat.** *resistentia,* van **lat.** *resistens* (2e nv. *resistentis*), teg. deelw. van *resistere* [stilstaan], van *re-* [terug] + *sistere* [doen staan], reduplicatie van *stare* [staan], daarmee idg. verwant.

piechem, piegem [barg. rare vent] < **jiddisch** *piechem* < **hebr.** *pegimah* [klein gebrek, oneffenheid].

pied-à-terre [buitenhuisje, gelegenheid tot verblijf van iem. die elders woont] < **fr.** *pied-à-terre,* aanvankelijk in de betekenis 'sein voor het afstijgen van de paarden', van *pied* [voet] < **lat.** *pedem,* 4e nv. van *pes* [idem], daarmee idg. verwant, + *à* < **lat.** *ad,* dat het doel aangeeft + *terre* [grond] < **lat.** *terra* [idem].

piëdestal, pedestal [voetstuk] < **fr.** *piédestal* [idem] < **it.** *piedestallo* [idem], van *piede* < **lat.** *pedem,* 4e nv. van *pes* [voet], daarmee idg. verwant, + *stallo* [verblijfplaats, zetel], uit het germ., vgl. *stal*[1].

pief [kerel] etymologie onbekend.

piegem, piegum → *piechem.*

piek[1] [pikhouweel (1652), bergpiek (1602)] < **fr.** *pic* [idem] (vgl. *picot*).

piek[2] [lans] **middelnl.** *pike, pijc(ke), piek(e), peke* < **fr.** *pique* [piek], afgeleid van *piquer* [steken], van *pic* [piek].

piek[3] [wrok] **middelnl.** *pike, pijc* < **fr.** *pique* [steek, stekelig gezegde, wrok] (vgl. *pik*[3]).

piek[4] [kuiken] naar de lokroep *piek! piek!;* de vorm *piek* [lam] zal dezelfde herkomst hebben, vgl. ook *biek! biek!* bij het roepen van varkens in Zuid-Holland.

piek[5] [gulden] genoemd naar de sedert 1681 in omloop gekomen munten van 3, 2, 1 en ½ gulden, waarop Pallas Athene voorkomt met in de rechterhand een speer of piek met vrijheidshoed → *kopek.*

piekelman [gulden] → *piek*[5].

piekeren [peinzen] < **maleis** *fikir, pikir* [denken] < **ar.** *fikr* [het denken], bij het ww. *fakara* [hij dacht na].

piekfijn [zeer fijn] (19e eeuws) < **hd.** *pi(e)kfein,* waarin *pik,* ontrond uit *puk,* correspondeert met *puik.*

piel [penis] < *pijl.*

piemel [urine, mannelijk lid] van *piemelen* [urineren].

Piëmont [geogr.] < **it.** *Piemonte* < **lat.** *Pedimontium,* van *pes* (mv. *pedes*) [voet] + *mons* (2e nv. mv. *montium*) [berg], dus de voet van de Alpen.

pienter [slim] < **maleis** *pintar* [knap, slim] < **javaans** *piter* [idem].

piepen [hoog geluid geven] (1573), vgl. **hd.** *piepen,* **eng.** *to peep;* buiten het germ. **lat.** *pipiare,* **gr.** *pip(p)izein* [piepen], *pipos* [soort specht], **litouws** *pypti* [fluiten], **oudindisch** *pippakā* [vogelsoort]; vermoedelijk klanknabootsend gevormd.

pieper [kleine, jonge aardappel] vermoedelijk te interpreteren als iets kleins, vgl. *piepklein.*

pier[1] [worm] **middelnl.,** **fries** *pier,* **middelnd.** *pir;* etymologie onbekend, mogelijk de persoonsnaam *Pier.*

pier[2] [havendam] < **eng.** *pier* < **me. lat.** *pera* [brugpijler, havendam] < **petra** < **gr.** *petra* [rotsblok]; het woord kwam al eerder in onze taal terecht (1504) als **nl.** *piere,* vermoedelijk < **noordfr.** *pi(e)re.*

pierder [barg. muzikant, gokker] van *pieren*[2].

piere [vogelknip] **middelnl.** *piere* [strik, klem, val]; etymologie onbekend.

pieremachochel [logge vrouw, aftandse zeilboot] het eerste lid is van *pieren* (vgl. *pierement*), voor het tweede vgl. Kiliaan *machache(l)* [logge vrouw], **westvlaams** *machoche(l),* niet onmogelijk < **spaans** *muchacha* [vrouw] (dan ingevoerd door de Spaanse troepen eind 16e eeuw!). De vergelijking tussen vrouw en boot komt vaker voor, b.v. in *gondel, fregat, slagschip.*

pierement [straatorgel] met het rom. achtervoegsel *-ment,* van *pieren* [spelen, muziek maken], ook rotwelsch < **zigeunertaal** *perjas* [vrolijkheid].

pieren[1] [foppen] **middelnl.** *pieren* [een dier strikken, iem. lagen leggen], van *piere* [strik, val, klem]; etymologie onzeker.

pieren[2] [gokken, muziek maken] ook rotwelsch < **zigeunertaal** *perjas* [scherts, vrolijkheid].

pierewaaien [uitgaan] (1666) < russ. *pirovat'* [feesten, fuiven].

pierewiet [grappenmaker] er is gedacht aan ontlening aan fr. *pirouette*, maar ook aan het vogelgeluid.

pierhaak [bootshaak] van *pieren*¹.

Pierlala [naam voor de dood] van de persoonsnaam *Pier + la-la!*.

pierrot [hansworst] < fr. *Pierrot*, van *Pierre*, dus Pietje.

pies¹ [urine] van *piesen* (vgl. *pissen*).

pies² [surplus van stukwerk boven uurloon] < fr. *pièce* [stuk], uit het gallisch, vgl. **gallisch** *peth* [ding].

piesje [klein stukje] van *pies*².

piet¹ [luis] vermoedelijk van de persoonsnaam *Piet*.

piet² [vogel] van de persoonsnaam *Piet* (vgl. *parkiet*).

pieta [voorstelling van Maria met de dode Jezus] < it. *pietà* [godsvrucht, barmhartigheid, medelijden] < lat. *pietas* (vgl. *piëteit*).

piëteit [eerbied] < fr. *piété* < lat. *pietas* (2e nv. *pietatis*) [ouderliefde, kinderliefde, vaderlandsliefde, trouw, vroomheid, medelijden], van *pius* [liefhebbend, trouw, vroom].

pietepeuterig [overdreven nauwkeurig] speelse samenstelling van *pieterig* en *peuterig*.

pieterman¹ [gulden] **middelnl.** *peter, peterman*, eig. gouden Brabantse munt tussen ca. 1370 en ca. 1425 met afbeelding van *St.-Pieter, Petrus* als patroon van Leuven.

pieterman² [zeevis] sedert Kiliaan, is gelijk aan *pieterman*, de knecht van St. Nicolaas, oorspr. de duivel. De vis met zijn opstaande stekels, die van gifklieren zijn voorzien, maakt een vervaarlijke indruk.

piëtisme [richting in het protestantisme] < hd. *Pietismus*, zo genoemd naar de godsdienstige bijeenkomsten, de collegia pietatis, die de Duitse theoloog Philipp Jacob Spener (1635-1705), aanvankelijk bij hem thuis, organiseerde (vgl. *piëteit*).

pietje [munt ter waarde van ⅛ zilveren dukaat] van 1762-1793 geslagen, waarop een geharnaste persoon met het wapenschild van Zeeland, dat grappend werd geïnterpreteerd als een grote zakdoek. De man en daarmee de munt heette in de wandeling *Pietje bedroefd* → *pitje*.

pietlut [kleingeestig mens] gevormd van *Piet + lut* [sul].

pietsje [kleinigheid] < fr. *pièce* of eng. *piece* < me. lat. *pecia*, van gallische herkomst, vgl. **welsh** *peth*, **bretons** *pez* [een beetje].

pieus [vroom] < fr. *pieux* [idem] < lat. *pius* [idem].

piezakken [barg. hard werken] mogelijk via **rotwelsch** *pisacken* [kromsluiten, knevelen] (hd. *piesacken* [treiteren, plagen, pesten]) < **jiddisch** *pisseach* [lam, krom].

piezel [klein stukje] is gevormd o.i.v. *pietsje*.

piëzochemie [chemie die zich bezighoudt met druk] het eerste lid van gr. *piezien* [drukken, persen], verwant met **oudindisch** *pīḍayati* [hij drukt] (vgl. *pidjetten*).

pigment [kleurstof] **middelnl.** *pigment, piment, pument* [kruiderij (voor reukwerken, blanketsel, balsem), ook kruidewijn, meiwijn] < **oudfr.** *idem* [balsem (in de moderne betekenis)] < lat. *pigmentum* [verf, schmink], van *pingere* (verl. deelw. *pictum*) [schilderen].

pignon [conisch rondsel] < fr. *pignon*, gaat terug op lat. *pinna* [kanteel].

pigskin [varkensleer] < eng. *pigskin*, van *pig* (vgl. *big*) + *skin* [huid], verwant met *schenden*.

pij [habijt] **middelnl.** *pīe, pij* [kledingstuk van grove wollen stof, vooral van zeelieden]; etymologie onbekend.

pijk [schoppen in het kaartspel] < fr. *pique* [piek, schoppen].

pijl [staaf met scherpe punt] **middelnl.** *pile, pijl*, **oudsaksisch, oudeng.** *pil*, **oudhd.** *pfīl* < lat. *pilum* [werpspies], verwant met *pila* [pilaar].

pijler [steunpilaar] **middelnl.** *piler(e)* (vgl. *pilaar*).

pijlgewicht [sluitgewicht] het eerste lid **middelnl.** *pille, pile, pijl* [stapel] < **oudfr.** *pil(l)e* [grote hoeveelheid, hoop] < lat. *pila* [pilaar, betonblok voor de onderbouw van huizen].

pijn [lichamelijk lijden, smart] **middelnl.** *pine, pijn* [boete, straf, pijniging], **oudsaksisch, oudhd.** *pina*, **oudeng.** *pin* < lat. *poena, pena* [boete, schadeloosstelling, straf, mishandeling, smart] < gr. *poinè* [schadevergoeding, boete, vergelding, straf].

pijnboom [naaldboom] **middelnl.** *pijn* < fr. *pin* [den] < lat. *pinus* [pijnboom, spar] (vgl. *pinas*¹, ²).

pijnigen [folteren] **middelnl.** *pinigen* [straffen, pijnigen], **middelnl., middelhd.** *pinigen*, **oudfr.** *pinigia*; gevormd van *pijn* zonder dat een woord *pijnig* bestond, evenals *huldigen*; daarnaast bestond de oudere vorm **middelnl., middelnd.** *pinen*, **oudhd.** *p(f)inon*, **oudeng.** *pinian*, **oudnoors** *pina* < me. lat. *penare* [pijnigen].

pijp [buis, rookgerei] **middelnl.** *pipe, pijp* [buis, herdersfluit] < me. lat. *pipa* [idem], van *pipire* [piepen], een klanknabootsende vorming.

pijpen [fluiten] **middelnl.** *pipen, pijpen* [een schel geluid maken, piepen, op de fluit spelen] < lat. *pipire* [piepen, kreunen], mogelijk ook afgeleid van *pijp*.

pijzel, **pezel** [graanzolder] hd. *Pesel* [(in Noord-Duitsland) pronkkamer] < lat. *pensilis* [hangend, op bogen rustend (in de bouwkunde)], van *pendere* [hangen].

pik¹, **pek** [teerprodukt] **middelnl.** *pec, pic* < lat. *picem*, 4e nv. van *pix* [pek, teer].

pik² [houweel] **middelnl.** *pi(c)ke, pe(c)ke* [pikhouweel, snoeimes], van *pikken*, maar ook o.i.v. fr. *pique*, vr. van *pic* [piek, houweel].

pik³ [wrok] *de pik op iemand hebben*, 16e eeuws, begin 17e eeuw ook *een piek op iem. hebben*,

pikant — pimpernel

pikant middelnl. *pike, pijc* [haat, wrok] < fr. *pique,* van *piquer* [prikken], maar wellicht ook direct van **pikken** (vgl. **piek⁴**).
pikant [prikkelend] < fr. *piquant* [idem], eig. teg. deelw. van *piquer* [prikken, prikkelen] (vgl. **piek²**).
pikeermesje [mesje om zaaiplantjes te verplanten] van *pikeren.*
pikelen [aan een stok over de schouders dragen] < **maleis** *pikul, memikul* [idem] (vgl. **pikolan**).
pikeren [met kleine steekjes naaien, irriteren] < fr. *piquer* [prikken, steken, pikeren] (vgl. **gepikeerd, piek²**).
piket¹ [paaltje, troep die direct kan uitrukken] < fr. *piquet* [paaltje, legerwacht], verkleiningsvorm van *pic* (vgl. **piek²**), van *piquer;* voor de eerste betekenis is bedoeld het paaltje waaraan het paard werd vastgebonden.
piket² [kaartspel] (1660) < fr. *piquet* [idem], van *pique* (vgl. **pijk**).
pikeur [africhter van paarden] < fr. *piqueur* [idem], van *piquer* [prikken, prikkelen, aanzetten] (vgl. **piek²**).
pikkedillen [kleine zonden] → *peccadille.*
pikkel¹ [poot van meubel] middelnl. *pickel, peckel* [idem, bikkel, koot, ook pickelbeen] (vgl. **bikkel**).
pikkel² [stip] hollandse nevenvorm van **spikkel.**
pikkel³ [mengsel van zuur en zout] < eng. *pickle(s)* (vgl. **pickles**).
pikkelen [hinken] nevenvorm van *bikkelen* (vgl. **bikkel**).
pikken¹ [kleven] middelnl., middelnd., hd. *pikken,* **middeleng.** *piken,* **oudnoors** *pikka,* middelnl. ook *peken;* het woord is ook zeer verbreid in romaanse talen, zonder dat er aanleiding is overname uit germ. of rom. te veronderstellen.
pikken² [stelen, accepteren] middelnl. *picken, pecken, peken* [houwen, pikken, oogsten, heimelijk wegstelen], middelnd. *pecken* [pikken], **middeleng.** *pikken* [pikken, plukken, opensteken], **oudnoors** *pikka* [pikken, houwen]; van klanknabootsende herkomst, mogelijk ook verwant met fr. *piquer* [prikken].
pikkenier [handelaar in marktrestanten] niet onmogelijk < *pikeroen* < **spaans** *picarón* [schelm] (vgl. **picaresk**).
pikketanissie [borrel] misschien uitbreiding met een geleerde uitgang van ' wat even gepakt wordt'. vgl. de uitdrukking *een graantje pikken.*
pikol, pikoel [schoudervracht, gewicht van 100 kati] → *pikolan.*
pikolan [draagstok] < **maleis** *pikulan* [draagstok, last, vracht], van *pikul* (vgl. **pikol**).
pil¹ [geneesmiddel] middelnl. *pil(le),* middelnd. *pille,* eng. *pill* < lat. *pilula* [balletje], verkleiningsvorm van *pila* [bal], verwant met *pilus* [(lichaams)haartje].
pil² [dokter] < me. lat. *pilleus* [doctor], drager van de *pilleus quadratus* [doctorshoed], *pilleus, pilleum* [vilten muts (bij feestelijke gelegenheden gedragen, ook door slaven bij hun vrijlating)], van *pilus* [(lichaams)haartje] (vgl. **pluche, poilu**).
pilaar [pijler] middelnl. *pilare* < me. lat. *pilare* [idem], van *pila* [zuil, pijler].
pilaster [ornament] < fr. *pilastre* [idem] < it. *pilastro* [idem] < me. lat. *pilastrum,* van *pila* (vgl. **pilaar**).
pilau, pilav [gerecht] < **turks** *pilav* [gekookte rijst] < **perzisch** *polow* [idem].
pilker [kunstaas] < eng. *pilcher* [sardine], oudere vorm van *pilchard.*
pillegift [doopgeschenk] van middelnl. *pille, pil* [petekind] < lat. *pupillus,* vr. *pupilla* [onmondig kind, wees] (vgl. **pupil**).
pilo [weefsel] 1860 *pillow* < eng. *pillow* (vgl. **peluw**).
piloot [vlieger] middelnl. *pilote, piloot* [stuurman, loods] < it. *pilota,* uit een niet-geattesteerd byzantijns gr. woord dat gevormd is van **klass. gr.** *pèdon, pèdalion* [riem waarmee werd gestuurd], waarin de geaspireerde *d* door *l* is vervangen (vgl. **pedaal**); de oorspr. betekenis van *pèdon* is voetzool (de riemen werden gezien als de benen van het schip).
pilotage [paalfundering] < fr. *pilotage* [paal- en heiwerk], van *pilot* [heipaal], van *pile* [pijler] < lat. *pila* [zuil] (vgl. **pilaar**).
pilot-studie [voorlopige studie ter verkenning] < eng. *pilot-study* [idem], van *pilot* (vgl. **piloot**) + *study* (vgl. **studie**).
pilou [weefsel, pluizige katoenen stof] < fr. *pilou,* gevormd van lat. *pilosus* [harig], van *pilus* [(lichaams)haartje] (vgl. **pil²**).
pils [bier] < hd. *Pilsener,* van *Pilsen,* een plaats in Bohemen, thans *Plzen.*
piment [specerij] middelnl. *piment, pigment* [specerij, kruiderij voor reukwerken, balsem] < fr. *piment* [idem] < lat. *pigmentum* [me. lat. met de betekenis reukwerk, later specerij; vgl. **pigment**).
pimpandoer [een soort van appel] verbasterd uit fr. *pépin d'or* (vgl. **pippeling**).
pimpelen [zuipen, voortdurend met de ogen knippen] (1693), evenals **zaans** *pampelen* [slempen, met de benen zwaaien], **fries** *pimperje* [tintelen], **oostfries** *pumpeln* [nonchalant lopen], nd. *pumpeln, pümpeln* [stampen], **zweeds** *pimpla* [pimpelen], een kennelijk klanknabootsende woordgroep, hoewel aansluiting bij *pompen,* fr. *pomper* [zuipen, hard ploeteren], *pompette* [dronken], mogelijk lijkt.
pimpelmees [soort mees] (1599), vermoedelijk te verbinden met nd. *pimpeln* [zwak en teer zijn, klagen], *pimpen* [kermen], eng. *pimping* [klein, zwak, ziekelijk]; klanknabootsende vormingen.
pimpelpaars [hard paars] (1622), het is niet na te gaan of het eerste lid van *pimpelmees* (de blauwe mees) komt dan wel van *pimpelen* [te veel drinken (met als gevolg blauwpaarse neus)].
pimpernel [plant] middelnl. *pipenelle, pimpenelle, pimpernelle* < **oudfr.** *piprenelle* (fr. *pimprenelle*)

< **me. lat.** *pimpinella* met de verkleiningsuitgang *-ella* gevormd van *piper* [peper], vanwege de gelijkenis van de vruchtjes met pepertjes.

pimpernoot [plantengeslacht] (1583), < **hd.** *Pimpernuß*, van *pimpern* [klapperen] + *Nuß* [noot].

pin [ijzeren pen] nevenvorm van **pen²**.

pinacotheek [schilderijenkabinet] gevormd van **gr.** *pinax* (2e nv. *pinakos*) [plank, schrijftafeltje, rekenbord], *pinakion* [schrijftafeltje, schilderijtje], **oudkerkslavisch** *pĭnĭ* [boomstam], **oudindisch** *pināka-* [stok]; het tweede lid als in *bibliotheek*.

pinakel [gotisch siertorentje] **middelnl.** *pinacule, pinakel* < **fr.** *pinacle* [idem] < **lat.** *pinnaculum* [kanteel, dakrand], van *pinna* (nevenvorm van *penna*) [veer, vleugel, vin, kanteel] (vgl. **pen¹**).

pinang [arecapalm, noot daarvan] < **maleis** *pinang*.

pinas¹ [schip] (1596) < **fr.** *pinace* [idem] < **me. lat.** *pinacia, pinassa* [pinas, sloep] < **klass. lat.** *pineus* [van dennehout, grenen], van *pinus* [den, in dichterlijke taal schip, in laat-lat. roeiriem], verwant met **gr.** *pitus* [pijnboom], genoemd naar de hars die eruit druipt (vgl. **pinas²**).

pinas² [weefsel van ananasvezels] < **spaans** *piña* [pijnappel, ananas] < **lat.** *pinea* [denneappel], van *pinus* [den] (de ananas lijkt enigszins op de denneappel, vgl. **pinas¹**) → **pijnboom**.

pince-nez [lorgnet] < **fr.** *pince-nez*, van *pincer* [knijpen], **oudfr.** *pincier* < **vulg. lat.** (niet geattesteerd) *pinctiare*, welke vorm een vermenging is van de eveneens niet-geattesteerde werkwoorden *punctiare* [doorboren] en *piccare* [idem] + *nez* [neus] < **lat.** *nasus* [neus], daarmee idg. verwant.

pinceren [knijpen] **middelnl.** *pinceren* < **oudfr.** *pincier* (fr. *pincer*) [idem], dat ontstaan moet zijn uit de kruising van twee niet geattesteerde vulg. lat. ww., namelijk *punctiare*, van *punctum, punt* + *piceare*, vgl. *pica* [ekster], en dat klanknabootsend gevormd moet zijn.

pincet [tangetje] < **fr.** *pincette* [idem], van *pincer* [knijpen] (vgl. **pinceren**).

pinchhitter [honkbal] < **amerikaans-eng.** *pinchhitter*, van *pinchhit* [noodhulp], van *to pinch* [dichtknijpen, nijpen (b.v. van honger)] < **oudfr.** *pincier* (vgl. **pinceren**) + *to hit* [raken, treffen], **middeleng.** *hitten* < **oudnoors** *hitta* [stoten op, ontmoeten], **deens** *hitte*, **zweeds** *hitta*.

pinda [olienootje] < **papiamento** *pinda* < **kongolees** *(m)pinda*.

Pindarisch [zoals bij Pindarus] van **gr.** *Pindaros*, een Griekse lyrische dichter (ca. 522-443).

pineaal [m.b.t. de pijnappelklier] < **fr.** *pinéal* [idem], gevormd van **lat.** *pinea* [denneappel], van *pinus* [den] (vgl. *pijnboom*).

pinetum [aanplant van naaldbomen] < **lat.** *pinetum* [dennenbos], van *pinus* [den] (vgl. **pijnboom**).

pingel¹ [pijnboomzaad] < **lat.** *pineus* [denne-], van *pinus* [den] (vgl. **pijnboom**).

pingel² [touw] etymologie onzeker.

pingelen [afdingen] sedert Kiliaan, etymologie onzeker, van *ping(-ping)* [geld?].

ping-ping [geld] evenals **rotwelsch** *Pink(e)* klanknabootsend gevormd.

pingpong [tafeltennis] < **eng.** *ping-pong*, handelsnaam, klanknabootsend gevormd.

pinguïn [watervogel] < **eng.** *penguin*, uit het welsh, van *pen* [kop] + *gwyn* [wit]; oorspr. werd de naam gebruikt voor de in 1844 uitgestorven reuzenalk, de arctische tegenhanger van de pinguïn.

pink¹ [vinger] (1567), etymologie onzeker.

pink² [vaartuig] **middelnl.** *pinke;* etymologie onzeker.

pink³ [kalf] **middelnl.** *pinke,* etymologie onbekend.

pink⁴ [snip] **eng. (dial.)** *pink, spink* [boekvink], **zweeds** *spink* [mus], **gr.** *spiggos* [boekvink]; klanknabootsend gevormd.

pinkelen [wegslaan van een puntig houtje met een stok (een spel)] frequentatief van *pinken* [idem], van *pink* [het puntig toelopend houtje], vgl. *pink* [vinger].

Pinkster, Pinksteren [christelijk feest] **middelnl.** *pinxteren, pinxten* < **lat.** *pentecoste* < **gr.** *pentèkostè* [50e (dag na Pasen)].

pinkzout [zout bestemd om katoen rood te kleuren] < **eng.** *pink* [rood, rode jas voor de vossejacht].

pinot [een wijnstok] < **fr.** *pinot,* van *pin* [pijnboom]; zo genoemd omdat deze druif enigszins op een pijnappel lijkt.

pinsbek [legering van koper en zink] genoemd naar de uitvinder ervan, de Londense horlogemaker *Christopher Pinchbeck* (1670?-1732).

pinscher [hondenras] < **hd.** *Pinscher,* gevormd naar **eng.** *to pinch* [knijpen] (vgl. **pinceren**); zo genoemd vanwege het couperen.

pinsen [knijpen] < **fr.** *pincer* (vgl. **pinceren**).

pint [vochtmaat] **middelnl.** *pint(e)*, **middelnd.** *pinte,* **oudfries** *pint* < **me. lat.** *pinta, pintum* [een vloeistofmaat], van het verl. deelw. van *pingere* [schilderen], namelijk *pictum;* de *n* uit de andere ww. vormen oefende haar invloed uit doordat zij elders voorkwam: **middelnl.** *pinge(e)ren* [schilderen], *pingeringe* [schilderwerk]; het schilderen sloeg op het merkteken tot waar de maat moest worden gevuld.

pinten [in orde brengen] < **fr.** *pointer* [aanpunten], van *pointe* < **me. lat.** *puncta* [steek], zelfstandig gebruikt verl. deelw. van *pungere* [steken, prikken] (vgl. **punt¹**).

pin-up [foto van een schoonheid, tegen de muur geprikt] < **amerikaans-eng.** *pin-up,* van *to pin* [vastspelden, opprikken] (vgl. **pen²**) + *up* [op].

pioen [plant] **middelnl.** *peonie, pionie,* **middelnd.** *pione,* **oudhd.** *pionie* < **oudfr.** *peone* < **lat.** *paeonia* < **gr.** *paiōnia,* vr. van *paiōnios* [geneeskrachtig], van *Paiōn* [de geneesheer der goden, bijnaam van Apollo, ook in het algemeen geneesheer]; de plant werd in ons land gebruikt tegen jicht, epilepsie en darmstoornissen.

pion¹ [een schaakstuk] < fr. *pion* < me. lat. *pedonem*, 4e nv. van *pedo* [voetsoldaat], van *pes* (2e nv. *pedis*) [voet], daarmee idg. verwant.

pion² [natuurkundige term] verkort < *pi - meson* (vgl. ***pi, meson***).

pion³ [kettingwiel] < fr. *pignon* [kamwiel], van *peigne* [kam] < lat. *pecten* (2e nv. *pectinis*) [kam].

pionier [voortrekker] < fr. *pionnier* [baanbreker, geniesoldaat], van ***pion¹*** [oorspr. voetsoldaat].

piont [bentgras] evenals **oudfries** *piunte, pinte, biunte*, niet duidelijke nevenvormen van ***bent²***.

pios [pikhouweel] < fr. *pioche* [idem], van *pic* (vgl. ***piek¹***) + het achtervoegsel *-oche*.

piot [klein mannetje, infanterist] < fr. *piote*, bij de cavalerie vroeger scheldwoord voor infanterist, vermoedelijk vervorming van ***pion¹***.

pip [vogelziekte] **middelnl.** *pip(pe)* [snot, slijm, de pip], **middelnd.** *pip*, **oudhd.** *pfiffiz*, fr. *pépie*, teruggaand op lat. *pituita* [slijm, verkoudheid], verwant met gr. *pitus* [pijnboom], waarvan de naam is ontleend aan de hars die eruit druipt (vgl. ***pinas¹***).

pipa [padde] < **sranantongo** *pipá, pipál*, waarschijnlijk een Afrikaans negerwoord.

pipet [glazen buis] < fr. *pipette* [idem], verkleiningsvorm van *pipe* [pijp, buis].

pippeling [soort van appel] bijvorm van *pipping*, **middelnl.** *pippinc, puppinc*, **middelnd.** *puppink*, **hd.** *Pipping*, **zweeds** *pipping*, **eng.** *pippin* < fr. *pépin* (**normandisch** *pupin*) [vruchtepit]; de betekenis is 'van zaad gekweekte appel'. Vgl. it. *pippolo*, **spaans** *pepita* voor *pit*, woorden waarvan de gemeenschappelijke basis is de uitdrukking van iets kleins → ***pimpandoer***.

pips [bleek] van ***pip***.

piqué [weefsel] < fr. *piqué*, eig. verl. deelw. van *piquer* [prikken, (be)stikken, van puntjes voorzien].

piraat [zeerover] **middelnl.** *pirate*, fr. *pirate* [idem] < lat. *pirata* < gr. *peiratès* [idem], van *peiran* [op de proef stellen, een aanval wagen], verwant met ***periculeus, empiricus***.

piramide [spits grafmonument] < fr. *pyramide* < lat. *pyramide*, 4e nv. van *pyramis* < gr. *puramis* [idem], met metathesis van *r* < **egyptisch** *pimar*.

piranha [vis] < **portugees** *piranha* < **tupi** *piranha*.

piron [zuil met bol] ouder *piroen*, **middelnl.** *piroen* [gesteente, stenen gedenkzuil], variant van *per(r)oen* [pui] (vgl. ***perron***).

piroplasma [bloedparasiet] gevormd van gr. *pur* [vuur] + ***plasma***.

pirouette [draai] < fr. *pirouette* [draaitol] < it. *piroetta, piroletta*, verkleiningsvorm van *pirulo* [tol], van *pirone* [pin], verwant met gr. *peirein* [doorboren], idg. verwant met ***voorde***.

pis [urine] **middelnl.** *pis(se)* → ***pissen***.

Pisa [geogr.] de naam vertoont een etruskisch element, dat in Toscaanse plaatsnamen veel voorkomt, met de betekenis 'mond, riviermond, bergpas'.

pisang [banaan] < **maleis** *pisang* [idem].

piscine [teeltvijver] < fr. *piscine* < lat. *piscina* [visvijver, zwembad], van *piscis* [vis], daarmee idg. verwant.

pisé [gestampte aarde als bouwmateriaal] < fr. *pisé*, verl. deelw. van *piser* [fijnstampen] < lat. *pi(n)sare, pisere* [idem].

pissebed [bedwateraar, insekt, (dial.) paardebloem] de drie betekenissen zijn nauw verbonden. De pissebedden (insekt) werden in de volksgeneeskunde gebruikt om het urineren te bevorderen. De paardebloem (fr. *pissenlit*) is in het volksgeloof verbonden met bedwateren: kinderen worden tot in deze tijd gewaarschuwd haar niet te plukken, omdat ze anders in hun bed plassen.

pissen [urineren] **middelnl.** *pissen*, fr. *pisser*, **oudfr.** *pissier* > **eng.** *to piss*; klanknabootsend gevormd.

pissien, pissijn [urinoir] **middelnl.** *piscine, piscijn, pissijn* [vijver, waterkom, badwater, vat om bij de mis gebruikt vaatwerk te reinigen] < fr. *piscine* < lat. *piscina* [visvijver, zwembassin], van *piscis* [vis], daarmee idg. verwant. De moderne betekenis is stellig beïnvloed door ***pissen***.

pissig [fel, boos] vgl. **hd.** *bissig* [bijtend, fel]; afgeleid van ***bits***, maar met *p* o.i.v. *pissen*.

pissoir [pisbak] < fr. *pissoir*, van *pisser* (vgl. ***pissen***).

pistache [groene amandel] < fr. *pistache* < it. *pistaccio* < me. lat. *pistacium* < **byzantijns-gr.** *pistakia*, de vrucht van de *pistakè* [pistacheheester] < **perzisch** *pesteh* [pistachenoot].

piste [baan in manege e.d.] < fr. *piste* < it. *pista* [idem], van *pistare* [stampen] < lat. *pistare* (vgl. ***piston***), frequentatief van *pi(n)sare* [fijnstampen].

pistole [vertrek in huis van bewaring waar de gevangene op eigen kosten leeft] < fr. *être à la pistole* (vgl. ***pistool¹***).

pistolet¹ [munt] verkleiningsvorm van fr. *pistole* (vgl. ***pistool¹***).

pistolet² [broodje] < fr. *pistolet*, verkleiningsvorm van *pistole*, zo genoemd op grond van vormovereenkomst met de oude ruiterpistolen (vgl. ***pistool²***).

piston [zuiger, ventiel] < fr. *piston* < it. *pistone* [idem], van *pistare* (vgl. ***piste***).

pistool¹ [munt] (1643) < fr. *pistole* [idem] < it. *piastola* [idem], verkleiningsvorm van *piastra* (vgl. ***piaster***).

pistool² [wapen] (1623) < **hd.** *Pistole* < **tsjechisch** *pišt'al* [pistool, oorspr. pijp, buis], van *piskat* [fluiten].

pit¹ [zaadkorrel, merg van bomen, kern, kracht] **middelnl.** *pit*, etymologie onzeker.

pit² nevenvorm (met ontronding in de kustgebieden) van ***put***.

pit³ [bij autoraces] < **eng.** *pit*, hetzelfde woord als nl. (dial.) ***pit²***.

pitcher [die de bal naar de slagman werpt] < **eng.**

pitcher, van *to pitch* [werpen, opgooien], **middeleng.** *picchen* [doorboren, stoten], van *pick* (vgl. *pik*², [houweel]).

pitchpine [Noordamerikaanse pijnboom] < **eng.** *pitch-pine,* het eerste lid betekent 'hars', met dezelfde etymologie als *pik*¹, *pek,* voor het tweede lid vgl. *pijnboom.*

piteus [deerniswekkend] < **fr.** *piteux,* **oudfr.** *pitous* < **me. lat.** *pietosus* [deerniswekkend], van *pietas* (vgl. *piëteit*) + *-osus* [vol van].

pithecanthropus erectus [mens waarvan overblijfselen zijn gevonden op Java, lett. aapmens] < **lat.** *pithecanthropus erectus* van **gr.** *pithèkos* [aap] + *anthrōpos* [mens], *erectus,* verl. deelw. van **lat.** *erigere* [oprichten], dus rechtop lopende aapmens.

pithometer [instrument om de inhoud van vaten te meten] het eerste lid is **gr.** *pithos* [groot aarden vat zoals in Knossos is opgegraven], verwant met **lat.** *fidelia* [grote aarden of glazen pot], **ijslands** *biða* [boterpot].

pitje [Indisch dubbeltje] < **maleis** *picis* [idem] < **nl.** *pietje.*

pitoor, putoor [roerdomp] nevenvorm van *butoor.*

pitotbuis [instrument voor stuwdruk] genoemd naar de uitvinder ervan, de Franse natuurkundige *Henri Pitot* (1695-1771).

pitsen [knijpen] **middelnl.** *pitsen,* **hd.** *pfetzen, pfitzen,* vgl. in het rom. **fr.** *pincer,* **it.** *pizzicare* en **lat.** *pistor* [bakker]; het **gr.** *ptissein* [stampen van graan], **oudindisch** *pinaṣṭi* [hij stampt fijn, kneedt], van een idg. basis waar soms een nasaal is ingevoegd.

pitsjaar, pitsjaarvlag [seinvlag waarmee de admiraal oproept voor beraad aan boord] < **maleis** *bicara* [spreken, gesprek, beraad].

pitte [bladvezel van de agave] < **spaans** *pita,* ontleend aan het quechua.

pitteleer [korte jas met lange slippen] < **fr.** *pet-enl'air* [billentikkertje], van *péter* [een wind laten], vgl. *petard,* lett. dus laat een wind in de lucht.

pitten¹ [barg. slapen] etymologie onbekend.

pitten² [inkuilen] van *pit*², nevenvorm van *put.*

pittoresk [schilderachtig] < **fr.** *pittoresque* [idem] < **it.** *pittoresco* [idem], van *pittore* [schilder] < **lat.** *pictorem,* 4e nv. van *pictor* [idem], van *pingere* (verl. deelw. *pictum*) [schilderen].

pituïtrine [extract uit de pijnappelklier] gevormd van **lat.** *pituita* [slijm] (vgl. *pip*).

pitvis [een vis] het eerste lid is vermoedelijk *puit* [kikvors, vissoort], **nd.** *put,* **oudeng.** *pute* (**eng.** *pout*).

piu [meer] < **it.** *più* [idem] < **lat.** *plus* [idem], idg. verwant met **gr.** *polus* [veel] en **nl.** *veel.*

pivoteren [op één voet draaien] < **fr.** *pivoter* [idem], van *pivot* [stift, spil], verwant met **spaans** *pua* [scherpe punt], etymologie onbekend.

pizza [hartige koek] < **it.** *pizza,* in de Romagna *pinza* [soort broodje in de vorm van een weefschuitje], in Venetië onder de as gebakken brood, **me. lat.** *pizza* < *pinza,* staat naast *pinzo* [punt].

pizzeria [pizzarestaurant] < **it.** *pizzeria* [winkel waar men pizza's verkoopt] (vgl. *pizza*).

pizzicato [getokkeld] < **it.** *pizzicato* [geknepen, getokkeld], verl. deelw. van *pizzicare* [knijpen, pakken], van *pizzo* [iets puntigs, sik, bergpiek], klanknabootsend gevormd.

plaag [onheil] **middelnl.** *plage* [wond, onheil, kwelling], **middelnd.** *plage,* **oudhd.** *plaga* < **lat.** *plaga* [slag, klap, wond, pest] < **gr.** *plègè* [slag, houw, nederlaag], idg. verwant met *vloeken*; vgl. **eng.** *plague.*

plaan¹ [spatel in steenbakkerij] < **fr.** *plane* [haalmes, schaaf], van *planer* [effenen] < **lat.** *planare* [idem], van *planus* [vlak] (vgl. *plein*).

plaan² [plataan] < **fr.** *plane,* dial. nevenvorm van *platane* (vgl. *plataan*).

plaaster → *pleister.*

plaat [plat stuk, prent] **middelnl.** *plate* < **oudfr.** *plate* < **vulg. lat.** *plattus* < **gr.** *platus* [plat, breeduit].

plaats [plek] **middelnl.** *plache, plaetche, plaetse* [open ruimte] < **fr.** *place* [idem] < **lat.** *platea* [straat] < **gr.** *plateia* [plaats], van *platus* [plat, breed, ruim].

plaatshert [heerser over de kudde in bronsttijd] vgl. **hd.** *Platzhirsch,* de pasja van de bronstplaats, dus van *plaats* [plek].

placebo [niet-werkzaam, uiterlijk op medicament lijkend middel] < **lat.** *placebo* [ik zal behagen], van het ww. *placēre,* waaruit **eng.** *please* en **fr.** *plaisir.*

placemat [onderlegger] < **eng.** *place mat, place* [plaats], bedoeld is voor één plaats, *mat* [mat] (vgl. *mat*²).

placenta [moederkoek] < **lat.** *placenta* [koek] < **gr.** *plakous* (2e nv. *plakountos*) [idem], naar de brede vorm genoemd, van *plax* [vlak] (vgl. *plas*²).

placer [groeve voor mineralen] < **eng.** *placer* < **spaans** *placer* [goudveld], van *plaza* (vgl. *plaats*).

placet [inwilliging door de regering] < **lat.** *placet* [het behaagt], 3e pers. enk. teg. tijd van *placēre* (vgl. *placide*).

placide [kalm] < **fr.** *placide* < **lat.** *placidus* [idem], van *placēre* [behagen], vgl. **eng.** *to please* (vgl. *pleit*²).

pladijs [schol] **middelnl.** *plad(d)ijs* < **oudfr.** *pladisse* < **me. lat.** *platessa, platesia* [idem], teruggaand op **gr.** *platus* [plat].

plafond, plafon [zoldering] < **fr.** *plafond* < *platfond,* van *plat* (vgl. *plat*¹) + *fond* (vgl. *fond*).

plafonnière [lamphouder tegen het plafond] < **fr.** *plafonnier* [idem], van *plafond* (vgl. *plafond*).

plag, plagge [zode] **middelnl.** *plagge, plac(ke), plecke* [lap (stof), (heide)plag, muntstuk (plak)], **middelnd.** *plagge* [lomp, plag], **oudnoors** *plagg* [kledingstuk] (vgl. *plak*¹).

plagaal [muziekterm] < **fr.** *plagal* [idem] < **me. lat.** *plagalis,* van *plagius* < **byzantijns-gr.** *plagios* [in klass. gr. opzij, schuin] (vgl. *plagiaat*).

plagiaat [letterdieverij] < fr. *plagiat* [idem], teruggaand op **lat.** *plagiarius* [slavendief, mensenrover, in laat-lat. ook letterrover], van *plagium* [mensenroof] < **gr.** *plagion* [slinkse praktijk], *plagios* [opzij, scheef, vals, onbetrouwbaar] (vgl. ***plagaal***).

plagioklaas [natronveldspaat] < **gr.** *plagios* [opzij, scheef] (vgl. ***plagiaat***) + *klasis* [breuk], van *klan* [breken].

plaid [reisdeken] < **eng.** *plaid* < *gaelisch plaide* (**iers** *ploid*) < *peallaid* [schapevacht], van *peall* [vacht] < **lat.** *pellis* [idem], idg. verwant met *vel*.

plaisanterie [grap] < **fr.** *plaisanterie*, van *plaisant*, teg. deelw. van *plaire* [behagen], o.i.v. *faire, traire* uit ouder *plaisir* [idem] (vgl. ***plezier***).

plak[1] [muntstuk] **middelnl.** *placke, plecke, plac, plackaet*, **eng.** *plack* [muntje, vroeger in omloop in Schotland] (vgl. ***plakkaat***), vermoedelijk zo genoemd vanwege de dunne schijfvorm.

plak[2] [slag met de vlakke hand, gereedschap om de grond aan te stampen, schijf] **middelnl.** *placke* [lap, plag, vlek, klap], **middelnd.** *placke* [lap, klad], **middelhd.** *p(f)lacke* [lap, streek, vlek], **middeleng. dial.** *platch* [lap]; staat naast *plag*, vgl. ook ***plakken***.

plaket [munt, medaille] < **fr.** *plaquette* [idem], verkleiningsvorm van *plaque* < **middelnl.** *plak* (vgl. ***plak***[1]).

plakkaat [affiche] **middelnl.** *plac(k)aert, plackert, plackaet* [schriftelijk, van een zegel voorzien stuk] < **oudfr.** *plackart*, van *plaque* < **middelnl.** *placke* [plak].

plakken [(vast)kleven] **middelnl.** *placken, plecken* [lappen, kladden, besmeren, klappen geven]; vermoedelijk klanknabootsend gevormd.

plammoten, plamotten [ruw bevingeren, i.h.b. bij de bereiding van spijzen, met handen en voeten in een weke massa ploeteren, knoeien] < **fr.** *plamoter* [idem], van *plamer* [ploten van huiden], van *plain* [kalkbad voor huiden] < **oudfr.** *pelain*, van *peler* [ontharen, pellen], van **lat.** *pilus* [haar].

plamodder [vuil, morsig wijf] van ***plammoten***.

plamuur [stopverf] vermoedelijk van **middelnl.** *plamen* [uitvlakken] < **fr.** *plamer* [ploten] (vgl. ***plammoten***).

plan [ontwerp, voornemen] (1674) < **fr.** *plan* [plattegrond, opzet] < **lat.** *planum* [vlakte, grond], van *planus* [vlak].

planaar [lenzencombinatie] < **hd.** *Planar* [idem] < **me. lat.** *planaris* [vlak, in een vlak liggend] < *planus* [vlak].

planariën [trilwormen] < **modern lat.** *planaria genus* [soort], van *planaris* (vgl. ***planaar***).

planchet [landmeetkundig instrument] < **fr.** *planchette* [idem], verkleiningsvorm van *planche* [plank] < **lat.** *planca* [plank].

planchette [tafeltje voor spiritistische seances] < **fr.** *planchette*, verkleiningsvorm van *planche* (vgl. ***planchet***).

plan de campagne [plan van de troepenbewegingen bij een veldtocht] < **fr.** *plan de campagne*, van *plan* (vgl. ***plan***) + *de* [van] < **lat.** *de* + **fr.** *campagne* [veldtocht].

planeet [hemellichaam] **middelnl.** *planete* < **lat.** *planeta* < **gr.** *planètès*, van *planan, planasthai* [ronddwalen]; de schijnbare bewegingen van planeten, zo sterk afwijkend van 'de andere sterren', leidden in de Oudheid tot het begrip 'dwaalster'.

planen[1] [vlakmaken] van ***plaan***[1].

planen[2] [zweven] < **fr.** *planer* [idem], van *plain* [glad, vlak, plat] < **me. lat.** *planare* [vlakmaken], van *planus* [vlak].

planeren [zweven] < **fr.** *planer* [idem], van *plain* < **lat.** *planus* [vlak].

planimetrie [vlakke meetkunde] < **me. lat.** *planimetria*, van *planus* [vlak] + **gr.** *-metria*, van *-metrès* [maatnemer], van *metron* (vgl. ***meter***[1]).

planjeren [barg. huilen] eventueel via **rotwelsch** *planj̃nen* < *jiddisch planchenen*, vgl. **oudprovençaals** *planch* [klacht], **spaans** *planir* [huilen], van **lat.** *plangere* [idem], idg. verwant met ***vloeken***.

plank[1] [plat stuk hout] **middelnl.** *planke, planc* < **picardisch** *planke* (**oudfr.** *planche*) [idem] < **me. lat.** *planca* [idem] < **klass. lat.** *palangae* < **gr.** *phalanx* [balk, wals om lasten te verrollen, slagorde].

plank[2] [voetzool] verbastering van ***plant***[2], o.i.v. ***plank***[1].

planket [plankenbeschot] **middelnl.** *planket*, hetzij met het rom. achtervoegsel *-et* van ***plank***[1] gevormd of van een noord-fr. nevenvorm van *planchet*.

plankier [bevloering van planken] **middelnl.** *plankier* [plankenvloer, zoldering, houten uitbouwsel] < **oudfr.** *planchier* (de vorm *plankier* is uit het picardisch overgenomen ofwel o.i.v. plank ontstaan, vgl. ***plansier***) < **me. lat.** *plancherium* [plankier, etage, palissade], van *planca* (vgl. ***plank***[1]).

plankijs [plankier] **middelnl.** *plankise, plankijs*, van ***plank***[1] + de fr. uitgang *-is*.

plankton [zwevende organismen] door de Duitse fysioloog Viktor Hensen (1835-1924) ontleend aan **gr.** *plagkton*, o. van *plagktos* [losgeslagen, dwalend], van *plazein* [slaan, losslaan, doen dwalen, passief: rondzwerven].

plano [niet gevouwen (van drukvellen)] 6e nv. van **lat.** *planus* [vlak, plat].

planologie [ruimteplanning] gevormd van ***plan*** + *-logie*, van **gr.** *logos* [woord, verhandeling].

planplan [langzaam] < **maleis** *pelan-pelan* < *perlahan-lahan* [geleidelijk, kalm, zacht van stem], van het voorvoegsel *per-* + verdubbeling van *lahan* [melodieus] < **ar.** *laḥn* [wijsje, melodie], bij het ww. *laḥḥana* [hij psalmodieerde].

plansier [deel van kroonlijst] < **oudfr.** *planchier* (vgl. ***plankier***).

plant[1] [gewas] **middelnl.**, **middelnd.**, **oudeng.** *plante*, **oudhd.** *pflanza* < **lat.** *planta* [ent, stekje, plant], van *plantare* [planten].

plant² [voetzool] middelnl. *plant* (vgl. *planten*).
plantage [beplanting] < fr. *plantage,* van *planter* [planten] < lat. *plantare* [idem] (vgl. *planten*).
plantein [weegbree] middelnl. *plantayn* < fr. *plantain* [idem] < lat. *plantaginem,* 4e nv. van *plantago,* van *planta* [voetzool], zo genoemd vanwege de brede bladeren (vgl. *plant*²).
planteit [in overvloed] middelnl. *plenteit, pla(i)nteit* [overvloed, volop] < **oudfr.** *plenté* [overvloed] < lat. *plenitas* [volheid, overvloed], van *plenus* [vol], daarmee idg. verwant. Vgl. **eng.** *plenty.*
planten [in aarde zetten] middelnl. *planten* < fr. *planter* < lat. *plantare* [idem], van *planta* [voetzool], dus eig. een kuiltje met de voet maken.
planteren [raderen in een uurwerk zetten] < fr. *planter* [planten].
planton [wachtdoend militair] < fr. *planton* [oorspr. jonge plant], eind 18e eeuw overdrachtelijk gebruikt in onze betekenis, van *plant* [loot], van *planter* [planten].
plantsoen [openbare tuin] middelnl. *plantsoen* [stek, loot] < **oudfr.** *plançon* [idem], teruggaand op lat. *plantare* [planten]; bij Kiliaan *plantsoenbosch.*
plantureus [weelderig] middelnl. *planteus* [overvloed en welvaart brengende] < fr. *plantureux* [idem], met *a* o.i.v. *plante* en verder o.i.v. *heureux* < **oudfr.** *plentëiveus,* van *plentif* (bn.), van *plente* [overvloed] < lat. *plenitas* [volheid, overvloed], van *plenus* [vol], daarmee idg. verwant.
plapperen [babbelen, klapperen] (1804) < hd. *plappern,* klanknabootsend gevormd.
plaque [plaatvormige decoratie, aanslag op de tanden] < fr. *plaque* (vgl. *plaket*).
plaquette [gedenkplaat] < fr. *plaquette* (vgl. *plaket*).
plas¹ [kuil met water] middelnl. *plas(ch)* [plas, poel], **oudeng.** *plæsc* (**eng.** *plash*); klanknabootsend gevormd.
plas² [rond broodje] **hd. dial.** *Platz,* vermoedelijk < lat. *placenta* (vgl. *placenta*).
plasdankje [dank voor iets dat men voor iem. doet] bij Kiliaan o.m. *plasdanck, playsdanck,* het eerste lid < fr. *plaire* [behagen, een genoegen doen].
plasma [vloeibaar deel van bloed e.d.] < gr. *plasma* [boetseerwerk], van *plassein* [uit leem kneden], idg. verwant met **eng.** *to blend* [mengen].
plasmochyse [biologische term] gevormd van *plasma* + gr. *chusis* [het gieten], van *cheō* [ik giet], idg. verwant met *gieten*.
plasmodium [biologische term] gevormd van *plasma* + gr. *eidos* [vorm, gedaante].
plasmolyse [het loslaten van protoplasma] gevormd van *plasma* + gr. *lusis* [het losmaken], van *luein* [losmaken], idg. verwant met *verlossen* → *los*².
plastic [kunststof] < eng. *plastic* < lat. *plastica* [boetseerkunst] < gr. *plastikè* [idem, ook vast, compact], van *plastos* [uit was of klei gemaakt],

van *plassein* [uit leem kneden, vormen, zacht maken] (vgl. *plasma*).
plastiek [boetseerkunst] < fr. *plastique* (vgl. *plastic*).
plastisch [gekenmerkt door het geven van een vorm] < hd. *plastisch* < gr. *plastikos* (vgl. *plasma*).
plastron [borstlap] < fr. *plastron* < it. *piastrone,* vergrotingsvorm van *piastra* [ijzeren plaat, borstplaat] (vgl. *piaster*).
plat¹ [dun, vlak] middelnl. *plat* < fr. *plat* [idem], via me. lat. *(plattum* [vlakke plaats], *platum* [het plat van een zwaard]) < gr. *platus* [vlak].
plat² [barg. platmaken, omkopen] < **rotwelsch** *platt* [vertrouwd, bevriend, veilig], *platten* [tot vertrouwde maken, lijmen], *platte Leute* [vertrouwde relaties als helers en omgekochte politiemensen] < **jiddisch** *polat* [er vandoor gaan], waaraan het rotwelsch dus een betekenisuitbreiding gaf.
plataan [boom] middelnl. *platane, plataen* < fr. *platane* < lat. *platanus* < gr. *platanos* [idem], afgeleid van *platus* [plat, breeduit], dit vanwege de breed uitstaande takken.
platbroek [laf, karakterloos iemand, ook ontmand] van *plat* + *broek,* lett. dus plat van broek.
plateau [hoogvlakte, plaat] < fr. *plateau* < **oudfr.** *platel* (vgl. *plateel*).
plateel [platte schotel] middelnl. *plat(t)eel* [idem], **oudfr.** *platel* < me. lat. *platellus,* verkleiningsvorm van *plata* [schotel], teruggaand op gr. *platus* [plat, wijd].
plate-service [het opdienen van een hele maaltijd op bord of blad] < eng. *plate-service,* van *plate* [plaat, hoofdmaaltijd op één bord geserveerd] < fr. *plate,* vr. van *plat* (vgl. *plat*¹) + *service* [bediening].
platform [verhoging] < fr. *plate-forme* [idem], van *plat* [plat] + *forme* [vorm].
platina [chemisch element] (1784) < **spaans** *platino,* verkleiningsvorm van *plata* [zilver] (vgl. *plaat*), vanwege de gelijkenis daarmee.
platine [metalen plaat] < fr. *platine,* van *plat* [plat] (vgl. *plaat*).
platitude [gemeenplaats] < fr. *platitude,* naar analogie van *latitude* gevormd van *plat* [plat].
platteband [vlakke lijst (in bouwkunde)] < fr. *plate-bande* [smal tuinbed, rand, lijst], van *plat* [plat] + *bande,* uit het germ., vgl. *band*¹.
plattezeug [pissebed] van *plat*¹ + *zeug*² [pissebed].
platting [platte garenstreng (in scheepvaart)] van *plat*¹ of *platten* [platmaken].
platvink [barg. beurs] het eerste lid **verouderd nl.** *plaaten* [geld, muntstukken], het tweede **rotwelsch** *Finne* [ding, stuk, snuifdoos, fles, portemonnaie].
platvoetwacht [wacht van 16.00 tot 20.00] hd. *Plattfuß,* **deens** *platfoden,* wel bij platvoeten in de betekenis 'op de platte voeten lopen'. Ter ver-

plausibel — plenipotentiaris

klaring is aangevoerd dat deze vooravondwacht de gemakkelijkste is en uitnodigt tot heen en weer kuieren.

plausibel [aannemelijk] < fr. *plausible* [idem] < lat. *plausibilis* [in de gunst staand], van *plaudere* [klappen] (vgl. *applaudisseren*).

plaveien [bestraten] middelnl. *paveyen* [plaveien, bestraten] < fr. *paver* [idem] < me. lat. *pavare* [plaveien], klass. lat. *pavire* [vaststampen], (*pavimentum* [aangestampte vloer]); de *-l-* is vermoedelijk ontstaan door associatie met b.v. *pleisteren* of *plein*.

plavuis [vloertegel] middelnl. *plavuus, plevuus, plevuys* [vloersteen], bij *plaveien*, vgl. *plaveysteen, paveisteen*.

play-back [afspelen van een band waarbij de artiest alleen de gebaren maakt] < eng. *playback, play-back*, van *to play* [spelen] (vgl. *playboy*) + *back* (vgl. *bak*²).

playboy [voor zijn plezier levende, rijke jongeman] < eng. *playboy, play-boy*, van *to play* [spelen], middeleng. *pleien*, oudeng. *pleg(i)an*, vgl. middelnl. *pleien* [pret hebben] + *boy* (vgl. *boy* ¹).

plebaan [pastoor van kathedraal] middelnl. *plebaen* < fr. *pléban* < chr. lat. *plebanus* [pastoor], van *plebs* [volk].

plebejisch [niet-adellijk, vulgair] < fr. *plébéien* [idem] < lat. *plebeius* [burgerlijk, van de mindere man], van *plebs* [volk].

plebisciet [volksbesluit] < fr. *plébiscite* < lat. *plebiscitum* [idem], van *plebs* (2e nv. *plebis*) [volk] + *scitum* [besluit], eig. verl. deelw. van *sciscere* [onderzoek doen en (staatsrechtelijk) besluiten].

plebs [het gewone volk] < lat. *plebs* [de niet-patriciërs, later het lagere volk, de mindere man, het gepeupel] (vgl. *plethora*).

plecht [dek] middelnl. *plecht* [klein voor- of achterdek], middelnd. *plicht*, oudhd. *pflihta* (hd. *Pflicht*), deens, zweeds *pligt* < me. lat. *plecta* [vlecht, koord, mat, mandewerk, latwerk] < gr. *plektè* [idem], in het algemeen ook een contraptie van gevlochten aard, van *plekein* [vlechten], daarmee idg. verwant.

plectrum [citerpen] < lat. *plectrum* < gr. *plèktron* [idem], van *plèssein* [slaan, treffen], idg. verwant met *vloeken*.

plee [toilet] (1898), etymologie onzeker, wordt algemeen gezien als een vervorming van fr. *petit (cabinet)*, ook heeft men fr. *plaît-il* als de bron gezien, evenals eng. *place;* de nl. variant *pleti(e)* zou dan een verkleiningsvorm zijn. Volgens anderen volksuitspraak van laatste, beklemtoonde lettergreep van fr. *s'il vous plait;* met deze woorden wees men iemand het toilet.

pleeg- [voorvoegsel in pleegvader e.d.] van *plegen* in de betekenis 'voor iem. zorg dragen'.

pleet [metaal dat met laagje edelmetaal is bedekt] (1821) < eng. *plate* [dunne laag metaal] < oudfr. *plate*, vr. van *plat* [plat].

plegen [gewoon zijn] middelnl. *plien, plegen*, oudsaksisch *plegan*, oudhd. *pflegan*, oudfries *plegia*, oudeng. *plēon;* etymologie onbekend, vgl. ook *plicht*.

-plegie, -plegia [verlamming] < gr. *-plègia* < *plègè* [slag], van *plèssein* [slaan], idg. verwant met *vloeken*.

plegiskop [barg. pestkop] < jiddisch *plegesj* [lastig wijf] < hebr. *pilègesj* [bijvrouw, concubine].

pleidooi [verdedigend betoog, pleitrede] < oudfr. *plaidoyé* [idem], van *plaid* [gerechtshof, proces] (vgl. *pleit* ¹).

pleien [een werpspel met steentjes spelen] middelnl. *pleyen, playen* [pret hebben, dansen of springen], mogelijk verwant met *plegen*, *pleg(i)an, plægian* [idem] (eng. *to play*).

plein [open ruimte] middelnl. *plain, plein* [vlak veld, ook in een stad] < oudfr. *plain* [idem], van lat. *planum* [vlak veld], het zelfstandig gebruikt o. van *planus* [vlak].

plein-pouvoir [volmacht zonder beperking] < fr. *plein pouvoir*, van *plein* [vol] < lat. *plenus* [vol], daarmee idg. verwant, + *pouvoir* < vulg. lat. (niet geattesteerd) *potēre* < klass. lat. *posse* [kunnen].

pleiotropie [dat een gen meer dan één kenmerk beïnvloedt] gevormd van gr. *pleiōn* [meer] + *tropos* [wending] (vgl. *tropisch*).

pleister [stukje stof dat over wond gelegd wordt] middelnl. *plaester, pleister*, oudsaksisch *plastar*, oudhd. *pflastar*, oudeng. *plaster* < me. lat. *plastrum* [pleister, zalf], klass. lat. *emplastrum* < gr. *emplastron* [idem], van *emplassein* [in iets kneden, bestrijken], idg. verwant met eng. *to blend* [mengen]; de *ei* van *pleister* valt moeilijk te verklaren.

pleisteren [de reis onderbreken] middelnl. *plaesteren, pleisteren, peisteren* met later tussengevoegde *l* < *peisteren*.

Pleistoceen → *Plistoceen*.

pleit¹ [vaartuig] middelnl. *pleit(e), plaite* [platboomd schip], middelnd. *pleite*, oudfr. *plet(t)e, pleyte;* etymologie onbekend.

pleit² [rechtsgeding, geschil] middelnl. *plait, pleit* (fr. *plaid*) < oudfr. *plait* [idem] < me. lat. *placitum* [genoegen, voornemen, toestemming, akkoord, contract, compromis, bepaling, bijeenkomst, rechtszitting, pleit], van *placare* [kalmeren, verzoenen], verwant met *placēre* [behagen].

pleite [weg] < hebr. *p'lētāh* [redding, ontvluchting].

plek [plaats, punt] middelnd. *plecke* [plaats, plek, dorp], met vocaalwisseling van *plak* ¹.

plemp [vissersvaartuig] vermoedelijk variant van *plomp* [bot, stomp].

plempen [dempen] (1678), klanknabootsend gevormd.

plenair [voltallig] < lat. *plenarius* [volledig], van *plenus* [vol, volledig], idg. verwant met *vol* ¹.

plengen [uitgieten] (1477) middelnl. *plengen* [mengen]; etymologie onbekend, mogelijk klanknabootsend gevormd.

plenipotentiaris [gevolmachtigd minister] < me.

lat. *plenipotentiarius* [gevolmachtigde], van *plenipotens* [met volledige macht], van *plenus* [vol] + *potens* (2e nv. *potentis*) [machtig, in staat tot] (vgl. *potent*).

plensen → *plenzen*.

plenteren [bos in kleine groepjes verjongen] < **hd.** *plentern*, ouder *blendern* [uitdunnen], d.w.z. het bos vrijmaken van de *Blender*, de bomen die het licht wegnemen (vgl. *blind* ¹).

plenty [in overvloed] < **eng.** *plenty* [veel] (vgl. *planteit*).

plenum [voltallige vergadering] het zelfstandig gebruikt o. van **lat.** *plenus* [vol], daarmee idg. verwant.

plenzen [gieten] **middelnl.** *plansen, blansen;* klanknabootsend gevormd, vgl. *plonzen*.

pleochroïsme [kleurvariëring in kristallen] gevormd van **gr.** *pleōn* [meer] + *chrōs* [kleur].

pleomorfisme [verandering door uitwendige omstandigheden] gevormd van **gr.** *pleōn* [meer] + *morphè* [vorm, gedaante].

pleonasme [stijlvorm] < **fr.** *pléonasme* [idem] < **gr.** *pleonasma* [overschot], van *pleonazein* [meer (dan nodig) zijn of hebben], van *pleon,* o. van *pleōn* [meer, groter].

plesiosaurus [slanghagedis] gevormd van **gr.** *plèsios* [nabij] + *sauros* [hagedis], verwant met *saulos* [met zijn staart bewegend].

plessimeter [door medici gebruikt plaatje bij het bekloppen] gevormd van **gr.** *plèssein* [slaan], idg. verwant met *vloeken* + *meter* ¹.

plethora [volbloedigheid] < **gr.** *plèthòrè* [het vol zijn], van *plèthos* [volte], idg. verwant met **lat.** *plebs* [volk].

pleti, pletie → *plee*.

plets [geluid] klanknabootsende vorming.

pletten [platslaan] **middelnl.** *pletten* [platslaan of -maken], van *plat* ¹.

pletteren [vernielen, neergooien] iteratief van *pletten*.

pleura [borstvlies] < **gr.** *pleura* [zijde van het lichaam].

pleurant [treurende figuur] < **fr.** *pleurant*, teg. deelw. van *pleurer* [huilen], **oudfr.** *plorer* < **lat.** *plorare* [luid jammeren, huilen], klanknabootsend gevormd.

pleuren [smijten] **middelnl.** *pluderen* > *pluren* [babbelen, kabaal maken, tegenspartelen], **middelnd.** *pluderen, plodern,* **hd.** *plaudern,* verwant met **nl.** *ploeteren;* klanknabootsend gevormd.

pleureuse [rouwfloers] < **fr.** *pleureuse* < **oudfr.** *ploreresse,* van *plorer* (**fr.** *pleurer*) (vgl. *pleurant*).

pleuris [ontsteking van borstvlies] **middelnl.** *pleuresie* < **oudfr.** *pleurisie* [idem] < **me. lat.** *pleuresis* < **gr.** *pleuritis* [pijnlijke aandoening in de zij], van *pleura* [zijde van het lichaam].

plevier → *pluvier*.

plexiglas [kunststof] naar het Amerikaanse handelsmerk *plexiglass, plexi,* van **lat.** *plectere* (verl. deelw. *plexum*) [vlechten], daarmee idg. verwant.

plexus [netwerk] < **modern lat.** *plexus,* van *plectere* (vgl. *plexiglas*).

plezant [aangenaam] < **fr.** *plaisant* (vgl. *plaisanterie*).

plezier [genoegen] < **fr.** *plaisir*, een als zn. gebruikte onbepaalde wijs < **lat.** *placēre* [behagen, bevallen].

plicht [verantwoordelijkheid] **middelnl.** *plicht(e)* [verantwoordelijkheid, zorg voor, verplichte dienst, schuld, gewoonte], **middelnd.** *plicht*, **oudhd.** *phliht*, **oudeng.** *pliht;* van **middelnl.** *plien, plegen* [borg stellen voor, zorgen voor, in praktijk brengen, gewoon zijn] (vgl. *plegen*).

plimsollmerk [uitwateringsmerk op schip] < **eng.** *Plimsoll (mark),* genoemd naar *Samuel Plimsoll* (1824-1898), Engelse handelaar in steenkool en parlementslid, die zich inspande voor hervorming van scheepvaartwetten.

plint [voetlijst] (1621) < **fr.** *plinthe* [idem] < **lat.** *plinthus* [het stenen vierkant waarop een zuil rust] < **gr.** *plinthos* [baksteen, vloertegel], van vóór-gr. herkomst.

Plioceen [geologische periode] < **eng.** *pliocene,* gevormd van **gr.** *pleiōn* [meer] + *kainos* [nieuw].

plisseren [fijn plooien] < **fr.** *plisser* [plooien], van *pli* [plooi], van *plier* [vouwen] < **lat.** *plicare* [samenvouwen], verwant met *plectere,* idg. verwant met *vlechten* → *vlecht*.

Plistoceen [geologische periode] gevormd van **gr.** *pleistos* [het meeste] + *kainos* [nieuw].

plod [vod, dronkaard, slet] → *plodderen*.

plodderen [ploeteren, plonzen, vuil werk doen] frequentatief van *plodden* [ploeteren] < **eng.** *to plod,* klanknabootsend gevormd.

ploeg ¹ [landbouwwerktuig] **middelnl.** *ploech, plouch,* **middelnd.** *plōch,* **oudhd.** *pfluog,* **oudfries** *plōg,* **oudeng.** *plōg* [een ploeg lands], een vóór-germ. woord uit een taal in de Alpen of uit het kelt..

ploeg ² [groep mensen] **middelnl.** *ploech, plouch* [bij elkaar behorend gezelschap, hoop (van zaken)]; is waarschijnlijk hetzelfde woord als *ploeg* ¹.

ploert [patser, gemene kerel] eerst sedert de 18e eeuw genoteerd in de betekenis 'lichtmis', sedert 1896 in die van 'schoft', vermoedelijk verwant met **hollands dial.** *pluren, pluurten* [met half dichtgeknepen ogen kijken] of **fr.** *pleutre* (1750), dat stamt van **vlaams** *pleute* [lap, vod], vgl. *pluren*.

ploeteren [plonzen, zwoegen] **middelnl.** *pluderen* [babbelen, kabaal maken], **nd.** *pladdern* [leuteren], **hd.** *plaudern* [babbelen], **middelhd.** *pludern* [ruisend gaan]; klanknabootsend gevormd (vgl. *pleuren*).

plof [bons, smak] klanknabootsend gevormd.

plokgeld [strijkgeld] het eerste lid is **middelnl.** *ploc, pluc* [een handvol van iets], [zoveel als men

plokworst – plutocratie

plokworst met de hand van iets kan afplukken], dus van *plukken*.
plokworst [gerookte worst] van **nd.** *plock* [brokjes vet in de worst], vgl. **eng.** *pluck* [hart, longen en lever van geslacht dier] en **nl.** *plukken* in de betekenis 'uit elkaar halen'.
plombe [lood] (**middelnl.** *plombeye* [met lood gevulde knots], *plombet* [loden stift]) < **fr.** *plomb* [lood] < **lat.** *plumbum* [idem], uit een vóór-lat. mediterrane taal.
plomberen [met lood vullen] < **fr.** *plomber*, van *plomb* [lood] (vgl. **plombe**).
plombière [ijsgerecht] < **fr.** *plombières*, genoemd naar de badplaats *Plombières* in de Vogezen.
plomp¹ [waterplant] **middelnl.** *aplompe* (met een eerste lid *a(a)* [water] (vgl. **a**)), ook *plompe;* mogelijk van dial. *plomp* [stok waarmee in het water wordt geslagen om vissen in het net te jagen (en dan klanknabootsend van aard)].
plomp² [log] **middelnl.** *plomp*, van het tussenwerpsel *plomp!*.
plompen [met een plomp in het water komen] klanknabootsende vorming.
plongée [afhellend vlak van een borstwering] < **fr.** *plongée*, van *plonger* [onderdompelen, storten in], van een niet-overgeleverd vulg. lat. ww., dat afgeleid was van **klass. lat.** *plumbum* [lood] (vgl. **plombe**).
plons [geluid] klanknabootsend gevormd.
plooi [rimpel] **middelnl.** *ploye, plooi* < **oudfr.** *ploi* (**fr.** *pli*) [idem], van *ploier* < **lat.** *plicare* [vouwen] (vgl. **plisseren**).
plopper [Indonesische vrijheidsstrijder] < **maleis** *pelopor* [voorloper, verkenner, voorhoede, voorvechter, baanbreker] < **nl.** *voorloper*.
plot [intrige] < **eng.** *plot*, etymologie onbekend, mogelijk < **fr.** *complot*.
plots [eensklaps] klanknabootsende vorming.
plotseling [onverhoeds] eerst nieuwnl., gevormd naar **hd.** *plötzlich*, van **noordduits** *Plotz* [luide slag van iets dat valt], **hd.** *Platzer* [smak, plof].
plotten [navigeren, door een computer laten tekenen] < **eng.** *to plot* [idem], van het zn. *plot* (vgl. **plot**).
pluche [zware stof] < **fr.** *p(e)luche* [idem] < **it.** *peluzzo* [haartje, fijn laken] < **lat.** *pilosus* [behaard], van *pilus* [(lichaams)haartje] (vgl. *pil*¹,² + *-osus* [vol van].
plug [wig, prop] **middelnl.** *plugge, plogge* [houten nagel, pin, stop], **middelnd.** *pluch*, **middelhd.** *phloc*, **zweeds, noors** *plugg*, **deens** *pløg*, ook in het kelt.: **iers** *pluc*, **gaelisch, welsh** *ploc;* etymologie onbekend.
pluim [veer, toef] **middelnl.** *plume, pluyme*, **middelnd.** *plume*, **oudhd.** *pfluma*, **oudeng.** *plumfeðer* < **lat.** *pluma* [veer, dons], idg. verwant met **vlies**.
pluimage [gevederte] **middelnl.** *plumage* [hoed, hoedversiering] < **oudfr.** *plumage*, van *plume* (vgl. **pluim**).

pluimstrijken [kruiperige complimenten maken] **middelnl.** *enen die plumen striken, plume* [veer, dons, pluisje] (vgl. **pluim**), *striken* [afstrijken] (vgl. **strijken**).
pluis¹ [vlokje] van *pluizen*, **middelnl.** *plu(y)sen* < **oudfr.** *pelucher* [idem] (vgl. **pluche**).
pluis² [niet pluis, niet in orde] eerst sedert Kiliaan genoteerd in de betekenis 'zuiver, glad', vgl. **fries** *net plus*, van *pluizen*, dus eig. geplukt, kaal, schoongemaakt, in orde.
pluit, pluiter [vaartuig] etymologie onzeker.
plukken [lostrekken] **middelnl.** *plu(y)cken, plocken, plukken* (van bloemen, ook gevogelte), van rom. herkomst, vgl. **fr.** *éplucher*, **oudfr.** *peluchier* en **it.** *piluccare*, teruggaand op **lat.** *pilus* [(lichaams)haartje].
plumbago [loodkruid] < **lat.** *plumbago* [een soort looderts], van *plumbum* [lood] (vgl. **plombe**).
plumeau [vederborstel] < **fr.** *plumeau*, van *plume* [pluim].
plummerblok, plummelblok [steun van een as] < **eng.** *plummerblock* = *pillow-block*, de etymologie van het eerste lid is onbekend, mogelijk een persoonsnaam.
plumpudding [soort pudding] < **eng.** *plum(-)pudding*, namelijk *pudding* met *plums* [pruimen] (vgl. **pudding**).
plunden, plunnen, plunder [vodden, rommel, have en goed] → **plunderen**.
plunderen [(be)roven] **middelnl.** *plunderen, plonderen*, van *plunder, plonder* [allerlei benodigdheden, klein huisraad, beddegoed, oude kleren, plunje]; plunderen is dus beroven van alle losse bezittingen. Etymologie onbekend.
plunje [kleding] ontstaan uit *plunder* → **plunderen**.
plunjer [zuiger in perspomp] < **eng.** *plunger* [idem], van *to plunge* [onderdompelen] (vgl. **plons**).
pluralis [meervoud] < **lat.** *pluralis* [behorend bij meer], van *plus* (2e nv. *pluris*) [meer].
pluren [met halfdichte ogen turen] **nd.** *pluren*, *plüren*, wordt verbonden met **nl.** *pluur*, **nd.** *plure* [pluisje, draadje, lap, vod], **vlaams** *pleute* [lap, vod]; de grondbetekenis zou dan zijn 'slap zijn' en dan 'slapen, lui zijn'.
pluriform [veelvormig] < **lat.** *pluriformis* [gevarieerd], van *plus* (2e nv. *pluris*) [meer] + *forma* [vorm].
plus [positief, plusteken] < **lat.** *plus* [meer], verwant met **gr.** *polu* [veel], *pleiōn* [meer], **oudindisch** *puru-* [veel].
plusfour [kuitbroek] < **eng.** *plus fours*, zo genoemd omdat hij vier inches beneden de knie behoorde te vallen.
plusquamperfectum [voltooid verleden tijd] van **lat.** *plus* [meer] + *quam* [dan] + *perfectum* [voltooid] (vgl. **perfect**).
plutocratie [geldheerschappij] < **gr.** *ploutokratia* [heerschappij der rijken], van *ploutos* [rijkdom], verwant met *polus* [veel] + *krateō* [ik heb macht, heers], idg. verwant met **hard**.

plutonisch [m.b.t. dieptegesteenten] genoemd naar lat. *Pluto,* god van de onderwereld, vgl. **gr.** *ploutos* [rijkdom] (vgl. *plutocratie*).

plutonium [chemisch element] genoemd naar de planeet *Pluto,* de tweede planeet buiten Uranus, naar analogie van *neptunium* naar Neptunus, de eerste planeet voorbij Uranus.

pluut → *pluit.*

pluviaal [regen-] < **fr.** *pluvial* < **lat.** *pluvialis* [regen-, regenbrengend] (vgl. *pluviale*).

pluviale [koorkap] < **me. lat.** *pluviale,* eig. het zelfstandig gebruikt o. van **klass. lat.** *pluvialis* [regen-], van *pluvia* [regen], van *pluere* [regenen], idg. verwant met *vloeien.*

pluvier, plevier [vogel] **middelnl.** *plovier, pluvier* < **fr.** *pluvier* [idem], **oudfr.** *plovier,* van **lat.** *pluvia* [regen] (vgl. *pluviale*), dus 'regenvogel'; de komst van de pluvieren kondigde een periode met regen aan, meende men. Vgl. *regenfluiter.*

pluviometer [regenmeter] < **fr.** *pluviomètre,* gevormd van **lat.** *pluviosus* [regenachtig], van *pluvia* [regen] (vgl. *pluviale*) + *meter* [1].

pluviôse [regenmaand] < **fr.** *pluviôse,* gevormd van **lat.** *pluviosus* [regenachtig] (vgl. *pluviale*) + *-osus* [vol van].

pneu [luchtband] < **fr.** *pneu,* verkort uit *pneumatique* (vgl. *pneumatisch*).

pneuma [Heilige Geest] → *pneumatisch.*

pneumatisch [met lucht werkend] < **fr.** *pneumatique* [idem] < **gr.** *pneumatikos* [vol wind], van *pneuma* [wind, geest], van *pneō* [ik blaas, adem], vgl. *niezen, fniezen,* klanknabootsend gevormd.

pneumonie [longontsteking] < **fr.** *pneumonie* < **gr.** *pneumonia* [longontsteking] < *pleumonia* (door volksetymologische associatie met *pneuma* [wind, adem]), van *pneumōn,* (< *pleumōn,* 2e nv. *pleumonos*) [long].

pneumothorax [ingeklapte long] gevormd van **gr.** *pneumōn* (vgl. *pneumonie*) + *thorax.*

po [kamerpot] fonetisch overgenomen uit **fr.** *pot* < **vulg. lat.** *pottus, potus,* etymologie onzeker.

pochen [snoeven] **middelnl.** *poken* [stoten, duwen], **oostmiddelnl.** *bluffen* [pochen], **middelhd.** *puchen, bochen* [slaan, stoten], **hd.** *pochen* [stoten, pochen], **middeleng.** *poken* [duwen] (**eng.** *to poke*); bij de vorming van **nl.** *pochen* heeft het duits ongetwijfeld invloed uitgeoefend.

pocheren [gaar maken beneden het kookpunt] < **fr.** *pocher* [idem], van *poche* [zak, buidel] (vgl. *pochet*); pocheren wil zeggen iets opblazen als een zak.

pochet [zakdoekje] < **fr.** *pochette* [zakje, pochet, zakviooltje], verkleiningsvorm van *poche* [zak], uit het germ., vgl. **eng.** *pocket.*

pocket [boek in zakuitgave] < **eng.** *pocket,* verkleiningsvorm van **oudeng.** *pocca, pohha* [tas], **oudnederfrankisch** *poque, poke,* **middelnl.** *poke, poocke,* **oudnoors** *poki* [zak, buidel]; het **fr.** *poche* stamt uit het germ. (vgl. *pochet, pok*).

poco [een weinig] < **it.** *poco* < **lat.** *paucus* [weinig, gering], idg. verwant met **eng.** *few.*

poculeren [drinken] van **lat.** *poculum* [bekertje, drank, drinkgelag].

podagra [jicht] < **lat.** *podagra* < **gr.** *podagra* [voetangel, klem, jichtige voetverlamming], gevormd van *pous* (2e nv. *podos*) [voet], daarmee idg. verwant, + *agra* [jacht, het vangen].

podde, pod [vuil] behoort bij *pad* [2] [kikvors] (vgl. *podderig*).

poddel [hoer] van *podde* [vuil] (vgl. *podderig*).

podderig [smoezelig] van **middelnl.** *podde,* nevenvorm van *padde,* vgl. **nd.** *pudde* [pad, puistje], **fries** *pod(de)* [padde], ook 'vuil' in *pod yn'e noas* [vuil in de neus].

podesta [stadsbestuur(der)] < **it.** *podestà* [overheid, macht, burgemeester] < **lat.** *potestas* [macht, wettige macht, ambtsgezag], van *posse* [zich meester maken van, bezitten], *potior* [ik bezit], van *potis* [in staat, machtig].

podium [platform] < **lat.** *podium* [lambrizering, balkon] < **gr.** *podion,* verkleiningsvorm van *pous* (2e nv. *podos*) [voet], daarmee idg. verwant (vgl. *pui* [1]).

podometer [passenteller] gevormd van **gr.** *pous* (2e nv. *podos*) [voet], daarmee idg. verwant, + *meter* [1].

podorie [vloek] < *God verdore je,* **middelnl.** *verdoren* [van zijn verstand beroven].

podsol, podzol [schierzand] < **russ.** *podzola* [alkalihoudende as], van *pod* [onder] + *zola* [as].

poeasa [islamitische vasten] < **maleis** *puasa* [vasten] < **oudindisch** *upavāsa-* [vasten].

poed, pud [Russisch gewicht] < **russ.** *pud* [gewicht van 40 Russische ponden] < **oudnoors** *pund* (vgl. *pond*).

poedel [1] [hond] < **hd.** *Pudel* < *Pudelhund* [een hond die poedelt, in het water spartelt]; de poedel is gefokt voor de jacht op waterwild, vgl. *poedelen.*

poedel [2] [misschot] mogelijk van *poedelen* [morsen, knoeien].

poedelen [wassen] **nd.** *pud(d)eln,* **eng.** *to puddle,* klanknabootsend gevormd, vgl. [peuren].

poeder, poeier [gruis] **middelnl.** *pouder, po(e)der* < **fr.** *poudre* [idem] < **lat.** *pulverem,* 4e nv. van *pulvis* [het stof] (vgl. *pollen*).

poëem [gedicht] < **fr.** *poème* < **lat.** *poëma* [idem] < **gr.** *poièma* [stuk werk, handeling, gedicht] (vgl. *poëzie*).

poëet [dichter] **middelnl.** *poëte* < **fr.** *poète* < **lat.** *poëta* [idem] < **gr.** *poiètès* [maker, uitvinder, dichter] (vgl. *poëzie*).

poef [pofmouw, taboeret] < **fr.** *pouf* [klanknabootsing van iets dat valt, dan overdrachtelijk damesmuts, pofmouw, taboeretje].

poeha [drukte] met talrijke nevenvormen als *boeha* en *bohaai,* gevormd van *boe! + ha!.*

poekelen [barg. te veel praten, doorslaan] < **rotwelsch** *puken* [idem] < **zigeunertaal** *p'uk* [bekennen, verraden].

poekoelan [Indonesische vechtsport] < **maleis** *pukulan* [het slaan, klap], met het zn. vormend achtervoegsel *-an* gevormd van *pukul* [slaan].

poel [plas] middelnl. *poel, poil, puel*, **middelnd. pōl, pūl,** oudhd. *pfuol,* **oudfries, oudeng.** *pōl;* buiten het germ. **albaans** *bal'te*, **litouws** *bala,* **oudkerkslavisch** *blato* [moeras].

poelepetaat [parelhoen] (1859) < **fr.** *poule pintade* [idem], *poule* [hoen] (vgl. **poelet**) *pintade* < **portugees** *pintado* [gevlekt, eig. geschilderd], verl. deelw. van *pintar* [schilderen] < **lat.** *pingere* [idem].

poelet [soepvlees] < **fr.** *poulet* [kuiken, kip], verkleinwoord van *poule* [kip] < **lat.** *pullus* [jong van een dier, vooral van een vogel, kuiken, jonge kip] (vgl. *veulen, poesjenel*).

poelie [riemschijf] middelnl. *poleye* [katrol, windas] < **fr.** *poulie* of **eng.** *pulley*, beide < **oudfr.** *polie*, van een verkleiningsvorm van **gr.** *polos* [draaipunt, as], van *pelein* [zich bewegen] (vgl. *pool¹*).

poelier [handelaar in geslachte vogels] (1571), teruggaand via een niet-teruggevonden oudfr. woord op **lat.** *pullarius* [oppasser van de heilige kippen (gebruikt als orakel)], van *pulla* [kip], of uit middelnl. *poelge* [jonge kip] (vgl. **poelet**).

poema [katachtige] < **spaans** *puma* < **quechua** *puma*.

poëma [dichtstuk] < **lat.** *poema* (vgl. **poëem**).

poen [zoen] middelnl. *poen, po(e)nen*, klanknabootsende vorming.

poene [straf, boete] < **lat.** *poena* [boete, straf, wraak] < **gr.** *poinè* [schadevergoeding, boete, straf].

poenka [aan de zolder hangende waaier, fan] < **eng.** *punka(h)* (uitgesproken als pauka) < **hindi** *paṅkhā* [idem], van **middelindisch** *pankha-* [veder, vleugel] < **oudindisch** *pakṣa-* [vleugel].

poensel [ton, groot biervat] middelnl. o.m. *poincho(e)n, poento(e)n, poenso(e)n* < **fr.** *poinçon* [waarmerk, ijk] (**picardisch** *poinchon*) < **lat.** *punctionem*, 4e nv. van *punctio* [steek, prik], van *pungere* (verl. deelw. *punctum*) [steken] (vgl. *punt¹*).

poep [mof] begin 17e eeuw, mogelijk < **hd.** *Bube* (vgl. *boef*), waarschijnlijk ook geassocieerd met *poep* [stront].

poepen¹ [zijn gevoeg doen] klanknabootsende vorming.

poepen² [neuken] nevenvorm van *poppen* [met poppen spelen, spelen, het minnespel bedrijven].

poer¹ [marsbanker] etymologie onbekend.

poer² [buskruit] middelnl. *poeder, poder, pouder, poer* [poeder, gestampte kruiderijen, buskruit] (vgl. *poeder*).

poerem [drukte] →*Purim*.

poeri [paleis] < **maleis** *puri* [kasteel, kraton], **javaans** *puri*, **kawi** *puri* [paleis, vorstelijke residentie] < **oudindisch** *purī* [fort, kasteel, stad], naast *pura* (ook in het sanskrit, kawi, javaans, maleis) met vrijwel dezelfde betekenis.

poerim →*Purim*.

poes [vrouwelijke kat] een woord dat vermoedelijk het blazen van de kat weergeeft en in ettelijke talen voorkomt: **nd.** *pus,* **eng.** *puss,* **deens** *pus,* **iers, gaelisch** *pus,* **albaans** *piso,* **roemeens** *pisica,* **tamil** *pusai,* vgl. *puis*.

poesaka [erfstuk] < **javaans** *poesaka*.

poesje [borrel na kop koffie] < **fr.** *pousse-café* [lett. wat de koffie wegdrukt], vgl. *afzakkertje*.

poesjenel [hansworst] < *polichinel* (vgl. *poli*).

poespas [rare mengelmoes, oorspr. een soort stamppot] (1676), mogelijk volksetymologische vervorming < **eng.** *pish-pash* [rijstsoep met brokjes vlees], in India ontleend van < **perzisch** *pāshīdan* [in stukken breken].

poest [adem, wind] van *poesten* [blazen], variant van *poezen*.

poesta [grassteppe] < **hongaars** *puszta* [kaal, kapotgemaakt, vervolgens de poesta], van *pusztítani* [verwoesten], *pusztulni* [kapotgemaakt worden]; zo genoemd omdat het eens vruchtbare gebied onder Turkse overheersing te gronde ging.

poesten [blazen, hijgen] middelnl. *poesten, puysten* [blazen], **middelhd.** *pfusen,* **hd.** *pusten,* **oudzweeds** *pysa* [snuiven]; wel te verbinden met *puist*, vgl. voor de betekenis het zn. *blaas* (vgl. *assepoester*).

poester [koffie met cognac] < **fr.** *pousse-café* (vgl. *poesje*).

poet [barg. geld, buit] vgl. < **rotwelsch** *Putputt, Puttchen, Puttkens* [geld], dat mogelijk hoort bij *butten, putten* [eten]; daarbij is te denken aan *lemlem* < **hebr.** *lechem* [brood], dat eveneens geld betekent.

poëtaster [pruldichter] < **it.** *poetastro* [rijmelaar] < **lat.** *poëta* [dichter] en de pejoratieve lat. uitgang *-aster*, vgl. *kritikaster*.

poetel [kinderhandje of -voetje] van *poet* [vleinaampje, jong meisje].

poetje [barg. heler] van *poet* [gestolen goed].

poets [grap] mogelijk < **hd.** *Putze* [grap], nevenvorm van *Posse* (vgl. *potsierlijk*).

poetsen [reinigen] bij Kiliaan *boetsen, snuiten,* dat hij als oostelijk kwalificeert, 1645 schoonmaken < **hd.** *putzen, butzen,* van *Putz(e), Butz(e)* [weke massa, vuil].

poezel, poezelig, met oude bewaarde *oe* van dezelfde basis als *poezen*.

poezelig [mollig] bij Kiliaan *poeselachtigh* [gespierd, vlezig], *poesele* [mollig meisje], vermoedelijk van *poesel*, verkleiningsvorm van *poes* + *-ig*.

poezen [plassen, blazen, zoenen] middelnl. *poesen* [zoenen], vgl. **eng.** *buss* [zoen], **hd.** *pausen, bausen,* **zuidduits** *Busserl* [zoen, kus], van een basis met de betekenis 'zwellen', die we terugvinden in *puist*, **iers** *bus* [lip] (vgl. *assepoester*).

poëzie [dichtkunst] < **fr.** *poésie* < **lat.** *poësis* [dichtkunst, dichtwerk] < **gr.** *poíèsis* [het maken, het scheppen van voorstellingen, gedicht], van *poiein* [maken, dichten].

pof [iets bols] →*poef*.

poffen [op krediet kopen] van hetzelfde woord *pof*

als in pofmouw, dus met de betekenis 'opgeblazen handelen'.
poffertjes [ronde koekjes] **middelnl.** *puffe* [een broodje, bol], **nd.** *puffer(t)*, van **hd.** *Puffer* [(aardappel)pannekoekje], *poffen*, **middelnl.** *puffen* [sissen, blazen], vanwege het geluid bij het bakken.
pogen [proberen] **middelnl.**, **middelnd.** *pogen;* etymologie onbekend.
pogge [big] **oostmiddelnl.** *pogge, pugge,* een van de vele nevenvormen van *big*, vgl. **middelnl.** *bagge*, **vlaams** *viggen*, **middeleng.** *pigge*, in Zuid-Holland *biek*, waarvan de onderlinge verhouding niet helder is.
pogo [dans] etymologie onbekend.
pogrom [razzia tegen joden] < **russ.** *pogrom*, van *po* [op, bij] + *gromit'* [vernietigen].
poids [gewicht] < **fr.** *poids* < **lat.** *pondus* [gewicht, zwaarte, pond], van *pendere* [wegen] (vgl. *pond*).
poignant [schrijnend] < **fr.** *poignant* [stekend], oud teg. deelw. van *poindre* [steken] < **lat.** *pungere* [idem] (vgl. *punt* ¹).
poil [haarachtige dekking] < **fr.** *poil* [haar] < **lat.** *pilus* [(lichaams)haartje].
poilu [frontsoldaat] < **fr.** *poilu* [harig, ruig, mannetjesputter, soldaat uit 1914-18], van *poil* [haar] < **lat.** *pilus* [(lichaams)haartje] (vgl. *pil*²).
poimeniek [herderlijke zorg] < **gr.** *poimenikè technè* [de kunst van de herder], *(poimèn* [herder]) (vgl. *techniek*).
poinsettia [kerstster] genoemd naar de Amerikaanse diplomaat *Joel Roberts Poinsett* (1779-1851).
point [punt] < **fr.** *point* < **lat.** *punctum* (vgl. *punt* ¹).
pointe [strekking] < **fr.** *pointe* < **me. lat.** *puncta*, het zelfstandig gebruikt vr. verl. deelw. van *pungere* (vgl. *punt*¹).
pointer [hond] < **eng.** *pointer*, van *to point* [richten op, wijzen op] < **fr.** *pointe* (vgl. *pointe*), dus een hond, die de richting van het wild aangeeft door zodra hij het ruikt te blijven staan met de snuit in de richting ervan, één voorpoot opgeheven.
pointillisme [met puntjes schilderen] < **fr.** *pointillisme*, van *pointiller* [stippelen, pointilleren], van *point* [punt, stip] < **lat.** *punctum* (vgl. *punt* ¹).
point-lacé [type borduurwerk] < **fr.** *point* [punt, steek] + *lacé*, verl. deelw. van *lacer* [knopen, dichtrijgen] < **lat.** *laqueare*, van *laqueus* [strik].
poise [eenheid van inwendige wrijving] genoemd naar de Franse arts *Jean-Louis-Marie Poisenille* (1799-1869).
pok [puistje] **middelnl.** *poc(ke)* [puistje, blaar], naast **middelnl.** *poke, poocke* [zak], **oudnederfrankisch** *poque, poke* [zak, tas], **oudeng.** *pocc* [puist, pok], naast *poke* [zak], **oudnoors** *poki* [zak]; buiten het germ. **lat.** *bucca* [de volgestopte of opgeblazen wang].
pokaal [bokaal] < **hd.** *Pokal* [idem] (vgl. *bokaal*).
poken [porren] **middelnl.** *poken* [steken, prikken,

poffertjes — polemologie

stoten, duwen, in oostmiddelnl. ook pochen, bluffen], *poke* [dolk, steekmes], **middelnd.** *boken, buken, puggen,* **middelhd.** *bochen, puchen,* **hd.** *pochen* (waarvan de betekenis pralen secundair is). Behoort bij **middelnl.** *boken*, **nl.** *beuken*.
poker [spel] < **eng.** *poker*, vermoedelijk < **hd.** *Pochspiel*, van *pochen* [een kaart roemen] (vgl. *pochen*).
pokhout [houtsoort] zo genoemd omdat het eeuwenlang gold als een uitstekend middel tegen vooral syfilis, vgl. **hd.** *Franzosenholz* (tegen de Franse ziekte) en de in Amerika gebruikelijke benaming *lignum vitae* [levenshout].
pokkel [lichaam, rug, bult] ook *poekel*, evenals **hd.** *Buckel, Puckel* < **fr.** *boucle* [knobbel van een schild] < **lat.** *buccula* [wangetje], verkleiningsvorm van *bucca* [(volgestopte) wang].
pol ¹ [graspol, rond koekje, mollig handje] **middelnl.** *pol* [top, toppunt] < **middelnd.** *polle*, behoort bij *puilen*.
pol ² [vrijer, minnaar, souteneur] **middelnl.** *pol* [boel, minnaar (16e eeuw), bedrogen echtgenoot]; nevenvorm van *boel* ².
polair [pool-] < **fr.** *polaire* [idem] < **me. lat.** *polaris* [polair], van *polus* [pool].
polak [Pool] < **pools** *Polak* [idem] (vgl. *Polen*).
polakker [vrachtvaartuig] < **fr.** *polacre* < **it.** *polacra* of **spaans** *polacra* < **catalaans** *pollacra*, etymologie onzeker, mogelijk < **lat.** *pelasgica navis* [zeeschip].
polariseren [elektrische lading geven, tegenstellingen toespitsen] < **fr.** *polariser* [idem], van *polaire* (vgl. *polair*).
polarisraket [tweetrapsraket] genoemd naar de *stella polaris* [poolster].
polaroid [merknaam] van **eng.** *to polarize* [polariseren] + *-oïde*.
polder ¹ [bemalen land] **middelnl.** *polre, poller, poelre, polder*, van *pol* [door aanslibbing gevormd land], vgl. **oudnoors** *pollr* [ronde inham van de zee], vermoedelijk te verbinden met *pol* [zwelling] (vgl. *bul* ¹, *pol*¹).
polder ² [slaapplaats voor kippen, voor knechten, paal, bij Kiliaan stang waarop de hoenders zitten] < **oudfr.** *poldre, poltre* (**fr.** *poutre*) [jong dier, balk] (vgl. voor de betekenisoverdracht *ram, chevron* e.d.) < **me. lat.** *pulletrus*, van **klass. lat.** *pullus* [jong van een dier, kip], vgl. *poulet*).
polei [plant] **middelnl.** *polleye* [vlooienkruid] < **lat.** *puleium* < **gr.** *blèchō(n)* [idem].
polemiek [twistgeschrift] < **fr.** *polémique* [idem] < **gr.** *polemikon* [strijdkreet], het zelfstandig gebruikt o. van *polemikos* [oorlogs-, oorlogszuchtig], van *polemos* [oorlog], verwant met *pallein* [slingeren, schudden, passief: bonzen] (vgl. *pols*).
polemisch [strijdend] < **hd.** *polemisch* < **gr.** *polemikos* [de oorlog betreffend], van *polemos* [oorlog].
polemologie [de leer van het ontstaan van oorlo-

Polen — polster

Polen gen] gevormd van **gr.** *polemos* [oorlog] + *logia* (vgl. *logie*).

Polen [geogr.] < pools *Polanie* [bewoners van de vlakte], van *pol-* [veld], daarmee idg. verwant, + het achtervoegsel *-anie* dat bewoners aanduidt.

polenta [gerecht] < **it.** *polenta* < **me. lat.** *polenta* [gruwel, dunne pap] < **klass. lat.** *polenta* [gepelde gerst], verwant met *pollen* [tarwebloem] (vgl. *poeder*).

poleren [polijsten] **middelnl.** *poleren* < **fr.** *polir* [idem] (vgl. *polieren*).

poli, polichinel [hansworst] < **fr.** *Polichinelle* < **it.** *Pulcinella* [idem] < **lat.** *pullus gallinaceus, pullus* [jonge vogel, kuiken] (vgl. *poulet*), *gallinaceus* [kippe-, hane-]; de Pulcinella maakte piepende geluiden, had een haakneus en een bepaalde, eigenaardige manier van lopen.

poliep [inktvis, woekering] < **me. fr.** *polype* [idem] < **lat.** *polypus* [zeepoliep, neuspoliep] < **gr.** *polupos, polupous* [veelvoetig, poliep], van *polu* [veel] + *pous* [poot, voet], daarmee idg. verwant.

polieren [polijsten] **middelnl.** *poleren* < **fr.** *polir* (**eng.** *polite, beschaafd*) < **lat.** *polire* [gladmaken, polijsten].

poliet [beschaafd] < **lat.** *politus* [smaakvol, fijn, beschaafd], eig. verl. deelw. van *polire* [gladmaken, polijsten, goed verzorgen].

polijsten [glad maken] **middelnl.** *pollijsten, pellijsten* met een *t* uit het verl. deelw. van **fr.** *polir* (vgl. *polieren*).

polikliniek [inrichting voor niet-bedlegerige patiënten] gevormd van *poly-* + *kliniek* (vgl. *klinisch*).

polio [kinderverlamming] verkort uit *poliomyelitis,* van **gr.** *polios* [grijs], idg. verwant met ***vaal*** + ***myelitis***.

polis[1] [verzekering, contract] < **fr.** *police* [polis, tucht, politie] < **it.** *polizza,* verbasterd uit **me. lat.** *apodixa* [reçu] < **gr.** *apodeixis* [het zichtbaar maken, bewijs], van *apodeiknunai* [tonen, bewijzen], van *apo* [weg van] + *deiknunai* [tonen], idg. verwant met het tweede lid van ***aantijgen***.

polis[2] [stad] < **gr.** *polis* (vgl. *politiek*).

politbureau [dagelijks bestuur van de communistische partij] < **russ.** *politbjuro,* samengetrokken uit *političeskoe bjuro* [politiek bureau].

politicaster [beunhaas in de politiek] < ***politicus*** + het pejoratieve achtervoegsel *-aster* als in *poëtaster*.

politicus [staatsman] < **lat.** (bn.) *politicus* [staatkundig, politiserend] < **gr.** *politikos* (vgl. *politiek*).

politie [overheidsdienst voor openbare orde] **middelnl.** *politie, pol(l)icie* [m.b.t. het stedelijk bestuur, de verordeningen daartoe, staatsorde], rond 1800 in de huidige betekenis < **oudfr.** *pollice, policie* < **lat.** *politia* [staatsregeling] < **gr.** *politeia* [burgerij, staatsregeling, stadsbestuur, burgerrecht], van *politès* (vgl. *politiek*).

politiek [staatkundig, staatkunde] van het lat. bn.

politicus < **gr.** *politikos* [de burger betreffend, voor de samenleving geschikt, van de staatsman, van de staat uitgaand], als zn. verkort uit *politikè technè* (vgl. ***techniek***), van *politès* [burger], van *polis* [stad, stadstaat], verwant met **oudindisch** *pur-* [vesting, stad], vgl. de talrijke plaatsnamen op *-poer(a), -pur(a)* in het gebied van de Indische beschaving, en vgl. ***poeri***.

politoer [gladheid] in de 19e eeuw < **hd.** *Politur* < **laat-lat.** *politura* [het gladmaken, polijsten], van het ww. *polire* (verl. deelw. *politum*) [glad maken, vijlen, polijsten, goed verzorgen].

polk[1] [kuil, hol] **middelnl.** *polck* [put]; zal van dezelfde basis zijn als *polken* [klotsen], dat klanknabootsend is gevormd.

polk[2] [Poolse jood] → *polak*.

polka [dans] (1846) < **tsjechisch** *půlka* of **slovaaks** *polka* [halve stap], van *půl* respectievelijk *pol* [half].

poll [stemming] < **eng.** *poll* [in plaatsnamen heuvel, hoofd, kruin, hoofdelijke belasting, het tellen van de hoofden, stemming], **oudeng.** *poll,* **middelnl.** *pol* [top, toppunt], verwant met **lat.** *bulla* [bul].

pollak [vis] < **eng.** *pollack* [idem], vermoedelijk van *poll* [hoofd] (vgl. *pol*[1]).

pollen [stuifmeel] < **lat.** *pollen* [tarwebloem] (vgl. ***poeder***).

pollepel [keukenlepel] **middelnl.** *pollepel,* geassimileerd < *potlepel*.

pollevij, pollevie [hak van schoen] < **spaans** *poleví* < **fr.** *pont-levis* [ophaalbrug, wipbrug, het meermalen steigeren van het paard].

pollinatie [bestuiving] gevormd van ***pollen***.

pollutie [verontreiniging] < **fr.** *pollution* < **lat.** *pollutionem,* 4e nv. van *polutio* [idem], van *polluere* (verl. deelw. *pollutum*) [bezoedelen], verwant met *lutum* [slijk].

polmast [kluitden] van *pol*[1] + *mast*[1].

polo [balspel] < **eng.** *polo* < **balti** (in Kasjmier gesproken) *polo,* verwant met **tibetaans** *pulu* [bal].

polonaise [dans] verkort uit **fr.** *danse polonaise* [Poolse dans].

polonium [chemisch element] afgeleid van *Polonia,* de lat. naam van Polen, door Pierre en Marie Curie, naar haar vaderland benoemd.

pols [handgewricht] **middelnl.** *puls, pols* [het slaan of kloppen van de slagaders, slagader, pols] < **lat.** *pulsus* [het slaan, het kloppen, ook gebruikt m.b.t. de polsslagader, eig. verl. deelw. van *pellere* [stoten, slaan], verwant met **gr.** *pallein* [schudden, passief: bonzen] (vgl. *polemiek, boegseren*).

polsen [in het water roeren, peilen] **middelnl.** *pulsen, polsen* [in het water roeren (om vis op te jagen), peilen, naar iets vorsen] < **lat.** *pulsare* [slaan, kloppen], intensivum van *pellere* [idem] (vgl. *polsstok, pols*).

polsstok [lange stok] van **middelnl.** *pols* [polsstok, peilstok, stok om vis op te jagen] (vgl. *polsen*).

polster [penterschouw] zal bij *polsen* behoren, vgl. *pols* [polsstok]; vermoedelijk dus een bootje dat geboomd wordt.

polsteren [in het water slaan] frequentatief van *polsen*.

poltergeist [klopgeest] < hd. *Poltergeist*, van *poltern* [lawaai maken], **laat-middelhd.** (15e eeuws) *boldern, buldern* (vgl. *bulderen*) + *Geist* [geest].

poly- [voorvoegsel] < gr. *polus*, o. *polu* [veel], verwant met lat. *plus*, ablautend met *veel*.

polyamide [stikstofhoudende kunststof] gevormd van *polymeer* + *amide*.

polyandrie [huwelijk van vrouw met meerdere mannen] gevormd van *poly-* + gr. *anèr* [man] (vgl. *andro-*).

polyanthisch [veelbloemig] < gr. *poluanthès* [met rijke bloesem], van *polus* [veel] + *anthos* [bloesem, bloem].

polyarchie [regering van velen] < gr. *poluarchia* [heerschappij van velen], van *polu* [veel] + *archè* [regering], van *archein* [het hoofd zijn].

polyartritis [artritis in verschillende gewrichten] gevormd van *poly-* + *artritis*.

polycarpisch [meermalen vruchtdragend] < gr. *polukarpos* [met veel vruchten], van *polus* [veel] + *karpos* [vrucht], idg. verwant met *herfst*.

polychord [strijkinstrument] < gr. *poluchordos* [veelsnarig, veeltonig], van *polus* [veel] + *chordè* [darm, snaar] (vgl. *koord*).

polychroom [in verschillende kleuren] < fr. *polychrome* [idem], gevormd van gr. *polus* [veel] + *chrōma* [kleur].

polydipsie [onmatig drinken] < gr. *poludipsios* [zeer dorstig], van *polus* [veel] + *dipsos* [dorst].

polyeder [veelvlak] < fr. *polyèdre* [idem] < gr. *poluedro*, gevormd van *polus* [veel] + *hedra* [zitplaats, stand], verwant met *hezesthai* [gaan zitten], idg. verwant met *zitten*.

polyester [grondstof voor kunststof] gevormd van *poly-* + *ester*.

polyfyletisch [uit meer dan één afstammingsreeks] < gr. *poluphulos* [van vele stammen], van *polus* [veel] + *phulè* [volksstam], van *phuein* [opgroeien], idg. verwant met *bouwen* [1].

polyfylie [overmatige vermeerdering van bladeren] < gr. *poluphullos* gevormd van *poly-* + *phullon* [blad], daarmee idg. verwant.

polygaam [met meer dan één persoon getrouwd] < fr. *polygame* [idem] < gr. *polugamos* [veel vrouwen hebbend], van *polus* [veel] + *gamos* [huwelijk].

polyglot [veel talen sprekend] < fr. *polyglotte* < gr. *poluglōttos* [met veel tongen, met veel geluiden], van *polus* [veel] + *glōtta* [tong, tongval, taal] (vgl. *glos*).

polygoon [veelhoek] < fr. *polygone* < lat. *polygonus* [idem] < gr. *polugōnos* [veelhoekig], van *polus* [veel] + *-gōnos* [met hoeken] < *gōnia* [hoek], idg. verwant met *knie*.

polygraaf [veelschrijver] gevormd van *poly-* + gr. *graphein* [schrijven], idg. verwant met *kerven*.

polygyn [met meerdere vrouwen als echtgenoten] gevormd van *poly-* + gr. *gunè* [vrouw], idg. verwant met eng. *queen* en met *kween*.

polyidie [term uit erfelijkheidsleer] gevormd van *poly-* + gr. *idios* [afzonderlijk, eigen] (vgl. *idioot*).

polymeer [verbinding uit gelijksoortige moleculen] gevormd van *poly-* + gr. *meros* [deel].

polymelie [vorming van overtollige ledematen] gevormd van gr. *polumelès* [met veel geledingen], van *polus* [veel] + *melos* [ledemaat].

polymorf [veelvormig] < gr. *polumorphos* [idem], van *polus* [veel] + *morphè* [vorm].

Polynesië [geogr.] gevormd van *poly-* + gr. *nèsos* [eiland].

polyneuritis [veelzijdige zenuwaandoening] gevormd van *poly-* + *neuritis* → *neurose*.

polyopter [vermenigvuldigingsglas] gevormd van *poly-* + gr. *optèr* [verspieder], verwant met *ops, ōps* [oog], daarmee idg. verwant.

polyptiek [veelluik] < fr. *polyptique* [idem] < gr. *poluptuchos* [met veel bladen (van een wastafeltje)], van *polus* [veel] + *ptux* (2e nv. *ptuchos*) [vouw], idg. verwant met *buigen*.

polysemie [met veel betekenissen] < gr. *polusèmos* [idem], van *polus* [veel] + *sèma* [teken].

polystyreen [kunststof] gevormd van *poly-* + *styreen*.

polysyndeton [veelverbinding] < gr. *polusundeton* [idem], van *polus* [veel] + *sundetos* [samengebonden], van *sun* [samen met] + *dein* [binden].

polytheïsme [veelgodendom] < fr. *polythéisme* [idem], van gr. *polutheos* [van veel goden], van *polus* [veel] + *theos* [god].

polytopisch [de tijd van veel plaatsen aanwijzend] gevormd van *poly-* + gr. *topos* [plaats].

polyvalent [meerwaardig] gevormd van *poly-* + lat. *valens* (2e nv. *valentis*), teg. deelw. van *valēre* [sterk zijn, waard zijn, betekenen].

polyvinyl [kunststofverbinding] gevormd van *poly-* + *vinyl*.

pomander [amberappel] < fr. *pomme d'ambre* [een holle meest zilveren in ajour uitgevoerde knop van een wandelstok, gevuld met amberkorrels tegen de pest en als afrodisiacum]; appel genoemd naar de vorm van de knop van de wandelstok (vgl. *amber*).

pomelo [pompelmoes] < eng. *pomelo*, o.i.v. *pome* [appelvrucht], *pomegranate* [granaatappel], vervormd uit nl. *pompelmoes*.

pomerans [vrucht van de Citrus amara, dopje] middelnl. *pomerancie* [oranjeappel] < fr. *pomme d'orange* (vgl. *oranje* [1]); in de betekenis 'dopje van biljartkeu' hetzelfde woord met betekenisoverdracht op grond van vormovereenkomst.

pommade [haarcrème] < fr. *pommade* < it. *pomata* [oorspr. lippenzalf van appelen], van *pomo* [vruchtboom, appel] < lat. *pomum*, waarvan de etymologie onbekend is.

Pommard [wijn] genoemd naar het plaatsje Pommard ten zuiden van Beaune.

pommelee [schimmelpaard] < fr. *cheval gris pom-*

Pommeren — Pontisch

melé [appelschimmel], van *pomme* [appel] < lat. *pomum* [boomvrucht, appel].

Pommeren [geogr.] < **hd.** *Pommern* < slavisch *po more* [achter de zee], *po* verwant met lat. *post* [achter] *more* verwant met **meer**[1].

pomologie [ooftkunde] gevormd van lat. *pomum* (vgl. **pommade**) + gr. *logos* [woord, verhandeling].

pomp[1] [zuig- of persinstrument] **middelnl.** *pompe, pompen* [(vooral) water uit een schip pompen] < **portugees** *pompen* of **spaans** *bomba* [pomp, bom], verwant met lat. *bombus* < gr. *bombos* [doffe toon, het gonzen, brommen], klanknabootsend gevormd.

pomp[2] [praal] < fr. *pompe* [luister, praal] < me. lat. *pompa* [ijdelheid, bedrieglijk aanzien, in klass. lat. optocht, processie, praal] < gr. *pompè* [begeleiding, plechtige optocht (om iem. te begeleiden)], van *pempein* [zenden, weg laten gaan, begeleiden, een optocht houden] (vgl. *pump*).

pomp[3] [aanpassing van confectie] < *pomp*[2] [praal], en daaruit ironisch vermaakwerk door kleermaker.

pompadoer [bont bedrukte stof] genoemd naar Jeanne-Antoinette Poisson marquise de Pompadour (1721-1764), maîtresse van Lodewijk XV.

pompelmoes [grapefruit] (1648) < **tamil** *pampalimasu*.

pompernikkel [roggebrood] < **hd.** *Pumpernickel*, van *pumpe(r)n* [een wind laten], klanknabootsend gevormd + *Nickel*, verkort uit de persoonsnaam *Nikolaus*, dus iets als stinkende Klaas. Geopperd is dat het om een soldatenbenaming gaat van dit zware brood, dat een bepaalde uitwerking zou hebben op de spijsvertering.

pompeus [luisterrijk] **middelnl.** *pompoos* [praalziek] < fr. *pompeux* < me. lat. *pomposus* [majesteitelijk, schitterend, pompeus], van *pompa* (vgl. *pomp*[2]) + *-osus* [vol van].

pompoen [vrucht] sedert Kiliaan genoteerd < **oudfr.** *pompon*, nevenvorm van *pepon* < lat. *peponem*, 4e nv. van *pepo* [watermeloen] < gr. *pepōn* [gestoofd, rijp (van vruchten)], van *pessein* [koken], idg. verwant met lat. *coquere* [koken].

pompom [luchtafweergeschut] < eng. *pom-pom* [idem], klanknabootsend gevormd.

pompon [versiering op kleding] < fr. *pompon* [kwastje, versiering], klanknabootsend gevormd.

pon [nachtkleed] verkort uit *nachtpon*, zoals *toffel* < *pantoffel* (vgl. *japon*).

ponceau [hooggrood] < fr. *ponceau* [klaproos, hooggrood], oudfr. *poncel*, van *paon* [pauw] < lat. *pavonem*, 4e nv. van *pavo* [pauw]; het verbindend element schijnt te zijn geweest de uitbundigheid enerzijds van de pauwestaart, anderzijds van het felle rood.

poncho [cape] < **spaans** *poncho*, vermoedelijk < **castiliaans** dial. *po(n)cho* [kleurloos].

pond [gewichtseenheid, munt] **middelnl.** *pon(d)t* [gewicht, geldswaarde], **oudsaksisch, oudeng.**
pund, **oudhd.** *pfunt,* **gotisch** *pund* < lat. *pondo* [gewicht, pond], verwant met *pendere* [wegen].

ponder [unster] **middelnl.** *ponder,* van *ponderen* [wegen] < fr. *pondérer* < lat. *ponderare* [idem], van *pondus* (2e nv. *ponderis*) [gewicht] (vgl. *pond*).

pondok [vakantieoptrek] < **maleis** *pondok* [hut, bungalow].

ponem, ponum, porem [barg. gezicht] < **jidd.** *ponem* < **rotwelsch** *Ponim* [gezicht] < **hebr.** *panīm* [gezicht, voorkant, aanzicht].

poneren [stellen] < lat. *ponere* [leggen, plaatsen, stellen].

pongé [soort taf] < fr. *pongé* < **chinees** *pen chi* [eigen weefgetouw], (*pen* [eigen]).

pongel [bundel, zak, bos aren] van *ponk* + *-el,* **middelnl.** *pong, pung* [zak, buidel, geldzak], **middelnd.** *punge,* **fries** *ponge,* **oudeng.** *pung,* **oudnoors** *pungr,* **gotisch** *puggs* [(geld)buidel] < **byzantijns-gr.** *pouggè* > me. lat. *punga.*

pongo [gorilla] < **kongolees** *mpongo.*

ponjaard [dolk] **middelnl.** *pongeren* [steken, prikken], *pongys* [het aanrennen op een vijand om hem een steek toe te brengen, strijd] < fr. *poignard* [dolk], van *poing* [vuist], *poigne* [krachtige hand] < lat. *pugnus* [vuist, handvol].

ponk [holte, bergplaats, beurs] → *pongel.*

ponken [sparen, potten] van *ponk* [bergplaats].

ponsen [gaatjes slaan] < eng. *to punch* [idem], waarvan de etymologie onzeker is.

ponsoen [patrijs, stempel] < fr. *poinçon* [idem] < lat. *punctionem,* 4e nv. van *punctio* [het steken], van *pungere* (verl. deelw. *punctum*) [steken] (vgl. *punt*[1]).

pont [veerpont] **middelnl.** *pont(e)* < lat. *ponto* [Gallisch transportvaartuig, drijvende brug, ponton], daaruit verkleiningsvorm *pontonium,* uit het kelt..

ponteneur [eer(gevoel)] verbasterd < fr. *point d'honneur* [erezaak].

pontianak [vrouwelijke geest, die het op kraamvrouwen en baby's heeft voorzien] < **maleis** *puntianak* [idem], **javaans** *puntianak, kuntianak,* **soendaas** *kuntianak.*

ponticello [kam van viool] < it. *ponticello,* de eerste betekenis is 'bruggetje', verkleiningsvorm van *ponte* [brug] < lat. *pontem,* 4e nv. van *pons* [brug], idg. verwant met *vinden.*

pontifex [priester] < lat. *pontifex,* van *pons* (2e nv. *pontis*) [brug, maar hier in de oude betekenis pad] idg. verwant met *vinden.*

pontificaal [opperpriestelijk] < lat. *pontificalis* [van de opperpriester, van de pontifex] (vgl. *pontifex*).

Pontisch [m.b.t. de Zwarte Zee] die bij de oude Grieken *Pontos Euxeinos* heette; *pontos* [zee], verwant met lat. *pons* [brug] (vgl. *vonder*), *euxeinos* [gastvrij], van *eu* [goed, edel, voorspoedig] + *xenos* [vreemdeling, gastvriend]; de naam is een eufemisme: de Zwarte Zee had een slechte reputatie.

ponton [vaartuig dat brug ondersteunt] < fr. *ponton* < lat. *pontonem*, 4e nv. van *ponto* (vgl. *pont*).
pony [paardje] < eng. *pony* < fr. *poulenet*, verkleiningsvorm van *poulain* [merrieveulen] < **laat-lat.** *pullanus*, van *pullus* [jong van een dier] (vgl. *veulen*).
pooien [zuipen] 16e eeuws *po(o)yen;* etymologie onzeker.
pooier [souteneur] van *pooien*.
pook[1] [rakel] → *poken*.
pook[2] [zak, lijf] middelnl. *poke, pooche* [zak, vooral als wolmaat] → *pochet, pok*.
pool[1] [uiteinde van as waarom een lichaam draait] (1598) < fr. *pole* [idem] < lat. *polus* [uiteinde van de aardas] < gr. *polos* [draaipunt, as, hemelas, pool], van *pelein* [zich bewegen], idg. verwant met *wiel*[1].
pool[2] [opstaande haren van tapijt] (1723) < fr. *poil* [haar] < lat. *pilus* [haartje].
pool[3] [voetbalpool] < eng. *pool* < fr. *poule* [kip] (vgl. *poule*).
poon[1] [vaartuig] (1693), etymologie onbekend.
poon[2] [knorhaan] (1571) *poen;* etymologie onbekend.
poor → *prei*.
poorsen [aderen en vetvliezen verwijderen] eng. *to porge* [koosjer snijden], middelnl. *purge* [zuivering] < fr. *purger* [zuiveren] < lat. *purgare* [idem] (vgl. *purgeren*).
poort [doorgang in muur] middelnl. *po(o)rte, po(o)rt*, **oudnederfrankisch, oudsaksisch** *porta*, **oudhd.** *pforta*, **oudeng.** *port* < lat. *porta* [idem], verwant met *portus* [haven] (vgl. *voorde*).
poorter[1] [burger] middelnl. *poorter, porter* [stedeling], van *port, poort* [haven, havenstad, stad], waarbij *poort* in tegenstelling tot *stad* een plaats is die niet tot een afzonderlijke rechtskring is verheven; fr. *port* [haven, havenstad] < lat. *portus* [haven], verwant met *porta* [poort] (vgl. *voorde*).
poorter[2] [brandhout] < fr. *portereau* [stok waarop men stukken hout in een opslagplaats droeg], van *porter* [dragen] < lat. *portare* (vgl. *port*[1]).
poos [tijd(je)] middelnl. *pose* < fr. *pause* [tussenpoos] < lat. *pausa* (vgl. *pauze*).
poot[1] [been] middelnl. *pote, poot* [poot, klauw], **hd.** *Pfote;* in het rom.: oudfr. *poue* (> eng. *paw*), **provençaals** *pauta*, **catalaans** *pota;* het woord komt op een beperkt gebied voor en de etymologie is onbekend, vermoedelijk overgenomen uit een substraattaal.
poot[2] [mannelijke homoseksueel] van poot in de betekenis hand, en wel de rug, de 'verkeerde' kant, de achterkant van de hand, waarbij het gebaar van het kloppen van de palm van de ene op de rug van de andere illustratief is.
pootje [jicht] schertsende vervorming van *podagra*.
pop[1] [speelgoed] < lat. *pupa* [(speel)pop, meisje], *pupus* [kereltje], verwant met *puber* (vgl. *puber*).
pop[2] [gulden] genoemd naar de 17e en 18e eeuwse generaliteitsmunten met de Nederlandse maagd of Pallas als beeldenaar.
pop- [eerste deel in samenstellingen] b.v. in *popster* < eng. *popster*, verkorting uit *popular* [populair].
pop-art [kunstrichting die gebruik maakt van alledaagse elementen] < **amerikaans-eng.** *pop art*, verkorting uit *popular art* [populaire kunst] (vgl. *populair* en *art deco*).
popcorn [gepofte maïs] < **amerikaans-eng.** *popcorn* [maïs die wordt geroosterd tot hij openbarst], van *to pop* [laten ploffen], klanknabootsend gevormd + *corn* [korrel, koren, dan het belangrijkste gewas in een gebied], in het eng. tarwe, in het iers haver, in het amerikaans maïs (vgl. *koren*[1]).
pope [Russisch-orthodoxe priester] < russ. *pop* (2e nv. *popa*) < oudhd. *pfaffo* < **byzantijns-gr.** *pap(p)as* [vader, titel van een geestelijke], **klass. gr.** *pappa* [vader], een stamelwoord in kindertaal (vgl. *paap, paus*).
popelen [in spanning verkeren] klanknabootsende vorming. In het middelnl. met de betekenis 'mompelen, prevelen', vgl. **fries** *poperje* [zowel prevelen als mompelen].
popeline [weefsel] < fr. *popeline* < eng. *poplin* < fra. *papeline*. Het woord stamt van de Vlaamse stad *Poperinge* (noordwest.-, fr. *dras de Poperinghes roies* en it. *panni de Poperinghe*).
popmuziek [bepaalde muziek] → *pop-*.
populair [geliefd, begrijpelijk] < fr. *populaire* < lat. *popularis* [volks-, het volk welgezind, bij het volk bemind, voor het volk begrijpelijk], van *pŏpŭlus* [volk].
populatie [bevolking] < fr. *population* < me. lat. *populationem*, 4e nv. van *populatio* [menigte, bevolking, kolonisering, landbouwkolonie], van *pŏpŭlus* [volk].
populier [plantengeslacht] middelnl. *popel, popelboom, popelioen, popelier* < oudfr. *poplier* < lat. *pŏpŭlus* [populier].
populisme [stroming in de Franse literatuur (1930), met aandacht voor de lagere volksklasse] gevormd van lat. *pŏpŭlus* [volk] (vgl. *populair*).
por [wrat, puist] → *pork*.
poren → *peuren*.
poreus [met poriën] middelnl. *poroes, porie, poreus* < oudfr. *poreux*, van lat. *porus* [doorgang, porie], fr. + *eux*, lat. *-osus* [vol van] < gr. *poros* [voorde, veer, uitweg], verwant met lat. *per* [door ... heen], idg. verwant met *varen*[2].
porfiriet [andesiet] < gr. *porphurités (lithos)* [purperkleurige (steen)], van *porphura* [purper].
porie [kleine opening, o.a. in huid] middelnl. *pore* < fr. *pore* < lat. *porus* [doorgang] < gr. *poros* [opening] (vgl. *poreus*); doordat men in moderner tijden zich bewust werd van de latijnse bron, met mv. *pori* is de vorm *porie* ontstaan, waarbij een nieuw mv. *poriën* werd gevormd (1715).
pork [(te) klein kind] van *por* [puist, wrat, knobbel, gemetseld steunsel].

pornografie [prikkellectuur] gevormd van gr. *pornographos* [over hoeren schrijvend], van *pornos* [die zich aan ontucht schuldig maakt], *pornè* [hoer], van *pernèmi* [ik verkoop (speciaal van levende waar)], verwant met **lat.** *pretium* (vgl. **prijs**[1]) + *graphein* [schrijven], idg. verwant met **kerven**.

porren [stoten] middelnl. *por(r)en, purren* [aansporen, in beweging brengen], **middelnd.** *purren,* fries *poarje;* etymologie onzeker.

porring [partiële fundering] van *por.*

pors [gagel] → **post**[3].

porselein[1] [wit aardewerk] < fr. *porcelaine* < me. lat. *porcellana* [soort van cowrieschelp], afgeleid van *porcella,* verkleiningsvorm van *porca* [zeug] (vgl. eng. *pork* en *varken*); de schelp werd zo genoemd omdat men er een gelijkenis in zag met de geslachtsdelen van de zeug; de porseleinachtige schelp droeg haar naam over op het aardewerk.

porselein[2] [groente] middelnl. *porceleine, porseleine, pourseleine* < **oudfr.** *porcelaine* < it. *porcellana* < lat. *porcillaca, portulaca,* van *portula,* verkleiningsvorm van *porta* [poort, deur], naar de opening in de zaaddoosjes (vgl. **postelein**).

port[1] [vrachtgeld] < fr. *port* < it. *porto* (mv. *porti*), van lat. *portare* [dragen, brengen, vervoeren], idg. verwant met **varen**[2].

port[2] [wijn] en wel uit *Porto* of *Oporto* < **portugees** *o porto* [de haven] (vgl. **poorter**[1]).

portaal [deurnis, gang] middelnl. *po(o)rtaal* < oudfr. *portal* (fr. *portail*) < me. lat. *portale* [stadspoort, vestibule, portaal], van *porta* [poort].

portable [lichtgewicht schrijfmachine, t.v. e.d.] < **eng.** *portable* [draagbaar] < **lat.** *portabilis* [draagbaar], van *portare* (vgl. **port**[1]).

portatief [draagbaar orgel] middelnl. *portatijf* < fr. *portatif* < me. lat. *portativus* [draagbaar], van *portare* (verl. deelw. *portatum*) (vgl. **port**[1]).

portato [gedragen] < it. *portato,* verl. deelw. van *portare* [dragen] < lat. *portare,* idg. verwant met **varen**[2].

Porte [Turkse regering] ook de *Verheven Porte,* vertaling van **turks** *bab i ali* [hoge poort] < **ar.** *bāb* [deur, poort], *'ālī* [verheven]; het was de naam van het gebouw waar de grootvizier en zijn staf zetelden. Vgl. voor de betekenis *farao, durbar, mikado.*

portee [draagwijdte] < fr. *portée* [idem], van *porter* [dragen] < **lat.** *portare* [idem], idg. verwant met **varen**[2].

portefeuille [opbergmap(je) voor papieren] < fr. *portefeuille,* van *porter* [dragen] (vgl. **portee**) + *feuille* [blad] < **lat.** *folium* [blad], idg. verwant met **bloem**[1].

portel [vocht dat bij bereiding van kaas daaruit wordt geperst] → **portelen**.

portelen [koken, borrelen, pruttelen, schuimen] iteratief van *porten* naast **middelnl.** *perten,* klanknabootsend gevormd, vgl. *pruttelen.*

portemonnaie, portemonnee [geldtasje] < fr. *porte-monnaie,* van *porter* [dragen] < **lat.** *portare* [idem] + *monnaie* [geld] (vgl. **money**).

porter [Engels bier] < **eng.** *porter,* een niet bepaald superieure kwaliteit bier, gedronken door *porters* [dragers, sjouwerlui] (vgl. **port**[1] en **nl.** *koetsiertje*).

porticus [zuilengang, galerij] < **lat.** *porticus,* van *portus* [ingang, haven] (vgl. **poorter**[1]).

portie [(aan)deel] middelnl. *portie, porcie* < oudfr. *portion* < lat. *portionem,* 4e nv. van *portio,* van *pars* (2e nv. *partis*) [deel].

portiek [open portaal] < **fr.** *portique* [portiek, zuilengang] < **lat.** *porticus* (vgl. **porticus**).

portier[1] [deurwachter] (**middelnl.** *portierster* [portierster]) < **fr.** *portier* [idem] < **lat.** *porterius, portarius* [poortwachter], van *porta* [poort].

portier[2] [deur van auto] < fr. *portière* [deurgordijn, portier van auto], van *porte* [deur] < **lat.** *porta* [poort, toegang].

portière [deurgordijn] < **fr.** *portière,* van *porte* [deur] < **lat.** *porta* [poort, uitgang].

portiuncula-aflaat [toties-quoties-aflaat] genoemd naar de *Portiuncula-kapel* in Assisi, van **lat.** *portiuncula* [klein deel], verkleiningsvorm van *portio* [deel, portie].

portlandcement [soort cement] door de uitvinder ervan, de Engelse metselaar Joseph Aspdin zo genoemd naar de steen met dezelfde kleur, die op het eiland *Portland* in Dorsetshire wordt gewonnen.

portofoon [walkie-talkie] van **lat.** *portare* [dragen], idg. verwant met **varen**[2] + gr. *phōnè* [geluid].

Portorico [geogr.] < **spaans** *Puerto Rico* [rijke haven].

portret [beeltenis] (1662) (**middelnl.** *portraiture* [tekenwerk, schilderwerk, welgelijkend beeld]) < fr. *portrait,* van *portraire* [afbeelden] < **lat.** *protrahere* [te voorschijn halen, aan het licht brengen], van *pro* [vóór] + *trahere* [trekken], idg. verwant met **dragen**.

Portugal [geogr.] afgeleid van lat. *Portus Cale,* (*portus* [haven]), de naam van een oude tegenover Oporto gelegen stad.

portulaan, portolaan [kustbeschrijving] < it. *portolano* [loods, zeemansgids], van *porto* [haven] < **lat.** *portus* [idem] (vgl. **poorter**[1]).

portulak [postelein, zekere tuinbloem] < lat. *portulaca* [postelein] (vgl. **porselein**[2]).

portuur [partij waartegen men het opneemt] nevenvorm van *partuur.*

pos, post [vis] de laatste vorm met later toegevoegde *t,* middelnl. *posch,* fries *poask;* etymologie onzeker, mogelijk verwant met *poezel,* vanwege de dikke vorm, vgl. **hd.** *Kaulborsch,* waarvan het eerste lid een samentrekking is van *Kugel.*

posada [logement] < **spaans** *posada* [logement, herberg], van *posar* [logeren, uitrusten], van **lat.** *pausa* (vgl. **pauze**).

pose [houding] < **fr.** *pose,* van *poser* [zetten, leggen, stellen, aanzien verschaffen], van **lat.** *pausa* (vgl. **pauze**).

poser, pose [cent] *geen poser verdienen,* via **jiddisch** *Poschut* [pfennig] < hebr. *posjut* [eenvoudig] > *penning.*

positie [houding, stand] **middelnl.** *positie* [verklaring in rechte] < **fr.** *position* < **lat.** *positionem,* 4e nv. van *positio* [verklaring in rechte, plaatsing, ligging, stand, toestand], van *ponere* (vgl. *positief*[1]).

positief[1] [stellig] < **fr.** *positif* [idem] < **lat.** *positivus* [willekeurig, d.w.z. naar eigen wil en niet door natuurlijke omstandigheden], van *ponere* (verl. deelw. *positum*) [plaatsen, zetten, opstellen, opdienen, ordenen, stellen van een kwestie].

positief[2] [klein orgell (1531) **middelnl.** *positijf* [idem] < **lat.** *positivus,* verl. deelw. van *ponere* [plaatsen], oorspr. dus een orgel dat als een meubel geplaatst kan worden, vgl. het nog kleinere *portatief* dat, zoals het woord zegt, gedragen kan worden.

posito [gesteld dat] < **it.** *posito* < **lat.** *positum,* verl. deelw. van *ponere* [plaatsen, stellen].

positon [positief geladen deeltje] < **eng.** *positon,* gevormd van *positive* + *electron.*

positum [het gestelde] < **lat.** *positum* (vgl. *posito*).

posologie [leer van de dosering] gevormd van **gr.** *posos* [hoeveel], idg. verwant met *wat* + *-logia* [verhandeling], van *logos* [woord, verhandeling].

posse, possem [gagel] → *post*[3].

possessie [bezit] < **fr.** *possession* < **lat.** *possessionem,* 4e nv. van *possessio* [inbezitneming, bezit], van *possidēre* (verl. deelw. *possessum*) [bezitten].

possibiliteit [mogelijkheid] < **fr.** *possibilité* < **lat.** *possibilitatem,* 4e nv. van *possibilitas* [macht, vermogen], van *possibilis* [mogelijk], van *posse* [in staat zijn om].

possum nevenvorm van *opossum.*

post[1] [paal] **middelnl.** *post* < **lat.** *postis* [deurpost], idg. verwant met **gr.** *pastas* [o.m. zuilengang] (vgl. ***vorst***[2] [kroonlijst]).

post[2] [posterijen, (1525) briefvervoer] < **fr.** *postes* < **it.** *poste* < **lat.** *mansio posita, mansio* [nachtverblijf, herberg, halte, dagreis] *posita* (**laat-lat.** *posta*), vr. verl. deelw. van *ponere* [plaatsen, in volgorde plaatsen]; de grondbetekenis is dus 'keten van poststations', vandaar ook de boven geciteerde mv. in fr. en it..

post[3] [gagel] nevenvorm van *posse(m), pors,* **middelnd.** *pors, post,* **hd.** *Porsch, Porst,* **oudnoors** *pors,* **zweeds, deens** *pors,* **oudeng.** *fyrs* (**eng.** *furze*) [gaspeldoorn]; buiten het germ. o.a. **gr.** *pukos* [tarwe].

post[4] [kogeltje] < **fr.** *poste* [loden kogeltje], uit soldatenjargon *iem. de post bezorgen.*

post- [voorzetsel, voorvoegsel] < **lat.** *post* [achter, na], **tochaars B** *postäm,* **oudkerkslavisch** *po,* **litouws** *pas* [bij, te]; van een idg. basis die een verlenging is van die van **gr.** *apo-* en **lat.** *ab-.*

postament [sokkel] < **modern lat.** *postamentum,* gevormd van **it.** *postare* [plaatsen] (vgl. *post*[1]).

postelein [plantengeslacht (1659)] gevormd van *porselein*[2].

poster [aanplakbiljet] < **eng.** *poster,* van *post* (vgl. *post*[1] [zuil]).

posteren [uitrouwen] < **hd.** *postieren,* afgeleid van *posten* [met moeite ergens doorheen gaan, b.v. slijk], etymologie onbekend → *postgraven.*

posterieur [later, achterwerk] < **fr.** *postérieur* < **lat.** *posterior* [de achterste van twee], vergrotende trap van *posterus* [volgende, later], van *post* [na].

posteriteit [nageslacht] < **fr.** *postérité* < **lat.** *posteritatem,* 4e nv. van *posteritas* [de toekomst, nageslacht], van *posterus* [volgende, later], van *post* [na] (vgl. *post-*).

postgraven [het zwaarste veen graven] vgl. *postig* [slijkig], denkelijk afgeleid van een overigens nietaangetroffen woord *post* voor slijk, in ieder geval van dezelfde basis als *posteren.*

postiche [nagemaakt] < **fr.** *postiche* < **it.** *posticcio* < **lat.** *posticus* [die zich achter, na bevindt], van *post* (vgl. *post-*), gevormd als *anticus* bij *ante* [voor].

postiljon [postrijder] < **fr.** *postillon* [idem] < **it.** *postiglione,* van *posta* (vgl. *post*[2]).

postille [korte uitleg] < **me. lat.** *postilla* [daarna] < **klass. lat.** *post illa verba* [na die woorden], van *post* [na] + *illa,* o. mv. van *ille* [die].

postludium [naspel] < **modern lat.** *postludium,* met *post-* gevormd als tegenhanger van *preludium.*

postscriptum [naschrift] < **lat.** *postscriptum,* verl. deelw. van *postscribere* [schrijven na], van *post* [na] (vgl. *post-*) + *scribere* [schrijven].

postulaat [vooropgestelde stelling] **middelnl.** *postulaet* [door de kanunniken gekozen, maar nog niet door de paus geconfirmeerde bisschop] < **lat.** *postulatum* [verlangen, eis], verl. deelw. van *postulare* [verlangen, eisen], van *poscere* [idem].

postulant [aanzoeker] **middelnl.** *postulant* [pleitbezorger] < **fr.** *postulant,* van **lat.** *postulare,* teg. deelw. *postulans* (2e nv. *postulantis*) (vgl. *postulaat*).

postuleren [werkzaam zijn als procureur] **middelnl.** *postuleren* [tot bisschop verkiezen, pleiten, optreden in rechte] < **fr.** *postuler* < **lat.** *postulare* (vgl. *postulaat*).

postuum [na de dood] < **lat.** *postumus* [laatste, zoon na de dood van de vader geboren], overtreffende trap van *post* [na] (vgl. *post-*); in laat-lat. ook *posthumus,* door volksetymologische associatie met *humus* [aarde], *humare* [begraven], vanwaar de spelling *posthuum.*

postuur [houding] < **fr.** *posture* < **it.** *postura* [ligging, plaatsing], **hd.** *Positur* [postuur, houding] < **lat.** *positura* [idem], van *ponere* (verl. deelw. *positum*) [plaatsen].

pot[1] [vaatwerk] **middelnl., middelnd., oudfries** *pott,* **oudeng.** *pott,* **hd.** *Pott,* **oudnoors** *pottr,* ook in het rom.: **fr.** *pot* en kelt.: **iers** *pota,* **gaelisch** *poit,* **welsh** *pot,* **bretons** *pod;* etymologie onzeker, maar vermoedelijk germ., waarbij verwantschap met *puit* mogelijk is. De basisbetekenis zou dan zijn 'bolrond'.

pot[2] [lesbienne] verkort uit *lollepot;* met pot was bedoeld een vuurpot. Lollen was zich met gespreide benen het onderlijf onder de rok warmen. Denkelijk is de bedoeling van lollepot: vrouw die zich behelpt, zich warmt met iets anders dan een man.

potage [soep] < fr. *potage,* van *pot* (vgl. *pot*[1]).

potamologie [leer van de rivieren] gevormd van gr. *potamos* [rivier] + *-logia* [verhandeling].

potas [kaliumcarbonaat] een oorspr. nl. woord met de betekenis 'as uit de pot'. Oorspr. werd het verkregen door groenten in potten te verbranden. Het woord maakte internationaal school: fr. *potasse,* it. *potassa,* eng. *potash,* etc. De vorm *potassium* werd hierop gemaakt door de Engelse chemicus Sir Humphrey Davy (1778-1829).

potassium [kalium] → *potas.*

potator [drinkebroer] < lat. *potator,* van *potare* [drinken].

potelen [bevingeren] middelnl. *poteren, poderen, puederen, poyeren* [in iets roeren of wroeten].

potent [met seksueel vermogen] < lat. *potens* (2e nv. *potentis*), teg. deelw. van *posse* [zich meester maken van, bezitten], (*potior* [ik bezit]), van *potis* [in staat, machtig] → *impotent.*

potentaat [vorst, iem. die zich laat gelden] < fr. *potentat,* van lat. *potentatus* [macht, heerschappij], van *potens* (vgl. **potent**).

potentiaal [spanning] < me. lat. *potentialis* [kracht hebbend], van *potentia* (vgl. **potentie**).

potentialis [coniunctivus die mogelijkheid aangeeft] < me. lat. *potentialis,* van klass. lat. *potens* (2e nv. *potentis*) [machtig, beheersend], eig. het teg. deelw. van *posse,* (< *potesse*) [kunnen].

potentie [macht, seksueel vermogen] < fr. *potence* < lat. *potentia* [kracht, macht], van *potens* (vgl. **potent**).

poter, pote [barg. weg, kwijt] < **jidd.** *poter* < hebr. *patūr* [ontheven, bevrijd].

poterne [bomvrije verbindingsgang] < fr. *poterne* < oudfr. *posterne* (middelnl. *posterne* [achterdeur]) < *posterle* < me. lat. *posterula* [achterdeurtje], verkleiningsvorm van *posterus* [volgende, later], van *post* [na] (vgl. **post-**).

potestaat [machthebber] middelnl. *potestaet* [idem] < lat. *potestas* (2e nv. *potestatis*) [kracht, wettelijke macht, gezag, machthebber], van *posse* (vgl. **potent**).

potlood [schrijfstift] van *pot* + *lood,* oorspr. grafiet om in de pottenbakkerij vuurvaste smeltkroezen te maken, later met de betekenis grafiet met pijpaarde voor schrijven en tekenen, wat vergemakkelijkt werd doordat in de Oudheid en middeleeuwen lood als schrijfstift werd gebruikt.

potpourri [mengelmoes] < fr. *pot-pourri,* (*pot* [pot] *pourri* verl. deelw. van *pourrir* [verrotten, bederven]), vertalende ontlening aan **spaans** *olla podrida* < lat. *olla putrida, olla* [pot], *putrida*

[verrot, verteerd, maar ook murw], me. lat. *pudrēre* [uiteenvallen, vermolmen]; de betekenis is dus 'gaar gestoofde maaltijd, stoofpot', vgl. *rotmok.*

pots [muts] verkort uit *kapoets.*

potsierlijk [lachwekkend] < hd. *possierlich,* gevormd van *Posse* [klucht, grap], **laat-middelhd.** *possen* [figuur], verwant met oudhd. *bozan,* nl. *boten* [stoten], maar ontleend aan fr. *ouvrage à bosse* [reliëfwerk], in Duitsland aanvankelijk gebruikt voor komische figuren op bronnen.

potskop → *botskop.*

potstal [soort veestal] mogelijk zo genoemd vanwege de verlaagde bodem en dan te vergelijken met *pothuis.*

potvis [walvisachtige] genoemd naar de eigenaardige vorm van de kop, vgl. *potshoofd, botskop,* hd. *Pottwal.*

Poujadisme [protest van de kleine luiden tegen de grote politieke machinerie] genoemd naar de Franse politicus *Pierre Poujade* (geboren 1920).

poulain [leerling van sporttrainer] < fr. *poulain* [hengstveulen, leerling van trainer] < me. lat. *pullamen,* van lat. *pullus* [jong van een dier] (vgl. **veulen**).

poulaine [tootschoen] < fr. *poulaine,* van *souliers à la poulaine* [schoenen op zijn Pools], van oudfr. *poulain* [Pools].

poularde [jong hoen] < fr. *poularde,* van *poule* [kip] < lat. *pulla* (vgl. **poelet**).

poule [inzet bij spel] < fr. *poule* [kip] (vgl. **poelet, pool**[3]); de betekenisovergang berust waarschijnlijk op de overeenkomst van de pot waarin de deelnemers de inleg storten en het nest waarin de kip haar eieren legt.

poulet [kip] < fr. *poulet,* verkleiningsvorm van *poule* [kip] < lat. *pullus* [jong van een dier, jonge vogel, jonge kip], idg. verwant met *veulen.*

pousseboter [uit cacaodoppen geperst vet] het eerste lid fr. *pousse* [het persen], van *pousser,* oudfr. *poulser* [persen] < lat. *pulsare* [slaan, beuken, stampen], van *pulsum,* verl. deelw. van *pellere* [duwen] (vgl. **pols**).

pousseren [vooruit helpen] < fr. *pousser* (vgl. *pousseboter*).

pover [arm] middelnl. *pover* < fr. *pauvre* < lat. *pauperem,* 4e nv. van *pauper* [arm, armzalig], van *paucus* [weinig] + *parere* [voortbrengen, verwerven].

power [kracht] < eng. *power,* middeleng. *poër, pouer* < oudfr. *pooir* (fr. *pouvoir*), van niet-overgeleverd **vulg. lat.** *potere* = lat. *posse* [kunnen] (vgl. **potent**).

pozer [barg. cent] → *poser.*

pozzuolaan [soort van vulkanische aarde] genoemd naar het plaatsje *Pozzuoli* in Campanië < lat. *Puteoli* [bronnetjes], verkleiningsvorm van *puteus* [kuil, put], hier gebruikt in de betekenis 'minerale bron'.

praaien [aanspreken] (1660) < middeleng. *preien*

<oudfr. *preier* (fr. *prier*)< me. lat. *precare,* klass. lat. *precari* [bidden, smeken], idg. verwant met *vragen.*

praal [pracht] →*pralen.*

praam¹ [neusklem] van *pramen* [drukken, knellen] (vgl. *pram*).

praam² [schuit] **middelnl.** *prame, praem* [open platte schuit] < **middelnd.** *pram* < tsjechisch *pram.*

prachen [bluffen, pronken, smeken] eerst 16e eeuws [vragen, bedelen, pochen]; waarschijnlijk via het hd. (*Pracher* [bedelaar], 16e eeuw) uit het slavisch, vgl. b. v. **oekraïens** *prochaty* [verzoeken].

pracht [praal] < **hd.** *Pracht,* **oudhd.** *braht, praht,* **oudsaksisch** *braht,* **middelnl.,** **oudnoors** *brak,* **oudeng.** *breahtm* [gedruis, lawaai]; buiten het germ. **lat.** *fragor* [gekraak], **middeliers** *braigim* [ik laat een wind].

practicabel [uitvoerbaar] < **fr.** *praticable,* van *pratiquer,* van *pratique* (vgl. *praktijk*).

practical joke [poets] < **eng.** *practical joke,* van *practical* (vgl. *praktisch*) + *joke* [grap].

practicum [praktisch werk van studenten] < **hd.** *Praktikum,* gevormd van **laat-lat.** *practicus* [bekwaam tot actie] (vgl. *praktijk*).

praeputium [voorhuid] < **lat.** *praeputium,* van *prae-* [voor] + een niet-geattesteerd woord met de betekenis 'penis'.

praeses [voorzitter] < **lat.** *praeses* [lett. die vooraan zit, beschermer, bestuurder, heerser], van *praesidēre* [vooraan zitten, voorzitter zijn, beschermen, leiden], van *prae-* [voor] + *sedēre* [zitten], daarmee idg. verwant.

pragmatisch [leerzaam, didactisch] < **hd.** *pragmatisch* < **lat.** *pragmaticus* [m.b.t. staatszaken, daarin ervaren] < **gr.** *pragmatikos* [ervaren, deskundig, rechtskundig adviseur, politicus, pragmatisch, energiek], van *pragma* (2e nv. *pragmatos*) [daad, handeling], van *prattein* [volbrengen, iets doen].

prairial [weidemaand] < **fr.** *Prairial,* gevormd van *prairie* [weide].

prairie [grasvlakte] < **eng.** *prairie* [weide, grasvlakte] < **fr.** *prairie* < **me. lat.** *praeria* [weide, grasvlakte, heide], *praerium* [grasveld] < **lat.** *pratum* [weide, gras] (**middelnl.** *preit* [weiland]) (vgl. *prieel*).

prakken [eten fijnmaken] jonge, 19e eeuwse klanknabootsende vorming, vgl. **oostfries** *prakken* [persen, drukken].

prakkezeren [(be)denken] afgeleid van *praktizeren.*

Prakrit [groep Middelindische dialecten] < **oudindisch** *prākṛta-* [natuurlijk, oorspronkelijk, gewoon, gemeen], afgeleid van **oudindisch** *prakṛti* [basis, oorsprong, natuur], van *pra-* [voor, tevoren], verwant met **lat.** *pro* + *krta-* [gedaan, gemaakt], van *kṛṇoti, karoti* [hij doet, maakt].

praktijk [toepassing] **middelnl.** *pra(c)tike* < **fr.** *pratique,* of rechtstreeks < **me. lat.** *practica* < **gr.**

praktikè, het zelfstandig gebruikt vr. van *praktikos* [bedrijvig, in de praktijk], van *praktos,* verl. deelw. van *prattein* [volbrengen, verrichten].

praktisch [m.b.t. de toepassing, nuttig] < **hd.** *praktisch* < **laat lat.** *practicus* < **gr.** *praktikos* [bedrijvig, in de praktijk] (vgl. *praktijk*).

praktizeren [een praktijk uitoefenen] **middelnl.** *practise(e)ren* [rechtszaken (kunnen) behandelen, verstand van zaken hebben] < **me. lat.** *practizare, practisare* (vgl. *praktijk*).

praktizijn [juridisch adviseur] **middelnl.** *practesijn, practizeen* [die een wetenschap beoefent, kenner van het gewoonterecht], o.i.v. **oudfr.** *practicien* < **middelnl.** *practiseren* < **me. lat.** *practisare* (vgl. *praktijk*).

pralen [pronken] **middelnl.** *pralen* [brallen, snoeven], **middelnd.** *pralen* < **hd.** *prahlen;* vermoedelijk klanknabootsend gevormd, moeilijk los te denken van *brallen* en ook *brullen.*

praline [bonbon] genoemd naar de Franse maarschalk *Duplessis Praslin* (1598-1675), die deze lekkernij in zijn keuken liet vervaardigen.

pram [vrouwenborst] van *pramen* [klemmen].

pramen [drukken, knellen, persen] **middelnl.,** **middelnd.,** **fries** *pramen;* een klanknabootsende vorming als *prangen.*

prangen [drukken, knellen] **middelnl.,** **middelnd.** *prangen,* **gotisch** *anapraggan* [in het nauw brengen], **middelnd.** *pfrengen,* **middeleng.** *prengen;* een klanknabootsende vorming, te vergelijken met *pramen.*

praseem [groen chalcedoon] van **gr.** *prasi(n)os* [lookgroen, geelgroen], van *prason* [look, prei], verwant met **lat.** *porrum* [idem] (vgl. *prei*).

praseodymium [chemisch element] verkort uit *praseodidymium,* gevormd door de ontdekker ervan, Carl Auer von Welsbach (1858-1929), van **gr.** *prasios* [lookgroen] (vgl. *praseem*) + *didymium,* een metaal waarvan hij ontdekte, dat het geen element was, gevormd van **gr.** *didumos* [tweevoudig, tweeling], zo genoemd omdat het altijd samen met een ander metaal voorkwam.

prat [trots] *prat op iets gaan,* **middelnl.** *pratticheit* [trots, laatdunkendheid], bij Kiliaan *parte, perte, pratte* [list, arrogantie], *pratten* [trots zijn, pronken, zich verheugen]; vgl. ook de vormen met metathesis van r: *perte*², *part*² [list]; in de betekenis 'prat gaan op' o.i.v. *pralen.*

praten [spreken] **middelnl.,** **middelnd.** *praten,* **eng.** *to prate* [wauwelen]; klanknabootsend gevormd.

Prater [Weens park] < **hd.** *Prater* < **lat.** *pratum* [weide] (vgl. *prairie*) →*gras.*

pratten [mokken, pruilen] **middelnl.** *pratten,* van *part*².

prauw [vaartuig] < **maleis** *perahu,* vgl. **malayalam** *paru* [boot].

prauwel [wafel] **middelnl.** *prauwedeech;* etymologie onbekend.

praxinoscoop — predilectie

praxinoscoop [voorloper van de filmcamera] < fr. *praxinoscope*, gevormd van **gr.** *praxis* in de betekenis 'handeling' + *skopein* [zien], idg. verwant met *spieden*.

praxis [praktijk] < gr. *praxis* [onderneming, aangelegenheid, daad, in het mv. realiteit] (vgl. ***praktijk***).

prazelen [babbelen] gevormd naast *praten* en *frazelen*, is het frequentatief van **middelnl.** *prasen* [mompelen, morren, babbelen].

prealabel [voorafgaand] < fr. *préalable* [idem], ouder *préallable*, van *pré-* [voor] < lat. *prae-* [idem] + *allable* [waar men kan gaan], van *aller* < lat. *ambulare* [gaan, lopen].

preambule [inleiding] < fr. *préambule* [idem] < lat. *praeambulus* [vóórlopend], van *praeambulare* [vóórlopen], van *prae* [voor] + *ambulare* [lopen].

prebende [geestelijke bediening met inkomsten] < me. lat. *praebenda* [toelage, lett. dingen die verschaft moeten worden], een o. mv. dat geïnterpreteerd werd als vr. enk. < **klass. lat.** *praebēre* [verschaffen], van *prae* [voor] + *habēre* [houden, hebben], daarmee stellig verwant.

precair [hachelijk] < fr. *précaire* [ter bede, onzeker, zorgelijk] < lat. *precarius* [afgebedeld, van anderer willekeur afhankelijk, precair], van *preces* (mv. van *prex*) [smeekbeden, verzoeken], idg. verwant met ***vragen***.

Precambrium [geologisch tijdperk] gevormd van lat. *prae* [voor] + ***Cambrium***.

precariehandel [handel via derden tussen oorlogvoerende naties] **middelnl.** *precarie*, van **lat.** *precarius* [door bidden verkregen, van de willekeur van anderen afhankelijk] (vgl. ***precair***).

precario [bij wijze van gunst] < **lat.** *precario* [in bruikleen], 6e nv. van *precarium* [bruikleen], het zelfstandig gebruikt o. van *precarius* [afgebedeld] (vgl. ***precair***).

precarist [bezitter tot wederopzegging toe] → ***precario***.

precautie [voorzorgsmaatregel] < me. lat. *praecautio*, van *praecavēre* (verl. deelw. *praecautum*) [op zijn hoede zijn, voorzorgsmaatregelen nemen], van *prae* [voor] + *cavēre* [op zijn hoede zijn].

precedent [eerder plaats gevonden geval] < fr. *précédent* < **lat.** *praecedentem*, 4e nv. van *praecedens*, teg. deelw. van *praecedere* [voorgaan], van *prae* [voor] + *cedere* [gaan].

preceptor [leraar klassieke talen] < **lat.** *praeceptor* [leermeester], van *praecipere* [van tevoren nemen, vóór zijn, voorschrijven, raden, onderricht geven], van *prae* [voor] + *capere* (in samenstellingen *-cipere*) [nemen], idg. verwant met ***heffen***.

precessie [astronomische term] < fr. *précession* < **lat.** *praecessio* [het voorgaan], van *praecedere* (verl. deelw. *praecessum*, vgl. ***precedent***).

precies [nauwkeurig] (1537) < fr. *précis* [idem] < **lat.** *praecisus* [afgehakt, abrupt, kort, ronduit], eig. het verl. deelw. van *praecidere* [het voorste deel van iets afsnijden, kort samenvatten], van *prae* [voor] + *caedere* [hakken], idg. verwant met ***heien*** [1].

precieus [gekunsteld] **middelnl.** *precieus* [kostbaar, voortreffelijk] < fr. *précieux* [idem] < lat. *pretiosus* (vgl. ***preciosa***).

preciosa [kostbaarheden] < lat. *pretiosa*, o. mv. van *pretiosus* [kostbaar], van *pretium* [prijs, waarde] (vgl. ***prijs*** [1]).

preciositeit [kostbaarheid] < fr. *préciosité* [idem] < lat. *pretiositatem*, 4e nv. van *pretiositas* [idem] (vgl. ***preciosa***).

precipiteren [doen bezinken] < fr. *précipiter* < lat. *praecipitare* [hals over kop voorover storten, naar beneden gooien, verhaasten], van *praeceps* (2e nv. *praecipitis*) [met het hoofd vooruit], van *prae* [voor] + *caput* (2e nv. *capitis*) [hoofd], daarmee idg. verwant.

preciseren [nauwkeurig omschrijven] < fr. *préciser* [idem], van *précis* (vgl. ***precies***).

precociteit [vroegrijpheid] < fr. *précocité* [idem], eind 17e eeuw gevormd van *précoce* < lat. *praecox* (vgl. ***abrikoos***).

preconisatie [pauselijke bevoegdverklaring] < me. lat. *praeconizatio* [proclamatie], van *praeco* [heraut], van *praedicare* (vgl. ***prediken***).

predator [roofdier] < lat. *praedator* [stroper, rover, jager], van *praeda* [buit, prooi].

predella [optrede van altaar] < it. *predella* < lombardisch *pretil* [plankje], verwant met **hd.** *Brett* en met ***bord***.

predestinatie [goddelijke voorbeschikking] (na 1540) < lat. *praedestinatio* [voorbeschikking], van *prae* [voor] + *destinatio* [besluit], van *destinare* (verl. deelw. *destinatum*) [bevestigen, vastbinden].

predicabel [toekenbaar] < fr. *prédicable* < lat. *praedicabilis* [prijzenswaardig], van *praedicare* [prijzen] (vgl. ***prediken***).

predictie [voorspelling] < fr. *prédiction* [idem] < lat. *praedictionem*, 4e nv. van *praedictio* [idem], van *praedicere* (verl. deelw. *praedictum*) [tevoren zeggen], van *prae* [voor] + *dicere* [zeggen], idg. verwant met het tweede lid van ***aantijgen***.

predikaat [attribuut, gezegde] < fr. *prédicat* < lat. *praedicatum*, verl. deelw. van *praedicare* (vgl. ***prediken***).

predikant [dominee] **middelnl.** *predicant* [prediker, priester] < lat. *praedicans* (2e nv. *praedicantis*), teg. deelw. van *praedicare* (vgl. ***prediken***).

prediken [Gods woord verkondigen] < lat. *praedicare* [openlijk bekend maken, verkondigen, in chr. lat. preken], van *prae* [voor] + *dicere* [zeggen], idg. verwant met het tweede lid van ***aantijgen***.

predilectie [voorkeur] < fr. *prédilection*, van me. lat. *prediligere* (verl. deelw. *predilectum*) [de voorkeur geven aan], van *prae* [voor] + *diligere* [kiezen, liefhebben] (vgl. ***diligent***).

predisponeren [voorbestemmen] gevormd van **fr.** *pré-* < **lat.** *prae* [vóór] +**lat.** *disponere* [uit elkaar plaatsen, ordenen, behandelen], van *dis-* [uiteen] + *ponere* [plaatsen] (**fr.** *prédisposer*).

pree [soldij, loon] < **fr.** *prêt* [lening, soldij], van *prêter* [uitlenen, verschaffen] < **lat.** *praestare* [vooraan staan, borg staan, verschaffen, lenen], van *prae* [voor] + *stare* [staan], daarmee idg. verwant.

preegdruk [drukprocédé] < **hd.** *Prägedruck,* van *prägen* [stempelen, oorspr. doen breken], van *brechen* [breken], **oudhd.** *prāhhen, brāhhen*.

preek [leerrede] **middelnl.** *predike, predeke* < **me. lat.** *praedica,* van *praedicare* (vgl. **prediken**).

preëminent [boven anderen voortreffelijk] (1506 *preeminentie* [voorrecht]) < **fr.** *prééminent* [idem] < **lat.** *praeeminens* (2e nv. *praeeminentis*), teg. deelw. van *praeeminēre* [uitsteken boven], van *prae* [voor] + *eminēre* (vgl. **eminent**).

preeuwen [ontfutselen] **middelnl.** (16e eeuws) *preeuwen* < **oudfr.** *preie* (**fr.** *proie*) (vgl. **prooi**).

prefab [geprefabriceerd] < **eng.** *prefab,* verkort uit *prefabricated* (vgl. *prefabriceren,* van *pre* [voor] +*fabriceren*).

prefatie [inleiding] **middelnl.** *prefacie* [voorrede] < **lat.** *praefatio* [het vooraf uitspreken, voorafgaande formule, inleiding, voorrede], van *praefari* (verl. deelw. *praefatum*) [vooraf zeggen, ter inleiding zeggen], van *prae* [voor] +*fari* [spreken] (vgl. *faam, fabel*).

prefect [ambtenaar, hoofd] < **oudfr.** *prefect* < **lat.** *praefectus* [opzichter, leider, bevelhebber, prefect], verl. deelw. van *praeficere* [aan het hoofd stellen van], van *prae* [voor, vooraan] +*facere* [doen, maken, aanstellen, benoemen].

preferabel [verkieslijk] < **fr.** *préférable* [idem] < **lat.** *praeferre* (vgl. *prefereren*).

preferent [bevoorrecht, verkieslijk] < **lat.** *praeferens* (2e nv. *praeferentis*), teg. deelw. van *praeferre* (vgl. *prefereren*).

preferentie [voorrang] < **fr.** *préférence* [idem] < **me. lat.** *preferentia* [idem], van *praeferre* (vgl. *prefereren*).

prefereren [verkiezen] (ca. 1540) < **fr.** *préférer* < **lat.** *praeferre,* van *prae* [vooruit, vóór] +*ferre* [dragen, verbreiden, meevoeren], idg. verwant met *baren* [1].

prefigeren [van een prefix voorzien] < **lat.** *praefigere* (vgl. **prefix**).

prefix [voorvoegsel] < **lat.** *praefixus,* verl. deelw. van *praefigere* [voorvoegen], van *prae* [voor] +*figere* [vasthechten].

pregnant [zwanger, beknopt] < **lat.** *praegnans,* naast *praegnas* [zwanger, drachtig, vol], van *prae* [vóór] + *(g)nasci* [geboren worden], dus lett. vóór de geboorte.

prei [soort look] **middelnl.** *por(r)eye, par(r)eye, pur(r)eye* < **oudfr.** *porée* < **lat.** *porrum* [look, prei], verwant met **gr.** *prason* [look] (vgl. **praseem**).

prejudicie [inbreuk op recht] **middelnl.** *prejuditie, prejudicie* < **fr.** *préjudice* < **lat.** *praeiudicium* [voorlopig vonnis, voorlopige beslissing], van *prae* [voor] + *iudicium* (vgl. **judicium**).

prelaat [geestelijke met rechtsgebied] **middelnl.** *prelate, prelaet* < **fr.** *prélat* < **me. lat.** *praelatus,* gebruikt als verl. deelw. van *praeferre* [vooruit dragen, verkiezen, stellen boven], van *prae* [voor] +*ferre* [dragen], idg. verwant met *baren* [1], dus degene aan wie de voorrang is gegeven.

preliminair [inleidend] < **fr.** *préliminaire,* in het kader van de Vrede van Munster gevormd van *pré* [voor] + *liminaire* [inleidings-] < **me. lat.** *liminaris,* van *limen* (2e nv. *liminis*) [drempel].

preluderen [inleidend spelen, zinspelen] < **fr.** *préluder* < **lat.** *praeludere* [een vooroefening houden], van *prae* [voor] + *ludere* [spelen].

preludium [begin] < **me. lat.** *praeludium* [het tevoren spelen], van **klass. lat.** *praeludere* [vooroefening houden].

prematuur [vroegtijdig] < **fr.** *prémature* [idem] < **lat.** *praematurus* [vroegtijdig, ontijdig], van *prae* [voor] + *maturus* [rijp, vroegtijdig, te vroeg], verwant met *manes* [geesten der doden].

premeditatie [voorafgaand overleg] < **fr.** *préméditation* < **lat.** *praemeditationem,* 4e nv. van *praemeditatio* [van tevoren bedenken, voorbereiding], van *prae* [voor] + *meditari* [voorbereiden] (vgl. **mediteren**).

premie [beloning] **middelnl.** *primegelt, priemgelt* [extraatje voor schipper, premie] < **lat.** *praemium* [voorrecht, beloning, geschenk], van *prae* [voor] + *emere* [kopen, nemen].

premier [eerste minister] < **fr.** *premier* < **lat.** *primarius* [voornaamste, voortreffelijk], van *primus* (vgl. **primus**).

première [eerste opvoering] < **fr.** *première,* het zelfstandig gebruikt vr. van *premier* [eerste].

premisse [vooropgezette stelling] < **fr.** *prémisse* [idem] < **me. lat.** *praemissa* (*sententia* [oordeel]), vr. verl. deelw. van *praemittere* [vooruit zenden], gevormd van *prae* [voor] + *mittere* [zenden].

premium [geschenk aan de klant] < **eng.** *premium* < **lat.** *praemium* [geschenk], van *prae* [voor] + *emere* [nemen].

premonstratenzer [norbertijn] genoemd naar het moederklooster *Prémontré;* de naam wordt verklaard uit **lat.** *pratum monstratum, pratum* [weide] *monstratum* [aangewezen], verl. deelw. van *monstrare* [aanwijzen] (vgl. **monster** [1]); zo genoemd omdat de stichter zich daar volgens aanwijzing van de bisschop van Laon. Een andere verklaring gaat uit van *vallis praemonstratus* [van tevoren aangewezen vallei].

prenataal [vóór de geboorte] gevormd van **lat.** *prae* [voor] + *natalis* [geboorte-], van *nasci* (verl. deelw. *natum*) [geboren worden].

prengel [lomperd] met verkleiningsuitgang *-el* gevormd van *prang* [iets dat drukt, neusknijper, ellende] (vgl. **prangen**).

prent [gedrukte afbeelding] **middelnl.** *prente, printe* [iets om mee te drukken, de afdruk ervan] < **oudfr.** *preinte, priente,* eig. verl. deelw. van *priembre, preindre* [drukken] < **lat.** *premere* [idem].

prentelijf [stijf japonlijf] een lijfje zoals men op (kostuum)prenten ziet.

prenten [wildsporen volgen] van *prent* [spoor].

prenumereren [vooruitbetalen] < **me. lat.** *prenumerare* [idem], van *prae* [vóór] + *numerare* [tellen, rekenen, betalen], van *numerus* [getal] (vgl. **nummer**).

prenuptiaal [aan het huwelijk voorafgaand] < **fr.** *prénuptial* [idem], gevormd van *pré-* [voor] < **lat.** *prae* [idem] + *nuptial* (vgl. **nuptiaal**).

preoccupatie [waarmee men zich in de geest bezighoudt] < **fr.** *préoccupation* [idem] < **lat.** *praeoccupationem,* 4e nv. van *praeoccupatio* [het tevoren bezetten], van *praeoccupare* [tevoren bezetten], van *prae-* [voor] + *occupare* (vgl. **occuperen**).

prepareren [voorbereiden] (1537) < **fr.** *préparer,* van **lat.** *prae* [voor] + *parare* [gereedmaken].

preponderant [overwegend] < **fr.** *prépondérant* < **lat.** *praeponderans* (2e nv. *praeponderantis*), teg. deelw. van *praeponderare* [zwaarder wegen dan], van *prae* [voor] + *ponderare* [wegen], van *pondus* (2e nv. *ponderis*) [gewicht] (vgl. **pond**).

prepositie [voorzetsel] < **lat.** *praepositionem,* 4e nv. van *praepositio* [het vooraan plaatsen, voorzetsel], van *praeponere* (verl. deelw. *praepositum*) [vooraan stellen], van *prae* [voor] + *ponere* [plaatsen].

prerafaëliet [aanhanger van kunstrichting] < **eng.** *Pre-Raphaelite,* lid van de in 1848 gestichte Engelse *Pre-Raphaelite Brotherhood* welks ideaal was een kunst volgens de principes van vóór (=*pre*) *Raphael*.

prerogatief [voorrecht] **middelnl.** *prerogatief* [voorrecht] < **fr.** *prérogative* [idem] < **lat.** *praerogativa* [voorafgaande verkiezing, keuze, voorrecht], van *praerogare* (verl. deelw. *praerogatum*) [verlenen (van gunst), lett. eerst vragen], van *prae* [voor] + *rogare* [vragen naar].

presbyoop [verziend door ouderdom] gevormd van **gr.** *presbus* [de oudste, oude man] (vgl. **presbyter**) + *ōps* [oog].

presbyter [ouderling] (1535) *presbiter* [priester] < **lat.** *presbyter* [oude man, ouderling, priester] < **gr.** *presbuteros,* vergrotende trap van *presbus* [oude man, oud], dat een samenstelling is met een eerste lid verwant met **gr.** *paros,* **lat.** *prae* [voor] en een tweede verwant met **gr.** *bainein* [gaan], idg. verwant met **komen,** dus hij die het eerst gaat, voorganger.

prescriberen [voorschrijven] < **lat.** *praescribere* [vooraf schrijven, voorschrijven], van *prae* [voor] + *scribere* [schrijven].

préséance [(recht van) voorrang] < **fr.** *préséance,* van *pré-* [voor] < **lat.** *prae* [idem] + *séance* (vgl. **seance**).

présence [wijze van zich presenteren] < **fr.** *présence* < **lat.** *praesentia* (vgl. **present²**).

presenning [zeildoek] (1598) < **portugees** *percinta, precinta, precinto* [omgording] < **lat.** *praecinctus,* verl. deelw. van *praecingere* [omgorden, omgeven, overtrekken], vgl. *préceinte* [berghout].

present¹ [geschenk] **middelnl.** *present* < **fr.** *présent,* van *présenter* (vgl. **presenteren**).

present² [aanwezig] **middelnl.** *presens* < **fr.** *présent* < **lat.** *praesentem,* 4e nv. van *praesens* (vgl. **presentie**).

presentatie [aanbieding, voorstelling] **middelnl.** *presentatie* < **fr.** *présentation* < **me. lat.** *praesentationem,* 4e nv. van *praesentatio* [presentatie, overhandiging], van *praesentare* (verl. deelw. *praesentatum*) (vgl. **presenteren**).

presenteren [aanbieden, voorstellen] **middelnl.** *presenteren* < **fr.** *présenter* < **lat.** *praesentare* [voorbrengen, voorstellen, aanbieden], van *praesens* (vgl. **presentie**).

presentie [aanwezigheid] **middelnl.** *presentie* < **fr.** *présence* < **lat.** *praesentia* [idem], van *praesens* (2e nv. *praesentis*) [aanwezig], teg. deelw. van *praeesse* [aan het hoofd staan, hoofdpersoon zijn], van *prae* [voor] + *esse* [zijn], idg. verwant met **nl.** hij *is,* **hd.** er *ist,* **eng.** he *is*.

preservatief [voorbehoedend] < **fr.** *préservatif,* van *préserver* [beschermen tegen] (**middelnl.** *preserveren*) < **me. lat.** *praeservare* [tevoren in het oog houden], van *prae* [voor] + *servare* [in het oog houden, in stand houden].

president [staatshoofd in republiek, voorzitter] **middelnl.** *president* [hoofd, bestuurder] < **fr.** *président* < **lat.** *praesidentem,* 4e nv. van *praesidens,* teg. deelw. van *praesidēre* [beschermen, de leiding hebben, voorzitter zijn], van *prae* [voor] + *sedēre* [zitten], daarmee idg. verwant.

presidiaal [voorzitter-] < **fr.** *présidial* [idem] < **lat.** *praesidialis* [idem] (vgl. **president**).

presidio [garnizoen, strafkolonie] < **spaans** *presidio* < **lat.** *praesidium* [bescherming, garnizoen, vesting], van *praesidēre* [beschermen] (vgl. **president**).

preskop [worstgerecht] < **hd.** *Preßkopf*.

pressen¹ [sterk drukken] een jonge ontlening aan **fr.** *presser,* na de oudere vorm **persen** (met metathesis van *r*).

pressen² [dwingen tot dienstneming] < **eng.** *to press* [idem], van *prest* [gedwongen dienstneming] < **oudfr.** *prest* [handgeld], van *prester* [lenen] (**middelnl.** *prest* [lening] < **lat.** *praestare* [borg zijn, leveren, lenen], van *praes* (2e nv. *praedis*) [borg], gevormd van *prae* [voor] + *vas* (2e nv. *vadis*) [borg] (idg. verwant met **nl.** **wedden**) + *stare* [staan], daarmee idg. verwant. In het eng. trad verwarring op met *to press* [persen].

presse-papier [iets zwaars om op losse papieren te leggen] < **fr.** *presse-papiers,* van *presser* [drukken] (vgl. **pressen¹**) + *papier* (vgl. **papier**).

prestant [hoofdregister in front van orgel] < fr. *prestant* < it. *prestante* [uitstekend] < lat. *praestans* (2e nv. *praestantis*), teg. deelw. van *praestare* [vooraan staan], van *prae* [voor] + *stare* [staan], daarmee idg. verwant.

prestatie [verrichting] < fr. *prestation* < lat. *praestationem*, 4e nv. van *praestatio* [garantie, levering, betaling], van *praestare* [borg staan] (vgl. *pressen*²).

prestidigitateur [goochelaar] < fr. *prestidigitateur*, van *preste* [vlug] < it. *presto* [idem] + lat. *digitus* [vinger] (vgl. *digitaal*), dus iem. die vingervlug is.

prestige [zedelijk overwicht] < fr. *prestige*, van lat. *praest(r)igiae* [begoocheling], van *praestringere* [van voren vastbinden, verblinden (van de ogen), in glans overtreffen], van *prae* [voor] + *stringere* [strak aantrekken], waaruit *strikt*.

prestissimo [zeer snel] < it. *prestissimo*, overtreffende trap van *presto* [dienstig, vaardig, snel] < lat. *praesto* (bijw.) [aanwezig, gereed, dienstig], van *prae* [voor] + *stare* [staan], daarmee idg. verwant.

presto [snel] → *prestissimo*.

presumeren [veronderstellen] **middelnl.** *presumeren* < fr. *présumer* < lat. *praesumere* (vgl. *presumptie*).

presumptie, presumtie [vermoeden] **middelnl.** *presumptie* < lat. *praesumptio* [voorsmaak, vermoeden], van *praesumere* [tevoren nemen, tevoren gevoelen, verwachten], van *prae* [voor] + *sumere* [nemen] (vgl. *consument*).

pret [plezier] verwant met *part*² [list, streek].

pretenderen [voorgeven] **middelnl.** *pretenderen* < fr. *prétendre* [idem] < lat. *praetendere* [voor zich uithouden, voorwenden], van *prae* [voor] + *tendere* [spannen, uitstrekken] (vgl. *tent*).

pretens [beweerd] 1537 *pretens* [zogenaamd] < me. lat. *pretensus* [idem], van *praetendere* (vgl. *pretenderen*).

pretentie, pretensie [aanspraak] < me. lat. *pretentio*, van *praetendere* (vgl. *pretenderen*).

pretentieus [verwaand] < fr. *pretentieus*, van *prétendre* (vgl. *pretenderen*).

prêteren [meegeven] < fr. *prêter* [uitlenen, verschaffen] (vgl. *pree*).

preteritum [verleden tijd] < lat. *praeteritum*, verl. deelw. van *praeterire* [voorbijgaan], van *praeter* [voorbij] + *ire* [gaan].

pretermissie [stijlfiguur] < fr. *prétermission* < lat. *praetermissionem*, 4e nv. van *praetermissio* [het weglaten, overslaan], van *praetermittere* (verl. deelw. *praetermissum*) [voorbij laten gaan], van *praeter* [voorbij] + *mittere* [doen gaan, zenden].

pretext [voorwendsel] < fr. *prétexte* < lat. *praetextum* [sieraad, voorwendsel], eig. verl. deelw. van *praetexere* [omzomen, zetten voor, voorwenden], van *prae* [voor] + *texere* [weven, vlechten, bouwen, oorspr. timmeren], verwant met gr. *tektōn* [timmerman].

pretor [Romeins magistraat] < lat. *praetor*, van *praeire* [vooropgaan], van *prae* [voor] + *ire* [gaan].

Pretoria [geogr.] genoemd naar *M. W. Pretorius* op wiens voorstel de Volksraad van Transvaal in 1855 besloot de nederzetting te stichten als centrale vergaderplaats.

pretoriaan [lid van de keizerlijke lijfwacht] < lat. *praetorianus* [van de keizerlijke lijfwacht], bn. van *praetor* (vgl. *pretor*).

preukelen [porren] nevenvorm van *prikkelen*.

preut [kut, wijf, achterste] nevenvorm van *prut*.

preutelen [pruttelen, prevelen] nevenvorm van *pruttelen*.

preuts [kuis] **middelnl.** *pre(e)us, prues, proys* [edel, fier, moedig, dartel, kuis] < oudfr. *prod, preu* < lat. *prod-* in *prodest* [het is van voordeel], nevenvorm van *pro* [voor], vgl. **eng.** *proud, prude*.

preuve [bewijs] < fr. *preuve*, van *prouver* < lat. *probare* (vgl. *proberen, proeven*).

preuvelen [praten] nevenvorm van *prevelen*.

prevaleren [overwicht hebben] (ca. 1540) < lat. *praevalēre* [zeer sterk zijn, sterker zijn], van *prae* [voor] + *valēre* [sterk zijn].

prevaricatie [plichtschending] < fr. *prévarication* < lat. *praevaricationem*, 4e nv. van *praevaricatio* [heulen (van aanklager met aangeklaagde), plichtsverzuim (van advocaat)], van *praevaricari* (verl. deelw. *praevaricatum*) [scheef gaan, zijn plicht verzaken], van *varicus* [wijdbeens lopend], van *varus* [met x-benen], verwant met *varius* [gevarieerd].

prevelen [mompelen] eerst 17e eeuws, vgl. **fries** *prevelje*, jonge klanknabootsende vorming.

prevenant [voorkomend] < fr. *prévenant*, teg. deelw. van *prévenir* [voorkómen, verwittigen], dus lett. voorkomend < lat. *praevenire* (vgl. *preventie*).

preveniëren [voorkomen, waarschuwen] < fr. *prévenir* [idem] < lat. *praevenire* [tevoren komen, vóórkomen, voorkómen], van *prae* [voor] + *venire* [komen].

preventie [het voorkomen] (1517) *preventie* [onderzoek in rechte] < me. lat. *praeventio* [het anticiperen], van *praevenire* (verl. deelw. *praeventum*) (vgl. *preveniëren*).

preview [voorvertoning] < eng. *preview*, van *pre-* [voor] + *view*, middeleng. *vewe* < middelfr. *veue* (fr. *vue*), verl. deelw. van oudfr. *veoir* (fr. *voir*) [zien] < lat. *vidēre* [idem].

previliën [afbiezen] < fr. *parfiler* [met goud- of zilverdraden weven, deze uitrafelen], van *par* [door en door] + *filer* [spinnen], van *fil* [draad] < lat. *filum* [garen, draad].

prévôt [rang bij schermen] **middelnl.** *prevoost* [proost, opziener, voornaamste, aanvoerder] < fr. *prévôt*, oudfr. *prévost* < lat. *praepositus* = *propositus* (vgl. *proost*¹).

prezie, prezij [schatting] **middelnl.** *prisie*, van *pri(e)sen, pre(i)sen* [schatten] < oudfr. *preiser*,

prisier, priser [idem], van de versterkte vormen *je prise* etc. < **me. lat.** *pretiare* [waarderen], van *pretium* [prijs].
priaap [wellusteling] < **lat.** *Priapus* < **gr.** *Priapos* [de god van de vruchtbaarheid].
priamel [soort epigram] **middelnl.** *priamel* < **lat.** *praeambulum* [inleiding] (vgl. *preambule*).
prieel [tuinhuisje] **middelnl.** *pra(e)yeel, prieel* [grasland, boomgaard, bloementuin, lusthof] < **oudfr.** *praiel* < **lat.** *pratulum*, verkleiningsvorm van *pratum* [weide, het veld] (vgl. *prairie*).
priegelen [peuteren] frequentatief van **middelnl.** *prigen* [zich beijveren], vgl. *prijch* [ijver, strijdlust, gevecht] (vgl. *prijken*).
priel [doorgang tussen zandbanken] **nd.** *pril*, **hd.** *Priel*; etymologie onbekend.
priem[1] [dolk] **middelnl.** *priem(e)*, **middelnd.** *preme, prim, pren(e)*, **middelhd.** *pfrieme*, **oudeng.** *preon* (**eng.** *preen*), **ijslands** *prjönn* [breinaald]; mogelijk verwant met **gr.** *priōn* [trepaneerboor, zaag].
priem[2] [klavervreter] **oudhd.** *pfrimma;* staat naast *braam*[2] en *brem*[2].
priem[3] [gebed] **middelnl.** *pri(e)me, prijm, priem*, verkort uit **lat.** *prima hora* [eerste uur].
priemerik [barg. zwerver, geestelijke] de laatste betekenis lijkt de oudste te zijn en dan met het typisch barg. achtervoegsel *-erik*, van *priem*[3] [ochtendgebed].
priemgetal [getal dat alleen deelbaar is door één en door zichzelf] vrij zeker < **hd.** *Primzahl*, vertaling van **modern lat.** *numerus primus*.
pries [snuifje] → *prise*.
priesnitzverband [nat verband] genoemd naar *Vincenz Priessnitz* (1799-1851), een Silezische landbouwer, die de hydrotherapie grondvestte.
priester [geestelijke] **middelnl.** *priester* < **lat.** *presbyter* (vgl. *presbyter*).
prietpraat [kletspraat] reduplicerend ablautend bij *praat*.
prij [kreng] **middelnl.** *pride, prie, pri* [prooi, aas, kreng], ook als scheldwoord **middelnd.** *pri(d)e* < **lat.** *preda, praeda* [buit] (vgl. *prooi*).
prijken [pronken] **middelnl.** *priken* [juichen, ophef maken, pronken (van pauw)], **middelnd.** *preken*, vermoedelijk hetzelfde woord als **middelnl.** *prigen* [zich beijveren, de hoogte in willen] (waarvan *priegelen*); in oorsprong klanknabootsend gevormd.
prijs[1] [kosten] **middelnl.** *prijs, pries* < **oudfr.** *pris* [idem] < **lat.** *pretium* [waarde van iets, prijs, beloning] (vgl. *precieus*).
prijs[2] [buitgemaakt schip] **middelnl.** *prise, prinse* [buit] < **fr.** *prise* (vgl. *prise*).
prijzen [op waarde schatten] **middelnl.** *pri(e)sen, pre(i)sen* [schatten, taxeren, prijzen] < **oudfr.** *preiser, prisier, priser* (**fr.** *priser*) < **me. lat.** *pretiare*, van **klass. lat.** *pretium* [prijs].
prik[1] [steek, puntig voorwerp] vermoedelijk het grondwoord van *prikkel* (vgl. *prikkelen*).

prik[2] [lamprei] waarschijnlijk bijzondere toepassing van *prik*[1] [puntig voorwerp].
prikje [klein bedrag] vermoedelijk < **middelnl.** *prickskijn*, verkleiningsvorm van *pric(ke)* [een kleine munt].
prikkelen [aansporen, ergeren] **middelnl.** *prickelen*, van *prikel* [prikkel, scherpe ijzeren punt aan wapen], of frequentatief van **middelnl.** *pricken* [aanzetten, aansporen] (1486) (vgl. *prikken*).
prikken [steken] **middelnl.** *pricken* [aanzetten], **middelnd.** *bricken, preken*, **nd.** *pricken*, **oudeng.** *prician*, **deens** *prikke*, **zweeds** *pricka;* van *prik*[1], vermoedelijk klanknabootsend gevormd.
pril [jong] etymologie onzeker.
prima [eerste, fijnste] als bn. waarschijnlijk < **it.** *prima*, vr. van *primo* < **lat.** *primus* [eerste]; ontstaan in verbindingen als *prima kwaliteit*.
primaat [geestelijke titel] **middelnl.** *primaet* [opperkerkvoogd] < **fr.** *primat* < **lat.** *primas* (2e nv. *primatis*) [aanzienlijk(ste), primaat (in kerk)], van *primus* (vgl. *primo*).
primadonna [eerste zangeres aan opera, favoriete] < **it.** *prima donna* [eerste dame] (vgl. *prima* en *donna*).
primage [een bep. vrachttoeslag] (**middelnl.** *primegelt, priemgelt* [premie voor schipper]) < **eng.** *primage* < **me. lat.** *primagium* [premie voor laden of lossen van een schip] (vgl. *premie*).
primair [voornaamst] < **fr.** *primaire* [idem] < **lat.** *primarius* [eerste, voornaamste], van *primus* (vgl. *primo*).
prime [premie] → *premie*.
primeren [de eerste zijn] < **fr.** *primer* [idem], van *prime* < **lat.** *primus* (vgl. *primo*).
primeur [eerste openbaarmaking van iets nieuws] < **fr.** *primeur* < **lat.** *primarius* [eerste, voornaamste, voortreffelijk], van *primus* (vgl. *primo*).
primitief [onontwikkeld] < **fr.** *primitif* < **lat.** *primitivus* [eerste, eerstgeborene, eersteling], van *primus* (vgl. *primo*).
primo [op de eerste dag van de maand] < **lat.** *primo*, 6e nv. van *primus* [eerste], overtreffende trap van een woord dat bewaard is als eerste lid van *priscus* [oud] en *pristinus* [voormalig], verwant met *prae* [voor].
primogenitus [eerstgeborene] < **lat.** *primogenitus*, gevormd van *primo* (bn.) [eerst] + *genitus*, verl. deelw. van *gignere* [baren] (vgl. *genus*).
primordiaal [oorspronkelijk] < **fr.** *primordial* [oorspronkelijk] < **me. lat.** *primordialis*, van *primordium* [oorsprong], van *primus* [eerste] (vgl. *primo*) + *ordiri* [(een weefsel) opzetten, beginnen], verwant met *ordo* [orde].
primula [plantengeslacht] < **lat.** *primula*, verkort uit *primula veris, primula* [lett. de eersteling] *veris* [van de lente], *primula*, van *primus* [eerste] (vgl. *primo*); de benaming komt van het feit, dat de primula vroeg in het voorjaar bloeit.
primus [de eerste] → *primo*.

principaal [voornaam(st)] middelnl. *principael, principale* < fr. *principal* [idem] < lat. *principalis* [eerste, voornaamste], van *princeps* (vgl. **prins**).

principaat [alleenheerschappij] middelnl. *Principaet* [naam van een deel van Zuid-Italië], *principaten* [eerste koor van de tweede hiërarchie der engelen] < lat. *principatus* [begin, eerste plaats, hoogste waardigheid], van *princeps* (vgl. **prins**).

principe [beginsel] < fr. *principe* < lat. *principium* [begin, grondslag], van *princeps* (vgl. **prins**).

prins [vorst, koningszoon] middelnl. *prince* [vorst, opperhoofd] < oudfr. *prince* < lat. *princeps*, van *primus* [de eerste] + *capere* [pakken, grijpen, een plaats innemen], idg. verwant met **heffen**.

prinsemarij [politie, justitie] < nl. (bargoens) *prinserij* [idem] < **rotwelsch** *Prinzerei* [(lokaliteit van de) gezagsinstantie].

prinses [vrouw van een prins, koningsdochter] middelnl. *princesse, princester, princerse* < ofr. *princesse* [idem], van *prince* (vgl. **prins**).

prinsmetaal [op goud gelijkende legering van koper en zink] < hd. *Prinzmetall* zo genoemd naar *prins Robert van de Palts*, (1619-1682).

printanière [soep met jonge groenten] < fr. *printanière*, van *printanier* [van de lente], van *printemps* [lente] < lat. *primum tempus anni* [eerste tijd, seizoen van het jaar].

printer [drukapparaat] < eng. *printer*, van *to print*, van *print* (zn.) middeleng. *pre(i)nte, printe* < oudfr. *pre(i)nte, priente*, eig. het vr. verl. deelw. van *priembre, preindre* [stempelen, drukken] < lat. *premere* [idem].

prior [kloosteroverste] < lat. *prior*, vergrotende trap van *primus* [de voorste, hoger staande, beter, in chr. lat. ook superieur, abt, prior].

prioriteit [voorrang] < fr. *priorité* [idem] < me. lat. *prioritatem*, 4e nv. van *prioritas*, van *prior* [eerder].

pripper [kaatsterm] < fries *pripper* [steek, ook onvriendelijk gezegde, lage, snelle opslagbal], van *prippe* [prikken], van *prip* [prik, steek]; vgl. *opsteker*.

prise [snuifje] < fr. *prise* [het nemen], van *prendre* (verl. deelw. *pris*) [nemen] < lat. *prehendere* [idem], idg. verwant met het tweede lid van ***vergeten***.

prisma [kantzuil] < gr. *prisma* [zaagsel, driezijdige zuil, prisma, lett. het afgezaagde], van *priein* [doorzagen, doorsnijden], verwant met *peirein* [boren], idg. verwant met ***voorde***.

prison [gevangenis] middelnl. *prisoen, prisuyn* < fr. *prison* [idem] < lat. *prensionem*, 4e nv. van *prensio*, van *prendere* (verl. deelw. *prensum*) = *prehendere* [pakken, grijpen], idg. verwant met het tweede lid van ***vergeten***.

privaat[1] [w.c.] middelnl. *privaet* [bestekamer, riool] < me. lat. *privata, private*, verkort uit *camera privata, domus privata* [w.c.], (*camera* [kamertje], *domus* [huis]) (vgl. ***privaat***[2]).

privaat[2] [particulier] middelnl. *privaet* [bijzonder, particulier, eigen] < lat. *privatus* [idem], verl. deelw. van *privare* [beroven, bevrijden], van *privus* [op zichzelf staand].

privacy [persoonlijke vrijheid] < eng. *privacy* < middeleng. *privacie*, van *privat* < lat. *privatus* (vgl. ***privaat***[2]).

privatief [een beroving uitdrukkend] < fr. *privatif* [idem] < lat. *privativus* [afwezigheid uitdrukkend], van *privare* (verl. deelw. *privatum*) (vgl. ***privaat***[2]).

privatim [in het geheim] < lat. *privatim* (bijw.) [als particulier, persoonlijk], van *privatus* [particulier, niet van de staat] (vgl. ***privaat***[2]).

privé [particulier] middelnl. *prive, privee* [persoonlijk, geheim] < fr. *privé* < lat. *privatus* (vgl. ***privaat***[2]).

privilege [voorrecht] middelnl. *privileg(i)e* < oudfr. *privilege* [idem] < lat. *privilegium* [bijzondere verordening, voorrecht], van *privus* (vgl. ***privaat***[2]) + *lex* (2e nv. *legis*) [wet], verwant met *legere* [verzamelen].

prix [prijs] < fr. *prix* < oudfr. *pris* < lat. *pretium* (vgl. ***prijs***[1]).

pro [voor] < lat. *pro* [vóór in de betekenis met de rug naar iets toe, vooraan op, ten behoeve van, in plaats van, naar gelang van, op grond van, met het oog op], gr. *pro* [voor (van plaats), ter verdediging van, in de plaats van, voor (van tijd), de voorkeur gevend aan], verwant met lat. *per* [door], *prae* [vóór], gr. *para* [langs], *peri* [rond], nl. *voor*.

probaat [beproefd] < lat. *probatus* [beproefd, deugdelijk], van *probare* (verl. deelw. *probatum*) [keuren, goedkeuren, bewijzen] (vgl. ***proberen, proeven***).

probabel [waarschijnlijk] < fr. *probable* [idem] < lat. *probabilis* [prijzenswaardig, deugdelijk, aannemelijk, waarschijnlijk], van *probare* (vgl. ***proberen, proeven***).

probatie [proef] middelnl. *probatie* [bewijs, proeftijd, noviciaat] < fr. *probation* [proeftijd, noviciaat] < lat. *probationem*, 4e nv. van *probatio*, van *probare* (verl. deelw. *probatum*) (vgl. ***proberen, proeven***).

proberen [pogen] middelnl. *proberen* [bewijzen, beproeven, onderzoeken] → ***proeven***.

probiteit [integriteit] < fr. *probité* [idem] < lat. *probitatem*, 4e nv. van *probitas* [fatsoen, rechtschapenheid], van *probus* [deugdelijk, fatsoenlijk], van *probare* [de deugdelijkheid van iets bewijzen] (vgl. ***proberen***).

probleem [vraagstuk, moeilijkheid] < fr. *problème* [idem] < lat. *problema* < gr. *problèma* [wat naar voren geworpen is, wat als vraagstuk wordt voorgelegd], van *proballein* [toewerpen], van *pro-* [voor] + *ballein* [werpen], idg. verwant met hd. *Quelle*, nl. ***kwelder***.

procédé [werkwijze] < fr. *procédé*, eig. verl. deelw. van *procéder* < lat. *procedere* (vgl. ***proces***).

procederen [handelen, een proces voeren]

procedure — professioneel

middelnl. *procederen* < **fr.** *procéder* [idem] < **lat.** *procedere*, van *pro* [vóór] + *cedere* [schrijden].
procedure [actie, procesvoering] (ca. 1500) < **fr.** *procédure*, van *procéder* (vgl. *procederen*).
procent [percent] < **it.** *pro cento, pro* [voor, in verhouding tot] *cento* < **lat.** *centum* [honderd], daarmee idg. verwant.
proces [rechtsgeding, werking] **middelnl.** *proces* [voortgang van een zaak, rechtsgeding] < **fr.** *procès* [idem] < **lat.** *processus* [voortgang, juridisch proces], van *procedere* (verl. deelw. *processum*) [voortgaan], van *pro* [voor] + *cedere* [schrijden, gaan].
processie [plechtige optocht] **middelnl.** *processie* < **lat.** *processio* [het voortrukken, in chr. lat. ook processie], van *procedere* (vgl. *proces*).
proclameren [afkondigen] < **fr.** *proclamer* [idem] < **lat.** *proclamare* [luid roepen], van *pro* [voor] + *clamare* [schreeuwen].
proclitisch [toonloos aangesloten aan volgend woord] naar analogie van *enclitisch* gevormd van **gr.** *proklinein* [vooroverbuigen], van *pro* [voor] + *klinein* [buigen] (vgl. *klinisch*).
procreatie [voortteling] < **fr.** *procréation* [idem] < **lat.** *procreationem*, 4e nv. van *procreatio* [het verwekken, kinderen], van *procreare* (verl. deelw. *procreatum*) [verwekken], van *pro* [vóór] + *creare* [produceren, scheppen].
procrustesbed [pijnlijke positie] genoemd naar de mythische reus in Attica, die mensen aanpaste aan een bed door ledematen af te hakken of ze op te rekken. Zijn naam **gr.** *Procroustès* [uitrekker], van *prokrouein* [uitrekken], van *pro* [voor] + *krouein* [slaan, stampen].
procuratie [volmacht] **middelnl.** *procuracie, procuratie* [idem] < **fr.** *procuration* [idem] < **lat.** *procurationem*, 4e nv. van *procuratio* [verzorging, beheer], van *procurare* (verl. deelw. *procuratum*) (vgl. *procurator*).
procurator [beheerder] < **lat.** *procurator* [verzorger, beheerder], van *procurare* [zorg dragen voor, beheren], van *pro* [voor] + *curare* [zorgen voor], van *cura* [zorg].
procureur [gerechtelijk vertegenwoordiger] **middelnl.** *procureur* < **fr.** *procureur*, van *procurer* < **lat.** *procurare* (vgl. *procurator*).
prodigieus [verwonderlijk] < **fr.** *prodigieux* [idem] < **lat.** *prodigiosus* [vol wonderen, wonderbaarlijk], van *prodigium* [voorteken, wonder], van *prod-* = *pro* [voor] + *aio* [ik zeg ja], waarbij het achtervoegsel *-osus* [vol van].
prodromaal [voorafgaand] van **lat.** *prodromus* [voorloper] < **gr.** *prodromos* [snel vooruitlopend], van *pro* [voor] + *dromos* [het snel lopen] (vgl. *dromedaris*).
producer [zakelijk, technisch leider van voorstellingen, films e.d.] < **eng.** *producer*, van *to produce* (vgl. *produceren*).
produceren [voortbrengen] **middelnl.** *produceren* [aanvoeren (in rechte), als getuige optreden] < **lat.** *producere* [te voorschijn brengen, voortbrengen], van *pro* [voor] + *ducere* [leiden, voeren], idg. verwant met *tijgen*.
produkt [voortbrengsel] < **lat.** *productum*, verl. deelw. van *producere* (vgl. *produceren*).
produktief [vruchtbaar, winstbrengend] < **fr.** *productif*, van **lat.** *productus*, het verl. deelw. van *producere* (vgl. *produceren*).
proef [onderzoek] **middelnl.** *prove, proeve* [bewijs, bewijsstuk, proefstuk, onderzoek, proef] < (**oudfr.** *prover* [bewijzen, proeven]) < **lat.** *proba*, van *probare* [keuren, beoordelen, bewijzen] (vgl. *proberen, proeven*).
proem [vrucht van de els] nevenvorm van *pruim*, in de betekenis 'tabakspruim' (één van de dingen die in vorm of grootte direct of vagelijk aan de vrucht deden denken en daarnaar zijn genoemd). De verklaring ligt in het feit, dat vroeger jongens, die nog geen tabak hadden elzeproppen pruimden.
proëmium [voorrede] < **lat.** *prooemium* < **gr.** *prooimion* [inleiding, voorspel, voorrede], van *pro* [voor] + *oimos* [weg, baan], idg. verwant met **lat.** *via*.
proen [constructie om opgestapeld aardewerk in de oven niet aan elkaar te laten bakken] → *piron*.
proesten [niezen, lachen] **middelnl.** *pruusten, pruysten, proesten* (het laatste met behoud van de oorspr. germ. vocaal) [niezen, ergens uit spuiten], klanknabootsend, vgl. **middelnl.** *pru(u)schen* [snuiven], *puusten* [blazen].
proeven [keuren, eten] **middelnl.** *proeven, prouven* [bewijzen, duidelijk maken, beproeven, onderzoeken, proberen, proeven] < **oudfr.** *prover* [idem] < **lat.** *probare* [onderzoeken, beoordelen, aannemelijk maken, bewijzen], een tweede maal door het nl. overgenomen in de vorm *proberen;* het ww. *probare* is gevormd van *probus* [deugdelijk, fatsoenlijk], gevormd van *pro* [voor] + de stam van *een vw.* voor zijn waarvan ook **nl.** *ik ben*, **eng.** *to be*.
profaan [werelds] < **fr.** *profane* < **lat.** *profanus* [niet gewijd, niet ingewijd], van *pro* [voor] + *fanum* [heiligdom, tempel], dus slaand op diegenen, die vóór de tempel bleven. In tegenstelling tot onze kerken was de tempel in de Oudheid niet een plaats waar het volk binnentrad om een dienst mee te maken.
profeet [voorspeller] **middelnl.** *prophete, profete* < **fr.** *prophète* [idem] < **lat.** *propheta* [idem] < **gr.** *prophètès* [voorspeller, priester], van *pro* [voor] + *phèmi* [ik spreek] (vgl. *faam, fabel*).
profes [die een kloostergelofte heeft afgelegd] **middelnl.** *profes* < **oudfr.** *profess* [idem] < **lat.** *professus*, verl. deelw. van *profitēri* [openlijk verklaren, openlijk bekennen, beloven], van *pro* [voor] + *fatēri* [bekennen, belijden] (vgl. *faam, fabel*).
professioneel [van beroep] < **fr.** *professionnel* [idem], van *profession* < **lat.** *professionem*, 4e nv.

van *professio* [openlijke verklaring, officiële aangifte (naam, vermogen), aangegeven beroep], van *profitēri* (vgl. *profes*).
professor [hoogleraar] **middelnl.** *professoor* [leraar] < **lat.** *professor* [hij die openlijk verklaard heeft in een bepaald vak les te zullen geven, openbare leraar], van *profitēri* (vgl. *profes*).
proficiat [gefeliciteerd] < **lat.** *proficiat*, 3e pers. enk. van de conjunctief van *proficere* [baten], dus moge het baten, van *pro* [voor] + *facere* [maken, doen], daarmee idg. verwant.
profiel [zijaanzicht, karakteristiek] < **fr.** *profil* [idem] < **it.** *profilo* [idem], van *profilare* [in contouren tekenen], van *pro* < **lat.** *pro* [voor] + *filo* < **lat.** *filum* [draad, lijn, figuur].
profijt [voordeel] **middelnl.** *profijt* < **fr.** *profit* [idem] < **lat.** *profectus* [vooruitgang, resultaat], van *proficere* (verl. deelw. *profectum*) [verder komen, baten], van *pro* [voor] + *facere* [maken, doen], daarmee idg. verwant.
profiteren [voordeel trekken] **middelnl.** *profiten* [profiteren] < **fr.** *profiter* [profiteren], van *profit* [profijt].
profusie [overvloed] < **fr.** *profusion* < **lat.** *profusionem*, 4e nv. van *profusio* [uitstorting], van *profundere* (verl. deelw. *profusum*) [uitstorten], van *pro* [voor] + *fundere* [gieten], daarmee idg. verwant.
profylactisch [voorbehoedend] < **fr.** *prophylactique* < **gr.** *prophulatikos,* van *prophulassein* [voor iets wacht houden, bewaken], van *pro* + *phulassein* [waken, op wacht staan].
progenituur [nakomelingschap] < **fr.** *progéniture* [idem], van **lat.** *progignere* (verl. deelw. *progenitum*) [voortbrengen, verwekken], van *pro* [voor] + *gignere* [voortbrengen, verwekken] (vgl. *genus*).
progestatief [een de groei van bevruchte eicellen bevorderend hormoon] gevormd van **lat.** *progestare* (verl. deelw. *progestatum*) [aandragen], van *progerere* (verl. deelw. *progessum*) [vooruitdragen], van *pro* [voor] + *gerere* [dragen, voortbrengen].
prognathen [mensen met vooruitstekende kin e.d.] gevormd van **gr.** *pro* [voor] + *gnathos* [kaak], verwant met **gr.** *genus* [idem], idg. verwant met *kin*[1].
prognose [uitspraak omtrent vermoedelijk verloop] < **fr.** *prognose* < **gr.** *prognōsis* [het tevoren weten], van *progignōskein* [tevoren weten], van *pro* [voor] + *gignōskein* [weten].
programma [overzicht van onderdelen, verklaring] < **fr.** *programme* [idem] < **lat.** *programma* < **gr.** *programma* [openbare schriftelijke bekendmaking], van *prographein* [openlijk bekend maken], van *pro* [voor] + *graphein* [schrijven], idg. verwant met *kerven*.
progressie [voortgang] (ca. 1540) < **fr.** *progression* < **lat.** *progressionem*, 4e nv. van *progressio* [idem], van *progredi* (verl. deelw. *progressum*)

[verdergaan], van *pro* [voor] + *gradi* [voortschrijden, gaan], verwant met *gradus* [stap] (vgl. *graad*).
prohibitie [verbod] < **fr.** *prohibition* < **lat.** *prohibitionem,* 4e nv. van *prohibitio* [idem], van *prohibēre* (verl. deelw. *prohibitum*) [afhouden van, verhinderen, verbieden], van *pro* [voor] + *habēre* [hebben], dat daarmee stellig verwant is.
project [ontwerp, plan] < **lat.** *proiectus* [het vooruitsteken], van *proicere* (verl. deelw. *proiectum*) [naar voren werpen, vooruitwerpen], van *pro* [voor] + *iacere* [werpen].
projecteren [ontwerpen, afbeelden] < **lat.** *proicere* (vgl. *project*).
projectiel [werptuig] < **fr.** *projectile* [idem], gevormd van **lat.** *proicere* (vgl. *project*).
projector [projectietoestel] gevormd van **lat.** *proicere* (verl. deelw. *proiectum*) [vooruitwerpen], van *pro* [vóór] + *iacere* [werpen].
prol[1] [brij] evenals *prul, prut, prutsen* moeilijk te signaleren als produkt van een historische ontwikkeling en vermoedelijk slechts een affectieve vorming.
prol[2] verkort uit *proleet*.
prolaps [uitzakking] van **lat.** *prolabi* (verl. deelw. *prolapsum*) [vooruitglijden, wegglijden, in verval raken], van *pro* [voor] + *labi* [glijden] (vgl. *lava, lawine*).
proleet [hufter] < **hd.** *Prolet,* afgeleid van *proletariër.*
prolegomena [inleiding] < **gr.** *prolegomena,* o. mv. van het pass. teg. deelw. van *prolegein* [van tevoren zeggen], van *pro* [voor] + *legein* [lezen, spreken, zeggen].
prolepse [grondwaarheid] → *prolepsis.*
prolepsis [stijlfiguur] < **gr.** *prolèpsis* [vooropgezette mening, geestesbeeld, plan], van *prolambanein,* van *pro* [voor] + *lambanein* [pakken, nemen].
proletariër [bezitloos arbeider] < **hd.** *Proletarier* < **fr.** *prolétaire* < **lat.** *proletarius,* in het oude Rome een burger van de sociaal laagste klasse, arm en daardoor slechts in staat om de staat te dienen met nakomelingschap, van *proles* [kroost, jonge manschap], van *pro* [voor] + de stam van *alere* [voeden] (vgl. *alimentatie*).
proliferatie [woekering] < **fr.** *prolifération,* een 19e eeuwse vorming naar **me. lat.** *profiler* [nageslacht voortbrengend] + het achtervoegsel *-ation* < **lat.** *-atio,* dat van ww. zn. vormt.
prolix [breedsprakig] < **lat.** *prolixe* (bijw.) [overvloedig, uitvoerig], van *pro* [voor] + *liquēre* [vloeien] (vgl. *liquide*).
prolongeren [verlengen] **middelnl.** *prolongeren* < **fr.** *prolonger* < **lat.** *prolongare,* van *pro* [voor, voort] + *longus* [lang], daarmee idg. verwant.
proloog [voorrede] **middelnl.** *prologe* [idem] < **fr.** *prologue* [idem] < **lat.** *prologus* < **gr.** *prologos* [voorrede, inleiding bij toneel], van *pro* [voor] + *logos* [woord, verhandeling].

promenade [wandelweg] < fr. *promenade,* van *se promener* [wandelen], *promener* [rondleiden, doen wandelen] < lat. *prominare* [voortdrijven (b.v. een span ossen)], van *pro* [voor, voort] + *minare* [drijven, eig. bedreigen], (*minae* [bedreigingen], *minax* [dreigend]).

promeneren [wandelen] → *promenade*.

promesse [verhandelbare schuldbekentenis] < fr. *promesse* < lat. *promissum* [het beloofde, belofte], eig. verl. deelw. van *promittere* [beloven], van *pro* [voor, voort] + *mittere* [doen gaan, zenden, laten weten] (vgl. *mis²*).

promethium [chemisch element] genoemd naar *Prometheus* die het vuur uit de hemel stal.

promillage [duizendste deel] gevormd naar analogie van *percentage* van lat. *pro mille* [per duizend].

prominent [vooraanstaand] < lat. *prominens* (2e nv. *prominentis*) [vooruitstekend gedeelte], eig. teg. deelw. van *prominēre* [uitsteken], van *pro* [voor] + een tweede lid dat verwant is met *mons* [berg].

promiscue [vrij door elkaar] < lat. *promiscue* (bijw.) *promiscuus* (bn.) [gemengd, door elkaar], van *pro* [voor] + *miscere* [mengen].

promissie [belofte] middelnl. *dat lant van promissioen* [het beloofde land] < fr. *promission* < lat. *promissionem,* 4e nv. van *promissio* [belofte], van *promittere* (verl. deelw. *promissum*) [beloven] (vgl. *promesse*).

promoten [verkoop bevorderen] < eng. *to promote* [idem], van lat. *promotus,* het verl. deelw. van *promovēre* (vgl. *promoveren*).

promotie [bevordering] middelnl. *promotie, promocij* [bevordering (van een zaak), opklimming in rang] < fr. *promotion* [idem] < lat. *promotionem,* 4e nv. van *promotio,* van *promovēre* (verl. deelw. *promotum*) (vgl. *promoveren*).

promoveren [bevorderen] middelnl. *promoveren* < lat. *promovēre* [naar voren bewegen, vergroten, bevorderen], van *pro* [voor] + *movēre* [in beweging brengen].

prompt [vlot] middelnl. *prompt* [gereed, waardig, vlug] < fr. *prompt* < lat. *promptus* [open, zichtbaar, gereed, vlug, vastbesloten], eig. het verl. deelw. van *promere* [voor de dag halen, onthullen], van *pro* [voor] + *emere* [nemen].

promulgatie [openbare bekendmaking] < fr. *promulgation* [idem] < lat. *promulgationem,* 4e nv. van *promulgatio* [idem], van *promulgare* (verl. deelw. *promulgatum*) (vgl. *promulgeren*).

promulgeren [afkondigen] < fr. *promulguer* < lat. *promulgare* [idem], wellicht van *promere* [voor de dag brengen], van *pro* [voor] + *emere* [kopen] en o.i.v. gekomen van *vulgus* [volk].

pronatie [het kantelen van de voorarm] < fr. *pronation* [idem]; gevormd van me. lat. *pronare* (verl. deelw. *pronatum*) [naar voren buigen], van *pronus* [voorover gebogen], vgl. eng. *prone*.

prondel, prondeling [vodden] middelnl. *prondel, prundel* [rommel, zooi], *pronde, prunde* [buit], van *pronden, prunden* [buitmaken], metathesisvorm van *plunder, plonder* (vgl. *plunderen*).

pronken [pralen] middelnl. *pronken* [een ernstig gezicht zetten, pruilen, pralen], middelhd. *prangen* [zich tooien], middeleng. *pranken* (eng. *to prank, to prink*); etymologie onbekend, vermoedelijk van *prangen*.

pronomen [voornaamwoord] < lat. *pronomen* [voornaamwoord, vóórnaam], van *pro* [voor] + *nomen* [naam] (vgl. *naam*).

prononceren [uitspreken] middelnl. *prononchieren, pronuncieren* [in het openbaar uitspreken] < fr. *prononcer* [idem] < lat. *pronuntiare* [openlijk uitspreken, uiteenzetten, afkondigen, uitroepen], van *pro* [voor] + *nuntiare* [melden, bericht brengen], van *nuntius* [bode] (vgl. *annonceren*).

pronselen [knoeien] bij Kiliaan *prondselen* < *prondelen* (vgl. *prondel*).

pront [vlot] vervormd uit *prompt*.

prontamente [levendig, nauwkeurig voor te dragen] < it. *prontamente* (bijw.), van *pronto* (bn.) < lat. *promptus* (vgl. *prompt*).

pronunciamento [opstand] < spaans *pronunciamiento* [bevel van rechter, manifest tegen de regering, militaire opstand], van *pronunciar* [uitspreken, besluiten, opruien] < lat. *pronuntiare* [openlijk uitspreken, afkondigen, uitspraak doen], van *pro* [voor] + *nuntiare* [berichten], van *nuntius* (vgl. *annonceren*).

pronuntius [diplomatiek vertegenwoordiger van paus] < modern lat. *pronuntius*(1965), van *pro* [voor], d.w.z. in de plaats van + *nuntius,* zo genoemd omdat hij wel als ambassadeur optreedt gelijk de nuntius, maar in het betreffende land niet diens voorrang qualitate qua als deken van het corps diplomatique geniet.

pronunziare [gearticuleerd spreken] < it. *pronunziare,* van dezelfde herkomst als fr. *prononcer* (vgl. *prononceren*).

prooi [buit] middelnl. *pro(o)ye, proy* [prooi, buit] < fr. *proie,* oudfr. *preie* [idem] < lat. *praeda* [buit, roof, prooi], verwant met *prehendere* [pakken, grijpen], idg. verwant met het tweede lid van *vergeten* → *prij*.

prook [puntig metalen voorwerp] wel van *preukelen* [met een pook porren].

proosdij [waardigheid van proost] gevormd van *proost¹,* gelijk *abdij* van *abt*.

proost¹ [voorzitter van kapittel] middelnl. *provo(o)st, proost* [geestelijk functionaris, rechterlijk ambtenaar] < oudfr. *prévost, provost* < lat. *praepositus, propositus* [meerdere, leider, officier, stadhouder, in chr. lat. abt, proost], verl. deelw. van *praeponere* [aan het hoofd stellen], van *prae* [vooraan] + *ponere* [plaatsen].

proost² [gezondheid!] < lat. *prosit,* 3e pers. enk. conjunctief van *prodesse* [ten voordeel zijn], van *prod-* = *pro* [voor] + *esse* [zijn].

prop [bal] →*proppen*.
propaan [gasmengsel] gevormd van *propyleen* + *methaan*.
propaedeuse [eerstejaarsprogramma] < **gr.** *propaideusis* [voorbereidend onderwijs], van *propaideuein* [voorbereidend onderwijzen], van *pro* [voor] + *paideuein* (vgl. *pedagoog*).
propaganda [reclame] < **lat.** *propaganda*, de 6e nv. van het vr. van het gerundivum van *propagare* [voortplanten, uitbreiden, lett. dat wat voortgeplant moet worden], van *propago* [stekje, nakomelingschap], van *pro* [voor, voort] + de stam van *pangere* [bevestigen, planten] (vgl. *pact*); het woord stamt van de in 1622 door Gregorius XV gevestigde commissie van kardinalen *Congregatio de propaganda fide* [congregatie voor de verbreiding van het geloof].
propeen verkort uit *propyleen*.
propeller [vliegtuigschroef] < **eng.** *propeller*, van *to propel* [voortdrijven], van **lat.** *propellere* [idem], van *pro* [voort] + *pellere* [stoten, slaan, verdrijven] (vgl. *pols*).
proper [zindelijk] **middelnl.** *proper* [eigen, eigenaardig, bijzonder, keurig] < **fr.** *propre* [eigen, eigenlijk, geëigend, net] < **lat.** *proprius* [eigen, eigenlijk, natuurlijk, niet te onpas], verwant met *privus* [eigen] (vgl. *privé*).
propion- [scheikundige term] gevormd van **gr.** *prōtos* [eerste] + *piōn* [vet].
proponent [beroepbaar theoloog] < **lat.** *proponens* (2e nv. *proponentis*), teg. deelw. van *proponere* [tentoonstellen, voorleggen, in uitzicht stellen] (**middelnl.** *proponeren* [voorstellen]), van *pro* [voor] + *ponere* [zetten, leggen, plaatsen].
propoost [onderwerp van gesprek, redenering] **middelnl.** *propoost* [doel, streven, behandeling van een onderwerp] < **lat.** *propositus*, verl. deelw. van *proponere* (vgl. *proponent*).
proportie [evenredigheid, verhouding] **middelnl.** *proporcie* [juiste verhouding] < **fr.** *proportion* < **lat.** *proportionem*, 4e nv. van *proportio* [evenredigheid], van *pro portione, pro* [voort] *portione*, 6e nv. van *portio* [portie].
proportioneel [evenredig] (**middelnl.** *proportie* [juiste verhouding]) < **fr.** *proportionnel* < **me. lat.** *proportionalis* [idem], van *proportio* (vgl. *proportie*).
propos ['à propos', terzake (van)] < **fr.** *propos*, van oudfr. *purpos, propes* < **lat.** *propositum* (vgl. *propoost*); vgl. **eng.** *purpose*.
propositie [voorstel] **middelnl.** *propositie* < **fr.** *proposition* [idem] < **lat.** *propositionem*, 4e nv. van *propositio*, van *proponere* (verl. deelw. *propositum*) (vgl. *propoost*).
proppen [ineenduwen] **middelnl., middelnd.** *proppen*, **fries** *propje*, **eng.** *to prop* [stutten]; in oorsprong klanknabootsend.
propretor [bestuurder van keizerlijke provincie] < **lat.** *propraetor* < *pro praetore, pro* [in de plaats van] (vgl. *pretor*).

propriëteit [eigendom, eigenschap] **middelnl.** *propriëteit* < **fr.** *propriété* < **lat.** *proprietas* (2e nv. *proprietatis*) [eigenaardigheid, eigendom, bijzondere vorm], van *proprius* [eigen, bijzonder] (vgl. *proper*).
proprioceptie [verwerking van stimulansen afkomstig uit het eigen gestel] gevormd van **eng.** *proprioceptive*, gevormd van **lat.** *proprius* [eigen] (vgl. *proper*) + -*ceptive* als in *receptive*, teruggaand op **lat.** *capere* [nemen, pakken], idg. verwant met *heffen*.
proprium [bepaald deel van brevier of missaal] < **lat.** *proprium*, het zelfstandig gebruikt o. van *proprius* (vgl. *propriëteit*).
propyleeën [voorhof van tempel] < **gr.** *propulaion* [idem], van *pro* [voor] + *pulè* [poort].
propyleen [een koolwaterstof] gevormd van *propion-* + *-yl* < **gr.** *hulè* [brandhout, timmerhout, materiaal, materie], verwant met **lat.** *silva* [woud].
prorogatie [uitstel] (1529) **middelnl.** *prorogatie* [verdaging] < **fr.** *prorogation* < **lat.** *prorogationem*, 4e nv. van *prorogatio* [verlenging, uitstel], van *prorogare* [verlengen, uitstellen], van *pro* [voor] + *rogare* [vragen naar, vragen om, verzoeken].
pros [struise vrouw] ouder *prosse*, van dezelfde klanknabootsende basis als *prossen-* [borrelen, proesten].
proscenium [voortoneel] < **lat.** *proscaenium* [voorgrond van het toneel] < **gr.** *proskènion* [ruimte voor de achterwand van het toneel, speelruimte], van *pro* [voor] + *skènè* [tent, hut, houten huisje waaruit de toneelspelers te voorschijn traden, toneel], verwant met *skia* [schaduw], daarmee idg. verwant.
proscopie [helderziendheid] van **gr.** *proskopein* [vooruitzien], van *pro* [voor] + *skopein* [ergens naar kijken], idg. verwant met *spieden*.
proscriptie [vogelvrijverklaring] < **fr.** *proscription* < **lat.** *proscriptionem*, 4e nv. van *proscriptio* [het openlijk te koop aanbieden, het publiekelijk aanslaan, vogelvrij- en verbeurdverklaring], van *proscribere* (verl. deelw. *proscriptum*) [openlijk te koop aanbieden, op de proscriptielijst plaatsen], van *pro* [voor] + *scribere* [schrijven].
prosecutie [vervolging] < **me. lat.** *prosecutio* [recht van vervolging], van *prosequi* (verl. deelw. *prosecutum*) [begeleiden, achtervolgen], van *pro* [voor, vooraan] + *sequi* [volgen].
proseliet [nieuwbekeerde] < **fr.** *prosélyte* < **lat.** *proselytus* [vreemdeling, tot het jodendom bekeerde, bekeerling] < **gr.** *prosèlutos* [nieuw aangekomen, tot het jodendom bekeerd], van *pros* [naar] + de stam van *èluthon* [ik kwam].
prosenchym [vezelweefsel] gevormd van **gr.** *prosegchein* [naast ... ingieten], van *pros* [bij] + *egchein* [ingieten], van *en* [in] + *chein* [gieten], daarmee idg. verwant.
prosit → *proost*[2].

proskynese [voetval] < gr. *proskunèsis* [verering, aanbidding (op oosterse wijze zich terneder werpen en de voet kussen)], van het ww. *proskunein*, van *pros* [op iem. toe] + *kunein* [kussen, vereren].

prosodie [leer van de zinsbouw] < fr. *prosodie* < gr. *prosōidia* [lied gezongen bij instrumentale muziek], van *pros* [bij] + *ōidè* [gezang] (vgl. *ode*).

prosodisch [m.b.t. de prosodie] < hd. *prosodisch*, van *Prosodie* (vgl. *prosodie*).

prosopografie [schildering van uiterlijk en karakter] van gr. *prosōpon* (vgl. *prosopopoeia*) + *graphein* [schrijven], idg. verwant met *kerven*.

prosopopoeia [persoonsverbeelding] < gr. *prosōpopoiia* [het woorden in de monden van figuren leggen, dramatiseren], van *prosōpopoiein* [idem (ww.)], van *prosōpon* [wat aan de voorkant wordt gezien: gezicht, houding, uitdrukking, masker, rol], van *pros* [bij, naar] + *ōps* (2e nv. *ōpos*) [oog, gezicht].

prospect [uitzicht] < eng. *prospect* < lat. *prospectus* [idem], van *prospicere* (verl. deelw. *prospectum*) [voor zich uit kijken], van *pro* [voor] + *specere* [kijken naar], idg. verwant met *spieden*.

prospectus [drukwerk als aankondiging] < fr. *prospectus* → *prospect*.

prospereren [bloeien] < fr. *prospérer* [idem] < lat. *prosperare* [gedijen, voorspoedig zijn], van *prosperus* [voorspoedig] < oudlat. *pro spere*, beantwoordend aan klass. lat. *pro spe*, van *pro* [voor] + *spe*, 6e nv. van *spes* [hoop], idg. verwant met *spoed*.

prosput [afvalput van vilders] van *prossen* [borrelen, proesten, babbelen, morsen, villen, snijden].

prossen [proesten, knoeien] een klanknabootsend woord met *prutsen* als een in hetzelfde vlak liggende vorming.

prostaat [voorstanderklier] < fr. *prostate* < lat. *prostata* < gr. *prostatès* [die vooraan staat], van *proistanai* [vooraan zetten], van *pro* [voor] + *histanai* [doen staan], daarmee idg. verwant.

prosternatie [voetval] < fr. *prosternation* [idem], van lat. *prosternere* [op de grond werpen, reflexief: zich verootmoedigen], van *pro* [voor] + *sternere* [op de grond uitspreiden, met geweld neerwerpen], idg. verwant met *stro, strooien*.

prostitueren [prostitutie bedrijven] < fr. *prostituer* [idem] < lat. *prostituere* [te koop aanbieden, aan ontucht prijsgeven], van *pro* [vooraan op of in] + *statuere* [plaatsen, neerzetten], van *stare* [staan], daarmee idg. verwant. De betekenis is dus ongeveer 'in de etalage zetten'.

prostitutie [seksueel verkeer als beroep] < fr. *prostitution* [idem] < lat. *prostitutionem*, 4e nv. van *prostitutio* [het tentoonstellen, prostitutie] (vgl. *prostitueren*).

prot [veest] klanknabootsend gevormd.

protactinium [radioactief element] aanvankelijk *protoactinium* geheten, gevormd van gr. *prōtos* [eerste], overtreffende trap van *pro* [voor] + *actinium;* zo genoemd omdat door verlies van alphadeeltjes actinium wordt gevormd.

protagonist [hoofdrolspeler, voorvechter] < fr. *protagoniste* < gr. *prōtagōnistès* [toneelspeler die de hoofdrol vervult], van *prōtos* [eerste], overtreffende trap van *pro* [voor] + *agōnistès* [kampioen, voorvechter], van *agōnizesthai* [mededingen], van *agōn* [bijeenkomst, samengestroomd publiek bij wedstrijden, wedstrijdterrein, wedstrijd] (vgl. *agon*).

protamine [groep eiwitstoffen] gevormd van gr. *prōtos* [eerste], overtreffende trap van *pro* [voor] + *amine*.

protease [een enzym] gevormd van *proteïne* + -*ase*, een achtervoegsel, dat gebruikelijk is geworden voor enzymen in navolging van *diastase*, het eerste geïsoleerde enzym.

protectie [bescherming] middelnl. *protectie, prote(e)zie* < fr. *protection* [idem] < lat. *protectionem*, 4e nv. van *protectio* [bedekking, bescherming], van *protegere* (verl. deelw. *protectum*) [van voren bedekken, beschutten, beschermen], van *pro* [voor] + *tegere* [bedekken, beschermen], idg. verwant met *dak*.

protectionisme [economisch beschermend stelsel] < eng. *protectionism*, van *protection* [bescherming] (vgl. *protectie*).

protector [beschermer] < chr. lat. *protector*, van *protegere* (vgl. *protectie*).

protégé [beschermeling] < fr. *protégé*, verl. deelw. van *protéger* < lat. *protegere* (vgl. *protectie*).

proteïne [eiwitstof] gevormd door de Nederlandse chemicus Gerardus Johannis Mulder (1802-1880) van byzantijns-gr. *prōteios* [van eerste kwaliteit], van *prōtos* [voorste, eerste, voornaamste], overtreffende trap van *pro* [voor].

proteolyse [eiwitsplitsing] gevormd van *proteïne* + gr. *lusis* [het losmaken, ontbinden], van *luein* [losmaken, ontbinden], idg. verwant met *verlossen* → *los*².

proteose [bep. groep chemische produkten] gevormd van *proteïne* + -*ose* < lat. -*osus* [vol van].

proterandrie [het eerder rijpen van meeldraden dan stempels] gevormd van gr. *proteros* [eerder], vergrotende trap van *pro* [voor] + *anèr* (2e nv. *andros*) [man] (vgl. *andro-*).

proterogynie [het eerder rijpen van stempels dan meeldraden] gevormd van gr. *proteros* [eerder], vergrotende trap van *pro* [voor] + *gunè* [vrouw], idg. verwant met eng. *queen* en met nl. *kween*.

Proterozoïcum [geologisch tijdperk] gevormd van gr. *proteros* [eerder], vergrotende trap van *pro* [voor] + *zōion* [levend wezen].

protest [(uiting van) verzet] < eng. *protest* van fr. *protester* < lat. *protestari* (vgl. *protestant*).

protestant [hervormd] (1546) < lat. *protestans* (2e nv. *protestantis*), teg. deelw. van *protestari* [publiekelijk verklaren, getuigen], van *pro* [voor] + *testari* [getuigen], van *testis* [getuige] (vgl. *testament*).

protesteren [verzet uiten] middelnl. *protesteren* [uitdrukkelijk verklaren] < **fr.** *protester* [idem] < **lat.** *protestari* (vgl. ***protestant***).

prothallium [voorkiem] gevormd van **lat.** *pro* [voor] + *thallus* [groene tak] < **gr.** *thallos* [tak met loof], van *thallein* [uitlopen, gaan bloeien].

prothese [kunstledemaat] < **fr.** *prothèse*, oorspr. *prosthèse*, maar veranderd door verwarring van *pros* met *pro*, via me. lat. < **gr.** *prosthesis* [het tegen iets aanzetten], van *pros* [bij, achter, tegen] + *tithenai* [plaatsen], idg. verwant met ***doen***.

protisten [oerplanten en oerdieren] < **gr.** *prōtistos* [allereerste], overtreffende trap van *prōtos* [eerste], overtreffende trap van *pro* [voor].

protium [een waterstofisotoop] tegenover *deuterium* en *tritium* gevormd van **gr.** *prōtos* [eerste], overtreffende trap van *pro* [voor].

protocol [akte(n)] middelnl. *protocol* < **fr.** *protocole* < **byzantijns-gr.** *prōtokollon*, van *prōtos* [eerste] + *kollēma* [dat wat aaneengelijmd is, samengevoegd is], van *kollan* [lijmen, vast samenvoegen], van *kolla* [lijm]; het *prōtokollon* was het voor aan de papyrusrol geplakte blad met verificatie en datering. Onder Justinianus werd het een blad met de algemene inhoud van een juridisch document waarop de specifieke bijzonderheden later werden ingevuld → ***eschatocol***.

proton [positief elektrisch deeltje] door de Engelse natuurkundige Ernest Rutherford (1871-1937) overgenomen van **gr.** *prōton*, o. van *prōtos* [eerste], overtreffende trap van *pro* [voor].

protonotarius [lid van een geestelijk college te Rome] (1473) *prothonotaris* (1483) *prothonotarius* < **lat.** *prothonotarius* < **gr.** *prōtonotarios* [eerste notaris], van *prōtos* [eerste], overtreffende trap van *pro* [voor] + *notarios* < **lat.** *notarius* (vgl. ***notaris***).

protopathisch [diffuus (van pijn)] van **gr.** *prōtopathès* [eerst aangedaan], van *prōtos* [eerste], overtreffende trap van *pro* [voor] + *paschein* (aoristus *epathon*) [lijden, ziek zijn] (vgl. ***pathos***).

protoplasma [mengsel van stoffen waaruit de cellen zijn opgebouwd, lett. eerst gevormd] van **gr.** *prōtos* [eerste], overtreffende trap van *pro* [voor] + ***plasma***.

protozoön [eencellig diertje] gevormd door de Duitse paleontoloog Georg August Goldfuss (1782-1848) van **gr.** *prōtos* [eerste], overtreffende trap van *pro* [voor] + *zō(i)on* [levend wezen]; men dacht oorspr. aan oerdiertjes.

prots [slecht gegroeide boom] < **hd.** *Protz* (vgl. ***protsen***).

protsen [bluffen] < **hd.** *protzen* [drukte maken], van het zn. **nd.** *protz* [oorspr. padde], en het bn. *protz* [hovaardig], waaruit **hd.** *protzig;* de grondbetekenis is 'opzwellen'.

protten [winden laten] klanknabootsend gevormd.

protuberantie [uitwas] < **fr.** *protubérance* [idem], van **lat.** *protuberans*, teg. deelw. van *protuberare* [uitpuilen], van *pro* [voor] + *tuber* [zwelling, iets dat uitsteekt] (vgl. ***tuberculose, truffel***).

prouveren [gunstig getuigenis afleggen] middelnl. *prouveren* < **fr.** *prouver* [bewijzen, getuigen] < **lat.** *probare* (vgl. ***proberen***).

prove, preuve [toelage van geestelijke] middelnl. *prevende, provonde, proven(e), prove* < **fr.** *preuve* < **oudfr.** *il prueve* < **modern fr.** *prouver* (vgl. ***prebende***).

Provençaals [uit de Provence] < **fr.** *provençal*, van *Provence* < **lat.** *Provincia* [Gallia Narbonensis], dé provincia bij uitstek (vgl. ***provincie***).

provenier [geestelijke die toelage ontvangt] van ***prove*** in de betekenis 'jaarlijkse toelage in een stift, hofje' e.d., vgl. ***preuve***.

proveniëren [voortvloeien] < **fr.** *provenir* [idem] < **lat.** *provenire* [te voorschijn komen, vrucht dragen], van *pro* [voor] + *venire* [komen], daarmee idg. verwant.

provenu [opbrengst, bedrag] < **fr.** *provenu*, verl. deelw. van *provenir* < **lat.** *provenire* (vgl. ***proveniëren***).

proverbiaal [spreekwoordelijk] < **fr.** *proverbial* [idem] < **lat.** *proverbialis* [idem], van *proverbium* [spreekwoord], van *pro* [overeenkomstig] + *verbum* [woord].

proviand [mondvoorraad] middelnl. *proviande, provianc(h)ie, provande, provende* [recht op een dagelijks rantsoen eten en drinken, portie spijs en drank] (vgl. ***prebende***); de vorm 'proviand' komt eerst na Kiliaan voor. Vgl. **me. lat.** *vianda* < *vivenda* (vr. enk.) (> **it.** *viande*) [levensmiddelen], van *vivere* [leven, zich voeden]; proviand is een kruising van *prebende* en *vivenda, vianda*.

providentieel [als door de voorzienigheid beschikt] via **fr.** *providentiel* en deels via **eng.** *providential* van **lat.** *providentia* [het vooruitzien, voorzienigheid], van *providēre* (teg. deelw. *providens*, 2e nv. *providentis*) (vgl. ***provisioneel***).

provincialisme [kleinsteedse bekrompenheid] < **fr.** *provincialisme*, van *province* (vgl. ***provincie***).

provincie [gewest] middelnl. *provincie* < **lat.** *provincia* [werkkring, ambt (i.h.b. van de magistraat), stadhouderschap, wingewest, provincie] verdere etymologie onzeker.

provisie [percentueel loon, voorraad, tijdelijke voorziening] middelnl. *provisie* < **fr.** *provision* < **lat.** *provisionem*, 4e nv. van *provisio* [het vooruitzien, zorg voor, voorraad] van *providēre* (verl. deelw. *provisum*) [voorzien], van *pro* [voor] + *vidēre* [zien].

provisioneel [voorlopig] < **fr.** *provisionnel*, van *provision* < **lat.** *provisionem*, 4e nv. van *provisio* [het vooruitzien, voorzorgsmaatregelen, voorraad], van *providēre* (vgl. ***provisie***).

provisoir [voorlopig] < **fr.** *provisoire* < **me. lat.** *provisorius*, van *providēre* (vgl. ***provisie***).

provisorisch [voorlopig] < **hd.** *provisorisch* < **me. lat.** *provisorius* (vgl. ***provisoir***).

provo [opstandige jongere] gevormd van ***provoceren***.

provoceren [uitdagen] < lat. *provocare* [oproepen, opwekken, bemoedigen, prikkelen, uitdagen], van *pro* [voor] + *vocare* [roepen, oproepen, uitdagen], idg. verwant met het tweede lid van *gewagen*.

provoost [opzichter] → ***proost***[1].

proxenetisme [koppelarij] < fr. *proxénétisme*, van *proxénète* < lat. *proxeneta* [makelaar] < gr. *proxenètès*, van *proxenein* [iets voor een ander regelen], van *pro* [voor] + *xenios* [de gasten, vreemden beschermend], *xenos* [vreemd(eling), gast(vriend)] (vgl. ***hospes***).

proximiteit [nabijheid] < fr. *proximité* [idem] < lat. *proximitatem*, 4e nv. van *proximitas* [idem], van *proximus* [dichtstbij gelegen], overtreffende trap van *prope* [dichtbij], een uitbreiding van *pro* [voor].

proza [ongebonden stijl] < lat. *prosa*, verkort uit *oratio prosa*, *oratio* [rede] *prosa*, vr. van *prosus*, *prorsus* [voorwaarts, rechtuit], *prorsus*, van *pro* [voor] + *versus*, verl. deelw. van *vertere* [wenden], dus naar voren gewend. Idg. verwant met ***worden***.

prozaïsch [niet-verheven] < hd. *prosaisch* < fr. *prosaïque* [idem] < me. lat. *prosaicus*, van lat. *prosa* (vgl. ***proza***).

prude [preuts] < fr. *prude* [preutse vrouw, preuts] < oudfr. *prod, proz, preux* [moedig, deskundig] < me. lat. *prodis*, van *prodesse* [nuttig zijn], van *pro* [voor] + *esse* [zijn].

prudent [vol inzicht] < fr. *prudent* < lat. *prudentem*, 4e nv. van *prudens* [vooruitziend, met voorbedachten rade, ervaren, verstandig], samengetrokken uit *providens*, van *pro* [voor] + *videns*, teg. deelw. van *vidēre* [zien], idg. verwant met ***weten***.

prudentie [beleid] < lat. *prudentia* [kennis, ervaring, verstand, inzicht], van *prudens* (vgl. ***prudent***).

pruderie [preutsheid] < fr. *pruderie*, gevormd van *prude* (vgl. ***prude***).

pruif [barg. lading, last] etymologie onbekend.

pruik [vals haar] < fr. *perruque*, in de 15e eeuw een woord uit de dieventaal < *perucat* [met fraai kapsel], vermoedelijk eig. als een papegaai, vgl. fr. *perruche* [parkiet], (> *perroquet* [papegaai]).

pruilen [mokken] middelnl., middelnd. *prulen*, klanknabootsend gevormd.

pruim [vrucht] middelnl. *pru(y)me, pruum*, vermoedelijk rechtstreeks < gr. *proumnon*, waarnaast fr. *prune* < lat. *prunus*, dat waarschijnlijk uit dezelfde vóór-gr. bron stamt als *proumnon*.

pruimedant [gedroogde pruim] < fr. *prune d'ente* [pruim van een geënte boom en daarmee van goede kwaliteit].

pruimen[1] [mokken] vermoedelijk een nevenvorm van ***pruilen***.

pruimen[2] [vermengen van water met stoom] < eng. *to prime* [vullen met], waarvan de etymologie niet duidelijk is.

pruis[1] [landloper] = *Pruis*, bewoner van Pruisen. Er waren vroeger veel landlopers uit Pruisen.

pruis[2] [aardappel] zo genoemd naar de vroeger uit *Pruisen* geïmporteerde pootaardappelen.

Pruisen [geogr.] < pools *Prusy*, mv. van *Prusak* [Pruis] < **oudpruisisch** *oudpruisisch* [prusis].

prul [vod] etymologie onduidelijk.

prullaria [waardeloze dingen] gevormd van *prul* + een quasi-lat. achtervoegsel.

prune [pruimkleurig] < fr. *prune* < me. lat. *pruna*, eig. o. mv. van klass. lat. *prunum* [pruim], maar aangezien voor een vr. enk. (vgl. ***pruim***).

prunel[1] [kleine pruim] < fr. *prunelle*, verkleiningsvorm van *prune* [pruim] (vgl. ***pruim***).

prunel[2] [weefsel] < fr. *prunelle*, verkleiningsvorm van *prune* [pruim] (vgl. ***pruim***); zo genoemd vanwege de donkere kleur van de stof, waarvan damespantoffeltjes werden gemaakt.

prut [koffiedik, brij] eig. iets dat het geluid *prut* voortbrengt, klanknabootsend gevormd.

prutsen [knutselen, broddelen] de grondbetekenis is 'borrelen' (vgl. ***prut***).

pruttelen [geluidjes maken] evenals *preutelen* [prevelen, mompelen], **middelnl.** *protelen* [prevelen, pruttelen], frequentatief van **middelnl.** *proten* [babbelen], **middelnd.** *praten, proten*, variant van *praten*, vgl. eng. *to prattle* naast *to prate*.

prytaneum [vergaderbebouw] < gr. *prutaneion* [openbaar gebouw, gerechtshof], van *prutanis* [heerser, hoogste overheid], van kleinaziatische herkomst, vgl. de etruskische ambtelijke titel *purth(ne)*.

przewalskipaard [wild paard] genoemd naar de Russische militair en ontdekkingsreiziger *Nikolaj M. Przewalski* († 1888).

psalm [godsdienstig lied] middelnl. *psalm, psallem* < chr. lat. *psalma* < gr. *psalma* [melodie gespeeld op een snaarinstrument], van *psallein* [aan iets trekken, tokkelen, jubelen, loven].

psalter [harp, Boek der Psalmen] middelnl. *psalter, pselter* [Boek der Psalmen] < lat. *psalterium* [citer, harp, in chr. lat. psalmboek] < gr. *psaltèrion* [snaarinstrument] (vgl. ***psalm***).

pseudepigraaf [ten onrechte aan iem. toegeschreven werk] < gr. *pseudepigraphos* [met een vals opschrift, de naam van ... onwaardig], van *pseudès* [onwaar], van *pseudos* [onwaarheid] + *epigraphos* (vgl. ***epigraaf***).

pseudoniem [schuilnaam] < gr. *pseudōnumos* [onder een verdichte naam], van *pseudos* [onwaarheid] + *onuma, onoma* [naam], daarmee idg. verwant.

pseudopodium [schijnvoetje] gevormd van gr. *pseudos* [onwaarheid] + *podion*, verkleiningsvorm van *pous* (2e nv. *podos*) [voet], daarmee idg. verwant.

psittacisme [gedachteloze napraterij] gevormd van gr. *psittakos* [papegaai], van vóór-gr. herkomst.

psittacosis [papegaaiziekte] gevormd van gr. *psittakos* [papegaai] (vgl. ***psittacisme***).

psoriasis [huidziekte] gevormd van **gr.** *psōra* [schurft].
psychagogie [psychische therapie] gevormd van *psyche* + *agogie* (vgl. *agogiek*).
psychasthenie [zielszwakte] gevormd van *psyche* + *ast(h)enie*.
psyche [ziel] < **gr.** *psuchè* [(levens)adem, leven, geest, ziel], van *psuchein* [blazen], van een klanknabootsende basis.
psyché [grote spiegel] < **fr.** (1812) *psyché*, genoemd naar *Psychè*, het mythologische Griekse meisje, dat beroemd was om haar schoonheid.
psychedelisch [bewustzijnveranderend] gevormd van *psyche* + **gr.** *dèlos* [zichtbaar, helder], dus geestverhelderend, geestverruimend.
psychiater [zenuwarts] gevormd van *psyche* + **gr.** *iatèr* [arts], *iatōr* [idem], van *iasthai* [genezen].
psychisch [geestelijk] < **hd.** *psychisch* < **gr.** *psuchikos* [idem] (vgl. *psyche*).
psychoanalepticum [pepmiddel] gevormd van *psyche* + *analeptica*.
psychoanalyse [methode waarbij de psychiater het onderbewuste bewustmaakt] < **hd.** *Psychoanalyse*, een term van de Oostenrijkse psychiater Dr. Sigmund Freud (1896), gevormd van *Psyche* (vgl. *psyche*) + *Analyse* (vgl. *analyse*).
psychocuriëntie [behandeling van psychische stoornissen] gevormd van *psyche* + *cureren*, waarschijnlijk via **hd.** *kurieren* [genezen].
psycholatrie [verering van de zielen der voorouders] van *psyche* + het tweede lid van *idolatrie*.
psychologie [wetenschap die zich bezighoudt met de ziel] < **modern lat.** *psychologia*, gevormd door Melanchton (1497-1560) van **gr.** *psuchè* (vgl. *psyche*) + *logos* [woord, verhandeling].
psychopaat [met afwijkend gedrag] gevormd van *psyche* + **gr.** -*pathès* [lijdend], van *pathos* [het lijden], verwant met *paschein* [lijden].
psychose [zielsziekte] < **gr.** *psuchōsis* [het geven van leven, het bezielen], van *psuchein* [leven geven], van *psuchè* (vgl. *psyche*).
psychosomatisch [lichaam en ziel als een geheel gezien] gevormd van *psyche* + *somatisch*.
psychotroop [zielsveranderingen aanbrengend] gevormd van *psyche* + **gr.** *tropè* [draaiing, verandering] (vgl. *troop*).
psychrofiel [koudeminnend] gevormd van **gr.** *psuchros* [koud], van *psuchein* [blazen, koud blazen] (vgl. *psyche*) + *philos* [een vriend van].
psychrometer [instrument om de vochtigheid te meten] gevormd van **gr.** *psuchros* [koud] (vgl. *psychrofiel*) + *meter* [1].
ptomaïne [lijkegif] gevormd van **gr.** *ptōma* [val, ongeval, lijk], van *piptein* [vallen]; vgl. voor de betekenis **lat.** *cadaver* van *cadere* [vallen].
ptyaline [ferment in speeksel] < **eng.** *ptyalin*, van **gr.** *ptualon* [speeksel], van *ptuein* [spuwen].
pub [kroeg] < **eng.** *pub*, verkort uit *public house*.
puber [kind in periode van volwassenwording] < **lat.** *puber*, nevenvorm van *pubes* (2e nv. *puberis*) [met dons (lichaamshaar), manbaar, mannelijk, schaamdelen, weerbare manschap], verwant met *puer* [knaap], **gr.** *pais* (vgl. *pedagoog*) → *pop* [1].
pubis [venusberg] verkort uit **medisch lat.** *os pubis*, *os* [bot], *pubis*, 2e nv. van *pubes* [schaamdelen] (vgl. *puber*).
publiceren [uitgeven] **middelnl.** *publiceren* [openlijk bekendmaken] < **lat.** *publicare* [openlijk laten zien of horen], van *publicus* (vgl. *publiek*).
publicistisch [m.b.t. publicistiek] < **hd.** *publizistisch*, van **fr.** *publiciste* [schrijver over politiek, persman] (vgl. *publikatie*).
public relations [het onderhouden van goede betrekkingen met zijn kring] < **eng.** *public relations*, van *public* (vgl. *publiek*) + *relations* (vgl. *relatie*).
publiek [openbaar] < **fr.** *public* [idem] < **lat.** *publicus* [van het volk, algemeen]; een vermenging van **oudlat.** *poplicus* [behorend aan het volk], van *populus* [volk], met een afleiding van *pubes* (vgl. *pubis*), met de betekenis 'volwassenen'.
publikaan [belastingpachter] **middelnl.** *publicaen*, *pupplicaen* [tollenaar] < **lat.** *publicanus* [idem], van *publicum* [staatseigendom, schatkist], zelfstandig gebruikt o. van *publicus* (vgl. *publiek*).
publikatie [uitgave, kennisgeving] **middelnl.** *publikatie* [openbare bekendmaking] < **fr.** *publication* < **lat.** *publicationem*, 4e nv. van *publicatio*, dat in de Oudheid overigens 'verbeurdverklaring' betekende en eerst veel later de huidige betekenis kreeg, van *publicare* (verl. deelw. *publicatum*) (vgl. *publiceren*).
puck [schijf bij ijshockey] < **eng. dial.** *puck*, van *to puck* [slaan], verwant met *beuken*.
puddelen [produceren van smeedijzer] < **eng.** *to puddle* [omroeren van gesmolten ijzer], hetzelfde woord als *poedelen*.
pudding [dessert] < **eng.** *pudding*, stellig < **fr.** *boudin* [bloedworst], hoewel formeel moeilijk te verbinden (**eng.** *pudding* betekent tevens beuling).
pudenda [uitwendige schaamdelen] < **lat.** *pudenda*, mv. van *pudendum* [dat waarvoor men zich moet schamen], gerundivum van *pudēre* [zich schamen].
pudeur [schroom] < **fr.** *pudeur* < **lat.** *pudor* [schaamte], van *pudēre* [zich schamen].
pudiek [kuis] (**middelnl.** *pudicie* [kuisheid]) < **fr.** *pudique* [idem] < **lat.** *pudicus*, van *pudēre* [zich schamen].
pueblo [dorp] < **spaans** *pueblo* [volk, gemeente, dorp, stad, natie] < **lat.** *populus* [volk].
pueriel [kinderlijk] < **lat.** *puerilis* [idem], van *puer* [knaap], verwant met *putus* [jongen] (vgl. *putti, puber*).
puf [ondermaatse vis] etymologie onzeker, mogelijk van het middelnl. tussenwerpsel *puf* [bah?].
puffen [blazen] **middelnl.** *puffen*, **oudeng.** *pyffan*,

pug — pulseren

vgl. it. *buffare* [blazen]; klanknabootsend gevormd.

pug [harde slag] klanknabootsend gevormd.

pugilist [vuistvechter] < fr. *pugiliste* [idem], van lat. *pugil* (2e nv. *pugilis*) [idem], verwant met *pugnus* [vuist], gr. *pugmè* [vuist, vuistgevecht], *pux* [vuist], daarmee vermoedelijk idg. verwant.

pui[1] [bordes] middelnl. *poy(e), peye* [bordes van stadhuis e.d.] < oudfr. *poi* [verhoging] < lat. *podium* (vgl. **podium**).

pui[2] [kikvors] uit een oudere vorm, die i.p.v. op *t* eindigde op *de*, samengetrokken (vgl. **puit**).

puik [voortreffelijk] middelnl. *puuc, puyc* [beste soort laken of wol], *puucgoet* [opperbest], 16e eeuws *puken, puycken* [uitzoeken, uitlezen], vgl. eng. *to pick* [hakken, pikken, met zorg uitkiezen].

puikel[1] [visfuik] middelnl. *poke, poocke* [zak]; vermoedelijk is de grondbetekenis 'bol en hol voorwerp' en is het woord te plaatsen bij *pok* en *pukkel* (vgl. **pochet**).

puikel[2] [zeevis] ook *pukkel, poekel*, van **puikelen** [prikken, wonden]; het dier heeft scherpe stekels.

puikelen [prikken] frequentatief van *puiken* [idem], middelnl. *utepu(i)ken* [het puik uitlezen], middelnd. *puken* [wegstelen]; etymologie onbekend.

puilen [zwellen] middelnl. *pulen, puylen, pullen*, vgl. bij Kiliaan *puyl* [buidel], *puyle* [buil], vgl. **buil**[1], waarvan het een variant is.

puim [slag, klap] van *puimen* [afrossen], eig. met **puimsteen** bewerken.

puimsteen [poreuze steen] tautologische vorming middelnl. *pomse, pums, pomssteen* < middelhd. *pumez* (hd. *Bims*) vulg. lat. *pomex* (2e nv. *pomicis*) [puimsteen], klass. lat. *pumex*, verwant met *spuma* [schuim], idg. verwant met **spuwen**.

puin[1] [vergruisde steen] etymologie onbekend.

puin[2] [wortelstok] een woord met vele varianten: *pui, puim, pee, peen, peem, pein, pei, paai, paan*, met de algemene betekenis van 'puntwortel' (vgl. **peen**).

puirek [kikkerdril] van **pui**[2] + **rek**[3] [kikkerdril].

puis [poes] de klankwettig normaal te verwachten vorm; poes is een relict waarin de oorspr. *oe* is behouden, vgl. *hoes* naast tussenstadium *huus* en eindstadium *huis*.

puissant [zeer] < fr. *puissant*, oud teg. deelw. van *pouvoir* [kunnen], teruggaand op lat. *posse* [idem], van *potis* [vermogend, in staat] + *esse* [zijn], idg. verwant met vormen als nl. *hij is*, eng. *he is*.

puist [pukkel] middelnl. *pu(u)st, puyst* < fr. *pustule* [puistje], van dezelfde betekenis als **poezel** met de betekenis 'zwellen', verwant met *pus* [etter].

puit [kikker] middelnl. *puut, puyt* [kikker], nd. *puddig* [gezwollen], oudeng. *(œle)pute* [een vis], eng. *pout* [steenbolk], *to pout* [de lippen tuiten], zweeds *puta* [gezwollen zijn], woorden met de grondbetekenis 'zwellen', evenals fr. *bouder* (vgl. **boudoir**).

puitaal [vis] van *puit* + **aal**[3].

puk[1] [kleintje] (1897), verwant met *pok, peuk*.

puk[2] [soort van hond] < eng. *pug* [mopshond, reintje (de vos), aap], de eerste betekenis was 'geest', mogelijk een variant van *puck* [boze geest], oudeng. *puca*, oudnoors *puki*, iers *puca*, welsh *pwca, pwci;* het is niet duidelijk of het woord van kelt. of germ. herkomst is.

pukkel [bobbeltje] verkleiningsvorm van *pok*.

pul[1] [kannetje] middelnl. *ampul(le), apulle, pul(le)* [pul, kruik, fles] < lat. *ampulla* [flesje, zalfflesje] (vgl. **ampul**).

pul[2] [jong van een dier, klein kind, bangerik] misschien van de lokroep *poele! poele!*, minder waarschijnlijk < fr. *poule* [kip] < lat. *pullus*.

pulfer [stenen boogwal] vermoedelijk van *pulf*, nevenvorm van *peluw* (vgl. **pulmmuts**).

pulfles [bep. type bierfles] voor het eerste lid vgl. *pul*[1].

pulken [peuteren] (1706), is wel een *k* -afleiding van dial. *puuln* [peuteren, bonen doppen], middelnd. *pülen* [vruchten ontdoen van de huls, lospeuteren], mogelijk een afleiding van middelnd. *püle* [peul].

pulley [riemschijf] < eng. *pulley* < oudfr. *polie* (fr. *poulie*) [spil] (middelnl. *poleye* [katrol]), van een verkleiningsvorm van gr. *polos* [draaipunt] (vgl. *pool*[1]).

pullman [spoorrijtuig] genoemd naar de Amerikaanse ontwerper ervan *George Mortimer Pullman* (1831-1897).

pullover [gebreid kledingstuk dat over het hoofd moet worden aangetrokken] < eng. *pull-over*, van *to pull* [trekken], oudeng. *pullian* [idem], etymologie onbekend, + *over* [over].

pulmmuts [slaapmuts] het eerste lid *pulm*, evenals *pulf* < *pulwe*, is een nevenvorm van *peluw* (vgl. **pulfer**).

pulmonaal, pulmonair [long-] < fr. *pulmonaire;* gevormd van lat. *pulmo* (2e nv. *pulmonis*) [long], verwant met gr. *pleumōn, pneumōn* [idem], de laatste vorm volksetymologisch gevormd o.i.v. *pneuma* [adem].

pulp [fijngewreven vruchtvlees] < fr. *pulpe* [idem] < lat. *pulpa* [vlees zonder been of vet], verwant met *pulcher* [mooi, schoon].

pulpitum [schrijfbureau, lessenaar] eng. *pulpit* < lat. *pulpitum* [houten stellage, toneel, tribune, katheder], etymologie onbekend (vgl. **pultrum**).

pulque [alcoholische drank] < spaans *pulque*, ontleend aan een Mexicaanse Indianentaal, mogelijk < nahuatl *puliuhki* [grof, lomp, bedorven].

puls[1] [emmer aan touw] van *pulsen, polsen* [slaan, stoten] (vgl. **pols**).

puls[2] [stoot] < lat. *pulsus* [idem], van *pulsare* [slaan, stoten] (vgl. **pols**).

pulsar [bron van kosmische straling] < eng. *pulsar*, gevormd van lat. *pulsare* [kloppen, stoten, schokken] (vgl. **pols**).

pulseren [kloppen] < fr. *pulser* [idem] < lat. *pulsare* [slaan, kloppen, schokken] (vgl. **pols**).

pultrum [lessenaar] middelnl. *pultrum, pulmter, pulpit, pulpet, pulpt, pulvit* < me. lat. *pulpitrum* naast klass. lat. *pulpitum* [houten stellage, toneel, tribune, katheder] (vgl. *pulpitum*).

pulver [poeder] < lat. *pulvis* (2e nv. *pulveris*) [stof], verwant met *pollen* (vgl. *pollen*).

pummel [lomperd] eerst 19e eeuwse klanknabootsende vorming, waarop waarschijnlijk nd. *pummel* invloed heeft gehad.

pump [soort schoen] < eng. *pump,* mogelijk hetzelfde woord als *pomp,* middelnd. *pump* [praal] (vgl. *pomp*²).

puna [koude droge hoogvlakte] < spaans *puna,* overgenomen uit het quechua.

punaise [pinnetje] < fr. *punaise* [wandluis en (door betekenisoverdracht) wandspijkertje], eig. het zelfstandig gebruikt vr. van *punais* [uit de neus stinkend] < lat. *putidus* [stinkend], van *putēre* [rotten], verwant met *pus* [etter] (vgl. *vuil*) + *nasus* [neus], daarmee idg. verwant. De betekenisoverdracht ontstond door de stank die wandluizen verspreiden.

punch¹ [drank] < eng. *punch* < hindi *pāñc* < oudindisch *pañca* [vijf], daarmee idg. verwant. De punch bevatte oorspr. vijf ingrediënten.

punch² [stoot] < eng. *punch,* van *to punch* [stoten], nevenvorm van *to pounce* < fr. *poinçonner* [stempelen, ijken], van *poinçon* [priem] < lat. *punctionem,* 4e nv. van *punctio* [het prikken], van *pungere* (vgl. *punt*¹).

punctie [prik] < lat. *punctio* [steek, prik] (vgl. *punch*²).

punctueel [stipt] < fr. *ponctuel* < me. lat. *punctualis* [m.b.t. een punt], *punctualiter* (bijw.) [punctueel], van *punctuale* [punt], klass. lat. *punctum* [steek, punt, tijdstip], van *pungere* [steken, prikken] (vgl. *punt*¹).

punctuur [doorboring, gat] < lat. *punctura* [het prikken, steek], van *pungere* (vgl. *punctueel*).

pungel [zak, buidel] nevenvorm van *pongel*.

Punisch [Carthaags] < lat. *Punicus, Poenicus, Poenus* [Punisch, Carthaags] < gr. *Phoinix* [Feniciër].

punk [subcultuur] < eng. *punk,* ouder *punck,* etymologie onbekend.

punniken [peuteren, kurkje breien] waarschijnlijk van klanknabootsende herkomst, vgl. *pulken, purken, punten.*

punt¹ [spits] < lat. *punctum* [prik, steek, punt (in het wastafeltje geprikt)], verl. deelw. van *pungere* [prikken], verwant met gr. *peukè* [den], hd. *Fichte* [spar], zo genoemd vanwege de stekelige naalden.

punt² [als puntje bij paaltje komt, als het erop aankomt] *puntje* is een volksetymologische verbastering van *putje,* middelnd. *put* [put, greppel], *pael* [paal, grenspaal, grens, gebied], *put ende pael* was een uitdrukking om de grens van iemands eigendom aan te geven.

punt³ [schuit] nevenvorm van *pont*.

punten¹ [niet opschieten met zijn werk] vermoedelijk klanknabootsend gevormd.

punten² [uit een bootje op waterwild jagen] < eng. *to punt* [idem], van *punt* [een vlak bootje] (vgl. *ponton*).

punter [vaartuig] < middelnl. *pont(e)* [platte schuit] (vgl. *pont*).

pup [jonge hond] → *puppy*.

pupil [pleegkind, oogappel] middelnl. *pupil(le)* [oogappel] < lat. *pupilla* (vr.) *pupillus* (m.) [onmondig meisje, respectievelijk jongetje, oogappel], verkleiningswoord van *pupa* [speelpop, poppetje, meisje] (vgl. *pop*¹); de betekenisovergang van 'pop' naar 'oogappel' is verklaarbaar uit de weerspiegeling in de iris als men iem. van dichtbij in de ogen ziet: de poppetjes van zijn ogen.

pupiter [lessenaar] < fr. *pupitre* < me. lat. *pulpitrum* (vgl. *pultrum*).

puppy [jonge hond] < eng. *pup(py)* [idem] < fr. *poupée* [pop] < lat. *pupa* [meisje, pop]; puppy betekent dus popje.

pups, pupse [vervelende vrouw, spook] wel een nevenvorm met geronde vocaal van *pips,* met als oorspr. betekenis 'met dracht in de oogholen, met ontstoken ogen'.

puree [fijngestampt gerecht] < fr. *purée* [idem], zelfstandig gebruikt vr. verl. deelw. van *purer* [afschuimen (van bier), eig. zuiveren] (vgl. *puren*).

puren [schoonmaken] middelnl. *pu(e)ren* [zuiveren, reinigen] < oudfr. *purer* < lat. *purare,* van *purus* [rein, zuiver], oudindisch *pūta-* [idem] (vgl. maleis *putih* [wit]); idg. verwant met *vuur*¹.

purgatorium [vagevuur] middelnl. *purgatorie* [idem] < me. lat. *purgatorium,* het zelfstandig gebruikt o. van *purgatorius* [zuiverend], van *purgare* (verl. deelw. *purgatum*) [zuiveren], ouder *purigare,* van *purus* (2e nv. *puri*) [zuiver] (vgl. *puren*) + *agere* [handelen, doen], gr. *agein* (vgl. *agoog*).

purgeren [het lichaam zuiveren] middelnl. *purgeren* [weglaten, schrappen, zuiveren] < fr. *purger* [idem] < lat. *purgare, purgiare* [zuiveren, reinigen, laxeren] (vgl. *purgatorium*).

purificatie [zuivering] < fr. *purification* [idem] < lat. *purificationem,* 4e nv. van *purificatio,* van *purificare* (verl. deelw. *purificatum*) (vgl. *purgatorium*) + *facere* (in samenstellingen *-ficere*) [maken, doen], daarmee idg. verwant.

Purim, Poerim [joods feest] < hebr. *pūrīm,* mv. van *pūr* [lot], een niet-hebr. woord, vgl. akkadisch *pūru* [lot]; volgens het boek Esther zou Haman het plan hebben gehad alle joden te laten vermoorden op een dag die door het lot moest worden bepaald.

purine [een organische stof] gevormd van lat. *purus* [zuiver] (vgl. *puren*) + me. lat. *uricum* [urinezuur] (vgl. *urine*).

purist [taalzuiveraar] < fr. *puriste* [idem], van *pur* (vgl. *puur*).

puritein [strenge protestant] lett. zuiveraar < eng.

purk — pyroclastisch

puritan, van *purity* [zuiverheid], **lat.** *puritas* [zuiverheid], van *purus* [zuiver] (vgl. **puren**).

purk [ukkie] noordhollandse nevenvorm van *pork.*

purper [paarsrood] **middelnl.** *purper, purpur* [purper, staatsiegewaad] < **lat.** *purpura* [purper, purperen gewaad] < **gr.** *porphura* [purperslak, purper, purperen stof].

pur sang [van zuiver ras] < **fr.** *pur sang* [volbloed], van *pur* [rein, puur] + *sang* [bloed, afkomst] < **lat.** *sanguis* [idem].

purser [administrateur op schip, vliegtuig] < **eng.** *purser* [oorspr. officier belast met geldelijk beheer], van *purse* [beurs], **middelnl.** *porser* [victualiemeester aan boord van een schip].

purulent [etterend] < **lat.** *purulentus* [idem], van *pus* (2e nv. *puris*) [etter], **gr.** *puon* [idem], idg. verwant met *vuil.*

pus [etter] < **lat.** *pus* (vgl. *purulent*).

push [stuwkracht] < **eng.** *push,* van *to push* [stoten, voortdrijven], **middeleng.** *pusshen* < **oudfr.** *po(u)lser* (**fr.** *pousser*) < **lat.** *pulsare* [slaan, kloppen, wegstoten], frequentatief van *pellere* [duwen, drijven] (vgl. *pols*).

pustel [etterblaasje] < **lat.** *pustula* [blaasje].

puszta → *poesta.*

put [gegraven opening met water] **middelnl.** *put, pit, pet* < **lat.** *puteus* [kuil, put, bron, regenbak].

putatief [verondersteld] < **lat.** *putativus,* van *putare* [schoonmaken, de rekening opmaken, overwegen, schatten, menen] (vgl. *computer, disputeren, amputeren*).

putger, putjer [scheepsjongen] vermoedelijk afgeleid van *put* in de betekenis 'pomp', dus iem. die de pompen moest bedienen; is ook wel verklaard als afgeleid van *puts.*

putlut [koude drukte] geassimileerd uit *pietlut.*

putmik [putgalg] van *put* + *mik* [2] [galg].

putrefactie [verrotting] < **fr.** *putréfaction* < **lat.** *putrefactionem,* 4e nv. van *putrefactio,* van *putrefacere* (verl. deelw. *putrefactum*) [doen rotten], van *putrēre* [rotten] + *facere* [maken, doen], daarmee idg. verwant.

puts, putse [scheepsemmer] **middelnl.** *putse, pudse,* mogelijk een imitatie van het typische geluid dat de puts maakt als men deze om haar goed te vullen ondersteboven op het water slaat. Daarnaast is verband met het ww. *putten* hoogstwaarschijnlijk, mogelijk is dit uitgangspunt.

putsch [staatsgreep] < **hd.** *Putsch* [idem], eig. zwitsers-duitse dial. [slag, stoot], klanknabootsend gevormd.

puttee [beenwindsel] < **eng.** *puttee* < **hindi** *paṭṭī* [strook stof, verband] < **oudindisch** *paṭṭa-* [kleed, strook stof].

putter [1] [distelvink] van *putten* (ww.), zo genoemd omdat het diertje werd geleerd zijn drinkwater in zijn kooi aan een emmertje (**middelnl.** *vinkenputkijn*) op te halen, te putten; vgl. **eng.** *water-drawer.*

putter [2] [golfstick] < **eng.** *putter,* van *to put,* **oud-eng.** *putian, potian.*

putti [naakte kinderfiguurtjes] < **it.** *putti,* mv. van *putto* [knaapje, plafondengeltje, engeltje] < **lat.** *putus* [knaap] (vgl. *pueriel, puber*).

putting [bevestiging van het want] < **eng.** *futtock* [idem], dat men afleidt van *foot hook.*

puun [zoen] nevenvorm van *poen* [idem].

puur [zuiver] **middelnl.** *puer, puur* < **fr.** *pur* < **lat.** *purus* [rein, zuiver] (vgl. *puren*).

puzzel [raadsel] < **eng.** *puzzle,* vermoedelijk < *opposal,* van *to oppose* [tegenwerpingen maken, een klemmende vraag stellen] < **lat.** *opponere* (vgl. *opponeren*).

puzzolaan → *pozzuolaan.*

pyaemie [bloedvergiftiging door etter] gevormd van **gr.** *puon* [etter], verwant met **lat.** *pus* [idem] (vgl. *purulent*) + **gr.** *haima* [bloed], idg. verwant met *zeem* [1] [honing].

pycnisch [kort en gedrongen] < **gr.** *puknos* [stevig, gedrongen, sterk].

pyelitis [nierbekkenontsteking] gevormd van **gr.** *puelos* [kom, vat], verwant met *plunein* [uitwassen], **lat.** *pluvia* [regen].

pygmee [dwerg] < **lat.** *Pygmaeus* [fabelvolk in Ethiopië] < **gr.** *Pugmaios* [pygmee], volgens de uitleg van de Grieken zelf van *pugmè* [zo groot als een vuist]; waarschijnlijker is verwijzing naar het verwante woord *pugōn* [elleboog, el].

pyjama, piama [nachtkleding] < **eng.** *pyjamas, pajamas* [idem] < **hindi** *pājāma, pāyjāmā* [beenbekleding], van *jama* [kledingstuk] + **perzisch** *pā* [been, voet], daarmee idg. verwant.

pyknometer [apparaat ter bepaling van het soortelijk gewicht] gevormd van **gr.** *puknos* [stevig, dicht opeen] + *meter* [1].

pylades [trouwe metgezel] < **gr.** *Puladès,* de trouwe metgezel van Orestes.

pyloon [hoge constructie] < **gr.** *pulōn* [poortgebouw, poort], van *pulè* [poortdeur, ingang].

pylorus [maaguitgang] < **gr.** *pulōros* [poortwachter] (vgl. *pyloon*) + *ōra* [toezicht, zorg], idg. verwant met *waren* (vgl. *deurwaarder*).

Pyreneeën [geogr.] ondanks diverse en zeer uiteenlopende pogingen is geen bevredigende etymologie gevonden.

pyrethrum [plantengeslacht] < **gr.** *purethron* [moederkruid] (**eng.** *feverfew!*), van *puretos* [koorts], van *pur* [vuur], daarmee vermoedelijk idg. verwant.

pyrex [hittebestendig glas] gevormd van **gr.** *pur* (vgl. *pyrethrum*) + **lat.** *ex* [uit, weg].

pyridine [toevoegsel aan gedenatureerde alcohol] gevormd van **gr.** *pur* (vgl. *pyrethrum*) + *-ide,* verkort uit *oxide* + *-ine* < **lat.** *-inus,* een achtervoegsel dat bn. vormt.

pyridoxine [een vitamine] gevormd van *pyridine* + *oxygenium* + *-ine.*

pyriet [zwavelijzer] gevormd van **gr.** *pur* (vgl. *pyrethrum*); zo genoemd omdat er vonken afvliegen bij het aanslaan.

pyroclastisch [door een vulkaan uitgeworpen] ge-

vormd van **gr.** *pur* (vgl. **pyrethrum**) + *klastos*, verl. deelw. van *klan* [breken].
pyrofaan [een doorzichtige opaal] gevormd van **gr.** *pur* (vgl. **pyrethrum**) + *phainein* [schijnen].
pyrogallol [ontwikkelingsstof in de fotografie] gevormd van *pyrogallisch zuur* + **lat.** *-olus* (verkleiningsachtervoegsel). Zo genoemd omdat het werd gevonden door verhitting van gallisch zuur, *pyrogallisch* is gevormd van **gr.** *pur* (vgl. **pyrethrum**) + *gallium*.
pyrogeen [gesteente, koortsverwekkend] gevormd van **gr.** *pur* (vgl. **pyrethrum**) + *-genès* [op een bep. plaats of in zekere omstandigheden geboren], van *gignesthai* [geboren worden] (vgl. **Genesis**).
pyrolusiet [bruinsteen] gevormd van **gr.** *pur* (vgl. **pyrethrum**) + *louein* (verwant met **lat.** *lavare*) [wassen]; zo genoemd omdat het gebruikt werd om groene en bruine tinten in glas te verwijderen.
pyrolyse [afbraak door verhitting] gevormd van **gr.** *pur* (vgl. **pyrethrum**) + *lusis* [het losmaken], van *luein* [losmaken], idg. verwant met het tweede lid van **verliezen**.
pyromanie [ziekelijke neiging tot brandstichten] gevormd van **gr.** *pur* (vgl. **pyrethrum**) + *mania* [razernij, waanzin, geestdrift].
pyroop, pyrope [edelgesteente] < **fr.** *pyrope* [idem], oudfr. *pirope* < **lat.** *pyropus* < **gr.** *purōpos* [vurig oog], van *pur* (vgl. **pyrethrum**) + *ōps* (2e nv. *ōpos*) [oog], en daarmee stellig verwant.
pyrosis [zure oprispingen] < **gr.** *purōsis* [brand], van *puroun* [doen branden], van *pur* (vgl. **pyrethrum**).
Pyrrusoverwinning [overwinning ten koste van dusdanige verliezen dat men eraan ten onder gaat] genoemd naar *Purros,* koning van Epeiros, die de Romeinen bij Herakleia en Ausculum, resp. in 280 en 279 v. Chr., versloeg.
pythisch [gewijd aan Apollo] < **gr.** *Puthios* [Delphisch], van *Puthō(n),* een oudere naam voor Delphi, een centrum van de Apollo-cultus (vgl. **python**).
python [slang] genoemd naar *Puthoon,* de naam van een grote slang, die volgens de Griekse mythologie door Apollo in de buurt van Delphi werd gedood (vgl. **pythisch**).
pyurie [aanwezigheid van etter in de urine] gevormd van **gr.** *puon* [etter] (vgl. **purulent**) + *ouron* [urine].
pyxis [klein hostievat] < **lat.** *pyxis* [doosje, zalfdoosje] < **gr.** *puxis* [palmhouten doosje], van *puxos* [buxusboom (een soort palmboom), het hout daarvan], waarschijnlijk < **myceens** *pu-ko-so* (vgl. **buks²**, **boussole**).

q

quadersteen, quaderzandsteen [een steensoort] < **hd.** *Quaderstein* [rechthoekig blok, kalkzandsteen] < **me. lat.** *qua(d)rella* [vierkante steen], verkleiningsvorm van **lat.** *quadrum* [vierkant], van *quattuor* [vier], daarmee idg. verwant.
quadrageen [boetedoening van 40 dagen] < **me. lat.** *quadragena* [periode van 40 dagen], van **klass. lat.** *quadragenarius* [veertig-], van *quadrageni* [telkens 40], van *quadraginta* [40], van *quattuor* [vier], daarmee idg. verwant, + het achtervoegsel *-ginta,* verwant met *decem* [tien].
quadrangulair [vierhoekig] < **fr.** *quadrangulaire* < **me. lat.** *quadrangularis,* van *quadrangulum* [vierkant], van *quadri-*, in samenstellingen = *quattuor* [vier], daarmee idg. verwant + *angulus* [hoek].
quadriga [vierspan] **middelnl.** *quadrige* [wagen met vier paarden] < **lat.** *quadriga,* een samengetrokken vorm, vgl. het equivalent *quadriiugi,* van *quadri-* (vgl. **quadrangulair**) + *iugum* [juk], daarmee idg. verwant.
quadrille [dans] < **fr.** *quadrille* < **spaans** *cuadrilla,* van *cuadro* [vierkant] (vgl. **quadersteen**).
quadrillé [geruit] < **fr.** *quadrillé* < **spaans** *cuadrillo,* van *cuadro* (vgl. **quadrille**).
quadrireem [galei met 4 rijen roeiers] < **lat.** *quadriremus (navis)* [(schip) met vier roeiers per bank], van *quadri-* (vgl. **quadrangulair**) + *remus* (vgl. **riem²**).
quadrivium [de vier vrije kunsten] **middelnl.** *quadrivie, quadruvie* < **lat.** *quadrivium* [viersprong, in chr. lat. een groep van vier vrije kunsten], van *quadri-* (vgl. **quadrangulair**) + *via* [weg].
quadrupeden [viervoeters] < **lat.** *quadrupes* (2e nv. *quadrupedis*) [viervoetig, viervoeter], van *quadri-* (vgl. **quadrangulair**) + *pes* [voet], daarmee idg. verwant.
quadrupel [viervoudig] (1521) < **fr.** *quadruple* [idem] < **lat.** *quadruplus,* van *quadri-* (vgl. **quadrangulair**) + *-plus,* naar analogie van *duplus* (vgl. **dubbel**).
quaestor [Romeins beheerder van de schatkist] < **lat.** *quaestor* < *quaesitor* [lett. zoeker], van *quaerere* (verl. deelw. *quaesitum*) [zoeken, onderzoeken], wat tot uiting komt in de oudste functie van de quaestor, het opsporen van halsmisdaden.
quagga [soort wilde ezel] < **eng.** *quagga* < **afrikaans** *kwagga* < **hottentots** *quacha, quaiha,* een klanknabootsende vorming.
qualitate qua [ambtshalve] < **lat.** *qualitate qua* [krachtens de bedoelde hoedanigheid].

quantificeren — quinquennium

quantificeren [berekenen] < **me. lat.** *quantificare* [groot maken], van *quantus* (2e nv. *quanti*) [hoe groot] + *facere* [maken, doen], daarmee idg. verwant.

quantité négligeable [te verwaarlozen hoeveelheid] < **fr.** *quantité négligeable,* van *quantité* (vgl. **kwantiteit**) + *négligeable,* van *négliger* [veronachtzamen] < **lat.** *negligere* (vgl. **negligé**).

quantum [hoeveelheid, kleinste eenheid] < **lat.** *quantum,* het zelfstandig gebruikt o. van *quantus* [hoe groot, hoeveel].

quarantaine [afzondering] **middelnl.** *quaranteine* [wapenstilstand van 40 dagen] < **fr.** *quarantaine* [afzondering] < **it.** *quarantina* [veertigtal], van *quaranta* [veertig] < **lat.** *quadraginta* [veertig] (vgl. *quadrageen*); de quarantaine van schepen uit het Oosten duurde als regel in Italiaanse havens veertig dagen.

quarantijne [violier] < **fr.** *quarantaine* (vgl. *quarantaine*); zo genoemd omdat de bloeitijd ca. 40 dagen bedraagt, vgl. **vlaams** *zesweekske.*

quark [sub-atomair deeltje met een elektrische lading van ⅓ of ⅔ van het elektron] ontleend aan de zinsnede *three quarks for Muster Mark* in *Finnegan's Wake* van James Joyce.

quartair [vierde (tijdperk)] < **fr.** *quartenaire* = *quaternaire,* van *quart* [kwart].

quarterone [kind van een blanke en een tercerone] < **spaans** *cuarterón,* vr. *cuarterona* [eig. vierde deel], van *cuarto* [idem] (vgl. *kwart*).

quartole, quartool [muziekterm] gevormd naar het voorbeeld van *triool.*

quasar [verschijnsel in kosmos] < **eng.** *quasar* < *quasi-stellar radio source.*

quasi [zogenaamd] < **lat.** *quasi* [alsof, zo goed als], van *quam* [dan] en *si* [indien].

Quasimodo [eerste zondag na Pasen] zo genoemd naar de beginwoorden van de mis van die dag *Quasi modo geniti infantes* [als pasgeboren kinderen].

quatern [set van vier nummers (bij loterij)] < **fr.** *quaterne* [idem] < **lat.** *quaterni* [telkens vier], van *quattuor* [vier], daarmee idg. verwant.

quatertemper [onthoudingsdagen aan het begin van elk seizoen] **middelnl.** *quatertemper* < **lat.** *quat(t)uor tempora* [de vier jaargetijden].

quatre-mains [vierhandig] < **fr.** *quatre-mains,* van *quatre* [vier] < **lat.** *quattuor* [idem] + *mains* [handen] < **lat.** *manus* [hand].

quebracho [boom met zeer hard hout] < **spaans** *quebracho,* van *quebrar* [breken] < **lat.** *crepitare* [kraken] + **spaans** *hacha* [bijl] < **lat.** *ascia* (vgl. *aks*), dus zo hard, dat men er zijn bijl op breekt.

Queensland [geogr.] zo genoemd ter ere van Koningin *(Queen)* Victoria.

queeste [speurtocht] **middelnl.** *queste, queeste* < **oudfr.** *queste* (**fr.** *quête*), het zelfstandig gebruikte vr. verl. deelw. van *querre* [naspeuren] < **lat.** *quaerere* [verlangen, trachten te krijgen, trachten te vinden].

quelea [vogel] overgenomen uit een Afrikaanse taal.

quenast [porfier] uit het plaatsje *Quenast* in het arrondissement Nijvel.

quercitrine [verfstof] vervaardigd uit de *quercus tinctoria,* gevormd van **lat.** *quercus* [eik], idg. verwant met **eng.** *fir,* + *citroen.*

querelleren [twisten] (**middelnl.** *querelle* [klacht, beklag]) < **fr.** *quereller,* van *querelle* < **lat.** *querel(l)a* [kracht, grief, aanklacht], van *queri* [over iets klagen].

querulant [klager] < **me. lat.** *querulans* (2e nv. *querulantis*) [klager (vooral in juridische zin)], eig. teg. deelw. van *querulari* [een klacht neerleggen], **klass. lat.** *queri* [(zich) beklagen over, klagen, jammeren].

questeerder, questierder [aflaatkramer] **middelnl.** *questerer* [hij die geld inzamelt], van *queste(e)ren* [geld bijeenbrengen, liefdegaven inzamelen], van **oudfr.** *queste* (**fr.** *quête*), eig. vr. verl. deelw. van *querre* [zoeken naar, collecteren] < **lat.** *quaerere* [begeren, trachten te krijgen].

questionaire [vragenlijst] (**middelnl.** *question(n)eren* [ondervragen]) < **fr.** *questionnaire,* van *question* [vraag] < **lat.** *quaestionem,* 4e nv. van *quaestio* [het zoeken, ondervraging], van *quaerere* (verl. deelw. *quaesitum*) [begeren, trachten te krijgen, onderzoeken, vragen].

queue [staart, rij] < **fr.** *queue* [staart, rij wachtenden] < **lat.** *cauda* [staart], idg. verwant met *houwen;* de oorspr. betekenis zal zijn 'afgehakt stuk'.

quiche [gerecht] < **elzassisch dial.** *küchen* (**hd.** *Kuchen*).

quick-step [dans] < **eng.** *quickstep, quick step* [een dans met korte, snelle stappen], van *quick* (vgl. *kwik*[1]) + *step* (vgl. *stappen*).

quiëscentie [innerlijke rust] < **me. lat.** *quiescentia,* van *quiescens* (2e nv. *quiescentis*), teg. deelw. van *quiescere* [rusten, kalm zijn], van *quies* [kalmte], idg. verwant met *wijl*[1].

quiëtisme [mystieke richting] < **fr.** *quiétisme,* van *quiet* < **lat.** *quietus* [rustig, stil] (vgl. *quiëscentie*).

quieto [rustig] < **it.** *quieto* < **lat.** *quietus* [idem] (vgl. *quiëtisme*).

quillaja [zeepboom] < **spaans** *quillaja;* gevormd van een Chileens indianenwoord *quillai,* van *quillcan* [wassen]; de bast heeft zeepachtige eigenschappen.

quilt [dekbed] < **eng.** *quilt* < **oudfr.** *cuilte* < **lat.** *culcita* [matras, kussen].

quincaillerie [kramerij] < **fr.** *quincaillerie,* van *clinquaille,* van **oudfr.** *clinquer* (teg. deelw. *clinquant*) = *cliquer* [geluid maken], klanknabootsend gevormd.

quine [worp van twee vijven] < **fr.** *quine* < **lat.** *quinae,* vr. van *quini* (mv.) [telkens vijf], van *quinque* [vijf], daarmee idg. verwant.

quinquennium [periode van vijf jaar] **middelnl.** *quinquenelle* [uitstel van vijf jaar, toegestaan aan een schuldenaar] < **lat.** *quinquennium,* van

quinquennis [vijfjaarlijks], van *quinque* [vijf], daarmee idg. verwant + *annus* [jaar].

quinquertium [vijfkamp] < lat. *quinquertium,* van *quinque* [vijf], daarmee idg. verwant + *ars* (2e nv. *artis*) [kunst(vaardigheid), bekwaamheid].

quinquet [type olielamp] < fr. *quinquet,* genoemd naar een apotheker *Quinquet,* die de door de natuurkundige Argand rond 1782 uitgevonden lamp verbeterde en produceerde.

quintadeen [orgelregister, een quint hoger gestemd dan de andere registers, om het geluid een pregnante klank te geven] etymologie onzeker.

quinterne [gitaar] **middelnl.** *quinte(e)rne* < **oudfr.** *quinterne,* van *quinte* [vijfde snaar] + *guiterne,* nevenvorm van *guitare,* die oorspr. 4 snaren had, maar in de 15e eeuw van een vijfde werd voorzien, **me. lat.** *quinternae* [eig. telkens vijf], van *quintus* [vijfde], van *quinque* [vijf], daarmee idg. verwant.

quintool [muziekterm] gevormd naar het voorbeeld van *triool.*

quintupliceren [vervijfvoudigen] < lat. *quintuplicare,* van *quintuplex* (2e nv. *quintuplicis*) [vijfvoudig], van *quintus* [vijfde] (vgl. *quinterne*) + *plicare* [vouwen] (vgl. *dupliceren*).

quirieten [Romeinse burgers] < lat. *quirites,* mv. van *quiris* [burger], oorspr. inwoner van de Sabijnse stad *Cures,* die door Rome werd ingelijfd.

Quirinaal [heuvel bij Rome, Italiaanse staatsmacht] < it. *Quirinale* < lat. *Collis Quirinalis,* de aan *Quirinus* (een Romeinse, vermoedelijk al Sabijnse krijgsgod) gewijde heuvel te Rome.

quisling [verrader] genoemd naar de Noorse verrader *Vidkun Quisling* (1887-1945).

quisquiliën [prullen] < lat. *quisquiliae* [vuil, afval, uitvaagsel] < gr. *koskulmation* [afval van leer], van *skullein* [de huid afstropen], idg. verwant met *schil.*

quisse [gedeelte van gebraden kip] onjuiste spelling van fr. *cuisse* [dij, boutje van gevogelte] < lat. *coxa* [heup], idg. verwant met **hd.** *Hachse* [schenkel].

quiteren [afzien van] < fr. *quitter* [idem], van *quitte* (vgl. *kwijt*).

quitte [niets meer schuldig] → *kwijt.*

qui-vive [hoede] < fr. *qui-vive,* van *qui vive?,* het fr. equivalent van *werda?,* vandaar *op zijn qui-vive zijn* [op zijn hoede zijn].

quiz [vraag- en antwoordspel] < eng. *quiz;* is vermoedelijk door iem. gevormd op basis van lat. *quis* [wie?, welke?].

quorum [aantal leden dat voor stemming aanwezig moet zijn] uit een in Engeland in de middeleeuwen gebruikelijke formule, gebezigd bij de installatie van commissies *quorum vos ... unum esse volumus* [van wie wij willen dat gij er één zijt], *quorum,* 2e nv. mv. van *quis* [wie?].

quota, quote [aandeel] **middelnl.** *quote* [idem] < me. lat. *quota* [deel, quote], verkort uit *quota pars* [deel], waarin *quota,* vr. van *quotus* [de hoeveelste?], van *quot* [hoeveel?].

quotiënt [uitkomst van een deling] < fr. *quotient* [idem] < lat. *quotiens* [hoe vaak?], van *quot* [hoeveel?]; de huidige specifieke betekenis is dus: de vraag hoe vaak de deler op het deeltal gaat.

quotum [evenredig deel] < lat. *quotum,* het o. van *quotus* [de hoeveelste?], van *quot* [hoeveel].

r

-r [een relictachtervoegsel dienend ter vorming van bn.] in het idg. *-ro-*, vgl. lat. *macer* [mager], *ruber* [rood], nl. *mager, duister, wakker*.

ra [rondhout aan mast] middelnl. *ra(a), re(e)* [staak, stang, ra], middelnd. *ra*, middelhd. *rahe*, oudnoors *rā*, naast middelnl. *rac* [staak, stang], vgl. litouws *rektes* [droogrek] (vgl. **rek** ¹).

Ra [Oud-Egyptische zonnegod] < egyptisch *Ra* [zon, dag, zonnegod].

raad [advies, adviserend college] van **raden**.

raadsel [puzzel] middelnl. *radeles, raetsel*, oudsaksisch *radislo*, middelhd. *ratsal*, oudeng. *rœdels* (eng. *riddle*), van **raden** met achtervoegsel *-sel*.

raadzaam [welberaden] bij Kiliaan *raedsaem*, hd. *ratsam*.

raaf¹ [vogel] middelnl. *ravene, rave(n)*, middelnd. *raven*, oudhd. *hrāban*, oudeng. *hrœfn*, oudnoors *hrafn*; buiten het germ. lat. *corvus*, gr. *korax*, verwant met **roek**; vermoedelijk klanknabootsend gevormd.

raaf² [opperrabbijn] < hebr. *rāb* (vgl. **rabbijn**).

raagbol, ragebol [borstel aan stok] voor het eerste lid vgl. **rag**.

raai¹ [richtingslijn] middelnl. *roye, reeye* < fr. *raie* [streep, lijn, vore], oudfr. *roie*, me. lat. *riga*, uit het kelt., vgl. gallisch *rhych*, iers *rech* [drempel]; vgl. *rooilijn* en **rei**² [gracht].

raai² [grashalm, netel] oudsaksisch *rado*, oudhd. *rato*; etymologie onzeker.

raaigras [grassoort] vgl. **raai**² [grashalm].

raak¹ [hark] middelnl. *rake* en ablautend *re(i)ke*, oudsaksisch *raka, reka*, nd. *raku*, nd. *rehho* (hd. *Rechen*), oudeng. *racu* (eng. *rake*), oudnoors *reka*, gotisch *rikan* [ophopen]; buiten het germ. lat. *rogus* [mutsaard], gr. *rogos* [korenschuur].

raak² [(achterste deel van) gehemelte] middelnl. *rake, raec*, oudhd. *(h)rahho* (hd. *Rachen*), oudeng. *hrac(c)e*, een klanknabootsende vorming (het schrapen van de keel); vgl. **rek**³ [kikkerrit].

raak³ [het doel treffend] oorspr. een zn. middelnl. *ra(ec)ke* [toeval], van **raken** ¹ [treffen].

raam [lijst(werk)] middelnl. *rame, raem* [omlijsting, raam], middelnd. *rame*, oudhd. *rama* [stut], misschien verwant met litouws *remti* [stutten], oudiers *forinim* [ik plaats], oudindisch *ramate* [hij staat stil].

raan [kluut] etymologie onbekend.

raap [plantesoort] middelnl. *rape, raep* < lat. *rapum* [knol, raap].

raar [vreemd] middelnl. *raer* [zeldzaam, zonderling] < fr. *rare* [idem] < lat. *rarus* [niet dicht opeen, verstrooid, zeldzaam, buitengewoon].

raaskallen [onzin praten] van **razen** + **kallen**.

raasmaandag [koppermaandag] ook wel *razende maandag*, zo genoemd vanwege de luidruchtigheid van de viering.

raat [bouwsel van was in bijenkorf] middelnl. *rate*, oudnederfrankisch *rata*, middelhd. *räz(e)*, vulg. lat. *frata*, dat uit het germ. stamt, van een basis die nauw verwant is met die van **hor**; voor de betekenis is te vergelijken hd. *Wabe* [raat], van *weben* en nl. *wafel*.

rabarber [een gewas, gerecht daarvan] middelnl. *rabarber, rebarbe(r), reubarbenpulver* [rabarberpoeder] < me. lat. *rhabarbum, reurybarba* < byzantijns-gr. *rèon barbarikon*, van *rè, rèon, ra, ria* [rabarber] + *barbarikon*, o. van *barbarikos* [van de barbaren] (vgl. **barbaar**); het woord *ra* [Ra, de Scythische naam voor de Wolga], waarvan men dacht dat de rabarber afkomstig was. In me. lat. komt ook voor *rhabarbum Ponticum* [van de Zwarte Zee] en *rhabarbum Indie* (dus uit Indië).

rabas [onbesuisd] middelnl. *rebas* [woesteling], van **oudfr**. *rabaster* [kabaal trappen], waarnaast de vorm *rabatter*, waaruit middelnl. *rabat, rebat, robat, rab(b)ot* [opschudding, kabaal, rustverstoorder] (vgl. **rabat**).

rabat [korting] middelnl. *rabat, rebat, robat, rab(b)ot* [rumoer, rustverstoorder, vermindering, afslag, kaatsbaan, sponning, sluitboom, sluisje, valletje (gordijntje)] < **oudfr**. *rabat*, van het ww. *rabatre*, van *re-* [terug] + lat. *battere* [slaan]; uit de betekenis 'afslaan, terugslaan' laten zich de uiteenlopende middelnl. en moderne betekenissen verklaren via betekenisaspecten als omslag (voor valletje), verhoogde rand (voor kweekbed), inspringing (voor sponning), terugslaan (korting, verspering van waterloop, keerhuis).

rabatijzer [gereedschap om bep. houtverbindingen te maken] van *rabat* in de betekenis 'sponning'.

rabauw [schurk] middelnl. *ribaut, rebaut, rabaut, rabauw* [sjouwerman, landloper, boef] < **oudfr**. *ribau(l)d*, van *riber* [brooddronken zijn, moedwillig zijn, wellustig zijn] < **middelhd**. *riben*, oudhd. *riban* [wrijven, bronstig zijn] → *rabot* ².

rabauwting [grauwe renet] < **rabauw**, zo genoemd vanwege zijn t.o.v. de 'echte' renet inferieure kwaliteit.

rabbelen [rammelen, kletsen, druk praten] middelnl. *rabbelen*, nd. *rabbeln* [vlug en onduidelijk spreken], fries *rabbelje* [praats hebben], eng. *to rabble* [wartaal spreken], oudnoors *rabba*; klanknabootsend gevormd, vgl. **raffelen**.

rabbes [schertsend voor lichaam] vermoedelijk vervormd uit *raap*.

rabbi [joods godsdienstleraar] < laat-lat. *rabbi* [leermeester] < gr. *rabbi* (vgl. **rabbijn**).

rabbie [konijn] ook *rob(be)*, nd. *robbe*, eng. *rabbit* (overgenomen van het continent), ook in fr. dial. als *robette, rabotte* (uit het nl.), etymologie onbekend.

rabbijn [joods godsdienstleraar] < **me. lat.** *rabbinus* < **gr.** *rabbi* < **mishnaïsch hebr.** *rabbī* [mijn heer], van -*ī* [bez. achtervoegsel van de 1e pers.] + *rabh* [baas, heer, leraar] < **hebr.** *rab* [veel, groot], vgl. **ar.** *rabb* [meester], **akkadisch** *rabû* [baas, hoofd] (vgl. *rebab*); de vorming is dus parallel aan die van **dominee** en *molla*.

rabdologie [rekenkunst met staafjes] gevormd van **gr.** *rabdos* (vgl. *rabdomantie*) + *logos* [woord, verhandeling].

rabdomantie [het werken met de wichelroede] < **gr.** *rabdomanteia* [voorspellen door middel van een toverstaf], van *rabdos* [staf, stok, toverstaf] + *manteia* (vgl. *necromantie*).

rabiaat [dol] < **hd.** *rabiat*, van **lat.** *rabiare* (verl. deelw. *rabiatum*) [razend zijn] (vgl. *rabies, rage*).

rabies [hondsdolheid] < **lat.** *rabies* [dolheid] (vgl. *rabiaat, rage*).

raboorden [lisdodden] vervormd uit *rieboorden, rietboorden;* het tweede lid is een volksetymologische vervorming van *bod, bodze* [moeras].

rabot[1] [keersluis] **middelnl.** *rabot* (vgl. *rabat*).

rabot[2] [op rabot zijn, aan de zwier zijn] < **fr.** *ribote* [smulpartij, zuippartij], van *riboter* < *ribauder* [uitspatten] < **oudfr.** *riber* [idem] < **oudhd.** *riban* (**hd.** *reiben*) [hitsig zijn], eig. *wrijven* en daarmee verwant → *rabauw*.

racaille [gespuis] < **fr.** *racaille* < **oudfr.** *rascaille* < **me. lat.** *rasiculare, rasclare* [krabben], vgl. **oudfr.** *rasche,* **provençaals** *rasca* [hoofdzeer], teruggaand op **klass. lat.** *radere* (verl. deelw. *rasum*) [krabben]; vgl. **eng.** *rascal* en **nl.** *rapalje.*

raccorderen [verbinden] < **fr.** *raccorder* [samenvoegen], van *re-* [wederom] + *accorder* < **lat.** *accordare* (vgl. *akkoord*).

raccroc [geluksstoot (bij biljart)] < **fr.** *raccroc,* van *raccrocher* [weer ophangen wat afgehaakt is, weer op zijn plaats brengen, herwinnen wat verloren was, door geluk verkrijgen], van *re-* [wederom] + *accrocher* [aanhaken], van *croc* [haak] < **oudnoors** *krōkr.*

race [wedstrijd] < **eng.** *race,* van **oudeng.** *ræsan* [voortrazen] (vgl. *razen*).

racemeus [bloeiwijze] < **lat.** *racemosus* [vol trossen], van *racemus* [druiventros] (vgl. *racemisch*) + -*osus* [vol van].

racemisch [scheikundige term] < **lat.** *racemus* [steel van een tros, druif, druiventros], evenals **gr.** *rax* (2e nv. *ragos*) ontleend aan een oude mediterrane taal.

rachel[1] [smalle plank] **middelnl.** *rachter, rafter, rechter* [paal, balk, ligger, spar], **middelnd.** *rafter, raffert, rachter,* **fries** *refter, rechter,* **oudeng.** *ræfter* (**eng.** *rafter* naast *raft* [vlot]), **oudnoors** *raptr* (vgl. *rafter, raveel*[1]); buiten het germ. **russ.-kerkslavisch** *rěpij* [paal].

rachel[2] [barg. tegenvaller] → *raggel*.

rachen [schelden] van *raak*[2] [achterste deel van het gehemelte]; de betekenisontwikkeling zal zijn geweest 'de keel schrapen, spuwen, schelden'.

rachitis [Engelse ziekte] < **modern lat.** *rachitis,* gevormd van **gr.** *rachitès* [tot de ruggegraat behorend], van *rachis* [rug, ruggegraat], verwant met *rachos* [doornstruik, heg daarvan].

rachmones [medelijden] < **hebr.** *rachamēs* [medelijden].

raciaal [ras-] < **fr.** *racial,* van *race* [ras] < **it.** *razza* [idem] < **lat.** *ratio* [rekening, register, relatie, in de 6e eeuw ook soort (van dieren of vruchten)], van *reri* (verl. deelw. *ratum*) [berekenen], idg. verwant met *rede*[1].

racket[1] [voorwerp om ballen mee te slaan] < **fr.** *raquette* [idem] (vgl. *raket*[1]).

racket[2] [organisatie van afpersers] < **eng.** *racket* [spektakel, georganiseerde afpersing], vgl. **gaelisch** *racaid* [kabaal], vermoedelijk klankschilderende vorming.

racketeer [afperser] < **eng.** *racketeer,* afgeleid van *racket* (vgl. *racket*[2]).

raclettes [maaltijd] waarbij kaas bij het vuur wordt gebracht en de smeltende delen met een **fr.** *raclette* [klein schraapijzer] worden weggenomen en op de borden gelegd, verkleiningsvorm van *racle* [schraper], van *racler* [schrapen] < **oudprovençaals** *rasclar,* teruggaand op **lat.** *radere* [krabben, schrappen] (vgl. *ral*).

rad[1] [wiel] **middelnl.** *rat, rad,* **oudsaksisch** *rath,* **oudhd.** *rad,* **oudfries** *reth;* buiten het germ. **lat.** *rota,* **oudiers** *roth,* **litouws** *ratas,* **oudindisch** *ratha-* [(strijd)wagen].

rad[2] [barg. grote munt] van *rad*[1] [wiel], vgl. *achterwiel* voor rijksdaalder.

rad[3] [vlug] **middelnl.** *rat,* **oudhd.** *(h)rad,* **oudeng.** *(h)raeð* (**eng.** *(h)raeð,* vergrotende trap *rather*) [snel], **gotisch** *raþs* [licht]; buiten het germ. **gr.** *kradainein* [schudden], **iers** *crothim* [ik schud], **litouws** *kretèti* [schudden].

radar [plaatsbepaling van voorwerp d.m.v. teruggekaatste radiogolven] gevormd uit de eerste letters van **eng.** *radio detecting and ranging.*

radau [kabaal] < **hd.** *Radau,* klanknabootsend gevormd.

radbraken [voor straf de ledematen breken] **middelnl.** *radebraken, ra(et)braken, raden ende breken,* van *rad*[1], omdat het lichaam op een rad werd gelegd.

raddraaier [aanstoker] van *rad*[1] + *draaien,* 17e eeuws *werveldraaier,* **hd.** *Rädelsführer,* dus die het rad in beweging brengt.

raden [gissen, adviseren] **middelnl.** *raden,* **oudsaksisch** *radan,* **oudhd.** *ratan,* **oudfries** *reda,* **oudeng.** *rædan,* **oudnoors** *raða,* **gotisch** *-redan;* buiten het germ. **oudiers** *radim* [ik spreek], **oudruss.** *raditi* [zorgen voor], **oudindisch** *rādhnoti* [hij bevredigt], in iets verder verband **lat.** *reri* [denken, menen].

Raden [adellijke titel] < **javaans** *Raden* [iem. van

adel, m. en vr.], **kawi** *hadyan* [iem. van hogere status, heer], *Raden ajoe*, titel van aristocratische dame, *ayu* [mooi (van vrouwen), welvarend].
raderen [krabben, wegschrappen] < **lat.** *radere* [idem].
radiaal [straalboog] gevormd van **lat.** *radius* [stok, spaak, straal] (vgl. *rayon*¹, ², *radio*).
radiatie [straling] < **fr.** *radiation* < **lat.** *radiationem*, 4e nv. van *radiatio*, van *radiare* (verl. deelw. *radiatum*) [stralen], van *radius* [straal] (vgl. **radiaal**).
radiator [verwarmingslichaam] < **eng.** *radiator*, gevormd van **lat.** *radiare* [stralen], van *radius* [straal] (vgl. **radiaal**).
radicaal [totaal, consequent] < **fr.** *radical* [consequent, van de wortel, tot in de grond, volkomen], teruggaand op **lat.** *radix* (2e nv. *radicis*) [wortel, oorsprong].
radiësthesie [ontvankelijkheid voor aardstralen] < **fr.** *radioesthésie*, het eerste lid gevormd van **lat.** *radius* (vgl. **radiaal**), voor het tweede vgl. **estheet**.
radieus [stralend] **middelnl.** *radioes* < **fr.** *radieux* < **lat.** *radiosus* [stralend], van *radius* [straal] (vgl. **radiaal**) + -*osus* [vol van].
radijs [eetbare wortel] **middelnl.** *radijs*, *radic* < **fr.** *radis* < **it.** *radice* [wortel, rammenas, radijs] < **lat.** *radicem*, 4e nv. van *radix* [wortel, radijs], verwant met **gr.** *radix* [jonge tak, wortel], daarmee idg. verwant.
rading [in plaatsnamen] vgl. *De Hollandse Rading*, van *rade*, hypercorrect voor *raai*¹.
radio [draadloze omroep] verkort uit *radiotelegrafie*, het eerste lid < **lat.** *radius* [straal] (middelnl. *radie* [idem]) (vgl. **radiaal**).
radiolariën [straaldiertjes] gevormd van **lat.** *radiolus*, verkleiningsvorm van *radius* [straal] (vgl. **radiaal**).
radium [chemisch element] door Pierre en Marie Curie zo genoemd na hun ontdekking ervan in 1898, naar **lat.** *radius* [stok, spaak, straal (van zon, bliksem)] (vgl. **radiaal**).
radix [wortel] < **lat.** *radix*, verwant met *ramus* [tak], **gr.** *riza* [wortel] (vgl. **radijs**).
radja [Indische vorst] < **hindi** *rājā* [koning] < **oudindisch** *rājan*-, verwant met **lat.** *rex* [idem].
radon [chemisch element] gevormd van **radium** + het achtervoegsel -*on* als in *neon*, *argon*; radon wordt gevormd bij het uiteenvallen van radium.
radula [rasp op de tong (van weekdieren)] < **lat.** *radula* [schrapijzer], van *radere* [krabben].
raf [rugvin van heilbot] **oudnoors** *rafr* [reep van heilbot]; behoort bij *rafel*¹.
rafactie, refactie [korting wegens mindere kwaliteit] < **fr.** *réfection* [idem] < **lat.** *refectionem*, 4e nv. van *refectio* [herstelling], van *reficere* (verl. deelw. *refectum*) [herstellen], van *re*- [wederom] + *facere* [maken, doen], daarmee idg. verwant.
rafel¹ [draad] **fries** *raffel*, **eng.** *ravel*, een woord dat voortleeft in *raf*.

rafel² [dobbelspel] < **fr.** *rafle* [iets om het vuur op te poken, dobbelspel waarbij men alles met één slag naar zich toe kan halen], van *rafler* < **hd.** *raffen* [rapen, graaien].
raffelen [vlug spreken] een klanknabootsende vorming, opgekomen naast *rabbelen*, *brabbelen*, *rammelen*, *rakkelen*.
raffia [bindsel van vezels] < **malagasi** *rafia*.
raffineren [zuiveren] < **fr.** *raffiner* [idem], van *re*- [wederom] + *affiner* [zuiveren], van *à* [tot aan] < **lat.** *ad* [idem] + *fin* [fijn], het bijvoeglijk gebruikt *fin* [einde, oogmerk], van **lat.** *finem*, 4e nv. van *finis* [einde].
rafflesia [plant] genoemd naar *Sir Thomas Stamford Raffles* (1781-1826), die o.m. gouverneur van Benkulen op Sumatra was.
rafter [smalle plank] **middelnl.** *raftel*, *rachter*, *rechter* [paal, balk, ligger, spar], hetzelfde woord als *rachel*¹, *raveel*¹.
rag [spinneweb] bij Kiliaan *ragh(e)*, **fries** *re(a)ch*, *re(a)ge*, **oudsaksisch** *raginna* [ruig haar], **oudeng.** *ragu* [mos]; etymologie onzeker.
rage [bevlieging] < **fr.** *rage* < **me. lat.** *rabia* < **klass. lat.** *rabies* [dolheid, begeerte, geestvervoering], van *rabere* [razend zijn], *rabiare* [idem].
raggel, raggeling [barg. tegenvaller] mogelijk te verbinden met **ragschore**.
raglan [kledingstuk met speciaal aangeknipte mouwen] < **eng.** *raglan*, genoemd naar *Fitzroy James Henry Somerset*, baron Raglan of Raglan, die als aide de camp van de hertog van Wellington bij Waterloo zijn rechterarm verloor en daarom een aangepaste tuniek droeg.
ragmonus → **rachmones**.
ragoût [gerecht] < **fr.** *ragoût*, van *ragoûter* [de eetlust weer opwekken] < **lat.** *regustare* [opnieuw proeven, zich opnieuw aan iets vergasten], van *re*- [wederom] + *gustare* [proeven, een beetje eten van], van *gustus* [het proeven, de smaak van iets], idg. verwant met *kiezen*, *kieskauwen*.
ragschore [ondeugdelijke waar] van *rag*, mogelijk < **hebr.** *rū'ach* [wind, geur, stank], mogelijk echter = **nl.** *rag* in b.v. *spinrag* + *schore* < **hebr.** *sachar* [handelen].
ragtime [gesyncopeerde dansmuziek] < **eng.** *ragtime*, mogelijk < *ragged time*, (*ragged* [haveloos]), vanwege de syncope?.
raid [inval] < **eng.** *raid*, een Schotse variant van *road*, **oudeng.** *rād* [het rijden, rit, raid]; het woord is door Walter Scott in omloop gebracht voor invallen in The Border.
rail, reel [spoorstaaf] < **eng.** *rail* [leuning, hek, reling, staaf, spoorstaaf] < **me. fr.** *reille* [staaf] < **lat.** *regula* [liniaal, lat, balk], van *regere* [richten] (vgl. **regent**).
railleren [spotten] < **fr.** *railler* [idem] < **provençaals** *ralhar* [kletsen, schertsen], stammend van **lat.** *ragere* [loeien, hinniken], klanknabootsend gevormd.
raïs, rais [Arabische titel] < **ar.** *ra'īs* [iem. aan het hoofd, chef, baas], van *ra's* [hoofd].

raison [reden] < fr. *raison* < lat. *rationem*, 4e nv. van *ratio* (vgl. *raciaal*).
rajap [witte mier] < **maleis** *rayap* [idem].
rak[1] nevenvorm van *rek*[1].
rak[2] [zeilband] mogelijk uit Scandinavië ontleend, vgl. **oudnoors** *rakki*, verwant met *rekendi* [boei], waarschijnlijk verwant met *rekken*.
rak[3] [vaarwater] behoort bij *rekken*.
rake [hark] hetzelfde woord als *raak*[1].
rakel [hark] van *rakelen*.
rakelen [harken] frequentatief van *raken*[2] [harken] (vgl. *raak*[1]).
rakelings [zo dat het bijna raakt] afgeleid van *raken*[1], een vorming als *sijpelings*.
raken[1] [treffen] **middelnl**. *ra(ec)ken* [reiken tot een bepaald punt, raken], **middelnd**. *raken*, **oudeng**. *racian* [komen tot]; van *rekken*.
raken[2] [harken] **middelnl**., **middelnd**., **middeleng**. *raken*, **oudnoors** *raka*; etymologie onzeker.
raket[1] [voorwerp om ballen mee te slaan] < fr. *raquette* [idem], ouder *rachette* [de vlakke hand, palm] < me. lat. *rascheta* < ar. *rāḥa* [handpalm]; juist als nog bij het kaatsen werd bij andere balspelen met de vlakke hand geslagen, totdat deze werd vervangen door een raket. Vgl. *jeu de paumes* [palmen].
raket[2] [plant] < fr. *roquette* < it. *rochetta, rucchetta*, van lat. *eruca* [soort van kool, waterkers, raket].
raket[3] [vuurpijl, projectiel] < hd. *Rakete* [idem] < it. *racchetta* [idem], verkleiningsvorm van *rocca* [spinrokken], uit het germ., vgl. **nl**. *spinrokken*; de benaming van de vuurpijl berust op vormovereenkomst.
raki [Turkse brandewijn] < **turks** *rakı*, verbasterd uit *arak* (vgl. *arak*).
rakkelen [een dof ratelend geluid maken] klanknabootsend gevormd.
rakken [vuil opruimen] intensivum van *raken*[2] [harken].
rakker [deugniet] **middelnl**. *racker*, bij Kiliaan *racker* [deugniet, pijniger, beulsknecht], **middelnd**. *racker* [vilder, doodgraver, schoonmaker van privaten], hd. *Racker* [vilder, privaatschoonmaker, en (eerst 1524) beul]; het is mogelijk dat **middelnl**. *racker* van *racke* [pijnbank] moet worden afgeleid en dat minachting voor het werk tot de betekenis privaatschoonmaker heeft geleid, gezien echter de late verschijning van de betekenis beul in het hd. zullen we toch wellicht moeten afleiden van **nd**. *racken*, **nl**. *rakken* en staan de betekenissen 'bijeenvegen, het doen van vuil werk' voorop.
rakketouw [touw met eraan geregen houten ballen, dienend om het voorlijk van een grootzeil, vroeger de ra, bij de mast te houden] **nd**. *rack*, **oudeng**. *racca*, **oudnoors** *rakki*, **deens** *rakke*, **zweeds** *rack*; behoort bij *rekken*.
ral [vogel] < fr. *râle* [idem], van *râler* [schreeuwen (van hert, tijger)], nevenvorm van *racler* [schrapen], klanknabootsend gevormd (vgl. *raclettes*).
rallen [babbelen] **middelnl**. *rallen, rellen*, **nd**. *rallen*; klanknabootsend gevormd.
rallentando [langzamer] < it. *rallentando* [langzamer wordend], teg. deelw. van *rallentare*, van *re-* [terug, wederom] + *ad-* [naar, tot] + *lento* [langzaam] < lat. *lentus* [idem].
rally [sterrit] < **eng**. *rally*, van *to rally* < fr. *rallier*, **oudfr**. *ralier*, van *re-* [wederom] + *alier* [samenvoegen] < lat. *alligare* [aan iets binden], van *ad* [naar, tot] + *ligare* [binden] (vgl. *liga*).
ram[1] [mannelijk schaap] **middelnl**., **middelnd**., **oudhd**., **oudeng**. *ramm* [idem], misschien bij **oudnoors** *ramr* [sterk], **oudkerkslavisch** *ramĕnŭ* [hevig]; de meeste 'stormram' is een vertaling van **lat**. *aries* [ram, stormram], vgl. de betekenisovergang in *bok, chevron, ezel, kat* etc..
ram[2] [hydraulische ram] < **eng**. *ram* [mannelijk schaap, stormram, stoomhamer, piston] (vgl. *ram*[1]).
ram[3] [kaartspel] < fr. *rams* [idem] < *ramas*, van *ramasser* [samenrapen, oprapen], van *re-* [wederom, terug] + *masse* [massa].
ramadan [islamitische vastenmaand] < ar. *ramaḍān* [de hete maand], vgl. het ww. *ramiḍa* [hij was heet].
ramage [weefsel met ranken] < fr. *ramage*, van **oudfr**. *raim* [twijg] < lat. *ramus* [tak], verwant met *radix* [wortel].
ramaneffect [natuurkundig verschijnsel] genoemd naar de Indiase natuurkundige *Chandrasekhara Venkata Raman* (1888-1970).
ramark [radiobaken] < **eng**. *ramark*, van *radio* (vgl. *radio*) + *marker* [markeerboei] (vgl. *merk*).
ramasseren [gedroogde aarde uit een gietvorm verwijderen] < fr. *ramasser* [samenrapen], van *re-* [weer, terug] + *masser* [ophopen], van *masse* [hoop] (vgl. *massa*[1]).
rambam [in verwensingen] verkort uit de persoonsnaam *rabbi mōshe ben maimon*, meer bekend onder zijn wetenschappelijke naam *Maimonides* (1135-1204), de grootste joodse geleerde van de middeleeuwen, o.m. arts, wat kan verklaren dat de of het *rambam* de suggestie van een of andere ziekte oproept.
ramblers [klimrozen] < **eng**. *ramblers*, van *to ramble* [een zigzaggende koers volgen], **middeleng**. *romble*, frequentatief van *to roam* [zwerven], waarvan de etymologie onbekend is.
ramboersappel [zomerappel] < fr. *rambour* [idem], genoemd naar een dorpje *Rambures* bij Amiens.
ramboetan [vrucht] < **maleis** *rambutan*, met het achtervoegsel *-an* afgeleid van *rambut* [haar]; de schil van de vrucht is opvallend harig.
rambouilletschaap [Frans merinosschaap] genoemd naar de staatsfokkerij te *Rambouillet* bij Versailles.
ramee, ramie [geslacht van netelachtigen met spin-

ramen — rani

bare vezel] < **maleis** *rame, rami* [hennep], *kain rami* [soort jute], *(tali) rami* [touw].

ramen [schatten] **middelnl.** *ramen* [mikken, aanleggen op, gissen], **middelnd., oudhd.** *ramen,* vermoedelijk van *raam;* vgl. voor de betekenisontwikkeling *mikken.*

ramenten [lawaai maken] nevenvorm van *rementen.*

rames [nasi rames] → *rammenassen.*

ramificatie [vertakking] < fr. *ramification* [idem], van me. lat. *ramificare* [takken vormen], van *ramus* [tak], verwant met *radix* [wortel] + *facere* [maken, doen], daarmee idg. verwant.

rammeien [beuken] van *rameye* (bij Kiliaan), gevormd van *ram* met een aan het fr. ontleend achtervoegsel.

rammelaar [mannetje van konijn] bij Kiliaan *rammelaar,* van **rammelen²**.

rammelen¹ [ratelen] klanknabootsende vorming, vgl. *rommelen.*

rammelen² [paren van hazen en konijnen] **middelnl.** *rammelen* [paardrift hebben], frequentatief van *rammen* [idem], van **ram¹**.

rammen [beuken] van **ram²** [stormram].

rammenant [uitschot] **middelnl.** *remanent, remenant, remanant* < fr. *rémanent* [(over)blijvend] < lat. *remanens* (2e nv. *remanentis*), teg. deelw. van *remanēre* [achterblijven], van *re-* [terug] + *manēre* [blijven].

rammenas [soort radijs] < it. *ramolaccio* < me. lat. *armoracia, armoracea, armoracium* < gr. *armorakia* [mierikswortel].

rammenassen, ramenassen [masseren] < **maleis** *(me)ramas* [mengen, kneden], hetzelfde woord als in *nasi rames* [gemengd voedsel op een bord].

ramoneur [toestel voor reinigen van schoorstenen] < fr. *ramoneur* [schoorsteenveger], van *ramoner* [vegen], van oudfr. *ramon* [takkenbezem], verkleiningsvorm van *raim* < lat. *ramus* [tak], verwant met *radix* [wortel], daarmee idg. verwant.

ramp [onheil] **middelnl.** *ramp(e)* [vallende ziekte, kramp, ramp], **middelnd.** *ramp(e)* [vallende ziekte, kramp, nood], **middelhd.** *rampf* [kramp, ongeluk]; verwant met *rimpel.*

rampassen [roven] < maleis *(me)rampas* [plunderen, roven].

rampel [ketting in koestal] ook *grampel;* etymologie onzeker.

rampeneren [vernielen] **middelnl.** *rampeneren, rampineren, ramponeren* [uitschelden] < oudfr. *ramposner* [berispen, beledigen] < *ramprosner,* van *re-* [terug, weer] + *am-, an-* (variant van *en-*) + *prosne,* modern fr. *prône* [(afkondiging bij de) preek, oorspr. koorhek (de plaats waar dit geschiedde), ruimte binnen een hek] < lat. *prothyrum* < gr. *prothuron* [vestibule], van *pro-* [voor] + *thura* [deur], daarmee idg. verwant.

rampetampen [neuken] gevormd van *tamp* in de betekenis 'penis'.

rampokken [roven] < maleis *rampok* [rover(s),

bandieten(bende)], *merampok* [roven, plunderen].

rampspoed [onheil] **middelnl.** *ram(p)spoet,* gevormd naar analogie van *tegenspoed.*

rampzalig [diep ongelukkig] **middelnl.** *rampsalich,* samengesteld van *ramp* + *salich* [armzalig, beklagenswaardig], vgl. *armzalig.*

ramsj [ongeregelde handel] < hd. *Ramsch* < jiddisch *rammoës* [bedrog] < hebr. *ramma'ut* [zwendel].

ramulte [herrie] kruising van *ramoer* (**middelnl.** *ramoer*), nevenvorm van *rumoer* en *tumult.*

rance [een soort natuursteen] genoemd naar de groeven van de plaats *Rance* in Henegouwen.

ranch [landgoed] < **amerikaans-eng.** *ranch* [veefokkerij, boerderij] < **amerikaans-spaans** *rancho* [idem], in Europa echter 'menage (militair), kamp, hut'. De eerste betekenis was: plaats om mensen onder te brengen, vooral soldaten, ook mensen die buiten stad of dorp moeten leven, van *rancharse* [zijn intrek nemen, ingekwartierd worden], uit het frankisch, vgl. *rang.*

rancune [wrok] **middelnl.** *rancoor, rancune* < fr. *rancune* [idem] < oudfr. *rancure, rancune* < me. lat. *rancors, rancordia, rancure, rancun(i)a* < klass. lat. *rancor* (2e nv. *rancoris*) [stank], van *rancēre* [stinken]; de vorm *rancuna* is gedissimileerd uit *rancura* (vgl. *ranzig*).

rand¹ [kant] **middelnl.** *rant, rand* [rand, schildbeslag], **oudhd.** *rant* [schildknop], **middelhd.** *rant* [rand van een schild, rand], **oudeng.** *rand* [zoom, rand, schildknop, schild], **oudnoors** *rǫnd* [rand, schild], **oudiers** *rinde* [houten vat].

rand² [munt] genoemd naar de *Witwatersrand,* de rug waar uitgestrekte goudvelden liggen.

randen [luid blaffen, heengaan] **middelnl.** *ranten* [zottenklap uitslaan], **middelhd.** *ranzen,* eng. *to rant* (waarschijnlijk uit het nl.), afgeleid van de stam van *rennen* met een *t* achtervoegsel en met de grondbetekenis 'druk heen en weer lopen'.

randgaar [stootrand van schip] **middelnl.** *rantgeerde, rantgaerdinge* [omheining], van *rant* [rand, kant] + *gaerde* [wachter, lijfwacht] (vgl. *garde*).

randjau [voetangel] < **maleis** *ranjau* [voetangel, val].

randomiseren [willekeurig verdelen] < eng. *to randomize* [idem], gevormd van *random* [ongeregeld] < oudfr. *randon, random* [snelheid, stormachtigheid], uit het germ., vgl. *rennen.*

rang [tree in hiërarchie, klasse] < fr. *rang,* uit het germ., vgl. **nl.** *ring* dat middelnl. betekent: ring, kring, gezelschap, gewapend geleide, rij, gelid.

rangeren [ordenen] < fr. *ranger,* van *rang* (vgl. *rang*).

rangschikken [indelen in groepen] sedert eind 18e, begin 19e eeuw, samengesteld uit *rang* + *schikken.*

rani [vorstin] < hindi *rānī* < **oudindisch** *rājnī,* vr. van *radja* (vgl. *radja*).

ranja [limonadesiroop] verbasterd uit **fr.** *orangeade* [sinaasappellimonade], van *orange* (vgl. *oranje*¹).

rank¹ [stengel van klimplant] **middelnl.** *ranke, ranc* [lange dunne twijg], evenals **rank**³ [slank], van *ranken* [zich uitrekken].

rank² [slimmigheid] < **hd.** *Rank* [bocht, slimme streek], van *ringen* [wringen], daarmee verwant, vgl. **oudeng.** *wrenc* [het buigen, slimme streek] (**eng.** *wrench*).

rank³ [slank] **middelnl.** *ranc* [dun, spichtig], van *ranken* [zich uitrekken, de kaken uitrekken c.q. geeuwen], genasaleerde nevenvorm van **rekken**.

ranonkel [plant] < **lat.** *ranunculus* [kikkertje, kleine pad, zeeduivel, een medicinale plant die ook batrachon werd genoemd] < **gr.** *batrachos* [kikvors, een kleine zeevis, ranonkel], *ranunculus* is verkleiningsvorm van *rana* [kikker, pad]; het gr., waaraan het lat. vermoedelijk vertalend heeft ontleend, suggereert de betekenisovergang met als tertium de kleur in: *batrache(i)os* [kikker-, (kikvors kleur)groen], *batrachion* [ranonkel], *batrachos* [kikker, zeeduivel].

rans → *ranzig*.

ransel [rugtas] < **hd.** *Ränzel* [idem] < **nd.** *rant* [zak].

ranselen [onbarmhartig slaan] eerst in de 18e eeuw genoteerd, formeel het frequentatief van **oostmiddelnl.** *ransen* [worstelen], maar waarschijnlijk < **hd.** *ranzeln* (vgl. **ransen**).

ransen [paren, i.h.b. van bunzings] < **hd.** *ranzen* < **middelhd.** *rantzen* [wild springen] (**middelnl.** *ransen* [worstelen]) < *ranken* [draaien], van *ranc* [snelle draai], **middelnd.** *wranck* [het handenwringen, strijd], vgl. **eng.** *wrench* [ruk, het draaien]; verwant met **wringen, ranselen**.

ransuil [ooruil] **middelnl.** *ransule*, van *ranse, rantse* [muts met een kap, die in plooien afhing].

rantsoen¹ [losgeld] **middelnl.** *resoen, rasoen, ransoen, rantsoen* < **oudfr.** *raençon* [idem] < **lat.** *redemptionem*, 4e nv. van *redemptio* [het zich vrijkopen, (in chr. lat.) verlossing, losgeld], van *redimere* [terugkopen, loskopen], van *re-* [terug] + *emere* [kopen].

rantsoen² [portie] < **fr.** *ration* [idem] < **lat.** *rationem*, 4e nv. van *ratio* (vgl. **ratio**).

ranula [kikvorsgezwel] < **lat.** *ranula*, verkleiningsvorm van *rana* [kikker].

ranzig, ransig [sterk smakend] bij Kiliaan *ranstig*, **fr.** *ranci, rance* [ranzig, muf, vervelend] < **lat.** *rancidus* [stinkend, weerzinwekkend, schril], van *rancēre* [stinken] (vgl. *rancune*); de huidige vorm *ranzig* is ontleend aan het hd..

raout [avondpartij] < **fr.** *raout* < **eng.** *rout* [idem] < **fr.** *route* in de oude betekenis van 'troep, menigte' (vgl. **route**).

rap¹ [roof van een wond] **middelnl.** *rappe* [schurft, roof], **middelhd.** *rapfe, rappe*, **hd.** *Rappe* [uitslag aan de knie van een paard], afgeleid van dezelfde basis als **schurft** en **scherf**; vgl. ook *rasp*² [huiduitslag van paarden].

rap² [afval van hout of plantestengels] verwant met **rapen**¹.

rap³ [vlug] **middelnl.** *rap*, vgl. **oudnoors** *hrapa* [vallen, naar beneden gooien, zich haasten] (vgl. **rapen**¹).

rapaciteit [roofzucht] < **fr.** *rapacité* [idem] < **lat.** *rapacitatem*, 4e nv. van *rapacitas*, van *rapax* (2e nv. *rapacis*) [meesleurend, roofzuchtig], van *rapere* [snel grijpen, ontrukken].

rapaille, rapalje [gepeupel] **middelnl.** *raspeele, rappaelge* < **oudfr.** *raspaille* [uitvaagsel], verwant met **na-klass. lat.** *rasilis* [glad te maken], van *radere* (verl. deelw. *rasum*) [schrapen]; het oudfr. equivalent *rascaille* werd tot **eng.** *rascal*.

rapé [snuiftabak] < **fr.** *râpé* [idem], verl. deelw. van *râper* [raspen] (vgl. **rasp**¹).

rapen¹ [oppakken, verzamelen] **middelnl.** *rapen* [oppakken], **middelnd.** *rapen*, fries *raepje*, **hd.** *raffen*, vgl. **oudfries** *(h)reppa* [bewegen], **oudeng.** *hreppan* [aanraken], **oudnoors** *hreppa* [verkrijgen], met *reppen, rap* vermoedelijk van een idg. basis die met andere auslaut voorkomt in **iets** *krapt* [stelen], verwant met **lat.** *carpere* [plukken] (vgl. **herfst**).

rapen² [een raaplaag aanbrengen] **hd.** *berappen*, mogelijk van *rap*¹, **middelnl.** *rappe* [korst (van wond)].

rapiarium [boekje met de her en der samengeraapte geschriften van de Moderne Devoten] < **middelnl.** *rapiarijs* [excerptenboek, opschrijfboekje] < **me. lat.** *rapiarium*, van *rapere* [snel grijpen] (vgl. **rapaciteit**).

rapiditeit [snelheid] < **fr.** *rapidité* [idem] < **lat.** *rapiditas* (2e nv. *rapiditatis*) [grote snelheid], van *rapidus* [meesleurend, overijld], van *rapere* [snel grijpen, ontrukken, meeslepen, schenden].

rapier¹ [degen] **middelnl.** *rap(p)iere* < **fr.** *(épée) rapière* [idem], van *râpe* [rasp], aan het germ. ontleend, zo genoemd vanwege de greep met stroef oppervlak, die aan een rasp deed denken.

rapier² [rapenakker] < **fr.** *ravière* [idem], van *rave* [raap] < **lat.** *rapa, rapum* (vgl. **raap**).

raponsje → *rapunzel*.

rappel [herinnering] < **fr.** *rappel*, van *rappeler*, van *re-* [wederom] + *appeler* < **lat.** *appellare* [aanspreken, manen], van *pellere* [duwen] (vgl. **pols**).

rappen, rappe [een honderdste Zwitserse frank] < **hd.** *Rappe* [raaf], aanvankelijk een in Freiburg im Breisgau geslagen munt met een vogelkop, die raaf werd genoemd.

rappig [schurftig] van *rap*¹ *roofje*].

rapport [verslag] < **fr.** *rapport*, van *rapporter*, van *re-* [wederom] + *apporter* < **lat.** *apportare* [aandragen], van *ad* [naar, tot] + *portare* [dragen].

rapprochement [toenadering] < **fr.** *rapprochement*, van *re-* [wederom, terug] + *approcher* < **lat.** *appropiare* [naderen], van *ad* [tot, naar] + *propior* [dichterbij gelegen], vergrotende trap van *prope* [dichtbij].

raps [kwiek] met het bijwoorden vormend achtervoegsel *s* < ***rap***³ [snel].

rapsode [volkszanger] < fr. *rhapsode* [idem] < gr. *rapsōidos* [troubadour], van *raptein* [ineenvlechten, beramen, verzinnen] + *ōidè* [gezang] (vgl. ***ode***).

rapsodie [vrije muzikale compositie] < fr. *rhapsodie* < lat. *rhapsodia* < gr. *rapsōidia* [een door een rapsode (troubadour) voorgedragen episch gedicht], van *raptein* [ineenvlechten, aan elkaar naaien, beramen, verzinnen] + *ōidè* [gezang, gedicht] (vgl. ***ode***).

rapsodomantie [het waarzeggen uit een willekeurig opgeslagen vers] gevormd van gr. *rapsōidia* [een door een troubadour voorgedragen gedicht] + *manteia* [het waarzeggen].

raptus [geestvervoering] < lat. *raptus* [ruk, roof, in chr. lat. ook geestvervoering], van *rapere* [snel grijpen, ontrukken, meeslepen].

rapunzel [plant] < hd. *Rapunzel* < me. lat. *rapuncium* van lat. *rapa* [raap]; daarnaast *raponsje* < oudfr. *raiponce,* van dezelfde herkomst.

rapziekte [ziekte van duinaardappelen] van ***rap*** ¹ [roof van een wond].

rarefactie [verdunning van een gas] < me. lat. *rarefactio,* van *rarefacere* [verdunnen], van *rare,* bijw. naast *rarus* [niet dicht opeen] (vgl. ***raar***) + *facere* (verl. deelw. *factum*) [maken, doen], daarmee idg. verwant.

rarekiek [kiekkast] van ***raar*** + ***kieken*** [kijken].

rariteit [merkwaardigheid] < fr. *rareté* [idem] < lat. *raritatem,* 4e nv. *raritas* [losheid, zeldzaamheid], van *rarus* (vgl. ***raar***).

ras¹ [ondersoort] < fr. *race* [idem] < it. *razza,* waarvoor uiteenlopende etymologieën zijn geponeerd: < ar. *ra's* [hoofd, bovenste deel, begin, uiteinde], of < lat. *ratio* [register, lijst], *radix* (2e nv. *radicis*) [wortel], of uit het germ., vgl. oudhd. *reiza* [serie, reeks].

ras² [gladgekeperde stof] < fr. *ras* [idem], vermoedelijk < lat. *rasus,* verl. deelw. van *radere* [afkrabben, scheren], mogelijk echter van *Arras* [Atrecht], vgl. middelnl. *Arres* [naam van een stof].

ras³ [draaikolk] verwant met ***ras***⁵ [snel] en *razen.*

ras⁴ [stamhoofd] < **amhaars** *ras* [hoofd, chef], < ar. *rais* (vgl. ***raïs***).

ras⁵ [snel] middelnl. *rasch, rassche,* oudhd. *rask,* oudnoors *rǫskr* [krachtig], verwant met **oudiers** *rethim* [ik loop hard], maar overigens van een weinig zekere etymologie.

rasamala [boom] < **maleis, soendaas** *rasamala.*

rasant [bestrijkend] < fr. *rasant,* teg. deelw. van *raser* (vgl. ***raseren***).

raseren [slechten] < me. lat. *rasare,* frequentatief van *radere* [uitkrabben, schaven].

raskolniken [scheurmakers, ketters] < russ. *raskolniki,* van *raskol* [scheuring], van *raskolot'* [splijten], van *raz-* [uiteen] + *kolot'* [splijten].

rasp¹ [vijl] < oudfr. *raspe* (fr. *râpe*), uit het germ., vgl. oudhd. *raspon* [bijeenschrapen].

rasp² [huiduitslag bij paarden] vermoedelijk o.i.v. van *raspen* vervormd uit ***rap*** ¹ [roof van een wond].

raspatorium [instrument om beenvlies van bot los te weken] < **modern lat.** *raspatorium,* gevormd van me. lat. *raspare* [raspen] (vgl. ***rasp*** ¹).

rasphuis [een gevangenis waarin vroeger verfhout voor de bereiding van kleurstof fijn werd geraspt] van ***rasp*** ¹.

rassé [civetkat] < **javaans** *rasé.*

rassureren [geruststellen] < fr. *rassurer,* van *re-* [wederom] + *assurer,* van *sûr* [zeker] < lat. *securus* (vgl. ***secuur***).

rasteel [ruif] middelnl. *rasteliere* < oudfr. *rastel* [hark] < lat. *rastellus,* verkleiningsvorm van *rastrum* [schoffel, houweel, hark] (vgl. ***raster*** ¹).

rastel [bastion] < oudfr. *rastel* [hark, valhek, valpoort van vesting] < lat. *rastellum,* verkleiningsvorm van *rastrum* (vgl. ***rasteel***).

raster¹ [lat, hekwerk] van middelnl. *rachter, rafter, rechter* [paal, balk, ligger], **oudsaksisch** *rehter,* oudeng. *ræfter,* oudnoors *raptr,* naast middelnl., middelnd. *rave,* oudhd. *ravo* [balk], oudnoors *rafr* [dakstoel], te verbinden met **litouws** *replinti* [oprichten], **oudkerkslavisch** *repiji* [balk]; niet onmogelijk is dat raster ontleend is aan me. lat. *rastellum* [rooster], verkleiningsvorm van *rastrum* (vgl. ***raster*** ²).

raster² [netwerk van kruisende lijnen] < hd. *Raster* < lat. *raster, rastrum* [meertandige houweel, hark], van *radere* [krabben].

rasuur, rasure [uitgekrabde plaats in handschrift] < fr. *rasure* [idem] < lat. *rasura* [afschraapsel], van *radere* (verl. deelw. *rasum*) [krabben, schaven, scheren], verwant met *rodere* [bijten, knagen].

rat [knaagdier] middelnl. *rat(te), rotte,* **oudsaksisch** *ratta,* oudhd. *rato,* oudeng. *rætt,* oudnoors *rottu-* (in namen). Verder **gaelisch** *radan* en in diverse rom. talen, b.v. fr. *rat;* vermoedelijk te verbinden met lat. *rodere* [knagen aan].

rata [evenredig deel] pro rata < lat. *pro rata parte* [voor het berekende deel, naar evenredigheid], *rata,* vr. van *ratus,* verl. deelw. van *reri* [berekenen], *parte,* 6e nv. van *pars* [deel].

ratafia [likeur] uit het creools van de Franse Antillen, etymologie onzeker.

ratanhiawortel [geneesmiddel] < **spaans** *ratania, rataña* < **quechua** *rataña;* de spelling ratanhia is onder portugese invloed ontstaan.

rataplan [getrommel, rommel] < fr. *rataplan* [tromgeroffel], klanknabootsend gevormd.

ratatoelje, ratatouille [gerecht] → ***rats***.

raté [mislukkeling] < fr. *raté,* verl. deelw. van *rater* (vgl. ***rateren***).

ratel [honingdas] < **afrikaans** *ratel,* verkort uit *rateldas,* waarvan het eerste lid betekent 'honingraat', in het middelnl. *rate, rote.*

ratelaar [plant] genoemd naar de vruchten die in de droogvliezige kelken rammelen.

ratelen [korte harde geluiden maken] eerst sedert de 16e eeuw genoteerd, vgl. **nd.** *rateln*, **hd.** *rasseln*, **eng.** *to rattle;* vermoedelijk een klanknabootsende vorming.

rateren [niet slagen] < **fr.** *rater*, eerste betekenis 'ketsen' (van vuurwapen) < *prendre un rat* [idem], vgl. een snoek vangen voor een misslag bij het roeien (vgl. *rat*).

ratificeren [bekrachtigen] < **me.lat.** *ratificare* [regelen door rekenen], van *reri* (verl.deelw. *ratum*) [berekenen] + *facere* [maken, doen], daarmee idg. verwant.

ratijn [weefsel] < **fr.** *ratin* [idem], van *ratiner* [noppen] (vgl. *ratineren*).

ratineren [van nopjes voorzien] < **fr.** *ratiner* [wollig maken, noppen, in het oudfr. schrappen, afschaven] < **lat.** *rastellum*, verkleiningsvorm van *rastrum* (vgl. *raster* [1]).

rating [handicap van wedstrijdjachten] < **eng.** *rating*, van *to rate* [vaststellen, i.h.b. van boeten, naar verhouding toedelen], van *rate* (zn.) < **me. lat.** *rata* (vgl. *rata*).

ratio [rede] < **lat.** *ratio* [rekening, verklaring, uitleg, reden, inzicht], van *reri* (verl. deelw. *ratum*) [berekenen, menen] (vgl. *rede* [1]).

rationale [schouderkraag van bisschop] **middelnl.** *rationael* [borstlap van priester, in chr. lat. schouderkraag], vertaling van **gr.** *logeion* [spreekgestoelte, spreekplaats], om **hebr.** *hōsjen* weer te geven. Oorspr. een borstplaat gedragen door de joodse hogepriester, later een versiersel op de borst van bisschoppen, gedragen tijdens de celebratie van de mis.

rationeel [redelijk] < **fr.** *rationnel* [idem] < **lat.** *rationalis* [de rede betreffend, redelijk], van *ratio* (vgl. *ratio*).

ratjetoe [gerecht, mengelmoes] → *rats*.

rato ['naar rato', naar evenredigheid] onjuist lat., hoorde te zijn *pro rata parte* [in bepaalde verhouding, in evenredigheid], van *ratā*, 6e nv. van *rata*, vr. van *ratus* [berekend], eig. verl. deelw. van *reri* [berekenen].

ratoe [titel] < **javaans** *ratu* [vorst, vorstin, vrouw van adellijken huize] → *kraton*.

rats [gerecht] verkort uit *ratjetoe* < **fr.** *ratatouille* [hutspot], een expressieve vorming op basis van *touiller* [omroeren] < **lat.** *tundiculare* [roeren], van *tundicula* [molen voor olijfolie], van *tundere* [stoten, pletten]; hetzelfde woord in *in de rats zitten*, vgl. *in de puree zitten*.

ratsmodee [(in verwensingen) 'naar de ratsmodee', naar de bliksem] met een *r* uit het lidw. in de jiddische verbinding *nooch der Aschmedaj* (vgl. *Asmodee*).

ratuur [doorhaling] < **fr.** *rature* < **me.lat.** *ratura*, van *radere* [krabben, schaven] (vgl. *raderen*).

rausjen → *rauzen*.

rauw [niet gekookt] **middelnl.** *ra(e)u, ra(e)uw*, **oudsaksisch** *hrao*, **oudhd.** *(h)rao*, **oudeng.** *hreaw*, **oudnoors** *hrār*; buiten het germ. **lat.** *crudus* [rauw], *cruor* [bloed], **gr.** *kreas* [vlees], **oudiers** *cru* [bloed], **litouws** *kruvinas* [bloedig], **oudkerkslavisch** *krŭvĭ* [bloed], **oudindisch** *kravis-* [rauw vlees].

rauwig [onaangenaam van klank] van *rauw* + *-ig*.

rauwkost [rauw toebereid gerecht] < **hd.** *Rohkost*.

rauzen [wild tekeergaan] bargoens; in hoeverre rauzen verwant is met 17e eeuws *rouschen* en *rouzemouzen* en dus ook met *roezen, ruizen*, valt bij gebrek aan gegevens niet te zeggen.

ravage [verwoesting] < **fr.** *ravage*, van *ravir* (vgl. *ravissant*).

raveel [1] [dwarsbalk] **middelnl.** *rave* [plank, balk, bint], vgl. verder *rachel* [1], *rafter*.

raveel [2] [losbol] **middelnl.** *riveleren, reveleren* [muiten, uitgelaten zijn, uitspoken, ook in het amoureuze] < **oudfr.** *reveler* [idem] < **lat.** *rebellare* (vgl. *rebel*).

ravelijn [buiten de vestinggracht gelegen bastion] < **fr.** *ravelin* [idem] < **it.** *ravellino* [idem], ouder *rivellino*, verkleiningsvorm van *riva* [oever, kant].

ravigotesaus [bepaalde saus] van **fr.** *ravigote* [ravigotesaus], van *ravigoter* [verkwikken] < **oudfr.** *ravigorer* (met ander achtervoegsel) [idem], van *ra-* < **lat.** *re-* [weer] + *ad-* [tot] + **lat.** *vigor* [kracht, energie], idg. verwant met *waken*.

ravijn [bergkloof] < **fr.** *ravine, ravin* [oorspr. diefstal met geweld, dan geweld, het met geweld neerstorten, stortvloed, bedding, ravijn] < **lat.** *rapina* [roof, het wegdragen], van *rapere* [haastig wegnemen], vgl. **eng.** *to rape* (vgl. *ravissant, harpij*).

ravioli [gerecht] < **it.** *raviuoli* [idem], enk. *raviuolo*, een noordelijk dial. verkleiningsvorm van *rapa*, dus lett. raapjes.

ravissant [verrukkelijk] < **fr.** *ravissant*, eig. teg. deelw. van *ravir* [ontrukken, verrukken] < **me. lat.** *rapire* < **klass. lat.** *rapere* [haastig nemen]; vgl. **eng.** *to rape* en *harpij*.

ravitailleren [bevoorraden] < **fr.** *ravitailler* [idem], van *re-* [wederom] + **oudfr.** *avitailler*, van *vitaille* (vgl. *victualie*).

ravotten [stoeien] van **middelnl.** *ravot* [zondig genoegen of vermaak], nevenvorm van *rabat* [rumoer].

rawa, rawah [moeras] < **maleis** *rawah*, *rawa* < **javaans** *rawa* [idem].

rawlplug [bep. soort plug] < **eng.** *rawlplug*, oorspr. een merknaam.

rayeren [gleuven maken in loop van wapen] **middelnl.** *ra(e)yen* [in een rechte lijn op iets aanlopen (rooilijn), gleuven in een loop maken] < **fr.** *rayer* [idem], van *raie* [streep, lijn], **me. lat.** *riga* < **gallisch** *rik*, **welsh** *rhych* (vgl. *raai* [1]).

rayon [1] [kring] < **fr.** *rayon*, van *rai* [straal] < **lat.** *radius* [idem] (vgl. *radiaal*).

rayon [2] [kunstzijde] < **eng.** *rayon* < **fr.** *rayon*, **oudfr.** *rai* (vgl. *rayon* [1]); de naam werd gekozen vanwege het 'stralen' van de stof.

razen [woeden] **middelnl., middelnd., middelhd.** *rasen*, **oudeng.** *rǣsan* [aanstormen] (**eng.** *to* race), **oudnoors** *rasa* [idem] (vgl. *ras*³ [draaikolk]); buiten het germ. **gr.** *erōè* [vaart, worp, aanval], *exerōeō* [ik sla op hol].

razernij [woest optreden] **middelnl.** *reserie, rasarie, rasernie*, van *rasen, razen*.

razzia [drijfjacht] via het fr. < **ar.** *ghazw, ghazwa* [militaire expeditie, raid], bij het ww. *ghazā* [hij voerde een raid uit] (vgl. *ghazidsja*).

re [muzieknoot] **middelnl.** *re → ut*.

reaal¹ [munt] **middelnl.** *reael* [idem] < **spaans** *real*, waarvan de eerste betekenis is 'koninklijk' < **lat.** *regalis*, van *rex* (2e nv. *regis*) [koning].

reaal² [gul] **middelnl.** *reaal, riael* [prachtig, mild, edel] < **oudfr.** *regiel* < **lat.** *regalis* [koninklijk, een koning waardig] (vgl. *reaal*¹).

reactantie [schijnweerstand] < **eng.** *reactance* [idem], gevormd van *to react* (vgl. *reageren*) + *-ance* < **lat.** *-antia*, dat een handeling aangeeft.

reactie [tegenbeweging] < **fr.** *réaction* [idem], van *ré-* < **lat.** *re-* [terug] + *action* (vgl. *actie*).

reactionair [strevend naar behoud] < **fr.** *réactionnaire* [idem], van *ré-* [terug] + *action* (vgl. *actie*).

reactor [toestel waarin fysische of chemische reactie plaats heeft] < **eng.** *reactor*, gevormd van **fr.** *réactif* [reagerend], van *ré-* [wederom] + *action* (vgl. *actie*) + het achtervoegsel *-or*, dat teruggaat op **lat.** *-or*.

reader [bundel artikelen] < **eng.** *reader* [lezer], van *to read* [lezen], verwant met *raden*.

ready [klaar] < **eng.** *ready* < **oudeng.** *rœde, gerœde* (vgl. *gereed*).

reagens [scheikundige stof] van **lat.** *re-* [terug] + *agens*.

reageren [reactie vertonen] < **hd.** *reagieren*, van **lat.** *re-* [terug] + *agieren* (vgl. *ageren*).

realgar [mineraal] **middelnl.** *realgar* [rattenkruid] < **spaans** *rejalgar* [koningsgeel, opperment] < **ar.** *raghām al ghār* [stof van de grot], *ghār* [grot]; het mineraal werd in zilvermijnen gevonden.

realia [concrete zaken] < **me.lat.** *realia*, het zelfstandig gebruikte o. mv. van *realis* (vgl. *realiseren*).

realiseren [verwezenlijken] < **fr.** *réaliser* [idem], van **oudfr.** *real* < **me.lat.** *realis* [m.b.t. dingen, feitelijk, werkelijk], van *res* [zaak].

reallocatie [verschuiving van produktievormen] van **lat.** *re-* [terug] + *allocatie*.

realpolitiek [politiek die uitgaat van de feitelijke toestanden] < **hd.** *Realpolitik*, gevormd van *real* [werkelijk] (vgl. *realiseren*) + *Politik* (vgl. *politiek*).

reanimatie [het weer tot leven wekken] < **fr.** *réanimation* [idem], van *ré-* [wederom] + *animation* < **lat.** *animationem*, 4e nv. van *animatio* [bezieling], van *animare* (verl. deelw. *animatum*) [bezielen, levendig houden], van *animus* [ziel].

rebab [soort van viool] **middelnl.** *rebebe, rebe(c)ke* < **oudfr.** *rebebe* en (o.i.v. *bec*), *rebec* < **ar.** *rabāb, rabāba* [snaarinstrument met een tot drie snaren]; het woord is ook als *rebab* overgenomen in het javaans en maleis.

rebbe [joodse godsdienstleraar] < **jiddisch** *rebbe* < **hebr.** *rabbī* (vgl. *rabbi*).

rebbelen [druk praten] variant van *rabbelen*.

rebbes [winst] < **rotwelsch** *Rebbes* [winst, opbrengst].

rebel [opstandeling] **middelnl.** *rebel, ribel* [weerspannig, oproerling] < **fr.** *rebelle* [idem] < **lat.** *rebellis* [in opstand komend, eig. de oorlog weer beginnend (van overwonnenen)], van *re-* [wederom] + *bellum* [oorlog] (vgl. *belligerent*).

reboiseren [herbebossen] < **fr.** *reboiser* [idem], van *re-* [wederom] + *boiser*, van *bois*, dat uit het germ. stamt, vgl. *bos*.

rebound [terugkaatsing] < **eng.** *rebound*, van *to rebound* [terugkaatsen], **middeleng.** *rebounden* < **fr.** *rebondir*, van *re-* [terug] + *bondir* < **lat.** *bombire* [weerklinken], van *bombus* [doffe toon] (vgl. *bom*¹).

rebrousseren [terugkeren] < **fr.** *rebrousser* [tegen 't haar inkammen], *rebrousser chemin* [op zijn schreden terugkeren], van *(à) rebours*, **oudfr.** *(à) reburs* [tegen de draad in] < **lat.** *reburrus* [met overeind staande haren], verwant met *burra* [ruig kledingstuk], **gr.** *birros* [idem], *birrox* [vel].

rebus [figuurraadsel] < **fr.** *rébus* [idem] < **lat.** *rebus*, 6e nv. van *res* [zaken], verkort uit de formule *de rebus quae geruntur* [over de zaken die gebeuren]; in Picardië maakten in de 16e eeuw aankomende advocaten beeldraadsels over wat voorviel, de *rébus d'Arras, rébus de Picardie*.

rebuteren [niet aannemen] < **fr.** *rebuter* [idem], **oudfr.** ook *reboter*, van *re-* [terug] + *boter* [stoten], uit het germ., vgl. *boten* [slaan, kloppen].

recalcitrant [weerspannig] < **fr.** *récalcitrant* [idem] < **lat.** *recalcitrans* (2e nv. *recalcitrantis*), teg. deelw. van *recalcitrare* [achteruitslaan], van *re-* [terug] + *calcitrare* [achteruitschoppen, weerbarstig zijn], van *calx* (2e nv. *calcis*) [hiel, hak, hoef], *calcare* [trappen].

recapituleren [samenvattend herhalen] < **fr.** *récapituler* [idem] < **chr.lat.** *recapitulare*, van *re-* [wederom, terug] + *capitulare* [opstellen onder kopjes], van *capitulum* [kopje], verkleiningsvorm van *caput* [hoofd], daarmee idg. verwant.

receiver [ontvanger] < **eng.** *receiver*, van *to receive* [ontvangen], uit een dial. variant van **oudfr.** *reçoivre* [idem] (**fr.** *recevoir*) < **lat.** *recipere* [idem], van *re-* [terug] + *capere* [nemen], idg. verwant met *heffen*.

recenseren [bespreken van kunstwerken in krant] < **fr.** *recenser* < **lat.** *recensēre* [inspecteren, registreren, overwegen], van *re-* [wederom] + *censēre* [als zijn oordeel uitspreken, menen, taxeren].

recent [van kort geleden] < **fr.** *récent* [idem] < **lat.** *recens* (2e nv. *recentis*) [nieuw, vers, jong], van *re-* [wederom] en een woord dat we terugvinden in **gr.** *kainos* [nieuw], **oudindisch** *kan(y)ā* [meisje].

recentelijk [onlangs] < **eng.** *recently* [idem] (vgl. *recent*).

recepis [verklaring (van ontvangst)] **middelnl.**

recepisse [idem], dat tot ca. 1700 gebruikelijk bleef < lat. *recepisse*, de onbepaalde wijs voltooid verl. tijd van het ww. *recipere* [ontvangen], uit de formulering *cognosco me recepisse* [ik erken dat ik heb ontvangen] (vgl. *recipe*).

recept [bereidingsvoorschrift van geneesmiddel] **middelnl.** *recept(e)* < **me. lat.** *receptum*, verl. deelw. van *recipere* (vgl. *recipe*).

receptakel [vergaarbak] < **fr.** *receptacle* < **lat.** *receptaculum* [bewaarplaats], van *receptare* [geregeld opnemen], frequentatief van *recipere* (vgl. *recipe*).

receptie [ontvangst] (1517) **middelnl.** *receptie* < **fr.** *réception* [idem] < **lat.** *receptionem*, 4e nv. van *receptio* [het opnemen (ook b.v. in zijn huis)], van *recipere* (verl. deelw. *receptum*) [in of bij zich opnemen] (vgl. *recipe*).

receptionist [iem. belast met de ontvangst van bezoekers] < **eng.** *receptionist*, van *reception* [ontvangst] (vgl. *receptie*).

receptuur [leer van het voorschrijven van medicijnen] < **hd.** *Rezeptur* (vgl. *recept*).

reces [vakantie van bestuurscollege] < **fr.** *reces* [toevluchtsoord] < **lat.** *recessus* [het terugwijken, gelegenheid om terug te wijken], van *recedere* (verl. deelw. *recessum*) [terugtrekken], van *re-* [terug] + *cedere* [wijken], verwant met **gr.** *hodos* [weg].

recessie [teruggang] < **lat.** *recessio*, van *recedere* (vgl. *reces*).

recette [ontvangen geld] < **fr.** *recette* < **lat.** *recepta*, vr. van *receptus*, verl. deelw. van *recipere* (vgl. *recipe*).

réchaud [schotelwarmer] < **fr.** *réchaud*, een vermenging van *réchauffer* [weer warm maken] en *chaud* [warm], van *re-* [wederom] + *chaud* < **lat.** *calidus* [warm].

rechercheren [een onderzoek instellen] < **fr.** *rechercher* [idem], van *re-* [wederom, terug] + *chercher* [zoeken], **oudfr.** *cercier* < **me. lat.** *circare* [gaan rond ...], van *circa, circum* [rondom] (vgl. *cirkel*).

recht[1] [niet gebogen] **middelnl.** *recht*, **oudnederfrankisch, oudsaksisch, oudhd.** *reht*, **oudeng.** *riht*, **oudnoors** *rēttr*, **gotisch** *raihts*; buiten het **germ. lat.** *rectus*, **gr.** *orektos* [gestrekt], **middeliers** *erigim* [ik sta op], **welsh** *rhaith* [rechtvaardig, wijs], **iets** *ruozities* [zich rekken], verwant met *rekken*.

recht[2] [gerechtigheid] substantivering van het bn. *recht*[1].

rechten [rechtbuigen, een rechterlijke uitspraak doen] **middelnl.** *rechten, richten* [recht maken, recht doen], **oudnederfrankisch** *rihten*, **oudsaksisch** *rihtian*, **oudhd., oudeng.** *rihtan*, **oudfries** *riuchta*, **oudnoors** *rētta*, **gotisch** *garaihtjan;* afgeleid van resp. *recht*[1],[2], waarbij *richten* de klankwettig juiste vorm is, die met *e* o.i.v. *recht* staat.

rechter [lid van een rechtbank] **middelnl.** *rechter(e), richter(e)*, **middelnd.** *richter(e)*, **oudhd.** *rihtari*, **oudfries** *riuchtere, riuchtar*, **oudeng.** *rihtere* [bestuurder], **oudnoors** *rettari;* afgeleid van *rechten, richten*, de vorm met *e* is jonger en berust op invloed van *recht*.

rechthoek [vierhoek met rechte hoeken] gevormd naar **lat.** *rectangulum*, van *rectus* [recht] + *angulus* [hoek].

rechtmatig [rechtvaardig] bij Kiliaan *rechtmatig* [gematigd], **oostmiddelnl.** *rechtmetich* (16e eeuws) [nauwkeurig, juist] < **hd.** *rechtmässig*.

rechts [aan de rechterzijde] **middelnl.** *rechtsch*, als bijw. gevormd van *recht*[1] met behulp van het bijw. vormend achtervoegsel *-s*, vervolgens als bn. gebruikt.

rechtschapen [deugdzaam] **middelnl.** *rechtscapen* [behoorlijk], **middelnd.** *rechtschapen* [goedgevormd], **hd.** *rechtschaffen;* gevormd van *recht*[1] + het verl. deelw. van *scheppen* zonder *ge-*, naar het voorbeeld van *wanschapen*.

rechtstreeks [zonder omwegen] 19e eeuwse vorming van *recht* + *streek* + bijw. *s*.

rechtvaardig [handelend naar billijkheid] **middelnl.** *rechtvaerdich, rechtve(e)rdich*, **middelnd.** *rechtverdich*, **middelhd.** *rehtvertic;* eig. betekent het 'een rechte vaart, gang hebbend'.

rechtzinnig [orthodox] bij Kiliaan in de betekenis 'oprecht, eerlijk', maar in de huidige betekenis een vertaling van **gr.** *orthodox*.

rechtzweer [volle neef of nicht] **middelnl.** *rechtsweer*, van *recht*[1] + *sweer* [schoonvader, neef], verwant met *zuster* en *zwager*.

rechute [wederinstorting] < **fr.** *rechute*, van *re-* [wederom, terug] + *chute* [val], gevormd van *chu*, verl. deelw. van **oudfr.** *choir* [vallen], teruggaand op **lat.** *cadere* [idem].

recidivist [die fouten herhaalt] < **fr.** *récidiviste* [idem], teruggaand op **lat.** *recidivus* [weer in zijn oude doen vervallend, weer oplevend], van *recidere* [terugvallen], van *re-* [weer] + *cadere* [vallen].

recief [ontvangstbewijs] vermoedelijk van **eng.** *receipt, to receive* [ontvangen].

reciet [het voordragen van een gedicht e.d.)] < **fr.** *récit* [verhaal], van *réciter* (vgl. *reciteren*).

recipe [neem (op recepten)] < **lat.** *recipe* [neem], gebiedende wijs enk. van *recipere* [terugkrijgen, ontvangen, opnemen], van *re-* [terug] + *capere* [nemen], idg. verwant met *heffen*.

recipiëren [ontvangen] < **lat.** *recipere* (vgl. *recipe*).

reciproceren [vergelden] < **lat.** *reciprocare* [heen en weer bewegen], van *reciprocus* [op dezelfde weg terugkerend, eig. achteruit vooruit], (*re-* [wederom, terug], *pro* [voor]).

recital [soloprogramma] < **eng.** *recital*, van *to recite* (vgl. *reciteren*).

reciteren [voordragen] **middelnl.** *reciteren* < **fr.**

reclame — rectie

réciter < **lat.** *recitare* [voorlezen, zijn werk voordragen], van *re-* [wederom] + *citare* (vgl. *citeren*).

reclame [openbare aanprijzing] < **fr.** *réclame;* de huidige betekenis heeft zich ontwikkeld uit die van 'bladwachter, een aankondiging onderaan de bladzijde van het eerste woord op de volgende', daarna 'publicitaire verhandeling', van *réclamer* (eerste betekenis 'aanroepen') < **lat.** *reclamare* [luid protesteren, weerklinken, telkens roepen], van *re-* [wederom, terug] + *clamare* [schreeuwen].

reclasseren [terugbrengen in de maatschappij] < **fr.** *reclasser* [idem], van *re-* [wederom] + *classer,* van *classe* < **lat.** *classis* (vgl. *klas*).

reclinatie [terugbuiging] van **lat.** *reclinare* (verl. deelw. *reclinatum*) [achteroverbuigen] (**me. lat.** *reclinatio* [rustplaats]) (vgl. *kliniek*).

reclusie [opsluiting] (**middelnl.** *reclus* [kluis]) < **fr.** *réclusion* [opsluiting] < **me. lat.** *reclusionem,* 4e nv. van *reclusio* [idem], van *recludere* [openen, later ook opsluiten], van *re-* [wederom, terug] + *claudere* [sluiten], daarmee idg. verwant.

recognitie [erkenning] **middelnl.** *recognitie* < **fr.** *récognition* [idem] < **lat.** *recognitio* [bezichtiging, herkenning], van *recognoscere* (verl. deelw. *recognitum*) (vgl. *recognosceren*).

recognosceren [erkennen] < **lat.** *recognoscere* [herkennen, inspecteren], van *re-* [wederom] + *cognoscere* [leren kennen, waarnemen, herkennen], van *con* [samen, met] + **oudlat.** *gnoscere* (**lat.** *noscere*) [leren kennen, kennen, herkennen], verwant met **gr.** *gignōskein* [leren kennen] (vgl. *gnosis*).

recollect [observant] < **me. lat.** *recollectus,* verl. deelw. van *recolligere* [opnieuw verzamelen], van *re-* [wederom] + *colligere* (vgl. *collecte, collectie*).

recollectie [korte retraite] < **fr.** *récollection* [overpeinzing] < **me. lat.** *recollectionem,* 4e nv. van *recollectio* [het verzamelen, het oogsten], van *recolligere* [weer verzamelen], van *re-* [weer] + *colligere* (vgl. *collectie*).

recombinant [cel met vreemd stukje erfelijk materiaal] < **eng.** *recombinant,* van *re-* [wederom, terug] + *to combine* [combineren] + *-ant* < **lat.** *-ans* (2e nv. *-antis*), uitgang van het teg. deelw. van *combinare*.

recommenderen [aanbevelen] **middelnl.** *recommenderen* < **fr.** *recommander* < **me. lat.** *recommendare,* van *re-* [wederom, terug] + **klass. lat.** *commendare* [toevertrouwen, aanbevelen], van *com* [samen] + *mandare* [geven, toevertrouwen, lett. in de hand geven], van *manus* [hand] + *dare* [geven].

recompensie [beloning] (1545) < **fr.** *récompense* [schadeloosstelling] < **me. lat.** *recompensio,* van *recompensare,* van *re-* [wederom] + **klass. lat.** *compensare* [samen wegen, opwegen tegen], van *com* [samen] + *pensare,* frequentatief van *pendere* [wegen] (vgl. *pensioen*).

reconciliëren [verzoenen] **middelnl.**

reconsilijeren, reconsilyeeren [rituele herstelling van de wijding van ontheiligde kerken of kerkhoven], **fr.** *réconcilier* [weer verzoenen met de kerk, verzoenen] < **lat.** *reconciliare,* van *re-* [wederom] + *conciliare* (vgl. *conciliant*).

reconvalescent [herstellend] < **fr.** *reconvalescent,* van *re-* [wederom] + *convalescent*.

reconventie [tegeneis] eerste kwart 16e eeuw < **fr.** *reconvention* [idem] < **me. lat.** *reconventionem,* 4e nv. van *reconventio* [overeenkomst in ruil, als tegenprestatie], van *re-* [terug, wederom] + *conventio* (vgl. *conventie*).

record [beste prestatie] < **fr.** *record* < **eng.** *record* [idem], van *oudfr.* *recorder* [herhalen] < **lat.** *recordari* [zich herinneren], van *re-* [wederom, terug] + *cor* (2e nv. *cordis*) [hart], daarmee idg. verwant.

recorder [toestel voor weergave van geluiden en beelden] < **eng.** *recorder,* van *record* (vgl. *record*).

recours [toevlucht, verhaling van schade] < **fr.** *recours* < **lat.** *recursus* van *recurrere* (verl. deelw. *recursum*) [terugsnellen, zijn toevlucht nemen], van *re-* [terug] + *currere* [snel lopen].

recover- [herstel-] van **eng.** *to recover* [herstellen] < **me. fr.** *recoverer* < **lat.** *recuperare* [recupereren], het middelnl. kende *recoovereren* [zijn lichaamskracht terugkrijgen] < **oudfr.** *recoverer*.

recredentie [voorlopige toewijzing] < **me. lat.** *recredentia* [pand, zekerheid], van *re-* [wederom, terug] + **klass. lat.** *credere* (teg. deelw. *credens,* 2e nv. *credentis*) [toevertrouwen].

recreëren [zich ontspannen] **middelnl.** *recreëren* < **fr.** *(se) récréer* [zich ontspannen] < **lat.** *recreare* [opnieuw scheppen, weer doen opleven, verkwikken], van *re-* [terug] + *creare* [scheppen].

recriminatie [tegeneis] **fr.** *récrimination* [idem] < **me. lat.** *recriminationem,* 4e nv. van *recriminatio,* van *recriminare* (verl. deelw. *recriminatum*), van *re-* [wederom, terug] + **klass. lat.** *criminari* [beschuldigen], van *crimen* (2e nv. *criminis*) [beschuldiging].

recrudescentie [verergering van ziekte na verbetering] < **fr.** *recrudescence,* van **lat.** *recrudescre* [weer opengaan van wonden, weer uitbreken], van *re-* [wederom] + *crudescere* [erger worden], van *crudus* [rauw, onrijp, vers, bloedig, onbarmhartig], idg. verwant met *rauw*.

rectaal [m.b.t. de endeldarm] gevormd van **lat.** *rectum,* verkort uit *rectum intestinum* [de rechte darm]; de benaming stamt van Galenus, die geen sectie op mensen verrichtte maar op dieren en wel toevallig op die met een dusdanige endeldarm.

rectacheque [onoverdraagbare cheque] van **lat.** *recta (via)* [langs de directe, rechte (weg)].

rectie [beheersing (taalkunde)] vgl. *regeren* in de betekenis 'bij zich hebben' < **lat.** *rectio* [leiding, bestuur], van *regere* (verl. deelw. *rectum*) [leiden, sturen].

rectificeren [rechtzetten] < me. lat. *rectificare,* van klass. lat. *rectus* [recht] + *facere* [maken, doen], daarmee idg. verwant.

recto [op de voorkant van het blad] < lat. *recto,* 6e nv. (ablativus absolutus) van *rectum,* o. van *rectus* [recht, goed, juist], eig. verl. deelw. van *regere* [richten], idg. verwant met *rekken;* bij *recto* is weggevallen *folio,* 6e nv. van *folium* [blad], *folio recto* betekent 'terwijl de bladzijde juist is', in tegenstelling tot *verso* [omgedraaid].

rector [voorzitter, directeur] **middelnl.** *rectoor* [beheerder] < **lat.** *rector* [bestuurder, leider, bewindvoerder], van *regere* [richten, leiden, sturen, regeren, beheersen], idg. verwant met *rekken.*

rectum [endeldarm] → *rectaal.*

reçu [ontvangstbewijs] < **fr.** *reçu,* het zelfstandig gebruikt verl. deelw. van *recevoir* [ontvangen], **oudfr.** *recivre* < **lat.** *recipere* [terugnemen, ontvangen], van *re-* [terug] + *capere* [nemen], idg. verwant met *heffen.*

recueil [verzameling] < **fr.** *recueil,* van *recueillir* [inzamelen] < **lat.** *recolligere* [weer verzamelen], van *re-* [wederom] + *colligere* [samenlezen, verzamelen], van *con* [samen] + *legere* [verzamelen, lezen].

reculeren [terugstoten (van vuurwapens)] < **fr.** *reculer* [terugdeinzen, terugstoten], van *re-* [terug] + *cul* [het achterste] < **lat.** *culus* [idem].

recupereren [terugwinnen, herstellen] **middelnl.** *recupereren* [terugkrijgen, herwinnen] < **fr.** *récupérer* [herstellen] < **lat.** *recuperare* [heroveren, herwinnen], van *recipere* [terugnemen], van *re-* [wederom] + *capere* [nemen], idg. verwant met *heffen.*

recurreren [teruglopen] < **lat.** *recurrere* [snel teruglopen], van *re-* [terug] + *currere* [snel lopen].

recursief [teruglopend, omkeerbaar] < **fr.** *récursif* [idem], gevormd van **lat.** *recurrere* (verl. deelw. *recursum*) (vgl. *recurreren*).

recuseren [verwerpen] < **fr.** *récuser* [idem] < **lat.** *recusare* [bezwaar maken, afwijzen], van *re-* [terug] + *causa* [rechtszaak, verdediging, beschuldiging], verwant met *cudere* [slaan, houwen], daarmee idg. verwant.

recycling [het terugwinnen uit afval] < **eng.** *recycling,* teg. deelw. van *to recycle,* van *re-* [wederom, terug] + *to cycle* [ronddraaien], van *cycle* [kring] < **fr.** *cycle* of **lat.** *cyclus* < **gr.** *kuklos* [cirkel, wiel], idg. verwant met *wiel*[1].

redactie [het opstellen van een stuk, de inkleding] naar de vorm < **fr.** *rédaction* < **me. lat.** *redactio,* dat echter de primaire betekenis heeft van 'het terugvoeren', in feite nieuw gevormd bij *redigere* (verl. deelw. *redactum*) (vgl. *redigeren*).

redden [uit gevaar helpen] **middelnl., middelnd.** *redden,* **oudhd.** *(h)retten,* **oudeng.** *hreddan,* verwant met *rad*[3] [snel]; de grondbetekenis is dus vermoedelijk 'snel wegrukken'.

rede[1] [denkvermogen] **middelnl.** *reden(e), rede* [betamelijkheid, recht en billijkheid, redelijkheid, rede, denkvermogen, verstand, rekenschap, redenering, bewijsreden, reden], **oudsaksisch** *rethia* [rekenschap], *rethina* [oorzaak], **oudhd.** *rĕdina,* **oudfries** *rĕthe* [antwoord op aanklacht], **gotisch** *rapjo* [rekening, rekenschap]; buiten het germ. **lat.** *ratio* [rekening, uitleg, inzicht, mening]; vgl. ook *raad, honderd* → *reden.*

rede[2] [ankerplaats] **middelnl.** *rede,* vermoedelijk van (voor anker) *rijden.*

rededeel [zinsdeel] gevormd als vertalende ontlening aan **lat.** *pars orationis.*

redekavelen [discussiëren] in de 16e eeuw gevormd uit *rede*[1] + *kavelen* in de betekenis 'ordenen'.

redemptorist [lid van de orde van de Allerheiligste Verlosser] van **lat.** *Redemptor* [de Verlosser], van *redimere* (verl. deelw. *redemptum*) [verlossen] (vgl. *rantsoen*[1]).

reden [oorzaak, motief] hetzelfde woord als *rede*[1]; het divergeren van *rede* en *reden* dateert eerst van de 15e eeuw.

redenaar [iem. die een rede houdt] **middelnl.** *redenaer* [redenaar, rekenmeester, rentmeester], in de eerste betekenis < **hd.** *Redner,* **oudhd.** *rĕdinari* [redenaar, de bedrijvende persoon], van *rĕdinōn* (vgl. *rede*[1]).

redeneren [praten, argumenteren] **middelnl.** *redenen* [spreken, zeggen], vermoedelijk *redeneren* o.i.v. **fr.** *raisonner,* van *raison* [rede(n)].

reder [scheepsexploitant] **middelnl.** *re(e)der, reider* [bereider van een of andere stof, hij die een schip uitrust], van *reden* [gereedmaken] (vgl. *gereed*).

rederijker [beoefenaar van de retorica] gevormd van **middelnl.** *retorike* [retoriek], volksetymologisch vervormd door de gedachte aan *rijk* en *rede.*

redetwisten [disputeren] 17e eeuws, ontstaan naast het oudere *twistreden.*

redhibitie [vernietiging van koop] < **fr.** *redhibition* < **lat.** *redhibitio,* van *redhibēre* (verl. deelw. *redhibitum*) [teruggeven], van *re-* [terug] + *habēre* [hebben, houden].

redigeren [redactioneel bewerken] (1524) *redigeren* [in goede vorm op schrift krijgen] < **fr.** *rédiger* [idem] < **lat.** *redigere* [terugbrengen, bijeenbrengen, het zo maken of doen, in me. lat. vastleggen, registreren], van *re-* [terug] + *agere* [doen], verwant met **gr.** *agein* [voeren] (vgl. *agoog*).

redingote [soort jas] < **fr.** *redingote,* verbasterd uit **eng.** *riding coat* [rijjas].

reditie [herhaling] < **lat.** *reditio* [terugkeer], van *redire* (verl. deelw. *reditum*) [terugkeren], van *re-* [terug] + *ire* [gaan].

redivivus [herleefd] < **lat.** *redivivus* [al vroeger gebruikt, herleefd]; de oorspr. betekenis is 'afgelegd', van *reduvia, redivia* [afgelegde huid van een slang], vgl. *exuere* [afleggen, uittrekken]; het

redondilla — refereren

woord werd volksetymologisch geassocieerd met *vivere* [leven].

redondilla [dichtvorm] < **spaans** *redondilla*, met een verkleiningsuitgang van *redondo* [rond] < **lat.** *rotundus* [idem], van *rota* [wiel], idg. verwant met *rad*¹.

redoutabel [geducht] < **fr.** *redoutable* [idem], van *redouter* [duchten], van *re-* [wederom] + *douter* [twijfelen aan, oorspr. ook vrezen] < **lat.** *dubitare* [aarzelen], frequentatief van **oudlat.** *dubare*, van *dubius* [weifelend] (vgl. *dubieus*).

redoute [schans] < **fr.** *redoute* < **ouder it.** *ridotta* < **lat.** *reductus* [afgelegen, diep inspringend (b.v. van een vallei)], van *reducere* (verl. deelw. *reductum*) [terugtrekken], van *re-* [terug] + *ducere* [leiden, voeren], idg. verwant met *tijgen*.

redox [scheikundige term] samentrekking van *reductie* + *oxidatie*.

redres [herstel] < **fr.** *redresse*, van *redresser* [herstellen], van *re-* [wederom, terug] + *dresser*, **oudfr.** *drecier*, teruggaand op **lat.** *dirigere* [richten] (vgl. *dirigeren*).

reduceren [terugbrengen] **middelnl.** *reduce(e)ren* [verminderen] < **lat.** *reducere* [terugtrekken, terugbrengen], van *re-* [terug] + *ducere* [leiden, voeren, trekken], idg. verwant met *tijgen*.

reductie [vermindering] **middelnl.** *reductie* [het terugbrengen op een lagere waarde, hoger beroep] < **fr.** *réduction* [idem] < **lat.** *reductionem*, 4e nv. van *reductio* [terugvoering], van *reducere* (verl. deelw. *reductum*) (vgl. *reduceren*).

reduit [vluchtschans] < **fr.** *réduit* [idem, berghok, reduit], nevenvorm van *redoute* (vgl. *redoute*).

redundant [meer dan het nodige gevend] < **eng.** *redundant* [idem, overtollig], van **lat.** *redundare* (teg. deelw. *redundans*, 2e nv. *redundantis*) [overstromen, druipen van], van *re-* [wederom] + *undare* [golven], van *unda* [golf, stroom, water], daarmee idg. verwant.

ree¹ [hertesoort] **middelnl.** *re(e)*, **oudsaksisch**, **oudhd.** *rēh(o)*, **oudeng.** *rā(ha)* (**eng.** *roe*), **oudnoors** *rā*; buiten het germ. **oudiers** *riabhach*, **litouws** *raibas*, **lets** *raibs*, **russ.** *rjaboj* [gevlekt], **oudpruisisch** *roaban* [gestreept], **oudindisch** *riabhach* [gevlekt], *r̥śya-* [antilope].

ree² [greppel] **middelnl.** *ree* [grenslijn], vgl. *rei*² [gracht].

ree³, reed [gereed] < *rede* (vgl. *gereed*).

reeds [al] van *reed, rede* [gereed] + bijw. vormende *s*.

reëel [werkelijk] < **fr.** *réel* [idem] < **me. lat.** *realis* (vgl. *realiseren*).

reef¹ [inneembare strook in zeil] **middelnl.** *reef* < *rif*³, vervormd o.i.v. het mv. *reven*.

reef², reve [streep, snede, groef] behoort bij *rijven* [harken].

reefer, reever [stickie] < **eng.** *reefer*, vermoedelijk van *to reef* [reven], d.w.z. een zeil oprollen.

reegenoot, reingenoot [bezitter van aangrenzend land] **middelnl.** *reingenote, reegenote*, het eerste lid is *reen*, **rein**².

reek¹ [hark] **middelnl.** *reke, reike*, **hd.** *Rechen*, ablautend bij *raak*¹.

reek² [goede toestand, orde] **middelnl.** *rec, re(ec)ken, te reke bringen* [herstellen], **oudsaksisch** *rĕkon*, **oudhd.** *rekken*, **gotisch** *rikan* [op hopen zetten] (vgl. *raken*¹).

reek³, reke [rij, reeks] verwant met *rak*², *rekken*.

reeks [rij] **middelnl.** *raex, raecse, reex, reecse* [ketting] (vgl. *sleutelreeks*), behoort bij *rak*², *rekken*.

reel¹ [molen van een hengel] < **eng.** *reel* < **oudeng.** *hreol* [haspel], **oudnoors** *hrœll* [weverskam], verwant met **eng.** *rail* [gewaad], **oudeng.** *hrœgl*, **oudfries** *hreil*, **oudhd.** *hregil*; buiten het germ. **gr.** *krokè* [inslagdraad, geweven stof], van *krekein* [de inslag vastslaan, weven, tokkelen]; klanknabootsend gevormd.

reel² [slank, dun] **middelnl.** *re(e)* [idem]; etymologie onbekend.

reep¹ [smalle strook] **middelnl.** *repe, reep* [strook, touw, strik, een lengtemaat], **middelnd.** *rēp*, **oudhd.** *reif*, **oudfries, oudeng.** *rāp* (**eng.** *rope*), **oudnoors** *reip*, **gotisch** *-raip(s)*; wordt verbonden met **iers** *rebaim* [ik scheur stuk].

reep² gewestelijke nevenvorm van *ruif*.

reeroof [lijkroof] **middelnl.** *reeuroof, reeroof*, voor het eerste lid vgl. *reeuw*¹.

reesim [reerug] < **hd.** *Rehziemer*, het tweede lid < **fr.** *cimier (de chreveuil)*, van *cime* [top, kruin] < **lat.** *cyma* [koolspruit] < **gr.** *kuma* [golving, eig. zwelling].

reet [nauwe opening] behoort bij *rijten*, (*reet, gereten*).

reeuw¹ [lijkezweet] vgl. **middelnl.** *rauwen, reeuwen* [een lijk afleggen], **oudsaksisch, oudhd.** *hreo*, **oudfries** *hrē*, **oudeng.** *hrāw, hrœw*, **oudnoors** *hrœ* [lijk] (vgl. *rauw*); van de uiteenlopende pogingen tot verklaring is de verbinding met **gr.** *kreas* [vlees], **oudindisch** *kravis-* [rauw vlees] het meest waarschijnlijk (vgl. *rauw*).

reeuw² [allerlei huisgereedschap] **gronings** *raif, riw*, van *riwwen, reeuwen* [toebereidselen maken], van *reden* [toerusten, gereedmaken] (vgl. *reder*).

refactie → *rafactie*.

refectorium [eetzaal in klooster] < **lat.** *refectorium*, vgl. *refter*.

refel → *rafel*¹.

referaat [verslag] < **hd.** *Referat* [idem], van **lat.** *referre* [terugroepen, in herinnering brengen, rapporteren].

referee [scheidsrechter] < **eng.** *referee*, gevormd van *to refer* [refereren].

referendaris [hoofdambtenaar] < **me. lat.** *referendarius*, van *referendum*, gerundivum van *referre* (vgl. *refereren, referendum*).

referendum [(volks)stemming] < **lat.** *referendum* [dat wat gerapporteerd moet worden], gerundivum van *referre* (vgl. *refereren*).

refereren [verwijzen, berichten] (1521) *refereren* [terugwijzen naar een andere partij] < **fr.** *référer*

[idem] < lat. *referre* [terugbrengen, overbrengen, rapporteren], van *re-* [terug] + *ferre* [dragen], idg. verwant met *baren*[1].

reflecteren [terugkaatsen] < lat. *reflectere* [ombuigen], van *re-* [terug] + *flectere* [buigen], idg. verwant met *vlechten* → *vlecht*.

reflex [onwillekeurige reactie, weerschijn] < fr. *réflexe* < lat. *reflexus* [terugbuiging, bocht], van *reflectere* (verl. deelw. *reflexum*) (vgl. *reflecteren*).

reformatie [hervorming] middelnl. *reformatie* [herziening, vernieuwing van een verordening, ook van een abdij etc.] < laat-lat. *reformatio* [gedaanteverwisseling, hervorming, verbetering], van *reformare* (verl. deelw. *reformatum*) [van gedaante doen veranderen, hervormen, herstellen], van *re-* [terug, opnieuw] + *formare* [vormen], van *forma* [vorm].

reformkleding [kleding overeenkomstig de reformbeweging] < hd. *Reformkleid* [reformjurk] < eng. *reform* of fr. *réforme* (vgl. *reformatie*).

refouleren [verdringen] < fr. *refouler* [opnieuw vollen, aanstampen, terugdringen], van *re-* [terug] + *fouler* [vollen].

refractie [straalbreking] < fr. *réfraction* < me. lat. *refractionem*, 4e nv. van *refractio* [straalbreking (van licht)], van *refringere* (verl. deelw. *refractum*) [breken], van *re-* [terug] + *frangere* [breken], daarmee idg. verwant.

refrein [gelijke woorden aan eind van ieder couplet] < fr. *refrain* [idem], aanvankelijk in oudfr. *refrait*, eig. het verl. deelw. van *refraindre* [breken, verzachten, moduleren] < me. lat. *refrangere* < klass. lat. *refringere* (vgl. *refractie*); de *n* van *refrain* is ontstaan o.i.v. *refraindre* of van oudprovençaals *refranh* [refrein].

refrigerator [koelapparaat] < eng. *refrigerator*, gevormd van lat. *refrigerare* (verl. deelw. *refrigeratum*) [afkoelen], van *re-* [wederom, terug] + *frigerare* [verkoelen], van *frigus* (2e nv. *frigoris*) [koude] (vgl. *frigide*).

refter [eetzaal in klooster] middelnl. *reefter, refter, reventer* < chr. lat. *refectorium* [eetzaal, refter], van *reficere* (verl. deelw. *refectum*) [opnieuw maken, herstellen, verkwikken, in chr. lat. zich verkwikken, eten], van *re-* [opnieuw] + *facere* [maken, doen], daarmee idg. verwant.

refuge [wijkplaats] middelnl. *refugie* [toevlucht] < fr. *refuge* < lat. *refugium* [toevlucht(soord)], van *refugere* [terugvluchten, wegvluchten], van *re-* [terug] + *fugere* [vluchten], idg. verwant met *buigen*.

refuseren [weigeren] middelnl. *refuseren* [weigeren] < fr. *refuser* [weigeren], teruggaand op vermoedelijk lat. *refusare*, een niet-overgeleverd woord, kruising van *recusare* [weigeren] en *refutare* [refuteren].

refuteren [weerleggen] middelnl. *refuteren* < fr. *réfuter* [idem] < lat. *refutare* [neerslaan, afwijzen, weerleggen], idg. verwant met *boten*.

refuus [weigering] middelnl. *refuus, refuys* [weigering, afval] < fr. *refus,* van *refuser* (vgl. *refuseren*).

regaal[1] [rattenkruid] middelnl. *regael* [idem] → *realgar*.

regaal[2] [koninklijk] < fr. *régal* < lat. *regalis* (vgl. *regalia*).

regaleren [onthalen] < fr. *régaler,* van *régal* [onthaal] < oudfr. *gale* [feestvreugde] (vgl. *galant*).

regalia [koninklijke voorrechten] < lat. *regalia,* het zelfstandig gebruikt o. mv. van *regalis* [koninklijk], van *rex* (2e nv. *regis*) [koning].

regarderen [aangaan] middelnl. *regardeeren* < fr. *regarder* [idem], van *re-* [wederom, terug] + *garder* (vgl. *garderobe*).

regatta [roeiwedstrijd] < eng. *regatta* < it. *regata* < *rigatta,* van *riga* [rij, d.w.z. de startlijn van de gondels voor de wedstrijd], uit het germ., vgl. **nl.** *rij,* middelnl. *rige,* oudhd. *riga.*

regel [lijn, reeks woorden, gewoonte] middelnl. *regule, regele* < lat. *regula* [liniaal, lat, balk, norm, regel], van *regere* [richten] (vgl. *regeren*).

regelmaat [orde in opeenvolging] (1601) regel, voorschrift, (1620) liniaal, (1709) vaste orde; gevormd van *regel* + *maat*[1].

regelmatig [met vast ritme] vermoedelijk < hd. *regelmäßig*.

regen [neerslag] middelnl. *regen, rein,* oudsaksisch, oudhd. *regan,* oudfries *rein,* oudeng., oudnoors *regn,* gotisch *rign;* buiten het germ. lat. *rigare* [besproeien], litouws *rokè* [motregen], albaans *rjeth* [vloeien].

regenboog [boog aan de hemel] middelnl., middelnd. *regenboge,* oudhd. *reganbogo,* oudfries *reinboga,* oudeng. *regnboga;* van *regen* + *boog.*

régence [regentschap] < fr. *régence,* van *régent* [regent].

regenereren [weer in oorspr. toestand terugbrengen] < fr. *régénérer* [idem] < lat. *regenerare* [hernieuwen, herboren doen worden], van *re-* [wederom, terug] + *generare* [voortbrengen], van *genus* (vgl. *genus*).

regent [bestuurder] middelnl. *regent* < fr. *régent* < lat. *regentem,* 4e nv. van *regens,* teg. deelw. van *regere* (vgl. *regeren*).

regentuiter, regentuter [wulp] *tuiter* van *tuiten* [schreeuwen], nevenvorm van *toeten*.

regeren [besturen] middelnl., middelnd., middelhd., oudfries *regeren* < lat. *regere* [richten, leiden, sturen, regeren, beheersen], idg. verwant met *rekken*.

regest [boek met oorkonden] < lat. *regesta,* o. mv. van *regestum,* verl. deelw. van *regerere* [terugbrengen, registreren] (vgl. *register*).

reggae [type muziek, stammend van Jamaica] etymologie onbekend.

reggen [achterover leggen] vgl. middelnl. *ruggen, riggen* [dubbelvouwen in de lengte], van *reg,* nevenvorm van *rug*.

regie [leiding] < fr. *régie* [idem], eig. het zelfstandig gebruikt vr. verl. deelw. van *régir* < lat. *regere* (vgl. *regeren*).

regime [staatsbestel] < fr. *régime* [idem] < lat. *regimen* [het besturen], van *regere* (vgl. *regeren*).

regiment [militaire eenheid] **middelnl.** *regiment* [leiding] < fr. *régiment* [idem] < lat. *regimentum* [leiding, bestuur], van *regimen* [idem] (vgl. *regime*).

regio [gebied] **middelnl.** *regioen* [landschap, gewest] < fr. *région* [idem] < lat. *regio* [richting, lijn, grenslijn, district, landstreek], van *regere* (vgl. *regeren*).

regisseren [de regie voeren] gevormd van *regisseur*.

regisseur [artistiek leider] < fr. *régisseur* [idem], van *régir* (vgl. *regie*).

register [lijst] **middelnl.** *register* < me. lat. *registrum, registum, regestum* [register], van *regesta*, o. mv. van het verl. deelw. van *regerere*, van *re-* [wederom, terug] + *gerere* [dragen, brengen, in zich hebben, regelen, beheren].

reglement [geheel van bepalingen] < fr. *règlement*, van *règle* < lat. *regula* [regel].

reglet [liniaal] < fr. *réglet* [horizontaal streepje, liniaaltje], verkleiningsvorm van *règle* (vgl. *reglement*).

regrediëntie [terugkeer tot vroeger stadium] gevormd van lat. *regredi* (teg. deelw. *regrediens*, 2e nv. *regredientis*) [teruggaan], van *re-* [terug] + *gradi* [stappen, gaan] (vgl. *graad*).

regres [verhaalrecht] (1549) < lat. *regressus* [terugkeer, teruggang], van *regredi* (verl. deelw. *regressum*) (vgl. *regrediëntie*).

regressie [teruggang] < fr. *régression* [idem] < lat. *regressionem*, 4e nv. van *regressio* [terugkeer], van *regredi* (verl. deelw. *regressum*) (vgl. *regrediëntie*).

regretteren [betreuren] **middelnl.** *regreteren* [weeklagen] < fr. *regretter* [betreuren, in oudfr. bewenen van een dode], van *re-* [wederom] + een ww. van germ. herkomst, vgl. *krijten*.

regula [lijstje] < lat. *regula* [regel].

regulair [geregeld] < oudfr. *regulaire* < lat. *regularis* (vgl. *regulier*).

regulier [geregeld] (1549) *reguliersch* [door de regel voorgeschreven] < fr. *régulier* < me. lat. *regulier* < klass. lat. *regularis* [m.b.t. een staaf, met regels als handleiding], van *regula* [regel].

regulus [de ster, metaalkoning] < lat. *regulus*, verkleiningsvorm van *rex* (2e nv. *regis*) [koning]; als ster in de Leeuw, samen met Formalhaut, Antares en Aldebaran bij de oude Perzen de vier koninklijke sterren, de vier Bewakers van de Hemel. Als metaalkoning in me. lat. van alchemisten het antimoon, dat zich gemakkelijk verbond met goud, het koninklijke metaal.

regurgitatie [oprisping] < fr. *régurgitation* [idem], gevormd van me. lat. *regurgitare* [overvloeien, overstromen], van *re-* [terug] + *gurges* (2e nv. *gurgitis*) [draaikolk, stroom, diepte] (vgl. *gorgel*).

rehabiliteren [zuiveren] < fr. *réhabiliter* < me. lat. *rehabilitare* [herstellen], van *re-* [wederom, terug] + *habilitare* [in orde brengen], van *habilitas* [geschiktheid], van *habilis* [gemakkelijk te hanteren], van *habēre* [houden, hanteren, hebben], daarmee idg. verwant.

rei[1] [reidans] **middelnl.** *rei, rey* [rei, reeks, reidans, danslied] < picardisch *rey*, oudfr. *raie, roie* (vgl. *raai*[1]).

rei[2] [gracht, greppel, vlak en recht geschaafde lat] **middelnl.** *reye* < oudfr. *reie, roie* (fr. *raie* [vore, streep]) < me. lat. *riga* < gallisch *rica* (welsh *rhych*, iers *rech*) [drempel].

reie [zeeweegbree] nevenvorm van *reit, rijt*[1].

reien[1] [hout vlakken] van *rei*[2] [geschaafde lat].

reien[2] [sjorren (scheepsterm), vlakstrijken met reilatjes] = *reeën* < *reden* [in orde brengen] (vgl. *reder*).

reiger [vogel] **middelnl.** *re(i)ger, (h)eiger, heger*, oudnederfrankisch *heiger*, middelnd. *reger*, oudsaksisch *hregera*, oudhd. *reigaro, heigir*, oudeng. *hrāgra*, oudnoors *hegri*; de basis wordt gevormd door twee vormen die slechts verschillen door wel en geen *r* in de anlaut. Vgl. welsh *cregyr* [reiger]; een klanknabootsende vorming evenals gr. *krizein* [krijsen], litouws *krykšti* [door elkaar schreeuwen], oudkerkslavisch *krikŭ* [kreet].

reiken [(de hand) uitstrekken naar] **middelnl.** *re(i)ken* [uitstrekken, i.h.b. van de hand], middelnd. *reken*, oudhd. *reihhen*, oudfries *rēka*, oudeng. *ræcan;* buiten het germ. lat. *regere* [richten], gr. *oregein* [uitstrekken], iers *rigim* [ik strek], litouws *raizytis* [zich uitstrekken], oudindisch *rjyati* [hij strekt zich uit]; verwant met *rekken*.

reikhalzen [vurig verlangen] eig. de hals uitstrekken om dichter bij iets te zijn, van 17e eeuws *rekhalzen*.

reilen [varen] < *rijden* (van een schip), aangepast aan *zeilen* in rijmpositie.

rein[1] [zuiver] **middelnl.** *rein(e), rene, reen* [fijn (gemalen), fijn (uitgelezen), zuiver], oudsaksisch *hreni*, oudhd. *(h)reini*, oudfries *rene*, oudnoors *hreinn*, gotisch *hrains;* buiten het germ. lat. *cernere* [zeven, onderscheiden], gr. *krinein* [scheiden, schiften, onderscheiden], oudiers *criathar* [zeef], welsh *gogrynu* [zeven].

rein[2], **reen** [berm] **middelnl.** *rein, reen* [verhoogde berm of bos (als grens dienend), grenspaal], middelnd. *re(i)n*, oudhd. *rein-, rain-*, oudnoors *rein(a);* daarnaast oudiers *roen* [weg, bergketen], bretons *reun* [heuvel].

rein[3] [regen] **middelnl.** *rein* < *regen*, een daaruit ontstane nevenvorm, vgl. de ontwikkeling van *dwegel* tot *dweil, pegel* tot *peil*.

reinbezie [wegedoorn] het eerste lid hier, en in andere plantnamen, is *rein*[2], *reen* [grens, berm, greppel].

reïncarnatie [wedergeboorte] gevormd van *re-* [wederom, terug] + *incarnatie*.

reine [koningin] < fr. *reine* < lat. *regina* [idem], vr. van *rex* (vgl. **rex**).
reine-claude [soort pruim] genoemd naar koningin *Claude,* echtgenote van François I.
reinen¹ [palen aan] middelnl. *reinen, reenen,* van *rein*², *reen.*
reinen² [regenen] middelnl. *regenen, reinen,* van *rein*³.
reinet → *renet*¹.
reinette [moerasspirea, appel] < fr. *reinette,* volksetymologisch o.i.v. *reine* [koningin] vervormd < *rainette,* verkleiningsvorm van *raine* [kikvors] < lat. *rana* [idem, in me. lat. vooral de groene boomkikvors], van het klanknabootsende *raccare,* dus eig. de kwaker. De appel is naar zijn kleur genoemd.
reinevaar, reinevaren, reinvaar, reinvaren [naam van diverse planten] middelnl. *rein(e)vane, rein(e)vaer;* het eerste lid is **rein** ² *reen;* het tweede lid is *vaan(tje)* en de betekenis is dus 'vlag in de rand van de akker'. De vorm *vaan* werd tot *vaar* door volksetymologische associatie met *varen.*
reinigen [schoonmaken] middelnl. *re(i)nigen,* van *reinich* [rein]; daarnaast middelnl. *re(i)nen,* van *re(i)ne* (vgl. **rein**¹).
reins, rens [wilg] vermoedelijk afgeleid van **rein** ² [grens, grensvore] en dan losgemaakt uit *reinswilg.*
reinsteen [grenssteen van landerijen] het eerste lid is **rein**² *reen.*
reis¹ [tocht, keer] middelnl. *re(i)se,* behoort bij *rijzen* [opstaan, opbreken].
reis² [gelijk met] middelnl. *reis* [vlak, met de grond gelijk] < oudfr. *res* (fr. *rez,* vgl. *rez-de-chaussée*) < lat. *rasus,* eig. verl. deelw. van *radere* [schaven].
reis³ [Braziliaanse en Portugese rekenmunt] < portugees *reis,* mv. van *real* (vgl. **reaal**¹).
reischaaf [instrument] van *rei*² [geschaafde lat].
reit [waterplanten] identiek met *rijt* ¹.
reïtereren [herhalen] < fr. *réitérer* < lat. *reiterare* [idem], van *re-* [wederom] + *iterare* [herhalen], van *iterum* [nogmaals], verwant met *iterum* [dezelfde].
reiziger [die reist] middelnl. *reisiger* [ruiter, man te paard], sedert Kiliaan in de moderne betekenis, is vermoedelijk ontleend aan middelhd. *reisiger,* de sterke m. vorm van *reisic* [op reis zijnd, voor een krijgstocht dienend, bereden] (hd. *der Reisige* [de ruiter]), middelnl. *reisisch* [voor een krijgstocht toegerust, bereden] (ook onder duitse invloed). De huidige betekenis van reiziger berust op *reizen* en op middelnl. *reiser* [reiziger].
rejecteren [niet-ontvankelijk verklaren (1e kwart 16e eeuw)] middelnl. *rejecteren* < lat. *reiectare* [terugkaatsen], frequentatief van *reicere* [terugwerpen], van *re-* [terug] + *iacere* [werpen] (vgl. *jet*).
rek¹ [gestel van latten] nevenvorm van *rak*¹ [idem], middelnl. *rec(k), recke* [staak, rek om iets op te hangen, folterwerktuig, afstand]; van *rekken.*
rek² [eind weegs] nevenvorm van *rak*³.
rek³ [kikkerrit] vgl. oudhd. *rãhhison* [de keel schrapen], oudeng. *hraca* [speeksel], *hrœcan* [de keel schrapen, spuwen] (eng. *to retch* [kokhalzen]), oudnoors *hraki* [speeksel], litouws *kregèti* [grommen], vgl. ook *raak*² [gehemelte], *raak*¹ [hark, rakel].
rekel [mannetjeshond, deugniet] (1486) *rekel vonden lande* [landbouwer], middelnd. *rekel* [grote boerenhond], oudeng. *rœce* (eng. *rache, ratch*) [speurhond], oudnoors *rakki* [hond], vermoedelijk van eng. *to rake* [het wild volgen (van valken en honden)].
reken [harken] middelnl. *raken, re(ec)ken* [met een rake bijeenhalen] (vgl. *raak*¹ [hark].
rekenen¹ [met as bedekken (van het vuur)] middelnl. *re(ec)ken* [bijeenhalen, iets onder de as leggen], van *raak*¹ [hark].
rekenen² [tellen] middelnl. *re(ec)kenen* [in orde brengen, verrekenen, rekenen, beschouwen], van *rec* [goede staat, goede orde], van *rekken,* oudhd. *rehhanon,* oudfries *rěkenia,* oudeng. *rěcenian* (vgl. *recht*¹, *roekeloos*).
rekest, rekwest [verzoekschrift] middelnl. *requeste* < oudfr. *requeste,* teruggaand op lat. *requirere* (verl. deelw. *requisitum*) [weer zoeken naar, vragen om], van *re-* [terug, wederom] + *quaerere* [verlangen, begeren, trachten te krijgen].
rekke¹ [lange stok] van *rek*¹ [staak, rek].
rekke² [vrouwelijke ree] vermoedelijk < hd. *Ricke,* of uit een oostelijk dial., wel samenhangend met *ree*¹.
rekken [strekken] middelnl. *recken* [rekken, regelen, besturen], **oudsaksisch** *rekkian* [uiteenzetten], oudeng. *recc(e)an* [rekken, geven, verhalen], **oudnoors** *rekja* [onderzoeken, verklaren], **gotisch** *ufrakjan* [uitrekken]; buiten het germ. lat. *regere* [richten, leiden, besturen, verbeteren], gr. *oregein* [uitstrekken, verschaffen], **middeliers** *erigim* [ik sta op], lets *ruozities* [zich rekken], **oudindisch** *rjus* [rechtop], *rjyati* [hij strekt zich] → *recht*¹, *rekenen*².
rekruteren [in dienst roepen] < fr. *recruter* [idem], van *recrû* [jaarlijkse aanwas], eig. verl. deelw. van *recroître* [opnieuw groeien] < lat. *recrescere* [idem], van *re-* [wederom] + *crescere* [groeien].
rekwest → *rekest.*
rekwireren [vorderen] (1518) *requireren* [verlangen, wensen] < fr. *requérir* < lat. *requirere* [weer zoeken naar, opzoeken, vragen om, vereisen] (vgl. *rekest*).
rekwisiet [benodigdheid] < lat. *requisitum,* verl. deelw. van *requirere* (vgl. *rekwireren*).
rekwisitie [vordering] < fr. *réquisition* [idem] < lat. *requisitionem,* 4e nv. van *requisitio* [onderzoek], van *requirere* (verl. deelw. *requisitum*) (vgl. *rekwireren*).

rel¹ [opstootje] **middelnl.** *rel* [gedruis van stemmen, feestgedruis], klanknabootsend gevormd.

rel² [gang van muis] nevenvorm van *ril*¹.

relaas [verslag] **middelnl.** *relatie, relacie* [rapport, verslag] < **fr.** *relation* < **lat.** *relationem,* 4e nv. van *relatio* (vgl. *relatie*).

relâche [tijdelijke onderbreking] < **fr.** *relâche* [onderbreking], van *relâcher* < **lat.** *relaxare* (vgl. *relaxen*).

relais [plaats waar men verse paarden krijgt, heruitzending] < **fr.** *relais*, van *relayer* (vgl. *relayeren*). Tegenwoordig opnieuw ontleend, via het eng. hetgeen blijkt uit de uitspraak.

relaps, relapsus [terugval] < **fr.** *relaps* < **lat.** *relapsus,* verl. deelw. van *relabi* [terugglijden, terugvallen], van *re-* [terug] + *labi* [glijden, wankelen, ineenzinken].

relateren [in verband brengen] < **fr.** *relater* [idem], van **lat.** *relatum,* gebruikt als verl. deelw. bij het incomplete ww. *referre* [terugbrengen, herleiden, mee naar huis brengen, in herinnering brengen, overdragen, tellen onder, toeschrijven aan].

relatie [betrekking] **middelnl.** *relatie, relacie* [rapport, aanspraak, toespraak, inlichting, informatie] < **fr.** *relation* [idem] < **lat.** *relationem,* 4e nv. van *relatio* [het terugbrengen, verhouding tot iem. of iets, verslag, verhaal], van *relatum* (vgl. *relateren*).

relativeren [de betrekkelijkheid erkennen] van *relatief* < **me. lat.** *relativus* (gebruikt in taalkundige zin), van *relatum* (vgl. *relateren*).

relaxen [zich ontspannen] **middelnl.** *relaxeren* [losmaken, vrijmaken] < **fr.** *relaxer* [ontspannen] < **lat.** *relaxare* [losmaken, slapmaken, ontspannen], van *laxus* [wijd, los, slap] (vgl. *laks*).

relayeren [heruitzenden] < **fr.** *relayer* [van paarden wisselen, heruitzenden], van *re-* [terug] + **oudfr.** *laier* [laten] (een niet-verklaarde vorm), dus (de oude paarden) achterlaten.

release [het opnieuw uitbrengen] < **eng.** *release* < **middeleng.** *relesen* < **oudfr.** *relaissier* < **lat.** *relaxare* (vgl. *relaxen*).

relegatie [verbanning] < **fr.** *relégation* < **lat.** *relegationem,* 4e nv. van *relegatio* [idem], van *relegare* (verl. deelw. *relegatum*) [verwijderen, verbannen], van *re-* [terug] + *legare* [zenden] (vgl. *legaat*¹).

releveren [ontheffen, doen uitkomen] **middelnl.** *releveren* < **fr.** *relever* (vgl. *relief*).

relict [overblijfsel] < **lat.** *relictum,* verl. deelw. van *relinquere* [achterlaten], van *re-* [terug] + *linquere* [(achter)laten], idg. verwant met *lenen*¹.

relief [verlichting] < **eng.** *relief,* van **fr., oudfr.** *relever* < **lat.** *relevare* [opheffen, lichter maken, verzachten] (vgl. *reliëf*).

reliëf [verhevenheid] < **fr.** *relief* [verhevenheid] < **it.** *rilievo* [ophoging, verhevenheid, reliëf], van < **lat.** *rilevare* [o.m. opheffen] < *relevare* [opheffen, lichter maken], van *re-* [terug, wederom] + *levare* [opheffen, oplichten], van *levis* [licht van gewicht], idg. verwant met *licht*³.

reliek → *relikwie*.

religie [godsdienst] **middelnl.** *religioen* [godsdienst, kloosterleven], *religie* [afzondering van de wereld, kloosterorde] < **fr.** *religion* [godsdienst] < **lat.** *religionem,* 4e nv. van *religio* [gemoedsbezwaar, godsdienstig bezwaar, plichtsbetrachting, godsvrucht, geloof, godsdienst], van *relegere* [weer bijeenlezen, opnieuw doorlopen, telkens overwegen], van *re-* [wederom] + *legere* [lezen].

relikwie [overblijfsel van heilige] **middelnl.** *reliqu(i)e* < **lat.** *reliquiae* (mv. van *reliquia*) [overblijfselen, stoffelijk overschot, ook kliekje, uitwerpselen], van *reliquus* [overgebleven], van *relinquere* [achterlaten], van *re-* [terug] + *linquere* [laten], idg. verwant met *lenen*¹.

reling [leuning] < **eng.** *railing* [idem] (vgl. *rail*).

rellen¹ [babbelen] **middelnl.** *rellen* naast *rallen,* klanknabootsende vorming.

rellen² [gort pellen] van *rel, ril*¹ [vore, spleet].

relmuis [knaagdier] mogelijk hoort het eerste lid bij *rellen*² [pellen van gort].

reluctantie [magnetische weerstand] gevormd van **lat.** *reluctans* (2e nv. *reluctantis*), teg. deelw. van *reluctare* [worstelen tegen, zich verzetten], van *re-* [terug] + *luctari* [worstelen], verwant met **gr.** *lugizein* [draaien, buigen] en met *lok*.

relueren [(een pand) lossen] < **lat.** *reluere* [idem], van *re-* [terug] + *luere* [boeten, betalen], idg. verwant met *verliezen*.

remake [nieuwe versie van b.v. een plaat] < **eng.** *remake,* van *to remake* [opnieuw maken], van *re-* [wederom] + *to make* [maken].

remanent [dat blijft] < **lat.** *remanens* (2e nv. *remanentis*), teg. deelw. van *remanēre* [(achter)blijven], van *re-* [terug] + *manēre* [blijven].

remarqueren [opmerken] < **fr.** *remarquer* [idem], van *re-* [wederom] + *marquer,* **oudfr.** *merquier,* uit het germ., vgl. *merk*.

remblai [op te werpen grond] < **fr.** *remblai,* van *remblayer,* van *re-* [terug] + *déblayer,* **oudfr.** *desbleer* [weghalen van de oogst, materiaal weghalen], van *blé* [graan], dat mogelijk uit het germ. komt, vgl. *blad*.

rembours [terugbetaling, verrekenpakket] (1518) *remb(o)urseren, remburseeren* < **fr.** *rembourser* [terugbetalen], van *re-* [terug] + **me. lat.** *inbursare* [in de beurs stoppen] (vgl. *beurs*¹).

remedie [geneesmiddel] **middelnl.** *remed(i)e* < **fr.** *remède* < **lat.** *remedium* [geneesmiddel], van *re-* [wederom] + *mederi* [genezen, herstellen] (vgl. *medicijn*).

remelen [wiebelen, ijlen] bij Kiliaan *remelen,* in Sleeswijk-Holstein *remeln* [kletsen], ook *rijmelen;* etymologie onbekend.

rementen [lawaai maken] uit de verbinding *het of een re(gi)ment stellen* [een schrobbering geven, opspelen, lawaai maken], van **middelnl.** *regiment, regement, reyment* (vgl. *regiment*).

remigratie [terugkeer van emigratie] < **eng.** *remigration,* van *to remigrate* [weer terugkeren] < **lat.** *remigrare* (verl. deelw. *remigratum*) [idem].

reminiscentie [herinnering] < **fr.** *réminiscence* < **me. lat.** *reminiscentia* [herinnering], van *re-* [wederom] + *meminisse* [zich herinneren], verwant met *mens* [geest] (vgl. **mentaal, memento**).

remis [kwijtschelding van straf] **middelnl.** *remis* < **fr.** *rémission* [idem] < **lat.** *remissio* [het terugzenden, het ontspannen, kwijtschelding], van *remittere* (verl. deelw. *remissum*) [terugzenden, ontspannen, kwijtschelden], van *re-* [terug] + *mittere* [zenden], idg. verwant met *smijten*.

remise[1] [kwijtschelding van straf] < **fr.** *remise* < **lat.** *remissionem,* 4e nv. van *remissio* (vgl. **remis**).

remise[2] [onbeslist, het weer terug, opnieuw plaatsen (bij schaken, dammen, van de stukken)] van **fr.** *remise,* van *remettre* (verl. deelw. *remis*) < **lat.** *remittere* (vgl. **remis**).

remisier [hoekman] < **fr.** *remisier,* van *remise* in de zin van honorering, commissie (vgl. **remise**[1]).

remissie [strafvermindering] **middelnl.** *remissie* [kwijtschelding] < **fr.** *rémission* [kwijtschelding] < **lat.** *remissionem,* 4e nv. van *remissio* (vgl. **remis**).

remitteren [geld overmaken] **middelnl.** *remitteren* [toezenden, kwijtschelden] < **lat.** *remittere* [terugzenden, van zijn kant zenden, afstand doen van, schenken] (vgl. **remis**).

remmelen [bespringen (van hazen, konijnen, katers)] nevenvorm van **rammelen**[2].

remmen [tot stilstand brengen] eerst **laatmiddelnl.** *remmel* [halsblok voor honden om hun bewegingen te hinderen], **nd.** *remmen,* **oudeng.** *hremman* [belemmeren], **oudnoors** *hremma* [knijpen], wellicht ook **gotisch** *hramjan* [kruisigen], op basis van een oorspr. betekenis 'toestel van latten'.

remonstrant [lid van protestants kerkgenootschap] **middelnl.** *remonstreren* [te kennen geven], *remonstrantie* [toneelvoorstelling van een historisch tafereel] < **me. lat.** *remonstrare* (teg. deelw. *remonstrans,* 2e nv. *remonstrantis*) [tentoonstellen, voorbrengen], van *re-* [terug, wederom] + *monstrare* [tonen] (vgl. **monstrans**).

remontant [wederom bloeiend] < **fr.** *remontant,* teg. deelw. van *remonter* [wederom omhoog komen], van *re-* [wederom] + *monter* [stijgen], teruggaand op **lat.** *mons* (2e nv. *montis*) [berg].

remonte [jaarlijkse aanvulling van legerpaarden] < **fr.** *remonte,* van *remonter* [weer te paard stijgen] (vgl. **remontant**).

remonteren [meer dan eens per jaar bloeien of vruchtdragen] < **fr.** *remonter* [idem] (vgl. **remontant**).

remora [haarluis] < **lat.** *remora* [vertraging], van *remoror* [ik houd tegen], van *re-* [wederom, terug] + *mora* [verwijl]; bij Plinius in de betekenis 'zuigvis', waarbij hij een vertalende ontlening aan **gr.** *echeneïs* [het schip tegenhoudend, en dan: zuigvis] toepaste.

remotie [verwijdering] < **lat.** *remotio* [idem], van *removēre* (verl. deelw. *remotum*) (vgl. **removeren**).

remouladesaus [een koude saus] van **fr.** *rémoulade* [remouladesaus], van **noordfr.** *rémola, ramolas* < **lat.** *armoracia* (vgl. **rammenas**).

remouldband [van nieuwe laag rubber voorziene band] van **eng.** *remould,* van *re-* [wederom] + *to mould* [met teelaarde bedekken, vormen, kneden], van *mould* [losse aarde, gietvorm] < **oudeng.** *molde* [aarde, stof], vgl. **middelnl.** *moldewerp* [mol, de aardewerper].

remous [beweging in luchtlaag] < **fr.** *remous* < **provençaals** *remou,* o.i.v. *remoulina* [draaien] < **vulg. lat.** *remolinare,* van *re-* [wederom] + *molinare* [malen], van *molina* [molen] < **ouder provençaals** *revou* [werveling], van **lat.** *revolvere* (vgl. **revolver**).

removeren [wegruimen] < **lat.** *removēre* [verwijderen], van *re-* [terug, wederom] + *movēre* (vgl. **moveren**).

remplaceren [vervangen] < **fr.** *remplacer* [idem], van *re-* [terug] + *in-* [in, op] + *placer,* van *place* [plaats].

remslaap [fase in de slaap waarin de REM plaatsvindt] het eerste lid < **eng.** *REM sleep,* van *rapid eye movement* [snelle beweging van het oog].

remuneratie [beloning] (1513) < **fr.** *rémunération* [idem] < **lat.** *remunerationem,* 4e nv. van *remuneratio* [vergelding, beantwoording, erkentelijkheid voor iets], van *remunerari* [vergelden], van *re-* [weer] + *munerare* [schenken], van *munus* (2e nv. *muneris*) [taak, ambt, gunst, geschenk].

ren [kippenloop] van **rennen**.

renaal [m.b.t. de nieren] < **lat.** *renalis,* van *renes* [nieren].

renaissance [stijlvernieuwing] < **fr.** *renaissance* < **me. lat.** *renascentia* [wedergeboorte], van *renasci* (teg. deelw. *renascens,* 2e nv. *renascentis*) [opnieuw geboren worden], van *re-* [wederom] + *nasci* [geboren worden] (vgl. **natie**).

rencontre [ontmoeting] < **fr.** *rencontre,* van *rencontrer,* van *re-* [terug, wederom] + **oudfr.** *encontrer,* van *encontre* < **me. lat.** *incontra* [ontmoeting], van *in* [in, naar] + *contra* [tegenover].

rendabel [winst opleverend] < **fr.** *rentable* (vgl. **rentabiliteit**).

rendant [rentmeester] < **fr.** *rendant* [die rekening en verantwoording aflegt], teg. deelw. van *rendre (compte)* (vgl. **renderen**).

renderen [winst opleveren] < **fr.** *rendre* [idem] < **me. lat.** *rendere* < **klass. lat.** *reddere* [teruggeven, ter vergelding geven], van *re-* [terug] + *dare* [geven].

rendez-vous [afgesproken samenkomst] < **fr.** *rendez-vous,* van *se rendre à* [zich begeven naar], *rendre* is een vermenging van **lat.** *reddere* [teruggeven], van *re-,* terug + *dare* [geven], en van

rendier — repartie

prendere [grijpen] < *prehendere* [idem], idg. verwant met **eng.** *to get*.
rendier [soort hert] < **hd.** *Rentier,* **eng.** *reindeer,* deens *rensdyr,* **oudnoors** *hreindyri* < *hreinn* [idem, eig. hoorndragend] (vgl. **hoorn¹, hert**) + **dier,** dat middelnl. naast 'dier' i.h.b. ook 'hert' betekende, vgl. **eng.** *deer;* de associatie met *rennen* is van volksetymologische aard.
renegaat [afvallige] < **me. lat.** *renegatus,* van *renegare* [verloochenen], van *re-* [terug] + *negare* [neen zeggen, ontkennen, (ver)loochenen], idg. verwant met **neen**.
renet¹ [appel] → **reinette**.
renet² [schraapmes van hoefsmid] < **fr.** *rénette* [veegmes], **oudfr.** *rogenette* < *roisine,* teruggaand op **lat.** *runcina* [schaaf], van *runcare* [wieden, epileren, maaien], van **gr.** *rukanè* [schaaf].
reneweren verbasterd uit *ruïneren* → **ruïne**.
renforcé [katoenen weefsel] < **fr.** *renforcé,* verl. deelw. van *renforcer* [versterken], van *re-* [wederom] + **oudfr.** *enforcier* [versterken], van *force* (vgl. **fors**).
reng [plant] nevenvorm van **rank¹**.
rengel [reep mager spek] waarschijnlijk = *ringel,* van *ring* en met dezelfde betekenis.
renium → **rhenium**.
renminbi [Chinese munteenheid] gevormd van **chinees** *renmin* [volk] (van *ren* [mens] + *min* [volk]) + *bi* [geld].
rennen [hard lopen] **middelnl.** *rennen* [doen draven, doen vloeien, dan hard lopen], **oudsaksisch** *rennian,* **oudfries** *renna,* **middeleng.** *rennen,* **oudnoors** *renna,* **gotisch** *-rannjan,* causatief bij **middelnl.** *rinnen* (verl. deelw. *geronnen*) [vloeien, snel lopen, stremmen], **oudnederfrankisch, oudsaksisch, oudhd., oudeng., gotisch** *rinnan,* **oudfries** *rinna;* buiten het germ. **gr.** *ornumi* [ik breng in beweging], **lat.** *oriri* [zich verheffen], **oudkerkslavisch** *rějati* [voortdrijven] (**russ.** *rejat'* [snel stromen]), **oudindisch** *rṇoti* [hij beweegt zich].
rennine [lebenzym] < **eng.** *rennet* [stremsel] < **middeleng.** *rennen* [doen vloeien], **middelnl.** *rensel, rentel* (vgl. **rennen**).
renommee [vermaardheid] < **fr.** *renommée,* eig. het vr. zelfstandig gebruikt verl. deelw. van *renommer* [weer benoemen], *se renommer* [zich beroemd maken], van *re-* [wederom] + *nommer* [noemen] < **lat.** *nominare* [idem], van *nomen* [naam], daarmee idg. verwant.
renonceren [afstand doen van] **middelnl.** *renonciëren, renunciëren* [idem] < **fr.** *renoncer* [idem] < **lat.** *renuntiare* [bericht terugbrengen, opzeggen, afzeggen, afzien van], van *re-* [terug] + *nuntiare* [berichten], van *nuntius* (vgl. **nuntius**).
renoveren [vernieuwen] (1523) < **fr.** *rénover* [idem] < **lat.** *renovare,* van *re-* [wederom] + *novare* [nieuw maken, vernieuwen, iets nieuws maken], van *novus* [nieuw], daarmee idg. verwant.

rens [wilg] → **reins**.
rensdak [dak met leisteenbedekking] het eerste lid zal een bijvorm zijn van *Rijns,* van de *Rijn* (het Leisteengebergte).
renseignement [inlichting] < **fr.** *renseignement,* van *re-* [terug, wederom] + *enseigner,* teruggaand op **lat.** *insignire* [in het oog doen vallen, bekend maken], van *insignis* [onderscheiding, signaal], van *signum* [teken, merk] (vgl. **sein¹, zegen¹**).
rentabiliteit [kapitaalproduktiviteit] < **fr.** *rentabilité* [idem], van *rentable* [rentegevend, renderend], **me. lat.** *rentalis, rendalis* [idem], teruggaand op een vermenging van *reddere* [teruggeven] (vgl. **renderen**) en *pre(he)ndere* [nemen, pakken], idg. verwant met **vergeten, eng.** *to get*.
rente [interest] < **fr.** *rente* < **me. lat.** *rendita, renda, renta* [rente], van *reddere* [teruggeven, ter vergelding geven] (vgl. **renderen**).
rentenier [die van zijn renten leeft] nog niet bij Kiliaan, kwam in de plaats van **middelnl.** *rentier* [renteheffer, die een jaarlijkse rente verschuldigd is], (*rentenaer* [renteheffer]) < **oudfr.** *rentier* [idem] (vgl. **rente**).
rentree [herintrede] < **fr.** *rentrée* [idem], van *re-* [wederom] + *entrer* (vgl. **entree**).
renumeratie [terugbetaling] van **lat.** *renumerare* [terugbetalen], van *re-* [terug] + *numerare* [tellen, uitbetalen], van *numerus* [getal] (vgl. **nummer**).
renunciëren [afzien van] **middelnl.** *renunciëren, renoncheren* < **fr.** *renoncer* < **lat.** *renuntiare* (vgl. **renonceren**).
renvers [wending van paard] < **fr.** *renverse* [verandering van richting], van *renverser,* **oudfr.** *envercier,* van **lat.** *inversus,* verl. deelw. van *invertere* [omkeren], idg. verwant met **worden**.
renversaal [tegenakte] **middelnl.** *renversael* < **fr.** *réversal* [idem] (bn.) < **lat.** *reversum,* verl. deelw. van *revertere* [omkeren], van *re-* [wederom, terug] + *vertere* [keren, draaien], idg. verwant met **worden;** de *n* is ingevoegd o.i.v. **fr.** *renverser* [omkeren].
renvooi [verwijzing] **middelnl.** *renvoy* < **fr.** *renvoi* [idem], van *renvoyer* [terugzenden], van *re-* [terug] + *envoyer* < **me. lat.** *inviare,* van *in* [in] + *via* [weg].
reofiel [houdend van stromend water] gevormd van **gr.** *reo-* (vgl. **reostaat**) + *philos* [een vriend van].
reologie [stromingsleer] gevormd van **gr.** *reo-* (vgl. **reostaat**) + *logos* [woord, verhandeling].
reostaat [regelbare stroomweerstand] gevormd van **gr.** *reos* [stroom], daarmee idg. verwant + *statos* (vgl. **statisch**).
repareren [herstellen] **middelnl.** *repareren* < **fr.** *réparer* [idem] < **lat.** *reparare* [weer verwerven, weer aanschaffen, herstellen, vernieuwen], van *re-* [wederom] + *parare* [voorbereiden, gereedmaken, in orde brengen], verwant met *parere* [ter wereld brengen, verwerven].
repartie [snedig antwoord] < **fr.** *repartie* [het weer

vertrekken, vlug antwoord], eig. vr. verl. deelw. van *répartir* [iem. iets ten dele geven], van *re-* [wederom] + *partir* [(oorspr.) verdelen, en dan vertrekken] < **lat.** *partire = partiri* [verdelen], van *pars* (2e nv. *partis*) [deel].

repartitie [verdeling naar de kosten] < **fr.** *répartition* [idem], van *re-* [wederom] + *partition* < **lat.** *partitionem*, 4e nv. van *partitio* [verdeling], van *partire, partiri* [verdelen], van *pars* (2e nv. *partis*) [deel].

repasseren [nog eens nalopen] **middelnl.** *repasseren* [opnieuw doen passeren van goederen langs een tol] < **fr.** *repasser* [nog eens nalopen], van *re-* [wederom] + *passer* (vgl. **passeren**).

repatriëren [naar zijn vaderland terugkeren] < **fr.** *se rapatrier* (ouder *repatrier*) [idem] < **me. lat.** *repatriare*, van *re-* [wederom, terug] + *patria* [vaderland], van *pater* [vader], daarmee idg. verwant.

repel[1] [vlaskam] **middelnl.** *repel* < *repe* [idem], van een basis met de betekenis 'scheuren' (vgl. *reep*[1]).

repel[2] [strook land] evenals **middelnl.** *repel* [zadelriem], verkleiningsvorm van *reep*[1].

repentir [verandering op schilderij] < **fr.** *repentir* [berouw, overgewerkte plaats in schildering], van *se repentir* [berouw hebben] < **me. lat.** *penitēre* [boete doen] (vgl. **penitentie**).

repercussie [onaangenaam gevolg] < **fr.** *répercussion* [idem] < **lat.** *repercussionem*, 4e nv. van *repercussio* [terugkaatsing], van *repercutere* (verl. deelw. *repercussum*) [terugstoten], van *re-* [terug] + *percutere* [stoten], van *per* [door] + *quatere* [schokken, slaan], idg. verwant met **schokken**.

repertoire [lijst van stukken van kunstenaar(s)] < **fr.** *répertoire* < **laat-lat.** *repertorium*, van *reperire* (verl. deelw. *repertum*) [terugzoeken, vinden, blijken, bedenken], van *re-* [terug] + *parere* [voortbrengen, verwekken].

repertorium [register] → *repertoire*.

repeteren [herhalen, instuderen] **middelnl.** *repeteren* [nazeggen] < **fr.** *répéter* [herhalen] < **lat.** *repetere* [o.m. terughalen, herhalen], van *re-* [wederom, terug] + *petere* [o.m. halen].

repetitie [herhaling, het instuderen, proefwerk] < **fr.** *répétition* [idem] < **lat.** *repetitionem*, 4e nv. van *repetitio* [het terugeisen, herhaling], van *repetere* (vgl. **repeteren**).

repetitor [die met studenten de leerstof doorneemt] vermoedelijk als geleerde vorming gemaakt bij **lat.** *repetere* [herhalen], van *re-* [wederom] + *petere* [trachten te bereiken, eisen]; het **lat.** *repetitor* betekende 'terugeiser'.

replay [opnieuw-gespeelde wedstrijd] < **eng.** *replay*, van *re-* [wederom] + *play* [spel], van *to play* [spelen], **oudeng.** *pleg(i)an* [oefenen, spelen], verwant met **middelnl.** *pleyen, playen* [pret hebben], **nl.** *plegen*.

repleet [werkster der honingmieren] < **fr.** *replet*, vr. *replète* [dik] < **lat.** *repleta*, vr. van *repletus*, verl. deelw. van *replēre* [weer vullen, vol maken, verzadigen], van *re-* [wederom] + *plenus* [vol], daarmee idg. verwant.

repletie [zwaarlijvigheid] < **fr.** *réplétion* [idem] < **lat.** *repletionem*, 4e nv. van *repletio* [het aanvullen, complement] in me. lat. in medische zin gespecialiseerd, van *complēre* (verl. deelw. *completum*) (vgl. **repleet**).

repli [(leger)hulppost waarop een deel van het leger zich kan terugtrekken] < **fr.** *repli*, van *replier* (vgl. **repliëren**).

replica [kopie] < **it.** *replica*, van *replicare* < **lat.** *replicare* (vgl. **repliceren**).

repliceren [antwoorden] **middelnl.** *repliceren* < **lat.** *replicare* [terugvouwen, terugbuigen, terugkaatsen], van *re-* [terug] + *plicare* [samenvouwen], idg. verwant met *vlechten* → **vlecht**.

repliëren [zich terugtrekken] < **fr.** *replier* [samenvouwen, zich terugtrekken (militair)] < **lat.** *replicare* [terugvouwen, terugbuigen], van *re-* [terug] + *plicare* (vgl. **repliceren**).

reponderen [borg blijven voor] < **fr.** *répondre* [antwoorden, instaan voor] < **lat.** *respondēre* (vgl. **responderen**).

reporter [verslaggever] < **eng.** *reporter* < **me. fr.** *reporteur*, van *reporter* (ww.) < **lat.** *reportare* [terugdragen, mee naar huis brengen, berichten], van *re-* [terug] + *portare* [dragen].

repositorium [rustplaats] < **lat.** *repositorium* [bewaarplaats, kast], van *reponere* (verl. deelw. *repositum*) [terugleggen, opzij leggen], van *re-* [terug] + *ponere* (verl. deelw. *positum*) [plaatsen].

repousseren [terugdrijven] < **fr.** *repousser* [idem] < **chr. lat.** *repulsare*, een iteratief van *repellere* (verl. deelw. *repulsum*) [terugstoten, afwijzen], van *re-* [terug] + *pellere* [stoten, verdrijven] (vgl. **pols**).

reppel, repel [staak in koestal] **middelnl.** *re(e)pel, reipel* [riem, zadelriem], **nd.** *idem*, **oudeng.** *repel* [stok]; van dezelfde basis als *ruif*.

reppelen [klauteren, dekken (van varkens, koeien)] vermoedelijk frequentatief van *reppen* of *repen* (**middelnl.** *repen* [hekelen, rekken, scheuren, stoeien, woelig zijn]), van dezelfde basis als **reppen**.

reppen [zich reppen, zich haasten] → *rap*[3].

represaille [vergeldingsmaatregel] **middelnl.** *represaille, reprisaille* [idem] < **fr.** *représaille* [idem] < **me. lat.** *reprisalia, reprisalie* [represailles] < **me. it.** *ripresaglia*, van *riprendere* < **lat.** *repre(he)ndere* [terugnemen], van *re-* [terug] + *prehendere* [pakken], van *prae* [voor] + *hendere*, idg. verwant met het tweede lid van *vergeten*, **eng.** *to get*.

representant [vertegenwoordiger] (**middelnl.** *representeren* [vertegenwoordigen]) < **fr.** *représentant* [idem], van *représenter* [vertegenwoordigen] < **lat.** *representare* [voor ogen stellen, doen verschijnen], van *re-* [wederom] + *praesens* (vgl. **presentie**).

repressie [onderdrukking] **fr.** *répression* [idem] < **me. lat.** *repressionem*, 4e nv. van *repressio*, van *reprimere* (verl. deelw. *repressum*) [terugdringen], van *re-* [terug] + *premere* [drukken].

reprimande [uitbrander] < **fr.** *réprimande* [idem] < **lat.** *(culpa) reprimanda* [(de schuld) die teruggedrongen moet worden], gerundivum van *reprimere* [terugdringen, bedwingen], van *re-* [terug] + *primus* [eerste, eerste begin] (vgl. *primo*).

reprise [herhaling] **middelnl.** *reprijs* [refrein] < **fr.** *reprise* [herhaling], het zelfstandig gebruikt vr. van *repris*, verl. deelw. van *reprendre* < **lat.** *repre(he)ndere* (vgl. *represaille*).

repristineren [terugkeren naar vroeger] gevormd van **lat.** *re-* [terug] + *pristinus* [voormalig, uit de oude tijd], verwant met *primus* [eerste] (vgl. *primo*).

reprobatie [afkeuring] **(middelnl.** *reproberen* [afkeuren, verleiden, verwerpen]) < **fr.** *réprobation* [afkeuring] < **lat.** *reprobationem*, 4e nv. van *reprobatio* [idem], van *reprobare* (verl. deelw. *reprobatum*) (vgl. *reprouveren*).

reprocheren [verwijten] (1503?) < **fr.** *reprocher* [idem] < **me. lat.** *repropiare* [benaderen, ook om aan te vallen], van *re-* [terug, wederom] + *propius* [dichterbij], vergrotende trap van *prope* [dichtbij].

reproduceren [weer voortbrengen] gevormd van **lat.** *re-* [wederom] + *produceren*.

reprouveren [afkeuren] < **fr.** *réprouver* < **lat.** *reprobare* [afkeuren], van *re-* [terug] + *probare* (vgl. *proberen, proeven*).

reptiel [kruipend dier] < **fr.** *reptile* < **chr. lat.** *reptile* [idem], het o. van *reptilis*, van *repere* (stam *rept-*) [kruipen].

republiek [bepaalde staatsvorm] < **fr.** *république* < **lat.** *respublica* [staatszaken, staat, republiek], van *res* [zaken, belang, staat] + *publicus* (vr. *publica*) [van de staat] (vgl. *publiek*).

repudiatie [verwerping] < **fr.** *répudiation* < **lat.** *repudiationem*, 4e nv. van *repudiatio*, van *repudiare* [afwijzen, versmaden], van *repudium* [verstoting, echtscheiding], van *re-* [wederom] + de stam van *pudēre* [zich schamen].

repugnant [weerzinwekkend] (16e eeuws **nl.** *repugneren* [in strijd zijn met]) < **fr.** *répugnant* [weerzinwekkend] < **lat.** *repugnans* (2e nv. *repugnantis*), teg. deelw. van *repugnare* [weerstand bieden, strijdig zijn met], van *re-* [terug] + *pugnare* [strijden], van *pugnus* [vuist] (vgl. *pugilist*).

repulsie [afwijzing] **fr.** *répulsion* [idem] < **lat.** *repulsionem*, 4e nv. van *repulsio*, van *repellere* (verl. deelw. *repulsum*) [terugstoten, afwijzen], van *re-* [terug] + *pellere* [stoten] (vgl. *pols*).

reputatie [faam] (1529) *reputacie* < **fr.** *réputation* [idem] < **lat.** *reputationem*, 4e nv. van *reputatio* [overweging], van *reputare* (verl. deelw. *reputatum*) [berekenen, overwegen, rekenen onder], van *re-* [terug, wederom] + *putare* [rekenen, denken].

requiem [dodenmis] zo genoemd naar het begin van de introïtus voor de mis voor de overledenen: *Requiem aeternam dona eis, Domine* [geef hun de eeuwige rust, Heer], waarin *requiem*, 4e nv. van *requies* [rust] is, van *re-* [wederom] + *quies* [rust], idg. verwant met **wijl**[1].

requisitoir, rekwisitoor [eis, betoog] < **fr.** *réquisitoire* [idem], van **lat.** *requirere* (verl. deelw. *requisitum*) [weder zoeken naar, vragen naar, onderzoek doen], van *re-* [wederom] + *quaerere* [zoeken].

reren [loeien] **middelnl.** *reren*, klanknabootsend gevormd.

rescissie [ongeldigverklaring] < **lat.** *rescissio* [annulering, vernietiging], van *rescindere* (verl. deelw. *rescissum*) [weer openscheuren, ongeldig maken], van *re-* [wederom] + *scindere* [verscheuren, vernietigen], idg. verwant met **scheiden**.

rescript [antwoord] **middelnl.** *rescript* [schriftelijk antwoord van paus of keizer] < **lat.** *rescriptum* [officieel antwoord van de keizer], eig. verl. deelw. van *rescribere* [terugschrijven], van *re-* [terug] + *scribere* [schrijven].

research [onderzoek] < **eng.** *research* < **me. fr.** *recerche*, van *re-* [terug] + *cercher*, **oudfr.** *cerchier* < **lat.** *circare* [zwerven door, rondgaan], van *circa* (vgl. *circus*).

resectie [wegsnijding] < **fr.** *résection* [idem] < **lat.** *resectionem*, 4e nv. van *resectio* [idem], van *resecare* [afsnijden], van *re-* [terug] + *secare* [snijden], idg. verwant met het tweede lid van *mes*.

reseda [plantengeslacht] < **lat.** *reseda*, voorkomend in de bezweringsformule *reseda morbos*, [doe de ziekten bedaren], *reseda* [doe bedaren], *resedare* [doen bedaren], van *re-* [wederom, terug] + *sedare*, causatief van *sedēre* [zitten], daarmee idg. verwant. De bloem werd gebruikt om gezwellen te bestrijden, zie Plinius Hist. Nat. 27, 131.

reseen [bestanddelen van hars] **middelnl.** *resine* [(welriekende) gom, balsem] < **fr.** *résine* < **lat.** *resina* [hars] < **gr.** *rètinè* [idem], verwant met *reō* [ik vloei], idg. verwant met *stroom*.

resem [tros] **middelnl.** *re(e)se* [rist], verwant met **rijgen**.

reserpine [een alkaloïde] < **hd.** *Reserpin*, gevormd van **modern lat.** *rauwolfia serpentina*, de plant waaruit reserpine wordt gewonnen.

reservaat [wijkplaats] gevormd van **lat.** *reservare* (verl. deelw. *reservatum*) [nog overhouden], van *re-* [terug] + *servare* [in het oog houden, blijven, bewonen, in bewaring houden, redden].

reserveren [bewaren] **middelnl.** *reserveren* < **fr.** *réserver* < **lat.** *reservare* [bewaren, sparen], van *re-* [terug] + *servare* [bewaken, bewaren, sparen].

resideren [wonen] **middelnl.** *resideren* < **fr.** *résider* [idem] < **lat.** *residēre* [blijven zitten, zitten, achterblijven], van *re-* [terug, wederom] + *sedēre* [zitten], daarmee idg. verwant.

residu [overblijfsel] **middelnl.** *residu* < **fr.** *résidu* [idem] < **lat.** *residuum* [rest], van *residēre* (vgl. *resideren*).

resigneren [een ambt neerleggen] **middelnl.** *resigneren* [afstand doen van] < **fr.** *résigner* [een ambt neerleggen] < **lat.** *resignare* [het zegel verwijderen, openen, annuleren, teruggeven, aftreden], van *re-* [terug] + *signum* [teken, zegel] (vgl. *sein*¹, *zegen*¹).

resiliabel [opzegbaar] < **fr.** *résiliable* [vernietigbaar], van *résilier* < **lat.** *resilire* [terugspringen, afstuiten, afzien van], van *re-* [terug] + *salire* [springen], verwant met **gr.** *hallomai* [ik spring] (vgl. *halma*).

resineren [met hars doortrekken] **(middelnl.** *resine* [welriekende gom, balsem]) < **fr.** *résiner* [hars halen uit], van *résine* [hars] < **lat.** *resina* [idem] < **gr.** *rètinè* [idem] (vgl. *reseen, retsina*).

resinol [harsalcohol] gevormd van *resine* + *alcohol* → *resineren*.

resisteren [weerstaan] (1524) < **fr.** *résister* < **lat.** *resistere* [idem, blijven staan, weerstand bieden], van *re-* [terug, wederom] + *sistere* [doen staan, zich plaatsen], een geredupliceerde vorming van *stare* [staan], daarmee idg. verwant.

resolutie [besluit] (1549) *resolutie* [overheidsbesluit] < **fr.** *résolution* [idem] < **lat.** *resolutionem*, 4e nv. van *resolutio* [losmaking], van *resolvere* (verl. deelw. *resolutum*) [losmaken], van *re-* [terug] + *solvere* [losmaken], van *se(d)-* [apart] + *luere* [losmaken], idg. verwant met het tweede lid van *verliezen*.

resoluut [vastberaden] < **me. lat.** *resolutus* [resoluut], eig. verl. deelw. van *resolvere* (vgl. *resolutie*).

resolveren [ontbinden, besluiten] **middelnl.** *resolveren* [oplossen, 16e eeuws: besluiten] < **lat.** *resolvere* [losmaken, oplossen] (vgl. *resolutie*).

resoneren [meeklinken] < **fr.** *résonner* < **lat.** *resonare* [weerklank geven], van *re-* [terug] + *sonare* [geluid geven], van *sonus* [geluid], idg. verwant met *zwaan*.

resorberen [oplossen] → *resorptie*.

resorcinol [derivaat van benzol] gevormd uit **lat.** *resina* [hars] (vgl. *resineren*) + **it.** *orcello* [een kleurstof] + **lat.** *oleum* [olie].

resorptie [oplossing] gevormd van **lat.** *resorbēre* (verl. deelw. *resorptum*) [weer opslorpen], van *re-* [wederom] + *sorbēre* [opslorpen].

respect [eerbied] (1528) *respect* [reden], **fr.** *respect* < **lat.** *respectus* [het omkijken, acht slaan op], van *respicere* (verl. deelw. *respectum*) [omkijken, acht slaan op], van *re-* [terug] + *specere* [kijken], idg. verwant met *spieden*.

respectievelijk [onderscheidenlijk] (1541) *respectivelijck* < **fr.** *respectivement*, van *respectif* [onderscheiden], van *respect* (vgl. *respect*).

respijt [uitstel] **middelnl.** *respijt* < **me. fr.** *respit* < **lat.** *respectus* [het omkijken, rekening houden met, in me. lat. ook o. m. respect, ontzag, het dulden, en vandaar verdaging, uitstel], van *respicere* (verl. deelw. *respectum*) [omzien], van *re-* [terug] + *specere* (vgl. *respect*).

respireren [lucht scheppen] < **fr.** *respirer* [idem] < **lat.** *respirare* [weer uitademen, weer adem scheppen], van *re-* [terug] + *spirare* [blazen, waaien, uitademen, ademen] (vgl. *spiritus*).

responderen [antwoorden] → *respons*.

respons [antwoord] **middelnl.** *respons* < **oudfr.** *response*, **eng.** *response* [idem] < **lat.** *responsio* [antwoord], van *respondēre* (verl. deelw. *responsum*) [antwoorden, eig. van zijn kant beloven], van *re-* [terug] + *spondēre* [plechtig beloven], verwant met **gr.** *spendein* [een offer plengen], idg. verwant met *spannen*¹ (vgl. *spenderen*).

ressentiment [wrok] < **fr.** *ressentiment*, van *ressentir*, van *re-* [terug] + *sentir* < **lat.** *sentire* [voelen], idg. verwant met *zin*.

ressort [rechtsgebied] < **fr.** *ressort* [toevlucht], van *ressortir* [zich terugtrekken], van *re-* [terug] + *sortir* [uitgaan, oorspr. door het lot verkrijgen] < **lat.** *sortire, sortiri* [loten, door het lot verkrijgen, uitzoeken], van *sors* (2e nv. *sortis*) [lot].

ressource [hulpbron] < **fr.** *ressource*, van **lat.** *resurgere* [weer omhoog komen], van *re-* [terug] + *surgere* [rijzen], van *sub* [onder] + *regere* [richten], idg. verwant met *rekken*.

rest [overschot] **middelnl.** *reste, rest* [idem] < **fr.** *reste*, van *rester* < **lat.** *restare* [achterblijven, blijven, overblijven, resten], van *re-* [terug] + *stare* [staan, blijven staan, blijven bestaan], idg. verwant met *staan*.

restant [overschot] < **fr.** *restant*, eig. teg. deelw. van *rester* (vgl. *rest*).

restaurant [eethuis] < **fr.** *restaurant*, eig. teg. deelw. van *restaurer* [herstellen], maar de betekenis 'te eten geven' is jong, afgeleid van het opschrift dat Boulanger in 1765 boven de deur van zijn zaak in de Rue des Poulies aanbracht: *Venite ad me omnes qui stomacho laboratis et ego vos restaurabo* (komt allen tot mij, die maagklachten hebt, en ik zal u beter maken) (vgl. *restaureren*).

restaureren [herstellen] **middelnl.** *restaureren, restoreren* < **fr.** *restaurer* < **lat.** *restorare* [herstellen], van *re-* [weer, terug] en een niet-zelfstandig voorkomend ww., gevormd naar **gr.** *stauros* [paal, palissade].

resteel [ruif] nevenvorm van *rasteel*.

resteren [overblijven] < **fr.** *rester* [idem] < **lat.** *restare* [achterblijven], van *re-* [terug] + *stare* [staan], daarmee idg. verwant.

restitueren [teruggeven] **middelnl.** *restitueren* < **fr.** *restituer* [idem] < **lat.** *restituere* [terugzetten, teruggeven, herstellen], van *re-* [terug] + *statuere* [plaatsen, doen staan], causatief van *stare* [staan], daarmee idg. verwant.

resto ['per resto', per slot van rekening] < **it.** *resto* < **me. lat.** *restum* [rest], gebruikt als verl. deelw. van *restare* (vgl. *rest*).

restrictie [beperking] **middelnl.** *restrictie* < **fr.** *restriction* [idem] < **lat.** *restrictionem*, 4e nv. van *restrictio*, van *restringere* (verl. deelw.

resulteren — retrograde

restrictum) [achteruit trekken, vastbinden, benauwen, beperken], van *re-* [terug] + *stringere* [trekken, snoeren] (vgl. **strikt**).

resulteren [voortvloeien uit] < **fr.** *résulter* [idem] < **lat.** *resultare* [afstuiten, terugkaatsen, weerklinken], van *re-* [terug] + *saltare* [dansen], frequentatief van *salire* [springen] (vgl. **resiliabel**).

resumeren [samenvatten] < **fr.** *résumer* [idem] < **lat.** *resumere* [weer opnemen], van *re-* [terug, wederom] + *sumere* [nemen], van *sub* [onder] + *emere* [kopen].

resurrectie [opstanding uit de dood] < **fr.** *résurrection* < **lat.** *resurrectionem*, 4e nv. van *resurrectio* [het opstaan, wederopstanding], van *resurgere* (verl. deelw. *resurrectum*) [weer opstaan], van *re-* [wederom] + *surgere* [zich oprichten], van *sub* [onder] + *regere* [richten] (vgl. **regeren, regel**).

resusfactor [antigene factor in het bloed] genoemd naar de veel voor proeven gebruikte *resusaap*, die benoemd is door de Franse natuurhistoricus Jean-Baptiste Audebert (1759-1800). Hij koos willekeurig de gr. eigennaam *Rèsos*, **lat.** *Rhesus*, van een Thracische koning, bondgenoot van de Trojanen.

retabel [achterstuk van altaar] < **fr.** *retable, rétable* [idem] < **spaans** *retablo* [idem] < **me. lat.** *retrotabulum, retrotabularium*, van *retro* [aan de achterkant] + *tabula* [tafel, altaar].

retaliatie [vergelding] van **lat.** *retaliare* [vergelden], van *re-* [terug] + *talio* [vergelding].

retardando [vertragend] < **it.** *ritardando*, gerundium van *ritardare*, vroeger ook *retardare* < **lat.** *retardare* [vertragen], van *re-* [terug] + *tardare* [vertragen], van *tardus* [langzaam].

retarderen [vertragen] (1532) < **fr.** *retarder* [idem] < **lat.** *retardare* [idem], van *re-* [terug] + *tardare* [vertragen], van *tardus* [langzaam].

rete [hennepbraak] nevenvorm van *reute, root* (vgl. **roten**).

reten [roten] **middelnl.** *reten*, naast *roten*.

retentie [ophouding] < **fr.** *rétention* [idem] < **lat.** *retentionem*, 4e nv. van *retentio* [het terughouden, opschorten, inhouden (van betaling)], van *retinēre* (verl. deelw. *retentum*) [tegenhouden etc.], van *re-* [terug] + *tenēre* [houden].

retenue [terughouding] **middelnl.** *retenue, ritenue* [idem] < **fr.** *retenue* [idem], het zelfstandig gebruikt vr. verl. deelw. van *retenir* < **lat.** *retinēre* (vgl. **retentie**).

reticentie [het verzwijgen] < **fr.** *réticence* < **lat.** *reticentia* [idem], van *reticēre* (teg. deelw. *reticens*, 2e nv. *reticentis*) [(ver)zwijgen], van *re-* [terug] + *tacēre* [zwijgen].

reticulair [netvormig] < **fr.** *réticulaire*, gevormd van **lat.** *reticulum* [netje, vlies], verkleiningsvorm van *rete* (2e nv. *retis*) [net].

reticule [handtas] < **fr.** *réticule* < **lat.** *reticulum* (vgl. **reticulair**).

Retiër [iem. uit de Romeinse provincie Noricum] van **lat.** *Rhaeti* [de Retiërs].

retina [netvlies] < **me. lat.** *retina*, verkleiningsvorm van *rete* [net]; het woord is gevormd door Gerardo da Cremona († 1187), die o.m. uit het arabisch in het latijn vertaalde, om **hebr.** *resjet* [net] weer te geven, dat in me. hebr. voor retina werd gebruikt.

retiniet [aardhars] gevormd van **gr.** *rètinè* [hars] (vgl. **resineren**).

retirade [terugtocht, openbaar toilet] < **fr.** *retirade* < **it.** *ritirata* [het zich terugtrekken, w.c.], van *ritirare* [terugtrekken], van *ri-* [terug] + *tirare* [trekken], dat niet bevredigend is verklaard.

retireren [terugtrekken] < **fr.** *retirer* [idem], van *re-* [terug] + *tirer* [trekken], dat niet bevredigend is verklaard.

retorica [redekunst] (**middelnl.** *retorike*) < **lat.** *rhetorica* [leer van de welsprekendheid] < **gr.** *rètorikè technè, rètorikon* [idem], van *rètorikos* [van de redenaar], van *rètōr* [redenaar, leraar in de welsprekendheid], van *rèsis* [het spreken], verwant met *eirein* [spreken] (vgl. **ironie**).

retorqueren [iem. met zijn eigen woorden bestrijden] < **fr.** *rétorquer* [idem] < **lat.** *retorquēre* [terugdraaien, omwenden], van *re-* [terug] + *torquēre* [draaien], idg. verwant met **hd.** *drechseln* (vgl. **torsie**).

retorsie [weerwraak] < **fr.** *rétorsion* [idem], gevormd van **lat.** *re-* [terug] + *torsie*.

retort [distilleerkolf] < **fr.** *retorte* [idem] < **me. lat.** *retorta* [vat met teruggedraaide hals], eig. het verl. deelw. van *retorquēre* (vgl. **retorqueren**).

retouche [het bijwerken] < **fr.** *retouche*, van *retoucher*, van *re-* [terug, wederom] + *toucher* (vgl. **toucheren**).

retour [terug] < **fr.** *retour*, van *retourner*, **oudfr.** *reto(u)rner*, van *re-* [terug] + *to(u)rner* [draaien] < **lat.** *tornare* [idem] (vgl. **tornen**[1]).

retract [inbreuk op recht van verkoper] < **lat.** *retractus*, verl. deelw. van *retrahere* [terugtrekken], van *re-* [terug] + *trahere*, idg. verwant met **dragen**.

retraite [het terugtrekken] < **fr.** *retraite*, het zelfstandig gebruikt vr. verl. deelw. van *retraire* [terugtrekken] < **lat.** *retrahere* (vgl. **retract**).

retranchement [tweede verschansing] < **fr.** *retranchement* [weglating, verschansing], van *retrancher* [wegsnijden, verschansen], van *re-* [terug] + *trancher* [snijden], **oudfr.** *trenchier*, teruggaand op **lat.** *truncare* [afsnijden] (vgl. **tronk**).

retribueren [vergoeden] < **fr.** *rétribuer* [belonen] < **lat.** *retribuere* [teruggeven], van *re-* [terug] + *tribuere* (vgl. **contribueren**).

retriever [apporterende hond] < **eng.** *retriever*, van *to retrieve* [terugvinden] < **oudfr.** *retro(u)ver* [idem], van *re-* [wederom, terug] + *tro(u)ver* [vinden], van **lat.** *tropus* [een bep. retorische wending, gezang] < **gr.** *tropos* (vgl. **troop**).

retrograde [teruggaand] (**middelnl.** *retrogradacie* [teruggang]) < **fr.** *rétrograde* [teruggaand] < **lat.** *retrogradis, retrogradus* [achterwaarts, achter-

uitgaand], van *retrogredi* [achterwaarts gaan], van *retro* [achteruit] + *gradi* [gaan] (vgl. *graad*).
retrozijn [rederijker] < **fr.** *rhétoricien* [idem], gevormd van *rhétorique* (vgl. *retorica*).
retsina [drank] < **modern gr.** *retsina* [hars, de harsachtige wijn] < **oudgr.** *rètinè* [hars] (vgl. *reseen*); oorspr. was de harssmaak een onbedoeld neveneffect van het impregneren van leren wijnzakken met hars.
return [revanchepartij] < **eng.** *return* < **middeleng.** *retorn,* van **oudfr.** *reto(u)rner,* van *re-* [terug] + *to(u)rner* < **lat.** *tornare* (vgl. *tornen* ¹).
reu [mannetjeshond] **middelnl.** *rode, reude, ruede* [grote hond, mannetjeshond, -vos, -wolf], **hd.** *Rüde* [brak, reu, mannetjesvos, -wolf, -marter] < **lat.** *rutilus* [roodbruin]; de betekenis 'mannetjeshond' lijkt niet primair te zijn en mogelijk slaat de benaming allereerst op wilde dieren zoals de vos.
reuk [geur, reukvermogen] van *ruiken.*
reuma [aandoening] **(middelnl.** *reume, ru(e)me* [het vloeien van koude vochten]) < **gr.** *reuma* [stroom, een ziekteverwekkende vloeistof], van *rein* [vloeien, stromen], daarmee idg. verwant.
reünie [hereniging] < **fr.** *réunion* [hereniging, samenkomst], van *réunir,* van *re-* [wederom, terug] + *unir* < **lat.** *unire* [verenigen], van *unus* [een], daarmee idg. verwant.
reup [ziekte in rogge, in zuidoostelijke dial. een knolvormige vergroeiing] wel < **oudhd.** *ruoba,* **hd.** *Rübe* [raap].
reuring [gezellige drukte] dial. nevenvorm van *roering* (vgl. *roeren*).
reus [gigant] **middelnl.** *rese* en (gerond) *reuse, rose, ruse,* **saksisch** *wrislik,* **oudhd.** *riso, risi,* **oudnoors** *risi,* die mogelijk zijn te verbinden met *rijzen,* maar daarnaast staan vormen met *w:* **oudnederfrankisch** *wrisil,* **oudsaksisch** *wrisilīk* [reusachtig]; buiten het germ. verwant met **lat.** *verruca* [wrat], **gr.** *rion* [bergtop], **oudiers** *fairsing* [groot], **litouws** *viršus* [het bovenste], **oudkerkslavisch** *vrĭchŭ* [top], **oudindisch** *varšman-* [bergtop].
reüsseren [slagen] < **fr.** *réussir* < **it.** *riuscire* [idem], van *ri-, re-* [terug] + *uscire* < **lat.** *exire* [gaan uit, als resultaat te voorschijn komen], van *ex* [uit] + *ire* [gaan].
reut [troep] **middelnl.** *rote, rotte* [schaar, troep, bende] (vgl. *rot* ²).
reute [rootplaats] → *roten.*
reutelen [rochelend ademen] **middelnl.** *rotelen, reutelen* [rammelen, ratelen, rochelen], frequentatief van *ru(y)ten* [brommen, snorren], **oudsaksisch, oudeng.** *hrutan* [snurken], **oudfries** *hruta* [rochelen], **oudhd.** *(h)ruzan,* **oudnoors** *hrjota* [snurken], **hd.** *rotzen* [snotteren], **gr.** *koruza* [verkoudheid, snot]; klanknabootsend gevormd.
reuzel [vet] **middelnl.** *resel, rosel, ruesel, reusel,* **oudsaksisch** *rusal,* **middelnd.** *resel, rosel, rösel,* **oudeng.** *rysel,* vermoedelijk van een idg. basis met de betekenis 'afscheuren', vgl. **oudnoors** *holdrosa* [binnenkant van de huid], **oudkerkslavisch** *rušiti* [stukscheuren], **tochaars A** *räsw-,* **tochaars B** *räss-* [uitrukken].
revaleren ['zich revaleren', zich dekken] gevormd van **lat.** *re-* [terug] + **it.** *valere* < **lat.** *valēre* [krachtig zijn, waard zijn, gelden].
revalidatie [het herstellen van patiënt] < **me. lat.** *revalidatio* [herhaalde bevestiging van de waarde], van *validus* [krachtig, sterk], idg. verwant met *geweld.*
revaluatie [herwaardering] gevormd van **lat.** *re-* [terug] + *valuatie,* van **fr.** *valoir* (verl. deelw. *valu*) [waard zijn] < **lat.** *valēre* [sterk zijn, gelden], idg. verwant met *geweld.*
revanche [genoegdoening] < **fr.** *revanche,* van *revancher,* van **oudfr.** *re-* [wederom, terug] + *vengier, venchier* < **lat.** *vindicare* [aanspraak maken op, verdedigen, straffen, zich wreken], van *vindicta* [bescherming, wraak, straf] < *vim dictam,* 4e nv. van *vis dicta* [geformuleerde macht].
reveil [opleving] < **fr.** *réveil* [idem] (vgl. *reveille*).
reveille [sein om troepen te wekken] het fr. woord is *réveil, reveille* echter is een nl. verkorting van *réveillez-vous* [wordt wakker!], *réveiller,* van *re-* [weer] + *éveiller* [wekken] < **lat.** *vigilare* [waken, wakker zijn], van *vigil* [wakker], verwant met *vegēre* [levendig zijn], idg. verwant met *waken.*
reveleren [openbaren] **middelnl.** *reveleren* < **fr.** *révéler* [idem] < **lat.** *revelare* [ontbloten, onthullen, openbaren], van *re-* [terug] + *velare* [omhullen], van *velum* [zeil, gordijn, doek] (vgl. *voile*).
reven [(zeilen) kleiner maken] van *reef* ¹.
revenu [inkomsten] < **fr.** *revenu* [inkomen], verl. deelw. van *revenir* < **lat.** *revenire* [terugkomen], van *re-* [terug] + *venire* [komen], idg. verwant met *komen.*
reverbeeroven [vlamoven] < **fr.** *four à réverbère,* van **lat.** *reverberare* [terugstoten], van *re-* [terug] + *verberare* [slaan, striemen], van *verber* [zweep].
reverbère [straatlantaarn met reflectors] < **fr.** *réverbère* [idem], van *réverbérer* [terugkaatsen] < **lat.** *reverberare* [terugslaan], van *re-* [terug] + *verberare* [slaan], van *verbera* [zweep].
revérence [buiging] **(middelnl.** *reverentie* [eerbied]) < **fr.** *révérence* < **lat.** *reverentia* [eerbied, achting, eerbiedig opzien], van *reverens* (2e nv. *reverentis*) [eerbiedig], eig. teg. deelw. van *revereor* [ik ben beschroomd, ik heb eerbied voor], idg. verwant met *waar* in *waarnemen.*
reverende [eerwaardig] < **lat.** *reverendus* [idem, eig. die moet worden geëerd], gerundivum van *revereor* (vgl. *revérence*).
rêverie [dromerij] < **fr.** *rêverie,* van *rêver* [dromen, oorspr. zwerven], teruggaand op **lat.** *vagus* [zwervend, ronddwalend] (vgl. *vaag* ³).
revers ¹ [keerzijde] < **fr.** *revers,* van het oude bn. *revers* [omgedraaid] < **lat.** *reversus,* verl. deelw. van *revertere* [omkeren], van *re-* [terug] + *vertere* [draaien], idg. verwant met *worden.*

revers[2] [protocol waarin de ene concessie tegenover de andere wordt gegeven] < fr. *réversal*, een 18e eeuwse juridische vorming op basis van lat. *revertere* (vgl. **revers**[1]).

revêtement [bekledingsmuur] < fr. *revêtement*, van *re-* [terug, weer] + *vêtement*, oudfr. *vestement* < lat. *vestimentum* [kleding], van *vestire* [kleden], van *vestis* [kleding, gewaad] (vgl. **vest**[2]).

revideren [herzien] < lat. *revidēre* [weer kijken], van *re-* [terug, wederom] + *vidēre* [zien], idg. verwant met **weten**.

revier [terrein, jachtgebied] vgl. *rivier;* de oudste betekenis was 'oeverstreek', i.h.b. voor de jacht, eerst later die van 'rivier'.

review [tijdschrift] < eng. *review* < me. fr. *reveue*, vr. verl. deelw. van *reveoir* < lat. *revidēre* (vgl. **revideren**).

revindiceren [terugvorderen] < lat. *revindicare* [vergoeding vragen van], van *re-* [terug, wederom] + *vindicare* (vgl. **revanche**).

reviseren [herzien] < fr. *réviser* < lat. *revisere* [weerzien], frequentatief van *revidēre* (verl. deelw. *revisum*) (vgl. **revideren**).

revisor [die rekeningen controleert] gevormd van lat. *revidēre* (verl. deelw. *revisum*) (vgl. **revideren**).

revival [herleving] < eng. *revival*, van *to revive* < me. fr. *revivre* < lat. *revivere* [opnieuw leven], van *re-* [terug, wederom] + *vivere* [leven], verwant met gr. *bios* [leven].

revivescentie [het weer tot leven wekken] < fr. *révivescence* [idem], van lat. *reviviscere, revivescere* (teg. deelw. *reviviscens, revivescens*, 2e nv. *reviviscentis, revivescentis*) [weer tot leven komen], van *re-* [wederom] + *vivere* [leven], verwant met gr. *bios* [leven].

revivicatie [het doen herleven] < fr. *révivication* < me. lat. *revivicationem*, 4e nv. van *revivicatio* [herleving (van een gebruik)], van *revivicare* [opnieuw tot leven komen] (het verl. deelw. *revivicatus* [opnieuw tot leven gebracht]), van *re-* [terug, wederom] + *vivicare* [doen leven], van *vivere* [leven], verwant met gr. *bios* [leven].

revocatie [herroeping] middelnl. *revocatie* < fr. *révocation* < lat. *revocationem*, 4e nv. van *revocatio* [het terugroepen, herhaling], van *revocare* (verl. deelw. *revocatum*), van *re-* [terug] + *vocare* [roepen], van *vox* (2e nv. *vocis*) [stem, geroep, geluid], idg. verwant met hd. *erwähnen*.

revoltant [weerzinwekkend] < fr. *révoltant* [idem], eig. teg. deelw. van *révolter* [in opstand komen, choqueren] (vgl. **revolte**).

revolte [opstand] < fr. *révolte* < it. *rivolto*, eig. verl. deelw. van *rivolgere* < lat. *revolvere* [terug doen rollen], van *re-* [terug] + *volvere* [wentelen], idg. verwant met **wals**[1], **wentelen**.

revolutie [ommekeer] < fr. *révolution* [omwenteling] < me. lat. *revolutio* [omwenteling van sterren, het omslaan van bladzijden, eig. het terugslaan van de boekrol, overwegen], van *revolutum*, verl. deelw. van *revolvere* (vgl. **revolte**).

revolutionair [oproerig] < fr. *révolutionnaire* [idem], van *révolution* (vgl. **revolutie**).

revolver [vuurwapen] de naam is bedacht door de Amerikaan Samuel Colt, die er in 1836 patent voor aanvroeg, afgeleid van lat. *revolvere* [terug doen rollen, opnieuw doen] (vgl. **revolte**), omdat de ronddraaiende cilinder na elk schot een volgende patroon voor de loop brengt.

revue [tijdschrift, show] < fr. *revue*, eig. het zelfstandig gebruikt vr. verl. deelw. van *revoir* [opnieuw zien], van *re-* [wederom] + *voir* < lat. *vidēre*, oorspr. met de betekenis 'herziening', dan die van 'periodieke publikatie' en ten slotte van 'show' (vgl. **revideren**).

rex [koning] < lat. *rex*, verwant met *regere* [richten, leiden, regeren].

rexisme [Belgische fascistenpartij] genoemd naar de leuze *Christus Rex* [Christus Koning] waarmee Léon Degrelle en de zijnen de Katholieke Actie begonnen.

Reykjavik [geogr.] **oudnoors, ijslands** *reykja* [roken], **oudnoors** *reykr*, **ijslands** *reykur* [rook] + *vīk* [kleine baai], **oudnoors** *vīk* [bocht] (vgl. **wijk**[2]); de betekenis is dus 'rokende baai'.

rez-de-chaussée [benedenwoning] < fr. *à rez-de-chaussée* [op de begane grond], oudfr. *rez* (bn.) < lat. *rasus* [vlak], eig. verl. deelw. van *radere* [afkrabben, schaven] (vgl. **chaussée**).

Rhaeto-Romaans [Romaans dialect] vgl. **Retiër, Romaans**.

rhea [Zuidamerikaanse loopvogel] willekeurig genoemd naar *Rhea*, de moeder van Zeus.

rhenium [chemisch element] zo genoemd door de ontdekkers ervan, de Duitse chemicus Walter Karl Friedrich Noddack (geboren 1893), zijn vrouw Ida Tacke en Berg, naar *Rhenus*, de lat. naam de Rijn, de oorspr. spelling van *renium*.

rhesus → **resusfactor**.

rhodaan [scheikundige verbinding] van gr. *rodon* [roos], zo genoemd vanwege de rode kleur.

Rhodesië [geogr.] < eng. *Rhodesia*, genoemd naar de stichter ervan *Cecil John Rhodes* (1853-1902).

rhodium [chemisch element] gevormd door de ontdekker ervan, de Engelse natuurkundige William Hyde Wollaston (1766-1826), van gr. *rodon* [roos], omdat de zouten de kleur van rode rozen hebben.

rhodoliet [rooskleurige steen] gevormd van gr. *rodon* [roos] + *lithos* [steen].

rhönrad [gymnastiektoestel] < hd. *Rhönrad*, genoemd naar het gebergte *Rhön*.

rhythmus → **ritme**.

ria [riviermond] < **spaans** *ria* of **catalaans** *ría*, verwant met **spaans** *río* [rivier] < lat. *rivus* [beek], van dezelfde idg. basis als **Rijn**.

rial [munt] < ar. *riyāl* < **spaans** *real* (vgl. **reaal**[1]).

Rialto [eiland in Venetië, waar de beurs was gevestigd] < *Rivoalto* < lat. *rivus* [kanaal] (vgl. **ria**) + *altus* [diep, uitgestrekt].

riant [aantrekkelijk] < fr. *riant*, eig. teg. deelw. van *rire* [lachen], teruggaand op lat. *ridēre* [idem].

riaskust [kust met verdronken rivieren] → *ria*.

rib¹, ribbe [dun been in borstkas] **middelnl**. *rib(be), rebbe*, **oudsaksisch** *ribbi*, **oudhd**. *rippi*, **oudfries** *rebb*, **oudeng**. *ribb*, **oudnoors** *rif*; buiten het germ. lat. *orbis* [kring, cirkel, hoepel], gr. *orophos* [dak], *orophoun* [van een dak voorzien], **oudkerkslavisch** *rebro* [rib].

rib², ribbe [weegbree] **middelnl**. *ribwortz*, **oudeng**. *ribbe*, **eng**. *rib*, hetzelfde woord als *rib* ¹, in de betekenis 'één der nerven die het bladskelet vormen'.

ribbel [verhoging] afgeleid van *rib* ¹.

ribbemoos [grote, krachtige kerel] < *ribbemouse* [breekijzer] < **rotwelsch** *Rebmose*, vermoedelijk < *Rabbi Mozes*, die immers in drift de stenen tafelen verbrijzelde.

ribes [plantengeslacht] < fr. *ribes* [aalbessestruik] < me. lat. *ribes, ribasium* < ar. *rībās* [zuring] < perzisch *rīvās*.

ribose [een pentose] < hd. *Ribonsäure*, het eerste lid < eng. *arabinose*, van lat. *Arabicus* [Arabisch].

ricambio [retourwissel] < it. *ricambio* [verwisseling], van *ricambiare* [inruilen], van lat. *re-* [terug] + me. lat. *cambiare* < klass. lat. *cambire* [ruilen].

richard [rijkaard] < fr. *richard*, afgeleid van *riche* [rijk], uit het germ., vgl. *rijk*².

richel [rand] verscherpt uit *regel*, vgl. *tichel* bij *tegel*.

richelieuwerk [borduurwerk, nabootsing van vroege naaldkant] in de 19e eeuw naar *Richelieu* genoemd, een vorming als de *voltairestoel*.

richten [rechtmaken, in een bep. richting laten gaan] **middelnl**. *richten*, **oudnederfrankisch**, **oudhd**. *rihten*, **oudsaksisch** *rihtian*, **oudeng**. *rihtan*, **oudnoors** *rētta*, **gotisch** *garaihtjan*, afgeleid van *recht*¹, waarbij de *i* de klankwettig (voor *i* resp. *j* van de volgende lettergreep) te verwachten vorm is, en de vorm *rechten* door heroriëntatie op *recht* ontstond.

richtig [naar behoren] sedert de Statenbijbel (1639) < hd. *richtig*, **oudhd**. *rihtig*, **middelnd**. *richtich*, vgl. **middelnl**. *rechtich* [voortreffelijk, rechtschapen].

richting [het richten, richting waarheen iem. gaat] eerst sedert de 18e eeuw, vermoedelijk < hd. *Richtung*.

ricine [eiwitstof] < fr. *ricine*, van *ricinus*, in het zaad waarvan deze stof voorkomt.

ricinus [plant] < lat. *ricinus* [schapeteek, wonderboom]; de plant is zo genoemd vanwege de op teken lijkende zaden, vgl. *kroton*.

rickettsia [micro-organismen] genoemd naar de Amerikaanse patholoog *Howard Taylor Ricketts* (1871-1910), die deze organismen aanwees als verwekkers van vlektyfus.

ricocheren [ketsen] < fr. *ricocher*, van *ricochet* [het opspringen van een projectiel], etymologie onbekend.

ridder [edele] **middelnl**. *ridder(e)*, **middelnd**. *ridder*, **middelhd**. *rit(t)er* < **middelnl**. *rider(e)* [ruiter], van *rijden*.

ridderspoor [plant] genoemd naar de vorm van de plant. Voor de betekenisontwikkeling vgl. *kalketrip*.

rideau [gordijn] < fr. *rideau*, van *rider* [rimpelen] < **oudhd**. *ridan* [draaien, winden].

ridicuul [belachelijk] < fr. *ridicule* < lat. *ridiculus* [lachwekkend, grappenmaker], van *ridēre* [lachen].

riedel [klankreeks, woordcombinatie] etymologie onbekend, vermoedelijk klanknabootsend.

riegheide [struikheide] nevenvorm van *ruigheide*, **middelnl**. *riege* [ruig, ruw].

riek [mestvork] **middelnl**. *rieke* [drietandige vork], stellig behorend bij *rake* [hark], ondanks afwijkende vocaal (vgl. *raak*¹).

rieken nevenvorm van *ruiken*.

riem¹ [leren band] **middelnl**. *riem(e), reme*, **oudsaksisch**, **oudhd**. *riomo*, **oudeng**. *reoma*; etymologie onzeker, verwant met *rooien*², zodat de betekenis zou zijn 'band van samengebonden bastvezels'.

riem² [roeispaan] **middelnl**. *reme, riem(e)* < lat. *remus* [idem], verwant met gr. *eretmon* [roeiriem], *eressein* [roeien], daarmee idg. verwant.

riem³ [hoeveelheid papier] **middelnl**. *riem(e)* < **spaans** *resma* < ar. *rizma* [bundel, pak, baal, riem (papier)]; de papierfabricage is door de Moren in Spanje ingevoerd en vandaaruit is Europa lange tijd van papier voorzien.

riep, riepe [trottoir] ook *rijp*, **middelnl**. *rijpwerk* [langs het water], mogelijk < lat. *ripa* [oever, kust, strand]; het woord komt voor in plaatsnamen als *Dronrijp, Zeerijp, Rijpwetering*.

riesling [wijn] < hd. *Riesling*, ouder *Rüssling*, etymologie onbekend.

riet¹ [plant] **middelnl**. *ried, riet, reet, reyt*, **oudnederfrankisch** *ried*, **oudsaksisch** *hriod*, **oudfries** *(h)reid, hriäd*, **oudeng**. *hreod*, **oudhd**. *(h)riot*; buiten het germ. **tochaars** A *kru*, **tochaars** B *kärw-* [riet], **litouws** *krutéti* [bewegen, zich roeren]; vgl. ook hd. *rütteln* [schokken, schudden].

riet² [ruk] behoort bij *rijten*, **middelnl**. *riten*.

rif¹ [geraamte] **middelnl**. *middelrijf* [middenrif], **oudnederfrankisch** *ref* [buik], **middelnd**. *rif* [lichaam, lijk], **oudhd**. *(h)ref* [onderlijf], **oudfries** *(h)rif*, **oudeng**. *hrif* [buik]; buiten het germ. lat. *corpus* [lichaam], **middeliers** *cri* [lichaam], **oudindisch** *krp-* [gedaante, vorm].

rif² [bank in zee] **middelnd**. *rif, ref*, **oudnoors** *rif* (ook [rib(be)]) (vgl. *rivier*); het nl. kent ook *rib* voor bank in zee, vgl. de *Houtrib*; denkelijk ligt vormovereenkomst hieraan ten grondslag.

rif³, reef [strook in zeil] **middelnl**. *reef*, bij Kiliaan *rif(t)*, nd. *riff, reff*, **oudnoors** *rif*, vgl. **oudeng**. *ārāfian* [loswikkelen], **ijslands** *reifa* [wikkelen], *reifar* (mv.) [luier].

riff [type muziekmotief] < **eng.** *riff,* verbasterd uit *refrain* [refrein].

riffelen [de ribbels op maalwalsen scherp maken] →*rijfelen.*

Riffijn [bewoner van het Rif] < **fr.** *Rifain* < **ar.** *rifī,* inwoner van *ar rīf* [kuststrook in Noord-Marokko] <*rīf* [vruchtbaar land, bebouwd land, platteland], of <**lat.** *ripa* [kust] (vgl. *Rivièra*).

rifraf [rapalje, tuig] **middelnl.** *rijf ende raf* [rijp en groen], **eng.** *riffraff* [ongeordende menigte, bende], **middeleng.** *riff and raff* < **oudfr.** *rif(l)e et raf(l)e* [jan en alleman, later bende], van **oudfr.** *rifler* [schaven, krabben] < **oudhd.** *riffilon* [door wrijven verscheuren].

Riga [geogr.] de stad gelegen aan de *Ryghi.*

rigaudon [een dans] < **fr.** *rigaudon,* genoemd naar de dansmeester *Rigaud* die deze dans bedacht.

riggeling [heiningshout] vgl. **middelnl.** *rige* [rij, regel, plank, lat], **richel** [lat, verbindingslat] *richelhout* [latwerk, waarachter men iets, b.v. aardewerk, kan plaatsen].

rigide [streng] < **fr.** *rigide* < **lat.** *rigidus* [stijf, hard, streng], van *rigēre* [stijf zijn, hard zijn] (vgl. *frigide*).

rigor [stijfheid] < **lat.** *rigor,* van *rigēre* [stijf zijn] (vgl. *frigide*).

rigoroso [streng in de maat] < **it.** *rigoroso* [gestreng, stipt], van *rigore* [strengheid] < **lat.** *rigorem,* 4e nv. van *rigor* [idem] + *-oso* < **lat.** *-osus* [vol van].

rigoureus [zeer streng] < **fr.** *rigoureux* < **me. lat.** *rigorosus* [streng], van **lat.** *rigor* [stijfheid, hardheid, gestrengheid] (vgl. *rigide*) + *-osus* [vol van].

rigueur [strengheid] < **fr.** *rigueur* < **lat.** *rigor* [idem].

rij [reeks] **middelnl.** *rige* [rij, regel], **oudhd.** *riga;* van *rijgen.*

rijden [zich voortbewegen in een voertuig] **middelnl.** *riden,* **oudsaksisch, oudeng.** *ridan,* **oudhd.** *ritan,* **oudfries** *rida,* **oudnoors** *riða;* buiten het germ. **oudiers** *riadaim, riad* [rit], **gallisch** *reda* [wagen].

rijf¹ [hark] →*rijven.*

rijf², rijve [relikwieënkast] **middelnl.** *rive,* etymologie onzeker, mogelijk te verbinden met **oudeng.** *rift* [kleed, mantel, doek, gordijn], **oudnoors** *ript* [stuk goed].

rijf³ [mild, royaal] **middelnl.** *rive, rijf* [overvloedig], **middelnd.** *rive,* **oudeng.** *rīf,* **oudnoors** *rīfr* [wild, onstuimig].

rijfelen [vijlen, kaarten van de stok nemen, dobbelen] vgl. **middelnl.** *rifelinge* [loterij], **eng.** *to riffle* [het doorlopen van een stapel papier met de duim op de snede, het schudden van kaarten], **oudhd.** *riffilon;* rijfelen is een iteratief van *rijven,* vgl. ook *repel¹* [vlaskam].

rijgen [aan een snoer hechten] **middelnl.** *rien, rijen* en, met latere *g, rigen* [dichtrijgen, rijgen], **middelnd.** *rigen;* buiten het germ. **lat.** *rima* [spleet], **gr.** *ereikein* [openscheuren, splijten], **welsh** *rhwygo* [openscheuren], **litouws** *riekti*

[(brood) snijden], **oudindisch** *rikhati* [hij snijdt open].

rijk¹ [staat] **middelnl.** *rike* [koning, keizer, heerserswaardigheid, het gebied daarvan], **oudnederfrankisch, oudsaksisch, oudnoors** *riki,* **oudhd.** *rīhhi,* **oudfries** *rike,* **oudeng.** *rice,* **gotisch** *reiki* (van *reiks* [heerser]); buiten het germ. **lat.** *rex,* **iers** *ri,* **oudindisch** *rājan-* [heerser, koning], vgl. ook kelt. namen als *Ambiorix, Vercingetorix.* Het woord is wel uit het kelt. in het germ. overgenomen. Verwant met **lat.** *regere* (vgl. *regeren*).

rijk² [vermogend] **middelnl., oudfries** *rike,* **oudsaksisch** *riki,* **oudhd.** *rīhhi,* **oudeng.** *rice,* **oudnoors** *rīkr;* van dezelfde herkomst als *rijk¹.*

rijkdom [het rijk-zijn] **middelnl.** *rijcdoem, rijcdo(o)m* [idem], **oudsaksisch** *rikidōm,* **oudhd.** *rīhhituom,* **oudfries** *rikedōm,* **oudeng.** *ricedōm* [macht], **oudnoors** *rikdōmr;* gevormd van *rijk²* + *-dom.*

rijm¹ [bevroren dauw] **middelnl.** *rijm,* **middelhd.** *rīm,* **oudeng., oudnoors** *hrīm,* van dezelfde basis als *rijp¹,* maar met ander achtervoegsel.

rijm² [gelijke klank] **middelnl.** *rime, rijm* [dichtmaat, rijm, gedicht] < **fr.** *rime* < **me. lat.** *rhythmus, ritmus, rismus, rima* [vers, i.h.b een geritmeerd, rijmend vers, harmonie] (vgl. *ritme*).

rijn [molenijzer] **middelnl.** *rine, rijn,* **middelnd.** *rine,* **fries** *rin;* etymologie onbekend.

Rijn [geogr.] < **lat.** *R(h)enus* < **keltisch** *renos,* **oudhd.** *Rīn* [stroom], vgl. **gr.** *reō* [ik vloei], idg. verwant met *stroom.*

rijns →*rins.*

rijp¹ [bevroren dauw] **middelnl.** *ripe, rijp,* **oudsaksisch** *hripo,* **nd.** *rip,* **oudhd.** *(h)rī(f)fo,* van dezelfde stam als *rijm¹,* maar met ander achtervoegsel.

rijp² [rups] nevenvorm van *ruip* (vgl. *rups*).

rijp³ [geschikt voor de oogst] **middelnl.** *ripe, rijp,* **oudsaksisch** *ripi,* **oudhd.** *rif(f)i,* **oudeng.** *ripe,* vgl. **eng.** *to reap,* **oudeng.** *ripan* [oogsten]; de betekenis is 'hetgeen geoogst kan worden'.

rijpeltocht [kleefkruid, onkruid waarvan het zaad zich met de gerst vermengt] het eerste lid van **gronings** *riepelen* [repelen, het vlas van de zaaddozen ontdoen]; het tweede lid *tocht* vermoedelijk in de betekenis 'groeikracht'.

rijs¹ [takje] **middelnl.** *rijs,* **oudsaksisch, oudeng.,** **oudnoors** *hrīs,* **oudhd.** *(h)rīs* [tak, struikgewas], vgl. **gotisch** *(af)hrisjan* [(af)schudden], **oudeng.** *hrissan,* **oudnoors** *hrista* [schudden]; buiten het germ. **lat.** *crispus* [gekruld, kroes], *crispare* [slingeren], **middeliers** *cressaim* [ik schud].

rijs² [geen water houdend (in papierfabricage)] van *rijzen* in de betekenis 'vallen'.

rijst [graansoort] **middelnl.** *rijs* < **oudfr.** *ris* < **me. lat.** *oriza, ris(i)a, risum, risus, rizi,* **klass. lat.** *oryza* < **gr.** *oruza* < **oudperzisch** *brizi* < **afghaans** *vrizje* < **oudindisch** *vrīhi-* [rijst].

rijsttafel [hoofdmaaltijd met rijst] de betekenis is

afgeleid van de oorspronkelijke, Indische ronde tafel met een gat in het midden waarin een schaal met rijst paste en met een gat voor ieder der tafelgenoten, waarin een rond bord verzonk.

rijt [1] [waterplant] ook *reit* en *reie* < **lat.** *retae* [bomen die op de oever of in een stroombed staan], van *retare* [schoonmaken, belemmeringen weghalen], etymologie onbekend.

rijt [2] [uitwatering] **middelnl.** *rijt*, **oudnederfrankisch** *rīth* [stortvloed], **middelnd.** *ride* [beek], **oudeng.** *rīð* [beek]; verwant met **middelnl.** *rinnen* [stromen, vlieten], vgl. **rennen**.

rijten [scheuren] **middelnl.** *riten* [scheuren, openrijten], **oudsaksisch** *writan* [schrijven], **oudhd.** *rizan* (**hd.** *reißen*), **eng.** *to write* (**oudeng.** *writan*), **oudzweeds** *hrita* [inbeitelen van runen].

rijtuig [door paarden getrokken voertuig voor mensen] in deze betekenis eerst sedert eind 17e eeuw; bij Winschooten (1681) 'al het geen behoord tot een schip, om in storm te gebruiken'. Van *rijden* + *tuig*.

rijven [harken] **middelnl.** *riven* [harken, raspen], **middelnd.** *riven*, **oudfries** *rivia*, **oudeng.** *hrīfnian*, **oudnoors** *rīfa* [grijpen naar, krabben], **oudnoors** *hrifa* [hark]; buiten het germ. **Iets** *skripts* [krom mes].

rijver [onderdeel van lithopers] < **hd.** *Reiber* [wrijver, wrijfkussen], *Reiberdruck* [lithografie], van *reiben* [wrijven].

rijwiel [fiets] in ca. 1871 gevormd naar het voorbeeld van *rijtuig*, ter vervanging van *vélocipède;* van *rijden* + *wiel* [1].

rijzelen [uitvallen (van zaad, graan e.d.)] iteratief van *rijzen* in de betekenis 'vallen'.

rijzen [zich oprichten] **middelnl.** *risen*, **oudsaksisch**, **oudhd.**, **oudeng.** *risan*, **oudfries**, **oudnoors** *risa*, **gotisch** *(ur)reisan;* buiten het germ. **gr.** *orinein* [in beweging zetten], vgl. ook *reis* [1].

rijzer [gebrekkige kaas met grote gaten] van *rijzen* [omhoog komen].

rijzig [lang] **middelnl.** *reisich* [rijzig, slank, mager, spichtig] (vgl. *reiziger*), gespeld met *ij* o.i.v. *rijzen*.

rikketikken [vlug tikken] gerekte vorm van *tikken;* de uitdrukking *in zijn rikketik zitten* [in angst zitten] slaat op het getik van het hart.

rikking [rasterwerk] van *rek* [1], **middelnl.** *rec, ric* [staak, stang, rek].

riksja [karretje] < **eng.** *ricksha(w)*, verkort uit **japans** *jinrikisha*, van *jin* [man] + *riki* [kracht] + *sha* [voertuig].

ril [1] [waterloop, geul, rug tussen voren] met verkleinings *l*, van *rijt* [2] [waterloop].

ril [2] [schuw, jagersterm] van *rillen* [huiveren].

rillen [trillen] **nd.** *rillen*, **fries** *rilje*, van **middelnl.** *rideren* [rillen], *rideringe* [het rillen, koorts], bij Kiliaan *rijeren, rijderen* [beven], **oudhd.** *ridon*, vgl. **middelnl.** *rede*, **oudsaksisch** *hrido*, **oudhd.** *rit(t)o* [koorts] (vgl. *ritsig*).

rim [richel aan houten beschot] **oudeng.** *rīma* [rand, oever, kust] (**eng.** *rim*), **oudnoors** *rime, rimi* [rug (van land)].

rimboe [wildernis] < **maleis** *rimba, rimbu* [oerwoud, wildernis].

rimpel [plooi] **middelnl.** *rimpel, rompel, rimp(e), rompe* [vouw, plooi, rimpel], van *rimpen, rimpelen, rompelen*, **oudhd.** *rimpfan*, **hd.** *rümpfen* [samentrekken], **oudeng.** *hrimpan* (**eng.** *to ripple* [rimpelen]) (vgl. *ramp*).

rimram [gedaas] klanknabootsend gevormd.

rinde [eikeschors] → *run* [2].

rinforzando [in sterkte toenemend] < **it.** *rinforzando*, van *rinforzare*, van *re-* [terug, wederom] + *inforzare*, van *in* [in, naar] + *forzare*, van *forza* [kracht] < **me. lat.** *fortia*, eig. o. mv. van *fortis* [krachtig], dat werd aangezien voor een zn. vr. enk. (vgl. *ferm*).

ring [kringvormig voorwerp] **middelnl.** *rinc*, **oudnederfrankisch, oudsaksisch, oudhd., oudfries, oudeng.** *hring*, **oudnoors** *hringr;* buiten het germ. **umbrisch** *cringatro* [schouderband], **oudkerkslavisch** *krǫgŭ* [kring], *krǫglŭ* [rond].

ringeloren [op de kop zitten] **middelnl.** *ringeloren* [van een ring voorzien (van dier), een ring door de neus halen], van *ring* + *oor*.

ringgit [munt] < **maleis** *ringgit* [eig. gekarteld, met gekartelde rand], (= *beringgit*).

rinitis [neusontsteking] gevormd van **gr.** *ris* (2e nv. *rinos*) [neus] (vgl. *rinoceros*) + *itis*.

rink [ijsbaan] < **eng.** *rink* < **oudfr.** *renc*, **fr.** *rang* (vgl. *rang*).

rinkelen [een hel, gebroken geluid geven] bij Kiliaan *ringkelen*, gevormd van **middelnl.** *ringen* [klinken].

rinkelrooien [pierewaaien] bij Kiliaan *ringkelroyen, rinckel-roden* [ronddraven en daarbij met castagnetten e.d. rinkelen], van *rinkel(en)* + een allittererend tweede deel dat geen eigen betekenis heeft, dat evenwel ook kan stammen van *royen* [dansen], of, als de vorm met *d* ouder is, van **fr.** *rôder* [rondzwerven] < **lat.** *rotare* [zwaaien], van *rota* [wiel], idg. verwant met *rad* [1].

rinket [klein deurtje in grote deur] nevenvorm van *klinket*, vermoedelijk door de parallel *klinken - rinkelen*.

rinkinken [rinkelen] nog niet bij Kiliaan, vgl. **nd., fries** *rinkinken;* klanknabootsend gevormd.

rinnen [wegvloeien] → *rennen*.

rinoceros [neushoorn] < **laat-lat.** *rhinoceros* < **gr.** *rinokerōs*, van *ris* (2e nv. *rinos*) [neus] + *keras* [hoorn], daarmee idg. verwant.

rinoplastiek [esthetische chirurgie van de neus] gevormd van **gr.** *ris* (2e nv. *rinos*) [neus] + *plastiek*.

rins [zuurachtig] **middelnl.** *rins, rijnsch* [van de Rijn; de betekenis is dus 'smakend als Rijnwijn'.

rioja [Spaanse rode wijn] genoemd naar het gebied van herkomst *La Rioja* in de provincie Logroño.

riool [afvoerkanaal] **middelnl.** *riole* [kanaal, afwateringsmiddel] < **me. lat.** *rivulus, rivolus, riolus* [beekje], verkleiningsvorm van *rivus* [beek, kanaal voor irrigatie of afvoer].

riposteren [gevat antwoorden] < **fr.** *riposter,* van *riposte* < **it.** *risposta,* van *rispostare* < **lat.** *respondēre* (vgl. *respons*).

rippen [afristen, openrijten] **middelnl.** *re(e)pen, reipen* [hekelen, rekken, afscheuren] (vgl. *reep* [1]).

rips [geribde stof] afgeleid van *rib* [1] (synoniem *ribbetjesgoed*).

Ripuarisch [van de Ripuariërs] van **me.lat.** *Ripuarii* [zij die aan de oever van de Rijn wonen], *ripa* [oever] (vgl. *rivier*).

risaliet [uitspringend deel van gevel] < **it.** *risalto* [uitbouw], van *risalire* = *risaltare* [naar buiten reiken], van **lat.** *re-* [terug] + *saltare,* frequentatief van *salire* [springen], verwant met **gr.** *hallomai* [ik spring] (vgl. *halma*).

risee [mikpunt van spot] < **fr.** *risée* [gelach, voorwerp van spot], van *rire* < **lat.** *ridēre* (verl. deelw. *risum*) [lachen].

risico [gevaar voor schade] etymologie onzeker, in eerste instantie stellig uit het rom., vgl. **it.**, **portugees** *risco,* **spaans** *riesgo,* die mogelijk stammen van **lat.** *resecare* [(be)snoeien, afsnijden], *aliquid de vivo resecare* [kapitaal aanspreken], van *re-* [wederom, terug] + *secare* [snijden], wellicht echter < **ar.** *rizq* [levensonderhoud, dagelijks brood, zegening (door God), fortuin].

riskant [gewaagd] < **hd.** *riskant* < **fr.** *risquant,* teg. deelw. van *risquer* (vgl. *riskeren*).

riskeren [wagen] < **fr.** *risquer* [idem], van *risque* (vgl. *risico*).

Risorgimento [Italiaans streven naar eenheid] < **it.** *Risorgimento,* van *risorgere* [herrijzen] < **lat.** *resurgere* [idem], van *re-* [terug, wederom] + *surgere* [zich verheffen], van *sub-* [onder] + *regere* (vgl. *regeren*).

risotto [rijstgerecht] < **it.** *risotto,* van *riso* [rijst].

rispen [afristen, repelen] → *berispen*.

rissole [met ragoût gevuld hapje] < **fr.** *rissole* < **oudfr.** *roissole* < **lat.** (vr.) *russeola* (m.) *russeolus* [een beetje rood], verkleiningsvorm van *russeus* [roodachtig], van *russus* [rood], verwant met *ruber* [rood] (vgl. *rubriek*).

rist, ris [bundel (van vlas e.d.)] **middelnl.** *rijst(e), riste* [bundel (b.v. van vlas, uien)], vermoedelijk < **lat.** *restis* [touw, koord, knoflooksteel].

rister [1] [strijkbord van ploeg] **oudhd.** *riostar,* **oudeng.** *reost,* vermoedelijk afgeleid van *rooien* [2].

rister [2] [benaming van enkele planten uit het geslacht Polygonum] van *rist,* zo genoemd naar de ristvormige constellatie van de kleine bloempjes. Vgl. ook *rits* [2].

rit [1] [het rijden] in de 16e eeuw in de Achterhoek genoteerd, waarschijnlijk < **middelnd.** *rit,* van *rijden;* de oorspr. nl. vorm luidt (middelnl.) *rede* [rit].

rit [2] [kikkerrit] **middelnl.** *rijt,* bij Kiliaan *rite;* etymologie onzeker.

ritardando → *retardando.*

rite [ritueel gebruik] < **fr.** *rite* < **lat.** *ritus* [godsdienstig gebruik, ceremonie, gewoonte], verwant met **gr.** *arithmos* [getal], *ruthmos* [lijn, schone lijn, verhouding] (vgl. *rijm* [2], *ritme*).

ritenuto [ingehouden] < **it.** *ritenuto,* verl. deelw. van *ritenere* [inhouden] < **lat.** *retinēre* [idem], van *re-* [terug] + *tenēre* [houden].

ritme [wisseling in beweging] < **lat.** *rhythmus* < **gr.** *ruthmos* [lijn van de melodie, maat, ritme], van *reō* [ik vloei], idg. verwant met *stroom*.

ritmeester [officier van de cavalerie] **middelnl.** *ritmeester* [aanvoerder van een ruiterbende], wel < **hd.** *Rittmeister* (vgl. *rit* [1] en *meester*).

ritnaald [benaming voor diverse soorten kniptorren] het eerste lid verwant met *rijten* (het diertje knaagt wortels van gewassen door), het tweede lid naar analogie van *naainaald* vanwege de lange dunne vorm.

ritornel [herhalingsthema] < **it.** *ritornello* [idem], verkleiningsvorm van *ritorno* [terugkeer, herhaling], van *ritornare* [terugkeren], van *ri-* < **lat.** *re-* [terug] + **lat.** *tornare* [draaien (op de draaibank)] (vgl. *tornen* [1]).

ritraite, ritratta [herwissel] de eerste vorm vermenging van **fr.** *retraite* en **it.** *ritratta,* beide het zelfstandig gebruikt vr. verl. deelw. van respectievelijk **oudfr.** *retraire* en **it.** *ritrarre* [terugtrekken, opnieuw trekken] < **lat.** *retrahere* [idem], van *re-* [terug, wederom] + *trahere* [trekken], idg. verwant met *dragen*.

rits [1] [insnijding] **middelnl.** *rits* [schrap, streep, rits], wel < **middelhd.** *riz* [scheur] (**hd.** *Ritze* [spleet], *Riβ* [scheur]), verwant met *rijten*.

rits [2] [benaming van enkele planten uit het geslacht Polygonum] → *rist.*

rits [3] [krib in rivier] etymologie onbekend.

rits [4] [rug van schelpen en zand (in Suriname)] < **eng.** *ridge,* verwant met *rug.*

rits [5] [geil] → *ritsig.*

ritselen [een zacht, onregelmatig geluid maken] **middelnl.** *ristelen, rijstelen, risselen,* aannemend dat de eerste vorm de oudste is, zou het een frequentatief kunnen zijn van een woord *risten,* **oudnoors** *hrista* [schudden] (vgl. *rijs* [1]), maar ook kan *rijstelen* oud zijn en ablauten met *ristelen,* terwijl *risselen* van een woord *rissen* [beven], zou kunnen komen.

ritsig [geil] bij Kiliaan *ritsch, ritsigh,* van **middelnl.** *rede, redde, ridde, ree* [koorts], verwant met *rillen.*

ritssluiting [treksluiting] klanknabootsend gevormd.

ritueel [volgens de rite] < **fr.** *rituel* < **lat.** *ritualis* [m.b.t. de godsdienstige gebruiken], van *ritus* (vgl. *rite*).

rivaal [mededinger] < **fr.** *rival* < **lat.** *rivalis* [medeminnaar, oorspr. medegerechtigde op een bevloeiingskanaal], van *rivus* [beek, bevloeiingskanaal] (vgl. *riool*).

riveerhamer [klinkhamer] van **fr.** *river* [vastklinken] (vgl. *rivet*).

rivet [klinknagel] middelnl. *rivet* < fr. *river* [vasthechten], van *rive* [kant, oever] (vgl. *rivier*).

rivier [waterstroom] middelnl. *rivier(e)* [oeverstreek, rivier] < oudfr. *riv(i)ere* < me. lat. *riparia (terra)* [oever(land)], vr. van *riparius* [oever-], van *ripa* [oever, zeekust], mv. *ripae* [oeverstreek], verwant met gr. *eripna* [steilte], *ereipein* [uiteenrukken, instorten], **oudnoors** *rifa* [breken], *rif* [bank in zee] (vgl. *rif*², *riveerhamer*, *Rivièra*, *arriveren*).

Rivièra [geogr.] < it. *riviera* [kust, kuststreek, strand] (vgl. *rivier*).

rizofoor [luchtwortelboom] gevormd van gr. *riza* [wortel], verwant met gr. *radix* [jonge loot], lat. *radix* [wortel], daarmee idg. verwant, + gr. *pherein* [dragen], idg. verwant met *baren* ¹.

rizoom [wortelstok] < gr. *rizōma* [wat wortel heeft geschoten], van *rizoun* [wortel schieten], van *riza* (vgl. *rizofoor*).

roadster [open tweepersoons sportauto] < eng. *roadster* [schip op de ree, tweezits auto, ervaren reiziger], van *road*, middeleng. *rode* [het rijden, reis], **oudeng.** *rād* [idem], van *riden* [rijden], zodat vroeg 'rijweg' betekent + -*ster* (vgl. -*ster*).

roastbeef → *rosbief*.

rob¹ [zeehond] middelnl. *rob(be)*, nd. *rubbe*, fries *robbe*; etymologie onbekend.

rob² [vissemaag] middelnl. *rop(pe)* [ingewanden van dieren], **oudeng.** *ropp*, verwant met middelnl. *ro(o)pen*, *roppen*, *ruppen* [plukken], verwant met *roven*.

rob³ [gesuikerd vruchtenmoes] < fr. *rob* [diksap] < ar. *rubb* [ingedikt vruchtesap].

rob⁴ [biezen mandje] middelnl. *rop*, *rob*, vermoedelijk met dezelfde betekenis. Etymologie onbekend.

robbedoes [wild kind] een onduidelijke vorming waarin mogelijk het eerste lid *rob* [zeehond] is, misschien ook van *robben* [stoeien] komt en het tweede wellicht behoort bij *duizelen*.

robben [wrijven] hetzelfde woord als *rubben*.

robber¹ [gereedschap van plaatdrukker] van *robben* [wrijven].

robber² [reeks partijen (bij bridge, oorspr. whist)] < fr. *robre* [idem] < eng. *rubber*, waarschijnlijk van *to rub* [uitvlakken], namelijk na afloop de notities van de vorige ronde (vgl. *robben*).

robe [japon] < fr. *robe* < oudfr. *robe* [buit, buit bestaande uit kledingstukken, gewaad], uit het germ., vgl. *roven*.

robertskruid, robbertskruid [plant] genoemd naar de Franse botanicus *Robert de Toulon*.

robijn [rood edelgesteente] middelnl. *rubijn*, *robijn* < me. lat. *rubinus*, *robinus*, van *ruber* [rood] (vgl. *rubriek*).

robol [plant] van *rood* + *bol*¹.

roborantia [versterkende middelen] (1540) *roboreren* [bekrachtigen] < lat. *roborantia*, o. mv. van *roborans*, teg. deelw. van *roborare* [sterk maken], van *robur* (2e nv. *roboris*) [wintereik, stevigheid, kracht], verwant met *ruber* [rood], *robigo* [roest] (vgl. *rubriek*), dus eig. de roestkleurige boom.

robot [kunstmens] < fr. *robot* < tsjechisch *robot* [slaaf], van *robota* [gedwongen arbeid], **oudkerkslavisch** *rabota* [slavernij], russ. *rabota* [arbeid], idg. verwant met *arbeid*.

roburiet [springstof] gevormd van lat. *robur* [kracht] (vgl. *roborantia*).

robuust [krachtig] < fr. *robuste* [idem] < lat. *robustus* [van eikehout, stevig, krachtig], van *robus*, nevenvorm van *robur* [eikehout, wintereik, kracht, kern] (vgl. *roborantia*).

rocaille [grotwerk van schelpen] < fr. *rocaille*, van *roc*, m. van *roche*, met dezelfde etymologie als *rots*.

rocambole [kleine ui] < fr. *rocambole* < hd. *Rockenbolle*, van *Rocken*, *Roggen* [rogge] + *Bolle*, *Bölle* [bol, knol, ui].

rochelen [rauw keelgeluid maken] klanknabootsende vorming.

rochet [kort koorhemd] < fr. *rochet*, uit het germ., vgl. *rok*.

rock [muziek] afgekort van *rock and roll* < eng. *to rock* [wiebelen, schokken], verwant met *rukken* + *to roll* [rollen].

rococo [bouwstijl] < fr. *rococo*, speelse afleiding van *rocaille* (vgl. *rocaille*).

roddelen [kwaad spreken] eerst begin 20e eeuw genoteerd en vermoedelijk een jonge klanknabootsende vorming.

rodekool [koolsoort] de naam stamt uit de tijd dat naast de huidige paarse variant nog een echt rode, het *roosken*, gewoon was, die thans is verdwenen.

rodelen [een helling afsleeën] < hd. *rodeln* [eig. rollen] < me. lat. *rotulare*, van *rotula*, verkleiningsvorm van *rota* [wiel], idg. verwant met *rad*¹.

rodeo [bijeenkomst van cowboys] < spaans *rodeo* [het rondgaan, plaats waar het vee wordt samengedreven], van het ww. *rodear* [omringen, ergens rondgaan], van *rueda* [wiel] < lat. *rota* (vgl. *rodelen*).

rodineren [met een laagje rhodium bedekken] van *rhodium*.

rododendron [heester] < gr. *rododendron* [lett. rozeboom], van *rodon* [roos] + *dendron* [boom] (vgl. *druïde*).

rodomontade [pocherij] < fr. *rodomontade* < it. *rodomontata* [idem], van *rodomonte* [pocher], naar *Rodomonte*, een persoon in Ariosto's *Orlando Furioso* (voltooid 1532). De naam betekent 'hij die bergen verrolt' van *rodare* [rollen] < lat. *rotare*, van *rota* [rad] + *monte* [berg] < lat. *montem*, 4e nv. van *mons* [berg].

rodopsine [roodgevoelig pigment in de retina] gevormd van gr. *rodon* (vgl. *rododendron*) + *opsis* [het zien] (vgl. *optisch*).

roebel [munt] < russ. *rubl'*, van het ww. *rubit'* [afhakken]; in de 14e eeuw werd in het Russische gebied betaling met baren zilver gebruikelijk. Om te passen werden daarvan naar gelang van behoefte stukken afgehakt. Vgl. voor de betekenis *duit, stuiver*.

roebol [plant] → *robol*.

roede, roe [twijg] **middelnl.** *roede* [tak, staf], **oudsaksisch** *roda* [staak, galg], **oudhd.** *ruota* [staaf], **oudfries** *rode* [galg], **oudeng.** *rōd* [kruis] (**eng.** *rod* [stok]), **oudnoors** *roða;* etymologie onzeker.

roedel [kudde] < **hd.** *Rudel*, verkleiningsvorm van *Rode, Rotte* [troep] (vgl. *rot*²).

roedjak [soort salade van vruchten] < **maleis** *rujak* [vruchtensalade].

roef [overdekt deel van schip] **middelnl.** *roof, rouf, roef* [dak, verdek van schip], **middelhd.** *rof,* **oudfries, oudeng., oudnoors** *hrōf* (**eng.** *roof*); buiten het germ. **oudiers** *cro,* **gaelisch** *craw,* **bretons** *crou* [stal], **oudkerkslavisch** *stropŭ* [dak].

roefel [gereedschap om grond te verkruimelen] **middelnl.** *roffel, ruffel* [een soort spade] (vgl. *roffel*¹).

roeien¹ [met riemen een vaartuig voortbewegen] **middelnl.** *ro(e)yen,* **middelnd.** *ro(i)en,* **middelhd.** *rüejen,* **oudeng.** *rowan,* **oudnoors** *rōa;* buiten het germ. **lat.** *remus* [roeiriem], **gr.** *eressein* [roeien], **iers** *rame* [riem], **litouws** *irti* [roeien], **oudindisch** *aritra-* [(roei)riem].

roeien² [vaten peilen] **middelnl.** *ro(e)den, rueden, roeyen,* van *roede* [stok].

roeien³ [uit de grond trekken] → *rooien*².

roek [vogel] **middelnl.** *roec, rouc, roeke* [kraai, raaf], **middelnd.** *rōk,* **oudhd.** *(h)ruoh* (**hd.** *Ruch*), **oudeng.** *hrōc* (**eng.** *rook*), **oudnoors** *hrōkr,* **gotisch** *hrukjan* [kraaien]; buiten het germ. **lat.** *corvus* [raaf], *cornix* [kraai], **gr.** *korax* [raaf]; klanknabootsend gevormd.

roekeloos [onberaden] **middelnl.** *ro(e)keloos, roecloos* [zorgeloos, gewetenloos, wuft], van *roeke* [aandacht, zorg], van *roeken* [aandacht hebben voor], **oudsaksisch** *rokian,* **oudhd.** *ruochan,* **oudeng.** *recan* (**eng.** *to reck*); van dezelfde basis als *rekenen*².

roekoeën [het geluid van duiven voortbrengen] klanknabootsend gevormd.

roem [lof] **middelnl.** *ro(e)m* [roemzucht, pralerij, eer], **oudsaksisch** *hrōm,* **oudhd.** *(h)ruom* en met ander achtervoegsel **oudnoors** *hrōðr;* buiten het germ. **gr.** *kèrux* [heraut], **oudindisch** *kāru-* [lofzanger].

Roemeens [van Roemenië] < **roemeens** *Romîn* < **lat.** *Romanus* [Romein, Romeins], van (de stad) *Roma* (vgl. *Rome*).

roemen [een kaartcombinatie melden] is hetzelfde woord als *roemen* [prijzen].

roemer [groot wijnglas] **middelnd.** *romer* [vermoedelijk Romeins glas].

roemruchtig [vermaard] sedert de 17e eeuw, gevormd van *roem + ruchtig* [befaamd], afgeleid van **middelnl.** *ruchte* [gerucht, naam, faam] (vgl. *gerucht*).

roepaard [rechts ingespannen paard] het eerste lid is *roede* [stok, dissel]; de voerman zit links en heeft de dissel dus rechts van zich.

roepen [schreeuwen] **middelnl.** *ro(e)pen, roupen, ruepen,* **oudnederfrankisch** *ruopen,* **oudsaksisch, oudeng.** *hropan,* **oudhd.** *(h)ruofan,* **gotisch** *hrōpjan;* een germ. woord waarvan daarbuiten geen verwanten bekend zijn.

roepia [munt] < **bahasa indonesia** *rupiah* < **hindi** *rupayā-* < **oudindisch** *rūpya-* [zilver(stuk)], van *rūpah-* [vorm, gedaante, bep. munt], vgl. **maleis** *rupa* [vorm].

roer¹ [stuur van schip] **middelnl.** *ro(e)der, roeyer* [roeiriem, roer (een riem diende als roer)]; van *roeien*¹.

roer² [buis, pijp, geweer] **middelnl.** *roer* [riet, rietpijp, pijp, later vuurroer], **middelnd., oudhd.** *rōr* (**hd.** *Rohr*), **oudnoors** *reyrr,* **gotisch** *raus* [riet], verwant met **middelnl.** *rusch* [riet, bies], **nl.** *rus*² [idem].

roerdomp [vogel] genoteerd sedert Kiliaan (**middelnd.** *rōrdum(p),* **oudhd.** *roredumbil*), van **middelnl.** *roer* [riet, rietpijp] (vgl. *roer*² [pijp]) + *dommen, dompen* [een dof geluid maken] (de vogel maakt een dof geluid in de paringstijd). Daarnaast **middelnl.** *roesdom(mel),* waarbij het eerste lid = *rusch* [bies] (vgl. *rus*²).

roeren [dooreenmengen] **middelnl.** *ro(e)ren, rueren,* **oudsaksisch** *hrorian,* **oudhd.** *(h)ruoren,* **oudfries** *hrera,* **oudeng.** *hreran,* **oudnoors** *hrǫra;* buiten het germ. **gr.** *kerannumi* [ik meng] (vgl. *krater*), **oudindisch** *śrīṇāti* [hij mengt, kookt].

roes [bedwelming] van *roezen,* **middelnl.** *rusen* [leven maken, tieren], waarbij *roezen* vermoedelijk de oude vocaal heeft bewaard (vgl. *roezen, roezemoezen, ruisen*¹).

roesje¹ [keldermot] → *roestje*.

roesje² [oplegsel aan kleding] < **fr.** *ruche* (vgl. *ruche*).

roest¹ [metaaluitslag] **middelnl.** *roest, rost,* **oudsaksisch, oudhd.** *rost,* **oudeng.** *rüst;* buiten het germ. **lat.** *rubigo, robigo,* **oudkerkslavisch** *rŭžda,* **litouws** *rudis* [roest], verwant met *rood, ros*², dus genoemd naar de kleur.

roest² [hoenderstok] **middelnl.** *roest* [ook het harde verhemelte (dak van de mond)], **oudsaksisch** *hrōst* [daksparren], **oudeng.** *hrōst* [hoenderstok] (**eng.** *roost,* waarvan *rooster* [haan]), **oudnoors, gotisch** *hrōt* [dak].

roestje [keldermot] zo genoemd vanwege de roestkleurige vlekken op de vleugels (vgl. *roest*¹).

roet [koolstofneerslag] **middelnl.** *roet(e), ruet(e)* [vet, smeer, roet], **oudsaksisch** *hrōt,* **oudhd.** *ruoz* naast met *m* formans **oudsaksisch, oudfries, oudeng.** *hrūm,* misschien verwant met **oudhd.** *horo,* **oudeng.** *horh,* **oudnoors** *horr* [vuil]; buiten het germ. **middeliers** *corcach* [moeras].

roetaard [meerkol] **middelnl.** *roetaert,* van *roet;* zo genoemd vanwege de zwarte kleur.

roetsjen [glijden] < **hd.** *rutschen*, **middelhd.** *rütschen* < *rützen*, **middelnl.** *rutsen, rutselen* [idem], klanknabootsend gevormd.

roezemoezen [gonzen] **middelnl.** *roesemoesen, rusemusen*, reduplicatie van *rusen* [tieren, leven maken], de *oe* -vorm heeft waarschijnlijk de oorspr. vocaal behouden. Vgl. ook ***roes, roezen, ruisen*** [1].

roezen [rumoer maken] waarschijnlijk een vorm met behoud van de oude *oe* naast **middelnl.** *rusen* [leven maken, tieren], vgl. ook ***ruisen*** [1].

roffel [1] [schaaf] vermoedelijk hetzelfde woord als **middelnl.** *ruffel(e), rufel(e), roffele* [soort spade of schop], **middelnd.** *roffele, ruffele*, dat men kan verbinden met **oudnoors** *hrufla* [krabben].

roffel [2] [uitbrander, eig. reeks slagen] van klanknabootsend *roffelen*.

roffelen [op de trommel slaan] klanknabootsend gevormd.

rog [vis] **middelnl.** *rochge, roche, rogge*, **middelnd.** *roche, ruche*, **oudeng.** *reohhe, ruhha;* etymologie onbekend.

rogatoir [ondervragend] < **fr.** *rogatoire* [idem], van **oudfr.** *rogation* [gebed] < **lat.** *rogationem*, 4e nv. van *rogatio* [vraag, verzoek], van *rogare* (verl. deelw. *rogatum*) [vragen], verwant met *regere* [richten, leiden] (vgl. ***regeren***).

roge [viskuit] **middelnl.** *roge, roch*, **middelnd.** *rog(g)e*, **oudhd.** *rogo*, **oudnoors** *hrogn;* buiten het germ. **litouws** *kurklè* (mv.), **lets** *kuŕkulis*, **russ.** *krjak* [kikkerrit].

Roger [ontvangen en begrepen] < **eng.** *Roger*, in radioverkeer de spelnaam voor *R* als afkorting van *received*.

rogge [graansoort] **middelnl.** *rog(ge), rug(ge)*, **oudsaksisch** *roggo*, **oudhd.** *rocko*, **oudfries** *rogga*, **oudeng.** *ryge* (**eng.** *rye*), **oudnoors** *rugr;* buiten het germ. **litouws** (mv.) *rugiai*, **russ.** *rož*, waarschijnlijk samen met de invoering van het gewas overgenomen uit het balto-slavisch en daar afkomstig van **thracisch** *briza*, dat op zijn beurt met het gewas vermoedelijk uit de Russische vlakten stamt.

rojemen [barg. bespieden] < **jiddisch** *roojenen*, van **hebr.** *ra'ah* [zien].

rok [kledingstuk] **middelnl.** *roc* [kledingstuk (diverse soorten)], **oudsaksisch** *rok*, **oudhd.** *roc*, **oudfries** *rokk*, **oudeng.** *rocc;* buiten het germ. slechts **oudiers** *rucht* [kleed]; etymologie onzeker.

Rok [fabeldier] < **ar.** *ruḫ*, de naam van de reuzenvogel uit de fabel.

rokade [dubbele zet in schaakspel] < **fr.** *rocade*, van *roquer* [rokeren] < **oudfr.** *roc* [de toren in het schaakspel] < **ar.** *ruḫ* [de toren in het schaakspel].

roken [rook afgeven] van ***rook*** [1].

rokkelore [overkleed] < **fr.** *roquelaure*, genoemd naar *Antoine-Gaston, hertog van Roquelaure* (1656-1738), Franse maarschalk.

rokken [onderdeel van spinnewiel] **middelnl.**

rocke, rocken (de tweede vorm uit een naamvalsvorm van de eerste) **oudhd.** *roccho*, **oudnoors** *rokkr;* etymologie onzeker.

rokou [verfstof] < **fr.** *rocou* [idem] < *urucu*, een inheemse braziliaanse benaming.

rol [opgerold stuk, theaterpartij] **middelnl.** *rolle, rulle, rol* < **fr.** *rôle* < **lat.** *rotula*, verkleinwoord van *rota* [wiel, rad, rol]; de betekenisovergang van acteursrol werd mogelijk doordat in de Oudheid teksten niet in boekvorm maar op rollen werden geschreven.

rollade [opgerold stuk vlees] < **fr.** *roulade* [idem], van *rouler* [rollen, oprollen], teruggaand op **lat.** *rotula* (vgl. ***rol***).

rolmops [opgerolde haring] het eerste lid van *(op)rollen*, het tweede kan moeilijk anders zijn dan *mops* [hond, dier met stompe snuit], vermoedelijk van *mop* [brok, klomp, kluit].

Romaans [van het Latijn afstammend] **middelnl.** *Romansch* [Frans] < **fr.** *roman* (bn.) < *roman* (zn., vgl. ***roman***), als tegenstelling tot *latin*.

roman [verhaal] < **fr.** *roman*, **oudfr.** *romans* [volkstaal, verhaal daarin, verhaal] (vgl. ***romance***).

romance [volkslied, liefdesavontuur] < **fr.** *romance* [Spaans gedicht], **middelnl.** *romanse* [gedicht in de romaanse volkstaal] < **oudfr.** *romance* [de volkstaal], in tegenstelling tot het geleerde Latijn < **me. lat.** *Romanice* [op romaanse wijze] < **klass. lat.** *Romanicus* [uit Rome].

romancier [romanschrijver] < **fr.** *romancier*, van **oudfr.** *romanz* (**fr.** *roman*).

rombout [soort libel] het eerste lid is **middelnl., nl.** *rommelen* [lawaai maken], het tweede is ***bout*** in de betekenis 'pijl', in de benaming van diverse insekten toegepast.

rombus [scheve vierhoek] < **lat.** *rhombus* [draaischijf (als tovermiddel)] < **gr.** *rombos* [toverrad], van *rembomai* [ik draai rond], idg. verwant met **middelnl.** *wremp, wrimp* [schopstoel], *wrempen, wrimpen* [de mond samentrekken, grijnzen]; de rombus in de moderne betekenis is zo genoemd op grond van vormovereenkomst.

Rome [geogr.] genoemd naar het Etruskisch geslacht *Rumina*.

romein [gewoon lettertype] zo genoemd naar het voorbeeld van de kapitalen uit de Romeinse keizertijd.

römertopf [stoofpot] < **hd.** *Römertopf*, van *Römer* [Romeinen].

rommedoe [Limburgse kaas] < **maastrichts** *roum* [room] + vermoedelijk **fr.** *doux* [zacht].

rommel [bende] **middelnl.** *rommel, rombele, rombole* [gedruis, rumoer], *rommelen* [lawaai maken], *rommelinge* [vodden, prullen], dus van *rommelen*, **hd.** *rummeln*, **eng.** *to rumble*, **oudnoors** *rymja;* buiten het germ. **lat.** *rumor* [gerucht], **gr.** *ōruesthai* [brullen], **oudkerkslavisch** *rjuti*, **russ.** *revet'* [brullen], **oudindisch** *rauti* [hij brult]; klanknabootsend gevormd.

rommelen [een dof geluid maken, overhoop halen] → ***rommel***.

romp [torso] **middelnl.** *romp(e), rump,* **middelnd.** *rump,* **eng.** *rump* [achterste]; etymologie onzeker.

rompslomp [lastige drukte] **fries** *rompslomp,* in de 16e eeuw *romp slomp* als tussenwerpsel bij het in het wilde weg slaan, **oostfries** *rumpslumps* [zo maar], klanknabootsend gevormd, moeilijk los te denken van *rommel* en *slommer.*

rond [bolvormig] **middelnl.** *ront, runt* < **fr.** *rond,* teruggaand op **lat.** *rotundus* [rond], gevormd naar *rota* [wiel], idg. verwant met *rad* ¹.

rondas [rond schild] < **fr.** *rondache* [idem] < **it.** *rondaccia, rondaccio* [klein rond schild], met de vergrotingsuitgang *-accio,* van *rondò* (vgl. *rond*).

rondavel [kafferhut] < **afrikaans** *rondavel,* van *ronde* + **portugees** *aba* [gebouwtje, penthouse].

rondborstig [openhartig] nog niet bij Kiliaan, gevormd nadat *rond* de betekenis 'openhartig' had gekregen, van *rond* + *borst* ¹.

ronde [rondgang van patrouille] sinds Kiliaan < **fr.** *ronde* < **spaans** *ronda,* aangepast aan 'rond' < *robda* < **ar.** *rubṭ* [wacht van vijf of meer soldaten].

rondeau [rondeel] < **fr.** *rondeau,* van *rondel,* verkleiningsvorm van *rond* [rond].

rondeel [kort gedicht] < **fr.** *rondel* (vgl. *rondeau*).

rondo [muziekstuk] < **it.** *rondo* < **fr.** *rondeau* (vgl. *rondeau*).

rondsel [tandrad] **middelnl.** *rontsel,* van *rond.*

ronduit [vestingwerk] verbastering van *reduit.*

rondwaren [ronddwalen] → *waren* ¹.

rondzaad [koolzaad] van *rond* + *zaad,* zaad dat rond is.

rong [staander op vrachtwagen] **middelnl.** *ronge, rung(e),* **middelnd.** *runge,* **middelhd.** *runge,* **oudeng.** *hrung* (**eng.** *rung*), **gotisch** *hrugga* [stok]; buiten het germ. **gr.** *kerkis* [weversnaald, scheenbeen, soort populier], *kerkos* [handvat].

ronggeng [dansmeisje] **maleis** *ronggeng* < **javaans** *ronggeng,* **kawi** *ronggeng.*

ronkedoor [solitaire olifant] < **portugees** *roncador* [druktemaker], van *roncar* [snurken, snorken, opscheppen], van **lat.** *r(h)onchus* [gesnurk], van **gr.** *rogkos,* van *regkein* [snurken], **oudiers** *sreunim* [ik snurk], ook **nl.** *snorken;* klanknabootsend gevormd.

ronkel [meikever] van *ronken,* naar het geluid dat hij maakt, *ronken* betekent middelnl. ook 'gonzen, snorren'.

ronken [snorren] **middelnl.** *runcken, ronken,* **middelnd.** *runken,* klanknabootsend gevormd (vgl. *ronkedoor*).

ronselen [werven] 16e eeuws met de betekenis 'ruilen', later ook 'werven', **fries** *ronselje;* etymologie onbekend.

röntgen [eenheid van röntgenstraling] genoemd naar de ontdekker van deze straling, de Duitse natuurkundige *Wilhelm Conrad Röntgen* (1845-1923).

ronzebons [poppenkast] van *ronzebonzen,* van *ronzen,* (*ronselen* [schudden]) + *bonzen,* klanknabootsend gevormd.

rood [kleur] **middelnl.** *root,* **oudsaksisch** *rōd,* **oudhd.** *rōt,* **oudfries** *rād,* **oudeng.** *read,* **oudnoors** *rauðr,* **gotisch** *raups;* buiten het germ. **lat.** *rufus* [roodharig], *ruber,* **gr.** *eruthros,* **oudiers** *ruad,* **russ.** *rudyj,* **oudindisch** *rudhira-* [rood].

roodoorn [soort van oer] van *rood* + **gronings** *ōr* [oer] (vgl. *oer*).

roodvonk [ziekte] vermoedelijk < *roodhond* [rode hond]; een tussenvorm *roodvont* is overgeleverd.

roof ¹ [wondkorst] **middelnl.** *rove, roof* [schurftachtige uitslag, wondkorst], **oudsaksisch** *hruft,* **middelnd.** *rove,* **oudhd.** *(h)riob,* **oudeng.** *hreof,* **oudnoors** *hrufa;* buiten het germ. **welsh** *crawen* [korst], **litouws** *kraupis* [uitslag], **lets** *kraupa* [schurft].

roof ² [streng wol] **fries** *reaf, reau,* **oostfries** *roof;* het woord is nergens anders gevonden, maar is wellicht van dezelfde basis als *rook* ² [stapel hooi].

rooi ¹ [streep] **middelnl.** *roye* < **fr.** *roie* (vgl. *raai* ¹, *rooien* ¹).

rooi ² [moeite] < **fr.** *désarroi* [verwarring, opschudding], **oudfr.** *desroi,* van ontkennend *des-* + *roi* [regel, maat, orde], uit het germ., vgl. *reden.*

rooi ³ [droog rivierdal] < **spaans** *arroyo* [beekje] < **lat.** *arrugia* [mijngang], van *ad* [tot, naar] + *ruga* [rimpel], idg. verwant met *ruig.*

rooien ¹ [treffen, mikken] **middelnl.** *royen* [in de rooilijn zetten], van *roye* [rooilijn] (vgl. *raai* ¹).

rooien ² [ontwortelen] **middelnl.** *roden, roeden, reuden,* **middelnd.,** **middelhd.** *riuten,* **oudfries** *rothia,* **oudnoors** *ryðja;* buiten het germ. **lat.** *ruere* [uitrukken], **litouws** *rauti* [idem] (vgl. *uitroeien*).

rooien ³ [rondzwerven] **middelnl.** *roden* [idem] < **fr.** *rôder* [idem] < **provençaals** *rodar* [idem] < **lat.** *rotare* [(zich) ronddraaien], van *rota* [rad], daarmee idg. verwant.

rook ¹ [damp] **middelnl.** *roke, rooc* [rook, wasem], **oudnederfrankisch** *rouc,* **oudsaksisch** *rōk,* **oudhd.** *rouh,* **oudfries** *rēk,* **oudeng.** *rēc, riec* (**eng.** *reek*), **oudnoors** *reykr;* ablautend naast *ruiken.*

rook ² [hooistapel] **middelnl.** *rōc,* **oudeng.** *hreac,* **oudnoors** *hraukr,* naast *hruga,* **iers** *cruach* → *rug.*

rool [verspreid liggende plukken haar van rammelende hazen] van *ruilen,* (**middelnl.** *roelen, roylen*).

room [vette deel van melk] **middelnl.** *rome, room,* **middelnd.** *rom(e),* **middelhd.** *roum* (**hd.** *Rahm*), **oudeng.** *ream,* ablautend **ijslands** *rjōmi;* het is onzeker van welke idg. basis *room* stamt, mogelijk verwant met **avestisch** *raoghna* [boter], mogelijk echter ook van dezelfde basis als *stroom* in welk geval het zou betekenen 'wat bovendrijft'.

roomstaar [ton waarin men melk laat indikken] van *room* + *staar* ².

roop [touw] dial. nevenvorm van *reep* ¹.

roos [bloem] **middelnl.** *rose* < **fr.** *rose* [idem] < **lat.**

rosa [rozeboom, roos], evenals **gr.** *rodon* (mv. *roda),* **myceens** *wordo-,* uit een oosterse taal.
roosten [roosteren] **middelnl.** *roosten,* **middelnd., oudhd.** *rōsten,* van *rooste, roost* [rooster, ovenvuur, geroosterde spijs], **oudsaksisch, oudhd.** *rost;* het **oudhd.** *rusa* [viskaar] wijst op een grondbetekenis 'vlechten'.
rooster [raamwerk] **middelnl.** *ro(o)ster, ruester;* van *roosten.*
roosteren [op een rooster braden] van *rooster.*
root [staand water waarin vlas wordt geroot] **middelnl.** *rote,* **middelnd.** *rote, röte, rate,* **middelhd.** *rāze;* van *roten.*
ropen [plukken] **middelnl.** *ro(o)pen* [plukken, afrukken], **middelnd.** *ropen,* **oudsaksisch** *biropian,* **oudhd.** *roufen* (**hd.** *raufen),* **oudeng.** *ariepan,* **gotisch** *raupjan,* op enige afstand verwant met *roven.*
ropij → *roepia.*
roppen [plukken] → *ropen.*
ropziek [ziekte van haring] het eerste lid is **middelnl.** *rop(pe)* [ingewand, visgrom], **oudeng.** *ropp* [darm], **eng. dial.** *rope,* etymologie onbekend.
roquefort [schapekaas] genoemd naar *Roquefort* in de Cevennes.
Rorate [vierde zondag in de advent] naar het begin van een lat. adventsgezang, tevens de introïtus: *Rorate coeli desuper* [Dauwt, hemelen, uit den hoge].
rorschachtest [psychologische test] genoemd naar de Zwitserse psychiater *Hermann Rorschach* (1884-1922), die de test ontwierp.
ros[1] [paard] **middelnl.** *(h)ors, (h)ars* en (zeer zelden) *ros,* **vlaams** *hors,* **oudsaksisch** *hers, hors,* **oudfries** *hors,* **oudhd.** *hros,* **oudeng.** *hors* (**hd.** *Roß,* **eng.** *horse*)*;* de nl. vorm *ros* staat vermoedelijk onder duitse invloed, hoewel de vorm met metathesis van *r* in het nl. oud kan zijn. De etymologie is onzeker, mogelijk bestaat verband met **lat.** *currere* [hard lopen].
ros[2] [kleur] < **oudfr.** *ros, rus* < **lat.** *russus* [rood, rossig].
rosaline [kloskant met rozetjes] 19e eeuwse vorming, van **lat.** *rosa* [roos] met een verkleiningsuitgang.
rosarium [rozentuin] < **lat.** *rosarium* [rozenbed, rozentuin], van *rosa* [roos].
rosbief [geroosterd rundvlees] < **eng.** *roast beef* [idem].
roselle [zuring] < **eng.** *rosella, roselle, rozelle,* mogelijk verbasterd uit **fr.** *l'oseille* [de zuring] en dan o.i.v. *rose* (de bloemkelken zijn rood).
roseola [rode vlekjes] < **modern lat.** *roseola* < **fr.** *roséole,* gevormd van *rose* [roze].
rosmarijn → *rozemarijn.*
rossement [watermunt] van *ros*[2] [roodbruin] + *munt*[2].
rossen[1] [roskammen, afranselen] van *ros*[1] [paard].

rossen[2] [woest rijden] nevenvorm van *rotsen,* **middelnl.** *rutsen, rutselen* [glijden, voortschuiven], **middelhd.** *rutzen, rutschen, rütschen* [glijden], **nl.** *roetsjen;* klanknabootsend gevormd, volksetymologisch geassocieerd met *ros* [paard].
rossinant [knol] naar het paard van Don Quijote *Rocinante,* afgeleid van **spaans** *rocín* [knol, slecht paard] + *antes* [voorheen] < **lat.** *ante* [voor].
rostra [sprekerstribune] < **lat.** *rostra* [spreekgestoelte op het forum te Rome], mv. van *rostrum* [snavel, scheepssneb]; het spreekgestoelte was versierd met buitgemaakte scheepssnebben. Gevormd van *rodere* [knagen], idg. verwant met *rat* + *-trum,* een achtervoegsel dat een instrument aanduidt als in *aratrum* [ploeg], *claustrum* [afsluiting, slot].
rot[1] [rat] **middelnl.** *rotte,* nevenvorm van *rat.*
rot[2] [legerschaar] **middelnl.** *rot(t)e* [legerschaar, troep, bende, gezelschap] < **oudfr.** *ro(u)te* [weg, bende] < **me. lat.** *rupta* (vgl. *ruiter).*
rot[3] [bedorven] van het ww. *rotten.*
Rota [pauselijk rechtscollege] verkort uit **lat.** *Sacra Romana Rota* [Heilige Romeinse Rota], de betekenisontwikkeling is niet zeker, waarschijnlijk echter is de naam ontleend aan de 'rollende lessenaar met processtukken', dan toegepast op de 'zaal' en ten slotte op de 'rechtbank', van *rota* [wiel], idg. verwant met *rad*[1].
rotacisme [overgang van consonant in r] van **gr.** *rōtakizein* [de r overdreven of in plaats van de l gebruiken], van *rō* [r], welke vorm vermoedelijk ter wille van de klank o.i.v. *bèta, delta, jota, thèta* is verlengd met *-ta, rō* < **hebr.** *rēsj, rōsj* [oorspr. hoofd], verwant met *ra'is* (vgl. *raïs*).
rotan [Spaans riet] < **maleis** *rotan,* met het zn. vormend achtervoegsel *-an,* van *raut* [bijsnijden, glad snijden]; rotan wordt, als het uit het bos is gehaald van stekels e.d. ontdaan, glad geschild voordat verharding kan beginnen.
Rotary [een serviceclub] < **eng.** *Rotary, rotary* [eig. draaiend], gevormd van **lat.** *rota* [wiel], idg. verwant met *rad*[1], zo genoemd omdat de leden aanvankelijk beurtelings ten huize van elkaar bijeen kwamen.
rotelen [ratelen, rammelen] nevenvorm van *reutelen.*
roten [stengels vochtig houden] **middelnl.** *ro(o)ten,* **middelnd.** *roten,* vgl. **oudhd.** *rozen* [rotten]; daarnaast **middelnl.** *re(e)ten, reyten* [aan stukken scheuren, vlas hekelen], **oudnoors** *reyta* [afscheuren] (vgl. *rotten).*
roteren [ronddraaien] < **lat.** *rotare* [iets als een rad ronddraaien], *rotari* [draaien], van *rota* [wiel, rad], daarmee idg. verwant.
rotgans [wilde zeegans] het eerste lid is klanknabootsend.
roti [brood] < **hindi** *roṭī,* ook **maleis, javaans** *roti.*
rotisserie [grill-restaurant] < **fr.** *rôtisserie,* van *rôtissant,* teg. deelw. van *rôtir* [roosteren], uit het germ., vgl. *roosten.*

rotje [vuurwerk] verkleiningsvorm van *rot* [rat].
rotmok [ragoût (marinewoord)] van *rot*³ + *mok*² [schaftblik], vgl. *potpourri*.
rotogravure [reproduktieprocédé] bastaardwoord, gevormd van **fr.** *gravure* + **lat.** *rotare* [draaien, rollen] (vgl. *roteren*).
rotonde [verkeersplein] < **fr.** *rotonde* < **it.** *rotonda*, vr. van *rotondo* [rond] < **lat.** *rotundus* [idem], van *rota* [wiel], idg. verwant met *rad*¹.
rotor [schroef] verkort uit *rotator* [lett. draaier], van **lat.** *rotare* (verl. deelw. *rotatum*) [(als een rad) doen draaien], van *rota* [rad], daarmee idg. verwant.
rots [steenmassa] **middelnl.** *rotse, rodse, rotche, rootse, roke* < **me. lat.** *roka, rochea*, vermoedelijk uit het kelt., vgl. **bretons** *roch*.
rotstraal [paardeziekte] van *rot*³ [in staat van ontbinding] + *straal* in de betekenis 'middelste deel van de hoef van het paard'.
rotte [meekrap] van *rood*.
rotten [verrotten] **middelnl.**, **middelnd.** *rotten*, **oudhd.** *rozēn*, **oudfries** *rotia*, **oudeng.** *rotian*, **oudnoors** *rotinn* [verrot], vgl. **nl.** *roten;* beide woorden stammen van een idg. basis met de betekenis 'scheuren'.
rotting [wandelstok] van *rotan*.
Rottum [geogr.] het eiland is genoemd naar het bij het Groningse *Rottum* gelegen klooster, dat het grootste deel van het eiland in bezit had.
rotuleren [geschreven stukken nummeren en samen naaien] van **me. lat.** *rotulus, rollus, rolla* [rol].
rou [ragoûtsaus] < **fr.** *(beurre) roux* [rossige, bruin gebraden boter], **oudfr.** *ros, rus* < **lat.** *russus* [rood, rossig] (vgl. *ros*²).
roué [losbandig persoon] < **fr.** *roué* [voorname losbol tijdens de Régence, lett. geradbraakt], verl. deelw. van *rouer* [op het rad breken], van *roue* [rad] < **lat.** *rota* [idem], idg. verwant met *rad*¹.
rouge [rode schmink] < **fr.** *rouge* < **oudfr.** *roge* < **lat.** *rubeus* [roodachtig], van *ruber* [rood] (vgl. *rubriek*).
rougepapier [schuurpapier] het eerste lid < **fr.** *rouge de Prusse* [peroxyde van ijzer (gebruikt om vooral metalen te slijpen)].
roulade [reeks van tonen] < **fr.** *roulade*, hetzelfde woord als *roulade* [opgevuld stuk vlees] > *rollade*.
rouleren [in omloop zijn, wisselen] < **fr.** *rouler*, **oudfr.** *rouëller*, van *rouelle* [rad] < **me. lat.** *rotella*, verkleiningsvorm van *rota* [rad], daarmee idg. verwant.
roulette [hazardspel] < **fr.** *roulette* [rolletje, balletje, wieltje, roulette], verkleiningsvorm van *rouelle* [schijf] (vgl. *rouleren*).
rounders [soort honkbal] < **eng.** *rounders*, mv. van *rounder* [die rondgaat].
route [weg] < **fr.** *route* < **lat.** *via rupta* (vgl. *ruiter*).
routeren [materiaal wegfrezen] < **eng.** *to rout* [met de snuit naar voedsel wroeten, uithollen], nevenvorm van *to root*, **oudeng.** *wrotan* (vgl. *wroeten*).

routine [vaardigheid] < **fr.** *routine*, van *route*, in de zin van platgetreden pad (vgl. *route*).
routinier [iemand die over grote ervaring beschikt] < **fr.** *routinier*, van *routine* (vgl. *routine*).
rouw¹ [smart] **middelnl.** *rouw(e), rou* [smart, rouwmisbaar, berouw], **middelnd.** *r(o)uwe*, **oudhd.** *(h)riuwa*, **oudeng.** *hreow*, **oudnoors** *hryggr;* verbindingen binnen het idg. zijn onzeker.
rouw² nevenvorm van *ruw*.
rouwdouw [ruwe kerel] < **eng.** *row-de-dow* [lawaai, herrie].
rouwkoop [berouw over gesloten kopen] **middelnl.** *roucoop, rouwecoop, rouwe* [droefheid, spijt] (vgl. *rouw*¹).
roux → *rou*.
roven [wegnemen] **middelnl.** *roven*, **oudsaksisch** *robon*, **oudhd.** *roubon*, **oudeng.** *reafian* [roven], **oudnoors** *raufa* [doorboren, roven], naast **oudeng.** *beriefan*, **oudnoors** *reyfa* [boren, rukken, plunderen], **gotisch** *biraubon* [beroven]; buiten het germ. **lat.** *rumpere* [breken, scheuren], **oudindisch** *ropayati* [hij breekt af].
rovescio ['al rovescio', omgekeerd] < **it.** *rovescio* [omgekeerd], van *rovesciare* [omkeren] < **lat.** *reversare* [idem], frequentatief van *revertere* (vgl. *revers*¹).
row [herrie] < **eng.** *row*, mogelijk < *rouse* waarbij dan de *s* ten onrechte voor meervoudsuitgang werd aangezien, zoals in *sherry* etc..
rowdy [agressieve jongeman] < **amerikaans-eng.** *rowdy*, etymologie onbekend, mogelijk een afleiding van *row* [rustverstoring], dat waarschijnlijk stamt van *rouse* [braspartij], dat zijn *s* op dezelfde wijze verloor als *sherries* (vgl. *sherry*).
royaal [mild] **middelnl.** *royael, reael* [aanzienlijk] < **oudfr.** *regiel, royal* (vgl. *reaal*²).
royalty [aandeel in de opbrengst] < **eng.** *royalty*, **middeleng.** *roialte* < **middelfr.** *roialté* (fr. *royauté*), teruggaand op **lat.** *regalis* [koninklijk], van *rex* [koning].
royeren [schrappen] **middelnl.** *roye(e)ren* [doorschrappen] < **oudfr.** *roier* (fr. *rayer*) [lijnen trekken, doorhalen], van *roie, raie* [straal, spaak, lijn] < **lat.** *radius* [staafje, spaak, straal] (vgl. *rei*², *rooien*¹).
roze [kleur] < **fr.** *rose* [roos, rooskleurig].
rozebottel [vrucht van de rozen] **middelnl.** *rosebotte* [idem]; van *roos* + *bottel*¹.
rozemarijn [heester] **middelnl.** *rosemarine*, *rosemarijn* < **oudfr.** *rosmarin* < **lat.** *ros maris*, (*ros* [dauw]) *maris* [van de zee], ook *marinus* [zee-].
rozenmetaal vertaling van *rhodium*.
rozenobel [munt] < **eng.** *rose noble*, van *rose* [roos] + *noble* [edel, van hoge kwaliteit] < **lat.** *nobilis* (vgl. *nobel*¹); de munt vertoonde een grote roos, het embleem van Edward IV van York.
rozet¹ [ornament] < **fr.** *rosette* [idem], verkleiningsvorm van *rose* [roos].

rozet² [poon] middelnl. *roget, roset* < fr. *rouget* [roodachtig, poon], van *rouge* (vgl. *rouge*).

rozijn [gedroogde druif] middelnl. *rosine* < picardisch *rosin* < lat. *racemus* [de rist van de druiventros, in dichterlijk gebruik ook druif, druiventros], verwant met gr. *rax* (2e nv. *ragos*) [druif], beide ontleend aan een oude mediterrane taal.

rubato [vrije tempobehandeling] < it. *rubato*, verkort uit *tempo rubato* [lett. gestolen tempo], *rubato*, verl. deelw. van *rubare* [stelen], uit het germ., vgl. *roven, robe*.

rubben [schrappen, ontdoen van schubben] oostfries, nd. *rubben* [wrijven, krabben, schrapen], deens *rubbe*, noors *rubba*, middeleng. *rubben* (eng. *to rub*, vgl. *rubber, rubbish*); vermoedelijk klanknabootsend gevormd.

rubber [caoutchouc] < eng. *rubber*, afgeleid van *to rub*, naar de eigenschap van vlakgom (vgl. *rubben*).

rubidium [chemisch element] gevormd door de Duitse chemicus Robert Wilhelm Bunsen (1811-1899), van lat. *rubidus* [donkerrood] (van *ruber* [rood]), vanwege de rode lijnen in het spectrum ervan (vgl. *rubriek*).

rubriek [opschrift, afdeling] middelnl. *rubrike* [rode verf, daarmee geschreven letter] < lat. *rubrica* [rode aarde, rood krijt, (rood geschreven) titel (van een wet), rubriek, artikel], van *ruber* [rood], daarmee idg. verwant.

ruche [geplooid oplegsel] < fr. *ruche* [bijenkorf, en sedert begin 19e eeuw kantplooisel] < me. lat. *rusca* [schors, bast], het materiaal waarvan aanvankelijk bijenkorven werden gemaakt < **gallisch** *rusca* [idem], oudiers *rusc*, gaelisch *rusg*.

ruchelen nevenvorm van *rochelen*.

ruderaal [gezegd van planten die op puin groeien] < fr. *rudéral* [idem], gevormd van lat. *rudera* [bouwvallen], mv. van *rudus* [steenslag, puin], verwant met *rudis* [ruw].

rudiment [eerste begin] < fr. *rudiment* < lat. *rudimentum* [eerste begin], van *rudis* [ruw, onbewerkt].

ruditeit [ruwheid] < lat. *ruditas* (2e nv. *ruditatis*) [onervarenheid], van *rudis* [onbewerkt, ruw, onervaren].

rufenen [slijkvloeden] < **zwitsers-duits** *Ruffi, Rüfi* < **raetisch** *ruvina* < lat. *ruina* (vgl. *ruïne*).

ruft [scheet] vgl. middelnl. *ruftich, ruchtich* (met overgang van *ft* naar *cht* als in *graft - gracht*) [luidruchtig], *gerufte, geruchte* [rumoer].

rug [achterzijde] middelnl. *rugge, rigge, regge, rucke, ric, rec*, oudnederfrankisch *ruggi*, oudsaksisch *hruggi*, oudhd. *(h)rucki*, oudfries *hregg*, oudeng. *hrycg*, oudnoors *hryggr*; buiten het germ. lat. *crux* [kruis, maar oorspr. kromme paal], oudiers *crogen* [schelp], litouws *kriauklas* [rib], (onzeker) oudindisch *kruñcati* [hij kromt zich].

rugby [balspel] genoemd naar de school van die naam in Warwickshire waar het spel het eerst werd gespeeld.

ruggelings [op de rug, achterover] met het bijwoorden vormende achtervoegsel *s* gevormd van middelnl. *ruggelinge* [idem].

ruggespraak [overleg tussen afgevaardigden en lastgevers] middelnl. *over rugge spreken* [afzonderlijk handelen over iets, ruggespraak houden], middelnd. *ruggesprake* < hd. *Rücksprache* [lett. het naar achteren spreken].

ruhmkorffse klos [inductieklos] genoemd naar de uitvinder ervan, de Duitse natuurkundige *Heinrich Daniel Ruhmkorff* (1803-1877).

rui¹ [stadsgracht] nevenvorm van *rei²*.

rui², ruie, ruide [warkruid] mogelijk hetzelfde woord als *ruit⁴*.

rui³ [schurft] < *ruid(e)* (vgl. *ruit³*).

ruid [onbeschaafd] middelnl. *rude, ruut* < fr. *rude* [ruw, fel] < lat. *rudis* [ruw].

ruiden [water van ruigte zuiveren] middelnl. *ruden, ruyden*, middelnd. *ruden*, van *ruide* [warkruid] (vgl. *ruit⁴*).

ruien¹ [hand aan hand ronddansen] dial. nevenvorm van *reien*, van *rei¹*.

ruien² [haren verliezen] middelnl. *ru(y)den*, is waarschijnlijk hetzelfde woord als *ruiden* [water reinigen van planten].

ruif [traliewerk waarachter hooi ligt] < **middelhd.** *räufe*, verwant met *ropen* [met de hand plukken].

ruifel [schop met lange steel] verwant met *roffel¹* [schaaf].

ruiflat [standaardlat] gevormd van *ruif* [voederrek] + *lat*.

ruig [ruw] middelnl. *ruuch, ruych, ru, ruw*, middelnd., oudhd., oudeng. *rüh*, oudnoors *rȳ* [deken]; buiten het germ. lat. *runcare* [wieden], oudiers *rucht* [varken], oudindisch *rūkṣa-* [ruw]; verwant met *rooien², ruw*.

ruigpoot [scheldwoord voor mannelijke homoseksueel] het eerste lid slaat op de beharing van de handrug, vgl. verder *poot²*.

ruiken [een geur geven, opnemen, ook: rieken] middelnl. *ruken, rieken* [geur afgeven, geur waarnemen], **oudnederfrankisch** *riecon*, middelnd. *reken, ruken* [roken, dampen], oudeng. *reocan* [roken, ruiken], oudhd. *riohhan* [dampen, ruiken], **oudnoors** *rjuka* [roken, dampen]; buiten het germ. zijn geen verwanten gevonden.

ruiker [slechte stoot bij biljart] van *ruiken* [stinken], vgl. de synoniemen *stinker, ui, vieze -, smerige -, vuile bal*.

ruilebuiten [ruilen] van *ruilen* + *buiten*, middelnl. *bu(i)ten* [verruilen, verwanselen, verdelen, buit maken] (vgl. *buit, kuitjebuiten*).

ruilen [verwisselen] nog niet middelnl., **fries** *roalje, ruilje*, **oostfries** *reilen, rülen*; etymologie onbekend.

ruim [uitgestrekt] middelnl. *ruum, rume*, oudhd. *rumi*, oudfries, oudeng. *rūm*, oudnoors *rūmr*, gotisch *rūms*; buiten het germ. lat. *rus* [land], gr. *eurus* [breed, ruim], **middeliers** *roe* [vlak land], oudindisch *uru-* [breed, ruim].

ruimschoots [rijkelijk] oorspr. een scheepvaartterm, vgl. *ruimschoots zeilen*, d.w.z. met ruime, gevierde schoot, bijna voor de wind, een situatie waarin men weinig hoeft op te letten, gevormd met het bijwoorden vormende achtervoegsel *s*.

ruimte [plaats om zich te bewegen] **middelnl.** *ruumte, ruymte, ruumt;* van *ruim* + *-te*.

ruin [gesneden hengst] **middelnl.** *ruun, ruyn,* **middelnd.** *rune,* **hd. (dial.)** *Raun,* naast **middelnl.** *ru(y)nen* [snijden, lubben], wel van dezelfde idg. basis als *rooien*².

ruïne [bouwval] **middelnl.** *ruïne* < **fr.** *ruine* [idem] < **lat.** *ruina* [instorting, ondergang], mv. *ruinae* [bouwvallen, puinhopen], van *ruere* [komen aanstormen, instorten] (vgl. *rufenen*).

ruinen [konkelen, mompelen] **middelnl.** *runen* [een geheime bespreking houden, fluisteren] (vgl. *rune*).

ruip → *rups*.

ruisen¹ [geluid van een stroom] **middelnl.** *ru(us)schen, ruysschen* [ge(d)ruis maken], **middelnd.** *rüschen* [(d)ruisen, snel aanstormen], **middelhd.** *ruschen, riuschen,* **middeleng.** *rouschen;* buiten het germ. **lat.** *ruere* [aanstormen], **gr.** *orouō* [ik storm voort], **middeliers** *ruathar* [het aanstormen]; ruisen is wel een intensivum van *ruizen* (vgl. *roes, roezen, roezemoezen*).

ruisen² [wrijven, schuren] etymologie onbekend.

ruisgeel [verfstof] < **hd.** *Rauschgelb,* ook *Roßgelb,* waarvan het eerste lid verbasterd is uit **it.** *rosso* [rood].

ruisvoorn [rietvoorn] het eerste lid vermoedelijk van *rus*² [bies].

ruit¹ [scheef vierkant, vensterruit] **middelnl.** *ru(y)te,* wordt verklaard als hetzelfde woord als *ruit*⁴ [plant]; verbindt men de punten der kroonbladeren dan krijgt men de ruitvorm.

ruit² [sloot om hennep te roten] = *root* [(collectief) bossen vlas, die liggen te roten, het water waarin dit gebeurt], ook *rotte* voor het water. Van *roten*.

ruit³ [schurft] **middelnl.** *ru(y)de,* **oudsaksisch** *hrutho,* **oudhd.** *ruda, riudi* (**hd.** *Raude, Räude*), **fries** *rude,* **oudnoors** *hrūðr,* mogelijk afgeleid met dentaal van de idg. basis waarvan ook zijn afgeleid **lat.** *crusta* [korst], **gr.** *kruos* [ijs] (vgl. *kristal*), **oudiers** *cruaid* [hard, stijf].

ruit⁴ [plantengeslacht] **middelnl.** *ru(y)te, ruyt* [(wijn)ruit] < **lat.** *ruta* < **gr.** *rutè* [idem].

ruiten [roven] **middelnl.** *ru(y)ten* [strooptochten doen, plunderen]; van *ruiter*.

ruiter [paardrijder] **middelnl.** *rutter, ruter, ruyter* [landloper, straatrover, soldaat, in de 16e eeuw ruiter] < **me. lat.** *ruptarius, rutarius* [rover], van *rupta* [weg, bende], verkort uit *via rupta,* (*via* [weg]) *rupta,* vr. verl. deelw. van *rumpere* [breken, door iets heen breken, vaneenscheuren], een door het bos gebaande weg.

ruiterij [cavalerie] **middelnl.** *ruterie* [gewapenden, soldaten (ook voetvolk), het verrichten van krijgsdienst], **middelnd.** *ruterie* [ridderschap, krijgswezen]; afgeleid van *ruiter*.

ruiterzalf [zalf tegen schurft] het eerste lid is een verbastering van *ruit*³ [schurft].

ruiting [geklonterde melk] van *ruiden* [onkruid uithalen] (vgl. *ruit*⁴).

ruitkever [keverfamilie] het eerste lid < **modern lat.** *rutela,* een onduidelijke vorming, maar vermoedelijk gebaseerd op **klass. lat.** *rutilus* [vurig rood, schitterend, stralend], wat overeenkomt met de fel rode en gouden kleuren van het dier.

ruitwagen [visnet] het eerste lid is *ruit*¹ naar de vorm van de mazen, het tweede verbasterd uit *wade*³ [zakvormig net].

ruiven [ruien] vermoedelijk als variant ontstaan bij de ontwikkeling van **middelnl.** *ru(y)den* tot *ruien*².

ruize → *ruzie*.

ruizemuizen nevenvorm van *roezemoezen*.

ruizen [plezier maken] gediftongeerde vorm van **middelnl.** *rusen* met *u* < *oe* (vgl. *roezen*).

ruizig [tochtig (van varkens)] van *ruize* [last, moeite], van *ruizen*.

rukken [trekken] **middelnl.** *rucken, rocken,* **middelnd.** *rucken,* **oudhd.** *rucchen* [rukken], **oudnoors** *rykkja;* vermoedelijk verwant met **lat.** *runcare* [schoffelen], **gr.** *orussein* [uitgraven], **oudindisch** *luñcati* [hij rukt los] en eveneens **lat.** *ruga* [vore], *arrugia* [mijngang], **gr.** *ouros* [geul], **litouws** *urva* [gat], **oudkerkslavisch** *rovŭ* [sloot].

rul [korrelig] eerst in de 18e eeuw genoteerd en zonder aanwijsbare verwanten in andere talen, mogelijk te verbinden met **middelnl.** *rullen* [pellen van graan], *rellen* (bij Kiliaan) [fijnstoten van groente], waarvan de herkomst evenmin duidelijk is.

rullen¹ [pruttelen] klanknabootsend gevormd.

rullen² [gort pellen] → *rul*.

rum [drank] < **eng.** *rum,* mogelijk verkort uit *rumbullion* [in het dial. van Devonshire groot lawaai], een woord dat door kolonisten naar Amerika zou zijn gebracht.

rumba [dans] het woord stamt van Cuba, waar de eerste betekenis was 'lol, keet, pret', overigens met onduidelijke etymologie.

rumble [dreun (bij platenspeler)] < **eng.** *rumble,* van *to rumble,* **middeleng.** *rumblen, romblen* (vgl. *rommelen*).

rumineren [voortdurend overpeinzen] **middelnl.** *ruminieren* [herkauwen] < **fr.** *ruminer* [herkauwen, overpeinzen] < **lat.** *ruminare, ruminari* [herkauwen, steeds herhalen], van *rumen* (2e nv. *ruminis*) [keel, slokdarm].

rumoer [lawaai] **middelnl.** *remoer, rumoer* < **oudfr.** *remor, rumour* < **lat.** *rumor* [gerucht, gepraat, laster, geroep, geschreeuw].

run¹ [het rennen] < **eng.** *run,* van *to run* [rennen].

run² [eikeschors] **middelnl.** *rinde, rindt, rende, runde, runne, ruyne, run* [schors, boomschors in de looierij gebruikt], **oudsaksisch, oudhd.** *rinda,* **oudeng.** *rind* (**eng.** *rind*), verwant met **middelnl.** *renden* [scheuren], **middelnd.** *rende* [iets gebrokens], **oudfries** *renda, randa* [snijden, breken], **oudeng.** *rendan* [scheuren, snijden]; buiten het germ. **oudindisch** *randhra-* [opening, scheur, spleet]; het woord komt dus van het afscheuren van de eikebast.

rund [herkauwend zoogdier] **middelnl.** *runt,* ablautend *rint, rent,* **nd.** *runt,* **oudsaksisch** *hrīth,* **oudhd.** *(h)rind,* **oudfries** *hrither,* **oudeng.** *hriðer;* verwant met **hoorn**[1], *hert, hersenen* en het eerste lid van *rendier*.

rune [Oudgermaans schriftteken] een woord dat geput is uit de oude Scandinavische literatuur, < **oudnoors** *rūn* [geheim, magisch teken, rune], **oudsaksisch, oudhd., gotisch** *runa,* ook **middelnl.** *rune, ruun, ruen* [geheime beraadslaging, vertrouwelijke bespreking, gefluister]; vgl. **gr.** *ereuna* [het navorsen], *ereō* [ik ondervraag] (vgl. *ruinen*).

runnen [rennen] < **eng.** *to run* [rennen].

runnerup [in de laatste ronde verslagen mededinger] < **eng.** *runner-up,* van *to run up* [als tweede eindigen], van *to run* (vgl. *rennen*) + *up* [op].

running ['in de running zijn', meedoen aan iets met competitie-element] < **eng.** *running* [wedren], van *to run* (vgl. *run*[1]).

runsel [stremsel] **middelnd.** *runsel,* van *runnen* [vloeien] (vgl. *geronnen*).

rupee [Indiase munt] < **eng.** *rupee* < **hindi** *rupayā, rupaiyā* (vgl. *roepia*).

rups [vlinderlarve] **middelnl.** *ru(u)pse, ru(u)psene, ru(u)pseme* en *rupe, ruype,* verwant met **oudsaksisch** *ropian,* **oudhd.** *roufen,* **gotisch** *raupjan* [plukken, rukken]; het dier is dus zo genoemd vanwege het kaalvreten.

ruptuur [breuk] < **fr.** *rupture* [breuk] < **lat.** *ruptura* [breuk], van *rumpere* (verl. deelw. *ruptum*) [breken] (vgl. *ruiter*).

ruraal [landelijk] < **fr.** *rural* [landelijk] < **lat.** *ruralis* [land-], van *rus* (2e nv. *ruris*) [platteland].

rus[1] [rechercheur] daaruit verkort.

rus[2] [bies] **middelnl.** *rusch,* **middelnd.** *rusch, risch,* **middelnd.** *rusch(e),* **oudeng.** *risc, rysc* (**eng.** *rush*); buiten het germ. **lat.** *restis* [touw, strop], **litouws** *režgis* [mand, vlechtwerk], **oudindisch** *rajju-* [touw].

rus[3] [graszode] **middelnl.** *risch, resch, rusch, rosch, ruysch* [aardkluit, graszode], **middelnd.** *rusche* [bevroren stuk aarde]; de *e* - en *i* -vormen wel ontrond uit *u;* vermoedelijk van dezelfde basis als *rul* en *rooien*[2].

Rus [iem. uit Rusland] < **russ.** *Rus',* **byzantijns-gr.** *hoi Rōs* [de Noormannen], *Rōsisti* [Scandinavisch] < **oudnoors** *Ruzar* [Russen], *roðr* [roeien] < **oudzweeds** *Rōpsmenn, Rōpskarlar* [roeiers, zeevaarders].

rusgeel → *ruisgeel.*

rush [snelle ren] < **eng.** *to rush* [rennen] < **oudfr.** *reuser* [met geweld terugdrijven] < **lat.** *recusare* [afwijzen] (vgl. *recuseren*).

rusleder, rusleer [juchtleer] < *Russisch leder,* d.w.z. op Russische manier gelooid.

russula [plaatzwam] < **lat.** *russula,* vr. van *russulus,* verkleiningsvorm van *russus* [rood] (vgl. *ros*[2]).

rust[1] [stilte, ontspanning] **middelnl.** *rust(e), rost,* **middelnd.** *ruste, roste* en *rust* [afstandsmaat], **oudsaksisch** *rasta, resta,* **oudhd.** *rasta* [rust, afstandsmaat], **oudeng.** *ræst, rest,* **oudnoors** *rǫst* [mijl, afstand], **gotisch** *rasta* [mijl], afgeleid van de basis van **middelnl.** *roe, rouwe, rauwe, rowe* [rust], **middelnd.** *ro(u)we, rawe,* **oudhd.** *ruowa, rawa* (**hd.** *Ruhe*), **oudeng.** *row,* **oudnoors** *ro;* buiten het germ. **gr.** *erōè* [rust], *erèmos* [verlaten] (vgl. *heremiet*), **welsh** *araf* [rustig], **avestisch** *airime* [idem].

rust[2] [bitterzoet (een plant)] verwant met *rister*[2].

rusten [toerusten] **middelnl.** *gerust* [toegerust], *rustich* [gereed voor de strijd, weerbaar, kloek], **middelnd.** *rusten,* **oudhd.** *(h)rusten,* **oudeng.** *hyrstan* van een woord **oudhd.** *(h)rust* [uitrusting], mogelijk verwant met **gr.** *korussein* [een helm opzetten, wapenen, uitrusten].

rustiek [landelijk] < **fr.** *rustique* [idem] < **lat.** *rusticus* [idem], van *rus* [platteland] (vgl. *ruraal*).

rustig [moedig] **middelnl.** *rustich,* van *rusten* [toerusten].

rut[1] [platzak] etymologie onzeker.

rut[2] [onkruid] nevenvorm van *ruit*[4].

ruthenium [chemisch element] gevormd door G.W. Osann (1797-1866), die het samen met Berzelius als eerste afscheidde. Genoemd naar **me. lat.** *Ruthenia* [Rusland], omdat het metaal uit de Oeral afkomstig was.

rutiel, rutilium [verfstof] < **fr.** *rutile* < **lat.** *rutilus* [vurig rood, roodbruin, rossig], verwant met *ruber* [rood].

rutselen [door elkaar schudden] frequentatief van *rutsen,* **middelnl.** *rutsen* [voortstrompelen] (vgl. *rossen*[2]).

ruttelen [ratelen, pruttelen] klanknabootsend gevormd.

ruw [ruig] **middelnl.** *ru, ruw,* uit de verbogen nv. van *ruig* waarin de consonant wegviel en werd vervangen door *w* als overgangsklank.

ruwaard [landvoogd] **middelnl.** *rewaert, rowaert, ruwaert, rywaert* [toezicht, bescherming, macht, opzichter, bevelhebber, landvoogd] < **oudfr.** *reguart,* van *regarder,* van *garder,* uit het germ., vgl. **hd.** *warten,* **eng.** *to ward* (vgl. *garderobe*).

ruzelen [ruien] een frequentatief daarbij.

ruzie [twist] **middelnl.** *ruse,* **nd.** *rusje, rusie,* **fries** *ruzje,* van **middelnl.** *rusen* [tieren, leven maken] (vgl. *roes*); in de 17e eeuw is de uitgang veranderd, vgl. *miserie*.

ryoliet [uitvloeiingsgesteente] gevormd van **gr.** *ruax* [opwellende stroom, i.h.b. lava], van *reō* [ik vloei], idg. verwant met *stroom* + *lithos* [steen].

ryton [drinkbeker] < **gr.** *ruton* [drinkbeker in de vorm van een horen]; de wijn liep uit het nauwe ondereind in de mond. Het zelfstandig gebruikt o. van *rutos* [vloeiend], van *reõ* [ik vloei], idg. verwant met *stroom*.

S

saai[1] [weefsel] **middelnl.** *sa(e)y, saye* < **oudfr.** *saie* < **lat.** *sagum* [korte wollen mantel, gedragen door Germanen, militaire jas, in laat-lat. deken], van gallische herkomst, vgl. *sajet*.
saai[2] [vervelend] overdrachtelijk gebruik van *saai*[1] [wollen stof].
saai[3] [barg. haar] wel hetzelfde woord als *saai*[1] [weef- of breigaren].
saaien, saaiem [schrobnet] < **fr.** *seine*, **oudfr.** *saime* < **lat.** *sagena* [sleepnet] < **gr.** *sagènè* [idem], mogelijk van *sattein* [volstoppen, persen], idg. verwant met *dwingen* → *zegen*[2].
sabadilkruid [plant] < **spaans** *cebadilla*, verkleiningsvorm van *cebada* [gerst] < **lat.** *cibatus* [voeding, voedsel], van *cibare* [voeden, voederen], van *cibum*, mv. *ciba* [voedsel].
sabaeïsme [sterrendienst] < **hebr.** *tsābā'* [heir], (*tseba hasjsjāmajim* [het heir der sterren]).
sabbat [Israëlische rustdag] **middelnl.** *sabaet, sabbet, sabbot* < **chr. lat.** *sabbatum* < **gr.** *sabbaton* < **hebr.** *sjabbāt* [rustdag], van het ww. *sjābbat* [rusten].
sabbelen, zabberen [kluivend zuigen] (**middelnl.** *sabbe* [morsige vrouw]), bij Kiliaan *sabberen* [knoeien, morsen], **hd.** *sabbern* [kwijlen], iteratief van *zabben*.
sabberen, zabberen [knoeien] nevenvorm van *sabbelen*.
sabel[1] [wapen] < **hd.** *Säbel* < **hongaars** *szablya* [sabel], van *szabni* [op maat snijden] (teg. deelw. *szabó* [kleermaker]).
sabel[2] [zwart (in de heraldiek)] hetzelfde woord als *sabeldier*.
sabeldier [zoogdier] **middelnl.** *sabel, sab(e)le* [zwart bont, sabelbont, zwart in de wapenkunde] van **fr.** *sable* < **me. lat.** *sabellum* < **pools** *sabol* of **russ.** *sobol'* [sabeldier].
sabellen [kokerwormen (veel op het strand gevonden)] < **modern lat.** *sabellae*, van **lat.** *sabulum* [grof zand] (vgl. *zavel*).
Sabijn [lid van stam in Italië] < **lat.** *Sabinus*, dat vermoedelijk zoiets als 'soortgenoot' betekent, verwant met *sibbe*.
sabon [lettersoort van 60-84 typografische punten] genoemd naar de Frankfortse drukker *Jakob Sabon*, die de letter ca. 1590 toepaste.
saboteren [belemmeren uit protest] < **fr.** *saboter* [klotsen op zijn klompen, fig. afraffelen], van *sabot* [klomp] < *savate* [oude schoen] < **baskisch** *zapata, zapato* [schoen] + *bot* [verminkt], *pied bot* [horrelvoet], ook dial. nevenvorm van *botte* [laars], uit het germ., vgl. *bot*[4].

sabra [in Israël geboren Israëliër] < hebr. *sabēr*, een stekelige in de Negev veel voorkomende vrucht.

sabreren [neersabelen] < fr. *sabrer*, van *sabre* [sabel].

sacerdotaal [priesterlijk] < fr. *sacerdotal* < lat. *sacerdotalis* [idem], van *sacerdos* (2e nv. *sacerdotis*) [priester], van *sacer* [heilig] + een tweede lid van een idg. basis waarvan ook **nl.** *doen* is afgeleid. De betekenis van *sacerdos* is dus 'hij die heilig is gemaakt'.

sacharine [zoetstof] → *suiker*.

sachem [Indiaans opperhoofd] uit een algonkintaal, in het **narranganset** *sachimau*.

sacherijn [humeurigheid] < fr. *chagrin* [idem], van *chat* [kat] + *grigner* [(verouderd) de lippen plooien van pijn], vertalende ontlening aan **hd.** *Katzenjammer*.

sachertaart [taartsoort] genoemd naar de familie *Sacher*, eigenaren van hotels en restaurants in Wenen.

sachet [zakje] < fr. *sachet*, verkleiningsvorm van *sac* [zak] < lat. *saccus* [idem].

sacoche [handtasje] < fr. *sacoche* < it. *saccoccia*, van *sacco*, van dezelfde etymologie als *zak*.

sacraal [heilig] moderne vorming naar **lat.** *sacer* [heilig], in medische zin van **modern lat.** *sacrum* [heiligbeen].

sacrament [(r.-k.) wijding] < lat. *sacramentum* [waarborgsom in een rechtsgeding, krijgseed, heilig geheim, in chr. lat. heilige handeling, sacrament], van *sacrare* [heiligen, wijden], van *sacer* [heilig].

sacreren [heiligen] < fr. *sacrer* < lat. *sacrare* [idem], van *sacer* [heilig].

sacrificie [offer] < lat. *sacrificium*, van *sacrum* [heilige handeling], het zelfstandig gebruikt o. van *sacer* [heilig] + *facere* [maken, doen], daarmee idg. verwant.

sacrilège [heiligschennis] < fr. *sacrilège* < lat. *sacrilegium* [tempelroof, heiligschennis, ontwijding van de godsdienst], van *sacer* [heilig] + *legere* [(o.m.) uitkiezen en vandaar ook wederrechtelijk meenemen, stelen].

sacristie [kerkvertrek] < chr. lat. *sacristia* [kerkbewaarder, koster, sacristie], van *sacer* [heilig, gewijd].

sacrosanct [heilig] < lat. *sacrosanctus* [onschendbaar, heilig, eerwaardig], van *sacer* [heilig, gewijd] + *sanctus* [heilig, onschendbaar], eig. verl. deelw. van *sancire* [heiligen, onschendbaar maken, bekrachtigen, verbieden] (vgl. *sanctie*).

Sadduceeër [aanhanger van een Israëlitische partij] < lat. *Sadducaeus* < gr. *Saddoukaios* < hebr. *tsedogi*, een leerling van *tsadog* [Zadok, de hogepriester in I Koningen 1:34].

sadhoe [asceet] < oudindisch *sādhu-* [recht, juist, uitstekend, een heilige].

sadisme [lust tot kwellen] gevormd door de Duitse psychiater R. von Krafft-Ebing naar de naam van *Donatien-Alphonse-François markies de Sade* (1740-1814) die het verschijnsel in zijn romans beschrijft.

sado [rijtuigje waarin de passagiers met de ruggen naar elkaar toe zitten] < fr. *dos-à-dos* [rug tegen rug].

sadomasochisme [geslachtslust, gepaard met kwelling] gevormd van *sadisme* + *masochisme*.

safari [karavaantocht] < swahili *safari* < ar. *safarī*.

safe [veilig] < eng. *safe* < oudfr. *salf, sauf* < lat. *salvus* [behouden, ongedeerd].

saffel [zwak] van *saffelen, saggelen* [zich moeizaam voortbewegen], vgl. **middeleng.** *saggen* (**eng.** *to sag*) [verzakken, doorbuigen], van dezelfde basis als *zakken*.

saffiaan [marokijnleer] < hd. *Saffian* [idem] < perzisch *saxtīyān*, van *saxt* [stevig].

saffiaantje, saffie [sigaret, vroeger ook sigaar] verondersteld is, dat het is afgeleid van saffiaanleer, de bekleding van de sigarenkoker.

saffier [edelgesteente] middelnl. *saphier, safier* < lat. *sapphirus* < gr. *sappheiros* < hebr. *sappīr* < oudindisch *śani-priya-* [aan (de planeet) Saturnus geliefd].

saffisme [vrouwelijke homoseksualiteit] genoemd naar de Griekse dichteres *Sapphoo* (ca. 600 v. Chr.) op Lesbos, vanwaar lesbisch.

saffloer, saffloor [plant] < oudfr. *saflor* < it. *saffiore*, onder volksetymologische associatie met *fiore* [bloem], vgl. **eng.** *safflower* < ar. *al 'uṣfur* [saffleur].

saffraan [specerij, gele kleurstof] middelnl. *saffraen* < fr. *safran* < me. lat. *safranum* < ar. *za'farān* < perzisch *za'farān* [krokus]; de kruiderij komt van de gedroogde stempels van de saffraankrokus.

sagaai → *assagaai*.

sage [volksverhaal] in de 19e eeuw < hd. *Sage* [idem], hetzelfde woord als middelnl. *sage, zage* [wat men zegt, verhaal]; van *zeggen*.

saginamos [vetmuur] < lat. *sagina* [het vetmesten, vetheid].

sagittaal [loodrecht op de koorde] gevormd van lat. *sagitta* [pijl].

sago [voedingsmiddel] < maleis *sago, sagu*.

sagoïentje [zijdeaapje] < fr. *sagouin* < portugees *sagui*, in oorsprong een tupi-woord.

sagoweer, saguweer [palmwijn] < portugees *sagueiro* [sagopalm] (vgl. *sago*).

Sahara [woestijn] < ar. *ṣaḥrā'*, mv. *ṣaḥārā* [woestijn, steppe], vorm van *'aṣḥar* [van de kleur van woestijnzand, verlaten, woestijnachtig].

Sahel [geogr.] < ar. *sāḥil* [kust], vgl. *Swahili*.

sahib [heer] → *sobat*.

saillant [opvallend] < fr. *saillant*, eig. teg. deelw. van *saillir* [uitsteken], oudfr. *salir* < lat. *salire* [springen, opspringen, klateren van fonteinen], verwant met **gr.** *hallesthai* [springen] (vgl. *halma*).

saisie [inbeslagname] < fr. *saisie*, van *saisir* [grijpen] (vgl. *seizen*).

sajet — salta

sajet [gesponnen wol] **middelnl.** *sa(e)yet* < **fr.** *sayette*, verkleiningsvorm van **oudfr.** *saie* (vgl. *saai*[1]).

sak [japon] **middelnl.** *sac* [zak, kleed van zakkengoed] < **fr.** *sac* [idem], met dezelfde etymologie als *zak*.

sake, saki [alcoholische drank, (rijst)wijn] < **japans** *sake*.

sakerdaan, sakerdaanhout [teakhout] < **portugees** *jacarandá* < **tupi** *yacarandá*.

saki [soort langstaartaap] < **fr.** *saké, saki* < **tupi** *çahy,* **guarani** *çagui*.

sakkeren [vloeken, foeteren] < **fr.** *sacrer* [wijden, vloeken], van **lat.** *sacer* [heilig].

sakkerju [bastaardvloek] < **fr.** *sacré cœur de Jésus* [heilig hart van Jezus].

sakkerloot [bastaardvloek] vermoedelijk verbasterd < **fr.** *sacrelote* < **lat.** *sacra lotio* [heilige doop].

Saksen [geogr.] vermoedelijk van *saks* [mes], het oorspr. tweede lid in *mes*. Genoemd naar hun wapen.

salaamkramp [epileptische aanval bij kinderen] < **ar.** *salām* [vrede, groet], **hebr.** *sjālom* [vrede]; zo genoemd omdat de houding van de patiënt aan het islamitische gebed doet denken.

salade [slagerecht] < **fr.** *salade* < **oudprovençaals** *salada* [lett. dat wat gezouten is] < **lat.** *salata* [idem], vr. verl. deelw. van een niet-overgeleverd ww. met de betekenis 'zouten'.

salamander [dier] **middelnl.** *salamander* < **me. fr.** *salamandre* < **laat-lat.** *salamandra* < **gr.** *salamandra* [een giftige hagedis zonder schubben].

salami [soort worst] < **it.** *salami,* mv. van *salame,* van **lat.** *sal* (2e nv. *salis*) [zout], daarmee idg. verwant.

salangaan [klipzwaluw] < **fr.** *salangane* < **tagalog** *salamga*.

salaris [bezoldiging] **middelnl.** *salarijs,* teruggaand op **lat.** *salarium* [zoutrantsoen, salaris], van *sal* [zout]; de betekenisovergang van 'zout' naar 'wedde' is te verklaren uit het feit dat vroeger, en in Afrika zelfs nu nog, gestandaardiseerde hoeveelheden zout als betaalmiddel fungeerden, zo ook bij de Romeinen.

saldo [overschot] < **it.** *saldo* < **lat.** *solidus* [solide], waarbij de *a* mogelijk te danken is aan invloed van *validus*.

salep [medicijn uit orchideeknollen] < **fr.** *salep* < **ar.** *tha'lab* [vos], verkort uit *khuṣā ath tha'lab* [de testikels van de vos, d.w.z. de knollen van de orchis mascula]; vgl. voor de betekenisontwikkeling *orchidee, papekullekens*.

salesiaan [lid van de Societas S. Francisci Salesii] in 1859 opgericht door Don Giovanni Bosco en genoemd naar de *H. Franciscus van Sales* (1567-1622), naar het slot *Sales* bij Thorens in Savoye.

salesmanager [verkoopleider] < **eng.** *salesmanager,* van *sale* [verkoop], **oudeng.** *sala* < **oudnoors** *sala* (vgl. het fries getinte **middelnl.** *sellen, zellen* [overgeven, overleveren, verkopen]) + *manager* (vgl. *management*).

salet [ontvangkamer] < **fr.** *salette,* verkleiningsvorm van *salle* [zaal].

salicionaal [een orgelregister] van **lat.** *salix* (2e nv. *salicis*) [wilg]; zo genoemd omdat het register klinkt als een wilgefluit.

salicyl [scheikundige verbinding] gevormd van **lat.** *salix* (2e nv. *salicis*) [wilg], omdat het vroeger uit de bast van de wilg werd gewonnen.

salie [plantengeslacht] **middelnl.** *saelg(i)e, sa(e)lie, selve* < **oudfr.** *selge* < **me. lat.** *salvegia,* **klass. lat.** *salvia,* van *salvus* [behouden, ongedeerd, nog in leven], dus genezende plant (vgl. *sanikel*).

salificatie [zoutvorming] van **lat.** *sal* (2e nv. *salis*) [zout] (vgl. *salami*) + *-ficatio,* van *facere* (in samenstellingen *-ficere*) [maken, doen], daarmee idg. verwant.

saline [zoutmijn, zoutpan, zoutmoeras] < **fr.** *saline* [idem] < **lat.** *salinae,* van *sal* [zout] (vgl. *salami*).

salivatie [speekselvloed] < **lat.** *salivatio,* van *salivare* (verl. deelw. *salivatum*), van *saliva* [speeksel], etymologie onbekend.

salmagundi [salade met veel ingrediënten] < **fr.** *salmagondis* < *salmagondin,* dat door Rabelais is gevormd, waarschijnlijk van *salamine,* van *sel* [zout] + *condir* [kruiden].

salmi [een ragoût] < **fr.** *salmis,* verkort uit *salmagondis* [salmagundi].

salmiak, salmoniak [ammoniumchloride] **middelnl.** *salmoniach* < **lat.** *sal ammoniacum, sal* [zout] (vgl. *ammoniak*).

salmonella [bacterie] genoemd naar de Amerikaanse diergeneeskundige *Daniel Elmer Salmon* (1850-1914).

Salomo, Salomon [koning der Israëlieten] < **hebr.** *shlōmō,* verwant met *shālōm* [vrede, eig. volledigheid, welstand], vgl. **ar.** *salām* (vgl. *salaamkramp, slome duikelaar*).

salomonszegel [plant] de wortel heeft de vorm van een zegel.

salon [ontvangkamer] < **fr.** *salon* < **it.** *salone,* vergrootwoord van *sala* [zaal, salon], afkomstig uit het germ., vgl. *zaal*.

saloondeuren [halfhoge naar twee kanten klappende verticaal gescheiden deuren] van **amerikaans-eng.** *saloon* [bar] < **fr.** *salon* (vgl. *salon*).

salopette [tuinbroek] < **fr.** *salopette* (19e eeuwse vorming) [werkkledingstuk], van *sale* [vuil], *salaud* [vuilak] < **oudhd.** *salo* [troebel, dof].

salpen [klasse van manteldieren] < **lat.** *salpa* < **gr.** *salpè, sarpè* [een zeevis].

salpeter [kaliumnitraat] **middelnl.** *salpeter* < **lat.** *sal petrae* [zout van de rots, steenzout].

salsa [muziektype] < **spaans** *salsa* [saus].

salta [op dammen lijkend bordspel] dat tegen het eind van de 19e eeuw is uitgevonden en waarvan naar analogie van *halma* deze benaming werd bedacht < **lat.** *salta* [spring!], gebiedende wijs van *saltare* [springen].

saltatie [gecompliceerde mutatie] < lat. *saltatio* [het dansen, dans], van *saltare* [dansen], frequentatief van *salire* [springen], verwant met **gr.** *hallesthai* [springen] (vgl. *halma*).

saltimbanque [kunstenmaker] < **fr.** *saltimbanque* < **it.** *saltimbanco* < *salta in banco* [spring op de bank], van *saltare* [springen] (vgl. *saltatie*) + *banco* [bank].

salto [een sprong] < **it.** *salto* [sprong] < **lat.** *saltus* [idem], van *salire* [springen] (vgl. *saltatie*).

salubriteit [gezondheid] < **fr.** *salubrité* [idem] < **lat.** *salubritas* (2e nv. *salubritatis*) [idem], van *salubris* [gezond], van *salus* [welzijn, gezondheid].

salueren [groeten] < **fr.** *saluer* < **lat.** *salutare* [groeten, eig. heil wensen], van *salus* (2e nv. *salutis*) [heil].

saluki [hondenras] < **ar.** *salūqīy*, van *Salūq'*, de naam van een vroegere stad in Zuid-Arabië.

saluut [groet] middelnl. *saluut, saluyt* [heilgroet] < **fr.** *salut* < **lat.** *salutem*, 4e nv. van *salus* [heil].

Salvador [geogr.] < **spaans** *El Salvador* [de Verlosser], *San Salvador* [de Heilige Verlosser] < **me. lat.** *salvatorem*, 4e nv. van *salvator* [redder, verlosser, zaligmaker], van *salvare* [redden, verlossen], van *salvus* [behouden, ongedeerd, gered].

salvarsan [geneesmiddel] gevormd door de uitvinder ervan, de Duitse bacterioloog Paul Ehrlich (1854-1915), van lat. *salvare* [redden, verlossen] + *arsenicum*.

salve [wees gegroet] < lat. *salve* gebiedende wijs 2e pers. enk. van *salvare*, van *salvus* [behouden, ongedeerd], dus lett. wees behouden.

salvia → *salie*.

salvo [het gelijktijdig afvuren van wapens] **fr.** *salve* < **it.**, **spaans** *salva* < **lat.** *salve* [wees gegroet], de *o* mogelijk ontstaan o.i.v. uitdrukkingen als *salvo iure, salvo titulo*.

salzafij [morgenster, boksbaard] < **fr.** *salsifis* < **it.** *salsifica (erba)*, van *salso* [gezouten] + **lat.** *facere* (in samenstellingen *-ficere*) [maken, doen], daarmee idg. verwant. Een van de soorten heeft een eetbare wortel.

Salzburg [geogr.] lett. zoutburcht; uit de mijnen in de omgeving van de stad werden al in prehistorische tijd grote hoeveelheden zout gewonnen.

samaar [lang vrouwenkleed] **middelnl.** *samaer*, *samaris* [tabbaard] < **fr.** (15e eeuws) *samarre* < **spaans** *zamarra* [herdersmantel] < **ar.** *sammūr* [sabeldier] of < **baskisch** *zamar* (met het lidw. *zamarra*) [vacht van wolvee].

Samaritaan [bewoner van Midden-Palestina] < **lat.** *Samaritanus*, inwoner van *Samaria* < **gr.** *Samareia* < **aramees** *sjāmrajin* < **hebr.** *sjōmrōn*, genoemd naar *Sjemer*, de eigenaar van de heuvel waarop de stad werd gebouwd.

samarium [chemisch element] gevormd door de Franse chemicus Paul-Emile (genoemd François) Lecoq de Boisbaudran (1838?-1912), naar *samarskiet*, een mineraal dat is genoemd naar de Russische mijnfunctionaris kolonel *W. J. von Samarski*.

samba [dans] < **portugees** *samba*, < **kargolees** *samba* [dans waarbij men tegen elkaars borst stuit], van de wortel – *samb* – [buigen].

sambal [kruiderij] < **maleis** *sambal*.

sambar, sambur [paardhert] < **hindi** *sāmbar*.

sambok [zweep] → *sjambok*.

sameet [zijfluweel] **middelnl.** *samijt, sami(e)t* < **fr.** *samit* [idem] < **me. lat.** *examitum, samitum* < **gr.** *hexamiton*, o. van *hexamitos* [geweven met zes draden], van *hex* [zes], daarmee idg. verwant, + *mitos* [even en oneven scheringdraad].

samen, saam [bij elkaar] **middelnl.** *te samen, tsamen, zamen, samen(e)*, van *te* + *samen* (vgl. *zamelen*).

Samen [Lappen] < **laps** *same, sabme*, mv. van *sapme*.

sammelen [teuten] **middelnl.** *sammelen*, gevormd naast *sabbelen* en *zemelen*.

Samniet [inwoner van Samnium] < **lat.** *Samnis* (2e nv. *Samnitis*), inwoner van *Samnium*, waarin *mn* een gedeeltelijke assimilatie is van *bn*, behoort dus bij *Sabijn*.

samoem [woestijnwind] < **ar.** *samūm* [hete wind, hete zandstorm].

samoerai [Japanse ridderstand] < **japans** *samoerai* [dienaar].

samojeed [hond] genoemd naar de Samojeden, **russ.** *Samojed*, volgens sommigen van *samo-*, **oudkerkslavisch** *samŭ* [zichzelf], verwant met *samen* + een tweede lid dat verwant is met **lat.** *edere*, **nl.** *eten;* met zichzelf (of huns gelijken) eters is uiteraard kannibalen bedoeld. Volgens anderen < **laps** *same-œdna*, 2e nv. *same-œdnam(a)* [Lapland].

samoreus [aak] < **fr.** *sambreuse*, schip van de *Sambre*, **lat.** *Samara*.

samos [wijn] van het eiland *Samos*, een vóór-gr. naam met de betekenis 'hoogte'.

samovaar, samowaar, samovar, samowar [toestel om thee te zetten] < **russ.** *samovar*, van *samo-* [zelf] + *varit'* [koken].

sampan [kustvaartuig] < **ouder chinees** *san* [bootje] + *pan* [plank].

sample [staaltje] < **eng.** *sample* < **middeleng.** *asaumple* < **oudfr.** *essample* < **lat.** *exemplum* [exempel].

samsam [samen] vermoedelijk uit *samen*.

sanatorium [herstellingsoord] o. van **lat.** *sanatorius* [m.b.t. de genezing], **chr. lat.** *sanator* [genezer], van *sanare* [genezen], van *sanus* [gezond].

sanbenito [ketterhemd] < **spaans** *sambenito* < *San Benito* [de Heilige Benedictus]; de sanbenito leek op het schouderkleed van de benedictijnen.

sanctie [dwangmiddel] **fr.** *sanction* [idem] < **lat.** *sanctio* [(straf)bepaling, verordening], van *sancire* (verl. deelw. *sanctum*) [plechtig verordenen, vastleggen, bekrachtigen, verbieden], verwant met *sacer* [heilig].

sanctioneren [goedkeuren] < **fr.** *sanctionner*, van *sanction* (vgl. **sanctie**).

sanctuarium [heiligdom] < **lat.** *sanctuarium*, van *sanctus* [heilig, heilige].

sandaal[1] [schoeisel] < **fr.** *sandale* [idem] < **lat.** *sandalium* [sandaal] < **gr.** *sandalon* [idem], een leenwoord uit Klein-Azië.

sandaal[2] [lichter] < **ar.** *ṣandal* [sandelhout, sandaal].

sandelhout [houtsoort] < me. **lat.** *sandalum* < **gr.** *sandanon, santalon* < **oudindisch** *candana-*; het geurige hout werd gebruikt voor reukoffers. Vgl. voor de betekenis *ceder, thuja, tijm*.

sander [snoekbaars] < **nd.** *sander* < **hd.** *Zander*, wel uit een westslavische taal, vgl. **sorbisch** *zandor*, **pools** *sandacz*, wel bij de ontlening geassocieerd met *zand*.

sandhi [assimilatie in doorlopende rede] < **oudindisch** *sandhi* [verbinding, samensmelting], ook gebruikt als kunstterm door de grammatici voor overgangsverschijnselen tussen woorden en tussen woordelementen.

sandinist [Nicaraguaanse vrijheidsstrijder] genoemd naar de Nicaraguaanse verzetsstrijder *Augusto César Sandino* (1893-1934).

sandrak [hars] < **gr.** *sandarakè*, van Kleinaziatische herkomst.

sandwich [twee sneetjes brood met beleg] genoemd naar *John Montagu, de vierde earl van Sandwich* (1718-1792), een fanate speler, die de tijd niet nam om normaal te eten, maar zich her 'sandwiches' aan de speeltafel voedde. Captain Cook noemde naar hem de *Sandwich Eilanden*; sandwich komt van **eng.** *sand* [zand] + **lat.** *vicus* [dorp] (vgl. **wijk**[1]), en betekent dus 'Zandwijk'.

saneren [gezond maken] < **lat.** *sanare* [genezen, in orde brengen], van *sanus* [gezond].

sanforiseren [krimpvrij maken] genoemd naar de uitvinder van het procédé *Sanford Lockwood Cluett* (1874-1968), directeur van een Amerikaanse hemdenfabriek.

sangen, sanger [paars] **middelnl.** *sanguijn, sanguwijn* [bloedrood, donkerrood] < **fr.** *sanguin* [idem] < **lat.** *sanguineus* [bloederig, bloedrood], van *sanguis* [bloed].

sangfroid [koelbloedigheid] < **fr.** *sang-froid* [idem], *sang* < **lat.** *sanguis* [bloed], *froid* < **lat.** *frigidus* [koud], van *frigus* [koude], van *frigēre* [koud zijn, stijf zijn], verwant met *rigēre* [stijf zijn].

sangria [soort bowl] < **spaans** *sangría* [aderlating, afgetapt bloed], van *sangre* < **lat.** *sanguis* [bloed].

sanguine [rood krijt] < **fr.** *sanguine*, eig. het zelfstandig gebruikt vr. van *sanguin* [bloedrijk, bloedrood] < **lat.** *sanguineus*, van *sanguis* [bloed].

sanhedrin [Hoge Raad] < **mishnaïsch hebr.** *sanhedrīn* < **gr.** *sunhedrion* [raad], van *sun* [samen] + *hedra* [zetel, het zitten], daarmee idg. verwant.

sanikel [breukkruid] < **fr.** *sanicle, sanicule* [idem], teruggaand op **lat.** *sanus* [gezond] (vgl. **salie**).

sanitair [m.b.t. de gezondheid] < **fr.** *sanitaire* [idem], vroeg 19e eeuwse vorming uit **lat.** *sanitas* [gezondheid], van *sanus* [gezond].

San Marino [geogr.] volgens de overlevering zo genoemd naar de stichter van het staatje, een Dalmatische christen, de *H. Marinus*.

sans [zonder] < **fr.** *sans* < **oudfr.** *seinz* < **lat.** *sine* [idem], met het bijwoorden vormend achtervoegsel *s*.

sansculotte [revolutionair uit Franse revolutie] < **fr.** *sans-culotte* [idem, lett. zonder kniebroek, d.w.z. in de lange (armeluis)broek], *culotte*, verkleiningsvorm van *cul* (vgl. **cul**).

sanseveria, sanseviera [plant] genoemd naar de geleerde Napolitaanse prins *Sanseviero* (1710-1771).

Sanskriet [oude Indische taal] < **oudindisch** *saṃskṛta-* [voorbereid, verfijnd, perfect], van *sam-* [samen], daarmee idg. verwant. In werkwoordelijke samenstellingen, zoals hier, is *sam-* slechts betekenisversterkend, + *kṛta-* [gemaakt] (vgl. **karma**).

sant [heilige] **middelnl.** *sanct, sant, zant* [heilige] < **lat.** *sanctus* [heilig].

santé [gezondheid!] < **fr.** *santé* < **lat.** *sanitas* [gezondheid], van *sanus* [gezond].

santen [gedehydreerde kokosmelk] < **maleis** *santan, santen* < **javaans** *santen* [klappermelk].

santenkraam ['de hele santenkraam', geringschattend voor: de hele boel] (1697) *santekraam*, **middelnl.** *sant, sanct* [heilige, heiligenbeeld] < **lat.** *sanctus* [heilige]; oorspr. betekende het 'kraam waarin men heiligenbeelden verkoopt'.

santonine [wormkoekje] < **fr.** *santonine* < **lat.** *(herba) Santonica* = kruid van de *Santones*, een Gallisch volk aan de mond van de Garonne.

santorie [duizendguldenkruid] **middelnl.** *centaurea, centauwer* < **lat.** *centaurea* < **gr.** *kentauria* (vgl. **duizendguldenkruid**).

Saoedie-Arabië [geogr.] < **ar.** *al-ʿarabīya as suʿūdīya* [het Saoedische Arabië], van *suʿūdī*, bn. gevormd van de naam van de stichter van het koningshuis *Saud*.

sap [vocht] **middelnl.** *sap*, **nd.** *saft*, **oudhd.** *saf*, **oudeng.** *sœp*, mogelijk < **lat.** *sapa* [ingedikte most], **oudindisch** *sabar-* [sap, nectar]; germ. herkomst en dan verwantschap met **sabbelen** is denkbaar.

sapajou [soort aap] < **fr.** *sapajou*, in Cayenne ontleend aan een tupi-woord.

saponien [groep glucosen] < **fr.** *saponine*, van *saponé* [zeephoudend], gevormd van **laat-lat.** *sapo* (2e nv. *saponis*) [zeep], aan het germ. ontleend, vgl. **zeep**.

sapotilleboom [tropische boom] < **spaans** *sapotilla, zapotilla* [idem], verkleiningsvorm van *sapota, zapota* < **nahuatl** *tzapotl*, de naam van de boom.

sappanhout [verfhout] < **javaans** (ngoko) *kajeng sapang*, **javaans** (krama) *kayu sapang, kayu,* *kajeng* [hout], *sapang* < tamil *sivappu, seppu* [rood], van *siva-, sem-* [rood zijn].

sappe [loopgraaf] < **fr.** *sape* [idem] < **me. lat.** *sappa* [zeis], etymologie onzeker.

sappelen [ploeteren] < **hd.** *zappeln* [spartelen, kronkelen], *zappelig* [woelig, nerveus].

sapperloot [bastaardvloek] variant van *sakkerloot*.

sappeur [soldaat die loopgraven aanlegt] < **fr.** *sapeur* [idem], van *sape* (vgl. *sappe*).

sappie → *savvie*.

sapristi [krachtterm] < **fr.** *sapristi*, evenals *sapré, sacristi*, opzettelijke verbastering van *sacré* [vervloekt].

saprofyt, saprofiet [plant levend van organisch afval] voor het eerste lid vgl. *saprozoën,* het tweede < **gr.** *phuton* [plant], idg. verwant met *bouwen* ¹.

saprozoën [van organisch afval levende dierlijke organismen] gevormd van **gr.** *sapros* [verrot], verwant met *sèpein* [rotten] + *zōion* [levend wezen].

sarabande [dans] < **fr.** *sarabande* < **spaans** *zarabanda*, etymologie onzeker.

Saraceen [muzelman] **middelnl.** *Sarasijnsch* [oosters, Arabisch] < **me. lat.** *Saracenus* < **laat-gr.** *Sarakènos* < **ar.** *sharqī* [oosters, oostelijk] (vgl. *sirocco*).

sarafaan [Russisch vrouwengewaad] < **russ.** *sarafan,* dat vroeger ook 'mannengewaad' betekende, via het turkotataars ontleend aan **perzisch** *sarāpā* [eregewaad].

sarcasme [bijtende spot] < **fr.** *sarcasme* < **me. lat.** *sarcasmus* < **gr.** *sarkasmos* [spot], van *sarkazein* [het vlees ergens afrukken, gras afrukken (door vee)], van *sarx* (2e nv. *sarkos*) [vlees] (vgl. *sarcofaag*).

sarcofaag [doodkist] < **fr.** *sarcophage* < **lat.** *sarcophagus* < **gr.** *sarkophagos* [vleesetend], van *sarx* (2e nv. *sarkos*) [vlees] (vgl. *zerk*) + *phagein* [eten], *lithos sarkophagos,* (*lithos* [steen]) was een poreuze kalksteen die de ontbinding bevorderde en daarom werd gebruikt voor doodkisten.

sarcoom [kwaadaardig gezwel] < **gr.** *sarkōma* [vleesachtige substantie], van *sarx* (2e nv. *sarkos*) [vlees].

sardine, sardien [visje] < **fr.** *sardine* < **lat.** *sarda, sardina* [een soort gezouten in het zuur ingemaakte vis] < **gr.** *sardinè, sardinos,* eig. de van Sardinië afkomstige vis.

sardis [bloedsteen] < **chr. lat.** *lapis Sardius* [steen van Sardis] < **gr.** *sardios lithos* [idem], van *Sardeis,* de hoofdstad van Lydië.

sardonisch [boosaardig grijnzend] < **lat.** *Sardonius risus* [Sardinische lach], vertaling van **gr.** *Sardanios gelōs* [bittere lach], naar de op Sardinië voorkomende *Sardonia herba*, een ranonkel. Het eten ervan veroorzaakte verwringing van de gezichtsspieren.

sardonyx [gesteente] < **gr.** *sardonux*, van *Sardeis* [de stad Sardis, residentie van Croesus] + *onux* (vgl. *onyx*).

Sargassozee [geogr.] < **portugees** *sargaço*, ook wel *sargasso* [wier], etymologie onzeker.

sarge, sargie → *serge*.

sari [vrouwenkledingstuk] < **hindi** *sāṛī* < **oudindisch** *śāṭī* [doek, sari].

sarong [kledingstuk] < **maleis** *sarong,* verkort uit *kain sarung, kain* [doek] *sarung* [huls, foedraal, koker].

sarren [plagen] **middelnl.** *tzerren, tserren, serren* naast *sarringe* [gekwel] < **hd.** *zerren,* intensivum van *zehren* [teren].

sarsaparilla, sassaparilla [wortel van de Amerikaanse winde] < **spaans** *zarzaparilla* [idem], van *zarza* [braamstruik] < **ar.** *shirs* [doornstruik] + *parilla,* verkleiningsvorm van *para* [wingerd], etymologie onbekend.

sas ¹ [sluis] **middelnl.** *sas,* **fr.** *sas,* etymologie onzeker; ofwel is het fr. het oudst en is het figuratief gebruikte *sas* [haarzeef], ofwel het nl. is het oudst en dan valt te denken aan *sassen* ².

sas ² ['in zijn sas zijn', in zijn schik zijn] ondanks diverse speculaties is de etymologie onzeker gebleven.

sas ³ [mengsel voor vuurwerk] (1785) < **hd.** *Satz,* van *setzen* [zetten].

sas ⁴ [drevel] < **fr.** *chasse-rivet* [idem], van *chasser* [jagen, drijven] (vgl. *kaatsen*).

sasak [vlechtwerk van repen bamboe] < **maleis** *sasak* [vlechtwerk, gevlochten].

Sasak [geogr.] één van de inheemse benamingen van het eiland Lombok.

saskeren, saskenen [hard lopen, zuipen] vgl. **middelnl.** *sasselen, zasselen* [uitgelaten zijn], van *sat* [verzadigd, dronken], *satsam, sassam* [dartel, wellustig], blijkbaar met assimilatie van *ts* > *ss* in het middelnl. gevolgd door latere dissimilatie tot *sk*.

sassafras [een laurierachtige] < **spaans** *sasafrás,* **portugees** *sassafraz* [idem], etymologie onbekend, mogelijk uit een indianentaal en wellicht beïnvloed door de naam van het *saxifragium* (vgl. *sassefrasjes*).

Sassanieden [Perzische dynastie] genoemd naar *Sassan,* de stamvader van de dynastie.

sassefrasjes [knolsteenbreek] < **lat.** *saxifraga (herba)* [steenbrekend (kruid)], van *saxum* [rots], verwant met *secare* [snijden] en met het tweede lid van *mes* + *frangere* [breken], daarmee idg. verwant.

sassem [barg. suiker] etymologie onbekend.

sassen ¹ [schutten] van *sas* ¹ [sluis].

sassen ² [pissen] vermoedelijk klanknabootsend gevormd, als *pissen* en *sissen*.

sassenbloed [opoffering] < *'s hart(s)en bloed*.

Satan [duivel] < **chr. lat.** *satan* < **hebr.** *sātān* [tegenstander], van het ww. *śātan* [hij bood tegenstand, beschuldigde]; vgl. voor de betekenis *duivel*.

sate, sateh [geroosterd vlees aan stokje] < **maleis** *sate*.

satelliet [(kunst)maan] < **fr.** *satellite* [idem] < **lat.**

satemtalen — savonnerietapijt

satellitem, 4e nv. van *satelles* [trawant, begeleider, dienaar], van etruskische herkomst.
satemtalen [groep Indo-Europese talen] → *centumtalen*.
sater, satyr [halfgod] → *satyriasis*.
satijn [glanszijde] middelnl. *satijn* < fr. *satin* [idem] < **ar.** *aṭlas zaitūnī*, (*aṭlas* [glad weefsel, satijn]) *zaitūnī* [olijfachtig], wat zowel olieachtig als olijfgroen kan impliceren, een volksetymologische interpretatie, want *zaitūnī*, (-*ī* voor het bn.) betekent eig. van *Tzu t'ing*, een Chinese uitvoerhaven, thans Chin chiang, noordoost van Chang chou.
satinet [satijnweefsel] < fr. *satinette*, verkleiningsvorm van *satin* [satijn].
satire [hekelschrift] < oudfr. *satire* < lat. *satura* (*lanx* [schotel]), een met diverse vruchten en groenten gevulde schotel, vandaar mengelpoëzie in uiteenlopende metra en vervolgens satire, hekeldicht; het woord heeft niets te maken met *satyr* en het Griekse *saterspel*.
satirisch [hekelend] < hd. *satirisch*, afgeleid van *Satire* [satire].
satisfactie [voldoening] < fr. *satisfaction* < lat. *satisfactionem*, 4e nv. van *satisfactio* [voldoening], van *satisfacere* (verl. deelw. *satisfactum*) [voldoen, voldoening geven], van *satis* [voldoende], idg. verwant met *zat* + *facere* [doen], daarmee idg. verwant.
satraap [stadhouder] < gr. *satrapès* < **oudperzisch** *xshathrapavan-* [provinciegouverneur], van *xshathra-* [provincie], verwant met **sjah** + *pā-* [beschermen], verwant met **oudindisch** *pāti* [hij beschermt], vgl. **oudindisch** *kṣatra-* [(heersers)macht] (vgl. **adhipati**).
satsoema [porselein] genoemd naar *Satsuma*, een provincie op Kyushu.
sattig [dampig] van *zat*, middelnl. *sat* [verzadigd] + *-ig*.
saturatie [verzadiging] < fr. *saturation* < lat. *saturationem*, 4e nv. van *saturatio* [idem], van *saturare* (verl. deelw. *saturatum*) [verzadigen], van *satur* [verzadigd], verwant met *satis* [genoeg].
satureren [verzadigen] < fr. *saturer* [idem] < lat. *saturare* (vgl. **saturatie**).
saturnaliën [het Saturnusfeest] < lat. *Saturnalia*, het zelfstandig gebruikt o. mv. van *Saturnalis* [m.b.t. de god Saturnus, wiens naam van etruskische afkomst is].
saturniet [bruin looderts] → *saturnisme*.
saturnisme [loodvergiftiging] afgeleid van *Saturnus*, in de alchemie de benaming van lood (vgl. **saturnaliën**).
satyriasis [overmatige geslachtsdrift] gevormd van **gr.** *saturiaō* [ik lijd aan de satyrziekte], van *saturos* [satyr, sater], van vóór-gr. herkomst.
saucijs [worstsoort] middelnl. *salsijskijn*, *sausijskijn* < fr. *saucisse* < vulg. lat. *salsicia*, o. mv. van *salsicius* [gekruid met zout], maar aangezien voor vr. enk., van *salsus* [gezouten], van *sal* [zout], daarmee idg. verwant (vgl. **salami, saus**).

sauf-conduit [vrijgeleidebrief] middelnl. *salveconduyt, saufconduyt, salvaconduct* [vrijgeleide] < fr. *sauf-conduit*, van *sauf* [behouden] < lat. *salvus* [idem] + *conduit* [pijp, kanaal, geleiding], van *conduire* [leiden] < lat. *conducere* [dienstig zijn], van *con* [met] + *ducere* [leiden].
sauger [barg. pijp, koopman] < hd. *Sauger* [zuiger, ook uitzuiger].
saumon [zalmkleurig] < fr. *saumon* [zalm(kleurig)] < lat. *salmonem*, 4e nv. van *salmo* [zalm].
sauna [stoombad] < **fins** *sauna* [badkamer].
sauriër [hagedisachtige] van **gr.** *sauros* [hagedis], verwant met *saulos* [met zijn staart bewegend].
saus [soort jus] middelnl. *sause* < oudfr. *sauce*, *sausse* [idem] < lat. *salsa* [zoutig, pittig], van *sal* [zout], daarmee idg. verwant (vgl. **saucijs, salami**).
sausjes [olienoten] ook *kesausies, sausemangelen* [Curaçaose amandelen] (vgl. **sausneger, curaçao**).
sausneger [zonderling] waarschijnlijk < *Curaçaose neger* (vgl. **sausjes, curaçao**).
sauteren [snel bruin bakken] < fr. *sauter* [springen, op een heet vuur snel bakken] < lat. *saltare* [dansen], frequentatief van *salire* [springen, dansen], verwant met **gr.** *hallesthai* [springen] (vgl. **halma**).
sauterie [danspartijtje] < fr. *sauterie*, van *sauter* [springen] (vgl. **sauteren**).
sautoir [schuin kruis (in wapenkunde)] middelnl. *sautoor, saultoor* < fr. *sautoir*, zo genoemd op grond van gelijkenis met het *sautoir* geheten uitrustingstuk dat als stijgbeugel diende voor ridders die op hun paard sprongen, van *sauter* [springen] (vgl. **sauteren**).
sauvage [woest] middelnl. *sauvage, savage* [idem] < fr. *sauvage* < oudfr. *salvage* < vulg. lat. *salvaticus* < klass. lat. *silvaticus* [bos-], van *silva* [woud] (vgl. **selva**).
sauvegarde [vrijgeleide] middelnl. *sauvegarde* < fr. *sauvegarde*, van *sauf*, vr. *sauve* [veilig] < lat. *salvus* [behouden] + *garde* (vgl. **garderobe**).
sauveren [de hand boven het hoofd houden] middelnl. *sauveren* [redden] < fr. *sauver* [redden], oudfr. *salver* < lat. *salvare* [redden], van *salvus* [behouden, ongedeerd].
savanne [grasvlakte] < fr. *savane* < **spaans** *sabana*, ouder *zabana* < **taino** *zabana*.
savant [geleerd] < fr. *savant*, eig. teg. deelw. van *savoir*, teruggaand op lat. *sapere* [smaken naar, smaak hebben van, wijs zijn], idg. verwant met **beseffen**.
savelboom, zavelboom → *zevenboom*.
savonet [zeepbal, bol horloge] < fr. *savonnette* [zeepbel], *montre à savonnette* [savonethorloge], *savonnette*, verkleiningsvorm van *savon* < lat. *saponem*, 4e nv. van *sapo* [zeep], dat uit het germ. stamt, vgl. **zeep**.
savonnerietapijt [soort tapijt] genoemd naar de

producent, de *Manufacture Royale de la Savonnerie,* die zijn naam ontleende aan het atelier, een voormalige *savonnerie* [zeepziederij], van *savon* (vgl. *savonet*).

savooiekool, savooikool [soort kool] genoemd naar het gebied van herkomst *Savoye*.

savoureren [met smaak genieten] < **fr.** *savourer* < **lat.** *saporare* [smaak hebben van], van *sapor* [smaak], verwant met *sapere* (vgl. *savant*).

savvie ['savvie hebben van', snappen] < **amerikaans slang** *savv(e)y* [idem], verbasterd uit **spaans** *sabe Usted* [weet u?], van *saber* [weten] < **lat.** *sapere* [wijs zijn], idg. verwant met ***beseffen***.

sawa [nat rijstveld] < **maleis** *sawah* [idem].

sawo, sawoe [boom] < **maleis** *sawo*, **javaans** *sawo*.

saxofoon [blaasinstrument] genoemd naar zijn uitvinder, de Belg *Antoine-Joseph (genoemd Adolphe) Sax* (1814-1894).

scabiës [schurft] < **lat.** *scabies* [ruwheid, schilferigheid, uitslag, schurft], van *scabere* [krabben], idg. verwant met ***schaven*** (vgl. *scabreus*).

scabreus [gewaagd] < **fr.** *scabreux* [ruw, hobbelig, netelig, schuin] < **lat.** *scabrosus* [ruw, schunnig], van *scaber* [schilferig, ruw, schurftig], van *scabere* [krabben] (vgl. *scabiës*) + *-osus* [vol van].

scafander [reddingsgordel] < **fr.** *scaphandre* [idem], gevormd van **gr.** *skaphè,* van *skaptein* [graven, hakken], dus eig. uitgeholde stam, boot + *anèr* [man] (vgl. ***andro-***), dus 'manboot'.

scag [heroïne] < **amerikaans-eng.** *scag,* oorspr. een sigaretje of peukje daarvan, etymologie onbekend. Geopperd is dat het een vermenging zou zijn van *cigar* en *cigarette*.

scagliola [mengsel van gips en glimmer] < **it.** *scagliola* [eig. schilfertje], verkleiningsvorm van *scaglia* [schub, schilfer], uit het germ., vgl. ***schil***.

scala [reeks] < **it.** *scala* [trap] < **lat.** *scala,* afgeleid van **lat.** *scandere* [klimmen] (vgl. ***scanderen***).

scalp [schedelhuid met haar] < **eng.** *scalp,* uit het scandinavisch, vgl. **oudnoors** *skalpr* [schede], verwant met ***schelp***.

scalpel [mes] < **fr.** *scalpel* < **lat.** *scalpellum* [ontleedmes, lancet], verkleiningsvorm van *scalprum* [beitel, els van een schoenmaker], van *scalpere* [krabben, beitelen, snijden] (vgl. ***schelf[2]***).

scampi [grote garnalen] < **it.** *scampi,* etymologie onbekend.

scanderen [het metrum doen uitkomen] < **fr.** *scander* [idem] < **lat.** *scandere* [klimmen], waaruit zich de betekenis ontwikkelde van 'gaan staan en met de voet de maat slaan' (vgl. ***schandaal***).

Scandinavië [geogr.] < **lat.** o.m. *Scadanavia, Scadinavia* < **gr.** *Skandia,* dat van germ. herkomst is en waarvan het eerste element een germ. plaatsnaam is en het tweede een afleiding van de basis met de betekenis '(land bij) water', waarvan o.m. ook stammen **nl.** *a(a), ee, ie, ij,* **lat.** *aqua*.

scandium [chemisch element] gevormd door de ontdekker ervan, de Zweedse natuurkundige Lars Fredrik Nilson (1840-1899), van ***Scandinavië***.

scanner [radarantenne] < **eng.** *scanner,* van *to scan* [nauwkeurig onderzoeken, aftasten], **middeleng.** *scannen* < **lat.** *scandere* [klimmen, dan analyseren van het stijgend en dalend ritme in poëzie] (vgl. ***schandaal***).

scapulier, schapulier [schouderkleed] < **chr. lat.** *scapulare* [scapulier], van *scapula* [schouderblad, schouder].

scarabee [mestkever] < **lat.** *scarabaeus* [kever] < **gr.** *karabos* [kever met hoorntjes, kreeft] (vgl. ***karabijn, schorpioen***).

Scaramouche [hansworst] < **fr.** *Scaramouche* < **it.** *Scaramuccia* [idem, eig. 'de schermer'], van *scaramucciare* [schermen] (vgl. ***schermutselen***).

scarificatie [insnijding van de huid] < **lat.** *scarificatio* [het openkrabben], van *scarificare* (verl. deelw. *scarificatum*) < **gr.** *skariphasthai* [ingriffen], van *skariphos* [tekenstift], verwant met **lat.** *scribere* [schrijven].

scarlatina [roodvonk] door de Engelse arts Thomas Sydenham (1624-1689) gevormd van **eng.** *scarlet* [scharlaken].

scat [betekenisloze reeks klanken bij het zingen] van **amerikaans-eng.** *to scat* [zinloze lettergrepen zingen (in jazz)], van *to scatter* [verstrooien, bestrooien], vgl. *scatty* [warhoofdig], verwant met ***schateren***.

scatol, scatool, skatol, skatool [bestanddeel van excrement] van **gr.** *skōr* (2e nv. *skatos*) [drek], vgl. **oudnoors** *skarn* [mest(hoop)], **middeleers** *sceirdim* [ik spuw uit].

scenario [draaiboek] < **it.** *scenario* [toneel, draaiboek] < **lat.** *scaenarius* [behorend tot het toneel] (vgl. ***scène***).

scène [deel van toneelstuk] < **fr.** *scène* < **lat.** *sc(a)ena* [toneel, ook doorgestoken kaart] < **gr.** *skènè* [tent, hut, het houten huis waaruit toneelspelers te voorschijn kwamen, toneel], mogelijk uit het semitisch, vgl. **hebreeuws** *shākan* [wonen, verblijven].

scepter, skepter [koningsstaf] **middelnl.** *sceptre, sceptre, ceptre,* **oudfr.** *sceptre* < **lat.** *sceptrum* [koningsstaf] < **gr.** *skēptron* [staf, stok, ook als teken van waardigheid van vorsten, priesters, herauten], van *skēptein* [leunen op], idg. verwant met ***schacht[1], schijf***.

sceptisch, skeptisch [geneigd tot twijfel] < **gr.** *skeptikos* [zich bezighoudend met onderzoek], van *skepsis* [beschouwing, onderzoek], van *skeptesthai* [kijken, letten op], verwant met **lat.** *specere* [kijken] (vgl. ***spieden***).

schaaf [gereedschap] van ***schaven***.

schaakmat [het schaak staan van de koning] < **ar.** *ash shāh māt* [schaakmat], van **perzisch** *shāh* [koning] (vgl. ***sjah***) + **ar.** *māt(a)* [hij stierf], te zamen: de koning is dood, als uitroep bij de overwinning.

schaakwerk [schoonmaakbezigheid] van ***schaken[3]*** in de betekenis vissen uit het net schudden, schoonmaken, d.w.z. van een kamer waarbij al het meubilair eruit werd verwijderd.

schaal — schaduw

schaal[1] [peilschaal, loonschaal] **middelnl.** *schale* [trap, ladder, graad] < **lat.** *scala* [trap, ladder] (vgl. *scala*).

schaal[2] [schil, schotel] **middelnl.** *schale, schael,* **middelnd.** *schale,* **oudhd.** *scala,* **oudeng.** *sc(e)alu;* uit een variant van de basis van *schel*[1].

schaal[3] [aanloophaven] < **it.** *scala* [trap, ladder, zeehaven] (vgl. *scala*), vgl. ook **fr.** *les échelles du Levant* [de zeehavens in de Levant], eig. de plaats waar men de ladder uitlegde.

schaal[4] [zaadbal] → *schaal*[5] [hertehoef].

schaal[5] [hertehoef] hetzelfde woord als *schaal*[2] [schotel], vgl. voor de betekenisontwikkeling die van **hd.** *Schale* [schaal, kopje, bolster, schil, schelp, huid (van wild), overhoef (van paard), hoef (van hert)].

schaalbijter → *scharrebijter.*

schaamte [gevoel van onbehagen over aangetoonde fouten] **middelnl.** *schaemte,* ouder *schaemde* met ander achtervoegsel, afgeleid van *schamen.*

schaap [dier] **middelnl.** *schaep,* **oudnederfrankisch** *scāp,* **oudsaksisch** *skāp,* **middelnd.** *schāp,* **oudhd.** *scāf,* **oudfries** *skēp,* **oudeng.** *sce(a)p;* buiten dit gebied zijn geen verwanten gevonden. Etymologie onbekend.

schaar[1], schare [drom] **middelnl.** *schere, schare* [legerafdeling, troep, drom, eig. dat wat afgescheiden is]; van *scheren*[1].

schaar[2] [werktuig om te knippen] **middelnl.** *schare, schaer, schere, scheer* (een mv.-vorm), vgl. **oudhd.** *scār,* mv. *scari,* **oudeng.** *scear,* **oudnoors** *skœri;* behoort bij *scheren*[1].

schaar[3] [aandeel in de meent] **middelnl.** *schaer* [stuk grond nodig om één dier te voeden, grondstuk als eenheid beschouwd in verband met belastingen], is hetzelfde woord als *schaar*[1] [drom].

schaar[4] [steil, als het ware afgesneden oever] **middelnl.** *scaer, scoor,* **eng.** *shore;* van *scheren*[1].

schaar[5] [gereedschap bij het stotend boren naar olie] < **eng.** *jar* [stoot], *to jar* [doen schudden, schokken], klanknabootsend gevormd.

schaarde, schaar [kerf] **middelnl.** *scha(e)rde, scheerde, schaert, schard* [breuk, bres], **middelnd.** *skart,* **middelhd.** *scharte,* **oudfries** *skerd,* **oudeng.** *sceard* (**eng.** *shard*), **oudnoors** *skarð;* buiten het germ. **lat.** *scortum* [leder], **gr.** *kormos* [boomstronk], **oudiers** *scert* [deel], **oudkerkslavisch** *skora* [huid]; van dezelfde basis als *scheren*[1].

schaars [weinig voorhanden] **middelnl.** *schaers, schars* [zuinig, schriel, karig] < **oudfr.** *escars* [idem] < **me. lat.** *excarpus, scarsus* [uitgetrokken, uittreksel], van **lat.** *ex* [uit] + *carpere* [plukken], idg. verwant met *herfst,* dus uitgeplukt. De vorm *scarpsus* komt voor met de betekenis 'uitgezonderd'.

schaats [schoen met ijzer om over ijs te gaan] **middelnl.** *schaetse, schaedse* [houten been of kruk, stelt, en in de 16e eeuw schaats] < **picardisch** *escache* (**fr.** *échasse*) [stelt], dat uit het germ. stamt, vgl. **middelnl.** *schake, schaic* [been, houten been].

schab[1] [plank in kast] › *schap.*

schab[2], schabbe [oude lap] **middelnl.** *schabbe,* bij Kiliaan ook [schurft], van *schabben* [krabbelen, jeuken], een expressieve vorming bij *schaven* (vgl. *schabbernak, schobber*).

schabberig, schabbig [armoedig] **middelnl.** *schabbig* [jeukerig, schurftig]; van *schab*[2].

schabbernak [onooglijk kledingstuk, die er onooglijk uitziet, kwajongen] < **hd.** *Schabernack* [kwajongensstreek], vgl. **middelnl.** *schabben* [krabben, schuren, schurken], nevenvorm van *schobben, schabberich* [jeukerig, schurftig] (vgl. *schobber*), **middelnl.** *nac(ke)* [nek, achterhoofd], nevenvorm van *nek* → *schab*[2].

schabel [bankje] **middelnl.** *scabel, schabel(le)* < **oudfr.** *escabeau* < **lat.** *scabellum* (vgl. *schemel*).

schabouwelijk [jammerlijk, ellendig] vermoedelijk van **middelnl.** *schab(be)* [binnenkiel, oud kledingstuk, morsig wijf], *schabben* [krabben, schuren, schurken].

schabrak [zadelkleed] < **nd.** *schabracke,* vermoedelijk via **hongaars** *csáprág* < **turks** *çaprak* [paardedek], van *çap* [bedekken].

schabul [duvelstoejager] hetzelfde woord als *schabel,* hoewel de betekenisontwikkeling moeilijk te doorgronden is, in het **nd.** *schabul,* **hd.** *Schabelle* [schemel, onrustig overmoedig heen en weer lopend kind].

schacheren → *sjachelen.*

schacht[1] [stok] **middelnl.** *schaft* > *schacht* (als *graft* > *gracht*), **oudnederfrankisch, oudhd.** *scaft,* **oudsaksisch** *skaft* [speer], **oudfries** *skeft,* **oudeng.** *sceaft,* **oudnoors** *skapt;* buiten het germ. **lat.** *scapus* [stengel, schacht], **gr.** *skèptron* [staf, scepter], **albaans** *skop* [idem] → *scepter.*

schacht[2] [grappenmaker, snaak] overdrachtelijk gebruik van *schacht*[1] [koker], waarschijnlijk via de betekenis 'penis'.

schadde [gedroogde veenachtige zode als brandstof gebruikt] **eng. dial.** *scad* [idem], **middelnl.** *schaderen* [doen uiteenspatten], het zn. *schader* in *schader nemen* [uiteenspatten], **me. eng.** *schateren,* **eng.** *to shatter* [verbrijzelen, in stukken vallen], vgl. ook **nl.** *schateren,* dat oorspr. betekent 'krakend uiteenscheuren', een op beperkt gebied verbreide betrekkelijk jonge klanknabootsende vorming.

schade, scha [nadeel, beschadiging] **middelnl.** *scade,* **oudsaksisch** *skado* [schaduw], **oudhd.** *scaðo* [misdadiger], **oudfries** *skatha,* **oudeng.** *sceaða,* **oudnoors** *skaði,* **gotisch** *skaþis;* buiten het germ. is verwant **gr.** *(a)skèthès* [(on)beschadigd].

schadeloos → *schaloos.*

schaduw [silhouet, schim] **middelnl.** *schade, schadewe, schaduwe,* **oudnederfrankisch**

scado, **oudsaksisch** *skado*, **oudhd.** *scato*, **oudeng.** *sceadu* (**eng.** *shade, shadow*), **gotisch** *skadus;* buiten het germ. **gr.** *skotos*, **albaans** *skot*, **oudiers** *scath*, **bretons** *squeut* [duisternis].

schaffelen [sloffen] mogelijk van *schaven*, maar vermoedelijk klanknabootsend gevormd naast woorden als *schuifelen* en *schoffelen*.

schaffen [tot stand brengen, bezorgen] **middelnl.** *schaffen* < **middelhd.** *schaffen* (vgl. ***scheppen***²).

schaften [eten tijdens werkonderbreking] < *schoften*, mogelijk o.i.v. *wat de pot schaft*, van *schaffen*.

schakel [kettingring, verbinding] **middelnl.** *schakel* [blok aan poot van dieren, schalm], **middelnd.** *schakel*, **fries** *skeakel*, **oudeng.** *sceacul* (**eng.** *shackle*), **oudnoors** *skǫkull* [wagendissel], verkleiningsvorm van **middelnl.** *schake, schaic* [been, houten been], **oudeng.** *sceac* [boei]; buiten het germ. **lat.** *cingere* [omgorden], onzeker **oudindisch** *khajati* [hij karnt].

schakellijm [lijmsoort] genoemd naar *Adriaan Schakel* (ca. 1860-1870) papierhandelaar in Amsterdam.

schaken ¹ [schaak spelen] → ***schaakmat***.

schaken ² [een vrouw ontvoeren] **middelnl.** *schaken* [roven, i.h.b. van een vrouw, ook (hetgeen wel de oudste betekenis is) ontvluchten], ook *ontschaken* [ontroven, ontvoeren, en weglopen met vrouw of man], **middelnd.** *schaken*, **oudsaksisch** *skakan* [snel weggaan], **oudeng.** *sc(e)acan* [zich snel bewegen, schudden] (**eng.** *to shake*), **oudfries** *skeka* [weglopen, roven], **oudnoors** *skaka* [schudden]; buiten het germ. (onzeker) **oudindisch** *khajati* [hij roert om, karnt].

schaken ³ [touw vieren, vis uit de mazen schudden] is oorspr. hetzelfde woord als ***schaken*** ² [roven].

schakeren [met afwisseling schikken] **middelnl.** *schakeren* [de ruiten van het schaakbord nabootsen, kleur variëren, schakeren], van ***schaken*** ¹ [schaken, in ruiten verdelen] *geschaect* [geruit], ook *geschaectafelt*, vgl. **eng.** *to chequer* [idem].

schaleend [eendesoort] **hd.** *Schallente*, modern lat. benaming *anas clangula*, *anas* [eend] *clangula*, van *clangere* [schallen], genoemd naar zijn geluid.

schalie [sediment] **middelnl.** *schaelge, schalie* [schilfer] < **oudfr.** *escaille*, **fr.** *écaille* [schub, schilfer], dat uit het germ. komt, vgl. ***schil***, **middelnl.** *schale*.

schalier [kantstijl van ladder] van **middelnl.** *schale* [trap, ladder] < **oudfr.** *escale* (vgl. ***scala***) + de uitgang *-ier*, vgl. **middelnl.** *schakier* [schaakbord], eerder dan < **fr.** *escalier*.

schalk ¹ [deugniet] **middelnl.** *schalc* [(bn.) onderhorig, dienstbaar, verdorven, arglistig, (zn.) dienstknecht, lijfeigene, deugniet, misdadiger], **oudnederfrankisch**, **oudhd.** *scalc*, **oudsaksisch**, **oudfries** *skalk*, **oudeng.** *scealc*, **oudnoors** *skalkr*, **gotisch** *skalks*; etymologie onzeker, men heeft o.m. afleiding van **oudiers** *scoloc* [lijfeigene] overwogen.

schalk ² [hijstoestel, kwartzuil in gotische kerk] overdrachtelijk gebruik van ***schalk*** ¹ [dienaar]; het **middelnl.** *schalk* is mede de naam van voorwerpen die de dienst van een knecht verrichten.

schallebijter → ***scharrebijter***.

schallen [krachtige klank voortbrengen] **middelnl.** *schallen*, naast *schellen* [weerklinken], van *schal* [klank, galm], klanknabootsend gevormd.

schallig [slap (van haring)] **hd.** *schal* [verschaald, smakeloos], **zweeds** *skäll* [dun, smakeloos], **eng.** *shallow* [ondiep], **oudeng.** *sceald*, **me. eng.** *schald* (vgl. ***verschalen***).

schalm [schakel, merk op boom] in het middelnl. éénmaal genoteerd met de betekenis 'ijzeren band om een vat', eerst later in de betekenis 'schakel van ketting', vgl. **nd.** *schalm* [dun plankje], **oudnoors** *skalm* [stuk van gekloofd hout, zwaard]; buiten het germ. **gr.** *skalmos* [dol (van roeiboot)], **oudpruisisch** *kalmus* [staak], **litouws** *kelmas* [boomstronk]; verwant met ***schel*** ², ***schil***; voor de betekenis 'merk op boom' vgl. de afleiding bij Kiliaan *schalmen* [snoeien, de bast afslaan].

schalmei [herdersfluit] **middelnl.** *schalmeide, schalmey(e)* < **oudfr.** *chalemie* < **me. lat.** *scalmeia* < **klass. lat.** *calamus* [riet, pen, rietfluit] (vgl. ***halm***).

schaloos, schadeloos [ontreddend] **middelnl.** *scaloos* [zonder schade]; de betekeniswijziging zal het gevolg zijn van de invloed van *haveloos, nutteloos, waardeloos*.

scham [kale plek in het land] etymologie onbekend.

schamel ¹ [armoedig] **middelnl.** *schamel* [ingetogen, schaamachtig, waarvoor men zich schaamt, behoeftig], **middelnd.** *schamel*, **oudhd.** *scamal*, **oudfries** *skamel* [ingetogen]; afgeleid van ***schamen***.

schamel ² [krukje] → ***schemel***.

schamen [generen] **middelnl.**, **middelnd.** *schamen*, **oudnederfrankisch**, **oudhd.** *scamēn*, van **middelnl.** *schame* [schaamte], **oudnederfrankisch**, **oudhd.** *scama*, **oudsaksisch** *skama*, **oudfries** *skome*, **oudeng.** *sc(e)amu;* etymologie onzeker.

schampavie ['schampavie kiezen', de plaat poetsen] < **it.** *scampa via* [scheer je weg], van *scampa* + *via* [weg] < **lat.** *via;* de vorm **it.** *scampa* van *scampare* [de wijk nemen], van **lat.** *ex* [uit] + *campus* [veld].

schampeljoen, schampseljoen, schapseljoen [model, patroon] **middelnl.** *schamp(e)lioen, schanfillioen* [idem] < **fr.** *échantillon* [idem], **oudfr.** *eschandillon*, van *eschandiller* [de specificaties van koopwaar verifiëren] < **lat.** *scandere* [klimmen] (vgl. ***scanderen***), waarbij gedacht moet worden aan de schaal om te meten, essayeren, een bewijs, een afgesneden stuk als voorbeeld.

schampen [afglijden] **middelnl.** *schampen* [bespotten, de wijk nemen, uitglijden van een wapen], **nd.** *skampen*, **fries** *skampe* < **oudfr.**

schamper — schaven

escamper, teruggaand op een samenstelling met *ex* van **lat.** *cambiare* [ruilen] → *schimp*.

schamper [spottend] **middelnl.** *schamper* [hij die iem. bespot, honend], van *schampen*, ablautend naast *schimpen* → *schimp*.

schandaal [aanstoot] < **fr.** *scandale* [idem], evenals **middelnl.** *schandel(e)* [aanstoot, ergernis] < **chr. lat.** *scandalum* [aanleiding tot verzoeking, verzoeking, aanstoot, ergernis, ketterij, onrust] < **gr.** *skandalon* [valstrik, hindernis waarover men struikelt], waarbij gedacht moet worden aan een val waarin lokaas is bevestigd.

schande [oneer] **middelnl.**, **middelnd.** *schande*, **oudhd.** *scanta*, **oudfries** *skonde*, **oudeng.** *scond*, **gotisch** *skanda;* afgeleid van **schamen**, waarbij *m* tot *n* werd voor de *d*.

schandek [afdekking waarlangs vuil of vocht afglijdt] < *schampdek*.

schans [takkenbos, versterkingswerk] **middelnl.** *scanse* (16e eeuw) [takkenbos, rijsbos] < **middelhd.** *schantse, in die schantse stellen* [aan gevaar blootstellen], *schanze* [rijsbos, versterking] < **it.** *scanso* [afweer], van *scansare* [ontwijken van gevaar] < **lat.** *ex* [uit] + *campsare* [omzeilen] < **gr.** *kamptein* [buigen, zich wenden].

schap [plank] **middelnl.** *schap* [houten rek, plankenkast], **oudsaksisch** *skap*, **oudhd.** *scaf*, **oudfries** *skep*, **oudeng.** *sceppe* [vat], **oudnoors** *skeppa* (vgl. *schepel*).

-schap [achtervoegsel] **middelnl.** *-schape, -schepe, -schip*, **oudnederfrankisch** *-scap*, **oudsaksisch** *-skepi*, **oudhd.** *-scaf*, **oudfries** *-skip*, **oudeng.** *-scipe, -sciepe*, **oudnoors** *-skapr*, vgl. **middelnl.** *schape* [vorm, gestalte, gedaante], **oudsaksisch** *giskapu* [schepsels], **oudeng.** *gesceap* (**eng.** *shape*), **oudnoors** *skap* [aard, vorm]; behoort bij *scheppen*[2] [creëren].

schappelijk [redelijk] van *schap* [gedaante, gestalte] (vgl. *-schap*).

schapraai [pottenkast] **middelnl.** *schaprede, schaprade, schap(e)ra*, **oudsaksisch** *skapereda*, **middelnd.** *schaprade*, **oudhd.** *scaffareita* (de *a* in rade is ingweoons), van *schap* [plank] + *rede*, van *bereid, gereed*.

schapulier → *scapulier*.

schar[1] [vis] eerst eind 16e eeuw genoteerd, van **middelnl.** *scharren* [de bodem omwoelen] (vgl. *scharrelen*); vgl. **fr.** *limande* [schar], *limer* [vijlen], en mogelijk **gr.** *psètta, psèssa* [schol], *psèchein* [roskammen, strelen]; vgl. ook *kret*[3].

schar[2] [schram] van *scharren* [krabben].

scharde [stuk heidegrond, dat gebrand wordt] **middelnl.** *scha(e)rde, schard(e)* [door houwen, snijden etc. ontstane opening in iets, uitgehouwen deel van geheel]; hetzelfde woord als *schaarde*.

schardijn [sprot] nevenvorm van *sardijn* [sardine].

schare [menigte] → *schaar*[1].

scharen[1] [toewijzen van aandeel in de markgronden] van *schaar*[3] [meent].

scharen[2] [kuit schieten] etymologie onbekend.

scharlaken [rode stof, rood] **middelnl.** *scha(e)rlaken, scherlaken, scherlaten* < **me. lat.** *scarlatum* < **perzisch** *saqerlāt* < **ar.** *siqillāṭ* [doek met figuren] < **lat.** *sigillatus* [met kleine figuren versierd], van *sigillum* [figuurtje, reliëf] (vgl. *zegel*), van *signum* [teken, merk] (vgl. *sein*[1], *zegen*[1]).

scharlei, scherlei [soort van salie] **middelnl.** *scha(e)rleye, scherleye* < **me. lat.** *scarleia, sclareia*, etymologie onbekend.

scharluip [griel] vermoedelijk klanknabootsend gevormd.

scharmaaien [met armen en benen zwaaien] van *scharren* + *maaien*.

scharminkel [zeer mager mens of dier] verbasterd uit **middelnl.** *scaminkel, scheminkel* [aap], verkleiningsvormen van *simme* [aap] < **lat.** *simia* [aap, ook als scheldwoord], verwant met **gr.** *simos* [met naar binnen gebogen neusbeen, met stompe neus].

scharnier [beweeglijke verbinding] < **fr.** *charnière*, **vulg. lat.** *cardinaria*, van **lat.** *cardo* [deurspil, gewicht] (vgl. *knier, kardinaal*).

scharrebier [dun bier] het eerste lid is vermoedelijk **middelnl.** *scherve, scherf, scharf* [scherf, pot, halve penning], dus een goedkope kwaliteit.

scharrebijter, schallebijter [kever] volksetymologische verbastering van *scarabee*.

scharrel [ratelaar (plant)] → *schartel*.

scharrelen [rommelen] iteratief van *scharren*.

scharren [krabben] **middelnl.** *scharren, scherren*, **oudhd.** *scerran* (**hd.** *scharren*), **oudsaksisch** *skerran*, **zweeds** *skorra* [een schrapend geluid maken]; buiten het germ. **lat.** *carduus* [distel], **lets** *karst* [wol kammen], **oudkerkslavisch** *krasta* (**russ.** *korosta*) [schurft].

scharreren [ribben in steen beitelen] van *scharren*.

schart [krab, schram] → *schaarde, scharde*.

schartel [ratelaar (plant)] < *schaarde*, zo genoemd vanwege de ingesneden bladeren.

schartelen intensiefvorm van *scharrelen*.

scharten [krabben] van *schaarde*, vgl. *schart* en *scharren*.

schat [waardevol bezit] **middelnl.** *schat*, **oudsaksisch** *skat*, **oudhd.** *scaz*, **oudfries** *skett* [schat, geld, (maar ook) vee], **oudeng.** *sceaatt*, **oudnoors** *skattr*, **gotisch** *skatts;* vgl. in verband met de betekenis 'vee' *pecuniën*.

schateren [helder weerklinken] **middelnl.**, **middelnd.** *schateren* [krakend uiteenscheuren], **middeleng.** *sc(h)ateren*, **eng.** *to scatter* en het doublet *to shatter* [verbrijzelen]; buiten het germ. **gr.** *skedannumi* [ik doe uiteenspringen], **litouws** *kedèti* [opensplijten].

schaveel [barg. zak] mogelijk van *schavelen*, dat in zuidnl. barg. stelen en wegstoppen betekent.

schavelen, schavielen [opschuiven] zal zijn afgeleid van *schuiven*.

schaven [gladmaken] **middelnl.** *schaven*, **oudsak-**

sisch *scaban*, **oudhd.** *scaban*, **oudeng.** *sceafan* (**eng.** *to shave*), **oudnoors** *skafa*, **gotisch** *skaban*; buiten het germ. **lat.** *scabere* [krassen], **gr.** *skaptein* [graven], **litouws** *skopti* [met een mes uithollen], **oudkerkslavisch** *skopiti* [hakken].

schaverdijn [schaats] 16e eeuws *schaverdein, schaverdijn*, het eerste lid van *schaven*, **middelnl.** *schaven* [schaven, krabben, zich wegscheren], het tweede is onzeker.

schavielen → *schavelen*.

schavot [stellage voor lijfstraf] **middelnl.** *scavaut, scofaut, schafout, schavot* [planken tribune, schavot] < **fr.** *échafaud, chafaud* [idem], uit het lat. (vgl. *katafalk*).

schavuit [schelm] **middelnl.** *sc(h)avuut, schovuut, schofuut, scuvuut* [nachtuil, schooier, bedelaar]; het woord is de klanknabootsing van de kreet van de vogel, vgl. **fr.** *chouan*; voor de betekenisoverdracht vgl. **middelnl.** *nachtrave(n)* [nachtuil, en vervolgens nachtbraker] → *schoft* 3.

schebek [Arabisch zeilschip] < **fr.** *chébec* < **it.** *sciabecco* < **ar.** *shabbāk*.

schede, schee [omhulsel] **middelnl.** *sche(d)e, scheed, scheide*, **oudsaksisch** *skethia*, **oudhd.** *sceida*, **oudeng.** *scœð, sceað*, **oudnoors** *skeidir* (mv.). Van *scheiden*, vgl. voor de betekenis *spleet* van *splijten*.

schedel [bovendeel van hoofd] **middelnl.** *scheidel, schedel(e), scheel* [haarscheiding, kruin, deksel, hersenpan, ooglid]; afgeleid van *scheiden*.

scheef [schuin] **middelnl.** *scheef, scheyf* [schuin, dwars, scheef], **middelnd.** *schef*, **oudeng.** *scǣf*, **oudnoors** *skeifr*; buiten het germ. **lat.** *scaevus* [onhandig], **gr.** *skimbazein* [mank zijn], **lets** *škibs* [scheef].

scheegat [dolgat] het eerste lid is een nevenvorm van *schei* [dwarshout, houten schuifje, dat in de gaten van het dolboord kan worden ingelaten], van *scheiden*.

scheel[1] [scheef, loens] **middelnl.** *schele, schelu, scheel* [scheef, scheel, eenogig], **middelnd.** *schel(e)*, **oudhd.** *scelah*, **oudeng.** *sceolh*, **oudnoors** *skjalgr*; buiten het germ. **lat.** *scelus* [misdaad], **gr.** *skolios* [scheef], *skelos* [schenkel] → *schouder*.

scheel[2] [deksel] **middelnl.** m. en vr. *schedel(e)*, o. *scheel* [deksel, hersenpan, ooglid] (vgl. *schedel*).

scheel[3] [haarscheiding] van *scheiden* (vgl. *schedel*).

scheelvet [darmvet] van *scheil, scheel* [darmvlies].

scheem [schaduw] **middelnl.** *scheme, scheem, schiem* [schaduw, schim van gestorvene, lichtglans] (vgl. *schemeren, schim*).

scheen [voorzijde van onderbeen] **middelnl.** *schene, scheen* [scheen, lange smalle strook metaal of hout, boombast], **oudhd.** *scina* [scheen] (**hd.** *Schiene* [ijzeren band, rail]), **oudeng.** *scinu* (**eng.** *shin*); voor verwanten buiten het germ. vgl. de onder *scheiden* genoemde woorden.

scheep verbogen nv. van *schip*.

scheer [rotseilandje] uit het noordgerm., vgl. **zweeds** *skär*, **deens** *skær*, **noors** *skjer*, **oudnoors** *sker*; van *scheren*[1] → *schor*[1].

scheerbalk [dwarsbalk] het eerste lid is *schaar, scheer*, lat of ijzer om iets te *schoren*, of van *scheren* [spannen].

scheerling[1] [plant] **middelnl.** *sche(e)rlinc, schaerlinc* [dollekervel], **oudsaksisch** *skerning*, **oudhd.** *scerning* (**hd.** *Schierling*), van **middelnl.** *scharn, schern* [mest, drek], **middelnd.** *scharn*, **oudfries** *skern*, **oudeng.** *scearn*, **oudnoors** *skarn*; buiten het germ. **lat.** *mucerda* [muizedrek], **gr.** *skōr* [drek], **middeliers** *sceirdim* [ik spuw uit], (onzeker) **oudindisch** *apaskara-* [uitwerpselen]; de plant gedijt op mesthopen.

scheerling[2] [touw] afgeleid van *scheren*[2].

scheet [wind] **middelnl.** *schete, scheet*, **middelnd.** *schete*; van *schijten*.

scheewei, scheiwei [karnemelk die pas kookt] d.w.z. wei die zich heeft afgescheiden van de karnemelk. Van *scheiden*.

scheffen, scheften [(in de gevangenis) zitten] < **rotwelsch** *schefften*, mogelijk < **hd.** *schaffen*, maar ook ontlening aan **hebr.** *sjajb* [gaan zitten, zitten] is denkbaar.

scheft [de kleine zaagbek] nevenvorm van *schicht* [pijl], **middelnl.** *schicht, schecht*, zo genoemd omdat het dier een smalle ingetande snavel heeft, om vissen te grijpen.

scheg, schegge [wigvormig hout] (1598) **hd.** *Scheg(g)*, **oudeng.** *sceaga* [bosje] (**eng.** *shag* [verwarde haarbos, shagtabak]), **oudnoors** *skegg* [scheepssneb, baard], naast *skagi* [landtong] (vgl. de plaatsnamen *Schagen* en *Skagen* in Denemarken).

schei [dwarshout] **middelnl.** *scheide* [plaats waar iets zich splitst, tweesprong], van *scheiden*.

scheiden [verbinding verbreken] **middelnl.** *sche(i)den*, **oudsaksisch** *skethan*, **oudhd.** *sceidan*, **oudfries** *sketha*, **oudeng.** *sceadan*, **gotisch** *skaidan*; buiten het germ. **lat.** *scindere*, **gr.** *schizein* [splijten], *schazein* [opensnijden], **oudiers** *scian* [mes], **litouws** *skiesti* [scheiden], **oudindisch** *chinatti* [hij splijt].

scheier [stuk hout] **nd.** *scheie* [blok gekloofd hout]; van *scheiden*.

scheigoud [proefgoud] het eerste lid van *scheiden*.

scheikunde [chemie] 18e eeuws, het eerste lid van *scheiden*.

scheil, scheel [darmvlies] gevormd met *-el* van *scheiden*.

scheistering [met de zeis afgemaaide snede] van *scheyssen* (bij Kiliaan), een intensiefvorm van *scheiden* → *scheizen*.

scheizeil [zeil dat boven het bovenbramzeil wordt gevoerd] < **eng.** *sky-sail* [idem], van *sky* [hemel], **oudeng.** *sceo* [wolk] (vgl. **oudsaksisch** *scio* [wolk], **oudnoors** *skuggi* [schaduw], **gotisch** *skuggwa* [spiegel], **lat.** *scutum* [schild], **gr.** *skuton* [dierehuid]) + *sail* [zeil].

scheizen [steen uithakken] bij Kiliaan *scheyssen*, intensivum van *scheiden* → *scheistering*.

schel¹ [bel] middelnl. *schelle*, behoort bij *schel³* [luid klinkend] en middelnl. *schellen* [splijten, openbreken, weerklinken, schallen], ablautend *schallen*, oudhd. *scellan* [in stukken geslagen worden] (hd. *zerschellen*).

schel² [schil] middelnl. *scelle, scille*, middelnd. *schelle*, oudeng. *sciell* (eng. *shell*), oudnoors *skel* [schelp], gotisch *skalja* [dakpan], behoort bij middelnl. *schellen* [splijten] (vgl. *schel¹*).

schel³ [luid klinkend] → *schel¹*.

Schelde [geogr.] lat. *Scaldis*, in de 7e eeuw *Scaldeus*, stellig uit het germ. en dan mogelijk te verbinden met oudfries *scalda* [grens]; de naam is dezelfde als van *Schouwen*.

schelden [tieren] middelnl. *schelden*, oudnederfrankisch *sceldan*, oudhd. *sceltan*, oudfries *skelda*, mogelijk samenhangend met *schellen*.

scheleend nevenvorm van *schaleend*.

schelen¹ [afwijken] middelnl., middelnd. *schelen*, oudfries *skilla* [ruzie maken], oudeng. *scielian* [afscheiden], oudnoors *skilja* [beslissen]; buiten het germ. oudiers *scailim* [ik splijt], litouws *skiltis* [plak]; vgl. *schel²*.

schelen² [vet van darmen schrapen] van *scheil* [darmvet].

schelf¹ [bies] middelnl. *schelfe, schilfe*, oudhd. *sciluf;* mogelijk van germ. herkomst en dan verwant met *schelf²*, mogelijk echter teruggaand op lat. *scirpus* [bies, riet].

schelf² [hoop hooi e.d.] middelnl. *schelve, schelf* [hooischelf], middelnd. *schelf*, oudnoors *skjölf* [bank], oudeng. *scylf(e)* [plank, bank] (eng. *shelf*); buiten het germ. lat. *scalpere* [(in hout) snijden, (in steen) beitelen], gr. *skalops* [mol, eig. de graver], oudkerkslavisch *skala* [steensplinter]; ook *aardschol* is verwant, evenals *schelp*, *schel²*, *schil*.

schelk [bladkool] van *schel²* [schil].

schellak [gomlak] < hd. *Schellack* < eng. *shellac*, van *shell* (vgl. *schel²*) + *lac* (vgl. *lak³*), dus lak in dunne lagen, naar fr. *laque en écailles*.

schellen [bellen] afgeleid van *schel¹* [bel].

schelling [zesstuiverstuk] ook *schilling*, gevormd met de uitgang *-ing* als in *penning, zilverling, sterling* van *schild*, middelnl. *schilt, schelt, skilt* [(borst)schild, wapenschild, muntsoort] (vgl. *shilling, écu¹, scudo, escudo*).

schellinkje [laagste schouwburgrang] verkleiningsvorm van *schelling*, plaats waarvoor men een schelling moest betalen.

schelm [deugniet] eerst uit de 16e eeuw bekend, waarschijnlijk uit het duits, vgl. echter middelnl. *schelmich* [aan de pest lijdend, tot ontbinding overgegaan], vgl. oudhd. *scalmo* [pest], middelhd. *schelme* [pest, gesneuvelden, schelm]; te vergelijken zijn gr. *skellein* [uitdrogen], oudiers *colainn* [vlees], welsh *celain* [lijk]; vgl. voor de betekenis de scheldwoorden *aas¹, karonje, kreng* → *verschalen*.

schelp [schaal (van weekdier)] middelnl. *schelpe, schilpe, scholpe, schulpe* [bast, schilfer, schelp]; behoort bij *schel²* → *scalp*.

scheluw [scheef] ontstaan uit de naamvalsvormen van *scheel¹*.

schelvis [zeevis] het eerste lid is *schel²*; het vlees valt in dunne plakjes uiteen.

schema [overzicht] < lat. *schema* [houding, dracht, kleding, figuur] < gr. *schèma* [houding, indruk, manier, dracht, karakteristiek, vorm, schema, figuur], van *echein* (passief perfectum *eschèmai*) [o.m. vasthouden, hebben, zich houden], idg. verwant met *zege*.

schemel [laag bankje] middelnl. *schamel, schemel* [voetbankje], oudhd. *scamil*, oudeng. *scamol, scamal*, oudnoors *skemill* < lat. *scamellum*, verkleiningsvorm van *scamnum* [bank, voetbankje], verwant met oudindisch *skabhnäti* [hij ondersteunt].

schemeren [tussen licht en donker zijn] middelnl. *schemeren* [glanzen, flikkeren, met een schaduw bedekt zijn], frequentatief van *schemen* [lichtglans afgeven, schaduw geven], van *scheme*, *schiem* [weerspiegeling, schaduw, schim van dode, hersenschim], oudsaksisch *skimo*, oudeng. *scima* [schaduw], oudnoors *skimi* [glans], gotisch *skeima* [lantaarn]; verwant met *schijnen*.

schenden [schade berokkenen] middelnl. *sche(y)nden, schinden, schennen*, oudnederfrankisch *scendan*, middelnd. *schenden*, oudhd. *scenten*, oudeng. *scendan;* van *schande*.

schenk [pijpesteel] < eng. *shank* [steel, schacht]; vgl. *schenkel*.

schenkel, schinkel [onderbeen] middelnl. *sche(i)nkel, schinkel*, middelnd., middelhd. *schenkel*, verkleiningsvorm van middelnl. *schenke, schinke* [been, bovenbeen met vlees, ham], oostfries *schanke*, oudeng. *scanca;* buiten het germ. gr. *skazein* [hinken], en zonder *s:* oudindisch *khañjati* [hij hinkt].

schenken [gieten, geven] middelnl. *sche(i)nken, schinken* [schenken, te drinken geven, idem om iem. te trakteren, ten geschenke geven], oudsaksisch *skenkian*, oudhd. *scenken*, oudfries *skenka*, oudeng. *scencan;* de grondbetekenis is 'scheef houden', vgl. oudnoors *skekkja* [schuin plaatsen]; verwant met *schenkel*.

schepel [inhoudsmaat] middelnl. *schepel*, verkleiningsvorm van *schap*.

schepen [overheidspersoon] middelnl. *schepen(e)*, van (*recht*) *scheppen*.

scheppen¹ [putten] middelnl. *scheppen*, oudsaksisch *skeppian*, oudhd. *scepfen*, evenals *schepel* afgeleid van *schap*, (oudhd. *scaf* [vaatwerk voor vloeistoffen]).

scheppen² [creëren] middelnl. *schep(p)en*, middelnd. *scheppen*, oudsaksisch *skeppian*, oudhd. *scepfen*, oudfries *skeppa*, oudeng. *scieppan*, oudnoors *skapa, skepja*, gotisch *gaskapjan;* mogelijk heeft het woord hetzelfde uitgangspunt als *scheppen¹*.

schepter → *scepter*.
scheren¹ [baard afsnijden] middelnl. *scher(r)en*, oudsaksisch *skeran*, oudfries, oudnoors *skera*, oudhd. *sceran*, oudeng. *scieran* (eng. *to shear*); buiten het germ. lat. *caro* [vlees, eig. een afgesneden stuk], gr. *keirein* [snijden], oudkerkslavisch *skora* [huid], *kora* [boomschors], **oudiers** *scaraim* [ik scheid], oudindisch *kṛntati* [hij snijdt] → *schaarde*.
scheren² [ordenen, ketting inscheren] middelnl. *scheren*, oudsaksisch *skerian*, oudhd. *scerian* (hd. *bescheren*), oudeng. *scierian;* van dezelfde basis als *scheren*¹.
scheren³ [bespotten] → *scherts*.
scheren⁴ [plantje] nevenvorm van *schaar* (vgl. *schaarde*); zo genoemd vanwege insnijdingen in de bladeren.
scherenkust [kust met insnijding] → *scheer*.
scherf [stuk van gebroken voorwerp] middelnl. *scherve, schorve, scherf, scharf* [scherf, een kleine munt], oudhd. *scerf* [kleine munt], oudeng. *sceorf*, oudnoors *skarfr* [schuins afgesneden houtblok]; van dezelfde basis als *scheren*¹.
scherlei [soort van salie] → *scharlei*.
scherlings [schrijlings] (1515-1520) *schredelinge, scardelinghe,* bij Kiliaan *schrijdelinck, scherdelinck, schredelinck,* middelhd. *schritlingen,* waarbij *scher-* met metathesis van *r;* van *schrijden*.
scherm [bescherming] middelnl. *sche(e)rm* [schild, schutdak, scherm, bescherming], middelnd. *scherm,* oudhd. *scirm, scerm;* buiten het germ. lat. *corium,* gr. *chorion,* oudindisch *carman-* [huid].
schermen [vechten met degen] middelnl. *sche(e)rmen* [zich dekken tegen een aanval, schermen, vechten]; afgeleid van *scherm*.
schermutselen [kleine gevechten houden] verkleiningsvorm van middelnl. *schermutsen, scha(e)rmutsen* < oudfr. *escarmochier* < it. *scaramucciare,* van *scaramuccia* [schermutseling], van *schermire* [schermen], *schermirsi* [zich dekken], uit ht germ., vgl. *schermen*.
scherp [puntig] middelnl. *scha(e)rp, sche(e)rp,* oudnederfrankisch *scarp,* oudsaksisch *skarp,* oudfries *skerp,* oudeng. *scearp,* oudnoors *skarpr;* buiten het germ. lat. *scrobis* [greppel], middeliers *cerbaim* [ik snijd], lets *skarbs* [scherp].
scherprechter [beul voor doodstraffen] middelnl. *scharprechter* [rechter die doodvonnissen velt, dan degene die ze ten uitvoer legt]; het woord betekent 'hij die met het scherp van het zwaard het recht voltrekt'.
scherrelen [met grote stappen lopen] frequentatief van *scherden* (vgl. *schrijden*).
scherts [gekheid] oostmiddelnl. *scherts* < middelnl. *scherz;* daarnaast middelnl. *scher(r)en, scharen* [scherts], **oudnederfrankisch** *scern,* oudnoors *skart* [kostbare kleding], en zonder *s* oudeng. *hratian,* oudnoors *hrata* [wankelen, zich haasten]; buiten het germ. lat. *scurra* [hansworst], gr. *kordax* [wellustige, slepende dans], *kradainein* [zwaaien, schudden], naast *skairein* [huppelen, springen], **litouws** *skèrelis* [sprinkhaan], **armeens** *xalam* [ik dans, scherts].
scherzo [vrolijk muziekstuk] < it. *scherzo* < hd. *Scherz* (vgl. *scherts*).
schets [ontwerp] < it. *schizzo* [schets] < gr. *schedios* [geïmproviseerd, gewoon, ordinair, eig. van dichtbij gebruikt], van *echein* [hebben, ook grenzen aan], idg. verwant met *zege*.
schetten [houten afsluiting] friese vorm van *schut(ting)* (vgl. *schutten*).
schetteren [schel geluid geven] klanknabootsende vorming, die kan worden gezien als een intensivum van *schateren*.
scheuk [hoer] 16e eeuws *scheucke* [lichtekooi], vermoedelijk van *scheuken* [zich schurken tegen de jeuk], hoewel het ww. eerst veel later is geattesteerd.
scheuken [zich schurken] gevormd van *schokken*.
scheur [barst] middelnl. *schore, schuere, scheure;* behoort bij *scheren*¹.
scheurbuik [gebrekziekte] sedert Kiliaan genoteerd middelnd. *schorbuk,* hd. *Skorbut,* volksetymologische vervorming van me. lat. *scorbutus,* dat misschien van germ. herkomst is en met *schurft* zou kunnen samenhangen.
scheut [korte pijn, loot] middelnl. *schote, scheut, spruit],* middelnd. *schote,* oudhd. *scuz;* behoort bij *schieten*.
scheutist [lid van de Congregatie van het Onbevlekte Hart van Maria] zo genoemd omdat de congregatie werd gesticht te *Scheut* (Anderlecht).
scheuvel [schaats] middelnl. *schovelinc, scoverlinc,* van *schuiven*.
schevelbeen [overbeen (van paard)] ook *schuifelbeen,* van *schuiven*.
schibbe [afgekloofd stukje] middelnl. *schibbe, schub, schubbe*.
schibbolet [sjibbolet] [herkenningswoord] < hebr. *sjibbōlet* [korenaar, vloeiende stroom], vgl. Richteren 12:5 e.v., vgl. ar. *sabal* [korenaren (collectief)].
schicht¹ [pijl] middelnl. *schicht(e), schecht;* van dezelfde basis als *geschieden*.
schicht² [dienst, ploeg] < hd. *Schicht,* van middelnd. *schichten* (ww.), klankwettig ontwikkeld < *schiften* (vgl. *schiften*¹); de betekenisontwikkeling was: tijd nodig om een gesteentelaag te exploiteren, arbeidstijd, dagelijkse hoeveelheid werk, eind van het dagelijks werk.
schichtig [schuw] eerst in 17e eeuw geattesteerd en dan ook in de betekenis 'snel, haastig', van dezelfde basis als *geschieden* (vgl. *schicht*¹).
schie [spie, wig] van *scheiden*.
schiebes, schibus [barg. 'schiebes gaan', ervandoor gaan] vermoedelijk < hd. *schieben,* met het barg. achtervoegsel *-es* (vgl. *schieps*);

schiefer [leisteen] < **hd.** *Schiefer,* verwant met middelnl. *scheve* [klein stukje, schijfje], *scheveren* [afscherven] (vgl. *schijf*).

schielijk [haastig] **middelnl.** *schielijc, schielike,* van ***geschieden.***

schieloos [onbezonnen] **middelnl.** *schierloos,* 16e eeuws *schieloosheyt* [onbezonnenheid], **middelnl.** *schieren* [met zichzelf te rade gaan], vgl. **oudhd.** *scira* [zorg]; etymologie onbekend.

schieman [matroos] **middelnl.** *schipman, schimman* [zeeman, matroos, schipper, stuurman].

schieps [tersluiks] vgl. **rotwelsch** *schieben, schiebes machen* [ervandoor gaan], van *schieben,* en **middelnl.** *schuven* [schuiven, in stilte wegsluipen] (vgl. ***schiebes***).

schier[1] [wit, grijs, grauw] **middelnl.** *schier* [glanzend, grijs], **oudnederfrankisch** *scieri,* **oudsaksisch** *skīr(i),* **middelhd.** *schīr,* **oudfries** *skire,* **oudeng.** *scīr,* **oudnoors** *skīrr,* **gotisch** *skeirs;* van dezelfde basis als ***schijnen;*** vgl. *Schiermonnikoog* [eiland van de grijze monniken].

schier[2] [wild, snel, bijna] **middelnl.** *schier(e)* [snel, in korte tijd, plotseling, aanstonds, zoëven, haast, bijkans], **middelnd.** *scher(e),* **oudhd.** *skieri, skioro* [snel, direct]; van een idg. basis met de betekenis 'snijden, scheiden', waarvan ook ***scheiden.***

schier[3] [langwerpig gekloofd stuk hout] **middelhd.** *schie* [paal van een hek]; van dezelfde basis als ***scheiden.***

schieraal [drijfpaling] het eerste lid komt ook voor in *schiergans, schierroek, schierzwaluw* en is ***schier***[1] [wit, grijs, grauw].

schieren [opknappen, beredderen] **middelnl.** *chieren, schieren* [optooien, een duister punt door een beslissing oplossen, bepalen, verordenen], van *c(h)iere* (vgl. ***sier*** in: *goede sier maken*).

schieringer [aanhanger van volkspartij] **middelnl.** *schierinc,* wellicht zo genoemd naar de cisterciënzerkloosters van de *schiere* [grauwe monniken] (vgl. ***schier***[1]).

schieschuit [soort trekschuit] nemen we evenals voor het Zuidhollandse kanaal *Schie* verwantschap aan met ***schieten,*** dan valt op de volgende uiteenlopende betekenissen daarvan in het middelnl. te wijzen: dekken met planken, op een bep. plaats brengen, graven (van gracht), mogelijk ook *schietbout* [schippersboom].

schieten [projectiel met werktuig werpen, snel bewegen] **middelnl.** *schieten,* **oudnederfrankisch** *scietan,* **oudsaksisch** *skiotan,* **oudhd.** *sciozzan,* **oudfries** *skiata,* **oudeng.** *sceotan,* **oudnoors** *skjota;* buiten het germ. **litouws** *skudrus* [snel], **oudkerkslavisch** *iskydati* [naar buiten werpen], **albaans** *heth* [werpen].

schieuw [vogelverschrikker] van **middelnl.** *schuwen, schiwen* [o.m. vrees inboezemen] (vgl. ***schuwen***).

schiewortel [stinkende gouwe, zwaluwkruid, schelkruid] **middelnl., middelnd.** *schellewort(e),* **hd.** *Schiel-, Schinn, Schellkraut* < **fr.** *chélidoine* < **lat.** *chelidonia herba* < **gr.** *chelidonion* [stinkende gouwe], van *chelidōn* [zwaluw], idg. verwant met ***galm;*** zo genoemd omdat men geloofde dat zwaluwen hun jongen met deze plant het gezichtsvermogen gaven.

schiften[1] [sorteren] **middelnl., middelnd.** *schiften,* **middelhd.** *schichten,* **oudfries** *skifta,* **oudeng.** *sciftan,* **oudnoors** *skipta;* de grondbetekenis is 'afscheiden', verwant met ***schijf.***

schiften[2] [in de gevangenis zitten] → ***scheffen.***

schijf [platrond voorwerp] **middelnl.** *scive* [platrond voorwerp, schijf, rol], *(schiven* [rollen, wentelen]), **oudsaksisch** *skiva,* **oudhd.** *skiba,* **oudfries** *skive,* **middeleng.** *schive* (**eng.** *sheave, shive*), **oudnoors** *skifa;* buiten het germ. **lat.** *scipio* [staf], *scapus* [stengel, schacht], **gr.** *skeptron* [staf] (vgl. ***scepter, schacht***[1]).

schijnen [stralen] **middelnl.** *schinen,* **oudsaksisch** *skinan,* **oudhd., oudeng.** *scinan,* **oudfries, oudnoors** *skina,* **gotisch** *skeinan,* van dezelfde basis als ***schier***[1] [wit, grijs]; buiten het germ. **gr.** *skia,* **albaans** *he,* **oudkerkslavisch** *sěnĭ* [schaduw], **oudindisch** *chāyā-* [glans, schaduw].

schijnzeil [een bepaald zeil] volksetymologische vorm naast *scheizeil.*

schijten [poepen] **middelnl.** *schiten,* **middelnd.** *schiten,* **oudhd.** *scizan,* **oudeng.** *scitan* (**eng.** *to shit*), **oudnoors** *skita;* buiten het germ. **lat.** *scindere* [scheuren], **gr.** *schizein* [splijten], **oudindisch** *chinatti* [hij splijt]; de grondbetekenis is 'afscheiden' (vgl. ***scheiden***).

schijveling [soort platte appel] van ***schijf,*** **middelnl.** *scive* [platrond, maar ook bolrond].

schik [pret] **middelnl.** *schickelijc* [voegzaam, gepast], *te sicke nae* [in overeenstemming met, bij Kiliaan orde], van ***schikken;*** de betekenis 'pret' heeft zich later ontwikkeld.

schikgodin [godin die over leven en dood beslist] het eerste lid in de verouderde betekenis van 'beschikken'.

schikken [ordenen] **middelnl.** *schicken* [in het leven roepen, regelen, bestemmen, zenden], een intensivum van *schien* (vgl. ***geschieden***).

schil [buitenlaag] → ***schel***[2].

schild [verdedigingswapen, plant] **middelnl.** *schilt, schelt,* **oudsaksisch** *skild,* **oudhd.** *scilt,* **oudeng.** *scield,* **oudnoors** *skjǫldr,* **gotisch** *skildus;* vgl. **litouws** *skiltis* [plak, schijf]; de oorspr. betekenis is 'plank'; het woord staat van de basis met de betekenis 'splijten', die we ook in ***schel***[2], ***schil*** vinden. Voor de betekenis 'munt' vgl. ***écu***[1].

schilder [verver] **middelnl.** *schilder,* met als eerste betekenis 'wapenschilder', van *schilden* [schilderen], afgeleid van *schilt;* de schilden werden gedecoreerd.

schilderen[1] [verven] **middelnl.** *schilderen,* frequentatief van *schilden* [schilderen, afmalen] (vgl. ***schilder***).

schilderen² [op wacht staan] naar *schildwacht,* middelnl. *schiltwachter* [gewapende nachtwaker], d.w.z. tevens van een schild voorzien.

schilfer [afgebroken blaadje] middelnl. *schelfer, schilfer,* **middelnd.** *schelver;* afgeleid van *schelf*².

schillen [van de schil ontdoen] van *schil* (vgl. *schel*²).

schillerhemd [hemd met open kraag] genoemd naar de Duitse dichter *Schiller.*

schilling [Oostenrijkse munt] → *schelling.*

schim [schaduw] middelnl. *schim, schem* [schaduw, beeld van afwezige, geestverschijning] (vgl. *schemeren*).

schimmel¹ [draadvormige plant] middelnl. *schimmel* [schimmel, roest], **middelnd.** *schimmel,* **middelhd.** *schimel,* van middelnl. *schime* [schijnsel, glans, ook schijn, gedaante] (vgl. *schim*); de grondbetekenis is dus 'het glanzende of wittige'.

schimmel² [wit paard] met de kleur van *schimmel*¹.

schimmelspel [kaartspel] zo genoemd omdat op één der kaarten een *schimmel*² is afgebeeld.

schimp [hoon] middelnl. *schimp, schemp* [goedaardige scherts, nijdige spot, hoon, bedrog], naast ablautend *schamp(e)* (vgl. *schamper*) en *schomp,* oudhd. *scimpfan.*

schimpscheut [hatelijke toespeling] sedert Kiliaan, gevormd van *schimp* + *scheut* [schot, pijl].

schin [huidschilfers] middelnl. *schin* [hoofdroos], van *schinden, schinnen* [villen, de huid afstropen, mishandelen, roven], hd. *Schinn* (vgl. *schenden, schinde*).

schinde [vel, boombast] oudhd. *scind,* middelhd. *schint* [schil], **oudnoors** *skinn* (waaruit **eng.** *skin*) [huid], **iers** *scainim* [ik scheur], **bretons** *scant* [schub] (vgl. *schin*).

schindel [dakspaan] middelnl. *schindel(e)* [houten dakpan, dekspaan], verkleiningsvorm van *schinde.*

schinden [villen] middelnl. *schinden, schinnen* [villen, vervellen, mishandelen, roven], van *schinde* (vgl. *schindel*).

schingen [schijnen] nevenvorm daarvan met mouillering van *n,* als b.v. in **spaans** *doña.*

schink [schenkel] → *schenk, schenkel.*

schinkelen [hard lopen] van *schenkel.*

schip [vaartuig] middelnl. *schip,* **oudsaksisch, oudfries, oudnoors, gotisch** *skip,* **oudhd.** *scif,* **oudeng.** *scip;* van dezelfde basis als *schijf,* met de grondbetekenis 'snijden, hakken', waarbij te denken valt aan een uitgehakte boomstam.

schisma [scheuring] < **gr.** *schisma* [spleet, scheur, scheuring, onenigheid], van *schizein* [splijten, splitsen, uiteenscheuren, passief: het oneens worden], idg. verwant met *scheiden.*

schist [gesteente] < **gr.** *schistos,* verl. deelw. van *schizein* [splijten], idg. verwant met *scheiden.*

schistosoma [een bloedparasiet] gevormd van **gr.** *schistos* (vgl. *schist*) + *sōma* [lichaam].

schitteren [glinsteren] nevenvorm van *schetteren;* voor de betekenisovergangen tussen licht en klank vgl. *hel*³, *schel*³, en **fr.** *éclater.*

schizofrenie [gespletenheid in de persoonlijkheid] < **modern lat.** *schizophrenia,* door de Zwitserse psychiater Eugen Bleuler (1857-1939) gevormd van **gr.** *schizein* [splijten] (vgl. *schist*) + *phrèn* [middenrif, hart, inborst, gevoel, verstand].

schizothym [lijdend aan gespletenheid] voor het eerste lid vgl. *schizofrenie,* het tweede < **gr.** *thumos* [leven, lust, gemoed, wil, bewustzijn].

schlager [succeslied] < **hd.** *Schlager* [idem], ontstond in 1881 in Wenen, stellig 'gesmeed' om het beeld van de bliksemslag op te roepen, van *schlagen* [inslaan].

schlemiel [slappeling] < **hd.** *Schlemihl,* via jiddisch < **hebr.** *shelō mōʿīl* [wie niets deugt].

schmiere [troep toneelspelers] < **hd.** *Schmiere,* van *schmieren* [smeren, kladden, knoeien, onzuiver spelen (muziek)].

schmink [grimeersel] < **hd.** *Schminke,* van dezelfde basis als *schmieren* [smeren].

schnabbelen [bijverdienen (van artiest)] < **rotwelsch** *schnabeln* [stelen, vangen, lett. met de snavel wegpikken].

schnaps [jenever] < **hd.** *Schnaps,* van *schnappen* [snappen, happen, pakken].

schnautzer [hond] < **hd.** *Schnauzer,* van *schnauzen* [tekeergaan], van *Schnauze* [snuit, (grote) mond].

schneidig [scherp] < **hd.** *schneidig,* van *Schneide* [het scherp van een mes, snede] (vgl. *snijden*).

schnitzel [gepaneerd vlees] < **hd.** *Schnitzel* [lett. een plakje], van *schnitzen, schnitzeln,* een intensivum van *schneiden* (vgl. *snijden*).

schnorkel → *snorkel.*

schnorrer [bedelaar] < **jiddisch** *schnorrer,* van *schnorren* [gaan bedelen met een muziekinstrument] < **hd.** *schnurren* [gonzen, brommen, snorren].

schob [overdekte, open bergplaats, kraam] → *schop*³.

schobbe, schob, nevenvorm van *schub.*

schobbejak [schurk] eerst uit de 17e eeuw bekend, kan zijn gevormd van het bij Kiliaan genoemde *schobbe* [schurft], **middelnl.** *schobben* [schuren, jeuken] + *jak,* maar het is mogelijk dat het woord hiermee slechts in verband is gebracht, maar in werkelijkheid via **nd.** *schubjack* stamt van **pools** *szuja* [schooier], waarbij *jack* naar analogie van **nd.** *swienjack* (vgl. *schobben*).

schobben [krabben] middelnl. *schabben, schobben, schubben,* een intensiefvorming van *schuiven* (vgl. *schobbejak*).

schobber, schobberd [haveloos persoon] van *schobbe* [haveloos] of van *schobben* [krabben] (vgl. *schabbernak*).

schobberdebonk [bonnefooi] etymologie onzeker; men zou kunnen vergelijken voor het eerste lid *schobber* [haveloos persoon] en voor het tweede *(ruwe) bonk,* ablautend met *bink.*

schobberen [op de bonnefooi slenteren] iteratief van *schobben,* of gevormd van *schobber.*

schodderen [schudden] iteratiefvorm bij *schudden,* vgl. **middelnl.** *schuderen* [beven, rillen].

schoef [schuw] evenals *schoew* dial. nevenvorm van *schuw* → *schuwen.*

schoefel [soort schop] **middelnl.** *schoefel* [schoffel, schop] (verkleiningsvorm), afgeleid van *schuiven,* **hd.** *Schaufel* [schop].

schoeien [van schoenen voorzien] van **middelnl.** *schoe* [schoen].

schoelje [schurk] vóór 1482 < **oudfr.** *escouve* [bezem] **(fr.** *écouvillon* [ovendweil]) < **lat.** *scopa* [idem], verwant met *schacht* [1]; vgl. **eng.** *scullion* [vatenwasser, schooier], van dezelfde herkomst.

schoen [voetbekleedsel] **middelnl.** *scoe(c)h* > *schoe* > *schoen,* welke laatste vorm het mv. is, met de betekenis 'schede, foedraal, schoen', **oudsaksisch** *skōh,* **oudhd.** *scuoh,* **oudfries** *skōch,* **oudeng.** *scōh,* **oudnoors** *skōr,* **gotisch** *skōhs;* daarnaast **iers** *cuaran* [sandaal]; het woord stamt van een idg. basis met de betekenis 'bedekken' (vgl. *obscuur*).

schoener [schip] < **eng.** *schooner* [idem], ouder *scooner,* van **schots** dial. *to scoon* [ergens overheen scheren], waarvan de etymologie onbekend is.

schoep [schuin bord op rad] **middelnl.** *schoep(e), schope, schuep* [schep, schop], **middelnd.** *schope,* **middelhd.** *schuofe;* nevenvorm van *schop* [2], van *scheppen* [1].

schoeperen [zengen] < **fr.** *chauffer,* o.i.v. *schroeien?.*

schoer [1] [onweersbui] **middelnl.** *schuur, schure, schuyr* [hagelbui, onweersbui, regenvlaag], **oudsaksisch, oudhd.** *skūr* (**hd.** *Schauer*), **oudeng.** *scūr* (**eng.** *shower*), **oudnoors** *skūr,* **gotisch** *skura;* buiten het germ. **lat.** *Caurus* [W.N.W.-wind], **litouws** *šiaurus* [stormachtig], **oudkerkslavisch** *sěverŭ* [noorden, noordenwind].

schoer [2] samengetrokken uit *schouder.*

schoerhaai [zeeëgel] het eerste lid is vermoedelijk een dial. nevenvorm van *schuren;* de huid werd gebruikt als schuurpapier.

schof [schuif, lade] van *schuiven* als *slot* bij *sluiten* en *snot* bij *snuiten.*

schoffel [tuingereedschap] **middelnl.** *schoffel, schuffel* [schop, spade], **oudsaksisch** -*skūfla,* **middelnd.** *schuffele,* **oudhd.** *scūfla,* **oudeng.** *scofl* (**eng.** *shovel*); van *schuiven.*

schofferen [onteren] **middelnl.** *sconfieren, scouffieren, schofferen* [uiteenjagen, in de pan hakken, fnuiken, te schande maken, (een vrouw) onteren] < **oudfr.** *esconfire* < **lat.** *exconficere* [o.m. neerhouwen, afmaken, onderwerpen].

schoft [1] [grendel] **middelnl.** *schof(t)* [iets dat men voor iets schuift, grendel, valluik]; van *schuiven.*

schoft [2] [schouder] eerst bij Kiliaan genoteerd als *schoft, schocht,* vermoedelijk < **middelnl.** *schuft,* verwant met **albaans** *sup,* **oudindisch** *śupti-* [schouder].

schoft [3] [gemene vent] < **nd.** *schufft* < *schuvut* [schavuit] (vgl. *schavuit*).

schoften [eten tijdens werkonderbreking] eerst bij Kiliaan, van **middelnl.** *schoft* [vierde deel van een werkdag], van *schuiven.*

schok [1] [getalmaat] **middelnl.** *schoc(ke)* [hoop, stapel, zestigtal], **middelnd.** *schok,* **oudsaksisch** *skok,* **middelhd.** *schoc,* **middeleng.** *schokke* (**eng.** *shock* [groep schoven]), met voorgevoegde *s* naast **middelnl.** *hocke* [hoop drogend graan], **hd.** *Hocke,* **fries** *hok,* **middeleng.** *hock;* buiten het germ. **litouws** *kaugė,* **lets** *kaudze* [hooimijt], **oudpruisisch** *kugis* [knop van zwaardgreep].

schok [2] [bonepeul, overtrek] etymologie onbekend.

schok [3] [goed geluk] *uitgaan op de schok* [op avontuur gaan, op kermissen reizen], vgl. rotwelsch *auf den Schuck gehen,* waarin *Schuck* 'jaarmarkt' betekent.

schokken [stoten, schudden] **middelnl.** *schockelen* [heen en weer schudden], 16e eeuws *schocken,* **middelnd., middelhd.** *schocken* [schommelen], vermoedelijk te verbinden met *schaken* [2].

schokker [1] [schip] afkomstig uit *Schokland.*

schokker [2] [soort van erwt] van *schok* [2] [bonepeul].

schokkeren [beledigen] < **fr.** *choquer* [idem] < **middelnl.** *schokken* (vgl. *schokken*).

schol [1] [drijvend stuk ijs] **middelnl.** *scholle* [klomp of kluit aarde, ijsschol], *schollen* [het vlees van het bot halen, losraken, splijten]; behoort bij *schel* [2], *schil;* de grondbetekenis is 'splijten'.

schol [2] [vis] **middelnl.** *schol(le), schulle,* identiek met *schol* [1], vanwege de vorm.

schol [3] [ondiep] **middelnl.** *schol,* **middelnd., middelhd.** *schal* [verschaald], **oudeng.** *sceald* (**eng.** *shallow*); buiten het germ. **gr.** *skellein* [uitdrogen], **oudiers** *sceile* [magerte], **lets** *kalst* [verdorren] (vgl. *verschalen*).

scholaster [schoolvos] met het denigrerend achtervoegsel *-aster,* vgl. *poëtaster;* in het middelnl. betekende *scholaster* opzichter over de kloosterscholen van een kapittel.

scholastiek [schoolse wijsheid] < **lat.** *scholasticus* [van de school, schools, retorisch, geleerd], het o. mv. *scholastica* [schoolse oefeningen], van *schola* [wetenschappelijk onderwijs, school, filosofische of juridische richting] (vgl. *school* [1]).

scholiën [verklaringen van klassieke schrijvers] < **gr.** *scholion* [kleine studie over een woord of passage], van *scholė* (vgl. *school* [1]).

scholier [leerling] **middelnl.** *scholaer, schole(e)r, scholier* < **oudfr.** *escoler* (**fr.** *écolier* [idem]) < **lat.** *scholaris* [idem], dat in een wat ouder stadium betekende 'schools, van de keizerlijke garde'.

scholk [schort] samengetrokken uit *schorteldoek.*

scholken [hoog gaan van de zee] eerst 17e eeuws, vgl. **oudnoors** *skolla* [schommelen], **deens** *skulpe* [schudden]; hoort bij *scholpen.*

schollevaar, scholver [vogel] ook *scholver(d),* **middelnl.** *scholfaren, scollevaer,* bij Kiliaan

scholfert, scholver, middelnd. *scholver, schulver,* fries *skolfer;* de uitgang *-aar* zal beïnvloed zijn door **middelnl.** *aren, aer* [arend]; voor het eerste lid vgl. **middelnd.** *scalvaron* [waterduiker], met *l* < *r* door dissimilatie, vgl. **oudhd.** *scarba* [kauw], verwant met **oudnoors** *skrafa* [kletsen], **noors** *skrava* [krijsen], verwant met *schrabben;* de vogel is dus genoemd naar zijn geluid.

scholpei [vuil ei] van *scholpen* [klotsen] (vgl. *zwalpei*).

scholpen [zwalpen] **middelnl.** *scholpen,* **middelnd.** *schulpen,* fries *skolperje,* **oudeng.** *scielfan,* **oudnoors** *skjalfa* (vgl. *scholken*).

scholte, scholteboer [boer op eigen hofstede] dial. nevenvorm van *schout,* ook **middelnl.** *scholte,* waarvan de eerste betekenis was 'bestuurder van het bezit van een bijzonder persoon of stichting', dan 'gezagsvertegenwoordiger'.

scholver, scholverd → *schollevaar.*

schommelen [1] [(zich) heen en weer bewegen] eerst 16e eeuws, vgl. **middelnl.** *schongel* [schommel], een klanknabootsende vorming.

schommelen [2] [schoon maken, keukenwerk verrichten] 16e eeuws *schommelen,* etymologie onzeker.

schompermuilen [een schamper gezicht zetten] het eerste lid ablautend naast *schamper.*

schongel [schommel] **middelnl.** *schongel* [schommel, schop], oudere vorm naast *schommel.*

schonk [bot] ablautend met **middelnl.** *schenke, schinke* (vgl. *schenk, schenkel*).

schoof [bundel halmen] **middelnl.** *schove, schoof,* **oudsaksisch** *scōf,* **oudhd.** *scoub,* **oudeng.** *sceaf,* **oudnoors** *skauf* [staart] en ablautend *skufr* [bos, kwast], naast ook **oudhd.** *scuft,* **oudnoors** *skopt,* **gotisch** *skuft* [hoofdhaar].

schooien [bedelen] 16e eeuws *scho(o)yen* [gaan, zich haasten, zich wegpakken, rondzwerven]; ablautend **oudnoors** *skœva* [gaan, haastig lopen], **gotisch** *skēwjan* [rondzwerven]; ablautend bij *geschieden;* buiten het germ. **oudiers** *scuchim* [ik ga weg], **oudkerkslavisch** *skakati* [springen].

school [1] [onderwijsinstelling] < **lat.** *schola* [school] < **gr.** *scholè* [vrije tijd, bezigheid in vrije uren, liefhebberij, studie, schoolgebouw] (vgl. *sjoel*).

school [2] [schare, groep] is hetzelfde woord als *school* [1], vgl. **chr.lat.** *schola* [(garde)korps].

school [3] [maas van net] **middelnl.** *schole;* etymologie onbekend.

schoon [rein, mooi] **middelnl.** *schone* [schitterend, stralend, zuiver, mooi], **oudnederfrankisch** *sconi,* **oudsaksisch, oudhd.** *skoni,* **oudfries** *skene,* **oudeng.** *sciene* (**eng.** *sheen*), **gotisch** *skaunjai* (mv.). Van dezelfde basis als *schouwen* [1] [kijken naar].

schoonbroeder [zwager] evenals schoondochter, schoonmoeder, schoonvader, schoonzoon en schoonzuster in de 15e en 16e eeuw < **fr.** *beaufrère* etc..

schoor [1] [aangewassen grond] nevenvorm van *schor* [1].

schoor [2] [steunbalk] → *schoren.*

schoor [3] [goederen] → *schore.*

schooraas [oeveraas] het eerste lid is *schoor,* *schor* [1] [aangewassen grond].

schoorhaai variant van *schoerhaai.*

schoorsteen [rookkanaal, lett. de steen die schoort] **middelnl.** *schorensteen, schoorsteen* [het van stenen gemetselde gewelf van de haard, dat de bovenbouw, namelijk het gemetselde rookkanaal, schraagt].

schoorvoeten [weifelend doen] het eerste lid is *schoor* [schrap] (vgl. *schoren*).

schoot [1] [lijn die onderaan de buitenkant van de zeilboom aangrijpt om de stand ervan te regelen] wel verkort uit *schootlijn,* waarbij schoot hetzelfde woord is als *schoot* [3] [schoot van een kleed].

schoot [2] [steek] *een schoot in de zijde,* nevenvorm van *scheut.*

schoot [3] [kledingstuk, deel van lichaam] **middelnl.** *schoot* [pand of slip, deel van lichaam, zeeboezem], **oudhd.** *scozo, scoza,* **oudeng.** *sceat,* **oudnoors** *skaut* [zoom van kleed], **gotisch** *skauts* [idem]; behoort bij *schieten,* hetgeen semantisch moeilijk te verklaren is.

schop [1] [schommel] van *schoppen* [2].

schop [2] [schep] **middelnl.** *schoppe, schuppe* [schop, spade, schep]; bij *scheppen* [1].

schop [3] [loods] **middelnl.** *schop(pe)* [tentje, kraampje, winkeltje, schuurtje], **oudhd.** *scopf* [afdak] (**hd.** *Schuppen*), **oudeng.** *scoppa* [afdak voor vee] (**eng.** *shop*); wel te verbinden met *schoof* → *schob.*

schoperen [oppervlakte behandelen met een metaalspuit] genoemd naar de uitvinder ervan, de Zwitserse ingenieur *M. U. Schoop.*

schoppen [1] [kleur in kaartspel] vermoedelijk volksetymologische uitleg van **it.** *spade* [zwaarden] (mv. van *spada*), een kleur in het Napolitaanse kaartspel.

schoppen [2] [met de voet treffen] intensivum bij *schuiven.*

schopstoel [strafwerktuig] van *schoppen* [2] [wegstoten].

schor [1], schorre [aangeslibd land] **middelnl.** *schor, schore,* **middelnd.** *schor(e)* [kust, oever], **middeleng.** *schore* (**eng.** *shore*) [snijden, scheren]; van *scheren* [1] [snijden].

schor [2] [hees] vgl. **middelnd.** *schurren* [een schor geluid geven], een klanknabootsende vorming, ablautend naast *scharren* [krabben].

schor [3] [kiekendief] vermoedelijk klanknabootsend gevormd.

schore [barg. goederen] < **hebr.** *sachar* [handelen] (vgl. *ragschore*).

schorem [uitvaagsel] < **hebr.** *sjeqōrīm* [leugens].

schoren [steunen] **middelnl.** *schoren,* fries *skoarje,* **middeleng.** *shore,* **oudnoors** *skorða;* behoort bij *scheren* [1]; het verband is verklaarbaar als men denkt aan een van boven ingekeepte balk of een gaffel.

schorfte [plant] van *schurft*, middelnl. ook *schorft;* men beschouwde haar als geneesmiddel ertegen.

schorpioen [spinachtige] < **fr.** *scorpion* < **lat.** *scorpionem,* 4e nv. van *scorpio* [idem], nevenvorm van *scorpius, scorpios* < **gr.** *skorpios* [idem], een vóór-gr. woord, dat te verbinden is met *scarabee.*

schorre [platachtig stuk zandsteen] **middelnl.** *schore* [scheur, gat in iets, kloof, spleet]; verwant met *scheren*[1].

schorremorrie, schorriemorrie [uitschot] **nd.** *schurremurre, schorremorre,* **oostfries** *schurjemurje;* etymologie onzeker, men heeft wel verondersteld dat het ontleend is uit **perzisch** *shūr-o-mūr* [verwarring], wat niet erg plausibel lijkt. Het lijkt waarschijnlijker dat het woord te midden van woorden als *schobbejak, schoelje, schurk, schorem,* mogelijk als afleiding van het laatste, is ontstaan.

schors [bekleding van gewas] **middelnl.** *schorse, schur(t)se* < **oudfr.** *escorce* (**fr.** *écorce*), uit een kruising van **lat.** *scortum* [vel] + *cortex* [schors, kurk].

schorselwoensdag → *schortelwoensdag.*

schorsen [uitstellen] **middelnl.** *schor(t)sen, schursen* [zijn kleren opnemen, optrekken, opschorten, schorsen] < **oudfr.** *escorcier* < **vulg. lat.** *excurtiare,* van *curtus* [kort].

schorseneel → *schorseneer.*

schorseneer [plant] < **it.** *scorzonera,* van *scorzo, scorza* [schil, bast, schors] + *nera, negra* [zwart] (vgl. *neger*).

schort [boezelaar] **middelnl., middelnd.** *schorte,* **middelhd.** *schurz,* **oudeng.** *scyrte* (**eng.** *shirt*), **oudnoors** *skyrta,* niet onmogelijk uit het lat. (vgl. *schorsen*), waarschijnlijk echter van *scheren*[1], dus eig. kort gesneden stuk kleding.

schortelwoensdag [woensdag vóór Pasen, waarop alle orgelmuziek wordt geschorst tot Witte Donderdag] het eerste lid is van *schorten, schorsen.*

schorten [korter maken door opbinden, ontbreken] **middelnl.** *schurten, schorten* [kleren opbinden, de werking belemmeren, ontbreken] < **chr. lat.** *excurtare* [de staart afsnijden], van *ex* [uit] + *curtus* [verminkt, besneden, gebrekkig, in chr. lat. ook te nauw (van kleding)] (vgl. *kort*[1]).

schossen [vee opkopen en direct doorverkopen] vermoedelijk van *schots* [handelsagent], dat vermoedelijk verkort is < *schotsman* [vertegenwoordiger van een handelszaak op een schip of in het buitenland, factor, commies].

schot[1] [het schieten, beschot, belasting] **middelnl.** *schot,* van *schieten* [o.m. een geldsom opbrengen], vgl. *geldschieter.*

schot[2] [jonge koe] naar (houten) *schot*[1], zo genoemd omdat de jonge koeien zich in een afgeschoten deel van de stal vrij konden bewegen en nog niet opgesteld waren voor de ruiven.

Schot [iem. uit Schotland] < **eng.** *Scot* < **laat-lat.** *Scotus, Scottus* < **oudiers** *Scot* [Ier].

schotel [schaal] **middelnl.** *schot(t)el, schuetel, schuttel,* **oudhd.** *scuzzila* < **me. lat.** *scutella* [schaal, gerecht, maaltijd] < **klass. lat.** *scutula* [platte schaal], verkleiningsvorm van *scutra* [idem], van *scutum* [schild], idg. verwant met *huid.*

schots[1] [ijsschol] ouder *schos,* **fries** *skos;* etymologie onbekend.

schots[2] [ruw, lomp, vreemd] vermoedelijk van *Schots* (vgl. *Schot*).

schotschrift [schimpschrift] sinds de 17e eeuw, van *schots* [onvriendelijk, schamper], **middelnl.** *schotsch, schots* [verkeerd, raar] + *schrift.*

schotter [koe, die na 3 jaar nog maar eens gekalfd heeft] van *schot*[2] [jonge koe].

schotzalm [zeeforel] *schot* in de betekenis 'kuit, geschoten kuit', van *schieten.*

schouden, schouwen [met kokend water wassen] **middelnl.** *scouwen* < **oudfr.** *échauder* < **lat.** *excaldare* [met warm water doordringen], van *ex* [uit] + *calda* [warm water], van *calidus* [warm], vgl. **me. lat.** *scaldarius* [het wassen van varkens met heet water], *escaldatus* [au bain-marie gebakken brood].

schouder [deel van arm tot hals] **middelnl.** *sch(o)uder, scholder, schoeder, schouwer,* **middelnd.** *schulder(e),* **oudhd.** *scult(i)ra,* **oudfries** *skuldere,* **oudeng.** *sculdor;* buiten het germ. mogelijk **gr.** *skelos* [schenkel, poot]; van een idg. basis met de betekenis 'buigen, krommen', waarvan ook *scheel*[1] stamt.

schout [bestuursambtenaar] **middelnl.** *schoutete, schoutet, schoute, schout,* van *schout, scholt, schult* [verplichting] + *heten* in de zin van gebieden, dus een overheidsdienaar die de plichten oplegt, vgl. **oudsaksisch** *skulthetio,* **oudfries** *skeltata,* **oudeng.** *scyldhœta,* **oudhd.** *scultheiz,* **hd.** *Schultheiβ* [schout].

schout-bij-nacht [vlagofficier] het eerste lid van *schouwen*[1] [kijken]; een der bevelhebbers van een in admiraalschap varende handelsvloot voer achteraan (vgl. **eng.** *rear-admiral*) en diende i.h.b. ook bij nacht uit te kijken.

schouw[1] nevenvorm van *schuw,* **middelnl.** *schu, schou* → *schuwen.*

schouw[2] [boot] **middelnl.** *schoude, schou(we), scholde,* **oudhd.** *skalta,* **middelhd.** *schalte,* van **middelnl.** *schoud* [duw], **oudsaksisch** *skaldan,* **oudhd.** *scaltan* (**hd.** *schalten*) [voortbomen] (vgl. *schel*[2]).

schouw[3] [schoorsteen] **middelnl.** *schoude, schouwe* < **lat.** *excava,* nevenvorm van **nl.** *kaaf* [schoorsteen] < **lat.** *cava* [holte met metselwerk bekleed].

schouw[4] [bezichtiging] → *schouwen*[1].

schouwburg [theater] vertalende ontlening aan **lat.** *theatrum* [theater].

schouwen[1] [kijken] **middelnl.** *schouwen,* **oudnederfrankisch, oudhd.** *scouwon,* **oudsaksisch** *ska(u)won,* **oudfries** *skawia,* **oudeng.** *sceawian* schouwen — schrift

(eng. *to show*), mogelijk verwant met **gotisch** *usskaus* [voorzichtig]; buiten het germ. **lat.** *cavēre* [waken voor], **gr.** *kseō* [ik bemerk], **oudindisch** *kavi-* [ziener].

schouwen[2] [spijbelen] hetzelfde woord als *schouwen* [vrezen] (vgl. *schuwen*).

schoven [barg. betalen, geld opstrijken] van *schuiven*, vgl. *afschuiven*.

schraag [schuins] **middelnl.**, **middelnd.**, **middelhd.** *schräge*, vgl. **hd.** *schräg* [schuin], van een zeer produktieve idg. basis met de betekenis 'scheef', waarvan o.m. zijn afgeleid *ring, schrompelen, rug, harp, rank, schrijden*.

schraal [mager] bij Kiliaan *schrael*, van **middelnl.** (nederrijns) *schra* [droog, dor, schraal], **middelnd.** *schra*, **oudnoors** *skrā* [gedroogde huid, oorkonde]; etymologie niet zeker, vermoedelijk van dezelfde idg. basis als *scheren*[1]; *schriel* is de friese nevenvorm van *schraal*.

schraam [streep met krijt of potlood door timmerman, kaantje] vgl. **middelnl.** *schramen* [openrijten] (vgl. *schram*[2]).

schrabben [schrappen] **middelnl.**, **oostfries** *schrabben;* behoort tot een groep klanknabootsende woorden als *schrappen, schrapen, krabben, schravelen*.

schrafelen [krabben, schrapen] frequentatief van *schraven*.

schrafferen [arceren] < **it.** *sgraffare* = *graffiare* [krabben, griffen, schetsen], van *grafio* [schrijfstift] < **lat.** *graphium* [idem] < **gr.** *graphion*, van *graphein* [inkrassen, schrijven]; idg. verwant met *kerven*.

schram[1] [gesneden jong varken] wel als *schram*[2] van dezelfde idg. basis als *scheren*[1].

schram[2] [kras] **middelnl.** *schram(me)*, **middelnd.**, **middelhd.** *schram(me);* vgl. **middelnl.**, **middelhd.** *schramen* [openrijten], **oudnederfrankisch** *scramasaks* (vgl. *scramasax*), **oudnoors** *skrama* [bijl, schram]; van dezelfde idg. basis als *scheren*[1].

schramullen [sintels] vgl. *schraam* [streep (timmermansterm), kaantje], **middelnl.** *schramen* [openrijten] (vgl. *schram*[2]).

schrander [slim] bij Kiliaan *schrand* [zuur, bitter, schrander], ablautend naast **middelnl.** *schrinden* [opensplijten], **oudh.** *scrintan* [barsten], van dezelfde idg. basis met de betekenis 'snijden' als *scheren*[1]; de grondbetekenis van schrander is 'scherp'.

schrank [schraag] **middelnl.** *schranke, schranc* [schraag, staketsel, traliewerk, de juiste grenzen], **middelhd.** *idem;* de grondbetekenis is 'schuin' (schuin in de grond gestoken paal, schuine stut), een genasaleerde variant van dezelfde basis als *schraag*.

schransen [overvloedig eten] (16e eeuws), Kiliaan geeft op als betekenis 'breken, kauwen'. Behoort bij *schrinden* (vgl. *schrander*).

schrap [inkrassing] **middelnl.** *voetschrap* [voetspoor]; van *schrappen;* in *zich schrap zetten* hebben we te doen met hetzelfde woord, namelijk als streep waar men zich niet overheen laat trekken.

schrapen → *schrappen*.

schrapnel → *shrapnel*.

schrappen [(weg)strepen] **middelnl.** *schrappen*, **middelhd.** *schrapfen, schreffen* [krabben, krassen], intensivum van *schrapen*, van dezelfde idg. basis als *scheren*[1].

schravelen [krabben] iteratief van *schraven* [schrapen].

schraven [schrapen] **middelnl.** *schraven* [door wroeten of krabben omhoog halen], *scherven, scharven* [fijn snijden], **middelnd.** *scarven* [in kleine stukjes snijden], **oudeng.** *scearfian* [schaven, stukscheuren]; verwant met *scherf*.

schrede [stap] **middelnl.** *schrede*, **oudsaksisch** *skridi*, **oudhd.** *scrit*, **oudeng.** *scriðe*, **oudnoors** *skriðr* [loop]; van *schrijden*, (*schreed, geschreden*).

schreef [streep] **middelnl.** *schreve, schreef* [spleet, streep], **middelnd.** *schreve*, **oudhd.** *screvon* [inkrassen]; hoort bij *schrapen, schrappen, schrabben*.

schreeuwen [luid roepen] **middelnl.** *screuwen*, **nd.** *schrewen*, van dezelfde klanknabootsende basis als *schreien* en **vlaams** *schreemen*, **eng.** *to scream* (vgl. *reiger*).

schreien [huilen] **middelnl.** *schreyen* [schreeuwen, schreien], **middelnd.** *schreien*, **oudhd.** *screion;* staat naast *schreeuwen*.

schrens [goedkoop pakpapier] < **hd.** *Schrenz, Schranz* [eig. uit elkaar gescheurde lompen], van **oudhd.** *scrintan*, **middelhd.** *schrinden* [splijten, openscheuren]; verwant met *schransen*.

schrepel[1] [wiedhaak] van *schrepen* [schrappen, schrepelen], **middelnl.** *schrepen;* ablautvariant van *schrapen*.

schrepel[2], schrapel [schriel, schraal] **middelnl.** *schrepel;* behoort bij *schrapen*.

schrepen [wieden] van *schrepel*[1].

schreur [kleermaker] **middelnl.** *schroder, schreuder*, oostelijk *schrader*, van *schroden* [snijden, i.h.b. ook kleren] (vgl. *schrooien*[1]).

schribbelen [krabbelen] etymologie onzeker. Het kan een germ. woord zijn, maar meer waarschijnlijk, evenals *schrijven* < **lat.** *scribere* [inkrassen, schrijven].

schriek [kwartelkoning, waterral, krekel] **oudsaksisch** *skrikon* [schreeuwen], **oudeng.** *scric* [klapekster], **oudnoors** *skrikja* [trol], **noors** *skrikja* [Vlaamse gaai]; klanknabootsend gevormd.

schriel [mager] (1810), friese nevenvorm van *schraal*.

schriemen [schreien] 16e eeuws *schre(e)men* [schreeuwen], **fries** *skrieme*, **eng.** *to scream*, met *m* formans van *schreien*.

schrift [het schrijven, het geschrevene] **middelnl.**, **middelnd.** *schrift*, **oudhd.** *scrift*, **oudfries** *skrift*,

schriftbaars — schrot

oudnoors *skript;* afgeleid van **schrijven,** maar beïnvloed door **lat.** *scriptum* [geschrift].

schriftbaars [baarsvis] < **hd.** *Schriftbarsch,* zo genoemd naar de schriftachtige tekening op de kop.

schrifterts [sylvaniet] < **hd.** *Schrifterz,* zo genoemd omdat de kristallen gewoonlijk in rijen gegroepeerd liggen, die op schriftvormige figuren lijken.

schriftuur [geschrift] **middelnl., middelnd.** *schrifture* < **lat.** *scriptura* [het schrijven, geschriften, de bijbel], van *scriptum* [geschrift], eig. het verl. deelw. van *scribere* [schrijven].

schrijden [waardig lopen] **middelnl.** *schriden,* **oudsaksisch** *skridan,* **oudhd.** *scritan,* **oudfries** *skrida,* **oudeng.** *skriðan,* **oudnoors** *skriða;* buiten het germ. **litouws** *skriesti* [draaien], **lets** *kraitat* [wankelen].

schrijlings [met de benen uiteen] bij Kiliaan *schredelinck, scherdelinck, schrijdelinck,* **middelhd.** *schrittlingen;* afgeleid van **middelnl.** *schriden* [met grote stappen gaan].

schrijn [kistje] **middelnl.** *schrine, schrijn* < **lat.** *scrinium* [koker voor het bewaren van boekrollen, brievenkistje, boekenkastje].

schrijnen [pijnlijk zijn] (1542) < **middelnd.** *schrinen,* **fries** *skrine* [schrijnen, ontvellen]; van een basis die is afgeleid van die van *scheren* [I].

schrijven [lettertekens neerzetten] **middelnl.** *scriven,* **oudnederfrankisch** *scrivan,* **oudsaksisch** *skriban,* **oudhd.** *scriban* (**oudfries** *skriva* [straf voor een verwonding]), **oudeng.** *scrifan* (**eng.** *to shrive* [een straf opleggen]) < **lat.** *scribere* [idem].

schrikkeljaar [jaar dat met een dag verlengd is] van *schrikkelen* [overslaan], iteratief van *schrikken,* waarvan de eerste betekenis is 'een grote stap nemen, verspringen'. Hetzelfde voorvoegsel ook in *schrikkeldans.*

schrikken [ontstellen] **middelnl.** *schricken* [een grote, wijde stap nemen, schrijden, schrikken], **oudhd.** *scricchen* [(op)springen] (vgl. *scherts*).

schril [scherp] (ca. 1630) **nd.** *schrell,* **middeleng.** *s(c)hril, s(c)hrillen,* **oudeng.** *scrallettan,* **zweeds** *skrälla* [luid klinken]; klanknabootsende vorming.

schro, schrooi [reep, strook, schil] van *schrooien* [I].

schrobbelen [wol grof kaarden] iteratief van *schrobben.*

schrobben [schoonboenen] **middelnl.** *schrobben, schrubben* [in de grond krabben, krauwen, bijeenschrapen, schrobben], *schrabben* [krabben], **middelnd.** *schrubben, schrobben,* **zweeds** *skrubba;* klanknabootsend gevormd.

schrobbering [uitbrander] afgeleid van *schrobben.*

schrobzaag [handzaag] het eerste lid van *schrobben* in de betekenis 'krabben'.

schroef [staafje met schroefdraad, klem] **middelnl.** *schro(e)ven* (ww.) < **oudfr.** *escroue* [moer] < **lat.** *scroba, scrofa* [zeug], vanwaaruit betekenisovedracht heeft plaatsgehad, vgl. **eng.** *screw* [schroef], *to screw* [neuken]; vgl. voor de betekenis *moer* [2].

schroeien [1] [oppervlakkig verbranden] (1618), etymologie onzeker.

schroeien [2] [snoeien] nevenvorm van *schrooien* [I].

schroet [trapgans] klanknabootsend gevormd.

schroeven [schuifelen] vermoedelijk met een anorganische *r,* en dan bij *schuiven,* waarbij de klinker wellicht o.i.v. van het andere ww. schroeven is gewijzigd.

schroken [zengen] vermoedelijk, op niet heldere wijze, verwant met *schroeien* [I].

schrokken [gulzig eten] nadrukkelijke vorm van *schokken* [opstapelen, gulzig eten].

schrollen [smalen] dial. *schrol* [grol, vlaag], **middelnd.** *schrul* [dolle luim], **zweeds dial.** *skrolla* [schelden]; van *schril.*

schromen [aarzelen] **middelnl.** *schromen, schruemen,* **middelnd.** *schrömen,* **oostfries** *schrom* [schuchter]; etymologie onbekend.

schrompelen [rimpelig samentrekken] **middelnl.** *schrompelen,* frequentatieve vorming naast ablautend **middelnl.** *schrimpen, schrempen,* **middelnd.** *schrimpen,* **nd.** *schrumpen,* **middelhd.** *schrimpfen,* **hd.** *schrumpfen,* **oudeng.** *scrimman,* **oudnoors** *skreppa* [zich samentrekken, afnemen]; van een idg. basis met de betekenis 'buigen', waarvan ook zijn afgeleid *ring, kroon,* **lat.** *curvus* [bocht].

schronselen [wroeten] van *schronzen* [krassen, schuren, schaven], van dezelfde basis als *scheren* [I].

schroodbeitel, schrooibeitel [soort beitel] van **middelnl.** *schroden* (vgl. *schrooien* [I]); evenzo *schroodijzer.*

schrooien [I] [besnoeien] **middelnl.** *schroden* [klein snijden, snoeien (van munten)], **middelnd.** *schroden, schraden,* **oudhd.** *scrotan,* **oudeng.** *screadian* (**eng.** *to shred*); van dezelfde idg. basis als *scheren* [I].

schrooien [2] [vaten verrollen] **middelnl.** *schroden* [zware lasten op- en afladen en vervoeren, vaten op ladderbomen voortrollen], **middelnd.** *schroden,* **middelhd.** *schroten;* van een idg. basis met de betekenis 'draaien, krommen', waarvan ook *harp* stamt.

schroot [1] [oud ijzer] (**middelnl.** *schrode, schorde* [afgemeten stuk van iets]), in moderne zin evenwel < **hd.** *Schrot,* **oudhd.** *scrōt* [snede], verwant met *schrooien* [I].

schroot [2] [reep gezaagd hout] < **middelnl.** *schrode, schorde* [het snijden, afgesneden stuk, strook, band, zwachtel] (vgl. *schrooien* [I]).

schrootblad [prentdruk] < **hd.** *Schrottblatt;* voor het eerste lid *Schrott,* vgl. *schroot* [1]; in de metalen drukvorm werden met ponsen gaatjes en figuurtjes geslagen. In de afdruk geven zij als witte puntjes de indruk van schroot.

schrot [uitschot van fruit] behoort bij *schrooien* [I] [kerven].

schruwen [gruwen] met *schromen* samenhangende vorming.

schub, schubbe [plaatje op b.v. vissehuid] **laatmiddelnl.** *schub(be)*, **middelnd.** *schubbe*, **oudhd.** *scuoppa;* van *schaven*, waarbij **middelnl.** *schobben, schubben* [jeuken, krauwen] mogelijk van invloed is geweest.

schuchter [bedeesd] (1803)<**hd.** *schüchter* (thans *schüchtern*), van **middelnd.** *schüchtern* [wegjagen]; behoort bij *schuw* → *schuwen*.

schud, schudde [schavuit] **middelnl.** *schudde* [gaffel waaraan het galgekoord hangt, galgebrok], van *schudden*, vgl. *schudvork* [gaffel].

schudden [heen en weer bewegen] **middelnl.** *schudden, schodden*, **oudnederfrankisch** *scuddan*, **oudsaksisch** *skuddian*, **oudhd.** *scutten*, **oudfries** *skedda*, **oudeng.** *scudan* [haasten]; vormen zonder *s*, zoals **nd.** *hudern* [huiveren], **litouws** *kutèti* [opschudden], leggen verband met *hotsen*.

schuier[1] [borstel] van *schuieren* (1708)<**hd.** *scheuern* (vgl. *schuren*).

schuier[2] [polderjongen] van *schuieren* [uitgegraven aarde wegkruien], nevenvorm van *schuren*.

schuifel [stiekemerd] van *schuifelen*[1].

schuifelen[1] [zich schuivend voortbewegen] **middelnl.** *schufelen;* frequentatief van *schuiven*.

schuifelen[2] [fluiten] **middelnl.** *schufelen* [blazen]; etymologie is onbekend.

schuil [spruw] eerst sedert Kiliaan **middelhd.** *schule, schüle* [mondziekte bij paarden]; mogelijk van *schuilen*, waarbij de betekenisontwikkeling vergeleken zou kunnen worden met die van *berg*[3] [korst tussen het hoofdhaar].

schuilen [zich verbergen] **middelnl.** *schu(y)len*, **middelnd., middelhd.** *schulen*, **oudfries** *skul* [schuilplaats], **oudnoors** *skjōl* [idem]; buiten het germ. **gr.** *skulein* [verhullen], **oudiers** *cul* [hoek], van dezelfde idg. basis met de betekenis 'bedekken', waarvan ook *huid* en *schuur* stammen.

schuilevinkje [schuilhoekje] bij Kiliaan *schuylwinckelspel* (vgl. *winkel*).

schuim [blaasjes op vloeistof] **middelnl.** *schume*, **middelnd.** *schum(e)*, **oudhd.** *scūm;* van een basis met de betekenis 'bedekken', die ook in *schuilen* en *schuur* voorkomt.

schuin [scheef] (Kiliaan) **nd.** *schün*, **noors dial.** *skøyno* [schuin afsnijden]; vermoedelijk van een basis met de betekenis 'hakken, snijden'.

schuit [vaartuig] **middelnl., middelnd.** *schute*, **oudnoors** *skuta, iers scuta;* de etymologie is onzeker, maar verband met *schieten* is mogelijk.

schuiven [voortbewegen zonder op te tillen] **middelnl.** *schu(y)ven*, **middelnd.** *schuven*, **oudhd.** *scioban*, **oudfries** *skuva*, **oudeng.** *sceofan, scufan* (**eng.** *to shove*), **oudnoors** *skufa*, **gotisch** *skiuban;* buiten het germ. **litouws** *skubti* [haastig doen], **kerkslavisch** *skubati* [plukken].

schuld [verplichting] **middelnl.** *schout, scholt, schult, schoude, schulde*, **oudsaksisch, oudhd.** *skuld*, **oudfries** *skeld, skild*, **oudeng.** *scyld;* van *zullen*, dat oorspr. schuldig zijn betekent.

schulp nevenvorm van *schelp*.

schulpen[1] [schelpvormig uitsnijden] in 1540 *schulpen* [van schelpvormige versieringen voorzien], van *schulp* [schelp].

schulpen[2] [hout in de lengte doorzagen] een jongere vorm van **middelnl.** *schorpen, schurpen* [opensnijden van een lichaam, ontweien], **middelnd.** *schür(p)fen*, **oudsaksisch** *scurpian*, **oudhd.** *scurfen*, **hd.** *schürfen*, **oudeng.** *sceorpan* [openrijten]; verwant met *scherp*.

schun [schavuit] → *schunnig*.

schund [prikkellectuur]<**hd.** *Schund* [rommel, pornografische lectuur], ablautend bij *schinden*, als *Bund* bij *binden* (vgl. *schenden*).

schunnig [obsceen] evenals *schun* [schavuit, pooier] van duitse herkomst, van *Schund* (vgl. *schund*).

schuren [drukkend wrijven] **middelnl.** *schuren* <**me. lat.** *excurare, escurare, scurare, scurere* e.a. [schoonmaken] (vgl. **fr.** *écurer*, **eng.** *to scour*), van *ex* [uit, geheel en al] + *curare* [verzorgen], van *cura* [zorg].

schurft [huidziekte] **middelnl.** *scho(o)rf, schurf, scho(o)rft, schorve, schorvede, schurve*, **oudhd.** *scorf*, **oudeng.** *sceorf*, **oudnoors** *skurfa*, van dezelfde basis als *scherf* en *schreef*.

schurgen [schuieren] **oudsaksisch** *scurgian*, **oudhd.** *scurgen;* van *schuren*, vgl. *schurken*.

schurk [boef] (1701)<**hd.** *Schurke*, **nd.** *Schurke*, **oudhd.** *fiurscurgo*, van *fiur* [vuur (bedoeld is het helse vuur)] + *scurgo*, hij die zich bezighoudt met **oudhd.** *scurigen* [stoten, vuur aanmaken], **middelnd.** *schürgen*, **hd.** *schüren* [(aan)stoken, aanblazen], **oudhd.** *scora* [schop, schep], **oudeng.** *scorian* [wegstoten], **oudnoors** *skora* [bepalen, eisen], **gotisch** *winþiskauro* [grote korenschop]; buiten het germ. **gr.** *skuros* [steenslag].

schurken [(zich) wrijven] afgeleid van *schuren*.

schurveling [begroeide dam] van **middelnl.** *schurve* [schurft] + *-ling*.

schut[1] [scherm] **middelnl.** *schut(te)* (vgl. *schot*[1]).

schut[2] [koddebeier] van *schutten*.

schut[3] ['voor schut staan', voor gek staan] *verschut* [gevangen], in *verschut gaan* [gearresteerd worden], vgl. **hd.** *verschüttgehen*, **middelnl.** *verschutten* [beletten, eig. achter een schotje plaatsen].

schutten [tegenhouden, sluizen] **middelnl.** *schutten, schotten* [tegenhouden, beschermen, sluizen], **middelnd.** *schutten*, **middelhd.** *schützen*, **oudeng.** *scyttan* [afsluiten]; van *schot*[1] [afsluiting].

schutter [die schiet] **middelnl.** *schutte, schut* en o.i.v. andere woorden op *-er*, *schutter*, **oudhd.** *scuzzo*, **oudfries** *sketta*, **oudeng.** *scytta;* van *schieten*.

schutterig [onhandig] van *schutter*, gezien als niet-professioneel militair.

schuur [loods] middelnl. *schure, schuer,* middelnd. *schur,* oudhd. *scur* [afdak]; buiten het germ. lat. *scutum* [schild], *obscurus* [bedekt, donker], gr. *skulos* [huid]; van een basis met de betekenis 'bedekken' (vgl. *schuilen*).

schuwen [bang zijn, vermijden] middelnl. *schuwen, schiwen, schouwen, schauwen,* middelnd. *schu(w)en,* oudhd. *skiuhen,* oudeng. *scyhhan.*

schwadronneren [schermen] < hd. *schwadronieren* [thans opsnijden], vgl. nl. *schermen (met iets),* van *Schwadron* < it. *squadrone* [eskadron, en vervolgens ook cavaleriesabel].

schwung [vaart] < hd. *Schwung,* van *schwingen* (vgl. *zwingel*).

science [wetenschap] < eng. *science* < fr. *science* < lat. *scientia* [kennis, wetenschap], van *scire* (teg. deelw. *sciens,* 2e nv. *scientis*) [weten, kennen].

scilicet [te weten] < lat. *scilicet,* van *scire licet, scire* [weten] *licet* [het staat vrij], 3e pers. enk. van *licēre* (vgl. *licentie*).

scintillatie [fonkeling] < fr. *scintillation,* van lat. *scintillare* (verl. deelw. *scintillatum*), van *scintilla* [vonk], idg. verwant met *schijnen*.

sciopticon [toverlantaarn] gevormd van gr. *skio-* < *skia* [schaduw, schim], idg. verwant met *schijnen* + *optikos* [m.b.t. het zien], van *opsomai* [ik zal zien], *ops* [oog], daarmee idg. verwant.

sclereïde [steencel] gevormd van gr. *sklèros* [dor, stijf], van *skellein* [uitdrogen], idg. verwant met *verschalen, schelm* + *-ide.*

sclerose [weefselverharding] < gr. *sklèrōsis* [verharding], van *sklèroun* [verharden], van *sklèros* [dor, mager, stijf], verwant met *skellein* (vgl. *sclereïde*).

scoliose [ruggegraatsverkromming] < gr. *skoliōsis* [kromming, verdraaiing], van *skolios* [krom, scheef].

scolopenders [familie der duizendpoten] < gr. *skolopendra* [duizendpoot], verwant met *skolops* [paal (voor palissade)], verwant met lat. *scalpere* [beitelen, snijden] (vgl. *schelf*²).

scone [Engelse cakesoort] < eng. *scone* < middelnl. *schoonbroot* [fijn wittebrood].

scoop [primeur (van nieuws)] < eng. *scoop* [schop, hoosvat, scheppende beweging, buitenkansje, primeur], vermoedelijk < nl. *schop* ² of middelnd. *schope.*

-scoop [duidt een instrument aan om mee te kijken] < gr. *-skopion,* van *skopein* [kijken naar], van *skopos* [verspieder], idg. verwant met *spieden*.

scooper [zwenklaadschop] < eng. *scooper,* van *scoop* [schop, schoep] (vgl. *scoop*).

scooter [motorvoertuig] < eng. *scooter,* van *to scoot* [rennen, 'm smeren], waarschijnlijk uit Skandinavië, vgl. oudnoors *skjota* [schieten], verwant met *schieten.*

scope [strekking] < eng. *scope* < it. *scopo* [doel, plan] < gr. *skopos* (vgl. *-scoop*).

scopolamine [een alkaloïde) die in nachtschaden (Scopolia) wordt aangetroffen, genoemd naar *Giovanni Antonio Scopoli* (1723-1788), Italiaans bioloog.

scorbuut → *scheurbuik.*

score [uitslag] < eng. *score* [kerf, keep, rekening, stand van het spel], middelnl. *schore* [kloof, spleet, scheur], oudnoors *skor* [keep, kerf]; van dezelfde basis als *scheren*¹.

scotch [Schotse whisky] < eng. *Scotch,* verkorting van *Scottish* [Schots].

Scotland Yard [hoofdkwartier van de Londense politie] genoemd naar de naam van de straat waar tot 1890 dit hoofdkwartier van de Metropolitan Police Force was gevestigd.

scotoom [blinde vlek] < gr. *skotōma* [duizeligheid, eig. het zwart voor de ogen worden], van *skotos* [duisternis, blindheid], idg. verwant met *schaduw.*

scout [padvinder] < eng. *scout* < oudfr. *escoute* [luisteraar, spion], van *escolter* (fr. *écouter*), teruggaand op lat. *auscultare* [luisteren naar, afluisteren] (vgl. *auscultant*).

scrabble [letterpuzzel] < eng. *scrabble,* van *to scrabble* < middelnl. *schrabbelen* [krabbelen, vooral met de poten langs de grond].

scramasax [Merovingische houwdegen] oudnederfrankisch *scramasaks;* voor *scrama* vgl. *schram*², voor *saks* vgl. *mes.*

scrambler [spraakvervormer] < eng. *scrambler,* van *to scramble* [dooreenklutsen], genasaleerde nevenvorm van *scrabble* (vgl. *scrabble*).

scraps [metaalafval] < eng. *scraps,* van *to scrape,* oudeng. *scrapian* (vgl. *schrapen*).

scratch [golf zonder handicap] < eng. *scratch* [streep, in sporten een lijn die is getrokken om een zone van de startpunt aan te geven, het startpunt van een speler die geen voorgift krijgt], van *to scratch,* vermenging van het verouderde *to scrat* < middeleng. *scratte* [kras] + middeleng. *cracchen* [krassen].

screenen [nauwkeurig onderzoeken] < eng. *to screen,* in de zin van zeven door een *screen* [raster], middeleng. *screne* < oudfr. *escren* < middelnl. *scherm.*

scriba [secretaris] < lat. *scriba* [schrijver, klerk, secretaris, in chr. lat. schriftgeleerde], van *scribere* [schrijven].

scriban [18e eeuws type schrijftafel] < fr. *scriban* < it. *scrivano* [schrijfmeubel, oorspr. schrijver] < lat. *scriba* (vgl. *scriba*).

scribent [schrijver] < lat. *scribens* (2e nv. *scribentis*), teg. deelw. van *scribere* [schrijven].

scrimmage [worsteling] < eng. *scrimmage,* variant van *skirmish* (vgl. *schermutselen*).

scrip [bewijs van aandeel] < eng. *scrip,* verkort uit *subscription* [intekening].

script [manuscript van film e.d.] < eng. *script* < oudfr. *escript* < lat. *scriptum,* het zelfstandig gebruikt o. verl. deelw. van *scribere* [schrijven].

scrofelkruid [helmkruid] zo genoemd omdat het een middel was tegen *scrofulose* [klierzwelling], afgeleid van *scrofa* [zeug] (vgl. ***scrofuleus***).

scrofuleus [klierachtig] van **lat.** *scrofulae* (mv.) [lett. zeugjes, dan (zwelling van de) klieren], verkleiningsvorm van *scrofa* [zeug] (vgl. ***schroef***).

scrotum [balzak] < **lat.** *scrotum*, identiek met *scrautum* [lederen pijlkoker], verwant met *scortum* [huid, leder], van een idg. basis met de betekenis 'snijden', waarvan ook ***scheren*** [1], ***schrooien*** [1].

scrub [struikgewas, harde borstel] < **eng.** *scrub*, van *to scrub* [schrobben, schrappen] < **middelnl.** *schrubben* (vgl. ***schrobben***).

scrupel [medicinaal gewicht] < **lat.** *scrupulum* [1/24 deel van een uncia], naast *scrupulus* [klein puntig steentje, bezorgdheid], verkleiningsvorm van *scrupus* [puntige steen, bezorgdheid] (vgl. ***scrupuleus***).

scrupuleus [nauwgezet] < **fr.** *scrupuleux* < **lat.** *scrupulosus* [vol scherpe steentjes, gevaarlijk, angstvallig], van *scrupulus* (vgl. ***scrupel***) + *-osus* [vol van].

scrutineren [uitvorsen] < **fr.** *scrutiner* [idem] < **chr. lat.** *scrutinare* [doorzoeken], ouder *scrutari* [doorzoeken, opsporen], van *scruta* [vodden, lorren].

scrutinium [onderzoek van kandidaat] < **chr. lat.** *scrutinium* [doorzoeking, stemming] (vgl. ***scrutineren***).

scryer [kristalkijker] < **eng.** *scryer*, van *to scry*, verkort uit *descry* < **oudfr.** *descrier* (**fr.** *décrier*) [in opspraak brengen], teruggaand op **lat.** *quiritare* [roepen, schreeuwen], klanknabootsend gevormd.

scuba [duikapparatuur] < **eng.** *scuba*, van *self-contained underwater breathing apparatus* [onafhankelijk onderwater-ademhalingsapparaat].

scudo [munt] < **it.** *scudo* < **lat.** *scutum* [schild] (vgl. ***écu*** [1]).

sculler [roeiboot] < **eng.** *sculler*, van *scull* [roeiriem], etymologie onbekend.

scullery [keukentje] < **eng.** *scullery* < **oudfr.** *escuelerie*, van *escuele* (**fr.** *écuelle* [kom, schaal]) < **lat.** *scutella* [schaal] (vgl. ***schotel***).

sculptuur [beeldhouwwerk] < **fr.** *sculpture* < **lat.** *sculptura* [het snijden, beitelen, beeldhouwwerk], van *sculpere* (verl. deelw. *sculptum*) [snijden, beitelen, beeldhouwen], verwant met *scalpere* (vgl. ***scalpel***).

scurriel [potsierlijk] < **fr.** *scurrile* [idem] < **lat.** *scurrilis* [gezocht, platvloers], van *scurra* [grappenmaker, clown, tafelschuimer], aan het etruskisch ontleend.

Scythen [volksstam] < **gr.** *Skuthai*, etymologie onbekend.

-se [achtervoegsel ter vorming van zn. van een bn.] b.v. *Groningse, domineese*.

sealskin [zeehondevel] < **eng.** *sealskin*, van *seal* [zeehond], **middelnl.** *seel, seelhont,* **middelnd.**

sale, **oudhd.** *sela(c)h,* **middeleng.** *seolh,* **oudnoors** *selr,* etymologie onzeker, mogelijk verwant met **gr.** *selachos* [een kraakbenige levendbarende vis] + *skin* [huid] < **oudnoors** *skinn*, verwant met **middelnl.** *schinden, schenden* [villen, roven, plunderen] (vgl. ***schenden***).

seance [zitting] < **fr.** *séance* [eig. het feit van te zitten, dan plaats waar men zit, vergadering], van *séant*, vroeger teg. deelw. van *seoir* [zitten] < **lat.** *sedēre* [zitten], daarmee idg. verwant.

seborrhoe [verhoogde afscheiding van huidvet] gevormd van **lat.** *sebum* [talk], verwant met *sapo* [zeep] + **gr.** *roia* [het vloeien], van *rein* [vloeien], idg. verwant met ***stroom***.

sec [droog] < **fr.** *sec* < **lat.** *siccus* [idem], verwant met *sitis* [dorst].

secans [rechte lijn die kromme snijdt] < **lat.** *secans*, teg. deelw. van *secare* [snijden], idg. verwant met ***zaag***.

secco [droog] < **it.** *secco* < **lat.** *siccus* (vgl. ***sec***).

secentisme [gezwollen stijl van de 17e eeuwse Italiaanse literatuur] < **it.** *secentismo*, van *secento* (vgl. ***seicento***).

seceren [opensnijden] < **lat.** *secare* (vgl. ***secans***).

secessie [afscheiding] < **lat.** *secessio* [het ter zijde gaan, uitwijking], van *secedere* (verl. deelw. *secessum*) [weggaan], van *se(d)-* [opzij] + *cedere* [wijken].

seclusie [uitsluiting] < **me. lat.** *seclusio* [idem], van *secludere* (verl. deelw. *seclusum*) [opsluiten, verbannen], van *se-* [uiteen, weg] + *claudere* [sluiten], daarmee idg. verwant.

secondant [helper bij tweegevecht] < **fr.** *secondant*, teg. deelw. van *seconder* [helpen, steunen] < **lat.** *secundare* [begunstigen], van *secundus* [volgende, tweede, meegaande in dezelfde richting, begunstigend], van *sequi* [volgen].

seconde [zestigste deel van minuut] < **fr.** *seconde* of < **lat.** *secunda,* vr. van *secundus* [tweede]; toen de minuut was benoemd als de kleinste onderverdeling van het uur, werd geen rekening gehouden met de behoefte aan een nog kleinere eenheid, zodat er geen reden was te spreken van een *(pars) minuta prima*, maar volstaan kon worden met *(pars) minuta*; de tweede verdeling, de *(pars) minuta) secunda* moest wel als tweede worden onderscheiden (vgl. ***minuut*** [1], ***tertie***).

secreet [geheim] **middelnl.** *secreet* < **fr.** *secret* < **lat.** *secretus* [afgezonderd, verborgen, geheim], eig. verl. deelw. van *secernere* [apart zetten, afscheiden], van *se-* [ter zijde] + *cernere* [zeven, onderscheiden], o.a. verwant met ***crisis, rein*** [1].

secretaire [schrijfmeubel] < **fr.** *secrétaire* [idem] < **laat-lat.** *secretarium* [geheim] (vgl. ***secreet***).

secretaris [griffier] < **me. lat.** *secretarius* [vertrouwd raadsman, geheimschrijver], van *secretus* (vgl. ***secreet***).

secretie [afscheiding] < **lat.** *secretio* [afzondering, scheiding], van *secernere* (vgl. ***secreet***).

sectie [insnijding] < **fr.** *section* < **lat.** *sectio* [het

sector — seider

sector [afdeling] < lat. *sector* [snijder], van *secare* (vgl. *sectie*). snijden], van *secare* (verl. deelw. *sectum*) [snijden], verwant met *securis* [bijl], verwant met het tweede element in *mes*.

sector [afdeling] < lat. *sector* [snijder], van *secare* (vgl. *sectie*).

seculair [honderdjarig, wereldlijk] < fr. *séculaire* [honderdjarig] < lat. *s(a)ecularis* [tot een eeuw behorend, in chr. lat. ook eeuwig], van *s(a)eculum* [voortteling, geslacht, generatie, regeringstijd, eeuw, in chr. lat. eeuwigheid, de wereld, het aardse leven].

seculariseren [verwereldlijken] < fr. *séculariser* [verwereldlijken], teruggaand op lat. *saecularis* (vgl. *seculier*).

seculier [wereldlijk] middelnl. *seculier* < fr. *séculier* < lat. *s(a)ecularis* (vgl. *seculair*).

secundair [in de tweede plaats komend] < lat. *secundarius* [van de tweede rang, tweede] (vgl. *secondant*); de nevenvorm *secondair* via fr. *secondaire* ontleend.

secuur [zorgvuldig] < lat. *securus* [zonder zorg, vrij van zorgen, veilig], van *se(d)* [opzij] + *cura* [zorg].

sedan [een auto] < fr. *sedan*, etymologie onzeker, mogelijk genoemd naar de stad *Sedan*.

sedatief [kalmerend] < fr. *sédatif*, van lat. *sedare* (verl. deelw. *sedatum*) [doen zitten, kalmeren], causatief van *sedēre* [zitten], daarmee idg. verwant.

sedecimo [klein boekformaat, verkregen door een drukvel viermaal te vouwen, waardoor het 32 blz. telt] < it. *sedecimo* [zestiende] < lat. *sedecimus* [idem], van *sex* [zes], daarmee idg. verwant + *decimus* [tiende], van *decem* [tien], daarmee idg. verwant; de benaming ontstond door de vroegere praktijk om niet alle pagina's te nummeren, maar te foliëren, d.w.z. alle blaadjes van opeenvolgende nummers te voorzien zodat vóór- en achterkant samen voor één tellen.

sedekah [Arabisch offermaal] < maleis *sedekah* [aalmoes, liefdegave, godsdienstige maaltijd] < ar. *ṣadaqa* [aalmoes, liefdegave].

sedentair [zittend] < fr. *sédentaire* < lat. *sedentarius* [zittend bij het werk], van *sedēre* (teg. deelw. *sedens*, 2e nv. *sedentis*) [zitten], daarmee idg. verwant.

sederen [kalmeren] < lat. *sedare* [neerslaan (van stof), tot rust brengen] (vgl. *sedatief*).

sedert [sinds] middelnl. *zider, sider, zeder, seder* [later, sedert die tijd, naast], met toegevoegde *t*, *sedert*, oudsaksisch *sithor*, oudhd. *sidōr*, oudfries *sether*, oudeng. *siðor*, oudnoors *siðarr*, vergrotende trap van oudeng., oudnoors *sið*, gotisch *seipus* [laat] (vgl. *sinds*).

sediment [bezinksel] < lat. *sedimentum* [idem], van *sedēre* [zitten, vastzitten, zinken, beklijven], idg. verwant met *zitten*.

sedisvacatie [het vacant zijn van de zetel] van lat. *sedis*, 2e nv. van *sedes* [zetel], van *sedēre* [zitten], daarmee idg. verwant + *vacatio* [het onbezet zijn] (vgl. *vacatie*).

sedsjade [bidkleedje] < ar. *sajjāda*, bij het ww. *sajada* [hij boog terneder, wierp zich terneder, aanbad].

seductie [verleiding] fr. *séduction* < lat. *seductio* [het ter zijde voeren, (in chr. lat.) verleiding], van *seducere* [ter zijde voeren], van *se-* [ter zijde] + *ducere* (verl. deelw. *ductum*) [trekken, meetrekken, leiden], idg. verwant met *tijgen*.

seduisant [verleidelijk] < fr. *séduisant*, eig. teg. deelw. van *séduire* [verleiden] < lat. *seducere* (vgl. *seductie*).

sedum [vetkruid] < lat. *sedum* [huislook], etymologie onbekend.

seedling [soort appel] < eng. *seedling*, van *seed* [zaad] + *-ling*, dus ontwikkeld uit zaad, d.w.z. niet gestekt of geënt.

seef, seve [aroma van b.v. wijn] < fr. *sève* < lat. *sapa* [ingedikt most], vermoedelijk verwant met *sapere* [smaken] en dan idg. met het tweede lid van *beseffen*.

seersucker [weefsel] < eng. *seersucker* < hindi *śīr śakar*, van *śīr* [melk], *śākar* [suiker] < perzisch *shīr-o-shekar* [melk en suiker], *shakar* idg. verwant met *suiker*.

sefarden, sefardim [Spaanse en Portugese joden] afgeleid van het in Obadja zo genoemde *Safarad* [Klein-Azië] < hebr. *sfārad*, dat later werd geïdentificeerd met Spanje.

seffens [tegelijkertijd] (16e eeuws), ouder *tseffens* [teffens] (vgl. *tevens*).

segerkegel [smeltlichaam in oven] genoemd naar de uitvinder ervan, de Duitse technoloog *Hermann August Seger* (1839-1893).

segment [cirkeldeel] < fr. *segment* [idem] < lat. *segmentum* [gouden of purperen strook aan een kleed], van *secare* [afsnijden], idg. verwant met *zaag*.

segno [teken] < it. *segno* < lat. *signum* [teken] (vgl. *sein*[1], *zegen*[1]).

segregatie [afzondering] < fr. *ségrégation* [idem] < lat. *segregationem*, 4e nv. van *segregatio*, van *segregare* [van de kudde afzonderen, afzonderen], van *se-* [ter zijde] + *grex* (2e nv. *gregis*) [kudde], verwant met gr. *agora* (vgl. *agora*).

segrijn [soort leder] (1676) < fr. *chagrin* < turks *sağri* [staartstuk, achterste]; alleen dit deel van de huid werd voor dit soort leer gebruikt.

seibelaar [knoeier] gevormd van jiddisch *seibel* [drek] < hebr. *zebel* [mest].

seicento [de 17e eeuw] < it. *(mille) seicento* [(duizend) zeshonderd], van *sei* [zes] < lat. *sex* [idem], daarmee idg. verwant, + *cento* [honderd] < lat. *centum* [idem], daarmee idg. verwant.

seiches [oscillerende niveauveranderingen van meren en baaien] < fr.-zwitsers dial. aan de oever van het Meer van Genève. De oorspr. betekenis van *seiche* is 'inktvis', teruggaand op lat. *sepia*.

seider [joodse godsdienstoefening] < hebr. *seder* [orde, regelmaat, vooravond van Pesach].

seigel [barg. verstand] < **jiddisch** *seichèl* [verstand, scherp oordeel, bevattingsvermogen].

seignettezout [kaliumnatriumtartraat] genoemd naar P. *Seignette* (1660-1719), apotheker te La Rochelle; ook *rochellezout* genoemd.

seigneur [heer] < **fr.** *seigneur* < **lat.** *senior* [ouder] (vgl. *senior*).

sein[1] [teken] < **oudfr.** *seigne*, mogelijk < **eng.** *sign* < **lat.** *signum* [idem] (vgl. **zegen**[1], **zegel, design**).

sein[2] [visnet] nevenvorm van *zegen* en daaruit ontstaan als *dweil* uit *dwegel*, **middelnl.** *segene, zegene, sein* (vgl. **zegen**[2]).

seismograaf [toestel voor het registreren van aardbevingen] gevormd van **gr.** *seismos* [aardbeving], van *seiein* [schudden, i.h.b. van een aardbeving] + *graphein* [schrijven], idg. verwant met *kerven*.

seizen [vastbinden] (1657) < **fr.** *saisir* [grijpen, beslagleggen], vermoedelijk van germ. herkomst.

seizing [streng om zeil vast te leggen] van *seizen*.

seizoen [jaargetijde] **middelnl.** *saisoen, seisoen* < **fr.** *saison* < **lat.** *sationem*, 4e nv. van *satio* [het zaaien, het planten, later ook de tijden daarvoor], van *serere* (verl. deelw. *satum*) [zaaien], daarmee idg. verwant.

Sejm [Pools parlement] < **pools** *sejm* [vergadering, samenkomst], van *syn-* [samen], vgl. **gr.** *sun* [idem] + **pools** *jač* [nemen], idg. verwant met **lat.** *emere* (vgl. **nemen**).

séjour [verblijf] < **fr.** *séjour* < **oudfr.** *sojorn*, van *sojorner* [verblijven, rusten, wachten], teruggaand op **lat.** *diurnus* [overdag], dat in me. lat. het oude *dies* [dag] verdrong.

sejunctie [remming in bep. associaties] < **lat.** *seiunctio* [scheiding], van *seiungere* (verl. deelw. *seiunctum*) [scheiden], van *se-* [ter zijde] + *iungere* [samenvoegen], idg. verwant met *juk*.

sekgrassen [schijngrassen] → **zegge**[1].

sekreet [mispunt, eig. schijthuis] < **fr.** *chambre secrète*, vgl. voor de betekenis *stilletje* (vgl. *secreet*).

seks, sex [seksuele omgang] **middelnl.** *sexe* [geslacht] < **eng.** *sex* < **lat.** *sexus* [geslacht, sekse, oorspr. verdeling], van *secare* [snijden].

sekse [natuurlijk geslacht] **middelnl.** *sexe* < **fr.** *sexe* of < **lat.** *sexus* [idem, oorspr. verdeling], verwant met *secare* [snijden], idg. verwant met het tweede lid van *mes*.

seksualiteit [geslachtsdrift] < **fr.** *sexualité* < **lat.** *sexualitas* [idem], van *sexus* (vgl. *sekse*).

sekt [wijnsoort] < **hd.** *Sekt* < **it.** *(vino) secco* [droge wijn] (vgl. *secco*), oorspr. van druiven die aan de wijnstok zijn gedroogd, dan gebruikt voor zoete zuidwijnen.

sektariër [aanhanger van een sekte] < **fr.** *sectaire* [idem], van *secte* (vgl. *sekte*).

sekte [aanhangers van gezindte] **middelnl.** *secte* [partij] < **fr.** *secte* < **lat.** *secta* [gedragslijn, partij, richting, sekte], het zelfstandig gebruikt vr. verl. deelw. van *sequi* [volgen].

sekwester [bewaarder, inbeslagneming van betwist goed, inbeslagneming] **middelnl.** *sequester* [bewaargeving] < **fr.** *séquestre* [bewaarder, inbeslagneming van betwist goed] < **lat.** *sequester* [bemiddelend, bemiddelaar], mogelijk van *sequi* [volgen].

-sel [achtervoegsel ter vorming van abstracta en concreta van ww.] *broedsel* bij *broeden*, vaak met pejoratieve betekenis: *uitvindsel, verzinsel*, in het idg. *-slo*, vgl. **lat.** *palus*, (< *pakslo*) [paal].

sela [muziekteken] < **hebr.** *selā*, eig. een aanduiding om de stem te verheffen, van *salala* [verheffen].

seladon [groen] < **fr.** *céladon*, genoemd naar *Céladon*, hoofdpersoon in de herdersroman *l'Astrée* van Honoré d'Urfé (1567-1625), die een gewaad van deze kleur droeg.

selderie, selderij [plant] (1635) *celarie* < **fr.** *céleri* < **lombardisch** *seleri* (mv.) < **lat.** *selinum* [eppe] < **gr.** *selinon* [(wilde) peterselie] (vgl. *peterselie*).

seldrement [bastaardvloek] moedwillige verbastering van *sacrament*.

select [uitgelezen] < **eng.** *select* < **lat.** *selectus* [idem], het verl. deelw. van *seligere* [uitkiezen], van *se-* [uiteen] + *legere* [kiezen].

selectie [keuze] < **fr.** *sélection* < **lat.** *selectionem*, 4e nv. van *selectio* [keuze], van *seligere* (verl. deelw. *selectum*) [uitkiezen], van *se-* [ter zijde] + *legere* [verzamelen, nagaan, uitkiezen].

seleen → *selenium*.

selenium [chemisch element] zo genoemd door de ontdekker ervan, de Zweedse chemicus Jöns Jakob Berzelius (1779-1848) naar **gr.** *selènè* [maan], omdat het lijkt op *tellurium*, dat genoemd is naar de aarde (**lat.** *tellus* [aarde]).

selenografie [maanbeschrijving] gevormd van **gr.** *selènè* [maan], idg. verwant met *zwoel* + *graphein* [schrijven], idg. verwant met *kerven*.

selfmade [eigengevormd] < **eng.** *self-made* [idem], van *self* [zelf] + *made*, verl. deelw. van *to make* [maken].

self-supporting [zichzelf bedruipend] < **eng.** *self-supporting*, van *self* [zelf] + *supporting*, van *to support* [ondersteunen] < **fr.** *supporter* < **chr. lat.** *supportare* [ondersteunen, in klass. lat. aanvoeren, overdragen].

selterswater [mineraalwater] genoemd naar het plaatsje *Selters* bij Wiesbaden, tegenwoordig bekend als *Seltzer Wasser* < *Selterser Wasser*.

Seltsjoeken [leden van een Turkse dynastie] genoemd naar *Seljuk*, de stichter van de dynastie (midden 10e eeuw).

selva [Zuidamerikaans woud] < **portugees** *selva* [woud] < **lat.** *silva* [idem].

selve, self [salie] **middelnl.** *selve, zelve* < **lat.** *salvia* [salie].

semafoor [seintoestel] < **fr.** *sémaphore*, gevormd van **gr.** *sèma* [teken] + *-phoros* [dragend], van *pherein* [dragen], idg. verwant met *baren*[1].

semantiek [betekenisleer] < **fr.** *sémantique*, ge-

semasiologie — **sepsis**

vormd door Michel-Jules-Alfred Bréal (1832-1915), auteur van *Essai de Sémantique*, van **gr.** *sèmantikos* [betekenisvol, duidelijk], van *sèmainein* [door een teken duidelijk maken, meedelen, betekenen], van *sèma* [teken, letterteken, signaal].

semasiologie [leer van de betekenisverandering der woorden] < **hd.** *Semasiologie*, gevormd door Christian Karl Reisig (1792?-1829) van **gr.** *sèmasia* [betekenis], van *sèma* [teken] + *-logia*, van *logos* [gesproken woord, geschreven woord].

sembah [eerbiedige groet] < **maleis, javaans** *sembah* [idem], **kawi** *sembah*, *sambah* [idem].

semester [halfjaar] < **lat.** *seme(n)stris* [zesmaandelijks], van *sex* [zes], daarmee idg. verwant, + *mensis* [maand], daarmee idg. verwant.

semi- [half] < **lat.** *semi-*, verwant met **gr.** *hèmi-*, **oudhd.** *sami-*, **oudindisch** *sāmi* [half].

Semiet [Israëliet, een Semitische taal sprekend] van **hebr.** *sjēm*, één van de zonen van Noach. De term is in omloop gebracht door de Duitse historicus August Ludwig von Schlizer (1735-1809).

semilor, similor [byouteriegoud] *semilor* ontstaan uit **fr.** *similor* doordat *simili-or* werd verstaan als *semi-l'or*.

seminarie [inrichting tot opleiding van geestelijken] < **lat.** *seminarium* [kwekerij, kweekplaats, bron, oorsprong], van *seminare* [zaaien, voortbrengen, verwekken], van *semen* (2e nv. *seminis*) [zaad, nageslacht, kind], idg. verwant met **hd.** *Same(n)* [zaad].

semiotiek [tekenleer] gevormd van **gr.** *sèmeion* [teken] (vgl. *semantiek*).

semmelen nevenvorm van *sammelen*.

sempel [apparaatje in de weverij] → *tempel*².

semper [steeds] < **lat.** *semper* [altijd, steeds, telkens].

sen [Japanse munt] < **chinees** *ch'ien* [geld, munt], hetzelfde woord als *yüan* [Chinese dollar].

senaat [Eerste Kamer] < **lat.** *senatus*, verwant met *senex* [oud], dus eig. raad der ouden (vgl. *senior*).

senang [lekker] < **maleis** *senang* [prettig, tevreden, comfortabel, zich prettig voelen].

senator [lid van senaat] < **lat.** *senator*, van *senatus* (vgl. *senaat*).

seneblad [purgeermiddel] het eerste lid **middelnl.** (1305) *sene, senie* < **me. lat.** *sen(n)a* [een plant] < **ar.** *sanā*.

senescentie [verval van krachten] gevormd van **lat.** *senescens* (2e nv. *senescentis*), teg. deelw. van *senescere* [oud worden], van *senex* (2e nv. *senis*) [oud, bejaard].

seneschalk [hofbeambte] **middelnl.** *seneschael, zeneschael* [oudste, ook voornaamste, hofbediende, intendant, prefect] < **me. lat.** *seniscalcus* (uit het frankisch). Voor het eerste lid vgl. *zenegroen*, voor het tweede *schalk*¹.

seniel [aan de ouderdom eigen] < **fr.** *sénile* < **lat.** *senilis* [van de grijsaard], van *senex* [oud, grijsaard].

senior [de oudste, oudere] < **lat.** *senior*, vergrotende trap van *senex* (2e nv. *senis*) [oud], idg. verwant met *sene-* in *zenegroen*.

sennabladeren → *seneblad*.

sennhut [zomerhut op de Alpen] < **hd.** *Sennhütte*, van **oudhd.** *senno*, **hd.** *Senn* [degene die het sennebedrijf met boter- en kaasbereiding leidt], uit het kelt., vgl. *iers* *sine* [tepel].

señor [heer] < **spaans** *señor* < **lat.** *senior* (vgl. *senior*); het vr. is *señora* [mevrouw], het verkleinwoord daarvan *señorita* [juffrouw].

sensatie [gewaarwording, opzien] < **fr.** *sensation* [idem] < **me. lat.** *sensationem*, 4e nv. van *sensatio* [waarneming, gewaarwording, sensatie], van *sensus, sensum* [het waarnemen], van *sentire* (verl. deelw. *sensum*) [met de zintuigen waarnemen, bemerken], idg. verwant met *zin*.

sensibel [gevoelig] < **fr.** *sensible* [idem] < **lat.** *sensibilis* [waarneembaar], van *sentire* (vgl. *sensatie*).

sensitiviteit [gevoeligheid] gevormd van *sensitief* < **fr.** *sensitif* [gevoelig] < **lat.** *sensitivus* [m.b.t. gevoel, gevoelig], van *sensus* (vgl. *sensatie*).

sensor [apparaat dat reageert op natuurkundige omstandigheden] < **eng.** *sensor*, verkort uit *sensory* [m.b.t. de zintuigen], van **lat.** *sensus* [zintuigen], van *sentire* (verl. deelw. *sensum*) [met een zintuig waarnemen] + *-ory* < **fr.** *-oire* < **lat.** *-orius*, plaatsaanduidend achtervoegsel.

sensorieel [m.b.t. de zintuiglijke waarneming] < **fr.** *sensoriel*, van **lat.** *sensorium* [zetel of orgaan van het gevoel], van *sensus* (vgl. *sensatie*).

sensueel [zinnelijk] < **fr.** *sensuel* < **lat.** *sensualis* [begiftigd met gevoelens, gevoelig, zinnelijk], van *sensus* (vgl. *sensorieel*).

sent [tijdelijke gording bij scheepsbouw] < **fr.** *ceinte*, van *ceindre* [omgorden] < **lat.** *cingere* (vgl. *singel*).

sententie [uitspraak] < **lat.** *sententia* [gevoelen, mening, oordeel van de rechter, vonnis], van *sentire* [bemerken, een mening, oordeel hebben, dit uitspreken] (vgl. *sensatie*).

sentiment [gevoel] < **fr.** *sentiment* < **laat-lat.** *sentimentum*, van *sentire* (vgl. *sensatie*).

separeren [afzonderen] **middelnl.** *separeren* < **fr.** *séparer* < **lat.** *separare* [scheiden van], van *se-* [ter zijde, uiteen] + *parare* [voorbereiden, (zich) gereedmaken, zich verschaffen].

sepia [kalkachtige rugplaat van inktvis] < **lat.** *sepia* [inktvis] < **gr.** *sèpia* [idem], zo genoemd vanwege zijn stank, van *sèpein* [doen verrotten, passief: rotten] (vgl. *sepsis*).

seponeren [niet vervolgen] < **lat.** *seponere* [ter zijde leggen], van *se-* [ter zijde] + *ponere* (vgl. *poneren*).

sepoy [inlandse soldaat in Brits-Indië] < **eng.** *sepoy* < **portugees** *sipae* < **hindi** *sipāhī* < **perzisch** *sepāhī*, van *sepāh* [leger] (vgl. *spahi*).

sepsis [rotting] < **gr.** *sèpsis* [idem], van *sèpein* [doen verrotten] (vgl. *sepia*).

september [negende maand] < lat. *Mensis September* [de zevende maand], *mensis* [maand] *september*, van *septem* [zeven], daarmee idg. verwant. Het Romeinse jaar begon oorspr. met maart.

septennaal [zevenjaarlijks] gevormd van lat. *septennium* [periode van zeven jaar], gevormd van *septennis* [zevenjaarlijks], gevormd van *septem* [zeven], daarmee idg. verwant, + *annus* [jaar].

septer [staander voor zeerailing] → *scepter*.

septet [muziekstuk voor zeven partijen] naar analogie van *duet* gevormd van lat. *septem* [zeven], daarmee idg. verwant.

septic tank [beerput] < eng. *septic tank*, van *septic* [rotting veroorzakend, rottings-], van gr. *sèptikos* (vgl. **septikaemie**) tank (vgl. *tank*).

septikaemie [bloedvergiftiging] van gr. *sèptikos* [verrotting veroorzakend], van *sèptos* [verrot], verl. deelw. van *sèpein* [doen verrotten] + haima [bloed], idg. verwant met *zeem*¹.

Septuagint, Septuaginta [de oudste Griekse bijbelvertaling] < lat. *septuaginta* [zeventig], gevormd naar analogie van *octoaginta*, variant van *octoginta* [tachtig] van *septem* [zeven] + *-ginta* dat tientallen aangeeft, zo genoemd omdat de vertaling volgens traditie door 70 joodse geleerden (nauwkeuriger: 72) werd gemaakt.

septum [scheidingswand] < lat. *saeptum, septum* [omheining, hek], eig. verl. deelw. van *saepire* [omheinen], van *saepes* (2e nv. *saepitis*) [omheining].

sepulcraal [m.b.t. graven] < fr. *sépulcral* < lat. *sepulcralis* [graf-], van *sepulcrum* [graf], van *sepelire* (verl. deelw. *sepultum*) [begraven, (een lijk) verbranden, oorspr. eren], vgl. **oudindisch** *saparyati* [hij eert].

sequeel [aanhangsel] < lat. *sequela* [gevolg, aanhangsel], van *sequi* [volgen].

sequentie [opeenvolging] middelnl. *sequentie* [naam van een kerkgezang dat volgt op de antiphona] < lat. *sequentia*, van *sequi* (teg. deelw. *sequens*, 2e nv. *sequentis*) [volgen].

sequoia [boom] genoemd naar de Cherokee-indiaan *Sequoyah*, uitspraak *Sikwayi* (1770?-1843), die het Cherokee-alfabet uitvond.

seraf [engel van hoge rang] middelnl. *seraphijn* < chr. lat. *seraphim, seraphin*, afgeleid van het hebr. mv. *serāfīm*, waarvan het enk. is *sārāf* [lett. de brandende], van het ww. *sārāf* [branden], vgl. **akkadisch** *sharāpu* [branden], **middelegyptisch** *srf* [warm zijn].

serail [paleis, harem] < fr. *sérail* < it. *serraglio* [kooi, menagerie, serail, harem], van *serrare* [opsluiten, grendelen]; het turks. oorspr. **perzisch** *sarāy* [gebouw] (ar. *sarāy* [paleis], vgl. ***karavaanserai***), werd door de Italianen overgenomen en geassocieerd met *serrare*, waardoor het fr. een *l* kreeg.

serani [scheldwoord voor christen geworden mohammedaan] < **maleis** verkort uit en naast *nasrani* [christelijk, christen] < ar. *naṣrānī* [idem], afgeleid van *an nāṣira* [Nazareth].

sereen [kalm] < fr. *serein* [idem] < lat. *serenus* (vgl. *serenade*).

sereh [citroenkruid] < **maleis** *serai* [idem].

serenade [muzikale hulde] < fr. *sérénade* < it. *serenata*, van *sereno* [helder, opgewekt, sereen, kalm] < lat. *serenus* [helder, klaar, onbewolkt, vriendelijk, vrolijk]; de betekenis werd beïnvloed door it. *sera* [avond].

Serenan [Surinaamse mengtaal] → *Sranantongo*.

serendipisme [gave om door toeval te ontdekken] gevormd van eng. *serendipity* [gave om toevallig prettige dingen te ontdekken], gevormd door Horace Walpole (1717-1797) naar de titel van zijn verhaal *The Three Princes of Serendip* waarbij *Serendib* de naam is die Arabieren aan Sri Lanka gaven. (Ibn Batuta bezocht het eiland in 1344).

sereus [bloedwei bevattend] < fr. *séreux* [idem], van *sérum* < lat. *serum* [wei, weiachtige vloeistof] + *-eux* < lat. *-osus* [vol van].

serge [weefsel] middelnl. *sa(e)rge, sergie* < oudfr. *sarge, serge* < lat. *serica* [zijden stof], het zelfstandig gebruikt vr. van *sericus* [zijden] < gr. *sèrikos* [idem], van *Sères* [Chinezen].

sergeant [onderofficier] middelnl. *seriant, serjant, sergant* [dienaar, beambte, gewapend dienaar van een ridder, krijgsknecht] < oudfr. *sergent, serjant* < lat. *servientem*, 4e nv. van *serviens*, teg. deelw. van *servire* (vgl. *serveren*).

serie [reeks] < fr. *série* < lat. *series* [rij, reeks], van *serere* [aaneenvoegen, aaneenrijgen, aaneenknopen].

serieel [een serie vormend] < eng. *serial* [idem], van *series* (vgl. *serie*) + *-al*.

serieus [ernstig] < fr. *sérieux* < me. lat. *seriosus*, bijw. *seriose* [serieus, ernstig], **klass. lat.** *serius* [ernstig], idg. verwant met *zwaar*.

serigrafie [zeefdruk] < fr. *sérigraphie*, gevormd van lat. *serica, sericum* [zijde], van *sericus* [zijden] (vgl. *serge*) + gr. *graphein* [schrijven, tekenen], idg. verwant met *kerven*.

serinette [kanarieorgeltje] < fr. *serinette*, van *serin* [kanarie] < lat. *Sirenes* [de Sirenen] (vgl. *sirene*).

sering [plantengeslacht] middelnl. *siringe* [buisje], 17e eeuws *siringen* als bn., 18e eeuws *sering* < me. lat. *syringa* [plant met pijpvormige bloemen] < gr. *surigga*, 4e nv. van *surigx* [holle pijp, fluit], klanknabootsend gevormd.

seriositeit [ernst] < me. lat. *seriositatem*, 4e nv. van *seriositas*, van *serius* (vgl. *serieus*).

sermoen [betoog, preek] middelnl. *sermoen* < fr. *sermon* [preek] < lat. *sermonem*, 4e nv. van *sermo* [gesprek, dispuut, omgangstaal, manier van spreken, in chr. lat. ook preek, hoofdstuk, boek], van *serere* [aaneenrijgen].

sero [grote visfuik] < **maleis** *sero*.

seroen [verpakking] < **spaans** *serón* [grote mand]

seroendeng — severiteit

< gr. *seira* [touw, strik, band], vgl. **litouws** *tveriu* [ik omvat].

seroendeng [lekkernij van klapper] **< maleis** *serunding* [idem].

seroet, seroetoe [sigaar] **< eng.** *cheroot* (vanwaar **portugees** *charuto,* **maleis** *serutu*) **< tamil-malayalam** *suruttu* [sigaar als ww. inwikkelen], van *surul* [krul] (vgl. *strootje*).

seropositief [met een positieve serumreactie] gevormd van *serum* + *positief*[1].

serpeling [vis] waarschijnlijk van *zerp* [scherp], vanwege de spitse kop.

serpent [slang] **middelnl.** *serpent* < **fr.** *serpent* < **lat.** *serpentem,* 4e nv. van *serpens* [slang], eig. teg. deelw. van *serpere* [kruipen] (vgl. *herpes*).

serpentijn[1] [kanon] ook slang genoemd **middelnl.** *serpentijn,* zelfde etymologie als *serpentine;* vrij wat werktuigen en i.h.b. ook belegeringswerktuigen hebben dierenamen, vgl. b.v. *onager, ram, bok, paard, kat.*

serpentijn[2] [steensoort] **middelnl.** *serpentine* < **fr.** *serpentine* (vgl. *serpentine*), zo genoemd vanwege de kleur.

serpentine [strook gekleurd papier] < **fr.** *serpentin,* vr. *serpentine* [eig. slangachtig] (vgl. *serpent*).

serradella, seradel [gewas] **< portugees** *serradella,* verkleiningsvorm van *serrado* [getand] < **lat.** *serratus* [idem], van *serra* [zaag].

serre [glazen veranda] < **fr.** *serre,* **oudfr.** *serre* [het afsluiten, dan benaming voor zaken die afsluiten], van *serrer* [sluiten] (vgl. *serreren*).

serreren [samendrukken] < **fr.** *serrer* [sluiten, drukken, persen] < **lat.** *serare* [vergrendelen], van *sera* [grendel], verwant met *serie*.

serum [bloedwei, bloedvloeistof met antistoffen] < **lat.** *serum* [wei (het waterige bestand van gestremde melk), weiachtige vloeistoffen, o.a. sperma], verwant met **gr.** *horman* [zich in beweging zetten] (vgl. *hormoon*).

serval [wilde kat] **< portugees** *lobo cerval* < **lat.** *lupus cervarius* [op herten jagende wolf], *lupus* [wolf] *cervarius* [herte-], van *cervus* [hert], daarmee idg. verwant.

serveerboy [dientafeltje] gevormd naar analogie van *theeboy* (vgl. *boy*[2]).

serven [de eerste bal opslaan] < **eng.** *to serve* [idem], **middeleng.** *serven* < **lat.** *servire* [slaaf zijn, dienen], van *servus* [slaaf].

serveren [opdienen] < **eng.** *to serve* [idem] < **lat.** *servire* [slaaf zijn, als slaaf dienen, dienen], van *servus* [slaaf], dat aan het etruskisch is ontleend.

servet [tafeldoekje] **middelnl.** *serv(i)ette* [idem] < **fr.** *serviette,* van *servir* (vgl. *serveren*).

service [bediening] afhankelijk van de uitspraak < **eng.** *service* (< **oudfr.** *servise, service*) of rechtstreeks uit het fr. < **lat.** *servitium* [slavernij, dienstbaarheid], van *servire* (vgl. *serveren*).

serviel [slaafs] < **fr.** *servile* < **lat.** *servilis* [van een slaaf, slaafs], van *servus* (2e nv. *servi*) [slaaf] (vgl. *serveren*).

Serviër [bewoner van Servië] **< servisch** *Srb*.

servies [stel vaatwerk] < **fr.** *service* [idem] < **lat.** *servitium* [dienst], van *servire* (vgl. *serveren*).

serviet [bedelmonnik] lid van de *Ordo Servorum Mariae* [orde van de dienaren van Maria] ; *servorum* is de 2e nv. mv. van **lat.** *servus* [slaaf] (vgl. *serveren*).

serving [bekleding van touwwerk] < **eng.** *serving* [in het algemeen alles wat dienst doet, van dienst is], eig. teg. deelw. van *to serve* (vgl. *serveren*).

servituut [erfdienstbaarheid] **middelnl.** *servitute* < **lat.** *servitus* (2e nv. *servitutis*) [slavernij, dienstbaarheid, erfdienstbaarheid], van *servus* (2e nv. *servi*) [slaafs, slaaf] (vgl. *serveren*).

servobesturing [stuurbekrachtiging] gevormd van **lat.** *servus* [slaaf, dienaar] (vgl. *serveren*).

sesam [gewas, het zaad daarvan] < **lat.** *sesamum* [sesamkruid] < **gr.** *sèsamè* [sesamus], *sèsamon* [de peulvrucht van de sesamus], ontleend aan het semitisch, vgl. **akkadisch** *sjamasjsjammu, sjamansjamini* [olie van het kruid] dat vermoedelijk volksetymologie is, ontleend aan een subtracttaal.

sessie [zitting] < **fr.** *session* < **lat.** *sessio* [idem], van *sedēre* (verl. deelw. *sessum*) [zitten], daarmee idg. verwant.

sessiel [een zittend leven leiden] < **lat.** *sessilis* [stevig staande, eig. zittend], van *sedēre* (vgl. *sessie*).

sester [inhoudsmaat] **middelnl.** *sester* [maat voor olie, wijn, graan] < **oudfr.** *sestier* < **lat.** *sextarius* [$\frac{1}{6}$deel van een congius, ongeveer een halve liter], van *sextus* [zesde], van *sex* [zes], daarmee idg. verwant.

sestertie [Romeinse munt ter waarde van $2\frac{1}{2}$ as] < **lat.** *sestertius,* van *semis* [half] (vgl. *semi-*) + *tertius* [derde] (vgl. *terts*), vgl. **nl.** *derdehalf* [twee en een half].

set [stel] < **eng.** *set* < **oudfr.** *sette* [opeenvolging] < **lat.** *secta,* van *sequi* (verl. deelw. *sectum*) [volgen].

seter [ringvuur] → *teter*.

Settecento [de 18e eeuw] < **it.** *Settecento* < (*mille*) *settecento* [(duizend) zevenhonderd], van *sette* < **lat.** *septem* [zeven], daarmee idg. verwant, + *cento* < **lat.** *centum* [honderd], daarmee idg. verwant.

settelen [vestigen] < **eng.** *to settle,* **oudeng.** *setlan,* van *setl* [zetel].

setter [hond] < **eng.** *setter,* van *to set* [zetten, stellen], dus: hond die het wild stelt, verwant met *zetten*.

setting [achtergrond] < **eng.** *setting* [montuur, omlijsting, achtergrond], van *to set* [zetten, plaatsen] (vgl. *zetten*).

settler [kolonist] < **eng.** *settler,* van *to settle* [zich vestigen] (vgl. *settelen*).

sœur [aanspreekvorm voor r.-k. zuster] < **fr.** *sœur* < **lat.** *soror* [zuster], daarmee idg. verwant.

seuteren [sudderen] dial. nevenvorm van *sudderen*.

severiteit [gestrengheid, ernst] < **fr.** *sévérité* < **lat.**

severitas (2e nv. *severitatis*) [idem], van *severus* [streng, ernstig], van *se-* [terzijde] + *verus* [waar, juist, behoorlijk], idg. verwant met ***waar*** [2].

sèvres [porselein] genoemd naar het plaatsje *Sèvres* bij Parijs, waar in 1756 de Manufacture Royale werd gevestigd.

sex → *seks*.

Sexagesima [achtste zondag voor Pasen] < **lat.** *sexagesima dies* [60e dag (vóór Pinksteren)], van *sexaginta* [60], van *sex* [zes], daarmee idg. verwant, + *-ginta* [tientallen], verwant met **lat.** *decem* [tien], daarmee idg. verwant, en *centum* [honderd], daarmee idg. verwant.

sextant [instrument voor plaatsbepaling] overgenomen door de astronoom Tycho Brahe (1546-1601) < **lat.** *sextans* (2e nv. *sextantis*) [zesde deel], van *sextus* [zesde], van *sex* [zes], daarmee idg. verwant. De gemeten hoek wordt afgelezen op een cirkelboog van een zesde van een cirkel.

sfagnum [veenmos] < **gr.** *sphagnos* [een soort mos].

sfeer [gebied op aarde, stemming] < **fr.** *sphère* [idem] < **lat.** *sphaera* < **gr.** *sphaira* [bal om mee te spelen, globe, sfeer], verwant met *spuron* [enkel], **oudindisch** *sphurati* [hij schopt], **lat.** *spernere* [afscheiden], idg. verwant met ***spoor*** [2].

sferoïde [afgeplatte bol] < **gr.** *sphairoeidès* [bolvormig], van *sphaira* (vgl. ***sfeer***) + *-oeidès* (vgl. ***-oïde***).

sfincter [sluitspier] < **gr.** *sphigtèr* [idem], van *sphiggein* [samensnoeren].

sfinx [mythisch monster] < **gr.** *sphigx*, dat traditioneel is afgeleid van *sphiggein* [samensnoeren, wringen]; de sfinx van Thebe was berucht, omdat ze voorbijgangers raadsels opgaf en hen wurgde als ze die niet konden oplossen. Ook gezien nevenvormen als *phix, phika, sphigga* is deze etymologie in twijfel te trekken en is de mythe wel een volksetymologische verklaring: vermoedelijk is het woord vóór-gr. en van kleinaziatische herkomst.

sforzando, sforzato [sterker worden] < **it.** *sforzando, sforzato*, resp. gerundium en verl. deelw. van *sforzare* [versterken] < **me. lat.** *exforciare* [idem], van *ex-* [uit] + *fortis* [sterk] (vgl. ***fort***).

sfragistiek [zegelkunde] gevormd van **gr.** *sphragistikos* [zegel-], van *sphragistos*, verl. deelw. van *sphragizein* [zegelen], van *sphragis* [zegel], een vóór-gr. woord.

sfumato [met vervagende omtrekken] < **it.** *sfumato*, verl. deelw. van *sfumare* [verdampen], van **lat.** *ex* [uit] + *fumare* [roken, dampen], verwant met *humus*.

sfygmograaf [toestel om de polsslag te registreren] gevormd van **gr.** *sphugmos* [het kloppen], van *sphuzein* [heftig kloppen] + *graphein* [schrijven], idg. verwant met ***kerven***.

shabby [sjofel] < **eng.** *shabby*, van *shab* [huidziekte van schapen, minderwaardige vent], **oudeng.**

sceabb [schurft], verwant met **middelnl.** *schabbig* [jeukerig, schurftig] (vgl. ***schabberig***).

shag [sigarettentabak] < **eng.** *shag* (vgl. ***scheg***).

shaken [schudden] < **eng.** *to shake* [idem], **middeleng.** *schaken* [shaken], **oudeng.** *sceacan* [schudden, snel bewegen, vluchten] (vgl. ***schaken*** [2] [roven]).

shampoo [haarwasmiddel] < **eng.** *shampoo* < **hindi** *campo*, gebiedende wijs van *campnā* [kneden, masseren].

shanghaaien [ronselen] < **eng.** *to shanghai* [iem. dronken voeren en dan als bemanningslid aan boord brengen], een vroeger vooral in *Sjanghai* toegepaste methode.

shantoeng [weefsel] < **eng.** *shantung*, genoemd naar de Chinese provincie *Shan Tung*, van *shan* [berg] + *tung* [oost].

shanty [ritmisch zeemanslied bij het hieuwen] < **eng.** *shanty*, verbasterd uit *chant(e)y*, van **fr.** *chantez*, gebiedende wijs mv. van *chanter* < **lat.** *cantare* [zingen].

share [aandeel] < **eng.** *share* < **middeleng.** *s(c)hare*; verwant met ***schaar*** [3].

sharpie [type zeilboot] < **eng.** *sharpie* [oorspr. een smal, zeer scherp gebouwd vissersscheepje uit New England (19e eeuw), dan de daarnaar genoemde internationale eenheidsklasse], van *sharp* [scherp].

shaver [scheerapparaat] < **eng.** *shaver*, van *to shave* [scheren], verwant met ***schaven***.

shawl [sjaal] < **eng.** *shawl* (vgl. ***sjaal***).

sheddak [zadeldak] gevormd van **eng.** *shed*, ouder *shedde, shadde* [loods, keet, schuurtje, afdak], een specifieke toepassing van *shade* [schaduw].

shelter [schuilplaats] < **eng.** *shelter*, niet met zekerheid verklaard, maar aan te nemen is dat de basis *schild* is, vgl. **middelnl.** *schiltraem* [verschansing].

sheltie [honderas] < **eng.** *shelty, sheltie*, van *Sheltand*, metathesis van ***Shetland***.

sheriff [hoofd van politie] < **eng.** *sheriff*, vóór 1066 een vertegenwoordiger van de koning in een *shire*, van **oudeng.** *scīr* [shire] + *gerefa, gerœfa* [baljuw] (**eng.** *reeve*).

sherry [drank] < **eng.** *sherry*, eig. wijn van *Jerez* bij Cádiz. Vroeger kwam *sherries* voor, maar doordat deze vorm ten onrechte werd aangezien voor een mv., liet men de *s* vallen (vgl. ***shimmiën***), *Jerez* < **lat.** *Oppidum Caesaris*.

Shetland [geogr.] < **eng.** *Shetland* < **oudnoors** *Hjaltland* [land van Hjalte].

shiitake [vleeszwam] < **japans** *shiitake*, samenstelling van twee woorden die beide 'paddestoel' betekenen.

shilling [munt] < **eng.** *shilling* < **oudeng.** *scilling*, van *sceld, scield* [schild], met het achtervoegsel *-ling* (vgl. ***schelling, écu*** [1]).

shimmiën [zwaaiend voortbewegen] < **eng.** *to shimmy* [een bep. dans dansen], van de *shimmy shake*, een in de jaren twintig populaire dans, waarbij men met het lichaam schokte, eig. het hemd deed schokken; *shimmy*, volkswoord voor hemd < **fr.** *chemise,* waarbij de *s* werd aangezien voor een meervoudsuitgang en een nieuw enk. zonder *s* werd geconstrueerd, vgl. *pea* [erwt] < **lat.** *piso* en *sherry.*

shinto → *sjinto.*

shipchandler [scheepsleverancier] < **eng.** *shipchandler,* het tweede lid [kaarsenmaker, kaarsenverkoper, kruidenier] < **oudfr.** *chandelier* < **lat.** *candelarius,* van *candela* [kaars] (vgl. *kandelaar*).

shirt [hemd] < **eng.** *shirt* < **oudeng.** *scyrte,* verwant met *schort.*

shit [rotzooi, onzin] < **eng.** *shit* [lett. schijt], verwant met **middelnl.** *schit, schitte, schite, schijt* (vgl. *schijten*).

shoarma [Turks vleesgerecht] van **turks** *çevirmek* [afrasteren, omsingelen, omringen, omwentelen].

shockeren [ergernis verwekken] < **eng.** *to shock* [idem] < **fr.** *choquer* < **nl.** *schokken.*

shofar [ramshoorn] < **hebr.** *sjōphār,* vgl. **akkadisch** *sjappāru* [wilde bok] < **soemerisch** *sjengbar.*

shogun [legeraanvoerder] < **japans** *shōgun* < **chinees** *chiang chün* [aanvoerder van een leger].

shop [winkel] < **eng.** *shop* (vgl. *schop* [3]).

short, shorts [korte broek] < **eng.** *shorts* [idem], van *short* [kort], dat op enige afstand verwant is met **nl.** *kort* < **lat.** *curtus* [idem].

shot [foto- of filmopname, injectie van drugs] < **amerikaans-eng.** *shot* [het schieten], **oudeng.** *sc(e)ot* [idem], van de basis van *sceotan* [schieten].

shovel [laadschop op rupsbanden] < **eng.** *shovel* [eig. schop], van *to shove* (vgl. *schuiven*).

show [voorstelling, tentoonstelling] < **eng.** *show,* van *to show* [laten zien], **oudeng.** *sceawian* [kijken], verwant met *schouwen* [1].

shrapnel, schrapnel [granaatkartets] genoemd naar de uitvinder ervan, de Engelse artillerieofficier *Henry Shrapnel,* die de granaat voor het eerst in 1804 in Suriname toepaste.

shredder [papiersnipperaar] < **eng.** *shredder,* van *to shred* [fijnsnijden], verwant met *schroot* [1].

shunten [parallel schakelen] < **eng.** *to shunt* [opzij gaan], etymologie onzeker.

shuttle [badmintonbal, ruimteveer] < **eng.** *shuttle* [schietspoel], **oudeng.** *scytel* [projectiel, pijl], van *sceotan* (**eng.** *to shoot*) [schieten].

si [muzieknoot] → *ut.*

Siam [Thailand] van dezelfde wortel als *Shan* en *Assam,* met de betekenis 'vrije mensen'.

sibbe [familie] **middelnl.** *sibbe* [verwantschap, de gezamenlijke verwanten, geslacht], **oudsaksisch** *sibbia,* **oudhd.** *sipp(e)a,* **oudfries** *sibbe,* **oudeng.** *sibb,* **oudnoors** *sifjar* (mv. [verwantschap]), **gotisch** *sibja;* hierbij behoren de stamnamen *Semnonen* en *Sueven;* buiten het germ. **oudpruisisch** *subs* [zelf], **russ.** *osoba* [persoon].

Siberië [geogr.] afgeleid van *Sibir,* een Tataars kanaal dat zich van de 14e tot de 16e eeuw langs de rivieren Irtysh en Tobol uitstrekte.

sibille [profetes] < **lat.** *Sibylla* < **gr.** *Sibulla,* eigennaam van diverse priesteressen, etymologie onbekend.

sic [aldus] < **lat.** *sic.*

siccatief [middel om verf snel te doen drogen] < **fr.** *siccatif* < **lat.** *siccativus* [dat wat droog maakt], van *siccatio* [het drogen], van *siccare* (verl. deelw. *siccatum*) [droogmaken], van *siccus* [droog].

Sicilië [geogr.] genoemd naar **gr.** *Sikeloi,* de naam van een uit Zuid-Italië geïmmigreerde stam, waarvan *Sikèlia (nèsos)* [Sicilisch (eiland)].

sidderen [trillen] **oostmiddelnl.** *tsitteren, sitteren,* aan het duits ontleend, vgl. **middelnd.** *setteren,* **oudhd., oudnoors** *titra,* een klanknabootsend woord, dat kan berusten op een verdubbeling van een idg. basis met de betekenis 'lopen', zoals in *dromedaris.*

sidecar [cocktail] < **eng.** *sidecar* [lett. zijspan]; volgens de overlevering de favoriete drank van een Amerikaanse officier, die zich voor het nuttigen daarvan dagelijks in een zijspan van de kazerne naar zijn vaste bar liet brengen.

sideratie [stand van de sterren] < **lat.** *sideratio* [configuratie van sterren], van *sidus* (2e nv. *sideris*) [ster].

siderurg [ijzermetallurg] < **gr.** *sidèrourgos* [ijzerwerker], van *sidèros* [ijzer] + *ergon* [werk], daarmee idg. verwant.

sief verkort uit *syfilis.*

sien [jetset] amerikaans-eng. uitspraak van *scène.*

siene [barg. politieagent] → *sjien.*

siepel [ui] **middelnl.** *cipel, cypel, sypel, chibole,* **middelnd.** *cipolla,* **oudhd.** *zwibollo, cibolla,* **middelhd.** *z(w)ibolle* (volksetymologische vervorming) < **me. lat.** *cipolla,* verkleiningsvorm van **klass. lat.** *c(a)epa* [ui].

siepelgras [grassoort] verbasterd uit *cypergras.*

siepen [sijpelen] niet-gediftongeerde nevenvorm van *sijpen.*

sieperen [sijpelen] nevenvorm van *sijperen* (vgl. *sijpelen*).

sier [onthaal] **middelnl.** *ciere, siere* [gelaat], *enen goede siere doen* [iem. goed onthalen, feest] < **fr.** *chère* [onthaal] < **me. lat.** *cara* [gezicht] < **gr.** *kara* [top, kop, gelaat], idg. verwant met *hoorn* [1].

sieraad [versiering, edelsteen] (1557) < **hd.** *Zierat* < **middelhd.** *zierôt,* van *ziere* [pracht], met hetzelfde achtervoegsel als in *kleinood.*

Siërra [gebergte] < **spaans** *sierra* [zaag, bergketen] < **lat.** *serra* [zaag].

Sierra Leone [geogr.] < **spaans** *Sierra Leone* [Leeuwenberg], van *sierra* [gebergte] + *leone* (vgl. *leeuw*).

siësta [middagslaapje] < **spaans** *siesta* < **lat.** *sexta (hora)* [het zesde (uur)], d.w.z. na zonsopgang.

sieveren, sieweren [dreinen] nevenvorm van *zeveren* → *zever.*

siffleren [uitfluiten] < **fr.** *siffler* [fluiten, uitfluiten] < **lat.** *sifilare* [idem], nevenvorm van *sibilare* [idem], klanknabootsend gevormd.

sifon [hevel(fles)] < **fr.** *siphon* < **lat.** *siphonem*, 4e nv. van *sipho* [hevel, brandspuit] < **gr.** *siphōn* [hevel].

sigaar [rol tabak om te roken] < **fr.** *cigare* (1808) < **spaans** *cigarro*, mogelijk uit *maya sigar* [roken], van *siq* [tabak]; sigaret < **fr.** *cigarette* is een verkleiningsvorm.

sigaret [rol tabak in papier om te roken] → *sigaar*.

sightseeing [vluchtige bezichtiging] < **eng.** *sightseeing* [idem], van *sight* (vgl. ***zicht***²) + *seeing*, van *to see* (vgl. ***zien***).

sigillum [zegel] < **lat.** *sigillum* [beeldje, figuurtje, reliëf, afdruk van een zegelring], verkleiningsvorm van *signum* [teken] (vgl. ***zegel***).

sigma [de Griekse letter s] < **gr.** *sigma* met metathesis < **hebr.** *sāmek* [steun, schraag], van het ww. *sāmak* [ondersteunen], zo genoemd naar de vorm van de hebr. letter.

signaal [teken] < **fr.** *signal* < **me. lat.** *signale*, *signaculum* [merkteken], eig. het zelfstandig gebruikt o. van *signalis*, van *signum* (vgl. ***significant***).

signalement [karakteristiek] < **fr.** *signalement*, van *signal* (vgl. ***signaal***).

signatuur [handtekening] < **fr.** *signature* [idem], van *signer* < **lat.** *signare* [merken], van *signum* [teken].

signeren [tekenen] **middelnl.** *signieren* < **fr.** *signer* [idem] < **lat.** *signare* [van een teken voorzien, tekenen], van *signum* [teken] (vgl. ***sein***¹, ***zegen***¹).

signet [zegelring] **middelnl.** *signet* < **fr.** *signet* [lintje als bladwijzer, in ouder fr. zegelring], verkleiningsvorm van *signe* < **lat.** *signum* [teken] (vgl. ***signeren***).

significant [veelbetekenend] < **lat.** *significans* (2e nv. *significantis*), teg. deelw. van *significare* [een teken geven, aanduiden], van *signum* [teken] + *facere* [maken, doen], daarmee idg. verwant.

signor, signore [heer] < **it.** *signore* < **lat.** *senior* (vgl. ***senior***); het vr. is *signora* [mevrouw], de verkleiningsvorm daarvan *signorina* [(me)juffrouw].

sijbelen [zeuren] wel identiek met *seibelen* → ***seibelaar***.

sijfelen [sissen] 16e eeuws *siffelen* < **fr.** *siffler* (vgl. ***siffleren***).

sijp [vochtig] van *sijpen*.

sijpelen iteratief van *sijpen*.

sijpen [sijpelen] **middelnl.** *sipen, zipen* [druipen], **middelnd.** *sipen*, **middelhd.** *sifen*, **oudfries** *sipa*, **oudeng.** *sipian*, ablautend **middelnl.** *sepelen* [druipen], op enige afstand verwant met ***zeiken*** en ***zijgen***.

sijs¹ [snaak, spotzieke grappenmaker] < **fries** *sijs* of < **nd.** *sijs*, vgl. **hd.** *Schnake* [grap].

sijs² [vogeltje] **middelnl.** *sijskijn* [sijsje] < **middelnd.** *czitze*, **middelhd.** *zise* < **tsjechisch** *čiž*, **russ.** *čiz*, **pools** *czyż*, klanknabootsend gevormd.

sik¹ [geit, dun baardje] (1773) < **hd.** *Zicke*, **oudhd.** *ziga* (**hd.** *Ziege*), naast **oostmiddelnl.** *tsege, sege, zege* [geit], **middelnd.** *tzege, sege* en **middelnd.** *tike*, **oudnoors** *tik* [teef]; vermoedelijk ontstaan uit een lokroep.

sik² [bevestigingswijze van touwen] mogelijk overdrachtelijke toepassing van **sik**¹ [baardje], dat vermoedelijk verkort is uit *sikbaard* [geitebaard].

Sikh [lid van Hindoe-sekte] < **hindi** *sikkh* [leerling].

sikkel¹ [gewicht, munt] < **chr. lat.** *siclus* < **gr.** *siklos* < **hebr.** *sjekel*, van *sjakal* [wegen]; de betekenis geld is secundair, die van gewicht primair, vgl. ***pond***, ***lire***, ***tikal***.

sikkel² [zeis] **middelnl.** *sickele, sekele* < **me. lat.** *siculus* [sikkel], verkleiningsvorm van *seca, sica* [zaag], *sica* [dolk], verwant met *secare* [snijden].

sikkeneurig [narrig] (1784), van **fr.** *chicaneur* [vitziek persoon], van *chicane* [gezeur, gevit], etymologie onbekend.

sikkepit [klein beetje] van *sik* [geit, bok] + *pit*, dat in noordhollands dial. voorkomt met de betekenis 'keutel', vgl. *schaopepit;* 'geen sikkepit' wil dus zeggen: zelfs geen geitekeutel.

sikker [dronken] < **hebr.** *sjikkōr* [dronken] (vgl. ***cider***).

silaan [een siliciumverbinding] gevormd van ***silicium***.

silage [het ensileren] < **fr.** *ensilage* [idem], van *ensiler* [inkuilen], van *silo* (vgl. ***silo***).

sileen [bosgeest] < **lat.** *Silenus* < **gr.** *Seilènos* [de begeleider van Dionysus], afgeleid van **thracisch** *zilai* [wijn].

silene [plantengeslacht] door Linnaeus gevormd naar **lat.** *Silenus* (vgl. ***sileen***).

silex [vuursteen] < **lat.** *silex* [keisteen, vuursteen], etymologie onbekend.

Silezië [geogr.] vermoedelijk afgeleid van de riviernaam *Sleza*, later *Lohe*, een zijrivier van de Oder.

silhouet [schaduwbeeld] < **fr.** *silhouette*, om niet met zekerheid aan te geven redenen genoemd naar *Etienne de Silhouette* (1709-1767), Frans controleur-generaal van Financiën, die slecht functioneerde en tot voorwerp van spot werd, waarbij 'silhouette' synoniem werd met 'waardeloos'.

silicium [chemisch element] gevormd van **lat.** *silex* (2e nv. *silicis*) [harde steen, vuursteen, rots].

silidon, siliandon [schelkruid] → ***schiewortel***.

silo [voederkruid, pakhuis] < **spaans** *silo* [onderaardse graanopslagplaats, silo] < **lat.** *sirus* < **gr.** *siros* [kuil, vooral voor het bewaren van graan]. Volgens anderen verwant met **baskisch** *zilo, zulo* [gat, holte], mogelijk echter met **keltisch** *silon* [zaadje].

silt [zeer fijne gronddeeltjes] < **eng.** *silt* [slib], verwant met ***zilt***.

Siluur [geologische periode] van **eng.** *silurian* [silurisch], gevormd door de Engelse geoloog Sir Ro-

silvaner — singularis

silvaner derick Impey Murchison (1792-1871), afgeleid van *Silures*, de lat. naam van een Keltisch volk in Wales, dat een gebied bewoonde waar Siluurformaties veel voorkomen.

silvaner [soort van wijndruif] < **hd.** *Silvaner*, genoemd hetzij naar de Romeinse god *Sylvanus*, hetzij naar *Transsilvanië* als verondersteld gebied van herkomst.

Silvesteravond [oudejaarsavond] genoemd naar *Paus Silvester I*, die op oudejaar 335 overleed.

sim[1] [snoer] (1653), een fries-hollands woord, **oudfries** *sim*, **nd.** *sime*, **oudsaksisch** *simo*, **oudeng.** *sima*, **oudnoors** *simi*; buiten het germ. **lat.** *saeta* [haar], **gr.** *himas* [leren riem], **oudindisch** *setar-* [band].

sim[2] [aap] **middelnl.** *sim(me), zimme, semme* < **lat.** *simia* [aap, aap als scheldwoord], van *sim(i)us* [aap, naijver] < **gr.** *simos* [stompneuzig], van een idg. basis met de betekenis 'ineenzakken', waarvan ook **middelnl.** *swinen* [verdwijnen, uitteren].

simaar, simare [ambtsgewaad van de rechterlijke macht] < **fr.** *simarre* [toga] < **it.** *zimarra*, gedissimileerd uit **spaans** *zamarra* (vgl. **samaar**).

simiësk [aapachtig] < **fr.** *simiesque*, moderne vorming naar **lat.** *simius* [aap] (vgl. **sim**[2]).

simili- [nagemaakt] < **lat.** *similis* [gelijkend op] < **oudlat.** *semol, semul* [samen], idg. verwant met **zamelen**.

similor, semilor [bijouteriegoud] < **fr.** *similor*, midden 18e eeuw gevormd van *similaire* [gelijksoortig] (vgl. **simili-**) + *or* [goud] < **lat.** *aurum* [idem].

simmen [jengelen] klanknabootsende vorming, evenals **simpen**, *sjimpen*.

simofoon [mobilofoon met optische signalen] gevormd van **gr.** *sèmeion* [teken] (vgl. **semantiek**) + *phōnè* [geluid, stem].

simonie [handel in geestelijke goederen] < **fr.** *simonie* < **me. lat.** *simonia*, naar *Simon de Magiër*, die door Petrus werd bestraft, omdat hij geld bood voor de gave door handoplegging de Heilige Geest mede te delen.

simpel[1] [trek aan weefgetouw] hetzelfde woord als **sempel** en **tempel**[2].

simpel[2] [eenvoudig] **middelnl.** *simpel* [enkelvoudig, eenvoudig] < **fr.** *simple* [idem] < **lat.** *simplus* [enkelvoudig, enkel], variant van *simplex* (vgl. **simplex**).

simpen [simmen] klanknabootsende vorming, evenals **simmen**, *sjimmen*.

simplex [enkelvoud(ig woord)] < **lat.** *simplex* [enkelvoudig], samengesteld uit een element, dat verwant is met **samen** + *plicare* < *plecare* [vouwen], idg. verwant met *vlechten → vlecht*.

simplicia [primaire, niet-bewerkte geneesmiddelen] < **lat.** *simplicia*, o. mv. van *simplex* (vgl. **simplex**).

simulacre [schijnvertoning] **middelnl.** *simulachre* [beeld, afgodsbeeld] < **fr.** *simulacre* [beeld] < **lat.** *simulacrum* [beeld, schim, droombeeld, nabootsing], van *simulare* (vgl. **simuleren**).

simuleren [veinzen] **middelnl.** *hem simuleren* [zich tonen] < **fr.** *simuler* [veinzen] < **lat.** *simulare* [gelijk maken, nabootsen, voorwenden, huichelen], van *similis* [gelijk, gelijkend] (vgl. **simili-**).

simultaan [gelijktijdig] < **lat.** *simultaneus*, van *simul* [tegelijkertijd] (vgl. **simili-**); de *t* ontstond o.i.v. *momentaneus, instantaneus*.

sinaasappel [zuidvrucht] eig. appel uit *China*, 17e eeuws vaak *Sina*.

sinceriteit [oprechtheid] < **fr.** *sincérité* < **lat.** *sinceritatem* (4e nv. van *sinceritas*) [onbedorvenheid, oprechtheid], van *sincerus* [niet geverfd, natuurlijk, echt, rein], mogelijk < *sine cera* [zonder was (b.v. van honing)].

sindaal, sindel [weefsel] **middelnl.** *sindael, sendael, cendael, zindael, sondael* [fijn linnen, neteldoek, een zijden stof] < **oudfr.** *cendal* < **me. lat.** *cendalum* < **gr.** *sindōn* [linnen].

sinder → **sintel**.

sinds [van het tijdstip af (dat)] < **middelnl.** *sint, sind, zent, sunt* [sedert] < *sident, zident* [later, sedert, nadat], **middelhd.** *sidunt, sident*, **oudeng.** *siððan*, **oudnoors** *siðan;* van een woord dat in het gotisch als *seiþus* [laat] is bewaard (vgl. **sedert**).

sinecure, sinecuur [gemakkelijk baantje] < **fr.** *sinécure* < **chr. lat.** *(beneficium) sine cura* [een beneficie of waardigheid zonder de verzorging, d.w.z. van de zielen], *cura* [verzorging] (vgl. **cureren**).

Singalees [bewoner van Ceylon] van **oudindisch** *siṃ hala-* [het eiland Ceylon, oorspr. het eiland met veel leeuwen], van *siṃ ha-* [leeuw].

Singapore [geogr., lett. leeuwenstad] van **maleis** *singa* [leeuw], **oudindisch** *siṃ ha* [leeuw] + *pura* [burcht, stad] < **oudindisch** *pura* [stad], verwant met **gr.** *polis* [stad].

singel [stadsgracht] **middelnl.** *cingel(e), cingle, chingel, singele* [ringmuur, buikriem] < **oudfr.** *single* < **lat.** *cingulum* [gordel], van *cingere* [omgorden].

singelen [tintelen] **middelnl.** *sengelen, zengelen, singelen* [schroeien, roosteren, zengen]; van **zengen**.

singerie [apenspel] < **fr.** *singerie* [aperij], van *singe* [aap] < **lat.** *simius*, vr. *simia* [idem] (vgl. **sim**[2]).

singkè, singkeh [pas uit China aangekomen Chinees] < **maleis** *singkeh*, overgenomen uit een zuidchinees dial., **standaard-chinees** *hsin* [nieuw] + *k'e* [gast].

single [grammofoonplaatje met één nummer per kant] < **eng.** *single* [afzonderlijk, alleen] < **oudfr.** *sengle* < **lat.** *singulus*, mv. *singuli* [telkens één, elk afzonderlijk], verwant met **simpel**[2].

singlet [onderhemd] < **eng.** *singlet*, van *single* [afzonderlijk, alleen] (vgl. **single**).

singleton [de enige kaart die men van een kleur heeft] < **eng.** *singleton*, van *single* [afzonderlijk, alleen] (vgl. **single**) + *-ton* naar analogie van *simpleton*.

singularis [enkelvoud] < **lat.** *singularis* [op zichzelf

staand, enkel], van *singulus* [enkel, enig] (vgl. *single*).
singulier [zonderling] middelnl. *singulier* [afzonderlijk, uitzonderlijk, eigen] < **oudfr.** *singulier* [idem], oorspr. *singuler* < **lat.** *singularis* (vgl. *singularis*).
sinister [onheilspellend] < **fr.** *sinistre* [idem] < **lat.** *sinister* [links, linker, en dan zowel gunstig als ongunstig]; verklaring daarvan is het feit dat bij de Romeinen de priester naar het zuiden keek en het gelukbrengend oosten aan de linkerhand had, maar in de Griekse traditie de priester naar het noorden keek. Vgl. voor de betekenis ***benjamin, Jemeniet***.
sinjeur [heer] < **fr.** *seigneur* < **lat.** *senior* [ouder] (vgl. ***senior***).
sinjo [jongeheer] < **maleis** *sinyo* [idem] < **portugees** *senhor* [heer].
sinjoor [bijnaam voor Antwerpenaar] < **spaans** *señor* [heer] (vgl. ***señor***).
Sinksen [Pinksteren] middelnl. *sinxen* < **oudfr.** *sinquiesme* [vijftigste] < **lat.** *quinquagesimus* [vijftigste] (vgl. ***Pinkster***).
Sinn Fein [Ierse vrijheidsbeweging] van *iers sinn* [wij], nieuw gevormd naar **oudiers** *sni* [wij], idg. verwant met **lat.** *nos* [idem] (vgl. ***ons*** [2]) + *fein* [zelf], daarmee idg. verwant.
sinologie [studie van het Chinees] gevormd van **lat.** *Sinae* [Chinezen] < **gr.** *Sinai*, teruggaand op **chinees** *Hs'in* of *Ch'in* [mens], naam van de eerste dynastie (255-206 v. Chr.) + **gr.** *logos* [woord, verhandeling].
sinopel [kleur] middelnl. *sinopel, sinoper* [groen in wapenkunde] < **fr.** *sinople* [idem] < **lat.** *sinopis* [Sinopische (rode) verf], van de oude Griekse kolonie *Sinōpè*, thans Sinop, aan de Turkse kust van de Zwarte Zee.
sinopia [vóórtekening voor een fresco] < **it.** *sinopia* [sinopel] (vgl. ***sinopel***).
sinsoen [klein kruiskruid] < **fr.** *seneçon* < **lat.** *senecionem*, 4e nv. van *senecio*, dat eig. 'oud mannetje' betekent, van *senex* [oud, grijsaard]; zo genoemd vanwege de witte haren, die de plant in het voorjaar heeft.
sint [heilige] middelnl. *sent, sint* < **fr.** *saint* < **lat.** *sanctus* [heilig].
sintel [uitgebrand stuk steenkool] middelnl. *sintel, zintel* < middelhd. *sinter* [metaalslak] (vgl. ***sinter***).
sint-elmusvuur → ***elmsvuur***.
sinter [sintel] middelnl. *sinter* (vgl. ***sintel***).
Sinterklaas [heilige die kinderen op zijn verjaardag geschenken geeft] de opvallende *r* heeft aanleiding gegeven tot diverse verklaringen waarvan het meest logisch lijkt een overneming uit heiligennamen met een *r* in een niet-beklemtoonde eerste lettergreep, b.v. *Servaas*.
sint-janskruid [plant] zo genoemd omdat het rond Sint-Jan (24 juni) in volle bloei staat, het moment om het als geneesmiddel te oogsten.
sint-juttemis → ***juttemis***.
sinus [holte, meetkundige term] < **lat.** *sinus* [welving, plooi, baai, schoot, het binnenste]; de wiskundige benaming berust op Gerardo van Cremona (1114?-1187), die uit het ar. in het lat. vertaalde en **ar.** *jayb* [opening (v.e. kleed) bij nek of borst, hart, boezem, sinus].
Sion [naam van één van Jeruzalems heuvels] < **hebr.** *tsijjōn* (vgl. ***zionisme***).
Sioux [indianenstam] < **fr.** *Sioux*, verkort uit *Nadowessioux* < **ojibwa** *nadowessi* [kleine slangen] < **irokees** *nadowe* [grote slang].
sip [1] [beteuterd] (1816), ouder (1636) *sips*, vgl. middelnl. *sipen* [druppelen], **nd.** *sipeln* [een paar tranen huilen], **noors** *sippet* [huilerig]; het woord leunt tegen *sijp(el)en* aan als het daar al niet direct van is afgeleid.
sip [2] [geelgors] klanknabootsend gevormd.
sipperen [barg. met kleine teugjes drinken] van **eng.** *sipper* [drinker], van *to sip* [nippen], vgl. middelnl. *sipen* [druppelen] (vgl. ***zijpen***).
sir [mijnheer] < **eng.** *sir*, in onbetoonde positie < *sire* (vgl. ***Sire***).
sirammen [besproeien] < **maleis** *siram* [gieten, sproeien, besproeien] < **javaans** *siram* [baden (van vorstelijke personen), begieten].
sirap [houten dakpan] < **maleis** *sirap*.
sirdar [militair commandant] < **hindi** *sirdār* < **perzisch** *selāhdār* [wapendrager], van **ar.** *silāḥ* [wapen], verwant met **hebr.** *sjelah* [idem], **akkadisch** *sjalû* [wegslingeren, schieten] + **perzisch** *-dār*, een achtervoegsel dat het bedrijven van de handeling aangeeft en verwant is met **lat.** *firmus* [stevig].
Sire [titel] < **fr.** *Sire*, uit een nevenvorm van **lat.** *senior* (vgl. ***senior***).
sirene [demonisch wezen] < **fr.** *sirène* < **lat.** *Sirenes* (mv.) < **gr.** *Seirènes* [vermoedelijk bindsters], van *seira* [touw, strik, band, ketting].
sirih [plant] < **maleis** *sirih* [betelnoot].
sirocco [droge wind] < **it.** *scirocco* < **ar.** *sharqī* [oostelijk], van *sharq* [zonsopgang, oosten], bij het ww. *sharaqa* [hij verrees (d.w.z. de zon)] (vgl. ***Saraceen***).
siroop [dikke vloeistof] → ***stroop***.
sirtaki [Griekse dans] vermoedelijk van **turks** *sirto* [bepaalde dans].
sisal [weefsel van bladvezel] genoemd naar de kleine havenplaats *Sisal* bij Mérida in Yucatán, uitvoerhaven van sisal.
sissen [scherp geluid maken] middelnl. *sissen, cissen*, middelnd. *sissen, tzissen*, **eng.** *to siss*, klanknabootsend gevormd.
sisser [erwt] < **lat.** *cicer* [grauwe erwt], een jongere ontlening na de oudere *keker*, eveneens < **lat.** *cicer*.
sister, sistrum [rinkelinstrument] < **fr.** *sistre* < **lat.** *sistrum* [ratel (bij de dienst van Isis gebruikt)] < **gr.** *seistron* [idem], van *seiō* [ik schud].
sitar [tokkelluit] < **urdu** *sitār* < **perzisch** *setār* [driesnarig], van *se* [drie] + *tār* [snaar].

sitologie, sitiologie [voedingsleer] gevormd van **gr.** *sitos* [tarwe, tarwebrood, voedsel] + *logos* [woord, verhandeling], naast *sitos* ook *sition* met dezelfde betekenis.

sits [bont katoen] < **eng.** *chintz,* oudere spelling *chints* < **singalees** *chint,* **hindi** *chīṃṭ* [bont doek].

situ ['in situ', ter plaatse] < **lat.** *in situ* [idem], *situ,* 6e nv. van *situs* [ligging], van *sinere* (verl. deelw. *situm*) (vgl. *situatie*).

situatie [positie, toestand] (1531) *situacie* < **fr.** *situation* < **me. lat.** *situationem,* 4e nv. van *situatio,* van *situare* (verl. deelw. *situatum*), van *situs,* verl. deelw. van *sinere* [neerzetten].

Siwa [Hindoe-godheid] < **oudindisch** *śiva-* [gunstig, genadig].

Sjaak van Buren [uitroep, het kan me niets schelen] naar de naam van de man die tegen de rechter zei: 'Edelachtbare, er is me geen drol aan gelegen'.

sjaal [omslagdoek] < **fr.** *châle* < **ar.,** **perzisch** *sjāl,* **turks** *şal* [omslagdoek], volgens Ibn Baṭṭūṭa genoemd naar de Indische stad *Shāliāt*.

sjabbes [sabbat] < **hebr.** *sjabbāt* (vgl. *sabbat*).

sjablone, sjabloon [modelvorm] < **fr.** *échantillon* (vgl. *schampeljoen*).

sjabrak → *schabrak*.

sjachelen, sjacheren [minderwaardige handel drijven] **hd.** *schachern* < **hebr.** *sachar* [handelen].

sjah [koning] < **perzisch** *shāh* [koning] (vgl. *satraap*).

sjakes ['zich sjakes houden', zich koest houden] naar de persoon *Jakus* uit de *Vlaemsche klucht van Sinjoor Jakus Smul* (1645) door W. van Bruyningen: hij moest zich verschuilen in een kast. Deze naam is vermoedelijk gekozen naar aanleiding van de uitdrukking *faire le Jacques* [zich van de domme houden]; Jacques is een spotnaam voor de boer (vgl. *jacquet, jacquerie, hannekemaaier*).

sjako [hoofddeksel] (1809) < **hongaars** *csákó* [lett. punt(hoed)] < **hd.** *Zacke* [scherpe punt].

sjaloom [joodse groet] < **hebr.** *sjālōm* [vrede], verwant met **ar.** *salām* (vgl. *salaamkramp*).

sjalot [uitje] (1787) < **fr.** *échalotte,* met suffixwisseling < **oudfr.** *eschaloigne* [idem] < **lat.** *Ascalonia,* verkort uit *caepa Ascalonia, caepa* [ui], dus: ui uit *Ascalo,* het huidige *Ashqelon,* ten noorden van Gaza in Israël.

sjamaan [toverpriester] in de taal der Toengoezen *saman* [medicijnman en priester].

sjamberloek [huisjas] (1693) *chamberloec* < **turks** *yağmurluk* [regenjas], (*yağmur* [regen]), via slavische talen en duits ontleend.

sjambok [zweep] < **afrikaans** *sambok* < **maleis** *cambuk,* ouder ook *sambok, cemuk, cemak,* **javaans** *cambuk, sambuk* < **perzisch** *shallāq*.

sjammes [koster van een synagoge] < **hebr.** *sjamasj* [licht waarmee andere lichten worden ontstoken, bediende, koster], vgl. **hebr.** *sjemesj*

[zon], **ar.** *shams* [idem], **akkadisch** *shamash, shamshu* [zonnegod, zon].

Sjanghai [geogr.] gevormd van **chinees** *shang* [boven] + *hai* [zee].

sjanker [venerische ziekte] < **fr.** *chancre* [gezwel], **oudfr.** *cranche* < **lat.** *cancerem,* 4e nv. van *cancer* (vgl. *kanker*).

sjankie [ouwe jongejuffrouw] < **jiddisch** *schankat* < **hd.** *Schönheit* [schoonheid].

sjans, sjaans [succes (in de liefde), geluk] < **fr.** *chance* (vgl. *kans*).

sjap → *sjappietouwer*.

sjappie hendele mendele [een bep. stamppot, mengsel in het algemeen] verklaard als jiddisch < *Chopin, Händel, Mendelssohn*.

sjappietouwer [ruwe klant] < **maleis** *siapa tahu* [wie weet het], (*siapa* [wie] *tahu* [weet het]); een veel gebezigde ontwijkende formulering als men het antwoord niet weet, maar ook als men geen zin heeft in een voorstel, maar niet zo onbeleefd wil zijn met neen te reageren. Bij de Europeanen, die dat niet begrepen, leidde de ogenschijnlijk steeds terugkerende vaagheid tot irritatie en discriminatie.

sjar, sjars, sjas [uitbrander] < **fr.** *chasse* [jacht, slag (bij kaatsen), drijfhamer, ernstige berisping], stammend van **lat.** *capere* [pakken], idg. verwant met *heffen*.

sjaskelen [barg. zuipen] < **rotwelsch** *schaskenen,* **jiddisch** *shasqenen* < **shathqenen** [drinken].

sjed [barg. duivel, vijand, politie] < **jiddisch nl.** *sheid* [duivel, spookgestalte] (vgl. *Satan*).

sjees [rijtuigje] (1677) < **fr.** *chaise* [stoel, tweewielig rijtuig], nevenvorm van *chaire* [preekstoel] < **lat.** *cathedra* (vgl. *katheder, kathedraal*).

sjeik [hoofd (bijv. van bedoeïenenstam)] < **ar.** *shaikh* [een oude man, sjeik].

sjek [loshangend vrouwenjakje] vermoedelijk < **hd.** *Schecke,* nevenvorm van *Jacke* (vgl. *jak*[1]).

sjekel [gewicht, munt] → *sikkel*[1].

sjenken nevenvorm van *janken*.

sjerp [band als waardigheidsteken] (1680) < **hd.** *Schärpe* < **fr.** *écharpe* [tas met bandelier] < **me. lat.** *scirpa* < **klass. lat.** *scirpeus* [van biezen], van *scirpus* [bies].

sjerpa [Tibetaanse stamnaam] < **tibetaans** *sjerpa*.

sjezen [hard rijden, zakken] afleiding van *sjees,* dus: op een sjees de academie verlaten.

sjiek [tabakspruim] < **fr.** *chique* < **provençaals** *chico* [stuk], **normandisch** *chique* [stuk (brood)], van **lat.** *ciccus* [vlies rond de pitten van de granaatappel, overdrachtelijk: kleinigheid].

sjien, sjein [politieagent] verondersteld is dat het stamt van **fr.** *chien* [hond] < **lat.** *canis,* idg. verwant met *hond*[1].

sjiieten [aanhangers van bepaalde islamitische sekte] < **ar.** *shī'ī* [sjiiet, aanhanger van de], *shī'a* [factie, partij, i.h.b. de factie van Ali].

sjikker → *sikker*.

sjikse [niet-joods meisje] < **hebr.** *sjiksah,* vr. van *sjekets* [afschuw, gruwel, lummel, vlegel].

sjilpen [piepend geluid geven] evenals *sjirpen*, *tjilpen* en **fries** *tsjilpe* klanknabootsend gevormd.

sjinto [Japanse godsdienst] < **japans** *shintō*, verjapanst uit **chinees** *shen* [goden, geesten], *tao* [weg, het juiste pad] (vgl. *taoïsme*).

sjirpen [trillend geluid maken] → *sjilpen*.

sjoechem → *sjoege*.

sjoege [antwoord] mogelijk < **hebr.** *sjagach* [nauwkeurig waarnemen].

sjoel [synagoge] < **jiddisch** *sjoel* < **hd.** *Schule* [school].

sjoelbak [gezelschapsspel] < **fries** *sjoel(j)e* [ook: schuivend voortbewegen], verwant met *zeulen*.

sjoemelen [knoeien] < **hd.** *schummeln* [heen en weer rennen, iets stilletjes wegwerken, bedrog plegen].

sjofar → *shofar*.

sjofel [armoedig] < **jiddisch** *schofel* < **hebr.** *sjofēl*, *sjafēl* [laag, gemeen, slecht, ongelukkig, arm], van het ww. *sjāfāl* [laag, gering zijn].

sjogoen [veldheer] < **japans** *sjogoen*, verkort uit *sei i tai shōgun* [groot opperbevelhebber ter onderwerping der barbaren, oorspr. de titel voor de bevelhebber tegen de Ainu], van *sei* [recht maken] *i* [barbaren] *tai* [groot] *shōgun* [bevelhebber].

sjokken [slepend lopen] (1844), waarschijnlijk een oorspr. dial. nevenvorm van *schokken*.

sjomp [scheepstype] < **fries** *sjompe*, van het ww. *sjompe* [langzaam voortsukkelen].

sjoof [gulden] < **hebr.** *zahūb* [gouden munt, gulden, zloty], van *zahab* [goud]; vgl. voor de betekenis *gulden, zloty, öre*.

sjorren [trekken] ouder *tsorren* < **fries** *tsurje*, *tsoarje* [tuieren] < **oudfries** *tiader* [touw], verwant met *tuien*.

sjotrem [politie] < **hebr.** *sjotrīm*, mv. van *sjotēr* [agent].

sjouter → *sjotrem*.

sjouw [opgerold (van touw) als noodsein] *de vlag in sjouw hebben*, van *sjouwen*; de betekenisverklaring is waarschijnlijk: teken van een op de rede liggend schip, dat de lading aan boord kan worden genomen en dan ook als sein dat assistentie wordt gevraagd.

sjouwelen [babbelen] klanknabootsend gevormd, vgl. *wauwelen*.

sjouwen [met inspanning dragen] < **fries** *sjoue*, waaraan beantwoordt **middelnl.** *seeuwen*, *zeeuwen* [zeewaarts koers houden]; uitgangspunt van 'sjouwen' in de huidige betekenis was: lading door ondiep water aan boord dragen (vgl. *sjouw*).

sjwa [toonloze e] < **hebr.** *sjewā'* [de naam van een accentteken], mogelijk < **syrisch** *shwayyā* [gelijk, effen].

ska [moderne muzieksvorm] etymologie onbekend.

skaat [kaartspel] < **hd.** *Skat* [idem] < **it.** *scarto*, verl. deelw. van *scartare* [ecarteren, opzij leggen, uitschakelen], *s-* < **lat.** *ex* [uit], voor *carta* vgl. *kaart, ecarté*.

skål [proost!] < **zweeds** *skål* [schaal, schotel, kom, beker, glas, en ook heildronk], **oudnoors** *skāl* [drinkschaal] (vgl. *schaal²*).

skald [hofdichter] < **oudnoors** *skāld*, van een idg. basis met de betekenis 'zeggen', waarvan (maar dan zonder het achtervoegsel in *skāld*) ook *sage* en *zeggen* zijn afgeleid, of verwant met **nl.** *schelden*, vgl. **middelhd.** *schelte* [hoondichter, smaaddichter].

skeeler [groot soort rolschaats] < **eng.** *skeeler*, gevormd van *skeel* [ondiepe schaal] < **oudnoors** *skjola* [emmer] (vgl. *schaal²*).

skeet [kleiduiven schieten] < **amerikaans-eng.** *skeet*, ontleend aan een andere germ. taal, verwant met *schieten*.

skelet [geraamte] **hd.** *Skelett* [idem] < **gr.** *skeletos* [uitgedroogd, geraamte, mummie], verl. deelw. van *skellein* [uitdrogen] (vgl. *schelm, verschalen*).

skelter [motorwagentje] < **eng.** *skelter*, geïsoleerd uit *helter-skelter* [in haast], klanknabootsend gevormd.

sketch [kort toneelstuk] < **eng.** *sketch* < **nl.** *schets*.

ski [sneeuwschaats] < **noors** *ski* < **oudnoors** *skið* [sneeuwschoen], **oudeng.** *scīd* [stok], **oudhd.** *skīt* [houtblok], **hd.** *Scheit* [idem], van *scheiden*, dus eig. een afgesplet stuk hout.

skiff [roeivaartuig] < **eng.** *skiff*, nevenvorm van *ship* (vgl. *schip*).

skiffle [muzieksoort met primitieve instrumenten als een wasbord] < **amerikaans-eng.** *skiffle*, van *skiffling* [het ruw hakken in een steengroeve].

skijöring [skiën achter paard of auto] < **noors** *skijöring*, van *ski* (vgl. *ski*) + *kjøring* [het rijden], van *kjøre* [rijden, mennen], **oudnoors** *keyra*.

skinhead [jongere uit subcultuur] < **eng.** *skinhead*, voor het eerste lid vgl. *sealskin*, het tweede lid *head* [hoofd]; de jongeren zijn kaalgeschoren.

skink [een soort hagedis] < **lat.** *scincus* < **gr.** *skigkos*, waarvan de etymologie onzeker is.

skip [bak aan kabel] < **eng.** *skip*, nevenvorm van *skep* [mand], verwant met *schap*.

skippy-bal [springbal] < **eng.** *skippy*, van *to skip* [elegant, meest met beide voeten tegelijk, opspringen], vermoedelijk van scandinavische herkomst.

skolion [drinklied] < **gr.** *skolion*, eig. het zelfstandig gebruikt o. van *skolios* [krom, scheef, verdraaid] en waarschijnlijk zo genoemd vanwege zijn ritme, idg. verwant met *scheel¹*.

skua [reuzenroofmeeuw] latinisering van **faeröees** *skuvur* < **oudnoors** *skūfr*.

skunk [bunzing] < **eng.** *skunk* < **abnaki** (een algonkintaal) *segonku*.

sla [plant, gerecht daarvan] verkort uit *salade*.

slaaf [lijfeigene] **middelnl.** *slave, slaef*, **oudfr.** *esclave* < **me. lat.** *sclavus, slavus* < **byzantijnsgr.** *sklabos* [slaaf], *Sklabos* [Slaaf] < *Sklabènos* [m.b.t. de Slaven]; de betekenisovergang van Slaaf naar slaaf ontstond doordat Slaven massaal door de Duitsers werden gevangen en in slavernij gebracht (vgl. *Waal¹, Wales, Slovenië*).

Slaaf [lid van Slavisch volk] → *slaaf.*

slaak [rustig water] middelnl. *slake* [gladde watervlakte], hetzelfde woord als *slak*⁵ [slap].

slaan [slagen toebrengen] middelnl. *slaen,* oudnederfrankisch *slān,* **oudsaksisch, oudhd.** *slahan,* **oudfries** *slā,* **oudeng.** *slean,* **oudnoors** *slā,* **gotisch** *slahan;* in het kelt. **oudiers** *slacaim* [ik sla], **middeliers** *slaec* [zwaard].

slaap [zijvlak van het hoofd] middelnl. *slaep,* oudhd. *slāf* [slaap, het slapen], nl. *slaap* in de betekenis het slapen en *slaap* in de betekenis zijvlak van het hoofd, zijn dus hetzelfde woord; men dacht dat de zetel van de slaap in het hoofd lag.

slaapbol [plant] zo genoemd omdat de bol- of eivormige doosvrucht sterk slaapverwekkende bestanddelen bevat.

slab, slabbe, slabbetje [morsdoekje] van *slabben.*

slabakken [niet flink werken] 16e eeuws *slabacken* [verslappen, kwijnen], wel een verlengde vorm van middelnl. *slacken* [losmaken, losgaan, verminderen] (vgl. *slaken*).

slabbaris ['in zijn slabbaris slaan', naar binnen slaan] speelse verlenging van *slabber* [tong], van *slabben* [slurpen, slobberen].

slabbe [verse Zuiderzeeharing] van *slabben* [slurpen], dus haring 'die je kunt zuigen'.

slabben [slurpen] middelnl. *slabben,* vgl. *slobberen.*

slabberen [slobberen] iteratief van *slabben* [slobberen].

slaboon [prinsessenboon] slaat op de wijze van opdienen; de bonen werden wel als salade geserveerd. Vgl. *sperzieboon.*

slachten¹ [lijken op] middelnl., middelnd. *slachten,* van middelnl. *slachte* [geslacht, soort], oudnederfrankisch, oudhd. *slahta,* oudsaksisch *slaht;* afgeleid van *slaan.*

slachten² [doden] middelnl., middelnd. *slachten,* oudhd. *slahton,* afgeleid van een zn. middelnl. *slacht(e)* [slag, doodslag, slachting]; afgeleid van *slaan.*

slacks [sportpantalon] < eng. *slacks,* van *slack* [slap, los] (vgl. *slak*⁵).

slag¹ [klap] gevormd van *slaan, (sloeg, geslagen).*

slag² [weg] middelnl. *slach,* naast 'klap' ook 'wagenspoor, weg', van *slaan,* vgl. middelhd. *slāge,* dat ook 'spoor, weg' betekent, van **oudsaksisch** *hôfslāga* [hoefslag], **iers** *slicht* [spoor], *slige* [weg], van *sligid* [hij slaat neer].

slag³ [soort] van *slachten*¹ [lijken op] (vgl. *geslacht*).

slagen [gelukken] in het middelnl. een zeldzame bijvorm van *slaen,* ontwikkeld uit het verl. deelw. *geslagen;* de betekenis ontwikkelde zich van 'slaan' via 'raken, treffen' tot 'succes hebben'.

slak¹ [weekdier] middelnl. *slec(ke),* ook wel *slac(ke);* van *slijk,* de vorm met *a* wel o.i.v. *slak*⁵ [slap].

slak² [metaalafval] middelnl. *slacke* [slak van metalen, schuim], middelnd. *slagge,* oudeng. *slagu* (eng. *slag* [sintel]); afgeleid van *slaan.*

slak³ [ontijdig geboren kalf] hetzelfde woord als *slak*⁵.

slak⁴ [ontsteking] hetzelfde woord als *slak*⁵.

slak⁵ [slap] middelnl. *slac,* oudsaksisch *slak* [laf, kleinmoedig], oudeng. *slœc* [traag, nalatig], oudhd. *slah* [slap, los]; hieruit *slaken.*

slaken [losmaken, uiten] middelnl. *sla(ec)ken, slacken* [slap- of losmaken, vieren, loslaten], van *slac,* vgl. *slak*⁵.

slakprik [lancetvisje] de naam stamt van de Duitse zoöloog Peter Simon Pallas (1741-1811), die de lancetvisjes heeft ontdekt en de benaming *slak* gebruikte omdat hij vond dat het diertje zo primitief was, dat het nauwelijks nog tot de gewervelden leek te horen.

slalom [afdaling met hindernissen (bij skiën)] < **noors** *slalom,* van *slade* [hellend] + *lom* [pad].

slamassel [barg. ongeluk] < hd. *Schlamassel,* van *schlimm* [erg] + *massel* [mazzel].

slamat [heil] < **maleis** *selamat* [geluk, heil] < ar. *salāma* (vgl. *salaamkramp*).

slametan [dankmaaltijd] < **maleis** *selamatan* [religieuze maaltijd], van *selamat* (vgl. *slamat*).

slameur [beslommering] met fr. achtervoegsel < *slommer* [beslommering].

slamier [onhandig en lijzig persoon] vermoedelijk verlengde vorm van *slier* (vgl. *slieren*).

slamijte, slamiete [voetspoor] vermoedelijk een verlengde vorm als *slameur* bij *sleur* en *slamier* bij *slier;* van een woord van dezelfde basis als *slede* en *slijten,* vgl. *slets* [nagelaten spoor].

slampampen [brassen, leeglopen] middelnd. *slampampen,* verlengde vorm van *slampen* (bij Kiliaan) [slempen].

slang¹ [dier] middelnl. *slang(e),* oudnederfrankisch, oudsaksisch, oudhd. *slango;* ablautend bij *slingeren.*

slang² [groepstaal] < eng. *slang,* mogelijk ontleend uit Scandinavië, vgl. **noors** *slengjenamn, slengjenavn* [bijnaam], *slengeord* [nieuw slangwoord].

slank [rank] middelnl., middelhd. *slanc,* middelnd. *slank;* ablautend naast *slinken* (vgl. *slenk*).

slap [niet strak] middelnl., middelnd. *slap,* oudhd. *slaff,* oudnoors *slappi* [lange, slappe kerel]; buiten het germ. **litouws** *slobti* [slap worden], **oudkerkslavisch** *slabŭ* [zwak]; hieruit *slapen.*

slapen [in slaap, rust zijn] middelnl. *slapen,* oudnederfrankisch, oudsaksisch *slapan,* oudhd. *slafan,* oudfries *slepa,* oudeng. *slœpan,* gotisch *slepan;* van *slap,* dus eig. slap worden.

slapkist [scheepskist] < eng. *slop-chest* [idem], *slop* [bovenkledingstuk], van **oudeng.** *slupan* [glijden], middelnl. *slop* [opening (vooral aan de hals) van kledingstuk, overkleed, overtrek], *overslop* [overkleed], *slophose* [slobkous, overkous].

slap-stick [gooi- en smijtfilm] < eng. *slap-stick*

[lett. klapstokje, oorspr. een mepper die door de harlekijnfiguur werd gebruikt], van *to slap* [met de vlakke hand, althans iets vlaks slaan], klanknabootsend gevormd.

slat [waterplas, slijk] de friese vorm van *sloot*.

slavets [slons] redupliceringsvorm van *slets*.

slavink [vlees met spek erom] vgl. *slagvink* [vink, die goed zingt of slaat]; slavink en blinde vink zijn zo genoemd op grond van vormgelijkenis met een gebraden zangvogeltje. N.B. om het wedstrijdresultaat te verbeteren werden vogels wel geblind. Zie ook *blinde vink* onder *vink*.

slavoen [in de heraldiek een hek van vier balken met scherpe punten] < me. lat. *sclavonium* [harnas]; de heraldiek is uit de rusting van de ridder ontstaan.

slecht [niet goed] middelnl. *slecht* [effen, vlak, glad, ordinair, ondeugdelijk], **oudsaksisch** *sliht*, middelnd. *slecht*, **oudfries** *sliucht*, **oudhd.** *sleht*, **oudnoors** *slēttr*, **gotisch** *slaihts*; buiten het germ. **gr.** *lispos* [glad]; verwant met *slijk*.

slechten [vlak maken] middelnl. *slichten*, *slechten*, middelnd. *slichten, slechten* [idem], **oudhd.** *slihten*, **oudnoors** *slētta*; afgeleid van *slecht*.

slechtvalk [soort valk] van *slecht* in de zin van gewoon.

slede [voertuig op ribben] middelnl. *slede* en jonger *slee*, **oudsaksisch** *slido*, **oudhd.** *slito*, middeleng. *slede*, **oudnoors** *sleði*, van middelnl. *sliden* [glijden], middelhd. *sliten*, oudeng. *slidan*; buiten het germ. **middeleiers** *sloet*, **litouws** *slysti*, **lets** *slidet* [glijden], **oudindisch** *sredhati* [hij glijdt weg]; verwant met *slijk, slijm, slak*[1], *leem*[1], *slidderen*.

slee[1] → *slede*.

slee[2] [pruim] → *sleepruim*.

slee[3], sleeuw [stroef] middelnl. *sle(e)ulike* [op trage, lauwe wijze], **oudsaksisch** *slēu*, **oudeng.** *slāw, slœw* (eng. *slow*), **oudnoors** *sljōr*; etymologie onzeker.

sleedoorn [heester] → *sleepruim*.

sleef [pollepel] < nd. *slef*, hd. *Schleef*, van de stam van *slepen*.

sleeg → *slegge*.

sleep [hellend] middelnl. *sleep*, nd. *sleif*, hd. *schleif* [glad, glibberig], **oudnoors** *sleipr* (vgl. *Sleipnir*); van *slepen*.

sleepruim [heester, vrucht daarvan] het eerste lid ook middelnl. *slee* [pruim], middelnd. *slē*, **oudhd.** *sleha* (hd. *Schlehe*), **oudeng.** *slāh* (eng. *sloe*); buiten het germ. **lat.** *livēre* [blauwachtig zijn], **oudiers** *li*, **welsh** *lliw* [kleur], **oudkerkslavisch** *sliva* [pruim] (vgl. *slivovitsj*).

sleeuw → *slee*[3].

slegel, slagel [staak van een slagnet] vermoedelijk < hd. *Schlegel* [poot, bout (van gans), trommelstok], van *schlegeln* [stampen, kloppen], verwant met *slaan*.

slegge, sleg [houten hamer] middelnl. *slegghe*, **oudhd.** *slegil*, **oudeng.** *slecg* (eng. *sledge*), **oudnoors** *sleggja*; van *slaan*, (*sloeg, geslagen*).

slei[1] [houten hamer] → *slegge*.

slei[2] → *sleepruim*.

Sleipnir [het paard van Odin] < **oudnoors** *Sleipnir* [lett. de snel glijdende], van *sleipr* [glad, glibberig], verwant met *slippen, sleep, slijpen*.

slem [al de slagen (bij kaartspel)] < eng. *slam*, van *to slam* [alle slagen maken, (oorspr.) slaan], vermoedelijk een klankwoord.

slemiel → *schlemiel*.

slemp[1] [klei] van *slempen*.

slemp[2] [drank] van *slempen*.

slempen [grond met water drenken, overdadig eten en drinken] middelnl. *slempen* [slurpen, slobberen], wel van *slemp* [klei], evenzo 16e eeuws *slemmen*, middelhd. *slemmen*, van middelnd., middelhd. *slam* [modder].

slemphout [verbindingshout van kiel en steven] → *slim*.

slendang [sjerp] < maleis *selendang*.

sleng [bundel bij laden en lossen met een kraan] middelnl. *slinge, slynge, slengh* [hijskabel], *slinge* [slinger] (vgl. *slingeren*).

slenk [geul] middelnl. *slenke* [poel, kuil], **fries** *slink(e)*; van *slinken*.

slensen [verwelken] waarschijnlijk verwant met *slenter* en *slons*, vgl. ook *verflensen*.

slenter [flard] middelnl. *slenterlinge*, *sle(e)nderlinge* [afval, vodden], van een basis met de betekenis 'slap zijn, zich slap bewegen', waarvan ook *slenteren*.

slenteren [langzaam lopen] een jonge vorming, nog niet bij Kiliaan, wel *slinderen* [kruipen], **nd.** *slendern* (vgl. *slenter*).

slepen [voorttrekken] middelnl. *sle(e)pen*, *sleypen*, zowel 'doen slepen' als 'langs de grond slieren', middelnd. *idem*, **oudfries** *slepa*; er zijn twee vormen samengevallen, namelijk *slepen* als nevenvorm van *slijpen* en *slepen*, het causatief van *slijpen*.

slet [flard, ontuchtige vrouw] middelnl. *slet(te)* [afgescheurde lap, slip van een kledingstuk], *slet* [vod, prul, lor], *slet(t)er* [afgescheurde lap, slet], vermoedelijk te verbinden met middelnd. *slatte*, **noors** *sletta*, **oudzweeds** *slätta*, verouderd **deens** *slatte* [lap, vod], waarschijnlijk van **deens** *slat* [slap]; vgl. voor de betekeniscombinatie lap - gemene vrouw *del, drel, dweil, slons*.

sleter [afgescheurde lap] middelnl. *sleter*, vgl. *slet*.

slets [pantoffel, slof] → *slet*.

sleuf [smalle groef] (ca. 1625), vgl. middelnl., fries *slochter* [sloot], middelhd. *sluft* [kloof] (hd. *Schlucht*); behoort bij *sluipen*, vgl. ook *slochter, slufter* → *sluif*[1].

sleun [snoeisel] van *sleunen, slonen, slenen* [snoeien], middelnl. *sleynen* [kappen]; etymologie onbekend.

sleur[1] [gewoonte] van *sleuren* [slepen, talmen].

sleur² [vod] van **sleuren**.
sleuren [slepen] middelnl. *sleuren, sloren* [slepen, talmen, sleuren], middelnd. *sluren*, noors *slora, slura*; vgl. **sloerie, sloor**.
sleutel [werktuig om slot te openen of te sluiten] middelnl. *slotel, sluetel, sluttel*, **oudsaksisch** *slutil*, oudhd. *sluzzil*, **oudfries** *sletel*; behoort bij **sluiten**.
slib [bezinksel] middelnl. *slibbe*, een intensiveringsvorm naast *slijpen*; van dezelfde basis als **slijm**. sediment, Ablagerung,
slicht [eenvoudig] nevenvorm van **slecht**. Bodensatz
slichten nevenvorm van **slechten**.
slick [profielloze band] < eng. *slick* [glad], verwant met **slijk**.
slidderen [glijden] middelnl. *slid(d)eren*, frequentatief van *sliden* [glijden], middelhd. *sliten*, oudeng. *slidrian*, van *slidan*; buiten het germ. gr. *olisthanō* [ik glijd uit], **litouws** *slidus* [glad], **lets** *slidas* (mv.) [schaatsen], **oudkerkslavisch** *slĕdŭ* [spoor] (vgl. **slede**).
sliegeraar [verklikker] → **versliecheren**.
sliepen [bespotten] nevenvorm van **slijpen**, namelijk met de ene wijsvinger over de andere wrijven.
slieren [glijden, slepen] < middelnl. *slid(d)eren* (vgl. **slidderen**).
sliert [sleep, slap hangend iets] van **slieren**.
sliet [van de takken ontdaan stammetje] middelnl. *sliet* [lange, dunne paal], van *sliten* [slopen, uit de grond trekken] (vgl. **slijten**).
slij [zeelt] middelnl. *slie, sly*, middelnd. *sli(g)*, oudhd. *slīo* (hd. *Schlei*), oudeng. *sleow, sliw*; buiten het germ. **litouws** *lynas*, **lets** *linis*, **russ.** *linĭ* [zeelt], **oudpruisisch** *slayx* [regenworm]; verwant met **slijm**, dus de slijmerige vis.
slijk [modder] middelnl. *slijc, sliec*, ablautend *slic* en *sleec* [glad], middelnd. *slik*, oudhd. *slīh, slīch*, **oudnoors** *slīkr* [glad], hd. *schleichen* [sluipen]; buiten het germ. gr. *ligdos* [mal voor het verloren wasprocédé, slijpsteen], **oudiers** *sligim* [ik bestrijk], **russ.** *slizkij* [glibberig]; verwant met **slijm, slak**¹, **leem**¹.
slijm [kleverig vocht] middelnl. *slijm* [slijk, drek, slijm], middelnd., middelhd., oudeng., **oudnoors** *slīm*; buiten het germ. **lat.** *limax* [slak], *limus* [modder], gr. *limnè* [moeras], **oudkerkslavisch** *slina* [speeksel]; verwant met **slijk, slak**¹, **leem**¹.
slijpen [gladmaken door wrijven] middelnl., middelnd. *slipen*, oudhd. *slīfan*, oudeng. *slupan* [glijden, sluipen], **noors** *slipe* [slijpen]; voor verwanten vgl. **slippen**.
slijten [door wrijven doen afnemen, tijd doorbrengen] middelnl. *sliten* [verscheuren, uit de grond trekken, verslijten, in het klein verkopen, beslissen, stukgaan, afslijten], **oudsaksisch, oudeng.** *slitan*, **oudfries, oudnoors** *slita*, oudhd. *slizan*; de grondbetekenis is: splijten.
slik ablautend naast **slijk**.
slikken [door het keelgat doen gaan] middelnl.

sli(c)ken, middelnd. *slicken* [likken, snoepen], middelhd. *slecken* [snoepen], ablautend **oudnoors** *sleikja* [likken]; zonder s in de anlaut **likken**¹.
slim [schrander] middelnl. *slim(p), slem(p)* [scheef, schuin, verkeerd, erg] en ablautend *slom* [krom, scheef, verdraaid, 16e eeuws onhandig], middelhd. *slimp* [scheef], hd. *schlimm* [erg]; vgl. **lets** *slips* [scheef].
slinge [weg naar broekland] middelnl. *slinge* [slinger, ook hijskabel], *slingen* [zich in kronkels voortbewegen] (vgl. **slang**¹).
slingeren [(zich) heen en weer bewegen] iteratief van middelnl. *slingen* [zich kronkelen, zich in kronkels voortbewegen, kruipen], middelnd. *slingen*, oudhd., oudeng. *slingan*, **oudnoors** *slyngva* [werpen, slingeren]; vgl. **litouws** *slinkti* [kruipen (van slang)] (vgl. **slang**¹).
slink [linker] → **links**¹.
slinken [minder worden] nevenvorm van *slingen* (vgl. **slingeren, slank**).
slinks [arglistig] middelnl. *slincs*, met het bijwoord vormende achtervoegsel s < *slinc* [linker, links, averechts, listig], anlautvariant van *link*, dat vroeger een veel grotere verbreiding had, vgl. *sneb* naast *neb* (vgl. **links**¹).
slip [onderbroekje] < eng. *slip* [vroeger een stuk bovenkleding], van *to slip* [schuiven] (vgl. **slippen**).
slippen [wegglijden] middelnl. *slippen*, intensivum van **slijpen**.
slipper¹ [pantoffel zonder hiel] < eng. *slipper*, van *to slip* (vgl. **slippen**).
slipper² [dwarsligger] < eng. *sleeper* [lett. slaper, overdrachtelijk: horizontale steunbalk voor vloeren etc., ook: dwarsligger].
slissen¹ [een eind maken aan, beslissen] van de stam van **slijten** (vgl. **beslissen**).
slissen² [lispelen] klanknabootsend gevormd.
slivovitsj, slivovitz [brandewijn] < **servokroatisch** *sljivovica*, **russ.** *slivovitsj*, van **servokroatisch** *sljiva*, **russ.** *sliva* [pruim] (vgl. **sleepruim**).
slob [slib] middelnl. *slobbe, slubbe* [vuil, smerigheid] (vgl. **slobberen**).
slobbe [vaatdoek] van **slobberen**.
slobberen [slordig eten, slecht en te ruim zitten van kleding] middelnl. *overslobberen, overslubberen* [door modder naar de overkant waden], *slobbe* [vuil, smerigheid], *slobb(e)rich* [kleverig, morsig], ablautend bij *slabben*, **fries** *slobberje*, hd. *schlappen, schlabbern*, eng. *to slobber, to slabber*, **zweeds** *slubbra*, **deens** *slubre*.
slobkous [sok zonder zool] van **slob** + **kous**.
slochter [doorgang door ijs, vaargeul] ook *slufter, slofter* (vgl. *graft - gracht*), middelnl. *slochter* [sloot], dial. vorming naast **sleuf**.
slodderen [morsen, flodderen] eerst bij Kiliaan genoteerd middelhd. *slottern, sluttern, slotern* [flodderen, waggelen] (hd. *schlottern*), frequentatief van middelhd. *sloten* [idem], van een germ. basis met de betekenis 'slap zijn', waarbij ook

eng. *sleet* [bevroren regen, natte sneeuw] (vgl. *sleuren*).

sloddervos → *slordevos*.

sloe, sloei [straatgoot] middelnl. *sloe(de)* [goot], dial. ook *slouw*, **oudeng.** *slōh* [drassige plaats].

sloeber [stakker] (1872), behoort bij middelnl. *slobbe* [vuil, smerigheid] (vgl. *slobberen*).

sloef[1] [voorschoot] → *sloof*[1].

sloef[2] [pantoffel] sedert Kiliaan genoteerd, maar in het middelnl. met de betekenissen 'grove mantel, dekplank, voorhuid', bijvorm van *slof*[1].

sloef[3] [fijne bestanddelen in grond] < hd. *Schluff*, van *schleifen* [slijpen].

sloeharing [vette haring nog vol met hom of kuit] het eerste lid **noors** *slo*, *slog* [de eetbare ingewanden van vis].

sloeker [veelvraat] nevenvorm van *slokker*.

sloep [vaartuig] eerst sedert Kiliaan genoteerd, volgens één opvatting uit het wat vroeger geattesteerde fr. *chaloupe*, dat van een dial. *chalope* [notedop] kan komen, volgens een andere opinie van germ., waarschijnlijk nd. herkomst is en behoort bij *slupen*, **nl.** *sluipen*, dus: een bootje dat voortglijdt.

sloerie [slet] met behoud van de oorspr. germ. *oe*, middelnl. *slore* [morsig of traag iem., ook: slet]; van *sleuren*, gronings *sloeren*, fries *sloere*.

sloester [notebolster] ook *slosse*, bij Kiliaan *sloes*, *sloester*, *snoester*, **nd.** *sluse*, *sloster*, van **nl.** *snoesteren*, *snuisteren* (vgl. *snuisterij*).

slof[1] [pantoffel] middelnl. *slof(fe)*, van het ww. *sloffen*.

slof[2] [nalatig] middelnl. *slof* [traag, nalatig], *sloffaert* [gemakzuchtig mens], middelnd. *sluf*, fries *slof* (vgl. *slobberen*).

sloffen [slepend lopen] eerst begin 17e eeuw genoteerd, van *slof*[2].

slogan [slagzin] < **eng.** *slogan* < gaelisch *sluaghgairm* [oorlogskreet], van *sluagh* [leger] + *gairm* [kreet].

slöjd [onderwijsmethode] < **zweeds** *slöjd* [bedrevenheid, vakbekwaamheid], **oudnoors** *slœgð* [sluwheid], van *slœgr* [sluw].

slok [niet strak] dial. nevenvorm van *sluik*[1].

slokan [goot] < maleis *slokan* [goot, afvoer] < **nl.** *slootkant*.

slome duikelaar [sul] naar *Sjloume Duikelaar* (*Sjloume* [Salomo], schuilnaam van Abraham Joseph Swalff (1745-1819), Amsterdams marktkoopman en jiddisch schrijver, over wie veel anekdoten in omloop raakten.

slommer → *beslommering*.

slommeren nevenvorm van *sluimeren*.

slomp [grote hoeveelheid] naast het bn. *slomp* [lomp] en daarmee vermoedelijk verwant.

slonde[1] [afgrond] middelnl. *slont*, *slunt*, *slonde* [keel, gapende muil, afgrond, kolk], *slonden* [verzwelgen] = *slinden* (vgl. *verslinden*); vgl. **hd.** *Schlund*.

slonde[2] [voorschoot, sloof] staat naast *slons*.

slons [lap, flard, slordige vrouw] met de betekenisontwikkeling van 'lap' naar 'wijf' als in *slet*, *dweil*; vgl. Kiliaan *slons*, *sluns* [slap], **nd.** *slunte* [lap, vod] (vgl. *slenter*).

slonsje [dievenlantaren] middelnl. *slonsgen*, **eng.** *sconce*, verbasterd uit **me. lat.** *absconsa*, *sconsa* [afgeschermd licht], *sub absconso* [in het geheim], van *abscondere* (verl. deelw. *absconsum*) [verbergen].

sloof[1] [voorschoot] middelnl. *slove*, *sloof*, *sloef* [grove mantel of pij, dekplaat, voorhuid], *slove* [overtrek], **nd.** *sluve*, oudeng. *sliefe* (**eng.** *sleeve*) [mouw], van middelnl. *sloven* [opstropen, afstropen, iets ergens over schuiven] (vgl. *sloven*).

sloof[2] [zwoegende huisvrouw] van *sloven*.

slooien [zijdelings afwijken] middelnl. *slo(o)yen* [slepen, slieren, sleuren]; van dezelfde basis als *sluier*.

sloom [suf] waarschijnlijk een jonge variant van *loom*, o.i.v. woorden als *slap*, *slungel* e.d., mogelijk echter samenhangend met *sluimeren*.

sloop [kussenovertrek] middelnl. *slope*, *sloop* [idem]; van *sluipen* (vgl. *sloof*[1]).

sloor [sullige, slordige vrouw] nevenvorm van *sloerie*.

sloot [gegraven water] middelnl. *sloot*, middelnd. *slot*, **oudfries** *slāt*; vermoedelijk te zien als ablautend bij *sluiten* en dan als 'scheiding van landerijen'.

slop[1] [steeg] middelnl. *slop* [schuilhoek, sluiphoek, doodlopende steeg, nauwe doorgang]; van *sluipen*.

slop[2] [tuinboon] behoort bij *slap* (vgl. *slop*[3]) en heeft mogelijk onder invloed gestaan van *slof*.

slop[3] [slobberig, slap] dial. nevenvorm van *slap*.

slopen [afbreken] middelnl. *slopen* [slepen, voortslepen, uit elkaar nemen], **oudsaksisch** *slopian* [losschuiven], fries *slepa*, oudeng. *sliepan* [aantrekken, uittrekken], **gotisch** *afslaupjan* [afschuiven, afleggen]; causatief van *sluipen* zoals *zogen* bij *zuigen*.

slordevos [slordig mens] **oostfries** *sludderbüksen*, **hd.** *Schlotterhosen*; van *slodderen* in de betekenis 'morsen' + *boks* [broek].

slordig [niet verzorgd] bij Kiliaan *sloor(d)igh*, vermoedelijk ontstaan o.i.v. (ook bij Kiliaan) *sloore* [vuilpoes] (vgl. *sleuren*) en van *slodderen* (vgl. *slordevos*).

slosse [bolster] → *sloester*.

slot [sluiting, einde] middelnl. *slot*, van *sluiten*. In het heeft *slot* noch *zin* [er is geen touw aan vast te knopen] heeft *slot* nog de middelnl. betekenis van samenhang, logische volgorde.

Slovakije [geogr.] van **slovaaks** *Slovák* (vgl. *Slaaf*).

sloven [hard werken] middelnl. *slo(o)ven* [opstropen, afstropen, iets over iets anders heenschuiven, schuiven], vgl. middelnl. *sloof* [grove mantel, dekplaat, overtrek, b.v. van een mouw] (**eng.** *sleeve*) (vgl. *sloop*, *slopen*, *sluipen*).

Slovenië — smaltiend

Slovenië [geogr.] < **sloveens** *Slovenija* (vgl. *Slaaf*).

sluchter [de plant bitterzoet] het woord betekent eveneens fluim en de plant heet dial. ook wel kwalster. Ze werd als geneeskundige plant gebruikt voor het oplossen van slijm in de luchtwegen, vgl. **oostfries** *sluchtern* [slap], **nd.** *sluck,* **oudeng.** *sleac* [slap, traag] **(eng.** *slack*); met klankwisseling van *sluik*[2].

slufter [kreek] → *sleuf*.

sluier [doorzichtig doek] (1527) *slo(e)yer* [fijne doorschijnende katoenen of zijden stof], **middelnl.** *slo(o)ye* [sleep van een kleed], **middelnd.** *sloier, sloiger,* **middelhd.** *sloier, sleier* [hoofddoek, sluier]; van *slooien*.

sluif[1] [smalle geul, foedraal] **middelnl.** *slochter, slufter;* nevenvorm van *sleuf*.

sluif[2] [kluut] bij Kiliaan *sluyf* [wilde eend], waarschijnlijk klanknabootsend gevormd.

sluik[1] [glad (van haar), slap] **middelnl.** *sluuc, sluyc* [slap], *sluke* [vlasdot], ablautend **oudeng.** *sleac* [slap], **nd.** *sluck,* **noors** *slauk* [slap iem.]; buiten het germ. **litouws** *slugti* [kleiner worden].

sluik[2] [riet] hetzelfde woord als *sluik*[1] [slap]; vgl. aldaar **middelnl.** *sluke* [vlasdot].

sluiken [smokkelen] betekent evenals smokkelen oorspr. sluipen, vgl. **oudsaksisch** *sluk* [afgeworpen slangehuid], **middelhd.** *sluch* [huid, zak] (**hd.** *Schlauch*); van een basis met de betekenis 'een glijdende beweging maken', verwant met *sluw* en *sluik*[1].

sluim [erwtepeul] **middelnl.** *sl(e)ume* [bast, schil, peul, dop], **middelhd.** *sliem(e)* [huid, vel].

sluimen [sluipen, loeren] vgl. **middelnl.** *slumen* [sluimeren], evenals *sluipen, sluiken, slooien, sluik* van een basis met de betekenis 'slap afhangen'.

sluimeren [dutten] **middelnl.** *slumeren,* iteratief van *sluimen*.

sluipen [zich onopgemerkt voortbewegen] **middelnl., middelnd.** *slupen,* **oudhd.** *sliofan,* **oudeng.** *slupan,* **gotisch** *sliupan;* vgl. *sluiken, sluimeren*.

sluis [waterkering] **middelnl.** *sluce, sluse, sluus* [waterkering (ook zonder deuren), ook: het daardoor tegengehouden water] < **oudfr.** *escluse* < **me. lat.** *exclusa, esclusa, sclusa* [sluis, dam], voor *aqua exclusa* [het buitengesloten water], *exclusa,* vr. verl. deelw. van *excludere* [buitensluiten], van *ex* [uit] + *claudere* [sluiten], daarmee idg. verwant.

sluisteren [ontbolsteren] van *sloester* [bolster].

sluiten [toedoen] **middelnl.** *sluten,* **oudsaksisch** *slutan,* **oudhd.** *sliozan,* **oudfries** *sluta;* buiten het germ. **lat.** *claudere* [sluiten], **gr.** *klèiō* [ik sluit], **oudiers** *clo,* **oudkerkslavisch** *ključi* [sleutel].

slum [achterbuurt] < **eng. barg.** *slum,* etymologie onbekend.

slump [koersdaling] < **eng.** *slump,* vermoedelijk een klanknabootsende vorming.

slungel [lange jongen] (1785) < **middelnd.** *slungel,* **hd.** *Schlüngel, Schlingel;* ablautend bij *slingeren*.

slurf [verlengde snuit] ook *slurp,* van *slurpen*[1] [inzuigen]; in de betekenis 'minachtende aanduiding voor een man' (walslurf) reeds **middelnl.** *slurf* [hals, lummel].

slurp [vent (minachtend)] → *slurf*.

slurpen[1] [hoorbaar opzuigen] **middelnl.** *slorpen,* **hd.** *schlürfen,* klanknabootsend gevormd.

slurpen[2] [van een touw voorzien] van *slurp* [ineengedraaid touw], betekenisoverdracht van *slurp* [draaikolk, windhoos] (vgl. *slurf*).

slurry [dikke modder] < **eng.** *slurry,* verwant met **middelnl.** *slore* [morsig persoon], *sloren, sleuren, slu(e)ren* [slepen] (vgl. *sleuren*).

sluts, slus [slap] afgeleid van *slodde* [sloddervos] → *slodderen*.

sluw [listig] in de 19e eeuw aan het duits ontleend, vgl. **nd.** *slu,* **hd.** *schlau,* aansluitend bij de groep van *sluipen, sluiken, sluimen*.

smaad [laster] **middelnl.** *smade,* **middelnd.** *smat,* **oudhd.** *smahen* [vernederen], *smahi* [klein, gering], **oudnoors** *smār* [idem] (vgl. *smachten*); de betekenis is dus 'het klein maken'.

smaak [zintuig om te proeven] **middelnl., middelnd.** *smake,* **oudhd.** *gasmahho,* **oudfries** *smāka* naast **oudhd.** *smac,* **oudfries** *smek,* **oudeng.** *smæcc;* buiten het germ. **litouws** *smaguriai* [lekkerbek]; verder geen idg. aanknopingspunten.

smacht [buik van haring] etymologie onbekend.

smachten [kwijnen] **middelnl.** *smachten* [wegkwijnen van honger of dorst, verstikken], *smacht* [hoge graad van honger of dorst], **middelnd.** *smachten,* **oudhd.** *gismahteon;* de oorspr. betekenis is 'kleiner worden', vgl. **oudhd.** *smahi* [klein] en vgl. ook de basis van *smal* → *smaad*.

smak[1] [scheepstype] de oudste betekenis was 'een soort zeil', afgeleid van **middelnl.** *smacken* [smakken, smijten(?)].

smak[2] [heester] → *sumak*.

smakken [smijten, klappend geluid met lippen maken] **middelnl.** *smacken* [hoorbaar met kracht werpen], **middelnd.** *smacken,* **fries** *smakke;* klanknabootsende vorming.

smal [niet breed] **middelnl.** *sma(e)l* [klein, gering, smal], **oudsaksisch, oudhd.** *smal,* **oudfries** *smel,* **oudeng.** *smæl,* **oudnoors** *smalr,* **gotisch** *smals;* buiten het germ. **gr.** *mèlon* [stuk kleinvee], **iers, welsh** *mil* [dier], **armeens** *mal* [schaap, ram], **oudkerkslavisch** *malŭ* [klein].

smalree [vrouwelijke ree van het tweede jaar] < **hd.** *Schmalreh,* van *schmal* [klein] (vgl. *smal*) + *Reh* (vgl. *ree*[1]).

smalt [kobaltglas] (1618) < **it.** *smalto,* uit het germ., vgl. *smelten* → *email*.

smaltiend [tiend van minder belangrijke produkten] **middelnl.** *smaltiende,* gevormd van *smal* in de betekenis 'gering, klein'; vgl. het tegengestelde *groftiend*.

smaragd [edelgesteente] **middelnl.** *smaragd* < **lat.** *smaragdus* < **gr.** *(s)maragdos,* ontleend aan een semitische taal, vgl. **akkadisch** *barraqtu* [smaragd], een woord dat de schittering weergeeft, afgeleid van *barāqu* [bliksemen].

smarotsen [klaplopen, smullen] < **hd.** *schmarotzen,* ouder *schmorotzen,* een woord dat vóór 1482 niet voorkomt en waarvan de etymologie onbekend is.

smart[1] [verdriet] **middelnl.** *smerte, smarte,* **oudhd.** *smerza, smerzo,* **oudeng.** *smeart* [pijnlijk]; buiten het germ. **lat.** *mordēre* [bijten], **gr.** *smerdnos* [verschrikkelijk], **Iets** *merdet* [uitmergelen], **oudindisch** *mṛdnāti* [hij drukt, wrijft].

smart[2] [ontvelling] hetzelfde woord als *smart*[1].

smarten[1] [door broeiing rotten] vgl. **lat.** *merda* [stront], **oudkerkslavisch** *smrŭděti* [stinken]; vermoedelijk van dezelfde idg. basis als *smart*[1] (vgl. *smeer*).

smarten[2] [met touwwerk omwinden] < **eng.** *to smarten* [opknappen, in orde brengen], van *smart* [net, keurig].

smash [harde slag] < **eng.** *smash,* van *to smash,* een contaminatie van *to smack* (vgl. *smakken*) en *to mash* [fijnstampen].

smeden [metaal bewerken] **middelnl.** *smeden,* **oudsaksisch** *smithon,* **oudhd.** *smidōn,* **oudnoors** *smiða,* **gotisch** *gasmiþon,* afgeleid van *smid.*

smeel, smele [plantje, grassoort] **oudhd.** *smelha,* **litouws** *smilga;* afgeleid van *smal.*

smeent → *smient.*

smeer [vet] **middelnl.** *smere,* **oudnederfrankisch, oudsaksisch, oudhd.** *smero,* **oudeng.** *smeoru,* **oudnoors** *smjǫr* [vet, boter], **gotisch** *smairþr* [vet], vgl. **deens** *smørrebrød* [(lett.) boterbrood]; buiten het germ. **lat.** *merda* [stront], **gr.** *muron* [zalf, olie], *smuris* [smergel], **oudiers** *smir* [merg], **litouws** *smirsti* [gaan etteren] (vgl. *smarten*[1]).

smeerling [grondeling] ook *smireel,* **middelnl.** *smeerlinc,* **middelhd.** *smerlinc, smerlin, smerle;* verwant met **gr.** *smaris* [sprot] (vgl. *smirrel*).

smeerwortel [plant] zo genoemd naar het gebruik van een papje uit de wortelstok op botbreuken en wonden.

smeet [klap] **middelnl.** *smete, smeet;* van *smijten,* (*smeet, gesmeten*).

smegma [een zeepachtige klierafscheiding] < **gr.** *smègma* [zeep], van *smèchō, smaō* [ik smeer in, wis af], idg. verwant met *smetten.*

smeieren [vermorzelen] vermoedelijk een klanknabootsende vorming, vgl. *smetteren.*

smeken [nederig verzoeken] **middelnl.** *smeken,* **oudhd.** *smeichen,* **oudeng.** *smacian* [neerstrijken, vleien, strelen]; de oorspr. betekenis was 'vleien, strelen', vgl. ook **hd.** *schmeicheln,* van dezelfde basis als *smijten.*

smekken jonge ablautende vorming bij *smakken.*

smelleken [dwergvalk] → *merlijn.*

smelt [zandspiering] **oudeng.** *smelt, smylt* [witvis] (**eng.** *smelt*), **oudnoors** *smelta* [witvis]; van *smelten,* vermoedelijk vanwege het weke vlees.

smelten [vloeibaar (doen) worden] **middelnl.** *smelten,* **oudsaksisch** *smeltan,* **oudhd.** *smelzan,* naast **oudeng.** *meltan,* **oudnoors** *melta;* buiten het germ. **lat.** *mollis* [zacht], **gr.** *meldein* [smelten], **oudiers** *meldach* [aangenaam], **oudkerkslavisch** *mladŭ* [jong], **oudindisch** *mṛdu-* [zacht].

smergel [amaril] bij Kiliaan < ouder **hd.** *Schmergel* < **it.** *smeriglio* < **byzantijns-gr.** *smerilion* < **klass. gr.** *smuris* (vgl. *smeer*).

smeris [agent van politie] (1844) < **jiddisch** *schmiere stehen* [op de uitkijk staan] < **hebr.** *sje'mīrāh* [wacht, bewaking].

smets [smaakloos] etymologie onbekend.

smetten [vuilmaken] **middelnl.** *smitten, smetten,* **middelnd.** *smitten,* **middelhd.** *smitzen,* **oudeng.** *smittian;* van *smijten.*

smeu [smijdig] **middelnl.** *smeuder-, smueder-* [smerig] en *smodden, smodderen* [smeren, vlekken maken], bij Kiliaan *smuysteren* [(be)smeren] (vgl. *smodderen*); smeu(ig) staat ablautend naast *smijdig.*

smeugeltje → *smuigertje.*

smeul [schimmel (plantenziekte)] van *smeulen,* dat ook 'dampig zijn, stuiven' betekent, vgl. voor de betekenis *smucht.*

smeulen [zacht branden] **middelnl.** *smolen,* **nd.** *smöln,* **middeleng.** *smolderen* (**eng.** *to smoulder*), het laatste uit ouder *smortheren* < *smorther,* **oudeng.** *smorian* [smoren, verstikken] (vgl. *smoren*).

smeur, smeurtje [smet] nevenvorm van *smeer.*

smid [metaalbewerker] **middelnl.** *smit, smet, smid* [smid, timmerman], **oudsaksisch, oudeng.** *smið,* **oudhd.** *smid,* **oudfries** *smith,* **oudnoors** *smiðr,* **gotisch** -*smiþa;* vgl. **gotisch** *maitan* [snijden], **gr.** *smilè* [mes, stift], *sminuè* [houweel]; de oorspr. betekenis is niet 'smeden', maar 'bewerken', waarschijnlijk van hout.

smiecht [smeerlap] (1899), van *smiegen,* dial. nevenvorm van *smuigen* (vgl. *smuiger*).

smieg [buigzaam] → *smijdig.*

smient [vogel] (1508), vgl. **fries** *smeant, smeunt, smjunt, sment,* **eng.** *smew, smee, smee duck;* vermoedelijk samenstelling van een eerste lid dat behoort bij *smal* [klein] en een tweede *eend.*

smiespelen [fluisteren] klanknabootsend gevormd.

smiezen ['in de smiezen hebben', in de gaten hebben] etymologie onbekend.

smijdig [gemakkelijk te bewerken] **middelnl.** *smidich* [smijdig, zacht, kneedbaar], **middelnd.** *smidich,* **middelhd.** *gesmidec* [gemakkelijk te bewerken, d.w.z. voor de smid]; behoort namelijk bij *smeden* (vgl. *smid*).

smijten [werpen] **middelnl.** *smiten* [slaan, schoppen, werpen], **middelnd.** *smitan,* **oudfries** *smita* [gooien], **oudhd.** *smizan,* **oudeng.** *smitan,* **gotisch** *bismeitan* [besmeren]; de beide betekenis-

smikkelen — smukken

sen zullen zijn voortgekomen uit die van 'strijken'. Buiten het germ. **gr.** *smaō* [ik smeer in, wis af] (vgl. **smaad**).

smikkelen [zoenen, snoepen] de eerste betekenis is in 1897, de tweede in 1898 genoteerd, dial. ook *smaggelen, smiggelen;* ablautend gevormd bij **smakken**.

smiksem [barg. boter] vgl. **fries** *smyksem* [smeersel], van *smykelje* [smeren].

smirrel [soort van duif] vgl. **middelnl.** *sme(e)rle, smerel, smarel* [dwergvalk], **oudhd.** *smerlo, smiril*, **middelhd.** *smerl(e), smerlin, smerlinc* (**hd.** *Schmerl,* echter ook *Schermle,* naam van een kleine vis) **oudnoors** *smyrill;* de visnaam is **nl.** *smeerling;* voor een niet-germ. verwant vgl. vermoedelijk **gr.** *smaris* [een klein ordinair visje, sprot].

smodde [slabbetje] van *smodder* (naast **modder**), **middelnl.** *besmodderen* [bevlekken] (vgl. **smodderen**).

smodderen [bezoedelen] **middelnl.** *smodderen,* iteratief van *-smodden* [vlekken maken, smeren], **oudfries, middelnd.** *smudden* [bevuilen].

smoegelen [stevig roken] frequentatief van **smoken**.

smoel [bek] nevenvorm van **muil**[1] met *oe* als relictvorm, vgl. *poes,* òf uit een oostelijk dial. Vgl. voor de *s meesmuilen*.

smoes[1] [uitvlucht] < **jiddisch** *schmus* [verhaaltje] < **hebr.** *sje'moe'āh* [gerucht, nieuws, traditie].

smoes[2] [turfkluit] vermoedelijk van *smoezen* in de betekenis 'smeulen'.

smoezelig [beduimeld] van *smoezelen,* dial. *smeuzen, smotsen, smossen* [bevuilen, morsen]; van **smullen**, vgl. *smodderen, smuisteren*.

smog [vervuilde mist] < **eng.** *smog,* gevormd van *smoke* (vgl. **smoken**) + *fog* [mist], verwant met **vocht**.

smok [kus] nevenvorm van *smak*.

smoken [roken] **middelnl.** *smoken* [roken, doen roken], *smieken* [roken], **middelnd.** *smoken,* **oudeng.** *smocian, smiecan;* buiten het germ. **gr.** *smuchein* [door een smeulend vuur doen verteren], **oudiers** *much*, **welsh** *mwg* [rook], **litouws** *smaugti* [verstikken, wurgen], **russ.** *smuglyj* [donker, bruin], **armeens** *mux* [rook].

smoking [geklede herenjas] als zodanig geen **eng.**, maar wel afgeleid van *smoking jacket* [avondjasje van fraaie stof en zorgvuldig gesneden], dat heren vroeger 's avonds thuis droegen, oorspr. een jasje dat werd gedragen om bij roken na het diner de andere kleding niet met de rooklucht te laten doortrekken.

smokkelen[1] [heimelijk vervoeren] (1615) **nd.** *smuggeln,* frequentatief van **middelnl.** *smuken* [laag of kruiperig zijn], *ondert smuyck* [in het geniep], **nl.** *smuigen* (vgl. **smuiger** [gluiper]).

smokkelen[2] [motregenen] frequentatief van **smoken** [roken, motregenen].

smokken [versieringen borduren] < **eng.** *to smock*
[idem], van *smock* (zn.) < **oudeng.** *smoc(c)* [oorspr. losse overgooier ter bescherming van kleding]; de smoktechniek was gebruikelijk voor *smocks,* verwant met **middelnl.** *smuken,* **nl.** *smuigen* (vgl. **smuiger**).

smoren [verstikken] **middelnl.**, **middelnd.** *smoren,* **oudeng.** *smorian;* variant van **smoken** en **smeulen**.

smørgåsbord [voorgerecht] < **zweeds** *smörgåsbord,* van *smörgås* [een (open) sandwich], van *smör,* **oudnoors** *smør* of *smjör* [boter] (vgl. **smeer**) + *gås,* **oudnoors** *gās* [gans] + *borð* [tafel] (vgl. **bord**).

smørrebrød [plakje brood met beleg] < **deens** *smørrebrød,* van *smør* [boter] (vgl. **smeer**) + *brød* [brood].

smorzando [wegstervend] < **it.** *smorzando,* gerundium van *smorzare* [wegsterven], van **lat.** *ex* [uit, weg van] + *mortem,* 4e nv. van *mors* [dood (zn.)].

smots [dweil, slet] van de stam van *smodde, smodden,* mogelijk mede o.i.v. **hd.** *Schmutz, Schmotz*.

smotsen [bemorsen] vgl. **smoezelig**, van **smullen**.

smous [scheldnaam voor jood] (1657) < **hd.** *Schmaus* < *Mausche* < **hebr.** *mōsje* [Mozes].

smousjassen [kaartspel] eig. het jasspel zoals de joden (vgl. **smous**) dat spelen; *jas* [troefboer] is afgeleid van de persoonsnaam *Jas(per)*.

smout [vet] **middelnl.** *smalt, smaut, smout,* **middelnl.** (oostelijk) *smolt,* **middelnd.** *smalt, smolt,* **oudhd.** *smalz;* ablautend bij **smelten**.

smouten [afgedrukt zetsel bewaren] van *smout* [vet], gebruikt in de betekenis 'voordeel'. Smoutwerk was oorspr. zetwerk waarvan een deel (briefhoofden, kopjes, formules) bestond uit staand zetsel, dat bij nieuwe opdrachten opnieuw kon worden berekend. Vgl. **hd.** *Speck* [voordeel].

smucht [grijze schimmel (plantenziekte)] van *smuiken* [smeulen, misten, motregenen], **middelnl.** *smuken* [idem], verwant met **smoken**, **smeul**.

smuiger, smuigerd [gluiper] (1686), van *smuigen,* **middelnl.** *smuken* [laag of kruiperig zijn], **middelhd.** *smiegen* (**hd.** *schmiegen*), **oudfries** *smuga,* **oudeng.** *smugan,* **oudnoors** *smjuga;* buiten het germ. **gr.** *muchos* [binnenste of achterste gedeelte], **litouws** *smukti* [wegglijden], **oudkerkslavisch** *smykati sę* [kruipen].

smuigertje [kort stenen pijpje] → **smokkelen**[2], *smuiken*.

smuiken [misten, motregenen] **middelnl.** *smuken,* ablautend naast **smoken**.

smuilen [glimlachen] **nd.** *smilen,* **middelhd.** *smielen,* **eng.** *to smile,* van dezelfde idg. basis als **mirakel**.

smuisteren [snoepen, morsen] bij *smodderen, smotsen, smoezelig, smullen*.

smukken [tooien] **middelnl.** *smucken,* **middelnl.** (nederrijns) *smuc* [mooi, netjes], **middelnd.**, **middelhd.** *smücken,* intensivum van *schmiegen,* d.w.z. nauw tegen het lichaam aanvlijen (van kleding). Staat naast *smuigen* (vgl. *smuiger, smokkelen*¹).

smullen [met welbehagen eten] middelnl. *smullen* [slempen, brassen], 16e eeuws *smul* [iem. die verzot is op mingenot], nd. *smullen* [eten, vuil maken], middelhd. *smollen* [klaplopen]; wel een relatief jonge vorming, die kan zijn ontstaan in associatie met woorden als (bij Kiliaan) *smodderen* [smullen] (verwant met *modder*), *smakken, smikkelen*.

smurrie [vuil] 20e eeuwse vorming van *smeur,* o.i.v. *derrie*.

Smyrna [stad] < gr. *Smurna,* ook *Samorna,* een vóór-idg. kleinaziatische naam van een godin of halfgodin.

snaaiem [barg. gebit, mond] van *snaaien,* maar waarschijnlijk o.i.v. hebr. *sjīnajīm* [tanden].

snaaien [stelen] etymologie onzeker, mogelijk nevenvorm van middelnl. *snauwen* [happen naar iets], mogelijk ook in het barg. ontleend aan hebr. *sjīnajīm* [tanden] (vgl. *snaaiem*).

snaak [grappenmaker] wordt afgeleid van het ww. *snaken,* nevenvorm van *snakken*.

snaar¹ [oude kennis] in zuidafrikaans met de betekenis 'vent, kerel'; is waarschijnlijk hetzelfde woord als *snaar*² [schoondochter], maar de betekenisovergang is onduidelijk.

snaar² [schoondochter, schoonzuster] *snoer* in *hoeren en snoeren* [lichtekooi], middelnl. *snare, snaer* [schoondochter, schoonmoeder, schoonzuster], *snoere* [schoondochter, ontrouwe vrouw], middelnd. *snare,* oudfries *snore,* oudeng. *snoru;* buiten het germ. lat. *nurus,* gr. *nuos,* oudkerkslavisch *snŭcha,* oudindisch *snuśā-* [schoondochter].

snaar³ [snoer] middelnl., middelnd. *snare,* oudnoors *snara* [strik], van oudhd. *snerkan* [knopen], oudnoors *snara* [winden] (vgl. *snoer*¹).

snabbelen [snateren] middelnl. *snabbelen;* iteratief van *snappen*.

snachel [man met joods voorkomen] etymologie onbekend.

snack [hartig hapje] < eng. *snack,* van *to snack* [iets met de tanden pakken, lunchen], middeleng. *snaken* < middelnl. *snacken* [met gretigheid naar iets happen] (vgl. *snakken*).

snaffel [paardebit] < eng. *snaffle* [trens] < nl. *snavel*.

snak [haastige hap] → *snack*.

snakken [happen, heftig begeren] middelnl. *snacken* [gretig happen naar, snappen, babbelen], middelnd., middelhd. *snacken* [babbelen], deens *snakke* [praten, spreken]; behoort tot de groep met *sn* anlautende woorden, waarvan de grondbetekenis 'snijden, scherp' is, o.m. *snavel, sneb, snip, snijden, snuffelen*.

snakker [prater] van *snakken* [babbelen], in de betekenis 'flink, wakker', van *snakken* [gretig happen naar].

snap [lancet] behoort bij *snappen*.

snaper, sneper [naaldvis] vgl. *sneep* [neusvis] en *snep, snip*², de vogel met de spitse snavel.

snaphaan [rover te paard, munt met de afbeelding van een ruiter, geweer] (1528) < hd. *Schnapphahn,* sedert eind 15e eeuw met de betekenis 'bereden rover', eind 16e eeuw met die van 'vuursteengeweer' < middelhd. *snap(pes)* [straatroof], vgl. nl. *snappen* [pikken] + *hahn,* vgl. middelhd. *strūchhan* [struikrover]; voor de secundaire betekenis 'geweer' moet gedacht worden aan het 'snappen' van de haan op de vuursteen.

snappen [happen, babbelen] middelnl. *snappen* [babbelen], middelnd., middelhd. *snappen,* oudnoors *snapa,* met dezelfde ontstaansgrond als andere met *sn* anlautende woorden, die iets scherp vooruitstekends verklanken zoals *snavel, sneb, snuffelen, snijden, snuiten*.

snapper [koraalvis] < eng. *snapper,* van *to snap* [snappen, happen].

snaps → *schnaps*.

snar¹ [trommel met pinnen voor het losmaken van vezels] van *snarren*.

snar² [bits, mager] van *snarren* [brommen, kijven].

snarig [flink, geestig] van middelnl. *snare, snaer* [vlug, druk bezig, bedrijvig] (waarvan *snaren* [zich beijveren, kracht hebben]), wel van *snaar*³ [veerkrachtige draad, snoer].

snarren [woord voor verschillende geluiden] → *snars*.

snars ['geen snars', in het geheel niets] van *snarren,* middelnl., middelnd., middelhd. *snarren,* samenhangend met *snorren,* klanknabootsend gevormd en met betekenissen als 'kraken, dreunen, brommen'. Vgl. voor de betekenis *geen klap* en *een krats* [kras].

snateren [een druk geluid maken (o.a. van vogels)] middelnl., middelnd., middelhd. *snateren,* klanknabootsende vorming, die als het ware ingebed ligt in de groep met *sn* anlautende woorden als *snavel, sneb, snuiten, snip*².

snauw [type schip] vgl. nd. *snau* [snavel, sneb] en *snauwen;* zo genoemd vanwege de scherpe boeg.

snauwen [bits spreken] middelnl. *snauwen* [happen of bijten naar iets, toebijten], behoort tot de klanknabootsende groep woorden met anlautend *sn* als *snavel, snijden, snip*², ³ waarvan de grondbetekenis 'snijden, scherp' is.

snavel [vogelbek] middelnl., middelnd., oudfries *snavel,* oudhd. *snabul,* naast oudnoors *snafðr* [begerig]; vgl. het opgemerkte sub *snip*³ [schuit].

sneb, snebbe [snavel] middelnl. *snab(be)* [snavel], middelnd. *snabbe, snebbe, snibbe* [idem], oudfries *snabba* [mond], naast middelnl. *neb(be), nyb* [snavel], oudeng. *nebb* (eng. *neb*), oudnoors *nebbi;* van dezelfde basis als *snavel*.

sneep [neusvis] → *snaper*.

sneeps [volgens schuins beloop] → *snepen*.

sneer [honende opmerking] < eng. *sneer,* van *to sneer,* middeleng. *sneren* (vgl. *sneren*); verwant met *snarren*.

snees [1] [snoer waaraan b.v. uien zijn geregen] **middelnl.** *sne(es)se, snees, sneetse* [snoer, een aantal daaraan geregen zaken, 20-tal, vooral vissen], **middelnd.** *snese*, **middelhd.** *sneise* [rij, snoer], **fries** *snies* [20-tal], **oudeng.** *snǣs* [braadspit, aantal vissen aan een snoer], **oudnoors** *sneis* [takje]; van dezelfde basis als **snijden**.

snees [2] [sjacheraar, bedrieger] mogelijk verkort uit *Chinees* (vgl. **snezen**).

sneeuw [neerslag in bevroren vlokken] **middelnl.** *snee, sneeu;* de laatste vorm komt voort uit de verbuigingsvormen **oudnederfrankisch, oudsaksisch, oudhd.** *sneo,* **oudeng.** *snāw,* **oudnoors** *snœr,* **gotisch** *snaiws;* buiten het germ. **lat.** *nix* (2e nv. *nivis*), **gr.** *niphein* [sneeuwen], **oudiers** *snigid,* **litouws** *sniega* [het sneeuwt], **oudkerkslavisch** *sněgŭ* [sneeuw], **oudindisch** *snihyati* [hij is vochtig].

snek [slakvormig onderdeel van een uurwerk] < **hd.** *Schnecke,* reeds **oostmiddelnl.** *snecke* [slak].

snel [1] [een type drinkkan] < **hd.** *Schnalle* [snavel, lippen, mond].

snel [2] [vlug] **middelnl.** *snel* [vlug, levendig, wakker], **oudsaksisch, oudhd.** *snel,* **oudeng.** *snell,* **oudnoors** *snalljr* [moedig]; vermoedelijk behorend tot dezelfde groep woorden als **snijden**, *snedig*.

snep → **snip** [2].

snepel [afschuining van duig] van **snepen**.

snepen [afschuinen] verwant met **snip** [3], *sneb*.

snepijzer [laatijzer] van **hd.** *Schnepper* (vgl. **snepper**).

snepper [lancet met springveer] < **hd.** *Schnepper,* van *schnappen* [snappen].

snerken [sissend knetteren] **middelnl.** *snerken* [een scherp geluid doen horen], klanknabootsende vorming met dezelfde ontstaansgrond als o.m. *snorren* en *snurken*.

snerpen [een pijnlijk aandoend geluid maken] **oudhd.** *snerfan,* **oudeng.** *gesneorcan,* **oudnoors** *snerkja* [samenkrimpen], vgl. *snierken, snerken;* vermoedelijk klanknabootsend gevormd.

snert [erwtensoep] (1768) **fries** *snert,* **oostfries** *snirt;* etymologie onzeker, vermoedelijk verwant met **snars**.

sneu [1] [dwarslijntje van beug] **oudeng.** *snōd* [koord, lijn] (**eng.** *snood* [haarlint, sneu]); buiten het germ. Iets *snate* [linnen overtrek], **oudiers** *snathe* [draad]; verwant met **naald, naaien**.

sneu [2] [jammer] → **snood** [1].

sneukelen [snoepen, naspeuren] frequentatief van **sneuken**.

sneuken [snoepen, snuffelen] **hd. dial.** *schnauken* [idem], **noors** *snukka* [snuffelen]; ablautend naast *snakken, snikken,* van een klanknabootsende basis als zo vele met *sn* anlautende woorden, vgl. *snip, snuit, snoet, snuffelen*.

sneuvelen [omkomen] **middelnl.** *snevelen, snovelen, sneuvelen* [struikelen, wankelen, neerstorten]; iteratief van **sneven**.

sneven [omkomen] **middelnl.** *sneven, snoven* [struikelen, vallen, omkomen], **middelnd.** *snubbelen* [struikelen], **middelhd.** *sneben, snaben,* **oudnoors** *snubba* [afstompen, berispen]; behoort tot de klanknabootsende groep woorden met anlautend *sn,* zoals *snijden, snavel, snip* die als grondbetekenis 'snijden, scherp' hebben. Van **sneuvelen**.

snezen [wegkapen] mogelijk van *snees* < *Chinees,* in de betekenis 'onbetrouwbare handelaar', mogelijk een spontane vorming in de geest van *snaaien*.

snib, snibbe [vinnig iemand] (1684), variant van *sneb* [snavel].

sniep [puntig toelopende strook grond] ook *snape,* vgl. voor de vorming van dit woord wat is opgemerkt sub **snip** [3] [schuit].

snierken [een schurend geluid maken] ook *snerken,* **middelnl.** *snerken* [een scherp geluid laten horen], auslautsvariant van **snerpen**, vgl. **oudeng.** *gesneorcan,* **oudnoors** *snerkja* [ineenschrompelen].

sniffen [zachtjes huilen] nevenvorm van *snuffen,* intensivum van **snuiven**.

sniggel [penis] → **snikkel**.

snijden [met een scherp werktuig scheiden] **middelnl.** *sniden,* **oudsaksisch** *snithan,* **oudhd.** *snidan,* **oudfries** *snīða,* **oudeng.** *sniðan,* **oudnoors** *sniða,* **gotisch** *sneiþan;* buiten het germ. worden vergeleken **oekraïens** *snit* [houtblok], **tsjechisch** *snět* [tak], **iers** *sneid* [kort, klein].

snik [1] [steekbeitel] vgl. *snik* [schokkende beweging], van **snikken**.

snik [2] [schuit] **middelnl., middelnd.** *snicke,* **oudnoors** *snekkja* [oorlogsschip], **middelhd.** *snecke,* **oudeng.** *snacc* [idem]; etymologie onzeker, mogelijk te verbinden met *snoek* (het scheepstype heeft een karakteristieke neus) (vgl. **snip** [3]).

snik [3] ['niet goed snik', niet goed wijs] → **snugger**.

snikheet [smoorheet] het eerste lid van **snikken** [krampachtige bewegingen maken, d.w.z. moeilijk ademhalen].

snikkel [penis] < **jiddisch** *sjniggel*.

snikken [krampachtige bewegingen maken] **middelnl.** *snicken* [snikken, naar adem hijgen], ablautend bij **sneuken,** *snakken;* het woord betekende vroeger ook 'snoepen', vgl. **middelnl.** *snickelbrocke* [lekker hapje].

snikkeren [snijden] iteratief van een ouder ww. *snikken* [snijden] (vgl. **snik** [2] [schuit]).

snip [1] [keep, snede] van *snippen* (vgl. **snipperen**).

snip [2] [vogel] **middelnl.** *snippe, sneppe* (vgl. **snip** [3] [schuit]); het dier heeft een lange spitse snavel, vgl. **fr.** *bécasse* [snip], van *bec* [snavel].

snip [3] [schuit (met puntige steven), puntige steen] behoort tot een grote familie van met *sn* anlautende woorden, die het begrip 'snijden, scherp zijn' vertolken, vgl. o.m. *sneb, snib, snipperen, snijden* (vgl. ook **snip** [1]) → **snik** [2].

snipperen [tot snippers snijden] iteratief van *snippen* [snijden], **hd.** *snipfeln* [snipperen, klein snijden], **eng.** *to snip,* verwant met **snip**² [vogel, schuit].

snipverkouden [erg verkouden] wordt verklaard doordat de **snip**² bij het voedselzoeken vaak een druppel aan zijn snavel heeft hangen.

snirsen [sissen] klanknabootsende vorming met dezelfde ontstaansgrond als *snorren, knirsen* e.d..

snit¹ [wijze waarop iets gesneden is] (1816) < **hd.** *Schnitt,* van *schneiden* [snijden].

snit² [zeis] van **snijden.**

snob [parvenu] < **eng.** *snob,* etymologie onbekend. De oudste betekenis is 'knecht van een schoenlapper'.

snoeien [inkorten (van takken)] **middelnl.** *sno(e)yen,* **middelnd.** *snoien;* evenals b.v. *snijden, snavel, snip* behoort snoeien tot een grote groep klanknabootsende woorden met anlautend *sn* die als grondbetekenis 'snijden, scherp' hebben.

snoek [vis] **middelnl.** *snoec,* **middelnd.** *snok,* **zweeds** *snok* [slang], een met *sn* anlautend woord dat behoort tot de grote groep klankschilderende woorden die snijden, scherp verwoorden, vgl. *snip* [vogel, schuit]; de vis heeft een spitse bek, vgl. **fr.** *brochet* [snoek], van *broche* [stift, pin], **eng.** *pike* [piek, spies, snoek], **eng.** *snake* [slang] is een ablautende vorm.

snoepen [lekkernijen eten] **nd.** *snopen,* **oudnoors** *snopa* [happen]; ablautend naast *snap(pen)* (vgl. *versnapering).*

snoer¹ [koord, draad] **middelnl.** *snoer, snoir,* **middelnd.** *snōr,* **oudhd.** *snuor,* **oudnoors** *snǫri,* **gotisch** *snōrjō* [gevlochten korf]; ablautend bij **snaar**³.

snoer² [schoondochter, hoer] → **snaar**².

snoes [lieftallig persoon] eerst laat in de 19e eeuw genoteerd, vermoedelijk een speelse variant van *snoet* [snuit], vgl. **nd.** *snusse* [snuit].

snoeshaan [snuiter] (1617) < **nd.** *snushahn,* **hd.** *Schnauzhahn* [kalkoense haan], genoemd dus naar zijn snuit, vgl. rare 'snuiter'.

snoet nevenvorm van **snuit**¹.

snoeven [opscheppen] nevenvorm van **snuiven,** waarin de oorspr. *oe* is behouden.

snokken [rukken, snikken] nevenvorm van **snikken** en **snakken.**

snol [oorspr. minnares, later: hoer], van **snollen**² [snoepen].

snollen¹ [het glanzen van stenen pijpen] etymologie onbekend.

snollen² [snuffelen] **middelnl.** *snollen* [hoorbaar eten]; behoort tot de uitgebreide groep met *sn* anlautende woorden als *snuffelen, snavel, sneuken, snuit, snip.*

snood¹ [misdadig] **middelnl.** *snode* [schamel, veracht, lelijk, schandelijk], **middelnd.** *snode,* **middelhd.** *snǫde,* **oudnoors** *snauðr;* naast 'snood' de oostelijke umlautsvorm *sneu;* de oorspr. betekenis is waarschijnlijk 'besneden', vgl. **oudeng.** *besnyððan* [beroven], **oudnoors** *sneyða* [idem], *snöðinn* [kaal].

snood² [schrander] mogelijk hetzelfde woord als **snood**¹ [misdadig], vgl. voor de betekenis **slim.**

snor¹ [haar op de bovenlip] (1844) < **hd.** *Schnurrbart,* van *Schnurre* [snuit, muil].

snor² [een beetje dronken] van *snorren,* vgl. *roes* naast *roezen* [leven maken], *soes* [roes] van *suizen, brom* van *brommen.*

snor³ ['dat zit wel snor', dat zit wel goed] ongetwijfeld de beharing van de bovenlip. Vgl. *dat heeft ponum* [gezicht].

snorder [taxichauffeur die onderweg vrachtjes oppikt] van **jiddisch** *Schnorrer* [bedelaar], eig. muzikant, van *schnurren* [gonzen, brommen] (vgl. *snorren).*

snorkel [luchtpijpje bij het zwemmen] < **hd.** *Schnorchel* [luchtinlaat voor onderzeeërs, dial. snuit], van *schnorchen* [snorken].

snorken [keelgeluid maken] **middelnl., middelnd.** *snorken,* intensivum van *snorren* [brommend geluid maken].

snorren [los werk zoeken] afgeleid van: met de *snorrebot* rondgaan om te bedelen (vgl. *snorder).*

snot [neusvocht] **middelnl.** *snot(te)* [snot, verkoudheid], **middelnd.** *snotte,* **oudhd.** *snuzza,* **oudfries** *snotta,* **oudeng.** *gesnott;* ablautend bij *snuiten.*

snotolf [vis] **middelnl.** *snottolf* als scheldwoord: vuilik, smeerlap, bij Kiliaan *snotwolf* [de vis], **hd.** *S(ch)nottolf;* het eerste lid is **snot,** de vis heeft een slijmerige huid en ook slijmerig vlees. Het tweede lid zal *wolf* zijn (vgl. *zeewolf),* waarmee voor de vorm 'snotolf' een parallel zou bestaan met *meerkol* (**hd.** *Markwolf > Markolf).*

snuf [reuk] **middelnl.** *snof, snouf, snuf* [verkoudheid]; behoort bij **snuiven.**

snuffelen [lucht opsnuiven] iteratief van *snuffen,* dat een intensivum van **snuiven** is.

snugger [schrander] bij Kiliaan *snogher, snugher,* **fries** *snokker* [zindelijk, wakker], **nd.** *snigger, snögger* [sierlijk], **oudnoors** *snǫggr* [kortharig, snel]; daarnaast ook **nl.** *snik* (in *niet goed snik);* behoort tot de met *sn* anlautende groep woorden met de grondbetekenis 'snijdend, scherp', waarvan *snip, snijden, snuffelen* voorbeelden zijn.

snuisterij [sieraad van weinig waarde] eerst in de 17e eeuw genoteerd, doch bij Kiliaan *snuysteringhe, snoesteringhe* [lekkernij, ooft e.d., kleine waar], van *snoesteren, snuysteren* [snoepen], van *snoezen* [snuffelen], van *snoes* (vgl. **snuit**¹).

snuit¹ [vooruitspringend deel van kop] **middelnl.** *snute, snuut, snuyt,* **middelnd.** *snute,* **middeleng.** *snoute,* behoort tot de grote groep met anlautend *sn,* die een grondbetekenis 'snijden, scherp' hebben, waarbij *snip* [schuit, vogel] en *snavel,* waarmee het beeld van de neus wordt geassocieerd.

snuit² [vlasafval] van *afsnuiten.*

snuiter [kwant] vermoedelijk van het ww. *snuiten*

snuiven in de oude betekenis van 'geld afzetten' en dan dus eig. 'bedrieger', vgl. **eng.** *he made me pay through the nose, he has nosed me* (vgl. **snuit** [1]).

snuiven [hoorbaar door de neus ademen] **middelnl.** *snuven,* **middelnd.** *snuven,* **middelhd.** *snufen* [snurken]; behoort bij de grote groep klanknabootsende met *sn* anlautende woorden als *snavel, sneb, snip, snoek;* de grondbetekenis 'snijden, scherp' demonstreert zich niet direct en 'snuiven', maar vermoedelijk indirect door het beeld van de neus.

snurken → *snorken.*

soap opera [sentimentele vervolgserie] < **eng.** *soap opera,* zo genoemd omdat ze vaak werden gesponsord door zeepfabrikanten.

sobat [vriend] < **maleis** *sobat,* een volkstaalvariant van *sahabat* < **ar.** *ṣāḥib* (mv. *ṣaḥāba*) [gezel, kameraad, vriend, volger, eigenaar, heer], bij het ww. *ṣaḥiba* [hij vergezelde] (vgl. *sahib*).

sobbelen [strompelen, struikelen] **middelnl.** *subbelen, sobbelen* [waggelen, struikelen], frequentatief van *subben* [idem]; van *sompen, sompelen.*

sober [niet overvloedig] **middelnl.** *sober* [matig, armoedig] < **fr.** *sobre* [matig] < **lat.** *sobrius* [nuchter, niet dronken, matig, ingetogen], van *se-* [terzijde, weg] + *ebrius* [dronken] (vgl. *zuiver*).

sobriëteit [matigheid] < **fr.** *sobriété* [idem] < **lat.** *sobrietas* (2e nv. *sobrietatis*) [nuchterheid], van *sobrius* (vgl. *sober*).

soccer [voetbal] < **eng.** *soccer,* van *(as)soc(iation football).*

sociaal [maatschappelijk] < **fr.** *social* < **lat.** *socialis* [van of voor de gemeenschap], van *socius* [gemeenschappelijk, verbonden, bondgenoot, metgezel], verwant met *sequi* [volgen].

sociëteit [vereniging] **middelnl.** *societijt* [vennootschap] < **fr.** *société* < **lat.** *societatem,* 4e nv. van *societas* [genootschap, gezelschap], van *socius* [metgezel] (vgl. *sociaal*).

socket [metalen mof] < **eng.** *socket* < **middeleng.** *soket* < **oudfr.** *soket,* verkleiningsvorm van *soc* [ploegschaar], een kelt. woord, vgl. **oudiers** *socc,* **welsh** *swch* [eig. snuit], verwant met **lat.** *sus,* **gr.** *sus* [varken], **iets** *suvens* [big].

soda [een zout] < **me. lat.** *sodanum* [middel tegen hoofdpijn], van *soda* [hoofdpijn] < **ar.** *ṣudā'* [barstende hoofdpijn]; vgl. voor de betekenis *migraine.*

sodaliteit [katholieke vereniging] < **lat.** *sodalitas* (2e nv. *sodalitatis*) [kameraadschap], van *sodalis* [kameraad], verwant met *suescere* [gewoon worden], **gr.** *ēthos* [gewoonte] (vgl. *ethiek*).

sodemieter, sodomieter [scheldwoord] < **lat.** *Sodomita* < **gr.** *Sodomitès,* inwoner van de stad *Sodom,* aan de oever van de Dode Zee, waarvan de zonden in Genesis 18 en 19 worden genoemd.

soebatten [vleiend vragen] (1641) < **maleis** *menyobat* [aanpappen], in niet-samengestelde vorm *sobat,* van *sobat* [vriend] (vgl. *sobat*).

soedah [klaar] < **maleis** *sudah* [klaar, af, hou op!, het is nu eenmaal zo].

Soedan [geogr.] < **ar.** *Sūdān,* verkort uit *bilād as sūdān, bilād* [land], *sūdān* [zwart] (mv.) en dus lett. 'het land van de zwarten'. Vgl. voor de betekenis *Zanzibar.*

soefi [beoefenaar van de islamitische mystiek] < **ar.** *ṣūfī* [van wol, iem. die in een wollen gewaad loopt, mysticus], van *ṣūf* [wol].

soejang [oplawaai] etymologie onbekend.

soek [bazarstraat] < **ar.** *sūq* [bazarstraat, markt].

soelaas [vertroosting] **middelnl.** *sollas, so(l)laes* < **oudfr.** *solaz* < **lat.** *solatium,* van *solari* (verl. deelw. *solatum*) [troosten], idg. verwant met *zalig.*

soeling, soelingan [fluit] < **maleis** *suling,* **javaans** *suling* [fluit, stoomfluit], **maleis** *sulingan* [destilatie, gedestilleerd].

soemkoef [barg. politie] etymologie onbekend.

soempit, soempitan [blaasroer] < **maleis** *sumpitan* [idem].

Soenan verkorting van *Soesoehoenan.*

soennieten [orthodoxe islamieten] < **ar.** *sunnī* [soenniet], van *sunna* [overgeleverde gewoonte, traditie]; de *sunnat an nabīy* [van de Profeet] zijn de uitspraken en handelingen van de Profeet als wettelijk bindende precedenten, c.q. navolgenswaardige voorbeelden.

soep [vloeibare kost] (1745) < **fr.** *soupe* [idem], uit het germ., vgl. *sop* [1].

soepel [buigzaam] < **fr.** *souple* < **lat.** *supplex* [neerknielend, deemoedig], van *sub* [onder] + *placare* [effenen, kalmeren, gunstig stemmen], waarvan *placēre* [behagen] het causatief is.

soera [hoofdstuk van de koran] < **ar.** *sūra* [idem].

Soerabaja [geogr.] < **bahasa indonesia** *Surabaya* < **javaans** *Surabaya* [moedig in het gevaar], van *sura* [heldenmoed, moedig] + *baja* [gevaar]; de hoogjavaanse pendant is *Soerapringga.*

soerat [brief] < **maleis** *surat* [brief, geschrift, boek, document] < **ar.** *sūra* (vgl. *soera*).

soes [gebak] (1791), mogelijk < **fr.** *chou (à la crème)* [kool, soes] < **lat.** *caulis* > *kool* [1].

soesa [drukte] < **maleis** *susah* [idem].

Soesoehoenan, Soenan [titel van vorst] < **javaans** *soenan* > **kawi** *suhun,* van het ww. *anuhun* [iets op het hoofd dragen, overdrachtelijk: iets met eerbied behandelen]; de titel betekent dus ongeveer 'voorwerp van verering'.

soeter, soeterik, Jantje soet [souteneur] < **fr.** *souteneur* (vgl. *souteneur*).

soeverein [1] [schuine kant] **middelnl.** *sanfrane, franje* < **fr.** *chanfrein* [voorhoofd van paard, verderbos], van *chanfreiner* [afschuinen], van *chant* [kant] + *fraindre* < **lat.** *frangere* [breken], daarmee idg. verwant.

soeverein [2] [oppermachtig, vorst] **middelnl.** *so(e)verein* [boven anderen gesteld, gezaghebber (algemeen)] < **fr.** *souverain* [idem] < **me. lat.** *superanus* [voornaamste], van *superare* [uitsteken, over iets heen klimmen], van *super* [boven].

soezen [suffen] nevenvorm van *suizen* [bij Kiliaan zacht waaien], in de betekenis 'suffen' (1858) uit *suizebollen;* de vorm *soezen* naast *suizen* vermoedelijk met een oude *oe,* maar mogelijk ook een affectieve vorm.

sof [strop] (1904) < **hebr.** *soph* [einde, slot].

sofa [bank] (1784) < **fr.** *sofa* < **turks** *sofa* [divan] < **ar.** *ṣuffa* [bank buiten tegen de muur van het huis].

sofer [Hebreeuws schriftgeleerde] < **hebr.** *sōfēr* [lett. boekman], van *sēfer* [boek], **akkadisch** *shipru* [brief], van *shapāru* [zenden].

soffiet [ondervlak van een architraaf] < **it.** *soffitto* [idem], teruggaand op **lat.** *suffigere* (verl. deelw. *suffictum*) [onderaan hechten op, van onderen beslaan met (b.v. balken met goud)], van *sub* [onder] + *figere* [hechten].

sofiekruid [plant] het eerste lid is **lat.** *sophia* < **gr.** *sophia* [vaardigheid] (vgl. *sofist*); het werd als heelkruid toegepast.

sofist [die scherpzinnige drogredenen aanvoert] < **gr.** *sophistès* [deskundige, technicus, scheppend kunstenaar, wijsgeer], van *sophizein* [iem. wijsmaken, passief: wijs worden], van *sophos* [ervaren, deskundig, wijs].

soft [zacht] < **eng.** *soft* [zacht], daarmee verwant.

softa [islamitisch theologisch student] < **turks** *softa* < **perzisch** *süxteh,* verl. deelw. van *süxtan* [branden], dus iem. die gloeit van enthousiasme.

soigneren [verzorgen] < **fr.** *soigner* [idem], uit het germ., vgl. **frankisch** *sunnja,* **oudsaksisch** *sunnea* [zorg, nood], **nl.** *zoen, (ver)zoenen* (vgl. *besogne*).

soiree [avondpartij] < **fr.** *soirée* [idem], van *soir* [avond] < **lat.** *serus* [laat].

soit [het zij zo!] < **fr.** *soit,* 3e pers. enk. van de conjunctief van *être.*

soja [pikante saus] < **japans** *shōyū,* ontleend aan **chinees** *chiang yu* [sojaboonolie].

sok[1] [korte kous] **middelnl.** *socke, zocke, soc* [muil, op de voet vastgebonden zool] < **lat.** *soccus* [lage schoen, kleine laars] < **gr.** *sukchos,* uit een oude mediterrane taal afkomstig, waaruit ook **baskisch** *oski* [schoen], **avestisch** *haza-* [voetzool] (vgl. *sokkel*).

sok[2] [metalen mof] < **eng.** *socket* (vgl. *socket*).

sokkel [voetstuk] < **fr.** *socle* [idem] < **it.** *zoccolo* [houten zool, klomp, voetstuk, sokkel] < **lat.** *socculus* [kleine toneelschoen], verkleiningsvorm van *soccus* [idem] (vgl. **sok**[1]).

sokol [turnvereniging] < **tsjechisch** *sokol* [valk], vgl. **oudindisch** *śakuna-* [een (grote) vogel].

sol[1] [muziekterm] → *ut.*

sol[2] [de Peruaanse munt] < **spaans** *sol* < **lat.** *sol* [zon], daarmee idg. verwant, genoemd naar de zonnegod, wiens incarnatie de Inka was. Het portret van de Inka Manco Capac komt dan ook voor op de stukken van 50 sols. Voor het vroegere Belgische muntje van 0,1 frank vgl. *sou.*

sola [enkele wissel] < **it.** *lettera* (of *cambiale*) *sola, sola,* vr. van *solo* < **lat.** *solus* [enkel, alleen].

solaarolie [olieachtige vloeistof] < **eng.** *solar oil* [idem}, van *solar* [zonne-] < **lat.** *solaris* [idem], van *sol* [zon], daarmee idg. verwant + *oil* [olie].

solaas → *soelaas.*

solanine [een giftige stof] gevormd van **lat.** *solanum* [nachtschade, eig. zonnebloem], van *sol* [zon], daarmee idg. verwant.

solano [een oostenwind] < **spaans** *solano* < **lat.** *(ventus) solanus* [oosten(wind)], van *sol* [zon], daarmee idg. verwant.

solarium [(kunstmatig) zonnebad] < **lat.** *solarium* [zonnewijzer, plat dak, balkon, terras], van *sol* [zon], daarmee idg. verwant.

soldaat [militair] < **fr.** *soldat* [idem] < **lat.** *solidatus,* een lid van de lijfwacht van Constantijn de Grote, die met *solidi* werd betaald. Na jarenlange geldontwaarding voerde Constantijn een volwaardig goudstuk in met de naam *solidus* [massief, echt]; de keurtroepen werden erin uitbetaald, zij kregen *soldij.*

solde [uitverkoop] < **fr.** *la solde* [saldo, overschot, restant], van *solder* [een rekening opmaken, het saldo vaststellen, restanten verkopen] < it. *saldare* (vgl. *saldo*).

solderen [metaal aaneenhechten] **middelnl.** *solderen, souderen* < **fr.** *souder* < **lat.** *solidare* [stevig maken, in orde maken, aan elkaar vastmaken], van *solidus* (vgl. *solide*).

soldij [wedde] < **fr.** *solde* [idem] < **it.** *soldo* < **lat.** *solidus* (vgl. *soldaat*).

solecisme, soloecisme [taalfout] < **gr.** *soloikismos* [fout tegen de taalregels, onbehoorlijk gedrag], van *soloikos* [buitenlander, onbeschaafd, slecht sprekend], mogelijk van *oikos* [huis, vaderland], idg. verwant met *wijk*[1].

solemneel [plechtig] < **lat.** *sol(l)emnis* [ieder jaar terugkerend, ieder jaar gevierd, plechtig], van *sollus* [geheel] + *annus* [jaar], mogelijk o.i.v. *solēre* [gewoon zijn].

solenoïde [draadspoel] < **gr.** *sōlēnoeidès* [als een buis], van *sōlēn* [kanaal, pijp] + *-oeidès* (vgl. *-oïde*).

solfatare [dampbron] < **fr.** *solfatare* < **it.** *solfatara* [zwavelbron, krater met zwaveldampen], van *solfo* [zwavel] < **lat.** *sulfur* [idem].

solfège [toonladders zingen] < **fr.** *solfège* < **it.** *solfeggio,* van *solfa* [toonladder], van de eerste lettergrepen van **lat.** *solve* en *famuli* (vgl. *ut*).

solfer, sulfer [zwavel] **middelnl.** *sulpher, sulfer, solfer* < **lat.** *sulfur, sulphur* [idem].

solferino [kleur rood] iets donkerder dan *magenta,* genoemd naar de bloedige slag bij *Solferino* (1859, in hetzelfde jaar als die bij Magenta).

solidair [door saamhorigheid verbonden] < **fr.** *solidaire* [idem], oorspr. als juridische term hoofdelijk verantwoordelijk < **lat.** *in solidum* [voor het geheel], van *solidum* [geheel], het zelfstandig gebruikt o. van *solidus* [solide, geheel].

solide [stevig] < **fr.** *solide* < **lat.** *solidus* [idem] (vgl. *soldaat*).

solideetje [priestermutsje] < **lat.** *soli Deo* [alleen voor God].

solifluctie [het vloeien van ontdooide grond] van **lat.** *solum* [bodem] (vgl. **zool**) + *fluctus* [het stromen], van *fluere* [vloeien, stromen].

solipsisme [een filosofische leer] gevormd van **lat.** *solus* [alleen] + *ipse* [zelf].

solist [die alleen uitvoert] < **fr.** *soliste* [idem] < **it.** *solista*, van *solo* [alleen] < **lat.** *solus* [idem].

solitair [eenzaam, kluizenaar] < **fr.** *solitaire* [idem] < **lat.** *solitarius* [eenzaam, op zichzelf staand], van *solitas* [eenzaamheid], van *solus* [alleen].

sollen [heen en weer trekken, willekeurig omgaan] **middelnl.** *(t)sollen* [kolven, een bal heen en weer werpen] < **oudfr.** *soler* [spelen met de kolfbal, kolven], van *sole* [kolfbal] < **lat.** *solea* [zool].

solliciteren [naar een betrekking dingen] **middelnl.** *solliciteren* [trachten te verkrijgen] < **fr.** *solliciter* < **lat.** *sollicitare* [in heftige beweging brengen, prikkelen, ophitsen, aanzetten tot], van *sollicitus* [heftig bewogen], van *sollus* [geheel] + *citus*, verl. deelw. van *ciëre* [in beweging brengen].

solmiseren [toonladder zingen] gevormd van *sol* + *mi* (vgl. **ut**).

solo [als zanger of speler alléén] < **it.** *solo* [enkel, alleen, solo] < **lat.** *solus* [alleen].

soloecisme [taalfout] → *solecisme*.

solstitium [zonnestilstand] < **lat.** *solstitium*, van *sol* [zon], daarmee idg. verwant, + de stam van *stare* [stilstaan, staan], daarmee idg. verwant.

solutie [oplossing] (1531) *solucie* [antwoord waarmee men een moeilijkheid oplost] < **fr.** *solution* < **lat.** *solutionem*, 4e nv. van *solutio* [het los zijn, ontbinding, oplossing], van *solvere* (verl. deelw. *solutum*) [oplossen], van *se-* [terzijde] + *luere* [losmaken], idg. verwant met het tweede lid van *verliezen*. De betekenis vloeistofoplossing < **eng.** *solution*.

solvabel [in staat om te betalen] < **fr.** *solvable* [idem], van **lat.** *solvere* (vgl. **solutie**).

solvent [in staat om te betalen] **middelnl.** *solvent* < **lat.** *solvens* (2e nv. *solventis*), teg. deelw. van *solvere* [losmaken, betalen] (vgl. **solutie**).

som [totaal] **middelnl.** *summe, somme, som* [het geheel van iets (vooral bij een optelling), hoeveelheid, som gelds] < **oudfr.** *summe, somme* < **lat.** *summa* [hoogste plaats, voorrang, som van een optelling, totaal], *summus* [hoogste, bovenste, grootste]; vroeger werd van onder naar boven opgeteld.

soma[1] [plant, die bedwelmende drank levert] < **oudindisch** *somah*, verwant met *sunoti* [hij perst uit] (vgl. **hyaden**); **nl.** *zuigen* is een verre verwant.

soma[2] [lichaam] < **gr.** *sōma* [idem].

Somalië [geogr.] de naam van het volk luidt in **somali** *sumālē*.

somatisch [lichamelijk] < **gr.** *sōmatikos*, van *sōma* (2e nv. *sōmatos*) [lichaam].

somber [bedrukt] < **fr.** *sombre* (vgl. **sombrero**).

sombrero [hoed met brede rand] < **spaans** *sombrero*, van *sombra* [schaduw] < **lat.** *sub umbra* [onder de schaduw].

somma [bedrag] < **it.** *somma* < **lat.** *summa*, zelfstandig gebruikt vr. van *summus* (vgl. **som**).

sommelier [wijnkelner] **middelnl.** *sommelier* < **oudfr.** *sommelier* [opzichter over de slachtdieren, functionaris die toezicht houdt op de levensmiddelen, dan: bediende die voor de tafel zorgt], van *sommier* [lastdier] < **me. lat.** *sagmarium*, van *sagma* [pakzadel] < **gr.** *sagma* [bepakking, pakzadel], van *sattein* [persen, bepakken, volstoppen, forceren], idg. verwant met *dwingen*.

sommeren [aanmanen] < **fr.** *sommer*, **oudfr.** *summer, sommer* [realiseren, volbrengen, iem. in gebreke stellen], van *somme* [het totaal, hoeveelheid, samenvatting, prestatie, verhandeling] (vgl. **som**).

sommige [onbepaald aantal] **middelnl.** *somich, sommich* [het, de een en ander, deze en gene, sommig, enig], **middelnd.** *somich, sommich*, **oudfries** *sommig*, daarnaast **middelnl.** *som*, **oudsaksisch**, **oudhd.**, **oudfries**, **oudeng.** *sum*, **oudnoors** *sumr*, **gotisch** *sums* [idem]; buiten het germ. **gr.** *hamos* (met *h* < *s*) [een, de een of ander] (vgl. **samen**).

sommiteit [persoon van het hoogste aanzien] < **fr.** *sommité* [uiterste top, sommiteit] < **chr. lat.** *summitas* [hoogste, top], van *summus* [hoogste].

somnambule [slaapwandelaar] < **fr.** *somnambule*, gevormd van **lat.** *somnus* [slaap] + *ambulare* [wandelen].

somnolent [slaperig] < **fr.** *somnolent* < **lat.** *somnolentus* [slaperig], van *somnus* [slaap].

somp[1] [platboomde schuit] vermoedelijk hetzelfde woord als **somp**[2] [poel].

somp[2] [moeras] **oostmiddelnl.** *(t)somp*, **middelnd.** *sump*, **middelhd.** *sumpf*, naast **oudhd.** ablautend *swam(p)* en **oudeng.** *swamm*, **gotisch** *swamms*, **oudnoors** *svöppr* [spons]; buiten het germ. **gr.** *somphos* [sponzig, poreus]; de grondbetekenis is 'sponzige grond'. Verwant met *zwam*.

sompen, sompelen [struikelen] vermoedelijk van *somp*[2] [moeras] en dan met de oorspr. betekenis 'door de modder waden, moeizaam lopen'.

somptueus [weelderig] < **fr.** *somptueux* < **lat.** *sumptuosus* [kostbaar, prachtlievend], van *sumptus* [uitgaven, kosten, verkwisting], van *sumere* (verl. deelw. *sumptum*) [nemen, kopen, huren, uitkiezen, besteden], van *sub* [onder] + *emere* [kopen].

soms [weleens] wel < **middelnl.** *zommels* < *sommaels*, van *som(mig)* (vgl. **sommige**) + *maal* [keer].

sonant [lettergreepvormende klank] < **lat.** *sonans*, 2e nv. *sonantis*, teg. deelw. van *sonare* [klinken], idg. verwant met *zwaan*.

sonar [echopeiling] gevormd uit de eerste letters van **eng.** *Sound Navigation Ranging*.

sonate [muziekstuk voor één instrument] < **it.**

sonata [het spelen, het nummer, klank, sonate], van *sonare* [klinken] (vgl. ***sonant***).

sond [zeestraat] **oudeng.** *sund* [het zwemmen, zwemplaats, zee] **(eng.** *sound), middelnd. sunt* [zeeëngte], **oudnoors** *sund* [het zwemmen, zeeëngte]; hetzelfde woord als de *Sont*, behoort volgens sommigen bij *zwemmen*, waarvan de etymologie overigens onduidelijk is.

sonde [peilstift] < **fr.** *sonde*, van het ww. *sonder* [peilen] < **vulg. lat.** *subundare* [onderduiken], van *unda* [golf], idg. verwant met ***water*** + *sub* [onder].

sonnet [lyrisch gedicht] < **fr.** *sonnet* < **it.** *sonetto,* met verkleiningsuitgang van **lat.** *sonus* [klank, geluid, in me. lat. ook gezang], van *sonare* [klinken, bezingen, prijzen], lett. dus: klinkdicht (vgl. ***sonant***).

sonoor [helder klinkend] < **fr.** *sonore* < **lat.** *sonorus* [luid klinkend, ruisend], van *sonor* [klank, toon, geruis], van *sonare* (vgl. ***sonant***).

soof [barg. gulden] → ***sjoof***.

soort [categorie, kwaliteit] < **fr.** *sorte* [manier, soort] < **lat.** *sortem*, 4e nv. van *sors* [lootje, loting, het resultaat van de loting, b.v. ambt, rang, positie, en in laat-lat. soort, aard].

soos [sullige vrouw] etymologie onzeker, mogelijk < *Françoise*.

sop[1] [zeepwater, nat] **middelnl.** *sop(pe), zoppe, suppe* [melk, bouillon, wijn of bier met daarin gebrokkeld of gedoopt brood, heet vocht waarin gekookt of gewassen wordt, saus], **middelnd.** *soppe, suppe,* **middelhd.** *sūf,* **oudeng.** *sopp* **(eng.** *sop),* van een ww. dat in het **gotisch** *supon* [kruiden] luidt. Verwant met ***zuipen*** en ***soep***.

sop[2] [barg. dronken] van ***zuipen***.

soper [benauwd] ook middelnl., zij het zeldzaam, nevenvorm van ***sober***.

sophisticated [getuigend van intellect] < **eng.** *sophisticated* < **gr.** *sophistikos,* van of voor een *sophistès* [deskundige, technicus, scheppend kunstenaar], van *sophizein* [iem. wijs maken, onderricht geven], van *sophos* [ervaren, deskundig, wijs].

soporatief [slaperig makend] < **me. lat.** *soporativus* < **klass. lat.** *soporatus* [ingeslapen, slapend], van *sopor* [slaap].

sopraan [hoogste vrouwenstem] < **it.** *soprano* [sopraan, lett. hoogste] < **lat.** *superanus* [hoogste], van *superare* [over iets heen klimmen], *superus* [zich boven bevindend], van *super* [boven].

sopraporte [versiering boven deur] < **it.** *soprapporto*, van *sopra* [boven] < **lat.** *supra* [idem] + *porta* [deur] (vgl. ***poort***).

Sorb [lid van Slavische volksstam] < **hd.** *Sorbe* < **me. lat.** *Sur(a)bi, Sorabi;* de Sorben noemen zichzelf *Serby* (mv.), een naam die verwant is met **servokroatisch** *Srb* [Serviër].

sorbe [vrucht] < **fr.** *sorbe* [peerlijsterbes] < **lat.** *sorbum* [idem].

sorbet [ijsdrank] < **fr.** *sorbet,* van **ar.** *sharba,* *shurba* [dronk, teug], dat door de Perzen is overgenomen als *sharbat,* met de betekenis 'sorbet'.

sorbiet [alcohol uit lijsterbessen] van ***sorbe***.

Sorbonne [universiteit te Parijs] genoemd naar de stichter ervan, *Robert de Sorbon* (1201-1274), biechtvader van Lodewijk IX, afkomstig van het plaatsje Sorbon bij Rethel.

sordino [demper op muziekinstrument] < **it.** *sordino* [geluiddemper], afgeleid van *sordo* [doof, dof] < **lat.** *surdus* [doof, stom, zonder geluid, zwak, mat].

sores [bargoens zorgen] < **jidd.** *sores* < **hebr.** *tsore* [leed].

sorghum [kafferkoren] < **modern lat.** *sorghum* < **it.** *sorgo* < **me. lat.** *suricum, surgum* < (*gramen*) *Syricum* [Syrisch (gras)] (vgl. ***Syrië***).

soroptimisten [vrouwenvereniging] afgeleid van **lat.** *sorores* [zusters] (daarmee idg. verwant) + **eng.** *optimist* [optimist(isch)] in de filosofische betekenis dat het goede uiteindelijk het kwaad zal overwinnen.

sororaat [huwelijk met de zuster van de vrouw] < **eng.** *sororate* [idem], naar analogie van *levirate* [leviraatshuwelijk], gevormd van **lat.** *soror* [zuster], daarmee idg. verwant.

sorry [pardon] < **eng.** *sorry* < **middeleng.** *sary, sory,* **oudeng.** *sarig,* van *sār* [smart, verdriet], verwant met ***zeer***[1].

sortabel [gepast] < **fr.** *sortable* [idem], van *sortir* in de zin van voorzien, toerusten < **lat.** *sortiri* [loten, door het lot verkrijgen, krijgen, uitzoeken], van *sors* (2e nv. *sortis*) [lot], verwant met *serere* [aaneenrijgen] (loten werden aan snoeren geregen).

sorteren[1] [uitzoeken] → ***sortabel***.

sorteren[2] [effect sorteren, indruk maken] < **fr.** *sortir son effet* < **me. lat.** *sortiri effectum* (vgl. ***sortabel***).

sosie, sosius [dubbelganger] genoemd naar *Sosius,* de dienaar van Amphitryon, echtgenoot van Alcmene in de komedie Amphitryon van Plautus, vooral populair geworden door de versie van Molière, vanwaar de fr. vorm *Sosie*. Jupiter bedreef de liefde met Alcmene in de gedaante van haar gemaal; Mercurius had de gedaante aangenomen van Amphitryons dienaar Sosius.

sostenuto [volhoudend] < **it.** *sostenuto* [volgehouden, gedragen, voornaam], verl. deelw. van *sostenere* [steunen, dragen, onderhouden, ophouden, vertragen] < **lat.** *sustinēre* [ophouden, handhaven], van *sub* [onder] + *tenēre* [houden].

soter [Zaligmaker] < **gr.** *sōtèr* [redder], van *sōizein* [redden], verwant met *sōma* [lichaam].

sotnia, sotnie [eskadron van oorspr. 100 kozakken] < **russ.** *sotnja* [100], van *sto* [idem], **oudkerkslavisch** *sŭto,* idg. verwant met **oudindisch** *śata-,* **lat.** *centum,* **gr.** *hekaton,* **nl.** ***honderd***.

sottise [dwaasheid] < **fr.** *sottise,* van *sot* [dwaas] < **me. lat.** *sottus,* dat wordt afgeleid van **mishnaïsch hebr.** *sjōte* [dwaas], van het ww. *sjātā* [dwaas zijn], vgl. **hd.** *Stuβ* [larie] < **jiddisch** *Shtuss.*

sotto voce [met ingehouden stem] < it. *sotto voce* [lett. beneden de stem], *sotto* < lat. *subtus* [van onderen, beneden], van *sub* [onder] + *vocem*, 4e nv. van *vox* [stem], idg. verwant met **gr.** *epos* en **nl.** *gewagen*.

sou [stuiver] < **fr.** *sou* < *sol* < lat. *solidus* (vgl. *soldaat*); voor de ontwaarding van het begrip vgl. *gulden, öre, zloty, sjoof, soldij*.

soubrette [hoofdrol van operette] < **fr.** *soubrette* < **provençaals** *soubreto* [gekunsteld, aanstellerig], van *soubra* [oorspr. te buiten gaan], **oudprovençaals** *sobrar* < lat. *superare* [te boven gaan], van *super* [boven].

souche [controlestrookje] < **fr.** *souche* [boomstomp], overdrachtelijk in onze betekenis van 'souche', van een kelt. woord, dat verwant is met *stok;* het middelnl. *stoc* betekent allereerst 'boomstam, stam', **hd.** *Stock* [boomstronk, stok].

souchon [een Chinese theekwaliteit] < **chinees** *hsiao chung* [kleine soort], *hsiao* [klein] *chung* [soort].

soufflé [gerecht met geklopt eiwit] < **fr.** *soufflé*, verl. deelw. van *souffler*, dus lett. opgeblazen (vgl. *souffleren*).

souffleren [voorzeggen] < **fr.** *souffler* [idem] < lat. *sufflare* [blazen, opblazen, doen zwellen, blazen tegen iem.], van *sub* [onder, tot vlak bij] + *flare* [blazen].

souffreren [lijden] < **fr.** *souffrir* [idem], **oudfr.** *sufrir,* teruggaand op **lat.** *sufferre* [brengen onder, eronder houden, op zich nemen, uithouden, dragen, verduren], van *sub* [onder] + *ferre* [dragen], idg. verwant met *baren* [1].

souger [handelaar] → *sauger*.

soulageren [troosten] (1524) *soulageren* < **fr.** *soulager* [idem], van **oudfr.** *solaz* (vgl. *soelaas*).

soumis [onderworpen] < **fr.** *soumis,* verl. deelw. van *soumettre* < lat. *submittere* [omlaag laten gaan, onderwerpen]; het verl. deelw. *submissus* betekende reeds naast 'neerhangend' ook 'deemoedig, bescheiden', van *sub* [onder] + *mittere* [laten gaan], idg. verwant met *smijten*.

sound [kenmerkend geluid] < **eng.** *sound* < **middeleng.** *soun* < **fr.** *son* < lat. *sonus* [geluid] (vgl. *sonant*).

soupçon [argwaan] **middelnl.** *so(u)pchon* < **fr.** *soupçon* < **oudfr.** *sospeçon* < lat. *suspectionem,* 4e nv. van *suspectio* [argwaan], van *suspicere* (verl. deelw. *suspectum*) [naar boven kijken, zijn blik op iets vestigen, verdenken], van *sub* [onder] + *specere* [kijken], idg. verwant met *spieden*.

souperen [avondmalen] < **fr.** *souper* [idem], van *soupe* [in me. fr. oorspr. een snee brood met soep erover] uit het germ., vgl. *sop* [1].

souplesse [buigzaamheid] < **fr.** *souplesse,* van *souple* (vgl. *soepel*).

sourdine [demper op muziekinstrument] < **fr.** *sourdine* < **it.** *sordina, sordino* [klankdemper], met verkleiningsuitgang *-ino,* van *sordo* [doof, stom] < lat. *surdus* [idem], idg. verwant met *zwerm*.

sousbras [zweetlapje in oksels van kleding] < **fr.** *sous-bras* [idem], van *sous* < lat. *subtus* (bijw.), in me. lat. gebruikt in plaats van het verouderde *sub* [onder] + *bras* (vgl. *brassière*).

sousies [pinda's] → *sausjes*.

soutache [garneerband] < **fr.** *soutache* < **hongaars** *sujtás* [tres].

soutane [priestergewaad] < **fr.** *soutane,* o.i.v. *sous* [onder] < **it.** *sottana* [onderrok, soutane], van *sotto* [onder] < lat. *subtus* [idem], van *sub* [onder].

souteneur [pooier] < **fr.** *souteneur,* van *soutenir* [steunen, verdedigen] < lat. *sustinēre* [staande houden, handhaven], van *sub* [onder] + *tenēre* [houden, vasthouden, handhaven].

souter [psalter, psalm] **middelnl.** *souter,* wat de klankwettig te verwachten vorm is, naast *psalter*.

soutien [stevig gaas, baleintje] < **fr.** *soutien,* van *soutenir* [ophouden] < lat. *sustinēre* (vgl. *sostenuto*).

souvenir [aandenken] < **fr.** *souvenir,* van *se souvenir de* [zich iets herinneren] < lat. *subvenire* [te hulp komen, in laat-lat. opkomen, in de gedachte komen], van *sub* [van onder naar boven toe] + *venire* [gaan, komen], daarmee idg. verwant.

sovchoz, sovchoze [staatslandbouwbedrijf] < **russ.** *sovchoz* < *sovetskoe chozjajstvo* [radenbedrijf].

sovereign [Engels gouden pond] < **eng.** *sovereign* < **fr.** *souverain* (vgl. *soeverein* [2]), maar met *g* o.i.v. *reign* [regering]; zo genoemd vanwege de beeldenaar met koninklijk portret.

sovjet, sowjet [raad] < **russ.** *sovet* [raad], **oudruss.** *sŭvětŭ,* van *sŭ-* [samen], daarmee idg. verwant + *-vět* (alleen in samenstellingen), vgl. **oudpruisisch** *vaitiat* [spreken] en **russ.** *privet* [groet]; het russ. *sovet* is een leenvertaling van **gr.** *sumboulion* [raad(svergadering)].

soxhlettoestel [toestel om te extraheren] genoemd naar de uitvinder ervan, de Duitse chemicus Franz von Soxhlet (1848-1926).

spaak [1] [verbinding] **middelnl.** *spa(ec)ke* [staak, stang, afgespleten stuk hout], met andere vocaal *speke, speec,* **oudsaksisch** *speca,* **oudhd.** *speicha,* **oudfries** *spake, speke,* **oudeng.** *spaca* (**eng.** *spoke*); buiten het germ. lat. *spica* [korenaar]; vermoedelijk te verbinden met *spijker* [2], *spit* [1], *spie*.

spaak [2] ['spaak lopen', in de war lopen] hetzelfde als *spaak* [1] (van een wiel), uit *te spaak,* d.w.z. op een spaak lopen, gezegd van een wiel dat tegen een spaak loopt en daardoor klem komt te zitten.

spaan [afgespleten hout, gereedschap] **middelnl.** *spane, spaen,* **middelnd., oudhd.** *spān,* **oudeng.** *spōn* (**eng.** *spoon*), **oudnoors** *spānn* [spaan, lepel]; buiten het germ. **gr.** *sphèn* [wig], **iers** *sonn* [paal], **oudindisch** *sphya* [spaander, mes], van een basis met de betekenis 'splijten' (vgl. *spaat, spade* [2]).

spaander [afgespleten houtje] oorspr. meervoudsvorm van *spaan,* maar tot nieuw enk. geworden.

spaat [mineraal met bladerige structuur] < **hd.** *Spat*, van dezelfde basis als *spaan*.

spachtel [spatel] < **hd.** *Spachtel* [plamuurmes] < *Spatel*, waarin zich tussen vocaal en *t* de *ch* heeft ontwikkeld (vgl. *spatel*).

spade[1], spa [laat] middelnl., middelnd. *spade*, oudhd. *spati* (hd. *spät*), gotisch *spedists* [laatste]; buiten het germ. **lat.** *spatium* [ruimte, tijd], grondbetekenis 'zich uitstrekkend' (vgl. *spastisch*).

spade[2] [schop] middelnl. *spade*, oudsaksisch *spădo*, middelhd. *spāt(e)*, oudfries *spăda*, oudeng. *spădă*, oudnoors *spădi;* buiten het germ. **gr.** *spathè* [breed, vlak hout, spaan, zwaard], *spidès* [uitgebreid, ruim], **lat.** *spatium* [ruimte, uitgestrektheid] (vgl. *spaan*).

spadille [schoppenaas] < **fr.** *spadille* < **spaans** *espadilla*, verkleiningsvorm van *spada* [zwaard], naar de afbeelding op de kaarten < **lat.** *spatha* < **gr.** *spathè* (vgl. *spade*[2]).

spadrille [schoen met touwzool] < **fr.** *espadrille* [idem], ouder *espardille* < *espardillo* (dial. van Roussillon), van *spart(e)* [esparto (gebruikt voor vlechtwerk)] (vgl. *esparto*).

spagaat [spreidzit] < **hd.** *Spagat, Spakat* < **it.** *spaccata* [diepe knieval bij schermen, kom die in vier stukken uiteenvalt], van *spaccare* [splijten] < **longobardisch** *spahhan* [idem].

spaghetti [meelprodukt] < **it.** *spaghetti*, mv. van *spaghetto* [bindgaren], verkleinwoord van *spago* [bindtouw].

spagnolet [weefsel] < **it.** *spagnoletta* [idem], vr. verkleiningsvorm van *spagnuolo* [Spaans], zo genoemd naar de herkomst.

spahi [ruiter] < **turks** *sipahi* < **perzisch** *sepāhī* [soldaat], van *perzisch* *sepāh* [leger] (vgl. *sepoy*).

spakerig [uitgedroogd] van *spaken* [door droogte splijten], middelnl. *spa(ec)ken* [droog zijn], *spac* [droog, dor], middelhd. *spachen*, mogelijk van *spaak*[1], middelnl. *spa(ec)ke* [afgespleten stuk hout].

spalhout [gekloofd brandhout] van middelnl. *spalden*, oostelijke vorm van *spouden*, *spouwen*[1], vgl. **hd.** *spalten*.

spalier [latwerk voor leibomen] **hd.** *Spalier*, **fr.** *espalier* < **it.** *spalliera* [rugsteun, latwerk voor vruchtbomen], van *spalla* [schouder, steun] < **lat.** *spatula* (vgl. *spatel*).

spalk [hout om gebroken ledematen onbeweeglijk te bevestigen] middelnl. *spalke, spalc* [spaan, dun latje, spalk], **oostfries** *spalk* [splinter], **oudeng.** *spilk*, **oudnoors** *spjalker* [pijler], **ijslands** *spjālk;* verwant met *spouwen*[1], *splijten;* de betekenis is 'afgespleten stuk hout'.

spallatie [afsplintering] van **eng.** *to spall* [afsplinteren], *spall* [(steen)splinter], verwant met middelnl. *spalden*, **hd.** *spalten* (vgl. *spouwen*[1]).

spalling [varken beneden een jaar] < **fries** *spalling* < *spanling*, middelhd. *spenvarch*, waarvan het eerste lid is **nl.** *speen*, vgl. middelnl. *spaninge* [het spenen].

span[1] [lengtemaat] middelnl. *span* [dat wat gespannen wordt, afstand tussen pink en duim van de gespannen hand], van *spannen*[1].

span[2] [voorgespannen dieren] middelnl. *gespan(ne), span* [tuig en paarden]; van *spannen*[1].

spang [gesp, haak] middelnl. *spang(e)*, middelnd. *spange*, oudhd. *spanga*, oudeng. *spang*, oudnoors *spǫng;* van *spannen*[1].

spaniel, spaniël [hond] < **eng.** *spaniel* [idem], middeleng. *spainel* [Spaans, spaniel, een Spaanse hond], gaat terug op *español* [Spaans] < **vulg. lat.** *Hispaniolus*, van *Hispania* [Spanje], uit het iberisch (vgl. *spinjoen*).

Spanje [geogr.] < **me. lat.** *Spania* < **klass. lat.** *Hispania*, uit het iberisch.

spanjolet, espagnolet [draairoede aan deuren] → *spagnolet*.

spanker [eenheidsklasse zeilbootjes] < **eng.** *spanker*, van *to spank* [zich snel voortbewegen], van *spanking* [zich snel voortbewegend], etymologie onduidelijk.

spankeren [hard weglopen] middelnd. *spenkeren*, iteratief bij **noordfries** *spanken* [met trots de benen neerzetten], **deens** *spanke* [in trotse houding lopen]; verwant met *spannen*[1].

spanling [barg. oog] van *spannen* [op de uitkijk staan] < **hd.** *spannen* [spannen, met spanning volgen, loeren, gluren].

spannen[1] [strak trekken, vastmaken aan] middelnl. *spannen*, oudsaksisch, oudhd., oudeng. *spannan*, oudfries *spanna*, oudnoors *spenna;* buiten het germ. **lat.** *pandere* [uitspannen], **gr.** *pitnèmi* [ik breid uit], **litouws** *pantis* [boei]; verwant met *spinnen*.

spannen[2] [barg. kijken, zien] → *spanling*.

spanseren [wandelen] middelnl. *spaceren, spaseren, spanseren*, **hd.** *spazieren* < **lat.** *spatiari* [idem], van *spatium* [ruimte], idg. verwant met *spannen*[1].

spant [balk tegen de nok] afgeleid van *spannen*[1].

spar[1] [staak] middelnl. *spar(re), sperre* [lange dunne paal], oudsaksisch, oudhd. *sparro*, middeleng. *sparre* (eng. *spar*), oudnoors *sparri;* hiervan afgeleid *(ver)sperren* (vgl. *speer*[1]).

spar[2] [boom] eerst 1714, wel zo genoemd omdat men er *sparren* [staken, dakspanten] van maakte, verkort uit *spareboom* (1701) (vgl. *spar*[1]).

sparen [bewaren] middelnl. *sparen*, oudsaksisch *sparon* [uitstellen], oudhd. *saron*, oudfries *sparia*, oudeng., oudnoors *sparian*, van een bn. oudhd. *spar*, oudeng. *spær* (eng. *spare* [zuinig]; buiten het germ. **oudkerkslavisch** *sporŭ* [overvloedig]; van dezelfde basis als *spoel*.

spargel [asperge] middelnl. *spergel, spargencruut* (vgl. *asperge*).

spark [vonk] middelnl. *spa(e)rke, sparkelen* [fonkelen], middelnd. *sparke*, oudeng. *spearca* (vgl. *sprankelen*).

sparren [boksen zonder doorstoten] → *sparringpartner*.

sparring-partner — speek

sparring-partner [oefenpartner (bij boksen)] < **eng.** *sparring partner* [idem], van *sparring*, teg. deelw. van *to spar* [slaan zonder doorstoten] < **oudfr.** *esparer* (**fr.** *éparer*) < **it.** *sparare*, van **lat.** *ex* [uit, geheel en al] + *parare* (vgl. **pareren**) + *partner* [maat].

sparsa [verspreide dingen] < **lat.** *sparsa*, het zelfstandig gebruikt o. mv. van *sparsus*, verl. deelw. van *spargere* [(ver)strooien].

spart, sparte [espartogras] → **esparto**.

spartakist [aanhanger van de Duitse revolutionaire Spartakus-beweging (1914-1919)] genoemd naar *Spartacus*, leider van de Romeinse slavenoorlog (73-71).

spartelen [met armen en benen heen en weer slaan] **middelnl.** *spa(e)rtelen, spertelen*, **oudhd.** *spratalon*, **oudnoors** *spraðka;* buiten het germ. **gr.** *spurthizein* [opspringen, trappelen], *spairein* [stuiptrekken], **litouws** *spiriu* [ik schop], **oudindisch** *sphurati* [hij schopt, danst] (vgl. **spoor**²).

spasem [kaft] < **middelnl.** *spacemen* [innaaien], van *spacie* [ruimte, het wit rond de 'zet'spiegel] < **lat.** *spatium* [ruimte] (vgl. **spatie**).

spasmodisch [krampachtig] < **gr.** *spasmōdès* [idem] (vgl. **spastisch**).

spastisch [krampachtig] gevormd van **gr.** *spasma* [trekking, kramp], *spasmos* [(stuip)trekking, kramp], *spasmōdès* [krampachtig, kramp veroorzakend], van *spān* [trekken, heen en weer trekken], verwant met **lat.** *spatium* (vgl. **spatie, spade**¹).

spat¹ [vlekje] → **spatten**.

spat² [knobbel aan het kniegewricht van een paard] **middelnl., middelnd.** *spat* (**hd.** *Spath*), is hetzelfde woord als **spat**¹.

spat³ [slobkous] < **eng.** *spat* [idem], verkort uit *spatterdashes*, van *to spatter* [bespatten], van *spat* [spetter] < **nl. spat**¹ + *to dash* [(zich) werpen, bespatten].

spatel [platte lepel] **middelnl.** *spatule, spatele* < **me. lat.** *spatula* [pollepel], verkleiningsvorm van **klass. lat.** *spat(h)a* [zwaard, slaghout] < **gr.** *spathè* (vgl. **spade**²).

spatie [tussenruimte] **middelnl.** *spaci(e), spatie* [ruimte] < **lat.** *spatium* [baan, loop, uitgestrektheid, ook tijdsruimte] (vgl. **spade**¹).

spatieus [ruim] < **fr.** *spacieux* [idem] < **lat.** *spatiosus* [van grote omvang, ruim], van *spatium* [ruimte], idg. verwant met **spade**¹ + *-osus* [vol van].

spats [drukte] < **hd.** *Spaß* < **me. lat.** *expassio* [het uitspreiden], van *expandere* (verl. deelw. *expassum*) [uitspreiden] (vgl. **expanderen**); van dezelfde herkomst zijn **it.** *spassarsi* [zich ontspannen], *spasso* [genoegen].

spatsies [gekheid, kapsones] < **hd.** *Spaß* [scherts] (vgl. **spats**).

spatten [in kleine deeltjes (doen) rondvliegen] **middelnl.** *bespatten*, **middelnd.** *spatten*, **fries** *spatte*, **eng.** *to spatter*, ontstaan naast *spetten*,

spetteren, sputteren, samenhangend met **spuiten**.

speakeasy [clandestiene drinkgelegenheid] < **amerikaans slang** *speakeasy*, eig. 'waar men zachtjes praat bij het bestellen', vgl. vroeg 19e eeuws *speak-softly* (of *low*) *house* voor 'smokkelaarshuis'.

specerij [smaakgevende stof] **middelnl.** *specerie* < **oudfr.** *especerie* [idem] < **me. lat.** *species, speceria, spiceria* [koopwaar, kruidenierswaren, kruiderijen] < **klass. lat.** *species* [het zien, aanblik, uiterlijk, soort], verwant met *specere* [zien], idg. verwant met **spieden**.

specht [vogel] **middelnl.** *specht*, **oudsaksisch** *speht*, **oudhd.** *speht, spech*, **oudnoors** *spœtr;* buiten het germ. **lat.** *picus* [specht], *spicus* [korenaar], onzeker verband met **oudindisch** *pika-* [koekoek]; de grondbetekenis is 'puntig'; de vogel is genoemd naar zijn snavel.

speciaal [bijzonder] **middelnl.** *speciael* < **fr.** *spécial* < **laat-lat.** *specialis* [bijzonder], van *species* [aanblik, uiterlijk, schoonheid, ideaal, soort], verwant met *specere, spicere* [zien, kijken], idg. verwant met **spieden**.

specie [muntgeld] < **lat.** *species* [soort] (vgl. **speciaal**).

specificatie [gesplitste opgave, zaakvorming] de eerste betekenis genoteerd in 1549 < **fr.** *spécification* [idem] < **chr. lat.** *specificationem*, 4e nv. van *specificatio* [zaakvorming], een juridische term (vgl. **specificeren**).

specificeren [afzonderlijk opgeven] **middelnl.** *specificeren* < **me. lat.** *specificare* [in detail opschrijven], van *species* (vgl. **speciaal**).

spectaculair [opzienbarend] < **fr.** *spectaculaire* [toneel-, spektakel-, spectaculair], van *spectacle* [schouwspel, toneelspel] < **lat.** *spectaculum* [schouwspel, aanblik, opvoering], van *spectare* [aanschouwen], frequentatief van *specere* (vgl. **speciaal**).

spectator [toeschouwer] < **lat.** *spectator*, van *spectare* (verl. deelw. *spectatum*) [beschouwen], frequentatief van *specere* (vgl. **speciaal**).

spectrum [kleurenband, scala] < **lat.** *spectrum* [beeld, voorstelling, verschijning, schaduwbeeld], van *specere* (verl. deelw. *spectum*) (vgl. **speciaal**).

speculaas [sinterklaaskoek] (1903), ook verouderd *speculaat*, in de 18e eeuw *speculatie* [een plat gebak], ook genoteerd voor klein suikergoed als tafelversiering. Vermoedelijk is de oorspr. betekenis die van 'fantasiegoed', vgl. **speculeren**.

speculeren [gokken (op)] **middelnl.** *speculieren, spekeleren* [schouwen] < **fr.** *spéculer* [idem] < **lat.** *speculare* [spieden, verkennen, bespieden], van *specere* (vgl. **speciaal**).

speech [redevoering] < **eng.** *speech* < **oudeng.** *spœc*, ouder *sprœc*, verwant met **nl.** *spraak*.

speed [snelheid] < **eng.** *speed*, verwant met **spoed**.

speek¹ [spaak] **middelnl.** *speke, speec;* een variant van **spaak**¹.

speek² → *speeksel*.
speeksel [mondvocht] **middelnl.** *spekel(e), speecsel,* **middelnd.** *spekele, spedel,* **oudsaksisch** *spekaldra,* **oudhd.** *speihil(l)a, speihaltra,* **oudfries** *spēkle, spēdla,* **oudeng.** *spādl;* van dezelfde basis als *spuwen*.
speen [afsluiting van zuigfles in vorm van tepel] **middelnl.,** **middelnd.** *spene* [tepel], **middelhd.** *spen,* **oudeng.** *spanu,* **oudnoors** *speni;* buiten het germ. **gr.** *stènion* (bij Hesychius), **iers** *sine,* **litouws** *spenys,* **armeens** *stin,* **oudindisch** *stana-* [borst v.e. vrouw], *speen* hangt samen met *spannen* ¹.
speenkruid [plant] **middelnl.** *spene* [vruchtknop, tepel, aambei]; zuidnl. nog *'t speen* [aambeien]; men gebruikte speenkruid tegen aambeien, vgl. **eng.** *pilewort,* (*pile* [aambei]), **hd.** *Feigwurz,* **fr.** *ficaire* < **lat.** *ficarius* [vijgen-], van *ficus* [vijg, gezwel].
speer ¹ [wapen] **middelnl.** *sper(r)e, spare, spe(e)r,* **oudsaksisch, oudhd.** *sper,* **oudfries, oudeng.** *spere,* **oudnoors** *spjǫr;* verwant met *spar* ¹ [balk].
speer² [horen van het aanbeeld] = *speerhaak;* hetzelfde woord als *speer* ¹ [lans].
speer³ [wat door vakkundig snijden wordt bespaard] < **eng.** *spare* [wat in de reserve, over is], van *to spare* (vgl. *sparen*).
speet [pen waaraan men stukjes vis rijgt] gevormd van de verbogen nv. van *spit* ¹.
speieren [spatten, sterk glanzen] waarschijnlijk een frequentatief van *speien,* vgl. **middelnl.** *spoy(e), spey(e)* [sluis], van *spuien;* verwant met *spuiten* en *spuwen*.
speiteling [spat] van *speiten, speieren*.
speiten [spatten] **middelnl.** *speyten,* **oudeng.** *spǣtan;* een bij *spuiten* gevormde variant.
spek¹ [een soort suikergoed] zo genoemd omdat het door uiterlijk en veerkrachtigheid aan *spek* ² doet denken.
spek² [vet] **middelnl.** *spec(k),* **oudsaksisch** *spek,* **oudhd.** *spec,* **oudeng.** *spic,* **oudnoors** *spik;* buiten het germ. mogelijk **oudindisch** *sphāyāte* [hij wordt vet].
speken [spuwen] van *speek*².
spektakel [herrie] 18e eeuws *spectakel* [schouwspel], **fr.** *spectacle* [schouwspel] < **lat.** *spectaculum* [idem] (vgl. *spectaculair*).
speld [naaigerei, broche] **middelnl.** *spelle, spelde* [idem] < **me. lat.** *spinula* [doorntje], *spina* [doorn]; vroeger werden doorns gebruikt om kleding te sluiten. Van dezelfde basis als *spijker* ¹; de *d* ontstond vermoedelijk o.i.v. *naald*.
spelemeien [voor zijn genoegen naar buiten gaan] in de 17e eeuw gevormd van *spelen* + *meien* (vgl. zich *vermeien*).
spelen [zich vermaken] **middelnl.** *spelen,* **oudsaksisch, oudhd.** *spilon,* **oudeng.** *spilian* [dansen, spelen], vgl. **oudfries** *spel,* **oudnoors** *spil* [spel]; herkomst onbekend.

speleologie [holenonderzoek] < **gr.** *spèlaion* [hol, grot] (vgl. *spelonk*) + *logos* [woord, verhandeling].
speling [speelruimte] **middelnl., middelnd.** *spelinge;* van *spelen* in de betekenis ruimte of vrijheid van beweging hebben + *-ing*.
spellen [uit letters vormen] **middelnl.** *spellen* [verklaren, uitleggen, vooruit zeggen, beduiden, noemen, (woorden) spellen], **oudsaksisch, oudhd.** *spellon,* **oudeng.** *spellian,* **oudnoors** *spjalla,* **gotisch** *spillon;* etymologie onbekend.
spelonk [grot] **middelnl.** *spelonke, spelunke, sp(e)lunc* < **fr.** *spélonque* < **it.** *spelonca* < **lat.** *spelunca* [hol, grot, spelonk] < **gr.** *spèlugx* [hol, grot], verwant met *speos, spèlaion* [idem] (vgl. *speleologie*), verwant met **lat.** *spirare* [blazen] (vgl. *spirit*).
spelt [soort tarwe] **middelnl.** *spelt(e), spelet,* **oudsaksisch** *spelta,* **oudhd.** *spelta, spelza,* **oudeng.** *spelt,* **laat-lat.** *spelta,* uit het germ. Van dezelfde basis als *spouwen* ¹, dus eig. gespleten graansoort.
spen [tafelbediende] < **maleis** *sĕpen,* verkort uit *tukang sepen, tukang* [baas, werkman] *sepen* [provisiekast] < **nl.** *spinde*.
spencer [mouwloze trui] < **eng.** *spencer,* genoemd naar George John, tweede *Earl Spencer viscount Althorp* (1758-1834).
spenderen [besteden] **middelnl.** *spenden, spinden* [uitdelen] < **me. lat.** *spendere* [uitdelen] < **klass. lat.** *expendere, dispendere* [afwegen, uitbetalen, uitgeven], van *ex* [uit], *dis* [van ... weg] + *pendere* [afwegen, betalen] (vgl. *pensioen, spijs* ¹).
spenen [van de borst nemen] **middelnl.** *spen(n)en* [idem], van *speen*.
sperma [mannelijk zaad] < **gr.** *sperma* [zaad (van plant en dier)], van *speirein* [zaaien, zaad verspreiden] (vgl. *spore*).
spermaceti, spermaceet [witte amber] < **me. lat.** *sperma ceti* [walviszaad], *sperma* [zaad] (vgl. *sperma*), *ceti,* 2e nv. van *cetus* [walvis] < **gr.** *kètos* [groot zeedier].
sperren [wijd openzetten, versperren] **middelnl., oudhd.** *sperren,* **middelnd.** *speren,* **oudnoors** *sperra* [daksparren plaatsen]; van *spar* ¹ [balk].
sperwer [roofvogel] **middelnl.** *sperware, spa(e)rware,* **middelnd.** *sparwer, sperwer,* **oudhd.** *sparwari* (**hd.** *Sperber*), is een samenstelling, waarvan het eerste lid *sparw* is **oudhd.** *sparo* (**hd.** *Sperling*), **oudeng.** *spearwa* (**eng.** *sparrow*), **oudnoors** *spǫrr* (**zweeds** *sparv*), **gotisch** *sparwa* [mus, (lett.) spreeuw]; verwant met *spartelen* en *spoor* ² [voetspoor]; als tweede lid dezelfde basis als *arend* (vgl. *spreeuw*).
sperzieboon [soort boon] (1821) < *aspergieboontjes* (1769), de naam slaat op de wijze van bereiden, als die van asperges, vgl. *slaboon*.
spet → *spat* ¹.
speten [aan een speetje rijgen] **middelnl.** *speten* [aan het spit rijgen]; staat tot *spit* ¹ als *smeden* tot *smid*.

spetten → *spatten*.
spetteren [in kleine deeltjes wegspringen] iteratief van *spatten, spetten*.
speun [deur, die zonder opgesloten kozijn draait op een pin in de omtimmering en een bus in de deur] van *sponde*, middelnl. *spon(ne)* [schuif of groef waarin iets sluit], modern nl. *sponning*.
speur [afstekende kleur] van *(be)speuren*.
speuren [nasporen] middelnl. *sporen*, oudsaksisch, oudhd. *spurian*, oudeng. *spyrian*, oudfries *spera*, oudnoors *spyrja*, eig. het spoor volgen. Afgeleid van *spoor*[2].
sphagnum [veenmos] < gr. *sphagnos* [een soort mos].
spiccato [iedere toon afzonderlijk aangestreken] < it. *spiccato*, verl. deelw. van *spiccare* [losmaken], gevormd met *s* < lat. *ex* [uit], naar analogie van *impiccare* [ophangen], etymologie onbekend.
spichtig [lang en dun] 16e eeuws *spichtich* [idem], vgl. nd. *spechtig, spuchtig*, fries *spjuchtich*, vgl. dial. *specht* [mager iem.], *spicht* [magere meid]; mogelijk samenhangend met *specht* [vogel].
spider [sportauto] < eng. *spider*, in de 19e eeuw een licht 2- of 4-wielig rijtuigje met een hoge bak en uitzonderlijk hoge, dunne spaakwielen, dat blijkbaar aan een *spider* [spin] (oudeng. *spīðra*) deed denken; *spider* van *to spin*, als nl. *spin* van *spinnen*.
spie [pin] eerst uit de 16e eeuw bekend en zonder directe verwanten in andere talen; stellig van dezelfde basis als *spijker*[1], *spit*[1].
spieden [uitkijken] middelnl. *spien* en (o.i.v. de verl. tijd) *spieden*, middelnd. *spe(e)n*, oudhd. *spehon*; buiten het germ. lat. *specere* [kijken], gr. (met metathesis) *skeptesthai* [uitkijken], oudindisch *paśyati* [hij ziet].
spiegat [spuigat] (1527) *spygat;* voor het eerste lid vgl. *spuien*.
spiegel [beelden terugkaatsend voorwerp] middelnl. *spiegel, spegel* < me. lat. *speglum* < lat. *speculum*, van *specere* [kijken], idg. verwant met *spieden*.
spieken [afkijken] < hd. *spicken* [spekken, larderen, (overdrachtelijk) afkijken].
spier[1] [halm, spriet, rondhout, lichaamsweefsel] middelnl. *spier*, middelnd., oudeng. *spīr* [grashalm], oudnoors *spira* [boompje]; van dezelfde idg. basis als *spijker*[1], *spit*[1].
spier[2] [vette klei] etymologie onzeker, omdat het noch in het middelnl. noch in andere germ. talen is aangetroffen, mogelijk te verbinden met oudkerkslavisch *sporŭ* [rijkelijk], oudindisch *sphira-* [vet].
spiering [visje] middelnl. *spierlinc, spi(e)rinck*, middelnd. *spir(l)ink;* vermoedelijk vanwege vormgelijkenis afgeleid van *spier*[1] met achtervoegsel *-ing* (vgl. *wijting, bokking, haring*).
spierling → *spiering*.
spiernaakt [geheel naakt] het eerste lid stamt van middelnl. *spier* [het witte vlees van vogels en wild] (vgl. *spier*[1]).

spies, spiets [steekwapen, metalen pen] **laatmiddelnl.** *spiesse*, bij Kiliaan *spiesse, spietse* < hd. *Spieß*, middelhd. *spiez*, oudhd. *spioz* = middelnl. *spiet, speet*, oudnederfrankisch *spiet*, oudsaksisch *spiot*, oudnoors *spjōt;* vermoedelijk verwant met litouws *spausti* [drukken].
spiese [barg. huis] < jiddisch, rotwelsch *Spiese* [herberg] < aramees *oshpīza* < lat. *hospitium* (vgl. *hospitium*).
spiesglans [antimonium] < hd. *Spießglanz, Spießglas*, middelhd. *spizglas*, van *Spieß* [spiets]; zo genoemd naar de vorm van de kristallen.
spiets nevenvorm van *spies*.
spiezertje [barg. 'op een spiezertje gaan', op inbraak] < hd. *spazieren* [wandelen] (vgl. *spanseren*).
spijbelen [school verzuimen] middelnl. *spibelaer* [landloper]; voor de betekenis vgl. fr. *faire l'école buissonnière* [spijbelen], van *buissonnier* [zich in het kreupelhout ophouden].
spijer [spuwer] < *spijen*, nevenvorm van *spuwen*.
spijk [plantnaam] middelnl. *spike, spijc* [lavendel] < lat. *spica* [korenaar]; de talrijke bloempjes aan de stengel van de lavendel geven de indruk van een aar.
spijker[1] [nagel] middelnl. *spiker, spiecker, spijcker*, middelnd. *spiker*, middelhd. *spīcher*, middeleng. *spike* (eng. *spike*), oudnoors *spīkr;* van dezelfde basis als *spil, spit*[1]; de betekenis is 'puntig voorwerp'.
spijker[2] [voorraadschuur] < laat-lat. *spicarium* [idem], van *spica* [korenaar], verwant met *spina* [doorn], van dezelfde basis als *spijker*[1].
spijkerbalsem [terpentijnzalf] genoemd naar de maker ervan, *Jan Spijker* (18e eeuw).
spijkerborn [barg. de gevangenis] verbastering van *Spijkerboor*, voormalig fort in Den Ilp (Noord-Holland), dat als militaire gevangenis diende.
spijl [staaf] middelnl. *spile, spijl* [spijl, pin], middelnd. *spile*, middelhd. *spil* [punt], fries *spile* [spijl]; buiten het germ. lat. *spina* [doorn], gr. *spilas* [puntig rif], iers *spile* [houten pen], tsjechisch *spile* [puntige pen]; de grondbetekenis is 'puntig voorwerp'. Van dezelfde basis als *spijker*[1] en *spit*[1].
spijs[1] [voedsel] middelnl. *spise, spijs*, middelnd., oudfries *spise*, oudhd. *spisa* < lat. *expensa* [uitgave, in me. lat. kosten, gedwongen voedsellevering, levensmiddelen], van lat. *expendere* [afwegen, uitbetalen], van *ex* [uit] + *pendere* [wegen, betalen] (vgl. *pensioen, spenderen*).
spijs[2] [amandelpers] een bijzondere toepassing van *spijs*[1] [voedsel].
spijs[3] [uitgegraven grond] middelnl. *spise*, hd. *Speise;* hetzelfde woord als *spijs*[1].
spijt[1] [berouw] middelnl. *spijt* < *despijt* < oudfr. *despit* (fr. *dépit* [berouw]) < lat. *despectus* [verachting], van *despicere* [van boven af op iets of

iem. neerkijken, verachten, geringschatten], van *de* [van boven naar beneden] + *specere* [kijken] (vgl. *spieden*).

spijt² [afval van vlas] van *spijen* (vgl. *spuwen*).

spike [sportschoen met ijzeren punten] < eng. *spike*, verwant met *spijker*¹.

spikkel [vlekje] middelnl. *spickel, speckel,* middelnd. *speckel,* verkleiningsvorm van een in het nl. niet-bewaard woord, oudeng. *specca* (eng. *speck*); vgl. litouws *spuogas* [vlek].

spil [pen, as] middelnl. *spil(le)* [weefklos, as], oudsaksisch *spinnila,* oudhd. *spilla, spinnila* (hd. *Spindel*), oudeng. *spinel;* van *spinnen.*

spilleleen [leen waarbij ook vrouwen bevoegd waren tot erfopvolging] gevormd van *spil* [gereedschap om te spinnen], tegenover *zwaardleen.*

spin¹ [dier] middelnl., middelnd. *spinne,* oudhd. *spinna;* van *spinnen.*

spin² [tolbeweging] < eng. *spin,* van *to spin* [spinnen, snel laten draaien], verwant met *spinnen.*

spinaal¹ [garen] middelnl. *spin(n)ael* [dik getwijnd garen], vermoedelijk < middelhd. *spinal* [spingaren], van *spinnen* (vgl. *spinnen*).

spinaal² [m.b.t. de ruggegraat] < lat. *spinalis* [idem], van *spina* [doorn, ruggegraat], van dezelfde basis als *spijker*¹.

spinazie [groente] middelnl. *spinage, spinagie* < oudfr. *espinache* < me. lat. *spinachia, spinachium,* via Spanje samen met de groente zelf van de Arabieren overgenomen < ar. *sabānakh* en diverse andere vormen < perzisch *esfenāj* [idem]; mogelijk heeft lat. *spina* [doorn, doornstruik] invloed uitgeoefend.

spinde [provisiekast] middelnl. *spende, spenne, spinde,* middelnd. *spinde* < me. lat. *spenda* [uitdeling], *spensa, spenda, expensa* [voorraadkamer, voorraadkast] < lat. *expendere, dispendere* [uitdelen, uitgeven] (vgl. *spenderen*).

spindel [spinklos] < hd. *Spindel* (vgl. *spil*).

spinel [edelgesteente] < fr. *spinelle* [bleekrode robijn] < it. *(rubino) spinello* [bleekrode robijn], verkleiningsvorm van *spina* [doorn] < lat. *spina,* van dezelfde basis als *spijker*¹; zo genoemd vanwege de scherp gepunte kristalvorm.

spinet [snaarinstrument] genoemd naar *Giovanni Spinetti,* een 16e-eeuwse Venetiaanse bouwer van muziekinstrumenten.

spinifex [stekelige grassoort] gevormd van lat. *spina* [doorn], van dezelfde basis als *spijker*¹ + *-fex* [makend], van *facere* [maken, doen], daarmee idg. verwant.

spinjoen [patrijshond] ook *spion,* middelnl. *spanjool, spinjool, spingool, spangoel, spaelgoen, spioen* [patrijshond (uit Spanje afkomstig)] (vgl. *spaniel*).

spinnaker [een bijzeil] < eng. *spinnaker,* vermoedelijk vervormd uit *spanker* [bezaan(szeil)], maar ook kanjer en hardloper. Het is mogelijk dat de naam is afgeleid van de *Sphinx,* het eerste jacht dat een spinnaker voerde.

spinnekop [spin] → *kobbe*².

spinnen [een draad vormen] middelnl. *spinnen,* oudhd., oudeng., gotisch *spinnan,* oudfries, oudnoors *spinna;* buiten het germ. welsh *cyffiniden* [spin], litouws *pinu* [ik vlecht], oudkerkslavisch *pęti* [spannen], armeens *henum* [ik weef]; verwant met *spannen*¹; het geluid van de kat is klanknabootsend gevormd: het doet aan het snorren van een spinnewiel denken.

spinner [kunstaas] < eng. *spinner,* van *to spin* [spinnen, snel ronddraaien], verwant met *spinnen.*

spinodaal [meetkundige plaats van parabolische punten op een oppervlak] gevormd van lat. *spina* [doorn, ruggegraat] (vgl. *spijker*¹) + *nodus* [knoop], idg. verwant met *net*¹.

spinozer [brandkastkraker] etymologie onbekend.

spinsbek → *pinsbek.*

spinse [dikke boomtak] etymologie onbekend.

spint¹ [inhoudsmaat voor droge waren] hetzelfde woord als *spinde.*

spint² [buitenste jaarringen van bomen] middelnl. *spin(t),* naast *spintcant* [het vet of vlees van de buik], middelnl. *spec(k)* [spek, spint], middelnd., oudhd. *spint* (hd. *Spind*) [ook vet], oudeng. *spind,* oudsaksisch *spind* [vet]; mogelijk verwant met lat. *spissus* [dicht opeengedrongen, dik], litouws *speisti* [omringen].

spint³ [spinsel van een mijt] afgeleid van *spinnen.*

spinzen [speuren] < oudfr. *espenser* [bedenken, zich voorstellen] < lat. *expendere* [in gedachten overwegen, schatten, oordelen] (vgl. *peinzen*).

spion¹ [verspieder] < oudfr. *espion* [idem], van *espier* (fr. *épier*), uit het germ., vgl. *spieden.*

spion² [patrijshond] een van de varianten van *spinjoen.*

spiraal [krullijn, schroeflijn] < fr. *spirale* [idem] van lat. *spira* [kronkeling (van een slang), krakeling] < gr. *speira* [gevlochten net, kronkelende gang, spiraal], verwant met *esparto.*

spirant [glijklank] < lat. *spirans* (2e nv. *spirantis*), teg. deelw. van *spirare* [blazen] (vgl. *spelonk*).

spirea [plantengeslacht] < gr. *speiraia,* een niet-geïdentificeerde plant, van *speira* [gevlochten net, kronkelende gang] (vgl. *spiraal*).

spiril [schroefbacterie] < modern lat. *spirillum,* gevormd van lat. *spira* [spiraal] + het verkleiningsachtervoegsel *-illum.*

spirit [fut] < eng. *spirit* < oudfr. *(e)spirit* < lat. *spiritus* [het blazen, ademhaling, geest, ziel, gezindheid], van *spirare* [blazen, ademen].

spiritus [alcohol] < lat. *spiritus* [luchtstroom, adem, leven, uitdamping, geest, geest] (vgl. wijngeest, geest van zout e.d.) (vgl. *spirit*).

spirochaete [schroefvormige bacterie] gevormd van gr. *speira* [spiraal] + *chaitè* [loshangend lang haar] (vgl. *spiril*).

spirometer [ademhalingsmeter] gevormd van lat. *spirare* [blazen, ademen] (vgl. *spiraal*) + *meter*¹.

spit¹ [braadspit] middelnl., middelnd. *spit, spet,*

oudhd. *spiz* (hd. *Spieß*), oudeng. *spitu* (eng. *spit*); van dezelfde basis als *spie*, *spijker* [1], *spijl*.

spit [2] [pijn in de rug] (1567), hetzelfde woord als *spit* [1] [scherp voorwerp]; men geloofde vroeger dat spit het gevolg was van een pijlschot van kwaadaardige wezens, vgl. de moderne term 'zweepslag' voor plotselinge, heftige pijn in het been en eng. *elf-shot* en hd. *Hexenschuß*, nl. *elvenschot* [jicht].

spits [1] [hond] < hd. *Spitz*, hond met spitse snuit.

spits [2] [puntig] **middelnl.** *spits* [puntig, scherp] < **middelhd.** *spitze*, **oudhd.** *spizza;* van dezelfde basis als *spit* [1].

spitten [uitgraven] van *spit* [1] [scherp voorwerp].

spleen [lichte depressiviteit] < eng. *spleen* < lat. *splen* < gr. *splèn* [milt]; de milt werd beschouwd als de zetel van de zwaarmoedigheid, vgl. **middelnl.** *die milte openen* [iemands zwaarmoedigheid verdrijven].

spleet [kier] **middelnl., middelnd.** *splete;* van *splijten*, (*spleet, gespleten*).

splendide [prachtig] < fr. *splendide* < lat. *splendidus* [glinsterend, schitterend], van *splendēre* [glanzen, glinsteren].

splijten [kloven] **middelnl., middelhd.** *spliten*, **middelhd.** *splizen*, **oudfries** *splita;* van dezelfde basis als *spouwen* [1] en *splinter*.

splint [barg. geld] **middelnl.** *splint(e)* [dun plaatje van hout of metaal] (vgl. *splinter*), van *splijten*.

splinter [afgesprongen deeltje] **middelnl.** *splinter(e), splenter* [ijzeren boutje, luns, splinter]; van *splint*.

split [1], splitje [whisky met sodawater] < eng. *split soda* [een flesje sodawater van de helft van het gewone formaat], van *to split* [splijten].

split [2] [insnijding in kleding] afgeleid van *splijten*.

splitsen [verdelen] een met intensiverend *ts* gevormde variant van **middelnl.** *splissen*, dat gevormd is van *splijten*, vgl. *hitsen* van **middelnl.** *hissen* [jacht maken].

splitten [splijten, splitsen] **middelnl.** *splitten*, *spletten*, nd. *splitten*, fries *splitte;* intensivum van *splijten*.

spocht [vochtstippen] dial. nevenvorm naast *spog*.

spodderen [hard lopen] vorming met iteratief element en klanknabootsend karakter van *spoed*.

spoed [haast] **middelnl.** *spoet, spoed* [(goede) voortgang, succes, voorspoed, spoed], **middelnd.** *spot*, **oudsaksisch** *spôd*, **oudhd.** *spuot*, **oudeng.** *spēd;* van een idg. basis met de betekenis 'zich uitstrekken', waarvan zijn afgeleid lat. *spatium* [ruimte], *spes* [hoop], **litouws** *speti* [vrije tijd hebben, snel genoeg zijn], **oudkerkslavisch** *sporŭ* [overvloedig], *spěti* [succes hebben], **oudindisch** *sphīta-* [rijkelijk], *sphāyate* [hij neemt toe]; vgl. *spatel*, hd. *spät*, eng. *space*.

spoel [klos] **middelnl.** *spoel(e), spuele*, **middelnd.** *spole*, **oudhd.** *spuolo*, **zweeds** *spole;* van een idg. basis met de betekenis 'splijten', waarvan ook *spalk* is afgeleid. Op enige afstand verwant met *splijten*.

spoelen [afwassen] **middelnl.** *spoelen, spuelen*, **middelnd.** *spolen*, **oudhd.** *spuolen*, **oudeng.** *spylian;* etymologie onduidelijk.

spoetnik [kunstmaan] < russ. *sputnik*, voluit *sputnik zemli* [reisgezel van de aarde], van voorvoegsel *s-* [met] + *put'* [weg, reis], idg. verwant met *vinden* + *-nik*, een achtervoegsel dat het bedrijven van een handeling aangeeft.

spog [speeksel] **middelnl.** *spoch*, van *spugen*.

spoiler [constructie aan auto's ter vermindering van brandstofverbruik] < eng. *spoiler*, van *to spoil* [bederven, beroven] < oudfr. *espoillier* < lat. *spoliare* (vgl. *spoliatie*).

spoliatie [roof] (**middelnl.** *spoliëren, spolieren* [beroven]), fr. *spoliation* [idem] < lat. *spoliationem*, 4e nv. van *spoliatio* [beroving, plundering], van *spoliare* (verl. deelw. *spoliatum*) [beroven], van *spolium* [afgestroopte dierenhuid, wapenrusting van verslagen vijand, buit], verwant met gr. *spalax* [mol], met metathesis *psalizein* [met een schaar afknippen], **oudkerkslavisch** *plěti* (russ. *polot'*) [wieden]; van dezelfde basis als *splijten*.

spon [1] [tap] **middelnl.** *spont* [stop, tap in een vat], **middelnd., middelhd.** *spunt* < it. *(s)punta* < lat. *(ex)punctum* [prik, steek, gaatje], eig. verl. deelw. van *pungere* [steken] (vgl. *punt* [1]).

spon [2] [moedermelk] **middelnl.** *spon(ne), spun(ne)* [tepel, moederborst, moedermelk] (vgl. *speen*).

sponde [bed] **middelnl.** *spond(e)* [beddeplank, sponning, trottoirrand] < oudfr. *esponde* [rand] < lat. *sponda* [onderstel van een bed, rustbed], idg. verwant met *spannen* [1].

spondeus, spondee [versmaat] < lat. *spondeus* < gr. *spondeios*, vermoedelijk van *spondè* [plengoffer], van *spendein* [plengen], en dan een herinnering aan een gebed bij het plengoffer, dat begon met *spondè, spondè* en dus het bewuste metrum had.

spondylomyelitis [ruggemergontsteking] gevormd van gr. *spondulos* [wervel, ruggegraat] + *myelitis*.

spong [sponning] → *spannen* [1].

spongiet, spongioliet [sponssteen] < gr. *spoggion* [sponsje] (vgl. *spons* [1]) + *lithos* [steen].

sponning [gleuf] (1671), via *sponding* (1634) < *sponde*.

spons [1] [kolonie van eencellige diertjes, schoonmaakdoek (oorspr. van het geraamte van de dieren)] **middelnl.** *sponge, sponse* < oudfr. *esponge* < lat. *spongia* [spons, puimsteen] < gr. *spoggia* [spons] (vgl. *fungilore*).

spons [2] [doorgeprikte tekening] < fr. *ponce* (vgl. *ponsen*).

sponsaliën [verlovingsplechtigheid] < lat. *sponsalia* (mv.) [verloving, trouwbelofte, verlovingsmaal], van *spondēre* (verl. deelw. *sponsum*) [plechtig beloven, tot vrouw beloven] (vgl. *respons*).

sponsor [die de kosten draagt] < eng. *sponsor* < lat. *sponsor* [borg], van *spondēre* (verl. deelw. *sponsum*) [instaan voor] (vgl. *respons*).

spontaan [impulsief, uit een opwelling voortkomend] < fr. *spontané* [idem] < chr. lat. *spontaneus* [vrijwillig], van ouder *mea* (*tua* etc.) *sponte* [uit mijn (jouw etc.) eigen beweging].

sponturf [waarvoor de specie in bakken wordt aangelengd] het eerste lid is *sponde* [zijplank, omraming].

spook [bovennatuurlijke verschijning] **middelnl.** *spooc,* **middelnd.** *spok, spuk,* **noors** *spjok;* vermoedelijk verwant met **iets** *spigana* [draak, heks], **litouws** *spingėti* [schijnen], **oudpruisisch** *spanksti* [vonk].

spoonerism [verspreking door verwisseling van klanken] genoemd naar *William A. Spooner* (1844-1930), hoofd van New College in Oxford, die bekend stond om dit soort versprekingen.

spoor[1] [prikkel] **middelnl.** *spore, spoor,* **middelnd.** *spore,* **oudhd.** *sporo,* **oudeng.** *spora,* **oudnoors** *spori;* van dezelfde herkomst als *spoor*[2] [voetindruk].

spoor[2] [voetindruk] **middelnl.** *spor(e), spurre, spoor* [voetindruk, pad], **oudhd., oudeng., oudnoors** *spor,* naast **oudsaksisch, oudhd., oudeng.** *spurnan,* **oudnoors** *sporna* [schoppen, aanstoten]; buiten het germ. **lat.** *spernere* [afscheiden, versmaden, eig. wegtrappen], **gr.** *spairein* [stuiptrekken], **litouws** *spiriu* [ik schop met mijn voet], **oudkerkslavisch** *perǫ* [ik vertreed], **albaans** *spor* [spoor], **oudindisch** *sphurati* [hij schopt, danst].

sporadisch [zelden] < **gr.** *sporadikos* [verstrooid], *sporas* (2e nv. *sporados*) [verstrooid, uiteengejaagd, de Sporadische Eilanden], van *spora* [het zaaien, zaad], van *speirein* [zaaien], idg. verwant met *sproeien, spreiden, sperma.*

spore, spoor [voortplantingscel] < **gr.** *spora* [het zaaien, voortbrengen, zaad], van *speirein* [zaaien] (vgl. *sporadisch, sperma*).

sporkeboom [vuilboom] de bast bevat een laxeermiddel, vroeger ook tegen aambeien gebruikt. Vgl. (met metathesis) het eerste lid van *sprokkelmaand*.

sporrelen [tegensputteren, pruttelen] frequentatief van **middelnl.** *sporren* [zich verzetten], nevenvorm van *sperren* [afsluiten, spannen, en onovergankelijk: zich verzetten]; vgl. voor de betekenisontwikkeling **middelnl.** *sperre* [gespannen houding, vijandschap].

sport[1] [trede van ladder] **middelnl.** *sprote* en (met metathesis) *sport(e),* **middelnd.** *sprote,* **oudhd.** *sprozzo;* wel hetzelfde woord als *spruit,* van *spruiten,* dus een uit een stam spruitend takje.

sport[2] [lichamelijke bezigheid] (1866) < **eng.** *sport* < *disport* < **oudfr.** *desport* < **me. lat.** *disportus, disporta, disportatio* [vrijstelling, verflauwing, genoegen, sport], *disportum* [recreatie, recreatieruimte in een klooster], van *dis-* [naar elders of naar verschillende kanten] + *portare* [brengen, overbrengen], *portari* [zich laten gaan, laten brengen].

spot[1] [vochtvlek] **middelnl.** *spot(te)* [vlek, plek, stuk, strook], **eng.** *spot,* **oudnoors** *spotti* [stukje], **zweeds** *spott;* ablautend bij *spuiten.*

spot[2] [projectiebeeld] < **eng.** *spot* [idem]; hetzelfde woord als *spot*[1] [vochtvlek].

spotten[1] [de draak steken met] **middelnl., middelnd.** *spotten,* **oudhd.** *spotton,* **oudfries** *spottia,* **oudnoors** *spotta,* naast *spytta;* verwant met *spuwen.*

spotten[2] [ontdekken] < **eng.** *to spot* [idem], van *spot* (vgl. *spot*[2]).

spouwen[1] [kloven] **middelnl.** *spouden, spouwen,* **oostmiddelnl.** *spalden* [splijten], **middelnd.** *spalden,* **oudhd.** *spaltan,* **oudeng.** *speld* [stuk hout, fakkel], **oudnoors** *spjald* [plankje], **gotisch** *spilda* [idem]; buiten het germ. **lat.** *spolium,* **gr.** *spolas* [afgestroopte huid], **litouws** *spaliai* (mv.) [vlasschaafsel]; op enige afstand verwant met *splijten.*

spouwen[2] [spugen] nevenvorm van *spuwen.*

spraak [het vermogen te spreken] **middelnl.** *sprake,* **oudnederfrankisch** *spraca,* **oudsaksisch** *spraka,* **oudhd.** *sprāhha,* **oudeng.** *sprǣc;* ablautend met *spreken.*

sprakel, sporkel → *sporkeboom.*

sprang [bron] afgeleid van *sprengen, springen.*

sprank [vonk, spruit] **middelnl.** *spranke, spranc* [vonk, vlek], **middelnd.** *spranken* [fonkelen], **oudeng.** *spranca* [takje]; zonder nasaal **middelnl.** *spa(e)rke,* **middelnd.** *sparke,* **oudeng.** *spearca* [vonk], **oudhd.** *sprahhula* [afval], **middelhd.** *spreckel* [spikkel], **oudeng.** *spraec* [twijg], **oudnoors** *sprek* [broze tak]; buiten het germ. **lat.** *spargere* [strooien], **gr.** *spargè* [spruit]; vgl. *sprankelen, sprenkel*[1], *sprokkelen, sprok.*

sprankelen [vonkelen] van **middelnl.** *spranke, spranc, sprankel* [vonk] (vgl. *sprank*).

sprant [spruit] **middelnl.** *sprant(e), sprantel* [uitspruitsel, spriet] (vgl. *spring, sprank*).

spray [te verstuiven vloeistof] < **eng.** *spray,* verwant met **middelnl.** *spraeyen* (vgl. *sproeien*).

spreeuw [zangvogel] **middelnl.** *sprewe, spreeuw,* **oudsaksisch** *sprā,* **gr.** *psar* (met metathesis). Stellig van dezelfde herkomst als *sperwer.*

sprei [dek op bed] van *spreiden.*

spreiden [uiteenplaatsen, gelijkmatig verdelen] **middelnl.** *spre(i)den,* **middelnd.** *spre(i)den,* **oudhd.** *spreiten,* **oudeng.** *sprǣdan,* causatief bij **middelnl.** *sprieten* [zich splitsen], **oudhd.** *spritan* [zich verspreiden]; buiten het germ. **lat.** *sperma* [zaad], **gr.** *speirein* [zaaien], **armeens** *sprem* [ik verstrooi], **oudiers** *sreim* [ik werp] (vgl. *sporadisch, sproeien, spruiten*).

spreken [praten] **middelnl.** *spreken,* **oudnederfrankisch** *sprecan,* **oudsaksisch** *sprekan,* **oudhd.** *sprehhan,* **oudfries** *spreka,* **oudeng.** *sprecan,* **oudnoors** *spraki* [bericht]; daarnaast (misschien secundair) **middelnl.** *speken,* **oudhd.** *spehhan,* **oudeng.** *specan* (eng. *to speak*), **oudnoors** *spraka* [ritselen, knetteren]; buiten het

spreng — spuiten

germ. **welsh** *ffraeth* [welsprekend]; behoort bij een klanknabootsende basis waarvan representanten zijn lat. *spargere* [uitstrooien], **gr.** *spharagesthai* [knisteren], **litouws** *sprageti* [kraken], **oudindisch** *sphūrjati* [hij dondert, maakt rumoer].

spreng [bron] van *sprengen, springen*.

sprengen [(be)sprenkelen] **middelnl.** *sprengen* [doen springen, strooien, besprenkelen]; causatief bij *springen*.

sprenkel¹ [klem voor ratten e.d.] → *spring*.

sprenkel² [lus aan de ankertros] hetzelfde woord als *sprenkel¹* [knip, valstrik].

spreu [ruw, schraal] **hd.** *spröde*, **middeleng.** *sprepe*; etymologie onduidelijk.

spreuk [zegswijze] nevenvorm van *sprook* in *sprookje*.

spriet¹ [spruit van een plant] **middelnl.** *spriet*, **middelnd.** *sprēt*, **oudeng.** *spreot*; behoort bij *spruiten*.

spriet² [kwartelkoning] mogelijk klanknabootsend.

sprik [dun takje] **middelnl.** *sproc, sprockel*, **oudeng.** *sprǣc* (**eng.** *sprag, sprig, spray*), **oudnoors** *sprek*; van dezelfde basis als het bn. *sprok*.

sprikkelen [spatjes verf aanbrengen] van *spikkel*, mogelijk o.i.v. *sprenkel¹*.

spril [schreeuwend, levendig] dial. nevenvorm van *schril*.

spring [lijn die een schip zijdelings vastsnoert] in de verkleiningsvormen *sprinkel*, *sprenkel* [valstrik, knip], **oudhd.** *springa*, **oudeng.** *springe* [valstrik]; vgl. *sprenkel¹* [knip], vermoedelijk te verbinden met *sprank* [spruit] en dan is de betekenis 'twijgje'.

springaal [soort katapult voor grote pijlen] **middelnl.** *springale, springane, sprincaen* < **oudfr.** *espringale* (**fr.** *espingole* [donderbus]), van *espringuer* [springen], uit het germ., vgl. *springen*; de naam komt van het bokken van het apparaat bij de ontlading, vgl. voor de betekenis *onager*.

springen [zich in de lucht verheffen] **middelnl.** *springen*, **oudsaksisch, oudhd., oudeng.** *springan*, **oudfries, oudnoors** *springa*; buiten het germ. **gr.** *sperchein* [voortjagen], **oudkerkslavisch** *prǫgǫ* [sprinkhaan, lett. springer].

sprinklerinstallatie [blusinrichting] het eerste lid van **eng.** *sprinkler* [idem], van *to sprinkle*, verwant met *sprenkel¹*.

sprinten [snel gaan over korte afstand] < **eng.** *to sprint* [idem], van scandinavische herkomst, vgl. **zweeds dial.** *sprinta* [springen], **oudnoors** *spretta* [opspringen, zich plotseling bewegen].

sprit [kwartelkoning] → *spriet²*.

sprits [baksel waarvan het deeg in heet vet wordt gespoten] ca. 1580 *spriece* < **hd.** *Spritzkuchen*, vgl. *Spritze* [deegspuit], van *spritzen* [spuiten], naar de manier waarop de koek wordt gevormd.

sproeien [in fijne stralen uitstorten] **middelnl.** *spro(e)yen* [zich verspreiden of uitspreiden],

naast overgankelijk *spra(e)yen* [sproeien, sprenkelen, strooien, verspreiden] (vgl. *spreiden, spruiten, sperma*).

sproet [huidvlekje] **middelnl.** *sproet(e), sprot(e), spruet(e)*, **middelnd.** *sprote*, **oudsaksisch** *sprutodi* [gespikkeld], **middelhd.** *sprützen* [spatten]; verwant met *spruiten*.

sprok [bros] bij Kiliaan *sporck, sprock*, van **middelnl.** *sproc* [takje, rijsje], de verkleiningsvorm *sprockel* en het ww. *sprockelen*, waarnaast ook *sprocken*, ablautend bij **oudeng.** *sprǣc* [twijg]; vgl. de vormen met *n* onder *sprank*.

sprokaas [oeveraas] in de Achterhoek de larve van de kokerjuffer, die de zijden cocon bedekt met stukjes hout → *sprok* [droge, dorre tak].

sproke [het Middelnederlandse verhaal in verzen] **middelnl.** *sproke*, naast *spreuk*; van *spreken*.

sprokkelen [takken bijeenzamelen] **middelnl.** *sprockelen*, van *sprocken* [idem], of van *sprockel* [takje, rijsje], verkleiningsvorm van *sproc*, waarvan ook het ww. *sprocken* (vgl. *sprok*).

sprokkelmaand [februari] **middelnl.** *spo(o)rkel, sporcule, spuerkel, sporcelmaent* [februari], (*sporkel* [pok]) < **lat.** *spurcalia*, in februari gevierd reinigingsfeest, dat de kerk als heidens bestreed, van *spurcus* [vuil], vgl. *sporkeboom* [vuilboom]; de metathesis van *r* werd wel bevorderd o.i.v. *sprokkelen*.

sprong [het springen] **middelnl.** *spronc;* ablautend bij *springen*.

sprookje [verzonnen vertelling] verkleiningsvorm van *sproke*.

sproos [ruw, schraal] van *spreu*.

sprot [visje] **middelnl.** *sprot*, **nd.**, **oudeng.** *sprott;* vermoedelijk van *spruiten* en dan met de betekenis 'jong broed'.

sprouw [slijmvliesontsteking] **middelnl.** *sprouwe*, de oorspr. vorm, die eerst in de 19e eeuw werd verdrongen door *spruw*.

spruit [kind, loot] → *spruiten*.

spruiten [loten vormen] **middelnl.** *spruten*, **oudkerkslavisch, oudeng.** *sprutan* (**eng.** *sprout*), **hd.** *spriessen*, naast ablautend **oudeng.** *spryttan*, **hd.** *spritzen*, **gotisch** *sprauto* [vlug], op enige afstand verwant met *sproeien*.

spruw [slijmvliesontsteking] naast *sprouw*, behoort vermoedelijk bij *sproeien;* het ziektebeeld kenmerkt zich door witte stipjes op het slijmvlies.

spugen [door de mond uitwerpen] **middelnl.** *spuwen, spuen, spien, spijen* (vgl. *spuwen*); de *g* ontstond o.i.v. *spoog, gespogen*, waarschijnlijk bij *spien* gevormd naar analogie van *tien, (= tijgen), toog, getogen*.

spuien [lozen] **middelnl.** *spoyen, speyen* [een sluis bedienen, met kracht zich een doortocht banen van water]; vermoedelijk ablautend naast *spuwen*.

spuiten [met kracht naar buiten persen] **middelnl.** *spoyten, speyten;* dentaalafleiding van dezelfde basis als van *spuwen*.

spul [bezitting] dial. (hollandse) nevenvorm van *spel* (vgl. *spelen*).

spunglas [weefsel] < eng. *spun glass* [lett. gesponnen glas].

spurge [plantengeslacht] < oudfr. *espurge*, van *espurgier* [zuiveren] < lat. *expurgare* [reinigen, zuiveren], van *ex* [uit] + *purgare* [zuiveren, reinigen, laxeren], van *purus* [zuiver] + *agere* [doen, maken].

spurius [onecht] < lat. *spurius* [onecht, onecht kind] < etruskisch *spural* [openbaar, publiek].

spurrie [plant] < me. lat. *spergula, spargula*, verwant met *asperge*.

spurt [sprint] < eng. *spurt*, van *to spurt*, met metathesis < oudeng. *spryttan*, verwant met *spruiten*.

sputteren [spatten] een frequentatiefvorm die aansluit bij *spuiten*.

sputum [speeksel] < lat. *sputum* [idem], eig. verl. deelw. van *spuere* [spuwen], idg. verwant met *spuwen*.

spuwen [door de mond uitwerpen] middelnl. *spien, spijen, spuwen, spuen, spouwen*, oudsaksisch, oudhd., oudeng. *spiwan*, oudfries *spia*, oudnoors *spyja*, gotisch *speiwan*; in het nl. is de *i* o.i.v. de *w* overgegaan in *u*; buiten het germ. lat. *spuere*, gr. *ptuein*, armeens *tkanem*, litouws *spiauju* [ik spuw], oudkerkslavisch *pljivati* [spuwen], oudindisch *sthivati* [hij spuwt].

squadron [eskader] < eng. *squadron* < it. *squadrone* (vgl. *eskadron*).

squameus [schubvormig] < fr. *squameux* [idem] < lat. *squamosus* [geschubd], van *squama* [schub] + -*osus* [vol van].

square [vierkant plein] < eng. *square* [vierkant, vierkant plein] < oudfr. *esquarre* [idem] < me. lat. *squaratus, quadratus* [vierkantig], gevormd van *ex* [uit, geheel en al] + *quadrare* [vierkant maken], van *quadra, quadrum* [vierkant], van *quadri-* [telkens vier, met vier tegelijk], van *quattuor* [vier], daarmee idg. verwant.

squash [balspel] < eng. *squash* [verbrijzeling, pulp, zachte massa], in onze betekenis een verkorting van *squash rackets*, zo genoemd omdat het gespeeld wordt met een zeer zachte bal, van *to squash* [verbrijzelen, pletten] < oudfr. *esquasser* [idem], van lat. *ex* [uit, geheel en al] + *quassare*, frequentatief van *quatere* (verl. deelw. *quassum*) [schudden, schokken, slaan], idg. verwant met *schokken*.

squatter [kolonist] < eng. *squatter* [iem. die neerhurkt, kolonist op onontgonnen grond], van *to squat* [hurken], middeleng. *squatten*, oudfr. *esquater* < lat. *ex* [uit, geheel en al] + *quassare* (vgl. *squash*).

squaw [Indiaanse vrouw] < eng. *squaw* een algonkin-woord **narranganset** *squaws* [vrouw].

squire [landjonker] < eng. *squire*, verkort uit *esquire* (vgl. *esquire*).

Sranantongo [Surinaams] van *Sranang* [Surinaams] + *tongo* < eng. *tongue* [taal].

staaf [stang] gevormd uit een verbogen nv. van *staf*[1].

staag [aanhoudend] samengetrokken uit *stadig*.

staak [paal] middelnl., middelnd. *stake*, oudeng. *staca*, oudnoors -*staki* (ablautend) hd. *Staken*; behoort tot een grote groep woorden met anlautend *st*, die begrippen als 'scherp, puntig' verklanken, vgl. *stok, steken, steel, stam, stoten, stang*, waaraan vaak historisch gezien geen onmiddellijke verwantschap ten grondslag ligt.

staal[1] [metaal] middelnl. *stael*, oudsaksisch *stehli*, middelnd. *stal*, oudhd. *stahal*, oudeng. *stiele*; buiten het germ. oudpruisisch *stakla*; verwant is ook avestisch *staxta-* [stevig], van een idg. basis waarvan ook *stag*[1] is afgeleid.

staal[2] [monster] middelnl. *stael* < oudfr. *estel* (fr. *étalon*) [paal], waaruit zich de betekenis '(maat)lat' ontwikkelde < frankisch *stall*.

staal[3] [steel, stengel] middelnl. *stale, stael*; ablautend naast *steel*.

staal[4] [onderlaag van een dijk] middelnl. *stael* [plaats, plek, grondslag van een dijk], middelnd. *stale*, oudfries *dīkstathul*, oudeng. *staðol* [fundering], verwant met *staan*; uitgangspunt is 'dat waarop iets staat'.

staal[5] [strak] vermoedelijk < middelnl. *te stale staen* [gezegd van de ogen: strak staan, starogen]; etymologie onzeker.

staan [overeind zijn] middelnl. *staen*, oudsaksisch, oudhd., oudfries *stān*, oudhd. ook *stēn*; nauw verwant is middelnl. *standen* (vanwaar *stond*), oudsaksisch, oudeng., gotisch *standan*, oudhd. *stantan*, oudnoors *standa*; buiten het germ. lat. *stare*, gr. *histèmi* [ik doe staan], oudiers *tau* [ik ben], litouws *stoti*, oudkerkslavisch *stati*, oudindisch *tiṣṭhati* [hij staat].

staar[1] [oogziekte] pas sedert Kiliaan, vgl. middelnl. *te stare staen* [starogen] (als *stare* hier een vr. zn. is), anders van *staer* [donker, troebel van blik, stijf, zonder iets te zien], vgl. *staerblint* [stekeblind]; behorend bij *staren*.

staar[2] [melktobbe] samenhangend met *staan*, mogelijk samengetrokken uit *staander*.

staar[3] [spreeuw] vermoedelijk < hd. *Star*, oudhd. *stara*, oudeng. *stær* (eng. *starling*), oudnoors *stari*, verwant met lat. *sturnus* [idem], oudpruisisch *starnite* [meeuw]; vgl. ook *stern* en *starre*.

staart [achterste gedeelte] middelnl. *ste(e)rt, sta(e)rt*, oudhd. *sterz*, oudfries *stert*, oudeng. *steort*, oudnoors *stertr*; buiten het germ. gr. *storthugx* [spits, slagtand], oudiers *tarr* [staart], litouws *tursas* [achterste].

staat [toestand, land] middelnl. *staet* [staat, toestand, stand, huishouding] < lat. *status* [het staan, positie], in me. lat. ook in de betekenis 'land', van *stare* [staan], daarmee idg. verwant.

staatsie [pracht] (1602), waarschijnlijk een versmelting van *stage*, middelnl. *stage, staedge, staedse* [iets waarop men staat, hoogte (ook van abstracte zaken)] en *staat*.

stabiel — stalles

stabiel [vast staande] < lat. *stabilis* [idem], van *stare* [staan], daarmee idg. verwant.

staccato [aanwijzing om noten kort aan te houden] < it. *staccato*, verl. deelw. van *staccare* [losbreken] < oudfr. *destach(i)er*, van *de(s)-* [weg van] + *estachier* (fr. *attacher*) [vastpinnen], van *estache* [pin], uit het germ., vgl. **staak**.

stad [grote plaats] middelnl. *stede* (de klankwettige vorm; de 1e en 4e nv. *stat* zijn niet klankwettig, maar analogievormingen) *stat, stad(t)* [plaats, ruimte, stad, stand], **oudnederfrankisch** *stede* (3e nv.) **oudsaksisch** *stedi*, oudhd. *stat*, oudfries *sted(e), stidi*, oudeng. *stede*, oudnoors *staðr*, gotisch *staþs*; van dezelfde basis als *staan*.

stade ['te stade', van pas] middelnl. *stade* [de juiste plaats, het juiste ogenblik], *te staden* [op het juiste ogenblik, van pas], middelnd. *stade*, oudhd. *stata*, vgl. hd. *zustatten*, oorspr. een verl. deelw., vgl. lat. *status* [gesteld, staand], van *stare* [staan], daarmee idg. verwant.

stadhouder [plaatsvervanger van vorst] middelnl. *stathouder*, van *stat* [plaats] (vgl. *stad*), dus: plaatsbekleder, vertalende ontlening aan fr. *lieutenant*.

stadie [Oudgriekse lengtemaat] middelnl. *stadie* → *stadium*.

stadig [voortdurend] middelnl. *stadich*, hollandse vorm van *gestadig*.

stadion [sportterrein] → *stadium*.

stadium [tijdperk] (middelnl. *stadie* [een afstandsmaat]) < lat. *stadium* [afstand van 185 m, renbaan] < gr. *stadion* [een bep. afstand, renbaan], oorspr. *spadion* [renbaan], van *span* (vgl. *spastisch*), maar veranderd o.i.v. *stadios*, o. *stadion* [stevig, vast].

staf[1] [stok] middelnl., oudsaksisch, middelnd. *staf*, oudhd. *stab*, oudfries *stef*, oudeng. *stœf*, oudnoors *stafr*, gotisch *stafs*; buiten het germ. litouws *stabas* [staf, zuil], lets *stabs* [zuil], oudruss. *stoborije* [zuilenrij], **oudindisch** *stabhnāti* [hij steunt]; hogerop verwant met *staan*.

staf[2] [leidinggevend personeel] van *staf*[1] [stok als teken van gezag].

staf[3] [suf] vgl. middelnl. *steffardich, stif(f)*, fries *staf*; van *stijf* en *stevig*.

staffel [berekening waardoor bij elke wijziging het saldo blijkt] < hd. *Staffel* [trede, sport, trap, etappe] (vgl. *stappen*).

staffelij [tafel van diamantbewerker] < hd. *Staffelei* [ook schildersezel], van *Staffel* [trede, sport, trap] (vgl. *stappen*).

staffier [lijfwacht] < it. *staffiere* [rijknecht, palfrenier, staffier], degene die de *staffa* [stijgbeugel] houdt, uit het germ., vgl. *staffel*.

stafylococcen [kogelvormige bacteriën] gevormd van gr. *staphulè* [druiventros], verwant met *stembein* [met de voet treden] (vgl. *stampen*) + *kokkos* [vruchtepit] (vgl. *cocon*).

stag[1] [want] eerst 17e eeuws middelnd. *stach*, oudeng. *stœg* (eng. *stay*), met een grondbetekenis 'strak gespannen', verwant met **staal**[1] [metaal].

stag[2] [tapuit] etymologie onbekend.

stage [proeftijd] < fr. *stage*, in het me. lat. *stagium*, overgenomen < oudfr. *estage* (fr. *étage*) in de oude betekenis van verblijf.

stagflatie [hoge inflatie en geringe economische groei] gevormd van *stagneren* + *inflatie*.

staggen [op de rug van een andere koe springen] vgl. eng. *to stagger* [doen wankelen], ouder *to stacker*, middeleng. *stakeren* < oudnoors *stakra*, frequentatief van *staka* [duwen], verwant met *staak*.

stagneren [stilstaan] < fr. *stagner* [stilstaan (van water), geen voortgang hebben, stagneren] < lat. *stagnare* [onder water staan], van *stagnum* [stilstaand water, poel].

stakelen [noodsignaal geven met fakkel] moet van een woord *stakel*, nevenvorm van *staak*, gevormd zijn, dat overigens niet is aangetroffen.

staken [stopzetten, het werk neerleggen] middelnl. *staken* [(in de grond) vaststeten, dan ook laten steken, niet voortzetten]; afgeleid van *staak*.

staket [rij palen] → *staketsel*.

staketsel [rij palen] middelnl. *sta(ec)ket, staketsel* [paal, en (collectief) staketsel] < oudfr. *estaquette*, van *estaque* < nl. *staak*.

stakker, stakkerd [stumper] uit Noord-Europa afkomstig, vgl. noors *stakkar*, zweeds *stackare*, deens *stakkel* < oudnoors *stafkarl* [lett. stokkerel, een rondzwervend bedelaar] (vgl. *staf*[1]).

stal[1] [verblijf van dieren] middelnl. *stal, stall, stalle* [het (blijven) staan, staanplaats (op markt), stal voor vee, poot van huisraad, een afgebakende tijdsruimte], middelnd., oudhd. *stal*, oudfries *stall*, oudeng. *steall*, oudnoors *stallr*; buiten het germ. lat. *stabulum* [stal], gr. *stellein* [in orde brengen], armeens *stelem* [ik plaats]; afgeleid van *staan*.

stal[2] [dunne paal] → *stal*[1].

stalactiet [druipsteen (naar beneden hangend)] gevormd van gr. *stalaktos*, verl. deelw. van *stalassein* [(doen) druppelen], idg. verwant met nl. *stallen* [pissen], middelnl. *stallen* [pissen (van paarden)], middelhd. *stallen* [stallen].

stalagmiet [druipsteen (naar boven gericht)] van gr. *stalagma, stalagmos* [het gedruppel, druppel], van *stalassein* [(doen) druppelen] (vgl. *stalactiet*).

stalie [Indisch kwartje] < maleis *setali*, van *se* = *satu* [een] + *tali* [touw], oorspr. een touwtje waaraan muntjes met een gat in het midden waren geregen.

stalkruid [plant die gebruikt wordt als waterafdrijvend middel] van *stallen* [pissen].

stalle, stal [paardepis] van *stallen*.

stallen [pissen] → *stalactiet*.

stalles [rang van plaatsen in schouwburg e.d.] < fr. *stalles*, mv. van *stalle* [koorstoel, zitplaats in schouwburg] < it. *stallo* [verblijfplaats, zetel] (vgl. *etalage*).

stallicht [stallantaarn] **middelnl.** *stallicht, stellicht,* van *stallen* [plaatsen], dus eig. standlicht, kaars die op een kandelaar wordt gezet.

stam [deel van boom] **middelnl.** *stam(me),* **middelnd., oudhd.** *stam,* **oudsaksisch** *stamn* [steven], **oudeng.** *stemn, stefn* [stam, steven], **oudnoors** *stafn* [steven]; buiten het germ. **lat.** *stamen* [schering (van het oorspr. staande weefgetouw)], **gr.** *stèmōn* [idem], **iers** *tamon* [stam], **oudindisch** *sthāman-* [standplaats]; afgeleid van *staan* (vgl. *stramien*).

stamboeltroep [verinlandste Indonesische toneelgroep] < **maleis** *Setambul* [Istamboel].

stamelen [gebrekkig spreken] **middelnl.** *stamelen, stameren,* **oudsaksisch** *stamaron,* **oudhd.** *stamalon,* **oudeng.** *stamerian,* van een bn. **oudhd.** *stamal,* **oudeng.** *stamor* [stamelend]; uiteindelijk van dezelfde basis als *staan,* dus met de betekenis van 'onder het spreken telkens blijven staan, stoppen'.

stamijn [zeefdoek] → *stramien*.

staminee [kroeg] < **fr.** *estaminet* [idem], via het picardisch < **waals** *staminé,* van *stamon* [paal], uit het germ., vgl. *stam* en **hd.** *Stamm;* de staminee is dus oorspr. een zaal met een door palen gestut dak, een 'stamlokaal', vgl. ook *pilier d'estaminet* [kroegloper, eig. kroegpilaar]; vgl. ook de ontwikkeling van *cabaret*.

staminodium [valse meeldraad] gevormd van **lat.** *stamen* (2e nv. *staminis*) [draad] + *-odium* naar **gr.** *eidos* [vorm, gedaante], dus: gelijkend op een (meel)draad.

stamkroeg [café van habitués] → *staminee*.

stampei [herrie] met rom. achtervoegsel van *stampen*.

stampen [stoten] **middelnl., middelnd.** *stampen,* **oudhd.** *stampfon,* **oudeng.** *stempan,* **oudnoors** *stappa;* buiten het germ. **gr.** *stembein* [doen dreunen], **oudindisch** *stamba-* [bosje gras, tros]; vgl. *stempel*[1], *stomp*[1].

-stan [gebied] < **perzisch** *stān* [land], verwant met **avestisch** *stāna* [-plaats], idg. verwant met *staan*.

stance [strofe] < **fr.** *stance* < **it.** *stanza* [idem], teruggaand op **lat.** *stans* (2e nv. *stantis*), teg. deelw. van *stare* [staan, stilstaan, blijven staan], dus: het rust houden na de strofe.

stand [houding, gesteldheid, rang] **middelnl., middelnd., middelhd.** *stant,* **oudeng.** *stond, stand,* van *standen* (vgl. *staan*).

standaard [vaandel, voetstuk, maatstaf] **middelnl.** *standa(e)rt* < **oudfr.** *estendart* [omwalling waar de troepen werden samengetrokken, vaandel], van *estendre* [uitstrekken, uitrekken] < **lat.** *extendere* [idem], van *ex* [uit] + *tendere* [spannen, uitstrekken] (vgl. *tent*).

standelkruid [plant] het eerste lid van *stand,* zo genoemd omdat de plant werd gebruikt als afrodysiacum. Vgl. het synoniem *kullekenskruid;* de plant is een orchis, vgl. voor de betekenis ook *orchidee* en *salep*.

standje [reprimande] (1840) < *stand* [het blijven staan, in de zin van: oploopje], evenals **hd.** *Ständchen;* de betekenis 'reprimande' is recent.

standolie [oliesoort] oorspr. lijnolie die door *staan* is verdikt.

standvink [staande steunbalk] **middelnl.** *stantfike, stanfike, stantflike, stantvliete, stantvinke;* de etymologie van het tweede lid is niet duidelijk.

Stanfries [de vrije Fries] staande Fries, die wel zijn koning eerde, maar alleen knielde voor de Heer.

stang [spijl] **middelnl.** *stange,* **oudsaksisch, oudhd.** *stanga,* **oudnoors** *stang,* naast **oudeng.** *stong,* van **oudeng.** *stingan,* **oudnoors** *stinga* [steken]; buiten het germ. (zonder nasalering) **gr.** *stachus* [korenaar], **litouws** *stegerys* [lange gedroogde stengel].

stanniool, staniol [bladtin] < **it.** *stagnuolo, stagnuola* [blaadje stanniool], van *stagno* [tin] < **lat.** *stagnum* [oorspr. mengsel van lood en zilver, later: tin], van kelt. herkomst, vgl. **iers, gaelisch** *stan,* **bretons** *sten* (vgl. *tin*).

stans [geëerigeerde penis] < **lat.** *stans,* zelfstandig gebruik van het teg. deelw. van *stare* [staan], daarmee idg. verwant.

stansen [uit metaal slaan] < **hd.** *stanzen* < *stangezen,* van *Stange* [stang], vgl. **middelhd.** *ich stinge* [ik steek], **eng.** *to sting,* dus eig. in een vorm stoten van metaal (vgl. *steng*).

stanza [strofe] → *stance*.

stapel[1] [hoop] **middelnl.** *stapel* [voetstap, iem. van stand, basis, steel, poot van meubel, opgetaste hoop, stapelplaats], **middelnd.** *stapel* [ook kerktoren], **oudhd.** *stapfal* [onderstel], **oudfries** *stapul* [blok, basis], **oudeng.** *stapol* [zuil, verhevenheid], **eng.** *steeple* [kerktoren], **oudnoors** *stopull* [zuil, kerktoren]; verwant met *stof*[1], *staffel* en op enige afstand met *staan* → *steeplechase*.

stapel[2] [krekel] **middelnl.** *stapel* [krekel, sprinkhaan], van **middelnl.** *stapel, stappel* [schrede, poot van huisraad], (*stappen* [stappen, maar ook springen]), **middelnd.** *stapele,* **oudhd.** *stafel* (**hd.** *Heustaffel*); de betekenis is dus: dier dat grote stappen maakt.

stapelgek [volslagen gek] het eerste lid is *stapel*[2] [krekel], vgl. bij Kiliaan *pepelsot,* van *pepel* [vlinder].

Staphorst [geogr.] gedacht wordt aan een ontstaan uit *stap* [vonder] + *horst* [struikgewas].

stappans [terstond] **middelnl.** o.m. *staphandes, staphants, staphans, stappans,* van *stap* + *te hande* (vgl. *op handen zijn*) → *stappen*.

stappen [lopen] **middelnl., middelnd.** *stappen,* **oudhd.** *stapfon* naast *stepfen,* **oudfries** *steppa, stapa,* **oudeng.** *stæppan, steppan;* verwant met *stapel*[2] en *stoep*.

star [strak] **middelnl.** *sterre* [idem] (vgl. *staren*).

staren [strak kijken] **middelnl., middelnd., oudhd.** *staren,* **oudeng.** *starian,* **oudnoors** *stara,* van *star;* de grondbetekenis is 'stijf, hard'.

starnakel [volkomen, geheel en al] etymologie onbekend.

starost [Pools leenman, en dorpsburgemeester in het oude Rusland] < **pools, russ.** *starosta* [oudste], van **pools** *stary,* **russ.** *staryj* [oud], **oudkerkslavisch** *starŭ,* verwant met **litouws** *storas* [dik], **gr.** *stereos* [vast, hard] (vgl. *star, staren*).

starre [stern] bij Kiliaan *sterre, starre,* **middelnl.** *sterre* [spreeuw] (vgl. ***staar*** [spreeuw] en ***stern***).

starriet [stern] vermoedelijk klanknabootsende aanpassing van *starre, sterre* [stern].

starten [beginnen] < **eng.** *to start* [idem], **oudeng.** *sturtian* [opspringen], verwant met ***storten***.

statarisch [bij verschillende plaatsen stilstaand tijdens het lezen, tegenover cursorisch] < **lat.** *statarius* [(gezegd van redevoering of toneelstuk) rustig, met weinig actie, eig. vast staande], gebaseerd op *stare* [staan], daarmee idg. verwant.

state [landgoed] **middelnl.** *state, staet* betekent o.m. 'huishouding, vast verblijf' (vgl. ***staat***) < **oudfr.** *estat* [huishouding, woning], vgl. **eng.** *estate.*

statement [uitspraak] < **eng.** *statement,* van *to state* [mededelen], van *state* (zn.) [toestand] < **lat.** *status* (vgl. ***status***).

stater [Oudgriekse munt] < **gr.** *statèr* [een bep. gewicht, dit in goud of zilver, munt van een bep. waarde], van *histèmi* [ik doe (stil)staan, stel in, stel vast, weeg af], idg. verwant met *staan;* vgl. voor de betekenis ***peso***.

statica [evenwichtsleer van lichamen in rust] < **gr.** *statikè technè* [de kunst van het evenwicht], *statikè,* vr. van *statikos* (vgl. ***statisch***), *technè* [kunst].

statie [standplaats van een priester, statie in de kruisweg] **middelnl.** *stacie, statie* [plaats waar een processie stilhoudt, statie in de kruisweg] < **lat.** *statio* [het stilstaan, standplaats], van *stare* (verl. deelw. *statum*) [staan], daarmee idg. verwant (vgl. ***station***).

statief [voetstuk] van **lat.** *stativus* [stilstaand, vast], van *stare* [staan], daarmee idg. verwant.

station [plaats waar treinen stoppen] **middelnl.** *statioen, stacie* [ook staanplaats, garnizoensplaats] (vgl. ***statie***) < **fr.** *station* [stilstand, stopplaats voor treinen], mogelijk echter < **eng.** *station* < **lat.** *stationem,* 4e nv. van *statio* [stilstand, standplaats], van *stare* [staan], daarmee idg. verwant.

statisch [niet beweeglijk] < **gr.** *statikos* [tot stilstand brengend], van *statos,* als verl. deelw. gebruikt bij *histèmi* [ik doe staan], idg. verwant met ***staan***.

statistiek [methode om door middel van cijfers inzicht in verschijnselen te krijgen] < **hd.** *Statistik,* naar **lat.** *status* (vgl. ***status***) en het lat. achtervoegsel *-isticus.*

statoscoop [hoogtemeter] gevormd van **gr.** *statos* (vgl. ***statisch***) + *-scoop.*

statuair [m.b.t. beelden] < **fr.** *statuair* [m. beeldhouwer, vr. beeldhouwkunst] < **lat.** *statuarius* [beeldhouwer], van *statua* [standbeeld], van *statuere* [doen staan, opstellen], van *stare* [staan], daarmee idg. verwant.

statueren [verordenen] < **fr.** *statuer* [idem] < **lat.** *statuere* (vgl. ***statuair***).

status [maatschappelijk aanzien] < **lat.** *status* [stand, positie, welstand], van *stare* (verl. deelw. *statum*) [staan], daarmee idg. verwant.

statuur [gestalte] **middelnl.** *stature* < **fr.** *stature* < **lat.** *statura* [lichaamsgrootte, lichaamsbouw], van *stare* (verl. deelw. *statum*) [staan], daarmee idg. verwant.

statuut [voorschrift] **middelnl.** *statute, statuut* < **fr.** *statut* < **lat.** *statutum,* verl. deelw. van *statuere* [plaatsen, oprichten, grondvesten, beslissen] (vgl. ***statuair***).

stauroscoop [instrument voor kristalonderzoek] gevormd van **gr.** *stauros* [paal, verplaatsbare dwarspaal van het kruis], idg. verwant met ***sturen*** + *-scoop.*

stavelier, stavelij [werktafel van een goudsmid] → ***staffelij:***

staven [bevestigen] → ***boekstaven***.

staverzaad [zaad gebruikt tegen luis] verbasterd uit de wetenschappelijke naam *staphisagria,* van **gr.** *staphis* [rozijn], verwant met *staphulos* [druif] (vgl. ***stafylococcen***) + *agrios* [wild], idg. verwant met ***akker***.

stayer [wielrenner die achter een motor rijdt] < **eng.** *stayer,* van *to stay* [blijven, het uithouden], verwant met ***staan***.

steak [biefstuk] < **eng.** *steak* < **middeleng.** *steke* [eig. iets dat aan het spit is gestoken] (vgl. ***steek***).

stearine [bestanddeel van vet] gevormd van **gr.** *stear* [gestold vet], idg. verwant met ***steen***.

steatiet [speksteen] < **gr.** *steatitès,* van *stear* [gestold vet] (vgl. ***stearine***).

steatopygie [het voorkomen van een dik vetkussen op het achterwerk van b.v. Hottentotvrouwen] van **gr.** *stear* (2e nv. *steatos*) [vet] (vgl. ***stearine***) + *pugè* [achterste].

stechelen [valsspelen] vermoedelijk frequentatief van **hd.** *stechen* [steken], maar in het kaartspel het slaan door de hogere kaart van de lagere (vgl. ***steggelen***).

stee [plek, boerderij] < *stede,* **middelnl.** *stede,* de klankwettige vorm tegenover ***stad.***

steeds [altijd] **middelnl.** *stedes, steets,* met het bijwoorden vormende achtervoegsel *s* van *stede, stade* [plaats], ook als tijdsbegrip. Hiernaast *staets* [steeds], van *stat* (vgl. ***stad***).

steeg[1] [straatje] **middelnl.** *stege, steech* [weg, straat, pad, steeg], **middelnd.** *stege,* **oudhd.** *stega* [trap], verwant met ***stijgen, steg.***

steeg[2] [koppig] **middelnl., middelnd.** *steeg,* **oudhd.** *stetig* [vast], **oudnoors** *stǫðugr* [vast, bestendig]; van *stad* [plaats], dus: op zijn standpunt blijvend.

steek [driekantige hoed] vgl. **hd.** *Dreispitz;* te verklaren door de punten die uitsteken.

steekpenning [smeergeld] **middelnl.** *steecpenninc* [zwijggeld, aalmoes], het eerste lid van *steken* [een steek geven, duwen, prikkelen, aandrijven], *besteken* [steken, iem. iets inblazen, door listige woorden heimelijk voor zich winnen], **hd.** *bestechen* [omkopen].

steeks [steil] van *steek* in de betekenis 'helling', van de stam van het ww. *steken.*

steel [stengel] **middelnl.** *stele, steel,* naast ablautend *stale, stael,* **oudeng.** *stela,* **oudnoors** *stjǫlr* [staart, stuit], ablautend **oudsaksisch, oudhd.** *stollo* [stut]; buiten het germ. **gr.** *steleon* [steel], **lets** *stulms* [boomstam], verwant met *stellen.*

steels [heimelijk] **middelnl.** *steels(g)ewise* [sluipend, in het geniep]; van *stelen.*

steen [harde delfstof] **middelnl.** *steen, stein,* **oudnederfrankisch, oudhd.** *stein,* **oudsaksisch, oudfries** *stēn,* **oudeng.** *stān,* **oudnoors** *steinn,* **gotisch** *stains;* buiten het germ. **gr.** *stia* [steentje], *stear* [vet], **oudkerkslavisch** *stěna* [muur]; van dezelfde basis als *stijf.*

steenbreekvaren [soort varen] zo genoemd omdat hij op oude muren pleegt te groeien.

steens [Oostindisch] samengetrokken uit *Oostindisch,* bij namen, b.v. *steense kers.*

steeple-chase [hindernisren] < **eng.** *steeple-chase* [idem], van *steeple* [kerktoren], van *steep* [steil] (vgl. *stapel*¹) + *chase* < **fr.** *chasse;* oorspr. was het traject zo ingericht dat een kerktoren het doel was.

steerntje [plantje] verkleiningsvorm van *ster*¹.

steg [smalle weg] **middelnl.** *stege, steech,* **middelnd.** *stech,* **oudhd.** *steg,* **oudnoors** *stigr,* naast *steeg*¹; van *stijgen.*

steganografie [geheime schrijfkunst] gevormd van **gr.** *steganos* [bedekt], van *stegein* [bedekken, verbergen] (vgl. *stegomyia*) + *graphein* [schrijven], idg. verwant met *kerven.*

stegel [stijgbeugel] vgl. **middelnl.** *stegel(e)* [stoep of verhoging om over iets heen te stappen]; van *stijgen* (vgl. *steil*).

steggelen [elkander steken] frequentatief van *steken.*

stegomyia [(vroeger) soort van malariamug] gevormd van **gr.** *stegos* [dak, huis], van *stegein* [bedekken], idg. verwant met *dak, dekken* + *muia* [vlieg], idg. verwant met *mug.*

steiger [aanlegplaats, stelling] **middelnl.** *steger, steiger* [trap, ladder, steiger aan het water], **middelnd.** *steger* [stellage], **oudeng.** *stæger* [trap] (**eng.** *stairs*); van *stijgen.*

steigeren [op de achterbenen gaan staan (van paarden)] **middelnl.** *steigeren* [klimmen], causatief van *stijgen* met iteratiefvorm.

steil [sterk hellend] **middelnl.** *steil,* maar de *ei* is ontstaan uit *ege,* vgl. *peil* < *pegel, dweil* < *dwegel*

en **middelnl.** *stegel* [stoep of verhoging om over iets heen te stappen], **middelnd.** *stegel,* **oudhd.** *steigal,* **oudeng.** *stægel* [steil]; van *stijgen.*

stek [loot] **middelnl.** *stec* [staak, stok], **oudsaksisch** *stekko,* **oudhd.** *steccho,* **oudeng.** *sticca;* van *steken,* kreeg in het nl. de huidige engere betekenis.

stekade [degenstok] o.i.v. *steken* ontleend aan **spaans** *estocada,* van *estoque* [stootdegen, degenstok] < **fr.** *estoc* [idem], uit het germ., vgl. *stok.*

stekeblind [helemaal blind] ouder ook *stokblind,* **middelnl.** *ste(c)keblint;* voor het eerste lid vgl. *stok-.*

stekel [puntige uitwas] **middelnl.** *stekel(e)* [prikkel, doorn, stekel], **oudhd.** *stihhil,* **oudeng.** *sticel,* **oudnoors** *stikill* [hoornpunt], naast **oudhd.** *stachilla;* van *steken.*

steken [prikken] **middelnl.** *steken,* **oudsaksisch** *stekan,* **oudhd.** *stehhan,* **oudfries** *steka,* **oudeng.** *stician,* **oudnoors** *steikja* [roosteren, eig. aan het spit steken], **gotisch** *stiks* [steek]; buiten het germ. **lat.** *instigare* [aansporen, prikkelen], **gr.** *stizein* [steken], **litouws** *stigti* [blijven steken], **oudindisch** *tejayati* [hij scherpt].

stekezot [stapelgek] voor het eerste lid vgl. *stok-.*

stekker [steekcontact] (1927) < **hd.** *Stecker.*

stekkeren [hard lopen, oorspr. met de prikslee rijden] van *stekker* [prikstok van een slee], van *stek,* **middelnl.** *stec* [staak, stok]; van *steken.*

stekske [lucifer] verkleiningsvorm van *stek,* **middelnl.** *stec* [staak, stok], dus: (zwavel)stokje (vgl. *stekkeren*).

stekteen → *stikteen.*

stel [onderstel, paar] **middelnl.** *stel* [onderstel]; van *stellen.*

stèle, stele [grafzuil] < **lat.** *stela* [idem] < **gr.** *stèlè* [rechtopstaande grafsteen], van *stellein* [doen staan, opstellen, lett. op poten zetten], idg. verwant met *steel.*

stelen [heimelijk wegnemen] **middelnl.** *stelen,* **oudhd., oudeng.** *stelan,* **oudfries, oudnoors** *stela,* **gotisch** *stilan;* buiten het germ. zijn geen verwanten gevonden, de etymologie is onbekend.

stellage¹ [houten verhoging] **middelnl.** *stellage, stallage,* met **fr.** *-age* gevormd van *stellen,* evenals in *lekkage.*

stellage² [termijnmarkt] **hd.** *Stellage,* gevormd van **nd., nl.** *stellen* + **fr.** *-age,* evenals in *lekkage.*

stellair [de sterren betreffend] < **fr.** *stellaire* [idem] < **me. lat.** *stellaris* [sterre-], van *stella* [ster], daarmee idg. verwant.

stelle [vluchtheuvel op schorgronden] evenals *stelling*¹ van *stellen.*

stellen [plaatsen] **middelnl.** *stellen,* **oudsaksisch** *stellian,* **oudhd.** *stellen,* afgeleid van een grondwoord dat het nl. als *stal* heeft, op enige afstand verwant met **gr.** *stellein* [doen staan, opstellen]; verwant met *staan.*

stelliet [een chroomlegering van de Amerikaanse merknaam *Stellite.*

stellig [zeker] een betrekkelijk jong woord, nog niet bij Kiliaan; vermoedelijk een vernederlandsing van *positief*.

stelling[1] [het stellen, standplaats, stellage] **middelnl.** *stellinge*, gevormd van **stellen;** in de betekenis 'these' vermoedelijk in omloop gebracht door Simon Stevin (1548-1620) als weergave van **lat.** *propositio* of **gr.** *thèsis*.

stelling[2] [boerderij] mogelijk van *stal*[1].

stellionaat [bep. delict met onroerend goed] < **fr.** *stellionat* < **chr. lat.** *stellionatus* [idem], van *stellio* [de (giftige) sterhagedis, listeling, schurk], van *stella* [ster], daarmee idg. verwant. De hagedis was in de middeleeuwen een symbool van fraude.

stelpen [doen ophouden] **middelnl.** *stelpen, stulpen* [idem], **oudsaksisch** *stelpon*, **oudnoors** *stelpa* [ondersteboven keren], naast **middelnl.** *stolp(e)* [zolderbalk, haarddeksel], *stolpen* [ondersteboven keren, met een stulp bedekken], **middelnd.** *stolpe* [balkje], **oudnoors** *stolpi* [paal], **Iets** *stulbs* [idem]; van dezelfde basis als *steel*.

stelt [loopstok] **middelnl.** *stelte* [houten been, kruk], **middelnd.** *stelte*, **oudhd.** *stelza*, **middeleng.** *stilte;* van dezelfde basis als *steel*.

stem [door spreken voortgebracht geluid] **middelnl.** *stem(me), stimme*, ook *stevene, steffene*, **oudnederfrankisch** *stemma*, **oudsaksisch** *stemna*, **oudhd.** *stimna*, **oudfries** *stemme*, **oudeng.** *stemn, stefn*, **oudnoors** *stefna*, **gotisch** *stibna;* vermoedelijk te verbinden met **gr.** *stoma* [mond], **welsh** *safn* [kaak], **avestisch** *staman* [muil].

stempel[1] [werktuig om te drukken] **middelnl.** *stempel*, **oudnederfrankisch** *stempel* [stamper]; van *stampen*.

stempel[2] [stut] **middelnl.** *stempel, stimpel* [poot van huisraad], **fries** *stimpel*, van **middelnl.** *stemmen, stimmen, stempen*, **middelnd.** *stempen*, **fries** *stimpe, stimpje* [stevig maken, tegenhouden] (vgl. *bestemmen*).

stencilen [afdrukken maken] < **eng.** *to stencil* [idem], **middeleng.** *stensilen* < **oudfr.** *estenceler* [met lovertjes versieren], van *estencelle* [vonk], met metathesis van **lat.** *scintilla* [vonk, sprankje], idg. verwant met *schijnen*.

stendelaar [muzikant die cafés afloopt] < **rotwelsch** *Ständler*, van *ständeln* [het vertonen van kaarttrucs, op de harmonika spelen in kroegen door werkloze artiesten e.d.], van **hd.** *Standler* [die een kraampje bezit], vgl. *standhouder*.

stenen [zuchten] → *steunen*[2].

steng [houten staak] → *stang*.

stengel [deel van een plant] bij Kiliaan idem < **middelhd.** *stengel*, **oudhd.** *stengil*, verkleiningsvorm van **hd.** *Stange* [stang].

stengun [machinepistool] gevormd van de beginletters van de namen van de uitvinders ervan *Sheppard, Turpin* en *England* + *gun* (vgl. *brengun*).

stennes [ophef] ook *stannes, stennis*, mogelijk vervormd uit *standjes* [ruzie] (vgl. *standje*).

stenocardie [hartbeklemming] gevormd van **gr.** *stenos* [nauw] + *kardia* [hart], daarmee idg. verwant.

stenografie [snelschriftmethode] gevormd van **gr.** *stenos* [nauw] + *graphein* [schrijven], idg. verwant met *kerven*.

stentor [iem. met een zware stem] naar *Stentoor*, de Griekse heraut in de Trojaanse oorlog, een afleiding van *stenein* [zuchten, bruisen], idg. verwant met *stenen*.

step[1] [danspas] < **eng.** *step*, verwant met *stap* (vgl. *stappen*).

step[2] [voetsteun aan fiets, autoped] van **eng.** *to step* (vgl. *stappen*).

steppe [uitgestrekte grasvlakte] < **russ.** *step'* [idem].

ster[1] [hemellichaam] **middelnl.** *sterne, sterre*, **middelnd.** *sterne*, **oudsaksisch** *sterro*, **oudhd.** *sterro, sterno, stern*, **oudfries** *stera*, **oudeng.** *steorra*, **oudnoors** *stjarna*, **gotisch** *stairno;* buiten het germ. **lat.** *stella*, **gr.** *astèr, astron*, **bretons** *sterenn*, **hettitisch** *šittar*, **oudindisch** *star-*.

ster[2], star [voorhoofd] **middelnl.** *sterne, sterre* [bles], **middelnd.** *sterne*, **oudhd.** *stirna* (hd. *Stirn*), **oudeng.** *steornede* [brutaal, driest] (voor het verband vgl. hd. *mit dreister Stirn* [brutaal]); buiten het germ. **lat.** *sternere* [uitspreiden], **gr.** *sternon* [brede mannenborst], **welsh** *sarn* [plaveisel], **oudkerkslavisch** *postreti* [uitbreiden], **oudindisch** *strnati* [hij strooit], *prastara-* [vlak (zn.)].

-ster [achtervoegsel ter vorming van vr. zn. voor handelende persoon] parallel aan de mannelijke op *-er:* bedelaarster, herbergierster, vermoedelijk < **vulg. lat.** *-istria* < **gr.** *-istria*.

steradiaal [eenheid van ruimtehoek] gevormd van **gr.** *stereos* [vast, in de wiskunde van drie dimensies], idg. verwant met *staren* + **lat.** *radius* (vgl. *radiaal*).

stercorair, stercoraal [faecalisch] < **fr.** *stercoraire* [idem] < **lat.** *stercorarius* [mest-], van *stercus* (2e nv. *stercoris*) [mest], idg. verwant met *drek*.

stère [kubieke meter] < **fr.** *stère* (1795), gevormd van **gr.** *stereos* [vast, stevig, in de wiskunde: van 3, meest 3 gelijke dimensies, kubiek], idg. verwant met *staren* en *strijd*.

stereoscoop [optisch instrument] gevormd door de uitvinder ervan, de Engelse natuurkundige Sir Charles Wheatstone (1802-1875), van **gr.** *stereos* in zijn wiskundige betekenis (vgl. *stère*) + *-scoop*.

stereotiep [vast] < **fr.** *stéréotype* gevormd van **gr.** *stereos* [vast, stevig, hard, kubiek] (vgl. *stère*) + *tupos* [slag, geslagen vorm, zegelafdruk], van *tuptein* [slaan].

steriel [onvruchtbaar] < **fr.** *stérile* < **lat.** *sterilis*.

sterk [krachtig] **middelnl.** *sta(e)rc, sterk*, **oudsaksisch**, **oudhd.** *stark*, **oudeng.** *stearc*, **oudnoors**

sterkr, starkr, vgl. **oudhd.** *gistorchanen* [stijf worden], **oudnoors** *storkna,* **gotisch** *gastaurknan* [verdrogen]; de basisbetekenis is 'stijf, star', verwant met **stork** [de stijf stappende vogel] en **staren.**

sterlet [soort steur] < **ouder russ.** *sterljagi* (modern *sterljad'*) < **hd.** *Störling* [kleine steur] (vgl. **steur**[1]).

sterling [muntnaam] < **eng.** *sterling* < **oudfr.** *estrelin,* met achtervoegsel *-ling* van **oudfr.** *ester* < **lat.** *stater* (vgl. **stater**).

stern [zeezwaluw] ablautend **oudeng.** *stearn(a),* **oudnoors** *perna,* verwant met **middelnl.** *sterre* [spreeuw], bij Kiliaan *sterlinck,* **oudhd.** *stara,* **oudeng.** *staer, staerling,* **lat.** *sturnus* [spreeuw]; de vorm **stern** is ontleend aan wetenschappelijk **lat.** *sterna.*

sternagel [hoefnagel] naar de naam van het merk.

steroïden [organische verbindingen] < *sterol,* verkort uit *cholesterol* + *-oïde.*

sterrometaal [legering] gevormd naar **gr.** *stereos* [hard], idg. verwant met **staren.**

sterven [doodgaan] **middelnl.** *sterven,* **oudsaksisch** *sterban,* **oudhd.** *sterban,* **oudfries** *sterva,* **oudeng.** *steorfan* (**eng.** *to starve*), **oudnoors** *stjarfi* [tetanus]; buiten het germ. **lat.** *torpēre* (vgl. **torpedo**), **gr.** *sterphnios* (Hesychius) [stijf], **iers** *ussarb* [dood]; de grondbetekenis is 'stijf worden'.

stethoscoop [hoorbuis] gevormd van **gr.** *stèthos* [borst], idg. verwant met **tepel** + **-scoop.**

Stettin [geogr.] < **pools** *Szczecin,* van **oudkerkslavisch** *tešti* [vloeien] + voorvoegsel *s-* met de betekenis samen, dus eig. samenvloeiing, uitmonding; de stad ligt bij de monding van de Oder.

steunen[1] [stutten] **middelnl.** *sto(e)nen, steunen, stuenen, stenen;* vgl. **middelnl.** ablautend *stunen* [stoten], **oudeng.** *stunian* [slaan], **middelnl.** *stunen* [op iets staan, staande houden, zich verzetten tegen]; van dezelfde basis als **stuurs,** waarbij ook in betekenis overeenkomende **stutten** behoort.

steunen[2] [kermen] jongere vorm met vocaalronding van ablaut naast *stenen,* **middelnl.** *stenen,* **middelnd.** *stönen,* **oudeng.** *stunian,* **oudnoors** *stynja;* buiten het germ. **lat.** *tonare* [dreunen], **gr.** *stenein* [steunen], **welsh** *seinio* [klinken], **litouws** *stenu,* **oudkerkslavisch** *stenjǫ* [ik zucht], **oudindisch** *stanati* [hij dondert].

steur[1] [vis] **middelnl.** *store, stoor, steur(e),* **oudsaksisch, oudhd.** *stur(i)o,* **oudeng.** *styr(i)a,* **oudnoors** *styrja* (vgl. **sterlet**).

steur[2] [kind van in concubinaat levende KNIL-militair en inheemse moeder] om wier lot Pater 'Pa' *Johannes van der Steur* (1865-1945) zich met zijn inrichting Oranje Nassau bekommerde.

stevel [laars] **middelnl.** *stivale, stevel,* **hd.** *Stiefel* < **oudfr.** *estival, estivel* [zomerlaars, laars] < **me. lat.** *stivale,* **klass. lat.** *aestivalis, aestivale* [zomers], van *aestus* [hitte, zomer], dus zomerschoeisel.

steven [uiteinde van een schip] **middelnl.,** **oudfries** *steven(e),* **oudsaksisch** *stamn,* **oudeng.** *stemn, stefn,* **oudnoors** *stafn,* wel van **staf**[1]; van de vormen *stamn* en *stemn* is aangenomen dat zij ontstonden door associatie met *stam.*

stevig [sterk, fors] **middelnl., middelnd.** *stevich,* met *e* < *i* en dan van *stijf* of met *e* als umlaut van *a* en dan van *staf.*

steward [hofmeester] < **eng.** *steward* < **oudeng.** *stigweard, stiweard,* van *stig* [stal, huis], **middelnl.** *stie, stije* [stal voor kleinvee], **oudhd.** *stiga,* **oudnoors** *stia,* van **stijgen** + *ward* [waker] (vgl. **garderobe**), dus: bewaker van de stallen, van het huis, dan: rentmeester, hofmeester.

sthenisch [vitaal] van **gr.** *sthenos* [kracht].

stibium [antimoon] < **lat.** *stibium* < **gr.** *stibi* (vgl. *antimonium*).

stichel [overstap van een hek, laag muurtje] **middelnl.** *stichel,* nevenvorm van **stegel.**

stichisch [m.b.t. dichtwerken gevormd door een aaneenschakeling van gelijksoortige verzen] van **gr.** *stichos* [rij, gelid, vers], verwant met *stix* (2e nv. *stichos*) [rij, gelid], *steichein* [stijgen, optrekken (van soldaten)], idg. verwant met **stijgen.**

stichomythie [tweespraak in telkens een regel] < **gr.** *stichomuthia,* van *stichos* [rij, gelid, vers] (vgl. **stichisch**) + *muthos* [woord, verhaal] (vgl. **mythe**).

sticht[1] [weg tussen boerderij en straatweg] nevenvorm van **steeg**[1].

sticht[2], stift [klooster, bisdom] **middelnl.** *stift, sticht(e)* [met overgang van *ft* > *cht* als in *graft* > *gracht*) [gebouw, stichting, klooster, gewest], **middelnd.** *stift, sticht(e),* **middelhd.** *stift;* van **stichten.**

stichten [instellen, veroorzaken] **middelnl.** *stiften, stichten* (met overgang van *ft* > *cht* als in *graft* > *gracht*), **oudnederfrankisch** *stiftan, stihtan* [bouwen], **middelnd.** *stichten,* **oudhd.** *stiften,* **oudfries** *stifta;* waarschijnlijk behoort het woord bij *stijf* en is de grondbetekenis 'stijf maken'.

sticker [plakker] < **eng.** *sticker,* van *to stick* [steken, vaststeken, vastlijmen].

stickie [marihuanasigaret] → **stikkie.**

stief- [voorvoegsel] in b.v. *stiefbroer,* **middelnl.** *stiep-, steep-, stippe-, steef-, stijf-,* **oudhd.** *stiof-,* **oudfries** *stiäp-,* **oudeng.** *steop-,* **oudnoors** *stjūp-* [stiefzoon]; vgl. **oudeng.** *astiepan, bestiepan* [beroven], **oudhd.** *arstiufen, bistiufen* [beroven van ouders of kinderen]; vgl. ook voor de betekenisontwikkeling **lat.** *privignus* [stiefzoon] en *privare* [beroven].

stiefelen [lopen] < **hd.** *stiefeln* (vgl. **stevel**).

stiekem [heimelijk] < **jiddisch** *sjtieke* < **hebr.** *sjatūk* [stil], *sjatak* [zwijgen].

stieken [barg. toereiken] **rotwelsch** *stechen* [idem], vgl. **hd.** *bestechen* [omkopen] (vgl. **steekpenning**).

stiel [ambacht] **middelnl.** *stijl, stiel, stile* [woordkunst, wijze van opmaken van ambtelijke stukken, bedrijf, ambacht], dus hetzelfde woord als *stijl*².

stiep [gemetselde steun] → *stiepel*.

stiepel, stieper [deurstijl, meubelpoot] middelnl. *stipel, stiper* [stut, schoor], *onderstipen* [ondersteunen], nd., fries *stipe* [stut]; buiten het germ. gr. *steibein* [in elkaar stampen], armeens *stipem* [ik dwing], litouws *stiebas* [mast], **oudkerkslavisch** *stĭblĭ* [stengel] (vgl. *stampen*).

stier [mannelijk rund] middelnl., oudnederfrankisch *stier*, middelnd. *stēr*, oudhd. *stior*, oudeng. *steor*, gotisch *stiur* en met andere anlaut oudnoors *þjǫrr*, vermoedelijk te verbinden met lat. *taurus*, gr. *tauros* [stier], litouws *tauras*, oudkerkslavisch *turŭ* [oeros]; daarnaast ook iers *tarb*, gallisch *tarvos* [stier]; etymologie onduidelijk.

stieren → *sturen*.

stierlijk [in hoge mate] van *stier* [mannelijk rund].

Stiermarken [geogr.] < hd. *Steiermark*, evenals de stad *Steyr* naar de rivier *Styra* (1082), ouder *Sturia* < **oudkerkslavisch** *struja* [stroom]; daarmee idg. verwant.

stift [staafje] < hd. *Stift*, dat verwant is met *stijf*.

stigma [merkteken] < gr. *stigma* [steek, prik, brandmerk], van *stizein* [steken, prikken, tatoeëren, brandmerken], idg. verwant met *steken*.

stijf [moeilijk buigbaar] middelnl. *stijf*, middelnd., middelhd., oudeng. *stif*; buiten het germ. lat. *stipes* [paal, boomstam], gr. *stiphos* [compacte massa], litouws *stipti* [verstijven]; verwant met *steen* en *stiepel*.

stijg¹ [twintigtal] middelnl. *stige*, hd. *Stiege*, oudfries *stīge*, krimgotisch *stega* [twintig]; etymologie onzeker.

stijg² [strontje op het oog] middelnd. *stige, stieg*, fries *stiich*, oudeng. *stigend*, noors *stigje*; hiernaast *stijl*³ met dezelfde betekenis. Mogelijk stammen beide woorden van dezelfde basis als *stijgen* en is de eig. betekenis 'iets puntigs'.

stijgen [omhoog gaan] middelnl. *stigen*, oudsaksisch, oudhd., oudeng. *stigan*, oudfries, oudnoors *stiga*, gotisch *steigan*; buiten het germ. lat. *vestigium* [voetspoor], gr. *steichein* [stijgen], oudiers *tiayaim* [ik loop], oudkerkslavisch *postignǫti* [bereiken], oudindisch *stighnoti* [hij stijgt].

stijl¹ [verticale paal] middelnl. *stijl, stiel, stiele*, middelnd., oudfries *stil*, teruggaand op lat. *stilus* [paal, staak, schrijfstift].

stijl² [wijze van uitdrukken] middelnl. *stijl* [woordkunst] < fr. *style* < it. *stilo* < lat. *stilus* [paal, stift, schrijfstift, schrijftrant, literatuur]; hetzelfde woord als *stijl*¹.

stijl³ [strontje op het oog] → *stijg*².

stijler [destillateur] < eng. *stiller* [idem], van *to still*, verkort uit *to distil* [destilleren].

stijselaar [penis] wel van *stijfsel* voor sperma.

stik¹ [boterham] dial. nevenvorm van *stuk*¹.

stik² [afgesneden tak om te poten] dial. nevenvorm van *stek*.

stik³ [scherpe spade] van *steken*.

stik⁴ [steil] met *l* achtervoegsel, vgl. **oudsaksisch** *stekul* [ruw, steil], oudhd. *stehhal*, **oudeng.** *sticol;* van *steken*.

stikdonker [volkomen donker] voor het eerste lid vgl. *stok-*.

stikken¹ [smoren] middelnl. *stikken*, hetzelfde woord als *stikken*², intensivum van *steken*, hier in de zin van 'blijven steken, niet verder kunnen'.

stikken² [naaien] middelnl. *sticken*, intensivum van *steken*.

stikkie [marihuanasigaret] < eng. *stick* [stok].

stikteen [uitgetrokken jonge hakgriendstruiken] het eerste lid is *stikken*² [steken, prikken, hakgrienden dunnen], het tweede is *teen*² [twijg].

stikvol [zeer vol] middelnl. *stekevol*, voor het tweede lid vgl. *stok-*.

stil [roerloos, geruisloos, bedaard] middelnl. *stille*, **oudsaksisch**, oudhd. *stilli*, oudfries, oudeng. *stille*, vgl. middelnl. *stillen* [tot kalmte brengen]; waarschijnlijk is de grondbetekenis 'onbeweeglijk, vaststaand' en is een naaste verwant *steel*.

stilb [vroegere eenheid van helderheid] naar gr. *stilbein* [glanzen, schitteren].

stileren [in stijlvorm brengen] reeds middelnl., in de betekenis 'oefenen' < fr. *styler* [idem], van *style* < lat. *stilus* [paal, naald, schrijfstift] (vgl. *stijl*¹,²).

stiletto [mes met scharnierend lemmet] < it. *stiletto*, verkleiningsvorm van *stilo* < lat. *stilus* [de (scherp gepunte) schrijfstift] (vgl. *stijl*¹,²).

stillen [doen ophouden] middelnl., oudhd. *stillen*, **oudsaksisch** *gistillian*, oudeng. *stillan*, oudnoors *stilla;* afgeleid van *stil*.

stilletje [emmer om je behoefte in te doen] middelnl. *stille, stillecamere, stilleput(te), stilhuus, stillehuys*, van *stil(le)* [stil, rustig, zedig, geheim].

stilton [kaassoort] genoemd naar de plaats van herkomst, *Stilton* in Huntingdonshire.

stimuleren [aansporen] < fr. *stimuler* [idem] < lat. *stimulare* [met de prikkel steken (bij het drijven van dieren), prikkelen, aansporen], *stimulus* [prikkel, aansporing], idg. verwant met *steken*.

stinken [kwalijk ruiken] middelnl., middelnd. *stinken*, **oudnederfrankisch**, oudhd. *stincan*, oudeng. *stincan* [ruiken, opwalmen]; waarschijnlijk is de oudste betekenis 'stuiven' en is het hetzelfde woord als gotisch *stigqan* [stoten].

stins [adellijke Friese woning] < fries *stins*, verkort uit *stēnhūs* [stenen huis].

stint¹ [spiering] middelnl., middelnd. *stint*, middelhd. *stunz* [stomp, kort], oudeng. *stunt* [dom], behoort bij hd. *stutzen;* zonder *n* een intensiefvorm van *stoßen* [stoten].

stint² [bonte strandloper] vermoedelijk in oorspr. hetzelfde woord als *stint*¹ [spiering].

stip¹ [punt] middelnl., middelnd. *stip*, vermoedelijk verwant met *steken*.

stip² [saus, regen] vgl. middelnl. *instippen* [indopen], *op ten nagel stippen* [een druppel op de nagel uitgieten]; hetzelfde woord als *stip* ¹ [punt].

stip³ [onveranderlijk] hetzelfde woord als *stip* ¹ [punt], vgl. *punctueel*.

stipendium [toelage] < lat. *stipendium* [soldij, schatting, belasting, beloning], van *stips* (2e nv. *stipis*) [geldstuk, fooi, loon] + *pendere* [(af)wegen, betalen] (vgl. *pensioen*).

stipo [schrijfmeubel] < it. *stipo* [schrijn, pronkkastje, schrijfmeubel], van *stipare* [stuwen] < lat. *stipare* [opstapelen], dus iets waar men zijn spullen instouwt (vgl. *constipatie*).

stippelen [stippels vormen] van *stippel*, middelnl. *stippel*, verkleiningsvorm van *stip* ¹.

stipriaantje [stroopballetje] naar het recept van een dokter met de naam *Van Stiprianus Luïscius*.

stipt [nauwgezet] met toegevoegde *t*, waarschijnlijk o.i.v. *strikt* < *stip*³, dat in de 17e eeuw nog de gewone vorm was.

stipuleren [bedingen] middelnl. *stipuleren* [opstellen, redigeren] < fr. *stipuler* [bedingen] < lat. *stipulari* [zich iets plechtig laten beloven, bedingen], etymologie onzeker en zeer omstreden.

stirlingmotor [soort motor] genoemd naar de uitvinder ervan, de Schot *Robert Stirling* (1790-1878).

Stoa [zuilengang waarin lezingen werden gehouden] → *stoïcijn*.

stobbe [wortelstronk] middelnl. *stubbe, stobbe*, middelnd. *stubbe*, oudeng. *stubb*, oudnoors *stubbr*; buiten het germ. **gr.** *stuein* [oprichten, stijf maken], *stulos* [pilaar], *stupos* [stok], **oudindisch** *stupa-* [kuif]; het woord is gevormd naast *stoof*²; naast *stobbe* staat *strobbe* als *stompelen* naast *strompelen, stommel* naast *strumpel* → *struikelen*.

stochastiek [een statistische onderzoeksmethode] < gr. *stochastikos* [gissend, intuïtief], van *stochazesthai* [mikken op, verkennen, gissen], van *stochos* [schietschijf], idg. verwant met *stang*.

stock [voorraad] < eng. *stock* [stam, (wortel)stok, blok, stapelblok, kapitaal, materieel, veestapel, voorraad] (vgl. *stok*).

stock-car [gewone auto, gebruikt in races] < eng. *stock-car* [oorspr. beestenwagen] een spoorwagon die gebouwd is om *live stock* [vee] te vervoeren (vgl. *stock*).

stoefen [pochen] zuidelijke nevenvorm van *stoffen*.

stoeien [dartelen] mogelijk dial. nevenvorm van *stouwen*.

stoeken [persturven] van *stuiken*, vgl. middelnl. *stuken* [stoten, duwen, opstapelen, op hoopjes plaatsen (gezegd van turven)].

stoel [zitplaats] middelnl. *stoel*, oudsaksisch, oudfries, oudeng. *stōl* (eng. *stool*), oudhd. *stuol*, oudnoors *stōll*, gotisch *stōls*; buiten het germ. **gr.** *stèlè* [zuil], litouws *stalas* [tafel], **oudkerkslavisch** *stolŭ* [stoel] (**russ.** *stol* [tafel]); van dezelfde basis als *staan*.

stoep [trottoir] middelnl. *stoop, stope, stoep(e)* [zitbank aan de deur van een huis, opgang, oprit, treden voor huis of aan waterkant], oudsaksisch *stopo* [voetstap], oudhd. *stuofa* [trede]; ablautend bij *stap* (vgl. *stappen*).

stoepa [boeddhistisch heiligdom] < **oudindisch** *stūpah-* [kuif, kruin, hoop aarde, grafmonument met relikwieën, stoepa], mogelijk verwant met gr. *stuppè*, lat. *stuppa* [grof vlas] (vgl. *stop* ¹).

stoer [potig] (1767), vorm met bewaarde oorspr. *oe* naast *stuurs* (vgl. *stuurs*).

stoet ¹ [optocht] middelnl. *stoet*; etymologie onbekend.

stoet ² [brood] middelnl. *stute, stuyt, stoete* [een broodje van een bep. vorm], wel zo vanwege de vorm genoemd naar het lichaamsdeel *stuit* ¹, vgl. middelnd. *stut* [bil, maar ook achterste].

stoetel [lummel] van *stoetelen* [onbeholpen te werk gaan], frequentatief van *stoeten*, dat ablautend naast *stuiten* ¹ staat.

stoeterij [paardenfokkerij] < hd. *Stuterei*, van oudhd. *stuot* [paardenkudde, vervolgens ook: merrie], middelnl. *stute, stuyt* [merrie], middelnd. *stōt*, oudeng. *stōd*, oudnoors *stōð*, vgl. litouws *stodas* [plant], oudkerkslavisch *stado* [kudde]; van dezelfde basis als *staan*.

stoethaspel [onhandig mens] voor het eerste lid vgl. *stoetel* [lummel], voor het tweede *haspelen* [stuntelen] (vgl. *haspel*).

stof ¹ [materie] middelnl. *stof(f), stoffe* [materie, grondstof] < oudfr. *estophe* [materiaal, wat dient om te tooien, stof], afgeleid van *étoffer*, uit het germ., vgl. *(vol)stoppen*.

stof ² [fijne deeltjes] middelnl., middelnd. *stof*; afgeleid van *stuiven*.

stoffel [sukkel] (1855), verkort uit de persoonsnaam *Christoffel*, de reus die Christus over het water droeg en die tot het prototype van een lomp, onhandig persoon werd in de gedachte van het volk.

stoffen [pochen] vermoedelijk < oudfr. *estoffer* [optooien], uit het germ., vgl. *(vol)stoppen*, vgl. ook middelnl. *stofferen* [(op)vullen, opsieren].

stoichiometrie [leer der verhoudingen in de chemie] gevormd van gr. *stoicheion* [streep, samengestelde streep, letter, en omdat het leesonderwijs het elementaire gedeelte vormde, grondbeginsel en ten slotte element (niet-samengesteld bestanddeel)] + *metron* [maatstaf, maat] (vgl. *meter* ¹).

stoïcijn [hij die leed onverstoorbaar draagt, oorspr. leerling van de Stoa] < fr. *stoïcien* [idem], van lat. *stoicus* < gr. *Stōikos* [iem. van de Stoa]; de Stoa *Poikilè* [bontgekleurde zuilengang] (zo genoemd vanwege de muurschilderingen) was de plaats waar de school der Stoïcijnen werd gesticht.

stok [tak, staaf] middelnl. *stoc(k)* [boomstam, boomtak, stok, ook gevangenis, voorraad, oud mens], **oudsaksisch, oudfries** *stok*, oudhd. *stoc*, oudeng. *stocc*, oudnoors *stokkr*; verwant met *stuiken*.

stok- [voorvoegsel] in verbindingen als *stokoud*, gevormd naar analogie van *stokstijf* [zo stijf als een stok, dus zeer stijf], waarbij *stok-* de betekenis 'in hoge mate' kreeg, waarbij als varianten optraden *steke-* (middelnl. *stec* [stok]) en *stik-*.

stokdoof [volledig doof] voor het eerste lid vgl. *stok-*.

stoken [laten branden, opruien] middelnl. *stoken* [steken, stoten, oppoken (van vuur), aanvuren tot], middelnd. *stoken;* ablautend bij *stuiken*.

stoker [storm] van *stoken,* middelnl. *stoken* [steken, stoten, bestoken, aanvallen].

stokken [blijven steken] intensiefvorm van *stuiken* ofwel < hd. *stocken*.

stokoud [zeer oud] voor het eerste lid vgl. *stok-*.

stokvis [gezouten vis] middelnl. *stocvisch*, zo genoemd naar het drogen op stokjes.

stol [kluit] oudhd. *stollo,* hd. *Stolle;* van de stam van *stollen*[1].

stola [sjaal over de schouders] → *stool*.

stollen[1] [stremmen] middelnl. *stollen,* oudhd. *stullen* [halt maken]; de grondbetekenis is 'stijf, onbeweeglijk'; het woord staat ablautend naast *steel*.

stollen[2] [overleer soepel maken] < hd. *stollen* [lenig maken], en wel met het *Stolleisen,* van *Stolle* [klomp], hetzelfde woord als *(kerst)stol* (vgl. *stol*).

stoloon [onderaardse uitloper] gevormd van lat. *stolo* [spruit, twijg], idg. verwant met *stellen, stal*[1], *stelt*.

stolp[1] [deksel] middelnl. *stolpe* [zolderbalk, haarddeksel], *stolpelinge* [naar beneden gekeerd]; van *stelpen*.

stolp[2] [duiker (leiding)] is hetzelfde woord als *stolp*[1]; de gemeenschappelijke betekenis is 'ondersteboven plaatsen'.

stolts [werktuig van zeemtouwer] van *stollen*[2] [overleer soepel maken].

stom [niet kunnende spreken, dom] middelnl. *stom,* oudsaksisch, oudhd. *stum,* oudfries *stumm;* behoort bij *stamelen* en betekent 'gehinderd in het spreken'.

stoma [opening] < gr. *stoma* [mond], idg. verwant met *stem*.

stomachaal [m.b.t. de maag] gevormd van lat. *stomachus* [slokdarm, maag] < gr. *stomachos* [keel, opening, maag], van *stoma* (vgl. *stoma*).

stommel [blok brandhout, stengel van bonen en erwten, stobbe, kort stenen pijpje] middelnl. *stommel* [afgesneden eind of stuk van iets]; verwant met *stomp*[1],[2].

stommelen [woelige bewegingen maken] middelnl. *stommelen* [omgooien, duwen, iets volstoppen, rommelen in iets], nd. *stummelen,* eng. *to stumble,* oudnoors *stumra* [struikelen]; daarnaast *stommel* [een afgesneden eind of stuk van iets].

stomp[1] [stoot, geknot voorwerp] middelnl. *stomp(e)* [stomp, geknot voorwerp, stompje van arm of been], middelnd. *stump,* oudhd. *stumpf,* middeleng. *stompe, stumpe,* oudnoors *stumpr* [boomstomp]; genasaleerde vorm naast *stoof*[2] [wortelstronk] en *stobbe* gelijk *strumpel* en *stromp* naast *strobbe, strubbe* (vgl. *stommel, stumper*).

stomp[2] [niet scherp] middelnl. *stomp;* hetzelfde woord als *stomp*[1].

stompelen [strompelen] middelnl. *stompelen* [opbergen, strompelen], van *stomp*[1] (vgl. *struikelen*).

stond, stonde [tijd(stip)] middelnl. *stonde, stont,* oudsaksisch, oudhd. *stunda,* oudfries *stunde,* oudeng., oudnoors *stund;* van dezelfde basis als *standen, staan,* dus het moment van stilstaan.

stone [gewicht] < eng. *stone,* hetzelfde woord als *stone* [steen].

stoned [onder invloed van drugs] < eng. *stoned,* eig. verl. deelw. van *to stone* in de betekenis 'verstenen', van *stone* [steen].

stoof[1] [voetwarmer] middelnl. *stove* [badvertrek, warm bad, droogoven, stoof], middelnd. *stove* [woning, vertrek], oudhd. *stuba* [badvertrek, vertrek dat verwarmd kan worden] (> hd. *Stube*), oudeng. *stofa* [bad, badvertrek], oudnoors *stofa, stufa* [verwarmbaar vertrek]; van dezelfde basis als *stuiven,* waarbij de grondbetekenis van stoof te zoeken is in 'dampen, wasemen'.

stoof[2] [bewortelde stomp] middelnl. *stoof* [tronk van boom of plant], oudnoors *stūfr* [boomstomp]; verwant met *stobbe, stubbe*.

stool [schouderband van priester] < lat. *stola* [lang, deftig gewaad voor dames, het gewaad van Isispriesters] < gr. *stolè* [uitrusting, kleding, gewaad], van *stellein* [opstellen, uitrusten (b.v. van schip), kleden] (vgl. *stellen*).

stoom [damp] (1669) nd. *stōm,* fries, oudeng., eng. *steam;* van *stuiven*.

stoop [vloeistofmaat] middelnl. *stope, stoop* [kruik, drinkschaal], oudsaksisch *stoppo,* oudeng. *stoppa* [emmer], oudeng. *steap* [beker], oudhd. *stouf* [beker], oudnoors *staup* [knoertige klomp, beker]; verwant met *stoof*[2] [wortelstronk], *stobbe;* bij het begrip 'beker' moet gedacht worden aan de houten beker uit een dikke tak, vgl. *berkemeier*.

stop[1] [afdichting] middelnl. *stoppe* [vlasafval, tap, stop] (vlasafval werd gebruikt voor het dichten van spongaten) < lat. *stuppa* [vlasafval], gr. *stuppè* [vlas] (vgl. *stoepa*).

stop[2] [stilstand] van *stoppen*.

stopfles [type fles] van *stop*[1] + *fles*.

stoppe [vlasafval] middelnl. *stoppe* [vlasafval, werk, tap] (vgl. *stop*[1]).

stoppel [na maaien overblijvende deel van halm] via een vulg. lat. vorm met *u* < lat. *stipula* [strohalm, stro, stoppelveld].

storax [harsachtige plantaardige stof] < lat. *storax, styrax* [een struik met welriekende hars] < gr. *sturax,* vermoedelijk < hebr. *tsorī* [hars van de mastiekboom], o.i.v. gr. *sturax* [schacht van een lans].

store [zonnegordijn] < fr. *store* < it. *store* < lat. *storea, storia* [uit touw, stro of biezen gevlochten mat], vermoedelijk van een gr. woord dat verwant is met *stornumi* [ik breid uit], idg. verwant met *strooien*.

storen¹ [hinderen] middelnl. *sto(o)ren, stoeren, stueren,* middelnd. *storen,* **oudsaksisch** *farsturian* [omgooien], middelhd. *stürn* [porren], oudeng. *styrian* [hinderen] (eng. *to stir*); verwant met *storm*.

storen² [geuren] identiek met **storen**¹ [hinderen, geuren, (in het middelnl.) verontrusten]; de betekenis ontwikkelde zich van 'in beroering brengen' (vgl. middelnl. *storich* [hard, fel (van de wind)]) tot 'geuren'. Vgl. ook *stormen* [geuren].

stork [ooievaar] middelnl. *storke, storc, sturc,* middelnd. *stork,* oudhd. *stor(a)h,* **oudeng.** *storc,* **oudnoors** *storkr;* de vogel is genoemd naar het stijve lopen: middelnl. *sturken, storken* [stijf worden, stollen], oudhd. *gistorchanen* [stijf worden], verwant met *sterk*.

storm [hevige wind] middelnl. *sto(o)rm, storem* [heftige beweging van het gemoed, idem van de zee, sein tot de aanval], **oudsaksisch, oudeng.** *idem,* oudhd. *sturm,* **oudnoors** *stormr;* behoort bij *storen*¹.

stormen [geuren] middelnl. *stormen* [in heftige beweging zijn]; heeft zich in betekenis ontwikkeld van 'onstuimig woelen' tot 'geuren', evenals *storen*² [geuren].

storneren [terugboeken] < it. *stornare* [afwenden, doen teruggaan, iem. van iets afbrengen], van lat. *ex* [uit] + *tornare* [de draaibank draaien] (vgl. *turnen*).

storten [met geweld (laten) vallen] middelnl. *storten, stu(e)rten,* middelnd. *storten,* oudhd. *sturzen,* **oudfries** *stirta, sterta,* ablautend oudeng. *steartlian* [struikelen] (**eng.** *to startle*); men pleegt het woord te verbinden met *staart,* wat semantisch echter weinig overtuigend is.

Storting [Noors parlement] < **oudnoors** *stōrr* [groot] + *þing* [bijeenkomst] (vgl. *ding*).

story [verhaal] < eng. *story* < middeleng. *storie* < oudfr. *estorie* < lat. *historia* (vgl. *historie*).

stoten [een duw geven, schokken] middelnl. *stoten,* **oudsaksisch** *stotan,* oudhd. *stozan,* **oudnoors** *stauta,* **gotisch** *stautan,* verwant met *stuiten,* vgl. ook *stotteren;* buiten het germ. **lat.** *studēre* [streven naar] en (zonder *s*), *tundere* [stoten], **oudindisch** *tudati* [hij stoot].

stotteren [hakkelen] middelnl. *stutselen* [stotteren], voegt zich bij *stuiten, stoten,* vgl. **eng.** *to stutter* als frequentatief van *to stut,* middelnd. *stotern* [wankelen]; de huidige nl. vorm is wel van hd. *stottern* overgenomen.

stout¹ [donker bier] < eng. *stout,* van het bn. *stout*².

stout² [flink, stevig].

stout² [ondeugend, vermetel] middelnl. *stolt, stoud, stout* [dapper, vermetel], middelnd. *stolt,* laat-oudhd. *stolz,* **oudfries** *stult;* ablautend bij *stelt* en dus eig. met de betekenis 'recht overeind staand'.

stouwen [bergen] middelnl. *stouwen, stuwen* [voortduwen, aandrijven, optassen, stuwen, stuiten], middelnd. *sto(u)wen,* oudhd. *stouwen* [tegenhouden], van een woord **oudfries** *stō,* oudeng. *stow* [plaats], **gotisch** *staua* [gerecht, eig. gerechtsplaats]; buiten het germ. **litouws** *stova* [plaats], **lets** *stavet* [staan], **oudkerkslavisch** *staviti* [plaatsen]; van dezelfde basis als *staan*.

stoven [gaar worden op zacht vuur] middelnl., middelnd. *stoven;* van *stoof*¹ [badvertrek].

straal [smalle lichtbundel] middelnl. *strale, strael* [pijl, angel, straal], **oudsaksisch, oudhd.** *strala,* **oudeng.** *stræl* [pijl]; buiten het germ. **oudkerkslavisch** *strela* [pijl]; verwant met *strelen*.

straam [striem] middelnl. *strame, ström* [stroom, stroming]; van dezelfde basis als *straal,* maar met ander achtervoegsel. Verwant met *streep, strijken*.

straat¹ [weg] < lat. *via strata* [geplaveide weg], *via* [weg] *strata,* vr. verl. deelw. van *sternere* [uitspreiden, effenen, plaveien] (vgl. *strooien, strateeg, stratosfeer*).

straat² [zeeëngte] stellig o.i.v. *straat*¹ < oudfr. *estreit* (fr. *étroit*) [nauw (bn.), nauwe plek, zeeëngte], middeleng. *streit* (eng. *strait*) < lat. *strictus,* verl. deelw. van *stringere* [samensnoeren].

Straatsburg [geogr.] van *straat*¹, vgl. oudhd. *straza* + *burg* [stad], oudhd. *bur(u)g* [versterkte plaats, stad].

strabant [brutaal] van middelnl. *sturberen, storberen* [in de war brengen] < lat. *disturbare* [verstoren], van *dis-* [uiteen] + *turbare* [in verwarring brengen], van *turba* [wanorde] (vgl. *troebel*).

straf¹ [maatregel tegen overtreding] middelnl. *straf(f)e* [straf] (1458) *straffinge* [het laken], *straf(f)en* [berispen, weerleggen, straffen], middelnd. *straffe,* naast het ww. *straffen,* middelhd. *strafe,* naast het ww. *strafen,* **oudfries** *straffia;* het zn. gevormd van het ww., dat mogelijk van het bn. *straf*² is gevormd.

straf² [stijf, krachtig] laat-middelnl., fries *straf,* vgl. **oudnoors** *stjarfi* [tetanus], mogelijk ablautend met *sterven* en dan met een oorspr. betekenis 'stijf'.

straight [ronduit] < eng. *straight* < middeleng. *streght,* verl. deelw. van *strecchen* (eng. *to stretch*) [strekken].

strak [niet plooiend, star] middelnl. *strac* [stijf gespannen, streng, sterk], middelnd. *strak,* middelhd. *strac(k),* oudeng. *stræc;* verwant met *sterk* en *strekken*.

straks [dadelijk] met het bijwoorden vormende achtervoegsel *s* gevormd van *strak*.

stram [stijf] middelnl. *stram* [stijf, strak], middelnd. *stram;* behoort bij *stremmen*.

stramien [weefsel] middelnl. *stamine, stamijn, stemijn, stramijn* [stramien, zeefdoek, gaas]; de *r*

stramp — stress

is te verklaren uit een vorm *stermijn*, waarin de *r* naar voren werd verplaatst, zoals karstanje naast kastanje < **oudfr**. *estamine* [zeefdoek] < **lat**. *stamen* (2e nv. *staminis*) [schering, draad] (vgl. *stam*).

stramp, strampe [afgesneden tak, slobkous] ablautend naast *strumpel;* voor het verband met o.m. *stomp*¹, *strompelen, stommelen,* vgl. **middelnl.** *strampelen* [over zijn woorden struikelen], *strampelinge* [struikeling, vergissing] (vgl. *struikelen*).

strand [kustgebied] **middelnl., middelnd., middelhd.** *strant,* **oudeng.** *strand* [oever], **oudnoors** *strǫnd* [rand], naast ablautend *strind* [zijde], van een idg. basis met de betekenis 'uitbreiden', waaruit **lat**. *sternere* [verspreiden], *stramen* [stro], **gr**. *stornumi* [ik spreid, breid uit], **oudkerkslavisch** *strěti* [uitspreiden], **oudindisch** *str̥ṇāti* [hij spreidt] (vgl. *strooien*).

strang, strange [strand, dode rivierarm] **middelnl.** *stranc, stranke, strang(e)* [strand, arm van zee of rivier, streng] (vgl. *streng*¹).

stranguleren [wurgen] < **oudfr**. *estrangler* [idem] (**fr**. *étrangler*) < **lat**. *strangulare* < **gr**. *straggaloun* [idem], idg. verwant met *streng*¹.

strangurie [het moeilijk urineren] < **gr**. *straggouria,* van *stragx* (2e nv. *straggos*) [uitgeperste druppel], idg. verwant met *streng*¹,² + *ouron* [urine].

strank [norse vent] van *streng*², **middelnl**. ook *stranc*.

strapatsen [ongemakken, buitensporigheden] < **hd**. *Strapaze* < **it**. *strapazzo* [overlading], van *strappare* [verscheuren, ontrukken, met geweld of list verkrijgen], dat van germ. herkomst is, vgl. *stropen*.

strapless [zonder schouderbandjes] < **eng**. *strapless,* van *strap,* nevenvorm van *strop* (vgl. *strop*) + *less* (vgl. *loos*¹).

strapontijn [klapbankje in rijtuig] < **fr**. *strapontin* [hangmat, later klapstoeltje in rijtuig] < **it**. *strapuntino* [(doorgestikte) matras], van **lat**. *transpungere* [doorstikken], van *trans* [aan de andere kant van] + *punctum* [prik, steek] (vgl. *punt*¹).

stras [glas voor imitatie-edelstenen] < **fr**. *stras(s),* genoemd naar de Weense uitvinder ervan *Joseph Strasser* (1700-1773). Het woord en het produkt zijn uit Parijs afkomstig, omdat keizerin Maria Theresia produktie en verkoop in Oostenrijk had verboden.

strateeg [veldheer] < **gr**. *stratègos* [veldheer], van *stratos* [leger], verwant met **lat**. *sternere* [uitspreiden] (vgl. *straat*¹) + *agein* [leiden].

strategeme [krijgslist] < **fr**. *stratègème* < **lat**. *stratègema* < **gr**. *stratègèma* [idem, eig. het veldheer-zijn], van *stratègeō* [ik ben veldheer], van *stratègos* (vgl. *strateeg*).

strategie [kunst van oorlogsvoering, beleid] < **fr**. *stratégie* [idem] < **gr**. *stratègia* [bevelhebberschap, strategie], van *stratègos* (vgl. *strateeg*).

stratificatie [laagvorming] < **fr**. *stratification* < **me. lat**. *stratificatio,* van **lat**. *stratum* [sprei], eig. verl. deelw. van *sternere* [spreiden], idg. verwant met *strooien* (vgl. *straat*¹) + *facere* [maken, doen], daarmee idg. verwant.

stratocumulus [wolkenbank] van **lat**. *stratum* [deken] (vgl. *stratificatie*) + *cumulus*.

stratosfeer [bovenste deel van de atmosfeer] < **fr**. *stratosphère* [idem], gevormd van **lat**. *stratum* [deken] (vgl. *stratificatie*) + *sfeer*.

stratus [laag wolkendek] < **lat**. *stratus, stratum* [deken] (vgl. *stratosfeer*).

streaken [naakt over straat rennen] < **eng**. *to streak* [een lijn trekken, ook gezegd van de bliksem, bewegen als een bliksemschicht], van *streak* [lijn, streep], verwant met *strijken*.

streek [streling, poets, gebied] **middelnl., middelnd**. *streke* [streep, streek], **oudhd**. *strih,* **oudnoors** *strik* [gestreepte stof], **oudeng**. *strica* [streep, gebied], **gotisch** *striks* [streep]; staat tot *strijken* als *spleet* tot *splijten*.

streen [streng, sliert] **middelnl**. *strene,* **oudhd**. *strěno* (**hd**. *Strähn(e)* [knot]); van dezelfde basis als *striem, straal*.

streep [lijn] **middelnl**. *strepe, stripe,* **middelnd**. *stripe,* **middelhd**. *strife,* **fries** *stripe,* **noors** *stripe,* **oudiers** *sriab;* verwant met *striem*.

strek [lang zijvlak van laksteen] van *strekken*.

strekken [strak maken of worden] **middelnl., middelnd**. *strecken,* **oudhd**. *strecken,* **oudeng**. *streccan* (**eng**. *to stretch*); behoort bij *strak*.

strelen [aaien] **middelnl**. *stre(e)len, streylen* [strelen, vleien], een vermoedelijk oostelijke umlautsvorm, vgl. **oudhd**. *stralen* [kammen] (**hd**. *strählen* [idem]) van een woord **oudsaksisch** *strāl* [kam], dat identiek is met **middelnl**. *strael* [pijl, angel, punt van scherp voorwerp].

stremmen [stollen] **middelnl., middelnd**. *stremmen,* van *stram*.

streng¹ [bundel draden] **middelnl**. *strenge, stringe, strenc* [touw, riem, strook], **middelnd**. *strenk* [streng, rivierarm], **oudeng**. *streng;* van dezelfde basis als *streng*².

streng² [bars] **middelnl**. *streng(e), strenc* [krachtig, hard, streng], ook *strange, stranc,* **middelnd**. *strenge,* **oudhd**. *strengi,* **fries** *strang,* **oudeng**. *strong, strang,* **oudnoors** *strangr;* buiten het germ. **lat**. *stringere* [strak aantrekken], **gr**. *stragx* [uitgeperste druppel], **middeliers** *strengin* [ik trek], **Iets** *stringt* [stijf worden].

streptokok, streptococcus [bacteriegeslacht] gevormd van **gr**. *streptos* (vgl. *streptomycine*) + *kokkos* [pit van vruchten], een vóór-gr. woord.

streptomycine [geneesmiddel dat bacteriën doodt] gevormd van **gr**. *streptos* [gedraaid, gevlochten], verl. deelw. van *strephein* [draaien] + *mukès* [paddestoel], verwant met **lat**. *mucus* [snot] (vgl. *mucoos, mycologie*).

stress [spanning] < **eng**. *stress,* van *to stress* [druk leggen op] < **me. fr**. *estrecier,* teruggaand op **lat**.

stringere (verl. deelw. *strictum*) [snoeren], idg. verwant met **streng** ¹.

stretch [rekbaar] < **eng.** *stretch, to stretch* [rekken], **middeleng.** *strecchen*, verwant met **strekken**.

stretta [plotselinge overgang in een hoog tempo] < **it.** *stretta*, verkort uit *stretta fuga, stretta*, vr. van *stretto*, verl. deelw. van *stringere* [aantrekken, drukken, dringen] < **lat.** *stringere* [aansnoeren], idg. verwant met **streng** ¹.

stretto [de beweging versnellend] < **it.** *stretto* (vgl. *stretta*).

streuvelen [overeind (gaan) staan, ruig of verward zijn] 16e eeuws *struvelen* (**middelnl.** *strivelen, strifelen* [weerbarstig zijn]), frequentatief van **middelnl.** *struven* [overeind gaan staan, borstelig zijn], **oudhd.** *struben* (**hd.** *sträuben* [overeind doen staan]) → **strubbelen**.

strevel [tentlat] **middelnl.** *strevel, strawel, stravel* [struik, heester], verwant met **streven**, waarvan in het middelnl. de eerste betekenis is 'zich oprichten'. Vgl. ook de essentiële betekenis van **struik**.

streven [zich beijveren] **middelnl.** *streven* [zich oprichten, zich toeleggen op, strijden], **oudsaksisch** *strevon* [ijverig bezig zijn], **oudhd.** *streben* [streven, zich verzetten]; van dezelfde idg. basis als **strijd**.

striatie [het gestreept zijn] gevormd van **lat.** *striatus* [met strepen], van *stria* [gleuf], verwant met *stringere* [snoeren] (vgl. **stringent**), idg. verwant met **striem**.

stribbelen [zich verzetten] iteratief van **middelnl.** *(weder)stribben*, variant van **strubbelen**.

strictuur [vernauwing van lichaamskanaal] < **lat.** *strictura* [samentrekking], van *stringere*, verl. deelw. *strictum* [samensnoeren], idg. verwant met **strijken**.

striem [streep] **middelnl.** *striem(e)* [streep, striem], naast *streme* [streep, lijn, strook], **middelnd.** *streme*, **oudhd.** *strimo* [streep, striem] (vgl. *striatie*).

striets [takel voor het aanhalen van de piekeval] van *strietsen* < **eng.** *to streatch*, oude nevenvorm van *stretch* (vgl. **strekken**).

strijd [gevecht] **middelnl.** *strijt, strijd*, **oudsaksisch** *strid*, **oudhd.** *strid, strit*, **oudnoors** *strið* [strijd], **oudnoors** *striðr* [hard]; buiten het germ. **lat.** *strenuus* [sterk, voortvarend], **gr.** *strènos* [losbandigheid], *stereos* [sterk, hard, standvastig], **oudiers** *seirt* [kracht], **welsh** *trin* [strijd], **oudkerkslavisch** *stradati* [hij lijdt]; verwant met **streven**.

strijken [met de hand gaan langs, glad maken] **middelnl., middelnd.** *striken*, **oudhd.** *strihhan*, **oudfries** *strika*, **oudeng.** *strican*, **oudnoors** *strykja;* buiten het germ. **lat.** *stringere* [strijken langs], **oudkerkslavisch** *strišti* [scheren].

strijkstok [stok om muziekinstrument mee te bespelen, om maat mee af te strijken] van **strijken**

en **stok;** de uitdrukking *aan de strijkstok blijven hangen* is ontstaan omdat inhoudsmaten vroeger met een stokje gelijk werden gestreken. Het **middelnl.** *striken* heeft reeds deze betekenis. De uitdrukking suggereert dat het een voordeel voor de verkoper is als er iets van de waar aan het stokje blijft kleven.

strik ¹ [lus] **middelnl., oudnederfrankisch, oudhd.** *stric*, **middelnd.** *strik,* verwant met **lat.** *stringere* [dichtsnoeren] (vgl. *strikt*).

strik ² [slijpplank] van **strijken**.

strikt [nauwkeurig] **middelnl.** *strict* [streng] < **lat.** *strictus* [sterk aangetrokken, bondig], verl. deelw. van *stringere* [vastsnoeren]; de vorm *stringent* komt van het teg. deelw. *stringens* (2e nv. *stringentis*) (vgl. **strik** ¹, **strijken**).

stringendo [langzaam versnellend] < **it.** *stringendo*, gerundium van *stringere* [samentrekken, dwingen, aandringen] < **lat.** *stringere* (vgl. *strikt*).

stringent [dwingend] → *strikt*.

strip [strook] **middelnl.** *stripe* [strook, streep], **middelnd.** *strippe* [strookje, stuk] (vgl. *streep*); ook **eng.** *strip* heeft invloed op het huidige betekenisbereik uitgeoefend.

strips ¹ [slaag] van *strippen* [geselen], dat vermoedelijk hetzelfde woord is als *strippen* [afrissen].

strips ² [afval uit de katoenspinnerij] < **eng.** *strips*, van *to strip* [de bolster verwijderen], verwant met *stropen*.

striptease [dans waarbij de danseres zich ontkleedt] < **eng.** *strip-tease*, van *to strip* [(af)stropen] en daarmee verwant + *to tease* [kammen, kaarden van wol, plukken aan, plagen, kwellen], **middelnl.** *tesen, t(h)eesen* [wol pluizen, plukken aan, op iem. mikken] (vgl. *tezen*).

stro [gedorst koren] **middelnl., oudnederfrankisch, oudhd.** *stro,* **oudfries** *strē,* **oudeng.** *streaw,* **oudnoors** *strā;* buiten het germ. **lat.** *stramen;* behoort bij **strooien**.

strobbe [boomstomp] **middelnl., middelnd.** *strubbe* [idem] (vgl. *strubben* [kreupelhout]), **middelhd.** *struppe* (**hd.** *Gestrüpp* [kreupelhout]), naast *stobbe* (vgl. *strumpel*).

stroboscoop [toestel dat snel beelden toont] gevormd van **gr.** *strobos* [rondwerveling], verwant met *strephein* [draaien] + **-*scoop***.

stroef [ruw, niet vlot] vermoedelijk met behoud van de oorspr. vocaal, vgl. **oudsaksisch** *strūf,* *strubian* [ruig opsteken], **middelhd.** *strūp* [ruig opstaand], **oudhd.** *struben* (**hd.** *sträuben* [overeind doen staan]), buiten het germ. **gr.** *struphnos* [zuur makend]; staat met oude dialectisch bewaarde *oe* naast **struif**.

stroelen [ruisend stromen] nevenvorm van **struilen**.

strofantine [een glucoside] gif afkomstig uit soorten van het geslacht *strophantus,* gevormd van **gr.** *strophè* [het draaien] + *anthos* [bloem].

strofe [couplet] < **fr.** *strophe* [idem] < **lat.** *strophe*

stroken — struinen

< **gr.** *strophè* [het draaien, wending, wending van de koorzang], van *strephein* [draaien, wenden].

stroken [overeenkomen] bij Kiliaan *stroocken* [strijken, strelen], **middelnd.** *straken*, **fries** *streakje*, **oudeng.** *stroccian*, **oudnoors** *strjuka;* buiten het germ. **gr.** *streugesthai* [zich verteren, slijten], **oudkerkslavisch** *strŭgati* [schaven], **Iets** *strugains* [gestreept]; verwant met *straal.*

strompelen [met moeite lopen] **middelnl.** *strompelen, strommelen* [strompelen, zich verspreken], naast *strampelen* [over zijn woorden struikelen] en *stru(e)melen* [struikelen]; *strompelen* verhoudt zich tot *strumpel,* (**middelnl.** *strommel*) als *struikelen* tot *struik* (vgl. *stronkelen*).

stronk [boomstomp] **middelnl.** *stronc, strunc, stronkel* [boomstronk, verminkt lichaamsdeel], **middelnd., middelhd.** *strunc;* genasaleerde vorm naast *struik.*

stronkelen [struikelen] **middelnl.** *stron(c)kelen* [strompelen], van *stronc, strunc, stronkel* [boomstronk, verminkt lichaamsdeel], *stronken, strun(c)ken* [afhouwen, verminken]; vgl. **lat.** *truncare* [idem], *truncus* [verminkt, boomstam, stronk] (vgl. *tronk*); de vorm *stronkelen* staat tot *stronk* als *struikelen* tot *struik.*

stront [drek] **middelnl.** *stront, strunt,* **middelnd.** *strunt,* **oudwestfries** *stront;* wel te verbinden met **middelhd.** *strunze* [stompje].

strontium [chemisch element] gevormd door de Engelse chemicus Sir Humphrey Davy (1778-1829), afgeleid van de vindplaats *Strontian* in Schotland.

strooien [verspreid neerwerpen] **middelnl.** *stro(o)yen,* **oudsaksisch** *stroian,* **oudhd.** *strewen, strouwen,* **oudeng.** *streowian,* **oudnoors** *strā,* **gotisch** *straujan;* buiten het germ. **lat.** *sternere* [uitspreiden, uitstrooien], **gr.** *stornunai* [spreiden], **oudindisch** *strṇāti* [hij strooit] (vgl. *structuur*).

strook[1] [reep] van *stroken* (vgl. *strook*[2]).

strook[2] [zeegt] van het ww. *stroken,* dat naast *strijken* staat. Voor de betekenis is te vergelijken *geveegd* voor een verticale stevenwelving.

stroom [bewegende massa vloeistof] **middelnl.** *strome, stroom,* **oudsaksisch** *strōm,* **oudfries** *strām,* **oudeng.** *stream,* **oudhd.** *stro(u)m,* **oudnoors** *straumr;* buiten het germ. **gr.** *rein* [vloeien], **oudiers** *sruaim,* **cornisch** *streth* [rivier], **litouws** *srava* [menstruatie], **Iets** *straume* [stroom], **oudkerkslavisch** *ostrovŭ* [eiland, lett. omstroomd], **oudindisch** *sravati* [hij vloeit] (vgl. *Stiermarken, reuma*).

stroop [dikke vloeistof] (1618), vgl. **middelnl.** *sirope* (de *t* werd later ingevoegd) < **fr.** *sirop* < **me. lat.** *sirupus* < **ar.** *sharāb* [drank, siroop] (vgl. *sorbet*).

strootje [sigaret] < **maleis** *serutu* [sigaar] (vgl. *seroet*).

strop [strik] **middelnl., middelnd.** *strop,* **oudeng.**

stropp, **hd.** *Strupfe, Strüpfe* [lus], waarschijnlijk < **vulg. lat.** *stroppus, strophus* < **gr.** *strophos* [gevlochten of gedraaid touw, gordel], maar het woord kan ook van germ. herkomst zijn.

stropen [villen, roven] **middelnl.** *stro(o)pen, stroppen, struppen* [(de huid) afstropen, roven], **middelnd.** *idem,* **oudhd.** *stroufen* [afstrijken], **oudeng.** *bestriepan* [beroven]; vermoedelijk op afstand verwant met *strijken* en *streep.*

strossen [manier van naaien] ook *strussen,* etymologie onbekend.

strot [voorkant van de hals] **middelnl.** *strot(t)e, stroot, strodt,* **middelnd., oudfries** *strot,* **oudsaksisch** *strota,* **oudhd.** *strozze, drozza,* **oudeng.** *ðrota* (**eng.** *throat*); van dezelfde basis als o.m. *strobbe* en *struik;* de grondbetekenis zal zijn 'iets dat uitsteekt'.

strubbelen [kibbelen] **middelnl.** *strubbelen* [weerbarstig zijn], iteratief van *strubben* [wrijven, borstelen], **middelnd.** *strubben* [ruw worden], van *strubbe* [boomstronk] (vgl. *strobbe*), vgl. **oudsaksisch** *strubia* [ruig opsteken]; nevenvorm *stribbelen;* vgl. ook *struikelen, stubbelen.*

strubben[1] [kreupelhout] → *strobbe.*

strubben[2] [wrijven, borstelen] → *strubbelen.*

structuur [wijze van opbouw] **middelnl.** *structure* < **fr.** *structure* [het bouwen] < **lat.** *structura* [het bouwen, metselwerk], van *struere* (verl. deelw. *structum*) [in rijen leggen, opstapelen, bouwen, ordenen], idg. verwant met *strooien.*

struif [inhoud van een ei] **middelnl.** *struuf, struyf* [stroef], *stru(y)ve, struuf, struyf* [dunne pannekoek], vgl. **hd.** *Straube* [sprits], *sträuben* [overeind doen staan], *straubig* [ruig]; nevenvorm van *stroef.*

struik [heester] **middelnl.** *struuc, struec, struyc* [boomtronk, pol gras, afgehouwen deel, geknot lichaamsdeel], **middelnd.** *strūk,* **middelhd.** *strūch,* naast genasaleerd *stronk,* verwant ook met *strobbe;* buiten het germ. **lat.** *truncus* (vgl. *tronk*), **litouws** *strugas* [geknot], **Iets** *strukuls* [ijspegel]; vgl. de afleiding *struikelen.*

struikelen [misstappen] **middelnl.** *stru(uc)kelen, struy(c)kelen,* een iteratiefvorm, vgl. **oudhd.** *strūhhon, strūhhen;* verwant met *struik,* waartoe het zich verhoudt als *strompelen* tot *strumpel, stronkelen* tot *stronk, stubbelen* [aarzelen], **middelnl.** *idem* [waggelen] tot *stubben* [kreupelhout], **middelnl.** *stubbe* [boomstronk], *stompelen* [strompelen] tot *stomp, stommelen* tot **middelnl.** *stommel* [afgesneden eind van iets], *strubbelen* [weerbarstig zijn], iteratief van *strubben* [wrijven] tot *strubben* [kreupelhout].

struilen [ruisend stromen] **middelnl.** *stroylen, streulen* [wateren, pissen]; vermoedelijk van *streuen* [strooien].

struinen [rondsnuffelen] **middelnl.** *strumen, struynen* [snuffelen], **oudsaksisch** *striunian* [verwerven], **middelhd.** *striunen,* **fries** *strune,* **oudeng.** *strienan;* verwant met *strooien.*

struis[1] [loodwit] **middelnl.** *ceruus, seruus* < **fr.** *céruse* [idem] < **lat.** *cerussa* [idem] < **gr.** *kèroussa* [idem], van *kèros* [was].

struis[2] [kloek] **middelnl.** *struselike* [op fiere wijze]; behoort vermoedelijk bij **oudeng.** *strutian* [stijf naar voren staan, stijfstaan] en is dan verwant met *strot*.

struisvogel, struis [loopvogel] **middelnl.** *struus, struys, struce* [idem] < **oudfr.** *ostruce* < **vulg. lat.** *avis struthio, (avis* [vogel]) < **gr.** *strouthos* [mus], samen met voorgevoegd *megalè* [groot], dus lett. grote mus, gebruikt voor de struisvogel.

struivelen → *streuvelen*.

struiven [rechtop zetten (van haar, veren)] **oudhd.** *struben* (**hd.** *sträuben*), verwant met *strubbelen, struif* [kwast, bosje], *stroef*.

struma [kropgezwel] < **lat.** *struma* [kliergezwel, krop], verdere etymologie onbekend.

strumpel [van de bladeren ontdane tabaksstengel] vgl. **middelnl.** *strommel* [(doorn)struik], verkleiningsvorm van een woord dat dial. als *stromp* voorkomt, **hd.** *Strumpf* [kous], genasaleerde vorm van *strobbe;* de betekenisoverdracht van *stromp* naar 'kous' ontstond door de tweedeling van de broek bij de knie in een *haut de chausse* en een *bas de chausse* (vanwaar *le bas*), vgl. **eng.** *stocking*, van *stock* [stam, blok], dus: iets afgeknots. Vgl. ook *stramp* [afgesneden tak, slobkous].

strunkelen → *stronkelen*.

struweel [struikgewas] **middelnl.** *struwelle, struvelle, struweel* [boomtronk, struik] < **oudfr.** *struvel,* dat uit het germ. stamt, vgl. *strobbe*.

strychnine [giftig alkaloïde] gevormd van **gr.** *struchnos* [nachtschade], omdat strychnine daarin het eerst werd aangetroffen.

stubbe[1], stub [stof, veegsel] **middelnl., middelnd.** *stubbe,* **oudhd.** *stuppi,* vgl. **nl.** *stof,* **hd.** *Staub,* **gotisch** *stubjus;* van *stuiven*.

stubbe[2] nevenvorm van *stobbe*.

stubbelen [kibbelen, aarzelen] iteratief van **middelnl.** *stubben* [waggelen], van *stubbe* [stobbe] (vgl. *struikelen, strubbelen*).

stuc [pleisterkalk] < **fr.** *stuc* < **it.** *stucco,* uit het germ., vgl. **oudhd.** *stucchi* [korst, laag, stuk] en *stuk*[1].

student [iem. die studeert] **middelnl.** *student* < **lat.** *studens* (2e nv. *studentis*), teg. deelw. van *studēre* [zich op iets toeleggen, studeren], verwant met *tundere* [slaan, treffen].

studie [bestudering van bep. vak] **middelnl.** *studie* [ijver, beoefening van een wetenschap] < **lat.** *studium* [ijverig streven, neiging tot, liefhebberij, wetenschappelijk streven, studie], van *studēre* (vgl. *student*).

studio [atelier] < **it.** *studio* < **lat.** *studium* (vgl. *studie*).

stuf [vlakgom] van *stuiven* [stof opwerpen].

stuff [drugs] < **eng.** *stuff* < **oudfr.** *estoffe* (vgl. *stof*[1]).

stug [stijf] **middelnl.** *stug(ge), stuch,* **oudnoors** *styggr;* buiten het germ. **gr.** *stugos* [afschuw, treurigheid], **litouws** *stukti* [overeind gaan staan], **russ.** *stygnut'*, dial. *stugnut'* [bevriezen] (vgl. *Stygisch*).

stuiken [in elkaar zetten] **middelnl.** *stuken* [stoten, duwen, opstapelen], **oudnederfrankisch** *stukan,* **middelnd.** *stukan,* **oudsaksisch** *stukkian,* **hd.** *stauchen* [duwen, drukken]; buiten het germ. **iers** *tuagaim* [ik sla met een bijl], **litouws** *stukti* [overeind gaan staan], **oudindisch** *tujati* [hij stoot]; verwant met *stug, stok, stoken, verstokt*.

stuip [convulsie] **middelnl.** *stu(y)pe,* **middelnd.** *stupe,* van **middelnl.** *stu(y)pen* [bukken, zich buigen met het hoofd op de knieën], **oudeng.** *stupian* (**eng.** *to stoop*), **oudnoors** *stupa* [overeind staan].

stuit[1] [achterste] ablautend naast *stoten*.

stuit[2] [homp brood] naast *stoet*[2].

stuit[3] [hoop hooi of mest] vgl. *stuit* [broodje] en *stuit* [onderste deel van de ruggegraat], waarbij de overeenkomst ligt in de stompronde vorm.

stuiten[1] [tot staan brengen] nevenvorm van *stoten*.

stuiten[2] [bluffen] waarschijnlijk hetzelfde woord als *stuiten*[1]; vgl. *bluffen* en *pochen* voor een vergelijkbare betekenisontwikkeling.

stuiteren [knikkeren] iteratief van *stuiten*[1] of afgeleid van *stuiter* [knikker] van *stuiten*[1].

stuivelen [voortdurend stuiven, motregenen] frequentatief van *stuiven*.

stuiven [waaien] **middelnl.** *stuven, stieven,* **middelnd.** *stuven,* **oudhd.** *stioban* en causatief **middelnd.** *stoven,* **oudhd.** *stouben;* mogelijk is buiten het germ. verwant **gr.** *tuphein* [rook maken].

stuiver [munt] de gebruikelijke verklaring is een afleiding van *stuiven* [vuurijzers met stuivende vonken op de munt], ontleend aan de keten van het Gulden Vlies (gesticht 1429). De naam stuiver voor munt is echter ouder dan het Gulden Vlies: 1404 *stuwersbroet* [een brood van een stuiver]; vermoedelijk moeten we verband leggen met *stobbe, stubbe,* **hd.** *Stüber* [klap, tik, stuiver], grondbetekenis 'afgeknot stuk'; vgl. voor de betekenis *duit, roebel*.

stuk[1] [brok] **middelnl.** *stuc(ke), stic(ke),* **oudsaksisch** *stukki,* **oudhd.** *stucchi,* **oudeng.** *stycce,* **oudnoors** *stykki;* behoort bij *stok* en *stuiken*.

stuk[2] ['voet bij stuk houden', niet toegeven] 16e eeuws *voet bij steck houden,* **middelnl.** *stec* [staak, stok, afgepaalde ruimte, perk].

stuka [duikbommenwerper] < **hd.** *Sturzkampfflugzeug,* (*Sturz* [val] + *Kampf* [gevecht] + *Flugzeug* [vliegtuig]).

stukadoor [plafondwerker] < **it.** *stuccatore* [stukadoor], van *stucco* [stuc] (vgl. *stuc*).

stul [kluit] nevenvorm van *stol*.

stulp nevenvorm van *stolp*[1].

stulpen [een stulp plaatsen over] **middelnl.** *stolpen* [met een haarddeksel bedekken], van *stolpe* [haarddeksel]; ablautend naast *stelpen* (**middelnl.** *stelpen, stolpen, stulpen* [tegengaan]).

stumper, stumperd [stakker] **middelnl.** *stomper, stumper,* **middelhd.** *stümper;* van *stomp* ¹ [stompje van arm of been], dus eig. verminkte, verminkte bedelaar, of van *stompelen* [strompelen].

stunt [bravourstuk] < **eng.** *stunt,* etymologie onbekend.

stuntel [kluns] vgl. **eng.** *stunt* [onnozel], **oudeng.** *stunt* en *styntan* [afstompen], **oudnoors** *stuttr* (waarin de *n* is weggeassimileerd). Mogelijk verwant met *stoten.*

stupefactie [verbijstering] < **neo-lat.** (17e eeuws) *stupefactio,* van *stupefacere* (verl. deelw. *stupefactum*) [doen verstommen, verbaasd doen staan], van *stupēre* [stokken] + *facere* [maken, doen], daarmee idg. verwant (vgl. *stupide*).

stupide [dom] < **fr.** *stupide* < **lat.** *stupidus* [verbijsterd, verbaasd, stompzinnig, dom], van *stupēre* [geslagen zijn, verstijfd zijn, verbaasd zijn], vermoedelijk idg. verwant met *stomp* ¹ (vgl. *masturberen*).

stuprum [schending] < **lat.** *stuprum* [ontering, verkrachting, onzedelijke handeling], verwant met *stupēre,* dat oorspr. 'slaan, treffen' betekende (vgl. *masturberen, stupide*).

sturen [doen gaan (in bep. richting)] **middelnl.** *sturen,* **oudhd.** *stiuren* [steunen, sturen], **oudfries** *stiora,* **oudeng.** *stieran* [sturen, berispen], **oudnoors** *styra* [(be)sturen], **gotisch** *stiurjan* [vaststellen, besturen]; buiten het germ. **lat.** *restaurare* [herstellen], **gr.** *stauros* [paal], **oudindisch** *sthavira-* [dik, stevig]; vgl. ook *stuurs;* de grondbetekenis moet zijn 'stevig zijn'.

stutten [steunen] **middelnl.** *stutten* [schragen, stuiten], **middelnd.** *stutten,* **oudhd.** *stuzzen,* behoort vermoedelijk bij **oudhd.** *studen* [vastmaken], **oudnoors** *styðja* [steunen], **oudeng.** *studu* [stut]; op enige afstand verwant met *stuurs.*

stuurboord [van achter naar voren gezien de rechterzijde van het schip] vroeger construeerde men geen vast roer in de lengteas van het schip, maar stak men achteraan door de rechter *boord* [opstaande scheepswand] een soort grote roeiriem. De stuurman stond dus met de rug naar de linkerkant, die *bakboord* heet (**middelnl.** *bac* [rug], bewaard ook in *achterbaks*).

stuurs [nors] met het bijwoorden vormende achtervoegsel *s* van **middelnl.** *sture* [met hevigheid, hachelijk], **middelnd.** *stur,* **oudhd.** *sturi,* **fries** *stursk,* **noors** *stur;* buiten het germ. **iers** *sturs* [hardnekkig], **oudindisch** *sthūra-* [groot]; van dezelfde basis als *sturen.*

stuwadoor [lader en losser van zeeschepen] (1905) < **eng.** *stevedore* < **spaans** *estibador* [idem], van *estibar* [stouwen] < **lat.** *stipare* [dicht opeenpakken, opstapelen]; de *u* van stuwen heeft de vorming mede bepaald.

stuwen [voortduwen, stroom tegenhouden] behoort stellig bij *stouwen,* hoewel de verhouding tussen de vormen niet geheel doorzichtig is.

Stygisch [van de Styx] < **gr.** *stugios* [van de Styx], één van de rivieren in de onderwereld, afschuwelijk], van *Stux* (2e nv. *Stugos*) [Styx], *stugos* [haat, ellende], van *stugein* [verafschuwen, haten, vrezen], idg. verwant met *stug.*

styliet [pilaarheilige] < **byzantijns-gr.** *stulitès* [idem], van *stulos* [zuil, pilaar]; van *stuein* [oprichten, stijf maken] (vgl. *stypticum*).

stylobaat [zuilenstoel] < **gr.** *stulobatès,* van *stulos* [zuil] (vgl. *styliet*) + de stam van *bainein* [gaan], idg. verwant met *komen.*

stylografie [het maken van pentekeningen] gevormd van **lat.** *stilus* (vgl. *stijl* ¹, ²) + **gr.** *graphein* [griffen, schrijven], idg. verwant met *kerven.*

stypticum [bloedstelpend middel] van **gr.** *stuptikos* [samentrekkend, verstoppend], van *stuphein* [samentrekken, verharden], verwant met *stuein* (vgl. *styliet*).

styrax [harsachtige plantaardige stof] → *storax.*

styreen [kunststof] gevormd van **lat.** *styrax* (vgl. *storax*).

suatie [wegvloeiing] van *sueren.*

suave [minzaam] < **fr.** *suave* < **lat.** *suavis* [aangenaam, lekker, zoet, liefelijk], idg. verwant met *zoet.*

subaltern [ondergeschikt] **middelnl.** *subalteerne* < **fr.** *subalterne* [idem] < **me. lat.** *subalternus,* van *sub* [onder] + *alternus* [afwisselend], van *alter* [(de) ander], idg. verwant met *elders.*

subbelen [strompelen] nevenvorm van *sobbelen.*

subboreaal [periode van ca. 2000-500 v. Chr.] gevormd van **lat.** *sub* [onder] + *boreaal.*

subcutaan [onderhuids] < **lat.** *sub* [onder] + **me. lat.** *cutaneus* [huid-], van *cutis* [huid], daarmee idg. verwant.

suberine [kurkstof] gevormd van **lat.** *suber* [kurkeik, kurk], **gr.** *suphar* [gerimpeld vel], een vóór-gr. woord.

subfebriel [tegen koorts aan] gevormd van **lat.** *sub* [onder] + *febrilis* [koorts-], van *febris* [koorts], verwant met *fovēre* [koesteren, warm houden], van dezelfde idg. basis waarvan ook *dag* ¹ stamt.

subiet [direct, ineens] **middelnl.** *subijt* < **fr.** *subit* [idem] < **lat.** *subitus* [plotseling opkomend], van *subire* (verl. deelw. *subitum*) [binnengaan, naderen, te binnen schieten], van *sub* [onder] + *ire* [gaan].

subito [plotseling] < **it.** *subito* (vgl. *subiet*).

subject [onderwerp] **middelnl.** *subject* [onderdaan] < **lat.** *subiectus* [liggend onder, onderworpen, onderdaan], eig. verl. deelw. van *subicere* [werpen onder], van *sub* [onder] + *iacere* [werpen] (vgl. *jet*).

subjectief [tot het subject behorend] < **fr.** *subjectif* [idem] < **chr. lat.** *subjectivus* [idem], van *subicere* [ten grondslag leggen aan], van *sub* [onder] + *iacere* [werpen].

subjonctief [aanvoegende wijs] < **fr.** *subjonctif*

[idem] < lat. *modus subiunctivus, modus* [wijs] *subiunctivus* [te zamen behorend of houdend], van *subiungere* (verl. deelw. *subiunctum*) [onder het juk brengen, plaatsen onder], van *sub* [onder] + *iungere* [samenvoegen], *iugum* [juk], daarmee idg. verwant.

subliem [groots] < fr. *sublime* [idem] < lat. *sublimis* [hoog uitstekend, verheven, groots], van **oudlat.** *sublimen* [onder de bovenste deurbalk], van *sub* [onder] + *limen* [drempel, deur], verwant met *limes* [grens] (vgl. *limiet*).

sublimaat [natuurkundige term] < me. lat. *sublimatio* [verheffing, in de alchemie verdamping, sublimaat], van *sublimatus*, verl. deelw. van *sublimare* [verheffen, verhogen] (vgl. *subliem*).

sublimeren [naar een hoger niveau brengen] **middelnl.** *sublimeren* [vervluchtigen] < lat. *sublimare* [verhogen, verheffen] (vgl. *subliem*).

subliminaal [onder de bewustzijnsdrempel] gevormd van **lat.** *sub* [onder] + *limen* (2e nv. *liminis*) [drempel] (vgl. *subliem*).

sublinguaal [onder de tong] van **lat.** *sub* [onder] + *lingua* [tong], daarmee idg. verwant.

submarien [onderzees] gevormd van **lat.** *sub* [onder] + *marien*.

submissie [onderwerping] **middelnl.** *submissie* < lat. *submissio* [het laten dalen, op de achtergrond dringen, geringschatting], van *submittere* (verl. deelw. *submissum*) [omlaag laten gaan, onderwerpen], van *sub* [onder] + *mittere* [sturen].

subordineren [ondergeschikt maken aan] < fr. *subordiner* [idem] < me. lat. *subordinare*, van *sub* [onder] + *ordinare* [in het gelid opstellen, rangschikken], van *ordo* [orde].

subreptie [onrechtmatige verkrijging] (1501) *subreptivelick*) < fr. *subreption* [idem] < lat. *surreptio, subreptionem*, 4e nv. van *subreptio* [ontvreemding], van *subrepere* [onder iets kruipen, binnensluipen, ongemerkt overvallen], van *sub* [onder] + *repere* [kruipen] (vgl. *reptiel*).

subrogeren [in de plaats stellen] (1530) < fr. *subroger* [idem] < lat. *subrogare, surrogare* [iem. (in een andere plaats) laten verkiezen (door de volksvergadering)], van *sub* [onder] + *rogare* [vragen, het volk vragen, voorstellen in de volksvergadering].

subscriptie [intekening] < lat. *subscriptio* [onderschrift, ondertekende opgave], van *subscribere* (verl. deelw. *subscriptum*) [onderaan schrijven], van *sub* [onder] + *scribere* [schrijven].

subsidie [geldtoelage] < lat. *subsidium* [achterste slaglinie, reservetroepen, hulp], van *subsidere* [hurken, gaan zitten, achterblijven], van *sub* [onder, vlak bij de hand] + *sidere* [gaan zitten], idg. verwant met *zitten*.

subsisteren [blijven bestaan] < fr. *subsister* [idem] < lat. *subsistere* [stilstaan, blijven staan, stand houden], van *sub* [onder] + *sistere* [doen staan], met reduplicatie bij *stare* [staan], daarmee idg. verwant.

substantie [stof] **middelnl.** *substantie* < lat. *substantia* [het bestaan, wezen], van *substare* (teg. deelw. *substans*, 2e nv. *substantis*) [standhouden], van *sub* [onder] + *stare* [staan], daarmee idg. verwant.

substantief [zelfstandig (naamwoord)] (**middelnl.** *substantiveren* [tot een naamwoord maken?]) < lat. *substantivus* [zelfstandig, zelfstandig naamwoord], van *substare, substantia* (vgl. *substantie*).

substituut [plaatsvervanger] **middelnl.** *substituyt* [idem] < fr. *substitut* [substituut, plaatsvervanger] < lat. *substitutus*, verl. deelw. van *substituere* [plaatsen onder of na, in de plaats stellen van], van *sub* [onder, vlak achter] + *statuere* [plaatsen], van *stare* [staan], daarmee idg. verwant.

substraat [onderlaag] gevormd van **lat.** *substratum*, verl. deelw. van *substernere* [iets onder iets uitspreiden], van *sub* [onder] + *sternere* [op de grond uitspreiden], idg. verwant met *strooien*.

subsumeren [brengen onder] < fr. *subsumer* [idem], gevormd van **lat.** *sub* [onder] + *sumere* [nemen] (vgl. *assumeren*).

subterrestrisch [onderaards] gevormd van **lat.** *sub* [onder] + *terrestris* [land-, aards], van *terra* [aarde], idg. verwant met *dor*.

subtiel [fijn] **middelnl.** *subtijl, suptijl* < fr. *subtil* [idem] < lat. *subtilis* [fijngewreven, fijn, scherpzinnig], van *sub* [onder] + *tela* [weefsel], van de stam van *texere* [weven] (vgl. *textiel*).

subtractie [het onttrekken] gevormd van **lat.** *subtrahere* (verl. deelw. *subtractum*) [onder iets vandaan halen], gevormd van *sub* [onder] + *trahere* [trekken], idg. verwant met *dragen*.

suburbia [het gebied der voorsteden] gevormd van **lat.** *sub* [onder] + *urbs* (2e nv. *urbis*) [stad], waarvan verondersteld is, dat het van vóór-lat. herkomst is, vgl. **soemerisch** *uru*, een dialectische nevenvorm van *ere*, vgl. het *Ur* der Chaldeeën.

subventie [hulp] < fr. *subvention* [idem] < lat. *subventionem*, 4e nv. van *subventio* [hulpverlening], van *subvenire* (verl. deelw. *subventum*) [opkomen, te hulp komen], van *sub* [onder] + *venire* [komen], daarmee idg. verwant.

subversief [ontwrichtend] < fr. *subversif* [idem], van **lat.** *subversio* [verwoesting], van *subversus*, verl. deelw. van *subvertere* [ondersteboven keren], van *sub* [onder] + *vertere* [keren], idg. verwant met *worden*.

succederen [opvolgen] (1540) < fr. *succéder* [idem] < lat. *succedere* (vgl. *successie*).

succes [welslagen] → *successie*.

successie [opvolging] < fr. *succession* [idem] < lat. *successionem*, 4e nv. van *successio* [het treden in de plaats van iets anders, opvolging], van *succedere* (verl. deelw. *successum*) [onder iets gaan, binnentreden, aflossen, opvolgen, van stapel lopen, gelukken]; de laatste betekenis leeft voort in *succes* (vóór 1536, verloop, ondergang). De

succinct — suite

vorm *succedere,* van *sub* [onder] + *cedere* [voortschrijden, in iets overgaan, voortgang hebben], verwant met **gr.** *hodos* [weg].

succinct [beknopt] (1548 *succinctelick*) < **fr.** *succinct*) < **lat.** *succinctus* [beperkt, kort], eig. verl. deelw. van *succingere* [het kleed opschorten], van *sub* [onder] + *cingere* [omgorden] (vgl. *singel*).

succiniet [barnsteen] gevormd van **lat.** *suc(c)inum, suc(c)inus* [idem] + *-iet.*

succubus [duivelverschijning, die in de gedaante van een vrouw paart] < **me. lat.** *succubus* [demon die verantwoordelijk is voor nachtelijke zaadlozing], m. vorm naast *succuba* [concubine], in klass. lat. degene die onder ligt, hoer, van *succubare* [onderliggen], van *sub* [onder] + *cubare* [liggen], idg. verwant met *heup* (vgl. *cubiculum*).

succulent [vetplant] < **lat.** *suc(c)ulentus* [saprijk, krachtig], van *sucus* [sap], van *sugere* (verl. deelw. *suctum*) [zuigen], idg. verwant met *zuigen, zogen.*

succumberen [bezwijken] (1512) < **lat.** *succumbere* [neervallen, bezwijken], van *sub* [onder] + *-cumbere,* verwant met *cubare* [gaan liggen, ziek liggen], idg. verwant met *heup* (vgl. *cubiculum*).

succursale [filiaal] < **fr.** *succursale* < **lat.** *succursalis* [hulp-], *succurrus* [hulp], van *succurrere* (verl. deelw. *succursum*) [lopen onder, op zich nemen, te hulp komen], van *sub* [onder] + *currere* [hard lopen].

suçon [insnijding in kleding om deze goed af te kleden] < **fr.** *suçon* [rode plek van het zuigen, zuigzoen], van *sucer* [zuigen] < **lat.** *sugere* [idem], idg. verwant met *zuigen, zogen.*

sucrose [rietsuiker] gevormd van **fr.** *sucre* (vgl. *suiker*).

sudamen [zweetuitslag] gevormd van **lat.** *sudare* [zweten], daarmee idg. verwant.

sudderen [pruttelend koken] vgl. **middelnl.** *sudde, zudde, sodde, suddert, soddert* [poel, moeras], *so(o)de, zode, soot* [het koken, kooksel, het zuur (van de maag), modderpoel]; van *zieden.*

Sudeten [geogr.] naar de *Sude,* een zijrivier van de Elbe, met de betekenis 'vuil water', verwant met **hd.** *besudeln* (vgl. *bezoedelen*).

suède [fijn leer] < **fr.** *suède* < **fr.** *gants de Suède* [Zweedse handschoenen].

sueren [overtollig water lozen] < **fr.** *suer* [idem] < **lat.** *sudare* [(uit)zweten], van *sudor* [zweet], daarmee idg. verwant (vgl. *zweten*).

suffen [soezen] **middelnl.** *suffen,* **oudnoors** *syfja,* naast **middelhd.** *sweben,* **oudeng.** *swefan,* **oudnoors** *sofa* [slapen]; buiten het germ. **lat.** *somnus,* **gr.** *hupnos,* **oudiers** *suan,* **oudkerkslavisch** *sŭnŭ,* **oudindisch** *svapna-* [slaap].

sufficiënt [voldoende] **middelnl.** *suffisant, s(o)uffiant* [idem] < **oudfr.** *suffeisant* < **lat.** *sufficiens* (2e nv. *sufficientis*), teg. deelw. van *sufficere* [leggen onder, opleveren, aanvullen, ge-

noeg zijn], van *sub* [onder] + *facere* [maken, doen], daarmee idg. verwant.

suffix [achtervoegsel] gevormd van **lat.** *suffixum,* verl. deelw. van *suffigere* [onder aanhechten, aanvoegen], van *sub* [onder] + *figere* [bevestigen].

suffoqueren [smoren] < **fr.** *suffoquer* [idem] < **lat.** *suffocare* [wurgen], van *sub* [onder] + de stam van *fauces* [keel].

suffragaan [onderhorig] **middelnl.** *soffragaen, suffragaen* < **oudfr.** *suffragan* [idem] < **me. lat.** *suffraganeus* [assistent], van *suffragari* [voor iem. stemmen, steunen] (vgl. *suffrage*).

suffrage [stem, stemrecht] **middelnl.** *suffragie* [gebed om hulp] < **fr.** *suffrage* < **lat.** *suffragium* [stem, stemming, kiesrecht, instemming], van *sub* [onder] + vermoedelijk *fragor* [het breken, kraken, ratelen, razen], van *frangere* [breken], wat dan vermoedelijk is te interpreteren als 'applaus, toejuiching'.

suffragette [voorstander van vrouwenkiesrecht] < **fr.** *suffragette* (1907), van *suffrage* [stem, stemrecht] (vgl. *suffrage*).

suggereren [opperen] < **fr.** *suggérer* [idem] < **lat.** *suggerere* (vgl. *suggestie*).

suggestie [voorstel] < **fr.** *suggestion* [idem] < laat-**lat.** *suggestionem,* 4e nv. van *suggestio* [ingeving], van *suggerere* (verl. deelw. *suggestum*) [onder iets brengen, opwerpen, aanbieden, ingeven, aanraden], van *sub* [onder] + *gerere* [dragen, brengen].

suïcide [zelfmoord] < **fr.** *suicide* [idem], gevormd van **lat.** *suus* (2e nv. *sui*) [zich] + *caedere* (in samenstellingen *-cidere*) [doden], idg. verwant met *heien* [1], *cement.*

suien [neuriënd wiegen] van de interjectie *sui, suja,* klanknabootsend gevormd.

suiker [zoetstof] **middelnl.** *su(y)cker* < **fr.** *sucre* [idem] < **it.** *zucchero* [idem], **me. lat.** *zucarum, zucara, zucaris, sucaris, sucor* < **ar.** *sukkar* < **perzisch** *shekar* < **middelindisch** *śakara, sakkharā* < **oudindisch** *śarkarā* [grind, suiker]; het werd overgenomen in het gr. als *sakcharon* > **lat.** *saccharum,* waarvan *sacharine* is gevormd. Het gebruik van suiker bleef in de Oudheid beperkt, maar in de middeleeuwen werd veel uit de Arabische wereld geïmporteerd, waarbij het woord in Europa opnieuw werd ontleend. Het **spaans** *azucar* is uit het ar. overgenomen mèt het lidwoord.

suikerij [plant] **middelnl.** *surkereye, surkereide, suckereye,* volksetymologische vervorming van *cichorei.*

suilen [slepen, leuteren] van *zeulen.*

suisse [ordebewaarder in kerken] < **fr.** *suisse* [eig. Zwitser], van **middelhd.** *Switz* [Zwitserland], naar *Schwyz,* één van de kantons.

suit [kostuum] < **eng.** *suit* < **middeleng.** *su(i)te* < **oudfr.** *siute, suite,* van dezelfde herkomst als *suite.*

suite [gevolg, ineenlopende kamers] < **fr.** *suite,* teruggaand op **lat.** *sequi* [volgen, voortzetten], **me. lat.** *sequitus* [de weg die men volgt].

suizen [zacht ruisen] **middelnl.**, **middelnd.** *susen*, **oudhd.** *suson*, klanknabootsende vorming, evenals **kerkslavisch** *sysati* [fluiten], **lat.** *susurrare* [fluisteren].

sujet [onderwerp, onguur persoon] < **fr.** *sujet* < **oudfr.** *sujet* naast *subject* < **lat.** *subiectus* (vgl. ***subject***).

sukade [gekonfijte schil van cederappel] **middelnl.** *sucade* < **oudfr.** *succade* [idem] < (**oud**)it. *zuccata*, van *zucca* [kalebas, pompoen] < **laatlat.** *cucutia*, vermoedelijk een vermenging van *cutis* [huid] + *cucurbita* [pompoen]; vgl. ook ***kommer***.

sukiyaki [Japans gerecht van groenten met vlees, kip of vis] van **japans** *suki* [groenten] + *yaki*, een vorm van het ww. *yaku* [stoven, bakken, braden].

sukkelen [ziekelijk zijn] **middelnl.** *su(y)ckelen*, te verbinden met ***ziek***, ***zwak***; daarnaast staat *sukkelen* [zich voortslepen], dat mogelijk een aparte klanknabootsende vorming is, maar misschien toch hetzelfde woord.

sul [sufferd] (17e eeuw), etymologie onzeker, tot dusver zeer speculatieve etymologieën.

sulfa [geneesmiddel] verkort uit *ammoniumsulfaat*, *sulfaat* gevormd van ***sulfer***.

sulfer, solfer [zwavel] < **lat.** *sulphur*, *sulpur* [zwavel], idg. verwant met ***zwoel*** en ***zwavel***.

sulky [tweewielig eenpersoonswagentje] van het bn. *sulky* [gemelijk], zo genoemd omdat de bestuurder geen gezelschap kan hebben, etymologie onzeker.

sullen [glijden] vermoedelijk dial. variant van ***zeulen***.

sultan [oosterse vorst] **middelnl.** *soudaen, soutaen* < **fr.** *soudan, soltan* < **ar.** *sulṭān* [macht, regering, autoriteit, sultan]; de vr. vorm *sultane* [gemalin van de sultan], via **fr.** *sultane* < **ar.** *sulṭāna*.

sultana [Turkse galei] < **it.** *sultana*, gevormd van *sultano* (vgl. ***sultan***).

sultanarozijn [soort rozijn] het eerste lid *sultana*, vr. van *sultan* (vgl. ***sultan***).

sumak, smak [heester] < **fr.** *sumac* < **ar.** *summāq* < **syrisch** *summāq* [rood].

Sumatra [geogr.] etymologie onbekend.

summa [som] < **lat.** *summa* (vgl. ***som***).

summeren [optellen] **middelnl.** *sommeren* < **fr.** *sommer* < **me. lat.** *summare* [idem], van *summa* (vgl. ***som***).

sumpen [pruilen] mogelijk klanknabootsend gevormd.

super [boven, zeer] < **lat.** *super* [boven], eig. een vergrotende trap van een basis met de betekenis 'van beneden, opwaarts', waarvan ook *sub* [onder] stamt, verwant met ***over***, vgl. **gr.** *huper*, **oudindisch** *upari* [idem].

superbe [prachtig] < **fr.** *superbe* < **lat.** *superbus* [trots, voornaam, prachtig], van *super* (vgl. ***super***) + de stam van ik *ben*, **eng.** *to be*, **lat.** *fui* [ik was], dus eig. boven zijnde.

supercarga, supercargo [ladingopzichter] < **portugees** *sobrecarga*, vgl. **spaans** *sobrecargo*, van *sobre* < **lat.** *super* [boven] + *cargo* (vgl. ***cargo***).

superflu [overtollig] (1548 *superfluiteyt*) < **fr.** *superflu* < **lat.** *superfluus* [overgebleven, overvloedig, overtollig], van *super* [boven] + *fluere* [vloeien], idg. verwant met ***vloed***.

superheterodyn [ontvangtoestel] < **eng.** *superheterodyne*, gevormd van *super(sonic)* + *heterodyne*, van **gr.** *heteros* [ander] + *dunamis* [kracht].

superieur [hoger] < **fr.** *supérieur* [idem] < **lat.** *superior*, vergrotende trap van *superus* [zich boven bevindend], van *super* [boven] (vgl. ***super***).

superlatief [overtreffende trap] **middelnl.** *superlatijf* [voortreffelijk] < **fr.** *superlatif* [idem] < **lat.** *superlativus* [overtreffend], van *superlatus* [overdreven], gebruikt als verl. deelw. van *superferre* [passief: zweven boven], van *super* [boven] + *ferre* [dragen], idg. verwant met ***baren***[1].

supernova [ster die met grote helderheid explodeert] gevormd van **lat.** *super* [boven, daarboven] + *nova*, vr. van *novus* [nieuw], daarmee idg. verwant; super, omdat het de verschijnselen van een nova overtreft.

superplie, superpellicum [koorhemd] < **me. lat.** *superpellicum*, van *super* [boven] + het zelfstandig gebruikt o. van *pelliceus* [van bont gemaakt], van *pellis* [huid, pels, vel], daarmee idg. verwant.

supersonisch [sneller dan het geluid] gevormd van **lat.** *super* [boven] + *sonus* [geluid], idg. verwant met ***zwaan***.

superstitie [bijgeloof] (ca. 1540) < **fr.** *superstition* < **lat.** *superstitionem*, 4e nv. van *superstitio* [bijgeloof], van *superstistere* [gaan staan bovenop], van *super* [boven] + *sistere* [zich plaatsen, blijven staan] (vgl. ***subsisteren***).

supineren [achteroverkantelen] < **lat.** *supinare* [idem], van *supinus* [achterover leunend], verwant met *sub* [onder] en *super* [boven].

supinum [nominale vorm van het ww.] < **lat.** *(verbum) supinum* [lett. achterovergebogen (werkwoord)] (vgl. ***supineren***).

suppediteren [verschaffen] < **lat.** *suppeditare* [rijkelijk voorhanden zijn, rijkelijk verschaffen].

supplement [bijvoegsel] < **fr.** *supplément* [idem] < **lat.** *supplementum* [aanvulling], van *supplēre* [voltallig maken], van *sub* [onder] + *plēre* [vullen], idg. verwant met ***vol***[1].

suppletie [aanvulling] < **me. lat.** *suppletio*, van *supplēre* (vgl. ***supplement***).

suppliëren [smeken] **middelnl.** *suppliëren* < **fr.** *supplier* [idem] < **lat.** *supplicare* [idem], van *supplex* [neerknielend, smekend], van *sub* [onder] + *plicare* [samenvouwen, oprollen].

supponeren [veronderstellen] < **lat.** *supponere* [plaatsen onder, onderstellen], van *sub* [onder] + *ponere* [plaatsen].

suppoost [zaalwachter] **middelnl.** *suppoost* [ondergeschikte] < **me. lat.** *suppositus* [ondergeschikte], verl. deelw. van *supponere* (vgl. **supponeren**).

supporter [aanhanger] < **eng.** *supporter*, van *to support* [ondersteunen] < **fr.** *supporter* [idem] < **lat.** *supportare* [levensmiddelen en andere benodigdheden aandragen], van *sub* [onder, tot onder, van onderen naar boven] + *portare* [dragen, brengen], idg. verwant met ***varen***².

suppositie [veronderstelling] < **fr.** *supposition* [idem] < **lat.** *suppositionem*, 4e nv. van *suppositio*, van *supponere* (verl. deelw. *suppositum*) (vgl. **supponeren**).

suppressie [onderdrukking] < **fr.** *suppression* [idem] < **lat.** *suppressionem*, 4e nv. van *suppressio* [verduistering, eig. het naar beneden drukken], van *supprimere* (verl. deelw. *suppressum*) (vgl. **supprimeren**).

supprimeren [onderdrukken] < **fr.** *supprimer* [idem] < **lat.** *supprimere* [naar beneden drukken], van *sub* [onder] + *premere* [drukken].

suppuratie [ettering] < **fr.** *suppuration* < **lat.** *suppurationem*, 4e nv. van *suppuratio*, van *suppurare* (verl. deelw. *suppuratum*) [etteren], van *sub* [onder] + *pus* (2e nv. *puris*) [etter], idg. verwant met ***vuil***.

supra [boven] < **lat.** *supra* < *supera parte* [op het bovenste deel], waarin *supera* 6e nv. vr. is van *superus* [zich boven bevindend], van *super* [boven].

supralapsarisme [het geloof dat de zondeval gepredestineerd was] van **lat.** *supra* [boven, tevoren] + *lapsus* [val], van *labi* (verl. deelw. *lapsum*) [glijden, ineenzinken].

suprematie [oppergezag] < **fr.** *suprématie* [idem] < **eng.** *supremacy*, van *supreme* < **fr.** *suprême* < **lat.** *supremus* [hoogste], overtreffende trap van *super* [boven].

suprème [uiterst] < **fr.** *suprême* [idem] < **lat.** *supremus*, de overtreffende trap van *superus* (vgl. ***superieur***).

surah [weefsel] < **eng.** *surah* naast *surat*, genoemd naar het gebied en de gelijknamige havenstad *Surat* in India, ten noorden van Bombay.

surfen [plankzeilen] gevormd van **eng.** *surf* [branding].

surimono [Japanse nieuwjaarsprent] van **japans** *suri*, een vorm van het ww. *suru* [drukken] + *mono* [ding] (vgl. ***kakemono, kimono***).

Suriname [geogr.] ongetwijfeld van Indiaanse herkomst, die niet meer achterhaald is; het land is genoemd naar de rivier van die naam.

surkel → ***zuring***.

surnumerair [boventallig] < **fr.** *surnuméraire* [idem] < **me. lat.** *supernumerarius*, van *super* [boven] + *numerus* (vgl. ***nummer***).

surplus [overschot] middelnl. *surpluus, seurplus* < **fr.** *surplus*, van **lat.** *super* [boven] + *plus* (vgl. ***plus***).

surprise [verrassing] < **fr.** *surprise*, eig. het vr. verl. deelw. van *surprendre*, van *sur-* [boven] < **lat.** *super* [idem] + *prendre* < **lat.** *prehendere* [grijpen]; de oorspr. betekenis van *surprise* was 'wat daarenboven wordt gepakt, extra belasting'.

surra [soort slaapziekte] < **marathi** *sūra*.

surrealisme [richting in de kunst] < **fr.** *surréalisme* [idem], van *sur* [boven] < **lat.** *super* [idem] + *réalisme*, een woord dat voor het eerst voorkomt in de inleiding op Apollinaires toneelstuk *Les mamelles de Tirésias* (1917).

surrogaat [vervangingsmiddel] < **lat.** *surrogatus*, verl. deelw. van *surrogare* (vgl. ***subrogeren***).

surséance [opschorting] < **fr.** *surséance* < **me. lat.** *sursisa, supersedentia* [idem], het zelfst. gebruikt o.m.v. van *supersedere* [opschorten, in **klass. lat.** zitten op, zich onthouden], van *super* + *sedere* [zitten], daarmee idg. verwant.

surveilleren [toezicht houden] < **fr.** *surveiller*, van *sur-* < **lat.** *super* [boven] + *veiller* [waken] < **lat.** *vigilare* [waken], van *vigil* [wakker, waakzaam], daarmee idg. verwant.

survey [onderzoek] < **eng.** *survey*, van *to survey* [overzien, onderzoeken] < **oudfr.** *surveeir*, van *sur-* [boven] < **lat.** *super* [idem] + *veeir, veoir* < **lat.** *vidēre* [zien], idg. verwant met ***weten***.

susceptibel [ontvankelijk] < **fr.** *susceptible* [idem] < **me. lat.** *susceptibilis* [aanvaardbaar], van *suscipere* [opvangen], van *sub* [onder] + *capere* [nemen], idg. verwant met ***heffen***.

suspect [verdacht] < **fr.** *suspect* < **lat.** *suspectus* [verdacht], verl. deelw. van *suspicere* [van onderen naar iets opkijken, bewonderen, argwaan koesteren], van *sub* [onder] + *specere* [zien, kijken], idg. verwant met ***spieden***.

suspenderen [schorsen] middelnl. *suspenderen* < **fr.** *suspendre* < **lat.** *suspendere* [ophangen aan, hoog oplichten, stutten, doen zweven, ophouden, afhouden, onbeslist laten], van *sub* [onder] + *pendere* [hangen].

suspense [spanning] < **eng.** *suspense*, geïsoleerd uit *in suspense* < **fr.** *en suspense*, van **lat.** *suspensus* [zwevend, tussen hoop en vrees], eig. verl. deelw. van *suspendere* [ophangen] (vgl. ***suspenderen***).

suspensoir [draagverband] < **fr.** *suspensoir* < **me. lat.** *suspensorium* [steel met druiven, suspensoir], van *suspendere* [ophangen aan] (vgl. ***suspenderen***).

suspicie [argwaan] middelnl. *suspicie* < **fr.** *suspicion* [idem] < **lat.** *suspicionem*, 4e nv. van *suspicio* [idem], van *suspicere* (vgl. ***suspect***).

sussen [kalmeren] middelnl. *cessen, chessen, cissen, sissen* [ophouden, tot bedaren komen, transitief: doen ophouden, tot bedaren brengen], later *sussen, tsussen* [zwijgen, transitief: tot bedaren brengen], wel hetzelfde woord met ronding van vocaal, waarbij het het karakter van een klankwoord kreeg < **fr.** *cesser* < **lat.** *cessare* [talmen, pauzeren, werkloos blijven], intensivum van *cedere* [ergens vandaan gaan, wijken, toegeven], verwant met **gr.** *hodos* [weg].

sustenu [bewering] < fr. *soutenu*, maar gedeeltelijk aangepast aan het lat., van lat. *sustinēre* (vgl. *sustineren*).

sustineren [beweren, aanvoeren] < lat. *sustinēre* [omhoog houden, staande houden], van *sub* [onder] + *tenēre* [houden].

sutti [hindoeweduwe die zich samen met haar dode echtgenoot liet verbranden] < eng. *suttee* (uitgesproken als *sat-*) < oudindisch *satī* [trouwe echtgenote], van *sat-* [goed, wijs, eig. zijnde], teg. deelw. van *asmi* [ik ben], vgl. gr. *eimi* [idem], **nl.** *hij is*.

sutuur [schedelnaad, wondnaad] < lat. *sutura* [naad], van *suere* (verl. deelw. *sutum*) [aaneennaaien], idg. verwant met eng. *to sew*.

suzerein [opperleenheer] < fr. *suzerain*, naar analogie van *souverain*, gevormd met *sus-* [boven], teruggaand op lat. *sursum* [naar boven].

svarabhaktivocaal [een stomme e] die b.v. in melk tussen *l* en *k* optreedt, het eerste deel < oudindisch *k*, van *svara-* [geluid, stem, toon, noot] + *bhakti-* [verdeling, scheiding].

swagger [wijde damesmantel] < eng. *swagger*, van *to swagger* [trots heen en weer stappen], mogelijk < noors *svagga* [zwaaien] en wel behorend bij een groep *to swing, zwaaien, zwengel*.

Swahili [Oostafrikaanse taal] < ar. *al lugha as sawāḥilīya* [lett. de kustbewonerstaal], van *lugha* [taal], *sawāḥilīya*, vr. van *sawāḥilī* [kustbewoners-], van *sāḥil*, mv. *sawāḥil* [kust], en afleidingsachtervoegsel *ī*.

swami [hindoe-godsdienstonderwijzer] < hindi *svāmī*, oudindisch *svāmin-* [meester], van *sva-* [eigen] + *ama-* [heftigheid, macht], dus iets als 'eigenmachtig'.

swap [onderlinge geldoverdracht door internationale banken] < eng. *swap*, van *to swap* < middeleng. *swappen* [slaan, klappen], vgl. handslag bij een overeenkomst, klanknabootsend gevormd.

swastika [hakenkruis] < oudindisch *svastika-* [heilzaam zijnd], van *svasti-* [welzijn], van *su-* [goed] + *asti* [is] (vgl. *sutti*).

sweater [trui] < eng. *sweater*, van *sweat* [zweet].

sweepstake [wedren met prijs] < eng. *sweepstake(s)*, van *to sweep the stakes* [de inzetten vegen, opstrijken].

swell [fijn, chic] < eng. *swell*, van *to swell* [zwellen, aangroeien, opbollen] (vgl. *zwellen*).

swietslaan [bluffen] jidd. *sjwiets* [branie], van middelnl. *swide* [sterk, krachtig (van zaken), sterk in eigen ogen (van personen)] (vgl. *gezwind*).

swijlen, swijlens [intussen, terwijl] < middelnl. *des wilen* (vgl. *wijl*¹), met het bijwoorden vormende achtervoegsel *s*.

swingen [dansen] < eng. *to swing* [idem], maar reeds middelnl. *swingen, zwengen* [slingeren, zwaaien] (vgl. *zwengel*).

switch [schakelaar] < eng. *switch* [teentje, roede, karwats, draai], verwant met middelnl. *swijch, zwijg, twijch* [tak, twijg].

sybariet [wellusteling] < lat. *Sybarita* < gr. *Subaritès*, inwoner van *Subaris*, een Griekse kolonie in Zuid-Italië, bekend om haar genotzucht.

sycofant [beroepsverklikker] < lat. *syrophanta* < gr. *sukophantès* [gemene bedrieger, later vooral iem. die valse aanklachten doet], van *sukon* [vijg, vrouwelijk schaamdeel, 'pruim'], idg. verwant met *vijg* + *phainein* [laten zien], vgl. hd. *einem die Feige zeigen*.

sycomoor, sycomore [vijgeboom] < lat. *sycomorus* [moerbeivijgeboom] < gr. *sukomoro* [idem], van *sukon* [vijg], daarmee idg. verwant + *moron, mōron* [moerbei].

sydniër [Australisch paard] genoemd naar de stad *Sydney*, die is genoemd naar *Thomas Townshend viscount Sydney* (1733-1800), Engels minister.

syeniet [gesteente] < lat. *Syenites* < gr. *Suènitès*, uit de stad *Suènè*, thans *Assuan*, waar de steen in de Oudheid werd gedolven.

syfilis [geslachtsziekte] zo genoemd naar de titel van een medisch leerdicht over de ziekte *Syphilis sive de morbo Gallico* [Syphilis of over de Franse ziekte], door Girolamo Fracastoro (Verona 1530). De hoofdpersoon is de herder Syphilus, gevormd van lat. *sus* [zwijn], daarmee idg. verwant + gr. *philos* [een vriend van]; de ziekte brak in 1495 uit onder Franse soldaten in Napels.

sylfe [geest] door Paracelsus (1493?-1541) in omloop gebracht als *sylphus* [een bos- en luchtgeest], een woord dat in de Oudheid een enkele maal voorkwam, etymologie onbekend.

syllabe [lettergreep] (middelnl. *sil(le)be, silbe*), hd. *Silbe* < fr. *syllabe* < lat. *syllaba* < gr. *sullabè* [het samenvatten (van letters), lettergreep], van *sullambanein* [samenvatten], van *sun* [samen] + *lambanein* [grijpen] (vgl. *syllabus, lemma*).

syllabus [verkorte samenvatting] < chr. lat. *syllabus* [geschrift]; in vroege drukken komt het woord bij Cicero voor als vreemd woord (gr. *sullabos*) in de betekenis 'boektitel'. Kennelijk is verwarring opgetreden met het juiste gr. woord *sillubos* [franje, een reepje perkament, dat aan boekrollen of akten hing met de titel ervan]. De verwarring is begrijpelijk, omdat *sullabos* van *sullambanein* [samenvatten, begrijpen] lijkt te komen (vgl. *syllabe*).

syllepsis [grammaticale figuur] < gr. *sullèpsis* [het grijpen, het mee aanpakken], van *sullambanein* [samenvatten], van *sun* [samen] + *lambanein* [vatten] (vgl. *syllabe*).

syllogisme [sluitrede] < gr. *sullogismos* [het bijeenrekenen, het trekken van een conclusie uit de premissen], van *sullogizesthai* [geestelijk samenvatten], van *sun* [samen] + *logos* [woord, redenering, verslag].

sylvaniet [mineraal] zo genoemd naar de vindplaatsen in *Transsylvanië*.

sylvatisch [m.b.t. wilde dieren] < lat. *silvaticus* [voor het bos, wild], van *silva* [bos].

sylvester [iem. die in de mijn stutten wegneemt] van fr. *pin sylvestre* [lett. bospijnboom], *sylvestre* < lat. *silvestris* [bos-], van *silva* [bos].

sylvesteravond [de laatste avond van het jaar] genoemd naar *Paus Sylvester I* (314-335), wiens feest op 31 december valt.

symbiose [samenleving] < **modern lat.** *symbiosis*, naar **gr.** *sumbioun* [samenleven], *sumbiōtès* [met anderen samenlevend], *sumbios* [samenlevend, echtgenoot, vriend], van *sun* [samen] + *bios* [leven].

symbool [zinnebeeld, voorstelling] < **lat.** *symbolus* [herkenningsteken], **chr. lat.** *symbolum* [geloofsbelijdenis, symbool] < **gr.** *sumbolos* [toevallig ontmoetend, toevallig ten deel vallend (van voortekens)], *sumbolon* [o.m. afgesproken herkenningsteken, parool], van *sumballesthai* [samenkomen met], van *sun* [samen] + *ballesthai* [overwegen].

symfonie [veelstemmig muziekstuk, harmonisch geheel] < **fr.** *symphonie* [idem] < **lat.** *symphonia* [concert, huiskapel, orkest] < **gr.** *sumphōnia* [het samenstemmen, overeenstemming, harmoniërende intervallen, concert], van *sun* [samen] + *phōnè* [geluid].

symfyse [verbinding van beenderen] < **gr.** *sumphusis* [het samengroeien, vergroeiing], van *sun* [samen] + *phuein* [doen groeien], idg. verwant met ***bouwen*** [1].

symmachie [oorlogsbondgenootschap] < **gr.** *summachia* [het bondgenoot-zijn], van *sun* [samen] + *machè* [strijd], idg. verwant met *ik mag* en ***macht***.

symmetrie [evenredigheid] < **fr.** *symétrie* [idem] < **gr.** *summetria* [de juiste verhouding], van *summetrein* [door vergelijking berekenen, passief: overeenstemmen], van *sun* [samen] + *metrein* [meten] (vgl. ***meter*** [1]).

sympathie [medegevoelen] < **lat.** *sympathia* < **gr.** *sumpatheia* [gelijke gewaarwording of stemming, medelijden], van *sumpathein* [met iem. meevoelen], van *sun* [samen] + *pathein* (vgl. ***pathos***).

sympathisant [die met iets of iem. sympathiseert] < **fr.** *sympathisant*, eig. teg. deelw. van *sympathiser*, van *sympathie* (vgl. ***sympathie***).

sympetalen [onderklasse van bloemen] van **gr.** *sun* [samen] + *petalon* [boomblad], van *petannumi* [ik spreid uit], idg. verwant met ***vadem***.

symposium [wetenschappelijke bijeenkomst] < **lat.** *symposium* [gastmaal] < **gr.** *sumposion* [feestmaal], van *sun* [samen] + *posis* [drank, drinken, drinkgelag], van *pinein* [drinken].

symptoom [(ziekte)verschijnsel] < **fr.** *symptôme* [idem] < **me. lat.** *symptoma* < **gr.** *sumptōma* [toeval, maar met negatieve inhoud: ongeval], van *sumpiptein* [samenvallen], van *sun* [samen] + *piptein* [vallen].

synaeresis [samentrekking van klinkers] < **gr.** *sunairesis* [samentrekking], van *sunairein* [samenvatten], van *sun* [samen] + *hairein* [nemen].

synagoge, synagoog [Israëlitische kerk] **middelnl.** *sinagoge* < **chr. lat.** *synagoga* [vergadering, vergaderplaats, synagoge] < **gr.** *sunagōgè* [het bijeenbrengen, vergadering, synagoge in Nieuwtestamentische taal], van *sunagein* [samenbrengen, een vergadering beleggen], van *sun* [samen] + *agein* [voeren, leiden, laten komen].

synaloefe [grammaticale figuur] < **gr.** *sunaloiphè* [samensmelting van twee lettergrepen], van *sun* [samen] + *aloiphè* [vet, zalf], van *aleiphein* [insmeren].

synandrisch [met vergroeide meeldraden] gevormd van **gr.** *sun* [samen] + *andro-* [man].

synaps [verdikking in zenuwcel] < **gr.** *sunapsis* [verbinding, raakpunt, snijpunt], van *sunaptein* [samenvoegen], van *sun* [samen] + *haptein* [vastmaken].

synchorologie [leer der verspreiding van de plantengezelschappen] gevormd van **gr.** *sun* [samen] + *chorologie*, van **gr.** *chōros* [plaats, plek, landstreek] (vgl. ***koor***) + *logos* [woord, verhandeling].

synchroon [gelijktijdig] < **gr.** *sunchronos*, van *sun* [samen] + *chronos* [tijd].

synchrotron [deeltjesversneller] verkort uit *synchrocyclotron*, van **gr.** *sun* [samen] + *chronos* [tijd] + *kuklos* [kring] + *tron* van ***elektron***.

synclinale [aardplooi met concave lagen] gevormd van **gr.** *sugklinein*, van *sun* [samen] + *klinein* [schuin tegen iets aan doen leunen], idg. verwant met ***leunen*** (vgl. ***klinisch***).

syncope [uitstoting van een letter in het midden van een woord] < **fr.** *syncope* < **me. lat.** *syncopa* < **gr.** *sugkopè* [idem], van *sugkoptein* [stukslaan], van *sun* [samen] + *koptein* [hakken] (vgl. ***kapoen***).

syncretisme [vermenging van begrippen] < **gr.** *sugkrètismos* [vereniging van twee partijen tegen een vijand], van *sugkrètizein*, van *sun* [samen] + *kerannunai* [mengen] (vgl. ***krater***).

syncytium [massa versmolten cellen] gevormd van **gr.** *sun* [samen] + *kutos* [holte, bergruimte, lichaam, huid], daarmee idg. verwant.

syndicaat [combinatie van zakenlieden] < **fr.** *syndicat* [idem] < **me. lat.** *syndicatus*, van **klass. lat.** *syndicus* < **gr.** *sundikos* [pleitbezorger], van *sundikè* [rechtspraak], van *sun* [samen] + *dikè* [rechtspraak], verwant met *deiknumi* [ik wijs aan]; vgl. voor de betekenis **nl.** *gewijsde* en **lat.** *index* [rechter], van *dicere* [oorspr. aanwijzen, dan te kennen geven, zeggen] (vgl. ***tijgen***).

syndroom [complex van ziekteverschijnselen] < **gr.** *sundromè* [het te hoop lopen], van *sun* [samen] + *dromos* [het snel lopen], van *dramein* [rennen] (vgl. ***dromedaris***).

synecdoche [retorische figuur] < **gr.** *sunekdochè* [het begrijpen van een ding met een ander, synecdoche], van *sun* [samen] + *ek* [uit] + *dechesthai* [opnemen, aannemen, ontvangen].

synechie [samengroeiing] < **gr.** *sunecheia* [samenhang, zinsverband der woorden], van *sun* [samen] + *echein* [houden], idg. verwant met ***zege***.

synergie [samenwerking] < **gr.** *sunergia* [deelneming aan een werk], van *sunergos* [medewerkend], van *sun* [samen] + *ergon* [werk], daarmee idg. verwant.

synode [kerkvergadering] < **lat.** *synodus* [vergadering, priestercollege, synode] < **gr.** *sunodos* [bijeenkomst], van *sun* [samen] + *hodos* [weg], verwant met **lat.** *cedere* [gaan] (vgl. *cessie*).

synoniem [gelijkbetekenend (woord)] < **fr.** *synonyme* < **lat.** *synonymus* < **gr.** *sunōnumos* [van dezelfde naam, synoniem], van *sun* [samen] + *onuma, onoma* [naam], daarmee idg. verwant.

synontologie [leer der opeenvolging van vegetaties] gevormd van **gr.** *sun* [samen] + *ontologie*.

synopsis [overzicht] < **gr.** *sunopsis* [overzicht, samenvattende beschouwing, inhoudsoverzicht], van *sun* [samen] + *opsis* [het zien, aanblik], (*ops* [oog]).

synovia [vloeistof in gewrichten] door Paracelsus (1493?-1541), vermoedelijk willekeurig, gevormd.

syntagma [samengestelde eenheid van taaltekens] < **me. lat.** *syntagma* [document, boek] < **gr.** *suntagma,* van *suntassein* (vgl. *syntaxis*).

syntaxis [leer van rede- en zinsdelen] < **lat.** *syntaxis* < **gr.** *suntaxis* [het in een bep. orde opstellen, systematische uiteenzetting, grammaticale constructie], van het ww. *suntassein,* van *sun* [samen] + *tassein* [in een bep. orde opstellen] (vgl. *tactiek*).

synthese [samenstelling] < **fr.** *synthèse* [idem] < **gr.** *sunthesis* [het samenplaatsen], van *sun* [samen] + *tithenai* [plaatsen], idg. verwant met *doen*.

Syracuse [geogr.] < **gr.** *Surakousai,* waarvan men zegt dat het afgeleid is van de naam van een nabij moeras *Surakoo,* waarvan de etymologie onbekend is.

Syrië [geogr.] < **lat.** *Syria* [Syrië, Assyrië] < **gr.** *Suriā;* Herodotus spreekt over de Assyriërs als *Surioi;* Syrisch is in feite een verkorte vorm voor Assyrisch, vgl. **akkadisch** *Asjsjur* [de stad, het land en de landsgod Asjsjur].

syrinx [panfluit] < **gr.** *surigx* [fluit, kanaal in het lichaam, mijngang], van een idg. klanknabootsende basis, vgl. **lat.** *susurrus* [gefluister].

systeem [stelsel, methode] < **lat.** *systema* < **gr.** *sustēma* [organisch geheel, organisme, compositie, systeem], van *sunistēmi* [ik stel samen, verenig], van *sun* [samen] + *histēmi* [ik doe staan], idg. verwant met *staan*.

systole [samentrekking] < **gr.** *sustolè* [idem], van *sustellein* [samentrekken], van *sun* [samen] + *stellein* [opstellen], verderop verwant met *stellen*.

syzygie [samenstand van planeten met de zon] < **gr.** *suzugia* [tweespan, paar, verbinding], van *sun* [samen] + *zugon* [juk], daarmee idg. verwant.

t

taai [sterk samenhangend, hardnekkig] **middelnl.** *ta(e)y,* **middelnd.** *ta, teie,* **oudhd.** *zahi* (**hd.** *zäh*), **oudeng.** *tōh* (**eng.** *tough*), naast **oudsaksisch** *bitengi,* **oudhd.** *gizengi,* **oudeng.** *getenge* [nabij, benauwd, drukkend], **oudnoors** *tengja* [vasthouden]; wel verwant met *tang*.

taai-taai [koek] geredupliceerde vorm van *taai* [koek], dat een zelfstandig gebruik is van het bn. *taai*.

taak [opdracht] vroeg 16e eeuws *take* [zin, bedoeling], **middelnl.** *take, taec(ke)* [naam van een maat, vooral voor wijn] < **picardisch** *tasque,* **oudfr.** *tasche* < **me. lat.** *taxa* [belasting, taak], van *taxare* [(door betasten) de waarde bepalen, schatten, in chr. lat. bepalen], frequentatief van *tangere* [aanraken] (vgl. *tasten, taks* [1]).

taal [systeem van spraakklanken] **middelnl.** *tale, tael* [hetgeen iem. zegt, gesprek, taal, in Limburg ook: getal], **oudsaksisch** *tala* [getal, spraak], **oudhd.** *zala* [getal], **oudfries** *tale, tele* [getal, taal], **oudeng.** *talu* [verhaal], **oudnoors** *tal, tala* [getal, verhaal] (vgl. *tellen*); de idg. verbindingen zijn onzeker.

taan [ontsmettende verfstof] (1456 *taenketel* [ketel waarin visnetten worden getaand]), vgl. **me. lat.** *ta(n)num, tanium, tana* [eikeschors, taan], *ta(n)nare,* met taan behandelen < **oudfr., fr.** *tan,* uit het kelt., vgl. **bretons** *tann* [eik] (vgl. *den* [1]).

taart [gebak] **middelnl.** *ta(e)rte, taert,* **oudfr.** *tarte, torte* < **me. lat.** *tarta, torta* [rond brood, koek], vr. verl. deelw. van *torquēre* [draaien, draaiend maken].

taarts, teerts [marlpriem] **middelnl.** *teers* [langwerpig rond, penis], **middelnd.** *ters,* **oudhd.** *zers,* **oudeng.** *teors;* de *t* is oneigenlijk, mogelijk o.i.v. *taats* (vgl. *teers*), vgl. **tsjechisch** *drasta* [splinter], van dezelfde basis als *teren*.

taats [spijker, metalen punt] **middelnl.** *tache, taets(e)* [puntig ijzertje, spijker] < **oudfr.** *teche, tache* [kenteken, markering, later: vlek], uit het germ., vgl. *teken*.

tab [uitstekend strookje] < **eng.** *tab,* etymologie onbekend.

tabak [gedroogde planten die gerookt worden] (1581) < **spaans** *tabaco* < **taino** *tabaco* [pijp om te roken, rol tabaksbladeren], dat na de ontdekking van Amerika is ontleend; mogelijk heeft het oudere **ar.** *ṭubbāgh,* naam van een euforie veroorzakend kruid, bijgedragen tot de introductie van *tabaco*.

tabasco [kruiderij, merknaam] naar de Mexicaanse geogr. naam *Tabasco* (deelstaat en rivier).

tabbaard, tabberd [bovenkleed] **middelnl.** *tabba(e)rt* < **oudfr.** *tabard, tabart,* vgl. **spaans** *tabardo,* it. *tabarro* [idem], etymologie onbekend.

tabby [kat met cyperse tekening] < **eng.** *tabby,* qua herkomst hetzelfde woord als *tabijn;* de betekenisovergang naar die van kat met een bepaalde vacht volgde uit de gelijkenis met de stof.

tabee [gegroet] < **maleis** *tabe* [idem] < **oudindisch** *tublyan* [(datief) aan u].

tabel [geordende lijst] < **lat.** *tabella* [plankje, (met was bestreken) schrijftafeltje, aantekenboekje, akte], verkleiningsvorm van *tabula* [plank, schrijftafeltje, geschrift, register, akte] (vgl. ***tablet, tafel***).

tabernakel [kastje op altaar met hosties, tent van de ark des verbonds] **middelnl.** *tabernakel* < **lat.** *tabernaculum* [tent], verkleiningsvorm van *taberna* [houten hut] (vgl. ***taverne***).

tabes [tering] < **lat.** *tabes,* van *tabēre* [wegkwijnen], intensivum *tabescere* [idem], idg. verwant met ***dooien*** (vgl. ***tektiet***).

tabijn [gewaterde taf] (1581) < **fr.** *tabis,* **oudfr.** *atabis* [idem] < **me. lat.** *attabi* < **ar.** ʿ*attābī* < ʿ*attābīya,* naam van een voorstad van Bagdad waar deze taf werd gemaakt, genoemd naar de prins ʿ*Attāb,* een afstammeling van de Omajjaden.

tabla [de hoogst klinkende van een set van twee Indische troms] < **hindi** *tablā* < **ar.** *ṭabl* [trom] (vgl. ***taboeret***).

tablatuur [handleiding voor blaasinstrument] < **fr.** *tablature* [idem] < **me. lat.** *tabulatura* (vgl. ***tabulatuur***).

tableau [tafereel, plaat] **middelnl.** *tabel(l)eau* [schilderstuk] < **fr.** *tabel(l)eau* [houten paneel, vandaar schildering], van *table* < **lat.** *tabula* (vgl. ***tafel***).

table d'hôte [open tafel in hotel] < **fr.** *table d'hôte,* van *table* [tafel] + *de* [van] + *hôte* [gast] < **lat.** *hospitem,* 4e nv. van *hospes* (vgl. ***hospitaal***).

tablet [plak, pastille] < **fr.** *tablette* [idem], verkleiningsvorm van *table* < **lat.** *tabula* [plank] (vgl. ***tafel***); het hd. heeft naast *Tablette* voor een iets groter formaat *Tafel.*

tablier [voorschoot] < **fr.** *tablier* [eig. wat bij de tafel hoort], van *table* < **lat.** *tabula* (vgl. ***tafel***).

taboe [verboden, verbod] < **eng.** *taboo* [idem] < **polynesisch** *tapu* [heilig], van *ta* [merkteken] + *pu* [buitengewoon].

taboeret, tabouret [stoeltje zonder leuning] < **fr.** *tabouret,* verkleiningsvorm van **oudfr.** *tabour* [trom, krukje] < **ar.** *ṭubūl,* mv. van *ṭabl* [trommel] (vgl. ***tabla, tamboer, timbaal***).

tabula rasa [een nog onbeschreven blad] < **lat.** *tabula rasa, tabula* [met was bestreken schrijfplankje] (vgl. ***tafel***), *rasa,* het vr. verl. deelw. van *radere* [krabben] (vgl. ***raderen***), dus een plankje waarop de tekst is uitgewist.

tabulator [mechanisme aan schrijfmachine dat kolommen verspringt] moderne vorming naar **lat.** *tabula* (vgl. ***tafel***).

tabulatuur [aanduiding van tonen door middel van letters] < **me. lat.** *tabulatura,* van *tabulare* [met planken beschieten], van *tabula* [plank] (vgl. ***tafel***).

tacendo [stil] < **it.** *tacendo,* gerundium van *tacere* [zwijgen] < **lat.** *tacēre* [idem].

tacet [zwijgt] < **lat.** *tacet,* 3e pers. enk. van *tacēre* [zwijgen].

tache de beauté [schoonheidsvlekje] < **fr.** *tache de beauté,* van < **fr.** *tache* < **oudfr.** *teche,* uit het germ., vgl. ***teken;*** voor *beauté* vgl. ***beauty***.

tacheometer [toerenteller] gevormd van **gr.** *tachus* [snel], *tachos* [snelheid] + ***meter*** I.

tachisme [schildertechniek] van **fr.** *tache* (vgl. ***tache de beauté***).

tachotypie [snelschrift] gevormd van **gr.** *tachos* [snelheid] + *tupos* (vgl. ***type***).

tachtig [hoofdtelwoord] **middelnl.** *tachtich, achtich,* van ***acht***[3] + ***-tig*** [tiental]; de *t* stamt van vormen als **oudsaksisch** *antahtoda,* **oudeng.** *hundeahtatig,* vgl. ook ***zeventig*** (uitgesproken met stemloze *s*) en ***negentig*** (in veel dialecten: tnegentig). Het betreffende voorzetsel ring samen met ***honderd*** en had de betekenis van 'tiental'; het gebruik ervan voor de tientallen boven zestig laat een spoor zien van een oud twaalftallig stelsel.

tachy- [snel] < **gr.** *tachus* [snel].

tachygraaf [schrijfmachine voor steno] gevormd van **gr.** *tachus* [snel] + *graphein* [schrijven], idg. verwant met ***kerven***.

tachymetrie [snelle methode van landmeetkunde] gevormd van **gr.** *tachus* [snel] + ***meter*** I.

tachyon [hypothetisch supersnel deeltje] gevormd van **gr.** *tachus* [snel] + de uitgang van *neutron, proton.*

taciturniteit [zwijgzaamheid] < **fr.** *taciturnité* [idem] < **lat.** *taciturnitatem,* 4e nv. *taciturnitas* [het zwijgen, zwijgzaamheid], van *taciturnus* [zwijgend, zwijgzaam], van *tacitus* [zwijgend], verl. deelw. van *tacēre* [zwijgen].

tackelen, tekkelen [de bal ontnemen] < **eng.** *to tackle* [tuigen (van schip), onder handen nemen, attaqueren], van *tackle* [takel, tuig, gerei] < **nl.** *takel* of nd. *takel.*

taco [Mexicaanse maïspannekoek] < **spaans** *taco* [pin, stift, kort en dik stuk hout, laadprop van vuurwapen], etymologie onzeker, wordt o.m. wel gezien als ontlening aan het germ., vgl. ***tak***.

tact [gevoel voor wat passend is] < **fr.** *tact* [idem] < **lat.** *tactus* [aanraking, invloed, gevoel], van *tangere* (verl. deelw. *tactum*) [aanraken, betasten, indruk maken op, treffen].

tactiek [strategie] **fr.** *tactique* [idem] < **gr.** *taktikos* [wat dienstig is voor de opstelling van troepen, regelend, besturend], van *tassein* [in een bepaalde orde opstellen, indelen, voorschrijven].

tactiel [m.b.t. de tastzin] < **fr.** *tactile* [idem] < **lat.** *tactilis* [tastbaar], van *tangere* (verl. deelw. *tactum*) [aanraken, betasten] (vgl. ***taxeren***).

tactisch [m.b.t. tactiek] < **hd.** *taktisch* (vgl. *tactiek*).
tactometer [toestel om de gevoeligheid van de huid te bepalen] gevormd van **lat.** *tactus* [aanraking, gevoel], van *tangere* (verl. deelw. *tactum*) [aanraken, betasten] + *meter* [1].
taddik [vuilpoets] ook *toddik*, van *tad*, nevenvorm van *tod*.
taedieus [tegenzin verwekkend] < **lat.** *taediosus* [weerzinwekkend], van *taedium* [walging, afkeer], van *taedēre* [van iets walgen] + *-osus* [vol van].
taekwondo [vechtsport] < **koreaans** *taekwondo*, van *tae* [schoppen] + *kwon* [vuist] + *do* [weg] (vgl. *judo*).
taël [Chinees gewicht, munt ter waarde van hetzelfde gewicht in zilver] < **portugees** *taël* < **maleis** *tahil* [opiumgewichtje, goudgewichtje] < **hindi** *tolā* [een gewicht] < **oudindisch** *tulā* [een gewicht], van dezelfde idg. basis als *talent*.
taenia [geslacht van lintwormen] < **lat.** *taenia* [lint, lintworm] < **gr.** *tainia* [haarband, band], van *teinein* [spannen, zich uitstrekken].
taf [lichte stof] **middelnl.** *tafte, taftaf* < **me. fr.** *taffetas* < **me. lat.** *taffata, taffeta* < **it.** *taffetà* < **perzisch** *tāfteh* [stof], verl. deelw. van *tāftan* [draaien, strengelen, weven] (vgl. *tapijt*).
tafa [buidelmuis] een in Australië inheemse benaming.
tafel [meubelstuk] teruggaand op **lat.** *tabula* [plank]; wat de betekenisontwikkeling aangaat zij vermeld, dat men in de middeleeuwen geen vaste tafels gebruikte, maar planken die voor de maaltijd op schragen werden gelegd en erna tegen de muur gehangen.
tafelen [ketelmuziek maken] mogelijk een bijzondere toepassing van *tafelen* [uitvoerig eten].
tafelment [dekstuk, r·uurbekroning] **middelnl.** *taflement, tafelment* < **fr.** *entablement* [oorspr. plankier, zoldervloer], van *table* < **lat.** *tabula* [plank].
tafelschuimer [klaploper] nog niet bij Kiliaan, gevormd van *tafel* + *schuimen*, **middelnl.** *scumen* in de betekenis 'roven, plunderen', vgl. *zeeschuimer* → *schuim*.
tafereel [schildering] **middelnl.** *tavereel, taf(e)reel*, gedissimileerd < **oudfr.** *tavlel* < **lat.** *tabella* [plankje], verkleiningsvorm van *tabula* (vgl. *tafel*).
taffelen [slaan] nevenvorm van *toffelen*.
taffetas → *taf*.
taffia [soort rum] **creools** *taffia*, verkort uit *ratafia* (vgl. *toffee*).
tagrijn [koopman in oud ijzer] < **aramees** *taggarin*, mv. van *taggar* [koopman]; voor overname van meervouden vgl. *cherub, seraf*.
tagua [een palm] inheemse naam in Colombia.
tahin [sesampasta] via turks < **ar.** *ṭaḥīn* [meel], bij het ww. *ṭaḥana* [malen], verwant met **hebr.** *ṭāḥana* [idem], **akkadisch** *ṭênu* [malen].
tahoe [sojakoek] < **maleis** *tahu*, een verbasterde overname uit **chinees** *tofoe* (vgl. *tofoe*).

tai-chi [Chinese bewegingsleer] < **chinees** *t'ai* [grootste], *chi* [bereik], *ch'uan* [boksen] (vgl. *Boksers*).
taiga → *tajga*.
taikoen [titel van de sjogoen] < **japans** *taikun* < **ouder chinees** *t'ai kiun* [keizer], van *t'ai* [groot] + *kiun* [vorst, heerser].
taille [middel van het lichaam] **middelnl.** *taelge, tailge, taille* [insnijding, taille] < **fr.** *taille* < **me. lat.** *tallia, talea* [het snijden van kleren], *talliare* [kleding snijden], naast *taillare* [koren maaien, steen hakken, kerven], *tallare* [zand delven], van **klass. lat.** *talea* [stokje, loot, twijg].
tailleur [kleermaker] → *tailor*.
tailor [kleermaker] < **eng.** *tailor* < **oudfr.** *tailleur* [lett. snijder], van *taillier* (**fr.** *tailler*) [snijden] (vgl. *taille*).
Taiwan [geogr.] < **chinees** *Thaiwan*, gevormd van *thai* [plateau] + *wan* [baai].
tajga [streek met naaldwouden] < **russ.** *tajga* [oorspr. ondoordringbaar oerbos, vaak moerassig] < **turkotataars** *taiga* [rotsgebergte], van mongoolse herkomst.
tak [spruit] **middelnl.** *tac, teck, tacke* [voorwerp met scherpe punt, tak], **middelnd.** *tacke*, **middelhd.** *zacke* [punt, spits]; etymologie onbekend, vgl. **hd.** *Zacke* [uitstekende punt, kanteel, tand (v. e. vork)].
take [filmshot] < **eng.** *take*, van *to take* [nemen], **middelnl.** *taken* [pakken], **fries** *take*, **oudnoors** *tăka*, **gotisch** *tēkan* [aanraken], etymologie onzeker.
takel [hijswerktuig] **middelnl.** *takel* [scheepswant, hijswerktuig], etymologie onbekend.
takelen [ranselen] frequentatief van *taken* [slaan].
taken [grijpen, aanraken, krenken] → *takken*.
take off [het opstijgen van een vliegtuig] < **eng.** *take off*, geïsoleerd uit het zinsverband *to take off* [eraf halen, verwijderen, starten (van vliegtuigen)], van *to take* [nemen, krijgen], verwant met **middelnl.** *taken* [nemen, krijgen].
takke- [voorvoegsel] in b.v. *takkewijf* < **fr.** *attaque* [aanval].
takken [grijpen] **middelnl.** *ta(c)ken*, **middelnd.** *tacken*, **oudeng.** *tăcan* (**eng.** *to take*), **oudnoors** *tăka*, **gotisch** *tēkan*, etymologie onbekend.
takki-takki [Sranantongo] geredupliceerd naar **eng.** *to talk* [praten].
taks [1] [vastgestelde hoeveelheid] **middelnl.** *taecse* [prijs], *taxe, tax, tacx* [bepaalde som] < **fr.** *taxe* (vgl. *taxeren*).
taks [2] [dashond] (1838) < **hd. dial.** *Tacks* = **hd.** *Dachs* (vgl. *das* [2]).
takteren [de maat slaan] < **hd.** *taktieren*, van *Takt* [maat] < **fr.** *tact* (vgl. *tact*).
tal [(grote) hoeveelheid] **middelnl.** *tal(l)* → *getal*.
talaan [holle lijst van samengevoegde hielojieven] van **lat.** *talus* [enkel, hiel] (vgl. *talon*).
talaar [gewaad] < **lat.** *talare*, het zelfstandig gebruikt o. van *talaris* [tot de enkels reikend], van *talus* [enkel, hiel] (vgl. *talon*).

talbotypie [afdrukprocédé] genoemd naar de uitvinder ervan, de Engelse pionier in de fotografie *William Henry Fox Talbot* (1800-1877).

taledek [Javaanse beroepsdanseres] < **maleis** *teledek* < **javaans** *tlèdèk* [dansvrouw, dansmeid].

taleke [mannetjesvalk] verkleiningsvorm van een onbekend woord.

talen [verlangen] **middelnl.** *talen* [spreken, praten, in rechte spreken, optreden], *talen naar* [een eis in rechte instellen, zijn best doen voor iets]; van *taal*.

talent [gave, gewicht en geldsom] < **lat.** *talentum* < **gr.** *talanton* [weegschaal, een bepaald gewicht, een (grote) som geld]; de *talanta* (mv.) waren oorspr. dragers, dus: de schalen van de balans, van *tlènai* [dragen], idg. verwant met *dulden* (vgl. *taël*).

taler, thaler [munt] → *daalder*.

talg [vet] → *talk*¹.

talhout [geschild hout] **middelnl.** *talhout*, van *tal* [getal, aantal] + *hout* [hout, stuk hout, bos hout], dus een bundel hout(jes) van een zeker kwantum, de dunnere takken, die na het verzagen tot blokken van de zwaardere delen van een boom, werden gebundeld.

tali [touw] < **maleis, javaans** *tali*.

talie [takel] < **spaans** *talla* [katrol], of **portugees** *talha* [piketpaaltje, jachtspies, stut, hefboom, stag, takel, talie] < **me. lat.** *tallia* < **klass. lat.** *talea* [paaltje], ook **it.** (14e eeuws) *taglia* [takeltoestel].

taling [eendengeslacht] **middelnl.** *talinc, taling*, **fries** *tjilling*, **middeleng.** *tele* (**eng.** *teal*); etymologie onbekend.

talio [vergelding] < **lat.** *talio* (vgl. *retaliatie*).

talisman [voorwerp dat geluk brengt] < **fr.** *talisman* < **spaans** *talismán* < **ar.** *ṭilasm* < **gr.** *telesma* [betaling, belasting, religieuze ceremonie, talisman], van *telein* [voltooien, een zaak afwikkelen, betalen, offers brengen, offeren], (*telos* [einde]).

talk¹ [vet] **middelnl.** *talch, talc, tallic*, **middelnd.** *talch*, **middeleng.** *talgh, talow* (**eng.** *tallow*), wordt wel verbonden met **gotisch** *tulgus* [vast], verwant met **gr.** *endelechès* [voortdurend], **lat.** *indulgēre* [toegeven].

talk² [gesteente] (1770) < **fr.** *talc* [idem] < **spaans** *talque* < **ar.** *ṭalq*.

talkshow [televisieshow waarin met gasten wordt gesproken] < **eng.** *talk-show* [idem], van *to talk* [praten], **middeleng.** *talken*, een frequentatief van **oudeng.** *talian* [rekenen, beschouwen], verwant met **nl.** *tal, vertellen* + *show* (vgl. *show*).

talles → *tallith*.

tallith [joods kerkkleed] < **hebr.** *tallīt* [bedekking, mantel, gebedsshawl], bij het ww. *tillēl* [bedekken].

tallolie [denneolie] < **hd.** *Tallöl* < **zweeds** *tallolja* [pijnboomolie], (*tall* [pijnboom]).

tallyen [lading noteren] < **eng.** *to tally* [idem], van *tally* [kerfstok] < **fr.** *taille* (vgl. *taille*).

talmen [dralen] **middelnl.** (nederrijns) *talmen* [tekeergaan], **middelnd., middeleng.** *talmen*, **fries** *talmje*, **oudnoors** *talma* [tegenwerken]; buiten het germ. **litouws** *delsti* [dralen], **russ.** *glit'* [aarzelen].

talmigoud [namaakgoud] van *Tallois' demi-or*, halfgoud gemaakt door de Parijzenaar *Tallois*, eind 19e eeuw.

talmoed, talmud [heilig boek der joden] < **mishnaïsch hebr.** *talmūd* [onderwijzing], van het ww. *lāmad* [leren] (vgl. *lambda*).

talon [bewijs voor nieuw dividendblad] < **fr.** *talon* [hiel, souche, talon], via vulg. lat. < **lat.** *talus* [enkel, hiel].

talpa, talpak [hoge astrakan muts] < **fr.** *talpack* [idem] < **hd.** *Kalpak* (vgl. *kolbak*).

talreep [touw om touw of stag te spannen] < *taliereep*.

talrijk [vele(n) in getal] (1642), door P.C. Hooft ontleend aan **hd.** *zahlreich*.

taluud [helling van aardwerken] (1760) < **fr.** *talus* < **lat.** *talutium* [steile terreininzinking] < **gallisch** *talo* [voorhoofd], **bretons** *tal*.

tam [niet wild] **middelnl., oudsaksisch, oudeng.** *tam*, **oudhd.** *zam*, **oudnoors** *tamr*; van *temmen*.

tamari [sojasaus] < **japans** *tamari* [sojasaus], gemaakt van *miso* [bonenpasta].

tamarinde [boom] **middelnl.** waarsch. in de betekenis *dadel* < **me. lat.** *tamarinda* < **ar.** *tamr hindī* [Indische dadel], (*tamr* [dadel] *hindī* [Indisch]).

tamarisk [boom] < **laat-lat.** *tamarix, tamariscus*, ontleend aan het semitisch, vgl. **ar.** *tamr* [dadel], **hebr.** *tāmār* [palmboom].

tambangan [overzetveer] < **maleis** *tambangan*, van *tambang, menambang* [overzetten].

tamboer [muziekinstrument] **middelnl.** *tamboere* [trommel], *tamborijn* [trommelslager] < **fr.** *tambour* [trommel, trommelslager], **oudfr.** *tabour*, maar met een *m* o.i.v. **ar.** *ṭunbūr, ṭanbūr* [soort mandoline] (vgl. *taboeret*).

tamboerijn [kleine handtrom] < **fr.** *tambourin* (vgl. *tamboer*).

tamelijk [redelijk] **middelnl.** *tamelijc* [gepast], **middelnd.** *tamelik*, **gotisch** *gatemiba* [behoorlijk], van *tamen* (vgl. *betamelijk*).

tamezaan [grote kruik] verbastering van *damejeanne*.

Tamil [taal] van **oudindisch** *Drāviḍa-*, via **Drāmiḍa, Dramila* > *Damila* [dus Dravidisch].

tamp [uitstekend eind van een touw, vandaar ook penis] vermoedelijk verwant met *timp*.

tamper [zuur, rins] **middelnl.** *tamper*, etymologie onzeker, wellicht verwant met *tamp, timp*.

tampon [wattenprop] (1796 in de betekenis 'inktkussen') < **fr.** *tampon*, een genasaleerde variant van *tapon* [prop, dot], van *tape* [prop], uit het germ., vgl. *tap* en **hd.** *Zapf*.

tamtam [trommel] < **hindi** *tamtam*, klanknabootsend gevormd.

tanagrabeeldje [terracottabeeldje] naar de Griekse plaats *Tanagra* in Boeotië.

tand [uitsteeksel in kaak om mee te bijten] **middelnl.**, oudnederfrankisch *tant*, oudsaksisch *tand*, oudhd. *zan(d)*, oudfries *tōth*, oudeng. *tōð*, gotisch ablautend *tunþus*; buiten het germ. **lat.** *dens* (2e nv. *dentis*), **gr.** *odōn* (2e nv. *odontos*), oudiers *det*, litouws *dantis*, armeens *atamn*, oudindisch *dant-*; verwant met *eten*.
tandak [dans, danseres] < **maleis** *tandak* [dansen, danseres].
tandel [barg. sleutel] afgeleid van *tand*.
tandem [bespanning met twee paarden achter elkaar, tweepersoonsfiets] < **eng.** *tandem* < **lat.** *tandem* [eindelijk], waarvan het eng. een schertsende toepassing is.
tandil [opzichter] < **maleis** *tandil* [hoofdman, opzichter, hoofdmandoer, scheepsonderofficier].
tandjoeng [kaap] < **maleis** *tanjung* [kaap, voorgebergte].
tandoe [draagstoel] < **maleis** *tandu*, *tanduan*.
tandoori [bereidingswijze] van **punjabi** *tandoor*, mv. *tandoori* [lemen oven], **turks** *tandur* < **ar.** *tannūr* [grote moskeelamp] < **aramees** *tinūru* < **akkadisch** *tinūru* [tafel of stoel met, voor de warmte, een houtskoolbrander eronder], dat samenhangt met **soemerisch** *sjurina* [oven].
tanen [bruinen, (in glans) achteruitgaan] **middelnl.** *tanen* [looien], waaruit zich de betekenis 'vaal worden' heeft ontwikkeld, vgl. reeds **middelnl.** *taninge* [verduistering, eclips] (vgl. *taan*).
tang [gereedschap] **middelnl.** *tange*, **oudsaksisch** *tanga*, **oudhd.** *zanga*, **oudfries** *tange*, **oudeng.** *tang(e)* (**eng.** *tongs*), **oudnoors** *tǫng*, vermoedelijk te verbinden met **gotisch** *tahjan* [uiteenrukken]; buiten het germ. **gr.** *daknein* [bijten], **albaans** *dane* [tang], **oudindisch** *daśati* [hij bijt].
Tanganyika [geogr.] genoemd naar het meer, benaming door de Britse ontdekkingsreiziger Sir Richard Francis Burton (1858) uit een inheemse taal overgenomen, met de betekenis 'samenmonding, samenvloeiing', naar de diverse in het meer stromende rivieren.
tangens [meetkundige term] een uit de 16e eeuw daterende toepassing van het teg. deelw. van **lat.** *tangere* [aanraken].
tango [dans] < **argentijns-spaans** *tango*, vermoedelijk klanknabootsend gevormd.
tangram [Chinese legpuzzel] de etymologie is onzeker. Wel gevormd naar analogie van *cryptogram* e.d., waarbij mogelijk het eerste lid is gevormd van **chinees** *t'ang* [de naam van de dynastie], en dan staand voor 'Chinees'.
tani [Indonesische boer] < **maleis** *tani*, kort voor *orang tani* of *petani* [landbouwer].
tank [vloeistofreservoir] < **eng.** *tank* < **hindi** *ṭank* [idem], **oudindisch** *taḍagam* [vijver, tank]; in de betekenis 'gepantserd voertuig' hetzelfde woord; toen in 1915 de eerste tanks voor het Britse leger werden geproduceerd, werd, omwille van de geheimhouding, gezegd dat het brandstofreservoirs waren.

tannalbumine [geneesmiddel] van *tannine* + *albumine* (vgl. *albuminaat*).
tannine [looizuur] gevormd van **me. lat.** *tannum* [eikeschors] (vgl. *taan*).
tantaliseren [belust maken zonder te bevredigen] afgeleid van *Tantalus*, die dorstte naar water, dat terugweek als hij het aan de mond zette.
tantalium, **tantaal** [chemisch element] door de Zweedse chemicus Anders Gustav Ekberg, de ontdekker ervan, zo genoemd omdat zijn werk lange tijd een tantaluskwelling voor hem was.
tante [(schoon)zuster van vader of moeder] (1784) < **fr.** *tante*, **oudfr.** *ante* < **lat.** *amita* [tante, vaders zuster].
tantefeer [bemoeial] < **fr.** *tant à faire*.
tantième [aandeel in winst] < **fr.** *tantième*, 15e eeuws *tantième* ... *quantième* [zoveel ... als], *la tantième partie* [het zoveelste deel], van *tant* [zoveel] < **lat.** *tantum* [idem].
tant pis [niets aan te doen!] < **fr.** *tant pis*, van *tant* (vgl. *tantième*) + *pis* [erger] < **lat.** *peius* [idem], o. van *peior*, vergrotende trap bij *malus* [slecht].
tantrisme [bepaalde stroming binen het Hindoeïsme en Boeddhisme] gevormd van *tantra* [een categorie Sanskrit theologische boeken] < **oudindisch** *tantra-* [draad, weefgetouw, essentie, leer, systeem, handboek], verwant met **gr.** *teinein*, **lat.** *tendere* [spannen] (vgl. *tent*).
tantum [bedrag, som] < **lat.** *tantum* [zoveel], eig. het zelfstandig gebruikt o. van *tantus* [zo groot].
Tanzania [geogr.] gevormd van *Tanganyika* + *Zanzibar*.
taoïsme [wijsgerig stelsel] < **chinees** *tao* [de weg, het rechte pad] (vgl. *judo*).
tap [afsluiter] **middelnl.** *tap(pe)*, **middelnd.** *tappe*, **oudhd.** *zapfo*, **oudeng.** *tæppa* (**eng.** *tap*); met emfatisch *pp* naast *tip → tappel*.
tapa [doek uit boombast] een polynesisch woord.
tapageus [rumoerig] < **fr.** *tapageusement*, *tapageur*, *tapageuse* [druktemaker, druktemaakster], van *tapage* [rumoer], van *taper* [met de hand slaan of kloppen], klanknabootsend gevormd.
tapdans [een dans] < **eng.** *tap dance*, van **oudfr.** *taper* [kloppen, tikken op], klanknabootsend gevormd.
tape [strook] < **eng.** *tape* [lint, band, strook papier], **oudeng.** *tæppe*, **oudfries** *tapia*, **middelnl.** *tappe*.
tapijt [kleed] **middelnl.** *tapete*, *tapeet*, *tapiet*, *tapijt* < **fr.** *tapiz* < **oudfr.** *tapit* < **lat.** *tapete* < **byzantijns-gr.** *tapis*, *tapès* (2e nv. *tapètos*) < **perzisch** *täfteh* (vgl. *taf*).
tapioca [meel uit cassaveknol] < **portugees**, **spaans** *tapioca*, van **tupi** *tipiok* [bezinksel, stolsel], van *tipi* [bezinksel] + *ok* [uitpersen].
tapir [dier] (1682) < **spaans** *tapir* < **tupi** *tapiira*.
tapirvis [een nijlsnoek] zo genoemd vanwege zijn verlengde snuit, vgl. de verwante *olifantsvis*.
tapisserie [wandtapijt] **middelnl.** *tapisserie* < **fr.** *tapisserie*, van *tapis* [tapijt].

tapissière [gecapitonneerde verhuiswagen] < **fr.** *tapissière* [tentwagen, meubelwagen], van *tapis* [tapijt, mat].

tapoen [houten tap] < **fr.** *tapon* (vgl. *tampon*).

tappel [afgebroken tak] verkleiningsvorm van *tap*, waarvan de grondbetekenis is 'iets puntigs', vgl. ook het ermee ablautende *tip*[1].

tappelen [tappelings vloeien] lijkt naar de vorm een frequentatief van *tappen;* dit evenwel heeft altijd een bedrijvende betekenis gehad, zodat tappelen wel naar *tappelings* of *tap* zal zijn gevormd.

taps [kegelvormig] eig. de vorm van een *tap* hebbend.

taptoe [signaal om naar kwartieren te gaan] lett. het afsluiten van de tap van het vat met drank, een signaal dat 's avonds werd gegeven om niet meer voor de militairen te tappen.

tapuit [zangvogel] vermoedelijk zo genoemd vanwege het herhaaldelijk bukken zonder aanwijsbare reden, dat dan een associatie met *tappen* heeft opgeroepen. De Spanjaarden noemen het diertje vanwege het overbodig bukken *sacristán* [koster].

taquineren [kwellen] < **fr.** *taquiner* [plagen, irriteren], van *taquin* [oorspr. gierigaard, dan: die knibbelt op de kosten] < **it.** *taccagno* [gierig], uit het germ., vgl. **nl.** *taai* dat in het middelnl. ook 'gierig' betekende.

tarantella [Zuiditaliaanse dans] genoemd naar de stad *Tarente* (**it.** *Taranto*).

tarantula [spin] **middelnl.** *tarant* < **me. lat.**, **it.** *tarantola*, van de naam van de stad *Tarente* (**it.** *Taranto*) waar de tarantula veelvuldig voorkwam.

tararaboem [geluid van fanfare] evenals *tetteretet*, **fr.** *tarare*, **lat.** *taratantara* klanknabootsend gevormd.

tarbot [grote bot] **middelnl.** *turbot, tar(re)bot, tar(re)but* < **fr.** *turbot*, van scandinavische herkomst, vgl. **oudnoors** *þorn* [doorn], *butr* [bot], vgl. **hd.** *Dornbutt*, **eng.** *thornback*.

tardief [laat] < **fr.** *tardif* [idem] < **me. lat.** *tardivus* [laat] < **klass. lat.** *tardus* [traag, laat].

Tarente [geogr.] < **lat.** *Tarantum* < **gr.** *Taras* (2e nv. *Tarantos*), waarschijnlijk een vóór-gr. naam met de betekenis: stad aan de *Tararivier*.

target [omzetdoelstelling (in economie)] < **eng.** *target* [schietschijf, doel] < **me. fr.** *targete* [schildje] (**fr.** *targette* [knip (aan deuren)]), van *targe* [schild], uit het germ., vgl. **oudhd.** *zarga* (**hd.** *Zarge*), **oudeng.** *targo*, **oudnoors** *targa* [rand], **middelnl.** *targe* [schild]; buiten het germ. **gr.** *drassesthai* [vatten, grijpen], **armeens** *treak* [bundel], **oudkerkslavisch** *podragŭ* [zoom, rand], hetgeen de grondbetekenis is.

tarief [prijslijst] (1667) < **fr.** *tarif* [idem] < **spaans** *tarifa* < **ar.** *ta'rīfa*, mv. *ta'rīfāt* en *ta'ārīf* [bekendmaking, inlichting, tarief, prijslijst], bij de 2e vorm van het ww. *'arafa* [hij kondigde aan, lichtte in].

tarlatan [lichte katoenen stof] < **fr.** *tarlatane*, mogelijk via **portugees** *tarlatan* van Indische herkomst.

tarm [in vroegere scheepsbouw stut die boven het boord uitsteekt] < **fr.** *terme* [grenspaal, paal, stut] < **lat.** *terminus* (vgl. *treem*[1]).

tarmac [soort van wegdek, Amerikaanse handelsnaam] van *tar* [teer] + *macadam*.

tarnen nevenvorm van *tornen*[2].

tarok [kaartspel] < **it.** *tarocco* [idem] < **ar.** *tark* [weglating], bij het ww. *taraka* [hij liet, verliet, gaf op, zag af van, liet weg] (vgl. *tarra*); vgl. voor de betekenis *skaak*.

tarpan [vroeger paarderas] ontleend aan het tataars.

tarpaulin [een juteweefsel] < **eng.** *tarpaulin*, gevormd van *tar* [teer] + *pall* [doek] < **lat.** *pallium* [mantel, laken, deken], *palla* [mantel, gordijn, tentdoek], verwant met *pellis* [huid], idg. verwant met *vel*.

tarra [verschil tussen bruto- en nettogewicht] **middelnl.** *tarre* < **it.** *tara* < **ar.** *ṭarīḥ*, mv. *ṭarḥā* [wat op de grond is gegooid, weggeworpen], bij het ww. *ṭaraḥa* [hij wierp neer, weg] (vgl. *matras, tarok*).

tarryklem [klem om iets vast te zetten] van **eng.** *to tarry* [uitstellen, vertragen, talmen], **middeleng.** *tarien* [hinderen, uitstellen], **oudeng.** *tiergan* [kwellen], verwant met **nl.** *tergen*, maar er trad verwarring op met **middeleng.** *targen* [vertragen] < **oudfr.** *targier, tardier*.

tars [pootlid van insekt] < **gr.** *tarsos* [droogrek, mandje, rieten hor, dooreengestrengelde wortels, vandaar voetzool, voet], verwant met **lat.** *terra* [aarde], dat eig. het droge betekent.

tarsel, tersel [mannetjesvalk] **middelnl.** *te(e)rsel* < **oudfr.** *terçuel*, een verkleiningsvorm, die teruggaat op **lat.** *tertius* [derde], mogelijk zo genoemd omdat geloofd werd, dat het derde ei van een broedsel een mannetjesvalk oplevert.

tartaan [type zeilschip in de Middellandse Zee] < **fr.** *tartane* < **it.** *tartana* < **ar.** *tarīda*, bij het ww. *tarada* [hij verdreef, hij joeg achterna], verwant met **hebr.** *tāradh* [idem] en **akkadisch** *ṭarādu* [zenden (ook voertuigen), verdrijven].

tartaar [gehakte biefstuk] zo genoemd naar aanleiding van het verhaal dat de Tartaren met lappen vlees onder hun zadel reden om die mals te maken (vgl. *Tataar*).

Tartaar → *Tataar*.

tartan [Schotse wollen ruit] (**middelnl.** *tiereteine*) < **eng.** *tartan* < **middeleng.** *tirtaine* < **oudfr.** *tiretaine* < **spaans** *tiritaña* [een dunne zijden stof, eig. ritselend], van *tiritar* [sidderen], klanknabootsend gevormd.

tartarus, tartar [wijnsteen] **middelnl.** *tartre* < **fr.** *tartre* < **me. lat.** *tartarus* < **gr.** *Tartaros* [de strafplaats in de onderwereld]; door Paracelsus zo genoemd vanwege het branden van wijnsteen.

tarten [prikkelen] **middelnl.** *terten*, een metathesisvorm, vgl. **middelhd.** *tratzen, trotzen,* etymologie onbekend.

tartraat [zouten van wijnsteenzuur] gevormd van *tartarus* [wijnsteenzuur].

tartufferie [schijnheiligheid] < **fr.** *tartuferie,* van *tartuf(f)e* [schijnheilige], naar de naam van een personage in een Italiaanse komedie *Tartufo* [truffel]; de naam is eerst algemeen bekend geworden doordat Molière het uitgangspunt gebruikte in zijn stuk *Tartuffe ou l'Imposteur.*

tarwe [graangewas] **middelnl.** *ta(e)rwe, taruwe, te(e)rwe;* vgl. **bretons** *draok,* **welsh** *drewg* [dravik], **litouws** *dirva* [zaadveld], **oudindisch** *dūrvā-* [gierst], **lat.** *dravoca* [bolster] (uit het kelt.). Het **eng.** *tare* [dravik] is vermoedelijk ontleend aan **middelnl.** *taerwe.*

tas [1] [buidel] **middelnl.** *tassche, tasch,* **middelnd.** *tasche,* **oudhd.**, **oudnoors** *taska;* etymologie onzeker.

tas [2] [huwbaar meisje] hetzelfde woord als **tas** [1] [buidel] maar obsceen gebruikt.

tas [3] [stapel] **middelnl.** *tas* [hoop, stapel, van levende wezens: troep], verwant met *tedden* [strooien, i.h.b. mest over het land], **oudhd.** *zetten* [idem], **gotisch** *ungatass* [ongeordend]; buiten het germ. **gr.** *datesthai* [verdelen], **oudindisch** *dayate* [hij verdeelt].

tas [4] [kopje] < **fr.** *tasse* [idem], **it.** *tazza,* **provençaals** *tassa,* **spaans** *taza* < **ar.** *ṭāsa* [drinkschaaltje] < **perzisch** *tasht* [schaal], idg. verwant met **lat.** *testa* [aarden pot], *texere* [weven, vlechten] (vgl. **test** [1]).

Tasmanië [geogr.] genoemd naar de ontdekker ervan *Abel Tasman* (in 1642).

tastatuur [de toetsen van het klavier] < **it.** *tastatura* [idem] < **me. lat.** *tastare* (vgl. **tasten**).

tasten [bevoelen] **middelnl.** *tasten* < **oudfr.** *taster* (**fr.** *tâter* [idem]), teruggaand op een lat. iteratief van *taxare* [(door betasten) de waarde bepalen] (vgl. **taxeren**), een frequentatief van *tangere* [aanraken].

taste-vin [wijnproeversnapje] < **fr.** *tâte-vin, tastevin,* van *tâter,* **oudfr.** *taster* [betasten, proeven] (vgl. **tasten**).

Tataar [lid van Mongoolse volksstam] **middelnl.** *Tater* < **perzisch** *tātār;* de vorm *Tartaar* < **me. lat.** *Tartarus* ontstond door volksetymologische verwarring met **klass. lat.** *tartarus* [strafplaats in de onderwereld].

tatami [judomat] < **japans** *tatami* [mat, de gewone, standaardvloerbedekking van kamers].

tater [klodder, een huidziekte] vermoedelijk te plaatsen bij **nd.** *tater* en **ijslands** *táttur* [lomp, vod].

tateren [kwebbelen] **middelnl.** *tateren* [babbelen] naast *tatelen* [babbelen, stotteren], **middelnd.** *tateren,* klanknabootsende vorming, vgl. *ta-ta* en het op dezelfde basis gevormde **ar.** *tharthara* [hij babbelde].

tatoeëren [figuren in de huid aanbrengen] uit het polynesisch, vgl. **tahitiaans** *tatu* [ingeprikt teken op de huid].

taugé [jonge katjangplantjes] < **maleis** *tauge* [idem] < **zuidchinees dial.** *tou* [erwt] + *gé* [jonge (erwte) plant] (vgl. *tofoe*).

taukruis [t-vormig kruis] naar de naam van de Griekse letter *t,* in het **gr.** *tau* genoemd < **hebr.** *tāw* [de laatste letter van het alfabet, lett. teken].

taupe [donkergrijs] < **fr.** *taupe* [mol, molkleurig] < **lat.** *talpa* [mol].

taurobolium [bloeddoop] < **lat.** *taurobolium* < **gr.** *taurobolos* [het offeren van stieren ter ere van Cybele], van *tauros* [stier], daarmee idg. verwant + *ballein* [werpen, heffen, bespatten], verwant met **hd.** *Quelle* en met **kwelder.**

tautochroon [evenlang durend] gevormd van **gr.** *to auto* [hetzelfde] + *chronos* [tijd].

tautologie [herhaling met een andere uitdrukking] < **laat lat.** *tautologia* < **gr.** *tautologia* [het zeggen van hetzelfde], van *tauto* [hetzelfde] + *-logia* [verhandeling].

tautomeer [scheikundige term] van **gr.** *to auto* [hetzelfde] + *meros* [deel].

tautosyllabisch [tot dezelfde lettergreep behorend] gevormd van **gr.** *to auto* [hetzelfde] + *sullabos* (vgl. **syllabe**).

taverne, taveerne [tapperij] **middelnl.** *tave(e)rne* [hut, herberg] < **fr.** *taverne* [idem] < **lat.** *taberna* [hut, winkel, kraam, werkplaats, herberg, logement] (vgl. **tabernakel**).

tawarren [afdingen] < **maleis** *tawar* [bieden, dingen].

taxameter [afstandsmeter aan rijtuigen] < **fr.** *taxamètre,* een onjuiste vorming, die later is vervangen door **taximeter** na publikatie van een ingezonden brief in *Le Temps* in 1906.

taxatie [schatting] **middelnl.** *taxatie* < **fr.** *taxation* [idem] < **lat.** *taxationem,* 4e nv. van *taxatio* [idem], van *taxare* (verl. deelw. *taxatum*) (vgl. *taxeren*).

taxeren [schatten] **middelnl.** *taxeren* < **fr.** *taxer* < **lat.** *taxare* [(door betasten) de waarde schatten, in chr. lat. bepalen, belasting opleggen], van *tangere* (verl. deelw. *tactum*) [betasten] (vgl. *taks* [1]).

tax-free [belastingvrij] < **eng.** *tax-free,* het eerste lid van *to tax* [belasting opleggen] < **fr.** *taxer* (vgl. *taxeren*).

taxi [huurauto met chauffeur] < **eng.** *taxi,* verkort uit *taximeter cab, taximeter* < **fr.** *taximètre,* van *taxe* (vgl. *taxeren*) + *mètre* (vgl. *meter* [1]); *cab* verkort uit *cabriolet.*

taxidermie [het prepareren van dierehuiden] gevormd van **gr.** *derma* [huid] (vgl. *dermatitis*) + *taxis* [o.m. ordenen, regelen], van *tassein* [in een bepaalde orde opstellen].

taximeter [afstandsmeter aan rijtuigen] < **fr.** *taximètre,* gevormd van *taxe* [tarief] (vgl. *taxeren*).

taxis [beweging van vrij levende organismen] < **gr.** *taxis* [het in slagorde plaatsen, het regelen, plaats

taxon — teerling 740

in het leven], van *tassein* [in een bepaalde orde opstellen], idg. verwant met **staan**.

taxon [groep organismen die een categorie als geslacht, familie e.d. vormt] gevormd van *taxonomie* [wetenschap van de classificatie] < **fr.** *taxonomie*, van **gr.** *taxis* [regeling, opstelling], van *tassein* [opstellen], idg. verwant met **staan** + *nomos* [wet].

taxus [heester] < **lat.** *taxus*, van scythische herkomst.

taylorstelsel [produktiesysteem] genoemd naar de Amerikaanse efficiency-expert *Frederick Winslow Taylor* (1856-1915).

tazetnarcis [sierplant] van **it.** *tazzetta* [narcis, klein kopje], verkleiningsvorm van *tazza* [kopje] (vgl. **tas**⁴); vgl. voor de betekenis **nl.** *kop en schotel* voor narcis.

tazza [drinkschaal] < **it.** *tazza* (vgl. **tas**⁴).

te¹ [bijw., voorzetsel] **middelnl.**, **oudnederfrankisch** *te*, **oudsaksisch, oudfries** *te, ti* [te], **oudhd.** *za, zi, ze*, naast ablautend **middelnl.** *toe*, **oudsaksisch, oudfries, oudeng.** *to*, **oudhd.** *zuo*; buiten het germ. **oudlat.** *endo, indo* [in], **gr.** *-de* [naar...toe], **avestisch** *-da* [naar...toe], **oudkerkslavisch** *do* [tot, te], **oudlat.** *da-* [naar...toe], ablautend **iers** *di*, **lat.** *de* [van...af] en *ad* [tot].

te² [in b.v. niettemin, des te meer] **middelnl.** *te, de, die*, een oude instrumentalis bij het aanwijzend vnw., vgl. **hd.** *desto*, **eng.** *the more*.

te³ [in b.v. te groot] is gelijk aan **middelnl.** *te-* (b.v. in *tebreken*), **oudsaksisch** *te-, ti-*, **oudhd.** *zi-, za-, ze-*, **oudeng.** *to-* (**eng.** *too*).

teak [boom, hout daarvan] < **eng.** *teak* < **portugees** *teca* < **malayalam** *tekku*.

team [ploeg] < **eng.** *team*, verwant met **nl.** *toom*.

tearoom [theesalon] < **eng.** *tea-room*, gevormd van *tea* [thee] + *room* [ruimte, kamer, zaal] (vgl. **ruim**).

technetium [een kunstmatig scheikundig element] gevormd van **gr.** *technètos* [kunstmatig], van *technè* (vgl. **techniek**).

technicolor [procédé voor vervaardiging van kleurenfilms] < **eng.** *technicolor*, een handelsnaam.

techniek [bewerkingen die behoren tot de industrie, vaardigheid] < **fr.** *technique* < **me.lat.** *techna* [truc] < **gr.** *technikos* [in zijn handwerk bedreven, volgens de regels van de kunst gedaan], of gevormd van *technè* [kunstvaardigheid, kunstig werkstuk, methode, techniek].

teckel [dashond] < **hd.** *Teckel* < **nd.** *Teckel*, naast normaal *Dackel, Deckel* (vgl. **das**²).

teclubrander [soort bunsenbrander] genoemd naar de ontwerper ervan, de Roemeense chemicus *N. Teclu* (1839-1916).

tecoma [plantengeslacht] verkort uit **nahuatl** *tecomaxochitl*, van *tecoma* [potplant] + *xochitl* [bloem].

tectuur [bedekking] < **me.lat.** *tectura* [dak, overkapping], van *tegere* [bedekken], idg. verwant met **dak**.

tectyl® [antiroestmiddel] gevormd van **lat.** *tectum*, verl. deelw. van *tegere* [bedekken], idg. verwant met **dak** + **-yl**.

teddybeer [kinderspeelgoed] genoemd naar de Amerikaanse president *Theodore (Teddy) Roosevelt*, die zich inspande voor de natuurbescherming en in een cartoon werd afgebeeld als de redder van een berejong bij een jachtpartij.

teder [zacht] **middelnl.** *te(e)der, teer*, **nd.** *teer*, **oudfries** *teddre*, **oudeng.** *tieder, tiedre*, **oudnoors** *teitr* [vrolijk], ook **middelnl.** *teet*, **oudhd.** *zeiz*; etymologie onduidelijk.

tee [plaats voor afslag van een hole] < **eng.** *tee*, van de letter *T* als merkteken.

teef¹ [wijfjeshond] **middelnl.**, **nd.** *teve*, **oudeng.** *tife*, etymologie onbekend.

teef² [schop in veenderij] etymologie onbekend, niet onmogelijk een speciale toepassing van **teef**¹ [wijfjeshond].

teek¹ [insekt] **middelnl.**, **middelnd.** *teke*, **middelhd.** *zecke*, **oudeng.** *ticea* (**eng.** *tick*); buiten het germ. **iers** *dega* [vliegend hert], **armeens** *tiz* [teek].

teek² [tapkast] **middelnl.** (nederrijns) *teke* [kast] < **gr.** *thèkè* (vgl. **bibliotheek**).

teelt [visvangst, het telen] **middelnl.** *teelt, teelde, tilt* [het winnen van vruchten, het maken van winst, het vangen van vis als bedrijf]; afgeleid van *telen* [voortbrengen, kweken, het land bebouwen].

teems [zeef] **middelnl.** *teem(p), temse, temis* < **me. lat.** *tamisium* [zeef], **middelnd.** *temes, temse*, **oudhd.** *zemisa*, **eng.** *temse*, **bretons** *tamoez*; etymologie onbekend, vermoedelijk uit het gallisch.

teen¹ [vinger van de voet] **middelnl.** *te(e), toe*, ook wel *teen*, dat eig. het mv. is, vgl. **schoen**, **middelnd.** *tē*, **oudhd.** *zēha*, **oudfries** *tane*, **oudeng.** *tā* (**eng.** *toe*), **oudnoors** *tā*, verwant met **lat.** *digitus* [vinger, teen], vgl. **gr.** *deiknumi* [ik wijs aan]; de begrippen 'vinger' en 'teen' liggen dicht bijeen, zo ook in het **gr.** *daktulos* [vinger], *daktulos podos* [teen, lett. vinger van de voet]; verwant met **teen**²(?).

teen² [twijg] **middelnl.** *tene, teen, t(h)ien*, **oudsaksisch** *tēn*, **oudhd.** *zein* [staf, riet], **oudeng.** *tān*, **oudnoors** *teinn*, **gotisch** *tains*; de idg. verwantschappen zijn onduidelijk.

teenager [tiener] < **eng.** *teenager*, van *-teen* in getallen van 13 t/m 19 (vgl. **tien**) + *age* [leeftijd] < **fr.** *âge*, teruggaand op **lat.** *aetas* (2e nv. *aetatis*) [idem], idg. verwant met **eeuw**.

teer¹ [destillaat van kool] **middelnl.** *tar(re), ter(re), t(h)eer*, **oudfries** *tera*, **oudeng.** *te(o)ru* (**eng.** *tar*), **oudnoors** *tjara*, van **middelnl.** *-tere* [boom] (vgl. **heulenteer**).

teer² [breekbaar] → **teder**.

teerling [dobbelsteen, kubus] **middelnl.** *terninc* en (gedissimileerd) *terlinc* < **fr.** *terne*, oorspr. *faire terne* [met drie stenen hetzelfde getal gooien, met alle stenen drie gooien] < **lat.** *terni* [telkens drie], van *ter* [drie maal], van *tres* [drie], daarmee idg. verwant. Er werd meestal met drie stenen gespeeld.

teerpoot [aspirant welp] lett. vertaling van eng. *tenderfoot,* oorspr. een benaming uit het Amerikaanse Westen voor nieuwelingen, die nog niet gewend waren aan het pioniersleven.

teers [balk] *teerts → taarts.*

teffens *→ tevens.*

tefillin [joodse gebedsriem] < hebr. *tefillīn,* mv. van *tefillā* [gebed], van het ww. *pillēl* [bidden].

teflonpoeder [isolatiemateriaal] een merknaam.

tefra [door vulkaan uitgestoten vaste stof] < **gr.** *tephra* [hete as], verwant met **litouws** *degu* [ik verbrand], **oudindisch** *dahati* [hij verbrandt] (vgl. *dag*¹).

tegal, tegalan [niet-bevloeid land] < **maleis** *tegal, tegalan* [idem], waarvan ook de plaatsnaam *Tegal.*

tegel [vloersteen] **middelnl.** *tegel(e), ti(e)chel, tigele* < lat. *tegula* [dakpan], van *tegere* [bedekken], idg. verwant met *dak.*

tegen [voorzetsel] **middelnl.** *t(e)jegen, tegen < te jegen* (vgl. *jegens*).

tegendeel [het tegenovergestelde] bij Kiliaan met de betekenis 'tegenpartij', bij Coornhert vinden we de huidige betekenis.

tegenspoed [niet-gelukte plannen] **middelnl.** *jegenspoet, tegenspoet,* naast *wederspoet,* ontstaan in uitdrukkingen als *het was al tegen spoet* (vgl. *spoed*).

tegenvaar [heraldische term] van *tegen + vaar*³.

tegenvoeter [iem. die aan de andere kant van de aarde woont] 17e eeuws, evenals ouder *tegenvoeteling,* vertaling van lat. *antipodes* (mv.).

tegenwoordig [aanwezig, nu bestaande] **middelnl.** *tegenwordich, jegenwordich,* **oudsaksisch** *geginwerd, geginward,* **oudhd.** *geginwerti,* **oudfries** *jenwardig,* **oudnoors** *gagnvart, gagnvert* [tegenwoordig]; van *tegen* + een afleiding van een idg. basis met de betekenis 'wenden, draaien', waarvan stammen lat. *vertere* [wenden] en *worden;* de betekenis is dus eig. toegewend naar.

teil¹ [bak] **middelnl.** *teil(e), tale, teel,* samengetrokken uit *tegel.*

teil² [staart, halm] **middelnl.** *(ogen)tale* [(oog)haar], **oudhd.** *zagal,* **oudeng.** *tægel* (**eng.** *tail*) [staart], **oudnoors** *tagl* [paardestaart], **gotisch** *tagl* [(een) haar]; buiten het germ. **oudiers** *dual* [lok], **oudindisch** *daśā* [franje].

teint [kleur] < fr. *teint,* van *teindre* [verven, kleuren] < lat. *tingere* [indopen, verven, kleuren], idg. verwant met **hd.** *tunken* [dopen, soppen].

Teisterbant [oude gouwnaam] behoort bij *Texandrië,* een gebied in de Romeinse tijd, in de huidige Kempen gelegen. Voor beide woorden geldt dat zij verwant zijn met **gotisch** *taihswa,* **lat.** *dexter* [rechts]; oriënterend met het gezicht naar het Oosten ligt Teisterbant rechts, d.w.z. zuidelijk, letterlijk dus (ongeveer) Zuiderland.

teisteren [schaden] (1638), vermoedelijk verwant met *tezen.*

teken [blijk, merk] **middelnl.** *te(e)ken, teki(j)n,* **oudnederfrankisch** *teikin,* **oudsaksisch** *tekan,* **oudhd.** *zeihhan,* **oudfries** *teken,* **oudeng.** *tacen* (**eng.** *token*), **oudnoors** *teikn,* **gotisch** *taikns,* vgl. **middelnl.** *tien, tyen, tihen* [iem. aanklagen], verwant met lat. *dicere* [mededelen], gr. *deiknumi* [ik wijs aan], verder **nl.** *betichten,* **hd.** *zeigen.*

tekst [bewoordingen] **middelnl.** *tex(t)* < fr. *texte* [idem] < lat. *textus* [weefsel, vlechtwerk, aaneengesloten reeks, inhoud, tekst], van *texere* (verl. deelw. *textum*) [weven, vlechten] (vgl. *das*²).

tektiet [glasachtige steen] gevormd van **gr.** *tektos* [gesmolten], verl. deelw. van *tèkein* [doen smelten, wegsmelten], verwant met lat. *tabēre* (vgl. *tabes*).

tektonisch [m.b.t. verstoring van de aardlaag] < **gr.** *tektonikos* [van de bouwmeester], van *tektōn* [timmerman], verwant met *technè* (vgl. *techniek*).

tel [loodethyl] verkort uit *tetraëthyllood.*

telamon [schraagbeeld] < **gr.** *telamōn* [drager], van dezelfde basis als *talent.*

telder [bord] oostelijke vorm, vgl. **hd.** *Teller;* naast *teljoor.*

tele- [ver-] < **gr.** *tèle* [ver].

telefanie [verschijning (in de parapsychologie)] < **gr.** *tèlephanès* [van verre zichtbaar, van verre hoorbaar], van *tèle* [ver, ver van, in den vreemde] + *phainesthai* [schijnen, verschijnen].

telefoon [toestel voor geluidsoverdracht] gevormd van **gr.** *tèle* [ver] + *phōnè* [geluid, stem].

telegraaf [toestel om tekens over te brengen] gevormd van **gr.** *tèle* [ver] + *graphein* [schrijven], idg. verwant met *kerven.*

telegram [per telegraaf overgebracht bericht] gevormd van **gr.** *tèle* [ver] + *gramma* [letter, brief], van *graphein* [schrijven], idg. verwant met *kerven.*

telekinese [paranormaal verplaatsen] gevormd van **gr.** *tèle* [ver] + *kinèsis* [beweging] (vgl. *cinema*).

telemark [skiterm] genoemd naar de provincie van die naam in Zuid-Noorwegen.

telen [kweken] **middelnl.** *telen* [voortbrengen, uitvoeren (van besluit), kweken, zorgen voor, aanschaffen], **oudnederfrankisch** *tilon* [haasten, zorgen voor], **oudsaksisch** *tilian* [verkrijgen], **oudhd.** *zilen* [streven, haasten, zorgen voor], **oudfries** *tilia* [verwekken, bebouwen], **oudeng.** *tilian* [streven, verkrijgen, bebouwen] (**eng.** *to till*), **gotisch** *gatilon* [verwerven]; vgl. **middelnl.** *til, tyl* [roerend goed], **oudfries** *til* [geschikt], **gotisch** *tils* [idem], **oudhd.** *zil* (**hd.** *Ziel*) [doel].

teleologie [doelmatigheidsleer] gevormd van **gr.** *teleios = teleos* [volgroeid, zijn eind, vervulling bereikt hebbend, de hoogste wil verkondigend, laatste] + *logos* [woord, verhaal].

teleonomie [doelgerichtheid] gevormd van **gr.**

teleorama — temperament

teleios [voltooid] + *nomos* [wijze, principe, wet], van *nemein* [nemen, beheren], idg. verwant met **nemen**.

teleorama [18e-eeuws kijkkastje] gevormd van **gr.** *tèle* [ver] + *horama* (vgl. **panorama**).

telepathie [supranormale overbrenging] < **eng.** *telepathy*, gevormd door de Engelse psycholoog F.W.H. Myers (1843-1901) van **gr.** *patheia* [gevoel] + *tèle* [ver].

telescoop [verrekijker] gevormd van **gr.** *tèle* [ver] + *skopein* [kijken naar], idg. verwant met **spieden**.

teleurstellen [niet vervullen] **middelnl.** *ter lore, leure, luere stellen* [misleiden, bedriegen]; van het tweede lid van **verliezen**, *verloor*.

televisie [overbrenging van beelden] gevormd van **gr.** *tèle* [ver] + **lat.** *visio* [het zien] (vgl. **visie**).

telex [berichtendienst] verkort uit *teletyping exchange*.

telg [spruit] **middelnl.** *telch, telgh, teelch, twelch* [boomtak, loot], **middelnd.** *telch*, **middelhd.** *zelge*, **oudeng.** *telga*, **oudnoors** *tjalga* naast **oudnoors** *telgja* [snijden]; buiten het germ. **lat.** *dolare* [met de aks bewerken], naast *dolēre* [pijn doen], **gr.** *daidallein* [kunstig bewerken], **oudiers** *dlongid* [hij splijt], **lets** *dalgs* [zeis].

telganger [dier dat met draven rechter- of linkerpoten gelijk verzet] **middelnl.** *telden, tellen* [in telgang gaan], **middelnd.** *telden*, **oudhd.** *zeltan*, waarschijnlijk te plaatsen bij het door Plinius vermelde *thieldo* [Spaanse telganger], mogelijk ook bij **lat.** *tolutarius* [telganger], *tolutim* [in draf], van *tollere* [optillen] en dan verwant met **dulden**.

teljoor [bord] **middelnl.** *taillioer, ta(e)ljoor, teljoor* [schotel, vooral dienend voor snijden van vlees] < **fr.** *tailloir* [hakbord], van *tailler* (vgl. **taille**).

telkens [iedere keer] **middelnl.** *(te) elken male* en (daaruit) *telken*, later met het bijwoorden vormende achtervoegsel *s*.

tell [heuvel] < **ar.** *tall*, verwant met **hebr.** *tēl* [heuvel], **akkadisch** *tillu* [(ruïne)heuvel]; vgl. plaatsnamen als *Tel Aviv*.

tellen [rekenen, optellen] **middelnl.** *tellen* [(op)tellen, vertellen, zeggen], **oudnederfrankisch** *tellen*, **oudsaksisch** *tellian*, **oudeng.** *tellan*, **oudhd.** *zellen*, **oudnoors** *telja* [idem]; hoort bij **taal**.

teller [barg. bord] → **telder**.

tellurium [chemisch element] gevormd door de Duitse chemicus Martin Heinrich Klaproth (1743-1817), van **lat.** *tellus* (2e nv. *telluris*) [de aarde], idg. verwant met **deel**[2]; zo genoemd als tegenstelling tot het eveneens door hem ontdekte **uranium**.

telmatisch [in moeras gevormd] naar **gr.** *telma* [poel], idg. verwant met **stallen** [pissen (van vee)].

telnoot [okkernoot] vermoedelijk zo genoemd omdat ze per aantal werden verkocht. Vgl. **talhout**.

teloom [toploot] gevormd van **gr.** *telos* [einde].

teloorgaan [verloren gaan] *loor* is een vorm met ablaut en grammatische wisseling (vgl. *was - waren*) naast het tweede lid van **verliezen**.

telson [staartstuk van geleed dier] < **gr.** *telson* [grens, einde], van *telos* [einde].

temee [straks] < *te* + *mede*, vgl. **temet**.

temeie, temeier [hoer] < **hebr.** *tamŏ'ah* [onrein].

temen [zeuren] van **middelnl.** *tema* [onderwerp van bespreking] < **thema**.

temerair [vermetel] < **fr.** *téméraire* [idem] < **lat.** *temerarius* [zonder reden, onbezonnen, roekeloos], van *temĕre* [in den blinde], verwant met *tenebrae* [duisternis], idg. verwant met **deemster**.

temeriteit [vermetelheid] (1519) < **fr.** *témérité* < **lat.** *temeritatem*, 4e nv. van *temeritas* [blind toeval, onbezonnenheid] (vgl. **temerair**).

temet, temets [soms, straks] < *te* + *met*, vgl. **temee**.

temmen [tam maken] **middelnl.**, **middelnd.** *temmen*, **oudhd.** *zemmen*, **oudeng.** *temman*, **oudnoors** *temja*, **gotisch** *gatamjan;* buiten het germ. **lat.** *domare* [temmen], **gr.** *damnèmi* [ik tem], **oudiers** *damnaim* [idem], **oudindisch** *damayati* [hij temt], *damya-* [jonge stier (die nog getemd moet worden)]; het begrip temmen is afgeleid van **tam**.

tempe [koek van gegiste soja] < **maleis** *tempe*.

Tempe [verrukkelijk oord] < **gr.** *Tempè*, naam van een dal in Thessalië, dat in de Romeinse bucolische literatuur diende als het toneel van landelijk geluk, een o. mv. van vóór-gr. herkomst met de betekenis 'bebost gebied'.

tempeest [storm, rumoer] **middelnl.** *tempeest, tempest(e)* < **oudfr.** *tempeste*, van **lat.** *tempestas* [tijd, tijdsomstandigheden, weer, storm], van *tempus* [tijd].

tempel[1] [bedehuis] **middelnl.** *tempel, temp(e)le* [tempel, kerk] < **lat.** *templum* [ruimte door de augur afgebakend om daar de vlucht van de vogels te interpreteren, uitspansel, gewijde ruimte, heilige plek, tempel] (vgl. **contemplatie**).

tempel[2] [stut om sluizen vast te zetten] **middelnl.** *tempel* [klep aan een sluisdeur] < **oudfr.** *temple* [idem] < **lat.** *templum* [heiligdom, de rostra, tribune, getimmerte, gording] (vgl. **tempel**[1]).

tempelier [ridder van geestelijke orde] **middelnl.** *temp(e)lier* [tempelridder] < **fr.** *templier* < **me. lat.** *templarius*, van *templum* [tempel], zo genoemd omdat de orde haar hoofdzetel had op het tempelplein te Jeruzalem waar de tempel van Salomo had gestaan.

temper [dun beslag voor wafels e.d.] van **temperen**[1] in de betekenis 'in de juiste verhouding mengen'.

tempera [verf] < **it.** *tempera*, van *temperare* [o.m. aanmengen] < **lat.** *temperare* (vgl. **temperen**[1]); zo genoemd omdat oorspr. de verf met een bindmiddel in water werd aangemengd.

temperament [overheersende gemoedsgesteldheid] (1634) < **fr.** *tempérament* [idem] < **lat.** *temperamentum* [juiste maat, evenwicht, goede verhouding bij het mengen] (vgl. **temperen**[1]); de psychische constitutie hing o.m. volgens Galenus af van de juiste menging van de vier lichaamssappen.

temperantia [gematigdheid] < lat. *temperantia,* van *temperare* [matigen] (teg. deelw. *temperans,* 2e nv. *temperantis*) (vgl. ***temperen*** [1]).

temperatuur [warmtegraad] < fr. *température* [idem] < lat. *temperatura aeris, temperatura* [juiste menging] (vgl. ***temperen*** [1]) *aeris* (2e nv. van *aer*) [van de lucht, van het weer] (vgl. ***aëro-***).

temperen [1] [matigen] middelnl. *temperen* < fr. *tempérer* [idem] < lat. *temperare* [in de juiste verhouding mengen, matigen], van *tempus* (2e nv. *temporis*) [tijd, gelegenheid].

temperen [2] [op tijd afstellen van een projectiel] < **hd.** *tempieren,* van lat. *tempus* (2e nv. *temporis*) [tijd].

tempo [relatieve snelheid] < it. *tempo* [tijd, maat, duur, tempo, ritme] < lat. *tempus* [tijd].

tempo doeloe [voorheen] < **maleis** *tempo(h)* [tijd] < **portugees** *tempo* < lat. *tempus* [idem] + *d(ah)ulu* [eerst, vroeger].

temporaal [m.b.t. de slapen] gevormd van lat. *tempus* (2e nv. *temporis*) [slaap (van het hoofd)].

temporair [tijdelijk] < fr. *temporaire* [idem] < lat. *temporarius* [zich naar de tijdsomstandigheden richtend, tijdelijk], van *tempus* (2e nv. *temporis*) [tijd].

temporalia [wereldlijke inkomsten van geestelijken] < lat. *temporalia,* het zelfstandig gebruikt o. mv. van *temporalis* (vgl. ***temporeel***).

temporeel [tijdelijk] < fr. *temporel* < lat. *temporalis* [van de tijd, tijdelijk], van *tempus* (2e nv. *temporis*) [tijd].

temporiseren [aan tijd(en) binden] < fr. *temporiser* [idem] < me. lat. *temporisare,* van klass. lat. *tempus* (2e nv. *temporis*) [tijd].

temptatie [kwelling] < lat. *temptatio* [de aanval van een ziekte] (vgl. ***tentatie***).

tempteren [kwellen] middelnl. *tempteren* [in verzoeking brengen, kwellen] < lat. *temptare* (vgl. ***tentatie***).

ten [voorzetsel + lidwoord] reeds middelnl., van *te den,* vgl. **hd.** *zum = zu + dem.*

Tenach [Oude Testament] < **hebr.** *Tenach,* gevormd van de beginletters van *thora* [wet], *neb'īm* [profeten] en *ketubīm* [geschriften].

tenaciteit [vasthoudendheid] < fr. *ténacité* [idem] < lat. *tenacitatem,* 4e nv. van *tenacitas* [vasthoudendheid, gierigheid], van *tenax* (2e nv. *tenacis*) [vasthoudend, zuinig], van *tenēre* [houden, vasthouden].

tenaille [inspringende hoek van schans] < fr. *tenaille* [nijptang] < me. lat. *tenacula* [idem], van *tenēre* [houden, vasthouden].

tenakel [houdertje] < lat. *tenaculum* [idem], van *tenēre* [houden].

tenant [schildhouder] < fr. *tenant,* eig. teg. deelw. van *tenir* [houden] < lat. *tenēre* [houden, vasthouden].

tendens [bedoeling] < **hd.** *Tendenz* [idem] < fr. *tendance* (vgl. ***tendentieus***).

tendentie [streven, strekking, neiging] < me. lat. *tendentia* [neiging, richting], van *tendere* (teg. deelw. *tendens,* 2e nv. *tendentis*) [spannen, richten, streven naar].

tendentieus [met vooropgezette bedoeling] < fr. *tendancieux* [idem], van *tendance* [het streven], van *tendre* [streven] < lat. *tendere* [idem] + *-eux* < lat. *-osus* [vol van].

tender [1] [wagen achter locomotief] < eng. *tender* [boot of wagen, die begeleidt, verzorgt], van eng. *to attend* [begeleiden], van lat. *tendere* [spannen, zich toeleggen op, zich inspannen, verlenen].

tender [2] [emissie] < eng. *tender* [offerte, inschrijving], van lat. *tendere* [uitstrekken, aanbieden, verlenen].

tenderen [een bepaalde strekking hebben] < fr. *tendre* [idem] < lat. *tendere* [spannen, uitstrekken, streven naar, trachten, zich inspannen, strijden].

tenen [plagen] middelnl. *ten(n)en, the(e)nen* [tergen, kwellen], vermoedelijk verwant met *tanen* [plagen].

tenesmus, tenesme [samentrekking van een sluitspier] < gr. *teinesmos* (in andere betekenis, namelijk 'vergeefse poging te ontsnappen'), van *teinein* [spannen], idg. verwant met **hd.** *dehnen.*

teneur [strekking] middelnl. *tenure, teneure* [inhoud van een geschreven stuk] < fr. *idem* < lat. *tenor* [voortdurende beweging, duur, samenhang, draad, inhoud (van een wet), toon, stemhoogte], van *tenēre* [houden, vasthouden, beheersen, bevelen, handhaven, voortduren] (vgl. ***tenor***).

tengel [1] [houten strook] middelnl. in *tengeliser, tengelspiker, tingelspiker;* te verbinden met *tang,* vgl. **oudnoors** *tengja* [bevestigen, verbinden].

tengel [2] [tang van kreeft] (1625), van *tang.*

tengel [3] [netel] wel hetzelfde woord als *tengel* [2] [schaar, tang, angel].

tenger [slank, teer] < fr. *tendre,* vgl. eng. *tender* < lat. *tener* [teer, fijn]; in de 17e eeuw bestond de neiging om van woorden als *ander, honderd* de vormen *angder, hongderd* te maken en deze dan soms te assimileren: *onger* [onder], *songer* [sonder]; daar men dit onbeschaafd ging vinden werd het verschijnsel vrijwel overal in de beschaafde taal geëlimineerd, maar het overleefde in een enkel geval.

tennef → ***tinnef.***

tennis [slagbalspel] < eng. *tennis,* ontleend aan fr. *tenez* [hier!, vang!], de kreet geslaakt door de server.

Tenno [titel van Japanse keizer] < **japans** *tennō* [hemelse koning], de oorspr. chinese aanspreektitel van de keizer, van *ten* [hemel] + *nō* [koning].

tenor [hoogste mannenstem] < it. *tenore* [idem] < lat. *tenorem,* 4e nv. van *tenor* (vgl. ***teneur***).

tenotomie [doorsnijding van pees] gevormd van

gr. *tenōn* [pees, spier, eig. spanner], van *teinein* [spannen] + *tomè* [het snijden, snede], van *temnein* [snijden].

tenrek [borstelegel] < **malagasi** *tandraka*.

tensie [spanning] < **lat.** *tensio* [het strekken, samentrekking van de spieren], van *tendere* (verl. deelw. *tensum*) [uitstrekken, spannen], idg. verwant met **hd.** *dehnen*.

tensor [wiskundeterm] < **modern lat.** *tensor*, gevormd van **lat.** *tendere* (verl. deelw. *tentum* en *tensum*) [spannen] (vgl. *tent*).

tent [verblijf uit stangen en zeildoek] **middelnl.** *tente, tinte* < **oudfr.** *tente* < **me. lat.** *tenta*, eig. vr. verl. deelw. van *tendere* [spannen, ook het oprichten van een tent] (vgl. *tantrisme*).

tentakel [vangarm] < **fr.** *tentacule*, in de 18e eeuw gevormd van **lat.** *tentare* = *temptare* [betasten] (vgl. *temptatie*), ofwel onder invloed daarvan < **me. lat.** *tenacula, tenaculum* [tentakel], van *tenax* (2e nv. *tenacis*) [vasthoudend], van *tenēre* [vasthouden].

tentamen [(voor)examen] < **lat.** *temptamen, tentamen* [proef, onderzoek], van *temptare* (vgl. *temptatie*).

tentatie [kwelling] **middelnl.** *temptacie, tentacie* < **fr.** *tentation* [idem] < **lat.** *temptatio, tentationem*, 4e nv. van *tentatio* [aanval (als ziekte), het op de proef stellen, beproeving, in chr. lat. verzoeking], van *temptare* (verl. deelw. *temptatum*) (vgl. *tenteren*).

tentatief [proberend] < **fr.** *tentative* [poging] < **me. lat.** *tentativus, temptativus*, van *tentare, temptare* (vgl. *tenteren*).

tenten [een wond peilen] **middelnl.** *tenten* [peilen] < **fr.** *tenter* [idem] < **lat.** *temptare, tentare* [betasten, onderzoeken] (vgl. *tenteren*).

tenteren [in verzoeking brengen] < **fr.** *tenter* [idem] < **lat.** *tentare, temptare*, verwant met *tendere* [spannen, richten, streven naar].

tenue [uniform, kostuum] < **fr.** *tenue* [houding, gedrag, kleding], het zelfstandig gebruikt vr. verl. deelw. van *tenir* < **lat.** *tenēre* [houden, stevig vasthouden, zich handhaven, aanhouden].

tenuis [stemloze plofklank] < **lat.** *tenuis* [dun, fijn, mager, helder (van geluid)], idg. verwant met *dun*; het woord is een vertalende ontlening aan **gr.** *psilos* [afgewreven, kaal, leeg], door Aristoteles gebruikt voor het begrip tenuis.

tenuto [aangehouden] < **it.** *tenuto* [gehouden, verplicht, aangehouden], eig. verl. deelw. van *tenere* [houden] < **lat.** *tenere*.

tenzij [behalve indien] **middelnl.** *tensi*, ontstaan uit de verbinding *het en zij*, waarin *en* de ontkenning is, dus 'als het niet (zo) is'.

tenzone [dispuutgedicht (van troubadours)] < **it.** *tenzone* < **me. lat.** *tentionem*, 4e nv. van *tentio* [het houden, het houden van een rechtsgeding], van **klass. lat.** *tenēre* (verl. deelw. *tentum*) [houden].

teorbe [snaarinstrument] < **fr.** *téorbe* [idem] < **it.** *tiorba* [idem], etymologie onbekend.

tepel [uitmonding van melkklier] **middelnl.** *tippel*, verkleiningsvorm van *tip* [punt], **middelnd.** *tippel*, **middelhd.** *zipfel* [punt, lett. dus: puntje]; vgl. *tap, top* ¹, *tip* ¹, *tit*.

tequila [drank] genoemd naar de plaats *Tequila* in Mexico, ten noordwesten van Guadalajara.

terafim [cultusvoorwerpen] < **hebr.** *teráfīm*, verwant met *refā'īm* [schaduwen, geesten].

teratogenese [leer van de misvormingen] gevormd van **gr.** *teras* (2e nv. *teratos*) [wonder, wonderteken, monster, monstruositeit] + **Genesis**.

terbium [chemisch element] door de ontdekker ervan, de Zweedse chemicus Karl Gustav Mosander (1797-1858) genoemd naar de Zweedse plaats *Ytterby*, verkort *Terby*.

terceroon [kleurling] < **spaans** *tercero* [derde], van *tres* [drie], daarmee idg. verwant; omdat het kind van een blanke en een mulattin in de derde generatie negerbloed heeft.

tercio [Spaans infanterieregiment, eig. derde] < **spaans** *tercio* < **lat.** *tertius* (vgl. **terts**); vroeger bestonden legerafdelingen uit drie groepen, die met respectievelijk piek, haakbus en zwaard waren bewapend.

terd [voorste deel van de voetzool] metathesis van *tred*, vgl. **middelnl.** *trede, terde* [schrede, trede (d.w.z. datgene waar men op stapt)].

terdege, terdeeg [flink, goed] van *deeg* ¹ [iets goeds].

terebint [terpentijnboom] **middelnl.** *terebint* < **lat.** *terebinthus* [idem] < **gr.** *terebinthos* (vgl. *terpentijn*).

teren [doen verdwijnen] **middelnl.** *teren* [vernielen, achteruit doen gaan, verteren, gebruiken], **oudnederfrankisch** *terron*, **oudsaksisch** *terian*, **oudhd.** *zerren*, **oudfries** *urtera*, naast het sterke **oudeng.** *teran* (**eng.** *to tear*), **gotisch** *gatairan*; buiten het germ. **gr.** *derein* [villen, een pak slaag geven], **litouws** *dirti* [villen], **oudkerkslavisch** *dīrati* [scheuren], **oudindisch** *dr̥ṇāti* [hij splijt], vgl. *teter*.

tergen [kwellen] **middelnl.** *tergen*, **middelnd.**, **middelhd.** *zergen*, **oudeng.** *tiergan* (**eng.** *to tarry*); behoort bij *teren*.

tergiet [rugschild] **middelnl.** *tergie* [schild] < **lat.** *tergum* (2e nv. *tergi*) [rug].

tergiversatie [vertragen door uitvluchten] < **fr.** *tergiversation* [idem] < **lat.** *tergiversationem*, 4e nv. van *tergiversatio* [aarzeling, uitvlucht], van *tergiversari* [de rug toekeren, zich draaien en wenden, uitvluchten zoeken], van *tergum* (2e nv. *tergi*) [rug] + *versari* [draaien, zich bewegen], frequentatief van *vertere* [draaien], idg. verwant met *worden*.

teriakel → *triakel*.

tering [het uitgeven voor levensonderhoud, tuberculose] → *teren*.

teriyaki [gerecht met soja] < **japans** *teriyaki*, van *teri* [soja] + *yaki*, een vorm van het ww. *yaku* [stoven, bakken, braden].

term [uitdrukking] middelnl. *term(e)* < fr. *terme* [grens, einde, termijn, uitdrukking, term] < lat. *terminus* (vgl. **termijn** ¹).

termiet [insekt] < fr. *termite* [idem] < lat. *termes, tarmes* (2e nv. *tarmitis*) [houtworm], van een basis met de betekenis 'boren', waarvan ook *draaien* stamt.

termijn ¹ [tijdruimte] middelnl. nog in de betekenis 'grens, afgebakend gebied', dan 'einde, tijdruimte' < lat. *terminus* [grenspaal, grens, eindpunt, slot] (vgl. **termijn** ²).

termijn ² [bedelgebied] middelnl. *termijn* < lat. *terminus*, dat in me. lat. de betekenis kreeg van 'gebied, territorium, stadswijk, gebied dat toegewezen is aan een klooster of parochie' (vgl. **termijn** ¹).

terminaal [eind-] < fr. *terminal* [idem] < lat. *terminalis* [grens-, eind-], van *terminus* (vgl. **termijn** ¹).

terminal [eindstation] < eng. *terminal*, van lat. *terminalis* (vgl. **terminaal**).

terminans [broeder die gaat bedelen] < lat. *terminans*, teg. deelw. van *terminare* [eig. begrenzen, afbakenen], van *terminus* (vgl. **termijn** ²).

terminatie [beëindiging, begrenzing] middelnl. *terminatie* [beslissing, beëindiging van een rechtszaak] < lat. *terminatio* [begrenzing, afbakening, slot, eind, in chr. lat. ook domein], van *terminare* (vgl. **terminans**).

termineren [beëindigen] middelnl. *termineren* < fr. *terminer* [idem] < lat. *terminare*, van *terminus* (vgl. **termijn** ¹).

terminus [eindpunt] → **termijn** ¹.

ternair [driedelig] < fr. *ternaire* [uit drie bestaand, drietallig] < lat. *ternarius* [van drie], van *terni* [telkens drie], van *ter* [driemaal], van *tres* [drie], daarmee idg. verwant.

terne [stel van drie uitgetrokken nummers] < fr. *terne* < lat. *terni* (vgl. **ternair**).

ternio [katern van drie dubbele bladen] < lat. *ternio* [het getal drie], van *terni* (vgl. **ternair**).

terp [heuvel] (1597) < fries *terp*, ablautend naast *dorp*.

terpeen [een groep koolwaterstoffen] verkort uit *terpentine* (vgl. **terpentijn**).

terpentijn [vloeibare hars] middelnl. *terebint, termentijn, terbentijn, terpentijn, terpentine* < oudfr. *terbentine* < me. lat. *terebintina (resina)* (de hars) van de *terebinthus* [terpentijnboom] < gr. *terebinthos* [idem], vermoedelijk van minoïsche herkomst. De nevenvorm *termentijn* is wel ontleend via it., spaans of portugees.

terra [aarde] < lat. *terra*, verwant met **oudlat.** *torrus* [droog] en idg. met *dor;* de betekenis is dus eig. 'het droge' (vgl. **Tirol**).

terracotta [ongeglazuurd aardewerk] < it. *terracotta*, van *terra* [aarde] < lat. *terra* + *cotta* [gebakken], vr. verl. deelw. van *cuocere* < lat. *coquere* (vgl. **koken** ¹).

terramycine [antibioticum] gevormd van lat. *terra* [aarde] + gr. *mukès* [paddestoel], zo genoemd omdat het van aardschimmels komt.

terrarium [bak met reptielen, planten e.d.] naar analogie van *aquarium* gevormd van lat. *terra* [aarde].

terras [vlak zitje, horizontaal stuk grond] < fr. *terrasse* [idem] < me. lat. *terracea, terracia, terrassia*, van *terra* [aarde].

terrasiena, terrasienna [oker] < it. *terra da Siena* [aarde uit Siena].

terrazzo [vloerbedekkingsmateriaal] < it. *terrazzo* [idem] (vgl. **terras**).

terrein [stuk grond] < fr. *terrain* [grond, bodem, terrein] < lat. *terrenum* [aarde, akker], van *terra* [aarde].

terreplein [vlak terrein binnen vesting] < fr. *terreplein* [ophoging, aarden wal] < it. *terra piano*, van lat. *terra* [aarde, grond] + *plenus* (vr. *plena*) [vol van, gevuld met], idg. verwant met *vol* ¹.

terrestrisch [aards] < lat. *terrestris* [op het land, land-, aards], van *terra* [aarde].

terreur [schrikbewind] < fr. *terreur* < lat. *terror* [schrik], van *terrēre* [bang maken].

terribel [vreselijk] < fr. *terrible* [idem] < lat. *terribilis* [verschrikkelijk], van *terrēre* [bang maken].

terriër [hond] < eng. *terrier* < fr. *chien terrier* [aardehond], van laat-lat. *terrarius* [ondergronds], van *terra* [aarde]; terriërs werden vooral gebruikt om vossen, dassen etc. uit hun holen te drijven.

terrigeen [van het land afkomstig] < lat. *terrigena* [uit de aarde geboren], van *terra* [aarde] + *gignere* (verl. deelw. *genitum*) [verwekken, passief: geboren worden].

terrine [kom van aardewerk] < fr. *terrine*, eig. het vr. van *terrin* [aarden] < lat. *terrenus* [aarden, van aarde], van *terra* [aarde].

territoir, territoor [staatsgebied] < fr. *territoire* [idem] < lat. *territorium* (vgl. **territorium**).

territorium [grondgebied, woongebied] < lat. *territorium* [het grondgebied van een stad], van *terra* [aarde, landschap, land] + het plaatsaanduidend achtervoegsel *-orium*.

terrorist [iem. die gewelddaden pleegt] < fr. *terroriste* [idem], van lat. *terror* [schrik, angst, wat schrik verwekt, schrikbarende gebeurtenis].

tersel [mannelijke roofvogel] → **tarsel**.

tertiair [in de derde plaats komend] < fr. *tertiaire* [idem], van lat. *tertianius* [een derde deel bevattend], van *tertius* [derde], van *tres* [drie], daarmee idg. verwant.

Tertiair [geologische periode] lett. derde tijd, stamt uit de periode, dat de geologische geschiedenis werd verdeeld in het thans vervallen Primair en Secundair, gevolgd door Tertiair en Quartair (vgl. **tertiair**).

tertie [60e deel van een seconde] van lat. *tertius* [derde] (vgl. **tertiair**); gevormd naar analogie van *seconde*.

terts [afstand tussen twee tonen] < **lat.** *tertius* [derde] (vgl. *tertiair*).

terug [achteruit, retour] middelnl. *te rugge,* waarin *te* de uitdrukking van richting geeft, dus: achterwaarts.

terwijl [gedurende de tijd dat] < **middelnl.** *te der wilen dat* (vgl. *wijl*[1]).

terzet [muziekstuk voor drie partijen] < **it.** *terzetto* [idem], van *terzo* [derde] < **lat.** *tertius* [derde] (vgl. *tertiair*).

terzine [dichtvorm] < **it.** *terzina* [idem], van *terzo* [derde] < **lat.** *tertius* [idem] (vgl. *tertiair*); zo genoemd naar het rijmschema a-b-a, waarin dus de derde rijmt.

tes [klef] → *tets*.

test[1] [kom] **middelnl.** *test(e)* [pot] < **lat.** *testa, testum* [gebakken steen, tegel, pot van aardewerk, kruik, urn] (vgl. *tas*[4]); test in de betekenis 'hoofd' is hetzelfde woord.

test[2] [toets, proef] < **eng.** *test,* hetzelfde woord als *test*[1], namelijk oorspr. in de betekenis: pot voor het smelten van metaal en voor het doen van proeven, vanwaar *to test* [onderzoeken].

testament [beschikking voor na zijn dood] **middelnl.** *testament* [laatste wil, verbond] < **lat.** *testamentum* [laatste wil, in chr. lat. verbond, belofte, gebod], van *testari* (verl. deelw. *testatum*) [getuigen], van *testis* [getuige] (vgl. *testikel*), een samenstelling van een met *tres* [drie] verwant element + *stare* [staan], dus lett. de derde die erbij staat, vgl. de oscische vorm *tristaamentud*, beantwoordend aan de 6e nv. van *testamentum*.

testateur [erflater] < **fr.** *testateur* < **lat.** *testator* [idem], van *testari* (vgl. *testament*).

testikel [zaadbal] < **lat.** *testiculus* [idem], verkleiningsvorm van *testis* [idem, oorspr. getuige] (vgl. *testament*).

testimonium [getuigenis] < **lat.** *testimonium,* van *testis* [getuige] (vgl. *testikel*).

testis [zaadbal] → *testikel*.

testorium [oliedoek] gevormd op basis van **lat.** *texere* (verl. deelw. *textum*) [weven], **it.** *testore* [wever] (vgl. *textiel*).

testosteron [mannelijk geslachtshormoon] gevormd van **lat.** *testis* [testikel] (vgl. *testikel*) + *sterol,* gevormd van *cholesterol*.

tetanus [tonische kramp] < **gr.** *tétanos* [krampachtige samentrekking of verstijving], *tetanós* [uitgestrekt, gespannen, stijf], van *teinein* [spannen].

tête-à-tête [gesprek onder vier ogen] < **fr.** *tête-à-tête,* van *tête* [hoofd] < **lat.** *testa* [aarden pot, in me. lat. schedel].

teter [huidaandoening] **oudhd.** *zitaroh* [idem] (**hd.** *Zittermal*), **oudeng.** *teter* (**eng.** *tetter*); buiten het germ. **welsh** *darwden,* **litouws** *dedervinė,* **oudindisch** *da(r)dru-,* van dezelfde idg. basis als *teren, verteren,* oorspr. met de betekenis 'de huid openhalen'.

tetra [ontvlekkingsmiddel] verkort uit *tetrachloorkoolstof*.

tetrade [groep van vier] < **gr.** *tetras* (2e nv. *tetrados*) [het getal vier, viertal], verwant met *tessares, tettares* [vier], daarmee idg. verwant.

tetraëder [viervlak] gevormd van **gr.** *tetra-* (in samenstellingen) [vier] (vgl. *tetrade*) + *hedra* [zitplaats, plaats], van *hezesthai* [zitten], daarmee idg. verwant.

tetragonaal [vierhoekig] gevormd van **gr.** *tetra-* (in samenstellingen) [vier] (vgl. *tetrade*) + *gōnia* [hoek], idg. verwant met *knie*.

tetragram [de vier letters die staan voor de naam van God (JHWH)] < **gr.** *tetragrammaton* [woord van vier letters], van *tetra-* (in samenstellingen) [vier] (vgl. *tetrade*) + *gramma* (2e nv. *grammatos*) [teken], van *graphein* [schrijven], idg. verwant met *kerven*.

tetraploïde [met viermaal het normale aantal chromosomen] gevormd van **gr.** *tetra-* (in samenstellingen) [vier] (vgl. *tetrade*) + *-plōs* [-voud] (idg. verwant met *vouwen*) + *-oïde*.

tetrapodie [vers van vier voeten] van **gr.** *tetrapous* (2e nv. *tetrapodos*) [viervoetig], van *tetra-* (in samenstellingen) [vier] (vgl. *tetrade*) + *pous* [voet], daarmee idg. verwant.

tetrarch [viervorst] < **gr.** *tetrarchès* [idem], van *tetra-* (in samenstellingen) [vier] (vgl. *tetrade*) + *archein* [heersen] (vgl. *archont*).

tetryl [springstof] verkort uit *tetranitromethylaniline*.

tets [klef] ook *tes,* etymologie onbekend.

teug [slok] **middelnl.** *toge, tuege,* **middelnd.** *toge,* **oudhd.** *zug,* **oudeng.** *tyge* [het trekken]; van *tijgen,* (*toog, getogen*).

teugel [toom] **middelnl.** *togel, teugel, tu(e)gel,* **middelnd.** *togel,* **oudhd.** *zugil,* **oudeng.** *tygel,* **oudnoors** *tygill;* van *tijgen,* (*toog, getogen*).

teunisbloem [naam o.a. voor het afrikaantje] een verbastering van *Tunisbloem,* vgl. **fr.** *fleur de Tunis,* **hd.** *Tuneserblume*.

teut[1] [suf, afgemat, dronken] van *teuten* [talmen].

teut[2] [tuit, speen] nevenvorm van *toot*.

teuten [talmen] eind 18e eeuw **nd.** *töten,* **fries** *teutsje;* vermoedelijk een jonge klanknabootsende vorming.

Teuten [rondtrekkende kooplieden uit Belgisch Noord-Limburg] etymologie onzeker, mogelijk genoemd naar het fluitje waarmee zij hun komst aankondigden.

Teutonen [Westgermaanse volksstam] < **lat.** *Teutoni,* uit het germ., vgl. *Duits*.

tevens [daarbij] met het bijwoorden vormende achtervoegsel *s* < *te even*.

Texas [geogr.] < **caddo** *techas* [bondgenoten (d.w.z. tegen de Apachen)].

Texel [geogr.] in 776 *Thesla,* van dezelfde herkomst als *Teisterbant*.

textiel [stof] < **fr.** *textile* [idem] < **lat.** *textile* [weefsel, gewaad], van *texere* (verl. deelw. *textum*) [weven] (vgl. *textuur*).

textuur [vezelstructuur] < **fr.** *texture* [weefsel]

< lat. *textura* [weefsel, web], van *texere* (vgl. *textiel*).
tezen [uittrekken van wol, plagen] ook *tissen*, middelnl. *tesen, t(h)eesen* [wol pluizen, aan iets rukken en plukken], *tissen, tessen* [in verwarring brengen, ophitsen], **oudhd.** *zeisan,* **oudeng.** *tœsan* (**eng.** *to tease* [wol kaarden, kwellen]), **deens** *tœse;* etymologie onbekend.
Thailand [geogr.] het eerste lid betekent in het thai 'vrij'.
thalamus [grijze stof van de tussenhersenen] < **lat.** *thalamus* [slaapkamer, binnenkamer, woonkamer] < **gr.** *thalamos* [idem], idg. verwant met *dal.*
thalassocratie [zeemacht] gevormd van **gr.** *thalassokratein* [de zee beheersen], van *thalassa* [zee], een stellig vóór-gr. woord van onzekere etymologie + *kratein* [kracht hebben, heersen], van *kratos* [kracht], idg. verwant met *hard.*
thallium [chemisch element] door de ontdekker ervan, de Engelse schei- en natuurkundige Sir William Crookes (1832-1919), afgeleid van **gr.** *thallos* [tak met loof], vanwege de groene lijn ervan in het spectrum (vgl. *thallofyt*).
thallofyt [loofplant] gevormd van **gr.** *thallos* [tak met loof], van *thallein* [uitlopen, gaan bloeien] + *phuton* [plant, gewas], van *phuein* [opgroeien], idg. verwant met *bouwen* ¹.
thallus [vegetatief orgaan van b.v. schimmels] → *thallofyt.*
thanatologie [leer van de doodsverschijnselen] gevormd van **gr.** *thanatos* [dood] + *logos* [woord, verhandeling].
thans [nu] middelnl. *tehant, tehandes, tehan(t)s, than(t)s* [aanstonds, zo even], van *te* + *hand* en het bijwoord vormende achtervoegsel *s*, waarin *te* [bij], dus vlak bij of voor de hand.
thaumatologie [leer van de wonderen] gevormd van **gr.** *thauma* (2e nv. *thaumatos*) [wonder], verwant met *theaomai* (vgl. *theater*) + *logos* [woord, verhandeling].
thaumaturg [wonderdoener] van **gr.** *thaumatourgein* [goochelen], van *thauma* (vgl. *thaumatologie*) [wonder] + *ergon* [werk], daarmee idg. verwant.
theater [schouwburg] < **fr.** *théâtre* [idem] < **lat.** *theatrum* [schouwburg, theater] < **gr.** *theatron* [schouwburg, toneel], van *theaomai* [ik kijk met bewondering] (vgl. *thaumatologie*).
theatijn [lid van de Ordo Clericorum Regularium, vulgo Theatinorum] genoemd naar *Teate,* de lat. naam van *Chieti,* waar de stichter van de orde bisschop was.
theatraal [m.b.t. het toneelspel] < **fr.** *théâtral* [idem] < **lat.** *theatralis* [van de schouwburg], van *theatrum* (vgl. *theater*).
thebaïde [kluizenaarsdorp] van **lat.** *Thebais* (2e nv. *Thebaidis*) [streek in Boven-Egypte rond Thebe, van Thebe, uit Thebe]; in het Thebaanse woestijngebied kwam het monnikenwezen tot krachtige bloei.

thee [aftreksel van bladeren] via **maleis** *teh* uit het chinees van Amoy *te* < **oudchinees** *d'a* (in het **mandarijn** *ch'a*).
theeboy [theewagen] o.i.v. *boy* ² < **eng.** *teapoy* [theetafel] < **hindi** *tipāī* [driepotige tafel], van *tīn* [drie] + *pai* [voet], daarmee idg. verwant.
-theek [achtervoegsel in woorden van griekse herkomst] < **lat.** *theca* [bus, koker, doos, foedraal] < **gr.** *thèkè* [bewaarplaats, kist], van *tithenai* [plaatsen], idg. verwant met *doen* (vgl. *tijk*).
theeroos [gekweekte roos] < **eng.** *tea-rose* < *tea-scented rose,* zo genoemd omdat blad en bloem ruiken als fijngewreven vers blad van de thee.
theïsme [een geloof in God] gevormd van **gr.** *theos* [god].
thema [onderwerp] < **lat.** *thema* [thema, onderwerp] < **gr.** *thema* [idem], van *tithenai* [leggen, plaatsen], vandaar in vele bijzondere betekenissen, zoals 'geld deponeren, gebeente bijzetten', ook 'in geschrifte neerleggen', idg. verwant met *doen.*
Themis [godin van het recht] < **gr.** *Themis, themis* [recht, wet], verwant met *thema.*
theobromine [plantaardige stof, toegepast in medicijnen] gevormd van **gr.** *theos* [god] + *brōma* [spijs], dus: godenspijs, hetgeen slaat op de cacao waaruit het werd gewonnen.
theocratie [staat met godheid als gezagsdrager] gevormd van **gr.** *theos* [god] + *kratein* [heersen], van *kratos* [kracht], idg. verwant met *hard.*
theodicee [rechtvaardiging van God] < **fr.** *théodicée* [idem], gevormd van **gr.** *theos* [god] + *dikè* [rechtspraak, vonnis, recht, wat recht en billijk is], van dezelfde basis als **lat.** *dicere* [zeggen] en het tweede lid van **nl.** *aantijgen.*
theodoliet [hoekkijker] < **modern lat.** *theodelitus,* gevormd door de 16e eeuw door Leonard of zijn zoon Thomas Digges, Engelse wiskundigen, uit onbekende bestanddelen.
theofagie [het eten van de god zelf] gevormd van **gr.** *theos* [god] + *phagein* [eten].
theofanie [godsverschijning] < **gr.** *theophaneia,* van *theos* [god] + *phainesthai* [zich vertonen].
theologie [godgeleerdheid] middelnl. *theologie, tologie* < **lat.** *theologia* < **gr.** *theologia* [onderzoek over de godheid en goddelijke zaken], van *theos* [god] + *logos* [o.m. het woord als gedachte-uiting].
theomantie [voorspelling door goddelijke ingeving] gevormd van **gr.** *theos* [god] + *manteia* [het voorspellen, orakel], *mantis* [profeet, ziener].
theorema [uitspraak berustend op andere, eerder geaccepteerde stellingen] < **gr.** *theōrèma* [schouwspel, overdenking, studie, stelling], van *theōrein* [kijken naar], van *theōros* [toeschouwer], van *theasthai* [kijken naar] (vgl. *theater*).
theoretisch [m.b.t. de theorie] < **gr.** *theōrètikos* [beschouwing-, theoretisch, onderzoeker] → *theorema.*
theorie [leer, stelling] < **gr.** *theōria* [toezien bij plechtigheden, beschouwing, onderzoek, wetenschap, stelling, theorie] (vgl. *theorema*).

theosofie [mystiek-filosofische wereldbeschouwing] < **byzantijns-gr.** *theosophia* [kennis van goddelijke zaken], van *theos* [god] + *sophia* [wijsheid], van *sophos* [wijs].

therapeut [geneeskundige] < **gr.** *therapeutès* [dienaar, verzorger], van *therapeuein* (vgl. ***therapie***).

therapeutisch [geneeskundig] < **gr.** *therapeutikos* [gaarne dienend, verplegings-], van *therapeuein* (vgl. ***therapie***).

therapie [geneeswijze] < **gr.** *therapeia* [dienst, verzorging van het lichaam, genezing, therapie], van *therapeuein* [dienaar zijn, dienen, verzorgen, genezen], van *theraps* (2e nv. *therapos*) [dienaar].

theriomorf [in dieregedaante] gevormd van **gr.** *thèrion* [wild dier] + *morphè* [vorm, uiterlijk].

thermaal [m.b.t. warme baden] gevormd van **lat.** *thermae* [warme baden] < **gr.** *thermos* [warm, heet], idg. verwant met ***warm***.

thermen [Romeinse publieke baden] < **lat.** *thermae* (vgl. ***thermaal***).

thermidor [warmtemaand] gevormd van **gr.** *thermè* [warmte] (vgl. ***thermaal***) + *dōron* [geschenk], verwant met *didōmi* [ik geef] (vgl. ***datief***).

thermiek [opstijgende luchtstroom] gevormd van **gr.** *thermè* [(koorts)hitte] (vgl. ***thermaal***).

thermometer [temperatuurmeter] < **fr.** *thermomètre* [idem], door de jezuïet Leuréchon in de 17e eeuw gevormd naar **gr.** *thermè* [(koorts)warmte] + *mètre* (vgl. ***meter*** [1]).

thermostaat [warmteregelaar] gevormd van **gr.** *thermos* [warm] + *statos* [stilstaand], idg. verwant met ***staan***.

thesaurier [penningmeester] < **middelnl.** *thesoriere* < **fr.** *thésaurier* < **me. lat.** *thesorarius*, van *thesaurus*.

thesaurus [filologisch verzamelwerk] < **lat.** *thesaurus* [voorraad, schat, schatkamer] < **gr.** *thèsauros* [idem], waarvan het eerste lid hoort bij *tithenai* [plaatsen, leggen], idg. verwant met ***doen***.

thesis [stelling, proefschrift] < **lat.** *thesis* < **gr.** *thesis* [het plaatsen, deponeren, stelling, theorie], van *tithenai* [plaatsen, leggen], idg. verwant met ***doen***.

thespiswagen [toneelwagen] genoemd naar *Thespis*, in de zesde eeuw v. Chr. min of meer de stichter van de Griekse tragedie.

thetiek [verzameling van stellingen] < **gr.** *thetikos* [bepalend, met bepalingen, vol van stellingen], van *tithenai* [plaatsen], idg. verwant met ***doen***.

theurgie [geestenbezwering] < **byzantijns-gr.** *theourgia* [goddelijke werking], van *theourgos* [de bedrijver daarvan], van *theos* [god] + *ergon* [werk], daarmee idg. verwant.

thigmotropie [beweging o.i.v. prikkeling van het tastzintuig] gevormd van **gr.** *thigma* [aanraking], idg. verwant met ***deeg*** [2] + *tropè* [het doen omkeren, zich omkeren] (vgl. ***tropisch***).

thing [Scandinavische wetgevende vergadering] < **oudnoors** *þing*, verwant met ***ding***.

thixotroop [scheikundige term] gevormd van **gr.** *thixis* [aanraking] + *tropè* [het keren, omkeren, verandering], van *trepein* [draaien, wenden] (vgl. ***tropisch***).

thomasstaal [soort staal] genoemd naar de Engelse uitvinder van het betreffende procédé, *Sidney Gilchrist Thomas* (1850-1885).

thomisme [leerstelsel] genoemd naar de grondlegger ervan *Thomas van Aquino* (1225-1274).

Thor [Noorse god] < **oudnoors** *Þōrr*, verwant met ***donder***.

thora [mozaïsche wet] < **hebr.** *tōrā* [onderwijzing, wet].

thoracaal [m.b.t. de borst] gevormd van **gr.** *thōrax* (2e nv. *thōrakos*) (vgl. ***thorax***).

thorax [borstkas] < **gr.** *thōrax* [pantser, harnas, romp van het lichaam, borstkas].

thorium [chemisch element] door de ontdekker ervan, de Zweedse chemicus Jöns Jakob baron Berzelius (1779-1848), genoemd naar de Germaanse god ***Thor***.

Thracië [geogr.] < **gr.** *Thraikè*, vermoedelijk reeds in **myceens** *tre-ke-wí*, maar van onbekende betekenis.

thriller [spannende film, boek] < **eng.** *thriller*, van *to thrill* [oorspr. doorboren], verwant met ***drillen***.

thrips [geslacht van donderbeestjes] < **gr.** *thrips* [houtworm].

thrombus [bloedstolsel] < **gr.** *thrombos* [geronnen bloed, bloedprop], verwant met *trephein* [dik maken], idg. verwant met ***draf*** [1].

thuja, thuya [geslacht van coniferen] < **gr.** *thuia* [een Afrikaanse boom], verwant met *thuein* [rook doen opdwarrelen, offeren], idg. verwant met **hd.** *Dunst*; het hout werd gebruikt voor rookoffers. Vgl. ***ceder, sandelhout, tijm***.

thulium [chemisch element] genoemd naar het eiland *Thule* < **gr.** *Thoulè*, het niet met zekerheid geïdentificeerde noordelijkste in de Oudheid bekende land.

thyllen [blaasvormige uitgroeisels] < **gr.** *thullis* [zak, buidel].

thymus [klier] < **gr.** *thumos, thumon* [tijm] (vgl. ***tijm***), zo genoemd vanwege de gelijkenis met de tijmknop.

thyratron [een type elektronenbuis] gevormd van **gr.** *thura* [poort, deur], daarmee idg. verwant + *(elek)tron*, vgl. ***magnetron***.

thyrsus [Bacchusstaf] < **gr.** *thursos*, van vóór-gr., Kleinaziatische herkomst.

tiara [hoofdtooi] < **lat.** *tiara* [tulband, muts van oosterse volkeren] < **gr.** *tiara*, uit het oosten ontleend.

tibbe [scheldnaam voor doopsgezinden, ook: oud wijf, kletskous] vgl. de nd. vrouwennaam *Tibbke*; vermoedelijk werd de scheldnaam gekozen vanwege de weerloosheid der doopsgezinden.

tibet [wollen stof] oorspr. wol afkomstig uit *Tibet*, vervolgens stof en kleding daarvan.

tic [spiertrekking] < **fr.** *tic*, klanknabootsend gevormd.

tichel [vloersteen] middelnl., middelnd. *tichel,* oudeng. *tigel(e)* (eng. *tile*), oudnoors *tigl;* nevenvorm van *tegel.*

ticket [kaartje] < eng. *ticket* < me. fr. *estiquet* (vgl. *etiket*).

tidoren [slapen] < maleis *tidur* [slapen, liggen, rusten].

tiebreak [tennisterm] < eng. *tiebreak,* van *to break* [breken] + *tie* [knoop, band, het vastbinden, gelijkstaan], van oudeng. *tigan* [trekken], verwant met *tijgen.*

tiek [tor] nevenvorm van *teek*[1].

tien [telwoord] middelnl. *tien,* oudnederfrankisch *ten,* oudsaksisch *tehan, tian, tein,* oudhd. *zehan,* oudfries *tian,* oudeng. *tien,* oudnoors *tiu,* gotisch *taihun;* buiten het germ. lat. *decem,* gr. *deka,* litouws *dešimt,* lets *desmit,* oudkerkslavisch *desęti,* oudiers *deich,* welsh *deg,* oudindisch *daśa.*

tier [ruimte tussen ingescheepte vaten, tussen strengen van een touw] < eng. *tier* (met *i* uitgesproken) [reeks, rij] < oudfr. *ti(e)re* [idem], uit het germ., vgl. hd. *Zier* en *sier.*

tierce [42 gallons, een derde van een pijp] < eng. *tierce* < me. fr. *tierce,* vr. van *tiers* < lat. *tertius* [derde], van *tres* [drie], daarmee idg. verwant.

tiërceren [in drieën delen] < fr. *tiercer,* van *tierce* [derde deel] (vgl. *tierce*).

tierceron [hulprib, steekrib] < fr. *tierceron,* van *tiers* [derde] (vgl. *tierce*).

tierelantijn, tierlantijn [versiersel] vermoedelijk < *tieretein,* maar ook moet gewezen worden op fr. *tirelintin* [geklingel], dat klanknabootsend gevormd is.

tierelieren [kwinkeleren] klanknabootsend gevormd, vgl. *tureluur,* fr. *tirelirer* [kwinkeleren], hd. *tirilieren,* eng. *tirralirra.*

tieren [gedijen, razen] middelnl. *tieren* [geaard zijn, in een zekere toestand zijn, een zekere afloop hebben, zich aanstellen, misbaar maken], middelnd. *t(i)eren,* vgl. middelnl. *tiere* [geaardheid] (nog in *goedertieren*), middelnd. *tere* [idem], oudhd. *ziari* [sieraad] en oudsaksisch, oudeng. *tīr,* oudnoors *tīrr* [roem]; in ijslands *tœrr* [helder] en noors dial. *tira* [kijken, fonkelen] laat zich de oude grondbetekenis 'glans' herkennen.

tieretein [stof] middelnl. *tiere(n)teine* < oudfr. *tiretaine;* het eerste lid van *tiret* (stofnaam), ouder *tiré* < me. lat. *tyrius* [afkomstig uit Tyrus]; het tweede lid vermoedelijk van oudfr. *futaine* [katoen] (vgl. *fustein*).

tiet[1] [borst] jonge vorming naast *tit.*

tiet[2] [kip] naar een voor kippen gebruikte lokroep.

tifosi [fans van een spektakel] < it. *tifosi,* mv. van *tifoso* [tyfusleider, overdrachtelijk: enthousiaste sportfan], van *tifo* (vgl. *tyfus*).

-tig [tiental] middelnl., oudfries *-tich,* oudsaksisch, oudeng. *-tig,* oudhd. *-zug,* oudnoors zn. mv. *tigir,* gotisch *tigjus* [tientallen]; met grammatische wisseling bij *tien* (vgl. gotisch *taihun, tigus*).

tij [eb en vloed] middelnl. *getide* [iedere tijdruimte, een gezette tijd, een op gezette tijden terugkerend ogenblik] < *tijt* (vgl. *tijd*).

tijd [opeenvolging van momenten, moment] middelnl. *tijt,* oudnederfrankisch *tīt,* oudsaksisch, oudfries, oudeng. *tīd,* oudhd. *zīt,* oudnoors *tið;* vgl. met een ander achtervoegsel eng. *time;* buiten het germ. gr. *daiesthai* [verdelen], oudindisch *dāti* [hij verdeelt]; de grondbetekenis is dus: indeling.

tijferen [palmwijn uit een boom tappen] volgens Rumphius uit een overigens niet bekend portugees *tifar,* dat dan wel moet komen van malayalam *tivan* [palmboombewerker] en stamt van oudindisch *dvīpa-* [eiland], d.w.z. Srī Laṇkā.

tijgen [trekken, beginnen] met een *g* die afkomstig is van de verbogen vormen, van middelnl. *tiën* [trekken]; de vorm zonder *g* is behouden gebleven in *betijen;* vgl. oudnederfrankisch *tian, tion,* oudsaksisch *tiohan,* oudhd. *ziohan,* oudfries *tia,* oudeng. *teon,* gotisch *tiuhan,* verwant met lat. *ducere;* het ww. is dooreengelopen met een ander ww. middelnl. *tiën* [verkondigen, beschuldigen], oudsaksisch *aftihan* [weigeren], oudhd. *zihan,* oudeng. *teon* [beschuldigen], oudnoors *tjā* [tonen], gotisch *gateihan* [verkondigen], waarvan nl. *aantijgen;* buiten het germ. lat. *dicere* [zeggen], gr. *deiknunai* [tonen], oudindisch *diśati* [hij wijst, toont].

tijger [katachtig roofdier] middelnl. *tigre, tiger* < lat. *tigris* < gr. *tigris,* van iraanse herkomst: avestisch *tigrish* [pijl]; Varro deelt in De Lingua Latina V, 100 mee, dat armeens *tigris* 'pijl' betekent én de naam is van de snelstromende Tigris; de grondbetekenis zou dan 'snel' zijn.

tijk [kussenovertrek] middelnl. *tijc(ke), tike* < lat. *theca* (vgl. *-theek*).

tijloos [bloem] middelnl. *tidelose, tijtlose, titelose,* naam van verschillende bloemen. Zo genoemd vanwege het bloeien buiten de gebruikelijke tijd.

tijm [plantengeslacht] < lat. *thymus, thymum* < gr. *thumon, thumos* [tijm], van *thuein* [een brandoffer brengen]; vgl. *thuja* en voor de betekenis *ceder, sandelhout.*

tijns [cijns] middelnl. *t(h)ijns, tins, te(i)ns, thijs* (vgl. *cijns*).

tikar [matje] < maleis *tikar* [mat, slaapmat].

tike [vermengde opium] < javaans *tika* [balletje toebereide opium].

tikken [kloppen] klanknabootsende vorming.

tikkenhaan [haan, punthoed] van *haan,* samengesteld met *tik* [kip], naar een voor kippen gebruikte lokroep. Vgl. *tiet*[2] [kip].

til [bruggetje, til voor duiven] middelnl. *til(le)* [brug, zolder], fries *tille,* verwant met *deel*[2] [plank].

tilbury [rijtuigje] genoemd naar de eerste bouwer ervan, de Londense wagenmaker *Tilbury* (eerste helft 19e eeuw).

tilde — tipsy

tilde [leesteken] < **spaans** *tilde*, door metathesis uit *titulo* [titel, opschrift, accent op een letter] < **lat.** *titulus* [titel, opschrift].

tillen [opheffen] **middelnl.** *tillen*, **oudfries** *tilla;* etymologie onzeker.

tilt [standhoek] < **eng.** *tilt* [overhellende, schuine stand, steekspel, aanval op], van *to tilt* [doen heffen, wippen, kantelen, aan een toernooi deelnemen, stoten], **middeleng.** *tilten* [vallen], van *tealt* [onstabiel], verwant met **middelnl.** *touteren* [sidderen], vgl. **middelnl.** *over tilt* [voorover of overzij (?)].

timbaal, timbaaltje [puddingvormpje] **middelnl.** *timbale* [vermoedelijk beker] < **fr.** *timbale* [pauk, metalen beker], o.i.v. *cymbale* < **oudfr.** *tamballe*, waarin zijn samengevallen *tambour* [trommel] (vgl. *tamboer*) + **spaans** *atabal* [pauk] < **ar.** *aṭ ṭabl* [de trom] (vgl. *taboeret*).

timber [schilddekking waarop de vederbos rust (in heraldiek)] **middelnl.** *timber, tember, tembre, timmer* [trommel, helmteken] < **fr.** *timbre* [zegel, tafelschel, klokje waartegen een hamer slaat, maar onder het trommelvel, schildhelm] < **me. lat.** *tympanum* [pauk] < **byzantijns-gr.** *tumpanon* [pauk] (vgl. *timpaan*).

timbre [klankkleur] < **fr.** *timbre* (vgl. *timber*).

time [speelhelft (van wedstrijd)] < **eng.** *time* [tijd], **oudeng.** *tima*, **oudnoors** *timi*, van dezelfde basis als *tijd*.

timide [verlegen] < **fr.** *timide* < **lat.** *timidus* [vreesachtig, schuchter], van *timēre* [vrezen].

timmeren [bouwen (van hout)] **middelnl.** *timb(e)ren, timmeren* [bouwen, timmeren], **oudsaksisch, oudeng.** *timbrian*, **oudhd.** *zimb(a)ron*, **oudnoors** *timbra*, **gotisch** *timrjan*, van **middelnl., oudfries, oudeng.** *timber* [gebouw], **oudsaksisch** *timbar*, **oudnoors** *timbr;* buiten het germ. **lat.** *domus*, **gr.** *domos*, **oudkerkslavisch** *domŭ*, **oudindisch** *dama-* [huis].

timocratie [staat waar ambten op grond van belasting worden verleend] < **gr.** *timokratia* [idem], van *timè* [betaalde prijs, verdiend loon, ambt, magistraat] + *kratein* [heersen], idg. verwant met *hard*.

Timor [geogr.] < **maleis** *Timur* = *timur* [oost, het oosten].

timotheegras [soort gras] genoemd naar *Timothy Hanson*, die deze soort in Noord-Amerika sterk heeft gepropageerd.

timp [spits toelopend stuk, puntbroodje] **middelnl.** *timp(e)* [punt], **middelnd., fries** *timpe;* behoort bij een hele groep woorden met dezelfde grondbetekenis, b.v. *tip, top, tap, tepel*.

timpaan [fronton] < **fr.** *tympan* [trommel] < **lat.** *tympanum* [tamboerijn] < **gr.** *tumpanon* [pauk], verwant met *tuptein* [slaan] (vgl. *type*).

timtim [barg. zilver] klanknabootsend gevormd.

tin [chemisch element] **middelnl.** *ten, teen, tin* < **oudfr.** *étain, tain* < **lat.** *stagnum* [lood, in laatlat. tin], vermoedelijk in oorspr. een gallisch woord.

tinctuur [oplossing in alcohol] **middelnl.** *tincture* < **lat.** *tinctura* [het verven], van *tingere* (verl. deelw. *tinctum*) [indopen, verven, kleuren], idg. verwant met **hd.** *Tunke* [saus].

tingel [houten strook] → *tengel* [1].

tingelen [korte, heldere geluiden maken] iteratief van **middelnl.** *tingen* [tingelen (van muziekinstrument)], klanknabootsend gevormd.

tinka [gril] < **maleis** *tingkah* [kuur, gril, nuk].

tinkal [ruwe borax] < **maleis** *tingkal* [borax] < **oudindisch** *ṭaṅkana-* [idem].

tinke [zeelt] **middelnl.** *tyncke, tinke* < **picardisch** *tinke, tenke* (**oudfr.** *tenche, tanche*) < **lat.** *tinca* [een kleine vis].

tinne [kanteel] **middelnl.** *t(h)inne, tenne*, **middelnd.** *tinne*, **oudhd.** *zinna;* vgl. **middelnd.** *tind*, **oudhd.** *zint*, **oudeng.** *tind* [punt]; ablautend met *tand*.

tinnef [slechte waar, tuig] **bargoens** < **rotwelsch** *tinnef* < **hebr.** *tinnuf* [vuil, smeerboel, rotzooi], *tīnēf* [bevuilen].

tinnegieter [beunhaas in de politiek] in deze zin overgenomen uit *De staatkundige Tingieter* (1766), vertaling van het blijspel *Den politiske Kandestøber* van Holberg (1722).

tinneroy [katoenfluweel] soort *corduroy* met dunnere ribbels. Het eerste lid naar **eng.** *thin* [dun].

tinsen [plukken, plagen] waarschijnlijk een genasaleerde vorm van *tissen*, nevenvorm van *tezen;* vgl. ook *teisteren*.

tint [1] [kleur] (1551) < **fr.** *teint* [idem] < **lat.** *tinctus*, verl. deelw. van *tingere* (vgl. *tinctuur*).

tint [2] [donkere Spaanse wijn] **middelnl.** *tinte, tente* < **spaans** *tinto* [idem], het onregelmatige verl. deelw. van *teñir* [verven, kleuren] < **lat.** *tingere* (vgl. *tinctuur*).

tintel [tondel] vermoedelijk een vervorming van *tondel* o.i.v. *tintelen* [fonkelen].

tintelen [prikkelen, flikkeren] **middelnl.** *tintelen* [zachtjes prikkelen, weergalmen]; vermoedelijk bij woorden als *tip, tit*, die iets puntigs verwoorden.

tintinnabulum [klokje] < **lat.** *tintinnabulum* [bel] < *tintinum* [idem], van *tinnire* [klinken], een klanknabootsende vorming als *tingelen*.

tip [1] [uiteinde] **middelnl., middelnd., middeleng.** *tip*, **middelhd.** *zipf(el);* duidt iets spits aan en behoort bij *top, tap, tepel*.

tip [2] [fooi] (1918) < **eng.** *tip* [hint], van *to tip* [even aanraken], met onduidelijke betekenisontwikkeling.

tipi [indianentent] < **dakota** *tipi* [tent, huis].

tippel [stippeltje] verkleiningsvorm van *tip* [1] [punt].

tippelen [met korte pasjes gaan] (1840), afgeleid van *tip* [teen], vgl. dial. *tenen* [lopen] of van *tippel* [spitse punt, uiteinde].

tips [korzelig] mogelijk afgeleid van *tip* [1] [uiteinde, punt].

tipsy [aangeschoten] < **eng.** *tipsy*, van *to tip* [uit zijn evenwicht brengen, schuinzetten, ook: scheef op het hoofd zetten].

tirade [omhaal van woorden] < **fr.** *tirade* < **it.** *tirata* [trek, teug, woordenstroom], van *tirare* [trekken, afschieten, slingeren], etymologie onzeker.

tirailleren [in gespreide gevechtsorde vuren] < **fr.** *tirailler* [heen- en weertrekken, in verspreide gevechtsorde schieten], van *tirer* [trekken, schieten], etymologie onzeker.

tiran [despoot] **middelnl.** *tyran, tiran(t)* < **oudfr.** *tiran(t)* [idem] < **lat.** *tyrannus* [alleenheerser, dwingeland, vorst] < **gr.** *turannos* [idem], aan een Kleinaziatische taal ontleend.

tiras [net voor vogels of vissen] < **fr.** *tirasse* [idem] < **oudprovençaals** *tirasse*, vgl. **modern provençaals** *tirasso*, van *tirasar* [achter zich aan trekken], van *tirar* [trekken], pendant van **fr.** *tirer* [trekken], etymologie onbekend.

tiro [jagerskreet] < **fr.** *tire haut* [schiet hoog].

Tirol [geogr.] van kelt. herkomst, vgl. **oudiers, gaelisch, welsh, bretons** *tir* [land], verwant met **lat.** *terra* [idem].

tis [ineengedraaide vlecht] behoort bij *tezen*.

tisane [geneeskrachtig drankje] **middelnl.** *tisane, tiseine, tysein* [gerstewater] < **fr.** *tisane* [kruidenaftreksel, drankje] < **lat.** *tisana* [gerstepap] < **gr.** *ptisanè* [gerst, gerstewater], van *ptissein* [gerst en andere granen stampen], verwant met **lat.** *pinsere* [fijnstampen, malen], *pistor* [bakker] (vgl. *piste*).

tissen [in de war raken] van *tezen*.

tissu [weefsel] < **fr.** *tissu*, eig. verl. deelw. van *tisser*, **oudfr.** *tistre* [weven] < **lat.** *texere* [idem] (vgl. *textiel*).

tit [tepel, tiet] **middelnl.** *tette, tet, teite,* bij Kiliaan ook *tit*, **middelnd., fries** *titte*, **middelhd.** *zitze*, **oudeng.** *titt*, naast **oudhd.** *tutto;* verband met *tepel, tip, tap*, woorden voor iets spits is moeilijk te veronachtzamen.

titaan, titanium [chemisch element] door één der ontdekkers ervan, de Duitse chemicus Martin Heinrich Klaproth (1743-1817) genoemd naar *Titania*, een der manen van Uranus (vgl. *titan*); Titania genoemd naar de titanen uit de Griekse mythologie, kinderen van Uranus en Gaea. Klaproth koos de naam nadat hij uraan had benoemd na de recente ontdekking van de planeet Uranus door Herschel.

titan [reus] < **gr.** *Titan*, oorspr. een zonnegod, van *titō* [dageraad, dag, zon], van vóór-gr. herkomst.

titanium → *titaan*.

titel [opschrift, naam] **middelnl.** *tit(t)el, tytel* < **oudfr.** *title* < **lat.** *titulus* [titel, opschrift, eretitel, titel in juridische zin].

titeling [soort stokvis] **middelnl.** *tijtlinc, titlink*, **middeleng., eng.** *titling,* van *tit-* [iets kleins] (vgl. *titmouse*) + *-ling*.

titer [gehalte van een oplossing] < **fr.** *titre* [titel, opschrift, hoedanigheid, gehalte, titer] < **lat.** *titulus* (vgl. *titel*).

titreren [gehalte van oplossing bepalen] < **fr.** *titrer* [idem], van *titre* (vgl. *titer*).

titsen [aanraken] klanknabootsende vorming.

tittel [puntje] hetzelfde woord als *titel*.

titularis [die titel voert] gevormd van **me. lat.** *titulare* [vastleggen, schrijven, van titels voorzien, aanstellen van een functionaris], van *titulus* (vgl. *titel*).

tituleren [betitelen] < **me. lat.** *titulare* (vgl. *titularis*).

tjabe, tjabee [Spaanse peper] < **maleis** *cabai, cabe* [idem].

tjaffelen [strompelen] iteratief van het klanknabootsend gevormde *tjaffen*.

tjakker [kramsvogel] klanknabootsend gevormd.

tjalk [zeilvaartuig] (1717) < **fries** *(s)jalk,* verkleiningsvorm van een niet-geregistreerde friese vorm van *kiel*[3].

tjandoe [bereide opium] < **maleis** *candu* [geprepareerde, gekookte opium], **javaans** *candu*.

tjap [merk] < **maleis** *cap* [stempel, druk, zegel, merk], **javaans** *cap*.

tjap-tjoi [Chinees gerecht] < **chinees dial.** *tjap-tjoi,* van **standaard-chinees** *tsa* [van alles en nog wat] + *tsai* [groente].

tjaske, tjasker [windmolen] etymologie onbekend.

tjerk [tureluur] waarschijnlijk klanknabootsend gevormd.

tjet [verf] < **maleis** *cat, cet* [idem].

tji [beek, rivier] < **soendaas** *ci* [water, rivier].

tjiftjaf [zangvogeltje] genoemd naar zijn zang.

tjik [grootgaftopzeil] etymologie onbekend, misschien een fries woord.

tjilpen [zacht geluid geven (van vogels)] klanknabootsend gevormd.

tjintjangen [in stukjes hakken] < **maleis** *cencang, cincang* [in stukjes hakken, onthoofden].

tjitjak [huishagedis] < **maleis** *cicak* [idem], zo genoemd naar het geluid dat het diertje maakt.

tjoekvisje [tinnen visje met haken als aas] van **gronings** *tjoeken* [rukken, trekken], etymologie onbekend.

tjoel [soort van visnet] < **fries** *(t)sjoel*.

tjoema ['voor tjoema', vergeefs] < **maleis** *percuma* [vergeefs, voor niets, gratis].

tjok [(s)tronk] vgl. **fries** *tsjok* [dik]; waarschijnlijk klanknabootsend gevormd.

tjokvol [propvol] < **eng.** *chock-full* [idem], van *to chock up* [vastzetten, volproppen], van *chock* [klos, blok, klamp], **oudnederfrankisch** *chouque*, verwant met *stock*.

tjolen [dolen] etymologie onduidelijk.

tjomme [tevergeefs] → *tjoema*.

tjompen [springen] < **eng.** *to jump* [idem], etymologie onbekend, waarschijnlijk klanknabootsend gevormd.

tjotter [vaartuig] < **fries** *tsjotter,* etymologie onbekend.

tmesis [scheiding (in de spraakkunst)] < **gr.** *tmèsis* [het snijden], van *temnein* [snijden] (vgl. *anatomie*).

toast → *toost*.

tobbe [kuip] middelnl. *tobbe(n), tubbe,* middelnd. *tover, tobbe,* oudhd. *zubar, zwibar* [vat met twee oren], van *zwene* [twee] + *beran* [dragen], vgl. *baren*¹, hd. *Zuber,* fries *tobbe,* middeleng. *tobbe, tubbe;* etymologie onzeker.

tobben [sukkelen, in zorgen doorbrengen] middelnl. *tobben* [kwellen, schertsen], middelnd. *tobben* [rukken, trekken, plagen, zwoegen], fries *tobje,* de betekenis 'piekeren' eerst in de 17e eeuw. Etymologie onbekend.

tobogan [soort slee] < eng. *toboggan* [idem] < canadees-fr. *tabagan,* uit het algonkin, vgl. micmac *tobagun* [slede van huiden].

toccadielje [soort van triktrak] < portugees *tocadilho* [idem], van *tocar* [aanraken, bespelen van een instrument] (vgl. *toucheren*).

toccata [muziekterm] < it. *toccata,* eig. verl. deelw. vr. van *toccare* [aanraken] (vgl. *toucheren*).

toch [evenwel] verscherping van *doch.*

Tocharen [een volk] < gr. *Tocharoi,* vgl. chinees *tuo huo lo,* oudindisch *tukhāra-* [Tochaar], tibetaans *tho kar,* betekenis onbekend.

tocht [trek, rit] middelnl. *tocht(e), tucht(e)* [het trekken, poldersloot], ook in samenstellingen als *ademtocht, leeftocht, borgtocht,* oudsaksisch *tuht,* oudhd. *zucht;* van dezelfde basis als *tijgen.*

tod, todde [lor] eerst 17e eeuws **nd.** *tot, tod* [bundel], *tater* [vod], oudhd. *zotto, zot(t)a* [haarpluk, vod], oudnoors *toddi* [struik, stukje, bundel, dot]; etymologie onbekend.

toddik [smeerpoets] naast *taddik,* afgeleid van *tod, todde.*

toddy [koude grog, gegiste palmwijn] < eng. *toddy* < hindi *tāṛī,* waarvan de *ṛ* zodanig wordt uitgesproken dat de afstand tot *ḍ* gering lijkt, van *tāṛ* [een soort palm] < oudindisch *tāla-* [idem].

toe [ter aanduiding van richting] vgl. *te*¹.

toeak [gegist palmsap] < maleis *tuak* [idem].

toean [heer] < maleis *tuan* [heer, meester, meneer], identiek met *Tuhan* [de Heer, God].

Toeareg [lid van Berberstam (eig. mv.)] < ar. *tawārik,* mv. van *tārikī,* bij het ww. *taraka* [opgeven, verwaarlozen, afzweren, zich onthouden van]; Tawārik zou volgens sommigen betekenen: zij die (het heidendom) hebben opgegeven (voor de islam), of het omgekeerde.

toef¹ [liefkozing] middelnl. *t(h)oef, touf* [onthaal, verpleging], van *toeven* [middelnl. o.m. beletten verder te gaan, iem. ontvangen, onthalen, liefkozen].

toef² [pluk] < fr. *touffe* [idem], dat uit het germ. stamt, vgl. nl. *top* [kruin].

toeg [boomtak] middelnl. *tooch* [twijg, tak, spruit], middelnd. *tōch,* oudhd. *zuogo;* vermoedelijk vervormd uit *twijg.*

toekan [pepervreter, een vogel] < tupi *tuca* [idem].

toekang [handwerksman, kleine koopman] < maleis *tukang* [idem].

toelast [groot wijnvat] middelnl. *toelast* < nd. *tolast* < *tonlast.*

toemaat [nagras] middelnl. *toemate, toemaet* [toegift, overmaat].

toen [destijds, ten tijde dat] middelnl. *doe, doen,* fries *do,* met *t* < *d;* de *n* is een oude naamvalsvorm (instrumentalis). Van dezelfde basis als *de* en *die.*

toendra [mossteppe] < russ. *tundra* < fins *tunturi* [hoge berg] of < laps *tundar* [berg].

Toengoes [lid van Siberisch volk] < russ. *tunguz* < turkotataars *tonguz* [varken]; zij schijnen veel varkens te hebben gefokt.

toepe [muts] < fr. *toupe* [idem] < oudfr. *top,* uit het germ., vgl. nl. *top*¹.

toepen [kaartspel] ook *toppen, tuppen,* etymologie onzeker, mogelijk van *toepen* [slaan], mogelijk < maleis *main top, main* [spelen] *top* [een gokspel met dobbelstenen of Chinese kaarten] < zuidchinees *to p'o* [gokken, dobbelen].

toer [omwenteling, rit] middelnl. *tour, toer* [het rondgaan, kunstje] < fr. *tour* [idem] < lat. *tornus* [draaibeitel, draaischijf, draaibank] < gr. *tornos* [timmermanspasser, middelpunt, draaibeitel] (vgl. *tornen*¹).

toermalijn [mineraal] < fr. *tourmaline* < singalees *toramalli* [carneool].

toernooi [steekspel] middelnl. *to(u)rnooy, terney* [steekspel, de wisselvalligheid van het aardse] < oudfr. *tournoi,* van *tourner* [wenden, draaien] < lat. *tornare* [op de draaibank draaien] (vgl. *toer, turnen*).

toert [koek] < fr. *tourte* [pastei] < chr. lat. *torta* [koek].

toesnepen [afschuimen] van *toe* + *snepen.*

toet [mond] nevenvorm van *tuit,* waarin de oorspr. *oe* is bewaard gebleven.

toetakelen [aftuigen] van *toe-* + *takelen* [ranselen].

toeten [op een hoorn blazen, tuiten] nevenvorm van *tuiten* (vgl. *toet*).

toeter [hoorn] met behoud van de oorspr. *oe* naast *u* > *ui,* vgl. middelnl. *tuten* [blazen op een hoorn], *tu(y)ter* [hoornblazer], naast *toete, tute* [hoorngeschal], modern nl. *tuiten.*

toetoep [gesloten jasje] < maleis *tutup* [dicht, gesloten, op slot].

toets [proef, aanslagstuk van klavierinstrument] middelnl. *touche, toetse, toidse* [onderzoek van edel metaal] < fr. *touche,* van *toucher* [aanraken], van germ. herkomst, vgl. *tokkelen.*

toeven [tijd doorbrengen] middelnl. *to(e)ven, tuven* [terughouden, arresteren, onthalen, zich ophouden], middelnd. *toven,* fries *tovje* [toeven], ablautend oudnoors *tefja* [verhinderen]; etymologie onzeker.

tof [goed] (1841) < hebr. *tōb* [idem].

tofes [barg. gevangenis] < hebr. *tofēt* [helse plaats], als geogr. naam een plek in het Dal van Hinnom waar aan Moloch brandoffers van kinderen werden gebracht, in het algemeen bij de Feniciërs 'vuurplaats', d.w.z. offerplaats, vgl. ar. *uthfīya*

[steunsel voor kookketel], **aramees** *tfāyā* [driepoot], **syrisch** *tfayyā* [haard].
toffee [snoepje van karamel] < **eng.** *toffee* < *taffy* (vgl. *taffia*).
toffel[1] verkort uit *pantoffel*.
toffel[2] [aardappel] in oostelijke dial., vgl. **nd.** *tuffel, tüffel*, **hd.** *Toffel, Kartoffel*, uit het it. ontleend als *Taratopholi, Taratouphli*, naar *tartufo* [truffel], vanwege vormgelijkenis.
toffelemone, tofelemone, toffelemoons, tofelemoons [barg. katholiek] van **jiddisch** *tofēl* [oud] + *ommone* [geloof] < **hebr.** *amoenā* [idem].
toffelen [slaan] vermoedelijk klanknabootsend gevormd.
tofoe [sojakoek] < **chinees** *toufu*, van *tou* [erwt] (vgl. *taugé*) + *fu* [slecht of schimmelig worden, zachte massa] → *tahoe*.
toga [kleed] < **lat.** *toga* [het gewaad van de Romeinse burger], verwant met *tegere* [bedekken], idg. verwant met *dak*.
togel [kweek (triticum repens)] is waarschijnlijk hetzelfde woord als *teugel*, blijkens benamingen als *duinreep, pees, rijkoorde, trekgras, riettogel*.
togen[1] [trekken, slepen] **middelnl.**, **middelnd.** *togen*, **oudhd.** *zogon*, **fries** *togje*, **oudeng.** *togian* (**eng.** *to tow*), **oudnoors** *toga*; ablautend naast het sterke ww. *tijgen*.
togen[2] [tonen] **middelnl.** *togen*, **oudsaksisch** *togian*, **oudhd.** *zougen*, **gotisch** *ataugjan* [lett. voor ogen stellen].
toges, tokes [achterste] via jiddisch < **hebr.** *tachat* [onder, beneden].
toggenburger [geiteras] genoemd naar het landschap *Toggenburg* in Oost-Zwitserland.
toilet [w.c., kleding] < **fr.** *toilette*, verkleiningsvorm van *toile* [linnen, doek] < **lat.** *tela* [weefsel]; de betekenisontwikkeling was: doek, kapmantel, overtrek van een toilettafel, toilettafel, kleedkamer, kleedkamer met voorzieningen zoals w.c.. Vgl. de betekenisontwikkeling van *bureau*.
toise [vadem] < **fr.** *toise* < **me. lat.** *tensa, teisa, tesia, toycis* [vadem], van **lat.** *tendere* (verl. deelw. *tentum, tensum*) [spannen, uitstrekken].
toi-toi-toi [uiting om succes te wensen] oorspr. joods, klanknabootsend voor afkloppen op ongeverfd hout en voorafgegaan door *unberufen* of *unbeschrieën*, een bezweringsformule om de uitgesproken gedachte terstond weer te annuleren.
tokeh [nachthagedis] < **maleis** *tokeh* [gekko], klanknabootsend gevormd.
tokes, tokus [achterste] → *toges*.
Tokio [geogr.] < **japans** *Tōkyō* [lett. oostelijke hoofdstad], van *tō* [oosten] + *kyo* [hoofdstad]; vgl. voor de betekenis *tonkin*.
tokkelen [snaarinstrument bespelen] frequentatief van **middelnl.** *tocken* [een uitval doen en snel weer terugtrekken], **middelnd.** *tocken*, **oudhd.** *zocchon* (**hd.** *zücken*), **fries** *tokje*; intensivum bij dezelfde basis als *tijgen* (vgl. *tuk*[1]).
toko [winkel] < **maleis, javaans** *toko* [toko].

tol[1] [betaling] **middelnl.** *to(o)lne, tol(le)* [belasting, plaats waar die geheven wordt], **oudsaksisch** *tol*, **oudhd.** *zol*, **oudeng.** *toll* < **lat.** *toloneum* < **gr.** *telōn(e)ion* [tolhuis], van *telos* [verplichte bijdrage], verwant met *tlènai* [(ver)dragen], idg. verwant met **lat.** *tollere* [dragen] en **nl.** *dulden*.
tol[2] [speelgoed] **middelnl.** *tol*, **middelnd.** *tolle* [punt van een tak], **middelhd.** *zol(le)* [blokje hout, cylindervormig stuk]; verwant met *telg*.
Toledo [geogr.] < **lat.** *Toletum*, vermoedelijk van kelt. herkomst.
tolerabel [draaglijk] < **fr.** *tolérable* [idem] < **lat.** *tolerabilis* [draaglijk], van *tolerare* (vgl. *tolerantie*).
tolerantie [verdraagzaamheid] < **lat.** *tolerantia* [het dulden, verdraagzaamheid], van *tolerare* [verdragen], verwant met *tollere* [heffen, dragen] (vgl. *tol*[1], *dulden*).
tolereren [dulden] → *tolerantie*.
tolk [mondeling vertaler] **middelnl.** *tol(l)ic*, **middelnd.** *tolk* < **russ.** *tolk* [betekenis, mening, lering, tolk], verwant met **lat.** *loqui* [spreken], **iers** *totluck* [verzoeken], **oudindisch** *tarka-* [vermoeden].
tolle [uitdrukking van afkeuring] < **lat.** *tolle*, gebiedende wijs enk. van *tollere* (vgl. *tolerantie*).
tolubalsem [geneeskrachtige balsem] gewonnen uit de *toluboom*, genoemd naar *(Santiago de) Tolu*, een plaats in Colombia.
tolueen [methylbenzeen] zo genoemd omdat het eerst uit *tolubalsem* werd gewonnen.
tomaat [vrucht] (1608), via **fr.** *tomate* < **spaans** *tomate* < **nahuatl** *tómatl*, van *tomana* [zwellen].
tomahawk [strijdbijl] < **renapisch** (een algonkintaal in Virginia) *tamahāk, tamahākan* [instrument om te hakken], van *tamaham* [hij snijdt].
toman [Perzische gouden munt] < **perzisch** *tūmān* [10.000]; als geldeenheid in de 13e eeuw een goudstuk ter waarde van 10.000 dinars < **tataars** *tūmān* [10.000].
tombak [koperlegering] < **maleis** *tembaga, tambaya* [(rood) koper], teruggaand op **oudindisch** *tāmraka-* [koper], van *tāmra-* [rood].
tombe [praalgraf] **middelnl.** *tumbe, tomb(e), tom, tumme* < **fr.** *tombe* [idem] < **chr. lat.** *tumba* [graf] < **gr.** *tumbos* [grafheuvel, graf, grafsteen], verwant met **lat.** *tumēre* [zwellen] (vgl. *tumor*).
tombola [loterijspel] eerst 19e eeuws, via het fr., uit het it., oorspr. met de betekenis 'lotto' en dan met die van 'loterij', van *tombolare* [buitelen] < **me. lat.** *tumbare* [duikelen, acrobatische toeren verrichten].
tomen [beteugelen] → *toom*.
tommy [soldaat] afgeleid van *Thomas Atkins*, een naam die het Britse leger gebruikte als voorbeeld voor het aftekenen in de soldijregisters.
tomografie [planografie] gevormd van **gr.** *tomos* (vgl. *tomus*) + *graphein* [schrijven, tekenen], idg. verwant met *kerven*.
tompoes [paraplu, gebakje] < **fr.** *tom-pouce*, ver-

tomus — toon

taald < eng. *(General) Tom Thumb*, de artiestennaam van de dwerg Charles Sherwood Stratton (1838-1883), die in het Amerikaanse circus van Barnum optrad, een toneelnaam die tot soortnaam werd en was overgenomen van *Tom Thumb*, de sprookjesfiguur die bij Perrault *le Petit Poucet* [Klein Duimpje] heette. In de betekenis 'gebakje' is het woord niet fr., mogelijk is het genoemd naar het kruimelen van het feuilletéedeeg, inspelend op het verhaal van Klein Duimpje.

tomus [boekdeel] < lat. *tomus* [stuk papier] < gr. *tomos* [afgesneden stuk], van *temnein* [snijden] (vgl. **tondeuse**).

ton[1] [vat] middelnl. *tonne, tunne* < me. lat. *tunna, tonna* [ton, vat], van kelt. oorsprong.

ton[2] [100.000 gulden] stoelt op het feit dat het gewicht van de gulden van 1840 tot 1945 10 gram was, zodat iem. die een ton bezat 1000 kg. geld had.

tonaal [m.b.t. de toon] < fr. *tonal* [idem] < me. lat. *tonalis*, van *tonus* (vgl. **toon**[1]).

tondel, tonder [licht ontvlambare stof] middelnl. *tonder, tunder*, oudhd. *zunt(a)ra* (hd. *Zunder*), oudeng. *tynder, tyndre* (eng. *tinder*), oudnoors *tundr*, van het ww. middelnl. *tendelen* [doen ontvlammen], oudhd. *zunten* (hd. *zünden*), oudeng. *-tendan*, oudnoors *tend(r)a*, gotisch *tandjan*; vgl. zweeds *tändstickor*, mv. van *tändsticka* [lett. vuurstokje, lucifer].

tondeuse [haarknipmachine] < fr. *tondeuse*, vr. van *tondeur* [scheerder] < me. lat. *tondor, tonsor* < klass. lat. *tonsor* [barbier], van *tondére* (verl. deelw. *tonsum*) [scheren], verwant met gr. *temnein* [snijden] (vgl. **tomus, tonsuur**).

tondo [cirkelvormig kunstwerk] < it. *tondo*, verkort uit *rotondo* [rond] < lat. *rotundus* [idem], van *rota* [wiel], idg. verwant met **rad**[1].

toneel [podium, schouwspel] middelnl. *tineel, tan(n)eel, teneel* [tribune, gevolg, feestelijkheid, receptie], later vermoedelijk o.i.v. *tonen* met *o* < oudfr. *tinel* [dikke stok, balkje], van *tin* [stapelhout, stapelblok, stellage] < provençaals *tin* [idem], ouder *tind*, vermoedelijk van gallische herkomst.

tonen [laten zien] middelnl., middelnd. *tonen*, middelhd. *zo(u)nen*, fries *teane, toane*, middeleng. *taunen*, gotisch *ataugjan* [iets voor ogen brengen], dus een afleiding van *oog*, vgl. middelnl. *ogen* [aantonen, turen naar].

tong [orgaan in de mond] middelnl. *tong(e), tung(e),* oudnederfrankisch, oudsaksisch, oudnoors *tunga*, oudhd. *zunga*, oudfries, oudeng. *tunge*, gotisch *tuggo*; buiten het germ. oudlat. *dingua*, klass. lat. *lingua* (vgl. **langet**).

tonge [smalle weegbree] = *tong*, naar de vorm van de bladeren, vgl. de synoniemen *ganzetong, hondtong, schapetong*.

tongel [kleefkruid] geen middelnl., < noors *tongel*, een verkleiningsvorm als eng. *tangle* van *tang* [zeewier], oudnoors *þöngull*, van *þang* [idem],

deens *tang*, fries *tung*, hd. *Tang*; het woord stamt uit Scandinavië.

tong-tong [seinblok] < maleis *tongtong* [alarmblok, seinblok], van *tong* [bong!], klanknabootsend gevormd.

tonic [spuitwater] < eng. *tonic* < fr. *tonique* [versterkend, tonisch] < gr. *tonikos* (vgl. **tonicum**).

tonica [grondtoon van een toonsoort] < it. *tonica* (vgl. **tonicum**).

tonicum [versterkend middel] < modern lat. *tonicum*, gevormd van it. *tonico* [beklemtoond, versterkend, grondtoon, tonicum], van *tono* [toon, klemtoon] < lat. *tonus* [geluid] < gr. *tonos* [touw, band, spanning (ook van stembanden en snaren), toon], van *teinein* [spannen], waarbij ook *tonikos* [zich spannend] (vgl. **toon**[1]).

tonijn [zeevis] < me. lat. *tonina, thunnina*, klass. lat. *thunnus, thynnus* < gr. *thunnos* [tonijn] < hebr. *tannīn* [zeemonster].

tonisch [spanning vertonend] < gr. *tonikos* (vgl. **tonicum**).

tonka [een boon] negerwoord uit Guyana [tonkaboon].

tonkin [soort van bamboe] afkomstig uit de streek *Tonkin* < annamitisch *Dongh-Kinh* [Oostelijke Hoofdstad], (*dongh* [stad], *kinh* [oosten]); vgl. voor de betekenis **Tokio**.

tonneau [rijtuigje] < fr. *tonneau*, de eerste betekenis is *ton* (vgl. **ton**[1]).

tonsil [amandel] < lat. *tonsillae* (mv.), verkleiningsvorm van *tol(l)es* [kropgezwel], van kelt. herkomst, vgl. welsh *twyn* [zandbank], *tonn* [golf], bretons *tewenn* [duim].

tonsureren [de hoofdkruin scheren] < fr. *tonsurer* [idem] < me. lat. *tonsurare* [de tonsuur toedienen], van *tonsura* (vgl. **tonsuur**).

tonsuur [het scheren van de hoofdkruin] < fr. *tonsure* [idem] < lat. *tonsura* [het afscheren], van *tondēre* (verl. deelw. *tonsum*) [scheren].

tont [vod, smerig wijf] etymologie onbekend.

tontine [lijfrenteverzekering] genoemd naar de uitvinder van het stelsel, de Italiaanse bankier *Lorenzo Tonti* (1630-1695).

toog[1] [het tonen] middelnl. *tooch* [schouwspel] → **togen**[2].

toog[2] [gewelfde bovenkant] hetzelfde woord als middelnl. *toge* [trek]; daar tussenin ligt de vroegere betekenis 'overspanning'. Van *tijgen*, **togen**[1].

toog[3] [soutane] = **toga**.

toog[4] [slok] nevenvorm van **teug**.

tooien [versieren] → **touwen** [leer bewerken].

toom [teugel] middelnl. *toom*, oudnederfrankisch, middelnd. *tōm*, oudhd. *zoum*, oudfries *tām*, oudeng. *team* [span ossen], oudnoors *taumr*; van dezelfde basis als **tijgen**.

toon[1] [klank] middelnl. *tone, toon* < fr. *ton* < lat. *tonus* [donder, dreun, luide klank, krachtige stem] (vgl. **tonicum**).

toon[2] [teen] nevenvorm van **teen**[1], mogelijk een dialectvorm, die op fries *tāne* teruggaat.

toop [vaste uitdrukking] → *topisch*.
toorn [woede] middelnl. *tor(e)n, toorn, torne* [heftige gemoedsbeweging, woede, spijt, verdriet], **oud-eng.** *torn*, **oudhd.** *zorn*, mogelijk van *teren*, dat middelnl. 'verteren, wegvreten, vernielen, uitteren' betekende.
toortel [wrong] < fr. *tortil* [gedraaid lint, toorts], van *tortis* [gedraaid] (vgl. *toorts*).
toorts [fakkel] **middelnl.** o.m. *torke, toorke, toortijtse* < fr. *torche* [ineengedraaide bundel, toorts] < me. lat. o.m. *torqua, torcha* [fakkel], van *torquēre* [draaien, wikkelen], dus: een aaneengesnoerde bundel spaanders.
toost [heildronk, sneetje brood] < eng. *toast* [idem], van me. fr. *toster* [roosteren] < lat. *torrēre* (verl. deelw. *tostum*) [idem]; de betekenis 'heildronk' ontwikkelde zich uit die van 'geroosterd brood', doordat gekruid geroosterd brood bij en in alcoholische dranken werd gebruikt ter verrijking van de smaak; in overdrachtelijke zin werd de naam van een dame, vervolgens die van wie dan ook gebruikt om de dronk te kruiden.
toot [spits toelopend einde] middelnl. *toot, tote* [tuit, lange punt]; ablautend met *tuit* [1].
top [1] [bovenstuk] middelnl., middelnd., oudhd. *zopf* [opgebonden haar] (**hd.** *Zopf* [haarvlecht]), **oudeng., oudfries** *topp*, **oudnoors** *toppr;* etymologie onduidelijk.
top [2] [tussenwerpsel, akkoord] hd. *topp*, vermoedelijk uit het **nd., middelnd.** *toppschilling* [handgeld (1351)]; gaat terug op het vroegere gebruik bij het accorderen van een koop elkaars vingertoppen aan te raken.
topaas [halfedelsteen] **middelnl.** *topaes* < fr. *topaze* < chr. lat. *topazius, topazion* < gr. *topazion* [idem].
topeng [masker] < maleis, javaans *topeng*.
topi [hoed, pet] → *toppie*.
topic [onderwerp van gesprek] < eng. *topic* < gr. *topikè* (namelijk *technè* [vaardigheid]), vr. van *topikos* (vgl. *topica*).
topica [het vinden en ordenen van gegevens] < gr. *topika* [leer der loci communes], zelfstandig gebruikt o. mv. van *topikos* [plaatselijk, de verplaatsing betreffend], van *topos* [plaats].
topinamboer [aardpeer] < fr. *topinambour*, oorspr. *toupinambaux* < braziliaans-portugees *topinambo(r)*, naar de Braziliaanse Guaranistam der *Topinambos*.
topisch [plaatselijk] < gr. *topikos* (vgl. *topica*).
topless [de boezem bloot latend] < eng. *topless*, gevormd van (vgl. *top* [1]) + *-less* (vgl. *-loos* [2]).
topo- [plaats-] < gr. *topos* [plaats].
topografie [plaatsbeschrijving] gevormd van *topo-* + *graphein* [schrijven], idg. verwant met *kerven*.
toppen [1] [aanvaarden] van *top* [2], tussenwerpsel.
toppen [2] [bedelen, schooien] waarschijnlijk nevenvorm van *tobben*, waarvan de betekenis is 'slapen' teruggaat op 'trekken'. Kiliaan geeft *toppen* naast *tobben* in de betekenis 'aan de haren trekken'.

topper [korte damesmantel] < eng. *topper* (vgl. *top* [1]), zo genoemd omdat de zoom reikt tot de top van de middelvinger van de afhangende hand.
toppie [hoed, pet] < maleis *topi* < hindi *ṭopī*.
toppunt [hoogste punt] is vermoedelijk gevormd als meetkundige term in het begin van de 17e eeuw door Simon Stevin ter vertaling van lat. *punctum verticale*.
toque [baretvormig hoedje] < fr. *toque*, vermoedelijk < it. *tocca* [met goud of zilver doorwerkte zijde], uit het germ., vgl. *doek*, hd. *Tuch*.
toqueren [met brede streken verven] < fr. *toquer* [kloppen, slaan], nevenvorm van *toucher* (vgl. *toucheren*).
tor [kever] middelnl. *tor(re), turre;* etymologie onzeker, maar **middelnd.** *turren* [gonzend vliegen] geeft de suggestie dat het woord klanknabootsend is, evenals b.v. *dar*.
Toradjaas [van de Toradja's] *Toradja* < **boeginees** *To riadja* [bovenlander] (vgl. *Dajak*).
torderen [ineendraaien] < fr. *tordre*, teruggaand op lat. *torquēre* (vgl. *toorts*).
toreador [stierenvechter] < spaans *toreador*, van *torear* [stieren bevechten], van *toro* [stier] < lat. *taurus* [stier], daarmee idg. verwant.
toren [hoog bouwwerk] **middelnl.** *turre, torne, toren* < oudfr. *tur* < lat. *turris* [toren] < gr. *turris* [idem].
torero [stierenvechter] < spaans *torero* [stiere-, stierenvechter], van *toro* (vgl. *toreador*).
torisch [gecombineerd sferisch en cylindrisch] gevormd van lat. *torus* [uitpuiling, spierbundel, matras], etymologie onbekend.
tork [ineengedraaide bundel] **middelnl.** *to(o)rke, turke* [fakkel, hoofdwrong] (vgl. *toorts*).
torkruid [een plantengeslacht] wel zo genoemd omdat er vaak torren op zijn te vinden.
torment, *tourment* [marteling] **middelnl.** *torment* [zielepijn, folterwerktuig], **oudfr.** *torment* [idem] (fr. *tourment*) < lat. *tormentum* [windas, klerenpers, folterwerktuig, marteling], verwant met *torquēre* [draaien].
tormentil [soort van ganzerik] middelnl. *tormentille* < fr. *tormentille*, van *tourment* (vgl. *torment*); zo genoemd omdat het werd gebruikt tegen kiespijn.
torn [losgegane steek] → *tornen* [2].
tornado [windhoos] < spaans *tornado* [hevige wervelwind], met o.i.v. *tornare* [draaien], metathesis naast *tronada* [donderbui], van *tronar* [donderen] < lat. *tonare* [idem], idg. verwant met *donder*.
tornatuur [intaglio] < chr. lat. *tornaturae* [op de draaibank vervaardigde voorwerpen], van *tornare* [op de draaibank draaien] (vgl. *tornen* [1]).
tornen [1] [keren, wenden] < fr. *tourner*, oudfr. *torner* < lat. *tornare*, van *turnus* [draaibeitel] < gr. *tornos* [passer, draaibeitel] (vgl. *turnen*).
tornen [2] [losgaan van naaisel] **middelnl.** *ontternen, onttornen, opternen* [lostornen], met metathesis van *r*, van *optrennen* [opternen], **middelhd.** *trennen* [splijten], van dezelfde basis als *teren*.

torntoe [het beginnen met het werk] < eng. *to turn to* [idem].

torntoffel [raar vrouwspersoon] het eerste lid wellicht van de stam van *tornen*, in de betekenis 'kwellen, lastig vallen', het tweede lid van *pantoffel*.

toros [opeenstapeling van ijsschotsen aan de kust van de poolzee] < **russ**. *toros* < **laps** *tŏras*.

torpedo [onderzeese bom] < **spaans** *torpedo* < **lat**. *torpedo* [sidderaal], welke benaming in de zoölogie is overgenomen; vandaar werd zij gebruikt voor het onderzeese wapen. Torpedo betekent eig. 'verlamming', van *torpēre* [verlamd zijn] (vgl. *torpide*).

torpide [gevoelloos] < **fr**. *torpide* < **lat**. *torpidus* [verdoofd, verbijsterd, gevoelloos], van *torpēre* [verlamd zijn], idg. verwant met *sterven* (vgl. *torpedo*).

torr [eenheid van druk] genoemd naar de Italiaanse wis- en natuurkundige *Evangelista Torricelli* (1608-1647).

torren [de wacht houden aan boord] vermoedelijk van *torn* [het omkeren van het logglas], van *tornen*[1] [keren].

tors[1] → *torso*.

tors[2] [plag] **middelnl**. *torsch, torsse* [zode] < **oudfr**. *tors, tros* [stengel, boomtronk, stomp, afgebroken stuk] < **lat**. *thyrsus* [stengel].

torsade [spiraalvormig gewonden draad] < **fr**. *torsade*, van *tors* (vgl. *torso*).

torselet → *korset*.

torsen [met moeite dragen] **middelnl**. *torsen, toursen, tuersen, tursen, trossen* [pakken, opladen, dragen (iets zwaars)] < **oudfr**. *torser, trosser*, van *tordre* (verl. deelw. *tors*) [wringen, draaien, persen], teruggaand op **lat**. *torquēre* (verl. deelw. *tortum*) [draaien, winden] (vgl. *tros*).

torsie [het wringen] < **lat**. *torsio* [het draaien, draaiing], van *torquēre* (verl. deelw. *tortum*) [draaien].

torso [romp] < **it**. *torso* [koolstronk, klokhuis, romp] < **lat**. *thyrsus* (vgl. *thyrsus*).

tort[1] [onrecht] < **fr**. *tort* [ongelijk, nadeel, schade, tekortkoming] < **lat**. *tortus* [kromming, kronkeling], van *torquēre* (verl. deelw. *tortum*) [draaien, verdraaien].

tort[2], toort, toert [uitwerpselen] **middelnl**. *to(o)rt, torde, torte, toert* [mest], **middelhd**. *zurch* (**hd. dial.** *zort*), **fries** *toart*, **oudeng**. *tord* (**eng**. *turd*), **oudnoors** *torð-;* van dezelfde basis als *teren*.

tortel [soort duif] **middelnl**. *turtelduve, tortelduve*, **middelnd**. *tortelduve*, **oudhd**. *turtilituba, turtur*, **oudeng**. *turtle* < **lat**. *turtur*, klanknabootsend gevormd.

tortilla [gerecht] < **spaans** *tortilla*, verkleiningsvorm van *torta* [een ronde koek] < **lat**. *torta* [koek] (vgl. *taart*).

tortueus [bochtig] < **fr**. *tortueux* < **lat**. *tortuosus* [vol kreuken, draaiingen], van *tortus* [kromming, kronkeling], eig. verl. deelw. van *torquēre* [draaien] + *-osus* [vol van].

tortuur [foltering] **middelnl**. *torture*, **fr**. *torture* < **chr. lat**. *tortura* [pijniging], van *torquēre* (verl. deelw. *tortum*) [draaien, omdraaien, folteren].

torus [halfcirkelvormig profiel] < **lat**. *torus* [verdikking, knoop, spierbundel].

torve [nors, ruw] **fr**., **eng**. *torve* < **lat**. *torvus* [grimmig, woest, streng].

Tory [Engelse conservatief] < **eng**. *Tory* < **iers** *toraidhe* [rover], van **oudiers** *toraht*, **gaelisch** *toir* [achtervolging], van een idg. basis met de betekenis 'wentelen', vgl. **lat**. *rota* [wiel] (vgl. *rad*[1]); oorspr. werd ermee aangeduid een Ier die van have en goed was verdreven door de Engelsen en een bandiet werd. Het werd een scheldwoord voor de r.k. aanhangers van Jacobus II, ten slotte van leden van de partij die zich na 1689 verzetten tegen de Glorious Revolution.

Toscane [geogr.] < **it**. *Toscana*, van **lat**. *Tuscia*, het land van de *Tusci*, verkort uit *Etrusci*, een naam waarvan de etymologie onbekend is.

toss [opgooi] < **eng**. *to toss* [opgooien], etymologie onbekend.

tosti [geroosterd brood] < **it**. *tosti*, mv. van *tosto*, samengetrokken uit *tostato*, verl. deelw. van *tostare* < **lat**. *tostare*, iteratief van *torrēre* [roosteren].

tot [voorzetsel, naar ... toe] **middelnl**. *tote* < *toe* + *te*.

totaal [geheel] **middelnl**. *totael* < **me. lat**. *totalis*, van *totus* [geheel].

totalisator [toestel dat het totaal aan inzetten bij weddenschappen op races registreert] < **eng**. *totalizator* < **fr**. *totalisateur* [idem], van *totaliser* [optellen], van *total* < **me. lat**. *totalis* [totaal], van *totus* [geheel].

totalitair [het geheel omvattend] < **fr**. *totalitaire* [idem] < **lat**. *totaliter* (bijw.) [geheel] (vgl. *totalisator*).

totebel [visnet, slordige vrouw] (ca. 1600), van *toot* [spits toelopend einde, tuit] + *bel* in de betekenis 'bobbel'. Het net is zo genoemd omdat het aan vier punten bolrond neerhangt.

totem [vereerd symbool] uit een algonkintaal: **ojibwa** *ototeman* [zijn verwantschap], van *ote* [geslacht, familie], *makwa nindotum* [mijn clan is de beer].

toter [tweejarige haring] te plaatsen bij **eng**. *tot*, **zweeds** *tutte* [klein, kind], **oudnoors** *tuttr*, spotnaam voor een dwerg.

toto [systeem van wedden] verkort uit *totalisator*.

totok [volbloed Hollander, nieuweling] < **maleis** *totok* [zuiver, rasecht, volbloed], gezegd zowel van Chinezen als Nederlanders, vandaar: nieuweling.

tottelen [tuimelen] **middelnl**. *tottelen* [stotteren], in oorspr. wel klanknabootsend gevormd.

touche [trompetstoot] < **hd**. *Tusch* [fanfare], uit een slavische taal.

toucheren [licht aanraken] **middelnl**. *touch(i)eren* < **fr**. *toucher* [aanraken, innen], teruggaand op een vulg. lat. vorm, gebaseerd op het tussenwerpsel *toc!*, klanknabootsend gevormd.

touperen [tegenkammen] gevormd van *fr. toupet* (vgl. *toupet*).

toupet [haarstukje] < *fr. toupet* [haarlok], **oudfr. top** [idem], uit het germ., vgl. **eng.** *top*, **nl.** *top* ¹.

tour [rondrit] → *toer*.

tournedos [biefstuk van de haas] < *fr. tournedos*, van *tourner* [draaien] (vgl. *tour*) + *dos* [rug] (vgl. *dossier*); het woord is verklaard uit het feit dat vroeger bij diners de schotels eerst op tafel werden getoond, maar de ossehaas, die het best snel na het braden gesneden wordt, direct in plakken werd geserveerd, uiteraard van achter de ruggen der gasten.

tournee [rondreis] < *fr. tournée*, van *tourner* [draaien, van richting veranderen] < **lat.** *tornare* [draaien op de draaibank], van *tornus* [draaibeitel, draaischijf] < **gr.** *tornos* [passer, draaibeitel].

tournesol [blauwe verfstof] < *fr. tournesol* [zonnebloem, lakmoes] < **it.** *tornasole* [idem, lett. plant die zich naar de zon keert], vgl. *heliotroop;* uit de plant werd een soort lakmoes gewonnen.

tourniquet [draaikruis] < *fr. tourniquet*, o.i.v. *tourner* < *turniquet* [overkleed] = *turniquel* < *tu(r)nicle* < **lat.** *tunicula*, verkleiningsvorm van *tunica* (vgl. *tunica*); de eerste betekenis van tourniquet was 'wapenrok', dan 'balk met ijzeren punten' en dan een benaming voor diverse draaiende dingen.

tout [geheel] < *fr. tout* < **lat.** *totus* [idem].

touteren [beven, schommelen] **middelnl.** *touteren* [sidderen], **oudeng.** *tealt(r)ian* [schudden, waggelen], *tealt* [onvast] (**eng.** *to tilt* [omvallen]) (vgl. *tilt*).

touw [koord] **middelnl.** *touw(e), tou* [touw, werk (geplozen vlas)], **oudsaksisch** *tou*, **oudfries** *tau* [touw], **middeleng.** *touw* [werk] (**eng.** *tow*); verwant met *touwen*.

touwen [afwerken van leer] **middelnl.** *touwen* [gereed maken, afwerken van huiden], **middelnd.** *touwen*, **oudhd.** *zouwen*, **oudeng.** *tawian*, **gotisch** *taujan*, **runisch** *tawiðo* [hoorn van Gallehus (5e eeuw), ik maakte]; hetzelfde woord als *tooien;* de verbindingen *ooi* en *ouw* wisselen afhankelijk van de oorspr. vervoeging, vgl. naast **gotisch** *taujan* de verl. tijd *tawida*, zoals in *gouw* ¹, -*Gooi* e.d..

toveren [zwarte kunst beoefenen] **middelnl.** *tov(e)ren*, **middelnd.** *toveren*, **oudhd.** *zoubaron*, **oudnoors** *taufr* [tovermiddel, tovenarij] < **middelnl.**, **middelnd.** *tover* [tovenaar, toverij], **oudhd.** *zoubar*, **oudfries** *taver*, **oudeng.** *teafor* [roedsel, rode verfstof, zalf]; etymologie onzeker.

tower [toren] < **eng.** *tower, the Tower*, vroegere gevangenis in Londen < *fr. tour* < **lat.** *turris* (vgl. *toren*).

toxemie [bloedvergiftiging] gevormd van **gr.** *toxikon* (vgl. *toxisch*) + *haima* [bloed], idg. verwant met *zeem* ¹ [honing].

toxisch [vergiftig] gevormd van **lat.** *toxicum* [pijlgif, vergift] < **gr.** *toxikon* [idem], eig. het zelfstandig gebruikt o. van *toxikos* [van de boog], van *toxon* [boog], mv. *toxa* [pijlen].

toxoplasmose [ziekte veroorzaakt door toxoplasma] gevormd van **gr.** *toxon* [boog], vanwege de sikkelvormige gedaante der protozoën + *plasma* [boetseerwerk], van *plassein* [vormen].

toynbeewerk [sociaal ontwikkelingswerk] genoemd naar de Britse historicus en sociaal hervormer *Arnold Joseph Toynbee* (1852-1883).

tra [brandgang in bos] **middelnl.** *tra(de)* [spoor, pad], vgl. *traden*, nevenvorm van *treden*.

traag [langzaam] **middelnl.** *traech, trage*, **oudsaksisch** *trāg*, **oudhd.** *tragi*, **oudeng.** *trāg*, naast ablautend **oudsaksisch** *trĕgan*, **oudeng.** *trĕgian*, **oudnoors** *trĕga* [bedroeven], **gotisch** *trīgo* [treurnis]; buiten het germ. **litouws** *diržtu* [hard, taai worden].

traam [boom van een kar] ablautend naast *treem* ¹, ².

traan ¹ [oogvocht] **middelnl.** *traen*, **oudsaksisch** *trahni* (mv.) **oudhd.** *trahan* naast vormen met *r*, vgl. **middelhd.** *traher*, **oudhd.** *zahar*, **oudfries** *tār*, **oudeng.** *tœhher, tear*, **oudnoors** *tār*, **gotisch** *tagr;* buiten het germ. **oudlat.** *dacruma*, **iers** *der*, **litouws** *ašara*, **oudindisch** *aśra-*, vormen die niet geheel op elkaar aansluiten en het best verklaard kunnen worden als affectieve varianten.

traan ² [visolie] **middelnl.** *traen, trane*, hetzelfde woord als *traan* ¹ [oogvocht].

tracasserie [geharrewar] < *fr. tracasserie*, van *tracasser* [verontrusten] < *traquer* [achterna zitten, eig. in het struikgewas slaan om het wild eruit te jagen], van *trac* (vgl. *track*).

tracé [afgetekende aslijn van ontworpen weg] < *fr. tracé*, van *tracer* [schetsen], **oudfr.** *tracier* [lijnen trekken], teruggaand op **lat.** *trahere* [trekken].

traceren [nasporen] < *fr. tracer*, **oudfr.** *tracier* [een spoor volgen, zoeken], van **lat.** *tractus* [het trekken, slepen, loop, tracé], van *trahere* [trekken], idg. verwant met *dragen*.

trachea [luchtpijp] < **gr.** *artèria tracheia, (artèria* [ader] *tracheia*, vr. van *trachus* [ruw]); men meende dat lucht door de aderen liep en onderscheidde de zachte ader(en), ons begrip ader, en de ruwe ader = luchtpijp.

tracheïde [langgerekte steunende en geleidende plantecel, vaatcel] gevormd van *trachea* + *-ide* (vgl. *-oïde*).

trachiet [vulkanisch gesteente] gevormd van **gr.** *trachus* [ruw].

trachoom [oogbindvliesontsteking] < **gr.** *trachōma* [ruwheid], van *trachus* [ruw]; de ziekte wordt gekenmerkt door ruwheid van de binnenkant van het ooglid.

trachten [proberen] **middelnl.** *trachten* [uitdenken, streven naar], **middelnd.** *trachten*, **oudhd.** *trahton*, **oudeng.** *trahtian* < **lat.** *tractare* [behandelen, zich bezighouden met, bespreken, onderzoeken], frequentatief van *trahere* [trekken, sle-

track — traminer

pen, uitleggen, heen en weer trekken, uitleggen, overwegen, tot zich trekken], idg. verwant met *dragen*.

track [spoor van magneetband] < **eng.** *track* [spoor, renbaan] < **me. fr.** *trac*, uit het germ., vgl. *trekken*.

tractabel [handelbaar] < **lat.** *tractabilis* [tastbaar, handelbaar, meegaand], van *tractare* (vgl. *traktatie*).

tractie [het voorttrekken] < **fr.** *traction* < **me. lat.** *tractio* [het trekken], van *trahere* (verl. deelw. *tractum*) [trekken], idg. verwant met *dragen*.

tractor [voorttrekker van voertuigen] < **eng.** *tractor* < **me. lat.** *tractor*, van *trahere* (verl. deelw. *tractum*) [trekken].

tractus [een misgezang] < **lat.** *tractus* [het trekken, langzame voortgang], van *trahere* (verl. deelw. *tractum*) [trekken], idg. verwant met *dragen*; het woord bedoelt aan te geven: zonder onderbreking, voortgaand.

traditie [overlevering] < **lat.** *traditio* [overdracht, overlevering], van *tradere* [overdragen], van *trans* [over ... heen] + *dare* [geven].

traditioneel [berustend op overlevering] < **fr.** *traditionnel*, van *tradition* (vgl. *traditie*).

trafak, travak [barg. werk] verbasterd uit **fr.** *travail*.

trafiek [bedrijf, handel] **middelnl.** *trafika, traffijc* [handel, handelwijze, kunstgreep] < **me. fr.** *trafic, trafique* < **it.** *traffico* < **ar.** *tafrīq* [scheiding, verdeling, distributie, kleinhandel], bij het ww. *farraqa* [hij verdeelde, hij distribueerde].

tragant [plantaardige gom] verkort uit **fr.** *tragacanthe*, gevormd van **gr.** *tragos* [bok] + *akantha* [doorn, doornstruik, distel].

tragedie [treurspel] **middelnl.** *tragedie* < **fr.** *tragédie* < **lat.** *tragoedia* < **gr.** *tragōidia* [treurspel], van *tragos* [bok] (vgl. *dragee*) + *ōidè* [gezang, gedicht, lied] (vgl. *ode*); van deze twee componenten uit zijn uiteenlopende verklaringen gegeven, die geen van alle zekerheid bieden.

tragel [jaagpad] **middelnl.** *tragelen* [aan een treklijn lopen], van *tragel* [sleepnet] < **me. lat.** *tragula* (vgl. *trailer*).

tragicus [tragediedichter] < **lat.** *tragicus* (vgl. *tragedie*).

tragisch [treurig] < **lat.** *tragicus* [van het treurspel, dramatisch, verschrikkelijk] < **gr.** *tragikos* [van een bok, tragisch, deerniswekkend] (vgl. *tragedie*).

trailer [oplegger] < **eng.** *trailer*, van *to trail* [slepen] < **oudfr.** *traill(i)er* < **me. lat.** *traha, traga, tracula, tragula* [eg, slede, sleepnet], van *trahere* [trekken], idg. verwant met *dragen;* vgl. *tragel* [jaagpad].

train [loop der dingen] < **fr.** *train* (vgl. *trein*).

trainee [iem. in opleiding] < **eng.** *trainee*, van *to train* (vgl. *trainen*) + *-ee*, een achtervoegsel gevormd van **fr.** *-é* < **lat.** *-atus*.

trainen [oefenen] < **eng.** *to train* [slepen, sleuren, opvoeden, africhten] (vgl. *trein*), vgl. **middelnl.** *trahinen, traïnen, treïnen* [slepen].

traineren [treuzelen] **middelnl.** *trahinen, traïnen, treïnen* [slepen, langs de grond voorttrekken] < **fr.** *traîner* (vgl. *trein*).

traiteur [uitzendkok] < **fr.** *traiteur* [oorspr. onderhandelaar], van *traiter* [behandelen] < **lat.** *tractare* [voorttrekken, behandelen, bespreken], frequentatief van *trahere* [trekken], idg. verwant met *dragen*.

traject [wegverbinding] → *drecht*.

trajectorie [gebogen baan van een zich bewegend punt, die andere gebogen banen onder dezelfde hoek snijdt] < **eng.** *trajectory* < **me. lat.** *traiectorius*, bn. van *traiectio* [het ergens doorheen werpen, overtocht], van *trai(i)cere* [over iets heen werpen, overbrengen, doorboren], van *trans* [aan de andere kant van] + *iacere* [werpen].

trakelen [traag voortgaan, jagen (van schip)] **middelnl.** *tragelen* [aan een treklijn lopen] → *tragel*.

trakken[1] [talmen] **middelnl.** *tracken*, nevenvorm van *trecken* dat 'trekken', maar ook 'slepende houden' betekent.

trakken[2] [drijven van wild] < **fr.** *traquer* [idem], van *trac* [spoor], uit het germ. *trekken*.

traktaat [verhandeling, verdrag] < **lat.** *tractatus* [behandeling, bespreking, in me. lat. ook: overeenkomst], van *tractare* (verl. deelw. *tractatum*) (vgl. *traktatie*).

traktant [die gasten onthaalt] < **lat.** *tractans* (2e nv. *tractantis*), teg. deelw. van *tractare* (vgl. *traktatie*).

traktatie [onthaal] < **lat.** *tractatio* [behandeling, beoefening, in chr. lat. uitlegging (van teksten), in me. lat. het slepen, maar ook: aflevering, overhandiging], van *tractare* [slepen, behandelen, bespreken, bejegenen], een intensivum van *trahere* (verl. deelw. *tractum*) [trekken, krijgen, verklaren, overdenken], idg. verwant met *dragen*.

trakteren [onthalen] **middelnl.** *tract(i)eren* [behandelen, bespreken, bij zich ontvangen] < **lat.** *tractare* (vgl. *traktatie*).

tralie [spijl] **middelnl.** *traillie, traille, trallie, tralie* [traliewerk] < **fr.** *treillis*, een zelfstandig gebruikt bn. van *treille* [met wijnstok begroeid prieel] **me. lat.** *trilia, trelia, treilia, trailia, trela, trichila*, **klass. lat.** *trichila* [loofhut], **me. lat.** *traliare* [vlechten, van tenen maken], verwant met *trilix* [driedraads] (vgl. *trielje*).

tram, trem [openbaar vervoermiddel] < **eng.** *tram*, verkort uit *tramway*, vgl. **middelnl.** *tram(e)* [balk, lat], **nd.** *traam*, **oudfries** *tram(e)* [laddersport], **noors** *tram* [houten drempel]; rails in mijnen waren vroeger van hout; in 1776 zou een zekere *Outram* in een mijn bij Sheffield ijzeren rails hebben toegepast, reden waarom door sommigen tramway wordt afgeleid van *Outramway*, doch dit is onmogelijk omdat Outram in 1764 het levenslicht zag.

traminer [witte wijn] < **hd.** *Traminer*, wijnsoort uit *Tramin* in Tirol.

trammelant [drukte, narigheid] verbasterd uit **fr.** *trémulant,* teg. deelw. van *trémuler* [beven, doen trillen], van een intensiefvorm van **lat.** *tremere* [trillen, sidderen], (*tremulus* [bevend]).
tramontane [poolster, noordenwind] < **fr.** *tramontane* [poolster, noorden] < **it.** *tramontana,* verkort uit *stella tramontana, stella* [ster] *tramontana,* van *tra* [tussen] + *montano, montana* [berg-] (vgl. *ultramontaan*), dus de ster die tussen de bergen (de Alpen) zichtbaar is, de Poolster. 'Zijn tramontane verliezen' betekent dus: het kompasnoorden kwijt zijn.
tramp[1] [trap met voet] → *trampen.*
tramp[2] [zwerver] < **eng.** *tramp,* van *to tramp* [stampen, sjouwen, lopen, zwerven] < **nl.** *trampen.*
trampelen [trappelen] iteratief van *trampen.*
trampen [stampen, schoppen] middelnl. kent het iteratief *tramperen* [met de voeten stampen], **middelnd., middeleng., hd.** *trampen;* genasaleerde nevenvorm van *trappen.*
trampoline [verend net] < **it.** *trampolino* [idem] (vgl. *tremplin*).
trance [toestand van gewijzigd bewustzijn] < **eng.** *trance* < **fr.** *transe* [trance, angst, benauwdheid], van *transir* [doen verstijven, oorspr. overgaan] < **lat.** *transire* [overgaan, oversteken, sterven], van *trans* [naar de andere kant van] + *ire* [gaan].
tranchant [bijtend] < **fr.** *tranchant* [snijdend, scherp], eig. teg. deelw. van *trancher* (vgl. *trancheren*).
tranche [deel] < **fr.** *tranche* [snede], van *trancher* (vgl. *trancheren*).
tranchee [loopgraaf] < **fr.** *tranchée* [uitgraving, loopgraaf], eig. het vr. verl. deelw. van *trancher* (vgl. *trancheren*).
trancheren [in stukken snijden] < **fr.** *trancher* [doorsnijden, afhakken] < **lat.** *truncare* [afknotten, afsnijden, ontdoen van], van *truncus* [afgeknapt, van zijn takken beroofd, (boom)stam, romp] (vgl. *tronk, trans, trench-coat*).
tranquil [kalm] < **fr.** *tranquille* < **lat.** *tranquillus* [kalm], van *trans* [door ... heen, zeer] + *quies* [rust], idg. verwant met *wijl*[1].
tranquillizer [kalmerend middel] < **eng.** *tranquillizer,* van *to tranquillize* [rustig maken of worden], van *tranquil* [rustig] < **fr.** *tranquille* < **lat.** *tranquillus* [idem], gevormd van *trans* in de betekenis 'zeer' + *quies* [rust], idg. verwant met *wijl*[1] [poos].
tranquillo [rustig] < **it.** *tranquillo* < **lat.** *tranquillus* (vgl. *tranquillizer*).
trans [borstwering] **middelnl.** *trans* [omheining, omloop in kerk] < **fr.** *tranche* [snede, rand van munten], van *trancher* (vgl. *trancheren*).
trans- [aan gene zijde] < **lat.** *trans* [aan de overkant van, over, over ... heen], vgl. **oudindisch** *tiras,* **avestisch** *tarō,* **welsh** *tra* [idem].
transactie [overeenkomst] < **fr.** *transaction* < **me. lat.** *transactio* [overeenkomst, compromis], van *transigere* (verl. deelw. *transactum*) (vgl. *transigeren*).
transalpijns [aan gene zijde van de Alpen] < **lat.** *transalpinus* [idem], van *trans* [aan de overkant van] + *Alpes* [de Alpen] (vgl. *Albion*).
transbordeur [zweefpont] < **fr.** *transbordeur,* van *transborder* [overbrengen naar de andere oever], van *trans-* [over] + *bord,* uit het germ., vgl. *boord.*
transcendent [bovenzinnelijk] < **lat.** *transcendens* (2e nv. *transcendentis*), teg. deelw. van *transcendere* [naar iets anders overklimmen, overschrijden, passeren], van *trans* [over] + *scandere* [klimmen, opstijgen].
transcriberen [overschrijven] < **lat.** *transcribere* [idem], van *trans* [over] + *scribere* [schrijven].
transcriptie [overzetting] **middelnl.** *transcriptie* < **fr.** *transcription* < **me. lat.** *transscriptio* [het overschrijven, kopie], van *transcribere* (verl. deelw. *transcriptum*) (vgl. *transcriberen*).
transeneren [kwellen] **middelnl.** *transeneren* [afpersen, uitzuigen], gevormd van **fr.** *transe* (vgl. *transes*).
transept [kruisbalk] < **eng.** *transept* < **me. lat.** *trans(s)eptum,* van *trans* [over ... heen] + *saeptum,* verl. deelw. van *saepire* [omheinen, omgeven, opsluiten, beschermen], *saeptum* [elke omheinde plaats, stal voor het vee, tempel], *saepta domorum* [de omheining van de huisgenoten], dus: huis (daarnaast ook: hek).
transes [benauwdheid] < **fr.** *transes,* mv. van *transe* [angst], van *transir* [doen verstijven (van schrik), eig. overgaan] < **lat.** *transire* [overgaan, sterven], van *trans* [aan de andere kant van] + *ire* [gaan] (vgl. *trance*).
transfer [overdracht] < **eng.** *transfer,* al dan niet via fr. < **fr.** *transférer* < **lat.** *transferre* [overbrengen], van *trans* [aan de andere kant van] + *ferre* [dragen], idg. verwant met *baren*[1].
transfereren [overbrengen] **middelnl.** *transfereren,* **fr.** *transférer* < **lat.** *transferre* [overbrengen], van *trans* [over] + *ferre* [dragen], idg. verwant met *baren*[1].
transfiguratie [gedaanteverandering] **middelnl.** *transfiguratie* < **fr.** *transfiguration* < **me. lat.** *transfiguratio,* van *transfigurare* (verl. deelw. *transfiguratum*) [vervormen, veranderen], van *trans* [aan de overkant van, over] + *figurare* [vormen], van *figura* [gedaante, vorm] (vgl. *figuur*).
transfix [stuk door middel van een insnijding aan een oorkonde bevestigd] **middelnl.** *transfix* < **lat.** *transfixus,* van *transfigere* [zo bevestigen], van *trans* [door ... heen] + *figere* (verl. deelw. *fixum*) [vastmaken].
transformatie [omzetting] (na 1540) < **fr.** *transformation* [idem] < **me. lat.** *transformatio* [idem], van *transformare* (verl. deelw. *transformatum*) (vgl. *transformeren*).
transformator [omzetter van elektrische stroom] gevormd van **lat.** *transformare* (verl. deelw. *transformatum*) [van gedaante doen veranderen],

transformeren — transuranen 760

van *trans* [aan de overkant van] + *formare* [vormen], van *forma* [vorm].

transformeren [een andere vorm geven] **middelnl.** *transformeren* < **fr.** *transformer* < **lat.** *transformare* [van gedaante doen veranderen], van *trans* [aan de overkant van, over ... heen] + *formare* (vgl. *formeren*).

transfusie [overbrenging van bloed] < **lat.** *transfusio* [overgieting, vermenging], van *transfundere* (verl. deelw. *transfusum*) [overgieten], van *trans* [over] + *fundere* [gieten], daarmee idg. verwant.

transgressie [overschrijding] < **lat.** *transgressio* [overtocht], van *transgredi* (verl. deelw. *transgressum*) [oversteken, stappen over], van *trans* [over] + *gradi* [stappen, schrijden] (vgl. *graad*).

transietinstrument [sterrenkundige term] het eerste lid < **lat.** *transitio* [overgang], van *transire* (verl. deelw. *transitum*) [overgaan], van *trans* [over] + *ire* [gaan].

transigeren [tot een schikking komen] < **fr.** *transiger* < **lat.** *transigere* [voltooien, afdoen, regelen, in der minne schikken], van *trans* [aan de overkant van, over ... heen] + *agere* [ergens heen drijven, doen, handelen], verwant met **gr.** *agein* (vgl. *agoog*).

transistor [kristalversterker, radio die daarop werkt] merknaam van Bell Laboratories, gevormd van **eng.** *transfer* [overdrager] + *resistor* [die zich verzet].

transit [doorvoer] < **fr.** *transit* of **eng.** *transit* < **lat.** *transitus* [het oversteken, overtocht], van *transire* (vgl. *transietinstrument*).

transitief [overgankelijk (werkwoord)] < **fr.** *transitif* < **me. lat.** *transitivus* [overgankelijk], van *transire* (vgl. *transietinstrument*).

transito [doorgang] < **it.** *transito* < **lat.** *transitus* (vgl. *transit*).

transitoir, transitoor [tijdelijk] < **fr.** *transitoir(e)* [idem] < **me. lat.** *transitorius* [overgangs-], van *transire* (vgl. *transietinstrument*).

translatie [overbrenging] **middelnl.** *translatie* < **fr.** *translation* < **lat.** *translatio* [idem], van *translatum*, gebruikt als verl. deelw. van *transferre* [overbrengen].

translatief [door overdracht] < **fr.** *translatif* < **lat.** *translativus* [naar een ander verwijzend], van *translatum* (vgl. *translatie*).

transliteratie [het teken voor teken overbrengen van het ene schrift in het andere] gevormd van **lat.** *trans* [aan de andere kant van] + *littera* [letter].

translocatie [verplaatsing] < **fr.** *translocation,* van **me. lat.** *translocare* [overbrengen] (verl. deelw. *translocatum*), van *trans* [aan de andere kant van] + *locare* [plaats], van *locus* [plaats] (vgl. *locatie*).

translucide [helder, doorschijnend] < **fr.** *translucide* < **lat.** *translucidus* [idem], van *trans* [aan de

andere kant van] + *lucidus* [lichtend, helder] (vgl. *lucide*).

transmigrant [landverhuizer op doortocht] < **lat.** *transmigrans* (2e nv. *transmigrantis*), teg. deelw. van *transmigrare* [verhuizen, verbannen], van *trans* [aan de overkant van, over] + *migrare* [verhuizen].

transmigratie [verhuizing] **middelnl.** *transmigratie* < **fr.** *transmigration* < **lat.** *transmigratio* [verhuizing, verbanning], van *transmigrare* (verl. deelw. *transmigratum*) (vgl. *transmigrant*).

transmissie [overbrenging] < **fr.** *transmission* < **lat.** *transmissionem,* 4e nv. van *transmissio* [overtocht], van *transmittere* (verl. deelw. *transmissum*) [overbrengen, laten oversteken], van *trans* [over] + *mittere* [sturen, zenden].

transmitteren [overbrengen] < **lat.** *transmittere* (vgl. *transmissie*).

transmutabel [omzetbaar] < **fr.** *transmutable* < **me. lat.** *transmutabilis* [veranderbaar], van *transmutare* (vgl. *transmuteren*).

transmuteren [in een andere soort veranderen] < **fr.** *transmuter* < **lat.** *transmutare* [verwisselen, verruilen], van *trans* [aan de overkant van] + *mutare* [veranderen], idg. verwant met *mis* [2].

transparant [doorzichtig] < **fr.** *transparent,* teg. deelw. van *transparere* < **me. lat.** *transparēre* [dóórschijnen], van *trans* [door] + *parēre* [zichtbaar zijn].

transpireren [zweten] < **fr.** *transpirer* [idem], gevormd van **lat.** *trans* [door ... heen] + *spirare* [blazen, ademen, uitstromen], van klanknabootsende herkomst.

transplanteren [overplanten] < **fr.** *transplanter* < **chr. lat.** *transplantare* [overplanten], van *trans* [aan gene zijde van, over] + *plantare* [planten], van *planta* [stekje, plant, eig. voetzool] (vgl. *planten*).

transponeren [overbrengen] < **lat.** *transponere* [overbrengen, overzetten, laten oversteken], van *trans* [aan de overkant van] + *ponere* [plaatsen, zetten].

transportatie [het vervoeren] < **fr.** *transportation* < **lat.** *transportatio* [het overbrengen, emigratie], van *transportare* (verl. deelw. *transportatum*) (vgl. *transporteren*).

transporteren [vervoeren, in eigendom overdragen] (ca. 1500) < **fr.** *transporter* < **lat.** *transportare* [overbrengen, voeren over], van *trans* [aan gene zijde van, over, over ... heen] + *portare* [dragen, brengen], idg. verwant met *varen* [2].

transsumpt [gewaarmerkte kopie] **middelnl.** *transsumpt* < **me. lat.** *trans(s)umptum* [kopie], zelfstandig gebruikt verl. deelw. van *tran(s)sumere* [in me. lat.: overnemen, kopiëren], van *trans* [over] + *sumere* [nemen], van *sub* [onder] + *emere* [kopen].

transuranen [groep elementen] gevormd van **lat.** *trans* [aan de overkant van] + *uraan*.

Transvaal [geogr.] gevormd van lat. *trans* [aan de overkant van] + de rivier de Vaal.
transversaal [overdwars] < **me. lat.** *transversalis* [zijdelings, dwars], van *transversare* [oversteken (b.v. een dal)], van *transvertere* (verl. deelw. *transversum*) [veranderen, afwenden, in het passief: zwenken], van *trans* [aan de andere kant van, over] + *vertere* [wenden], idg. verwant met ***worden***.
transvestiet [die geprikkeld wordt door zich als andere sekse te kleden] gevormd van **lat.** *trans* [aan de overkant van, over] + *vestire* (verl. deelw. *vestitum*) [kleden], van *vestis* (vgl. ***vest²***).
trant [wijze van gaan, wijze van handelen] **middelnl.** *trant* [gang, schrede], *tranten* [stappen] (vgl. ***drentelen***).
trantel¹ [gewone manier van lopen] van ***trant***.
trantel² [fier] van **middelnl.** *tranten* [stappen] (vgl. ***trant***).
trap¹ [trede] **middelnl.** *trap(pe)* [stoep met treden, trap, sport, knip, val], **middelnd., middelhd.** *trappe, treppe* [trap], **oudfries** *treppe* [trede], **oudeng.** *træppe* [strik] (**eng.** *trap*) (vgl. ***trappen***).
trap² [gans] → ***trapgans***.
trapeze [zweefrek] < **fr.** *trapèze* [zweefrek voor acrobaten], hetzelfde woord als ***trapezium***; het punt van overeenkomst is de met de grond evenwijdige stang.
trapezium [vierhoek met twee evenwijdige zijden] < **gr.** *trapezion* [tafeltje, trapezium], verkleiningsvorm van *trapeza* [tafel], van *tetra* [vier], daarmee idg. verwant + *peza* [voetstuk], verwant met *pous* (2e nv. *podos*) [voet], daarmee idg. verwant. De betekenis is dus: onderzetter met vier poten.
trapgans [soort gans] **middelnl.** *trap(pe), trapgans*, **middelnd., middelhd.** *trappe* < **pools, tsjechisch** *drop*.
trappelen [de voeten snel beurtelings optillen] iteratief van ***trappen***.
trappen [de voet neerzetten, schoppen] **middelnl.** *trappen* [op de grond stampen, vangen], **middelnd.** *trappen* [luid stampen], **oudeng.** *trepeð* [hij treedt, vangt in een strik], *treppa* [treden, betrappen], naast ablautend **middelhd.** *trumpfen* [lopen], **gotisch** *anatrimpan* [toedringen op]; buiten het germ. **pools** *drabina* [ladder], **gr.** *(apo)didraskein* [(weg)lopen], **oudindisch** *drāti* [hij holt] (vgl. ***trap¹***).
trapper [vallenzetter] < **eng.** *trapper*, van **oudeng.** *treppe*, **middelnl.** *trap(pe)* [trap, sport, knip, val], in de laatste betekenis eig. 'dat waar het dier op trapt' (vgl. ***trappen***).
trappist [monnik van bepaalde orde] afgeleid van de abdij *La Trappe* in Normandië.
tras¹ [gemalen tufsteen] < **fr.** *terrasse* < **it.** *terrazzo* (vgl. ***terrazzo***).
tras² [uitgeperst suikerriet] < **eng.** *trash* [idem], van scandinavische herkomst, vgl. **oudnoors** *tros* [rommel, afgevallen twijgen], **zweeds** *trasa* [vod].
trasi [ingrediënt] < **maleis** *terasi, trasi* [visconserf].

trassaat [degene op wie een wissel wordt getrokken] < **hd.** *Trassat* < **it.** *trassato* [idem], verl. deelw. van *trassare* [een wissel trekken] < **me. lat.** *trassare* [opsporen, onderzoeken, natrekken, vragen].
trauma [psychische stoornis] < **gr.** *trauma* [wond].
travaat [korte stortbui] < **portugees** *ventos travados, ventos* [winden] *travados* (mv.) [een soort wervelwind die optreedt voor de kust van Guinee], *travado* < *trovoado*, van *trovão*, teruggaand op **lat.** *turbo* [draaiende beweging, wervelwind, storm] (vgl. ***turbine***).
travalje [hoefstal] **middelnl.** *travaelge, travaille* [hoefstal, kluister] < **fr.** *travail* [idem] < **me. lat.** *tripalium* [een martelwerktuig], van *tri-* [drie-] + *palus* [paal]; op de vorming was *travail* [arbeid] van invloed.
travee [gewelfvlak] < **fr.** *travée* [idem], **me. fr.** *trave* < **lat.** *trabem*, 4e nv. van *trabs* [balk, architraaf, schip, dak], idg. verwant met ***dorp***.
traveller [ring die vrij beweegt rond lijn of hout] < **eng.** *traveller*, van *to travel* [reizen] < **oudfr.** *travail*, waarvan het een betekenisverbijzondering werd.
traven [stouwen (van lading)] vgl. **spaans** *trabar* [met elkaar verbinden, verdichten (van vloeistoffen)], **portugees** *travar*, teruggaand op **lat.** *trabs* [balk] (vgl. ***travee***).
travers [dwars gestreept weefsel] → ***traverse***.
traverse, travers [dwarslijn] < **fr.** *traverse* < **lat.** *traversus* < *transversus* [dwars], van *transvertere* (verl. deelw. *transversum*) [veranderen, afwenden] (vgl. ***transversaal***).
travertijn [steensoort] < **it.** *travertino* [idem], ouder *tivertino* < **lat.** *Tiburtinus* (afkomstig) van de stad *Tibur* [Tivoli].
travestie [verkleding (als andere sekse)] < **fr.** *travesti* [verkleed], eig. verl. deelw. van *travestir* < **it.** *travestire*, van *tra* < **lat.** *trans* [aan de andere kant van] + *vestire* [kleden], van *vestis* (vgl. ***vest²***).
trawant [handlanger] eerst na Kiliaan genoteerd, hd. reeds 1424 [drabant], **it., spaans, portugees** *trabante*, **fr.** *drabant, trabant*, vermoedelijk < **perzisch** *darbān* [deurwachter], van *dar* [deur, poort], idg. verwant met ***deur*** + *bān* [vorst, heer, gouverneur, als achtervoegsel: bewaker] (vgl. ***durbar***); anderen menen dat het is ontleend aan **tsjechisch** *drabant*, dat echter, eventueel via het hongaars, zelf uit het oosten kan stammen.
trawler [treiler] < **eng.** *trawler*, van *trawl* [net], nevenvorm van *trail* (vgl. ***trailer***).
trebbel [gelui van drie klokken in akkoord] < **oudfr.** *treble* [drievoudig, driestemmig] < **lat.** *triplum* (vgl. → ***tripel¹***, *triple*).
trecento [veertiende eeuw] < **it.** *trecento*, verkort uit *mille trecento* [duizend driehonderd], *tre* < **lat.** *tres* [drie], daarmee idg. verwant *cento* < **lat.** *centum* [honderd], daarmee idg. verwant.
trechter [kegelvormig toestel met tuit] **middelnl.**

tracter, trachter, trechter, trichter, teruggaand op **lat.** *traiectorium* [trechter], van *traicere* (verl. deelw. *traiectum*) [overbrengen], van *trans* [aan de andere kant van] + *iacere* [werpen].

tred [stap] → *treden.*

treden [lopen] **middelnl.** *treden, terden, tarden, torden, traden,* **oudnederfrankisch, oudeng.** *tredan,* **oudhd.** *tretan,* **oudfries** *treda,* ablautend **oudnoors** *trŏđa,* **gotisch** *trudan;* idg. verwantschappen zijn onzeker.

treedsel [hanetree, kiemblaasje in ei] van *treden* in de betekenis 'bespringen', gezegd van mannelijke vogels.

treef[1] [verboden spijs] → *treife.*

treef[2] [balk] < **oudfr.** *tref* [balk, mast] < **lat.** *trabem,* 4e nv. van *trabs* [balk] (vgl. *travee*).

treeft [ijzeren drievoet, rooster] **middelnl.** *tre(e)ft* < **me. lat.** o.a. *tripes, tripedium, tripos, tripus* (2e nv. *tripodis*) [treeft], van *tres, tria* [drie], daarmee idg. verwant + *pes* (2e nv. *pedis*) [voet], daarmee idg. verwant. De betekenis is dus: drievoet.

treek [list] **middelnl.** *treke, treec,* een nieuw enk. gevormd uit het mv. van *trec(k)* [ruk, trek, uitstel, list, kunstgreep], van *trekken,* vgl. voor de betekenis *karaktertrek, een merkwaardig trekje.*

treem[1] [sport van ladder] **middelnl.** *tram(e), traem, treme* [balk, lat, houten tand van hooivork], **middelnd.** *trame, treme* [sport, dwarsstang], **middelhd.** *drame, trame* [balk, grendel]; buiten het germ. **lat.** *trans* [over ... heen], *terminus* [grenspaal], **gr.** *terma* [einde, grens], **oudindisch** *tarati* [hij steekt over].

treem[2] → *tremel.*

treffen [raken] **laat-middelnl.** *treffen* < **middelhd.** *treffen,* **oudhd.** *treffan,* waarmee direct verwant **middelnl.** *drepen* [slaan, treffen, raken], **oudsaksisch** *obardrepan* [overtreffen], **oudeng.** *drepan,* **oudnoors** *drepa;* buiten het germ. **oudkerkslavisch** *drobiti* [stukbreken].

trèfle [klaveren (van kaarten)] < **fr.** *trèfle,* van **lat.** *trifolium,* vertalende ontlening aan **gr.** *triphullon* [klaver (plantje)], van *tri-* [drie-] + *phullon* [blad], idg. verwant met *bloem*[1].

treife [onrein, ongunstig] < **jiddisch** *tereifa* < **hebr.** *tarēf* [niet kosjer].

treilen [op sleeptouw nemen] **middelnl.** *treilen, treelen, tragelen* [aan een treklijn lopen], *tragel* [sleepnet] < **me. lat.** *traginar, trahinar, trainar* [slepen] en *tragum* [sleepnet] (vgl. *trein*).

treillis [traliewerk] < **fr.** *treillis* (vgl. *tralie*).

trein [vervoermiddel over spoorrail] < **eng.** *train* [idem] < **fr.** *train* [gang van zaken, vaart, legertrein], van *traîner* [trekken, slepen] < **me. lat.** *traginar(e), trahinare* < **klass. lat.** *trahere* [trekken], idg. verwant met *dragen.*

treit, treite [vod, praatzieke vrouw] **middelnl.** *treite,* hetzelfde woord maar in een nogal verschillende betekenis namelijk 'leren lus aan elke kant van het geheel' < **oudfr.** *trait* [idem, scheur of ander gebrek in laken waarvoor wevers beboet werden, lap, flard], van *traire* [trekken] < **lat.** *trahere* [trekken, uiteentrekken], idg. verwant met *dragen.*

treiteren [plagen] **middelnl.** *traiteren, treiteren, treteren, tretieren* (met verlegging van het accent) [onderhandelen, een verdrag sluiten, iem. behandelen, slecht behandelen], vgl. iem. *tracteren* < **fr.** *traiter* < **lat.** *tractare,* dat mede de betekenis 'mishandelen' had (vgl. *trakteren*).

trekkebekken [het liefkozen van duiven, herhaaldelijk kussen] bij Kiliaan *treckbecken* [de snavels bij elkaar brengen, kussen].

trekken [naar zich toe halen, naar een andere plaats gaan] **middelnl.** *trecken,* oorspr. een causatief naast *treken,* **middelnd., middelhd.** *trecken,* **oudfries** *trekka;* etymologie onduidelijk.

trel [slet] nevenvorm van *drel.*

trema [deelteken] < **gr.** *trèma* [gat, opening], van *tetrainein* [doorboren], idg. verwant met *draad, draaien.*

trembleren [vibreren] < **fr.** *trembler* [idem] < **lat.** *tremulus* (vgl. *tremolo*).

tremel [trechter in graanmolen] < **fr.** *trémie* [idem] < **lat.** *trimudio,* mv. van *trimodium* [maat van drie schepel inhoud], van *modius* [korenmaat].

tremmen [kolen stouwen] < **eng.** *to trim* [idem] (vgl. *trimmen*).

tremoliet [delfstof] genoemd naar de vindplaats, het *Tremola-dal* in Zwitserland.

tremolo [trillend, triller] < **it.** *tremolo,* van *tremolare* [trillen, tremoleren] < **lat.** *tremulus* [huiverend, bevend], van *tremere* [huiveren, beven], vgl. **gr.** *tremein,* verwant met **gotisch** *þramstei* [sprinkhaan].

tremor [voortdurende trilling] < **lat.** *tremor* [het sidderen, beven, aardbeving], van *tremere* [beven] (vgl. *tremolo*).

trempé [doornat] < **fr.** *trempé,* verl. deelw. van *tremper* [weken, bevochtigen], met metathesis van *r* < **oudfr.** *temprer* [vloeistoffen mengen, nat maken] < **lat.** *temperare* (vgl. *temperen*[1]).

tremplin [springplank] (1847) < **fr.** *tremplin* < **it.** *trampolino,* van *trampolo* [stelt], uit het germ., vgl. *trampelen.*

tremuleren [een tremolo uitvoeren] < **fr.** *trémuler* [doen trillen], teruggaand op **lat.** *tremulus* [trillend], van *tremere* [trillen], idg. verwant met **gotisch** *þramstei* [sprinkhaan], **gr.** *tremein* [beven].

trench-coat, trenchcoat [regenjas] < **eng.** *trenchcoat* [idem], van *trench* [loopgraaf], van *to trench* [snijden] < **oudfr.** *trenchier* < **lat.** *truncare* [afknotten, afsnijden] (vgl. *tronk*).

trend [tendens] (ca. 1940) < **eng.** *trend,* van *to trend* [zich buigen, lopen, in een richting gaan], **oudeng.** *trendan,* **middelnl.** *trenten* [stappen, lopen] (vgl. *drentelen, trant, omtrent*).

trenen [druppen] **middelnl.** *trenen;* ablautend bij *tranen.*

trens[1] [dun touw dat tussen de gleuven van zwaar touwwerk wordt gelegd, bies, galon, lus van garen om haakjes in vast te haken, type van paardebit] het Middelnl. Handwoordenboek geeft *trence, trenche, trense* voor de naam van een bepaald soort laken en *trens(s)e* [trens], waarnaast *trese:* hetzelfde als *trens?;* inderdaad kunnen *trens* en *tres,* ook qua betekenis, moeilijk geheel gescheiden worden. De herkomst van *trens* kan dan zijn lat. *trinus* [drievoudig] (vgl. *trilix* [driedradig] en *trijs, tres*).

trens[2] [afwateringskanaal] < eng. *trench* [sloot, loopgraaf] (vgl. *trench-coat*).

trentelen [drentelen] frequentatief van middelnl. *trenten* (vgl. *trend*).

trepaneren [de hersenpan doorboren] gevormd van me. lat. *trepanum* [boor] < gr. *trupanon* [drilboor, trepaneerboor], *trupan* [boren], idg. verwant met *draaien*.

trepelen [trippelen] middelnl. *trepelen,* evenals *trippelen* ablautend bij *trappelen*.

tres [boordsel] middelnl. *trese* < fr. *tresse* [idem], oudfr. *trece, tresce,* via me. lat. < byzantijns-gr. *trichia* [touw] < klass. gr. *thrix* [haar, collectivum : haren, borstel van varken], vgl. **oudiers** *gairbdriuch* [borstel].

treter [barg. schoen] < hd. *Treter* [oude schoen, trapper], van *treten* [treden].

treuga dei [godsvrede] van me. lat. *treuga, trege, treuva, trevia* [wapenstilstand], uit het germ., vgl. nl. *trouw* + *dei,* 2e nv. van *deus* [god].

treuren [verdrietig zijn] middelnl. *tru(e)ren, tro(e)ren,* uit het duits, vgl. middelnd. *troren, truren,* oudhd. *truren* (hd. *trauern*); verwant met *drozen*.

treusneus [bagatel] etymologie onbekend.

treutelen, treutselen [treuzelen] met als varianten *trijtelen, trittelen, truttelen, troetelen, dreutelen,* die bij woorden van expressieve aard gemakkelijk ontstaan (vgl. *treuzelen*).

treuzel [zeef] naast *trijzel;* etymologie onzeker.

treuzelen [talmen] eerst aan het eind van de 18e eeuw aangetroffen, is vermoedelijk een jonge vorming, waarvan de verwantschappen onzeker zijn.

Treveszaal [bepaalde zaal in regeringsgebouw] zo genoemd naar het daar gesloten Twaalfjarig Bestand < fr. *trêve* [bestand], oudfr. *trieve,* uit het germ., vgl. *trouw*.

treze, trees [scheldwoord voor een vrouw, vod] middelnl. *trijskijn* < *Theresia.*

trezoor [schat] < fr. *trésor* [idem] < lat. *thesaurus* (vgl. **thesaurus**).

tri [oplosmiddel] verkort uit *trichloorethyleen.*

tri- [drie-] < lat. *tri-* < gr. *tri-,* verwant met lat. *tres,* o. *tria,* respectievelijk gr. *treis,* o. *tria* [drie], daarmee idg. verwant.

triade [groep van drie] < gr. *trias* (2e nv. *triados*) [het getal drie, drietal] (vgl. *tri-*).

triage [selectie] < fr. *triage,* van *trier* (vgl. *triëren*).

triakel, teriakel [tegengif] middelnl. *triakele* < me. lat. *theriaca, tiriaca, theriacum* < byzantijns-gr. *thèriakè* (met weglating van een woord voor 'te-gengif' zoals) *antidotos* [triakel], eig. vr. van *thèriakos* [betrekking hebbend op wilde dieren, goed tegen het vergif daarvan], afgeleid van *thèr* [wild beest].

trial[1] [proef] < eng. *trial,* van middeleng. *trien* [selecteren] < fr. *trier* [sorteren, schiften], me. lat. *triturare* [dorsen], *tritare,* frequentatief van klass. lat. *terere* [wrijven, stukwrijven, dorsen] (verl. deelw. *tritum* betekent ook 'verfijnd'). De afstand van 'dorsen', d.w.z. 'kaf van koren scheiden' tot 'sorteren' is niet groot.

trial[2] [komische tenor] < fr. *trial,* naar de Franse zanger *Antoine Trial* (1736-1795).

triangel [slaginstrument] < fr. *triangle* [idem] < lat. *triangulum* [driehoek], van *tri-* (vgl. *tri-*) + *angulus* [hoek], idg. verwant met *enkel*[1].

triangulair [driehoekig] < fr. *triangulaire* [idem] < me. lat. *triangularis,* van *triangulum* [driehoek] (vgl. *triangel*).

triarchie [driemanschap] gevormd van *tri-* naar analogie van o.m. *tetrarchie* (vgl. *tetrarch*).

trias [groep van drie] < gr. *trias* [het getal drie, drietal] (vgl. *triade*).

Trias [geologische formatie] zo genoemd naar de lithografische driedeling ervan (vgl. *trias*).

triatlon [driekamp] naar analogie van *pentatlon* gevormd van *tri-.*

tribaal [stam-] < fr. *tribal* [idem], van *tribu* [stam] < lat. *tribus* (vgl. *tribus*).

tribade [lesbienne] < fr. *tribade* < lat. *tribas* (2e nv. *tribadis*) < gr. *tribas* [vrouw die masturbeert of met vriendin 'schuift'], van *tribein* [wrijven].

tribbelen variant van *dribbelen.*

tribologie [wrijvingsleer] gevormd van gr. *tribein* [wrijven] + *logos* [woord, verhandeling] (vgl. *tribade*).

tribrachys [versvoet] < gr. *tribrachus* [bestaande uit drie korte lettergrepen], van *tri-* [drie-] + *brachus* [kort] (vgl. *bras, brassière*).

tribulatie [narigheid] < fr. *tribulation* [idem] < chr. lat. *tribulationem,* 4e nv. van *tribulatio* [droefenis, ellende], van klass. lat. *tribulare* [dorsen, afpersen, in chr. lat. kwellen], van *tribulum* [dorsplank (plank met scherpe stenen in de bodem)], *tribula* [distel] < gr. *tribolos* [soort stekende plant, dorsplank, kraaiepoot tegen ruiterij].

tribunaal [gerecht] < fr. *tribunal* [idem] < lat. *tribunal* [tribune], waarop de *tribunen* en andere ambtenaren zaten om recht te spreken, vandaar: de magistraten (vgl. *tribuun*).

tribune [zitplaatsen voor toeschouwers] < fr. *tribune* (vgl. *tribunaal*).

tribus [wijk] < lat. *tribus* [een van de drie stammen, waarin aanvankelijk de Romeinse patriciërs waren verdeeld en waaruit ook de drie riddercenturiën werden gevormd], van *tri-* [drie-] (vgl. *contributie, tribune, tribunaal*).

tribuun [gemeensman] < lat. *tribunus,* van *tribus* (vgl. *tribus*); oorspr. was de *tribunus* voorzitter van een der oude *tribus,* later werd het woord gebruikt voor diverse andere hoge ambten.

tribuut [schatting] **middelnl.** *tribuut* < **fr.** *tribut* < **lat.** *tributum* [directe belasting], verl. deelw. van *tribuere* [toedelen, aanrekenen], van *tribus* (vgl. *tribus*).

triceps [driehoofdige spier] < **lat.** *triceps* [driehoofdig], van *tri-* [drie-] + *caput* [hoofd], daarmee idg. verwant.

tricheren [vals spelen] < **fr.** *tricher* [bedriegen, vals spelen] < **lat.** *tricari* [moeilijkheden maken].

trichiasis [het naar binnen groeien van oogharen] gevormd van **gr.** *trichias* [harig iem.], van *thrix* (2e nv. *trichos*) [haar].

trichine [haarworm] < **gr.** *trichinos* [van haar], van *thrix* (vgl. **trichiasis**).

trichotomie [driedeling] gevormd van **gr.** *tricha* [drievoudig] + *tomè* [het snijden], van *temnein* [snijden].

trichroïsme [driekleurigheid] gevormd van **gr.** *tri-* [drie-] + *chrōs* [huid, huidskleur, kleur].

triclien [kristalvorm] gevormd van **gr.** *tri-* [drie-] + *klinein* (vgl. **klinisch**).

triclinium [aanligbed, eetsofa rond drie kanten van de tafel] < **lat.** *triclinium* < **gr.** *triklinion* [idem], van *triklinos* [met drie aanligbedden], van *tri-* [drie-] + *klinè* (vgl. **klinisch**).

tricolor [driekleurig] < **fr.** *tricolore* [driekleurig, de driekleurige Franse vlag], van *tri-* [drie-] + *color* [kleur].

tricolore [de driekleur, de Franse vlag] → *tricolor*.

tricorne [driekantige steek] < **fr.** *tricorne*, van *tri-* [drie-] + *corne* [hoorn, punt] < **lat.** *cornu* [hoorn], daarmee idg. verwant.

tricot [weefsel] (1847) < **fr.** *tricot*, van *tricoter* [breien].

triduüm [tijdruimte van drie dagen] < **lat.** *triduum*, van *tri-* [drie-] + *dies* [dag].

triëder [drievlak] gevormd van **gr.** *tri-* [drie-] + *hedra* [zitvlak, het zitten], verwant met *hezesthai* [gaan zitten], idg. verwant met **zitten**.

triefel [oneerlijk, verdacht] < **jiddisch** *tereifa* (vgl. *treife*).

trielje [weefsel] **middelnl.** *trilly?* < **fr.** *treillis* < **lat.** *trilix* [driedraads] (vgl. **dril**³, *tralie*).

triem [sport van ladder] nevenvorm van *treem*¹.

triënnium [een periode van drie jaar] < **lat.** *triennium*, van *tri-* [drie-] + *annus* [jaar].

triep [ingewand] → *trijp*².

trière [galei met telkens drie roeiers op één bank aan één riem] < **lat.** *trieris* [idem] < **gr.** *trièrès*, van *tri-* [drie-] + *eressein* [roeien], *eretès* [roeier].

triëren [dorsen, sorteren] **middelnl.** *triëren* [onder handen nemen, dresseren] < **fr.** *trier* (vgl. *trial*¹).

triest [treurig] < **fr.** *triste* < **lat.** *tristis* [slecht geluimd, bars, bedroefd, somber].

triforium [galerij in kerk] gevormd van **lat.** *tri-* [drie-] + *foris* [deur, toegang], idg. verwant met **deur**; zo genoemd omdat er gewoonlijk drie toegangen waren in elk vak.

trigeminus [driehoekszenuw] < **lat.** *trigeminus* [drievoudig], van *tri-* [drie-] + *geminus* [tegelijk geboren, tweeling].

triglief [Dorisch bouwélement] < **gr.** *trigluphos* [met drie gleuven], van *tri-* [drie-] + *gluphis* [insnijding, keep], van *gluphein* [inkerven], idg. verwant met **klieven**.

trigonometrie [driehoeksmeting] gevormd van **lat.** *trigonum* < **gr.** *trigōnon* [driehoek], van *tri-* [drie-] + *gōnia* [hoek] + *metrein* [meten].

trijp¹ [velours] < **fr.** *tripe*, etymologie onbekend.

trijp² [ingewand] ook *triep, trip*, **middelnl.** *tripe* < **fr.** *tripe*, **provençaals, catalaans, spaans, portugees, it.** *tripa*, met metathesis van *r* < **ar.** *tharb* [buikvlies, ingewanden] < **perzisch** *charb* [vet].

trijs [takel] **middelnl.** *trise, trijs(se)* [windas], *trisen* [takelen], **middelnd.** *tritze*, **middeleng.** *trise* (**eng.** *trice*) < **me. lat.** *tricia* [vlecht, ineengedraaide haren, touw] (vgl. *tres*).

trijsen [takelen] **middelnl.** *trisen, treisen*, afleiding van *trijs*.

trijzelen¹ [zeven] **middelnl.** *triselen* [draaien], frequentatief van *trisen, trijssen* [ronddraaien, rondlopen, beloeren, bespieden], hetzelfde woord als *trisen* [takelen], van *trise* (vgl. *trijs*); vgl. voor de grondbetekenis 'draaien' van het woord 'zeven' nog **wan**.

trijzelen² nevenvorm van *treuzelen*.

triktrak [kaartspel] (1693) < **fr.** *trictrac* [idem], nabootsing van het geluid dat de schijven maken.

tril [op de tril, aan de zwier] → *dril*⁴.

trilateraal [driezijdig] gevormd van *tri-* + *lateraal*.

trileen [licht narcotische stof] samengetrokken uit *trichloorethyleen*.

triljard [miljard tot de 3e macht] gevormd van *tri-* + *miljard*.

triljoen [miljoen tot de 3e macht] gevormd van *tri-* + *miljoen*.

trillen [beven] **middelnl.** *trillen*, **fries** *trilje*, **eng.** *to trill* [vibreren], **deens, noors** *trille*, **zweeds** *trilla*; etymologie onbekend.

triller [versiering in zang en muziek] < **it.** *trillo* [idem], uit het germ., vgl. **trillen**.

trilobiet [prehistorisch schaaldier] gevormd van **gr.** *trilobos* [met drie lobben], van *tri-* [drie-] + *lobos* (vgl. *lob*²).

trilogie [drievoudig letterkundig produkt] < **gr.** *trilogia* [stel van drie tragedies], van *tri-* [drie-] + *logos* [woord, verhandeling].

trimester [periode van drie maanden] < **lat.** *trime(n)stris* [drie maanden durend], van *tri-* [drie-] + *mensis* [maand], idg. verwant met *maan*¹, *maand*.

trimeter [versvorm] < **lat.** *trimeter* < **gr.** *trimetros* [uit drie metra bestaand], van *tri-* [drie-] + **gr.** *metron* [maatstaf, maat] (vgl. **meten**).

trimmen [haar van een dier bijknippen, lichamelijke oefeningen doen] < **eng.** *to trim* [netjes in orde brengen], **oudeng.** *trymman* [sterk maken, verzorgen], verwant met **trouw**.

trimorf [met drie kristalvormen] < **gr.** *trimorphos*

[met drie gestalten], van *tri-* [drie-] + *morphè* [vorm].

trimtrampje [vogel] klanknabootsend gevormd.

triniteit [drieëenheid] < **chr. lat.** *trinitas* (2e nv. *trinitatis*) [drievuldigheid], van *trinus* [drievoudig], verwant met *tres* (o. *tria*) [drie], daarmee idg. verwant.

trio [drietal (vooral in muziek)] < **it.** *trio* < **lat.** *tria*, het o. van *tres* [drie], o.i.v. *duo* [twee] gevormd.

triode [elektronenbuis met drie elektroden] gevormd van *tri-* + *elektrode*.

triolet [dichtvorm] < **fr.** *triolet*, verkleiningsvorm van *trio* [drietal], zo genoemd omdat in het schema één versregel driemaal voorkomt (vgl. *trio*).

triomf [zegepraal] **middelnl.** *triumphe* < **lat.** *triumphus* [zegetocht, feestelijke intocht na een militaire overwinning, ook overdrachtelijk: zege, triomf], met *o* o.i.v. **fr.** *triomphe* [idem], teruggaand op **gr.** *thriambos* [hymne op Dionysus, processie te zijner ere], een vóór-gr. woord (vgl. *troef*).

triomferen [zegevieren] < **fr.** *triompher* [idem] < **lat.** *triumphare* [idem] (vgl. *triomf*).

triool [drie noten met tijdswaarde van twee of vier noten] < **hd.** *Triole* [idem], vermoedelijk < **fr.** *triolet* [idem] (vgl. *triolet*).

trip¹ [plankje voor turftrappen] **middelnl.** *trippe* [muil met houten zool] → *tripzool*.

trip² [tochtje] < **eng.** *trip*, van *to trip*, **middeleng.** *trippen*, verwant met *trappen*.

tripang [zeekomkommer] < **maleis** *tripang*.

tripartiet [drieledig] < **lat.** *tripartitus* [in drie delen], van *tri-* [drie-] + *partiri* (verl. deelw. *partitum*) [verdelen], van *pars* (2e nv. *partis*) [deel].

tripel¹ [drievoudig, een biersoort] < **fr.** *triple* [idem] < **lat.** *triplus* [drievoudig] < **gr.** *triplous* < *triplŏs* (vgl. *dubbel*); het bier wordt zo genoemd omdat het in drie stadia gist.

tripel² [polijstaarde] < **fr.** *tripoli*, genoemd naar de Libische uitvoerhaven *Tripoli*; het fr. heeft naast *polir* [polijsten] < **lat.** *polire* ook *tripolir* [polijsten met tripel].

tripfluweel → *trijp¹*.

triple [drievoudig] → *tripel¹*.

triplex [hout in 3 gelijmde lagen] < **lat.** *triplex* [drievoudig, uit drie delen bestaand], verwant met **gr.** *triplax* [uit drie lagen bestaand], van *tri-* [drie-] + *plax* [vlak].

tripliceren [voor de derde maal antwoorden] **middelnl.** *tripliceren* < **lat.** *triplicare* [verdrievoudigen], van *tri-* [drie-] + *plicare* [vouwen] (vgl. *dupliceren*).

triplure [een stevig weefsel gebruikt om delen van kleding te versterken] < **fr.** *triplure*, van *tripler*, van *triple* (vgl. *tripel¹*).

tripmadam [vetkruid] < **fr.** *tripe-madame*, *triquémadame* en andere vormen, waarvan de etymologie onzeker is.

tripodie [versvorm] < **gr.** *tripodès* [drie voet lang],

trimtrampje — trivium

van *tri-* [drie-] + *pous* (2e nv. *podos*) [voet], daarmee idg. verwant.

Tripolitaans [van Tripoli] gevormd van **gr.** *tripolis* [drie steden hebbend], van *tri-* [drie-] + *polis* [stad] (vgl. *politiek*).

trippelen [met vlugge pasjes gaan] ablautend naast *trappelen*.

trippy [een kick gevend] < **eng.** *trippy* = *going on a trip* (bedoeld is door middel van drugs) (vgl. *trip²*).

triptiek [drieluik] < **gr.** *triptuchos* [drievoudig, uit drie lagen bestaand], van *tri-* [drie-] + *ptussein* [vouwen, samenvouwen].

tripzool [spiegelzool] **middelnl.** *trippe* [muil met houten zool] vgl. *trippelen;* met variërende vocaal naast *trappen*.

trireem [galei met telkens drie roeiers op één bank aan één riem] < **lat.** *triremus* [idem], van *tri-* [drie-] + *remus* [roeiriem] (vgl. *riem²*).

trisagion [liturgisch gezang] < **byzantijns-gr.** *(ho) trisagios (humnos)* (de hymne) waarin het driemaal *(tris) hagios* [heilig] voorkomt.

trisecant [wiskundeterm] < **lat.** *trisecare* (teg. deelw. *trisecans*, 2e nv. *trisecantis*) [in drieën hakken], van *tri-* [drie-] + *secare* (vgl. *sector*).

tristichon [drieregelig vers] gevormd van **gr.** *tri-* [drie-] + *stichos* [rij, gelid, vers], van *stix* (2e nv. *stichos*) [rij, gelid], van *steichein* [stijgen, optrekken van soldaten], idg. verwant met *stijgen*.

tritagonist [hij die op het toneel de derde rol vervult] < **gr.** *tritagōnistès* [idem], van *tritos* [derde] (van *treis* [drie], daarmee idg. verwant) + *agōnistès* [kampioen, debater, woordkunstenaar], van *agōnizesthai* [wedijveren, voordrachten houden, disputeren], van *agōn* (vgl. *agon*).

tritheïsme [driegodendom] gevormd van **gr.** *tri-* [drie-] + *theos* [god].

tritium [waterstofisotoop] gevormd van **gr.** *tritos* [derde], van *treis* [drie], daarmee idg. verwant. Zo genoemd vanwege zijn massagetal drie.

triton [zeegod] < **lat.** *Triton* < **gr.** *Tritōn* [zoon van Poseidon, zeegod], verwant met **oudiers** *triath* (2e nv. *trethan*) [zee].

trits [drietal] zal wel samenhangen met **lat.** *tres* [drie], daarmee idg. verwant, maar op welke wijze is niet duidelijk.

triumvir [drieman] < **lat.** *triumvir* [lid van het college van drie mannen], van de 2e nv. mv. *trium virorum* [van de drie mannen].

triumviraat [driemanschap] < **lat.** *triumviratus* [ambt van drieman] (vgl. *triumvir*).

trivalent [driewaardig] gevormd van **lat.** *tri-* [drie-] + *valens* (vgl. *bivalent*).

triviaal [onbeduidend] < **fr.** *trivial* [idem] < **lat.** *trivialis* [algemeen toegankelijk, alledaags], van *trivium* [wegsplitsing, de straat], *(innati triviis* [zij die opgegroeid zijn op de straat, het straatpubliek]), van *tri-* [drie-] + *via* [weg].

trivium [groep van drie vrije kunsten] < **lat.** *trivium* [wegsplitsing] (vgl. *triviaal*).

trocar, trocart [chirurgisch instrument] < fr. *trocart* < *trois carres,* vanwege de drie vakken van het instrument, van **lat.** *quadra* [vierkant, plat stuk].

trocheus, trochee [versmaat] < **gr.** *trochaios (pous)* [idem], *(pous* [voet]) *trochaios* [snel lopend], van *trochos* [het lopen], van *trechein* [draven].

troebel [onzuiver] **middelnl.** *turbel, torbel, trubel, terbel, troebel* [onhelderheid, belemmering, beroering] < **fr.** *trouble* [wanorde] < **lat.** *turbidus* [troebel], van *turba* [verwarring, wanorde, opschudding].

troebleren [verontrusten] < **fr.** *troubler* (vgl. *troebel*).

troeboek [elft] < **maleis** *terubuk,* een soort van zeevis.

troedel [vleinaam] variant van *troetel* (vgl. *troetelen*).

troef [kaart die andere kaarten slaat] **middelnl.** *troef, truyf,* via **hd.** *Trumpf* < **fr.** *triomphe* (vgl. *triomf*), dus de overwinnende kleur.

troel [liefkozingswoord voor vrouw] **nd.** *trull(e),* **eng.** *trull,* **hd.** *Trulla,* van **middelhd.** *trollen* [met korte stapjes lopen], van **middelhd.** *trolle* [lompe figuur, oorspr. monster, spook], **oudnoors** *troll* [trol].

troela, troelala [benaming voor vrouw] verlengingen van *troel.*

troep [menigte, bende] **middelnl.** *trop, troep(e)* [troep, kudde] < **fr.** *troupe,* **me. lat.** *troppus,* uit een germ. woord voor 'menigte', waarbij *dorp, terp* behoren.

troepiaal [soort spreeuw] < **eng.** *troupial* [idem], gevormd van **fr.** *troupe* [troep]; zo genoemd omdat deze vogels in grote zwermen vliegen.

troet [slappe meelbrij] → *trut.*

troetel [sabelkwast] < **hd.** *Troddel,* verkleiningsvorm van **oudhd.** *trada* [franje], etymologie onbekend.

troetelen [koesteren] **middelnl.** *troetelen* [troetelen, flemen], met een bewaard gebleven **oudgerm.** *oe* als in *poes,* naast **middelnl.** *druut, truut, truyt* [vriend, vriendin, minnaar], **oudhd.** *trūt* [geliefde], **middelhd.** *truten* [beminnen, liefkozen]; buiten het germ. **welsh** *drud,* **litouws** *drutas,* **oudindisch** *dhruva-* [vast].

trofee, tropee [zegeteken] < **lat.** *trophaeum* = *tropaeum* [zegeteken, wapentropee (bestaande uit op de vijand veroverde wapens)] < **gr.** *tropaion* [idem], van *trepein* [draaien, wenden, rechtsomkeert laten maken, op de vlucht jagen].

troffel [metselaarsgereedschap] **middelnl.** *tru(y)fel, truffel,* naar Kiliaan meedeelt de hollandse vorm van *truweel.*

trofisch [m.b.t. voeding van spieren, vormend] < **gr.** *trophi(m)os* [voedend], *trophè* [het voeden], van *trephein* [dik maken, voeden], idg. verwant met *draf*[1].

trog [(voer)bak] **middelnl.** *troch, trog,* **middelhd.** *troc,* **oudsaksisch, oudhd., oudeng., oudnoors** *trog,* vgl. **iers** *drochta* [tobbe]; van dezelfde basis als het tweede lid in *hesselteer* [haagbeuk].

troggelen [listig verkrijgen] **middelnl.** *troggelen, trug(ge)len* [bedelen], **nd.** *truggelen;* etymologie onzeker, niet onmogelijk verwant met *bedriegen, bedrog.*

troglodiet [holbewoner] < **gr.** *trōglodutès* [hij die in holen kruipt of woont], van *trōglè* [gat, holte], van *trōgein* [knagen] + *duein* [onderduiken in].

trogon [vogelfamilie] gevormd van **gr.** *trōgein* [knagen, knabbelen], dus: de knabbelaar.

Troje [geogr.] **middelnl.** *Troye(n),* volgens de Griekse overlevering genoemd naar de Phrygische koning *Troos,* die de stad zou hebben gesticht. De naam *Trōs* behoort evenals *Minōs, Talōs, Tlōs* tot een Kretenzisch-Kleinaziatisch type.

trojka [rijtuig] < **russ.** *trojka,* met verkleiningsuitgang *-ka* van *troje* [drie], nevenvorm van *tri,* idg. verwant met *drie.*

trok[1] [trek, tocht] **middelnl.** *troc* [een rukje?], van *trekken,* nevenvormen *trokken, trukken.*

trok[2] [(tafel voor) een soort biljartspel] < **it.** *(gioco di) trucco, trocco, (gioco di* [spel van]) < **spaans** *(juego de) los trucos,* van *trucar* [de eerste inzet voor dit spel doen, eig. een stoot geven], dat wordt afgeleid van **hd.** *drücken.*

trol [demon] < **oudnoors** *troll* [monster, demon] (vgl. *troel*).

trolley [wagentje dat langs kabel rijdt] < **eng.** *trolley,* van *to troll* [rollen], dus: iets dat rolt.

trollius [plantengeslacht] afgeleid van *trol.*

trom [slaginstrument] **middelnl.** *trom(mel)* naast *tromp(e), trump(e)* [trompet], **oudnederfrankisch, oudnoors** *trumba,* **oudhd.** *trumba* [trompet, trommel], klanknabootsende vorming. Vermoedelijk uit nd. of hd. overgenomen.

trombal [Turkse trom] **middelhd.** *trumbel* (vgl. *trommel*).

trombase [een enzym] van **gr.** *thrombos* [bloedstolsel, bloeddruppel].

tromblon [granaatadapter op geweer] < **fr.** *tromblon* < **it.** *trombone* (vgl. *trombone*).

trombocyt [bloedplaatje] van **gr.** *thrombos* [geronnen bloed, bloeddruppel] + *kutos* [holte, bergruimte], idg. verwant met *huid.*

trombone [schuiftrompet] < **it.** *trombone,* van *tromba* [trompet], uit het germ., vgl. **oudhd.** *trumba, trumpa,* klanknabootsend gevormd (vgl. *trom*) + vergrotende uitgang *-one.*

trombose [bloedstolsel in bloedbaan] gevormd van **gr.** *thrombos* [geronnen bloed, bloedprop], *thrombōdès* [gestold].

trombus [prop van bloedstolsels] verlatijnsing van **gr.** *thrombos* (vgl. *thrombus*).

trommel [slaginstrument] verkleiningsvorm van *trom.*

tromp [blaashoorn] → *trom, trompet.*

trompe-l'oeil [bedrieglijk realistische schilderkunst] < fr. *trompe-l'oeil* [lett. bedriegt het oog], van *tromper* [bedriegen], van onzekere etymologie, van lat. *triumphare? + oeil* [oog] < lat. *oculus* [idem].

trompet [blaasinstrument] middelnl. *tromp(e), trump(p)e* [trompet(je), bazuin], *trompetmakere* [trompetmaker] < fr. *trompette*, verkleiningsvorm van *trompe* (vgl. **trom**).

tronen [meelokken] middelnl. *tronen* [lokken], middelnd. *tronen* [bedelen]; mogelijk in verband te brengen met *troggelen*.

tronie [gezicht (minachtend)] middelnl. *tro(o)ngie, tronie* < fr. *trogne* [tronie, dikke rode kop], mogelijk uit het keltisch, vgl. welsh *trwyn* [snuit].

tronk [afgeknotte boomstam] middelnl. *tronc, trunc* [stam, afgeknotte stam, romp (van lichaam)] < fr. *tronc* < lat. *truncus* [afgeknot, verminkt, van zijn takken beroofd, boomstam, (s)tronk], vgl. **litouws** *strugus* [geknot], idg. verwant met **stronk** (vgl. *trancheren*).

troon [staatsiezetel van vorst] middelnl. *throne, trone, troon*, oudfr. *trone* < lat. *thronus* [zetel, troon] < gr. *thronos* [hoge armstoel, zetel van goden en vorsten], verwant met lat. *firmus* [stevig] (vgl. *ferm*).

troop [zinswending] < lat. *tropus* [een oneigenlijke wending (in stijlleer)] < gr. *tropos* [wending, ook in muziek en stijl], van *trepein* [wenden].

troost [opbeuring] middelnl. *tro(o)st, troist* [bemoediging, hoop, hulp, vertrouwen], **oudsaksisch**, oudhd. *trôst*, **oudnoors** *traust*, **gotisch** *trausti*, buiten het germ. **litouws** *driutas* [sterk, dik]; van dezelfde basis als *trouw*.

tropee → *trofee*.

tropie [groeibeweging van plantedelen] < gr. *tropè, tropos* [wending], van *trepein* [draaien].

tropisch [bij, tussen de keerkringen] < laat lat. *tropicus* < gr. *tropikos* [de zonnewende betreffend], van *tropos* [wending], van *trepein* [wenden].

troppel [troepje] verkleiningsvorm van middelnl. *trop, troepe* [troep].

troppo [te veel (in muziek)] < it. *troppo* < fr. *trop*, vgl. me. lat. *troppus* [kudde, menigte], uit het germ., vgl. *troep, dorp*.

troqueren [ruilen] < fr. *troquer* [idem], me. lat. *trocare*, etymologie onbekend.

tros [bundel vruchten, touw] middelnl. *tros(se)* [pak, bundel, werplijn], *torse* [pak, bundel] < fr. *trousse* (vgl. *trousse*).

trot [brijige massa] → *trut*.

trots[1] [fierheid, hoogmoed] in de 16e eeuw ontleend aan **hd.** *Trotz* (vgl. **trots**[2]).

trots[2] [in weerwil van] middelnl. *tert, tort*; behoort bij **tarten** [trotseren], (middelnl. ook *terten, torten*).

trotten, trotteren [draven] < fr. *trotter* (vgl. *trottoir*).

trottoir [stoep] < fr. *trottoir*, van *trotter* [draven, tippelen] < oudhd. *trotton* [treden] (vgl. *treden, tred*).

trotyl [springstof] van *trot*, verkorting van *trinitrotoluol* + het chemische achtervoegsel *-yl* < gr. *hulos* [hout, materie], verwant met lat. *silva* [woud].

troubadour [Provençaalse minnezanger] < fr. *troubadour* < **oudprovençaals** *trobador*, van *trobar* [vinden, dichten], van dezelfde herkomst als fr. *trouver* (vgl. *trouvaille*).

trouble-shooter [iem. die moeilijke problemen oplost] < eng. *trouble-shooter*, van *trouble* [kwaal, verdriet] (vgl. *troebel*) + *shooter* [schutter], daarmee verwant.

trou-madame [vroeger spel, vooral voor dames, waarbij ivoren balletjes door poortjes moesten worden gestoten] van *trou* [opening] + *madame* [mevrouw].

trousse [in vakken verdeeld etui] < fr. *trousse* [iets dat opgebonden is, bundel, tas met vakken], **oudfr.** *torse*, van *trosser, torser* [een pak maken, opladen], teruggaand op lat. *torquēre* [draaien, door draaien maken].

trousseau [uitzet van een bruid] < fr. *trousseau* [bundeltje kleren, babyuitzet], verkleiningsvorm van *trousse* [bundel] (vgl. *trousse*).

trouvaille [vondst] < fr. *trouvaille*, van *trouver* [vinden] < me. lat. *tropare* [in figuurlijke zin behandelen], van *tropus* < gr. *tropos* (vgl. *troop*).

trouvère [minnezanger] < fr. *trouvère* [lett. vinder], van *trouver* [vinden] (vgl. *trouvaille, troubadour*).

trouw [loyaal] middelnl. *trouw(e), truw(e)*, **oudsaksisch**, oudhd. *triuwi*, **oudfries** *triuwe*, **oudeng.** *triewe*, **oudnoors** *tryggr*; buiten het germ. gr. *drŏs*, **oudiers** *dron*, welsh *drud* [sterk], **oudiers** *derb* [zeker], welsh *derw* [waar], **oudpruisisch** *druwis* [geloof], **oudindisch** *dhruva-* [stevig, zeker].

trouwen [huwen] afgeleid van *trouw* [trouwbelofte].

trouwens [overigens] sedert Kiliaan, gevormd met bijwoorden vormende *s* van middelnl. *trouwen* [voorwaar, voorzeker], < ouder *entrouwen* [waarachtig, inderdaad, eig. in trouw], vgl. middelnd. *entruwen*, middelhd. *entriuwen*.

trubbel [moeite] nevenvorm van *troebel* [last, moeite]; vgl. het bn. *troebel*.

truc [handigheid] 16e eeuws *trucke* [list, streek] < oudfr. *truc* < **provençaals** *truc*, van **oudprovençaals** *trucar* [slaan], uit een vulg. lat. vorm die afgeleid is van **klass. lat.** *trudere* [duwen], idg. verwant met *(ver)drieten*, eng. *to threat*.

truck [vrachtwagen] < eng. *truck* [wiel, vrachtwagen] vgl. lat. *trochus* [hoepel] < gr. *trochos* [wiel], van *trechein* [rennen], vgl. middelnl. *truc* [onderdeel van een uurwerk].

truffel [paddestoel] middelnl. *truffel* < oudfr. *truffe* < vulg. lat. *tufera*, uit een nevenvorm van **klass. lat.** *tuber* [gezwel] (vgl. *tuberculose*).

trui[1] [zeug, lichtekooi] < fr. *truie* < me. lat. *troia, truia* [zeug] < *porcus trojanus* [volgestopt varken], met een toespeling op het Trojaanse paard.

trui[2] [kledingstuk] **middelnl.** *troye* < **nd.** *troie*, **oudnoors** *treyja* [kiel onder borstharnas]; verband met **oudfr.** *troie* is onduidelijk. Het is de vraag ook of verband bestaat met **me. lat.** *troga* [monnikshemd van paardehaar].

truis [tros, bosje] etymologie onzeker.

truïsme [waarheid als een koe] < **eng.** *truism* [idem], van *true* [waar], verwant met *trouw*.

trul[1] [penis] etymologie onzeker.

trul[2] [schijf] etymologie onzeker.

trullo [kegelvormig Apulisch huis] < **it.** *trullo* < **lat.** *trulla* [scheplepel] (vgl. *truweel*).

trumeau [vensterdam] < **fr.** *trumeau* < **oudfr.** *trumel*, uit het germ., vgl. **hd.** *Trumm* [blok] en **nl.** *dreumel*.

trunk[1] [tronk] **middelnl.** *tronc, trunc* (vgl. *tronk*).

trunk[2] [koffer] < **eng.** *trunk*, direct verwant met *tronk*.

truntel [bagatel] verkleiningsvorm van *trunt* [idem], etymologie onbekend.

trust [vorm van bedrijfsconcentratie] < **eng.** *trust* [vertrouwen], verwant met *troost*.

trustee [vertrouwensman] < **eng.** *trustee*, gevormd van *trust* (vgl. *troost*) + *-ee* (vgl. *trainee*).

trut [weke brij, kut] vgl. *trot* [week]; klanknabootsend voor het doffe geluid van kokende pap.

truweel [troffel] **middelnl.** *trouweel, trueel, truwel* < **fr.** *truelle* [idem] < **me. lat.** *truella* < **klass. lat.** *trulla* [lepeltje, troffel], verkleiningsvorm van *trua* [roerlepel, opscheplepel, schuimspaan]; ook **middelnl.** *trulle*, direct < *trulla* (vgl. *trullo*).

try out [het proefdraaien] < **eng.** *try-out* [idem], van *to try* [beproeven] < **fr.** *trier* [uitzoeken], van onbekende herkomst, mogelijk uit het gallisch + *out* [uit].

trypanosomen [eencellige diertjes] gevormd van **gr.** *trupanon* [drilboor] (vgl. *trepaneren*) + *sōma* [lichaam].

trypsine [een enzym] gevormd van **gr.** *thrupsis* [het in kleine stukken breken]; de stof werd aanvankelijk verkregen door fijnwrijven van de alvleesklier.

tsaar [Slavische vorst] < **russ.** *car'*, samengetrokken uit **oudruss.** *cěsarĭ*, via **gotisch** *Kaisar* ontleend aan **lat.** *caesar* (vgl. *keizer*).

tsardas [dans] < **hongaars** *csárdás*, van *csárda* [herberg], dus: dans die men in de herberg danst.

tsarevitsj [zoon van de tsaar] < **russ.** *carevič*, van *car'* + het achtervoegsel *-evič* [zoon van]; de oudste zoon en opvolger heet *cesarevič*, gevormd van de oudere vorm *cěsarĭ* (vgl. *tsaar*).

tsee-tsee [slaapvlieg] bantoewoord; klanknabootsend gevormd.

T-shirt [truitje] < **eng.** *T-shirt*, zo genoemd naar zijn vorm.

tsiepen, tsjiepen [tsjilpen] klanknabootsend gevormd.

tsigaan, tzigaan [zigeuner] < **hongaars** *cigány* [idem].

Tsjaad [geogr.] < inheems *Tsadhe-Tsadhe* [water, meer].

Tsjeka [staatspolitie in Sovjet-Unie] < **russ.** *Čeka*, van *Črezvyčajnaja Komissija* [Buitengewone Commissie].

Tsjerkessen [Kaukasisch volk] < **russ.** *čerkes* < **ossetisch** *çarkas* [adelaar].

tsjilpen, tjilpen [sjirpen] klanknabootsend gevormd.

tsjoenen [beheksen] < **fries** *tsjoene* [toveren, heksen].

tsuba [stootplaat van zwaard] < **japans** *tsuba*.

tsunami [vloedgolf] < **japans** *tsunami*, van *tsu* [rede] + *nami* [golven].

tub [waskuip] < **eng.** *tub* < **middeleng.** *tobbe, tubbe* (vgl. *tobbe*).

tuba [blaasinstrument] < **lat.** *tuba* [klaroen, krijgstrompet], van *tubus* [buis, waterpijp].

Tubantia [Twente] romantisch-latiniserend, ten onrechte, genoemd naar de stam der *Tubantes*, die 14 na Chr. in het gebied van de Lippe werden vermeld. De etymologie schijnt echter te zijn: het telwoord *twee* + *hanta*, een oud woord voor gemeenschap, vgl. *Drente* waarin het telwoord *drie* schuilt.

tube [buisje] < **fr.** *tube* < **lat.** *tubus* [buis, waterpijp].

tuberculose [infectieziekte] < **fr.** *tuberculose* < **modern lat.** *tuberculosis*, met een gr. uitgang gevormd van **lat.** *tuberculum* [knobbeltje, gezwelletje], verkleinwoord van *tuber* [gezwel] (vgl. *truffel*); zo genoemd naar de in de longen gevormde gezwelletjes.

tubereus [knobbelachtig] < **fr.** *tubéreux* [idem] < **lat.** *tuberosus* [vol knobbels], van *tuber* [bult, knobbel] + *-osus* [vol van].

tuberkel [knobbel] < **hd.** *Tuberkel* < **lat.** *tuberculum* [knobbeltje], verkleiningsvorm van *tuber* [bult].

tuberoos [plant] < **lat.** *tuberosus* [vol knobbels] (vgl. *tubereus*); de tuberoos is een knolgewas.

tubifex [borstelworm] gevormd van **lat.** *tubus* [buis, pijp] + *facere* [maken, doen], daarmee idg. verwant. Zo genoemd omdat in het slib ingegraven kolonies slechts met het buisvormig lichaamsuiteinde daar bovenuit steken.

tubuleus [buisvormig] < **fr.** *tubuleux*, van **lat.** *tubulus*, verkleiningsvorm van *tubus* [buis, pijp] + *-osus* [vol van].

tubus [buis] < **lat.** *tubus* [buis, waterpijp].

tucht [discipline] nevenvorm van *tocht*.

tuchtigen [kastijden] (1476) in de betekenis 'opvoeden', ca. 1500 in die van 'kastijden' < **middelnd.** *tüchtigen* of **hd.** *züchtigen* [eig. leiding geven] (vgl. *tocht, tijgen*).

tuderman [iem. die koperen kabels bekleedt] het eerste lid is **middelnl.** *tuder* [touw] (vgl. *tuien*).

tudorboog [spitsboog] genoemd naar *Tudor*, het Engelse koninklijk huis van Henry VII tot Elizabeth I, genoemd naar *Owen Tudor*, die de weduwe van Henry V trouwde, uit de Welshe voornaam *Tewdwr*.

tuffen [geluid van auto's] klanknabootsend gevormd.

tufsteen [steensoort] van fr. *tuf* [idem] < it. *tufo* < lat. *tofus,* uit het oscisch-umbrisch.

tuiel [gewone gang, sleur] van *tuien* in de betekenis 'trekken, sleuren'.

tuien [vastsjorren] **middelnl.** *to(e)yen* [vastleggen (van schip)] < *tu(y)deren, tuyeren* [vastleggen (van vee)], van *tud(d)er* [touw om vee vast te leggen], **middelnd.** *tud(d)er,* van een idg. basis met de betekenis 'binden' (vgl. *touw*) en op verdere afstand verwant met **lat.** *redimere* [omwinden], **gr.** *deō* [ik bind], **albaans** *duai* [schoof], **oudindisch** *dyati* [hij bindt] → *sjorren.*

tuier [touw] **middelnl.** *tud(d)er* (vgl. *tuien*).

tuig [toestel, gerei] **middelnl.** *tuuch, tuych* [gereedschap], **middelnd.** *tuch,* **oudhd.** *giziug;* verwant met *tijgen.*

tuigage [wat hoort bij de optuiging van een schip] afgeleid van *tuig* + het fr. achtervoegsel *-age* (vgl. *takel*).

tuigen [betalen] **middelnl.** *tu(y)gen* [bijbrengen, betalen]; mogelijk hetzelfde woord als *tuigen* [als getuige verklaren].

tuik [netjes, vlug] nevenvorm van *tuk* ³ [geslepen].

tuil ¹ ['op de tuil houden', bedotten] vgl. **fries** *tule* [grap]; mogelijk van *tuilen* [brassen, schertsen], etymologie onbekend.

tuil ² [bundel bloemen] bij Kiliaan *tuylken,* **middelnd.** *tūl* [bos (haren)]; etymologie onzeker, mogelijk van *tuien* [binden].

tuim [gril] **middelnl.** *tume* [manier van doen, streek]; mogelijk van dezelfde basis als **middelnl.** *tumen* [buitelen, tuimelen].

tuimelen [buitelen] **middelnl., middelnd.** *tumelen,* **middelhd.** *tumeln, tumen* [tuimelen], **oudeng.** *tumbian,* **oudnoors** *tumba;* tuimelen is een frequentatief van *tu(y)men* [idem]; klanknabootsend gevormd.

tuin [gaard] **middelnl.** *t(h)uun, tuyn, tuen* [vlechtwerk van teen, omheining, de daardoor afgesloten ruimte], **oudnederfrankisch, oudfries, oudeng., oudnoors** *tūn* (**eng.** *town*), **oudhd.** *zūn;* daarnaast in het kelt. plaatsnamen als *Lugdunum,* **oudiers** *dun* [burcht, omwalde stad], **welsh** *din* [vesting]; verwant met *tuien.*

tuinen → *intuinen.*

tuisen [ruilen] **middelnl.** *tuusschen* [ruilen, dobbelen, beetnemen]; etymologie onbekend, vgl. **hd.** *tauschen* [ruilen].

tuit ¹ [punt] **middelnl., middelnd.** *tute,* **hd.** *Tüte* [puntzakje], **fries** *tut;* vgl. *toot,* met de grondbetekenis 'puntig, spits'.

tuit ², tuut [kip, tureluur] klanknabootsend gevormd, in de eerste betekenis van 'de lokroep van kippen', in de tweede van het geluid dat de vogel maakt, vgl. *tuuk.*

tuitel [wankel] ook *tuitelen* [wankelen], een alleen nl. woord, dat evenals **oudeng.** *tealtrian* [wankelen, struikelen], **eng.** *to totter,* **zweeds** *tuttra* [huiveren] wel klanknabootsend gevormd zal zijn.

tuiten [toeten] **middelnl.** *tuten,* evenals *toeten* klanknabootsend gevormd.

tuk ¹ [stoot, list] **middelnl.** *tuc(k)* [forse ruk of stoot, geestesvervoering, streek, list], *tucken* [fors trekken, optrekken naar hoger sfeer], *tocken* [snel een uitval doen en weer terugtrekken], **middelnd.** *tuch,* **middelhd.** *zuc;* van dezelfde basis als *tijgen* (vgl. *tokkelen*).

tuk ² [dutje] hetzelfde woord als *tuk* ¹; vgl. voor de betekenis *ruk,* dat mede 'een zekere afstand' en (dial.) 'een poosje' betekent.

tuk ³ [geslepen, begerig] vgl. **middelnl.** *tuc(k)* [rakelings], **middelhd.** *tuc(k)* [snelle beweging, gemene streek, arglist], **hd.** *Tücke* (mv.) [arglist, geniepigheid] (vgl. *tuk* ¹).

Tukker [bijnaam voor Twentenaar] vermoedelijk hetzelfde woord als *tukker* [kneu]; vgl. voor de betekenis *heikneuter.*

tul ¹ [pul, kruik] verwant met *tullen* [zuipen].

tul ² [gezegd van een homoseksuele prostitué] → *tule* ².

tularaemie [infectieziekte m.n. bij wilde knaagdieren] genoemd naar *Tulare,* een gebied in Californië waar de besmette en voor experimenten verzamelde dieren vandaan kwamen + **gr.** *haima* [bloed], idg. verwant met *zeem* ¹.

tulband [hoofddeksel] < **turks** *tulbend* < **perzisch** *dūlband, dolband* (vgl. *tulp*).

tule ¹ [weefsel] < **fr.** *tulle,* naar de voornaamste stad in het Franse departement Corrèze *Tulle.*

tule ² [barg. homoseksueel die de vrouwelijke rol vervult, iden die zich prostitueert] < **rotwelsch** *Dille, Tille, Tulle* [meid, eig. vulva, ook wel: penis] < **hd.** *Dille, Tülle* [pijp, buis, tuit], **nd.** *dölle,* **middelhd.** *tülle,* **oudhd.** *tulli* [pijlpunt]; verwant met *dal.*

tullen [veel drinken] **middelnl.** *tulen* [slempen], **hd. dial.** *zullen, züllen* [zogen].

tulp [plantengeslacht] uit ouder **fr.** *tulipan,* waarbij *-an* verviel omdat het werd aangezien voor een uitgang < **turks** *tulbend* [tulband], *türbend* [witte tulp], zo genoemd omdat, als de bloem wijd geopend is, er gelijkenis met een *tulband* in kan worden gezien.

tult [houtmaat] < **noors** *tylt* < **oudnoors** *tylft* [dozijn], van *tolf* [twaalf], daarmee idg. verwant.

tumbler [bekerglas zonder voet] < **eng.** *tumbler* [tuimelaar, een glas dat niet kan staan]; de naam sloeg oorspr. op een glas met een in een punt uitlopende onderkant. Men moest het eerst leegdrinken alvorens het uit de hand te leggen.

tumescentie [zwelling] < **eng.** *tumescent* [lett. zwellend] < **lat.** *tumescens* (2e nv. *tumescentis*), teg. deelw. van *tumescere* [beginnen te zwellen], van *tumēre* [zwellen] (vgl. *tumor*).

tumor [zwelling] < **lat.** *tumor,* van *tumēre* [zwellen] (vgl. *tumult, tumulus*).

tum-tum [snoepgoed] < **eng.** *tum-tum,* een reduplicatievorm van *tummy* [maag], in kindertaal uit *stomach* ontstaan < **gr.** *stomachos* [keel, maag], van *stoma* [mond].

tumult [lawaai] fr. *tumulte* [idem] < lat. *tumultus* [opschudding], verwant met *tumēre* [gezwollen zijn, verbolgen zijn, opstuiven] (vgl. *tumor, tumulus*).

tumulus [(graf)heuvel] < lat. *tumulus* [kleine heuvel, grafheuvel, graf], van *tumēre* [gezwollen zijn] (vgl. *tumor, tumult*).

tune [herkenningsmelodie] < eng. *tune* < normandisch *tun* = fr. *ton* (vgl. *toon*[1]).

tungolie [Chinese houtolie] < chinees *t'ung* [boom].

tungsteen [chemisch element] < zweeds *tungsten*, door de Zweedse chemicus Karl Wilhelm Scheele (1742-1786) gevormd van *tung* [zwaar] + *sten* [steen].

tunica [gewaad] < lat. *tunica* [wollen onderkleed], evenals **gr.** *chitōn* (**ionisch** *kithōn*) uit het semitisch, vgl. **aramees** *kittūnā*, hebr. *kuttōnet* → *chiton, tourniquet*.

tunicaten [soort manteldieren] < lat. *tunicatus* [slechts in een tunica gekleed] (vgl. *tunica*).

tunicel [liturgisch gewaad] < fr. *tunicelle* [idem] < me. lat. *tunicella*, verkleiningsvorm van *tunica* (vgl. *tunica*).

tuniek [korte uniformjas] < fr. *tunique* [idem] < lat. *tunica* (vgl. *tunica*).

tunnel [kunstmatige doorgang] < eng. *tunnel* < oudfr. *tonel* [vat, ton], verkleiningsvorm van *tonne* [ton].

turba [koor van opgezweept volk] < it. *turba* [menigte] < lat. *turba* [gedrang, gewoel, menigte], idg. verwant met *dorp, terp*.

turban → *tulband*.

turbatie [verwarring] < lat. *turbatio* [idem], van *turbare* (verl. deelw. *turbatum*) (vgl. *turberen*).

turbator [onruststoker] < lat. *turbator*, van *turbare* (verl. deelw. *turbatum*) (vgl. *turberen*).

turberen [verontrusten] < lat. *turbare* [troebel maken, in verwarring brengen, in onrust brengen], van *turba* [verwarring, menigte] (vgl. *troebel*).

turbidiet [gesteente gevormd door troebelingsstroom] gevormd van lat. *turbidus* [troebel].

turbine [schoepenrad] < fr. *turbine* < lat. *turbinem*, 4e nv. van *turbo* [draaiende beweging, stuwkracht, wervelwind, tol] < **gr.** *turbè* [verwarring], idg. verwant met *dorp, terp*.

turbo [krachtversterker] gevormd van *turbine*.

turbulent [woelig] fr. *turbulent* < lat. *turbulentus* [onrustig, woelig, stormachtig, onstuimig], van *turbare* [in verwarring brengen, onlusten verwekken] (vgl. *turberen*).

tureluur[1] [vogel] klanknabootsend gevormd.

tureluur[2] [refrein] < fr. *tur(e)lure*, klanknabootsend gevormd.

turen [scherp kijken] eerst uit de 16e eeuw bekend en mogelijk overgenomen < **noors** *tira* [kijken en fonkelen], *tir* [uitkijk en glans], verwant met oudhd. *ziari* [mooi, getooid] en nl. *tieren* [geaard zijn].

turf[1] [veen als brandstof] middelnl. *torf, turf* [graszode, aardkluit, turf], **oudsaksisch, oudfries, oudeng.** *turf,* nd. *torf,* oudhd. *zurf(t),* oudnoors *torf;* buiten het germ. **oudindisch** *darbha-* [graspol].

turf[2] [barg. gestolen goed] < hebr. *teref* [prooi].

turgescent [spanning in plantecel] < lat. *turgescens* (2e nv. *turgescentis*), teg. deelw. van *turgescere* [beginnen te zwellen], inchoatief van *turgēre* [gezwollen zijn].

turgor [zwelling] < lat. *turgor,* van *turgēre* [gezwollen zijn].

Turijn [geogr.] < it. *Torino* < lat. *Colonia Taurina* of *Augusta Taurinorum*, de hoofdstad van het gebied der *Taurini*, een Ligurische volksstam.

turingmachine [rekenmachine] genoemd naar de uitvinder ervan, Alan Turing (1912-1954).

turionen [winterknoppen] < lat. *turio* [spruit, loot, rank], verwant met *turgēre* [gezwollen zijn, bijna barsten].

Turk [bewoner van Turkije] < turks *Türk,* etymologie onbekend.

turken [treiteren] van *Turk,* vgl. fr. *traiter de Turc en Maure*.

Turkmeen [Turks volk in Centraal-Azië] me. lat. *Turcomannus* < **perzisch** *torkman,* van **turks** *türk* [Turk] + *-man* [-achtig].

turkoois [blauwgroene steen] middelnl. *Turkois* [Turks] < fr. *turquoise,* vr. van *turquois* [Turks]; hoewel de steen vooral uit oostelijk Perzië stamt, werd hij naar de leveranciers genoemd.

turnen [gymnastische oefeningen doen] < hd. *turnen,* gemaakt door Friedrich Ludwig Jahn (1778-1852), Pruisisch gymnastiekleraar en patriot, naar verouderd hd. *Turner* [jong soldaat], van *Turnier* [toernooi]; Jahn meende een oerduits woord te laten herleven, maar zag niet dat het van lat. herkomst was, (vgl. *toernooi*).

turpentine [Australische houtsoort] < eng. *turpentine* (vgl. *terpentijn*).

turquoise [weefsel] → *turkoois*.

turrenkruid [plant] het eerste lid is middelnl. *turre* [toren]; vgl. lat. *turritis,* fr. *tourette,* hd. *Turmkraut;* zo genoemd naar de vorm.

turven [tellen met een groep van streepjes] zo genoemd omdat er enige gelijkenis is met een *turf*[1].

tussen [voorzetsel, te midden van] middelnl. *twissen, twis(s)ken, tusscen,* middelnd. *twischen, tuschen,* middelhd. *zwischen,* oudeng. *betweox* (eng. *betwixt*), stamt van een bijvorm van *twee,* vgl. **oudsaksisch** *twisk* [telkens twee, tweevoudig].

tussor [zijdesoort] < eng. *tussore, tussch, tussah, tusser* < **hindi** *ṭasar* < **oudindisch** *tasara-* [schietspoel].

tut[1] [soort radijs] verkort uit *huttentut*.

tut[2] [zeur] bij Kiliaan *dutte,* **nl. dial.** *dot* [speen], nd. *dutte,* oudhd. *tut(t)o* [speen] (hd. *Dutte*), **middeleng.** *tote* [punt], **ijslands** *tota* [tepel]; behoort bij *toot, tiet*[1], *tuit*[1].

tutelair [voogd-] < fr. *tutélaire* [beschermend,

voogd-], van lat. *tutela* [bescherming, voogdij], van *tutus* [beveiligd, veilig], van *tuēri* (een der verl. deelw. is *tutum*) [onder zijn hoede nemen].

tut-hola [trut] gevormd van *tut*² + vermoedelijk barg. *hoela* [kont].

tutor [studentenbegeleider] < eng. *tutor* < lat. *tutor* [beschermer, voogd] (vgl. *tutelair*).

tutoyeren [met je aanspreken, jijjou(w)en] < fr. *tutoyer*, van *tu* [jij] + *toi* [jou].

tutter [fopspeen] van *tutteren* [zuigen], frequentatief van *tutten* (ofwel direct van dit laatste afgeleid), van *tut*² in de vermoedelijke oorspr. betekenis 'tepel'.

tuttifrutti [vruchtenmengsel] < it. *tutti frutti* [alle vruchten], *tutti*, mv. van *tutto* [al, geheel] < lat. *totus* [geheel], *frutti*, mv. van *frutto* (vgl. *fruit*).

tutu [rokje van danseres, oorspr. het broekje] < fr. *tutu*, eufemistische vervorming van *cucu*, reduplicatie van *cul* [achterste] (vgl. *cul*).

tuub [fietsband] → *tube*.

tuuk [tureluur] ook *tuut*, klanknabootsend, vgl. ook *tuit*² [tureluur].

tuur → *tuier*.

tuut [politieagent] klanknabootsend naar het politiefluitje.

twaalf [telwoord] middelnl. o.m. *twelif, twalif, twaalf,* een samenstelling van het telwoord *twee* met de stam van *blijven* → *elf*¹.

twee [telwoord] middelnl. *twee,* oudnederfrankisch *twene,* oudsaksisch *twē,* oudfries, oudeng. *twā,* oudhd. *zwei,* oudnoors *tveir,* gotisch *twai;* buiten het germ. lat. *duo,* gr. *duō,* oudiers *dau,* litouws *du,* oudkerkslavisch *dŭva,* oudindisch (m.) *dvā* (vr.) *dve*.

tweed [weefsel] < eng. *tweed,* oorspr. een handelsnaam, afgeleid van *tweel,* de Schotse vorm naast eng. *twill,* oudeng. *twilic* (hd. *Zwillich*) < lat. *bilix* [tweedraads, dubbel gevlochten] (vgl. *zwilk, trielje, dril*³), maar verward met *Tweed,* de naam van de rivier die loopt door het gebied waarvan de stof afkomstig is.

tweedracht [twist] middelnl., middelnd. *tweedracht,* kwam o.i.v. *twee* i.p.v. het oudere *twidracht,* vgl. hd. *Zwietracht,* dat met een nevenvorm van *twee* naast *eendracht* was gevormd. Het middelnl. *dracht* betekende 'belang'.

tweeling [twee in één dracht geboren kinderen] middelnl. *twelinc, twilinc,* waarvoor vgl. *tweedracht*.

tweern [gedubbeld garen] middelnl. *twe(e)rn;* van dezelfde basis als *twijn,* verwant met *twee, tussen*.

tweespalt [twist] middelnl. *tweespalt, twiespalt* < hd. *Zwiespalt,* voor het eerste lid vgl. *tweedracht,* voor het tweede hd. *spalten* (vgl. *spouwen*¹).

tweesprong [wegsplitsing] naar Kiliaan meedeelt de hollandse vorm van *tweewech* [idem].

twen [twintiger] < eng. *twen,* van *twenty* [twintig].

twenter [tweejarig (van vee)] < middelnl. *tweewinter* [idem], van *twee* + *winter*.

Twenthe [deel van Overijssel] in de eerste helft van de 3e eeuw worden de bewoners in het lat. genoemd *Cives Tvihani, cives* [burgers] *Tvihani,* van *twee* + een woord dat verwant is met oudhd., gotisch *hansa* [schare, groep] (vgl. *Hanze*), dus een tweeledig gebied, vgl. *Drenthe*.

twijfel [aarzeling] middelnl. *twivel, twif(f)el* [wisselvalligheid, tweestrijd, vertwijfeling], oudfries *twivel,* oudhd. *zwifal,* gotisch *tweifl;* afgeleid van *twee* → *twist*¹.

twijg [tak] middelnl. *twijch,* middelnd. *twīg,* oudhd. *zwīg,* middeleng. *twigge;* stellig afgeleid van *twee* en dan vermoedelijk oorspr. 'afsplitsing'.

twijn [gedubbeld garen] middelnl. *twijn,* oudeng. *twīn;* van dezelfde basis als *tweern,* verwant met *twee, tussen*.

twil [lange stukken hout tussen het slemphout in] middelnl. *twilhout* [rijshout], middelnd. *twil* [vorkachtig gespleten tak]; verwant met o.a. *twee* en *tussen*.

twink [zwart stipje van bijenvuiltje] middelnl. *twinc* [oogopslag, kleinigheid] (vgl. *twinkelen*).

twinkelen [flonkeren] eng. *to twinkle* [idem], middeleng. *twinklen,* frequentatief van *twinken,* middelhd. *zwinken,* hd. *zwinkern;* klanknabootsend gevormd, vgl. *twink*.

twint [intussen] waarschijnlijk is dit hetzelfde woord als middelnl. *twint* [ogenblik], nevenvorm van *twinc* (vgl. *twink, twinkelen*).

twintig [telwoord] middelnl., oudfries *twintich,* oudsaksisch, oudeng. *twēntig,* oudhd. *zweinzug,* oudnoors *tuttugu,* gotisch *twai tigjus;* van een vorm van *twee* + *-tig* [tiental].

twist¹ [ruzie] middelnl. *twist(e), twest(e)* [ruzie, twijfel, gedubbelde draad], middelnd. *twist,* middelhd. *zwist;* afgeleid van *twee* → *twijfel*.

twist² [garen] → *twist*¹ [ruzie].

tyfoon [wervelstorm] < eng. *typhoon* < japans *tai fū* [grote wind], van *tai* [groot] + *fū* [wind].

tyfus [ziekte] < gr. *tuphos* [beneveling, bedwelming, met koorts gepaard gaande afstomping], van *tuphein* [rook maken, langzaam verbranden, smeulen] (vgl. *estouffade*).

type [vorm, soort] < fr. *type* < lat. *typus* [afdruk, beeld, type, manier] < gr. *tupos* [slag, geslagen vorm (figuur in reliëf), vorm, gestalte, model, mal, karakter, stijltype], van *tuptein* [slaan] (vgl. *timpaan*).

typen [met schrijfmachine schrijven] < eng. *to type* [idem], van *type* [letter] < gr. *tupos* (vgl. *type*).

typografie [boekdrukkunst] < fr. *typographie* [idem], gevormd van gr. *tupos* [slag, zegelafdruk, letterafdruk] + *graphein* [schrijven], idg. verwant met *kerven*.

u

u [beleefdheidsvorm van de 2de persoon] is ontstaan uit *Uwe Edelheid,* schriftelijk afgekort tot *U. Ed.,* tot *U.E.* Dit leidde tot het lezen van *Uwé,* dat tot *Úwe* werd, onder invloed van de 2e nv. *Uwen.* Hierbij speelde een rol het bestaan van *u* dat gebruikt werd als 4e nv. van *gij.*

Überbrettl [Duits literair café-chantant] door de oprichter van het eerste daarvan, Ernst von Wolzogen, in 1900 gevormd van *über* (waarbij vermoedelijk de *Übermensch* van Nietzsche van invloed is geweest) + *Brettl* [het podium van de straatzangers], *(Bänkelsänger),* gevormd van *Brett* [plank] (vgl. *bord*).

Übermensch [supermens] van hd. *über* [boven] + *Mensch* [mens]; het woord is éénmaal gesignaleerd in 1527, werd later door Goethe gebruikt en door Nietzsche definitief in omloop gebracht.

uberteit [vruchtbaarheid, overvloed] < fr. *uberté* < lat. *ubertas* (2e nv. *ubertatis*) [idem], van *uber* [overvloedig, rijk, vruchtbaar, als zn. uier, moederborst, vruchtbaarheid, idg. verwant met *uier*.

ubiquist [overal voorkomend (van flora en fauna)] < fr. *ubiquiste* [idem], van *ubiquité* < me. lat. *ubiquitas,* (vgl. *ubiquiteit*).

U-boot [onderzeeër] < hd. *U-boot,* verkort uit *Unterseeboot.*

udometer [regenmeter] gevormd van lat. *udus* [nat, vochtig], verwant met *humor* + *meter*[1].

ufo [vliegende schotel] < eng. *UFO* voor *unidentified flying object.*

ugli [citrusvrucht] < eng. *ugli,* mogelijk van *ugly* [lelijk] (de schil ziet er minder appetijtelijk uit).

ui [bolgewas] middelnl. *oniuun, eniuun, engoen, anjuun, ajuen, ugen, uyen* e.d., dat voor een mv. werd aangezien waarbij een nieuw enk. *ui* is geconstrueerd < lat. *unionem,* 4e nv. van *unio* [ui], dat men afleidt van *ūnio* [parel] en waarbij de vergelijking voorzit met de aan een snoer geregen uien. De lange *u* van *unio* verzet zich tegen deze veronderstelling, maar wellicht is de *u* in vulg. lat. verkort. In de betekenis 'grap' is *ui* te verklaren door de scherpe geur, vgl. *gepeperd, gekruid.*

uier [melkklier] middelnl. *uder, uyer,* **oudsaksisch, oudfries, oudeng.** *uder* (eng. *udder*), oudhd. *utar* (hd. *Euter*), oudnoors *jūgr, jūr;* buiten het germ. lat. *uber,* gr. *outhar,* **litouws** *udruoti* [melk geven], **oudindisch** *udhar* (vgl. *uberteit*).

uil [vogel] middelnl., oudeng. *ule,* oudhd. *uwila,* oudnoors *ugla,* klanknabootsende vorming evenals lat. *ulula* [uil], *ululo* [ik gil, huil], gr. *ololuzein* [hard kermen, jubelen], oudindisch *ulūka-* [uil].

uilenspiegel [grapjas] < hd. *Eulenspiegel,* het eerste lid < nd. *ulen* [vegen], van *ule* [een ronde bezem], zo genoemd op grond van vormgelijkenis met de kop van een uil, het tweede is evenals nl. *spiegel* het jagerswoord voor 'achterste', tezamen dus zoiets als 'je kunt me de kont afvegen'.

uileveer [houtzwam] vgl. *olm*[2] [houtziekte].

uit [voorzetsel, niet binnen] middelnl. *ute, uut,* **oudsaksisch, oudfries, oudeng., oudnoors, gotisch** *ūt,* oudhd. *ūz;* buiten het germ. lat. *usque* [tot aan], gr. *husteros* [achteraan komend], **oudiers** *ud-, od-* [uit-], **avestisch** *us-, uz-* [omhoog, uit], oudindisch *ud* [idem].

uitbaten [exploiteren] van *uit* + *baten,* middelnl. *baten* [baten, nuttig zijn, helpen], *enen iet baten* [iem. iets doen strekken tot voordeel, doen verkrijgen] (vgl. *baat*).

uitbundig [buitengewoon] 19e eeuws < hd. *ausbündig* [idem], van *Ausbund* [toonbeeld, eig. het naar buiten gebonden eind van een stuk laken om als monster te dienen].

uitdrager [handelaar in gebruikt huisraad, kleren e.d.] middelnl. *utedrager, utedreger,* van *utedragen* [uit iets dragen, gebruikte goederen inkopen en weer verkopen, eig. uit het huis wegdragen].

uitdrukkelijk [bepaald] bij Kiliaan als bijw., vgl. laat-middelhd. *ausgetrucklich,* hd. *ausdrücklich,* vertaling van lat. *expresse,* bijw. van *expressus,* verl. deelw. van *exprimere* [uitdrukken], van *ex* [uit] + *premere* (in samenstellingen *-primere*) [drukken].

uitentreuren [tot vervelens toe] spellingsvariant van 17e eeuws *uit den treuren,* met dezelfde betekenis als oudnl. *sonder treuren.*

uiterlijk [visueel waarneembaar] middelnl. *uterlijc* (bn., bijw.) [uiterlijk, schoon voor het oog, uiterst, laatst, uitdrukkelijk, ten slotte, in elk geval], afgeleid van *utere* [buitenste, buiten].

uitermate [in hoge mate] middelnl. *utermate(n), utermatene,* middelnd. *utermaten* < *uit der maat.*

uiterwaard [buitendijks rivierland] middelnl. *u(y)terwaert, uterwe(e)rt,* waarin het eerste lid is middelnl. *utere* [buiten-, buitenste] en het tweede *waard*[3].

uitgezonderd [met uitzondering van] middelnl. *utegesondert, uutgesondert,* vertaling van fr. *excepté,* verl. deelw. van *excepter* [uitzonderen], of direct van lat. *exceptus,* verl. deelw. van *excipere* [uitnemen, uitzonderen], van *ex* [uit] + *capere* (in samenstellingen *-cipere*) [nemen].

uitheems [buitenlands] middelnl. *uteheem,*

utehiem(e) [vreemdeling], **middelnd.** *uthemisch* [uitheems, afwezig], gevormd van *ute* [uit] + *heem*².

uitkaaien [(vroeger in Indië) de klas uitgooien] van *uit* + *kaaien*¹ [keilen] (vgl. *bekaaid*).

uitkloken [uitpeuteren] van *uit* + *kloken*.

uitmergelen [uitputten] bij Kiliaan *wt-merghelen* [zwak maken]; van *uit* + **middelnl.** *mergelen* [een akker met mergel bemesten, waardoor op den duur een waardedaling optreedt]; vermoedelijk is uitmergelen geassocieerd met *merg* [de vette substantie die beenderen vult].

uitmunten [uitsteken] 17e eeuws, zal komen van *uit* + **middelnl.** *munten* [uitsteken], waarvan de etymologie onbekend is, misschien **fr.** *monter(?)*.

uitrissen [(iem.) uitzuigen] van *uit* + *rissen* = *risten* [ongerechtigheden uit gebraakt vlas verwijderen], hier overdrachtelijk gebruikt, van *rist*.

uitroeien [tot het laatste exemplaar verdelgen] **middelnl.** *uteroden* (vgl. *rooien*²).

uitvaardigen [afkondigen] 19e eeuws < **hd.** *ausfertigen*.

uitveteren [berispen] vermoedelijk < *uitfoeteren* o.i.v. *veter*.

uitvoerig [omstandig] 19e eeuws < **hd.** *ausführlich*, van *ausführen* [tot het einde voeren].

uitweiden [in den brede behandelen] **middelnl.** *uteweiden* [afweiden], **ouder nl.** *uteweiden* [buiten de weide grazen], **middelnd.** *utweiden* [buitensporig leven], geassocieerd met *wijd*.

uitzoomen [met een zoomlens het beeld verder wegbrengen] < **eng.** *to zoom out*, van *to zoom* [zoemen], klanknabootsend gevormd + *out* [uit].

uiver [ooievaar] dial. nevenvorm van *ooievaar*.

uk [dreumes] een jong woord waarvan de etymologie onzeker is.

ukelele, oekelele [tokkelinstrument] een hawaïaans woord, hoewel het instrument in Polynesië is overgenomen van de Portugezen. Samengesteld uit *uku* [insekt] + *lele* [springen], ongetwijfeld vanwege het snelle verspringen van de vingers.

ulaan [lansier] < **hd.** *Ulan*, via slavische talen, vgl. **servokroatisch** *ulan*, **pools** *u/an* < **turks** *oĝlan* [knaap, jonge man, boer].

ulama → *oelema*.

ulceratie [verzwering] < **lat.** *ulceratio* [idem], van *ulcerare* (verl. deelw. *ulceratum*) [doen zweren, wonden], van *ulcus* (2e nv. *ulceris*) [zweer].

ulcus [zweer] → *ulceratie*.

ulevel [suikerwerk] < **it.** *ulivello* [olijfje, en wel: gesuikerde olijf]; ze werden in papiertjes met tekst verpakt, vgl. *confetti*.

ulk¹ [bunzing] ook *ulling*, **middelnl.** *ulc, ullic*, **nd.** *ilk*, **hd.** *Iltis*, mogelijk van *el-* [rood, bruin] + een woord voor stank terug te vinden in o.a. *wezel*.

ulk² [schelp] nevenvorm van *wulk* met verlies van *w* (voor geronde klinker).

ullage [expansieruimte in vloeistoftanks] < **eng.** *ullage* < **me. fr.** *eullage, oillage*, van *euiller, oiller* (**fr.** *ouiller*) [vullen (van wijnvat)], van *ueil* (thans *oeuil*) [oog] < **lat.** *oculus* [oog], daarmee idg. verwant, hier voor 'spongat'.

ulling [bunzing] → *ulk*¹.

ulster [jas] gemaakt van een uit *Ulster* (Noord-Ierland) afkomstige stof.

ulterieur [na iets komend] < **fr.** *ultérieur* [aan gene zijde, verder, later] < **lat.** *ulterior* [verder, later, vroeger], vergrotende trap van *uls* (vgl. *ultiem*).

ultiem [uiteindelijk] < **fr.** *ultime* < **lat.** *ultimus* [het verst verwijderd, uiterste, laatste, verste], overtreffende trap van *uls* = *ultra* [aan de andere kant, verder, langer].

ultimatum [laatste voorwaarde] < **lat.** *ultimatum*, verl. deelw. van *ultimare* [het eind naderen], van *ultimus* (vgl. *ultiem*).

ultimo [op de laatste (dag van de maand)] < **lat.** *ultimo* [op het laatst], 6e nv. van *ultimus* (vgl. *ultiem*).

ultra [zeer] < **lat.** *ultra* [aan de andere kant, naar de andere kant, verder dan, meer], eig. de 6e nv. vr. van het niet overgeleverde *ulter* [dat wat zich aan de andere kant bevindt], waarvan de vergrotende trap *ulterior* en overtreffende trap *ulterius* wel zijn bewaard. De vorm *ulter* van *uls* [aan de andere kant], verwant met *ille* [die daar], **gr.** *allos* [ander].

ultramarijn [helder blauw] < **chr. lat.** *ultramarinus* [overzees], van *ultra* [aan de andere kant van] + *marinus* [zee] van *mare* [zee], idg. verwant met *meer*¹. Ultramarijn werd aanvankelijk gemaakt van verpoederde lapis lazuli.

ultramontaan [extreem pausgezinde] < **it.** *ultramontano*, van *ultra* [aan de andere kant van] + *montano* [berg-]; in de middeleeuwen was *ultramontano* de Italiaanse aanduiding voor de Duitsers. In de 19e eeuw omgekeerd gebruikt door anti-katholieken voor de Roomsen, die al hun instructies van over de Alpen zouden halen (vgl. *tramontane*).

umbrella [opvouwbare draaghemel voor sacrament] < **me. lat.** *umbrella* < **klass. lat.** *umbella* [parasol], verkleiningsvorm van *umbra* [schaduw].

umiak [boot van huiden, i.h.b. voor vrouwen] → *kajak*.

umlaut [vocaalwijziging o.i.v. een klank in de volgende lettergreep] < **hd.** *Umlaut*, gevormd door Friedrich Gottlieb Klopstock (1724-1803) van *um* [rond, om (=anders)] + *Laut* [klank] (vgl. *geluid*).

umpire [scheidsrechter] < **eng.** *umpire* < **middeleng.** *nounpere, nompere* < **oudfr.** *nonper, nomper*, van *non* [niet] + *per* [gelijk] < **lat.** *par* [gelijk, gelijke deelgenoot, tegenstander]; het wegvallen van de begin- *n* is veroorzaakt doordat men dacht dat deze de laatste letter van het lidw. was, vgl. b.v. *adder*.

unaniem [eenstemmig] < **fr.** *unanime* [idem] < **lat.** *unanimus* [eensgezind], van *unus* [één] + *animus* [ziel, geest, oordeel, bedoeling, gevoel, gezindheid].

unanimiteit [eenstemmigheid] < fr. *unanimité* [idem] < lat. *unanimitas* (2e nv. *unanimitatis*) [idem], van *unanimus* (vgl. **unaniem**).

unberufen [bezweringsformule ter neutralisering van het zojuist gedachte] < **jiddisch** *unberufen* < hd. *unberufen* [ongeroepen].

unciaal [type letter] < me. lat. *uncialae litterae*, letters ter grootte van een *uncia* [$^1\!/_{12}$ deel van iets, in dit geval van een voet] (vgl. *ons*[1]).

Uncle Sam [naam van de Verenigde Staten] humoristische verklaring van de afkorting *U.S..*

unctie [zalving] < lat. *unctio* [het zalven, zalf], van *ungere* (verl. deelw. *unctum*) [zalven], idg. verwant met **oostmiddelnl.** *anke(n)* [boter].

underdog [die altijd verliest] < eng. *underdog* [onderliggende hond], d.w.z. het dier, dat bij de strijd om de hegemonie in de roedel ten teken van onderwerping op de rug gaat liggen.

underground [milieu dat zich verzet tegen de gevestigde maatschappij] < **amerikaans-eng.** *underground*, van *under* [onder] + *ground* [grond].

understatement [zeer gematigde uitdrukking] < eng. *understatement*, van *under* [onder] + *statement* [verklaring], van *to state* [verklaren].

undine [vrouwelijke watergeest] < **modern lat.** *undina, undena,* door Paracelsus afgeleid van lat. *unda* [golf, stroom, water], daarmee idg. verwant.

undulatie [golving] < me. lat. *undulatio* [idem], van een intensiefvorming van *undare* [golven], van *unda* [golf], idg. verwant met *water*.

unfair [onsportief] < eng. *unfair*, van het ontkennende *un*- (vgl. **on-**) + *fair* [eerlijk].

unguliet [klauwschelp] van lat. *ungula* [hoef, klauw], verkleiningsvorm van *unguis* [nagel, klauw], idg. verwant met *nagel*.

uni [effen] < fr. *uni* [effen, glad, eenvoudig], van lat. *unire* (verl. deelw. *unitum*) [verenigen, lett. tot één maken], van *unus* [één], daarmee idg. verwant.

uniaten [Grieks-orthodoxen die een unie met Rome hebben] < russ. *unijaty* (mv.), van *unija* [unie] < chr. lat. *unio* (vgl. *unie*).

unicaat [waarvan slechts één exemplaar is] van lat. *unicum* (vgl. **unicum**), gevormd naar analogie van *duplicaat*.

unicum [enig in zijn soort] < lat. *unicum*, het zelfstandig gebruikt o. van *unicus* [enig, buitengewoon], van *unus* [één], daarmee idg. verwant.

unie [vereniging] < lat. *unio* [eenheid, vereniging], van *unus* (vgl. **unicum**).

uniek [enig] < fr. *unique* [idem] < lat. *unicus* (vgl. **unicum**).

unificeren [tot eenheid brengen] < me. lat. *unificare* [idem], van *unus* [één] + *facere* [maken, doen], daarmee idg. verwant.

Unifil [V.N.-troepen ter handhaving van de vrede] afkorting van *United Nations Interim Force in Lebanon* [tijdelijke troepenmacht van de Verenigde Naties in Libanon].

uniform [eenvormig(e kledij)] < fr. *uniforme* [idem]

< lat. *uniformis* [eenvormig], van *unus* [één], daarmee idg. verwant + *forma* [vorm].

unilateraal [eenzijdig] < eng. *unilateral* [idem], gevormd van lat. *unus* (2e nv. *uni*) [één], daarmee idg. verwant + *latus* (2e nv. *lateris*) [flank, zijde], verwant met *latus* [breed].

Union Jack [Britse vlag] < eng. *Union Jack, jack* [geusje], eig. de persoonsnaam *Jack*, een vertrouwelijke nevenvorm van *John* (niet van Jacobus!), dus lett. uniejantje. Eerst later gebruikt voor de grote natievlag aan achtermaat of hek.

uniplanair [met samenvallende platte vlakken] gevormd van lat. *unire* [verenigen], van *unus* [één], daarmee idg. verwant + *planus* [vlak, plat], *planum* [vlakte] (vgl. *plein*).

unisono [gelijkluidend] < it. *unisono* [eenstemmigheid, eenstemmig], van lat. *unus* (2e nv. *uni*) [één], daarmee idg. verwant + *sonus* [klank, geluid, toon, stem].

unit [eenheid] < eng. *unit*, verkort uit *unity*, **middeleng**. *unite* < oudfr. *unite* < lat. *unitas* [eenheid] (vgl. *uniteit*).

unitarisme [het standpunt der unitariërs] < fr. *unitarisme*, van lat. *unitas* [eenheid], van *unus* [één].

unitas [bond] < lat. *unitas* (vgl. *uniteit*).

uniteit [eenheid] fr. *unité* [idem] < lat. *unitas* (2e nv. *unitatis*) [idem], van *unus* [één], daarmee idg. verwant.

universaal [algemeen] < hd. *universal* [idem] < fr. *universel* (vgl. *universeel*).

universaliteit [algemeenheid] fr. *universalité* < me. lat. *universalitas* (2e nv. *universalitatis*) [algemeenheid, universaliteit], van *universalis* (vgl. *universeel*).

universeel [algemeen] < fr. *universel*, me. fr. *universal, universel* < lat. *universalis* [algemeen], van *universus* [gezamenlijk, geheel, algemeen], van *unus* [één], daarmee idg. verwant + *versus*, verl. deelw. van *vertere* [wenden, keren, in een bepaalde richting wenden], idg. verwant met *worden;* de betekenis is dus tot 'één' gedraaid.

universiteit [instelling voor wetenschappelijk onderwijs] fr. *université* [idem] < me. lat. *universitas* (2e nv. *universitatis*) [de universaliteit van de kerk, een sociale of politieke groep, het corps van docenten en studenten van een universiteit, universiteit], van *universus* (vgl. *universeel*).

universum [heelal] < lat. *universum* [heelal, wereld], eig. het zelfstandig gebruikt o. van *universus* (vgl. *universaal*).

univociteit [eenduidigheid] < fr. *univocité* [idem], van me. lat. *univocus* [eenstemmig], van *unus* [één], daarmee idg. verwant + *vox* (2e nv. *vocis*) [stem], idg. verwant met hd. *erwähnen*.

unjer [akkerpaardestaart] nevenvorm van *eunjer* [tovenaar, akkerpaardestaart], waarbij de ontwikkeling van de eerste naar de tweede betekenis onduidelijk is (vgl. *eunjer*).

unster [weegtoestel] **middelnl.** *unster,* van *unce, onche, once, ons, onser* (vgl. *ons* ¹).
uppie [kleinigheid] in de combinatie *in mijn uppie* [geheel alleen]; etymologie onbekend.
uraan afgeleid van *uranium.*
uraat [zout van urinezuur] < **lat.** *urina* [urine] + het achtervoegsel **lat.** *-aticus* < **gr.** *-atikos* [behorend bij, van de aard van].
uraeus [brilslang] < **lat.** *uraeus* < **gr.** *ouraios* < **egyptisch** *uro* [adder].
uraniër [mannelijke homoseksueel] genoemd naar de Griekse hemelgod *Ouranos* [hemel], vader van Aphrodite, die zonder moeder uit het schuim van de zee werd geboren.
uranium [chemisch element] oorspr. *uraniet* genoemd, naar de planeet *Uranus,* die enkele jaren voor het uraan was ontdekt. De naam werd bedacht door de ontdekker, de Duitse chemicus Martin Heinrich Klaproth (1743-1817).
uranografie [beschrijving van de sterrenhemel] gevormd van **gr.** *ouranos* [hemel, hemelgewelf, heelal] + *graphein* [schrijven], idg. verwant met ***kerven.***
uranoliet [meteoorsteen] gevormd van **gr.** *ouranos* [hemel, hemelgewelf, heelal] + *lithos* [steen].
uranometrie [hemelmeting] gevormd van **gr.** *ouranos* [hemel, hemelgewelf, heelal] + *metron* [maat] (vgl. ***meten***).
urbaan, urbain [stads-] **fr.** *urbain* [idem] < **lat.** *urbanus* [van de stad, steeds, beschaafd], van *urbs* [(grote) stad, stadsbevolking], in oorsprong identiek met *orbis* [kring]; dan zou *urbs* een met een ringmuur omgeven stad zijn, een vóór-lat. woord, mogelijk tot de Romeinen gekomen via het etruskisch, vgl. ***suburbia.***
urbaniteit [steedse beschaving] **fr.** *urbanité* [idem] < **lat.** *urbanitas* (2e nv. *urbanitatis*) [beschaafde manieren], van *urbanus* (vgl. ***urbaan***).
urdu [taal van Pakistan] eig. de taal van het legerkamp < **hindi** *urdū* < **perzisch** *ordū* [legerkamp] (vgl. ***horde***²).
uremie, uraemie [bloedvergiftiging door urine] gevormd van **gr.** *ouron* [urine] + *haima* [bloed], idg. verwant met ***zeem***¹.
uren [een gezwollen uier krijgen] van *uur* [uier].
ureter [urineleider] < **gr.** *ourètèr* [idem], van *ourein* [wateren], van *ouron* [urine] + *hienai* [laten gaan, laten stromen].
urethra [urineleider] < **gr.** *ourèthra* [idem], van *ourein* (vgl. ***ureter***).
urgent [dringend] **fr.** *urgent* < **lat.** *urgens* (2e nv. *urgentis*) [drukkend, nijpend], teg. deelw. van *urgēre* [in het nauw brengen, kwellen], vermoedelijk idg. verwant met ***wreken.***
urgentie [dringende noodzaak] < **lat.** *urgentia* [idem], van *urgens* (vgl. ***urgent***).
urgeren [dringen] **fr.** *urger* [idem] < **lat.** *urgēre* (vgl. ***urgent***).
uriasbrief [brief die brenger in verderf stort] genoemd naar *Uria,* die (2 Samuël 11) zelf aan zijn generaal de brief bracht waarin David zijn ondergang beval < **hebr.** *ūrijjā* [vlam van de Heer], van *ūr* [vuur, vlam], van het ww. *ōr* [licht worden]; de naam is mogelijk hettitisch, maar gehebraïseerd als boven.
urinaal [pisglas] < **me. lat.** *urinale, orynale* [pispot], van *urina* [urine].
urine [pis] **fr.** *urine* < **lat.** *urina* [urine, water], verwant met **gr.** *ourein* [wateren], *ouron* [urine].
urineren [wateren] **fr.** *uriner* < **me. lat.** *urinare,* van *urina* [urine].
urinoir [pisbak] < **fr.** *urinoir* (vgl. ***urine***).
urmen [tobben] vgl. **westfries** *ermen;* afgeleid van *arm*², eig. *och arme* roepen.
urn, urne [lijkbus] < **lat.** *urna* [kruik om water te scheppen, lijkurn], evenals **lat.** *urceus* [kruik] en **gr.** *urchè* [idem], uit het semitisch, vgl. **ar.** *arḍ,* **akkadisch** *erṣetu* [aarde], dus eig. pot van aardewerk.
urolagnie [plasspelletjes] gevormd van **gr.** *ouron* [urine] + *lagneia* [wellust, geilheid, bijslaap], van *lagneuein* [wellustig zijn], van *lagnos* [wellustig], verwant met **lat.** *languēre* [slap zijn] (vgl. ***languissant***).
uroscopie [urineonderzoek] gevormd van **gr.** *ouron* [urine] + *skopein* [kijken naar], idg. verwant met ***spieden.***
ursuline [kloosterzuster] afgeleid van *St. Ursula,* patrones van de congregatie.
Uruguay [geogr.] genoemd naar de rivier van die naam, waarvan de etymologie onzeker is.
usance [gewoonte] < **fr.** *usance,* van *user* [gebruiken], teruggaand op **lat.** *uti* [idem].
uso [wisselgebruik] < **it.** *uso* [gewoon, gewoonte, gebruik] < **lat.** *usus* (vgl. ***usus***).
usucapio [verjaring] < **lat.** *usucapio* [verkrijgende verjaring], van *usucapere* [verkrijgen door verjaring], van *usu,* 6e nv. van *usus* [gebruik] + *capere* [nemen], idg. verwant met ***heffen.***
usufructuarius [vruchtgebruiker] < **lat.** *usufructuarius,* van *usu,* 6e nv. van *usus* [gebruik] + *fructuarius* [vruchtdragend, in vruchtgebruik, vruchtgebruiker], van *fructus* [genot, vruchtgebruik, vrucht] (vgl. ***vrucht, fruit***).
usurpatie [wederrechtelijke inbezitneming] < **lat.** *usurpatio* [het gebruik maken, gebruik], van *usurpare* (verl. deelw. *usurpatum*) (vgl. ***usurperen***).
usurperen [overweldigen] **fr.** *usurper* [idem] < **lat.** *usurpare* [in praktijk brengen, uitoefenen, zijn recht laten gelden, in bezit nemen, zich wederrechtelijk aanmatigen], van *usus* [gebruik] + *rapere* [haastig nemen, met geweld nemen].
usus [gebruik] < **lat.** *usus* [gebruik, praktijk, gewoonte, ervaring, nut, benodigdheid, als juridische term verjaring], van *uti* (verl. deelw. *usum*) [gebruiken, in praktijk brengen].
usuur [slijtage] < **fr.** *usure* [woekerrente, slijtage, uitputting] < **lat.** *usura* [gebruik van, gebruik van geleend kapitaal, rente], van *usus* (vgl. ***usus***).

ut [eerste toon van de toonschaal] door Guido van Arezzo (ca. 990-ca. 1050) voor zijn 6-tonensysteem afgeleid uit de hymne ter ere van Johannes de Doper *Ut (queant laxis) Re(sonare fibris) Mi(ra gestorum) Fa(muli tuorum) Sol(ve polluti) La(bii reatum) S(ancte) I(oannes)* [Opdat uw dienaren het wonderbaarlijke van uw daden luidkeels kunnen verklanken, ontsla, Heilige Johannes, de schuld van hun bezoedelde lippen]; de muzieknotering is zodanig, dat *re* een toon hoger ligt dan *ut,* etc. Later is *ut,* omdat de syllabe niet geschikt is om te worden gezongen, vervangen door het willekeurig gekozen *dò;* toen de middeleeuwse toonladder zich ontwikkelde tot de diatonische en men een zevende noot moest aangeven, heeft men na tal van andere suggesties gekozen voor *si* uit *Sancte Ioannes* → *solfège.*

utensiliën [gereedschap] < lat. *utensilia* [gereedschap, huisraad, noodzakelijke levensbehoeften], van *uti* (vgl. *usus*).

uterus [baarmoeder] < lat. *uterus* [moederschoot, baarmoeder], verwant met gr. *hustera* [idem] (vgl. *hysterie*).

utiliteit [nut] fr. *utilité* [idem] < lat. *utilitas* (2e nv. *utilitatis*) [bruikbaarheid, nut], van *utilis* [bruikbaar, nuttig], van *uti* (vgl. *usus*).

utopie [droombeeld] < eng. *Utopia,* de verkorte titel van een werk van Sir Thomas More (1478-1553), de benaming van een ideaal eiland, gevormd van gr. *ou* [niet] + *topos* [plaats], dus: nergens.

utraquist [ontvanger van het Avondmaal in beide gedaanten] < lat. *utraque* [in beide gevallen], van *uter* [o.m. wie van beiden ook] + *-que* [en, en wel, namelijk].

Utrecht [geogr.] samengesteld uit *uut* [uit], d.w.z. lager gelegen, want in het lat. vertaald als *inferius* + *Trecht* < lat. *Traiectum* [overgang (over de Kromme Rijn)] (vgl. *traject*); de naam Utrecht sloeg op de jongere vestigingen die bij het oude *Trecht,* het bisschoppelijk centrum, werden gebouwd.

utteren [beuzelen] klanknabootsend gevormd.

uur [60 minuten] middelnl. *heure, hu(e)re, u(e)re, uer* < oudfr. *hore, ore, ure* < lat. *hora* [uur] < gr. *hōra* [een bepaald, telkens terugkerend tijdstip, uur, jaargetijde], idg. verwant met *jaar.*

uveïtis [ontsteking van het regenboogvlies] gevormd van me.lat. *uvea* [regenboogvlies] (naar het klass.lat. *uva* [druiventros]), vertalende ontlening aan gr. *ragoeidès chitōn* [druifachtige bedekking].

uviolglas [glas dat ultraviolet doorlaat] < hd. *Uviolglas* [idem].

uvulaar, uvulair [huig-] gevormd van me.lat. *uvula* [huig], verkleiningsvorm van *uva* [druiventros, druif]; de vorm *uvulair* is ontleend via fr. *uvulaire.*

uzi [machinepistool] genoemd naar de uitvinder ervan, de Israëlische majoor *Uziel Gal.*

V

vaag[1] [vettigheid] middelnl. *vage, vaech* [weligheid van de grond, groeikracht, goede toestand]; vermoedelijk verwant met *vei.*

vaag[2] [onbezaaid] middelnl. *vage, vaech* [woest, onbebouwd van land]; vermoedelijk hetzelfde woord als *vaag*[3] [onduidelijk].

vaag[3] [onduidelijk] (1824) < fr. *vague* [vaag, onbepaald] < lat. *vagus* [zwervend, ronddolend, onbestendig, weifelend, onbepaald], idg. verwant met *wankelen.*

vaak[1] [slaap] middelnl. *vaec(k), vake,* middelnd. *vāk,* oudnederfrankisch *facon* [slaperig zijn], en mogelijk eng. *to fag* [kwijnen]; etymologie onbekend.

vaak[2] [dikwijls] middelnl. *vake, vaken, vaec,* middelnd. *vake(n),* oudfries *faken,* eig. verbogen vormen van *vak;* overgang van begrippen van ruimte in die van tijd is niet ongewoon.

vaal [bleek] middelnl. *vale, vael, valu, va(el)luwe, veluwe* [geelachtig, blond, vaalbleek], oudsaksisch *falu,* oudhd. *falo,* oudeng. *fealu* (eng. *fallow*), oudnoors *fǫlr;* buiten het germ. lat. *pullus* [zwart, donker], *pallidus* [bleek, matgeel], gr. *polios* [grijs], litouws *palvas* [vaal], welsh *llwyd* [grijs], oudkerkslavisch *plavŭ* [wit], oudindisch *palita-* [grijs].

vaalerts [groep mineralen] < hd. *Fahlerz,* genoemd naar de vaak vuursteengrijze kleur.

vaalt [vuilnisbelt] middelnl. *va(e)lde, va(e)lt* [omheinde ruimte of erf, mestvaalt], oudsaksisch *faled* [veestal, mestput], oudeng. *fal(o)d* [afgeschoten ruimte voor huisdieren] (eng. *fold* [schaapskooi]); wel te verbinden met *vouwen.*

vaam [lengtemaat] middelnl. *vaem,* samengetrokken uit *vadem.*

vaan [vlag, banier] middelnl. *vane, vaen* [vaandel, vendel], oudsaksisch, oudhd. *fano,* oudfries *fona,* oudeng. *fana* [doek, vlag], oudnoors *fani,* gotisch *fana* [doek]; buiten het germ. lat. *pannus* [lap], gr. *pènè* [weefsel], russ. *opona* [gordijn].

vaandel [vlag] nevenvorm *vendel,* middelhd. *venel, venelin;* verkleiningsvorm met ingevoegde *d* van *vaan.*

vaandrig [aspirant reserve-officier] 16e eeuws *venderick* < hd. *Fähnrich,* oudhd. *faneri* (vgl. *vaandel*).

vaar[1] [bout met schroefdraad, passend in moer met inwendige schroefdraad] samengetrokken uit *vader,* vgl. *moer*[2].

vaar[2] [angst] → *gevaar.*

vaar[3] [bepaalde vakvoering (in wapenkunde)] < fr.

vair [wit met grijs bont, vaar] < **lat.** *varius* [bont, veelkleurig, afwisselend, verschillend].

vaar[4] [niet bevrucht, geen melk gevend] **nd.** *fēr, fār, feerko,* **middeleng.** *ferow* (**eng.** *farrow* [worp biggen, drachtig van biggen]), **vlaams** *verve, varwe* (uit de verbogen naamvalsvorm). Etymologie onzeker, mogelijk van **middelnl.** *varent, verent* [verleden jaar], waarvoor vgl. *firn,* en dan met de betekenis 'vorig jaar gekalfd hebbend en nog melk gevend', mogelijk echter van *vaars*[1].

vaardig [bedreven] **middelnl.** *ve(e)rdich, va(e)rdich,* **middelnd.** *verdich,* **oudfries** *-ferdig,* **oudhd.** *fertig* (**hd.** *fertig*); afgeleid van *vaart,* dus gereed om te *varen* [gaan, reizen]; de uitdrukking *reisvaardig* is dus een pleonasme.

vaars[1] [jonge koe] **middelnl.** *ve(e)rse, va(e)rse,* **middelnd., middelhd.** *verse;* verwant met *var* [jonge stier].

vaars[2] [kartelrandje rond pijpekop] **middelnl.** *ve(e)sche, vaes(s)che* [land, strook], *faesche, fae(se)* [band, strook, rechterschuinbalk (in heraldiek)] < **oudfr.** *fasce* [band] < **lat.** *fascia* (vgl. *fascine*).

vaart [snelheid, het varen] **middelnl.** *va(e)rde, vaerd, vaert* [het gaan, reis, snelheid, het varen, kanaal]; met verscherping van *d* tot *t* afgeleid van *varen*[2].

vaartuig [schip] nog niet bij Kiliaan, vgl. **middelnd.** *fartug,* **hd.** *Fahrzeug;* van *varen*[2] + *tuig.*

vaas [kunstig vaatwerk] < **fr.** *vase* < **lat.** *vas* [vaas, kan].

vaat [borden e.d. die afgewassen moeten worden] het later als collectief opgevat **middelnl.** *vaet,* het mv. van *vat*[2].

va banque [uitroep bij kansspel] < **fr.** *va banque!* [ga, bank!].

vacant [onbezet] < **fr.** *vacant* < **lat.** *vacans* (2e nv. *vacantis*), teg. deelw. van *vacare* [leeg zijn, vrij zijn], verwant met *vacuus* [leeg], *vanus* [leeg, ijdel].

vacatie [het onbezet-zijn] **middelnl.** *vacatie* [met iets bezig zijn, op dienstreis zijn] < **lat.** *vacatio* [vrijstelling, het vrij zijn], in **chr. lat.** *vacatio sedis* [het leegstaan van de pauselijke stoel], van *vacare* (verl. deelw. *vacatum*) [leeg zijn, onbezet zijn] (vgl. *vacant*).

vacature [openstaande betrekking] < **me. lat.** *vacatura* [een prebende waarvan men verwacht dat zij spoedig vrij komt, vakantie], eig. de vr. vorm van het toekomend deelw. van *vacare* (vgl. *vacatie*).

vaccin [entstof] < **fr.** *vaccin* < **me. lat.** *vaccineus* [koe-], van *vacca* [koe], eig. dus: koepokinenting (vgl. *vaquero*).

vaceren [onbezet zijn] < **lat.** *vacare* (vgl. *vacatie*).

vache-leder, vache-leer [zoolleder] van **fr.** *vache* [koe, rundleer] < **lat.** *vacca* [koe].

vacherin [meringuetaart] < **fr.** *vacherin,* van *vache* [koe] < **lat.** *vacca* [idem].

vacht [haarkleed] **middelnl.** *vacht,* naast *vas*

[hoofdhaar], **oudsaksisch, oudhd.** *fahs,* **oudeng.** *feax,* **oudnoors** *fax* [haar]; buiten het germ. de onder *vechten* en *vee* vermelde vormen.

vacuole [blaasvormige holte in protoplasma] < **fr.** *vacuole* < **modern lat.** *vacuola,* onjuiste verkleiningsvorm van **lat.** *vacuus* [hol] (vgl. *vacuüm*).

vacuüm [luchtledig] < **lat.** *vacuum,* het zelfstandig gebruikt o. van *vacuus* [leeg] (vgl. *vacant*).

Vaddah [lid van de oorspronkelijke bevolking van Sri Lanka] < **singalees** *veddah* [jager].

vadde [dunne pannekoek] **middelnl.** *fadde, vadde* [idem], nevenvorm van *vod,* vgl. **fries** *fadde* [vulva].

vadem, vaam [een maat] **middelnl.** *vadem(e), vadom* [de uitgestrekte armen, ook als maat], **oudsaksisch** (mv.) *fathmos,* **middelnd.** *vadem,* **oudhd.** *fadum,* **oudeng.** *fœðm,* **oudnoors** *faðmr,* vgl. **gotisch** *faþa* [omheining]; buiten het germ. **lat.** *patēre* [openstaan, zich uitstrekken], **gr.** *petannunai* [openspreiden], **oudiers** *aitheamh* [vadem], **oudwelsh** *etem* [draad], **litouws** *petys* [schouder] → *paella.*

vademecum [naslagwerkje] < **modern lat.** *vademecum,* van **lat.** *vade* [ga] + *cum* [met] + *me* [mij].

vader [verwekker] **middelnl.** *vader,* **oudnederfrankisch** *fader,* **oudsaksisch** *fader, fadar,* **oudhd.** *fatar,* **oudfries** *feder,* **oudeng.** *fœder,* **oudnoors** *faðir,* **gotisch** *fadar;* buiten het germ. **lat.** *pater,* **gr.** *patèr,* **oudiers** *athir,* **armeens** *hair,* **oudindisch** *pitar-.*

vaderland [land van de Hemelse Vader, land van de voorvaderen] **middelnl.** *vaderlant,* nog in de eerste betekenis, bij Kiliaan in de huidige, gaat terug op **middelhd.** *vaterlant,* als vertaling van **lat.** *patria* [idem], van *pater* [vader].

vadermoorder, vadermoordenaar [boord met hoog uitstekende punten] < **hd.** *Vatermörder* < **fr.** *parasite* [klaploper, tafelschuimer, meeëter] (etensresten kwamen gemakkelijk in aanraking met het boord), dat door de Duitsers al dan niet opzettelijk verward zou zijn met **fr.** *parricide* [vadermoordenaar in letterlijke zin].

vadoos [in de bodem gedrongen (van regenwater)] < **lat.** *vadosus* [vol ondiepten, ondiep], van *vadum* [doorwaadbare plaats, wad, wed], *vadere* [gaan, voortschrijden], idg. verwant met *wad* + *-osus* [vol van].

vadsig [traag] bij Kiliaan, vgl. **middelnl.** *fadde, vadde* [vadsig, lafhartig], *vadheid* [vadsigheid, luiheid] < **oudfr.** *fade* [kleurloos, krachteloos] < **lat.** *fatuus* [onnozel, flauw, smakeloos].

va-et-vient [heen-en-weergeloop] < **fr.** *va-et-vient* [lett. gaat-en-komt], *va,* 3e pers. enk. van de indicatief teg. tijd < **lat.** *vado* [ik schrijd voort] + *et* [en] < **lat.** *et* + *vient,* eveneens 3e pers. enk. van de indicatief teg. tijd < **lat.** *venire* [komen].

vagant [goliard] < **lat.** *vagans* (2e nv. *vagantis*), teg. deelw. van *vagari* [zwerven, rondtrekken], van *vagus* [zwervend, ronddwalend] (vgl. *vaag*[3]).

vagebond — **vanadium**

vagebond [landloper] (1537) *vagabunt* < chr. lat. *vagabundus* [zwervend] (vgl. *vagant*).

vagen[1] [vegen] middelnl. *vagen*, oudnoors *faga;* ablautend bij *vegen*.

vagen[2] [braak liggen] van *vaag*[2] [niet bezaaid].

vagevuur [waar zielen gelouterd worden] middelnl. *vagevier, vegevier, vagevuur, vegevuur;* het eerste lid van *vagen*[1] [zuiveren].

vagina [schede] < lat. *vagina* [schede van het zwaard, vagina, bolster van een korenaar] (vgl. *vanille*).

vairon [met verschillend gekleurde ogen] < fr. *vairon*, van *vair* [wit met grijs bont] (vgl. *vaar*[3]).

vak [begrensd deel, beroep] middelnl. *vac(k), fack* [vak, afdeling, vooral van een bouwwerk], oudhd. *fah* [muur], oudfries *fek*, oudeng. *fæc* [afstand, periode, afsluiting]; buiten het germ. de onder *vangen* vermelde woorden.

vakantie [vrije tijd] middelnl. *vacantie* [vakantie, vooral van recht] < me. lat. *vacantia* [idem], eig. het zelfstandig gebruikt o. mv. van *vacans* (vgl. *vacant*).

val[1] [barg. deur] < *zigeunertaal falo* [wand, deur].

val[2] [meerval] hetzelfde woord als het eerste lid van *walvis*.

valabel [geldig] < fr. *valable* < me. lat. *valabilis* [van waarde], van *valēre* [sterk zijn, gezond zijn, gelden], van een idg. basis met de betekenis die o.m. voorkomt in **oudkerkslavisch** *vlatŭ* [reus], **tochaars B** *walo*, **tochaars A** *wäl* [koning], **welsh** *gwaladr* [soeverein, heer].

valekant [wankant van een plank] vervorming van *faliekant*.

Valenciennes [geogr.] evenals *Valencia* < lat. *valentia* [fysieke kracht en de naam van diverse steden] (vgl. *valentie*).

valentie [waardigheid] < lat. *valentia* [kracht, gewicht], van *valens* (2e nv. *valentis*), teg. deelw. van *valēre* [sterk zijn] (vgl. *valabel*).

valeriaan [plant, geneesmiddel daaruit] middelnl. *valeriane;* hetzij van *Valeria*, Romeins wingewest op de Balkan, hetzij van lat. *valēre* [krachtig zijn, gezond zijn, gelden] (vgl. *valabel*).

valetudinair [ziekelijk] < fr. *valétudinaire* < lat. *valetudinarius* [ziekelijk], van *valetudo* [gezondheidstoestand, slechte gezondheid], van *valēre* [sterk zijn, gezond zijn] (vgl. *valabel*).

valeur [waarde] < fr. *valeur* < me. lat. *valor* [validiteit, waarde, waardigheid, rang], van *valēre* [krachtig zijn] (vgl. *valabel*).

valg [bouwland, akker] middelnl. *valge* [braakland, zaadveld], **middeld.** *valge* (ww.) [omploegen van braakland], **middelhd.** *valgen, velgen* [omploegen], **fries** *falig* [door ploegen omgegooide aarde], **oudeng.** *fealg* [eg] (**eng.** *fallow* [braakland]), verwant met **gallisch** *olka* [land om te ploegen]; van een idg. basis met de betekenis 'omkeren', waarvan b.v. ook **eng.** *pulley* [riemschijf] stamt.

valgen [licht omploegen, braken] van **middelnl.** *valge* (vgl. *valg*).

valide [gezond, geldig] < fr. *valide* < lat. *validus* [krachtig, gezond], van *valēre* [sterk zijn] (vgl. *valabel*).

validiteit [geschiktheid (voor de dienst), geldigheid] < fr. *validité* [idem] < lat. *validitas* (2e nv. *validitatis*), van *validus* [krachtig] (vgl. *valide*).

valies [koffer] < fr. *valise* < it. *valigia*, me. lat. *valisia*, mogelijk < ar. *walīḥa* [mand, grote zak].

valinger [tafeleend] afgeleid van *vaal* in de betekenis (middelnl.) 'geelachtig blond', naar de kleur van de kop.

valk [roofvogel] middelnl. *valke, valc*, middelnd. *valke*, oudhd. *falc(h)o*, vermoedelijk < lat. *falco*, van *falx* (2e nv. *falcis*) [sikkel]; dan zo genoemd naar de klauwen of de snavel.

valkenet [kanon] vernederlandsing van *falconet*.

valkenier [die valken africht] middelnl. *valkenier* < fr. *fauconnier*, vgl. me. lat. *falconarius* [idem] (vgl. *valk*).

vallei [dal] < fr. *vallée*, van *val* < lat. *vallis* [dal], verwant met *vallum* (vgl. *wal*) en met *volvere* (vgl. *volume*).

vallen [omlaaggaan] middelnl. *vallen*, oudnederfrankisch *fallon*, oudsaksisch, oudhd. *fallan*, oudfries, oudnoors *falla*, oudeng. *feallan;* buiten het germ. litouws *pulti*, lets *pult* [vallen], armeens *planim* [ik val in].

vallota [plantengeslacht] genoemd naar de Franse botanicus *Pierre Vallot* (1594-1671).

valorisatie [financiële herwaardering] < fr. *valorisation*, van *valoriser* [een waarde aangeven], van lat. *valor* (2e nv. *valoris*) [waarde], van *valēre* [sterk zijn] (vgl. *valabel*).

valreep [touwladder om aan boord te klimmen] van *vallen* + *reep*[1].

vals [onjuist, gemeen] middelnl. *vals(ch)*, oudfries *falsk* < lat. *falsus* [vals, onwaar, nagemaakt, leugenachtig], verl. deelw. van *fallere* [doen vallen, bedriegen, teleurstellen, nabootsen].

valten [omploegen] oude nevenvorm van *valgen*.

valuatie [waardebepaling] middelnl. *valuatie* < oudfr. *valuacion* (vgl. *valabel*).

valuta [betaalmiddel, wisselwaarde] < it. *valuta* [waarde, geldswaarde, muntsoort], eig. vr. verl. deelw. van *valere* [waard zijn] < lat. *valēre* [idem] (vgl. *valabel*).

vamp [verleidelijke vrouw] < eng. *vamp*, verkort uit *vampire* (vgl. *vampier*).

vampier [dode die bloed uitzuigt] < hd. *Vampir* < hongaars *vampir*, servokroatisch *vampir*, bulgaars *vampir* < turks *uber* [heks].

van [voorzetsel] middelnl. *van*, oudnederfrankisch, oudsaksisch *fan*, oudhd. *fan(a)*, oudfries *fan, fon;* vermoedelijk een combinatie van de basis van *af* en *aan*.

vanadium [chemisch element] door een der ontdekkers, de Zweedse chemicus en mineraloog *Nils Gabriel Sefström* (1787-1854), genoemd naar *Vanadis* [Freya], de schone Noordse godin, vanwege de fraaie kleur van de oplossingen.

vandaag [heden] < *vandage,* waarin *dage* de 3e nv. van *dag* is.
Vandaal [lid van Germaans volk] < **lat.** *Vandalus,* uit het germ., vgl. **nl.** *wenden;* de betekenis is 'hij die rondzwerft' (vgl. *Andalusië).*
vandalisme [vernielzucht] < **fr.** *vandalisme,* het woord is in 1794 gevormd door Grégoire, een bisschop van Blois, om de reacties van het Parijse gepeupel te kenschetsen en herinnert aan de plundering van Rome door de Vandalen in 455 (vgl. *Vandaal).*
vaneel [kielpan] **middelnl.** *vanele, vaneel* < **oudfr.** (picardisch) *vanel, ven(n)el,* of **waals** *vaniel* < **fr.** *van* [wan]; zo genoemd vanwege de gelijkenis.
vaneen [van elkaar] verkort uit *vaneenander,* waarin *eenander* is samengesteld uit *een + ander;* de twee delen hangen zo nauw samen dat het voorzetsel dat bij het tweede lid hoort, vóór het eerste wordt gezet.
vanessa [geslacht van vlinders] zo gedoopt door de Deen Johan Christian Fabricius (1743-1808) uit bewondering voor Swift, naar Esther Vanhomrigh, die een verhouding had met Swift en door hem Vanessa genoemd werd.
vangen [pakken] **middelnl.** *vaen* en o.i.v. het verl. deelw. *vangen,* **oudsaksisch, oudhd.** *fahan,* **oudfries** *fangia,* naast *fã,* **oudeng.** *fangian,* naast *fōn,* **oudnoors** *fã,* **gotisch** *fahan;* buiten het germ. **lat.** *pangere* [vastmaken] (waarvan *pact),* **gr.** *pègnunai* [idem], **russ.** *paz* [verbinding], **oudindisch** *pāśa-* [touw, vangstrik]; verwant met *voegen.*
vanille [vrucht, specerij daarvan] < **fr.** *vanille* < **spaans** *vainilla,* verkleiningsvorm van *vaina* [vagina, schede, koker, peulschil] < **lat.** *vagina;* de betekenisovergang van 'vagina' naar 'vanille' is ontstaan door gelijkenis, de kokervorm van de doosvrucht en de bij het drogen ontstane overlangse rimpels.
vanitas [vergankelijkheid] < **lat.** *vanitas* [ijdele schijn, snoeverij], van *vanus* [leeg, onbeduidend, ijdel], verwant met *vacuus* (vgl. *vacant).*
vaniteit [ijdelheid] < **fr.** *vanité* [idem] < **lat.** *vanitas* (2e nv. *vanitatis)* (vgl. *vanitas).*
vapeur [damp, oprisping] < **fr.** *vapeur* < **lat.** *vapor,* waaruit **middelnl.** *vapor* [damp] (vgl. *vaporisateur).*
vaporeus [ijl, wazig] < **fr.** *vaporeux* [idem] < **lat.** *vaporosus* [vol damp, dampend], van *vapor* (vgl. *vaporisateur)* + *-osus* [vol van].
vaporisateur [verstuiver] < **fr.** *vaporisateur,* van *vaporiser* [verstuiven], van **lat.** *vapor* (2e nv. *vaporis)* [damp, uitwaseming, rook].
vaquero [Mexicaans veedrijver] < **amerikaansspaans** *vaquero,* van *vaca* [koe] < **lat.** *vacca* [idem] (vgl. *vaccin).*
var [jonge stier] **middelnl.** *varre, verre,* **middelnd.** *varre, ver,* **oudhd.** *far, farro,* **oudeng.** *fearr,* **oudnoors** *farri;* naast *vaars* met grammatische wisseling *rs,* naast *rz > rr;* buiten het germ. **lat.**

779

vandaag — variëteit

parere [ter wereld brengen], **gr.** *portis* [kalf], **litouws** *periu* [ik broed], **armeens** *ort* [jong van dier], misschien **oudindisch** *pṛthuka-* [kind, jong].
varaan [hagedis] < **fr.** *varan* < **modern lat.** *varanus* < **ar.** *waran* [idem].
varen¹ [plant] **middelnl.** *varen,* **oudsaksisch** *farn,* **oudhd.** *far(a)n* (**hd.** *Farn),* **oudeng.** *fearn* (**eng.** *fern);* buiten het germ. **gr.** *pteris* (naast *pteron* [veer]), **litouws** *papartis,* **oudiers** *raith,* **oudkerkslavisch** *pero* [veer], **oudindisch** *parṇa-* [veer]; de varen is op grond van gelijkenis naar de veer genoemd.
varen² [over water gaan (in of van een vaartuig)] **middelnl.** *varen* [gaan, reizen, rijden, zwemmen, vliegen, per schip vervoeren], **oudnederfrankisch, oudsaksisch, oudhd., oudeng., gotisch** *faran,* **oudnoors** *fara;* buiten het germ. **lat.** *portus* [haven], *porta* [poort], **gr.** *peran* [aan gindse zijde van], **welsh** *rit* [wed], **oudkerkslavisch** *pariti* [vliegen], **armeens** *hordan* [weggaan], **oudindisch** *pārayati* [hij brengt over].
varent [ontsteking bij paarden] **middelnl.** *varn(e), varen,* **oudfries** *farend,* **fries** *faren, far(re);* vermoedelijk betekende het oorspr. 'varende, lopende' (d.w.z. van de wormen in de etterbuil).
varia [mengelwerk] < **lat.** *varia,* het zelfstandig gebruikt o. mv. van *varius* [bont, veelsoortig].
variabel [in staat van gesteldheid te wisselen] < **fr.** *variable,* van *variabilis* [idem], van *variare* (vgl. *variëren).*
variant [afwijking van de norm] < **fr.** *variant* < **lat.** *variantem,* 4e nv. van *varians,* teg. deelw. van *variare* (vgl. *variëren).*
variatie [afwisseling] **middelnl.** *variatie* < **fr.** *variation* < **lat.** *variationem,* 4e nv. van *variatio* [verscheidenheid], van *variare* (verl. deelw. *variatum)* [bont kleuren, doen afwisselen, verschillen], van *varius* [bont, afwisselend].
varicellen [waterpokken] < **fr.** *varicelle,* vermoedelijk o.i.v. *varices* [spataderen] gevormd van *variole* < **me. lat.** *variola, variolus* [puistje, zweertje, pok], verkleiningsvorm van *varius* [bont, veelsoortig].
varices [spataderen] < **lat.** *varices,* mv. van *varix* [spatader], van *varius* [bont, veelkleurig, bont en blauw, gespikkeld].
varicocele [zakaderbreuk] gevormd van **lat.** *varicosus* (vgl. *varikum)* + **gr.** *kèlè* [breuk].
variëren [veranderen, wisselen] **middelnl.** *varieeren* < **fr.** *varier* [idem] < **lat.** *variare* [kleuren, afwisseling brengen in], van *varius* [veelkleurig, afwisselend].
variété [voorstelling met afwisselend programma] < **fr.** *variété* [verscheidenheid] < **lat.** *varietatem,* 4e nv. van *varietas* [bontheid, verscheidenheid] (vgl. *variëren).*
variëteit [afwijkende vorm van een soort] < **fr.** *variété* [idem] < **lat.** *varietas* [bontheid, kleurschakering, afwisseling, verschil], van *variare* (verl. deelw. *variatum)* (vgl. *variëren).*

varinas [tabak] genoemd naar *Barinas,* gebied en stad in Venezuela.

varing [stier] → *var.*

variolen [(kinder)pokken] < **me. lat.** *variola* met verkleiningsuitgang gevormd van **lat.** *varius* [bont, veelkleurig, gespikkeld].

varken [zoogdier] **middelnl.** *verken, varken,* **middelnd.** *verken,* met verkleiningsuitgang gevormd naast **oudhd.** *far(a)h,* **oudeng.** *fearh* [big]; buiten het germ. **lat.** *porcus,* **litouws** *paršas* [gecastreerd zwijn], **oudiers** *orc* (vgl. *porselein*[1]).

varsity [roeiwedstrijd tussen universiteiten] < **eng.** *varsity,* verbastering van *university,* zoals *varsal* voor *universal.*

varsovienne [dans] < **fr.** *varsovienne,* vr. van *varsovien,* van *Varsovie* [Warschau].

vasculair [m.b.t. de vaten] < **fr.** *vasculaire* [vaat-] < **lat.** *vascularius* [in klass. lat. goud- en zilversmid], eig. het bn. van *vasculum* [een klein stuk vaatwerk], verkleiningsvorm van *vas* [vaas, kan].

vasectomie [verwijdering van de uitvoergang van de zaadbal] gevormd van **lat.** *vas* [vaas, kan, overdrachtelijk ook: testikel] + **gr.** *ektomè* [het snijden, ontmannen], van *ektemnein* [uitsnijden, castreren], van *ek* [uit] + *temnein* [snijden].

vaseline [zalf] Amerikaanse merknaam, gevormd van **hd.** *Wasser* + **gr.** *elaion* [olie].

vaso- [vaat-] van **lat.** *vas* (2e nv. *vasis*) [vat].

vast [niet beweeglijk, zeker, blijvend] **middelnl.** *vast,* **oudsaksisch** *fast, festi,* **oudhd.** *fasti, festi,* **oudfries** *fest,* **oudeng.** *fæst* (**eng.** *fast*), **oudnoors** *fastr;* buiten het germ. **armeens** *hast* [vast], en vermoedelijk **oudindisch** *pastya-* [woonplaats].

vasten [(ww.) geen voedsel gebruiken] **middelnl.** *vasten* [(overgankelijk) vastmaken, bindend verklaren, (onovergankelijk) zich onthouden]; de huidige betekenis is ontstaan uit het zich verbinden tot naleven van de regels.

vastenavond [vooravond van de grote vasten] **middelnl.** *vastelavont, vastenavont, vastavont,* **middelnd.** *vastelavent,* **oudfries** *festavend, festelavend,* naast **middelnl.** *vastnacht,* **middelhd.** *vastnaht, vastelnaht, vasenaht, vasnaht* (**hd.** *Fastnacht*); de vorm *vastel-* is te verklaren als *schrikkel-;* het gebruik van avond of nacht geeft de oude gewoonte aan feestdagen te laten beginnen met de zonsondergang van de vorige dag.

vat[1] [greep] in *vat hebben op,* van *vatten.*

vat[2] [ton] **middelnl.** *vat,* **oudsaksisch, oudnoors** *fat,* **oudhd.** *faz,* **oudfries** *fet,* **oudeng.** *fæt;* buiten het germ. **litouws** *puodas* [pot].

vates [ziener] < **lat.** *vates* [waarzegger, profeet, ziener], idg. verwant met *woede.*

Vaticaan [pauselijke residentie] < **lat.** *Vaticanus* [een van de zeven heuvelen van Rome, waarop thans het Vaticaan ligt], een etruskische naam.

vatten [(be)grijpen] **middelnl.** *vatten* < *vaten,* **middelnd.** *vaten,* **oudfries** *fatia,* **oudeng.** *fetian, fatian* (**eng.** *to fetch*), **oudnoors** *feta, fata;* van *vat*[2].

vaudeville [luchtig toneelstuk] < **fr.** *vaudeville* [oorspr. (begin 18e eeuw) gezangen gevoegd bij bestaande toneelstukken, die o.m. op jaarmarkten werden opgevoerd], van *Vau de Vire* [de vallei van de Vire, in Normandië], waar dit soort gezangen traditie was.

vazal [leenman] **middelnl.** *vas(s)ael* < **me. lat.** *vas(s)allus* [onvrije op de centrale hofstede van een domein, dienaar in het paleis van de koning, vazal], van *vassus* [dienaar], uit het kelt., vgl. **welsh** *gwas* [jongeman, dienaar], **bretons** *gewaz* [dienaar, vazal, man], **iers** *foss* [dienaar].

vazel[1], fazel [rafel] **middelnl.** *vase* [rafel, vezel, franje], **hd.** *Faser,* **middeleng.** *fasil* (vgl. *vezel*).

vazel[2] [vrouwelijk geslachtsdeel van vee] **middelnl.** *vasel* [ongeboren vrucht (alleen in samenstellingen)], **middelnd.** *vasel* [kroost], **oudhd.** *fasel* [penis], **oudeng.** *fæsl* [penis], ablautend **middelhd.** *vesel* [vruchtbaar], *visel* [penis]; buiten het germ. **lat.** *penis,* **gr.** *posthè, peos,* **oudindisch** *pasas-* [penis].

vechten [strijden] **middelnl.** *vechten,* **oudnederfrankisch, oudsaksisch, oudhd.** *fehtan,* **oudfries** *fiuchta,* **oudeng.** *feohtan;* buiten het germ. **lat.** *pectere* [kammen, kaarden, hekelen], **gr.** *pek(t)ein* [idem], **litouws** *pešu* [ik trek aan de haren, ik pluk], **oudindisch** *paksma-* [wimper]; de betekenis van 'vechten' is dus: plukharen.

vector [natuurkundige grootheid] < **lat.** *vector* [drager, vrachtschipper], van *vehere* [voeren, dragen, brengen], idg. verwant met *weg*[1], *wagen*[3].

veda [hindoeboeken] < **oudindisch** *veda-* [kennis, gewijde kennis, gewijd boek], van *veda,* idg. verwant met *weten.*

vedanta [Indisch wijsgerig systeem] < **oudindisch** *vedānta-* [het summum van de kennis], van *veda-* (vgl. *veda*) + *anta-* [einde], daarmee idg. verwant. De vorm *anta-* haalt aan het einde van een samenstelling de pregnante betekenis van het voorafgaande element naar voren.

vedel, veel [strijkinstrument] **middelnl.** *vedel(e), ve(e)le* < **me. lat.** *vidula, vitula, viella, viala, viola, fidula, fialus* [vedel, viool], van **klass. lat.** *vitulari* [jubelen] (vgl. *viool*[1]).

vedelaar [vioolspeler] **middelnl.** *vedelaer(e), vedeler(e)* < **me. lat.** *vidulista, fidulista, videlator, vethelarius* etc. (vgl. *vedel*).

vedelen [vioolspelen] **middelnl.** *vedelen* < **me. lat.** *vidulare* (vgl. *vedel*).

veder → *veer*[1].

vedette [ster] < **fr.** *vedette* [uitkijk te paard] < **it.** *vedetta* [uitkijk, uitkijkpost] < **spaans** *veletta* (maar beïnvloed door *vedere* [zien]), van *vela* [het waken, de wacht], van *velar* [waken] < **lat.** *vigilare,* van *vigil* [waakzaam], verwant met *vegēre* [levendig zijn], idg. verwant met *waken.*

vedisch [van de veda's] → *veda.*

veduta [algemeen uitzicht] < it. *veduta* [gezicht, vergezicht], eig. de vr. vorm van het verl. deelw. van *vedere* [zien] < lat. *vidēre* [idem], idg. verwant met *weten*; het mv. is *vedute*.

vee [dieren, gehouden om hun produkten] middelnl. *vee, ve(eh), vie(h), veede, vy(e)*, oudnederfrankisch *fē*, oudsaksisch *fehu*, oudhd. *fihu*, oudfries *fia*, oudeng. *feoh* (eng. *fee* [vee, bezit, geld]), oudnoors *fe*, gotisch *faihu* [bezit, vermogen]; buiten het germ. lat. *pecus* [vee], (*pecunia* [bezit, geld]), litouws *pekus*, oudpruisisch *pecku*, oudindisch *paśu-* [vee], oudtijds, voordat het geld een rol ging spelen, bestond het vermogen vaak uit vee → *fellow*.

veeg [ten dode gedoemd] middelnl. *veige, vege, veich, veech, viege* [de dood nabij], *ve(i)gen* [vijandig behandelen, aantasten, vermoedelijk ook: dodelijk verwonden], *geveecht* [vernietigd], oudsaksisch *fēg(i)*, oudhd. *feigi*, oudfries *fach*, oudeng. *fǣge*, oudnoors *feigr* [ten dode gedoemd]; vgl. **veem¹** en i.h.b. **vete**.

veek [aanspoelsel] nevenvorm van *deek*.

veel [een groot aantal] middelnl. *vele*, oudnederfrankisch *vilo*, oudsaksisch, oudhd. *filu*, oudfries *felo*, oudeng. *fela*, oudnoors *fjǫl-*, gotisch *filu*; buiten het germ. gr. *polus*, oudiers *(h)il*, litouws *pilus* [in overvloed], oudindisch *puru-*; van dezelfde basis als *vol*¹.

veelvraat [die veel eet, marterachtig roofdier] (1710) < hd. *Vielfraß* of nd. *velevrās*; in het hd. waren samengevallen oudhd. *filifrāz* [gulzigaard] en het nd. *velefrās* [marterachtig roofdier], dat ontleend is aan noors *fjeldfross* [bergkater], van *fjell* [berg] + *fross* [kater].

veem¹ [onderneming die zorgt voor opslag e.d.] middelnl. *veme, veem* [een strafgerecht, in Amsterdam daaruit handelsverbond], middelnd. *ve(i)me*, middelhd. *veme*; vermoedelijk te verbinden met *veeg* en *vete*.

veem² [barg. vinger] → *feem*.

veemgericht [geheime rechtbank] → **veem¹**.

veen [grondsoort] middelnl. *vene, veen*, middelnd. *ven*, oudsaksisch *feni*, oudfries *fene* [weiland], oudnoors *fen* [moeras], gotisch *fani* [slijk]; buiten het germ. iers *an*, gallisch *ana* [water] (waarvóór een *p* wegviel), en oudpruisisch *pannean* [moeras], oudindisch *panka-* [slijk]; verwant met *vocht, ven*.

veer¹ [huidbekleedsel van vogel] middelnl. *veder(e), vere, veer* [vogelveer, schrijfpen], oudnederfrankisch, oudsaksisch *vethera*, oudhd. *federa*, oudfries *fethere*, oudeng. *feðer*, oudnoors *fjǫðr*; buiten het germ. lat. *penna* [veer, vleugel], gr. *pteron* [idem], oudwelsh *eterin* [vogel], hettitisch *pittar* [vleugel], oudkerkslavisch *pero* [veer], oudindisch *patra-* [vleugel, veer]; de basisbetekenis is 'vliegen', vgl. b.v. gr. *petesthai* [vliegen].

veer² [pont] middelnl. *vere, veer*, middelnd., middelhd. *ver(e)*, oudnoors *ferja*; behoort bij *varen*².

veer³ [mallejan] afgeleid van *varen*² in de betekenis 'zich voortbewegen met wagen en trekdier'.

veertien [telwoord] middelnl. *viertien, veertien* met normale overgang van *ie* tot *ee* vóór *r* + dentaal.

veertig [telwoord] middelnl. *viertich, veertich* (vgl. *veertien*).

veest [buikwind] middelnl. *veest*, ablautend naast *vijste*, van dezelfde basis als middelnl. *vesen* [fluisteren], hd. *veisen*, oudnoors *fisa* [winden laten]; buiten het germ. lat. *spirare* [blazen], kerkslavisch *piskati* [fluiten].

veganisme [streng vegetarisme] < eng. *veganism* [idem], van *vegan*, samengetrokken uit *vegetarian* (vgl. *vegetariër*).

vegen [bezemen] middelnl. *vegen*, ablautend naast *vagen* [schoonmaken, vegen, mooi maken], oudsaksisch *fegon*, middelhd. *vegen*, oudfries *fēgja*, oudnoors *faga*, naast oudeng. *gefeon*, oudhd. *gifĕhan*, gotisch *fǣginon* [zich verheugen]; buiten het germ. litouws *puošti* [versieren], lets *puost* [zuiveren, versieren, mooimaken].

vegetaal [plantaardig] < fr. *végétal* < me. lat. *vegetalis = vegetativus* [in staat tot groeien], van *vegetare* (vgl. *vegeteren*).

vegetariër [die alleen planten eet] < hd. *Vegetarier* < eng. *vegetarian* [idem], naar de in 1847 opgerichte *Vegetarian Society*, gevormd van *vegetable* [groente] < lat. *vegetabilis* [opwekkend], van *vegetare* (vgl. *vegeteren*).

vegetatie [plantenleven] < fr. *végétation* < me. lat. *vegetatio* [groei] < lat. *vegetatio* [opwekkende beweging], van *vegetare* (verl. deelw. *vegetatum*) (vgl. *vegeteren*).

vegeteren [een planteleven leiden, saai leven] < fr. *végéter* < me. lat. *vegetare* [groeien, doen leven], maar in chr. lat. ook *vegetans vita* [het onbewuste leven], van *vegetus = veges* (2e nv. *vegetis*) [levendig, opgewekt], verwant met *vigēre* [sterk zijn], *vigil* [waakzaam], idg. verwant met *waken*.

vehement [hevig] < fr. *véhément* < lat. *vehementem*, 4e nv. van *vehemens* [heftig, hevig], van *vehere* [dragen, brengen, drijven], idg. verwant met *wegen*¹.

vehikel [voertuig] < fr. *véhicule* < lat. *vehiculum* [voertuig, wagen, draagstoel, schip], van *vehere* [voeren, dragen], idg. verwant met *wegen*¹.

vei [welig, vruchtbaar] bij Kiliaan *vei*, vermoedelijk verwant met *vaag*¹ [vettigheid].

veil¹ [klimop] middelnl. *veil(e), veel, va(e)le, veluwe*; spellingsvariant van *veel*.

veil² [te koop] middelnl. *veil(e), vele*, middelnd. *veile, vel(e)*, oudfries *fele*, naast oudhd. *fali*, ablautend oudnoors *falr*; buiten het germ. gr. *pōleō* [ik verkoop], litouws *pelnas* [verdienste], oudkerkslavisch *plěnŭ* [buit], oudindisch *panate* [hij koopt].

veilen [openbaar verkopen] middelnl. *veilen*; van *veil*² [te koop].

veilig [beschermd] middelnl. *ve(i)lich*, middelnd.

veiling — vendetta

ve(i)lich, **oudfries** *felig*, van **middelnl.** *veil*, **oudeng.** *fǽle* [trouw (bn.)]; buiten het germ. misschien verwant met **gr.** *poimèn*, **litouws** *piemuo* [herder], **oudindisch** *pāyu-* [behoeder]; de basisbetekenis is 'beschermen'.

veiling[1] [smient] vermoedelijk oorspr. fries en dan bij *feilje* [dekken van eenden] of verklaarbaar als van dezelfde basis als *vogel*.

veiling[2] [verkoping] **middelnl.** *veilinge*, van *veilen* [te koop aanbieden] (vgl. *veil*[2]).

veilleuse [nachtlichtje] < **fr.** *veilleuse* [waakster, nachtpitje], van *veiller* [waken] < **lat.** *vigilare* [idem], van *vigil* [wakker], idg. verwant met *waken*.

veine [geluk] < **fr.** *veine* [ader, aanleg, neiging, geluk] < **lat.** *vena* [ader, ader als zetel van de levenskracht, dichtader, aanleg].

veinzen[1] [smeulen] ook o.m. *venzen, vunzen, veunzen* met een voor Vlaanderen gebruikelijk achtervoegsel *s*, vgl. **middelnl.** *ontfenken, ontfengen* [aansteken, doen ontgloeien, ontvonken, ontbranden], **middelhd.** *venken* [aansteken], bij *vinken* [smeulen], ablautend naast *vonken*.

veinzen[2] [huichelen] **middelnl.** *vinsen, vensen, veinsen*, **middelnd.** *vensen*, **fr.** *feindre* [idem] < **lat.** *fingere* [vormen, veinzen, huichelen], idg. verwant met *deeg*[1] (vgl. *fictie*).

veken [hek, horde] **middelnl.** *veken*, van dezelfde basis als *vak*.

vel [huid] **middelnl.** *vel(le)*, **oudnederfrankisch, oudsaksisch, oudhd.** *fel*, **oudfries, oudeng.** *fell*, **oudnoors** *fjall*, **gotisch** *fill*; buiten het germ. **lat.** *pellis* [huid], **gr.** *pelma* [schoenzool], **litouws** *plėvė* [dunne laag huid].

velaar [klank geproduceerd door contact met het zacht gehemelte] < **eng.** *velar* < **lat.** *velaris* [m.b.t. het zeil, doek, gordijn], van *velum* [zuil].

veld [akker, vlak(te)] **middelnl., oudnederfrankisch** *velt*, **oudsaksisch, oudhd., oudfries, oudeng.** *feld;* buiten het germ. **lat.** *planus* [vlak], **middeliers** *lathair* [oppervlak], **iets** *platit* [vlak maken], **oudkerkslavisch** *polje* [veld] (vgl. *Polen*).

veldspaat [gesteente] < **hd.** *Feldspat* < **zweeds** *feldtspat;* het eerste lid is waarschijnlijk *veld*, het tweede is verklaard als verwant met *spaan;* vanwege het voorkomen dat 'spanig' aandoet.

velen [verdragen, dulden] **middelnl.** *velen*, **nd.** *felen*, **fries** *fele*, **oudeng.** *feolan, befeolan* [ondergaan, doorstaan] (vgl. *bevelen*).

velg [buitenrand van wiel] **middelnl.** *vel(li)ge*, **oudsaksisch** *velga*, **middelnd.** *velge, vellig(e), volge*, **oudhd.** *fel(a)ga*, **fries** *felge*, **oudeng.** *felg(e)* (**eng.** *felly, felloe*); oorspr. betekende het woord één der onderdelen waaruit vroeger de velg werd samengesteld, vgl. **oudindisch** *parśu-* [rib].

velijn [fijn perkament] < **fr.** *vélin* [idem] < **lat.** *vitulinum*, het zelfstandig gebruikt o. van

vitulinus [kalfs-], van *vitula* [kalf], idg. verwant met **middelnl.** *weder, weer* [ram].

veliten [licht bewapende soldaten] < **lat.** *velites*, mv. van *veles* [tirailleur], verwant met *velox* [snel].

velleïteit [neiging] < **fr.** *velléité* < **me. lat.** *velleitas* (2e nv. *velleitatis*), van *velle* [willen], daarmee idg. verwant.

vellen [doen vallen] **middelnl.** *vellen*, **oudsaksisch** *fellian*, **oudhd.** *fellen*, **oudfries** *fella*, **oudeng.** *fiellan*, **oudnoors** *fella;* causatief van *vallen*.

vellum [fijn perkament] < **eng.** *vellum* < **middeleng.** *velim* < **oudfr.** *velin* (vgl. *velijn*).

vélocipède [fiets] < **fr.** *vélocipède*, gevormd van **lat.** *velox* (2e nv. *velocis*) [snel] + *pes* (2e nv. *pedis*) [voet, tred, stap], idg. verwant met *voet*.

velodroom [wielerbaan] < **fr.** *vélodrome* [idem], gevormd van *vélo* (vgl. *vélocipède*) + **gr.** *dromos* [wedloop] (vgl. *dromedaris*).

velours [fluweel] < **fr.** *velours* < **oudfr.** *velous, velour* < **me. lat.** *velosa, velusa* [ruwe stof, handdoek] < **klass. lat.** *villosus* [ruig, harig], van *villus* [ruig haar, wol], van *vellus* [afgeschoren wol, vacht, draden zijde], van *vellere* [losrukken, uitrukken (ook van haren)] (vgl. *floers, wol*).

velouté [fluweelachtig] < **fr.** *velouté*, teruggaand op **lat.** *villosus* (vgl. *velours*).

velpel [een satijnweefsel] < **hd.** *Felpel, Velpel* < **it.** *felpa* [pluche] (vgl. *fulp*).

velter[1] [kleine jachthond] < **oudfr.** *veltre* (**fr.** *vautre*) < **me. lat.** *valtrus* [soort windhond] < **klass. lat.** *vertagus, vertaga, vertragus*, uit het kelt., vgl. voor het tweede lid **iers** *traid* (2e nv. *traged*) [voet].

velter[2], *velte* [veldduif, akkererwt] mogelijk van *velten* [de akker voor de eerste maal inzaaien, de kost op het veld gaan zoeken (van pluimvee)]; afgeleid van *veld*.

velum [kleed] < **lat.** *velum* [zeil, zeildoek, gordijn, doek].

Veluwe [geogr.] vermoedelijk van *vaal* + *ouw*, **oudhd.** *ouw(i)a* [nat weiland], verwant met *a*.

velvet [weefsel] < **eng.** *velvet* < **me. lat.** *velvetum, velveta* < **klass. lat.** *villosus* (vgl. *velours*).

ven [meertje] uit de verbogen nv. stammende nevenvorm van *veen*.

vena [ader] < **lat.** *vena* (vgl. *veine*).

venaal [veil] < **fr.** *vénal* [idem] < **lat.** *venalis* [te koop, omkoopbaar], van *venus, venum* [verkoop].

venatorisch [m.b.t. de jacht] < **lat.** *venatorius* [idem], van *venari* (verl. deelw. *venatum*) [jagen], idg. verwant met *weide*[1], waar dieren voedsel zoeken (vgl. *venereren*).

vendel → *vaandel*.

vendémiaire [wijnmaand] < **fr.** *vendémiaire*, gevormd van **lat.** *vindemia* [wijnoogst], van *vinum* [wijn] + *demere* [wegnemen, afnemen], van *de* [van...weg] + *emere* [nemen, kopen].

vendetta [bloedwraak] < **it.** *vendetta* [wraak] < **lat.** *vindicta* [bescherming, later ook wraak, straf], van *vindex* (2e nv. *vindicis*) [borg, beschermer, bestraffer, wreker].

vendeuse [verkoopster] < fr. *vendeuse,* van *vendre* [verkopen] < lat. *vendere* [idem] < *vendumdare* [idem], van *venus, venum* [verkoop] + *dare* [geven].

vendu [openbare verkoping] (1524) *vendue, venduwe* < me. fr. *vendu,* van *vendre* (vgl. *vendeuse*).

venepunctie [aftapping van bloed uit ader] gevormd van lat. *vena* [ader] + *punctie.*

venerabel [eerbiedwaardig] < fr. *vénérable* < lat. *venerabilis* [idem], van *venerari* (vgl. *venereren*).

veneratie [verering] < fr. *vénération* < lat. *venerationem,* 4e nv. van *veneratio* [idem], van *venerari* (verl. deelw. *veneratum*) (vgl. *venereren*).

venereren [vereren] < fr. *vénérer* [idem] < lat. *venerari* [idem], van *venus* (2e nv. *veneris*) [schoonheid, hartstocht, mingenot], waarvan ook de naam van de godin *Venus,* verwant met *venari* (vgl. *venatorisch*).

venerisch [m.b.t. geslachtsziekte] hd. *venerisch* < lat. *venerius* [van de liefde, zinnelijk], van *venus* (2e nv. *veneris*) [bevalligheid, schoonheid, (zinnelijke) liefde] (vgl. *venereren*).

venerologie [leer van de geslachtsziekten] gevormd van lat. *venus* (vgl. *venerisch*) + gr. *logos* [woord, verhandeling].

venesectie [opening van een ader] gevormd van lat. *vena* [ader] + *sectie.*

Venetië [geogr.] < lat. *Venetia,* het land van de *Veneti,* een Illyrische volksstam.

veneus [aderlijk] gevormd van lat. *vena* [ader].

venezoen, venizoen [wildbraad] middelnl. *venesoen, venisoen* < oudfr. *veneson, venesoun, venison* < lat. *venationem,* 4e nv. van *venatio* [het jagen, jachtbuit, wild, wildbraad], van *venari* (verl. deelw. *venatum*) [jagen] (vgl. *venatorisch*).

Venezuela [geogr.] < spaans *Venezuela* [Klein Venetië], zo genoemd vanwege de paalwoningen in het meer van Maracaïbo.

venia [verlof] < lat. *venia* [gunst, toestemming, vrijstelling, vergiffenis], verwant met *venus* (vgl. *venereren*).

venijn [gif, laster] middelnl. *venijn, venin, fenijn* < fr. *venin* [idem] < lat. *venenum* [sap, drank, toverdrank, vergif, verderf]; de oorspr. betekenis was 'liefdesdrank' en het woord is verwant met *venus* (vgl. *venereren*).

venkel [plant] middelnl. *ven(e)kel* < lat. *feniculum* [idem], verkleiningsvorm van *fenum* [hooi] (vanwege de lucht) (vgl. *fenegriek*).

venkraai [zwarte stern, visdiefje, moeraszwaluw] het eerste lid is *ven* [poel].

Venlo [geogr.] het eerste lid is *veen,* het tweede *loo* [open plek in het bos].

vennebloem [madeliefje] van *ven* + *bloem,* betekent 'weidebloem', vgl. middelnl. *ven(ne)* [veen (land), waterig stuk land, weide]; vgl. voor de betekenis *madelief,* waarvan het eerste lid (vgl. eng. *meadow*) eveneens 'weide' betekent.

vennekool [venkel] middelnl. *fenecol, venecol,* middelnd. *vennikol* (vgl. *venkel*).

vennoot [aandeelhouder] middelnl. *vennoot* [deelgenoot, compagnon, makker, gezel] (vgl. *veemnote* [lid van een veemgericht]), van *veem* ¹ in de betekenis 'vereniging' + *(ge)noot* → *vent.*

venogram [röntgenopname van aderen] gevormd van lat. *vena* [ader] + gr. *gramma* [letter, geschrift, teken], van *graphein* [schrijven], idg. verwant met *kerven.*

venster [raam] middelnl. *venster(e)* < lat. *fenestra* [venster, d.w.z. een opening in de muur]; het glas komt vóór de Romeinse keizertijd niet voor als afsluiting.

vensterkruid [plant] zo genoemd omdat deze succulent in zijn gebied van oorsprong, de woestijn, alleen met zijn blaadjes, die in een soort venstertje eindigen, boven het zand uitsteekt.

vent [kerel] middelnl. *vent, veynt,* via *vennet, veinet, vennit* < *vennoot, veynoot,* met verkorting van de klinker vóór *n* + dentaal.

venta [herberg aan de weg] < spaans *venta* [verkoop, herberg aan de weg]; voor de eerste betekenis heeft men de herkomst gezocht in me. lat. *venta* [markt], van *vendere* [verkopen], voor de tweede is verband gelegd met ostrogotisch *wandjan* [zich wenden, zich begeven] (de Visigoten beheersten lange tijd Spanje). Het lijkt overigens heel goed mogelijk, dat de betekenis 'herberg' zich uit die van 'verkoop, markt' heeft ontwikkeld.

venten [in het klein verkopen] middelnl. *venten* [te koop bieden, verkopen], van *vente* [verkoop] < fr. *vente,* teruggaand op lat. *vendere* [verkopen].

ventilateur [luchtverfrisser] < fr. *ventilateur* < eng. *ventilator.*

ventilatie [luchtverversing] < fr. *ventilation* [idem] < lat. *ventilationem,* 4e nv. van *ventilatio* [het wannen], van *ventilare* (vgl. *ventileren*).

ventileren [lucht verversen] < fr. *ventiler* [idem] < lat. *ventilare* [schudden, bewegen, wannen, koelte toewuiven, aanblazen], van *ventus* [wind].

ventôse [windmaand] < fr. *ventôse,* gevormd van lat. *ventosus* [winderig], van *ventus* [wind] + *-osus* [vol van].

ventraal [buik-] < fr. *ventral* < lat. *ventralis* [idem], van *venter* (2e nv. *ventris*) [buik].

ventrikel [orgaanholte] < lat. *ventriculus* [buikje], verkleiningsvorm van *venter* (2e nv. *ventris*) [buik, maag, moederschoot].

ventriloquist [buikspreker] van me. lat. *ventriloquus* [buikspreker], van *venter* (2e nv. *ventris*) [buik] + *loqui* [spreken].

venturimeter [toestel voor het meten van gas dat door een buis stroomt] genoemd naar de Italiaanse natuurkundige *Giovanni Battista Venturi* (1746-1822), die het principe concipieerde.

Venus [godin van de liefde] < lat. *Venus, venus* [hartstocht, mingenot, schoonheid], idg. verwant

ver — verdedigen

met *wensen,* eng. *to wish,* **oudindisch** *vanas-* [verlangen] (vgl. *venereren).*

ver, verre [op grote afstand] **middelnl.** *ver(re),* **oudnederfrankisch, oudhd.** *ferro,* **middelnd.** *verre,* naast **oudnoors** *ferri,* **gotisch** *fairra,* voorts **oudsaksisch** *fer,* **oudeng.** *feorr;* buiten het germ. **lat.** *per* [door...heen], **gr.** *pera* [verder], *peran* [aan gindse zijde van], **armeens** *heri* [ver], **hettitisch** *para* [verder, voorwaarts], **oudindisch** *para-* [verder], verwant met *varen* ².

ver- [voorvoegsel] ontstaan door het samenvallen van drie voorvoegsels, vanwaar de veelheid aan betekenissen: ten eerste **gotisch** *fair-,* **lat.** *per* [door], ten tweede **gotisch** *faur-* [voor], en ten derde **gotisch** *fra-,* nl. *ver-* in b.v. *verdelen,* **lat.** *pro-* [voor]; door samensmelting van het voorvoegsel met het volgende, met een klinker beginnende woord, ontstonden o.a. *vreten* en *vracht.*

veranda [uitgebouwde galerij] < **eng.** *veranda(h),* uit India (**hindi** *veranda*) < **portugees** *varanda* [balkon], etymologie onzeker.

verassureren [verzekeren] contaminatie van *assureren* en *verzekeren.*

verbaal [mondeling] (1548) *verbael* < **fr.** *verbal* [idem] < **me. lat.** *verbalis* [uitgedrukt in woorden], van *verbum* [woord], daarmee idg. verwant.

verbalemonden [verslonzen] **middelnl.** *verbaelmonden, verbalemonden* [als voogd het goed van een kind slecht besturen], van *ba(e)lmonden, balemonden, ba(e)lmunden, balemunden* [uit de waardigheid van voogd ontzetten], van *ba(e)lmont* [een slecht voogd], **middelnd.** *balemunden, balmündlich, belmündlich,* van **oudsaksisch** *balu* [kwaadaardig] (vgl. *baldadig*) + *-mund* als in **hd.** *Vormund* (vgl. *mondig*).

verbaliseren [bekeuren] < **fr.** *verbaliser,* in de 16e eeuw met de betekenis 'mondeling discuteren voor het gerecht', van *verbal* (vgl. *verbaal*).

verbambocheren [verbrassen] → *bambochade.*

verbasteren [vervormd worden, bedorven worden] afgeleid van *bastaard.*

verbazen [verwonderen] van *ver-* + *bazen* [raaskallen, ijlen] (vgl. *bazelen*); de grondbetekenis is: iem. in verwarring brengen.

verbena [het ijzerhard (een plant)] < **lat.** *verbena* [heilige tak (b.v. laurier, ijzerhard], verwant met *verber* [roede, gesel], **gr.** *rabdos* [twijg, stok].

verbeuren [als straf verliezen] → *beuren.*

verbeus [woordenrijk] < **fr.** *verbeux* [idem] < **lat.** *verbosus* [idem], van *verbum* [woord], daarmee idg. verwant + *-osus* [vol van].

verbiage [woordenvloed] < **fr.** *verbiage,* van **oudfr.** *verbier* [kwelen] < **picardisch** *verbloier* [kwinkeleren], uit het germ., vgl. *wervelen.*

verbieden [door een gebod ontzeggen] **middelnl.** *verbieden* (met *ver-* als versterkingselement) [aankondigen, op het hart drukken], **oudsaksisch** *varbiodan,* **oudhd.** *firbiotan,* **oudfries** *forbiada,* **oudeng.** *forbeodan,* **oudnoors** *fyrbjoða,* **gotisch** *faurbiudan* [gebieden]; met *ver-* om afweer aan te duiden in de moderne betekenis, van *bieden* [doen weten].

verbigeratie [zinloze herhaling van woorden] gevormd van **lat.** *verbigerare* [twisten], van *verbum* [woord] + *gerere* [voeren], dus eig. het woord voeren.

verbijsteren [verwarren] **middelnl.** *verbijsteren* [verdwalen, afhandig maken, bederven, verwarren van de geest], **middelnd.** *verbisteren,* van *bijster.*

verbloemen [vergoelijken] **middelnl.** *verbloemen* [met bloemen versieren en vervolgens: verschonen].

verboft [volgepropt met eten] van **fr.** *bouffer* [zwellen, zich opblazen, schransen], een klanknabootsende vorming zoals bij *bof.*

verbolgen [boos] verl. deelw. van *verbelgen* (vgl. *belgen*).

verbomen [slijten, met de tijd vergaan, verjaren] vgl. **middelnl.** *verbo(de)men* [een nieuwe bodem in versleten vaatwerk zetten].

verbositeit [woordenrijkdom] < **fr.** *verbosité* < **me. lat.** *verbositas* (2e nv. *verbositatis*) [gebabbel], van *verbosus* [breedsprakig] (vgl. *verbeus*).

verbouwereerd [onthutst] **middelnl.** *verbab(b)eert, verbauweert* < **oudfr.** *abaubi, ébaubi,* verl. deelw. van *ébaubir* [verstomd doen staan], van **lat.** *balbus* [stamelend, stotterend].

verbreiden [verspreiden] **middelnl.** *verbre(i)den,* van *ver-* + *bre(i)den, breien* [verbreden], van *breed.*

verbrijzelen [vermorzelen] van *ver-* + **middelnl.** *briselen* < **fr.** *briser* [breken], dat van gallische herkomst is.

verbruggen [van de hand doen, verpatsen] van *ver-* + *bruggen,* waarvoor vgl. **middelnl.** *bruggen* in de betekenis 'over planken uit het land halen' (m.b.t. vee).

verbruien [verknoeien] van *ver-* + *bruien,* **middelnl.** *bruden* [tot vrouw nemen, een vrouw beslapen] (vgl. *bruid*).

verbuisd [afgemat] **middelnl.** *verbuust* [dronken], verl. deelw. van *hem verbuysen* [zich bedrinken], van *buis* ⁵ [dronken].

verbum [(werk)woord] < **lat.** *verbum* [woord, spreuk, werkwoord], van dezelfde basis als *woord* ¹.

verdagen [tot een andere dag uitstellen] **middelnl.** *verdagen* [verjaren, iets jaar en dag in eigendom hebben], afgeleid van *dag* of van het ww. *dagen;* de huidige juridische betekenis staat o.i.v. **fr.** *ajourner,* dat 1789 de eng. parlementaire betekenis van *to adjourn* aannam.

verdaling [vergissing] van *dalen,* **middelnl.** *dalen* [zinken (ook in zedelijke zin), afstijgen], *dalen van* [afzien van, nalaten].

verdedigen [afweren, weerleggen] **middelnl.** *verdadingen, verde(ge)dingen* [door een dading regelen, voor iem. opkomen], van *verdadinge,* *verdedinge* [een onderling vastgestelde bepaling], van *ver-* + *dading*.

verdek [dek] **middelnl.** *verdec* [dek van een schip, bedekking van iets], van *verdecken* [bedekken, beschutten] (vgl. *dek*).

verdemelen [vernielen] 16e eeuws *demolieren* < **fr.** *démoler* < **lat.** *demoliri* [omverhalen, afbreken, vernietigen], van *de* [van...weg] + *moles* [massa, hoop].

verderven → *bederven*.

verdict [vonnis] < **eng.** *verdict* < **me. lat.** *veridictum, veredictum, verdictum, veredictio* [beëdigde verklaring], van *verus* [waar], *verum* [de waarheid] + *dictum*, verl. deelw. van *dicere* [zeggen], idg. verwant met het tweede lid van *aantijgen*.

verdienste [wat men ontvangt] **middelnl.** *verdient, verdienst, verdiente, verdienste;* de huidige vorm zal een contaminatie zijn van *verdiente* en *verdienst*.

verdieping [ruimte tussen twee vloeren] (1638), ontstond door wijziging in de bouw van het koopmanshuis; om ruimte te winnen kwam de neerkamer beneden het grondniveau, de entresol.

verdierepikker [die op het strijkgeld aast] het eerste lid **middelnl.** *verdieren, verdu(e)ren* [duurder maken, verhogen (van bod)], *verdierpenningen* [verhoogpenning] + *pikker* [die pakt].

verdijen [vertikken] verbastering van *vermaledijen*.

verdikke, verdikkeme, verdikkie [basterdvloek] < (*God*) *verdoeme* (*me*).

verdonkeremanen [verduisteren] eerst nieuwnl., is een vervorming van **middelnl.** *verdonkeren* [duister maken, wederrechtelijk wegnemen], met schertsende associatie aan de nieuwe maan.

verdorie [basterdvloek] uit *God verdore je*, **middelnl.** *verdoren* [dwaas maken, van zijn verstand beroven], van *door* [dwaas, gek], **hd.** *Tor*.

verdrieten [leed doen] **middelnl.** *verdrieten* [weerzin hebben, traag zijn], **oudsaksisch** *athriotan*, **oudhd.** *bidriozan*, **oudeng.** *ðreotan* (**eng.** *to threat* [dreigen]), **oudnoors** *þrjota* [mislukken], **gotisch** *uspriutan* [lastig vallen]; buiten het germ. **lat.** *trudere* [stoten, dringen], **oudiers** *trot* [twist], **oudkerkslavisch** *trud* [moeite] (vgl. *truc*).

verdure [voorstelling van bomen en planten] **middelnl.** *verdu(e)re* [het groen in de natuur] < **fr.** *verdure*, van *vert*, vr. *verte*, vroeger ook *verde* [groen] < **lat.** *viridis* [idem].

verdutst [onthutst] **vlaams** *dutsen* [sukkelen], **middelnl.** *verdut* [suf, dom, kinds], *duttich* [slaperig], *duttinge* [het versuffen]; vgl. **middelnl.** *dutten* [razen, woeden], *doten* [krankzinnig zijn, ijlhoofdig zijn]; voor de scala van betekenissen vgl. *duizelen, doezelen, dwaas*.

verduwen [slikken] **middelnl.** *verdouwen* en (hypercorrect) *verduwen* [wegsmelten, overgankelijk: verteren], nevenvorm van *dooyen*, als *Louwmaand* naast *looien*.

verdwijnen [weggaan] **middelnl.** *verdwinen* [afnemen, wegteren, tenietgaan, doen verdwijnen], *dwinen* [idem], het meest waarschijnlijk te verbinden met **oudeng.** *dwinan, fordwinan* [verdwijnen, afnemen, omkomen] (**eng.** *to dwindle*), **oudnoors** *dvina* [idem], verwant met **oudeng.** *dwæscan* [blussen]; buiten het germ. **oudiers** *dith* [nadeel, einde, dood], **armeens** *di* [lijk], op afstand verwant met *dood* [1].

verenigen [samenvoegen] **middelnl.** *verenigen*, verlengd uit *verenen*, van *een*.

verevenen [vereffenen] van *ver-* + **middelnl.** *evenen* [gelijk maken] (van *even*), of rechtstreeks van *even*.

verf [kleurstof] **middelnl.** *vaer, vare, varuwe, vaerwe, varwe, ver(u)we* [kleur], **oudsaksisch** *farawi* [uiterlijk], **oudhd.** *farawa* [kleur]; van dezelfde basis als *forel, voorn*.

verflensen [slap worden] een jonge klanknabootsende vorming, die ontstond temidden van woorden als *verslensen, flets, flensje, flenter, verslonzen, versloffen*.

verfoeien [verafschuwen] **middelnl.** *verfoeyen* [idem]; afgeleid van *foei*.

verfomfaaien [in wanorde brengen] (1679) < **hd.** *verfumfeien* < **nd.** *verfumfeien* [zijn geld lichtzinnig verkwisten], van *fidelfumfei*, dans op de muziek van de Bierfiedler [de cafémuzikant], een klanknabootsende vorming (vgl. *fiedel, vedel*).

verfotsen [verknoeien] van *fots*.

vergauwelozen [veronachtzamen] **middelnl.** *verga(u)welosen*, van *ga(e)uweloos* [achteloos], etymologie onbekend.

vergé [met waterlijntjes] < **fr.** *vergé* < **lat.** *virgatus* [gemaakt van twijgjes], van *virga* [twijgje], etymologie onbekend.

vergeefs [vruchteloos] **middelnl.** *vergeves, vergeefs* [tevergeefs, zonder nut, gratis, zonder beloning] met het bijwoorden vormende achtervoegsel *s* uit het verl. deelw. van *vergeven* [weggeven].

vergelet [een soort kalksteen] < **fr.** *vergelé* [steensoort uit Saint-Leu-sur-Oise] < **oudfr.** *vergelé* [gestreept] (vgl. *vergé*).

vergen [eisen] **middelnl.** *vergen* [(met aandrang) vragen], **oudsaksisch, oudhd.** *fergon;* ablautend bij *vragen*.

vergenoegd [weltevreden] oorspr. verl. deelw. van **middelnl.** *vernoegen, vernougen, vernuegen, vernoigen* [tevreden stellen, iem. een genoegen doen, voldoende zijn], **middelnd.** *vernogen*, **middelhd.** *vernüegen* [tevreden stellen, betalen] (vgl. *geneugte*).

vergeten [niet meer weten] **middelnl.** *vergeten*, **oudnederfrankisch, oudsaksisch** *fargetan*, **oudhd.** *firgezzan*, **oudeng.** *forgietan*, van *ver-* + een ww. voor krijgen, beetpakken, vgl. **oudnoors** *geta*, **oudeng.** *begi(e)tan* (**eng.** *to get*), **gotisch** *bigitan* [krijgen]; buiten het germ. **lat.** *prehendere* [grijpen, vasthouden], **gr.**

vergiet — verkoeveren

chandanein [bevatten], **oudiers** *gataim* [ik neem] + *ver-* met negatieve betekenis, bijv. 'verwennen, verspreken; '*vergeten* is dus 'niet krijgen, kwijtraken'.

vergiet [teiltje met gaten] van **middelnl.** *vergieten* [uitgieten].

vergift, vergif [schadelijke stof] **middelnl.** *vergift,* **middelnd.** *vergift, vergicht,* **middelhd.** *vergift;* van *vergeven.*

verguizen [beschimpen] **middelnl.** *vergusen* [te schande maken], *guse* [een gezicht dat men tegen iem. trekt], synoniem van *guuch, guich,* dat bij **goochelen** hoort.

vergure [de waterlijnen in papier] < **fr.** *vergeure,* van *verger* [strepen trekken], teruggaand op **lat.** *virga* [dunne tak, streep], verwant met *virgo* (vgl. **virginaal**).

verhalen [vertellen] **middelnl.** *verhalen* [ophalen, erbij halen, verslag van iets geven].

verhanselen [verstellen, verknoeien] vgl. **hd.** *hänseln* [plagen, pesten, (oorspr.) ontgroenen]; etymologie onzeker.

verhapstukken [regelen] sedert Kiliaan, vervorming van *verhakstukken* [nieuwe hielstukken opzetten], vgl. *verzolen.*

verharen[1] [vertrekken] etymologie onzeker.

verharen[2] [schraal worden] al dan niet via **middelnl.** *haren* [scherp of doordringend zijn (van wind), wetten], van *hare* [scherpe wind, doordringende koude], verwant met **middelnl.** *hei* [heet, droog] (vgl. **heidamp**).

verhaven [havenen] gevormd van *verhaven,* het verl. deelw. van *verhavenen* [toetakelen].

verheergewaden [rechten betalen voor het bekleed worden met een leen] **middelnl.** *verheergewaden,* van *ver-* + *heergewaad,* van *heer* [leger] + *gewaad;* heergewaad was de oorlogsuitrusting, inclusief b.v. het paard, vervolgens dat deel ervan dat de leenheer bij de dood van de leenman van diens opvolger kon vorderen.

verheien [uitdampen] → *heiig.*

verhelmen [verklinken] van *ver-* + *helmen* [galmen], van *helm* [galm], **middelnl., middelnd.** *helmen,* **oudhd.** *hellan* [(weer)klinken]; bij *hel*[3], *helder.*

verhemelte [gehemelte] **middelnl.** *verhemelt(e)* [zoldering, plafond]; van *hemel.*

verhengen [toelaten, beschikken] **middelnl.** *verhengen, verhingen* [idem], van *ver-* + *hengen, hingen* [dulden], het causatief van *hangen.*

verheren [overmeesteren, verwoesten] **middelnl.** *verhe(er)ren* [heersen over], respectievelijk *verh(e)ren* [met een leger doortrekken, verwoesten]; de afleidingen van *heer* [meester] en *heer* [leger] zijn hier moeilijk te scheiden.

verheugen [blij zijn, blij maken] afgeleid van *heugen.*

verheveling [atmosferisch verschijnsel] vertaling van **gr.** *meteōros* [omhoog getild], van *meta* [naar] + *hairein* [grijpen, wegdragen].

verhippen [naar de maan lopen] eig. zich sprongsgewijs verplaatsen, verspringen, van *ver-* + *hippelen,* frequentatief van *hippen* (vgl. **huppen**).

verificatie [echtheidsonderzoek] < **fr.** *vérification* < **me. lat.** *verificationem,* 4e nv. van *verificatio,* van *verus* [waar], daarmee idg. verwant + *-ficare* < *facere* [maken, doen], daarmee idg. verwant.

verisme [literaire stroming] < **it.** *verismo* [idem], van *vero* [waar] < **lat.** *verus* [idem], idg. verwant met **waar**[2].

verkapt [verholen] < **hd.** *verkappt,* verl. deelw. van *verkappen,* van *Kappe* [kap] (vgl. **kap**).

verkassen [verhuizen] van *ver-* + *kas,* dial. voor huisje, of van *kast,* studentenwoord, wat gemakkelijk kon geschieden doordat het verl. deelw. luidt *verkast,* en evenzo de 3e pers. teg. tijd *hij verkast,* waaruit men zou kunnen concluderen dat de onbepaalde wijs zou zijn *verkassen.*

verkeer [voertuigen en personen die de openbare weg gebruiken] van *verkeren,* **middelnl.** *verkeren* [veranderen, keren, zich wenden, zich ophouden, verblijven, omgaan], **middelnd.** *vorkeren,* **middelhd.** *verkeren,* **oudfries** *urkera,* **oudeng.** *forcierran;* van *ver-* + *keren*[1].

verkeerd [niet goed] **middelnl.** *verkeert* [van de rechte weg afgewaald, onjuist], verl. deelw. van *verkeren* [veranderen, afbrengen van het rechte pad, slecht worden].

verklappen [vertellen wat geheim had moeten blijven] **middelnl.** *verclappen* [verklappen, oververtellen, bij Kiliaan: door babbelen zichzelf verraden of nadeel berokkenen]; van *ver-* + *klappen* [praten].

verkleffer [barg. verrader] etymologie onbekend.

verkneukelen [zich verkneukelen, zich verheugen] van *kneukel, knokkel,* dus zich de knokkels wrijven ofwel zich in de handen wrijven.

verkneuteren [zich verkneuteren, innerlijk plezier over iets hebben] mogelijk < **hd.** *zerknötern, zerknittern* [verkreukelen, verfrommelen], of van een analoge vorming van *kneuteren,* een alleen dial. nevenvorm van *knetteren.*

verkniezen [wegkwijnen] → *verknijzen.*

verknijzen [bespieden, verraden] **middelnl.** *vercnesen, vercnisen* [kwellen], *cni(e)sen* [grommen, brommen, krijsen]; van *ver-* + **kniezen.**

verknocht [gehecht] oud verl. deelw. van **middelnl.** *vercnopen* [dichtbinden, aan zich binden], vgl. *verkocht* bij *verkopen.*

verknoersen [met moeite verduwen] eerst nieuwnl. gevormd van *ver-* + *knoersen* [een onaangenaam, stroef geluid geven].

verknollen [verknoeien, bedriegen] van *ver-* + *knollen* of *knol* [klomp, kluit], dat gemakkelijk is associëren is met iets van geringe waarde.

verknuffelen [verfrommelen] van *ver-* + *knuffel* [stoot, kreuk, stramheid] (vgl. **knuffelen**).

verkoeveren [zich herstellen] ook *verkoev(e)ren,* **middelnl.** *verco(u)veren, verkoevereren* [terugkrijgen, zich herstellen], van *co(e)vereren* [herwinnen] < **oudfr.** *couvre* < **lat.** *(re)cuperare* (vgl. *recupereren*).

verkommeren [wegkwijnen] waarschijnlijk < **hd.** *verkümmern* (vgl. *kommer* ¹).

verkondigen [bekend maken] van *kond*.

verkouden [kou gevat hebbend] jongere vorm naast **middelnl.** *vercout, vercoudet*, verl. deelw. van *vercouden* [afkoelen], samenstelling van *ver-* + *couden* [afkoelen].

verkuist [verguld] verl. deelw. van *verkuisen* [goedmaken, verbeteren], van *kuis* ¹ of *kuisen*.

verkwikken [verfrissen] **middelnl.** *verquicken* (vgl. *kweken*).

verkwisten [verspillen] **middelnl.** *verquisten, verque(e)sten* [teloor (doen) gaan], van *ver-* + *quisten* (vgl. *kwisten*).

verlaat [sluisje] **middelnl.** *verlaet* [kwijtschelding, uitstel, sluis], van *verlaten* [van zich laten gaan, verwijderen, overtappen, legen], van *ver-* + *laet* [het laten gaan], *waterlaet* [het laten wegvloeien van water].

verlakken [bedriegen] **middelnl.** *verlacken* [verstrikken, in de val lokken], van *lac* [strik, snoer] < **lat.** *laqueus* [strik, valstrik].

verlangen [begeren] **middelnl.** *verlangen* [langer maken, uitstellen, onpersoonlijk gebruikt: lang vallen, vervelen, verlangen naar iem. die men lang niet heeft gezien of iets dat men lang heeft begeerd], dus van *lang*.

verleden [verdrieten] **middelnl.** *verle(e)den, verleiden* [onaangenaam voor iem. zijn, kwellen], van *leet* [onaangenaam, hatelijk, verdriet] (vgl. *leed*).

verlegen [bedeesd] **middelnl.** *verlegen*, eig. verl. deelw. van *verliggen, verleggen* [door te lang liggen bederven, verslappen].

verleiden [van de rechte weg afleiden] **middelnl.** *verleiden, verle(e)den* [idem], **oudsaksisch** *farledian*, **oudhd.** *firleiten* (**hd.** *verleiten*), **oudeng.** *farlædan;* van *ver-* + *leiden*.

verleien [met een leen begiftigen] **middelnl.** *verliën* [in leen geven]; de spelling zou dan ook dienen te zijn *verlijen* (vgl. *lenen* ¹).

verleppen [verwelken] afgeleid van *lap,* dus erbij hangen als een lap, als een vaatdoek.

verlet [verhindering] **middelnl.** *verlet, verletten* [belemmeren, talmen]; van *ver-* + *letten* ¹ [vertragen].

verliezen [kwijtraken] **middelnl.** *verliesen*, **oudsaksisch**, **oudhd.** *farliosan*, **oudfries** *urliasa*, **oudeng.** *forleosan*, **gotisch** *fraliusan;* buiten het germ. **lat.** *luere* [een financiële band losmaken, betalen], **gr.** *luein* [losmaken], **oudindisch** *lunati* [hij snijdt].

verlinken [barg. verraden] van *link* ³.

verloenen [verlinken] van *loen* [vals].

verlof [vergunning] **middelnl.** *verlof* [vergunning, i.h.b. om te vertrekken], vermoedelijk van *ver-* + *lof,* **middelnl.** *lof* [lofprijzing, toestemming, goedkeuring, verlof] (vgl. *verloven*).

verloven [door trouwbelofte verbinden] **middelnl.** *verloven*, dat o.m. betekende: verbinden door een *loft(e)* [belofte, gelofte, in **oostmiddelnl.** ook: verloving], **middelnd.** *vorloven* [door trouwbelofte verbinden] (vgl. *beloven*).

verluchten [(een geschrift) versieren] **middelnl.** *verlichten, verlechten, verluchten,* vertalende ontlening aan **lat.** *illuminare, illustrare*.

vermaard [befaamd] van *mare* ¹.

vermaken [anders maken, amuseren] van *ver-* + *maken;* van **middelnl.** *vermaken* is de betekenisontwikkeling: anders maken, vernieuwen, opknappen, verkwikken, de geest opwekken.

vermaledijen [vervloeken] **middelnl.** *malediën, malediden, vermalediën, vermalendiën, vermalendiden,* **middelnd.** *(vor)maledi(g)en,* **middelhd.** *(ver)maledi(g)en* (**hd.** *vermaledeien*) < **lat.** *maledicere* [lasteren, vervloeken], van *male* [kwaad] + *dicere* [zeggen].

vermamsen [barg. verraden] verondersteld is dat het een verbastering is van *vermasseren*.

vermasseren [barg. verraden] via het jiddisch < **hebr.** *ma'asar* [gevangenname].

vermast [zwaar geladen] verl. deelw. van *vermassen* [overladen], van **middelnl.** *masse* [klomp].

vermeien [zich vermeien, zich vermaken] **middelnl.** *hem vermeyen, hem vermeiden* [zich (in de vrije natuur) ontspannen] < *hem meyen* [idem], van *meye, mei* [mei, bloeimaand, lente].

vermeil [in het vuur verguld zilver] < **fr.** *vermeil,* met als eerste betekenis 'vermiljoen' < **lat.** *vermiculus* (vgl. *vermiljoen*).

vermetel [stoutmoedig] **middelnl.** *vermetel,* van *hem vermeten* [zijn kracht overschatten], van *meten*.

vermicelli [draadvormige meelpijpjes] < **it.** *vermicelli,* mv. van *vermicello* [wormpje] < **lat.** *vermiculus* [idem], verkleiningsvorm van *vermis* [worm]; daarmee idg. verwant.

vermicide [wormendodend middel] van **lat.** *vermis* [worm], daarmee idg. verwant + *-cida* [doder], van *caedere* [vellen, neerhouwen, vermoorden], idg. verwant met *heien* ¹.

vermiculiet [mineraal] gevormd van **lat.** *vermiculus,* verkleiningsvorm van *vermis* [worm] (vgl. *vermicide*) + **gr.** *lithos* [steen]; zo genoemd omdat bij verhitting kronkelige structuren optreden.

vermijd [beteuterd] **middelnl.** *vermijt* [schroomvallig], eig. het verl. deelw. van *vermien, vermiden* [nalaten, zich onthouden van, schromen] (vgl. *mijden*).

vermiljoen [helderrode verfstof] < **fr.** *vermillon* [idem], **oudfr.** *vermeil* < **lat.** *vermiculus* [wormpje, cochenilleluis], verkleiningsvorm van *vermis* [worm], daarmee idg. verwant (vgl. *vermeil*); uit de cochenilleluis werd rode verfstof verkregen.

verminken [beschadigen] **middelnl.** *vermenken,*

vermits — verontreinigen

verminken, vermeincgen, van *menken, minken* [idem], naast *manken* [kwetsen], van *manc* [mank].

vermits [aangezien] oorspr. het verl. deelw. van *vermissen.*

vermoeden [veronderstellen] **middelnl.** *vermoeden,* van *mo(e)den* [denken, vermoeden], van *moede* [wil, wens].

vermogen [macht, kracht] **middelnl.** *vermogen* [wat iem. vermag, macht, kracht, vermogen], een als zn. gebruikte onbepaalde wijs, van *ver-* + *mogen.*

vermontevioleparken [sjacheren door armoedzaaiers] genoemd naar een armoedig slop van de Amsterdamse Muidergracht, het *Montefiorepark,* dat is genoemd naar *Sir Moses Haim Montefiore* (1784-1885), een joods filantroop te Londen, die zich o.m. bezig hield met het bouwen van arbeiderswoningen.

vermoossen [bederven, verspillen] **middelnl.** *vermoost* [hulpeloos], van *moos*[2] [modder].

vermorzelen [verbrijzelen] van *ver-* + *morzelen,* **middelnl.** *morsélen, morseelen* [verbrijzelen, aan stukken scheuren], **hd.** *zermürsen* [kapot drukken], onder invloed van **oudfr.** *morsel* (**fr.** *morceau*) < *mors* < **lat.** *morsus* [het bijten, het invreten, het knagen], van *mordēre* (verl. deelw. *morsum*) [bijten, afbrokkelen, grieven].

vermout [drank] < **fr.** *vermouth* [idem] < **hd.** *Wermut* [alsem], **middelhd.** *wermuote,* **middelnl.**, **middelnl.** *wermode,* **oudsaksisch** *wermoda,* **oudeng.** *wermōd;* etymologie onbekend.

vernachelen, vernoggelen [beetnemen] van *ver-,* **middelnl.** *nag(g)elen* [vastnagelen], van *nagel, nachgel* [nagel, spijker, pen]; in het rotwelsch betekent *nageln* neuken, vgl. **nl.** *pennen;* de betekenisontwikkeling is dus te vergelijken met die van *neuken, verneuken.*

vernalisatie [blootstellen van zaden aan lage temperatuur] van **lat.** *vernalis* [voorjaar-], van *vernus* [idem], van *ver* [lente].

vernemen [horen, met de geest waarnemen] **middelnl.** *vernemen* [aannemen, opnemen in het gemoed, zien, opmerken, horen, vragen], algemeen continentaal germ., vgl. **gotisch** *franiman* [in bezit nemen]; vgl. **lat.** *percipere* met gelijkaardige betekenissen.

vernepen [onvolgroeid] van *ver-* + *nijpen,* knijpen.

vernessen [vochtig maken] van *ver-* + *nes*[2] [vochtig].

verneuken [bedriegen] vermoedelijk van *ver-* + *neuken* in de zuidnederlandse betekenis 'foppen, bedriegen', welke rechtstreeks is ontwikkeld uit die van 'stompen, stoten'.

verneuteld [dwergachtig] van *ver-* + *neutel,* verkleiningsvorm van *neut*[2] [klein oud vrouwtje].

vernibbeld [mismaakt] van *ver-* + *nibbelen,* variant van *nippelen,* frequentatief van *nippen, nijpen,* vgl. *knibbelen* naast *knijpen;* de betekenis is dus: verknepen.

vernielen [stukmaken] **middelnl.** *vernielen, verneelen* [verderven, ombrengen], **middelnd.** *vorn(i)elen,* **oostfries** *vernulen,* van **middelnl.** *niel* [voorover op de grond geworpen], **middelnd.** *nigel, nugel,* **oudeng.** *nihol, neowel* [voorover]; buiten het germ. **oudkerkslavisch** *nicĭ* [voorover], **oudindisch** *nīca-* [laag].

vernier [nonius] genoemd naar de Franse wiskundige *Pierre Vernier* (1580-1637).

vernietigen [het niet-maken, geheel doen verdwijnen] bij Kiliaan *vernietighen,* **middelnd.** *vornichtigen,* **middelhd.** *vernihtigen,* gevormd met de uitgang *-igen* naast **middelnl.** *vernieten, vernieuten, vernieweten* [vernietigen], **middelnd.** *vernichten,* **middelhd.** *vernihten;* afgeleid van *niet.*

vernis [doorzichtige lak] **middelnl.** *vernis* [vernis, blanketsel] < **oudfr.** *vernix* < **me. lat.** *vernicium, vernica, verniculum, bernix* [vernis] < **byzantijns-gr.** *pherenikè* [idem] (van *pherein* [brengen] + *nikè* [overwinning]), of juister de macedonische variant *Berenikè,* was de naam van een Ptolemaeïsche Egyptische koningin, naar wie de stad *Berenikè* (het huidige *Bengasi*) werd genoemd, vanwaar uitvoer van vernis plaats had.

vernoggelen [beetnemen] variant van *vernachelen.*

vernollen [barg. sluiten] van **jiddisch** *nollen* [(af)sluiten], *noal* [hij heeft vergrendeld], van *mu'eil* [sluiten], vanwaar ook **rotwelsch** *Nolle* [slot], *Nulle* [deur].

vernooi [verdriet] **middelnl.** *verno(o)y, verney* < **oudfr.** *ennui,* van *enoier, enuier* [schaden, vermoeien, hinderen, verdriet aandoen] < **me. lat.** *inodiare,* van *odium* [haat, tegenzin, afkeurbaar gedrag], verwant met *odor* [geur] (vgl. *odeur*).

vernuft [verstand] **middelnl.** *vernunft, vernuft* < **middelhd.** *vernunft,* **oudhd.** *firnunft, firnumft* [het vernemen, verstand], van *farneman, firneman* (**hd.** *vernehmen*) [nemen, waarnemen], een vertalende ontlening aan **lat.** *percipere,* van *per* [door] + *capere* [nemen], idg. verwant met *heffen.*

veronal [slaapmiddel] < **hd.** *Veronal,* door de samensteller, de Duitse chemicus Emil Fischer (1825-1919) zo genoemd omdat hij toevallig in de buurt van *Verona* was toen hij een naam moest geven aan het middel.

veronderstellen [als waar aannemen] gevormd naar het voorbeeld van **fr.** *supposer* of **lat.** *supponere,* van *sub* [onder] + *ponere* [plaatsen, stellen]; **middelnl.** kent slechts *onderstellen* [onder iets plaatsen], het voorvoegsel *ver-* komt waarschijnlijk van *vermoeden.*

veronica [ereprijs] een oude lat. naam, mogelijk van de persoonsnaam *Veronica.*

veront- [voorvoegsel] ontstaan door verwarring met *veron-* (vgl. **on-**) in b.v. *verontschuldigen, verontreinigen.*

verontreinigen [vuil maken] van *ver-* + *onrein,* de

t ontstond o.i.v. ww. samengesteld met *ont-*, b.v. *ontginnen;* het middelnl. heeft *onreinen*.

verontrusten [in onrust brengen] **middelnl.** *verontrustighen,* van *ver-* + *onrust,* de *t* ontstond o.i.v. ww. samengesteld met *ont-*, b.v. *ontbranden.*

verontschuldigen [van schuld vrijpleiten] **middelnl.** *veronschuldigen, verontschuldigen,* afgeleid van *onschuld;* de vorm met *t* ontstond o.i.v. ww. samengesteld met *ont-*, b.v. *ontbranden.*

verontwaardigen [ergernis verwekken] **middelnl.** *veronwerden, veronwerdigen,* later **middelnl.** *verontwaerden,* afgeleid van **middelnl.** *onwert* [waardeloos, onaanzienlijk, lelijk, vies, niet in tel, onwaardig].

verorberen [nuttigen] **middelnl.** *verorboren, verorberen* [voor een bepaald doel aanwenden], van *ver-* + *orbaren, orboren* [de vruchten van iets plukken, nuttigen], **middelnd.** *orbaren* [opbrengst krijgen van], **middelhd.** *urborn* [pacht geven of ontvangen, gebruiken] (vgl. *oorbaar*).

veroveren [bemachtigen] **middelnl.** *veroveren* [over zijn, overhouden, vervolgens ook: overmeesteren], **middelnd.** *voroveren,* **oudhd.** *giobarōn;* van *ver-* + *overen* [overschieten], van *over,* als **lat.** *superare* [overwinnen], van *super* (vgl. *super*).

verpanjeren [verkwanselen] van *ver-* + *panjeren* = *pangelen,* **middelnl.** *pangelen* [ruilen, verkwanselen], **fries** *pangelje;* mogelijk naast *pingelen.*

verpassen [verkopen] < **rotwelsch** *verpaschen* [gestolen waar van de hand doen], van **zigeunertaal** *pasj* [deel].

verpieren [verpatsen] van *ver-* + *pieren*[1].

verpieteren [verkommeren] vgl. **vlaams** *pieter* [bedorven waar], vgl. *pieterig, peuterig.*

verpletteren [te pletter drukken] sedert Kiliaan, vgl. **middelnl.** *verpletten;* van *ver-* + *pletten.*

verponding [grondbelasting] **middelnl.** *verpondinge,* de schatting in *ponden* (geldswaarde).

verraden [verklappen, trouweloos handelen] **middelnl.** *verraden* [door slechte raad iem. ergens toe brengen, verraden], **middelnd.** *vorraden,* **oudhd.** *firratan,* **oudeng.** *forrœdan.*

verramponeren, verrampeneren [vernielen] **middelnl.** *verramponeren* [toetakelen, hangen], van *rampeneren* [uitschelden, smaden], van **oudfr.** *ramponner,* 12e eeuws *ramprosner* [verwijten, beledigen, bespotten], van *r(e)-* + *am/an* (spellingsvariant van *en-*) + *prosne* [kwetsende grappen debiteren] (**fr.** *prône* [preek, vermaning]), dus bij de preek < **lat.** *protirum* (gedissimileerd tot *protinum*) [het hek dat het koor scheidt van het schip, preek op deze plaats uitgesproken] < **gr.** *prothuron* [portaal], van *pro* [voor] + *thuron* [poort, deur].

verrassen [onverwacht treffen, onverwacht verblij-den] **middelnl.** *verrassen* [verrassen, overrompelen, listig beroven], **middelnd.** *vorraschen* [iem. te gauw af zijn]; van *ras*[5] [vlug].

verrejager, varrejager [stok met ijzeren punt om stieren in bedwang te houden] van *var* [jonge stier] + *jagen,* dat in het middelnl. ook drijven betekende, b.v. *schaep jagen.*

verrekijker [instrument om over grote afstanden te kijken] een jong woord, vertaling van het uit het gr. gevormde *telescoop,* van **gr.** *tèle* [ver] + *skopein* [kijken].

verrekken [sterven] **middelnl.** *verrecken* [te sterk rekken] < **hd.** *verrecken,* te denken valt aan het krampachtig uitstrekken van de poten van stervende dieren.

verrel, vierel [vierendeel] **middelnl.** *vierdende(e)l, vierende(e)l, verrende(e)l, vernde(e)l, viernde(e)l;* de *ee* vóór *r* + dentaal als ook in *veertien.*

verreweg [in ieder opzicht, bij lange] van **middelnl.** *verre* [ver, bij een overtreffende trap: verreweg] + *wech* [van hier], als achtervoegsel achter een bijw. om uit te drukken dat een werking zich onafgebroken en met kracht openbaart.

verrichten [uitvoeren] **middelnl.** *verrechten, verrichten* [rechten over, recht doen, in iets recht laten wedervaren, voor zijn rechten opkomen]; dus afgeleid van *recht*[1].

verrinneweren [vernielen] van *ver-* + een verbastering van *ruïneren.*

verrukt [opgetogen] verl. deelw. van *verrukken,* **middelnl.** *verrucken* [uitstellen, eig. van zijn plaats rukken], van *ver-* + *rucken* [rukken, plukken, met geweld verwijderen]; de moderne betekenis 'in geestvervoering' is wel te danken aan de invloed van **hd.** *verrückt* [geestesziek] en/of die van **lat.** *rapere* [snel grijpen, voortsleuren, meeslepen], een in de mystiek gebruikelijke term.

vers[1] [dichtregel] **middelnl.** *ve(e)rs, vaers* < **fr.** *vers* < **lat.** *versus* [oorspr. het omwenden, dan: wending in de dans, rij, regel, versregel], van *vertere* (verl. deelw. *versum*) [keren, wenden], idg. verwant met *worden.*

vers[2] [fris] **middelnl.** *vers(ch), varsch, vorsch,* **middelnd.** *versch, varsch,* **oudfries** *fersk,* **oudeng.** *fersc,* vormen met metathesis van *r* naast **oudhd.** *frisc* (**hd.** *frisch,* waarvoor vgl. *fris*); buiten het germ. **litouws** *prėskas* [ongezuurd], **oudkerkslavisch** *prěsnŭ* [vers].

versagen [de moed verliezen] **middelnl.** *verzagen, versagen* [bang maken, bang zijn, bang worden] < **middelhd.** *verzagen,* **oudhd.** *erzagen* [bang worden], *zago* [lafaard], verwant met **gotisch** *tahjan* [uiteenrukken]; buiten het germ. **gr.** *daknein* [bijten], **oudindisch** *daśati* [hij bijt].

versatiel [veranderlijk] < **fr.** *versatile* [idem] < **lat.** *versatilis* [draaibaar, plooibaar, schrander], van *versare* (verl. deelw. *versatum*) [heen en weer draaien], frequentatief van *vertere* [keren, wenden], idg. verwant met *worden.*

verschaffen [bezorgen] van *ver-* + *schaffen.*

verschalen [geur- en krachteloos worden] middelnl. *verschalen* < middelnd. *vorschalen*, middelnl. *verschaln*, van middelnd., **middelhd.** *schal* [dor, verschaald]; buiten het germ. gr. *sklèros* [dor, mager], *skellein* [uitdrogen], **oudiers** *sceile* [magerte], **Iets** *kalst* [verdorren] (vgl. *schelm, schallig*).

verschalken [(door list) vangen] middelnl. *verschalken* [tot dienstbaarheid brengen, slecht maken, in slimheid overtreffen, erin laten lopen]; van *schalk*[1].

verscharen [in een andere wei brengen] van *ver-* + *schaar*[3] [aandeel in een gemeenschappelijke weide].

verscheiden[1] [verschillend] middelnl. *verscheiden* [van elkaar verschillend, eerst later met de betekenis 'vrij wat'], eig. het verl. deelw. van *verscheiden* [afscheiden, verdelen].

verscheiden[2] [sterven] middelnl. *verscheiden* [afzonderen, een eind aan iets maken, uiteengaan, heengaan, sterven]; van *ver-* + *scheiden*.

verschiet [horizon] eerst 17e eeuws, oorspr. een schildersterm, van middelnl. *verschieten* [verspringen, verbleken, verplaatsen, verdwijnen]; het perspectief, de aanloop tot het 'verdwijnpunt', werd in het vroege landschap deels opgebouwd met naar de horizon toe gradueel verflauwende kleuren.

verschijnen [zich vertonen] middelnl. *verschinen* [beginnen te schijnen, verschijnen]; van *ver-* + middelnl. *schinen* [schijnen, zich vertonen].

verschil [onderscheid] behoort bij *schelen*[1].

verschonen [van schoon goed voorzien, excuseren] middelnl. *verscho(o)nen* [opsieren, bevoordelen, met consideratie behandelen]; van *schoon* [fraai].

verschot [voorschot] van *verschieten* [voorschieten].

verschranken [de tanden van een zaag afwisselend naar buiten ombuigen] middelnl. *schranken* [met de benen over elkaar zitten], **oudsaksisch** *skrankon* [alterneren], **nd.** *schrankelen*, **oudhd.** *scrancon* [schraag zetten], van middelnl. *schranke, schranc* [schraag, schuine poot].

verschut [verschut gaan, gearresteerd worden, voor gek staan] middelnl. *verschutten* [beletten, schutten], waarvan de eerste betekenis was 'vangen, tegenhouden, opsluiten van vee' (vgl. *schutten*); het gebruik in barg. stamt van het hd. equivalent *verschütt gehen* [gearresteerd worden].

verseren [verkeren] < fr. *verser* [idem] < lat. *versare* (vgl. *versatiel*).

versie [uitvoering] < fr. *version* [idem] < me. lat. *versionem*, 4e nv. van *versio* [het draaien, verandering, vertaling, versie], van *vertere* (verl. deelw. *versum*) [draaien, wenden], idg. verwant met *worden*.

versificatie [versbouw] < fr. *versification* [idem] < lat. *versificationem*, 4e nv. van *versificatio* [het verzenmaken], van *versus* (vgl. *vers*[1]) + *-ficatio*, van *facere* (in samenstellingen *-ficare*) [maken, doen], daarmee idg. verwant.

versjacheren [verkwanselen] van *ver-* + *sjachelen*.

versjteren, versteren [verknoeien] < **jiddisch** *versjteren* < hd. *verstören* (vgl. *storen*[1]).

verslag [mededeling] middelnl. *verslach* [idem], van *verslaen* [mededelen].

verslensen [verwelken] → *verflensen*.

versliecheren, versliegeren [barg. verraden] van **jiddisch** *s'licho* [vergeving]; de betekenis verschoof door het optreden van medeplichtigen als getuigen à charge in ruil voor strafvermindering.

verslinden [verzwelgen] middelnl. *slinden, verslinden*, en ablautend *slont, slonde, slunt* [keel, gapende muil, afgrond, kolk], **oudsaksisch** *farslindan* en *slund* [slok], **oudhd.** *(far)slintan* (hd. *verschlingen* en *Schlund*); buiten het germ. mogelijk verwant met **litouws** *listi*, **Iets** *list* [kruipen, sluipen]; de grondbetekenis zou dan zijn 'doen glijden', vgl. *slenteren, slede*.

versloeren [verkwisten] van *ver-* + *sloeren*, nevenvorm van *sleuren*, gronings *sloeren* [laten lopen, niet afdoen] (vgl. *sloerie*).

versnapering [lekkernij] vgl. in oostelijke dialecten *snapen* [happen naar], **vlaams** *snaperen* voor *snoepen*, een verhouding als *naam: noemen*.

versnerken [door braden minder worden] van *ver-* + *snerken*.

verso [op de achterzijde] < lat. *verso*, van *folio verso* [als het blad is omgedraaid], 6e nv. (ablativus absolutus) van *folium* [blad], idg. verwant met *bloem*[1] ' *versum* [omgekeerd], verl. deelw. van *vertere* [omdraaien], idg. verwant met *worden*.

verspanen [boren, frezen e.d.] van *ver-* + *spaan*.

verspenen [verplanten om afstand tussen de plantjes te krijgen] van *ver-* + *spenen*, middelnl. *ver-* [van de borst nemen, onovergankelijk: zich tot vrucht zetten].

versperren [afsluiten door het plaatsen van een hindernis] middelnl. *verspar(r)en, versperren*; afgeleid van *spar*[1].

versprei [avondmaaltijd omstreeks vespertijd] ook *vesperie, vesperije*, middelnl. *vespereye* [avondbijeenkomst, avondmaal]; van *vesper*.

verstaan [horen, begrijpen] middelnl. *verstaen, verstanden*, middelnd. *vorstan*, **oudsaksisch** *farstandan*, **oudhd.** *firstān, firstantan*, **oudfries** *forstān, urstān*, **oudeng.** *forstandan;* van *ver-* + *staan;* de betekenis biedt moeilijkheden en heeft geleid tot uiteenlopende opvattingen, afhankelijk van de interpretatie van *ver-*; vergelijken met **eng.** *to understand* [staan onder] en **gr.** *epistamai* < *epi-histamai* [ik sta bij, dan: ik ben 'in staat', versta een kunst, versta, begrijp], alsook met 'stil staan bij' kan de betekenisontwikkeling begrijpelijk maken.

verstand [denkvermogen] middelnl. *verstant*, van *verstaen, verstanden* (vgl. *verstaan*).

verstek[1] [schuine stootnaad aan houtwerk] van

versteken, vgl. **middelnl.** *verste(ec)ken* [opnieuw graveren], dus: bijkanten met b.v. een beitel.
verstek² [afwezigheid bij rechtszitting] van **middelnl.** *verste(ec)ken* [verstoten, verwerpen, als onwaardig beschouwen, beroven, onovergankelijk: weggaan]; van *ver-* + *steken;* verstek is een vertalende ontlening aan de 15e eeuwse fr. rechtsterm *forclusion,* van *forclore* [uitsluiten], van *fors* (vgl. *forens*) + **lat.** *claudere* [sluiten], daarmee idg. verwant.
versteld [verbaasd] bij Kiliaan *verstelt sijn* [vastzitten] (vgl. *verstellen*).
verstellen [repareren] **middelnl.** *verstellen* [op een andere plaats stellen, veranderen, vernieuwen, verbeteren, tot stilstand brengen, blijven stilstaan, niet voort kunnen]; van *ver-* + *stellen*.
verstoken [zonder] verl. deelw. van *versteken* [eig. beroofd] (vgl. *verstek*²).
verstokt [verhard] **middelnl.** *verstoct* [verstijfd, stijf], van *stocken* [stollen], dat van *stuiken* in de betekenis 'plotseling stuiten, hokken' komt.
verstolen [heimelijk] verl. deelw. van **middelnl.** *verstelen* [verstoppen, stelen].
versus [tegen(over)] < **lat.** *versus* [in de richting van, -waarts], eig. verl. deelw. van *vertere* [wenden, keren], idg. verwant met *worden*.
vertalen [van de ene taal in de andere overbrengen] **middelnl.** *vertalen* [vermelden, verdedigen, zich uitdrukken], pas Kiliaan heeft de huidige betekenis, die is opgekomen onder aansluiting aan *taal*.
vertebraat [geweveld dier] van **lat.** *animalia* [dieren] *vertebrata* [geweveld], van *vertebra* [gewricht, wervel].
vertegenwoordigen [handelen in naam van een ander] bij Kiliaan *verteghenwoordighen* [tegenwoordig zijn], de huidige betekenis is een vertaling van **fr.** *représenter*.
vertex [top] < **lat.** *vertex* [o.m. draaipunt, top, het hoogste], van *vertere* [wenden, keren], idg. verwant met *worden*.
verticaal [loodrecht] < **fr.** *vertical* [idem] < **me. lat.** *verticalis* [de hoogste], van *vertex* [draaikolk, kruin, het hoogste] (vgl. *vertex*).
vertier [bedrijvigheid, afleiding] **middelnl.** *vertier* [uitstel, het toepassen van de verschillende aan partijen ten dienste staande middelen], bij Kiliaan in de moderne betekenis, **middelnl.** *vertieren* [van aard veranderen, omgaan, verkeren, verruilen, in andere handen brengen, onder de mensen brengen]; van *ver-* + *tieren* [geaard zijn].
vertikken [weigeren te doen] nog niet bij Kiliaan, afgeleid van *tikken,* het woord heeft een *t* met expressief karakter, maar ook een scherpe *t* en *k*.
vertissen [in de war raken] van *ver-* + *tissen* (vgl. *tezen*).
vertrek [kamer] **middelnl.** *vertrecke,* van *hem vertrecken* [zich terugtrekken].
vertrekken [weggaan] **middelnl.** *vertrecken,* van *ver-* + *trekken* [naar een andere plaats trekken].
vertrouwen [rekenen op] **middelnl.** *enen des niet toe en vertrouwen* [iets niet van iem. verwachten].

vertuining [deel van het scheepsboord] van **middelnl.** *vertu(y)nen* [afzetten, afperken]; van *tuin*.
vervaard [bevreesd] **middelnl.** *vervaert, verveert,* verl. deelw. van *verv(a)eren* [schrik aanjagen], **oudnederfrankisch** *irferron,* **middelnd.** *vorveren,* **middelhd.** *vervœren,* **oudfries** *forfera* naast niet-samengesteld **oudeng.** *fœran* [bang maken], **oudnoors** *fœra* [schade toebrengen]; van *vaar*² [vrees].
vervangen [de plaats innemen van] **middelnl.** *vervaen, vervangen* [in zijn macht krijgen, steunen, voor iem. opkomen in rechte, iemands plaats bekleden], uit welke laatste betekenis de huidige ontstond. Van *ver-* + *vangen*.
vervaren¹ [naar elders gaan, verder van elkaar brengen] van *ver-* + *varen*² in de oude betekenis respectievelijk van 'heengaan' en 'vervoeren'.
vervaren² [vrees aanjagen] **middelnl.** *vervaren,* van *ver-* + *vare* [vrees] (vgl. *vaar*²).
verve [geestdrift] < **fr.** *verve* [gloed (van redenaar)], teruggaand op **lat.** *verba* [woorden], mv. van *verbum, verba facere* [een rede houden].
verveine [ijzerkruid] < **fr.** *verveine* < **me. lat.** *verbena, vervena, herbena,* **klass. lat.** *verbena* [heilige tak (van laurier, mirt, olijf), heilig kruid, de ijzerhard].
vervelen [niet boeien] **middelnl.** *vervelen* [vermenigvuldigen, te veel zijn voor iemand, hem onaangenaam zijn]; van *veel*.
verwaand [hoogmoedig] **middelnl.** *verwaent,* verl. deelw. van *hem verwanen* [menen, laatdunkend zijn]; van *wanen*.
verwaarlozen [veronachtzamen] **middelnl.** *verwa(e)rlosen,* afgeleid van *waerloos* [zorgeloos, onachtzaam], afgeleid van *ware* [zorg] (vgl. *waarnemen*).
verwant [gepareteerd] eerst bij Kiliaan < **middelnl., middelhd.** *verwant,* verl. deelw. van *verwenden* [eig. toekeren naar, in het middelhd. verbinden, huwen].
verwaren [kraamvrouwen verzorgen] **middelnl.** *verwaren* [zorgen voor]; van *ver-* + *waren*².
verwaten [trots] verl. deelw. van **middelnl.** *verwaten* [in de kerkelijke ban doen, vervloeken, veroordelen], **oudnederfrankisch, oudsaksisch** *farwatan,* **oudhd.** *fir(h)wazan,* ablautend **oudnoors** *hota,* **gotisch** *hwōtjan* [dreigen], vgl. ook **oudnoors** *hvatr* [scherp, snel]; samenhangend met *wetten*.
verwelken [verflensen] van *ver-* + *welken*.
verweren¹ [eeltig worden] **middelnl.** *verwe(e)ren;* van *weer*³ [knoest, eelt].
verweren² [zich verweren, zich verdedigen] **middelnl.** *verweren* → *weren*.
verwezen [onthutst, verslagen] verl. deelw. van **middelnl.** *verwisen* [aanwijzen, een veroordeling uitspreken, veroordelen, ten dode doemen] (vgl. *wijzen*).
verwijderen [op een afstand plaatsen] afgeleid van

verwijlen — veterinair

wijd in de betekenis 'ver', vgl. **middelnl**. *hem ververren* [zich verwijderen], afgeleid van *ver*.
verwijlen [vertoeven] van *ver-* + *wijl*[1].
verwittigen [doen weten] **middelnl**. *verwittigen;* van *ver-* + *wit*[3] [zin].
verwoed [met woede, fervent] **middelnl**. *verwoet, verwoot, verwoudt* [krankzinnig, dol, buiten zichzelf van woede, gramstorig], verl. deelw. van *verwoeden* [razend maken, in woede ontsteken]; van *ver-* + *woede*.
verwulf, verwulfsel [gewelf] **middelnl**. *verwelf, verwulf;* van *welven*.
verzadigen [ten volle voeden] **middelnl**. *versaden, saden, sadigen,* **middelnd**. *saden,* **oudhd**. *satōn;* van *zat*.
verzaluwen [verwelken] **middelnl**. *versaluwen* [vaal of geelbleek maken, verflensen]; van *zaluw*.
verzamelen [vergaren] **middelnl**. *versamelen;* van *ver-* + *zamelen*.
verzenen [hielen] **middelnl**. *versen(e)* [hiel, hak], **oudnederfrankisch, oudsaksisch** *fersna,* **oudhd**. *fersana* (hd. *Ferse*), **gotisch** *fairzna;* buiten het germ. **lat**. *perna* [been, dij], **gr**. *ptérna* [hiel, ham], **oudindisch** *pārṣṇi* [hiel].
verzet [weerstand, ontspanning] bij **middelnl**. *versetten* [verplaatsen, veranderen, verbeteren, in wanorde brengen, zich verzetten].
verzijp [vergiet] van *zijpen*.
verzuimen [nalaten] **middelnl**. *versu(y)men,* van *ver-* + *-sumen* [nalatig zijn], **middelnd**. *vorsumen,* **oudhd**. *farsumen,* **oudfries** *ursumia;* buiten het germ. **lat**. *serus* [laat], **oudlat**. *desivare* [aflaten van], **gr**. *eaō* [ik laat, laat liggen, laat varen].
verzwinden [verdwijnen] **middelnl**. *verswinden;* van *ver-* + *zwinden*.
vesaan [soort visnet] etymologie onbekend.
vespasienne [openbaar urinoir] < **fr**. *vespasienne,* genoemd naar *Vespasianus,* Romeins keizer van 69-79, die de staatsfinanciën door tal van maatregelen herstelde, o.m. door de winning van urine uit openbare latrines te verpachten. Urine werd gebruikt voor het vollen van vezels. Op kritiek zou hij hebben geantwoord met *pecunia non olet* [het geld stinkt niet].
vesper [voorlaatste daggetijde van brevier] **middelnl**. *vesper* < **lat**. *vesper* [avond, in chr. lat. ook: vesper], verwant met **gr**. *hespera* [avond, het westen] (vgl. ***Hesperiden***), **oudindisch** *avas* [naar beneden] (vgl. ***avatar, west***).
vesperei, vesperije [vesperbrood] **middelnl**. *vespereye* [avondbijeenkomst, avondmaaltijd] < **oudfr**. *vespree* [avond, avonddienst], van *vespre* (vgl. ***vesper***).
vessem [hiel] evenals *vaars, vers, varsem* een dial. nevenvorm van ***verzenen***.
vest[1], veste [stadsmuur] **middelnl**. *vest(e)* [vastheid, bevestiging, vesting, gracht]; van ***vast***.
vest[2] [kledingstuk] < **fr**. *veste* [idem], **it**. *vesta* < **lat**. *vestis* [kleding, gewaad], verwant met **gotisch** *wasjan* [aantrekken, kleden], *wasti* [gewaad], **eng**. *to wear,* **hettitisch** *waš-* [bekleden], **oudindisch** *vaste* [hij trekt aan].
Vestaals [van Vesta] < **lat**. *Vestalis, vestalis* [van de godin Vesta, van een Vestaalse maagd, rein, zedig], van *Vesta,* de naam van de godin.
vestiaire [garderobe] < **fr**. *vestiaire* < **lat**. *vestiarium* [kleerkast], van *vestis* [kleding, kledingstuk] (vgl. ***vest***[2]).
vestiarius [die voor de misgewaden zorgt] < **lat**. *vestiarius* [kleermaker, klerenbewaarder], van *vestis* [kleding, gewaad] (vgl. ***vest***[2]).
vestibule [voorportaal] < **fr**. *vestibule* < **lat**. *vestibulum* [voorplein, voorhof, ingang].
vestigen [stichten, nederzetten] **middelnl**., **middelhd**. *vestigen,* **middelnd**. *vestegen,* vermoedelijk naast *vesten* (vgl. ***bevestigen***).
vestimentair [m.b.t. kleding] < **fr**. *vestimentaire* [idem], van **lat**. *vestimentum* [kledingstuk], van *vestire* [kleden], van *vestis* (vgl. ***vest***[2]).
vesting [versterkte plaats] **middelnl**. *vestinge;* van *veste* [bolwerk] + *-ing*.
veston [jersey jasje] < **fr**. *veston,* van *veste* [jasje] (vgl. ***vest***[2]).
vet [weefsel tussen vlees] een als zn. gebruikt bn. **middelnl**., **middelnd**. *vet,* **fries** *fet,* **oudeng**. *fœtt,* door vocaaluitstoting in verbogen naamvalsvorm < **oudnederfrankisch** *feitit,* **oudhd**. *feizzit,* eig. het verl. deelw. van een ww. voor vetmesten (**oudeng**. *(fœtan*) < **oudnederfrankisch** *feit,* **middelnd**. *vet,* **oudhd**. *feiz,* **oudfries** *fatt, fet,* **oudnoors** *feitr* [vet]; buiten het germ. **lat**. *pinguis,* **gr**. *piōn* [vet], **oudindisch** *payate* [hij wordt dik].
vete [traditionele haat] **middelnl**. *ve(e)de, veide, veete* [vijandschap, twist, vete], **middelnd**. *ve(he)de,* **oudhd**. *(gi)fehida,* **oudfries** *faithe,* **oudeng**. *fœhd,* van **middelnl**. *gevee* [iem. hatend, vijandig gezind, gehaat], **oudhd**. *gifēh,* **oudfries** *fāch,* **oudeng**. *fāh* (**eng**. *foe* [vijand]), waarbij **middelnl**. *vegen* [vijandig behandelen], **oudsaksisch** *afehian* [veroordelen], **oudhd**. *fehen* [haten], **gotisch** *gafaihon* [bedriegen, in beslag nemen]; vgl. ook *veen* en i.h.b. *veeg;* buiten het germ. **litouws** *pykti* [kwaad zijn], **oudpruisisch** *paikemmai* [wij bedriegen], **oudindisch** *piśuna-* [kwaadaardig].
veter [koord] **middelnl**., **middelnd**. *veter,* **oudsaksisch** *feter,* **oudhd**. *fezzera,* **oudeng**. *fetor* (**eng**. *fetter*), **oudnoors** *fjǫturr;* etymologie onzeker, mogelijk verwant met ***vatten,*** misschien echter met *voet,* vgl. **lat**. *pedica* [voetboei].
veteraan [tot oudere jaargang behorend] < **lat**. *veteranus* [oudgediende], van *vetus* [oud] (vgl. ***veterinair***), idg. verwant met ***weer***[1].
veteranenziekte [soort longontsteking] zo genoemd omdat zij het eerst werd geconstateerd na een reünie van Vietnam-veteranen.
veterinair [diergeneeskundig] < **fr**. *vétérinaire* [idem] < **laat-lat**. *veterinarius* [van het trekvee,

veearts], van *veterinus* [tot het trekvee behorend], van *vetus* [oud, oudgediend, ervaren, beproefd, gezegd ook van dieren die oud genoeg zijn om te worden ingezet] (vgl. *veteraan*).

vetiverolie [olie uit graswortels] < fr. *vétiver* [idem] < **tamil** *vettiver*, van *vettu* [het graven] + *ver* [wortel].

veto [verbod] < lat. *veto* [ik verbied], *vetare* [verbieden].

vetsin [uit soja-eiwit gewonnen poeder] < **chinees** *wei ching, wei* [smaak] *ching* [verfijnen].

vettik [veldsla] van *vet* + *-ik* als in *bolderik;* de bladeren voelen enigszins vettig aan.

veugelen [peuteren, morrelen, neuken] middelnl. *vog(h)elen, vochgelen* [vogelvangen, paren, bespringen, beslapen]; van *vogel*.

veulen [jong paard] middelnl. *vol(l)en, vuelen*, middelnd. *volen*, oudhd. *fulin* (met achtervoegsel *-ina*) en **oudsaksisch**, oudhd. *folo*, **oudfries** *fola*, **oudnoors** *foli*, gotisch m. *fula;* buiten het germ. gr. *polos* [veulen], lat. *pullus* [jong dier].

veur [geul (in tuinbouw)] nevenvorm van *vore, voor*.

vexatie [kwelling] < fr. *vexation* [idem] < lat. *vexationem*, 4e nv. van *vexatio* [het schokken, afmatting, kwelling], van *vexare* (verl. deelw. *vexatum*) [heen en weer stoten, kwellen, mishandelen], van *vehere* [dragen, rijden, varen, vliegen], idg. verwant met *wegen*[1].

vexeren [kwellen] middelnl. *vexeren* < fr. *vexer* [idem] < lat. *vexare* (vgl. *vexatie*).

vezel [draadvormig deeltje] eerst bij Kiliaan van middelnl. *ve(e)se* [vezel, rafel, franje], naast *vase*, middelnd. *vese, vase*, oudhd. *feso, faso, fasa*, oudeng. *fœs;* mogelijk te verbinden met **russ.** *pasmo* [streng (van garen)].

vezen [afhalen (van bonen)] evenals *vezel* afgeleid van middelnl. *vese* (vgl. *vezel*).

veziken [fluisteren] middelnl. *veseken, vesi(c)ken*, met *-iken* als in *grinniken* gevormd van *vezen* [fluisterend zeggen], middelnl. *vesen*, klanknabootsend gevormd.

via [langs] < lat. *viā* [door middel van de weg (van...)], 6e nv. van *via* [weg].

viaduct [brug] naar het model van *aquaduct* gevormd van lat. *via* [weg] (vgl. *via*).

viaticum [reispenning] van lat. *viaticus* [van de reis], het zelfstandig gebruikt o. *viaticum* [reisgeld, in me. lat. de eucharistie voor de stervenden, proviand voor militaire expeditie], van *via* [weg].

vibrafoon [muziekinstrument] gevormd van **it.**, lat. *vibrare* (vgl. *vibreren*) + gr. *phōnè* [geluid].

vibrato [trillend] < it. *vibrato* [krachtig, flink, bondig], eig. verl. deelw. van *vibrare* [zwaaien, toebrengen van een slag] < lat. *vibrare* (vgl. *vibreren*).

vibrator [trillend lichaam] < me. lat. *vibrator* [degene of dat wat zwaait] (vgl. *vibreren*).

vibreren [trillen] < fr. *vibrer* [idem] < lat. *vibrare* [doen trillen, trillen, vibreren], idg. verwant met *wippen*.

vibrofoon [toestel om trommelvlies te masseren] dezelfde etymologie als *vibrafoon*.

vicaris [plaatsvervanger van bisschop of pastoor] < lat. *vicarius* [plaatsvervangend, plaatsvervanger, remplaçant (militair), onderslaaf], van *vicis* [afwisseling], idg. verwant met *wijken*.

vice versa [heen en terug] < lat. *vice versa*, een ablativus absolutus-constructie, waarvan de 1e nv. luidt *vicis versa, vicis* [afwisseling, beurt] idg. verwant met *wissel, versa*, verl. deelw. van *vertere* [wenden, keren, omdraaien], idg. verwant met *worden;* tezamen betekent het dus: de beurt omgedraaid zijnde.

vicieus [gebrekkig] < fr. *vicieux* [idem] < lat. *vitiosus* [met gebreken behept, vol ondeugden], van *vitium* [gebrek, fout], van een idg. basis met de betekenis 'uit elkaar', waarvan ook *wijd* stamt + *-osus* [vol van].

vicomte [burggraaf] < fr. *vicomte* < me. lat. *vicecomes*, van *vice* [in plaats van], 6e nv. van *vicis* [beurt] + *comes* [metgezel, begeleider, hoog keizerlijk ambtenaar], van *com* [met, samen] + de stam van *ire* [gaan] (vgl. *viscount*).

victoria [type damesrijtuig] eng. *victoria*, genoemd naar koningin *Victoria*.

victoria regia [waterplant] genoemd naar koningin *Victoria*, lat. *regia*, vr. van *regius* [koninklijk], van *rex* (2e nv. *regis*) [koning].

victorie [overwinning] < lat. *victoria* [idem], van *victor* [overwinnaar], van *vincere* (verl. deelw. *victum*) [overwinnen], idg. verwant met *wijden*.

victorieus [zegevierend] (1515) < fr. *victorieux* [idem] < lat. *victoriosus* [idem], van *victoria* (vgl. *victorie*) + *-osus* [vol van].

victualie [levensmiddelen] < lat. *victualia* [idem], eig. het zelfstandig gebruikt o. mv. van *victualis* [van het voedsel], van *victus* [levensonderhoud, voeding], van *vivere* (van de stam *vict-*) [leven].

victualiebroeders [middeleeuwse zeerovers] zo genoemd omdat het oorspr. burgers betrof, uit Rostock en Wismar, die op bevel van hun hertog schepen uitrustten om van de vaartuigen die zij tegenkwamen *victualiën* op te eisen t.b.v. de belegerde inwoners van Stockholm.

vicuña [soort lama] < **spaans** *vicuña* < **quechua** *wikunja*.

vide[1] [leegte (in bouwkunde)] < fr. *vide* [leeg, lege ruimte] < lat. *viduus* [beroofd van, zonder, alleen], idg. verwant met *weduwe*.

vide[2] [zie] < lat. *vide*, gebiedende wijs enk. van *vidēre* [zien], idg. verwant met *weten*.

video [in de U.S.A. = televisie, het magnetisch vastleggen van beelden] < lat. *video* [ik zie].

vidimatie [bekrachtiging] gevormd van *vidimus*.

vidimus [gelegaliseerd afschrift] middelnl. *vidimus* < lat. *vidimus* [wij hebben gezien], vorm van *vidēre* [zien], idg. verwant met *weten*.

vief [levendig] < fr. *vif* [levend, levendig] < lat. *vivus* [levend].

viem [stapel turf] → *vim*[1].

vier [telwoord] **middelnl.** *vier(e)*, **oudsaksisch, oudhd.** *fior*, **oudeng.** *feower*, **oudnoors** *fjorir*, **gotisch** *fidwor;* buiten het germ. **lat.** *quattuor*, **gr.** *tessares*, **oudiers** *cethir*, **oudkerkslavisch** *četyre*, **litouws** *keturi*, **perzisch** *chahār*, **oudindisch** *catvāraḥ*.

vieren[1] [feesten] **middelnl.** *vi(e)ren* [een feestdag heiligen, rust nemen], *vieren van* [ophouden met, overgankelijk: laten rusten, laten varen, laten lopen] < **chr. lat.** *feriari* [uitrusten], van *feriae* (mv. van *feria*) [feestdagen, feest, vakantie], verwant met *festus* (vgl. *feest*).

vieren[2] [een touw laten uitlopen] (Junius 1567), is wel identiek met *vieren*[1] in de betekenis 'laten lopen'.

viering [middenstuk van kruiskerk] < **hd.** *Vierung*, een vertalende ontlening aan **me. lat.** *quadratura*.

vierschaar [rechtbank] **middelnl.** *vierschare, vierschaer, vierscharre, vierscharne* [rechtbank, vierkant van vier banken waarbinnen recht wordt gesproken]; het tweede lid **middelnl.** *scharn(e)* [bank, vleesbank], **middelnd.** *scharn(e)*, **oudhd.** *scranna*, verwant met *schrank* en *schraag*.

viertel [een maat] **middelnl.** *viertale, viertel(le), ve(e)rtel;* verzwakte vorm van *viertal*, b.v. vier schepels.

vies [vuil] (Plantijn 1573) met de betekenis 'knorrig'. Etymologie onbekend.

Vietcong [communistische guerilla's] verkort uit **vietnamees** *Viet Nam Cong Sam*, voor het eerste deel vgl. *Vietnam, Cong sam* [communisme] < **chinees** *kung* [delen] + *ch'an* [bezit].

Vietminh [onafhankelijkheidsbeweging] verkort uit **vietnamees** *Viet Nam Doc Lap Dong Minh Hoi*, voor het eerste deel vgl. *Vietnam, doc lap* [onafhankelijkheid], *dong minh* [verbond], *hoi* [band].

Vietnam [geogr.] < **vietnamees** *Vietnam* < **oudchinees** *ywet nam*, van *Yüeh* (een gebied in Zuid-China) + *nam* [zuid], dus ten zuiden van Yüeh.

vieux [Hollandse cognac] zo genoemd sedert het verbod om het produkt cognac te noemen < **fr.** *vieux* [oud], mv. van *vieil* [oud] < **lat.** *vetulus*, verkleiningsvorm van *vetus* [oud].

viewer [optisch toestel] < **eng.** *viewer*, van *view* [het zien], **middeleng.** *vewe* < **me. fr.** *veue*, eig. het verl. deelw. van *veoir* [zien] < **lat.** *vidēre* [idem], idg. verwant met *weten*.

viezevazen [wissewasjes] middelnl. nog enk.: *vi(e)sevase, vi(e)sevaes* [beuzelpraat, bagatel], **middelnd.** *visevase, vasevise*, wel een reduplicerende vorming van *vazen*, naast *vazelen* [zachtjes praten], waarnaast *vezen, vezelen*.

vigeren [gelden] < **lat.** *vigēre* [krachtig zijn], oorspr. identiek met **oudlat.** *vegēre* [in beweging brengen], idg. verwant met *wakker*.

vigesimaal [twintigtallig] < **lat.** *vigesimus, vicesimus* [twintigste], van *viceni* [telkens twintig], naar analogie van *deni* [telkens tien] gevormd van *viginti* [twintig].

vigeur [kracht of gelding] (1544) < **fr.** *vigueur* [idem] < **lat.** *vigor* [levenskracht, energie], van *vigēre* (vgl. *vigeren*).

viggen [big] de vorm, naast ettelijke uiteenlopende onder *big* genoemde benamingen, is moeilijk thuis te brengen. Waarschijnlijk in oorsprong een lokroep, zoals nog b.v. rond Leiden *biek, biek, biek!*.

vigilant [waakzaam] < **fr.** *vigilant* < **lat.** *vigilantem*, 4e nv. van *vigilans*, teg. deelw. van *vigilare* [wakker zijn, waakzaam zijn] (vgl. *vigileren*).

vigilante [huurrijtuig] < **fr.** *vigilante*, vr. van *vigilant* [waakzaam, voorzichtig] (vgl. *vigilant*); de naam kwam na het midden van de 19e eeuw in gebruik toen men meer aandacht ging geven aan de veiligheid van rijtuigen.

vigilantie [waakzaamheid] < **fr.** *vigilance* < **lat.** *vigilantia* [idem], van *vigilans* (vgl. *vigilant*).

vigileren [waken] < **lat.** *vigilare* [wakker zijn, waakzaam zijn], van *vigil* [wakker, waakzaam, waker], idg. verwant met *waken*.

vigilie [nachtwake] **middelnl.** *vigilie* < **lat.** *vigilia* [wake, slapeloosheid, nachtwake, nachtwacht, wachtpost, nachtelijk feest], van *vigil* (vgl. *vigileren*).

vigna [plant] genoemd naar de Italiaanse botanicus Domenico Vigna (†1643).

vignet [boekversiering, embleem] < **fr.** *vignette* [idem], van *vigne* [wijngaard, wijnstok] < **lat.** *vinea* [idem], van *vinum* [wijn]; zo genoemd omdat het motief oorspr. dat van de wijnrank met blad en vrucht was.

vigoureus [krachtig] < **fr.** *vigoureux* [idem] < **me. lat.** *vigorosus* [krachtig], van *vigor* [kracht, energie] + *-osus* (vol van).

vijand [die een ander haat] **middelnl.** *fiant, viant, vient* [vijand, de duivel] (mogelijk door het gebruik van dit woord in de laatste betekenis behield het de *a*), **oudnederfrankisch** *fiunt*, **oudsaksisch, oudfries** *fiand*, **oudhd.** *fiant*, **oudeng.** *feond*, **oudnoors** *fjandi*, **gotisch** *fijands*, eig. het teg. deelw. van een ww. **oudhd.** *fien*, **oudeng.** *feon, feogan*, **oudnoors** *fjā*, **gotisch** *fijan* [haten]; buiten het germ. **oudindisch** *pīyati* [hij hoont]; vgl. voor de vorming *vriend*.

vijf [telwoord] **middelnl.** *vijf*, **oudsaksisch, oudfries, oudeng.** *fif*, **oudhd.**, **gotisch** *fimf*, **oudnoors** *fim(m);* buiten het germ. **lat.** *quinque* (veranderd o.i.v. *quattuor* [vier]), **gr.** *pente*, **oudiers** *coic*, **oudkerkslavisch** *pęti*, **litouws** *penki*, **perzisch** *panj*, **oudindisch** *pañca*.

vijftig [telwoord] **middelnl.** *vijftich, vichtich*, **oudsaksisch** *fiftig*, **oudhd.** *fimfzug*, **oudfries** *fiftich*, **oudeng.** *fiftig*, **oudnoors** *fim(m)tigir*, **gotisch** *fimf tigjus;* van *vijf* + *-tig*.

vijfwouter [vlinder] **middelnl.** *vivalter(e), viveltere*, **oudsaksisch** *fifoldaro*, **oudhd.** *fifaltra*,

oudeng. *fifealde,* **oudnoors** *fifrildi;* buiten het germ. **lat.** *papilio* [vlinder], **oudpruisisch** *pepelis* [vogel], reduplicerende vormingen, van een idg. basis met de betekenis 'fladderen', waarvan ook **vlerk**¹ en **woelen** stammen → *papillot, paviljoen, pepel.*

vijg [vrucht] **middelnl.** *fige* < **me. lat.** *figus* < **klass. lat.** *ficus* [vijgeboom, vijg], uit een vóór-lat. mediterrane taal.

vijl [slijpwerktuig] **middelnl.** *vile, vijl,* **oudsaksisch** *fila,* **oudhd.** *fihala,* **oudeng.** *feol, fil;* buiten het germ. **lat.** *pingere* [schilderen, maar eig. tatoeëren, borduren], **gr.** *pikros* [scherp], *peikein* [kammen, scheren], **oudkerkslavisch** *pisati* [schrijven], **oudindisch** *piṃśati* [hij versiert (met snijwerk)].

vijs [schroef] **middelnl.** *vise, vijs(e)* [schroef, windas] < **fr.** *vis* [schroef] < **lat.** *vitis* [wijnstok, heggerank], naar de kurketrekkervorm daarvan (vgl. *vrille*).

vijsten [winden laten] **middelnl.** *vi(j)sten;* nevenvorm van *veesten* → *veest.*

vijsting¹ [mastkeg] misschien te verbinden met *vijzels* [stutten, schoorhout] en met → *vijzel*¹ [mortier].

vijsting² zeldzame nevenvorm van *vissing.*

vijver¹ [waterbekken] **middelnl.** *viver(e)* [stilstaand water, poel] < **oudfr.** *vivier* < **lat.** *vivarium* [bewaarplaats voor levende dieren, evenzeer voor wild en gevogelte als voor vis, menagerie, aquarium, visvijver], van het ww. *vivere* [leven, in leven blijven] (vgl. *vivo*).

vijver² [zwelling die paarden het ademen bemoeilijkt] **middelhd.** *vivel,* **oudfr.** *avives,* **eng.** *vives, fives,* **me. lat.** *vivolae,* teruggaand op **ar.** *adh dhī'ba* [de wolvin].

vijzel¹ [mortier] **middelnl., middelhd.** *visel,* **oostfries** *fisel;* buiten het germ. **lat.** *pinsere* [fijnstampen], **gr.** *ptissein* [idem], **oudkerkslavisch** *pichati* [stampen], **oudindisch** *pinaṣṭi* [hij stampt stuk].

vijzel² [windas] **middelnl.** *visel,* van *vijzelen,* van *vijs.*

viking, wiking [noorman] < **oudnoors** *vikingr,* waarschijnlijk van *vīk* [baai] (vgl. *Reykjavik*), verwant met *wijken;* de betekenis is vermoedelijk dus: mannen die zich in de baaien ophouden.

vilajet, wilajet [Turkse provincie] < **turks** *vilâyet* [provincie] < **ar.** *wilāya* [soevereiniteit, regering, provincie] (vgl. *wali*).

vilbeluik [opruimingsdienst voor dode dieren] van *villen*² + *beluik* [besloten ruimte, luik].

vilein [gemeen] **middelnl.** *vilain, vilein* [dorpeling, kinkel, schurk] < **fr.** *vilain* [niet adellijk, gemeen, lelijk, slecht] < **me. lat.** *villanus* [landelijk, boers, grof], van *villa* [boerderij, in chr. lat. ook: vlek, gehucht].

villa [landhuis] < **lat.** *villa* [buitenplaats, landhuis, hoeve], verwant met *vicus* [dorp] (vgl. *wijk*¹).

villegiatuur [zomerverblijf buiten] < **fr.** *villégiature* [idem] < **it.** *villeggiatura,* van *villeggiare* [op een buitenverblijf vertoeven], van *villa* (vgl. *villa*).

villen¹, ville [petekind] **middelnl.** *ville* [vrouwelijk doopkind] < **lat.** *filiola,* respectievelijk *filiolus,* **fr.** *filleul(e),* vgl. *pillegift.*

villen² [huid afstropen] **middelnl.** *villen,* **oudsaksisch** *fillian,* **oudfries** *filla,* **oudhd.** *fillen;* afgeleid van *vel.*

vilt [stof van haren] **middelnl.** *vilt(e), velt,* **middelnd.** *vilt,* **oudsaksisch** *filt,* **oudhd.** *filz,* **oudeng.** *felt;* verwant met *vel.*

vim¹ [stapel van b.v. bossen stro] **middelnl.** *vim(m)e, vemme, vijm, vim,* **oudsaksisch** *fimba,* **middelhd.** *vimme,* **fries** *fym;* buiten het germ. **vermoedelijk gr.** *pomphos* [blaar], *pemphix* [zwelling], **oekraïens** *buba* [klein abces], **litouws** *bumbulas* [waterbel], **lets** *pimpala* [penis]; de grondbetekenis is dus vermoedelijk 'opzwelling'.

vim² [vin] reeds middelnl., nevenvorm van *vin.*

vin [zwemorgaan van vis] **middelnl.** *vin(ne), venne* [stekel, vin, vleugel], **middelnl.** *vinne,* **oudeng.** *finn;* buiten het germ. **lat.** *pinna* [slagpen, vleugel, veer], **oudiers** *ind* [punt]; uit een variant van de oorspr. basis komen o.m. *(braad)spit* en *spijker,* **lat.** *spina* [doorn].

vinaigrette [saus] < **fr.** *vinaigrette,* verkleiningsvorm van *vinaigre* [azijn], van *vin* [wijn] + *aigre* [zuur], teruggaand op **lat.** *acer* [idem].

vincentiaan [lid van een Vincentiusvereniging] genoemd naar *St. Vincent de Paul* (1581-1660).

vinden [aantreffen] **middelnl.** *vinden,* **oudnederfrankisch, oudsaksisch, oudhd., oudeng.** *findan,* **oudfries** *finda,* **oudnoors** *finna,* **gotisch** *finþan,* van een idg. basis met de betekenis 'door of over komen', vgl. **lat.** *pons* (2e nv. *pontis*) [brug], **gr.** *patos* [pad], **oudpruisisch** *pintis,* **avestisch** *pantay,* **oudindisch** *panthāḥ* [weg].

vinder [stootkussen] < **eng.** *fender* [idem], van *to fend,* verkort uit *to defend* (vgl. *defensie*).

vindicatie [terugvordering] (**middelnl.** *vinderen* [door scheidsrechter beslissen]) < **lat.** *vindicatio* [gerechtelijke aanspraak], van *vindicare* (verl. deelw. *vindicatum*), van *vim dictam,* 4e nv. van *vis dicta* [aangezegde daad van geweld].

vinger [grijporgaan aan hand] **middelnl.** *vinger,* **oudsaksisch, oudhd.** *fingar,* **oudfries, oudeng.** *finger,* **oudnoors** *fingr,* **gotisch** *figgrs;* zeer waarschijnlijk van dezelfde basis als *vijf.*

vinificatie [wijnbereiding] gevormd van **lat.** *vinum* (2e nv. *vini*) [wijn] + *-ficatio* [het maken], van *facere* [maken, doen], daarmee idg. verwant.

vink [vogel] **middelnl., middelnd.** *vinke,* **oudhd.** *finc(h)o,* **oudeng.** *finc* (**eng.** *finch*), **deens** *finke,* **zweeds** *fink* [vink], *spink* [mus], **noors dial.** *spikke* [een soort vogeltje], van klanknabootsende oorsprong, vgl. **me. lat.** *pincio,* **gr.** *spiggos, spiza, spizein* [sjilpen]; in *blinde vink* hebben we eveneens te maken met de vogel, vgl. **fr.** *oiseau sans tête,* **oostfries** *plükde finke* [geplukte vink] (vgl. *slavink*).

vinkoorde [maagdenpalm] **middelnl.** *vinco(o)rde;* het eerste lid < **lat.** *vinca-pervinca* [maagdenpalm], van *pervincire* [binden, omwinden], het tweede vermoedelijk < *wort* (vgl. *wortel*).

vinnig [scherp, bijtend] **middelnl.** *vinnich;* van *vin* [stekel].

vintage [wijnoogst] < **eng.** *vintage* < **me. fr.** *vendenge* < **lat.** *vindemia*, van *vinum* [wijn] + *demere* [wegnemen], van *de* [weg van] + *emere* [kopen].

vinval [geslacht van meervallen] voor het tweede lid vgl. *val*².

vinyl [kunststof] van *vin-* < **lat.** *vinum* [wijn] + *-yl* < **gr.** *hulè* [brandhout, materiaal, materie], verwant met **lat.** *silva* [woud].

violatie [schending] < **fr.** *violation* < **lat.** *violationem*, 4e nv. van *violatio* [schending, ontwijding], van *violare* (verl. deelw. *violatum* [schenden], verwant met *vis* [kracht].

violent [heftig] **middelnl.** *violent* < **fr.** *violent* < **lat.** *violentus* en (jonger) *violens* (2e nv. *violentis*) [gewelddadig, onstuimig], verwant met *violare* (vgl. *violatie*).

violentie [hevigheid] **middelnl.** *violentie, violencie* < **lat.** *violentia* [gewelddadigheid, onstuimigheid], van *violens* (vgl. *violent*).

violeren [schenden] **middelnl.** *violeren* < (**oud**)**fr.** *violer* < **lat.** *violare* (vgl. *violatie*).

violet [kleur] **middelnl.** *violeit* < **oudfr.** *violet, violete*, verkleiningsvorm van *viole* < **lat.** *viola* (vgl. *viool*²).

violier [plantengeslacht] < **fr.** *violier* < **lat.** *viola* (vgl. *viool*²).

violist [vioolspeler] → *vedelaar*.

violoncel [strijkinstrument] < **it.** *violoncello* [idem], verkleiningsvorm van *violone* (vergrotingsvorm van *viola*, vgl. *viool*¹).

viomycine [antibioticum] < **eng.** *viomycin* [idem], van *violet* + **gr.** *mukès* [paddestoel]; genoemd naar de kleur.

viool¹ [strijkinstrument] < **fr.** *viole* of **it.** *viola* < **oudprovençaals** *viula, viola* < **me. lat.** *vitula*, uit het germ., vgl. *vedel*.

viool² [plant] **middelnl.** *viole* < **oudfr.** *viola* < **lat.** *viola* [viooltje, violier], **gr.** *ion* (waarvoor een *w* verdwenen is), uit een mediterrane taal (vgl. *lakooi*).

virage [bocht] < **fr.** *virage*, van *virer* [draaien] < **me. lat.** *virare* [idem] < **klass. lat.** *vibrare* [snel heen en weer bewegen] (vgl. *vibreren*).

virago [kenau] < **lat.** *virago* [krijgshaftige vrouw], van *vir* [man], idg. verwant met het eerste lid van *weerwolf*.

virga [staartnaam] < **it.** *virga* < **lat.** *virga* [takje, streep] (vgl. *virgo*).

virginaal [(bn.) maagdelijk, (zn.) soort clavecimbel] < **lat.** *virginalis* [maagdelijk, van een jonkvrouw, van een meisje], van *virgo* (2e nv. *virginis*) [maagd, meisje], verwant met *virga* (vgl. *virga*); de instrumenten werden zo genoemd omdat ze voor jonge vrouwen bestemd waren.

virginia [tabak] afkomstig uit *Virginia* in Noord-Amerika, genoemd naar de *virgin* [maagd, kuise vrouw] < **lat.** *virgo* (2e nv. *virginis*) [idem], waarmee de ongehuwde Elisabeth I werd bedoeld (vgl. *virginaal*).

virginiteit [maagdelijkheid] < **fr.** *virginité* < **lat.** *virginitas* (2e nv. *virginitatis*) [maagdelijkheid], van *virgo* (vgl. *virginaal*).

virgo [maagd] < **lat.** *virgo* (vgl. *virginaal*).

viriel [mannelijk] < **fr.** *viril* < **lat.** *virilis* [idem], van *vir* (2e nv. *viris*) [man], idg. verwant met het eerste lid van *weerwolf*.

virtueel [in werkelijkheid] < **fr.** *virtuel* < **me. lat.** *virtualis* [feitelijk, eigenlijk], van *virtus* [moed, voortreffelijkheid, deugd], van *vir* [man] (vgl. *viriel*).

virtuoos [uitblinker] < **fr.** *virtuose* < **it.** *virtuoso* [idem] < **me. lat.** *virtuosus* [deugdzaam, dapper], van *virtus* (vgl. *virtueel*) + *-osus* [vol van].

virtuositeit [meesterschap] < **fr.** *virtuosité* < **me. lat.** *virtuositas* (2e nv. *virtuositatis*), van *virtuosus* (vgl. *virtuoos*).

virulent [venijnig] < **lat.** *virulentis* [idem], van *virus* (vgl. *virus*).

virus [ziekteverwekker] < **lat.** *virus* [dik vocht, slijm, vergif, het vuile].

vis¹ [scharnier] < **fr.** *vis* [schroef] (vgl. *vijs*).

vis² [kracht] < **lat.** *vis*, verwant met *vir* [man] (vgl. *viriel*) en met *violare* [schenden] (vgl. *violeren*).

vis³ [dier] **middelnl.** *visc(h)*, oudsaksisch, oudfries *fisk*, oudhd., oudeng. *fisc*, oudnoors *fiskr*, gotisch *fisks;* buiten het germ. **lat.** *piscis*, ablautend **oudiers** *iasc*.

visa [verklaring dat men heeft gezien] < **lat.** *visa*, werd sedert de 16e eeuw met de betekenis 'voor gezien' op akten geschreven, o. mv. van *visum*, verl. deelw. van *vidēre* [zien], idg. verwant met *weten*.

visagist [adviseur voor gezichtsopmaak] < **fr.** *visagiste* [idem], van *visage* [gezicht] < **oudfr.** *vis* [gezicht], van **lat.** *vidēre* (verl. deelw. *visum*) [zien], idg. verwant met *weten*.

vis-à-vis [tegenover] < **fr.** *vis-à-vis*, van **oudfr.** *vis* = *visage* (vgl. *visagist*).

visceraal [m.b.t. de ingewanden] < **me. lat.** *visceralis* [inwendig, van binnen], van *viscus*, mv. *viscera* [inwendige organen, ingewanden].

viscositeit [kleverigheid] < **fr.** *viscosité* [idem] < **me. lat.** *viscositas* (2e nv. *viscositatis*) [idem], van *viscosus* [kleverig], van *viscum* [maretak, hars daarvan, vogellijm, lijmstok] + *-osus* [vol van].

viscount [burggraaf] < **eng.** *viscount* < **middeleng.** *viscounte* < **me. fr.** *vi(s)comte* (vgl. *vicomte*).

viseren [voor gezien tekenen] < **fr.** *viser* [idem], van **lat.** *visa* (vgl. *visa*), dus op een akte 'visa' zetten.

visibel [zichtbaar] < **fr.** *visible* [idem] < **lat.** *visibilis* [zichtbaar], van *vidēre* (verl. deelw. *visum*) [zien], idg. verwant met *weten*.

visie [kijk] **fr.** *vision* [idem] < **lat.** *visionem*, 4e nv. van *visio* [het zien, voorstelling, idee], van *vidēre* (vgl. *visibel, visioen*).
visioen [innerlijk gezicht] **middelnl.** *visione, visio(e)n* < **fr.** *vision* [idem] < **lat.** *visionem*, 4e nv. van *visio* (vgl. *visie*).
visionair [ziende in visioenen] < **fr.** *visionnaire*, van *vision* (vgl. *visioen*).
visitandin [zuster van de Orde van Visitatie] → *visitatie*.
visitatie [onderzoek] < **fr.** *visitation* < **lat.** *visitationem*, 4e nv. van *visitatio* [verschijning, bezoek], van *visitare* (verl. deelw. *visitatum*) [dikwijls zien, bezoeken], frequentatief van *visere* [komen kijken, bezoeken], frequentatief van *vidēre* [zien], idg. verwant met *weten*.
visitator [inspecteur] < **lat.** *visitator* [bezoeker, inspecteur], van *visitare* (vgl. *visitatie*).
visite [bezoek] < **fr.** *visite*, van *visiter* [bezoeken] < **lat.** *visitare* (vgl. *visitatie*).
visiteren [bezoeken, onderzoeken] < **fr.** *visiter* [idem] (vgl. *visite*).
Visjnoe [de God die de wereld in stand houdt (in het Hindoeïsme)] < **oudindisch** *Visnu-*, één van de voorgestelde etymologieën is *vis-* [actief zijn, werken].
visofoon [beeldtelefoon] gevormd van **lat.** *visus* [het zien], van *vidēre* (verl. deelw. *visum*) [zien], idg. verwant met *weten* + **gr.** *phōnè* [geluid, stem].
visorium [kopijklem voor zetters] < **me. lat.** *visorium* [plaats waarvandaan men onbelemmerd kijkt, vizier van helm] < **klass. lat.** *visus* [het zien] (vgl. *visofoon*).
visotter [de gewone otter] het eerste lid = *visse*.
visse [bunzing] **middelnl.** *visse, fisse, vitsau, fitsau, fissau,* via noordfr. < **lat.** *vissio* [wezel], idg. verwant met *wezel* en met *wisent*.
vissing [doorlaat voor het ondereind van een scheepsmast] etymologie onbekend.
vista [gezicht] < **it.** *vista* [gezicht], van *vedere* (verl. deelw. *visto*, vr. *vista*, naast *veduto*) [zien] < **lat.** *vidēre* (vgl. *visofoon*).
visualiseren [zichtbaar maken] < **fr.** *visualiser* [idem], van **lat.** *visualis* [zichtbaar], van *visus* (vgl. *visofoon*).
visueel [m.b.t. het gezicht] < **fr.** *visuel* [idem] < **me. lat.** *visualis* [idem], van *visus* [het zien] (vgl. *visofoon*).
visum [reisvergunning] het grammaticaal juiste enk. van **lat.** *visa*, later gevormd in het besef dat *visa* eig. mv. is (vgl. *visa*).
visus [gezichtsscherpte] < **lat.** *visus* [het zien, gezichtsvermogen] (vgl. *visofoon*).
vit[1], fit [pin] **middelnl.** *vitte*, van *vitten, fitten*.
vit[2] [Hanzenederzetting in Zuid-Zweden of op Schonen] **middelnl.** *vitte*, **me. lat.** *vittea*, **nd.** *fitt* [smalle, vochtige landstreek], **oostfries** *fit* [poel, waterput], **oudnoors** *fit* [weiland, beemd, ook nabij zeestrand], **noors, zweeds** *fit* [weide], **deens**
fed, fid [langgerekte lage landtong]; buiten het germ. **gr.** *pida* [bron], *pisos* [vochtige plek in weide], **oudiers** *iath* [weide].
vita [leven] < **lat.** *vita*, verwant met *vivus* [levend], idg. verwant met *kwik*[1].
vitaal [levenskrachtig] < **fr.** *vital* [idem] < **lat.** *vitalis* [levens-, levenskrachtig, levengevend], van *vita* [leven] (vgl. *vita*).
vitaliteit [levenskracht] < **fr.** *vitalité* [idem] < **lat.** *vitalitas* (2e nv. *vitalitatis*) [levenskracht, vitaliteit], van *vitalis* (vgl. *vitaal*).
vitamine [voor organisme noodzakelijke stof] door de ontdekker der vitaminen, de Poolse biochemicus Casimir Funk (1884-1967) gevormd van **lat.** *vita* [leven] (vgl. *vita*) + **hd.** *Amin*, omdat hij dacht dat het een amine betrof.
vitesse [snelheid] < **fr.** *vitesse*, van *vite* [snel], etymologie onbekend.
vitiëren [van onwaarde maken] < **lat.** *vitiare* [idem], van *vitium* [gebrek, fout] (vgl. *vicieus*).
vitiligo [plaatselijk albinisme] < **lat.** *vitiligo* [huiduitslag], in de 1e eeuw na Chr. door de schrijver van encyclopedische werken Aulus Cornelius Celsus, wiens medische encyclopedie bewaard bleef, gevormd op basis van **lat.** *vitium* [gebrek] (vgl. *vitiëren*).
vitrage [glasgordijn] < **fr.** *vitrage* [het inzetten van ruiten, (collectief) ruiten, glazen deur, glasgordijnen], van **lat.** *vitrum* [glas, kristal] (vgl. *vitreus*).
vitreus [glasachtig] < **fr.** *vitreux* [idem] < **lat.** *vitreus*, van *vitrum* [wede, glas], idg. verwant met (ablautend naast) *wede;* ofschoon later kleurloos werd het glas aanvankelijk naar de blauwe kleur uit de wede genoemd.
vitriet [bouwmateriaal] gevormd van **lat.** *vitrum* [glas, kristal] (vgl. *vitreus*).
vitrine [glazen kast] < **fr.** *vitrine*, van *vitre* [ruit] < **lat.** *vitrum* (vgl. *vitreus*).
vitriool [zwavelzuur] **middelnl.** *vitriool, vitreool* < **fr.** *vitriol* < **me. lat.** *vitriolum* [geconcentreerd zwavelzuur, verkleiningsvorm van *vitrum* (vgl. *vitreus*) [glas, kristal]; zo genoemd vanwege de gelijkenis van de zouten ervan.
vitrocultuur [glascultuur] gevormd van **lat.** *vitrum* (vgl. *vitreus*) + *cultuur*.
vits[1], vis [bundeltje scheringdraden] **middelnl.** *vitse* [teen], *vitsen* [met tenen doorweven of samenvlechten, samenbinden in het algemeen], **nd.** *fitze*, **oudhd.** *fizza* (**hd.** *Fitze* [bindsel, garen]), en **oudsaksisch** *fittea*, **oudeng.** *fitt*, **oudnoors** *fitja* [de einden van het scheergaren aaneenknopen], naast **oudnoors** *fit* [zwemvlies]; vgl. **gr.** *peza* [voetstuk, einde van de disselboom]; het woord stamt van dezelfde idg. basis als *voet* en de betekenis is dan ook eig. 'ondereind, uiteinde'.
vits[2] [bunzing] → *visse*.
vitse [wikke] **middelnl.** *vits(ch)e* [een soort linze] < **lat.** *vicia* [voederwikke], een latere ontlening dan *wikke* aan hetzelfde lat. woord.
vitten [kleingeestige aanmerkingen maken]

middelnl. *vitten* [iets voegen, schikken], *vitte* [modelhout], vgl. *fitten.*

vitting [merkstreep op b.v. een muur] van *vitten.*

vitusdans [zenuwziekte] genoemd naar *Vitus,* Siciliaanse heilige en martelaar uit de 4e eeuw, één der noodhelpers, aangeroepen in gevallen van epilepsie.

vivace [levendig] < **it.** *vivace* < **lat.** *vivax* (4e nv. *vivacem*) [levenskrachtig, levendig], van *vivere* [leven] (vgl. *vivo*).

vivaciteit [levendigheid] < **fr.** *vivacité* < **lat.** *vivacitas* (4e nv. *vivacitatem*) [idem], van *vivax* (vgl. *vivace*).

vivarium [bak om dieren levend in te bewaren] → *vijver*[1].

vivat [dat hij leve] < **lat.** *vivat,* aanvoegende wijs van *vivere* [leven] (vgl. *vivo*).

viveur [pretmaker] < **fr.** *viveur,* van *vivre* < **lat.** *vivere* [leven] (vgl. *vivo*).

vivificatie [levendmaking] < **me. lat.** *vivificatio* [idem], van *vivificare* (verl. deelw. *vivificatum*) [levend maken], van *vivus* [levend] (vgl. *vivo*) + *facere* [maken, doen], daarmee idg. verwant.

vivipaar [levendbarend] < **lat.** *viviparus* [idem], van *vivus* [levend] (vgl. *vivo*) + *parere* [voortbrengen], idg. verwant met *vaars*[1], *var*.

vivisectie [proefneming op levende dieren] gevormd van **lat.** *vivus* [levend] (vgl. *vivo*) + *sectio* [het snijden], van *secare* (verl. deelw. *sectum*) [snijden], idg. verwant met het tweede lid in de samenstelling *mes*.

vivo [levendig] < **it.** *vivo* < **lat.** *vivus* [idem], van *vivere* [leven], idg. verwant met *kwik*[1], *kwiek*.

vivres [levensmiddelen] < **fr.** *vivres,* van *vivre* [leven] < **lat.** *vivere* [idem] (vgl. *vivo*).

vizier[1] [helmklep] **middelnl.** *visier(e)* < **fr.** *visière,* van **oudfr.** *vis* [gezicht], van **lat.** *vidēre* (verl. deelw. *visum*) [zien], idg. verwant met *weten*.

vizier[2] [grootwaardigheidsbekleder] < **turks** *vezir* [minister] < **ar.** *wazīr* [idem] < **avestisch** *vīcira* [bemiddelaar, rechter].

vla [dik melkgerecht] < *vlade*.

vlaag [plotselinge windstoot, opwelling] **middelnl.** *vlage, vlaech,* **deens, noors** *flage,* **zweeds** *flaga;* ablautend naast *vloeken,* vgl. ook *plaag* en de daar vermelde woorden.

vlaai[1] [gebak] **middelnl.** *vlaeye* < *vlade*.

vlaai[2] [delling, geul] **middelnl.** *valaye, valeye, vlaey, vallei* (vgl. *vallei*).

vlaai[3] [bedorven, stinkend] verwant met *vlei* [vlies op een vloeistof], etymologie onbekend.

vlaak [zandbank, horde] **middelnl.** *vlake* [vlakte, zeevlak, door water bespoeld kustland, horde]; van *vlak*[1].

vlaardebei [vlierbes] het eerste lid is een nevenvorm van *vlieder,* *vlier*[1], waarschijnlijk aansluitend bij **fries** *flear* (de vorm is noordhollands).

vladder [behangersborstel] etymologie onbekend.

vlade [koek] **middelnl.** *vlade, vlaeye, vla* [dunne brede koek], **middelnd.** *vlade,* **oudhd.** *flado.*

middeleng. *flothe;* buiten het germ. **lat.** *planta* [voetzool], **gr.** *platus* [plat, breeduit], **middeliers** *lethan* [breed], **oudkerkslavisch** *plesna,* **armeens** *lain* [voetzool], **oudindisch** *prathati* [hij breidt uit].

vlaflip [nagerecht] van *vla* + *flip*.

vlag[1] [vaan] **middelnl.** *vlagge,* **nd., hd.** *Flagge,* **eng.** *flag,* **oudnoors** *flǫgra* [fladderen]; etymologie onzeker, mogelijk in verder verband met *vlaag*.

vlag[2] [zoel] etymologie onzeker, vermoedelijk verwant met *vlak*.

vlak[1] [platte kant] zelfstandig gebruik van het bn. **middelnl.** *vlac,* **middelnd.** *vlak,* **oudhd.** *flah,* **oudnoors** *flaki;* buiten het germ. **lat.** *plaga* [uitgestrekte landstreek, jachtnet], **gr.** *pelagos* [zeevlak]; op enige afstand verwant met *vla, vlade*.

vlak[2] [smet] **middelnl., middelnd.** *vlacke;* nevenvorm van *vlek*.

vlaken [wol kloppen] en wel op een *vlaak* of horde.

vlam [tongvormig verbrandingsverschijnsel] **middelnl.** *vlam(me)* < **fr.** *flamme* < **lat.** *flamma* [vlam, fakkel, gloed, vuur], verwant met *flagrare* [branden] (vgl. *flagrant*), **gr.** *phlegein* [verbranden] (vgl. *flegma*), idg. verwant met *blaken*.

Vlaming [Nederlandstalige Belg] **oudeng.** *Flœming,* **oudnoors** *Flœmingi,* een naam die aanleiding heeft gegeven tot het bedenken van diverse verklaringen, die echter geen zekerheid bieden; geloofwaardig lijkt verband met **oudhd.** *flouwen* [spoelen, wassen], **oudnoors** *flaumr* [stroom], in welk geval de naam zou berusten op het regelmatig onderlopen van kustgebieden.

vlas [plantengeslacht] **middelnl.** *vlas,* **oudhd.** *flahs,* **oudfries** *flax,* **oudeng.** *fleax;* van dezelfde basis als *vlecht*.

vlassen [vlas bereiden] **middelnl.** *vlassen,* van *vlas;* voor de moderne betekenis in *vlassen op iets* [sterk verlangen naar], vgl. **middelnl.** *spinnen* [spinnen, vlassen op], *weven* [weven, streven naar].

vlecht [gevlochten hoofdhaar, streng] **middelnl.** *vlecht(e), vlichte,* **middelhd.** *vlehte,* **oudnoors** *fletta;* buiten het germ. **lat.** *plectere,* **oudkerkslavisch** *plesti* [vlechten], zonder *t* achtervoegsel **gr.** *plekein,* met *n* achtervoegsel **oudindisch** *praśna-* [korf].

vledder dial. nevenvorm van *vlier*[3].

vleder, vleêr [vleugels (poëtisch)] naar **middelnl.** *vleder* [vlerk, vleugel] (vgl. *vleermuis*).

vleermuis [zoogdier] **middelnl.** *vledermuus, vleermuus;* bij *fladderen*.

vlees [spierweefsel] **middelnl.** *vleesch(e), vleysch(e),* **oudnederfrankisch, oudhd.** *fleisc,* **oudsaksisch** *flēsk,* **oudfries** *flask, flesk,* **oudeng.** *flæsc,* **oudnoors** *flesk* [spek]; buiten het germ. **litouws** *pleisèti* [scheuren], **lets** *plaisa* [scheur]; de grondbetekenis is 'afgescheurd stuk'.

vleet[1] [net] **middelnl.** *vlete, vleet,* van *vleten* [drijven], nevenvorm van *vloten*.

vleet[2] [soort van rog] middelnl. *vlete*, genoemd naar de platte vorm, vgl. *vlet*.

vlegel [lange stok, lomperd] middelnl. *vlegel(e)* < lat. *flagellum* [gesel, zweep, riem, ook in chr. lat. overdrachtelijk gebruikt, in me. lat. dorsvlegel], verkleiningsvorm van *flagrum* [een martelwerktuig met ijzeren knoppen, vandaar ook zweep].

vlei [vlies op het oppervlak van een vloeistof] middelnd. *vli*, fries *flij*, verwant met *vlaai*[3] [stinkend]; etymologie onbekend.

vleien [flemen] middelnl. *vleen, vlehen, vleyen*, oudsaksisch *fleon*, oudhd. *flehan*, oudeng. *fláh* [sluw], oudnoors *flár* [vals], gotisch *plaihan* [troosten]; etymologie onzeker.

vlek [smet] middelnl., middelnd. *vlecke*, oudhd. *fleccho*, oudnoors *flekkr*; etymologie onbekend.

vlerk[1] [vleugel] middelnl. *vlaer(c)ke, vlerke, vlerc* < *vlederic*, verlenging van *vleder*.

vlerk[2] [vlegel] is hetzelfde woord als **vlerk**[1] [vleugel]; de betekenisovergang is verklaarbaar door *vlegel* [onbeschoft iem.], dat gelijkluidend is met *vlegel*, *vleugel*.

vlet [vaartuig] middelnl. *vlet(te)* [platte bodem, vloer, platboomd vaartuig, vlet], oudsaksisch, oudfries, oudnoors *flet*, oudeng. *flett*, oudhd. *flezzi* [vloer, huis]; vgl. gr. *platus* [vlak] en nl. *plat*[1]; de vlet was kennelijk oorspr. een platbodem.

vleug [vlucht] middelnl. *vloge, vlooch, vluege* [het vliegen, snelheid], oudsaksisch *flugi*, middelnd. *vloge*, oudhd. *flug;* van *vliegen*.

vleugel [lichaamsdeel om mee te vliegen] middelnl. *vlogel, vluegel, vleugel*, middelnd. *vlogel*, middelhd. *vlügel;* met *-el* achtervoegsel gevormd van *vliegen*.

vleugen [vlotten, lukken] overdrachtelijk gebruik van: meelopen met de *vleug*.

vlieboot [in de 16e eeuw veel gebruikt scheepstype] genoemd naar het zeegat het *Vlie*, in de Romeinse tijd *Flevo*, in de middeleeuwen *Fleo, Fli;* op enige afstand verwant met *vlieten*.

vlieden [vluchten, voorbijgaan] middelnl. *vlieden*, uit ouder *vlien, vleen, vliehen* [vluchten], oudnederfrankisch *vlien*, oudsaksisch, oudhd. *fliohan*, oudeng. *fleon*, oudnoors *flyja*, gotisch *pliuhan;* nevenvorm van *vliegen* met grammatische wisseling *g/h*, de *d* o.i.v. → *bieden*.

vlieg [insekt] middelnl. *vliege;* afgeleid van *vliegen*.

vliegen [zich met vleugels voortbewegen] middelnl. *vliegen*, oudnederfrankisch *fliugon*, middelnd. *vlegen*, oudhd. *fliugan*, oudfries *fliaga*, oudeng. *fleogan*, oudnoors *fljuga;* buiten het germ. litouws *plaukti* [zwemmen] → *vlieden*, *vlucht*[1], *vlug*.

vliegenier [piloot] sedert het eerste decennium van de 20e eeuw, vermoedelijk gevormd in Vlaanderen.

vliegtuig [vliegmachine] gevormd naar het voorbeeld van *rijtuig* en *voertuig*.

vliem [vlijm] middelnl. *vli(e)me;* nevenvorm van *vlijm*.

vliender [vlier] reeds middelnl. nevenvorm van *vlieder* = *vlier*[1].

vlier[1] [plantengeslacht] middelnl. *vlie(de)r, vle(de)r, vli(e)nder*, middelnd. *vleder*, hd. *Flieder;* etymologie onbekend.

vlier[2] [violier] daaruit verkort.

vlier[3] [moerassige grond] samengetrokken uit *vledder*.

vliering [verdieping boven een zolder] vermoedelijk verwant met *vloer*.

vlies [vel, membraan] middelnl. *vlies, vluus(ch)* [vacht, vlies], middelnd. *vlus*, oudeng. *fleos*, *flies;* buiten het germ. lat. *pluma* [veer, dons], lets *plauskas* [(hoofd)roos], lets *pluskas* (mv.) [plukjes haar].

vlieten [stromen] middelnl. *vlieten*, oudsaksisch *fliotan*, oudhd. *fliozan*, oudfries *fliata*, oudeng. *fleotan*, oudnoors *fljota;* buiten het germ. lat. *pluit* [het regent], gr. *pleō* [ik vaar], litouws *plauju* [ik was, spoel], oudindisch *plavate* [hij zwemt].

vlij [beloop, vouw, plooi, strook vezels] van *vlijen*.

vlijen [ordelijk, gemakkelijk neerleggen] middelnl. *vlien, vlyen* [schikken, ordenen, geschillen bijleggen, zich schikken], middelnd. *vlien*, oudsaksisch *giflihan* [zijn gedachten zetten op], fries *flije;* etymologie onzeker.

vlijm [scherp mesje] middelnl. *vli(e)m(e), vlijm* < lat. *phlebotomus* < gr. *phlebotomos* [lancet], van *phleps* (2e nv. *phlebos*) [(slag)ader] + *tomos* [snijdend], van *temnein* [snijden].

vlijt [ijver] middelnl. *vlijt* [ijver, strijdlust, nijd], oudsaksisch *flīt* [strijd, ijver], oudhd. *flīz*, oudfries *flīt* [vlijt], oudeng. *flīt* [strijd]; etymologie onzeker.

vlijtig liesje [plant] zo genoemd vanwege de snelle groei. De lat. naam geeft hetzelfde begrip: *impatiens* [ongeduldig].

vlim[1] nevenvorm van *vlijm*.

vlim[2] [vin] mogelijk variant van *vim*[2] o.i.v. *vleugel*.

vlinder [insekt] etymologie onbekend.

vlint [kei] → *flint*.

vlizotrap [uittrekbare trap naar vliering of zolder] van *vli(ering)* + *zo(lder)* + *trap*.

vlo [insekt] middelnl., middelnd. *vlo*, oudhd. *flōh*, oudeng. *flea(h)*, oudnoors *flō;* het beeld van de niet-germ. idg. talen levert geen klankwettig te onderbouwen verwantschap, maar anderzijds lijkt die toch aanwezig. Verondersteld is dat we te doen hebben met affectieve vervormingen: lat. *pulex*, gr. *psulla*, litouws *blusa*, oudkerkslavisch *blūcha*, oudindisch *pluṣi-;* verwantschap met *vlieden*, (*vlood*, *gevloden*), middelnl. *vlien* [ontwijken] is denkbaar, wellicht echter heeft dit woord slechts invloed uitgeoefend.

vloed [wassend water, stroom] middelnl. *vloet*, oudnederfrankisch *fluod*, oudsaksisch, oudeng. *flōd*, oudhd. *fluot*, oudnoors *flōð*, gotisch *flodus;* van *vloeien*.

vloei [hand van een anker] etymologie onzeker, vgl. eng. *flue* [idem] en *fluke* [platvis, hand van een anker], welk laatste woord wel verwant is met *vlak*¹.

vloeien [stromen] middelnl. *vlo(e)yen*, middelnd. *vloien*, oudeng. *flowan*, oudnoors *floa*, gotisch *flodus* [rivier]; buiten het germ. lat. *pluit* [het regent], gr. *pleō* [ik vaar], litouws *plauti* [spoelen].

vloeistof [vocht] gevormd van *vloeien* + *stof*¹, 18e eeuwse vertaling van fr. *fluide*.

vloeken [krachttermen gebruiken] middelnl. *vlo(e)ken*, oudsaksisch *flokan*, oudhd. *fluohhan*, oudfries *floka*, oudeng. *flocan* [in de handen slaan], gotisch *flokan* [beklagen]; buiten het germ. lat. *plangere* [slaan, zich op de borst slaan ten teken van rouw, luid jammeren], gr. *plèssein*, litouws *plakti* [slaan], oudkerkslavisch *plakati* [huilen], middeliers *len* [klacht] (vgl. *plaag*).

vloer [bodem] middelnl. *vloer, floer* [grond, vloer, verdieping], middelhd. *vluor* [vlak veld], oudeng. *flōr* [vloer], oudnoors *flōrr* [stalbodem]; buiten het germ. lat. *planus* [vlak], oudiers *lar*, welsh *llawr* [grond, vloer], iets *plans*, oudpruisisch *plonis* [dorsvloer]; verwant met *veld*, *vlade*.

vloeren [fluwelen] →*floers*, *velours*.

vloghaver [wilde haver] het eerste lid < middelnl. *vloch* [vlucht (van vogels)], van *vliegen*; vgl. hd. *Flughafer*, ook *Windhafer*; de betekenis is dus: haver die zich op de wind uitzaait.

vlok¹ [plukje] middelnl. *vloc(ke)*, middelnd. *vlocke*, oudhd. *floccho*; buiten het germ. lat. *floccus* [vlok], litouws *pluksna* [veer], iets *plauki* [de vlokken]; het is niet zeker of het woord oorspr. germ. is, dan wel ontleend aan lat. *floccus*.

vlok² [papperig] mogelijk het als bn. gebruikte zn. *vlok*¹.

vlonder [los houten vloer] middelnl. *vlonder, vlonger* [slootplank, smal bruggetje]; mogelijk gevormd van *vonder*.

vlook [enigszins hol] vermoedelijk een o.i.v. *vlak* ontstane vorming van *vloot* [platte kuip, (boter)vloot] (vgl. *vloot*²).

vloot¹ [samen varende schepen] middelnl. *vlote, vloot* [stroom, vloot (van schepen), dobber, kuip], middelnd. *vlote*, oudeng. *flota*, oudnoors *floti*, van middelnl. *vloten* [stromen, drijven, varen], als causatief van *vlieten* [vervoeren (te water)]; ablautend bij *vlieten* (vgl. eng. *fleet* [vloot]).

vloot² [tobbetje, kuipje] het zelfstandig gebruikt bn. *vloot* [ondiep], middelnl. *vloot, vloit;* van *vlieten*.

vloot³ [soort van rog] nevenvorm van *vleet*² [idem].

vlos [pluizig] < fr. *floche* [fluwelig, pluizig, wollig] < lat. *floccus* (vgl. *vlok*¹,²).

vlot¹ [drijvend plankier] middelnl. *vlot* [het vlieten, klein vaartuig, vloot, vloed]; ablautend bij *vlieten*.

vlot² [drijvend, vloeiend] middelnl. *vlot* [(vermoedelijk) vloeibaar] (vgl. *vlot*¹).

vlotten [omgeven zijn van water, opschieten] middelnl. *vlotten, vlutten* [vloeien, stromen, drijven, varen, te water vervoeren], naast *vloten;* ablautend bij *vlieten*.

vlouw [drijfnet] →*flouw*.

vlucht¹ [het vliegen] middelnl. *vlucht(e), vlocht(e)*, middelnd. *flucht* [hevige beweging, vlug], oudhd. *flucchi* [geschikt om te vliegen], oudeng. *flycge* (eng. *fledge* [van veren voorzien]); van *vliegen*.

vlucht² [ontvluchting] middelnl. *vlucht, vlocht* [vlucht, toevlucht], oudnederfrankisch *flucht*, oudsaksisch, oudhd. *fluht*, oudfries *fleht*, oudeng. *fleon* [vluchten]; van *vlieden*, middelnl. *vlien*.

vluchten [weggaan van gevaar] middelnl. *vluchten, vlochten* [in veiligheid brengen, verduisteren, op de loop gaan]; afgeleid van *vlucht*².

vluchtig [vluchtend, vergankelijk] in de betekenis 'vluchtend' reeds middelnl., oudkerkslavisch, oudhd., oudfries, afgeleid van *vlucht* [het vluchten], in de betekenis 'vergankelijk' van middelnl. *vlugge* [op een snelle wijze].

vlug [snel] middelnl. *vlugge, vluch* [goed kunnende vliegen, snel]; ablautend bij *vliegen*, vgl. het middelnl. iteratief *vluggelen* [fladderen], naast *vlichelen*.

vluggelen, vlöggelen [Ootmarsumse slingerdeslangprocessie met Pasen] → *vlug*.

vlugschrift [pamflet] 19e eeuws < hd. *Flugschrift*, dat gevormd is naar fr. *feuille volante*, lett. vliegend blad.

vluwe [dons] van dezelfde herkomst als *fluweel*.

vocaal [klinker] middelnl. *vocael* < fr. *vocal* [idem] < lat. *vocalis* [stemhebbend, klinkend, als zn.: klinker], van *vox* (2e nv. *vocis*) (vgl. *vocabulaire*).

vocabulaire [woordenboek, woordenschat] < fr. *vocabulaire* < me. lat. *vocabularium* [idem], van *vocabulum* [benaming, woord], van *vox* (2e nv. *vocis*) [stem, klank, woord], idg. verwant met het tweede lid van *gewagen*, hd. *erwähnen*, gr. *epos*.

vocalist [optredend zanger] < fr. *vocaliste*, gevormd van *vocal* [stem] < lat. *vocalis* [stem hebbende, met goede stem], van *vox* (tweede nv. *vocis*) [stem].

vocatie [roeping] < fr. *vocation* [idem] < lat. *vocatio* [uitnodiging, dagvaarding, in chr. lat. ook: roeping], van *vocare* (verl. deelw. *vocatum*) [roepen, dagvaarden, aansporen], van *vox* (vgl. *vocabulaire*).

vocatief, vocativus [naamval van de aangesproken persoon] < fr. *vocatif* [idem] < lat. *casus vocativus, casus* [naamval] *vocativus* [van het aanroepen], van *vocare* [roepen, oproepen], van *vox* (vgl. *vocabulaire*).

vocht [vloeistof] middelnl. *vocht, vucht*, bn., dat vervolgens zelfstandig werd gebruikt, naast middelnd. *vucht*, oudsaksisch, oudhd., oudeng. *fūht*; op enige afstand verwant met *veen*.

vociferatie [misbaar] < fr. *vocifération* [idem] < lat. *vociferationem*, 4e nv. van *vociferatio* [stemverheffing, geschreeuw], van *vox* (vgl. *vocabulaire*) + *ferre* [brengen, dragen, verbreiden], idg. verwant met *baren*¹.

vod, vodde [lor] etymologie onzeker, waarschijnlijk een klankschilderend woord, evenzo *vadde,* vgl. *vadsig,* waarmee het mogelijk verwant is.

vodka → *wodka.*

vodou, voodoo [religieuze tovenarij] < **creools fr.** *vaudou,* afkomstig van een benaming *vodu* uit Dahomey.

voeden [voedsel geven] **middelnl.** *vo(e)den, vueden,* **oudsaksisch** *fodian,* **oudhd.** *fuoten,* **oudfries** *fēða,* **oudeng.** *fedan,* **oudnoors** *fœða,* **gotisch** *fodjan;* buiten het germ. **lat.** *pascere* [laten grazen, voeden], **gr.** *pateomai* [ik eet, proef], **oudkerkslavisch** *pasti* [hoeden (van vee)], **hettitisch** *pahš-* [beschermen].

voederen [van voeder voorzien] ook *voeren,* **middelnl.** *voederen,* **middelnd.** *voderen,* **oudhd.** *fuotiren,* **oudnoors** *fōðra;* afgeleid van *voer* ¹.

voedsel [spijs] **middelnl.** *voetsel(e),* **middelnd.** *vōtsel, vodessel;* van *voeden* met hetzelfde achtervoegsel als in *deksel, raadsel.*

voedster [vrouw die voedt] **middelnl.** *voester, voestre, voetster, voedster* [idem], **middelnd.** *votster,* **oudeng.** *fōstre,* **oudnoors** *fōstra* [verzorgster]; o.i.v. *voeden* met ingevoegde *d.*

voeg [naad waar stenen bijeenkomen] in de uitdrukking *in voege* betekent het 'schikking', vgl. **middelnl.** *voege* [voeg, orde, regeling]; afgeleid van *voegen.*

voegen [verbinden] **middelnl.** *vo(e)gen, vu(e)gen,* **middelnd.** *vogen,* **oudsaksisch** *fogian,* **oudhd.** *fuogen,* **oudfries** *fogia,* **oudeng.** *fegan* (**eng.** *to fay*); buiten het germ. **lat.** *pacisci* [afspreken], **gr.** *pègnesthai* [vastmaken], **oudindisch** *pāśa-* [strik].

voegwoord [conjunctie] gevormd van *voegen + woord* ¹, ter vertaling van **lat.** *coniunctio,* vgl. **hd.** *Fügewort.*

voelen [gewaarworden] **middelnl.** *voelen,* **oudsaksisch** *gifolian,* **oudhd.** *fuolen,* **oudfries** *fela,* **oudeng.** *felan;* buiten het germ. vermoedelijk te verbinden met **lat.** *palpari* [strelen], **gr.** *psallein* [aan iets trekken, tokkelen] (vgl. *palpabel*).

voer ¹ [voedsel] samengetrokken uit *voeder.*

voer ² [wagenvracht] **middelnl.** *vo(e)der* [een wijnmaat, groot wijnvat, een bepaald gewicht aan lood], **oudsaksisch** *fothar,* **oudhd.** *fuodar* (**hd.** *Fuder*), **oudfries** *fother,* **oudeng.** *foðor* (**eng.** *fodder*); op enige afstand verwant met *vadem* [het omvattende].

voerage [veevoer] verbastering van *foerage.*

voeren ¹ [leiden, vervoeren] **middelnl.** *voeren,* **oudsaksisch** *forian,* **oudhd.** *fuoren,* **oudfries** *fœra,* **oudeng.** *feran,* **oudnoors** *fœra;* causatief van *varen* ².

voeren ² [van binnen bekleden] **middelnl.** *voederen,* **middelnd.** *voderen,* **middelhd.** *vuotern* < **middelnl.** *voeder* [foedraal, voering], **middelnd.** *voder,* **oudhd.** *fuotar,* **oudfries,** **oudeng.** *foder,* **oudnoors** *fōðr,* **gotisch** *fōdr;* vgl. **oudindisch** *pātra-* [vat], *pāti* [hij beschermt], en met een ander formans **gr.** *pōma* [deksel].

voertje ['een voertje zetten', iem. belazeren] **middelnl.** *voer(e), vore, vuere* [wijze van doen, uitbundig gedrag, wapenfeit, eerloze handeling], **middelnd.** *vore,* **oudhd.** *fuora,* **oudeng.** *fōr;* van *varen* ² [handelen, te werk gaan].

voertuig [gestel op wielen voor vervoer] gevormd naar het voorbeeld van *rijtuig.*

voet [lichaamsdeel waarop men staat] **middelnl.** *voet,* **oudnederfrankisch** *fuot,* **oudsaksisch, oudfries, oudeng.** *fōt,* **oudhd.** *fuoz,* **oudnoors** *fōtr,* **gotisch** *fotus;* buiten het germ. **lat.** *pes* (2e nv. *pedis*), **gr.** *pous* (2e nv. *podos*), **litouws** *pėda* [voetstap], **russ.** *pod* [bodem], **avestisch** *pad-* [voet], **oudindisch** *pād-* [idem].

voetbal [bal die met de voet wordt geschopt] < **eng.** *football,* van *foot* (vgl. *voet*) + *ball* (vgl. *bal* ¹).

voetlicht [lampen aan de onderkant van het voortoneel] < **eng.** *footlights* [idem], van *foot* (vgl. *voet*) + *light* (vgl. *licht* ¹).

voetstoots [zo als het voor de voet komt] 17e eeuws, vgl. **middelnl.** *vorevoets* [op staande voet], bij Kiliaan *veurvoets* [idem]; van *voor* ¹ + *voet.*

voetveeg [mat om voeten af te vegen, vooral overdrachtelijk gebruikt] nog niet bij Kiliaan, vgl. **middelnl.** *voetwisch* [voetendweil, laat-middelnl. ook overdrachtelijk gebruikt]; van *voet* + *vegen.*

vogel [dier met vleugels] **middelnl.** *vogel,* **oudnederfrankisch** *vogal,* **oudsaksisch** *fugal,* **oudhd.** *fogal,* **oudfries** *fugel,* **oudeng.** *fugol,* **oudnoors** *fugl,* **gotisch** *fugls;* etymologie onduidelijk, maar verband met *vliegen* ligt voor de hand.

vogelen [neuken] **middelnl.** *vogelen* [vogelvangen, paren], **hd.** *vogeln, vögeln* [vogels vangen, rondzwerven, vogelen]; de betekenis 'paren' is kennelijk voortgekomen uit die van 'vogels vangen'.

vogelnestvaren [plant] zo genoemd omdat de bladeren in een gedrongen rozet staan, die enigszins op een vogelnestje lijkt.

vogelvrij [rechteloos] (1681) < **hd.** *vogelfrei,* gezegd van lijken die niet begraven mochten worden en als prooi voor de vogels werden achtergelaten.

vogue [mode] < **fr.** *vogue* < **it.** *voga* [het roeien, riemslag, vaart, koers, mode], van *vogare* [roeien, varen] < **fr.** *voguer* [idem], uit het germ., vgl. *wak* ¹.

voila [ziedaar] < **fr.** *voilà* [ziedaar] < *vois-là* [kijk daar].

voile [sluier] < **fr.** *voile* < **lat.** *velum* [zeil(doek), gordijn, doek], idg. verwant met *wiek* ¹ [bundeltje vlas, van een basis met de betekenis 'weven'].

voiture [voertuig] < **fr.** *voiture* < **lat.** *vectura* [vervoer, transport], van *vehere* (verl. deelw. *vectum*) [vervoeren], idg. verwant met *wegen* ¹.

vol ¹ [gevuld] **middelnl.** *vol(le), vul,* **oudnederfrankisch** *foll,* **oudsaksisch** *ful,* **oudeng.** *full,* **oudhd.** *fol,* **oudfries** *ful,* **oudnoors** *fullr,* **gotisch** *fulls;* buiten het germ. **lat.** *plenus,* **gr.** *plērés,* **oudiers** *lan,* **welsh** *llawn,* **litouws** *pilnas,* oud-

vol — voltallig

kerkslavisch *plŭnŭ,* **oudindisch** *pūrṇa-;* verwant ook met *veel.*

vol² [paar aan het schoudereind verenigde vleugels] < **fr.** *vol* [vlucht] (vgl. *volant*).

volant [pluimbal] < **fr.** *volant,* eig. teg. deelw. van *voler* [vliegen], van **lat.** *volare* [idem].

Volapük [kunsttaal] uitgedacht door Johann Martin Schleyer (1831-1912), r.k. Duits geestelijke, van *vol* [wereld], gevormd van **eng.** *world* + *pük* [taal], dus wereldtaal, gevormd van **eng.** *speech.*

volatiliseren [vaporiseren] < **fr.** *volatiliser* [verdampen], van *volatil* [vluchtig] < **me. lat.** *volatile* [vogel], het zelfstandig gebruikt o. van een niet-overgeleverd bn. *volatilis* [vliegend], van *volare* [vliegen].

vol-au-vent [pastei] < **fr.** *vol-au-vent* [lett. vlucht in de wind], van *vol* [vlucht] (vgl. *vol²*) + *vent* < **lat.** *ventus* [wind], daarmee idg. verwant. Zo genoemd omdat de korst vrijwel niets weegt.

volbloed [van onvermengd ras] rechtstreeks < **eng.** *full-blood* of via **hd.** *vollblut,* dat zelf weer uit het eng. stamt.

voldaan [tevreden] als bn. gebruikt verl. deelw. van *voldoen.*

volder [wolbewerker] **middelnl.** *volre,* van *vollen.*

vole¹ [alle slagen (bij kaarten)] < **fr.** *vole* [groot slem, in de 16e eeuw: spel], van *voler* [vliegen] < **lat.** *volare* [idem].

vole², vool [sluier] < *voile.*

Volendam [geogr.] ouder *Vollendam,* zo genoemd naar het vullen van de dam, toen uitwatering niet langer nodig was.

volgen [achternagaan] **middelnl.** *volgen,* **oudsaksisch, oudhd.** *folgon, folgēn,* **oudfries** *folgia,* **oudeng.** *folgian,* **oudnoors** *fylgja;* mogelijk verwant met **welsh, cornisch** *ol* [voetspoor], **welsh** *olafiad* [opvolger]; etymologie onbekend.

volgens [overeenkomstig] nog niet bij Kiliaan, vgl. **middelnl.** *volgende* [vervolgens], eig. het teg. deelw. van *volgen.*

volharden [doorgaan met] **middelnl.** *volhe(e)rden, volha(e)rden* [idem], **middelnd.** *vulherden, vulharden,* **middelhd.** *volherten;* van *vol¹* + *harden* → *hard.*

volhouden [handhaven, niet opgeven] **middelnl.** *volhouden* [stipt nakomen, (1458) niet opgeven]; opvallend is het accentverschil met *volbrengen, volharden,* wat erop kan wijzen dat de betekenis oorspr. was: vol (d.i. gevuld) houden van een vat.

volière [vogelhuis] < **fr.** *volière,* het zelfstandig gebruikt vr. van *volier* [tot vliegen dienend], van *vol* [vlucht] (vgl. *vol²*).

volitief [de wil betreffend] < **fr.** *volitif* [idem], van **me. lat.** *volitio* [wil], van *volo* [ik wil], idg. verwant met *willen.*

volk [stam, bewoners van een staat] **middelnl.** *volc, folc, volke,* **oudnederfrankisch, oudhd., oudeng.** *folc,* **oudsaksisch, oudfries, oudnoors** *folk;* vermoedelijk van dezelfde idg. basis als *vol¹*, waarbij ook *veel.*

volkomen [geheel] **middelnl.** *volcomen* [idem], **middelnd.** *vulkomen,* **middelhd.** *volkomen,* verl. deelw. van **middelnl.** *volcomen* [iets volbrengen, voltooien], **middelnd.** *vulkomen,* **oudhd.** *follaqueman;* van *vol¹* + *komen.*

vollaard [langwerpig krentenbrood] vgl. **oudfr.** *follie* [kerstkoek], **spaans** *follada* [bladerdeeg], van **lat.** *folium* [blad], idg. ook verwant met *bloem¹.*

volledig [geheel] lett. met alle leden.

vollen [wol bewerken] **middelnl.** *vullen, vollen,* **middelnd.** *vullen* < **me. lat.** *fullare, fol(l)are* [vollen], afgeleid van *fullo* [voller], verwant met **gr.** *phalos* [helder].

volleren [een bal terugslaan voordat deze de grond raakt] < **eng.** *to volley* [idem] (vgl. *volleybal*).

volleybal [balspel] < **eng.** *volley-ball,* van *volley* [salvo, vlucht projectielen] < **fr.** *volée* [vlucht], van *voler* [vliegen] < **lat.** *volare* [idem] + *ball* [bal].

volmacht [lastgeving] **middelnl.** *volmacht(e)* [volle bevoegdheid], **middelnd.** *vul(le)macht,* **middelhd.** *volmacht,* een rechtsterm, gevormd ter navolging van **lat.** *plenipotentia,* van *plenus* [vol] + *potentia* [macht].

volmondig [zonder restrictie] vermoedelijk gevormd bij een (niet-geattesteerde) uitdrukking *uit vollen monde.*

volontair [vrijwilliger] < **fr.** *volontaire* [vrijwillig, vrijwilliger, volontair] < **lat.** *voluntarius* [vrijwillig], van *voluntas* (2e nv. *voluntatis*) [wil, wens, bereidwilligheid], van *velle* (1e pers. teg. tijd *volo*) [willen], daarmee idg. verwant.

volslank [slank met enigszins geronde vormen] < **hd.** *vollschlank,* van *voll* (vgl. *vol¹*) + *schlank* (vgl. *slank*).

volstaan [volharden, voldoende zijn] **middelnl.** *volstaen* [volharden, genoegen nemen, voldoen aan, helpen], **middelnd.** *vulstān,* **oudhd.** *follastēn;* van *vol¹* + *staan.*

volstandig [standvastig] **middelnl.** *volstandich* [idem], **middelnd.** *volstandich, vulstandich* [idem] (vgl. *volstaan*).

volstrekt [onbeperkt, absoluut] **middelnl.** (bijw.) *volstrectelike, volstrictelic* [ten volle], van *volstrecken* [ten uitvoer brengen].

volt¹ [eenheid van spanning] genoemd naar de Italiaanse natuurkundige *Alessandro Giuseppe Antonio Anastasio graaf Volta* (1745-1827).

volt² [wassen beeld] < **me. lat.** *vultus* [beeld], waarvan *vultuaria, vultuatio* [het bezweren met behulp van wasfiguurtjes] < **klass. lat.** *vultus* [gelaat], **oudlat.** *voltus,* mogelijk verwant met *volo* [ik wil] (vgl. *volontair*).

volta [wending] → *voltigeren.*

voltage [spanning uitgedrukt in volts] < **fr.** *voltage,* van *volt* (vgl. *volt¹*) + *-age.*

voltaire [fauteuil] < **fr.** *voltaire;* de benaming is onterecht; het 19e eeuwse type heeft niets met de 18e eeuwse Franse schrijver te maken.

voltallig [compleet] 19e eeuws < **hd.** *vollzählig,* vgl. **middelnd.** *vultalich, vultellich.*

volte [wending] < fr. *volte* < it. *volta* (vgl. *voltigeren*).

voltigeren [wendingen, sprongen maken] < fr. *voltiger* [idem] < it. *volteggiare* [idem], van *volta* [draaiing] < me. lat. *voluta,* van *volvere* [draaien], idg. verwant met *walen*.

voltooien [afmaken] het tweede lid is middelnl. *touwen* [gereed maken] (vgl. *tooien*).

voltrekken [volvoeren] middelnl. *voltrecken, vultrecken, vollentrecken* [idem]; van *vol*¹ + *trekken*.

volubiliteit [welbespraaktheid] < fr. *volubilité* [idem] < lat. *volubilitatem,* 4e nv. van *volubilitas* [snelle draaiende beweging, welbespraaktheid], van *volubilis* [draaiend, rollend, vloeiend], van *volvere* [rollen], idg. verwant met *walen*.

volume [inhoud] < fr. *volume* [inhoud] < lat. *volumen* [draaiing, boekrol], van *volvere* (verl. deelw. *volutum*) [rollen], idg. verwant met *walen*.

voluntair [vrijwillig] kruising van fr. *volontaire* [idem] en lat. *voluntarius* [idem] (vgl. *volontair*).

voluptueus [wulps] < fr. *voluptueux* [idem] < lat. *voluptuosus* [aangenaam], van *voluptas* [genoegen, genot, lust] + *-osus* [vol van].

volute, voluut [krulvormig ornament] < fr. *volute* [idem] < it. *voluta* [idem] < lat. *voluta,* vr. verl. deelw. van *volvere* [draaien], idg. verwant met *walen*.

vomatie [het braken] o.i.v. de talrijke woorden met de uitgang *-ation, -atie* < lat. *vomitio,* van *vomere* (verl. deelw. *vomitum*) [braken].

vomeren [braken] < lat. *vomere* [braken, spuwen].

vondel nevenvorm van *vonder*.

vondeling [gevonden kind] middelnl. *vondelinc, vundelinc* [idem], middelnd. *vundelink,* middelhd. *vundelinc,* middeleng. *foundling;* afgeleid van *vinden, vond*.

vonder [losse brug] ook *vondel,* middelnl. *vondel,* middelnd. *vunder,* fries *fonder,* vermoedelijk verwant met lat. *pons* (2e nv. *pontis*) [brug]; vgl. *pontifex, vlonder, vinden*.

vondst [het vinden, het gevondene] pas na Kiliaan, verving het met *vinden* ablautende middelnl. *vont, vond(e)* (vgl. *vinden*); een vorming als *vangst*.

vonk [vuursprank] middelnl. *vonke, vonc, vunke, vunc,* middelnd. *vunke,* oudhd. *funcho,* fries *fonk,* middeleng. *funke;* zal wel samenhangen met oudnoors *funi,* gotisch *fōn* [vuur], die verwant zijn met *vuur*¹.

vonnis [rechterlijke uitspraak] middelnl. *vondnisse, vontnisse, vonnisse;* van *vinden* [(in rechte) door een onderzoek tot de overtuiging komen van de waarheid van een feit, oordelen].

vont [wijwatervat] middelnl. *vont(e), vunte* < fr. *fonte* [idem] < lat. *fontem,* 4e nv. van *fons* [bron, in chr. lat. doopvont] (vgl. *fontein*).

voodoo < eng. *voodoo* (vgl. *vodou*).

voogd [belangenbehartiger van minderjarige] middelnl. *voget, voocht, vogaet* [voogd, beschermer, bewindvoerder, bevelhebber, heerser], van me. lat. *vocatus* [gevolmachtigde, afgevaardigde, beheerder], eig. verl. deelw. van *vocare* [roepen, oproepen, uitnodigen] (vgl. *vocatie*).

vooi, voei [moerkonijn] van de stam van *voeden,* (middelnl. *voeden, voden*) met uitstoting van *d*, vgl. *voedster*.

voois [zangwijs] middelnl. *voo(y)s* [stem, geluid] < fr. *voix* [idem] < lat. *vocem,* 4e nv. van *vox* [stem] (vgl. *vocatie*).

vool¹ [sluier] afgeleid van *voile*.

vool² [veulen] middelnl. *vole, vool;* vgl. *veulen*.

voor¹ → *vore*.

voor² [voorzetsel] middelnl. *vore, voor,* oudnederfrankisch, oudeng. *fore,* oudsaksisch *for(a),* oudhd. *fora,* oudfries *fara,* oudnoors *for-,* gotisch *faura;* buiten het germ. lat. *por-, prae,* gr. *par(a)* [bij], *paros* [vroeger], oudiers *ar,* oudkerkslavisch *pri* [bij], oudindisch *pura-*.

voorbaat [bij voorbaat, van tevoren] middelnl. *vorebate* [hetgeen men vooruit heeft bij een deling], van *voor*² + *bate;* vgl. *voordeel* → *baten*.

voorbarig [te haastig] middelnl. *vorebarich* [voornaam, aanzienlijk]; van *voor*² + *baren*¹ [(ver)tonen, te voorschijn brengen, uiten, zich vertonen]; de bekenis is dus 'die zich te vroeg laat zien of horen'.

voorde, voord [doorwaadbare plaats] middelnl. *vo(o)rt, voirt,* oudsaksisch, oudeng. *ford,* oudhd. *furt,* oudfries *forda,* behoort bij *varen*² in de zin van 'gaan, trekken'. De oorspr. betekenis is 'overgang, doorgang' (vgl. *poort*).

voordeel [winst] middelnl. *voredeel* [het aandeel dat men vooruit heeft]; vgl. *voorbaat*.

voorjaar [lente] middelnl. *vorejaer, voirjaer* [een vorig jaar, voorjaar]; van *voor*² + *jaar*.

voorlopig [voorshands] vermoedelijk in de 19e eeuw gevormd naar hd. *vorläufig*.

voorn, voren [vis] middelnl. *voorne,* oudsaksisch *forhna,* middelnd. *forhana,* oudeng. *forn* [forel]; buiten het germ. lat. *perca* [baars], gr. *perkè* [idem], iers *earc* [zalm], van gr. *perk(n)os* [gevlekt], oudiers *erc* [bont], oudindisch *pṛṣant-* [bont]; het dier is dus naar zijn spikkels genoemd. Verwant met *verf, forel*.

voornaam [aanzienlijk] middelnl. *vorename, voreneme, vorenamelijc,* vgl. hd. *vornehm,* van *voor*² + *nemen* 'vooraan genomen', vgl. lat. *praecipuus* met dezelfde betekenis, van *prae* [voor] + *capere* (in samenstellingen *-cipere*) [nemen], idg. verwant met *heffen*.

vooroordeel [op neiging berustend oordeel] in de huidige betekenis pas bij Kiliaan, naar het voorbeeld van lat. *praeiudicium,* vgl. middelnl. *voreoordeel* [vroeger gewezen vonnis].

voorraad [voorhanden hoeveelheid] het tweede lid *raad,* middelnl. *raet,* heeft als eerste betekenis: hulpmiddel, hetgeen men in een bepaald geval nodig heeft.

voorspellen [profeteren] middelnl. *vorespellen,* van *voor*² + *spellen*.

voorspoed — vot

voorspoed [succes] middelnl. *vorespoet,* het tweede lid *spoed* betekende in het middelnl. 'voortgang, goede voortgang, gunst'.

voort [vooruit] middelnl. *vo(o)rt,* **oudnederfrankisch, oudsaksisch, oudfries** *forth,* middelhd. *vort,* oudeng. *forð,* gotisch *faurþis* (vergrotende trap [vroeger]); afgeleid van *voor* ².

voorts [bovendien] middelnl. *vo(o)rts, voirts* [dadelijk, verder, vervolgens], middelnd. *vorts* [dadelijk]; van *voort* met het bijwoorden vormende achtervoegsel *s.*

voortvarend [snel doorzettend] nog niet bij Kiliaan, teg. deelw. van middelnl. *voortvaren* [voortrijden, verder gaan] (varen in de zin van rijden).

voortvluchtig [vluchtend] middelnl. *voorvluchtig* en ten slotte ook *voortvluchtig* o.i.v. *voort,* van middelnl. *vorevlucht, voorvlucht,* middelnd. *vorvlucht, vorvluchtich,* middelhd. *vorvlucht, vorvlüchtic;* van middelnl. *vorevlien, voorvlien* [wegvluchten], vgl. *voor* ² + *vlieden.*

voorwaarde [beding] middelnl. *vorewaerde* [voorafgaande waarschuwing, belofte, afspraak]; het tweede lid is *waerde* [bewaking] (vgl. *deurwaarder*).

voorwerp [zaak] middelnl. *vorewerp* [voorwerp van beschouwing, van verering], vertalende ontlening aan lat. *obiectum* (vgl. *object*).

voorzaat [voorvader] middelnl. *voresaet;* van *zitten.*

voorzetsel [prepositie] vertaling van fr. *préposition* of van lat. *praepositio.*

voorzichtig [behoedzaam, omzichtig] middelnl. *voresichtig, vursichtig* [vooruitziend, scherpzinnig, verstandig].

voorzienigheid [het tevoren beschikken] middelnl. *voresienicheit* [vooruitziendheid, schranderheid, voorzienigheid van God, bedachtzaamheid, vooruit beraamd plan], van *voresien* [vooruit zien], vgl. *voor* ² + *zien,* leenvertaling van lat. *providentia,* van *providēre* [voorzien], van *pro* [voor] + *vidēre* [zien].

voorzitter [leider van vergadering] sedert Plantijn, vgl. middelhd. *vorsitzer,* vertalende ontlening aan lat. *praeses* (vgl. *president*).

voos [bedorven] eind 16e eeuws *voos(ch),* **oostfries** *fussig,* **oudnoors** *fauskr* [rot hout]; van dezelfde basis als *vuil.*

voraciteit [vraatzucht] < fr. *voracité* [idem] < lat. *voracitatem,* 4e nv. van *voracitas* [idem], van *vorax* [vraatzuchtig].

vorde → *voorde.*

vorderen [vooruitkomen, eisen] middelnl. *vorderen, voorderen, voirderen, verderen* [transitief: vooruitbrengen, ontbieden, eisen, intransitief: vooruitkomen], middelnd. *vo(o)rderen,* oudhd. *furdiren,* van middelnl. *vo(o)rder* [verder, voorwaarts], vergrotende trap van *voor.*

vore, voor [insnijding van ploeg] middelnl., middelnd. *vore,* oudhd. *fur(u)h,* oudeng. *furh* (eng. *furrow*), oudnoors *for,* verder welsh *rhych,* **oudbretons** *rec* [ik ploeg].

voren [vis] → *voorn.*

vork [getand werktuig] middelnl. *vo(o)rke, forc* < oudfr. *furcke, forque* < lat. *furca* [tweetandige grote vork, gaffel].

vorket [eetvork] < fr. *fourchette,* verkleiningsvorm van *fourche* [hooivork, gaffel] < lat. *furca* [idem], etymologie onbekend.

vorm [uiterlijke gedaante] middelnl. *forme, vorme* < fr. *forme* < lat. *forma* [vorm, gestalte, gedaante, formulering, voorschrift, model, leest], mogelijk afkomstig van gr. *morphè* [vorm].

vormen ¹ [gestalte geven] middelnl. *formen, vormen;* van *vorm* of < fr. *former,* dan wel < lat. *formare,* van *forma* [vorm].

vormen ² [het vormsel toedienen] middelnl. *virmen, vermen, vormen, varmen* < lat. *firmare* [bevestigen], van *firmus* [stevig, vast] (vgl. *ferm*); de *o* ontstond o.i.v. *vormen* ¹ [vormgeven].

vormsel [een sacrament] middelnl. *vormsel,* naast *verminge, vorminge,* middelnd. *verminge, ferminge,* hd. *Firmung, Firmelung,* van *vormen* ² met hetzelfde achtervoegsel als in *deksel, voedsel.*

vors [amfibie] middelnl. *vorsch(e), versch,* oudhd. *frosk* (hd. *Frosch*), oudeng. *forsc,* **oudnoors** *froskr,* verwant met **eng.** *froth* [schuim], betekenis dus 'het slijmige dier'.

vorsen [onderzoeken] middelnl. *vorschen* < middelhd. *vorschen,* oudhd. *forskōn,* van *forska* [vraag]; hoort bij *vragen* idg. verwant met lat. *poscere* [eisen].

vorskwab [een soort van meun] van *vors* (vgl. *kikvors*) + *kwab.*

vorst ¹ [monarch] middelnl., middelnd. *vorste,* oudhd. *furisto,* hetzelfde woord als *voorste* en wel door de Germanen vertalend ontleend aan lat. *princeps* [prins].

vorst ² [nok van een dak] middelnl. *vorst(e), verst(e),* oudsaksisch, oudhd. *first,* middelhd. *forst,* middelnd. *vorst,* oudeng. *fyrst;* buiten het germ. lat. *postis* [deurpost], gr. *pa(r)stas* [voorhal], oudindisch *pṛṣṭha-* [nok]; het woord is een koppeling van de bases van *voor* en *staan* en de betekenis is dus: wat voorop staat, uitsteekt.

vorst ³ [vriezend weer] middelnl. *vorst(e),* middelnd. *vorst,* oudhd. *frost,* oudeng. *forst* (eng. *frost*), oudnoors *frost;* van *vriezen.*

vorst ⁴ [bos, woud] middelnl. *vo(o)rst,* oudsaksisch, oudhd. *forst* < me. lat. *forestis* (vgl. *houtvester*).

vort → *voort.*

vos [zoogdier] middelnl. *vo(o)s, vosse,* **oudnederfrankisch** *vus,* middelnd. *vos,* oudhd. *fuhs,* oudeng. *fox,* gotisch *fauho* [wijfjesvos], naast middelnd. *vo,* oudhd. *foha,* oudnoors *foa;* buiten het germ. wordt verband gelegd met **litouws** *paustis* [dierehaar], **oudindisch** *puccha-* [staart]; vermoedelijk is de oorspr. betekenis 'het dier met de staart' en is deze benaming ingegeven door een op de vos rustend taboe → *bovist.*

vot [kont] → *hondsvot.*

vota [geloften] < lat. *vota,* mv. van *votum* [gelofte], eig. het verl. deelw. van *vovēre* [plechtig beloven (aan een godheid)] (vgl. *devoot*).

voteren [stemmen] < fr. *voter* < me. lat. *votare* [aan een heilige wijden], van *votum* [gelofte (aan een god), (beloofd) offer, geschenk] (vgl. *vota*).

votief [berustend op gelofte] < lat. *votivus* [door gelofte (aan de goden) beloofd, in me. lat. gebeds-], van *votum* (vgl. *vota*).

votsen [neuken] van hd. *Fotze* [kut] (vgl. *vozen, hondsvot*).

votum → *vota.*

voucher [tegoedbon] < eng. *voucher,* van *to vouch* [garanderen] < me. fr. *voch(i)er, voucher,* van lat. *vocare* [roepen] (vgl. *vocatie*).

-voud [achtervoegsel ter vorming van zn.] eig. gesubstantiveerd o. van een bn. op *-voud,* verwant met *vouwen* (vgl. *eenvoudig*); een langere vorm is middelnl. *-veldich, -vuldich,* nl. *-vuldig* (vgl. *zorgvuldig*), dat o.i.v. *-voud* meestal veranderd is in *-voudig,* vgl. *veelvoudig, meervoudig.*

-voudig [achtervoegsel ter vorming van bn.] → *-voud.*

voute [gewelf] < fr. *voûte* [idem] < me. lat. *vulta, vaulta, vauta, voutum* [gewelf], van *volvere* (verl. deelw. *volutum*) [rondwentelen, rollend vormen], idg. verwant met *walen.*

vouwen [delen over elkaar leggen] middelnl. *vouden, vouwen,* middelnd. *volden,* oudhd. *faldan, faltan,* oudeng. *fealdan,* oudnoors *falda,* gotisch *falþan;* buiten het germ. lat. *palla* [mantel], gr. *peplos* [mantel met veel plooien], albaans *pale* [vouw], oudiers *lenn* [korte mantel].

vox [stem] < lat. *vox* [stem, geluid, woord] (vgl. *vocabulaire*), middelnl. *voce* [stem].

voyant [opzichtig] < fr. *voyant,* eig. teg. deelw. van *voir* < lat. *vidēre* [zien], idg. verwant met *weten.*

voyeur [gluurder] < fr. *voyeur* [hij die kijkt], van *voir* (vgl. *voyant*).

vozen [neuken] < rotwelsch *vosen,* van hd. *Fotze* [kut], middelhd. *vut* [idem], eng. dial. *fud,* oudnoors *fuð-,* van dezelfde basis als *vuil,* vgl. lat. *putidus* [stinkend].

vr- → *ver-.*

vraagbaak [iemand die antwoord kan geven op moeilijke vragen] nog niet bij Kiliaan, kennelijk als verduidelijking van *baak,* overdrachtelijk gebruikt voor 'iem. die inlichtingen geeft'.

vraat [die vreet, aas] middelnl. *vraet* [gulzigaard, onverzadelijke honger], van *vreten, (vrat, vraten*).

vracht [lading, last] middelnl., middelnd. *vracht,* fries *fracht,* kustvormen naast de normale middelnl. *vrēcht,* oudhd. *frēht* [loon]; het woord is een samenstelling van *ver-* + de basis van *eigen,* de grondbetekenis zal zijn geweest 'vervoerloon' en dan 'lading'.

vragen [verzoeken] middelnl. *vragen,* oudsaksisch *fragon, fregnan,* oudhd. *fragen,* oudfries *fregia,* oudeng. *frignan,* oudnoors *fregna,* gotisch *fraihnan;* buiten het germ. lat. *precari* [smeken], litouws *prašyti* [verlangen], oudkerkslavisch *prositi* [verzoeken], oudindisch *praśna-* [vraag].

vrang → *wrang* [1].

vrank [vrij] variant van *frank* (vgl. *Frank*).

vrattel verkleiningsvorm van *wrat.*

vrede, vree [toestand van rust] middelnl. *vrede* met als eerste betekenis 'wettelijke bescherming tegen wapengeweld', vgl. oudsaksisch *frithu,* oudhd. *fridu,* oudfries *fretho,* oudeng. *friođu,* oudnoors *friðr,* gotisch *friþa-* (alleen in persoonsnamen: *Friþareiks*); behoort bij *vrij.*

vreemd [uitheems, zonderling] middelnl. *vre(e)mt,* oudsaksisch *fremithi,* oudhd. *fremidi,* oudeng. *fremde,* gotisch *framaþeis* < oudsaksisch, oudhd. *fridu,* oudeng. *friđu,* afgeleid van oudnoors, gotisch *fram* [weg, eig. naar voren], van *voor* [2]; vgl. *vroom.*

vrees [angst] middelnl. *vrese* [vrees, gevaar], oudnederfrankisch *freisa* [ondergang], oudsaksisch *fresa* [gevaar], oudhd. *freisa* [gevaar, angst], oudfries *frasa* [gevaar], oudeng. *frasian,* gotisch *fraisan* [op de proef stellen]; mogelijk afkomstig van een basis die verwant is met die van *gevaar* hierbij *vrezen.*

vrek [gierigaard] middelnl. *vrec* [gierig, gierigaard], oudhd. *freh,* oudeng. *frec,* oudnoors *frekr,* gotisch *-friks,* naast ablautend middelnl. *vrac(k),* oudeng. *fræcne,* oudnoors *frǫkr* [moedig]; etymologie onzeker.

vret [lupus] afgeleid van *vreten.*

vreten [gulzig eten] middelnl. *vereten, vreten,* oudsaksisch *fretan,* oudhd. *frezzan,* oudeng. *fretan,* gotisch *fraitan* = *fra* + *itan,* van *ver-* + *eten.*

vreugde, vreugd [blijdschap] middelnl. *vreuchde;* van *hem vreugen* [zich verheugen] (vgl. *verheugen*).

vrezen [bang zijn] middelnl. *vresen,* oudsaksisch *freson* [verzoeken, belagen], oudeng. *frasian* [verzoeken, vragen], oudnoors *freista,* gotisch *fraisan* [in verzoeking brengen]; van *vrees.*

vriend [kameraad] middelnl. *vrient, vre(e)nt, vrunt* [bloedverwant, minnaar, beminde, vriend], oudsaksisch *friund,* oudhd. *friunt,* oudfries *friond,* oudeng. *freond,* oudnoors *frœndi,* gotisch *frijōnds;* eig. het teg. deelw. van *vrijen* [liefhebben]; vgl. voor de vorming *vijand.*

vriezen [het heersen van vorst] middelnl. *vr(i)esen,* oudhd. *friosan,* oudeng. *freosan,* oudnoors *frjosa,* gotisch *frius* [vorst]; buiten het germ. lat. *pruina* [rijp], *pruna* [gloeiende kool], *prurire* [geil zijn], *prurigo* [het jeuken], welsh *rhew* [vorst], albaans *prus* [brandende kool], oudindisch *pruṣva-* [rijp]; de grondbetekenis is 'prikkelen'.

vrij [niet belemmerd, onderworpen of bezet] middelnl. *vri,* oudsaksisch, oudhd., oudfries *frī,* oudeng. *fri, freo,* gotisch *freis;* buiten het

vrijbuiter — vucht

germ. **oudiers** ridd, **welsh** rhydd, **oudkerkslavisch** prijati [zorgen voor], **oudindisch** priya- [eigen, geliefd]; de oorspr. betekenis is 'eigen', dan 'geliefd', gebruikt voor familie en vrije stamgenoten, in tegenstelling tot slaven, en daardoor 'vrij'.

vrijbuiter [kaper, avonturier] van ***vrij*** + ***buit***.

vrijdag [zesde dag van de week] vertalende ontlening aan lat. dies Veneris [de dag van Venus], in de rom. talen behouden: **fr.** vendredi, **it.** venerdì; de Germanen vertaalden Venus met de naam van hun godin Freya, **oudhd.** Frija, **oudnoors** Frigg; het lat. vertaalde uit **gr.** Aphroditès hèmera [de dag van Aphrodite].

vrijdenker [die het denken los wil maken van het kerkgezag] een internationaal woord, vgl. **fr.** libre penseur, **hd.** Freidenker, **it.** libero pensatore, **spaans** libre pensador < **eng.** free-thinker (1692), dat zijn grote verbreiding kreeg door Anthony Collins' (1676-1729) Discourse on Free Thinking (1713).

vrijen [(seksuele) omgang hebben] **middelnl.** vrien, vrijen [liefdesbetuigingen doen, aanzoek doen, minnekozen], **oudsaksisch** friehan, **middelnd.** vrien, **oudeng.** freogan, **gotisch** frijon [liefhebben].

vrijmetselaar [lid van de vrijmetselarij] 18e eeuws < **eng.** freemason < free mason met free [vrij] door verwarring met **fr.** frère [broeder] mason < **fr.** maçon [metselaar] < **me. lat.** macchio, uit het germ., vgl. ***maken;*** het **fr.** franc-maçon is uit het eng. overgenomen.

vrijmoedig [niet beschroomd] **middelnl.** vrimo(e)dich [edel van inborst, onbekrompen, flink, ijverig], **middelnd.** vrimodich, **middelhd.** vrimüetic [standvastig, vrijmoedig]; van ***vrij*** + **middelnl.** gemoedich [kalm, bezadigd, driftig, voortvarend].

vrijpostig [brutaal] vermoedelijk vervormd uit vrijborstig o.i.v. **fr.** riposte [snedig antwoord].

vrijthof [omheinde plaats] **middelnl.** vrijthof, vrithof [voorhof van kerk, omheinde hof], **oudnederfrankisch** frithof, **oudsaksisch** frīdhof, **oudhd.** frīthof (hd. Friedhof), van **oudhd.** vriten [begunstigen], **oudnoors** friđa [verfraaien], friđr [mooi], **gotisch** freidjan [ontzien]; buiten het germ. **avestisch** fritha [verheugd], **oudindisch** prīta- [idem].

vrijwaren [behoeden] van ***vrij*** + ***waren*** [2] [hoeden].

vrille [tolvlucht] < **fr.** vrille [fretboor, hechtrankje, vrille], met r o.i.v. virer < **oudfr.** vedille, veille < **lat.** viticula [wijnstok], verkleiningsvorm van vitis [wijnstok] (vgl. ***vijs***).

vroed [wijs] **middelnl.** vroet, vroot [verstandig], **oudsaksisch** frōd, **oudhd.** fruot, **oudfries**, **oudeng.** frōd, **oudnoors** frōđr, **gotisch** froþs; buiten het germ. **oudiers** raith [merken], **litouws** protas, **lets** prats [verstand].

vroedvrouw [verloskundige] **middelnl.** vroetwijf, vroedemoeder, vertalende ontlening aan **fr.** sage-femme.

vroeg [aan het begin, tijdig] **middelnl.** vro(e), vroech, vrooch, **middelnd.** vroch, **oudnederfrankisch, oudhd.** (bijw.) fruo (bn.) fruoji; buiten het germ. **gr.** prōi, **oudindisch** prātar [vroeg], van **lat.**, **gr.** pro [voor].

vrolijk [blij] **middelnl.** vrolijc, frolic, van vro(o), vroe [idem], **oudsaksisch** frao, **oudhd.**, **oudfries** frō, **oudnoors** frār [vlug]; buiten het germ. **russ.** pryg [sprong]; verwant met het tweede lid ***kikvors***.

vroom [godvruchtig] **middelnl.** vrom(e), vroom [flink, dapper, rechtschapen, braaf], **middelnd.** vrome, **middelhd.** vrom, naast **middelnl.** vrome, vroom, vrame [voordeel, nut], **oudsaksisch, oudhd.** fruma, **oudfries** frome, **oudnoors** frami; buiten het germ. **lat.** primus, **gr.** promos, **litouws** pirmas [eerste].

vroon [aan de landsheer behorend viswater] **middelnl.** vrone, vroon [heerlijk goed, domein, ook heer], **oudsaksisch, oudhd.** frono [domein], eig. 2e nv. mv. van **oudsaksisch, oudhd.** frō [heer] (vgl. ***vrouw***).

vrouw [mens van vrouwelijk geslacht, echtgenote] **middelnl.** vrouwe, vaak nog in de betekenis van 'voorname dame' **middelnd.** vro(u)we, **oudfries** fro(u)we < **oudhd.** frouwa, **oudsaksisch** frua, vr. vorm naast **oudsaksisch, oudhd.** fro, **oudeng.** frea [heer]; daarnaast de nevenvorm **oudeng.** friega, **gotisch** frauja [heer], **oudnoors** freyja [vrouwe], freyr [heer (naam van een god)]; buiten het germ. **lat.** prae [vooraan], **gr.** prènès [aan de voorkant], **oudindisch** pravaṇa- [naar voren gekeerd].

vrouwenwortel [plant] zo genoemd omdat de gedroogde wortel ervan gebruikt wordt tegen menstruatiestoringen en baarmoederpijnen.

vrucht [ooft, ongeboren jong] **middelnl.** vrucht(e), **oudnederfrankisch, oudsaksisch, oudhd.** fruht, **oudfries** frucht < **lat.** fructus [genieting, vruchtgebruik, oogst, opbrengst, vrucht], eig. het verl. deelw. van fruï [genieten, zich bedienen van, het vruchtgebruik hebben] (vgl. ***fruit***).

vruchtbaar [vruchten, jongen, resultaten voortbrengend] het tweede lid is van een ww. met de betekenis 'dragen' waarvoor ***baren*** [1].

vruchten [vrezen] **oudnederfrankisch** forhton, **oudsaksisch, oudeng.** forhtian (**eng.** to frighten), **oudhd.** furhtan, **oudfries** fruchtia, **gotisch** faurhtjan; buiten het germ. zijn verwante vormen slechts in het tochaars gevonden.

vruchtgebruik [recht om de opbrengst van andermans goed te gebruiken] pas na Kiliaan, vertalende ontlening aan **lat.** ususfructus, usus et fructus, van usus, verl. deelw. van uti [gebruiken] + fructus [vrucht, opbrengst].

V-snaar [drijfriem zonder eind] zo genoemd vanwege de V-figuur die de riem vormt.

vucht [grove den] **oudsaksisch** fiuhtia, **oudhd.** fiuhta; buiten het germ. **iers** ochtach, **oudpruisisch** peuse, **litouws** pušis, **gr.** peukè, **lat.** pugio

[dolk], *pungere* [steken]; de boom is naar zijn scherpe naalden genoemd.

vue [gezicht] < **fr.** *vue,* het zelfstandig gebruikt vr. verl. deelw. van *voir* (vgl. *voyant*).

Vuelta [de wielerronde van Spanje] < **spaans** *vuelta* [draaiing, keer, herhaling] < **lat.** *voluta,* van *volvere* [keren, draaien], idg. verwant met *walen.*

vuig [gemeen] **middelnl.** *vudich* [lui, vadsig] (vgl. **hd.** *faul* [lui]); van dezelfde basis als *vuil* maar met een ander achtervoegsel.

vuil [vies] **middelnl.** *vu(u)l, vuyl,* **oudnederfrankisch, oudsaksisch, oudhd., oudeng.** *fūl,* **oudnoors** *fūll,* **gotisch** *fūls;* buiten het germ. **lat.** *pus,* **gr.** *puon* [etter], **litouws** *puti* [verrotten], **armeens** *hu* [bedorven bloed], **oudindisch** *pūyati* [hij verrot, stinkt].

vuilak, vuilik [smeerpoets] vervorming, mogelijk o. i. v. *luilak,* van *vuilik,* **middelnl.** *vulic, vuylic* [tot ontbinding overgaand lichaam, aas, kreng]; van *vuil.*

vuilboom [plant] **middelnl.** *vuulboom;* zo genoemd vanwege de uitwerking van de schors op de dikke darm, vgl. *sporkeboom, sporkehout.*

vuist [dichtgesloten hand] **middelnl.** *vu(u)st, vuyst,* **oudsaksisch, oudhd.** *fūst,* **oudfries** *fest,* **oudeng.** *fȳst;* buiten het germ. **oudkerkslavisch** *pęstĭ* [vuist].

vulaarde [vollersaarde] het eerste lid van *vullen,* ook middelnl., naast *vollen.*

vulcaniseren [(in het vuur) bewerken] genoemd naar de Romeinse god van het vuur *Vulcanus* (van etruskische herkomst), vanwege het procédé met verhitting en zwavel.

-vuldig [achtervoegsel ter vorming van bn.] → *-voud.*

Vulgaat, Vulgata [door R.-K. Kerk aanvaarde bijbelvertaling] < **lat.** *Vulgata, editio vulgata, editio* [uitgave] *vulgata,* vr. van *vulgatus,* verl. deelw. van *vulgare* (vgl. **vulgariseren**).

vulgair [laag bij de grond] < **fr.** *vulgaire* [gewoon, alledaags] < **lat.** *vulgaris* [van de grote massa, alledaags], van *vulgus* [de grote massa, gepeupel].

vulgariseren [gemeengoed maken] < **fr.** *vulgariser* [idem], gevormd van **lat.** *vulgaris* [van de grote massa, alledaags, gewoon], van *vulgare* [algemeen maken, onder de mensen brengen], van *vulgus* (vgl. **vulgus**).

vulgus [gemeen volk] < **lat.** *vulgus* [het grote publiek, het volk, gepeupel].

vulkaan [vuurspuwende berg] genoemd naar de Romeinse god van het vuur *Vulcanus,* van etruskische herkomst.

vullen [vol maken] **middelnl.** *vullen,* **oudsaksisch** *fullian,* **oudhd.** *fullen,* **oudfries** *fella,* **oudeng.** *fyllan,* **oudnoors** *fylla,* **gotisch** *fulljan;* van *vol* [1].

vullis [vuilnis als scheldwoord] verkorting uit *vuilnis,* van *vuil.*

vulva [schaamspleet] < **lat.** *vulva* [moederschoot, onderlijf], idg. verwant met *dolfijn.*

vuns, vunzig [muf, verdorven] **middelnl.** *vunsch, vunst, vuyns, funsch* [muf, schimmelig], **oudeng.** *fynig* [beschimmeld], **oudnoors** *funa* [rotten]; van dezelfde basis als *vuil.*

vunzen [glimmen, smeulen] → *veinzen* [1].

vuren [van vurehout] **middelnl.** *vierijn, vurijn, vuren, vurenboom* [denneboom], uit het scandinavisch: **deens** *fyr,* **oudnoors** *fyri,* **hd.** *Föhre,* **eng.** *fir-tree;* vgl. de boomnamen **lat.** *quercus.*

vuur [1] [lichtend verschijnsel bij brand] **middelnl.** *vuur, vier,* **oudnederfrankisch** *fuir,* **oudsaksisch, oudhd., oudfries** *fiur,* **oudeng.** *fyr,* **oudnoors** *fyrr;* buiten het germ. **gr.** *pur,* **oudiers** *ur,* **armeens** *hur.*

vuur [2] [stapel turf, ook hoeveelheid van 6000 à 9000 stuks] **middelnl.** *vure* [wagenvracht], nevenvorm van *voere* (vgl. *voer* [2]).

Vuurland [geogr.] < **spaans** *Tierra del Fuego,* zo genoemd door de ontdekker ervan, Magelhães, die er tijdens het langsvaren vuren zag branden.

W

waag [weegtoestel] middelnl. *wage, waech*, oudnederfrankisch, oudsaksisch, oudhd. *waga*, oudeng. *wæge*, oudnoors *vag*; ablautend bij **wegen**[1].

waaghals [vermetele] middelnl. (1483) *waeghals* [bij Kiliaan ook: lichtgewapend soldaat], middelnd. *wagehals;* een samenstelling zoals *brekebeen*.

waagschaal [bak van een balans] oudere vorm van *weegschaal*, middelnl. *waechschale* (vgl. *waag*).

waai [kolk] middelnl. *wade, waeye, way, wae* [poel, kolk]; staat naast *wed*.

waaien [blazen (van wind)] middelnl. *waeyen*, oudhd. *wāen*, oudfries *waia*, oudeng. *wawan*, gotisch *waian*; buiten het germ. lat. *ventus* [wind], gr. *awèmi* [ik blaas], oudiers *feth* [lucht], *vati* [hij blaast] (vgl. *nirvana*).

waal[1] [poel, kolk] oudnederfrankisch *wāl*, oudeng. *wael*; vermoedelijk van *wiel*[2].

waal[2] [ijzeren mal] mogelijk van *wellen*[2].

Waal[1] [inwoner van Wallonië] middelnl. *Wale* [Romaan, Waal], hd. *welsch* [Romaans, Frans], middelhd. *welhisch* [uit Romaanstalige landen afkomstig], oudhd. *Wal(a)h* [vreemdeling, Romaan], middeleng. *walisch, welisch* < oudeng. *wielisc* [vreemd, buitenlands, Welsh], *wealh* [vreemde, slaaf, Brit, inwoner van het kanton Wallis]; de vormen gaan terug op de naam van een Keltische stam, toen wonend in Gallia Narbonensis, die de Romeinen als *Volcae* hebben overgenomen (vgl. *Walachije*).

Waal[2] [een rivier] < lat. *Vahalis* en *Vacalus* (bij Caesar), een zonder twijfel lokale germ. naam, die verbonden wordt met oudeng. *wōh* [krom], oudindisch *vakra-* [rivierbocht].

waalwortel → *walwortel*.

waanzin [krankzinnigheid] eerst na Kiliaan < hd. *Wahnsinn*, ter vervanging van middelhd. *wanwitze*, middelnd. *wanwetisch*, bij Kiliaan *wanwetigh*, middelnl. *wanwetich, wanwittich*, kwam o.i.v. *wan-* [verkeerd].

waar[1] [koopwaar] middelnl. *ware, waer, warre* [bezit, waaraan men waarde hecht, koopwaar, eetwaar], oudeng. *waru* [oplettendheid], oudnoors *vara* [handelswaar, betaalmiddel] (vgl. **waren**[2]); de betekenis is dus 'wat men verzorgt, bewaart'.

waar[2] [echt] middelnl. *waer*, oudsaksisch, oudhd. *wār*, oudfries *wēr*, oudeng. *wǣr*, gotisch *allawerei* [oprechtheid]; buiten het germ. lat. *verus*, gr. *ĕra* [waarlijk], oudiers *fir*, oudkerkslavisch *věra* [geloof].

waar[3] [op welke plaats] middelnl. *ware, waar* [waar], *waarheen*, oudsaksisch *hwar*, oudfries *hwēr*, oudeng. *hwær*, oudhd. *(h)wara* [waarheen], oudsaksisch, gotisch *hwar*, oudnoors *hvar* [waar]; buiten het germ. lat. *cur*, albaans *kur* [waarom], litouws *kur* [waar], oudindisch *kutra* [waar]; van dezelfde idg. basis als *wie*.

waarborg [onderpand] middelnl. *waerborge* [borg], van *ware, waer* [borg]; van **waren**[2] [verzekeren, hoeden] + **borg**[1].

waard[1] [kastelein] middelnl. *we(e)rt, waert* [heer des huizes, echtgenoot, heer, gebieder, beschermer, gastheer, herbergier], oudsaksisch *werd, wird*, oudhd. *wirt* [landheer], oudfries *-werda*, gotisch *wairdus* [gastheer, gastvriend]; wel te verbinden met oudnoors *verðr* [maaltijd]; de oorspr. betekenis is dan 'hij die het eten verstrekt', vgl. *lord* en *lady*. Buiten de waard rekenen [zich misrekenen] betekent letterlijk zich misrekenen door slechts zijn eigen optelsom te maken van de verteringen zonder af te wachten wat de waard ervan te zeggen heeft.

waard[2], woerd, woord [mannetjeseend] middelnl. *woert, woort*, nd., fries *warte*; etymologie onbekend.

waard[3] [laag liggend land] middelnl. *werde, we(e)rt, wa(e)rt*, middelnd. *werder* [eiland], oudhd. *warid, werid* [eiland], oudeng. *weroð, waroð* [strand, oever], van een woord voor water oudeng. *wǣr* [opspattend water], *ear* [zee], oudnoors *ūr* [regen]; buiten het germ. lat. *urina* (vgl. *urine*).

waard[4] [de genoemde waarde, prijs hebbend] middelnl. *we(e)rt, waert, waerd*, oudsaksisch, oudfries *werth*, oudhd. *werd*, oudeng. *weorð*, oudnoors *verðr*, gotisch *wairþs*; buiten het germ. welsh *gwerth* [prijs] en vermoedelijk avestisch *avaratā* [waardevol voorwerp].

waarde [wilg] ook *weerdenhout*, synoniemen *wervelboom, zweepboom;* vgl. *wartel* en *worden* (grondbetekenis: draaien).

waardeel [aandeel in markgrond] middelnl. *waerdeel*, van *ware* [bezitsrecht, markgerechtheid], hetzelfde woord als *ware* [hoede, bewaking] (vgl. *waarschuwen*) + **deel**[1].

waardgelders [tijdelijk krijgsvolk] van hd. *Wartegeld* [wachtgeld]; de soldaten hoefden niet direct in actie te komen en werden betaald voor hun beschikbaarheid.

waardijk [inlaagdijk] middelnl. *waerdijc;* van **waren**[2] [bewaren, bewaken] + *dijk*.

waardijn [essayeur] middelnl. *waerdein, waerdijn* [keurmeester], van een noordfr. nevenvorm van *gardien* [bewaker], dat uit het germ. stamt (vgl. *deurwaarder, waren*[2]).

waarloos [reserve-] na 1702, gezegd van b.v. zeil en touw, contaminatie van middelnl. *ware* [hoede, bewaking, zorg] (vgl. *waren*[2]) + **loos**[1] (vgl. *wareloos*).

waarnemen [tijdelijk bekleden (van ambt), bemerken] **middelnl.** *ware nemen*, waarin *ware* [hoede, bewaking] (vgl. *waarschuwen*).

waarschap [heemraad in Drechterland] voor het eerste lid met de betekenis 'behoeden' vgl. *waardeel*.

waarschijnlijk [denkelijk] sedert Kiliaan, vertalende ontlening aan **fr.** *vraisemblable* of **lat.** *veri similis*.

waarschuwen [op gevaar opmerkzaam maken] **middelnl.** *waerschuwen*, van *schuwen* in de betekenis 'vrees inboezemen' + een woord met de betekenis 'opmerkzaam', vgl. **middelnl.** *ware, waer* [hoede, bewaking, opmerkzaamheid], **middelnl.** *waernen* [waarschuwen], **hd.** *warnen*, **eng.** *to warn*.

-waarts [achtervoegsel] in b.v. *achterwaarts*, **middelnl.** *-we(e)rts, -waerts*, met bijwoorden vormende *s*, van *wert*, **oudsaksisch, oudfries** *-werd, -ward*, **oudhd.** *-wert*, **oudeng.** *-weard*, **gotisch** *-wairþs*; van een idg. basis met de betekenis 'wenden', vgl. **lat.** *versus* [-waarts] (vgl. *versus*).

waarzeil [reservezeil] voor het eerste lid vgl. *waarnemen*.

waas [nevelsluier] **middelnl.** *wase, waes* [slijk, bij eb droogvallend land], **middelnd.** *wase* [modder, drassig land], **oudsaksisch** *waso* [zode, grasveld], **oudeng.** *wōs* [vocht, sap]; buiten het germ. **oudindisch** *vasa* [spek, vet] (vgl. *weesje*). **Waas** [geogr.] *het land van Waas* < **middelnl.** *wase, waes* [slijk, land dat bij laag water droog ligt] (vgl. *waas*).

wabberen [onvast gaan] nevenvorm van *wapperen*, vgl. **eng.** *to wobble, to wabble*, **nd.** *wabbeln*, **middelhd.** *wăbelen* [druk in beweging zijn].

wacht [het waken] **middelnl.** *wachte* [bewaking, wacht], **oudsaksisch, oudhd.** *wahta*, **gotisch** *wahtwo*; van *waken*.

wachtel [kwartel] **middelnl., middelnd.** *wachtele*, **oudhd.** *wahtala*; vermoedelijk in oorsprong klanknabootsend gevormd.

wachten [blijven] **middelnl.** *wachten* [bewaken, verduren, afwachten, waken]; van *wacht*.

wad [doorwaadbare plaats] **middelnl.** *wat, wad* [idem], **middelnd., oudhd.** *wat*, **oudeng.** *wæd* [water, zee], **oudnoors** *vað*; buiten het germ. **lat.** *vadum* [doorwaadbare plaats] (vgl. *waden*).

wade[1], waai [knieschijf] **middelnl.** *wade*, **oudsaksisch** *watho*, **oudhd.** *wado*, **hd.** *Wade* [kuit], **oudnoors** *vǫðvi* [spier, kuit]; buiten het germ. **lat.** *vatius* [krom], *vatax* [krombenig].

wade[2] [kleed om iets te bedekken] **middelnl.** *wade* →*gewaad*.

wade[3] [sleepnet] **middelnl., middelnd.** *wade*, **middelhd.** *wate*, **oudeng.** *wadu*, **oudnoors** *vaðr* [hengelsnoer]; buiten het germ. vermoedelijk **iets** *vads*, **oudkerkslavisch** *nevodŭ* [sleepnet]; van een idg. basis met de betekenis 'vlechten' (vgl. *gewaad*).

waden [door ondiep water gaan] **middelnl.** *waden* [gaan, waden], **middelnd.** *waden*, **oudhd.** *watan*, **oudfries** *wada*, **oudeng.** *wadan*, **oudnoors** *vaða*; buiten het germ. **lat.** *vadere* [gaan], **armeens** *gam* [ik kom] (vgl. *wad*).

wadi [woestijndal] < **ar.** *wādī* [vallei, rivierbedding, ravijn, wadi, rivier].

wadjang, wadjan [Indonesische braadpan] < **maleis** *wajan*, van *waja, baja* [staal].

wafel [gebak, dial. ook honingraat] **middelnl.** *waf(e)le, waffel, wafer* [wafel], van *weven;* de wafel is genoemd naar de honingraat op grond van vormgelijkheid, vgl. **hd.** *Wabe* [honingraat].

wagen[1] [riskeren] **middelnl.** *wagen;* afgeleid van *waag* [weegtoestel].

wagen[2] [in beweging zijn] **middelnl.** *wagen* (vgl. *bewegen*).

wagen[3] [voertuig] **middelnl.** *wagen*, **oudsaksisch, oudhd.** *wagan*, **oudfries** *wein*, **oudeng.** *wægn* (**eng.** *wain*), **oudnoors** *vagn*, **krimgotisch** *waghen;* buiten het germ. **lat.** *vehiculum*, **gr.** *ochos*, **oudiers** *fen*, **welsh** *gwain*, **oudindisch** *vāhana*- [voertuig, rijdier]; van het tweede lid van *bewegen*.

wagenwijd [zo breed dat een wagen er door kan] eerst na Kiliaan < **hd.** *wagenweit*.

waggelen [wankelen] **middelnl., middelnd.** *waggelen*, **middelhd.** *wackeln*, **eng.** *to waggle;* frequentatief van *wagen*[2].

wagon [spoorwagen] < **eng.** *wagon, waggon* [idem] < **nl.** *wagen*[3].

wagon-lit [slaapwagen] < **fr.** *wagon-lit*, van *wagon* (vgl. *wagon*) + *lit* [bed] (vgl. *ledikant*), vertalende ontlening aan **eng.** *sleeping-car* [idem].

wahabiet [aanhanger van islamitische sekte] < **ar.** *wahhābī* [idem], afgeleid van de naam van de stichter 'Abd al Wahhāb (1703-1791).

wajang [Javaans poppenspel] < **javaans** *wayang* [de pop bij het wajangspel, dat spel zelf], van *ayang-ayangan* [schaduw, schaduwbeeld].

wak[1] [open plek in ijs] **middelnl.** *wac, wake, waecke*, **oudnoors** *vǫk*, **eng.** *wake* [kielzog]; van *wak*[2] [vochtig].

wak[2] [vochtig] **middelnl.** *wac* [idem], **oudnoors** *vǫkr;* buiten het germ. **lat.** *uvidus*, **gr.** *hugros* [vochtig], **iers** *fual* [urine], **oudindisch** *ukṣati* [hij bevochtigt] (vgl. *humor, os*[1]).

wakel [jeneverbes] **middelnl.** *wakel, wach(t)elbere*, **oudhd.** *wechalter, wachalter*, **hd.** *Wacholder;* etymologie onzeker.

wakelen [waggelen] **middelnl.** *wackelen*, **middelhd.** *wackeln*, naast **middelnl.** *waggelen* (vgl. *waggelen*).

wakelenhout [vuilboom] van **middelnl.** *wakel* [zweer], **middelhd.** *wachel* [vlek], vgl. voor de betekenis de synoniemen *vuilboom* en *sporkehout;* wakelenhout wordt gebruikt als laxeermiddel.

waken [niet (gaan) slapen] **middelnl.** *waken*, **oudnederfrankisch, oudsaksisch** *wacōn*, **oudhd.** *wahhen*, **oudfries** *wakia*, **oudeng.** *wac(i)an*, **oudnoors** *vaka*, **gotisch** *wakan;* buiten het

germ. **lat.** *vigil* [waakzaam], *vigēre* [levendig zijn], **oudindisch** *vājas-* [kracht, snelheid], *vajra-* [Indra's bliksem].
wakker [niet slapend] **middelnl.**, **middelnd.** *wacker*, **oudhd.** *wackar*, **oudeng.** *wacor*, **oudnoors** *vakr;* hoort bij *waken*.
wal [verhoging, land] **middelnl.** *wal(le)* < **me. lat.** *walus* [militaire versterking] < **klass. lat.** *vallum* [verdedigingswal, palissadering], verwant met *vallis* [vallei], verwant met *volvere* (vgl. *volume*).
Walachije [geogr.] genoemd naar de *Walachen* < **oudhd.** *Wal(a)h* [vreemdeling] (vgl. *Waal*[1]).
waldbes [blauwe bosbes] naar **hd.** *Waldbeere*.
Waldenzen [godsdienstige sekte] genoemd naar de laat 12e eeuwse stichter van de beweging *Petrus Waldus*, verlatijnsing van *Valdo* of *Waldo*.
waldfluit [een orgelfluitwerk] < **hd.** *Waldflöte* [een herdersfluit, en dan: het er in klank op gelijkend orgelfluitwerk].
waldglas [middeleeuwse glassoort] < **hd.** *Waldglas*, zo genoemd omdat daarin potas wordt gebruikt, dat wordt gewonnen door het verbranden van beukehout of varens uit de bossen, vgl. **fr.** *verre fougère* [lett. varenglas].
waldhaar [vezelstof van de zegge] < **hd.** *Waldhaar* [gedroogde halmen en bladeren van rietgrassen, i.h.b. van de zegge].
waldhoorn, waldhoren [blaasinstrument] 19e eeuws < **hd.** *Waldhorn* [woudhoorn].
walegang [gang onder het hoofddek] vgl. **hd.** *Walegang*; vermoedelijk van *walen* [keren, draaien]; de betekenis zou dan zijn: gang voor het rondgaan.
walen [keren, kenteren] **middelnl.** *walen* [scheuren van een dijk], **middelnd.** *walen* [rollen], **oudhd.** *wellan* [wentelen, rollen]; buiten het germ. **lat.** *volvere* [draaien], **gr.** *eilein* [idem], **oudkerkslavisch** *valiti* [wentelen], vgl. **oudindisch** *valati* [hij wendt zich].
Wales [geogr.] → *Waal*[1].
walgen [afkeer voelen] **middelnl.**, **nd.**, **middelhd.** *walgen*, **oudeng.** *wealg* (**eng.** *wallow* [walgelijk]); vgl. **oudhd.** *walgon* [rollen]; de oorspr. betekenis is 'draaien in de maag', van dezelfde basis als *walen*.
walgvogel [dodo] het eerste lid **middelnl.** *walc* [klit, knot dooreengewerkt haar of wol], verwant met *walken* [vollen] (vgl. *walk*).
walhalla [paradijs] < **oudnoors** *Valhǫll* [de zaal van de gesneuvelden], van *valr* [de gesneuvelden] + *hǫll* [koninklijke zaal] (vgl. *hal*[1], *walkure*).
wali [Turkse stadhouder] < **ar.** *wālī* [gouverneur, prefect], bij het ww. *waliya* [besturen], in het turks overgenomen als *wali* [burgemeester, landvoogd] (vgl. *vilajet*).
Walin [Waalse vrouw] → *Waal*[1].
waling [draaiing] van *walen*.
walk [aftreksel van fijngesneden lebmaag] **middelnl.** *walc* [klit van haar of wol], van *walken* (vgl. *walgvogel*).

walken [vollen] **middelnl.** *walken* [kneden, samendrukken, met de voeten treden, vollen], **middelnd.** *walken*, **oudhd.** *walchan*, **oudeng.** *wealcan* (**eng.** *to walk*), **oudnoors** *valka* [heen en weer slingeren]; buiten het germ. **lat.** *valgus* [met naar buiten gebogen benen], **oudindisch** *valgati* [hij springt op]; op afstand verwant met *walen* (vgl. *walgvogel*).
walkie-talkie [portofoon] < **amerikaans-eng.** *walkie-talkie*, van *to walk* [lopen] + *to talk* [praten].
walkure [godin van het slagveld] < **oudnoors** *valkyrja* [degene die de gesneuvelden kiest], van *valr* [de gesneuvelden] + *-kyrja* [die kiest], verwant met *kiezen* (vgl. *walhalla*).
wallaby [soort van kangoeroe] < **eng.** *wallaby* < **australisch** *walaba*.
walledistel [een distelsoort] ook *walendistel*, **middelnd.** *walende distel*, waarin *walende* het teg. deelw. van *walen* is.
wallen [koken] → *wellen*[2].
Wallonië [geogr.] → *Waal*[1].
Wallstreet [Newyorkse geldmarkt] genoemd naar de straat waarin de beurs is gevestigd < **nl.** *Walstraat*, uit de tijd dat New York nog Nieuw Amsterdam was.
walm[1] [damp] **middelnl.**, **oudhd.** *walm*, **oudeng.** *wiellan* [het koken, walm], van *wallen* [zachtjes koken] (vgl. *wellen*[2]).
walm[2] [(bundel) dekstro] van dezelfde basis als *walen*, dus eig. iets ineengedraaids.
walnoot [okkernoot] **hd.** *Walnuss*, naast *welsche Nuss*, **eng.** *walnut*; voor het eerste lid vgl. *Waal*[1]; het woord is een vertaling van **lat.** *nux Gallica* [Gallische noot].
Walpurgisnacht [feestnacht van heksen] genoemd naar de *H. Walpurgis, Walburga, Walpurga;* haar translatie werd gevierd in de nacht van 30 april op 1 mei, waarin de heksen vrij spel hadden.
walrus [zoogdier] uit de Scandinavische talen overgenomen, vgl. **zweeds** *hvalross*, **deens** *hvalros* < **oudnoors** *hrosshvalr*, van *hross* [paard] (vgl. *ros*[1]) + *hvalr* [walvis], dus: paardwalvis.
wals[1] [dans] < **hd.** *Walzer*, van *walzen* [draaien]; vormen met dentaal **middelnl.** *wouten* [goed uitvallen, gelukken], **oudhd.** *walzan*, **oudnoors** *velta*, **gotisch** *waltjan* naast **oudeng.** *wealtwian*, **gotisch** *walwjan* [wentelen], vormingen met dezelfde basis als *walen*.
wals[2] [machine om te pletten] < **hd.** *Walze*, van dezelfde herkomst als *wals*[1] [dans].
walschot [spermaceti, witte amber] **middelnl.** *walschot*, van *wal* (vgl. *walvis*) + *schot*, wel in de betekenis 'uitgebaggerde specie'.
walstro [plantnaam] sedert Kiliaan, vermoedelijk < **hd.** *Walstroh*, van **middelhd.** *wāl*, dat wordt afgeleid van middelduitse *wal* [wieg], **middelhd.** + *stroh* [stro], vgl. *onze-lieve-vrouwebedstro*.
walvis [zeezoogdier] **middelnl.** *wa(e)lvisch*, ook *wal* (zonder het oneigenlijke *visch*), **middelnd.**

walvisch, oudhd. *(h)wal, (h)walfisc*, oudeng. *hwœl*, oudnoors *hvalr*; mogelijk verwant met lat. *squalus* [geschubd], **oudpruisisch** *kala* [elft], misschien echter aansluitend bij *(meer)val* (vgl. **walrus**).

walwortel [smeerwortel] middelnl. *wa(e)lwort, wa(e)lwortele*, middelhd. *walwurz*; het eerste lid van **middelnl**. *wallen* [koken, door artsen vroeger gebruikt in de betekenis 'genezen', dichtgroeien] (vgl. **walm** [1]); Hildegard van Bingen en Paracelsus gebruikten de walwortel in kompressen bij botbreuken en daarvoor wordt de plant nog wel toegepast.

wam [halskwab van rund] middelnl. *wam(me)* [buik, maag, pens], **oudnederfrankisch, oudhd.**, **gotisch** *wamba*, middelnd., **oudfries** *wamme*, oudeng. *wamb* (eng. *womb*), **oudnoors** *vǫmd;* etymologie onzeker.

wambuis [kledingstuk] middelnl. *wambais, wambeis, wamboys, wambues, wammes* < **oudfr**. *wambais* < me. lat. *wambesio, wambesum, wambasium, wambiso* [gewatteerd onderkleed onder pantser] < gr. *bambakion* [katoen], geassocieerd met middelnl. *wamme* (vgl. **wam**).

wamelen [tekenen van zwangerschap vertonen] iteratief van *wamen* [misselijk zijn], vermoedelijk hetzelfde woord als **wamen** [modder doen opwellen].

wamen [modder doen opwellen] ook: misselijk zijn (vgl. **wamelen**), **oudnoors** *vama* [zich onwel voelen], **noors** (dialectisch) *vimla* [misselijk zijn]; buiten het germ. **lat**. *vomere* [braken], **gr**. *emeō*, (< *wemeō*) [ik braak], **Iets** *vemt* [braken], **oudindisch** *vamiti* [hij braakt]; verwant met **wemelen**.

wammes verkort uit **wambuis**.

wampum [kralen als betaalmiddel] < **algonkin** *wampompeag*, van *wampi* [wit], *ompe* [snoer] + een achtervoegsel *-ag*.

wan [mand voor korenzuivering] middelnl. *wan(ne)* < fr. *van* < lat. *vannus* [idem], verwant met *ventus* [wind], daarmee idg. verwant.

wan- [voorvoegsel met de betekenis 'slecht'] middelnl., **oudsaksisch** *wan-*, oudhd. *wana-*, **oudfries**, oudeng. *won-, wan-*, **oudnoors** *van-*, is hetzelfde woord als middelnl. *wan* [ondeugdelijk, leeg], nl. *wan* [verkeerd], verwant met lat. *vanus* [leeg, ijdel]; reeds middelnl. komt men tegen *waen*, welke vorm uit de verbogen nv. is ingedrongen, ook in het voorvoegsel, vgl. nl. *waanwijs, waanzinnig*.

wand [afscheiding] middelnl. *want, wand*, **oudnederfrankisch**, middelnd., oudhd. *want;* van het ww. *winden* in de zin van 'vlechten'.

wandaad [slechte daad] **oudsaksisch** *wamdād*, oudeng. *wammdœd*, van **oudsaksisch** *wam* [slecht], **oudfries** -*wamm* [gebrek], **oudeng**. *wamm* [gemeen], **oudnoors** *vamm* [fout, gebrek], **gotisch** *wamm* [vlek], vormen die middelnl. niet zijn overgeleverd en waarvan de etymologie onduidelijk is. De vervorming tot 'wandaad' geschiedde o.i.v. **wan-**.

wandelen [lopen] middelnl. *wand(e)len* [heen en weer gaan, rondlopen, gaan, zich wenden, veranderen, verruilen], ook *wanden* [reizen], vgl. *wenden* [draaien, zich omdraaien, gaan, zich begeven, heen en weer gaan, veranderen]; wandelen is te zien als een frequentatiefvorm naast *wenden*, **oudsaksisch** *wandlōn*, oudhd. *wantalōn*.

wanehout [Surinaamse houtsoort] < **sranantongo** *wane, wana* < **caribisch** *wonoe*.

wanen [zich verbeelden] middelnl. *wa(e)nen*, *wenen* [verwachten, menen, denken te, vermoeden, geloven aan], **oudnederfrankisch**, oudhd. *wanen* (hd. *wähnen*), **oudsaksisch** *wanian*, **oudfries** *wena*, oudeng. *wenan* (eng. *to ween*), **oudnoors** *vœna*, **gotisch** *wenjan*; verwant met **wonen**.

wang [1] [zijkant van gezicht] middelnl. *wange*, **oudsaksisch**, oudhd. *wanga*, oudeng. *wonge*, *wange*, **oudnoors** *vangi*, **gotisch** *waggari* [hoofdkussen]; buiten het germ. **oudindisch** *vakra-* [krom].

wang [2] [dam, dijk] middelnl. *wang(e)* [kade langs een wetering], **oudsaksisch**, oudhd. *wang*, oudeng. *wong, wang*, **oudnoors** *vangr* [vlakte], **gotisch** *waggs* [paradijs]; van dezelfde basis als **wang** [1].

wankant [ruwe, niet gerechte kant] hd. *Wahnkante, Wahnholz*, eng. *wane* (vgl. **wan-**); zo genoemd omdat de ene kant, die wel gerecht is, smaller is dan de ruwe kant.

wankel [niet vast] middelnl. *wanc, wan(c)kel*, **oudnederfrankisch** *wankilheide* [weifeling], **oudsaksisch** *wankol*, oudhd. *wanchal*, naast middelnl., middelnd. *wanc*, middelnd. *wank* [onstandvastigheid] en middelnl. *wan(c)ken* [wankelen, doen wankelen], **oudsaksisch, oudhd.** *wankon*, **oudnoors** *vakka* [omzwermen]; buiten het germ. lat. *vagari* [zwerven], **albaans** *vank* [velg], **litouws** *vingis* [bocht]; waarschijnlijk stammen deze woorden van een idg. basis met de betekenis 'bewegen, buigen'. Voor verdere verwanten vgl. **wenken, zwenken, winkel**.

wankelen [onvast zijn, onvast gaan] middelnl. *wan(c)kelen*, iteratief van **wanken**, o.i.v. *wankel*.

wankelmotor [motor met draaiende zuigers] genoemd naar de uitvinder ervan, professor F. Wankel (1954).

wanken [wankelen] → **wankel**.

wanneer [op welke tijd, als] middelnl. *wanneer*, **oudnederfrankisch, oudsaksisch** *hwan ēr*, **oudfries** *hwanēr*; voor het eerste lid vgl. **wen** [2]; het tweede is *eer* [vroeger]; de betekenis is dus: op welk ogenblik vroeger.

wanoven [smeltoven voor glas in de vorm van een kuip] van **wan** + **oven**.

want [1] [handschoen] middelnl. *want(e)*, **oudnoors** *vǫttr*, waarschijnlijk een ablautsvariant van *winden*, dus: een omwindsel van de hand.

want [2] [scheepswant] middelnl. *wan(d)t*, *schipwant* [scheepswant]; behoort bij **winden**.

want[3] [aangezien] **middelnl.** *want(e), went,* **oudsaksisch** *hwand(a),* **oudhd.** *(h)wanta,* **oudfries** *hwande;* afgeleid van **wen**[2], *wan* (het eerste lid van *wanneer*).

wantrouwen [mistrouwen] **middelnl.** *wantrouwen* (ww.) *wantrou(we)* (zn.) [verdenking, argwaan, wanhoop], **middelnd.** *wantruwe,* **middelhd.** *wantriuwe;* vgl. *wan-* [slecht] + *vertrouwen.*

wants [wandluis] < **hd.** *Wanze,* verkleiningsvorm van *Wandlaus.*

wapeling [heet zeepsop] **middelnl.** *wapeldrenc* [het werpen van iem. in of met vuil water], **middelnd.** *wapel* [poel], **oudfries** *wapul,* **oudeng.** *wapul* [bel op het water, schuim op een vloeistof], **eng.** *a whappelway* [een modderige weg].

wapen [strijdwerktuig] **middelnl.** *wapen,* **oudsaksisch** *wapan,* **oudhd.** *wafan,* **oudfries** *wepen,* **oudeng.** *wǽpen,* **oudnoors** *vápn,* **gotisch** *wēpna* (mv.). Buiten het germ. zijn geen verwanten gevonden. De etymologie is onbekend.

wapitihert [soort hert] < **algonkin** *wapitik.*

wapper [wip van een ophaalbrug, lange trosvormige vrucht] *lange wapper* [lange slungelige figuur], van een ww. waarvan *wapperen* het frequentatief is en dat oostfries als *wappen* [zwaaien] is bewaard. Vgl. **middelnl.** *wappe, wapper* [geselriem e.d.], *wapperen* [zwaaien, slingeren]; de grondbetekenis is dus: iets dat zwaait.

wapperen [fladderen] **middelnl.** *wapperen* [zwaaien, slingeren], **fries** *wabberje,* **middelhd.** *wabern,* **oudnoors** *vafra* [heen en weer gaan]; klanknabootsend gevormd.

war [in de war, verward] **middelnl.** *werre, war(re)* [verwarring, strijd], **oudsaksisch** *werra* [strijd], **oudhd.** *werra* [schandaal] (**hd.** *Wirre*), van het ww. *warren;* uit het germ. komt **fr.** *guerre* [oorlog, strijd].

waranda → *veranda.*

warande [jachtterrein, dierenpark] **middelnl.** *warande* < **picardisch** *warande,* **oudfr.** *garande,* van *garer* [in een wijkplaats brengen, bewaren], uit het germ., vgl. *waren*[2].

waratje [waarachtig] verzachtende vervorming daarvan.

wareloos [onoplettend] van **middelnl.** *ware, waer* [bewaking] (vgl. *waren*[2] [beschermen]) + *-loos*[2].

waren[1] [dwalen] **middelnl.** *waren* [zwerven?]; bij Kiliaan in de betekenis 'wandelen', **middelnl.** vermoedelijk in de betekenis 'zwerven', vermoedelijk samengetrokken uit een niet-geregistreerde vorm *waderen,* **oudhd.** *wadalon* [zwerven], **oudeng.** *waðol* [zwervend, volle maan]; van een idg. basis met de betekenis 'waaien'.

waren[2] [beschermen] **middelnl.** *wa(e)ren* [bewaren, zorgen voor iets, op iets letten], **oudsaksisch** *waron,* van **middelnl.** *ware, waer* [hoede, zorg], **oudsaksisch, oudhd.** *wara,* **oudfries** *ware,* **oudeng.** *waru,* **gotisch** *warei* [behoedzaam];

buiten het germ. **lat.** *vereri* [vrezen, ontzag hebben], **gr.** *horaō* [ik zie, let op].

warenhuis [grootwinkelbedrijf] < **hd.** *Warenhaus* [idem] < **eng.** *warehouse* [opslagplaats, vooral van een groothandel], na het midden van de 19e eeuw ook gebruikt als een wat voornamer synoniem van winkel.

warf [terp] nevenvorm van *werf*[1].

waring [planken van het gangbord] **middelnl.** *waringe* [waarborg, bewaring]; van *waren*[2] [beschermen].

waringin [boom] < **maleis** *waringin, beringin.*

warm [met hoge temperatuur] **middelnl., middelnd., oudhd., oudfries** *warm,* **oudeng.** *wearm,* **oudnoors** *varmr,* **gotisch** *warmjan* [warmen]; buiten het germ. **hettitisch** *war-* [branden], **oudkerkslavisch** *variti* [koken] (vgl. *samovaar*).

warmoes [groente] **middelnl.** *wa(e)rmoes, wermo(e)s* [moeskruid], van *warm* + *moes* [warme groente, groente].

warong [winkel] < **maleis** *warung* < **javaans** *warung* [winkeltje].

warp [groep kettingdraden] **middelnl.** *werp, waerp* [wol waarvan kettinggaren wordt gesponnen, kettinggaren], van *werpen* in de betekenis 'uitzoeken, soort bij soort leggen van wol', vgl. **eng.** *warp* [schering], van *to warp* (vgl. *werpen*).

warrant [volmacht] < **eng.** *warrant* < **oudfr.** *g(u)arant,* uit het germ., vgl. *waren*[2].

warrelen [zich door elkaar bewegen] frequentatief van *warren.*

warren [in de war zijn of maken] **middelnl.** *werren, warren* [in de war maken, schaden, verontrusten, in wanorde zijn], **oudsaksisch, oudhd.** *werran,* wellicht verwant met **oudnoors** *vǫrr* [vore, riemslag, golf] en dan met **lat.** *verrere* [slepen, sleuren, omwoelen], **gr.** *errein* [zich voortslepen, omkomen].

wars [afkerig] **middelnl.** *wers, wars* [afkerig, bars, wreed], **middelnd.** *wers;* etymologie onzeker.

warsig [weerzinwekkend, vies] van *wars.*

wart → *wrat.*

wartel [draaibare schalm] **middelnl.** *wordel, werdel, wurdel, wertel, wartel* [wervel (van rug), wervel aan spinnewiel, draaiende kettingschakel]; van *worden,* waarvan de oorspr. betekenis is 'draaien'.

wartoe [roep van jagers dat haarwild is gezien] < **fr.** *partout* [overall], dus: let op allemaal!, vgl. *kiro.*

warven [sliblaagjes in gletscherbeek] < **zweeds** *varv* [laag, omdraaiing], verwant met *werven* [draaien].

was [bijenwas] **middelnl.** *was,* **oudnederfrankisch, oudsaksisch, oudhd.** *wahs,* **oudfries** *wax,* **oudeng.** *weax,* **oudnoors** *vax;* buiten het germ. **litouws** *vaškas,* **oudkerkslavisch** *voskŭ;* vermoedelijk verwant met *weven,* mogelijk echter met *wassen* [groeien].

wasbeer [roofdier] de benaming stamt van de opvallende gewoonte van het dier zijn voedsel telkens onder te dompelen.
wasbloem [plant] genoemd naar het wasachtig uiterlijk van de bloemen.
wasem [damp] **middelnl., middelnd.** *wasem;* van *waas.*
wassen[1] [met water reinigen] **middelnl.** *was(ch)en,* **oudnederfrankisch** *wascon,* **oudsaksisch, oudhd.** *waskan,* **oudeng.** *wascan,* **oudnoors** *vaska;* vermoedelijk van dezelfde idg. basis als *water.*
wassen[2] [groeien] **middelnl.** *wassen,* **oudnederfrankisch** *wahson,* **oudsaksisch, oudhd.** *wahsan,* **oudfries** *waxa,* **oudeng.** *weaxan,* **oudnoors** *vaxa,* **gotisch** *wahsjan;* buiten het germ. **lat.** *augēre* [doen groeien], **gr.** *aux(an)ein* [idem], **oudindisch** *vakṣayati* [hij doet groeien] (vgl. *ook*).
wasserette [waar men tegen betaling kan wassen] van *wassen*[1] + *-ette* < **oudfr.** *-ette,* verkleiningsuitgang.
wat [vragend vnw.] **middelnl.** *wat,* **oudnederfrankisch** *wad,* **oudsaksisch** *hwat,* **oudhd.** *(h)waz,* **oudfries** *hwet,* **oudeng.** *hwœt,* **oudnoors** *hvat,* **gotisch** *hwā;* buiten het germ. **lat.** *quod,* **oudiers** *cod,* **oudpruisisch** *ka,* **oudindisch** *kad.*
water [vloeistof] **middelnl.** *water,* **oudnederfrankisch, oudsaksisch** *watar,* **oudhd.** *wazzar,* **oudfries** *weter,* **oudeng.** *wœter,* **oudnoors** *vatn,* **gotisch** *wātō* (2e nv. *watins*); evenals 'vuur' vertoont 'water' vormen met *r* en met *n;* buiten het germ. **gr.** *hudōr,* **oudkerkslavisch** *voda* (vgl. *wodka*) en genasaleerd **lat.** *unda,* **oudiers** *fand,* **litouws** *vanduo,* **oudindisch** *udan-.*
waterglas [natriumsilicaat] van *water* + *glas,* zo genoemd omdat bij de bereiding een glasachtige massa ontstaat, die alleen onder speciale omstandigheden op te lossen is, zodat het als oplossing (in water) in de handel wordt gebracht.
waterproef [ondoordringbaar voor water] < **eng.** *waterproof* [idem], van *water* [water] + *proof* [beproefd, bestand tegen] (vgl. *proeven*).
waterstof [chemisch element] vertaling van **fr.** *hydrogène,* zo genoemd door Lavoisier (1743-1794), omdat zij werd verkregen door waterdamp te ontleden, van **gr.** *hudōr* [water] + *gennaō* [ik breng voort]; de betekenis is dus: watervormende stof.
waterzooi [gerecht] het tweede lid **middelnl.** *sode, zo(o)de, soot* [het koken, kooksel, dat wat gekookt wordt], **middelnd., middelhd.** *sōt* (**hd.** *Sod*), **oudfries** *soth,* **oudeng.** *sead;* van *zieden* (vgl. *zoei*).
waterzucht [waterophoping] **middelnl.** *watersocht,* van *water* + *zucht*[2] [ziekte].
watjekou, watjekouw [opstopper] is verklaard als < **eng.** *what (do) you call?.*
watt [elektrische eenheid] genoemd naar de Schotse uitvinder *James Watt* (1736-1819).
watten [verbandmiddel] < **me. lat.** *wadda* < **ar.** *biṭāna,* mv. *baṭā'in* [het binnenste, voering, entourage].
wauw [gunstig (van de wind)] **hd.** *wau* [stil (van wind)]; vermoedelijk van *waaien.*
wauwelen [kletsen] **hd.** *waueln,* **eng. dial.** *to wawl;* klanknabootsend gevormd.
waxine [een wasprodukt] merknaam, gevormd van **eng.** *wax* [was], de oude grondstof voor kaarsen.
web, webbe [netwerk] **middelnl.** *web(be)* [weefsel, spinneweb], **oudsaksisch** *webbi,* **oudhd.** *weppi,* **oudeng.** *webb;* van *weven.*
weber [eenheid van inductieflux] genoemd naar de Duitse natuurkundige *Wilhelm Eduard Weber* (1804-1891).
wecken [(levensmiddelen) conserveren] naar de Duitse fabrikant *Johann Weck* (1841-1914), merknaam.
wed [doorwaardbare plaats] nevenvorm met umlaut van *wad.*
wedana [districtshoofd op Java] < **javaans** *wedana* [hoofd van een groep (b.v. van vorstendienaren of verwanten), districtshoofd].
wedde [bezoldiging] **middelnl.** *wed(de)* [pand, verdrag, huwelijksgift, bezoldiging, wedstrijd], **oudsaksisch** *weddi,* **oudhd.** *wetti,* **oudfries** *wed(de),* **oudeng.** *wedd,* **oudnoors** *veð,* **gotisch** *wadi;* buiten het germ. **lat.** *vas* (2e nv. *vadis*), **litouws** *vadas* [borg] (vgl. *wedden*).
wedden [gokken] **middelnl.** *wedden* [een onderpand geven, op het spel zetten, wedden], **middelnd.** *wedden,* **middelhd.** *wetten,* **oudfries** *weddia* [beloven], **oudeng.** *weddian* [een overeenkomst sluiten, verloven] (**eng.** *to wed*), **oudnoors** *veðja* [verpanden], **gotisch** *gawadjon* [verloven]; van *wedde.*
weddenschap [overeenkomst van wedden] vermoedelijk < *weddingschap,* van **middelnl.** *weddinge* [iets verpanden, het spelen om geld, bezoldiging] (vgl. *wedde*), niet van **middelnl.** *weddeschap* [op pand verzekerde geldschuld(?)].
wede [plantengeslacht] **middelnl.** *we(e)de, wee(d)t,* **middelnd.** *we(i)t,* **oudhd.** *weit,* **oudfries** *wēd,* **oudeng.** *wād* (**eng.** *woad*); buiten het germ. **lat.** *vitrum* [wede, glas (gekleurd, namelijk met de verfstof uit de wede)], **gr.** *isatis* [wede].
weder[1] [atmosferische gesteldheid] → *weer*[4].
weder[2], weer [terug] **middelnl.** *we(d)er* [weder, terug, tegen], **oudnederfrankisch, oudfries** *wither,* **oudsaksisch** *withar,* **oudhd.** *widar,* **oudeng.** *wiðer,* **oudnoors** *viðr,* **gotisch** *wipra;* buiten het germ. **avestisch** *vītaram,* **oudindisch** *vitaram* [verder], **oudkerkslavisch** *vŭtorŭ* [tweede]; vgl. **oudindisch** *vi,* **avestisch** *vi-* [uiteen, apart].
wederdood [steenbreekvaren] vermoedelijk < **hd.** *Widertod,* d.w.z. vijand of overwinnaar van de dood, een volksetymologische aanpassing van *Widerton,* variant van *Widertan* [vijand, tegenstander], vgl. voor de vorming *Untertan* [onderdaan]; de plant werd gebruikt bij het toveren.
wederik [plantengeslacht] **hd.** *Weiderich;* van

wederrechtelijk — weemoed

middelnl. *we(e)de* [teen, twijg], **oostmiddelnl.** *wide, wijde* [wilg, wilgetak], resp. **hd.** *Weide* [wilg], **middelnd., middelhd.** *wide*, **oudhd.** *wida*, **oudeng.** *wiðig* (naast *wiððe* [teen]), **oudnoors** *wiðir;* buiten het germ. **lat.** *vimen* [twijg], **gr.** *itea* (waaruit anlautend *w* verdween), en **lets** *vituols* [wilg], **oudkerkslavisch** *větvĭ* [tak], **welsh** *gwden* [wilg].

wederrechtelijk [onrechtmatig] 19e eeuwse ontlening aan **hd.** *widerrechtlich* bij *wider das Recht* [in strijd met het recht].

wedervaren, weervaren [gebeuren] **middelnl.** *wedervaren* [overkomen, te beurt vallen, gebeuren], van **weder²** + **varen²** [gaan].

wederwaardigheid [(onaangename) ervaring] **middelnl.** *wederwerdicheit, wederwoordecheit* [vijandige stemming, opstandigheid, tegenspoed], *wederw(a)erdich* [weerstrevend, scherp, rampzalig], **oudhd.** *widarwartig* [tegenovergesteld, vijandig]; voor het tweede lid vgl. *-waarts*.

wedewinde [plant] het eerste lid is **middelnl.** *wede* [kreupelhout, struikgewas], **oudhd.** *witu*, **oudeng.** *wudu, widu* (**eng.** *wood*), **oudnoors** *viðr* [hout, wilg]; buiten het germ. **oudiers** *fid* [boom], **welsh** *gwydd*, **gaelisch** *fiodh* [hout].

wedgwood [aardewerk] genoemd naar de Engelse pottenbakker *Josiah Wedgwood* (1730-1795), stichter van de fabriek en ontdekker van de witte aardewerkscherf.

wedijver [het wedijveren] 19e eeuws, vermoedelijk < **hd.** *Wetteifer*.

wedstrijd [wedijver, i.h.b. in sport] in de 19e eeuw gevormd naar **hd.** *Wettstreit*.

weduwaal [wielewaal] ook *wiedewaal*, nevenvorm van **wielewaal**.

weduwe [vrouw van wie de echtgenoot is overleden] **middelnl.** *weduwe*, **oudnederfrankisch** *widowa*, **oudsaksisch** *widuwa*, **oudhd.** *wituwa*, **oudfries** *widwe*, **oudeng.** *widewe*, **gotisch** *widuwo;* buiten het germ. **lat.** *vidua*, **oudiers** *fedb*, **welsh** *guedeu*, **oudkerkslavisch** *vŭdova*, **oudindisch** *vidhavā;* de grondbetekenis is wellicht 'scheiding', vgl. **lat.** *dividere* [splitsen, verdelen].

weduwnaar [wiens vrouw is overleden] sedert Kiliaan, vgl. **middelnl.** *weduware, wedu(w)er*, **middelnd.** *wedewer(e)*, **middelhd.** *witewaere, witewer* (vgl. **weduwe**).

wee [smart, samentrekking van baarmoeder] oorspr. tussenwerpsel, vgl. **middelnl.** *wee*, **oudhd.** *wē* (**hd.** *weh*), **oudeng.** *wā* (**eng.** *woe*), **oudnoors** *vei*, **gotisch** *wai;* buiten het germ. **lat.** *vae* [wee!], **gr.** *oa* [au!], **oudiers** *fe*, **welsh** *gwae*, **litouws, lets** *vai*, **avestisch** *vayōi*, **oudindisch** *uve;* van een klanknabootsende basis. In diverse talen is het tussenwerpsel gebruikt als zn., o.a. **middelnl.** *wee*.

weed [marihuana] < **amerikaans-eng.** *weed* [onkruid, tabak, in Amerika: marihuana], verwant met **wieden**.

weedas [potas van wede] **middelnl.** *weedassche, wiedassche;* van **wede** + **as¹**.

weefsel [geweven stof] pas na Kiliaan, gevormd van **weven**, met een achtervoegsel dat ook voorkomt in *voedsel, raadsel*.

weeg [wand] **middelnl.** *weech*, **oudsaksisch** *wēg*, **oudfries** *wāg*, **oudeng.** *wǣg*, **oudnoors** *veggr*, **gotisch** *waddjus;* buiten het germ. **lat.** *viēre* [vlechten, winden], **middeliers** *fe* [roede], **lets** *vija* [omheining], **oudkerkslavisch** *viti* [vlechten, winden], **oudindisch** *vayati* [hij vlecht]; uitgangspunt is dus: de wand van vlechtwerk.

weegblad → **weegbree**.

weegbree [plantengeslacht] **middelnl.** *wegebrede, weechbrede, wegebree, weechbree*, **oudsaksisch** *wegbreda*, **oudhd.** *wěgabreita* (**hd.** *Wegebreit*), **oudeng.** *wegbrade* (**eng.** *waybread*); van **weg¹** + **breed**, dus: de plant met de brede bladeren die in de bermen groeit, vgl. **fr.** *plantain* < **lat.** *plantago*, van *planta* [voetzool], wat evenzo op het brede blad wijst.

weegluis [wandluis] **middelnl.** *weechluus, weechluys;* het eerste lid is **weeg** [wand].

weegscheet [strontje op het oog] het eerste lid is **middelnl.** *wege* [wild], in *weyvleesch* [wild vlees].

week¹ [zeven dagen] **middelnl.** *weke*, **oudsaksisch** *wika*, **oudhd.** *wecha*, **oudfries** *wike*, **oudeng.** *wicu*, **oudnoors** *vika*, **gotisch** *wiko;* verwant met **wijken;** de grondbetekenis is 'wisseling van de tijd'.

week² [zacht] **middelnl.** *weec(k)*, **oudsaksisch** *wēk*, **oudhd.** *weih*, **oudeng.** *wāc*, **oudnoors** *veikr;* van **wijken**.

weekend [de laatste dagen van de week] < **eng.** *week-end*, van *week* [week] + *end* [einde]; ook wordt gebruikt de vertalende ontlening *weekeind(e)*.

weel¹ [een vistuig] **middelnl.** *wele* [lijn waarmee men een schip voorttrekt].

weel² [kolk] evenals *wiel* een dial. nevenvorm van **waal¹**.

weelde [overdaad] **middelnl.** *we(e)lde* [toestand waarin men het goed heeft], **middelnd.** *wel(e)de* [welzijn], **oudhd.** *wělida* [rijkdom], **middeleng.** *welpe* [rijkdom]; van *wel, weel* [goed] (vgl. **wel³**).

weem, weme [pastorie] **middelnl.** *wedem(e), we(e)me* [huwelijksgeschenk aan de bruid, dotatie aan klooster of kerk, pastorie], **middelnd.** *wedeme*, **oudhd.** *wĭdamo*, **oudfries** *wetma*, **oudeng.** *weotuma* [bruidsschat]; buiten het germ. **gr.** *hedonon* [koopprijs voor de bruid, later: geschenk van de bruidegom], **welsh** *gwandd* [schoondochter], **oudkerkslavisch** *vesti* [leiden (d.w.z. naar huis)]; de oorspr. betekenis is 'het wegvoeren van de bruid door de bruidegom'.

weemoed [zacht-treurige stemming] **middelnl.** *weemoede, weemoe(d)t* [diepe smart, teergevoeligheid]; van **wee** [onaangenaam] + **middelnl.** *moet* [gemoedsbeweging]; de huidige betekenis staat wel onder duitse invloed.

ween [wilg, wilgetak] vermoedelijk met *n* uit het mv., van middelnl. *we(e)de, wee* [datgene waarmee men bindt, teen, twijg, garen, touw].

weep [wesp] de vorm is vermoedelijk ontstaan doordat *wepse* werd aangezien voor een mv. (vgl. *wesp*).

weeps [zouteloos] middelnl. *we(e)psch* [flauw van smaak], eng. dial. *wape*, vgl. middelnl. *wepel* [leeg, vrij], *wepelen* [kwispelen, rondlopen, buiten dienst zijn, geen benoeming aannemen of geven]; van *wippen*.

weer[1] [gesneden ram] middelnl. *we(d)er* [ram, hamel], oudnederfrankisch *wither*, oudsaksisch *wĕthar*, oudhd. *wĭdar*, oudeng. *weðer*, gotisch *wiþrus* [lam]; buiten het germ. lat. *vitulus* [kalf, eig. jaarling], *vetus* [(een jaar) oud], gr. *etos* [jaar], albaans *vjet* [oud], litouws *vetušas* [oud, eig. bejaard], oudkerkslavisch *vetŭchŭ* [idem], oudindisch *vatsa-* [kalf, jaarling] (vgl. *veteraan*).

weer[2] [wal, muur] middelnl. *weer, were* [verdediging, verschansing, dijk, wal]; van *weren*.

weer[3] [eelt] middelnl. *weer* [knoest, eelt], oudeng. *wearr;* buiten het germ. lat. *verruca* [wratje] (vgl. *wrat*).

weer[4], weder [atmosferische gesteldheid] middelnl. *weder* [weer, storm, lucht], oudsaksisch *wedar*, oudhd. *wetar*, oudfries, oudeng. *weder*, oudnoors *veðr;* buiten het germ. oudiers *feth* [lucht], lets *vętra* [storm], oudkerkslavisch *větrŭ* [wind]; van dezelfde basis als *waaien*.

weer[5] [landerijen tussen twee sloten, de zogenaamde weersloten] middelnl. *were, weer* [bezit, goederen, hofstede, gezamenlijke tussen twee sloten gelegen boerderijen, door sloten omgeven perceel], in oorsprong hetzelfde woord als *weer*[2] [het afweren, verschansing, gevlochten ijzerwerk ter afsluiting van water].

weer- → *weder*[2].

weerbarstig [stug] o.i.v. *barsten* < middelnl. *wederborstich*, vlaams *weerborstel* [tegen de vleug in], fr. *à rebrousse-poil* [idem], dus van *weder*[2] [tegen] + *borstel* [haar].

weerdribbe [w.c.] middelnl. *waerderibbe, waerderobe* [kleedkamer, geheim gemak] (vgl. *garderobe*).

weerga [gelijke] samengetrokken uit *wedergade*, maar in *weergaas, loop naar de weerga, wat weerga is* het woord o.i.v. *weerlicht* gekomen.

weergaas [drommels] de vorm nl. *weerga*, middelnl. *we(d)ergade* [het gelijke, tegenhanger] heeft geen verband met de betekenis van weergaas. De enig mogelijke verklaring is de substitueering van de vloek *weerlicht*, vgl. *donders, bliksems*, door het onschuldige *weerga*.

weergal [atmosferisch verschijnsel] van *weer*[4] + *gal*, waarvoor vgl. *gaal*[1] [dunne plek in weefsel].

weergeld [zoengeld] voor het eerste lid vgl. *weerwolf*.

weerlam [watersnip] het eerste lid is *weer*[1] [ram];

het diertje is zo genoemd vanwege het blatende geluid dat het in de paartijd maakt. Het synoniem is *hemelgeit*.

weerlicht [bliksem] middelnl. *wederlijc* > *wederlicht;* van *weer*[4] + *-lijc* (vgl. *huwelijk*), beïnvloed door *licht*.

weernat [schapebouillon] het eerste lid is *weer*[1] [gesneden ram].

weerpijn [pijn op andere plaats dan de oorzaak] van *weer-* + *pijn*, lett. tegenpijn.

weers- [voorvoegsel] in *(aan, van) weerszijden, weerskanten* [(aan, van) beide kanten], met secundaire *s*, middelnl. *in wedersiden* [aan weerskanten]; voor *weder*, hd. *(h)wedar* [wie van beide(n)], vgl. *ieder*.

weersloot [sloot tussen landerijen] van *weer*[5] [landerijen].

weerweide [het bloedwateren van vee] etymologie onbekend.

weerwolf [mens die zich in wolf verandert] middelnl. *weerwolf*, middelhd. *werwolf*, oudeng. *werewulf;* het eerste lid oudsaksisch, oudhd., oudeng. *wer*, oudnoors *verr*, gotisch *wair* [man]; buiten het germ. lat. *vir*, oudiers *fer*, litouws *vyras*, oudindisch *vīra-* [held, man met bijzondere vermogens]; vgl. gr. *lukanthrōpos* [lett. wolf-man] en bretons *den bleiz* [idem] (vgl. *wolf*[1]).

wees[1] [kind zonder ouders] middelnl. *wese, weyse, wees* [beroofd van (bn.), wees (zn.)], oudnederfrankisch, oudhd. *weiso*, middelnd. *wese*, oudfries *wesa*, verwant met oudhd. *wisan* [mijden]; buiten het germ. lat. *dividere* [verdelen]; van dezelfde idg. basis als *weduwe*.

wees[2] [barg. stille agent] vermoedelijk < rotwelsch *Wetsch* [soldaat, opzichter, smeris], ook *Wetscher* [jager, koddebeier] < zigeunertaal *wesheskero* [jager, houtvester], van *wesh* [bos].

weesboom [balk over voer hooi] oostmiddelnl. *weseboom*, van middelnl. *we(e)se* (vgl. *weesje*); synoniemen zijn *weiboom* en *polderboom*.

weesje [prieeltje] < oostmiddelnl. *we(e)se* [weiland, hooiland], oudhd. *wisa*, oudeng. *wase* [vochtigheid], oudfr., oudnoors *veisa* [modder]; buiten het germ. hettitisch *neshi-* [weide], avestisch *vastram* [idem]; vgl. voor de betekenisontwikkeling *prieel* naast fr. *pré* [weide].

weespijp [spuipijp van de condensor] < eng. *waste-pipe* [idem], van *to waste* [verspillen] < fr. *gâter* < lat. *vastare* [eenzaam maken, ontvolken, verwoesten], van *vastus* [eenzaam, woest, ledig]; op de eng. vorm was van invloed middeleng. *wast(e)* [leeg], vgl. nl. *woest*.

weeswarmte [overtollige warmte] < eng. *waste-heat* [idem], van *waste* (vgl. *weespijp*) + *heat* [warmte].

weeszondag [zondag tussen Hemelvaartsdag en Pinksteren] ontleend aan de troost- en afscheidsrede van Jezus tot zijn discipelen, waar hij Johannes 14:18 zegt: 'Ik zal u geen wezen laten'.

weeuw →*weduwe*.

weewortel [tormentil] het eerste lid is *wee* [pijn], vgl. voor de betekenis *tormentil*.

weg[1] [baan] **middelnl.** *wech,* **oudnederfrankisch, oudsaksisch, oudhd., oudeng.** *weg,* **oudfries** *wei,* **oudnoors** *vegr,* **gotisch** *wigs;* van *wegen*[1].

weg[2] [verdwenen] van **middelnl.** *e(n)wech, (en* [in]), **middelhd.** *enwec,* **oudeng.** *onweg* (**eng.** *away).*

weg[3], wegge [broodje] **middelnl.** *wegge, wigge* [wig, stuk brood], **middelnd.** *wegge* [idem], **oudsaksisch** *weggi* [wig], **oudhd.** *weggi* [wig, stuk brood]; de betekenis is dus: wigvormig (stuk) brood.

wegel, wegeling [wegje] **middelnl.** *wegele,* verkleiningsvorm van *wech* [weg].

wegen[1] [zwaar zijn, de zwaarte bepalen] **middelnl.** *wegen* [zich bewegen, wegen (een gewicht hebben), overgankelijk: het gewicht bepalen], **oudsaksisch, oudhd., oudeng.** *wegan* (**eng.** *to weigh),* **oudfries** *wega,* **oudnoors** *vega,* **gotisch** *gawigan;* buiten het germ. **lat.** *vehere* [voeren, dragen], **gr.** *ochein* [doen rijden], **litouws** *vežti* [voeren], **oudkerkslavisch** *vezǫ* [ik vervoer], **iers** *fecht* [keer, gang], **oudindisch** *vahati* [hij voert]; de huidige betekenis komt van het bijstellen van het weegapparaat. De oorspr. betekenis bleef behouden in *bewegen*.

wegen[2] [een schuit van de wal af met een boom voortduwen] is eig. in beweging brengen, doen varen, vgl. *wegen*[1].

wegens [om] middelnl. nog *van weghen* [van de kant van], waarin *wech* de betekenis heeft van 'richting waaruit iets afkomstig is'.

weger [bekledingsplank in schip] afgeleid van *weeg* [wand, beschot].

wegge [broodje] →*weg*[3].

wegscheren [zich wegscheren, ophoepelen] **middelhd.** *schern,* **middelnd.** *scheren* [snel weglopen], van *scheren* [schaven], vgl. **middelnl.** *schaven* [zich wegpakken, zich wegscheren].

wei [restvloeistof bij kaasmaken] →*hui*.

weichselhout [houtsoort] < **hd.** *Weichselholz* < **oudhd.** *wīhsila,* verwant met **lat.** *viscum* [maretak].

weidblad [jagersmes] voor het eerste lid vgl. *weiman + blad*.

weide[1] [grasland] **middelnl.** *weide* [voedsel, weide], **oudnederfrankisch** *weitha,* **oudhd.** *weida* [voedsel, jacht, weide], **oudeng.** *wād,* **oudnoors** *veiðr* [jacht]; buiten het germ. **lat.** *venari* [jagen], **gr.** *hiemai* [ik streef, begeer], **oudiers** *fiadach* [jacht], **litouws** *vyti* [achtervolgen], **oudindisch** *veti* [hij begeert].

weide[2], geweide [ingewand] **middelnl.** *geweide,* **middelhd.** *ingeweide;* hetzelfde woord als *weide*[1] [grasland].

weids [groots] eerst eind 16e eeuw genoteerd, stamt van *wei-* [jacht-] (vgl. *weide*[2]), o.i.v. *wijd*.

weifelen [aarzelen] **middelnl.** *weifelen,* frequentatief van *weiven* [heen en weer zwaaien] (vgl. *wuiven*).

weigelia [plantengeslacht] genoemd naar de Duitse arts *C.E. Weigel* (1748-1831).

weigeren [afwijzen] **middelnl.** *we(i)geren,* **oudhd.** *weigaron,* **oudfries** *weigeria,* van *we(i)ger* [weerbarstig], behorend bij **middelnl.** *wi(j)gen* [strijden], **oudeng.** *wigan,* **oudnoors** *vega,* **gotisch** *weihan;* buiten het germ. **lat.** *vincere* [overwinnen], **oudiers** *fichim* [ik strijd], **litouws** *vikrus* [flink], **oudkerkslavisch** *věkŭ* [eeuw(igheid)].

weight watcher [lijner] < **amerikaans-eng.** *weight watcher,* van *weight* (vgl. *gewicht) + to watch* [in de gaten houden] (vgl. *waken).*

weiland [grasland waar vee graast] **middelnl.** *we(i)delant, wei(d)land;* van *weide*[1] *+ land*.

weiman, weidman [jager] het eerste lid is *weide*[2].

weinig [niet veel] **middelnl.** *we(i)nich,* **oudhd.** *wenag,* **gotisch** *wainahs* [beklagenswaardig, bewenenswaardig, zwak, gering]; van *wee* en *wenen*.

weister [ruimte om zich te bewegen] vgl. **middelnl.** *weisteren* [wemelen], waarnaast *heisteren,* **oostfries** *beistern,* **nedersaksisch** *heisterbeistern* [iets haastig en onordelijk doen], klankschilderende affectieve vormingen, die mogelijk in oorsprong van *haasten* stammen.

weit [tarwe] **middelnl.** *weit(e), weet, weiten,* **oudsaksisch** *hweti,* **oudhd.** *weizzi,* **oudeng.** *hwǣte,* **oudnoors** *hveiti,* **gotisch** *hwaiteis;* ablautend bij *wit*[1].

weitas [jagerstas] voor het eerste lid vgl. *weiman.*

weivlies [vlies van gekruist bindweefsel] het eerste lid is *wei* met de betekenis 'bloedserum', als vertaling van **lat.** *serum* [wei, weiachtige stof].

wejiewerig [barg. weg, verdwenen] →*wieberig.*

wekamine [opwekkende stof] gevormd van *(op)wek(ken) + amine*.

wekken [wakker maken] **middelnl.** *wecken, wieken;* causatief van *waken.*

wel[1] [onderdeel van een orgel, ook van een traptrede] **middelnl.** *welle* [welboom, wals, eg], **oudfries** *walu,* **oudnoors** *vǫlr,* **gotisch** *walus* [(ronde) stok]; van *walen.*

wel[2] [bron] **middelnl.** *welle* [bron, put], **oudeng.** *wielle,* **oudnoors** *vella* [het koken]; van **middelnl.** *wallen* [opborrelen uit de grond, koken] (vgl. *wellen*[1],[2]).

wel[3] [goed] **middelnl.** *wel(e),* **oudsaksisch** *wel(a),* **oudhd.** *wela, wola,* **oudfries** *wel, wal,* **oudnoors** *vel,* **oudeng.** *wel,* naast ablautend **middelnl.** *wale,* **oudnederfrankisch, oudsaksisch, oudhd.** *wala,* **oudnoors** *val;* behoort bij *willen;* de grondbetekenis zal zijn 'naar wens'.

welboom [gestel van luidklok] **middelnl.** *welboom* [rol om akkers of wegen te effenen] (vgl. *wel*[1] [orgelonderdeel]).

weldra [spoedig] **middelnl.** *wel drade,* van *wel*[3] *+ drade* [vlug, spoedig] (vgl. *dra).*

weleer [voorheen] **middelnl.** *wilen eer, wilen,* 3e nv. van *wijl*[1] *+ eer* [vroeger].

welfare [welzijn] < eng. *welfare* [voorspoed], verwant met nl. *welvaren*.
Welfen → *Guelfen*.
welgevallen [goeddunken] bij Kiliaan *welgheval(len)*, vermoedelijk vertalende ontlening aan lat. *beneplacitum* uit de Vulgata, van *bene* (bijw.) *goed* + *placitum*, verl. deelw. van *placēre* [behagen, bevallen].
welig [rijkelijk] middelnl. *welich;* van dezelfde herkomst als *weelde*.
welk [vragend vnw.] middelnl. o.m. *welc, wilc,* **oudnederfrankisch** *wilik,* **oudsaksisch** *hwilik,* **oudeng.** *hwelc, hwilc,* **oudhd.** *(h)welih,* **oudnoors** *hvilīkr,* **gotisch** *hwileiks;* een samenstelling van de basis van *wie* + *lijk*¹, dus het betekent lett. 'van wat voor gedaante'.
welken [verflensen] middelnl. *welken* [verwelken], middelnd., oudhd., middeleng. *welken* (eng. *to welk* [vochtig worden, slap worden]), van middelnl., middelnd. *welc* [verwelkt], oudhd. *welk* [slap, lauw, vochtig, verwelkt] (hd. *welk* [verslapt]); buiten het germ. litouws *vilgyti* [vochtig maken], lets *valks* [vochtig], oudkerkslavisch *vlaga* [vochtigheid]; van dezelfde basis als *wolk*.
welkom [gelegen komend] middelnl. *willecome, wilcome(n),* middelnd. *willekome(n), wilkome(n),* oudhd. *wilicumo* (hd. *willkommen*), oudeng. *wilcuma;* afgeleid van *wil,* dus betekent het 'hij die naar wil of wens is gekomen'. Daar staat tegenover een jongere vorm middelnl. *wellecome, welcome(n), wellecommen,* middelnd. *wolkomen,* oudnoors *velkominn* (> eng. *welcome*) met als eerst lid *wel*³.
wellen¹ [opborrelen] middelnl. *wellen;* van *wel*² [bron].
wellen² [laten koken] middelnl., middelnd., middelhd. *wellen,* oudnoors *vella;* causatief bij *wallen,* middelnl. *vella,* oudsaksisch, oudhd. *wallan,* oudfries *walla,* oudeng. *weallan* [zieden], verwant met *walen;* de grondbetekenis is 'het wentelen van het kokende water' (vgl. *walm*¹).
wellicht [misschien] middelnl. *wellichte, waellichte,* van versterkend *wel* (vgl. *weldra*) + middelnl. *licht(e)* [misschien], waarnaast oostmiddelnl. *veellicht(e),* middelnd. *villichte,* middelhd. *vil lihte* (hd. *vielleicht*).
wellust [innig welgevallen] middelnl. *wellust, wa(e)llust, wollust* [idem], middelnd., laatoudhd. *wollust;* vermoedelijk ontleend aan de duitse devote literatuur.
welp [jong van leeuw e.d.] middelnl., oudnederfrankisch *welp,* oudsaksisch, oudeng. *hwelp,* oudhd. *(h)welf,* oudnoors *hvelpr, hvellr* [gillend]; buiten het germ. gr. *skulax* [jong dier], litouws *kalė* [teef], *skalyti* [voortdurend blaffen], lets, tsjechisch *skoliti* [keffen]; het dier is genoemd naar zijn janken.
wels [meerval] behoort bij *wellen* [rollen] (vgl. *welter*); de vis wordt ook *wentelaar* genoemd.

Wels [van Wales] → *Waal*¹.
welter [stuk, rol, kluit] van middelnl. *welten, welteren* [rollen] (vgl. *wals*¹,², *weltergewicht*).
weltergewicht [gewichtsklasse van boksers] < eng. *welter weight* [idem], waarvan de oudste betekenis is 'zwaar gewicht (van ruiter), toegevoegde ballast bij paardenrennen', van *welter* [een rommelige massa], van *to welter* [rollen] < middelnl. *welt(er)en* (vgl. *welter*).
weltschmerz [het lijden onder de realiteit] < hd. *Weltschmerz,* term bedacht door Jean Paul (pseudoniem van J.P.F. Richter), 1827.
welven [zich buigen] middelnl. *welven, wolven, wulven,* middelnd. *welven,* oudsaksisch *bihwelbian,* oudhd. *welban,* oudeng. *behwielfan,* oudnoors *hvelfa,* van oudeng. *hwealf,* oudnoors *hvalf* [gewelf], gotisch *hvilftrjom* (3e nv. mv.) [doodkist]; buiten het germ. gr. *kolpos* [boezem, welving].
wem [hand van een anker] mogelijk verwant met oudeng. *hwomm, hwamm* [hoek], oudiers *cenn,* welsh *penn* [punt].
wemelen [krioelen] middelnl. *wemelen* [beroeren, beroerd worden], frequentatief van *wemen* [kwetsen], oudsaksisch *wemmian* [opborrelen], middelnl. *wĭmelen* < *wimmen* [zich bewegen]; etymologie onduidelijk.
wen¹ [uitwas] middelnl. *wan(ne)* [kropgezwel], middelnd. *wene,* oudeng. *wenn* (eng. *wen*); etymologie onbekend.
wen² [wanneer] middelnl. *wan, wen,* oudsaksisch, oudhd. *(h)wanne,* oudfries *hwenne,* oudeng. *hwonne, hwanne* (eng. *when*); het eerste lid van *wanneer*.
wenden [keren] middelnl. *wenden,* oudsaksisch *wendian,* oudhd. *wenten,* oudfries *wenda,* oudeng. *wendan,* oudnoors *venda,* gotisch *wandjan;* causatief van *winden*.
wenen [huilen] middelnl., middelnd. *wenen,* oudhd. *weinon,* oudeng. *wanian,* oudnoors *veina;* afgeleid van *wee*.
Wenen [geogr.] < lat. *Vindobona, Vindominia*.
wengé [houtsoort] = *awong,* een uit Zaïre afkomstig woord.
wenkbrauw [haarboog boven oogkas] middelnl. *wintbraw(e), winbraw(e), wincbraw(e), wenc* [wenkbrauw, ooglid met wimpers], de vorm *wenk-* o.i.v. *wenken* (middelnl. *wenken* [toewenken, een oogje toedoen, knikkebollen]), oudsaksisch, oudhd. *wintbrawa,* waarvan het eerste lid is te verbinden met gr. *ionthos* [eerste baardhaar], oudiers *find* [haar], oudpruisisch *wanso* [eerste baard], het tweede lid oudsaksisch, oudhd. *brawa,* oudeng. *brǣw,* oudnoors *brūn;* buiten het germ. gr. *ophrus* [rand, wenkbrauw], middeliers *bruad,* litouws *bruvis,* oudkerkslavisch *brŭvĭ,* waarin de betekenis 'rand' primair blijft.
wenken [een teken geven] middelnl. *wenken, winken, weincken* [waggelen, wijken, toewenken],

wennen — wervelwind

oudsaksisch *wenkian* [ontrouw worden], **oudhd.** *wenchen* [waggelen, wijken, ontrouw worden] (vgl. **wankel**).

wennen [gewoon raken] **middelnl.** *wennen, winnen,* **oudsaksisch** *giwennian,* **oudhd.** *giwennen,* **oudeng.** *gewennan, wennan,* **oudnoors** *venja;* de etymologie is onzeker en omstreden. Waar **oudsaksisch** *wennian* vermoedelijk 'voeden' en **oudeng.** *gewennan* 'verzorgen' betekende, moet waarschijnlijk verband gelegd worden met **middelnd., oudhd.** *winne,* **oudnoors** *vin,* **gotisch** *winja* [weide] (vgl. **wonen**).

wens [verlangen] **middelnl.** *wensch, weinsc(h), winsc(h), wunsc(h), wonsch,* **oudhd.** *wunsc,* **oudeng.** *wūsc,* **oudnoors** *ōsk;* buiten het germ. **lat.** *venus* [liefde], **oudiers** *fine* [verwantschap], **oudindisch** *vanati* [hij heeft lief, begeert].

wensbeeld [wensdroom] < **hd.** *Wunschbild.*

wentelen [zich wenden] **middelnl.** *wentelen,* **oostmiddelnl.** *welten, welteren* [rollen, wikkelen]; van dezelfde herkomst als *wals* I, 2 en (op iets grotere afstand) *walen.*

wentelteefje [in melk met ei gebakken snee brood] voor het eerste lid vgl. Kiliaan *ghewendt broot* [brood met eieren geweekt, banketbakkersbrood], terwijl het tweede lid *teef* mogelijk de daarnaar vervormde naam van een gebaksoort is.

wenteltrap [spiraalvormige trap] jongere vorming naast **middelnl.** *wendeltrap(pe),* **hd.** *Wendeltreppe;* het eerste lid bij **wenden, winden.**

wepel [leeg] → *weeps.*

wepeldorenknop, wepeldoornknop [sponsachtige uitwas aan de wilde roos] het eerste lid is vermoedelijk **wepel** [leeg].

wereld [de aarde, kosmos] **middelnl.** *wer(e)lt, warelt* [eeuwigheid, eeuw, heelal, de aarde, de mensen], **oudnederfrankisch** *werolt,* **oudsaksisch** *werold,* **oudhd.** *weralt,* **oudfries** *wrald,* **oudeng.** *weorold,* **oudnoors** *verǫld;* het eerste lid is *weer* [man] (vgl. **weerwolf**), het tweede is **gotisch** *alds,* **middelnl.** *oude* [leeftijd].

wereldbeschouwing [geheel der denkbeelden aangaande het mensdom] < **hd.** *Weltanschauung.*

wereldwijd [wereldomvattend] < **eng.** *world-wide* [idem], van *world* (vgl. **wereld**) + *wide* (vgl. **wijd**).

weren [tegenhouden] **middelnl.** *weren,* **oudsaksisch, oudeng.** *werian,* **oudhd.** *werien, wēren,* **oudfries** *wēra,* **oudnoors** *verja,* **gotisch** *warjan;* buiten het germ. **gr.** *rusthai* (waarvóór de *w* is weggevallen) [behoeden, handhaven], **oudiers** *ferenn* [gordel], **oudindisch** *varūtar-* [beschermer].

werevlees [rammevlees] het eerste lid is *weer* I [gesneden ram], **hd.** *Widder* [ram].

werf I [werkplaats voor schepen] **middelnl.** *werf, wa(e)rf* [erf van huis, verhoogde grond, dam, kade, afgesloten ruimte, gerechtsplaats], **middelnd.** *werf, warf,* **oudsaksisch** *hwerf* [hoop, verzameling], **oudhd.** *hwarb* [draaiende beweging], **oudfries** *(h)warf,* **oudeng.** *hwearf,* **oudnoors** *hvarf;* van **werven** [oorspr. draaien].

werf 2 [keer] van **werven** [draaien].

werf 3 [wilg] **middelnl.** *werf;* buiten het germ. **lat.** *verber* [zweep], **gr.** *ramnos* [een soort doornstruik], **litouws** *virbas* [buigzaam takje], **oudkerkslavisch** *vrĭba* [wilg].

werk I [vlasvezels] **middelnl.** *werc(ke),* **middelnd.** *werk,* **oudhd.** *werc, werih, werach;* etymologie onzeker, mogelijk gaat het om een bijzondere betekenis van *werk* 2 [arbeid].

werk 2 [arbeid] **middelnl.** *we(e)rc, warc;* van **werken.**

werkelijkheid [realiteit] van *werk(en),* **middelnl.** *werkelijcheit* [werkzaamheid, dan het zich bezighouden met aardse, d.w.z. in godsdienstige zin uitwendige werken der deugd, in tegenstelling tot de innerlijke van de geest].

werken [arbeiden] **middelnl.** *werken,* **oudnederfrankisch, oudhd.** *wirken,* **oudsaksisch** *wirkian,* **oudfries** *wirtsa,* en ablautend **oudsaksisch** *workian,* **oudhd.** *wurken,* **oudeng.** *wyrcan,* **oudnoors** *yrkja,* **gotisch** *waurkjan;* buiten het germ. **gr.** *ergon,* **armeens** *gorc* [werk], **iers** *fairged* [maakte], **tochaars A** *wark* [werk], **tochaars B** *werke* [jacht(bedrijf)].

werktuig [instrument] **middelnl.** *werctuuch* [werktuigen, huisraad], ook blijkens Kiliaan, die alleen meervoudige betekenissen opgeeft, oorspr. een collectief, evenals **hd.** *Werkzeug;* van *werk* 2 + *tuig.*

werp I [4 zesthalven] nevenvorm van *worp,* **middelnl.** *werp* [worp, een zekere maat, hoeveelheid vis], **middelnl.** *werpen* [neerleggen van rekenpenningen voor het opmaken van een rekening]; vgl. voor de betekenis **fr.** *jeton* [penning], van *jeter* [werpen].

werp 2 [grutto] is een variant van *wulp,* **nd.** *wilp, wolp,* en geeft het schreeuwen van de vogel weer (vgl. **welp**).

werpen [gooien] **middelnl.** *werpen,* **oudnederfrankisch, oudsaksisch** *werpan,* **oudhd.** *werfan,* **oudfries** *werpa,* **oudeng.** *weorpan,* **oudnoors** *verpa,* **gotisch** *wairpan;* eventuele idg. verbindingen zijn onzeker.

werst [afstandsmaat] < **russ.** *versta* [rij, opstelling in rechte lijn, afstandsmaat], idg. verwant met **lat.** *versus, vorsus* [wending, rij, regel] (te denken valt aan het ploegen).

wertel [mannetjeseend] verkleiningsvorm van *waard* (vgl. **woerd** I), **nd., fries** *warte.*

wervel [beentje van ruggegraat] **middelnl.** *wervel;* van **werven** [draaien]; de betekenis is dus: een draaiend iets.

wervelen [ronddraaien] **middelnl.** *wervelen, worvelen* [draaien], iteratief van **werven** [draaien].

wervelwind [cycloon] **middelnl.** *wervelwint,* bevat de stam van **wervelen** [draaien], vgl. **oudnoors** *hvirfilvindr* [idem].

werven [in dienst nemen, overhalen] **middelnl.** *werven* [draaien, zijn best doen voor iets, verwerven], **oudsaksisch** *hwerban* [zich wenden, gaan], **oudhd.** *(h)werban, (h)werfan* [zich wenden, gaan, streven], **oudfries** *hwerva* [zich draaien, handeldrijven], **oudeng.** *hweorfan* [zich wenden, gaan, veranderen], **oudnoors** *hverfa* [zich draaien, verdwijnen], **gotisch** *hwairban* [zich gedragen, gaan]; buiten het germ. mogelijk **gr.** *karpos* [handpalm, pols], **tochaars A, B** *karp-* [zich ergens heen wenden].

werwaarts [waarheen] < **middelnl.** *waerwaert* e.d. vervormd o.i.v. *herwaarts* (vgl. *-waarts*).

werzel [woeling, verwarring] **middelnl.** *werselen* [zich verzetten], bij P.C. Hooft *werzel, warzel* [tegenstrevend, oproerig], **fries** *wersje* [afkeer hebben van], **eng.** *wersje*, met metathesis van *r* van *to wrestle* [worstelen].

weshalve [waarom] vermoedelijk < **hd.** *weshalb,* waarin *wes* de 2e nv. is van het vnw. *was* [wat].

wesp [insekt] **middelnl.** *wespe* [wesp, horzel], **oudsaksisch** *waspa,* **oudhd.** *wafsa,* **oudeng.** *wœps, wœsp;* buiten het germ. **lat.** *vespa* [wesp], **oudiers** *foich,* **litouws** *vapsva,* **oudkerkslavisch** *osa, vosa* [horzel], **oudindisch** *ūrṇavābhi-* [spin, lett. wolspinner]; van dezelfde basis als *weven,* zo genoemd vanwege het karakter van het nest.

west [windstreek] **middelnl., middelnd., oudhd., oudeng.** *west,* **oudsaksisch** *westar* [naar het westen], **oudnoors** *vestr;* vermoedelijk van een idg. basis met de betekenis 'naar beneden gaan' (van de zon), waarvan ook stammen **lat.** *vesper* [avond, het westen], **gr.** *hespera* [idem], **litouws** *vakaras,* **oudiers** *fescor,* **armeens** *gisher* [avond], **oudindisch** *avas* [naar beneden] (vgl. *avondland*).

western [wildwestfilm] < **amerikaans-eng.** *western,* van *west* [west] (vanwege de trek naar het westen van de Amerikanen) + *-ern,* dat richtingaanduidend is.

westinghouserem [rem, werkend op luchtdruk] genoemd naar de uitvinder ervan, de Amerikaanse technicus *George Westinghouse* (1846-1914).

westontakel [soort takel] genoemd naar de Amerikaanse elektrotechnicus *Edward Weston* (1850-1936).

wet [rechtsregel] **middelnl.** *wet(te), wit,* **oudnederfrankisch** *witat, witut,* **middelnd.** *wit,* **oudhd.** *wizzōd,* **gotisch** *witōþ,* oorspr. verl. deelw. van een ww. **oudsaksisch** *witon* [bepalen], **oudeng.** *bewitian* [beschouwen, bepalen], **oudnoors** *vita* [beschouwen]; verwant met *weten*.

weten [kennis hebben, begrijpen] **middelnl.** *weten,* **oudnederfrankisch** *witon,* **oudsaksisch, oudeng., gotisch** *wītan,* **oudhd.** *wizzan,* **oudnoors** *vīta;* buiten het germ. **lat.** *vidēre* [zien], **gr.** *oida,* **armeens** *gitem,* **oudkerkslavisch** *vědě,* **oudindisch** *veda* [ik weet] (vgl. *druïde, wijten*).

wetens ['willens en wetens', opzettelijk] kwam reeds in de middeleeuwen voor, is vermoedelijk met het bijwoorden vormende achtervoegsel *s* gevormd van het teg. deelw. *wetend,* van *weten*.

wetenschap [het weten, de kennis] **middelnl.** *wetenschap* [wetenschap, weten, denkvermogen, bewustzijn, medeweten, toestemming, mededeling, kennisgeving, rechterlijke aanzegging]; de betekenis heeft zich vernauwd o.i.v. **lat.** *scientia*.

weteren [drenken] **middelnl.** *wat(e)ren, weteren* [van water voorzien]; van *water*.

wetering [stroom] **middelnl.** *weterinc, weteringe* (oostelijk), naast *wateringe* [sloot], van *weteren, wateren* [afwateren] → *water*.

wethouder [lid van dagelijks bestuur van gemeente] **middelnl.** *wethouder* [lett. handhaver der wet, rechter, schepen].

wetsuit [kleding voor plankzeilen e.d.] < **eng.** *wetsuit,* van *wet* [nat], **oudeng.** *wǣt,* verwant met *wad,* Wadden, *water* + *suit* [pak, kostuum], **middeleng.** *su(i)te* [opkomst bij een rechtbank, procesvoering, geding, uniform, kleding] < **oudfr.** *siute, suite,* teruggaand op **lat.** *sequi* (verl. deelw. *secutum*) [volgen, begeleiden].

wetten [scherpen] **middelnl., middelnd.** *wetten,* **oudhd.** *hwezzan* (**hd.** *wetzen*), **oudeng.** *hwettan* (**eng.** *to whet*), **oudnoors** *hvetja,* **gotisch** *gahwatjan* [aansporen], van een woord **oudsaksisch** *hwat,* **oudhd.** *(h)waz,* **oudeng.** *hwǣt,* **oudnoors** *hvatr* [scherp]; etymologie onzeker.

weven [dooreenvlechten van draden] **middelnl.** *weven,* **oudsaksisch** *wĕban,* **oudhd.** *wĕban,* **oudeng.** *wĕfan,* **oudnoors** *vĕfa;* buiten het germ. **gr.** *huphaō, huphainō* [ik weef], **albaans** *ven* [idem], **perzisch** *bāftan* [weven], **oudindisch** *ūrṇavābhi-* [spin, (lett.) wolweefster] (vgl. *web, wafel, gewaad*).

wevervogel [zangvogelfamilie] zo genoemd omdat een aantal wevervogels nesten vlecht.

wezel [roofdier] **middelnl.** *wesel(e), wessel,* **middelnd.** *wesel(e),* **oudhd.** *wisula* (**hd.** *Wiesel*), **oudeng.** *weosule* (**eng.** *weasel*), **oudzweeds** *visla;* evenals *visse, wisent, bizon* afgeleid van een idg. basis met de betekenis 'stinken'.

wezen [essentie, schepsel] zelfstandig gebruik van de middelnl. onbepaalde wijs *wesen* [zijn], **oudnederfrankisch, oudsaksisch, oudhd., oudeng.** *wĕsan,* **oudfries** *wĕsa,* **oudnoors** *věra* (ouder *věsa*), **gotisch** *wĭsan;* buiten het germ. **lat.** *vestibulum* [voorhof, voorportaal], **gr.** *hestia* [woonkamer met stookplaats], **oudindisch** *vasati* [hij verblijft, woont].

wherry [roeiboot] < **eng.** *wherry* < **middeleng.** *whery,* etymologie onbekend.

Whig [Engels liberaal] verkort uit *whiggamore raid* [de mars van de Presbyterianen op Edinburgh in 1648], een niet-verklaard woord.

whip [drank] < **eng.** *whip* [eig. zweep], hier afkorting van een belangrijk ingrediënt *whipped cream* [slagroom, lett. geslagen room, ook: geslagen eiwit].

whipcord [weefsel] < eng. *whipcord,* van *to whip* [zwepen].

whippet [hond] < eng. *whippet,* van *to whip (off, away)* [er snel en plotseling vandoor gaan].

whisky [sterke drank] ook *whiskey* < eng. *whisky* < **iers, gaelisch** *uisceabeathadh* [levenswater], van *uisce* [water] + *bethad,* 2e nv. van *bethu* [leven]; de vorming is gelijk aan **neo-lat.** *aqua vitae* en fr. *eau-de-vie;* alchemisten meenden dat het levenselixer te vinden was in de alcohol.

whist [kaartspel] < eng. *whist* < ouder eng. *whisk,* van *to whisk* [zwiepen, wippen, een snelle beweging maken (hier de kaarten van tafel pakken)], **oudeng.** *wiscian* [vegen, schoonmaken], verwant met **wissen.**

whodunnit [detectiveverhaal] < eng. *whodunnit,* gevormd door Donald Gordon van *who (has) done it* [wie heeft het gedaan].

wichelen [voorspellen] **middelnl.** *wichelen,* mogelijk te verbinden met *(be)wegen, waggelen, wiggelen* en dan oorspr. met de betekenis 'magische gebaren maken'.

wicht[1] [gewicht] **middelnl.** *wicht(e), wecht(e), wiechte;* van **wegen**[1].

wicht[2] [wezen, klein kind, meisje] **middelnl.** *wicht, wecht* [idem, ook van reuzen en dwergen gezegd, meest met iets van medelijden], **oudsaksisch** *wiht* [iets, ding], **oudhd., oudeng.** *wiht* [ding, wezen, demon] **(eng.** *wight),* **oudnoors** *vĕttr* [idem], **gotisch** *waihts* [ding]; de etymologie is onzeker.

wicket [doel bij cricketspel] < eng. *wicket* [deurtje, poortje, hekje] < **picardisch** *wiket,* fr. *quichet,* uit het germ., vgl. **middelnl.** *wi(c)ket* [idem] en **nl.** *wijken* → **winket.**

widia [metaal] merknaam van Krupp = *(hart) wie Diamant.*

wie [vragend vnw.] **middelnl.** *wie,* **oudnederfrankisch** *we, wie,* **oudsaksisch** *hwē, hwie,* **oudhd.** *(h)wer,* **oudeng., ouddeens** *hwā,* **gotisch** *hwas;* buiten het germ. zijn o.m. verwant **lat.** *quis,* **gr.** *tis,* **litouws** *kas,* **hettitisch** *kuiš,* **avestisch** *kō* (vr.) *ka,* **oudindisch** *ka-;* ter verklaring van de diverse vormen moet worden uitgegaan van bases, die reeds in het idg. enigszins van elkaar afweken.

wiebelen [wankelen] eerst modern nl., klanknabootsend gevormd, vermoedelijk o.i.v. *wiegelen* en *wippen, wipperen.*

wieberig [barg. weg] *maak je wieberig* [zorg dat je weg bent], naar Genesis 31:21 **hebr.** *wajiwrach ja'akob* [en Jacob vluchtte].

wiedauw [(collectief) wilgetenen] **middelnl.** *widauwe, wedauwe, widouwe, wedouwe* [kreupelhout]; het eerste lid is *wede* (vgl. **wedewinde**), het tweede, evenals in **landouw**, is een nevenvorm van *ei* [aan het water gelegen] (vgl. *eiland*).

wiedemaand, wedemaand [juni] **middelnl.** *we(i)demaent, weedemaent* [juni], **oudnederfrankisch** *wedemanoth* [september], **oudeng.** *weodmonad* [augustus], van **middelnl.** *wiet* [onkruid], **oudeng.** *weod* **(eng.** *weed).*

wieden [onkruid verwijderen] **middelnl.** *wieden,* **oudsaksisch** *wiodon,* **oudeng.** *weodian* **(eng.** *to weed),* van **middelnl.** *wiet* [onkruid], **oudsaksisch** *wiod,* **oudeng.** *weod* **(eng.** *weed);* etymologie onbekend.

wiedes [begrijpelijk] etymologie onzeker, mogelijk van *weten,* **middelnl.** ook *wieten* [weten, kennen, begrijpen], dat niet alleen maar de 4e maar ook de 2e nv. kon regeren, zodat b.v. 'ik begrijp dat' kon luiden *ic wiete des.*

wiedewaal nevenvorm van *wielewaal.*

wieg [kinderledikant] **middelnl.** *wi(e)ge, wege,* **middelnd.** *wege,* **oudsaksisch** *waga,* **oudhd.** *wiga, waga,* **oudwestfries** *widze,* **oudnoors** *vagga;* de vocaal wisselt opvallend in deze vormen, mogelijk door de affectieve sfeer. Behoort bij het tweede lid van **bewegen** en **waggelen.**

wiegelen [heen en weer bewegen] **middelnl.** *wiegelen,* van *wiegen,* van **wieg.**

wiegen [schommelen] **middelnl.** *wigen;* van **wieg.**

wiek[1] [pluksel, vleugel] **middelnl.** *wieke, wyeke, weke* [wondpluksel, lampepit, vleugel], **middelnd.** *we(i)ke,* **oudhd.** *wiohha,* **oudeng.** *weoce* [lampkatoen] (vgl. **wikkelen**).

wiek[2] [lathyrus] nevenvorm van **wikke.**

wiekel [torenvalk] van *wiekelen* [het bidden van de torenvalk, waarbij deze stil hangt met snel slaande vleugels], van **wiek**[1].

wiel[1] [rad] **middelnl.** *wiel(e),* **middelnd.** *wel,* **oudfries** *hwēl,* **oudeng.** *hweol,* **oudnoors** *hvel;* buiten het germ. **gr.** *kuklos* [wiel, cirkel], **tochaars A** *kukäl,* **tochaars B** *kokale* [wagen], **oudpruisisch** *kelan,* **oudkerkslavisch** *kolo* (2e nv. *kolese),* **oudindisch** *cakra-* [wiel].

wiel[2] [kolk] evenals *weel* een dial. nevenvorm van **waal**[1].

wielewaal [goudmerel] **middelnl., middelnd.** *wedewale,* **middelhd.** *witewale,* **oudeng.** *wudewale;* het eerste lid is **oudhd.** *witu-* (vgl. **hop**[1]), het tweede is mogelijk een nabootsing van het geluid van de vogel.

wieme [ruimte in schoorsteen voor het roken van vlees] **middelnl.** *wim(m)e, wijm(m)e* [wilgenteen, vlechtwerk van tenen, ruimte in schoorsteen] < **lat.** *vimen* [vlechtwerk, teen, twijg], verwant met *viēre* [vlechten, winden] (vgl. **wijm, wier**).

wiemelen nevenvorm van **wemelen.**

wiep [ineengevlochten bos rijshout] **middelnl.** *wip(e), wijp(pe)* [gevlochten rijswerk, bundel (van stro)], **nd.** *wiepe,* **oudhd.** *wifa* [strowis], **eng.** *wipe* [wis] (verwant met *whip* [zweep]), **oudnoors** *veipr,* **gotisch** *waips* [krans]; verwant met **wippen.**

wiepedoorn, wiepeldoorn [wilde roos] **middelnl.** *wepe, weipe, wepdoorn,* **nd.** *wepe,* vermoedelijk < **lat.** *vepres* [doornstruik].

wier [zeegras] **middelnl.** *wier,* **oudhd.** *wiara* [gouddraad], **oudeng.** *wīr* [draad], **oudnoors** *vira(virki)* [filigrain(werk)], **zweeds** *vira* [draaien], **middelnl.** *wieren* [idem]; buiten het germ.

lat. *viēre* [vlechten, winden], **oudiers** *fiar*, **welsh** *gwyr* [gebogen], van een idg. basis met de betekenis 'buigen, draaien' (vgl. ***wieme, wierdeboon, wierig***).

wierde [terp] **middelnl.** *wierde;* nevenvorm van ***waard***[3] [door rivieren omsloten land].

wierdeboon, wierboon [een soort tuinboon] voor het eerste lid vgl. ***wier, wierig*** en vgl. de lat. benaming *vicia,* van *vincire* [omwinden].

wierig [beweeglijk] van **middelnl.** *wieren* [draaien, ronddraaien] (vgl. ***wier***).

wiering [hooikade] → ***wiers***.

wierook [welriekende rook als reukoffer] **middelnl.** *wijrooc, wi(e)rooc,* **oudsaksisch** *wī(h)rōk,* **oudhd.** *wīhrouh,* van een woord met de betekenis 'heilig', b.v. **gotisch** *weihs,* **hd.** *Weihnachten;* het woord kwam in de 8e eeuw op in Zuid-Duitsland en verspreidde zich vervolgens naar het Noorden (vgl. ***wijden***) + ***rook***[1].

wiers, wirs, wiersel [walletje van zwaden halfgedroogd hooi] de etymologie van dit tot Groningen en Friesland beperkte woord is onbekend.

wieuwen [miauwen] klanknabootsend gevormd.

wiewauwen [wiebelen] **middelnl.** *wiewauwen* [raaskallen], een vorm met reduplicatie, van klanknabootsende aard, die affiniteit zal hebben met *wauwelen, wieuwen* en mogelijk *wiewouw*.

wiewouter [vlinder] nevenvorm van ***vijfwouter***.

wiewouw nevenvorm van ***wielewaal,*** verbasterd uit **middelnl.** *wedewale*.

wig [broodje] **middelnl.** *wigge, wegge* (vgl. ***weg***[3] [broodje]).

wiggelen [wankelen] **middelnl.** *wiggelen* [waggelen]; behoort bij het tweede lid van ***bewegen, wieg, waggelen***.

wigwam [indianentent, indianenhut] een algonkinwoord, vgl. **ojibwa** *wigiwam* [hun huis]; dit huis is een longhouse voor meerdere gezinnen en geen tent, die (in het dakota) *tipi* heet.

wij [pers. vnw.] **middelnl., oudnederfrankisch, oudsaksisch, oudfries** *wi,* **oudhd.** *wir,* **oudeng.** *we,* **oudnoors** *ver,* **gotisch** *weis;* buiten het germ. **litouws** *vedu,* **oudkerkslavisch** *vě* [wij tweeën] (een dualis evenals **oudnoors** *vit,* **gotisch** *wit*), **tochaars A** *was,* **tochaars B** *wes,* **oudperzisch** *vaēm,* **oudindisch** *vayam*.

wijd [ruim] **middelnl.** *wijt,* **oudsaksisch, oudfries, oudeng.** *wīd,* **oudhd.** *wīt,* **oudnoors** *vīðr,* van een idg. basis met de betekenis 'uit elkaar', waarvan ook *weder(om)* stamt (vgl. ***weder***[2]).

wijde [door verveining ontstane plas] **middelnl.** *wide, wijde* [wijdte, ruimte, uitgestrektheid].

wijden [zegenen, besteden] **middelnl.** *wien* en vervolgens met ingevoegde *d widen,* **oudnederfrankisch** *wiun,* **oudhd.** *wihen,* **oudfries** *wi(g)a,* **oudnoors** *vīgja,* **gotisch** *weihan,* van **oudsaksisch** *wih-,* **oudhd.** *wih* (**hd.** *Weihnachten*), **gotisch** *weihs* [heilig], **oudeng.** *wīh, wich* [godebeeld], **oudnoors** *vē* [tempel] (vgl. ***wierook***); van dezelfde basis als ***weeg*** [wand] en oorspr. ook in betekenis nauw verwant, waarbij gedacht moet worden aan het heilige gebied van de eredienst, afgesloten voor het volk, zoals ook de klassieke tempel, in tegenstelling tot de kerk.

wijders [verder] **middelnl.** *widers* [idem], met het bijwoorden vormende achtervoegsel *s* gevormd van *wider,* vergrotende trap van *wijt* [wijd, ver, verder] (vgl. ***wijd***).

wijdlopig [breedvoerig] sedert Kiliaan, vgl. **middelnl.** *witluftich, witloftich,* **middelhd.** *witlouf, witlöuf, witlöuftic* (**hd.** *weitläufig, weitläuftig*); van ***wijd*** + ***lopen***[1].

wijer[1] [het boren van een kanaaltje in een pijpesteel] < **eng.** *to wire* [aan metaaldraad rijgen], vgl. **oudhd.** *wiara* [fijn goudwerk], **oudnoors** *vira(virki)* [filigrain(werk)]; buiten het germ. **lat.** *viēre* [vlechten, winden] (vgl. ***wier***); het woord is in gebruik geraakt door de Engelse pijpenmakers in Gouda.

wijer[2] [molenvijver] **middelnl.** *wier, wijer, wijher, wihere* [visvijver, poel], naast *viver(e)* [vijver], het eerste een vroege ontlening < **lat.** *vivarium,* het tweede via **fr.** *vivier,* vgl. **oudhd.** *wi(w)ari* (**hd.** *Weiher*).

wijf [vrouw (pejoratief)] **middelnl.** *wijf,* **oudsaksisch, oudfries, oudeng.** *wif,* **oudhd.** *wīb,* **oudnoors** *vīf;* vergelijken we met **gotisch** *biwaibjan* [omwinden, omhullen], dan komen we misschien bij de oorspr. betekenis, want de haren van de bruid werden in een doek gebonden. Het onzijdig geslacht wijst erop, dat de oorspr. betekenis kan zijn geweest 'het opbinden'.

wijgoochem [barg. pedant persoon] via jiddisch < **hebr.** *wechockme,* van *we* [en (met de betekenis van 'overgedoseerd')] + *chokme* [wijsheid] (vgl. ***goochem***).

wijk[1] [stadsdeel] **middelnl.** *wijc,* **oudsaksisch, oudhd., oudfries** *wik,* **oudeng.** *wic,* **gotisch** *weihs* [gehucht] < **lat.** *vicus* [stadswijk, dorp, landgoed], verwant met **gr.** *oikos,* van *woikos* [woning, verblijfplaats, vaderstad].

wijk[2] [zijvaart in turfgraverijen] het woord, ook in plaatsnamen voorkomend, is identiek met ***wik***[2].

wijken [zich terugtrekken] **middelnl.** *wi(j)ken,* **oudsaksisch** *wikan,* **oudhd.** *wīhhan,* **oudfries** *wiaka,* **oudeng.** *wican,* **oudnoors** *vīkja;* buiten het germ. **lat.** *vicis* [afwisseling], **gr.** *eikein* [wijken], **oudindisch** *vijate* [hij beweegt zich snel].

wijl[1], wijle [tijdsverloop] **middelnl.** *wile, wijl,* **oudsaksisch, oudeng.** *hwīl* (**eng.** *while*), **oudhd.** *(h)wila,* **oudfries** *hwile,* **gotisch** *hweila,* **oudnoors** *hvila* [bed], naast **middelnl.** *wilen,* **oudhd.** *wilon,* **gotisch** *hweilan* [talmen, ophouden], **oudnoors** *hvila* [laten rusten]; buiten het germ. **lat.** *quies* [rust].

wijl[2] [omdat] < **middelnl.** *die wile dat,* dus van ***wijl***[1] [tijdstip], en dus oorspr. tijdaanduiding, vgl. **eng.** *while,* **hd.** *weil,* **oudfries** *hwile*.

wijl[3], wijle [sluier] **middelnl.** *wile, wijl(e),* **middelnd.** *wil,* **middelhd.** *wīl(e)* < **lat.** *velum* [zeil, gordijn, doek] (vgl. ***voile, wikkelen***).

wijlen — wilp

wijlen[1] [overleden] middelnl. *wi(j)len* [eertijds, overleden] (bijw. en bn.), eig. 3e nv. mv. van *wijle* [tijd, tijdstip, rust] (vgl. *wijl*[1]).

wijlen[2] [toeven] → *verwijlen*.

wijm [wilgesoort] middelnl. *wim(m)e, wijm(m)e* [wilgetwijg] < lat. *vimen* [rijshout], verwant met *vitis* [wijnstok] (vgl. *wieme*).

wijn [drank] middelnl. *wijn*, oudnederfrankisch, oudsaksisch, oudhd., oudeng. *wīn*, oudnoors *vīn*, gotisch *wein* < lat. *vinum*, verwant met gr. *oinos* (waarvóór de *w* wegviel, vgl. *eunologie*), armeens *gini*, georgisch *gvino*; we vinden de verwanten ook in semitische talen als hebr. *jājin* (vgl. *jajem*), amhaars *wayn*, evenals in etruskisch *vinu*; het woord is ontleend aan een vóórgr. taal.

wijngaard [plaats voor druiventeelt] middelnl. *wijngaert*, oudsaksisch *wingardo*, oudhd. *wingart*, oudeng. *wīngeard*, oudnoors *vīngarðr*, gotisch *weinagards;* gevormd van *wijn* + *gaarde*, werd verkort tot *wingerd*.

wijs[1], wijze [manier] middelnl. *wise, wijs* [manier, maat, melodie], oudsaksisch, oudhd. *wisa*, oudfries, oudeng. *wīs*, oudnoors *vīs* [wijze], *visa* [vers, strofe]; buiten het germ. lat. *visus* [het zien, voorkomen], gr. *eidos* [uiterlijk, vorm, soort], litouws *veidas* [gelaat], oudindisch *vedas*- [kennis]; verwant met *weten*.

wijs[2] [verstandig] middelnl. *wijs*, oudsaksisch, oudhd., oudfries, oudeng. *wīs*, oudnoors *vīss*, gotisch *-weis;* ablautend bij *wis*[1] en verwant met *weten*.

wijsbegeerte [wetenschap der begrippen in hun hoogste algemeenheid] eig. streven naar wijsheid, na Kiliano, vertalende ontlening aan gr. *philosophia*, van *philein* [beminnen] + *sophia* [wijsheid]; evenzo is nl. *wijsgeer* een vertalende ontlening aan gr. *philosophos;* de lat. vormen *philosophia, philosophus* zijn ontleningen aan het gr..

wijsgeer [filosoof] van *wijs*[2] + het tweede lid van *begeren*, een vertalende ontlening aan lat. *philosophus* (vgl. *filosofie*).

wijte [huif van kar] middelnl. *wite* [vlechtwerk, man, huif]; van dezelfde basis als *weeg* [wand].

wijten [ten laste leggen] middelnl. *wi(j)ten*, oudsaksisch, oudeng. *witan*, oudhd. *wīz(z)an*, gotisch *fraweitan* [wreken, straffen]; ablautend bij *weten*.

wijting [vis] middelnl. *wit(t)inc*, middelnd. *witink*, oudnoors *hvitingr*, eng. *whiting*, hd. *Weißling;* afgeleid van *wit*[1].

wijze → *wijs*[1].

wijzen [aanduiden (met de vinger)] middelnl. *wisen*, oudnederfrankisch *wison*, oudsaksisch, oudeng. *wisian*, oudhd. *wisen*, oudnoors *visa* [tonen]; afgeleid van *wijs*[2], dat oorspr. 'wetend' betekende, dus: wetend maken.

wijzigen [veranderen] vertalende ontlening aan lat. *modificare* [idem], van *modus* [wijze] + *facere* [maken, doen], daarmee idg. verwant.

wik[1] [weging, wat samen op de weegschaal gaat] van *wikken*[1].

wik[2] [kleine baai] oudeng. *wīc*, oudnoors *vīk;* behoort bij *wijken* en betekent dus lett. wijkplaats (vgl. *Reykjavik, viking*).

wiking → *viking*.

wikke [plantengeslacht] middelnl. *wicke, wycke*, oudsaksisch *wikkia*, oudhd. *wiccha* < lat. *vicia* [voederwikke], verwant met *viēre* [vlechten, winden], *vitis* [wijnstok], *vitis alba* [heggerank] (vgl. *wier*).

wikkelen [inrollen] middelnl. *wickelen*, middelhd. *wiht* [lampepit], oudhd. *wicchili(n)* [opgewikkelde hoeveelheid wol om te spinnen] (hd. *Wickel, wickeln*), oudeng. *wocig* [strik], noors *oke* [ineengedraaide bos]; van een idg. basis waarvan ook stammen lat. *velum* [zeil, doek], iers *figim* [ik weef], oudindisch *vāgura-* [net, strik] (vgl. *wijl*[3]).

wikken[1] [wegen, overwegen] middelnl. *wicken* [idem], intensivum van *wegen*[1].

wikken[2] [wichelen] middelnl. *wicken, wycken* [wichelen, voorspellen], middelnd. *wicken*, fries *wikje, wikke* [voorspellen, waarschuwen], oudeng. *wicca* [tovenaar], *wiccian* [toveren] (vgl. eng. *witch* [heks]); nevenvorm van *wichelen*.

wild [in de natuurstaat, woest] middelnl. *wilt*, oudsaksisch, oudhd. *wildi*, oudfries, oudeng. *wilde*, oudnoors *villr*, gotisch *wilþeis;* buiten het germ. zijn als enige verwanten gevonden welsh *gwyllt* en cornisch *gwyls* [wild].

wildebras [wild kind] van *wild* + *rabas* [woesteling], met metathesis van *r*.

wildernis [woest gebied, plek waar alles in het wild groeit] middelnl. *wildernisse* [woestenij, jachtterrein, woestijn, onbewoonde plek], gevormd van *wilt* [woest, wild], vgl. middelnd. *wiltnisse*.

wildvreemd [geheel vreemd] < hd. *wildfremd*.

wildzang [de vogels in het wild, onbesuisd kind] de laatste betekenis is wel ontstaan door verwarring met *wildvang*.

wilg [boom] middelnl. *wilge, willige*, middelnd., oudnederfrankisch *wilgia*, oudeng. *wiliga* [mand], oudeng. *welig* [wilg] (eng. *willow*), oudsaksisch *wilgia;* buiten het germ. lat. *salix*, gr. *helikè* en *helix* [kronkeling], oudiers *sail* (2e nv. *sailech*); de wilg is zo genoemd omdat de soepele twijgen als bindmateriaal werden gebruikt.

willekeur [believen, grilligheid] middelnl. *willecore, wil(le)keur* [goedvinden], van *wille* [wil] + *core, keure* [keus], van *kiesen (coos, coren, gecoren)* [kiezen].

willen [wensen] middelnl. *willen, wijllen, wellen*, oudnederfrankisch, oudeng. *willan*, oudsaksisch *willian*, oudhd. *wellen, wollen*, oudfries *willa*, oudnoors *vilja*, gotisch *wiljan;* buiten het germ. lat. *velle*, gr. *eldesthai*, litouws *viltis* [hopen], oudkerkslavisch *voliti* [willen], oudindisch *vṛṇīte* [hij kiest].

wilp → *wulp*.

wilsoncamera [nevelkamer] genoemd naar de Schotse natuurkundige *Charles Thomson Rees Wilson* (1869-1959), die deze kamer ontwikkelde.

wilster [pluvier] etymologie onbekend.

wiltoncarpet [soort carpet] genoemd naar het stadje *Wilton* in Wiltshire, Engeland.

wimber [vis] < **fr.** *vimbre*, etymologie onbekend.

wimberg [gotisch topgeveltje] **middelnl.** *wintberch*, **oudhd.** *wintberga* (**hd.** *Wimperge*); van *wind* + *bergen*; het sierelement diende oorspr. als beschutting tegen de wind.

wimpel [vaan] **middelnl.** *wimpel(e), wijmpel, wempel* [sluier, hoofddoek, banier], **oudsaksisch** *wimpal*, **oudhd.** *winfila*, **oudeng.** *wimpel*, **oudnoors** *vimpill* [hoofddoek, sluier]; het woord is een genasaleerde variant van **oudhd.** *weif* [band], **oudnoors** *veipr* [hoofddoek], **gotisch** *waips* [krans], van **middelnl.** *weifen* [zwaaien, heen en weer bewegen], **middelhd.** *weifen*, **oudnoors** *vafa* [zwaaien].

wimper [ooghaartje] verkort uit *wenkbrauw*.

winch [lier] < **eng.** *winch* < **oudeng.** *wince* [katrolblok, haspel], verwant met *wincian* [knikken, wenken], wat weer verwant is met *wenken*.

winchester [geweer] genoemd naar de eerste fabrikant ervan, de Amerikaan *Oliver Fisher Winchester* (1810-1880).

wind [luchtstroming] **middelnl.** *wint, wijnt, went*, **oudsaksisch, oudfries, oudeng.** *wind*, **oudhd.** *wint*, **oudnoors** *vindr*, **gotisch** *winds*; buiten het germ. **lat.** *ventus*, **oudiers** *feth* [lucht], **welsh** *gwynt*, **litouws** *vėjas*, **oudkerkslavisch** *větrŭ*, **hettitisch** *huwanteš*, **oudindisch** *vāta-* [waaiend]; van dezelfde basis als *waaien*.

windas [lier] **middelnl.** *winda(e)s*, **middelnd.** *windas*, **middeleng.** *windas* < **oudnoors** *vindāss*, waarin het tweede lid *āss* [balk], **gotisch** *ans* [idem], dus niet van *winden* + *as*.

windbuil [snoever] in de 19e eeuw < **hd.** *Windbeutel* [roomsoes, losbol].

winde [windas, slingerplant] **middelnl.** *winde*, afgeleid van *winden*.

windei [ei zonder kalkschaal] **middelnl.** *wintei, wintey*; vertalende ontlening aan termen van de Romeinse landbouwschrijver Varro *ova hypenemia, ova zephyria, ova subventanea*; men meende dat ze door de wind waren bevrucht.

windel[1] [zwachtel, katrol, haagwinde] **middelnl.** *windel, wendel, wijndel* [windsel, takel, haspel], *windelen* [rondwentelen, inwikkelen]; van *winden*.

windel[2] [lamprei (vis)] zo genoemd naar de bewegingen van het slangachtige lichaam, vgl. **middelnl.** *windelen, wendelen* [rondwentelen]; van *winden*.

winden [wikkelen] **middelnl.** *winden*, **oudsaksisch, oudeng.** *windan*, **oudhd.** *wintan*, **oudfries** *winda*, **gotisch** *windan*; buiten het germ. **armeens** *gind* [ring], **oudindisch** *vandhúra-* [gevlochten wagenbak]; vgl. *wenden*, het causatief van *winden*, en *wand*.

windhond [honderas] **middelnl., oudhd.** *wint* [windhond]; windhond is dus een pleonasme. De vorm *wint* is afgeleid van de (Slavische) volksnaam *Wenden*, oorspr. de naam van een vroegere bevolking in Illyrië, die in het **lat.** *Veneti* heette (vgl. *Venetië*); de windhond is dus van de Wenden overgenomen; uit hetzelfde gebied stamt de dalmatiër.

windjammer [zeilschip] < **eng.** *windjammer*, van *wind* [wind] + *to jam* [doordouwen], een expressieve vorming.

windkruid vertaling van *anemoon*.

windom [akkerwinde] van *omwinden* [omslingeren].

Windsor- [aanduiding voor bepaalde mode] genoemd naar het stadje *Windsor* in Berkshire, Engeland.

winend [buitenzwei] etymologie onbekend.

wingerd [wijnstok] verkort uit *wijngaard*.

winkel [verkoopplaats] **middelnl.** *winkel* [hoek, bergplaats, kamertje, werkplaats, winkel] (de betekenis 'hoek' vinden we nog in *winkelhaak*), **middelnd., oudfries** *winkel*, **oudhd.** *winchil*, **oudeng.** *wincel* [hoek]; van een idg. basis met de betekenis 'buigen', waarvan ook *wankel* stamt.

winkelhaak [rechthoekige scheur, gereedschap] **middelnl.** *winkelhout, winkelmate;* het eerste lid is *winkel* in de betekenis 'hoek'. De betekenis 'rechthoekige scheur' is een overdrachtelijke toepassing.

winket [deurtje in een deur] **middelnl.** *wi(c)ket* en, vermoedelijk o.i.v. *clinket* [valdeur], *win(c)ket* (vgl. *wicket*).

winnen [overwinnaar zijn, verwerven] **middelnl.** *winnen* [zich inspannen, door moeite verkrijgen, winst behalen, winnen, verwekken], **oudsaksisch, oudhd., oudeng.** *winnan*, **oudnoors** *vinna*, **gotisch** *winnan* [lijden]; buiten het germ. **lat.** *conari* (met *-on-* < *-owen-*) [proberen], **gr.** *egkonein* [ijverig bezig zijn] (verwant met *diakonos* (vgl. *diaken*), **oudindisch** *vanoti* [hij verwerft zich, overwint].

wins, wens [niet haaks] **middelnl.** *winsch* [scheef, schuin], **fries** *wynsk;* etymologie onbekend.

winst [voordeel] van *winnen* met hetzelfde achtervoegsel als in *dienst* en *ernst*.

winter [jaargetijde] **middelnl., oudfries, oudeng.** *winter*, **oudsaksisch, oudhd.** *wintar*, **oudnoors** *vetr*, **gotisch** *wintrus;* de etymologie is onzeker; vermoed is dat het gaat om de genasaleerde vorm van de basis waarvan ook *water* stamt, maar ook is verband gelegd met **iers** *find* [wit], in welk geval winter het witte jaargetijde zal zijn.

winterkoninkje [een de winter overblijvende zangvogel] **oudhd.** *wrendo, wrendilo*, **oudeng.** *wraenne, wrenne* (**eng.** *wren, winterwren*), waarvan de etymologie onbekend is. Het tweede lid *koning* stamt van de sage van de koningskeuze van de vogels, die uit de Oudheid dateert.

winti [tussengod] < **sranantongo** *winti* [de goden], maar in dagelijkse taal wind < **eng., nl.** *wind*.

wippen [springen] middelnl. *wippen,* intensivum naast middelnl. *weiven* (vgl. **wimpel, vibrator, environs**).

wipperen iteratief van **wippen**.

wippertoestel [toestel tot redding van schipbreukelingen] van **eng.** *whipper* [katrol, kolenhijser], van *to whip* [zich snel bewegen, wippen, gooien, geselen, hijsen], verwant met **wippen**.

wirwar [dooreenwarreling] reduplicatievorm van **warren**.

wis¹ [zeker] middelnl. *(ge)wis, (ge)wes,* **oudnederfrankisch** (bijw.) *gewisso,* oudhd. *giwis,* oudfries *wis(s),* oudeng. *(ge)wiss,* oudnoors *vīss* (lange klinker o.i.v. *wiss* [wijs]), gotisch *unwiss* [onzeker]; buiten het germ. **gr.** *aistos* < *awistos* [niet bekend], **oudiers** *fiss* [het weten], **oudperzisch** *vista-,* **oudindisch** *vitta-* [bekend]; van **weten**.

wis² [teen, twijg, strobos] middelnl. *wisch, wes(s)ch(e),* middelnd. *wisch,* oudhd. *wisc* (hd. *Wisch*), oudnoors *visk;* buiten het germ. **lat.** *virga* [twijg], litouws *vyzgoti* [zwaaien], oudindisch *veṣká-* [wurgstrik].

wisent [Europese bizon] middelnl. *wesent,* oudhd. *wisunt,* oudeng. *wesand,* oudnoors *visundr;* buiten het germ. is verwant lat. *vissio* [stank]; het dier is genoemd naar de lucht die het tijdens de bronst verspreidt (vgl. **wezel**).

wishout [gekloofd brandhout] middelnl. *wishout* [door twijgen samengebonden hoeveelheid hout] (vgl. **wis²**).

wiskunde [mathematica] = middelnl. *wisse kunde* (vgl. **wis¹**).

wispelen [schudden, kwispelen] middelnl. *wispelen;* behoort bij **weifelen, wippen**.

wispelturig [grillig] middelnl. *wispeldurich,* van **wispelen** [heen en weer draaien] + *-turig,* te verbinden met *ongedurig,* hoewel middelnl. *wispelsinnich* [wispelturig], de gedachte ingeeft dat *-turich* verband houdt met middelnl. *tier* [aard, soort], zoals in *goedertieren*.

wisse [kubieke meter, maat voor brandhout, dial. twijg] → **wishout**.

wissel [overgang, middel tot overdracht van geld] middelnl. *wissel,* oudnederfrankisch *wihsil,* oudsaksisch, oudhd. *wehsal,* oudnoors *vīxl;* buiten het germ. **lat.** *vicis* (2e nv., de 1e ontbreekt) [wisseling]; verwant met **wijken**.

wisselen [ruilen] van **wissel**.

wissen [vegen] middelnl. *wis(s)chen, wisken, wissen,* middelnd. *wischen,* oudhd. *wisken,* oudeng. *weoxian;* van **wis²**, dus: met een wis schoonmaken.

wissewasje [nietigheid] ook *wisjewasje,* eerst uit de 17e eeuw bekende redupliceerende vorm, die geheel of gedeeltelijk van klanknabootsende aard is; mogelijk geënt op middelnl. *wisse* [feit].

wistaria, wisteria [blauweregen] genoemd naar de Amerikaanse arts *Caspar Wistar* (1761-1818).

wit¹ [kleur] middelnl., middelnd. *wit,* met korte vocaal; daarnaast met lange vocaal oudnederfrankisch *wīt,* oudsaksisch, oudfries, oudeng. *hwīt,* oudhd. *(h)wīz,* oudnoors *hvītr,* gotisch *hweits;* buiten het germ. **litouws** *sviesti* [schijnen], **oudkerkslavisch** *světŭ* [licht], *světiti* [schijnen], **oudindisch** *śvetá-* [wit], middelnl. *witdonresdach* [Witte Donderdag (de donderdag vóór Pasen)], oudeng. *hwita sunnandæg,* oudnoors *hvitasunnadagr* [Pinksteren] is zo genoemd, omdat de boetelingen, in het wit gekleed, weer verzoend in de gemeenschap konden terugkeren om het feest te vieren.

wit² [doelwit] het zelfstandig gebruikt bn. **wit¹**.

wit³ [zin, rede] middelnl. *wit(te), wet* [onderscheidingsvermogen, verstand, kennis], **oudsaksisch** *giwit,* oudhd. *wizzi* (**hd.** *Witz* [verstand, esprit, mop]), oudfries, oudeng. *witt* (eng. *wit*), gotisch *unwiti* [onwetendheid]; van **weten**.

witje [dubbeltje] middelnl. *wit* [zilveren, zilveren munt], verkleiningsvorm *witgen;* van **wit¹**.

Witrus [bewoner van Wit-Rusland] zo genoemd naar de blonde inslag van een deel van de bevolking.

witz [grap] < hd. *Witz* (vgl. **wit³**).

Wodan, Wotan [Germaanse godheid] **oudsaksisch,** oudeng. *Woden,* oudhd. *Wuotan,* oudnoors *Oðinn,* verwant met oudeng. *wōd* [waanzinnig] (eng. *wood*), *wōð* [geluid, zang], oudhd. *wuot* [waanzin(nig)], oudnoors *óðr* [geest, zang, dichtkunst], gotisch *wops* [bezeten], middelnl. *woet* [waanzin, razernij, in mystieke geschriften brandende begeerte]; buiten het germ. **lat.** *vates* [ziener, dichter], **oudiers** *faith* [dichter (met goddelijke inspiratie)] (vgl. **woede**).

wodka, vodka [Russische brandewijn] < **russ.** *vodka,* verkleiningsvorm van *voda* [water], daarmee idg. verwant.

woede [razernij] middelnl. *woet, woede* [razernij, hartstocht, smart, brandende begeerte (in de mystiek)] (vgl. **Wodan**).

woeker [onwettige rente] middelnl. *woeker(e), wo(u)ker* [geld boven het geleende, ook: ongeoorloofde winst], middelnd. *woker,* oudhd. *wuohhar,* oudfries *woker,* oudeng. *wocor* [vrucht, rente], gotisch *wōkrs* [rente, woeker], vgl. de betekenis van *woekeren* [groter worden], verwant met **wassen²**; de ongunstige betekenis kreeg woeker doordat de christelijke moraal vroeger, evenals de islam thans, het geven en ontvangen van rente veroordeelde.

woelen [zich onrustig bewegen] middelnl. *woelen,* middelnd. *wolen,* oudhd. *wuolen* [in beweging brengen]; ablautend bij **walen**.

woensdag [vierde dag van de week] middelnl. *wudendach, wundesdach, woensdach,* vertalende ontlening aan lat. *dies Mercurii* [de dag van Mercurius], vgl. **fr.** *mercredi,* **it.** *mercoledi;* men stelde Wodan gelijk aan Mercurius en vormde Wodansdag, wat tot 'woensdag' werd. Het lat. is een vertaling van **gr.** *Hermou hèmera* [dag van Hermes].

woerd¹ [mannetjeseend] → *waard*².
woerd² [laaggelegen omdijkt land] **middelnl.** *woert;* ablautend bij *waard*³.
woerhaan [fazantehaan] **middelnl.** *woerhane,* **oudeng.** *wōrhona* en, zonder *w,* **middelnd.** *urhane,* **oudhd.** *or(re)han, urhuon,* **oudnoors** *orri;* buiten het germ. **gr.** *arrèn* [mannelijk, sterk], **oudindisch** *r̥ṣán-;* de oorspr. betekenis zal zijn 'mannelijk dier'.
woest [wild] **middelnl.** *woest(e)* [onontgonnen, verwoest, verlaten, leeg, ruw, wild], **oudnederfrankisch, oudhd.** *wuosti,* **oudsaksisch** *wōsti,* **oudfries** *wōst,* **oudeng.** *wēste;* buiten het germ. **lat.** *vastus* [eenzaam en verlaten, lomp], **oudiers** *fas* [leeg].
woestijn [barre landstreek] **middelnl.** *woestine,* **oudnederfrankisch** *wuostin(n)a,* **oudsaksisch** *wōstin(nia),* **oudhd.** *wuostinna,* **oudfries** *wōstene, wēstene,* **oudeng.** *wēsten;* van *woest.*
woiwode [Pools legerhoofd, stadhouder] < **pools** *wojewoda,* **russ.** *vojevoda,* **oudkerkslavisch** *vojevoda,* van *voin* [strijder, soldaat] + *vodit'* [leiden, voeren], misschien een leenvertaling van **oudhd.** *hĕrizōgo* [hertog].
wol [haren van sommige dieren] **middelnl.** *wol(le), wulle,* **middelnd.** *wolle, wulle,* **oudhd.** *wolla,* **oudeng.** *wull,* **oudnoors** *ull,* **gotisch** *wulla;* buiten het germ. **lat.** *lana,* **gr.** *oulos* [wollig], **oudiers** *olann,* **litouws** *vilna,* **oudkerkslavisch** *vlŭna,* vermoedelijk verwant met **gotisch** *wilwan* [roven], **lat.** *vellere* [plukken, rukken], zodat de wol genoemd is naar het plukken van de dieren; mogelijk verwant met **lat.** *volvere* [draaien], in welk geval de naam van het kroezige is afgeleid (vgl. *flanel, velours*).
wolf¹ [roofdier] **middelnl.** *wolf, wulf,* **oudsaksisch, oudeng.** *wulf,* **oudhd., oudfries** *wolf,* **oudnoors** *ülfr,* **gotisch** *wulfs;* buiten het germ. **lat.** *lupus* (naast *vulpes* [vos]), **gr.** *lukos,* **oudkerkslavisch** *vlĭkŭ,* **oudindisch** *vŕka-.*
wolf² [draaikolk] van *welven,* **middelnl.** ook *wulven, wolven.*
wolfraam, wolfram [chemisch element] < **hd.** *Wolfram,* van *Wolf* [wolf] + *Rahm* [room, roet, ook: bovendrijvend metaalschuim], een vertaling van de lat. benaming *spuma lupi* [wolfsschuim], gegeven door Georg Bauer (verlatijnste naam Agricola) (1494-1555), Duits mineraloog, die constateerde dat bepaalde metalen bij de bereiding van tin de opbrengsten verminderden, het wegvraten als wolven. Vgl. voor de betekenis *apatiet, blende, doleriet, fenakiet, kobalt, nikkel.*
wolfskers [plant] ter verklaring van de naam moge dienen dat deze werd gebruikt voor een zalf die diende bij heksenprocessen. Deze had hallucinaties tot gevolg, die tot bekentenissen konden leiden. Ook gebruikt in gifdranken en liefdesdranken. Wolf werd vermoedelijk gebruikt in de betekenis 'duivel', vgl. *wolverlei.*
wolfsklauw [plantengeslacht] zo genoemd omdat de scheuten aan een wolfsklauw doen denken.

wolhandkrab [soort krab] zo genoemd omdat de mannetjes behaarde scharen hebben.
wolk [massa waterdruppels in atmosfeer] **middelnl.** *wolke,* **oudnederfrankisch** *wulca,* **oudsaksisch** *wolkan,* **oudhd.** *wolcan,* **oudfries** *wolken,* **oudeng.** *wolcen;* van dezelfde basis als *welken.*
wolluis [bladluis] zo genoemd naar de dikwijls overvloedige afscheiding van was in de vorm van draden.
wolverine [pelswerk van de veelvraat] < **eng.** *wolverene, wolverine* [veelvraat], op onregelmatige manier gevormd van *wolf;* zo genoemd vanwege zijn wolfachtige eigenschappen.
wolverlei [valkruid] **oudhd.** *wolvisgelegena* (**hd.** *Wolferlei*); het eerste lid is *wolf,* vermoedelijk in de betekenis 'duivel' (de wolfsmelk heeft als synoniemen *heksenmelk* en *duivelsmelk*); het tweede lid behoort, gezien de oudhd. vorm, vermoedelijk bij *liggen,* zodat de betekenis kan zijn 'duivelsleger', wat dan op de wortels zou slaan.
wombat [Australisch zoogdier] waarvoor de oorspr. inheemse benamingen *womback* en *wombar* zijn geregistreerd.
wond, wonde [kwetsuur] **middelnl.** *wonde, wunde,* **oudnederfrankisch, oudsaksisch** *wunda,* **oudhd.** *wunta,* **oudfries** *wunde,* **oudeng.** *wund,* **oudnoors** *und,* **gotisch** *wunds* [gewond]; vermoedelijk van een idg. basis waarvan **armeens** *vandem* [verwoesten] en **welsh** *gwann* [doorboren] zijn gevormd.
wonder [mirakel] **middelnl.** *wonder,* **oudnederfrankisch** *wunder,* **oudsaksisch** *wundar,* **oudhd.** *wuntar,* **oudeng.** *wundor,* **oudnoors** *undr;* etymologie onzeker.
wonderbaar [verbazingwekkend] eerst sedert Kiliaan bekend; ontleend aan **hd.** *wunderbar.*
wondklaver [plant] zo genoemd omdat het als huismiddeltje werd gebruikt om o.a. wonden te genezen.
wonen [gehuisvest zijn] **middelnl.** *wonen,* **oudnederfrankisch, oudsaksisch** *wŏnon,* **oudhd.** *wŏnen,* **oudfries** *wŭnia,* **oudeng.** *wŭnian,* **oudnoors** *ŭna* [tevreden zijn], **gotisch** *unwŭnands* [bekommerd], verwant met *wonne;* buiten het germ. **lat.** *venus* [liefde], **oudiers** *fonn* [genot], **oudindisch** *vanati, vanoti* [hij bemint]; de grondbetekenis van wonen zal dus zijn: ergens graag vertoeven.
wonne [genot] **middelnl.** *wonne* [aardse vreugde, hemelse vreugd] < **hd.** *Wonne,* verwant met *gewinnen* [winnen, bereiken]; bij ons in omloop gekomen door de Duitse mystiek van de middeleeuwen.
Woodbrookers [protestantse stichting] genoemd naar het Quakercentrum *Woodbrooke* bij Birmingham.
wood's metaal [legering] genoemd naar de Amerikaanse natuurkundige *Robert Williams Wood* (1868-1955).
woonachtig [wonende] 19e eeuwse ontlening aan **hd.** *wohnhaft.*

woord — wraddel

woord¹ [klank met eigen betekenis] **middelnl.** *woort,* **oudnederfrankisch, oudhd.** *wort,* **oudsaksisch, oudfries, oudeng.** *word,* **oudnoors** *orð,* **gotisch** *waurd;* buiten het germ. **lat.** *verbum* (met *b* < *dh*), **gr.** *eirein* [zeggen], **litouws** *vardas,* **oudkerkslavisch** *rota* [eed], **oudindisch** *vratá-* [gelofte] (vgl. ***ironie***); de uitdrukking *gevleugelde woorden* is een vertaling van de bij Homerus meermalen voorkomende uitdrukking *epea pteroenta*.
woord² [mannetjeseend] → ***waard***².
worcestersaus [kruidige saus] in het spraakgebruik toegepaste verkorting van het eng. handelsmerk *worcestershire sauce,* naar de plaats van herkomst.
worden [in de genoemde toestand raken, hulpwerkwoord van de lijdende vorm] **middelnl.** *we(e)rden, wa(e)rden, wo(o)rden,* **oudnederfrankisch** *werthan, werthun,* **oudsaksisch** *werthan,* **oudhd.** *werdan,* **oudfries** *wertha, wirtha,* **oudeng.** *weorðan* (**eng.** *to worth*), **oudnoors** *verða,* **gotisch** *wairþan;* buiten het germ. **lat.** *vertere* [draaien], **gr.** *ratanè* [roerlepel], **welsh** *gwerthyd* [knuppel], **litouws** *versti,* **oudkerkslavisch** *vrtěti* [draaien], **oudindisch** *vártate* [hij rolt, is, leeft] (vgl. ***worm, worst, worgen, worstelen***).
worgen, wurgen [de keel dichtknijpen] de tweede vorm met dial. *u* als in *wurm* naast *worm,* **middelnl.** *worm,* **oudsaksisch** *wurgarin* [wurgster], **oudhd.** *wurgen,* **oudfries** *wergia, wirgia* [doden], **oudeng.** *wyrgan* (**eng.** *to worry*); vgl. ook **oudsaksisch** *wurgil* [strop], **oudnoors** *urga* [eind touw]; buiten het germ. **gr.** *erchatasthai* [opgesloten worden], **litouws** *verziu* [snoeren], **oudruss.** *vĭrzati* [binden] (vgl. ***worstelen, wringen, werk***¹).
work [kikvors] klanknabootsend gevormd.
workaholic [aan werken verslaafde] < **amerikaans-eng.** *workaholic,* van *work* (vgl. ***werk***²) + *alcoholic* [alcoholicus].
worm, wurm [ongewerveld dier] **middelnl.** *worm(e), wurm* [pier, ongedierte, slang, draak], **oudsaksisch, oudhd.** *wurm,* **oudfries** *wirm,* **oudeng.** *wyrm,* **oudnoors** *ormr,* **gotisch** *waurms* [slang]; buiten het germ. **lat.** *vermis* [worm], **litouws** *varmas* [insekt], **oudruss.** *vermije* [wormen] (collectief). Van een idg. basis met de betekenis 'draaien', waarvan ook ***worden*** en ***worst*** stammen.
worp [het werpen] **middelnl., middelnd.** *worp,* **oudhd.** *wurf,* **oudfries** *werp,* **oudeng.** *wyrp;* van ***werpen, geworpen***.
worpelen [masseren van de uier van een koe] van **middelnl.** *worpel, werpel* [jong, geworpen dier].
worst [met vleeswaar gevulde darm] **middelnl., oudsaksisch** *worst,* **oudhd.** *wurst;* van een idg. basis met de betekenis 'draaien', waarvan ook ***worden*** is afgeleid.
worstelen [strijden] **middelnl.** *wratselen, wrastelen, worstelen,* **middelnd.** *worstelen,* **oud-**

fries *wrāxlia,* **oudeng.** *wrœstlian, wrāxlian* (**eng.** *to wrestle*); van dezelfde basis als ***worden*** (vgl. ***worgen, worst***).
wort [aftreksel van mout] **middelnl.** *wort(e),* **middelnd.** *wert,* **oudsaksisch** *wurtia,* **oudhd.** *wirz* (**hd.** *Würze*), **oudeng.** *wyrt* (**eng.** *wort*), **oudnoors** *virtr* (vgl. ***wortel***).
wortel [onderste deel van gewas] **middelnl.** *wortel(e),* **middelnd.** *wortele,* **oudhd.** *wurzala,* **oudeng.** *wyrtwala;* het woord is een samenstelling van een eerste lid **middelnl.** *wort(e),* **oudnederfrankisch** *wurti* [kruid], **oudsaksisch** *wurt* [wortel], **oudhd.** *wurz,* **oudeng.** *wyrt,* **oudnoors** *urt* [kruid], **gotisch** *waurts* [wortel]; buiten het germ., met verlies van de anlautende *w,* **lat.** *radix,* **gr.** *riza* [wortel]; voor het tweede lid vgl. **gotisch** *walus* [stok], verwant met ***walen*** en dus wel met de betekenis 'rond'.
woud [bos] **middelnl.** *wout, wolt, walt,* **oudnederfrankisch, oudsaksisch, oudhd., oudfries** *wald,* **oudeng.** *weald,* **oudnoors** *vǫllr* [veld]; etymologie onzeker, kan verbonden worden met de groep van **welsh** *gwallt,* **oudiers** *folt* [haar], maar ook met **lat.** *vallis* [vallei], of ablautend met ***wild***.
would-be [zogenaamd] < **eng.** *would-be* [lett. zou willen zijn], **oudeng.** *wolde, would,* verl. tijd van *to will, willen* + *be,* vgl. ***ik ben***.
woulfefles [fles met meer halzen] genoemd naar de vervaardiger ervan, de Londens chemicus *Peter Woulfe* (1727?-1803).
wout [barg. bediende, politieagent] [barg. politieagent] **middelnl.** *wout, waut, gewout, gewalt* [macht] (vgl. ***geweld***).
wouter [meerkol] pleegt men te identificeren met de persoonsnaam *Wouter*.
wouterlatje [ergens tegenaan gespijkerd latje] men neemt aan dat het eerste lid de persoonsnaam *Wouter* is, vgl. b.v. ***dirk*** voor kraanlijn.
wouw¹ [vogel] **middelnl.** *w(o)uwe,* **middelnd.** *wie,* **oudhd.** *wi(w)o,* **oudnoors** *langvē* [alk]; etymologie onzeker.
wouw² [plantengeslacht] **middelnl.** *wolde, woude, wou(we)* [de naam van diverse planten, o.a. reseda, die gele verfstof opleveren], **middelnd.** *wolde,* **middeleng.** *welde, wolde,* mogelijk verwant met **lat.** *lutum,* (< *vlutum?*) [wouw, gele kleur].
wouwaapje [soort van roerdomp] = *woudaapje*.
wouwou [soort langarmaap in Zuidoost-Azië] ook *wauwau* [idem], verbasterd uit **maleis** *uak-uak,* zo genoemd naar zijn geluid, vgl. ***menguak*** [loeien, kwaken].
wozen [hozen] **middelnl.** *wosen* [water gieten bij of op iets dat kookt], **middelnd.** *wos(e)* [het schuim op kokende dingen].
wraak [vergelding] **middelnl.** *wrake,* **oudnederfrankisch** *wraca,* **oudsaksisch** *wraka,* **oudhd.** *rāhha,* **oudeng.** *wrǣcu,* **gotisch** *wrǣka, wrēka* (vgl. ***wreken***).
wraddel [halskwab] **middelnl.** *wraddel,* bij Kiliaan met de betekenis 'uitwas'. Van ***wrat***.

wrak[1] [met gebreken] middelnl. *wra(e)c* [afgekeurd, bedorven]; behoort bij **wraken**[2] [afdrijven, verlijeren].

wrak[2] [onbruikbaar voer- of vaartuig] is het zelfstandig gebruikt bn. **wrak**[1].

wrakbaars [soort baars] zo genoemd omdat hij bij voorkeur in scheepswrakken huist.

wraken[1] [afkeuren] middelnl., middelnd. *wraken*, oudfries *wreka, wreke;* van **wreken**.

wraken[2] [afdrijven, verlijeren] te verbinden met oudnoors *rekja* [vervolgen], gotisch *wrakjan* [idem, eig. voortdrijven].

wrang[1] [zuur] middelnl. *wrange, wranc* [wrang, bars], middelnd. *wrank*, oudnoors *rangr* [scheef, verkeerd]; afgeleid van **wringen**, d.w.z. de mond vertrekken.

wrang[2] [kniehout] middelnl., middelnd. *wrange, wrong(a)* (eng. *wrench* [draai]), oudnoors *rǫng*, gotisch ablautend *wruggo* [strik]; behoort bij **wringen** en betekent eigenlijk 'iets dat gewrongen is'.

wrat [huiduitwas] middelnl. *warte, werte, worte* en, met metathesis van *r, wratte* [wrat, speen, tepel], oudsaksisch *warta*, oudhd. *warza*, oudfries *warte*, oudeng. *wearte* (eng. *wart*), oudnoors *varta;* buiten het germ. lat. *verruca*, litouws *virsus* [top], oudkerkslavisch *vrĭchŭ* [idem], oudindisch *varṣman-* [hoogte].

wreed [meedogenloos] middelnl. *wreet*, oudsaksisch, oudfries *wrēth* [boos, vijandig], oudeng. *wrāð* [boos, wreed] (eng. *wroth*), oudnoors *reiðr* [toornig]; verwant met **wrijten**.

wreef [hoogste deel van voet] middelnl. *wrijch, wrijf,* van *wrigen, wrijgen* [winden, verschuiven, overhellen, krom groeien], middelnd. *wrich* [verbogen], oudfries *wrigia* [buigen], middeleng. *wrien* [draaien]; buiten het germ., zonder de oorspr. anlautende *w,* lat. *rica* [hoofddoek], litouws *reszà* [hielgewricht], gr. *roikos* [met naar binnen staande voeten]; op afstand verwant met **wringen**.

wregelen [ineendraaien van wilgetenen] frequentatief van middelnl. *wrigen, wrijgen* [winden, ineengroeien, kromgroeien] (vgl. **wriggelen**).

wreken [vergelden] middelnl. *wreken* [wreken], oudsaksisch *wrēkan*, oudhd. *rehhan*, oudfries *wrēka*, oudeng. *wrěcan*, oudnoors *rěka* [voortdrijven, wreken], gotisch *wrikan* [vervolgen], *gawrikan* [wreken]; buiten het germ. lat. *urguēre, urgēre* [vervolgen], oudkerkslavisch *vragŭ* [vijand] (onzeker) oudindisch *vrajayati* [hij drijft].

wrensen [hinniken] middelnl. *wre(i)nschen*, middelnd. *wrenschen*, middelnl. *wre(e)nsch*, oudsaksisch *wrēnisk*, oudhd. *reinisc*, zweeds *vrensk* [tochtig], van een idg. basis met de betekenis 'draaien', waarvan ook lat. *ridēre* [lachen], nl. **wringen** en **wrang**[1] [zuur]; het verbindende element is het verdraaien van de lippen.

wrevel [misnoegdheid] heeft een *w* die o.i.v. *wreed* is ontstaan oostmiddelnl. *vrevel, wrevel* [euveldaad], naast het bn. *vrevel* [trots, driest], middelnd. *wrevel*, oudsaksisch *frabol* [hardnekkig], oudhd. *fravali* [vermetel], oudfries *frevelhēd* [vermetelheid], oudeng. *frœfel* [slim], samengesteld met een voorvoegsel nl. *ver-*, gotisch *fra-* + een woord oudeng. *afol*, oudnoors *afl* [kracht], oudhd. *avalon* [tot stand brengen], gotisch *abrs* [sterk]; buiten het germ. **lat.** *opus*, oudindisch *apas-* [werk]; verwant met *oefenen*, de *w* vermoedelijk o.i.v. *wreken*.

wrielen [schreeuwen van jonge vogels om voedsel] klanknabootsend gevormd.

wriemelen [krioelen] middelnl. *wr(i)emelen* [zich kronkelen, zwoegen]; klanknabootsende vorming, die men kan zien als een frequentatief naast nd. *vrimen* [wrijven].

wriggelen [telkens wrikken] nd. *wriggelen*, eng. *to wriggle*, frequentatief van middelnl. *wrigen* [winden, ineengroeien, kromgroeien], middelhd. *rigen*, oudfries *wrīgia* [onvast gaan], oudeng. *wrīgian* [zich wenden, zich buigen], oudnoors *rīga* [zich bewegen]; verwant met *wreef* en *wrikken*.

wrijgelen nevenvorm van **wriggelen**.

wrijten [twisten, tegenwerpen] middelnl. *writen* [draaien, wringen], middelnd. *writen* [scheuren, schrijven, tekenen], oudfries *writa*, oudeng. *writan* (eng. *to write*), gotisch *writs* [streep, punt]; van een basis met de betekenis 'draaien' (vgl. *wreed*).

wrijven [strijken] middelnl., middelnd. *wriven*, oudhd. *riban* (hd. *reiben*), fries *wriwwe;* buiten het germ. gr. *riptein* [slingeren, werpen]; verwant met *wringen* en *wreef;* de oorspr. betekenis is 'het maken van een draaiende beweging'.

wrikkelen frequentatief van **wrikken**.

wrikken [heen en weer bewegen] intensivum van middelnl. *wrigen, wrijgen* [winden, verschuiven, overhellen], oudfries *wrīgia* (vgl. **wriggelen**).

wring, vring [draaibaar hek op een dam] van **wringen** [draaiend bewegen met druk].

wringen [draaiend samenknijpen] middelnl. *wringen* [wringen, persen, draaien, worstelen, kijven], oudsaksisch *wringan* [persen], oudhd. *ringan* [zich inspannen, strijden], oudfries *wringa*, oudeng. *wringan* [persen] (eng. *to wring*); verwant met *worgen, worm*.

wrochten [werken] een onbepaalde wijs gevormd bij het middelnl. normale verl. deelw. *gewrocht (werken, wrochte, gewrocht)*, dat niet meer algemeen als zodanig werd herkend.

wroegen [verwijten] middelnl. *wro(e)gen, wru(e)gen* [meedelen, aanwijzen, beschuldigen], oudsaksisch *wrogian*, oudhd. *ruogen*, oudfries *wrogia*, oudeng. *wregan*, oudnoors *rœgja*, gotisch *wrōhjan;* buiten het germ. litouws *rekiu* [schreeuwen], oudkerkslavisch *rešti* [zeggen] (vgl. *woord*[1]).

wroetelen frequentatief van **wroeten**.

wroeten [woelen] **middelnl.** *wroeten, wru(e)ten,* **middelnd.** *wroten,* **oudhd.** *ruozzen,* **oudeng.** *wrotan,* **oudnoors** *rota,* naast **middelhd.** *rüezel* (**hd.** *Rüssel* [snuit]); buiten het germ. **lat.** *rodere* [knagen], *rostrum* [snuit]; van een idg. basis waarvan ook ***wrijten*** is afgeleid.

wrok [rancune] **middelnl.** *wroc,* **middelnd.** *wrok;* van ***wreken.***

wrong [gewrongen voorwerp] ablautend bij ***wringen***.

wrongel [gestremde melk] **middelnl.** *wrongel(e)* [iets dat ineengedraaid is, bundel, gestremde melk], *wrongelen* [(doen) stijf worden] (vgl. ***wringen***).

wrongstuk [gebogen verbindingsstuk van twee trapbomen] → ***wringen, wrong.***

wuft [frivool] **middelnl.** *wift, wijft* [beweeglijk, wuft]; van ***wuiven.***

wui, wuit [haspel waarop men schiemansgaren vervaardigt] eerst eind 17e eeuw bekend, etymologie onbekend.

wuifelaar [onderdeel van molens dat een schuddende beweging maakt] van ***wuiven.***

wuiven [zwaaien] **middelnl.** *weiven, weven, woeiven, wi(j)ven* [zwaaien], **oudhd.** *weibon,* **oudeng.** *(be)wœfan,* **oudnoors** *veifa,* **gotisch** *biwaibjan* [omwikkelen]; buiten het germ. **oudindisch** *vepate* [hij beeft] (vgl. ***weifelen***).

wulfsel [gewelf] **middelnl.** *wulfsel, welfsel* (vgl. ***welven***).

wulk [kinkhoren] **middelnl.** *willoc, wilc, welc, wulc,* **oudeng.** *wioloc, wiluc* (**eng.** *whelk*); buiten het germ. **lat.** *volvere* [wentelen], **gr.** *helix* [gedraaid, spiraal, slakkehuis]; bij ***walen.***

wulp, wilp [vogel] lett. de schreeuwende vogel (vgl. ***welp***).

wulps [wellustig] **middelnl.** *wulpsch* [dartel, onbezonnen], van *wulp,* nevenvorm van ***welp,*** dus zich gedragend als het jong van een hond, beer e.d..

wuppen nevenvorm van ***wippen.***

wurgen → ***worgen.***

wurm → ***worm.***

WW-draad [schroefdraad] genoemd naar *Sir Joseph Whitworth* (1803-1887), een uitvinder die ook standaardisering van schroefdraden tot stand bracht.

wyandotte [kipperas] genoemd naar een Indianenstam, de inheemse naam voor de Huronen.

x [als teken voor een onbekende eenheid] < **spaans** *x,* verkort uit **ar.** *shay'* [een ding, iets]; de spaanse uitspraak van de *x* lag vroeger dicht bij **ar.** *sh.*

xanthine [gele kleurstof] gevormd van **gr.** *xanthos* [grijsbruin (van dieren), blond (van mensen), in moderne vormingen gebruikt voor geel], idg. verwant met ***haas*** ¹.

xanthofyl [gele bladkleurstof] gevormd van **gr.** *xanthos* (vgl. ***xanthine***) + *phullon* [blad], idg. verwant met ***bloem*** ¹.

xanthoom [huidziekte met gele knobbels] gevormd van **gr.** *xanthos* (vgl. ***xanthine***) + *-oom* als in ***carcinoom.***

xanthoproteïnereactie [eiwitreactie met geelkleuring] het eerste lid van **gr.** *xanthos* [blond] (vgl. ***xanthine***).

xanthopsie [het alles geel zien (b.v. bij geelzucht)] gevormd van **gr.** *xanthos* (vgl. ***xanthine***) + *opsis* [het zien] (vgl. ***optisch***).

xantippe [boze vrouw] genoemd naar *Xantippè,* de vrouw van Socrates. De naam betekent 'bruine merrie', is het vr. van *Xanthippos,* van *xanthos* [vaalgrijsbruin (van paarden gezegd)] (vgl. ***xanthine***) + *hippos* [paard].

xeniën [geschenken aan gasten] < **lat.** *xenia* [idem] < **gr.** *xenios* [de gasten, vreemden beschermend, gastvrij, aan de gast gegeven], in zelfstandig gebruik *xenion* [gastgeschenk], het mv. *xenia* [onthaal], van *xenos* [vreemd, vreemdeling, gast, gastvriend, gastheer].

xenocratie [heerschappij van vreemdelingen] gevormd van **gr.** *xenos* (vgl. ***xeniën***) + *kratein* [kracht hebben, heersen], van *kratos* [kracht], idg. verwant met ***hard.***

xenofobie [vrees voor wat vreemd is] gevormd van **gr.** *xenos* [vreemd] (vgl. ***xeniën***) + *phobos* [vlucht, vrees] (vgl. ***fobie***).

xenon [edel gas] zo genoemd door de ontdekkers ervan, *Sir William Ramsay* (1852-1916) en *Morris William Travers* (1872-1961) in 1898. Zij gebruikten het gr. woord *xenos,* o. *xenon* [vreemd, onbekend] (vgl. ***xeniën***); het ging om een zeldzaam element.

xeranthemum [geslacht van composieten] gevormd van **gr.** *xeros, xèros* [droog, dor geworden] + *anthemon* [bloem].

xeres, xereswijn → ***sherry.***

xeroderma [perkamenthuid] gevormd van **gr.** *xeros, xèros* [droog, dor geworden, ruw] + *derma* [huid] (vgl. ***dermatitis***).

xerofagiën [dagen van strenge vasten] gevormd

van **gr.** *xeros, xèros* [droog] (d.w.z. droog brood) + *phagein* [eten].

xerofiel [met voorkeur voor droge omgeving] gevormd van **gr.** *xeros, xèros* [droog] + *philos* [een vriend van].

xerofyt [plant uit droog milieu] gevormd van **gr.** *xeros, xèros* [droog] + *phuton* [plant], verwant met *phuomai* [ik groei], idg. verwant met ***bouwen***[1].

xerografie [droog reproduktieprocédé] gevormd van **gr.** *xeros, xèros* [droog] + *graphein* [schrijven, tekenen], idg. verwant met ***kerven***.

xeromorf [in bouw aangepast aan droogte (van planten)] gevormd van **gr.** *xeros, xèros* [droog] + *morphè* [uiterlijke vorm].

xerox [kopie] merknaam < ***xerografie***.

xoanon [oudgriekse figuur] < **gr.** *xoanon* [houten voorwerp, godenbeeld (oorspr. uit hout gesneden)], van *xein* [schaven, afkrabben].

xyleem [houtgedeelte van de vaatbundels] gevormd van **gr.** *xulon* [boom, hout].

xyleen [oplosmiddel] gevormd van **gr.** *xulon* [boom, hout].

xylofoon [slaginstrument] gevormd van **gr.** *xulon* [hout] + *phōnè* [geluid].

xyloglyptiek [houtplastiek] gevormd van **gr.** *xulon* [hout] + ***glyptiek***.

xylolatrie [aanbidding van houten beelden] gevormd van **gr.** *xulon* [hout] + *latreia* [loondienst, dienst, slavernij, godenverering], van *latris* [dagloner, dienaar, slaaf], *latron* [arbeidsloon] (vgl. ***idolaat***).

xyloliet [versteend hout] gevormd van **gr.** *xulon* [hout] + *lithos* [steen].

xystus [gang] < **lat.** *xystus* [tuin, terras] < **gr.** *xustos* [glad gemaakt], verl. deelw. van *xein* [schaven, glad maken], vandaar ook 'overdekte galerij voor atletiek' (met weglating van *dromos* [wedloop, renbaan]).

y

yagiantenne [soort televisieantenne] genoemd naar de uitvinder ervan, de Japanner *Yagi*.

yak [tibetaans rund] → ***jak***[2].

yalesleutel [sleutel van veiligheidsslot] genoemd naar de uitvinder ervan, de Amerikaanse slotenmaker en fabrikant *Linus Yale* (1821-1868).

yam [plant] via **portugees** *inhame* overgenomen uit een niet-aanwijsbare taal aan de Afrikaanse Guineekust.

yamashita [turnsprong] genoemd naar de Japanse turner van die naam, geboren in 1938.

yang [het actieve beginsel in de kosmos] < **chinees** *yang* [zon, het mannelijke].

yankee, yank [spotnaam voor Noordamerikanen] etymologie onzeker.

yard [lengtemaat] < **eng.** *yard*, verwant met **nl.** *gard* [stok].

yawl [scheepje] < **eng.** *yawl* < **nl.** *jol*, etymologie onbekend, dat in diverse talen werd overgenomen, vgl. **deens**, **nd.** *jolle*, **hd.** *Jolle*, **russ.** *jol*, **it.** *iole*, **spaans** *yola*, **fr.** *yole*.

yell [kreet] < **eng.** *yell*, van *to yell*, oudeng. *gi(e)llan*, verwant met ***gillen***[1].

yellow [vroegrijpe zure appel] genoemd naar de kleur: **eng.** *yellow* [geel], middeleng. *yelwe*, *yelow*, oudeng. *geolu*, verwant met ***geel***.

yen [Japanse munt] < **japans** *yen* < **chinees** *yen* [rond].

yes [ja] < **eng.** *yes* < oudeng. *gese, gise* < *gea* (middeleng. *ye, ya*, eng. *yea* [ja], daarmee verwant) + *si* [zij], de aanvoegende wijs van 'zijn'.

yeti [verschrikkelijke sneeuwman] < **sherpa** *yeti*.

Yggdrasil [de wereldboom] < **oudnoors** *yg(g)drasill*, van *yggr* [vrees, een naam van Odin, 'de Verschrikkelijke'] + *drasill* [paard], dus: het paard van de Verschrikkelijke.

yin [het passieve beginsel in de kosmos] < **chinees** *yin* [maan, schaduw, het vrouwelijke].

yippie [politieke hippie] van de beginletters van *Youth International Party* [internationale jongerenpartij], mede o.i.v. de kreet *yippee!* en van **hippie**.

-yl [chemisch achtervoegsel] < **gr.** *hulè* [brandhout, timmerhout, bos, materiaal, materie], verwant met **lat.** *silva* [woud].

yoert, yoerte [vilten Aziatische nomadentent] < **russ.** *jurta*, ontleend aan één der Turkse talen, vgl. *yurt* in het turks van Turkije met de betekenis 'bakermat'.

yoga [Indische mystiek] < **oudindisch** *yoga* [vereniging, verbinding, methodische discipline], van *yunakti* [hij verenigt], verwant met ***juk***.

yoghurt [melkspijs] < **turks** *yoğurt*.
yogi [beoefenaar van yoga] < **hindi** *yogī*, van **oudindisch** *yoga-* (vgl. *yoga*).
yohimbine [een alkaloïde] gewonnen uit de bast van de *yohimbe* [een Afrikaanse boom], een bantoewoord.
yperiet [mosterdgas] < **fr.** *ypérite*, van *Ypres* [Ieper], in de buurt waarvan in W.O. I het gas werd gebruikt.
ypsilon [Griekse letter] < **gr.** *u psilon* [kale u], ter onderscheiding van *oi;* beide werden namelijk in laat-gr. uitgesproken als *ī*.
Yquem [een wijn] genoemd naar *Château Yquem*.
ytterbium [chemisch element] gevormd door de ontdekker ervan, de Zweedse chemicus Carl Gustav Mosander (1797-1858) van de plaats *Ytterby*, waar het werd ontdekt.
yttrium [chemisch element] evenals *ytterbium* genoemd naar *Ytterby*.
yucca [sierplant] via het spaans overgenomen uit een niet-geïdentificeerde Midden- of Zuidamerikaanse Indianentaal.

Z

zaad [kiem, teelvocht] middelnl. *saet*, middelnd. *sāt*, oudsaksisch *sād*, oudhd. *sāt*, oudfries *sēd*, oudeng. *sǣd*, oudnoors *sāð;* van *zaaien*.
zaag [getand werktuig] middelnl. *sage*, oudhd. *saga*, oudeng. *sagu*, oudnoors *sǫg* en ablautend middelnl. *sege*, oudhd. *sega;* buiten het germ. **lat.** *securis* [bijl], *secare* [snijden], **oudiers** *tescim* [ik snijd], **oudkerkslavisch** *sěšti* [hakken]; van dezelfde herkomst zijn o.a. het tweede lid van *mes* en *zeis*.
zaaien [zaad strooien] middelnl. *sa(e)yen*, oudsaksisch *saian*, oudhd. *sāen*, oudfries *sēa*, oudeng. *sawan*, oudnoors *sā*, gotisch *saian;* buiten het germ. **lat.** *serere* (verl. tijd *sevi*, verl. deelw. *satum*), **oudiers** *sil* [zaad], **litouws** *seti*, **oudkerkslavisch** *sěti* [zaaien].
zaak [voorwerp, handeling] middelnl. *sake*, *saec(ke)* [rechtszaak, oorzaak, zaak], **oudnederfrankisch** *saca*, oudsaksisch *sǎka*, oudhd. *sahha*, oudfries *sěke*, *sǎke*, oudeng. *sǎcu*, oudnoors *sǫk;* het woord heeft in de eerste plaats betrekking op de rechtspraak en is verwant met *zoeken;* vgl. voor de betekenis *vonnis* en *rechtsvinding;* buiten het germ. **lat.** *sagire* [opsporen], **oudiers** *saigim* [ik zoek].
zaal [groot vertrek] middelnl. *sale*, *sael*, *sele* [woonplaats, woning, land, paleis, kasteel, de grote zaal in burcht of klooster], oudsaksisch *sěli*, oudhd. *sal*, oudeng. *sěle*, *sǣl*, oudnoors *salr*, gotisch *saljan* [onderkomen vinden]; buiten het germ. **oudkerkslavisch** *selo* [akker].
-zaam [achtervoegsel met de betekenis: van dezelfde aard als het grondwoord aangeeft] middelnl. *-sa(e)m*, *-som*, *-sem*, **oudnederfrankisch**, **oudsaksisch**, oudhd. *-sam*, oudeng., oudfr. *-sum*, oudnoors *-samr*, gotisch *-sams* (vgl. **gr.** *homon*); oorspr. na zn. en bn., vervolgens ook bij ww.: *vreedzaam*, *gemeenzaam*, *waakzaam* (vgl. *zamelen*).
zaan [room] middelnl. *sane*, *zane*, middelnd., middelhd. *sane* (hd. *Sahne*) < **picardisch** *saïne* < **lat.** *saginam*, 4e nv. van *sagina* [het vetmesten, overdadige voeding], verwant met **gr.** *sattein* [volstoppen] en met *dwingen*.
Zaan [rivier in Noord-Holland] in 1155 vermeld als *Saden;* de naam wordt verbonden met **fries** *satha* [zode], waarin men een verwijzing heeft gezien naar een moerassig gebied.
zaathout [balk over de bodem van een schip] het eerste lid van *zitten*, vgl. middelnl. *sate* [zitting, ligplaats, grondslag van een dijk].

zabbelen nevenvorm van *sabbelen* en iteratief van *zabben*.

zabben [zabberen] middelnl. *sabbe* [morsige vrouw], **nd.** *sabben*, **fries** *sobbje, sabbje*, **middeleng.** *sobben* (**eng.** *to sob*); verwant met *sap*.

zacht [niet hard] middelnl. *sa(e)chte, sa(e)fte*, **oudnederfrankisch** *senifte*, **oudsaksisch** bijw. *sāfto*, **oudhd.** bn. *semfti*, naast het bijw. *samfto*, **oudeng.** bn. *sēfte*, naast het bijw. *sōfte*; o.m. in het nl. is de nasaal verdwenen. Mogelijk verwant met **gotisch** *samjan* [behagen], **oudnoors** *sāma* [passen]; buiten het germ. in dat geval **iers** *sam* [rust], **oudindisch** *sāman*- [welwillende behandeling].

zachtboard [vezelplaat van beperkte hardheid] < **eng.** *softboard* [idem], van *soft* (vgl. *zacht*) + *board* (vgl. *boord*).

zadel [zitting] middelnl. *sadel(e)*, **oudhd.** *satal*, **oudeng.** *sadol*, **oudnoors** *sǫdull;* behoort bij *zitten*, evenals **lat.** *sella* [zetel] bij *sedēre* [zitten].

Zaïre [geogr.] de naam is eigenlijk die van de rivier, in 1482 door de Portugese ontdekkingsreiziger Diego Cão opgetekend uit de mond van de inheemsen.

zak [verpakkingsmiddel, bergplaats] middelnl. *sac, zak, sacke* < **lat.** *saccus* < **gr.** *sakkos* [gewaad, vooral bij rouw] (vgl. *in zak en as zitten*) < **hebr.** *shaq* [zak, grof gewaad], vermoedelijk < **akkadisch** *sjaqqu* [zak, rouwkleed].

zakken [dalen] vermoedelijk te verbinden met middelnl. *sacken* [in een zak doen, van b.v. koren of buit, ook van misdadigers (innaaien en verdrinken), in zijn maag doen, geheim houden]; van *zak*.

zakkenrollen [uit zakken stelen] < **rotwelsch** *rollen* [zakkenrollen], van *Roll* [geldstuk, ook: molen]; toen *Mühlstein* voor geldstuk verouderde ging *Roll* de plaats innemen.

zalf [smeersel] middelnl. *salve*, **oudsaksisch** *salba*, **oudhd.** *salba*, **oudeng.** *sealf*, **gotisch** *salbon* [zalven]; buiten het germ. **gr.** *elpos* [vet, olie], **albaans** *galpe* [boter], **oudindisch** *sarpis*- [boterolie].

zalig [lekker, zedelijk gelukkig] middelnl. *salich*, **oudnederfrankisch, oudsaksisch, oudhd.** *salig*, **oudfries** *selich*, **oudeng.** *sœlig* (**eng.** *silly*, betekenisontwikkeling van 'gelukkig' tot 'onnozel', vgl. **nl.** *sul*); buiten het germ. **lat.** *salvus* [behouden], **gr.** *holos* (< *solwos*) [geheel], **oudiers** *slan* [geheel, ongedeerd], **oudindisch** *sarva*- [geheel].

zaling [kruisende balk aan mast] mogelijk < middelnl. *sadel, zadel* (met elisie van *d*) [zetel] + *-ing*; in de oude tuigage waren de zalings de zetels waarop het stengewant resp. het bramwant steunde, vgl. **eng.** *trestle-trees*, (*trestle* [onderstel]).

zalm [vis] middelnl. *salme, zalme* < **lat.** *salmo*; betekent waarschijnlijk 'springende vis', vgl. **lat.** *salire*, **gr.** *hallesthai* [springen].

zaluw, zaluwachtig [geelachtig] middelnl. *salu(w)* [bleekgeel, morsig, vuil], **oudhd.** *salo*, **oudeng.** *salu* (**eng.** *sallow*), **oudnoors** *sǫlr;* buiten het germ. vermoedelijk **lat.** *saliva* [sputum], **oudiers** *salach* [vuil], **gaelisch** *sal* [oorsmeer], **welsh** *halawg* [gevlekt], **russ.** *solovoj* [isabellekleurig]; (de fr. vorm *sale* is een ontlening aan het oudhd.).

zamac [zinklegering] handelsnaam < *zink, aluminium, magnesium, koper*.

Zambia [geogr.] vgl. *Sambesia*, district van Mozambique, genoemd naar de rivier de *Zambesi* [groot water].

zambo [kind van neger en Indiaanse] < **spaans** *zambo* [eig. met x-benen, ook baviaan] < **lat.** *scambus* [krombenig] < **gr.** *skambos* [krom, scheef], verwant met *kamptein* [buigen] (vgl. *kamp*).

zamelen [bijeenbrengen] middelnl. *samenen, zamenen* [verzamelen], **oudnederfrankisch, oudsaksisch** *samnon*, **oudhd.** *samanon*, **oudfries** *somnia*, **oudeng.** *somnian*, **oudnoors** *samna*, van het bijw. **oudnederfrankisch, oudsaksisch, oudhd., oudnoors** *saman*, **gotisch** *samana*, in het nl. nog in *samen*, van **oudhd.** *samo*, **oudnoors** *samr*, **gotisch** *sama* [dezelfde]; buiten het germ. **lat.** *similis* [gelijk], **gr.** *homos* [eender], **oudiers** -*som*- [zelf], **oudindisch** *sama*- [gelijk, dezelfde].

zand [steenstof] middelnl., oudhd. *sant*, **oudsaksisch** *sand*, **oudfries, oudeng.** *sond*, **oudnoors** *sandr;* buiten het germ. **lat.** *sabulum* [grof zand], *saburra* [zand (als ballast)], alle vormen waaruit een oude anlautende *p* is verdwenen, vgl. **gr.** *psammos* [zand], van vóór-gr. herkomst (vgl. *zavel*).

zander → *sander*.

zanderinstituut [instituut voor fysiotherapie] genoemd naar de Zweedse orthopedist *Jonas Gustav Wilhelm Zander* (1835-1920).

zanen [room afscheiden] van *zaan* [room].

zang [het zingen] middelnl., oudhd. *sanc*, **oudnederfrankisch, oudsaksisch** *sang*, **oudfries, oudeng.** *song*, **oudnoors** *sǫngr*, **gotisch** *saggws;* ablautend bij *zingen*.

zaniken [zeuren] **nd.** *sanken*, **fries** *sanikje* (van fries *sane* [het manen]), vgl. **middelhd.** *seinen* [vertragen] (van *seine* [traag]), **oudeng.** *asanian* [slap worden] (van *sœne* [traag]), **oudnoors** *seina* [vertragen] (van *seinn* [traag]), **gotisch** *sainjan* [talmen]; buiten het germ. **lat.** *sinere* [neerleggen, dulden, toelaten], **litouws** *atsainus* [traag].

zanten [bijeenlezen] middelnl. *santen, sangen*, van *sante, zante, sange* [schoof, garf], ontstaan uit een vermoedelijke vorm *samte*, verwant met *samen*.

Zanzibar [geogr.] van **perzisch** *zang* [zwart] + *bar* [woestijn]; vgl. voor de betekenis *Soedan*.

zapon, zaponlak [soort lak] < **hd.** *Zaponlack*, van **lat.** *sapo* (2e nv. *saponis*) [zeep], uit het germ., vgl. *zeep*.

Z-as [as voor de derde coördinaat] na de *x-as* en de *y-as* is de *z-as* nummer drie.

zat — zeepkruid

zat [verzadigd] **middelnl.** *sat, zat, sad, zad,* **oudnederfrankisch, oudsaksisch** *sad,* **oudhd.** *sat,* **oudeng.** *sæd* (**eng.** *sad* [vermoeid, droevig]), **oudnoors** *saðr,* **gotisch** *saps* [verzadigd]; buiten het germ. **lat.** *satur* [verzadigd], *satis* [genoeg], **gr.** *a(a)tos* [onverzadelijk] (waarin vóór de tweede *a* de *s* wegviel) en **oudiers** *saith* [verzadiging], **litouws** *sotus,* **oudkerkslavisch** *sytŭ,* **oudindisch** *asinvan-* [onverzadigbaar].

zate [basis van b.v. een dijk] **middelnl.** *sate,* **middelnd.** *sat(e),* **oudhd.** *saza,* **middelhd.** *saze;* van *zitten.*

zaterdag [laatste dag van de week] < **lat.** *dies Saturni* [dag van Saturnus], vertalende ontlening aan **gr.** *Kronou hèmera* [de dag van Kronos].

zavel [grondsoort] **middelnl.** *savel, zavel* < **lat.** *sabulum* [grof zand] (vgl. *zand*).

zavelboom → *zevenboom.*

ze [pers. vnw.] toonloze vorm van *zij,* die ook de functie van 4e en 3e nv. heeft aangenomen.

zebedeus [sul] is de bijbelse naam *Zebedeus,* vergriekst < **aramees** *zabdai* [gift van de Heer].

zeboe [bultrund] < **fr.** *zébu,* mogelijk < **tibetaans** *mdzo p'o* [kruising van yakstier en Tibetaanse koe], *mdzo* [Tibetaanse koe], waaraan het achtervoegsel *p'o* is toegevoegd.

zebra [zoogdier] < **eng.** *zebra* < **portugees** *zebra.*

zecchino [munt] < **it.** *zecchino,* verkleiningsvorm van *zecca* [munt(gebouw)] < **ar.** *sikka* [muntstempel, muntstuk].

Zechsteen [geologisch tijdperk] < **hd.** *Zechstein,* van *Zeche* [mijn].

zede [gewoonte] **middelnl.** *sede,* **oudnederfrankisch** *sĭdo,* **oudsaksisch** *sĭdu,* **oudhd.** *sĭtu,* **oudfries** *sĭde,* **oudeng.** *sĭdu,* **oudnoors** *siðr,* **gotisch** *sĭdus;* buiten het germ. **lat.** *suescere* [gewoon worden], **gr.** *èthos* (< *swethos*), **oudindisch** *svadhā-* [gewoonte] (vgl. *ethiek*).

zedoarwortel [geneeskrachtige wortel] **middelnl.** *sedeware, seduware, cedevare* etc. < **me. lat.** *zedoario* < **ar.** *zadwār* < **perzisch** *zadwār.*

zedrak [paternosterboom] < **fr.** *azédarac* [idem] < **spaans** *acedaraque* < **ar.** *azādarakht* < **perzisch** *āzādderaxt,* van *āzād* [vrij] + *deraxt* [boom], dus: de vrije boom, zo genoemd omdat hij wordt gemeden vanwege het dodelijke gif in de besjes.

zee [oceaan] **middelnl.** *see* [zee, meer], **oudnederfrankisch, oudsaksisch, oudhd.** *seo,* **oudfries** *sē,* **oudeng.** *sæ,* **oudnoors** *sær,* **gotisch** *saiws* [meer, moeras]; buiten het germ. zijn geen verwanten aangetroffen.

zeef [werktuig om te zeven] **middelnl.** *seve, seef,* **middelnd.** *seve,* **oudhd.** *sib* (**hd.** *Sieb*), **oudeng.** *sĭfe* (**eng.** *sieve*); buiten het germ. met andere auslaut **iers** *sithlad* [het zeven], **welsh** *hidl* [zeef], **litouws** *sijoti* [zeven], **oudkerkslavisch** *sito* [zeef]; vgl. ook *ziften, zichten;* stamt wel van dezelfde basis als *zijgen* en *sijpelen.*

zeeg [1], zeegt [gebogen lijn] van *zijgen, (zeeg, gezegen*).

zeeg [2] [mak, kalm] samengetrokken uit *zedig* (vgl. *zede*).

zeeghaft, zeeghaftig [zegevierend] **middelnl.** *seechachtich,* van *zege* + *-achtig;* de variant *-haft(ig)* stamt uit **hd.** *sieghaft.*

zeegt → *zeeg* [1].

zeel [draagriem] **middelnl.** *seel, seil, zeel,* **oudsaksisch, oudfries** *sēl,* **oudhd., oudnoors** *seil,* **oudeng.** *sāl,* **gotisch** *insailjan* [met touwen binden]; buiten het germ. **lat.** *saeta* [haar], **gr.** *himas* [riem], **litouws** *atsailė* [verbindingsstang], **Iets siet** [binden], **oudkerkslavisch** *silo* [zeel], **oudindisch** *setu-* [band]; verwant met *zenuw.*

zeelt [vis] eerst sedert Kiliaan genoteerd. Etymologie onzeker, mogelijk verwant met **noors** *sĭld* [haring], waarvan de etymologie evenmin duidelijk is.

zeem [1] [honing] **middelnl.** *seem, zeem* [ongepijnde honing], **oudsaksisch** *sēm,* **oudhd.** *seim,* **oudnoors** *seimr* [ook honingraat]; verwant met **gr.** *haima* [bloed], **welsh** *hufen* [room] en dan met de betekenis 'dikkige vloeistof', volgens anderen verwant met *zeel* en dan met de betekenis 'weefsel' (vgl. *raat*).

zeem [2] [zeemleer] **middelnl.** *semen, zemen* [zeemleren], *seemsch, zeems(ch)* [leer], *zeemenleder,* **fr.** *chamois,* **it.** *camoscio* [gems, gemzeleer, zeemleer], **spaans** *gamuza,* **portugees** *camurça,* **hd.** *Sämischleder,* **zweeds** *sämsk,* **tsjechisch** *semiš, zamiš,* **pools** *zamsz,* een internationaal sterk verbreid woord waarvan de etymologie niettemin moeilijk met zekerheid is vast te stellen. Vermoedelijk stamt het woord van *chamois* (vgl. *gems*), hoewel de techniek van het zeemlooien op de huiden van een hele reeks dieren werd toegepast. Volgens anderen gaat het woord via slavische talen terug op **turks** *semisz* [vet], wat in ieder geval qua betekenis past, omdat het vetlooien betreft. Weer anderen menen dat de zeem genoemd is naar *Samland,* een gebied in Oost-Pruisen.

zeemeermin [mythisch wezen uit de zee] pleonastisch gevormd van *zee* + *meermin.*

zeemgaar [met traan gelooid leer] van *zeem* [2] + *gaar* in de betekenis 'naar de eis gelooid, gereed voor gebruik'.

zeen [pees] **middelnl.** *sene, zene* [zenuw, pees, spier], naast *senuwe,* **hd.** *Sehne* (vgl. *zenuw*).

zeenwater [leewater] het eerste lid is *zeen,* **middelnl.** *sene* [zenuw, pees, spier].

zeep [reinigingsmiddel] **middelnl.** *se(i)pe, seep,* **middelnd.** *sepe,* **oudhd.** *seifa, seifar* [schuim], **oudeng.** *sape, sap* [hars]; buiten het germ. **lat.** *sebum* [talk], **tochaars A** *sip-* [zalven] (**lat.** *sapo* is ontleend aan het germ.).

zeephout [houtsoort] zo genoemd omdat het een wasmiddel is.

zeepkruid [plantengeslacht] zo genoemd omdat het veel saponine bevat. Hieronymus Bock deelt mee dat bedelmonniken, die geen geld hebben om zeep te kopen, er hun kappen mee moeten wassen (1577).

zeer[1] [pijnlijk (bn.)] middelnl. *sere, seer, zeer* [ziek, klaaglijk], **oudnederfrankisch, oudsaksisch, oudhd.** *sēr,* **oudeng.** *sār,* **oudnoors** *sārr* [pijnlijk, gewond]; met een germ. element *-ra* gevormd van een idg. basis waarvan zijn afgeleid **lat.** *saevus* [woedend], **gr.** *haimōdeō* [ik heb kiespijn], waarin anlautend *s* is verdwenen (voor het tweede lid vgl. *tand*), **oudiers** *saeth* [pijn], **lets** *sievs* [wreed, scherp].

zeer[2] [smart (zn.)] het zelfstandig gebruikt bn. *zeer*[1].

zeer[3] [in hoge mate (bijw.)] middelnl. *sere* [pijnlijk, krachtig, in hoge mate], **oudsaksisch, oudhd.** *sero,* **oudeng.** *sare,* is het bijw. gebruikt bn. *zeer*[1] [pijnlijk].

zeeschuimer [zeerover] gevormd van *zee* + *schuimen* (vgl. *schuim, tafelschuimer*), middelnl. *scumen* [o.a. roven, plunderen].

zeestraat [zeeëngte] → *straat*[2].

zeet [het zitten] → *zete*.

Zeeuw [iemand uit Zeeland] middelnl. *seeusch* [tot de zee behorend, Zeeuws]; de *w* behoorde oorspr. tot de stam van *zee*, vgl. de oorspr. 2e nv. van zee: middelnl. *sewes,* later *sees*.

zefier [westenwind] < **lat.** *zephyrus* [westenwind, lentewind, wind] < **gr.** *zephuros* [wind (meestal stormwind)].

zege [overwinning] middelnl. *sege, zege,* **oudnederfrankisch, oudsaksisch** *sigi,* **oudhd.** *sigu,* **oudfries** *sī,* **oudeng.** *sige,* **oudnoors** *sigr,* **gotisch** *sigis;* buiten het germ. **gr.** *echein* (waarvóór de *s* wegviel) [in bezit hebben], **gallisch** *Segu-* (in namen) [sterk], **oudperzisch** *hazanh* [macht], **oudindisch** *sahate* [hij overwint], *sahas-* [macht] (vgl. *epoque*).

zegel [stempel] < **lat.** *sigillum* [beeldje, reliëf, (afdruk van een) zegel], verkleiningsvorm van *signum* [(merk)teken, herkenningsteken] (vgl. *zegen*[1], *design, sein*[1]).

zegen[1] [blijk van gunst] < **lat.** *signum* [teken, bewijs, voorteken, in chr. lat. wonder] (vgl. *zegel, sein*[1], *design*).

zegen[2] [visnet] middelnl. *segene, zegene, seine,* **oudfries** *seine,* **oudsaksisch, oudhd.** *segina,* **oudeng.** *segne* (**eng.** *seau*) < **lat.** *sagena* < **gr.** *sagēnè* (vgl. *saaien*).

zegevieren [triomferen] eerst na Kiliaan, daar wel *seghe-vier* [overwinningszang]; van *zege* + *vieren*[1].

zegge[1] [plantengeslacht] eerst bij Kiliaan genoteerd, vgl. **middelnd.** *segge* [riet] (**hd.** *Segge*), **oudeng.** *secg* [zwaard, riet, gladiool] (**eng.** *sedge*); buiten het germ. **oudiers** *seisg* [bies], **welsh** *hesg* [riet, bies], verwant met **lat.** *secare* [snijden], vgl. ook *zaag*; plant heeft bladeren met scherpe kanten.

zegge[2] [aanwijzing van het bedrag] optativus van de 2e pers. enk. van *zeggen,* vgl. *gelieve, schrijve*.

zeggen [spreken] middelnl. *seggen, sagen,* **oudsaksisch** *seggian,* **oudhd.** *sagen,* **oudfries** *sedsa,* **oudeng.** *secgan,* **oudnoors** *segja;* buiten het germ. **lat.** *inquam* [ik zeg], waarin tussen *n* en *q* de *s* uitviel, naast **gr.** *ennepe* [vertel!], waarin *nn* uit *ns* ontstond, en **oudiers** *insce* [toespraak], **welsh** *hepp* [hij zei], **litouws** *sakyti* [zeggen], **hettitisch** *šakija-* [verklaren].

zegsman [woordvoerder] middelnl. *segsman* [zegsman, scheidsrechter], blijkens de *s* in het eerste lid van nominale oorsprong, vgl. 16e eeuws **nl.** *segge* [scheidsrechterlijke uitspraak], **middelnd.** *segge* [het zeggen, uitspraak].

zeiger [platte viskorf] van *zegen*[2] [visnet].

zeiken [plassen, stortregenen] middelnl. *se(i)ken,* **nd.** *seken,* **oudhd.** *seihhen,* **oudeng.** *sicerian* [sijpelen]; vgl. middelnd. *sik* [drassig land], **oudeng.** *sīc* [beekje], **oudnoors** *sīk* [traag stromend water]; buiten het germ. **oudkerkslavisch** *sīcati* [pissen], **tochaars A** *sik* [overstromen]; verwant met *zijgen* en *sijpelen*.

zeikmier [zeurkous] blijkens **eng.** *pismire,* **middeleng.** *pissemyre,* dat eerst in de 16e eeuw overdrachtelijk 'zeur' ging betekenen, vgl. ook **ijslands** *migamaur* [letterlijk pismier] (**nl.** *miegen* [pissen]), oorspr. gezegd van mieren en wel vanwege de urinelucht van het nest.

zeil [doek (aan mast)] middelnl. *segel, seil* met de overgang van *-egel* in *-eil* als b.v. ook in *dweil,* **oudsaksisch** *sëgel,* **oudhd.** *sëgal,* **oudeng., oudnoors** *segl,* ook in het kelt., vgl. **iers** *seol,* **welsh** *hwyl;* vgl. **oudnoors** *segi* [afgescheurd stuk vlees, doek]; van dezelfde idg. basis als *zaag*.

zeilderen [kiskassen, pleieren] iteratief van *zeilen* met ingevoegde *d* → *zeil*.

zein dial. nevenvorm van *zeis*.

zeis [maaiwerktuig] middelnl. *seisen(e), sensene, seinse, sein(e),* **oudsaksisch** *sëgisna,* **oudhd.** *sëgansa;* van dezelfde idg. basis als *zaag*.

zeisel [zegsel, spreuk] van *zeggen;* de ontwikkeling en de verbinding *ege* > *ei* is gewoon, vgl. *hij zei, dweil, peil*.

zeisen dial. nevenvorm van *zeis*.

zekel [soort van sikkel] middelnl. *sekel(e), zekele* (vgl. *sikkel*[1]).

zeken nevenvorm van *zeiken*.

zeker [veilig, stellig] middelnl. *seker,* **oudsaksisch** *sikor,* **oudhd.** *sihhur,* **oudfries** *sikur,* **oudeng.** *sicor* < **lat.** *securus* [zonder zorg, gerust, veilig], van *se* [uiteen, zonder] + *cura* [zorg]; een latere ontlening aan **lat.** *securus* is **nl.** *sekuur*.

zelateur [ijveraar] < **fr.** *zélateur* [idem], van **chr. lat.** *zelus* [geloofsijver] < **gr.** *zèlos* (vgl. *jaloers*).

zelden [zeer weinig] middelnl. *selden* [zeldzaam, schaars], **middelnd.** *selden,* **oudsaksisch** *seldlīk,* **oudhd.** *seltan,* **oudfries** *selden,* **oudeng.** *seldan* (**eng.** *seldom*), **oudnoors** *sjaldan;* etymologie onzeker.

zeldzaam [schaars] middelnl. *seltsiene, seltsen, seltsane, seltsaem,* **oudhd.** *seltsani,* **oudeng.** *seldsiene,* **oudnoors** *sjaldsēnn;* reeds uit de ontwikkeling in het middelnl. blijkt dat de oorspr. betekenis 'zelden gezien' niet meer werd herkend, zodat het tweede lid geïnterpreteerd werd als *-zaam* (vgl. *zelden*).

zelf[1] [aanwijzend vnw.] **middelnl.** *selve, self,* **oudnederfrankisch** *selvo, self,* **oudsaksisch** *selbo, self,* **oudhd.** *selbo, selb,* **oudfries** *selva, self,* **oudeng.** *selfa, self,* **oudnoors** *själfr,* **gotisch** *silba;* buiten het germ. is **venetisch** *sselboisselboi* [voor zichzelf] geregistreerd.

zelf[2], zelve [salie] **middelnl.** *selve, zelve,* vorm met umlaut < **lat.** *salvia* (vgl. **salie**).

zelfde [in verbinding met een lidwoord of vnw. om de identiteit van iets of iem. uit te drukken] **middelnl.** *dieselve, deselve* [hij zelf, dezelfde].

zelfkant [buitenkant] sedert Kiliaan, vgl. **middelnl.** *selfende, selfegge* (vgl. **neg**), **middelnd.** *sulvende,* **nd.** *sulfkante,* **middelhd.** *selpende* (**hd.** *Selbende*), **fries** *selfkant,* zo genoemd in tegenstelling tot de beide korte einden van het weefsel, die vast zitten op het getouw.

zelfmoord [suïcide] vermoedelijk < **hd.** *Selbstmord* (1643), dat een vertalende ontlening is aan **laatlat.** *suicidium,* van *sui* [van zichzelf] + *caedere* (in samenstellingen *-cidere*) [houwen, doden], idg. verwant met **heien**[1].

zelfs [tegen de verwachting in] **middelnl.**, **middelnd.** *selves,* **middelhd.** *selbes,* de tot bijw. geworden 2e nv. van *zelf.*

zelfzucht [egoïsme] in de 19e eeuw (?) < **hd.** *Selbstsucht.*

zelk [hoop as uit zoutketen] **hd.** *Sulch,* van dezelfde basis als **zout**.

zelling [zaat of bed door een schip in de modder gemaakt] **middelnl.** *sellinge* [gegraven inham of haventje in buitengronden], van **middelnl.** *sedel* [zetel, bed], vgl. *zaat* bij **middelnl.** *sate* [ligplaats voor schepen]; de oorspr. betekenis is: uitdieping in bij eb droogvallende gronden waar schepen bij hoog water kunnen in- en uitvaren.

zeloot [blind ijveraar] **middelnl.** *zelote* [ijveraar, fanaticus] < **fr.** *zélote* [ijveraar] < **chr. lat.** *zelotes* [naijverig] < **gr.** *zèlōtès* [navolger, aanhanger, zeloot], van *zèlos* [jaloezie].

zemel [vlies van graankorrels] **middelnl.**, **middelnd.** *semele* [zemelen, tarwemeel], **oudhd.** *sëmala, simila* (**hd.** *Semmel* [kadetje, hard broodje]) < **lat.** *simila* [tarwebloem, in me. lat. wittebrood], evenals **gr.** *semidalis* [fijn tarwemeel] ontleend in het oosten, vgl. **akkadisch** *samīdu* [idem], *samādu* [malen].

zemelen [zeuren] variant van **sammelen**.

zen dial. nevenvorm van **zeis**.

Zen, Zenboeddhisme [vorm van het boeddhisme] < **japans** *Zen,* verkort uit *zen-na* < **chinees** *ch'an-na* (**koreaans** *son-na*) < **oudindisch** *dhyāna-* [meditatie], *dhyāti* [hij mediteert].

Zend [Avestisch (een taal)] < **oudperzisch** *zend, zand* [interpretatie, commentaar] (vgl. **Zen**).

zende [stuk vlees van de slacht als geschenk] **middelnl.** *sende* [geschenk dat men stuurt, ook van vlees], dus van **zenden**.

zenden [sturen] **middelnl.** *senden, sinden,* **oudnederfrankisch, oudeng.** *sendan,* **oudsaksisch** *sendian,* **oudhd.** *senten,* **oudfries, oudnoors** *senda,* **gotisch** *sandjan,* causatiefvorming bij woorden voor *weg,* waarvoor vgl. **gezin**.

zeneblad → **seneblad**.

zenegroen [plantengeslacht] **middelnl.** *sin(de)groen,* **middelnd.** *singrone,* **oudhd.** *singruoni* (**hd.** *singrün*), **oudeng.** *singrene,* een ontlenende vertaling aan **lat.** *sempervivum;* het eerste lid is dat van **zondvloed**.

zenen [slaan] van **zeen** in de betekenis 'pees', vgl. **middelnl.** *pese* [pees, gesel] (vgl. **bullepees**).

zeng [windstoot] hoort wel bij het ww. *zengen,* vgl. **hd.** *Senge kriegen* [een pak ransel krijgen].

zengelen [zengeren, zengen, tintelen] iteratief van **zengen**.

zengen [schroeien] **middelnl.** *sengen, singen,* **oudhd.** *bisengan,* **oudfries** *senga,* **oudeng.** *sengan;* buiten het germ. **kerkslavisch** *sǫčiti* [drogen].

zenit [toppunt] < **oudfr.** *cenit* < **spaans** *cenit* < **ar.** *as samt* [de weg, de manier], een verkorting van *samt ar ra's* [de weg van het hoofd], *samt* < **lat.** *semita* [pad, straat].

zenuw [verbindingsdraad tussen zintuigen en zenuwstelsel] **middelnl.** *senuwe, senewe,* naast *sene* (vgl. **zeen** [zenuw, pees, spier]), zoals *geluw* naast *geel,* **oudsaksisch, oudhd.** *senewa,* **oudfries** *sine,* **oudeng.** *sinu,* **oudnoors** *sin(a);* buiten het germ. **oudiers** *sin* [ketting], **iets** *pasainis* [touw], **avestisch** *snavar,* **oudindisch** *snavah* [zenuw]; van een idg. basis met de betekenis 'binden', waarvan ook **zeel** is afgeleid.

zenuwachtig [nerveus] **middelnl.** *senuweachtig* [rijk aan zenuwen of spieren].

zeper[1] [waarlijk] vroeger ook *zemer,* vervormd uit *zeker.*

zeper[2], zeperd [strop, loer] etymologie onzeker, mogelijk verband met **jiddisch** *sewel* [drek] of met *inzepen,* **rotwelsch** *einseifen* [bedriegen] (vgl. **seibelaar**).

zephyr → **zefier**.

zeppelin [luchtschip] genoemd naar de uitvinder ervan, Graaf *Ferdinand von Zeppelin* (1838-1917).

zerk [grafsteen] **middelnl.** *sarc, serc,* **oudsaksisch** *sark,* **oudhd.** *saruh,* **oudfries** *serk* [doodkist], verkorting van **lat.** *sarcophagus* < **gr.** *sarkophagos* (vgl. **sarcofaag**).

zero [nul] < **fr.** *zéro* < *zero* < *zefiro* < **me. lat.** *zephirum* < **ar.** *ṣifr* (vgl. **cijfer**).

zerp [zuur] **middelnl.** *serp, sarp, ze(e)rp* [wrang], *serpen* [scherp maken], **oudhd.** *sarf;* buiten het germ. **gr.** *harpè,* **oudkerkslavisch** *srŭpŭ,* **tsjechisch** *srp* [sikkel] en op enige afstand **lat.** *sar(r)ire* [schoffelen], **oudindisch** *sṛṇī* [sikkel].

zes [telwoord] **middelnl.** *ses(se), zesse,* **oudsaksisch, oudhd.** *sehs,* **oudfries, oudnoors** *sex,* **oudeng.** *siex,* **gotisch** *saihs;* buiten het germ.

lat. *sex*, gr. *hex*, albaans *gaste*, oudiers *se*, welsh *chwech*, litouws *sesi*, oudkerkslavisch *šestĭ*, armeens *vec*, oudindisch *ṣaṭ*.

zestig[1] [telwoord] middelnl. *tsestich, sestich*, oudhd. *sehszug*, middelnd. *sestich*, oudeng. *siextig*, wordt uitgesproken met een scherpe *s* naar analogie van *zeventig*; van *zes* + *-tig* (vgl. *zeventig, tachtig*).

zestig[2] [dwaas] in *ben je een haartje zestig?*, vermoedelijk van **jiddisch** *sjechten* (vgl. **gesjochten**).

zetbaas [die voor rekening van een ander een zaak beheert] nog niet bij Kiliaan, van **zetten** + **baas**.

zete [plaats om te zitten] middelnl. *sate, sete*; van de stam van *zitten*, (*zat, zaten, gezeten*).

zetel [zitplaats] middelnl., middelnd. *setel*, oudhd. *sezzal*, oudeng. *seatul*, gotisch *sitls*; buiten het germ. lat. *sella*, gr. *hella*; met dentaalvariant **oudnederfrankisch** *sethel*, **oudsaksisch** *sethal*, oudhd. *sedal*, oudeng. *seðel* (eng. *settle*); de twee groepen zijn terug te voeren op reeds idg. aanwezige basisvarianten.

zetmeel [reservevoedsel van planten] gevormd van *zich zetten* in de zin van 'vast worden' + *meel*.

zetpil [pil die in de aars gebracht wordt] in het eerste lid is het verder verdwenen middelnl. *set, zet* [aars] bewaard, vgl. *hem setten* [gaan zitten].

zetten [plaatsen] middelnl. *setten*, **oudnederfrankisch**, oudeng. *settan*, **oudsaksisch** *settian*, oudhd. *sezzen*, oudfries *setta*; causatief van *zitten*.

zeug[1] [vrouwtjesvarken] middelnl. *seuge, suege, soge* [zeug, ook: pissebed], **oudsaksisch** *suga*, hd. dial. *Suge*, oudeng. *sugu*, zweeds *sugga*; buiten het germ. lat. *suc(c)ula* [biggetje], **middeliers** *soc* [varkenssnuit], welsh *hwch* [varken], oudindisch *sūkara-* [everzwijn]; van dezelfde idg. basis als *zwijn*.

zeug[2] [pissebed] zo genoemd door de vormgelijkenis met *zeug*[1] [varken], vgl. fr. *cochon de cave*.

zeugma [stijlfiguur] < gr. *zeugma* [verbinding, juk], verwant met *zugon* [juk], daarmee idg. verwant.

zeulen [voortslepen] **oudsaksisch** *suli* [het slepen van het kleed], oudeng. *sulh* [ploeg]; buiten het germ. lat. *sulcus* [vore], gr. *helkein* [trekken], albaans *helk*, litouws *velku* [ik trek].

zeunis, zeuning [varkenstrog] middelnl. *so(e)me, zoeme* [trog], oudhd. *sonesti*, oudeng. *sunor*, **oudnoors** *sonar*, vgl. oudhd. *swaner* [troep varkens]; verwant met *zwijn*.

zeuren [zaniken] bij Kiliaan *soren, seuren* [een schijnaanklacht doen], *so(o)ren, seuren* [zweren, pijn doen]; uitsluitend nl., etymologie onzeker, bij middelnl. *soren* [zuur worden?]; daar het evenwel ook kan betekenen 'zachtjes koken' is verwantschap met *sudderen* voorgesteld.

Zeus [de oppergod] < gr. *Zeus*, 2e nv. *Di(w)os*, lat. *deus*, oudlat. *deivos*, litouws *dievas*, lets *dievs*, oudiers *dia*, oudwelsh *duiu*, oudindisch *deva-* [god], oudhd. *Ziu*, oudnoors *Tȳr* [de god van de oorlog], verwant met oudindisch *dīdeti* [hij schijnt], *divā* [overdag], armeens *tiv*, lat. *dies*, welsh *dyw* [dag] (vgl. *Jupiter*).

zeven [telwoord] middelnl. *seven*, **oudnederfrankisch** *sivon*, **oudsaksisch** *sibun*, oudhd. *sibun*, oudfries *sigun*, oudeng. *seofon*, oudnoors *sjau*, gotisch *sibun*; buiten het germ. lat. *septem*, gr. *hepta*, oudiers *secht*, welsh *saith*, litouws *septyni*, **oudkerkslavisch** *sedmĭ*, hettitisch *šipta*, oudindisch *sapta*.

zevenboom [heester] middelnl. *savelboom*, middelnd. *idem, savenbom* < lat. *(arbor) Sabina* [Sabijnse (boom)].

zeventig [telwoord] middelnl. *tseventich, seventich*, van *zeven* + *-tig* (vgl. *tachtig*).

zever [kwijl] middelnl., middelnd. *sever*, oudhd. *seivar*, oudfries *saver, sever*, oudeng. *safor*; hoort bij *zeef* en betekent oorspr. 'hetgeen druipt'.

zeverzaad [wormkruid] het eerste lid is middelnl. *sedeware* (vgl. *zedoarwortel*).

zich [wederkerend vnw.] oostmiddelnl. *sich*, uit het hd., een 4e nv. als *mich* en *dich*, afkomstig uit de schrijftaal; in volkstaal een ongewoon woord, waarvoor *z'n eigen* wordt gebruikt.

zichel [zicht, sikkel] < hd. *Sichel* [sikkel].

zicht[1] [soort zeis] middelnl. *sichte*, middelnd. *sigde*, oudeng. *sigðe* (eng. *scythe*), oudnoors *sigð*; van dezelfde idg. basis als *zeis* en *zaag*.

zicht[2] [het zien] middelnl., middelnd. *sicht*, middelhd. *siht*, oudeng. *sihþ*, deens *sigte*, zweeds *sigt*; van dezelfde basis als *zien*.

zichtbaar [waarneembaar] sedert Kiliaan, in het hd. *sichtbar*, vgl. laat-middelnl. *sichtelijc* [zichtbaar], middelnd. *sichtlik*, middelhd. *sihteclich* [ziende]; van *zien*.

zichten [ziften] middelnl. *sichten, siften*, de laatste vorm o.i.v. *zeef*, middelnd. *sichten* (hd. *sichten*), oudeng. *siftan* (eng. *to sift*); afgeleid van *zeef*.

zieden [koken] middelnl. *sieden*, middelnd. *seden*, oudhd. *siodan*, oudfries *siātha*, oudeng. *seoðan* (eng. *to seethe*), oudnoors *sjoða*, gotisch *saups* [offerdier]; buiten het germ. avestisch *hāvayeiti* [hij stooft]; verwant met *zo*[1].

ziegezagen [krassen op de viool, zeuren] ablautende reduplicerende vorming van *zagen* → *zaag*.

ziek [ongezond] middelnl. *siec*, oudsaksisch *siok*, oudhd. *sioh* (hd. *siech*), oudfries *siāk*, oudeng. *seoc* (eng. *sick*), oudnoors *sjūkr*, gotisch *siuks*; de etymologie is onzeker, ondanks verschillende speculatieve pogingen tot verklaring.

ziekte [het ziek-zijn] middelnl. *siecte* (met o.i.v. *siec*), *suucte*, middelnd. *seikte, sukte*, oudfries *siukte*, met verscherping van de dentaal van het achtervoegsel naast middelnl. *sucede*, middelnd. *sekede, sukede*, middelhd. *siuchede*; afgeleid van *ziek*.

ziel [geest] middelnl. *siel(e), ziele* [ziel, lijfje], **oudnederfrankisch** *sela*, **oudsaksisch** *seola*, oudfries *sele*, oudeng. *sawol* (eng. *soul*),

zielbraken — zilverschoon

oudnoors *sāl*, **gotisch** *saiwala;* etymologie onbekend.

zielbraken [zieltogen, zich gruwelijk vervelen] wel van *braken* [uitbraken].

zieltogen [op sterven liggen] **middelnl.** *sieltogen, zieltogen;* van *ziel + togen* [1] [trekken].

zielverkoper [ronselaar] 17e eeuws, door het hd. aan het nl. ontleend: **hd.** *Seelenverkäufer;* het eerste lid is een volksetymologische vervorming van *cedel, ceel* [document].

zien [met het oog waarnemen] **middelnl.** *sien,* **oudsaksisch, oudhd.** *sehan,* **oudfries** *siā,* **oudeng.** *seon,* **oudnoors** *sjā,* **gotisch** *saihwan;* buiten het germ. **hettitisch** *šakuwa* [(mv.) ogen], **albaans** *soh* [ik zie], mogelijk ook **russ.** *sokol* [valk (het scherp ziende dier)]; waarschijnlijk is de idg. basis van zien identiek met die van **lat.** *sequi* [volgen], **gr.** *hepesthai,* **oudiers** *sechur,* **litouws** *sekti;* wat de betekenis betreft is overeenstemming tussen 'zien' en 'volgen', ook 'achternajagen', niet ondenkbaar.

zier [zweem] **middelnl.** *siere, ziere* [klein insektje, kleinigheid], **oudhd.** *siuro, siurra,* **me.lat.** *siro;* etymologie onbekend.

ziften [zeven] nevenvorm van *zichten* met *f* o.i.v. *zeef.*

ziganoloog [die de zigeuners bestudeert] voor het eerste lid vgl. *zigeuner.*

zigeuner [lid van zwervend volk] < **hd.** *Zigeuner* < **hongaars** *cigány.*

ziggurat [tempel] < **akkadisch** *ziqqurratu* [tempeltoren, trapsgewijs oplopende terrastempel, top], van *zaqaru* [hoog zijn, uitsteken boven].

zigzag [langs een gebroken lijn] **fr.** *zigzac,* **hd.** *zickzack,* maar ouder *sicsac;* zowel de spelling van de laatste vorm, i.h.b. van de anlaut, als het feit dat het woord eerder in het fr. is aangetroffen dan in het hd., doet vermoeden dat we met een fr. woord te maken hebben, dat wel in eerste aanleg klanknabootsend is gevormd op basis van *scier* [zagen, het geluid van de neergaande en opgaande haal van de zaag, vervolgens de heen en weer gaande beweging ervan uitbeeldend].

zij [pers. vnw. vr. enk.] **middelnl., oudhd.** *si,* **oudfries** *se,* **gotisch** *si;* buiten het germ. **gr.** *hi,* **iers** *si,* **oudindisch** *sīm* (4e nv.), pers. vnw. mv. **middelnl.** *sie > si,* **oudnederfrankisch** *sia,* **oudsaksisch** *sia, sea,* **oudhd.** *si-.*

zijd [wijd en zijd, overal] **middelnl.** *side, zide* (bijw.) [breed, wijd], van *sijt, zijt* (bn.) [breed], **middelnd.** *sit, side,* **oudfries** *side,* **oudeng.** *sid, (wide and side),* **oudnoors** *sīðr;* buiten het germ. **oudiers** *sith* [lang] en vermoedelijk **lat.** *sinere* [laten gaan, eig. neerleggen], **oudindisch** *sītā* [vore] (vgl. *zijde* [1]).

zijde [1], zij [zijkant] **middelnl.** *side, zide, sie, sijt,* **oudsaksisch** *sida,* **oudhd.** *sita,* **oudfries, oudeng.** *side,* **oudnoors** *sīða;* hoort bij *zijd* (in *wijd en zijd*) en betekent eigenlijk 'het lang uitgestrekte'.

zijde [2], zij [textiel] **middelnl., middelnd., oudeng.** *side,* **oudhd.** *sida* < **vulg. lat.** *seta,* **klass. lat.** *saeta* [stug haar, borstels van dieren]; seta voor 'zijde' is te zien als de afkorting van *seta serica* [Chinees].

zijdenhemdje [soort appel] volksetymologische vervorming van *Sydenham* in Devonshire, de plaats van herkomst.

zijdgeweer [sabel] van *zijde* [1] [flank] + *geweer* in de oude betekenis van 'wapen' in het algemeen, vgl. **middelnl.** *gewere* [eig. afweer, verdediging], dus: het wapen dat men op zijn zijde draagt.

zijgen [langzaam neerdalen] **middelnl.** *sigen, zigen* [zinken, neerdalen, druppelen, zijgen, filtreren], **oudsaksisch, oudhd.** *sigan,* **oudnoors** *siga* [dalen]; buiten het germ. **lat.** *siare* [pissen], **gr.** *ikmas* (waarin anlautende *s* is verdwenen) [vocht], **oudkerkslavisch** *sīcati* [pissen], **oudindisch** *siñcati* [hij (be)giet].

zijl [waterlozing, sluis] **middelnl.** *sile, sijl, siel, zijl,* **middelnd., hd.** *Siel* [zijl, uit-, afwateringssluis, verlaat], **oudfries** *sīl,* vgl. **noors, zweeds** *sil* [zeef]; van dezelfde basis als *zijgen.*

zijn [1] [bestaan] **middelnl.** *sijn,* **middelnd., oudhd.** *sīn,* een betrekkelijk jonge onbepaalde wijs, die het oorspronkelijke *wezen* is gaan vervangen, o.i.v. ww.-vormen die met *s* begonnen (wij, zij zijn, het zij zo), die stammen van een idg. basis *es,* vgl. *hij is,* **hd.** *er ist,* **eng.** *he is,* **lat.** *est,* **gr.** *esti,* **oudindisch** *asti* [idem].

zijn [2] [bez. vnw.] **middelnl.** *sijn,* **oudnederfrankisch, oudsaksisch, oudhd., oudfries, oudeng.** *sīn,* **oudnoors** *sinn,* **gotisch** *seins,* met een *n* formans van de idg. basis die we terugvinden in **lat.** *suus,* **gr.** *heos,* **oudindisch** *sva-.*

zijp [wetering] van *zijpen,* het *Zijpe.*

zijpelen → *sijpelen.*

zijpen [druipen] **middelnl.** *sipen* [druppelen, druipen], **middelnd.** *sipen,* **middelhd.** *sifen,* **oudfries** *sipa,* **oudeng.** *sipian,* **zweeds dial.** *sipa* [schreien]; wel verwant met *zeef* en *zeep* (vgl. *zijp, sijpelen*).

zilt [zout] **middelnl.** als zn. *silte, zilte* [een of andere zouthoudende substantie als gezouten vlees, pekel], eerst bij Kiliaan *siltigh;* dial. variant van *zult.*

zilver [chemisch element] **middelnl., oudnederfrankisch** *silver,* **oudsaksisch** *silubar,* **oudhd.** *sil(l)abar, silbar,* **oudfries** *selover, silver,* **oudeng.** *silofr, siolfor,* **oudnoors** *silfr,* **gotisch** *silubr;* buiten het germ. **litouws** *sidabras,* **oudkerkslavisch** *sīrebro;* het woord moet uit het Midden-Oosten stammen, vgl. **akkadisch** *ṣarpu* [zilver, eig. geraffineerd], van *ṣarāpu* [smelten, raffineren], **hebr.** *tsāraf* [smelten, raffineerde], **ar.** *ṣirf* [onversneden].

zilverdistel [plant] zo genoemd omdat de bloemen hoofdjes vormen met binnenste omwindselblaadjes, die zilverwit zijn.

zilverschoon [plant] zo genoemd omdat de (aan de

bovenzijde kale) blaadjes aan de onderkant zilverwit behaard zijn.

Zimbabwe [geogr.] < **bantoe** *Zimbabwe* [stenen huizen], van *zimba,* mv. van *imba* [huis] + *mabgi* [stenen].

zin [zintuig, gezindheid, begeerte, reeks woorden] **middelnl.** *sin, zin, sen* [richting, begrip, gedachte, gemoed, zintuig, gezindheid], **middelnd., oudsaksisch, oudhd., oudfries** *sin,* **gotisch** *sinþs* [gang, keer], vgl. **oudhd., oudeng.** *sinnan* [reizen, streven, peinzen]; buiten het germ. **lat.** *sentire* [bemerken, menen], **oudiers** *set* [weg]; vgl. de onder *gezin* vermelde woorden voor weg, vgl. ook *zenden;* de grondbetekenis was 'richting'.

zindelijk [schoon] **middelnl.** *sin(ne)lijc, zinlijc* en, met ingevoegde *d, sindelijc* [verstandig, met de zinnen waarneembaar, natuurlijk, vleselijk]; de huidige betekenis ontwikkelde zich uit die van 'verstandig'.

zinderen [gloeiend trillen] van *sintel,* **middelnl.** *sinder, sintel.*

zingen [met de stem muziek voortbrengen] **middelnl., oudnederfrankisch** *singen,* **oudsaksisch, oudhd., oudeng.** *singan,* **oudfries** *siunga, sionga,* **oudnoors** *syngva, syngja,* **gotisch** *siggwan* [opzeggen, lezen]; buiten het germ. **gr.** *omphè* (waarbij anlautend *s* is weggevallen) [gedragen, plechtige stem (meest van god of orakel)].

zink[1], zenk, zonk [lage grond, inzinking van het terrein] van *zinken* [dalen].

zink[2] [chemisch element] < **hd.** *Zink,* dat identiek is met *Zinken* [tand], de vorm waarin het metaal zich afzet in de smeltoven.

zinken [(weg)zakken] **middelnl.** *sinken,* **oudsaksisch** *sinkan,* **oudhd.** *sinchan,* **oudeng.** *sincan,* **oudnoors** *søkkva,* **gotisch** *sigqan;* mogelijk zijn buiten het germ. verwant **gr.** *heaphthè* [zonk], **litouws** *senku* [ik zak], **armeens** *ankanim* [ik val].

zinkseruis [lithopoon] het tweede lid **middelnl.** *ceruus, seruus,* **fr.** *céruse* [idem] < **lat.** *cerussa* [loodwit] < **gr.** *kèroussa,* van *kèros* [was].

zinnebeeld [symbool] 19e eeuwse vorming naar **hd.** *Sinnbild,* dat **lat.** *emblema* weergaf en later ook **lat.** *symbolum.*

zinnelijk, zinlijk [de zinnen bevredigend] → *zindelijk.*

zinnen [peinzen over] **oostmiddelnl.** *sinnen, zinnen* [zoeken, verlangen], vermoedelijk < **middelhd.** *sinnen* [waarnemen, zijn gedachten richten op, verlangen], dat wel o.i.v. *sin* [gevoel, mening, zintuig] tot deze betekenis kwam, mogelijk echter komt *sinnen* eenvoudig van *zin.*

zinnia [plantengeslacht] genoemd naar de Duitse arts en botanicus *Johann Gottfried Zinn* (1727-1759).

zinnober [vermiljoen] < **hd.** *Zinnober* (vgl. *cinnaber*).

zintuig [orgaan dat prikkels van buiten waarneemt] een jonge vorming, die vermoedelijk opzettelijk is gemaakt om verwarring met de betekenis van *zin* te voorkomen.

zionisme [streven naar eigen joodse staat] < **hd.** *Zionismus,* van *Zion,* **hebr.** *tsijjōn,* de naam van één van de heuvels van Jeruzalem (vgl. *Sion*).

zirkonium [chemisch element] gevormd door de Duitse chemicus Martin Heinrich Klaproth (1743-1817), afgeleid van *zirkoon,* omdat hij het daarin aantrof.

zirkoon [mineraal] **fr.** *zircon,* **spaans** *girgonça,* **portugees** *zarcão* < **ar.** *zarqūn* [helrood] < **perzisch** *zargūn, zarjūn* [goudkleurig], van *zar* [goud] + *gūn* [kleur] (vgl. *jargon*[2]).

zitten [gezeten zijn, zich bevinden] **middelnl.** *sitten,* **oudsaksisch** *sittian,* **oudhd.** *sizzan,* **oudfries** *sitta,* **oudnoors** *sitja,* **gotisch** *sitan;* buiten het germ. **lat.** *sedēre,* **gr.** *hezesthai,* **oudiers** *saidid,* **welsh** *sedd* [zetel], **litouws** *sedeti,* **oudkerkslavisch** *sěsti,* **oudindisch** *sīdati* [hij zit].

zizel [knaagdier] < **hd.** *Ziesel,* **middelhd.** *zīsel, zīsemūs,* **oudhd.** *sīsimūs,* **oudeng.** *sīsemūs,* van slavische herkomst, vgl. **tsjechisch** *sysel,* **pools** *suseł,* **russ.** *suslik,* **oudruss.** *susolŭ,* klanknabootsend gevormd, vgl. **oudkerkslavisch** *sysati* [sissen].

zjat [grote kop zonder oor] < **fr.** *jatte* [nap], **oudfr.** *gate* < **lat.** *gabata* [schotel].

zloty [munt] < **pools** *złoty* [van goud], van *złoto* [goud], **oudkerkslavisch** *zlato,* idg. verwant met *goud;* vgl. voor de betekenis *gulden, öre, sjoof.*

zo[1], zooi [het koken, kooksel, dat wat tegelijk wordt gekookt] **middelnl.** *so(o)de, zode, soot* [idem], **oudhd.** *sōd* (**hd.** *Sud*); ablautend bij *zieden* (zood, gezoden).

zo[2] [op die manier, als] (bijw., voegwoord) **middelnl., oudnederfrankisch, oudsaksisch, oudhd.** *sō,* **oudfries** *sā, sō,* **oudeng.** *swā,* **gotisch** *swā,* **oudnoors** *svā,* van een idg. basis waarvan ook zijn afgeleid **oudlat.** *suad* [zo], **oscisch** *svai,* **umbrisch** *sue* [indien], **gr.** *hōs,* (< *swōs*) [zo]; op enige afstand verwant met het wederkerende vnw. *zich,* **lat.** *se,* en het pers. vnw. *zijn*[2], **lat.** *suus.*

zodanig [dergelijk] **middelnl.** *sodanich, sogedanich,* naast ouder *sogedaen,* **middelnd.** *sogedan, sodan,* **oudhd.** *so gitān,* **oudfries** *sadēn, sodēn;* van *zo*[2] + het verl. deelw. van *doen.*

zode [plag] **middelnl., middelnd.** *sode,* **oudfries** *satha,* **eng.** *sod,* vermoedelijk in verbinding met **oudiers** *soth* [sap], **gr.** *huetos* [stortregen], **oudindisch** *sunoti* [hij perst uit]; van een idg. basis met de betekenis 'vocht', mogelijk echter, evenals *zo(oi),* van *zieden,* hoewel de betekenisontwikkeling dan vragen oproept.

zodiak [dierenriem] < **gr.** *zōidiakos,* een bn. bij een verzwegen *kuklos* [kring], van *zōidion* [kleine afbeelding, ornament, teken van de dierenriem], verkleiningsvorm van *zōion* [levend wezen, sterrebeeld], *zōös* [levend].

zoeaaf [Frans infanteriesoldaat, lid van Vaticaanse ordedienst] < **fr.** *zouave* [idem] < **ar.** *zwāwa* < **berbers** *izwawen,* de naam van een stam der

Kabylen, waaruit het corps aanvankelijk werd gerecruteerd.

zoeg nevenvorm van **zeug** ¹.

zoei [barg. soep] wel hetzelfde woord als het tweede lid van *waterzooi*.

zoejang [barg. klap] etymologie onbekend, vermoedelijk klanknabootsend.

zoeken [trachten te vinden] **middelnl.** *so(e)ken, sueken,* **oudnederfrankisch** *suocan,* **oudsaksisch** *sokian,* **oudhd.** *suohhan,* **oudfries** *seka,* **oudeng.** *secan,* **oudnoors** *soekja,* **gotisch** *sōkjan;* buiten het germ. **lat.** *sagire* [speuren], **gr.** *hègesthai* [de weg voor iemand zoeken], **oudiers** *saigim* [ik zoek], **hettitisch** *šak-* [weten]; formeel is verband met *zaak* mogelijk, vgl. **oudeng.** *soen* [onderzoek, rechtszaak] en **gotisch** *sokus* [onderzoek, twistvraag].

zoel ¹ [lauw] nevenvorm van *zwoel*.

zoel ² [ondiepe plas] < **hd.** *Suhle* [modderpoel waarin het wild zich wentelt omwille van de koelte], van *suhlen* [zich in de modder wentelen], **oudhd.** *sullen,* **oudeng.** *syljan* [bevuilen], ablautend **gotisch** *bisauljan;* buiten het germ. **gr.** *hulè* [droesem, modder], **litouws** *sulà* [berkesap] (onzeker) **oudindisch** *surā-* (met *r* < *l*) [bedwelmende drank].

Zoeloe [lid van Bantoevolk] betekent 'hemel' (de elementen), was de naam van de 16e eeuwse stichter van het koningshuis, die zijn naam gaf aan het volk. Bij het aanspreken van het hoogste opperhoofd wordt nog de formule 'Gij zijt de hemel' gebruikt.

zoemen [gonzend geluid maken] klanknabootsend gevormd.

zoen [kus] **middelnl.** *swoen(e), swone* en, met wegval van *w* voor *oe, soen(e)* [verzoening], **middelnd.** *swone,* **oudhd.** *suona,* **oudfries** *sone,* en de ww. **oudsaksisch** *sonian,* **oudhd.** *suonen,* **oudfries** *sena;* de betekenis 'kus' ontstond uit die van 'verzoeningskus, vredeskus'.

zoenvis [soort vis] zo genoemd naar het feit dat de vissen bij de balts of bij gevechten de monden tegen elkaar drukken.

zoet [niet zout, aangenaam] **middelnl.** *soet(e), suete, soyt,* **oudnederfrankisch** *suoti,* **oudsaksisch** *swoti,* **oudhd.** *s(w)uozi,* **oudfries** *swete,* **oudeng.** *swete* de *w* viel weg voor de *oe,* vgl. ook *zoel* ¹ en *zoen;* buiten het germ. **lat.** *suavis,* **gr.** *hèdus,* **litouws** *sudyti* [kruiden, zouten], **oudindisch** *svādu-* [zoet].

zoetekauw [die veel van zoetigheden houdt] nog niet bij Kiliaan, vgl. **fries** *swietekau* [idem, ook: zoetigheid].

zoetelaar [marketenter] eerst sedert Kiliaan < **middelnd.** *sudeler,* vgl. **middelhd.** *sudelen* [bevuilen, oorspr. morsig koken], verwant met *zieden*.

zoetelel [barg. hoer] vermoedelijk van *zoeter* + *lel*.

zoeter vervormd uit *souteneur*.

zoetsappig [geveinsd vriendelijk] gevormd als *hardvochtig,* van *hard* in de zin van wrang(?); mogelijk zijn 'zoetsappig' en 'hardvochtig' als pendanten gevormd.

zoeven [voortgonzen] **middelnl.** *soeven, zoeven* [snorren, gieren, huilen], klanknabootsend gevormd.

zog ¹ nevenvorm van *zeug* ¹.

zog ² [moedermelk] **middelnl.** *soch, zoch* [het zuigen, moedermelk], **middelnd.** *soch,* **middelhd.** *soc, suc;* van *zuigen, zogen*.

zogen [laten zuigen] **middelnl.** *so(o)gen, zogen;* causatief van *zuigen*.

zolder [bovenste verdieping] **middelnl.** *solre, solder* [plat dak, open uitbouw, terras, zolder] < **lat.** *solarium,* dat naast 'zonnewijzer' de betekenis had van 'plaats van een huis die de zon vangt': terras, balkon, plat dak, van *sol* [zon], daarmee idg. verwant.

zolletje [koopje] verkleiningsvorm van **jiddisch** *zol* [goedkoop, goedkoopte].

zombie [opgestaan lijk] van Afrikaanse herkomst, vgl. in Zaïre *zumbi* [fetisj].

zomer [jaargetijde] **middelnl.** *somer,* **oudsaksisch, oudhd., oudnoors** *sumar,* **oudfries** *sumur,* **oudeng.** *sumor;* buiten het germ. **oudiers** *sam,* **oudwelsh** *ham,* **armeens** *am* [jaar], *amarn* [zomer], **avestisch** *ham* [zomer], **oudindisch** *sama-* [jaargetijde, jaar].

zomervagen, zomervalgen [braak laten liggen gedurende de zomer] → *valgen*.

zomp ¹ [lange bak (van vaartuig), vooral op de Berkel] de eerste betekenis is 'bak waaruit het vee slobbert'. Hetzelfde woord als *zomp* ² [moerasland].

zomp ² [moerasland] **oostmiddelnl.** *somp, tsomp* → *zwam*.

zon [lichtend hemellichaam] **middelnl.** *sonne,* **oudnederfrankisch, oudsaksisch, oudhd.** *sunna, sunno,* **oudfries, oudeng.** *sunne,* **oudnoors** *sunna,* **gotisch** *sunno,* naast vormen met *n* formans ook met *l,* vgl. **oudnoors** *sōl,* **gotisch** *sauil;* buiten het germ. **oudiers** *suil,* **welsh** *haul* [oog], **lat.** *sol,* **gr.** *hèlios,* **litouws, lets** *saulè,* **oudindisch** *sūrya-* (met *r* voor *l*) [zon].

zondag [eerste dag van de week] vertalende ontlening aan **lat.** *dies solis* [dag van de zon], vertalende ontlening aan **gr.** *hèliou hèmera* [idem].

zonde [overtreding] **middelnl.** *sonde, sunde, sende,* **oudnederfrankisch** *sunda,* **oudsaksisch** *sunda,* **oudhd.** *sunt(e)a,* **oudeng.** *synn,* waarschijnlijk reeds vroeg ontleend aan **lat.** *sons* (2e nv. *sontis*), eig. een vorm van het teg. deelw. van *esse* [zijn], dus: zijnde, de man die het eigenlijk is, d.w.z. de schuldige, de misdadiger, als bn. gebruikt: schuldig.

zondebok [die van alles de schuld krijgt] naar Leviticus 16:8.

zonder [voorzetsel, niet in het bezit van] **middelnl.** *sonder* [zonder, behalve, als voegwoord: maar, integendeel], **oudnederfrankisch** *sundir, sunder* [zonder], **oudsaksisch** *sundar* [afzonderlijk, in het bijzonder], **oudhd.** *suntar* [als bijw.: afzonderlijk, in het bijzonder, als voegwoord: maar, integendeel], **oudfries** *sunder* [zonder], **oudeng.** *sundor* [afzonderlijk, in het bijzonder], **oudnoors** *sundr* [stuk, uiteen] en vgl. **gotisch** *sundro* [afgezonderd, alleen]; buiten het germ. **gr.** *ater* [zonder, buiten weten van], *atar* [daarentegen, maar], **oudiers** *sain* [bijzonder], **oudindisch** *sanutar* [ter zijde].

zonderling [vreemd] **middelnl.** *sonderlinge, sunderlinge, sonderlanc* [afzonderlijk, in het bijzonder, speciaal, op buitengewone wijze].

zondvloed [grote vloed] eerst 16e eeuws < **hd.** *Sündflut*, **oostmiddelnl.** *sintvloet* < **middelnd.** *sin(t)vlot*, **oudhd.** *sinvluot*; het eerste lid is volksetymologisch vervormd door associatie met *zonde* (vgl. **zenegroen**).

zone [streek, strook] < **fr.** *zone* < **lat.** *zona* [gordel (van kleding), hemelgordel, aardgordel] < **gr.** *zōnè* [gordelriem].

zonk [lage grond] → **zink** I.

zonneblind, zonneblinde [zonwering] van **hd.** *Blende*, van het ww. *blinden*.

zonnedauw [plant] zo genoemd omdat de plant, indien door de zon beschenen, er uitziet alsof ze vol zit met dauwdruppeltjes.

zoö- [voorvoegsel] < **gr.** *zōion* [levend wezen, dier], van *zōè* [leven], *zaō* [ik leef].

zoöchorie [verspreiding van planten door mens en dier] gevormd van **zoö-** + **gr.** *chōrein* [zich bewegen naar, zich verspreiden].

zoöfaag [die dierlijk voedsel eet] gevormd van **zoö-** + **gr.** *phagein* [eten].

zoöfiel [dierenvriend] gevormd van **zoö-** + **gr.** *philos* [een vriend van].

zoöfiet [neteldier] gevormd van **zoö-** + **gr.** *phuton* [plant], idg. verwant met ***bouwen*** I.

zoögamie [seksuele voortplanting van dieren] gevormd van **zoö-** + **gr.** *gamein* [huwen].

zoögeen [van dierlijke overblijfselen] gevormd van **zoö-** + ***-geen***.

zoögloea [in een geleiachtige massa levende groep bacteriën] gevormd van **zoö-** + **byzantijns-gr.** *gloia* [lijm].

zooi → **zo** I.

zool [onderste vlak van voet of schoen] **middelnl.**, **oudeng.** *sole*, **oudsaksisch**, **oudhd.** *sŏla*, **gotisch** *sulja* < **lat.** *solea* [sandaal], van *solum* [grond, vloer, voetzool, schoenzool].

zoölatrie [verering van dieren] gevormd van **zoö-** + ***-latrie*** (vgl. ***idolatrie***).

zoölogie [dierkunde] gevormd van **zoö-** + **logos** [voordracht, verhaal].

zoom [boord (van weefsel)] **middelnl.** *some, soom*, **middelnd.** *som*, **oudhd.** *soum*, **oudfries** *sām*, **oudeng.** *seam*, **oudnoors** *saumr*, naast **oudsaksisch** *siuwian*, **oudhd.** *siuwen*, **oudeng.** *siow(l)an* (**eng.** *to sew*), **oudnoors** *syja*, **gotisch** *siujan* [naaien]; buiten het germ. **lat.** *suere* [naai-en], **gr.** *kassuein* [lappen], **litouws** *siuti*, **lets** *šut* [naaien].

zoomlens [lens met variabele brandpuntsafstand] het eerste lid < **eng.** *to zoom* [zoemen, onder een steile hoek de hoogte ingaan], klanknabootsend gevormd.

zoömorf [aan diergestalten ontleend] gevormd van **zoö-** + **gr.** *morphè* [vorm, gedaante].

zoon [mannelijk kind] **middelnl.** *sone, soon, zuene*, **oudsaksisch**, **oudhd.**, **oudfries**, **oudeng.** *sunu*, **oudnoors** *sonr*, **gotisch** *sunus;* buiten het germ. **litouws** *sunus*, **oudkerkslavisch** *syny*, **oudperzisch** *hunav*, **oudindisch** *sunus* en zonder *n* formans **gr.** *huios*, **oudiers** *suth* [foetus], **armeens** *ustr*, vgl. **oudindisch** *suyate* [hij verwekt].

zoönose [infectieziekte die van dieren overgaat] gevormd van **zoö-** + **gr.** *nosos* [ziekte].

zoopje [teug sterke drank] verkleiningsvorm van **middelnl.** *sope, soop* [teug, slok], **middelnd.** *sope*, **oudeng.** *sopa*, **oudnoors** *sopi;* van ***zuipen***.

zoor [droog en ruw aanvoelend] **oostmiddelnl.** *soor, zoor*, **middelnd.** *sor*, **oudhd.** *soren* [verdrogen], **oudeng.** *sear* (**eng.** *sear*); buiten het germ. **lat.** *sudus*, **gr.** *auos* (waarin anlautende *s* is weggevallen), en **litouws** *sausas*, **oudkerkslavisch** *suchŭ*, **avestisch** *hushka-*, **oudindisch** *śuṣka-* [droog].

zoöspore [beweeglijke kiemcel] gevormd van **zoö-** + **gr.** *spora* [zaad] (vgl. ***spore***).

zoöstuprum [bestialiteit] gevormd van **zoö-** + ***stuprum***.

zootje [hoeveelheid vis, rommel] verkleiningsvorm van **zo** I.

zoötomie [anatomie van de dieren] gevormd van **zoö-** + ***-tomie*** (vgl. ***anatomie***).

zoper [zeestroming] van **sop** I in de betekenis 'water, de zee'.

zopie → **zoopje**.

zorg [toewijding, ongerustheid] **middelnl.** *so(o)rge*, **oudnederfrankisch**, **oudsaksisch** *sorga*, **oudhd.** *sorga, sworga*, **oudnoors** *sorg*, **gotisch** *saurga;* vermoedelijk moet verband worden gelegd met **oudindisch** *surksati* [hij bekommert zich om]; mogelijk is er verband met **iers** *serg* [ziekte], **litouws** *sergu* [ik ben ziek], **oudkerkslavisch** *sragŭ* [angstaanjagend].

zorgvuldig [zorgdragend] **middelnl.** *sorchvoudich, sorchvuldig*, **middelnd.** *sorchvaldich, sorchveldich*, **middelhd.** *sorgveltic* (**hd.** *sorgfältig*), waarnaast **oudwestfries** *seerfaldich* [treurig, zorgvuldig], **oudfries** *sèrfaldich* [treurig, bedroefd]; van *zorg* + *-voud*, dat normaliter in gebruik is voor telwoorden.

zorilla [marterachtig Afrikaans dier] < **spaans** *zorilla*, verkleiningsvorm van *zorro*, vr. *zorra* [lui iemand, vervolgens (in afkeurende zin) gebruikt voor de vos], van **oudspaans, portugees** *zorrar* [over de grond voortslepen, kruipen], een klanknabootsende vorming (vgl. ***zorillo***).

zorillo [Zuidamerikaans stinkdier] < **braziliaans** *zorilho* < **portugees** *zorra* [oude wijfjesvos] (vgl. *zorilla*).

zoster [gordelroos] < **gr.** *zōstèr* [gordel], verwant met *zōnè* [idem] (vgl. *zone*).

zot [dwaas] **middelnl.** *sot* < **fr.** *sot* [idem], vgl. *sottise*).

zouaaf → *zoeaaf*.

zout [keukenzout, natriumchloride] **middelnl.** *sout, saut, zout*, **oostmiddelnl.** *solt, salt*, **oudsaksisch, oudfries, oudnoors, gotisch** *salt*, **oudhd.** *salz*, **oudeng.** *sealt*; buiten het germ. **lat.** *sal*, **gr.** *hals*, **oudiers** *salann*, **welsh** *halen*, **lets** *sals*, **oudkerkslavisch** *solĭ* (vgl. *zilt, zult*).

zucchetti [komkommervormige vruchten] < **it.** *zucchetti*, mv. van *zucchetto*, verkleiningsvorm van *zucca* [pompoen] < **me. lat.** *cucutia* [idem], vermoedelijk een vermenging van *cucurbita* [pompoen] (vgl. *komkommer*) en *cutis* [huid].

zucht¹ [sterke uitademing] **middelnl.** *sucht, socht*, **middelnd.** *sucht*, **middelhd.** *sūft* (vgl. *zuchten*); de verbinding *cht* ontstond uit *ft*, vgl. b.v. *graft* > *gracht*.

zucht² [ziekte] **middelnl.** *socht(e), sucht, zocht*, **oudsaksisch, oudhd., oudeng.** *suht*, **oudfries** *sechte*, **oudnoors** *sōtt*, **gotisch** *sauhts*; ablautend naast *ziek*.

zuchten [hoorbaar uitademen] **middelnl.** *su(e)chten, sochten* [zuchten, kermen], **oudsaksisch** *suftunga*, **oudhd.** *suft(e)on* (hd. *Seufzen*), **oudeng.** *seofian*, intensivum van *zuipen*, dus de lucht met kracht indrinken (vgl. *zucht*¹).

zuid [ten zuiden] **middelnl.** bijw. *suut, suyt, zuud*, **middelnd.** *sut-*, **oudsaksisch, oudfries** *sūth*, **oudhd.** *sund*, **oudeng.** *sūð*, **oudnoors** *suðr*; mogelijkerwijs samenhangend met *zon*.

Zuiderzee [IJsselmeer] de naam is van Fries standpunt uit bepaald.

zuidwester [breedgerande hoed] gedragen vooral bij storm uit het zuidwesten, vgl. **eng.** *south-wester, southwester*.

zuien → *suien*.

zuigeling [kindje dat nog gezoogd wordt] **middelnl.** (1469) *zukelinc*, **middelhd.** *sugelinc*.

zuigen [(met de mond) naar zich toe trekken] **middelnl.** *sugen*, **oudsaksisch, oudhd., oudeng.** *sugan*, **oudnoors** *suga*; buiten het germ. **lat.** *sucus* [sap], **gr.** *opos* (waarin anlautend *s* is weggevallen) [plantensap], **litouws** *sakai* (mv.) [hars], **iers** *sugid* [hij zuigt] (vgl. *zog*²); van dezelfde basis als *zuipen*.

zuil [pilaar] **middelnl.** *su(e)le, suyl(e)*, **oudnederfrankisch, oudsaksisch, oudhd.** *sūl*, **oudfries** *sele*, **oudeng.** *sȳl*, **oudnoors** *sul(a)*, **gotisch** *sauls*; direct verwant met ablautend *zulle*².

zuimen [dralen] **middelnl.** *sumen* (vgl. *verzuimen*).

zuinig [spaarzaam] **middelnl.** *sunich* [nauwlettend toeziend], vgl. *sticsienich* naast *-su(y)nich* [bijziend], van **middelnl.** *sune, zune* [het (ge)zicht], **oudsaksisch** *siun*, **middelhd.** *siune*, **oudfries** *sione*, **oudnoors** *syn*, **gotisch** *siuns*; van dezelfde basis als *zien*, dus goed ziend.

zuipen [(onmatig) drinken] **middelnl.** *su(y)pen* [slurpen], **middelnd.** *supen*, **oudhd.** *sufan*, **oudeng.** *supan* (**eng.** *to sup* en *to sip*), **oudnoors** *supa*; ablautend met *sop, zoopje*; vermoedelijk auslautsvariant van *zuigen*; ablautend met *sop*¹, *zoopje*.

zuivel [melkprodukten] **middelnl.** *suvel(e), zuvel*, **middelnd.** *suvel*, **oudsaksisch** *subal*, **oudhd.** *sufil*, **oudeng., oudnoors** *sufl*; buiten het germ. **oudindisch** *sūpa-* [saus, soep]; van dezelfde basis als *zuipen*.

zuiver [puur, helder] **middelnl.** *suver*, **oudsaksisch** *subar*, **oudhd.** *subar*, **oudeng.** *syfre* [nuchter] < **vulg. lat.** *suber* < **klass. lat.** *sobrius* [niet dronken, matig, bezonnen] (vgl. *sober*).

zujen nevenvorm van *suien*.

zulk [zodanig] **middelnl.** *sulc(h), sullich, selc, solc, suelc, swilc, swelc*, **oudsaksisch** *sulīk*, **oudhd.** *sulīch*, **oudfries** *selik, salik*, **oudeng.** *swelc*, **oudnoors** *slíkr*, **gotisch** *swaleiks*; van *zo*² + *-lijk* (vgl. *welk*).

zulle¹ [hoor, niet waar?] van *zullen* + het pers. vnw. 2e pers. enk..

zulle², *zul* [drempel] **middelnl.** *sulle, zulle, sille, zille* [drempel, grondzuil], **middelnd.** *säll*, **oudeng.** *syll* (**eng.** *sill*), **oudnoors** *syll*, **gotisch** *gasuljan* [stichten], naast **oudhd.** *swelli* (hd. *Schwelle*), **oudnoors** *svill*; buiten het germ. **lat.** *solium* [zitplaats], **gr.** *selma* [balk, zitplaats], **litouws** *silis* [wieg] (vgl. *zuil*).

zullen [ww. van de toekomende tijd] **middelnl.** *sullen*, **oudnederfrankisch** *sulan*, **oudsaksisch** *skulan*, **oudhd.** *scolan, solan*, **oudfries** *skela, sela*, **oudeng.** *sculan*, **oudnoors** *skulu*, **gotisch** *skulan* [schuldig zijn]; in het nl. is de anlaut *sk* tot *s* geworden. Buiten het germ. **litouws** *skeleti* [schuldig zijn], **oudpruisisch** *skellants* [schuldig]; de eerste betekenis is 'schuldig zijn, moeten', de uitdrukking van de toekomende tijd is secundair.

zullie [zij] samengetrokken uit *zij* + *lui*, vgl. *jullie, hullie*.

zult [hoofdkaas] **middelnl.** *sult(e), zult*, **oudnederfrankisch** *sulta*, **middelnd.** *sulte*, **oudsaksisch** *sultia* [zoutwater(plant)], **oudhd.** *sulza* [zoutwater], **noors** *sylt* [zout moeras]; ablautend bij *zout*.

zulte [zeeaster] vgl. **middelnl.** *sult(e), zulte* [een gepekelde vleesspijs]; van *zout*, zo genoemd vanwege het zoute leefklimaat.

zulver nevenvorm van *zilver*.

zundgat [ontstekingsgat] in de 17e eeuw gevormd naar **hd.** *Zündloch*, van *zünden* [ontbranden] (vgl. *tondel*).

zuring [plantengeslacht] **middelnl.** *su(y)rinc, zurinc, suric, zuric, suerkele, soerkele, surkel*; van *zuur*.

zurkel → *zuring*.

zus [zo] middelnl. *sus, zus, sos*, **oudsaksisch, oudhd.** *sus;* van **zo**[2] o.i.v. *dus.*

zuster, zus [vrouwelijk kind t.o.v. andere kinderen van dezelfde ouders] **middelnl.** *suster,* **oudsaksisch, oudhd.**, **oudfries** *swester,* **oudeng.** *sweostor,* **oudnoors** *systir,* **gotisch** *swistar;* buiten het germ. **lat.** *soror,* **oudiers** *siur,* **welsh** *chwaer,* **litouws** *sesuo,* **oudpruisisch** *swestro,* **oudkerkslavisch** *sestra,* **tochaars A** *sar,* **tochaars B** *ser,* **oudindisch** *svasar-.*

zuur [wrang] **middelnl.** *suur, suer, suyr, zure,* **middelnd., oudhd., oudeng.** *sūr,* **oudnoors** *sūrr;* buiten het germ. **litouws** *suras* [zilt], **oudkerkslavisch** *syrŭ* [vochtig].

zuurstof [chemisch element] zo genoemd omdat men vroeger meende dat het de zuurheid van zuren veroorzaakte.

zuurtoot [zuurmuil] van *zuur* + *toot.*

zuurzak [vrucht] < **tamil** *siru sakkai* [kleine broodvrucht]; de maleise vorm *sirsak* is een ontlening aan **nl.** *zuurzak.*

zuwe [looppad door een moeras] vgl. **middelnl.** *sue(e)ren, suweren* [afwateren], *suweringe* [afwatering], van **oudfr.** *suer* [droogmaken] < **vulg. lat.** *succare* < **klass. lat.** *sugare* [zuigen].

zwaad → *zwad.*

zwaaien [wuiven] **middelnl.** *swayen* [maaien] (vgl. *zwad*), **middelnd.** *swaien* (als zeemanswoord), naast **middelnd.** *swad* [het zwaaien met de zeis], **middeleng.** *sweyen, swayen,* **oudnoors** *sveigja* [buigen, zwaaien], één van de met **zw** anlautende woorden met de betekenis 'zwaaien', zoals ook o.m. *zweep, zwiepen, zwieren, zwengel.*

zwaalf [boerenzwaluw] dial. nevenvorm van *zwaluw.*

zwaan [zwemvogel] **middelnl.** *swan(e), zwane, swaen,* **oudsaksisch, oudhd., oudfries** *swăn,* **oudeng.** *swŏn, swăn,* **oudnoors** *svănr;* buiten het germ. **lat.** *sonus* [klank], **oudiers** *senim* [het spelen van een instrument], **oudindisch** *svana-* [geluid]; het dier is dus naar zijn geluid genoemd (vgl. *svarabhaktivocaal*).

zwaar [veel wegend] **middelnl.** *swa(e)r, zwaer,* **oudsaksisch, oudhd.** *swăr(i),* **oudfries** *swēr,* **oudeng.** *swœr,* **oudnoors** *svărr,* **gotisch** *swērs* [waard, geacht]; buiten het germ. **lat.** *serius* [ernstig], **gr.** *herma* [stut, ballast], **litouws** *sveriu* [ik til op], *svarus* [zwaar], **albaans** *vjer* [ophangen].

zwaard[1] [wapen] **middelnl.** *swa(e)rt, swe(e)rt,* **oudnederfrankisch, oudhd.** *swert,* **oudsaksisch, oudfries** *swerd,* **oudeng.** *sweord,* **oudnoors** *sverð;* etymologie onbekend. De uitdrukking *het zwaard van Damocles* [een altijd dreigend gevaar]; volgens Cicero was Damocles een hoveling van de machtige Dionysius de Oudere van Syracuse, die het gelijk van zijn heer prees en daarop werd uitgenodigd aan een banket, waarbij boven zijn hoofd een zwaard hing, opgehangen aan een haar, om hem duidelijk te maken dat een rijk leven constant gevaar oproept.

zwaard[2] nevenvorm van *zwoerd.*

zwaardvaren [plant] zo genoemd omdat de lange veervormig ingesneden bladeren wat op zwaarden lijken.

zwabberen [met een zwabber schoonmaken] frequentatief van **middelnl.** *zwabben* [reinigen van laken], *swabbe* [de scharen van een kreeft], **middelnd.** *swabben* [ploeteren in water of vuiligheid], **eng.** *to swab* [dweilen], *swabber* [zwabber], **oudnoors** *sopa* [vegen], **noors** *svabba* [plassen]; buiten het germ. **lat.** *dissupare,* van *dis* [uiteen] + een niet-overgeleverd *supare* [smijten], **oudkerkslavisch** *suti* [schudden, strooien].

zwachtel [windsel] **middelnl.** *swachtel, swechtel* [band], vgl. **oudnoors** *sveggja* [doen keren, slingeren (van schip)]; daarnaast de formatie **middelnd.** *swede* [pleister], **oudhd.** *swedil,* **oudeng.** *swœðel* [zwachtel], van *swaðu* [spoor, pad, litteken], *sweðian* [wikkelen]; het woord hoort bij de met **zw** anlautende woorden waarvan de betekenis is 'een zwaaiende beweging maken', vgl. b.v. *zwad, zweep, zwiepen, zwieren.*

zwad, zwade [snede koren of gras] **middelnl.** *swat, zwat, zwad,* **middelnd.** *swăde, swat,* **middelhd.** *swade* (**hd.** *Schwad, Schwaden*), **oudfries** *swethe* [grens], **middeleng.** *swathe* (**eng.** *swath, swathe*); vermoedelijk bij *zwaaien* (met de zeis).

zwadder [slangespog] pas nieuw-nl. bekend, vgl. bij Kiliaan *swadderen* [water in beroering brengen], **vlaams** *zwadderen* [zeverend praten]; vermoedelijk een klanknabootsende vorming die ontstaan is temidden van woorden als *zwabberen* en *zwatelen.*

zwager [schoonbroer] **middelnl.** *swager(e)* [ieder door huwelijk vermaagschapt persoon, zwager, schoonzoon, schoonvader], **middelnd.** *swager,* **oudhd.** *swagur,* **oudfries** *swager* en ablautend en met gramm. wisseling *h/g,* **middelnl.** *swere, sweer,* **oudhd.** *swehur,* **oudeng.** *sweor,* **gotisch** *swaihra;* buiten het germ. **lat.** *socer,* **gr.** *hekuros,* **welsh** *chwegr,* **armeens** *skesur,* **litouws** *šešuras,* **oudkerkslavisch** *svekrŭ,* **oudindisch** *śvaśura-* [schoonvader] (vgl. *zuster, zweer*[2]).

zwak [krachteloos] **middelnl.** *swac(k), swake* [buigzaam, taai, gebrekkig, zwak], **middelnd.** *swak,* **middelhd.** *swach;* moet vermoedelijk met de groep van *zwenken* in verband worden gebracht.

zwalken [ronddolen] een vermoedelijk jonge, min of meer klanknabootsende vorming, aansluitend bij in betekenis verwante woorden als *zwalpen, zwaaien, zwieren, zwengelen, zweven.*

zwalm, zwaalm, nevenvorm van *zwaluw,* vgl. **hd.** *Schwalm* [nachtzwaluw].

zwalpei [broed ei dat geen kuiken geeft] van *zwalpen* + *ei,* dus eig. een klotsend ei, synoniem met *scholpei,* van **scholpen,** dat verwant is met *zwalpen.*

zwalpen [zich golvend verheffen] **middelnl.** *swalpen, zwalpen* [heen en weer gaan van een

zwaluw — zwelgen

vloeistof], **fries** *swalpe*, **oudnoors** *skola* [spoelen], **zweeds** *skvalpa* [kabbelen, plassen]; buiten het germ. **litouws** *skalauju* [spoelen] (vgl. *scholpen*).

zwaluw [zangvogel] **middelnl.** *swaluwe, swalewe, swelve*, **oudsaksisch** *swala*, **oudhd.** *swalawa*, **oudeng.** *swealwe*, **oudnoors** *svala;* denkbaar is verband met **gr.** *alkuōn* [ijsvogel] ofwel met **russ.** *solovej* [nachtegaal], dan wel met **albaans** *dalendüse* [zwaluw].

zwam [sporeplant] **middelnl.** *swam, zwam(me)* [spons, paddestoel], **middelnd., oudhd.** *swam*, **oudeng.** *swamm*, **gotisch** *swamms* [spons], naast **oudhd.** *swamp*, **oudnoors** *svǫppr* [zwam], **eng.** *swamp* [moeras], en **middelnl.** *(t)somp*, **middelhd.** *sumpf*, **eng. dial.** *sump*, **fries** *sompe* [moeras]; buiten het germ. **gr.** *somphos* [sponzig].

zwammen [kletsen] te verbinden met **hd.** *schwammig* [sponsachtig, opgezwollen, pafferig, vaag, onduidelijk], van *Schwamm* [zwam].

zwamp [kreek] vgl. *zwam, zomp* ²; mogelijk heeft de gedachte aan *zwemmen* (verl. tijd in het **middelnl.** *swam*) invloed gehad.

zwang [gebruik] **middelnl.** *swanc, zwanc* [buigzaamheid], 16e eeuws *in swanc (swange) gaen* [in algemeen gebruik zijn], **middelnd.** *swank* [gewoonte], **middelhd.** *swanc* [het zwaaien], **oudfries** *sweng, swang*, **oudeng.** *sweng* [slag]; van *zwenken*.

zwanger [een kind dragend] **middelnl.** *swanger, zwanger* [wankelend in het gaan (?), maar niet bevrucht], **middelnd.** *swanger*, **oudhd.** *swangar*, **oudeng.** *swongor, swangor* [log, traag]; buiten het germ. **litouws** *sunkus* [zwaar].

zwanken [waggelen] **middelnl.** *swanken* [heen en weer bewegen], *swanc* [buigzaam] (vgl. *zwenken*); behoort bij de met *zw* anlautende woorden die de betekenis 'zwaaien' hebben, b.v. *zweep, zwieren, zwengel*.

zwans [staart, penis] **middelnl.** *swants, swantz* [zwenkende beweging, staart], **middelnd.** *swans*, **middelhd.** *swanz*, van **middelnl.** *swanken* [heen en weer gaan] (vgl. *zwenken*); het is een van de vele met *zw* anlautende woorden met de betekenis 'zwaaien' (vgl. *zwanken*).

zwanzen [grappen vertellen] **middelnl.** *swantsen* [dansen], **middelnd.** *swansen*, **middelhd.** *swanzen* (vgl. *zwans*).

zwart [kleur waarbij licht niet wordt teruggekaatst] **middelnl.** *swa(e)rt, swert*, **oudsaksisch, oudfries** *swart*, **oudhd.** *swarz*, **oudeng.** *sweart*, **oudnoors** *svartr;* buiten het germ. **lat.** *sordes* [onreinheid], *sordidus* [vuil], *suasum* [roetkleurige vlek].

zwartgallig [zwaarmoedig] nog niet bij Kiliaan, vertalende ontlening aan **lat.** *melancholicus* (vgl. *melancholie*).

Zwartvoet, Zwartvoetindiaan [Noordamerikaanse indiaan] vertaling van *Siksika* [zwartvoet], waarvan met zegt dat het slaat op de zolen van de mocassins die zwart werden door het lopen over verbrande prairies.

zwatelen [lispelen] → *zwetsen*.

zwavel [chemisch element] **middelnl., middelnd.** *swavel* en ablautend **middelnl.** *swevel*, **oudsaksisch** *swĕbal*, **oudhd.** *swĕbal* (**hd.** *schwelen* [smeulen]), **oudeng.** *swĕfel*, **gotisch** *swibls* (vgl. *zwelen* [smeulen]); buiten het germ. **lat.** *sulpur* [zwavel] (een vorm met een achtervoegsel dat mogelijk o.i.v. *fulgur* [weerlicht, bliksem, glans] is ontstaan), en **gr.** *selas* [lichtglans, vuurgloed].

zweden [huiden met kalkbrij behandelen] vgl. **oudhd.** *swĕdan* [smeulen], *swidan* [branden], **oudnoors** *sviða* [zengen]; buiten het germ. **lat.** *sidus* [ster], **litouws** *svidus* [stralend], **litouws** *svidèti* [glanzen], **lets** *svist* [dagen].

zwee → *zwei*.

zweehaak → *zwei*.

zweel [regel gemaaid gras] van *zwelen*.

zweem [vleugje] oudere betekenis 'het vlug over iets heen glijden', vgl. **middelnl.** *swemen* [zich onvast bewegen], **middelhd.** *sweim* [het zweven, zwaai], **oudnoors** *sveim* [opschudding], *sweima* [heen en weer gaan, dwalen]; behoort bij de met *zw* anlautende woorden die de betekenis 'zwaaien' hebben, b.v. *zweep, zweven, zwieren, zwijmen*.

zweep [karwats] **middelnl.** *swepe, sweep, swiep(e)*, **middelnd.** *swepe*, **oudeng.** *swipe, swipu, swipa*, waarnaast **oudsaksisch** *swepan* [een snelle beweging maken], **oudhd.** *sweifan* [winden], **oudfries** *swepa* [vegen], **oudeng.** *swapan* [zwaaien], **oudnoors** *sveipa* [slingeren]; behoort tot een groep woorden met anlautend *zw* als *zwaaien, zwiepen* e.d..

zweer ¹ [ontsteking] **middelnl.** *swere, sweer*, **middelnd.** *swere*, **oudhd.** *swero;* buiten het germ. **avestisch** *xvara* [wond], **russ.** *chvoryj* [ziekelijk]; afgeleid van *zweren* ².

zweer ² [zwager] **middelnl.** *swere, sweer, zweer* [schoonvader, neef], een samentrekking, vgl. *swegerhere* [schoonvader], *sweger* [schoonmoeder], *swegers* [schoonzuster] (vgl. *zwager*).

zwei [beweegbare winkelhaak, zwaaihaak] **middelnl.** *swede*, behoort bij de groep van met *zw* anlautende woorden die de betekenis *zwaaien* hebben, zoals *zwad, zweep, zwieren, zwijmen*.

zwelen [carboniseren, smeulen, het bijeenharken van gemaaid gras] in de laatste betekenis **middelnl.** *swelen*, vgl. **middelnd.** *swelen* [doen drogen, schroeien, smeulen], **hd.** *schwelen*, **oudfries** *swilia*, **oudeng.** *swelan* [verbranden]; buiten het germ. **litouws** *svilti* [zengen], **oudindisch** *svarati* [hij straalt]; de betekenis die ten grondslag ligt aan 'het op hopen harken' is 'drogen' (vgl. *zwoel*).

zwelgen [zich te buiten gaan aan] **middelnl., middelnd.** *swelgen*, **oudhd.** *swelhan, swelgan*, **oudeng.** *swelgan*, **oudnoors** *svelga;* verwantschappen buiten het germ. zijn onzeker.

zwelkenboom [Gelderse roos] bij Plantijn en Kiliaan *swelckenhout* [Sambucus aquatica], bij Kiliaan *swalcke* [zwaluw], vgl. **hd.** *Schwelckenbaum* < *Schwalbenbaum, Schwalbenbeerbaum* [sambucus, vlierbes].

zwellen [uitzetten] **middelnl.** *swellen,* **oudsaksisch, oudhd., oudeng.** *swellan,* **oudfries** *swella,* **oudnoors** *svella;* verwantschap met niet-germ. woorden is onzeker.

zwemen [enige gelijkenis hebben] **middelnl.** *sweimen, swemen* [slepen, zweven], **middelhd.** *sweimen* [zweven, zwaaien], **oudeng.** *aswǣman* [weggaan, ronddwalen], **oudnoors** *sveima* [heen en weer gaan]; ablautend naast ***zwijmen,*** behoort bij de groep met *zw* anlautende woorden die de betekenis 'zwaaien' hebben, zoals *zweep, zwieren, zwad, zwei.*

zwemmen [drijven, zich drijvend houden] **middelnl.** *swemmen, swimmen* [zwemmen, drijven]; daarbij is *swemmen* oorspr. het causatief van *swimmen,* vgl. **hd.** *schwimmen,* met causatief *schwemmen,* maar de beide ww. zijn samengevallen, vgl. **middelnd.** *swemmen,* **oudsaksisch, oudhd.** *swimman,* **oudnoors** *svimma;* met ablaut hoort hierbij mogelijkerwijs **oudnoors** *sund* [het zwemmen] (vgl. ***sond***); de etymologie is onzeker.

zwendelaar [oplichter] < **eng.** *swindler* [idem], dat eerst van 1775 dateert en ontleend is aan **hd.** *schwindeln* [duizelen, niet helemaal eerlijk zijn, vreemde dingen doen], vgl. **nl.** *zwindel* [duizeling].

zwendelen [oplichten] gevormd van ***zwendelaar.***

zwenge [zwenghout] → ***zwing.***

zwengel [slinger] **middelnl., middelnd., middelhd.** *swengel;* ablautend naast ***zwingel.***

zwenken [van richting veranderen] **middelnl.** *swenken, swinken* [zwaaien, slingeren], zowel overgankelijk als onovergankelijk, waarbij de vorm met *e* (vgl. **middelnd.** *swenken,* **hd.** *schwencken*) oorspr. het causatief is van *swinken,* **oudhd.** *swingen,* **oudeng., middeleng.** *swincan;* buiten het germ. **oudiers** *seng* [slank], **oudindisch** *svajate* [hij omslingert]; behoort tot de groep woorden met anlautend *zw* die de betekenis 'zwaaien' hebben, b.v. *zweep, zwieren.*

zweren [1] [een eed afleggen] **middelnl.** *swēren,* **oudsaksisch, oudeng.** *swĕrian,* **oudhd.** *swer(r)en,* **oudfries** *swĕra,* **oudnoors** *sverja,* naast *svara* [antwoorden], **gotisch** *swaran;* buiten het germ. **oscisch** *sverrunei* (3e nv.) [tot de spreker], **tochaars** A, B *s̄ärp-* [wijzen op], **oudkerkslavisch** *svariti* [honen], **oudindisch** *svara-* [klank]; de oorspr. betekenis is: een verklaring afleggen.

zweren [2] [etteren] **middelnl.** *sweren, swieren* [pijn doen, pijn hebben, zweren], *swe(e)re* [ziekte, pijn, zweer, gezwel], **middelnd.** *sweren,* **oudhd.** *swĕran;* buiten het germ. **oudiers** *serb* [bitter], **russ.** *chvoryj* [ziekelijk], **avestisch** *xvara* [wonde].

zwerk [hemel] **middelnl.** *swerc,* **oudsaksisch** *giswerk,* **oudhd.** *giswerc,* **oudeng.** *gesweorc,* naast **oudsaksisch** *swerkan,* **oudhd.** *swercan,* **oudeng.** *sweorcan* [bewolkt worden]; buiten het germ. mogelijk **oudruss.** *Svarogŭ* [de god van de hemel].

zwerm [drom] **middelnl.** *swa(e)rm, swo(o)rm, swerm, swaelm* [zwerm, vooral van bijen], **oudsaksisch** *swarm,* **oudhd.** *swaram,* **oudeng.** *swearm,* **oudnoors** *svarra* [zwermen]; buiten het germ. **lat.** *susurrus* [gemurmel], **gr.** *huron* (de anlautende *s* viel weg) [bijenkorf, zwerm], **oudindisch** *svarati* [hij klinkt]; de zwerm is naar het geluid genoemd.

zwerven [ronddolen] **middelnl.** *swerven* [ronddraaien, dwarrelen], **oudsaksisch** *swerban* [afvegen], **oudhd.** *swerban* [vegen], **oudfries** *swerva* [zich bewegen, kruipen], **oudeng.** *sweorfan,* **oudnoors** *sverfa* [schuren, vijlen], **gotisch** *afswairban* [afvegen]; buiten het germ. **welsh** *chwerfu* [wervelen, rollen], **gr.** *surein* [trekken, slepen], *surma* [het bijeengeveegde vuil].

zwet [zwetsloot] **middelnl.** *swet(te), zwette* [grensscheiding, grenssloot], *swetten, zwetten* [grenzen aan], **fries** *swethe* [grens]; behoort bij ***zwad.***

zweten [transpireren] **middelnl., middelnd.** *sweten,* **oudeng.** *swǣtan,* **oudnoors** *sveitask,* (*sk* = *sik* [zich]), **oudhd.** *sweizen* [braden], **hd.** *schweißen* [lassen]; buiten het germ. **lat.** *sudare* [zweten], **gr.** *idiō* (waarin anlautende *s* wegviel) [ik zweet], **welsh** *chwys,* **lets** *sviedri* [zweet], **oudindisch** *sveda-* [zweet].

zwetsen [onbedachtzaam spreken] < **middelhd.** *swetzen,* naast *swatzen* (**hd.** resp. *schwätzen* naast *schwatzen*), waarnaast de frequentatiefvorm **middelhd.** *swatern* [babbelen, ruisen], **nl.** *zwatelen;* klanknabootsend gevormd.

zweven [drijven] **middelnl.** *swe(i)ven* [heen en weer gaan, drijven, zich door de lucht bewegen], **oudhd.** *swĕben* [zweven, drijven], ablautend **oudeng.** *swifan* (waarbij **eng.** *swift* [snel]), **oudnoors** *svifa* [slingeren, draaien]; van dezelfde basis als o.m. ***zweep.***

zwezerik [borstklier van een kalf] bij Kiliaan in de betekenis 'balzak, testikel', afgeleid van *sweser* [borstklier van kalf], **oostfries** *sweterke,* mogelijk te verbinden met **eng.** *sweetbread* [zwezerik]; etymologie onduidelijk.

zwichten [1] [wijken] **middelnl.** *swichten* [tot rust brengen, tot rust komen, wijken, ophouden], **oudhd.** *giswiften* [zwijgen], **hd.** *beschwichtigen* [kalmeren]; vermoedelijk hebben wij te maken met een variant van *zwijgen,* vgl. **middelnl.** *swigen* [zwijgen, flauwvallen].

zwichten [2] [de zeilen innemen] eerst laat 17e eeuws geattesteerd, vgl. **oudhd.** *sweifan* [winden], **oudfries** *swepa* [vegen], **oudeng.** *swapan* [vegen, zwaaien], **oudnoors** *sveipa* [werpen, slingeren]; van ***zweep.***

zwiep nevenvorm van ***zweep.***

zwiepen [veerkrachtig doorbuigen] (1681), van *zweep*, **middelnl**. *swepe, swiep(e)*.

zwieren [zich heen en weer bewegen] eerst sedert Kiliaan genoteerd, vgl. **nd., fries** *swiren*, vermoedelijk ontstaan te midden van de grote groep met *zw* anlautende woorden die het begrip 'zwaaien' uitdrukken, zoals *zweep, zwengelen, zwiepen*.

zwijgen [niet spreken] **middelnl**. *swigen*, **oudsaksisch** *swigon*, **oudhd**. *swigen*, **oudfries** *swigia*, **oudeng**. *swigian;* op enige afstand verwant met **gr**. *sigaō* [ik zwijg] (vgl. **zwichten¹**).

zwijm [flauwte] **middelnl**. *swijm, zwijm* [bezwijming], **oudsaksisch** *swimo* [duizeling], **oudfries, oudeng**. *swima*, **oudnoors** *svimi* [bewusteloosheid]; ofwel van dezelfde basis als *zweep, zwier*, met de betekenis 'draaien, slingeren', ofwel van die van *(ver)zwinden*, met de betekenis 'slap zijn, verminderen'.

zwijmelen [in een roes zijn] iteratief van **zwijmen**.

zwijmen [in zwijm vallen] **middelnl**. *swimen, zwimen;* van *zwijm*.

zwijn [varken] **middelnl**. *swijn*, **oudsaksisch, oudhd., oudfries, oudeng**. *swīn*, **oudnoors** *svīn*, **gotisch** *swein;* buiten het germ. zijn vergelijkbaar **lat**. *suinus*, **gr**. *huinos*, **oudkerkslavisch** *svinû*, alle vormen met het idg. formans *-ino-*, die de betekenis hebben gehad van 'van het varken' en zijn afgeleid van **oudsaksisch, oudhd**. *su*, **oudeng**. *su, sugu* [zeug], **lat**. *sus*, **gr**. *hus*, **avestisch** *hu-* [varken], **oudindisch** *sukara-* [ever]; vormen als *zwijn* zijn dus zelfstandig gebruikte bn. Het formans *-ino-* komt ook voor in *varken* en *veulen;* vgl. voorts **zeug¹**.

zwijnen [boffen] < **jiddisch** *Schwein haben*, waarin *Schwein* de vertaling is van **rotwelsch** *Chasser* [varken, en dan in kaartspelen: aas].

zwijnjak [schoelje] het tweede lid op te vatten als dat van *luiwammes*, maar het is ook mogelijk te denken aan ontlening aan het slavisch, vgl. **tsjechisch** *sviňak* [zwijnenhoeder].

zwijntje [gestolen fiets] wordt veelal afgeleid van *asjeweine*, maar er is een grote kans dat het dient te worden afgeleid van *zwijn* [gelukje] (vgl. *zwijnen*).

zwik [houten pen] bij Kiliaan *swick*, **middelnd**. *swik* < **middelhd**. *zwic*, **oudhd**. *zwec* [pen], van **oudhd**. *zweckon*, **oudeng**. *twiccian* [afrukken]; verband met *twijg* en zodoende met *twee* is niet uitgesloten.

zwikken [verstuiken] bij Kiliaan *swicken* [trillen], **middelnl**. *swecken* [mank gaan (in zedelijke zin)], intensief van **middelnl**. *swigen* [flauwvallen], **oudnoors** *sveigja* [buigen]; vgl. **litouws** *svaikti* [duizelig worden]; behoort tot de groep van *zwijm*.

zwil¹ [eelt] **middelnl**. *swe(e)l, zwel, swil, swelle* [gezwel, vereelte huid(plek)], **oudsaksisch, oudhd**. *swil*, **hd**. *Schwiele* [eelt], **oudeng**. *swile;* van *zwellen*.

zwil² [lage turfhoop (die staat te drogen)] nevenvorm van *zweel*, van *zwelen*.

zwilk [weefsel] < **hd**. *Zwillich, Zwilch*, **oudhd**. *zwilih* [tweedradig], naar **lat**. *bilix* [idem] (vgl. *tweed, dril³, trielje*).

zwin [kreek] **middelnl**. *swin, zwin* [buitendijkse geul], van *swinen* [verdwijnen, uitteren]; de benaming zou dan komen van het weglopen van het water, c.q. het afnemen van de diepte bij eb.

zwindel [duizeling] **middelnl**. *swindel*, van *swindelen, swendelen* [duizelig zijn], **oudhd**. *swintilon*, iteratief van **middelnl**. *swinden* [verkwijnen], naast *swinen* [idem], **oudhd**. *swintan*, naast *swinan*, **oudeng**. *swindan*, **oudnoors** *svīna*, waarvan **nl**. *verzwinden;* vgl. ook *zwijm;* behoort bij de groep met *zw* anlautende woorden, die een zwaaiende beweging uitdrukken, vgl. b.v. *zweep, zwieren*.

zwinden [verdwijnen] → *zwindel*.

zwing [zwenghout] → *zwingel*.

zwingel [zwengel] **middelnl**. *swengel, swingel*, van *swingen, swengen* [slingeren, zwaaien], **oudsaksisch, oudeng., oudhd**. *swingan*, een van de talrijke met *zw* anlautende woorden, die een zwaaiende beweging aangeven, zoals b.v. *zweep, zwiepen, zwieren, zweven*.

zwirrelen [warrelen] frequentatief van *zwieren*.

zwitselbloem [kamperfoelie] < **hd**. *Zwitschenblume, Zwetschgebloume* [kwetsebloem] (vgl. **kwets**); zo genoemd naar de vorm van de vrucht.

Zwitserland [geogr.] genoemd naar het kanton *Schwyz*.

zwoegen [hijgen, zwaar werk verrichten] **middelnl**. *swoegen* [diep zuchten], **oudsaksisch** *swogan*, **oudeng**. *swogan, swegan* [geraas maken], **gotisch** *gaswōgjan* [zuchten]; buiten het germ. **lat**. *vagire* [schreeuwen], **gr**. *èchein* [weergalmen] (vgl. **echo**), **litouws** *svagiu* [ik klink].

zwoel [benauwd] eerst bij Kiliaan als *zoel*, **nd**. *swol, swul*, **hd**. *schwühl;* ablautend bij *zwelen*.

zwoerd, zwoord [spekrand] **middelnl**. *swa(e)rde, sweerde, swart, sweert* [de met haar begroeide huid, begroeide aardkorst], **middelhd**. *swarte* (**hd**. *Schwarte*), **oudfries** *swarde*, **oudeng**. *sweard* (**eng**. *sward*), **oudnoors** *svǫrðr;* buiten het germ. is verband gelegd met **lets** *scherwe* [dikke huid].

zydéco [volksmuziek uit het vroegere Franse gebied aan de Mississippi] waarvan is verondersteld dat het een verbastering is van de creoolse song *Les haricots sont pas salé*.

zygenen [vlinderfamilie] mv. van *zygaena*, de wetenschappelijke naam van de St. Jansvlinder < **gr**. *zugaina* [hamervis], waarnaar de vlinder is genoemd op grond van vormgelijkenis.

zygomorf [tweezijdig symmetrisch] gevormd van **gr**. *zugon* [juk], daarmee idg. verwant + *morphè* [vorm].

zygoot, zygote [cel ontstaan uit de versmelting van twee gameten] < **gr**. *zugōtos* [met een vierspan, eig. onder één juk gebracht], van *zugoun* [temmen], van *zugon* [juk], daarmee idg. verwant.

zygospore [spore uit morfologisch gelijkwaardige

cellen] gevormd van **gr.** *zugon* [juk] (vgl. ***zygoot***) + *spora* [het zaaien, zaad] (vgl. ***spore***).

zymase [sap uit gistcellen] < **fr.** *zymase,* gevormd van **gr.** *zumè* [gist], verwant met **lat.** *ius* [saus, soep] (vgl. ***jus**^{2}*).

zymogeen [substantie die gist produceert] gevormd van ***zymose*** + ***-geen***.

zymose [gisting] < **gr.** *zumōsis* [idem], van *zumoun* [fermenteren], van *zumè* [gist] (vgl. ***zymase***).

Beknopte bibliografie

Berneker, Erich; *Slawisches etymologisches Wörterbuch*. A – Mor- (incompleet), Heidelberg 1908-1913.
Boisacq, Emile; *Dictionnaire étymologique de la langue grecque étudiée dans ses rapports avec les autres langues indo-européennes*. 4e druk, Heidelberg 1950.
Chambers's Etymological Dictionary of the English Language; a New and Thoroughly Revised Edition. 1963.
Cortelazzo, Manlio en Zolli, Paolo; *Dizionario etimologico della lingua italiana*. Bologna 1979-1983, (t/m N).
Dauzat, Albert; *Nouveau dictionnaire étymologique et historique*. Herzien door Jean Dubois en Henri Mitterand, 5e druk, Paris 1971.
Devic, L. Marcel; *Dictionnaire étymologique des mots français d'origine orientale (arabe, persan, turc, hébreu, malais)*. Paris 1876, reprint Amsterdam 1905.
Endt, Enno en Frerichs, Lieneke; *Bargoens Woordenboek*. 12e druk, Amsterdam 1986.
Ernout, A. en Meillet, A.; *Dictionnaire étymologique de la langue latine*. Paris 1959.
Feist, Sigmund; *Vergleichendes Wörterbuch der gotischen Sprache mit Einschluß des Krimgotischen und sonstiger zerstreuter Überreste des Gotischen*. Leiden 1939.
Fraenkel, Ernst; *Litauisches etymologisches Wörterbuch*. Heidelberg 1962-1965.
Franck, Johannes; *Etymologisch Woordenboek der Nederlandsche Taal*. 2e druk herzien door N. van Wijk, 1936, met een supplement door C.B. van Haeringen. 's-Gravenhage, reprint 1976.
Frisk, Hjalmar; *Griechisches etymologisches Wörterbuch*. Heidelberg 1960-1972.
Gamillscheg, Ernst; *Etymologisches Wörterbuch der französischen Sprache*. 2e druk, Heidelberg 1966-1969.
García de Diego, Vicente; *Diccionario etimológico español e hispánico*. Madrid 1954.
Gesenius, F.H.W.; *Hebräisches und aramäisches Handwörterbuch über das Alte Testament*. 17e druk, Leipzig 1915, reprint Berlin 1962.
Imbs, Paul; *Trésor de la langue française*. Paris 1971-1986 (t/m deel XII).
Klein, Ernest; *A Comprehensive Etymological Dictionary of the English Language, Dealing with the Origin of Words and Their Sense Development*. Amsterdam 1966-1967.
Kluge, Friedrich; *Etymologisches Wörterbuch der deutschen Sprache*. Herzien door Walther Mitzka, 20ste druk, Berlin 1967.
Lokotsch, Karl; *Etymologisches Wörterbuch der europäischen (germanischen, romanischen und slawischen) Wörter orientalischen Ursprungs*. Heidelberg 1927.
Machado, José Pedro; *Diccionario etimológico de la língua portuguesa*. 2e druk, Lisboa 1967.
Mayrhofer, Manfred; *Kurzgefaßtes etymologisches Wörterbuch des Altindischen. A Concise Etymological Sanskrit Dictionary*. Heidelberg 1956-1980.
Pokorny, Julius; *Indogermanisches etymologisches Wörterbuch*. Bern en München 1948-1980.
Skeat, Walter W.; *An Etymological Dictionary of the English Language*. Oxford 1963.
Vasmer, Max; *Russisches etymologisches Wörterbuch*. Heidelberg 1953-1958.
Vries, J. de en Tollenaere, F. de; *Prisma Etymologisch woordenboek*. 14e druk, Utrecht 1986.
Vries, Jan de; *Altnordisches etymologisches Wörterbuch*. 2e druk, Leiden 1962.
Vries, Jan de; *Nederlands etymologisch Woordenboek*, aangevuld door F. de Tollenaere, Leiden 1971.
Walde, Alois; *Lateinisches etymologisches Wörterbuch*. 4e druk, Heidelberg 1965.
Wolf, Siegmund A.; *Wörterbuch des Rotwelschen: Deutsche Gaunersprache*. Hamburg 1985.

Registers

Onderstaande taalregisters geven een indruk uit welke talen het Nederlandse woordbestand is ontleend. Opgenomen zijn alleen de directe ontleningen, ook wanneer zij een zekere aanpassing aan het Nederlands hebben ondergaan in klank of uitgang (bijv. checken < **Engels** *to check*). In principe zijn *niet* opgenomen samenstellingen waarvan slechts een deel is ontleend (wapitihert, sabadilkruid), afleidingen (geëxalteerd, verbouwereerd), vertalende ontleningen, geleerde vormingen en onzekere ontleningen.

De taalregisters zijn d.m.v. de computer geselecteerd uit het woordenboekbestand. De (vet gezette) kopjes met de taalnamen worden in alfabetische volgorde gegeven. Deze kopjes worden eventueel gevolgd door vet cursieve subkopjes voor ontleningen uit oudere tijdsstadia; zo wordt **Engels** gevolgd door de subkopjes *Oudengels* en *Middelengels*. Verder is de subkop *Frans of Latijn* gebruikt voor die woorden, waarvan op grond van de vorm niet valt uit te maken of zij aan het Frans dan wel aan het Latijn zijn ontleend.

Er zijn in het algemeen geen registers voor ontleningen uit dialecten gemaakt. De frequentie hiervan is zo laag, dat deze ontleningen zijn opgenomen in het register van de taal waarvan ze een dialect zijn. Wanneer aan de vorm niet is uit te maken uit welke taal is ontleend, dan is het woord opgenomen onder de eerste mogelijkheid (ansjovis < **Spaans** *anchoa*, **Portugees** *anchova* staat dus in het Spaanse register).

Ook hier geldt weer dat noodzakelijk keuzes moesten worden gemaakt, die uiteraard betwistbaar zijn.

In een apart register staan de vernoemingen vermeld, dat wil zeggen die woorden, die zijn ontstaan als vernoeming naar een plaats-, persoons-, stofnaam e.d.. Deze woorden zullen soms ook voorkomen in de registers met taalnamen, bij vernoemingen die ontleend zijn aan andere talen.

Taalregisters

afrikaans	**amerikaans-engels**	moonboots	**amhaars**	doerra
amaas		negro-spirituals		Druzen
astrilde	barnum	pinchhitter	negus 1	dschinn
biltong	beatnik	pin-up	ras 4	emir
boetie	bebop	pop-art		fakir
dauw 2	behaviorisme	popcorn		fellah
Grikwa	boogie-woogie	ranch	**antilliaans**	fennek
oubaas	bop	rowdy	carco	Ghana
ratel	cafetaria	savvie		ghazel
rondavel	cake-walk	scag	**arabisch**	ghibil
sjambok	cobbler	shot		hadith
	discjockey	skeet		hadji
	disco	skiffle	abelmos	Hadramitisch
akkadisch	drop-out	speakeasy	Abessijn	haik
	ghostwriter	underground	akon	halfagras
ziggurat	hippie	walkie-talkie	alcohol	harem
	hobo 2	weed	algazel	hasjiesj
	hooked	weight watcher	Algerije	hedsjra
algonkin	horse	western	alkali	henna
	hot pants	workaholic	alkoran	imam
opossum	jackpot		almemor	insjallah
wampum	jam-session	**amerikaans-spaans**	atlas 3	Irak
	jazz		Berber	islam
	jitterbug		boernoes	izabel
	kazoo	bongo 2	chamsin	Kaäba
	merchandising	mambo	dinar	Kabylisch
		vaquero	dirham	kadi

registers

kaffer	**avestisch**	Nanking	approach	bobslee
kaftan		paktong	aqualong	bobtail
Kaïro	mazdeïsme	pecco	aquaplaning	body
kasba	Mithras	sampan	argilliet	body-building
katoen 1		sen	arrowroot	bogie
kelim		souchon	assagaai	boiler
kif 2	**aymara**	tai-chi	assertief	boksen
koeskoes 2		Taiwan	attenuator	bokser
koran	Chili	taoïsme	autoped	bondage
Libanon		tjap-tjoi	awning-dek	bonus
liwan		tofoe	baby	booby-trap
Madrid	**bantoe**	tungolie	bachelor	bookmaker
Maghrib		vetsin	back	boom 2
Mahdi	nagana	yang	back-bencher	booster
makame	Zimbabwe	yin	backen	boots 2
mastaba			backgammon	border
melkitisch			bacon	bore
metel	braziliaans-por-	**dakota**	badding	boss
mihrab	tugees		badge	boston
miradsj		tipi	badminton	bottel 2
moefti	carnaubawas		ballpoint	bottelen
moekim	zorillo		balpen	bottle-neck
Mohammed		**deens**	band 2	bowl
moslem			bandy	bowlen
oelema	**bulgaars**	griend 2	baniaan	box
raïs		hommer 2	banjo	boy 2
ramadan	lev	Kopenhagen	bar 2	boycot
rial		narwal	barbecue	bracket
Rok		smørrebrød	barkeeper	braindrain
safari	*oudkerksla-*		barn	brainstorm
Sahara	*visch*		barrel	brainwave
Sahel		**egyptisch**	basaal	brassband
saluki	Pruisen		base-ball	break
samoem		farao	basketbal	breakdown
sandaal 2		Ra	bat	breeches
Saoedie-Arabië	**caddo**		batch	brengun
schaakmat			batman	briefing
sedsjade	Texas	**engels**	batsman	brigadier
sjeik			battle dress	brik 1
sjiieten		aba	beat-music	brik 2
Soedan	**canadees-**	accountant	beauty	Brit
soefi	**frans**	ace	benefiet	brogue
soek		acid	best-seller	broker
soennieten	calumet	act	bevertien	broots
soera	kariboe	addict	bias	brunch
Swahili		adobe	biefstuk	brusje
tamarinde		aerobics	bietsen	bubbelgum
tell	**catalaans**	afkicken	bilge	bucket
Toeareg		afnokken	bill	buckram
wadi	paella	afro-look	bin	buddy-seat
wahabiet		after-shave	bingo	budget
wali		agger 1	biplaan	buff
	chinees	agnostisch	bit 2	buffer
		aids	blackjack	bug
aramees	Annam	airconditioning	black-out	bugel
	bami	albatros	blak 2	buggy
Bethesda	foe yong hai	alderman	blazer	building
Golgotha	Hongkong	ale	blimp	bukskin
kaddisj	joosjesthee	algol	blister	buldog
kol nidree	Kanton	allehens	blizzard	bulk
manna	kaolien	alligatorpeer	blow	bulkcarrier
tagrijn	kumquat	all-in	blubber	bulldozer
	kung-fu	all-round	blue jeans	bullebijter
	kuomintang	allspice	blunder	bullshit
australisch	lychee	amfetamine	board	bully
	mahjong	anglicaan	bobbed	bul-terriër
wallaby	mihoen	anklet	bobbinet	bumper
	Ming	appendages	bobby	bungalow

bunker	chorus	cover	donor	fiksen
bushel	chow-chow	covercoat	dope	file 2
business	chutney	cowboy	double-breasted	filibuster
butler	cinch-plug	crack	Dow-Jones index	film
butterfly	city	cracker		fineren
button	claim	crag	down	finish
buzzer	clan	cranberry	dragline	fit 1
bye	clarence	crank	dram	fit 2
bypass	clash	crash	draw	fitnesscentrum
byte	clean	crazy	dreg	fitten
cab	clearing	creditcard	dress	fitting
caddie	clever	crew	dressing	flagstone
cake	clinch	cricket	drive	flair
call-girl	clip	crisp	droppen	flamelamp
camber	clone	crooner	drug	flanel
cambric	close-reading	croquet 2	drum	flash
camel	close-up	crossen	drumstick	flash-back
camp	clown	crown	dry	flat 1
camper	club	cruise	dubbeldekker	flens
cancellen	cluster	curfew	dug-out	flintglas
candid-camera	coach	curling	dummy	flip
candy	coalite	custard	durbar	flippen
cant	coaster	cutter	duster	flirten
cantilever	cocker-spaniël	cycloon	eagle	flit
canvas	cockney	cyclostyle	eddy	flop
canyon	cock-pit	daai	editen	floppy
cap	cocktail	dad	efficiency	florist
cape	cofferdam	daisy	effluent	flotatie
capstan	coir	dancing	egocentrisch	flow-chart
captain	cokes	dandy	egotrip	flush
caravan	coldcream	darts	elektrode	flutter
cardigan	column	dashboard	elevator	foksel
care	combine 2	davit	emmy	folder
carolina pine	combo	deadline	Engels	folklore
carpooling	comic	deadweight	entertainment	foolproof
carport	commitment	dealer	epoxy	forehand
carrageen	commodore	debater	escapisme	formatteren
carrier	compander	deck	esquire	fortran
cart	compliantie	demijohn	essay	fotokopie
carter	composer	derby	establishment	foundation
cartoon	compound	derrick	evening-dress	fox-terriër
case-story	computer	design	everglaze	foxtrot
cash	concern	desk	everlast	fragmentarisch
cashewnoot	conquest	despatch	exhaustief	frame
cash flow	conservatief	detective	extruderen	franchising
cast	consols	deuce	eye-liner	fraseologie
catamaran	constable	dibbelen	face-lift	freak
catch	container	dickey seat	fading	free-lancer
catcher	contango	die-cast	faëton	freewheelen
catering	contradans	die-hard	fair 2	fret 3
catgut	contraptie	dimmen	fairing	fret 4
catwalk	conveniënt	dinghy	fake	fuel
centerboard	convers	discount	fan 1	funk
centrifugaal	conveyer	disk	fan 2	furlong
chaldron	copyright	disorde	fancy	gabardine
challenger	cordiet	dispatch	fanmail	gadget
chambray	corduroy	dispenser	farm	Gaelisch
checken	cornedbeef	display	farthing	gag
checkers	corner	dissenter	fashion	gallon
cheer	coroner	distaal	fault	game
cheetah	corporatie	dixiecraten	faxpost	gang 2
cherry brandy	cosy	dobby	feature	gangster
cheviot	cottage	doempalm	feed-back	gasoline
chewing gum	couch	dog	feeling	gauge
chick	counselor	dog-cart	fellow	gay
chip	country	dolly	fender	gearing
choke	courses	dominion	festival	gel
choker	covenant	donkey	fieter	gentleman

registers

gentry	insider	klipper	mahonie	nippel
giek 1	instant-	kluts	maiden-speech	niqueteren
gienje	intensive care	knickerbocker	mail	nishut
gig	intercom	knot 2	make-up	nitwit
gijn	interlock	koffie	Malm	nobel 1
gimmick	internationaal	koloniaal	manage	nondescript
gin	interview	koof 2	management	nonsens
gin fizz	issue	kopra	manatee	nurse
gipsy	jack	korjaal	mandril	Odd Fellows
glamour	jacket	kotter	mangrove	off-day
glan	jam 1	kotteren	manifold	official
glitter	jam 2	kroet 3	manor	okshoofd
globetrotter	jamboree	kuster	marketing	omnium
goal	jeans	kwaker	marshmallow	op-art
golf 3	jeep	kwast 3	master	operator
goodwill	jein	label	mastiff	optioneel
gospel	jerrycan	labskous	match	orbit
gossip	jersey	lady	mayor	outcast
grapefruit	jet	lapel	mediaeval	outfit
gravel	jet lag	lark	medley	outrigged
grill	jig	lash-ship	meeting	overrulen
grog	jigger	laskaar	megabyte	oxer
groggy	jingle	lastex	melt-down	paaien 4
groom	job	lavatory	melton	pace
gymkana	jobber	lawn-tennis	merceriseren	pad 3
halfcast	jockey	lay-out	mess	paddel
handicap	jodhpurs	league	methadon	paddock
hansom	joggelen	leasen	midget-golf	Paddy
happening	joggen	leguaan	military	padoek
happy	joint	lekko	milkshake	paisley
hardboard	joke	lewisiet	millet	pakketboot
harrier	joker	Lias	milocorn	pallet
hattrick	jomper	lick	mimicry	pamflet
heat	jopper 2	lift	minimaal	panel
hedgen	joyrider	ligroïne	mink	panorama
heek	juke-box	link 2	miss	pantry
hendel	jumpen	links 2	mister	pants
hens	jumper	linktrainer	mistletoe	panty
herdboek	jungle	linoleum	mixen	paper
herrie	junk	linotype	mixture	paperback
hickory	jurriemast	linters	mocassin	paperclip
hieuwen	jury	lipstick	moeven	paralympics
hint	jute	live	mohair	paramat
hit 2	kaak 4	living	Mohikanen	parana-pine
hobby	kaki	load	moleskin	paravaan
hockey	kapseizen	loafer	money	parceltanker
holocaust	karl	lob 2	monitoring	parking
homespun	karsaai	lobby	moreen	partner
honen 2	kasinet	locomotief	motie	part-time
hopper	keeper	log 2	mul 3	party
horlepijp	kelp	logger	mulch	pass
hormoon	kennel	logo	mulligatawny	patchoeli
hors 1	kerrie	lokus	mungo 1	patchwork
hovercraft	ketch-up	long drink	muskoviet	peddelen
hugen	keyboard	look 3	must	pedigree
humbug	kick	looping	mustie	peep-show
image	kid	lord	mutageen	peer 3
impact	kidnap	lorrie	muting	peerdrops
impedantie	kien 2	loudspeaker	nabob	pegboard
implementeren	kiks	lounge	napalm	pellets
incentive	killen 2	lubricatie	napkin	penalty
inch	kilt	lug	navicert	penicilline
indent	kipper	lumberjaquet	negeret	penny
indoor-	kit 3	lunch	negus 2	penthouse
indubben	kitchenette	lustre	nelson	pep
ingot	kits 1	macadam	newfoundlander	peptalk
inning	kitvos	mackintosh	nijlgau	performance
input	klens 2	magazine	nikker 2	permafrost

permissief	promoten	reling	sealskin	slick
permit	propeller	remake	seedling	slip
persimoen	prospect	remigratie	seersucker	slipper 1
perspex	pruimen 2	rennine	select	slipper 2
petticoat	pub	replay	selfmade	slogan
pica	public relations	reporter	self-supporting	slum
piccalilly	puck	research	sensor	slump
pickles	puddelen	retriever	sepoy	slurry
picknick	pudding	return	septic tank	smarten 2
pick-up	puk 2	review	serieel	smash
picture	pulley	revival	seroet	smog
pier 2	pullover	Rhodesië	serven	smokken
pigskin	pulsar	riff	serveren	snack
pikkel 3	pump	riksja	service	snaffel
pilker	punch 1	rink	serving	snapper
pilo	punch 2	rits 4	set	sneer
pilot-studie	punk	roadster	settelen	snob
pingpong	punten 2	rock	setter	soap opera
pinguïn	puppy	Roger	setting	soccer
pit 3	puritein	rosbief	settler	socket
pitcher	purser	roselle	shabby	soft
pitchpine	push	Rotary	shag	sok 2
placemat	puttee	rounders	shaken	solaarolie
placer	putter 2	routeren	shampoo	sophisticated
plaid	putting	rouwdouw	shanghaaien	sororaat
plastic	puzzel	row	shantoeng	sorry
plate-service	pyjama	royalty	shanty	sound
play-back	quagga	rozenobel	share	sovereign
playboy	quick-step	rubber	sharpie	spaniel
pleet	quilt	rum	shaver	spanker
plenty	quiz	rumble	shawl	sparring-partner
plimsollmerk	race	run 1	shelter	
Plioceen	racket 2	runnen	sheltie	spat 3
plot	racketeer	runnerup	sheriff	speech
plotten	radiator	running	sherry	speed
plummerblok	raglan	rupee	shilling	speer 3
plumpudding	ragtime	rush	shimmiën	spencer
plunjer	raid	safe	shipchandler	spider
plusfour	rail	salesmanager	shirt	spike
pocket	rally	sample	shit	spin 2
poenka	ram 2	scalp	shockeren	spinnaker
poespas	ramark	scanner	shop	spinner
pointer	ramblers	schaar 5	short	spirit
poker	randomiseren	scheizeil	shovel	spleen
poll	rating	schoener	show	split 1
pollak	rawlplug	Schot	shredder	spoiler
polo	rayon 2	science	shunten	sport 2
pomelo	reactantie	scone	shuttle	spot 2
pompom	reactor	scoop	sidecar	spotten 2
ponsen	reader	scooper	sightseeing	spray
pony	ready	scooter	silt	sprinten
pool 3	rebound	scope	single	spunglas
pop-	receiver	score	singlet	spurt
portable	recentelijk	scotch	singleton	squadron
porter	receptionist	scout	sir	square
positon	recital	scrabble	sits	squash
poster	recombinant	scrambler	skeeler	squatter
power	recorder	scraps	skelter	squire
practical joke	recover-	scratch	sketch	starten
prairie	recycling	screenen	skiff	statement
prefab	redundant	scrimmage	skinhead	stayer
premium	reefer	scrip	skip	steak
prerafaëliet	reel 1	script	skippy-bal	steeple-chase
pressen 2	referee	scrub	slacks	stencilen
preview	refrigerator	scryer	slang 2	step 1
printer	regatta	scuba	slapkist	sterling
privacy	release	sculler	slap-stick	steward
producer	relief	scullery	slem	sticker

registers

stijler	tierce	ugli	**eskimo**	accepteren
stikkie	tilt	uitzoomen		acces
stock	time	ullage	iglo	accessibel
stock-car	tip 2	umpire	kajak	accessibiliteit
stone	tipsy	underdog	oemiak	accessie
stoned	tjokvol	understatement		accessoir
story	tjompen	unfair		accident
stout 1	tobogan	unilateraal	**fins**	accidenteel
straight	toddy	Union Jack		acclamatie
strapless	toffee	unit	Karelië	acclimatatie
streaken	tonic	utopie	sauna	accolade
stress	toost	vamp		accommodatie
stretch	topic	varsity		accommoderen
strips 2	topless	veganisme	**frans**	accompagneren
striptease	topper	vellum		accordeon
stuff	torntoe	velvet	-aard	accorderen
stunt	Tory	veranda	aas 2	accosteren
stuwadoor	toss	verdict	aasblad	accoucheren
suit	totalisator	viewer	abandon	accrediteren
superheterodyn	tower	vinder	abandonneren	accrocheren
supporter	track	vintage	abat-jour	accumulatie
surah	tractor	viomycine	abattoir	accumuleren
survey	trailer	virginia	abbé	accusatie
suspense	trainee	viscount	abces	accuseren
sutti	trainen	voetbal	abdicatie	acquest
swagger	trajectorie	voetlicht	abdiqueren	acquisitie
swap	tram	volleren	aberratie	acquit
sweater	tramp 2	volleybal	abhorreren	acre
sweepstake	trance	voucher	abimeren	acteur
swell	tranquillizer	wagon	abject	actief
swingen	transept	Wallstreet	abjectie	actionair
switch	transfer	warrant	ablatie	actioneren
tab	trapper	waterproef	ablutie	activeren
tabby	tras 2	weekend	aboleren	activiteit
taboe	traveller	weespijp	abolitie	actualiteit
tackelen	trawler	welfare	abominabel	actueel
tailor	trein	wereldwijd	abondant	acuïteit
take	tremmen	wetsuit	abonneren	adaptatie
take off	trench-coat	wherry	aborderen	adapteren
talkshow	trend	whip	abortief	additie
tallyen	trens 2	whipcord	abri	additief
tandem	trial 1	whippet	abrogatie	additioneel
tapdans	trimmen	whisky	abrupt	adherent
tape	trip 2	whist	absent	adhesie
target	trippy	whodunnit	abside	adie
tarpaulin	troepiaal	wicket	absint	adieu
tartan	trolley	wijer 1	absolutie	adipeus
tax-free	trouble-shooter	winch	absolutisme	adjectief
taxi	truck	windjammer	absoluut	adjudant
teak	truïsme	wolverine	absorptie	adjudicatie
team	trunk 2	would-be	absoute	administrateur
tearoom	trust	yard	abstinent	administratie
technicolor	trustee	yawl	abstinentie	administratief
tee	try out	yell	abstineren	administreren
teenager	T-shirt	yes	abstractie	admiratie
telepathie	tub	zachtboard	abstruus	admissibel
tender 1	tumbler	zwendelaar	absurditeit	admissie
tender 2	tumescentie		abuis	adolescent
tennis	tum-tum		abuseren	adopteren
terminal	tune	**oudengels**	abusief	adoptie
terriër	tunnel		acatène	adoptief
test 2	turpentine	Iers	accableren	adorabel
theeboy	tussor		accapareren	adorateur
theeroos	tutor		acceleratie	adoratie
thriller	tweed	**middelengels**	accelereren	adoreren
ticket	twen		accent	adosseren
tiebreak	typen	boot 1	acceptabel	adouceren
tier	ufo	praaien	acceptatie	adres

adresseren
adret
adsorberen
adulatie
aduleren
adult
advenant
adventief
aërodroom
aëroob
aëroplaan
aërostaat
affabel
affaire
affectatie
affecteren
affectie
affectueus
afferent
affiche
afficheren
affiliatie
affinage
affineren
affiniteit
affirmatie
affirmatief
affirmeren
affix
afflictie
affoleren
affreus
affronteren
affuit
affutage
afijn
agaat
agaceren
agglomeratie
agglomereren
agglutinatie
agglutineren
aggravatie
agitatie
agiteren
agraaf
agrégé
agrement
agressie
agressief
agressiviteit
agricultuur
aigrette
aileron
aimabel
air
ajour
ajourneren
akkoord
akoestiek
akte
alarm
aleatoir
alert
aliënatie
aliëneren
alignement
alimentair

alimentatie
alimenteren
alinea
alizarien
alkoof
allee
allegatie
allegeren
allegorie
allemande
alliage
alliantie
alliëren
alliteratie
allocatie
allocutie
allodiaal
allonge
allongeren
allooi
alloueren
allumet
allure
allusie
almicantara
alterabel
alteratie
altercatie
altereren
alternatie
alternatief
alterneren
altruïsme
aludel
aluin
amant
amateur
ambassade
ambassadeur
ambe
ambiance
ambiëren
ambigu
ambitie
ambras
ambreren
ambrine
ambulance
ambulant
amende
amendement
amenderen
ameublement
amicaal
amitié
amorce
amourette
amoureus
ampel 2
amplet
amplificatie
amputatie
amputeren
amusant
amusement
amuseren
anaal
anabaptist

anachoreet
analyse
ancestraal
anciënniteit
anekdote
angulair
anijs
animaal
animaliseren
animositeit
anisette
annexeren
annonceren
annoteren
annuïteit
annulatie
anomaal
anomalie
anoniem
ante
antenne
anterieur
anthologie
antichambre
anticipatie
anticiperen
antiek
antilope
antiquair
antiquiteit
antraciet
apaiseren
apanage
apart
apathie
apatride
aperçu
aperitief
aplomb
apostaat
apostasie
apotheose
apparent
apparitie
appartement
appel 2
appellant
apperceptie
appetijt
applicatie
applique
appliqué
appoint
appointement
apporteren
appreciatie
appreciëren
apprehensie
appret
approbatie
approches
appropriatie
approuveren
appuyeren
à propos
aquarel
aquavion
aquicultuur

arabesk
arbitraal
arbitrage
arbitrair
arcade
arcatuur
arceren
archipel
architect
archivolt
ardent
are
argentaan
argot
argument
argumentatie
argumenteren
aride
arkebussier
armatuur
armee
armoriaal
armure
arrangeren
arrestatie
arrêt
arrivé
arriveren
arrogant
arronderen
arrondissement
arroseren
arsenaal
art deco
Artesisch
articulatie
artiest
artificieel
artikel
artillerie
artisanaal
artisticiteit
artistiek
ascendant
asfalt
asiel
aspect
aspic
aspirant
aspirateur
aspiratie
aspireren
assassijn
assaut
assemblage
assemblée
assembleren
assertie
assiduïteit
assiette
assignaat
assimilatie
assimileren
assisteren
associatie
associé
associëren
assonant

assorteren
assortiment
assumeren
assurantie
assureren
asterisk
astreinte
atelier
atermoyeren
atout
attache
attaché
attacheren
attaqueren
attentaat
attentie
attestatie
attesteren
attitude
attractie
attractief
attraperen
attribueren
attributie
attribuut
attritie
aubade
aubergine
audiëntie
auditeur
auditie
augmentatie
auriculair
austeriteit
auteur
autoritair
auxiliair
aval
avance
avanceren
avantage
avant-garde
avant-la-lettre
avenant
avenue
avers 1
avers 2
aversie
aveu
aviair
aviateur
aviditeit
avivage
avodiré
avontuur
avoué
avoueren
axillair
azimut
azuur
baai 1
baai 3
baal
baar 2
baba 2
baccarat 2
badine
badineren

registers

bag	bas-reliëf	biljet	bon-mot	briek
bagage	basset	billet-doux	bonne	bries 1
bagasse	bassin	binair	bonnefooi	brigade
bagatel	basson	bineren	bonneterie	brigantijn
bagetlijst	Bastille	binocle	bon-ton	brijzelen
baguette	bastion	biribi	bon-vivant	briket
bahut	bastonnade	bisbilles	bonze	briljant
baignoire	bataljon	biscuit	boort	brillantine
baillet	bateleur	biseau	borax	brioche
bain-marie	bâton	bisette	bordeel	brique
baiser	batterij	bissectrice	bordelaise	briquet
baisse	bavaroise	bisseren	borderel	brisant
baisseren	bavet	bister	borderen	brisure
bajadère	baviaan	bistouri	borduren	broche
bajonet	bazijn	bistro	boreaal	brocheren
bak 1	beaat	bivak	borneren	brochette
bal 2	béarnaise	bivalve	botteloef	brochure
bal 3	beatificatie	bizar	bottine	broderie
baladeur	beau	bizarre	bouchée	brons
balanceren	beauceron	bizon	bouclé	broom
balans	beau-monde	blaam	bouderen	bros 2
balkon	bébé 1	blabla	boudoir	brouille
ballade	bedeguar	blague	bouffante	brouillon
ballet	bedoeïen	blancheren	bouffon	broyeren
ballon	beetraaf	blanc-manger	bougie	bruineren
ballote	bei 1	blanket	bouillabaisse	brumaire
balsemiek	beige	blanketten	bouilli	brunette
balsemien	beignet	blasé	bouillie	brut
baluster	bek	blazoen	bouillon	brutaal
balustrade	belle	blessure	boulevard	bruusk
bambochade	bellefleur	bleu 2	boulingrin	bruut
bamser	belvédère	blinderen	bouquiniste	bruyant
banaal	ben	bloc	bourdon	bulbair
bandage	bende	blocnote	bourdonné	bulletin
bandelier	benedictine	blokkeren	bourgeois	bureau
bandelotte	beneficiair	blond	bourree	buret
banderol	berberis	blouse	boussole	burijn
bandiet	berceau	blouson	boutade	burlesk
banket 1	berceuse	bobèche	bouterolle	buste
bankier	bergère	bobijn	bouton	butoor
bankroet	beril	boche	bouvier	buts
baptist	bernage	boekanier	braaf	buut
barak	bersen	boekel	bracelet	buvard
barbaar	berthe	boeket	bractee	cabaal
barbette	beschuit	boerde	brageren	cabaret
barbier	besogne	boetiek	braiseren	cabine
barbot	bestiaal	boever	brancard	cabochon
barcarolle	bestialiteit	boezeroen	branche	cabotage
barderen	bête	bohémien	brandebourgs	cabotin
bareel	bêtise	boiseren	brandy	cabriolet
barège	beton	bokaal	bras	cachelot
barema	bévue	bolero 2	braseren	cacheren
baret	bezique	bolide	brassard	cachet
barette	biais	bom 1	brassière	cacholong
barge	bibelot	bombarderen	bravade	cachot
bark 2	bibliotheek	bombardon	braveren	cadans
barkas	bidet	bombarie	bravoure	cadeau
barok	biek	bombazijn	breel	cadens
baron	biel	bombe	breloque	cadet
barouchet	bies 2	bomberen	bres	café
barquette	bifiliair	bon 1	bretel	café-chantant
barrage	bigarreau	bonbon	Breton	cafeïne
barre	bigotterie	bonbonnière	brevet	cahier
barricade	bijou	bonheur	bric-à-brac	caissière
barrière	bilboquet	bonhomie	bricole	caisson
basalt	bilirubine	boniment	bricoleren	cajoleren
bascule	biliverdine	boniseur	bride	calamiteit
baseren	biljart	bonjour	brideren	calculeren

frans

calèche
calembour
caleren
calomnie
calorie
calorifère
calqueren
calville
camaïeu
cambreren
camee
camelot
camembert
camion
camisard
camoufleren
campagne
canapé
canard
cancan
candide
cannelé
canneleren
cannetille
cantate
cantilene
canule
caoutehouc
capillair
capitonneren
capituleren
caponnière
capoteren
caprice
caprine
capriool
capsule
captuur
capuce
capuchon
caquelon
carambole
carburateur
carburator
carcan
caresseren
carillon
carmagnole
carnatie
carnaval
carnet
carnivoor
carobbe
carotte
carré
carrière
carrosserie
carrousel
carte
cartilagineus
cartografie
cartouche
casaque
cascade
cassant
cassatie
cassave
casseren

casserole
cassette
cassis
cassolette
cassonade
castagnetten
castreren
casualiteit
casueel
catacombe
catarre
catastrofe
cause célèbre
causeren
causerie
cauteriseren
cautie
cavalcade
cavalerie
cavalier
cavatina
caverne
cedel
cederen
cedille
ceintuur
celebreren
celebriteit
celibaat
censureren
centime
centraal
centupleren
ceramiek
cercle
cerebraal
ceremonie
cerise
certificaat
cesseren
cesuur
chaconne
chagrijn 2
chaise-longue
chaleureus
chamade
chamarrure
chambranle
chambree
chambreren
chambrière
chamois
champagne
champêtre
champetter
champignon
champlevé
chancroïd
changeant
changeren
chanson
chanteren
chape
chapeau
chapelle ardente
chaperonneren
chapiteau
chapiter

charade
charcuterie
charge
chargeren
charivari
charlatan
charlotte-russe
charme
charter
charterpartij
chasseur
chassinet
chassis
chatelaine
chaton
chauffeur
chauleur
chaussee
chef
chemise
chenille
cheque
cherub
chevalier
chevelure
chevet
chevrons
chic
chicane
chiffon
chiffonnière
chignon
chimpansee
chiné
chirurgie
chirurgijn
chitine
choqueren
chose
christoffel 2
chroniqueur
cichorei
cider
ci-devants
ciliair
cimbaal
cimier
cineast
cinema
cipres
cirage
circassienne
circonflexe
circuit
circuleren
ciré
cirkel
ciseleren
citadel
cité
citeren
citoyen
citroen
civet
civiek
civiel
civilisatie
clair-obscur

clairvoyant
claque
classificatie
clause
claustraal
clausule
clement
cleresij
clergé
cliché
cliënt
clignoteur
clique
cliquet
clochard
cloche
cloisonné
cloqué
clou
coaguleren
coalitie
cocas
cochenille
coco
cocon
cocotte
cocu
code
coërcibel
coëxisteren
coherent
cohesie
coifferen
coïncidentie
col
collage
collation
collationeren
collé
collecte
collectie
collectief
college
collet
collier
collisie
colloïde
Colombine
colonnade
colonne
coloreren
colporteren
combattant
combine 1
combineren
comble
combustibel
comestibles
comfort
comité
commanderen
commanditair
commende
commentaar
commercie
commère
comminatoir
commissie

commodaat
commode
commotie
commune
communicatie
communiqué
compact
compagnie
compagnon
compareren
compartiment
compassie
compatibel
compeer
compensatie
competent
competentie
competitie
compilatie
compileren
compleet
complet
complex
complexie
complicatie
complice
compliment
composiet
compositie
compost
comprehensie
compressibel
compressie
comprimeren
compromis
comptabel
compulsie
computatie
concasseur
concatenatie
concederen
concentreren
concept
conceptie
concert
concessie
conche
conciërge
concies
concisie
conclaaf
conclusie
concomitant
concordaat
concours
concreet
concubine
concurreren
condenseren
condiment
conditie
condoom
conducteur
conduite
confabuleren
confectioneur
conférence
confessie

confidentie
configuratie
confineren
confirmeren
confiscatie
confisqueren
confituren
conflagratie
conform
confrère
confronteren
confusie
confuus
congé
congelatie
congestie
conglomeraat
conglutineren
congregatie
congres
coniferen
conisch
conjectuur
conjugaal
conjuratie
connaisseur
connectie
connex
conniventie
consciëntie
conscriptie
consecutief
consequent
conserveren
considerabel
consideratie
consignatie
consigne
consolatie
console
consolideren
consommé
consonant
conspiratie
constant
constateren
constellatie
consternatie
constipatie
constitueren
constitutie
constructie
construeren
consulteren
consumabel
contact
contagie
contamineren
contemplatie
contemporain
contenance
content
contenteren
contentieus
contesteren
context
contigu
continent 1

continent 2
continu
continueel
continueren
contorsie
contour
contrabande
contraceptie
contract
contractie
contradictie
contrainte
contrair
contramine
contrariëren
contraseign
contrast
contraventie
contrecœur
contrefort
contrei
contrescarp
contribuabel
contribueren
contributie
contritie
controle
contusie
convalescent
convenabel
convenant
convent
conventie
conventioneel
convenu
convergeren
conversatie
conversie
converteren
convertibiliteit
convertiet
convex
convictie
convocatie
convulsie
coöperatie
coöptatie
copieus
copuleren
coquette
coquille
corbeau
cordiaal
cordon-bleu
cornage
corniche
cornichon
coronair
corporeel
corps
corpulent
corpusculair
correct
correctie
correlatie
correspondentie
corrigeren
corroboratie

corroderen
corsage
corselet
cortège
corvee
coryfee
costume
costumier
coteren
coterie
cotillon
couche
couchette
coulage
coulant
coulisse
couloir
coup
coupe
coupé
couperen
couperose
coupeur
coupleren
couplet
coupon
coupure
cour
courage
courant 1
courante
courbette
coureur
coureuse
courgette
courtage
courtine
courtisane
courtois
courtoisie
couscous
cousin
couturier
couvade
couvert
couveuse
couvreren
crampon
cranerie
crapaud
crapule
craquelé
cravate
crayon
creatie
creatuur
crèche
creduliteit
creëren
cremaillère
crémant
crème
creneleren
creool
crêpe
cretin
cretonne
criant

crime
criminaliteit
crimineel
crin
crinoline
croche
crochet
croiseren
croissant
croquant
croquet 1
croquis
croupier
croustade
croûte
cru 1
cru 2
cruciaal
cruraal
crypt
cubebe
cuisinier
cul
culbuteren
culinair
culmineren
culot
culotte
cultiveren
cultureel
cultuur
cumarine
cumuleren
cunette
cupiditeit
curabel
cureren
curettage
curieus
curiositeit
cursief
cutine
cuvelage
cuvette
cyclamen
dadaïsme
dag 2
daguerreotype
daim
damast
dame
dame-jeanne
dammen
dansen
datarie
dateren
dauphin
debâcle
debarasseren
debarcadère
debardeur
debarkeren
debatteren
debiel
debiteren 1
debiteren 2
deboucheren
debourserment

debrayeren
debuteren
decade
decadent
decalcomanie
decaliter
decamperen
decanteren
decaperen
decastère
decatiseren
decent
decentie
deceptie
decerneren
decharge
déchéance
dechiffreren
decideren
decigram
decimaal
decime
decimeren
decimeter
decisie
decisoir
declamatie
declameren
declaratie
declareren
declasseren
declineren
decoderen
decolleren
decolleté
decolleteren
deconfiture
decor
decoratie
decoreren
decouperen
decreet
decrement
decrepiteren
decreteren
dédain
dedicatie
deductie
defaillant
defaitisme
defalcatie
defecatie
defectueus
defenderen
deferent
deferentie
deficit
defileren
definiëren
definitie
definitief
deflagratie
deflatie
defloratie
defloreren
deformatie
deformeren
degagement

degeneratie
degenereren
degoutant
degradatie
degraderen
dégras
degusteren
dei
deïficatie
dejectie
dejeuner
delaissement
delatie
delegeren
deliberatie
delibereren
delicaat
delicatesse
delicieus
delineatie
delinquent
demagoog
demarcatie
demarche
demarreren
dement
dementi
demissie
demissionair
democratie
demolitie
demonetiseren
demonstratie
demonstratief
demonteren
demoraliseren
denatureren
denier
denigreren
denonceren
densiteit
dentaal
dentist
denudatie
denunciateur
depanneren
departement
depasseren
depêche
dependance
deplaceren
deplorabel
deployeren
deponent
deport
deporteren
dépositaire
depot
depouilleren
depravatie
depreciëren
depressie
deprimeren
deputeren
derailleren
derangeren
derivatie
derogeren

déroute
derrière
desagregatie
desastreus
desaveu
desavoueren
descendent
descriptie
deserteur
designatie
desillusie
desinfecteren
desintegreren
desisteren
desodorisatie
desorder
despoot
despotisch
desquamatie
dessert
dessin
dessous
destinatie
destructie
detachement
detacheur
detail
detectie
détente
detentie
detergens
determinatie
determineren
detestabel
detonatie
detoneren
detremperen
detriment
deux-chevaux
deux-pièces
devaluatie
deveine
deviatie
devies
devolutie
devoot
devotie
diabolisch
diabolo
diaconaal
diacones
diaeresis
diafaan
diafonie
diaforese
diafragma
diagnose
diagonaal
diagram
dialect
dialectica
dialoog
dialyse
diameter
dianter
diapason
diarree
diastole

diathese
diatonisch
diatribe
dichten
dictee
dicteren
dictie
dictionaire
didactisch
diëder
diemit
diffamatie
differentie
differentieel
difficiel
diffractie
diffusie
diffuus
difterie
diftong
digereren
digestie
digitaal
digniteit
digressie
dilatatie
diligence
diligent
dilutie
dimensie
diminutief
diner
diocees
diopter
dioriet
diptiek
direct
directeur
directoire
dirigeren
discipel
discipline
discordant
discours
discreet
discretie
discretionair
discrimineren
disculperen
discursief
discussie
discuteren
diseuse
dispache
disparaat
dispensatie
dispenseren
disponeren
disponibel
dispositie
dispositief
disputeren
dispuut
dissectie
dissertatie
dissident
dissimilatie
dissimulatie

dissipatie
dissonant
distant
distilleren
distinctie
distinctief
distingeren
distorsie
distribueren
distributie
district
divagatie
divan
divergeren
divers
diversiteit
diverteren
divette
dividend
divien
divinatie
diviniteit
divisie
dociel
docimasie
document
dodijnen
does 2
doezelaar
doleantie
doline
dolmen 1
dolomiet
dom 1
domaniaal
domein
domestiek
dominatie
domineren
dompteur
donateur
donatie
donjon
dormen
dormeuse
dormitief
dorsaal
dos
dos-à-dos
doseren
dosse
dossier
dotaal
dotatie
douairière
douane
douarie
doublé
doubleren
doublet
douceur
douche
doussié
douteus
doxologie
doyen
dozijn
dragant

dragee
dragoman
dragon 2
dragonnade
draineren
drapeau
draperie
drastisch
dresse
dresseren
dressoir
droget
drogist
dronte
drossen
duchesse
ductiliteit
duel
dukaton
dupe
dupliek
durabel
duratief
duren
dyname
dynamiek
dynastie
dyne
dysenterie
dyspepsie
dysurie
eau
eau de cologne
ebaucheren
ebenist
écaillé
ecarté
ecarteren
echamperen
échange
échappade
echarperen
echaufferen
echec
echelle
echelon
echoppe
eclaireren
éclat
eclectisch
eclips
economie
écossaise
ecrin
ecru
écu 1
écusson
editie
educatie
effaceren
effectueren
efferent
efficiënt
effigie
effileren
effleureren
effusie
egaal

egaliseren
egard
egelantier
egoïsme
egotisme
egoutteur
egreneren
Egypte
ejaculeren
elaboratie
elan
electie
electoraat
elegant
elegie
element
elementair
elevatie
élève
eleveren
clideren
eliminatie
elimineren
elisie
elite
elocutie
éloge
eloquent
elucidatie
elucideren
elucubratie
eluderen
elusief
email
emanatie
emancipatie
emanciperen
emaneren
emballage
embarcadère
embarkeren
embarras
embêtant
embleem
embonpoint
embouchure
embouté
embrasse
embrasure
embrouilleren
emenderen
emersie
emfaze
emigreren
eminent
eminentie 2
émissaire
emissie
emolumenten
emotie
empaleren
empire
emplacement
emplooi
employeren
empyeem
emulatie
emulsie

enallage
encadreren
encas
encaustiek
enceinte
enclave
enclise
encourageren
encyclopedie
endemisch
endossabel
endosseren
energie
energumeen
enerveren
enfileren
enfin
enfleurage
engageren
engobe
en-gros
enjambement
enlevage
enorm
enormiteit
enquête
enroberen
enroleren
ensemble
ensileren
entablement
entameren
enté
enten
entente
enthousiasme
enthousiast
entiteit
entourage
entr'acte
entraineren
entrecôte
entree
entrefilet
entremets
entrepot
entresol
enucleatie
enumeratie
envelop
envers
environs
envoûtement
envoyé
eolien
épagneul
epateren
epaulement
epaulet
epidemie
Epifanie
epigraaf
epigram
epilepsie
epileren
epiloog
epineus
épinglé

episcopaal
episode
epistolair
epode
epopee
epoque
epuratie
equatie
equerre
equidistant
equilibre
equinox
equipage
equipe
equiperen
equiteit
equivalent
equivoque
erethisme
ergoteren
ergotine
eristiek
eroderen
erosie
erratisch
erreur
erudiet
eruditie
eruptie
escadrille
escamoteren
escargot
escarpe
eschatologie
escorte
escouade
esculaap
eskader
eskadron
esoterisch
espadrille
espagnolet
espalier
esparcette
esplanade
esprit
essaaieren
essence
estacade
estafette
estheet
estinatie
estouffade
estrade
estrapade
etablissement
etagère
etalage
etalon
etamine
étang
etappe
etiket
etioleren
etiologie
etiquette
etnisch
être

etter 2
etude
etui
etymologie
eucalyptus
eucharistie
euforie
euthanasie
evacuatie
evacueren
evalueren
evangelie
evangelisch
evangeliseren
evangelist
evaporatie
evaporeren
evasie
evectie
evenement
eventualiteit
eventueel
evictie
evident
evidentie
evocatie
evolueren
evolutie
evoqueren
exact
exagereren
exaltatie
exasperatie
exaspereren
excavatie
excedent
excederen
excellent
excelleren
exceptie
exces
excisie
excitatie
exciteren
exclamatie
exclusie
exclusief
excommunicatie
excreet
excrement
excursie
excusabel
excuseren
excuus
execrabel
executeren
executeur
executie
executoir
exegetisch
exemplaar
exemplair
exempt
exerceren
exhalatie
exhaleren
exhiberen

exhibitie
exhortatie
exhorteren
exhumatie
exigeant
exigentie
exil
existentie
existeren
exocet
exoneratie
exonereren
exorbitant
exorciseren
exorcist
exoterisch
exotisch
expansief
expatriëren
expectant
expectoratie
expediënt
expeditie
experiëntie
experimenteel
experimenteren
expert
expiratie
expireren
expletief
explicateur
explicatie
expliciet
expliqueren
exploderen
exploiteren
exploot
explorateur
exploratie
exploreren
explosie
exportatie
exporteren
exposant
exposé
exposeren
expositie
expres
expressie
expressionisme
exproprïeren
expulsie
exquis
extase
extatisch
extensie
exterieur
extern
extincteur
extinctie
extirperen
extractie
extraordinair
extravagant
extreem
extremiteit
extrinsiek
exuberant

frans

faam	faubourg	filigraan	fondue	frezen
faas	fausseren	filippine	fonetiek	fricandeau
fabricatie	fauteuil	filologie	fonograaf	fricassee
fabriceren	fauvisme	filosofie	fontanel	fricot
fabriek	faveur	filozel	fontein	frictie
fabrikant	favorabel	filter	fooi	friction
fabulant	favoriet	fin 2	foor	fries
fabuleren	favoris	finaal	forain	friet
fabuleus	federatie	finale	force	frigidaire
façade	fee	finesse	forceren	frigide
face	feeëriek	fiool	forfait	frigiditeit
facet	feilen	fiscaal	forket	frikadel
faciaal	feit	fissuur	formaat	frimaire
facie	feliciteren	fistel	formaliteit	friseren
faciel	feloek	fistuleus	formateur	frisket
faciliteit	felonie	fits	formatie	frisolet
façon	femel	fixatie	formeel	frisure
facteur	fenomeen	fixeren	formeren	frit
factice	feodaal	flacon	formidabel	frites
factie	ferlet	flagellant	formule	frituur
factitief	ferm	flagellatie	fors	frivolité
factotum	ferment	flageolet	fort	frivool
factuur	fermentatie	flagrant	fortificatie	froisseren
facultatief	fermenteren	flambé	fortuin	frondeel
faculteit	fermeteit	flambeeuw	fosforesceren	fronderen
fade	fermoor	flamberen	fossiel	front
fagot	fertiel	flambouw	fotografie	frontispice
faible	fervent	flamboyant	foudroyant	fronton
faïence	festijn	flamingant	fouilleren	frotté
faille	festiviteit	flammé	foulard	frotten
failliet	festoen	flan	foule	frotteren
faiseur	feston	flaneren	fourgon	frou-frou
fait	fêteren	flank	fourire	fructifiëren
falbala	fetisj	flankeren	fourneren	frugaal
falconet	feuilletée	flatteren	fournituren	fruit
falen	feuilleton	flatteus	fourragères	frustreren
falsificatie	fiacre	flatulentie	fout	fulmineren
fameus	fiasco	flèche	foyer	fumigatie
familiariteit	fiber	flerecijn	fraai	functionaris
famille	fibreus	fleur	fraas	fundatie
fanaal	fibrine	fleuron	fractie	funderen
fanatiek	fiche	flexibel	fractioneren	funerair
fanfare	fichu	flexibiliteit	fractuur	funest
fanion	fictie	flexie	fragiel	funiculaire
fantasma	fictief	flits	fragment	fureur
fantasmagorie	fideel	floret 1	fraicheur	furie
fantastisch	fideï-commis	floret 2	fraise	furieus
fantoom	fidel	florijn	frak	fusain
farandole	fideliteit	florissant	framboos	fusee
farce	fiduciair	flotteren	Française	fuselage
farde	fiducie	flottielje	franchement	fuselier
fariboel	fielt	flou	franchise	fuseren
farmacie	fier	fluctuatie	franc-tireur	fusie
farmacopee	fiertel	fluïde	frangipane	fusilleren
farouche	figurant	fluit	frank 1	futiel
fascikel	figuratie	fluviatiel	frank 2	futiliteit
fascine	figuur	flux	frappant	future
fascineren	fijn	flux de bouche	frase	futurisme
fase	fiks	foerage	fraude	fysiek
fastueus	filament	foerier	frauderen	gaai
fat	filantroop	foeteren	fregat	gaas
fataal	filantropie	folade	frêle	gabaar
fatalisme	filatelist	fomenteren	frenesie	gabel
fataliteit	file 1	foncé	frenetiek	gaffe
fatigant	filet	fond	frequent	gaga 1
fatigeren	filiaal	fondament	fret 1	gage
fatsoen	filiatie	fondant	fret 2	gaine
fatuïteit	filière	fonds	fretel	gala

registers

galactiet
galactose
galant
galantine
galbanum
galei
galerie
galerij
galimatias
galjas
galjoen
galjoot
galoche
galon
galop
gambade
gamel
gamin
gangreen
garage
garancine
garanderen
garce
garçon
garde
garderobe
gareren
gargouille
garneren
garnier
garnisair
garnituur
Gascogner
gasconnade
gastronomie
gaucherie
gaufreren
gaviaal
gavotte
gazel
gazet
gazeus
gazon
gelatine
gelei 1
gelei 2
geminatie
gênant
gendarme
gêne
genealogie
generaal
generaliseren
generatie
generatief
generen 1
genereus
generisch
generositeit
genese
geniaal
genie
genre
geode
geodesie
geograaf
geografie
geologie

geometrie
gepard
gerant
germain
germinal
germinatie
geste
gesticuleren
gestie
get
geus 3
giberne
gigolo
gigue
gilet
gimp
gips
giraf
girande
girandole
giroffel
Girondijnen
gitaar
glacé
glaciaal
glacis
glanduleus
glauk
gleis
glissade
globaal
globe
gloriëtte
glorieus
glorificatie
gloriool
glos
glutineus
glyptiek
glyptotheek
gnome
gnomon
gnostisch
godemiché
golf 2
gond
gonfalon
goniometrie
gouache
goudron
gourmet
goût
goûteren
gouvernante
gouvernement
gouverneur
graciel
gracieus
gradatie
gradiënt
gradinen
gradueel
gradueren
grafiek
grammaire
grammeer
grampeer
grandeur

grandioos
graniet
granuleus
gratificatie
gratineren
gratuit
graveren
graves
graviteit
grein
grenadier
grenadine
grenaille
gres
griel 1
griep
griffier
griffon
grille
grilleren
grimas
grimeren
griotte
grisaille
grisette
grisou
groep 2
grofgrein
gros 1
gros 2
grosse
grot
grotesk
Guadeloupe
gueridon
guetteren
guidon
guillocheren
guimpe
guinguette
guipure
guirlande
guts
gutturaal
gymnastiek
gyromantie
habiel
habitué
hachee
hagerd
hakkenei
hallali
hallucinatie
hallucineren
halo
halte
hangar
hanteren
hapschaar
harangeren
harasseren
harceleren
harlekijn
harmonie
harnachement
harpij
harpoen
hausse

hautain
hazard
hectare
hectisch
helaas
heliakisch
heliant
helikopter
heliotroop
helmins
hematiet
hemisfeer
hemistiche
hemorroïden
hennin
heraldiek
herboriseren
herborist
hereditair
herediteit
heresie
hermafrodiet
hermetisch
hermitage
heroïek
hers
heteroclytisch
heterodox
heterogeen
hideus
hilariteit
hippodroom
hippopotamus
hobo 1
hoelie
hommage
homofonie
homogeen
homologeren
homoloog
homoniem
honnet
honorabel
honorair
honoreren
honteus
horloge
horoscoop
horreur
horribel
hors d'oeuvre
hospies
hospitaliteit
hostiel
hot 2
hugenoot
humaniteit
humecteren
humeraal
humeur
humiditeit
humiliant
humiliteit
hydraulisch
hydrocefaal
hydrografie
hydromel
hyena

hygiëne
hymne
hypallage
hyperbool
hypocriet
hypotheek
hysop
hysterie
ichtyofaag
icosaëder
ideaal
idee
identiek
identiteit
ideologie
idioom
idioot
idolaat
idolatrie
idool
ielregel
ignobel
ignorant
illuminatie
illumineren
illusie
illusoir
illuster
illustreren
imbeciel
imbiberen
imitatie
imiteren
immanent
immatriculatie
immediaat
immens
immensiteit
immensurabel
immersie
immigrant
imminent
immolatie
immoleren
immortelle
immuniteit
impartiaal
impasse
impassibel
impatiëntig
impensen
imperceptibel
imperiaal 1
imperiaal 2
imperieus
impertinent
imperturbabel
impetrant
impetueus
impiëteit
impitoyabel
implacabel
impliciet
implorant
imploreren
imponeren
important
importeren

importuneren
imposant
impotent
impracticabel
imprecatie
impregneren
impressie
impressionisme
imprimé
improbabel
improbatie
improbiteit
impromptu
improviseren
imprudent
impudentie
impuniteit
imputabel
imputatie
imputeren
inaliënabel
inalterabel
inaniteit
inaugureren
incantatie
incapabel
incarceratie
incarnatie
incest
inchoatief
incident
incineratie
incisie
incisief
incitatie
inciviek
inclinatie
incluis
inclusie
incommoderen
incompatibel
incompetent
inconsequent
incontinent
inconveniënt
incorporatie
incorrect
increduliteit
increment
incrimineren
incroyabel
incrustatie
incubatie
inculperen
incunabel
indecent
indemniteit
independent
indice
indienne
indifferent
indigent
indigestie
indignatie
indiscreet
individu
individualiteit
indolentie

indubitabel
inductie
indulgent
indult
industrie
industrieus
ineffabel
inept
inert
inertie
inevitabel
inexorabel
infaam
infanterie
infanticide
infantiel
infatigabel
infatuatie
infecteren
infectie
infereren
inferieur
infertiliteit
infesteren
infideel
infiltreren
infiniteit
infinitief
infirmerie
inflammatie
inflatie
inflorescentie
influenceren
inform
informatie
infractie
infructueus
infusie
infuus
ingenieur
ingenieus
ingénu
ingereren
ingrediënt
inhaleren
inherent
inhibitie
inhumaan
inhumatie
iniquiteit
initiaal
initiatie
initiatief
initiëren
injecteren
injectie
injurieus
inkarnaat
innervatie
innocent
innoveren
inoculeren
inquisitie
inscriptie
insekt
inseparabel
insertie
insidieus

insigne
insinuatie
insinueren
insipide
insisteren
insolatie
insolent
insomnie
inspecteren
inspecteur
inspectie
inspectrice
inspiratie
installeren
instantané
instauratie
instigatie
instillatie
instinct
institueren
institutie
instituut
instructeur
instructie
instrument
insubordinatie
insufflatie
insulair
insulteren
insurrectie
intact
integraal
integratie
integreren
integriteit
intellect
intellectueel
intelligent
intelligibel
intempestief
intendance
intens
intentie
intentionaliteit
intercalatie
intercederen
intercessie
intercommu-
  naal
intercostaal
intercurrent
interdict
interessant
interferentie
interieur
interimaat
interjectie
interlinie
interlocutie
intermediair
intermissie
intern
internaat
interneren
interpellatie
interpelleren
Interpol
interpolatie

interpreet
interpretatie
interrogatie
interrogeren
interruptie
interstellair
interstitie
interstitieel
interval
interveniëren
interventie
intestaat
intestinaal
intiem
intimatie
intimideren
intolerabel
intonatie
intoxicatie
intransigent
intransitief
intrepiditeit
intrinsiek
introductie
intronisatie
introspectie
intrusie
intuïtie
intumescentie
invalidatie
invalide
invariabel
invasie
invectief
inventie
inventief
inversie
inverteren
investeren
investigatie
investituur
inviolabel
invisibel
invitatie
invite
inviteren
invocatie
involutie
-ioen
irascibiliteit
iris
iriseren
Irokees
ironie
irradiatie
irrationeel
irrecusabel
irrefutabel
irregulier
irreligieus
irremediabel
irreparabel
irresistibel
irreversibel
irrevocabel
irrigatie
irrigeren
irritabel

irritatie
irriteren
irruptie
isochroon
isoleren
-ist
italiek
iteratie
iteratief
ivoor
jabot
jacquet
jade
jakhals
jako
jaloezie
jalon
janitsaar
japon
jaquemart
jardinière
jargon 1
jargon 2
jarretel
jasmijn
javel
javelijn
jeton
jeu 2
jojo
jojotte
jokari
jokko
jongleur
jonquille
jouïssance
jour
journaal
joviaal
joyeus
jubee
juist
jujube
julep
jumelage
jumelles
jupon
juridisch
jurisdictie
jus 2
justifiëren
justitie
juvenaat
juveniel
juwelier
kaap 1
kaart
kabaal
kabanes
kabaret
kabas
kabel
kabinet
kadaster
kadaver
kade
kadee
kader

registers

kadiezen
kadreren
kaduuk
kaffa
kakofonie
kalander 2
kalebas
kalender 1
kalfaten
kaliber
kalibreren
kalief
kalm 1
kalot
kameleon
kamelot
kameraad
kamfer
kamille
kamizool
kamoes
kamp
kampaan
kampanje
kamperen
kampioen
kanaal
kanalje
kanarie
kanaster
kandelaar
kandelaber
kandidaat
kandij
kaneel
kanjer
kanneberg
kano
kanon
kanonnade
kans
kanselier
kanteloep
kantiek
kantine
kanton
kantonneren
kantonnier
kantoor
kapel 3
kapitaal
kapitein
kapitoor
kapoen
kapotje
kapotspelen
kappeliene
kaproen
kapucijn
karaat
karabijn
karabinier
karaf
karakteristiek
karamel
karavaan
karbonade
kardeel

kardemom
kardinaal
kardoen
kardoes 1
kardoes 2
karikatuur
kariool
karkas
karlet
karmijn
karonje
karos
karot
karton
kartonnage
karveel 1
karwei
karwij 1
kaskien
kassei
kassier
kastanje
kasteel
kastrol
katafalk
katapult
kathedraal
kathete
katholiek
kavete
kaviaar
kawaan
kazem
kazemat
kazerne
kedive
keel 2
kepie
kermes
kersouw
ketter
keu 1
kienen
kilo
kinine
kiosk
kir
kiro
klak 3
klandizie
klant
klas
klaspis
klassement
klassiek
klere
klet 2
kletsoor
kliek 2
klier 2
knier
koeioneren
koepel
koer
koerier
koers
koest
koets 2

koetsen
koffer
koffertorie
kohier
kok 2
kokarde
koket
kokkel
kokkelevi
kokwet
kolbak
kolere
kolibrie
koliek
kolokwint
kolom
kolonel
kolorist
komedie
komfoor
komfoort
komiek
komma
kompas
komplotteren
kompres
konfijten
kongeraal
konte
konterfeiten
konvooi
koof 1
koord
kopie
kordelier
kordon
koriander
kormoraan
kornalijn
kornet 1
kornet 2
kornis
kornoelje
korset
korvet
kosten
kostuum
kotelet
kous
kozijn 1
kozijn 2
kozijn 3
kraan 3
krak 1
krant
krapuul
kras 2
kravat
krediet
krek
kreng
krent
krep
kreu
krijn
krik 2
krip 1
kristalliseren

kritiek
kroep 1
kroep 2
kroet 2
krokant
kroniek
kroot
krootse
krostel
krot 2
ku
kubiek
kubisme
kuf 2
kulas
kuras
kwadraat
kwadrant
kwadratuur
kwalificatie
kwaliteit
kwantiteit
kwart
kwartet
kwartier
kwatrijn
kwestie
kwijt
kwint
kwintaal
kwintessens
kwitantie
labberdaan
labeur
labiaal
labiel
labiliteit
lacet
laconiek
lacrosse
lacune
lagune
laiton
lak 3
lamantijn
lambel
lambrekijn
lamé
lameer
lamel
lamenteren
lamet
lamfer
lamineren
lampion
lancé
lanceren
lancet
langet
langoest
langoureus
languissant
lansier
lanspassaat
lansquenet
lantaarn
lanterlu
lapidair

laqué
larderen
larmoyant
larve
lascief
latei
latent
lateraal
latitude
latrine
latuw
laurier
lavas
lavement
laveren 2
lavis
lavoor
lavuur
lazaret
lectrice
lectuur
ledikant
legaal
legaat 1
legaliseren
legatie
legende
legioen
legionair
legislatief
legitiem
legitimeren
leis 1
leng 2
lenitief
lente 2
lenticel
lenticulair
leporide
lèse-majesté
letaal
lethargie
letter
lettré
levade
Levant
lever 1
leveren
levier
liaison
liane
libatie
libel 1
liberaal
liberaliseren
liberaliteit
liberatie
liberteit
libertijn
libidineus
libratie
libre
licentie
licentieus
licitatie
liëren
ligatuur
ligniet

frans

ligue
likeur
lila
limiet
limmetje
limoen
limonade
limousine
limpide
lineair
lingerie
linguaal
linguïst
linie
liniëren
liniment
linon
liquette
liquide
liquideren
liter
literatuur
lithograaf
litigeren
litoraal
lits-jumeaux
liturgie
livret
locatie
locomobiel
locutie
loenje 2
loep
loge
logement
logeren
logies
logistiek
lokaal
lokaliseren
lombard
lombarde
lommer
lommerd
longeren
longitude
loods 2
lorgnet
lori
losange
lotie
lotion
louche
louis d'or
loutre
loyaal
lubriek
lucide
lucratief
ludiek
luguber
luister
luitenant
lumieren
lumineus
luminiscentie
lunair
lunet

lupanar
lus
luster
lustreren
luteren
lutrijn
luxe
luxurieus
luzerne
lyriek
macaber
macedoine
maceratie
macereren
machicoulis
machinatie
machine
machineren
macis
maçon
macramé
maculatie
maculatuur
madam
maderiseren
magazijn
magie
magistraal 1
magistraal 2
magistraat
magnaat
magnaniem
magnetiseur
magneton
magnifiek
magnitude
magot
maillot
mainteneren
maire
maison
maisonnette
maître
maitriseren
majesteit
majestueus
majeur
majoor
majoreren
majorette
majuskel
makaron
makoré
malachiet
malaise
malaxeur
maledictie
malheur
malice
malicieus
malie 1
malie 2
malinger
malleabel
malloot
maltase
maltraiteren
malversatie

malvezij
mama
Mammeluk
manche
manchet
mandaat
mandant
mandarijn 2
mandateren
mandement
mandoline
mandrijn
manege
manette
mangoest
maniak
manicure
manie
manier
maniërisme
manifest
manifesteren
manihot
manille
maniok
manipuleren
Manitoe
manivel
mankeren
mannequin
manoeuvre
manometer
manteau
manteline
manufactuur
maquette
maquillage
maquis
maraboe
marasme
marasquin
marbel
marc
marcasiet
marchanderen
marcheren
marcotteren
marechaussee
marel
margarine
margay
marge
marginaal
margriet
mariage
marien
marinade
marine
marineren
marionet
marist
maritaal
maritiem
marjolein
markant
markeren
markies 1
markies 2

marli
marmelade
marmiet
marode
marokijn
marot
marouflage
marqueterie
marron 1
marron 2
mars 1
Marseillaise
marsepein
martellement
marter
martiaal
martingaal
mascaret
mascaron
mascotte
masculien
maske
masker
maskerade
maskeren
masqué
massa 1
massacre
massage
massé
massicot
massief
mast 3
mastiek
mastoc
masturberen
mat 1
mat 6
matelassé
matelot
materieel
materniteit
mathematisch
matinee
matineus
matrak
matres
matrijs
matrikel
matrilineair
matrone
matroos
matteren
maturiteit
mauve
maxillair
maximaal
maxime
mayonaise
mecanicien
medaille
medaillon
mediateur
medicament
mediocriteit
mediteren
meester
mehari

melaats
melancholie
melange
melasse
mêlée
mêleren
melet
meliniet
melisse
melodie
melodrama
melomaan
melopee
membraan
memoires
memorabel
menage
menageren
menagerie
mendiciteit
menotten
mensurabel
mentaal
menthe
mentie
mentioneren
menu
menuet
méprise
mercantiel
mercenair
merci
mercuriaal
merd
méridienne
meridionaal
meringue
merinos
merite
merkaton
merlet
merloen
Merovingisch
mert
merveilleus
mesalliance
mesquin
messagerie
messaline
messidor
mesurabel
mesures
metaal
metafoor
metallurgie
metamorfose
meteoor
meteorologie
meter 1
methode
methyl
meticuleus
métier
métis
metonymie
metope
metro
metromanie 1

metropool
meubel
microbe
mictie
Midi
midinette
mignon
migraine
migratie
mijter
mikmak
milaan
milanaise
miliair
milicien
milieu
militair
militant
miljard
miljoen
mille
milli-
mime
mimi
mimiek
minauderen
mine
mineraal
mineren
minette 1
minette 2
mineur 1
mineur 2
miniatuur
miniem
minister
ministerie
minoriteit
minuscuul
minutieus
minuut 1
mirabel
miraculeus
mirage
mirakel
mirette
mirliton
mirt
misantroop
miserabel
misère
missie
missive
mistella
mitaine
mitigatie
mitigeren
mitrailleur
mobiel
mobiliteit
modaal
mode
model
moderatie
modern
modest
modestie
modificatie

modillon
modulatie
moduleren
moeflon
moesje
moesson
mofette
moiré
mol 3
molasse
molecule
molestatie
molesteren
molet
mollusk
molton
moluwe
molybdeen
moment
monade
monastiek
mondain
monde
mondiaal
Monegask
monetair
moniale
monochord
monocle
monodie
monogaam
monogram
monoliet
monoloog
monomanie
monopoliseren
monotoon
monseigneur
monster 2
monstrueus
monstruositeit
montage
montagne
montée
monteren
monteur
montuur
monument
moor 2
Moor
moquette
moraal
moraliseren
moraliteit
morbide
morceleren
mordaciteit
mordant
morene
moreske
morgue
morille
morose
mortaliteit
mortepaai
mortier
mortificatie
moscovade

moskee
motet
motief
motiliteit
motiveren
motoriseren
mouchard
mouche
mouilleren
moulage
moulure
mousse
mousseline
mousseren
moustache
Moustérien
mouvement
moyenne
mozaïek
mulat
multipel
multiplicatie
municipaal
munificentie
munitie
muraal
murene
murmureren
muscardine
musculair
musette
musiefgoud
musket
musketon
mutatie
mutilatie
mutileren
mutineren
mutisme
mutualiteit
muzelman
muziek
myoop
myriade
myrobalaan
mysterieus
mystiek
mystificatie
mythologie
nadir
naïef
nansoek
Napolitaans
narratief
nasaal
nataliteit
natie
natief
nationaal
nationaliteit
nativiteit
natron
natté
naturaliseren
naturel
natuur
navet
navigabel

navigatie
navigeren
navrant
nebuleus
necessaire
necessiteit
necrologie
necromantie
nectar
nefast
negatie
negatief
negligé
negligent
negligentie
negligeren
negotiant
negotiatie
negotiëren
nel
nerf 2
neroli
nerveus
nervositeit
net 2
neum
neutraal
neutraliteit
niaiserie
nicotine
nijf 2
nis
nitraat
niveau
nivelleren
nivose
noblesse
noctambule
nocturne
nodulair
noël
noga
nomade
nominaal
nominatie
nominatief
nonchalant
nonk
nonpareille
noot 1
nopal
norm
normaal
normatief
nostalgie
notabel
notatie
noteren
notie
notificatie
notitie
notoir
notulen
nouveauté
novatie
novelle
novice
noviciaat

noyauteren
nuance
nucleair
nudisme
nudist
nuditeit
nulliteit
numeriek
nummer
nummuliet
nuptiaal
nutatie
obediëntie
objectie
objectief
obligatie
obligeren
obliteratie
oblong
obool
obsceen
obscuriteit
obscuur
obsederen
observatie
observeren
obsessie
obsoleet
obstakel
obstructie
obstrueren
obus
obvers
occasion
occident
occidentaal
occipitaal
Occitaans
occlusief
occult
occultatie
occupatie
occupent
occuperen
oceaan
oceaniden
ocel
ocelot
octaaf
octaëder
octant
octrooi
oculair
oculist
odalisk
ode
odeur
odieus
odorant
oerzon
oeuvre
offensie
offensief
offerande
offerte
office
officie
officieel

officier
officiëren
officieus
officinaal
offreren
ofiet
ogief
oir
oker
oleander
olijf
olm 1
olympiade
omber 1
omber 2
ombiliek
ombrageus
ombré
ombrelle
omelet
omissie
omnibus
omnivoor
once
onctie
ondulatie
onduleren
onereus
onomatopee
ontologie
onyx
opaak
opaal
opaciteit
opaline
operateur
operatie
operationeel
opereren
operette
opiaat
opinie
opistografisch
opportunist
opportuun
opposant
oppositie
oppressie
opprimeren
opril
optatief
opteren
opticien
optie
optiek
optimaal
optimisme
opulent
oraal
orakel
orangeade
orangist
oranje 1
oranjerie
orateur
orbiculair
order
ordinaal 1

ordinair
ordonnans
ordonneren
oreillon
organdie
organiek
organiseren
organisme
organist
organzin
orgasme
orgeade
orgie
Oriënt
oriëntaal
oriënteren
oriflamme
origine
origineel
orkest
orkestraal
orkestratie
Orléans
orneren
orseille
orthografie
orthopedie
ortolaan
oscilleren
ostensibel
ostracisme
ottoman
ottomane
oubliëtte
outillage
outreren
ouvreuse
ovaal
ovatie
oxyde
paai 2
paal 2
paan 1
paat 2
pacificateur
pacificatie
pacifiek
pacotille
pact
paganisme
page
paille
paillet 1
paillet 2
pair
pakket
pal
paladijn
palank
palataal
palatinaat
palaver
paleis
paleren
palet 1
paletot
palfrenier
palie

palier
palimpsest
palissade
paljas
palliatief
palliëren
palmares
palmet
palpabel
palperen
palpitatie
pampoesje
panacee
panache
panade
pancarte
pand 2
panegyriek
paneren
paniek
panier
panoplie
pansee
pantalon
pantoffel
pantomime
papaal
paperassen
papeterie
papier-maché
papillair
papillot
papisme
paraaf
parabel
parachute
parade
parados
paradox
parafrase
paragoge
paragon
paragraaf
parallax
parallel
parallellogram
paralyse
paranimf
parapet
paraplegie
paraplu
parasiet
parasol
paravent
parcellering
parcimonie
parcours
pardessus
pardie
pardonneren
parel
parentage
parenteel
parenthese
pareren
paresseuse
par excellence
parfait

parforce
parfum
pari 2
paria
pariëren
pariëtaal
pariteit
parkeren
parket
parlement
parlementariër
Parmezaan
parodie
parodiëren
parool
parousie
paroxisme
part 1
partageren
parterre
participatie
participeren
particulier
partieel
partij
parti-pris
partizaan
parure
parvenu
pas 1
paspel
paspoort
pasquinade
passabel
passage
passant
passedies
passement
passen 2
passe-partout
passerelle
passeren
passevolant
passief
passiviteit
pastel 1
pastel 2
pastiche
pastille
pastis
pat 1
pat 2
patapoef
patates frites
pâte
pâté
pateen
patent 1
pathetisch
pathologie
patience
patiënt
patiëntie
patijn
patijts
patisserie
patois
patoot

patrijs 2
patrilineair
patriot
patronage
patroon 1
patrouille
paumelle
pauze
pavane
pavie
paviljoen
pavoiseren
peau de suède
peccadille
pectoraal
pedaal
pedagoog
pedant
pederast
pedicure
peer 1
pees 2
pees 3
peigné
peignoir
peinzen
pejoratief
pekari
pêle-mêle
pelen
pelerine
pelikaan
pelleterie
pellies
pelote
peloton
pels
pelterij
pelure
penaliteit
penchant
pendant
pendeloque
pendentief
pendule
peneplain
penetrabiliteit
penetratie
penetreren
penibel
penitent
pens
pensee
pensief
pensioen
pension
pensionaat
penurie
pepinière
pépite
pepoen
perceel
perceptibel
perceptie
percussie
peregrinatie
perekwatie
peremptoir

perfectie
perfectioneren
perfide
perforatie
perforeren
peridot
periferie
perifrase
periode
peripetie
peristaltisch
peristyle
perkaline
perkoen
permanent
permeabel
permissie
permutatie
pernicieus
perpendiculair
perpetueel
perplex
perquisitie
perron
persecuteren
persen
persevereren
persicot
persienne
persiflage
persisteren
personage
personeel
personificatie
persoon
perspectief
perspicaciteit
perspiratie
persuaderen
pertang
perte 1
pertinent
perturbatie
peruvienne
pervers
pessimisme
pest
pesticide
pestilentie
petanque
petard
petechie
petieterig
petillant
petinet
petit-four
petitie
petitsels
petomaan
petrissage
petulant
pias 2
piassave
picot
picturaal
pièce de résistance
pied-à-terre

piëdestal
piek 1
piek 2
piek 3
pierrot
pies 2
piëteit
pietsje
pieus
pignon
pijk
pik 3
pikant
pikeren
piket 1
piket 2
pikeur
pilaster
pilotage
pilou
piment
pinakel
pinas 1
pince-nez
pincet
pineaal
pinot
pinsen
pinten
pion 1
pion 3
pionier
pios
piot
pipet
pippeling
piqué
piramide
pirouette
piscine
pisé
pissien
pissoir
pistache
piste
pistole
pistolet 2
piston
pistool 1
piteus
pitteleer
pittoresk
pivoteren
plaan 1
plaan 2
plaats
placide
plafond
plafonnière
plagaal
plagiaat
plaisanterie
plaket
plammoten
plan
planchet
planchette
plan de cam-

pagne
planen 2
planeren
plank 1
plantage
plantein
planten
planteren
planton
plantureus
plaque
plaquette
plastiek
plastron
plat 1
plataan
plateau
platform
platine
platitude
platteband
plausibel
plaveien
plebaan
plebejisch
plebisciet
plein-pouvoir
pleonasme
pleurant
pleureuse
plezant
plezier
plint
plisseren
plombe
plomberen
plombière
plongée
pluche
plumeau
pluviaal
pluvier
pluviometer
pluviôse
pneu
pneumatisch
pneumonie
po
pocheren
pochet
poeder
poëem
poef
poelepetaat
poelet
poelie
poensel
poesje
poester
poëzie
poids
poignant
poil
poilu
point
pointe
pointillisme

point-lacé
pokkel
polair
polakker
polariseren
polemiek
poleren
poli
polieren
polis 1
pollutie
polychroom
polyeder
polygaam
polyglot
polygoon
polyptiek
polytheïsme
pomander
pomerans
pommade
pommelee
pomp 2
pompeus
pompon
ponceau
pongé
ponjaard
ponsoen
ponteneur
ponton
pool 1
pool 2
poorsen
poorter 2
poos
popeline
populair
populatie
porie
porselein 1
portatief
portee
portefeuille
portemonnaie
portiek
portier 1
portier 2
portière
portret
pose
positie
positief 1
possessie
possibiliteit
post 2
post 4
posterieur
posteriteit
postiche
postiljon
postulant
postuleren
postuur
potage
potentaat
potentie
poterne

potpourri
poulain
poulaine
poularde
poule
poulet
pousseren
pover
practicabel
prairial
praktijk
praxinoscoop
prealabel
preambule
precair
precedent
precessie
precies
precieus
preciositeit
precipiteren
preciseren
precociteit
predicabel
predictie
predikaat
predilectie
pree
preëminent
prefatie
preferabel
preferentie
prefereren
prejudicie
prelaat
preliminair
preluderen
prematuur
premeditatie
premier
première
premisse
prenuptiaal
preoccupatie
prepareren
preponderant
prerogatief
préséance
présence
present 1
present 2
presentatie
presenteren
presentie
preservatief
president
presidiaal
presse-papier
prestant
prestatie
prestidigitateur
prestige
presumeren
pretenderen
pretentieus
prêteren
pretermissie
pretext

frans

preuve
prevaricatie
prevenant
preveniëren
previliën
prévôt
prijs 2
primaat
primage
primair
primeren
primeur
primitief
primordiaal
principaal
principe
prinses
printanière
prioriteit
prise
prison
privatief
privé
prix
probabel
probatie
probiteit
probleem
procédé
procederen
procedure
proces
proclameren
procreatie
procuratie
procureur
prodigieus
produktief
profaan
profeet
professioneel
profiel
profijt
profiteren
profusie
profylactisch
progenituur
prognose
programma
progressie
prohibitie
projectiel
proliferatie
prolongeren
proloog
promenade
promesse
promissie
promotie
prompt
promulgatie
promulgeren
pronatie
prononceren
prooi
proper
proportie
proportioneel

propos
propositie
propriëteit
prorogatie
proscriptie
proseliet
prosodie
prospectus
prospereren
prostaat
prosternatie
prostitueren
prostitutie
protagonist
protectie
protectionisme
protégé
protesteren
prothese
protocol
protuberantie
prouveren
prove
Provençaals
proveniëren
provenu
proverbiaal
provincialisme
provisie
provisioneel
provisoir
proxenetisme
proximiteit
proza
prude
prudent
pruderie
pruik
pruimedant
prune
prunel 1
prunel 2
psyché
publiek
publikatie
pudeur
pudiek
pugilist
puissant
puist
pulmonaal
pulp
pulseren
punaise
pupiter
puree
purgeren
purificatie
purist
pur sang
putrefactie
puur
pyroop
quadrangulair
quadrille
quadrillé
quadrupel
quantité négli-

geable
quarantaine
quarantijne
quartair
quatern
quatre-mains
querelleren
questionnaire
queue
quiche
quiëtisme
quincaillerie
quine
quinquet
quiteren
qui-vive
quotiënt
raai 1
raar
rabot 2
racaille
raccorderen
raccroc
raciaal
racket 1
radiatie
radicaal
radiësthesie
radieus
radijs
rafactie
rafel 2
raffineren
rage
ragoût
railleren
raison
raket 1
raket 2
ral
ram 3
ramage
ramasseren
ramboersappel
ramificatie
rammenant
ramoneur
rancune
rang
rangeren
rantsoen 2
raout
rapaciteit
rapé
rapiditeit
rapier 1
rapier 2
rappel
rapport
rapprochement
rapsode
rapsodie
rariteit
ras 1
ras 2
rasant
rassureren
rasuur

rataplan
raté
rateren
ratijn
ratineren
rationeel
ratuur
ravage
ravelijn
ravijn
ravissant
ravitailleren
rayeren
rayon 1
razzia
reactie
reactionair
realiseren
reanimatie
rebel
reboiseren
rebrousseren
rebus
rebuteren
recalcitrant
recapituleren
recenseren
recent
receptakel
receptie
reces
recette
réchaud
rechercheren
rechute
recidivist
reciet
reciteren
reclame
reclasseren
reclusie
recognitie
recollectie
recommenderen
recompensie
reconvalescent
reconventie
record
recours
recreëren
recrudescentie
reçu
recueil
reculeren
recupereren
recursief
recuseren
redactie
redhibitie
redigeren
redingote
redoutabel
redoute
redres
reductie
reduit
reëel
refereren

reflex
refouleren
refractie
refrein
refuge
refuseren
refuteren
refuus
regaal 2
regaleren
regarderen
régence
regenereren
regent
regie
regime
regiment
regio
regisseur
reglement
reglet
regressie
regretteren
regulier
regurgitatie
rehabiliteren
rei 1
reine
reinette
reïtereren
rekruteren
rekwireren
rekwisitie
relaas
relâche
relais
relaps
relateren
relatie
relaxen
relayeren
relegatie
releveren
reliëf
religie
remarqueren
remblai
remedie
reminiscentie
remis
remise 1
remisier
remissie
remontant
remonte
remonteren
remous
remplaceren
remuneratie
renaissance
rencontre
rendabel
rendant
renderen
rendez-vous
renet 2
renforcé
renommee

renonceren
renoveren
renseignement
rentabiliteit
rente
rentree
renunciëren
renvers
renversaal
renvooi
repareren
repartie
repartitie
repasseren
repatriëren
repentir
repercussie
repertoire
repeteren
repetitie
repleet
repletie
repli
repliëren
reponderen
repousseren
represaille
representant
reprimande
reprise
reprobatie
reprocheren
reprouveren
reptiel
republiek
repudiatie
repugnant
reputatie
requisitoir
resectie
reseen
reserveren
resideren
residu
resigneren
resiliabel
resineren
resisteren
resolutie
resoneren
respectievelijk
respireren
ressentiment
ressort
ressource
rest
restant
restaurant
restaureren
resteren
restitueren
restrictie
resulteren
resumeren
resurrectie
retabel
retarderen
retentie

retenue
reticentie
reticulair
reticule
retirade
retireren
retorqueren
retorsie
retort
retouche
retour
retraite
retranchement
retribueren
retrograde
retrozijn
reünie
reüsseren
revanche
reveil
reveille
reveleren
revenu
reverbère
révérence
rêverie
revers 1
revers 2
revêtement
reviseren
revivescentie
revivicatie
revocatie
revoltant
revolte
revolutie
revolutionair
revue
rez-de-chaussée
riant
ribes
richard
ricine
ricocheren
rideau
ridicuul
Riffijn
rigaudon
rigide
rigoureus
rigueur
rijm 2
riposteren
risee
riskeren
rissole
rite
ritueel
rivaal
rivet
rob 3
robber 2
robe
robot
robuust
rocaille
rocambole
rochet

rococo
rodomontade
roesje 2
rogatoir
rokade
rokkelore
rokou
rol
rollade
Romaans
roman
romance
romancier
rond
rondas
ronde
rondeau
rondeel
rooi 1
rooi 2
rooien 3
roos
rotisserie
rotonde
rou
roué
rouge
roulade
rouleren
roulette
route
routine
routinier
roze
rozet 1
rozet 2
rozijn
ruche
rudiment
ruid
ruïne
rumineren
ruptuur
ruraal
rustiek
rutiel
saaien
sabeldier
saboteren
sabreren
sacerdotaal
sacherijn
sachet
sacoche
sacreren
sacrilège
sado
saffraan
sagoïentje
saillant
saisie
sajet
sak
saki
sakkeren
sakkerju
salade
salangaan

salep
salet
saline
salmagundi
salmi
salon
salopette
saltimbanque
salubriteit
salueren
saluut
salzafij
samaar
sameet
samoreus
sanctioneren
sandaal 1
sangen
sangfroid
sanguine
sanikel
sanitair
sans
sansculotte
santé
santonine
sapajou
saponien
sappe
sappeur
sapristi
sarabande
sarcasme
sarcofaag
sardine
sas 4
satelliet
satijn
satinet
satisfactie
saturatie
satureren
saucijs
sauf-conduit
saumon
sauteren
sauterie
sautoir
sauvage
sauvegarde
sauveren
savanne
savant
savonet
savoureren
scabreus
scafander
scalpel
scanderen
Scaramouche
scène
schaats
schampeljoen
schandaal
scharnier
schavot
schebek
schoeperen

schokkeren
schorpioen
scintillatie
scriban
scrupuleus
scrutineren
sculptuur
scurriel
seance
sec
secondant
secreet
secretaire
sectie
seculair
seculariseren
seculier
sedan
sedatief
sedentair
seduisant
seef
segment
segregatie
segrijn
seigneur
seizen
seizoen
séjour
sekreet
seks
sekse
seksualiteit
sektariër
sekte
sekwester
seladon
selderie
selectie
semafoor
semantiek
seniel
sensatie
sensibel
sensorieel
sensueel
sent
sentiment
separeren
sepulcraal
serail
sereen
serenade
sereus
serie
serieus
serigrafie
serinette
sermoen
serpent
serpentijn 2
serpentine
serre
serreren
servet
serviel
servies
sessie

frans

sœur
severiteit
sfeer
siccatief
sier
siffleren
sifon
sigaar
signaal
signalement
signatuur
signeren
signet
sijfelen
silage
silhouet
simaar
simiësk
similor
simonie
simpel 2
simulacre
simuleren
sinceriteit
sinecure
singerie
sinister
sinjeur
sinopel
sinsoen
sint
Sioux
Sire
sirene
sister
situatie
sjaal
sjablone
sjalot
sjanker
sjans
sjar
sjees
sjiek
sober
sobriëteit
sociaal
sociëteit
soep
soepel
soes
soeter
soeverein 1
soeverein 2
sofa
soigneren
soiree
soit
sokkel
soldaat
solde
solderen
soldij
solfatare
solfège
solidair
solide
solist

solitair
solliciteren
solutie
solvabel
somber
sommeren
sommiteit
somnambule
somnolent
somptueus
sonde
sonnet
sonoor
soort
sorbe
sorbet
sortabel
sorteren 2
sottise
sou
soubrette
souche
soufflé
souffleren
souffreren
soulageren
soumis
soupçon
souperen
souplesse
sourdine
sousbras
soutache
soutane
souteneur
soutien
souvenir
spadille
spadrille
spatieus
speciaal
specificatie
spectaculair
speculeren
spelonk
spinel
spiraal
splendide
spons 2
spontaan
squameus
stage
stagneren
stalles
staminee
stance
station
statuair
statueren
statuur
statuut
stellair
stellionaat
stercorair
stère
steriel
stijl 2
stileren

stimuleren
stipuleren
stoïcijn
store
strapontijn
stras
strategeme
strategie
stratosfeer
strofe
stroop
structuur
struis 1
stuc
stupide
suave
subaltern
subiet
subjectief
subjonctief
subliem
subordineren
subreptie
subrogeren
subsisteren
substituut
subsumeren
subtiel
subventie
subversief
succederen
successie
succinct
succursale
suçon
suède
sueren
suffoqueren
suffrage
suffragette
suggereren
suggestie
suïcide
suiker
suisse
suite
sujet
sultan
sumak
summeren
superbe
superflu
superieur
superlatief
superstitie
supplement
suppliëren
suppositie
suppressie
supprimeren
suppuratie
suprematie
suprème
surnumerair
surplus
surprise
surrealisme
surséance

surveilleren
susceptibel
suspect
suspenderen
suspensoir
suspicie
sussen
sustenu
suzerein
syllabe
symfonie
symmetrie
sympathisant
symptoom
syncope
syndicaat
synoniem
synthese
taak
tabijn
tablatuur
tableau
table d'hôte
tablet
tablier
taboeret
tache de beauté
taciturniteit
tact
tactiek
tactiel
tafelment
taille
takke-
taks 1
talisman
talk 2
talon
talpa
taluud
tamboer
tamboerijn
tampon
tante
tantefeer
tantième
tant pis
tapageus
tapijt
tapisserie
tapissière
tapoen
taquineren
tarbot
tardief
tarief
tarlatan
tarm
tartaan
tartarus
tartufferie
tas 4
taste-vin
taupe
taverne
taxameter
taxatie
taxeren

taximeter
techniek
teint
tekst
teljoor
temerair
temeriteit
tempelier
temperament
temperatuur
temperen 1
temporair
temporeel
temporiseren
tenaciteit
tenaille
tenant
tendentieus
tenderen
teneur
tenger
tentakel
tentatie
tentatief
tenten
tenteren
tenue
teorbe
tergiversatie
term
termiet
terminaal
termineren
ternair
terne
terras
terrein
terreplein
terreur
terribel
terrine
territoir
terrorist
tertiair
testateur
tête-à-tête
textiel
textuur
theater
theatraal
theodicee
thermometer
tic
tiërceren
tierceron
timbaal
timber
timbre
timide
timpaan
tinke
tint 1
tirade
tirailleren
tiras
tiro
tisane
tissu

registers

titer	transit	troqueren	varaan	vexeren
titreren	transitief	tros	variabel	vibreren
toef 2	transitoir	trotten	variant	vicieus
toepe	translatie	trottoir	variatie	vicomte
toer	translatief	troubadour	varicellen	victorieus
toermalijn	translocatie	trousse	variëren	vide 1
toert	translucide	trousseau	variété	vief
toets	transmigratie	trouvaille	variëteit	vieux
toilet	transmissie	trouvère	varsovienne	vigeur
toise	transmutabel	trui 1	vasculair	vigilant
tolerabel	transmuteren	trumeau	vaudeville	vigilante
tomaat	transparant	truweel	vedette	vigilantie
tombe	transpireren	tube	vegetaal	vignet
tombola	transplanteren	tuberculose	vegetatie	vigoureus
tompoes	transportatie	tubereus	vegeteren	vijs
tonaal	transporteren	tubuleus	vehement	vilein
tondeuse	trapeze	tule 1	vehikel	villegiatuur
tonneau	tras 1	tulp	veilleuse	vinaigrette
tonsureren	travalje	tunicel	veine	violatie
tonsuur	travee	tuniek	velijn	violent
toon 1	traverse	turbine	velleïteit	violier
toortel	travestie	tureluur 2	vélocipède	viool 1
toorts	trèfle	turkoois	velodroom	virage
topaas	treillis	tutelair	velours	virginiteit
topinamboer	treiteren	tutoyeren	velouté	viriel
toque	trembleren	tutu	venaal	virtueel
toqueren	tremel	type	vendémiaire	virtuoos
torderen	trempé	typografie	vendeuse	virtuositeit
tormentil	tremplin	uberteit	venerabel	vis 1
tornen 1	tremuleren	ulterieur	veneratie	visagist
torpide	tres	ultiem	venereren	vis-à-vis
torsade	trezoor	unaniem	venijn	viscositeit
tort 1	triage	unanimiteit	venten	viseren
tortueus	trial 2	uni	ventilateur	visibel
totalitair	triangel	uniek	ventilatie	visioen
toucheren	triangulair	uniform	ventileren	visionair
toupet	tribaal	unitarisme	ventôse	visitatie
tournedos	tribade	universeel	ventraal	visite
tournee	tribulatie	univociteit	verbaal	visiteren
tournesol	tribunaal	urinoir	verbaliseren	visualiseren
tourniquet	tribune	usance	verbeus	visueel
tout	tribuut	usuur	verbiage	vitaal
tracasserie	tricheren	vaag 3	verbositeit	vitaliteit
tracé	tricolor	vaar 3	verdure	vitesse
traceren	tricorne	vaas	vergé	vitrage
tractie	tricot	va banque	vergelet	vitreus
traditioneel	trielje	vacant	vergure	vitrine
tragedie	triëren	vaccin	verificatie	vitriool
train	triest	vacherin	vermeil	vivaciteit
traineren	trijp 1	vacuole	vermiljoen	viveur
traiteur	trijp 2	va-et-vient	vermout	vivres
trakken 2	triktrak	vairon	vers 1	vizier 1
tralie	triolet	valabel	versatiel	vlam
tramontane	triomferen	Valenciennes	verseren	vlos
tranchant	tripel 1	valetudinair	versie	vocaal
tranche	tripel 2	valeur	versificatie	vocabulaire
tranchee	triplure	valide	verticaal	vocalist
trancheren	tripmadam	validiteit	verve	vocatie
tranquil	triviaal	valies	verveine	vocatief
trans	trocar	valkenier	vespasienne	vociferatie
transactie	troebel	vallei	vest 2	vodou
transbordeur	troebleren	valorisatie	vestiaire	vogue
transcriptie	troep	vandalisme	vestibule	voila
transes	tromblon	vanille	vestimentair	voile
transfiguratie	trompe-l'oeil	vaniteit	veston	voiture
transformatie	trompet	vapeur	veterinair	vol 2
transformeren	tronie	vaporeus	vetiverolie	volant
transigeren	tronk	vaporisateur	vexatie	volatiliseren

vol-au-vent
vole 1
volière
volitief
volontair
voltage
volte
voltigeren
volubiliteit
volume
voluptueus
volute
vont
voois
voraciteit
vorket
vorm
voteren
voute
voyant
voyeur
vrille
vue
vulgair
vulgariseren
wagon-lit
wan
warande
wartoe
wimber
yperiet
zaan
zeboe
zedrak
zelateur
zeloot
zero
zjat
zoeaaf
zone
zot
zymase

oudfrans

abeel
abel
agonie
alexandrijn
amaril
amber
anarchie
anatomie
animatie
animeren
annihileren
annotatie
apologie
apoloog
apostil
apparaat
arduin
aritmetica
armborst
arrest
arresteren
asperge

autoriseren
autoriteit
avoirdupoids
azijn
bagge 1
balein
balie
balloteren
banier
barteren
bastaard
bazaan
bazuin
beest
berkoen
betonie
blameren
boei 2
bolder 1
bonnet
boot 2
borat
bordes
buffel
buffet
buis 1
buis 2
buizerd
cement
cijfer
cinnaber
cipier
closet
commandeur
compote
confectie
confederatie
consent
controverse
dadel
degen 2
delict
diadeem
dieet
dobbelen
dolfijn
dragon 1
draperen
dromedaris
dubbel
ere
-es
esbattement
etage
fair 1
falie
fantasie
fardeel
fazant
feest
feil 1
fel
flets
fluweel
fluwijn 1
folen
foreest
fornuis

franje
Frans
Fransoos
fronsen
fruiten
fust
fustein
gaillard
garantie
gareel
ginst
goesting
goliarden
gom
gordijn
graal
graveel
grief
griffie
griffioen
gulzig
haast 1
haast 2
hakketeren
hamei
happe
harnas
harpuis
helmet
heraut
hoes 1
hort
hotel
houweel
-ij
impost
inkt
jaloers
jenever
jent
justeren
justificatie
juweel
kaatsen
kampernoelie
kan 2
kanteel
kapel 2
karakter
kareel
karmozijn
karpet
kas 2
kateel
katijf
kauwoerde
keurs
klaroen
klavier
kleur
klezoor
klimaat
klinket
komijn
komkommer
kompaan
komplot
konijn

koperrood
kouter 2
kraak 1
kriel 2
kristal
kristallijn
krokodil
kroos 4
kussen 2
kust 1
kwalie
kwansuis
kwetsuur
kwijten
lakei
lamoen
lamp
lamprei 1
lamprei 2
langue d'oc
lats
laveien
laveren 1
livrei
loenje 1
luipaard
luit 1
makreel
mal 1
maligne
mangel 1
marmot
marteel
mastel
masteluin
mat 5
matras
matsen 1
mazier
meloen
memorie
meute
mielie
mijn 2
minstreel
mirre
mispel
moeras
monarchie
monster 1
Moriaan
mossel
mosterd
mummie
muskus
muzikant
nul
object
oblie
oest
oester
orde
ordinantie
ouverture
paaien 1
palei
palesteel
paltrok

paneel
panter
pantser
papegaai
papier
Parakleet
parament
partuur
passagier
pasta
pastei
patrijs 1
peauter
peis
peisteren
pel 1
pelgrimage
penaal
penant
pennoen
penseel
perkament
peroratie
pers 1
pers 2
pigment
pimpernel
pinceren
pioen
plaat
pladijs
plakkaat
plankier
plansier
planteit
plantsoen
pleidooi
plein
pleit 2
pleuris
plooi
pluimage
pluis 1
polder 2
politie
pompoen
populier
poreus
porselein 2
portaal
portie
prefect
prei
prent
preuts
prieel
prijs 1
prijzen
prins
privilege
proeven
profes
pui 1
puren
queeste
quinterne
rabat
rabauw

registers

rampeneren	stof 1	adhereren	**fries**	agaam
rantsoen 1	stoffen	adverbiaal		agameten
rapaille	straat 2	affiliëren	armoedzaaier	agamie
rasp 1	stramien	agiel	bart	agape
rasteel	stranguleren	ambiguïteit	ielgoes	ageratum
rastel	struweel	annuleren	krioelen	agnosie
raveel 2	sufficiënt	appelleren	kwier	agogiek
reaal 2	suffragaan	brief	sijs 1	agogisch
rebab	sukade	capabel	sjoelbak	agon
rei 2	taan	capaciteit	sjomp	agoog
reis 2	taats	captiveren	sjorren	agora
rekest	tabbaard	caustisch	sjouwen	agrafa
respons	tafereel	celeriteit	spalling	akinesie
rifraf	tarsel	cilinder	stins	akropolis
rijst	tasten	civiliteit	terp	alcyone
rivier	tempeest	collaboreren	tjalk	aleuron
ros 2	tempel 2	evene	tjoel	alfa
rot 2	tent	excretie	tjotter	allotria
royaal	terpentijn	extirpatie	tsjoenen	althea
royeren	tieretein	fabel		amaniet
rozemarijn	tin	fles		amarant
rumoer	tiran	git	**oudfries**	amaurose
ruwaard	titel	granaat		amblyopie
saai 1	toernooi	karbeel	mande	ambrosia
saffloer	toneel	karkant		ametrie
salie	toren	karwij 2		amfibie
satire	tors 2	komeet	**gaelisch**	amfibolie
saus	torsen	konstabel		amfibool
schaars	trebbel	lans	drambuie	amfibrachys
schabel	treef 2	lier 2		amfidromie
schalie	treit	magneet		amiant
schalmei	truc	nobel 2	**gallisch**	amnesie
schampen	truffel	novaal		amnestie
schermutselen	uur	ons 1	Maas	amnion
schoelje	vaars 2	peer 2		amoebe
schofferen	valuatie	pestel		amorf
scholier	vaneel	piraat	**(klassiek)**	amusie
schors	velter 1	plateel	**grieks**	amyl
schorsen	venezoen	ranzig		ana-
schouden	vernis	respect	a- 2	anabiose
schroef	vernooi	sanctie	abiotisch	anabool
sein 1	vesperei	scepter	aboulie	anachronisme
serge	vijver 1	seductie	abracadabra	anafora
sergeant	violeren	slaaf	acalefen	anaglyf
sester	violet	spektakel	acefaal	anagoge
sindaal	viool 2	spoliatie	achromatisch	anakoloet
singel	vork	taart	acme	analecten
singulier	wambuis	torment	acribie	analeptica
Sinksen	zenit	tortuur	acroamatisch	analfabetisch
sluis		transfereren	acrostichon	analgesie
soelaas		troon	acroterie	analoog
sollen	*middeleeuws*	tumult	adenoïde	anamnese
som	*frans*	turbulent	adiabaat	anamnestisch
sommelier		uniteit	adiafora	anamorfose
specerij	casement	universaliteit	Adonis	anastomose
spijt 1	panikgras	universiteit	aegis	anastrofe
spinazie	poliep	urbaan	aeon	anathema
spinzen	respijt	urbaniteit	aëro-	anatocisme
spion 1	salamander	urgent	aeschrologie	Anatolië
sponde	taf	urgeren	afaeresis	androgeen
spons 1	trafiek	urine	afasie	androgyn
springaal	vendu	urineren	afonie	anemoon
spurge		usurperen	afoon	anergie
staal 2		utiliteit	aforisme	anesthesie
staketsel	*frans of latijn*	veinzen 2	afrodisiacum	aneurine
standaard		visie	afrodisie	anomie
state	absorberen		Afroditisch	anorexie
stevel	aciditeit		afte	antagonist

frans — grieks

anti	authentiek	clonus	energetica	gameet
antichrese	auto-	coeloom	entelechie	gamma
antilogie	autochtoon	collyrium	enthymema	ganglion
antinomie	autocratie	colofon	epanodos	Ganimedes
antipathie	autodidact	colon	epi-	Gehenna
antithese	autogeen	coluren	epiclese	Genesis
antoniem	autograaf	coma I	epicrise	geront
antonomasia	autolyse	condyloma	epicycloïde	glaucoom
antraceen	automaat	Corinthe	epideiktisch	gnosis
antrax	automatiek	cosmos	epidermis	goëtie
antropo-	autonomie	cotyledo	epididymis	Gorgonen
antropofaag	autonoom	crasis	epifoor	halcyoon
antropomorf	autopsie	cristallitis	epifyse	halma
aoristus	axioma	croton	epigeïsch	hamadryade
aorta	ballista	cybernetica	epigoon	hamamelis
apagogisch	baro-	cycloop	epistasie	haptisch
apepsie	baroxyton	Cyprus	epistrofe	hecatombe
apis	basilicum	Dacisch	epitheton	hegemonie
apodictisch	battologie	Danaïde	epitrope	helicon
apodosis	bema	deca-	epizeuxis	Helleens
apofthegma	bèta	deiktisch	epoche	heloot
apogeum	biblio-	deltoïde	epos	hemeralopie
apograaf	bio-	demagogie	epsilon	hemorragie
apologetisch	biografie	demiurg	epyllion	herme
apoplexie	botanisch	demos	ergon	hermeneutiek
aporie	boustrofedon	demotisch	erigeron	heros
aposiopesis	bronchiën	derris	erinnyen	herpetologie
apotropaeisch	bubo	deuterocano-	Eris	Hesperiden
apraxie	Bucephalus	niek	erotisch	hetaere
Aramees	Byzantijns	diacritisch	erotomanie	hetaerie
archaïsch	cachexie	Diadochen	erythema	heureka
archeologie	cacodemon	diaklaas	eschatocol	hexa-
archetype	cactus	diaphyse	ethos	hidrotica
archimandriet	caneforen	diaspora	eufonie	hiëratisch
Argonauten	carcinoom	diastase	euritmie	hiërfant
aristie	catachrese	diatoom	Euterpe	hiëroduul
aristocraat	cataclysme	dichotomie	eutrofie	hiëroglief
aristocratie	catalecten	didascalisch	exantheem	Hippocrene
aristolochia	catalepsie	diësis	exarch	holothuriën
arsenicum	cataplasma	digamma	exedra	homileet
arsis	categorie	dimorf	exegeet	homiletisch
aryballos	categorisch	Dionysisch	exegese	homilie
asbest	catharsis	Dioscuren	falanx	homologie
ascese	catheter	diptera	farmaceut	hoplieten
ascetisch	caucalis	dithyrambe	farmacon	hosanna
asfyxie	ceanothus	dodecaëder	farynx	hyaden
Assyrië	cenotaaf	dogma	fatisch	hyalien
asteroïde	chalazion	Dorisch	feniks	hyaliet
ast(h)enie	chaos	drachme	filhelleen	hybris
astragaal	chijl	drama	filippica	hydra
astroïde	chiliade	dramaturg	Filistijnen	hydrocele
asymmetrie	chiliasme	dryade	filomeel	hydrofoor
asymptoot	chimaera	ecchymose	filosofeem	hydropsie
asyndeton	chiragra	ecclesiastes	flegma	hyfen
atactisch	chirograaf	ectypon	flegmasie	hymen
ataraxie	chiton	eczeem	flegmone	hyper-
ataxie	chloasma	efebe	flogiston	hypermetroop
atelie	choliambe	efeten	foneem	hypnose
atheïsme	chorea	eforen	foon	hypochondrie
Athene	chorion	elaterium	-foor	hypofyse
athermisch	chorografie	elefantiasis	fot	hypogeïsch
athymie	chrisma	elektron	foton	hypospadie
atimie	chroma	Elysium	ftisis	hypothese
Atlantisch	chrysoliet	embryo	fylacterion	hysteron prote-
atrofie	chrysopraas	emfyseem	fyle	ron
augiet	chymus	empirie	fysiognomie	iberis
autarchie	clepsydra	enchiridion	galactisch	iconografie
autarkie	climax	encycliek	galaxis	icterus

idiomorf
idiosyncrasie
idioticon
irenisch
isagogisch
ischias
isometrie
ithyfallisch
jota
kalligraferen
Karpaten
katabolie
katalyse
Kaukasus
kenosis
kerygma
kinesie
kloon 2
klysma
klystron
koine
kosmetisch
kosmopoliet
kosmos
kroton
kyfose
lakooi
lambda
lathyrus
leis 2
lekythos
Lethe
lexicograaf
Libië
litotes
logomachie
lordose
lysis
lyssa
macarisme
macro-
maieutiek
Mammon
mantiek
mausoleum
mechanica
mega-
megalopolis
meiosis
melasma
melisme
meristeem
Mesopotamië
meta-
metabolisch
metafysica
metalepsis
metastase
metempsychose
methexis
metronymicum
metropoliet
miasma
micro-
mimesis
misogyn
mnemoniek
mola

monochroom
Mycene
narthex
nastie
nauplius
necrose
nefelien
nekton
Nemesis
neofiet
nereïde
neuston
Niobe
noëtiek
noma
nomotheet
noumenon
nymfaeum
nystagmus
ochèma
ochlocratie
octopus
odeon
oecumene
oedeem
oestron
-oïde
oligarchie
omega
omofagie
onomasticon
optisch
orfisch
ortho-
oryx
otalgie
oxycraat
oxygoon
oxymel
oxymoron
oxytonon
pachyderm
paean
Palermo
palindroom
palinodie
panaritium
pancreas
pandemisch
panisch
panopticum
pansofie
para-
parabasis
parabool
paracentese
paraenese
paraleipsis
paralipomena
parataxis
parenchym
parese
paroniem
Parthenon
pathos
pedofiel
pelorie
peltast

pentagon
Pentateuch
pentatlon
peplos
pericardium
periëgetisch
perikoop
perineum
periost
peripteros
peristerium
peritoneum
petalodie
phylum
plagioklaas
plasma
-plegie
plethora
pleura
plutocratie
poimeniek
polis 2
poly-
polyanthisch
polyarchie
polycarpisch
polychord
polydipsie
polyfyletisch
polymorf
polysemie
polysyndeton
porfiriet
praktisch
praxis
priaap
prisma
prolegomena
prolepsis
propaedeuse
propyleeën
proskynese
prosopopoeia
protisten
prytaneum
pseudepigraaf
pseudoniem
psyche
psychose
pycnisch
pylades
pyloon
pylorus
pyrethrum
pyrosis
pythisch
rabdomantie
reuma
rizoom
rododendron
ryton
sandrak
sarcoom
sardonyx
satraap
sceptisch
schisma
schist

scholiën
sclerose
scoliose
scolopenders
-scoop
scotoom
Scythen
sepsis
sfagnum
sferoïde
sfincter
sfinx
siderurg
sigma
skelet
skolion
smegma
Smyrna
sofist
solecisme
solenoïde
soma 2
somatisch
soter
spasmodisch
speleologie
sperma
sphagnum
spirea
spongiet
sporadisch
stater
statica
statisch
steatiet
stichomythie
stigma
stochastiek
stoma
strangurie
strateeg
Stygisch
stylobaat
syllepsis
syllogisme
symfyse
symmachie
synaeresis
synaloefe
synaps
synchroon
syncretisme
syndroom
synecdoche
synechie
synergie
synopsis
syntagma
Syracuse
syrinx
systole
syzygie
tachy-
tars
taxis
teek 2
tektonisch
telamon

tele-
telefanie
telson
Tempe
tenesmus
tetanus
tetrade
tetragram
tetrarch
Themis
theofanie
theorema
theoretisch
theorie
therapeut
therapeutisch
therapie
thesis
thetiek
thorax
Thracië
thrips
thrombus
thuja
thyllen
thymus
thyrsus
timocratie
titan
tmesis
Tocharen
tonisch
topica
topisch
topo-
trachea
trachoom
trapezium
trauma
trema
triade
trias
tribrachys
trichine
triglief
trilogie
trimorf
tripodie
triptiek
tritagonist
trocheus
trofisch
troglodiet
tropie
tropisch
tyfus
ureter
urethra
xoanon
-yl
ypsilon
zeugma
Zeus
zodiak
zoö-
zoster
zygoot
zymose

grieks – hoogduits

byzantijns-grieks

anagram
chiasma
choriambus
chrestomathie
diuretisch
enzym
epanalepsis
erysipelas
ethologie
etymologicon
glottis
grafeem
hemostase
hypotaxis
iconoclast
isomeer
kerk
klinisch
lambdacisme
lexicon
lykantroop
nomografie
osmose
pentagram
styliet
theosofie
theurgie
trisagion

modern grieks

ouzo
retsina

guarani

agoeti

hawaïaans

hoela

hebreeuws

Adam
Adonaj
Ahasverus
amen
asjeweine
Asjkenazim
attenoj
Azazel
Baäl
bajes
baldoveren
bar mitswa
basserool
bath
Beëlzebub
Behemoth
behoje
beis
beisje
bekattering
Belial
betjoegd
Boanerges
Chanoeka
chassidisme
chazan
dajem
Eden
Elohim
emmes
galf
gassie
geilkenen
Gideon
gis 1
glamonius
goël
goj
golem
goochem
gotspe
gozer
hallel
halleluja
hillig
Ivriet
jajem
jeile
Jeruzalem
jofel
jouker
joum-kippoer
Juda
kabbala
kaf 2
kalletje
Kanaän
kasjeren
katoen 2
kedin
kehilla
keil 1
kibboets
kimmel
kol 6
koosjer
kovet
lammetje
lef 1
leviathan
louw 2
majem
makke
massematten
Massora
matse
mazzel
meier 2
meimus
meloochem
menora
mesjoche
Methusalem
mezoeza
mezomme
minjan
misjna
mohel
Mokum
molik
mosjav
muim
Nathanaël
Nazareth
nazireeër
niese
Noach
Ofir
pages
parnas
peiger
penose
piechem
pleite
ponem
poter
Purim
raaf 2
rachmones
sabaeïsme
sabra
Salomo
sanhedrin
Satan
schibbolet
schore
schorem
seider
sela
shofar
sikker
Sion
sjabbes
sjachelen
sjaloom
sjammes
sjikse
sjoof
sjotrem
sjwa
sof
sofer
sores
tallith
talmoed
tefillin
temeie
Tenach
terafim
thora
tinnef
tof
tofes
turf 2

hindi

bhang
datura
goeroe
Hindi
Hindoestani
kauri 1
kukri
lakh
langoer
maharadja
maharani
maharishi
mahout
maina
nizam
pandit
radja
rani
roti
sambar
sari
Sikh
sirdar
swami
tabla
tamtam
tank
yogi

hongaars

attila
csardas
filler
goelasj
heiduk
honved
Magyaar
pengö
poesta
sjako
tsardas
tsigaan

hoogduits

aanmatigen
aanstalte
abituriënt
accept
acrobaat
adulaar
affect
ahorn
aïs
allegorese
alm
almende
aniline
ank 1
ansicht
antipyrine
applicatuur
aquatisch
argeloos
Ariër
auerhaan
ausputzer
autisme
baanbreker
bakkebaard
bakvis
balts
bar 3
bazelen
beekbunge
beer 4
beermost
begeesteren
beitsen
benzine
beroemd
bestendig
bevoegd
bewerkstelligen
bewust
biedermeier
bims
bingelkruid
bis 1
blende
blits
breitschwanz
Brunswijk
bühne
buks 1
buks 2
buna
carenzdagen
cis
componist
creperen
cupriet
decher
diëldrin
dinges
dis 2
doedelzak
dolk 1
dolman
doorwas
dragonder
droschke
dubbelganger
dur
duraluminium
ecologie
eenduidig
eenzaam
eidetisch
eigenaardig
eïs
eland
elf 2
elrits
engerling
engram
ereprijs
erkentelijk
erker
erlangen
ersatz
erts
ester
etsen
felsen
fieken
fikfakken
filister

firn
fis 2
flikken
flous
foedraal
foetsie
föhn
foliant
folteren
fonkelnieuw
forel
forts
frankeren
Frankisch
frats
freule
frisling
frissen
gaarkeuken
galmei
gambiet
ganzerik 1
gas 2
gehalte
geheim
geleng
gelukzalig
gemaal
gems
gestalte
geuze
gevaar
gewei
gezant
gies
gif
giraal
giro
gis 2
glans 1
glazuur
gletsjer
glidkruid
glimmer
gneis
grafiet
grammofoon
grauwak
gries
gril
groschen
gus 1
haberdoedas
haf
haft 1
halt
hars 1
hartsvanger
heikel
heimwee
heks
henker
heroïne
hesseling
hitsig
hoera
holkeel
homeopathie

homp 2
hondsvot
hopman
horde 2
hotsen
houwitser
huichelen
humoreske
huzaar
ijver
inbronstig
instemmen
inwilligen
jabroer
janker
Jiddisch
jodelen
joedelen
kaar 2
kachel 1
kalefakker
kansel
kapoets
kapot
kapsel
Karinthië
karren
kartel
karteren
kartoffel
kast
katheder
keiler
kek
kelner
keteen
keton
Keulen
kiepen
kies 3
kippen 3
kirsch
kit 2
kitsch
kitten
klaviatuur
kletskop
kling 1
knakworst
knijp
knirps
knisteren
knittelvers
knix
knobbelen
koeterwaals
koets 1
kogellager
kolder 2
komisch
kommervorm
kompel
konkel 3
koolraap
koosnaam
korund
kotsen
krach

krambamboeli
kramsvogel
krans
kras 1
krimi
kritisch
kritiseren
kubatuur
kummel
kür
kurhaus
kwark
kwarts
kwatsch
kwets
laan 3
labberdoedas
lager 1
lager 2
lagerbier
landauer
langlauf
lanoline
lebemann
legering
letten 2
liederlijk
liedertafel
liniatuur
lippizaner
liseen
literaat
loden
loopgraaf
löss
louterstal
lumbecken
maaswerk 2
maatregel
majer
maldegeer
malossol
mangel 2
mangelen 1
manhaftig
map
marene
margariet
marketenster
meeldauw
meerschuim
meiler
melaniet
mensuur
micraat
mirabiliet
mispickel
moeizaam
monter
morfologie
morion
mormel
motel
motoriek
museaal
nalatenschap
namens
narcisme

nasjen
nazi
nehrung
nerts
nihilisme
nikkel
niks
nix
noedels
nogmaals
noodwendig
oase
ober
oecologie
oer-
oeraliet
Oldenburg
olivien
olm 3
onbestemd
onderhavig
onstuimig
ontschranken
oplage
opname
ordener
organisch
overigens
overrompelen
overweldigen
ozokeriet
palts
paprika
paraffine
paranoia
pardel
partituur
paskwilschuif
patent 2
pauk
pauschal
pausen
pech
pekblende
pepsine
piekfijn
piëtisme
pils
pinscher
pistool 2
planaar
plapperen
plastisch
plenteren
poedel 1
poetsen
pokaal
polemisch
politoer
poltergeist
Pommeren
pompernikkel
posteren
potsierlijk
pracht
practicum
pralen
preegdruk

preskop
proleet
proletariër
prosodisch
prots
protsen
provisorisch
prozaïsch
psychisch
psychoanalyse
publicistisch
putsch
quadersteen
rabiaat
radau
raket 3
ramsj
rank 2
ransel
ransen
rappen
rapunzel
raster 2
rauwkost
reageren
realpolitiek
receptuur
rechtmatig
redenaar
reesim
referaat
reformkleding
regelmatig
rendier
reserpine
rhönrad
ribose
richtig
riesling
rijver
riskant
ritmeester
rodelen
roedel
roetsjen
römertopf
ruggespraak
ruisgeel
sabel 1
saffiaan
sage
sappelen
sarren
sas 3
satirisch
sauger
schellak
schicht 2
schiefer
schlager
schlemiel
schmiere
schmink
schnaps
schnautzer
schneidig
schnitzel
schrens

hoogduits – italiaans

schriftbaars	touche	*oudhoogduits*	**italiaans**	buffo
schrifterts	traminer			calando
schroot 1	trassaat	Elzasser	a capella	calandrone
schrootblad	treter	gans 2	accelerando	cambio
schuchter	triool	krijt 2	a conto	camerlengo
schund	troef	Let	a costi	camorra
schurk	troetel		adagio	campanile
schwadronne-	tuberkel		affectuoso	cantabile
ren	turnen	*middelhoog-*	africano	canto
schwung	tweespalt	*duits*	aggiornamento	cappuccino
sekt	U-boot		agio	capriccio
semasiologie	uilenspiegel	artsenij	agitato	carabinieri
sennhut	uitbundig	bezoedelen	agrest	carbonari
sieraad	uitvaardigen	borst 2	aldente	carezza
sik 1	uitvoerig	deun 1	allegramente	casino
silvaner	ulaan	diefstal	allegrettino	cembalo
sjek	umlaut	ervaren	allegretto	centesimo
sjerp 1	unberufen	ettelijke	allegro	cento
sjoemelen	universaal	fris	allottava	certosa
skaat	uviolglas	hups	alpino	certosina
slamassel	vaalerts	hut	amabile	chiaroscuro
slegel	vaandrig	indruk	amoroso	ciao
sloef 3	vadermoorder	innerlijk	andante	cibeben
smalree	vampier	inwendig	andantino	cicerone
smarotsen	veelvraat	krassen	animato	cicisbeo
smergel	vegetariër	kreits	animo	cimaas
smous	veldspaat	overreden	animoso	cinellen
snaphaan	velpel	rits 1	antipasto	cipollijn
snek	venerisch	ruif	appassionato	clarino
snel 1	verfomfaaien	schaffen	appoggiatura	coda
snepijzer	veronal	schans	aquatint	collo
snepper	verrekken	scherts	arcato	coloratuur
snit 1	viering	sintel	architraaf	commodo
snor 1	vlugschrift	spits 2	ardente	concertino
snorkel	vogelvrij	treffen	Aretijns	concetti
Sorb	volslank	vernuft	aria	condottiere
spaat	voltallig	versagen	ariëtte	confetti
spachtel	waanzin	vorsen	arioso	contant
spagaat	wagenwijd	zwetsen	arpeggio	contingent
spats	waldfluit		artisjok	conto
spatsies	waldhaar		assai	contrabas
spieken	waldhoorn	**hottentots**	a tempo	corridor
spies	wals 1		aurelia	corsa
spiesglans	wals 2	Karoo	autostrada	corso
spiezertje	wants	Namibië	aventurien	costi
spindel	warenhuis		averij	credens
spits 1	weichselhout		bagno	crescendo
sprits	weltschmerz	**iers**	ballerina	da capo
staar 3	wensbeeld		bambino	dantesk
staffel	wereldbeschou-	Dail	banco	decimole
staffelij	wing		bariton	decrescendo
stansen	wildvreemd		bas 1	deposito
statistiek	windbuil	*oudiers*	belcanto	dilettant
stekker	witz		belladonna	diminuendo
stiefelen	wolfraam	ogam	bersaglieri	disagio
Stiermarken	zapon		biretta	disconteren
stift	Zechsteen		boni	disconto
stoeterij	zelfmoord	**ijslands**	bora	dito
stollen 2	zelfzucht		bravissimo	diva
strapatsen	zichel	geiser	bravo 1	divertimento
stuka	zigeuner		bravo 2	do
tactisch	zink 2		breccië	dolce
taks 2	zinnober	**indonesisch**	breviatuur	dolendo
takteren	zionisme		brio	donna
tallolie	zizel	pantjasila	broccatello	duce
teckel	zoel 2		broccoli	duecento
temperen 2	zondvloed		brokaat	duet
tendens	zwilk		bruto	duo
	zwitselbloem			

espressivo
espresso
falset
fango
fascisme
fermate
filharmonisch
fint 1
fiorituren
firma
flebile
forint
forte
fortissimo
fosco
fra
franco
fresco
fuga
fulp
fumarole
furioso
furore
fusti
gabbro
gamba
getto
Ghibellijnen
giorno
girasol
gireren
glissando
gondel 1
gorgonzola
gouverno
graffito
grandezza
grave
grazioso
hegira
imbroglio
impresario
incasseren
incognito
inferno
influenza
intaglio
intarsia
intermezzo
intrigant
intrigeren
irredenta
Italiaans
kas 1
kassa
kattebelletje
klarinet
klavecimbel
koloriet
kortelas
kwintet
lacrimoso
lamentoso
larghetto
largo
lava
lazzarone
lazzi

leggiero
lento
libretto
lido
ligato
limbo
lingua franca
lire
loggia
lotto
lusingando
macaroni
macigno
madonna
madreporen
madrigaal
maësta
maëstro
maffia
maggiore
majolica
Majorca
malaria
mancando
manco
mandola
mandorla
marcando
marcato
marchese
marcia
Maremmen
Marokko
marsala
marsiliaan
martellato
marziale
melanzaan
messa
meta
mezzanino
mezzo
mezzotint
Milaan
millefiori
minestrone
Minorca
minutant
molto
mordent
morel
morendo
mosso
motto
mozetta
netto
neutrino
niëllo
nonet
obbligato
ocarina
opera
orvietaan
ossobuco
osteria
ostinato
ottetto
Padua

papagallo
pari 1
parlando
paskwil
passacaglia
passato
passionato
pasten
patetico
patina
peperine
peperoni
perdendo
pergola
pesante
petto
pianino
pianissimo
piano
piaster
piazza
piccolo
Piëmont
pieta
piloot
piu
pizza
pizzeria
pizzicato
poco
podesta
poëtaster
polenta
ponticello
port 1
portato
portulaan
posito
predella
prestissimo
primadonna
prontamente
pronunziare
putti
quieto
Quirinaal
rallentando
rammenas
ravioli
replica
resto
retardando
ricambio
rigoroso
rinforzando
risaliet
Risorgimento
risotto
ritenuto
ritornel
Rivièra
rondo
rovescio
rubato
salami
saldo
salto
scagliola

scala
scampi
scenario
schaal 3
schampavie
scherzo
schets
schorseneer
schrafferen
scudo
secco
secentisme
sedecimo
segno
seicento
Settecento
sforzando
sfumato
signor
sinopia
sirocco
smalt
smorzando
soffiet
sola
solo
somma
sonate
sopraan
sopraporte
sordino
sostenuto
sotto voce
spaghetti
spagnolet
spalier
spiccato
spon 1
staccato
staffier
stanniool
stiletto
stipo
storneren
stretta
stretto
stringendo
studio
stukadoor
subito
sultana
tacendo
tarok
tarra
tastatuur
tazetnarcis
tazza
tempera
tempo
tenor
tenuto
tenzone
terracotta
terrasiena
terrazzo
terzet
terzine
tifosi

toccata
tondo
tonica
torso
Toscane
tosti
trampoline
tranquillo
transito
travertijn
trecento
tremolo
triller
trio
trok 2
trombone
troppo
trullo
turba
Turijn
tuttifrutti
ulevel
ultramontaan
unisono
uso
valuta
veduta
vendetta
verisme
vermicelli
vibrato
violoncel
virga
vista
vivace
vivo
zecchino
zucchetti

japans

aikido
ama
aucuba
azuki
banzai
bonsai
daimio
dan 2
dojo
geisha
go
haiku
harakiri
hiragana
ikebana
imari
jioe-jitsoe
judo
judogi
judoka
kakemono
kamikaze
kanji
kanten
karate
karateka

italiaans – latijn

katakana	bedibberen	versjteren	adderen	Alpen
keirin	begieten	wijgoochem	addiceren	alt
kempetai	beheime	zolletje	addictie	altaar
kendo	beisponum	zwijnen	adduceren	alumnus
kimono	bekaan		adept	alveole
koro	benschen		adequaat	alver
kyu	besjollemen	**kongolees**	adequatie	amarel
maiko	bezoles		adequeren	amazone
makimono	bezolletje	pongo	ad hoc	ambacht
moksa 1	bollebof		adhortatie	amethist
netsuke	broger		adiëren	amfitheater
Nippon	dalven	**koreaans**	adjacent	amfoor
obi	gabber		adjudiceren	amice
oregami	gannef	taekwondo	adjunct	amict
sake	gappen		adjungeren	ammoniak
samoerai	gasser		adjuvans	amoom
shiitake	gedagis	**laps**	adminiculum	amoveren
shogun	gein		admitteren	ampliatie
sjinto	gesjiewes	Samen	adolescentie	amplitudo
sjogoen	geteisem		ad rem	ampul
soja	gokken		adstringent	anapest
taikoen	gondel 2	**latijn**	adstringentia	Angel
tamari	hachelen		adstrueren	angelica
tatami	ibbel	aalmoes	advent	angeliek
Tenno	jid	-aar	adverbium	angelus
teriyaki	kapoeres	ab-actis	adversaria	angina
Tokio	kapsones	abacus	adverteren	anima
tsuba	kassaaf	abaliënatie	advocaat 1	animator
tsunami	keppeltje	abaliëneren	aequaal	animus
tyfoon	kim 3	abbreviatie	aequinoctium	anker 1
yen	kinnef	abbreviatuur	aequivoca	annaal
Zen	kinnesinne	abbreviëren	Aesculaap	annalen
	kits 3	Abderiet	aestuariën	annaten
	klof	abdiceren	affien	annex
javaans	koefnoen	abdomen	affluentie	anniversarium
	koter 2	abduceren	affodil	anno
adhipati	lapzwans	ablatief	Afrika	annuarium
arenpalm	memme	ablegaat	agenda	antecedent
bonang	mieges	aborigines	agens	antecedentie
cananga	mien	aborteren	agent	antecederen
dalang	mies	abortus	agentiën	antedateren
dalem	moos 1	ab ovo	ageren	antepenultima
gingang	nifteren	abrupta	aggradatie	antipode
jonk 2	oetsen	abscissie	aggregeren	anus
kaboepaten	olms	absentie	agitant	apert
kali 1	palmer	absolveren	agitator	apertuur
kampak	parg	absorbens	agnaten	apex
kendang	pekaan	abstractum	agnitie	apicaal
kraton	planjeren	abstraheren	agnomen	Apocalyps
kris	plegiskop	acacia	agnosceren	apocope
nontonnen	poser	academicus	agrarisch	apostel
pangeran	rebbe	academie	agressor	aposteriori
patok	rojemen	acanthus	agrimonie	apostrof
perkoetoet	schnorrer	accretie	ajuin	appendix
petoet	seigel	accumulator	Aken	applaus
poesaka	sjankie	accuraat	akoniet	appliceren
Raden	sjed	accusatief	alant	appositie
rassé	sjoel	acquiesceren	albast	approberen
ratoe	sjofel	acquireren	albedo	approvianderen
Soesoehoenan	smeris	acquisiteur	Albion	approximatie
tike	smoes 1	acta	album	april
wajang	snikkel	actie	algen	a priori
wedana	spiese	activum	alias	apsis
	stiekem	actuaris	alibi	aqua
	toffelemone	acuut	allegaat	aquaduct
jiddisch	toges	adagium	alligatie	aquamarijn
	treife	addax	alluderen	aquanaut
bas 2	triefel	addenda	aloë	aquarium

registers

Arabië
aracee
arbiter
arboretum
arcanum
archief
archont
Ardennen
arena
areola
areopagus
Argus
ark
armamentarium
Armenië
artemisia
arterie
articuleren
as 2
Asmodee
aspiraat
assessor
assignatie
assigneren
assistent
assumptie
astraal
astroloog
astronomie
at(h)eneum
atleet
atoom
atramenteren
atrium
attenderen
attent
auctie
auditeren
auditor
auditorium
augment
auguren
augustus
aula
aura
aureool
aurikel
Aurora
auscultant
auscultatie
auspiciën
austraal
ave-maria
Aventijn
Azië
bacchanaal
bacchant
bacil
balsem
Barbarije
basiliek
basilisk
basis
Bask
Bataaf
Batavieren
bdellium
Belgisch

belligerent
benedijen
beneficie
beneficium
benevolentie
benigne
bertram
bestiarius
beuling
bezant
bi-
bibliothecaris
biceps
biet
bijbel
bimester
bis 2
bitumen
boa
boei 1
Bohemen
boks
Bologna
bonificeren
bonis
boniteit
bont
bonum
Bordeaux
bovien
brachiaal
bracteaat
brevier
brionie
bucolisch
bul 3
bulbil
bus 1
byssus
caduceus
calendarium
calvarie
campanula
candela
canna
cannabis
canon
cantharide
canticum
cantor
capitool
captatie
captie
caput
caret
cariës
caritaat
caritas
caroteen
Carthago
castigatie
castigeren
castoreum
casus
catalogus
cataract
catenen
cathedra

cavent
caveren
cavillatie
cedent
ceder
cel
celebret
cellarius
cenakel
cent
centaur
centrum
centurio
cerealiën
cerebellum
cervix
cessie
Chaldeeën
chorda
chrie
chrysalide
chrysant
ciborie
cicade
cijns
cilicium
cilie
cineraria
circa
circumcisie
circumferentie
circumflex
circumjacentiën
circumscriptie
circumstantie
cirrus
cisiojaan
cisterne
citaat
cito
clandestien
classis
clausuur
clavicula
claviger
clematis
cloaca
co-
coactie
coccine
codex
codicil
cognaat
cognitie
cohabitatie
cohort
coïtus
coleren
collaar
collaberen
collaps
collatie
collecta
collega
collideren
collimeren
collocatie
colloquium

collusie
colluvium
colostrum
columbarium
coma 2
combinatie
comedo
comitaat
commensurabel
commissuur
committeren
communicant
comparatief
compascuum
compendium
complement
component
componeren
compositum
compromitteren
conatie
concaaf
concelebreren
concha
conciliant
concilie
concipiëren
concluderen
concordia
concrement
concrescentie
concursus
condemnatie
conditionalis
condominium
conferven
confiteor
conflict
confligeren
confluentie
confutatie
congruent
conjugatie
conjunctie
conjunctief
connataal
connubium
consacreren
consanguïen
consensus
considerans
consistent
consorten
consortium
constringent
consul
consult
consument
consummatie
consumptie
continuum
contra
contraheren
contrapunt
contubernaal
contumacie
contumax
conus

convector
conventikel
converseren
convict
convoceren
convoluut
copula
corollarium
corona
coronaal
corporale
corpus
correaal
corrigenda
corrumperen
corrupt
cortex
corticaal
corybant
cothurn
cotoneaster
credit
credo
cremor tartari
crisis
criticus
crucifix
crux
cubiculum
culpa
cultus
cumulus
cunnus
cupel
curator
curie 1
cursus
curve
custodia
custos
cuticula
cyclus
cymeus
cynisch
dactylus
Daedalus
dalmatiek
data
datief
decaan
decalogus
december
decemvir
decennium
declarant
declinatie
decoct
decorum
deduceren
defect
defensie
deficiëntie
defrauderen
defungeren
degel
degressie
deken 2
deleatur

latijn

deletie
delgen
delirium
delta
dementeren
dementia
demitteren
demon
demonstreren
denarius
denominatie
dentitie
dependeren
deponens
deponeren
derelict
derivaat
desideratum
desolaat
despectief
desperaat
desperatie
destrueren
desultorisch
detineren
detract
detritie
Deuteronomium
devesteren
devolveren
diarium
dictaat
dictator
dies
diffunderen
diggel
dilemma
Diluvium
diploma
dipodie
dirigent
dis 1
discrepantie
discus
disjunctie
dispergeren
disponenda
disponent
disputatie
dissolveren
distichon
distillaat
distract
divertikel
divideren
docent
doceren
doctor
doctrine
dokter
doleren
doloos
dolus
dom 3
domicilie
dominaat
dominant
dominee

doneren
dormitorium
draak
drecht
druïde
dualis
dubio
dulia
duodecimo
duplex-
duplicaat
dupliceren
duplo
dura mater
duümviraat
dyspnoe
ecclesia
echinus
echo
ecloge
edict
ediel
educt
effect
effector
efficiëntie
ego
eins
elastiek
elatie
elect
elegantie
ellips
elongatie
emeritus
emetica
eminentie 1
emissor
emittent
emmer
empiricus
emporium
emulgeren
engel
enharmonisch
enigma
enuntiatief
epacta
epenthesis
epicus
epiglottis
epistel
epistylus
epitafium
epithalamium
epitome
equanimiteit
equator
equinoctiaal
equipollent
erf 1
ergo
erratum
essentie
estuarium
et cetera
ether
etherisch

ethiek
Ethiopiër
eunuch
euphorbia
Europa
Eva
evoceren
evoë
evolute
evolvente
evulgetur
ex
examen
examinandus
excellentie
excelsior
excerpent
excerperen
excerpt
excitantia
exempel
exequatur
exequiën
exercitie
exeunt
exhibitum
eximeren
exit
exitus
ex-libris
exmissie
exodus
exordium
expanderen
expediet
expensen
expliceren
exponent
exponeren
expungeren
ex-tempore
extenderen
extenso
extra
extract
extraheren
extraneus
extremis
exuviën
ex-voto
ezel
faciës
facta
factisch
factor
faecaliën
fakkel
fallus
falsaris
falsiteit
familiaar
familie
famulus
farizeeër
farus
fasces
fata
fatum

faun
favus
februari
fecit
felien
femininum
fenegriek
Feniciër
ferula
fiat
fibula
ficus
fidejussio
filtrum
fingeren
firmament
fiscus
fixum
flabellum
flagel
flatus
flecteren
flexuur
flocculator
Florentijns
floreren
fluïdum
fluor
fluwijn 2
focus
foelie
foetus
folie
follikel
forceps
forens
forma
formaliter
formans
formant
fortiori
fortis
forum
fosfor
frater
fructuarius
frustulum
fulguriet
fulminaat
functie
fundament
fungeren
furunkel
futurum
fysica
gallicaans
Galliër
gastrula
gem
generator
genereren
genitaal
genitaliën
genitief
gentiaan
genuïen
geranium
gerent

Germaan
germineren
glabella
gladiator
glans 2
gloria
gloriëren
glosseem
gluten
glutinantia
gorgel
gotisch
govie
graad
graan
gradatim
grammatica
granuliet
gratie
graviditeit
gregarisch
gremium
Grieks
groot 2
gymnasium
gynaeceum
haagt
haam 3
habijt
habiliteit
habitat
hagiografen
haruspex
hebraïcus
Hebreeër
hederik
helix
hemicyclus
Hercules
hernia
heroïsch
herpes
heul 1
hexameter
hiaat
hibernakel
hiberneren
hipocras
historicus
historie
histrionisch
homo 1
homunculus
hora
horizon
horror
horticultuur
hortulanus
hortus
hospes
hospita
hospitant
hospitium
hostie
humaan
humor
humus
Hunnen

registers

hyacint
hydria
hyperbaton
Hyperboreeërs
hypotenusa
ibidem
ibis
ichneumon
icoon
idus
idylle
ijken
ilico
illiciet
imitator
immatuur
immissie
immuun
impediëren
impenderen
imperatief
imperator
imperfect
imperium
implanteren
impliceren
impluvium
imponderabilia
imprimatur
impugnatie
impuls
inaan
incipiënt
incongruent
incurreren
indebitum
index
indiceren
indictie
Indië
Indisch
infaust
infix
inflecteren
inflexie
inflictie
infra
ingestie
initia
injiciëren
injunctie
injurie
inquilien
inscriberen
insimulatie
inspiciënt
instabiel
instantie
insufficiëntie
insurgent
integument
intenderen
inter
intercedent
interceptor
interesse
interest
interim

internodium
internuntius
interpunctie
interregnum
interrumperen
intimus
introduceren
introïtus
intueren
inundatie
inunderen
investigeren
involveren
Israël
istmus
jambe
januari
jaspis
Jezus
jok
jood
Jubilate
Judas
judiceren
judicieel
judicium
juli
junctie
junctuur
juni
junior
Jupiter
Jura
jurisprudentie
jus 1
justificeren
juventus
kaaf
kaarde
kaas
kakken
kalk
kalkoen 2
kalmaar
kalmoes
kameel
kamer
kamperfoelie
kanis 1
kanker
kanunnik
kapittel
kapper 3
kar
karbonkel
karikel
kassie
kastelein
kastijden
kastoor
kat
katern
kavalje
kaveren
keizer
keker
kelder
kelk 1

kelk 2
Keltisch
kemp
Kempen
keper
kerker
kervel
ketel
keten
keule
kevie
kist
klaar
klerk
koekamp
kok 1
koken 1
kolonie
kolos
koma
kombuis
koor
koorde
koppelen
koraal 2
korst
kort 1
koruna
krater
krijt 1
krocht 2
krokke
krokus
kroon
kruin
kruis
kruisigen
kruizemunt
kubus
kuip
kuis 1
kul
kuur 2
kwadreren
kwarto
labarum
laboreren
labrum
labyrint
lactatie
Ladinisch
laederen
laesie
laesus
lagona
lament
lanugo
lapsus
laren
lariks
latex
latifundiaat
Latijn
latiniteit
latus
laudatie
laureaat
lauwer 2

lavabo
laven 1
laxans
laxeren
lector
leek 1
leeuw
legaat 2
leges
legio
legumine
lelie
lemmet 1
lemniscaat
lemuren
lenis
lens 2
leonisch
leproos
libel 2
libel 3
librarius
lictor
ligament
liguster
limbus
lineamenten
linea recta
linze
liquor
loco
lork
lotus
lubbestok
lucubratie
ludificatie
lues
luim
lumbaal
lumbago
lumen
lumme
lunula
lupine
lupus
lustratie
lustrum
lutum
lyceum
Lydisch
lymf
lynx
Lyon
maart
Macedonisch
magister
magma
magnificat
magnum
major
malafide
malaga
maleficia
mallote
malrove
Malta
malve 1
malve 2

mancipatie
manen 2
manicheeër
manipel
mank
mantisse
manumissio
markt
marmer
mars 2
Marseille
martyrologie
mat 2
materie
matrimonium
matrix
Mauretanië
maximum
Meden
media
mediaan
medicijn
medicus
medio
mediterraan
medium
medius
medoc
medulla
meet 1
mefitis
mei 1
meier 1
melote
memento
memorandum
memoreren
mendaciteit
mendicant
menie
mensa
menses
menstruaal
menstrueren
Mercurius
merel
meretrix
meridiaan
Messias
metrum
metten
mica
migrant
migreren
mijl
mijt 3
militie
milium
mina
Minerva
mini-
minimum
ministreren
minor
minuskel
minuut 2
miscellanea
miserere

misericordia	negeren	opponent	patig	podagra
mitella	negotie	opponeren	patria	podium
mitra	nenia	optant	patriciër	poëma
mixtuur	neppe	optimaten	patrimonium	poene
moderaat	nerine	opuntia	patrocinium	polei
moderamen	neutrum	orante	pauper	poliet
moderator	nexus	oratie	pauw 1	politicus
modificeren	nigelle	Orcaden	pax	pollen
modulator	nihil	ordinaat	peccavi	pols
modus	Nijl	ordinaris	pecuniën	polsen
moel	Nijmegen	ordineren	peel	pond
molaar	nilotisch	öre	pek	poneren
molenaar	nimbus	oreade	pelagisch	pont
molest	nimf	orego	pelder	pontifex
monitor	nobiliteit	oreren	pelgrim	pontificaal
monitum	noen	orgaan	Peloponnesus	poort
monopolie	nomen	orgel	peluw	pop 1
monstrans	nomenclator	ork	pelvis	porticus
monstrum	nomenclatuur	ornaat	pen 1	portulak
montaan	none	ornament	pen 2	positief 2
mora 1	nota	orthodox	pendel	positum
moratorium	nota bene	os 2	penis	post-
morbeus	notaris	osculeren	penitentie	post 1
mordicus	nova	ossuarium	pensie	postscriptum
more 1	noveen	otium	pensum	postulaat
more 2	november	ovipaar	pentameter	postuum
mores	noviteit	paal 1	penultima	potator
mortadella	novum	paander	pepel	potent
mortel	nozen	pacht	peper	potestaat
mortificeren	nubiel	pacificeren	per	praeputium
most	numereren	pagina	percent	praeses
moveren	Numeri	pagus	perfect	pragmatisch
mucoos	numerus clau-	palaestra	perfectum	Prater
mud 1	sus	Palatijn	periculeus	precario
muil 2	Numidiër	palatum	perikel	preceptor
muil 3	nupturiënt	Palestina	peripateticus	preciosa
muiten 1	nutriënt	Palinuur	permeatie	predator
mul 1	obduceren	palla	permitteren	predestinatie
mulder 1	obediëren	palladium 1	perpetuum mo-	predikant
multiplex	obelisk	palm	bile	prediken
mundaan	obex	pancratium	persé	preferent
mundiaal	oblatie	pandecten	persistent	prefigeren
munster	obligaat	pantheon	perverteren	prefix
munt 1	obliquus	papaver	Perzië	pregnant
munt 2	obscurant	papil	perzik	premie
murexide	obsequium	paraat	Picten	prepositie
mus	observant	paradigma	pijl	presbyter
museum	observator	paradijs	pijn	prescriberen
musicus	obsidiaan	parallellopipe-	pijpen	presumptie
mutant	obsignatie	dum	pijzel	preteritum
muteren	obstinaat	Parcen	pik 1	pretor
mutuum	octavo	parhelium	pil 1	pretoriaan
muur 1	oculus	Parijs	pinetum	prevaleren
muze	odium	paronomasia	Pinkster	priamel
myosotis	offeren	Parthen	plaag	priester
mysten	oktober	participium	placebo	prij
mysterie	oleaster	partikel	placenta	primo
nafta	olie	partus	placet	primogenitus
najade	olifant	passie	planeet	primula
narcis	olim	passim	plant 1	principaat
nardus	omen	passiva	plebs	prior
nasturtium	omentum	passivum	plectrum	privaat 2
nataal	omineus	passus	plenair	privatim
natura	omitteren	pastinaak	pluim	pro
naumachie	omnipotent	pastoor	plumbago	probaat
nautisch	onager	pastorale	pluralis	procent
navaal	onera	pateel	pluriform	processie
neer 1	operment	pater	plus	procurator

registers

produceren
produkt
proef
proëmium
professor
proficiat
project
projecteren
prolix
prominent
promiscue
promoveren
pronomen
proost 1
proost 2
propaganda
proponent
propoost
propretor
proprium
proscenium
protestant
protonotarius
provincie
provoceren
prudentie
psalter
puber
publikaan
pudenda
pueriel
pul 1
pulpitum
puls 2
pulver
punctie
punctuur
Punisch
punt 1
pupil
purper
purulent
pus
pustel
put
putatief
pygmee
pyxis
quadriga
quadrireem
quadrivium
quadrupeden
quaestor
qualitate qua
quantum
quasi
quatertemper
quinquennium
quinquertium
quintupliceren
quirieten
quisquiliën
quotum
raap
rabies
racemeus
racemisch
raderen

radix
radula
ranonkel
ranula
raptus
rata
ratio
recepis
recessie
recipe
recipiëren
reciproceren
recognosceren
rectie
recto
rector
recurreren
reditie
redivivus
reduceren
refectorium
referendum
reflecteren
regalia
regel
regeren
regest
regres
regula
regulus
rejecteren
rekwisiet
relict
relikwie
relueren
remanent
remitteren
remora
remotie
removeren
renaal
repliceren
repositorium
rescissie
rescript
reseda
resolveren
retorica
retract
reverende
revideren
revindiceren
rex
ricinus
riem 2
rigor
Rijn
rijt 1
ritme
roborantia
rombus
rosarium
rostra
roteren
rubriek
ruditeit
ruit 4
russula

Sabijn
sacrament
sacrificie
sacrosanct
Sadduceeër
saffier
saginamos
salivatie
salmiak
salpen
salpeter
saltatie
Samaritaan
Samniet
sanctuarium
saneren
sant
santorie
sardonisch
sassefrasjes
saturnaliën
scabiës
scarabee
scarificatie
schaal 1
schema
schemel
scholastiek
school 1
schouw 3
schriftuur
schrijn
schrijven
scilicet
scriba
scribent
scrotum
scrupel
secans
seceren
secessie
seconde
secretie
sector
secundair
secuur
sederen
sediment
sedum
sejunctie
selve
semester
semi-
seminarie
semper
senaat
senator
senior
sententie
sepia
seponeren
september
Septuagint
septum
sequeel
sequentie
serum
servituut

sesam
sessiel
sestertie
Sexagesima
sextant
sibille
sic
sideratie
sigillum
significant
sileen
silex
sim 2
simili-
simplex
simplicia
simultaan
singularis
sinus
sisser
situ
skink
smaragd
sodaliteit
sodemieter
sok 1
solarium
solemneel
solfer
solideetje
solstitium
solvent
sonant
spanseren
sparsa
spatie
specie
spectator
spectrum
spijk
spijs 1
spinaal 2
spirant
spiritus
spondeus
sponsaliën
sponsor
spurius
sputum
staat
stabiel
stadium
stans
statarisch
statie
status
stèle
stibium
stipendium
stool
stop 1
storax
straat 1
stratus
strictuur
strikt
struma
student

studie
stuprum
subcutaan
subject
sublimeren
submissie
subscriptie
subsidie
substantie
substantief
succulent
succumberen
sulfer
summa
super
supineren
supinum
suppediteren
supponeren
supra
surrogaat
sustineren
sutuur
sybariet
sycofant
sycomoor
syeniet
sylvatisch
symbool
sympathie
symposium
synode
syntaxis
Syrië
systeem
tabel
tabernakel
tabes
tabula rasa
tacet
taedieus
taenia
talaar
talent
talio
tantum
Tarente
taurobolium
taxus
tegel
tempel 1
temperantia
temporalia
temptatie
tempteren
tenakel
tensie
tenuis
tercio
terebint
tergiet
termijn 1
termijn 2
terminans
terminatie
ternio
terra
terrestrisch

terrigeen	triton	verso	zegen 2	admodiatie
territorium	triumvir	versus	zeker	adstructie
terts	triumviraat	vertex	zemel	advertentie
test 1	trivium	vesper	zerk	advies
testament	trofee	Vestaals	zolder	affidavit
testikel	troop	vestiarius	zool	aggregatie
testimonium	tuba	veteraan		akelei
Teutonen	tuberoos	veto		aker 2
thalamus	tubus	via	*vulgair latijn*	alambiek
-theek	tumor	vicaris		alchimie
thema	tumulus	vice versa	amandel	alfabet
theologie	tunica	victorie	beker	algebra
thermen	tunicaten	victualie	kool 1	algoritme
thesaurus	turbatie	vide 2	stoppel	allodium
tiara	turbator	video	zijde 2	almanak
tijger	turberen	vidimus	zuiver	almandien
tijk	turgescent	vigeren		alsem
tijm	turgor	vigesimaal		amalgama
tinctuur	turionen	vigileren	*laat-latijn*	amanuensis
tintinnabulum	ui	vigilie		ambo
toga	ulceratie	villa	abt	ammunitie
tol 1	ultimatum	villen 1	-age	amortisatie
Toledo	ultimo	vindicatie	aroma	amortiseren
tolerantie	ultra	violentie	arts	amotie
tolle	unctie	virago	beurs 1	andijvie
tomus	unicum	virginaal	boleet	anker 2
tonsil	unie	virgo	boter	annexatie
torsie	unitas	virulent	bursaal	antidotarium
tortel	universum	virus	cholera	antidotum
torus	uraat	vis 2	diaken	antifonarium
trachten	uraeus	visa	erectie	antifoon
tractabel	urgentie	visitator	gram 2	antimonium
tractus	urn	visse	halter	apotheek
traditie	usucapio	visus	honorarium	apotheker
tragicus	usufructuarius	vita	hypocaustum	apparentie
tragisch	usurpatie	vitiëren	kap	aquamanile
traktaat	usus	vitiligo	kapiteel	arabis
traktant	utensiliën	vitse	klooster	areaal
traktatie	uterus	vivat	masculinum	arres 2
trakteren	utraquist	vivipaar	masticatie	asceet
trans-	vacatie	vlegel	molen	aseïteit
transalpijns	vaceren	vlijm	motor	assistentie
transcendent	vacuüm	vomeren	partitief	averuit
transcriberen	vadoos	vormen 2	patronymicum	baccalaureus
transfix	vagant	vota	personalia	baije
transfusie	vagina	votief	rabbi	baljuw
transgressie	valentie	vox	reformatie	barbeel
transmigrant	vals	vrucht	rinoceros	baronet
transmitteren	Vandaal	Vulgaat	spijker 2	baronie
transponeren	vanitas	vulgus	tamarisk	basaniet
tremor	varia	vulva		bef 1
tri-	varices	Waal 2		bekken
tribus	vates	Wenen	*middeleeuws*	bekkeneel
tribuun	Vaticaan	wieme	*latijn*	benedictionale
triceps	vector	wijk 1		bevernel
triclinium	velaar	wijl 3	aak 1	bigamie
triduüm	veliten	wijm	aalmoezenier	blijde
triënnium	velum	wijn	aam	bolus
triëre	vena	wikke	aarts-	bosschage
trigeminus	venatorisch	xeniën	abbatiaal	botte
trimester	Venetië	xystus	abbreviatoren	bottelier
trimeter	venia	zak	abdij	bunder
triomf	venkel	zalm	accessoria	cambium
tripartiet	venster	zaterdag	accijns	cartabel
triplex	ventrikel	zavel	acoliet	causaal
tripliceren	Venus	zefier	actueren	causatief
trireem	verbena	zegel	adductie	centenaar
trisecant	verbum	zegen 1	adjusteren	certificeren

registers

chartaal
chronisch
clavecimbel
clavichord
colatie
collateraal
commensaal
commissaris
concentrisch
concordantie
conferentie
confrater
conjunctuur
connotatie
conventueel
coördineren
corrasie
credentiaal
curatele
decapitatie
decretalen
departitie
dependentie
deprivatie
deservant
detector
diabetes
diafora
diamant
differentiëren
dignitaris
discant
disfiguratie
dislocatie
dispariteit
dispensarium
diversificatie
doctoraal
doctorandus
dok 1
domesticatie
dominicaan
donaat
dosis
duig
electuarium
elixer
empyreum
era
erica
estrik
exclaustratie
executoriaal
exemplificatie
extraordinarius
faldistorium
fantast
fata morgana
figuraal
folio
fransijn
fungibel
gardiaan
gember
gerundium
gerundivum
gliede
glossarium

gonorroea
graaf
graduaat
gratis
griffel
hendiadys
hermelijn
hibiscus
hiërarchie
Hongaar
hospitaal
hulk
identificeren
illatief
illuminator
incardineren
inductor
infantiliteit
insectie
inseraat
intabuleren
interludium
intraden
itinerarium
jubilaris
jurist
kachel 3
kalamijn
kandeel
kanselarij
kant
kapelaan
kapittelen
kazuifel
kers 2
kinnetje
klerikaal
kluis
kluister
kog
koker
kolder 1
koper
koraal 1
korporaal
koster
kwartaal
kwee 1
laboratorium
laïceren
landorium
latentie
lavendel
lawine
legendarisch
lemma
lias
librije
licentiaat
liga
linament
litanie
majoraat
majordomus
mandragora
mantel 1
manuaal
manuscript

materiaal
mensuraal
mergel
meter 2
mik 1
missaal
monachaal
monarch
mortuarium
mundium
muts
mythe
nappa
Noorwegen
normaliter
notificeren
oblaat
obstipatie
obturator
oksaal
omnipresentie
orbitaal
ordale
ostensief
ostensorium
paard
paars
pan
pap
papabel
papel
pappel 1
parafernalia
parelmoer
parochie
pastorie
paternaal
pedel
peet
pensionaris
pent
peppel
perfectief
perigeum
pessarium
peter
peterselie
petroleum
pijp
pil 2
pilaar
pint
planimetrie
plecht
pleister
plenipotentiaris
pluviale
postille
potentiaal
potentialis
praktizeren
prebende
precautie
preconisatie
preek
preludium
prenumereren
pretens

pretentie
preventie
privaat 1
prosecutie
pultrum
punctueel
purgatorium
quadrageen
quantificeren
querulant
quiëscentie
quota
rabarber
rabbijn
rarefactie
raseren
ratificeren
realia
recept
recollect
recredentie
rectificeren
referendaris
register
renegaat
resoluut
retina
revalidatie
riool
robijn
rots
ruiter
Saraceen
scharlaken
scharlei
schotel
schuren
seclusie
secretaris
sering
seriositeit
siepel
sikkel 2
slavoen
soda
soporatief
Spanje
spatel
specificeren
speld
spenderen
spermaceti
spiegel
spinde
spurrie
sublimaat
succubus
superplie
suppletie
suppoost
tabulatuur
tarantula
tectuur
teems
tendentie
thesaurier
tituleren
ton 1

tonijn
totaal
tragel
transsumpt
transversaal
treeft
triakel
trijs
umbulla
unciaal
undulatie
unificeren
urinaal
vacature
vakantie
vazal
vedel
vedelaar
vedelen
vibrator
vijg
visceraal
visorium
vivificatie
vollen
volt 2
vorst 4
wal
watten

christelijk latijn

abdis
abductie
annunciatie
antependium
apocrief
apostolaat
apostolisch
barbarakruid
benedictie
bisschop
blasfemeren
caritatief
catechese
catechismus
catechumeen
cenobiet
charisma
christen
clarificeren
clerus
coadjutor
coenobium
cohibitie
completen
compunctie
condoleren
consistorie
decimatie
discals
dispersie
duivel
episcopaat
exacerbatie
excommuniceren

latijn – maleis

graduale
gravamen
gremiale
heremiet
incubus
jubileum
kamenier
kogel 2
-latrie
lauden
lectionarium
leek 2
liten
martelaar
menstruatie
monnik
Ninivieter
non 1
nosocomium
offertorium
oratorium
Pasen
patriarch
protector
psalm
refter
sabbat
sacristie
sardis
scapulier
schorten
scrutinium
seraf
sikkel 1
syllabus
synagoge
tornatuur
triniteit
ultramarijn
vagebond
vieren 1

modern latijn

aldine
allantois
bismut
cantharel
chloor
chroom
coccus
copepode
criterium
cunnilingus
depilatoria
dracaena
eclampsie
fellatie
fluxie
framboesia
glossolalie
gnoom
gravitatie
grossulaar
hirsuties
hominidae

hordeolum
hypertrofie
interbellum
invertebrata
ixia
jezuïet
kurkuma
labiaat
laborant
lapidarium
legionella
locatief
magnesium
mangaan
manis 1
micel
millennium
monisme
narcoticum
natrium
neurose
noctuarium
nolens volens
orant
orchidee
ovarium
parapraxis
pelargonium
planariën
plexus
postament
postludium
pronuntius
psychologie
rachitis
raspatorium
roseola
sabellen
schizofrenie
sorghum
spiril
stupefactie
symbiose
tensor
theodoliet
tonicum
undine
vademecum
vanessa

malagasi

maki
raffia
tenrek

maledivisch

atol

maleis

adat
adé 2
agar-agar

agel
ajer-blanda
alang-alang
aloen-aloen
amok
ampas
angkloeng
ani-ani
arak
asam
atap
atjar
baadje
baar 4
baba 1
babi
babiroesa
baboe
badak
badjakker
badjing
baie
bakkeleien
bale-bale
bamboe
bandjir
banteng
barang
batik
bébé 2
bedak
bendie
benteng
beo
betja
betoel
bibit
bintoerong
blanda
blimbing
boeaja
boeboer
Boeginees
boekit
boemboe
boreh
brandal
branie
dadap
daërah
Dajak
damar
demang
dendeng
desa
djahé
djaksa
djamboe
djarak
djati
djengkol
djeroek
djimat
djoeroetoelis
djongos
doejoeng
doekoe
doekoen

doelang
doerian
doesoen
dugong
gaba
gaga 2
gajong
galengan
gambir
gamelan
gaplek
gardoe
garoe
gebang
gladakker
glatik
gobang
goedang
goeling
goena-goena
goenoeng
golok
gong
gonje 1
grobak
guttapercha
hormat
ikat
jonk 1
kaalkop
kabaai
kadjang
kaïn
kaketoe
kakkies
kaldoe
kalong
kampong
kantjiel
kapok
karbouw
karet 1
kassian
kasuaris
kati
katjang
katsjoe
kebon
ketella
ketjap
ketjoe
ketjoeboeng
kira-kira
klamboe
klapper
klewang
klontong
koelie
koempoelan
kojan
kokkie
kondee
kongsi
kota
kramassen
kramat
krandjang
kree 2

kretek
kroepoek
Kromo
krontjong
krosok
kweekwee
ladang
lahar
liplap
loempia
loerah
loewak
lombok
lontar
lorre
mabok
mandiën
mandoer
mango
mangoestan
manis 2
manisan
mardijkers
mas
mataglap
melati
meranti
merbau
mesigit
moesang
moesjewara
monjet
nangka
nasi
nasi rames
negerij
nipa
njonja
nonna
obat
oorlam
orang
orang-oetan
padie
pagaai
pagger
pait
pajoeng
pakean
pakkie-an
pandan
panghoeloe
panglima
pangolin
pantoen
parang
pasar
passagieren
patjakker
patjol
pedati
pedis
pelita
pemoeda
pendopo
peranakan
perkara
petinggi

registers

pidjetten	tahoe	**moluks**	ket	kalender 2
piekeren	taledek		palster	karavaanserai
pienter	tali	ailanthus	Shetland	koh-i-noor
pikelen	tambangan		skald	mogol
pikolan	tandak		Sleipnir	Pehlevi
pinang	tandil	**nahuatl**	stakker	peri
pisang	tandjoeng		Storting	sjah
pitje	tandoe	axolotl	thing	-stan
pitsjaar	tani	Mexico	Thor	Tataar
planplan	taugé		trol	toman
plopper	tawarren		viking	
poeasa	tegal	**nederduits**	walhalla	
poekoelan	tempe		walkure	*oudperzisch*
poeri	tempo doeloe	augurk	windas	
pondok	thee	bars	Yggdrasil	Iraans
pontianak	tidoren	beunhaas		Zend
prauw	tikar	foezel 2		
rajap	Timor	hannekemaaier	**oudindisch**	
ramboetan	tinka	hansworst		**polynesisch**
ramee	tinkal	lording	ahimsa	
rammenassen	tjabe	morsdood	asana	kava
rampassen	tjandoe	sander	ashram	
rampokken	tjap	schabrak	avatar	
randjau	tjet	schoft 3	bodhisattva	**pools**
rasamala	tjintjangen	sleef	boeddha	
rawa	tjitjak	snoeshaan	Brahma	hetman
rimboe	tjoema	toelast	brahmaan	krakowiak
ringgit	toeak	trui 2	Ceylon	mazurka
roedjak	toean		garoeda	polak
roepia	toekang		karma	Polen
rotan	toetoep	*middelneder-*	linga	Sejm
sago	tokeh	*duits*	mahatma	starost
sambal	toko		makara	Stettin
santen	tombak	boel 2	manas	woiwode
sarong	tong-tong	eigenwijs	mandala	zloty
sasak	topeng	kokanje	mandapa	
sate	toppie	pol 1	mantra	
sawa	totok	praam 2	Maya 2	**portugees**
sawo	trasi	rit 1	moksa 2	
sedekah	tripang	schrijnen	naga	alastrim
sembah	troeboek	sijs 2	nandi	albino
senang	wadjang	slungel	nirvana	Ambon
serani	waringin	tuchtigen	Pali	amfioen
sereh	warong	verschalen	Prakrit	areka
sero		zoetelaar	sadhoe	auto-da-fe
seroendeng			sandhi	Azoren
singkè	**maori**		Sanskriet	baljaren
sinjo		**noors**	Siwa	ballas
sirammen	kauri 2		stoepa	banaan
sirap	kea	fjeld	swastika	bastiaan
sirih		fjord	veda	boegseren
sjappietouwer		kraak 2	vedanta	caboclo
slamat	**marathi**	kril	Visjnoe	caldeira
slametan		lemming	yoga	cavia
slendang	surra	loipe		cobra
slokan		ombudsman		commando
sobat		ski	**papiamento**	copaïva
soebatten	**melanesisch**	skijöring		crusaat
soedah		slalom	pinda	cruzeiro
soeling	mana	tult		dodo
soempit				emoe
Soerabaja			**perzisch**	flamingo
soerat	**mexicaans-**	*oudnoors*		garimpeiro
soesa	**spaans**		Ahriman	ipecacuanha
spen		Asen	ayatollah	jaçana
stalie	abalone	bautasteen	bazaar	kabelaring
strootje	canaigre	Edda	Hindoe	Kameroen
tabee	marihuana	Groenland	hoeri	kaste
	mustang			

maleis – spaans

kornak
kraal 2
kwispedoor
Lissabon
makaak
malefijt
mamiering
mandarijn 1
paai 1
pagode
palafita
palmyra
piranha
pomp 1
presenning
reis 3
ronkedoor
sagoweer
sakerdaan
samba
selva
serradella
serval
supercarga
taël
tapioca
toccadielje
travaat
zebra

provençaals

mistral

punjabi

tandoori

roemeens

hospodar
lei 3
Roemeens

rotwelsch

aankwatsen
besjoechelen
dolmen 2
joekel
katsen
kiebes
kip 7
kluns
knijzen 1
knul
krauten
lik
linkmichel
mangen
melis 2
plat 2
poekelen
prinsemarij

rebbes
ribbemoos
schnabbelen
stendelaar
tule 2
verpassen
vozen
zakkenrollen

oudrussisch

russisch

apparatsjik
balalaïka
barzoi
beloega
boerka
bojaar
bolsjewiek
borsjtsj
doerak
glasnost
irbis
Jakoet
joert
kibitke
knoet 2
koelak
kolchoz
kopek
korsak
Kreml
liman
mammoet
mazout
mensjewiek
moezjik
Moldavië
Moskou
oekaze
Oekraïne
Oeral
parka
perestrojka
pierewaaien
podsol
poed
pogrom
politbureau
pope
raskolniken
roebel
Rus
samovaar
sarafaan
sotnia
sovchoz
sovjet
spoetnik
steppe
sterlet
tajga
toendra
Toengoes
tolk
toros
trojka
tsaar

tsarevitsj
Tsjeka
Tsjerkessen
uniaten
werst
wodka
yoert

cesarewitsj

servokroatisch

ban 2
Joegoslavisch
Kroaat
opank
Serviër
slivovitsj

singalees

Vaddah

soendaas

muntjak
tji

spaans

abaca
abrikoos
admirant
agame
albikoor
alcalde
alcarraza
alcazar
alfalfa
alferus
alguacil
alhidade
alkanna
alligator
almagra
alpaca
amarillo
ananas
Andalusië
ansjovis
ara
Aragon
Argentinië
armada
armadil
aviso
avocado
Azteken
azulejo
banderilla
barracuda
basta 1

basta 2
bataat
Bermuda
bezeel
bezoar
bodega
bola
bolero 1
bonanza
bonito
caballero
cacao
cacique
camarilla
canasta
canion
cargadoor
cargo
cascara
cascarilla
casco
Catalaans
caudillo
centavo
chili
chocolade
cigarillo
coca
codille
Columbia
condor
conquistador
copla
corrida
Cortes
Costa Rica
coyote
criticaster
curare
dengue
desperado
don
doña
dorade
dubloen
dueña
Dulcinea
duro
Ecuador
eldorado
embargo
enteren
escaleren
escapade
escudo
Escuriaal
esmerald
espada
esparto
estancia
fandango
fenteneel
Filippijnen
flamenco
fustiek
garrotteren
gaucho
gitano

grande
guanaco
guano
guave
guerrilla
habanera
haciënda
hangmat
harmattan
hermandad
hidalgo
huerta
indigo
infante
intrade
jabiroe
junta
kaaiman
kannibaal
karet 2
karviel
kina
kopal
kordaat
kornel 2
kurk
lama 2
lasso
llano
machete
macho
maduro
maïs
makuba
malagueña
mañana
manta
mantilla
manzanilla
mara
maraan
mascara
matador
maté
matico
mescal
mesties
minaret
mirador
moelje
morisk
mozarabisch
mudejaren
muleta
muskiet
mustio
neger
negrillen
negrito
noria
nutria
oloroso
oregano
orkaan
orleaan
Pacific
paco
palankijn

registers

palmiet	sassafras	**tamil**	efendi	**waals**
pampa	señor		firman	
panama	seroen	mungo 2	giaur	brossen
papaja	Siërra	pompelmoes	han	estaminet
parlesanten	Sierra Leone	zuurzak	jatagan	
paso doble	siësta		kaïk	
passaat	silo		Kalmuk	**welsh**
pataat	sinjoor	**tataars**	kazak	
Patagonië	sol 2		Kazakstan	cromlech
patakon	solano	boeran	kebab	
patas	sombrero	koelan	kismet	
patio	stekade		koemis	**zigeunertaal**
peon	tabak		mimbar	
peseta	taco	**tibetaans**	moëddzin	bink
peso	talie		molla	loefie
peyote	tapir	chorten	namaze	pieren 2
picador	terceroon	dalai lama	nargileh	val 1
picaresk	tilde	jak 2	padisjah	
pico-	tint 2	lama 1	para	
pinas 2	toreador	sjerpa	pasja	**zoeloe**
pitte	torero		pilau	
platina	tornado		raki	mamba
poema	torpedo	**tsjechisch**	sjamberloek	
pollevij	tortilla		softa	
poncho	Venezuela	polka	spahi	**zweeds**
Portorico	venta	sokol	tahin	
posada	vicuña		tulband	desman
presidio	Vuelta		Turk	knäckebröd
pronunciamen-	Vuurland	**tupi**	vilajet	Lap
to	x		vizier 2	moped
pueblo	zambo	ai	yoghurt	skål
pulque	zorilla	capibara		slöjd
puna		coati		smørgåsbord
quarterone		nandoe	**urdu**	tungsteen
quebracho	**sranantongo**	toekan		warven
quillaja			hudo	
reaal 1	bolletrie		Oerdoe	
realgar	kabbes	**turks**	sitar	**zwitsers-duits**
redondilla	kotomissie			
ria	winti	aga		arve
riem 3		baksjisj	**vlaams**	müsli
rodeo		Balkan		rufenen
rooi 3	**tagalog**	begum	caracole	
salsa		bei 2	drichten	
Salvador	buntal	beiram	kavietje	**zwitsers-frans**
sanbenito	lauan	caracal		
sangria		chagrijn 1		chalet
sarsaparilla		derwisj		seiches

Vernoemingen

abelia	alfenide	anjelier	babbittmetaal	batist
academie	Algonkium	Antillen	baccarat 1	baud
aeneasrat	almaviva	apollinariswater	baedeker	bauméschaal
aflatoxine	Altaïsch	araucaria	baghera	bauxiet
afzelia	amaryllis	arianisme	bahaïsme	bavelaar
airedale terriër	americium	aristarch	bahco	bazooka
akela	Amerika	armagnac	baileybrug	beaufortschaal
alaskafluweel	ampex	asti	bakeliet	beaujolais
Albanië	ampère	astrakan	barema	béchamelsaus
aldehyd(e)	andesiet	aubrietia	barège	becquerel
aldislamp	andromeda	augustijn	barnum	begijn
aldrin	angora	axel	Bartjens	begonia
alençonkant	angostura	axminstertapijt	Basedow	bel 3
aleppobuil	ångström-een-	Azor	baskerville	belazerd
alexandrijn	heid	baai 2	bathmetaal	belpaese

spaans – vernoemingen

benedictijn
bengaline
benjamin
beresiet
bergamotci-
   troen
bergerac
berkelium
berlijns-blauw
berlitzmethode
bertillonnage
bessemerproces
Beulemans
biedermeier
bigbenklok
bignonia
bikini
bintje
bismarckharing
blauwkous
bloody mary
blues
b-m-jacht
bobby
bocconia
bokje
bolivar
Bolivia
bombaynoot
boston
bougainvillea
boulewerk
bourbon
bovarysme
bovengrietje
bowdenkabel
bowiemes
boxcalf
boycot
braille
bramahpers
brandaris
brie
brigittenorde
bristolkarton
bromelia
brommer
browning
brucine
Brugman
brunelrails
buckystralen
buddleja
buffonskruid
Bull
bunsenbrander
burowwater
butea
caesar
cajunmuziek
calico
calvados
calville
calypso
camelia
campari
campêchehout
cardanisch

cardigan
carmagnole
carnalliet
carolina pine
carolusgulden
carrageen
carter
cartesiaans
casseler rib
castoreum
Catharinaven-
   ster
celadon
celestijn
Celsius
ceremonie
cerium
chablis
chambertin
champagne
chantilly-kant
chaptaliseren
charleston
chartreuse
chassepotge-
   weer
chateaubriand
chauvinisme
cheddar
chesterfield
chesterkaas
cheviot
chianti
China
christiania
christoffel 2
cicero
cipres
civilité
clarence
claris
claxon
clementine
clivia
cognac
colbert
collinsia
colt
Columbia
comstockery
comtoise
condoom
conté
coopertest
corioliskracht
coulomb
curaçao
curie 2
curium
cyrillisch
daalder
dafnia
dagobertstoel
dahlia
daltonisme
daltononderwijs
darcy
darwintulp

Daumont
davylamp
debuscoop
decibel
degaussen
deleman
deutzia
Devoon
dewarvat
deweysysteem
didotpunt
diëldrin
diesel
dinanderie
diofantisch
directoire
dixieland
dobermannpin-
   scher
dolby
dolomiet
donjuanerie
dopplereffect
doppleriet
Dow-Jones in-
   dex
draisine
droogstoppel
duffel
dugazon
dum-dum-kogel
duraluminium
ebolakoorts
echeveria
eddyisme
edison
Eemien
Eiffeltoren
einsteinium
emserzout
epicurisch
epsomzout
erbium
erlenmeyer
eschscholtzia
escosijns
euclidisch
euhemerisme
euphuïsme
europium
eustachiusbuis
fachingerwater
farad
fauna
fermium
fernambuk
ferronnière
fez
fiacre
figaro
Filippijnen
finjol
fletcheren
flikje
flobert
flora
fontange
forsythia

franciscaan
frangipane
freesia
fröbelen
fuchsia
Fürst Pückler
gaillardia
galjard
galliseren
galvanisch
garamond
gardenia
gargantuesk
garibaldi
gatsometer
geigerteller
geisslerse buis
gerbera
gerberligger
germanium
gilamonster
gilbert
gilia
giorgistelsel
glauberzout
gloxinia
gobelin
godetia
gomarist
gongorisme
gordiaans
Gorgiaans
goulardwater
grahambrood
gregoriaans
gruyère
guillotine
gup
Gurkha
hammondorgel
havanna
havelock
hefnerkaars
heller
henry
hernhutter
heronsfontein
hertz
hoffmanndrup-
   pels
hollerithsys-
   teem
holmeslicht
hopje
hortensia
hoya
hussiet
illinium
ilmeniet
immelmann
jacquard
jaeger
jalap
jansenisme
javel
jenaplanschool
jeremiade
jersey

johannieter
johannisberger
John Bull
jonassen
jongejannen
jordanon
joule
judas-
Jugendstil
Juliaans
juliennesoep
jumelkatoen
kalasjnikov
kalkoen 1
kalmoek
kanteloep
kanterkaas
karakoelschaap
kariatide
karolusgulden
katrienerad
Kawi
kees 2
kelvin
kenau
kentiapalm
kerria
kiekje
kimberliet
kipp-toestel
kir
kloris
knautia
kneippkuur
kocher
kodiakbeer
Koefisch
krimmer
kwassie
kyaniseren
labadist
lambert
lancaster
lassakoorts
lavallière
lawrencium
lazarist
lazarus
leporelloalbum
lewisiet
liernurstelsel
ligorist
Lijfland
lilliputter
Lima
lindaan
linktrainer
linneon
lippizaner
Lloyd
lobelia
loganbes
lorentzkracht
lorrie
Lotharingen
lucullusmaal
Ludolfiaans
lugerpistool

registers

lumbecken
lunapark
lutetium
luthers
Luxemburg
lyddiet
lydiet
lynchen
maarte
macadam
macfarlane
mach
machiavellisme
machorka
mackintosh
madapolam
madoeravoet
madras
Magdalénien
magenta
maggi
Maginotlinie
magirusladder
magnolia
mahonia
makartboeket
makuba
malthusianisme
manchester
manilla
mannesmann-
 buis
mansarde
mansfelder
mantouxtest
manuldruk
marathon
marconist
marengo
margapatroon
Marianne
marinisme
Marollen
maroniet
marsala
Marshallhulp
martavaan
Martinique
martiniseren
Marva
marxisme
maryland
Mascaar
mascotte
maser
masochisme
Mauritius
mauser
maxim
maxwell
mayonaise
mazaganboon
mazagran
meander
mecenaat
medusa
megera
melamine

melton
Menado
mendelen
mendelevium
mendelisme
menist
mensendieck-
 gymnastiek
mentor
mercatorprojec-
 tie
mercedariër
merceriseren
mercurius
mersennegetal
mesmerisme
messaline
midasoren
mikimotoparel
Milva
Mina
mirepoix
mithridatiseren
mochaleer
mokka
molinist
molière
molos
molotowcocktail
monel
monierbalk
Monroeleer
montbretia
montessorime-
 thode
montfortaan
montgolfière
montia
monty-coat
mormoon
morse
Moustérien
Mozambique
mytylschool
Nama
narcisme
Neanderthaler
negus 2
neppe
neptunisme
neroli
nestor
Nestoriaan
newton
Nicaragua
nicol
nicotine
Nigeria
nimrod
niobium
Nipkowschijf
nishut
nobelium
nonius
norbertijn
norfolkpakje
nortonpomp
oersted

Oesbeken
oginoïsme
ohm
onaneren
oranjeappel
orant
oregon
organzin
Orléans
Osmaans
ottomotor
paisley
palagoniet
palatine
Palladiaans
palladium 2
palmbeach
panama
papiniaanse pot
pappenheimer
parabalsem
paragras
paramat
parana-pine
paranoot
pararubber
pargasiet
Parmentier
pasteuriseren
pathefoon
paul jones
pêche melba
pelagiaan
pernambukhout
perrotinedruk
pershing
peterman
petrischaal
pica
picpus
pieterman 1
pils
pinsbek
pitotbuis
plimsollmerk
plombière
plutonium
poinsettia
poise
Pommard
pompadoer
portiuncula-af-
 laat
portlandcement
Poujadisme
pozzuolaan
praline
premonstraten-
 zer
Pretoria
priesnitzver-
 band
prinsmetaal
promethium
przewalski-
 paard
psyché
pullman

Pyrrusoverwin-
 ning
python
quenast
quinquet
quisling
rafflesia
raglan
ramaneffect
ramboersappel
rambouillet-
 schaap
rance
rand 2
reine-claude
resusfactor
rexisme
rhea
Rhodesië
rhönrad
richelieuwerk
rickettsia
rigaudon
rioja
robertskruid
rodomontade
rokkelore
Rome
röntgen
roquefort
rorschachtest
rossinant
Rottum
ruhmkorffse
 klos
sabon
sachertaart
sadisme
saffisme
salesiaan
salmonella
samarium
samos
sandinist
sandwich
sanforiseren
San Marino
sanseveria
Sassanieden
satsoema
savonnerietapijt
savooiekool
saxofoon
schakellijm
scheutist
schillerhemd
schoperen
scopolamine
sedan
segerkegel
seignettezout
seladon
selterswater
Seltsjoeken
sequoia
serendiptisme
shanghaaien
shantoeng

shrapnel
silhouet
Silvesteravond
simonie
sisal
sjaal
sjakes
slome duikelaar
solferino
Sorbonne
sosie
soxhlettoestel
spartakist
spencer
spijkerbalsem
spinet
spoonerisme
stelliet
stengun
stentor
steur 2
Stiermarken
stilton
stipriaantje
stirlingmotor
stoffel
stras
strontium
Sudeten
surah
sèvres
sydniër
sylvaniet
sylvesteravond
Syracuse
tabasco
tabijn
talbotypie
talmigoud
tanagrabeeldje
tantaliseren
tarantella
tarantula
tartufferie
Tasmanië
taylorstelsel
teclubrander
teddybeer
tequila
terbium
theatijn
thespiswagen
thomasstaal
thomisme
thulium
tibet
tilbury
timotheegras
tinnegieter
titaan
toggenburger
tolubalsem
tommy
tonkin
tontine
topinamboer
torr
toynbeewerk

vernoemingen

tram	turingmachine	victoria	weber	Woodbrookers
traminer	ulster	victoria regia	wecken	wood's metaal
trappist	uraniër	vigna	wedgwood	woulfefles
tremoliet	uranium	vincentiaan	weigelia	ww-draad
trial 2	uriasbrief	vitusdans	westinghouse-	xantippe
tripel 2	ursuline	volt 1	rem	yagiantenne
Troje	uzi	vulcaniseren	westontakel	yalesleutel
tudorboog	vallota	vulkaan	wilsoncamera	Yquem
tularaemie	varinas	Waldenzen	wiltoncarpet	zanderinstituut
tule 1	venturimeter	wankelmotor	winchester	zeppelin
Turijn	vernier	watt	Windsor-	zinnia
			wistaria	Zwitserland

De ontwikkeling van het schrift

(protosemitisch)

zuidwestsemitisch (consonantenschrift) ⎯⎯⎯⎯⎯⎯⎯⎯⎯⎯⎯

noordwestsemitisch (cons. schrift) ⎯⎯⎯ fenicisch (cons. schrift) ⎯⎯⎯
(±1700 v.Chr.)

aramees (cons. schrift) ⎯⎯⎯

huidige schriften
van in het etymologisch
woordenboek genoemde talen:

amhaars (alfabet)

grieks (alfabet)
latijn (alfabet)
grieks (alfabet) — cyrillisch (alfabet)
                       georgisch (alfabet)
    glagolitisch (alfabet)   armeens (alfabet)

hebreeuws (cons. schrift)
arabisch (cons. schrift)

devanagari (alfabet)
bengali (alfabet)
gurmukhi (alfabet)
singalees (alfabet)
boeginees (alfabet)
tibetaans (alfabet)
brahmi (cons. schrift) —— indische alfabetten — thai (alfabet)
laotiaans (alfabet)
kannada (alfabet)
malayalam (alfabet)
tamil (alfabet)
teloegoe (alfabet)

avestisch (cons. schrift)

middelperzisch (cons. schrift)

sogdisch (cons. schrift) —— ujghur (alfabet) —— mongools (alfabet)
                                                                   mantsjoe (alfabet)